5급

PSAT

7 + 3개년 기출문제집

시대에듀

2026 시대에듀 5급 PSAT 7+3개년 기출문제집

Always **with you**

사람의 인연은 길에서 우연하게 만나거나 함께 살아가는 것만을 의미하지는 않습니다.
책을 펴내는 출판사와 그 책을 읽는 독자의 만남도 소중한 인연입니다.
시대에듀는 항상 독자의 마음을 헤아리기 위해 노력하고 있습니다. 늘 독자와 함께하겠습니다.

5급 공채 PSAT 준비의 시작!
가장 효율적인 학습법은 기출문제를 분석하는 것입니다.

2004년 외무고등고시에 처음 도입된 공직적격성평가(이하 PSAT)는 이후 2005년 행정고등고시와 입법고등고시 그리고 2011년 민간경력자 시험에 도입되면서 그 중요성이 점차 강조되어 왔습니다. 이제 PSAT는 적용 범위를 더 확대하여 7급 공무원 채용시험에도 도입되는 등 그야말로 공무원 시험의 핵심요소로 자리 잡았습니다.

PSAT를 준비하는 수험생을 대상으로 한 설문조사에서 대부분의 수험생이 PSAT를 대비하기 위한 방법으로 '기출문제'를 선택하고 있다는 결과가 있었습니다. 이는 PSAT가 해를 거듭하면서 어느 정도 고정된 문제 형태를 가지게 된 결과라고 할 수 있습니다.

처음 PSAT가 도입될 당시만 해도 생소한 출제유형과 평가제도로 인해 많은 수험생이 학습의 어려움을 호소했지만 각 영역에 대한 기출 분석 및 출제 방향에 대한 학습이 이루어지면서 이제는 어느 정도 PSAT의 대비책이 정립되었다고 볼 수 있습니다. 그러나 PSAT의 효율적인 학습을 위해서는 기출문제를 무작정 풀어보는 것이 아니라 영역별로 기출 유형을 꼼꼼히 파악하고 정리해두는 것이 중요합니다.

본서는 이러한 사항들에 집중하여 가장 효과적인 기출문제 정리와 응용력 향상을 위한 방법이 어떤 것일지에 대한 고민의 결과물입니다. 또한 처음 PSAT를 준비하는 수험생들의 눈높이에 맞도록 정확하고 상세한 해설로 구성하였습니다.

도서의 특징

❶ 7개년(2025～2019년) 5급 PSAT 기출문제 및 해설을 수록하였습니다.

❷ 3개년(2018～2016년) 5급 PSAT 기출문제 및 해설을 PDF로 제공하여 추가 학습을 할 수 있도록 하였습니다.

❸ 2025년도 5급 PSAT 언어논리 + 자료해석 + 상황판단 총평을 수록하여 문제 유형 및 난도를 파악할 수 있도록 하였습니다.

❹ 문항별 합격생 가이드와 OCR 답안지를 수록하여 실전처럼 연습할 수 있도록 하였습니다.

시대에듀는 수험생 여러분의 지치지 않는 노력을 응원하며 합격에 도달하는 가장 빠르고 정확한 길을 제시하고자 힘쓰고 있습니다. 수험생 여러분이 합격의 결승선에 도달하는 그날까지 함께하겠습니다.

시대PSAT연구소 씀

공직적격성평가 PSAT

INFORMATION

◇ 도입 배경

21세기 지식기반사회가 필요로 하는 공직자는 정치 · 경제 · 사회 · 문화 등 각 분야에서 일어나는 급속한 변화에 신속히 적응하고 새롭게 발생하는 문제들에 대처할 수 있어야 합니다. 이러한 시대적 요구에 부응하기 위해 단순히 암기된 지식이 아닌 잠재적 학습능력과 문제해결능력을 측정하기 위한 PSAT를 도입하여 공직자로서 갖추어야 할 소양과 자질을 평가하고 있습니다.

◇ 평가 영역

공직적격성평가(PSAT; Public Service Aptitude Test)는 공직자에게 필요한 소양과 자질을 측정하는 시험으로, 논리적 · 비판적 사고능력, 자료의 분석 및 추론능력, 판단 및 의사 결정능력 등 종합적 사고력을 평가합니다.

❶ PSAT의 평가 영역은 언어논리 · 자료해석 · 상황판단 세 영역으로 구성됩니다.

언어논리	글의 이해, 표현, 추론, 비판과 논리적 사고 등의 능력을 평가
자료해석	수치 자료의 정리와 이해, 처리와 응용계산, 분석과 정보 추출 등의 능력을 평가
상황판단	상황의 이해, 추론 및 분석, 문제 해결, 판단과 의사 결정 등의 능력을 평가

❷ PSAT는 특정한 지식의 정도를 측정하는 것이 아니라 능력을 측정하는 시험이기 때문에 대학입시수학능력시험과 유사한 측면이 있습니다. 그러나 수학능력시험은 학습능력을 측정하고 있는 데 반해, PSAT는 새로운 상황에서 적응하는 능력과 문제해결, 판단능력을 주로 측정하고 있기 때문에 학습능력보다는 공직자로서 당면하게 될 업무와 문제들에 대한 해결능력과 종합적이고 심도 있는 사고력을 요하는 문제가 중점적으로 출제됩니다.

◇ 시험 영역

헌법	+	PSAT		
25문항(25분)		언어논리 영역 40문항(90분)	자료해석 영역 40문항(90분)	상황판단 영역 40문항(90분)

PSAT 실시 시험 개관

구분	시행 형태		
	제1차시험	제2차시험	제3차시험
5급 공개경쟁채용시험	PSAT · 헌법	직렬별 필수/선택과목(논문형)	면접
입법고시			
외교관후보자 선발시험		전공평가/통합논술(논문형)	
지역인재 7급 수습직원 선발시험		서류전형	
7급 공개경쟁채용시험	PSAT	전문과목(선택형)	
5 · 7급 민간경력자 선발시험		서류전형	

시험 일정

구분	2025년도 원서접수	제1차시험		제2차시험		제3차시험 (면접)	최종합격자 발표
		시험일	합격자 발표일	시험일	합격자 발표일		
5급 행정	01.20~01.24	03.08	04.11	06.25~06.29	09.12	09.27~09.30	10.24
5급 과학기술				07.01~07.04	09.12	09.27~09.30	10.24
외교관후보자 선발시험				06.25~06.29	09.12	10.01	10.24

※ 2025년도 기준 시험 일정입니다.
※ 시험 일정은 변경될 수 있으므로 인사혁신처 또는 사이버국가고시센터 온라인 페이지의 공고사항을 반드시 확인하기 바랍니다.

2025년도 5급 PSAT 시험 분석 ANALYSIS

◇ 2025년도 5급 PSAT 합격자 통계

인사혁신처에서 공개한 2025년도 5급 제1차시험 통계에 따르면 합격자는 행정직 1,480명, 과학기술직 586명으로 모두 2,066명으로 집계되었습니다. 제1차시험은 22.68 대 1의 경쟁률을 기록했으며(2024년은 23.67 대 1, 2023년은 25.42 대 1), 최종적으로 305명을 선발할 예정입니다. 또한 2025년 제1차 응시인원은 6,917명으로, 2024년의 7,219명과 2023년의 7,752명보다 감소했습니다. 아울러 합격선이 낮아진 직렬이 높아진 직렬보다 많아 전반적인 난도가 높았다고 보이며, 이는 전년도의 체감 난도 분석과 동일합니다.

행정 직군의 경우 사회복지 직렬에서 성적 변화가 가장 컸습니다. 합격선이 전년도에 비해 무려 10점 낮아진 72.5점으로, 이는 사회복지 직렬의 지원자들이 다른 직렬의 지원자들보다 상대적으로 PSAT 준비가 미흡했다고 해석할 수 있습니다. 또한 일반행정 직렬의 합격선은 전년도보다 1.66점 하락한 80점으로 집계되었습니다. 이는 수험가의 예상 범위에서 크게 벗어나지 않은 수치이며, 난도 상승에 따른 성적 하락을 뜻합니다.

구분	선발 예정 인원	응시 인원	2025년		2024년		증감 (합격선)
			합격선 (지방/양성)	합격인원 (지방/여성)	합격선 (지방/양성)	합격인원 (지방/여성)	
계	191	5,067	–	1,316 (141/544)	–	1,373 (113/574)	–
행정 (일반행정)	98	2,945	80.00 (77.50/–)	669 (89/318)	81.66 (79.16/–)	715 (80/342)	↓1.66
행정 (인사조직)	–	–	미실시		76.66	15 (–/2)	–
행정 (법무행정)	7	282	77.50	48 (–/15)	80.83 (79.16)	49 (–/14)	↓3.33
행정 (재경)	58	838	79.16 (76.66/77.50)	405 (43/106)	81.66 (79.16/80.00)	401 (29/117)	↓2.50
행정 (국제통상)	11	287	75.83 (73.33/–)	77 (9/47)	76.66 (75.00/–)	74 (4/50)	↓0.83
행정 (교육행정)	6	147	75.83	42 (–/25)	79.16	44 (–/23)	↓3.33
사회복지 (사회복지)	1	2	72.50	7 (–/3)	82.50	6 (–/3)	↓10.00
교정 (교정)	3	180	75.83	20 (–/7)	76.66	20 (–/5)	↓0.83
보호 (보호)	2	95	73.33	15 (–/7)	76.66	14 (–/4)	↓3.33
검찰 (검찰)	2	138	77.50	13 (–/7)	77.50	15 (–/9)	0.00
출입국관리 (출입국관리)	3	133	75.00	20 (–/9)	72.50	20 (–/5)	↑2.50

2025년도 5급 PSAT 언어논리 총평

결론부터 말하자면, 많은 수험생들이 "2025년도 5급 PSAT 언어논리 시험 출제 수준은 전반적으로 2024년도와 비슷하거나 약간 어려워졌다, 혹은 무난했다."고 대답했습니다. 또한 "이번 시험은 기출과 유사한 수준이었으며, 지문이 과다한 문제도 없었고, 까다로운 문제도 그 수가 적었기에 합격선에 영향을 주지 않을 것이다."라고 평가습니다. 다만, 예년과 마찬가지로 논리퀴즈형 문제와 과학 · 기술 관련 지문 문제는 난도가 높았는데, 이는 출제처에서 시험의 변별력을 고려한 것으로 풀이됩니다.

일치-부합형 문제는 대체적으로 난도를 높지 않게 출제하는 기조가 이번 시험에서도 나타났고, 정답 또한 빠르게 찾을 수 있었습니다. 이에 대해 일치-부합형 문제의 독해에 드는 시간을 절약해 난도 높은 다른 문제에 시간을 좀 더 할애할 수 있게 하려는 출제 의도가 있는 것 같다고 말하는 수험생도 있습니다. 지문의 분량도 과다하지 않고, 내용을 이해하기도 어렵지 않았다는 것이 중론입니다. 따라서 이런 유형에 대비해 가능하면 더 많은 문제를 풀면서 독해 속도와 정확도를 함께 높이는 다다익선(多多益善) 전략이 바람직할 것입니다.

추론형 문제는 전년도와 마찬가지로 출제 수준을 균형있게 조율한 것으로 보이며, 이를 통해 변별력과 밸런스를 고르게 감안한 의도를 읽을 수 있습니다. 다만 36번(탄소나노튜브와 라만 분석법)과 37번(그렐린의 식욕 촉진 메커니즘)은 내용이 선뜻 다가오지 않아 넘기고 다른 문제를 먼저 풀려고 한 수험생들이 많았을 것입니다. 이는 평소에 추리력을 높이는 문제 풀이를 꾸준히 해야 한다는 의미이기도 합니다.

논리퀴즈형 문제는 전년도와 마찬가지로 난도가 높았습니다. 특히, 34번 문제에 등장한 '내포 · 외연 · 함의'의 개념을 이해하기 어려워 많은 수험생이 당혹감을 느꼈을 것으로 보입니다. 문장 내용을 선뜻 이해하기 어려워 논리 기호를 동원해 내용을 정리하거나 도표를 그려 내용을 시각화해야 함정(오답)을 피하고 정답에 접근할 수 있는 유형이기 때문입니다. 이러한 풀이 과정 중에 자칫 시간을 지나치게 많이 소모하지 않도록 하는 것이 확실한 대응책이고, 이를 위해 평소에 다양한 문제 풀이로 논리적 사고를 빠르게 하는 연습이 정공법일 것 같습니다.

강화-약화형 문제는 17번(혼합물의 빛 흡수), 18번(쥐의 행동과 물질 알파의 관계), 38번(종 다양성) 등 과학 실험을 소재로 한 문제의 지문을 빠르게 이해하기 쉽지 않았을 것입니다. 그러므로 선택지의 진위 여부를 판별하는 기반은 지문에 있다는 기본 원칙을 명심하고, 침착하게 지문을 분석하는 속도를 높이는 연습을 꾸준히 해야 할 것입니다. 다만 지문의 길이가 길지 않았으므로 차분하게 내용을 파악한다면 틀림없이 정답에 접근할 수 있을 것입니다.

많은 수험생들이 "이번 시험에서도 문제 풀이 속도와 정확도가 당락을 가를 것이다."라고 말합니다. 그리고 1번부터 20번 문제까지를 전반부라 하고 21번부터 40번 문제까지를 후반부로 구분했을 때, 이번 시험에서는 후반부로 갈수록 난도가 높아졌다고도 말합니다. 따라서 체감 난도가 상대적으로 낮은 전반부의 문제에서 시간을 절약한 만큼 어려운 후반부의 문제에 시간을 좀 더 안배하는 연습을 많이 한 수험생들이 고득점에 성공할 것이라고 말합니다. 이때 1문제당 배점은 같기에 시간 소모가 많은 문제들을 잘 거르는 연습이 필요할 것으로 보이고, 모든 문제를 다 맞혀야 한다는 부담감을 떨쳐버리는 연습도 필수적일 것입니다.

2025년도 5급 PSAT 시험 분석 ANALYSIS

2025년도 5급 PSAT 자료해석 총평

전반적으로 난도가 매우 높았으며, 복잡한 계산과 상황판단의 수리퀴즈와 비슷한 유형의 문제가 출제되어 수리적 감각이 많이 요구되었습니다. 이에 따라 쉽게 풀이할 수 있는 문제에서 시간을 확보한 뒤 고난도 문제에 시간을 할애하는 시험 운영 기술이 필요했습니다. 전체적인 문제 구성을 볼 때 과거 부정행위 방지 및 양자의 형평성을 위해 책형을 2개로 제작하여 1～10번대와 21～30번대는 비교적 쉬운 문제, 11번～20번대와 31～40번대는 비교적 어려운 문제를 배치하였으나, 이번 시험은 30번대 이후에 어려운 문제를 몰아넣어 앞 번호대 문제에서 자만했을 경우 시험 전체에 큰 영향을 미쳤을 가능성이 높습니다.

2024년도처럼 시간을 많이 소모시키는 전환형의 문제와 세부적인 계산이 필요한 문제들이 다수 출제되었습니다. 또한 낯선 유형의 문제들이 후반부에 다수 출제되어 수험생에게 시간적 압박으로 실수를 유도하였습니다. 이에 더해 묻는 항목의 이름이 유사한 경우가 많아 수험생으로 하여금 어떤 항목을 선택하여 계산을 하여야 하는지 혼란을 주는 문제가 출제되었고, 표 사이에 소결이 포함되도록 하여 계산 실수도 유도하였습니다. 이에 반해 단순 확인형 문제나 대소 비교, 빈칸형 문제들은 주어진 자료만으로도 찾을 수 있도록 평이했습니다.

올해 자료해석 출제 경향은 시사하는 바가 큽니다. 쉬운 문제는 반드시 맞춰 하방을 튼튼히 해놓고 어려운 문제를 전략적으로 풀이하여 최대한 많이 맞히는 방식으로 접근해야 하며, 계산을 과거에 비해 더욱 자세하게 하도록 하여 어림 계산의 기준을 보다 세밀하게 잡아야 합니다. 또한 자료해석과 상황판단의 경계가 허물어진 듯한 모습을 보여 두 과목을 유기적으로 공부해야 할 필요성이 생겼습니다.

이제 기본기라고 할 수 있는 분수 비교, 곱셈 비교, 대수 비교 및 가중평균, 가평균 등은 반드시 자신만의 기준을 정립해야 하며, 계산을 줄이면서 정오를 판별할 수 있는 능력이 다시금 요구됩니다. 충분한 연습과 기출문제 분석을 통해 그 기준을 잡아가는 전략이 필요합니다.

2025년도 5급 PSAT 상황판단 총평

전반적으로 평이한 문제가 많았습니다. 다만, 상황판단답게 난도가 높은 퀴즈 문제의 경우 시간이 많이 소요되도록 출제되었습니다. 또한 문제 곳곳에 숨어 있는 함정이 예년에 비해 많아 끝까지 집중력을 필요로 했습니다.

법조문형 문제는 어렵지 않았으나 과거에 비해 정답을 도출하는 방법이 다른 문제가 있었습니다. 과거에는 문제 내 법조문에 해당하는 경우가 바로 답으로 이어졌으나, 2025년도에는 법조문에 해당하는 경우에서 답까지 가는 데 한 단계를 더 거쳐야 하는 경우가 있었습니다. 조건에 맞는 대상을 선택했다는 방심으로 마지막 단계를 놓치게 하여 오답을 유도하는 방법이었습니다. 여기서 끝까지 집중을 했는지가 관건이었습니다.

수리퀴즈 문제는 역시 접근법을 바로 떠올릴 수 있는 수험생에게 유리하게 출제되었습니다. 우선 접근법을 떠올린 뒤, 식을 세울 수만 있다면 추후의 풀이는 어렵지 않겠으나, 이 과정에 시간을 얼마나 소요하였느냐가 고득점을 가르는 기준이 되었습니다.

논리퀴즈 문제는 예년에 비해 어렵지는 않았으나 1～2문제의 고난도 문제가 있었고, 조건이 어렵지 않게 보이도록 세팅되어 가볍게 문제에 진입했다가 수렁에 빠질 가능성이 높았습니다. 과거 논리퀴즈 문제는 일단 넘기고 다른 문제부터 푼다는 전략이 있었으나, 이제는 논리퀴즈 문제까지 다 풀거나 적어도 정답 확률을 높여야 합격권을 바라볼 수 있는 수준이 되었으므로 기출문제 분석을 통한 접근법 훈련이 필요합니다.

세트형 문제는 과거 높은 난도로 수험생들을 힘들게 하였으나, 2025년도에는 비교적 쉽게 출제되었습니다. 지문의 양도 적었으며 접근법도 어렵지 않았습니다. 이러한 추세는 최근 몇 년간 지속되고 있으므로 세트형 문제에 대한 두려움 없이 주어진 정보를 차근히 정리하는 방법으로 접근하는 전략이 필요합니다.

상황판단은 80점 이상이면 고득점이라고 평가하는 수험생들이 많이 있습니다. 이는 유형과 그 유형에 따른 출제율이 정해져 있고, 난도가 높은 유형들이 필수로 존재하여 4문제 이상 풀이를 못하는 경우가 많았기 때문이었습니다. 하지만 최근 경향을 보면 상황판단의 난이도는 높지 않은 수준으로 40문제 모두 풀이할 수 있도록 준비하는 것이 필요합니다. 새로운 내용의 문제들이 매년 출제되지만 그 유형과 핵심 아이디어는 과거에서 차용해오는 경우가 많으므로 철저한 기출 분석을 통해 고득점에 도전해 보길 바랍니다.

구성과 특징 STRUCTURES

2025년도 5급 PSAT 시험 분석 ANALYSIS

◇ 2025년도 5급 PSAT 합격자 통계

인사혁신처에서 공개한 2025년도 5급 제1차시험 통계에 따르면 합격자는 행정직 1,480명, 과학기술직 586명으로 모두 2,066명으로 집계되었습니다. 최종적으로 305명을 선발할 예정이고, 제1차시험에 6,917명이 응시해 22.68대 1의 경쟁률을 기록했습니다(2024년은 23.67대 1, 2023년은 25.42대 1). 또한 2025년 제1차 응시인원은 6,917명으로, 2024년의 7,219명과 2023년의 7,752명보다 감소했습니다. 아울러 합격선이 낮아진 직렬이 높아진 직렬보다 많아 전반적인 난도가 높았다고 보이며, 이는 전년도의 체감 난도 분석과 동일합니다.

행정 직군의 경우 사회복지 직렬에서 성적 변화가 가장 컸습니다. 합격선이 전년도에 비해 무려 10점 낮아진 72.5점으로, 이는 사회복지 직렬의 지원자들이 다른 직렬의 지원자들보다 상대적으로 PSAT 준비가 미흡했다고 해석할 수 있습니다. 또한 일반행정 직렬의 합격선은 전년도보다 1.66점 하락한 80점으로 집계되었습니다. 이는 수험가의 예상 범위에서 크게 벗어나지 않은 수치이며, 난도 상승에 따른 성적 하락을 뜻합니다.

구분	선발 예정 인원	응시 인원	2025년		2024년		증감 (합격선)
			합격선 (지방/양성)	합격인원 (지방/여성)	합격선 (지방/양성)	합격인원 (지방/여성)	
계	191	5,067	–	1,316 (141/544)	–	1,373 (113/574)	–
행정 (일반행정)	98	2,945	80.00 (77.50/–)	669 (89/318)	81.66 (79.16/–)	715 (80/342)	↓1.66
행정 (인사조직)	–	–	미실시		76.66	15 (–/2)	–
행정 (법무행정)	7	282	77.50	48	80.83	49	
행정 (재경)	58	838	79.16 (76.66/77.50)	(4			
행정 (국제통상)	11	287	75.83 (73.33/–)				
행정 (교육행정)	6	147	75.83				
사회복지 (사회복지)	1	2	72.50				
교정 (교정)	3	180	75.83				
보호 (보호)	2	95	73.33				
검찰 (검찰)	2	138	77.50				
출입국관리 (출입국관리)	3	133	75.00				

2025년도 5급 PSAT 총평

2025년 3월 8일 시행된 5급 PSAT 언어논리 + 자료해석 + 상황판단 총평을 수록하였습니다.
영역별 문제 유형과 출제 경향을 철저하게 분석하여 2026년 5급 PSAT에 대비할 수 있도록 하였습니다.

제1과목 언어논리

1. 다음 글의 내용과 부합하는 것은?

고려 성종은 개경에 국자감을 두고, 그곳에서 일정 기간 유학을 공부한 사람에게 문과 시험에 응시할 수 있는 자격을 부여했다. 국자감에서 공부할 학생을 선발하기 위한 시험은 '국자감시'라고 불렸다. 이 시험은 유교 경전에 대한 지식보다는 시와 산문을 짓는 능력을 평가하는 것이었다. 그런데 국자감시를 관장하는 감독관들은, 응시자의 능력과 관계없이 주로 자신의 친지나 친족을 선발하곤 했다. 이 때문에 국자감 입학자가 유교 경전을 학습할 수 있는 능력을 충분히 갖추고 있지 못할 때도 있었다. 그래서 국자감에서도 사서오경(四書五經)을 강의하지 않고 간단한 유교 지식을 가르치는 데 그쳤다. 고려 말 공민왕은 이를 개선하고자 국자감을 성균관으로 고치고 그 안에 오경사서재를 두었으며, '진사시'를 시행했다. 진사시 합격자들로 하여금 성균관에 들어가 먼저 기초 과정을 수강한 후 오경사서재에 들어가게 하고, 그곳에서 사서오경을 공부하게 한 것이다. 또한 진사시와 별도로 사서오경에 대한 지식을 평가하는 '생원시'에 합격한 사람도 오경사서재에 들어갈 수 있게 했다.

조선의 태조는 성균관에서 사서오경만을 가르치게 했다. 그리고 시와 산문의 작문 능력을 평가하는 진사시가 더 이상 필요하지 않다며 이를 폐지하고 생원시만 실시했다. 그러나 진사시를 다시 시행해야 한다는 주장이 끊이지 않았고, 결국 세종이 이를 받아들임으로써 진사시가 재개되었다. 생원시와 진사시의 합격자는 각각 생원과 진사라고 불리며 모두 성균관에 입학할 수 있었다. 『경국대전』에는 생원과 진사가 성균관 원점 300점을 따야만 문과 시험에 응시할 수 있다는 내용이 있는데, 원점이란 성균관에 출석한 날의 수를 뜻한다. 문과 시험에 응시해 합격한 사람은 비로소 관직에 오를 수 있었다.

그런데 생원이나 진사가 된 후 실제로 성균관에 출석하는 사람은 상당히 적었다. 대다수 생원과 진사는 성균관에서 공부하기보다 독학을 택했다. 그들은 정해진 규정에 아랑곳하지 않고 문과 시험에 응시했으며 조정도 이를 막지 않았다. 조정에서 규정을 엄격하게 적용하지 않다 보니, 생원과 진사가 되지 못한 유학(幼學)이라 불린 사람들까지 문과 시험에 응시하기 시작했고 이 또한 특별한 제재 없이 허용되었다.

① 고려시대에 국자감시의 감독관들은 사서오경에 대한 지식이 부족했다.
② 고려 공민왕 대 생원시에 합격하지 못한 사람은 오경사서재에 들어갈 수 없었다.
③ 조선시대에 진사시에 합격한 사람은 생원시에 응시해야 성균관에 들어갈 수 있었다.
④ 조선시대에는 생원시나 진사시를 합격하지 못한 사람이 문과 시험에 응시하기도 했다.
⑤ 조선시대에 성균관 원점 300점을 따지 못한 사람은 생원시에 응시하여 합격한 후 문과 시험에 응시해야 했다.

2. 다음 글의 내용과 부합하는 것은?

조선에서 기본적인 기록 관리는 등록(謄錄)을 통해 이루어졌다. 이때 등록은 글자 뜻 그대로 '베껴서 적는 것'만을 의미하지 않았다. '원본 문서의 내용 중 참고하거나 보존할 만한 내용을 선별하여 이를 별도의 보존용 책자에 옮겨 적는 것'을 뜻하기도 했다. 그리고 등록을 통해 편찬한 기록물을 등록물이라고 불렀다.

조선의 등록물은 원본을 그대로 베껴 적는 '편철형 등록물'과 추가적인 서술을 첨입하거나 핵심 내용을 간추려 재구성하는 '첨입형 등록물'로 구분된다. 그리고 그 활용도와 중요도에 따라 각 관서의 자체 문서고에서부터 사고(史庫)에 이르기까지 다양한 장소에서 보존되었다. 등록은 조선의 행정적 · 사회적 상황 때문에 원본 문서의 보존보다 더 일반적인 기록 관리 방식으로 활용되었다. 당시 문서의 크기는 제각각이어서 원본 문서를 모아 효율적으로 보존하기 어려웠기 때문에, 등록물을 모은 등록책을 만들어 관리하는 것이 기록의 보존에 편리했다. 이에 따라 이미 등록된 원본 문서는 폐기하기도 했다. 이는 등록이라는 행위가 문서의 중요한 내용을 재구성하여 보존하고 불필요한 문서는 폐기하기 위한 하나의 방편으로 활용되었으며, 등록물이 그 원본과 동일한 가치를 지닌 기록으로 인정받았음을 보여준다.

이런 이유 때문에 등록물은 실록의 편찬에 활용되기도 했다. 실록의 편찬은 국가 차원의 엄격한 감독하에 진행되었는데, 이 과정에서 등록물은 신뢰할 만한 사료로서 적극 활용되었다. 또한 등록물은 국가적인 의례나 행사를 치른 후 관련 기록들을 일정한 체제에 따라 정리한 의궤와 유사한 자료적 위상을 가지고 있었다. 동일한 행사를 다룬 의궤와 등록물이 각각 존재하기도 했고 두 기록물이 유사한 체제를 가지고 서술되기도 했다. 다만, 의궤는 각 관서에서 자체적으로 편찬한 등록물과 달리 국가 차원에서 별도의 임시 기구를 세워 편찬한 기록물로서 일반적인 등록물에 비해 정제된 형태를 갖추고 있었고, 그 편찬 목적 또한 업무상 활용을 중시한 등록물에 비해 보존을 우선으로 하고 있었다는 차이가 있었다.

① 원본 문서는 보존을 목적으로, 등록물은 업무상 활용을 목적으로 작성되었다.
② 실록의 사료로 활용되었던 등록물은 원본 문서를 베껴서 적는 편철형 등록물이었다.
③ 등록을 통해 기록을 관리하는 방식은 원본 문서를 보존하는 것보다 더 효율적이었다.
④ 의궤는 국가 의례를 다룬 등록물을 일정한 체제에 따라 정제된 형태로 정리한 기록물이었다.
⑤ 원본 문서를 그대로 옮기지 않고 재구성한 첨입형 등록물의 경우, 그 원본을 폐기할 수 없었다.

6 5급 PSAT 기출문제

2025~2019년 기출문제

최근 7년 동안 시행된 5급 PSAT 기출문제 및 해설을 수록하였습니다.
상세한 해설과 명확한 오답분석을 통해 혼자서도 체계적으로 학습할 수 있도록 하였습니다.

합격생 가이드

5급 PSAT 기출문제 유형에 따른 실제 합격생들의 문제 해결 전략 및 노하우를 담았습니다.

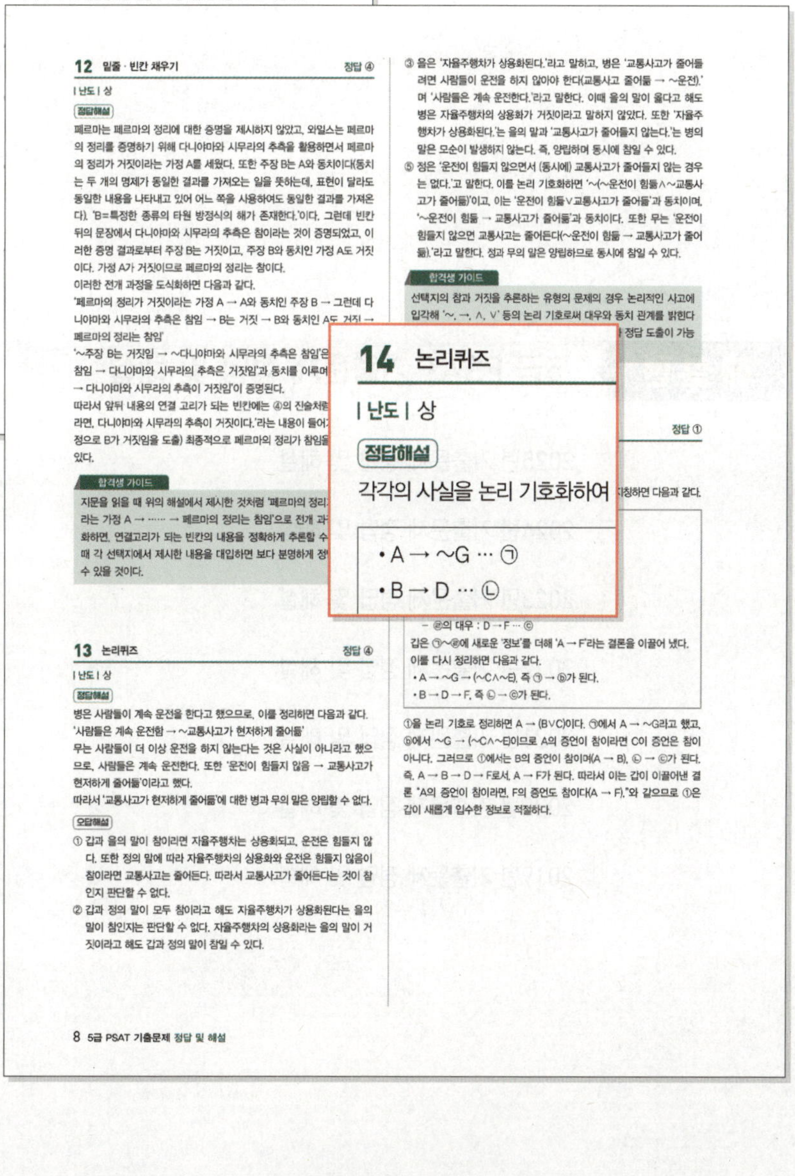

세부 영역 및 난도

문항별 세부 영역과 난도를 기재하여 자신의 학습 수준 및 약점을 파악할 수 있도록 하였습니다.

이 책의 차례 CONTENTS

문제편 5급 PSAT 기출문제

해설편 5급 PSAT 기출문제 정답 및 해설

5급 PSAT 기출문제

PSAT

5급 PSAT 7+3개년 기출문제집

피셋

Public Service Aptitude Test

5급 PSAT 기출문제

PSAT

5급 PSAT 7+3개년 기출문제집

피셋

Public Service Aptitude Test

2025년 공직적격성평가(PSAT)

2025년 3월 8일 시행

5급 공채 · 외교관후보자 및 지역인재 7급 선발 필기시험

응시번호	
성 명	

문 제 책 형
㉮

【시 험 과 목】

제1과목	언 어 논 리
제2과목	자 료 해 석
제3과목	상 황 판 단

문제풀이 시작과 종료 시간을 기입해 주시기 바랍니다.

- 언어논리(90분) ______ 시 ______ 분 ~ ______ 시 ______ 분
- 자료해석(90분) ______ 시 ______ 분 ~ ______ 시 ______ 분
- 상황판단(90분) ______ 시 ______ 분 ~ ______ 시 ______ 분

1. 다음 글의 내용과 부합하는 것은?

> 고려 성종은 개경에 국자감을 두고, 그곳에서 일정 기간 유학을 공부한 사람에게 문과 시험에 응시할 수 있는 자격을 부여했다. 국자감에서 공부할 학생을 선발하기 위한 시험은 '국자감시'라고 불렀다. 이 시험은 유교 경전에 대한 지식보다는 시와 산문을 짓는 능력을 평가하는 것이었다. 그런데 국자감시를 관장하는 감독관들은, 응시자의 능력과 관계없이 주로 자신의 친지나 친족을 선발하곤 했다. 이 때문에 국자감 입학자가 유교 경전을 학습할 수 있는 능력을 충분히 갖추고 있지 못할 때도 있었다. 그래서 국자감에서도 사서오경(四書五經)을 강의하지 않고 간단한 유교 지식을 가르치는 데 그쳤다. 고려 말 공민왕은 이를 개선하고자 국자감을 성균관으로 고치고 그 안에 오경사서재를 두었으며, '진사시'를 시행했다. 진사시 합격자들로 하여금 성균관에 들어가 먼저 기초 과정을 수강한 후 오경사서재에 들어가게 하고, 그곳에서 사서오경을 공부하게 한 것이다. 또한 진사시와 별도로 사서오경에 대한 지식을 평가하는 '생원시'에 합격한 사람도 오경사서재에 들어갈 수 있게 했다.
>
> 조선의 태조는 성균관에서 사서오경만을 가르치게 했다. 그리고 시와 산문의 작문 능력을 평가하는 진사시가 더 이상 필요하지 않다며 이를 폐지하고 생원시만 실시했다. 그러나 진사시를 다시 시행해야 한다는 주장이 끊이지 않았고, 결국 세종이 이를 받아들임으로써 진사시가 재개되었다. 생원시와 진사시의 합격자는 각각 생원과 진사라고 불리며 모두 성균관에 입학할 수 있었다. 『경국대전』에는 생원과 진사가 성균관 원점 300점을 따야만 문과 시험에 응시할 수 있다는 내용이 있는데, 원점이란 성균관에 출석한 날의 수를 뜻한다. 문과 시험에 응시해 합격한 사람은 비로소 관직에 오를 수 있었다.
>
> 그런데 생원이나 진사가 된 후 실제로 성균관에 출석하는 사람은 상당히 적었다. 대다수 생원과 진사는 성균관에서 공부하기보다 독학을 택했다. 그들은 정해진 규정에 아랑곳하지 않고 문과 시험에 응시했으며 조정도 이를 막지 않았다. 조정에서 규정을 엄격하게 적용하지 않다 보니, 생원과 진사가 되지 못한 유학(幼學)이라 불린 사람들까지 문과 시험에 응시하기 시작했고 이 또한 특별한 제재 없이 허용되었다.

① 고려시대에 국자감시의 감독관들은 사서오경에 대한 지식이 부족했다.
② 고려 공민왕 대 생원시에 합격하지 못한 사람은 오경사서재에 들어갈 수 없었다.
③ 조선시대에 진사시에 합격한 사람은 생원시에 응시해야 성균관에 들어갈 수 있었다.
④ 조선시대에는 생원시나 진사시를 합격하지 못한 사람이 문과 시험에 응시하기도 했다.
⑤ 조선시대에 성균관 원점 300점을 따지 못한 사람은 생원시에 응시하여 합격한 후 문과 시험에 응시해야 했다.

2. 다음 글의 내용과 부합하는 것은?

> 조선에서 기본적인 기록 관리는 등록(謄錄)을 통해 이루어졌다. 이때 등록은 글자 뜻 그대로 '베껴서 적는 것'만을 의미하지 않았다. '원본 문서의 내용 중 참고하거나 보존할 만한 내용을 선별하여 이를 별도의 보존용 책자에 옮겨 적는 것'을 뜻하기도 했다. 그리고 등록을 통해 편찬한 기록물을 등록물이라고 불렀다.
>
> 조선의 등록물은 원본을 그대로 베껴 적는 '편철형 등록물'과 추가적인 서술을 첨입하거나 핵심 내용을 간추려 재구성하는 '첨입형 등록물'로 구분된다. 그리고 그 활용도와 중요도에 따라 각 관서의 자체 문서고에서부터 사고(史庫)에 이르기까지 다양한 장소에서 보존되었다. 등록은 조선의 행정적 · 사회적 상황 때문에 원본 문서의 보존보다 더 일반적인 기록 관리 방식으로 활용되었다. 당시 문서의 크기는 제각각이어서 원본 문서를 모아 효율적으로 보존하기 어려웠기 때문에, 등록물을 모은 등록책을 만들어 관리하는 것이 기록의 보존에 편리했다. 이에 따라 이미 등록된 원본 문서는 폐기하기도 했다. 이는 등록이라는 행위가 문서의 중요한 내용을 재구성하여 보존하고 불필요한 문서는 폐기하기 위한 하나의 방편으로 활용되었으며, 등록물이 그 원본과 동일한 가치를 지닌 기록으로 인정받았음을 보여준다.
>
> 이런 이유 때문에 등록물은 실록의 편찬에 활용되기도 했다. 실록의 편찬은 국가 차원의 엄격한 감독하에 진행되었는데, 이 과정에서 등록물은 신뢰할 만한 사료로서 적극 활용되었다. 또한 등록물은 국가적인 의례나 행사를 치른 후 관련 기록들을 일정한 체제에 따라 정리한 의궤와 유사한 자료적 위상을 가지고 있었다. 동일한 행사를 다룬 의궤와 등록물이 각각 존재하기도 했고 두 기록물이 유사한 체제를 가지고 서술되기도 했다. 다만, 의궤는 각 관서에서 자체적으로 편찬한 등록물과 달리 국가 차원에서 별도의 임시 기구를 세워 편찬한 기록물로서 일반적인 등록물에 비해 정제된 형태를 갖추고 있었고, 그 편찬 목적 또한 업무상 활용을 중시한 등록물에 비해 보존을 우선으로 하고 있었다는 차이가 있었다.

① 원본 문서는 보존을 목적으로, 등록물은 업무상 활용을 목적으로 작성되었다.
② 실록의 사료로 활용되었던 등록물은 원본 문서를 베껴서 적는 편철형 등록물이었다.
③ 등록을 통해 기록을 관리하는 방식은 원본 문서를 보존하는 것보다 더 효율적이었다.
④ 의궤는 국가 의례를 다룬 등록물을 일정한 체제에 따라 정제된 형태로 정리한 기록물이었다.
⑤ 원본 문서를 그대로 옮기지 않고 재구성한 첨입형 등록물의 경우, 그 원본을 폐기할 수 없었다.

3. 다음 글의 내용과 부합하지 않는 것은?

페르시아의 침략에 대항하여 결성된 그리스군은 마라톤 전투에서 두 배가 넘는 수의 페르시아군을 완파하였다. 그 이유는 그리스군이 페르시아군에 비해 성능이 더 우수한 무기와 더 단단한 재질의 보호 장구를 갖추고 있었다는 것과 이러한 군장을 효율적으로 활용한 전술체계인 팔랑크스에 숙달해 있었던 것에서 찾을 수 있다.

그리스군의 주력 부대는 중무장한 시민 병사인 호플리테스로 구성된 보병 부대였는데, 주무기는 찌르기용 장창인 사리사였고 주된 보호 장구는 청동판을 덧댄 목재 방패인 호플론이었다. 병사들은 그 외에도 투구, 흉갑 등의 보호 장구를 착용했다.

팔랑크스는 그리스군의 무기와 보호 장구를 활용하여 전투력을 극대화할 수 있는 전투대형이었다. 팔랑크스는 중무장한 호플리테스가 직사각형 모양을 이룬 밀집보병대를 뜻하는데, 대개 12행 16열로 구성되었으나 지형 등 전장의 상황에 따라 규모가 축소되기도 하였다.

팔랑크스는 피리 등의 악기 소리에 발을 맞추어 일사불란하게 적진을 향해 전진하면서 강력한 돌파력을 발휘했다. 이때 팔랑크스의 제1행은 사리사를 허리 높이로 들어 앞으로 내민 상태에서 전진했고, 제2행과 제3행은 앞줄의 동료 병사의 어깨 위에 창을 올려놓아 적군을 겨냥하는 자세를 취했으며, 제4행 이후는 창을 하늘을 향해 수직으로 세운 채 전진했다. 전투 중 적군의 화살 등에 맞아 쓰러지는 병사가 나타나면 바로 다음 행의 병사가 재빨리 빈자리를 채움으로써 대형을 유지했다.

팔랑크스를 구성하는 호플리테스는 오른손으로 사리사를 사용했으므로 방패인 호플론은 왼손에 들 수밖에 없었다. 그런데 호플론은 한 사람의 신체를 방어할 수 있는 크기였으므로 각 호플리테스는 각자의 호플론으로 자신의 신체 절반과 좌측에 선 동료의 신체 절반을 방어할 수 있었다. 결국 팔랑크스의 맨 우측 열은 신체의 우측 절반이 노출된 채 전진해야 했고 이 문제에 대처하기 위해 맨 우측 열에는 경험이 풍부한 최정예 병사가 배치되었다.

① 그리스군은 마라톤 전투가 벌어질 무렵에는 팔랑크스 전투대형에 익숙해 있었다.
② 호플리테스는 호플론뿐 아니라 머리나 가슴을 보호하기 위한 다양한 보호 장구를 갖추고 전투에 임했다.
③ 팔랑크스의 제2행에 선 병사가 든 사리사와 제4행에 선 병사가 든 사리사가 각각 지면과 이룬 각도는 서로 달랐다.
④ 팔랑크스의 가장 우측 열에 선 병사는 호플론으로 자신의 신체 좌측과 바로 왼편에 선 동료의 신체 우측을 방어할 수 있었다.
⑤ 그리스군이 마라톤 전투에서 대승을 거둔 것은 열악한 무기 성능으로 인한 불리함을 효율적인 전술체계로 극복했기 때문이었다.

4. 다음 글에서 알 수 있는 것은?

개성상인이 전국의 상권을 지배하게 된 배경을 알기 위해서는 그들의 상관습에 주목할 필요가 있다. 개성상인의 상관습 중 차인(差人) 제도는 상행위를 원활하게 행하기 위해 개성상인이 창안한 독특한 관습이었다. 차인 제도는 중세 유럽에서 발달한 유료 도제 양성 시스템인 길드 제도나 자본가와 전문경영자가 함께 출자하는 커멘다 제도와 유사하지만, 그 내용면에서는 차이가 있다.

개성상인은 서로 간의 자식을 바꾸어 교육한다는 '역자이교지(易子而敎之)'의 가르침을 철저히 지켰다. 예를 들어, 갑의 자식을 을이, 을의 자식을 병이, 병의 자식을 갑이 각각 점원으로 삼아 무보수로 다년간 상도와 상술을 훈련시켰다. 다년간의 훈련 후에 영업 능력과 주인에 대한 충성도가 인정되면 주인이 차인으로 발탁하거나 독립적인 상인으로 성장할 수 있는 길을 열어 주었다. 주인은 발탁된 차인에게 자금을 융통하여 주고 개성이나 지방 도시에서 사업을 하게 했다. 예를 들어 차인은 주인 점포의 지점을 맡아 경영했으며 급여를 받지 않는 대신 매년 지점 이익의 절반을 차지했다. 지방에서 장사를 하는 차인은 보통 추석과 설밖에 귀향하지 못하는데도 반드시 주인에게 먼저 들러 인사와 보고를 한 후 자기 부모의 집으로 갔다. 이처럼 주인과 차인 간에는 혈연보다 강한 도덕적 상하 관계가 유지되었으며 이는 서구에서는 볼 수 없었던 독특한 상조직 문화였다.

주인과 차인 간의 금전 거래 방식 측면에서도 다른 상인들 간의 관계에서는 볼 수 없는 독특한 상관습이 발견된다. 다음과 같은 개성상인들의 사례를 보자. 주인 임씨는 차인 손씨에게 개풍군에 소재하는 자기 농장의 경영을 맡기고 매년 수익을 절반씩 나누기로 하였다. 나중에는 손씨의 경제력이 임씨보다 월등해졌고, 심지어 사적으로는 임씨가 손씨에게 당장 갚아야 할 채무가 임씨가 취할 수 있는 사업 이익보다 훨씬 커졌다. 이러한 사안에서 주인과 차인의 관계가 아니었다면, 손씨가 그 사업 이익으로 채권부터 변제받는 것이 당연시되었을 것이다. 하지만 차인인 손씨는 연초가 되면 주인인 임씨에게 과년도 사업의 결산 보고를 진행하고 그 사업 이익의 반을 주인인 임씨에게 배분하였다.

① 개성상인들의 상권이 확장됨에 따라 주인과 차인의 공동 출자 또한 확산되었다.
② 길드 제도나 커멘다 제도와 달리, 차인 제도에서는 개인의 능력에 따라 훈련 기간이 결정되었다.
③ 차인의 상행위로 손실이 발생할 경우, 주인은 해당 손실에 대하여 차인과 공동으로 책임졌다.
④ 개성상인은 영업 능력이 인정될 경우, 다른 사람이 훈련시킨 점원을 자신의 차인으로 발탁하였다.
⑤ 주인과 차인 간의 사업 이익 정산은 사적인 금전 관계와는 별개로 이루어지는 관습이 있었다.

5. 다음 글에서 알 수 있는 것은?

사람은 태어나는 순간부터 일정한 정신적 · 신체적 능력을 갖추어 성년자가 되기 전까지는 타인의 도움을 필요로 한다. 이러한 도움을 양육이라고 하는데, 여기에는 의식주의 제공뿐 아니라 정신적 · 신체적으로 건강하게 성장하는 데 필요한 환경 조성과 교육 제공 등이 포함된다. 미성년자의 양육자는 대개 부모이지만 부 또는 모 중 한 사람일 수도 있다. 부모가 부부로서 함께 살아가는 동안에는 공동으로 양육한다. 즉 양육과 관련된 모든 문제는 부모가 협의하여 결정하는 것이다.

미성년 자녀가 있는 부부가 이혼하려면 양육비 지급 의무와 면접교섭권의 내용이 정해져야 한다. 부모가 이혼하여 따로 살게 되더라도 법적으로 공동양육을 유지할 수는 있지만 대개 부모 중 자녀와 함께 사는 사람이 양육자로 정해진다. 이처럼 이혼 후 자녀를 직접 양육하는 사람을 양육친이라고 하고, 자녀를 직접 양육하지 않게 되는 사람을 비양육친이라고 한다.

비양육친은 양육친에게 양육비를 지급할 의무를 지는 한편, 자녀와 연락하고 만나면서 친밀한 인간적 관계를 유지하기 위해 필요한 협력을 양육친에게 요구할 수 있는 권리인 면접교섭권을 가진다. 면접교섭권은 이혼을 계기로 비양육친에게 주어질 수 있는 권리이다. 부부가 이혼하더라도 부모와 자녀 사이의 특별하고 긴밀한 인간관계는 헌법에 보장되는 인격권의 보호 대상이기 때문이다.

면접교섭의 구체적인 내용은 양육친과 비양육친 사이의 합의로 정해지는 것이 원칙이다. 그러나 면접교섭권에 대해서도 가족법의 대원칙인 자녀의 복리 원칙이 적용되므로, 법원은 자녀의 복리를 위해 필요하다고 인정되면 직권으로 개입할 수 있다. 법원은 양육친과 비양육친 간의 합의가 성립되지 못한 경우는 물론, 합의된 내용이 자녀의 복리를 저해한다고 인정되는 경우에도 개입할 수 있다. 이때 법원은 직접 면접교섭의 내용을 결정하거나, 당사자의 합의로 정해진 면접교섭의 내용을 제한할 수 있다. 심지어 법원은 면접교섭을 완전히 금지할 수도 있다.

① 비양육친은 양육비를 지급해야 면접교섭권을 행사할 수 있다.
② 이혼 후에는 양육에 관한 사항을 협의하기 어려워 공동양육이 불가능하다.
③ 부모가 부부로서 함께 살아가는 동안에는 부모 모두에게 면접교섭권이 인정된다.
④ 면접교섭권은 비양육친의 인격권을 실현하기 위해 미성년 자녀의 인격권을 제한하는 것이다.
⑤ 비양육친이 자녀와 친밀한 인간적 관계를 유지하기 위해 요구한 권리에 관하여 양육친과 합의한 내용이라 하더라도 법원에 의해 제한될 수 있다.

6. 다음 글에서 알 수 없는 것은?

한때 미국에서 유행했던 '빈곤문화론'이 많은 비판을 받고 있다. 빈곤문화론은 빈곤층이 특정 부류의 사람들로 구성되며 이른바 '빈곤의 문화', 즉 주류문화에서 크게 벗어난 일탈 문화를 공유하고 있다고 보는 관점이다. 그리고 이러한 문화가 사람들을 빈곤하게 만들 뿐만 아니라 세대에 걸쳐 대물림됨으로써 그들을 빈곤에서 벗어나지 못하게 한다고 강조한다. 그러나 이와 같은 주장은 오늘날 미국 사회에서 확인되는 다음의 사실들과 배치된다.

첫째, 빈곤층은 하나의 부류로 뭉뚱그릴 수 없는 다양한 특성의 사람들로 구성되어 있다. 소득수준이 공식적인 빈곤선 이하라는 점을 제외하고 빈곤층을 규정할 수 있는 인구통계학적 특징은 발견되지 않는다. 빈곤한 사람들은 그렇지 않은 사람들과 마찬가지로 연령, 성별, 인종, 학력 수준, 가족구성 등의 주요한 측면들에서 다양한 분포를 보인다.

둘째, 빈곤층과 비빈곤층은 문화적 특징으로 구분되지 않는다. 빈곤층에 속하는 많은 사람들도 독실한 기독교 집안의 안정된 직업을 가진 부모 밑에서 정규교육을 받고 자랐다. 비빈곤층과 마찬가지로 미국 사회의 보편적인 환경 속에서 성장한 것이다. 빈곤문화론이 주장하는 획일적인 빈곤의 문화란 허위적인 관념일 뿐이다.

셋째, 빈곤층의 규모와 구성은 끊임없이 변화한다. 빈곤층의 수는 해마다 증가하거나 감소하며, 수천 명이 빈곤층에 새로이 유입되는 동안 또 다른 수천 명은 빠져나간다. 또한 공식 통계에 따르면 보통의 미국인 다수가 성인기 동안 1년 이상의 빈곤을 경험한다. 빈곤은 누구에게나 닥칠 수 있는 사건이지, 일탈을 일삼는 부류의 사람들만이 필연적으로 겪게 되는 특별한 사건이 아니다.

빈곤문화론은 빈곤층을 주류문화로부터 완전히 동떨어진 계층으로 묘사함으로써 이론의 신빙성을 획득하고자 한다. 오직 이러한 전략을 통해서만 빈곤이 빈곤층의 자업자득이고, 보편적인 사람들의 정상적 삶과는 거리가 먼 현상이라고 주장할 수 있기 때문이다. 그러나 빈곤층은 빈곤하지 않은 사람들과 다르게 취급되어야 할 고유한 속성을 지니지 않는다.

① 빈곤문화론에 따르면, 빈곤층을 벗어날 수 없게 만드는 문화가 미국 사회에 존재한다.
② 빈곤문화론에 따르면, 미국 사회에서 빈곤한 사람들은 부모와 유사한 문화를 공유한다.
③ 미국 사회의 빈곤층에서는 다양한 가족구성 형태가 발견된다.
④ 미국 사회에서 빈곤층의 문화는 보편적인 사람들의 문화와 구별되지 않는다.
⑤ 미국 사회에서 빈곤층을 구성하는 사람들의 수는 일정한 범위 내에서 유지된다.

7. 다음 글의 ㉠~㉤을 문맥에 맞게 수정한 것으로 가장 적절한 것은?

> 스마트폰이 불러온 뉴미디어의 시대는 종이책과 같은 출판물은 물론 공중파 TV와 같은 미디어까지 구시대의 유물로 만들어 버렸다. 이러한 파급력은 인류가 한 번도 겪어 본 적 없는 것이다. ㉠ 유선 인터넷망이 설치되어 이를 통한 소통이 가능하게 되었을 때만 해도 이만큼의 파급력은 없었다. 사람들은 유선 인터넷망을 통해 소통할 수 있게 되었지만, ㉡ 인터넷으로 메시지를 전하려면 적지 않은 시간과 비용이 필요했기 때문이다.
>
> 그런데 스마트폰이 등장하면서 이러한 부동성(不動性) 문제가 극복되었다. 작은 화면과 모바일 네트워크 플랫폼이 결합된 스마트폰을 통해 사용자는 언제 어디서든 온라인 네트워크에 접속할 수 있게 되었다. 어느새 스마트폰은 사람들의 일상과 완전히 밀착되었다. ㉢ 우리는 틈만 나면 스마트폰을 확인하며 늘 어딘가와 연결되어 있다는 사실에 안도한다. 스마트폰은 전화기와 같은 사물이 아니라 나에게 말을 거는 '타자'로서 존재하는 것 같은 착각을 불러온다. 내가 타자를 응시하면 타자는 똑같이 나를 바라보며 여러 가지 표정을 통해 나에게 메시지를 보내고 나를 변화시킨다. 반면 사물에는 표정이 없다. 내가 아무리 책상을 바라봐도 책상은 그저 그곳에 놓여 있을 뿐이다. 사물은 나를 변화시키는 힘을 가지고 있지 않다. ㉣ 스마트폰은 책상과 마찬가지로 사물이다. 그런데도 나는 혹시 스마트폰의 부름을 놓쳤을까 봐 전전긍긍하게 된다. 이러한 분리 불안은 스마트폰이 사물이 아닌 타자로 받아들여지기에 발생하는 것이다.
>
> 사물을 타자로 혼동하는 것은 위험하다. ㉤ 스마트폰을 타자로 인식하는 순간 나는 스마트폰에 예속된다. 도구가 오히려 나를 지배하게 되는 역전 현상이 일어나는 것이다. 만약 진정한 타자 대신 스마트폰 자체를 타자로 받아들이게 되면 진정한 타자와의 만남은 점점 사라지게 될 것이다. 스마트폰이 진정한 타자들을 대체하며 내 주변에서 타자들의 흔적을 지워갈 것이기 때문이다.

① ㉠을 "인터넷망 설치와 이를 통한 교류가 가능하게 되었을 때 직면했던 파급력에는 미치지 못했다"로 수정한다.
② ㉡을 "이러한 소통은 유선 인터넷망에 랜선으로 접속되어 있는 컴퓨터 앞에서만 이루어질 수 있었기 때문이다"로 수정한다.
③ ㉢을 "그래서 스마트폰 중독 방지를 위해 특정 시간대에는 스마트폰을 사용하지 말자는 사회적 운동이 일어나기도 했다"로 수정한다.
④ ㉣을 "스마트폰은 이런 사물과 다르게 나를 변화시키는 타자이다"로 수정한다.
⑤ ㉤을 "스마트폰을 타자로 인식하는 순간 내 삶의 영역은 이전보다 확장된다"로 수정한다.

8. 다음 글의 (가)~(다)에 들어갈 말을 적절하게 나열한 것은?

> 기업의 사회적 역할에 대한 기대가 높아짐에 따라 기업의 사회적 기여를 실현하기 위한 프로그램이 개발되었는데, 그 대표적인 예로서 '사회적 책임 이행'을 들 수 있다. 여기에 속하는 활동은 성공적으로 진행되어 그 목표를 달성했더라도 기업의 (가) 까지는 이어지지 못했으므로, 기업의 입장에서는 이를 장기적으로 지속하기 어려웠다.
>
> 이에 비해 최근에 주목받고 있는 '공유가치 창출'은 기업이 사회적 기여라는 역할을 수행하면서 기업 자신의 핵심 역량 강화도 실현할 수 있는 활동을 뜻한다. 공유가치 창출이란 기업이 사업과 관련된 지역공동체 자체의 역량을 강화시키고 이를 통해 기업의 경쟁력도 향상시키는 활동이라고 할 수 있다.
>
> 사회적 책임 이행과 공유가치 창출은 지향점을 달리하기 때문에 활동의 모습도 다르게 나타난다. 그 예로서 세계적인 커피 회사인 X사의 사례를 들 수 있다. X사는 원산지 커피 농부들의 소득 향상을 위해 평균 시장가격보다 높은 가격에 커피 원두를 구매하는 고가 매수 프로그램을 운영했고 이것은 기업의 (나) 에 대한 대표적 사례로 거론된다.
>
> 그런데 X사가 새로 추진한 '캡슐커피 프로그램'은 공유가치 창출 프로그램이 종래의 사회 기여 프로그램을 어떻게 혁신할 수 있는가를 보여준다. 캡슐커피 프로그램에는 원산지 농부들에 대한 혁신적 농법 전수와 영농 자금 지원도 포함되어 있다. 이 프로그램이 정착된 지역에서는 커피 농부들의 소득이 고가 매수 프로그램만 운영되었던 시절에 비해 15배 이상 증가했다. 또한 커피 원두의 품질이 비약적으로 향상되었는데, X사의 고급 원두 시장에서의 매출액이 30% 이상 증가한 것은 이에 힘입은 것으로 평가된다.
>
> 이처럼 공유가치 창출은 장기적으로 기업과 지역사회의 건설적 관계를 추구하며 기업의 사회적 기여와 기업의 핵심 역량 강화의 (다) (이)라는 새로운 방향을 제시한다.

	(가)	(나)	(다)
①	핵심 역량 강화	사회적 책임 이행	통합
②	핵심 역량 강화	사회적 책임 이행	분리
③	핵심 역량 강화	공유가치 창출	통합
④	사회적 기여	사회적 책임 이행	분리
⑤	사회적 기여	공유가치 창출	분리

9. 다음 글의 핵심 주장으로 가장 적절한 것은?

민주주의가 발달한 오늘날 사회에서도 우리는 여전히 사회 곳곳에서 불평등, 차별, 부정의의 문제에 직면해 있다. 이러한 문제는 사회 전반의 권위 구조에서 기인한다. 그렇다면 민주주의 체제는 어떻게 이 문제에 대응할 수 있을까? 민주주의의 여러 담론들 중 대표적인 것은 민주주의를 집합적 의사결정에 이르는 특정한 규칙으로 바라보는 최소주의적 관점이다. 이 관점에서는 민주주의를 일정한 가치나 규범의 집합체가 아니라 권위주의와 구별되는 정치 과정의 한 형태로 여긴다. 유권자들이 주기적인 선거를 통해 대표자를 선출하거나 교체할 수 있는 과정이 곧 민주주의인 것이다. 이러한 관점은 정치적 대상이나 문제를 협소하게 제한하여 다양한 사회문제를 민주주의와 사실상 무관한 것으로 만든다는 한계가 있다. 따라서 적극적인 대응을 위해 새로운 관점이 요청된다.

보다 진정성이 있는 정치적 이상으로서 민주주의를 구현하려는 시도는 '민주주의의 민주화'라는 표현으로 집약되는 최대주의적 관점이다. 이 관점에서 핵심은 '참여'와 그것의 교육적 기능이다. 민주주의에서 말하는 참여의 의의는 그것을 통해 개인의 이해관계를 보호하고 관철하는 데 있는 것이 아니라, 누적된 참여의 경험이 장기적으로 개인과 사회에 가져오는 변화에 있다. 시민들은 참여를 통해 자기 자신을, 사적 개인을 넘어서는 공적 시민으로 이해하는 방법을 배우고 지적·도덕적으로 성장한다. 그리고 시민들의 활발한 참여를 통해 내려진 정치적 결정은 대표자들이 일방적으로 정하고 전달한 것에 비해 정당성과 수용성 면에서도 우월하다.

이와 같은 참여는 대표자를 선출하는 좁은 의미의 정치 과정에 국한되는 것이 아니라 사회 전반에서 작동하는 확장된 개념이다. 참여의 실천은 가까운 곳에서부터 시작할 수 있다. 예컨대 일반 시민이 일과 대부분을 보내는 일터에서부터 사회의 권위 구조를 개선하는 것이다. 자신이 속한 조직에서 다른 구성원들과 함께 공적 문제를 식별하고 이에 대해 의견을 교류하며 집합적 해결책을 모색하는 것이다. 비단 일터에서뿐 아니라, 개인이 속한 다양한 조직과 공동체에서도 이러한 참여의 실천이 이루어져야 한다. 참여를 통해 사회 전반의 권위 구조를 민주화하면 오늘날의 다양한 사회문제를 해결하는 데 있어 새로운 국면을 맞을 것이다.

① 사회 전반의 권위 구조를 민주화하는 실천은 시민의 일터에서부터 시작되어야 한다.
② 민주주의는 자신의 이해관계를 보호하고 관철하려는 시민의 참여를 통해 실현되어야 한다.
③ 오늘날 사회 곳곳에서 발생하는 사회적 불평등과 부정의의 문제는 선거를 핵심으로 하는 정치 과정을 통해 해소되어야 한다.
④ 민주주의가 발전하기 위해서는 대표자의 일방적 의사결정이 아닌 시민의 정치적 의사결정이 더 존중되어야 한다.
⑤ 오늘날 사회문제를 해결하기 위해서는 시민의 참여를 통해 사회 전반의 권위 구조가 민주화되어야 한다.

10. 다음 글에서 알 수 있는 것은?

디지털 매체가 확산됨에 따라 전통적인 읽기 방식인 '집약적 읽기'보다 '훑어 읽기'가 대세가 될 것으로 전망된다. 집약적 읽기는 책의 내용을 철저히 이해하기 위하여 처음부터 끝까지 집중하여 읽는 것이다. 반면 훑어 읽기는 본래 인쇄물이 증가하면서 급속히 확산된 읽기 방식인데, 특히 정보의 양이 비약적으로 증가한 디지털 매체에서는 그 신속성으로 인해 더욱 널리 퍼지게 되었다.

훑어 읽기의 패턴으로는 케이크 패턴, 점무늬 패턴, 표지 패턴, 우회 패턴 등 다양한 것들이 있지만, F자형 패턴이 대표적이라고 알려져 있다. 인터넷 사용자들을 대상으로 한 시선 추적 실험에서 주로 F자형 패턴이 발견되었기 때문이다. 실험 참가자들은 디지털 콘텐츠 영역의 위쪽 부분을 수평으로 이동하며 읽은 뒤, 그 아래쪽은 이전보다 짧게 수평으로 이동하며 읽는다. 그러고 나서 수직으로 이동하면서 문서의 왼쪽을 훑는다. 이처럼 눈동자가 움직이는 궤적이 F자 모양과 유사하기 때문에 F자형 패턴 읽기라고 불린다. 이는 특별히 시선을 끄는 단서가 없을 때 주로 나타나는데, 예를 들어 웹페이지가 제목, 기호, 표나 그림 등 유용한 안내 단서 없이 텍스트로만 제시되는 경우가 대표적이다.

그런데 F자형 패턴 읽기에는 단점도 있다. 학습이나 업무를 수행할 때는 중요한 정보를 놓칠 수 있기 때문에 효과적이지 않다. 그럼에도 많은 사용자들이 이 방식을 사용하는 이유는 충분한 노력을 들이지 않고 웹페이지에서 작업을 신속히 마치려고 하기 때문이다. 하지만 F자형 패턴 읽기로는 웹페이지에서 정보를 충실히 파악하기 어렵다. 우리 뇌가 정보를 직접적으로 통합하지 못하고 피상적인 활동만 수행하게 된다는 점도 F자형 패턴 읽기의 또 다른 단점이다. 정보를 F자형 패턴으로 읽다 보면, 이를 장기 기억으로 저장하기 어려울 뿐 아니라 유기적으로 구성하기도 어렵다. 그 결과, 읽기를 통한 학습과 사고에 문제가 발생할 가능성이 높아진다.

① 웹페이지를 읽는 경우, F자형 패턴 읽기는 시선을 끄는 단서가 없을 때 주로 사용된다.
② F자형 패턴 읽기는 디지털 매체에서 정보가 배치된 모양에 따라 붙여진 이름이다.
③ 학습이나 업무를 수행할 때는 F자형 패턴 읽기가 거의 사용되지 않는다.
④ 훑어 읽기는 읽기의 결과를 유기적으로 구성하는 데 효과적이다.
⑤ 훑어 읽기는 디지털 매체의 등장으로 나타난 읽기 방식이다.

11. 다음 글에서 추론할 수 있는 것만을 〈보기〉에서 모두 고르면?

사람의 폐는 한쪽 끝만 열려 있는 주머니 형태로 되어 있다. 이 때문에 폐에서 공기는 항상 일정하게 한 방향으로 흐르지 못하고 기도를 통해 들어오고 나갈 수밖에 없다. 이때 폐나 기도에 있는 공기를 완전히 비울 수 없으므로 언제나 폐나 기도에 공기가 남게 된다. 숨을 쉬는 동안 교환되는 공기량은 들이마시고 내쉬는 공기량을 측정하는 장치인 폐활량계로 직접 측정할 수 있지만, 폐나 기도에 남아 있는 공기량은 직접 측정할 수 없어 간접적인 방법을 이용해야 한다.

한편, 호흡 중 폐와 기도에 수용되는 공기량은 크게 네 종류로 나뉠 수 있다. 휴식 시 사람이 한 번 숨 쉴 때 들어오는 공기량과 나가는 공기량은 같다. 이때, 들이마시거나 내쉬는 공기량을 1회 호흡량이라고 한다. 우리는 의식적으로 공기를 1회 호흡량보다 더 들이마실 수 있는데, 최대로 공기를 들이마실 때 1회 호흡량에서 추가로 늘어나는 공기량을 흡식예비용량이라고 한다. 이와 반대로 의식적으로 공기를 1회 호흡량보다 더 내쉴 수 있는데, 최대로 공기를 내쉴 때 1회 호흡량에서 추가로 나가는 공기량을 호식예비용량이라고 한다. 공기를 최대한 내쉬고도 일부 공기는 여전히 폐와 기도에 남아 있는데 이 공기량을 잔기량이라고 한다. 다시 말해서 휴식 시 호흡 중에 1회 호흡량을 내쉬었을 때 폐와 기도에 남아 있는 공기량은 호식예비용량과 잔기량의 합이다.

이 네 종류의 공기량 중 두 가지 이상의 공기량의 합을 폐용량이라고 한다. 폐용량에는 여러 종류가 있다. 흡식예비용량, 호식예비용량, 1회 호흡량을 모두 합친 것을 폐활량이라고 한다. 폐활량과 잔기량을 합친 것은 전폐용량이라고 하며 1회 호흡량과 흡식예비용량을 합친 것은 흡식용량이라고 한다. 또한 호식예비용량과 잔기량을 합친 것은 기능적 잔기용량이라고 한다.

〈보 기〉

ㄱ. 전폐용량은 폐활량계로 직접 측정할 수 없다.
ㄴ. 폐용량을 크기가 큰 것부터 차례로 나열하면 전폐용량, 폐활량, 기능적 잔기용량, 흡식용량이다.
ㄷ. 공기를 최대한 들이마신 상태에서 폐와 기도 내에 들어 있는 공기량은 폐활량보다 크다.

① ㄱ
② ㄴ
③ ㄱ, ㄷ
④ ㄴ, ㄷ
⑤ ㄱ, ㄴ, ㄷ

12. 다음 글의 빈칸에 들어갈 말로 가장 적절한 것은?

페르마의 정리는 n이 2보다 큰 자연수일 때 $a^n+b^n=c^n$을 만족하는 양의 정수 a, b, c가 존재하지 않는다는 것이다. 그런데 페르마는 이에 대한 증명을 제시하지 않았고, 이를 증명하기 위해 수많은 수학자가 도전하였으나 아무도 성공하지 못했다. 그러다가 1993년 와일스가 마침내 페르마의 정리를 증명하게 되었다. 그는 어떻게 이를 증명했을까?

원래 와일스는 타원 방정식을 연구하고 있었고, 이는 페르마의 정리를 증명하는 문제와는 직접적인 관계가 없어 보였다. 그러던 중, 그는 다니야마와 시무라가 제시한 어떤 과감한 추측에 주목하게 되었고, 이 추측에 대한 연구 성과를 통해 페르마의 정리가 타원 방정식과 연관성이 있다는 사실을 알게 되었다. 다니야마와 시무라의 추측을 활용하여 와일스는 페르마의 정리를 다음과 같이 증명했다. 페르마의 정리가 거짓이라고 가정해 보자. 그렇다면 2보다 큰 어떤 자연수 n에 대해, $a^n+b^n=c^n$을 만족하는 양의 정수 a, b, c가 존재할 것이다. 이 가정을 A라고 하자. 그런데 A와 동치인 주장 B가 있다. B는 특정한 종류의 타원 방정식의 해가 존재한다는 것이다. 그런데 이미 '　　　'라는 것이 증명돼 있었다. 그리고 1993년 와일스는 다니야마와 시무라의 추측이 참이라는 것을 증명했다. 따라서 B는 거짓이고, 그것과 동치인 페르마의 정리가 거짓이라는 가정 A도 거짓이다. 이로써 와일스는 페르마의 정리가 참이라는 것을 증명해 낸 것이다.

① B가 거짓이라면, A는 거짓이다.
② 다니야마와 시무라의 추측이 참이라면, B는 참이다.
③ 다니야마와 시무라의 추측이 거짓이라면, A는 참이다.
④ B가 참이라면, 다니야마와 시무라의 추측이 거짓이다.
⑤ A가 거짓이라면, 다니야마와 시무라의 추측이 거짓이다.

13. 다음 대화에서 추론할 수 있는 것은?

갑 : 자율주행차가 상용화되면, 운전은 힘들지 않아.
을 : 자율주행차가 상용화되는 것은 부정할 수 없는 사실이지.
병 : 교통사고가 현저하게 줄어들려면 사람들이 더 이상 운전을 하지 않아야 하지만, 자율주행차의 상용화와 무관하게 사람들은 계속 운전해.
정 : 운전이 힘들지 않으면서 교통사고가 현저하게 줄어들지 않는 그런 경우는 없고, 자율주행차가 상용화되면 교통사고는 현저하게 줄어들지.
무 : 운전이 힘들다는 것도 사람들이 더 이상 운전을 하지 않는다는 것도 사실이 아니지만, 운전이 힘들지 않으면 교통사고는 현저하게 줄어들지.

① 갑의 말과 을의 말이 참이라면, 정의 말은 참이다.
② 갑의 말과 정의 말이 참이라면, 을의 말은 참이다.
③ 을의 말과 병의 말이 동시에 참일 수 없다.
④ 병의 말과 무의 말이 동시에 참일 수 없다.
⑤ 정의 말과 무의 말이 동시에 참일 수 없다.

14. 다음 글에서 갑이 새롭게 입수한 '정보'로 적절한 것은?

수사관 갑은 7명의 증인, A, B, C, D, E, F, G의 증언에 관해 다음과 같은 사실을 입수하였다.
○A의 증언이 참이라면, G의 증언은 참이 아니다.
○B의 증언이 참이라면, D의 증언도 참이다.
○C나 E의 증언이 참이라면, G의 증언도 참이다.
○F의 증언이 참이 아니라면, D의 증언도 참이 아니다.
갑은 이 사실에 새롭게 입수한 '정보'를 더하여 "A의 증언이 참이라면, F의 증언도 참이다."라는 결론을 이끌어내었다.

① A의 증언이 참이라면, B나 C의 증언은 참이다.
② B의 증언이 참이라면, F의 증언은 참이다.
③ C의 증언이 참이라면, A의 증언은 참이 아니다.
④ E의 증언이 참이라면, B의 증언은 참이다.
⑤ F의 증언이 참이라면, E의 증언은 참이 아니다.

15. 다음 글의 갑~병에 대한 분석으로 적절한 것만을 〈보기〉에서 모두 고르면?

코페르니쿠스는 『천구의 회전에 관하여』에서 "다른 방식에서 발견할 수 없는 천구의 운동과 크기 사이의 조화로운 관계를 태양 중심 체계에서는 발견할 수 있다."라며 자신의 이론을 옹호했다. 이에 대하여 갑~병은 다음과 같은 견해를 제시했다.
갑 : 천구의 운동은 시간 개념인 행성의 회전 주기를, 천구의 크기는 공간 개념인 행성의 회전 반경을 말한다. 지구 중심 체계에서 금성을 보자. 회전 반경은 화성보다 작고 수성보다 크지만, 회전 주기는 화성보다 짧고 수성과 같다. 이처럼 지구 중심 체계에서 회전 주기와 회전 반경의 관계는 일관되지 않지만, 태양 중심 체계에서는 모든 행성에서 회전 반경이 클수록 회전 주기도 커진다. 코페르니쿠스는 이를 조화로운 관계라고 하며, 태양 중심 체계가 미적으로 뛰어나다는 것을 근거로 자신의 이론을 옹호하고 있다.
을 : 지구 중심 체계와 달리 태양 중심 체계에서 회전 주기와 회전 반경 사이에 일관된 관계가 성립한다는 것은 분명하다. 하지만 코페르니쿠스가 미적인 이유만으로 자신의 이론을 옹호하지는 않았을 것이다. 조화로운 관계가 성립해야 하는 이유에 대한 코페르니쿠스의 입장을 추가로 확인해 봐야만 한다.
병 : 그가 태양 중심 체계를 옹호하는 근거 중 하나로 회전 주기와 회전 반경 사이의 일관된 관계가 지닌 미적 특징을 들었다는 것은 부정할 수 없다. 하지만 그 관계는 태양 중심 체계의 과학적 특징도 보여준다. 무언가를 예측할 수 있는 이론은 그렇지 않은 것들보다 과학적이다. 태양 중심 체계는 회전 주기와 회전 반경 사이의 관계를 이용하여 여러 행성들의 움직임을 예측할 수 있다. 하지만 지구 중심 체계로는 그와 같은 예측이 불가능하다. 예측 가능성도 그가 태양 중심 체계를 옹호한 근거 중 하나로 생각해야 한다.

〈보 기〉

ㄱ. 코페르니쿠스의 태양 중심 체계에서 행성의 회전 주기와 회전 반경 사이에 일관된 관계가 성립한다는 것에 갑, 을, 병 모두 동의한다.
ㄴ. 코페르니쿠스가 조화로운 관계를 미적으로 뛰어나다고 평가했다는 것에 대해서 갑은 동의하지만, 을은 동의하지 않는다.
ㄷ. 코페르니쿠스가 자신의 이론을 옹호하는 데 미적 우월성보다 예측 가능성을 더 중시했다는 것에 갑과 병은 동의한다.

① ㄱ
② ㄷ
③ ㄱ, ㄴ
④ ㄴ, ㄷ
⑤ ㄱ, ㄴ, ㄷ

16. 다음 글의 ㉠과 ㉡에 대한 평가로 적절한 것만을 〈보기〉에서 모두 고르면?

> 이산화 주석(SnO_2)을 이용한 음주 측정기는 음주자의 날숨에 포함된 에탄올이 이산화 주석의 표면에 달라붙으면 이산화 주석의 전기 전도도가 변하는 성질을 이용한다. 이산화 주석의 표면에는 이산화 주석의 전자를 빼앗은 산소가 음이온의 형태로 달라붙어 있다. 이 상태에서 날숨의 기체가 음주 측정기 안으로 들어가면 이산화 주석에 달라붙어 있던 산소 이온은 에탄올과 반응하는데, 이 반응 과정에서 산소 이온이 이산화 주석에 전자를 내어 준다. 따라서 에탄올 기체에 노출되면 이산화 주석의 전기 전도도가 서서히 커지다가 최댓값에 도달한다. 이때 전기 전도도의 최댓값은 에탄올 기체의 농도가 진할수록 크지만 유한한 값이다.
>
> 이산화 주석을 이용한 음주 측정기에서 전기 전도도의 변화는 저항값의 변화로 측정하는 것이 일반적이다. 전기 전도도보다는 저항값의 변화 측정이 용이하기 때문이다. 전기 전도도는 저항값에 반비례한다. 음주 측정기에서 측정한 저항값을 통해 날숨의 에탄올 농도를 알 수 있다.
>
> 이러한 음주 측정기에서 에탄올에 노출되기 전의 저항값과 에탄올에 노출된 후 도달한 저항의 최솟값의 차이를 에탄올에 노출되기 전의 저항값으로 나눈 값을 음주 측정기의 감도라 한다. 음주 측정기가 에탄올에 노출된 후 저항의 최솟값에 도달하는 데 걸린 시간을 음주 측정기의 반응시간이라 한다. 또한 날숨에 에탄올 이외의 다른 기체가 섞이더라도 에탄올 농도 측정 시 에탄올에 의한 저항값의 감소가 유지되는 정도를 선택도라고 한다. 예를 들어 에탄올 이외에 다른 기체가 날숨에 섞였을 때 음주 측정기의 감도가 많이 변한다면 선택도가 낮은 것이다. 감도, 반응시간, 선택도는 음주 측정기의 성능을 파악할 수 있는 중요한 지표이다.
>
> 두 회사 A와 B는 각각 이산화 주석을 이용한 음주 측정기 MA와 MB를 개발하여 출시하고자 한다. A는 ㉠ MA가 MB에 비해, 감도는 같으나 반응시간이 더 짧다고 주장한다. 반면 B는 ㉡ MB가 MA에 비해, 반응시간은 같으나 선택도가 더 크다고 주장한다.

〈보 기〉

ㄱ. 음주자의 날숨 샘플 S에 노출되기 전에는 저항값이 MA가 MB의 2배이고 S에 노출된 후 도달한 저항의 최솟값이 MA와 MB가 같다는 결과가 나오면, ㉠은 약화된다.

ㄴ. 에탄올 기체만 추가한 공기 샘플 S1과 S1에서 에탄올 기체 이외의 공기 일부를 같은 부피의 메테인 기체로 대체한 샘플 S2의 에탄올 농도 측정 시 전기 전도도의 증가량이 MB에서와 달리 MA에서 차이가 난다는 결과가 나오면, ㉡은 약화된다.

ㄷ. 음주자의 날숨 샘플 S에 노출되었을 때 전기 전도도가 최댓값에 도달하는 데 걸린 시간이 MA와 MB가 같다는 결과가 나오면, ㉠은 약화되고 ㉡은 강화된다.

① ㄴ
② ㄷ
③ ㄱ, ㄴ
④ ㄱ, ㄷ
⑤ ㄱ, ㄴ, ㄷ

17. 다음 글의 ㉠에 대한 평가로 적절한 것만을 〈보기〉에서 모두 고르면?

> 혼합물은 여러 물질이 섞여 있는 것이다. 혼합물 안에 어떤 물질이 있는지 알아보는 방법 중 하나는 흡수 분광법이다. 이 방법은 물질마다 빛을 흡수하는 성질이 다르다는 것을 이용한다. 흡수 분광법에서는 다양한 진동수를 가진 빛을 혼합물에 입사시키고, 어떤 진동수의 빛이 흡수되었는지를 분석하여 혼합물 내의 물질 조성을 알아낸다.
>
> 이때 한 물질이 다양한 진동수의 빛을 흡수하는 경우도 있고, 진동수가 같은 빛을 서로 다른 물질이 흡수하는 경우도 있다. 또한 혼합물에서 두 가지 물질 사이에 상호작용이 있는 경우 혼합물이 추가로 빛을 흡수할 수 있다. 이때 추가로 흡수하는 빛의 진동수는 각 물질이 흡수하는 빛의 진동수와 같을 수도 있고 다를 수도 있다.
>
> 한 과학자는 물질 A~C 중 두 개의 물질로만 구성된 혼합물 X와 혼합물 Y의 물질 조성을 알아내기 위해 X와 Y를 대상으로 흡수 분광법 실험을 수행하였다. 실험 결과, X는 진동수 I, II, III의 빛만을 흡수하였고, Y는 진동수 I과 II의 빛만을 흡수하였다. 과학자는 A가 진동수 I과 II의 빛만을 흡수하고, B가 진동수 III의 빛만을 흡수하고, C가 진동수 II의 빛만을 흡수한다고 가정하였다. 이 실험 결과와 가정을 바탕으로 과학자는 ㉠ X는 A와 B로 구성되어 있고, Y는 A와 C로 구성되어 있다고 주장하였다.

〈보 기〉

ㄱ. A는 진동수 I의 빛을 흡수하지 않고 C는 진동수 I의 빛을 추가로 흡수한다는 사실이 밝혀진다면, ㉠은 약화된다.

ㄴ. A와 B의 혼합물은 상호작용에 의해 진동수 III의 빛을 추가로 흡수한다는 사실이 밝혀진다면, ㉠은 약화된다.

ㄷ. A와 C의 혼합물은 상호작용에 의해 진동수 III의 빛을 추가로 흡수하고 B는 진동수 III의 빛을 흡수하지 않는다는 사실이 밝혀진다면, ㉠은 약화된다.

① ㄱ
② ㄴ
③ ㄱ, ㄷ
④ ㄴ, ㄷ
⑤ ㄱ, ㄴ, ㄷ

18. 다음 글의 가설 A와 B에 대한 평가로 적절한 것만을 〈보기〉에서 모두 고르면?

보통의 쥐는 물질 α의 양이 뇌의 영역 I보다 뇌의 영역 II에서 더 적다. 한 과학자는 쥐가 행동 K를 할 때 이 두 영역 속에 있는 물질 α의 역할이 중요하다고 생각한 후, 다음 가설 A와 B를 설정하고 실험을 수행하였다.

〈가설〉

A : 쥐의 뇌의 영역 I에서 물질 α의 양이 증가하면 그 쥐가 행동 K를 할 가능성이 커지고, 영역 II에서 물질 α의 양이 감소하면 그 쥐가 행동 K를 할 가능성이 커진다.

B : 쥐의 뇌의 영역 I과 영역 II에서 물질 α의 양 차이가 커질수록 그 쥐가 행동 K를 할 가능성이 커진다.

〈실험〉

물질 α의 생성을 촉진하는 유전자를 쥐의 뇌에 주입하면 주입된 부위에서만 물질 α의 양이 증가하고, 물질 α의 분해를 촉진하는 유전자를 쥐의 뇌에 주입하면 주입된 부위에서만 물질 α의 양이 감소한다. 과학자는 보통의 쥐를 다음과 같이 세 그룹으로 나누고 실험을 수행하였다.

○그룹 1 : 아무런 처리를 하지 않았다.

○그룹 2 : 영역 I에 물질 α의 생성을 촉진하는 유전자를 주입하였다.

○그룹 3 : 영역 II에 물질 α의 분해를 촉진하는 유전자를 주입하였다.

이후 각 그룹의 쥐들에서 행동 K를 하는 쥐의 비율을 측정하였다.

〈보 기〉

ㄱ. 측정된 비율이 그룹 2와 그룹 3 모두 그룹 1과 차이가 없었다면, A는 강화된다.

ㄴ. 측정된 비율이 그룹 2와 그룹 3 모두 그룹 1보다 낮았다면, A는 약화된다.

ㄷ. 측정된 비율이 그룹 2와 그룹 3 모두 그룹 1보다 높았다면, B는 약화된다.

① ㄱ
② ㄴ
③ ㄱ, ㄷ
④ ㄴ, ㄷ
⑤ ㄱ, ㄴ, ㄷ

※ 다음 글을 읽고 물음에 답하시오. [19~20]

한 사회에서 한 언어를 사용할 때 우리는 어떤 표현을 사용할까에 대한 언어 선택을 하게 된다. 예컨대, 상황에 따라 우리는 존댓말을 쓰거나 반말을 쓰기도 한다. 다언어를 사용하는 이민 사회에서도 언어 선택 현상이 일어난다. 3대가 사는 집에서, 부모가 조부모와 대화할 때는 한국어를 쓰다가도 자식과 말할 때는 현지어를 쓰는 경우가 매우 흔하다.

다언어 사회에서 언어 선택이 일어나는 유형에는 '코드 바꾸기' 방식과 '코드 뒤섞기' 방식이 있다. 코드 바꾸기는 앞에서 언급한 사례에서처럼 한 언어를 쓰다가 다른 언어로 바꾸어 말하는 현상으로, 직장에서 영어를 쓰다가 집에 와서는 한국어를 쓰는 경우이다. 이런 언어 선택은 한 사람이 말할 때뿐만 아니라 두 사람이 대화할 때도 일어날 수 있다. 가령 아이는 계속 영어로 말하고 엄마는 계속 한국어로 말하면서 대화를 이어가는 경우가 그렇다. 이 경우, 아이와 엄마의 대화에서는 코드 바꾸기가 일어나고 있는 것이다.

코드 뒤섞기의 전형적인 사례는 어느 한 언어를 주축으로 사용하면서 다른 언어의 요소를 사이사이에 삽입하여 주축 언어의 규범을 위반하는 경우이다. 이때 삽입되는 다른 언어의 요소는 단어나 구(句)일 수도 있고 그보다 더 큰 단위일 수도 있다. 예를 들어 "그 친구는 정말 나이스해."는 코드 뒤섞기에 해당한다. '나이스'와 같은 외국어를 삽입해 쓰는 것은 주축 언어인 한국어 규범을 위반하기 때문이다. 하지만 삽입된 단어가 주축 언어에서 이미 정착된 차용어인 경우는 주축 언어의 규범을 위반하지 않는다. 그 단어가 주축 언어의 규범을 위반하지 않는다는 것은 우리가 그 단어를 더는 외국어로 취급하지 않는다는 의미이다. 가령, "나 커피 한 잔 줘."와 같은 문장은 코드 뒤섞기가 아니다. '커피'는 이미 한국어에서 정착된 차용어이기 때문이다. 그런데 만일 '커피'를 [kɔ́:fi]로 발음하여 영어 발음 규칙에 충실한 방식으로 사용한다면 이것은 코드 뒤섞기의 범주에 들어간다.

뒤섞이는 것의 단위가 문장일 때도 같은 기준이 적용된다. 이민 사회에서 모국어가 한국어인 아이와 부모가 대화하면서 한국어와 영어를 번갈아 쓰는 상황을 상상해보자. 이 아이는 대화하면서 처음에 한국어를 계속 사용하다가 어느 시점부터는 영어로 바꾸어 말할 수도 있고, 그러다가 어떤 경우는 한 언어를 주축으로 삼아 다른 언어의 문장을 그 안에 뒤섞어 말할 수도 있다. 그 아이가 한국어를 주축 언어로 하여 "나는 정말로 I am happy다."라고 하면, 이는 (가) 코드 뒤섞기의 범주에 해당한다.

그럼, "내가 소문을 들었는데요, he was hired."라고 말하는 경우는 어떤가? 이 경우에는 한국어가 주축인지 영어가 주축인지 확정할 수 없다. 이렇게 두 언어 모두 주축 언어가 될 수 있는 경우에는 또 다른 판단 기준을 고려할 수 있다. 각 언어의 규범과 문법 중 어느 것도 위반하지 않은 경우에는 코드 바꾸기 사례에 해당하고, 어느 한 언어의 규범이나 문법을 위반한 경우에는 코드 뒤섞기 사례에 해당한다. 한국어 부분인 "내가 소문을 들었는데요"는 한국어 규범과 문법에 충실하고 영어 부분인 "he was hired"는 영어 규범과 문법에 충실하므로 위 경우는 (나) 로 볼 수 있다.

19. 위 글의 (가)와 (나)에 들어갈 말을 적절하게 나열한 것은?

① (가) : 주축 언어의 규범을 위반하므로
 (나) : 코드 바꾸기
② (가) : 주축 언어가 무엇인지를 확정할 수 없게 하므로
 (나) : 코드 바꾸기
③ (가) : 주축 언어의 규범을 위반하므로
 (나) : 코드 뒤섞기
④ (가) : 주축 언어가 아닌 언어의 규범을 위반하므로
 (나) : 코드 뒤섞기
⑤ (가) : 주축 언어가 아닌 언어의 규범을 위반하므로
 (나) : 코드 바꾸기

20. 위 글에서 추론할 수 없는 것은?

① "피아노 선율이 아름답다."라는 문장에서 '피아노'의 사용이 코드 뒤섞기가 아닌 경우, 우리는 '피아노'를 외국어로 취급하지 않는 것이다.
② 뒤섞이는 언어의 단위가 문장이고 사용되는 두 언어 중 주축 언어가 무엇인지 확정되지 않았을 때, 코드 뒤섞기는 일어나지 않는다.
③ "나는 피자를 좋아한다."라는 문장에서 '피자'를 영어 발음인 [píːtsə]로 발음하면 코드 뒤섞기가 된다.
④ 같은 언어를 모국어로 사용하는 두 사람이 대화할 때도 코드 뒤섞기 현상이 발생할 수 있다.
⑤ 다언어 사회가 아닌 곳에서도 언어 선택 현상이 일어날 수 있다.

21. 다음 글의 내용과 부합하는 것은?

조선 건국 이래 행정도시로 기능했던 서울은 조선 후기에 이르러 상업 도시로서의 성격을 띠게 되었다. 조선 전기에도 종루 주변에 시전이 설치되어 있어 상거래가 이루어지고 있었지만, 주로 특정 물품의 독점 판매권을 가진 시전상인들에 의해 왕실과 관아를 대상으로 이루어진 것이었다. 그러나 17세기 이후 전국적으로 장시 개설이 증가하고 유통 규모가 커지면서 서울은 상업 도시로서의 면모까지 갖추게 되었다.

여기에서 주목할 만한 것은 서울의 인구 증가이다. 인구 증가는 자연적인 증가 이외에도 농촌에서 터전을 잃고 유랑하는 농민들이 새로운 생업을 찾아 서울로 모여들면서 이루어졌다. 17세기부터 발생하기 시작한 잦은 기근과 흉년으로 인하여 전국에서 수많은 유민이 발생했고, 이들은 구휼처를 찾아 도회지인 서울로 모여들었다.

숙종 대에는 서울의 인구가 늘어나서 집을 지을 자리가 부족할 정도였다. 숙종 26년 천변(川邊)에 인접한 도로를 침범한 민가가 500호에 달했다는 기록을 확인할 수 있다. 그런데 이를 모두 헐어버리면 소요가 일어날 우려가 있어서 정부는 침범 정도가 심한 집만 철거했다. 거주지에 대한 단속이 강화될 경우 집단 민원이 발생할 것을 우려하는 정도가 된 것이다.

정조 대에 편찬된 『호구총수』에 의하면 도성 안뿐 아니라 도성 밖의 인구도 증가했음을 알 수 있다. 서울 외부로부터 유입된 인구가 도성 외곽에 집단적으로 거주하면서 나타난 현상이었다. 일례로 1789년 파악된 서울의 호구 수는 43,929호에 189,153구였고, 그중에 성 밖의 호구 수는 21,835호에 76,782구로 서울 전체 호구 수의 절반 가까이 차지하고 있었다.

서울의 인구가 증가하면서 소비도 크게 증가했다. 이에 따라 조선 전기부터 있었던 종루 주변의 시전 이외에 이현, 칠패, 마포 등 사상인(私商人)들의 새로운 교역처가 생겨났다. 종루 주변 시전을 독점하던 시전상인과 달리, 사상인은 새로운 교역처를 탐색하며 상권을 확장했고 점차 그 세력을 키워나갔다. 서울의 상권이 활성화되자 서울을 중심으로 전국적인 시장망이 형성되기 시작하여, 상품의 수요가 증대되고 상품의 종류나 교역량도 크게 늘었다.

① 조선 후기에 상품 수요 및 소비 여력의 증대로 인하여 서울의 인구가 급증했다.
② 숙종 대에는 서울의 인구가 증가하면서 주거지가 도로를 침범하는 일까지 벌어졌다.
③ 조선 후기로 가면서 종루 주변 시전상인들은 이현, 칠패, 마포 등지로 상권을 확대해 나갔다.
④ 1789년 서울에서는 도성 밖의 호구 수가 성안의 호구 수보다 더 많아지는 현상이 일어났다.
⑤ 17세기부터 기근과 흉년으로 인해 발생한 수많은 유민은 전국적으로 형성된 시장망을 따라 이동하면서 서울로 모여들었다.

22. 다음 글의 내용과 부합하는 것은?

조선시대 사대부들의 모임은 계회라고 불렸는데, 그중 관료들의 모임은 관료계회 또는 줄여서 요계라고 불렀다. 요계는 동관계회, 동경계회, 동방계회, 동향계회, 도감계회 등으로 구분되었다. 동관계회는 같은 관청에 근무하는 관료들만의 모임으로, 동관계회에 속한 관료는 자신이 근무하는 동안에만 그 요계에 참여했다. 동관계회는 수시로 열렸는데 관료가 교체될 때는 반드시 개최하여 전입자를 환영하거나 전출자를 환송했다. 나이가 같은 이들의 모임인 동경계회, 과거에 같이 급제한 동료들의 모임인 동방계회, 고향이 같은 관료들의 모임인 동향계회는 정기적으로 개최되기도 하고 비정기적으로 개최되기도 했다. 동경계회, 동방계회, 동향계회에 속한 관료는 일생 동안 이 모임에 참여했다. 도감은 국장도감처럼 일시적인 국가의 업무를 처리하기 위해 설치된 임시 관청이었으므로, 도감계회는 도감의 일이 끝난 뒤 도감이 폐지될 때 한 차례 개최되고 나서 해체되었다.

계회는 한가한 시기에 주로 한양 근처의 야외에서 이루어졌다. 사대부들은 대부분 한양 근처의 명소를 방문하여 음주가무를 즐겼다. 그들은 시, 문장, 그림 세 가지에서 뛰어난 경지에 오르는 것을 삼절이라고 하여 사대부의 이상으로 여겼다. 계회의 참석자들은 아름다운 경치를 감상하고 시와 문장으로 이를 표현했으며, 참석자 중 글씨를 잘 쓰는 사람이 계회에서 이루어진 활동을 기록했다. 그리고 직업 화가에게 의뢰하여 계회의 모습을 그림으로 남겼다. 이 그림을 계회도라고 불렀다. 가장 많이 그려진 계회도는 동관계회도로 육조, 사헌부, 승정원, 의금부 등의 계회도가 있었다.

계회도는 표제, 풍경, 좌목으로 이루어졌다. 표제는 계회의 종류를 밝힌 것으로, 예를 들어 '독서당계회도'는 국가의 인재를 양성하는 기관인 독서당이란 관청의 계회를 그린 계회도의 표제이다. 계회도의 풍경은 계회의 모습과 계회가 열린 지역의 실제 경치를 묘사했다. 좌목에는 참석자들의 관직, 본관, 성명, 자호를 기록했는데, 때로는 일부 참석자의 부친의 성명, 관직, 본관, 자호까지 추가로 기록하여 관료로서의 소속감과 자부심뿐 아니라 가문 의식까지 표현했다.

① '독서당계회도'는 동경계회의 모습을 그린 그림의 표제였다.
② 도감 소속 관료들의 모임을 그린 계회도는 도감 설치 때 그려졌다.
③ 동방계회의 계회도는 참석한 관료 중 그림에 능통한 사람이 그렸다.
④ 사헌부 소속 관료는 자신이 사헌부에서 근무하는 기간 동안만 동향계회에 참여했다.
⑤ 계회도의 좌목에는 계회에 참석하지 않은 사람의 관직, 본관, 자호를 기록하는 경우도 있었다.

23. 다음 글에서 알 수 있는 것은?

이라크 남부의 우루크 지방에서 발굴된 수메르 유적은 놀라울 정도의 체계를 갖춘 회계 자료를 포함하고 있다. B.C. 8000년경부터 B.C. 2000년경까지 약 6,000년에 걸쳐 누적된 유적에서 다양한 진흙 토큰이 담긴 진흙 용기가 대량으로 출토되었다. 여기서 토큰은 대추야자, 보리, 양, 염소, 오리, 사람, 수공업 제품 및 서비스 등과 같은 다양한 재화와 서비스를 각각 상징하는 작은 형상물로 진흙을 구워 만든 것이다. 이 토큰을 담은 용기 역시 진흙을 구워 만들었고 항아리 모양이었다.

이 유물들은 당시 상인 또는 재산관리인의 상거래 기록을 나타낸 것이다. 진흙 용기는 채권자 또는 채무자를 의미하고, 그 용기 속에 포함된 토큰은 채권이나 채무를 의미한다. 약 6,000년에 걸쳐 분포된 이 회계 유물을 쐐기문자의 도입 시기인 B.C. 3250년경을 기준으로 전후 시기를 나누어 분석한 결과, 시기별로 차이를 보인다. 이전 시기의 토큰과 용기는 형태나 색상, 사용 방식이 단순하고 엉성했다. 이후 시기에는 토큰의 형태나 색상이 훨씬 다양해지고, 토큰들을 실로 연결한 꾸러미가 사용되기도 하고, 용기 속에 담겨 있는 토큰의 총 개수를 용기 외벽에 표시하는 등 복잡하고 정교해졌다.

수메르인은 거래가 발생하면 용기 속에 토큰을 넣어 보관하는 방식으로 거래를 기록했다. 기본적인 거래 기록 방식을 살펴보자. 가령 채권자 A가 채무자 B에게 보리 25단위를 빌려주고 이자로 보리 3단위를 받기로 계약했다. 이때 A는 용기 속에 보리 1단위를 의미하는 같은 토큰을 28개 넣은 다음 밀봉하여 보관하였다. 상환 시점이 되면 A는 B가 보는 앞에서 밀봉한 용기를 깨뜨려 약속한 원금과 이자를 받았다.

상거래를 많이 하던 상인이나 기업에서는 토큰과 용기를 회계장부처럼 사용하였다. 가령 상인 C가 5명의 고객에게 재화를 빌려주고, 다른 5명의 고객에게 재화를 빌렸다고 가정해 보자. C는 이 거래 상황을 기록하기 위해 10개의 용기 속에 각 거래 내역에 해당하는 토큰을 넣어 두었다. 채무자와 채권자를 쉽게 식별하기 위해 전자의 5개 용기에는 빨간색, 후자의 5개 용기에는 파란색 실을 둘러 표시하였다. 이 용기들은 인명 계정으로 각각 고객별 채권 · 채무 사항을 기록한 것이다.

① 수메르인은 상거래 규모가 증대함에 따라 재화만 표시하던 토큰을 서비스를 표시하는 데에도 사용하였다.
② 수메르에서 B.C. 2000년경 이전에는 진흙 토큰과 용기로, 그 이후로는 쐐기문자로 상거래 기록을 하였다.
③ 수메르인은 쐐기문자를 도입하기 전부터 실로 묶은 토큰 꾸러미를 사용하여 채권이나 채무를 표시하였다.
④ A와 B 사이의 거래 내역을 담고 있는 용기를 깨뜨려 보면 원금과 이자의 총합을 확인할 수 있었다.
⑤ C가 용기에 둘러놓은 실의 색에 따라 그 용기에 담겨 있는 토큰의 형태나 색깔이 달랐다.

24. 다음 글에서 알 수 있는 것은?

뉴기니는 식물을 독자적으로 작물화하여 식량 생산을 시작한 중심지 중 하나이다. 뉴기니인은 부족사회를 조직했고, 농경 및 어업에 필요한 여러 기술을 사용할 수 있었다. 하지만 19세기 말까지 뉴기니는 농경을 시작한 다른 지역들에 비해 인구가 가장 적었다. 뉴기니인은 당시까지도 석기를 사용했으며 문자도 없었고 국가를 조직하지도 못했다. 이처럼 뉴기니가 발전하지 못한 데에는 몇 가지 요인이 있었다.

뉴기니에는 가축의 종류와 수가 부족했다. 가축은 돼지와 닭 두 종류밖에 없었고, 그 수도 너무 적어서 사람들이 단백질을 섭취하는 데 큰 도움이 되지 못했다. 또한 돼지와 닭은 수레를 끌지 못해 뉴기니인은 인간의 근력 말고는 다른 동력원을 갖지 못했다. 이로 인해 부족 간 경제적 · 문화적 교류가 부족할 수밖에 없었다. 더구나 다양한 동물과의 접촉은 장기적으로 질병에 대한 면역력을 발달시키는데, 가축의 종류가 다양하지 못한 탓에 유럽 침입자들이 가져온 유행병에 대응할 만한 면역력도 발달하지 못했다.

뉴기니 지형이 험준했던 것도 한 원인이었다. 일단 식량 생산 지역이 매우 부족했다. 뉴기니의 고지대에는 많은 인구를 먹여 살릴 수 있는 널찍한 골짜기가 많지 않다. 뉴기니에서는 해발 1,200~2,700m의 중간 산지만이 집약적 식량 생산에 적합하였고, 해발 2,700m 이상 고산지대와 해발 300~1,200m 사이 산비탈에서는 식량 생산이 거의 없었다. 저지대에서는 인구밀도가 낮은 지역에서만 이루어지는 화전 농업을 통해 식량을 생산했지만, 그 양은 매우 적었다. 또한 험준한 지형은 부족 간 교류를 어렵게 만들었고 부족들은 여러 갈래로 분열되었다. 오랜 기간 분열된 부족들은 서로 다른 언어를 사용했고 이는 부족을 통합하는 데 걸림돌이 되었다.

이러한 이유들이 합쳐져 비슷한 시기에 농경을 시작한 다른 지역들과 달리 뉴기니는 적은 인구수에서 벗어나지 못했고, 과학기술을 발전시키고 문자 및 정치체제를 갖출 수 있는 기반을 마련하지 못했다.

① 뉴기니의 인구는 가축을 기르기 시작하면서부터 증가하였다.
② 뉴기니에서 식량 생산은 주로 저지대에서 대량으로 이루어졌다.
③ 뉴기니는 부족 간 교류가 매우 드물고 지형이 험준하여 외부에서 유입되는 유행병으로부터 비교적 안전하였다.
④ 뉴기니의 부족사회를 통합하여 국가로 발전시킨 핵심적인 요인은 석기와 문자의 사용이었다.
⑤ 뉴기니인의 부족한 동력원은 뉴기니의 발전을 저해하는 요인 중 하나였다.

25. 다음 글의 내용과 부합하는 것은?

물은 모든 인간이 이용해야 할 보편적 재화이다. 19세기 서구 국가들은 물 공급을 공공 서비스로 여기고 국가 재정을 통해 인프라를 구축했다. 그러나 오랫동안 제국의 식민지였던 아프리카, 아시아, 라틴아메리카의 국가들은 독립 이후에도 심각한 물 부족 문제에 시달렸다. 이에 물 공급을 민영화하자는 주장이 제기됐는데, 그 주장의 핵심은 공적 자금이 부족하니 선진국의 민간 기업이 상수도 건설에 투자하도록 유도하고 사용료를 거둬 투자금을 회수할 수 있게 하자는 것이었다. 이 탈식민지 국가들은 세계 경제불황의 여파로 재정 상태가 더욱 악화되었기 때문에 이러한 주장을 받아들여 1980년대부터 물 공급 민영화를 국가 정책으로 추진했다.

한편, 영국 등 일부 선진국들에서도 재정 긴축을 명분으로 이러한 민영화가 시작되었다. 정책결정자들은 물을 다른 상품들처럼 사적 소유가 가능한 재화로 간주했으며, 시장을 통해 물의 효율적 공급과 합리적 소비가 더욱 잘 이루어질 것이라고 믿었다. 반면, 부작용을 우려하여 민영화에 반대하는 사람들은, 물이 여타의 상품이나 생활필수품과는 성격이 근본적으로 다른 재화임을 강조했다. 물은 생태계에 필수적인 자원으로서 대체재가 없으므로, 그 누구도 물의 공급을 독점해서는 안 된다는 것이다. 따라서 공적 관리가 필수적이며, 합리적 소비 또한 공동체 단위에서 더 효율적으로 이루어질 수 있다고 주장했다. 그러나 이러한 우려에도 불구하고 민영화의 흐름은 가속되었다.

1992년 더블린 국제회의에서는 물이 경제적 가치를 지닌 시장 재화로서 경쟁적 사용의 대상이 되어야 한다는 선언문이 채택되었다. 이를 계기로 물 공급을 전문으로 하는 다국적 기업의 활동이 더욱 본격화되었는데, 특히 프랑스와 영국의 기업들은 탈식민지 국가들에 진출하여 큰 수익을 누렸다. 시장 논리에 따라 한 국가 안에서도 인구밀도가 높고 부유한 도시부터 공략되었다. 그리고 인구밀도가 낮은 농촌 지역은 소비가 크지 않기 때문에 다국적 기업이 물 사용료를 도시보다 더 높게 책정하여 주민들의 부담이 가중되었다.

① 탈식민지 국가들은 물을 여타의 상품처럼 사적 소유가 가능한 재화로 간주하는 선진국 정책결정자들의 관점을 거부했다.
② 물 공급을 전문으로 하는 다국적 기업의 진출로 인해 한 국가 내에서 물 사용료의 지역 간 차이가 발생했다.
③ 탈식민지 국가들에서 물 공급은 국가 재정을 동원한 공적 자금의 투입을 통해 안정되었다.
④ 1992년 더블린 국제회의의 선언은 시장 논리에 따른 물 공급을 반대하기 위한 시도였다.
⑤ 선진국들에서 물 공급 민영화 정책은 이견 없이 수용되었다.

26. 다음 글의 빈칸에 들어갈 말로 가장 적절한 것은?

> 역사적으로 볼 때 지식은 개별 분과 학문, 즉 학제 안에서 생산되어 왔으며, 학제는 지식이 생산되는 가장 일반적인 장소이다. 학제는 뚜렷한 경계가 있는 지식 영역으로 공통의 언어, 연구 대상과 질문, 방법론적 가정과 도구, 이론과 모범 사례들을 지닌다. 학제가 작용하는 방식은 '학제적 코드'라는 개념을 통해 이해할 수 있는데, 이는 학제가 의례화되고 규범화된 특정 방식으로 지식 생산을 통제하고 표준화한다는 것을 의미한다.
>
> 그런데 학제적 연구는 현대사회에서 인류가 직면한 문제들을 다루는 데 있어 한계를 드러내고 있다. 이러한 문제들이 학제의 경계선에 맞춰 발생하지 않기 때문이다. 기후변화, 디지털 격차, 구조적 불평등과 같은 많은 문제들이 본질적으로 학제의 질서에 따라 정의될 수 없는 초학제적인 문제이므로, 이러한 문제를 다루려는 시도는 초학제적이어야 한다.
>
> 초학제적 연구는 학제가 아니라 문제에서 시작된다. 학제적 연구의 전통에서 문제 도출은 연구자의 학제에 근거하지만, 초학제적 연구에서는 학제의 이론이나 방법과 상관없이 문제 자체가 연구 과정의 중심에 놓인다. 연구자의 질문이 '내 학제에서 수용 가능한 문제는 무엇이며, 내 학제는 이 문제를 어떻게 다룰 것인가?'에서 '현실 세계에서 해결되어야 할 문제는 무엇이며, 어떻게 하면 그러한 문제를 가장 완전하게 다룰 수 있는가?'로 바뀌는 것이다. 이렇듯 초학제적 연구는 문제 해결을 위해 학제의 의례와 규범을 초월하며, 개별 학제들로 환원될 수 없는 새로운 개념적, 이론적, 방법론적 프레임워크를 혁신적으로 개발한다.
>
> 그런데 초학제적 연구의 필요성이 강조될수록 연구자들은 두려움을 느낀다. 학제가 무용화될 것이라고 여기는 것이다. 그러나 초학제적 연구에서 강조되는 중요한 자산은 자신의 학제에 정통할 수 있는 연구자의 역량이다. 학제를 초월한다는 것은 연구자가 자신의 뿌리를 잘라 내는 것이 아니라 지평을 넓히는 것을 의미한다. 그래야만 자신의 학제와 다른 학제들로부터 자원과 전문성을 끌어모으고 혁신적으로 통합하여 현실 세계의 문제에 총체적으로 대응할 수 있기 때문이다. 따라서 [ ]고 결론지을 수 있다.

① 학제에 정통한 연구자일수록 초학제적 연구의 필요성을 수용하지 못한다
② 초학제적 연구를 수행하려는 연구자는 학제 내 수용성을 고려하여 주제를 선정해야 한다
③ 학제의 의례와 규범에 따라 기존의 프레임워크를 개선하는 탁월한 연구자가 초학제적 연구를 선도하게 된다
④ 초학제적 연구는 현실의 문제를 해결하기 위해 학제적 코드를 초월하지만 학제의 폐쇄를 가져오지는 않는다
⑤ 연구자들은 초학제적 연구에서의 문제를 자신의 학제에서도 해결하기 위해 어떻게 학제적 코드를 개선할지 고민해야 한다

27. 다음 글의 (가)와 (나)에 들어갈 말을 적절하게 나열한 것은?

> 예술 작품의 대중적 성공은 단순히 그 작품의 미적 수준이 높은가 낮은가로 판단할 수 없다. 대중은 예술적으로 가치 있다고 여겨지는 것을 작품을 통해 이해하고 수용할 수 있을 때 열광한다. 이러한 관점에서 [(가)]. 왜냐하면 오늘날 영화가 아닌 그림이나 시 등의 작품은 특별한 훈련을 받지 않은 사람으로서는 거의 이해할 수 없게 되어 있기 때문이다. 그림이나 시의 의사 전달 형식은 그 장르 특유의 발전을 거치면서 일종의 암호처럼 되어버린 것이다. 따라서 시와 그림은 대중적일 수 없다. 그에 반해 아무리 초보 영화 관객이라도 새로 만들어지는 영화의 관용적 표현들을 이해하는 일은 어렵지 않다.
>
> 그런데 영화가 다른 장르에 비해 대중적으로 큰 성공을 거두고 있다고 해서, 이러한 영광이 지속될 것이라는 보장은 없다. 현재 영화에 대한 대중의 지적 수용이 용이한 것은 영화가 다른 장르의 예술에 비해 생겨난 지 얼마 안 된 일종의 '젊은 예술'이기 때문이다. 어쩌면 한 세대만 지나도 영화의 표현 수단을 다 이해할 수 없을지도 모르며, 이 분야에서도 조만간 전문가와 문외한을 가르는 분열이 생길 것이다.
>
> [(나)]. 왜냐하면 어떤 예술 장르가 오래되면 과거로부터 이어져 온 발전 단계들을 알고 있어야 그 현재를 이해할 수 있기 때문이다. 어떤 예술을 이해한다는 것은 그 내용과 형식의 적절한 결합을 인식한다는 것을 말한다. 예술이 젊을 때에는 내용과 표현 형식 사이의 관계가 자연스럽고 단순하다. 즉 내용에서 형식으로 통하는 길이 바로 열려 있는 셈이다. 그런데 세월이 흐르는 동안, 이러한 형식들은 내용들에서 점차 멀어지고 독립하게 되며, 결국 내용 없는 공허한 형식들은 특별한 교양을 쌓은 소수의 계층밖에 이해할 수 없게 된다.

① (가) : 우수한 영화가 대중적 성공을 거둘 확률은 우수한 그림이나 시의 경우보다 훨씬 높다
  (나) : 오직 젊은 예술만이 대중적일 수 있다
② (가) : 우수한 영화가 대중적 성공을 거둘 확률은 우수한 그림이나 시의 경우보다 훨씬 높다
  (나) : 오직 대중적인 예술만이 내용과 형식이 참신하다
③ (가) : 대중적으로 성공한 영화는 대중적으로 성공한 그림이나 시보다 전달 형식이 더 우수하다
  (나) : 오직 젊은 예술만이 대중적일 수 있다
④ (가) : 대중적으로 성공한 영화는 대중적으로 성공한 그림이나 시보다 전달 형식이 더 우수하다
  (나) : 오직 대중적인 예술만이 내용과 형식이 참신하다
⑤ (가) : 예술 작품으로서 영화는 예술 작품으로서 그림이나 시보다 미적 수준이 높다
  (나) : 오직 젊은 예술만이 대중적일 수 있다

28. 다음 글의 (가)~(다)에 들어갈 말을 적절하게 나열한 것은?

평균비용과 한계비용의 개념은 기업 활동을 경제학적으로 분석하는 데 자주 활용된다. 평균비용은 일정 기간 동안 투입된 총비용을 해당 기간에 생산한 제품 개수로 나눈 값이다. 한계비용은 과거에 지출한 비용은 제외하고 제품 1개를 추가로 생산할 때 투입된 비용이다.

평균비용과 한계비용의 개념을 현실에서 활용하는 예로는 기업에 대한 공정거래규제를 들 수 있다. 미국은 1970년대에 기업 간 공정 경쟁을 유도하기 위하여 부당염매행위를 규제하고 있었다. 부당염매행위란 기업이 경쟁사에 의도적으로 타격을 입히기 위하여, 일시적으로 손실을 보더라도 생산비용에 미치지 못하는 가격에 제품을 판매하는 전략을 말한다.

1972년에 제빵업체인 E사는 경쟁사인 C사가 부당염매행위를 하여 막대한 피해를 보았다고 제소하였다. 당시 C사는 빵을 1개당 17.2센트에 판매하고 있었는데, 법원은 E사와의 경쟁 이전 모든 시설투자비를 포함하여 계산한 C사의 빵 1개당 (가) 이 20.6센트라는 사실을 확인하였다. 당시 C사는 누적 기준으로 적자를 기록하고 있었는데, 법원은 그 원인이 판매가격을 생산비용보다 낮게 책정하였기 때문이라고 보았다. 1심 법원은 이를 근거로 C사에 약 500만 달러의 배상금을 부과하였다.

그러나 C사는 1심 법원이 부당염매행위의 판단 기준을 잘못 적용하였다며 항소하였다. C사는 E사와 경쟁하던 시점에 빵을 추가 생산하기 위한 시설투자가 없었다는 자료를 법원에 제출하였다. 그리고 부당염매행위를 판단하기 위해서는 E사와의 경쟁 이전 시설투자비를 제외하고 경쟁 시작 시점에 투입된 비용인 C사의 빵 1개당 (나) 과 판매가격을 비교해야 한다고 주장하였다. C사는 E사와 경쟁할 당시 빵을 판매할 때마다 실제로 적자가 (다) 있었는데, 이는 생산비용보다 높은 가격에 빵을 판매했음을 입증한다는 것이다. 결국 2심 법원은 1심 판결을 뒤집고 C사에 배상책임이 없다는 판결을 내렸다.

	(가)	(나)	(다)
①	평균비용	평균비용	늘고
②	평균비용	한계비용	늘고
③	평균비용	한계비용	줄고
④	한계비용	평균비용	늘고
⑤	한계비용	한계비용	줄고

29. 다음 글에서 알 수 있는 것은?

화살과 같은 장거리를 날아가는 도구가 개발되기 전 우리 조상들이 고기를 확보하기란 여간 힘든 일이 아니었다. 인간보다 빠르고 힘센 동물이 먹고 남긴 고기를 찾아내는 방법이 있었지만, 이는 상당히 제한적인 경우이고 운까지 따라야 했다. 남은 방법은 스스로 먹잇감을 찾아내 사냥하는 것뿐인데, 대부분의 동물들은 인간보다 빨랐다. 하지만 인간은 고기를 포기하지 않았고 스스로의 힘으로 사냥에 성공했다. 이것이 가능했던 이유는 인간의 체온 조절 능력 덕분이다. 인간은 다른 동물에 비해 체온을 조절하는 능력이 탁월했고, 이는 사냥에 있어 핵심적인 역할을 했다.

인간의 체온 조절 능력은 땀이 분비되는 현상을 통해 이해할 수 있다. 다른 동물들도 땀을 흘리지만 인간만큼 땀을 많이 흘리지 않는다. 땀을 많이 흘리는 대표적인 동물은 말과 낙타인데, 1시간 동안 운동하며 배출하는 수분의 양을 인간과 비교해 보면 인간이 흘리는 땀의 양이 얼마나 많은지 알 수 있다. 말의 피부는 제곱미터당 약 100그램의 수분을 배출하고, 낙타는 250그램까지 배출한다. 그런데 인간은 500그램까지 배출할 수 있다. 이 때문에 인간은 다른 동물에 비해 운동으로 달아오른 체내의 열을 더 빨리 그리고 더 많이 식힐 수 있다.

인간은 땀을 잘 흘릴 뿐 아니라 땀으로 배출된 수분을 즉시 보충하지 않아도 된다. 이것도 상당한 이점이다. 우리는 일시적 탈수 현상을 상당한 정도까지 견뎌낼 수 있다. 하루 남짓 안에 적당량만 보충하면 그것으로 충분하다.

이러한 이점들로 인해, 우리 조상들은 낮에 활동하는 포식자로서 독보적 존재가 되었다. 물론 인간은 영양보다 빨리 달리지는 못했지만, 뜨거운 대낮에 끈질기게 뒤쫓으면 결국 영양이 먼저 지쳐 쓰러졌다. 사냥에 있어 인간은 가장 빠른 동물도, 가장 힘센 동물도, 가장 효율적인 동물도 아니지만 지구력이 가장 강한 동물인 것은 확실하다.

① 인간은 체온 조절 능력 덕분에 사냥에 있어 가장 효율적인 동물로 평가된다.
② 화살과 같은 사냥 도구가 개발되기 전까지 인간은 스스로의 힘으로 사냥할 수 없었다.
③ 일시적 탈수 현상을 잘 견디는 동물이 그렇지 않은 동물에 비해 운동 속도가 더 빠르다.
④ 인간은 땀으로 배출한 수분을 즉시 보충해야 하기 때문에 다른 동물에 비해 탈수 현상을 잘 견디지 못한다.
⑤ 인간은 다른 동물에 비해 피부의 제곱미터당 흘릴 수 있는 땀의 양이 많아 운동으로 인해 발생한 열을 식히는 데 더 유리하다.

30. 다음 글의 ㉠에 대한 판단으로 적절한 것만을 <보기>에서 모두 고르면?

> 기업의 경영자는 개인적인 이득을 위해 기업의 성적표라고 할 수 있는 재무제표상에서 당해 이익을 높이거나 낮추고 싶어 한다. 이익이 너무 낮으면 경영상의 책임을 추궁당할 수 있고, 이익이 너무 높으면 시장의 기대치가 높아져 추후 성과에 대한 부담이 될 수 있기 때문이다. 이와 같은 개인적 이득을 위해 경영자가 외부에 보고될 재무제표에 개입하는 행위를 ㉠ '이익조정'이라고 부른다. 이는 실제로 빈번히 나타나는데, 기업이 준수해야 하는 회계기준의 범위를 넘어서지만 않는다면 분식회계와 같은 '이익조작'으로 간주되지는 않는다.
>
> 이익조정은 다양한 방식으로 이루어질 수 있는데, 크게 두 가지 유형으로 분류된다. 한 가지는 '실물이익조정'으로, 생산이나 판매에 대한 의사결정을 통해 다양한 물적 · 인적 자원이나 자금의 흐름에 실제로 영향을 주면서 이익을 조정하는 것이다. 예를 들어 경영자는 비정상적인 가격 할인, 자산 처분, 연구개발비 삭감 등을 통해 당기 이익을 일시적으로 높일 수 있다.
>
> 또 다른 유형은 실질적인 자원의 흐름과는 무관하게 회계처리 방식의 변경을 통해 이익을 조정하는 것이다. 이는 장부상의 이익에만 반영될 뿐 실제 기업의 생산이나 판매에 대한 의사결정을 변경시키는 것은 아니기 때문에, '장부상 이익조정'이라고 불린다. 예를 들어 경영자는 감가상각방법을, 매년 동일한 비용으로 처리하는 정액법에서 초기에는 많은 비용을 배분하다가 매년 조금씩 줄이는 정률법으로 변경함으로써 장부상의 이익을 조정할 수 있다.

<보 기>

ㄱ. 기업 A의 경영자는 회계기준에 어긋나지 않는 범위에서 당기 이익을 높여 신규 상장 시 자신이 보유한 주식의 발행가액을 높게 책정하고자 생산량을 비정상적으로 늘렸다. 이는 실물이익조정에 해당한다.
ㄴ. 기업 B의 경영자는 경기가 불확실한 상황에서 내년도 이익 목표를 높게 설정하지 않기 위해, 일시적으로 광고비를 대폭 늘려 지출한 뒤 회계기준에 맞게 장부에 반영하여 당해 연도 이익을 낮췄다. 이는 장부상 이익조정에 해당한다.
ㄷ. 기업 C의 경영자는 내년에도 연임하기 위해 당해 연도 적자를 회피하고자 회계기준의 범위 내에서 재고자산의 단가를 종전과는 다른 방식으로 계산하는 회계 선택을 통해 이익을 상향 조정했다. 이는 장부상 이익조정에 해당한다.

① ㄱ
② ㄴ
③ ㄱ, ㄷ
④ ㄴ, ㄷ
⑤ ㄱ, ㄴ, ㄷ

31. 다음 글의 A와 B에 대한 분석으로 적절한 것만을 <보기>에서 모두 고르면?

> '종'이란 어떤 속성을 공유하는 덕분에 유사성을 갖는 개체들의 집합이다. 종에는 '자연종', '사회종' 등이 있다. 그렇다면 노인은 어떤 종인가? 철학자 A는 노인이 자연종이라고 본다. A는 자연종과 관련해 다음 조건을 제시한다. X에 속하는 개체들이 어떤 속성을 공유하고 X의 개체들이 이러한 속성을 공유하는 점이 자연법칙에 의해 설명되면, X는 자연종이다. 예를 들어 금 개체들은 어떤 속성을 공유하며, 이것들이 왜 이러한 속성을 공유하는지는 금의 원자 구조에 의해 자연법칙적으로 설명된다. 따라서 금은 자연종이다. A는 노인도 이와 같은 이유로 자연종이라는 것이다.
>
> 철학자 B는 이러한 A의 생각에 반대한다. 우선 그는 A가 제시한 조건이 자연종을 위한 충분조건이 아니라고 본다. 예를 들어 최근 제약회사에서 개발한 'ㅇㅇ백신'에 속하는 개체들은 어떤 속성을 공유하는데, 그 속성은 모두 자연법칙적으로 설명된다. 그럼에도 ㅇㅇ백신은 인공적으로 만들어진 것으로서 자연종이 아니라는 것이다. B에 따르면 노인 역시 A가 제시한 조건을 만족하더라도 자연종이 아닐 수 있다. 더 나아가 B는 어떤 X가 자연종이 되기 위해서는 어떤 개체가 그 X에 속하는지 그렇지 않은지에 대한 선명한 구분 기준이 존재해야 한다고 본다. 노화는 구분 기준이 모호한 생물학적 과정이므로 노인과 비노인을 구분하는 선명한 경계는 존재하지 않는다. 따라서 노인은 자연종이 아니라는 것이다.
>
> B에 따르면, 노인은 사회종이다. 노인을 사회종이라 할 수 있는 이유는 무엇인가? B는 사회종과 관련해 다음 조건을 제시한다. X에 속하는 개체들이 어떤 속성을 공유하고 X의 개체들이 이러한 속성을 공유하는 것이 사회적 규칙이나 관행에 의해 설명되면, X는 사회종이다. 대한민국에서 노인은 65세 이상이라는 속성을 공유하며, 이 점은 대한민국의 사회적 규칙이나 관행에 의해 설명된다. B는 노인이 이와 같은 이유로 사회종이라는 것이다.

<보 기>

ㄱ. ㅇㅇ백신에 속하는 개체들이 어떤 속성을 공유하고 그것들이 그러한 속성을 공유하는 것에 대한 자연법칙적 설명이 존재하면, A는 ㅇㅇ백신이 자연종이라고 본다.
ㄴ. B는 금이 자연종이라면 무엇이 금인지 금이 아닌지에 대한 선명한 구분 기준이 존재한다고 본다.
ㄷ. 대한민국에서 희귀 질환으로 급격히 노화가 진행된 40세 한국인을 A는 노인이 아니라고 보지만, B는 노인이라고 본다.

① ㄱ
② ㄷ
③ ㄱ, ㄴ
④ ㄴ, ㄷ
⑤ ㄱ, ㄴ, ㄷ

32. 다음 A와 B에 대한 평가로 적절한 것만을 <보기>에서 모두 고르면?

회사에서의 내부자 고발은 어떤 사람이 자신이 속한 회사의 법적 또는 도덕적 잘못을 외부에 공개하는 행위를 말한다. 그렇다면 도덕적으로 정당화된 내부자 고발이란 무엇인가? 도덕적으로 정당화된 내부자 고발에 대한 다음의 두 견해가 있다.

A : 내부자 고발의 도덕적 정당성은 다음의 조건을 모두 만족할 경우 그리고 오직 그 경우에만 확보된다. 첫째, 고발자가 속한 회사가 대중이나 사회에 심각한 피해를 입히고 있어야 한다. 둘째, 고발자가 해당 회사의 잘못을 직속 상관이나 회사 내 다른 구성원에 보고했지만, 그 어떤 조치도 취해지지 않았어야 한다. 셋째, 회사의 잘못에 대한 증거를 가지고 있어야 한다. 마지막으로 고발자는 내부자 고발이 자신이 속한 회사가 사회에 미치는 심각한 피해를 방지할 것이라고 믿을 충분한 이유가 있어야 한다. 이 중 마지막 조건이 가장 핵심이다. 결국 내부자 고발이 도덕적으로 정당화되기 위한 핵심은 고발자가 내부자 고발을 통해 해당 회사가 대중들이나 사회에 가하는 추가적인 피해를 방지하고자 하는 데 있다.

B : 내부자 고발의 도덕적 정당성은 다음의 조건을 모두 만족할 경우 그리고 오직 그 경우에만 확보된다. 첫째, 고발자가 폭로하려는 내용이 고발자가 속한 부서의 업무이어야 한다. 둘째, 고발자는 자신이 폭로하려는 내용이 심각하게 잘못된 것이라 믿고 있어야 한다. 셋째, 고발자는 자신이 폭로하려는 내용에 관한 적절한 증거를 가지고 있어야 한다. 마지막으로, 만약 고발자가 잘못을 폭로하지 않으면, 고발자는 자신이 속한 회사의 잘못에 계속 일조할 것이라고 믿을 충분한 이유를 지녀야 한다. 이 중 마지막 조건이 가장 핵심이다. 결국 내부자 고발의 도덕적 정당성의 핵심은 고발자가 해당 회사가 범한 잘못에 가담하지 않고자 하는 데 있다.

<보 기>

ㄱ. 회사가 대중이나 사회에 입히고 있는 피해가 심각하지 않은데도 불구하고 그 회사에 대한 내부자 고발이 도덕적으로 정당하다고 인정되는 사례는 A의 주장을 약화한다.
ㄴ. 고발자가 속한 부서가 잘못하고 있다는 것에 대한 적절한 증거가 없어서 내부자 고발이 도덕적으로 정당하다고 인정되지 않는 사례는 B의 주장을 약화한다.
ㄷ. 회사 내 다른 구성원에게 회사의 잘못을 알려 그 잘못에 계속 일조하지 않을 방법이 있음에도 알리지 않고 제기한 내부자 고발이 정당하다고 인정되는 사례는 A와 B의 주장을 둘 다 강화한다.

① ㄱ
② ㄷ
③ ㄱ, ㄴ
④ ㄴ, ㄷ
⑤ ㄱ, ㄴ, ㄷ

33. 다음 글의 내용이 참일 때 반드시 거짓인 것은?

물품을 분류하는 기준은 다음과 같다. 모든 물품은 ‘노란색’, ‘구체’, ‘5kg’이라는 세 가지 조건 가운데 적어도 한 가지를 만족하는데, 그 세 조건 중 둘만 만족하는 것들을 양품으로 분류하고, 나머지는 불량품으로 분류한다.

1~5번까지 다섯 개의 검수 대상 물품이 있으며, 위의 세 가지 조건 및 양품 여부와 관련하여 다음의 사실이 알려졌다.

○ 1번은 노란색이고, 양품이다.
○ 2번은 1번과 공통으로 만족하는 조건이 없으며, 불량품이다.
○ 3번은 2번과 공통으로 만족하는 조건이 있으며, 양품이다.
○ 4번은 3번과 공통으로 만족하는 조건이 없으며, 구체이다.
○ 5번은 4번과 공통으로 만족하는 조건이 있으며, 5kg이 아니다.
○ 다섯 개의 물품 중 양품이 불량품보다 더 많다.

① 5번은 양품이다.
② 4번은 불량품이다.
③ 1~5번 중 구체인 물품은 모두 5kg이다.
④ 1~5번 중 노란색인 물품은 모두 양품이다.
⑤ 1~5번 중 5kg인 양품은 모두 노란색이다.

34. 다음 글의 내용이 참일 때 반드시 참인 것만을 〈보기〉에서 모두 고르면?

> 단어의 외연이란 그 단어가 적용되는 대상들의 집합이며, 단어의 내포란 그 단어의 외연을 형성하는 조건들의 집합이다. 두 단어 A, B에 대해서 'A가 B를 함의한다'라는 것은 B의 내포가 A의 내포의 부분집합이라는 것이다. 즉, B의 내포에 속하는 모든 원소는 A의 내포에도 속한다는 것이다. A가 B를 함의할 경우, A의 외연에 속하는 모든 원소는 B의 외연에도 속하게 되며, 이를 두고 'B가 A를 포함한다'라고 말한다. 예를 들어 쌀이 곡식을 함의한다면 곡식은 쌀을 포함한다. 두 단어가 '동의어'라는 것은 그 두 단어가 서로를 함의한다는 것이다.
>
> 다섯 개의 단어 P, Q, R, S, T에 대해 다음의 사실이 알려졌다.
>
> ○S는 P를 포함한다.
> ○S는 T를 함의한다.
> ○R의 내포에 속하는 원소 중에는 S의 내포에 속하지 않는 것이 있다.
> ○T의 외연에 속하는 원소 중에는 Q의 외연에 속하지 않는 것이 있다.

〈보 기〉

ㄱ. T는 P를 포함한다.
ㄴ. T는 Q를 함의하지 않는다.
ㄷ. S가 Q를 함의하면, Q와 R은 동의어가 아니다.

① ㄱ
② ㄷ
③ ㄱ, ㄴ
④ ㄴ, ㄷ
⑤ ㄱ, ㄴ, ㄷ

35. 다음 글의 갑과 을에 대한 평가로 적절한 것만을 〈보기〉에서 모두 고르면?

> 배우자를 찾아야 하는 유성생식은 그렇지 않은 무성생식에 비해 비효율적인 생식방법이다. 그럼에도 우리는 자연에서 유성생식하는 생물을 쉽게 찾을 수 있다. 다음은 유성생식이 존재하는 이유에 대한 갑과 을의 견해이다.
>
> 갑 : 유성생식은 배우자끼리의 유전자 교환을 통해 그 자손들이 무성생식보다 더 많은 유전적 다양성을 확보하게 하여 자손에게 무성생식보다 더 다양한 형질을 가질 수 있게 한다. 자손들이 예상하지 못한 환경 변화에 마주했을 때 자손의 형질이 다양할수록 그중 일부라도 살아남을 가능성이 커진다. 이렇게 되면 자손 집단이 전멸할 가능성이 줄어들어 그 집단은 생존에 유리해진다.
>
> 을 : 유전적으로 동일한 생물들은 살아가는 방식과 필요한 자원이 동일해 자원에 대한 극심한 경쟁을 하게 된다. 반대로 유전적으로 달라져 형질이 달라지면 살아가는 방식과 필요한 자원도 달라진다. 어떤 생물의 자손들이 모두 같은 형질을 갖고 있다면 자손들끼리 같은 자원을 두고 경쟁해 생존 경쟁이 치열해질 수밖에 없고 이러한 자손들은 공멸할 가능성이 크다. 그런데 자손들이 유전적으로 어느 정도 달라지면 형질이 달라져 이러한 경쟁이 완화된다. 무성생식으로도 돌연변이를 통해 자손들의 유전자가 달라질 수 있으나 그 정도가 아주 작아 유성생식만큼은 경쟁을 완화하지 못한다.

〈보 기〉

ㄱ. 유성 및 무성생식이 모두 가능한 생물 종 A에 대해, 변화가 미미한 환경에서 생존해 온 집단보다 변화가 큰 환경에서 생존해 온 집단에서 유성생식을 하는 비율이 높다면, 갑의 견해는 약화된다.
ㄴ. 유성 및 무성생식이 모두 가능한 생물 종 B에 대해, 유성생식만 하는 집단보다 무성생식만 하는 집단에서 생존 경쟁이 더 치열하다면, 을의 견해는 약화된다.
ㄷ. 유성 및 무성생식이 모두 가능한 생물 종 C에 대해, 자손의 유전적 다양성이 유성생식으로 나타난 자손보다 무성생식으로 나타난 자손에서 크다면, 갑과 을의 견해 모두 약화된다.

① ㄱ
② ㄷ
③ ㄱ, ㄴ
④ ㄴ, ㄷ
⑤ ㄱ, ㄴ, ㄷ

36. 다음 글의 〈실험 결과〉에 대한 분석으로 적절한 것만을 〈보기〉에서 모두 고르면?

탄소나노튜브(CNT)는 탄소 원자들이 육각형 모양으로 연결된 그래핀이 원통형 구조로 되어있는 신소재이다. CNT는 단일벽 나노튜브(SW-CNT), 이중벽 나노튜브(DW-CNT), 다중벽 나노튜브(MW-CNT) 세 종류뿐이다. SW-CNT는 한 겹의 그래핀이 원통형 모양을 갖는 구조이며 DW-CNT는 두 겹의 그래핀이 동심(同心)의 원통을 이루고 있다. 반면 MW-CNT는 3겹 이상의 그래핀이 동심의 원통을 이룬다. CNT에는 육각형 모양의 결정 구조에서 배열이 깨진 비결정 부분이 일부 존재하는데, 비결정 부분이 전체 CNT에서 차지하는 비율이 작을수록, 즉 결정성이 클수록 CNT의 물성이 우수하다.

라만 분석법은 시료에 쏘아 준 레이저가 산란하면서 파장이 변하는 라만 현상을 이용하는 방법이다. 이를 통해 CNT 샘플의 결정성과 CNT 샘플 속 3종의 CNT의 존재에 관한 정보를 얻을 수 있다. 라만 스펙트럼은 파장에 반비례하는 값인 파수를 가로축으로, 빛의 세기를 세로축으로 하는 곡선으로 표현된다. CNT 샘플에서는 공통적으로 파수 1,590cm^{-1} 근처인 G 밴드에서 피크가 나타난다. 또한 비결정 부분이 있을 때 파수 1,340cm^{-1} 근처인 D 밴드에 피크가 나타나는데, G 밴드의 피크 높이를 D 밴드의 피크 높이로 나눈 값이 클수록 CNT 샘플의 결정성이 크다. 또한, CNT 샘플에 SW-CNT나 DW-CNT가 존재할 때 그리고 오직 그때에만 파수 300cm^{-1} 이하에서 피크가 나타난다.

한 연구자는 CNT 샘플 α, β, γ를 확보하고 라만 분석을 수행하여 다음과 같은 결과를 얻었다.

〈실험 결과〉

α와 β의 D 밴드의 피크는 높이가 서로 같았으나 G 밴드의 피크는 α가 β보다 높았다. 또한 β는 D 밴드의 피크보다 G 밴드의 피크가 더 높았다. γ의 경우 D 밴드의 피크와 G 밴드의 피크는 높이가 같았고, 이 높이는 β의 D 밴드의 피크의 2배였다. 파수 300cm^{-1} 이하에서의 피크는 β에서만 관찰되었다.

〈보 기〉

ㄱ. 결정성이 큰 것부터 CNT 샘플을 차례로 나열하면 α, β, γ이다.
ㄴ. α와 달리 β는 2종 이상의 CNT로 이루어져 있다.
ㄷ. γ는 MW-CNT로만 이루어져 있다.

① ㄴ
② ㄷ
③ ㄱ, ㄴ
④ ㄱ, ㄷ
⑤ ㄱ, ㄴ, ㄷ

37. 다음 글의 〈실험 결과〉를 가장 잘 설명하는 것은?

위가 비었을 때 분비되는 그렐린은 식욕을 일으키는 호르몬으로 알려져 있다. 뇌에서 그렐린은 효소 AMPK를 인산화하고, 인산화된 AMPK는 물질 ROS의 생성을 저해하고, ROS의 생성 저해는 α 뉴런을 활성화하고, α 뉴런이 활성화되면 식욕이 촉진된다. 한 과학자는 그렐린이 식욕을 일으키는 메커니즘에 뇌 속에 있는 단백질 X와 Y가 관여한다는 가설을 세웠다. 그는 이를 확인하기 위해 정상 쥐 M에서, X를 만드는 유전자를 제거한 돌연변이 쥐 MX, Y를 만드는 유전자를 제거한 돌연변이 쥐 MY를 만들었다. 그리고 쥐들이 식욕이 없는 상태에서 다음과 같은 〈실험〉을 수행하여 〈실험 결과〉를 얻었다.

〈실험〉

실험 1 : M, MX, MY 각각에 생리식염수 또는 S1(생리식염수+그렐린)을 주입하고 쥐들의 뇌에서 AMPK의 인산화 여부를 확인하였다.
실험 2 : M, MX, MY 각각에 생리식염수, S1, S2(생리식염수+그렐린+P 억제제)를 주입하고 쥐의 먹이 섭취 여부를 확인하였다. P 억제제는 뇌에서 ROS의 생성을 저해한다.

〈실험 결과〉

□ AMPK 인산화 여부

구분	M	MX	MY
생리식염수	×	×	×
S1	○	○	×

※ ○ : 인산화됨, × : 인산화 안 됨

□ 쥐의 먹이 섭취 여부

구분	M	MX	MY
생리식염수	×	×	×
S1	○	×	×
S2	○	○	○

※ ○ : 섭취함, × : 섭취 안 함

① 그렐린이 AMPK를 인산화할 때 X가 필요하고, 인산화된 AMPK가 ROS의 생성을 저해할 때 X가 필요하다.
② 그렐린이 AMPK를 인산화할 때 X가 필요하고, 인산화된 AMPK가 ROS의 생성을 저해할 때 Y가 필요하다.
③ 그렐린이 AMPK를 인산화할 때 Y가 필요하고, 인산화된 AMPK가 ROS의 생성을 저해할 때 X가 필요하다.
④ 그렐린이 AMPK를 인산화할 때 Y가 필요하고, 인산화된 AMPK가 ROS의 생성을 저해할 때 Y가 필요하다.
⑤ 그렐린이 AMPK를 인산화할 때 X와 Y가 모두 필요하고, 인산화된 AMPK가 ROS의 생성을 저해할 때 X와 Y가 모두 필요하지 않다.

38. 다음 글의 가설 A와 B에 대한 평가로 적절한 것은?

부드러운 풀들이 자라는 초본 생태계의 종 다양성은 토양의 비옥한 정도와 초식 동물의 존재 여부에 따라 달라질 수 있다. 일반적으로 종 다양성은 비옥하지 않은 토양보다 비옥한 토양에서, 그리고 초식 동물이 있을 때보다 없을 때 더 클 것이라고 생각하기 쉽다. 하지만 과학자 갑은 이와 다른 견해를 제시한다. 예를 들어, 토양이 비옥하여 키 큰 식물들이 많아지면 그 아래쪽에 위치한 키 작은 식물들이 햇빛을 받을 수 없어 살 수 없게 되고 그 결과로 종 다양성이 오히려 감소한다는 것이다. 다른 한편으로, 키 큰 식물이 많은 비옥한 목초지에 초식 동물이 서식하면 키 큰 식물의 잎을 뜯어 먹어 키 작은 식물들이 햇빛을 받아 살 수 있게 되고 이로 인해 종 다양성이 커진다는 것이다.

갑은 이러한 견해를 토대로 다음과 같은 가설 A와 B를 세우고 초식 동물들이 살고 있는 목초지에 초본 생태계를 모방한 생태 모형을 제작하여 〈실험〉을 수행하였다.

〈가설〉

A : 초식 동물이 없는 초본 생태계에서는, 토양이 비옥하지 않은 경우보다 비옥한 경우에 종 다양성이 작다.

B : 토양이 비옥한 초본 생태계에서는, 초식 동물이 없는 경우보다 있는 경우에 종 다양성이 크다.

〈실험〉

갑은 목초지에 아래와 같은 네 가지 초본 생태 모형 1~4를 제작했다. 울타리를 치면 초식 동물이 들어갈 수 없어 그 안은 초식 동물이 없는 상태가 되고, 울타리를 치지 않으면 초식 동물이 들어갈 수 있어 그 안은 초식 동물이 있는 상태가 된다. 그 이외의 다른 조건은 네 가지 모형에서 모두 동일하게 했다.

○모형 1 : 비옥한 토양, 울타리를 침.
○모형 2 : 비옥한 토양, 울타리를 치지 않음.
○모형 3 : 비옥하지 않은 토양, 울타리를 침.
○모형 4 : 비옥하지 않은 토양, 울타리를 치지 않음.

갑은 일정 시간 후 각 모형의 식물 종을 조사하여 종 다양성을 수치화하였다. 수치가 높을수록 종 다양성이 크다.

① 종 다양성 수치가 모형 1보다 모형 2에서 더 높다면, B는 약화된다.
② 종 다양성 수치가 모형 1보다 모형 2에서 더 높다면, A는 강화된다.
③ 종 다양성 수치가 모형 3보다 모형 1에서 더 높다면, A는 약화된다.
④ 종 다양성 수치가 모형 3보다 모형 4에서 더 높다면, B는 강화된다.
⑤ 종 다양성 수치가 모형 4보다 모형 2에서 더 높다면, A는 약화된다.

※ 다음 글을 읽고 물음에 답하시오. [39~40]

세계의 모든 사건이 자연법칙에 의해 인과적으로 결정된다는 결정론이 참일 때, 믿음은 자유로울 수 있을까? A는 이 질문에 다음과 같이 대답한다. 우선 A는 다음 세 가지 기준을 모두 만족할 때 행위는 '이유-반응적'이라고 정의한다. 첫째, 행위자가 행위 이유를 적절히 파악한다. 둘째, 파악한 이유대로 행하기로 선택한다. 셋째, 선택한 대로 실제 행한다. A는 행위가 이유-반응적일 수 있으며, 행위가 이유-반응적이면 그 행위는 자유로운 것이라고 규정한다. 이러한 규정하에서, 행위는 설령 인과적 결정론의 지배를 받는다고 하더라도 여전히 자유로울 수 있다.

예컨대 갑이 자신의 빚을 갚기 위해 돈을 훔치는 절도 행위를 했다고 하자. 반면, 을은 절도 행위를 하도록 만드는 칩이 자신도 모르는 사이에 뇌에 삽입되어 순전히 그 칩의 작동으로 인해 절도 행위를 했다. 갑은 경제적 이익이라는 이유에 반응해가며 절도를 한 반면, 을은 자신이 왜 절도하는지 그 이유를 전혀 모른 채 절도를 한 것이다. 설령 갑이 외부의 지각 경험으로부터 그의 뇌신경 신호의 변화까지 이어지는 인과적 과정을 결정론적으로 지배하는 법칙에 따라 절도를 했다고 하더라도, 을과 달리 갑은 자신이 왜 그런 행위를 했는지를 설명할 수 있다. 이처럼 을의 절도 행위와 달리 갑의 절도 행위는 자유로운 것이었으므로, 갑에게는 절도 행위와 관련된 도덕적 책임도 물을 수 있다고 A는 말한다.

A는 이러한 생각을 믿음의 영역에도 적용한다. A에 따르면, 행위와 마찬가지로 믿음도 이유-반응적일 수 있다. 그리고 행위가 이유-반응적일 때 자유로울 수 있는 것처럼, 믿음 또한 그것의 형성, 유지, 폐기가 인과적으로 결정된다고 가정하더라도 여전히 자유로울 수 있다. 예를 들어 병과 정이 "내 손이 불결하다."라는 믿음을 가지고 있다고 하자. 병은 자신의 손이 세균에 오염된 물질에 접촉한 것을 목격해서 그렇게 믿는다. 반면, 정은 자신의 손이 더럽다고 믿을 어떠한 이유도 갖고 있지 않음에도 그렇게 믿게끔 누군가 자신에게 최면을 걸었다는 것을 알지 못한 채 그런 믿음에 빠진다. 이 경우, 병의 믿음은 자유롭지만 정의 믿음은 그렇지 않다고 A는 주장한다.

그러나 이에 대해 B는 행위의 이유는 믿음의 이유와 같은 종류의 이유가 아니라고 반박한다. 행위는 도덕적, 타산적, 취향적 이유 등 다양한 이유를 가지지만 믿음은 이유의 종류가 인식적 이유에 국한된다는 것이다. 예를 들어 통 속에 들어 있는 공의 수를 세어 본 결과 열 개라는 증거를 확인한다면 통 속에 들어 있는 공의 수가 열 개라고 믿을 수밖에 없지만, 그와 같은 증거 없이 누군가 백만 원을 준다는 이유로만 그런 믿음이 생겨나지는 않는다. 이렇듯 인과적 결정론이 참인지 여부에 상관없이, 믿음이 이유를 가지는 경우에는 그 이유가 반드시 증거와 같은 인식적 이유이며, 인식적 이유가 있는 경우에는 무엇을 믿게 되는지를 선택할 수 없다는 것이다. 선택할 수 없다는 것은 자유롭지 않다는 것이라고 보는 B는, 인식적 이유에 따른 믿음을 자유롭다고 볼 수 없다고 A를 비판한다. 게다가 A의 주장대로라면 믿음을 가지는 것에 대해 도덕적 책임을 물을 수 있을 것이지만, B는 믿음에서 비롯한 행위에 대해서는 도덕적 평가를 내릴 수 있을지언정 그 믿음을 가졌다는 자체에 대해서 그런 평가를 하는 것은 터무니없다고 본다.

39. 위 글에서 알 수 없는 것은?

① A에 따르면, 어떤 행위가 일어났다면 그 행위는 반드시 이유-반응적이다.
② A에 따르면, 정은 왜 자신이 "내 손이 불결하다."를 믿는지 그 이유를 제시할 수 없다.
③ A에 따르면, 어떤 행위가 인과적으로 결정되었다고 해서 그 행위에 대한 도덕적 책임이 반드시 면제되는 것은 아니다.
④ B에 따르면, 그 누구도 특정한 믿음을 가졌다는 이유만으로 도덕적으로 비난받을 수 없다.
⑤ B에 따르면, 증거를 통해 인식적 이유를 갖게 된 사람은 무엇을 믿을지 마음대로 선택할 수 없다.

40. 위 글의 A와 B에 대한 평가로 적절한 것만을 〈보기〉에서 모두 고르면?

〈보 기〉

ㄱ. 행위자가 행위 이유를 인지하고 그 이유대로 행하기로 선택했음에도 그 선택대로 행하지 않는 경우가 있다는 것은, A의 입장을 약화한다.
ㄴ. 도덕적 이유에만 반응해서 신의 존재에 대한 믿음이 형성될 수 있다는 것은, B의 입장을 강화한다.
ㄷ. 세계에서 일어나는 사건 가운데 자연법칙에 의해 인과적으로 결정되지 않는 사건이 존재한다는 것은, A의 입장도 B의 입장도 약화하지 않는다.

① ㄱ
② ㄷ
③ ㄱ, ㄴ
④ ㄴ, ㄷ
⑤ ㄱ, ㄴ, ㄷ

1. 다음은 '갑'시 공용자전거 A의 이용 실태에 관한 것이다. 〈보고서〉의 내용과 부합하는 자료만을 〈보기〉에서 모두 고르면?

〈보고서〉

2024년 공용자전거 A의 이용용도별 비중은 '여가 · 오락 · 운동'이 가장 크게 나타났고, 그다음으로 '통근', '친교'의 순이었다. '여가 · 오락 · 운동'과 '친교'의 비중은 2023년 대비 각각 증가했으나 '통근'의 비중은 오히려 감소했다. 또한, 2024년에는 '기타'를 제외하고 '학원'의 이용용도 비중이 가장 작았고, 그다음으로 '업무', '쇼핑'의 순이었다. 그러나 2023년에는 '기타'를 제외하고 '쇼핑'의 비중이 가장 작았다.

공용자전거 A의 평균 이용시간은 '30분 이상 1시간 미만'의 비중이 44.36%로 가장 컸고, 1시간 미만으로 이용하는 비중은 80% 이상이었다.

공용자전거 A의 이용 시 불편사항으로는 '무거운 자전거'가 가장 많았으며 그다음으로는 '기타'를 제외하고 '대여소간 연계성 부족', '잦은 고장'의 순이었다. 이를 개선하기 위해 자전거 경량화 및 지속적인 자전거 품질 개선 등의 조치가 필요할 것으로 보인다. 이외에도 '신속대여 어려움'이나 '임시거치 불편' 등도 불편사항으로 꼽혔다. 따라서 이용자 편의를 위해서 향후 새로운 대책이 강구되어야 할 것이다.

다른 공용자전거와의 비교에서는 공용자전거 A~E 중 A가 만족도는 4.2점으로 가장 높았으며, 인지도는 3.7점으로 2위를 차지하였다.

〈보 기〉

ㄱ. 2023~2024년 공용자전거 A의 이용용도별 비중

(단위 : %)

이용용도 / 연도	여가·오락·운동	쇼핑	친교	업무	학원	통학	통근	기타
2023	34.69	4.38	12.60	6.85	5.40	10.80	18.42	6.86
2024	37.99	5.68	13.97	6.98	3.06	7.10	15.72	9.50

ㄴ. 공용자전거 A의 평균 이용시간별 비중

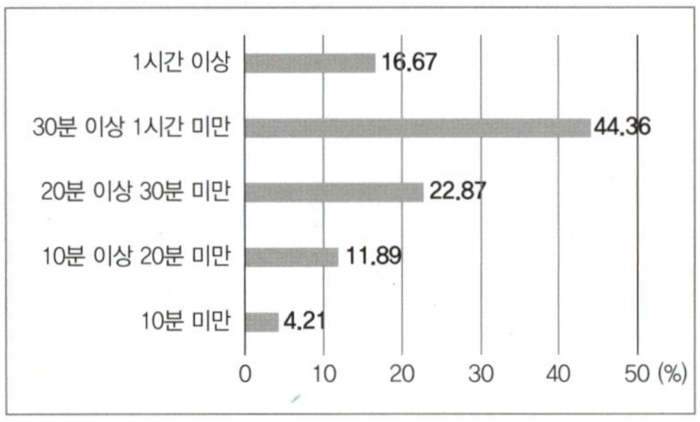

ㄷ. 공용자전거 A의 이용 시 불편사항별 비중

(단위 : %)

불편사항	무거운 자전거	임시 거치 불편	잦은 고장	신속 대여 어려움	대여소간 연계성 부족	불편 없음	기타
비중	24.50	8.78	19.36	11.88	13.89	5.67	15.92

ㄹ. 공용자전거 A~E의 인지도 및 만족도

(단위 : 점)

공용자전거	인지도	만족도
A	3.7	4.2
B	4.2	3.5
C	2.8	3.3
D	1.5	4.1
E	3.3	2.9

※ 점수는 5점 만점이며, 점수가 높을수록 인지도와 만족도가 높음

① ㄱ, ㄴ
② ㄱ, ㄷ
③ ㄱ, ㄹ
④ ㄴ, ㄷ
⑤ ㄴ, ㄹ

2. 다음 〈표〉는 2022~2024년 '갑'국의 도로종류 및 차량유형별 교통량에 관한 자료이다. 이를 근거로 작성한 〈보고서〉의 A~C에 해당하는 내용을 바르게 연결한 것은?

〈표〉 2022~2024년 도로종류 및 차량유형별 교통량

(단위 : 대/일)

도로종류	차량유형 \ 연도	2022	2023	2024
고속국도	소계	48,225	51,004	52,116
	승용차	33,315	35,430	36,217
	버스	727	738	1,068
	화물차	14,183	14,836	14,831
일반국도	소계	13,093	13,173	13,262
	승용차	10,021	10,149	10,248
	버스	184	181	189
	화물차	2,888	2,843	2,825
지방도	소계	5,527	5,543	5,340
	승용차	4,008	4,098	3,945
	버스	114	103	120
	화물차	1,405	1,342	1,275
전체		66,845	69,720	70,718

※1) 교통량은 일평균값임
2) '갑'국의 도로종류는 '고속국도', '일반국도', '지방도'로만 구분됨
3) '갑'국의 차량유형은 '승용차', '버스', '화물차'로만 구분됨

〈보고서〉

2023년 모든 도로종류에서 전년에 비해 교통량이 증가하였으며 그중 고속국도의 증가폭이 가장 컸다. 2023년 차량유형별 교통량은 모든 도로종류에서 [A]가 가장 적었다. 2024년 교통량을 보면, 전체 교통량은 전년에 비해 증가하였으며, 도로종류별 교통량 중 승용차의 비중은 고속국도가 일반국도보다 [B]. 한편, 2024년 지방도 교통량 중 버스의 비중은 전년 대비 [C]하였다.

	A	B	C
①	버스	작았다	증가
②	버스	작았다	감소
③	버스	컸다	증가
④	승용차	컸다	증가
⑤	승용차	컸다	감소

3. 다음 〈표〉는 2021~2023년 정부의 재원별, 분야별 재정지출 현황에 관한 자료이다. 이를 이용하여 작성한 〈보기〉의 그래프 중 옳은 것만을 모두 고르면?

〈표 1〉 정부의 재원별 재정지출 현황

(단위 : 조 원)

재원 \ 연도		2021	2022	2023
예산	일반회계	314.8	350.2	369.4
	특별회계	60.2	62.8	71.6
	소계	375.0	413.0	441.1
기금		182.9	194.6	197.7
계		557.9	607.7	638.8

〈표 2〉 정부의 분야별 재정지출 현황

(단위 : 조 원)

분야 \ 연도	2021	2022	2023
사회복지	185.0	195.0	206.0
일반 · 지방행정	84.7	98.1	112.2
교육	71.2	84.2	96.3
국방	51.4	53.0	55.3
산업 · 중소기업 및 에너지	28.6	31.3	26.0
농림수산	22.7	23.7	24.4
공공질서 및 안전	22.3	22.3	22.9
교통 및 물류	21.4	22.8	20.8
보건	14.7	22.7	20.0
환경	10.6	11.9	12.2
과학기술	9.0	9.6	9.9
통신	8.4	9.0	9.0
문화 및 관광	8.5	9.1	8.6
통일 · 외교	5.7	6.0	6.4
예비비	8.6	3.9	4.6
국토 및 지역개발	5.1	5.1	4.2
계	557.9	607.7	638.8

〈보 기〉

ㄱ. 2023년 분야별 재정지출 규모

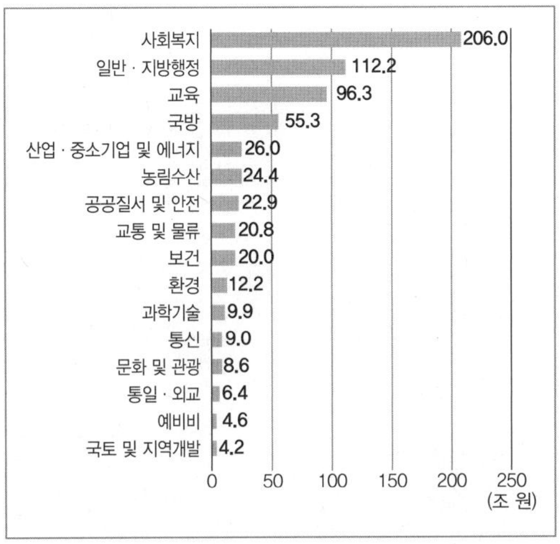

ㄴ. 2021년 분야별 재정지출 구성비

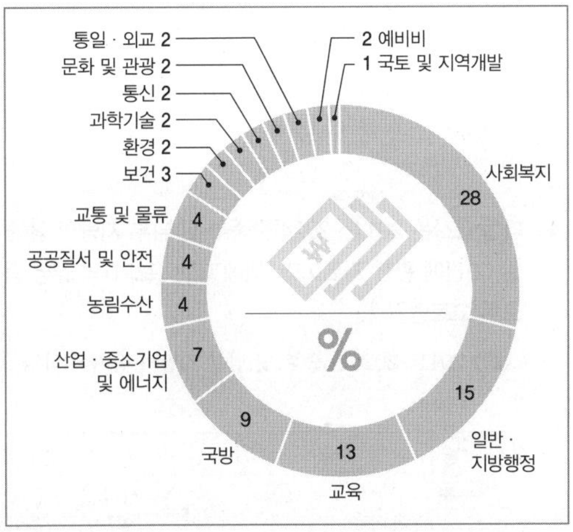

ㄷ. 연도별 재원별 재정지출 규모

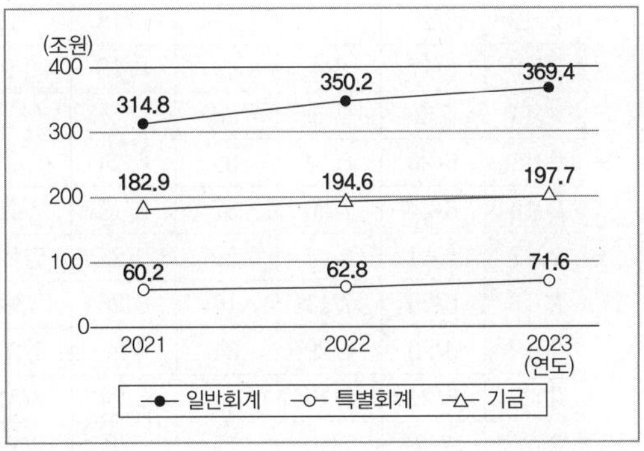

ㄹ. 2021년 대비 2023년 분야별 재정지출 증가 규모

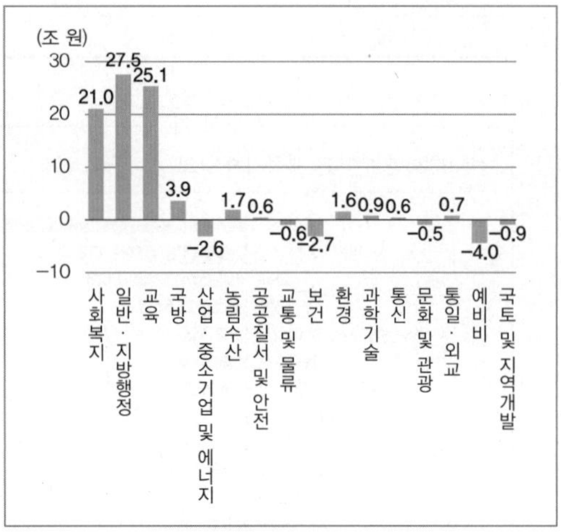

① ㄱ, ㄴ
② ㄱ, ㄷ
③ ㄴ, ㄷ
④ ㄴ, ㄹ
⑤ ㄷ, ㄹ

4. 다음 〈표〉는 2011~2024년 중부 및 남부 지방의 장마 시작일, 종료일, 기간에 관한 자료이다. 이에 대한 〈보기〉의 설명 중 옳은 것만을 모두 고르면?

〈표〉 2011~2024년 중부 및 남부 지방의 장마 시작일, 종료일, 기간

(단위 : 일)

연도	중부 지방			남부 지방		
	시작일(월/일)	종료일(월/일)	기간	시작일(월/일)	종료일(월/일)	기간
2011	6/22	7/17	26	6/10	7/10	31
2012	6/29	7/17	19	6/18	7/17	30
2013	6/17	8/4	49	6/18	8/2	46
2014	7/2	( )	28	7/2	( )	28
2015	6/25	( )	35	6/24	( )	36
2016	6/24	7/30	37	6/18	7/16	29
2017	( )	( )	29	6/28	7/29	32
2018	6/26	7/11	16	6/26	7/9	14
2019	6/26	7/29	34	6/26	7/30	35
2020	6/24	8/16	54	6/24	7/31	38
2021	7/3	7/19	17	7/3	7/19	17
2022	6/23	7/25	33	6/23	7/26	34
2023	6/26	7/26	31	6/25	7/27	33
2024	6/29	7/27	29	6/22	7/27	36

※ 기간은 시작일부터 종료일까지의 일수임

〈보 기〉

ㄱ. 장마 기간이 가장 길었던 해는 중부 지방과 남부 지방 모두 2020년이다.
ㄴ. 같은 해에 중부 지방과 남부 지방의 장마 기간이 각각 40일 이상이었던 해는 한 번뿐이다.
ㄷ. 2014년과 2017년 중부 지방의 장마 종료일이 같다면, 2017년 중부 지방의 장마는 6월에 시작되었다.
ㄹ. 2015년 장마 종료일은 중부 지방과 남부 지방이 같다.

① ㄱ, ㄴ
② ㄱ, ㄷ
③ ㄴ, ㄷ
④ ㄴ, ㄹ
⑤ ㄷ, ㄹ

5. 다음 〈그림〉은 2024년 A, B대학교의 입학전형별 '갑'전공 모집인원 및 지원자 수에 관한 자료이다. 이를 근거로 작성한 〈보고서〉의 내용 중 옳지 않은 것은?

〈그림 1〉 입학전형별 '갑'전공 모집인원

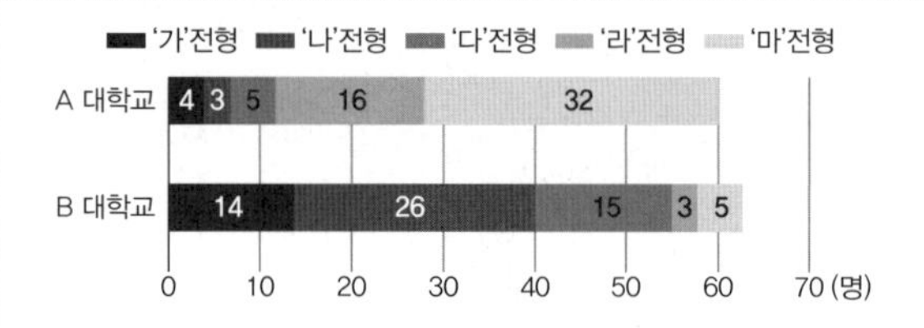

〈그림 2〉 입학전형별 '갑'전공 지원자 수

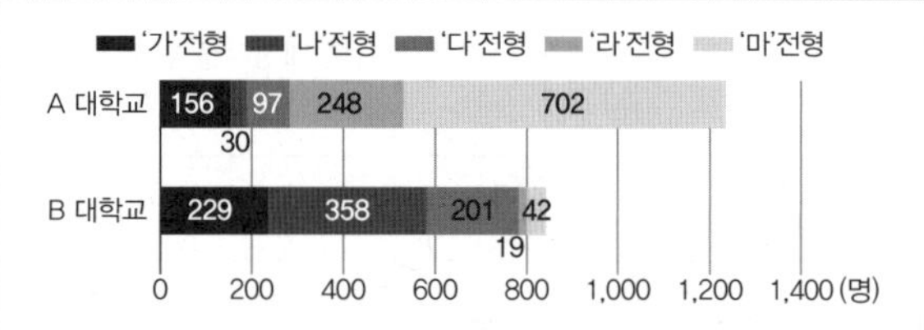

※ 경쟁률 = $\frac{\text{지원자 수}}{\text{모집인원}}$

〈보고서〉

2024년 A, B대학교 '갑'전공의 모집인원 및 지원자 수를 조사하였다. ① 모집인원은 B대학교가 A대학교보다 3명 많은 것으로 나타났으며, ② 지원자 수는 A대학교가 B대학교의 1.2배 이상인 것으로 확인되었다. 한편, 두 대학교에서 '갑'전공의 입학전형은 '가', '나', '다', '라', '마'전형으로만 구성되는데, ③ A, B대학교는 각각 모집인원이 가장 많은 전형이 지원자 수도 가장 많은 것으로 조사되었다.

④ '갑'전공 전체 경쟁률의 경우, A대학교는 지원자 수가 모집인원의 20배 이상으로 B대학교보다 높은 경쟁률을 보였다. 그러나 대학별로 지원자에게 유리한 전형은 다르게 나타났다. ⑤ '마'전형의 경우, A대학교에서는 경쟁률이 두 번째로 높았으나, B대학교에서는 경쟁률이 가장 낮은 것으로 나타났다.

6. 다음은 조선의 무과에 관한 자료이다. 〈보고서〉를 작성하는 데 직접적인 근거로 활용되지 않은 자료는?

〈보고서〉

조선 중기 이후 세제와 군역에 대한 개혁이 진행되어 군사조직이 효율적으로 변하기는 했지만, 여전히 무과는 자주 시행되었고, 실제 필요한 무관보다 많은 급제자를 양산하는 문제점이 나타나기 시작하였다. 무과제도가 존재했던 1402년부터 1894년까지 천 명 이상의 무과급제자를 배출한 연도수는 14개였고, 그중 10개 연도가 1618년부터 1894년 사이였다. 특히 1676년에는 17,652명의 무과급제자가 배출되었다.

조선은 다양한 시험을 통해 무과급제자를 선발하였는데 급제자 수를 늘리기 위해 시험 시행 간격을 짧게 하였다. 예를 들어, 조선 초기에 15년이나 16년에 한 번씩 시행했던 증광시는 조선 중기 이후 5년이나 6년에 한 번씩 시행하였으며, 별시의 시행도 잦았다. 특히 정시와 알성시, 외방별시는 조선 초기보다 후기에 더욱 많이 시행되었는데, 1608년부터 1894년 사이에 정시 194회, 알성시 56회, 외방별시 32회가 시행되었다.

1608~1894년 동안 무과급제자의 주요 성관 비중을 살펴보면, 김해 김씨 5.1%, 전주 이씨 4.7%, 밀양 박씨 4.0%, 경주 김씨 2.2% 등이었다. 또한, 광해군 이후 무과급제자의 출신지역 비중을 살펴보면 철종 재위 기간까지 출신지역 비중이 가장 컸던 지역은 한양 또는 경기였고, 전라 출신 무과급제자의 비중은 효종 재위 기간에는 19.6%였으나 이후 감소하다 헌종 재위 기간부터 다시 증가한 것이 특징이다.

한편, 이 시기 무과급제 자체는 관직 임용을 보장해주지 않았다. 실제로 무관이 된 무과급제자는 한양과 그 주변에 기반을 둔 저명 무인 가문 출신이 대부분이었다. 이러한 무과급제자는 점차 주요 고위관직의 문관으로 예상외의 승진을 하기도 하였고, 반대로 군영의 장군직을 문과급제자가 수행하기도 하였는데, 고종 재위 기간에는 신임 군영 장군 33명 중 문과급제자 출신이 8명이었다.

① 1618~1894년 중 천 명 이상의 무과급제자 배출 연도의 무과급제자수

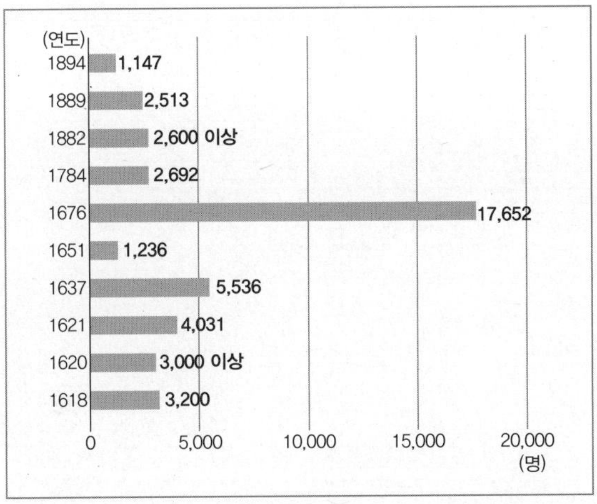

② 1608~1894년 무과급제자의 주요 성관 비중

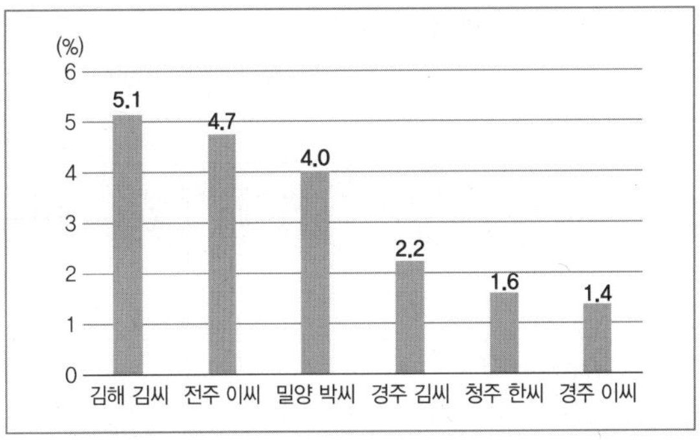

③ 1608~1894년 무과 종류별 급제자수의 비중

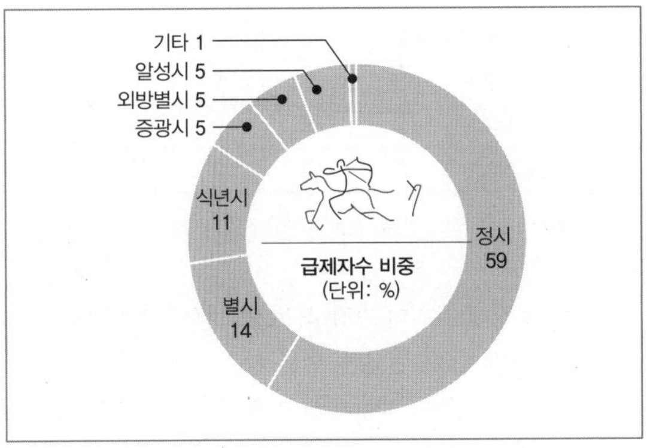

④ 광해군 이후(1608~1894년) 무과급제자의 출신지역 비중

(단위 : %)

출신지역 \ 왕	함경	평안	황해	강원	한양	경기	충청	전라	경상
광해군	2.6	2.3	5.2	4.9	12.5	38.0	3.0	16.1	15.4
인조	0.3	0.4	3.6	1.1	25.3	45.9	3.1	12.0	8.2
효종	1.5	7.0	16.8	1.2	20.4	13.7	9.7	19.6	10.1
현종	1.9	7.9	8.8	2.5	28.3	21.3	6.1	14.4	8.7
숙종	2.7	11.6	9.2	1.7	35.9	15.6	5.1	10.7	7.5
경종	2.0	8.5	18.2	1.1	36.5	13.9	7.8	7.8	4.3
영조	5.7	13.6	10.9	1.7	29.4	24.5	4.7	5.1	4.3
정조	5.1	19.3	15.5	2.5	27.5	17.6	3.8	4.0	4.7
순조	9.6	15.2	5.7	2.4	33.6	22.5	3.7	3.0	4.2
헌종	4.6	2.1	0.0	2.5	31.5	38.4	5.0	7.1	8.9
철종	9.7	3.9	0.0	3.2	14.6	32.1	7.5	12.2	16.8
고종	7.2	5.0	2.4	2.5	7.1	1.1	26.1	24.3	24.5

⑤ 광해군 이후(1608~1894년) 신임 군영 장군수 및 문과급제자 출신 신임 군영 장군수

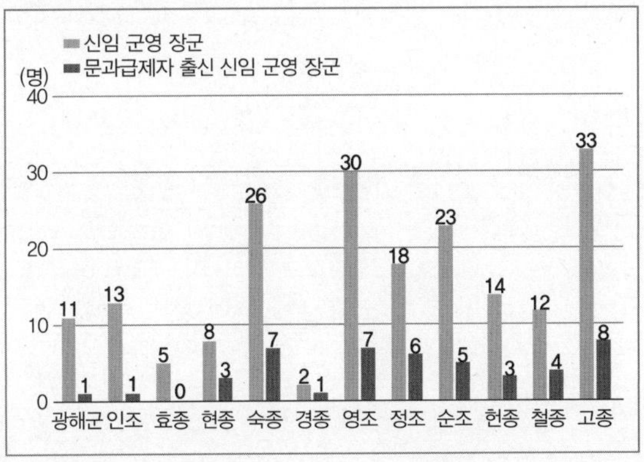

7. 다음 〈표〉는 2015~2024년 '갑'국의 사형수 현황에 관한 자료이다. 이에 대한 설명으로 옳은 것은?

〈표〉 '갑'국의 사형수 현황

(단위 : 명)

연도 \ 구분	확정 인원	변동 인원	집행	감형	병사 등	미집행 인원
2015	4	2	0	2	0	40
2016	4	5	0	5	0	( )
2017	9	4	0	2	2	44
2018	8	1	1	0	0	51
2019	2	4	0	4	0	( )
2020	5	3	3	0	0	( )
2021	2	4	0	0	4	49
2022	3	2	2	0	0	( )
2023	2	8	0	6	2	( )
2024	3	0	0	0	0	47

※ 연도별 미집행 인원=전년도 미집행 인원+해당 연도 확정 인원−해당 연도 변동 인원

① 미집행 인원이 가장 적은 연도는 2023년이다.
② 2016~2024년 감형 인원 합은 집행 인원 합의 3배 이상이다.
③ 집행 인원이 1명 이상인 해의 미집행 인원은 모두 전년 대비 증가하였다.
④ 미집행 인원의 전년 대비 증가율은 2017년이 가장 높다.
⑤ 미집행 인원 대비 확정 인원 비율은 2020년이 2015년보다 높다.

8. 다음 〈그림〉은 2020~2024년 '갑'국 조세수입에 관한 자료이다. 이를 근거로 작성한 〈보고서〉의 내용 중 옳지 않은 것은?

〈그림〉 2020~2024년 '갑'국 조세수입 현황

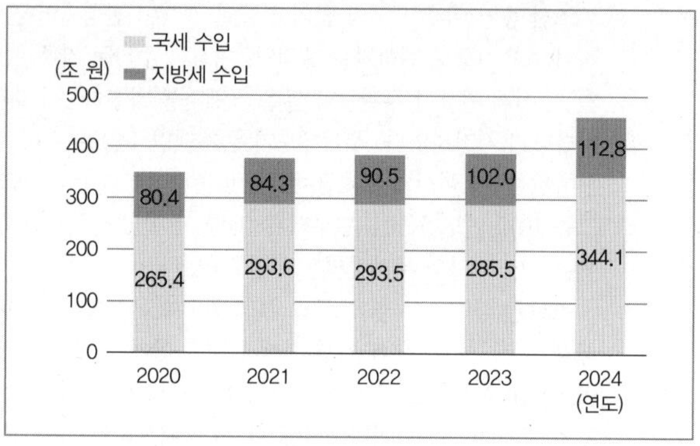

〈보고서〉

① 2020~2024년 '갑'국의 조세수입은 매년 증가하여, 2024년 총 456.9조 원 수준이다. 2023년 국세 수입은 전년 대비 소폭 감소하였으나, 이후 법인 영업실적 개선과 자산시장 호조 등의 영향으로 ② 2024년에는 국세 수입이 전년 대비 20% 이상 증가하였다.

같은 기간 지방세 수입은 지속해서 증가해왔는데, ③ 전년 대비 지방세 수입 증가율은 2023년에 가장 높았다. '갑'국의 조세수입 중 지방세 수입이 차지하는 비중은 매년 20% 이상을 유지해왔다. 재정분권 등에 따라 ④ 2021년 이후 조세수입 중 지방세 수입의 비중이 매년 증가해 왔으나, ⑤ 국세 수입과 지방세 수입의 격차는 2024년이 가장 컸다.

9. 다음 〈표〉는 2024년 지하철 '갑'노선 A~Q역의 승하차 승객수에 관한 자료이다. 이에 대한 〈보기〉의 설명 중 옳은 것만을 모두 고르면?

〈표〉 2024년 지하철 '갑'노선 A~Q역의 승하차 승객수

(단위 : 천 명)

구분 / 역명	승차	순승차	환승유입	하차	순하차	환승유출
A	944	944	–	634	634	–
B	17,388	( )	14,717	17,546	3,869	13,677
C	1,036	1,036	–	1,106	1,106	–
D	2,383	2,383	–	2,331	2,331	–
E	1,463	1,463	–	1,276	1,276	–
F	2,897	2,897	–	2,736	2,736	–
G	17,797	6,661	11,136	18,560	( )	11,935
H	5,455	5,455	–	5,614	5,614	–
I	18,544	( )	8,920	18,879	9,216	9,663
J	23,563	( )	14,455	24,088	( )	15,165
K	1,690	1,690	–	1,407	1,407	–
L	3,235	3,235	–	3,294	3,294	–
M	7,660	702	6,958	7,663	( )	7,068
N	359	359	–	372	372	–
O	1,366	1,366	–	1,381	1,381	–
P	21,236	( )	15,814	21,970	7,482	14,488
Q	1,344	1,344	–	1,298	1,298	–

※ A~Q 중 B, J, M, P만 환승역이며, 나머지는 일반역임

〈보 기〉

ㄱ. 환승유입 승객수가 많은 환승역일수록 환승유출 승객수도 많다.
ㄴ. 각 환승역에서 환승유출 승객수는 순하차 승객수보다 많다.
ㄷ. 일반역 중 순승차 승객수와 순하차 승객수의 차이가 가장 작은 역은 N이다.

① ㄱ
② ㄴ
③ ㄷ
④ ㄴ, ㄷ
⑤ ㄱ, ㄴ, ㄷ

10. 다음 〈표〉는 2024년 '갑'국의 발의 법률안 처리 및 계류 현황에 관한 자료이다. 이에 대한 설명으로 옳지 않은 것은?

〈표 1〉 발의 주체별 법률안의 처리 및 계류 현황

(단위 : 건, 일)

구분 / 발의 주체	처리				계류	합
	법률반영		법률미반영			
	건수	평균 처리기간	건수	평균 처리기간	건수	건수
의원	2,289	153.8	188	( )	9,096	11,573
위원장	455	1.5	1	6.0	1	457
정부	181	152.5	0	–	202	383
전체	2,925	130.0	189	( )	9,299	12,413

〈표 2〉 의원 발의 법률안의 발의자 성별에 따른 처리 및 계류 현황

(단위 : 건, 일)

구분 / 성별	처리				계류	합
	법률반영		법률미반영			
	건수	평균 처리기간	건수	평균 처리기간	건수	건수
남성	1,767	153.9	149	79.4	7,098	9,014
여성	522	153.4	39	80.6	1,998	2,559
계	2,289	153.8	188	( )	9,096	11,573

① 전체 발의 법률안 건수 중 정부 발의 법률안 건수의 비중은 5% 이하이다.
② 의원 발의 법률안 건수 중 계류 중인 건수의 비중은 80% 이하이다.
③ 여성의원 발의 법률안 건수 중 법률반영 법률안 건수의 비중은 20% 이하이다.
④ 의원 발의 법률안 건수 중 남성의원 발의 법률안 건수의 비중은 70% 이상이다.
⑤ 의원 발의 법률안 가운데 법률미반영 법률안의 평균처리기간은 80일 미만이다.

11. 다음 〈표〉는 2024년 '갑'도청의 보도자료 현황에 관한 자료이다. 이에 대한 〈보기〉의 설명 중 옳은 것만을 모두 고르면?

〈표〉 2024년 '갑'도청의 보도자료 현황

(단위 : 건, %, 회)

국 \ 과 (구분)		보도자료 제공건수	보도건수	보도율	보도횟수				건당 보도횟수
						신문	TV	라디오	
경제통상국	A	202	176	87.1	966	676	190	100	5.49
	B	114	76	66.7	320	196	68	56	4.21
	C	228	204	89.5	910	692	122	96	4.46
	소계	544	456	83.8	( )	1,564	380	252	( )
보건복지국	D	160	135	84.4	747	570	101	76	5.53
	E	202	154	76.2	855	560	218	77	5.55
	F	155	131	84.5	654	480	90	84	4.99
	소계	517	420	81.2	2,256	1,610	409	237	5.37
농업정책국	G	266	180	67.7	394	240	84	70	2.19
	H	133	110	82.7	366	252	74	40	3.33
	소계	399	290	( )	760	492	158	110	2.62

※ 1) 보도건수는 각 과에서 제공한 보도자료 가운데 보도된 보도자료 건수임

2) 보도율(%) = $\frac{\text{보도건수}}{\text{보도자료 제공건수}} \times 100$

3) 건당 보도횟수 = $\frac{\text{보도횟수}}{\text{보도건수}}$

4) 경제통상국, 보건복지국, 농업정책국에는 제시된 과만 있음

〈보 기〉

ㄱ. 경제통상국의 건당 보도횟수는 5회 이상이다.

ㄴ. 보도횟수에서 신문이 차지하는 비중은 D~F 중 E가 가장 작다.

ㄷ. H의 보도자료 제공건수와 보도건수가 각각 10건씩 증가한다면, 농업정책국의 보도율은 75% 이상이다.

① ㄱ

② ㄴ

③ ㄷ

④ ㄱ, ㄷ

⑤ ㄴ, ㄷ

12. 다음은 농촌 및 도시 치매안심센터에 관한 자료이다. 이에 대한 〈보기〉의 설명 중 옳은 것만을 모두 고르면?

〈표〉 담당면적별 농촌 및 도시 치매안심센터 수

(단위 : 개소)

담당면적 \ 구분	농촌	도시
100km² 미만	4	99
100km² 이상 200km² 미만	9	28
200km² 이상 300km² 미만	8	17
300km² 이상 400km² 미만	7	9
400km² 이상 500km² 미만	8	9
500km² 이상 600km² 미만	9	6
600km² 이상 700km² 미만	11	2
700km² 이상	20	10
계	76	180

〈그림〉 농촌 및 도시 치매안심센터 1개소당 종사자 수

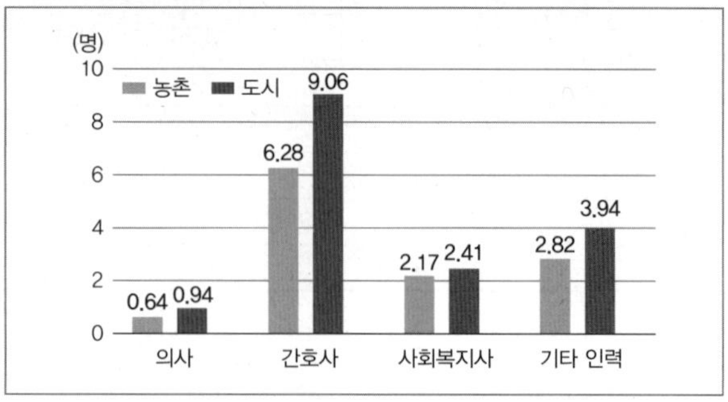

〈보 기〉

ㄱ. 농촌 치매안심센터 중 담당면적이 500km² 이상인 센터의 비중은 도시 치매안심센터 중 담당면적이 100km² 미만인 센터의 비중보다 크다.

ㄴ. 전체 치매안심센터 중 농촌 치매안심센터의 비중은 담당면적이 100km² 이상 200km² 미만인 치매안심센터 중 농촌 치매안심센터의 비중보다 크다.

ㄷ. 치매안심센터에 종사하는 간호사 수는 도시가 농촌의 4배 이상이다.

ㄹ. 종사자 수 변동없이 농촌 치매안심센터만 14개소 추가되면, 농촌 치매안심센터 1개소당 사회복지사는 2명 이하가 된다.

① ㄱ, ㄴ

② ㄱ, ㄷ

③ ㄴ, ㄷ

④ ㄴ, ㄹ

⑤ ㄷ, ㄹ

※ 다음 〈표〉는 2019~2023년 '갑'국의 의료분쟁 조정중재 결과에 관한 자료이다. 다음 물음에 답하시오. [13~14]

〈표 1〉 2019~2023년 의료분쟁 조정중재 현황

(단위 : 건)

구분 연도	조정중재종료	조정							중재	조정중재성립
		합의	결정			부조정	취하	각하		
			소계	성립	불성립					
2019	1,636	849	342	181	161	209	225	11	0	( )
2020	1,624	824	358	158	200	201	225	16	0	982
2021	1,546	861	331	( )	177	154	192	8	0	1,015
2022	1,364	871	238	( )	122	104	142	7	2	989
2023	1,461	905	256	97	159	120	170	9	1	( )
계	7,631	4,310	1,525	706	819	788	954	51	3	5,019

※ 1) 조정중재종료 = 조정 + 중재

2) 조정중재성립 = 합의 + 성립 + 중재

3) 조정중재성립률(%) = $\frac{\text{조정중재성립}}{\text{조정중재종료} - \text{각하}} \times 100$

〈표 2〉 2019~2023년 4개 주요 기관유형별 조정중재성립 건수 및 건당 성립금액

(단위 : 건, 천 원/건)

연도	기관유형 구분	상급종합병원	종합병원	병원	의원
2019	건수	216	225	259	184
	건당 성립금액	13,699	11,670	7,876	5,081
2020	건수	210	235	254	164
	건당 성립금액	17,315	16,136	9,899	7,263
2021	건수	228	190	269	171
	건당 성립금액	11,578	18,540	9,827	6,118
2022	건수	175	154	277	217
	건당 성립금액	14,081	11,593	8,360	5,802
2023	건수	191	202	258	209
	건당 성립금액	15,708	11,871	9,784	10,326

※ 건당 성립금액 = $\frac{\text{전체 성립금액}}{\text{조정중재성립 건수}}$

13. 위 〈표〉에 대한 〈보기〉의 설명 중 옳은 것만을 모두 고르면?

〈보 기〉

ㄱ. 조정중재성립 건수가 가장 많은 연도는 2019년이다.
ㄴ. 조정중재성립률은 2020년이 가장 높다.
ㄷ. 매년 조정중재성립 건수가 가장 많은 기관유형은 '병원'이다.
ㄹ. '상급종합병원'과 '의원'은 건당 성립금액의 전년 대비 증감 방향이 매년 같다.

① ㄱ, ㄴ
② ㄱ, ㄷ
③ ㄱ, ㄹ
④ ㄴ, ㄷ
⑤ ㄴ, ㄹ

14. 위 〈표〉를 이용하여 작성한 그래프로 옳지 않은 것은?

① 2023년 조정 건수 구성비

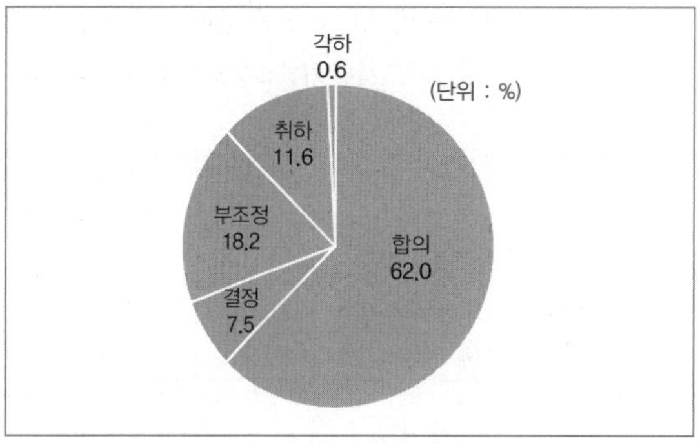

② 2023년 4개 주요 기관유형별 조정중재 전체 성립금액

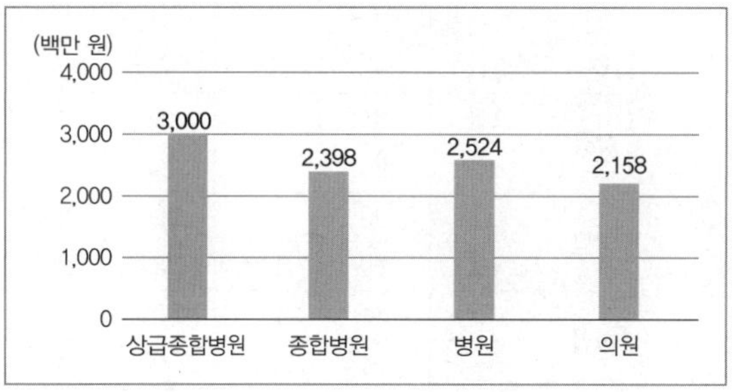

③ 연도별 조정 건수 중 합의 건수의 비중

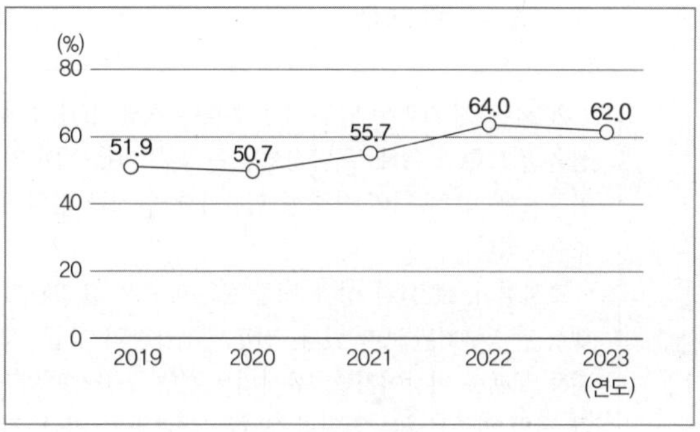

④ 연도별 4개 주요 기관유형 조정중재성립 건수의 합

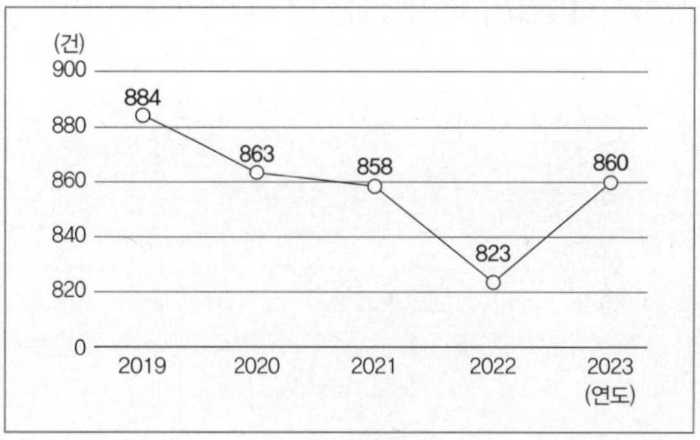

⑤ 종합병원의 전년 대비 건당 성립금액의 증가율

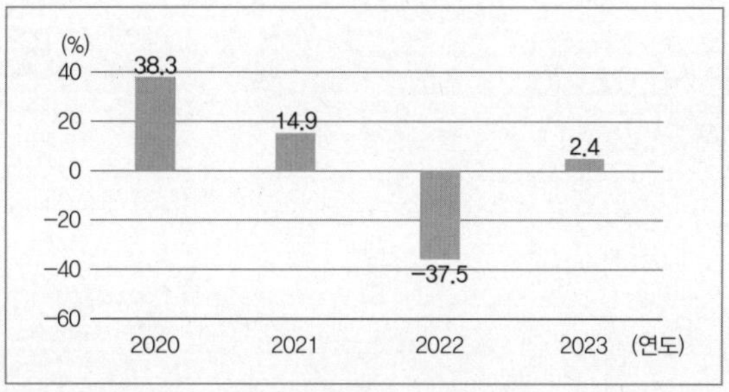

15. 다음 〈표〉는 2024년 기관유형별 직급 정원 구성비와 A~E기관의 직급별 정원에 관한 자료이다. 〈표〉와 '갑'기관에 대한 〈보고서〉의 내용을 근거로 판단할 때, A~E 중 '갑'에 해당하는 기관은?

〈표 1〉 2024년 기관유형별 직급 정원 구성비

(단위 : %)

직급 / 기관유형	상급 (1~2급)	중급 (3~4급)	하급 (5~6급)
위탁집행형 준정부기관	10.2	55.2	34.6
유사업무 수행 공공기관	21.2	47.7	31.1
유사업무 수행 민간기관	56.3	32.1	11.6

〈표 2〉 2024년 A~E기관의 직급별 정원

(단위 : 명)

직급	기관	A	B	C	D	E
상급	1급	31	13	22	32	83
	2급	55	40	84	99	130
중급	3급	96	69	226	234	224
	4급	99	119	332	262	79
하급	5급	109	100	331	282	48
	6급	94	11	308	26	116
전체		484	352	1,303	935	680

※'갑'기관은 A~E기관 중 하나임

〈보 기〉

2024년 '갑'기관은 업무 개편에 따른 직급 정원 조정의 필요성을 검토하기 위해 '위탁집행형 준정부기관', '유사업무 수행 공공기관' 및 '유사업무 수행 민간기관'의 직급 정원 구성비를 조사하였다.

조사결과, 2024년 '상급' 직급 정원 비중은 '갑'기관이 '위탁집행형 준정부기관'보다 컸다. 한편, '갑'기관의 '중급' 직급 정원 비중은 40% 이상이지만, '유사업무 수행 공공기관'의 '중급' 직급 정원 비중보다는 작았다. 또한, '갑'기관의 '하급' 직급 정원 비중과 '유사업무 수행 민간기관'의 '하급' 직급 정원 비중의 차이는 30%p 이상이었다.

① A
② B
③ C
④ D
⑤ E

16. 다음 〈표〉는 '갑'군의 읍 · 면별 성별 인구에 관한 자료이다. 이에 대한 〈보기〉의 설명 중 옳은 것만을 모두 고르면?

〈표〉 '갑'군의 읍 · 면별 성별 인구

(단위 : 명)

성별 / 지역	남성	여성	전체
'갑'군	13,839	13,177	27,016
A읍	3,839	3,503	7,342
B읍	2,766	2,820	5,586
C면	1,082	1,111	2,193
D면	1,707	1,605	3,312
E면	4,445	4,138	8,583

※ '갑'군은 A읍, B읍, C면, D면, E면으로만 구성됨

〈보 기〉

ㄱ. 여성이 남성보다 많은 읍 · 면은 3개이다.
ㄴ. C~E면은 인구가 많은 면일수록 여성 대비 남성의 비율이 높다.
ㄷ. '갑'군 여성 중 읍 지역 여성 비중과 '갑'군 남성 중 면 지역 남성 비중의 차이는 10%p 이하이다.

① ㄱ
② ㄴ
③ ㄷ
④ ㄴ, ㄷ
⑤ ㄱ, ㄴ, ㄷ

17. 다음 〈표〉는 2014~2022년 '갑'국 공공연구소 및 대학의 기술이전 현황에 관한 자료이다. 이에 대한 〈보기〉의 설명 중 옳은 것만을 모두 고르면?

〈표 1〉 2014~2022년 공공연구소 및 대학의 기술이전 건수

(단위 : 건)

구분 \ 연도	2014	2015	2016	2017	2018	2019	2020	2021	2022
공공연구소	3,193	3,515	3,721	3,401	3,655	3,972	4,308	4,653	4,572
대학	2,788	3,784	4,316	4,076	4,450	4,486	4,747	5,610	4,815
전체	5,981	7,299	8,037	7,477	8,105	8,458	9,055	10,263	9,387

〈표 2〉 2014~2022년 계약유형별 공공연구소 및 대학의 기술이전 건수

(단위 : 건)

계약유형 \ 연도	2014	2015	2016	2017	2018	2019	2020	2021	2022
유상양도	718	1,107	1,587	1,466	1,796	2,214	2,485	2,957	3,002
무상양도	419	550	511	282	159	208	141	262	224
유상기술 실시	4,098	5,113	5,385	4,905	5,158	4,958	5,465	6,155	5,441
무상기술 실시	639	322	327	278	340	452	389	453	209
옵션계약	0	0	1	0	0	0	0	1	0
기타	107	207	226	546	652	626	575	435	511
전체	5,981	7,299	8,037	7,477	8,105	8,458	9,055	10,263	9,387

〈표 3〉 2022년 기술도입자별 공공연구소 및 대학의 기술이전 건수

(단위 : 건)

기술도입자	대기업	중견기업	중소기업	해외기관	기타
건수	185	154	8,775	28	245

〈보 기〉

ㄱ. 기술이전 건수는 매년 대학이 공공연구소보다 많다.

ㄴ. 2022년 기술도입자가 중소기업인 기술이전 건수 중 '유상기술실시'의 비중은 50% 이상이다.

ㄷ. 전체 기술이전 건수 중 '유상양도'와 '무상양도'의 합이 차지하는 비중이 25% 이상인 연도는 5개이다.

① ㄱ

② ㄴ

③ ㄷ

④ ㄴ, ㄷ

⑤ ㄱ, ㄴ, ㄷ

18. 다음 〈그림〉은 NATO 회원국 중 2024년 국방비 비율 상위 10개국의 국방비에 관한 자료이다. 이에 대한 〈보기〉의 설명 중 옳은 것만을 모두 고르면?

〈그림〉 2024년 국방비 비율 상위 10개국의 2014년과 2024년 국방비 비율과 장비비 비율

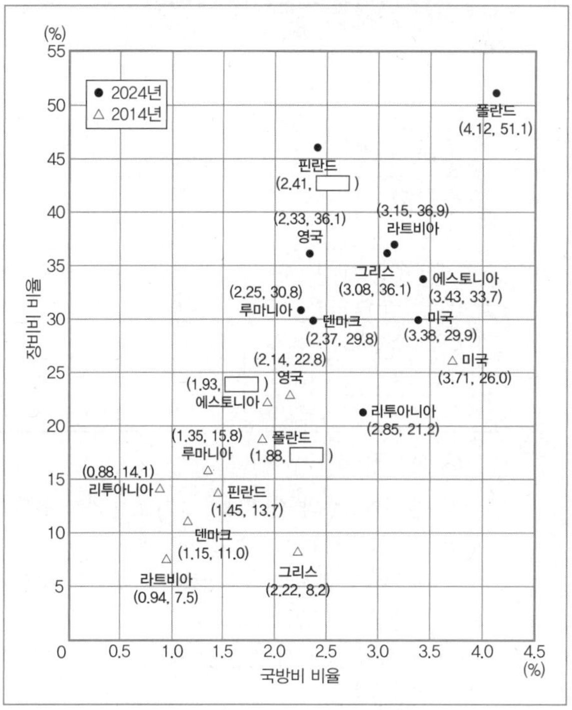

※ 1) ( ) 안의 수치는 순서대로 국방비 비율(%), 장비비 비율(%)을 나타냄

2) 국방비 비율(%) $= \frac{\text{국방비}}{\text{GDP}} \times 100$

3) 장비비 비율(%) $= \frac{\text{장비비}}{\text{국방비}} \times 100$

〈보 기〉

ㄱ. 2024년 '국방비 비율'이 가장 높은 국가는 2014년 대비 2024년 '국방비 비율' 증가폭도 가장 컸다.

ㄴ. 2024년 '장비비 비율'이 가장 낮은 국가는 2014년 대비 2024년 '장비비 비율' 증가폭도 가장 작았다.

ㄷ. 미국의 GDP 대비 장비비는 2024년이 2014년보다 낮았다.

① ㄱ

② ㄴ

③ ㄷ

④ ㄱ, ㄴ

⑤ ㄱ, ㄷ

19. 다음 〈표〉는 2023년과 2024년 '갑'국의 프랜차이즈 가맹점에 관한 자료이다. 이에 대한 설명으로 옳은 것은?

〈표〉 '갑'국 프랜차이즈 업종별 가맹점수 및 종사자수 현황

(단위 : 개, 명)

업종 \ 구분, 연도	가맹점수 2023	가맹점수 2024	가맹점수 전년 대비	종사자수 2024
편의점	49,087	53,814	4,727	201,043
의약품	4,090	4,514	424	13,666
안경/렌즈	3,838	3,911	73	9,390
제과점	8,307	8,980	673	37,142
한식	40,731	45,114	4,383	143,233
외국식	11,471	14,156	2,685	55,279
생맥주/기타주점	9,680	10,648	968	29,637
커피/비알콜음료	24,820	29,499	4,679	116,557
두발미용	4,186	4,580	394	21,318
전체	156,210	175,216	19,006	(　　)

※ 프랜차이즈 업종은 제시된 9개뿐임

① 2024년 가맹점수의 전년 대비 증가율이 가장 높은 업종은 2024년 가맹점당 종사자수도 가장 많다.
② 2024년 가맹점수 상위 3개 업종의 가맹점수 합은 2024년 전체 가맹점수의 75% 이상이다.
③ 전체 가맹점수 중 커피/비알콜음료 가맹점수의 비중은 매년 15% 이상이다.
④ 2024년 가맹점수가 많은 업종일수록 종사자수도 많다.
⑤ 2024년 전체 프랜차이즈 가맹점당 종사자수는 4명 이상이다.

20. 다음 〈표〉는 '갑'부처의 부서별 인원 변동에 관한 자료이다. 이에 대한 〈보기〉의 설명 중 옳은 것만을 모두 고르면?

〈표〉 부서별 인원 변동 현황

(단위 : 명, %)

부서 \ 구분	퇴사자수	순환율	퇴사율
A	35	15.0	70.0
B	120	25.0	80.0
C	33	8.5	66.0
D	60	8.0	75.0
E	36	30.0	30.0
F	37	12.5	74.0
전체	321	17.0	64.2

※ 1) 순환율(%) $= \frac{\text{입사자수} - \text{퇴사자수}}{\text{부서인원수}} \times 100$

2) 퇴사율(%) $= \frac{\text{퇴사자수}}{\text{입사자수}} \times 100$

〈보 기〉

ㄱ. 부서인원수가 많은 부서일수록 퇴사율이 높다.
ㄴ. 입사자수는 E가 A의 2배 이상이다.
ㄷ. 전체 퇴사자수 대비 C의 퇴사자수 비율은 10% 이상이다.

① ㄱ　② ㄴ
③ ㄱ, ㄷ　④ ㄴ, ㄷ
⑤ ㄱ, ㄴ, ㄷ

21. 다음 〈표〉는 2020~2024년 '갑'국 중학교와 고등학교 학생의 과일 섭취율에 관한 자료이다. 이에 대한 〈보기〉의 설명 중 옳은 것만을 모두 고르면?

〈표 1〉 2020~2023년 과일섭취율

(단위 : %)

연도 \ 학교급·성별	전체		중학교		고등학교	
	남자	여자	남자	여자	남자	여자
2020	20.8	20.9	24.5	25.0	17.6	17.3
2021	20.3	20.6	24.2	23.8	16.8	17.6
2022	19.1	18.1	22.0	21.1	16.3	15.2
2023	18.4	17.8	21.9	20.3	14.8	14.9

〈표 2〉 2024년 성별, 학교급 및 학년별 과일섭취율

(단위 : 명, %)

성별	학교급	학년	조사대상자 수	과일섭취율
남자	중학교	소계	14,173	20.6
		1	4,743	21.4
		2	4,734	21.1
		3	4,696	19.3
	고등학교	소계	12,206	14.2
		1	4,233	14.8
		2	4,160	14.1
		3	3,813	13.6
여자	중학교	소계	13,827	19.2
		1	4,489	19.7
		2	4,610	19.4
		3	4,728	18.5
	고등학교	소계	11,620	14.6
		1	4,224	15.4
		2	3,818	14.4
		3	3,578	13.9

※ 1) 과일섭취율(%) = $\frac{\text{과일섭취자 수}}{\text{조사대상자 수}} \times 100$

2) 과일섭취자는 조사대상자 중 설문조사일 기준 최근 일주일 동안 1일 1회 이상 과일을 섭취했다고 응답한 사람임

〈보 기〉

ㄱ. 2021년 이후 남자 중학생과 여자 중학생의 과일섭취율 차이는 매년 증가하였다.
ㄴ. 2024년 과일섭취율은 남자 중학생, 남자 고등학생, 여자 중학생, 여자 고등학생 모두 2023년보다 감소하였다.
ㄷ. 2020년과 2024년의 여자 중학생 과일섭취자 수가 같다면, 2020년 여자 중학생 조사대상자 수는 10,000명 이하이다.
ㄹ. 2024년 과일섭취자 수는 2학년 여자 중학생이 2학년 남자 고등학생의 1.5배 이상이다.

① ㄱ, ㄴ
② ㄱ, ㄷ
③ ㄴ, ㄷ
④ ㄴ, ㄹ
⑤ ㄷ, ㄹ

22. 다음 〈그림〉은 2023년과 2024년 '갑'국 A~G지역의 폐기물 발생량에 관한 자료이다. 이에 대한 설명으로 옳지 않은 것은?

〈그림〉 2023년과 2024년 A~G지역 폐기물 발생량

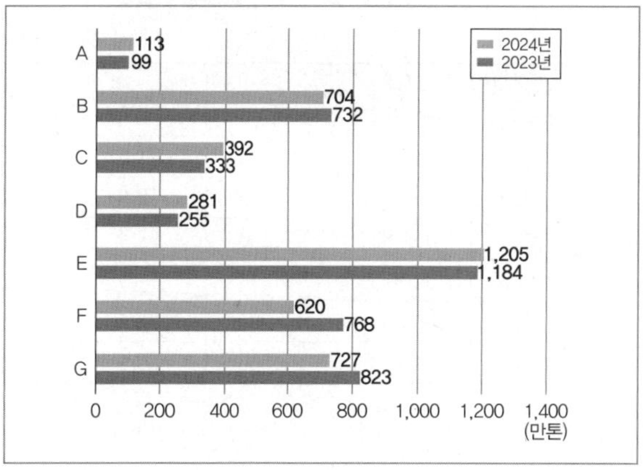

※ '갑'국은 A~G 7개 지역으로만 구성됨

① 2024년 폐기물 발생량이 전년 대비 증가한 지역은 감소한 지역보다 많다.
② 2024년 F지역의 폐기물 발생량은 전년보다 100만 톤 이상 적다.
③ 2023년 E지역의 폐기물 발생량은 2023년 전체 폐기물 발생량의 30% 이상이다.
④ 2023년 대비 2024년 폐기물 발생량이 가장 큰 폭으로 증가한 지역은 C이다.
⑤ 2024년 폐기물 발생량이 7개 지역 폐기물 발생량의 평균보다 많은 지역은 4곳이다.

23. 다음 〈표〉는 2019~2024년 '갑'국의 예비군 교육 현황에 관한 자료이다. 이에 대한 〈보기〉의 설명 중 옳은 것만을 모두 고르면?

〈표〉 '갑'국의 예비군 교육 현황

(단위 : 천 명, %)

구분 / 연도	교육 대상자수	교육 참여자수	참여율	수료율
2019	35,523	25,413	71.5	35.0
2020	35,354	( )	72.3	36.5
2021	35,183	26,120	( )	( )
2022	34,915	( )	( )	38.2
2023	34,590	27,020	78.1	40.0
2024	34,128	27,350	80.1	41.5

※ 1) 참여율(%) $= \frac{\text{교육 참여자수}}{\text{교육 대상자수}} \times 100$

2) 수료율(%) $= \frac{\text{교육 수료자수}}{\text{교육 참여자수}} \times 100$

〈보 기〉

ㄱ. 2020년 교육 참여자수는 전년보다 많다.
ㄴ. 2021년 교육 수료자수가 9백만 명이라면, 2021년 수료율은 전년보다 높다.
ㄷ. 2022년 참여율은 전년 대비 3%p 이상 높다.
ㄹ. 2024년 교육 수료자수는 전년보다 많다.

① ㄱ, ㄴ
② ㄱ, ㄹ
③ ㄴ, ㄹ
④ ㄱ, ㄷ, ㄹ
⑤ ㄴ, ㄷ, ㄹ

24. 다음 〈그림〉은 '갑'국 A~E도시의 노년부양비, 고령인구 구성비, 총인구를 나타낸 자료이다. 이에 대한 〈보기〉의 설명 중 옳은 것만을 모두 고르면?

〈그림〉 '갑'국 A~E도시의 노년부양비, 고령인구 구성비, 총인구

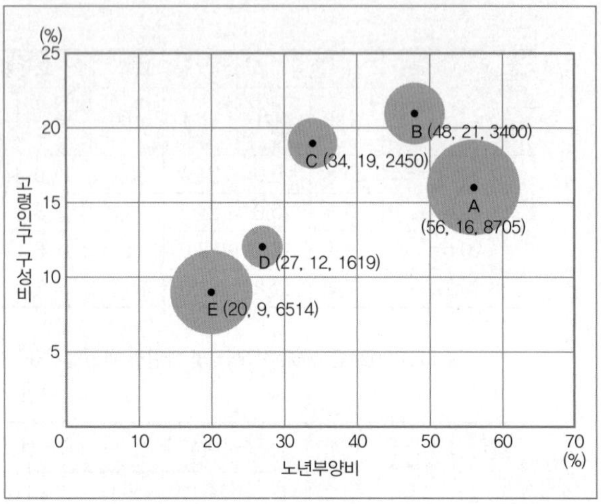

※ 1) 원의 면적은 각 도시의 총인구에 비례하고, ( ) 안의 수치는 순서대로 노년부양비(%), 고령인구 구성비(%), 총인구(천 명)를 나타냄

2) 노년부양비(%) $= \frac{\text{고령인구}}{\text{생산연령인구}} \times 100$

3) 고령(생산연령)인구 구성비(%) $= \frac{\text{고령(생산연령)인구}}{\text{총인구}} \times 100$

〈보 기〉

ㄱ. 고령인구 구성비가 높은 도시일수록 노년부양비도 높다.
ㄴ. 생산연령인구 구성비가 가장 낮은 도시는 A이다.
ㄷ. B도시와 E도시가 하나의 도시로 통합되면, 통합 도시의 고령인구 구성비는 15% 이하가 된다.

① ㄱ
② ㄴ
③ ㄷ
④ ㄱ, ㄴ
⑤ ㄴ, ㄷ

25. 다음은 '갑' 사이버대학교 학부 및 대학원의 연령대별 재학생 현황에 관한 자료이다. 이에 대한 설명으로 옳은 것은?

〈그림〉 '갑' 사이버대학교 학부 및 대학원 연령대별 재학생 현황

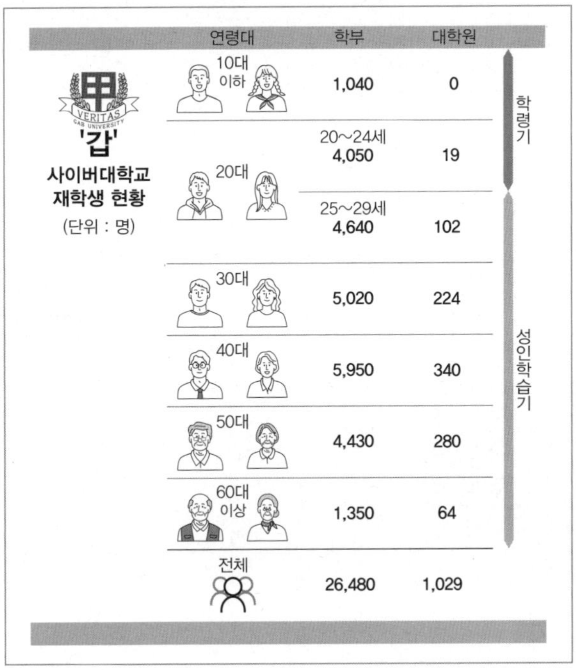

※ 1) 연령대는 10대 이하, 20대, 30대, 40대, 50대, 60대 이상으로만 구분함
2) 재학생은 학부와 대학원 과정 중 하나에만 소속되어 있음

① 학부 재학생 수가 가장 많은 연령대는 40대이다.
② 대학원 재학생 수가 가장 많은 연령대는 학부 대비 대학원 재학생 수의 비율도 가장 높다.
③ 성인학습기 대학원 재학생 중 90%가 직장인이라면, 그중 40대는 200명 이상이다.
④ 학부 재학생 수는 성인학습기가 학령기의 5배 이상이다.
⑤ 재학생 수가 가장 많은 연령대의 재학생 수는 가장 적은 연령대의 9배 이상이다.

26. 다음 〈표〉는 2024년 A~E도시의 일평균 미세먼지 노출시간별 호흡기 질환 발병률에 관한 자료이고, 〈보고서〉는 A~E도시 중 하나인 '갑'시에 관한 것이다. 이를 근거로 판단할 때, A~E 중 '갑'시에 해당하는 도시는?

〈표〉 2024년 A~E도시의 일평균 미세먼지 노출시간에 따른 성별 호흡기 질환 발병률

(단위 : %)

미세먼지 노출시간	1시간		2시간		3시간		4시간	
도시 \ 성별	남자	여자	남자	여자	남자	여자	남자	여자
A	4.70	3.20	5.50	3.90	6.80	4.50	9.70	6.90
B	3.60	3.30	3.90	4.70	4.60	6.30	5.20	8.30
C	5.30	3.80	6.80	5.80	7.70	5.30	8.30	6.70
D	4.90	2.10	5.70	2.70	7.10	3.10	8.50	3.40
E	3.30	4.60	4.10	5.50	6.40	8.40	7.20	9.70

〈보고서〉

'갑'시의 2024년 일평균 미세먼지 노출시간에 따른 남녀 호흡기 질환 발병률을 분석한 결과는 다음과 같다. 첫째, 미세먼지 노출시간이 매 1시간 증가할 때, 남성과 여성 모두 호흡기 질환 발병률이 증가한다. 둘째, 남성과 여성의 호흡기 질환 발병률 차이는 미세먼지 노출시간이 3시간일 때가 1시간일 때의 1.5배 이상 2배 미만이다. 셋째, 미세먼지 노출시간이 매 1시간 증가할 때, 호흡기 질환 발병률의 증감폭은 여성이 남성보다 크다. 넷째, 호흡기 질환 발병률은 남성과 여성 모두 미세먼지 노출시간이 4시간일 때가 2시간일 때의 1.3배 이상이다.

① A
② B
③ C
④ D
⑤ E

27. 다음 〈표〉는 2020~2024년 '갑'국의 연도별 가계부채 현황에 관한 자료이다. 〈보기〉의 자료 중 〈표〉의 내용에 부합하는 것만을 모두 고르면?

〈표〉 '갑'국의 연도별 가계부채 현황

(단위 : 조 원, %)

분류 \ 연도	2020	2021	2022	2023	2024
가계부채 잔액	1,828.8	1,998.3	2,192.4	2,260.1	2,241.4
가계대출 잔액	1,504.9	1,633.6	1,757.1	1,749.8	1,767.3
예금은행분 잔액	767.7	849.9	910.1	902.6	916.0
주택담보대출 잔액	534.0	583.9	629.6	644.1	672.1
비은행·기타분 잔액	737.2	783.7	847.0	847.2	851.3
판매신용 잔액	96.7	95.9	105.8	117.7	118.1
자금순환표 상 개인부채 잔액	227.2	268.8	329.5	392.6	356.0
명목GDP 대비 가계부채 잔액 비율	89.6	97.1	98.7	97.3	93.6

〈보 기〉

ㄱ. 2020~2024년 '갑'국의 연도별 명목GDP

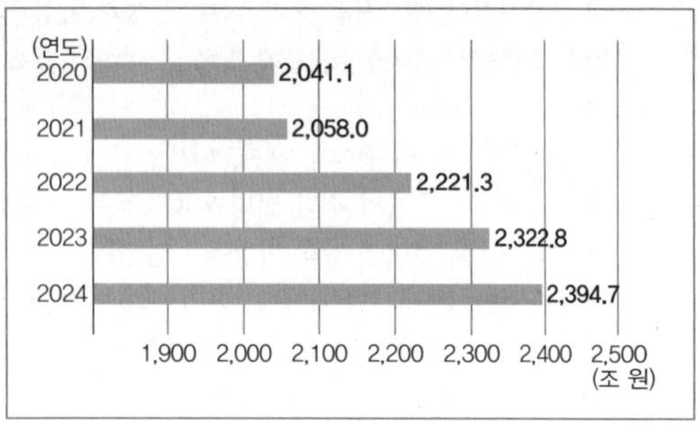

ㄴ. 2022~2024년 가계부채 잔액의 항목별 구성비

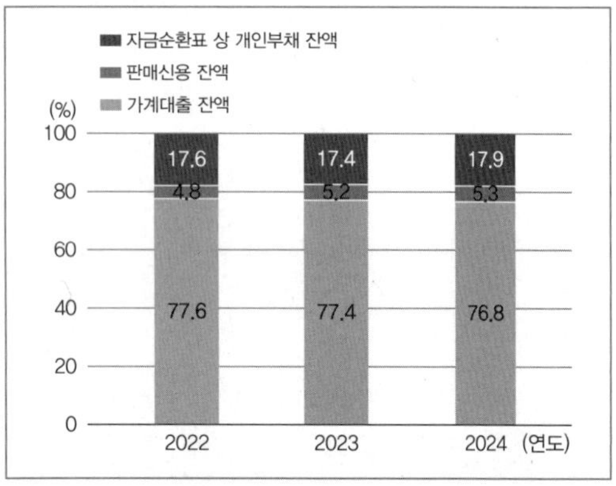

ㄷ. 2021~2024년 주택담보대출 잔액의 전년 대비 증가분

(단위 : 조 원)

연도	2021	2022	2023	2024
주택담보대출 잔액 증가분	49.9	45.7	14.5	28.0

ㄹ. 2020~2024년 비은행·기타분 잔액 대비 예금은행분 잔액의 비율

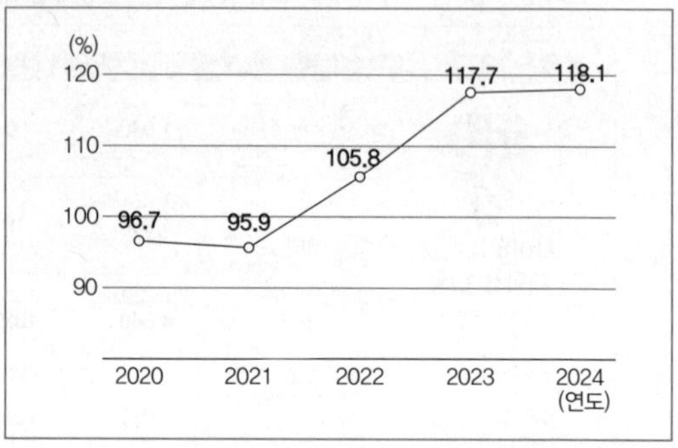

① ㄱ, ㄴ
② ㄱ, ㄷ
③ ㄱ, ㄹ
④ ㄴ, ㄷ
⑤ ㄴ, ㄹ

28. 다음 〈표〉는 2020~2024년 '갑'국의 건강보험 청구 현황 및 기관별 건강보험 청구 진료일수에 관한 자료이다. 이를 이용하여 작성한 〈보기〉의 그래프 중 옳은 것만을 모두 고르면?

〈표 1〉 2020~2024년 건강보험 청구 현황

항목	구분	2020	2021	2022	2023	2024
청구건수 (천 건)	입원	16,657	16,966	16,125	16,401	17,391
	외래	1,421,038	1,445,529	1,260,218	1,244,093	1,418,132
진료일수 (천 일)	입원	( )	147,651	140,211	138,110	136,767
	외래	( )	1,444,447	1,258,853	1,242,564	1,416,473
진료인원 (천 명)	입원	7,564	7,636	6,927	7,016	7,072
	외래	48,189	48,395	47,564	47,626	49,145
요양급여비용 (억 원)	입원	291,041	320,081	328,548	346,873	349,059
	외래	488,100	537,857	539,790	588,111	680,711
인당 진료일수 (일/명)	입원	19.52	19.34	20.24	19.68	19.34
	외래	29.46	29.85	26.47	26.09	28.82
일당 진료비 (원/일)	입원	197,090	216,783	234,324	251,156	255,222
	외래	34,380	37,236	42,880	47,330	48,057

〈표 2〉 2020~2024년 기관별 건강보험 청구 진료일수

(단위 : 천 일)

기관 \ 연도	2020	2021	2022	2023	2024
상급종합병원	58,571	57,741	54,634	59,376	60,258
종합병원	94,778	98,489	90,052	94,922	107,180
병원	94,406	95,435	82,324	80,332	89,938
요양병원	68,470	69,058	67,288	61,110	60,971
정신병원	–	–	–	5,046	7,437
의원	547,466	557,259	484,185	474,939	557,721
치과병원	4,318	4,617	4,435	4,550	4,406
치과의원	69,602	73,915	71,882	74,995	75,044
한방병원	6,476	6,834	6,822	7,276	7,361
한의원	97,846	100,714	90,374	89,301	87,024
보건기관등	11,861	11,321	7,633	5,335	5,257
약국	513,616	516,716	439,435	423,492	490,643
전체	1,567,411	1,592,098	1,399,064	1,380,674	1,553,239

※ 1) 인당 진료일수 = $\frac{\text{진료일수}}{\text{진료인원}}$

2) 일당 진료비 = $\frac{\text{요양급여비용}}{\text{진료일수}}$

3) 정신병원은 2023년부터 기관 분류에 신설됨

〈보 기〉

ㄱ. 연도별 외래 요양급여비용의 전년 대비 증가율

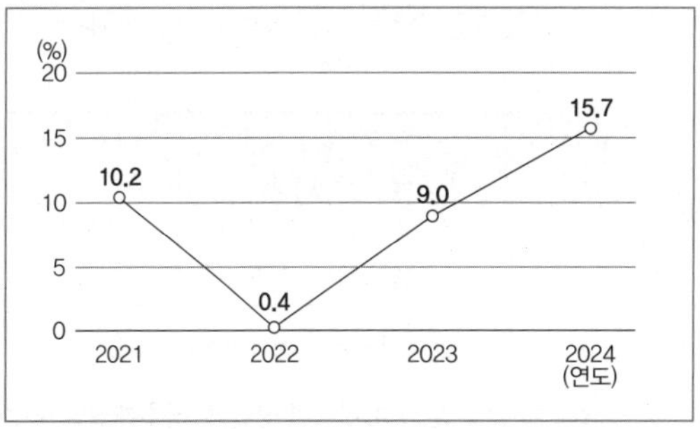

ㄴ. 2020년 진료일수 중 입원과 외래의 비중

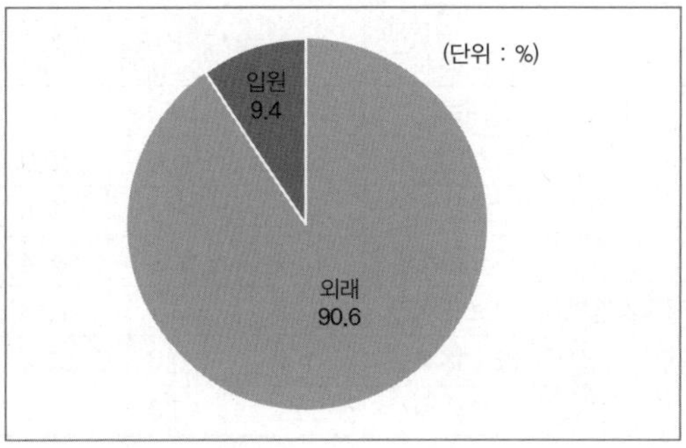

ㄷ. 2022년 '전체' 진료일수 대비 진료일수 상위 5개 기관의 진료일수 비중

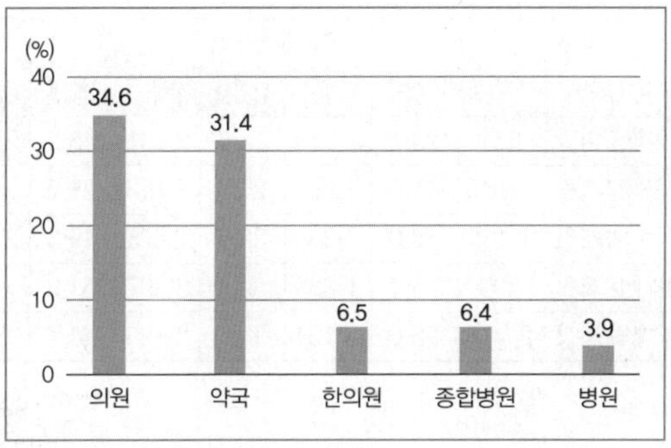

ㄹ. 연도별 '의원'의 일당 진료비

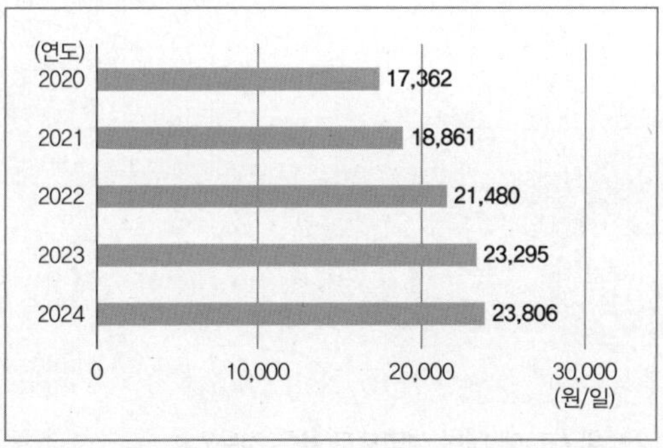

① ㄱ, ㄴ
② ㄴ, ㄹ
③ ㄷ, ㄹ
④ ㄱ, ㄴ, ㄷ
⑤ ㄱ, ㄷ, ㄹ

※ 다음 〈표〉는 닭 품종별 조류독감 백신 접종 및 감염결과에 관한 자료이다. 다음 물음에 답하시오. [29~30]

〈표 1〉 품종별 접종 개체 및 감염 개체 수

(단위 : 마리)

구분＼품종	A	B	C	D
접종 개체 수	5,615	10,610	12,491	6,698
감염 개체 수	3,047	2,415	5,554	3,621

※ 닭 품종은 A~D로만 구분되며, 품종별 접종 개체 중복은 없음

〈표 2〉 품종별 감염 개체의 성별 및 생후개월별 구성비

(단위 : %)

구분＼품종		A	B	C	D
성별	수컷	32.0	25.0	55.0	43.0
	암컷	68.0	75.0	45.0	57.0
생후개월별	12개월 미만	4.7	10.4	17.8	37.8
	12~24개월	15.7	9.9	28.4	4.0
	24~36개월	27.9	32.7	15.3	30.9
	36~48개월	1.6	30.0	21.5	22.5
	48개월 이상	50.1	17.0	17.0	4.8

〈표 3〉 품종별 · 생후개월별 접종 개체 수 및 감염률

(단위 : 마리, %)

품종	A		B		C		D	
생후개월별	개체 수	감염률	개체 수	감염률	개체 수	감염률	개체 수	감염률
12개월 미만	624	23.1	1,350	18.5	2,191	45.2	2,274	60.2
12~24개월	1,167	41.0	860	27.9	4,153	38.0	415	34.7
24~36개월	1,465	58.0	2,368	33.4	1,725	49.3	2,091	53.5
36~48개월	325	15.1	1,838	39.4	2,297	51.9	1,092	74.7
48개월 이상	2,034	75.0	4,194	9.8	2,125	44.4	826	20.9

※ 감염률(%) $= \frac{\text{감염 개체 수}}{\text{접종 개체 수}} \times 100$

29. 위 〈표〉에 대한 설명으로 옳은 것은?

① A품종 생후 '24~36개월' 감염 개체 수는 D품종 생후 '36~48개월' 감염 개체 수보다 적다.
② C품종 생후개월별 감염률은 '48개월 이상'이 '24~36개월'보다 높다.
③ 성별 감염된 개체 수 차이는 A~D품종 중 D가 가장 적다.
④ 생후 '36~48개월' 감염 개체 수는 A~D품종 중 B가 가장 많다.
⑤ D품종 생후개월별 감염 개체 수는 '48개월 이상'이 가장 적다.

30. 위 〈표〉의 내용과 부합하는 그래프만을 〈보기〉에서 모두 고르면?

〈보 기〉

ㄱ. 품종별 성별 감염률

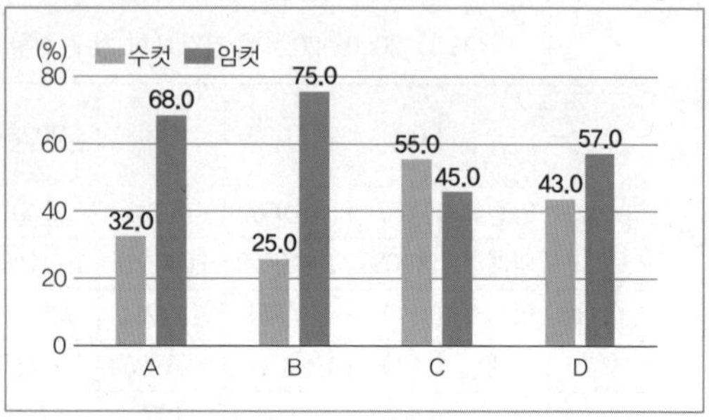

ㄴ. 생후 24~36개월 감염 개체 수의 품종별 구성비

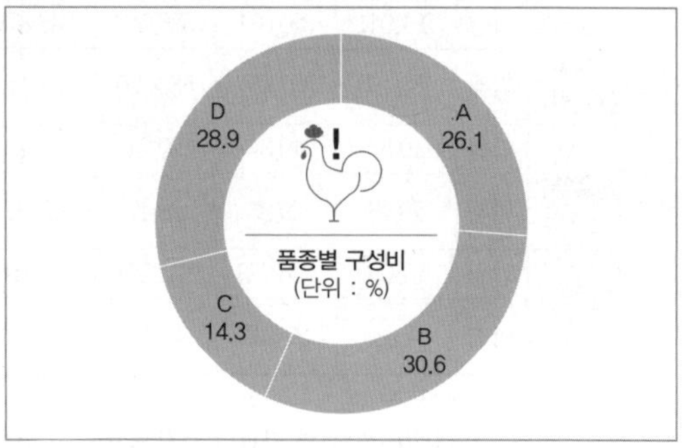

ㄷ. 품종별 감염률

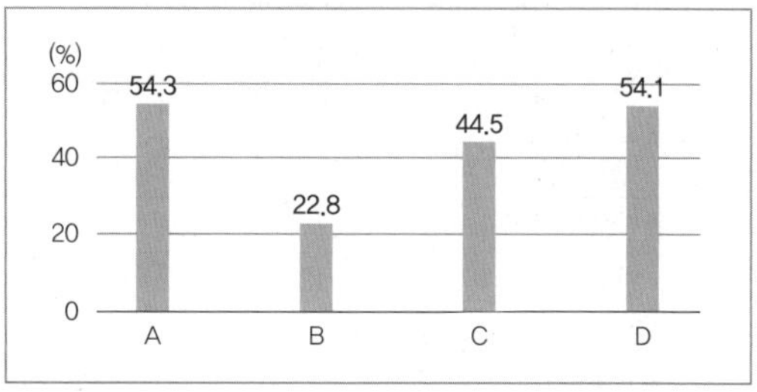

ㄹ. C품종 감염 개체의 생후개월별 구성비

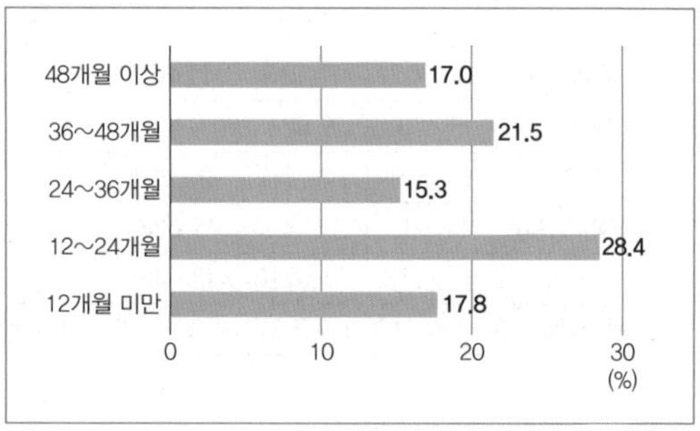

① ㄱ, ㄴ
② ㄱ, ㄷ
③ ㄴ, ㄷ
④ ㄴ, ㄹ
⑤ ㄷ, ㄹ

31. 다음 〈표〉는 2019~2023년 '갑'국 지방직영기업의 유형별 자본규모 및 부채규모에 관한 자료이다. 이에 대한 설명으로 옳지 않은 것은?

〈표 1〉 2019~2023년 지방직영기업의 유형별 자본규모

(단위 : 억 원)

유형 \ 연도	2019	2020	2021	2022	2023
상수도	348,424	365,436	383,583	398,250	414,826
하수도	465,793	477,440	474,102	492,258	504,780
공영개발	204,686	211,542	270,772	272,595	268,396
자동차운송	149	127	114	105	167

〈표 2〉 2019~2023년 지방직영기업의 유형별 부채규모

(단위 : 억 원)

유형 \ 연도	2019	2020	2021	2022	2023
상수도	5,534	5,687	8,130	7,850	8,387
하수도	56,536	53,643	54,060	50,992	48,245
공영개발	15,911	12,700	9,943	7,054	6,925
자동차운송	14	16	19	20	26

※ 1) '갑'국 지방직영기업 유형은 상수도, 하수도, 공영개발, 자동차운송으로만 구분됨

2) 부채비율(%)$=\frac{\text{부채규모}}{\text{자본규모}}\times 100$

① 2023년 지방직영기업 유형별 부채규모 순위와 부채비율 순위는 동일하다.

② 2022년에는 자본규모가 가장 큰 지방직영기업 유형과 부채규모가 가장 큰 지방직영기업 유형이 동일하다.

③ 2020년 지방직영기업 유형별 부채비율은 하수도가 공영개발의 1.5배 이상이다.

④ 2020년 부채규모의 전년 대비 증감률이 가장 큰 지방직영기업 유형은 공영개발이다.

⑤ 자본규모가 매년 증가한 지방직영기업 유형은 상수도뿐이다.

32. 다음은 케이블카 A~D의 이용요금 및 운행에 관한 자료이다. 자료와 〈조건〉에 근거하여 A, B에 해당하는 케이블카를 바르게 연결한 것은?

〈표〉 케이블카 A~D의 이용요금, 운행거리, 승객정원 및 운행속도

(단위 : 원, m, 명, m/초)

케이블카 \ 구분	이용요금		운행거리	승객정원	운행속도
	대인	소인			
A	15,000	11,500	605	48	3.2
B	24,000	19,000	988	6	2.5
C	10,500	7,500	795	40	3.5
D	16,000	14,000	1,793	50	5.0

〈정 보〉

○ 케이블카는 승객이 차량에 승차하는 출발점에서 하차하는 도착점까지 운행함.
○ 운행거리는 각 케이블카 A~D의 출발점에서 도착점까지의 거리임.
○ 운행시간은 케이블카 출발점에서 출발하여 도착점에 도착할 때까지 걸린 시간이며, 승 · 하차시간은 고려하지 않음.
○ 운행속도(m/초)$=\frac{\text{운행거리(m)}}{\text{운행시간(초)}}$
○ 각 케이블카 A~D는 차량 1대씩 순차적으로 운행하며, 운행대수는 운행한 차량대수임.
○ 총운행시간=운행대수×운행시간
○ 케이블카에는 승객정원을 초과하여 승객이 탑승할 수 없음.

〈조 건〉

○ A~D는 각각 '돌고래', '무궁화', '소나무', '호랑이' 중 하나이다.
○ '소나무'는 출발점부터 도착점까지의 운행시간이 5분 이상이다.
○ 200명의 승객이 출발점에서 도착점까지 이동하기 위한 운행대수를 최소화할 때, 총운행시간이 가장 짧은 케이블카는 '호랑이'이다.
○ 대인 2명과 소인 2명의 케이블카 이용요금 총합은 '소나무'와 '돌고래' 사이에서 차이가 가장 크다.

	A	B
①	무궁화	돌고래
②	무궁화	소나무
③	호랑이	돌고래
④	호랑이	무궁화
⑤	호랑이	소나무

33. 다음 〈표 1〉은 '갑'가게가 보유하고 있는 사과의 크기 · 품질별 개수 및 단가이고, 〈표 2〉는 〈규칙〉에 따라 구성한 세트 A~C의 사과 크기, 사과 품질, 세트 개수 및 세트 가격에 관한 자료이다. 이를 근거로 판단할 때, (가)에 해당하는 값은?

〈표 1〉 '갑'가게가 보유하고 있는 사과의 크기 · 품질별 개수 및 단가

(단위 : 개, 원/개)

크기	품질	개수	단가
대	상	56	8,000
대	중	24	6,000
소	상	38	5,000
소	중	22	3,000

〈규 칙〉

○ 보유한 사과 140개를 10개씩 나누어 14개 세트를 구성한다.
○ 각 세트는 품질 구분 없이 같은 크기의 사과로만 구성한다.
○ 각 세트는 '상' 품질의 사과가 '중' 품질의 사과보다 많도록 구성한다.

〈표 2〉 세트별 사과 크기, 사과 품질, 세트 개수 및 세트 가격

(단위 : 개, 원/개)

세트	사과 크기	사과 품질	세트 개수	세트 가격
A	대	상, 중	8	74,000
B	소	상, 중	( )	44,000
C	소	상, 중	(가)	( )

※ 세트 가격은 세트로 구성된 사과 10개의 단가를 모두 더한 금액임

① 1
② 2
③ 3
④ 4
⑤ 5

34. 다음 〈표〉는 A시의 신문 구독 가구 및 열독자 현황에 관한 자료이다. 이에 대한 〈보기〉의 설명 중 옳은 것만을 모두 고르면?

〈표 1〉 2022~2024년 A시의 신문 구독 가구 현황

(단위 : 가구)

구분 \ 연도		2022	2023	2024
조사대상 가구		6,000	4,500	4,300
신문 구독 가구		900	536	430
구독 신문 개수	1개	810	450	344
	2개	63	54	65
	3개	9	22	21
	4개 이상	18	10	0
월간 총 신문 구독료	1만 원 미만	63	40	26
	1만 원 이상 2만 원 미만	783	450	350
	2만 원 이상 3만 원 미만	36	20	12
	3만 원 이상	18	26	42

〈표 2〉 2024년 A시의 신문 열독자 현황

(단위 : 명)

구분		조사대상자	열독자
성별	남성	4,797	1,416
	여성	5,598	1,347
연령대	10대 이하	1,901	188
	20대	842	439
	30대	1,701	601
	40대	1,998	803
	50대	1,459	461
	60대 이상	2,494	271

〈보 기〉

ㄱ. 2024년 조사대상 가구 대비 신문 구독 가구 비율은 2023년보다 1.5%p 이상 감소하였다.
ㄴ. 2024년 1개 또는 2개 신문을 구독하는 가구 수의 전년 대비 증감률은 3개 이상 신문을 구독하는 가구 수의 전년 대비 증감률보다 크다.
ㄷ. 2024년 월간 구독료가 15,000원 이상인 신문이 있다.
ㄹ. 2024년 연령대별 조사대상자 대비 열독자 비율은 40대가 가장 높다.

① ㄱ
② ㄱ, ㄷ
③ ㄴ, ㄹ
④ ㄱ, ㄷ, ㄹ
⑤ ㄴ, ㄷ, ㄹ

35. 다음 〈표〉는 '갑'~'무' 모니터와 '가'~'바' 그래픽카드의 사양 및 단가에 대한 자료이고, 〈대화〉는 자료와 관련한 사무관 사이의 대화 내용이다. 이를 근거로 판단할 때, 2024년 3월 4일 A부서에서 구매한 모니터와 그래픽카드의 전체 가격은?

〈표 1〉 모니터 제품별 사양 및 단가

(단위 : Hz, 인치, 천 원/개)

구분 / 제품	해상도별 지원 여부			주사율	크기	단가
	FHD	QHD	UHD			
갑	○	○	○	60	32	360
을	○	○	○	100	27	480
병	○	×	×	60	32	230
정	○	○	○	75	32	530
무	○	○	×	120	27	420

※ 1) ○ : 지원, × : 미지원
2) 해상도가 높은 것부터 순서대로 나열하면 UHD, QHD, FHD임

〈표 2〉 그래픽카드 제품별 사양 및 단가

(단위 : fps, GB, 천 원/개)

구분 / 제품	해상도별 지원 프레임속도			메모리 용량	단가
	FHD	QHD	UHD		
가	337	287	163	24	3,100
나	224	141	68	12	680
다	172	108	52	8	520
라	306	214	115	24	1,600
마	217	147	77	16	740
바	129	81	39	8	380

〈대 화〉

장 사무관: 조사무관님, 소개해주신 '갑'~'무' 모니터와 '가'~'바' 그래픽카드의 사양 및 단가 자료 확인했습니다. 그런데, 금번 A부서의 모니터, 그래픽카드 구매 예산과 제품별 구매 수량은 어떻게 되나요?
3:10 pm

조 사무관: 네, 저희 A부서는 총 3,000만 원 예산 범위 내에서 모니터 10개와 그래픽카드 32개를 2024년 3월 4일에 구매하였습니다.
3:11 pm

장 사무관: 모니터 10개와 그래픽카드 32개를 각각 단일 제품으로 구매하셨나요?
3:13 pm

조 사무관: 네, 그렇습니다. 소개해드린 자료에서 모니터는 30인치 이상 크기에 QHD 이상 해상도를 지원하는 제품을 선택하였고, 그래픽카드는 해당 모니터가 지원하는 가장 높은 해상도를 기준으로 그래픽카드 프레임속도 값이 모니터 주사율 값보다 큰 제품을 선택하였습니다.
3:16 pm

장 사무관: 그러셨군요. 예산 제약 때문에 제품 선택이 어려우셨겠어요.
3:17 pm

조 사무관: 네, 그렇습니다. 방금 말씀드린 사양을 만족하는 모니터와 그래픽카드 중 모니터는 단가 대비 주사율이 더 큰 제품을 선택하였고, 그래픽카드는 메모리 용량이 더 큰 제품을 선택하였습니다. 모든 구매는 예산 범위 내에서 제품별 단가대로 진행하였습니다.
3:19 pm

장 사무관: 수고 많으셨네요. 덕분에 큰 도움이 되었습니다. 감사합니다.
3:20 pm

① 25,360천 원
② 27,060천 원
③ 27,280천 원
④ 27,880천 원
⑤ 28,980천 원

36. 다음 〈정보〉는 A국에서 유조선에 선적하여 수출되는 원유의 최종단가를 산정하는 방법이고, 〈그림〉과 〈표〉는 A국 현지단가, 유조선 '갑'~'무'의 원유 선적 현황이다. 이를 근거로 판단할 때, 유조선 '갑'~'무' 중 선적 원유의 최종단가가 가장 높은 것은?

〈정 보〉

○ 수출 지역에 따라 A국 현지단가를 기준으로 적용단가를 정한다.

수출 지역	적용단가
유럽	선적일에서 20일 경과한 날부터 5일간의 현지단가 평균
미국	선적일에서 30일 경과한 날부터 3일간의 현지단가 평균
아시아	선적일이 속한 달의 현지단가 평균

※ 예) 선적일이 2024년 1월 1일이고, 수출 지역이 미국인 유조선에 선적된 원유는 2024년 1월 31일부터 2024년 2월 2일까지의 현지단가 평균을 적용단가로 함.

○ 유조선별 선적 원유의 품질에 따라 적용단가에 품질계수를 곱하여 최종단가를 정한다.

품질	품질계수
고품질	1.1
저품질	1.0

〈그림〉 2024년 10월 날짜별 A국 현지단가

(단위 : 달러/배럴)

SUN	MON	TUE	WED	THU	FRI	SAT
10 October		01 78	02 77	03 76	04 76	05 75
06 74	07 73	08 73	09 72	10 70	11 70	12 68
13 67	14 66	15 65	16 64	17 63	18 62	19 63
20 64	21 65	22 66	23 67	24 68	25 70	26 71
27 72	28 73	29 73	30 74	31 75		

〈표〉 유조선 '갑'~'무'의 A국 원유 선적 현황

유조선 / 구분	갑	을	병	정	무
수출 지역	유럽	유럽	미국	미국	아시아
선적일	2024년 9월 18일	2024년 10월 7일	2024년 9월 22일	2024년 9월 4일	2024년 10월 2일
품질	고품질	저품질	고품질	저품질	고품질

① 갑
② 을
③ 병
④ 정
⑤ 무

37. 다음 〈표〉는 '갑'지역 국회의원 24명의 부동산 보유 현황에 관한 자료이다. 이에 대한 〈보기〉의 설명 중 옳은 것만을 모두 고르면?

〈표 1〉 '갑'지역 국회의원 24명의 소속 정당별 · 부동산 유형별 보유자수

(단위 : 명)

부동산 유형 / 소속 정당	주택	상가	대지	농지
●●당	2	6	2	2
△△당	8	12	9	5
○○당	1	0	0	0

〈표 2〉 '갑'지역 국회의원의 부동산 유형별 보유 현황 자료 중 일부

이름	소속정당	주택	상가	대지	농지
A	△△당	∨	∨		
B	△△당		∨	∨	
C	△△당	∨	∨		
D	△△당	∨		∨	∨
E	△△당			∨	∨
F	△△당		∨	∨	
G	△△당		∨	∨	
H	△△당	∨	∨	∨	
I	△△당	∨	∨		∨
J	△△당			∨	
K	●●당		∨	∨	∨
L	●●당	∨	∨		
M	△△당	∨	∨		∨
N	△△당			∨	∨
O	△△당	∨	∨	∨	
P	△△당	∨			
Q	( )	∨	∨	∨	∨
R	( )	( )	( )	( )	( )

※ 1) ∨는 해당 부동산을 보유하고 있음을 의미함
2) 부동산 유형은 제시된 4개뿐임
3) '갑'지역 국회의원은 24명뿐임

〈보 기〉

ㄱ. 농지만 보유한 국회의원은 없다.
ㄴ. 4개 유형의 부동산을 모두 보유한 국회의원은 '△△당' 소속이다.
ㄷ. 1개 유형의 부동산만을 보유한 국회의원은 9명이다.
ㄹ. 주택과 대지를 모두 보유한 국회의원은 5명이다.

① ㄱ, ㄴ
② ㄱ, ㄷ
③ ㄱ, ㄹ
④ ㄴ, ㄹ
⑤ ㄷ, ㄹ

38. 다음 〈표〉는 2020~2023년 '갑'국 변호사 시험의 성별 응시자수 및 합격자수에 관한 자료이다. 이에 대한 설명으로 옳지 않은 것은?

〈표〉 '갑'국 변호사 시험의 성별 응시자수 및 합격자수

(단위 : 명, %)

성별	구분 \ 연도	2020	2021	2022	2023
남성	응시자수	14,431	15,605	15,422	( )
	합격자수	( )	( )	12,273	12,222
	합격률	84.0	82.1	79.6	81.0
여성	응시자수	16,300	18,282	( )	18,504
	합격자수	( )	( )	14,309	14,465
	합격률	83.4	79.2	77.1	78.2
전체	응시자수	30,731	33,887	33,984	33,598
	합격자수	25,713	( )	26,582	26,687
	합격률	83.7	80.6	78.2	( )

※ 합격률(%) = $\frac{\text{합격자수}}{\text{응시자수}} \times 100$

① 전체 합격률은 2020년이 가장 높다.
② 남성 응시자수는 2022년이 2023년보다 많다.
③ 남성 응시자수 대비 여성 응시자수 비율은 매년 증가한다.
④ 여성 합격자수 대비 남성 합격자수 비율은 2020년이 2021년보다 높다.
⑤ 2022년 전체 합격자수는 전년 대비 3% 이상 감소하였다.

39. 다음 〈표〉는 2024년 '갑'~'정'국의 철도선로 활용 현황에 관한 자료이다. 이에 대한 〈보기〉의 설명 중 옳은 것만을 모두 고르면?

〈표〉 2024년 '갑'~'정'국의 철도선로 활용 현황

구분 \ 국가	갑	을	병	정
총선로길이(km)	15,100	63,700	27,200	3,900
인구 백만 인당	225	49	151	77
국토면적 천km²당	60	7	51	39
여객수송인원(백만 인)	1,665	1,554	9,091	1,269
여객수송거리(백만 인 · km)	66,660	723,006	260,192	40,343
화물수송량(백만 톤)	90	2,294	31	37
화물수송거리(백만 톤 · km)	19,000	1,980,061	20,255	9,749

※ 1) 여객수송거리는 여객수송인원에 수송거리를 곱한 값의 합임
2) 화물수송거리는 화물수송량에 수송거리를 곱한 값의 합임

〈보 기〉

ㄱ. 인구가 많은 국가일수록 총선로길이가 길다.
ㄴ. 국토면적이 넓은 국가일수록 여객수송인원 1인당 여객수송거리가 길다.
ㄷ. 화물수송량 1톤당 화물수송거리는 '을'국이 '갑'국의 3배 이상이다.
ㄹ. 총선로길이 대비 여객수송거리의 비율은 '정'국이 '을'국보다 높다.

① ㄱ, ㄴ
② ㄱ, ㄷ
③ ㄴ, ㄷ
④ ㄴ, ㄹ
⑤ ㄱ, ㄷ, ㄹ

40. 다음 〈표〉는 '갑'국의 건강보험료 분위별 세대 현황 및 분위별 세대의 세대원 구성비에 관한 자료이다. 〈표〉와 〈국민재난지원금 지급기준〉에 따라 세대별로 지급하는 국민재난지원금을 산정할 때, 〈보기〉의 설명 중 옳은 것만을 모두 고르면?

〈표 1〉 건강보험료 분위별 세대 현황

(단위 : 원, 세대, 명)

분위 \ 구분	건강보험료		세대수	총세대원수
	최소	최대		
전체	80,970	3,182,760	25,000	56,750
1분위	80,970	157,150	5,000	11,200
2분위	157,151	187,230	5,000	11,200
3분위	187,231	226,880	5,000	11,450
4분위	226,881	291,940	5,000	11,450
5분위	291,941	3,182,760	5,000	11,450

※ 건강보험료는 세대 단위로 부과된 금액임

〈표 2〉 건강보험료 분위별 세대의 세대원수에 따른 구성비

(단위 : %)

분위별 세대 \ 세대원수	1인	2인	3인	4인 이상
1분위 세대	40	20	20	20
2분위 세대	40	20	20	20
3분위 세대	35	25	20	20
4분위 세대	35	25	20	20
5분위 세대	35	25	20	20

〈국민재난지원금 지급기준〉

○(기준 1) 건강보험료가 226,880원 이하인 세대만 지급대상으로 함.
○(기준 2) 세대원 1인당 10만 원을 지급함.
○(기준 3) 세대별 지급가능 상한액은 40만 원임.

〈보 기〉

ㄱ. 국민재난지원금 지급 총액은 33억 원 이상이다.
ㄴ. (기준 1)만 변경하여 1인 세대는 보험료 187,230원 이하인 세대에만, 2인 이상인 세대는 보험료 226,880원 이하인 세대에만 지급한다면, 국민재난지원금 지급 총액은 31억 5천만 원이 된다.
ㄷ. (기준 3)만 변경하여 세대별 지급가능 상한액을 두지 않는다면, 지급대상 4인 이상 세대에 지급하는 국민재난지원금 평균은 42만 원이 된다.

① ㄱ
② ㄷ
③ ㄱ, ㄴ
④ ㄴ, ㄷ
⑤ ㄱ, ㄴ, ㄷ

1. 다음 글을 근거로 판단할 때 옳은 것은?

> 제○○조 ① 국토교통부장관은 자동차정책기본계획(이하 '기본계획'이라 한다)을 5년마다 수립·시행하여야 한다.
> ② 국토교통부장관은 제1항에 따라 기본계획을 수립하거나 수립된 기본계획을 변경하려는 경우에는 관계 중앙행정기관의 장 및 시·도지사의 의견을 들은 후 국가교통위원회의 심의를 거쳐 확정한다. 다만 다음 각 호의 어느 하나에 해당하는 경우에는 그러하지 아니하다.
> 1. 기본계획에서 정한 부문별 사업비용을 100분의 15 이내의 범위에서 변경하는 경우
> 2. 기본계획에서 정한 부문별 사업기간을 1년 이내의 범위에서 변경하는 경우
> 3. 관계 법령의 개정 또는 관련 계획의 변경에 따라 기본계획의 내용 변경이 부득이한 경우
> 4. 계산착오, 오기, 누락 또는 이에 준하는 사유로서 그 변경근거가 분명한 사항을 변경하는 경우
>
> ③ 국토교통부장관은 기본계획의 수립·변경이 확정된 때에는 그날부터 20일 이내에 관계 중앙행정기관의 장 및 시·도지사에게 통보하고, 이를 공고(인터넷 게재를 포함한다)하여야 한다.

① 기본계획에 대해 의견을 제출한 시·도지사는 그 의견에 따라 기본계획의 변경이 확정되었을 경우 이를 공고하여야 한다.
② 관계 법령의 개정에 따라 기본계획의 내용 변경이 부득이한 경우, 국토교통부장관은 기본계획을 변경하려면 관계 중앙행정기관의 장 및 시·도지사의 의견을 들어야 한다.
③ 국가교통위원회는 심의를 거쳐 확정된 기본계획을 관계 중앙행정기관의 장 및 시·도지사에게 20일 이내에 통보하여야 한다.
④ 기본계획에서 정한 부문별 사업기간을 2년의 범위에서 변경하는 경우, 국가교통위원회가 이를 심의·확정한다.
⑤ 기본계획에서 정한 부문별 사업비용을 20% 증가시키는 내용의 변경만 있는 경우, 국토교통부장관은 관계 중앙행정기관의 장 및 시·도지사의 의견을 들어야 한다.

2. 다음 글을 근거로 판단할 때 옳은 것은?

> 제○○조 ① 누구든지 다음 각 호의 경우를 제외하고는 공개된 장소에 영상정보처리기기를 설치·운영하여서는 아니 된다.
> 1. 범죄의 예방 및 수사를 위하여 필요한 경우
> 2. 시설안전 및 화재 예방을 위하여 필요한 경우
> 3. 교통단속을 위하여 필요한 경우
> 4. 교통정보의 수집·분석·제공을 위하여 필요한 경우
>
> ② 누구든지 불특정 다수가 이용하는 목욕실, 화장실, 탈의실 등 개인의 사생활을 현저히 침해할 우려가 있는 장소의 내부를 볼 수 있도록 영상정보처리기기를 설치·운영하여서는 아니 된다. 다만 교도소, 정신보건시설 등 사람을 구금하거나 보호하는 시설에 대하여는 그러하지 아니하다.
> ③ 제1항 각 호에 따라 영상정보처리기기를 설치·운영하는 자(이하 '영상정보처리기기운영자'라 한다)는 정보주체가 쉽게 인식할 수 있도록 다음 각 호의 사항이 포함된 안내판을 설치하는 등 필요한 조치를 하여야 한다. 다만 군사시설, 국가중요시설 및 국가보안시설에 대하여는 그러하지 아니하다.
> 1. 설치 목적 및 장소
> 2. 촬영 범위 및 시간
> 3. 관리책임자 성명 및 연락처
>
> ④ 영상정보처리기기운영자는 영상정보처리기기의 설치 목적과 다른 목적으로 영상정보처리기기를 임의로 조작하거나 다른 곳을 비춰서는 아니 되며, 녹음기능은 사용할 수 없다.

① 영상정보처리기기운영자는 영상정보처리기기를 공개된 장소에 설치·운영하는 경우 해당 영상정보처리기기의 녹음기능을 사용할 수 있다.
② 교도소에서는 수형자가 이용하는 목욕실의 내부를 볼 수 있도록 영상정보처리기기를 설치·운영할 수 있다.
③ 범죄수사를 위하여 공개된 장소에 설치된 영상정보처리기기는 그 설치 목적과 다른 목적으로 임의로 조작하거나 다른 곳을 비출 수 있다.
④ 교통정보의 수집·분석·제공을 위한 목적으로는 공개된 장소에서 영상정보처리기기를 설치·운영할 수 없다.
⑤ 공개된 장소에 영상정보처리기기를 설치·운영하는 경우, 그 장소가 국가보안시설이라 하더라도 설치 목적·장소, 촬영 범위·시간 등이 명시된 안내판을 설치하여야 한다.

3. 다음 글을 근거로 판단할 때 옳은 것은?

제○○조 ① 이 법에서 '외국인성명 문서'란 행정기관이 외국인과 관련된 권리관계 또는 사실관계 등을 등록·등재하거나 확인·증명 등을 하기 위하여 외국인의 성명을 포함하여 작성 또는 발급하는 문서를 말한다.
② 외국인성명 문서에 외국인의 성명을 표기할 때는 로마자로 된 성명(이하 '로마자성명'이라 한다)을 표기하고 괄호 안에 한글로 된 성명(이하 '한글성명'이라 한다)을 병기하는 것을 원칙으로 한다.
제□□조 ① 로마자성명은 외국인등록증에 기재된 로마자성명으로 표기함을 원칙으로 한다.
② 제1항에 따른 로마자성명이 없는 경우에는 외국인 여권의 기계판독영역에 기재되어 있는 로마자성명으로 표기한다.
③ 외국인이 여권을 소지하고 있지 않거나 소지한 사실이 없는 경우에는 외국인이 국적을 둔 정부에서 발급한 공문서에 기재된 로마자성명으로 표기할 수 있다.
④ 제1항부터 제3항까지의 로마자성명은 대문자로 표기하되, 성(Surname)과 이름(Given name)의 순서로 표기한다. 이 경우, 성과 이름은 띄어쓰기를 하며 이름 사이에도 띄어쓰기를 할 수 있다.
제◇◇조 ① 한글성명은 가족관계등록부, 외국인등록표 및 그 밖에 행정기관에서 발행하는 공적 서류·증명서에 기재된 한글성명으로 표기함을 원칙으로 한다.
② 제1항에 따른 한글성명이 없는 경우에는 제□□조에 따른 외국인의 로마자성명을 기준으로 원래 성명의 원지음(原地音)을 따라 한글로 표기하되, 문화체육관광부장관이 정하여 고시하는「외래어 표기법」에 따라 표기함을 원칙으로 한다.
③ 한글성명은 성과 이름의 순서로 표기하되, 성과 이름은 붙여 쓴다.

① 성이 '湯'이고 이름이 '鈺'인 외국인은 외국인성명 문서에 성명을 '湯 鈺'으로 표기하여야 한다.
② 로마자로 이름이 'Koko Katherine'이며 성이 'Brown'인 외국인의 외국인성명 문서에 표기된 로마자성명에는 띄어쓰기를 2번 할 수 있다.
③ 외국인의 한글성명이 외국인등록표에 기재되어 있더라도, 외국인성명 문서에는 로마자성명을 기준으로 원래 성명의 원지음을「외래어 표기법」에 따라 한글로 달리 표기할 수 있다.
④ 로마자로 성이 'White'이며 이름이 'John', 한글로 성이 '화이트'이며 이름이 '존'인 외국인은 외국인성명 문서에 'White John(화이트 존)'으로 표기된다.
⑤ 여권을 가지고 있는 외국인이 외국인등록을 하지 않았다면, 해당 외국인의 외국인성명 문서에는 한글성명만 표기하여야 한다.

4. 다음 글을 근거로 판단할 때 옳은 것은?

제○○조 이 법에서 '우주손해'란 우주물체의 발사·운용 등으로 인하여 발생된 제3자의 사망·부상 및 건강의 손상과 같은 인적 손해와 재산의 파괴·훼손·망실과 같은 물적 손해를 말한다.
제□□조 ① 우주손해가 발생한 경우에는 해당 우주물체 발사자가 그 손해를 배상할 책임이 있다. 다만 우주공간에서 발생한 우주손해의 경우와 국가 간의 무력충돌, 적대행위로 인한 우주손해의 경우에는 고의 또는 과실이 있는 때에 한한다.
② 우주물체 발사자가 배상하여야 하는 책임한도는 2천억 원으로 한다.
제◇◇조 ① 우주물체의 발사허가를 받고자 하는 자는 손해배상을 목적으로 하는 책임보험에 가입하여야 한다.
② 제1항에 따라 가입하여야 하는 보험금액은 제□□조 제2항에 따른 손해배상책임 한도액의 범위 안에서 우주물체의 특성, 기술의 난이도, 발사장 주변 여건 및 국내외 보험시장 등을 고려하여 과학기술정보통신부장관이 정하여 고시한다.
③ 정부는 우주물체 발사자가 배상하여야 할 손해배상액이 제2항의 보험금액을 초과하는 경우에 이 법의 목적을 달성하기 위하여 필요하다고 인정할 때에는 우주물체 발사자에 대하여 필요한 지원을 할 수 있다.
제△△조 이 법에 따른 손해배상청구권은 피해자 또는 그 법정대리인이 그 손해를 안 날부터 1년 이내에 행사하지 아니한 경우 또는 우주손해가 발생한 날부터 3년이 경과한 경우에는 시효로 인하여 소멸한다.

① 우주물체의 발사허가를 받고자 하는 자는 보험금액 2천억 원의 책임보험에 가입하여야 한다.
② 우주공간에서 제3자에게 우주손해가 발생한 경우 해당 우주물체 발사자가 과실 여부에 관계없이 그 손해를 배상할 책임이 있다.
③ 과학기술정보통신부장관은 우주물체 발사자가 우주손해 발생 시 배상하여야 하는 책임한도를 2천억 원 이상으로 정하여 고시하여야 한다.
④ 우주물체 발사자는 우주물체의 발사·운용 등으로 인하여 건강 손상에 따른 손해를 입은 제3자에게는 손해를 배상할 책임이 없다.
⑤ 우주물체의 발사로 2022. 1. 2. 물적 손해를 입은 제3자가 그 손해를 2025. 2. 15. 알게 된 경우 그 자는 손해배상청구권이 없다.

5. 다음 글과 〈상황〉을 근거로 판단할 때, 〈보기〉에서 옳은 것만을 모두 고르면?

제○○조(검정고시의 시행 및 공고) ① 검정고시위원회는 연 2회 이상 고등학교 졸업학력 검정고시(이하 '검정고시'라 한다)를 시행하여야 한다.
② 검정고시위원회는 검정고시를 시행하기 2개월 이전에 시험의 일시·장소, 원서접수, 그 밖에 검정고시의 시행에 관한 사항을 공고하여야 한다.
제□□조(응시자격) ① 검정고시 시행일을 기준으로 다음 각 호의 어느 하나에 해당하는 사람은 검정고시에 응시할 수 있다.
1. 중학교 졸업자 및 이와 같은 수준 이상의 학력이 있다고 인정된 사람
2. 고등학교에 준하는 각종학교의 졸업자 또는 졸업예정자
3. 소년원학교에 재학 중인 보호소년 중 18세 이상으로 고등학교 교육과정을 이수 중인 사람

② 제1항에도 불구하고 다음 각 호의 어느 하나에 해당하는 사람은 검정고시에 응시할 수 없다.
1. 고등학교를 졸업하였거나 재학 중인 사람
2. 고등학교에서 퇴학(자퇴한 경우를 포함한다. 이하 같다)한 사람으로서 퇴학일부터 제○○조 제2항에 따른 공고일까지의 기간이 6개월 이상이 되지 않은 사람. 다만 「장애인복지법」에 따라 등록한 장애인으로서 신체적·정신적 장애로 학업을 계속하는 것이 불가능하여 퇴학한 사람은 제외한다.

〈상 황〉

검정고시위원회는 2024년도에 6. 15.(1회차) 및 12. 14.(2회차) 두 차례 검정고시를 시행하기로 하였고, 해당 검정고시의 시행에 관한 사항을 2024. 4. 12. 및 10. 11. 각각 공고하였다.

〈보 기〉

ㄱ. 고등학교 졸업예정자로서 2024. 9. 24. 기준 18세 이상인 甲은 2024년도 2회차 검정고시에 응시할 수 있다.
ㄴ. 고등학교 1학년에 재학하던 중 해외유학을 목적으로 2023. 11. 23. 자퇴한 乙은 2024년도 1회차 검정고시에 응시할 수 없다.
ㄷ. 보호소년으로서 소년원학교에서 고등학교 교육과정을 이수 중이고 생년월일이 2006. 7. 15.인 丙은 2024년도 2회차 검정고시에 응시할 수 있다.
ㄹ. 「장애인복지법」에 따라 등록한 장애인으로서 고등학교에 재학 중 신체적 장애로 학업을 계속하는 것이 불가능하여 2024. 6. 10. 자퇴한 丁은 2024년도 2회차 검정고시에 응시할 수 있다.

① ㄱ, ㄷ
② ㄱ, ㄹ
③ ㄴ, ㄹ
④ ㄱ, ㄴ, ㄷ
⑤ ㄴ, ㄷ, ㄹ

6. 다음 글을 근거로 판단할 때, 〈보기〉에서 옳은 것만을 모두 고르면?

'장'은 우리 고유의 말이다. 한자 표기인 '欌(장)'도 우리나라에서 만들어 사용하는 한자이다. 欌이라는 한자가 사용되기 이전에는 중국의 명칭을 따라 '竪櫃(수궤)'라고 표기하였다. 이후 우리말을 표기하는 과정에서 장이 한자어가 된 것이다.

장은 실용성과 심미성이 커서 물건을 보관하거나 집 내부를 꾸미는 등 다양한 용도로 사용되었다. 주로 남성이 사용하는 사랑방에는 문방사우, 의복, 탁자 등을 둘 수 있는 책장, 의걸이장, 탁자장 등이 배치되었다. 여성이 기거하는 안방에는 용도에 따라 버선장, 실장, 솜장, 머릿장 등을 두었다. 이 중 머릿장은 사랑방에서 사용되기도 하였다.

장을 제작할 때는 자연스러운 아름다움을 추구하였다. 특히 또렷하게 드러나는 나이테 모양을 있는 그대로 활용하는 경우가 많았다. 다만 나이테 모양이 드러나는 판자를 그대로 사용하는 경우 계절의 변화에 따라 수축과 팽창이 심하여 가구의 변형이 많이 일어나는 문제가 있었다. 이를 해결하기 위해 느티나무, 물푸레나무 등 나이테가 뚜렷한 자재를 2~3mm 두께로 얇게 자르고, 변형이 적은 오동나무나 소나무와 같은 자재에 결을 엇갈리게 붙인 후 골재에 끼웠다. 이때 풀을 사용하지 않고 홈에 끼우는 촉짜임기법을 이용해 변형을 최소화하였다.

〈보 기〉

ㄱ. '竪櫃'라는 한자가 사용되기 이전에는 '欌'이라는 한자가 사용되었을 것이다.
ㄴ. 소나무 자재는 물푸레나무 자재보다 변형이 적을 것이다.
ㄷ. 머릿장은 안방에서만 사용했을 것이다.
ㄹ. 촉짜임기법은 장에 정교한 조각을 장식하기 위해 고안된 것이다.

① ㄱ
② ㄴ
③ ㄱ, ㄷ
④ ㄴ, ㄹ
⑤ ㄴ, ㄷ, ㄹ

7. 다음 글과 〈상황〉을 근거로 판단할 때, 甲~丁 일행에게 제공되는 중간 컵의 개수는?

〈A카페 메뉴판〉

ㅁ음료 종류

ㅇ에스프레소(1잔의 양)

– 싱귤러(30ml) : 농도가 연하며 산미와 단맛, 쓴맛이 균형을 이룸

– 리스트레또(20ml) : 농도가 진하며 산미와 단맛이 강함

– 룽고(40ml) : 농도가 연하나 쓴맛이 강함

– 도피오(60ml) : 싱귤러와 같은 농도로 양이 2배

ㅇ아메리카노 : 에스프레소(1잔)와 물을 1 : 8의 부피 비율로 제조

ㅇ카페라떼 : 에스프레소(1잔)와 우유를 1 : 6의 부피 비율로 제조

ㅇ아인슈패너 : 싱귤러(1잔), 물, 생크림을 1 : 3 : 1의 부피 비율로 제조

ㅇ콘파냐 : 도피오(1잔)와 생크림을 1 : 1.5의 부피 비율로 제조

ㅁ컵 제공 사항

ㅇ작은 컵 : 100ml 미만의 음료

ㅇ중간 컵 : 100ml 이상 200ml 미만의 음료

ㅇ큰 컵 : 200ml 이상의 음료

〈상 황〉

A카페를 방문한 甲~丁은 아래와 같이 대화를 나누며 음료를 주문했다.

甲 : 싱귤러로 만든 카페라떼 1잔을 마실래.

乙 : 아인슈패너와 콘파냐 1잔씩 시켜서 맛을 비교해보려고 해.

丙 : 그럼 나는 쓴맛이 강한 에스프레소로 만든 아메리카노 1잔을 주문할게.

丁 : 배가 부르네. 농도가 진한 에스프레소 1잔을 마셔야겠어.

① 1
② 2
③ 3
④ 4
⑤ 5

8. 다음 글을 근거로 판단할 때, 〈상황〉의 (가)와 (나)에 들어갈 수를 옳게 짝지은 것은?

압력을 나타내는 단위인 mmHg는 수은 기둥을 이용해 기압을 측정하는 데 사용된다. 1mmHg는 수은 기압계의 수은 기둥 높이가 1mm일 때의 압력을 의미하고, 수은 기둥의 높이와 압력은 비례한다.

해수면에서 측정되는 대기의 압력은 760mmHg이며, 이를 1기압이라고 한다.

〈상 황〉

ㅇ수은 기압계의 수은 기둥 높이가 1m일 때의 압력과 1기압의 차는 [(가)]mmHg이다.

ㅇ해수면으로부터 10m씩 깊어질 때마다 1기압에 해당하는 압력이 증가한다면, 수심 40m에서의 압력은 [(나)]mmHg이다.

	(가)	(나)
①	0	3040
②	0	3800
③	240	2280
④	240	3040
⑤	240	3800

9. 다음 글을 근거로 판단할 때, 乙이 사망하던 날 甲의 나이는?

甲은 0세의 나이에 75세의 얼굴을 지녔으며, 다른 모든 사람과는 반대로 나이를 한 살 먹을 때마다 얼굴은 한 살씩 어려진다. 乙은 21세가 되는 날, 乙의 나이보다 30세가 더 많아 보이는 甲과 결혼했다. 甲과 乙은 결혼한 지 1년이 되는 날에 아들을 낳았다. 甲의 얼굴이 아들과 동일한 나이로 보이게 되는 날에 乙은 사망하였고, 甲은 乙의 사망일로부터 10년을 더 살았다.

① 40세
② 45세
③ 50세
④ 55세
⑤ 60세

10. 다음 글을 근거로 판단할 때, 甲과 戊가 하루에 가져오는 셔틀콕 개수의 차는?

> 甲~戊는 매주 월요일부터 금요일까지 배드민턴 동호회 활동을 한다. 이들은 각자에게 지정된 개수의 셔틀콕을 매일 가지고 오기로 했다. 지정된 셔틀콕의 개수는 5명이 서로 다르며 요일에 따른 변동은 없다. 이들이 하루에 가져오는 셔틀콕 개수의 총합은 24개이다.
>
> 甲이 5일 동안 가져오는 셔틀콕의 총 개수는 丙이 하루에 가져오는 셔틀콕 개수와 같다. 또 丙이 3일 동안 가져오는 셔틀콕 개수와 丁이 2일 동안 가져오는 셔틀콕 개수의 차는 3이다. 乙이 하루에 가져오는 셔틀콕의 개수는 戊가 하루에 가져오는 셔틀콕의 개수보다 적고, 그 두 수를 곱하면 홀수이다.

① 5
② 6
③ 7
④ 8
⑤ 9

11. 다음 글과 〈상황〉을 근거로 판단할 때, 〈보기〉에서 옳은 것만을 모두 고르면?

> ㅇㅇ낚시대회에서는 잡은 물고기마다 아래의 〈표〉에 따른 점수를 부여한 후, 이를 모두 합산한 점수가 높은 순서대로 순위를 매긴다.

〈표〉

물고기 종류	점수(마리당)
A	30
B	20
C	10

〈상 황〉

> ㅇㅇ낚시대회에서 甲, 乙, 丙은 〈표〉의 물고기만 잡았다. 甲, 乙, 丙은 각각 3, 4, 5마리를 잡았고 점수의 합이 서로 달랐다. 그리고 甲, 乙, 丙은 각각 1, 2, 3위를 차지하였다.

〈보 기〉

ㄱ. 甲은 A를 잡았다.
ㄴ. 乙이 80점으로 2위를 차지했다면, 乙은 B를 잡았다.
ㄷ. 丙은 C를 한 마리도 못 잡았다.

① ㄱ
② ㄴ
③ ㄱ, ㄷ
④ ㄴ, ㄷ
⑤ ㄱ, ㄴ, ㄷ

12. 다음 글을 근거로 판단할 때, 〈보기〉에서 옳은 것만을 모두 고르면?

> 甲은 업무코드를 내부 정보망에 입력한 후 해당 업무를 처리한다. 업무코드는 4자리로, 알파벳(2개)과 숫자(2개)로 구성된다. 甲이 담당하는 업무와 업무코드는 다음과 같다.

업무코드	업무	업무코드	업무
AD10	사업자등록 결과처리	CB11	신고서 목록 관리
BA13	휴폐업신고서 관리	CD08	신고자내역 조회
BC03	휴폐업신고서 조회	DA14	신용카드 이용대금 조회
BE02	사업자등록신청서 입력	DD12	전자계산서 발급 조회

> 甲은 오늘 '휴폐업신고서 관리', '신고서 목록 관리'를 포함하여 업무코드가 서로 다른 6건의 업무를 처리했다.

〈보 기〉

ㄱ. 'A'를 1번만 입력했다면, 'D'는 3번 입력했다.
ㄴ. 가장 많이 입력한 알파벳이 'B'라면, '전자계산서 발급 조회'를 처리하지 않았다.
ㄷ. 입력한 업무코드 네 번째 자리의 숫자 총합이 21이라면, '신고자내역 조회'를 처리했다.

① ㄱ
② ㄴ
③ ㄱ, ㄷ
④ ㄴ, ㄷ
⑤ ㄱ, ㄴ, ㄷ

13. 다음 글과 〈상황〉을 근거로 판단할 때, 甲이 새로 빌려온 책의 마지막 쪽을 읽는 요일은?

> 甲은 월요일부터 금요일까지 매일 책을 읽고, 토요일과 일요일에는 책을 읽지 않는다. 또한 甲은 새로운 책을 읽기 시작할 때 요일마다 쪽수(자연수)를 정해놓고 순서대로 읽는다. 예를 들어, 甲이 월요일에 세 쪽을 읽고 수요일에 다섯 쪽을 읽기로 정했다면, 매주 월요일마다 세 쪽을 다 읽고 매주 수요일마다 다섯 쪽을 다 읽는 것이다.

〈상 황〉

> 甲은 새로 빌려온 책(1~74쪽)을 화요일에 1쪽부터 읽기 시작했다. 甲이 그 다음 주 화요일에 책을 읽고 나서 마지막으로 읽은 쪽의 쪽번호를 보니 17이었다. 이틀 뒤에 책을 읽고 나서 마지막으로 읽은 쪽의 쪽번호를 보니 23이었다. 책을 사흘 더 읽은 후 마지막으로 읽은 쪽의 쪽번호를 보니 31이었다.

① 월요일
② 화요일
③ 수요일
④ 목요일
⑤ 금요일

14. 다음 글을 근거로 판단할 때, 己가 받은 작년과 올해 성과평가 등급은?

> △△과는 직원 6명(甲~己)에 대해 매년 성과평가를 실시하여 1명에게는 가장 높은 S등급, 2명에게는 A등급, 3명에게는 가장 낮은 B등급을 부여한다. 甲~己는 올해 성과평가 등급을 받은 뒤 아래와 같은 〈대화〉를 나누었다. 이들은 대화 전까지 자신의 작년과 올해 성과평가 등급은 알고 있었지만, 다른 직원의 성과평가 등급은 모르고 있었다.
>
> 〈대화〉
>
> 甲 : 나는 작년보다 등급이 올랐어.
> 乙 : 나도 작년보다 등급이 올랐어.
> 丙 : 그래? 나는 그대로야.
> 丁 : 나는 甲, 乙, 丙 너희들이 작년이랑 올해 어떤 성과평가 등급을 받았는지 알겠어.
> 戊 : 나는 너희 말을 들으니 우리 모두가 작년이랑 올해 어떤 성과평가 등급을 받았는지 알겠어.
> 己 : 이제 나도 알겠어.

	작년	올해
①	S	A
②	S	B
③	A	S
④	A	B
⑤	B	A

15. 다음 글과 〈상황〉을 근거로 판단할 때, 甲이 문구점에 들어갈 때 휴대하였던 동전의 개수는?

> ○ 甲은 '머니'라는 화폐 단위를 사용하는 A국에 살고 있다.
> ○ A국 화폐는 1,000머니와 500머니의 지폐, 100머니와 50머니의 동전으로 이루어져 있다.
> ○ 현금만 사용하는 甲은 현금 휴대에 따르는 불편함을 수치화한 '불편지수'를 다음과 같이 만들었다.
> 불편지수=휴대한 지폐 개수×3+휴대한 동전 개수×1
> ○ 甲은 불편지수가 최소가 되도록 현금을 휴대한다. 이는 거스름돈을 받을 때도 적용된다.

〈상 황〉

> 甲은 문구점에서 850머니를 결제하고 거스름돈을 받았으며, 이때 불편지수는 9였다. 다음 꽃집에서 1,000머니를 결제하고 남은 현금 중 동전은 3개였다. 마지막으로 편의점에서 800머니를 결제하고 거스름돈을 받았다. 그 결과 甲에게 지폐는 남아 있지 않았다.

① 1
② 2
③ 3
④ 4
⑤ 5

16. 다음 글을 근거로 판단할 때, 민서가 결제할 금액은?

> 다음은 인영과 민서가 아래 〈표〉를 보면서 나눈 〈대화〉이다.
>
> 〈대화〉
>
> 인영 : 이번에 좋은 공연이 많던데, 나는 뮤지컬 공연을 보고 싶어.
> 민서 : 나는 지난달에 바이올린 협주 공연을 보고 와서 이번엔 다른 공연에 가려고 해.
> 인영 : 그런데 티켓 가격이 조금 부담스럽지 않아? 너는 학생 할인을 받을 수 있어서 조금 더 저렴하게 공연을 볼 수 있겠다.
> 민서 : 맞아. 그래서 결제할 금액이 제일 저렴한 공연을 볼 생각이야.
> 인영 : 그렇구나. 시험이 10월 11일이라 그 전에는 가기 어렵겠어.
> 민서 : 아니야. 시험일정이 10월 9일로 바뀌어서 그 전만 아니면 괜찮을 거야. 그보다 B시는 우리집에서 너무 멀어서 안 가려고.

〈표〉

구분	뮤지컬	바이올린 협주	피아노 협주	오페라	오케스트라
티켓 가격	77,000원	90,000원	120,000원	100,000원	110,000원
공연 날짜	10월 6일	10월 15일	10월 11일	10월 17일	10월 10일
공연 장소	A시 아트센터	C시 문화회관	A시 아트센터	C시 문화회관	B시 콘서트홀
학생할인 (20%) 여부	×	×	○	×	○

① 77,000원
② 88,000원
③ 90,000원
④ 96,000원
⑤ 100,000원

17. 다음 글과 <상황>을 근거로 판단할 때, 민원처리 우수 공무원으로 선정되는 사람은?

<민원처리 우수 공무원 선정 기준>

○ 민원처리 점수에 가점 또는 감점을 하여 점수의 총합이 가장 높은 사람을 민원처리 우수 공무원으로 선정한다. 민원처리 점수의 산정 방식과 가점 및 감점 기준은 다음과 같다.
민원처리 점수=(민원만족도×0.8)+(민원처리 건수×0.2)
- 우수답변 선정 민원 1건당 1점 가점
- 미결재 민원 1건당 1점 감점
- 처리기간 초과 민원 1건당 1점 감점

○ 민원만족도가 80점 미만이거나 민원처리 건수가 월 40건 미만인 사람은 민원처리 우수 공무원으로 선정될 수 없다.

<상 황>

○ A부처는 8월의 민원처리 우수 공무원을 선정하려고 한다. A부처 공무원(甲~戊)의 8월 민원처리 현황은 다음과 같다.

구분	민원 만족도	민원처리 건수	우수답변 선정 건수	미결재 건수	처리기간 초과 건수
甲	85점	50건	0건	1건	3건
乙	80점	40건	3건	0건	0건
丙	85점	40건	1건	0건	1건
丁	90점	35건	0건	2건	2건
戊	75점	55건	4건	1건	1건

① 甲
② 乙
③ 丙
④ 丁
⑤ 戊

18. 다음 글을 근거로 판단할 때, 甲사무관이 세 번째로 정산할 사업은?

○ 甲사무관은 내년도 예산편성을 위해 증액요청을 한 사업을 대상으로 올해 지출 내역을 정산하고자 한다.

○ 甲사무관이 담당하고 있는 올해 사업(A~E)의 사업비 내역은 다음과 같다.

(단위 : 천 원)

사업	총사업비	보조금 총액	보조금 집행액	증액요청 여부
A	250,000	200,000	200,000	○
B	30,000	27,000	27,000	○
C	125,000	120,000	120,000	×
D	90,000	81,000	81,000	○
E	82,000	65,600	64,600	○

○ 정산 순서에 대한 규칙은 다음과 같다.
- 총사업비 대비 보조금 총액 비율이 높은 사업부터 정산한다.
- 총사업비 대비 보조금 총액 비율이 동일한 경우, 보조금 총액이 큰 사업부터 정산한다.

○ 위 규칙에도 불구하고 보조금 미집행액이 있는 사업을 우선하여 정산한다.

① A
② B
③ C
④ D
⑤ E

※ 다음 글을 읽고 물음에 답하시오. [19~20]

태양광 발전은 태양의 빛에너지를 전기에너지로 바꾸는 발전 방식이다. 태양광 발전 효율은 기상 요소, 지리 요소, 설비 요소 등의 영향을 받는다. 발전 효율이 가장 높아지는 태양광 패널의 최적 온도는 25℃이며, 일사량이 많은 맑은 날에 발전 효율이 높다. 우리나라의 경우, 위도가 낮을수록 태양의 고도가 높아 태양광 발전 효율이 향상된다. 또한 해발 고도가 높을수록 발전 효율도 높은데, 그 이유는 태양광 발전 시스템의 설비가 지표로부터 방출되는 복사열의 영향을 덜 받기 때문이다. 패널 경사각 또한 태양광 발전 효율에 큰 영향을 미치는데, 태양광 패널과 태양광선의 각도가 90°일 때 가장 효율이 높다.

태양광 발전의 장점은 태양으로부터 에너지 자원을 거의 무한에 가깝게 공급받을 수 있으며, 발전 과정 자체만 봤을 때 이산화탄소가 발생하지 않는다는 것이다. 또한 전기를 끌어오기 힘든 장소에서도 쉽게 설치할 수 있을 만큼 발전 설비가 단순하고, 보수 및 유지 관리에 비용이 적게 든다. 그러나 패널 생산 과정에서의 유해물질 발생, 폐패널 처리 문제, 설치에 따른 환경 파괴와 같은 단점이 있다.

태양광 발전소의 규모를 나타내는 단위로는 kW(킬로와트), MW(메가와트) 등의 전력 단위가 사용된다. 1MW 태양광 발전소는 시간당 1MW(1,000kW)의 전력을 생산하는 규모의 발전소를 말한다. 설비 효율이나 환경적 특성 등에 따라 달라지지만, 1MW 태양광 발전소를 건설하려면 3,000~4,000평의 면적이 필요하다. 1MW 태양광 발전소를 통해 전기를 생산하면, 같은 양의 전기를 화석연료 발전 방식으로 생산할 때보다 연간 500톤의 이산화탄소를 감축하는 효과가 있다.

19. 윗글을 근거로 판단할 때, 〈보기〉에서 옳은 것만을 모두 고르면?

〈보 기〉

ㄱ. 우리나라의 경우, 태양광 발전은 위도와 해발 고도가 높을수록 태양광 발전 효율이 높다.
ㄴ. 0.5MW 규모 태양광 발전소의 하루 발전시간이 2시간이면, 30일 동안 생산하는 전력은 30MW이다.
ㄷ. 태양광 패널과 지표면의 각도가 90°일 때 태양광 발전 효율이 가장 높다.
ㄹ. 태양광 발전은 설비가 단순하지만 보수 및 유지 관리 비용이 많이 드는 문제가 있다.

① ㄱ
② ㄴ
③ ㄱ, ㄹ
④ ㄴ, ㄷ
⑤ ㄴ, ㄷ, ㄹ

20. 윗글을 근거로 판단할 때, (가)와 (나)에 들어갈 수를 옳게 짝지은 것은?

〈보 기〉

○ 한 가구당 30일 동안 필요한 전력이 250kW라면, 1MW 태양광 발전소에서 하루 4시간씩 30일 동안 생산하는 전력은 (가) 가구에 30일 동안 필요한 전력과 동일하다.
○ 나무 한 그루가 감축하는 이산화탄소의 양이 연간 2.5kg이라면, 1MW 태양광 발전소는 같은 양의 전기를 생산하는 화석연료 발전 방식에 비해, 나무 (나) 그루가 1년 동안 감축하는 이산화탄소의 양과 동일한 양의 이산화탄소를 감축하는 효과가 있다.

	(가)	(나)
①	120	100,000
②	120	200,000
③	480	200,000
④	480	400,000
⑤	600	400,000

21. 다음 글을 근거로 판단할 때 옳은 것은?

> 제○○조(수출입규제폐기물의 수출허가) ① 수출입규제폐기물을 수출하려는 자는 환경부장관의 허가를 받아야 한다. 허가받은 사항을 변경하려는 경우에도 또한 같다.
> ② 환경부장관은 수출입규제폐기물의 수출허가 신청 또는 변경허가 신청을 받은 경우에는 다음 각 호의 어느 하나에 해당하면 이를 허가할 수 있다.
> 1. 국내에서 해당 폐기물을 환경적으로 건전하고 적정하게 처리하기 위하여 필요한 기술과 시설을 가지고 있지 아니한 경우
> 2. 해당 폐기물이 수입국에서 재활용을 위한 산업의 원료로 필요한 경우
>
> ③ 환경부장관은 제2항에 따른 수출허가를 하려는 경우에는 수출하려는 수출입규제폐기물의 수입국 및 경유국의 동의를 받아야 한다.
> ④ 환경부장관은 제2항에 따른 허가를 할 때 물리적 · 화학적 특성이 같은 수출입규제폐기물을 국내의 같은 세관 및 수입국의 같은 세관을 통하여 같은 자에게 두 번 이상 수출하는 경우에는 12개월의 범위에서 기간을 정하여 한꺼번에 허가할 수 있다.
> ⑤ 제1항에 따라 수출허가 또는 변경허가를 받은 자는 다른 자에게 자기의 명의나 상호를 사용하여 수출입규제폐기물을 수출하게 하거나 수출입규제폐기물 수출허가서 또는 변경허가서를 빌려주어서는 아니 된다.

① 환경부장관은 수입국의 동의가 없어도 경유국의 동의를 받아 수출입규제폐기물의 수출허가를 할 수 있다.
② 수출입규제폐기물을 수출하는 것은 허가를 받아야 하지만, 그 허가받은 사항을 변경하는 것은 허가 대상이 아니다.
③ 환경부장관이 수출입규제폐기물의 수출허가를 할 경우, 같은 자에게 수출하더라도 수입국의 세관이 동일하지 않으면 기간을 정하여 한꺼번에 허가할 수 없다.
④ 수출입규제폐기물의 수출허가를 받은 자는 다른 자에게 자기의 상호를 사용하여 수출입규제폐기물을 수출하게 할 수 있다.
⑤ 국내에서 특정 수출입규제폐기물을 환경적으로 건전하고 적정하게 처리하는 데 필요한 기술과 시설을 가지고 있다면, 해당 폐기물이 수입국에서 재활용을 위한 산업의 원료로 필요한 경우에도 환경부장관은 수출허가를 하여서는 안 된다.

22. 다음 글을 근거로 판단할 때 옳은 것은?

> 제○○조(목적) 이 규정은 외국에 발신하는 공문서와 국가의 중요문서, 그 밖의 시설 또는 물자 등에 대한민국을 상징하는 휘장(徽章) 등으로 사용하기 위한 나라문장(紋章)에 관하여 필요한 사항을 정함을 목적으로 한다.
> 제○○조(사용 · 도안 등) ① 나라문장은 휘장이나 철인(鐵印)으로 하여 사용한다.
> ② 나라문장은 가운데에 원으로 된 태극을 그리고 이를 무궁화 꽃잎 5개가 감싸도록 하며, 꽃잎 아래쪽에 한글로 '대한민국'을 표기한다.
> ③ 제2항의 태극의 윗부분은 빨간색, 아랫부분은 파란색으로 하며, 무궁화 꽃잎은 금색으로 한다. 다만 나라문장을 철인으로 하여 사용할 때는 색을 넣지 않는다.
> 제○○조(사용) 나라문장은 다음 각 호의 문서, 시설 또는 물자에만 사용할 수 있다.
> 1. 외국 · 국제기구 또는 국내 외국기관에 발신하는 공문서
> 2. 1급 이상 상당 공무원의 임명장
> 3. 훈장과 훈장증 및 대통령 표창장
> 4. 국가공무원 신분증
> 5. 국공립 대학교의 졸업증서 및 학위증서
> 6. 재외공관 건물
> 7. 정부 소유의 선박 및 항공기
> 8. 화폐
>
> 제○○조(위치) 문서에 휘장이나 철인을 사용할 때에는 해당 문서의 중앙상단부에 오도록 한다.

① 1급 공무원에게 수여되는 국무총리 표창장의 경우, 나라문장을 사용할 수 있다.
② 나라문장을 철인으로 하여 사용할 경우, 무궁화 꽃잎은 금색으로 하여야 한다.
③ 국제연합(UN)의 산하 전문기구인 세계보건기구(WHO)가 대한민국 정부에 발신하는 공문서의 경우, 나라문장을 사용할 수 있다.
④ 미국에 소재하는 대한민국 대사관 건물에 사용하는 나라문장에는 대한민국을 무궁화 꽃잎 아래쪽에 영어로 표기한다.
⑤ 대한민국 정부가 주한 영국대사관에 발신하는 공문서에 나라문장을 사용하는 경우, 나라문장은 해당 문서의 중앙상단부에 위치한다.

23. 다음 글을 근거로 판단할 때 옳은 것은?

제○○조(도서관자료의 납본) ① 누구든지 도서관이 수집·정리·보존하는 도서관자료(온라인 자료는 제외한다. 다만 온라인 자료 중 국제표준자료번호를 부여받은 온라인 자료는 포함한다. 이하 이 조에서 같다)를 발행 또는 제작한 경우 그 발행일 또는 제작일부터 30일 이내에 그 도서관자료를 국립중앙도서관에 납본하여야 한다. 수정증보판인 경우에도 또한 같다.
② 국가, 지방자치단체 및 공공기관이 제1항에 따라 도서관자료를 국립중앙도서관에 납본하는 경우에는 디지털파일 형태로도 납본하여야 한다.
③ 국립중앙도서관은 제1항 및 제2항에 따라 도서관자료를 납본한 자에게 지체 없이 납본 증명서를 발급하여야 하며, 납본한 도서관자료의 전부 또는 일부가 판매용인 경우에는 그 도서관자료에 대하여 정당한 보상을 하여야 한다.
제○○조(온라인 자료의 수집) ① 국립중앙도서관은 국내에서 서비스되는 온라인 자료 중에서 보존가치가 높은 온라인 자료를 선정하여 수집·보존하여야 한다.
② 국립중앙도서관은 온라인 자료가 기술적 보호조치에 따라 수집이 제한되는 경우 해당 온라인 자료 제공자에게 협조를 요청할 수 있고, 요청을 받은 자는 특별한 사유가 없으면 이에 따라야 한다.
③ 국립중앙도서관은 제1항에 따라 수집하는 온라인 자료의 전부 또는 일부가 판매용인 경우에는 그 온라인 자료에 대하여 정당한 보상을 하여야 한다.
제○○조(국제표준자료번호) 도서 또는 연속간행물(온라인으로 발행 또는 제작되는 도서 및 연속간행물을 포함한다)을 발행 또는 제작하고자 하는 공공기관, 개인 및 단체는 그 도서 또는 연속간행물에 대하여 국립중앙도서관으로부터 국제표준자료번호를 부여받아야 한다.

※ 납본 : 도서관자료를 발행·제작하는 자가 일정 부수를 법령으로 정하는 기관에 의무적으로 제출하는 것

① 온라인 자료에 대해 국제표준자료번호를 부여받아 납본한 경우, 국립중앙도서관은 지체 없이 납본 증명서를 발급하여야 한다.
② 공공기관이 국제표준자료번호를 부여받지 않은 온라인 자료를 발행한 경우, 디지털파일 형태의 납본의무가 있다.
③ 도서관자료를 납본한 자가 국가라면, 국립중앙도서관은 그 자료의 일부가 판매용인 경우에도 그에 대한 보상의무가 없다.
④ 납본한 도서가 모두 판매되어 해당 도서를 내용 변경 없이 일정 부수를 추가 인쇄한 경우, 추가 인쇄일부터 30일 이내에 이를 국립중앙도서관에 납본하여야 한다.
⑤ 국립중앙도서관은 국내에서 서비스되는 온라인 자료 중 국제표준자료번호를 부여받지 않은 자료에 대해서는 수집·보존의무가 없다.

24. 다음 글과 〈상황〉을 근거로 판단할 때, 〈보기〉에서 2024년 과세기준일을 기준으로 甲에게 재산세가 부과되는 경우만을 모두 고르면?

제○○조(과세 기준 및 대상) 사업자는 그 소유 재산에 대하여 납세의무가 있다. 재산세는 과세기준일인 12월 1일을 기준으로 부과하며, 사업자가 소유하는 토지, 건축물, 주택, 항공기 및 선박을 과세 대상으로 한다.
제○○조(비과세) ① 국가, 지방자치단체 또는 지방자치단체조합이 1년 이상 무상으로 공용 또는 공공용으로 사용하는 재산에 대하여는 재산세를 부과하지 아니한다.
② 다음 각 호에 따른 재산에 대하여는 재산세를 부과하지 아니한다.
1. 대통령령으로 정하는 도로·하천·제방 및 묘지
2. 「산림보호법」에 따른 산림보호구역, 그 밖에 공익상 재산세를 부과하지 아니할 타당한 이유가 있는 것으로서 대통령령으로 정하는 토지
3. 임시로 사용하기 위하여 건축된 건축물로서 재산세 과세기준일 현재 건축일로부터 1년 미만의 것
4. 비상재해구조용, 무료도선용, 선교(船橋) 구성용 등으로 사용하는 선박
5. 행정기관으로부터 철거명령을 받은 건축물

〈상 황〉

사업자 甲은 2024. 12. 1. W건축물, X토지, Y임시건축물, Z선박을 소유하고 있다.

〈보 기〉

ㄱ. 甲이 사용하고 있던 W건축물이 2025. 1. 1. 행정기관으로부터 철거명령을 받는 경우
ㄴ. A광역시가 X토지를 2023. 1. 1.부터 2024. 12. 31.까지 공공용으로 무상 사용하는 경우
ㄷ. 2024. 4. 19. 건축된 Y임시건축물을 甲이 2025. 8. 1.까지 사용하는 경우
ㄹ. 정부가 Z선박을 2024. 3. 1.부터 2024. 12. 31.까지 비상재해구조용 선박으로 무상 사용하는 경우

① ㄱ
② ㄱ, ㄷ
③ ㄴ, ㄹ
④ ㄱ, ㄷ, ㄹ
⑤ ㄴ, ㄷ, ㄹ

25. 다음 글을 근거로 판단할 때, 이 법이 적용되는 임대차에 해당하는 것은?

> 제○○조 ① 이 법은 상가건물(사업자등록의 대상이 되는 건물을 말한다)의 임대차에 대하여 적용한다. 다만 다음 각 호의 구분에 의한 보증금액을 초과하는 상가건물의 임대차에 대하여는 그러하지 아니하다.
>
> 1. A시 : 9억 원
> 2. B시 : 6억 8천만 원
> 3. C시 : 5억 5천만 원
> 4. 그 밖의 지역 : 4억 원
>
> ② 제1항 단서에 따른 보증금액은, 보증금 외에 차임이 있는 경우에는 그 월(月) 단위 차임액(차임액을 연 단위로 정한 때에는 이를 12로 나눈 금액)에 100을 곱하여 환산한 금액을 포함하여야 한다.
>
> ※ 차임 : 물건을 빌려 쓰고 치르는 값

① A시에 있는 사업용 토지에 대한 보증금 8억 원의 임대차
② B시에 있는 사업자등록 대상이 아닌 상가건물에 대한 보증금 5억 원, 월 차임액 100만 원의 임대차
③ B시에 있는 사업자등록 대상이 되는 상가건물에 대한 보증금 7억 원의 임대차
④ C시에 있는 사업자등록 대상이 되는 상가건물에 대한 보증금 4억 원, 월 차임액 200만 원의 임대차
⑤ D시에 있는 사업자등록 대상이 되는 상가건물에 대한 보증금 3억 원, 연 차임액 1,200만 원의 임대차

26. 다음 글을 근거로 판단할 때 옳은 것은?

> 숯은 나무를 태운 후 남는 시커먼 탄소덩어리이다. 나무를 숯가마에 넣고 공기를 차단하여 완전연소가 일어나지 않도록 하면, 수분은 날아가고 탄소덩어리로 변해 숯이 된다.
>
> 숯은 가공 방법에 따라 흑탄과 백탄으로 구분하며, 그 용도에 있어서도 다소 차이가 있다. 흑탄은 숯가마의 온도가 600~700℃인 상태에서 구운 후 공기를 막아 불을 끄고 천천히 식혀 꺼낸 숯으로 표면이 검다. 같은 무게라면 백탄보다 흡착면적이 넓어 냄새와 습기를 빨아들이는 효과가 크다. 이에 비해 백탄은 온도가 800~1,300℃인 숯가마에서 구운 다음, 벌겋게 달아 있는 상태에서 꺼낸 뒤 흙이나 재 등을 덮어 빠른 속도로 식힌 숯이다. 표면의 빛깔이 희끗희끗해 백탄이라고 한다. 고온에서 구워진 반면 짧은 시간에 식힌 백탄은 두드리면 쇳소리가 날 만큼 단단하고 오래 타기 때문에 주로 연료로 사용한다.
>
> 이외에도 숯은 다양하게 활용되었다. 예를 들어, 숯은 불순물을 걸러내는 기능이 있어서 간장을 담글 때 숯을 간장독에 넣기도 하였다. 또한 옛날부터 민간에서는 아이를 낳은 집 문간에 금줄을 걸고 숯이나 고추를 그 사이사이에 끼우는 풍속도 있었다. 이는 숯이 부정한 것을 막는다는 믿음에서 비롯된 것이다.

① 백탄은 흑탄보다 더 낮은 온도에서 구운 것이다.
② 숯은 민간 풍속에서 연료 이외의 용도로 활용되기도 하였다.
③ 나무가 숯가마에서 완전연소가 되면 숯으로 변한다.
④ 연료로 사용하기에는 백탄보다 흑탄이 더 적합하다.
⑤ 백탄은 흑탄보다 습기제거에 더 효과적이다.

27. 다음 글을 근거로 판단할 때, 〈상황〉의 (가)와 (나)에 들어갈 수를 옳게 짝지은 것은?

> A국에는 액체의 부피를 표기하는 다양한 단위가 있다. 1티스푼은 5ml이고, 1테이블스푼은 3티스푼이며, 1컵은 48티스푼이다. 1컵은 8플루이드온스, 16플루이드온스는 1파인트, 128플루이드온스는 1갤런, 1갤런은 4쿼트이다.

〈상 황〉

> 처음에 甲은 1갤런의 물을 가지고 있었으며, 乙은 물을 가지고 있지 않았다. 이후 甲은 자신의 물을 5파인트만 남기고, 나머지 전부를 乙에게 주었다. 甲은 (가) 컵의 물을 소비해 현재는 물 40플루이드온스를 가지고 있다. 乙은 甲에게 받은 물 중 1쿼트를 소비하여 현재 (나) 테이블스푼의 물만 가지고 있다.

	(가)	(나)
①	5	32
②	5	48
③	10	32
④	10	48
⑤	20	48

28. 다음 글을 근거로 판단할 때, 1년 중 홍수가 난 날은?

> 개미는 매일 6g의 먹이를 먹는다. 1년(365일) 중 마지막 90일은 개미의 겨울이라서 이 기간에는 먹이를 구할 수 없다. 따라서 개미는 겨울을 제외한 기간에는 매일 아침 10g의 먹이를 수집하여 6g을 먹고, 남은 4g을 즉시 비축한다. 그런데 어느 날 밤 홍수가 나서, 그때까지 개미가 비축한 먹이 중 $\frac{2}{3}$가 휩쓸려 사라졌다. 그럼에도 개미는 이전과 같이 먹이 수집과 비축을 계속하여, 모자라거나 남는 먹이 없이 겨울을 무사히 보낼 수 있었다.

① 180일째 날
② 190일째 날
③ 200일째 날
④ 210일째 날
⑤ 220일째 날

29. 다음 글을 근거로 판단할 때, (가)에 들어갈 최소 일수는?

> 과학자 甲은 AI 로봇의 성능이 환경에 따라 어떻게 달라지는지를 알고 싶어 AI 로봇을 초원과 사막에 각각 보냈다. 초원에 간 AI 로봇은 매일 142,857그루의 나무를 7일 동안 심고 임무를 종료하였다. 한편 사막에 간 AI 로봇은 매일 37그루의 나무를 (가) 일 동안 심고 임무를 종료하였다. 사막에 간 AI 로봇이 심은 총 나무 수를 세어보니, 그 수는 초원에 간 AI 로봇이 심은 총 나무 수에 포함된 숫자로만 이루어져 있었다.

① 17
② 23
③ 25
④ 27
⑤ 37

30. 다음 글을 근거로 판단할 때, A, B, C팀 구성원의 총수는?

> A, B, C팀 구성원의 남성 대 여성의 비는 각각 1 : 1, 2 : 1, 1 : 2이고, 숙련자 대 비숙련자의 비는 각각 2 : 1, 1 : 1, 1 : 2이다. 이 상황에서 A팀의 남성 숙련자 1명을 C팀으로 보내고, B팀의 남성 비숙련자 1명을 A팀으로 보내고, C팀의 여성 비숙련자 1명을 B팀으로 보내면, 각 팀의 남성 대 여성, 숙련자 대 비숙련자의 비는 모두 1 : 1이 된다.

① 18명
② 20명
③ 22명
④ 24명
⑤ 26명

31. 다음 글을 근거로 판단할 때, 〈보기〉에서 옳은 것만을 모두 고르면?

甲은 병원에서 A와 B 두 종류의 알약을 10정씩 처방받았다. 甲은 A와 B를 매일 1정씩 복용해야 한다. 두 약은 모양과 색깔이 비슷하여 자세히 살피지 않으면 혼동하기 쉽다. 甲은 휴대하기 편하게 20정을 한 병에 넣고 매일 2정을 복용하였다. 甲은 8일 동안 약을 복용한 후, A와 B를 매일 1정씩 제대로 먹었는지 알아보기 위해 남은 약을 확인하였다.

〈보 기〉

ㄱ. A와 B가 각각 2정씩 남아 있었다면, 甲은 8일 내내 약을 제대로 복용하였다.
ㄴ. A가 1정, B가 3정 남아 있었다면, 甲은 8일 중 적어도 하루는 약을 제대로 복용하였다.
ㄷ. A만 4정 남아 있었다면, 甲이 8일 중 약을 제대로 복용한 날은 5일이 될 수 없다.

① ㄱ
② ㄴ
③ ㄱ, ㄷ
④ ㄴ, ㄷ
⑤ ㄱ, ㄴ, ㄷ

32. 다음 글을 근거로 판단할 때, 〈보기〉에서 옳은 것만을 모두 고르면?

A기지국에서 다음의 영어 단어 6개를 송신하였다.

apple, banana, cherry, grape, orange, peach

6개의 단어를 수신해보니 서로 다른 2개의 알파벳이 잘못 수신되어 4개 단어가 송신한 단어와 달랐다.

〈보 기〉

ㄱ. a가 잘못 수신되었다.
ㄴ. c와 n이 동시에 잘못 수신되었을 수 있다.
ㄷ. o가 잘못 수신되었다면, p도 잘못 수신되었을 것이다.

① ㄱ
② ㄴ
③ ㄱ, ㄷ
④ ㄴ, ㄷ
⑤ ㄱ, ㄴ, ㄷ

33. 다음 글과 〈상황〉을 근거로 판단할 때, 과녁 A와 C의 내구성 값의 합은?

甲~丙은 소총을 조절하여 총알의 파워를 설정한 후, 일렬로 늘어선 과녁을 관통시키고자 한다. 이때 과녁은 고유의 내구성 값을 가지며, 과녁의 내구성 값과 총알의 파워 단위는 동일하다. 과녁의 내구성 값 이상의 파워로 소총을 쏘면, 그 과녁은 관통되며 뒤에 있는 과녁도 관통될 수 있다. 다만 다음 과녁을 향한 총알의 파워는 관통된 과녁의 내구성 값만큼 감소한다. 예를 들어 총알의 파워가 7이고 내구성 값이 각각 2, 3, 4인 과녁이 순서대로 놓여있을 때, 해당 총알은 처음 2개의 과녁은 관통하지만, 내구성 값이 4인 마지막 과녁은 관통하지 못한다.

〈상 황〉

甲, 乙, 丙은 소총을 조절하여 총알의 파워를 각각 8, 3, 8로 설정했다. 甲, 乙, 丙은 5개 과녁(A~E)의 순서를 각자 정하여 관통시키고자 한다. 단, 5개 과녁의 내구성 값은 서로 다르며, 1부터 5까지의 정수 중 하나이다. 다음은 甲~丙의 소총 사격 결과이다.

甲 : A, B, C, D, E의 순으로 배치하여 쐈더니, 과녁 3개가 관통되었다.
乙 : B, E, A, C, D의 순으로 배치하여 쐈더니, 과녁 2개가 관통되었다.
丙 : E, D, C, B, A의 순으로 배치하여 쐈더니, 과녁 2개가 관통되었다.

① 5
② 6
③ 7
④ 8
⑤ 9

34. 다음 글과 〈상황〉을 근거로 판단할 때, 근무하는 층이 확정되는 사람은?

> ○A건물은 10층까지 있고, 4대의 엘리베이터(1~4호기)가 있다.
> ○甲~戊는 A건물의 1층을 제외한 서로 다른 층에서 근무하며, 1층과 각자 근무하는 층에서만 엘리베이터를 이용한다.
> ○1호기는 1층과 짝수 층만 운행한다.
> ○2호기는 1층과 홀수 층만 운행한다.
> ○3호기는 1층과 5층 이하만 운행한다.
> ○4호기는 1층과 6층 이상만 운행한다.

〈상 황〉

> 甲 : 오늘 퇴근하며 내려가는 4호기를 탔는데, 이미 乙이 타고 있었어.
> 乙 : 평소에는 1호기를 타는데, 오늘 1호기가 고장 나서 4호기를 탔더니 사람이 너무 많았어.
> 丙 : 나는 엘리베이터 안에서 乙과 마주칠 일이 없어. 엘리베이터 안에서 戊를 자주 봤는데, 요즘은 보이지 않네.
> 丁 : 나는 戊를 제외한 나머지와는 엘리베이터 안에서 마주칠 가능성이 있어.
> 戊 : 나는 요즘 주로 계단으로 다녀. 근무하는 층이 3층 이하면 계단을 이용하라는 권고가 있었거든.

① 甲
② 乙
③ 丙
④ 丁
⑤ 戊

35. 다음 글을 근거로 판단할 때, 게임의 2회차와 5회차에서 탈락한 사람 수의 합은?

> 조커는 TV에서 방영하는 '무궁화 꽃이 피었습니다' 게임을 시청하고 있다. 이 게임은 49명이 참여하고, 탈락하지 않은 사람이 25명 미만이 되었을 때 종료된다. 조커는 회차별로 탈락한 사람의 수가 2의 배수일 때 '싱긋' 소리를 내고, 2의 배수가 아닐 때 '찡긋' 소리를 낸다. 또한 조커는 탈락하지 않은 사람의 수가 3의 배수일 때 웃고, 3의 배수가 아닐 때 운다.
>
> 게임은 5회차를 마치고 종료되었다. 각 회차마다 탈락한 사람은 1명 이상이었으며, 그 수는 서로 달랐다. 또한 3회차에서는 14명이 탈락했고, 3회차를 제외하고는 10명 이상이 탈락한 회차는 없었다. 각 회차별 조커의 반응은 다음과 같다.

구분	1회차	2회차	3회차	4회차	5회차
소리	싱긋	찡긋	싱긋	싱긋	싱긋
표정	웃는다	웃는다	운다	운다	운다

① 5
② 7
③ 9
④ 11
⑤ 13

36. 다음 글을 근거로 판단할 때, △△산악회가 선택할 산은?

> △△산악회가 이번 주말에 등반할 산을 선택하려고 한다.
> ○다음은 등산 후보지(A~E)의 항목별 별점을 나타낸 것이다. ★은 1점, ☆은 0.5점을 의미한다. '체력소모도'와 '위험도'는 별점이 높을수록 선호도가 낮음을 뜻하며, '경관'과 '접근성'은 별점이 높을수록 선호도가 높음을 뜻한다.

구분	A	B	C	D	E
체력소모도	★★★☆	★★★☆	★★	★★★☆	★★
경관	★★★	★★★★★	★☆	★★☆	★★★
위험도	★★★	★★★★☆	★★★	★★	★★★★
접근성	★★★★	★★★☆	★★	★★★★	★★★

> ○△△산악회가 산을 선택하는 기준은 다음과 같다.
> – 최종점수가 가장 높은 산을 선택하며, 최종점수는 아래와 같이 산정한다. 단, 체력소모도 점수와 위험도 점수의 합이 7을 초과하면 선택하지 않는다.
> 최종점수=2×(경관 점수+접근성 점수)−(체력소모도 점수+위험도 점수)
> – 최종점수가 동점일 경우, 접근성, 경관, 위험도의 순서대로 해당 항목의 점수를 비교하여 선호도가 높은 산을 선택한다.

① A
② B
③ C
④ D
⑤ E

37. 다음 글과 〈상황〉을 근거로 판단할 때, 甲이 2월에 이용할 통신사는?

통신사(A~E)의 데이터 제공량과 전송 속도에 따른 월 기본요금은 다음과 같다.

구분	데이터 제공량 (GB)	데이터 전송 속도 (Mbps)	기본요금 (천 원)
A	50	100	50
B	100	200	60
C	250	200	80
D	500	500	120
E	무제한	200	140

○ 데이터 제공량을 초과하여 사용하는 경우, 추가로 사용한 데이터 1GB당 200원의 추가 요금이 발생한다.
○ OTT 콘텐츠를 구독하는 경우, 월 2만 원의 추가요금이 부과된다. 단, E통신사의 기본요금에는 OTT 콘텐츠 구독료가 포함되어 있다.

〈상 황〉

甲은 월 요금 총액이 가장 저렴할 것으로 예상되는 통신사를 2월에 이용하려고 한다. 다만 甲은 데이터 전송 속도가 200Mbps 미만인 통신사는 이용하지 않는다. 甲의 1월 데이터 사용량은 400GB이고, 2월에도 같은 양의 데이터를 사용하려 한다. 그리고 1월까지 구독하지 않았던 OTT 콘텐츠를 구독하려 한다.

① A
② B
③ C
④ D
⑤ E

38. 다음 글과 〈상황〉을 근거로 판단할 때, 채용후보자(A~E) 중 최종 합격자는?

△△부처는 하루 동안 실무평가와 면접평가를 거쳐 채용후보자(A~E) 중 1명을 최종 합격자로 선발하고자 한다.
○ 실무평가 : 먼저 심사위원(甲~丙) 3인의 실무평가 점수 중 하나라도 60점 이하인 경우에는 선발 대상에서 제외한다. 나머지 후보자 중, 후보자별로 가장 낮은 평가 점수를 제외하고, 나머지 심사위원 2인의 점수의 합이 높은 3명을 뽑는다.
○ 면접평가 : 후보자별로 심사위원(丁~己)의 면접평가 점수를 합산한다.
○ 최종 합격자 선발 : 실무평가에서 뽑은 3명을 대상으로, 후보자별로 심사위원 3인(甲~丙)의 실무평가 점수 합계와 심사위원 3인(丁~己)의 면접평가 점수 합계를 모두 합산한 최종 점수가 가장 높은 1명을 선발한다. 다만 최종 점수가 동일한 경우에는 면접평가 점수 합계가 높은 후보자를 최종 합격자로 선발한다.

〈상 황〉

○ 채용후보자(A~E)의 실무평가 점수는 다음과 같다.

구분	甲	乙	丙
A	75	70	80
B	75	65	75
C	85	55	90
D	65	85	80
E	80	75	90

○ 채용후보자(A~E)의 면접평가 점수는 다음과 같다.

구분	丁	戊	己
A	70	90	85
B	75	80	80
C	80	90	75
D	80	75	85
E	70	75	75

① A
② B
③ C
④ D
⑤ E

※ 다음 글을 읽고 물음에 답하시오. [39~40]

24절기를 알면 사계절에 따른 자연의 순환을 이해할 수 있다. 24절기는 지구가 태양을 중심으로 주위를 도는 공전에 따라 정해졌다. 24절기를 '기', '입', '교', '극'이라는 절기의 성격으로 나눠보면, 배치 원리를 어렵지 않게 이해할 수 있다. '기'는 사계절의 기본이 되는 절기이다. 지구의 움직임을 나타내는 둥근 원을 그리고, 원의 중심을 지나는 수평선과 수직선을 그으면, 수평선 오른쪽부터 시계 방향으로 봄, 여름, 가을, 겨울의 기본 절기인 춘분, 하지, 추분, 동지가 자리 잡는다. '입'은 계절로 들어서는 절기로, '기' 절기 사이의 중앙에 위치한다. 입춘은 동지와 춘분 사이에 놓이게 되고, 입하는 춘분과 하지 사이, 입추는 하지와 추분 사이, 입동은 추분과 동지 사이에 위치한다. '교'는 계절이 교차하는 절기로, 각 계절의 '입' 절기 바로 다음에 2개씩 위치한다. 봄에는 우수 · 경칩, 여름에는 소만 · 망종, 가을에는 처서 · 백로, 겨울에는 소설 · 대설이 순서대로 놓인다. '극'은 계절의 절정을 보여주는 절기로, '기' 절기 바로 다음에 계절별로 2개씩 위치한다. 춘분 다음에 청명 · 곡우, 하지 다음에 소서 · 대서, 추분 다음에 한로 · 상강, 동지 다음에 소한 · 대한이 순서대로 놓인다.

농경사회에서는 24절기에 맞추어 농사를 지었다. 봄의 시작을 알리는 입춘 다음의 우수에는 비가 내리고 얼었던 땅이 풀리기 시작한다. 이때부터 농사가 시작되지만, 겨울 추위가 완전히 물러간 것은 아니다. 여름이 시작되는 입하에 이르면, 농번기가 시작되어 농사일이 많아지며, 온갖 채소와 곡식을 파종할 수 있다. 시간이 갈수록 고온다습한 기후에 작물이 힘들어하며, 병충해가 심하여 충분히 대비해야 피해를 막을 수 있다. 입추에는 아직 가을을 느낄 수 없는 늦더위가 남아있다. 하지만 날이 갈수록 서서히 낮이 짧아지고 밤이 길어지며, 찬이슬이 내리고 아침저녁으로 쌀쌀함이 느껴진다. 입동에 들어서면 제법 찬 기운이 느껴진다. 들녘은 푸른빛을 잃고 점차 잿빛으로 물들며, 황량한 바람이 불어온다.

39. 윗글을 근거로 판단할 때, 〈보기〉에서 옳은 것만을 모두 고르면?

〈보 기〉

ㄱ. '기' 절기는 절기상 '입' 절기 사이의 중앙에 위치한다.
ㄴ. 여름의 '소만'과 겨울의 '소설'은 모두 '교' 절기에 속한다.
ㄷ. 24절기는 농경사회에서 필요에 의해 음력을 바탕으로 만들어졌다.
ㄹ. 봄의 시작을 알리는 절기에는 얼었던 땅이 풀리고 농번기가 시작된다.

① ㄱ, ㄴ
② ㄱ, ㄹ
③ ㄷ, ㄹ
④ ㄱ, ㄴ, ㄷ
⑤ ㄴ, ㄷ, ㄹ

40. 윗글과 〈상황〉을 근거로 판단할 때, 甲이 돈을 갚아야 하는 절기는?

〈상 황〉

甲은 봄에 있을 자녀의 혼사를 위해 '우수'에 乙에게 소 한 마리 값을 빌렸다. 甲은 乙에게 빌린 돈을 '우수' 뒤 열두 번째 절기에 갚기로 했다.

① 곡우
② 망종
③ 입추
④ 처서
⑤ 상강

우리 인생의 가장 큰 영광은

결코 넘어지지 않는 데 있는 것이 아니라

넘어질 때마다 일어서는 데 있다.

– 넬슨 만델라 –

2024년 공직적격성평가(PSAT)

2024년 3월 2일 시행

5급 공채 · 외교관후보자 및 지역인재 7급 선발 필기시험

응시번호	
성　　명	

문 제 책 형
㉯

【시 험 과 목】

제1과목	언 어 논 리
제2과목	자 료 해 석
제3과목	상 황 판 단

문제풀이 시작과 종료 시간을 기입해 주시기 바랍니다.

- 언어논리(90분) ______시 ______분 ~ ______시 ______분
- 자료해석(90분) ______시 ______분 ~ ______시 ______분
- 상황판단(90분) ______시 ______분 ~ ______시 ______분

1. 다음 글의 내용과 부합하는 것은?

조선 성종 때 반포된 『경국대전』에는 지방 수령을 뽑아 내려보낼 때 지켜야 할 절차와 규정이 실려 있다. 이에 따르면 지방 수령을 뽑을 때는 인사 담당 관청인 이조가 3인의 후보자를 왕에게 올리게 되어 있었다. 왕이 이 가운데 한 명을 택하면 이조는 그 사실을 경주인에게 바로 알려야 했다. 조정과 지방 관아 사이에 오가는 연락을 취급하는 직책인 경주인은 신임 수령이 뽑혔다는 사실을 그 지방 관아에 알리고, 당사자에게도 왕이 그를 수령으로 임명했다는 사실을 알리는 내용의 고신교지를 보냈다.

이 고신교지를 받은 신임 수령은 무엇보다 먼저 왕에게 감사의 인사를 올리는 의례인 사은숙배를 거행해야 했다. 이를 위해 모월 모일에 사은숙배를 치르겠다는 내용이 담긴 숙배단자를 만들어 의례 주관처인 통례원에 내야 했다. 통례원은 사은숙배를 하겠다는 날에 왕에게 다른 일정은 없는지, 숙배단자가 제 형식을 갖추었는지 등을 따진 뒤 일자를 확정해 알렸다. 이 통보를 받은 신임 수령은 당일 궁궐에 들어가 상서원이라는 곳에서 대기하다가 사은숙배를 해도 좋다는 명이 떨어지면 정전 앞에 나아가 세 번 절하고 왕을 만났다. 이때 왕은 선정을 당부하고, 특별한 지시 사항이 있을 때는 그에 대해 설명하기도 했다. 이후 신임 수령은 인사 담당 관청인 이조를 찾아가 인사하는 의례인 사조를 거쳐야 했다. 조선시대에는 중앙 관청의 직책에 처음 임명된 문관도 사은숙배를 해야 했는데, 사조는 오직 지방 수령에 임명된 자만 거쳐야 하는 절차였다. 지방 수령에 임명되었음에도 사조를 하지 않은 사람은 이조에 불려가 호된 꾸중을 들을 수 있었다.

사은숙배와 사조를 모두 거친 자는 하직숙배를 행한 뒤 임지로 떠났다. 하직숙배란 임지로 가기 전 마지막으로 왕에게 인사하는 의례다. 그런데 이때는 왕이 아니라 승지가 신임 수령을 대신 만나는 경우가 많았다. 하직숙배 때에는 왕이나 승지 앞에서 지방관이 지켜야 하는 일곱 가지 규정인 '수령칠사'를 꼭 암송해야 했다. 만일 이를 제대로 외우지 못하면 부임하기도 전에 그 자리에서 파면당하는 불명예를 안을 수 있었다. 이 절차를 무사히 거친 신임 수령이 임지 경내로 들어가면 그 지역 아전과 주민들이 나와 환영회를 여는 것이 관례였다. 신임 수령은 환영 인파와 함께 관아로 가는 도중 그 지방 향교를 찾아 참배해야 했다. 이처럼 조선 왕조는 수령을 뽑아 보내는 절차를 복잡하게 만들었는데, 이는 그만큼 그 직임을 중시했음을 뜻한다.

① 처음으로 문관직에 임명된 사람에게는 사은숙배와 하직숙배를 모두 거행해야 할 의무가 있었다.
② 임지에 부임한 신임 수령은 해당 지방의 향교를 방문하여 사은숙배를 올리고 수령칠사를 암송해야 했다.
③ 지방 수령으로 임명된 사람은 사은숙배를 하기 전에 반드시 의정부를 찾아가 사조라는 절차를 거행해야 했다.
④ 신임 수령이 결정되면 통례원이 이조를 대신하여 당사자에게 고신교지를 보내 임명 사실을 알리는 일을 했다.
⑤ 정해진 규정대로 사은숙배와 사조를 끝낸 사람이라도 하직숙배 때 수령칠사를 제대로 말하지 못하면 그 직에서 파면될 수 있었다.

2. 다음 글의 내용과 부합하는 것은?

조선시대가 되기 전에는 삼베옷을 입는 것이 일반적이었다. 삼베옷은 시원해서 여름에 입기 좋지만 추위는 막지 못한다. 겨울철을 따뜻하게 나기 위해서는 비단이나 목화로 만든 옷이 필요했는데 비쌌고 구하기도 어려웠다. 가까운 중국도 13세기가 되기 전에는 목화를 기르는 지역이 많지 않았다. 중국에 들어와 있던 목화가 일 년 내내 고온다습한 날씨에서만 자라는 인도산 품종이었기 때문이다. 그런데 13세기 후반 원나라에서 춥고 건조한 날씨에도 자랄 수 있는 개량 품종이 나왔다. 이 품종은 고려 말 원에 사신으로 갔던 문익점에 의해 한반도에 들어왔다.

문익점은 공민왕을 폐하고 충선왕의 서자 덕흥군을 새 왕으로 삼겠다는 원의 일방적 통보에 항의하는 임무를 띤 사신단의 일원이었다. 당시 원은 이 사신단을 억류하고 덕흥군 편에 설 것을 요구했다. 문익점의 후손들이 펴낸 『삼우당실기』라는 책에 따르면 문익점은 원의 회유를 뿌리쳤으며 그 벌로 오늘날의 운남성에 유배되었다고 한다. 이 책에는 문익점이 유배에서 풀려나 귀국할 때 그곳에 있던 목화 씨앗을 붓두껍에 숨겨 들여왔다는 내용도 있다. 하지만 『고려사』에는 문익점이 귀국 직후 관직에서 파직된 것으로 적혀 있다. 사실 공민왕이 문익점을 내친 것은 그가 원의 요구를 수용해 덕흥군 편에 섰기 때문이다. 그는 운남성에 유배된 적이 없으며 원의 수도인 대도에 머물다가 귀국했다. 문익점이 고려로 돌아올 때 춥고 건조한 날씨에서도 자랄 수 있게 개량된 목화 씨앗을 가져온 것은 엄연한 사실이지만, 그 씨앗은 대도 근처 농촌에서 구한 것이었다.

문익점은 벼슬을 잃은 후 낙향하여 원에서 가져온 목화 씨앗을 자기 밭에 심었다. 그런데 정작 문익점은 목화를 제대로 기르는 데 실패했다. 목화 재배에 성공한 사람은 그의 장인 정천익이었다. 그는 예전에 목화를 본 적도 없고 재배법도 몰랐지만, 문익점이 가져온 목화 씨앗 몇 개를 나누어 받아 재배한 끝에 결실을 거두는 데 성공했다. 그는 원 출신의 홍원이라는 승려로부터 목화에서 실을 뽑는 기술을 배워 퍼뜨리기도 했다. 오늘날 사람들은 문익점만 주목하지만, 목화 재배법과 실 뽑는 기술을 퍼뜨린 정천익도 잊지 말아야 할 인물임에 틀림없다.

① 정천익이 심어 재배에 성공한 목화 씨앗은 춥고 건조한 날씨에도 자랄 수 있는 개량 품종이었다.
② 원의 후원에 힘입어 고려 국왕이 된 덕흥군은 즉위 직후 문익점 등의 대신들을 파직하였다.
③ 홍원이라는 승려는 원에서 개량 목화 씨앗을 들여와 고려에 이를 퍼뜨리기 시작하였다.
④ 문익점은 운남성에 유배되어 있을 때 직접 목화를 재배한 뒤 그로부터 실을 뽑았다.
⑤ 공민왕이 보급한 목화 씨앗은 당시의 고려 상인들이 인도에서 수입한 것이다.

3. 다음 글에서 알 수 있는 것은?

> ‘석방거래’란 금전적 대가를 지불하고 억류된 포로를 찾아오는 것을 의미한다. 이러한 석방거래는 전쟁이나 이념 갈등 등 정치사회적 사건의 결과로 인해 감옥이나 기타 장소에 다양한 형태로 수형, 구금되어 있는 포로를 구하는 수단으로 이용되었다. 석방거래는 고대부터 존재했지만, 특히 중세 시대에 활발하게 이루어졌다.
>
> 현대에는 전쟁포로를 죽이는 행위가 비인간적이고 반인권적인 것으로 인식된다. 이와 달리 중세 시대에는 전쟁에 패배하여 사로잡힌 포로를 죄인으로 보았기 때문에, 승리자가 포로를 처형하는 일은 당연하게 받아들여졌다. 그런 점에서 승리자가 금전적 보상을 받고 포로의 생명을 살려줄 경우, 포로들에게 이러한 석방거래는 자신들의 죄를 용서받을 수 있는 기회로 이해되었다. 또한 포로를 억류, 구금하고 있는 승리자에게도 석방거래는 매력적인 제안이었다. 자신의 비용으로 구금하고 있는 포로를 보호하고 관리해야 하는 입장에서 자유로워질 수 있는 동시에 정치 · 경제적 이득을 취할 수 있도록 해 주었기 때문이다.
>
> 석방거래는 일반적으로 포로를 억류하고 있는 쪽과 포로의 석방을 요구하는 쪽 사이의 협상을 통해 이뤄진다. 중세 시대에는 도시국가가 포로의 석방을 요구하는 협상 주체로 나서는 것이 일반적이었다. 도시국가의 구성원이 포로 상태에 있다는 것은 단순히 개인적 차원을 넘어서는 문제였기 때문이다. 그런데 중세 시대 도시국가들은 전략적 이유에서 석방거래를 공개적으로 추진하기보다는 대체로 비공개로 진행했다. 이는 비밀리에 협상을 진행하는 것이 더 좋은 결과를 가져온다고 판단했기 때문이다. 이러한 은밀한 진행 방식 때문에, 도시국가가 석방거래를 위해 적극적 노력을 하지 않는다고 여겨지는 경우도 있었다.
>
> 중세 시대에는 도시국가가 석방거래의 주체가 되는 것이 보통이었지만, 가족이 포로로 잡혔을 때 그 가족 구성원이 이들의 석방을 위해 직접 거래를 시도하는 경우도 많았다. 포로가 된 가족을 구하기 위해 가족의 구성원들이 적극적으로 노력하지 않는다면 소속 집단에서 비판을 받을 수 있었다. 예를 들어, 포로가 된 자녀를 위해 부모가 혹은 반대로 포로가 된 부모를 위해 자녀가 석방거래에 적극적인 노력을 기울이지 않는다면, 도덕적 비난의 대상이 될 수 있었다.

① 중세 시대에 포로를 구하기 위해 금전이 아닌 대가를 지불하는 경우가 있었다.
② 중세 시대에 석방거래가 이루어진 주된 이유는 포로들의 인권을 보호하기 위해서였다.
③ 중세 시대에 전쟁포로를 구금하는 비용은 대체로 전쟁에서 패배한 국가가 부담해야 했다.
④ 중세 시대의 석방거래 시 승리한 국가의 소극적인 자세로 인해 석방이 힘들어지는 경우가 있었다.
⑤ 중세 시대에 포로가 된 가족 구성원이 있는데도 나머지 가족이 석방거래를 시도하지 않는다면 사회적 비판의 대상이 될 수 있었다.

4. 다음 글에서 추론할 수 없는 것은?

> 오늘날 한국 사회에서는 유교적 전통에 기반한 가부장과 부모 세대의 권위가 약화되고 결혼과 가족에 대한 자유로운 선택과 개인주의적인 삶의 방식을 추구하는 사람들이 증가하고 있다. 이런 현상은 가족주의, 즉 사회의 최소 구성단위는 개인이 아니라 가족이며 개인은 가족을 통해서만 사회와 관계를 맺을 수 있다고 보는 관념이 쇠퇴하고 그 영향력을 상실해가고 있다는 주장을 뒷받침한다. 그러나 한국 사회는 특히 제도의 측면에서 가족주의가 여전히 강하게 작동하는, 이른바 ‘제도적 가족주의’가 공고한 사회라고 할 수 있다. 이는 주요 사회제도들이 개인이 아닌 가족을 기본단위로 설계되고 가족주의 원리에 따라 운용되고 있다는 점에서 잘 드러난다. 서구 사회의 ‘제도적 개인주의’가 가족이 아닌 개인을 중심으로 제도들을 재편함으로써 개인이 삶의 단위가 되도록 유도한다면, 한국 사회의 제도적 가족주의는 제도를 통해 사회 구성원으로 하여금 가족 단위로 생존하고 가족 의존적 삶을 살아가도록 유도하는 것이다.
>
> 그 대표적인 예로 가족 부양자 모델에 근거하고 있는 다양한 종류의 소득보장제도를 들 수 있다. 국민연금제도는 1가구 1연금의 원칙에 따라 가족을 기본단위로 운용되며, 국민기초생활보장제도도 빈곤 가구에 대한 부양 책임을 우선적으로 가족에 두고 있다. 또한 육아휴직, 조부모양육수당, 가족요양보호사 등 아동 및 노인의 돌봄을 위한 정책과 효행 장려 및 지원에 관한 법률에서도 돌봄과 부양에 대한 책임을 가족에게 부과하고 있다.
>
> 그런데 가부장의 권위가 약화되고 다양한 삶의 방식이 출현하고 있는 현실에서 제도적 가족주의의 존속은 사회적 문제를 유발하고 있다. 첫째, 가족을 형성하지 않거나 못한 개인, 그리고 가족에게 돌봄을 제대로 받지 못하는 개인에게는 불이익이 초래될 수 있다. 둘째, 가족 구성원들 사이에 갈등이 발생할 수 있다. 가족 내부적으로는 가족주의 가치관을 공유하지 않음에도 불구하고, 가족 외부적으로 가족 단위의 생존과 역할을 강요당함으로써 가족 구성원들은 부양과 돌봄을 둘러싸고 갈등을 겪는 것이다.

① 제도적 가족주의의 존속은 1인 가구의 구성원에게 불리하게 작용할 수 있다.
② 제도적 개인주의는 가족이 아닌 개인을 기본단위로 사회제도를 설계하고 운영한다.
③ 한국 사회에서 관념으로서의 가족주의는 약화되고 있으나 제도로서의 가족주의는 여전히 강하게 작동한다.
④ 1가구 1연금을 원칙으로 하는 국민연금제도는 제도적 가족주의로 인해 발생하는 문제를 해결하기 위해 도입된 정책이다.
⑤ 가족관계상 부양 의무자가 있다는 이유만으로 생계가 어려운 독거노인을 국민기초생활보장제도의 대상에서 제외하는 정책은 가족 구성원들 간의 갈등을 초래할 수 있다.

5. 다음 글에서 알 수 없는 것은?

> 1인당 국내총생산이나 1인당 가처분소득 등은 한 사회의 삶의 질을 나타내기 위한 지표로 흔히 사용된다. 그런데 이러한 지표들이 삶의 질을 제대로 보여주는지는 미심쩍다. 가령 폭력이 증가해서 안전 대책과 경찰력에 더 많은 투자가 이루어지는 사회에서도 1인당 국내총생산은 상승할 수 있다. 1인당 가처분소득 역시 삶의 질을 온전히 보여주지는 못하는데, 특히 경제적 불평등의 정도와 저소득층을 위한 사회 안전망의 수준에 대해서는 아무것도 말해주지 않는다.
>
> 삶의 질을 보다 정확히 비교할 수 있는 지표를 한 가지만 선택해야 한다면, 영아사망률이 그 대안이 될 수 있다. 영아사망률은 출생아 1천 명당 1세 미만의 사망자 수로 집계되는데, 이는 삶의 수준을 보여주는 무척 강력한 지표이다. 낮은 영아사망률은 양질의 생활에 필요한 환경, 예를 들면 훌륭한 수준의 의료 체계, 위생적인 생활환경, 취약 계층을 위한 사회적 지원 제도 등이 조성되어 있다는 것을 의미한다. 또한 이용하기 쉬운 사회기반시설 등이 마련되지 않으면 영아사망률을 낮추기가 어렵다. 즉, 영아사망률에는 생후 첫해의 생존을 좌우하는 제반 조건들에 대한 정보가 담겨 있는 셈이다.
>
> 산업화가 시작되기 전의 서구 사회에서는 영아사망률이 잔혹할 정도로 높았다. 1750년경 서구의 평균 영아사망률은 출생아 1천 명당 300~400명에 달했다. 그 수치는 점진적으로 낮아지다가 1950년에 이르러서야 35~65명으로 떨어졌다. 그리고 2020년 기준 OECD 회원국의 평균 영아사망률은 4.1명이며, 38개 회원국 중에서 영아사망률이 3.0명 미만인 국가는 14개국이다. 이 국가들은 대체로 인구가 많지 않고 인종적·민족적으로 동질적인 사회를 이루고 있다는 특징을 보인다. 대표적으로 아이슬란드, 핀란드, 노르웨이와 같은 몇몇 유럽 국가들이 이에 해당한다. 반면, 인구가 많거나 인종적·민족적으로 이질적인 사회에서는 영아사망률을 OECD 평균 수준까지 낮추기는 어렵다. 예를 들어 미국과 멕시코의 영아사망률은 2020년 기준 각각 5.4명, 13.8명으로 OECD 평균을 상회하는데, 이 국가들이 영아사망률을 4.1명 수준으로까지 낮추기는 무척 어려울 것으로 보인다.

① OECD 회원국에서는 1인당 국내총생산이 높을수록 영아사망률이 낮다.
② 인구가 많은 사회는 OECD 평균 수준까지 영아사망률을 낮추기 어렵다.
③ 산업화 이후 서구 사회의 평균 영아사망률은 산업화가 시작되기 전보다 낮아졌다.
④ 낮은 영아사망률은 양질의 생활에 필요한 환경이 조성되어 있다는 것을 의미한다.
⑤ 1인당 가처분소득보다 영아사망률이 한 사회의 삶의 질을 더 잘 나타낼 수 있는 지표이다.

6. 다음 글에서 추론할 수 있는 것은?

> 마이크로바이옴은 특정 환경에 존재하는 모든 미생물의 집단을 말한다. 인간 몸에 존재하는 모든 미생물의 집단을 인체 마이크로바이옴이라고 한다. 인체 마이크로바이옴을 구성하는 미생물은 입 안과 피부 표면, 질 내부, 위장관 등 다양한 곳에 분포되어 있고, 그 수는 인간 몸의 세포 수보다 10배 정도 많다고 알려져 있다. 장내 마이크로바이옴은 인체 다른 부위의 마이크로바이옴보다 미생물의 수가 압도적으로 많고 그 다양성도 크다. 거주환경과 섭취하는 음식에 따라 장내 마이크로바이옴이 달라진다.
>
> 장내 마이크로바이옴은 인체에서 긍정적인 역할을 한다. 예를 들면, 장내 식이 섬유를 짧은 사슬 지방산으로 바꾸어 인체가 흡수하기 용이한 상태로 만들어 준다. 또한 병원균의 침투를 막는 방어막을 형성하고 면역 물질로 알려진 사이토카인을 생성하여 인체의 면역력을 적절한 상태로 만든다. 장내 마이크로바이옴을 구성하는 미생물의 수와 다양성이 적정 수준으로 유지된다면, 이러한 역할이 적절히 수행된다. 장내 마이크로바이옴을 구성하는 미생물의 수와 다양성이 적정 수준 이하로 떨어지면 휴면 상태로 있던 유해균이 깨어나 질병을 유발할 수 있고, 장기적으로는 아토피와 같은 피부질환, 비만이나 당뇨병과 같은 대사질환도 나타날 수 있다.
>
> 장내 마이크로바이옴은 장내 염증성 질병의 치료에 이용되기도 하는데 그 대표적인 방법은 미생물군 이식이다. 미생물군 이식은 건강한 사람의 장내 마이크로바이옴을 키운 배양체를 장내 염증성 질병을 앓고 있는 환자에게 관장 등의 방법으로 이식하는 것이다. 건강한 사람의 마이크로바이옴 배양체를 장내 염증성 질병을 앓고 있는 환자에게 이식하면, 장내 미생물의 수와 다양성이 적정 수준으로 회복되어 증상이 개선될 수 있다.

① 인체에는 장 속보다 미생물이 서식하기에 더 적합한 곳이 있다.
② 몸에 있는 미생물의 수가 몸의 세포 수보다 줄어들면 면역력이 강화된다.
③ 장내 마이크로바이옴을 구성하는 미생물의 수가 많을수록 장내 건강에 유익하다.
④ 적정 수준의 미생물 수와 다양성을 갖춘 장내 마이크로바이옴은 사이토카인을 만들어낸다.
⑤ 건강한 사람의 장내 마이크로바이옴 배양체를 장내 염증성 질환을 앓고 있는 환자에게 이식해도, 환자의 장내 마이크로바이옴의 다양성에는 변화가 없다.

7. 다음 글의 핵심 논지로 가장 적절한 것은?

> 소득 불평등이 개인의 유전적 자질 차이로 생겨난 결과이기에 피할 수 없다는 주장이 존재한다. 여기에는 개인별로 가진 능력이 다르므로 사회적 성취도 달라질 수밖에 없다는 전제가 깔려 있다. 이러한 주장에 따르면, 가난한 집안에서 태어난 아이들이 부유한 집안에서 태어난 아이들에 비해 성공할 확률이 낮은 것은 부모로부터 유전을 통해 상대적으로 열등한 자질을 물려받았기 때문이다. 그런데 최근의 연구 결과들은 이러한 주장을 다른 시각에서 검토할 수 있게 해 준다.
>
> A대학의 연구팀은 부모의 소득수준이 다른 영유아 77명의 뇌를 일정한 시간차를 두고 자기공명영상법(MRI)을 이용해 주기적으로 촬영하였다. 그리고 연구 대상자의 가구 소득을 낮음, 중간, 높음의 세 단계로 나누고, 소득수준을 기준으로 영유아들의 뇌 기관 중 대뇌 회백질을 집중적으로 분석하였다. 대뇌 회백질은 뇌에서 정보 처리와 의사 결정을 담당하며, 학습 능력에 있어 핵심적 역할을 하는 기관이다. 대뇌 회백질의 면적이 넓을수록 학습 능력이 우수하다. A대학 연구팀의 분석 결과, 가구 소득의 수준과 시간의 흐름에 따른 대뇌 회백질의 면적 변화는 비례하였다. 태어났을 때는 영유아들 사이에 대뇌 회백질 면적 차이가 거의 없었지만, 일정 연령에 도달했을 때 고소득층 아이들의 대뇌 회백질 면적이 저소득층 아이들에 비해 상대적으로 더 큰 것으로 나타났다.
>
> 사회경제적 수준에 따라 발달 차이가 나는 뇌 기관은 대뇌 회백질만이 아니다. 인간의 뇌에서 언어적, 의식적 기억을 담당하는 기관은 해마인데, 이것이 학습 과정에서 핵심적 기능을 담당한다. 해마는 스트레스 호르몬의 영향을 받는다. 스트레스 호르몬은 고용 불안, 생계 불안 등의 문제에 지속적으로 노출될 때 증가하며, 이는 결국 해마의 정상적인 발달을 저해한다. 저소득층 사람들은 이러한 문제들에 빈번하게 노출될 수밖에 없으며, 이는 저소득층 가정에서 자라나는 아이들 역시 마찬가지다. 실제로 저소득층 아이들은 고소득층 아이들에 비해 해마의 크기가 상대적으로 작은 것으로 나타났다.
>
> 이러한 연구 결과는 사회경제적 수준에 따라 학습 능력을 담당하는 뇌 기관의 발달 정도에 차이가 있음을 보여준다. 그리고 영유아 시절에 시작된 학습 능력의 차이는 그들이 성장하고 난 이후 소득 불평등으로 이어질 가능성이 크다.

① 부모로부터 획득한 유전적 요인에 따라 사회적 성취의 질적 수준이 결정된다.

② 뇌 기관 발달을 촉진함으로써 저소득층 아이들이 유전적 자질의 차이를 극복할 수 있도록 해야 한다.

③ 학습 능력의 차이는 사회경제적 환경과 밀접하게 관련되어 있으며, 이는 소득 불평등으로 이어질 수 있다.

④ 소득 불평등의 문제는 학습 과정을 담당하는 뇌 기관 발달의 정도와 가구의 소득수준이 반비례하기 때문에 생겨난다.

⑤ 소득 불평등의 문제는 개인의 능력 차이로 생겨난 결과여서 이를 해결하기 위한 제도적 장치의 효용은 제한적이다.

8. 다음 글의 ㉠~㉤을 문맥에 맞게 수정한 것으로 가장 적절한 것은?

> 직장인을 대상으로 직업 만족도를 조사한 결과 부정적인 답이 대다수를 차지했다. 다시 기회가 주어진다면 더 신중하게 ㉠ 자신의 적성을 파악하고 진로를 탐색하겠다고 답한 사람이 많았던 것이다. 특히, 조사에 참여한 직장인은 취업을 준비하는 사람들에게 "나중에 후회하지 말고 자신이 원하는 것이 무엇인지부터 찾아라."라고 당부했다. 이러한 조사 결과가 의미하는 것이 무엇일까?
>
> 우리가 흔히 '직업'이라 부르는 것을 '직(職)'과 '업(業)'으로 나누어 생각할 필요가 있다. '직'은 내가 ㉡ 점유하고 있는 직장 내의 자리에서 담당하는 일을 뜻한다. 직은 내가 아닌 누군가가 맡아도 크게 문제가 되지 않는 성질의 것이다. 그래서 시간이 갈수록 더 젊고, 매력적이고, 재능 있는 사람들이 그 자리를 노릴 것이다. 긴 휴가를 떠나거나 병가를 낼 때 "내 책상이 그대로 남아 있을까?"라고 걱정한다면 그것은 분명 '직'과 관련된 것이다.
>
> '업'은 ㉢ 평생을 두고 내가 고민하고 추구해야 하는 가치 있는 일을 뜻한다. 흔히 "내가 평생 가져갈 업이야."라는 표현으로 자주 언급된다. 업은 나의 삶과 떼려야 뗄 수 없는 그 어떤 것을 의미한다. 그래서 업은 다른 누군가가 대신하기 어려운 것이다. 나이가 들면 연륜이 쌓이며 업에 대한 이해도도 더 높아진다. 이런 이유로 업은 직과 다르게 '장인정신'과도 연결된다.
>
> 우리가 먼저 파악해야 하는 것이 바로 이 업이다. 평생 추구해야 할 가치 있는 일이 무엇인지도 모르는 상태에서 직을 맡아 버리면 오히려 업을 파악하는 데 덫이 될 수도 있다. 나는 ㉣ 어떤 자리에서 일하고 싶은지가 아니라 무슨 일을 하고 싶은지를 먼저 묻고 고민해야 한다. 업이 무엇인지 파악하지 못하고 일했던 사람들은 시간이 지날수록 자기 일이 적성에 맞지 않고 사실 자기가 원하던 일이 아니었다고 불평하기 쉽다.
>
> 업을 찾지 못하면 그저 세상이 말하는 성공의 기준을 따라갈 수밖에 없다. 내가 추구해야 할 것, 내가 직이라는 구체적인 방법을 통해 평생 좇아야 하는 가치 있는 일을 깨닫지 못했을 때는 아무리 좋은 직도 무료하고 불안정하다. 취업에 성공하더라도 ㉤ 직에 대한 이해도를 충분히 높이지 못한다면 직장 생활에서 큰 보람을 느끼지 못할 것이다.

① ㉠을 "평생 나의 직을 무엇으로 삼을지 진지하게 고민하겠다"로 수정한다.

② ㉡을 "점유하고 있는 직장 내 영향력과 그것이 미치는 범위를 뜻한다"로 수정한다.

③ ㉢을 "평생을 두고 다른 사람과의 경쟁에서 이길 수 있는 역량을 뜻한다"로 수정한다.

④ ㉣을 "무엇을 해야 하는지가 아니라 어떤 자리에서 일을 더 잘할 수 있는지"로 수정한다.

⑤ ㉤을 "자신의 업을 파악하지 못한다면"으로 수정한다.

9. 다음 글의 (가)와 (나)에 들어갈 말을 적절하게 나열한 것은?

> 전염병이 외부로부터 유입되면 처음에는 대처하기 힘든 치명적인 질병으로 여겨지지만, 감염 사슬이 유지될 수 있을 정도로 인구밀도가 높은 지역이라면 그것은 머지않아 풍토병으로 전환되어 충분히 대응 가능한 질병이 된다. 그러나 인구밀도가 높지 않은 농촌과 벽지 그리고 도서 지역의 경우, 유입된 전염병이 풍토병으로 전환될 가능성은 상당히 희박해서 전염병으로 인한 피해에 취약할 수밖에 없다.
>
> 일본은 고립된 섬나라였기 때문에 다른 나라에서 유행했던 각종 전염병으로부터 격리되어 있었다. 하지만 이런 지리적 특성으로 인해 일본은 전염병이 외부로부터 들어올 때마다 큰 피해를 입을 수밖에 없었다. 더욱이 일본의 인구밀도는 17세기 이전까지 중국에 비해 현저히 낮았기 때문에 중국에서 이미 풍토병으로 자리 잡은 몇 가지 질병에 대해서도 일본은 전혀 대처할 수 없었다. 결과적으로, [(가)] 일본은 전염병의 유입으로 인한 심각한 피해를 계속 겪어야 했다.
>
> 이와 비슷한 현상이 영국에서도 목격된다. 중세에 영국의 인구밀도는 프랑스와 같은 유럽 대륙의 국가에 비해 훨씬 낮았는데, 이로 인해 영국인들은 각종 전염병에 대한 저항력을 갖출 수 없었다. 영국에서 전염병과 관련한 각종 저작이 유럽 대륙과는 비교가 되지 않을 정도로 많이 집필된 것은 유럽 대륙보다 영국에서 전염병의 문제가 훨씬 더 오랜 시간 동안 심각했음을 말해준다. 유럽 대륙은 영국에 비해 오래전부터 인구밀도가 높았고 사람들이 질병의 진원지인 도시와 끊임없이 접촉했기 때문에, [(나)] 것이다.

① (가) : 감염 사슬이 유지될 수 있을 정도로 일본의 인구밀도가 높아지기 전까지
  (나) : 전염병이 풍토병으로 정착하기까지의 기간이 영국보다 짧았을
② (가) : 감염 사슬이 유지될 수 있을 정도로 일본의 인구밀도가 높아지기 전까지
  (나) : 전염병이 풍토병으로 정착하는 데 필요한 조건이 영국보다 많았을
③ (가) : 전염병이 풍토병으로 전환될 수 있을 정도로 일본의 인구밀도가 높아지기 전까지
  (나) : 전염병이 풍토병으로 정착하기가 영국보다 어려웠을
④ (가) : 다른 나라와의 교류를 정부가 완전히 차단할 수 있기 전까지
  (나) : 전염병이 풍토병으로 정착하기까지의 기간이 영국보다 짧았을
⑤ (가) : 다른 나라와의 교류를 정부가 완전히 차단할 수 있기 전까지
  (나) : 전염병이 풍토병으로 정착하기가 영국보다 어려웠을

10. 다음 글의 핵심 논지로 가장 적절한 것은?

> 특정 사건의 결과를 확인한 뒤, 자신은 진작부터 그 결과를 확실히 예견하고 있었다고 믿는 현상을 '사후확신 편향'이라고 부른다. 사후확신 편향은 의사결정자들에 대한 평가에 악영향을 미친다. 과정의 정당성이 아니라 결과의 좋고 나쁨만으로 의사결정의 질을 평가하도록 유도하기 때문이다. 위험하지 않은 수술이었지만 예상치 못한 사고로 환자가 죽는 경우를 생각해 보자. 이 수술에 대한 소송사건을 맡은 판사는 "사실은 위험한 수술이었으며, 의사는 그 수술을 좀 더 신중하게 준비했어야 한다."라고 말할 확률이 크다. 이처럼 예전에 내린 결정을 과정이 아닌 최종 결과로 판단하려는 경향은, 의사결정 당시에는 합리적이었던 믿음들을 적절히 평가하는 일을 불가능하게 만든다. 사후확신 편향은 의사, 금융인, 경영인, 3루 코치 등 타인을 대신하여 의사결정을 하는 사람들에게 특히 불리하게 작용한다. 결과가 나쁘게 나오면 아무리 좋은 결정을 내렸다 해도 비난받고, 이후로는 합리적 믿음에 근거한 의사결정들마저 신뢰받지 못한다.
>
> 사후확신 편향은 사람들의 행동을 어떻게 변화시키는가? 사람들은 자신이 내린 결정이 훗날 비판과 성토의 대상이 될 수도 있다는 사실을 의식하면, 관행적인 방법을 선호하고 결코 위험을 감수하려 하지 않는다. 예컨대, 의료 사고 소송이 많이 제기될수록 의사들은 더 많은 검사를 실시하고 효과가 없는 것을 알면서도 위험이 적은 일반적인 치료법을 적용하게 된다. 이와 같은 행동은 결국 환자를 돕는 것이 아니라 의사를 보호하는 결과를 낳으며, 이해관계자들 사이의 갈등만 더 키운다. 반면 무모한 도박을 감행한 장군이나 기업가라도, 운이 좋아 그 결과가 성공에 이르기만 하면 벌을 받지 않게 된다. 오히려 성공을 예상하는 재능과 예지력을 갖췄다는 호평을 받는데, 이는 행운이 가져다준 과분한 보상이라 할 수 있다. 사회적으로 중요한 선택을 해야 하는 의사결정자들의 바람직한 결정을 유도하기 위해서는 의사결정의 질을 평가할 때 당시 주어진 정보에 따른 의사결정 과정의 정당성을 반영해야 한다.

① 무모한 의사결정을 내렸지만 운이 좋아 성공한 사람들은 비판받아야 한다.
② 의사결정의 질을 평가할 때는 결과뿐만 아니라 과정의 정당성을 고려해야 한다.
③ 타인을 대신하여 합리적 의사결정을 하는 사람들에 대한 평가에서 그 의사결정의 결과를 고려해서는 안 된다.
④ 의사결정자들은 의사결정 과정에서 위험을 회피하는 선택을 하여 사회 전체의 위험을 감소시켜야 한다.
⑤ 이해관계자들 간 갈등을 완화시킴으로써 사후확신 편향을 극복할 수 있어야 한다.

11. 다음 글에서 추론할 수 있는 것은?

> 우주에 떠돌던 물질이 지구에 떨어져 어떤 물체가 만들어졌는데, 그것이 광화문 앞에 있는 이순신 장군상과 구별 불가능하다고 하자. 이 경우 우리는 새로운 것이 창조되었다고 생각하지 않는다. 이와 달리, 우리는 실제 이순신 장군상을 창조된 것이라고 생각한다. 이는 이순신 장군상을 만든 제작자가 있었기 때문이다.
>
> 이제 기이한 형태를 가진 콘크리트 덩어리를 상상해 보자. 이것과 관련하여 두 가지 생각을 할 수 있다. 첫 번째는 이것의 제작자가 의도를 갖고 만든 경우이다. 두 번째는 제작자가 아무런 의도 없이 우연히 첫 번째와 구별이 불가능한 것을 만든 경우이다. 첫 번째 경우에서 제작자는 새로운 것을 창조했지만, 두 번째 경우는 그렇지 않다. 왜냐하면 지구에 떨어져 우연히 만들어진 물체가 창조된 것이 아닌 것처럼, 무엇인가 창조하기 위해서는 그러한 것을 만들고자 하는 제작자의 의도가 있어야 하기 때문이다. 즉 새로운 것을 만들고자 하는 제작자의 창조 의도가 필요하다.
>
> 창조 의도만 있다고 해서 무엇인가가 창조되는 것은 아니다. 가령, 어떤 사람이 나뭇가지를 재료로 독창적인 와인 거치대를 만들 의도를 가졌다고 하자. 그런데 이 사람은 나뭇가지의 위치만 바꾸어 와인병 하나를 얹어 놓았다. 우리는 이 사람이 새로운 와인 거치대를 만들고 싶은 창조 의도가 있었음을 인정하지만, 새로운 것을 창조했다고 생각하지 않는다. 이 사람은 나뭇가지를 전혀 변형시키지 않았기 때문이다. 마찬가지로 누군가가 창조 의도를 가지고 변기를 예술 작품이라고 전시한다면, 그 변기가 예술 작품일 수는 있어도 창조된 것은 아니다.

① 예술 작품은 창조 의도를 동반하지 않는다.
② 제작자의 창조 의도가 반영된 것은 창조된 것이다.
③ 예술 작품은 작품에 사용된 재료를 변형시킨 것이다.
④ 창조된 것은 그것을 만들기 위해 사용된 재료가 변형된 것이다.
⑤ 새로운 물질로부터 기이한 모양이 만들어지면 새로운 것이 창조된 것이다.

12. 다음 글의 빈칸에 들어갈 내용으로 가장 적절한 것은?

> 1783년 캐번디시는 산소(O_2)를 뺀 공기, 즉 '질소'라고 알려진 기체의 성질을 탐구하기 위해 산소를 뺀 공기와 산소의 혼합물에 마찰 스파크를 일으켰다. 그는 이 실험을 통해 산소를 뺀 공기 대부분은 산소와 결합하여 질소산화물이 되지만 그중 일부는 산소와 결합하지 않는다는 것을 발견했다. 이것은 '질소'라고 알려진 기체에 질소 외에 공기의 또 다른 성분이 있다는 것을 시사했지만 그 성분의 정체는 19세기 말에 이르러서야 밝혀졌다.
>
> 1890년대에 들어 레일리는 산소를 뺀 공기, 즉 '질소'의 밀도를 측정했다. 그는 암모니아를 뜨거운 구리에 접촉시켜 환원함으로써 순수한 질소를 화학적으로 얻고 그 질소의 밀도를 측정했는데, 그 값은 공기에서 얻은 '질소'보다 1,000분의 1만큼 작았다. 그리고 램지는 1893년 4월에 공기 중에서 마그네슘을 가열하여 질소산화물을 만들고 산소, 수증기, 이산화탄소마저 제거했으나 남은 기체가 화학적으로 얻은 질소보다 무거운 것을 확인했다.
>
> 레일리와 램지 모두 공기 중에서 얻은 '질소'에 다른 물질과 결합하지 않는 비활성의 기체가 포함되어 있을 가능성을 생각했다. 위 연구 결과에 근거하여 레일리와 램지는 공기 중에 새로운 기체, 즉 비활성 성분이 존재한다고 확신했고, 1894년에 공기에 새로운 성분이 있다고 발표했다. 하지만 화학자들은 실험의 정밀성을 인정하더라도 그러한 성분의 발견에 대해서는 "[   ]?"와 같은 회의적인 반응을 보였다.
>
> 그 후 이 기체의 스펙트럼 검사를 통해, 기존에 알려진 원소의 스펙트럼에 속하지 않는 빨강과 녹색 선의 그룹이 확인되자 회의적 반응을 보였던 화학자들의 의문은 해소되었다. 가시광선 영역의 스펙트럼의 선은 원소의 결합과는 무관하고 구성 원소에 의해 결정되므로, 새로운 원소의 존재를 인정하게 하는 결과였다. 램지는 일련의 확장된 실험에서 이 기체는 다른 물질과 결합하지 않는다는 것을 확인했고 마침내 그 기체에 그에 걸맞은 이름, '아르곤'을 붙여 주었다. 아르곤은 그리스어로 '게으르다'는 의미이다.

① 질소 원자의 선 스펙트럼에는 빨강과 녹색 선은 전혀 안 나타나지 않는가
② 수증기나 이산화탄소를 제거한 공기 중에 비활성의 기체가 남아 있을 수도 있는 것 아닌가
③ 암모니아를 뜨거운 구리로 가열하여 만들어지는 질소에 아르곤이 섞여 있을 수도 있지 않겠는가
④ 화학적으로 얻은 질소의 원료가 되는 암모니아 속에 수소가 더 많이 포함되어 있었을 수도 있지 않는가
⑤ 공기 중에서 마그네슘을 가열하여 질소산화물을 만들 때, 기존에 알려진 원소로 구성된 새로운 물질이 형성될 수도 있지 않는가

13. 다음 글의 내용이 참일 때 반드시 참인 것은?

A회사에서는 사내 부서 대항 바둑 대회를 열었다. 4강전에 대표를 진출시킨 부서는 인사부, 연구부, 자재부, 영업부이다. 부서 대표로 4강전에 진출한 이는 갑, 을, 병, 정의 네 사람이다. 진행 방식은 다음과 같다. 4강전 두 경기의 승자는 결승에서 맞붙어 우승자를 결정하고, 4강전의 패자는 3~4위전에서 맞붙어 3위를 결정한다. 모든 경기는 단판제로 진행되며 무승부는 없다. 4강전 이후 경기 결과는 다음과 같다.

- 갑의 전적은 1승 1패이다.
- 정은 을을 이겼다.
- 병은 갑을 이긴 적이 없고 을을 이긴 적도 없다.
- 연구부가 우승했다.
- 영업부는 2패를 기록했다.
- 인사부와 연구부는 대결하지 않았다.

① 갑은 2위이고 을은 3위이다.
② 을과 정은 결승전에서 대결했다.
③ 병은 영업부이고 정은 자재부이다.
④ 3~4위전에서 자재부와 영업부가 대결했다.
⑤ 4강전 두 경기에서 승리한 이는 갑과 정이다.

14. 다음 글의 내용이 참일 때 반드시 참인 것만을 〈보기〉에서 모두 고르면?

A, B, C, D, E 다섯 개의 부서에 각각 한 명씩 배치되었던 갑, 을, 병, 정, 무 다섯 명의 직원에 관한 정기 인사 발령 결과, 기존과 마찬가지로 이들은 다섯 개의 부서에 각각 한 명씩 배치되었다. 알려진 사실은 다음과 같다.

- 한 명은 기존 부서에 남았지만 나머지 네 명은 다른 부서로 옮겼다.
- 갑은 기존에 C부서에 근무했다.
- 병과 정은 서로 부서를 맞바꾸어 근무하게 되었다.
- 무는 기존과 다른 부서 D로 옮겼다.

〈보 기〉

ㄱ. 갑은 기존 부서에 남았다.
ㄴ. 을이 기존과 다른 B부서에 근무하게 되었다면, 무는 기존에 B부서에 근무했다.
ㄷ. 무가 기존에 E부서에 근무했다면, 병이나 정이 인사 발령 결과 A부서에 근무하게 되었다.

① ㄱ
② ㄴ
③ ㄱ, ㄷ
④ ㄴ, ㄷ
⑤ ㄱ, ㄴ, ㄷ

15. 다음 글의 ㉠과 ㉡에 대한 평가로 적절한 것만을 〈보기〉에서 모두 고르면?

문장이란 단어들로 이루어진 연쇄이다. 문법적인 연쇄의 조건을 완전하게 제시하기란 쉽지 않지만 적어도 다음 두 가지를 유의해야 한다. 첫째, ㉠ '문법적인'이라는 개념은 '의미가 있는'이라는 개념과 동일시될 수 없다. 아래의 (1)과 (2)는 둘 다 무의미하지만, (1)은 (2)와 달리 문법적이다.

(1) 색깔 없는 녹색 관념들이 모질게 잔다.
(2) 모질게 없는 잔다 관념들이 색깔 녹색.

아마도 한국어 화자라면 (1)을 자연스럽게 읽겠지만 (2)는 아무 관계 없이 나열된 단어들을 읽을 때처럼 읽을 것이며, (2)보다는 (1)을 훨씬 더 쉽게 기억할 것이다.

둘째, ㉡ 특정 언어에서 '문법적인'이라는 개념은 '그 언어에서의 사용 빈도에 대한 통계적 순위에서 상위에 있는'이라는 개념과 동일시될 수 없다. 한국어 화자가 현실의 담화 상황에서 듣거나 보았을 가능성이 거의 없다는 점에서 (1)과 (2)는 통계적인 측면에서 차이가 없다. 그러나 (1)과 (2)는 문법적인가에서 차이가 난다. 다른 예를 보자. 실제 한국어 사용에서 "나는 산더미 같이 큰 … 보았다."의 줄임표 자리에 '빈대를'이나 '그러나'가 출현할 빈도는 사실상 0이다. 그렇지만 줄임표 자리에 전자를 넣으면 문법적 연쇄가, 후자를 넣으면 비문법적 연쇄가 만들어진다. 빈도에 의존하는 것은 문법적 연쇄와 비문법적 연쇄 사이의 차이를 선명하게 제시하고는 싶으나 언어의 현실이 너무 복잡해서 완벽하게 제시할 수 없는 벽에 부딪힌 언어학자가 채택한 편의적인 방법일 뿐이다. 실제 언어에서 어떤 연쇄의 사용 빈도가 높은가 낮은가는 그 연쇄가 문법적인가 그렇지 않은가와 별개인 것으로 나타난다.

〈보 기〉

ㄱ. 문장의 사용 빈도와 그 문장을 기억하기 쉬운가는 서로 상관관계가 없는 것으로 밝혀진다면, ㉠은 약화된다.
ㄴ. 사용 빈도에 대한 통계적 순위에서 하위에 있는 어떤 문장이 무의미함에도 불구하고 문법적이라면, ㉡은 강화된다.
ㄷ. 특정 언어에서 기존에 문법적이지만 무의미하다고 여겨지던 문장이 일정 시간이 흐른 후 의미도 있으면서 문법적인 문장으로 그 언어의 화자들에게 받아들여지는 현상이 다수 발견된다면, ㉠과 ㉡은 둘 다 약화된다.

① ㄱ
② ㄴ
③ ㄱ, ㄷ
④ ㄴ, ㄷ
⑤ ㄱ, ㄴ, ㄷ

16. 다음 글에 대한 분석으로 적절한 것만을 〈보기〉에서 모두 고르면?

> 말이나 글에서 사용되는 언어표현의 의미는 무엇일까? 이 물음에 대하여 지칭적 의미론은 다음과 같이 답한다. ㉠ 언어표현의 의미는 그 표현이 지칭하는 대상일 뿐이며, 그 어떤 다른 것도 아니다. 예를 들어, 슈퍼맨이 실제로 존재한다고 가정하면, 지칭적 의미론에서 고유명사 '슈퍼맨'의 의미는 슈퍼히어로인 슈퍼맨이다. 다음은 지칭적 의미론에 반대하는 한 가지 논증이다.
>
> 논의를 위해 몇 가지를 가정해 보자. 문장의 의미는 문장을 구성하는 부분들의 의미에 의해 결정된다. 우선, 슈퍼맨을 지칭하는 또 다른 이름은 '클라크 켄트'이다. 슈퍼맨은 '클라크 켄트'라는 이름으로 자신이 슈퍼히어로임을 숨기고, 기자로서 평범하게 살아간다. 동료 기자인 로이스 레인은 슈퍼맨과 클라크 켄트 각각에 대해 알지만, 이 둘이 동일인인지는 알지 못한다. 이제 다음의 두 문장을 비교해 보자.
>
> (1) 슈퍼맨은 슈퍼맨이다.
>
> (2) 슈퍼맨은 클라크 켄트이다.
>
> 지칭적 의미론을 받아들이는 사람은 (1)과 (2)의 의미는 동일하다는 것을 받아들여야 한다. 지칭적 의미론에 따르면, ㉡ '슈퍼맨'과 '클라크 켄트'는 동일한 대상을 지칭한다는 사실이 주어지면, ㉢ 이 두 고유명사는 같은 의미를 가진다는 것이 따라 나온다. 그런데 로이스 레인에게 있어서 (1)이 표현하는 내용은 자명하지만, (2)가 표현하는 내용은 놀라운 발견일 수 있다. 왜냐하면 어떤 대상이 자기 자신과 같다는 내용인 (1)은 대상이 누구인지 알지 못해도 참이라고 판단할 수 있는 단순한 내용이지만, (2)는 슈퍼맨과 클라크 켄트가 동일인이라는 내용을 표현해서 이 둘이 동일하다는 사실을 모르는 사람에게는 새로운 정보를 제공하기 때문이다. 이와 같은 차이를 인지적 차이라고 부른다. 이러한 의미에서 ㉣ (1)과 (2)는 인지적 차이가 있다. 이를 설명해 주는 것은 결국 ㉤ (1)과 (2)가 서로 다른 의미를 가진다는 것이다. 그리고 두 문장의 의미가 다르다는 것은 ㉥ 두 고유명사 '슈퍼맨'과 '클라크 켄트'의 의미가 다르다는 것으로부터 따라 나온다. 따라서 지칭적 의미론은 그르다.

〈보 기〉

ㄱ. ㉠과 ㉡이 모두 참이라면, ㉢도 참이다.
ㄴ. ㉡과 ㉥이 모두 참이라면, ㉠은 거짓이다.
ㄷ. "문장들이 인지적 차이가 있다면 그 문장들은 의미에서 차이가 난다."와 ㉣이 참이라면, ㉤도 참이다.

① ㄴ
② ㄷ
③ ㄱ, ㄴ
④ ㄱ, ㄷ
⑤ ㄱ, ㄴ, ㄷ

17. 다음 글의 A~C에 대한 평가로 적절한 것만을 〈보기〉에서 모두 고르면?

> A : 전기, 자기, 초음파 등으로 뇌나 신경의 특정 부위를 자극하여 해당 부위의 기능을 조절하는 신경조절기술은 의료산업 분야에서 매우 유망하다. 그중 침습적인 뇌심부자극술은 파킨슨병, 본태떨림 등의 치료법으로 이미 승인되었으며, 비침습적인 경두개자기자극술, 경두개전기자극술 등은 의사결정능력, 인지능력, 학습과 기억 능력을 향상시키고, 감정 조절과 정신학적 질병 치료에 효과가 있다고 알려져 있다. 따라서 많은 사람들이 혜택을 볼 수 있도록 향후 지속적인 연구 개발을 통해 더욱 다양한 목적으로 신경조절기술이 활용될 수 있어야 한다.
>
> B : 신경조절기술이 특정 질환을 치료할 수 있지만 위험성을 간과할 수는 없다. 침습적 뇌심부자극술은 뇌출혈, 감염과 같은 합병증뿐만 아니라 조증, 중독성 행위 등 신경정신학적 부작용을 유발할 수 있으며, 비침습적 뇌자극기술은 약한 강도의 전기를 가할지라도 장기적으로 사용하면 뇌 기능에 변화를 초래할 수 있기 때문이다. 따라서 신경조절기술은 위험 대비 이익이 명확히 클 경우에만 사용되어야 한다.
>
> C : 신경조절기술이 뇌에 미치는 위험을 고려할 때 질병의 치료가 아닌 인지기능의 향상을 목적으로 사용해서는 안 된다. 경두개전기자극술이 언어능력, 인지능력 등 뇌 기능을 개선한다는 연구가 발표되면서 우려스럽게도 이미 산업계에서는 건강한 사람들을 겨냥하여 인지능력을 향상시키는 헤드밴드 형태의 기기를 개발하는 데 투자하고 있다. 향후 이러한 기기가 대중에게 보급될 경우 그 사용으로 인한 뇌 질환의 위험성이 매우 클 것으로 우려된다.

〈보 기〉

ㄱ. 중증 파킨슨병 환자가 뇌심부자극술을 받은 후 병증이 크게 완화되고 일시적인 경증 수면장애를 얻었다면, A의 주장은 강화되고 B의 주장은 약화된다.
ㄴ. 경두개전기자극술이 적용된 집중력 향상 기기의 효과를 꾸준히 느끼며 10년간 매일 사용한 사람에게 사망에 이르게 하는 악성 뇌종양이 발생했다면, B의 주장과 C의 주장은 약화되지 않는다.
ㄷ. 수험생의 인지기능 향상에 경두개전기자극술을 활용하는 것이 뇌에 어떠한 문제도 유발하지 않는다고 밝혀졌다면, A의 주장은 약화되지 않고 C의 주장은 약화된다.

① ㄱ
② ㄴ
③ ㄱ, ㄷ
④ ㄴ, ㄷ
⑤ ㄱ, ㄴ, ㄷ

18. 다음 글을 토대로 〈사례〉의 ㉠을 약화하는 것만을 〈보기〉에서 모두 고르면?

태양 이외의 항성도 행성을 가질 수 있는데, 이렇게 태양이 아닌 다른 항성 주위를 공전하는 행성을 외계 행성이라 한다. 항성과 달리 행성은 스스로 빛을 방출하지 않을 뿐만 아니라, 지구에서 최소 수 광년 이상 떨어져 있으므로 관측할 수 없었다. 그러나 첨단 천문 관측 기술의 발달로 수많은 외계 행성이 발견되었으며, 지구와 환경이 유사하여 생명체가 존재하는 외계 행성이 있을 것이라는 기대 또한 커지고 있다.

외계 행성에 대한 연구는 식(蝕)을 이용한다. 식이란 항성 주위를 공전하는 행성이 항성의 앞면을 지날 때 항성의 일부 또는 전체가 가려지는 현상이다. 만일 어떤 외계 행성의 궤도가 지구에서 볼 때 식을 발생시키는 궤도라면, 이 외계 행성을 거느린 항성의 밝기는 주기적으로 어두워진다. 따라서 어떤 항성의 밝기를 충분히 긴 시간 동안 관측했을 때 주기적으로 어두워진다면 이 항성에는 외계 행성이 존재한다고 볼 수 있다. 또한 이 항성이 식에 의해 어두워지는 비율이 크다면 외계 행성이 크기 때문에 이 항성의 빛을 가리는 정도가 크다는 것을 의미한다. 항성의 어두워지는 주기가 길다면 외계 행성의 공전 주기가 길다는 것을 의미한다. 따라서 식에 의한 항성의 밝기 변화로 외계 행성의 크기와 공전 주기 또한 알아낼 수 있다.

이러한 정보는 외계 행성이 지구와 유사한 환경인지를 확인하는 중요한 지표가 된다. 행성의 공전 주기는 궤도가 클수록, 즉 행성에서 항성까지의 거리가 길수록 길어진다. 또한 일반적으로 행성의 크기가 클수록 질량이 커져 행성의 중력이 커진다. 따라서 행성의 공전 주기와 크기가 지구와 유사하다면 그 행성에 생명체가 존재할 가능성이 커진다. 다만, 이때 행성의 공전 주기가 지구의 공전 주기와 유사하더라도, 항성의 밝기가 태양과 크게 다르다면 같은 공전 주기라도 행성이 받는 항성의 빛의 양이 달라지기 때문에, 행성의 환경이 너무 춥거나 너무 더워 생명체가 존재하기 어렵다.

〈사 례〉

서로 크기가 같고 지구까지 거리가 같은 두 항성 X와 Y가 있다. 항성 X에는 식을 보이는 외계 행성이 존재함이 알려져 있고, 이 행성의 크기는 지구와 유사함이 밝혀진 바 있다. 한 과학자는 항성 Y를 관측하여, 식이 발생하고 그 식을 발생시키는 행성의 공전 주기가 약 1년임을 알아냈다. 그는 ㉠ 항성 Y에는 생명체가 존재하는 행성이 있다는 가설을 세우고 추가 관측을 수행하였다.

〈보 기〉

ㄱ. 항성 Y의 밝기가 태양에 비해 훨씬 어두웠다.
ㄴ. 항성 Y에서 주기가 더 긴 다른 행성에 의한 식 현상이 추가로 발견되었다.
ㄷ. 항성 Y에서 식에 의해 항성의 밝기가 어두워지는 비율이 항성 X에서보다 훨씬 컸다.

① ㄱ
② ㄴ
③ ㄱ, ㄷ
④ ㄴ, ㄷ
⑤ ㄱ, ㄴ, ㄷ

※ 다음 글을 읽고 물음에 답하시오. [19~20]

일반적으로 윤리학자들은 도덕적 책임이 있는 존재, 즉 도덕적 행위자가 되기 위한 두 가지 조건을 제시한다. 하나는 통제 조건이다. 어떤 행위자가 통제 조건을 충족한다는 것은 그가 자신의 행위를 선택할 수 있고 상황에 따라 자신의 행위를 조절 및 통제할 수 있는 능력을 갖추고 있다는 것이다. 일반적으로 우리는 도덕적 판단이 요구되는 행위에 대해서 그 행위를 누가 결정하고 수행했는지에 따라 책임을 부과한다. 통제 조건을 충족하지 못한 행위자는 도덕적 책임을 질 수 있는 도덕적 행위자라고 부를 수 없다. AI 기술이 적용된 완전 자율 주행 자동차는 주변 상황을 스스로 인식하여 출발할지 정지해 있을지를 결정하고, 주변 환경에 맞춰 진행 방향과 속도를 조절할 수 있다. 이러한 측면에서 본다면 AI는 통제 조건을 충족했다고 볼 수 있다.

하지만 통제 조건을 갖추었다고 해서 모두 도덕적 행위자가 되는 것은 아니다. 도덕적 행위자가 되기 위한 다른 조건은 인식 조건이다. 어떤 행위자가 인식 조건을 충족한다는 것은 그가 자신의 행동이 무엇인지, 그로 인해 어떤 결과가 나타날지 반성 및 숙고를 통해 판단할 수 있는 능력을 갖추고 있다는 것이다. 이런 능력이 없다면 도덕적 판단도 할 수 없다. 행위자가 이런 능력을 갖추었는지 여부는 그가 응답 책임을 다할 수 있는지 여부에 의해서 파악할 수 있다. 여기서 응답 책임이란 본인이 내린 결정이나 한 일의 결과에 대한 질문에 답하고 설명하는 의무를 말한다. 누군가 응답 책임을 다할 수 있다면 인식 조건을 충족한다고 간주된다. 우리가 석연치 않은 판결에 대해서 판사의 설명을 기대하고, 범죄자에게 범죄 행위 이유를 묻는 것이 바로 응답 책임을 요구하는 것이다.

일반적으로 인간은 자신의 행위를 통제하고, 그 행위로 인해 어떤 결과가 발생할지 반성과 숙고를 통해 판단할 수 있는 능력이 있다고, 즉 통제 조건과 인식 조건을 충족한다고 인정된다. 하지만 모든 인간이 그런 것은 아니다. 통제 조건과 인식 조건 어느 것도 충족하지 못한 것으로 간주되는 어린아이의 경우, 이들의 행위에 대한 책임은 보호자와 피보호자의 관계에 의존하여 보호자에게 귀속된다. AI는 반성 및 숙고를 통해 자신의 행동 결과가 어떻게 나타날지 판단할 수 있는 능력을 결여하고 있다. 통제 조건을 충족하더라도 인식 조건은 갖추지 못한 것이다. 게다가 AI는 누군가의 피보호자로 보기도 어렵다. 그렇다면 AI의 행위로부터 발생하는 결과에 대한 도덕적 책임은 누구에게 귀속되어야 할까?

우리 사회의 조직 체계로부터 이에 대한 답변을 얻을 수 있다. 어떤 조직이 특정 과제를 수행할 때 최종적 책임은 전체 프로젝트를 총괄하는 관리자에게 있고, 업무 대부분은 나머지 구성원들에게 위임된다. 왜냐하면 총괄 관리자만이 전체 프로젝트에 필요한 업무와 그 수행 방식을 선택 · 통제할 수 있는 능력, 그리고 관련된 결정이나 결과에 대해 답하고 설명할 능력을 온전히 갖추었기 때문이다. 이렇게 통제 조건과 인식 조건을 온전히 충족하고 있는 총괄 관리자는 프로젝트에 대한 최종적 책임을 지게 된다. 비슷한 방식으로 우리는 인간이 총괄 관리자의 역할을 수행하고, AI는 위임된 업무를 처리하는 조직의 구성원이라고 간주할 수 있다. 우리는 이러한 위임 관계에 의존하여 관리자인 인간에게 책임을 귀속시킬 수 있다. 따라서, ㉠ AI의 행위로부터 발생한 결과에 대한 도덕적 책임은 그 일을 위임한 인간에게 있다.

19. 위 글에서 알 수 있는 것은?

① 응답 책임은 관리자로부터 과제를 위임받는 존재들에게 부과되는 의무이다.
② AI가 자신이 수행한 행위로 인해 어떤 결과가 초래될지 도덕적 판단을 내릴 수 없는 것은 통제 조건을 충족하지 못했기 때문이다.
③ 어린아이와 보호자 사이의 책임 귀속이 의존하는 관계는 AI와 인간 사이의 책임 귀속이 의존하는 관계와 같다.
④ AI가 행동을 스스로 선택하고 통제할 수 있다고 하더라도, 도덕적 책임은 AI에게 귀속될 수 없다.
⑤ 우리 사회의 조직 체계에서 채택하고 있는 위임 방식을 따르면, AI는 도덕적 행위자가 될 수 있다.

20. 위 글의 ㉠에 대한 평가로 적절한 것만을 〈보기〉에서 모두 고르면?

〈보 기〉

ㄱ. 조직의 총괄 관리자와 구성원 간의 관계와 달리 인간이 AI 작동과정을 통제할 수 없다면, ㉠은 약화된다.
ㄴ. AI의 행위와 그로 인해 발생한 결과에 대한 질문에 인간이 잘 답하고 설명할 수 있다면, ㉠은 강화된다.
ㄷ. 우리 사회의 조직 체계에서 과제를 위임받은 구성원들이 자신의 업무를 조절하고 통제할 수 있지만 전체 프로젝트를 설명할 능력을 갖추고 있지 않다면, ㉠은 약화된다.

① ㄱ
② ㄷ
③ ㄱ, ㄴ
④ ㄴ, ㄷ
⑤ ㄱ, ㄴ, ㄷ

21. 다음 글에서 알 수 있는 것은?

신라에는 수도 서라벌에 적을 둔 사람들을 6개의 두품과 진골, 성골로 나누는 신분 제도가 있었다고 한다. 이 가운데 성골과 진골은 두품 신분이 누릴 수 없는 특권을 가진 지배층이었다. 그런데 오늘날 현존하는 사료에는 성골과 진골을 가르는 기준이 나타나 있지 않다. 역사학자들은 어떤 사람이 성골 신분을 가질 수 있었는지 알아내기 위해 오랫동안 연구를 진행해야 했다. 그 과정에서 한때 부모가 모두 왕의 자손이면 성골이고 한쪽만 그러하면 진골이라는 주장이 나온 적이 있지만, 부모가 모두 왕의 자손임에도 진골인 사람이 있었다는 사실이 밝혀지면서 잘못된 견해임이 확인되었다.

밝혀진 바에 따르면 성골은 신라 제26대 진평왕이 처음 만들어낸 신분이다. 진평왕은 숙부인 진지왕을 몰아내고 즉위했다. 진지왕은 진흥왕의 둘째 아들로서 형 동륜이 살아 있었다면 왕이 될 수 없었으나 동륜이 일찍 사망함에 따라 진흥왕의 뒤를 잇게 되었다. 동륜의 아들인 진평왕은 이에 불만을 품고 세력을 키워 진지왕을 내쫓은 뒤 왕위에 올랐다. 진지왕은 폐위 직후 죽었지만, 그 아들은 살아서 자식을 남겼다. 만일 이 진지왕의 아들 또는 손자가 반란을 일으키기라도 한다면 왕위가 다시 진지왕의 자손으로 넘어갈 수 있었다. 진평왕은 이러한 사태를 막고자 성골이라는 신분을 만들어낸 뒤 성골만 왕위에 오르게 했다. 그가 성골 신분을 부여한 사람은 자기 자신과 부인, 자기 딸, 그리고 자기 친형제와 그가 낳은 딸뿐이었다. 그는 앞으로 태어날 자기 아들에게도 성골 신분을 주겠다고 했다. 그런데 진평왕은 끝내 아들을 두지 못했고, 딸이 뒤를 이어 왕이 되었다. 그가 바로 선덕여왕이다.

진평왕 즉위 전 신라의 최고 신분은 진골이었고, 진골에서 왕이 나오는 것이 당연했다. 그런데 진평왕이 성골에게만 왕위를 물려주기로 한 바람에 선덕여왕 사후 왕위를 이을 사람은 진평왕의 조카인 진덕여왕밖에 남지 않게 되었다. 진평왕의 부인과 딸, 친형제가 모두 죽었기 때문이다. 이후 진덕여왕마저 죽자 성골이 없어졌고, 결국 진지왕의 손자인 김춘추가 왕이 되었다. 김춘추는 진지왕의 아들 용수와 진평왕의 딸 천명부인 사이에서 태어난 사람이다. 그를 두고 진골로서 처음 왕위에 오른 인물이라고 말하는 사람이 적지 않았지만, 성골에 대한 이해가 깊어지면서 김춘추가 진골로서 왕이 된 첫 인물이 아니라는 점을 이해하는 사람이 늘고 있다.

① 동륜은 왕족이었지만 진골 신분이 아니었기 때문에 왕위에 오르지 못했다.
② 진덕여왕은 천명부인이 낳은 딸이기 때문에 선덕여왕의 뒤를 이어 왕위에 오를 수 있었다.
③ 동륜은 반란을 일으켜 진지왕을 죽이고 왕위에 올랐으나 조카인 진평왕에 의해 폐위되었다.
④ 김춘추는 진평왕의 외손자로 태어났으며 성골 신분에 들지 못한 인물이었다.
⑤ 진지왕의 아들인 용수는 두품 출신이었으므로 천명부인과 결혼할 수 있었다.

22. 다음 글에서 알 수 있는 것은?

조선시대에는 부동산을 거래할 때 매도자와 매수자가 만나 함께 매매문기를 작성하는 것이 상례였다. 매매문기에는 부동산을 매도하려는 자가 매수하려는 자에게 그 소유권을 넘기겠다는 글귀와 함께 혹시라도 분쟁이 생기면 매수자가 매매문기를 증거로 소송을 제기해 구제받는 데 동의한다는 내용이 들어갔다. 당시 사람들은 매도자가 매매문기에 서명해 매수자에게 넘기면 부동산 거래가 완료되는 것으로 여겼다. 그런데 당사자가 아닌 엉뚱한 사람이 매매문기를 위조해 소유권을 주장할 수도 있었다. 조선 왕조는 이를 감안해 부동산 매수자가 원하는 경우 '입안'을 신청해 받을 수 있게 하는 제도를 도입했다.

『경국대전』에는 입안 발급 절차가 적혀 있다. 이에 따르면 입안을 받기 원하는 자는 매매가 완료된 날로부터 100일 이내에 일종의 신청서인 '소지'를 지방 관아에 내야 한다. 소지가 들어오면 지방관은 증인을 불러 해당 거래의 사실 여부를 따져 묻고, 관련 증거를 일목요연하게 정리한 '초사'라는 문서를 작성해야 한다. 또 신청자가 소유권을 획득한 것이 맞다고 판단되면 이를 공증한다는 내용의 '처분'을 적어 내주어야 한다. 이 처분과 소지, 초사를 묶은 문서 다발을 입안이라고 불렀다. 그런데 지방관은 입안 발급 사실을 따로 기록해 보관하지 않았다. 그러다 보니 입안을 받은 자가 화재, 도난 등으로 그 입안을 잃어버렸을 때는 곤란해질 수 있었다.

입안을 분실한 자는 분실 경위를 지방관에 아뢰고 '입지'를 받아 입안을 대신할 수 있었다. 입지란 부동산 취득 경위를 간략하게 적은 내용이 포함된 소지에 지방관이 "이 사실을 인정함."이라고 적어 넣고 서명한 것으로서, 초사 등이 첨부되지 않았다. 입지는 입안을 분실한 자에게 임시방편으로 내주는 것이었지만 임진왜란 이후에는 입안을 잃은 사람이 많아 입지 발급 건수가 폭증하게 되었고, 그 영향으로 어느덧 입지가 입안을 대신하게 되었다. 부동산을 매수한 후 소지를 내더라도 지방관이 입안이 아니라 입지를 내주는 일이 상례가 된 것이다. 입지를 내줄 때는 증인을 불러 사실 여부를 캐묻는 일이 없고, 지방관이 그저 소지 제출자의 주장만 들은 뒤 혼자 발급 여부를 결정해 내주게 되어 있었다. 그러다 보니 부동산을 매수했다고 거짓 주장을 하여 입지를 얻어내는 자가 날로 늘었고, 지방관이 제대로 확인하지 않은 채 같은 부동산에 여러 건의 입지를 내주는 일도 벌어졌다. 그 결과 임진왜란 후에는 부동산을 둘러싼 분쟁이 크게 늘었다.

① 임진왜란 이전에는 부동산 매매문기와 입안을 분실한 사람에게 입지를 발급하는 일이 없었다.
② 입지는 매도자와 매수자가 부동산 매매에 합의한 매매문기에 지방관이 서명하는 행위를 뜻한다.
③ 조선시대에는 부동산 매수자가 매도자로부터 매매문기를 넘겨받은 뒤 지방 관아에 소지를 내 입안을 받는 경우가 있었다.
④ 조선시대에 부동산 매도자는 거래가 성사된 후 100일 이내 그 사실을 관에 아뢰고 입지를 발급받아야 하는 의무를 갖고 있었다.
⑤ 『경국대전』에 따르면 지방관은 관할하는 지역 내 부동산 거래 상황을 모두 조사한 뒤 매수자와 매도자에게 입안을 내주어야 했다.

23. 다음 글의 내용과 부합하는 것은?

의회의 운영 방식은 실질적인 법안 심의가 어디에서 이루어지는지에 따라 '본회의 중심주의'와 '상임위원회 중심주의'로 구분할 수 있다. 본회의 중심주의는 의원 전원의 법안 심사 참여라는 가치를 중요시하기 때문에 본회의에서 중요한 결정이 이루어지며, 상임위원회 심사 단계에서는 법안을 폐기하거나 핵심적인 내용을 임의로 삭제할 수 없다. 반면 상임위원회 중심주의는 법안 심사에서 효율성과 전문성의 가치를 보다 중요시하며, 소관 상임위원회가 법률을 제안·수정·폐기할 수 있는 막강한 권한을 가지고 있다. 본회의 중심주의를 채택한 대표적인 국가는 영국이며, 상임위원회 중심주의를 따르고 있는 대표적인 국가는 미국이다.

한국은 제6대 국회부터 상임위원회 중심주의를 채택해 왔다. 한국이나 미국처럼 상임위원회 중심주의를 따르는 국가에서는 보통 의회의 입법과정에서 법안의 통과 여부가 소관 상임위원회의 심사 단계에서 결정된다. 의회에 제출된 모든 법안은 일단 소관 상임위원회로 회부되고 그중 일부만이 상임위원회를 통과하여 본회의에 보고된다. 그리고 상임위원회가 의결한 법안이 본회의에서 부결되는 경우는 거의 없다. 상임위원회야말로 법안이 통과되기 위해 반드시 거쳐야 하는 관문이며 이때 본회의는 소관 상임위원회의 결정 사항을 최종적으로 승인하는 기능을 한다.

그런데 한국에서는 국회의 입법과정에서 상임위원회의 결정을 무력화할 수 있는 절차 또한 존재한다. 미국 의회에서 상임위원회의 역할과 권한이 불가침의 영역으로 여겨지는 것과는 다른 모습이다. 한국에서는 이런 절차가 종종 활용되는데, 법제사법위원회의 '체계·자구심사'가 대표적인 사례이다. 소관 상임위원회의 심사를 통과한 모든 법안은 본회의에 상정되기 전에 법제사법위원회의 체계·자구심사를 받아야 한다. 이는 본래 법안의 위헌성이나 기존 법률과의 충돌 여부를 심사하여 법률의 합헌성과 체계성, 조화성을 확보하기 위한 것이다. 그러나 법제사법위원회가 논쟁적인 법안에 대한 체계와 자구 검토를 의도적으로 늦춤으로써 이 절차를 입법 지연 및 법안 폐기의 수단으로 이용하는 경우도 드물지 않게 발생한다. 이로 인해 법제사법위원회는 '위원회 위의 위원회'라는 비판을 받기도 했으며, 체계·자구심사 절차를 폐지하자는 주장이 국회 내부에서 제기되기도 했다.

① 입법과정에 상임위원회 심사 단계가 존재하는 경우는 상임위원회 중심주의로 분류된다.
② 법안을 최종적으로 승인하는 권한이 본회의에 있는 경우는 본회의 중심주의로 분류된다.
③ 영국 의회의 입법과정에서 소관 상임위원회를 통과한 법안이 본회의에서 부결되는 경우는 거의 없다.
④ 한국 국회의 입법과정에서 소관 상임위원회를 통과한 법안이라도 법제사법위원회의 심사로 인해 입법이 지연되기도 한다.
⑤ 한국 국회의 입법과정에서 소관 상임위원회가 법안을 수정·폐기할 권한을 가지기 때문에 '위원회 위의 위원회'라는 비판을 받기도 한다.

24. 다음 글의 (가)와 (나)에 대한 분석으로 적절한 것만을 〈보기〉에서 모두 고르면?

> 한 국가는 여러 지역으로 구성된다. 이 지역들 각각이 발전 혹은 퇴보했는지 알려졌다고 하자. 이때 그 국가의 발전 혹은 퇴보 여부는 어떻게 판단할까? 다음과 같은 두 가지 방법이 제안되었다.
>
> (가) 한 국가에서 어떤 지역도 퇴보하지 않으면서 한 개 이상의 지역이 발전했다면 그 국가가 발전했다고 판단한다. 마찬가지로 한 국가에서 어떤 지역도 발전하지 않으면서 한 개 이상의 지역이 퇴보했다면 그 국가는 퇴보했다고 판단한다. 발전한 지역도 있고 퇴보한 지역도 있을 경우, 한 국가의 발전 여부를 판단할 수 없다.
>
> (나) 한 국가의 발전이나 퇴보 여부는 가중평균값을 이용하여 판단하되, 이 값이 양(+)이라면 이 국가는 발전한 것으로, 음(−)이라면 이 국가는 퇴보한 것으로 본다. 이때 가중평균값은 각 지역의 발전과 퇴보의 정도를 0을 기준으로 정량화한 후, 이 수치에 각 지역별 가중치를 곱한 값들을 모두 더한 값이다. 지역별 인구나 면적 등 각 지역의 중요성이 고려된 지표가 가중치를 만들 때 사용된다. 가중치는 0보다 큰 값이고 그 총합은 1이다.

〈보 기〉

ㄱ. (가)는 두 개 이상의 지역이 퇴보한 경우 한 국가가 퇴보했다고 판단한다.

ㄴ. (나)는 큰 폭으로 발전한 지역이 작은 폭으로 퇴보한 지역보다 많은 경우 한 국가가 발전한 것으로 판단한다.

ㄷ. 한 국가에 대하여 (가)를 이용하여 발전했다고 판단한 경우 중 (나)를 이용하여 퇴보했다고 판단하는 경우는 없다.

① ㄱ
② ㄷ
③ ㄱ, ㄴ
④ ㄴ, ㄷ
⑤ ㄱ, ㄴ, ㄷ

25. 다음 글에서 알 수 없는 것은?

> 합성측정은 사회과학자들이 여러 개의 지표를 하나의 측정치로 결합시키는 기법이다. 이 기법은 정치적 성향과 같이 명확한 하나의 지표를 찾기 어려운 변수들을 타당하고 신뢰할 만하게 측정하기 위해 사용된다. 대표적으로는 지수와 척도가 있다. 이 두 가지는 다음과 같이 구별할 수 있다.
>
> 예를 들어 어떤 연구자가 유권자들의 '정치적 활동성'이라는 변수를 측정하고 싶어 한다고 해 보자. 지수를 사용하는 경우라면, 우선 그는 유권자들이 취할 수 있는 정치적 행동들로 '공직자에게 편지 쓰기', '정치적 탄원서에 서명하기', '정치적 목적을 위해 기부하기', '투표 선택을 바꾸도록 다른 사람을 설득하기'와 같이 비슷한 수준의 행동지표들을 열거한다. 그리고 나서 유권자들에게 수행 여부를 물어 수행한 행동들에 각각 1점씩 부여한 후 합산한다. 4개의 지표를 사용하여 지수를 구성한 위의 예시에서 4점은 모든 행동을 수행한 유권자의 경우로, 이러한 점수를 받은 유권자들은 3점 이하를 받은 유권자들, 즉 4개 행동 중 3개 이하를 수행한 유권자들보다 정치적 활동성이 더 강하다고 해석될 수 있다.
>
> 이와 달리 척도를 사용하려는 연구자라면 '정치적 활동성'을 측정할 때, '투표하기', '정당에 가입하기', '선거운동에 직접 참여하기', '공직에 출마하기'와 같이 상당히 다른 수준을 나타내는 행동 지표들을 그 위계적 강도에 따라 순차적으로 열거한다. 투표보다는 정당 가입이, 또 그보다는 선거운동 참여가, 또 그보다는 공직 출마가 더 강한 수준의 행동이라 할 수 있다. 따라서 공직에 출마한 유권자라면 그보다 약한 수준의 행동들을 모두 수행했을 것이라고 추측할 수 있다. 이에 따라 유권자의 행동유형을 몇 가지로 나눌 수 있다. 위의 예시에서 해당 사항이 있을 경우 유권자에게 4개의 지표 중 하나를 선택하도록 했다고 하자. 어떤 유권자가 '정당에 가입하기'를 선택했다면, 이 유권자의 정치적 활동성은 2점이다. 이 유권자는 투표를 하고 정당에 가입하였으나, 선거운동에 직접 참여하거나 공직에 출마하지는 않은 것으로 간주된다. 이와 달리 아무 것도 선택하지 않은 유권자는 정치적 활동성이 0점인 행동유형에 속하는 것으로 간주된다.

① 척도는 그것을 구성하는 지표들의 위계적 강도를 고려한다는 점에서 지수와 다르다.
② 4개의 지표로 척도를 구성한 위의 예시에서 유권자의 가능한 행동유형은 총 네 가지이다.
③ 위의 예시에서 지수 3점이 척도 2점보다 유권자의 강한 정치적 활동성을 보여준다고 할 수 없다.
④ 4개의 지표로 지수를 구성한 위의 예시에서 서로 다른 행동들을 수행한 유권자들일지라도 같은 점수를 받을 수 있다.
⑤ 위의 예시에서 지수 3점과 달리 척도 3점은 해당 유권자가 어떤 지표에 해당하는 행동을 수행했는지 적어도 1개를 확정하게 해 준다.

26. 다음 글의 (가)~(다)에 들어갈 말을 적절하게 나열한 것은?

온도가 내려가면 액체 상태의 물은 얼음으로 변하는데, 어떤 경우에는 0℃ 이하에서 물이 얼지 않기도 한다. 이러한 현상을 물의 과냉각이라고 한다.

한 연구 그룹은 물체가 전기를 띠는 현상인 하전과 과냉각된 물이 어는 온도와의 관계를 이해하기 위해 장치 X를 이용해 연구를 진행했다. 장치 X에는 특정 온도 이상에서는 표면이 양(+)으로 하전되고 이 온도보다 낮을 때 표면이 음(−)으로 하전되는 부품 A가 달려 있다. 또한 이 장치에는 온도가 변하더라도 하전이 되지 않는 부품 B도 달려 있다. 부품 B는 온도가 변하더라도 하전이 되지 않는다는 점만 제외하고는 부품 A와 물리적 특성 등이 같다.

이 장치 X를 −11℃인 방에 두고 부품 A와 B의 표면에 과냉각된 물방울이 맺히도록 했다. 이때 부품 A의 표면은 음(−)으로 하전되었고, 두 부품과 물방울 역시 −11℃였다. 방 온도를 −5℃까지 천천히 높여서 부품 A와 B의 온도를 높였다. 어느 순간 부품 A의 표면은 양(+)으로 하전되었다. 그렇게 하전된 이후에도 방 온도를 더 높여서 부품 A와 B의 온도는 −8℃가 되었다. 이때 부품 A와 그 표면에 맺힌 물방울 또한 −8℃였으며, 이 온도에서 그 물방울은 결빙되기 시작했다. 반면 이때 부품 B의 표면에 맺힌 물방울은 결빙되지 않았다. 위 실험 결과는 과냉각된 물은 주변 온도가 (가) 얼 수 있다는 것을 보여준다.

이후 이 연구 그룹은 다음과 같은 실험도 수행했다. 습도가 높은 20℃의 방에 장치 X를 둔 후, 수증기가 응결되어 부품 A와 B의 표면에 물방울이 맺힐 때까지 방의 온도를 낮췄다. 이후에도 이 방의 온도를 낮추면서 물방울이 결빙되는 온도를 살펴보았다. 부품 A의 표면은 −7℃에서 (나)의 하전을 보였다. 이때 부품 A와 그 표면에 맺힌 물방울 또한 −7℃였으며, 이 온도에서 그 물방울이 결빙되기 시작했다. 반면, 부품 B와 그 표면에 맺힌 물방울이 −12.5℃가 되자 물방울은 결빙되기 시작했다. 위 실험 결과는 과냉각된 물의 온도가 내려갈 때 물 주변 (다)의 하전이 결빙을 촉진한다는 사실을 보여준다.

	(가)	(나)	(다)
①	올라가는 상황에서도	양(+)	양(+)
②	올라가는 상황에서도	양(+)	음(−)
③	올라가는 상황에서도	음(−)	음(−)
④	내려가는 상황에서만	양(+)	양(+)
⑤	내려가는 상황에서만	음(−)	양(+)

27. 다음 글의 ㉠~㉤을 문맥에 맞게 수정한 것으로 가장 적절한 것은?

유기체가 죽지 않더라도 유기체 내의 세포들이 자연스레 죽는 세포자살은 흔히 '아포토시스'라고 알려져 있다. 이 말은 '떨어지는 잎새'를 뜻하는 그리스어에서 유래했다. 세포자살은 ㉠ 세포의 탄생이나 분열만큼 일상적인 현상이다. 빠지는 머리카락이나 떨어지는 나뭇잎을 보면서, 유기체가 부분들을 버릴 때 혹은 휴면과 죽음을 준비할 때만 세포자살이 일어난다고 생각하지만, 이는 진실이 아니다.

세포자살은 오히려 유기체 형성의 필수 과정이다. 유기체 형성 과정에서 ㉡ 세포들, 때로는 세포 대부분을 제거하는 작업이 필수적이기 때문이다. 유기체 형성 과정은 눈을 덧대어 눈사람을 만드는 작업이라기보다는 지점토를 덧붙이거나 덜어내 작품을 만드는 조소 작업에 가깝다. 눈사람을 만드는 작업이 덧붙임에만 초점을 맞춘다면, 자연은 ㉢ 덧붙임과 덜어냄 중 한 가지를 선택하여 초점을 맞춘다. 조소 작업에서 지점토를 덧붙이는 일과 덜어내는 일은 유기체에서 원재료를 만드는 세포분열과 원재료를 덜어내 형태를 만드는 세포의 죽음에 해당한다. 유기체에서 이러한 일은 항상 함께 일어난다.

모든 대형 유기체들은 생존을 위해 정교한 수송망에 의존한다. 나무도 마찬가지다. 나무는 물을 뿌리에서 잎으로 수송하여 잎에서 산소와 당분을 만들고, 다시 당분을 줄기로 보내 꽃과 열매를 만든다. ㉣ 물과 당분은 속이 빈 관을 통해 이동한다. 나무들이 자라면서 텅 빈 공간을 남기고 세포벽을 만든 것이 아니다. 나무가 어린 묘목일 때 이 관 속에는 원래 세포들이 꽉 들어차 있었다. 나무가 자라면서 관 속에 있던 세포들이 자살해 속이 비게 된다. 세포들의 희생으로 생을 꾸려갈 수 있는 수송망이 만들어진 것이다. 사람의 눈이 온전히 형성되는 데도 세포자살이 중요한 역할을 한다. 눈이 형성될 때 망막에 있던 약 90%의 세포들이 자살을 한다. 시각 정보를 뇌로 전달하고 처리하는 신경 시스템이 만들어질 때도 신경 세포 중 3분의 2 이상의 세포가 죽는다. ㉤ 이 세포들이 죽음으로써 우리는 주변 세상을 볼 수 있는 것이다.

① ㉠을 "세포의 탄생이나 분열에 비해 드문 현상"으로 수정한다.
② ㉡을 "세포들, 때로는 세포 대부분을 발생시키는 작업"으로 수정한다.
③ ㉢을 "덧붙임과 덜어냄, 두 가지 모두에 초점을 맞춘다"로 수정한다.
④ ㉣을 "물과 당분은 속이 꽉 들어찬 관을 통해"로 수정한다.
⑤ ㉤을 "이 세포들이 재생됨으로써"로 수정한다.

28. 다음 글의 ㉠을 이끌어내기 위하여 추가해야 할 전제로 가장 적절한 것은?

전전두엽의 상위 인지적 기능에는 작업기억 능력과 언어 능력 등이 포함된다. 상위 인지적 기능의 존재 여부는 뇌 손상 환자가 재활을 통해 정상에 가까운 의식을 회복할 가능성이 얼마인지 가늠해보는 척도가 된다. 눈동자로 움직이는 물체를 추적하는 능력의 예를 살펴보자. 눈동자의 움직임은 작업기억을 통해 제어되므로, 움직이는 대상을 안정적으로 긴 시간 동안 추적할 수 있다는 것은 작업기억 능력이 온전하다는 지표가 된다. 뇌 손상 환자가 눈동자로 물체를 얼마나 잘 추적할 수 있는지에 따라 그 환자가 정상적인 의식을 회복할 가능성과 회복에 걸리는 시간 등을 추정할 수 있다.

그러나 뇌 손상 환자에게 상위 인지적 기능이 남아있다는 것으로부터 그 환자가 자신에게 일어나는 일에 대한 현상적 경험을 할 수 있다는 것이 따라 나오지는 않는다. 여기서 현상적 경험을 한다는 것은, 가령 치통을 경험할 때와 같이 특정한 감각적 느낌을 마음속에서 자각한다는 것을 말한다. 대상을 시각적으로 추적한다는 것과 이를 현상적으로 경험한다는 것을 따로 떨어뜨려 상상하는 것은 쉽지 않지만, 상위 인지적 기능과 현상적 경험의 구분 가능성을 보이는 다양한 병리학적 사례가 있다.

한편 상위 인지적 기능이 남아있다고 해서 반드시 운동 기능이 남아있는 것도 아니다. 눈동자조차 움직일 수 없는 뇌 손상 환자의 상위 인지적 기능의 존재 여부는 그 환자의 뇌 검사를 통해 확인할 수 있다. 예컨대 뇌 손상 환자에게 자신의 오른손 집게손가락을 까딱이는 상상을 하라고 지시한 후, 연관된 운동피질의 활성화 여부를 검사하는 것이다. 만약 그 운동피질이 활성화된다면 환자의 언어 능력이 남아 있는 것이므로 그에 따라 이 환자의 예후를 추정할 수 있다. 하지만 운동피질을 이용한 상위 인지적 기능의 검사는 의식 회복에 관한 예후를 확인할 수 있을 뿐, ㉠ <u>그가 자신의 몸 움직임을 현상적으로 경험하고 있는가를 확인하지는 못한다</u>.

① 환자가 신체 일부의 움직임을 현상적으로 경험하는가를 확인할 방법이 있다.
② 운동피질은 자신의 몸 움직임을 현상적으로 경험하지 않아도 활성화될 수 있다.
③ 운동피질은 언어 능력과 같은 상위 인지적 기능이 있어야만 활성화될 수 있다.
④ 자신의 신체 일부의 움직임을 현상적으로 경험하지 못하는 환자에게는 상위 인지적 기능도 없다.
⑤ 운동피질의 활성화 여부는 정상에 가까운 의식을 회복할 가능성을 추정하는 지표이다.

29. 다음 글의 내용과 상충하는 것은?

'플랫폼 노동'은 웹사이트나 스마트폰 앱 등의 디지털 플랫폼을 통해 일거리를 구하고, 그 플랫폼에서 보수를 받는 노동을 말한다. 플랫폼 노동자는 디지털 플랫폼을 통해 서비스 수요자와 연결되며, 플랫폼을 운영하는 기업은 서비스 공급자와 서비스 수요자를 중개하는 대가로 이익을 취한다.

플랫폼 노동에서는 노동 과정 중 관리자에 의한 직접적인 지시나 감독이 없다. 이 점이 플랫폼 노동에서 '사용－종속 관계'가 부정되는 근거가 되기도 한다. 그러나 플랫폼 노동자에 대한 통제는 보이지 않는 형태로 이루어진다. 플랫폼 노동자의 작업 과정과 그 결과는 모두 데이터로 축적된다. 데이터는 플랫폼의 알고리즘에 반영되어 노동자에게 보상과 제재를 부여하는 기준이 된다. 예컨대, 음식 배달 플랫폼의 알고리즘은 픽업 시간, 배달 시간, 음식 상태 등 고객 만족도를 측정할 수 있는 별도의 평가 항목을 만들고 이에 대한 구체적인 수치를 제공한다. 그리고 이 수치가 데이터로 축적되어 알고리즘을 통해 다음 일감을 부여하는 기준이 된다. 이처럼 플랫폼 노동자는 알고리즘이 제공하는 수치에 따라 관리되며 이를 '평판에 의한 통제'라고 부른다.

평판에 의한 통제 과정은 자동으로 축적된 데이터를 바탕으로 노동자를 기술적으로 평가하는 것처럼 보이기 때문에, 관리자가 직접 개입하는 것보다 더 공정한 것처럼 여겨질 수 있다. 그런데 플랫폼 기업은 노동자의 성취에 대한 정당한 보상을 위해서 업무 평가를 진행하는 것이 아니다. 플랫폼 기업은 이윤을 극대화하기 위해 노동자의 노동 과정을 수치화하고 알고리즘에 반영하여 평가한다. 더욱이 플랫폼 노동의 구조상 노동자는 자신을 평가하는 기준이 되는 데이터를 직접 확인할 방법이 없으며, 그 데이터가 처리되는 알고리즘이 어떤 방식으로 작동하는지도 알 수 없다. 그렇게 플랫폼 노동자는 플랫폼 기업의 은밀한 통제를 받게 되고, 이는 새로운 형태의 사용－종속 관계라고 할 수 있다.

전통적인 사업장 노동자는 일정 시간과 기간을 두고 규칙적으로 일하지만, 플랫폼 노동자는 원하는 시간에 플랫폼에 접속해 일을 시작하고 마칠 수 있다. 전통적인 사업장처럼 공식적 근무 시간이 없기에 자기 상황에 맞춰 일과 여가를 유연하게 조정하는 것이 분명 가능하다. 이런 점에서 플랫폼 노동은 노동자의 자율성을 증가시키는 것처럼 보일 수 있다. 하지만 실제로는 고용 및 보수, 업무 내용 및 평가 등이 알고리즘의 은폐된 지휘·감독 하에 놓여 있다. 형식적으로는 자율성이 있어 보이지만 알고리즘을 이용한 플랫폼 기업의 보이지 않는 통제가 작동하고 있는 것이다.

① 플랫폼 기업은 단지 서비스 공급과 수요를 중개하는 역할을 넘어 노동자에 대한 통제를 수행한다.
② 플랫폼 기업은 축적된 데이터를 기술적으로 활용하여 노동자의 성취를 정당하게 보상하고자 업무 평가를 수행한다.
③ 플랫폼 노동과정에서 관리자의 직접적인 지시나 감독이 없더라도 플랫폼 기업과 플랫폼 노동자는 사용－종속 관계에 있다고 볼 수 있다.
④ 플랫폼 노동자는 전통적인 사업장 노동자에 비해 정해진 업무시간에 얽매이지 않고 자신의 노동시간을 유연하게 조정할 수 있다.
⑤ 플랫폼 서비스 이용자의 만족도 평가 데이터는 플랫폼 노동자에 대한 보상과 제재의 근거로 활용된다.

30. 다음 글에서 추론할 수 없는 것은?

> 인간 대상 연구를 수행하는 자가 소속된 모든 대학이나 병원 등의 기관은 「생명윤리 및 안전에 관한 법률」에 따라 기관생명윤리위원회(IRB)를 반드시 설치해야 한다. IRB는 연구 대상자의 보호에 관한 윤리에 중점을 두고 연구를 심의한다. 인간이 연구 대상자가 되는 연구라면 모두 심의의 대상이고, 여기에는 임상시험, 실험조사, 심층 인터뷰, 설문조사 등을 수행한 경우가 포함된다. 따라서 인간 대상 연구를 수행하려는 기관 소속 연구자들은 IRB에 연구계획서를 제출하여 심의를 받고, IRB 규정을 준수해야 한다.
>
> 기본적으로 IRB의 심의 절차는 심의 규정에 따라 진행되는데, 이때 가장 중요한 평가 사항은 연구자가 연구 대상자로부터 적법한 절차에 따라 참여에 대한 동의를 받았는가이다. IRB는 연구 대상자가 서명한 동의서뿐만 아니라 연구의 잠재적 위험 가능성, 개인정보의 취득 여부와 보관 및 폐기 방법, 연구 결과의 활용 계획 등과 같은 정보가 연구계획서에 포함되어 있는지 확인한다. 그리고 연구 대상자로부터 참여 동의를 받기 이전에 이러한 내용을 충분히 설명했는지 확인한다.
>
> 이러한 심의 과정에서는 연구 대상자의 특성이 중요하게 고려된다. 예를 들어 만일 연구 대상자가 외국인일 경우 동의서 양식을 비롯한 모든 문서화된 정보는 연구 대상자가 온전히 이해할 수 있는 언어로 제공되어야 한다. 또한 정확한 의사소통을 위해 필요하다면 통역사 등을 입회자로 참석하게 하여 연구에 대한 설명과 질의응답이 원활하게 이루어질 수 있도록 해야 한다.
>
> 취약한 환경에 있는 연구 대상자에 대한 적절한 보호 여부도 IRB의 심사에서 관건이 된다. 연구 참여를 거부할 경우 조직의 위계상 상급자로부터 받게 될 불이익에 대한 우려가 참여의 결정에 영향을 줄 가능성이 있는 연구 대상자가 이러한 유형에 해당된다. 설령 연구자와 직접적인 연관이 없을지라도 같은 기관에 소속된 구성원들의 경우 이러한 유형에 해당하는 것으로 간주해야 한다. 이에 IRB는 이들의 참여 동기가 윤리적 측면에서 타당한지, 참여 결정이 위력이나 권위에 의한 것이 아니라 진정한 자발적 선택에 의한 것인지를 엄밀하게 심사한다.

① 대학 소속 연구자가 중국인 유학생들을 심층 인터뷰하는 경우 연구에 대한 설명을 위해 통역사를 입회자로 참여시킬 수 있다.
② 병원 소속 연구자가 임상시험 이전에 개발 중인 약의 효과와 안전성에 관한 문헌들을 조사하는 경우 IRB의 심의를 받아야 한다.
③ 병원 의사가 임상시험을 수행하는 경우 참여하려는 환자들에게 해당 시험의 잠재적 위험 가능성에 대해 충분히 설명해야 한다.
④ 대학원생이 학위논문을 위해 설문조사를 수행하는 경우 연구 대상자에 관한 개인정보의 보관 · 폐기 방법을 연구계획서에 밝혀야 한다.
⑤ 대학 교수가 소속 대학의 학생들을 대상으로 실험조사를 수행하는 경우 연구 대상자를 적절히 보호하는지 IRB의 심의를 받아야 한다.

31. 다음 글의 〈실험〉의 결과를 가장 잘 설명하는 것은?

> 물질은 다양한 파장의 적외선을 방출하는데, 물질마다 적외선의 방출 특성이 다르다. 적외선의 특정 파장 세기를 비교하면 서로 다른 물질을 구분할 수 있다. 그러나 서로 다른 물질이지만 특정 파장의 세기가 같다면, 그 파장의 세기를 측정해서는 이들을 구분할 수 없다.
>
> 한 연구자는 적외선의 특정 파장 세기를 측정하는 방법으로 물질을 구분하기 위한 시스템 A와 B를 개발하였다. 두 시스템 모두 적외선의 서로 다른 파장 I, II, III의 세기를 각각 검출하는 3개의 검출기로 구성되었다. 그런데 연구자는 시스템 A와 B가 모두 오작동하는 것을 발견하였고, 오작동의 원인은 각각 검출기 하나가 손상되어 해당 파장의 검출이 불가능하기 때문으로 밝혀졌다. 손상된 검출기가 무엇인지 알아보기 위해 적외선 방출 특성이 서로 다른 물질 X, Y, Z를 각각의 시스템이 구분하는지에 대해 실험을 수행하였다.
>
> X, Y, Z는 각각 파장 I, II, III을 모두 방출한다. X, Y, Z가 방출하는 파장 I의 세기는 모두 같다. Y와 Z가 방출하는 파장 II의 세기는 서로 같지만 X가 방출하는 파장 II의 세기는 그와 다르다. X와 Z가 방출하는 파장 III의 세기는 서로 같지만 Y가 방출하는 파장 III의 세기는 그와 다르다.
>
> 〈실 험〉
>
> X, Y, Z에서 방출되는 적외선을 시스템 A와 B를 통해 측정하였다. 측정 결과, 시스템 A에서는 Y와 Z는 구분할 수 있었던 반면 X와 Z를 구분할 수 없었고, 시스템 B에서는 X와 Z를 구분할 수 있었던 반면 Y와 Z를 구분할 수 없었다.

① 시스템 A에서는 파장 I의 검출기가 손상되었고, 시스템 B에서는 파장 II의 검출기가 손상되었다.
② 시스템 A에서는 파장 I의 검출기가 손상되었고, 시스템 B에서는 파장 III의 검출기가 손상되었다.
③ 시스템 A에서는 파장 II의 검출기가 손상되었고, 시스템 B에서는 파장 I의 검출기가 손상되었다.
④ 시스템 A에서는 파장 II의 검출기가 손상되었고, 시스템 B에서는 파장 III의 검출기가 손상되었다.
⑤ 시스템 A에서는 파장 III의 검출기가 손상되었고, 시스템 B에서는 파장 II의 검출기가 손상되었다.

32. 다음 글의 ㉠~㉢에 대한 평가로 적절한 것만을 〈보기〉에서 모두 고르면?

박쥐는 나방을 포식할 때, 초음파를 통해 나방을 식별한다. 많은 나방들은 박쥐가 내는 초음파를 들을 수 있는 능력을 갖고 있어 박쥐를 피할 수 있다. 하지만 나방 A는 박쥐가 내는 초음파를 들을 수 없다. 나방 A는 대신 뒷날개에 펄럭이는 긴 '날개꼬리'를 가지고 있다. 한 과학자는 이 날개꼬리가 박쥐로부터 도망가는 데 도움을 줄 것으로 보았다. 그는 나방 A의 날개꼬리 펄럭임이 박쥐의 표적 식별을 방해할 뿐만 아니라 나방 A의 비행 능력을 높여, 나방 A에 대한 박쥐의 포획 성공률을 낮출 것이라는 ㉠ 가설을 세웠다.

그는 이를 확인하기 위하여 연구를 수행하였다. 이 연구 결과를 바탕으로, 그는 나방 A의 날개꼬리 펄럭임이 박쥐의 표적 식별을 방해하여 박쥐의 포획 성공률을 낮추지만 날개꼬리 펄럭임은 나방 A의 비행 능력에 영향을 주지 않는다는 ㉡ 가설로 수정하였다. 다른 과학자는 나방 A의 날개꼬리 펄럭임이 나방 A의 비행 능력을 높여 박쥐의 포획 성공률을 낮추지만 날개꼬리 펄럭임이 박쥐의 표적 식별에는 영향을 주지 못한다는 ㉢ 가설을 제시했다.

〈보 기〉

ㄱ. 나방 A 중에서 날개꼬리를 제거한 그룹이 날개꼬리가 온전한 그룹보다 박쥐에 의해 더 잘 식별되었지만, 두 그룹의 비행 능력에 차이가 없었다는 연구 결과가 나오면, ㉠은 약화되지만 ㉡은 그렇지 않다.
ㄴ. 나방 A 중에서 날개꼬리를 제거한 그룹에 대한 박쥐의 포획 성공률이 날개꼬리가 온전한 그룹에 대한 박쥐의 포획 성공률보다 더 낮았다는 연구 결과가 나오면, ㉠은 약화되지만 ㉢은 그렇지 않다.
ㄷ. 나방 A 중에서 날개꼬리를 제거한 그룹보다 날개꼬리가 온전한 그룹의 비행 능력이 더 낮았다는 연구 결과가 나오면, ㉡과 ㉢은 모두 약화된다.

① ㄱ
② ㄴ
③ ㄱ, ㄷ
④ ㄴ, ㄷ
⑤ ㄱ, ㄴ, ㄷ

33. 다음 글의 내용이 참이라고 할 때, 반드시 참인 것만을 〈보기〉에서 모두 고르면?

연수를 마친 신입 직원 가영, 나영, 다민, 라민, 마영은 총무과, 인사과, 재무과 중에서 한 과에 배치될 예정이다. 세 과에는 위 직원 중 적어도 한 명이 각각 배치되고, 총무과에는 한 명만 배치될 예정이다. 이와 관련하여 알려진 사실은 다음과 같다.

- 총무과와 같은 수의 인원이 배치되는 과가 있다.
- 가영이 총무과에 배치되면 나영은 인사과에 배치된다.
- 나영과 라민이 모두 인사과에 배치되지는 않는다.
- 나영이 인사과에 배치되거나 마영이 재무과에 배치된다.
- 다민이 재무과에 배치되지 않으면, 가영은 총무과에 배치되고 라민은 인사과에 배치된다.
- 마영이 재무과에 배치되지 않고 가영이 총무과에 배치되지 않는 그런 경우는 없다.

〈보 기〉

ㄱ. 다민은 재무과에 배치된다.
ㄴ. 라민은 총무과에 배치된다.
ㄷ. 나영이 재무과에 배치되면 가영은 인사과에 배치된다.

① ㄱ ② ㄴ
③ ㄱ, ㄷ ④ ㄴ, ㄷ
⑤ ㄱ, ㄴ, ㄷ

34. 다음 글의 내용이 참이라고 할 때, 반드시 참인 것만을 〈보기〉에서 모두 고르면?

A지역 국립병원에서는 내과, 외과, 산부인과에 의사를 채용한다는 공고를 냈다. 채용 공고를 보고 가은, 나은은 내과에, 다연, 라연은 외과에, 마영, 바영은 산부인과에 지원하였다. 이후 과거 해당 병원에 인턴 경험이 있는 가은은 내과에 합격하였다. 한편 이 사실을 아직 모르는 직원들인 갑, 을, 병, 정은 다음과 같이 지원자들의 합격 여부를 예측하였다.

갑 : 나은이 합격하지 않았거나 바영이 합격하지 않았다면, 가은 또한 합격하지 않았다.
을 : 다연과 마영이 모두 합격하였다.
병 : 나은과 바영이 모두 합격하였다면, 다연은 합격하지 않았다.
정 : 라연이 합격하거나 마영이 합격하였다.

추후 나머지 지원자들의 합격 여부를 확인한 결과 이들 예측 중 세 명의 예측은 옳고 나머지 한 명의 예측은 그른 것으로 드러났다.

〈보 기〉

ㄱ. 나은과 다연 중 적어도 한 명은 합격한다.
ㄴ. 내과, 외과, 산부인과 각각에 적어도 한 명씩은 합격한다.
ㄷ. 최소 세 명, 최대 여섯 명이 합격할 수 있다.

① ㄴ ② ㄷ
③ ㄱ, ㄴ ④ ㄱ, ㄷ
⑤ ㄱ, ㄴ, ㄷ

35. 다음 글의 갑의 주장을 적절하게 평가한 것만을 <보기>에서 모두 고르면?

> A국의 혈액 공급 시스템은 보상을 받지 않는 자발적인 기증자에게서 수혈에 필요한 혈액을 확보하는 시스템에서 대부분의 혈액을 혈액 은행을 통해 충당하는 시스템으로 바뀌었다. 혈액 은행은 혈액을 시장에서 싼값에 사들여 비싼 값을 받고 되팖으로써 이윤을 얻는다. 갑은 A국의 바뀐 시스템에 반대하며 다음과 같은 논거를 제시한다.
>
> 첫째, 경제적 · 실용적 측면을 고려할 때, A국의 시스템은 시장이 효율적으로 작동할 것이라는 기대와는 달리 수혈에 필요한 혈액을 공급하는 데에 심각한 어려움을 겪고 있다. 부족한 혈액을 공급하기 위해 많은 비용이 필요하고, 혈액의 선별, 보관, 유통 등을 시장 원리에 맞게 관리하고 운영하는 데에 드는 비용도 만만하지 않다.
>
> 둘째, 혈액을 사고파는 시장 시스템의 존재는 심각한 사회적 부정의를 초래한다. 혈액이 상품화되면서 대부분의 혈액 공급자는 먹고 살기 위해 혈액을 파는 것 이외의 다른 선택지가 없는 사람들로 구성된다. 그 결과, 가난한 사람으로부터 부자에게로 혈액이 이전되는 혈액 착취 현상이 발생한다.
>
> 마지막으로 혈액의 상품화와 혈액을 통한 이익 추구 현상은 사회적 삶의 긍정적 특징 중 하나인 기증 정신을 훼손하고, 사회의 모든 영역에서 공동체 전체의 문제를 외면하는 경향을 심화시킨다. 혈액이 시장의 상품으로 인식되면 사회 구성원들은 서로를 위해 기증해야 한다는 윤리 의식 및 이타주의 정신을 잃어버리게 될 것이다.

<보 기>

ㄱ. A국에서 혈액의 상품화 이후에 불우한 이웃에 대한 기증이 그 전보다 감소했다면, 갑의 주장은 강화된다.

ㄴ. A국에서 혈액의 상품화 전후에 혈액을 공급받는 사람들의 소득 수준에 차이가 없다면, 갑의 주장은 강화된다.

ㄷ. A국에서 혈액의 상품화 이후에 오염되어 폐기되는 수혈용 혈액의 비율이 그 전보다 감소했다면, 갑의 주장은 강화된다.

① ㄱ
② ㄴ
③ ㄱ, ㄷ
④ ㄴ, ㄷ
⑤ ㄱ, ㄴ, ㄷ

36. 다음 글의 갑~병에 대한 분석으로 적절한 것만을 <보기>에서 모두 고르면?

> 갑 : 이론 T에 근거하는 개념이 지칭하는 무언가를 E라고 해 볼까? 만일 T가 성공적인 이론이라면 E는 존재하고, T가 성공적이지 않은 이론이라면 E는 존재하지 않아. 따라서 우리가 일상적으로 '믿음'이나 '욕구' 등의 개념으로 지칭하는 심적 상태는 존재하지 않는다고 보아야 해. 그런 개념은 통속 심리학에 근거한 것들인데 통속 심리학은 성공적인 이론이 아니야. 왜냐하면 통속 심리학은 신경과학과 달리 우리 행동에 대해서 예측과 설명을 성공적으로 제공하지 못하기 때문이야.
>
> 을 : E의 존재 여부를 판단하는 너의 기준에 동의해. 이론의 성공은 예측과 설명의 성공에 달려있다는 것에도 동의하지. 그런데 통속 심리학은 믿음이나 욕구와 같은 개념을 통해 우리의 행동을 성공적으로 예측하고 설명해. 신경과학이 아무리 발전한다고 해도 네가 잠시 후 무엇을 할지 예측할 수는 없어. 하지만 통속 심리학은 네가 물을 마시기를 욕구한다는 것과 냉장고 안에 물이 있다고 믿는다는 것을 통해 네가 잠시 후 냉장고 문을 열 것이라는 예측을 성공적으로 제공할 수 있어.
>
> 병 : 물론 통속 심리학의 개념을 통해 우리의 행동을 성공적으로 예측하고 설명할 수 있다는 것은 맞아. 그러나 그러한 예측과 설명이 성공적이라는 것이 심적 상태가 존재한다는 것을 보여주는 것은 아니야. 예를 들어 바둑을 두는 AI가 왜 이러한 수를 두는지 설명하는 데는 그 AI에게 승리에 대한 욕구와 그 수를 두면 이긴다는 믿음을 귀속시키는 게 유용해. 그렇지만 AI에게 실제로 그러한 믿음이나 욕구가 있다고 볼 수는 없지.

<보 기>

ㄱ. 갑은 심적 상태가 존재한다는 것에 동의하지 않지만 을은 동의한다.

ㄴ. 을과 병은 통속 심리학에서 사용하는 개념에 의해 인간의 행동을 성공적으로 예측하고 설명할 수 있다는 것에 동의한다.

ㄷ. 병은 믿음이나 욕구와 같은 개념이 지칭하는 것이 존재하지 않을 수 있다는 것에 동의하지만 갑은 동의하지 않는다.

① ㄱ
② ㄷ
③ ㄱ, ㄴ
④ ㄴ, ㄷ
⑤ ㄱ, ㄴ, ㄷ

37. 다음 글의 가설 A~C에 대한 평가로 적절한 것만을 〈보기〉에서 모두 고르면?

과학자들은 수명과 관련된 다양한 가설을 제시하였다. 어떤 과학자는 '몸집이 큰 동물 종이 더 오래 산다.'는 가설 A를 발표하였다. A에 따르면, 동물의 종이 다르더라도 각 세포가 일생 사용할 수 있는 에너지의 총량은 같은데, 세포의 크기는 동물의 종이 다르더라도 큰 차이가 없는 반면 몸집이 클수록 세포의 수가 많다. 생존 과정에서 몸집이 작은 동물은 몸집이 큰 동물보다 세포 하나가 시간당 소모하는 에너지 소모량이 크다. 따라서 몸집이 작은 동물은 세포의 에너지를 빠른 시간 내에 소진하여 수명이 짧은 반면, 몸집이 큰 동물은 세포의 에너지를 상대적으로 천천히 소진하기 때문에 수명이 길다는 것이다.

다른 과학자는 '체세포에서 유전 정보를 담은 DNA가 손상되어 돌연변이가 발생하는 빈도에 따라 종의 수명이 결정된다.'는 가설 B를 발표하였다. 체세포는 생식세포를 제외한 모든 세포를 말하는데, 체세포 돌연변이의 발생은 암을 일으키거나 장애를 초래하는 것으로 알려져 있다. B에 따르면, 체세포 돌연변이가 발생하는 빈도가 높은 동물 종일수록 발생하는 질병이 많아져서 수명이 짧아진다.

또 다른 과학자는 '세포에서 일어나는 대사 과정에서 생성되는 활성산소가 많아지면 수명이 단축된다.'는 가설 C를 발표하였다. 동물은 운동과 생존을 위해 필요한 에너지를 대사 과정을 통해 얻는데, 이 과정에서 활성산소가 만들어진다. 또 운동을 많이 할수록 대사가 활발해지고 활성산소도 더 많이 만들어진다는 것이 알려져 있다. C에 따르면, 활성산소는 생체 기능을 담당하는 단백질과 지질 그리고 DNA의 산화를 유발하여 동물의 세포와 조직을 손상시키는데, 이로부터 발생하는 질병이 많아져서 동물의 수명이 단축된다.

〈보 기〉

ㄱ. 남아시아쥐의 수명은 6개월이고 북극고래의 수명은 200년 정도이다. 남아시아쥐는 북극고래보다 몸집이 훨씬 더 작은데, 두 종의 세포 각각이 매 순간 생존을 위해 소모하는 에너지 양은 남아시아쥐가 북극고래보다 더 크다면, A가 강화된다.

ㄴ. 벌거숭이 두더지는 평균 몸길이가 12.7cm이고 기린은 평균 몸길이가 5m인데, 두 종의 수명은 25년 정도로 비슷하다. 두 종의 체세포 돌연변이가 발생하는 빈도가 유사하다면, B가 강화된다.

ㄷ. 제한된 공간에 가둬 불필요한 운동을 억제한 다람쥐의 수명이 넓은 공간에 가둬 필요 이상으로 운동을 하게 만든 다람쥐의 수명보다 더 길다면, C가 강화된다.

① ㄴ
② ㄷ
③ ㄱ, ㄴ
④ ㄱ, ㄷ
⑤ ㄱ, ㄴ, ㄷ

38. 다음 글의 ㉠에 대한 평가로 적절한 것만을 〈보기〉에서 모두 고르면?

원자 내의 전자가 빛의 에너지를 받아 특정 에너지 상태에 있다가 다른 에너지 상태로 바뀌는 것을 전자의 전이라고 하며, 전이에 걸리는 시간을 전이시간이라고 한다. 전자의 전이시간을 측정하는 방법 중 하나는 시간상관 단일광자 계수법이다. 물질에 빛을 쬐면 일정 시간 후 빛이 다시 방출되는데, 이 방법에서는 그 시간을 측정하여 해당 물질 속 전자의 전이시간을 구한다. 전이시간은 물질의 종류에 따라 달라질 뿐만 아니라, 물질에 입사하는 빛의 파장에 따라서도 달라진다.

시간상관 단일광자 계수법을 활용할 때 고려할 것이 있다. 물질에 빛이 입사하는 순간과 빛이 다시 방출되는 순간 사이의 시간은 검출기로 측정하는데, 이때 오차로 인한 지연 시간이 발생한다. 이 지연되는 시간을 기기반응함수값이라 한다. 따라서 시간상관 단일광자 계수법으로 측정된 전이시간은 전자의 전이시간과 기기반응함수값의 합과 같다. 기기반응함수값은 물질에서 방출된 빛을 검출하는 검출기의 감도에 따라 달라지는데, 그 값은 검출기의 감도가 민감할수록 작아진다.

한 과학자는 ㉠ 동일한 물질에 입사하는 빛의 파장이 짧을수록 전자의 전이시간이 더 길어진다는 가설을 세우고 다음 실험을 수행하였다.

〈실 험〉

과학자는 파장이 서로 다른 광원 A와 B를 준비하였다. 파장은 광원 A가 B보다 더 짧았다.

실험 1 : 광원 A를 사용하여 물질 X에 빛을 쬔 후, 검출기 I을 통해 시간상관 단일광자 계수법으로 전자의 전이시간을 측정하였다.

실험 2 : 광원 B를 사용하여 물질 X에 빛을 쬔 후, 검출기 II를 통해 시간상관 단일광자 계수법으로 전자의 전이시간을 측정하였다.

〈보 기〉

ㄱ. 검출기 I의 감도가 II와 동일했고 측정된 전이시간이 실험 1과 실험 2에서 같았다면, ㉠은 약화된다.

ㄴ. 검출기 I의 감도가 II보다 덜 민감했고 측정된 전이시간이 실험 1보다 실험 2에서 더 짧았다면, ㉠은 강화된다.

ㄷ. 검출기 I의 감도가 II보다 더 민감했고 측정된 전이시간이 실험 1보다 실험 2에서 더 짧았다면, ㉠은 약화된다.

① ㄱ
② ㄴ
③ ㄱ, ㄷ
④ ㄴ, ㄷ
⑤ ㄱ, ㄴ, ㄷ

※ 다음 글을 읽고 물음에 답하시오. [39~40]

표본에 의한 통계 가설의 평가로 가장 널리 알려진 방법은 '통계 가설이 틀리더라도 표본과 비슷한 자료를 얻게 될 확률'을 이용하는 것이다. 이 확률이 제법 높다면, 해당 통계 가설은 믿을 만한 근거가 없다고 판정된다. 왜냐하면 그런 확률을 가지는 표본은 해당 통계 가설이 거짓이라도 어렵지 않게 얻을 수 있는 것이기 때문이다. 하지만 그 확률이 제법 낮다면, 특히 어떤 정해진 문턱값보다 낮다면, 통계 가설이 참이라는 것에 대한 유의미한 증거가 있다고 결론 내린다. 왜냐하면 해당 통계 가설이 거짓이라면, 그런 표본은 쉽게 얻을 수 있는 것이 아니기 때문이다. 이 방법에서 연구자들이 평가하고자 하는 통계 가설은 '대립가설'이라고 불리고, 이 대립가설이 거짓이라는 가설은 '귀무가설'이라고 불린다. 귀무가설이 참일 때 표본과 비슷한 자료를 얻게 될 확률은 'p-값'이라고 한다. 그리고 p-값과 비교되어 대립가설이 참이라는 것에 대한 유의미한 증거의 존재 여부를 판단하는 기준이 되는 문턱값은 '유의수준'이라고 불리며, 일반적으로 0.05나 0.01이 많이 사용된다. 정리하면 p-값이 유의수준보다 작을 때 대립가설이 참이라는 것에 대한 유의미한 증거가 있고, 그렇지 않을 때 대립가설이 참이라는 것에 대한 유의미한 증거가 있지 않다고 본다.

예를 들어 보자. 연구자 갑은 이번에 새로 개발된 신약 A가 콜레스테롤 수치를 낮추는 데 효과가 있는지 확인하고 싶어 한다. 그는 '신약 A는 콜레스테롤 수치를 낮춘다'는 대립가설을 세우고, 이를 평가하기 위해서 '신약 A는 콜레스테롤 수치를 낮추는 데 아무 효과가 없다'라는 귀무가설을 검증한다. 갑은 먼저 실험군과 대조군을 무작위로 나누었다. 그리고 실험군에는 신약 A를, 대조군에는 가짜약을 제공한 뒤, 두 집단의 콜레스테롤 수치 평균의 차이를 관찰하는 실험을 진행하였다. 그 결과, 갑은 p-값이 0.04에 불과한 실험 결과를 획득하였다. 그는 이 실험 결과와 0.05라는 유의수준을 이용하여 '신약 A는 콜레스테롤 수치를 낮춘다'가 참이라는 것에 대한 유의미한 증거가 있다고 발표하였다.

위 사례는 p-값을 이용해 통계 가설을 평가하는 전형적인 모습을 보여준다. 하지만 이 방법을 사용하거나 이 방법을 사용한 연구를 평가할 때는 언제나 조심해야 한다. 왜냐하면 갑이 다음과 같이 실험 결과를 내놓는 경우를 생각해 볼 수 있기 때문이다. 사실 신약 A는 콜레스테롤 수치와 아무 상관없는 것이었다. 그로 인해 갑은 30번 정도 반복된 실험에서 모두 0.05보다 큰 p-값을 얻었다. 갑의 목표는 0.05보다 작은 p-값을 가지는 실험 결과를 얻는 것이었다. 우연히 그다음 실험에서 원하던 대로 0.05보다 작은 p-값을 얻었다. 정직한 과학자라면, 자신의 실험 결과를 모두 보고하고 이를 바탕으로 적절히 평가받아야 할 것이다. 하지만 신약 A의 효과를 간절히 바랐던 갑은 그의 나머지 실험을 폐기하고 유의미한 증거가 나온 실험 결과만을 발표하였다. 이렇게 유의미한 p-값을 가지는 실험 결과가 나올 때까지 실험을 반복하고, 그 결과 중 일부만 발표하는 연구 부정 행위를 'p-해킹'이라고 부른다.

39. 위 글에서 알 수 있는 것은?

① p-해킹이 일어났다는 것은 귀무가설이 거짓이라는 것에 대한 유의미한 증거이다.
② 실험군과 대조군의 분류가 완전히 무작위로 이루어졌다면 p-해킹은 일어나지 않는다.
③ 귀무가설이 참일 때 표본과 비슷한 자료를 얻게 될 확률이 높다면, 유의수준은 커질 수밖에 없다.
④ 표본 자료의 p-값이 0.05보다 크다면, 관련 대립가설이 참일 확률이 0.95보다 높다는 것에 대한 좋은 증거가 있다고 결론 내릴 수 있다.
⑤ 큰 값을 유의수준으로 사용했을 때에는 대립가설이 참이라는 것의 유의미한 증거가 되지만, 작은 값을 유의수준으로 삼았을 때에는 그런 증거가 되지 않는 표본 자료가 있을 수 있다.

40. 위 글을 토대로 할 때 다음 〈사례〉에 대한 분석으로 적절한 것만을 〈보기〉에서 모두 고르면?

〈사 례〉

을은 새로 개발된 신약 B와 콜레스테롤 수치 사이의 관계를 확인하고자 한다. 그런데 신약 B에 관심을 가지고 있는 연구자는 을만이 아니었다. 을 이외에도 약 30여 명이 그 약에 관심을 가지고 있었다. 을을 포함한 연구자 각각은 같은 실험 조건으로 연구를 진행하고 있다는 사실을 서로 모른 채 신약 B가 효과가 있다는 결과를 산출하려는 어떠한 의도도 없이 실험을 진행하였다. 그 결과 30여 명의 연구자들 중에서 을만 0.05보다 작은 p-값을 가지는 유의미한 실험 결과를 얻었다. 다른 연구자들은 신약과 콜레스테롤 수치 사이에 유의미한 결과를 산출하지 못하였기 때문에 자신의 실험 결과를 폐기하고 금방 잊어버렸다. 결국 유의미한 결과를 산출한 을의 연구만 발표되었고, 발표 결과를 들은 일부 사람들은 신약 B의 효과를 믿게 되었다.

〈보 기〉

ㄱ. 신약 B에 대한 연구 사례는 심각한 연구 부정을 의도하지 않았어도, 대립가설이 틀렸음에도 불구하고 유의미하다고 판단되는 결과를 우연히 얻을 수 있다는 것을 보여준다.
ㄴ. 신약 A에 대한 갑의 연구 속 0.05보다 작은 p-값을 가진 실험 결과는 실제로 약효가 없음에도 불구하고 우연히 나온 결과이지만, 신약 B에 대한 을의 연구 속 0.05보다 작은 p-값을 가진 실험 결과는 그렇지 않다.
ㄷ. 신약 A에 대한 연구 속 30여 개의 실험 결과의 p-값들은 유의수준을 넘는 범위에 다양하게 분포되어 있지만, 신약 B에 대한 연구 속 30여 개의 실험 결과의 p-값들은 유의수준을 넘는 특정한 값 주변에 밀집되어 있는 양상을 띨 것이다.

① ㄱ ② ㄴ
③ ㄱ, ㄷ ④ ㄴ, ㄷ
⑤ ㄱ, ㄴ, ㄷ

1. 다음 〈표〉는 코로나19 발생 전후의 '갑'지역 택배서비스 이용에 관한 자료이다. 제시된 〈표〉 이외에 〈보고서〉를 작성하기 위해 추가로 필요한 자료만을 〈보기〉에서 모두 고르면?

〈표〉 코로나19 발생 전후의 '갑'지역 택배서비스 월평균 이용건수

(단위 : 건)

구분		코로나19 발생 전	코로나19 발생 후
전체		6.2	9.7
성별	남성	6.8	10.3
	여성	5.7	9.2
연령대	10대 이하	4.2	6.4
	20대	5.4	9.5
	30대	7.2	11.4
	40대	7.4	11.7
	50대	6.2	9.4
	60대	6.1	9.0
	70대 이상	5.0	8.2
거주형태	아파트	6.3	10.0
	주택	6.3	9.0
	오피스텔	5.7	9.7
	기타	4.4	6.4

〈보고서〉

'갑'지역 택배서비스 이용자의 코로나19 발생 전 월평균 이용건수는 6.2건이었으나 발생 후에는 9.7건으로 50% 이상 증가하였다. 코로나19 발생 전 대비 발생 후 택배서비스 월평균 이용건수 증가율은 여성이 남성보다 높았다. 연령대별로 살펴보면, 코로나19 발생 전 대비 발생 후 택배서비스 월평균 이용건수 증가율은 20대가 가장 높게 나타났고, 70대 이상이 다음으로 높았다. 거주형태별로 살펴보면, 오피스텔 거주자의 코로나19 발생 전 대비 발생 후 택배서비스 월평균 이용건수 증가율이 약 70%로 가장 높게 나타났고, 아파트 거주자가 다음으로 높았다. 유통채널별로 살펴보면, 코로나19 발생 전에는 온라인구매 비율이 61.0%로 가장 높았고, 다음으로 마트배송, 홈쇼핑, 기타 순으로 나타났다. 코로나19 발생 후 온라인구매 비율은 발생 전에 비해 3.3%p 증가하였다. 수령방법별로 살펴보면, 코로나19 발생 전에는 대면 수령 비율과 비대면 수령 비율이 각각 50.2%, 49.8%로 비슷한 수준이었다. 코로나19 발생 후에는 대면 수령 비율이 19.4%로 감소하였고, 비대면 수령 비율은 80.6%로 증가하였다.

〈보 기〉

ㄱ. '갑'지역 택배서비스 이용건수의 유통채널별 비율

(단위 : %)

구분 \ 유통채널	온라인 구매	홈쇼핑	마트 배송	기타	합계
코로나19 발생 전	61.0	12.9	15.1	11.0	100.0
코로나19 발생 후	64.3	12.5	16.0	7.2	100.0

ㄴ. '갑'지역 택배서비스 이용건수의 수령방법별 비율

(단위 : %)

구분 \ 수령방법	대면	비대면	합계
코로나19 발생 전	50.2	49.8	100.0
코로나19 발생 후	19.4	80.6	100.0

ㄷ. '갑'지역 택배서비스 이용자의 거주지별 월평균 이용건수

(단위 : 건)

구분 \ 거주지	도시	농촌	기타
코로나19 발생 전	6.7	5.8	5.9
코로나19 발생 후	11.2	8.4	8.5

① ㄱ
② ㄱ, ㄴ
③ ㄱ, ㄷ
④ ㄴ, ㄷ
⑤ ㄱ, ㄴ, ㄷ

2. 다음 〈표〉는 2023년 A~D국의 온실가스 배출량과 인구에 관한 자료이다. 〈표〉와 〈조건〉을 근거로 A~D 중 '갑'~'정'에 해당하는 국가를 바르게 연결한 것은?

〈표 1〉 2023년 A~D국의 온실가스 배출량

(단위 : 백만 톤 CO_2eq.)

구분 \ 국가	A	B	C	D
교통	9.7	5.0	4.0	2.5
주거용 빌딩	14.0	4.5	( )	2.0
상업용 빌딩	17.0	4.5	3.5	2.8
기타	11.0	50.0	6.3	3.5
총배출량	( )	64.0	17.3	( )

〈표 2〉 2023년 A~D국의 인구

(단위 : 백만 명)

국가	A	B	C	D
인구	9.7	2.9	2.4	1.5

※ 1인당 온실가스 총배출량(톤 CO_2eq./명)= $\frac{\text{온실가스 총배출량}}{\text{인구}}$

〈조 건〉

- '갑'국은 온실가스 총배출량이 50백만 톤 CO_2eq. 이상이고, 1인당 온실가스 총배출량이 가장 적다.
- '을'국과 '병'국 간 1인당 온실가스 총배출량의 차이는 1.0톤 CO_2eq./명 이하이다.
- 온실가스 총배출량 대비 주거용 빌딩의 온실가스 배출량 비율은 '병'국이 '정'국보다 높다.
- 주거용 빌딩과 상업용 빌딩의 온실가스 배출량 합은 '을'국이 가장 적다.

	A	B	C	D
①	갑	병	정	을
②	갑	정	을	병
③	갑	정	병	을
④	정	갑	을	병
⑤	정	갑	병	을

3. 다음 〈보고서〉는 2021~2023년 '갑'국 고등학교 간 공동교육과정 개설 과목 수 추이에 관한 자료이다. 〈보고서〉의 내용에 부합하지 않는 자료는?

〈보고서〉

2021~2023년 '갑'국 고등학교 간 공동교육과정은 오프라인 및 온라인 각각 개설 과목 수가 매년 증가하였으며, 개설 과목 수의 전년 대비 증가율은 온라인 공동교육과정이 오프라인 공동교육과정보다 매년 높았다.

오프라인 공동교육과정의 경우, 학교 규모별로 보면 각 규모의 학교에서 개설한 과목 수가 매년 증가하였고, 대규모 학교의 개설 과목 수가 해당 연도 전체 개설 과목 수에서 차지하는 비율이 매년 가장 높게 나타났다. 지역을 대도시, 중소도시, 읍면지역으로 구분하여 살펴보면, 각 지역의 학교에서 개설한 과목 수가 매년 증가하였다. 또한, 대도시에서 개설된 과목 수가 해당 연도 전체 개설 과목 수에서 차지하는 비율이 매년 가장 높게 나타났다. 이는 전체 고등학교 중 대규모이거나 대도시에 소재한 고등학교의 수가 많고, 그 학교에 소속된 학생 수 역시 다른 규모나 지역에 비해 많기 때문이다.

온라인 공동교육과정의 경우, 학교 규모별로 보면 각 규모의 학교에서 연도별로 개설 과목의 수가 증가하였고, 대규모 학교의 개설 과목 수가 해당 연도 전체 개설 과목 수에서 차지하는 비율이 매년 가장 높았다. 지역별로 보면 개설된 과목 수가 해당 연도 전체 개설 과목 수에서 차지하는 비율은 2022년 이후 중소도시가 매년 가장 높았다.

① 오프라인 및 온라인 공동교육과정의 연도별 개설 과목 수

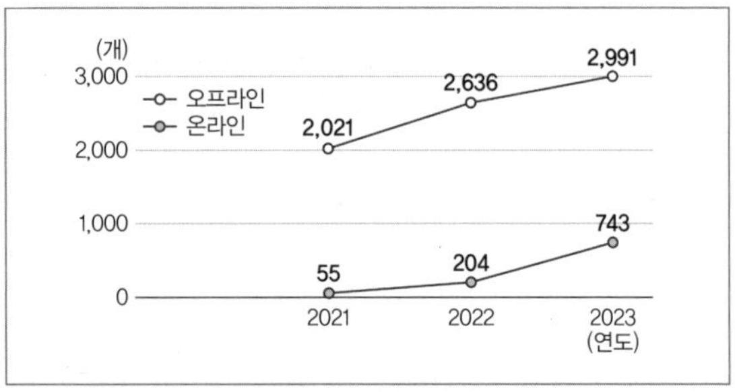

② 오프라인 공동교육과정의 학교 규모별 개설 과목 수

(단위 : 개)

학교 규모 \ 연도	2021	2022	2023
대규모	1,547	1,904	2,056
중규모	431	674	827
소규모	43	58	108
전체	2,021	2,636	2,991

③ 오프라인 공동교육과정의 지역별 개설 과목 수

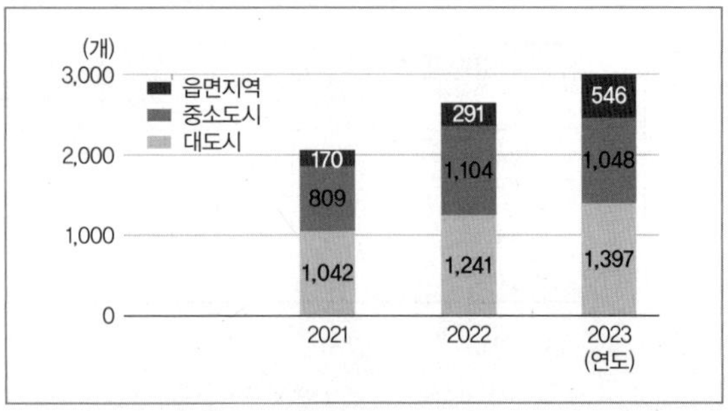

④ 온라인 공동교육과정의 학교 규모별 개설 과목 수

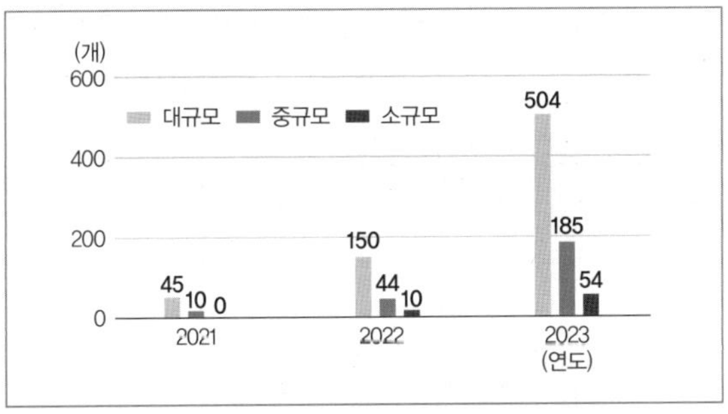

⑤ 온라인 공동교육과정 개설 과목 수의 지역별 구성비

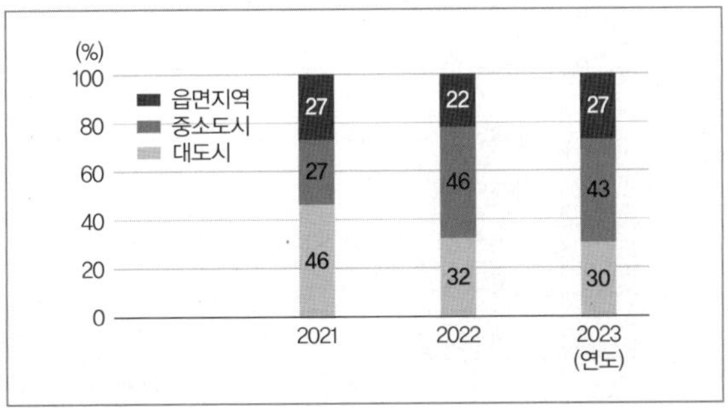

4. 다음 〈표〉는 소음 환경에 따른 A~E집단의 주의력 및 공간지각력 점수에 관한 자료이다. 이를 근거로 A~E 중 〈조건〉을 모두 만족하는 집단을 고르면?

〈표〉 소음 환경에 따른 주의력 및 공간지각력 점수

(단위 : 점)

구분	저소음 환경				고소음 환경			
	주의력		공간지각력		주의력		공간지각력	
집단 \ 성별	남성	여성	남성	여성	남성	여성	남성	여성
A	7.2	6.9	8.0	6.6	3.6	3.3	4.1	3.0
B	6.8	7.3	6.5	8.1	2.5	3.0	3.1	3.6
C	8.3	7.9	7.8	7.6	4.4	4.1	3.5	3.4
D	6.5	6.8	6.7	6.5	3.2	3.5	3.2	3.3
E	7.7	8.0	7.9	7.9	3.7	4.0	3.9	3.6

〈조 건〉

- 저소음 환경과 고소음 환경에서의 주의력 점수 차이는 남성과 여성이 동일하다.
- 고소음 환경에서, 주의력 점수가 더 높은 성별이 공간지각력 점수도 더 높다.
- 남성과 여성 모두 저소음 환경에서의 주의력 점수가 고소음 환경에서의 주의력 점수의 2배 이상이다.
- 저소음 환경에서, 남성은 공간지각력 점수가 주의력 점수보다 높고 여성은 주의력 점수가 공간지각력 점수보다 높다.

① A ② B
③ C ④ D
⑤ E

5. 다음 〈표〉는 2021~2023년 '갑'국 A~F제조사별 비스킷 매출액에 관한 자료이다. 이에 대한 〈보기〉의 설명 중 옳은 것만을 모두 고르면?

〈표 1〉 2021~2023년 제조사별 비스킷 매출액

(단위 : 백만 원)

연도	2021		2022		2023
제조사	상반기	하반기	상반기	하반기	상반기
A	127,540	128,435	132,634	128,913	128,048
B	138,313	132,807	131,728	120,954	119,370
C	129,583	124,145	132,160	126,701	116,864
D	83,774	84,170	85,303	85,266	79,024
E	20,937	28,876	24,699	24,393	21,786
F	95,392	89,461	90,937	107,322	112,410
전체	595,539	587,894	597,461	593,549	577,502

〈표 2〉 2023년 상반기 유통채널별 비스킷 매출액

(단위 : 백만 원)

유통채널 \ 제조사	백화점	할인점	체인슈퍼	편의점	독립슈퍼	일반 식품점
A	346	28,314	23,884	26,286	33,363	15,855
B	253	24,106	24,192	21,790	30,945	18,084
C	228	30,407	22,735	21,942	25,126	16,426
D	307	22,534	17,482	9,479	19,260	9,962
E	45	5,462	2,805	8,904	2,990	1,580
F	2,494	39,493	13,958	33,298	14,782	8,385
전체	3,673	150,316	105,056	121,699	126,466	70,292

※ 1) '갑'국의 비스킷 제조사는 A~F만 있음
2) '갑'국의 비스킷 유통채널은 제시된 6개로만 구분됨

〈보 기〉

ㄱ. 2021년 상반기 전체 매출액 중 제조사별 매출액 비중이 20% 이상인 제조사의 수는 3개이다.
ㄴ. 2022년 하반기에 전년 동기 대비 매출액 감소율이 가장 큰 제조사는 E이다.
ㄷ. 전년 동기 대비 매출액이 증가한 제조사의 수는 2022년 상반기와 2023년 상반기가 동일하다.
ㄹ. 2023년 상반기의 경우, 각 제조사의 백화점, 할인점, 체인슈퍼 매출액의 합은 해당 제조사 매출액의 50% 미만이다.

① ㄱ, ㄴ
② ㄱ, ㄹ
③ ㄴ, ㄷ
④ ㄷ, ㄹ
⑤ ㄱ, ㄴ, ㄹ

6. 다음 〈표〉는 2012~2021년 우리나라 D부처 정보공개 청구에 관한 자료이다. 이에 대한 〈보기〉의 설명 중 옳은 것만을 모두 고르면?

〈표 1〉 2012~2021년 정보공개 청구건수 및 처리건수

(단위 : 건)

구분 / 연도	청구건수	처리건수						
		전부공개	부분공개	비공개	타기관이송	취하	민원이첩	기타
2012	1,046	446	149	161	44	79	60	107
2013	1,231	550	156	137	46	150	66	126
2014	1,419	572	176	149	77	203	35	207
2015	1,493	522	183	198	104	152	88	246
2016	1,785	529	184	215	207	134	222	294
2017	3,097	837	293	334	511	251	0	871
2018	2,951	1,004	333	386	379	232	0	617
2019	3,484	1,296	411	440	161	250	0	926
2020	4,006	1,497	660	502	170	327	0	850
2021	5,708	2,355	950	656	188	653	0	906

※ 정보공개 청구건은 해당 연도에 모두 처리됨

〈표 2〉 2012~2021년 청구방법별 정보공개 청구건수

(단위 : 건)

청구방법 / 연도	직접출석	우편	팩스	정보통신망	기타
2012	47	24	5	968	2
2013	49	46	7	1,124	5
2014	111	54	13	1,241	0
2015	82	68	16	1,324	3
2016	51	55	9	1,669	1
2017	87	80	7	2,918	5
2018	162	75	27	2,687	0
2019	118	86	11	3,269	0
2020	134	94	13	3,758	7
2021	130	65	17	5,495	1

〈보 기〉

ㄱ. 정보공개 청구건수는 매년 증가한다.

ㄴ. '타기관이송' 처리건수가 가장 많은 해와 정보공개 청구건수 대비 '전부공개' 처리건수의 비율이 가장 낮은 해는 같다.

ㄷ. 연도별 '비공개' 처리건수와 '취하' 처리건수의 합은 해당 연도 정보공개 청구건수의 20%를 매년 초과한다.

ㄹ. 2021년 '전부공개' 처리건수 중 청구방법이 '정보통신망'인 처리건수는 2,100건 이상이다.

① ㄱ, ㄴ
② ㄱ, ㄷ
③ ㄴ, ㄷ
④ ㄴ, ㄹ
⑤ ㄷ, ㄹ

7. 다음 〈표〉는 2019~2023년 '갑'지역의 여행객 현황에 관한 자료이다. 이를 이용하여 작성한 자료로 옳지 않은 것은?

〈표 1〉 여행 목적별 여행객 수

(단위 : 명)

목적	구분 / 연도	2019	2020	2021	2022	2023
전체	총계	9,315	10,020	10,397	10,811	10,147
	개별여행	6,352	6,739	7,410	7,458	7,175
	단체여행	2,963	3,281	2,987	3,353	2,972
여가	소계	4,594	5,410	6,472	6,731	6,526
	개별여행	2,089	2,749	3,931	3,865	4,085
	단체여행	2,505	2,661	2,541	2,866	2,441
종교	소계	125	114	104	80	50
	개별여행	99	64	58	56	31
	단체여행	26	50	46	24	19
쇼핑	소계	981	1,044	1,030	1,148	1,328
	개별여행	683	701	748	776	919
	단체여행	298	343	282	372	409
사업	소계	2,880	2,746	2,366	2,389	1,768
	개별여행	2,774	2,585	2,284	2,317	1,682
	단체여행	106	161	82	72	86
교육	소계	735	706	425	463	475
	개별여행	707	640	389	444	458
	단체여행	28	66	36	19	17

〈표 2〉 여행지출액 및 여행횟수별 여행객 수

(단위 : 백만 원, 명)

구분 / 연도	여행지출액	여행횟수			
		1회	2회	3회	4회 이상
2019	18,760	5,426	1,449	792	1,648
2020	18,710	6,046	1,395	802	1,777
2021	20,953	6,773	1,341	686	1,597
2022	19,060	5,834	1,759	851	2,367
2023	19,392	6,237	1,268	677	1,965

① 여행객 1명당 여행지출액

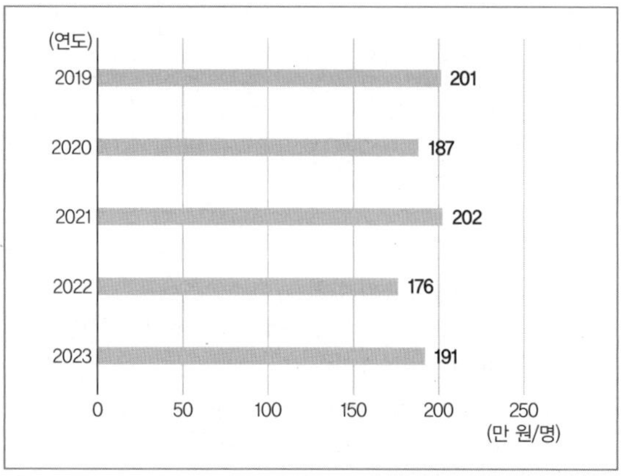

※ 여행객 1명당 여행지출액(만 원/명) $= \frac{\text{여행지출액}}{\text{전체 여행객 총계}}$

② 전체 개별여행객 중 '사업' 목적 개별여행객 비율 및 전체 단체여행객 중 '사업' 목적 단체여행객 비율

(단위 : %)

구분＼연도	2019	2020	2021	2022	2023
개별여행	44	38	31	31	23
단체여행	4	5	3	2	3

③ 전체 개별여행객 수 및 전체 단체여행객 수

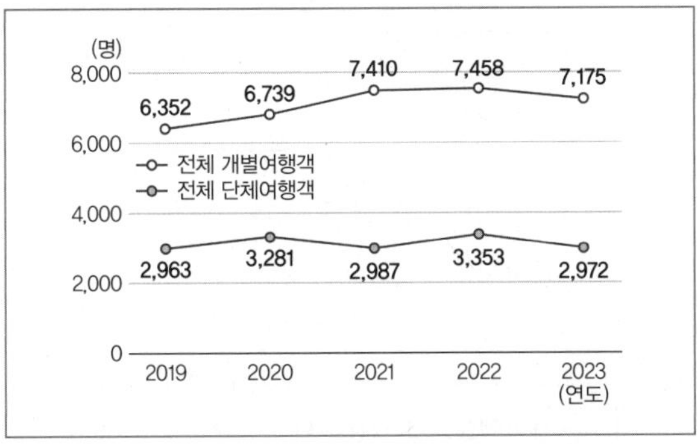

④ '종교' 목적 여행객 중 개별여행객 비율

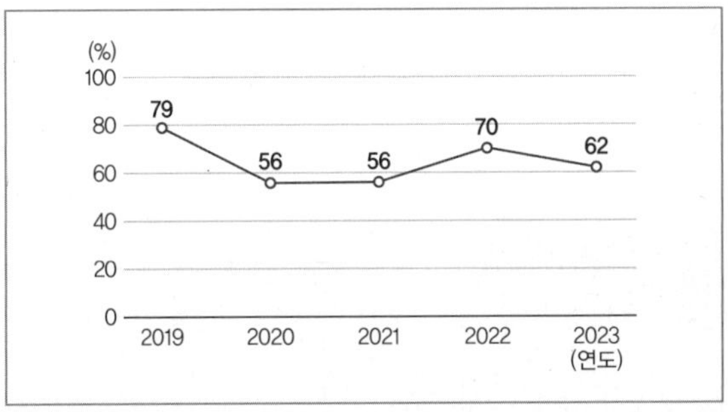

⑤ 전체 여행객 중 여행횟수가 3회 이하인 여행객 비율

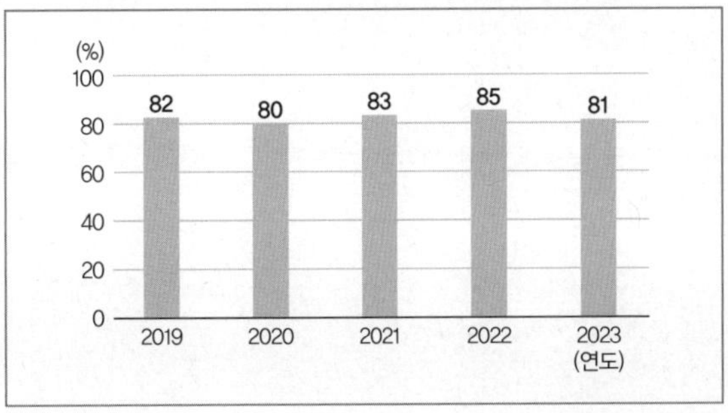

8. 다음 〈표〉는 '갑'국 종사상지위별 종사자 수 동향에 관한 자료이다. 제시된 〈표〉 이외에 〈보고서〉를 작성하기 위해 추가로 필요한 자료만을 〈보기〉에서 모두 고르면?

〈표〉 종사상지위별 종사자 수 동향

(단위 : 천 명)

종사상지위＼시기	2022년 7월	2023년 6월	2023년 7월
상용근로자	16,403	16,680	16,675
임시일용근로자	1,892	2,000	2,020
기타종사자	1,185	1,195	1,187

〈보고서〉

'갑'국 고용노동부는 2023년 7월 사업체노동력조사를 통해 종사자 및 입·이직자 현황을 파악하였다. 2023년 7월 상용근로자는 전년 동월 대비 27만 2천 명 증가하였으며, 임시일용근로자는 전년 동월 대비 12만 8천 명 증가하였다. 사업체 규모별 종사자 수 동향을 살펴보면, 2023년 7월 300인 미만 사업체의 경우 전년 동월 대비 33만 3천 명 증가하였으며, 300인 이상 사업체는 전년 동월 대비 6만 9천 명 증가하였다. 한편, 2023년 7월 입직자는 전년 동월 대비 2만 6천 명 증가하였고 전월 대비 5만 8천 명 증가하였다. 2023년 7월 이직자는 전년 동월 대비 약 4.0% 증가하였고 전월 대비 약 7.0% 증가하였다. 또한, 2023년 7월 전체 입직자 중 채용을 통한 입직자는 전년 동월 대비 2만 5천 명 증가하였으며, 기타 입직자는 전년 동월 대비 1천 명 증가하였다.

〈보 기〉

ㄱ. 사업체 규모별 종사자 수 동향

(단위 : 천 명)

사업체 규모＼시기	2022년 7월	2023년 6월	2023년 7월
300인 미만	16,216	16,555	16,549
300인 이상	3,264	3,320	3,333

ㄴ. 주요산업별 종사자 수 동향

(단위 : 천 명)

주요산업＼시기	2022년 7월	2023년 6월	2023년 7월
제조업	3,696	3,740	3,737
건설업	1,452	1,463	1,471
도매 및 소매업	2,274	2,308	2,301

ㄷ. 입직자 및 이직자 수 동향

(단위 : 천 명)

구분＼시기	2022년 7월	2023년 6월	2023년 7월
입직자	1,001	969	1,027
이직자	973	946	1,012

ㄹ. 입직유형별 입직자 수 동향

(단위 : 천 명)

입직유형＼시기	2022년 7월	2023년 6월	2023년 7월
채용	892	925	917
기타	109	44	110
합계	1,001	969	1,027

① ㄱ, ㄷ
② ㄴ, ㄷ
③ ㄴ, ㄹ
④ ㄱ, ㄴ, ㄹ
⑤ ㄱ, ㄷ, ㄹ

9. 다음 〈표〉는 2022년 '갑'모터쇼에 전시된 전기차 A~E의 차량가격 및 제원에 관한 자료이다. 이에 대한 〈보기〉의 설명 중 옳은 것만을 모두 고르면?

〈표〉 전기차 A~E의 차량가격 및 제원

(단위 : 만 원, 분, km, kWh)

구분 / 전기차	차량가격	완충시간	완충 시 주행거리	배터리 용량
A	8,469	350	528	75.0
B	5,020	392	475	77.4
C	17,700	420	478	112.8
D	14,620	420	447	111.5
E	6,000	252	524	77.4

〈보 기〉

ㄱ. '배터리 용량'당 '차량가격'은 C가 가장 높다.
ㄴ. '차량가격'이 가장 낮은 전기차는 '완충시간' 대비 '배터리 용량'의 비율도 가장 낮다.
ㄷ. '완충 시 주행거리' 대비 '완충시간'의 비율은 D가 E의 2배 이상이다.
ㄹ. '차량가격'이 높을수록 '배터리 용량'도 크다.

① ㄱ, ㄴ
② ㄱ, ㄷ
③ ㄷ, ㄹ
④ ㄱ, ㄴ, ㄹ
⑤ ㄴ, ㄷ, ㄹ

10. 다음 〈표〉는 '갑'국 공공기관 A~C의 경영실적 및 평가점수에 관한 자료이다. 이에 대한 〈보기〉의 설명 중 옳은 것만을 모두 고르면?

〈표〉 공공기관 A~C의 경영실적 및 평가점수

(단위 : 백만 원, 점)

구분 / 공공기관	A	B	C
매출액	( )	4,000	( )
영업이익	400	( )	( )
평균총자산	2,000	( )	6,000
자산회전지표	0.50	0.80	( )
영업이익지표	( )	0.15	0.50
평가점수	( )	( )	1.50

※ 1) 자산회전지표 $= \frac{\text{매출액}}{\text{평균총자산}}$

2) 영업이익지표 $= \frac{\text{영업이익}}{\text{매출액}}$

3) 평가점수(점)=(자산회전지표×1점)+(영업이익지표×2점)

〈보 기〉

ㄱ. 매출액은 A가 가장 크다.
ㄴ. 영업이익은 C가 A의 4배 이상이다.
ㄷ. 평가점수는 B가 가장 낮다.

① ㄴ
② ㄷ
③ ㄱ, ㄴ
④ ㄱ, ㄷ
⑤ ㄱ, ㄴ, ㄷ

11. 다음 〈표〉와 〈그림〉은 2018~2022년 우리나라 친환경차 유형별 등록대수 및 수출대수와 2019년 친환경차 수출액 상위 10개 수출국 현황에 관한 자료이다. 이를 근거로 작성한 〈보고서〉의 내용 중 옳지 않은 것은?

〈표 1〉 2018~2022년 우리나라 친환경차 유형별 등록대수

(단위 : 대)

유형 \ 연도	2018	2019	2020	2021	2022
하이브리드차	399,464	497,297	652,876	888,481	1,157,940
플러그인 하이브리드차	5,620	8,350	21,585	19,759	12,567
전기차	55,756	89,918	134,962	231,443	389,855
수소차	893	5,083	10,906	19,404	29,623
전체	461,733	600,648	820,329	1,159,087	1,589,985

〈그림〉 2018~2022년 우리나라 친환경차 유형별 수출대수

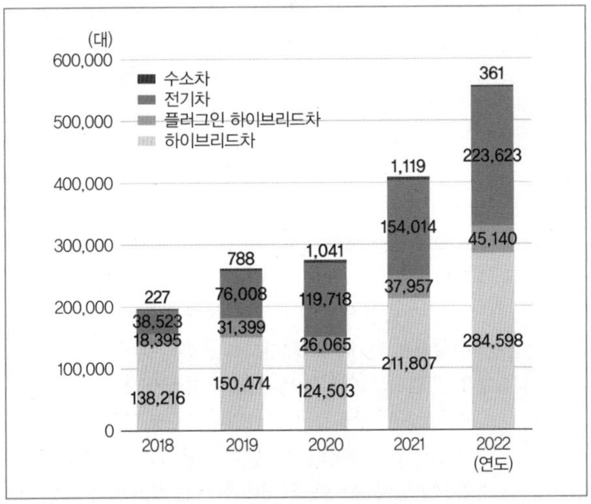

※ 친환경차 유형은 '하이브리드차', '플러그인 하이브리드차', '전기차', '수소차'로만 구분됨

〈표 2〉 2019년 하이브리드차, 플러그인 하이브리드차 및 전기차의 수출액 상위 10개 수출국 현황

(단위 : 백만 달러)

순위	하이브리드차		플러그인 하이브리드차		전기차	
	국가	수출액	국가	수출액	국가	수출액
1	일본	16,311	독일	4,818	미국	7,648
2	독일	6,172	일본	2,588	벨기에	5,018
3	벨기에	3,674	스웨덴	1,762	독일	3,913
4	터키	3,125	미국	1,008	한국	2,354
5	영국	2,762	한국	939	오스트리아	1,220
6	한국	2,691	영국	839	프랑스	1,166
7	슬로바키아	1,876	중국	523	영국	1,097
8	캐나다	1,845	슬로바키아	502	네덜란드	902
9	프랑스	1,227	스페인	271	중국	438
10	스웨덴	828	벨기에	199	일본	431

〈보고서〉

최근 이산화탄소 배출 및 연비에 대한 환경 규제가 강화되고 친환경차 수요가 증가함에 따라 자동차 기업들이 친환경차 시장에 본격적으로 진출하였다. 우리나라 친환경차 시장은 정부의 적극적인 보급 정책으로 급성장하여 ① 2018~2022년 전체 친환경차 등록대수는 매년 30% 이상 증가하였다. 친환경차의 유형별로 살펴보면, 2018년 대비 2022년에 등록대수가 가장 많이 증가한 친환경차 유형은 '하이브리드차'였으나, ② 2018년 대비 2022년 등록대수의 증가율이 가장 높은 친환경차 유형은 '수소차'였다. ③ 친환경차 수출대수는 2018년 195,361대에서 매년 증가하여 2022년에는 553,722대가 되었다. ④ 2018~2022년 친환경차 유형별 수출대수는 '전기차'와 '수소차'만 매년 증가하였다.

세계 친환경차 시장에서 우리나라의 수출 순위는 2019년 수출액 기준 '하이브리드차' 6위, '플러그인 하이브리드차' 5위, '전기차' 4위로 나타났다. 이는 우리나라가 세계 친환경차 시장에서 경쟁력을 확보하고 있음을 보여준다. ⑤ 2019년 '하이브리드차', '플러그인 하이브리드차', '전기차' 각각의 수출액 상위 10개 수출국에 모두 들어가는 국가는 한국을 포함하여 5개국이었다.

12. 다음 〈표〉는 2023년 '갑'기업 전체 임원(A~J)의 보수 현황에 관한 자료이다. 이에 대한 설명으로 옳은 것은?

〈표〉 '갑'기업 전체 임원의 보수 현황

(단위 : 십만 원)

임원	사업부	등기여부	보수총액	급여	상여
A	가	미등기	7,187	2,700	4,487
B	나	등기	6,497	2,408	( )
C	다	등기	4,068	( )	2,000
D	라	미등기	( )	1,130	2,598
E	마	등기	3,609	1,933	1,676
F	마	등기	3,069	1,643	1,426
G	나	미등기	3,050	1,633	1,417
H	바	미등기	3,036	1,626	1,410
I	사	등기	3,000	2,000	1,000
J	다	미등기	2,990	2,176	814
합계	-	-	40,234	19,317	20,917

※ 보수총액=급여+상여

① 보수총액이 많은 임원일수록 상여도 많다.
② '마'사업부 임원의 보수총액 합에서 급여 합이 차지하는 비중은 60% 미만이다.
③ 임원 1인당 보수총액이 가장 적은 사업부는 임원 1인당 급여도 가장 적다.
④ 보수총액에서 상여가 차지하는 비중이 가장 큰 임원은 B이다.
⑤ 미등기 임원의 급여 합은 등기 임원의 급여 합보다 많다.

13. 다음 〈표〉는 1995~2020년 '갑'지역의 농가구조 변화에 관한 자료이다. 이에 대한 설명으로 옳지 않은 것은?

〈표 1〉 '갑'지역의 가구원수별 농가수 추이

(단위 : 가구)

가구원수 \ 조사연도	1995	2000	2005	2010	2015	2020
1인	13,262	15,565	18,946	18,446	17,916	20,609
2인	43,584	52,394	56,264	57,023	52,023	53,714
3인	33,776	27,911	24,078	19,666	17,971	13,176
4인	33,047	23,292	17,556	13,122	11,224	7,176
5인 이상	64,491	33,095	20,573	13,492	10,299	5,687
전체	188,160	152,257	137,417	121,749	109,433	100,362
농가당 가구원수(명)	3.8	3.2	2.8	2.6	2.5	2.3

〈표 2〉 '갑'지역의 경영주 연령대별 농가수 추이

(단위 : 가구)

연령대 \ 조사연도	1995	2000	2005	2010	2015	2020
30대 이하	23,891	12,445	8,064	3,785	3,120	1,567
40대	39,308	26,471	20,851	15,750	12,131	7,796
50대	61,989	44,919	34,927	28,487	24,494	21,126
60대	46,522	48,747	49,496	42,188	34,296	30,807
70대 이상	16,450	19,675	24,079	31,539	35,392	39,066
전체	188,160	152,257	137,417	121,749	109,433	100,362

① '5인 이상'을 제외하고, 1995년 대비 2020년 가구원수별 농가수 증감률은 '2인'이 가장 작다.

② 매 조사연도에서 '3인' 농가수는 그 외 농가수 합의 25% 이하이다.

③ 2000년 전체 농가 가구원수는 2020년 전체 농가 가구원수의 2배 이상이다.

④ 2020년 전체 농가수 중 경영주 연령대가 40대 이하인 농가수가 차지하는 비중은 10% 이하이다.

⑤ 경영주 연령대가 30대 이하인 농가수는 1995년 대비 2020년에 95% 이상 감소하였다.

14. 다음 〈표〉와 〈그림〉은 A미술전 응모 및 수상 결과에 관한 자료이다. 이에 대한 〈보기〉의 설명 중 옳은 것만을 모두 고르면?

〈표〉 2023년 A미술전 응모 및 수상 결과

(단위 : 개, 명)

구분 \ 부문	초등부		중등부		고등부	
	팀	인원	팀	인원	팀	인원
응모	268	502	232	446	306	624
수상	56	88	30	59	43	68

※ A미술전의 부문은 초등부, 중등부, 고등부로만 구성됨

〈그림〉 연도별 A미술전 응모인원

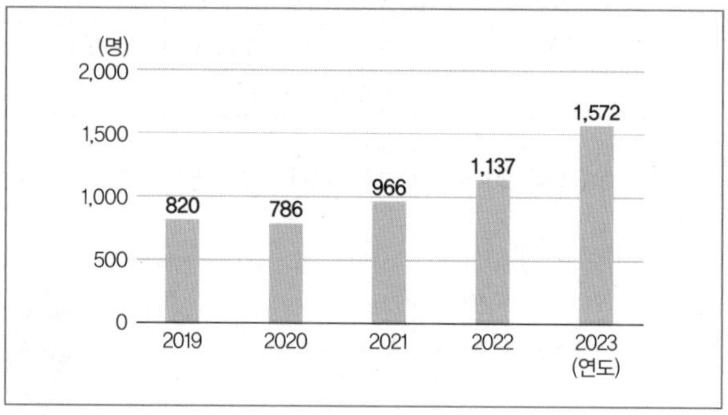

〈보 기〉

ㄱ. 2023년 응모인원 대비 수상인원이 가장 많은 부문은 초등부이다.

ㄴ. 2023년 팀별 인원이 1~3명이라면, 3명으로 구성된 초등부 수상팀은 15개 이하이다.

ㄷ. 2020년 응모인원의 부문별 구성비가 2023년과 동일하다면, 2020년 중등부 응모인원은 200명 이상이다.

ㄹ. 2024년부터 매년 응모인원이 전년 대비 30%씩 증가한다면, 응모인원이 2019년의 3배를 처음 초과하는 해는 2026년이다.

① ㄱ, ㄴ

② ㄱ, ㄷ

③ ㄴ, ㄷ

④ ㄴ, ㄹ

⑤ ㄱ, ㄷ, ㄹ

15. 다음 ⟨표⟩는 '갑'국의 빈집 철거 및 활용을 위한 빈집정비기준이고, ⟨그림⟩은 '갑'국의 '가'~'자'구역 및 빈집의 정보에 관한 자료이다. 이에 대한 설명으로 옳은 것은?

⟨표 1⟩ 빈집 철거 및 활용을 위한 빈집정비기준

항목			철거	활용
구역 종류	공가기간	건축물 연령		
일반구역	20년 이하	건축구조의 사용연한 이하	불가능	가능
		건축구조의 사용연한 초과	가능	불가능
	20년 초과	–	가능	불가능
정비구역	–	–	불가능	불가능

※ 1) 공가기간 : 빈집이 된 이후부터 현재까지의 기간
2) 건축물 연령 : 건축물의 완공부터 현재까지의 기간
3) '–'는 해당 항목을 고려하지 않음을 의미함

⟨표 2⟩ 건축구조별 사용연한

건축구조	사용연한
목구조	20년
조적조	30년
철골구조	40년

⟨그림⟩ '가'~'자'구역 및 빈집의 정보

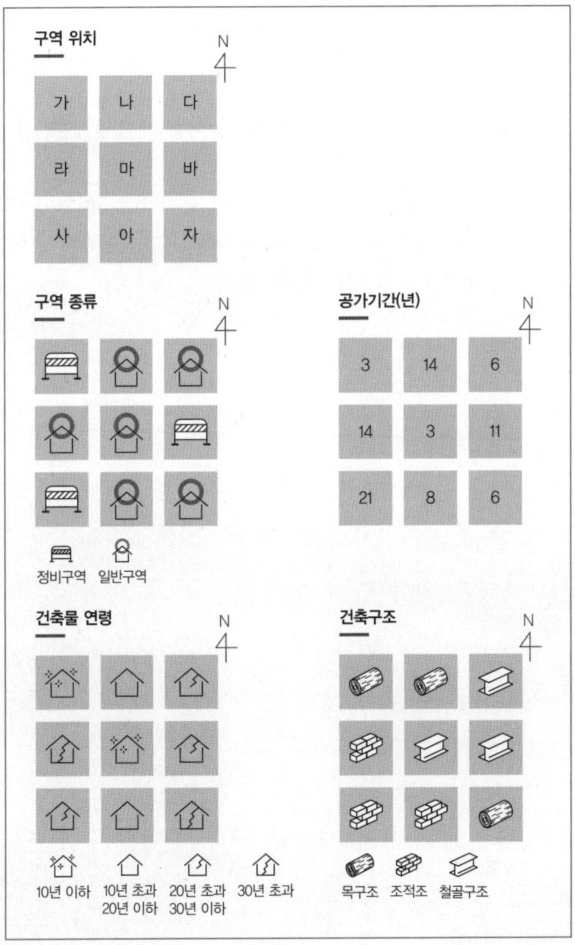

※ 각 구역에는 빈집이 1개씩만 존재함

① 철거가 가능한 빈집은 3개이다.
② '가', '바', '사'구역의 빈집은 철거가 가능하다.
③ '다'구역의 빈집은 활용이 불가능하다.
④ 활용이 가능한 빈집은 4개이다.
⑤ '마'구역의 빈집은 철거가 가능하다.

16. 다음 ⟨표⟩와 ⟨정보⟩는 '갑'회사의 승진후보자별 2021~2023년 근무성적점수 및 승진대상자 선정에 관한 자료이다. 이에 대한 ⟨보기⟩의 설명 중 옳은 것만을 모두 고르면?

⟨표 1⟩ 승진후보자별 2021~2023년 근무성적점수

(단위 : 점)

승진후보자 \ 연도	2023	2022	2021
정숙	85	65	65
윤호	70	85	75
찬희	75	75	65
상용	80	60	65

⟨표 2⟩ 평가방법별 2021~2023년 가중치

평가방법 \ 연도	2023	2022	2021
A	0.5	0.3	0.2
B	0.6	0.4	0.0
C	1.0	0.0	0.0

※ 평가방법별 가중치 합은 1.0임

⟨정 보⟩

- 평정점수는 2021~2023년 근무성적점수에 해당 연도의 가중치를 곱한 값의 합임
- 평정점수가 가장 높은 승진후보자만 승진대상자로 선정함

⟨보 기⟩

ㄱ. 모든 승진후보자의 평정점수는 평가방법 A를 적용할 때보다 평가방법 B를 적용할 때가 더 높다.
ㄴ. 평가방법 A를 적용할 때와 평가방법 C를 적용할 때의 승진대상자는 같다.
ㄷ. '상용'의 2023년 근무성적점수만 90점으로 변경된다면, 평가방법 A~C 중 어떤 평가방법을 적용하더라도 '상용'이 승진대상자가 된다.

① ㄱ
② ㄷ
③ ㄱ, ㄴ
④ ㄱ, ㄷ
⑤ ㄴ, ㄷ

17. 다음 〈표〉는 2021~2023년 '갑'국 공무원의 교육방법별 교육시간에 관한 자료이다. 〈표〉와 〈정보〉에 근거하여 A~C에 해당하는 교육방법을 바르게 연결한 것은?

〈표〉 2021~2023년 '갑'국 공무원의 교육방법별 교육시간

(단위 : 시간)

연도 / 교육방법	2021	2022	2023
A	671	1,106	557
B	3,822	2,614	2,394
C	717	204	191
D	392	489	559
사례연구	607	340	385
세미나	80	132	391
역할연기	864	713	97
전체	7,153	5,598	4,574

※ 교육방법은 '강의', '분임토의', '사례연구', '세미나', '실습', '역할연기', '현장체험' 중 1개로만 구분됨

〈정 보〉

- 매년 교육시간이 감소하는 교육방법은 '강의', '실습', '역할연기'이다.
- 2023년 전체 교육시간 중 교육방법별 교육시간 비중이 전년 대비 감소한 교육방법은 '분임토의'와 '역할연기'이다.
- 2023년 교육시간의 전년 대비 감소율이 세 번째로 큰 교육방법은 '실습'이다.

	A	B	C
①	강의	실습	현장체험
②	분임토의	강의	실습
③	분임토의	실습	강의
④	실습	강의	현장체험
⑤	현장체험	강의	실습

18. 다음 〈표〉는 2022년 '갑'국 A전력회사의 월별 및 용도별 전력판매 단가에 관한 자료이다. 이에 대한 설명으로 옳지 않은 것은?

〈표〉 2022년 A전력회사의 월별 및 용도별 전력판매 단가

(단위 : 원/kWh)

용도 / 월	주택	일반	교육	산업	농사	가로등	심야
1	119.1	134.2	97.9	113.8	48.2	108.1	75.3
2	118.9	131.7	101.4	115.5	48.1	113.2	75.3
3	109.3	122.6	98.5	95.2	48.8	114.3	66.9
4	112.9	119.4	95.7	100.7	52.3	121.3	57.9
5	112.2	124.4	99.0	100.9	56.0	128.9	63.6
6	115.0	139.3	118.7	122.0	54.5	132.6	66.9
7	127.1	154.4	127.3	129.8	60.7	137.6	76.3
8	129.6	151.8	133.6	130.7	59.9	133.4	77.8
9	122.3	137.5	117.3	109.6	60.4	129.8	74.7
10	123.0	133.7	110.8	117.9	65.6	127.4	74.3
11	129.0	154.5	125.2	145.1	64.1	128.9	83.3
12	131.9	158.1	118.1	143.0	68.4	125.9	94.3

※ 전력판매 용도는 제시된 7가지로만 구분됨

① 7~12월 전력판매 단가는 '농사'가 매월 가장 낮고, '일반'이 매월 가장 높다.
② 2월 '심야' 전력판매 단가는 2월 '주택' 전력판매 단가의 60% 이상이다.
③ 전력판매 단가의 전월 대비 증가율은 11월 '교육'이 4월 '가로등'의 2배 이상이다.
④ 전력판매 단가는 매월 '주택'이 '농사'의 1.5배 이상이다.
⑤ 7~12월 '교육' 전력판매 단가와 '산업' 전력판매 단가의 전월 대비 증감 방향은 동일하다.

19. 다음 〈표〉는 A~D지방자치단체의 재정 현황에 관한 자료이다. 이에 대한 〈보기〉의 설명 중 옳은 것만을 모두 고르면?

〈표〉 지방자치단체별 재정 현황

(단위 : 억 원, %)

구분 / 지방자치단체	자체수입	자주재원	세입총계	재정자립도	재정자주도
A	5,188	1,240	9,966	( )	( )
B	2,792	( )	10,080	27.70	69.67
C	1,444	3,371	6,754	21.38	( )
D	2,176	4,143	9,696	22.44	65.17

※ 1) 재정자립도(%) = $\frac{\text{자체수입}}{\text{세입총계}} \times 100$

2) 재정자주도(%) = $\frac{\text{자체수입}+\text{자주재원}}{\text{세입총계}} \times 100$

3) 세입총계 = 자체수입 + 자주재원 + 기타

〈보 기〉

ㄱ. 재정자주도는 A가 C보다 높다.
ㄴ. 세입총계에서 자주재원이 차지하는 비중은 A가 B보다 작다.
ㄷ. C는 D보다 재정자립도는 낮고 재정자주도는 높다.
ㄹ. 자주재원은 D가 가장 많다.

① ㄱ, ㄴ ② ㄴ, ㄷ
③ ㄷ, ㄹ ④ ㄱ, ㄴ, ㄹ
⑤ ㄴ, ㄷ, ㄹ

20. 다음 〈표〉는 2023년 '갑'국 8개 도시(A~H)의 상수도 관련 자료이다. 이에 대한 설명으로 옳지 않은 것은?

〈표〉 '갑'국 A~H도시의 상수도 통계

(단위 : %)

도시	유수율	무수율	누수율	계량기 불감수율	수도사업 용수량 비율
A	94.2	5.8	5.4	0.1	0.0
B	91.6	8.4	3.6	4.5	0.3
C	90.1	9.9	4.5	2.3	0.1
D	93.4	6.6	4.3	2.0	0.1
E	93.8	6.2	4.2	1.9	0.1
F	92.2	7.8	5.1	2.6	0.1
G	90.9	9.1	5.1	3.8	0.1
H	94.6	5.4	2.6	2.3	0.2

※ 1) 무수율 = 누수율 + 유효무수율

2) 유효무수율 = 계량기 불감수율 + 수도사업 용수량 비율 + 부정사용률

① 유효무수율이 가장 낮은 도시는 누수율이 가장 높다.
② 유수율이 가장 낮은 도시의 부정사용률은 유수율이 세 번째로 높은 도시의 부정사용률보다 높다.
③ 무수율과 부정사용률의 차이가 가장 큰 도시는 G이다.
④ 계량기 불감수율이 가장 높은 도시는 유효무수율도 가장 높다.
⑤ 부정사용률이 가장 높은 도시는 무수율도 가장 높다.

21. 다음 〈표〉는 2023년 '갑'국의 농산물 가공식품 품목별 수입 현황에 관한 자료이다. 〈표〉와 〈조건〉에 근거하여 A~C에 해당하는 농산물 가공식품을 바르게 연결한 것은?

〈표〉 2023년 '갑'국의 농산물 가공식품 품목별 수입 현황

(단위 : 톤, 원/kg, %)

품목	수입중량	수입단가	전년 대비 증가율
A	217	2,181	20.3
B	61	16,838	−16.1
C	2,634	1,174	24.1
D	43	1,479	−22.3
E	2,238	1,788	−37.0
김치	6,511	969	2.2
두부	86	3,848	8.4
밀가루	343	1,489	26.0

※ 1) A~E는 '간장', '고춧가루', '된장', '설탕', '식용유' 중 하나임

2) 수입금액(천 원) = 수입중량(톤) × 수입단가(원/kg)

〈조 건〉

• 2023년 '간장'과 '고춧가루'의 수입중량 합은 '식용유' 수입중량의 15% 이하이다.
• 2023년 수입금액이 가장 낮은 품목은 '된장'이다.
• 2022년 수입단가가 2,000원/kg 이상인 품목은 '고춧가루', '두부', '식용유'이다.
• 2023년 수입중량이 2,000톤 이상인 품목은 '김치', '설탕', '식용유'이다.

	A	B	C
①	간장	고춧가루	설탕
②	간장	고춧가루	식용유
③	간장	설탕	식용유
④	고춧가루	간장	식용유
⑤	된장	고춧가루	설탕

※ 다음은 2022년 '갑'시 양육자의 양육 스트레스 및 정신건강 문제 실태에 관한 자료이다. 다음 물음에 답하시오. [22~23]

〈표 1〉 양육자의 성별 및 연령대별 양육 스트레스

(단위 : 점, %)

구분		양육 스트레스 점수	고위험군 비율
성별	여성	37.3	62.3
	남성	33.6	46.5
연령대	20대 이하	38.1	56.0
	30대	36.0	53.3
	40대	34.3	54.2
	50대 이상	35.1	51.8

〈표 2〉 양육자의 정신건강 문제 유형별 발생 비율

(단위 : %)

구분 \ 유형		A	B	C	D
성별	여성	28.5	21.5	23.6	12.3
	남성	22.8	14.5	17.1	8.7
육아 참여 방식	육아 미참여	34.0	24.5	24.4	13.7
	양육자 혼자 육아 참여	33.3	22.2	24.0	15.3
	배우자와 함께 육아 참여	19.2	13.5	16.9	7.1
양육 스트레스 위험 수준	저위험군	9.6	4.2	8.1	3.1
	고위험군	39.0	29.3	30.3	16.5

〈보고서〉

2022년 '갑'시에 거주하는 양육자를 대상으로 양육 스트레스 및 정신건강 문제 실태를 조사하였다. 양육자의 성별에 따른 양육 스트레스를 살펴본 결과, 여성의 양육 스트레스 점수가 남성의 양육 스트레스 점수보다 높은 것으로 나타났다. 다음으로 양육자 연령대별로 양육 스트레스를 살펴본 결과, 20대 이하가 양육 스트레스 점수와 고위험군 비율이 모두 가장 높았다. 자녀 연령별 양육 스트레스 점수는 0~2세가 가장 높고, 3~6세, 7~9세 순이었다. 고위험군 비율 순위 역시 자녀의 연령별 양육 스트레스 점수 순위와 같았다. 또한, 가구의 월평균 소득 구간이 200만 원 미만인 양육자의 스트레스 점수가 40.5점으로 가장 높았고, 고위험군 비율도 다른 소득 구간보다 25%p 이상 높은 것으로 나타났다.

다음으로 '갑'시에 거주하는 양육자의 정신건강 문제를 4가지 유형으로 구분하여 조사한 결과를 살펴보면, 양육자 성별이나 육아 참여 방식과 관계없이 모든 문제 유형 중 '섭식문제'의 발생 비율이 가장 낮았다. 양육자 성별에 따른 정신건강 문제 발생 비율 차이는 '불면증'이 '우울'보다 컸다. 육아 참여 방식에 따라서는 '배우자와 함께 육아 참여'일 때, 모든 유형에서 정신건강 문제 발생 비율이 가장 낮았다. 일례로 '우울' 발생 비율은 '배우자와 함께 육아 참여'일 때가 '양육자 혼자 육아 참여'일 때보다 14.1%p 낮게 나타났다. 한편, 양육 스트레스 고위험군은 저위험군에 비해 정신건강 문제 발생 비율이 높았는데, 그중 '불안'과 '섭식문제'의 발생 비율은 각각 고위험군이 저위험군의 5배 이상이었다.

22. 위 〈표〉와 〈보고서〉를 근거로 B와 C에 해당하는 정신건강 문제 유형을 바르게 연결한 것은?

	B	C
①	불면증	불안
②	불면증	우울
③	불안	불면증
④	불안	우울
⑤	우울	불면증

23. 제시된 〈표〉 이외에 〈보고서〉를 작성하기 위해 추가로 필요한 자료만을 〈보기〉에서 모두 고르면?

〈보 기〉

ㄱ. 2022년 '갑'시 양육자의 자녀 연령별 양육 스트레스

구분 \ 자녀 연령	0~2세	3~6세	7~9세
양육 스트레스 점수(점)	36.3	35.1	34.5
고위험군 비율(%)	58.3	52.4	50.7

ㄴ. 2022년 '갑'시 양육자의 가구 월평균 소득 구간별 양육 스트레스

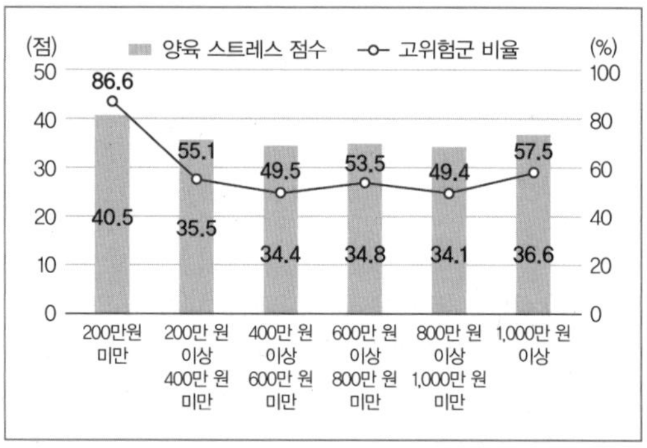

ㄷ. 2022년 '갑'시 양육자의 경제활동 여부별 양육 스트레스

경제활동 여부 \ 구분	양육 스트레스 점수(점)	고위험군 비율 (%)
양육자 모두 경제활동	34.9	53.1
남성 양육자만 경제활동	35.4	53.4
여성 양육자만 경제활동	36.4	54.9
양육자 모두 비경제활동	46.0	100.0

ㄹ. 2022년 '갑'시 양육자의 자녀수별 양육 스트레스 점수

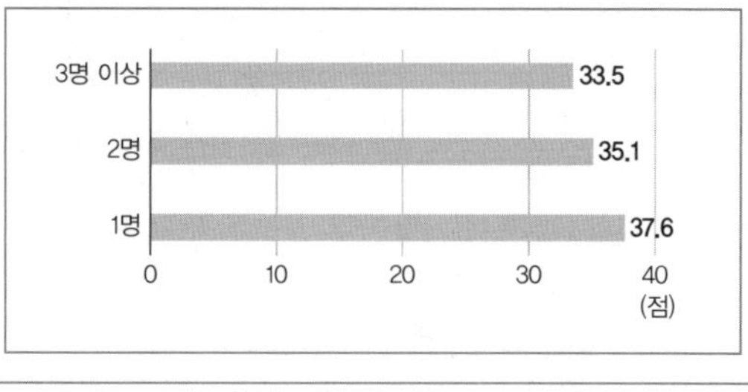

① ㄱ, ㄴ　　② ㄱ, ㄷ
③ ㄷ, ㄹ　　④ ㄱ, ㄴ, ㄹ
⑤ ㄴ, ㄷ, ㄹ

24. 다음 〈보고서〉는 2016~2022년 '갑'국의 지주회사 및 소속회사에 관한 자료이다. 〈보기〉의 자료 중 〈보고서〉의 내용에 부합하는 것만을 모두 고르면?

〈보고서〉

지주회사는 주식의 소유를 통하여 다른 회사의 사업활동을 지배하는 것을 주된 사업으로 하는 회사이다. 지주회사 체제란 지주회사가 수직적 출자를 통해 계열사를 소속회사(자, 손자, 증손 회사)로 편입하여 지배하는 소유구조를 의미한다.

'갑'국의 지주회사 자산요건이 2017년에 상향됨에 따라 2018년 이후 지주회사 수는 2017년 지주회사 수의 90% 이하를 유지하고 있다. 하지만 2022년 지주회사 수는 168개로 전년 대비 증가하였다. 편입률은 지주회사 전체 계열사 중 지주회사 체제 안에 편입되어 있는 계열사 비율을 나타내는데, 2018년 80%를 초과하였고 2019년 이후 70% 이상을 유지하고 있다. 2022년에는 지주회사의 전체 계열사 1,281개 중 915개가 지주회사 체제 안에 편입되어 있는 것으로 나타났고, 편입률은 전년 대비 증가하였다.

지주회사의 평균 소속회사 수 추이를 보면, 자, 손자, 증손 회사 각각 2017년 이후 매년 증가하였다. 특히, 2022년에는 전체 소속회사 수가 200개 이상 증가하였다.

자산규모별로 보면 2022년 자산규모 1천억 원 이상 5천억 원 미만인 지주회사 수는 2017년 대비 30% 이상 감소한 반면, 5천억 원 이상인 지주회사 수는 30% 이상 증가하였다.

〈보 기〉

ㄱ. 연도별 지주회사 수

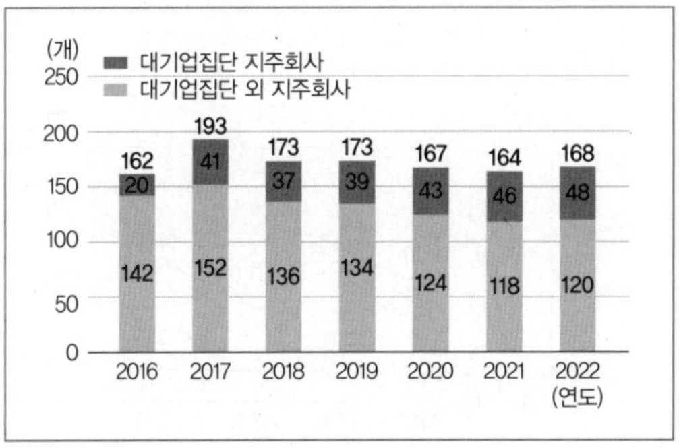

ㄴ. 지주회사의 평균 소속회사 수 추이

(단위 : 개)

구분 \ 연도	2016	2017	2018	2019	2020	2021	2022
자	4.9	4.8	5.0	5.3	5.4	5.5	5.8
손자	5.0	4.8	5.2	5.6	5.9	6.2	6.9
증손	0.5	0.6	0.5	0.5	0.8	0.7	0.8
전체	10.4	10.2	10.7	11.4	12.1	12.4	13.5

ㄷ. 연도별 지주회사 편입률

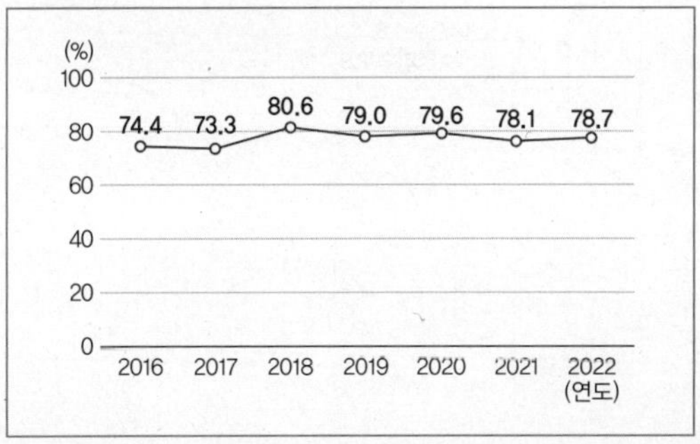

ㄹ. 자산규모별 지주회사 수

(단위 : 개)

자산규모 \ 연도	2016	2017	2018	2019	2020	2021	2022
1천억 원 미만	64	84	79	76	78	76	86
1천억 원 이상 5천억 원 미만	88	97	82	83	74	72	66
5천억 원 이상	10	12	12	14	15	16	16

① ㄱ, ㄴ
② ㄱ, ㄷ
③ ㄱ, ㄹ
④ ㄴ, ㄷ
⑤ ㄴ, ㄹ

25. 다음 〈표〉는 2023년 '갑'국 9개 콘텐츠 공모전의 상금총액 및 작품 현황에 관한 자료이다. 이에 대한 설명으로 옳은 것은?

〈표〉 '갑'국 9개 콘텐츠 공모전의 상금총액 및 작품 현황

(단위 : 만 원, 개)

구분 / 공모전	상금총액	응모작품 수	수상작품 수
청렴사회	4,980	1,507	50
평화통일	4,500	177	21
평화정책	3,400	368	65
문화 다양성	2,000	79	13
문화체험 메타버스	1,200	97	10
장애인 고용	1,100	134	14
평등가족 실천	850	155	21
적극행정 홍보	730	151	15
문화재 재난안전	670	118	12
전체	19,430	2,786	221

※ 수상률(%) = $\frac{\text{수상작품 수}}{\text{응모작품 수}} \times 100$

① 수상작품 수가 50개 미만인 공모전은 상금총액이 많을수록 수상작품 수도 많다.
② 수상률이 가장 높은 공모전은 '문화 다양성'이다.
③ 공모전 전체 상금총액 중 '평화통일' 상금총액이 차지하는 비중은 25% 이상이다.
④ 상금총액 대비 응모작품 수 비율이 두 번째로 높은 공모전의 수상작품 수는 20개 이상이다.
⑤ 수상률 하위 2개 공모전의 상금총액 합은 6,000만 원 이하이다.

26. 다음 〈표〉는 2017~2022년 원인별 연안사고 건수에 관한 자료이다. 〈표〉를 이용하여 작성한 〈보기〉의 자료 중 옳은 것만을 모두 고르면?

〈표〉 2017~2022년 원인별 연안사고 건수

(단위 : 건)

연도 / 원인	2017	2018	2019	2020	2021	2022
기상불량	20	32	25	14	18	20
부주의	340	391	411	322	426	342
수영미숙	35	39	25	11	21	19
안전미준수	44	46	28	20	13	6
음주	91	108	79	89	79	72
조석미인지	114	100	105	83	90	72
기타	54	43	48	63	70	44
전체	698	759	721	602	717	575

〈보 기〉

ㄱ. 연도별 부주의 및 조석미인지로 인한 연안사고 건수

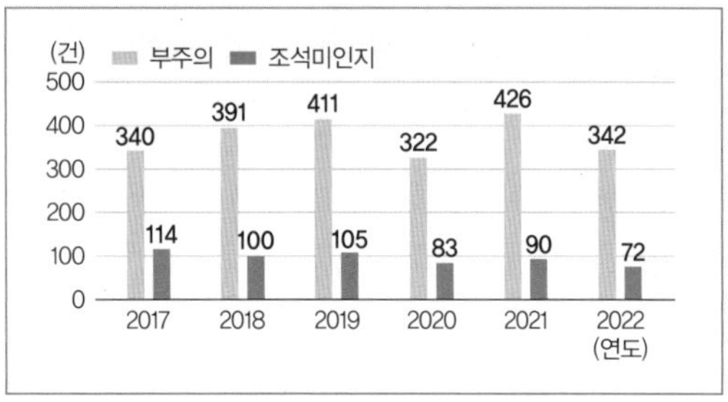

ㄴ. 연도별 전체 연안사고 건수 중 음주로 인한 연안사고 건수 비중

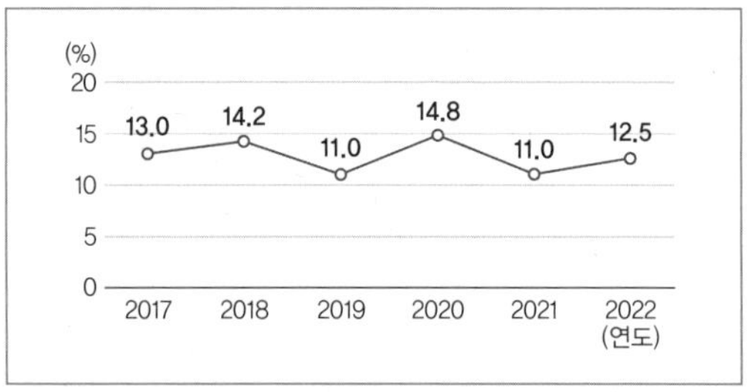

ㄷ. 2021년 연안사고 건수의 원인별 구성비

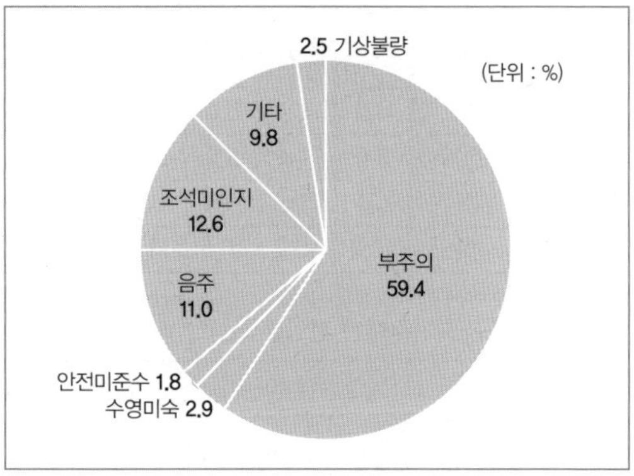

ㄹ. 2020~2022년 조석미인지 및 안전미준수로 인한 연안사고 건수의 전년 대비 증가율

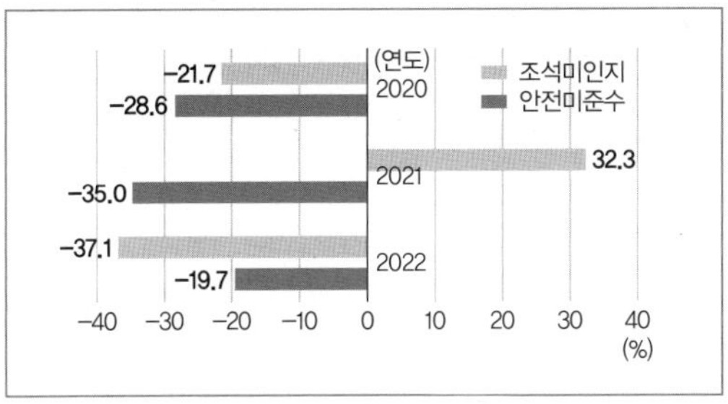

① ㄱ, ㄴ
② ㄱ, ㄷ
③ ㄱ, ㄴ, ㄷ
④ ㄱ, ㄷ, ㄹ
⑤ ㄴ, ㄷ, ㄹ

27. 다음 〈표〉와 〈그림〉은 '갑'국제기구가 A~E국 농업기술센터 건립을 지원하기 위한 평가 자료이다. 이를 근거로 A~E 중 합산 점수가 가장 높은 국가를 고르면?

〈표〉 평가항목별 평가 점수 산정 기준 및 가중치

평가항목	평가 점수			가중치
	1점	2점	3점	
농업종사자 수	1,000만 명 미만	1,000만 명 이상 3,000만 명 미만	3,000만 명 이상	2
1인당 국내총생산	3,000달러 이상	1,000달러 이상 3,000달러 미만	1,000달러 미만	1
옥수수 경작면적당 생산량	3,000kg/ha 이상	1,000kg/ha 이상 3,000kg/ha 미만	1,000kg/ha 미만	3

※ 합산 점수는 평가항목별 평가 점수에 가중치를 곱한 값의 합임

〈그림〉 A~E국의 위치 및 평가항목별 현황

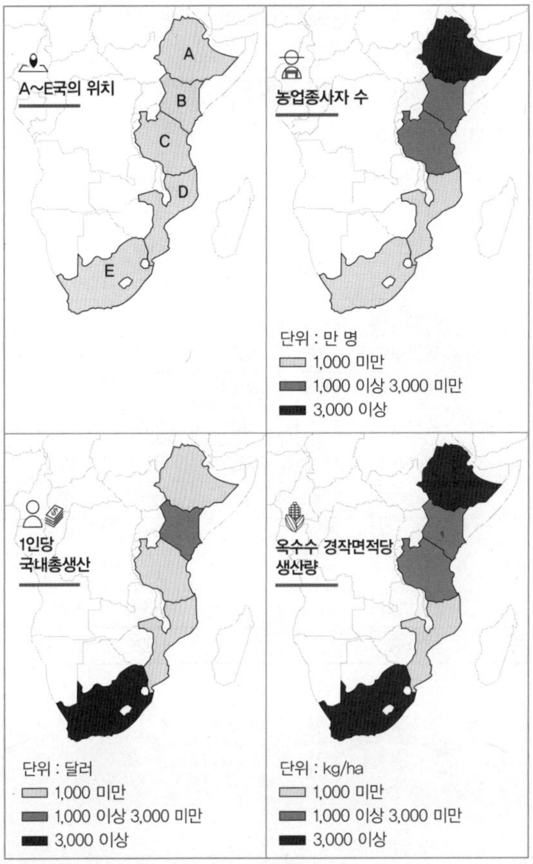

① A
② B
③ C
④ D
⑤ E

※ 다음 〈표〉는 2019~2023년 '갑'국의 과일 생산 현황에 관한 자료이다. 다음 물음에 답하시오. [28~29]

〈표 1〉 연도별 과일 생산액

(단위 : 십억 원)

과일 \ 연도		2019	2020	2021	2022	2023
전체		2,529	2,843	4,100	4,159	4,453
6대 과일		2,401	2,697	3,810	3,777	3,858
	사과	497	467	802	1,448	1,100
	감귤	634	811	931	637	990
	복숭아	185	200	410	456	601
	포도	514	496	793	586	693
	배	387	339	550	426	276
	단감	184	384	324	224	198
기타		128	146	290	382	595

〈표 2〉 연도별 6대 과일 재배면적과 생산량

(단위 : 천 ha, 천 톤)

6대 과일	구분 \ 연도	2019	2020	2021	2022	2023
사과	재배면적	29.1	26.9	31.0	31.6	31.6
	생산량	489	368	460	583	422
감귤	재배면적	26.8	21.5	21.1	21.3	21.1
	생산량	563	638	615	640	668
복숭아	재배면적	13.9	15.0	13.9	16.7	20.5
	생산량	170	224	135	154	173
포도	재배면적	29.2	22.1	17.6	15.4	13.2
	생산량	476	381	257	224	136
배	재배면적	26.2	21.7	16.2	12.7	9.1
	생산량	324	443	308	261	133
단감	재배면적	23.8	17.2	15.2	11.8	8.4
	생산량	227	236	154	158	88
합계	재배면적	149.0	124.4	115.0	109.5	103.9
	생산량	2,249	2,290	1,929	2,020	1,620

28. 위 〈표〉에 대한 〈보기〉의 설명 중 옳은 것만을 모두 고르면?

〈보 기〉

ㄱ. 2022년 재배면적당 생산액은 복숭아가 감귤보다 많다.

ㄴ. 6대 과일 중 2021년 생산량의 전년 대비 증감률이 가장 큰 과일은 복숭아이다.

ㄷ. 6대 과일 생산액의 합에서 배의 생산액이 차지하는 비중이 10% 이상인 연도는 4개이다.

① ㄱ

② ㄴ

③ ㄷ

④ ㄱ, ㄴ

⑤ ㄴ, ㄷ

29. 위 〈표〉를 이용하여 작성한 〈보기〉의 자료 중 옳은 것만을 모두 고르면?

〈보 기〉

ㄱ. 연도별 사과 재배면적당 생산량

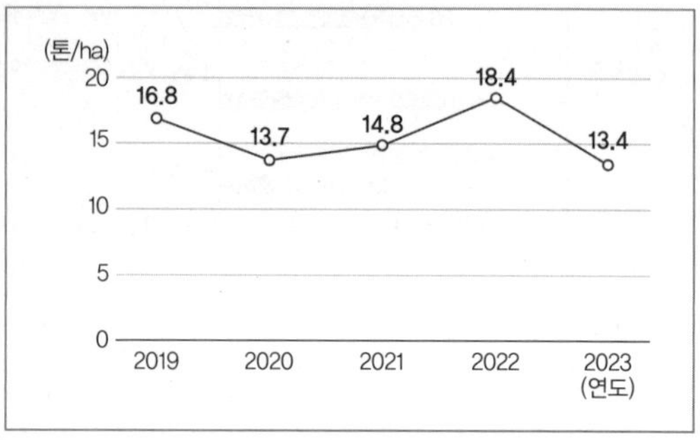

ㄴ. 연도별 감귤, 복숭아, 배 생산량

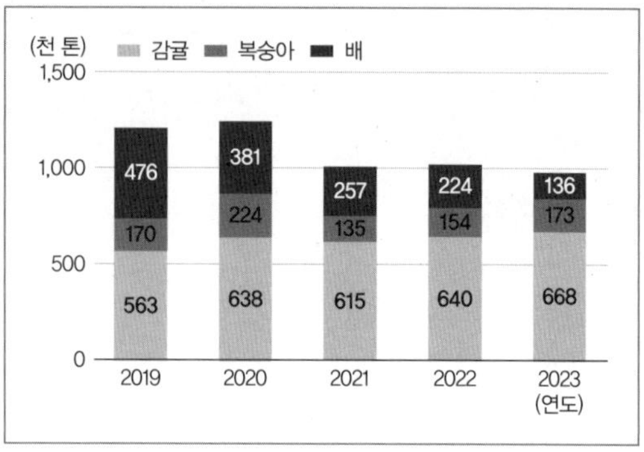

ㄷ. 2022년 전체 과일 생산액 중 과일별 생산액 비중

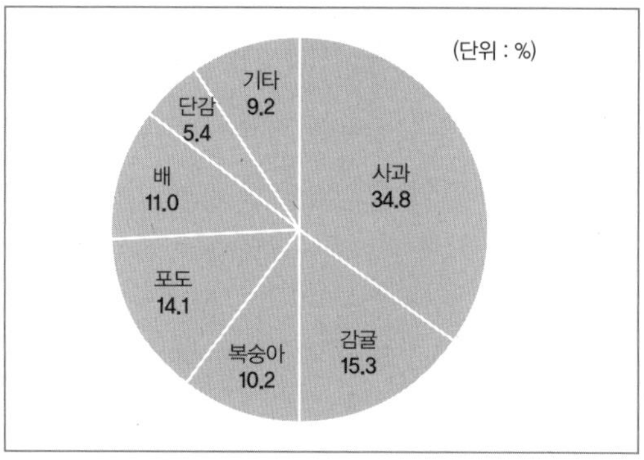

ㄹ. 연도별 포도와 단감의 재배면적

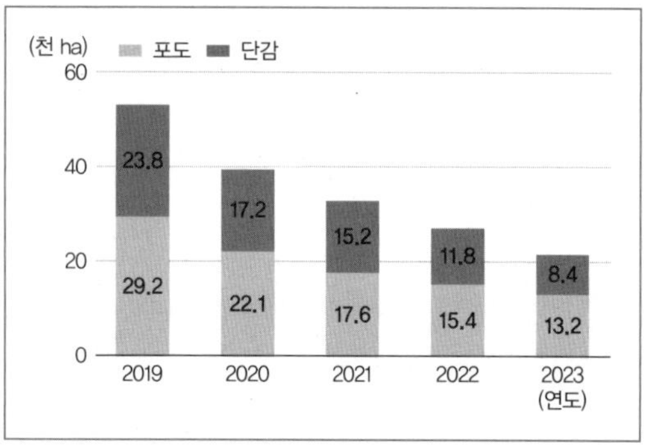

① ㄱ, ㄴ

② ㄱ, ㄹ

③ ㄴ, ㄷ

④ ㄴ, ㄹ

⑤ ㄷ, ㄹ

30. 다음 〈표〉는 2022년 '갑'국에서 방영된 드라마 시청점유율 순위에 관한 자료이다. 이에 대한 〈보기〉의 설명 중 옳은 것만을 모두 고르면?

〈표〉 드라마 시청점유율 순위

(단위 : %, 분)

순위	드라마	장르	시청 점유율	1인당 시청시간	제작사
1	장수왕	사극	39.15	151	정림
2	하늘정원의 비밀	추리	11.10	54	신사제작
3	화성의 빛	SF	9.90	52	신사제작
4	기습	사극	4.20	78	폭풍
5	아이스	로맨스	3.60	89	퍼시픽
6	아프로디테	로맨스	2.90	45	신사제작
7	구름의 언덕	로맨스	2.50	34	퍼시픽
8	나만의 오렌지	로맨스	2.40	30	퍼시픽
9	함께 달리자	로맨스	2.30	26	폭풍
10	메피스토	액션	1.90	37	폭풍
⋮	⋮	⋮	⋮	⋮	⋮

※ 1) 시청점유율(%) = $\frac{\text{전체 시청자의 해당 드라마 시청시간 총합}}{\text{전체 시청자의 드라마 시청시간 총합}} \times 100$

2) 1인당 시청시간(분) = $\frac{\text{전체 시청자의 해당 드라마 시청시간 총합}}{\text{해당 드라마 시청자 수}}$

〈보 기〉

ㄱ. 장르가 '액션'인 드라마 시청점유율의 평균은 2% 이하이다.
ㄴ. 제작사가 '퍼시픽'인 드라마의 시청점유율 총합은 제작사가 '폭풍'인 드라마의 시청점유율 총합보다 높다.
ㄷ. 드라마 수는 21개 이상이다.
ㄹ. 5위 드라마의 시청자 수는 8위 드라마의 시청자 수보다 적다.

① ㄱ, ㄴ
② ㄱ, ㄷ
③ ㄴ, ㄷ
④ ㄴ, ㄹ
⑤ ㄱ, ㄷ, ㄹ

31. 다음 〈표〉는 2016~2021년 '갑'국의 연금 가입 및 연금 계좌 보유 현황에 관한 자료이다. 이에 대한 〈보기〉의 설명 중 옳은 것만을 모두 고르면?

〈표〉 '갑'국의 연금 가입 및 연금 계좌 보유 현황

(단위 : 천 명, 천 개, %)

연도	인구	연금 가입자 수	연금 계좌 수	가입률	중복 가입률
2016	31,523	21,754	30,265	69.0	27.0
2017	31,354	( )	( )	69.8	28.0
2018	31,183	22,296	31,432	71.5	( )
2019	30,915	( )	31,538	( )	30.0
2020	30,590	23,793	33,459	77.8	( )
2021	30,128	23,727	33,458	78.8	( )

※ 1) '갑'국 연금 가입자는 연금 계좌를 1개 또는 2개 보유함

2) 연금 계좌 수 : 해당 연도 '갑'국 전체 연금 가입자가 보유한 연금 계좌 수의 합

3) 가입률(%) = $\frac{\text{연금 가입자 수}}{\text{인구}} \times 100$

4) 중복 가입률(%) = $\frac{\text{연금 계좌를 2개 보유한 연금 가입자 수}}{\text{인구}} \times 100$

〈보 기〉

ㄱ. 2017년 연금 계좌 수는 전년보다 증가하였다.
ㄴ. 2018년과 2019년의 중복 가입률 차이는 1%p 이상이다.
ㄷ. 2020년 연금 가입자 수는 전년 대비 5% 이상 증가하였다.
ㄹ. 2021년 중복 가입률은 전년보다 증가하였다.

① ㄱ, ㄴ
② ㄱ, ㄷ
③ ㄴ, ㄹ
④ ㄱ, ㄷ, ㄹ
⑤ ㄴ, ㄷ, ㄹ

32. 다음 〈표〉는 2022년 3~6월 '갑'국 연안에서의 3개 어종 어업 현황에 관한 자료이다. 이에 대한 설명으로 옳은 것은?

〈표 1〉 어종별 어획량

(단위 : kg)

월 \ 어종	우럭	광어	고등어
3	10,203	5,410	21,910
4	15,029	5,700	23,480
5	14,330	7,198	22,333
6	17,800	6,750	24,051

〈표 2〉 우럭과 광어의 도 · 소매단가

(단위 : 원/kg)

월 \ 어종	우럭		광어	
	도매	소매	도매	소매
3	17,700	28,500	13,500	32,500
4	16,000	26,000	12,000	28,500
5	14,500	25,250	11,250	26,250
6	12,250	22,100	10,500	24,000

〈표 3〉 조업선박 수

(단위 : 척)

월	3	4	5	6
조업선박 수	45	50	60	70

① 우럭 소매단가의 전월 대비 감소율이 가장 큰 달과 광어 소매단가의 전월 대비 감소율이 가장 큰 달은 같다.
② 3개 어종 어획량의 합은 매월 증가하였다.
③ 조업선박 1척당 3개 어종 어획량의 합은 3월과 비교해 6월에 20% 이상 감소하였다.
④ 우럭의 도매단가 대비 소매단가 비율은 매월 증가하였다.
⑤ 고등어 어획량은 우럭과 광어의 어획량 합보다 매월 많다.

33. 다음 〈표〉와 〈그림〉은 2020~2023년 '갑'국 교통사고 현황에 관한 자료이다. 이에 대한 〈보고서〉의 설명 중 옳은 것만을 모두 고르면?

〈표〉 교통사고 발생건수와 인명피해

(단위 : 천 건, 백 명)

구분 \ 연도		2020	2021	2022	2023
발생건수		232.0	220.8	217.1	215.9
인명피해	사망자 수	46.2	42.9	39.9	37.8
	부상자 수	3,504.0	3,317.2	3,228.3	3,230.3
	중상자 수	925.2	824.7	782.1	742.5
	경상자 수	2,578.8	2,492.5	2,446.2	2,487.8

〈그림〉 도로종류별 교통사고 발생건수 비율

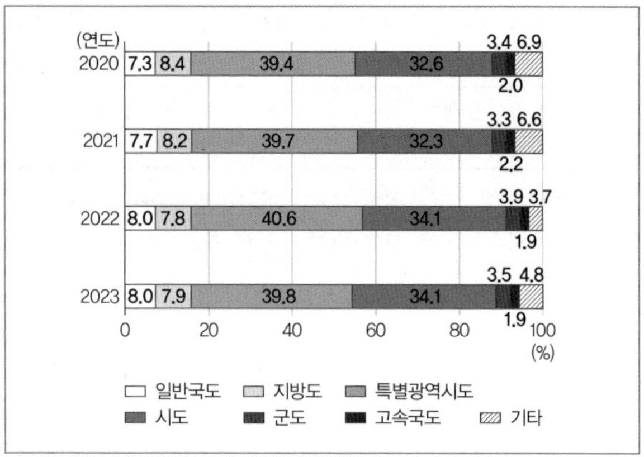

〈보고서〉

2020~2023년 '갑'국의 교통사고 발생건수는 매년 감소하였다. ㉠ 2020~2023년 교통사고 발생건수당 사망자 수 역시 매년 감소하여 2023년 교통사고 발생건수 100건당 사망자 수는 1.8명 이하였다. 또한, ㉡ 2020~2023년 부상자 수 중 중상자 수의 비율도 매년 감소하여 2023년에는 부상자 수 중 중상자 수의 비율이 25% 이하였다. 2020~2023년 도로종류별 교통사고 발생건수를 살펴보면, 특별광역시도의 교통사고 발생건수가 매년 가장 많았다. 하지만 ㉢ 2020~2023년 특별광역시도의 교통사고 발생건수는 매년 감소하였다. 한편, 2022년과 2023년 일반국도의 교통사고 발생건수는 특별광역시도와 시도 다음으로 많았다. 하지만 ㉣ 일반국도의 교통사고 발생건수는 2022년과 2023년 각각 16,000건을 넘지 않았다.

① ㄱ, ㄴ
② ㄴ, ㄷ
③ ㄷ, ㄹ
④ ㄱ, ㄴ, ㄹ
⑤ ㄱ, ㄷ, ㄹ

34. 다음 〈표〉는 2015~2022년 '갑'국의 논벼 소득에 관한 자료이다. 이에 대한 설명으로 옳은 것은?

〈표〉 2015~2022년 '갑'국의 논벼 소득 현황

(단위 : 백만 원, %)

연도	총수입	전년 대비 증가율	경영비	전년 대비 증가율	소득	소득률
2015	993,903	−6.1	( )	−2.2	560,966	56.4
2016	856,165	( )	( )	−1.5	429,546	50.2
2017	974,553	13.8	433,103	1.5	541,450	55.6
2018	1,178,214	20.9	( )	10.2	( )	59.5
2019	1,152,580	−2.2	( )	1.7	667,350	57.9
2020	1,216,248	5.5	484,522	( )	( )	60.2
2021	1,294,242	6.4	508,375	4.9	785,867	60.7
2022	1,171,736	( )	566,121	11.4	605,615	51.7

※ 1) 소득=총수입−경영비

2) 소득률(%)$=\frac{소득}{총수입}\times 100$

① 2018년 소득은 전년 대비 25% 이상 증가하였다.
② 2016년부터 2021년까지 소득은 매년 증가하였다.
③ 2017년 대비 2021년 경영비 증가율은 20% 이상이다.
④ 2020년 총수입과 경영비의 전년 대비 증감 방향은 동일하다.
⑤ 총수입의 전년 대비 증가율이 가장 낮은 해와 소득의 전년 대비 감소폭이 가장 큰 해는 같다.

35. 다음 〈표〉는 2021년 국군의 장서 보유량별 병영도서관 수에 관한 자료이다. 이에 대한 설명으로 옳지 않은 것은?

〈표〉 2021년 장서 보유량별 병영도서관 수

(단위 : 개소)

구분 \ 보유량	500권 이하	501~1,000권	1,001~2,000권	2,001~3,000권	3,001~5,000권	5,001권 이상	합
육군	60	158	( )	354	257	104	1,328
해군	67	49	52	39	34	21	262
공군	0	2	22	18	33	36	111
국직	1	5	17	19	13	9	64
전체	128	214	486	( )	337	170	1,765

① 1,001~2,000권의 장서를 보유한 병영도서관 수는 2,001~3,000권의 장서를 보유한 병영도서관 수보다 많다.
② 육군 이외 모든 국군 병영도서관 수의 합은 2,001권 이상의 장서를 보유한 육군 병영도서관 수의 70% 이하이다.
③ 해군 병영도서관 중 장서 보유량 상위 50개소의 장서 보유량 합이 20만 권이라면, 해군 병영도서관당 장서 보유량은 2,000권 이상이다.
④ 공군 병영도서관의 장서 보유량 합은 30만 권 이상이다.
⑤ 국직 병영도서관의 장서 보유량 합이 21만 권이라면, 5,300권 이상의 장서를 보유한 국직 병영도서관은 1개소 이상이다.

36. 다음 〈표〉는 2020~2023년 '갑'국 직업학교 A~E의 모집정원 및 지원자 수에 관한 자료이다. 이에 대한 설명으로 옳은 것은?

〈표 1〉 '갑'국 직업학교 A~E의 모집정원

(단위 : 명)

직업학교 \ 성별	전체	남성	여성
A	330	290	40
B	170	144	26
C	235	199	36
D	90	9	81
E	550	490	60

※ 2020~2023년 동안 '갑'국 직업학교 A~E의 성별 모집정원은 변동 없음

〈표 2〉 2020~2023년 '갑'국 직업학교 A~E의 지원자 수

(단위 : 명)

연도	2020			2021			2022			2023		
직업학교 \ 성별	전체	남성	여성	전체	남성	여성	전체	남성	여성	전체	남성	여성
A	11,273	8,149	3,124	14,656	10,208	4,448	8,648	6,032	2,616	8,073	5,713	2,360
B	6,797	4,824	1,973	3,401	2,434	967	3,856	2,650	1,206	3,686	2,506	1,180
C	9,957	6,627	3,330	12,406	8,079	4,327	5,718	4,040	1,678	5,215	3,483	1,732
D	4,293	559	3,734	3,994	600	3,394	2,491	336	2,155	2,389	275	2,114
E	2,965	2,107	858	3,393	2,205	1,188	2,657	1,715	942	2,528	1,568	960

① 직업학교 A~E의 전체 지원자 수의 합이 가장 많은 연도는 2020년이다.
② 2020년 전체 지원자 수 대비 2023년 전체 지원자 수 비율이 가장 낮은 직업학교는 D이다.
③ 직업학교 E에서 성별 모집정원 대비 지원자 수 비율이 가장 낮은 연도는 남성과 여성이 동일하다.
④ 직업학교 A는 남성 지원자 수의 전년 대비 증감률이 가장 큰 연도에 여성 지원자 수의 전년 대비 증감률도 가장 크다.
⑤ 직업학교 B에서 여성 모집정원 대비 여성 지원자 수 비율이 가장 낮은 연도와 직업학교 C에서 여성 모집정원 대비 여성 지원자 수 비율이 가장 높은 연도는 동일하다.

37. 다음 〈그림〉은 '갑'지역 전세 사기 피해자 765명의 피해자 연령대별, 피해금액대별 현황에 관한 자료이다. 이에 대한 〈보기〉의 설명 중 옳은 것만을 모두 고르면?

〈그림〉 '갑'지역 전세 사기 피해자 현황

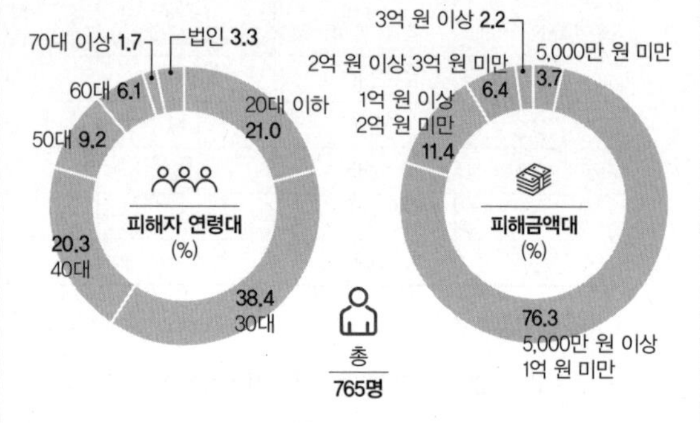

※ 각 피해 법인 1개는 피해자 1명으로 산정하고, 법인의 연령은 고려하지 않음

〈보 기〉

ㄱ. 피해금액이 5,000만 원 이상 1억 원 미만인 피해자 중 30대 이하인 피해자가 차지하는 비중은 40% 미만이다.

ㄴ. 피해금액 총액은 500억 원 이상이다.

ㄷ. 피해금액이 3억 원 이상인 피해자가 모두 법인이고 40대 이하인 피해자의 피해금액이 모두 1억 원 미만이라면, 피해금액이 1억 원 미만인 법인은 없다.

① ㄱ
② ㄴ
③ ㄷ
④ ㄱ, ㄴ
⑤ ㄴ, ㄷ

38. 다음 〈표〉는 2022년 '갑'대학 학생 A~J의 학기별 봉사 점수에 관한 자료이다. 이에 대한 설명으로 옳은 것은?

〈표 1〉 학생 A~J의 학기별 점수

(단위 : 점)

학기 / 학생	1학기	2학기
A	4.3	4.2
B	3.7	3.6
C	4.0	3.8
D	2.8	2.7
E	3.4	( )
F	0.4	0.2
G	3.9	3.6
H	2.8	1.8
I	( )	2.2
J	1.2	1.1

〈표 2〉 학기별 · 등급별 평균점수(학생 A~J)

(단위 : 점)

학기 / 등급	1학기	2학기
상	3.98	3.80
중	3.10	2.45
하	( )	1.25

※ 1) 학기별로 점수가 3.5점 이상이면 '상'등급, 2.0점 이상 3.5점 미만이면 '중'등급, 2.0점 미만이면 '하'등급으로 학생을 구분함

2) 평균점수(점) = $\frac{\text{해당 학기 해당 등급 학생 점수의 합}}{\text{해당 학기 해당 등급 학생 수}}$

3) 평균점수는 소수 셋째 자리에서 반올림한 값임

① '상'등급에 해당하는 학생 수는 1학기가 2학기보다 많다.
② 1학기와 2학기의 점수 차이가 가장 큰 학생은 H이다.
③ 학생 E의 2학기 등급은 '중'이다.
④ '하'등급의 평균점수는 1학기가 2학기보다 높다.
⑤ 학생 A~J는 모두 1학기 점수가 2학기 점수보다 높다.

39. 다음 〈정보〉와 〈표〉는 '갑'초등학교 6학년 1~6반 학생이 받은 상에 관한 자료이다. 이를 근거로 개근상을 받은 학생 수와 우등상을 받은 학생 수를 바르게 연결한 것은?

〈정 보〉

- 상의 종류는 개근상, 우등상, 봉사상만 있다.
- 학생 1명은 동일한 종류의 상을 중복해서 받을 수 없다.
- 개근상, 우등상, 봉사상 3개를 모두 받은 학생은 1반, 2반, 5반에서 각각 2명이고, 3반, 4반, 6반에서 각각 1명이다.
- 우등상을 받은 학생 수가 봉사상을 받은 학생 수보다 많다.

〈표 1〉 1~6반 수상 현황

(단위 : 명, 개)

반	1	2	3	4	5	6
상 받은 학생 수	5	4	4	5	3	1
받은 상 개수	9	8	9	8	8	3

〈표 2〉 상별 상위 2개 반과 상을 받은 학생 수

(단위 : 명)

상 / 순위 \ 구분	개근상		우등상		봉사상	
	반	학생 수	반	학생 수	반	학생 수
1	2	4	1	5	4	5
2	5	3	3	4	3	4

※ 1) 상을 받은 학생 수 기준으로 순위를 정함
2) 공동 2위는 없음

	개근상을 받은 학생 수	우등상을 받은 학생 수
①	12	15
②	12	16
③	12	17
④	13	16
⑤	13	17

40. 다음 〈표〉는 '갑'국의 유종별 소비자 판매가격 산정에 관한 자료이다. 이에 대한 〈보기〉의 설명 중 옳은 것만을 모두 고르면?

〈표〉 유종별 원가, 유류세 및 판매부과금

(단위 : 원/L)

<table>
<tr><th rowspan="2">유종</th><th rowspan="2">원가</th><th colspan="4">유류세</th><th rowspan="2">판매
부과금</th></tr>
<tr><th>교통세</th><th>개별
소비세</th><th>교육세</th><th>주행세</th></tr>
<tr><td>보통 휘발유</td><td>670</td><td>529</td><td>0</td><td rowspan="4">교통세의
15%</td><td rowspan="4">교통세의
26%</td><td>0</td></tr>
<tr><td>고급 휘발유</td><td>760</td><td>529</td><td>0</td><td>36</td></tr>
<tr><td>선박용 경유</td><td>700</td><td>375</td><td>0</td><td>0</td></tr>
<tr><td>자동차용 경유</td><td>760</td><td>375</td><td>0</td><td>0</td></tr>
<tr><td>등유</td><td>820</td><td>0</td><td>63</td><td>개별
소비세의
15%</td><td>0</td><td>0</td></tr>
</table>

※ 1) 유종은 '보통 휘발유', '고급 휘발유', '선박용 경유', '자동차용 경유', '등유'로만 구분됨
2) 소비자 판매가격=원가+유류세+판매부과금+부가가치세
3) 유류세=교통세+개별소비세+교육세+주행세
4) 부가가치세=(원가+유류세+판매부과금)×0.1

〈보 기〉

ㄱ. 유류세는 '보통 휘발유'가 '자동차용 경유'의 1.3배 이상이다.
ㄴ. 소비자 판매가격 대비 유류세의 비율이 세 번째로 높은 유종은 '자동차용 경유'이다.
ㄷ. 원가와 판매부과금의 변동없이 유류세가 10% 인하된다면, '보통 휘발유'의 소비자 판매가격은 80원/L 이상 인하된다.
ㄹ. 원가와 판매부과금의 변동없이 유류세가 15% 인하될 때보다 유류세와 판매부과금의 변동없이 원가가 10% 인하될 때, '선박용 경유'의 소비자 판매가격 인하 폭이 더 크다.

① ㄱ, ㄴ
② ㄱ, ㄷ
③ ㄱ, ㄹ
④ ㄴ, ㄷ
⑤ ㄴ, ㄹ

1. 다음 글을 근거로 판단할 때 옳은 것은?

> 제00조(공공데이터의 제공 및 이용 활성화에 관한 기본계획) ① 정부는 공공데이터의 제공 및 이용 활성화에 관한 기본계획(이하 '기본계획'이라 한다)을 수립하여야 한다.
> ② 기본계획은 행정안전부장관이 과학기술정보통신부장관과 협의하여 매 3년마다 국가 및 각 지방자치단체의 부문계획을 종합하여 수립하며, 공공데이터전략위원회(이하 '전략위원회'라 한다)의 심의 · 의결을 거쳐 확정한다. 기본계획 중 중요한 사항을 변경하는 경우에도 또한 같다.
> ③ 행정안전부장관은 전략위원회의 심의를 거쳐 국가와 지방자치단체의 부문계획의 작성지침을 정하고 이를 관계 기관에 통보할 수 있으며, 기본계획의 작성을 위하여 필요한 경우 공공기관의 장에게 관련 자료의 제출을 요청할 수 있다.
> 제00조(공공데이터의 제공 및 이용 활성화에 관한 시행계획) ① 국가와 지방자치단체의 장은 기본계획에 따라 매년 공공데이터의 제공 및 이용 활성화에 관한 시행계획(이하 '시행계획'이라 한다)을 수립하여야 한다.
> ② 중앙행정기관의 장과 지방자치단체의 장은 시행계획을 전략위원회에 제출하고, 전략위원회의 심의 · 의결을 거쳐 시행하여야 한다. 시행계획 중 중요한 사항을 변경하는 경우에도 또한 같다.
> 제00조(공공데이터의 제공 운영실태 평가) ① 행정안전부장관은 매년 공공기관(국회 · 법원 · 헌법재판소 및 중앙선거관리위원회는 제외한다. 이하 이 조에서 같다)을 대상으로 공공데이터의 제공기반조성, 제공현황 등 제공 운영실태를 평가하여야 한다.
> ② 행정안전부장관은 제1항에 따른 평가결과를 전략위원회와 국무회의에 보고한 후 이를 공공기관의 장에게 통보하고 공표하여야 하며, 전략위원회가 개선이 필요하다고 권고한 사항에 대하여는 해당 공공기관에 시정요구 등의 조치를 취하여야 한다.
> ③ 행정안전부장관은 제1항에 따른 평가결과가 우수한 공공기관이나 공공데이터 제공에 이바지한 공로가 인정되는 공무원 또는 공공기관 임직원을 선정하여 포상할 수 있다.

① 행정안전부장관은 기본계획의 작성을 위해 필요한 경우, 관련 자료의 제출을 공공기관의 장에게 요청할 수 있다.
② 지방자치단체의 장은 시행계획 중 중요한 사항을 변경하는 경우, 공공데이터전략위원회의 심의를 생략하고 이를 시행할 수 있다.
③ 행정안전부장관은 헌법재판소를 대상으로 공공데이터의 제공 운영실태를 평가하여야 한다.
④ 공공데이터전략위원회는 공공데이터의 제공 운영실태 평가결과를 행정안전부장관에게 보고하여야 한다.
⑤ 공공데이터의 제공 운영실태 평가에 따른 포상 대상은 공무원에 한한다.

2. 다음 글을 근거로 판단할 때 옳은 것은?

> 제○○조(문화관광형시장의 지정 · 육성) ① 시장 · 군수 · 구청장(이하 '시장 등'이라 한다)은 직접 또는 상인조직을 대표하는 자가 신청하는 경우 시 · 도지사의 승인을 받아 문화관광형시장을 지정할 수 있다. 이 경우 시 · 도지사는 중소벤처기업부장관 및 문화체육관광부장관과 협의를 거쳐 승인 여부를 결정하여야 한다.
> ② 시장 등은 문화관광형시장을 지정한 경우에는 그 지정 내용과 육성계획을 중소벤처기업부장관과 시 · 도지사에게 제출하여야 한다.
> ③ 정부와 지방자치단체는 지정된 문화관광형시장을 육성하기 위하여 다음 각 호의 사항을 지원할 수 있다.
> 1. 문화관광형시장으로 육성하기 위하여 필요한 공공시설과 편의시설의 설치 및 개량
> 2. 기념품 및 지역특산품의 개발과 판매시설 설치
> 3. 지역특성을 반영한 축제 · 행사 · 문화공연 개최
> 4. 시장 · 상점가와 지역 문화 · 관광자원을 연계한 상품 및 문화 · 관광 콘텐츠의 개발과 홍보
> 5. 문화관광형시장의 상인 및 상인조직에 대한 교육
>
> 제□□조(문화관광형시장 지정의 해제) ① 시 · 도지사는 지정된 문화관광형시장이 다음 각 호의 어느 하나에 해당하는 경우에는 그 지정을 해제할 수 있다.
> 1. 문화관광형시장을 지정한 날부터 3개월 이내에 제○○조 제2항에 따라 지정 내용과 육성계획이 제출되지 아니한 경우
> 2. 문화관광형시장을 지정한 날부터 2년 이내에 제○○조 제2항의 육성계획이 추진되지 아니한 경우
>
> ② 시 · 도지사는 문화관광형시장의 지정을 해제하려는 경우에는 시장 등 및 그 밖의 이해관계인에게 의견진술의 기회를 주어야 한다.
> ③ 시 · 도지사는 문화관광형시장의 지정을 해제한 때에는 그 내용을 중소벤처기업부장관, 문화체육관광부장관 및 시장 등에게 통보하여야 한다.

① 시 · 도지사는 개별 상인의 신청에 따라 문화관광형시장을 지정할 수 있다.
② 문화관광형시장의 지정을 해제한 때에는 시 · 도지사가 그 내용을 중소벤처기업부장관에게 통보할 필요가 없다.
③ 시 · 도지사는 문화관광형시장의 지정 해제를 함에 있어 이해관계인에게 의견진술의 기회를 줄 필요는 없다.
④ 지방자치단체는 지정된 문화관광형시장을 육성하기 위해 지역특산품의 개발과 판매시설 설치를 지원할 수 있지만, 기념품 개발과 판매시설 설치는 지원할 수 없다.
⑤ 시장 · 군수 · 구청장이 문화관광형시장을 지정한 날부터 3개월 이내에 그 지정 내용과 육성계획을 제출하지 않은 경우, 시 · 도지사는 그 지정을 해제할 수 있다.

3. 다음 글을 근거로 판단할 때 옳은 것은?

제00조(자연지진·지진해일·화산의 관측 결과 통보) 기상청장은 국내외에서 발생하는 주요 자연지진·지진해일·화산에 대한 관측 결과 및 특보 등의 정보를 보도기관 또는 인터넷 홈페이지를 이용하거나 다른 적절한 방법을 통하여 관계 기관과 국민에게 알릴 수 있다.
제00조(지진조기경보체제 구축·운영) ① 기상청장은 지진관측 즉시 관련 정보를 국민에게 알릴 수 있는 지진조기경보체제를 구축·운영하여야 한다.
② 기상청장은 다음 각 호의 경우 즉시 지진조기경보를 발령하여야 한다.
1. 규모 5.0 이상으로 예상되는 지진이 국내에서 발생한 경우
2. 규모 5.0 이상으로 예상되는 지진으로서 국내에 상당한 영향을 미칠 것으로 예상되는 지진이 국외에서 발생한 경우
제00조(지진·지진해일·화산의 관측 결과 통보의 제한) ① 기상청장 외의 자는 지진·지진해일·화산에 대한 관측 결과 및 특보를 발표할 수 없다. 다만, 다음 각 호의 경우에는 그러하지 아니하다.
1. 핵실험이나 대규모 폭발 등으로 인하여 발생한 인공지진에 대한 관측 결과를 발표하는 경우
2. 지진·지진해일·화산에 대한 관측 결과를 학문연구를 위하여 발표하는 경우
② 기상청장 외의 자가 제1항 단서에 따른 발표를 하려는 때에는 기상청장의 승인을 받아야 한다.

① 기상청장은 국내외에서 발생하는 모든 자연지진에 대한 관측 결과를 관계 기관과 국민에게 알려야 한다.
② 지진조기경보는 지진의 발생이 예상되는 즉시 발령되어야 한다.
③ 기상청장은 화산에 대한 관측 결과를 학문연구를 위해 발표할 수 없다.
④ 핵실험으로 인해 발생한 인공지진에 대한 관측 결과를 기상청장 외의 자가 발표하려는 경우, 기상청장의 승인은 필요 없다.
⑤ 국외에서 규모 6.0으로 예상되는 지진이 발생하였으나 그 지진이 국내에 영향을 미치지 않을 것으로 예상된다면, 기상청장은 즉시 지진조기경보를 발령하지 않아도 된다.

4. 다음 글을 근거로 판단할 때 옳은 것은?

제○○조(헌혈증서의 발급 및 수혈비용의 보상 등) ① 혈액원이 헌혈자로부터 헌혈을 받았을 때에는 헌혈증서를 그 헌혈자에게 발급하여야 한다.
② 제1항에 따른 헌혈자 또는 그 헌혈자의 헌혈증서를 양도받은 사람은 의료기관에 그 헌혈증서를 제출하면 무상으로 혈액제제를 수혈받을 수 있다.
③ 보건복지부장관은 의료기관이 제2항에 따라 헌혈증서 제출자에게 수혈을 하였을 때에는 제□□조 제2항에 따른 헌혈환급적립금에서 그 비용을 해당 의료기관에 보상하여야 한다.
제□□조(헌혈환급예치금 및 헌혈환급적립금) ① 혈액원이 헌혈자로부터 헌혈을 받았을 때에는 헌혈환급예치금을 보건복지부장관에게 내야 한다.
② 보건복지부장관은 제1항에 따른 헌혈환급예치금으로 헌혈환급적립금(이하 '적립금'이라 한다)을 조성·관리한다.
③ 적립금은 다음 각 호의 어느 하나에 해당하는 용도에만 사용하여야 한다.
1. 제○○조 제3항에 따른 수혈비용의 보상
2. 헌혈의 장려
3. 혈액관리와 관련된 연구
제△△조(특정수혈부작용 및 채혈부작용의 보상) ① 혈액원은 다음 각 호의 어느 하나에 해당하는 사람에 대하여 특정수혈부작용 및 채혈부작용에 대한 보상금(이하 '보상금'이라 한다)을 지급할 수 있다.
1. 혈액원이 공급한 혈액이 직접적인 원인이 되어 질병이 발생하거나 사망한 특정수혈부작용자
2. 헌혈이 직접적인 원인이 되어 질병이 발생하거나 사망한 채혈부작용자
② 제1항에도 불구하고 다음 각 호의 어느 하나에 해당하는 경우에는 보상금을 지급하지 아니할 수 있다.
1. 채혈부작용이 헌혈자 본인의 고의 또는 중대한 과실로 인하여 발생한 경우
2. 채혈부작용이라고 결정된 사람 또는 그 가족이 손해배상청구소송 등을 제기한 경우 또는 소송제기 의사를 표시한 경우

① 헌혈증서를 제출함으로써 무상으로 혈액제제를 수혈받을 수 있는 사람은 헌혈자에 한한다.
② 혈액원은 헌혈이 직접적인 원인이 되어 사망한 자에 대하여 헌혈환급적립금에서 보상금을 지급하여야 한다.
③ 보건복지부장관은 혈액원으로부터 적립받은 헌혈환급적립금으로 헌혈환급예치금을 조성·관리하여야 한다.
④ 혈액원이 공급한 혈액이 직접적인 원인이 되어 질병이 발생한 특정수혈부작용자가 손해배상청구소송을 제기한 경우, 혈액원의 보상금 지급대상에서 제외된다.
⑤ 의료기관이 헌혈증서를 제출한 헌혈자에게 무상으로 혈액제제를 수혈한 경우, 해당 의료기관은 보건복지부장관으로부터 그 비용을 보상받을 수 있다.

5. 다음 글을 근거로 판단할 때 옳은 것은?

제○○조(건축물에 대한 미술작품의 설치 등) ① 일정 규모 이상의 건축물을 건축하려는 자(이하 '건축주'라 한다)는 제4항에 따른 금액을 사용하여 회화·조각·공예 등 건축물 미술작품(이하 '미술작품'이라 한다)을 설치하여야 한다.
② 건축주는 건축물에 미술작품을 설치하려는 경우 해당 건축물이 소재하는 지역을 관할하는 시·도지사에게 해당 미술작품의 가격과 예술성 등에 대한 감정·평가를 받아야 한다.
③ 제1항에 따라 미술작품을 설치해야 하는 건축물은 다음 각 호의 어느 하나에 해당되는 건축물로서 연면적이 1만 제곱미터(증축하는 경우에는 증축되는 부분의 연면적이 1만 제곱미터) 이상인 것으로 한다.
1. 공동주택(기숙사 및 공공건설임대주택은 제외한다)
2. 문화 및 집회시설 중 공연장·집회장 및 관람장
3. 업무시설
④ 미술작품의 설치에 사용해야 하는 금액은 다음과 같다.
1. 제3항 제1호의 공동주택 : 건축비용의 1천분의 1
2. 제3항 제1호 이외의 건축물 : 건축비용의 1천분의 5
3. 제1호 및 제2호에도 불구하고 제3항 제1호부터 제3호까지의 건축물로서 건축주가 국가 또는 지방자치단체인 건축물 : 건축비용의 1백분의 1
제□□조(건축물에 대한 미술작품의 설치 등) ① 건축주(국가 및 지방자치단체는 제외한다)는 제○○조 제4항에 따른 금액을 미술작품의 설치에 사용하는 대신에 문화예술진흥기금에 출연할 수 있다.
② 제1항에 따라 문화예술진흥기금에 출연하는 금액은 제○○조 제4항에 따른 금액의 1백분의 70에 해당하는 금액으로 한다.
③ 건축물의 설계변경으로 건축비용이 인상됨에 따라 제○○조 제4항에 따른 금액이 종전에 제○○조 제2항에 따른 감정·평가를 거친 금액보다 커진 경우에는 그 차액을 문화예술진흥기금에 출연하는 것으로 미술작품을 변경하여 설치하는 것을 갈음할 수 있다.

① A지방자치단체가 건축비용 30억 원으로 연면적 1만 5천 제곱미터의 공연장을 건립하려는 경우, 미술작품 설치에 1천 5백만 원을 사용하여야 한다.
② B지방자치단체가 건축비용 25억 원으로 연면적 1만 제곱미터 이상의 업무시설을 건립하려는 경우, 미술작품을 설치하는 대신에 1,750만 원을 문화예술진흥기금에 출연하여도 된다.
③ C회사가 건축비용 10억 원으로 기존 연면적 7천 제곱미터의 업무시설을 전체 연면적 1만 2천 제곱미터의 업무시설로 증축하려는 경우, 미술작품을 설치할 필요가 없다.
④ D대학교가 건축비용 20억 원으로 연면적 1만 제곱미터의 기숙사를 건립하려는 경우, 미술작품의 설치에 200만 원을 사용하여야 한다.
⑤ E회사가 건축비용 40억 원으로 연면적 1만 제곱미터의 집회장을 건립하면서 2천만 원의 미술작품을 설치하기로 한 후, 설계변경으로 건축비용이 45억 원으로 늘어났다면 2천만 원을 문화예술진흥기금에 출연하여야 한다.

6. 다음 글을 근거로 판단할 때, 〈보기〉에서 옳은 것만을 모두 고르면?

○○문화예술위원회는 매년 문학적 역량이 뛰어난 작가의 집필활동을 지원하기 위해 문학창작기금 지원사업(이하 '지원사업'이라 한다)을 실시하고 있다. 지원대상은 집필이 완료된 작품의 작품집을 발간하려는 작가이며, 선정된 작가에게는 작품집의 발간을 위해 창작지원금(원고료 및 출판 비용 등) 1,000만 원이 지급된다. 2024년 지원사업의 신청 마감일은 2024년 6월 30일이고, 창작지원금은 2025년 1월 중 지급한다.

신청 대상은 국적에 관계없이 한국에서 활동 중인 시, 시조, 소설, 수필, 평론, 희곡 분야의 작가이다. 신청 마감일을 기준으로 신청 분야의 최초 창작활동 시작 후 3년 이상 경과한 작가에게 자격요건이 있으며, 창작활동 경력은 신청 분야와 활동 분야가 동일한 경우에 한해 인정된다. 신청 분야의 창작활동 시작 시점은 ① 신청 분야 신춘문예 당선일, ② 신청 분야 단행본 출간일, ③ 신청 분야 신인문학상 수상일, ④ 신청 분야 문예 매체 작품 발표일, ⑤ 최초 공연일(희곡 분야에 한함)로 한다.

선정된 작가는 창작지원금을 지급받은 해의 12월 말일까지 작품집을 발간해야 한다. 지정된 날짜까지 작품집 발간 실적이 없는 경우, 창작지원금이 반환처리될 수 있다.

〈보 기〉

ㄱ. 지원사업은 한국에서 활동 중인 한국인 작가만을 대상으로 한다.
ㄴ. 2015년 4월 16일 소설 분야 신춘문예에 당선된 이후 한국에서 활동 중인 작가는 2024년 지원사업의 소설 분야 신청 자격이 있다.
ㄷ. 2020년 6월 28일 최초 공연된 작품으로 3개월 뒤 희곡 분야 신인문학상을 수상한 이후 한국에서 활동 중인 작가는 희곡 분야 2024년 지원사업 신청 자격이 없다.
ㄹ. 2024년 지원사업에 선정된 작가가 2025년 12월 말일까지 작품집을 발간하지 않는 경우, 창작지원금이 반환처리될 수 있다.

① ㄱ, ㄷ
② ㄱ, ㄹ
③ ㄴ, ㄷ
④ ㄴ, ㄹ
⑤ ㄱ, ㄴ, ㄷ

7. 다음 글을 근거로 판단할 때, 〈보기〉에서 옳은 것만을 모두 고르면?

> 상대습도란 현재 대기 중의 수증기량을 현재 온도의 포화 수증기량으로 나눈 값이다. 이는 현재 온도에서 공기가 최대로 품을 수 있는 수증기량에 대한 현재 공기 중에 포함된 수증기량의 비율이다. 상대습도가 100%일 때를 포화 상태라고 표현하며, 이때는 물과 수증기가 평형을 이루어 수증기의 양이 늘거나 줄지 않는다. 포화 수증기량은 기온이 올라갈수록 증가하고 기온이 내려갈수록 감소하는데, 포화 수증기량이 감소하여 현재 수증기량보다 적어지면 초과한 만큼의 수증기가 응결되어 물이 된다.

〈보 기〉

ㄱ. 포화 수증기량이 20% 증가하면 상대습도는 20% 낮아진다.
ㄴ. 상대습도가 80%인 공기의 수증기량을 증가시켜 포화 상태로 만들 수 있다.
ㄷ. 밀폐된 공간의 공기 온도가 올라가면 상대습도는 높아진다.

① ㄱ
② ㄴ
③ ㄷ
④ ㄱ, ㄴ
⑤ ㄴ, ㄷ

8. 다음 글과 〈상황〉을 근거로 판단할 때, ㉠과 ㉡을 옳게 짝지은 것은?

> 자동차 연비를 표시하는 단위는 나라마다 다르다. A국은 자동차 연비를 1갤런의 연료로 달릴 수 있는 거리(마일)로 계산하며, 단위는 mpg를 사용한다. B국에서는 100km를 달릴 때 소요되는 연료량(L)으로 계산하며, 단위는 L/100km를 사용한다. C국은 연료 1L로 주행할 수 있는 거리(km)로 계산하며 km/L를 단위로 사용한다.

※ 1갤런은 4L, 1마일은 1.6km로 간주한다.

〈상 황〉

> X, Y, Z 세 대의 자동차가 있다. 각 자동차의 연비는 순서대로 15mpg, 8L/100km, 18km/L이다. 따라서 X는 120km를 이동하는 데 연료 [㉠]L가 소요된다. 그리고 4갤런의 연료로 Z는 Y보다 [㉡]km 더 이동할 수 있다.

	㉠	㉡
①	5	72
②	5	88
③	20	72
④	20	88
⑤	32	88

9. 다음 글과 〈상황〉을 근거로 판단할 때, 甲과 乙이 각각 선택할 은행과 그 은행에서 적용받을 최종금리를 옳게 짝지은 것은?

> A, B, C은행은 고객의 계좌를 개설할 때, 다음과 같이 최종금리를 결정하고 있다.
> 최종금리(%)=기본금리+특별금리+우대금리

은행	기본금리	특별금리
A	4.2%	0.5%
B	4.0%	0.5%
C	3.8%	0.5%

※ 특별금리 조건 : 연소득 2,400만 원 이하

은행	우대금리 조건	최대가산 우대금리
A	- 주택청약 보유 0.5% - 공과금 자동이체 0.5% - K카드 실적 월 30만 원 이상 0.5%	1.0%
B	- 최초 신규고객 1.0% - 공과금 자동이체 0.5%	1.5%
C	- 급여이체 0.7% - 최초 신규고객 0.6% - K카드 실적 월 60만 원 이상 0.4%	1.7%

〈상 황〉

> 甲과 乙은 A, B, C은행 중 적용받을 최종금리가 가장 높은 은행을 각각 선택하여 계좌를 개설하려 한다. 이들은 아래와 같은 대화를 나누었다.
> 甲 : 나는 여태 A은행만 이용해 왔고, 주택청약도 보유하고 있어. 공과금 자동이체 계좌는 다른 은행으로 바꿀 수 있지만, 급여이체 계좌는 바꿀 수 없어. 나는 한 달에 K카드를 40만 원 사용해. 나는 연소득 2,200만 원이야.
> 乙 : 나는 B은행만 이용해 왔어. 급여이체와 공과금 자동이체를 어떤 은행에서 하더라도 괜찮아. 나는 한 달에 K카드를 70만 원 사용해. 나는 연소득 3,600만 원이야.

	甲	乙
①	A은행, 5.7%	A은행, 5.2%
②	A은행, 6.2%	C은행, 5.5%
③	B은행, 6.0%	A은행, 5.7%
④	B은행, 6.0%	C은행, 5.5%
⑤	C은행, 6.0%	A은행, 5.7%

10. 다음 글을 근거로 판단할 때, ㉠, ㉡, ㉢, ㉣의 합으로 가능한 수는?

> • ㉠, ㉡, ㉢, ㉣은 0부터 9까지의 정수이다.
> • ㉠과 ㉡은 같다.
> • ㉠, ㉡, ㉢, ㉣ 중 홀수는 ㉡개이다.
> • ㉠, ㉡, ㉢, ㉣ 중 1은 ㉢개이다.
> • ㉠, ㉡, ㉢, ㉣ 중 2는 ㉣개이다.

① 1
② 3
③ 5
④ 7
⑤ 9

11. 다음 글을 근거로 판단할 때, 甲과 乙이 가지고 있는 닭의 마릿수는?

> 甲 : 닭 가격이 올랐으니 지금이 닭을 팔 좋은 기회야. 우리 둘이 가진 닭 중 75마리를 팔면, 지금 가진 사료만으로도 닭을 팔기 전보다 20일 더 먹일 수 있어.
> 乙 : 하지만 내 생각에는 닭 가격이 앞으로 더 오를 것 같아. 지금은 닭을 팔기보다는 사는 것이 낫다고 생각해. 만약 닭을 100마리 사면 지금 가진 사료가 15일 일찍 동이 나겠지만, 사료는 더 구매하면 되는 것이고 … .
> 甲 : 그래? 그럼 닭을 팔아야 할지 사야 할지 다시 고민해보자.

① 100
② 200
③ 300
④ 400
⑤ 500

12. 다음 글을 근거로 판단할 때, 甲이 은행 금고에 맡길 A의 개수는?

> 甲은 보석을 은행 금고에 맡기려 한다. 은행 금고에는 정확히 1kg만 맡길 수 있다. 甲은 모든 종류의 보석을 하나씩은 포함하여 최대 금액이 되도록 맡기려 한다. 다만, 보석을 쪼갤 수 없다.
> 甲이 가진 보석은 다음과 같다.

보석 종류	개당 가격(만 원)	개당 무게(g)	수량(개)
A	10	12	52
B	7	10	48
C	3	3	150
D	1	2	31

① 44
② 45
③ 46
④ 47
⑤ 48

13. 다음 글을 근거로 판단할 때 옳은 것은?

> A마을에 사는 5명(甲~戊)은 서로 나이가 다르다. 이들은 자신보다 연상인 사람의 나이는 모르지만, 연하인 사람의 나이는 알고 있다.
> A마을 사람들은 연상인 사람에 대해서는 아래 표에 따라 칭하는 말을 붙인다.

화자 \ 칭하는 대상	여자	남자
여자	우후	우히
남자	이후	이히

> 甲~丁은 아래와 같은 대화를 나누었다.
> 甲 : 戊 우후가 몇 살이지?
> 乙 : 글쎄, 모르겠네. 甲, 네가 나보다 1살 어린 건 기억나는데.
> 丙 : 乙 이히가 모르는 것도 있네.
> 丁 : 내 나이는 모르는 사람이 없지. 戊 이후도 내 나이를 알고 있어.

① 甲은 丙에게 '우히'를 붙인다.
② 丁은 丙에게 '이후'를 붙인다.
③ 丙과 戊의 나이 차는 2살 이하이다.
④ 甲~戊 중 여자가 남자보다 더 많다.
⑤ 甲~戊 중 두 번째로 나이가 많은 사람은 乙이다.

14. 다음 글과 〈상황〉을 근거로 판단할 때, ㉠에 들어갈 수 있는 최솟값과 최댓값을 옳게 짝지은 것은?

> A시는 호우특보(호우주의보 또는 호우경보) 발효 중에 현장 모니터링을 위해 당직자를 다음과 같이 지정한다.
> • 호우주의보 발효 중에는 하루에 1명씩 당직을 선다.
> • 호우경보 발효 중에는 하루에 2명씩 당직을 선다.
> • 당직 대상자는 총 3명(甲~丙)이다.
> • 출장이나 휴가를 간 날에는 당직을 설 수 없다.
> • 같은 사람이 이틀 연속 당직을 설 수 없다.

〈상 황〉

> A시에 8월 중에는 7일부터 14일까지 8일간만 호우특보가 발효되었다. 8월 9일과 13일에는 호우경보가, 나머지 날에는 모두 호우주의보가 발효되었다. 乙은 8월 11일에 하루 출장을 갔고, 丙은 8월 13일에 하루 휴가를 갔다. 甲~丙은 8월에 호우특보 발효 기간에만 당직을 섰다. 丙은 8월 중 총 [㉠]일 당직을 섰다.

	최솟값	최댓값
①	2	3
②	2	4
③	3	4
④	3	5
⑤	4	5

15. 다음 글을 근거로 판단할 때, 甲이 일주일에 강아지를 산책시키는 최대 횟수는?

> 강아지 한 마리를 키우고 있는 甲은 다음 조건에 따라 매주 같은 횟수로 강아지를 산책시키고 있다.
> 강아지 산책은 아침, 점심, 저녁에 각 한 번, 하루 세 번까지 가능하다. 하루에 세 번 강아지를 산책시키면 이튿날은 아침과 점심에 강아지를 산책시킬 수 없다. 그리고 하루에 점심, 저녁 연달아 강아지를 산책시키면 이튿날 아침에는 산책을 쉬어야 한다. 강아지를 하루에 한 번도 산책시키지 않으면 이튿날 아침에도 산책을 시키지 않는다. 甲은 매주 수요일에는 하루 종일 출장을 가서 강아지를 산책시킬 수 없다. 또한 매주 금요일 저녁에는 강아지를 산책시킬 수 없다.

① 12
② 13
③ 14
④ 15
⑤ 16

16. 다음 글과 〈상황〉을 근거로 판단할 때 옳은 것은?

> △△부는 A~D업체 중 여론조사를 수행할 1개의 업체를 선정하고자 한다. 각 업체가 제출한 제안서에 대해 5명의 평가위원이 상, 중, 하 3개의 등급으로 평가하여 각각 100점, 90점, 80점을 부여한다.
> 업체를 선정하는 방식은 다음과 같다.
> 평가점수 중 최고점과 최저점을 제외한 나머지 점수들의 합이 가장 큰 업체를 선정한다. 단, 최고점이 여러 개일 경우 1개의 점수만 제외하고, 최저점이 여러 개일 경우도 마찬가지이다. 최고 득점 업체가 복수인 경우, 최고 득점 업체를 대상으로 2차 발표 평가를 추가로 진행한다.

〈상 황〉

다음은 5명의 평가위원이 A~D업체에 부여한 평가점수에 대한 정보이다.

구분	A업체	B업체	C업체	D업체
최고점	100	90	90	100
최저점	80	80	?	80
평균점수	92	?	88	?

① A업체는 평가위원 3명으로부터 중의 등급을 받았다.
② C업체는 평가위원 2명으로부터 하의 등급을 받았다.
③ B업체가 선정될 가능성은 없다.
④ C업체가 선정될 가능성이 있다.
⑤ 3개 업체가 2차 발표 평가 대상이 될 가능성이 있다.

17. 다음 글과 〈신청 사업자 현황〉을 근거로 판단할 때, 용역사업자로 선정될 사업자는?

ㅁㅁ부처는 정밀안전진단 용역사업자를 선정하고자 한다. 평가항목별 합산 점수가 가장 높은 사업자를 선정하되, 합산 점수가 가장 높은 사업자가 복수인 경우 실적 건수가 가장 많은 사업자를 선정한다. 단, 초급 기술을 가진 사업자는 선정에서 제외한다.

다음은 정밀안전진단 용역사업자 〈평가항목 및 배점〉이다.

〈평가항목 및 배점〉

(가) 기술 등급

기술 등급	특급	고급	중급
점수	4	3	2

(나) 경력 기간

경력 기간	10년 이상	10년 미만 9년 이상	9년 미만 8년 이상	8년 미만 7년 이상	7년 미만
점수	8	7	6	5	4

(다) 실적 건수

실적 건수	14건 이상	14건 미만 12건 이상	12건 미만 10건 이상	10건 미만 8건 이상	8건 미만
점수	5	4	3	2	1

(라) 실적 금액

실적 금액	7억 원 이상	7억 원 미만 6억 원 이상	6억 원 미만 5억 원 이상	5억 원 미만 4억 원 이상	4억 원 미만
점수	5	4	3	2	1

〈신청 사업자 현황〉

사업자	기술 등급	경력 기간	실적 건수	실적 금액
甲	중급	9.5년	13건	8억 원
乙	고급	9년	12건	6억 원
丙	특급	8.5년	9건	8.5억 원
丁	특급	8년	10건	7.5억 원
戊	초급	13년	14건	5.5억 원

① 甲
② 乙
③ 丙
④ 丁
⑤ 戊

18. 다음 글과 〈상황〉을 근거로 판단할 때, 청년후계농으로 선발될 수 있는 지원자는?

〈2023년 청년후계농 선발 공고문〉

ㅁ 목적
- 젊고 유능한 인재의 농업분야 유입을 촉진하고, 청년 근로자의 영농 정착과 농업 인력구조 개선을 도모

ㅁ 지원자격
- 만 19세~만 40세(병역이행기간은 연령 계산 시 미산입)
- 독립경영 3년 이하인 자 및 독립경영 예정자
  – 독립경영 : ① 본인명의로 농지를 임차하거나 구입하고, ② 경영주로 등록한 후, ③ 본인이 직접영농에 종사하는 경우
  – 위의 독립경영 요건 중 ①과 ②를 충족하였으나 ③을 충족하지 못한 경우를 독립경영 예정자로 봄
- 2023. 1. 1. 현재 위의 기준을 충족한 자에 한함

〈상 황〉

지원자(甲~戊)에 관한 정보는 다음과 같다.

지원자	甲	乙	丙	丁	戊
생년월일	1980. 5. 4.	2000. 2. 27.	1994. 7. 5.	1989. 10. 20.	1992. 8. 8.
병역이행 기간	6개월	×	30개월	24개월	×
농지	2021. 12. 31. 본인명의 구입	2022. 10. 31. 본인명의 임차	2018. 1. 31. 본인명의 구입	2020. 5. 10. 본인명의 임차	2022. 4. 10. 본인명의 구입
경영주 등록	2022. 1. 10.	2023. 1. 3.	2018. 2. 3.	2020. 12. 3.	×
직접영농 개시	2022. 1. 10.	×	2018. 2. 3.	2021. 1. 5.	×

① 甲
② 乙
③ 丙
④ 丁
⑤ 戊

※ 다음 글을 읽고 물음에 답하시오. [19~20]

□□연구소에서 발행한 보고서에 따르면 관광이 지역경제에 미치는 효과는 여러 가지 방식으로 측정할 수 있다.

우선, 효과가 직접적으로 발생하는지 여부에 따라 구분하는 방법이 있다. '직접효과'란 관광객이 어떤 지역에서 그 지역 관광사업자에게 직접적으로 지출한 경비(최초 관광지출)가 그 지역에 일차적으로 발생시키는 효과로 일차효과라고도 부른다. 다시 말하면, 그 지역에서 관광객의 최초 관광지출로 인해 지역 관광사업자에게 직접적으로 발생하는 소득이다.

다음으로 관광객의 최초 관광지출이 지역경제에 주입되면 이에 영향을 받는 이차집단이 생기게 되는데, 이들에게 발생하는 효과를 '간접효과'라고 한다. 예를 들어, 관광객에게 숙박비를 받은 호텔 업주는 이 수입 중 일부를 자신에게 쌀이나 부식재료를 공급해준 농업 종사자나 중간상, 통신 서비스를 제공한 전기통신사업자, 청소 서비스를 제공한 청소업체 등에게 지출한다. 이때 농업 종사자나 중간상, 전기통신사업자, 청소업체는 관광객으로부터 간접적인 영향을 받게 되는 셈이다. 이러한 영향을 합친 것이 간접효과이다.

직접효과와 간접효과만으로 포착되지 않는 효과도 존재한다. 관광수입 증대로 인해 해당 지역경제 내의 호텔 업주, 농업 종사자 등 지역경제 구성원의 가계부문 소득이 향상되면 지역경제에 대한 이들의 지출이 증가하게 되고, 이것이 다시 지역산업에 대한 투자 증대, 고용 창출 등으로 이어지는 경제적 효과가 발생한다. 이러한 효과를 '유발효과'라고 부른다. 간접효과와 유발효과를 합쳐 이차효과라고 부르기도 한다. 관광효과는 직접효과와 간접효과, 유발효과를 모두 합한 값이다.

한편 관광이 지역경제에 미치는 효과는 승수(乘數)를 이용하여 나타내기도 한다. 승수는 경제에 발생한 최초의 변화가 최종적으로 그 경제에 얼마나 큰 변화를 가져오는지를 배수(倍數)로 표현한 값이다. 예를 들어 최초 변화 10으로 인해 최종적으로 20의 변화가 발생했다면 승수는 2가 된다. 관광으로 인한 지역 내의 최초 변화가 지역경제에 가져오는 총 효과를 측정하는 승수에는 비율승수와 일반승수가 있다. 비율승수는 직접효과·간접효과·유발효과의 합을 직접효과로 나눈 값으로 계산된다. 그리고 일반승수는 직접효과·간접효과·유발효과의 합을 관광객의 최초 관광지출로 나눈 값이다.

19. 윗글을 근거로 판단할 때, 〈보기〉에서 옳은 것만을 모두 고르면?

〈보 기〉

ㄱ. 관광효과에서 유발효과를 제외한 값은 직접효과이다.
ㄴ. 관광지 소재 식당이 관광객에게 직접 받은 식대는 유발효과에 해당된다.
ㄷ. 일반승수 계산 시 나누어지는 값은 일차효과와 이차효과의 합이다.

① ㄱ
② ㄷ
③ ㄱ, ㄴ
④ ㄴ, ㄷ
⑤ ㄱ, ㄴ, ㄷ

20. 윗글과 〈상황〉을 근거로 판단할 때, A시의 2023년 관광으로 인한 직접효과와 비율승수를 옳게 짝지은 것은?

〈상 황〉

A시가 2023년에 관광으로 얻은 직접효과는 관광객의 최초 관광지출의 50%이다. 간접효과는 직접효과보다 10억 원 많으며, 유발효과는 직접효과의 2배이다. A시의 일반승수는 2.5이다.

	직접효과	비율승수
①	5억 원	4
②	10억 원	4
③	10억 원	5
④	20억 원	5
⑤	20억 원	6

21. 다음 글을 근거로 판단할 때 옳은 것은?

제○○조(정의) 이 법에서 사용하는 용어의 뜻은 다음과 같다.
1. "공연"이란 음악 · 무용 · 연극 등 예술적 관람물을 실연(實演)에 의하여 공중에게 관람하도록 하는 행위를 말한다.
2. "공연장"이란 공연을 주된 목적으로 설치하여 운영하는 시설을 말한다.
3. "연소자"란 18세 미만의 사람(고등학교에 재학 중인 사람을 포함한다)을 말한다.

제□□조(유해 공연물 관람금지) 누구든지 다음 각 호의 기준에 따른 연소자 유해 공연물을 연소자에게 관람시킬 수 없다.
1. 연소자에게 성적인 욕구를 자극하는 선정적인 것
2. 각종 폭력 행위 또는 약물의 남용을 자극하거나 미화하는 것

제△△조(공연장 설치 · 운영 등) ① 공연장을 설치하여 운영하려는 자(이하 '공연장 운영자'라 한다)는 공연장 소재지를 관할하는 시장, 군수, 구청장(이하 '시장 등'이라 한다)에게 등록하여야 한다.
② 제1항에 따라 공연장의 등록을 한 자가 영업을 폐지한 경우에는 폐지한 날부터 30일 이내에 관할 시장 등에게 폐업신고를 하여야 한다.
③ 관할 시장 등은 제2항에 따라 폐업신고를 하여야 하는 자가 폐업신고를 하지 아니하면 폐업한 사실을 확인한 후 그 등록사항을 직권으로 말소할 수 있다.
④ 공연장 운영자는 화재 등 재해나 그 밖의 위급한 상황의 발생 시 관람자가 안전하게 피난할 수 있도록 공연장에 피난안내도를 갖추어 두어야 한다.
⑤ 공연장 외의 장소에서 1천 명 이상의 관람자가 있을 것으로 예상되는 공연을 하려는 자가 갖추어 두어야 할 피난안내도에 관하여는 제4항을 준용한다.

제◇◇조(벌칙) ① 제□□조를 위반한 자는 3년 이하의 징역 또는 3천만 원 이하의 벌금에 처한다.
② 공연의 입장권을 판매하는 자의 동의 없이 다른 사람에게 입장권을 상습 또는 영업으로 자신이 구입한 가격을 넘는 금액으로 판매한 자(이하 '암표상'이라 한다)는 20만 원 이하의 벌금, 구류 또는 과료에 처한다.

① 甲이 A도 B군에서 공연장을 설치하여 운영하려는 경우, A도지사에게 등록하여야 한다.
② 공연장 등록을 한 乙이 영업을 폐지한 경우 관할 시장 등에게 폐업신고를 하지 않는다면, 관할 시장 등은 그 등록사항을 직권으로 말소할 수 없다.
③ 丙이 18세인 고등학생에게 약물의 남용을 자극하는 내용의 공연물을 관람시킨 경우, 丙은 3천만 원의 벌금에 처해질 수 있다.
④ 丁이 암표상으로부터 공연장 입장권을 구매한 경우, 丁은 10만 원의 벌금에 처해질 수 있다.
⑤ 戊가 공연장 외의 장소에서 500명의 관람자가 있을 것으로 예상되는 공연을 하는 경우, 피난안내도를 갖추어 두어야 한다.

22. 다음 글을 근거로 판단할 때 옳은 것은?

제○○조(참전유공자 등) ① 이 법에서 "참전유공자"란 다음 각 호의 어느 하나에 해당하는 사람을 말한다. 다만, 6 · 25전쟁이나 월남전쟁 참전 중 범죄행위로 인하여 금고 이상의 형을 선고받고 불명예스러운 제대를 하거나 파면된 사실이 있는 사람은 제외한다.
1. 6 · 25전쟁에 참전하고 전역 또는 퇴직한 군인 및 경찰공무원
2. 월남전쟁에 참전하고 전역한 군인
3. 6 · 25전쟁에 참전한 사실 또는 월남전쟁에 참전한 사실이 있다고 국방부장관이 인정한 사람
4. 경찰서장 등 경찰관서장의 지휘 · 통제를 받아 6 · 25전쟁에 참전한 사실이 있다고 경찰청장이 인정한 사람

② 참전유공자로서 제□□조에 따라 등록된 사람은 이 법에 따른 예우를 받는다.

제□□조(참전유공자 등록 등) ① 참전유공자로서 이 법을 적용받으려는 사람은 국가보훈부장관에게 등록을 신청하여야 한다.
② 국가보훈부장관은 제○○조 제1항에 따른 참전유공자임에도 불구하고 제1항에 따른 등록을 마치지 못하고 사망한 사람에 대해서는 참전유공자로 기록하고 예우 및 관리를 할 수 있다.

제△△조(참전명예수당) ① 국가보훈부장관은 65세 이상의 참전유공자에게는 참전의 명예를 기리기 위하여 참전명예수당을 지급한다.
② 참전명예수당은 제1항에 따른 참전명예수당 지급연령이 된 날이 속하는 달부터 지급한다. 다만, 참전명예수당 지급연령이 지난 후에 제□□조 제1항에 따른 등록신청을 한 경우에는 등록신청을 한 날이 속하는 달부터 지급한다.
③ 참전유공자가 국적을 상실한 경우에도 참전명예수당을 지급할 수 있다.
④ 참전명예수당은 수당지급 대상자가 지정하는 예금계좌에 입금하는 방법으로 지급한다. 다만, 불가피한 사유가 있는 경우에는 해당 수당지급 대상자의 신청에 따라 현금으로 지급할 수 있다.

① 65세 이상의 참전유공자가 이 법에 따른 등록을 마친 후 대한민국 국적을 상실한 경우에도 국가보훈부장관은 참전명예수당을 지급할 수 있다.
② 월남전쟁에 참전한 사실이 있다고 경찰청장이 인정한 사람은 참전유공자가 된다.
③ 참전명예수당은 불가피한 사유가 있는 경우, 해당 수당지급 대상자가 신청하지 않더라도 현금으로 지급한다.
④ 6 · 25전쟁에 참전한 군인이 전역 후에 범죄행위를 저질러 금고 이상의 형을 선고받은 경우, 참전유공자에서 제외된다.
⑤ 참전유공자가 참전명예수당 지급연령이 지난 후 참전유공자 등록신청을 한 경우, 참전명예수당은 그 지급연령이 된 날이 속하는 달부터 소급하여 지급한다.

23. 다음 글을 근거로 판단할 때 옳은 것은?

제○○조(등록대상 선박) 국제선박으로 등록할 수 있는 선박은 다음 각 호의 어느 하나에 해당하는 선박으로 한다.
1. 대한민국 국민이 소유한 선박
2. 대한민국 법률에 따라 설립된 상사(商事) 법인이 소유한 선박

제□□조(등록절차) ① 국제선박으로 등록하려는 등록대상 선박의 소유자는 해양수산부장관에게 등록을 신청하여야 한다. 이 경우 선박소유자는 국제선박으로 등록하기 전에 선적항을 관할하는 지방해양수산청장에게 신청하여 그 선박을 선박원부에 등록하고 선박국적증서를 발급받아야 한다.
② 해양수산부장관은 제1항에 따른 국제선박의 등록신청을 받은 경우에는 그 선박이 제○○조에 따른 국제선박의 등록대상이 되는 선박인지를 확인한 후, 등록대상인 경우 지체 없이 이를 국제선박등록부에 등록하고 신청인에게 국제선박등록증을 발급하여야 한다.
③ 제2항에 따라 등록된 국제선박의 선박소유자는 선박소유자, 구조변경 등 등록사항이 변경된 경우에는 그 사실이 발생한 날부터 1개월 이내에 해양수산부장관에게 변경등록을 신청하여야 한다.
④ 제2항에 따라 등록된 국제선박은 국내항과 외국항 간 또는 외국항 간에만 운항하여야 한다.

① 등록된 국제선박의 선박소유자 甲은 그 국제선박을 부산항과 인천항 간에 운항할 수 있다.
② 외국법에 따라 설립된 상사 법인 乙은 소유하고 있는 선박을 국제선박으로 등록할 수 있다.
③ 대한민국 국민 丙은 자신의 선박을 국제선박으로 등록한 후에 관할 지방해양수산청장에게 신청하여 선박국적증서를 발급받아야 한다.
④ 대한민국 국민 丁이 자신의 선박을 국제선박으로 등록신청한 경우, 해양수산부장관은 그 선박을 선박원부에 등록하고 丁에게 국제선박등록증을 발급할 수 있다.
⑤ 등록된 국제선박의 선박소유자 戊가 구조변경을 하여 등록사항이 변경된 경우, 戊는 그 사실이 발생한 날부터 1개월 이내에 해양수산부장관에게 변경등록을 신청해야 한다.

24. 다음 글과 〈상황〉을 근거로 판단할 때 옳은 것은?

제○○조(특허표시 및 특허출원표시) ① 특허권자는 다음 각 호의 구분에 따른 방법으로 특허표시를 할 수 있다.
1. 물건의 특허발명의 경우 : 그 물건에 "특허"라는 문자와 그 특허번호를 표시
2. 물건을 생산하는 방법의 특허발명의 경우 : 그 방법에 따라 생산된 물건에 "방법특허"라는 문자와 그 특허번호를 표시

② 특허출원인은 다음 각 호의 구분에 따른 방법으로 특허출원표시를 할 수 있다.
1. 물건의 특허출원의 경우 : 그 물건에 "특허출원(심사중)"이라는 문자와 그 출원번호를 표시
2. 물건을 생산하는 방법의 특허출원의 경우 : 그 방법에 따라 생산된 물건에 "방법특허출원(심사중)"이라는 문자와 그 출원번호를 표시

③ 제1항 또는 제2항에 따른 특허표시 또는 특허출원표시를 할 수 없는 물건의 경우에는 그 물건의 용기 또는 포장에 특허표시 또는 특허출원표시를 할 수 있다.
제□□조(허위표시의 금지) 누구든지 특허된 것이 아닌 물건, 특허출원 중이 아닌 물건, 특허된 것이 아닌 방법이나 특허출원 중이 아닌 방법에 의하여 생산한 물건 또는 그 물건의 용기나 포장에 특허표시 또는 특허출원표시를 하거나 이와 혼동하기 쉬운 표시를 하는 행위를 하여서는 아니 된다.
제△△조(허위표시의 죄) ① 제□□조를 위반한 자는 3년 이하의 징역 또는 3천만 원 이하의 벌금에 처한다.
② 법인의 대표자나 법인 또는 개인의 대리인, 사용인, 그 밖의 종업원이 그 법인 또는 개인의 업무에 관하여 제□□조에 해당하는 위반행위를 하면 그 행위자를 벌하는 외에 그 법인에는 6천만 원 이하의 벌금형을, 그 개인에게는 제1항의 벌금형을 과한다.

〈상 황〉

- 물건의 특허발명에 해당하는 잠금장치를 발명한 甲은 그 발명에 대해 특허를 출원하여 특허권을 부여받은 후, 乙을 고용하여 해당 잠금장치를 생산하고 있다.
- 황금색 도자기를 생산하는 방법을 발명한 丙은 그 발명에 대해 특허출원 중이며, 그 방법에 따라 황금색 도자기를 생산하고 있다. 丁은 丙의 황금색 도자기를 포장하는 데 사용되는 종이박스를 생산하고 있다.

① 甲이 잠금장치에 "방법특허"라는 문자와 특허번호를 표시한 경우, 허위표시에 해당하지 않는다.
② 丙이 황금색 도자기의 밑부분에 "특허출원(심사중)"이라는 문자와 출원번호를 표시한 경우, 허위표시에 해당하지 않는다.
③ 甲이 잠금장치에 특허표시를 하지 않은 경우, 허위표시의 죄로 처벌된다.
④ 甲의 지시에 따라 乙이 잠금장치에 허위의 특허표시를 한 경우, 乙은 허위표시의 죄로 처벌되지 않는다.
⑤ 丁이 丙의 황금색 도자기를 포장하는 종이박스에 허위의 특허출원표시를 한 경우, 丁은 허위표시의 죄로 처벌된다.

25. 다음 글을 근거로 판단할 때 옳은 것은?

제○○조(어장청소 등) ① 양식업면허를 받은 자는 그 양식업면허를 받은 날부터 3개월 이내에 해당 어장의 퇴적물이나 어장에 버려진 폐기물을 수거·처리(이하 '어장청소'라 한다)해야 하고, 어장청소를 끝낸 날부터 정해진 주기에 따라 어장청소를 해야 한다.
② 제1항의 어장청소 주기는 다음의 표와 같다. 단, 같은 면허 내에서 서로 다른 양식방법을 혼합하거나 두 종류 이상의 수산동식물을 양식하는 경우, 어장청소 주기는 그중 단기로 한다.

면허의 종류	양식방법	양식품종	주기
해조류 양식업	수하식 (지주망식)	김, 매생이 등	5년
	수하식 (연승식)	미역, 다시마, 톳, 모자반 등	4년
어류 등 양식업	가두리식	조피볼락, 돔류, 농어, 방어, 고등어, 민어 등	3년
	수하식 (연승식)	우렁쉥이, 미더덕, 오만둥이 등	4년

③ 제1항에도 불구하고, 양식업면허의 유효기간이 만료된 자가 해당 어장에서 기존 면허와 동일한 신규 면허를 받은 경우에는 면허의 유효기간 만료 전 마지막으로 어장청소를 끝낸 날부터 제2항의 주기에 따라 어장청소를 할 수 있다.
④ 시장·군수·구청장(이하 '시장 등'이라 한다)은 양식업면허를 받은 자가 제1항을 위반하여 어장청소를 하지 아니하는 경우 어장청소를 명하되, 60일 이내의 범위에서 이행기간을 부여해야 한다.
제□□조(이행강제금) ① 시장 등은 제○○조 제4항에 따른 명령을 받고 그 정한 기간 내에 명령을 이행하지 아니한 자에게 어장 규모 등을 고려하여 이행강제금을 부과한다.
② 시장 등은 제○○조 제4항에 따른 최초의 명령을 한 날을 기준으로 1년에 2회 이내의 범위에서 그 명령이 이행될 때까지 반복하여 제1항의 이행강제금을 부과할 수 있다.
③ 제1항에 따른 이행강제금은 면허면적 0.1ha당 5만 원이며, 1회 부과하는 이행강제금은 250만 원을 초과할 수 없다.

① 유효기간이 10년인 해조류 양식업면허를 처음으로 받은 甲이 수하식(지주망식)으로 매생이를 양식하는 경우, 유효기간 동안 어장청소를 두 번은 해야 한다.
② 어류 등 양식업면허를 받은 乙이 가두리식으로 방어와 수하식(연승식)으로 우렁쉥이를 양식하는 경우, 어장청소 주기는 4년이다.
③ 유효기간이 만료된 후 해당 어장에서 기존 면허와 동일한 신규 면허를 받은 丙은 신규 면허를 받은 날부터 3개월 이내에 어장청소를 해야 한다.
④ 6ha 면적의 어류 등 양식업면허를 받은 丁이 지속적으로 어장청소를 하지 않을 경우, 1회 300만 원의 이행강제금이 부과된다.
⑤ 2020. 12. 11. 어류 등 양식업면허를 받아 수하식(연승식)으로 미더덕을 양식하는 戊가 2024. 3. 11.까지 어장청소를 한 번밖에 하지 않는다면, 2024. 3. 12.에 이행강제금이 부과된다.

26. 다음 글을 근거로 판단할 때 옳은 것은?

고대 수메르의 유적에서 맥주 제조법이 적힌 점토판이 발굴되었다. 점토판의 기록에 따르면, 수메르인은 보리를 갈아 빵과 같은 형태로 만든 후 물을 부어 저장해 두는 방식으로 맥주를 제조하였다.

현대 맥주의 기본 재료는 맥아, 홉, 효모, 물이다. 맥아는 보리를 물에 담가 싹을 틔운 것을 말하고, 맥아에 열을 가해 볶은 것을 몰트라고 한다. 홉은 삼과에 속하는 식물인데, 암꽃이 성숙하여 생기는 루풀린이라는 작은 알갱이가 맥주의 재료로 사용된다. 오늘날 우리가 마시는 맥주에서 느끼는 쌉싸름한 맛은 홉의 사용이 보편화된 산업혁명 이후에 갖게 된 맥주의 특성이다. 효모는 일종의 미생물로서 맥주의 발효에 중요한 요소이다. 맥주의 발효는 18~25℃에서 이루어지는 상면 발효와 5~15℃에서 이루어지는 하면 발효가 있는데, 전자의 방식으로 만든 맥주를 에일, 후자의 방식으로 만든 맥주를 라거라고 한다. 맥주 제조에 사용되는 물은 칼슘과 마그네슘 등이 많이 포함된 경수와 적게 포함된 연수로 구분되는데, 라거를 생산할 때는 주로 연수를 사용한다.

맥주의 색상은 몰트에 의해 결정된다. 일반적으로 80℃ 정도의 낮은 온도에서 볶은 몰트는 색이 옅고 200℃ 정도의 높은 온도에서 볶은 몰트는 색이 진하다. 산업혁명 이전의 수공업 몰트 제조 기술로는 몰트를 골고루 적당하게 볶기 어려워 검게 탄 몰트를 사용했기에 맥주가 까만색에 가까웠으나, 산업혁명 이후 기술이 발달하여 원하는 정도로 맥아를 볶을 수 있게 되었다.

① 맥주의 색깔은 보리의 발아 온도에 따라 결정된다.
② 고대 수메르인은 홉을 이용하여 맥주를 생산했다.
③ 에일은 5~15℃에서 발효시켜 만든 맥주이다.
④ 하면 발효 맥주에는 연수가 주로 사용된다.
⑤ 산업혁명 이후에는 낮은 온도보다는 높은 온도로 몰트를 만들었다.

27. 다음 글과 〈상황〉을 근거로 판단할 때, 甲이 2024년에 받게 될 탄소중립포인트는?

- A시는 주민의 전기, 상수도, 도시가스 사용량 감축률에 따라 다음년도에 탄소중립포인트를 지급하는 온실가스 감축 제도를 운영하고 있다.
- 탄소중립포인트 지급기준은 다음과 같다.

(단위 : 포인트)

감축률	전기	상수도	도시가스
5% 이상 10% 미만	600	75	300
10% 이상 15% 미만	750	150	600
15% 이상	1,000	200	800

- 감축률(%)$=\frac{\text{직전년도 월평균 사용량}-\text{당해년도 월평균 사용량}}{\text{직전년도 월평균 사용량}}\times 100$

〈상 황〉

A시 주민 甲의 2022년 및 2023년 전기, 상수도, 도시가스 월평균 사용량은 다음과 같다.

연도	전기(kWh)	상수도(m^3)	도시가스(m^3)
2022	400	11	60
2023	350	10	51

① 1,425
② 1,625
③ 1,675
④ 1,700
⑤ 1,750

28. 다음 글을 근거로 판단할 때, 甲이 기부한 금액의 일의 자리 숫자와 丙이 기부한 금액의 십의 자리 숫자의 합은?

甲의 기부액은 일의 자리 숫자(□)를 모르는 12,345,67□원이다. 乙의 기부액은 甲의 3배이고, 丙의 기부액은 乙의 3배이다. 丁의 기부액은 丙의 3배이며 모든 자리 숫자가 3이다.

① 4
② 5
③ 7
④ 10
⑤ 14

29. 다음 글을 근거로 판단할 때, 甲이 결제할 최소 금액은?

甲은 열대어를 다음 조건에 따라 구입하여 기르고자 한다.
- 베타를 포함하여 2종류 이상의 열대어 4마리를 구입한다.
- 열대어를 기르기 위해 필요한 어항을 함께 구입한다.
- 베타는 다른 종류의 열대어와 한 어항에서 기를 수 없다.
- 구입할 수 있는 열대어와 어항은 다음과 같다.

열대어 종류	가격(원/마리)	필요 어항용적(cm^3/마리)
구피	3,000	400
몰리	3,500	500
베타	4,000	300

어항 종류	용적(cm^3)	가격(원/개)
A형	900	35,000
B형	1,500	40,000

① 56,000원
② 84,000원
③ 84,500원
④ 85,000원
⑤ 85,500원

30. 다음 글을 근거로 판단할 때, 甲이 2024년 1월 10일에 보유한 포인트는?

2022년 1월 1일 甲은 A그룹 통합 멤버십 서비스에 가입하였다. 해당 서비스는 A그룹 제휴 업체에서 결제 시 결제금액의 일부를 포인트로 적립하고, 적립된 포인트를 다음 결제부터 현금처럼 사용할 수 있는 제도이다. 결제 시 포인트를 사용하는 경우, 보유한 포인트 중 가장 먼저 적립된 포인트부터 사용되며, 결제금액 중 사용포인트를 제외한 금액에 대해서만 포인트가 적립된다. 단, 사용하지 않은 포인트는 적립일(결제일)로부터 1년이 되는 날이 속한 달의 말일에 소멸된다.

甲이 A그룹 제휴 업체에서 결제한 내역은 다음과 같다.

날짜	제휴 업체	결제금액(원)	적립률(%)	사용포인트
2022. 1. 5.	A영화관	50,000	5	
2022. 9. 20.	A카페	22,000	2	2,000
2023. 1. 9.	A편의점	25,000	2	
2023. 3. 27.	A레스토랑	50,300	4	300
2024. 1. 5.	A화장품점	10,500	5	500

① 2,000
② 2,300
③ 2,500
④ 2,600
⑤ 3,100

31. 다음 글을 근거로 판단할 때, 임용 후 외향형이자 사고형인 사람의 수는?

> A부는 100명의 신입 사무관을 대상으로 임용 전과 임용 후의 성격유형을 검사하였다. 성격유형은 쌍을 이루는 두 가지 지표(외향형－내향형, 감정형－사고형)로 구성되었다. 100명의 검사결과는 다음과 같다.
> - 내향형이자 사고형인 사람의 수는 임용 전후 모두 20명이다.
> - 임용 후 내향형인 사람의 수는 임용 전의 두 배가 되었다.
> - 임용 후 사고형인 사람의 수는 임용 전의 절반이 되었다.
> - 임용 후 외향형이자 감정형인 사람의 수는 임용 전의 두 배가 되었다.

① 10
② 20
③ 30
④ 40
⑤ 60

32. 다음 글을 근거로 판단할 때, 달리기에서 3등을 한 사람은?

> 사무관 5명(甲~戊)은 달리기를 한 후 다음과 같은 대화를 나누었다.
> 甲 : 나는 1등 아니면 5등이야.
> 乙 : 나는 중간에 丙과 丁을 제친 후, 누구에게도 추월당하지 않았어.
> 丙 : 나보다 앞서 달린 적이 있는 사람은 乙과 丁뿐이야.
> 丁 : 나는 丙에게 따라잡힌 적이 없어.
> 戊 : 우리 중 같은 등수는 없네.

① 甲
② 乙
③ 丙
④ 丁
⑤ 戊

33. 다음 글과 〈상황〉을 근거로 판단할 때, 乙의 주민등록번호 앞 6자리로 가능한 것은?

> - '청년 교통비 지원사업'의 내용은 다음과 같다.
>   - 매년 4월 10일에 지원금 지급
>   - 지급일 기준 만 20세 이상 만 35세 이하의 청년에게 지원금 지급
>   - 홀수해에는 지급 대상자 중 홀수일에 태어난 사람에게, 짝수해에는 지급 대상자 중 짝수일에 태어난 사람에게 기념품 증정

〈상 황〉

> - '청년 교통비 지원사업' 담당자 甲은 지급내역을 정리하다가 2023년에 지원금을 받은 乙의 주민등록번호 앞 6자리가 지워져 있음을 발견하였다.
> - 甲은 乙의 주민등록번호 앞 6자리와 관련하여 다음과 같은 특징을 기억하고 있다.
>   - 3가지 숫자로만 구성되어 있다.
>   - 같은 숫자가 연속되는 부분이 있다.
> - 乙은 2022년에 지원금을 받았으나 기념품은 받지 못했다.
> - 乙은 2028년에도 지원금을 받을 수 있다.

① 920202
② 931118
③ 000610
④ 010411
⑤ 031103

34. 다음 글과 〈1차 투표 결과〉를 근거로 판단할 때 옳은 것은?

> - △△부서에서는 팀원 5명(甲~戊)의 투표를 통해 프로젝트명을 정하려 한다.
> - 프로젝트명 후보는 3개(A~C)이다.
> - 1차 투표에서는 한 명당 두 표를 가지며, 두 표 모두 하나의 후보에 줄 수도 있다.
> - 1차 투표 결과에 따라 최다 득표 후보를 프로젝트명으로 선정하며, 최다 득표 후보가 복수인 경우 최소 득표 후보를 제외하고 2차 투표를 실시한다.
> - 2차 투표에서는 한 명당 한 표씩 행사하여, 최다 득표 후보를 프로젝트명으로 선정한다.

〈1차 투표 결과〉

> - 하나의 후보에 두 표를 모두 준 사람은 甲과 乙뿐이며, 이들은 동일한 후보에 표를 주었다.
> - A에 투표한 사람은 3명이다.
> - B에 투표한 사람은 2명이다.
> - C에 투표한 사람은 3명이다.

① B는 선정될 수 없다.
② 1차 투표에서 丙과 丁이 투표한 후보의 조합은 서로 다르다.
③ 1차 투표에서 A가 받은 표는 최대 5표이다.
④ 1차 투표에서 C는 4표 이상 받았다.
⑤ 2차 투표를 실시하는 경우가 있다.

35. 다음 글을 근거로 판단할 때, 유학생의 날로 지정된 날짜의 요일로 가능한 것은?

- A시는 올해 중 하루를 유학생의 날로 지정하였다.
- 유학생의 날 1주 전 같은 요일이 전통시장의 날이고, 유학생의 날 3주 뒤 같은 요일이 도서기증의 날이다.
- 전통시장의 날과 도서기증의 날은 같은 달에 있다.
- 유학생의 날이 있는 달에는 네 번의 토요일과 다섯 번의 일요일이 있다.

① 화요일
② 수요일
③ 목요일
④ 금요일
⑤ 토요일

36. 다음 글을 근거로 판단할 때, 〈보기〉에서 옳은 것만을 모두 고르면?

다음은 甲 스포츠 팀의 시즌 11번째, 12번째 경기의 결과와 직전 10개 경기 전적을 나타낸 것이다.

구분	11번째 경기	12번째 경기
결과	㉠	㉡
직전 10개 경기 전적	6승 4패	㉢

〈보 기〉

ㄱ. ㉠이 '패'라면, ㉢은 '6승 4패'가 될 수 없다.
ㄴ. ㉠이 '승'이고 ㉢이 '7승 3패'라면, ㉡은 '승'이다.
ㄷ. ㉠이 '승'이고 ㉢이 '6승 4패'라면, 시즌 1번째 경기의 결과는 '승'이다.
ㄹ. ㉠, ㉡이 모두 '패'이고 ㉢이 '5승 5패'라면, 시즌 13번째 경기의 직전 10개 경기 전적은 '4승 6패'이다.

① ㄱ
② ㄷ
③ ㄱ, ㄴ
④ ㄴ, ㄹ
⑤ ㄷ, ㄹ

37. 다음 글과 〈상황〉을 근거로 판단할 때, 설치업체로 선정될 곳은?

甲시는 전기차충전기 설치업체를 선정하려고 한다. 다음과 같은 〈평가표〉를 바탕으로 후보업체 5곳(A~E) 중 최종 점수가 가장 높은 곳을 선정한다.

〈평가표〉

평가항목	등급	점수
품질	상	5
	중	3
	하	1
가격	8억 원 미만	7
	8억 원 이상 9억 원 미만	5
	9억 원 이상 10억 원 미만	3
	10억 원 이상	1
안전성	상	5
	중	3
	하	1

- 품질 점수에 대해서는 3배의 가중치를 부여하고 안전성 점수에 대해서는 2배의 가중치를 부여한 후, 항목별로 산출한 점수를 합하여 최종 점수를 산정한다. 단, 설치업체로 2회 이상 선정된 적이 있는 업체에 대해서는 2.5점의 가점을 부여하여 최종 점수를 산출한다.

〈상 황〉

- 각 업체의 평가 결과는 다음과 같다.

구분	A	B	C	D	E
품질	중	하	상	중	상
가격 (천 원)	735,000	784,200	900,000	850,000	1,120,000
안전성	하	중	중	상	중

※ E는 설치업체로 2회 선정된 적이 있다.

① A
② B
③ C
④ D
⑤ E

38. 다음 글과 〈상황〉을 근거로 판단할 때, 甲부처가 지급할 지원금액의 총합은?

- 甲부처는 에너지 사용을 효율적으로 관리하기 위해 신청 기업을 대상으로 에너지경영시스템 인프라 구축을 지원하고자 함
- 지원대상
  - 발전부문 에너지 목표관리기업(단, 배출권거래제에 참여 중인 기업은 지원대상에서 제외)
  - 중간보고서 점수의 20%, 시설설치 점수의 30%, 최종보고서 점수의 50%를 합한 총점이 70점 이상인 기업
- 지원금액
  - 중소기업 : 총비용의 80%
  - 중견기업 : 총비용의 50%
  - 대기업 : 총비용의 30%

〈상 황〉

신청 기업 A~E는 모두 발전부문 에너지 목표관리기업이다. 각 기업의 평가결과 및 현황은 다음과 같다.

구분	중간보고서 점수	시설설치 점수	최종보고서 점수	총비용	기업 규모
A	60	70	70	10억 원	중견기업
B	90	60	80	6억 원	중소기업
C	85	60	70	7억 원	중소기업
D	70	90	80	12억 원	중견기업
E	80	90	90	15억 원	대기업

※ D는 배출권거래제에 참여 중인 기업이다.

① 10.4억 원
② 14.9억 원
③ 19.9억 원
④ 20.9억 원
⑤ 25.9억 원

※ 다음 글을 읽고 물음에 답하시오. [39~40]

설탕은 사탕수수나 사탕무에서 얻은 원당을 정제해 만든 천연감미료로 자당을 주성분으로 한다. 사탕수수가 처음 재배된 곳은 기원전 8,000년경 태평양 남서부의 뉴기니섬 지역이었다. 이후 사탕수수는 기원전 6,000년경에 인도네시아, 필리핀, 인도 등 동남아시아와 남아시아로 전해졌다. 초기에 사람들은 단맛을 즐기기 위해 사탕수수를 씹어 당을 빨아먹었지만 350년경 굽타왕조 시대에 인도에서 사탕수수액을 활용한 설탕 결정법을 알아냈다. 7세기 중반 당태종 때 인도의 외교사절단이 사탕수수 재배법을 가르쳐 중국에서도 사탕수수를 재배하기 시작했다.

이후, 1747년에 한 화학자가 콧병, 인후염, 변비 등의 치료제로 주로 사용되던 사탕무에 자당이 함유된 것을 발견하였다. 당시 사탕무는 경제성 문제로 설탕 제조에는 활용되지 못하다가, 1801년에 이르러서야 프로이센에서 사탕무를 활용한 설탕의 대량생산에 성공했다.

조선시대에 설탕은 수입에만 의존하는 귀한 식자재였다. 조선시대 요리서에 설탕을 사용하는 조리법이 없는 것은 이 시기 설탕이 널리 퍼지지 못했기 때문이다. 설탕은 개항기에 왕실과 외국인을 중심으로 유통되었으나, 일제강점기에는 도시의 아동과 젊은이의 식생활에까지 확산되었다.

1884년 설탕 가격은 같은 무게 소고기의 2.5배로 매우 높았으나, 1890년대 설탕 수입량이 증가하면서 가격이 하락하였다. 1893년에는 설탕 가격이 1884년 대비 40% 하락했고, 1911년에는 1근(斤)에 9전까지 하락하였다.

이에 따라 전통 음식에도 차츰 설탕을 넣기 시작했다. 1910년대 무렵부터 떡·한과 같은 병과류(餠菓類)와 음료 같은 음청류(飮淸類)에 꿀이나 엿 대신 설탕을 넣기 시작했다. 1920~1930년대에 이르러서는 꿀이나 엿을 전혀 사용하지 않던 육류, 생선류, 찬류, 김치류 등에도 설탕을 넣는 신식요리법이 개발되었다.

39. 윗글을 근거로 판단할 때 옳은 것은?

① 사탕수수를 처음 재배한 곳은 필리핀이었다.
② 사탕수수액을 이용한 설탕 결정법은 당태종 시기에 개발되었다.
③ 1910년대 이전 우리나라에서는 생선류, 김치류에 설탕 대신 꿀이나 엿을 넣었다.
④ 인도의 외교사절단이 사탕수수 재배법을 중국에 전파한 것은 350년경이다.
⑤ 19세기가 되어서야 사탕무를 이용한 설탕의 대량생산이 가능해졌다.

40. 윗글과 〈상황〉을 근거로 판단할 때, ㉠에 해당하는 수는?

〈상 황〉

1893년에 설탕 1근의 가격이 12전이라고 가정할 때, 甲이 1884년에 52전을 모두 써서 설탕 1근과 소고기를 구입하였다면 소고기는 [㉠]근을 구입할 수 있었다. 단, 설탕 1근과 소고기 1근의 무게는 같고, 화폐가치는 동일하다.

① 3
② 4
③ 5
④ 6
⑤ 7

2023년 공직적격성평가(PSAT)

2023년 3월 4일 시행

5급 공채 · 외교관후보자 및 지역인재 7급 선발 필기시험

응시번호	
성　　명	

문제책형
㉮

【시험과목】

제1과목	언어논리
제2과목	자료해석
제3과목	상황판단

문제풀이 시작과 종료 시간을 기입해 주시기 바랍니다.

- 언어논리(90분) ______ 시 ______ 분 ~ ______ 시 ______ 분
- 자료해석(90분) ______ 시 ______ 분 ~ ______ 시 ______ 분
- 상황판단(90분) ______ 시 ______ 분 ~ ______ 시 ______ 분

1. 다음 글의 내용과 부합하는 것은?

> 고려는 건국 직후, 송에 사신을 보내 우호 관계를 맺었다. 그러나 거란이 요를 세우고 송을 압박할 정도로 힘이 세지자 고려와 송 관계에 변화가 나타났다. 고려는 귀주대첩에서 요를 물리친 바 있지만, 날로 강해지는 요를 중시해야 한다는 판단에서 송과 관계를 끊고 요와 우호 관계를 맺었다. 이후 송의 신종은 요가 차지한 연운 16주 등을 되찾기 위해 요를 공격하려 했으며, 그에 필요한 물자를 고려에서 지원받고자 했다. 이에 신종은 고려에 사신을 보내 관계를 복원하자고 제안했다. 당시 고려 왕이었던 문종은 송의 문물에 관심이 컸기 때문에 그 기회를 이용해 송으로부터 다양한 문물을 들여와야겠다고 생각하고, 신종의 제안을 받아들였다.
>
> 고려가 관계를 회복하자는 요청에 응하자 신종은 기뻐하였다. 그는 고려 사신이 올 때마다 거액을 들여 환영회를 열고, 고려의 요청을 수용하여 유학생을 받아들였다. 이후 신종은 요를 공격할 때 필요한 물자를 보내 달라고 몇 차례 부탁했다. 하지만 고려는 송에서 서적 등을 들여오는 데에만 관심을 보일 뿐 물자를 보내 달라는 신종의 부탁을 받아들이지는 않았다.
>
> 이후 여진이 금을 세우고 요를 멸망시키는 일이 벌어졌다. 당시 송 휘종은 금을 도와 요를 없애는 데 일조했다. 그러나 금은 요를 없앤 후에 송까지 공격해 휘종을 잡아갔다. 분노한 송은 고려에 함께 금을 정벌하자고 제안했다. 이때 고려의 대신 김부식은 "휘종이 잡혀가던 해에 나는 사신으로 송에 가서 금 군대의 위력을 봤다."라고 하면서 송의 요청을 받아들여서는 안 된다고 했으며, 국왕 인종도 그에 동의했다. 이후에도 송은 "묘청의 난을 진압하는 데 필요한 군대를 보내주겠으니 그 대가로 고려를 거쳐 금을 공격하게 해 달라."라고 요청했다. 이에 인종은 "당신들이 고려를 통해 금을 공격하면 그들도 고려로 밀고 들어올 것이다. 그렇게 되면 귀국은 북쪽에서 밀려오는 금의 육군도 상대하고, 고려를 거쳐 귀국을 공격하는 금의 수군도 상대해야 하는 상황에 빠질 수 있다."라며 거절했다. 이 말에 실망한 송은 1160년대부터 사신의 규모와 횟수를 줄이더니 1170년대 이후 사신을 보내지 않았다.

① 김부식은 금을 함께 공격하자는 송의 요청을 받아들여서는 안 된다고 하였다.
② 고려 인종은 묘청의 난을 진압하기 위하여 금에 군대를 파견해 달라고 요청하였다.
③ 요는 귀주대첩을 계기로 고려와 외교 관계를 끊고 송에 사신을 파견하기 시작하였다.
④ 송은 요를 공격하기 위해 고려에 군대를 보내 함선을 건조하기 위한 준비 작업에 들어갔다.
⑤ 송 신종은 요를 함께 쳐들어가자는 자신의 제안을 고려가 거부한 데 분노해 고려와의 외교 관계를 끊었다.

2. 다음 글의 내용과 부합하는 것은?

> 세조 13년 명 사신이 왔을 때, 세조는 건강이 나빠져 사신을 맞이할 수 없었다. 이에 세조는 승정원에 사신을 성심껏 접대하라고 당부하고 신숙주, 한명회, 구치관에게 승정원에 나가 사신을 제대로 접대하는지 감독하라고 명하였다. 신숙주 등은 이를 계기로 승정원에 상주하게 되었는데, 당시 사람들은 이들을 승정원에 상주하는 재상이라는 의미의 '원상'이라 불렀다. 원상들은 세조가 계유정난을 일으켜 김종서 등을 제거하고 권력을 잡을 때 앞장섰던 사람들로서 의정부의 대신으로 있었다. 이들은 명 사신이 돌아간 뒤에도 여전히 의정부에는 출근하지 않고 매일 승정원에 나갔으며, 그곳에서 왕 대신 국정에 관한 결정을 내리고 관리들이 그 결정을 집행하는지 감독하는 일을 했다.
>
> 세조의 뒤를 이은 예종 때 원상들은 6조의 판서도 겸임하였다. 당시 6조 관원들은 매일 승정원에 가서 원상에게 업무 보고를 올려야 했다. 원상들은 그 보고를 들은 뒤 왕 대신 국정에 관한 결정을 내리고 관원들이 그것을 집행하는지 감독했으며, 왕에게는 자신들이 어떤 결정을 내렸는지 사후에 보고하는 형식을 취하였다. 사실 이들은 예종의 후임을 결정할 때에도 중요한 역할을 하였다. 예종이 사망하던 날 세조의 비 정희왕후 윤씨는 예종의 아들이 유아에 불과하다면서 걱정했는데, 원상들은 이 말을 듣고 그보다 나이가 많은 예종의 조카 자을산군을 왕으로 추대하는 데 합의하였다. 이 결정에 따라 자을산군이 즉위했는데, 그가 바로 성종이다. 정희왕후는 당시 13세에 불과했던 성종을 대신해 수렴청정을 시작했다. 원상들은 그 수렴청정 기간 내내 예종 때처럼 국정을 처리하고 정희왕후에게는 사후에 찾아가 보고하였다.
>
> 이처럼 원상들이 국정을 좌우하자, 국정에 대한 감찰 업무를 맡은 사헌부와 사간원 관료들의 불만이 커졌다. 이들은 원상들이 자기 이해관계에 따라 국정을 처리하고 있다고 비판했다. 이런 비판에 앞장섰던 박시형은 성종 3년에 상소를 올려 원상들이 승정원에서 국정을 보는 관행을 중단해달라고 요청했다. 당시 그의 주청은 받아들여지지 않았지만, 성종 7년 정희왕후가 수렴청정을 그만두자 성종은 원상들이 승정원에 나가 국정을 결정하던 관행을 없앴다.

① 박시형은 승정원을 없애고 의정부를 조정의 최고 관서로 승격시키자고 하였다.
② 정희왕후가 수렴청정할 때 원상들은 승정원에서 국정에 관한 결정을 내리는 일을 하였다.
③ 신숙주는 예종의 아들이 지나치게 어리다는 이유를 내세워 자을산군의 즉위에 반대하였다.
④ 세조는 신숙주, 한명회, 구치관을 원상으로 삼으려는 데 반대하는 김종서를 관직에서 내쫓았다.
⑤ 성종은 원상이 명 사신을 접대하는 임무까지 맡아서는 안 되며 오직 승정원을 감독하는 데 머물러야 한다고 말하였다.

3. 다음 글에서 알 수 있는 것은?

> 독일에서 인쇄소를 운영하던 구텐베르크가 금속활자를 발명한 후 민간의 인쇄업자들은 그 기술을 적극 수용했다. 그리하여 구텐베르크의 금속활자가 발명된 이래 약 50년 동안 많게는 1,000개 가까운 인쇄소가 유럽에서 생겨났다. 구텐베르크의 금속활자 발명에는 상업적 동기가 작용했다. 당시 독일에는 라틴어 문법 서적 등 인쇄물에 대한 대중의 수요가 많았는데, 기존의 목판 인쇄는 생산 비용이 너무 높아서 그 수요를 감당하기 어려웠다. 구텐베르크가 금속활자를 발명함으로써 인쇄물의 생산 가격이 낮아지자 다수의 민간업자들은 이 새로운 기술을 활발하게 받아들였다. 그 결과 지식의 독점을 막고 독서 인구를 증가시키는 데 크게 기여했다.
>
> 그러나 조선의 경우는 이와 달랐다. 조선 전기에 금속활자로 인쇄를 할 수 있었던 곳은 국가기관인 주자소와 교서관에 불과했다. 조선 후기에도 사정은 크게 달라지지 않았는데, 민간에서 주조한 금속활자가 몇 종 있긴 했지만 극소수 양반가의 소유였을 뿐이었다. 구텐베르크의 금속활자와는 달리, 조선에서 금속활자는 민간에서 거의 수용되지 않았던 것이다. 그 까닭은 무엇인가?
>
> 가장 본질적인 요인은 표의문자와 표음문자라는 문자 유형의 차이이다. 조선시대에 금속활자로 인쇄한 것은 대부분 한자로 쓰인 책이었는데, 이를 인쇄하자면 한자 수만큼이나 많은 활자가 필요했다. 실제 조선의 금속활자는 한 번에 주조할 때마다 10만 자를 넘기기 일쑤였다. 조선 전기에 주조된 계미자는 10만 자, 갑인자는 20만 자, 갑진자는 30만 자였으며, 조선 후기에 주조된 오주갑인자와 육주갑인자 역시 각각 15만 자씩이었다. 이에 비해 라틴 자모의 경우 대문자와 소문자를 모두 감안하더라도 수백 자를 넘지 않으므로, 필요한 활자의 수가 절대적으로 적었다. 따라서 민간에서 부담 없이 주조할 수 있었다.

① 조선시대 금속활자는 민간에서 주조되지 않았다.
② 구텐베르크의 금속활자는 조선의 금속활자보다 생산 비용이 더 높았다.
③ 조선시대 금속활자는 시대가 흐를수록 한 번에 주조하는 글자 수가 증가하였다.
④ 구텐베르크의 금속활자와 조선의 금속활자는 모두 지식의 독점을 막고 독서 인구를 증가시키는 결과를 낳았다.
⑤ 활자로 만들어야 할 문자의 유형 차이로 구텐베르크의 금속활자와 조선의 금속활자는 민간의 수용 정도에 있어 차이가 있었다.

4. 다음 글에서 알 수 있는 것은?

> 서유럽에서 중세와 르네상스기에 가장 중요한 어휘적 원천이었던 언어는 라틴어이다. 그 당시에 라틴어는 더 이상 어느 나라에서도 모어로 사용하지 않았지만, 과거 영화로웠던 로마 문명의 후광 속에서 로마가톨릭교회의 행정 및 예배의 언어로서 위신을 전혀 잃지 않고 있었다. 어휘에서도 라틴어의 영향은 여전히 강력했다. 라틴어에서 발달한 로맨스어의 일종인 프랑스어는 이미 라틴어에서 온 어휘를 사용하고 있었는데, 학술적 어휘에서는 당시 사용하던 것보다 더 고형의 라틴어를 다시 차용하기도 하였다.
>
> 막강한 제국이었던 로마의 언어가 차용되는 것을 보고, 어휘 차용을 일으킨 원인이 꼭 정치적 힘 때문이라고 생각해서는 안 된다. 예를 들어 로마인들은 그리스를 군사적으로 몇 세기 동안 지배하다가 결국에는 합병했는데도 그리스의 문학, 음악, 미술에 계속 압도당해 이 분야의 많은 용어를 그리스어에서 차용하였다. 더 극적인 사례는 바이킹의 경우이다. 현재의 노르망디 지방을 911년에 무력으로 차지한 이 용맹한 전사들은 새 정착지에 매료되어 새로운 분야의 어휘 중 일부만 차용한 것이 아니라 언어 전체를 차용하고 말았다. 그래서 그로부터 155년 후에 그들의 후손이 잉글랜드 연안을 공격할 때에는 고대 노스어가 아닌 고대 프랑스어로 군가를 불렀다.
>
> 언어와 문화가 존중받아 어휘의 차용이 일어나기도 하지만 다른 경우도 있다. 새로운 개념이 등장했으나 해당 언어에서 이를 일컫는 어휘가 없을 경우, 즉 '어휘빈칸'이 생겼을 때 이를 보충하는 편리한 수단으로 차용이 일어나기도 한다. 이 경우에 차용되는 어휘는 해당 개념의 발명자의 언어에서가 아니라 그 개념을 소개한 집단의 언어에서 차용될 때가 많다. 예를 들어 기독교 교회의 신학과 예배 의식 관련 개념들은 애초에 아람어, 히브리어, 그리스어 사용자들이 발명한 것이다. 그런데 서유럽에 이 개념들을 소개하고 전파한 자들은 라틴어 사용자였으며, 기독교 교회와 관련된 아주 많은 서유럽어들의 어휘들이 라틴어에 기원을 두게 되었다.

① 그리스가 문화적으로 로마제국을 압도하여 결국 정치적으로 살아남았다.
② 차용하려는 언어에 대한 존중의 의미를 담기 위해 어휘빈칸을 채우게 된다.
③ 라틴어 사용자들이 기독교 교회의 신학과 예배 의식에 관련된 개념들을 서유럽에 퍼뜨렸다.
④ 바이킹이 프랑스 문화에 매료되어 특히 음악 분야의 어휘를 프랑스어에서 많이 차용하였다.
⑤ 프랑스가 르네상스기 이후에 새롭게 채택한 학술적 어휘들은 대부분 당시 유행하던 라틴어 어휘에 기반하였다.

5. 다음 글에서 알 수 있는 것은?

> 예로부터 진실을 부정하는 사람들은 자신이 믿고 싶지 않은 사실에는 지나치게 높은 검증 기준을 들이대는 반면, 자기 의견에 부합하는 것에는 검증 기준을 낮추거나 덮어두고 맹신한다. 그 결과는 일부 사실들이 은폐되는 것으로 끝나지 않는다. 신뢰할 수 있는 방식으로 사실을 수집하고 활용하여 세계에 대한 믿음을 구축하는 과정 자체가 변질된다. 또한, 어떤 사실들은 개인의 감정과 무관하게 참이며 그런 사실들을 찾으려고 노력할 때 우리 모두에게 이익이 된다는 건전한 사고방식이 위협받는다. 진실이 위협받는 위기는 과거에도 늘 있어 왔지만 진실이 밝혀지면 위기는 대부분 해소되었다. 반면 오늘날에는 많은 사람이 거리낌 없이 현실을 왜곡해 자기 생각에 꿰맞추려 하며, 그러한 현상은 광범위하게 나타난다.
>
> 최근 유럽에서 '올해의 단어'로 선정된 이른바 '탈진실'은 객관적 사실보다 개인의 신념과 감정에 호소하는 것이 여론 형성에 더 큰 영향을 발휘하는 현상을 의미한다. 대표적 사례로 2016년 영국의 유럽연합 탈퇴 국민투표와 미국의 대선을 들 수 있다. 국가 차원의 중요한 결정을 숙의하는 과정에서 사실이 아닌 터무니없는 주장들이 난무하고 여론 형성에 크게 영향을 미쳤다. 이 같은 탈진실 현상은 어떤 사실이든 마음대로 선별하고 수정할 수 있다는 신념으로 이어져 정치 전략으로 악용되고 있다는 점에서 문제의 심각성이 크다.
>
> 탈진실 현상의 발생 원인으로 공적 기관과 전통 미디어에 대한 불신, 정치적 양극화와 포퓰리즘 등 다양한 것들이 언급된다. 이 같은 외부적 요인도 있겠지만 인간 내부에서도 그 요인을 찾아볼 수 있다. 명백한 사실이나 쉽게 확인할 수 있는 사실에 아무 이유 없이 이의를 제기하는 사람은 거의 없다. 이의를 제기하는 이들은 자신이 얻을 수 있는 이익이 있기 때문이다. 불편한 진실 때문에 자신의 감정이 불쾌해지거나 신념을 포기하느니 차라리 진실을 외면하거나 왜곡하는 쪽을 택하는 것이다. 이는 의식 차원에서도 일어나지만 무의식 차원에서도 일어난다.

① 우리의 감정과 무관하게 참인 것은 우리에게 이익이 되지 않는다.
② 탈진실 현상의 발생 원인에는 정치적 요인뿐 아니라 심리적 요인도 있다.
③ 진실을 부정하는 사람은 사실을 검증할 때마다 동일한 검증 기준을 제시한다.
④ 2016년 이후 서구 사회에서 탈진실 현상이 처음 발생하였고 이후 전세계적으로 보편화되었다.
⑤ 신념을 포기하지 않고 진실을 외면하는 것은 무의식 차원에서가 아니라 의식 차원에서 일어난다.

6. 다음 글에서 알 수 없는 것은?

> 1982년에 오스트레일리아의 워렌과 마셜 연구팀은 사람의 위장에서 서식하는 세균을 배양하려 시도하였지만 실패를 거듭했다. 그들은 '캠필로박터' 세균을 배양할 때처럼 산소와 이산화탄소를 저농도로 유지하면서 까다로운 조건으로 영양분을 공급하는 특수한 배양법을 채택하고 있었다. 마셜의 조수는 휴가를 보내느라 보통 이틀 정도로 끝내던 배양을 5일 동안 지속하게 되었다. 휴가가 끝났을 때 연구팀은 배양지에 세균의 군집이 형성된 것을 발견하게 되었다. 1987년에 연구팀은 광학현미경으로 관찰된 형태와 대기 중 산소 농도보다 낮은 산소 농도에서 자라는 특성을 근거로 이 균을 캠필로박터 속에 속한다고 판단하여 이 균을 '캠필로박터 파일로리'라고 명명하였다. 그러나 그 후, 전자현미경에 의해 이 균의 미세 구조가 캠필로박터와 차이가 있음이 관찰되었고, 1989년에는 유전자 분석에 따라 이 균이 캠필로박터와 다른 집단임이 판명되었다. 이에 따라 헬리코박터 속이 신설되고 균의 명칭이 '헬리코박터 파일로리'로 변경되었다.
>
> 마셜은 강한 산성 환경인 인간의 위장 속에서 살 수 있는 이 세균에 의해 대부분의 위장 질환이 발생한다는 내용의 가설을 담은 논문을 발표했다. 하지만, "어떤 세균도 위산을 오래 견뎌내지 못한다."라는 학설과 "스트레스나 자극적인 식품을 자주 섭취하는 식습관이 위궤양과 위염을 일으킨다."라는 학설 때문에 이 가설은 쉽게 받아들여지지 않았다. 결국 마셜은 시험관에 배양한 균을 스스로 마셔서 위궤양을 만들어냈고, 그 위궤양을 항생제로 치료하는 데 성공했다. 그제야 학계는 마셜의 가설을 받아들였고, 미국의 국립 보건원은 위궤양의 대부분이 헬리코박터 파일로리에 의한 것이므로 항생제를 처방할 것을 권고하는 의견서를 발표하였다. 오늘날 헬리코박터 파일로리는 세계에서 가장 흔한 만성적인 감염의 원인균으로 알려지게 되었고, 위암의 원인균으로도 인정받았다. 2005년 워렌과 마셜은 이 발견으로 노벨 생리의학상을 수상했다.

① 마셜의 실험은 위궤양과 위염이 스트레스나 자극적인 식품을 자주 섭취하는 식습관에 의해 생길 수 없음을 보여주었다.
② 마셜의 연구팀은 어떤 세균도 위산을 오래 견뎌내지 못한다는 학설이 틀렸음을 증명하였다.
③ 헬리코박터 파일로리는 캠필로박터처럼 저농도의 산소에서 자라는 특성을 갖는다.
④ 헬리코박터 파일로리의 감염은 위암을 일으킬 수 있다는 것이 인정되었다.
⑤ 헬리코박터 파일로리는 캠필로박터와 다른 별개의 속에 속한다.

7. 다음 글에서 알 수 없는 것은?

> 몬테카를로 방법은 무작위 추출된 난수를 이용하여 함수의 값을 추정하는 통계학적 방법으로, 물리학과 공학 등의 분야에서 수치 적분이나 최적화 문제 등을 해결하는 데 많이 쓰인다.
>
> 원의 넓이를 구하는 문제를 통해 몬테카를로 방법이 어떻게 적용되는지 알아보자. 종이에 한 변의 길이가 2인 정사각형을 그리고 그 안에 반지름이 1인 원을 그렸다고 하자. 다트를 무작위로 계속 던진다면, 원의 넓이는 π이고 정사각형의 넓이는 4이므로 우리가 그린 정사각형 안에 맞은 다트 중 원의 내부에 존재하는 다트의 상대 빈도는 $\pi/4$일 것이다. 따라서 정사각형 안에 있는 다트와 원 안에 있는 다트의 숫자를 비교한다면, 원의 넓이를 대략적으로 구할 수 있다.
>
> 이때 던진 다트의 수가 적다면 실제 원의 넓이와 이 방법으로 얻은 원의 넓이 사이에는 큰 차이가 있겠지만, 더 많은 다트를 던질수록 그 차이는 줄어들 것이다. 이런 식으로 무한히 많은 다트를 던진다면, 최종적으로는 올바른 원의 넓이를 알 수 있을 것이다. 그러나 무한히 많은 다트를 던질 수는 없으므로, 현실적으로는 오차가 일정 수준 이하가 될 때까지 다트를 던지고, 이때 원 내부에 있는 다트의 상대 빈도를 계산함으로써 원의 넓이를 적당한 오차 범위 내에서 추정한다. 해석학적으로 적분하기 극히 어려운 복잡한 도형의 넓이 산출 등에 이러한 추정 방법이 많이 사용된다.
>
> 몬테카를로 방법을 적용한 유명한 사례는 미국의 원자폭탄 개발 계획인 맨해튼 프로젝트로, 몬테카를로 방법이라는 이름이 명명된 계기이기도 했다. 핵분열 중 중성자가 원자핵과 충돌하는 과정을 이해하기 위해 사용된 새로운 수학적 방법을 카지노로 유명한 휴양지, 몬테카를로의 이름을 따서 명명한 것이다. 핵분열 과정에서 우라늄 원자핵에 중성자가 충돌하면, 이를 통해 2~3개의 중성자가 방출되고 이 중성자들이 또 다른 원자핵에 충돌하는 연쇄반응이 이어지는데, 이때 중성자의 경로는 매우 복잡해 예측하기 어렵다. 바로 이렇게 복잡한 경로를 추정하고 반응의 결과를 예측하는 데 몬테카를로 방법이 사용된 것이다.

① 핵분열에서 중성자의 경로를 추정하는 데 몬테카를로 방법이 사용되었다.
② 몬테카를로 방법은 무작위 추출된 난수를 이용하여 문제의 답을 찾는 방법이다.
③ 단순한 모양의 도형의 넓이를 추정할 때는 몬테카를로 방법을 적용할 수 없다.
④ 해석학적으로 적분을 통해 넓이를 계산하기 어려운 모양을 가진 도형의 넓이는 몬테카를로 방법으로 추정할 수 있다.
⑤ 몬테카를로 방법으로 원의 넓이를 추정할 경우, 무작위 시행 횟수가 늘어날수록 찾아낸 값이 정답에 가까워지는 경향이 있다.

8. 다음 글의 (가)~(다)에 들어갈 말을 적절하게 나열한 것은?

> 모든 물질은 원자로 구성되어 있다. 원자의 중심에는 양전하를 띠는 핵이, 핵 주변에는 음전하를 띠는 전자가 있다. 전자는 핵과 전자 사이에 작용하는 전자기적 인력 때문에 핵의 주변에 머물러 있게 된다.
>
> 원자 궤도상의 전자의 퍼텐셜 에너지 크기는 상황에 따라 다르다. 여기서 에너지란 어떤 일을 함으로써 변화를 유발할 수 있는 능력이며, 한 물체의 '퍼텐셜 에너지'는 그 물체의 상대적 위치 등에 의해 달라지는 힘과 관련된 에너지이다. 예를 들어 댐에 물이 가득 차 있다고 하자. 댐의 수문을 열면 물이 배출되고, 이 물은 중력에 의해 아래로 흐른다. 이렇게 물이 지구 중심 방향으로 이동하는 과정에서 수문을 열기 전 물의 퍼텐셜 에너지 중 일부는 운동 에너지 등 다른 에너지로 바뀐다. 따라서 댐에 저장된 물은 댐 아래의 물보다 더 [(가)] 퍼텐셜 에너지를 갖는다.
>
> 원자 궤도상의 전자도 핵으로부터 떨어진 거리에 따라 다양한 크기의 퍼텐셜 에너지를 갖는다. 지구상의 물체들을 중력이 붙잡고 있는 것처럼 음전하를 띠는 전자들은 전자기적 인력에 의해 양전하를 띠는 핵에 붙잡혀 있다. 댐 아래의 물을 댐 위로 퍼올리려면 물에 에너지를 투입해야 하는 것처럼 전자를 핵으로부터 멀리 이동시키기 위해서는 전자가 에너지를 [(나)] 한다. 따라서 전자가 핵으로부터 멀수록 전자의 퍼텐셜 에너지는 더 크다.
>
> 물의 퍼텐셜 에너지 변화는 연속적이다. 전자의 경우는 어떨까? 전자의 퍼텐셜 에너지 크기는 공이 놓인 계단에 비유할 수 있다. 각 계단은 저마다 불연속적이고 정해진 퍼텐셜 에너지 수준을 가지고 있고, 공은 각 계단에 놓일 뿐 계단 사이에 놓이지 않는다. 따라서 공이 어느 계단에 있느냐에 따라 공은 다른 크기의 퍼텐셜 에너지를 가진다. 유사하게 핵과 전자 사이의 거리가 변할 때, 전자의 퍼텐셜 에너지 크기 변화는 [(다)]. 각 퍼텐셜 에너지 크기 사이의 중간 에너지를 갖는 경우는 없다는 것이다.

	(가)	(나)	(다)
①	작은	잃어야	연속적이다
②	작은	얻어야	불연속적이다
③	큰	잃어야	연속적이다
④	큰	얻어야	불연속적이다
⑤	큰	잃어야	불연속적이다

9. 다음 글의 (가)~(라)에 들어갈 말을 적절하게 나열한 것은?

> 영화는 이미지와 사운드를 결합하여 의미와 감동을 만들어 낸다. 이미지와 사운드의 결합은 대개 다음과 같이 구분된다. 먼저, 사운드가 발생한 원천을 화면을 통해 확인할 수 있는 것을 '인(in) 음향'이라고 한다. 예를 들어, 화면에 배우가 보이면서 그의 대사가 동시에 들리거나 등장인물이 문을 여는 장면이 보이면서 그 문에서 발생한 소리가 동시에 들리는 것이다. 이 때의 사운드는 화면에 보이는 피사체로부터 직접 발생하는 것이다.
>
> 두 번째는 사운드가 발생한 원천이 화면에 보이지 않는 경우이다. A와 B 두 명의 배우가 대화 중인데, 화면에는 A의 말을 듣고 있는 B만 보인다거나, 어떤 장면의 배경음악으로 기성의 음악이 깔리는 것을 예로 들 수 있다. 이 두 사례는 사운드가 발생한 원천이 화면에 보이지 않는다는 점에서는 동일하지만 그 원천까지 동일하지는 않다. 후자는 사운드의 원천이 화면에서 전개되는 시공간에 속하지 않는 경우로, 이를 '오프(off) 음향'이라고 한다. 전자는 사운드의 원천이 직접적으로 화면에 보이지는 않지만, 화면에 보이는 장면과 동일한 공간에 있다는 것을 앞뒤 맥락을 통해 알 수 있는 경우로, 이를 '화면 밖 음향'이라 한다. 다시 말해, (가) 은 보이지 않는 사운드의 원천이 화면 속의 현실 공간 안에 동시에 존재한다고 추정할 수 있는 것이고, (나) 은 배경음악이나 내레이션과 같이 화면에 보이는 장면과는 다른 시공간의 원천으로부터 나온 것이라고 할 수 있다.
>
> 세 종류의 음향을 적절히 활용함으로써 연출자는 자신이 재현하고자 하는 극적 효과를 달성할 수 있다. 화면 속의 어린 아이가 피아노를 연주하고 있고 그 아이가 연주하는 어설픈 피아노 소리가 흘러나오다가 장면이 전환된다. 전환된 장면에는 어른이 된 주인공이 팔짱을 낀 채 말없이 피아노를 바라보고 있고, 유명한 피아니스트의 연주곡이 배경음악으로 깔린다. 여기서 음향은 (다) 에서 (라) 으로 바뀐 것인데, 이를 통해 연출자는 피아노와 관련된 주인공의 복잡한 내면을 효과적으로 그려낼 수 있다.

	(가)	(나)	(다)	(라)
①	오프 음향	화면 밖 음향	인 음향	오프 음향
②	오프 음향	화면 밖 음향	오프 음향	화면 밖 음향
③	화면 밖 음향	오프 음향	인 음향	화면 밖 음향
④	화면 밖 음향	오프 음향	인 음향	오프 음향
⑤	화면 밖 음향	오프 음향	오프 음향	인 음향

10. 다음 글의 ㉠~㉤을 문맥에 맞게 수정한 것으로 가장 적절한 것은?

> 제2차 세계대전 직후 전쟁과 잔혹 행위에 대한 독일 민족의 죄와 책임을 두고서 논의가 분분할 때, 야스퍼스는 모든 독일인들에게 동일한 책임을 부과하는 것을 경계했다. 그는 ㉠ 부과되는 책임의 성격이 전쟁 범죄에 가담한 정도에 따라 달라야 한다고 생각했는데, 이에 기반하여 전쟁 범죄와 직간접적으로 연관되어 있는 이들이 감당해야 할 책임을 네 가지로 구분했다.
>
> 첫째, 법적 책임이다. 이것은 전쟁에 관한 국제법과 인류의 보편적 자연법에 입각한 것으로, 전범자들이 ㉡ 나치 독일이 제정한 실정법을 지켰느냐 지키지 않았느냐의 문제는 아니다. 모든 독재자들은 법을 만들어서 합법적으로 통치한다. 문제는 그 법이 자연법의 정신에 어긋나는데도 그 법에 따라 범죄를 저질렀다는 점이다. 이러한 범죄들에 대한 책임은 법정에서 부과될 것이다.
>
> 둘째, 정치적 책임이다. 여기서 정치적 책임이란 자신이 ㉢ 나치 정권의 집권에 반대표를 던졌다고 해서 모면할 수 있는 성질의 것이 아니다. 반대자이건 기권자이건 간에 합법적 절차를 통해 집권한 정권 아래에서 정상적으로 생활한 사람이라면 그 정권이 져야 하는 정치적 책임으로부터 자유로울 수 없다.
>
> 셋째, 도의적 책임이다. 이것은 개인의 양심의 법정에서 행해지는 판결로, 법적 책임에 해당하지는 않지만 작위이든 부작위이든 개인이 저지른 도덕적 과오를 의미한다. ㉣ 마음 속으로 동조하지 않았지만 나쁜 일에 직접 가담했다거나 눈앞에서 벌어지는 불법적인 행위들을 묵과한 경우가 이에 해당한다. 물론, 이것은 어느 누구도 판단할 수 없으며 당사자 자신만이 알 수 있는 것이다.
>
> 넷째, 형이상학적 책임이다. 나쁜 일이 행해지는 자리에 있었거나 나쁜 일이 행해졌다는 사실을 알고 있는 사람이 있다. 그는 이 일에 가담한 적이 없고, ㉤ 마음 속으로 동조한 적도 없으며 오히려 피해자가 될 뻔하기도 했지만, 다행히 그는 나쁜 일의 피해자가 되는 것은 피할 수 있었다. 끔찍한 순간이 지나고 난 후 운 좋게 살아남은 사람이 죽은 사람에 대해 느끼는 죄책감, 즉 살아남은 자의 죄의식을 야스퍼스는 형이상학적 책임이라고 했다.

① ㉠을 "전쟁 범죄에 가담한 정도에 관계없이 모든 이에게 공평한 책임이 부과되어야 한다"로 고친다.
② ㉡을 "나치 독일이 제정한 실정법을 지켰다면 면책될 수 있는 문제이다"로 고친다.
③ ㉢을 "나치 정권의 집권에 반대표를 던졌다면 모면할 수 있는 성질의 것이다"로 고친다.
④ ㉣을 "나쁜 일에 직접 가담하지는 않았더라도 마음 속으로 동조했다거나"로 고친다.
⑤ ㉤을 "마음 속으로 동조했음에도 오히려 피해자가 될 뻔하기도 했지만"으로 고친다.

11. 다음 글의 ㉠에 대한 판단으로 가장 적절한 것은?

> 기본소득이란 "자산 심사나 노동에 대한 요구 없이 모두에게 지급되는 개별적이고 무조건적이며 정기적으로 지급되는 현금"으로 정의된다. 그리고 이 정의에는 기본소득의 지급과 관련한 ㉠ 다섯 가지 원칙이 담겨 있다.
>
> 기본소득의 지급에는 본래 세 가지 원칙이 있었다. 첫째, 기본소득의 가장 핵심이 되는 '보편성' 원칙이다. 기본소득은 누구에게나 실질적 자유를 주고자 하는 이념에 따라 소득이나 자산 수준에 관계없이 국민 모두에게 지급해야 한다. 둘째, '무조건성' 원칙이다. 기본소득은 수급의 대가로 노동이나 구직활동 등을 요구하지 않아야 한다. 왜냐하면 자유를 보장하기 위해서는 어떠한 강제나 요구사항도 있어서는 안 되기 때문이다. 셋째, '개별성' 원칙이다. 기본소득의 이념에서 자유는 개인의 자유를 의미하기 때문에 가구 단위가 아닌 개인 단위로 지급해야 한다.
>
> 그런데 2016년 서울에서 열린 기본소득 총회에서 다음의 두 가지 원칙이 추가되었다. 넷째, '정기성' 원칙이다. 기본소득은 일회성으로 끝나는 것이 아니라 정기적인 시간 간격을 두고 지속적으로 지급해야 한다. 다섯째, '현금 지급' 원칙이다. 기본소득은 무엇을 할지에 대한 선택권을 최대한 보장할 수 있도록, 특정 재화 및 서비스 이용을 명시하는 이용권이나 현물이 아니라 현금으로 지급해야 한다.

① 복지 효율성을 높이기 위하여 기본소득을 경제적 취약 계층에만 지급하더라도 보편성 원칙에 어긋나지 않는다.
② 기본소득을 주식에 투자하여 탕진한 실업자에게도 기본소득을 지급한다면 무조건성 원칙에 어긋난다.
③ 미성년자에게는 성인의 80%를 기본소득으로 지급하면 개별성 원칙에 어긋나지 않는다.
④ 매달 지급하는 방식이 아니라 1년에 한 번씩 기본소득을 지급한다면 정기성 원칙에 어긋난다.
⑤ 기본소득을 입출금이 자유로운 예금 계좌에 입금하는 방식으로 지급하면 현금 지급 원칙에 어긋난다.

12. 다음 글에서 추론할 수 있는 것은?

> X는 한국의 500원짜리 동전을 감별할 목적으로 설계·제작된 감별기이다. X에 500원 동전을 집어넣으면 파란불이 켜지고 크기나 무게가 다른 동전을 집어넣으면 빨간불이 켜진다. 기계의 내부상태는 그 기계가 지금 무엇에 대한 상태인가를 나타낸다. X의 내부상태는 C상태와 E상태 두 가지이다. X가 C상태일 때는 파란불이, E상태일 때는 빨간불이 각각 켜진다. X는 500원 동전의 크기와 무게에 정확하게 반응하며 크기나 무게가 다른 동전은 C상태를 야기하지 않는다. X가 설계된 목적 하에서 C는 500원 동전에 관한 상태이고 E는 500원 동전이 아닌 동전에 관한 상태이다. 그 상황에서 X의 파란불은 "투입된 동전이 500원이다."를 의미한다. 논의를 위해 한국의 500원짜리 동전과 미국의 25센트짜리 동전이 크기와 무게에서 같다고 가정하자. 그렇다면 25센트 동전을 X에 넣었을 때도 파란불이 켜질 것이다. 그러나 X는 500원 동전을 감별할 목적으로 설계되었기 때문에, 그 파란불은 "투입된 동전이 500원이다."라는 의미를 갖는다.
>
> 그런데 우연한 계기로 X가 미국에 설치되었다고 하자. 미국인들은 동전을 몇 번 넣어보고는 X에 25센트 동전을 넣으면 파란불이 켜지고 다른 동전을 넣으면 빨간불이 켜진다는 사실을 알게 된다. 그 이후부터 미국인들은 25센트 동전을 감별하는 목적으로 X를 사용하기 시작했다. 이제 X는 새로운 사용 목적을 갖게 된 것이다. 이러한 사용 목적 아래에서 미국에 설치된 X의 파란불은 "투입된 동전이 500원이다."가 아니라 "투입된 동전이 25센트이다."라는 의미를 갖는다.
>
> 이 사례는 인공물이 표상하는 의미가 고정되지 않는다는 것을 보여준다. X의 사용 목적에 따라 X의 C와 E는 다른 것에 대한 상태가 될 수 있고 X에 표시되는 파란불과 빨간불은 처음 설계 당시 지녔던 것과 다른 의미를 지닐 수 있다.

① 미국에 설치된 X에 빨간불이 켜졌다면 투입된 동전은 500원 동전이 아닐 것이다.
② 미국에 설치된 X에 500원 동전을 투입하여 파란불이 켜졌다면 X의 내부상태는 C가 아닐 것이다.
③ 두 동전을 X에 차례로 투입하여 두 번 모두 E상태가 되었다면 두 동전의 크기와 무게는 같을 것이다.
④ X의 파란불이 "투입된 동전이 500원이다."를 의미하는지의 여부는 X에 투입된 동전이 무엇인지에 의해 결정된다.
⑤ 미국에 설치된 X가 25센트 동전을 감별하는 것이 아닌 다른 목적을 가지더라도 X에 켜진 파란불은 여전히 "투입된 동전이 25센트이다."를 의미할 것이다.

13. 다음 글에서 추론할 수 있는 것은?

얼핏 보기에 서로 차이가 없는 쇠구슬 두 개가 있다고 하자. 구슬의 생산 공정이 충분히 잘 제어되어 맨눈으로 확인할 수 있는 차이보다 공정의 오차가 작다면, 맨눈만으로 두 구슬을 구분할 수는 없을 것이다. 따라서 이 두 구슬을 순서대로 상자에 넣었다가 무작위로 꺼낸 다음, 어느 구슬이 처음에 넣은 구슬인지 묻는다면 맨눈에 의존해서는 답할 수 없다.

그러나 우리는 두 구슬이 정말로 똑같지는 않음을 알고 있다. 구슬의 표면을 현미경으로 들여다보면 서로 다른 미세한 흠집이 있을 것이고, 이를 이용하여 두 구슬을 구별할 수 있다. 그마저도 가공하여 흠집이 완벽히 일치하더라도 내부 조직의 배열까지 완전히 똑같지는 않을 것이다. 즉 정밀한 측정이 동반된다면 우리는 두 구슬 사이의 차이를 통해 둘을 분명히 구분할 수 있다. 거시 세계의 물체들은 저마다 고유한 이름표를 가지고 있는 셈이다. 결국 거시 세계에서 대상들이 서로 구분 가능 혹은 구분 불가능한지의 결정은 측정에 사용하는 기기의 정밀도에 의존한다.

이제 원자, 중성자, 양성자, 전자 등이 활약하는 미시 세계로 들어가 보자. 임의의 두 전자를 각각 오른손과 왼손에 쥐고 있다가, 이들을 상자에 집어넣은 다음 그 상자에서 전자를 하나 꺼냈을 때, 꺼낸 전자가 어느 손에 있었던 것이냐고 물으면 이 물음에는 아무리 뛰어난 물리학자라도 답할 수 없다. 왜냐하면 모든 전자들의 물리적 속성은 완전히 똑같기 때문이다. 즉 원리적으로 두 전자를 구분할 방법은 전혀 없다. 이처럼 미시 세계의 전자들은 저마다 고유한 이름표를 가지고 있지 않다. 이 때문에 미시 세계에서 구분 가능과 구분 불가능의 결정은 측정에 사용하는 기기의 정밀도에 의존하지 않는다.

① 같은 생산 공정에서 생산된 두 구슬은 구분 불가능하다.
② 미시 세계의 입자들은 종류에 상관없이 물리적 속성이 모두 동일하다.
③ 미시 세계에서 측정 기기의 정밀도가 향상될수록 구분 가능하다고 결정되는 대상들의 수는 감소한다.
④ 거시 세계에서 측정 기기의 정밀도가 향상될수록 구분 가능하다고 결정되는 대상들의 수는 증가한다.
⑤ 거시 세계의 어떤 상황에서 두 물체가 구분 불가능한 것으로 결정된다면, 그 두 물체가 구분 가능하다고 말할 수 있는 다른 상황은 있을 수 없다.

14. 다음 글에서 추론할 수 있는 것은?

수면은 휴식에 해당한다는 생각이 일반적이다. 하지만 연구 결과에 따르면, 잠을 잘 때 몸과 뇌는 비교적 활발하게 활동하며 편안히 누워서 책을 볼 때보다 더 많은 에너지를 사용한다고 한다. 그럼에도 불구하고 흔히 사람들은 수면이 피로에 지친 몸을 회복시킨다고 생각한다. 그러나 수면과 신체의 피로 사이의 관련성은 그렇게 밀접하지 않다. 오히려 뇌의 온도 상승이 수면에 영향을 미치는 것으로 보는 것이 옳다.

수면은 렘수면과 비(非)렘수면으로 나뉘는데 사람이 잠들면 비렘수면과 렘수면이 교대로 나타나기를 몇 차례 반복한다. 비렘수면 동안에는 뇌파 중 세타파와 델타파가 나오고 뇌의 활동이 느려지기 때문에 비렘수면을 '서파 수면'이라고도 한다. 반면에 눈동자가 활발하게 움직이는 렘수면 동안에는 뇌파 중 알파파와 베타파가 나오는데 이는 우리 뇌가 깨어 활발히 활동하고 있음을 보여준다. 이 때문에 렘수면을 '역설적 수면'이라고 한다. 렘수면의 목적은 하루 동안 뇌로 입력된 데이터들을 정리해서 데이터 처리 과정을 통해 기억과 사고 과정을 도와 이 정보들을 필요할 때 쉽게 찾도록 하는 것이다. 이런 과정은 뇌의 활동이 활발할 때만 일어난다.

어떤 원인에 의해 만약 뇌의 온도가 올라가면 렘수면 중 데이터 처리 효율이 떨어지면서 더 긴 렘수면 시간을 요구하게 되고, 그것을 채우지 못하면 정상적인 뇌의 활동에 지장이 생기게 된다. 그렇지만 렘수면의 시간을 늘림으로써 정상적인 뇌의 활동을 계속하기 위해서는 비렘수면의 시간도 함께 증가해야 하기 때문에 전체 수면 시간이 길어지게 된다.

① 뇌의 온도가 올라가면 비렘수면 시간이 감소한다.
② 뇌의 온도는 역설적 수면 동안보다 서파 수면 동안에 더 낮다.
③ 뇌에서 세타파와 델타파가 나오면 기억과 사고 과정을 돕는 수면이 이루어진다.
④ 피로를 높이는 신체 활동이 늘어나면 서파 수면 동안 뇌의 활동이 더 느려진다.
⑤ 알파파와 베타파가 나오는 수면 시간이 길어지면 정상적인 뇌의 활동을 계속하기 위해 전체 수면 시간이 늘어나야 한다.

15. 다음 글의 빈칸에 들어갈 내용으로 적절하지 않은 것은?

> △△부에서는 국가 간 정책 교류를 위해 사무관 A~E 중 UN에 파견할 사무관을 선정하기로 했다. 파견 여부를 정하기 위해 다음의 기준을 세웠다.
>
> • A를 파견하면 B를 파견한다.
> • B를 파견하면 D를 파견하지 않는다.
> • C를 파견하면 E를 파견하지 않는다.
> • D를 파견하지 않으면 C를 파견한다.
> • E를 파견하지 않으면 D를 파견한다.
>
> 위의 기준으로는 사무관 세 명의 파견 여부가 확정되지만 두 명의 파견 여부는 확정되지 않는다. 하지만 "[　　　]"를 기준으로 추가하면, 모든 사무관의 파견 여부를 확정할 수 있다.

① A를 파견하지 않으면 C를 파견한다.
② B를 파견하지 않으면 C를 파견한다.
③ C를 파견하지 않으면 D를 파견하지 않는다.
④ C를 파견하지 않으면 E를 파견하지 않는다.
⑤ D나 E를 파견하면 C를 파견한다.

16. 다음 글의 내용이 참일 때 반드시 참인 것은?

> 영어 회화가 가능한 갑순과 을돌, 중국어 회화가 가능한 병수와 정희를 다음 〈배치 원칙〉에 따라 총무부, 인사부, 영업부, 자재부에 각 한 명씩 모두 배치하기로 하였다. 네 명 중 병수를 제외한 나머지는 신입사원이고, 갑순만 공인노무사 자격증을 갖고 있다.
>
> **〈배치 원칙〉**
>
> • 총무부와 인사부 중 한 곳에는 공인노무사 자격증을 갖고 있는 사원을 배치한다.
> • 영업부와 자재부 중 한 곳에만 중국어 회화 가능자를 배치한다.
> • 정희를 인사부에도 자재부에도 배치하지 않는다면, 영업부에 배치한다.
> • 영업부와 자재부 중 한 곳에만 신입사원을 배치한다.
>
> 이 원칙에 따라 부서를 배치한 결과 일부 사원의 부서만 결정되었다. 이에 다음의 원칙을 추가하였다.
>
> **〈추가 원칙〉**
>
> • 인사부와 영업부에 같은 외국어 회화를 할 수 있는 사원들을 배치한다.
>
> 그 결과 〈배치 원칙〉을 어기지 않으면서 위 네 명의 배치를 다 결정할 수 있었다.

① 〈배치 원칙〉만으로 배치된 갑순의 부서는 영업부이다.
② 〈배치 원칙〉만으로 배치된 을돌의 부서는 자재부이다.
③ 〈배치 원칙〉과 〈추가 원칙〉에 따라 최종적으로 배치된 병수의 부서는 자재부이다.
④ 〈배치 원칙〉과 〈추가 원칙〉에 따라 최종적으로 배치된 정희의 부서는 인사부이다.
⑤ 〈배치 원칙〉과 〈추가 원칙〉에 따라 최종적으로 배치된 갑순의 부서도 을돌의 부서도 총무부가 아니다.

17. 다음 글의 A와 B에 대한 분석으로 적절한 것만을 〈보기〉에서 모두 고르면?

> 유행이란 어떤 새로운 양식이나 현상이 사회에 널리 퍼지는 경향을 의미한다. 유행은 특정한 취향과 기호가 사회 구성원 다수의 승인을 받아 사회 저변으로 확대되는 과정에서 형성된다. 이러한 유행의 형성 원인을 두고 다음의 두 견해가 있다.
>
> A : 유행은 개인의 취향과 기호를 이용하는 산업 자본에 의해 기획되고 만들어진 것이다. 패션쇼나 전시회 등으로 올해의 유행 상품을 만들어낸 기업은 그 상품을 시장에 선보이기 무섭게 바로 내년에 유행시킬 상품을 준비한다. 개인은 자신의 취향이나 기호에 따라 어떤 상품을 선택했다고 착각할 수 있지만 실은 선택해야 할 상품을 기업이 이미 정해 놓은 것이다. 어떤 유행이 오랜 기간 지속되면 기업은 이윤이 줄어들 수밖에 없으므로, 기업은 주기적으로 새로운 유행을 만들어낸다. 더 나아가 기업은 미디어를 적극 활용하여 유행의 변화 속도를 과거보다 더 빠르게 만들었다.
>
> B : 소비자는 자기의 취향과 기호에 의해 상품을 주체적으로 선택한다고 믿지만 실제로는 그렇지 않다. 실상은 다른 사람들과 같아지지 않으면 준거집단에서 소외되어 따돌림당할지도 모른다는 불안이 상품을 선택하고 소비하게 만든다. 소외에 대한 이러한 불안은 소비자들로 하여금 자신의 주변에서 무슨 일이 벌어지고 있는지를 주목하게 한다. 나아가 그렇게 주목한 것들을 추종하고 모방하여 소비하도록 부추긴다. 바로 이와 같은 과정을 거쳐서 결과적으로 유행이 형성되는 것이다.

〈보 기〉

ㄱ. A도 B도 유행의 형성 원인이 소비자 개인의 취향과 기호에 의한 주체적 상품 선택이라고 보지 않는다.
ㄴ. B와 달리 A는 소비자들의 모방 심리가 유행에 영향을 미치지 않는다고 주장한다.
ㄷ. A보다 B가 사회에서 유행의 발생과 변화 속도를 더 잘 설명할 수 있다.

① ㄱ
② ㄷ
③ ㄱ, ㄴ
④ ㄴ, ㄷ
⑤ ㄱ, ㄴ, ㄷ

18. 다음 갑과 을의 논쟁에 대한 평가로 적절한 것만을 〈보기〉에서 모두 고르면?

갑 : 유전자는 자신의 복제본을 더 많이 남기기 위하여 유기체를 활용한다. 그러므로 유기체는 유전자를 실어 나르는 운반체에 불과하다. 유기체는 유전자의 이익을 위하여 행동한다. 유기체의 행동 방식은 유전자를 최대한으로 퍼뜨리기 위한 전략적 선택에 의해 정해지는 것이다. 유기체가 바꿀 수 있는 것이 있다고 해도 이는 본질적이지 않다. 유전자에 의해 결정되는 형질은 인간이 환경이나 행동을 바꾼다고 해서 개선될 수 있는 것이 아니다. 고혈압과 심장병 같은 신체적인 질병뿐 아니라 중독과 행동장애, 대부분의 정신 질환도 그것들을 유발하는 유전자가 있다.

을 : 유전자 결정론은 인간에게 희망보다는 절망을 더 많이 안겨주었다. 모든 것을 유전자가 결정해 버린다면 인간이 바꿀 수 있는 영역은 협소해질 수밖에 없다. 사실 우리가 마음먹고 행동하는 것에 따라 유전자가 반응하며 그것이 우리의 미래 목적을 이루는 데 기여할 수 있다. 중요한 것은 어떤 유전자를 타고났느냐가 아니라 한 사람 한 사람의 삶 속에서 유전자의 활동이 어떻게 조절되느냐의 문제이다. 우리가 먹는 음식과 주거 환경, 생활양식이 모두 유전자의 활동을 조절하여 다른 신체 상태를 유발할 수 있다. 가령 동일한 유전자를 지닌 일란성 쌍둥이라도 신체를 어떤 환경에 노출시키느냐에 따라 치명적인 질병에 걸릴 수도 있고 무병장수할 수도 있다. 우리는 저마다의 행동과 실천으로 삶을 바꿀 수 있다.

〈보 기〉

ㄱ. 유전자가 작동되는 방식은 정해져 있어 다른 신체 조건이 변경되어도 바뀔 수 없다는 것이 사실이라면, 갑의 주장이 약화된다.

ㄴ. 고혈압을 유발하는 유전자를 갖고 있더라도 생활환경에 따라 고혈압이 발병하지 않는 것이 사실이라면, 을의 주장이 강화된다.

ㄷ. 대부분의 질병은 특정 유전자가 있어서 생기는 것이 아니라 유전자의 활동이 조절되는 양상에 따라 발병한다는 것이 사실이라면, 갑의 주장은 약화되지만 을의 주장은 강화된다.

① ㄱ
② ㄷ
③ ㄱ, ㄴ
④ ㄴ, ㄷ
⑤ ㄱ, ㄴ, ㄷ

※ 다음 글을 읽고 물음에 답하시오. [19~20]

철학자 A는 개념 중에는 절대적 개념이 있다고 주장한다. 그가 절대적 개념 중 하나로 생각하는 '평평함'이라는 개념을 보자. 표면에 작고 사소한 흠집이나 요철이 있으면 그것은 평평함에 아주 가까울 수는 있지만 그 표면은 평평한 것이 아니다. 두 표면이 평평함에 얼마나 근접해 있는가를 비교할 수는 있다. 그러나 두 표면이 둘 다 평평하면서 그중 하나가 다른 하나보다 더 평평한 경우란 있을 수 없다. 표면은 평평하거나 평평하지 않거나 둘 중 하나일 뿐이다. 이처럼 절대적 개념은 정도의 차이를 허용하지 않는 개념이다. 높은 배율의 현미경으로 관찰한다면 아마도 거의 모든 표면에서 크건 작건 흠집이나 요철이 발견될 것이다. 이로부터 A는 우리가 통상 평평하다고 생각하는 것 중에 실제로 평평한 것은 거의 없을 것이라는 결론에 다다른다. 이것은 우리가 절대적 개념을 인정할 때 치러야 할 대가이다.

그렇다면 '지식', 즉 '앎'이라는 개념은 어떨까? '앎'도 '평평함'처럼 알거나 알지 못하거나 둘 중 하나일 뿐일까? 통상 우리가 무언가를 아는 경우는 두 가지이다. 하나는 "나는 이순신에 관해서 안다."처럼 어떤 대상에 관한 지식을 가지는 것이다. 이를 '대상적 지식'이라고 한다. 다른 하나는 "나는 영국의 수도가 런던이라는 사실을 안다."처럼 특정한 사실을 아는 것이다. 이를 '사실적 지식'이라고 한다. 대상적 지식의 경우, 정도의 차이를 허용하는 것이 가능하다고 흔히 생각한다. 예컨대 갑과 을 둘 다 이순신에 관해서 알 때 갑이 을보다 이순신에 관해서 더 안다고 말하곤 하기 때문이다. 하지만 A에 의하면 대상적 지식은 정도의 차이가 없다. 왜 그런지를 알아보기 위해 우선 사실적 지식을 살펴보자. 두 사람이 "영국의 수도는 런던이다."를 알 때, 둘 중 한 사람이 다른 사람보다 그것을 더 안다는 것은 말이 되지 않는다. 즉, (가) 지식이라는 개념은 절대적 개념이라고 말할 수 있다. 그런데 A는 대상적 지식을 포함한 모든 유형의 지식은 궁극적으로 사실적 지식이라는 전제를 받아들인다. 이순신에 관해 안다는 것은, 가령 이순신은 1545년에 태어났다는 사실, 이순신은 노량해전에서 전사했다는 사실 등을 아는 것이다. 나아가 A는, 거의 모든 (나) 지식은 의심에서 벗어날 수 없다는 전제, 그리고 어떤 의심의 여지도 없는 것만이 지식이 될 수 있다는 전제를 추가로 받아들인다. A는 이 전제들로부터 우리가 무언가를 안다는 주장들이 거의 모두 거짓이라는 결론에 도달한다.

하지만 철학자 B는 '지식', 즉 '앎'이라는 개념을 절대적 개념으로 간주한다고 해서 반드시 A의 결론이 도출되는 것은 아니라는 반론을 제시한다. 표면에 흠집이나 요철이 있다면 그 표면이 평평한 것이 아니며, 그래서 어떤 표면이 다른 표면보다 더 평평하다고 말하는 것도 성립하지 않는다는 A의 주장은 B도 인정한다. 관건은 무엇을 흠집이나 요철로 간주할 것이냐이다. 그 판단은 고려 중인 문제 상황이 무엇인지에 달려 있다. 자동차 주행을 위한 도로의 표면 상태를 점검하는 상황이라면 그 표면의 미세한 굴곡은 요철로 간주되지 않는다. 따라서 '평평함'을 절대적 개념으로 인정하더라도, 우리는 도로가 평평하다고 얼마든지 말할 수 있다고 B는 지적한다. '지식', 즉 '앎'이라는 개념도 이와 유사하다. 어떤 사실에 대해서든 우리는 그 사실을 알든가 알지 못하든가 둘 중의 하나임을 인정하더라도, (다) 는 결론이 그로부터 반드시 따라 나오는 것은 아니라고 B는 말한다.

19. 위 글의 (가)~(다)에 들어갈 말을 적절하게 나열한 것은?

① (가) : 사실적
(나) : 사실적
(다) : 우리가 아는 것이 거의 없다

② (가) : 사실적
(나) : 사실적
(다) : '앎'은 '평평함'과는 달리 절대적 개념이라

③ (가) : 사실적
(나) : 대상적
(다) : '앎'은 '평평함'과는 달리 절대적 개념이라

④ (가) : 대상적
(나) : 사실적
(다) : 정도의 차이를 허용하지 않는 지식은 거의 없다

⑤ (가) : 대상적
(나) : 대상적
(다) : 우리가 아는 것이 거의 없다

20. 위 글의 A와 B에 대한 분석으로 가장 적절한 것은?

① A에 따르면, '평평함에 근접함'이라는 개념은 절대적 개념이다.
② A에 따르면, "어떤 것이 다른 것보다 더 아름답다."라는 말은 성립하지 않는다.
③ B는 모든 지식이 궁극적으로 사실적 지식이라는 A의 전제를 거부한다.
④ B에 따르면, 아무리 높은 배율로 관찰하더라도 표면의 미세한 굴곡은 발견되지 않을 것이다.
⑤ B에 따르면, 동일한 도로 표면이 어떤 상황에서는 평평하고 다른 상황에서는 평평하지 않다고 말할 수 있다.

21. 다음 글의 내용과 부합하는 것은?

고려 전기에 수도를 방위하던 2군 6위는 무신 집권기에 접어들어 유명무실해졌다. 권세가가 병력을 빼내 자기 친위병으로 삼았기 때문이다. 공민왕은 이를 바로잡고자 2군 6위를 8위로 개편하고, 그 병력을 권세가가 함부로 빼 가지 못하게 하였다. 하지만 8위는 병력 충원에 실패해 제 기능을 발휘하지 못했다. 한편 지방의 주현군도 무신 집권기 이후 사라졌다. 공민왕은 그 대책 마련을 위해 고심한 끝에 일정 연령의 장정에게 규정에 따라 군역을 부과하던 과거의 방식을 버리고, 각 도 절제사에게 장정을 임의로 뽑아 병사로 삼을 수 있는 권한을 주었다. 이후 절제사들은 주어진 권한을 이용해 뽑은 병사들에게 직접 급여를 주고 사병으로 삼아 세력을 강화하는 데 이용했다. 이런 관행이 정착되면서 절제사 휘하 군대는 모두 그들이 임의로 뽑은 병사로 채워졌다. 이렇게 절제사들이 거느리게 된 군인들을 '시위패'라고 불렀다.

위화도 회군으로 권력을 잡은 이성계는 삼군도총제부를 만들고, 절제사들이 시위패를 거느리는 것이 부당하다면서 시위패들에 대한 지휘권을 이 기구로 넘기라고 했다. 하지만 절제사들의 거부로 명을 거두어들여야 했다. 이후 조선을 세워 왕이 된 이성계는 삼군도총제부를 의흥삼군부로 개편한 뒤 8위의 지휘권을 그에 귀속시켰다. 또 자신의 사병으로 의흥친군위를 만든 후 그 지휘권도 의흥삼군부에 넘겼다. 이때 이성계는 절제사들에게 시위패에 대한 지휘권도 의흥삼군부에 넘기라고 명했다. 당시에는 이방원 등의 왕자와 공신이 절제사로 있었는데, 이들 역시 자기가 기른 병사들을 하루아침에 의흥삼군부에 넘길 수 없다며 반대했다. 이성계는 이러한 반대에 부딪혀 명을 취소했지만, 즉위한 지 3년 되는 해에 정도전을 의흥삼군부의 책임자인 판사로 임명한 뒤 이 문제를 해결하라고 하였다.

판사가 된 정도전은 진법 훈련을 핑계로 절제사들이 거느린 시위패에 대한 지휘권을 넘겨받으려 하였다. 이성계의 아들인 이방원은 자기가 기른 군인들을 정도전이 빼앗으려 한다며 분노하더니 '왕자의 난'을 일으켜 그를 죽이고 권력을 잡았다. 이방원은 나중에 태조와 정종의 뒤를 이어 왕위에 올랐는데, 신하들의 예상과 달리 즉위 직후 절제사들의 휘하에 있는 모든 군인에 대한 지휘권을 의흥삼군부에 넘겨 버렸다. 이로써 사병의 폐단은 사라졌다.

① 왕자의 난을 계기로 각 도 절제사가 공신 또는 왕자로 대체되었다.
② 지방의 주현군에 속했던 군인들은 조선 초에 8위 아래 배속되었다.
③ 공민왕은 삼군도총제부를 만들어 주현군이 하던 일을 대신 맡게 하였다.
④ 이성계는 조선을 건국하기 전에 의흥친군위와 2군 6위에 대한 지휘권을 포기하였다.
⑤ 이방원이 왕으로 있던 때에 의흥삼군부는 절제사들이 거느린 시위패에 대한 지휘권을 넘겨받았다.

22. 다음 글에서 알 수 있는 것은?

고구려는 수 문제가 중국을 통일하자 곧 수가 쳐들어오리라 예상했다. 이에 국경으로부터 수도 평양에 이르는 길에 있는 성곽들을 수리하고, 국경에서 평양으로 올 때 꼭 건너야 하는 요하의 강변에 방어 시설을 촘촘하게 배치했다. 예상대로 문제는 598년에 약 30만의 병력을 동원해 고구려를 침공했지만, 고구려의 방어선을 뚫지 못하고 돌아갔다. 문제의 뒤를 이은 양제는 더 많은 병력을 동원해 고구려의 방어선을 뚫어야겠다고 결심했다. 이에 그는 612년 1월 오늘날의 베이징인 탁군에 113만여 명에 달하는 병력을 모은 후 "강물이 불어나는 시기가 되기 전에 요하를 건너 평양을 공격할 수 있도록 준비하라."라고 명하였다. 또 군량 수송 인력을 전투 병력으로 돌리고자 탁군에서 요하로 가는 길의 중간에 있는 회원진에서 두 달 치 군량을 병사 개개인에게 한꺼번에 주고, 스스로 지고 가게 하였다.

당시 양제는 평양에 도착할 무렵에는 병사들에게 지급한 군량이 떨어질 것이라 보았다. 이에 내호아라는 장수에게 배에 군량을 싣고 서둘러 바다를 건너 평양 인근에서 대기하다가 남하하는 수 군대에 보급하라고 지시했다. 내호아는 이 명을 수행하고자 바다를 건너왔지만, 고구려의 고건무에게 패하는 바람에 싣고 간 군량을 모두 잃었다. 양제가 이끄는 군대는 이를 전해 듣지 못한 상태에서 그해 3월 요하에 이르러 도강을 시도했다. 하지만 수 군대는 고구려의 끈질긴 방어로 강을 건너는 데 한 달 넘게 걸렸으며, 갖고 간 군량을 그동안 거의 다 써 버렸다. 우문술 등의 장수는 탁군으로 돌아가 군량을 보충하자고 제안했지만, 양제는 받아들이지 않았다. 그는 별동대를 뽑아 평양을 곧바로 치면 고구려군이 무너질 것이며, 평양 인근에서 내호아를 만나 군량을 받을 수 있을 것이라 말했다. 실제로 양제는 30만 명의 별동대를 선발한 뒤 우중문에게 이를 이끌고 평양으로 향하게 하였다.

이 적군이 압록강과 살수 등을 건너 남하하는 동안 고구려는 지켜보기만 했다. 고구려는 수의 별동대가 군량 부족으로 퇴각할 것으로 보았으며, 돌아가는 적이 강을 건너느라 방비를 소홀히 할 때 치기로 했다. 예상대로 적군이 평양 인근까지 왔다가 철수하자 고구려는 살수 북쪽의 능한 산성 등에 있는 병력을 동원해 살수를 건너는 적의 앞을 막고, 그 남쪽에 주력군을 투입해 크게 격파하였다.

① 수 문제는 내호아에게 바다를 통해 군량을 운송하라는 명령을 내렸다.
② 고건무는 강물을 막았다가 터뜨려 남하하는 우중문의 부대를 저지하였다.
③ 고구려는 평양 근처까지 왔다가 물러나는 수의 별동대가 강을 건널 때 공격하여 승리하였다.
④ 수 양제는 요하 도강을 포기하자는 우문술의 제안을 거부하고 그에게 탁군에 가서 군량을 가져오라고 명령하였다.
⑤ 고구려는 적군이 요하를 지나가지 못하게 하고자 능한 산성에 있는 병력을 요하 건너편으로 보내 적을 치게 하였다.

23. 다음 글에서 알 수 있는 것은?

누군가의 행동이 제삼자에게 의도하지 않은 혜택이나 손해를 끼침에도 불구하고 이에 대한 정당한 대가를 받지도 지불하지도 않는 상태를 '외부효과'라고 부른다. 예를 들어, 생산자가 아무런 제재를 받지 않은 채 생산 과정에서 오염 물질을 배출하고 있으며, 그 생산자는 재료비, 인건비, 시설비만 부담할 뿐 오염 물질을 정화하기 위한 비용을 부담하지 않는다고 하자. 이 경우 생산자는 자신이 부담해야 할 오염 물질 정화 비용을 사회에 떠넘겨 더 많은 이익을 취하는 것이다. 이처럼 어떤 제품이 생산될 때 그 생산자가 부담하는 비용의 합과 이것을 포함해 사회 전체가 부담하는 비용 간에 괴리가 발생하는 상태가 외부효과에 해당한다. 이 외부효과로 인해 오염을 유발하는 제품이 사회적인 최적 생산량에 비해 더 많이 생산되는 왜곡이 발생한다.

이와 같은 왜곡은 어떻게 해소할 수 있을까? 시장 외부에서 부담해야 하는 사회적 비용을 개별 생산자가 부담하도록 내부화하면 되는데, 그 수단으로는 환경부담금이나 배출권 거래제 등이 있다. 생산자의 비용이 올라가면 생산자가 제품 판매로 벌어들일 수 있는 이윤이 감소하여 제품 생산량 또한 감소하게 된다.

이와 같이 외부효과를 내부화하는 방안이 세금과 같은 재정적 조치인지에 대하여는 이견이 존재한다. 1999년 스웨덴에서는 화석연료 사용량에 비례하여 정부가 부과한 환경부담금이 세금의 성격을 가진다는 판결이 나온 바 있다. 이와 다른 예로는 EU가 도입한 온실가스 배출권 제도가 있다. 유럽사법재판소는 항공사들이 부담해야 하는 배출권 구입 비용은 세금이 아니라고 판단하였다. 왜냐하면 그 비용은 행정청이 부과하는 것이 아니라 시장에서 결정되기 때문이다. 유럽사법재판소의 이 판결은 배출권 관련 조치가 관세, 세금, 수수료, 공과금이 아니라 시장 기반 조치라는 사실을 명확히 했다.

① 오염을 유발하는 제품의 생산 수량 상한을 정부에서 정해주면 외부효과는 없다.
② 생산 과정에서 타인에게 혜택을 주어 외부효과를 발생시키는 제품은 사회적으로 초과 생산된다.
③ 외부효과의 내부화를 위해 세금을 부과하는 대신 시장에 맡기면 더 효과적으로 오염 물질을 줄일 수 있다.
④ 항공사가 구매해야 하는 온실가스 배출권 가격이 높아질수록 항공사로 인해 발생하는 외부효과는 커진다.
⑤ 스웨덴에서 부과하는 환경부담금은 EU가 도입한 온실가스 배출권 제도와 달리 그 금액이 시장에서 결정되지 않는다.

24. 다음 글에서 알 수 있는 것은?

> 정보통신과 매스미디어의 급격한 발달은 개인의 성명과 초상이 광고에 이용되는 것까지도 낯설지 않게 만들었다. 특정인임을 인식할 수 있는 표지 자체가 상업적으로 활용될 수 있는 것이다. 이러한 재산적 가치에 대한 권리로서 '퍼블리시티권'이 등장하였다. 이는 성명 · 초상 · 음성 등 개인의 자기동일성에서 유래하는 재산적 가치를 그 개인이 상업적으로 이용할 수 있도록 하는 권리로서, '프라이버시권'이나 '저작권'과 비교해 보면 뚜렷이 특성을 살필 수 있다.
>
> 프라이버시권이 보호하려는 것은 사생활의 비밀과 자유이며, 주거나 통신의 불가침도 포함한다. 고도의 정보화 사회에서 개인의 사생활은 언론 · 출판 · 미디어의 침해와 공개에 노출될 위험이 갈수록 커지는 실정이기도 하다. 이에 대응하는 프라이버시권의 보호법익은 인간의 존엄성이라 할 수 있다. 따라서 그에 대한 침해에서는 정신적 · 육체적 고통을 중심으로 손해의 정도를 파악한다. 반면에 퍼블리시티권은 자기동일성의 사업적 가치를 보호법익으로 하기 때문에, 침해가 발생하였을 때는 그 상업적 가치와 함께 가해자가 얻은 이익을 고려하여 손해를 산정한다.
>
> 저작권은 저작자가 자신이 창작한 저작물을 경제적으로 이용할 수 있도록 보장하여 사회적으로 유익한 창작을 유도하고 창작물을 불법 사용으로부터 보호한다. 저작권과 퍼블리시티권은 모두 개인의 인격이 깃든 가치를 보호한다고 볼 수 있는데, 보호 대상이 구별된다. 저작권은 보호하려는 대상이 개인의 창작물이고, 퍼블리시티권은 개인의 자기동일성을 식별하는 표지이다. 그리고 저작권은 유형의 매체에 고정된 문학작품, 음악작품, 음성녹음 등 창작물 자체를 보호 대상으로 한다. 퍼블리시티권은 그러한 창작물에 나타나기도 하는 개인의 성명 · 외관 · 음성 등 자기동일성의 요소를 그 대상으로 하며, 이들 요소는 성질상 꼭 표현 매체에 고정될 필요가 없다.

① 퍼블리시티권과 저작권은 인격이 밴 재산적 가치로써 수익을 얻을 수 있게 하는 권리이다.
② 프라이버시권은 개인의 사생활과 경제적 이익에 대한 침해를 막기 위하여 등장한 개념이다.
③ 저작권은 창작의 자유를 보장하여 창작물의 이용과 유통에 대한 규제를 해소하는 데 목적이 있다.
④ 퍼블리시티권과 프라이버시권은 보호법익이 서로 같지만 침해되었을 때의 손해산정 기준은 동일할 수 없다.
⑤ 프라이버시권과 저작권은 그 보호 대상이 유형의 표현 매체에 고정되어야 한다는 점에서 퍼블리시티권과 차이가 있다.

25. 다음 글에서 알 수 없는 것은?

> 흔히 인류가 수렵 채집 경제에서 농업 경제로 탈바꿈함으로써 인류 문명의 도약이 이루어졌다고 말한다. 하지만 농업 경제 체제의 기틀을 이루는 최초의 작물로 곡류를 생각하는 것은 옳지 않다. 일년생 작물인 곡류는 해마다 날씨에 따라 그 수확량이 크게 요동친다. 그러므로 식량을 곡류의 수확에 의존하는 농업 경제는 불안할 수밖에 없다. 이에 식량 공급을 안정적으로 확보하기 위하여 과실수를 재배함으로써 농업 경제가 시작되었다는 견해가 힘을 얻는다. 농업 경제의 핵심을 이루는 옛 과실수로는 참나무, 올리브나무, 망고나무 등이 있다. 인간은 안정적인 수확을 얻기 위하여 과실수를 적극적으로 심어 숲을 조성하였다. 과실수는 곡류에 비하여 재배하는 데 손이 많이 가지 않아 노동력 대비 생산량이 월등했기 때문이다.
>
> 과실수의 대표적인 사례인 참나무의 열매는 도토리이며, 곡물이 부족한 시대에 인간은 도토리를 먹었다. 참나무는 전 세계 온대와 냉대 지역에 폭넓게 분포되어 쉽게 볼 수 있는 과실수이다. 이러한 참나무의 식생 형성에 인간이 기여한 바가 크다는 것이 확인되고 있다. 다년생인 참나무는 성장이 느리지만, 토양이나 기후에 별로 구애받지 않고 잘 생장하므로 도토리는 돼지와 같은 가축뿐 아니라 인간을 위한 좋은 식량이 되었다. 농부들은 도토리 생산을 늘리기 위하여 여러 지역을 다니며 도토리를 뿌렸고, 참나무는 잡초를 제거하거나 비료를 주는 등의 특별한 관리 없이도 잘 자라 식생이 갈수록 확장되었다. 오늘날 아주 오래전에 형성된 것으로 보이는 참나무 숲들도 실상은 거의 모두가 인간이 조성한 것이다. 해마다 곡물의 생산량이 풍흉에 따라 크게 요동칠 때에도 도토리는 일정한 양이 생산되어 주린 사람들과 가축의 배를 풍족하게 채워주었다. 이를 통해 사람들은 탄수화물, 단백질, 지방을 안정되게 공급받을 수 있는 농업 경제 체제를 구축하였다.

① 노동력 대비 생산량은 곡류보다 과실수가 많았다.
② 일년생 작물인 곡류는 다년생인 참나무에 비해 재배가 쉽다.
③ 도토리는 사람의 식량뿐 아니라 가축의 먹이로도 활용되었다.
④ 도토리의 생산량은 날씨에 별로 구애받지 않고 안정적이었다.
⑤ 현존하는 많은 참나무 숲 중에는 인간이 그 숲의 형성에 기여한 것이 있다.

26. 다음 글에서 알 수 있는 것은?

나이가 들면 시간이 흘러가는 것이 젊었을 때와 다르게 느껴진다. 나이가 든 사람과 젊은 사람은 물리적 시간의 경과를 다르게 느낀다고 하는데 그 이유는 무엇일까?

연구자 A는 이 질문과 관련하여 새로운 설명을 제시하였다. A는 시간을 두 종류로 구분하였다. 하나는 객관적으로 측정할 수 있는 물리적 시간인 '시계 시간'이고 다른 하나는 마음으로 그 경과를 지각하는 '마음 시간'이다. 마음 시간은 뇌 속에서 일어나는 이미지 전환에 의해 지각된다. 이 이미지들은 감각기관의 자극을 통해 만들어지고 뇌 속에서 처리되어 저장된다. 그런데 나이가 들어 신경망의 크기와 복잡성이 커지면 신호를 전달하는 경로가 더 길어질 뿐 아니라 신호전달 경로도 활력이 떨어져 신호의 흐름이 둔해지게 된다. 결과적으로 신체가 노화하면 뇌가 이미지를 습득하고 처리하는 속도가 느려져 마음 시간도 느려진다. 따라서 똑같은 물리적 시간에 나이든 사람이 처리하는 이미지 수는 젊은 사람보다 적게 된다. 가령, 젊어서 1시간 동안 N개의 이미지를 처리하고 저장하는 사람은 N개의 이미지의 연쇄에 의해 저장된 사건들이 1시간 동안 일어난 것으로 인지하게 된다. 그런데 나이가 들어서 1시간 동안 N/2개의 이미지만을 처리할 수 있게 되면, 2시간 동안 벌어진 사건들을 N개의 이미지로 저장하게 되어, 이 N개의 이미지의 연쇄를 1시간의 경과로 인식하게 된다. 다시 말해서, 인간의 마음은 자신이 인지한 이미지가 바뀌는 것을 단위로 삼아 시간의 경과를 인식한다.

① 나이가 들면 젊었을 때보다 마음 시간이 더 빨리 간다.
② 시계 시간은 나이가 들어감에 따라 흐르는 속도가 빨라진다.
③ 마음 시간과 시계 시간의 빠르기는 신체 노화에 따라 변한다.
④ 뇌에서 이미지 처리 속도가 느려지면 시계 시간이 더 빠르게 흐르는 것으로 느끼게 된다.
⑤ 신경망의 크기와 복잡성이 클수록 같은 시계 시간 동안 처리할 수 있는 이미지의 수는 많아진다.

27. 다음 글의 (가)와 (나)에 들어갈 말을 적절하게 나열한 것은?

대략 기원전 900년에서 기원전 200년 사이, 인류의 정신에 자양분이 될 위대한 전통, 중국의 유교와 도교, 인도의 힌두교와 불교, 이스라엘의 유대교, 그리스의 철학적 합리주의가 탄생하였다. 이 시기를 '축의 시대'라고 부르면서 이 시기가 인류의 정신적 발전에서 중심축을 이룬다고 보는 견해가 있다.

축의 시대의 예언자, 철학자, 시인들은 워낙 앞서 나갔으며 그들의 사상은 매우 심오하고 급진적이었다. 그러다 보니 후대인들은 이 현자들의 가르침을 (가) 경향이 있었다. 그래서 후대인들은 종종 축의 시대 현자들이 없애고 싶어했던 바로 그런 종교성을 만들어내기도 하였다. 축의 시대 현자들은 세상의 이치를 궁구하고 살아가는 법을 탐구하였지만 자신의 가르침이 절대적인 맹신의 대상이 되기를 바라지 않았다. 오히려 종교적 가르침을 의심 없이 받아들이지 말고 경험에 비추어 검증할 것을 주문하였다. 그런데 후대인들은 동일한 교의를 믿는 집단을 형성하고 특정 종교의 어떤 조항에 동의하는가를 중요시하여 강제적 교리를 고집하였다.

축의 시대 현자들에게 중요한 것은 무엇을 믿느냐보다 어떻게 행동하느냐였다. 종교의 핵심은 깊은 수준에서 자신을 바꾸는 행동을 하는 것이었다. 축의 시대 이전에는 제의와 동물 희생이 종교적 행위의 중심이었다. 한 존재가 또 다른 수준으로 인도되는 이 신성한 의식에서 신을 경험하였던 것이다. 축의 시대 현자들은 새로운 변화를 도모하였다. 종교적 행위에서 여전히 제의의 가치를 인정했지만, 거기에 새로운 윤리적 의미를 부여하고 (나) . 축의 시대 현자들이 추구했던 것은 타인을 배려하는 삶, 즉 자비로운 삶의 실천이었다. 그들은 자비를 자기만족으로 제한할 수 없다는 것을 깨닫고 공동체로 관심을 확대해야 한다고 생각하였다. 그래서 "네가 당하고 싶지 않은 일을 남에게 하지 말라."라는 가르침을 폈다.

① (가) : 올바로 이해하지 못하고 자의적으로 받아들이는
   (나) : 육체적 고통을 통한 정신적 만족을 강조하였다
② (가) : 올바로 이해하지 못하고 자의적으로 받아들이는
   (나) : 공동체 내에서의 도덕과 실천을 중요시하였다
③ (가) : 체계적인 수행 과정을 통해 제대로 이해하고 수용하는
   (나) : 공동체 내에서의 도덕과 실천을 중요시하였다
④ (가) : 체계적인 수행 과정을 통해 제대로 이해하고 수용하는
   (나) : 육체적 고통을 통한 정신적 만족을 강조하였다
⑤ (가) : 체계적인 수행 과정을 통해 제대로 이해하고 수용하는
   (나) : 제의의 영역과 윤리의 영역을 엄격히 구분하였다

28. 다음 글의 빈칸에 들어갈 내용으로 가장 적절한 것은?

> 앎을 추구하는 사람이라면, 어떤 명제 P가 거짓인 경우에 그 명제를 믿지 않아야 한다. 이 직관을 설명하기 위해 민감성 조건이 제시되었다. 이에 따르면, 명제 P에 대한 믿음이 '민감하다'면, P가 거짓인 가상의 경우에는 P를 믿지 않아야 한다. 민감성 조건을 옹호하는 철학자는, 명제 "지구는 자전한다."를 우리가 안다고 할 수 있는 이유는 그 명제가 참일 뿐만 아니라 민감성 조건을 충족하기 때문이라고 생각한다. 즉, "지구는 자전한다."가 거짓인 가상의 경우에 우리는 그 명제를 믿지 않을 것이기 때문이라는 것이다.
>
> 일견 그럴듯해 보이는 민감성 조건의 문제점은 다음과 같은 상황을 고려할 때 잘 드러난다. 철이는 지금 자신의 손자인 민수가 마당에서 건강하게 뛰어놀고 있는 모습을 직접 지켜보면서 "민수가 건강하다."라는 명제 Q를 믿고 있다고 하자. 철이가 Q를 안다고 하려면, Q에 대한 철이의 믿음은 민감성 조건을 충족해야 한다. 하지만 다음과 같은 가상의 경우를 상상해보자. 민수가 크게 다쳐서 병원에 입원했는데, 철이가 매우 신뢰하는 자신의 아들이 "민수가 친구 집에서 건강하게 놀고 있다."라고 철이에게 알려줬다. 이 경우, 철이는 Q를 믿을 것이다. 따라서 Q에 대한 철이의 믿음은 민감성 조건을 충족하지 못하는 것이다.
>
> 그러나 지금 마당에서 건강하게 뛰어놀고 있는 모습을 직접 지켜보는 철이가 Q를 알지 못한다고 말하는 것은 분명 잘못이다. 따라서, "[   ]"라고 결론지을 수 있다.

① 어떤 경우에서도 참인 명제만이 앎의 대상일 수 있다.
② 어떤 명제가 앎의 대상이라고 해서 그 명제에 대한 믿음이 민감할 필요는 없다.
③ 어떤 명제에 대한 믿음이 민감하다는 것은 그 명제를 알기 위한 충분 조건이 아니다.
④ 믿음의 대상이 되는 명제가 참이라는 것은 그 명제를 안다고 하는 것을 보장하지 않는다.
⑤ 어떤 명제가 앎의 대상이라고 해서 믿음의 대상이 되는 그 명제가 반드시 참일 필요는 없다.

29. 다음 글에서 추론할 수 있는 것은?

> 신정치경제학자들은 과반수 다수결이 효율적인 방법이라 인정하면서도, 그것이 언제나 사회적 이익의 결과만을 가져오지는 않는다고 말한다. 소수는 극렬하게 반대하고 다수가 미지근하게 찬성하는 안건과 같은 경우에는 과반수 다수결이 오히려 사회 전체의 순손실을 불러오는 선택이 되기도 한다는 것이다. 집단의 의사라고 결정된 사안에 대해서는 그 집단에서 반대한 구성원들도 따라야 하는 고통을 감내해야 하고, 이런 불이익은 '정치적 외부비용'이라고 부른다. 신정치경제학자들은 정치적 외부비용을 줄일 수 있는 대책으로 집단행동에 필요한 의결정족수를 사안별로 합리적으로 조정할 것을 주장한다.
>
> 의결정족수는 안건을 가결하는 데 필요한 최소 찬성 인원수라 할 수 있다. 의결정족수가 구성원의 10%이면 이 10%의 동의로 집단행동을 할 수 있다. 이런 동의를 얻어내는 데 치러지는 비용을 '합의도출 비용'이라고 한다. 구성원의 51%보다는 10%에 대하여 동의를 얻기가 훨씬 쉬울 것이다. 따라서 집단에서 구성원의 10%를 의결정족수로 정하면, 합의도출 비용도 적게 들고 집단행동을 하기에도 그만큼 쉬워진다. 그렇지만 그 집단행동은 나머지 구성원 90%에서 볼 때 원하지 않는 것이 될 가능성도 커지고, 정치적 외부비용 또한 그만큼 커질 것이다.
>
> 반대로 의결정족수를 구성원의 90%로 하면, 합의도출 비용은 매우 클 것이므로 집단행동도 그만큼 어려워지겠지만, 정치적 외부비용은 작아진다. 나아가 구성원 모두를 의결정족수로 하면, 나를 제외한 나머지 사람들이 독단적으로 나에게 불리한 결정을 내릴 가능성이 제도적으로 차단된다. 정치적 외부비용만 생각하면 이러한 방식이 가장 좋은 의사결정 규칙으로 보일 수 있다. 그러나 모두를 남김없이 설득해내는 일은 사실상 불가능한 경우가 많다. 따라서 정치적 외부비용과 합의도출 비용을 종합적으로 고려한다면, 합리적인 의사결정 규칙은 이 두 비용의 합계를 최소화하는 것이다.

① 의결정족수를 구성원의 100%로 하면 정치적 외부비용이 최소화된다.
② 집단에서 의결에 필요한 구성원 비율이 커질수록 합의도출 비용은 작아진다.
③ 과반수 다수결은 합의도출 비용을 최소화하는 합리적인 의사결정 규칙이다.
④ 의결정족수가 작아질수록 정치적 외부비용과 합의도출 비용의 합계가 작아진다.
⑤ 소수만이 적극 찬성하는 안건일수록 의결정족수를 작게 해야 집단 전체에 유익하다.

30. 다음 글에서 추론할 수 없는 것은?

1950년 국회 산업위원회는 다음의 사항들을 주요 내용으로 하는 농지개혁법 개정안을 의안으로 올렸다. 첫째, 매수 대상 토지의 지주에 대한 '보상률'과 토지 분배 대상자의 '상환율'을 동일하게 한다. 둘째, 지주에게는 기간을 두어 가며 보상하는 지가증권을 보상금으로 지급한다. 개정의 이유로 정부의 부담을 들었다. 전년도에 통과된 농지개혁법은 평균 수확량의 150%로 지가를 산정하여 정부가 지주에게 보상하고, 분배받는 농민에게는 평균 수확량의 125%를 정부에 상환금으로 내도록 규정한다. 25%의 차액은 정부가 부담하는 부분이다. 이 부담을 정부 재정이 감당할 수 없어 정부가 맡은 몫을 없애고 상환율을 높여 보상률과 같게 되도록 개정한다는 것이다. 그리고 보상금을 지가증권으로 지급하여 인플레이션을 방지하려 하는데, 정부로서는 일시에 보상금을 지출해야 하는 부담을 더는 것이기도 하다.

개정안을 놓고 갑론을박이 벌어졌다. 국회의원 갑은, 현행 농지개혁법이 지주의 농지에서 3정보를 초과하는 부분을 정부가 강제 매수하여 150%만 보상금으로 지급하도록 한다고 비판하였다. 그는 생활이 어려운 중소지주들을 위해서는 이번 개정에서 보상률을 200%로 올려야 한다고 주장하였다. 국회의원 을은, 보상률이 상향된다는 소문이 돌고 있고 그 때문에 150%보다도 높은 가격으로 농지 매매가 성행한다는 실정을 지적하였다. 이어서 그는 현행 농지개혁법이 정하는 그대로 집행될 것으로 믿으며 기다리는 농민들에게 신의를 지켜야 한다고 역설하며 상환율은 반드시 현행대로 유지되어야 한다고 주장하였다. 그러면서 보상률과 상환율을 같게 하는 데에는 전적으로 찬성한다고 하였으며, 보상률을 올리자는 국회의원 갑의 의견에는 적극적으로 반대하였다.

① 농지개혁법 개정안에는 보상금이 일시에 지급되어 물가가 상승하는 데 대한 우려가 반영되어 있다.
② 농지개혁법 개정안에 따르면 농지를 분배받는 사람이 내야 할 상환금은 해당 농지 평균 수확량의 150%가 된다.
③ 국회의원 갑은 경제적 상황이 힘든 지주를 고려해야 한다는 입장이다.
④ 국회의원 을은 상환율 상승을 염려하여 국가 부담 부분을 없애는 것에 반대한다.
⑤ 국회의원 을은 지주가 받을 보상금은 해당 농지 평균 수확량의 125%가 되어야 한다는 입장이다.

31. 다음 글의 ㉠을 이끌어내기 위하여 추가해야 할 전제로 적절한 것만을 <보기>에서 모두 고르면?

인공지능 및 로봇공학 기술의 발전에 따라 자율적 인공지능을 탑재한 군사로봇에 대한 관심 및 우려가 커지고 있다. 새로운 형태의 군사로봇은 인간의 개입이 없어도 인간을 죽이기로 결정할 수 있다는 점에서 자율적이다. 이러한 군사로봇을 실제 전장에 투입해도 될까? 자율적 군사로봇을 사용한다고 가정해 보자. 자율적 군사로봇을 사용하면 민간인 살상이 발생하는 것은 피할 수 없다. 그런데 자율적 군사로봇을 사용하면 누구에게도 그 결과에 대한 책임을 물을 수 없다. 왜 그런지 살펴보자.

자율적 군사로봇 사용에 의한 민간인 살상이 발생했을 때, 이에 책임질 수 있는 후보는 다음의 셋과 같다. 자율적 군사로봇의 제작자, 자율적 군사로봇을 전장에 내보내는 임무를 준 지휘관, 그리고 로봇 자체이다. 우선 제작상의 문제가 없다면, 제작자에게 책임을 물을 수 없다. 게다가 자율적 군사로봇이 어떤 상황에서 어떤 행동을 할 것인지는 제작자조차 예측하거나 통제할 수 없다. 제작자가 예측하거나 통제할 수 없는 결과에 대해서는 그에게 책임을 물을 수 없다. 다음으로 지휘관은 어떠한가? 지휘관 역시 자율적 군사로봇이 실제 작전 지역에서 어떠한 행동을 할지 예측하거나 통제할 수 없다. 이러한 이유로 지휘관에게 역시 책임을 물을 수 없다. 마지막으로 로봇은 어떠한가? 어떤 결과에 책임을 진다는 것은 그에 대한 처벌을 받는다는 것이다. 그런데 대상에 대한 처벌이 가능하려면 그 대상은 고통을 느낄 수 있어야 한다. 그러나 로봇은 고통을 느낄 수가 없기에 처벌 자체가 로봇에게는 무의미하다. 이렇게 로봇에게도 책임을 물을 수 없는 것이다. 결국 자율적 군사로봇을 사용하면 누구에게도 그 결과에 대한 책임을 물을 수 없다. 따라서 ㉠ 자율적 군사로봇의 사용은 비윤리적이다.

<보 기>

ㄱ. 인간의 통제하에 있는 존재는 책임의 주체가 될 수 없다.
ㄴ. 어떤 행위의 결과에 대해 누구에게도 책임을 물을 수 없다면 그 행위는 비윤리적이다.
ㄷ. 행위자가 예측하거나 통제할 수 없는 결과에 대해서 그에게 책임을 묻는 것은 비윤리적이다.

① ㄱ
② ㄴ
③ ㄱ, ㄷ
④ ㄴ, ㄷ
⑤ ㄱ, ㄴ, ㄷ

32. 다음 글을 토대로 할 때 ㉠의 근거로 가장 적절한 것은?

> 고도의 사회성으로 집단을 이루고 살아가는 쌍살벌은 개체의 얼굴에서 독특하게 나타나는 노란색과 검은색 무늬로 상대방을 구별한다. 시언과 티베츠는 쌍살벌의 개체 인식 능력을 시험하여 이것이 영장류만큼 정교하다는 사실을 발견했다. 말벌이나 꿀벌 등 다른 종류의 벌에 비해 쌍살벌은 같은 종에 속한 개체의 얼굴을 구별하는 뛰어난 능력을 갖고 있다.
>
> 쌍살벌은 영장류처럼 큰 뇌를 갖고 있지 않기 때문에 쌍살벌의 뛰어난 얼굴 인식 메커니즘은 뇌를 활용하는 영장류의 방식과는 판이하게 다르다. 동물들이 다른 메커니즘을 통해 유사한 기능을 발휘하는 경우는 아주 많다. 하지만 인지 기능의 경우 어떤 이들은 하등 동물이 비슷한 일을 하는 사례를 들어 큰 뇌를 가진 동물의 고등한 능력에 의문을 제기하곤 한다. 그들은 "벌도 갖고 있는 능력이라면, 그건 고등한 능력이 아니지 않은가?"라고 말한다. 마치 어떤 결과에 이르는 길은 하나밖에 없다는 것처럼 말이다. 하지만 ㉠ 동물들이 유사한 기능을 발휘하기 위해 항상 유사한 메커니즘이 요구되는 것은 아니다.
>
> 상동과 상사는 진화 과정에서 흔히 나타난다. 상동은 생물의 기관이 외관상으로는 다르나 본래 기관의 원형은 동일한 것을 가리킨다. 사람의 손과 박쥐의 날개는 상동기관으로 둘 다 조상의 앞다리에서 유래했다. 정확하게 똑같은 수로 이루어진 뼈가 그것을 입증한다. 반면에 상사는 통상적으로 종류가 다른 생물의 기관에서, 구조는 서로 다르나 그 형상이나 기능이 서로 일치하는 것을 가리킨다. 이는 수렴 진화를 통해, 즉 서로 관계가 먼 생물들이 같은 방향으로 진화하면서 나타난다. 곤충의 날개와 새의 날개는 둘 다 날기 위해 공기를 미는 작용을 하지만 기원과 해부학적 구조가 전혀 다르다. 동물의 인지 기능에도 마찬가지 논리를 적용할 수 있다.

① 쌍살벌과 말벌이 개체 인식 능력에서 차이가 나게 된 것은 상사에 해당한다.
② 영장류가 가지는 사회성과 쌍살벌이 가지는 사회성에는 수준 차이가 있다.
③ 쌍살벌이 큰 뇌가 없어도 영장류처럼 정교한 개체 인식 능력을 갖게 된 것은 상사에 해당한다.
④ 영장류가 얼굴을 보고 개체를 구별하는 것은 고등한 능력임이 쌍살벌의 사례에서 확인된다.
⑤ 박쥐가 날개로 물건을 쥘 수 없다는 것에서 사람이 손으로 물건을 쥐는 능력이 고등한 능력임이 드러난다.

33. 다음 글의 내용이 참일 때 반드시 참이라고는 할 수 없는 것은?

> 사무관 갑, 을, 병, 정, 무는 각 부처에 배치될 예정이다. 하나의 부처에 여러 명의 사무관이 배치될 수는 있지만, 한 명의 사무관이 여러 부처에 배치되는 일은 없다. 이들은 다음과 같이 예측하였다.
>
> 갑 : 내가 환경부에 배치되면, 을 또한 환경부에 배치된다.
> 을 : 내가 환경부에 배치되면, 병은 통일부에 배치된다.
> 병 : 갑이 환경부에 배치되지 않으면, 무와 내가 통일부에 배치된다.
> 정 : 병이 통일부에 배치되지 않고 갑은 환경부에 배치된다.
> 무 : 갑이 통일부에 배치되고 정은 교육부에 배치된다.
>
> 발표 결과 이들 중 네 명의 예측은 옳고 나머지 한 명의 예측은 그른 것으로 드러났다.

① 갑은 통일부에 배치된다.
② 을은 환경부에 배치된다.
③ 병은 통일부에 배치된다.
④ 정은 교육부에 배치된다.
⑤ 무는 통일부에 배치된다.

34. 다음 글의 내용이 참일 때 반드시 참인 것만을 〈보기〉에서 모두 고르면?

> 부서에서 검토 중인 과제를 여섯 개의 범주, '중점 추진 과제', '타 부서와 협의가 필요한 과제', '많은 예산이 필요한 과제', '장기 시행 과제', '인력 재배치가 필요한 과제', '즉각적인 효과가 나타나는 과제'로 나누어 검토해 본 결과는 다음과 같다.
>
> - 중점 추진 과제 가운데 인력 재배치가 필요한 과제는 없지만 장기 시행 과제는 있다.
> - 타 부서와 협의가 필요한 과제 가운데 즉각적인 효과가 나타나는 과제는 없다.
> - 많은 예산이 필요한 과제 가운데 즉각적인 효과가 나타나는 과제가 있다.
> - 장기 시행 과제 가운데 타 부서와 협의가 필요하지 않은 과제는 모두 인력 재배치가 필요한 과제이다.
> - 인력 재배치가 필요한 과제 가운데 많은 예산이 필요한 과제는 없다.

〈보 기〉

ㄱ. 장기 시행 과제이면서 즉각적인 효과가 나타나는 과제 가운데는 많은 예산이 필요한 과제가 없다.
ㄴ. 인력 재배치가 필요하지 않은 과제 가운데 즉각적인 효과가 나타나지 않는 과제가 있다.
ㄷ. 장기 시행 과제가 아니면서 많은 예산이 필요한 과제가 있다.

① ㄱ
② ㄷ
③ ㄱ, ㄴ
④ ㄴ, ㄷ
⑤ ㄱ, ㄴ, ㄷ

35. 다음 글에서 추론할 수 있는 것만을 <보기>에서 모두 고르면?

동물은 에너지원으로 탄수화물과 지방을 주로 사용한다. 탄수화물을 에너지원으로 많이 사용하면 혈중 젖산 농도가 증가하고, 지방을 에너지원으로 많이 사용하면 혈중 트리글리세리드(TG) 농도가 증가한다.

곰이 계절에 따라 주로 사용하는 에너지원이 무엇인지 알아보기 위해, 곰의 혈액과 배설물을 사용하여 두 건의 연구를 수행했다. 장내 미생물군은 배설물 안에 보존되어 있고, 장내 미생물군의 구성 비율은 미생물군이 에너지원으로 사용할 수 있는 물질이 얼마나 있는지에 따라 변할 수 있다. 장내 미생물군 중 어떤 것은 에너지원으로 탄수화물을 주로 사용하고, 다른 어떤 것은 에너지원으로 지방을 주로 사용한다. 체내환경에서 탄수화물이 많아지면 그것을 주로 사용하는 미생물군의 비율이 증가하고 지방의 경우도 마찬가지다. 이 미생물군들의 작용으로 젖산 또는 TG가 개체의 혈액에 추가로 제공된다.

첫 번째 연구에서 총 10마리의 곰 각각으로부터 여름과 겨울에 혈액을 채취하여 혈중 물질의 농도를 분석하였다. 이 연구로부터 혈중 평균 TG 농도는 겨울이 여름보다 높고, 혈중 평균 젖산 농도는 여름이 겨울보다 높다는 결과를 얻었다. 이로부터 곰이 에너지원으로 주로 사용하는 물질의 종류는 여름과 겨울에 다르다는 것을 알 수 있었다.

두 번째 연구에서 장내 미생물이 없는 무균 쥐를 이용한 실험을 수행하였다. 무균 쥐는 고지방 음식을 섭취하더라도 혈중 TG 농도가 변하지 않고 50μM로 유지된다. 20마리의 무균 쥐를 10마리씩 두 그룹으로 나누어, 그룹 1의 쥐에는 여름에 곰으로부터 채취한 배설물을, 그룹 2의 쥐에는 겨울에 곰으로부터 채취한 배설물을 같은 양만큼 이식하였다. 이후 같은 양의 고지방 음식을 먹였다. 2주 후 쥐의 혈중 TG 농도를 분석하였고, 그룹 1과 그룹 2에서 쥐의 혈중 평균 TG 농도는 각각 70μM과 110μM이었다. 이로부터 곰의 배설물에 있는 장내 미생물이 쥐의 혈중 TG 농도를 높였다는 것을 알 수 있었다.

<보 기>

ㄱ. 곰은 에너지원으로 여름보다 겨울에는 탄수화물을, 겨울보다 여름에는 지방을 더 많이 사용한다.
ㄴ. 여름에 곰으로부터 채취한 배설물을 이식한 무균 쥐는 탄수화물을 충분히 섭취해도 혈중 젖산 농도가 증가하지 않는다.
ㄷ. 곰의 경우 전체 장내 미생물군 중 에너지원으로 지방을 주로 사용하는 미생물군이 차지하는 비율은 여름보다 겨울에 더 높다.

① ㄱ
② ㄷ
③ ㄱ, ㄴ
④ ㄴ, ㄷ
⑤ ㄱ, ㄴ, ㄷ

36. 다음 글의 <실험>의 결과를 가장 잘 설명하는 것은?

광센서는 입사한 빛에 의해 전자가 들뜬 상태로 전이하는 현상을 이용한다. 반도체 물질에서 전자가 빛에 의해 에너지를 얻으면 이동이 비교적 자유로운 상태인 '들뜬 상태'가 된다. 그러므로 들뜬 상태의 전자가 얼마나 많은지를 측정하여 빛의 세기를 잴 수 있다. 그런데 빛이 들어오지 않을 때도 전자가 들뜬 상태로 전이하는 경우가 있다. 이러한 전자는 빛에 의해 들뜬 상태가 된 전자와 섞이기 때문에 광센서로 빛의 세기를 정확하게 측정하지 못하게 한다. 이렇게 측정하려는 대상을 교란하는 요인을 '잡음'이라 한다.

빛이 들어오지 않을 때 광센서에서 전자가 들뜬 상태로 전이하는 이유는 크게 두 가지이다. 하나는 열적 현상으로, 광센서 내부의 원자 진동에 의해 원자에 속박된 전자 일부가 큰 에너지를 얻어 들뜬 상태로 전이하는 것이다. 이런 방식으로 들뜬 상태로 전이하는 전자의 수는 원자의 진동이 없는 절대 0도, 즉 −273℃에서는 0이었다가 광센서의 절대 온도에 정비례하여 증가한다. 다른 하나는 양자 현상이다. 불확정성 원리에 의하면 광센서 내부의 전자 중 일부는 확률적으로 매우 큰 에너지를 가지게 되어 들뜬 상태로 전이한다. 이러한 현상의 발생 정도는 광센서의 종류에 따라 달라질 뿐, 광센서의 온도에 관계없이 일정하다.

열적 현상에 의한 잡음을 '열적 잡음', 양자 현상에 의한 잡음을 '양자 잡음'이라 하며, 두 잡음의 합을 광센서의 전체 잡음이라고 한다. 광센서의 구조와 이를 구성하는 물질에 따라 열적 잡음의 크기와 양자 잡음의 크기는 달라진다.

광센서의 열적 잡음과 양자 잡음의 상대적인 크기를 구하기 위해 다음 실험을 수행하였다.

<실 험>

실온에서 구조와 구성 물질이 다른 광센서 A와 B의 전체 잡음을 측정하고, 광센서의 온도를 높인 후 다시 두 광센서의 전체 잡음의 크기를 측정하였다. 실험 결과, 실온에서는 A와 B의 전체 잡음의 크기가 같았으나, 고온에서는 A의 전체 잡음의 크기가 B의 전체 잡음의 크기보다 컸다.

① 온도 증가분에 대한 열적 잡음 증가분은 A와 B가 같다.
② 온도 증가분에 대한 양자 잡음 증가분은 B가 A보다 크다.
③ 실온에서 열적 잡음은 A가 B보다 크고, 양자 잡음은 B가 A보다 크다.
④ 실온에서 열적 잡음은 B가 A보다 크고, 양자 잡음은 A가 B보다 크다.
⑤ 실온에서 A와 B는 열적 잡음의 크기가 서로 같고, 양자 잡음의 크기도 서로 같다.

37. 다음 글에 대한 분석으로 옳은 것만을 〈보기〉에서 모두 고르면?

> 조건문 '오늘이 3월 4일이면, 내일은 3월 5일이다'는 단순 명제인 '오늘이 3월 4일이다'와 '내일은 3월 5일이다'로 구성된다. 이러한 단순 명제는 그것이 사실에 대응하면 참이고, 그렇지 않으면 거짓이다. 그렇다면 이것들로 구성된 조건문의 참·거짓은 어떻게 결정될까? 보다 일반적으로 임의의 단순 명제인 A와 C로 구성된 조건문 'A이면 C'의 진릿값은 어떻게 결정될까?
>
> 견해 (가)에 따르면 조건문 'A이면 C'는 A가 참인데도 C가 거짓인 경우에 거짓이고, 그 나머지 경우에는 모두 참이다. 여기서 A가 거짓인 경우에는 C가 참이든 거짓이든 조건문은 참이 된다. 그러나 A가 거짓인 경우의 진릿값 결정 방식은 우리의 직관에 부합하지 않는 면이 있다.
>
> 견해 (나)에 따르면 조건문의 진릿값이 정해지는 방식은 '가능 세계'라는 개념을 이용해야 만족스럽게 제시될 수 있다. 먼저 A가 현실 세계에서 참인 경우를 생각해보자. 이 경우에는 (가)와 다를 바 없이 현실 세계에서 C가 참인지 거짓인지에 따라 조건문의 진릿값이 결정된다. 즉, C가 참이면 조건문은 참이고 C가 거짓이면 조건문은 거짓이다. 다음으로 A가 현실 세계에서 거짓인 경우를 생각해보자. 이 경우에는 A가 참인 것 외에 다른 것은 모두 현실 세계와 같은 가능 세계에서 C가 참인지 거짓인지를 판단해 보는 것이다. 만약 그 가능 세계에서 C가 참이면 조건문은 참이 되고, C가 거짓이면 조건문은 거짓이 된다. 가령 실제 3월에 누군가 "이번 달이 4월이면, 다음 달은 5월이다."라고 말했다면, 이는 참이다. 왜냐하면 '이번 달은 4월이다'가 참이라는 것이 현실 세계와 다르고 그 밖의 것은 모두 현실 세계와 같은 가능 세계에서는 현실 세계처럼 4월의 다음 달은 5월일 것이기 때문이다.

〈보 기〉

ㄱ. (가)에 따르면 실제 3월에 누군가 "이번 달이 4월이면, 다음 달은 5월이다."라고 말했을 때, 이 조건문은 참이다.
ㄴ. (나)에 따르면 실제 3월에 누군가 "이번 달이 3월이면, 다음 달은 4월이다."라고 말했을 때, 이 조건문은 참이다.
ㄷ. (가)에서 거짓인 조건문은 (나)에서도 거짓으로 판정한다.

① ㄱ
② ㄷ
③ ㄱ, ㄴ
④ ㄴ, ㄷ
⑤ ㄱ, ㄴ, ㄷ

38. 다음 대화에 대한 평가로 적절한 것만을 〈보기〉에서 모두 고르면?

> 갑 : 어떤 동물들은 대단한 기술을 지닌 것 같아. 비버가 만든 댐은 정말 굉장하지 않아?
>
> 을 : 그런 것을 '기술'이라고 부를 수 있을까? 기술이라고 부를 수 있는 것은 오직 인간이 만든 인공물로 한정되는 거야. 기술은 부자연스러움을 낳는데, 비버가 본성에 따라 만든 댐은 부자연스러움을 낳지 않거든. 인공물은 언제나 부자연스러움을 가져오지.
>
> 갑 : 성냥으로 피운 난롯불은 부자연스럽고 번개로 붙은 산불은 자연스럽다고? 도대체 자연스러움과 부자연스러움의 경계선을 어떻게 그을 수 있어? 인간이 만든 것이든 동물이 만든 것이든, 자연을 변화시키고 자연과 맞서기 위해 만들어졌다면, 그것만으로 기술이 되기에 충분해. 그리고 그 만듦이 본성에 따른 것인지는 기술인가의 여부를 결정하는 데 무관해. 비버가 댐을 만드는 것이 비버가 지닌 본성에 따른 것처럼, 인간이 비행기를 만드는 것도 인간의 본성에 따른 것일 수 있거든.
>
> 을 : 그래, 나도 인간의 기술이 인간 본성에서 비롯했다는 점에 동의할 수 있어. 하지만 어떤 것이 기술이라면, 그 사용에는 그 기술의 기초가 되는 원리에 대한 이해가 반드시 있어. 비버는 그런 이해가 없지. 그리고 어떤 것의 사용에 원리에 대한 이해가 있다면, 그 사용은 반드시 부자연스러움을 낳아.
>
> 갑 : 너는 부자연스러움이 모호한 개념이라는 비판을 받아들이지 않는구나. 너의 오류는 인공물과 자연물 사이의 경계가 분명하다는 전제로부터 비롯해. 그 경계를 자연스러움과 부자연스러움 사이의 경계로 투사하고 있는 것이지. 하지만 씨 없는 수박을 생각해 봐. 그것은 완전히 인공적인 것도 완전히 자연적인 것도 아니거든.

〈보 기〉

ㄱ. 만들어진 모든 것이 본성의 소산이라는 것은, 갑의 입장도 을의 입장도 약화하지 않는다.
ㄴ. 자연을 변화시킨 인공물이지만 부자연스러움을 낳지 않는 물건이 있다는 것은, 을의 입장을 강화하지 않는다.
ㄷ. 부자연스러움을 낳는 것 중에 원리에 대한 이해 없이 생겨난 물건이 있다는 것은, 을의 입장을 약화한다.

① ㄱ
② ㄷ
③ ㄱ, ㄴ
④ ㄴ, ㄷ
⑤ ㄱ, ㄴ, ㄷ

※ 다음 글을 읽고 물음에 답하시오. [39~40]

갑 : 외계에 지성적 존재가 있다면 지구의 인간들은 그들과 의사소통할 수 있을까요? 우주를 보편적으로 지배하는 원리를 포함하는 이론을 외계인이 지니지 않는다면, 그 외계인은 은하계를 누빌 수 있는 우주선 제작과 같은 기술력을 갖추지 못할 것입니다. 외계인이 지닌 이론은 비록 우리의 것과 다른 방식으로 서술될 수는 있지만 그 내용은 동일할 것입니다. 그런 이론이 포함하는 원리는 우주를 보편적으로 지배합니다. 그리고 그런 이론을 지닌 외계인이 있다고 볼 충분한 이유가 있습니다. 그러므로 외계인이 그런 이론을 지닌다면, 그 외계인과 지구인 사이에는 의사소통이 가능할 것입니다.

을 : 상호 의사소통은 오직 공통된 생활양식을 함께했을 때에만 가능합니다. 그런데 원숭이나 고래 혹은 흰개미처럼 우리와 같은 환경 속에서 진화해 온 존재들조차 우리와 생활양식이 엄청나게 다르지요. 그러니 외계의 환경에서 발생하여 근본적으로 다른 진화 경로를 거쳐 온 이들, 즉 외계인들은 우리와 공통된 생활양식을 절대 함께할 수 없습니다.

병 : 지구에서든 우주 어디에서든, 행성의 운행이나 화학반응을 지배하는 원리는 동일하고 그런 원리를 포함하는 이론을 지닌 외계인이 있을 수 있다고 생각합니다. 하지만 그것으로는 의사소통이 이루어지기에 충분하지 않습니다. 그런 원리를 포함하는 이론을 표현하는 일상 언어를 사용하는 것이 추가되어야 합니다. 왜냐하면 그런 이론을 지니고 있더라도 일상 언어의 결여로 인해 의사소통에 실패하는 경우가 있을 수 있기 때문입니다. 결론적으로, 만약 어떤 외계인이 우주의 보편적 원리를 포함하는 이론을 지니고 그런 이론을 표현하는 일상 언어를 사용한다면, 설령 우리와 그들의 일상 언어가 다르더라도 그런 이론을 표현하는 일상 언어를 사용하는 지구인과 의사소통이 가능할 것입니다.

정 : 우주의 보편 원리를 포함하는 이론을 지니고 그것을 표현하는 일상 언어를 사용하는 외계인과 지구인이 있다고 합시다. 우주의 보편 원리를 포함하는 이론과 그것을 표현하는 일상 언어만으로는 이들 사이에 의사소통이 이루어지는 데 충분하지 않습니다. 그에 더해서 생물학적 유사성까지 충족된다면 의사소통이 가능할 것입니다. 생물학적 유사성을 갖기 위해서는 몇 가지 조건이 만족되어야 합니다. 그 중 한 가지는 신체 구조의 유사성입니다. 우리 지구를 방문한 외계인이 우리 인간과 전혀 다른 신체 구조를 지닌다면 우리는 그들의 행동을 우리 행동과 비교할 수 없고 그로 인해 이해도 할 수 없습니다. 그 점에서 신체 구조의 유사성은 생물학적 유사성을 갖기 위해 필요합니다.

39. 위 글에 대한 분석으로 적절한 것만을 〈보기〉에서 모두 고르면?

〈보 기〉

ㄱ. 갑에 따르면, 외계인이 은하계를 누빌 수 있는 우주선 제작과 같은 기술력을 갖추었다면 그 외계인과 지구인 사이에는 의사소통이 가능하다.
ㄴ. 을의 주장들과 병의 결론이 참이라면, "지구인과 의사소통이 불가능한 외계인은 우주의 보편적 원리를 포함하는 이론도 지니지 않고 그런 이론을 표현하는 일상 언어도 사용하지 않는다."도 참이다.
ㄷ. 갑~정 중에서, "외계인과 지구인 사이에 의사소통이 가능하다면 그 외계인은 보편적 원리를 포함하는 이론을 표현하는 일상 언어를 사용한다."라고 주장하는 사람은 없다.

① ㄱ
② ㄴ
③ ㄱ, ㄷ
④ ㄴ, ㄷ
⑤ ㄱ, ㄴ, ㄷ

40. 다음 〈사례〉가 발생했을 때, 위 글의 갑~정의 입장을 적절하게 평가한 것만을 〈보기〉에서 모두 고르면?

〈사 례〉

지구인 김박사는 우주의 보편 원리를 포함하는 이론을 표현하는 일상 언어를 사용한다. 그는 우주선을 타고 안드로메다에 있는 한 행성에 도착했다. 거기서 만난 외계인 A는 지구인과 전혀 다른 신체 구조를 가지고 있으며 생활양식도 지구인과 매우 다르다. 또한 A는 우주의 보편 원리를 포함하는 이론을 갖고 있지 않다. 그는 지구인의 일상 언어를 쓰지 않고 그 행성의 일상 언어만을 사용한다.

〈보 기〉

ㄱ. 김박사가 A와 의사소통이 가능하다면, 을의 입장은 약화된다.
ㄴ. 김박사가 A와 의사소통이 가능하다면, 정의 입장은 강화되지 않는다.
ㄷ. 김박사가 A와 의사소통이 불가능하다면, 갑의 입장도 병의 입장도 약화되지 않는다.

① ㄱ
② ㄷ
③ ㄱ, ㄴ
④ ㄴ, ㄷ
⑤ ㄱ, ㄴ, ㄷ

1. 다음 〈표〉와 〈보고서〉는 2022년 A~E국의 우편 서비스 현황에 관한 자료이다. 이를 근거로 판단할 때, A~E 중 '갑'국에 해당하는 국가는?

〈표 1〉 2022년 A~E국 우편 서비스 제공 방법별 인구 비율

(단위 : %)

제공 방법 \ 국가	A	B	C	D	E	세계 평균
집으로 우편물 배달	19.2	88.4	94.0	97.3	96.6	85.8
우체국에서 우편물 배부	80.8	11.6	6.0	2.7	3.4	14.2

〈표 2〉 2022년 A~E국 우편 시장 및 우체국 현황

(단위 : %, 명, 개)

구분 \ 국가	A	B	C	D	E	세계 평균
2012년 대비 국내우편 시장 규모 성장률	−20.6	−12.0	−10.3	−1.1	1.8	−
우체국 직원 1인당 인구	17,218	3,606	2,364	2,673	387	1,428
인구 10만 명당 우체국 수	1.1	3.3	8.2	21.2	12.4	12.7

〈보고서〉

'갑'국의 우편 서비스 보급 현황 및 성장률, 서비스 품질을 알아보기 위해 2022년 우편 서비스 제공 방법별 인구 비율, 2012년 대비 국내우편 시장 규모 성장률, 우체국 직원 1인당 인구 및 인구 10만 명당 우체국 수를 조사하였다.

먼저 2022년 우편 서비스 제공 방법별 인구 비율을 살펴보면, '갑'국은 '집으로 우편물 배달' 비율이 세계 평균 및 '우체국에서 우편물 배부' 비율보다 높았다. 한편 '갑'국의 2012년 대비 2022년 국내우편 시장 규모는 감소하였다.

'갑'국의 우체국 직원 1인당 인구는 세계 평균인 1,428명보다 70% 이상 많아 직원들이 서비스를 제공해야 할 인구가 많았다. 또한 '갑'국의 인구 10만 명당 우체국 수를 살펴보면 세계 평균보다 적어 우체국 접근성이 낮은 것으로 나타났다.

① A
② B
③ C
④ D
⑤ E

2. 다음 〈표〉는 2020년과 2021년 각각 '갑'국의 교원 2,000명(중학교 1,000명, 고등학교 1,000명)을 대상으로 진로체험 편성 · 운영 시 학생 의사 반영에 관해 조사한 자료이다. 이를 근거로 작성한 〈보고서〉의 내용 중 옳은 것만을 모두 고르면?

〈표 1〉 진로체험 편성 · 운영 시 학생 의사 반영 정도별 응답 비율

(단위 : %)

학생 의사 반영 정도 \ 학교급 / 연도	중학교 2020	중학교 2021	고등학교 2020	고등학교 2021
전부 반영	13.0	15.4	26.4	29.2
일부 반영	72.1	70.8	59.0	58.3
미반영	14.9	13.8	14.6	12.5
계	100.0	100.0	100.0	100.0

※ 무응답과 중복 응답은 없음

〈표 2〉 2021년 진로체험 편성 · 운영 시 학생 의사 미반영 이유별 응답 비율

(단위 : %)

미반영 이유 \ 학교급	중학교	고등학교
수요 기반 체험처 미확보	26.1	38.4
체험처 수용 인원 규모 초과	27.5	18.4
운영 인력 부족	18.1	16.8
이동 시간 부족	8.0	8.0
예산상의 제약	11.6	8.0
기타	8.7	10.4
계	100.0	100.0

※ 1) 2021년 조사에서 학생 의사 반영 정도를 '미반영'으로 응답한 교원을 대상으로 조사함
2) 무응답과 중복 응답은 없음

〈보고서〉

2021년 조사 결과 진로체험 편성 · 운영 시 학생 의사 반영 정도를 살펴보면, ㉠ '일부 반영'으로 응답한 비율이 중학교와 고등학교 각각 70.8%, 58.3%로 가장 높았다. ㉡ '전부 반영'으로 응답한 비율은 전년 대비 중학교가 2.8%p, 고등학교가 2.4%p 증가하였다.

2021년 진로체험 편성 · 운영 시 학생 의사 미반영 이유를 살펴보면, ㉢ 중학교는 '체험처 수용 인원 규모 초과', 고등학교는 '수요 기반 체험처 미확보'로 응답한 비율이 가장 높았다. 기타를 제외하고, '이동 시간 부족'이라고 응답한 비율은 중학교와 고등학교 모두 가장 낮게 나타났다. 한편, ㉣ 학생 의사 미반영 이유를 '이동 시간 부족'으로 응답한 교원의 수는 중학교와 고등학교가 동일하였다.

① ㄱ, ㄷ
② ㄱ, ㄹ
③ ㄴ, ㄷ
④ ㄴ, ㄹ
⑤ ㄱ, ㄷ, ㄹ

3. 다음 〈표〉는 2021년과 2022년 '갑'국의 학교급별 사교육비에 관한 자료이다. 제시된 〈표〉 이외에 〈보고서〉를 작성하기 위해 추가로 필요한 자료만을 〈보기〉에서 모두 고르면?

〈표 1〉 학교급별 사교육비 총액 및 학생 1인당 월평균 사교육비

구분 학교급 \ 연도	사교육비 총액(억 원)		학생 1인당 월평균 사교육비(만 원)	
	2021	2022	2021	2022
전체	194,851	209,968	29.1	32.1
초등학교	85,531	95,596	26.3	29.0
중학교	49,972	52,555	31.2	33.8
고등학교	59,348	61,817	32.1	36.5

〈표 2〉 분야별 사교육비 총액 현황

(단위 : 억 원)

연도 분야	2021	2022			
			초등학교	중학교	고등학교
일반교과	142,600	154,051	56,545	46,192	51,314
예체능 및 취미 · 교양	50,707	54,273	38,814	6,210	9,249
취업	929	910	0	0	910
진로 · 진학 학습상담	615	734	237	153	344

〈보고서〉

2022년 학교급별 사교육비 총액은 약 21조 원으로, 2021년 대비 1조 5천억 원 이상 증가하였다. 2022년 사교육비 총액을 학교급별로 보면, 초등학교 약 9조 6천억 원, 중학교 약 5조 3천억 원, 고등학교 약 6조 2천억 원이었다.

2022년 사교육비 총액을 분야별로 살펴보면, '일반교과'는 약 15조 4천억 원으로 전년 대비 1조 1천억 원 이상 증가하였고, '예체능 및 취미 · 교양'은 약 5조 4천억 원으로 전년 대비 3천 5백억 원 이상 증가하였다.

2022년 사교육비 총액 중 '예체능 및 취미 · 교양' 사교육비가 차지하는 비중은 2017년 대비 6%p 이상 상승하였다. 이는 예체능에 대한 관심 증대, 취미 · 교양 · 재능계발 및 보육 등 사교육 목적의 다양화가 주요 원인으로 분석된다.

2022년 학생 1인당 월평균 사교육비는 32만 1천 원으로 전년 대비 3만 원 증가하였다. 학교급별로 학생 1인당 월평균 사교육비 증가액을 살펴보면 초등학교 2만 7천 원, 중학교 2만 6천 원, 고등학교 4만 4천 원이었다.

2022년 학생 1인당 주당 사교육 참여시간은 6.5시간으로 전년 대비 0.3시간 증가하였다. 학교급별로는 초등학교 5.7시간, 중학교 6.8시간, 고등학교 6.8시간으로 각각 전년 대비 0.4시간, 0.3시간, 0.3시간 증가하였다.

〈보 기〉

ㄱ. 전년 대비 2022년 학교급별 학생 1인당 월평균 사교육비 증가액

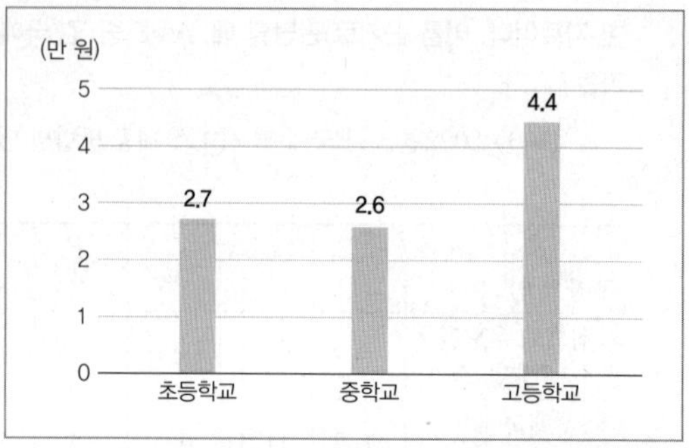

ㄴ. 2021년과 2022년 분야별 학생 1인당 월평균 사교육비

(단위 : 만 원)

연도 분야	2021	2022
일반교과	21.3	23.6
예체능 및 취미 · 교양	7.6	8.3
취업	0.1	0.1
진로 · 진학 학습상담	0.1	0.1

ㄷ. 2017년 분야별 사교육비 총액 구성비

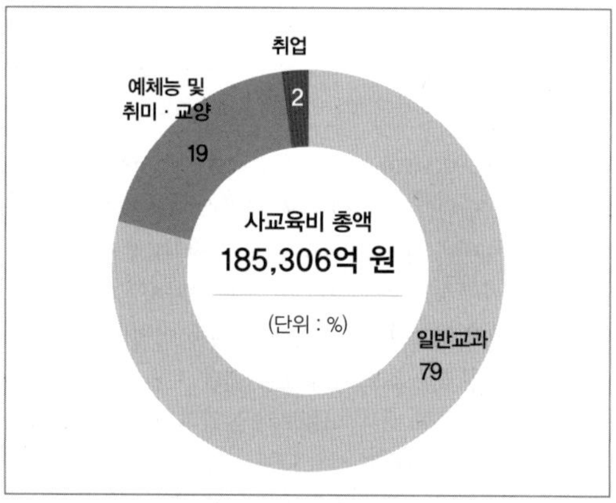

ㄹ. 2021년과 2022년 학교급별 학생 1인당 주당 사교육 참여시간

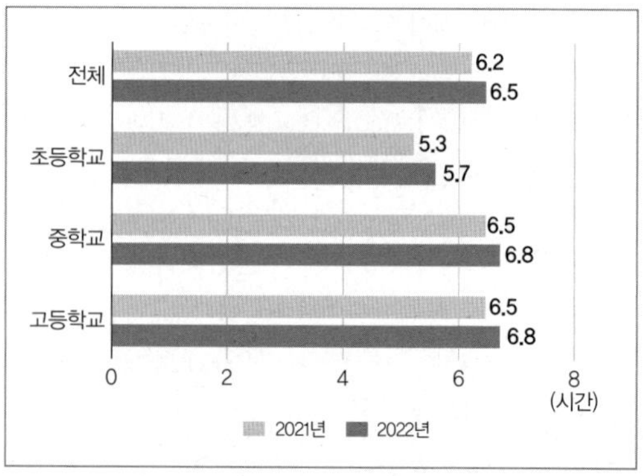

① ㄱ, ㄴ
② ㄱ, ㄷ
③ ㄴ, ㄷ
④ ㄴ, ㄹ
⑤ ㄷ, ㄹ

4. 다음 〈표〉는 2014년과 2019년 A~E국의 3대 사망원인별 연령표준화사망률에 관한 자료이고, 〈보고서〉는 '갑'국의 연령표준화사망률을 분석한 자료이다. 이를 근거로 판단할 때, A~E 중 '갑'국에 해당하는 국가는?

〈표〉 2014년과 2019년 A~E국의 3대 사망원인별 연령표준화사망률

(단위 : 명/10만 명)

국가	사망원인 \ 연도 / 성별	2014 남자	2014 여자	2019 남자	2019 여자
A	암	233.9	151.9	223.5	145.5
	순환기계	219.3	165.1	185.4	136.1
	호흡기계	73.0	48.8	66.3	47.3
B	암	278.5	201.8	255.6	186.0
	순환기계	233.9	153.7	217.0	140.0
	호흡기계	102.7	75.9	113.3	83.2
C	암	265.8	125.9	254.7	125.3
	순환기계	220.7	155.6	214.5	150.0
	호흡기계	102.9	46.1	107.8	52.3
D	암	279.1	133.9	278.5	133.5
	순환기계	272.5	194.8	254.3	178.0
	호흡기계	121.2	63.5	118.5	62.1
E	암	272.3	113.9	229.0	100.9
	순환기계	187.1	133.5	148.6	105.5
	호흡기계	113.7	48.4	125.3	54.3

〈보고서〉

'갑'국의 3대 사망원인별 연령표준화사망률을 살펴보면, 남자는 2014년과 2019년 모두 암이 가장 높았고, 순환기계가 다음으로 높았다. 그에 반해, 여자는 2014년과 2019년 모두 순환기계가 가장 높았고, 암이 다음으로 높았다.

남자와 여자 모두, 2014년 대비 2019년 암과 순환기계의 연령표준화사망률은 낮아졌으나 호흡기계의 연령표준화사망률은 높아졌다. 2014년에는 호흡기계의 연령표준화사망률이 남자와 여자 모두 암의 연령표준화사망률의 절반에 미치지 못했으나, 2019년에는 절반을 넘었다.

① A
② B
③ C
④ D
⑤ E

5. 다음 〈표〉는 2016~2020년 '갑'국의 난민심사 현황에 관한 자료이다. 이에 대한 설명으로 옳지 않은 것은?

〈표〉 2016~2020년 '갑'국 난민심사 현황

(단위 : 명)

연도 \ 구분	신규 신청자	신청 철회자	심사 완료자	난민 인정자	인도적 체류자	난민 불인정자	심사 인력
2016	1,574	208	523	57	206	260	20
2017	2,896	358	1,574	93	533	948	20
2018	5,268	603	2,755	105	198	2,452	30
2019	7,541	1,045	5,668	98	252	5,318	40
2020	9,942	1,117	5,890	121	317	5,452	50

※ 난민인정률(%) = $\frac{\text{난민인정자}}{\text{심사완료자}} \times 100$

① 심사완료자 중 인도적 체류자의 비중은 매년 감소한다.
② 전년 대비 신규신청자 증가율이 가장 낮은 해는 2020년이다.
③ 난민인정률이 가장 낮은 해는 2019년이다.
④ 신규신청자가 가장 많은 해와 신청철회자가 가장 많은 해는 같다.
⑤ 심사인력 1인당 신규신청자는 매년 증가한다.

6. 다음 〈표〉는 2022년 A시를 방문한 내국인 및 외국인 대상 업종별 매출액에 관한 자료이다. 이에 대한 설명으로 옳은 것은?

〈표〉 내국인 및 외국인 대상 업종별 매출액

(단위 : 백만 원)

업종 \ 구분	내국인 대상	외국인 대상
쇼핑업	1,101,480	32,879
숙박업	101,230	11,472
식음료업	1,095,585	9,115
여가서비스업	92,459	1,233
여행업	958	2,000
운송업	31,114	141

※ 업종은 쇼핑업, 숙박업, 식음료업, 여가서비스업, 여행업, 운송업으로만 구성됨

① 내국인 대상 전체 매출액에서 차지하는 비중이 큰 업종일수록 외국인 대상 전체 매출액에서 차지하는 비중도 크다.
② 내국인 대상 전체 매출액 중 식음료업이 차지하는 비중은 40% 이하이다.
③ 외국인 대상 전체 매출액은 내국인 대상 전체 매출액의 20% 이상이다.
④ 내국인 대상 매출액과 외국인 대상 매출액의 차이가 가장 큰 업종은 쇼핑업이다.
⑤ 외국인 대상 전체 매출액 중 쇼핑업이 차지하는 비중은 50% 이상이다.

7. 다음 〈표〉는 일제강점기 1933년과 1943년 한국인과 일본인의 고등교육기관 재학생 현황에 관한 자료이다. 이에 대한 〈보기〉의 설명 중 옳은 것만을 모두 고르면?

〈표〉 1933년과 1943년 한국인과 일본인의 고등교육기관 재학생 현황

(단위 : 명)

연도 / 구분 / 고등교육기관	1933			1943		
	전체	한국인	일본인	전체	한국인	일본인
전문학교	3,787	2,046	1,741	7,051	4,054	2,997
관공립	1,716	553	1,163	3,026	802	2,224
사립	2,071	1,493	578	4,025	3,252	773
대학예과	314	97	217	697	200	497
대학	609	202	407	779	335	444

〈보 기〉

ㄱ. '대학' 재학생은 한국인과 일본인 모두 1943년이 1933년보다 많다.
ㄴ. '전문학교' 한국인 재학생 중 '사립' 전문학교 한국인 재학생의 비중은 1943년이 1933년보다 작다.
ㄷ. '대학예과'의 경우, 1933년 대비 1943년 재학생의 증가율은 한국인이 일본인보다 높다.
ㄹ. '관공립' 전문학교 재학생 중 한국인이 차지하는 비중은 1943년이 1933년보다 작다.

① ㄱ, ㄴ
② ㄱ, ㄷ
③ ㄱ, ㄹ
④ ㄴ, ㄹ
⑤ ㄷ, ㄹ

8. 다음 〈표〉는 '갑'국 △△고속도로의 A~I휴게소 현황에 관한 자료이다. 이에 대한 〈보기〉의 설명 중 옳은 것만을 모두 고르면?

〈표〉 △△고속도로 휴게소 현황

(단위 : m^2, 면, 백만 원)

진행 방향	휴게소	준공년월	면적	주차면수	사업비
동쪽	A	1997년 6월	104,133	313	9,162
	B	2003년 12월	88,196	292	9,800
	C	1999년 9월	63,846	283	15,358
	D	2008년 10월	39,930	193	14,400
서쪽	E	2003년 12월	53,901	277	9,270
	F	1999년 12월	9,033	145	9,330
	G	2010년 8월	40,012	193	14,522
	H	1997년 12월	85,560	313	11,908
	I	2004년 1월	72,564	225	10,300

〈보 기〉

ㄱ. 2000년 이후 준공된 휴게소 중 면적당 사업비가 가장 큰 휴게소는 E휴게소이다.
ㄴ. 진행 방향별 휴게소 주차면수의 합은 '동쪽'이 '서쪽'보다 적다.
ㄷ. 면적당 주차면수가 가장 많은 휴게소는 F휴게소이다.
ㄹ. 주차면수당 사업비는 G휴게소가 A휴게소의 2배 이상이다.

① ㄱ, ㄴ
② ㄱ, ㄹ
③ ㄴ, ㄷ
④ ㄷ, ㄹ
⑤ ㄴ, ㄷ, ㄹ

9. 다음 〈그림〉은 갈라파고스 군도 A~F섬의 서식종 수, 토속종 수, 면적을 나타낸 자료이다. 이에 대한 〈보기〉의 설명 중 옳은 것만을 모두 고르면?

〈그림〉 갈라파고스 군도 A~F섬의 서식종 수, 토속종 수, 면적

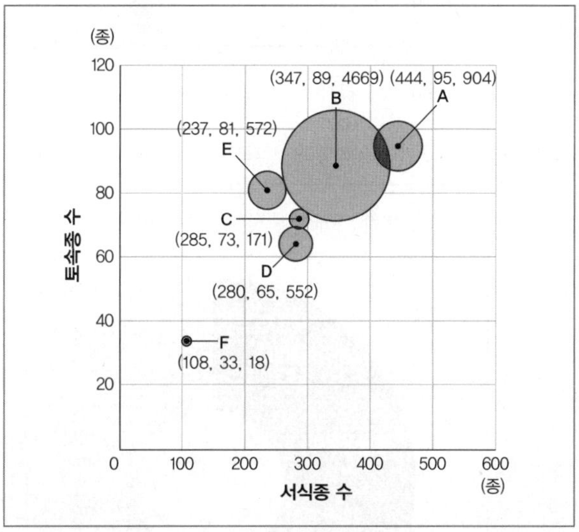

※ 원의 크기는 섬의 면적(km^2)에 비례하고, 괄호 안의 수치는 (서식종 수, 토속종 수, 면적)을 나타냄

〈보 기〉

ㄱ. '면적당 서식종 수'가 가장 많은 섬이 '면적당 토속종 수'도 가장 많다.

ㄴ. '면적당 토속종 수'가 가장 적은 섬이 '서식종당 토속종 수'도 가장 적다.

ㄷ. C섬의 '면적당 서식종 수' 순위는 F섬의 '서식종당 토속종 수' 순위와 같다.

ㄹ. '면적'이 세 번째로 큰 섬이 '서식종 수'도 세 번째로 많다.

① ㄱ, ㄴ
② ㄱ, ㄷ
③ ㄴ, ㄷ
④ ㄴ, ㄹ
⑤ ㄷ, ㄹ

10. 다음 〈표〉는 '갑'국의 면적직불금 지급단가에 관한 자료이다. 이에 대한 〈보기〉의 설명 중 옳은 것만을 모두 고르면?

〈표〉 농지유형별 면적구간별 면적직불금 지급단가

(단위 : 만 원/ha)

농지유형 / 면적구간	진흥지역 논·밭	비진흥지역 논	비진흥지역 밭
0ha 초과 2ha 이하분	205	178	134
2ha 초과 6ha 이하분	197	170	117
6ha 초과분	189	162	100

※ 면적직불금은 면적구간별 해당 면적에 농지유형별 지급단가를 곱한 금액의 총합임. 예를 들어, '비진흥지역 밭'이 3ha인 경우, 면적직불금은 385만 원(=134만 원/ha×2ha+117만 원/ha×1ha)임

〈보 기〉

ㄱ. 동일한 면적에 대한 면적직불금은 '비진흥지역 논'이 '비진흥지역 밭'보다 많다.

ㄴ. 면적이 2ha로 같더라도 면적직불금은 '비진흥지역 논'과 '비진흥지역 밭'이 각각 1ha인 경우가 '진흥지역 논·밭'만 2ha인 경우보다 많다.

ㄷ. '진흥지역 논·밭', '비진흥지역 논', '비진흥지역 밭'이 각각 10ha인 총면적 30ha의 면적직불금은 4,500만 원 이상이다.

ㄹ. '비진흥지역 논' 5ha와 '비진흥지역 밭' 5ha의 면적직불금 차이는 250만 원 이상이다.

① ㄱ, ㄴ
② ㄱ, ㄷ
③ ㄴ, ㄷ
④ ㄴ, ㄹ
⑤ ㄱ, ㄷ, ㄹ

11. 다음 〈표〉는 A가계의 2019년과 2020년 가계지출에 관한 자료이다. 〈표〉를 이용하여 작성한 자료로 옳지 않은 것은?

〈표 1〉 A가계의 2019년 항목별 가계지출

(단위 : 천 원)

항목 \ 분기	1	2	3	4	합
식비	1,896	2,113	1,770	1,920	7,699
교통비	227	233	327	329	1,116
주거비	961	1,186	929	919	3,995
생활용품비	643	724	536	611	2,514
여가생활비	599	643	496	325	2,063
기타	326	734	682	232	1,974
계	4,652	5,633	4,740	4,336	19,361

〈표 2〉 A가계의 2020년 항목별 가계지출

(단위 : 천 원)

항목 \ 분기	1	2	3	4	합
식비	1,799	2,202	2,305	1,829	8,135
교통비	387	382	451	379	1,599
주거비	977	1,161	1,039	905	4,082
생활용품비	506	601	705	567	2,379
여가생활비	442	526	285	359	1,612
기타	203	412	267	561	1,443
계	4,314	5,284	5,052	4,600	19,250

① 2020년 분기별 '식비'의 직전 분기 대비 증가율

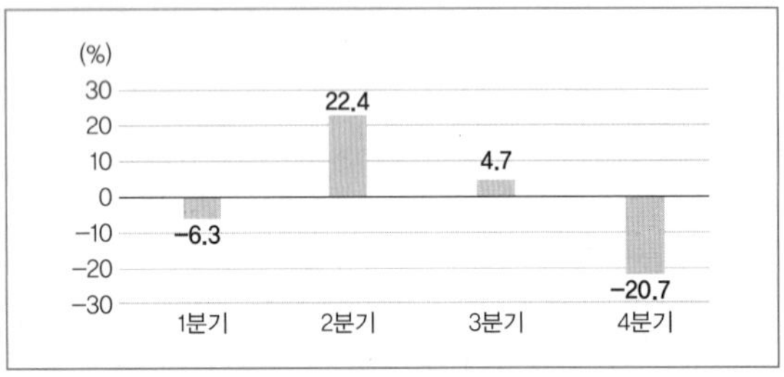

② 2019년과 2020년 연간 '교통비'의 분기별 구성비

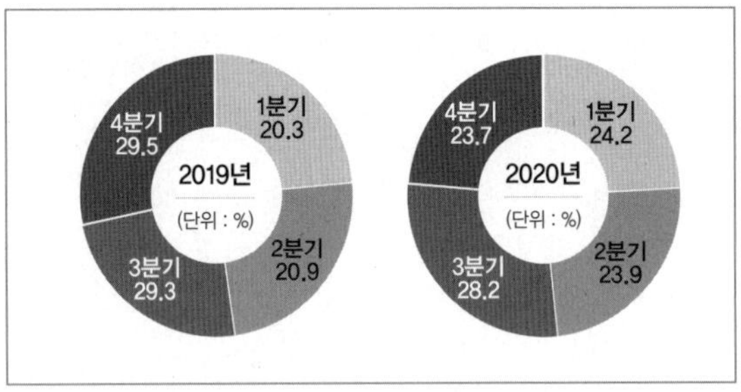

③ 2019년과 2020년 분기별 '여가생활비'

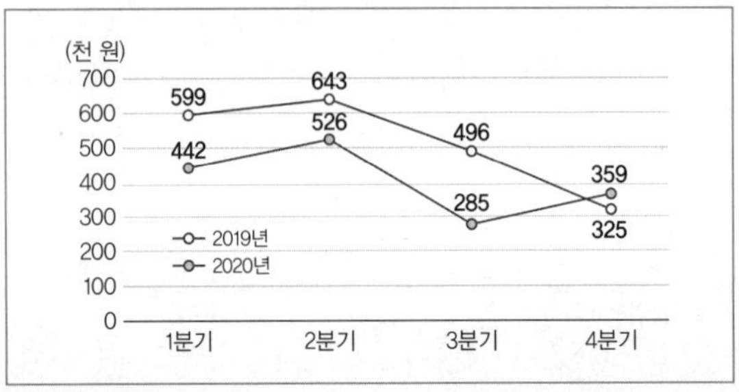

④ 2020년 '생활용품비'의 전년 동분기 대비 증가액

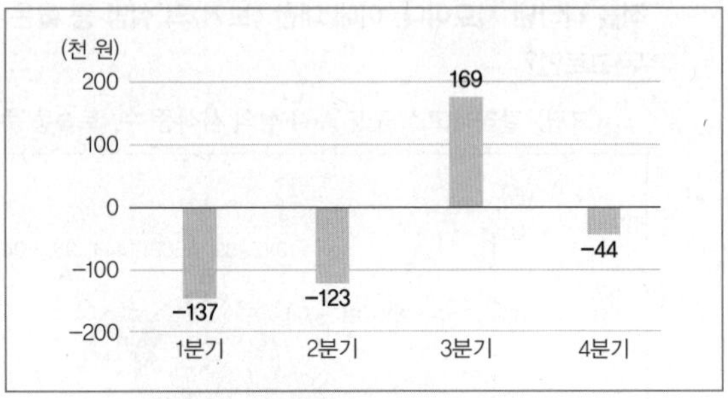

⑤ 2019년 4분기 가계지출 항목별 구성비

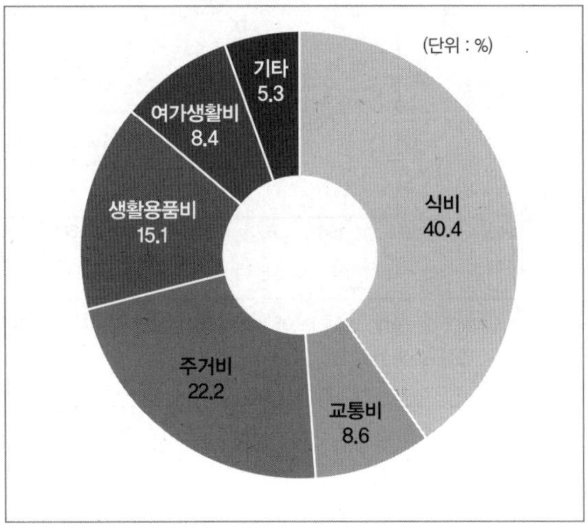

12. 다음 〈표〉는 2022년 '갑'시 6개 공공도서관 운영 현황에 관한 자료이다. 이에 대한 설명으로 옳은 것은?

〈표〉 2022년 '갑'시 6개 공공도서관 운영 현황

도서관명	설립 연도	규모			이용 현황		직원 (명)
		부지 (m^2)	건물 (m^2)	열람석 (석)	이용건수 (건)	보유서적 (권)	
꿈밭	2006	18,082	10,553	1,528	50,863	17,304	11
들풀	1989	5,048	3,461	812	71,675	21,937	23
새벗	1973	2,306	1,306	263	16,475	4,182	11
샛별	2019	8,211	4,600	901	61,144	36,450	22
숲길	1995	10,260	9,181	1,798	115,908	39,499	49
한빛	1991	3,840	2,140	520	14,451	4,356	10

① 1990년대에 설립된 도서관 이용건수의 합은 2000년 이후 설립된 도서관 이용건수의 합보다 적다.

② 이용건수 대비 보유서적 수의 비율이 가장 낮은 도서관은 '새벗' 도서관이다.

③ 건물 규모가 부지 규모의 60% 이상인 도서관은 3개이다.

④ 건물 $1m^2$당 열람석이 가장 많은 도서관은 직원 수가 두 번째로 많다.

⑤ 2000년 이전에 설립된 도서관은 설립 연도가 이를수록 이용건수가 적다.

13. 다음 〈보고서〉는 2015~2020년 한국의 항공기 및 부품 산업 현황에 관한 자료이다. 〈보고서〉의 내용에 부합하지 않는 자료는?

〈보고서〉

한국의 항공기 및 부품 산업 '무역수지'는 2017년을 제외하고 2015년 이후 적자를 기록하고 있으며, 2017년 이후 수출액의 감소세가 이어지고 있다. 2017년 항공기 및 부품 산업 수출액은 전기차 산업 수출액의 2배 이상이었으나, 2020년에는 전기차 산업 수출액의 1/3 이하인 14.32억 달러를 기록하였다.

2020년 한국은 항공기 및 부품 산업의 수출규모와 기술수준 면에서 세계 주요국 대비 경쟁력이 낮은 것으로 분석된다. 2020년 한국의 항공기 및 부품 산업 수출규모는 미국의 1/50에도 미치지 못할 뿐 아니라 한국과 마찬가지로 '무역수지'가 적자인 일본 수출규모의 절반에도 미치지 못한다. 또한 2020년 한국의 우주·항공·해양 분야의 기술수준은 미국의 68.4% 수준으로 중국(81.6%)과 일본(83.5%)에 비해서도 뒤처져 있으며, 미국과의 기술격차에서 한국은 일본에 비해 4년 이상 뒤처지는 것으로 나타났다.

하지만 한국의 항공기 및 부품 산업의 제품 차별화 수준을 나타내는 '산업내 무역지수'를 살펴보면, 2015년 0.662에서 2020년 0.785로 개선되었음을 알 수 있다. 특히 미국, 영국 등 완제기 부문에서 다양한 제품으로 특화된 항공선진국과 비교할 때, 2020년 한국의 항공기 및 부품 분야의 제품 차별화 수준은 미국, 독일, 영국보다도 높았다.

그럼에도 불구하고, 2020년 한국의 경량항공기 산업은 여전히 대부분 수입에 의존하면서 수입액이 수출액의 4배 이상이었다. 그렇지만 수출액은 2018년 이후 꾸준히 증가하고 있다.

① 2015~2020년 한국의 항공기 및 부품 산업 '무역수지' 현황

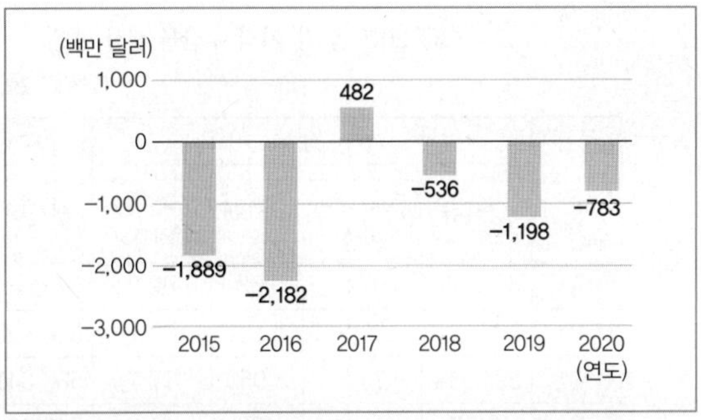

※ 무역수지(=수출액-수입액) 값이 음수이면 적자이고 양수이면 흑자임

② 2017~2020년 한국의 전기차 산업과 항공기 및 부품 산업 수출액

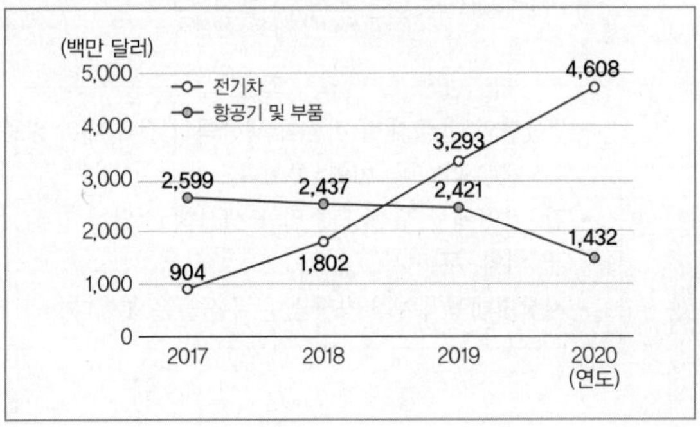

③ 2020년 우주·항공·해양 분야 기술수준 및 기술격차 비교

(단위 : %, 년)

구분	미국	한국	중국	일본	EU
기술수준	100.0	68.4	81.6	83.5	93.3
기술격차	0.0	8.6	5.1	4.8	1.9

※ 미국의 기술수준(100%)과 기술격차(0년)를 기준으로 산정한 값임

④ 한국의 항공기 및 부품 산업 '산업내 무역지수'

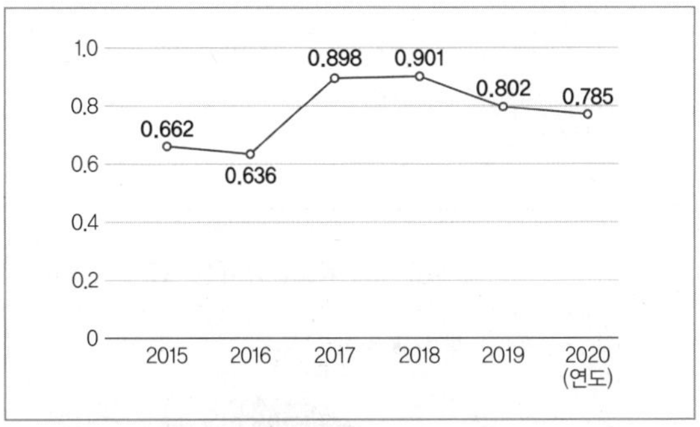

⑤ 2015~2020년 한국의 경량항공기 산업의 수출액과 수입액

(단위 : 천 달러)

연도	수출액	수입액	무역수지
2015	1,125	28,329	−27,204
2016	1,722	23,018	−21,296
2017	2,899	18,424	−15,525
2018	1,352	14,442	−13,090
2019	2,114	14,905	−12,791
2020	4,708	20,279	−15,571

14. 다음 〈표〉와 〈그림〉은 '갑'국의 전국 학교급식 운영 및 예산 현황에 관한 자료이다. 제시된 〈표〉와 〈그림〉 이외에 〈보고서〉를 작성하기 위해 추가로 필요한 자료만을 〈보기〉에서 모두 고르면?

〈표〉 전국 학교급별 학교급식 현황

(단위 : 천 명, 개교)

학교급	학교급식 참여 학생 수	학교급식 운영 학교 수		
			직영운영	위탁운영
초등학교	2,688	6,044	6,042	2
중학교	1,384	3,213	3,179	34
고등학교	1,646	2,373	2,154	219
특수학교	24	170	167	3
전체	5,742	11,800	11,542	258

〈그림〉 전국 학교급식 예산 재원별 구성비

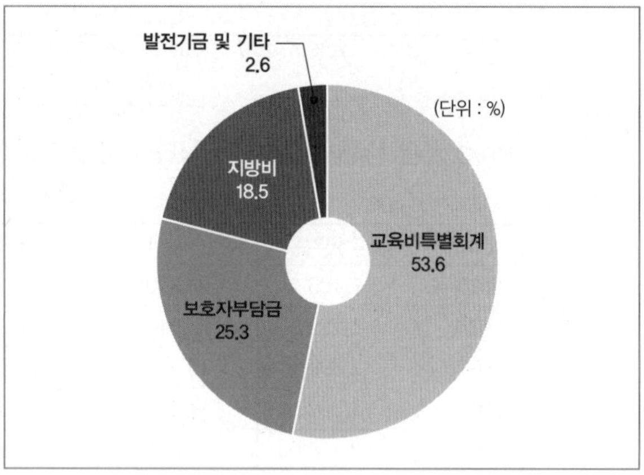

〈보고서〉

'갑'국에서 급식에 참여하는 학생은 초등학생 268만 8천 명, 중학생 138만 4천 명, 고등학생 164만 6천 명, 특수학교 학생 2만 4천 명으로, 학교급별 총학생 중 학교급식에 참여하는 학생의 비중은 각각 초등학생 99.9%, 중학생 100%, 고등학생 99.5%, 특수학교 학생 98.5%였다.

학교급식 운영형태는 직영운영 또는 위탁운영으로 구분되는데, 전체 학교급식 운영 학교 11,800개교 중 학교급식을 직영으로 운영하는 학교는 11,542개교였다. 학교급식을 운영하는 학교 중 직영으로 운영하는 학교의 비율을 학교급별로 알아보면, 초등학교는 99.9%(6,042개교), 중학교는 98.9%(3,179개교), 고등학교는 90.8%(2,154개교), 특수학교는 98.2%(167개교)로 고등학교의 학교급식 직영운영 비율이 상대적으로 낮았다. 학교급식을 위탁으로 운영하는 학교는 258개교였다.

학교급식 조리 형태는 단독조리 또는 공동조리로 구분되는데, 단독조리 학교급식 운영 학교가 78.1%로 공동조리 학교급식 운영 학교의 3배 이상이었다.

전체 학교급식 예산액은 5조 9,088억 원으로 재원별로는 교육비특별회계 3조 1,655억 원, 보호자부담금 1조 4,972억 원, 지방비 1조 925억 원, 발전기금 및 기타 1,536억 원이었다.

〈보 기〉

ㄱ. 전국 학교급식 재원별 예산액
ㄴ. 전국 학교급별 학교급식 직영운영 학교 수
ㄷ. 전국 학교급별 총학생 수
ㄹ. 전국 학교급별 단독조리 학교급식 운영 학교 수

① ㄱ ② ㄱ, ㄴ
③ ㄷ, ㄹ ④ ㄱ, ㄷ, ㄹ
⑤ ㄴ, ㄷ, ㄹ

15. 다음 〈표〉는 2020년 '갑' 지역 수산물 생산 현황에 관한 자료이다. 〈표〉와 〈조건〉을 근거로 A~E에 해당하는 수산물을 바르게 연결한 것은?

〈표〉 2020년 '갑' 지역 수산물 생산 현황

(단위 : 톤, %, 억 원)

구분 / 수산물	갑				전국	
	생산량	전국 대비 비중	생산액	전국 대비 비중	생산량	생산액
A	660,366	97.8	803	92.3	675,074	870
B	482,216	95.2	1,181	82.1	506,620	1,439
C	394,111	73.5	3,950	77.7	536,341	5,084
D	46,631	14.3	428	14.6	325,889	2,940
E	27,730	99.0	146	98.6	28,017	148

※ 1) '갑' 지역에서 수산물은 굴, 김, 다시마, 미역, 톳만 생산됨

2) 시장지배력지수 $= \frac{\text{지역 생산량} \times \text{지역 생산액}}{\text{전국 생산량} \times \text{전국 생산액}}$

〈조 건〉

- 생산량의 전국 대비 비중이 생산액의 전국 대비 비중보다 큰 수산물은 다시마, 미역, 톳이다.
- '갑' 지역에서 생산량 순위와 생산액 순위가 같은 수산물은 굴, 미역, 톳이다.
- '시장지배력지수'가 가장 높은 수산물은 톳이다.

	A	B	C	D	E
①	다시마	미역	굴	김	톳
②	다시마	미역	김	굴	톳
③	다시마	톳	굴	김	미역
④	다시마	톳	김	굴	미역
⑤	미역	다시마	굴	김	톳

16. 다음 〈표〉는 2022년 '갑' 부처 기금 A~E의 예산과 기금건전성 평가 결과 및 2023년 기금예산 결정방식에 관한 자료이다. 이에 대한 〈보기〉의 설명 중 옳은 것만을 모두 고르면?

〈표 1〉 2022년 기금별 예산과 기금건전성 평가 결과

(단위 : 백만 원, 점)

구분 기금	2022년 예산	평가항목별 점수			기금건전성 총점
		사업 적정성 점수	재원구조 적정성 점수	기금존치 타당성 점수	
A	200,220	30	18	( )	76
B	34,100	24	30	13	( )
C	188,500	( )	14	15	82
D	9,251	25	17	13	( )
E	90,565	18	15	6	45

※ 기금건전성 총점=사업 적정성 점수+재원구조 적정성 점수+기금존치 타당성 점수×2

〈표 2〉 2023년 기금예산 결정방식

2022년 기금건전성 총점	2023년 예산
60점 미만	2022년 예산의 80%
60점 이상 80점 미만	2022년 예산의 100%
80점 이상	2022년 예산의 110%

〈보 기〉

ㄱ. 2022년 기금건전성 총점이 가장 높은 기금은 C이다.
ㄴ. 기금존치 타당성 점수는 A가 B보다 낮다.
ㄷ. 2023년 A~E 예산의 합은 전년 대비 2% 이상 증가한다.
ㄹ. 2022년 사업 적정성 점수가 가장 높은 기금은 2023년 예산이 가장 많다.

① ㄱ, ㄴ
② ㄱ, ㄹ
③ ㄴ, ㄷ
④ ㄷ, ㄹ
⑤ ㄱ, ㄷ, ㄹ

17. 다음 〈표〉와 〈그림〉은 '갑'국의 1925~1940년 산업별 공장 수에 관한 자료이다. 이에 근거하여 〈그림〉의 A~D에 해당하는 산업을 바르게 연결한 것은?

〈표〉 1934년과 1940년의 산업별 공장 수

(단위 : 개소)

구분 산업	1934년 공장 수	1925년 대비 증가	1940년 공장 수	1934년 대비 증가
가스전기	52	2	( )	0
금속기계	524	−14	( )	( )
목제품	206	13	( )	( )
방직	( )	128	( )	332
화학	( )	605	( )	( )

〈그림〉 1925년과 1940년 산업별 공장 수 변화 추이

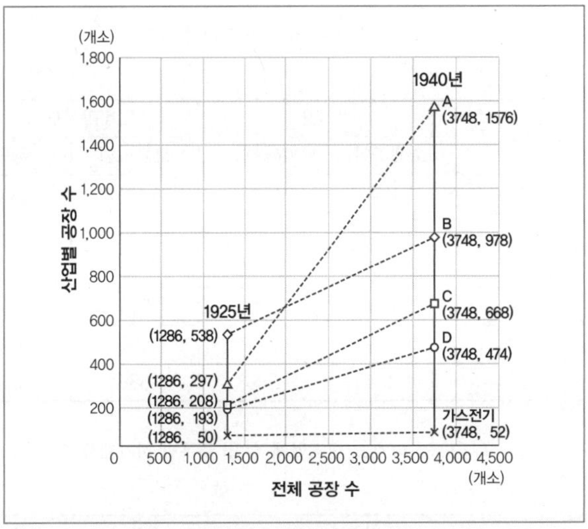

※ A~D는 각각 금속기계, 목제품, 방직, 화학 산업 중 하나임

	A	B	C	D
①	금속기계	방직	화학	목제품
②	금속기계	화학	목제품	방직
③	목제품	금속기계	방직	화학
④	화학	금속기계	방직	목제품
⑤	화학	방직	금속기계	목제품

※ 다음 〈표〉는 '갑'국의 2020년 6~11월 마스크 생산량 및 가격, 6월과 11월의 마스크 제조업체 수 및 품목별 허가제품 수에 관한 자료이다. 다음 물음에 답하시오. [18~19]

〈표 1〉 마스크 생산량

(단위 : 만 개)

품목 / 월	보건용	비말차단용	수술용
6	10,653	1,369	351
7	9,369	8,181	519
8	15,169	10,229	1,970
9	19,490	5,274	1,590
10	13,279	3,079	1,023
11	10,566	2,530	950

※ '갑'국의 마스크 품목은 보건용, 비말차단용, 수술용으로만 분류됨

〈표 2〉 마스크 가격

(단위 : 원/개)

구분 / 월	보건용		비말차단용	
	오프라인	온라인	오프라인	온라인
6	1,685	2,170	1,085	1,037
7	1,758	1,540	725	856
8	1,645	1,306	712	675
9	1,561	1,027	714	608
10	1,476	871	696	572
11	1,454	798	686	546

〈표 3〉 마스크 제조업체 수 및 품목별 허가제품 수

(단위 : 개)

월 / 구분		6	11
마스크 제조업체		238	839
허가제품	보건용	1,525	2,098
	비말차단용	120	851
	수술용	72	300

18. 위 〈표〉에 대한 〈보기〉의 설명 중 옳은 것만을 모두 고르면?

〈보 기〉

ㄱ. 전월 대비 보건용 마스크의 온라인 가격 감소율이 가장 큰 달과 전월 대비 비말차단용 마스크의 온라인 가격 감소율이 가장 큰 달은 같다.
ㄴ. 제조업체당 마스크 생산량은 11월이 6월의 40% 이상이다.
ㄷ. 월별 마스크 총생산량은 8월 이후 매월 감소하였다.
ㄹ. 6월에는 생산량이 많은 품목일수록 허가제품 수도 많다.

① ㄱ, ㄴ
② ㄱ, ㄷ
③ ㄴ, ㄹ
④ ㄷ, ㄹ
⑤ ㄴ, ㄷ, ㄹ

19. 위 〈표〉를 이용하여 작성한 자료로 옳지 않은 것은?

① 8~10월 품목별 마스크 생산량 비중

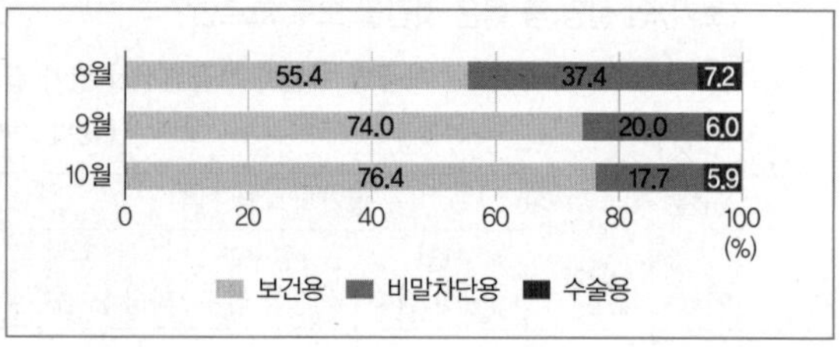

② 6~9월 보건용 마스크의 오프라인 가격 대비 온라인 가격 비율

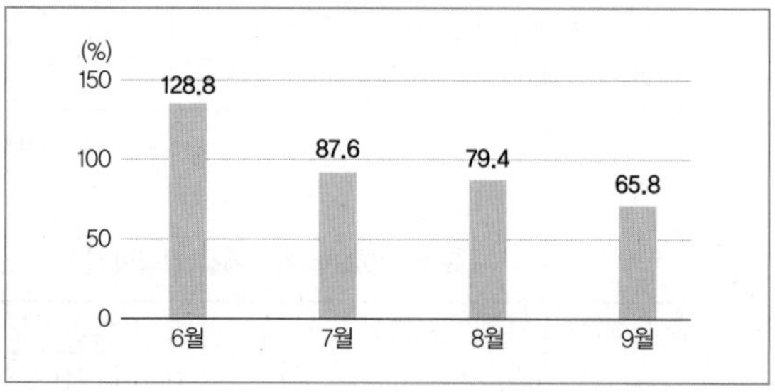

③ 6~9월 보건용 마스크와 비말차단용 마스크의 온라인 가격

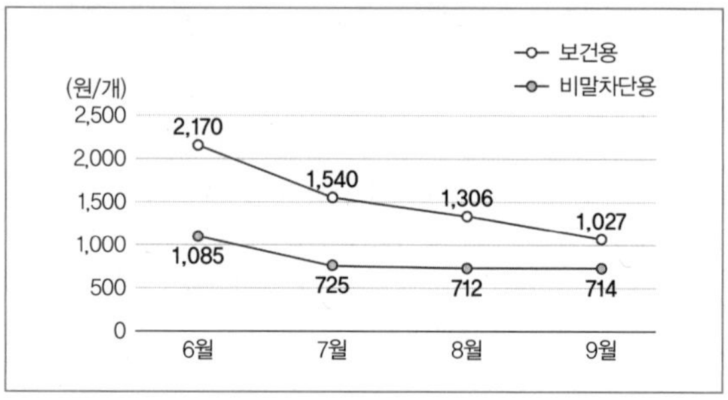

④ 품목별 마스크 허가제품 현황

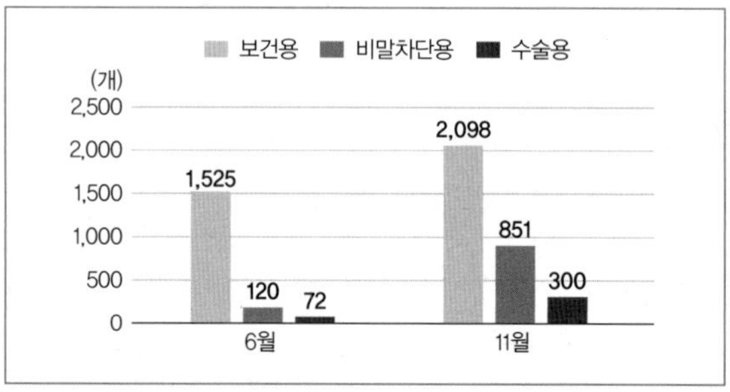

⑤ 6~10월 비말차단용 마스크의 온라인 및 오프라인 가격

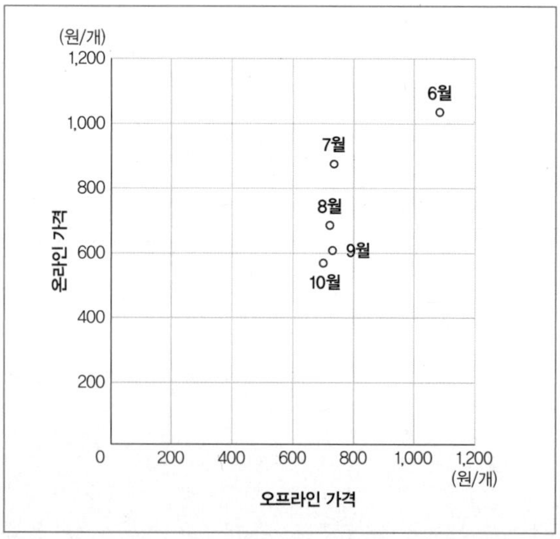

20. 다음 〈표〉와 〈그림〉은 '갑'국의 2019~2021년 신재생 에너지원별 발전소 현황 및 2022년 A~Q지역별 신재생 에너지 발전소 현황에 관한 자료이다. 이에 대한 설명으로 옳지 않은 것은?

〈표〉 에너지원별 발전소 현황

(단위 : 개소, MW)

에너지원 \ 연도·구분		2019 발전소 수	2019 발전용량	2020 발전소 수	2020 발전용량	2021 발전소 수	2021 발전용량
태양광		1,901	386	5,501	869	6,945	986
비태양광	풍력	6	80	7	66	14	227
	수력	7	3	17	18	10	3
	연료전지	14	104	5	35	4	14
	바이오	14	299	26	705	12	163
	기타	3	26	13	53	10	31
전체		1,945	898	5,569	1,746	6,995	1,424

〈그림 1〉 2022년 지역별 태양광 발전소 현황

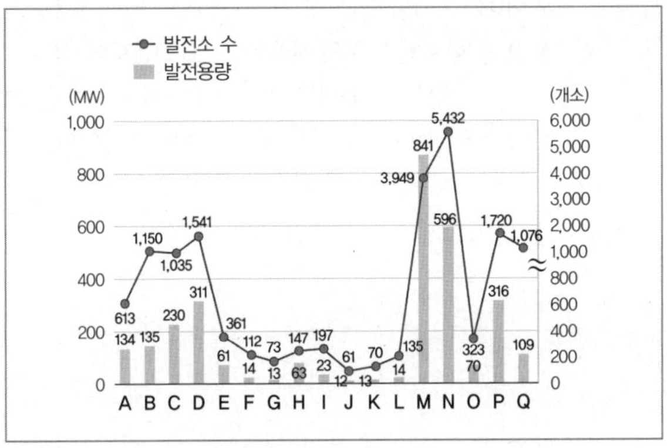

※ '갑'국에는 A~Q 지역만 있음

〈그림 2〉 2022년 지역별 비태양광 발전소 현황

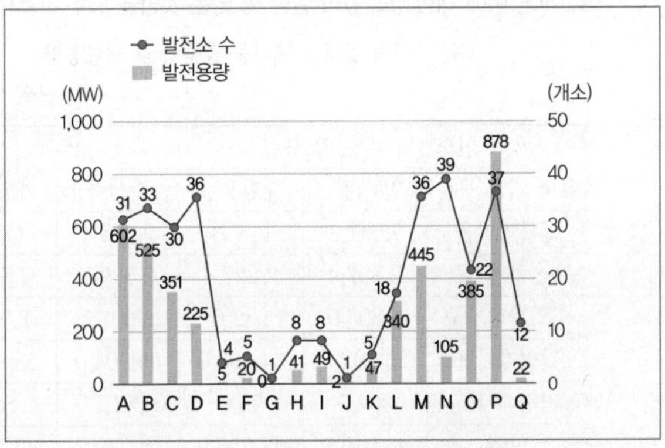

① 2022년 발전용량이 가장 큰 지역은 M이다.

② 태양광 발전소 수는 2022년이 2021년의 2배 이상이다.

③ 전체 발전용량 중 태양광이 차지하는 비중은 2019~2021년 동안 매년 증가하였다.

④ 2021년 발전소 수의 전년 대비 증가율은 풍력이 태양광의 3배 이상이다.

⑤ 기타를 제외하고, 2021년 발전소 1개소당 발전용량이 큰 에너지원부터 순서대로 나열하면 풍력, 바이오, 연료전지, 태양광, 수력이다.

21. 다음 〈표〉와 〈정보〉는 2016년과 2021년 '갑'국 일평균 농식품 폐기량에 관한 자료이다. 이를 근거로 〈보기〉의 설명 중 옳은 것만을 모두 고르면?

〈표〉 일평균 농식품 폐기량

(단위 : 톤/일)

연도	분야 \ 농식품		A	B	C	D	기타	합계
2016	제조		12.7	5.6	24.3	4.6	7.5	54.7
	유통		29.5	22.2	18.4	27.2	14.3	111.6
	소비	가정	52.3	40.7	29.9	19.8	24.0	166.7
		음식점업	280.6	112.9	184.4	156.2	148.2	882.3
		숙박업	113.0	55.4	52.2	47.5	46.6	314.7
		교육기관	66.5	34.2	41.9	30.7	23.4	196.7
2021	제조		16.9	5.1	10.9	5.8	6.0	44.7
	유통		64.8	35.2	55.5	30.4	40.1	226.0
	소비	가정	55.1	33.8	35.4	29.1	27.3	180.7
		음식점업	324.4	98.0	251.2	189.9	122.2	985.7
		숙박업	97.3	46.4	82.5	48.4	42.3	316.9
		교육기관	69.8	25.9	55.9	35.3	23.2	210.1

※ 소비 분야는 가정, 음식점업, 숙박업, 교육기관으로만 구성됨

〈정 보〉

- A~D는 과일류, 곡류, 어육류, 채소류 중 하나이다.
- 기타를 제외하고, 2016년 대비 2021년 제조 분야의 농식품 폐기량에서 차지하는 비중이 가장 많이 증가한 농식품은 채소류이다.
- 기타를 제외하고, 2016년 대비 2021년 제조, 유통 분야와 소비의 각 분야에서 일평균 폐기량이 모두 증가한 농식품은 어육류이다.
- 기타를 제외하고, 2021년 소비 분야의 연간 폐기량이 가장 적은 농식품은 과일류이다.

〈보 기〉

ㄱ. 2021년 소비 분야 일평균 어육류 폐기량은 300톤보다 많다.

ㄴ. 2016년 유통 분야에서 연간 폐기량은 채소류가 과일류보다 많다.

ㄷ. 기타를 제외하고, 2016년 대비 2021년 가정의 일평균 농식품 폐기량은 모두 증가하였다.

ㄹ. 숙박업의 일평균 채소류 폐기량은 2021년이 2016년보다 적다.

① ㄱ

② ㄷ, ㄹ

③ ㄱ, ㄴ, ㄷ

④ ㄱ, ㄴ, ㄹ

⑤ ㄴ, ㄷ, ㄹ

22. 다음 〈표〉는 2020년과 2021년 '갑'국의 발화요인별 화재발생 건수에 관한 자료이다. 이에 대한 설명으로 옳지 않은 것은?

〈표〉 2020년과 2021년 '갑'국의 발화요인별 화재발생 건수

(단위 : 건)

발화요인 \ 연도	2020	2021
전기적 요인	9,329	9,472
기계적 요인	4,053	4,038
제품 결함	101	168
가스 누출	141	146
화학적 요인	630	683
교통사고	458	398
부주의	19,186	16,875
자연적 요인	238	241
방화	1,257	1,158
미상	3,266	3,088
전체	38,659	36,267

※ 화재발생 1건에 대해 발화요인은 1가지로만 분류함

① 2021년 화재발생 건수의 전년 대비 증가율이 가장 큰 발화요인은 '제품 결함'이다.
② 전체 화재발생 건수 중 발화요인이 '부주의'인 화재발생 건수가 차지하는 비중은 2021년이 2020년보다 크다.
③ 화재발생 건수가 많은 것부터 순서대로 나열했을 때, 상위 3개 발화요인은 2020년과 2021년이 같다.
④ 2021년 화재발생 건수가 전년 대비 감소한 발화요인은 5개이다.
⑤ 2021년 전체 화재발생 건수는 전년 대비 6% 이상 감소하였다.

23. 다음 〈표〉는 2020년과 2021년 '갑'국 주요 축산물의 축종별 수익성 현황에 관한 자료이다. 이에 대한 설명으로 옳은 것은?

〈표〉 2020년과 2021년 '갑'국 주요 축산물의 축종별 수익성 현황

(단위 : 천 원/마리)

축종 \ 연도	2020			2021		
	총수입	소득	순수익	총수입	소득	순수익
한우번식우	3,184	1,367	518	3,351	1,410	563
한우비육우	9,387	1,190	58	10,215	1,425	292
육우	4,789	377	−574	5,435	682	−231
젖소	10,657	3,811	2,661	10,721	3,651	2,434
비육돈	362	63	47	408	83	68
산란계	31	4	3	52	21	20

※ 1) 소득=총수입−일반비
2) 순수익=총수입−사육비
3) 일반비=사육비−내급비

① 2020년 대비 2021년 소득 증가율이 가장 높은 축종은 '육우'이다.
② 2021년 '한우번식우'의 사육비는 2020년보다 적다.
③ 2020년의 경우, 사육비가 총수입보다 많은 축종은 2개이다.
④ 2021년 일반비는 '젖소'가 '육우'의 2배 이상이다.
⑤ 2021년 내급비가 가장 많은 축종은 '젖소'이다.

24. 다음 〈표〉는 A지역의 일평균 폐기물 발생량 및 재활용량에 관한 자료이다. 이에 대한 〈보기〉의 설명 중 옳은 것만을 모두 고르면?

〈표〉 A지역 일평균 폐기물 발생량 및 재활용량

(단위 : 톤/일)

유형 \ 연도, 구분	2019		2020	
	발생량	재활용량	발생량	재활용량
생활폐기물	7,041.1	( )	9,673.4	( )
음식물폐기물	2,827.4	2,827.4	2,539.7	2,539.7
사업장폐기물	2,303.0	932.6	2,301.3	1,077.1
건설폐기물	35,492.5	34,693.0	39,904.0	38,938.3
지정폐기물	352.9	74.6	361.5	80.1
합계	48,016.9	42,256.9	54,779.9	46,503.9

※ 재활용률(%) $= \frac{\text{일평균 폐기물 재활용량}}{\text{일평균 폐기물 발생량}} \times 100$

〈보 기〉

ㄱ. 2020년 일평균 폐기물 발생량이 2019년보다 많은 유형은 2개이다.
ㄴ. 2020년 일평균 생활폐기물 재활용량은 2019년보다 많다.
ㄷ. 2020년 연간 음식물폐기물 재활용량은 100만 톤 이상이다.
ㄹ. 2019년에 건설폐기물 재활용률은 사업장폐기물 재활용률보다 50%p 이상 높다.

① ㄱ, ㄴ
② ㄱ, ㄷ
③ ㄴ, ㄷ
④ ㄴ, ㄹ
⑤ ㄷ, ㄹ

25. 다음 〈표〉는 '갑'국의 2016~2020년 보호관찰 접수 인원에 관한 자료이다. 〈표〉를 이용하여 작성한 〈보기〉의 자료 중 옳은 것만을 모두 고르면?

〈표〉 연도별 보호관찰 접수 인원 현황

(단위 : 명)

구분 연도	소년	남성	여성	성인	남성	여성	전체
2016	25,162	21,025	4,137	69,456	63,460	5,996	94,618
2017	23,330	19,893	3,437	81,181	73,914	7,267	104,511
2018	22,039	18,369	3,670	103,606	94,438	9,168	125,645
2019	21,676	17,626	4,050	103,554	93,304	10,250	125,230
2020	20,319	16,205	4,114	95,148	85,566	9,582	115,467

〈보 기〉

ㄱ. 연도별 전체 보호관찰 접수 성별 인원

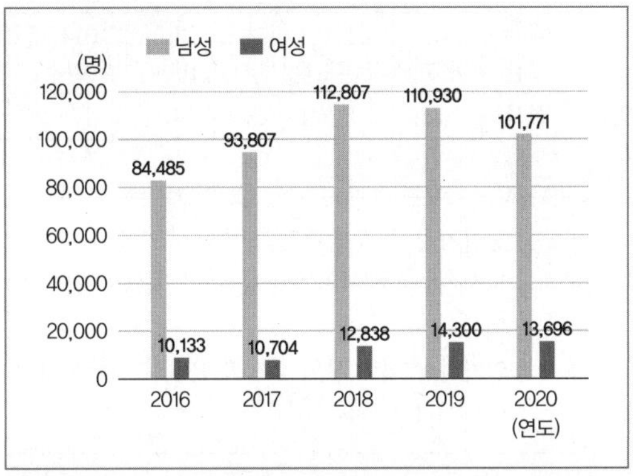

ㄴ. 연도별 소년 남성 및 성인 남성 보호관찰 접수 인원

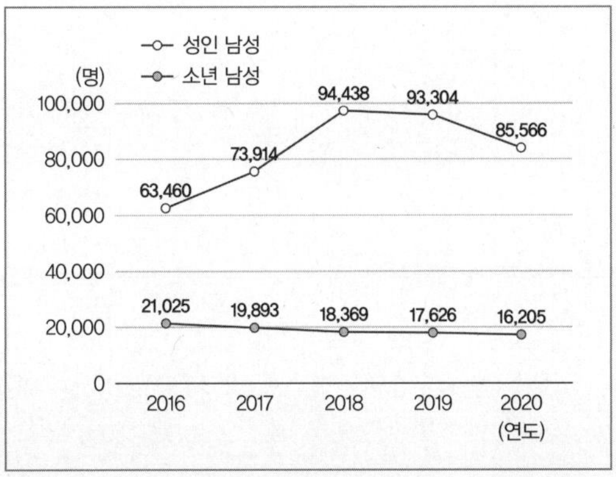

ㄷ. 2020년 보호관찰 접수 인원 구성비

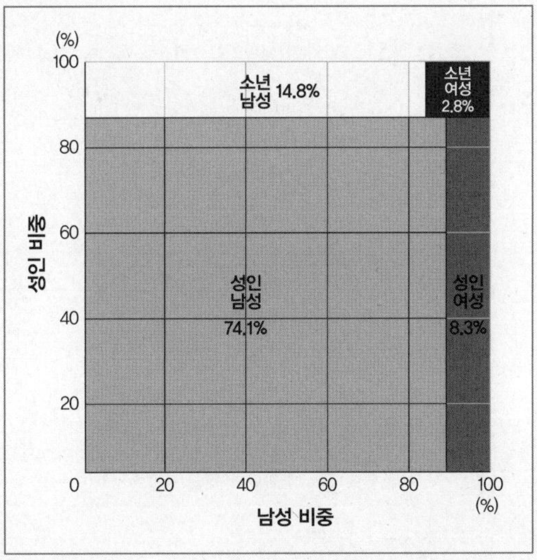

ㄹ. 연도별 소년 보호관찰 접수 인원의 전년 대비 증가율

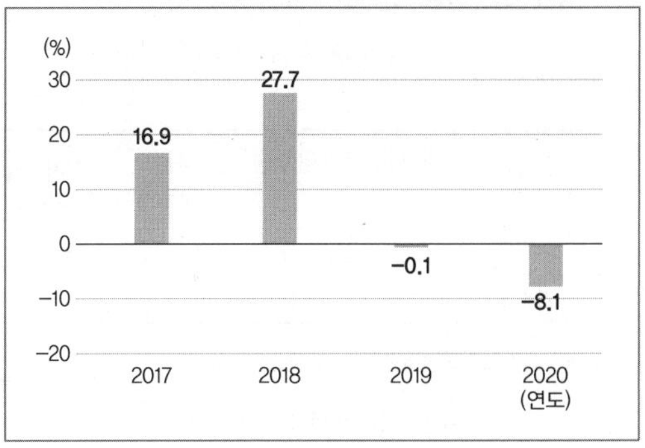

① ㄱ, ㄴ
② ㄴ, ㄷ
③ ㄷ, ㄹ
④ ㄱ, ㄴ, ㄷ
⑤ ㄴ, ㄷ, ㄹ

26. 다음 〈표〉는 2021년 '갑'국 대학교의 자료구입비에 관한 자료이다. 이에 대한 설명으로 옳지 않은 것은?

〈표 1〉 '갑'국 대학교의 자료구입비

(단위 : 개, 천 명, 백만 원)

구분	대학교 수	재학생 수	자료 구입비	전자자료 구입비	도서 구입비
4년제	256	1,910	227,290	( )	62,823
2년제	135	435	( )	2,679	8,196

※ '갑'국 대학교는 4년제와 2년제로만 구성됨

〈표 2〉 '갑'국 대학교의 전자자료구입비 세부내역

(단위 : 백만 원)

구분	전자자료 구입비	전자저널 구입비	웹자료 구입비	기타전자자료 구입비
4년제	164,467	( )	39,963	8,461
2년제	2,679	904	883	892

① 4년제는 전자자료구입비가 도서구입비의 2배 이상이다.
② 대학교 1개당 자료구입비는 6억 원 이하이다.
③ 재학생 1명당 자료구입비는 4년제가 2년제의 4배 이상이다.
④ 전자저널구입비가 자료구입비에서 차지하는 비중은 4년제가 2년제보다 크다.
⑤ 웹자료구입비와 기타전자자료구입비의 합은 2년제가 4년제의 5% 이하이다.

27. 다음 〈표〉는 2022년 '갑'시의 시내버스 현황에 관한 자료이다. 이에 대한 〈보기〉의 설명 중 옳은 것만을 모두 고르면?

〈표 1〉 버스종류별 노선 수 및 인가차량 현황

(단위 : 개, 대)

구분 / 버스종류	노선 수	인가차량	운행차량	예비차량
간선	126	3,598	3,429	169
지선	223	3,454	3,258	196
광역	10	229	211	18
순환	1	12	10	2
심야	14	100	96	4
계	374	7,393	7,004	389

〈표 2〉 인가차량 대수 구간별 회사 수

(단위 : 개)

대수 구간	1~40대	41~80대	81~120대	121~160대	161~200대	201대 이상	합
회사	5	8	28	10	10	4	65

〈보 기〉

ㄱ. 인가차량 중 운행차량의 비중은 '심야'가 가장 크다.
ㄴ. 노선 수 대비 예비차량 대수의 비율은 '광역'이 '지선'의 2배 이하이다.
ㄷ. 인가차량 대수 상위 4개 회사의 인가차량 대수 평균은 500 이하이다.

① ㄱ　② ㄴ
③ ㄷ　④ ㄱ, ㄴ
⑤ ㄱ, ㄷ

28. 다음 〈표〉는 A사 임직원 평균 연봉 현황에 관한 자료이다. 이에 대한 〈보기〉의 설명 중 옳은 것만을 모두 고르면?

〈표〉 A사 임직원 평균 연봉 현황

(단위 : 만 원)

구분	평균 연봉
전체 임직원	6,000
과장 이하 직급	4,875
주임 이하 직급	3,750
사원 이하 직급	3,000
수습	2,000

※ 1) '평균 연봉'은 해당 임직원 연봉의 합을 해당 임직원 수로 나눈 값임
2) 직급을 높은 것부터 순서대로 나열하면 사장, 과장, 주임, 사원, 수습이고, A사의 전체 임직원은 사장 1명, 과장 2명, 주임 3명, 사원 5명, 수습 10명으로 구성됨

〈보 기〉

ㄱ. 사장의 연봉은 3억 원 이상이다.
ㄴ. 주임 3명의 평균 연봉은 7천만 원 이상이다.
ㄷ. 사원 5명의 연봉의 합은 과장 2명의 연봉의 합보다 작다.

① ㄱ
② ㄷ
③ ㄱ, ㄴ
④ ㄴ, ㄷ
⑤ ㄱ, ㄴ, ㄷ

29. 다음 〈표〉는 2011~2021년 '갑' 복지재단의 수입, 지출 및 기금 적립 현황에 관한 자료이다. 이에 대한 〈보기〉의 설명 중 옳은 것만을 모두 고르면?

〈표〉 '갑' 복지재단의 수입, 지출 및 기금 적립 현황

(단위 : 백만 원)

구분 연도	수입	지출			기금 적립
			사업 부문	운영 부문	
2011	13,930	3,818	( )	799	10,112
2012	14,359	3,575	3,194	381	10,784
2013	14,766	4,881	4,337	544	9,885
2014	15,475	8,989	7,931	1,058	( )
2015	12,266	( )	5,068	1,431	5,767
2016	10,988	( )	8,415	1,041	( )
2017	13,101	8,213	7,038	1,175	4,888
2018	17,498	8,390	6,977	1,413	9,108
2019	17,395	8,193	6,522	1,671	9,202
2020	14,677	7,894	6,435	1,459	6,783
2021	( )	8,291	6,813	( )	13,553

※ 1) 기금 적립=수입−지출
2) 지출은 사업 부문과 운영 부문으로만 구성됨

〈보 기〉

ㄱ. 수입이 2014년보다 많은 연도는 2개이다.
ㄴ. 수입이 가장 적은 연도와 기금 적립이 가장 적은 연도는 같다.
ㄷ. 2011년 대비 2021년 지출의 부문별 증가율은 사업 부문이 운영 부문보다 높다.
ㄹ. 지출 중 운영 부문이 차지하는 비중은 2011년이 가장 크다.

① ㄱ, ㄴ
② ㄱ, ㄷ
③ ㄴ, ㄷ
④ ㄴ, ㄹ
⑤ ㄷ, ㄹ

30. 다음 〈보고서〉는 21대 국회의원 당선자를 분석한 자료이다. 〈보고서〉의 내용과 부합하지 않는 자료는?

〈보고서〉

21대 국회의원 당선자는 지역구 253명, 비례대표 47명으로 총 300명이다. 평균 연령은 54.9세이며, 이 중에서도 50대가 177명으로 압도적으로 많았다. 50대 다음으로는 60대가 많았는데, 이 두 연령대만 합쳐도 246명으로 전체의 82%였다. 한편, 40대는 38명, 30대는 11명, 70대는 3명이었다. 최고령 당선자는 72세이고, 최연소 당선자는 27세이다.

여성 당선자는 57명으로 전체 당선자의 19%이며, 이는 20대 국회보다 2%p 상승한 것이다. 하지만 지역구 여성 당선자는 지역구 전체 당선자의 약 11.5%에 그쳤다. 반면 비례대표 여성 당선자는 28명으로 비례대표 전체 당선자의 약 60%였다. 지역구보다 비례대표에서 여성 당선자 비율이 높은 현상은 각 정당이 비례대표 후보의 절반 이상을 여성으로 공천하고 여성 후보를 홀수 순번으로 배치하도록 「공직선거법」을 개정한 결과로 분석된다.

당선자의 최종 학력은 대부분 대졸 이상이었다. 지역구 당선자는 전원이 대졸 이상이었으며 비례대표 당선자는 고졸, 대학교 재학, 대학교 중퇴, 대학교 수료가 각각 1명씩이었다. 당선자의 최종 학력 중 가장 큰 비중을 차지하는 것은 지역구 및 비례대표 당선자 모두 대학원 졸업일 정도로 고학력 당선자가 많았다. 특히, 비례대표의 경우 대학원을 졸업한 당선자가 30명으로 비례대표 전체 당선자의 63% 이상이었다. 대졸 이상의 당선자를 출신대학별로 살펴보면 A대학 63명, B대학 27명, C대학 22명 순으로 이 세 대학 출신이 대졸 이상 당선자의 30% 이상을 차지하였다.

당선자의 직업별 분포를 보면, 정치인이 217명으로 전체 당선자의 70%를 넘어선다. 다음으로 변호사가 20명, 교수가 16명 순이었고, 변호사와 교수 출신 당선자를 합하면 전체 당선자의 10% 이상을 차지하였다.

① 21대 당선자의 연령대별 분포

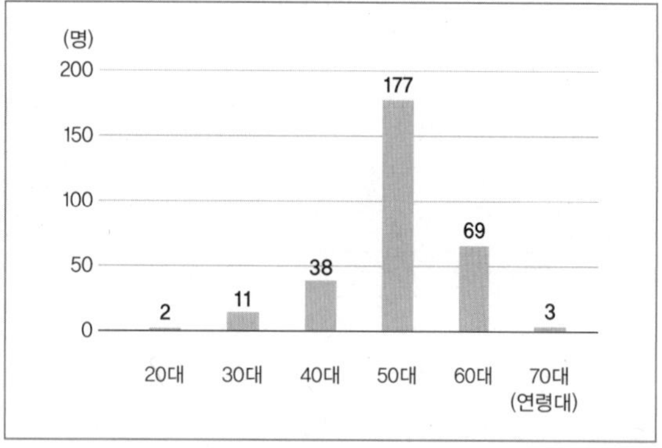

② 20대 및 21대 당선자의 성별 분포

(단위 : 명)

구분	20대 선거		21대 선거	
	남성	여성	남성	여성
지역구	227	26	224	29
비례대표	22	25	19	28

③ 21대 대졸 이상 당선자의 최종 학력별 분포

(단위 : 명)

구분	대졸	대학원 재학	대학원 수료	대학원 졸업	전체
지역구	101	1	23	128	253
비례대표	12	4	1	30	47

④ 17~21대 당선자의 직업별 분포

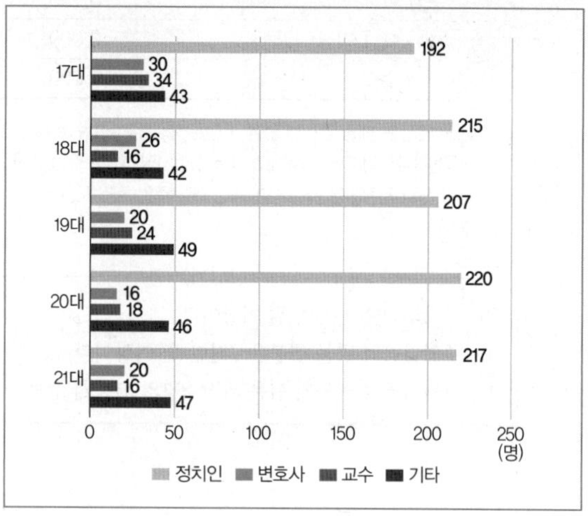

⑤ 21대 대졸 이상 당선자의 출신대학 구성비

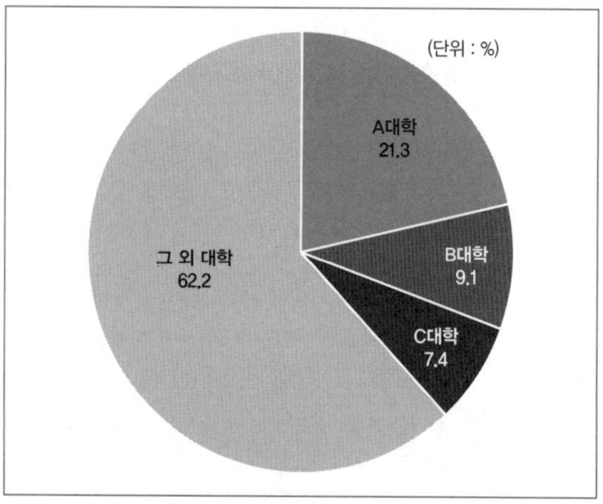

※ 다음 〈표〉는 A~D기업의 2022년 8월 첫째 주의 주간 소비자 불만 신고 건수에 대한 각 기업의 요일별 편차를 산출한 자료이다. 다음 물음에 답하시오. [31~32]

〈표〉 A~D기업의 주간 소비자 불만 신고 건수의 편차

(단위 : 건)

기업 \ 요일	월	화	수	목	금	토	일
A	−1	0	(가)	−1	−1	1	−1
B	−1	2	0	−1	(나)	0	(다)
C	1	(라)	2	−1	−2	(마)	1
D	(바)	2	1	−5	1	0	−1

※ 1) 편차=해당 기업의 해당 요일 신고 건수−해당 기업의 8월 첫째 주 하루 평균 신고 건수
2) 각 기업의 한 주간 편차의 합은 0임
3) 한 주간 편차 제곱의 합은 A기업과 B기업이 같고, C기업과 D기업이 같음

31. 위 〈표〉를 근거로 '가'~'바'에 들어갈 값 중 최솟값과 최댓값을 바르게 연결한 것은?

	최솟값	최댓값
①	−4	3
②	−4	4
③	−3	3
④	−3	4
⑤	−2	2

32. 위 〈표〉와 아래 〈조건〉에 근거한 〈보기〉의 설명 중 옳은 것만을 모두 고르면?

〈조 건〉

• A기업의 월요일 신고 건수는 2건이다.
• B기업의 화요일 신고 건수는 A기업의 토요일 신고 건수의 2배이다.
• C기업의 일요일 신고 건수와 D기업의 화요일 신고 건수는 같다.
• D기업의 신고 건수가 가장 적은 요일의 신고 건수와 B기업의 목요일 신고 건수는 같다.

〈보 기〉

ㄱ. A기업의 신고 건수가 4건 이상인 날은 3일 이상이다.
ㄴ. B기업의 하루 평균 신고 건수는 6건이다.
ㄷ. 하루 평균 신고 건수는 D기업이 C기업보다 많다.
ㄹ. A기업과 B기업의 하루 평균 신고 건수의 합은 D기업의 하루 평균 신고 건수보다 적다.

① ㄱ, ㄴ　② ㄱ, ㄷ
③ ㄴ, ㄷ　④ ㄴ, ㄹ
⑤ ㄷ, ㄹ

33. 다음 〈표〉는 2018~2021년 '갑'국의 가구수 및 반려동물 보유가구 현황과 관련 시장 매출액에 관한 자료이다. 이에 대한 〈보기〉의 설명 중 옳은 것만을 모두 고르면?

〈표 1〉 '갑'국 가구수 및 반려동물 보유가구 현황

(단위 : 천 가구, %, 마리/가구, 천 마리)

구분 \ 연도		2018	2019	2020	2021
가구수		17,495	18,119	19,013	19,524
개	보유가구 비중	16.3	16.0	19.1	24.2
	보유가구당 마릿수	1.47	1.38	1.28	1.34
	총보유 마릿수	4,192	(　)	(　)	6,318
고양이	보유가구 비중	1.7	3.4	5.2	8.5
	보유가구당 마릿수	1.92	1.70	1.74	1.46
	총보유 마릿수	571	1,047	1,720	2,425
전체	보유가구 비중	17.4	17.9	21.8	29.4
	보유가구당 마릿수	1.56	1.56	1.54	1.52
	총보유 마릿수	4,763	5,048	6,369	8,743

※ 1) '갑'국의 반려동물은 개와 고양이뿐임
2) 반려동물 보유가구 비중(%) $= \frac{\text{반려동물 보유가구수}}{\text{가구수}} \times 100$

〈표 2〉 2018~2021년 반려동물 관련 시장 매출액

(단위 : 백만 원)

구분 \ 연도	2018	2019	2020	2021
사료	385,204	375,753	422,807	494,089
수의 서비스	354,914	480,696	579,046	655,077
동물 관련 용품	287,408	309,876	358,210	384,855
장묘 및 보호 서비스	16,761	19,075	25,396	33,848
보험	352	387	405	572
전체	1,044,639	1,185,787	1,385,864	1,568,441

〈보 기〉

ㄱ. 개의 총보유 마릿수는 2019년에 전년 대비 감소하였다가 2020년에 전년 대비 증가하였다.
ㄴ. 반려동물 보유가구수는 매년 증가하였다.
ㄷ. 2018년 대비 2021년 매출액 증가율이 가장 높은 반려동물 관련 시장은 '수의 서비스'이다.
ㄹ. 2019년 반려동물 한 마리당 '동물 관련 용품' 매출액은 7만 원 이상이다.

① ㄱ, ㄴ
② ㄱ, ㄹ
③ ㄴ, ㄷ
④ ㄱ, ㄷ, ㄹ
⑤ ㄴ, ㄷ, ㄹ

34. 다음 〈표〉는 '갑'국 A~J지역의 시의원 후보자 및 당선자에 관한 자료이다. 이에 대한 설명으로 옳지 않은 것은?

〈표〉 '갑'국 시의원 지역별 성별 후보자 및 당선자 수

(단위 : 명)

구분 지역 \ 성별	후보자		당선자	
	여성	남성	여성	남성
전체	120	699	17	165
A	37	195	8	36
B	12	64	1	18
C	7	38	1	11
D	9	50	2	12
E	5	34	0	10
F	4	19	0	6
G	34	193	4	47
H	7	43	0	12
I	3	50	1	10
J	2	13	0	3

※ 1) 여성(남성) 당선율 $= \frac{\text{여성(남성) 당선자 수}}{\text{여성(남성) 후보자 수}}$

2) 후보자(당선자) 성비 $= \frac{\text{남성 후보자(당선자) 수}}{\text{여성 후보자(당선자) 수}}$

3) 후보자(당선자) 성비는 여성 후보자(당선자)가 있는 지역만 대상으로 산출함

① 전체 남성 당선율은 전체 여성 당선율의 2배 이하이다.
② 여성 당선율이 남성 당선율보다 높은 지역은 2개이다.
③ 당선자 성비가 가장 낮은 지역은 A이다.
④ 후보자 성비가 10 이상인 지역은 I뿐이다.
⑤ 여성 후보자가 가장 많은 지역의 여성 당선율은 남성 후보자가 가장 적은 지역의 남성 당선율보다 높다.

35. 다음 〈표〉는 '갑' 마을의 2013~2022년 인구 및 가구 변화에 관한 자료이다. 이에 대한 설명으로 옳지 않은 것은?

〈표〉 인구 및 가구 변화

(단위 : 명, 가구)

구분 연도	남성 인구	여성 인구	외국인 인구	고령 인구	가구
2013	209	184	21	30	142
2014	249	223	22	34	169
2015	271	244	24	37	185
2016	280	252	26	38	190
2017	287	257	27	40	193
2018	289	261	25	42	196
2019	294	264	28	44	198
2020	303	270	32	46	204
2021	333	297	33	47	226
2022	356	319	35	53	246

※ 총인구=남성 인구+여성 인구

① 가구당 여성 인구는 2015년 이후 매년 감소하였다.
② 전년 대비 2022년 고령 인구 증가율은 전년 대비 2022년 총인구 증가율보다 높다.
③ 전년 대비 외국인 인구가 감소한 해와 전년 대비 총인구 증가폭이 가장 작은 해는 같다.
④ 전년 대비 총인구 증가율은 2014년이 가장 높다.
⑤ 전년 대비 가구수 증가폭이 가장 큰 해와 전년 대비 남성 인구 증가폭이 가장 큰 해는 같다.

36. 다음 〈표〉는 2017~2021년 '갑'국의 청년 창업 현황에 관한 자료이다. 〈표〉를 이용하여 작성한 자료로 옳지 않은 것은?

〈표 1〉 연도별 청년 창업건수 현황

(단위 : 건)

연도		2017	2018	2019	2020	2021
청년 전체		228,460	215,819	208,260	218,530	226,082
	남성	150,341	140,362	120,463	130,532	150,352
	여성	78,119	75,457	87,797	87,998	75,730

〈표 2〉 2021년 청년 창업건수 상위 10개 업종의 성별 창업건수 현황

(단위 : 건)

순위	업종	남성 창업건수	여성 창업건수	합
1	통신판매업	30,352	20,351	50,703
2	숙박 · 음식점업	29,352	9,162	38,514
3	상품중개업	18,341	6,365	24,706
4	온라인광고업	6,314	5,348	11,662
5	정보통신업	5,291	4,871	10,162
6	부동산업	5,433	4,631	10,064
7	운송 및 창고업	3,316	2,201	5,517
8	교육서비스업	3,021	2,472	5,493
9	여가 관련 서비스업	1,053	1,377	2,430
10	제조업	992	472	1,464
계		103,465	57,250	160,715

〈표 3〉 2017~2020년 10개 업종별 청년 창업건수 현황

(단위 : 건)

업종 \ 연도	2017	2018	2019	2020
통신판매업	42,123	51,321	55,123	47,612
숙박 · 음식점업	31,428	39,212	46,121	49,182
상품중개업	18,023	14,921	10,982	20,761
온라인광고업	9,945	8,162	9,165	8,172
정보통신업	8,174	7,215	6,783	6,943
부동산업	9,823	7,978	7,152	6,987
운송 및 창고업	7,122	6,829	6,123	5,931
교육서비스업	6,119	5,181	5,923	4,712
여가 관련 서비스업	3,089	2,987	3,621	4,981
제조업	1,891	1,523	2,012	1,723
합계	137,737	145,329	153,005	157,004

① 연도별 성별 청년 창업건수

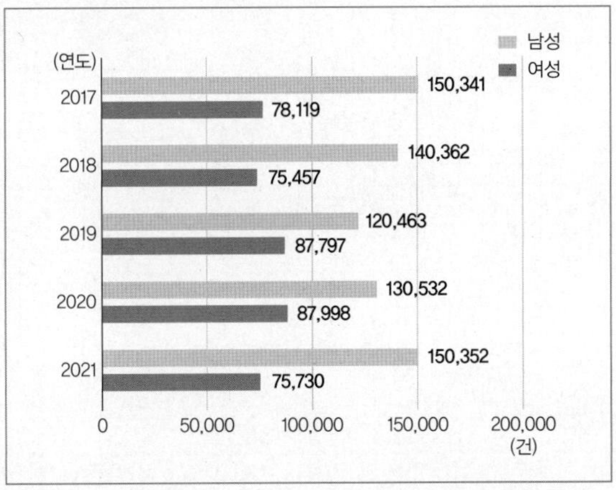

② 2021년 청년 창업건수 상위 10개 업종의 2017년 대비 창업건수 증감폭

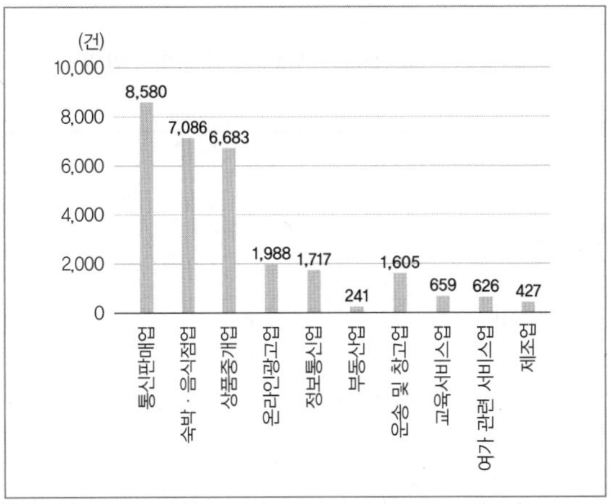

③ 여성 창업건수의 전년 대비 증가율 추이

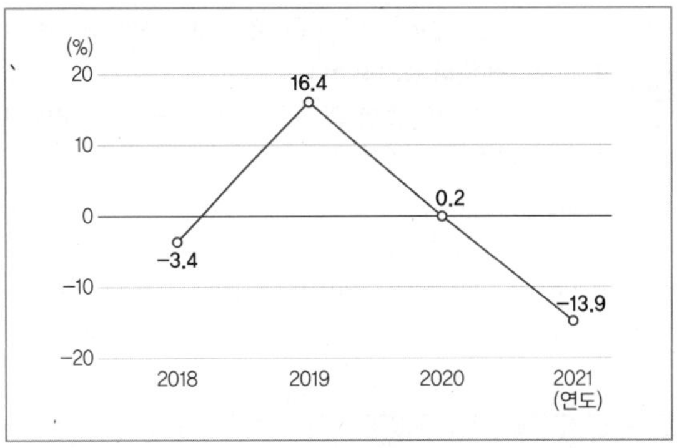

④ 2021년 청년 창업건수 상위 10개 업종의 성별 창업건수 구성비

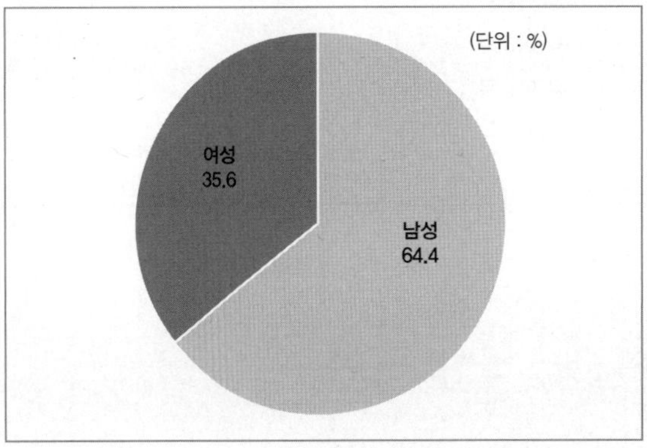

⑤ 2021년 청년 창업건수 상위 3개 업종의 성별 창업건수 구성비

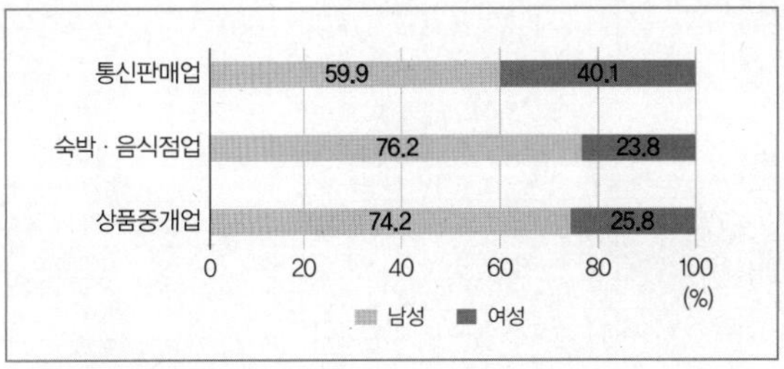

37. 다음 〈표〉는 '갑'국의 교역대상국(A~F)별 2022년 7월 해상 수출 및 수입 운송비용에 관한 자료이다. 이에 대한 〈보기〉의 설명 중 옳은 것만을 모두 고르면?

〈표〉 2022년 7월 해상 수출 및 수입 운송비용

(단위 : 백만 원, %)

구분 \ 교역대상국	수출			수입		
	운송비용	전월 대비 증가율	전년 동월 운송비용	운송비용	전월 대비 증가율	전년 동월 운송비용
A	14,077	−0.1	9,734	3,298	−6.3	2,663
B	14,337	−5.2	8,744	3,141	14.7	1,762
C	13,103	−3.7	8,352	2,335	9.5	2,307
D	1,266	5.2	1,006	2,991	5.8	2,093
E	1,106	3.7	1,306	1,658	9.7	1,017
F	2,480	5.9	1,190	2,980	2.8	1,997

〈보 기〉

ㄱ. 2022년 7월 수입 운송비용은 각 교역대상국에 대해 전년 동월 대비 증가하였다.

ㄴ. 2021년 7월 수출 운송비용이 많은 교역대상국일수록 2022년 7월 수출 운송비용도 많다.

ㄷ. 2022년 7월, 수입 운송비용의 전월 대비 증가율이 가장 높은 교역대상국과 수입 운송비용의 전년 동월 대비 증가율이 가장 높은 교역대상국은 같다.

ㄹ. 2022년 6월, 수출 운송비용이 수입 운송비용보다 많은 교역대상국은 2개이다.

① ㄱ, ㄷ
② ㄱ, ㄹ
③ ㄴ, ㄷ
④ ㄴ, ㄹ
⑤ ㄷ, ㄹ

38. 다음 〈표〉는 1936~2022년 필즈상 수상자의 최종 박사학위 취득 대학에 관한 자료이다. 필즈상 수상자의 최종 박사학위 취득 대학 중 수상자가 1명인 대학의 수는?

〈표 1〉 필즈상 수상자의 최종 박사학위 취득 대학의 소속 국가별 현황

(단위 : 개, 명)

순위	대학 소속 국가	대학 수	필즈상 수상자 수
1	미국	7	21
2	프랑스	7	12
3	영국	4	8
4	러시아	3	6
5	독일	2	4
6	스위스	1	3
⋯	⋯	⋯	⋯
전체		34	65

※ 1) 필즈상 수상자 수가 많을수록 순위가 높음
2) 필즈상 수상자는 모두 박사학위자이며, 중복수상자는 없음

〈표 2〉 최종 박사학위 기준 필즈상 수상자를 3명 이상 배출한 대학 현황

(단위 : 명)

대학명	대학 소속 국가	필즈상 수상자 수
프린스턴	미국	7
하버드	미국	6
모스크바	러시아	4
케임브리지	영국	4
본	독일	3
제네바	스위스	3
ENS	프랑스	3

① 16
② 17
③ 18
④ 19
⑤ 20

39. 다음 〈표〉와 〈설명〉은 2020년 '갑'국 A~H지역의 코로나19 지원금에 관한 자료이다. 이에 근거하여 A~H지역 중 현금 방식의 지급 가구수가 세 번째로 많은 지역과 다섯 번째로 많은 지역을 바르게 연결한 것은?

〈표 1〉 A~H지역별 전체 가구수와 코로나19 지원금 지급총액

(단위 : 천 가구, 억 원)

구분 \ 지역	A	B	C	D	E	F	G	H
전체 가구수	4,360	1,500	1,040	1,240	620	640	470	130
지급총액	25,700	9,200	6,600	7,900	3,900	4,000	3,100	900

〈표 2〉 지급 방식별 코로나19 지원금 지급 가구수

(단위 : 천 가구)

지역 \ 지급 방식	상품권	선불카드	신용 · 체크카드	현금	합
A	20	570	3,050	( )	( )
B	10	270	920	240	1,440
C	90	140	( )	( )	1,010
D	( )	0	810	( )	1,210
E	110	0	410	( )	( )
F	10	20	500	70	600
G	0	80	330	( )	450
H	0	10	( )	( )	130

※ 각 가구는 1가지 지급 방식으로만 코로나19 지원금을 지급받음

〈설 명〉

- A는 전체 가구수 대비 코로나19 지원금 지급 가구수 비율이 92.9%이다.
- 지역별 코로나19 지원금 지급 가구수 대비 신용 · 체크카드 방식의 지급 가구수 비율은 H가 84.6%로 가장 높고, C가 62.4%로 가장 낮다.
- D는 코로나19 지원금 지급 가구수 대비 상품권 방식의 지급 가구수 비율이 21.5%이다.
- E는 코로나19 지원금 지급 가구의 평균 지원금이 65만 원이다.

	세 번째로 많은 지역	다섯 번째로 많은 지역
①	B	E
②	B	F
③	C	E
④	C	F
⑤	D	E

40. 다음 〈표〉와 〈정보〉는 2021년과 2022년 A기업의 전체 직원 1,000명을 대상으로 갑질 발생 위험도를 설문조사한 결과이다. 이를 근거로 한 〈보기〉의 설명 중 옳은 것만을 모두 고르면?

〈표 1〉 종합위험도 평가 결과

(단위 : 명)

구분 \ 갑질 발생 위험도 \ 연도		2021					2022				
		매우 낮음	낮음	보통	높음	매우 높음	매우 낮음	낮음	보통	높음	매우 높음
전체		770	78	49	45	58	790	121	33	31	25
성별	남성	320	38	24	15	18	336	55	10	11	3
	여성	450	40	25	30	40	454	66	23	20	22
직급	관리자	180	11	4	2	3	185	15	4	4	2
	실무자	590	67	45	43	55	605	106	29	27	23
소속	본사	70	9	5	5	6	80	11	4	3	2
	공장	700	69	44	40	52	710	110	29	28	23

〈표 2〉 갑질 유형별 평가 결과

(단위 : 명)

갑질 유형 \ 갑질 발생 위험도 \ 연도	2021					2022				
	매우 낮음	낮음	보통	높음	매우 높음	매우 낮음	낮음	보통	높음	매우 높음
언어	747	85	50	53	65	770	120	35	44	31
부당한 지시	788	78	43	38	53	810	127	25	21	17
불리한 처우	781	73	52	41	53	795	117	37	27	24

〈정 보〉

- 2021년과 2022년 설문조사 대상자는 같으며, 무응답과 중복 응답은 없음
- 2021년 실무자의 절반은 여성임
- 각 설문조사에서 '부당한 지시'의 갑질 발생 위험도를 '높음' 또는 '매우 높음'으로 답변한 응답자는 '언어'와 '불리한 처우'에 대해서도 '높음' 또는 '매우 높음'으로 답변함

〈보 기〉

ㄱ. 2021년 여성 관리자는 185명이다.
ㄴ. 소속이 본사인 직원은 2022년이 2021년보다 5명 많다.
ㄷ. '부당한 지시'의 갑질 발생 위험도를 '매우 낮음', '낮음' 또는 '보통'으로 답변한 응답자 중 '언어'의 갑질 발생 위험도를 '높음' 또는 '매우 높음'으로 답변한 응답자는 2021년이 2022년보다 많다.

① ㄴ
② ㄷ
③ ㄱ, ㄴ
④ ㄱ, ㄷ
⑤ ㄱ, ㄴ, ㄷ

1. 다음 글을 근거로 판단할 때 옳은 것은?

> 제ㅇㅇ조(동물학대 등의 금지) 누구든지 동물에 대하여 학대행위를 하여서는 아니 된다.
> 제△△조(동물보호센터의 설치·지정 등) ① 지방자치단체의 장은 동물의 구조·보호조치 등을 위하여 A부장관이 정하는 기준에 맞는 동물보호센터를 설치·운영할 수 있다.
> ② A부장관은 지방자치단체의 장이 설치·운영하는 동물보호센터의 설치·운영비용의 전부 또는 일부를 지원할 수 있다.
> ③ 지방자치단체의 장은 A부장관이 정하는 기준에 맞는 기관이나 단체를 동물보호센터로 지정하여 동물의 구조·보호조치 등을 하게 할 수 있고, 이때 소요비용(이하 '보호비용'이라 한다)의 전부 또는 일부를 지원할 수 있다.
> ④ 제3항에 따른 동물보호센터로 지정받으려는 기관이나 단체는 A부장관이 정하는 바에 따라 지방자치단체의 장에게 신청하여야 한다.
> ⑤ 지방자치단체의 장은 지정된 동물보호센터가 다음 각 호의 어느 하나에 해당하는 경우에는 그 지정을 취소할 수 있다. 다만, 제1호에 해당하는 경우에는 지정을 취소하여야 한다.
> 1. 거짓이나 그 밖의 부정한 방법으로 지정을 받은 경우
> 2. 제3항에 따른 지정기준에 맞지 아니하게 된 경우
> 3. 제ㅇㅇ조의 규정을 위반한 경우
> 4. 보호비용을 거짓으로 청구한 경우
>
> ⑥ 지방자치단체의 장은 제5항에 따라 지정이 취소된 기관이나 단체를 지정이 취소된 날부터 1년 이내에는 다시 동물보호센터로 지정하여서는 아니 된다. 다만, 제5항 제3호에 따라 지정이 취소된 기관이나 단체는 지정이 취소된 날부터 2년 이내에는 다시 동물보호센터로 지정하여서는 아니 된다.

① A부장관은 지방자치단체의 장이 지정한 동물보호센터에 보호비용의 일부를 지원하여야 한다.
② 지정된 동물보호센터가 동물을 학대한 사실이 확인된 경우, 지방자치단체의 장은 그 지정을 취소하여야 한다.
③ 동물보호센터로 지정받고자 하는 기관은 지방자치단체의 장이 정하는 바에 따라 A부장관에게 신청하여야 한다.
④ 부정한 방법으로 동물보호센터 지정을 받아 그 지정이 취소된 기관은 지정이 취소된 날부터 2년이 지나야 다시 동물보호센터로 지정받을 수 있다.
⑤ 지정된 동물보호센터가 보호비용을 거짓으로 청구한 경우라도 지방자치단체의 장은 그 지정을 취소해야 하는 것은 아니다.

2. 다음 글을 근거로 판단할 때 옳은 것은?

> 제00조(소하천의 점용 등) ① 소하천에서 다음 각 호의 어느 하나에 해당하는 행위를 하려는 자는 그 소하천을 지정한 시장·군수 또는 구청장(이하 '관리청'이라 한다)의 허가(이하 '소하천 점용·사용 허가'라 한다)를 받아야 한다.
> 1. 유수(流水)의 점용
> 2. 토지의 점용
> 3. 토석·모래·자갈, 그 밖의 소하천 산출물의 채취
> 4. 인공구조물의 신축·개축 또는 변경
>
> ② 관리청은 소하천에 대하여 제1항 제1호에 따른 허가를 한 때에는 그 내용을 A부장관에게 통보하여야 한다.
> 제00조(원상회복 의무) ① 소하천 점용·사용 허가를 받은 자는 그 허가가 실효(失效)되거나 점용 또는 사용을 폐지한 경우에는 그 소하천을 원상으로 회복시켜야 한다.
> ② 관리청은 필요한 경우 제1항의 원상회복 의무를 면제할 수 있고, 이때 그 인공구조물이나 그 밖의 물건은 해당 지방자치단체에 무상(無償)으로 귀속된다.
> 제00조(점용료 등의 징수) ① 관리청은 소하천 점용·사용 허가를 받은 자로부터 유수 및 토지의 점용료, 토석·모래·자갈 등 소하천 산출물의 채취료(이하 '점용료 등'이라 한다)를 징수할 수 있다.
> ② 관리청은 소하천 점용·사용 허가를 받지 아니하고 소하천을 점용하거나 사용한 자로부터 변상금을 징수할 수 있다.
> ③ 소하천 점용·사용 허가를 받으려는 자는 수수료를 내야 한다.
> ④ 관리청은 소하천 점용·사용 허가를 하는 경우로서 다음 각 호의 어느 하나에 해당하는 경우에는 점용료 등 또는 수수료를 감면할 수 있다. 이 경우 점용료 등의 감면 비율은 대통령령으로 정하고, 수수료의 감면 비율은 해당 지방자치단체의 조례로 정한다.
> 1. 공공용 사업, 그 밖의 공익 목적 비영리사업인 경우
> 2. 재해나 그 밖의 특별한 사정으로 본래의 점용 목적을 달성할 수 없는 경우

① 관리청은 소하천에서의 토석 채취를 허가한 경우, 그 내용을 A부장관에게 통보하여야 한다.
② 관리청이 소하천에서의 인공구조물 신축 허가를 받은 자에게 원상회복 의무를 면제한 경우, 해당 인공구조물은 그 허가를 받은 자에게 귀속된다.
③ 소하천 점용·사용 허가에 따른 점용료 등과 수수료의 각 감면 비율은 해당 지방자치단체의 조례로 정한다.
④ 소하천 점용·사용 허가를 하는 경우에 재해로 인하여 본래의 점용 목적을 달성할 수 없는 때에는 관리청은 점용료 등을 감면할 수 있다.
⑤ 공공용 사업을 위해 소하천 점용·사용 허가를 받지 않고 소하천을 점용한 경우, 관리청은 변상금을 감면할 수 있다.

3. 다음 글을 근거로 판단할 때 옳은 것은?

제00조(정의) 이 법에서 사용하는 용어의 뜻은 다음과 같다.
1. "인공우주물체"란 우주공간에서 사용하는 것을 목적으로 설계·제작된 물체(우주발사체, 인공위성, 우주선 및 그 구성품을 포함한다)를 말한다.
2. "우주발사체"란 자체 추진기관에 의하여 인공위성이나 우주선 등을 우주공간에 진입시키는 인공우주물체를 말한다.

제00조(인공우주물체의 국내 등록) ① 인공우주물체(우주발사체는 제외한다. 이하 같다)를 발사하려는 경우, 다음 각 호의 구분에 따라 발사 예정일부터 180일 전까지 과학기술정보통신부장관에게 예비등록을 하여야 한다.
1. 대한민국 국민이 국내외에서 발사하려는 경우
2. 대한민국 국민이 아닌 자가 대한민국 영역 또는 대한민국의 관할권이 미치는 지역·구조물에서 발사하려는 경우
3. 대한민국 국민이 아닌 자가 대한민국 정부 또는 국민이 소유하고 있는 우주발사체를 이용하여 국외에서 발사하려는 경우

② 제1항에 따라 인공우주물체를 예비등록하려는 자는 다음 각 호의 사항이 포함된 발사계획서를 첨부하여야 한다.
1. 인공우주물체의 사용 목적에 관한 사항
2. 인공우주물체의 소유권자 또는 이용권자에 관한 사항
3. 인공우주물체의 기본적 궤도에 관한 사항
4. 우주사고 발생 시의 손해배상책임 이행에 관한 사항

③ 제1항에 따라 인공우주물체를 예비등록한 자는 그 인공우주물체가 위성궤도에 진입한 날부터 90일 이내에 과학기술정보통신부장관에게 인공우주물체를 등록하여야 한다. 다만, 국제협약에 따라 발사국 정부와 합의하여 외국에 등록한 인공우주물체에 대하여는 그러하지 아니하다.

① 대한민국 국민이 우주발사체를 발사하려는 경우, 과학기술정보통신부장관에게 그 발사체를 예비등록하여야 한다.
② 대한민국 국민이 아닌 자가 대한민국 정부 소유의 우주발사체를 이용하여 국내에서 인공위성을 발사하려는 경우, 그 위성을 예비등록할 필요가 없다.
③ 우주선을 발사하려는 자는 그 사용 목적에 관한 사항이 포함된 발사계획서를 첨부하여 발사 예정일부터 9개월 전까지 예비등록하여야 한다.
④ 국제 협약에 따라 발사국 정부와 합의하여 외국에 등록한 인공위성의 경우, 위성궤도에 진입한 날부터 90일이 경과했더라도 과학기술정보통신부장관에게 그 위성을 등록하지 않아도 된다.
⑤ 인공위성을 예비등록한 자가 그 위성을 발사한 경우, 발사한 날부터 90일 이내에 과학기술정보통신부장관에게 인공위성을 등록하여야 한다.

4. 다음 글과 〈상황〉을 근거로 판단할 때 옳은 것은?

제○○조(신고) 식품판매업을 하려는 자는 영업소 소재지를 관할하는 시장·군수·구청장(이하 '시장 등'이라 한다)에게 신고해야 한다.

제□□조(준수사항) ① 식품판매업자는 다음 각 호의 사항을 지켜야 한다.
1. 소비기한이 경과된 식품을 판매의 목적으로 진열·보관하거나 이를 판매하지 말 것
2. 식중독 발생 시 보관 또는 사용 중인 식품은 역학조사가 완료될 때까지 폐기하지 않고 원상태로 보존하여야 하며, 식중독 원인규명을 위한 행위를 방해하지 말 것

② 관할 시장 등은 식품판매업자가 제1항을 위반한 경우에는 6개월 이내의 기간을 정하여 그 영업의 전부 또는 일부를 정지하거나 영업소 폐쇄를 명할 수 있다.
③ 관할 시장 등은 다음 각 호의 행위를 신고한 자에게는 포상금을 지급한다.
1. 제1항 제1호에 위반되는 행위 : 7만 원
2. 제2항에 따른 영업정지 또는 영업소 폐쇄명령에 위반하여 영업을 계속하는 행위 : 20만 원

제◇◇조(제품교환 등) 식품판매업자는 소비자에게 다음 각 호에 따른 조처를 이행해야 한다.
1. 소비자가 소비기한이 경과한 식품을 구입한 경우: 제품교환 또는 구입가 환급
2. 소비자가 제1호의 식품을 섭취함으로써 신체에 부작용이 발생한 경우 : 치료비, 경비 및 일실소득 배상

제△△조(벌칙) 다음 각 호의 어느 하나에 해당하는 식품판매업자는 3년 이하의 징역 또는 3천만 원 이하의 벌금에 처한다.
1. 제□□조 제1항의 사항을 위반한 경우
2. 제□□조 제2항의 명령을 위반하여 영업을 계속한 경우

〈상 황〉

식품판매업자 甲은 A도 B군에 영업소를 두고 있다. 乙은 甲의 영업소에 진열되어 있는 C식품을 구입하였는데, 집에서 확인해보니 구매 당시 이미 소비기한이 지나 있었고 이 사실을 친구 丙에게 알려 주었다.

① A도지사는 소비기한이 경과된 식품을 판매한 甲에 대해 1개월의 영업정지 명령을 내릴 수 있다.
② 甲에 대한 영업정지 또는 영업소 폐쇄명령 여부에 관계없이 甲은 3년 이하의 징역에 처해질 수 있다.
③ 乙이 C식품에 대해 제품교환을 요구하는 경우, 甲은 乙에게 제품교환과 함께 구입가 환급을 해 주어야 한다.
④ 丙이 甲의 소비기한 경과 식품 판매 사실을 신고한 경우, 乙과 丙은 각각 7만 원의 포상금을 지급받는다.
⑤ 乙이 C식품의 일부를 먹고 식중독에 걸렸는데 먹다 남은 C식품을 丙이 폐기함으로써 식중독 원인규명이 방해된 경우, 丙은 500만 원의 벌금에 처해질 수 있다.

5. 다음 글과 〈상황〉을 근거로 판단할 때, 〈보기〉에서 A가 가맹금을 반환해야 하는 것만을 모두 고르면?

제○○조(정보공개서의 제공의무) 가맹본부는 가맹희망자에게 정보공개서를 제공하지 아니하였거나 제공한 날부터 14일이 지나지 아니한 경우에는 다음 각 호의 행위를 하여서는 아니 된다.
1. 가맹희망자로부터 가맹금을 수령하는 행위
2. 가맹희망자와 가맹계약을 체결하는 행위

제□□조(허위·과장된 정보제공의 금지) 가맹본부는 가맹희망자나 가맹점사업자에게 정보를 제공함에 있어서 다음 각 호의 행위를 하여서는 아니 된다.
1. 사실과 다르게 정보를 제공하거나 사실을 부풀려 정보를 제공하는 행위
2. 계약의 체결·유지에 중대한 영향을 미치는 사실을 은폐하거나 축소하는 방법으로 정보를 제공하는 행위

제△△조(가맹금의 반환) 가맹본부는 다음 각 호의 어느 하나에 해당하는 경우에는 가맹희망자나 가맹점사업자가 서면으로 요구하면 가맹금을 반환하여야 한다.
1. 가맹본부가 제○○조를 위반한 경우로서 가맹희망자 또는 가맹점사업자가 가맹계약 체결 전 또는 가맹계약의 체결일부터 4개월 이내에 가맹금의 반환을 요구하는 경우
2. 가맹본부가 제□□조를 위반한 경우로서 가맹희망자가 가맹계약 체결 전에 가맹금의 반환을 요구하는 경우
3. 가맹본부가 정당한 사유 없이 가맹사업을 일방적으로 중단한 경우로서 가맹희망자 또는 가맹점사업자가 가맹사업의 중단일부터 4개월 이내에 가맹금의 반환을 요구하는 경우

〈상 황〉

甲, 乙, 丙은 가맹본부 A에게 지급했던 가맹금의 반환을 2023. 2. 27. 서면으로 A에게 요구하였다.

〈보 기〉

ㄱ. 2023. 1. 18. A가 甲에게 정보공개서를 제공하고, 2023. 1. 30. 가맹계약을 체결한 경우
ㄴ. 2022. 9. 27. 가맹계약을 체결한 乙이 건강상의 이유로 2023. 1. 3. 가맹점사업을 일방적으로 중단한 경우
ㄷ. 2023. 3. 7. 가맹계약을 체결할 예정인 가맹희망자 丙에게 A가 2023. 2. 10. 제공하였던 정보공개서상 정보의 내용이 사실과 다른 경우

① ㄱ
② ㄷ
③ ㄱ, ㄴ
④ ㄱ, ㄷ
⑤ ㄴ, ㄷ

6. 다음 글과 〈상황〉을 근거로 판단할 때 옳은 것은?

교부금은 중앙정부가 지방정부에 제공하는 재정지원의 한 종류이다. 중앙정부가 지방정부에 일정 금액의 교부금을 지급하면 이는 지방정부의 예산이 그만큼 증가한 것과 같은 결과를 가져온다. 따라서 교부금 지급이 해당 지역의 공공서비스 공급에 미치는 영향은 지방정부의 자체예산이 교부금과 동일한 금액만큼 증가한 경우의 영향과 같을 것으로 예상된다.

그런데 지방재정에 관한 실증연구 결과를 보면 이러한 예상은 잘 들어맞지 않는다. 현실에서는 교부금 형태로 발생한 추가적 재원 중 공공서비스의 추가적 공급에 사용되는 비중이 지방정부의 자체예산 증가분 중 공공서비스의 추가적 공급에 사용되는 비중보다 높다. 자체예산을 공공서비스와 기타사업에 항상 절반씩 투입하는 甲국 A시에서는 자체예산 증가분의 경우, 그 50%를 공공서비스의 추가적 공급에 투입하고 나머지는 기타사업에 투입한다. 그런데 중앙정부로부터 교부금을 받은 경우에는 그중 80%를 공공서비스의 추가적 공급에 투입하고 나머지를 기타사업에 투입한다.

〈상 황〉

甲국 A시의 올해 예산은 100억 원이었으며, 모두 자체예산이었다. 중앙정부는 내년에 20억 원의 교부금을 A시에 지급하기로 하였다. A시의 내년도 자체예산은 올해와 마찬가지로 100억 원이다.

① A시가 내년에 기타사업에 지출하는 총 금액은 60억 원일 것이다.
② A시는 내년에 기타사업에 지출하는 총 금액을 올해보다 4억 원 증가시킬 것이다.
③ A시는 내년에 공공서비스 공급에 지출하는 총 금액을 올해와 동일하게 유지할 것이다.
④ A시는 내년에 공공서비스 공급에 지출하는 총 금액을 올해보다 50% 증가시킬 것이다.
⑤ A시는 내년에 공공서비스 공급에 지출하는 총 금액을 올해보다 10억 원 증가시킬 것이다.

7. **다음 글을 근거로 판단할 때, A팀이 1박스 분량의 용지를 사용하는 데 걸리는 일수는?**

> ㅁㅁ부처의 A팀은 甲~丁 총 4명으로 구성되어 있고, 甲~丁 각각은 매일 일정한 양의 용지를 사용한다. 개인의 용지 사용량과 관련하여 甲~丁은 다음과 같이 진술하였다.
> 甲 : 나는 용지 1박스를 사용하는 데 20일 걸려.
> 乙 : 나는 용지 1박스를 사용하는 데 甲의 4배의 시간이 걸려.
> 丙 : 나도 乙과 같아.
> 丁 : 丙이 용지 $\frac{1}{2}$박스를 사용하는 동안, 나는 1박스를 사용해.

① 5
② 8
③ 9
④ 10
⑤ 12

8. **다음 글을 근거로 판단할 때, ㉠에 해당하는 수는?**

> 甲 : 〈자기를 위한 인생〉을 찍은 소다르 감독 작고 소식 들었어?
> 乙 : 응. 그 작품이 소다르 감독이 세 번째로 찍은 영화였지? 1962년 작품이었나?
> 甲 : 그렇지. 그해 마지막으로 찍은 작품이기도 하고. 1960년에 〈내 멋대로 하자〉로 데뷔하고 〈남자는 남자다〉 다음에 찍은 영화니까. 정작 우리나라에서 개봉은 늦어졌지만.
> 乙 : 우리나라에선 1983년에 찍은 〈미남 갱 카르멘〉이 주목받아서 그해 처음 개봉된 다음, 데뷔작부터 찍은 순서대로 개봉됐던 거지?
> 甲 : 전부 순서대로 개봉된 것은 아냐. 1963년 작품 중 2편은 우리나라에서 10편 넘는 작품이 개봉된 이후에야 극장에서 상영되었지.
> 乙 : 아, 그랬지. 1963년에는 총 3편, 그다음 해에는 총 2편을 찍었으니까 … .
> 甲 : 응. 그리고 1965년에 첫 번째로 찍은 영화가 〈베타빌〉이야.
> 乙 : 그럼 〈베타빌〉은 소다르 감독 작품 중 우리나라에서 개봉된 순서로 [㉠]번째구나.

① 6
② 7
③ 8
④ 9
⑤ 10

9. **다음 글과 〈상황〉을 근거로 판단할 때, 〈방식 1〉과 〈방식 2〉에 따른 결승점을 옳게 짝지은 것은?**

> 신설된 어느 스포츠 종목은 두 팀이 대결하는 경기로, 1점씩 득점하며 경기 종료 시 더 많은 득점을 한 팀이 승리한다. 이 종목의 '결승점'을 정의하는 방식으로 다음 두 가지가 있다.
>
> 〈방식 1〉
>
> 상대 팀의 점수보다 1점 많아지는 득점을 한 후, 경기 종료 시까지 동점이나 역전을 허용하지 않고 승리할 때, 그 득점을 결승점으로 정의한다.
>
> 〈방식 2〉
>
> 승리한 팀의 득점 중 자기 팀의 점수가 상대 팀의 최종 점수보다 1점 많아질 때의 득점을 결승점으로 정의한다.

〈상 황〉

> 두 팀 A, B가 맞붙어 다음과 같은 순서로 득점을 하고 경기가 종료되었다. (A, B는 득점한 팀을 나타낸다)
> A – A – B – B – B – A – B – A – A – A – B

	방식 1	방식 2
①	A의 세 번째 득점	A의 두 번째 득점
②	A의 다섯 번째 득점	A의 다섯 번째 득점
③	A의 다섯 번째 득점	A의 여섯 번째 득점
④	A의 여섯 번째 득점	A의 다섯 번째 득점
⑤	A의 여섯 번째 득점	A의 여섯 번째 득점

10. **다음 글을 근거로 판단할 때, 주사위에서 나오지 않는 수는?**

> 자연수 1~6 중 어느 하나는 전혀 나오지 않고, 나머지는 모두 동일한 확률로 나오는 주사위가 있다. 이 주사위를 3번 던졌을 때 3번 모두 같은 홀수가 나올 확률은 1.6%이다. 또한 이 주사위를 10번 던지면 그중 소수(素數)가 나오는 횟수는 평균적으로 6번이다.

① 1
② 2
③ 3
④ 4
⑤ 6

11. 다음 글을 근거로 판단할 때, A와 B가 선택하지 않을 결혼식 날짜는?

> A와 B는 다음 달에 결혼식을 하려고 한다. 두 사람은 결혼식에 5명의 친구들(甲~戊)을 초대할 예정이며, 그 친구들이 가장 많이 올 수 있도록 결혼식 날짜를 선택하려고 한다.
>
> 甲~戊의 다음 달 일정은 아래와 같으며, 일정이 있는 날짜에는 결혼식에 갈 수 없고 그 외의 날짜에는 결혼식에 갈 수 있다.
>
> • 甲은 매주 월요일부터 금요일까지는 휴일에 상관없이 회사에 간다.
> • 乙은 매주 화, 목, 토요일에는 세미나가 있다.
> • 丙은 1일부터 14일까지 여행을 간다.
> • 丁은 매주 일요일에는 등산을 한다.
> • 戊는 3의 배수 또는 3, 6, 9가 포함되는 날짜에는 부모님 간병을 한다.

〈다음 달 달력〉

일	월	화	수	목	금	토
					1	2
3	4	5	6	7	8	9
10	11	12	13	14	15	16
17	18	19	20	21	22	23
24	25	26	27	28	29	30
31						

① 다음 달 9일
② 다음 달 17일
③ 다음 달 20일
④ 다음 달 22일
⑤ 다음 달 25일

12. 다음 글을 근거로 판단할 때 옳은 것은?

> • → 는 자연수의 맨 앞 숫자를 맨 뒤로 보내라는 기호이다. (예 : → 4321=3214)
> • ← 는 자연수의 맨 뒤 숫자를 맨 앞으로 보내라는 기호이다. (예 : ← 4321=1432)
> • → 또는 ← 를 적용하여 0이 맨 앞 숫자가 되면 그 0을 제거한다.
> • 기호가 연속된 경우에는 숫자에 가까운 기호부터 차례대로 적용한다. (예 : →← 4321=→ 1432=4321)

① → 43의 결과는 홀수이다.
② 두 자리 자연수에 →← 를 적용하면 원래 수와 같다.
③ 세 자리 자연수에 →→→ 를 적용하면 원래 수와 같다.
④ 두 자리 자연수에 →← 를 적용한 결과와 ←→ 를 적용한 결과는 다르다.
⑤ 두 자리 자연수 A가 있을 때 (→ A)+A의 결과는 11의 배수이다.

13. 다음 글과 〈A부처 스크랩 후보〉를 근거로 판단할 때, 스크랩의 앞에서부터 5번째에 배치되는 기사 제목은?

> • A부처는 당일 조간신문 및 전일 석간신문 기사(사설과 논평 포함)를 선별하여 스크랩하고 있다.
> • 다음 조건들을 '조건 1'부터 순서대로 적용하여 기사를 선별 · 배치한다. 조건을 적용할 때 먼저 적용한 조건을 위배할 수 없다.
>
> 조건 1 : 제목에 '정책'이라는 단어가 포함된 기사는 다른 기사보다 앞에 배치(단, '△△정책'이 제목에 포함된 기사는 스크랩에서 제외)
> 조건 2 : 사설과 논평은 일반기사보다 뒤에 배치
> 조건 3 : 제목에 '규제'나 '혁신'이라는 단어가 포함된 기사는 다른 기사보다 앞에 배치
> 조건 4 : 조간신문 기사는 석간신문 기사보다 앞에 배치

〈A부처 스크랩 후보〉

구분	종류	기사 제목
조간	논평	규제 샌드박스, 적극 확대되어야
석간	사설	★★정책 추진결과, "양호"
조간	논평	플랫폼경제의 명암
석간	일반기사	△△정책 추진계획 발표
석간	일반기사	ㅁㅁ산업 혁신 성장 포럼 성황리 개최
석간	사설	◎◎생태계는 진화 중
석간	사설	네거티브 규제, 현실성 고려해야
조간	논평	◇◇정책 도입의 효과, 어디까지?
조간	일반기사	▼▼수요 증가로 기업들 화색
조간	일반기사	정부 혁신 중간평가 성적표 공개

① 규제 샌드박스, 적극 확대되어야
② △△정책 추진계획 발표
③ ㅁㅁ산업 혁신 성장 포럼 성황리 개최
④ ◎◎생태계는 진화 중
⑤ ▼▼수요 증가로 기업들 화색

14. 다음 글과 〈상황〉을 근거로 판단할 때, 〈보기〉에서 옳은 것만을 모두 고르면?

△△대륙의 국가들은 외교 조약을 체결한다. 외교 조약은 두 나라 사이에서만 직접 체결된다. 이때 그 두 나라는 '직접 조약' 관계에 있다고 한다.

한편 어떤 두 나라가 직접 조약 관계에 있지는 않지만, 그 두 나라와 공통으로 직접 조약 관계인 나라가 3개 이상인 경우 '친밀' 관계, 2개인 경우 '우호' 관계, 1개 이하인 경우 '중립' 관계라 한다.

〈상 황〉

- △△대륙의 국가는 A~E국으로 총 5개국이다.
- A국과 직접 조약 관계인 어떤 나라도 D국과 직접 조약 관계에 있지 않다.
- A국과 B국은 친밀 관계이다.

〈보 기〉

ㄱ. D국과 E국은 우호 관계이다.
ㄴ. A국과 D국은 직접 조약 관계이다.
ㄷ. 중립 관계인 두 나라가 있다.

① ㄱ
② ㄷ
③ ㄱ, ㄴ
④ ㄴ, ㄷ
⑤ ㄱ, ㄴ, ㄷ

15. 다음 글을 근거로 판단할 때, 정책자문단을 구성하는 경우의 수는?

- A부서는 다음 조건에 따라 정책자문단을 구성하는 중이다.
  - 정책자문단은 8명의 정책자문위원으로 구성하며, 그중 여성이 2명 이상이어야 한다.
  - 정책자문위원은 학계, 예술계, 법조계, 언론계 4개 분야의 전문가 중 위촉한다.
  - 각 분야의 전문가를 1명 이상 위촉해야 하며, 같은 분야의 전문가를 4명 이상 위촉해서는 안 된다.
- 정책자문위원 위촉 현황은 다음과 같다.

분야				성별	
학계	예술계	법조계	언론계	남성	여성
2	3	0	1	5	1

- 다음 전문가(甲~戊) 중 정책자문위원을 추가로 위촉하여 정책자문단 구성을 완료하려 한다.

전문가	분야	성별
甲	예술계	남성
乙	법조계	남성
丙	법조계	여성
丁	학계	여성
戊	언론계	남성

① 1
② 2
③ 3
④ 4
⑤ 5

16. 다음 글과 〈상황〉을 근거로 판단할 때, A가 방문할 매장을 모두 고르면?

A는 친구 5명(甲~戊)에게 줄 크리스마스 선물을 사려고 한다. 크리스마스 선물을 고르는 조건은 다음과 같다.

- 예산은 20만 원이며, 모두 사용한다.
- 매장은 2곳만 방문한다.
- 모두에게 서로 다른 선물을 사준다. 단, 甲과 乙에게는 똑같은 선물을 사준다.
- 丙에게는 건강식품을 선물한다.

〈상 황〉

다음은 A가 방문할 수 있는 매장과 선물 품목 등에 관한 정보이다.

매장	판매품 종류	선물 품목	가격
홍삼전문점	건강식품	홍삼 절편	4만 원
		홍삼액	5만 원
녹차전문점	음료 용품	녹차 티백	3만 원
		다도 세트	4만 원
인테리어 가게	인테리어 소품	램프	5만 원
		액자 세트	6만 원
문구점	필기구	만년필	4만 원

① 홍삼전문점, 녹차전문점
② 홍삼전문점, 인테리어 가게
③ 홍삼전문점, 문구점
④ 녹차전문점, 인테리어 가게
⑤ 녹차전문점, 문구점

17. 다음 글과 〈상황〉을 근거로 판단할 때, ㅁㅁ연구지원센터가 지급할 연구비 총액은?

ㅁㅁ연구지원센터는 최대 3개의 연구팀을 선정하여 연구비를 지급하고자 한다. 선정 및 연구비 지급 기준은 아래와 같다.

- 평가 항목은 연구실적 건수, 피인용 횟수, 연구계획서 평가결과, 특허출원 건수이며, 항목별 점수는 다음과 같다.
  - 연구실적 건수 : 1건당 15점
  - 피인용 횟수 : 5회마다 1점
  - 연구계획서 평가결과 : '우수' 25점, '보통' 20점, '미흡' 15점
  - 특허출원 건수 : 1건당 3점
- 합계 점수 상위 3개 팀을 고르되, 합계 점수가 80점 미만인 팀은 3위 안에 들더라도 선정에서 제외한다.
- 선정된 연구팀에게 지급할 연구비는 다음과 같다.
  - 1위 : 10억 원, 2위 : 7억 원, 3위 : 4억 원
  - 단, 선정된 연구팀 가운데 연구계획서 평가에서 '우수'를 받은 연구팀은 1억 원을 증액 지급하고, 특허출원이 3건 미만인 연구팀은 1억 원을 감액 지급한다.

〈상 황〉

다음은 연구팀 A~E에 대한 평가 자료이다.

구분	연구실적 건수	피인용 횟수	연구계획서 평가결과	특허출원 건수
A	2	45	보통	3
B	3	62	우수	4
C	2	88	미흡	5
D	4	37	보통	2
E	1	165	우수	2

① 17억 원
② 18억 원
③ 19억 원
④ 21억 원
⑤ 22억 원

18. 다음 글을 근거로 판단할 때, 甲사무관이 선택할 경로는?

- 甲사무관은 차를 운전하여 A부처에서 B연구소로 출장을 가려고 한다.
- 甲사무관은 회의 시작 시각까지 회의 장소에 도착하려고 한다.
- 출발 시각은 오전 11시이며, 회의 시작 시각은 당일 오후 1시 30분이다.
- 甲사무관은 A부처에서 B연구소 주차장까지 갈 경로를 다음 5가지 중에서 선택하려고 한다.

경로	주행 거리	소요시간	통행요금	피로도
최적경로	128 km	1시간 34분	2,600원	4
최소시간경로	127 km	1시간 6분	7,200원	2
최단거리경로	116 km	2시간 6분	0원	2
무료도로경로	132 km	1시간 31분	0원	5
초보자경로	129 km	1시간 40분	4,600원	1

※ 피로도 수치가 작을수록 피로가 덜한 것을 의미함

- 甲사무관은 통행요금이 5,000원을 넘으면 해당 경로를 이용하지 않으며, 통행요금이 5,000원을 넘지 않으면 피로가 가장 덜한 경로를 선택한다.
- 甲사무관은 B연구소 주차장에 도착한 후, 도보 10분 거리의 음식점으로 걸어가 점심식사(30분 소요)를 마치고 다시 주차장까지 걸어온 뒤, 주차장에서 5분 걸려 회의 장소에 도착할 예정이다.

① 최적경로
② 최소시간경로
③ 최단거리경로
④ 무료도로경로
⑤ 초보자경로

※ 다음 글을 읽고 물음에 답하시오. [19~20]

석유사업의 시작은 1859년으로 거슬러 올라간다. 甲국 ○○계곡에서 석유시추 현장책임자인 A가 오랜 노력 끝에 석유시추에 성공하였고, 그날부터 A는 매일 30배럴씩 석유를 퍼 올렸다.

A의 성공을 계기로 석유에 대한 관심이 급증했다. 석유시추에 성공한 이후 1860년 말에는 70여 개의 유정이 석유를 뿜어냈고 정제시설도 15개나 들어섰다. ○○계곡의 연간 산유량은 1859년의 2천 배럴에서 10년 만에 250배가 되었다. 그러나 생산량이 늘어나면서 가격은 하락하였다. 급기야 석유가격은 A가 최초로 시추한 날의 평균가격에서 96%나 떨어져 배럴당 1.2달러에 판매되기도 하였다. 이러한 생산과잉을 해결하기 위해 수출이 시작되었다. 1880년에는 甲국의 수출량이 국내 소비량의 150%가 되었으며, 甲국에서 그해 생산된 석유의 총가액은 3,500만 달러였다.

석유사업 확대는 연구 및 수요 증가와 밀접한 관련이 있다. 원유에서는 액화석유가스(LPG), 휘발유(가솔린), 등유, 경유(디젤), 중유 등을 생산할 수 있다. 하지만 1859년에는 등유만을 생산하였고, 부산물은 용도가 없어 내다 버렸다. 그런데 등화용으로 사용되던 등유 소비가 한계에 달하면서 새로운 시장을 개척하기 위해 부산물의 용도를 연구하기 시작하였다. 그 결과 휘발유가 석탄을 대신해서 증기기관의 동력으로 사용될 수 있음을 알게 되었다. 1886년 휘발유 자동차가 생산되면서 휘발유의 가치는 치솟았다. 1908년 자동차의 대량생산을 계기로 휘발유 사용이 극적으로 증가하였고, 1911년에는 휘발유 소비가 처음으로 등유를 앞질렀다.

1893년에는 디젤엔진의 특허가 등록되었고, 1910년경 동력 장치로 발명된 디젤엔진이 선박에 처음으로 사용되었다. 경유(디젤)가 자동차 연료로 처음 사용된 것은 1927년에 소형 연료 분사장치가 발명되면서부터이다. 한편 1912년에는 원유에서 끓는점에 따라 휘발유, 등유, 경유, 중유를 차례로 생산하는 최초의 현대식 정유공장이 세워졌으며, 액화석유가스 생산 기술이 처음으로 개발되었다.

19. 윗글을 근거로 판단할 때 옳은 것은?

① 1890년이 되어서야 휘발유는 동력 기계를 움직이는 연료로 사용되었다.
② 1907년에는 휘발유보다 등유의 소비량이 더 많았을 것이다.
③ 1925년에 경유가 자동차 연료로 사용되기 시작했을 것이다.
④ 최초의 석유시추는 휘발유와 경유를 생산하기 위한 것이었다.
⑤ 1910년에는 액화석유가스가 자동차 연료로 사용되기 시작했을 것이다.

20. 윗글을 근거로 판단할 때, 〈보기〉에서 옳은 것만을 모두 고르면?

〈보 기〉

ㄱ. A가 시추 첫날 생산한 석유가 그날 평균가격으로 모두 팔렸다면 판매액은 총 900달러이다.
ㄴ. 1869년 ○○계곡의 월 평균 산유량은 2만 배럴이다.
ㄷ. 비축 및 수입된 석유가 없다고 가정할 때, 1880년 甲국의 국내 석유 소비량을 금액으로 환산하면 총 2,100만 달러이다.

① ㄱ
② ㄷ
③ ㄱ, ㄴ
④ ㄱ, ㄷ
⑤ ㄴ, ㄷ

21. 다음 글을 근거로 판단할 때 옳은 것은?

제00조(간행물 정가 표시 및 판매) ① 출판사가 판매를 목적으로 간행물(전자출판물을 포함한다. 이하 같다)을 발행할 때에는 소비자에게 판매하는 가격(이하 '정가'라 한다)을 정하여 해당 간행물의 표지에 표시하여야 한다.
② 제1항에도 불구하고 전자출판물의 경우에는 출판사가 정가를 서지정보에 명기하고, 전자출판물을 판매하는 자는 출판사가 서지정보에 명기한 정가를 구매자가 식별할 수 있도록 판매사이트에 표시하여야 한다.
③ 간행물을 판매하는 자는 이를 정가대로 판매하여야 한다.
④ 제3항에도 불구하고 간행물을 판매하는 자는 독서 진흥을 위하여 정가의 15퍼센트 이내에서 가격할인과 경제상의 이익을 자유롭게 조합하여 판매할 수 있다. 이 경우 가격할인은 정가의 10퍼센트 이내로 하여야 한다.
⑤ 다음 각 호의 어느 하나에 해당하는 간행물에 대하여는 제3항 및 제4항에 따른 제한을 적용하지 아니한다.
1. 사회복지시설에 판매하는 간행물
2. 저작권자에게 판매하는 간행물
⑥ 제4항에서 "경제상의 이익"이란 간행물의 거래에 부수하여 소비자에게 제공되는 다음 각 호의 어느 하나에 해당하는 것을 말한다.
1. 물품
2. 할인권
3. 상품권

① 출판사가 사회복지시설에 판매할 목적으로 간행물을 발행할 때에는 정가를 표시할 필요가 없다.
② 전자출판물을 판매하는 자는 서지정보에 정가가 명기되어 있다면, 판매사이트에는 할인된 가격만 표시해도 된다.
③ 간행물을 판매하는 자는 저작권자에게 간행물을 정가의 20퍼센트 할인한 가격으로 판매할 수 없다.
④ 간행물을 판매하는 자가 간행물을 할인하여 판매할 경우, 가격할인은 정가의 15퍼센트로 한다.
⑤ 간행물을 판매하는 자는 독서 진흥을 위하여 정가 20,000원인 간행물을 19,000원에 판매하고 이에 부수하여 2,000원 상당의 물품을 제공할 수 있다.

22. 다음 글을 근거로 판단할 때 옳은 것은?

제00조(정의) 이 법에서 사용하는 용어의 뜻은 다음과 같다.
1. "건강검사"란 신체의 발달상황 및 능력, 정신건강 상태, 생활습관, 질병의 유무 등에 대하여 조사하거나 검사하는 것을 말한다.
2. "학교"란 유치원, 초·중·고등학교, 대학·산업대학·교육대학·전문대학 및 각종학교를 말한다.
3. "관할청"이란 다음 각 목의 구분에 따른 지도·감독기관을 말한다.
가. 국립 유치원, 국립 초·중·고등학교 : 교육부장관
나. 공·사립 유치원, 공·사립 초·중·고등학교 : 교육감
다. 대학·산업대학·교육대학·전문대학 및 각종학교 : 교육부장관

제00조(건강검사 등) ① 학교의 장은 학생과 교직원에 대하여 건강검사를 실시하여야 한다.
② 학교의 장은 천재지변 등 부득이한 사유가 있는 경우 관할청의 승인을 받아 건강검사를 연기하거나 건강검사의 전부 또는 일부를 생략할 수 있다.
③ 학교의 장은 정신건강 상태 검사를 실시할 때 필요한 경우에는 학부모의 동의 없이 실시할 수 있다. 이 경우 학교의 장은 그 실시 후 지체 없이 해당 학부모에게 검사 사실을 통보하여야 한다.

제00조(등교 중지) ① 감염병으로 인해 주의 이상의 위기경보가 발령되는 경우, 교육부장관은 질병관리청장과 협의하여 등교 중지가 필요하다고 인정되는 학생 또는 교직원에 대하여 등교를 중지시킬 것을 학교의 장에게 명할 수 있다. 이 경우 해당 학교의 관할청을 경유하여야 한다.
② 제1항에 따른 명을 받은 학교의 장은 해당 학생 또는 교직원에 대하여 지체 없이 등교를 중지시켜야 한다.

① 건강검사와 관련하여 국·공립 중학교의 관할청은 교육부장관이다.
② 학생의 정신건강 상태 검사를 실시하는 경우, 학교의 장은 필요한 때에는 학부모의 동의 없이 이를 실시할 수 있다.
③ 교육부장관이 사립대학 교직원의 등교 중지를 명하는 경우, 관할 교육감을 경유하여야 한다.
④ 학교의 장은 천재지변이 발생한 경우, 건강검사를 다음 학년도로 연기하거나 생략하여야 한다.
⑤ 감염병으로 인해 주의 이상의 위기경보가 발령되는 경우, 질병관리청장은 학교의 장에게 학생 또는 교직원에 대한 등교 중지를 명할 수 있다.

23. 다음 글을 근거로 판단할 때 옳지 않은 것은?

제00조(지방전문경력관직위 지정) 지방자치단체의 장(교육감을 포함한다. 이하 같다)은 해당 기관의 공무원 직위 중 순환보직이 곤란하거나 장기 재직 등이 필요한 특수 업무 분야의 직위를 지방전문경력관직위로 지정할 수 있다.

제00조(직위군 구분) ① 지방전문경력관직위의 군(이하 '직위군'이라 한다)은 직무의 특성 · 난이도 및 직무에 요구되는 숙련도 등에 따라 가군, 나군 및 다군으로 구분한다.

② 지방자치단체의 장이 지방전문경력관직위를 지정할 때에는 해당 지방전문경력관직위를 제1항의 직위군 중 어느 하나에 배정하여야 한다.

제00조(시험실시기관) 지방전문경력관의 임용시험은 특별시 · 광역시 · 특별자치시 · 도 · 특별자치도(이하 '시 · 도'라 한다) 단위로 해당 시 · 도 인사위원회에서 실시한다.

제00조(임용시험 공고) 시 · 도 인사위원회는 다음 각 호의 어느 하나에 해당하는 경우에는 지방전문경력관 임용시험 공고를 하지 아니할 수 있다.

1. 임용시험에 따른 비용이 지나치게 많이 들거나 그 밖에 이에 준하는 특별한 사유가 있는 경우
2. 외국인, 북한이탈주민을 임용하는 경우로서 불가피한 사유가 있는 경우

제00조(임용시험의 방법) 임용권자는 지방전문경력관을 임용할 때에는 응시요건을 갖추었는지 등을 서면으로 심사하고, 해당 직무 수행에 필요한 지식 · 능력 및 적격성 등을 필기시험, 실기시험, 면접시험을 통하여 검정(檢定)하여야 한다. 다만, 필기시험 또는 실기시험은 시 · 도 인사위원회가 필요하다고 인정하는 경우에만 실시한다.

제00조(시보임용) 지방전문경력관 가군을 신규임용할 때에는 1년간 시보(試補)로 임용하고, 지방전문경력관 나군 및 지방전문경력관 다군은 각각 6개월간 시보로 임용한다.

① 甲도지사가 지방전문경력관직위를 지정할 때에는 가군, 나군, 다군 중 어느 하나에 배정해야 한다.

② 乙교육감은 해당 기관 내 장기 재직이 필요한 특수 업무 분야의 직위를 지방전문경력관직위로 지정할 수 있다.

③ 丙이 지방전문경력관으로 신규임용될 경우, 시보임용 기간은 해당 직위군에 따라 다를 수 있다.

④ 임용시험을 실시하는 경우, 그 실시에 비용이 지나치게 많이 든다면 임용권자는 면접시험을 통한 검정 없이 지방전문경력관을 임용할 수 있다.

⑤ 외국인을 지방전문경력관으로 임용하는 경우, 불가피한 사유가 있는 때에는 임용시험 공고를 하지 아니할 수 있다.

24. 다음 글과 〈상황〉을 근거로 판단할 때 옳은 것은?

제00조(입주민대표회의 구성) ① 입주민대표회의는 공동주택의 각 동별로 선출된 입주민대표자(이하 '동대표자'라 한다)들로 구성된다.

② 동대표자는 동대표자 선출공고에서 정한 각종 서류 제출 마감일(이하 '서류 제출 마감일'이라 한다)을 기준으로 해당 동에 주민등록을 마친 후 계속하여 6개월 이상 거주하고 있는 입주민 중에서 선출한다.

③ 서류 제출 마감일을 기준으로 다음 각 호의 어느 하나에 해당하는 사람은 동대표자가 될 수 없고, 이에 해당하면 그 자격을 상실한다.

1. 미성년자, 피성년후견인 또는 피한정후견인
2. 파산자
3. 금고형 또는 징역형의 실형 선고가 확정되고 그 집행이 끝나거나 집행이 면제된 날부터 2년이 지나지 아니한 사람
4. 금고형 또는 징역형의 집행유예 선고가 확정되고 그 유예기간 중에 있는 사람

④ 동대표자가 임기 중에 제2항에 따른 자격요건을 충족하지 않게 된 경우나 제3항 각 호에 따른 결격사유에 해당하게 된 경우에는 당연히 퇴임한다.

〈상 황〉

K공동주택은 A, B, C, D동으로 구성되어 있고, 甲은 A동, 乙은 B동, 丙은 C동, 丁은 D동의 입주민이다.

① K공동주택의 입주민대표회는 A, B, C, D동의 동별 구분 없이 선출된 입주민대표자들로 구성된다.

② 서류 제출 마감일이 2023. 3. 2.이고 선출일이 2023. 3. 31.인 A동대표자 선출에서, 2023. 3. 20.에 성년이 되는 甲은 A동대표자가 될 수 있다.

③ 서류 제출 마감일이 2023. 1. 2.인 B동대표자의 선출에서, B동에 2022. 7. 29. 주민등록을 마쳤고 계속 거주하여 온 乙은 B동대표자로 선출될 자격이 있다.

④ 징역 2년의 실형 선고를 받고 2020. 1. 1.에 그 집행이 종료된 丙이 C동대표자 선출을 위한 서류 제출 마감일인 2023. 1. 2. 현재 파산자인 경우, C동대표자로 선출될 수 있다.

⑤ 임기가 2023. 12. 31.까지인 D동대표자 丁에 대하여 2023. 3. 7.에 징역 6개월 집행유예 1년의 선고가 확정된다면, 丁은 D동대표자의 직에서 당연히 퇴임한다.

25. 다음 글과 〈상황〉을 근거로 판단할 때 옳은 것은?

> ㅁ 특허무효심판
> 가. 특허청에 등록된 특허를 무효로 하기 위해서는 이해관계인 또는 특허청 심사관이 특허권자를 상대로 특허심판원에 특허무효심판을 제기해야 한다.
> 나. 특허심판원은 특허가 무효라고 판단하면 인용심결을, 특허가 유효라고 판단하면 기각심결을 선고하여 심판을 종료한다. 특허의 유·무효에 관한 심결이 잘못되었음을 주장하여 심결에 대해 불복하는 자는 심결의 등본을 송달받은 날부터 30일 이내에 특허법원에 심결취소의 소를 제기해야 한다.
> ㅁ 심결취소의 소
> 가. 특허법원은 특허의 유·무효에 관한 특허심판원의 심결에 잘못이 없다고 인정한 경우에는 기각판결을, 잘못이 있다고 인정한 경우에는 인용판결을 선고하여 소송을 종료한다. 예컨대 특허심판원의 인용심결에 대해 특허법원 역시 특허가 무효라고 판단하여 심결에 잘못이 없다고 인정하면 기각판결을 한다. 특허법원의 판결이 잘못되었음을 주장하여 판결에 대해 불복하는 자는 판결의 등본을 송달받은 날부터 2주 이내에 대법원에 상고해야 한다.
> 나. 대법원은 특허법원의 판결에 잘못이 없다고 인정한 경우에는 기각판결을, 잘못이 있다고 인정한 경우에는 인용판결을 선고하여 상고심을 종료한다. 이 판결에 대해서는 불복할 수 없다.

〈상 황〉

> 특허청에 등록된 甲의 특허에 대해서 이해관계인 乙이 특허무효심판을 제기하였다.

① 특허심판원은 甲의 특허가 무효라고 판단한 경우, 기각심결을 선고하여 심판을 종료한다.
② 특허심판원의 인용심결이 선고된 경우, 乙은 심결의 등본을 송달받은 날부터 30일 이내에 특허법원에 심결취소의 소를 제기해야 한다.
③ 특허심판원의 인용심결에 대한 심결취소의 소에서 특허법원이 甲의 특허가 유효하다고 판단한 경우, 인용판결을 선고해야 한다.
④ 특허심판원의 기각심결에 대한 심결취소의 소에서 특허법원이 기각판결을 선고하고 이에 대한 상고심에서 기각판결이 선고된 경우, 대법원은 甲의 특허가 무효라고 판단한 것이다.
⑤ 특허심판원의 기각심결에 대한 심결취소의 소에서 특허법원이 기각판결을 선고하고 이에 대한 상고심에서 기각판결이 선고된 경우, 乙은 상고심 판결의 등본을 송달받은 날부터 2주 이내에 불복할 수 있다.

26. 다음 글과 〈상황〉을 근거로 판단할 때, 甲이 ㅇㅇ약국에 지불해야 할 약값의 총액은?

> 甲은 병원에서 받은 처방에 따라 ㅇㅇ약국에서 약을 구매하려 한다. 甲이 처방받은 약은 기침약, 콧물약, 항생제, 위장약 총 4가지이며 각 약의 형태와 복용방법은 다음과 같다.

종류	형태	복용방법
기침약	알약	1일 3정 복용(매 아침, 점심, 저녁 식사 후)
콧물약	캡슐	1일 1정 복용(매 점심 식사 후)
항생제	알약	1일 2정 복용(매 아침, 저녁 식사 후)
위장약	캡슐	항생제 1정 복용 시 1정씩 함께 복용

ㅇㅇ약국의 약 종류와 가격은 다음과 같다.

종류	1정당 가격(원)	비고
기침약	300	같은 종류의 약을 10정 이상 구매 시, 해당 약 구매액의 10% 할인 (단, 캡슐 형태의 약에 한정)
콧물약	200	
항생제	500	
위장약	700	

〈상 황〉

> 甲은 병원에서 다음과 같이 처방을 받았다.
> • 기침약 3일치
> • 콧물약, 항생제 각 7일치
> • 위장약

① 19,220원
② 19,920원
③ 20,200원
④ 20,320원
⑤ 20,900원

27. 다음 글을 근거로 판단할 때 옳지 않은 것은?

> 승화는 100원 단위로 가격이 책정되어 있는 아이스크림을 5개 샀다. 5개 아이스크림 가운데 1개의 가격은 다른 4개의 아이스크림 가격을 합한 것과 같았다. 승화가 산 아이스크림 중 두 번째로 비싼 아이스크림 가격은 1,500원이었고, 이는 승화가 산 어떤 한 아이스크림 가격의 3배였다. 승화가 산 5개 아이스크림 가격의 합은 5,000원이었다.

① 승화는 500원짜리 아이스크림을 샀다.
② 승화는 400원짜리 아이스크림을 샀을 수도 있다.
③ 승화는 가격이 같은 아이스크림을 2개 샀을 수도 있다.
④ 승화가 산 아이스크림 가운데 가장 비싼 아이스크림의 가격은 2,500원이었다.
⑤ 승화가 산 가장 비싼 아이스크림의 가격은 승화가 산 가장 싼 아이스크림 가격의 20배를 넘었을 수도 있다.

28. 다음 글을 근거로 판단할 때, 〈보기〉에서 옳은 것만을 모두 고르면?

> 나이는 현재 연도에서 출생 연도를 뺀 '연 나이'와, 태어난 날을 0살로 하여 매해 생일에 한 살씩 더하는 '만 나이'로 구분된다. 연 나이와 만 나이에 따라 甲~丁이 각각 존댓말 사용 여부를 결정하는 방식은 다음과 같다.
>
> 甲 : 만 나이 기준으로 자신보다 나이가 많으면 존댓말을 쓰고, 그렇지 않으면 존댓말을 쓰지 않는다.
>
> 乙 : 연 나이 기준으로 자신보다 두 살 이상 많으면 존댓말을 쓰고, 그렇지 않으면 존댓말을 쓰지 않는다.
>
> 丙 : 연 나이 기준으로 자신보다 두 살 이상 많거나 만 나이 기준으로 한 살 이상 많으면 존댓말을 쓰고, 그렇지 않으면 존댓말을 쓰지 않는다.
>
> 丁 : 연 나이, 만 나이 모두 자신과 같으면 존댓말을 쓰지 않고, 그렇지 않으면 존댓말을 쓴다.
>
> 甲은 1995년 10월 21일에, 乙은 1994년 7월 19일에, 丙은 1994년 7월 6일에, 丁은 1994년 11월 22일에 태어났다.

〈보 기〉

ㄱ. 甲은 乙에게 항상 존댓말을 쓴다.
ㄴ. 乙과 丙은 서로에게 존댓말을 쓰지 않는다.
ㄷ. 2022년 9월 26일에 丁은 甲에게 존댓말을 쓰지 않는다.
ㄹ. 乙은 丁에게 존댓말을 쓰지 않지만, 丁은 乙에게 존댓말을 쓰는 경우가 있다.

① ㄱ, ㄴ
② ㄴ, ㄷ
③ ㄷ, ㄹ
④ ㄱ, ㄴ, ㄹ
⑤ ㄱ, ㄷ, ㄹ

29. 다음 글과 〈상황〉을 근거로 판단할 때, 甲이 얻을 수 있는 득점 총합의 최댓값과 최솟값을 옳게 짝지은 것은?

> 두 선수가 겨루는 어느 스포츠 종목의 경기 규칙은 다음과 같다.
>
> - 한 경기는 최대 3세트까지 진행되며, 한 선수가 두 세트를 이기면 그 선수가 승자가 되고 경기가 종료된다.
> - 1~2세트는 15점을 먼저 득점하는 선수가 이기며, 3세트는 10점을 먼저 득점하는 선수가 이긴다.
> - 단, 1~2세트는 점수가 14 : 14가 되면 점수가 먼저 2점 앞서거나 20점에 먼저 도달하는 선수가 이기며, 3세트는 점수가 9 : 9가 되면 점수가 먼저 2점 앞서거나 15점에 먼저 도달하는 선수가 이긴다.
> - 경기 결과(세트 스코어)에 따른 승자와 패자의 승점은 다음과 같다.

경기 결과 (세트 스코어)	승점	
	경기 승자	경기 패자
2 : 0	3	0
2 : 1	2	1

〈상 황〉

甲은 두 경기를 하여 승점 4점을 얻었다.

	최댓값	최솟값
①	93	45
②	93	50
③	108	45
④	108	50
⑤	111	52

30. 다음 글을 근거로 판단할 때, 3월 3일의 '일 지수'를 옳게 계산한 것은?

> 甲, 乙, 丙은 함께 밭을 일구었다. 이들은 하루 동안 한 일의 양을 산정하기 위해 다음과 같은 '일 지수'를 만들었다.
>
> 일 지수=[甲이 한 일의 양]×[乙이 한 일의 양]×[丙이 한 일의 양]
>
> 甲은 3월 3일의 일 지수를 계산할 때, 자신이 실제로 한 일의 양의 $\frac{1}{5}$을 늘려서 계산했다. 甲은 계산된 일 지수가 잘못된 것을 깨닫고, 앞에서 계산했던 방식에서 乙이 한 일의 양의 $\frac{1}{5}$을 줄이고 그 외는 동일하게 계산했다. 甲이 이렇게 계산한 이유는 자신이 실제로 한 일과 乙이 실제로 한 일의 양이 같았기 때문이다. 하지만 이렇게 계산한 일 지수는 옳게 계산한 일 지수보다 3이 작았다.

① 66
② 69
③ 72
④ 75
⑤ 84

31. 다음 글을 근거로 판단할 때, COW와 EA를 곱한 결과로 가능하지 않은 수는?

甲은 수를 영문자로 표현하는 새로운 방법을 고안하였다. 그 방법은 숫자 0~9를 다음 표와 같이 영문자로 표현하는 것이다. 예를 들어 301은 FBC 또는 FAE 등으로 표현된다.

숫자	영문자
0	A 또는 B
1	C 또는 E
2	D 또는 I
3	F 또는 O
4	G 또는 U
5	H 또는 W
6	J 또는 Y
7	AI 또는 K
8	EA 또는 M
9	N 또는 OW

① 120
② 152
③ 190
④ 1080
⑤ 1350

32. 다음 글을 근거로 판단할 때, 2022년 A시 인구수의 천의 자리 숫자는?

A시는 2022년까지 매년 인구수를 발표해왔다. 2010년 이후 이 도시의 인구는 매년 600명 이내에서 지속적으로 증가만 해왔다.

그런데 A시의 2019년 인구수는 2,739,372로 독특한 형태를 보이고 있다. 천의 자리 숫자(한가운데 숫자)를 중심으로 하여, 나머지 숫자들이 마치 데칼코마니처럼 대칭으로 놓여 있다. 즉, 2739372는 9를 중심으로 2, 7, 3이 각각 좌우 대칭으로 자리 잡고 있는 모습이다. 3년 뒤인 2022년 인구수도 마찬가지 형태이다.

① 0
② 1
③ 2
④ 3
⑤ 4

33. 다음 글을 근거로 판단할 때, 추가 질문으로 가능한 것은?

• 甲~戊 5명은 총 18개의 구슬을 서로 다른 개수로 나누어 가지며, 모두 한 개 이상의 구슬을 가지고 있다.
• 각각 몇 개의 구슬을 가지고 있는지 알아내기 위해 질문을 했고, 이에 대한 甲~戊의 답변은 다음과 같았다.

질문	답변				
	甲	乙	丙	丁	戊
가지고 있는 구슬의 개수가 짝수입니까?	아니요	예	예	아니요	예
5명이 각자 가진 구슬 개수의 산술평균보다 많이 가지고 있습니까?	아니요	아니요	예	예	예

• 1회의 추가 질문으로 甲~戊가 각각 가진 구슬의 개수를 모두 정확히 알아내고자 한다.

① 가지고 있는 구슬의 개수가 4 이상입니까?
② 가지고 있는 구슬의 개수가 8 이하입니까?
③ 가지고 있는 구슬의 개수가 10의 약수입니까?
④ 가지고 있는 구슬의 개수가 12의 약수입니까?
⑤ 가지고 있는 구슬의 개수가 3의 배수입니까?

34. 다음 글을 근거로 판단할 때, 다음 주에 戊가 A와 함께 먹을 음식의 종류는?

甲~戊는 다음 주 월~금요일 중 각자 다른 요일에 A와 저녁을 먹으려 한다. A는 다양한 음식을 즐기기 위해서 한식, 중식, 일식, 양식, 퓨전음식을 한 번씩 먹는다. 甲은 A와 다음 주 월요일 저녁에 중식을 먹기로 약속을 잡았다. 乙은 출장 때문에 다음 주 목요일과 금요일에만 약속을 잡을 수 있고, 丙은 일식과 양식만 먹는다. 丁은 월요일과 화요일에는 금식하며, 수요일에는 한식을, 목요일에는 일식을, 금요일에는 다른 종류의 음식을 먹는다. 한편 한식 음식점은 화요일과 목요일에는 영업하지 않으며, 퓨전음식점은 수요일에만 영업한다.

① 한식
② 중식
③ 일식
④ 양식
⑤ 퓨전음식

35. 다음 글을 근거로 판단할 때, 〈보기〉에서 옳은 것만을 모두 고르면?

- △△강좌의 교수는 수강생을 3개의 팀으로 편성하려고 한다.
- 모든 수강생들에 대한 정보는 다음 표와 같다. 빈칸은 현재 알 수 없는 정보이지만, 해당 정보가 무엇이더라도 '팀 편성 규칙'에 위배되지 않도록 팀을 편성해야 한다.

구분	수강생	학년	성별	학과
팀장	A	3		수학과
	B	2	남성	통계학과
	C		여성	화학과
팀원	甲	4	남성	경영학과
	乙	4	여성	영문학과
	丙	3	남성	국문학과
	丁	3	여성	경영학과
	戊	2	여성	물리학과
	己	2	여성	기계공학과

- 팀 편성 규칙은 다음과 같다.
  - 각 팀은 팀장 1명과 팀원 2명으로 구성한다.
  - 4학년 학생 2명을 한 팀에 편성할 수 없다.
  - 동일 학과 학생을 한 팀에 편성할 수 없다.
  - 물리학과 학생과 화학과 학생은 한 팀에 편성한다.
  - 각 팀은 특정 성(性)의 수강생만으로 편성할 수 없다.
  - 丙과 丁은 한 팀에 편성할 수 없다.

〈보 기〉

ㄱ. 乙과 丁은 한 팀에 편성한다.
ㄴ. 경영학과 학생과 기계공학과 학생은 한 팀에 편성할 수 없다.
ㄷ. 己는 A의 팀에 편성한다.

① ㄱ
② ㄴ
③ ㄱ, ㄷ
④ ㄴ, ㄷ
⑤ ㄱ, ㄴ, ㄷ

36. 다음 글과 〈상황〉을 근거로 판단할 때, △△대회 개최지로 선정될 곳은?

甲위원회는 △△대회를 개최하기 위해 후보지 5곳(A~E)에 대하여 다음과 같은 세 단계의 절차를 거쳐 최종 점수가 높은 상위 2곳을 개최지로 선정하기로 하였다.

- 1단계 : 인프라, 안전성, 홍보효과 항목에 대해 점수를 부여한다.
- 2단계 : 안전성 점수에는 2배의 가중치를, 홍보효과 점수에는 1.5배의 가중치를 부여한 후, 각 항목별 점수를 합산한다.
- 3단계 : △△대회를 2회 이상 개최한 적이 있는 곳에 대해서는 합산 점수에서 10점을 감점한다.

〈상 황〉

- 1단계에서 부여된 각 평가 항목의 점수는 다음과 같다.

구분	A	B	C	D	E
인프라	13	12	18	23	12
안전성	18	20	17	14	19
홍보효과	16	17	13	20	19

- △△대회를 2회 이상 개최한 적이 있는 곳은 C, D이다.

① A, B
② A, C
③ A, E
④ B, D
⑤ B, E

37. 다음 글을 근거로 판단할 때, 〈보기〉에서 옳은 것만을 모두 고르면?

- 건축물 점검기관은 점검대상 건축물의 연면적에 따라 다음과 같이 책임자와 점검자를 각각 따로 두어야 한다.

연면적 / 인력	3천 m^2 미만	3천 m^2 이상 1만 m^2 미만	1만 m^2 이상
책임자(명)	1	1	1
점검자(명)	2	3	4

※ 연면적 : 한 건축물의 각층 바닥면적의 합계

- 책임자와 점검자는 다음의 교육을 받아야 한다.
  1. 교육의 종류 및 시간
     가. 기본교육 : 7시간(단, 책임자는 35시간)
     나. 보수교육 : 7시간
  2. 교육 이수 주기
     가. 기본교육 : 매년 이수
     나. 보수교육 : 3년마다 이수

〈보 기〉

ㄱ. 연면적 2천 m^2인 건축물을 점검하는 점검기관의 책임자와 점검자가 이수해야 할 연간 교육시간의 총합은 49시간 이상이다.
ㄴ. 책임자 1명, 점검자 3명으로 구성된 점검기관은 각층 바닥면적이 5천 m^2인 2층 건축물을 점검할 수 있다.
ㄷ. 연면적 2만 m^2인 건축물을 점검하는 점검기관의 책임자와 점검자는 총 35시간의 보수교육을 매년 이수해야 한다.

① ㄱ
② ㄴ
③ ㄱ, ㄷ
④ ㄴ, ㄷ
⑤ ㄱ, ㄴ, ㄷ

38. 다음 글과 〈상황〉을 근거로 판단할 때, 가원이가 A무인세탁소 사업자로부터 받을 총액은?

A무인세탁소의 사업자가 사업장 내 기기의 관리상 주의를 소홀히 하여 세탁물이 훼손된 경우, 아래와 같은 배상 및 환급 기준을 적용한다.

- 훼손된 세탁물에 대한 배상액은 '훼손된 세탁물의 구입가격×배상비율'로 산정한다. 배상비율은 물품의 내구연한과 사용일수에 따라 다르며 아래 〈배상비율표〉에 따른다.
- 물품의 사용일수는 사용개시일에 상관없이 구입일부터 세탁일까지의 일수이다.
- 사업자는 훼손된 세탁물에 대한 배상과는 별도로 고객이 지불한 이용요금 전액을 환급한다.

〈배상비율표〉

내구연한	배상비율			
	80%	60%	40%	20%
1년	0~44일	45~134일	135~269일	270일 ~
2년	0~88일	89~268일	269~538일	539일 ~
3년	0~133일	134~403일	404~808일	809일 ~

〈상 황〉

가원이는 2022. 12. 20. A무인세탁소에서 셔츠, 조끼, 치마를 한꺼번에 세탁하였다. 그런데 사업자의 세탁기 관리 소홀로 인하여 세탁물 모두가 훼손되었다.

A무인세탁소의 이용요금은 세탁 1회당 8,000원이며, 가원이의 세탁물 정보는 다음과 같다.

구분	내구연한	구입일	사용개시일	구입가격
셔츠	1년	2022. 10. 10.	2022. 11. 15.	4만 원
조끼	3년	2021. 1. 20.	2022. 1. 22.	6만 원
치마	2년	2022. 12. 1.	2022. 12. 10.	7만 원

① 124,000원
② 112,000원
③ 104,000원
④ 96,000원
⑤ 88,000원

※ 다음 글을 읽고 물음에 답하시오. [39~40]

다음은 ○○국가의 민원인 질의에 대한 챗봇의 답변내용 중 일부이다.

Q : 산지전용은 무엇이며 허가권자는 누구인가요?

A : 산지전용이란 산지를 본래의 용도(조림(造林), 입목의 벌채 등) 외로 사용하기 위해 그 형질을 변경하는 것을 말합니다. 산지전용을 하려는 사람은 산지의 종류 및 면적 등의 구분에 따라 허가권자의 허가를 받아야 합니다. 허가권자는 보전산지인지 그렇지 않은 산지인지에 따라 다릅니다. 보전산지는 산림청장이 임업생산과 공익을 위해 지정하는 산지로서 산림청장 소관입니다. 보전산지에는 산림자원의 조성 등 임업생산 기능의 증진을 위해 지정하는 임업용산지와 재해방지, 국민보건휴양 증진 등 공익 기능을 위하여 지정하는 공익용산지가 있습니다. 산지전용 허가권자는 다음과 같습니다.

- 산지면적 200만 m^2 이상(보전산지의 경우 100만 m^2 이상) : 산림청장
- 산지면적 50만 m^2 이상 200만 m^2 미만(보전산지의 경우 3만 m^2 이상 100만 m^2 미만)
  - 산림청장 소관인 국유림의 산지인 경우 : 산림청장
  - 산림청장 소관이 아닌 국유림, 공유림 또는 사유림의 산지인 경우 : 시 · 도지사
- 산지면적 50만 m^2 미만(보전산지의 경우 3만 m^2 미만) : 시장 · 군수 · 구청장

Q : 산지전용 허가를 받기 위해서는 어떤 서류를 제출해야 하나요?

A : 산지전용허가신청서와 사업계획서, 도면을 제출하여야 합니다. 도면으로는 지적도와 임야도를 제출하는데, 이것은 지도나 지형도와는 개념이 다릅니다. 지적도와 임야도를 보면 해당 필지의 모양, 주변 필지와의 경계를 알 수 있습니다. 물론 지도와 마찬가지로 지적도와 임야도에도 축척을 사용합니다. 1/1,200의 대축척 도면은 좁은 지역을 상세하게 표시하고, 1/6,000의 소축척 도면은 넓은 지역을 간략하게 표시합니다. 지적도는 1/1,200 축척을 사용하고, 임야도는 1/6,000 축척을 사용합니다. 임야는 다른 지목의 토지보다 넓어서 1/1,200 축척의 도면에 전체 면적을 담기 어렵기 때문입니다.

Q : 산지면적을 표시할 때 여러 단위를 쓰지 않나요?

A : 토지의 면적은 미터법(m^2)으로 표기하는 것이 원칙이나, 일상에서 '평'으로 표기하기도 합니다. 1평은 3.3m^2입니다. 그런데 산지는 면적이 넓어 편리하게 'ha(헥타르)'나 '정보(町步)'로 표기하기도 합니다. 1ha는 가로와 세로가 각각 100m인 정사각형의 면적을 말하며 1정보는 3,000평입니다.

39. 윗글을 근거로 판단할 때, 〈보기〉에서 옳은 것만을 모두 고르면?

〈보 기〉

ㄱ. 임야도의 경우 넓은 지역의 전체 면적을 담기 위해 대축척을 사용한다.
ㄴ. 보전산지의 지정권자는 면적에 관계없이 산림청장이다.
ㄷ. 산지전용 허가를 받기 위해서는 지도와 지형도를 제출하여야 한다.
ㄹ. 산림청장 소관이 아닌 사유림의 소유자가 그 산지에서 입목의 벌채를 하려는 경우 산지전용 허가를 받아야 한다.

① ㄱ
② ㄴ
③ ㄱ, ㄷ
④ ㄴ, ㄹ
⑤ ㄷ, ㄹ

40. 윗글과 〈상황〉을 근거로 판단할 때, X임야와 Y임야의 산지전용 허가권자를 옳게 짝지은 것은?

〈상 황〉

개발업자 甲은 X임야와 Y임야에 대한 산지전용 허가를 받고자 한다. X임야는 산림청장이 국민보건휴양 증진을 위해 보전산지로 지정한 국유림으로서 산지면적이 100정보이며, Y임야는 甲의 소유로서 산지면적이 50ha이다.

	X임야	Y임야
①	시 · 도지사	시장 · 군수 · 구청장
②	산림청장	산림청장
③	산림청장	시 · 도지사
④	시 · 도지사	시 · 도지사
⑤	산림청장	시장 · 군수 · 구청장

성공을 위해서는 가장 먼저 자신을 믿어야 한다.

– 아리스토텔레스 –

2022년 공직적격성평가(PSAT)

2022년 2월 26일 시행

5급 공채 · 외교관후보자 및 지역인재 7급 선발 필기시험

응시번호	
성 명	

문제책형
㉯

【시 험 과 목】

제1과목	언 어 논 리
제2과목	자 료 해 석
제3과목	상 황 판 단

문제풀이 시작과 종료 시간을 기입해 주시기 바랍니다.

- 언어논리(90분) ______ 시 ______ 분 ~ ______ 시 ______ 분
- 자료해석(90분) ______ 시 ______ 분 ~ ______ 시 ______ 분
- 상황판단(90분) ______ 시 ______ 분 ~ ______ 시 ______ 분

문 1. 다음 글에서 알 수 있는 것은?

조선의 군역제는 양인 모두가 군역을 담당하는 양인개병제였다. 그러나 양인 중 양반이 관료 혹은 예비 관료라는 이유로 군역에서 빠져나가고 상민 또한 군역 부담을 회피하는 풍조가 일었다.

군역 문제가 심각해지자 이에 대한 여러 대책이 제기되었다. 크게 보면 균등한 군역 부과를 실현하려는 대변통(大變通)과 상민의 군역 부담을 줄임으로써 폐단을 완화하려는 소변통(小變通)으로 나눌 수 있다. 전자의 예로는 호포론(戶布論)·구포론(口布論)·결포론(結布論)이 있고, 후자로는 감필론(減疋論)과 감필결포론이 있다. 호포론은 신분에 관계없이 식구 수에 따라 가호를 몇 등급으로 나누고 그 등급에 따라 군포를 부과하자는 주장이었다. 이는 신분에 관계없이 부과한다는 점에서 파격적인 것이었으나, 가호의 등급을 적용한다 하더라도 가호마다 부담이 균등할 수 없다는 문제가 있었다. 구포론은 귀천을 막론하고 16세 이상의 모든 남녀에게 군포를 거두자는 주장이었다. 결포론은 토지를 소유한 자에게만 토지 소유 면적에 따라 차등 있게 군포를 거두자는 것이었다. 결포론은 경제 능력에 따라 군포를 징수하여 조세 징수의 합리성을 기할 수 있음은 물론 공평한 조세 부담의 이상에 가장 가까운 방안이었다.

그러나 대변통의 실시는 양반의 특권을 폐지하는 것이었으므로 양반층이 강력히 저항하였다. 이에 상민이 내는 군포를 줄여주어 그들의 고통을 완화시켜 주자는 감필론이 대안으로 떠올랐다. 그런데 감필론의 경우 국가의 군포 수입이 줄어들게 되어 막대한 재정 결손이 수반되므로, 이에 대한 대책이 마련되어야 하였다. 이에 상민이 부담해야 하는 군포를 2필에서 1필로 감축하고 그 재정 결손에 대해서만 양반에게서 군포를 거두자는 감필결포론이 제기되었다. 양반들도 이에 대해 일정 정도 긍정적이었으므로, 1751년 감필결포론을 제도화하여 균역법을 시행하였다. 그러나 균역법은 양반층을 군역 대상자로 온전하게 포괄한 것이 아니었다. 양반이 지게 된 부담은 상민과 동등한 군역 대상자로서가 아니라 민생의 개선에 책임을 져야 할 지배층으로서 재정 결손을 보충하기 위한 양보에 불과한 것이었다. 결국 균역법은 불균등한 군역 부담에서 야기된 폐단을 근본적으로 해결하는 개혁이 될 수 없었다.

① 구포론보다 결포론을 시행하는 것이 양인의 군포 부담이 더 컸다.
② 양반들은 호포론이나 구포론에 비해 감필결포론에 우호적인 입장을 보였다.
③ 균역법은 균등 과세의 원칙 아래 군포에 대한 양반의 면세 특권을 폐지하였다.
④ 결포론은 공평한 조세 부담의 이상에, 호포론은 균등한 군역 부과의 이상에 가장 충실한 개혁안이었다.
⑤ 구포론은 16세 이상의 양인 남녀를 군포 부과 대상으로 규정한 반면, 호포론은 모든 연령의 사람에게서 군포를 거두자고 주장하였다.

문 2. 다음 글에서 알 수 있는 것은?

조선 후기에 백성의 작은 살림집을 짓는 목재 정도는 민간 목재 상인인 목상에게 사서 쓰면 되었지만, 궁궐이나 성곽 건설처럼 대규모 관영 공사에 사용되는 재료는 그럴 수가 없었다. 목상은 대개 수요가 많은 작은 목재만 취급했기 때문이다. 관영 공사에 필요한 재료는 임시건설 본부격인 도감에서 직접 구하거나 나라에 물자를 납품하는 공인으로부터 공급받았다. 공인은 전인과 도고 상인으로 나누어지는데, 선혜청에서 물건 값을 선불로 지급하고 납품받는 방식인 원공은 전인이, 호조에서 후불로 지급하는 방식인 별무는 도고 상인이 담당했다. 원공은 시가보다 물건 값을 많이 받을 수 있었지만 1768년에 폐지되었다. 이후 목재를 비롯한 건축 재료 납품은 도고 상인이 전담하였다. 도고 상인은 시가보다 낮은 비용을 받으면서 과중한 세금을 감내했는데, 그 이유는 벌목권을 얻기 위해서였다. 그러나 운송 기술 발달과 민간 상업 발전에 따라 공인의 경쟁력은 점점 약화됐고, 19세기부터는 주로 민간 목재 상인이 관영 공사의 목재를 공급했다.

산지의 목재는 수로를 통해 배로 운송되었다. 수로 운송을 맡았던 배는 시기별로 달랐다. 17세기에는 세곡을 운송하는 조세선이 주로 쓰이고 군선이 동원되기도 했다. 그러나 18세기에는 조세선보다는 군선과 개인이 소유한 사선의 비중이 커졌다. 군선은 조세선보다 크고 튼튼했기 때문에 자주 동원되었다. 그럼에도 조세선에 의한 건축 재료 운송이 완전히 사라지지 않은 것은, 원거리 운항 기술이 축적되어 있었고 항해술이 노련하여 군선보다는 사고 위험이 덜했기 때문이다. 이에 원거리 운송은 조세선이 담당했다.

17세기까지 건축 재료의 하역과 각 창고까지의 운송은 백성들의 부역 노동으로 해결하였지만, 1707년에 마계를 창설하여 이를 전담시켰다. 한편 관영 공사에 필요한 건축 재료를 구하고 운송하는 책임은 영역부장에게 있었는데, 1789년에 패장이 설치되어 이를 대신하였다. 영역부장은 도감의 최하위 관리직으로 작업소별로 몇 명씩 배정되어 실무를 맡았다. 영역부장 위의 도청은 재료의 반입 및 공사장의 검수 등 행정 전반을 진두지휘했다. 하지만 지방의 관영 공사에 필요한 재료 구입은 지방 감영 소속의 군수나 만호가 담당했다.

① 선혜청에 목재를 납품하는 것보다 도감에 납품하는 것이 보다 큰 수익을 올릴 수 있었다.
② 19세기부터 관영 공사의 목재 공급과 운송을 주로 목상이 담당하면서 영역부장이 폐지되었다.
③ 만호가 지방 관영 공사에 사용하기 위해 구입한 목재는 도청의 책임하에 마계가 창고까지 운송하였다.
④ 건축 재료 값을 관청에서 선불로 지급하고 납품받는 방식이 폐지된 해의 원거리 운송은 조세선이 담당하였다.
⑤ 17세기에 이루어진 관영 공사에서 도감의 영역부장은 전인으로부터 목재를 구입하여 운송할 책임이 있었다.

문 3. 다음 글에서 알 수 있는 것은?

'수치심'과 '죄책감'의 유발 원인과 상황들을 살펴보면, 두 감정은 그것들을 발생시키는 내용이나 상황에 있어서 그다지 차이가 나지 않는다. 발달심리학자 루이스에 따르면, 이 두 감정은 '자의식적이며 자기 평가적인 2차 감정'이며, 내면화된 규범에 비추어 부정적으로 평가받는 일을 했거나 그러한 상황에 처한 것을 공통의 조건으로 삼는다. 두 감정이 다른 종류의 감정들과 경계를 이루며 함께 묶일 수 있는 이유이다.

그러나 이 두 가지 감정은 어떤 측면에서는 확연히 구분된다. 먼저, 두 감정의 가장 근본적인 차이는 부정적 자기 평가에 직면한 상황에서 부정의 범위가 어디까지인지, 그리고 이 상황을 어떻게 심리적으로 처리하는지 등에서 극명하게 드러난다. 수치심은 부정적인 자신을 향해, 죄책감은 자신이 한 부정적인 행위를 향해 심리적 공격의 방향을 맞춘다. 그러다 보니 자아의 입장에서 볼 때 수치심은 자아에 대한 전반적인 공격이 되어 충격도 크고 거기에서 벗어나기도 어렵다. 이에 반해 죄책감은 자신이 한 그 행위에 초점이 맞춰져 자아에 대한 전반적인 문제가 아닌 행위와 관련된 자아의 부분적인 문제가 되므로 타격도 제한적이고 해결 방안을 찾는 것도 상대적으로 용이하다.

위와 같은 두 감정의 서로 다른 자기 평가 방식은 자아의 사후(事後) 감정 상태 및 행동 방식에도 상당히 다른 양상을 낳게 한다. 죄책감은 부정적 평가의 원인이 된 특정한 잘못이나 실수 등을 숨기지 않고 교정, 보상, 원상 복구하는 데에 집중하며, 다른 사람에게 자신의 잘못을 상담하기도 하는 등 적극적인 방식을 통해 부정된 자아를 수정하고 재구성한다. 반면 자신의 정체성과 존재 가치가 부정적으로 노출되어서 감당하기 어려울 정도의 심적 부담을 느끼는 수치심의 주체는 강한 심리적 불안 상태에 놓이게 된다. 그러므로 자신에 대한 부정적 평가를 만회하기보다 은폐나 회피를 목적으로 하는 심리적 방어기제를 동원하여 자신에 대한 스스로의 부정이 더 이상 진행되는 것을 차단하기도 한다.

① 수치심을 느끼는 사람과 죄책감을 느끼는 사람 중 잘못을 감추려는 사람은 드러내는 사람보다 자기 평가에서 부정하는 범위가 넓다.
② 자아가 직면한 부정적 상황에서 자의식적이고 자기 평가적인 감정들이 작동시키는 심리적 방어기제는 동일하다.
③ 부정적 상황을 평가하는 자아는 심리적 불안 상태에서 벗어나기 위해 행위자와 행위를 분리한다.
④ 수치심은 부정적 상황에서 심리적 충격을 크게 받는 성향의 사람이 느끼기 쉬운 감정이다.
⑤ 죄책감은 수치심과 달리 외부의 규범에 반하는 부정적인 일을 했을 때도 발생한다.

문 4. 다음 글에서 알 수 없는 것은?

봉수란 낮에는 연기를, 밤에는 불빛을 이용하여 변경의 상황에 대한 정보를 중앙에 알렸던 우리나라의 옛 통신 수단이다. 아궁이 5개로 이루어졌으며 각각의 아궁이에 불을 지핌으로써 연기나 불빛을 만들어 먼 곳까지 신호를 보낸다. 봉수는 이렇게 송신 지점에서 정보를 물리적인 형태로 변환시켜 보내고, 수신 지점에서는 송신측에서 보낸 정보를 정해진 규약에 따라 복원해내는 통신 방식이다. 이러한 방식은 현대 디지털 통신과 유사한 점이 많다.

정보를 송신하기 위해서는 먼저 보내려고 하는 정보를 송수신자가 합의한 일정한 규칙에 의거하여 부호로 변환시켜야 하는데, 이를 부호화 과정이라 한다. 디지털 통신에서는 정보를 불연속적인 신호 체계를 통해 보내기 때문에, 부호화는 표본화 및 이산화 두 단계의 과정을 통해 이루어진다. 여기에서 표본화는 정보에서 주요한 대목만을 추려내어 불연속적인 것으로 바꾸는 과정이다. 이산화란 표본화 과정을 거친 정보를 이진수 또는 자연수 등 불연속적 신호 체계에 대응시키는 과정이다. 이렇게 부호화된 정보는 또다시 전송 매체의 성질에 맞는 형태로 바꾸는 과정이 필요하며, 이를 변조라 한다.

봉수의 송신 체계도 이와 비슷한 과정을 거친다. 먼저 전달하고자 하는 정보를 위급한 정도에 따라 '아무 일도 없음', '적이 출현했음', '적이 국경에 다가오고 있음', '국경을 넘었음', '피아간에 전투가 벌어지고 있음'으로 표본화한다. 표본화 과정을 거친 5개의 정보는 위급한 순서에 따라 가장 덜 위급한 것부터 1, 2, 3, 4, 5의 수에 대응시켜 이산화한다. 그리고 봉수의 신호는 불빛이나 연기의 형태로 전송되므로 이산화된 수만큼 불을 지피는 것으로 변조한다.

봉수의 신호 체계에서는 표본화된 정보를 아궁이에 불을 지핀 숫자에 대응하는 자연수로 이산화했지만, 이산화하는 방법이 이것만 있는 것은 아니다. 현대 디지털 통신 체계와 같이 이진 부호 체계를 도입하여 각각의 아궁이에 불을 지핀 경우를 1로, 지피지 않은 경우를 0으로 하여 이산화한다면 봉수에서도 원리상 5가지 이상의 정보를 전송할 수 있다.

① 봉수의 신호 전송 체계에서 아궁이에 불을 지피는 것은 변조 과정이다.
② 이산화 방법을 달리하면 봉수는 최대 10가지 정보를 전송할 수 있다.
③ 봉수 신호의 부호화 규칙을 알지 못한다면 수신자는 올바른 정보를 복원할 수 없다.
④ 봉수대에서 변조된 신호의 형태는 낮과 밤이 다르다.
⑤ 봉수를 이용한 신호 전송에서, 연기가 두 곳에서 피어오른 봉수 신호는 '적이 출현했음'을 나타낸다.

문 5. 다음 글의 핵심 논지로 가장 적절한 것은?

지식에 대한 상대주의자들은 한 문화에서 유래한 어떤 사고방식이 있을 때, 다른 문화가 그 사고방식을 수용하게 만들 만큼 논리적으로 위력적인 증거나 논증은 있을 수 없다고 주장한다. 왜냐하면 문화마다 사고방식의 수용 가능성에 대한 서로 다른 기준을 가지고 있기 때문이다. 이를 바탕으로 그들은 서로 다른 문화권의 과학자들이 이론적 합의에 합리적으로 이를 수 없다고 주장한다. 이러한 주장은 한 문화의 기준과 그 문화에서 수용되는 사고방식이 함께 진화하여 분리 불가능한 하나의 덩어리를 형성한다고 믿기 때문에 나타난다.

예를 들어 문화적 차이가 큰 A와 B의 두 과학자 그룹이 있다고 하자. 그리고 A그룹은 수학적으로 엄밀하고 놀라운 예측에 성공하는 이론만을 수용하고, B그룹은 실제적 문제에 즉시 응용 가능한 이론만을 수용한다고 하자. 그렇다면 각 그룹은 어떤 이론을 만들 때, 자신들의 기준을 만족할 수 있는 이론만을 만들 것이다. 그 결과 A그룹에서 만든 이론은 엄밀하고 놀라운 예측을 제공하겠지만, 응용 가능성의 기준에서 보면 B그룹에서 만든 이론보다 못할 것이다. 즉 A그룹이 만든 이론은 A그룹만이 수용할 것이고, B그룹이 만든 이론은 B그룹만이 수용할 것이다. 이처럼 문화마다 다른 기준은 자신의 문화에서 만들어진 이론만 수용하도록 만들 것이다. 이것이 상대주의자의 주장이다.

그러나 한 사람이 특정 문화나 세계관의 기준을 채택한다고 해서 그 사람이 반드시 그 문화나 세계관의 특정 사상이나 이론을 고집하는 것은 아니다. 다음과 같은 상상을 해 보자. A그룹이 어떤 이론을 만들었는데, 그 이론이 고도로 엄밀하고 놀라운 예측에 성공함과 동시에 즉각적으로 응용할 수 있는 것이라 하자. 그렇다면 A그룹뿐 아니라 B그룹도 그 이론을 받아들일 것이다. 실제로 데카르트주의자들은 뉴턴 물리학이 데카르트 물리학보다 데카르트적인 기준을 잘 만족했기 때문에 결국 뉴턴 물리학을 받아들였다.

① 과학 이론 중에는 다양한 문화의 평가 기준을 만족하는 것이 있다.
② 과학의 발전 과정에서 이론 선택은 문화의 상대적인 기준에 따라 이루어진다.
③ 과학자들은 당대의 다른 이론보다 탁월한 이론에 대해서는 자기 문화의 기준으로 평가하지 않는다.
④ 과학의 발전 과정에서 엄밀한 예측 가능성과 실용성을 판단하는 기준이 항상 고정된 것은 아니다.
⑤ 문화마다 다른 평가 기준을 따르더라도 자기 문화에서 형성된 과학 이론만을 수용하는 것은 아니다.

문 6. 다음 글의 ㉠~㉤에 들어갈 말로 적절하지 않은 것은?

한국어 특수조사 중 '은/는'은 그 의미를 추출하기가 가장 어려운 종류에 속한다. 특히 주어 자리에 쓰였을 때 주격조사 '이/가'와 그 용법이 어떻게 다른지를 가려내는 일은 만만치 않다. 일단, 주어 자리가 아닐 때 '은/는'의 의미는 비교적 선명하게 드러난다. 예컨대 "이 꽃이 그늘에서는 잘 자란다."는 이 꽃이 그늘이 아닌 곳에서는 잘 자라지 않는다는 전제를 깔고 있음을 나타낸다. [㉠]가 그 예이다.

주어 자리에 쓰이는 '은/는' 역시 대조의 의미를 나타내기도 한다. [㉡]에서 주어 자리에 쓰인 것들은 의미상 대조된다. 그러나 이러한 경우를 제외하고서 주어 자리의 '은/는'이 그 의미가 항상 잘 파악되는 것은 아니다. 앞의 예에서처럼 대조되는 두 항을 한 문장에서 말한다면 상대적으로 쉽게 파악되지만, 그렇지 않은 경우에는 말하지 않은 나머지 한쪽에 무엇이 함축되어 있는지가 주어 이외의 자리에서만큼 쉽게 떠오르지 않기 때문이다.

주격조사 '이/가'는 특수조사가 아니기 때문에 어떤 특별한 의미를 대표할 필요가 없다. 다른 것은 전혀 고려하지 않고 단지 바람 부는 현상을 말할 때 [㉢]라고 해서는 안 되는 것이다. '은/는'의 경우 특별한 의미를 지니는데, 그 의미는 궁극적으로 '대조'와 관련되어 있겠지만 그것으로 모두 설명되지는 않는다. 그래서 관점을 달리하여 '알려진 정보'의 관점에서 설명하기도 하는데, 새로 등장하는 대상이 아니라 이미 알려진 대상일 경우에 '은/는'을 쓴다는 것이다. 이렇게 볼 때 [㉣]는 어색하다.

'은/는'과 주격조사의 차이를 초점에서 찾기도 한다. 발화의 상황에서 이미 알려진 정보는 초점의 대상이 아닐 테니, '은/는'의 경우 서술어 쪽에 초점이 놓인다는 것이다. "소나무는 상록수이다."라고 하면 "여러분이 아는 소나무로 말할 것 같으면"의 뜻으로 하는 말이므로 소나무는 이미 초점의 대상에서 벗어나 있고 '상록수이다'에 초점이 놓인다. [㉤]에서는 서술어 대신 '영미'에 초점이 놓이며 "여러 아이 중에서"의 뜻이 함축되어 있다.

① ㉠ : "그 작가는 원고를 만년필로는 쓰지 않는다."
② ㉡ : "소나무는 상록수이고, 낙엽송은 그렇지 않다."
③ ㉢ : "바람은 분다."
④ ㉣ : "그 사람이 결국 시험에 합격하였다."
⑤ ㉤ : "영미는 노래를 잘 한다."

문 7. 다음 글의 ㉠과 ㉡에 들어갈 말로 적절한 것은?

우리말의 어휘는 그 기원에 따라 가장 아래에 고유어가 있고, 그 위를 한자어가 덮고 있으며, 맨 위에는 한자어 이외의 외래어가 얹혀 있다. 토박이말이라고도 하는 고유어는 말 그대로 바깥에서 들어온 말이 아닌 한국어 고유의 말이다. 하늘·아들·나라 따위의 낱말들이 그 예이다. 고유어는 기초 어휘에 속하는 말들이 많고, 한자어나 외래어에 견주어 정서적 호소력이 크다. 그러나 낱말의 기원이 분명하지 않은 경우가 많아 그 범위를 엄밀하게 확정하기 힘들다는 문제도 있다. 그래서 현실적으로 고유어는 한자어와 외래어를 뺀 나머지 어휘 전체를 범위로 삼는다.

이렇게 느슨하게 정의된 고유어에는 많은 차용어들이 포함된다. 예컨대 보라매의 '보라'는 몽골어에서, '스라소니'는 여진어에서 차용한 것이다. 이보다 더 흔한 것은 한자어에서 차용한 낱말들이다. [㉠]. 벼락·서랍·썰매 같은 낱말들은 지금은 고유어가 맞지만 처음부터 고유어는 아니었고, 벽력(霹靂)·설합(舌盒)·설마(雪馬) 같은 한자어를 사용하다 형태가 변한 것들이다. 이런 유형의 낱말 가운데는 괴이하고 흉악하기 짝이 없다는 '괴악(怪惡)하다'에서 온 '고약하다'처럼 그 형태뿐 아니라 의미가 달라진 것들도 있다.

한국어 어휘의 두 번째 층인 한자어는 한자로 표기될 수 있다는 점에서 고유어와 구분된다. [㉡]. 한자어에는 신체(身體)·처자(妻子)처럼 중국에서 차용한 말들 이외에, 철학(哲學)·분자(分子)처럼 일본에서 만들어져 수입된 한자어도 있고, 또 어중간(於中間)·양반(兩班)처럼 우리나라에서 만들어진 한자어도 포함된다.

① ㉠ : 본디 한자어였던 것이 고유어의 발음과 유사해서 고유어로 바뀐 것이다
  ㉡ : 한자어가 한자로 표기된다고 해서 모두 중국에서 유래된 것은 아니다
② ㉠ : 본디 한자어였던 것이 고유어의 발음과 유사해서 고유어로 바뀐 것이다
  ㉡ : 언어 간 차용 이후 우리말에 동화된 정도는 낱말의 기원이 어디인지에 따라 다르다
③ ㉠ : 본디 한자어였던 것이 형태가 바뀌어 한자 표기를 할 수 없게 된 것이다
  ㉡ : 한자어가 한자로 표기된다고 해서 모두 중국에서 유래된 것은 아니다
④ ㉠ : 본디 한자어였던 것이 형태가 바뀌어 한자 표기를 할 수 없게 된 것이다
  ㉡ : 언어 간 차용 이후 우리말에 동화된 정도는 낱말의 기원이 어디인지에 따라 다르다
⑤ ㉠ : 본디 한자어였던 것이 기존의 고유어를 밀어내고 고유어의 지위를 차지한 것이다
  ㉡ : 한자어가 한자로 표기된다고 해서 모두 중국에서 유래된 것은 아니다

문 8. 다음 글에서 추론할 수 있는 것만을 〈보기〉에서 모두 고르면?

기계식 한글 타자기를 구현하는 것이 어려운 이유는 크게 두 가지이다.

첫째, 영문 타자기는 한 알파벳을 찍을 때마다 종이가 한 칸씩 움직인다. 그러나 한글은 자음과 모음을 조합하여 초성, 중성, 종성을 한 음절로 모아쓰는 문자이므로 타자기가 하나의 자음 또는 모음을 찍을 때마다 종이가 한 칸씩 움직인다면 받침을 제자리에 찍을 수 없다. 따라서 한글 타자기는 영문 타자기처럼 하나의 자음이나 모음을 찍을 때마다 종이가 움직이는 '움직글쇠'로만 구성되어서는 안 되며, 글쇠 중 일부는 자음 또는 모음이 찍혀도 종이가 움직이지 않는 '안움직글쇠'여야 한다.

둘째, 모아쓰는 과정에서 낱글자들의 모양이 조금씩 바뀌는 문제이다. 'ㄱ'이 초성으로 쓰일 때, 종성으로 쓰일 때는 물론, 어떤 모음과 어울려 쓰는지, 받침이 있는지 없는지에 따라 다른 모양을 갖는다. 중성에서 쓰이는 모음도 두 가지 이상의 다른 모양을 갖는다. 이러한 모양을 다 구현하는 타자기를 만들려면 적어도 300여 개의 글쇠가 필요하다.

이런 문제로 인해 한글 타자기는 적절한 글쇠의 수를 결정할 필요가 있었다. 다섯벌식 타자기의 경우, 'ㅗ'나 'ㅜ'처럼 가로로 긴 모음과 어울려 쓰는 초성 자음 한 벌, 나머지 모음('ㅣ'나 'ㅏ'처럼 세로로 긴 모음과 이 모음이 들어간 이중모음)과 어울려 쓰는 초성 자음 한 벌, 받침이 있을 때 쓰는 모음 한 벌, 받침이 없을 때 쓰는 모음 한 벌, 종성 자음 한 벌이 있다.

네벌식의 경우, 세로로 긴 모음과 어울려 쓰는 초성 자음 한 벌, 세로로 긴 모음이 들어간 이중모음과 어울려 쓰는 초성 자음 한 벌, 모음 한 벌이 있다. 가로로 긴 모음과 어울려 쓰는 초성 자음 한 벌은 다섯벌식 타자기와 같은 글쇠를 사용한다. 종성 자음은 가로로 긴 모음과 어울려 쓰는 초성 자음 글쇠를 기계적인 방법을 통해 글쇠가 찍히는 위치를 조정하는 방식으로 활용한다.

〈보 기〉

ㄱ. 한글 타자기의 받침이 있는 글자의 모음에 대한 글쇠는 움직글쇠이다.
ㄴ. 다섯벌식 한글 타자기에서 '밤'이라는 글자의 'ㅏ'를 쓰기 위해 사용하는 글쇠와 '나'라는 글자의 'ㅏ'를 쓰기 위해 사용하는 글쇠는 다르다.
ㄷ. 다섯벌식 한글 타자기에서 '꿈'이라는 글자의 'ㅁ'을 쓰기 위해 사용하는 글쇠와 '목'이라는 글자의 'ㅁ'을 쓰기 위해 사용하는 글쇠는 다르지만, 네벌식 한글 타자기에서는 같다.

① ㄱ
② ㄴ
③ ㄱ, ㄷ
④ ㄴ, ㄷ
⑤ ㄱ, ㄴ, ㄷ

문 9. 다음 글의 ㉠을 이끌어내기 위하여 추가해야 할 전제로 가장 적절한 것은?

> 사진작가 슬레이터는 '나루토'라는 이름의 원숭이에게 카메라를 빼앗긴 일이 있었는데 다시 찾은 그의 카메라에는 나루토의 모습이 찍힌 사진이 저장되어 있었다. 슬레이터는 나루토가 찍은 사진을 자신의 책을 통해 소개하였는데, 이 사진이 인터넷에 무단으로 돌아다니면서 나루토의 사진이 저작권의 대상이 되느냐가 논란이 되었다.
>
> 논란의 초점은 나루토의 사진이 과연 '셀카'인가 하는 것이었다. 셀카는 자신의 모습을 담으려는 의도로 스스로 찍은 사진이며, 그렇기에 셀카는 저작권의 대상이 된다는 것이 통념이다. 나루토가 찍은 사진이 셀카가 아니라면 저작권의 대상이 되지 않을 것이다. 나루토가 찍은 사진이 셀카로 인정받으려면, 그가 카메라를 사용하여 그 자신의 사진을 찍었을 뿐 아니라 찍을 때 자기 모습을 찍으려는 의도가 있어야 하고 그 의도를 실현할 능력이 있어야 한다. 슬레이터는 나루토가 이런 의미의 셀카를 찍었다고 주장한다. 하지만 이는 인간의 행위를 원숭이에 투사하는 바람에 빚어진 오해다. 자아가 없는 나루토가 한 일은 단지 카메라를 조작하는 인간의 행위를 흉내 낸 것뿐이기 때문이다. 따라서 ㉠ 나루토의 사진은 저작권의 대상이 될 수 없다. 나루토는 그저 카메라를 특별히 잘 다루는 원숭이였을 뿐이다.

① 자아를 가지지 않으면서 인간의 행위를 흉내 낼 수는 없다.
② 자기 모습을 찍으려는 의도가 있다는 것은 자아를 가졌다는 것이다.
③ 자기 모습을 찍으려는 의도를 실현할 능력이 있는 경우에만 자아를 가진다.
④ 자기 모습을 찍으려는 의도가 있다는 것은 그 사진에 대한 저작권이 있다는 것이다.
⑤ 자기 모습을 찍으려는 의도를 실현할 능력이 없으면서 인간의 행위를 흉내 낼 수는 없다.

문 10. 다음 대화의 ㉠과 ㉡에 들어갈 말을 적절하게 나열한 것은?

> 갑 : 당뇨 환자에게 처방할 약품 A~G를 어떤 방식으로 사용해야 할지 고민하고 있는데, 정말 난감한 상황이야. A를 사용하지 않으면 C를 사용해야 하고, B를 사용하지 않으면 D를 사용해야 해서 말이야.
> 을 : 그게 걱정이 되는 이유는 뭐야?
> 갑 : 결국 C나 D 중 적어도 하나를 사용할 수밖에 없게 되잖아. 그런데 지난달부터 C와 D가 금지 약물로 지정되어서 C나 D를 사용할 수 없게 되었어.
> 을 : 그렇게 걱정하는 걸 보니, 너는 [㉠]고 생각하고 있구나? 그렇다면 걱정할 필요 없어.
> 병 : 실은 나도 그것 때문에 걱정인데, 어째서 걱정할 필요가 없어?
> 을 : E와 F를 모두 사용하지 않을 경우에는 A와 B를 모두 사용해야 하거든.
> 병 : 그래? 그럼 너는 E도 F도 모두 사용하지 않게 될 것이라고 생각하는구나?
> 을 : 맞아.
> 병 : 네 말이 모두 참이라면 정말 금지 약물을 걱정할 필요가 없겠네.
> 갑 : 아니야. 을이 잘못 알고 있는 게 있어. F는 필수적으로 사용해야 하거든.
> 을 : 그래도 걱정할 필요는 없어. 왜냐하면, [㉡]고 하거든.
> 갑 : 그래? 그럼 걱정할 필요가 없겠네. G를 사용할 필요는 없으니까.

① ㉠ : A와 B 중 적어도 하나는 사용해야 한다
㉡ : A와 B를 모두 사용할 경우 F는 사용해야 한다
② ㉠ : A와 B 중 적어도 하나는 사용하지 않아야 한다
㉡ : A와 B를 모두 사용할 경우 F는 사용해야 한다
③ ㉠ : A와 B 중 적어도 하나는 사용하지 않아야 한다
㉡ : A와 B를 모두 사용할 경우 G를 사용하지 않아야 한다
④ ㉠ : A와 B 중 적어도 하나는 사용해야 한다
㉡ : F를 사용하고 G를 사용하지 않을 경우, A와 B를 모두 사용해야 한다
⑤ ㉠ : A와 B 중 적어도 하나는 사용하지 않아야 한다
㉡ : F를 사용하고 G를 사용하지 않을 경우, A와 B를 모두 사용해야 한다

문 11. 다음 글의 내용이 참일 때 반드시 참인 것만을 〈보기〉에서 모두 고르면?

> 행복대학교 학생은 매 학기 성적, 봉사, 외국어, 윤리, 체험이라는 다섯 영역에 관해 평가 받는다. 이 중 두 영역은 동창회 장학금과 재단 장학금 수혜자를 선정할 때 고려하는 영역이기도 하다. 그 두 영역 중에서 어느 쪽이든 한 영역의 기준만 충족하면 동창회 장학금을 받고, 두 영역의 기준을 모두 충족하면 재단 장학금을 받는다. 그 외의 경우에는 둘 중 어느 것도 받지 못한다. 단, 두 장학금을 동시에 받을 수는 없다.
>
> 이 학교 학생 갑, 을, 병에 관하여 다음과 같은 사실이 알려져 있다.
>
> - 갑은 봉사 영역과 외국어 영역 기준을 충족하지 못하고 성적 영역 기준은 충족했는데, 동창회 장학금 수혜자가 아니다.
> - 을은 성적 영역 기준을 충족하지 못하고 나머지 네 영역 기준은 충족했는데, 재단 장학금 수혜자가 아니다.
> - 병은 성적 영역과 윤리 영역 기준을 충족했는데, 동창회 장학금 수혜자이다.

〈보 기〉

ㄱ. 성적 영역 기준만 충족한 행복대학교 학생은 동창회 장학금 수혜자가 된다.
ㄴ. 체험 영역 기준을 충족하지 못한 행복대학교 학생은 재단 장학금 수혜자가 되지 못한다.
ㄷ. 봉사 영역과 외국어 영역 기준만 충족한 행복대학교 학생은 동창회 장학금과 재단 장학금 중 어느 쪽 수혜자도 되지 못한다.

① ㄱ
② ㄴ
③ ㄱ, ㄷ
④ ㄴ, ㄷ
⑤ ㄱ, ㄴ, ㄷ

문 12. 다음 글의 내용이 참일 때 반드시 참인 것은?

> 수습 사무관 갑, 을, 병, 정을 A, B, C, D 네 도시 중 필요한 도시에 배치해 연수 프로그램을 시행하였다. 이와 관련해 다음과 같은 사실이 알려져 있다.
>
> - 세 명 이상의 수습 사무관이 배치되는 도시는 없다.
> - 두 도시 이상에 배치되는 수습 사무관은 아무도 없다.
> - 갑이 A시에 배치되면, 을은 C시에 배치되지 않는다.
> - 갑은 B시에 배치되지 않는다.
> - 을과 병은 같은 시에 배치된다.
> - 병이 B시에 배치되면, 갑은 D시에 배치되지 않는다.
> - D시에는 한 명이 배치된다.

① 갑이 C시에 배치되면, 병은 A시에 배치된다.
② 을이 B시에 배치되지 않으면, 정은 D시에 배치된다.
③ 병이 C시에 배치되면, 갑은 D시에 배치되지 않는다.
④ 정이 D시에 배치되면, 갑은 A시에 배치된다.
⑤ 정이 D시에 배치되지 않으면, 을은 B시에 배치되지 않는다.

문 13. 다음 글의 〈논증〉에 대한 분석으로 적절한 것만을 〈보기〉에서 모두 고르면?

철학자 A에 따르면, "오늘 비가 온다."와 같이 참, 거짓을 판단할 수 있는 문장만 의미가 있다. A는 이러한 문장과 달리 신의 존재에 대한 문장은 진위를 판단할 수 없고 따라서 무의미하다고 말한다. 하지만 그는 자신이 무신론자도 불가지론자도 아니라고 한다. 다음은 이와 관련된 A의 논증이다.

〈논증〉

무신론자에 따르면 ㉠ "신이 존재하지 않는다."가 참이다. 불가지론자는 신의 존재 여부를 알 수 없다고 말한다. 무신론자의 견해는 신의 존재를 주장하는 문장이 무의미하다는 것과 양립할 수 없다. ㉡ "신이 존재한다."가 무의미하다면, "신이 존재하지 않는다."도 마찬가지로 무의미하다. 그 이유는 ㉢ 의미가 있는 문장이어야만 그 문장의 부정문도 의미가 있다는 것이 성립하기 때문이다. 따라서 "신이 존재한다."가 무의미하다면, "신이 존재하지 않는다."가 참이라는 무신론자의 주장은 받아들일 수 없다. 한편 불가지론자는 ㉣ "신이 존재한다."가 참인지 거짓인지 알 수 없다고 주장한다. 이 주장은 "신이 존재한다."가 의미가 있다는 것을 전제하고 있다. 그러므로 불가지론자의 주장도 "신이 존재한다."가 무의미하다는 것과 양립할 수 없다.

〈보 기〉

ㄱ. ㉡과 ㉢으로부터 "신이 존재하지 않는다."가 무의미하다는 것이 도출된다.
ㄴ. ㉡의 부정으로부터 ㉠과 ㉣ 중 적어도 하나가 도출된다.
ㄷ. "의미가 없는 문장은 참인지 거짓인지 알 수 없다."라는 전제가 추가되면 ㉡으로부터 ㉣이 도출된다.

① ㄴ
② ㄷ
③ ㄱ, ㄴ
④ ㄱ, ㄷ
⑤ ㄱ, ㄴ, ㄷ

문 14. 다음 글의 실험 결과를 가장 잘 설명하는 것은?

최근 A지역은 과도한 사냥으로 대형 포유류가 감소하였다. 이러한 대형 포유류의 감소는 식물과 동물 간의 상호작용 감소로 이어져 식물 생태계에 부정적인 영향을 줄 수 있다는 주장이 제기되었다. 식물 생태계 유지에 중요한 상호작용 중 하나는 식물 이외의 생물에 의한 씨앗 포식이다. 여기서 '포식'은 동물이 씨앗을 먹는 행위뿐만 아니라 곤충과 같이 작은 동물이 일부를 갉아먹는 행위, 진균류 등에 의한 감염까지 포함한다. 포식된 씨앗은 외피의 일부가 손상되는 효과 등으로 인해 발아할 가능성이 높아진다. 이렇게 씨앗 포식은 발아율을 결정하는 주된 원인이므로 발아율은 씨앗 포식의 정도를 알려주는 지표이다.

한 과학자는 대형 포유류, 소형 포유류, 곤충, 진균류 등 총 네 종류의 씨앗 포식자가 서식하는 A지역에서 같은 종류의 씨앗을 1~6그룹으로 나눈 뒤 일정한 넓이를 가진, 서로 인접한 6개의 구역에 뿌렸다. 이때 1그룹은 아무 울타리도 하지 않은 구역에 뿌려 모든 생물이 접근 가능하도록 하였다. 2그룹은 성긴 울타리만 친 구역에 뿌려 대형 포유류의 접근이 불가능하도록 하였다. 3~6그룹은 소형 포유류와 대형 포유류의 접근이 불가능하도록 촘촘한 울타리를 친 구역에 뿌리되, 4와 6그룹에는 살충제 처리를 하여 곤충이 접근하지 못하게 하였으며, 5와 6그룹에는 항진균제 처리를 하여 진균류의 접근을 차단하였다. 살충제와 항진균제는 씨앗 발아에 영향을 미치지 않는 것만을 사용하였다. 일정 시간 후에 각 그룹에 대해 조사하였다. 포유류에 의한 씨앗 포식량은 1그룹과 2그룹에서 각각 전체 씨앗 포식량의 25%와 7%였고, 발아율은 1~5그룹 사이에서 차이가 없었으며 6그룹에서는 다른 그룹에 비해 현저히 낮았다.

① 한 종류의 씨앗 포식자가 사라지면 남은 씨앗 포식자의 씨앗 포식량이 증가하여 전체 씨앗 포식량은 변화하지 않는다.
② 한 종류의 씨앗 포식자가 사라지더라도 남은 씨앗 포식자의 씨앗 포식량은 변화하지 않는다.
③ 씨앗 포식자 중 포유류가 사라지면 남은 씨앗 포식자의 씨앗 포식량이 변화한다.
④ 씨앗 포식자의 종류가 늘어나면 기존 포식자의 씨앗 포식량이 변화한다.
⑤ 포식자의 유무와 관계없이 씨앗 발아율은 변화하지 않는다.

문 15. 다음 글의 ㉠에 대한 평가로 적절한 것만을 〈보기〉에서 모두 고르면?

> 지식 귀속 문제는 한 사람이 특정 지식을 가졌는지를 다른 사람이 판단하는 것과 관련된 문제이다. 이와 관련해 두 가지 입장이 있다. 입장 X는 평가자가 평가 대상자(이하 대상자)에게 지식을 귀속시킬지 여부를 판단하는 데 있어서, 대상자와 관련된 이해관계가 중요할수록 평가자는 대상자에게 더 엄격한 기준을 적용한다는 것이다. 입장 Y는 평가자의 대상자에 대한 지식 귀속 여부 판단은 대상자의 이해관계와 무관하다는 것이다. 이 두 입장과 관련해 ㉠ X가 Y보다 대상자에 대한 평가자의 지식 귀속 판단을 더 잘 설명한다는 가설을 검증하기 위해 다음 두 사례를 이용한 실험이 진행되었다.
>
> 사례1 : 희수는 한자를 병용해야 하는 글쓰기 과제를 마무리했다. 담당교수는 잘못된 한자 표기를 싫어한다. 희수는 이번 과제에서 꼭 90점 이상을 받아야 할 동기가 없지만, 틀린 한자 표기가 하나도 없기를 바란다. 희수는 한자사전을 사용해서 과제를 꼼꼼히 검토할 예정이다.
>
> 사례2 : 서현도 같은 과목의 같은 과제를 마무리했다. 서현은 이 과제에서 90점 이상을 받아야만 A 학점을 받을 수 있고, A 학점을 받지 못하면 장학금을 받지 못해 학교를 계속 다닐 수 없게 된다. 서현도 한자사전을 사용해서 과제를 꼼꼼히 검토할 예정이다.
>
> 이 실험에서 귀속되는 지식은 "내 과제에는 한자 표기에 오류가 없다."이다. 이 사례를 제시한 뒤 평가자에게 희수와 서현이 몇 번이나 과제를 검토해야 이들에게 이 지식을 귀속시킬지 물었다. 평가자가 추정한 희수의 검토 횟수와 서현의 검토 횟수를 각각 m과 n이라고 하자.

〈보 기〉

ㄱ. m이 n보다 훨씬 더 작다면 ㉠이 강화된다.
ㄴ. 평가자의 이해관계가 중요할수록 m이 커지면 ㉠이 강화된다.
ㄷ. 서현이 이 과목에서 받을 학점과 상관없이 장학금을 받게 된다고 사례2의 내용을 변경하더라도, 평가자가 응답한 n에 변화가 없다면 ㉠이 약화된다.

① ㄱ
② ㄴ
③ ㄱ, ㄷ
④ ㄴ, ㄷ
⑤ ㄱ, ㄴ, ㄷ

문 16. 다음 글의 A~C에 대한 분석으로 적절한 것만을 〈보기〉에서 모두 고르면?

> 응보주의에 따르면, 정의에 합치하는 형벌은 평등의 원리에 기초해야 한다. 응보주의의 전통적인 입장인 A는 범죄와 동일한 유형의 행위로 처벌해야 정의롭다고 주장한다. 이 입장은 '눈에는 눈으로'라는 경구로도 널리 알려져 있다. 그러나 이 입장은 동일한 유형의 행위로 처벌할 수 없는 범죄들이 존재하기 때문에 현실적으로 적용할 수 없다는 비판을 받는다.
>
> A의 기본적 관점을 수용하면서도 이러한 비판에 대응하기 위한 입장 B는, 범죄가 발생시킨 고통의 양과 정확히 동일한 고통의 양을 부과하는 형벌로도 정의를 달성할 수 있다고 주장한다. 예를 들어 방화범은 동일한 유형의 행위로 처벌할 수 없지만, 방화로 발생한 고통의 총량과 동일한 고통의 양을 부과하는 형벌로 처벌하는 것으로 정의를 달성할 수 있다. 그러나 B는 고문과 같은 극악무도한 범죄의 경우 동일한 유형의 행위로 처벌하지 않으면 범죄가 유발한 고통의 양에 상응하는 처벌을 할 수 없다는 비판을 받는다.
>
> 이런 문제점을 극복하기 위해 나온 입장 C는 형벌이 범죄가 초래한 고통의 양에 의존할 필요는 없다고 본다. 범죄의 엄중함에 비례하는 무거운 형벌로 처벌하는 것만으로도 충분하다는 것이다. 즉 한 사회의 모든 형벌을 무거운 것에서 가벼운 것 순으로 나열하고 범죄의 경중을 따져 배열된 순서대로 적용하여 처벌하면 정의가 달성될 수 있다.

〈보 기〉

ㄱ. 범죄와 정확히 동일한 유형의 행위로 처벌하는 것이 정의롭다는 것에 대해서 A는 동의하지만 B는 동의하지 않는다.
ㄴ. 범죄가 야기한 고통의 양과 형벌이 부과하는 고통의 양을 측정하기 어렵다면, B는 약화되고 C는 약화되지 않는다.
ㄷ. 살인이 가장 큰 고통을 유발하고 죽음 이외에는 같은 양의 고통을 유발할 수 없다면, A, B, C는 모두 사형제를 받아들여야 한다.

① ㄱ
② ㄴ
③ ㄱ, ㄷ
④ ㄴ, ㄷ
⑤ ㄱ, ㄴ, ㄷ

문 17. 다음 글의 갑~병에 대한 평가로 적절한 것만을 〈보기〉에서 모두 고르면?

에스키모는 노쇠한 부모를 벌판에 유기하는 관습을 가지고 있었다. 반면에 로마인은 노쇠한 부모를 정성을 다해 모셨다. 도덕 상대주의는 이와 같은 인류학적 사실에 근거하고 있다. 도덕 상대주의에 따르면, 사회마다 다른 도덕적 관습을 가지며 옳고 그름에 대한 신념 체계는 사회마다 상이하다. 또한 다양한 도덕적 관습과 신념 체계 중 어떤 것이 옳은지 판별할 수 있는 객관적인 기준은 없다.

다음은 도덕 상대주의에 대한 비판들이다.

갑 : 에스키모와 로마인의 관습상 차이는 서로 다른 도덕원리에서 기인한 것처럼 보일 수 있다. 그러나 하나의 도덕원리가 각기 다른 상황에 적용되면서 서로 다른 관습을 초래한 것일 수 있다. 부모와 자식 간의 애정에 근거한 동일한 도덕원리가 에스키모와 로마인에게서 다른 관습을 초래할 수 있다.

을 : 도덕 상대주의가 맞다면, 다른 사회의 관습과 신념 체계를 평가할 수 있는 객관적 기준은 존재하지 않는다. 그래서 다른 사회의 관습과 신념 체계에 대한 평가는 불가능하며 이에 대해 '침묵'해야 한다. 이런 침묵의 의무는 어떤 사회를 막론하고 모든 사회의 구성원에게 절대적인 구속력을 갖는다. 결국 도덕 상대주의는 도덕 절대주의의 이념을 수용해야 하는 역설에 빠지게 된다.

병 : 도덕 상대주의는 시간적 차원에도 적용된다. 따라서 도덕 상대주의를 받아들이면 사회 관습이나 신념 체계의 진보를 말할 수 없게 된다. 과거의 것과 달라졌을 뿐이지 더 낫거나 못하다고 말할 수 없기 때문이다. 그러나 사회 관습이나 신념 체계가 진보했다고 말할 수 있는 사례가 존재한다. 예를 들어 과거와는 달리 노예제를 받아들이는 도덕적 관습이나 신념 체계를 가진 사회는 없다.

〈보 기〉

ㄱ. "두 사회의 관습이 같다면 그 사회들의 도덕원리가 같다."라는 것이 사실이면 갑의 주장은 약화된다.
ㄴ. 우월한 도덕 체계와 열등한 도덕 체계를 객관적으로 구분할 수 있다면 을의 주장은 약화되지 않는다.
ㄷ. 현재의 관습과 신념 체계가 과거의 것보다 퇴보한 사회가 있다면 병의 주장은 약화된다.

① ㄱ
② ㄴ
③ ㄱ, ㄷ
④ ㄴ, ㄷ
⑤ ㄱ, ㄴ, ㄷ

문 18. 다음 글의 ㉠~㉢에 대한 평가로 적절한 것만을 〈보기〉에서 모두 고르면?

오줌을 생산하는 포유류 신장의 능력은 신장의 수질에 있는 헨리 고리와 관련 있다. 헨리 고리의 오줌 농축 방식을 탐구한 과학자들은 헨리 고리의 길이가 길수록 더 농축된 오줌을 생산한다는 ㉠ 가설을 세웠다. 동물은 몸의 크기가 클수록 체중이 무겁고 신장의 크기가 더 커서 헨리 고리가 더 길다. 그래서 코끼리와 같이 큰 포유류는 뾰족뒤쥐와 같은 작은 포유류에 비해 훨씬 더 농축된 오줌을 생산할 수 있어야 한다는 것이다. 그렇지만 지구에서 가장 건조한 환경에 사는 일부 포유류는 몸집이 매우 작은데도 몸집이 큰 포유류보다 더 농축된 오줌을 생산한다.

이런 문제점을 해결하기 위해, 과학자들은 몸의 크기와 비교한 헨리 고리의 상대적인 길이가 길수록 오줌의 농도가 높다는 ㉡ 가설을 제시하였다. 헨리 고리의 길이와 수질의 두께는 비례하므로 과학자들은 크기가 다른 포유류로부터 얻은 자료를 비교하기 위해 새로운 측정값으로 수질의 두께를 몸의 크기로 나눈 값을 '상대적인 수질의 두께(RMT)'로 제시하였다.

추가 연구를 통해 여러 종들에서 헨리 고리는 유형 A와 유형 B 두 종류로 구성되어 있고, 유형 A가 유형 B보다 오줌 농축 능력이 뛰어나다는 것이 밝혀졌다. 이러한 연구 결과를 토대로 과학자들은 헨리 고리 중 유형 B가 차지하는 비중이 작을수록 더 농축된 오줌을 만들어낸다는 ㉢ 가설을 제시했다.

과학자들은 다른 환경에 사는 다양한 크기의 동물들에 대해 측정을 수행했다. 오줌은 농축될수록 어는점이 더 낮아진다. 과학자들은 측정 대상 동물의 체중(W), RMT, 헨리 고리 중 유형 B가 차지하는 비중(R), 오줌의 어는점(FP)을 각각 측정하였고 다음은 그 결과의 일부이다.

종	W(kg)	RMT	R(%)	FP(℃)
돼지	120	1.6	97	−2
개	20	4.3	0	−4.85
캥거루쥐	0.3	8.5	73	−10.4

〈보 기〉

ㄱ. 돼지와 개의 측정 결과는 ㉠을 약화한다.
ㄴ. 개와 캥거루쥐의 측정 결과는 ㉡을 약화하지 않는다.
ㄷ. 돼지와 캥거루쥐의 측정 결과는 ㉢을 약화한다.

① ㄱ
② ㄷ
③ ㄱ, ㄴ
④ ㄴ, ㄷ
⑤ ㄱ, ㄴ, ㄷ

※ 다음 글을 읽고 물음에 답하시오. [19~20]

㉠ 역관계 원리(IRP)란 임의의 진술 P가 참일 확률과 P가 전달하는 정보량 사이의 역관계에 관한 것이다. IRP에 따르면 정보란 예측 불가능성과 관계가 있다. 동전 던지기에서 동전의 앞면이 나올 가능성이 더 커지게 조작할수록 '그 동전의 앞면이 나올 것이다.'라는 진술 H의 정보량은 적어진다. 그렇게 가능성이 점점 커진 끝에 만약 그 동전을 어떻게 던져도 무조건 앞면만 나오게 될 정도까지 조작을 가한다면 결국 동전 던지기와 관련하여 예측 불가능성이 완전히 사라지게 되는 것이고, 그럴 때 진술 H의 정보량은 0이 된다. 하지만 이런 원리는 두 가지 문제에 직면한다.

IRP에 따르면 P가 참일 확률이 더 커질수록 정보의 양은 더 줄어든다. 만약 누군가가 '언젠가는 코로나 바이러스가 퇴치될 것'이라고 말한다면, '코로나 바이러스가 한 달 내에 퇴치될 것'이라고 말하는 것보다 정보량이 적다. 왜냐하면, 후자의 메시지가 더 많은 상황을 배제하기 때문이다. 이제 P가 항상 참인 진술이라고 해 보자. 이 경우 P가 참일 확률은 가장 높은 100%가 된다. 그리고 IRP에 따르면 P가 항상 참인 진술이라면 그것의 정보량은 0이다. 만약 누군가에게 '코로나 바이러스가 미래에 퇴치된다면, 코로나 바이러스는 미래에 퇴치될 것이다.'라고 들었다면, 어떤 상황도 배제하지 않는 진술을 들은 것이다.

여기서 논리학에서 중요시되는 '논리적 타당성' 개념을 고려해 보자. 전제 X_1, X_2, …, X_n으로부터 결론 Y로의 추론이 논리적으로 타당하다는 것은 전제들이 모두 참이면 결론도 반드시 참이라는 것이다. 이것을 달리 말하면 'X_1이고 X_2이고 … X_n이면, Y이다.'라는 조건문이 그 어떤 경우에도 항상 참이 되는 진술이라는 것이다. 항상 참인 진술의 정보량은 0이므로, 논리적으로 타당한 모든 추론이 제공하는 정보량은 0이라는 결론이 나오게 된다. 이는 우리의 직관에 들어맞지 않는다. 이것이 소위 '연역의 스캔들'이라고 불리는 문제이다.

또 다른 문제를 살펴보자. IRP에 따르면 P가 참일 확률이 낮을수록 P는 더 많은 정보량을 지닌다. 누군가에게 '코로나 바이러스가 호흡기 질환을 일으킨다.'라는 말을 듣는 것이 '코로나 바이러스가 소화기 질환을 일으키거나 호흡기 질환을 일으킨다.'라는 말을 듣는 것보다 정보량이 더 많다. 그 이유는 전자를 만족시키는 상황들이 후자보다 더 적기 때문이다. 그렇다면 우리가 P의 확률을 계속해서 떨어뜨린다고 해 보자. 그러면 우리는 P의 확률이 0%가 되는 단계에 도달할 것이다. 이것은 P가 항상 거짓인 진술이 되었다는 의미이다. 하지만 IRP에 따르면, 이때가 P가 최대의 정보량을 지니는 상황이다. 이처럼 또 다른 반직관적 결론에 도달하게 되는 문제를 소위 '바-힐렐-카르납 역설'이라고 부른다.

문 19. 위 글의 ㉠에 따른 판단으로 적절한 것은?

① P가 참일 확률이 Q가 참일 확률보다 크다면, Q가 제공하는 정보량은 P보다 더 많지만 예측 불가능성은 P가 Q보다 더 크다.
② 어떤 추론의 전제들이 모두 참이면서 결론이 거짓인 것이 불가능하다면, 그 추론은 최대의 정보량을 제공한다.
③ P가 배제하는 상황은 Q도 모두 배제한다면, Q의 정보량은 P의 정보량보다 적지 않다.
④ P의 정보량이 0보다 크기 위해서는 P의 예측 불가능성이 완전히 사라져야 한다.
⑤ 논리적으로 타당하지 않은 추론의 정보량은 0보다 클 수 없다.

문 20. 다음 〈조건〉을 받아들일 때, 〈사례〉에 대해 적절하게 평가한 것만을 〈보기〉에서 모두 고르면?

〈조 건〉

IRP를 받아들이되, 임의의 진술이 0보다 큰 정보량을 갖기 위해서는 그것이 참일 수 있어야 한다.

〈사 례〉

저녁 식사에 손님들이 오기로 했으나 정확히 몇 명이 올지는 아직 모르는 상태에서 다음과 같은 진술들을 듣는다.

A : 적어도 손님 한 명이 오거나 아무도 오지 않을 것이다.
B : 적어도 손님 세 명이 올 것이다.
C : 손님이 두 명 이상 올 것이다.
D : 손님이 다섯 명 이하로 올 것이다.
E : 적어도 손님 한 명이 오고 또한 아무도 오지 않을 것이다.

〈보 기〉

ㄱ. 0보다 큰 정보량을 지닌 진술의 개수는 3이다.
ㄴ. 전제가 B이고 결론이 C인 추론과 "D이면 A이다."라는 조건문의 정보량은 다르다.
ㄷ. "C이고 D이다."라는 진술의 정보량은 E의 정보량과 같다.

① ㄱ
② ㄴ
③ ㄱ, ㄷ
④ ㄴ, ㄷ
⑤ ㄱ, ㄴ, ㄷ

문 21. 다음 글에서 알 수 있는 것은?

일본은 청일전쟁으로 타이완을 차지한 뒤 러일전쟁을 통해 조선과 남만주 일부를 지배하는 대륙국가가 되었다. 일본은 언제부터 대륙 침략의 길을 지향했을까? 이 문제에 대한 한·중·일 3국의 견해는 다음과 같다.

종래 일본에서는 일본의 근대화와 대륙 침략은 불가분의 것이었다고 보았다. 다만 조선으로의 팽창 정책이 기본 노선이었지 중국은 팽창 대상이 아니라고 보았다. 언제부터 대륙으로의 팽창을 기본 방침으로 삼았는지에 대해서는 류큐 분도 교섭 이후와 임오군란 이후로 견해가 나뉘어 있다. 그러나 최근에 청일전쟁까지만 하더라도 일본은 제국주의 국가의 길 말고도 다른 선택지가 있었다는 견해가 대두되었다. 즉 일본의 근대화에서 팽창주의·침략주의는 필연이 아니었는데 청일전쟁이 전환점이 되었다는 것이다.

이에 대해 중국은, 일본의 대륙 침략 목표는 처음부터 한반도와 만주를 차지하는 것이었으며, 이 정책을 수립하기까지 일련의 과정을 거쳤다고 본다. 그에 따르면 메이지 정부는 1868년 천황의 이름으로 대외 확장 의지를 표명하고, 기도 다카요시의 정한론, 오가와 마타지의 청국정벌책안 등에서 대륙 침략의 대상을 명확히 했다. 1890년에는 내각총리대신이 일본의 주권선은 일본 영토, 이익선은 일본과 긴밀한 관계를 갖는 구역인 조선이라고 규정하고, 곧이어 조선, 만주, 러시아 연해주를 영유해야 한다고 했다. 이러한 대륙 침략 방침이 제국의회와 내각의 인가를 얻어 일본의 침략 정책으로 이어졌으며, 청일전쟁, 러일전쟁, 한국병합, 만주사변, 중일전쟁에 이르는 과정은 모두 이 방침을 지속적이고 철저하게 실행에 옮긴 결과라는 것이다.

한편 한국은 일본의 대륙 침략에 있어 정한론에 주목하고 있다. 메이지 정부가 수차례에 걸쳐 조선에 보낸 국서에는 전통적인 교린 관계에서 볼 수 없던 '천황', '황실' 따위의 용어가 있었고, 조선은 규범에 어긋난다며 접수하지 않았다. 정한론은 이를 빌미로 널리 확산되고 주창되었는데, 이에는 자국의 내란을 방지하기 위해 조선과 전쟁을 벌이고 이를 통해 대외 팽창을 꾀하겠다는 메이지 정부의 의도가 담긴 것이라고 한국은 보았다. 1875년 운요호의 강화도 침공은 이를 구체적으로 실행에 옮긴 것이며, 이후로도 일본의 대한국 정책은 이전과 마찬가지로 한결같이 대륙 침략의 방침하에 수행되었다고 한국은 파악하고 있다.

① 한국과 중국은 일본의 대륙 침략이 메이지 정부 이래로 일관된 방침이었다고 본다.
② 최근 일본은 일본이 조선을 침략하지 않았어도 근대화된 대륙국가가 될 수 있었다고 본다.
③ 한국은 조선이 일본과의 전통적 교린 관계를 고수하자 일본 내에서 정한론이 발생했다고 본다.
④ 중국은 일본이 주권선으로 규정한 지역이 정한론에서 이미 침략 대상으로 설정되었다고 본다.
⑤ 기존 일본은 일본이 추진한 조선으로의 팽창 정책이 임오군란 이후 기본 노선으로 결정되었다고 본다.

문 22. 다음 글에서 추론할 수 있는 것은?

영조 3년 6월 2일, 좌부승지 신택이 왕에게 주청하기를, "국경을 지키며 감시하는 파수는 무엇보다 중요한 일입니다. 그런데 압록강 중류에 위치한 강계(江界) 경내에서 국경 파수꾼들이 근무하는 파수보는 백여 곳이나 됩니다. 그곳의 파수는 평안도 지역에 거주하는 백성 중에서 군역을 져야 하는 사람들이 순번을 돌아가며 담당하는데, 파수는 5월부터 9월까지만 하고 겨울 추위가 오기 전에 철수합니다. 파수꾼이 복무하는 달은 다섯 달에 불과하지만, 그 기간 동안 식량도 제공되지 않고, 호랑이의 습격을 받기도 합니다. 그런 까닭에 파수보에 나가는 것을 마치 죽을 곳에 가는 것처럼 꺼리는 사람이 많습니다. 그나마 백성들이 파수를 나갈 때 위안으로 삼는 것은 선왕 때부터 산삼을 캘 수 있도록 허락했다는 사실 하나입니다. 선왕께서는 파수보에 배치된 파수꾼 중 파졸 2명과 지휘자인 파장만 파수보에 남고, 나머지는 부근의 산지에서 산삼을 캘 수 있도록 허락했습니다. 그 후 파졸들은 캐낸 산삼 중 일부는 세금으로 내고, 남은 것을 팔아 파수보에 있는 동안 사용할 식량이나 의복을 마련했습니다. 그런데 평안병사로 임명된 김수는 그런 사정도 모른 채 올해 3월 부임하자마자 파수보에 배치된 어떤 사람도 보를 떠나서는 안 되며 모든 인원은 보에서 소임을 다하라고 명령하고, 그 명령을 어긴 사람을 처벌했습니다. 이런 조치가 취해지니 민심이 동요하고, 몰래 파수보를 벗어나 사라지는 파졸까지 생겨나고 있습니다. 이는 아주 난처한 일이니, 제 소견으로는 규정에 정해진 파수보 정원 9명 중 파장을 제외한 파졸 8명은 절반씩 나누어 한 무리는 파수보를 지키게 하고, 나머지 한 무리는 산삼을 캐게 하되 저녁에는 반드시 파수보로 돌아와 다음날 교대로 근무할 수 있도록 하는 것이 좋을 듯합니다."라고 하였다.

이 말을 듣고 왕이 말하기를, "평안병사가 올 초에 내린 조치를 몇 달 지나지 않아 거두어들이도록 하는 것은 참 난감한 일이다. 하지만 좌부승지가 이렇게 간곡하게 말하니 거절할 수 없겠다."라고 하고 비변사에 명령하여 좌부승지의 의견대로 즉시 시행하게 조치하였다. 이후 강계 파수보에 관한 제반 사항은 영조 대에 그대로 유지되었다.

① 영조 4년 한 해 동안 파졸 1인이 파수보에 있는 시간은 영조 2년보다 2배로 늘었을 것이다.
② 강계의 파수보에 배치된 파졸은 평안도 지역의 군역 대상자 중에서 평안병사가 선발하였을 것이다.
③ 영조 4년 한 해 동안 강계 지역에서 채취된 산삼의 수량은 2년 전에 비해 절반으로 줄었을 것이다.
④ 김수의 부임 이전에 강계에 배치된 파졸들의 최대 사망 원인은 굶주림과 호랑이에 의한 피해였을 것이다.
⑤ 영조 3년 5월에 비해 다음 해 5월 강계의 파수보에서 파수 근무해야 하는 1일 인원수가 줄어들었을 것이다.

문 23. 다음 글에서 알 수 없는 것은?

21세기 들어 서울을 비롯한 아시아의 도시들은 이전 세기와는 또 다른 변화를 겪고 있다. 인문 · 예술 분야의 종사자들이 한 장소에 터를 잡거나 장소를 오가면서 종전과 다른 새로운 미학과 감정을 부여하여 그 장소들의 전반적 성격을 변화시키고 있기 때문이다. 이들은 오래된 기존의 장소를 재생시키거나 새로운 장소로 만들어 냈다. 개발로부터 소외되었던 장소의 오래된 건물이나 좁은 골목길 등을 재발견하고 새로운 감각, 서사, 감정을 끌어냈다. 그런데 얼마 지나지 않아 이 새로운 변화를 만들어 낸 사람들이 원주민들과 함께 이곳에서 쫓겨나 다른 곳으로 옮겨가는 현상이 나타났다. 이를 함축적으로 지칭하는 용어가 '젠트리피케이션'이다. 이는 흔히 '도심의 노동계급 거주 지역이나 비어 있던 지역이 중간계급의 거주 및 상업 지역으로 변환되는 것'을 의미한다.

서양 도시의 젠트리피케이션에서 기존 도시 공간이 중간계급의 주택가와 편의 시설로 전환되는 과정은 구역별로 점진적으로 진행된다. 반면 아시아 도시의 젠트리피케이션은 다소 다른 양상을 띤다. 기존 도시 공간이 대량의 방문객을 동반하는, 소비와 여가를 위한 인기 장소를 갖춘 상권으로 급격하게 전환되는 형태이다. 임대료가 상대적으로 싸지만 독특한 매력을 갖춘 문화 · 예술 관련 장소가 많던 곳에 점차 최신 유행의 카페, 레스토랑 등이 들어선다. 주택가의 상권 전환과 더불어 기존 상권의 성격 전환이 일어나는 것이다.

이런 상업적 전치(轉置)의 부정적 양상은 부동산 중개업자의 기획, 임대업주의 횡포, 프랜차이즈 업체의 진출로 정점을 찍는다. 부동산 가격과 임대료의 상승으로 그곳에서 거주하거나 사업을 하던 문화 · 예술인과 원주민들이 다른 곳으로 밀려난다. 임대료를 감당하지 못하거나 재계약을 거부당하기도 하고 건물이 철거되어 재건축되기도 한다. 이런 상업적 전치는 다양한 모습으로 나타나지만 과정이 자발적이지 않다는 점은 공통된다. 창의적 발상으로 만들어지고 운영되면서 그저 상업적이라고만 부르기 힘들었던 곳들이 체계적 전략을 가진 최신의 전문적 비즈니스 공간으로 대체된다. 그리고 이곳에서 밀려날까 봐 불안한 사람들이 불만, 좌절, 분노 등이 집약된 감정에 사로잡힌다.

① 21세기 들어 서양의 도시에서는 중간계급이 도심 지역으로 이주하는 현상이 활발하게 나타났다.
② 상업적 전치 과정에서 원주민의 비자발적인 이주가 초래될 뿐 아니라 원주민의 감정적 동요가 발생한다.
③ 서양 도시의 젠트리피케이션에 비해 아시아의 도시에서 발생한 젠트리피케이션은 상권 개발에 집중되는 경향을 띤다.
④ 한국의 젠트리피케이션으로 인한 도시 변화의 속도는 서양의 젠트리피케이션으로 일어난 도시 변화의 속도보다 빠르다.
⑤ 21세기의 한국에서 일어난 기존 장소의 재생이나 재창조와 같은 도시 변화는 인문 · 예술 분야 종사자가 촉발하고 이끌었다.

문 24. 다음 글에서 알 수 있는 것은?

'가짜 뉴스'란 허위의 사실을 고의적으로 유포하기 위해 언론 보도의 형식을 차용해 작성한 정보이다. 사람들이 가짜 뉴스의 수용 여부를 정할 때 그 뉴스가 자신의 신념에 얼마나 부합하는지가 영향을 미친다. 이는 자신의 신념을 보호하기 위해 그것에 부합하는 정보는 긍정적으로 평가하되, 부합하지 않는 정보는 부정적으로 평가하는 편향적인 정보 처리의 결과이다. 특히, 자신의 신념과 부합하지 않는 가짜 뉴스의 경우 그것이 언론 보도의 외피를 두르고 있어서 인지부조화를 발생시키는데, 이로 인해 해당 뉴스를 부정적으로 평가함으로써 인지부조화를 해소하려는 경향이 있다.

이러한 편향적 사고는 가짜 뉴스가 가짜임을 밝힌 팩트체크의 효과에도 영향을 미친다. 자신의 신념이 가짜 뉴스와 부합할 때와 부합하지 않을 때 팩트체크 효과의 양상은 다르게 나타난다. 우선, 자신의 신념에 부합하지 않는 가짜 뉴스에 대해서는 원래부터 해당 뉴스가 가짜일 것이라는 생각을 가졌을 것이므로 가짜임을 판명하는 팩트체크의 결과를 접하더라도 인지부조화로 인한 내적 갈등의 발생 여지가 크지 않다. 오히려 팩트체크 전에 채 해소되지 않았던 인지부조화가 팩트체크를 통해 해소된다. 따라서 체계적인 정보 처리 대신 피상적인 정보 처리가 주로 이루어지게 된다. 이 경우 팩트체크에서 활용한 정보의 품질이 얼마나 우수한가보다는 정보의 출처가 얼마나 신뢰할 만하다고 생각하는지가 팩트체크의 효과에 더 영향을 미친다.

반면, 자신의 신념에 부합하는 가짜 뉴스의 경우에는 그 뉴스가 가짜라는 팩트체크의 결과를 접하게 되면 자신의 신념과 팩트체크의 결과가 다른 데에서 심각한 인지부조화가 발생하게 되어 오히려 팩트체크의 진실성을 의심하게 된다. 또한 인지부조화에 따른 내적 갈등을 해소하기 위한 의도적 노력의 일환으로 어떻게든 팩트체크의 결과를 부정할 수 있는 근거를 찾아내기 위해 체계적이고 논리적인 정보 처리를 시도하게 된다. 그 결과 자신의 신념이 가짜 뉴스와 부합하지 않을 때와는 달리, 이 경우에는 팩트체크 자체가 얼마나 우수한 품질의 정보를 확보하고 있는지가 팩트체크의 효과에 더 큰 영향을 미친다.

① 가짜 뉴스로 인해 인지부조화가 발생한 사람이 그 뉴스에 대한 팩트체크 결과를 판단하려 할 경우는 팩트체크에서 활용한 정보 출처의 신뢰도에 주로 관심을 둔다.
② 사람들은 자신의 신념에 부합하지 않는 가짜 뉴스가 가짜라는 팩트체크 결과를 접하게 되면 주로 정보의 품질에 의존하여 인지부조화를 해소하려 한다.
③ 가짜 뉴스가 자신의 신념에 부합하는 사람이 그렇지 않은 사람보다 팩트체크에서 활용한 정보의 출처를 더 중시한다.
④ 가짜 뉴스로 인해 인지부조화가 발생한 경우 그 뉴스에 대한 팩트체크의 결과에 의해서도 인지부조화가 발생한다.
⑤ 정보 출처의 신뢰도보다 정보의 품질이 팩트체크의 효과에 더 영향을 미친다.

문 25. 다음 글의 ㉠~㉤을 문맥에 맞게 수정한 것으로 가장 적절한 것은?

가상의 물질 X에 대한 두 가설을 생각해 보자. 첫 번째는 'X는 1,000℃ 미만에서 붉은빛을 내며, 1,000℃ 이상에서는 푸른빛을 낸다.'라는 가설이다. 두 번째는 'X는 1,000℃ 미만에서 붉은빛을 내며, 1,000℃ 이상에서는 푸른빛을 내지 않는다.'라는 가설이다. ㉠ 이 두 가설은 동시에 참일 수는 없지만 동시에 거짓일 수는 있다. 이제 'X가 700℃에서 붉은빛을 낸다.'라는 사실이 관찰되었다고 하자. 이는 X에 대한 두 가설의 예측과 일치한다. 따라서 이 관찰 결과는 두 가설 모두에 긍정적인 증거라고 할 수 있다. 이렇듯 하나의 관찰 결과가 서로 양립불가능한 가설 모두에 긍정적인 증거가 될 수 있는데, 증거관계의 이러한 특징을 '증거관계 제1성질'이라고 하자.

한편, 위의 첫 번째 가설은 'X는 1,000℃ 미만에서 붉은빛을 내거나 푸른빛을 내지 않는다.'라는 가설을 함축한다. 첫 번째 가설이 참일 때 이 가설 역시 참일 수밖에 없기 때문이다. 'X가 700℃에서 붉은빛을 낸다.'라는 관찰 결과는 첫 번째 가설의 긍정적 증거이므로 이 가설에 대해서도 긍정적인 증거가 된다. 이런 점에서 '어떤 관찰 결과가 가설의 긍정적인 증거라면, 그 관찰 결과는 ㉡ 해당 가설이 함축하고 있는 다른 가설에도 긍정적인 증거이다.'라는 진술은 충분히 받아들일 수 있는 것으로 보인다. 이를 '증거관계 제2성질'이라고 하자.

마지막으로 우리는 '어떤 관찰 결과가 가설의 긍정적인 증거라면, 그 관찰 결과는 그 가설이 거짓이라는 것에 대한 부정적인 증거이다.'라는 진술도 받아들일 수 있다. 위에서 언급한 관찰 결과는 'X는 1,000℃ 미만에서 붉은빛을 낸다.'라는 것의 긍정적인 증거이다. 그렇다면 그 관찰 결과가 '㉢ X는 1,000℃ 미만의 어떤 온도에서는 붉은빛을 내지 않는다.'의 부정적인 증거인 것은 분명하다. 이런 특징을 '증거관계 제3성질'이라고 하자.

이 증거관계의 세 가지 성질은 설득력이 있어 보인다. 하지만 이 성질들은 서로 충돌한다. 예를 들어, 가설 H1과 H2가 양립불가능하며, 관찰 결과 O가 가설 H1의 긍정적 증거라고 가정하자. 그렇다면 ㉣ H2가 거짓이라는 것은 H1을 함축하기 때문에, 증거관계 제2성질에 의해서 O는 H2가 거짓이라는 것에 대한 긍정적 증거가 된다. 그리고 증거관계 제3성질에 의해서 ㉤ O는 H2가 거짓이 아니라는 것에 대한 부정적 증거일 수밖에 없게 된다. 이러한 결과는 증거관계 제1성질이 제3성질과 충돌한다는 것을 보여준다. 이렇게 볼 때 위에서 언급한 증거관계의 세 성질이 동시에 성립할 수 없다고 결론 내려야 한다.

① ㉠을 "이 두 가설은 동시에 참일 수 없으며 동시에 거짓일 수도 없다"로 바꾼다.
② ㉡을 "해당 가설을 함축하고 있는 다른 가설에도 긍정적인"으로 바꾼다.
③ ㉢을 "X는 1,000℃ 이상에서도 붉은빛을 낸다"로 바꾼다.
④ ㉣을 "H1은 H2가 거짓이라는 것을 함축"으로 바꾼다.
⑤ ㉤을 "O는 H2가 거짓이 아니라는 것에 대한 긍정적 증거일 수밖에 없게 된다"로 바꾼다.

문 26. 다음 글의 빈칸에 들어갈 내용으로 가장 적절한 것은?

어떤 수를 나누어떨어지게 하는 수를 약수라고 한다. 예를 들어 20의 약수는 1, 2, 4, 5, 10, 20이다. 소수는 자연수 중에서 1과 자신 이외의 수로는 나누어떨어지지 않는 수를 말한다. 이때 1은 소수가 아니라고 본다. 수학자들은 '1을 제외한 모든 자연수가 소수이거나 소수를 약수로 가진다.'라는 것을 증명했다. 더 나아가 수학자들은 '소수는 무한히 많다.'라는 명제를 증명하고 싶어 했다. 그런데 소수를 일일이 꼽아보는 과정을 통해서는 원하는 증명을 얻을 수 없다. 대신 수학자들은 논증을 통해 이 명제를 증명했는데, 이는 '임의의 소수 N에 대해서 N보다 큰 소수가 존재한다.'라는 것을 보임으로써 이루어진다.

우선 1부터 자연수 N 사이의 모든 자연수를 곱한 수, 1×2×3×…×N, 즉 N!을 생각해 보자. 이 수는 N까지의 모든 자연수로 나누어떨어진다. 그렇다면 N!에 1을 더한 수, (N!+1)은 어떤가? 이 수는 2로 나누어도 1이 남고, 3으로 나누어도 1이 남고, N으로 나누어도 1이 남는다. 따라서 (N!+1)은 2에서 N까지의 어떤 소수로도 나누어떨어지지 않는다. 그렇다면 (   ). (N!+1)이 소수일 경우에는 (N!+1)은 N보다 크므로 N보다 큰 소수가 존재한다. (N!+1)이 그보다 작은 소수로 나누어떨어지는 경우에도, 그 소수는 N보다 클 수밖에 없다. 따라서 이런 경우에도 N보다 큰 소수가 존재한다. 이는 임의의 자연수에 대해서 참이므로, N이 소수인 경우에도 참이다. 즉 임의의 소수 N에 대해서, N보다 큰 소수가 존재한다는 것을 알 수 있다.

① (N!+1)은 소수이다
② (N!+1)은 소수이거나, N보다 작은 소수를 약수로 갖는다
③ (N!+1)은 소수이거나, N보다 크고 (N!+1)보다 작은 소수를 약수로 갖는다
④ (N!+1)은, N보다 크고 (N!+1)보다 작은 소수를 약수로 갖는다
⑤ (N!+1)은 소수가 아니고, N보다 크고 (N!+1)보다 작은 소수를 약수로 갖는다

문 27. 다음 글의 ㉠~㉣에 들어갈 말을 적절하게 나열한 것은?

"미래에 받기로 되어 있는 100만 원을 앞당겨 현재에 받는다면 얼마 이상이어야 수용할까?" 만일 누군가 미래 100만 원의 가치가 현재 100만 원의 가치보다 작다고 평가하면, 현재에 받아야 되는 금액은 100만 원보다 적어도 된다. 이때 현재가치는 미래가치를 할인하여 계산된다. 반대로 미래 100만 원이 현재 100만 원보다 가치가 크다고 판단하면 현재에 받는 금액은 100만 원보다 많아야 하고, 현재가치는 미래가치를 할증하여 계산된다.

이와 같이 현재가치를 계산하기 위한 미래가치의 할인 혹은 할증의 개념은 시간선호와 밀접하게 관련되어 있다. 시간선호는 선호하는 시점에 따라 현재선호가 될 수도 있고 미래선호가 될 수도 있다. 만일 누군가가 미래보다 현재를 선호한다면 그는 현재선호 성향을 가진 사람이고, 이들은 현재가치를 계산할 때 미래가치를 할인한다. 반대로 현재보다 미래를 선호한다면 미래선호 성향이라고 하고, 이 경우 현재가치를 계산할 때 미래가치를 할증한다.

그러나 시간 자체에 대한 선호 여부와 상관없이 가치를 할인하거나 할증할 수도 있다. 예컨대 현재보다 미래를 선호하는 성향을 가졌음에도 예상치 못한 사고가 발생하여 큰돈이 필요하다면 미래가치의 [㉠]을 선택할 수밖에 없다. 요컨대 현재선호는 할인의 [㉡]이 아닌 것이다.

이제 누군가가 1년 뒤의 100만 원과 현재의 90만 원을 동일하게 평가한다고 가정해 보자. 이와 같은 선택의 결과만 보았을 때는 그 사람은 할인을 하고 있는 것이 분명하지만, 이 선택의 결과가 현재선호 때문이라고 확언할 수는 없다. 그 사람이 1년 뒤의 물가가 변동할 것으로 예상한다면, 물가와 반대 방향으로 움직이는 화폐가치의 변동이 그 사람의 의사결정에 영향을 미칠 수도 있다. 물가가 큰 폭으로 [㉢] 것으로 예상하면서도 1년 뒤보다 낮은 수준의 현재 금액을 1년 뒤와 동일하게 평가한다면, 이는 현재선호 때문일 가능성이 크다. 반면 그 사람이 물가가 크게 [㉣] 것으로 확신하여 1년 뒤보다 낮은 수준의 현재 금액을 1년 뒤와 동일하게 평가한다면, 현재선호 때문일 가능성은 위의 상황보다 상대적으로 작아진다.

	㉠	㉡	㉢	㉣
①	할인	필요조건	내릴	오를
②	할인	필요조건	오를	내릴
③	할인	충분조건	내릴	오를
④	할증	필요조건	내릴	오를
⑤	할증	충분조건	오를	내릴

문 28. 다음 글에 비추어 볼 때, 〈사례〉에 대해 추론한 것으로 적절한 것만을 〈보기〉에서 모두 고르면?

우리는 여러 대상들에 대하여 다른 선호를 가지고 있다. 그러면 이 선호를 어떻게 비교할 수 있을까? 예를 들어 생각해보자. 갑은 한식, 중식, 일식, 양식 각각에 대한 선호도를 정량화할 수는 없지만, 그 좋아하는 정도는 한식이 제일 크고 일식이 제일 작다는 것은 분명히 알고 있다. 그러면 실제로 한식과 일식을 좋아하는 정도와 상관없이, 이를 각각 1과 0으로 둔다. 그리고 다음의 두 가지 대안을 놓고 선택하게 하면, 한식 · 일식에 비추어 다른 음식을 좋아하는 순위도 알 수 있다.

A : 무조건 중식을 먹는다.
B : 한식을 먹을 확률이 0.7, 일식을 먹을 확률이 0.3인 추첨을 한다.

B를 선택할 때 갑이 느끼는 만족의 기댓값은 0.7이다. 따라서 갑이 A와 B 가운데 어떤 선택이라도 상관없다고 생각한다면, 그가 중식을 좋아하는 정도는 0.7이 된다. 한편, 갑이 둘 중 B를 선택한다면 그가 중식을 좋아하는 정도는 0.7보다 작고, A를 선택한다면 그 정도는 0.7보다 크다.

이와 같은 방식을 다른 음식에도 적용하면, 모든 음식의 선호를 비교할 수 있다. 우리가 어떤 음식을 얼마나 좋아하는지 비록 그 절대적 정도를 알 수는 없어도, 다른 음식을 통하여 선호의 순위를 따져볼 수는 있는 것이다.

〈사 례〉

을이 한식, 중식, 일식, 양식 중 좋아하는 정도는 양식이 제일 크고 중식이 제일 작다. 을은 C와 D 중 D를 선택하고, E와 F 중 어떤 대안을 선택해도 상관하지 않는다.

C : 무조건 한식을 먹는다.
D : 양식을 먹을 확률이 0.8, 중식을 먹을 확률이 0.2인 추첨을 한다.
E : 무조건 일식을 먹는다.
F : 양식을 먹을 확률이 0.3, 중식을 먹을 확률이 0.7인 추첨을 한다.

〈보 기〉

ㄱ. 을은 일식보다 한식을 더 좋아할 것이다.
ㄴ. 을은 E보다 "양식을 먹을 확률이 0.5, 중식을 먹을 확률이 0.5인 추첨을 한다."라는 대안을 선택할 것이다.
ㄷ. 을의 음식 선호도가 중식이 제일 높고 양식이 제일 낮은 것으로 바뀌고 각 대안에 대한 선택 결과는 〈사례〉와 동일하다면, 을은 한식보다 일식을 더 좋아할 것이다.

① ㄱ
② ㄴ
③ ㄱ, ㄷ
④ ㄴ, ㄷ
⑤ ㄱ, ㄴ, ㄷ

문 29. 다음 대화에 대한 분석으로 적절한 것만을 〈보기〉에서 모두 고르면?

A : 용기라는 덕목에 대해서 생각해 봅시다. 당신은 용기 있는 사람이라면 누구나 대담하다고 생각하나요?
B : 그럼요. 그런 사람은 많은 사람이 두려워하는 일들을 대담하게 수행하지요.
A : 높은 전봇대에 올라가 고압 전류를 다루는 전기 기사나 맹수를 길들이는 조련사는 모두 대담한 사람들이 맞겠죠?
B : 그럼요. 당연하지요.
A : 그럼 그들이 그렇게 대담할 수 있는 이유가 뭘까요?
B : 그것은 전기 기사는 전기에 대해서, 조련사는 맹수에 대해서 풍부한 지식을 지닌 지혜로운 사람들이기 때문이라고 생각합니다. 지혜로운 사람들이란 누구나 자연스럽게 대담해지지요.
A : 저도 동의합니다. 그런데 혹시 어떤 일에 완전히 무지해서 지혜라고는 전혀 없으면서도 대담하다는 것은 인정할 수밖에 없는 사람을 본 적이 있으십니까?
B : 물론이죠. 있고 말고요.
A : 그럼 그런 사람도 용기가 있다고 해야 할까요?
B : 글쎄요. 그랬다간 용기가 아주 추한 것이 되겠지요. 그런 자라면 용기 있는 사람이 아니라 정신 나간 사람입니다.
A : 그렇다면 [㉠]라고 추론할 수 있겠군요.

〈보 기〉

ㄱ. "용기 있는 사람은 누구나 지혜롭다."라는 진술은 ㉠에 들어가기에 적절하다.
ㄴ. B의 견해에 따르면, 지혜롭기는 하지만 용기가 없는 사람은 있을 수 없다.
ㄷ. 만약 B가 마지막 진술만 번복하여 '대담한 사람은 모두 용기가 있다.'라고 인정한다면, 세종대왕이 지혜로운 사람이라는 추가 정보를 통해 그가 용기 있는 사람이라고 추론할 수 있다.

① ㄱ
② ㄴ
③ ㄱ, ㄷ
④ ㄴ, ㄷ
⑤ ㄱ, ㄴ, ㄷ

문 30. 다음 글의 내용이 참일 때 반드시 거짓인 것은?

갑, 을, 병 세 사람이 A, B, C, D, E, F, G, H의 총 8권의 고서를 나누어 소장하고 있다. 이와 관련해 다음과 같은 사실이 알려져 있다.

- 갑이 가장 많은 고서를 소장하고 있으며, 그 다음은 을이며, 병은 가장 적은 수의 고서를 소장하고 있다.
- A, B, C, D, E는 서양서이며, F, G, H는 동양서이다.
- B를 소장한 이는 D도 소장하고 있으나 C는 소장하고 있지 않다.
- E를 소장한 이는 F도 소장하고 있으나 그 외 다른 동양서를 소장하고 있지는 않다.
- G를 소장한 이는 서양서를 소장하고 있지 않다.
- H는 갑이 소장하고 있다.

① 갑은 A와 D를 소장하고 있다.
② 을은 3권의 책을 소장하고 있다.
③ 병은 G를 소장하고 있다.
④ C를 소장한 이는 E도 소장하고 있다.
⑤ D를 소장한 이는 F도 소장하고 있다.

문 31. 다음 글의 내용이 참일 때 반드시 참인 것은?

프랜차이즈 회사 갑은 올해 우수매장을 선정했는데 선정 과정에 본사 경영진이 개입했다는 주장이 있지만 이는 아직 불분명하다. 본사 경영진이 우수매장 선정에 개입했다면, A매장이 선정되었을 것이다. 한편 B매장이 선정되었다면, 우수매장 선정에 본사 경영진이 개입했다는 주장이 거짓임이 밝혀진 셈이다. 최종 선정된 우수매장 후보는 A와 B매장 둘뿐이며 이 중 한 군데만이 선정될 상황이었다. 만약 A매장이 우수매장으로 선정되었다면, 갑의 매장 대부분이 본사 직영점이라는 주장이 거짓임이 밝혀졌을 것이다. 또한, B매장이 우수매장으로 선정되었다면, 갑의 매장은 모두 방역 클린 매장이라는 주장과 모두 친환경 매장이라는 주장이 둘 다 거짓인 것은 아니다. 10년째 영업 중인 갑의 B매장은 방역 클린 매장이지만 친환경 매장은 아니다.

① 갑의 올해 우수매장 선정에 본사 경영진의 개입이 없었다면, A매장이 선정되었을 것이다.
② 갑의 매장 대부분이 본사 직영점이라면, 갑의 매장은 모두 방역 클린 매장이다.
③ 갑의 매장 중에는 본사 직영점도 아니고 친환경 매장도 아닌 곳이 있다.
④ 우수매장으로 선정된 곳은 방역 클린 매장이자 친환경 매장이다.
⑤ 갑의 매장 중 방역 클린 매장이 아닌 곳도 있다.

문 32. 다음 글에 대한 분석으로 적절한 것만을 〈보기〉에서 모두 고르면?

㉠ 힘센 국가나 조직이 지구의 기상을 마음대로 조작하고 있다는 음모론은 수십 년 전부터 사람들의 입에 오르내려 왔다. 이에 따르면 수십 년 전부터 강대국들은 군사적 목적으로 기류의 흐름을 조종하고 폭풍우를 임의로 만들어내고, 적국에 한파나 폭염을 불러일으키는 등의 날씨를 조작하는 환경전(環境戰)을 펼쳐 왔다. 이들 중 특히 C단체에 따르면 ㉡ 산업 현장 등에서 배출하는 과다한 온실 기체 때문에 지구온난화 현상이 일어나는 것이 아니다. 이들은 ㉢ 강대국 정부가 군사적 목적에서 행하는 비밀스러운 기상조작 활동 때문에 지구온난화 현상이 일어난다고 주장한다.

C단체가 이렇게 주장하는 근거는 무엇인가? 이와 관련하여 이들은 ㉣ 기상조작 기술을 군사적 혹은 상업적으로 이용 및 수출하는 것을 금지하는 국제 통상 조항이 있다는 사실에 주목한다. 바로 이것이 ㉤ 기상조작 기술을 실제로 군사적 혹은 상업적으로 이용하고 있다는 증거라는 것이다. 그리고 C단체는 재해 예방을 위한 인공강우 활용 사례들이 보여주는 것처럼 기상조작 기술은 이미 실용화된 기술이라는 점도 지적한다. 이 때문에 이들은 ㉥ 기상조작 기술이 손쉽게 군사적으로 전용될 수 있다고 여긴다. 이에 더해 ㉦ 강대국 정부들은 자국의 기업들이 지구온난화의 책임으로 납부하는 거액의 세금을 환영한다는 사실 역시 정부가 실제로 기상조작 행위를 수행하고 있음을 보여준다고 C단체는 말한다.

그러나 지구온난화 현상이 일으키는 국가적 비용은 음모론자들이 말하는 환경전을 통해 얻을 수 있는 재정상의 이익을 압도한다. 그렇기에 정부가 그런 비용을 치르면서까지 기상조작을 수행할 이유가 없다. 따라서 기상조작 음모론은 터무니없다.

〈보 기〉

ㄱ. ㉠에 동의해도 ㉡에 동의할 필요는 없다.
ㄴ. ㉤, ㉥, ㉦에 모두 동의한다면 ㉢에 동의해야 한다.
ㄷ. 무언가가 실제로 행해지고 있을 때만 그것을 금지하는 규정이 존재한다고 전제하면 ㉣로부터 ㉤이 도출된다.

① ㄱ
② ㄴ
③ ㄱ, ㄷ
④ ㄴ, ㄷ
⑤ ㄱ, ㄴ, ㄷ

문 33. 다음 글에 비추어 볼 때, 〈실험〉에 대한 판단으로 적절한 것만을 〈보기〉에서 모두 고르면?

벼농사를 짓던 농부들은 어떤 어린 벼가 정상 벼에 비해 지나치게 빠르게 생장하여 낟알을 형성하기도 전에 죽는 것을 목격하였다. 과학자들은 이 질병이 특이 곰팡이 A의 감염으로 유발됨을 밝혀내었다. 과학자들은 이 곰팡이를 배양한 배양액을 여과한 후 충분히 끓여 배양액 속에 있던 곰팡이를 모두 제거하였다. 이렇게 멸균된 배양액이 여전히 어린 벼의 빠른 생장을 유도한다는 사실로부터 과학자들은 곰팡이가 만든 물질 B에 의해 식물의 생장이 촉진된다는 것을 밝혀내었는데, 이후에는 정상 식물에서도 물질 B가 발견되었다.

물질 B가 식물 생장에 영향을 미치는 유일한 경로가 과학자들의 추가 연구를 통해 밝혀졌다. 정상 식물에서 단백질 P는 식물의 생장을 촉진하는 물질의 유전자 발현을 일으킨다. 세포 내 단백질 Q는 단백질 P에 결합해 단백질 P의 생장 촉진 기능을 억제한다. 한편 물질 B가 세포 외부에서 내부로 들어오게 되면 물질 B는 복합체 M을 형성한다. 그리고 이 복합체 M은 P−Q 결합체에 작용하여 단백질 Q를 단백질 P에서 분리시킨다. 그러면 단백질 P는 단백질 Q와의 결합으로 억제되었던 원래 기능, 즉 식물의 생장을 촉진하는 물질의 유전자 발현을 일으키는 기능을 회복한다.

〈실 험〉

• 실험1 : 식물 C_1은 돌연변이 때문에 키가 정상보다 크게 자라는 식물인데, 물질 B를 주입해도 생장에는 특별한 변화가 없었다.
• 실험2 : 식물 C_2는 돌연변이 때문에 키가 정상보다 작게 자라는 식물인데, 물질 B를 주입해도 생장에는 특별한 변화가 없었다.

〈보 기〉

ㄱ. 식물 C_1에서 물질 B가 세포 외부에서 세포 내부로 들어갈 수 없게 되었다는 것은 C_1의 돌연변이 현상과 실험1의 결과를 모두 설명할 수 있다.
ㄴ. 식물 C_1에서 단백질 P에 대한 단백질 Q의 작용이 일어나지 않게 되었다는 것은 C_1의 돌연변이 현상과 실험1의 결과를 모두 설명할 수 있다.
ㄷ. 식물 C_2에서 P−Q 결합체에 대한 복합체 M의 작용이 일어나지 않게 되었다는 것은 C_2의 돌연변이 현상과 실험2의 결과를 모두 설명할 수 있다.

① ㄱ
② ㄴ
③ ㄱ, ㄷ
④ ㄴ, ㄷ
⑤ ㄱ, ㄴ, ㄷ

문 34. 다음 글의 A와 B에 대한 분석으로 적절한 것만을 〈보기〉에서 모두 고르면?

기체에 고전역학의 운동방정식을 직접 적용해야 하는지에 대하여 물리학자 A와 B는 다음과 같은 의견을 제시했다.

A : 기체 상태 변화를 예측하기 위해서 고전역학을 직접 적용할 필요가 없다. 작은 부피의 기체에도 엄청나게 많은 수의 분자가 포함되어 있고, 이들은 복잡하게 운동하므로 개별 분자의 운동을 예측하기 위해서는 방대한 양의 고전역학의 운동방정식을 풀어야 한다. 반면, 기체 상태 변화를 예측하는 데 쓰이는 거시적 지표인 온도, 압력, 밀도 등의 물리량은 평균적 분자운동에 관한 것이기 때문에, 그것들을 얻기 위해 각 분자의 운동을 분석할 필요가 없다. 개별 분자의 운동을 정확히 알지 못하더라도 분자의 집단적인 운동은 통계적 방법만으로 분석할 수 있다.

B : 모든 개별 분자의 운동 상태를 결정하는 것은 어렵지만 필요하다. 기체와 관련된 대부분의 현상에서, 개별 분자가 아닌 분자 집단에 대한 분석을 통해 평균속도를 포함한 기체 상태 변화에 대한 정보를 알아낼 수 있다는 사실에는 동의한다. 하지만 통계적 방법을 적용하기 어려운 상황에서는 기체 상태 변화를 정확히 예측할 수 없는 경우가 있다는 것에 주목해야 한다. 이때에는 분자와 분자의 충돌이나 각 분자의 운동에 대한 개별 방정식을 푸는 것이 필요하다. 외부에서 주어지는 힘 등의 조건을 이용하여 운동방정식을 계산하면 어떤 경우라도 개별 분자들의 위치와 속도를 포함하여 기체에 대한 완전한 정보를 얻을 수 있으므로, 이런 상황을 설명하는 데에도 아무 문제가 없다. 이런 정보들을 종합하면 모든 기체 상태 변화와 관련된 거시적 지표의 변화를 예측할 수 있다.

〈보 기〉

ㄱ. A는 개별 기체 분자의 운동을 완전히 예측하는 것이 불가능하다는 것에 동의한다.
ㄴ. B는 개별 기체 분자의 운동과 관련된 값을 계산하는 것보다는 이들의 집단적 운동을 탐구하는 것이 더 다양한 기체 상태 변화를 예측할 수 있다는 것에 동의한다.
ㄷ. 기체 분자 집단의 운동을 통계적 방법으로 분석하는 것으로는 기체 상태 변화 예측이 불가능한 경우가 있다는 것에 A는 동의하지 않지만, B는 동의한다.

① ㄴ
② ㄷ
③ ㄱ, ㄴ
④ ㄱ, ㄷ
⑤ ㄱ, ㄴ, ㄷ

문 35. 다음 논쟁에 대한 분석으로 적절한 것만을 〈보기〉에서 모두 고르면?

갑 : 신의 존재는 확신할 수 없지만, 신을 믿는 선택을 하지 않는 것은 비합리적이다. 신을 믿는 선택을 한다고 해 보자. 신이 존재한다면 사후에 무한한 행복을 얻게 될 것이고, 신이 존재하지 않는다면 생전에 얻은 행복이 전부이며 그 양은 유한할 것이다. 신이 존재할 확률은 적어도 0보다는 클 것이다. 그렇다면 신을 믿는 선택을 통해 얻게 될 행복의 기댓값은 무한대가 될 것이다. 이제 신을 믿지 않는 선택을 한다고 해 보자. 그러면 행복은 생전에 얻은 것이 전부일 것이며 그 값은 유한하므로 신을 믿지 않는 선택을 통해 얻게 될 행복의 기댓값은 유한하다. 우리는 기댓값이 최대가 아닌 선택을 하는 것은 비합리적이라는 일반 원칙을 받아들인다. 따라서 신을 믿는 선택을 하지 않는 것은 비합리적이다.

을 : 그 일반 원칙은 나도 받아들인다. 하지만 신을 믿는 선택을 하지 않는 것이 늘 비합리적인 것은 아니다. 동전을 던져 앞면이 나오면 신의 존재를 믿고, 뒷면이 나오면 믿지 않는 식으로 신의 존재에 관한 믿음 여부를 결정한다고 해 보자. 이때 앞면이 나오면, 신을 믿게 되고 행복의 기댓값은 무한대가 될 것이다. 뒷면이 나오면, 신을 믿지 않게 될 것이고 행복의 기댓값은 유한할 것이다. 앞면이 나올 확률은 1/2이므로 1/2의 확률로 무한한 기댓값을 얻게 된다. 무한한 기댓값을 얻을 확률이 0보다 높기만 하면 결과적으로 신의 존재에 대한 믿음을 동전 던지기로 결정하는 선택의 최종 기댓값 역시 무한대가 된다. 그렇다면 동전 던지기로 신을 믿을지 안 믿을지 결정하는 것이 비합리적이라고 말할 수 없다.

〈보 기〉

ㄱ. 갑과 을은 합리적인 사람은 최대의 기댓값을 가지는 선택을 할 것이라는 점에 동의한다.
ㄴ. 갑은 신을 믿는 선택을 하지 않는 것이 비합리적이라는 것에 동의하지만 을은 그렇지 않다.
ㄷ. 을의 논증에 따르면, 당첨 확률이 매우 낮지만 0보다는 큰 로또 복권에 당첨되면 신을 믿고, 그렇지 않으면 신을 믿지 않기로 하는 것은 신을 믿는 선택만큼 합리적이다.

① ㄱ
② ㄷ
③ ㄱ, ㄴ
④ ㄴ, ㄷ
⑤ ㄱ, ㄴ, ㄷ

문 36. 다음 글의 ㉠을 약화하는 것만을 〈보기〉에서 모두 고르면?

> 고대 아테네에서는 공적 기관에서 일할 공직자를 추첨으로 선발하였다. 이는 오늘날의 민주정과 구분되는 아테네 민주정의 핵심 특징이다. 아테네가 추첨으로 공직자를 뽑은 이유는 그들의 자유와 평등 개념에서 찾을 수 있다.
>
> 아테네 민주정의 고유한 정의 개념은 공직을 포함한 사회적 재화들이 모든 자유 시민에게 고루 배분되어야 한다는 것이다. 이러한 점에서 평등은 시민들이 통치 업무에서 동등한 몫을 갖는다는 의미로서 원칙상 공직을 맡을 기회가 균등할 때 실현가능하다. 바로 추첨이 이러한 평등을 보장해 주는 것이다. 자유의 측면에서도 추첨의 의미를 조명할 수 있다. 아테네에서 자유란 한 개인이 정치체제의 근본 원칙을 수립하는 통치 주체가 되는 것이다. 추첨 제도 덕분에 아테네의 모든 시민은 자유를 누리고 있었다고 볼 수 있다. 공적 업무의 교대 원칙과 결합한 추첨 제도를 시행함으로써 아테네 시민은 누구나 일생에 적어도 한 번은 공직을 맡게 될 것이었기 때문이다.
>
> 또한 아리스토텔레스가 말한 것처럼, '통치하고 통치받는 일을 번갈아 하는 것'은 민주정의 기본 원칙 가운데 하나이고, 그렇게 통치와 복종을 번갈아 하는 것이 민주 시민의 덕성이기도 했다. 명령에 복종하던 시민이 명령을 내리는 통치자가 되면 자신의 결정과 명령에 영향을 받게 될 시민의 입장을 더 잘 참작할 수 있을 것이다. 자신의 통치가 피지배자에게 어떤 영향을 미칠지 생생하게 예측할 수 있게 되면서 정의로운 결정을 위해 더욱 신중하게 숙고할 것이기 때문에, 시민들이 통치와 복종을 번갈아 한다는 것은 좋은 정부를 만드는 훌륭한 수단이 되는 것이다.
>
> 결국 ㉠ 이런 점들을 고려할 때, 추첨식 민주정은 자유와 평등의 이념과 공동체 호혜의 정신을 실천하는 데 적합한 제도였다고 평가할 수 있다.

〈보 기〉

ㄱ. 추첨이 아닌 다른 제도를 통해서도 사실상 공직을 맡을 기회가 모든 시민에게 균등하게 배분될 수 있다.
ㄴ. 사람마다 능력과 적성이 다르며, 능력과 적성에 맞지 않는 일을 하는 사람은 그 일의 진정한 주체가 될 수 없다.
ㄷ. 도덕적 소양을 갖춘 사람이 아니라면, "내가 싫어하는 것은 남들에게 하지 말아야겠어!"라고 생각하기보다 "나도 당했으니 너도 당해봐!"라고 생각하는 경우가 더 흔하다.

① ㄱ
② ㄴ
③ ㄱ, ㄷ
④ ㄴ, ㄷ
⑤ ㄱ, ㄴ, ㄷ

문 37. 다음 글의 A와 B에 대한 평가로 적절한 것만을 〈보기〉에서 모두 고르면?

> 다음은 적조의 발생을 설명하는 두 가설이다.
>
> A : 적조는 초여름 장마철에 하천으로부터 영양염류가 해양에 유입되어야만 발생한다. 육지의 영양염류는 비가 내리지 않는 기간에는 바다로 유입되지 않으나 장마에 의해 많은 비가 내리면서 바다로 유입된다. 이때는 바닷물이 따뜻하고 영양염류는 충분하지만 충분한 빛이 없어 식물성 플랑크톤의 성장이 활발하게 이루어지지 못한다. 그러다가 장마가 끝나거나 장마 중이라도 비가 멈추고 충분한 일사량이 며칠간 확보되면, 식물성 플랑크톤이 급속한 성장을 하여 적조가 발생하게 된다.
>
> B : 적조는 유기오염 물질이 해양에 누적되어야만 발생한다. 인간에 의해 만들어진 유기오염 물질이 지속적으로 바다로 흘러들면 가라앉아 해저에 퇴적된다. 온도가 낮은 겨울에는 미생물 활성이 제한되어 유기오염 물질의 무기화 과정이 활발하지 않다. 계절이 바뀌어 기온이 상승하고 일사량이 증가하면 퇴적층의 미생물 활성이 점차 높아지게 된다. 그러면 유기오염 물질에서 영양염류가 용출되어 퇴적층 위에 쌓인다. 본래 퇴적층은 수온약층에 의해 해수면과 격리된 상태이므로 해저의 영양염류가 해수면으로 이동할 수 없다. 하지만 해당 해역에 식물성 편모조류가 있다면 영양염류를 해수면으로 운반할 수 있다. 식물성 편모조류는 운동기관인 편모를 가지고 있어 하루에 수십 미터를 이동할 수 있다. 이 방식으로 영양염류가 따뜻한 해수면에 모이고, 이후 충분한 일사량이 며칠간 확보되면 식물성 플랑크톤이 크게 번성하여 적조가 발생한다.

〈보 기〉

ㄱ. 직전 여름에 비가 많이 내린 차가운 겨울 바다에서 적조가 발생하였다면 A와 B 모두 약화된다.
ㄴ. 유기오염 물질이 해저에 퇴적되지 않은 바다에서 적조가 발생하였다면 A와 B 모두 약화된다.
ㄷ. 식물성 편모조류가 서식하지 않고 며칠간 햇빛이 잘 든 바다에서 적조가 발생하였다면 A는 약화되지 않지만 B는 약화된다.

① ㄱ
② ㄴ
③ ㄱ, ㄷ
④ ㄴ, ㄷ
⑤ ㄱ, ㄴ, ㄷ

문 38. 다음 글의 ㉠과 ㉡에 대한 평가로 적절한 것만을 〈보기〉에서 모두 고르면?

A국의 어업 규제는 일정 정도의 크기에 이르지 못한 개체는 잡을 수 없게 하고 있다. 이러한 규제는 ㉠ 큰 개체를 보호하면 그렇지 않은 경우보다 개체 수의 회복이 느리고, 작은 개체를 보호하면 그렇지 않은 경우보다 개체 수의 회복이 빠르다는 가설에 근거하고 있다. 이 가설을 받아들인다면 작은 개체를 많이 잡게 되면 개체 수의 회복이 어려울 것이다. 반면 큰 개체를 많이 잡게 되면, 그 후 작은 개체가 성장하고 번식하여 개체 수가 더 빨리 회복될 수 있을 것이다. 그러나, A국의 생태학자들은 크기를 이용한 이러한 규제가 인위적 선택에 의한 진화적 부작용을 유발할 수 있다는 우려를 나타내고 있다. 이들은 진화이론에 기반하여 도출한 ㉡ 정해진 크기에 해당하는 개체만 잡으면 세대가 지날수록 집단에서 그와 다른 크기의 개체의 비율이 점차 증가한다는 가설을 적용해야 한다고 주장한다. 이 가설을 바탕으로 생태학자들은 현재의 어업 규제와 같이 일정 크기 이상의 개체만 잡게 되면 결국 크기가 작은 개체만 남게 되어, 어족 자원의 질은 나빠질 것이라고 말한다.

이러한 쟁점과 관련하여 한 어류 생태학자는 연안에 서식하는 어류 X를 이용해 실험하였다. 그는 3개의 큰 물탱크를 준비하여 각 탱크에 1,000마리의 X를 넣고, 탱크 각각에 다음 처리를 하였다.

처리1 : 크기가 작은 순으로 900마리의 개체를 제거한다.
처리2 : 크기가 큰 순으로 900마리의 개체를 제거한다.
처리3 : 900마리의 개체를 무작위로 선택하여 제거한다.

이런 처리 이후, 각 탱크에서 개체 수가 회복되기까지 기다렸다. 그런 다음 같은 방식으로 각 탱크의 개체 중 90%를 제거하였다. 이런 식의 시도를 총 4번 반복하였다.

〈보 기〉

ㄱ. 탱크 속 개체 수가 회복되는 시간과 개체의 평균 크기를 비교했을 때, 처리1을 한 탱크와 처리3을 한 탱크 간의 유의미한 차이가 없었다면, ㉠은 강화되지만 ㉡은 약화된다.
ㄴ. 처리2를 한 탱크 속 개체의 수가 처리3을 한 탱크 속 개체의 수보다 빠르게 회복되었지만, 처리2를 한 탱크 속 개체의 평균 크기는 처리3을 한 탱크 속 개체의 평균 크기보다 작아졌다면, ㉠과 ㉡ 모두 강화된다.
ㄷ. 처리3을 한 탱크 속 개체의 수가 처리1을 한 탱크 속 개체의 수보다 빠르게 회복되었지만, 처리3을 한 탱크 속 개체의 평균 크기는 처리1을 한 탱크 속 개체의 평균 크기보다 커졌다면, ㉠은 강화되지만 ㉡은 약화된다.

① ㄱ
② ㄴ
③ ㄱ, ㄷ
④ ㄴ, ㄷ
⑤ ㄱ, ㄴ, ㄷ

※ 다음 글을 읽고 물음에 답하시오. [39~40]

갑은 ㉠ 환원 개념을 통해 과학 이론들의 통일과 진보를 설명할 수 있다고 제안한다. 그에 따르면, 이론 S1이 이론 S2로 환원된다는 것은 S1을 구성하는 모든 법칙을 S2를 구성하는 법칙들로 설명할 수 있다는 것이다. 여기서 설명 가능성이란 환원되는 이론 S1의 법칙들이 환원하는 이론 S2의 법칙들로부터 연역적으로 도출될 수 있어야 한다는 도출 가능성을 의미한다.

연역적 도출로서의 환원은 과학 이론들의 통일에 대해 설득력 있는 그림을 제공한다. 통일 과학을 구성하는 다양한 과학 분야들은 층위를 달리하는 계층 질서를 형성하게 되고, 이 계층 질서의 위쪽에 있는 상부 과학은 기저 역할을 하는 하부 과학으로 환원된다. 즉, (가) 과학의 법칙들로부터 (나) 과학의 법칙들이 연역적으로 도출되는 것이다. 연역적 도출이라는 관계를 부분과 전체의 관계로 이해하면, 전체에서 부분이 도출되어야 하므로 (다) 과학은 (라) 과학의 부분이 된다. 또한 이런 그림을 시차를 두고 등장한 과학 이론들에 적용함으로써 과학의 진보를 설명할 수도 있다. 역사 속의 선행 이론과 후행 이론 사이에 연역적 도출로서의 환원 관계가 성립함으로써 과학 변동의 형태가 선행 이론이 후행 이론에 포함되는 관계를 드러낼 때, 그것을 과학의 진보라 부를 수 있다는 것이다.

환원되는 이론 S1과 환원하는 이론 S2 사이에 일부 공유되지 않는 이론적 어휘가 있어서 온전한 포함관계가 성립할 수 없어 보이는 경우도 이런 환원 개념을 적용할 수 있을까? 갑은 그런 경우에는 (마) 에서는 사용하지 않지만 (바) 에서는 사용하는 용어를 연결해 주는 소위 '교량 원리'를 도입하면 된다고 주장한다. 예를 들어, 고전역학을 양자역학으로 환원할 때, 양자역학에서 사용하지 않는 고전역학 용어인 '입자'를 양자역학에서 사용하는 '양자 파동함수'라는 용어로 바꾸어주는 가교 역할로서 '입자란 양자 파동함수가 뭉쳐 있는 상태이다.'라는 교량 원리를 도입하면 된다는 것이다.

하지만 을은 ㉡ 위와 같은 환원 개념으로는 과학의 통일과 진보를 온전히 설명할 수 없다고 비판한다. 그에 따르면, 갑처럼 어떤 이론을 다른 이론으로 환원한다고 할 때 후자의 법칙으로부터 전자의 법칙을 연역적으로 도출해 낸 결과물이 전자의 법칙과 같아 보이지만, 실은 결코 같을 수가 없다. 연역적 도출은 단지 형식 논리에 따른 계산의 결과물일 뿐이기 때문이다. 예를 들어, 뉴턴 역학의 법칙에서 갈릴레오의 자유 낙하 운동 법칙이 연역적으로 도출된다고 하더라도 그 둘이 같은 것은 아니다. 갈릴레오의 자유 낙하 운동 법칙에서는 가속도가 일정하다고 간주하지만, 뉴턴 역학의 법칙으로부터 도출되는 자유 낙하 운동 법칙에서는 낙하 과정에서 가속도가 미세하나마 꾸준히 변화하는 것으로 간주하기 때문이다. 두 법칙에 따른 계산 결과의 차이가 측정하기 어려울 정도로 미세하다 할지라도 두 법칙의 개념적 내용은 엄연히 다른 것이다.

을에 따르면, 교량 원리에도 마찬가지 문제가 있다. '입자란 양자 파동함수가 뭉쳐 있는 상태이다.'와 같은 모범적인 교량 원리가 제시되더라도, 고전역학의 입자 개념과 양자 파동함수가 뭉쳐 있는 상태로 정의되는 입자 개념이 결코 동일시될 수 없다는 것이다. 심지어 두 이론이 공유하는 용어들도 저마다 그 의미가 다를 수 있다. 예를 들어, 고전역학과 상대성이론은 '질량'이라는 용어를 공유하지만, 질량은 고전역학에서는 각 물체가 지닌 고유한 상수인 반면, 상대성이론에서는 물체의 운동에 따라 바뀌는 변수이기 때문이다.

문 39. 위 글의 (가)~(바)에 들어갈 말을 적절하게 나열한 것은?

	(가)	(나)	(다)	(라)	(마)	(바)
①	하부	상부	상부	하부	S1	S2
②	하부	상부	하부	상부	S1	S2
③	상부	하부	하부	상부	S1	S2
④	하부	상부	상부	하부	S2	S1
⑤	상부	하부	하부	상부	S2	S1

문 40. 위 글의 ㉠과 ㉡에 대한 평가로 적절한 것만을 〈보기〉에서 모두 고르면?

〈보 기〉

ㄱ. 두 이론 사이에 연역적 도출을 통한 환원 관계가 성립했다는 판단은 그 두 이론이 공유하는 용어들의 개념적 내용이 같다는 것을 함축한다는 주장이 받아들여지면, ㉠은 강화되고 ㉡은 약화된다.

ㄴ. 뉴턴 역학에는 중세 운동 이론에 등장하는 '임페투스'라는 용어를 연결할 수 있는 원리가 존재하지 않음에도 불구하고 후행 이론인 뉴턴 역학을 선행 이론인 중세 운동 이론으로부터의 과학적 진보로 평가한다는 주장이 받아들여지면, ㉠은 약화되고 ㉡은 강화된다.

ㄷ. 원래는 별개의 영역을 다루는 것으로 알려져 있던 두 이론이 나중에 교량 원리를 이용한 제3의 이론으로부터 둘 다 연역적으로 도출됨으로써 그 세 이론 사이에 포함 관계를 형성하게 된 역사적 사례가 다수 존재한다는 주장이 받아들여지면, ㉠은 강화되고 ㉡은 약화된다.

① ㄱ
② ㄷ
③ ㄱ, ㄴ
④ ㄴ, ㄷ
⑤ ㄱ, ㄴ, ㄷ

문 1. 다음 〈표〉는 2020년 4분기(10~12월) 전국 아파트 입주 물량에 관한 자료이다. 제시된 〈표〉 이외에 〈보고서〉를 작성하기 위해 추가로 필요한 자료만을 〈보기〉에서 모두 고르면?

〈표 1〉 월별 아파트 입주 물량

(단위 : 세대)

구분 \ 월	10월	11월	12월	합
전국	21,987	25,995	32,653	80,635
수도권	13,951	15,083	19,500	48,534
비수도권	8,036	10,912	13,153	32,101

〈표 2〉 규모 및 공급주체별 아파트 입주 물량

(단위 : 세대)

구분	규모			공급주체	
	$60m^2$ 이하	$60m^2$ 초과 $85m^2$ 이하	$85m^2$ 초과	공공	민간
전국	34,153	42,528	3,954	23,438	57,197
수도권	21,446	24,727	2,361	15,443	33,091
비수도권	12,707	17,801	1,593	7,995	24,106

〈보고서〉

2020년 4분기(10~12월) 전국 아파트 입주 물량은 80,635세대로 집계되었다. 수도권은 48,534세대로 전년 동기 및 2015~2019년 4분기 평균 대비 각각 37.5%, 1.7% 증가했고, 비수도권은 32,101세대로 전년 동기 및 2015~2019년 4분기 평균 대비 각각 47.6%, 46.8% 감소하였다. 시도별로 살펴보면, 서울은 12,097세대로 전년 동기 대비 7.9% 증가하였다. 그 외 인천 · 경기 36,437세대, 대전 · 세종 · 충남 8,015세대, 충북 3,835세대, 강원 646세대, 전북 0세대, 광주 · 전남 · 제주 5,333세대, 대구 · 경북 5,586세대, 부산 · 울산 5,345세대, 경남 3,341세대였다. 주택 규모별로는 $60m^2$ 이하 34,153세대, $60m^2$ 초과 $85m^2$ 이하 42,528세대, $85m^2$ 초과 3,954세대로, $85m^2$ 이하 중소형주택이 전체의 95.1%를 차지하여 중소형주택의 입주 물량이 많았다. 공급주체별로는 민간 57,197세대, 공공 23,438세대로, 민간 입주 물량이 공공 입주 물량의 2배 이상이었다.

〈보 기〉

ㄱ. 2015~2019년 4분기 수도권 및 비수도권 아파트 입주 물량
ㄴ. 2015~2019년 공급주체별 연평균 아파트 입주 물량
ㄷ. 2019~2020년 4분기 시도별 아파트 입주 물량
ㄹ. 2019년 4분기 규모 및 공급주체별 아파트 입주 물량

① ㄱ, ㄴ
② ㄱ, ㄷ
③ ㄱ, ㄹ
④ ㄴ, ㄷ
⑤ ㄴ, ㄹ

문 2. 다음 〈표〉는 A~E지점을 연이어 주행한 '갑'~'병'자동차의 구간별 연료 소모량 및 평균 속력에 관한 자료이다. 이에 대한 〈보기〉의 설명 중 옳은 것만을 모두 고르면?

〈표〉 '갑'~'병'자동차의 구간별 연료 소모량 및 평균 속력

(단위 : km, L, km/h)

구간 \ 구분 \ 자동차(연료)		갑 (LPG)		을 (휘발유)		병 (경유)	
구간	거리	연료 소모량	평균 속력	연료 소모량	평균 속력	연료 소모량	평균 속력
A → B	100	7.0	100	5.0	100	3.5	110
B → C	50	4.0	90	3.0	100	2.0	90
C → D	70	5.0	100	4.0	90	3.0	100
D → E	20	2.0	100	1.5	110	1.5	100
전체	240	18.0	( )	13.5	( )	10.0	( )

※ 1) L당 연료비는 LPG 1,000원, 휘발유 1,700원, 경유 1,500원임

2) 주행 연비(km/L) $= \frac{\text{주행 거리}}{\text{연료 소모량}}$

〈보 기〉

ㄱ. 전체 구간 주행 시간은 '병'이 가장 길다.
ㄴ. 전체 구간 주행 연료비는 '을'이 가장 많고, '병'이 가장 적다.
ㄷ. 전체 구간 주행 연비는 '병'이 가장 높고, '갑'이 가장 낮다.
ㄹ. '갑'의 A → B 구간 주행 연비는 '을'의 B → C 구간 주행 연비보다 높다.

① ㄱ, ㄴ
② ㄱ, ㄷ
③ ㄴ, ㄷ
④ ㄷ, ㄹ
⑤ ㄴ, ㄷ, ㄹ

문 3. 다음 〈표〉는 A질환 환자의 성별 흡연 및 음주 여부에 관한 자료이다. 이에 대한 〈보기〉의 설명 중 옳은 것만을 모두 고르면?

〈표〉 A질환 환자의 성별 흡연 및 음주 여부

(단위 : 명, %)

음주 여부 \ 구분 \ 흡연 여부 \ 성별		남성		여성	
		흡연	비흡연	흡연	비흡연
음주	인원	600	( )	( )	( )
	비율	30	35	( )	20
비음주	인원	( )	( )	300	450
	비율	10	( )	( )	30

※ 비율(%)은 흡연 및 음주 여부에 따른 남(여)성 환자 수를 전체 남(여)성 환자 수로 나눈 값에 100을 곱한 것임. 예를 들어, 남성 환자 중 흡연과 음주를 모두 하는 비율은 30%임

〈보 기〉

ㄱ. 흡연 비율은 남성 환자가 여성 환자보다 높다.
ㄴ. 비음주이면서 비흡연인 환자는 남성이 여성보다 많다.
ㄷ. 각 성별에서 음주 환자가 비음주 환자보다 많다.
ㄹ. 전체 환자 중 음주 환자 비중은 전체 환자 중 흡연 환자 비중보다 크다.

① ㄱ, ㄴ
② ㄱ, ㄷ
③ ㄴ, ㄹ
④ ㄷ, ㄹ
⑤ ㄴ, ㄷ, ㄹ

문 4. 다음 〈표〉는 '갑'국 국세청의 행정소송 현황에 관한 자료이다. 제시된 〈표〉 이외에 〈보고서〉를 작성하기 위해 추가로 필요한 자료만을 〈보기〉에서 모두 고르면?

〈표 1〉 2017~2020년 행정소송 현황

(단위 : 건)

연도 \ 구분	처리대상건수		처리완료건수				처리미완료건수		
	전년 이월	당년 제기	취하	각하	국가 승소	국가 패소	행정 법원	고등 법원	대법원
2017	2,093	1,679	409	74	862	179	1,279	647	322
2018	2,248	1,881	485	53	799	208	1,536	713	335
2019	2,584	1,957	493	78	749	204	2,043	692	282
2020	3,017	2,026	788	225	786	237	1,939	793	275

※ 미완료율(%) $= \frac{\text{처리미완료건수}}{\text{처리대상건수}} \times 100$

〈표 2〉 2020년 세목별 행정소송 현황

(단위 : 건)

세목 \ 구분	처리대상건수		처리완료건수				처리미완료건수		
	전년 이월	당년 제기	취하	각하	국가 승소	국가 패소	행정 법원	고등 법원	대법원
종합 소득세	305	249	85	7	103	33	227	74	25
법인세	443	347	54	6	108	44	396	123	59
부가 가치세	645	405	189	13	162	42	400	183	61
양도 소득세	909	447	326	170	240	39	378	167	36
상속세	84	52	14	1	28	9	50	20	14
증여세	429	282	70	12	96	49	272	157	55
기타	202	244	50	16	49	21	216	69	25

〈표 3〉 2020년 소송가액별 행정소송 현황

(단위 : 건)

소송가액 \ 구분	처리대상건수		처리완료건수				처리미완료건수		
	전년 이월	당년 제기	취하	각하	국가 승소	국가 패소	행정 법원	고등 법원	대법원
3억 원 미만	1,758	1,220	599	204	540	102	1,028	414	91
3억 원 이상 10억 원 미만	542	375	129	15	133	56	374	156	54
10억 원 이상	717	431	60	6	113	79	537	223	130

〈보고서〉

2017~2020년 '갑'국 국세청의 연도별 행정소송 현황을 살펴보면 전년 이월 처리대상건수와 당년 제기 처리대상건수는 매년 증가하였다. 한편 2017~2019년 미완료율은 매년 증가하였으나, 2020년에는 미완료율이 전년 대비 감소하였다. 2017~2020년 처리대상건수 대비 국가승소 건수의 비율은 매년 감소하였는데, 특히 2017년에는 전년 대비 20%p 감소하여 가장 큰 폭으로 감소하였다. 2017~2020년 국가승소 건수 중 법인세 관련 행정소송 건수가 차지하는 비율 또한 매년 감소하였다.

2020년에 전년 이월 처리대상건수가 가장 많은 세목은 양도소득세였으며, 행정소송이 진행 중이어서 처리완료되지 못하고 2021년으로 이월된 행정소송 건수가 가장 많은 세목은 부가가치세였다.

2020년의 경우 소송가액 3억 원 미만인 국가승소 건수가 3억 원 이상인 국가승소 건수보다 많았다. 한편 2017~2020년 행정법원 소송 처리미완료건수 중 소송가액 10억 원 이상인 건수가 차지하는 비율은 2018년이 가장 높았으며 2020년이 가장 낮았다.

〈보 기〉

ㄱ. 2016년 행정소송 처리대상건수 및 국가승소 건수
ㄴ. 2021년 소송가액별 행정소송 처리대상건수
ㄷ. 2017~2019년 국가승소 건수 중 법인세 관련 행정소송 건수
ㄹ. 2017~2019년 소송가액이 10억 원 이상인 행정법원 소송 처리미완료건수

① ㄱ, ㄴ
② ㄱ, ㄷ
③ ㄴ, ㄹ
④ ㄱ, ㄷ, ㄹ
⑤ ㄴ, ㄷ, ㄹ

문 5. 다음 〈표〉는 '갑'도매시장에서 출하되는 4개 농산물의 수송 방법별 운송량에 관한 자료이다. 이에 대한 〈보기〉의 설명 중 옳은 것만을 모두 고르면?

〈표〉 4개 농산물의 수송 방법별 운송량

(단위 : 톤)

수송 방법 \ 농산물	쌀	밀	콩	보리	합계
도로	10,600	16,500	400	2,900	30,400
철도	5,800	7,500	600	7,100	21,000
해운	1,600	3,000	4,000	2,000	10,600

※ '갑'도매시장 농산물 수송 방법은 도로, 철도, 해운으로만 구성됨

〈보 기〉

ㄱ. 농산물별 해운 운송량이 각각 100톤씩 증가하면 4개 농산물 해운 운송량의 평균은 2,750톤이다.
ㄴ. 보리의 수송 방법별 운송량이 각각 50%씩 감소하고 콩의 수송 방법별 운송량이 각각 100%씩 증가하더라도, 4개 농산물 전체 운송량에는 변동이 없다.
ㄷ. 도로 운송량이 많은 농산물일수록 해당 농산물의 운송량 중 도로 운송량이 차지하는 비중이 더 크다.
ㄹ. 해운 운송량이 적은 농산물일수록 해당 농산물의 운송량 중 해운 운송량이 차지하는 비중이 더 작다.

① ㄱ, ㄷ
② ㄱ, ㄹ
③ ㄴ, ㄷ
④ ㄴ, ㄹ
⑤ ㄷ, ㄹ

문 6. 다음 〈그림〉은 2019~2021년 '갑'국의 건설, 농림수산식품, 소재 3개 산업의 기술도입액과 기술수출액 현황에 관한 자료이다. 이에 대한 설명으로 옳지 않은 것은?

〈그림〉 3개 산업의 기술도입액과 기술수출액 현황

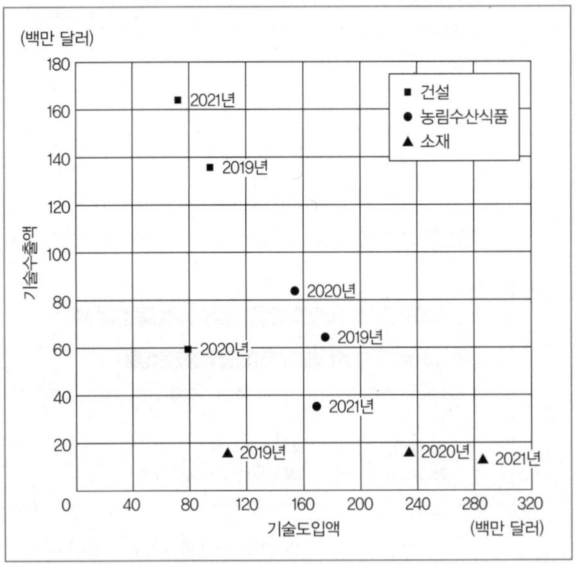

※ 1) 기술무역규모 = 기술수출액 + 기술도입액
2) 기술무역수지 = 기술수출액 − 기술도입액
3) 기술무역수지비 = $\frac{\text{기술수출액}}{\text{기술도입액}}$

① 2020년 3개 산업 중 기술무역수지가 가장 작은 산업은 건설 산업이다.
② 2021년 3개 산업 중 기술무역규모가 가장 큰 산업은 소재 산업이다.
③ 2019년 3개 산업의 전체 기술도입액은 3억 2천만 달러 이상이다.
④ 소재 산업에서 기술무역수지는 매년 감소한다.
⑤ 농림수산식품 산업에서 기술무역수지비가 가장 큰 해는 2020년이다.

문 7. 다음 〈표〉는 2018~2021년 '갑'국의 여름철 물놀이 사고 사망자에 관한 자료이다. 이를 바탕으로 작성한 〈보고서〉의 내용 중 옳지 않은 것은?

〈표 1〉 연령대별 여름철 물놀이 사고 사망자 수

(단위 : 명)

연령대 / 연도	10세 미만	10대	20대	30대	40대	50대 이상
2018	2	6	4	4	4	4
2019	2	13	9	2	2	8
2020	2	9	7	2	4	13
2021	0	5	3	5	5	19

〈표 2〉 4대 주요 발생 장소 및 원인별 여름철 물놀이 사고 사망자 수

(단위 : 명)

구분	4대 주요 발생 장소				4대 주요 원인			
연도	하천	해수욕장	계곡	수영장	안전부주의	수영미숙	음주수영	급류
2018	16	3	2	2	6	13	3	2
2019	23	3	5	4	9	14	5	6
2020	19	3	1	12	8	14	3	8
2021	23	7	2	5	9	12	6	2

※ 여름철 물놀이 사고 사망자의 발생 장소와 원인은 각각 1가지로만 정함

〈보고서〉

물놀이 사고는 여름철인 6~8월에 집중적으로 발생한다. 연도별 사고 현황을 살펴보면, ㉠ 여름철 물놀이 사고 사망자는 2019년에 전년 대비 50% 이상 증가하였고, 이후 매년 30명 이상이었다.

㉡ 여름철 물놀이 사고 사망자 중 4대 주요 원인에 의한 사망자가 차지하는 비율이 가장 높은 해는 2018년이다. 한편, ㉢ 여름철 물놀이 사고 사망자 중 수영미숙에 의한 사망자가 매년 30% 이상을 차지해 이에 대한 예방책이 필요한 것으로 판단된다. 또 2019년과 2020년은 급류사고로 인한 사망자가 다른 해에 비해 많았다.

사고 발생 장소를 살펴보면, ㉣ 2018년부터 2021년까지 매년 여름철 물놀이 사고 사망자의 60% 이상이 하천에서 발생한 사고로 사망하였다. 따라서 하천에서의 사고를 예방하기 위해 물놀이 안전수칙 홍보를 강화할 필요가 있다. 여름철 물놀이 사고 사망자 수를 연령대와 장소 및 원인에 따라 세부적으로 살펴보면, 2020년 50대 이상 사망자 중 수영장 외의 장소에서 사망한 사망자가 1명 이상이고, ㉤ 2021년 안전부주의 사망자 중 30대 이상 사망자가 1명 이상이다.

① ㄱ
② ㄴ
③ ㄷ
④ ㄹ
⑤ ㅁ

문 8. 다음 〈표〉는 2020년 A~D국의 어업 생산량에 관한 자료이다. 〈표〉와 〈조건〉을 근거로 A~D에 해당하는 국가를 바르게 나열한 것은?

〈표〉 2020년 A~D국의 어업 생산량

(단위 : 천 톤)

국가 \ 어업유형	전체	해면어업	천해양식	원양어업	내수면어업
A	3,255	1,235	1,477	(　)	33
B	10,483	3,245	(　)	1,077	3,058
C	8,020	2,850	(　)	720	1,150
D	9,756	4,200	324	(　)	2,287

※ 1) 어업유형은 해면어업, 천해양식, 원양어업, 내수면어업으로만 구분됨

2) 어업유형별 의존도 = $\frac{\text{해당 어업유형의 어업 생산량}}{\text{전체 어업 생산량}}$

〈조 건〉

- 내수면어업 생산량이 원양어업 생산량보다 많은 국가는 '갑'과 '병'이다.
- 해면어업 의존도는 '갑'~'정' 중 '정'이 두 번째로 높다.
- '병'의 천해양식 생산량은 '을'의 원양어업 생산량의 1.1배 이상이다.

	A	B	C	D
①	을	갑	병	정
②	을	병	갑	정
③	병	을	정	갑
④	정	갑	병	을
⑤	정	병	갑	을

문 9. 다음 〈그림〉은 '갑'국 및 글로벌 e스포츠 산업 규모에 관한 자료이다. 이에 대한 〈보고서〉의 내용 중 옳지 않은 것은?

〈그림 1〉 2017~2021년 '갑'국 e스포츠 산업 규모

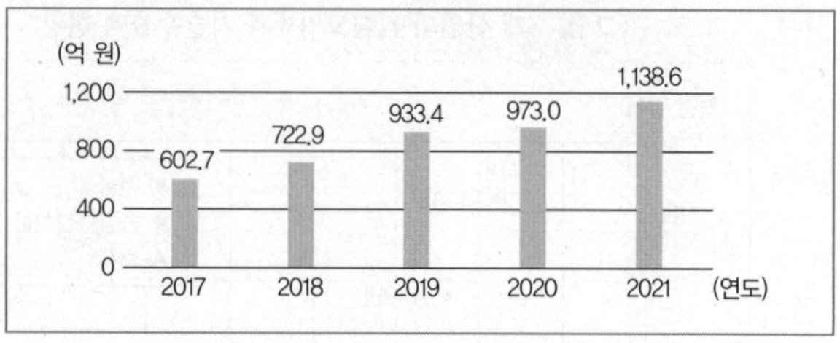

〈그림 2〉 2020년, 2021년 '갑'국 e스포츠 산업의 세부항목별 규모

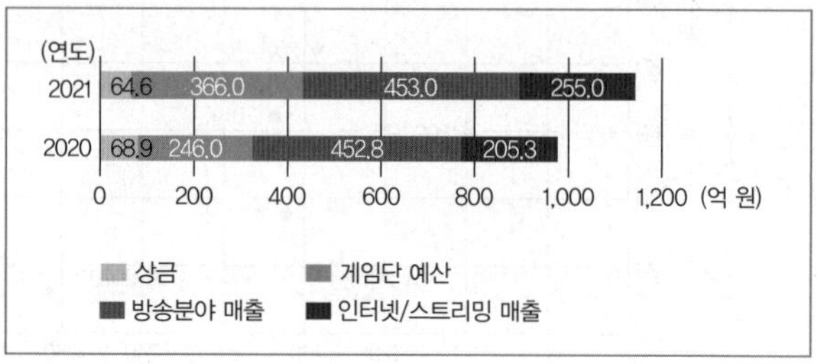

〈그림 3〉 2017~2021년 글로벌 e스포츠 산업 규모

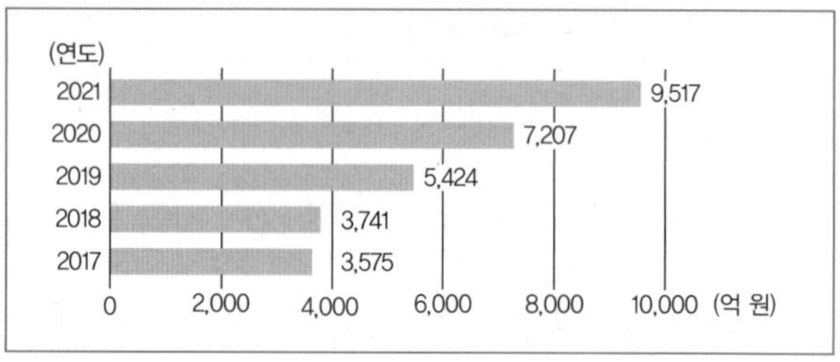

〈보고서〉

2021년 '갑'국 e스포츠 산업 규모는 1,138억 6,000만 원으로 집계되었다. ㉠ 이는 2020년 973억 원에서 15% 이상 성장한 것이다. 세부항목별로 살펴보면 ㉡ 방송분야 매출이 453억 원으로 전체의 35% 이상을 차지하여 가장 비중이 큰 것으로 나타났다. 이외에 게임단 예산은 366억 원, 인터넷/스트리밍 매출은 255억 원, 상금은 64억 6,000만 원이었다. 게임단 예산은 전년 대비 45% 이상 증가한 것이고, 인터넷/스트리밍 매출 또한 전년 대비 20% 이상 증가한 것이다. 하지만 방송분야 매출은 큰 차이가 없었으며, 상금은 전년 대비 5% 이상 감소한 것으로 나타났다.

한편 글로벌 e스포츠 산업 규모와 '갑'국 e스포츠 산업 규모의 성장세를 살펴보면, ㉢ 글로벌 e스포츠 산업 규모는 2019년부터 전년 대비 30% 이상 성장하였고, '갑'국 e스포츠 산업 규모도 매년 성장하였다. 그러나, ㉣ '갑'국 e스포츠 산업 규모가 2020년에는 전년 대비 5% 미만의 성장에 그쳐 글로벌 e스포츠 산업 규모에서 차지하는 비중이 15% 미만이 되었다. 이는 ㉤ 글로벌 e스포츠 산업 규모 대비 '갑'국 e스포츠 산업 규모의 비중이 2017년 이후 매년 감소한 것으로, '갑'국 e스포츠 산업 규모가 꾸준히 성장하고는 있으나 글로벌 e스포츠 산업 규모의 성장세에는 미치지 못하고 있기 때문이다.

① ㄱ

② ㄴ

③ ㄷ

④ ㄹ

⑤ ㅁ

문 10. 다음 〈표〉는 2017~2021년 '갑'국의 불법체류외국인 현황에 관한 자료이다. 이에 대한 설명으로 옳은 것은?

〈표 1〉 연도별 체류외국인 현황

(단위 : 명, %)

구분 연도	체류 외국인	불법체류 외국인	체류유형별 구성비			
			단기체류 외국인	등록 외국인	외국국적 동포 국내거소 신고자	전체
2017	1,797,618	208,778	54.0	45.0	1.0	100.0
2018	1,899,519	214,168	59.8	39.7	0.5	100.0
2019	2,049,441	208,971	63.5	36.0	0.5	100.0
2020	2,180,498	251,041	66.6	33.0	0.4	100.0
2021	2,367,607	355,126	74.4	25.4	0.3	100.0

※ 체류외국인은 불법체류외국인과 합법체류외국인으로 구분됨

〈표 2〉 체류자격별 불법체류외국인 현황

(단위 : 명, %)

연도 체류자격	2017	2018	2019	2020	2021	
						구성비
사증면제	46,117	56,307	63,319	85,196	162,083	45.6
단기방문	45,746	47,373	46,041	56,331	67,157	18.9
비전문취업	52,760	49,272	45,567	46,618	47,373	13.3
관광통과	15,899	19,658	19,038	20,662	30,028	8.5
일반연수	4,816	4,425	4,687	7,209	12,613	3.6
기타	43,440	37,133	30,319	35,025	35,872	10.1
전체	208,778	214,168	208,971	251,041	355,126	100.0

※ 체류자격은 불법체류외국인의 입국 당시 체류자격을 의미함

〈표 3〉 국적별 불법체류외국인 현황

(단위 : 명, %)

연도 국적	2017	2018	2019	2020	2021	
						구성비
A	53,689	61,943	65,647	81,129	153,485	43.2
B	79,717	76,757	65,379	75,507	85,964	24.2
C	36,338	35,987	37,410	44,371	56,950	16.0
D	16,814	17,698	19,694	25,399	30,813	8.7
기타	22,220	21,783	20,841	24,635	27,914	7.9
전체	208,778	214,168	208,971	251,041	355,126	100.0

① 2020년 대비 2021년 불법체류외국인 증가인원 중에서 국적이 A인 불법체류외국인이 차지하는 비중은 60% 이상이다.
② 체류유형이 등록외국인인 불법체류외국인의 수는 매년 감소한다.
③ 불법체류외국인 수가 많은 상위 3개 체류자격을 그 수가 큰 것부터 순서대로 나열하면 사증면제, 단기방문, 비전문취업 순으로 매년 동일하다.
④ 체류외국인 대비 불법체류외국인 비중은 매년 증가한다.
⑤ 2021년 체류외국인은 전년 대비 10% 이상 증가하였다.

문 11. 다음 〈표〉는 2015~2021년 '갑'국 4개 대학의 변호사시험 응시자 및 합격자에 관한 자료이다. 〈표〉와 〈조건〉에 근거하여 A~D에 해당하는 대학을 바르게 나열한 것은?

〈표〉 2015~2021년 대학별 변호사시험 응시자 및 합격자

(단위 : 명)

대학	연도 구분	2015	2016	2017	2018	2019	2020	2021
A	응시자	50	52	54	66	74	89	90
	합격자	50	51	46	51	49	55	48
B	응시자	58	81	94	98	94	89	97
	합격자	47	49	65	73	66	53	58
C	응시자	89	101	109	110	115	142	145
	합격자	79	83	94	88	75	86	80
D	응시자	95	124	152	162	169	210	212
	합격자	86	82	85	109	80	87	95

〈조 건〉

- '우리대'와 '나라대'는 해당 대학의 응시자 수가 가장 많은 해에 합격률이 가장 낮다.
- 2021년 '우리대'의 합격률은 55% 미만이다.
- '푸른대'와 '강산대'는 해당 대학의 합격자 수가 가장 많은 해와 가장 적은 해의 합격자 수 차이가 각각 25명 이상이다.
- '강산대'의 2015년 대비 2021년 합격률 감소폭은 40%p 이하이다.

※ 합격률(%) = $\frac{\text{합격자}}{\text{응시자}} \times 100$

	A	B	C	D
①	나라대	강산대	우리대	푸른대
②	나라대	푸른대	우리대	강산대
③	우리대	강산대	나라대	푸른대
④	우리대	푸른대	나라대	강산대
⑤	푸른대	나라대	강산대	우리대

문 12. 다음 〈표〉는 2019~2021년 '갑'국의 조세지출에 관한 자료이다. 이에 대한 〈보기〉의 설명 중 옳은 것만을 모두 고르면?

〈표〉 2019~2021년 항목별 조세지출 현황

(단위 : 억 원, %)

항목 \ 연도·구분	2019 금액	2019 비중	2020 금액	2020 비중	2021 금액	2021 비중
중소기업지원	24,176	6.09	26,557	6.34	31,050	6.55
연구개발	29,514	7.44	29,095	6.95	28,360	5.98
국제자본거래	24	0.01	5	0.00	4	0.00
투자촉진	16,496	4.16	17,558	4.19	10,002	2.11
고용지원	1,742	0.44	3,315	0.79	4,202	0.89
기업구조조정	921	0.23	1,439	0.34	1,581	0.33
지역균형발전	25,225	6.36	26,199	6.26	27,810	5.87
공익사업지원	5,006	1.26	6,063	1.45	6,152	1.30
저축지원	14,319	3.61	14,420	3.44	14,696	3.10
국민생활안정	125,727	31.69	134,631	32.16	142,585	30.07
근로 · 자녀장려	17,679	4.46	18,314	4.38	57,587	12.15
간접국세	94,455	23.81	97,158	23.21	104,071	21.95
외국인투자	2,121	0.53	1,973	0.47	2,064	0.44
국제도시육성	2,316	( )	2,149	0.51	2,255	( )
기업도시	75	0.02	54	0.01	56	0.01
농협구조개편	480	0.12	515	0.12	538	0.11
수협구조개편	44	0.01	1	0.00	0	0.00
기타	36,449	9.19	39,155	9.35	41,112	8.67
전체	396,769	100.00	418,601	100.00	474,125	100.00

〈보 기〉

ㄱ. 기타를 제외하고, 전년 대비 조세지출금액이 증가한 항목 수는 2020년이 2021년보다 많다.
ㄴ. 기타를 제외한 항목 중 조세지출금액 상위 3개 항목이 전체 조세지출에서 차지하는 비중의 합은 매년 60%를 초과한다.
ㄷ. 기타를 제외하고, 조세지출금액이 매년 증가한 항목은 10개이다.
ㄹ. 국제도시육성 항목의 비중은 매년 감소한다.

① ㄱ, ㄷ
② ㄱ, ㄹ
③ ㄴ, ㄷ
④ ㄷ, ㄹ
⑤ ㄴ, ㄷ, ㄹ

문 13. 다음 〈표〉는 '갑'국의 2017~2021년 소년 범죄와 성인 범죄 현황에 관한 자료이다. 이에 대한 〈보기〉의 설명 중 옳은 것만을 모두 고르면?

〈표〉 소년 범죄와 성인 범죄 현황

(단위 : 명, %)

연도 \ 구분	소년 범죄 범죄자 수	소년 범죄 범죄율	소년 범죄 발생지수	성인 범죄 범죄자 수	성인 범죄 범죄율	성인 범죄 발생지수	소년 범죄자 비율
2017	63,145	1,172	100.0	953,064	2,245	100.0	6.2
2018	56,962	1,132	96.6	904,872	2,160	96.2	5.9
2019	61,162	1,246	106.3	920,760	2,112	94.1	( )
2020	58,255	1,249	( )	878,991	2,060	( )	6.2
2021	54,205	1,201	102.5	878,917	2,044	91.0	5.8

※ 1) 범죄는 소년 범죄와 성인 범죄로만 구분함
2) 소년(성인) 범죄율은 소년(성인) 인구 10만 명당 소년(성인) 범죄자 수를 의미함
3) 소년(성인) 범죄 발생지수는 2017년 소년(성인) 범죄율을 100.0으로 할 때, 해당 연도 소년(성인) 범죄율의 상대적인 값임
4) $\text{소년 범죄자 비율(\%)} = \left(\frac{\text{소년 범죄자 수}}{\text{소년 범죄자수} + \text{성인 범죄자 수}}\right) \times 100$

〈보 기〉

ㄱ. 2017년 대비 2021년 소년 인구는 증가하고 소년 범죄자 수는 감소하였다.
ㄴ. 소년 범죄율이 2017년 대비 6.0% 이상 증가한 연도의 소년 범죄자 비율은 6.0% 이상이다.
ㄷ. 소년 범죄 발생지수와 성인 범죄 발생지수 모두 2021년이 2020년보다 작다.
ㄹ. 소년 범죄 발생지수가 전년 대비 증가한 연도에는 소년 범죄자 수도 전년 대비 증가하였다.

① ㄱ, ㄴ
② ㄱ, ㄷ
③ ㄴ, ㄷ
④ ㄴ, ㄹ
⑤ ㄷ, ㄹ

문 14. 다음 〈표〉는 A~D마을로 구성된 '갑'지역의 가구수에 관한 자료이다. 〈표〉를 이용하여 작성한 그래프로 옳은 것은?

〈표 1〉 마을별 1인 가구 현황

(단위 : 가구, %)

연도 \ 마을	A	B	C	D
2018	90(18.0)	130(26.0)	200(40.0)	80(16.0)
2019	220(36.7)	60(10.0)	130(21.7)	190(31.7)
2020	305(43.6)	240(34.3)	80(11.4)	75(10.7)
2021	120(15.0)	205(25.6)	160(20.0)	315(39.4)

※ 괄호 안의 수치는 연도별 '갑'지역 1인 가구수 중 해당 마을 1인 가구수의 비중임

〈표 2〉 마을별 총가구수

(단위 : 가구)

마을	A	B	C	D
총가구수	600	550	500	500

※ A~D마을별 총가구수는 매년 변동 없음

① 연도별 '갑'지역 1인 가구수

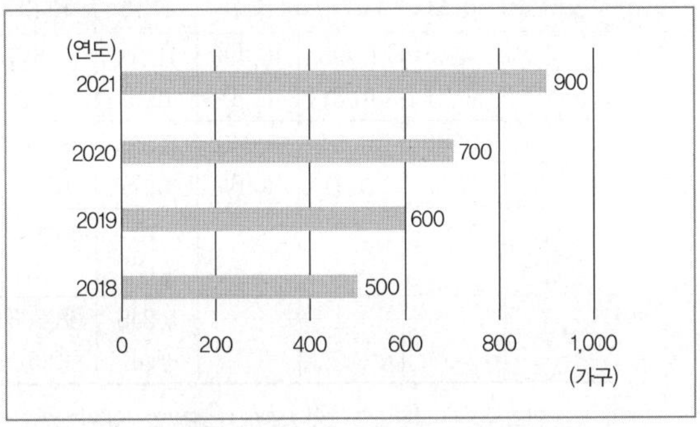

② 2021년 '갑'지역 2인 이상 가구의 마을별 구성비

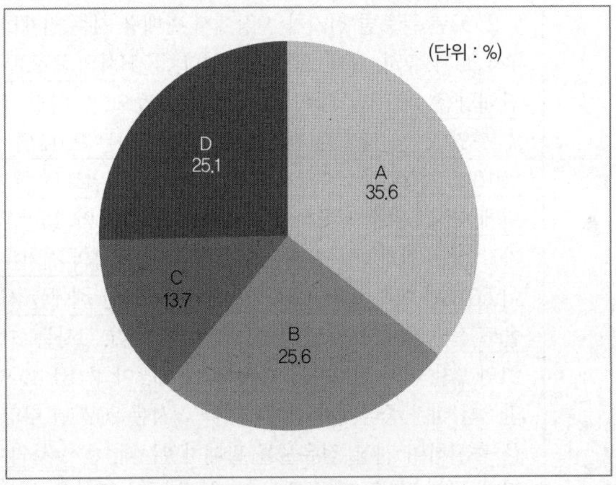

③ 연도별 A마을의 총가구수 대비 1인 가구수 비중

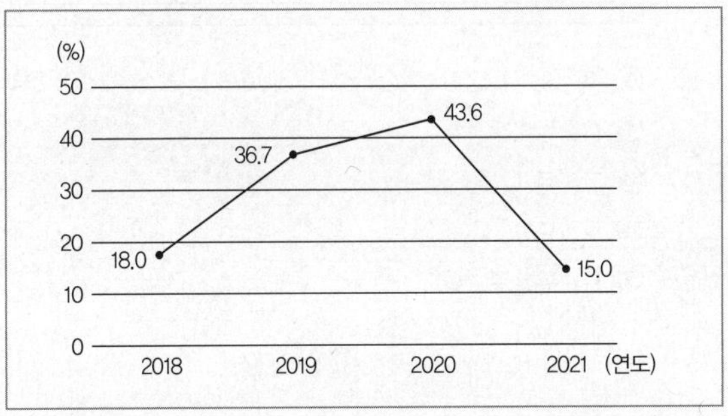

④ 연도별 B, C마을의 2인 이상 가구수와 1인 가구수 차이

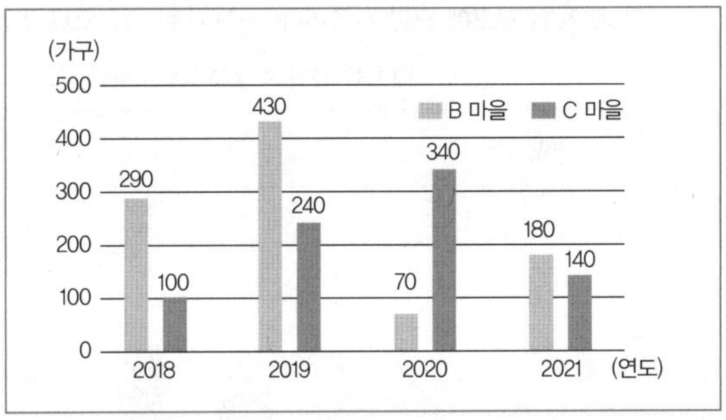

⑤ 연도별 D마을의 전년 대비 1인 가구수 증가율

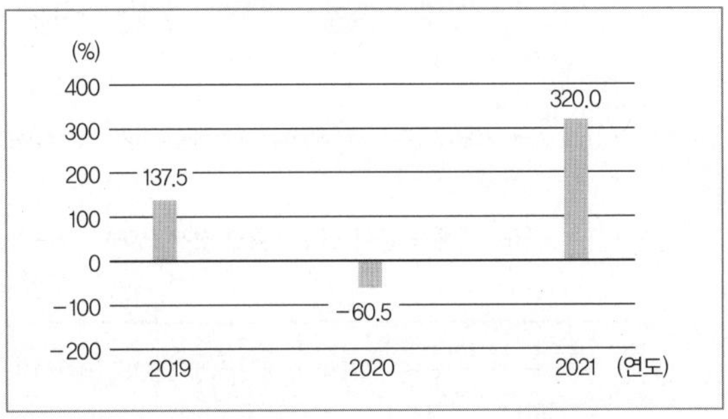

문 15. 다음 〈표〉는 2020년과 2021년 A~E국의 선행시간별 태풍예보 거리오차에 관한 자료이고, 〈보고서〉는 '갑'국의 태풍예보 거리오차를 분석한 자료이다. 이를 근거로 판단할 때, A~E 중 '갑'국에 해당하는 국가는?

〈표〉 2020년과 2021년 A~E국의 선행시간별 태풍예보 거리오차

(단위 : km)

선행시간	48시간		36시간		24시간		12시간	
국가 \ 연도	2020	2021	2020	2021	2020	2021	2020	2021
A	121	119	95	90	74	66	58	51
B	151	112	122	88	82	66	77	58
C	128	132	106	103	78	78	59	60
D	122	253	134	180	113	124	74	81
E	111	170	88	100	70	89	55	53

〈보고서〉

태풍예보 정확도 개선을 위해 지난 2년간의 '갑'국 태풍예보 거리오차를 분석하였다. 이때 선행시간 48시간부터 12시간까지 12시간 간격으로 예측한 태풍에 대해 거리오차를 계산하였고, 그 결과 다음과 같은 사실을 확인하였다.

첫째, 2020년과 2021년 모두 선행시간이 12시간씩 감소할수록 거리오차도 감소하였다. 둘째, 2021년의 거리오차는 선행시간이 36시간, 24시간, 12시간일 때 각각 100km 이하였다. 셋째, 선행시간별 거리오차는 모두 2020년보다 2021년이 작았다. 마지막으로 2020년과 2021년 모두 선행시간이 12시간씩 감소하더라도 거리오차 감소폭은 30km 미만이었다.

① A　　② B
③ C　　④ D
⑤ E

문 16. 다음 〈그림〉과 〈표〉는 2016~2020년 '갑'국 대체육 분야의 정부 R&D 지원 규모에 관한 자료이다. 이에 대한 설명으로 옳은 것은?

〈그림〉 대체육 분야별 정부 R&D 지원 규모

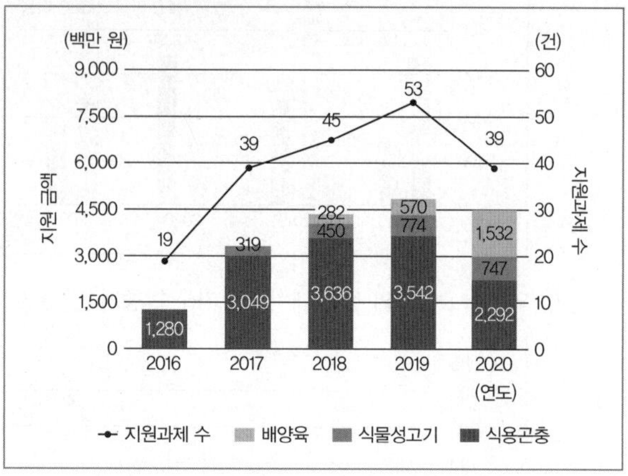

〈표〉 대체육 분야 연구유형별 정부 R&D 지원 금액

(단위 : 백만 원)

분야	연구유형＼연도	2016	2017	2018	2019	2020
배양육	기초연구	−	−	−	8	972
	응용연구	−	−	67	( )	0
	개발연구	−	−	215	383	( )
	기타	−	−	−	40	0
식물성 고기	기초연구	−	−	−	−	100
	응용연구	−	78	130	221	70
	개발연구	−	241	320	553	577
	기타	−	−	−	−	−
식용 곤충	기초연구	( )	75	( )	209	385
	응용연구	250	1,304	1,306	1,339	89
	개발연구	836	1,523	1,864	1,915	( )
	기타	127	147	127	79	37
전체		1,280	3,368	4,368	4,886	4,571

※ 1) 대체육 분야는 배양육, 식물성고기, 식용곤충으로만 구분됨
2) '−'는 지원이 시작되지 않았음을 나타내며, 식용곤충 분야는 2016년부터 지원이 시작되었음

① 지원과제당 지원 금액은 2019년이 2017년보다 적다.
② 배양육 분야 지원 금액에서 응용연구 지원 금액이 차지하는 비중은 2018년이 2019년보다 크다.
③ 대체육 전체 지원 금액에서 식물성고기 분야 지원 금액이 차지하는 비중은 2017년이 2018년보다 크다.
④ 식용곤충 분야 기초연구 지원 금액은 2018년이 2016년의 5배 이상이다.
⑤ 모든 분야에서 개발연구 지원 금액은 지원이 시작된 이후 매년 증가하였다.

문 17. 다음 〈표〉는 2020년 기준 글로벌 전기차 시장 점유율 상위 10개 업체의 2015~2020년 전기차 판매량에 관한 자료이다. 이에 대한 〈보고서〉의 설명 중 옳은 것만을 모두 고르면?

〈표〉 2020년 기준 글로벌 전기차 시장 점유율 상위 10개 업체의 전기차 판매량 및 시장 점유율

(단위 : 대, %)

업체＼연도	2015	2016	2017	2018	2019	2020
T사	43,840 (15.9)	63,479 (14.4)	81,161 (10.8)	227,066 (17.4)	304,353 (19.8)	458,385 (22.1)
G사	2,850 (1.0)	3,718 (0.8)	39,454 (5.2)	56,294 (4.3)	87,936 (5.7)	218,626 (10.6)
V사	5,190 (1.9)	12,748 (2.9)	18,424 (2.5)	24,093 (1.8)	69,427 (4.5)	212,959 (10.3)
R사	60,129 (21.8)	78,048 (17.7)	85,308 (11.3)	140,441 (10.8)	143,780 (9.4)	184,278 (8.9)
H사	1,364 (0.5)	6,460 (1.5)	26,841 (3.6)	53,138 (4.1)	98,737 (6.4)	146,153 (7.1)
B사	9,623 (3.5)	46,909 (10.6)	42,715 (5.7)	103,263 (7.9)	147,185 (9.6)	130,970 (6.3)
S사	412 (0.1)	1,495 (0.3)	10,490 (1.4)	34,105 (2.6)	52,547 (3.4)	68,924 (3.3)
P사	1,543 (0.6)	5,054 (1.1)	4,640 (0.6)	8,553 (0.7)	6,855 (0.4)	67,446 (3.3)
A사	−	−	−	15 (0.0)	40,272 (2.6)	60,135 (2.9)
W사	−	−	−	5,245 (0.4)	38,865 (2.5)	56,261 (2.7)

※ 괄호 안의 수치는 글로벌 전기차 시장에서 해당 업체의 판매량 기준 점유율임

〈보고서〉

2020년 글로벌 전기차 시장에서 판매량 기준 업체별 순위는 T사, G사, V사, R사, H사 순이었다. ㉠ H사의 2020년 전기차 판매량은 2016년 대비 20배 이상이었으며, 시장 점유율은 7.1%였다. ㉡ H사의 전기차 판매량 순위는 2015년 7위에서 2016년 5위로 상승하였으며, 2019년에는 4위로 오른 후 2020년에 다시 5위를 기록하였다. T사는 2020년 약 45만 8천 대로 가장 많은 전기차를 판매한 업체였다. ㉢ T사의 전기차 판매량이 2016년 이후 전년 대비 가장 많이 증가한 해에는 시장 점유율도 전년 대비 가장 많이 증가하였다. 한편, G사는 2020년 약 21만 9천 대의 전기차를 판매하였는데, 이 중 81.4%인 약 17만 8천 대가 중국에서 판매되었다. V사는 2020년 다양한 모델을 출시하여 시장 점유율을 확대하였는데, ㉣ V사의 2020년 전기차 판매량은 전년 대비 14만 대 이상 증가하여 전기차 판매량 상위 10개 업체 중 판매량 증가율이 가장 높았다.

① ㄱ
② ㄱ, ㄴ
③ ㄱ, ㄹ
④ ㄴ, ㄷ
⑤ ㄴ, ㄷ, ㄹ

※ 다음 〈표〉는 2021년 '갑'기관에서 출제한 1차, 2차 면접 문제의 문항별 점수 및 반영률과 면접에 참여한 지원자 A~F의 면접 점수 및 결과를 나타낸 자료이다. 다음 물음에 답하시오. [18~19]

〈표 1〉 '갑'기관의 면접 문항별 점수 및 반영률

차수 \ 구분	평가항목	문항번호	문항점수	기본점수	명목 반영률	실질 반영률
1차	교양	1	20	10	( )	0.17
		2	30	10	0.25	( )
	전문성	3	30	20	( )	( )
		4	40	20	( )	( )
	합계		120	60	1.00	1.00
2차	창의성	1	20	10	0.22	( )
	도전성	2	20	10	0.22	( )
	인성	3	50	20	0.56	0.60
	합계		90	40	1.00	1.00

※ 1) 문항의 명목 반영률 $= \frac{\text{문항점수}}{\text{해당차수 문항점수의 합계}}$

2) 문항의 실질 반영률 $= \frac{\text{문항점수} - \text{기본점수}}{\text{해당차수 문항별 (문항점수} - \text{기본점수)의 합계}}$

〈표 2〉 지원자 A~F의 면접 점수 및 결과

차수	1차					2차				종합 점수	결과
평가항목	교양		전문성		합계	창의성	도전성	인성	합계		
지원자 \ 문항번호	1	2	3	4		1	2	3			
A	18	26	30	38	112	20	18	46	84	( )	( )
B	20	28	28	38	114	18	20	46	84	93.0	합격
C	18	28	26	38	110	20	20	46	86	( )	( )
D	20	28	30	40	118	20	18	44	82	( )	불합격
E	18	30	30	40	118	18	18	50	86	95.6	( )
F	18	28	28	40	114	20	20	48	88	( )	( )

※ 1) 종합점수 = 1차 합계 점수×0.3 + 2차 합계 점수×0.7
2) 합격정원까지 종합점수가 높은 지원자부터 순서대로 합격시킴
3) 지원자는 A~F 뿐임

문 18. 위 〈표〉에 근거하여 결과가 합격인 지원자를 종합점수가 높은 지원자부터 순서대로 모두 나열하면?

① E, F, B
② E, F, B, C
③ F, E, C, B
④ E, F, C, B, A
⑤ F, E, B, C, A

문 19. 위 〈표〉에 근거한 〈보기〉의 설명 중 옳은 것만을 모두 고르면?

〈보 기〉

ㄱ. 각 문항에서 명목 반영률이 높을수록 실질 반영률도 높다.
ㄴ. 1차 면접에서 문항별 실질 반영률의 합은 '교양'이 '전문성'보다 크다.
ㄷ. D가 1차 면접 2번 문항에서 1점을 더 받았다면, D의 결과는 합격이다.
ㄹ. 명목 반영률보다 실질 반영률이 더 높은 2차 면접 문항에서 지원자 중 가장 낮은 점수를 받은 지원자는 2차 합계 점수도 가장 낮다.

① ㄱ
② ㄹ
③ ㄱ, ㄹ
④ ㄴ, ㄷ
⑤ ㄷ, ㄹ

문 20. 다음 〈표〉는 2021년 12월 31일 기준 '갑'국 응급의료기관의 응급실 현황에 관한 자료이다. 이에 대한 설명으로 옳은 것은?

〈표〉 응급의료기관 유형별 응급실 현황

(단위 : 개, 명)

유형 \ 구분	응급 의료기관 수	내원 환자 수	응급실 병상 수	응급실 전담 전문의 수	응급실 전담 간호사 수
전체	399	7,664,679	7,087	1,417	7,240
권역응급의료센터	35	1,540,393	1,268	318	1,695
지역응급의료센터	125	3,455,117	3,279	720	3,233
기초응급의료센터	239	2,669,169	2,540	379	2,312

※ 내원 환자 수는 2021년에 응급의료기관 응급실에 내원한 전체 환자 수임

① 응급실 전담 전문의 1인당 응급실 전담 간호사 수가 가장 많은 응급의료기관 유형은 기초응급의료센터이다.
② 전체 응급의료기관당 응급실 전담 전문의 수는 4명 이상이다.
③ 내원 환자 수가 가장 많은 응급의료기관 유형과 응급의료기관당 응급실 전담 간호사 수가 가장 많은 유형은 동일하다.
④ 응급실 전담 전문의 1인당 내원 환자 수가 가장 적은 응급의료기관 유형은 권역응급의료센터이다.
⑤ 응급실 병상당 내원 환자 수는 모든 응급의료기관 유형에서 각각 1,200명 이하이다.

문 21. 다음 〈표〉는 2016~2020년 '갑'국의 장기 기증 및 이식 현황에 관한 자료이다. 이에 대한 〈보기〉의 설명 중 옳은 것만을 모두 고르면?

〈표〉 연도별 장기 기증 및 이식 현황

(단위 : 명, 건)

구분 \ 연도	2016	2017	2018	2019	2020
기증 희망자	926,009	1,036,916	1,140,808	1,315,132	1,438,665
뇌사 기증자	268	368	409	416	446
이식 대기자	18,189	21,861	22,695	26,036	24,607
이식 건수	3,133	3,797	3,990	3,814	3,901
뇌사자장기이식	1,108	1,548	1,751	1,741	1,818
생체이식	1,780	1,997	2,045	1,921	1,952
사후각막이식	245	252	194	152	131

〈보 기〉

ㄱ. 2017년 이후 뇌사 기증자 수의 전년 대비 증가율은 기증 희망자 수의 전년 대비 증가율보다 매년 높다.

ㄴ. 뇌사 기증자 1인당 뇌사자장기이식 건수는 매년 4건 이상이다.

ㄷ. 이식 대기자 수와 이식 건수는 연도별 증감 방향이 같다.

ㄹ. 이식 건수 중 생체이식 건수가 차지하는 비중은 매년 감소한다.

① ㄱ

② ㄱ, ㄴ

③ ㄴ, ㄹ

④ ㄷ, ㄹ

⑤ ㄴ, ㄷ, ㄹ

문 22. 다음 〈표〉는 '갑'국을 방문한 외국인 관광객을 관광객 국적에 따라 대륙별, 국가별로 정리한 자료이다. 이에 대한 〈보기〉의 설명 중 옳은 것만을 모두 고르면?

〈표 1〉 '갑'국 방문 외국인 관광객의 대륙별 현황

(단위 : 명)

대륙 \ 연도	2010	2015	2020
아시아	6,749,222	10,799,355	1,918,037
북미	813,860	974,153	271,487
유럽	645,753	806,438	214,911
대양주	146,089	168,064	30,454
아프리카	33,756	46,525	14,374
기타	408,978	439,116	69,855
전체	8,797,658	13,233,651	2,519,118

〈표 2〉 '갑'국 방문 외국인 관광객의 주요 국가별 현황

(단위 : 명)

국가 \ 연도	2010	2015	2020
일본	3,023,009	1,837,782	430,742
중국	1,875,157	5,984,170	686,430
미국	652,889	767,613	220,417

〈보 기〉

ㄱ. 2010년 대비 2015년 외국인 관광객 증가율은 '아프리카'가 '대양주'의 2배 이상이다.

ㄴ. 2015년 '일본'과 '중국' 관광객의 합은 같은 해 '아시아' 관광객의 75% 이상이다.

ㄷ. 2015년 대비 2020년 외국인 관광객 감소폭은 '북미'가 '유럽'보다 크다.

ㄹ. 2020년 전체 외국인 관광객 중 '미국' 관광객이 차지하는 비중은 8% 미만이다.

① ㄱ, ㄴ

② ㄱ, ㄷ

③ ㄱ, ㄹ

④ ㄴ, ㄷ

⑤ ㄴ, ㄹ

문 23. 다음 〈표〉는 5개 구간(A~E)의 교통수단별 소요시간 및 비용에 관한 자료이다. 이에 대한 설명으로 옳은 것은?

〈표〉 교통수단별 소요시간 및 비용

(단위: 분, 원)

구간	교통수단 / 구분	고속열차	일반열차	고속버스	일반버스
A	소요시간	160	290	270	316
	비용	53,300	40,700	32,800	27,300
B	소요시간	181	302	245	329
	비용	48,600	39,300	29,300	26,500
C	소요시간	179	247	210	264
	비용	36,900	32,800	25,000	22,000
D	소요시간	199	287	240	300
	비용	41,600	37,800	29,200	25,400
E	소요시간	213	283	250	301
	비용	42,800	39,300	29,500	26,400

① C구간에서 비용이 35,000원 이하인 교통수단 중 소요시간당 비용이 가장 큰 교통수단은 고속버스이다.

② 고속열차와 일반버스 간 소요시간 차이가 가장 작은 구간과 고속열차와 일반버스 간 비용 차이가 가장 작은 구간은 동일하다.

③ 고속열차 이용 시 소요시간당 비용은 D구간이 E구간보다 작다.

④ 고속버스가 일반열차보다 소요시간과 비용이 모두 작은 구간은 4개이다.

⑤ A구간에서 교통수단 간 소요시간 차이가 클수록 비용 차이도 크다.

문 24. 다음 〈표〉는 A~D지역의 면적, 동 수 및 인구 현황에 관한 자료이다. 〈표〉와 〈조건〉을 근거로 A~D에 해당하는 지역을 바르게 나열한 것은?

〈표〉 A~D지역의 면적, 동 수 및 인구 현황

(단위 : km^2, %, 개, 명)

지역 \ 구분	면적	구성비				동 수		행정동 평균 인구
		주거	상업	공업	녹지	행정동	법정동	
A	24.5	35.0	20.0	10.0	35.0	16	30	9,175
B	15.0	65.0	35.0	0.0	0.0	19	19	7,550
C	27.0	40.0	2.0	3.0	55.0	14	13	16,302
D	21.5	30.0	3.0	45.0	22.0	11	12	14,230

※ 1) 각 지역은 용도에 따라 주거, 상업, 공업, 녹지로만 구성됨
2) 지역을 동으로 구분하는 방법에는 행정동 기준과 법정동 기준이 있음. 예를 들어, A지역의 동 수는 행정동 기준으로 16개이지만 법정동 기준으로 30개임

〈조 건〉

- 인구가 15만 명 미만인 지역은 '행복'과 '건강'이다.
- 주거 면적당 인구가 가장 많은 지역은 '사랑'이다.
- 행정동 평균 인구보다 법정동 평균 인구가 많은 지역은 '우정'이다.
- 법정동 평균 인구는 '우정' 지역이 '행복' 지역의 3배 이상이다.

	A	B	C	D
①	건강	행복	사랑	우정
②	건강	행복	우정	사랑
③	사랑	행복	건강	우정
④	행복	건강	사랑	우정
⑤	행복	건강	우정	사랑

문 25. 다음 〈표〉는 '갑'국의 재난사고 발생 및 피해 현황에 관한 자료이다. 이를 이용하여 작성한 것으로 옳지 않은 것은?

〈표 1〉 재난사고 발생 현황

(단위 : 건, 명)

유형 \ 연도	구분	2017	2018	2019	2020	2021
전체	발생건수	14,879	24,454	17,662	15,313	12,413
	피해인원	9,819	13,189	14,959	16,109	16,637
화재	발생건수	1,527	1,296	1,552	1,408	1,594
	피해인원	138	46	148	111	178
붕괴	발생건수	2	8	2	6	14
	피해인원	4	6	2	4	14
폭발	발생건수	6	2	2	5	3
	피해인원	3	1	3	1	6
도로교통사고	발생건수	12,805	23,115	13,960	12,098	9,581
	피해인원	9,536	13,097	14,394	14,560	15,419
기타	발생건수	539	33	2,146	1,796	1,221
	피해인원	138	39	412	1,433	1,020

※ '피해인원'은 재난사고로 인해 인적피해 또는 재산피해를 본 인원임

〈표 2〉 재난사고 피해 현황

(단위 : 명, 백만 원)

연도 \ 구분	인적피해		재산피해액
	사망	부상	
2017	234	8,352	14,629
2018	224	10,873	20,165
2019	222	12,435	52,654
2020	215	14,547	20,012
2021	292	14,637	40,981

※ 인적피해는 사망과 부상으로만 구분됨

① 연도별 전체 재난사고 인적피해 중 부상 비율

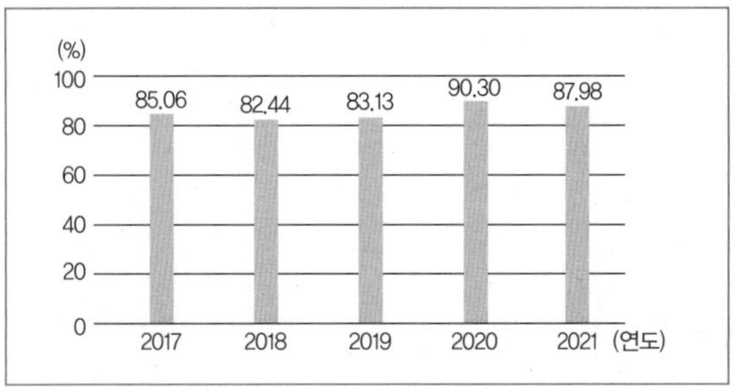

② 연도별 전체 재난사고 발생건수 및 피해인원

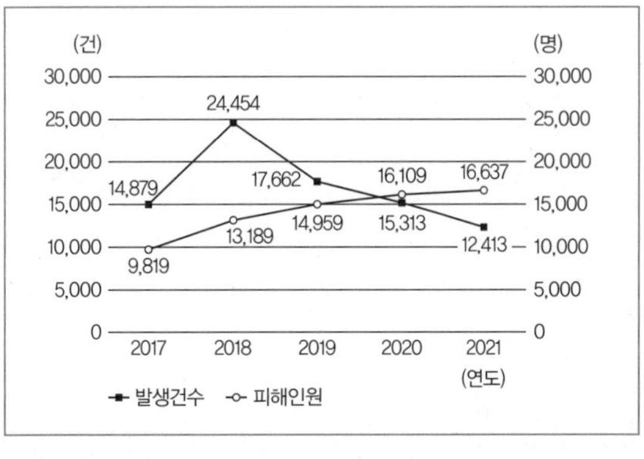

③ 연도별 전체 재난사고 발생건수 중 도로교통사고 발생건수 비중

(단위 : %)

연도	2017	2018	2019	2020	2021
비중	86.06	94.52	79.04	79.00	77.19

④ 연도별 전체 재난사고 발생건수당 재산피해액

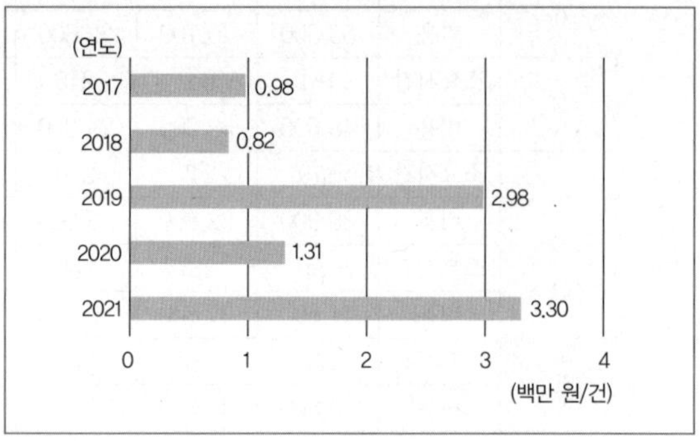

⑤ 연도별 화재 및 도로교통사고 발생건수당 피해인원

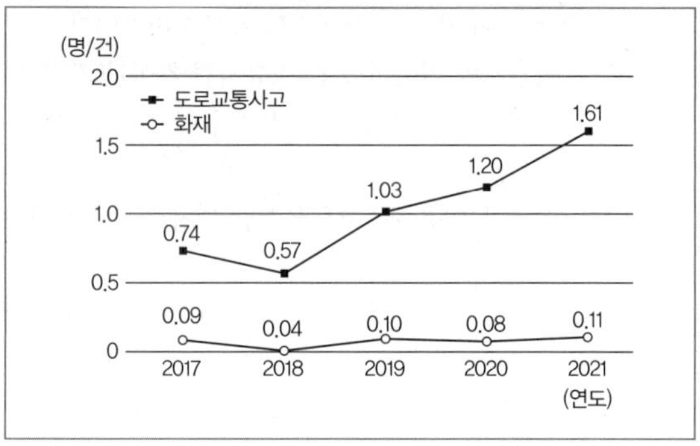

문 26. 다음 〈표〉는 2021년 A시 자녀장려금 수급자의 특성별 수급횟수를 조사한 자료이다. 이에 대한 〈보기〉의 설명 중 옳은 것만을 모두 고르면?

〈표〉 자녀장려금 수급자 특성별 수급횟수 비중

(단위 : 명, %)

수급자 특성		수급자 수	수급횟수			
대분류	소분류		1회	2회	3회	4회 이상
연령대	20대 이하	8	37.5	25.0	0.0	37.5
	30대	583	37.2	30.2	19.0	13.6
	40대	347	34.9	27.7	23.9	13.5
	50대 이상	62	29.0	30.6	35.5	4.8
자녀수	1명	466	42.3	28.1	19.7	9.9
	2명	459	31.2	31.8	22.2	14.8
	3명	66	27.3	22.7	27.3	22.7
	4명 이상	9	11.1	11.1	44.4	33.3
주택보유 여부	무주택	732	35.0	29.5	22.0	13.5
	유주택	268	38.4	28.7	20.5	12.3
전체		1,000	35.9	29.3	21.6	13.2

〈보 기〉

ㄱ. 자녀장려금 수급자의 전체 수급횟수는 2,000회 이상이다.
ㄴ. 자녀장려금을 1회 수령한 수급자 수는 30대가 40대의 1.5배 이상이다.
ㄷ. 자녀수가 2명인 수급자의 자녀장려금 전체 수급횟수는 자녀수가 1명인 수급자의 자녀장려금 전체 수급횟수보다 많다.
ㄹ. 자녀장려금을 2회 이상 수령한 수급자 수는 무주택 수급자가 유주택 수급자의 2.5배 이상이다.

① ㄱ
② ㄷ, ㄹ
③ ㄱ, ㄴ, ㄷ
④ ㄱ, ㄴ, ㄹ
⑤ ㄴ, ㄷ, ㄹ

문 27. 다음 〈표〉는 2020년 11월 '갑'국의 도로종류 및 기상상태별 교통사고 현황에 관한 자료이다. 이에 대한 설명으로 옳은 것은?

〈표〉 2020년 11월 도로종류 및 기상상태별 교통사고 현황

(단위 : 건, 명)

도로종류	기상상태	발생건수	사망자 수	부상자 수
일반국도	맑음	1,442	32	2,297
	흐림	55	3	115
	비	83	6	134
	안개	24	3	38
	눈	29	0	51
지방도	맑음	1,257	26	1,919
	흐림	56	5	110
	비	73	2	104
	안개	14	1	18
	눈	10	0	20
고속국도	맑음	320	10	792
	흐림	14	1	23
	비	15	1	29
	안개	4	2	12
	눈	4	0	8

※ 1) 기상상태는 교통사고 발생시점을 기준으로 맑음, 흐림, 비, 안개, 눈 중 1가지로만 분류함
2) 사상자 수=사망자 수+부상자 수

① 각 도로종류에서 교통사고 발생건수 대비 사망자 수 비율은 기상상태가 '안개'일 때 가장 높다.
② 각 도로종류에서 부상자 수 대비 사망자 수 비율은 기상상태가 '안개'일 때가 '맑음'일 때의 3배 이상이다.
③ 각 도로종류에서 기상상태가 '비'일 때와 '눈'일 때의 교통사고 발생건수 합은 해당 도로종류의 전체 교통사고 발생건수의 10% 이상이다.
④ 교통사고 발생건수당 사상자 수가 2명을 초과하는 기상상태는 일반국도 1가지, 지방도 1가지, 고속국도 3가지이다.
⑤ 기상상태가 '흐림'일 때 교통사고 발생건수 대비 부상자 수 비율은 일반국도가 지방도보다 낮다.

문 28. 다음 〈표〉는 '갑'국의 6~9월 무역지수 및 교역조건지수에 관한 자료이다. 이에 대한 〈보기〉의 설명 중 옳은 것만을 모두 고르면?

〈표 1〉 무역지수

구분 / 월	수출		수입	
	수출금액지수	수출물량지수	수입금액지수	수입물량지수
6	110.06	113.73	120.56	114.54
7	103.54	106.28	111.33	102.78
8	104.32	108.95	116.99	110.74
9	105.82	110.60	107.56	103.19

※ 수출(입)물가지수 $=\frac{\text{수출(입)금액지수}}{\text{수출(입)물량지수}}\times 100$

〈표 2〉 교역조건지수

구분 / 월	순상품교역조건지수	소득교역조건지수
6	91.94	( )
7	( )	95.59
8	( )	98.75
9	91.79	( )

※ 1) 순상품교역조건지수 $=\frac{\text{수출물가지수}}{\text{수입물가지수}}\times 100$

2) 소득교역조건지수 $=\frac{\text{수출물가지수}\times\text{수출물량지수}}{\text{수입물가지수}}$

〈보 기〉

ㄱ. 수출금액지수와 수출물량지수는 매월 상승한다.
ㄴ. 수출물가지수는 매월 90 이상이다.
ㄷ. 순상품교역조건지수는 매월 100 이하이다.
ㄹ. 소득교역조건지수는 9월이 6월보다 낮다.

① ㄱ, ㄴ
② ㄴ, ㄷ
③ ㄴ, ㄹ
④ ㄱ, ㄷ, ㄹ
⑤ ㄴ, ㄷ, ㄹ

문 29. 다음 〈방법〉은 2021년 '갑'국의 건물 기준시가 산정방법이고, 〈표〉는 건물 A~E의 기준시가를 산정하기 위한 자료이다. 이에 근거하여 A~E 중 2021년 기준시가가 두 번째로 높은 건물을 고르면?

〈방 법〉

• 기준시가=구조지수×용도지수×경과연수별잔가율×건물면적(m^2)×100,000(원/m^2)
• 구조지수

구조	지수
경량철골조	0.67
철골콘크리트조	1.00
통나무조	1.30

• 용도지수

용도	대상건물	지수
주거용	단독주택	1.00
	아파트	1.10
상업용 및 업무용	여객자동차터미널	1.20
	청소년수련관	1.25
	관광호텔	1.50
	무도장	1.50

• 경과연수별잔가율=1－연상각률×(2021－신축연도)

용도	주거용	상업용 및 업무용
연상각률	0.04	0.05

※ 경과연수별잔가율 계산 결과가 0.1 미만일 경우에는 경과연수별잔가율을 0.1로 정함

〈표〉 건물 A~E의 구조, 대상건물, 신축연도 및 건물면적

구분 / 건물	구조	대상건물	신축연도	건물면적(m^2)
A	철골콘크리트조	아파트	2016	125
B	경량철골조	여객자동차터미널	1991	500
C	철골콘크리트조	청소년수련관	2017	375
D	통나무조	관광호텔	2001	250
E	통나무조	무도장	2002	200

① A
② B
③ C
④ D
⑤ E

문 30. 다음 〈표〉는 2017년 기준 농림어업 생산액 상위 20개국의 GDP 및 농림어업 생산액에 관한 자료이다. 이에 대한 설명으로 옳지 않은 것은?

〈표〉 2017년 기준 농림어업 생산액 상위 20개국의 GDP 및 농림어업 생산액 현황

(단위 : 십억 달러, %)

국가 \ 연도·구분	2017 GDP	2017 농림어업 생산액	2017 GDP 대비 비율	2012 GDP	2012 농림어업 생산액	2012 GDP 대비 비율
중국	12,237	( )	7.9	8,560	806	9.4
인도	2,600	( )	15.5	1,827	307	16.8
미국	( )	198	1.0	16,155	194	1.2
인도네시아	1,015	133	13.1	917	122	13.3
브라질	2,055	93	( )	2,465	102	( )
나이지리아	375	78	20.8	459	100	21.8
파키스탄	304	69	( )	224	53	( )
러시아	1,577	63	4.0	2,210	70	3.2
일본	4,872	52	1.1	6,230	70	1.1
터키	851	51	6.0	873	67	7.7
이란	454	43	9.5	598	45	7.5
태국	455	39	8.6	397	45	11.3
멕시코	1,150	39	3.4	1,201	38	3.2
프랑스	2,582	38	1.5	2,683	43	1.6
이탈리아	1,934	37	1.9	2,072	40	1.9
호주	1,323	36	2.7	1,543	34	2.2
수단	117	35	29.9	68	22	32.4
아르헨티나	637	35	5.5	545	31	5.7
베트남	223	34	15.2	155	29	18.7
스페인	1,311	33	2.5	1,336	30	2.2
전세계	80,737	3,351	4.2	74,993	3,061	4.1

① 2017년 농림어업 생산액 상위 5개국 중, 농림어업 생산액의 GDP 대비 비율이 전세계보다 낮은 국가는 미국뿐이다.
② 2017년 농림어업 생산액 상위 3개국의 GDP 합은 전세계 GDP의 50% 이상이다.
③ 2017년 농림어업 생산액 상위 20개국 중, 2012년 대비 2017년 농림어업 생산액의 GDP 대비 비율이 증가한 국가는 모두 2012년 대비 2017년 GDP가 감소하였다.
④ 2017년 농림어업 생산액은 중국이 인도의 2배 이상이다.
⑤ 파키스탄은 농림어업 생산액의 GDP 대비 비율이 2012년 대비 2017년에 감소하였다.

문 31. 다음 〈보고서〉는 '갑'국 아동 및 청소년의 성별 스마트폰 과의존위험군에 관한 자료이고, 〈표〉는 A~E국의 스마트폰 과의존위험군 비율에 관한 자료이다. 〈보고서〉의 내용을 근거로 판단할 때, A~E 중 '갑'국에 해당하는 국가는?

〈보고서〉

'갑'국은 전체 아동과 청소년 중 스마트폰 과의존위험군 비율을 조사하여 스마트폰 과의존위험군을 위험의 정도에 따라 고위험군과 잠재위험군으로 구분했다. '갑'국의 아동은 남자가 여자보다 고위험군과 잠재위험군 비율이 모두 높았으나, 청소년은 반대로 여자가 남자보다 모든 위험군에서 비율이 높았다.

다음으로, 남자와 여자 모두 아동에 비해 청소년의 과의존위험군 비율이 높았다. 아동의 경우 남자와 여자 각각 과의존위험군 비율이 20%에서 25% 사이이지만, 청소년의 경우 남자와 여자의 과의존위험군 비율은 각각 25%를 초과했다.

아동과 청소년 간 과의존위험군 비율 차이는 남자보다 여자가 컸지만, 여자의 해당 비율 차이는 10%p 이하였다. 잠재위험군 비율에서 아동과 청소년 간 차이는 남자가 5%p 이하였으나, 여자는 7%p 이상이었다.

〈표〉 A~E국 아동 및 청소년의 성별 스마트폰 과의존위험군 비율 현황

(단위 : %)

구분	성별	위험군 \ 국가	A	B	C	D	E
아동	남자	고위험	2.1	2.3	2.2	2.6	2.2
		잠재위험	20.1	20.0	20.2	21.3	21.2
	여자	고위험	2.0	2.2	1.8	2.0	2.4
		잠재위험	18.1	19.8	17.5	19.9	18.8
청소년	남자	고위험	3.1	3.3	3.2	3.6	3.2
		잠재위험	24.7	25.3	24.8	25.5	25.1
	여자	고위험	4.1	3.9	3.8	4.0	3.5
		잠재위험	28.2	28.1	25.2	27.4	27.7

① A
② B
③ C
④ D
⑤ E

문 32. 다음 〈그림〉과 〈표〉는 2021년 '갑'국 생물 갈치와 냉동 갈치의 유통구조 및 물량 현황에 관한 자료이다. 이에 대한 〈보기〉의 설명 중 옳은 것만을 모두 고르면?

〈그림 1〉 생물 갈치의 유통구조 및 물량비율

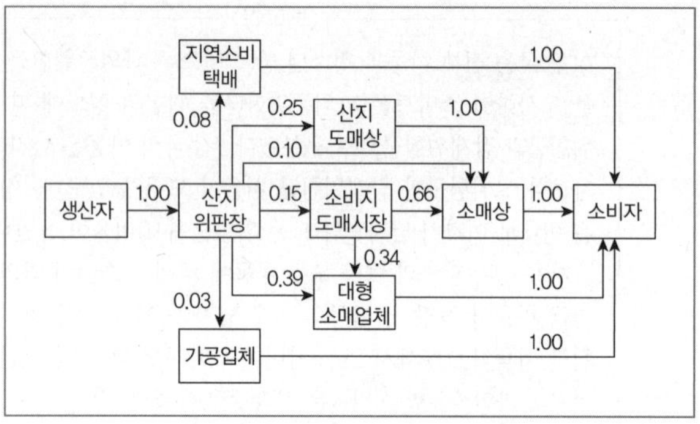

〈그림 2〉 냉동 갈치의 유통구조 및 물량비율

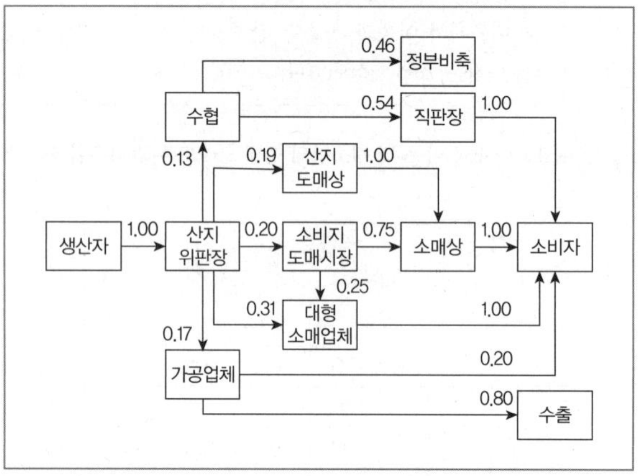

※ 유통구조 내 수치는 물량비율$\left(=\frac{\text{다음 유통경로에 전달되는 유통물량}}{\text{해당 유통경로에 투입되는 유통물량}}\right)$을 의미함

예를 들어, 가 $\xrightarrow{0.20}$ 나는 해당 유통경로 '가'에 100톤의 유통물량이 투입되면 이 중 20톤(=100톤×0.20)의 유통물량이 다음 유통경로 '나'에 전달되어 투입됨을 의미함

〈표〉 생산자가 공급한 생물 갈치와 냉동 갈치의 물량

(단위 : 톤)

구분	생물 갈치	냉동 갈치
물량	42,100	7,843

〈보 기〉

ㄱ. '생산자'가 공급한 냉동 갈치 물량의 85% 이상이 유통구조를 거쳐 '소비자'에게 전달되었다.

ㄴ. '소매상'을 통해 유통된 물량은 생물 갈치가 냉동 갈치의 6배 이상이다.

ㄷ. '대형소매업체'를 통해 유통된 생물 갈치와 냉동 갈치 물량의 합은 20,000톤 미만이다.

ㄹ. 2022년 냉동 갈치 '수출' 물량이 2021년보다 60% 증가한다면, 2022년 냉동 갈치 '수출' 물량은 2021년 '소비지 도매시장'을 통해 유통된 냉동 갈치 물량보다 많다.

① ㄱ, ㄴ
② ㄱ, ㄷ
③ ㄴ, ㄹ
④ ㄷ, ㄹ
⑤ ㄴ, ㄷ, ㄹ

문 33. 다음 〈표〉는 총 100회 개최된 사내 탁구대회에 매회 모두 참가한 사원 A, B, C의 라운드별 승률에 관한 자료이다. 〈표〉와 〈탁구대회 운영방식〉에 근거한 〈보기〉의 설명 중 옳은 것만을 모두 고르면?

〈표〉 사원 A, B, C의 사내 탁구대회 라운드별 승률

(단위 : %)

라운드 / 사원	16강	8강	4강	결승
A	80.0	100.0	(　)	(　)
B	100.0	90.0	(　)	(　)
C	96.0	87.5	(　)	(　)

〈탁구대회 운영방식〉

- 매회 사내 탁구대회는 16강, 8강, 4강, 결승 순으로 라운드가 치러지고, 라운드별 경기 승자만 다음 라운드에 진출하며, 결승 라운드 승자가 우승한다.
- 매회 16명이 대회에 참가하고, 각 라운드에서 참가자는 한 경기만 치른다.
- 모든 경기는 참가자 1:1 방식으로 진행되며 무승부는 없다.

〈보 기〉

ㄱ. 사원 A, B, C 중 4강에 많이 진출한 사원부터 순서대로 나열하면 B, A, C 순이다.

ㄴ. A가 8번 우승했다면, A의 결승 라운드 승률 최솟값은 10%이다.

ㄷ. 16강에서 A와 B 간 또는 B와 C 간 경기가 있었던 대회 수는 24회 이하이다.

ㄹ. 사원 A, B, C가 모두 4강에 진출한 대회 수는 50회 이상이다.

① ㄱ, ㄷ
② ㄴ, ㄷ
③ ㄴ, ㄹ
④ ㄱ, ㄴ, ㄷ
⑤ ㄴ, ㄷ, ㄹ

문 34. 다음 〈그림〉은 '갑'국의 급수 사용량과 사용료에 관한 자료이다. 이에 대한 〈보기〉의 설명 중 옳은 것만을 모두 고르면?

〈그림 1〉 2016~2021년 연간 급수 사용량

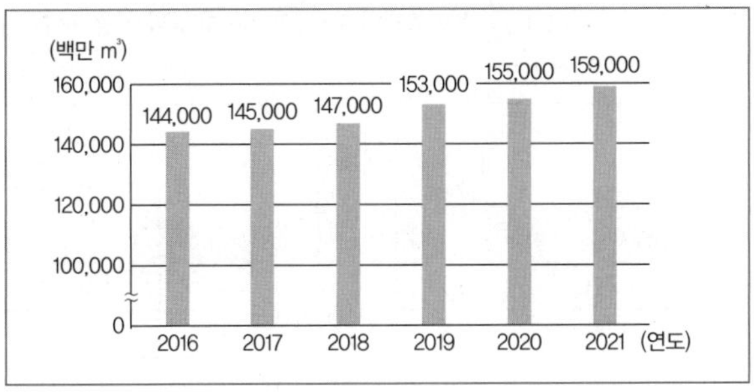

〈그림 2〉 2021년 용도별 급수 사용량과 사용료

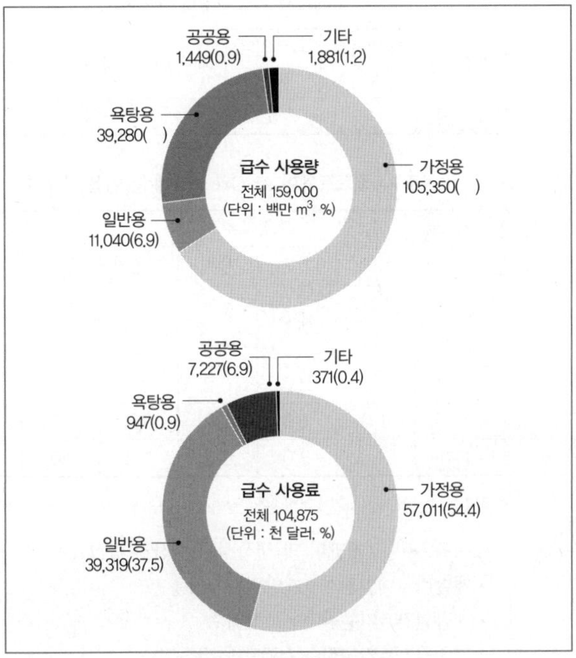

※ 1) 괄호 안의 수치는 전체에서 해당 용도가 차지하는 비중임

2) 용도별 급수단가(달러/m^3) $= \dfrac{\text{용도별 급수 사용료}}{\text{용도별 급수 사용량}}$

〈보 기〉

ㄱ. 2018년 이후 급수 사용량의 전년 대비 증가율은 매년 감소한다.

ㄴ. 2021년 급수 사용량의 60% 이상이 가정용이다.

ㄷ. 2016년 용도별 급수 사용량의 구성비와 용도별 급수단가가 2021년과 동일하다면, 2016년 전체 급수 사용료는 1억 달러 이상이다.

ㄹ. 2021년 공공용 급수단가는 가정용 급수단가의 9배 이상이다.

① ㄱ, ㄷ
② ㄴ, ㄷ
③ ㄴ, ㄹ
④ ㄱ, ㄷ, ㄹ
⑤ ㄴ, ㄷ, ㄹ

문 35. 다음 〈표〉는 A지역 아파트 분양 청약 및 경쟁률에 관한 자료이다. 〈표〉와 〈청약 및 추첨 방식〉을 근거로 판단할 때, (가)에 해당하는 값은?

〈표 1〉 A지역 아파트 분양 청약 결과

(단위 : 세대, 명)

택형	공급세대수	청약자 주소지	청약자 수
84	100	A지역	600
		인근지역	420
		기타지역	5,020
99	200	A지역	800
		인근지역	440
		기타지역	4,840

〈표 2〉 A지역 아파트 추첨 단계별 경쟁률

(단위 : 세대)

택형	공급세대수	단계	경쟁률
84	100	1단계	30
		2단계	(가)
		3단계	100
99	200	1단계	(나)
		2단계	30
		3단계	50

※ (해당 단계) 경쟁률 $= \dfrac{\text{(해당 단계) 추첨 대상 청약자 수}}{\text{(해당 단계) 당첨자 수}}$

〈청약 및 추첨 방식〉

- 청약자는 한 개의 택형에만 청약이 가능함
- 청약자 주소지에 의해 'A지역', '인근지역', '기타지역'으로 접수됨
- 84택형과 99택형의 추첨 방식은 동일함
- 다음 단계에 따라 택형별 당첨자를 뽑음
  - (1단계) 'A지역' 청약자 중 해당 택형 공급세대수의 (다) %를 뽑은 후,
  - (2단계) 1단계에서 당첨되지 않은 'A지역' 청약자와 '인근지역' 청약자 중 해당 택형 공급세대수의 (라) %를 뽑고,
  - (3단계) 마지막으로 1~2단계에서 당첨되지 않은 청약자와 '기타지역' 청약자 중 해당 택형의 남은 공급세대수만큼 당첨자를 뽑음

① 20
② 50
③ 60
④ 75
⑤ 80

문 36. 다음 〈표〉는 '갑'국 국민 4,000명을 대상으로 공동인증서 비밀번호 변경주기를 조사한 자료이다. 이에 대한 〈보기〉의 설명 중 옳은 것만을 모두 고르면?

〈표〉 공동인증서 비밀번호 변경주기 조사 결과

(단위 : 명, %)

구분		대상자 수	변경하였음					변경하지 않았음
				1년 초과	6개월 초과 1년 이하	3개월 초과 6개월 이하	3개월 이하	
전체		4,000	70.0	30.9	21.7	10.5	6.9	29.7
성별	남성	2,059	70.5	28.0	23.2	11.7	7.6	29.1
	여성	1,941	69.5	34.0	20.1	9.2	6.2	30.3
연령대	15~19세	367	55.0	22.9	12.5	12.0	7.6	45.0
	20대	702	67.7	32.5	17.0	9.5	8.7	32.3
	30대	788	74.7	33.8	20.4	11.9	8.6	24.5
	40대	922	71.0	29.5	25.1	10.1	6.4	28.5
	50대 이상	1,221	72.0	31.6	25.5	10.0	4.9	27.8
직업	전문직	691	70.3	28.7	23.7	11.4	6.5	29.2
	사무직	1,321	72.7	30.8	23.1	11.6	7.3	26.7
	판매직	374	74.3	32.4	22.2	11.5	8.3	25.4
	기능직	242	73.1	29.8	25.6	9.1	8.7	26.9
	농림어업직	22	81.8	13.6	31.8	18.2	18.2	18.2
	학생	611	58.9	27.5	12.8	11.0	7.7	41.1
	전업주부	506	73.5	36.4	24.5	7.5	5.1	26.5
	기타	233	63.5	35.6	19.3	6.0	2.6	36.1

※ 항목별로 중복응답은 없으며, 전체 대상자 중 무응답자는 12명임

〈보 기〉

ㄱ. 변경주기가 1년 이하인 응답자 수는 남성이 여성보다 많다.
ㄴ. 전체 무응답자 중 '사무직' 남성은 2명 이상이다.
ㄷ. 20대 응답자 중 변경주기가 6개월 이하인 비율은 40대 응답자 중 변경주기가 6개월 이하인 비율보다 높다.
ㄹ. 비밀번호를 변경한 응답자 중 변경주기가 1년 초과인 응답자 수는 '학생'이 '전업주부'보다 많다.

① ㄱ, ㄷ
② ㄱ, ㄹ
③ ㄴ, ㄹ
④ ㄱ, ㄴ, ㄷ
⑤ ㄴ, ㄷ, ㄹ

문 37. 다음 〈표〉는 '갑'국 소프트웨어 A~C의 개발에 관한 자료이다. 〈표〉와 〈개발비 및 생산성지수 산정 방식〉에 근거한 〈보기〉의 설명 중 옳은 것만을 모두 고르면?

〈표 1〉 소프트웨어 A~C의 기능유형별 기능 개수

(단위 : 개)

기능유형 / 소프트웨어	내부논리 파일	외부연계 파일	외부입력	외부출력	외부조회
A	10	5	5	10	4
B	15	4	6	7	3
C	3	2	4	6	5

〈표 2〉 기능유형별 가중치

기능유형	내부논리 파일	외부연계 파일	외부입력	외부출력	외부조회
가중치	7	5	4	5	3

〈표 3〉 소프트웨어 A~C의 보정계수, 이윤 및 공수

구분 / 소프트웨어	보정계수				이윤 (%)	공수
	규모 계수	언어 계수	품질 및 특성 계수	애플리케이션 유형 계수		
A	0.8	2.0	0.2	2.0	20	20
B	1.0	1.0	1.2	3.0	10	30
C	0.8	2.0	1.2	1.0	20	10

※ 공수는 1인의 개발자가 1개월 동안 일하는 노력의 양(man-month)을 의미함

〈개발비 및 생산성지수 산정 방식〉

- 개발비 = 개발원가 + 개발원가 × 이윤
- 개발원가 = 기준원가 × 보정계수
- 기준원가 = 기능점수 × 50만 원
- 보정계수 = 규모계수 × 언어계수 × 품질 및 특성계수 × 애플리케이션유형계수
- 기능점수는 각 기능유형별 기능 개수에 해당 기능유형별 가중치를 곱한 값의 합으로 계산됨
- 생산성지수 = $\frac{\text{기능점수}}{\text{공수}}$

〈보 기〉

ㄱ. 기능점수는 B가 가장 높고 C가 가장 낮다.
ㄴ. 기준원가가 가장 낮은 소프트웨어와 개발비가 가장 적은 소프트웨어는 동일하다.
ㄷ. 개발원가와 기준원가의 차이는 B가 C의 5배 이상이다.
ㄹ. 기능점수가 가장 높은 소프트웨어가 생산성지수도 가장 크다.

① ㄱ, ㄴ
② ㄱ, ㄷ
③ ㄱ, ㄹ
④ ㄴ, ㄷ
⑤ ㄴ, ㄹ

※ 다음 〈표〉는 A~J팀으로만 구성된 '갑'야구리그에 관한 자료이다. 다음 물음에 답하시오. [38~39]

〈표 1〉 A~J팀의 8월 15일 기준 순위 및 기록

순위	팀	전체 경기수	승수	패수	무승부수	승률 (%)	승차	최근 연속 승패 기록	최근 10경기 기록
1	A	99	61	37	1	62.24	0.0	3패	4승 6패
2	B	91	55	34	2	61.80	1.5	1패	6승 4패
3	C	98	54	43	1	55.67	6.5	1패	4승 6패
4	D	100	49	51	0	49.00	( )	1승	4승 6패
5	E	99	48	50	1	48.98	13.0	1패	8승 2패
6	F	97	46	51	0	47.42	14.5	1승	3승 7패
7	G	97	43	51	3	45.74	16.0	1승	6승 4패
8	H	96	43	52	1	45.26	16.5	3승	7승 3패
9	I	96	41	54	1	43.16	18.5	2승	4승 6패
10	J	95	38	55	2	40.86	20.5	2패	4승 6패

※ 1) 일자별 팀 순위 및 기록은 해당일 경기를 포함한 모든 경기결과를 반영한 값이며, 팀 순위는 승률이 높은 순서로 정함

2) 각 팀은 최근 10일 동안 매일 한 경기씩 참여하였고, 매 경기는 시작 당일에 종료됨

3) $\text{승률(\%)} = \frac{\text{승수}}{\text{승수} + \text{패수}} \times 100$

4) $\text{승차} = \frac{(\text{1위 팀 승수} - \text{해당 팀 승수}) - (\text{1위 팀 패수} - \text{해당 팀 패수})}{2}$

〈표 2〉 A~J팀의 8월 16일 기준 최근 연속 승패 기록

팀	A	B	C	D	E	F	G	H	I	J
최근 연속 승패 기록	4패	1승	2패	2승	1승	2승	1패	4승	1패	3패

문 38. 위 〈표〉를 근거로 판단한 내용으로 옳지 않은 것은?

① 8월 15일 기준 D팀의 승차는 13.0이다.
② 8월 5일 기준 승차 대비 8월 15일 기준 승차가 가장 많이 증가한 팀은 F이다.
③ 8월 12일 경기에서 A팀이 승리하였다.
④ 8월 13일 기준 E팀과 I팀의 승차 합은 35.0이다.
⑤ 8월 15일 기준 최근 연속 승수가 가장 많은 팀과 최근 10경기 승률이 가장 높은 팀은 다르다.

문 39. 위 〈표〉에 대한 〈보기〉의 설명 중 옳은 것만을 모두 고르면?

〈보 기〉

ㄱ. 8월 15일과 8월 16일 경기의 승패 결과가 동일한 팀은 5개이다.
ㄴ. 8월 16일 기준 7위 팀은 H이다.
ㄷ. 8월 16일 기준 승차가 음수인 팀이 있다.
ㄹ. 8월 16일 기준 4위 팀 승차와 5위 팀 승차는 동일하다.

① ㄱ, ㄹ
② ㄴ, ㄷ
③ ㄴ, ㄹ
④ ㄱ, ㄴ, ㄷ
⑤ ㄴ, ㄷ, ㄹ

문 40. 다음 〈표〉는 2018~2020년 프랜차이즈 기업 A~E의 가맹점 현황에 관한 자료이다. 이에 대한 〈보기〉의 설명 중 옳은 것만을 모두 고르면?

〈표 1〉 2018~2020년 기업 A~E의 가맹점 신규개점 현황

(단위 : 개, %)

구분 / 연도 / 기업	신규개점 수			신규개점률	
	2018	2019	2020	2019	2020
A	249	390	357	31.1	22.3
B	101	89	75	9.5	7.8
C	157	110	50	12.6	5.7
D	93	233	204	35.7	24.5
E	131	149	129	27.3	19.3

※ 해당 연도 신규개점률(%) $= \frac{\text{해당 연도 신규개점 수}}{\text{전년도 가맹점 수} + \text{해당 연도 신규개점 수}} \times 100$

〈표 2〉 2018~2020년 기업 A~E의 가맹점 폐점 수 현황

(단위 : 개)

연도 / 기업	2018	2019	2020
A	11	12	21
B	27	53	140
C	24	39	70
D	55	25	64
E	4	8	33

※ 해당 연도 가맹점 수=전년도 가맹점 수+해당 연도 신규개점 수−해당 연도 폐점 수

〈보 기〉

ㄱ. 2018년 C의 가맹점 수는 800개 이상이다.
ㄴ. 2019년에 비해 2020년 가맹점 수가 감소한 기업은 B와 C이다.
ㄷ. 2020년 가맹점 수는 E가 가장 적고, A가 가장 많다.
ㄹ. 2018년 폐점 수 대비 신규개점 수의 비율은 D가 가장 낮고, A가 가장 높다.

① ㄱ, ㄴ
② ㄱ, ㄷ
③ ㄴ, ㄷ
④ ㄴ, ㄹ
⑤ ㄷ, ㄹ

문 1. 다음 글을 근거로 판단할 때 옳은 것은?

> 제00조 ① 자신의 생명 또는 신체상의 위험을 무릅쓰고 급박한 위해에 처한 다른 사람의 생명·신체 또는 재산을 구하기 위한 구조행위로서 다음 각 호의 어느 하나의 경우에 대해서는 이 법을 적용한다. 다만, 자신의 행위로 인하여 위해에 처한 사람에 대하여 구조행위를 하다가 사망하거나 부상을 입은 행위는 제외한다.
> 1. 범죄행위를 제지하거나 그 범인을 체포하다가 사망하거나 부상을 입은 경우
> 2. 운송수단의 사고로 위해에 처한 다른 사람의 생명·신체 또는 재산을 구하다가 사망하거나 부상을 입은 경우
> 3. 천재지변, 수난(水難), 화재 등으로 위해에 처한 다른 사람의 생명·신체 또는 재산을 구하다가 사망하거나 부상을 입은 경우
> 4. 물놀이 등을 하다가 위해에 처한 다른 사람의 생명 또는 신체를 구하다가 사망하거나 부상을 입은 경우
>
> ② 의사자(義死者)란 직무 외의 행위로서 구조행위를 하다가 사망하여 ㅁㅁ부장관이 의사자로 인정한 사람을 말한다.
> ③ 의상자(義傷者)란 직무 외의 행위로서 구조행위를 하다가 신체상의 부상을 입어 ㅁㅁ부장관이 의상자로 인정한 사람을 말한다.
> 제00조 ① 국가는 의사자·의상자가 보여준 살신성인의 숭고한 희생정신과 용기가 항구적으로 존중될 수 있도록 서훈(敍勳)을 수여하는 등 필요한 조치를 할 수 있다.
> ② 국가와 지방자치단체는 의사자를 추모하고 숭고한 뜻을 기리기 위한 동상 및 비석 등의 기념물을 설치하는 기념사업을 수행할 수 있다.
> ③ 국가는 다음 각 호의 기준에 따라 의상자 및 의사자 유족에게 보상금을 지급한다.
> 1. 의상자의 경우에는 그 본인에게 지급한다.
> 2. 의사자의 경우에는 그 배우자, 자녀, 부모, 조부모, 형제자매의 순으로 지급한다. 이 경우 같은 순위의 유족이 2인 이상인 때에는 보상금을 같은 금액으로 나누어 지급한다.

※ 서훈 : 공적의 등급에 따라 훈장을 내림

① 의사자 甲에게 배우자와 자녀가 있는 경우, 보상금은 전액 배우자에게 지급된다.
② 지방자치단체는 의상자 乙에게 서훈을 수여하거나 동상을 설치하는 기념사업을 수행할 수 있다.
③ 소방관 丙이 화재 현장에 출동하여 화재를 진압하던 중 부상을 입은 경우, 丙은 의상자로 인정될 수 있다.
④ 물놀이를 하던 丁이 물에 빠진 애완동물을 구조하던 중 부상을 입은 경우, 丁은 의상자로 인정될 수 있다.
⑤ 운전자 戊가 자신이 일으킨 교통사고의 피해자를 구조하던 중 다른 차량에 치여 부상당한 경우, 戊는 의상자로 인정될 수 있다.

문 2. 다음 글을 근거로 판단할 때 옳은 것은?

> 제00조 ① 본인 또는 배우자, 직계혈족(이하 '본인 등'이라 한다)은 가족관계등록부의 기록사항에 관하여 발급할 수 있는 증명서(가족관계증명서, 기본증명서, 혼인관계증명서, 입양관계증명서, 친양자입양관계증명서 등)의 교부를 청구할 수 있고, 본인 등의 대리인이 청구하는 경우에는 본인 등의 위임을 받아야 한다. 다만, 다음 각 호의 어느 하나에 해당하는 경우에는 본인 등이 아닌 경우에도 교부를 신청할 수 있다.
> 1. 국가 또는 지방자치단체가 직무상 필요에 따라 문서로 신청하는 경우
> 2. 소송·민사집행의 각 절차에서 필요한 경우
> 3. 다른 법령에서 본인 등에 관한 증명서를 제출하도록 요구하는 경우
>
> ② 제1항에도 불구하고 친양자입양관계증명서는 다음 각 호의 어느 하나에 해당하는 경우에 한하여 교부를 청구할 수 있다.
> 1. 친양자가 성년이 되어 신청하는 경우
> 2. 법원의 사실조회촉탁이 있거나 수사기관이 수사상 필요에 따라 문서로 신청하는 경우
>
> ③ 제1항 및 제2항에 따라 증명서의 교부를 청구하는 사람은 수수료를 납부하여야 하며, 증명서의 송부를 신청하는 경우에는 우송료를 따로 납부하여야 한다.
> ④ 본인 또는 배우자, 부모, 자녀는 가족관계등록부의 기록사항 전부 또는 일부에 대하여 전자적 방법에 의한 열람을 청구할 수 있다. 다만, 친양자입양관계증명서의 기록사항에 대하여는 친양자가 성년이 된 이후에만 청구할 수 있다.

① A의 직계혈족인 B가 A의 기본증명서 교부를 청구할 때에는 A의 위임을 받아야 한다.
② 본인의 입양관계증명서 교부를 청구한 C는 수수료와 우송료를 일괄 납부하여야 한다.
③ 지방자치단체는 직무상 필요에 따라 구두로 지역주민 D의 가족관계증명서 교부를 신청할 수 있다.
④ E의 자녀 F는 E의 혼인관계증명서의 기록사항에 대해 전자적 방법에 의한 열람을 청구할 수 있다.
⑤ 미성년자 G는 본인의 친양자입양관계증명서의 기록사항에 대해 전자적 방법에 의한 열람을 청구할 수 있다.

문 3. 다음 글과 <상황>을 근거로 판단할 때 옳은 것은?

제○○조 ① 소비자는 물품 등의 사용으로 인한 피해의 구제를 한국소비자원에 신청할 수 있다.
② 국가·지방자치단체 또는 소비자단체는 소비자로부터 피해구제의 신청을 받은 때에는 한국소비자원에 그 처리를 의뢰할 수 있다.
③ 사업자는 소비자로부터 피해구제의 신청을 받은 때에는 다음 각 호의 어느 하나에 해당하는 경우에 한하여 한국소비자원에 그 처리를 의뢰할 수 있다.
1. 소비자로부터 피해구제의 신청을 받은 날부터 30일이 경과하여도 합의에 이르지 못하는 경우
2. 한국소비자원에 피해구제의 처리를 의뢰하기로 소비자와 합의한 경우

제□□조 ① 한국소비자원장은 피해구제신청사건을 처리함에 있어서 당사자 또는 관계인이 법령을 위반한 것으로 판단되는 때에는 관계 기관에 이를 통보하고 적절한 조치를 의뢰하여야 한다. 다만, 다음 각 호의 경우에는 그러하지 아니하다.
1. 피해구제신청사건의 당사자가 피해보상에 관한 합의를 하고 법령위반행위를 시정한 경우
2. 관계 기관에서 위법사실을 이미 인지·조사하고 있는 경우
② 한국소비자원장은 피해구제신청의 당사자에 대하여 피해보상에 관한 합의를 권고할 수 있다.

제△△조 한국소비자원장은 제○○조의 규정에 따라 피해구제의 신청을 받은 날부터 30일 이내에 제□□조 제2항의 규정에 따른 합의가 이루어지지 아니하는 때에는 지체 없이 소비자분쟁조정위원회에 분쟁조정을 신청하여야 한다.

제◇◇조 한국소비자원의 피해구제 처리절차 중에 법원에 소를 제기한 당사자는 그 사실을 한국소비자원에 통보하여야 한다.

<상 황>

소비자 甲은 사업자 乙이 생산한 물품을 사용하다가 피해를 입었다. 이에 甲은 乙에게 피해구제를 신청하였다.

① 乙이 신청을 받은 날부터 30일이 지나도록 甲과 합의에 이르지 못한 경우, 乙은 한국소비자원에 그 처리를 의뢰할 수 있다.
② 甲과 乙이 한국소비자원에 피해구제의 처리를 의뢰하기로 합의한 경우, 乙은 30일 이내에 소비자분쟁조정위원회에 분쟁조정을 신청하여야 한다.
③ 한국소비자원이 甲의 피해구제 처리절차를 진행하는 중에는 甲은 해당 사건에 대해 법원에 소를 제기할 수 없다.
④ 한국소비자원장이 권고한 피해보상에 관한 합의가 甲과 乙 사이에 이루어지지 않은 경우, 한국소비자원장은 30일 이내에 소비자분쟁조정위원회에 분쟁조정을 신청하여야 한다.
⑤ 한국소비자원장은 피해구제신청사건을 처리함에 있어서 乙이 법령을 위반한 것으로 판단되면, 관계 기관에서 위법사실을 이미 인지·조사하고 있는 경우라도 관계 기관에 이를 통보하고 적절한 조치를 의뢰하여야 한다.

문 4. 다음 글과 <상황>을 근거로 판단할 때 옳은 것은?

제00조 ① 박물관에는 임원으로서 관장 1명, 상임이사 1명, 비상임이사 5명 이내, 감사 1명을 둔다.
② 감사는 비상임으로 한다.
③ 관장은 정관으로 정하는 바에 따라 □□부장관이 임면하고, 상임이사와 비상임이사 및 감사의 임면은 정관으로 정하는 바에 따른다.

제00조 ① 관장의 임기는 3년으로 하며, 1년 단위로 연임할 수 있다.
② 이사와 감사의 임기는 2년으로 하며, 1년 단위로 연임할 수 있다.
③ 임원의 사임 등으로 인하여 선임되는 임원의 임기는 새로 시작된다.
④ 관장은 박물관을 대표하고 그 업무를 총괄하며, 소속 직원을 지휘·감독한다.
⑤ 관장이 부득이한 사유로 직무를 수행할 수 없을 때에는 상임이사가 그 직무를 대행하고, 상임이사도 직무를 수행할 수 없을 때에는 정관으로 정하는 임원이 그 직무를 대행한다.

제00조 ① 박물관의 중요 사항을 심의·의결하기 위하여 박물관에 이사회를 둔다.
② 이사회는 의장을 포함한 이사로 구성하고 관장이 의장이 된다.
③ 이사회는 재적이사 과반수의 출석으로 개의하고, 재적이사 과반수의 찬성으로 의결한다.
④ 감사는 직무와 관련하여 필요한 경우 이사회에 출석하여 발언할 수 있다.

제00조 ① 박물관의 임직원이나 임직원으로 재직하였던 사람은 그 직무상 알게 된 비밀을 누설하거나 도용하여서는 아니 된다.
② 제1항을 위반하여 직무상 알게 된 비밀을 누설하거나 도용한 사람은 2년 이하의 징역 또는 2천만 원 이하의 벌금에 처한다.

<상 황>

○○박물관에는 임원으로 이사인 관장 A, 상임이사 B, 비상임이사 C, D, E, F와 감사 G가 있다.

① A가 2년간 재직하다가 퇴직한 경우, 새로 임명된 관장의 임기는 1년이다.
② 이사회에 A, B, C, D, E가 출석한 경우, 그 중 2명이 반대하면 안건은 부결된다.
③ A가 부득이한 사유로 직무를 수행할 수 없을 때에는 G가 소속 직원을 지휘·감독한다.
④ B가 직무상 알게 된 비밀을 누설한 경우, 1년의 징역과 500만 원의 벌금에 처해질 수 있다.
⑤ ○○박물관 정관에 "관장은 이사, 감사를 임면한다."라고 규정되어 있는 경우, A는 G의 임기가 만료되면 H를 상임감사로 임명할 수 있다.

문 5. 다음 글과 〈상황〉을 근거로 판단할 때 옳은 것은?

19세 이상 주민(이하 '주민'이라 한다)은 지방자치단체에 조례의 제정·개정 및 폐지를 청구할 수 있다. 시·도와 인구 50만 이상 대도시에서는 주민 총수의 100분의 1 이상, 시·군 및 자치구에서는 주민 총수의 50분의 1 이상의 연서로 해당 지방자치단체의 장에게 조례를 제정하거나 개정 또는 폐지할 것을 청구할 수 있다. 이때 청구인 대표자는 조례의 제정안·개정안 및 폐지안(이하 '주민청구조례안'이라 한다)을 작성하여 제출해야 한다. 지방자치단체의 장은 청구를 받은 날부터 5일 이내에 그 내용을 공표하여야 하며, 공표한 날을 포함하여 10일간 청구인명부나 그 사본을 공개된 장소에서 누구나 열람할 수 있도록 해야 한다. 청구인명부의 서명에 관하여 이의가 있는 주민은 열람기간 동안 해당 지방자치단체의 장에게 이의를 신청할 수 있다. 지방자치단체의 장은 이의신청을 받으면 열람기간이 끝난 날의 다음 날부터 14일 이내에 그에 대해 심사·결정하고 그 결과를 당사자에게 알려야 한다.

지방자치단체의 장은 이의신청이 없는 경우 또는 이의신청에 대해 그 결정이 끝난 경우 청구를 수리하고, 요건을 갖추지 못하였다면 청구를 각하한다. 지방자치단체의 장은 청구를 수리한 날을 포함하여 60일 이내에 주민청구조례안을 지방의회에 부의하여야 하며, 그 결과를 청구인 대표자에게 알려야 한다.

지방의회는 재적의원 3분의 1 이상의 출석으로 개의한다. 의결 사항은 재적의원 과반수의 출석과 출석의원 과반수의 찬성으로 의결한다.

〈상 황〉

- ㅁㅁ도 A시의 인구는 30만 명이며, 19세 이상 주민은 총 20만 명이다.
- A시 주민 甲은 청구인 대표자로 2022. 1. 3. ㅇㅇ조례에 대한 개정을 청구했고, 이에 A시 시장 B는 같은 해 1. 5. 이를 공표하였다.
- A시 의회 재적의원은 12명이다.

① A시에서 주민이 조례 개정을 청구하기 위해서는 최소 6,000명 이상의 연서가 필요하다.
② A시 주민이 甲의 조례 개정 청구인명부의 서명에 대해 이의를 신청할 수 있는 기간은 2022. 1. 14.까지이다.
③ A시 주민 乙이 2022. 1. 6. 청구인명부의 서명에 대해 이의를 신청했다면, B는 같은 해 1. 31.까지 그에 대한 심사·결정 결과를 당사자에게 통보해야 한다.
④ 甲의 조례 개정 청구가 2022. 2. 1. 수리되었다면, B는 같은 해 4. 2.까지 ㅇㅇ조례 개정안을 A시 의회에 부의해야 한다.
⑤ A시 의회는 의원 3명의 참석으로 ㅇㅇ조례 개정안에 대해 개의할 수 있다.

문 6. 다음 글을 근거로 판단할 때, 〈보기〉에서 옳은 것만을 모두 고르면?

사람들은 관리자의 업무지시 능력이 뛰어난 작업장일수록 '업무실수 기록건수'가 적을 것이라고 생각한다. 이런 통념을 검증하기 위해 ㅇㅇ공장의 8개 작업장을 대상으로 연구가 진행되었다. 각 작업장의 인력 구성과 업무량 등은 모두 동일했다. 업무실수 기록건수를 종속변수로 설정하고 6개월 동안 관련 자료를 꼼꼼히 조사하여 업무실수 기록건수 실태를 파악하였다. 또한 공장 구성원에 대한 설문조사와 인터뷰를 통해 관리자의 업무지시 능력, 근로자의 직무만족도, 직장문화 등을 조사했다.

분석 결과 관리자의 업무지시 능력이 우수할수록, 근로자의 직무만족도가 높을수록 업무실수 기록건수가 많았다. 또한 근로자가 상급자의 실수 지적을 두려워하지 않고 자신의 실수를 인정하며 그것을 통해 학습하려는 직장문화에서는 업무실수 기록건수가 많았다. 반면 업무실수 기록건수가 적은 작업장에서는 근로자가 자신의 실수를 보고하면 상급자로부터 질타나 징계를 받을 것이라는 우려 때문에 가급적 실수를 감추었다.

〈보 기〉

ㄱ. 업무실수 기록건수가 많은 작업장에서는 실수를 통해 학습하려는 직장문화가 약할 것이다.
ㄴ. 업무실수 기록건수가 많다고 해서 근로자의 직무만족도가 낮은 것은 아닐 것이다.
ㄷ. 관리자의 업무지시 능력이 우수한 작업장일수록 업무실수 기록건수가 적을 것이다.
ㄹ. 징계에 대한 우려가 약한 작업장보다 강한 작업장에서 업무실수 기록건수가 적을 것이다.

① ㄱ, ㄴ
② ㄱ, ㄷ
③ ㄴ, ㄷ
④ ㄴ, ㄹ
⑤ ㄷ, ㄹ

문 7. 다음 글과 〈상황〉을 근거로 판단할 때 옳은 것은?

한 지리학자는 임의의 국가에 분포하는 도시를 인구규모 순으로 배열할 때, 도시 순위와 인구규모 사이에 일정한 법칙이 존재한다는 것을 발견했다. 이를 도시의 순위규모법칙이라고 부르며, 이에 따른 분포를 '순위규모분포'라고 한다. 순위규모분포가 나타나는 경우 인구규모 두 번째 도시의 인구는 인구규모가 가장 큰 도시인 수위도시 인구의 1/2이고, 세 번째 도시의 인구는 수위도시 인구의 1/3이 된다. 그 이하의 도시에도 동일한 규칙이 적용된다.

이와 달리 한 국가의 인구규모 1위 도시에 인구가 집중되는 양상이 나타나면 이를 '종주분포'라고 한다. 도시화가 전국적으로 진행되지 않은 나라에서는 인구규모 2위 이하의 도시에 비해 1위 도시의 인구규모가 훨씬 큰 종주분포 형태를 보인다. 이때 인구규모가 첫 번째인 도시를 종주도시라고 부른다. 종주분포의 정도를 측정하는 척도로 종주도시지수가 사용된다. 종주도시지수는 '1위 도시의 인구÷2위 도시의 인구'로 나타낸다. 대체로 개발도상국의 경우 급속한 산업화로 종주도시로의 인구집중이 현저하게 나타나기 때문에 종주도시지수가 높다.

〈상 황〉

- 순위규모분포를 보이는 A국에서 인구규모 세 번째 도시의 인구는 200만 명이다.
- 종주분포를 보이는 B국에서 인구규모 두 번째 도시의 인구는 200만 명이고 종주도시지수는 3.3이다.

① A국의 수위도시와 인구규모 두 번째 도시 간 인구의 차이는 300만 명이다.
② B국의 인구규모 세 번째 도시의 인구는 종주도시의 1/3이다.
③ B국의 종주도시 인구는 A국의 수위도시에 비해 40만 명 적다.
④ 인구규모 첫 번째 도시와 두 번째 도시의 인구 합은 A국이 B국보다 60만 명 더 많다.
⑤ A국과 B국의 인구규모 두 번째 도시 인구는 동일하다.

문 8. 다음 글을 근거로 판단할 때, 乙이 계산할 금액은?

甲~丁은 회전 초밥을 먹으러 갔다. 식사를 마친 후, 각자 먹은 접시는 각자 계산하기로 했다. 초밥의 접시당 가격은 다음과 같다.

〈초밥의 접시당 가격〉

(단위 : 원)

빨간색 접시	1,500
파란색 접시	1,200
노란색 접시	2,000
검정색 접시	4,000

이들은 각각 3가지 색의 접시만 먹었으며, 각자 먹지 않은 접시의 색은 서로 달랐다. 이들이 먹은 접시 개수를 모두 세어 보니 빨간색 접시 7개, 파란색 접시 4개, 노란색 접시 8개, 검정색 접시 3개였다. 이들이 먹은 접시에 대한 정보는 다음과 같다.

- 甲은 빨간색 접시 4개, 파란색 접시 1개, 노란색 접시 2개를 먹었다.
- 丙은 乙보다 파란색 접시를 1개 더 먹었으며, 노란색 접시는 먹지 않았다.
- 丁은 모두 6개의 접시를 먹었으며, 이 중 빨간색 접시는 2개였고 파란색 접시는 먹지 않았다.

① 7,200원
② 7,900원
③ 9,400원
④ 11,200원
⑤ 13,000원

문 9. 다음 글과 〈상황〉을 근거로 판단할 때, 〈보기〉에서 옳은 것만을 모두 고르면?

甲 : 수면무호흡증으로 고생하고 있는데 양압기를 사용하면 많이 개선된다고 들었어요. 건강보험 급여 적용을 받으면 양압기 대여료가 많이 저렴해진다던데 설명 좀 들을 수 있을까요?

乙 : 급여 대상이 되려면 수면다원검사를 받으시고, 검사 결과 무호흡 · 저호흡 지수가 15 이상이면 돼요. 무호흡 · 저호흡 지수가 10 이상 15 미만이면 불면증 · 주간졸음 · 인지기능저하 · 기분장애 중 적어도 하나에 해당하면 돼요.

甲 : 그러면 제가 부담하는 대여료는 얼마인가요?

乙 : 일단 수면다원검사 결과 급여 대상에 해당하면 양압기 처방을 받으실 수 있어요. 양압기는 자동형과 수동형이 있는데 둘 중 하나를 선택해야 하고 중간에 바꿀 수는 없어요. 자동형의 기준금액은 하루에 3,000원이고 수동형은 하루에 2,000원이에요. 대여기간 중에는 사용 여부와 관계없이 대여료가 부과돼요. 처방일부터 최대 90일간 순응기간이 주어져요. 순응기간에는 기준금액 중 50%만 고객님이 부담하시면 되고, 나머지는 건강보험공단에서 저희 회사로 지급해요. 90일 기간 내에 연이은 30일 중 하루 4시간 이상 사용한 일수가 21일이 되면 그날로 순응기간이 종료돼요. 그러면 바로 그다음 날부터는 정식사용기간이 시작되어 기준금액의 20%만 고객님이 부담하시면 됩니다.

〈상 황〉

수면다원검사 결과 甲의 무호흡 · 저호흡 지수는 16이었다. 甲은 2021년 4월 1일 양압기 처방을 받고 그날 양압기를 대여받았다.

〈보 기〉

ㄱ. 甲은 불면증 · 주간졸음 · 인지기능저하 · 기분장애 증상이 없었더라도 양압기 처방을 받았을 것이다.
ㄴ. 甲이 2021년 4월 한 달 동안 부담한 양압기 대여료가 30,000원이라면, 甲은 수동형 양압기를 대여받았을 것이다.
ㄷ. 甲의 순응기간이 2021년 5월 21일에 종료되었다면, 甲은 해당 월에 양압기를 최소한 48시간 이상 사용하였을 것이다.
ㄹ. 甲이 자동형 양압기를 대여받았고 2021년 6월에 부담한 대여료가 36,000원이라면, 甲이 처방일부터 3개월간 부담한 총 대여료는 126,000원일 것이다.

① ㄱ, ㄷ
② ㄴ, ㄹ
③ ㄷ, ㄹ
④ ㄱ, ㄴ, ㄷ
⑤ ㄱ, ㄴ, ㄹ

문 10. 다음 글과 〈상황〉을 근거로 판단할 때, ㅁㅁ시가 A동물보호센터에 10월 지급할 경비의 총액은?

ㅁㅁ시는 관할구역 내 동물보호센터에 다음과 같은 기준으로 경비를 지급하고 있다.

• 사료비

구분	무게	1일 사료 급여량	사료가격
개	10kg 미만	300g/마리	5,000원/kg
	10kg 이상	600g/마리	5,000원/kg
고양이	–	400g/마리	5,000원/kg

• 인건비
  – 포획활동비(1일 1인당) : 안전관리사 노임액(115,000원)
  – 관리비(1일 1마리당) : 안전관리사 노임액(115,000원)의 100분의 20
• 주인이 유실동물을 찾아간 경우 동물보호센터가 주인에게 보호비를 징수한다. 보호비는 보호일수와 관계없이 1마리당 100,000원이다. 단, 3일 미만 보호 시 징수하지 않으며, 7일 이상 보호 시 50%를 가산한다.
• ㅁㅁ시는 사료비와 인건비를 합한 금액에서 보호비를 공제한 금액을 다음 달에 경비로 지급한다.

〈상 황〉

• ㅁㅁ시 소재 A동물보호센터가 9월 한 달간 관리한 동물의 일평균 마릿수는 다음과 같다.

개	10kg 미만	10
	10kg 이상	5
고양이	–	5

• A동물보호센터는 9월 한 달간 1인을 8일 동안 포획활동에 투입하였다.
• A동물보호센터에서 9월 한 달간 주인에게 반환된 유실동물의 마릿수는 다음과 같다.

보호일수	1일	2일	3일	4일	5일	6일	7일 이상
마릿수	2	3	1	1	2	0	2

① 1,462만 원
② 1,512만 원
③ 1,522만 원
④ 1,532만 원
⑤ 1,572만 원

문 11. 다음 글과 〈상황〉을 근거로 판단할 때, A가 새로 읽기 시작한 350쪽의 책을 다 읽은 때는?

- A는 특별한 일이 없는 경우 월~금요일까지 매일 시외버스를 타고 30분씩 각각 출근과 퇴근을 하며 밤 9시 이전에 집에 도착한다.
- A는 대중교통을 이용할 때 책을 읽는다. 단, 시내버스에서는 책을 읽지 않고, 또 밤 9시가 넘으면 어떤 대중교통을 이용해도 책을 읽지 않는다.
- A는 10분에 20쪽의 속도로 책을 읽는다. 다만, 책의 1쪽부터 30쪽까지는 10분에 15쪽의 속도로 읽는다.

〈상 황〉

A는 이번 주 월~금요일까지 출퇴근을 했는데, 화요일에는 회사 앞에서 회식이 있어 밤 8시 30분에 시외버스를 타고 30분 후에 집 근처 정류장에 내려 퇴근했다. 수요일에는 오전 근무를 마치고 회의를 위해서 지하철로 20분 이동한 후 다시 시내버스를 30분 타고 회의 장소로 갔다. 회의가 끝난 직후 밤 9시 10분에 지하철을 40분 타고 퇴근했다. A는 200쪽까지 읽은 280쪽의 책을 월요일 아침 출근부터 이어서 읽었고, 그 책을 다 읽은 직후 곧바로 350쪽의 새로운 책을 읽기 시작했다.

① 수요일 회의 장소 이동 중
② 수요일 퇴근 중
③ 목요일 출근 중
④ 목요일 퇴근 중
⑤ 금요일 출근 중

문 12. 다음 글을 근거로 판단할 때, '사무관'을 옳게 암호화한 것은?

A암호화 방식은 단어를 〈자모변환표〉와 〈난수표〉를 이용하여 암호로 변환한다.

〈자모변환표〉

ㄱ	ㄲ	ㄴ	ㄷ	ㄸ	ㄹ	ㅁ	ㅂ	ㅃ	ㅅ
120	342	623	711	349	035	537	385	362	479
ㅆ	ㅇ	ㅈ	ㅉ	ㅊ	ㅋ	ㅌ	ㅍ	ㅎ	ㅏ
421	374	794	734	486	325	842	248	915	775
ㅐ	ㅑ	ㅒ	ㅓ	ㅔ	ㅕ	ㅖ	ㅗ	ㅘ	ㅙ
612	118	843	451	869	917	615	846	189	137
ㅚ	ㅛ	ㅜ	ㅝ	ㅞ	ㅟ	ㅠ	ㅡ	ㅢ	ㅣ
789	714	456	198	275	548	674	716	496	788

〈난수표〉

484496112135348641056095137458625153864418913…

- 우선 암호화하고자 하는 단어의 자모를 초성(첫 자음자)−중성(모음자)−종성(받침) 순으로 나열하되, 종성이 없는 경우 초성−중성으로만 나열한다. 예를 들어 '행복'은 'ㅎㅐㅇㅂㅗㄱ'이 된다.
- 그 다음 각각의 자모를 〈자모변환표〉에 따라 대응하는 세 개의 숫자로 변환한다. 예를 들어 '행복'은 '915612374385846120'으로 변환된다.
- 변환된 숫자와 〈난수표〉의 숫자를 가장 앞의 숫자부터 순서대로 하나씩 대응시켜 암호 숫자로 바꾼다. 이때 암호 숫자는 그 암호 숫자와 변환된 숫자를 더했을 때 그 결과값의 일의 자리가 〈난수표〉의 대응 숫자와 일치하도록 하는 0~9까지의 숫자이다. 따라서 '행복'에 대한 암호문은 '579884848850502521'이다.

① 015721685634228562433
② 015721685789228562433
③ 905721575679228452433
④ 015721685789228805381472
⑤ 905721575679228795281472

문 13. 다음 글을 근거로 판단할 때, ㉠에 해당하는 것은?

> 甲 : 혹시 담임 선생님 생신이 몇 월 며칠인지 기억나?
> 乙 : 응, 기억하지. 근데 그건 왜?
> 甲 : 내가 그날(월일)로 네 자리 일련번호를 설정했는데, 맨 앞자리가 0이 아니었다는 것 말고는 도저히 기억이 나질 않아서 말이야.
> 乙 : 그럼 내가 몇 가지 힌트를 줄게. 맞혀볼래?
> 甲 : 좋아.
> 乙 : 선생님 생신은 31일까지 있는 달에 있어.
> 甲 : 고마워. 그다음 힌트는 뭐야?
> 乙 : 선생님 생신의 일은 8의 배수야.
> 甲 : 그래도 기억이 나질 않네. 힌트 하나만 더 줄 수 있어?
> 乙 : 알았어. [㉠]
> 甲 : 아! 이제 알았다. 고마워.

① 선생님 생신은 15일 이전이야.
② 선생님 생신의 일은 월의 배수야.
③ 선생님 생신의 일은 월보다 큰 수야.
④ 선생님 생신은 네 자리 모두 다른 수야.
⑤ 선생님 생신의 네 자리 수를 모두 더하면 9야.

문 14. 다음 글을 근거로 판단할 때, 다음 주 수요일과 목요일의 청소당번을 옳게 짝지은 것은?

> A~D는 다음 주 월요일부터 금요일까지 하루에 한 명씩 청소당번을 정하려고 한다. 청소당번을 정하는 규칙은 다음과 같다.
> • A~D는 최소 한 번씩 청소당번을 한다.
> • 시험 전날에는 청소당번을 하지 않는다.
> • 발표 수업이 있는 날에는 청소당번을 하지 않는다.
> • 한 사람이 이틀 연속으로는 청소당번을 하지 않는다.
> 다음은 청소당번을 정한 후 A~D가 나눈 대화이다.
> A : 나만 두 번이나 청소당번을 하잖아. 월요일부터 청소당번이라니!
> B : 미안. 내가 월요일에 발표 수업이 있어서 그날 너밖에 할 사람이 없었어.
> C : 나는 다음 주에 시험이 이틀 있는데, 발표 수업이 매번 시험 보는 날과 겹쳐서 청소할 수 있는 요일이 하루밖에 없었어.
> D : 그래도 금요일에 청소하고 가야 하는 나보다는 나을걸.

	수요일	목요일
①	A	B
②	A	C
③	B	A
④	C	A
⑤	C	B

문 15. 다음 글과 〈상황〉을 근거로 판단할 때, 〈보기〉에서 옳은 것만을 모두 고르면?

> 퍼스널컬러(personal color)란 개인의 머리카락, 눈동자, 피부색 등을 종합하여 본인에게 가장 어울리는 색상을 말한다. 퍼스널컬러는 크게 웜(warm)톤과 쿨(cool)톤으로 나눠지는데, 웜톤은 따스하고 부드러운 느낌의 색인 반면에 쿨톤은 차갑고 시원한 느낌의 색이다. 웜톤은 봄타입과 가을타입으로, 쿨톤은 여름타입과 겨울타입으로 세분화된다.
> 퍼스널컬러는 각 타입의 색상 천을 얼굴에 대봄으로써 찾을 수 있다. 가장 잘 어울리는 타입의 천을 얼굴에 댔을 때 얼굴빛이 화사해지고 이목구비가 또렷해 보인다. 이를 '형광등이 켜졌다'라고 표현한다.

〈상 황〉

> 네 명(甲~丁)이 퍼스널컬러를 알아보러 갔다. 각 타입(봄, 여름, 가을, 겨울)마다 색상 천은 밝은 색과 어두운 색이 있어서 총 8장이 있다. 하나의 색상 천을 네 명에게 동시에 대보고 형광등이 켜지는지 확인하였다. 얼굴에 대보는 색상 천의 순서는 다음과 같다.
> 1. 첫 번째에서 네 번째까지 밝은 색 천을 대보고 다섯 번째부터 여덟 번째까지 어두운 색 천을 대본다.
> 2. 웜톤 천과 쿨톤 천을 교대로 대보지만, 첫 번째로 대보는 천의 톤은 알 수 없다.
>
> 진단 결과, 甲, 乙, 丙, 丁은 서로 다른 타입의 퍼스널컬러를 진단받았으며, 본인 타입의 천을 대보았을 때는 밝은 색과 어두운 색의 천 모두에서 형광등이 켜졌고, 그 외의 천을 대보았을 때는 형광등이 켜지지 않았다.
> 다음은 진단 후 네 명이 나눈 대화이다.
> 甲 : 나는 가을타입이었어. 마지막 색상 천에서는 형광등이 켜지지 않았어.
> 乙 : 나는 짝수 번째 천에서는 형광등이 켜진 적이 없어.
> 丙 : 나는 乙이랑 타입은 다르지만 톤은 같아. 그리고 나한테 형광등이 켜진 색상 천 순서에 해당하는 숫자를 합해보니까 6이야.
> 丁 : 나는 밝은 색 천을 대보았을 때, 乙보다 먼저 형광등이 켜졌어.

〈보 기〉

> ㄱ. 네 명의 타입을 모두 알 수 있다.
> ㄴ. 丙은 첫 번째 색상 천에서 형광등이 켜졌다.
> ㄷ. 색상 천을 대본 순서별로 형광등이 켜진 사람이 누구인지 알 수 있다.
> ㄹ. 형광등이 켜진 색상 천 순서에 해당하는 숫자의 합은 丙을 제외한 세 명이 같다.

① ㄱ, ㄴ
② ㄱ, ㄷ
③ ㄴ, ㄹ
④ ㄱ, ㄷ, ㄹ
⑤ ㄴ, ㄷ, ㄹ

문 16. 다음 글과 〈상황〉을 근거로 판단할 때, 청년미래공제에 참여 가능한 기업을 모두 고르면?

〈2022년 청년미래공제 참여기업 모집 공고문〉

- 목적
  - 미취업 청년의 중소기업 유입을 촉진하고, 청년 근로자의 장기 근속과 자산 형성을 지원
- 참여 자격
  - 고용보험 피보험자 수 5인 이상 중소기업
  - 고용보험 피보험자 수 1인 이상 5인 미만의 기업이라도 청년기업은 참여 가능

  ※ 청년기업 : 14세 이상 39세 이하인 청년이 현재 대표이면서 사업을 개시한 날부터 7년이 지나지 않은 기업
- 참여 제한
  - 청년수당 가입유지율이 30% 미만인 기업은 참여 불가. 단, 청년수당 가입 인원이 2인 이하인 경우는 참여 가능

  ※ $\text{청년수당 가입유지율(\%)} = \frac{\text{청년수당 6개월 이상 가입 유지 인원(ⓛ)}}{\text{청년수당 가입 인원(㉠)}} \times 100$

〈상 황〉

2022년 현재 중소기업(A~E)에 관한 정보는 다음과 같다.

기업	고용보험 피보험자 수	대표자 나이	사업 개시 경과연수	(㉠)	(ⓛ)
A	45	39	8	25	7
B	30	40	8	25	23
C	4	40	6	2	2
D	2	39	6	2	0
E	2	38	8	2	2

① A, C
② A, D
③ B, D
④ B, E
⑤ C, E

문 17. 다음 글을 근거로 판단할 때, 〈보기〉에서 옳은 것만을 모두 고르면?

국민은 A, B 두 집단으로 구분되며, 현행 정책과 개편안에 따라 각 집단에 속한 개인이 얻는 혜택은 다음과 같다.

집단	현행 정책	개편안
A	100	90
B	50	80

정부는 다음 (가), (나), (다) 중 하나를 판단기준으로 하여 정책을 채택하려고 한다.

(가) 국민 전체 혜택의 합이 더 큰 정책을 채택한다.
(나) 개인이 얻는 혜택이 적은 집단에 더 유리한 정책을 채택한다.
(다) A, B 두 집단 간 개인 혜택의 차이가 더 작은 정책을 채택한다.

〈보 기〉

ㄱ. (가)를 판단기준으로 할 경우, A인구가 B인구의 4배라면 현행 정책이 유지된다.
ㄴ. (가)를 판단기준으로 할 경우, B인구가 전체 인구의 30%라면 개편안이 채택된다.
ㄷ. (나)를 판단기준으로 할 경우, A와 B의 인구와 관계없이 개편안이 채택된다.
ㄹ. (다)를 판단기준으로 할 경우, A인구가 B인구의 5배라면 현행 정책이 유지된다.

① ㄱ, ㄴ
② ㄱ, ㄹ
③ ㄴ, ㄷ
④ ㄷ, ㄹ
⑤ ㄱ, ㄴ, ㄷ

문 18. 다음 글과 〈상황〉을 근거로 판단할 때, 2022년에 건강검진을 받을 직원이 가장 많은 검진항목은?

A기관은 직원들을 대상으로 건강검진 프로그램을 운영하고 있다. 직원들은 각 검진항목의 대상에 해당하는 경우 주기에 맞춰 반드시 검진을 받는다. 다만 검진주기가 2년인 검진항목은 최초 검진대상이 되는 해 또는 그다음 해에 검진을 받아야 한다. 예를 들어 2021년에 45세가 된 직원은 2021년 또는 2022년 중 한 번 심장 검진을 받고, 이후 2년마다 심장 검진을 받아야 한다.

〈A기관 건강검진 프로그램〉

검진항목	대상	주기
위	40세 이상	2년
대장	50세 이상	1년
심장	45세 이상	2년
자궁경부	30세 이상 45세 미만 여성	2년
간	40세 이상 간암 발생 고위험군	1년

〈상 황〉

A기관 직원 甲~戊의 2020년 건강검진 기록은 다음과 같다. 2020년 검진 이후 A기관 직원 현황과 간암 발생 고위험군 직원은 변동이 없다.

〈2020년 A기관 직원 건강검진 기록〉

이름	나이(세)	성별	검진항목
甲	28	여	없음
乙	45	남	위
丙	40	여	간
丁	48	남	심장
戊	54	여	대장

① 위
② 대장
③ 심장
④ 자궁경부
⑤ 간

※ 다음 글을 읽고 물음에 답하시오. [19~20]

'탄소중립'이란 인간 활동을 통한 온실가스 배출을 최대한 줄이고, 남은 온실가스는 산림 흡수 및 제거활동을 통해 실질적인 배출량을 0으로 만드는 것을 의미한다. 즉 배출되는 탄소량과 흡수·제거되는 탄소량을 동일하게 만든다는 개념으로, 이에 탄소중립을 '넷제로(Net-Zero)'라 부르기도 한다. 탄소중립에 동참하기로 한 A은행은 업무를 수행하면서 발생하는 이산화탄소 배출량을 줄이기 위해 2가지 사항에 주목하였다. 첫 번째는 항공 출장이고, 두 번째는 컴퓨터의 전력 낭비이다.

한 사람이 비행기로 출장 시 발생하는 이산화탄소 평균 배출량은 400kg으로, 이는 같은 거리를 4명이 자동차 한 대로 출장 시 발생하는 이산화탄소 평균 배출량의 2배에 해당한다. 항공 출장으로 인하여 현재 A은행이 배출하는 연간 이산화탄소의 양은 A은행의 연간 전체 이산화탄소 배출량의 1/5에 달하는 수준이다.

항공 출장을 줄이기 위해서 A은행은 화상회의시스템을 도입하기로 하였다. 화상회의시스템을 활용할 경우에 한 사람의 이산화탄소 평균 배출량은 항공 출장의 1/10 수준에 불과하다. A은행에서는 매년 연인원 1,000명이 항공 출장을 가고 있는데, 항공 출장인원의 30%에게 항공 출장 대신 화상회의시스템을 활용하도록 할 계획이다.

한편 은행과 같이 정보 처리가 업무의 핵심인 업계에서는 컴퓨터 시스템의 전력 소비가 전체 전력 소비의 큰 비중을 차지한다. A은행은 컴퓨터의 전력 낭비 요소를 파악하기 위하여 컴퓨터 전력 사용 현황을 조사하였다. 그 결과 컴퓨터의 전력 소비량이 밤 시간대에 놀라울 정도로 많다는 것을 발견하게 되었다. 그 이유는 직원들이 자신의 컴퓨터를 끄지 않고 퇴근하여 많은 컴퓨터가 밤에 계속 켜져 있었기 때문이다.

이에 A은행은 전력차단프로젝트를 수행하기로 하였다. 22,000대의 컴퓨터에 전력관리 소프트웨어를 설치하여, 컴퓨터가 일정시간 사용되지 않으면 언제라도 컴퓨터와 모니터의 전원이 자동으로 꺼지도록 하는 것이다. 이 프로젝트를 통하여 A은행은 연간 35만kWh의 전력 소비를 절감할 수 있을 것으로 예상되며, 이는 652톤의 이산화탄소 배출에 해당하는 양이다.

문 19. 윗글을 근거로 판단할 때, 〈보기〉에서 옳은 것만을 모두 고르면?

〈보 기〉

ㄱ. A은행이 전력차단프로젝트를 시행하더라도 주간에 전력 절감은 없을 것이다.
ㄴ. A은행의 전력차단프로젝트로 절감되는 컴퓨터 1대당 전력량은 연간 15kWh 이상이다.
ㄷ. A은행이 화상회의시스템과 전력차단프로젝트를 도입하면 넷제로가 실현된다.
ㄹ. 1인당 이산화탄소 평균 배출량은 4명이 자동차 한 대로 출장을 가는 경우가 같은 거리를 1명이 비행기로 출장을 가는 경우의 1/8에 해당한다.

① ㄱ, ㄴ
② ㄱ, ㄷ
③ ㄴ, ㄹ
④ ㄱ, ㄷ, ㄹ
⑤ ㄴ, ㄷ, ㄹ

문 20. 윗글을 근거로 판단할 때, ㉠에 해당하는 것은?

> A은행은 화상회의시스템과 전력차단프로젝트의 도입효과를 검토해 보았다. 검토 결과 둘을 도입하면, A은행 이산화탄소 배출량은 도입 전에 비해 연간 (㉠)% 감소할 것으로 예상되었다.

① 30　　② 32
③ 34　　④ 36
⑤ 38

문 21. 다음 글과 〈상황〉을 근거로 판단할 때, A시장이 잘못 부과한 과태료 초과분의 합은?

> 제00조 ① ☆☆영업을 하려는 자는 시·도지사에게 기간 내에 일정한 사항을 신고하여야 한다.
> ② 신고의무자가 부실하게 신고한 경우에는 신고하지 아니한 것으로 본다.
> ③ 시·도지사는 신고의무자가 기간 내에 신고하지 아니한 경우, 일정한 기간(이하 '사실조사기간'이라 한다)을 정하여 그 사실을 조사하고, 신고의무자에게 사실대로 신고할 것을 촉구하여야 한다.
> ④ 시·도지사는 신고의무자가 기간 내에 신고하지 아니한 경우에는 다음 각 호의 기준에 따라 과태료를 부과한다. 단, 제3항의 촉구를 받은 신고의무자가 신고하지 아니한 경우에는 다음 각 호 기준 금액의 2배를 부과한다.
> 1. 신고기간이 지난 후 1개월 이내 : 1만 원
> 2. 신고기간이 지난 후 1개월 초과 6개월 이내 : 3만 원
> 3. 신고기간이 지난 후 6개월 초과 : 5만 원
>
> 제00조 시·도지사는 과태료 처분대상자가 다음 각 호의 어느 하나에 해당하는 경우에는 과태료를 경감하여 부과한다. 단, 둘 이상에 해당하는 경우에는 그 중 높은 경감비율만을 한 차례 적용한다.
> 1. 사실조사기간 중 자진신고한 자 : 2분의 1 경감
> 2. 「장애인복지법」상 장애인 : 10분의 2 경감

〈상 황〉

> A시장은 신고기간 내에 신고를 하지 않은 甲, 乙, 丙을 대상으로 사실조사를 실시하였고, 사실조사기간 중 자진신고를 한 丙을 제외한 모든 자에게 신고를 촉구하였다. 촉구를 받은 甲은 사실대로 신고하였지만 乙은 부실하게 신고하였다. 그 후 A시장은 甲, 乙, 丙에게 아래의 금액을 과태료로 부과하였다.

〈과태료 부과현황〉

대상자	신고기간 후 경과일수	특이사항	부과액
甲	200일	국가유공자	10만 원
乙	71일		6만 원
丙	9일	「장애인복지법」상 장애인	1만 5천 원

① 57,000원　　② 60,000원
③ 72,000원　　④ 85,000원
⑤ 90,000원

문 22. 다음 글과 〈상황〉을 근거로 판단할 때 옳은 것은?

> 제○○조 ① 사업주는 다음 각 호의 어느 하나에 해당하는 작업을 도급하여 자신의 사업장에서 수급인의 근로자가 그 작업을 하도록 해서는 아니 된다.
> 1. 도금작업
> 2. 수은, 납 또는 카드뮴을 가공·처리하는 작업
>
> ② 사업주는 제1항에도 불구하고 다음 각 호의 어느 하나에 해당하는 경우에는 제1항 각 호에 따른 작업을 도급하여 자신의 사업장에서 수급인의 근로자가 그 작업을 하도록 할 수 있다.
> 1. 일시적·간헐적으로 하는 작업을 도급하는 경우
> 2. 수급인이 보유한 기술이 전문적이고 해당 사업주의 사업 운영에 필수불가결한 경우로서 고용노동부장관의 승인을 받은 경우
>
> ③ 제2항 제2호에 따른 승인을 받은 작업을 도급받은 수급인은 그 작업을 하도급할 수 없다.
> 제□□조 도급인은 수급인의 근로자가 자신의 사업장에서 작업을 하는 경우, 자신의 근로자와 수급인의 근로자의 산업재해를 예방하기 위하여 필요한 안전조치 및 보건조치를 하여야 한다.
> 제△△조 고용노동부장관은 사업주가 다음 각 호의 어느 하나에 해당하는 경우에는 10억 원 이하의 과징금을 부과·징수할 수 있다.
> 1. 제○○조 제1항을 위반하여 도급한 경우
> 2. 제○○조 제2항 제2호를 위반하여 승인을 받지 아니하고 도급한 경우
> 3. 제○○조 제3항을 위반하여 재하도급한 경우
>
> 제◇◇조 제□□조를 위반한 자는 3년 이하의 징역 또는 3천만 원 이하의 벌금에 처한다.

※ 도급(都給) : 공사 등을 타인(수급인)에게 맡기는 일

〈상 황〉

> 장신구 제조업체 甲(도급인)은 도금작업을 위해 도금 전문업체 乙(수급인)과 도급계약을 체결하였다.

① 도금작업이 일시적인 경우, 甲은 고용노동부장관의 승인 없이 乙의 근로자를 자신의 사업장에서 작업하도록 할 수 있다.
② 도금작업이 상시적인 경우, 甲이 乙의 근로자를 자신의 사업장에서 작업하도록 하였다면 3년 이하의 징역에 처한다.
③ 乙은 자신의 기술이 甲의 사업 운영에 필수불가결한 경우가 아니라면 그 작업을 하도급할 수 없다.
④ 乙의 근로자가 甲의 사업장에서 작업을 하는 경우, 안전조치 및 보건조치를 할 의무는 乙이 진다.
⑤ 甲이 자신의 사업장에서 작업을 하는 乙의 근로자에 대해 필요한 안전조치 및 보건조치를 하지 않을 경우, 고용노동부장관은 3억 원의 과징금을 부과할 수 있다.

문 23. 다음 글과 〈상황〉을 근거로 판단할 때 옳은 것은?

민사소송에서 법원은 원고가 청구한 금액의 한도 내에서만 판결을 해야 하고, 그 상한을 넘는 금액을 인정하는 판결을 해서는 안 된다. 예컨대 임대인(원고)이 임차인(피고)을 상대로 밀린 월세를 이유로 2천 4백만 원의 지급을 청구하는 소를 제기하였다. 이 경우 법원은 심리 결과 임차인의 밀린 월세를 2천만 원으로 판단하면 2천만 원을 지급하라고 판결해야 하지만, 3천만 원으로 판단하더라도 3천만 원을 지급하라고 판결할 수는 없다. 다만 임대인이 소송 도중 청구금액을 3천만 원으로 변경하면 비로소 법원은 3천만 원을 지급하라고 판결할 수 있다.

그런데 교통사고 등으로 신체상 손해를 입은 경우, 피해자인 원고는 적극적 손해(치료비), 소극적 손해(일실수익), 위자료 등 3가지 손해항목으로 금액을 나누어 손해배상을 청구하는 것이 일반적이다. 예컨대 교통사고 피해자가 적극적 손해 3백만 원, 소극적 손해 4백만 원, 위자료 2백만 원으로 손해항목을 나누고 그 총액인 9백만 원의 지급을 청구하는 소를 제기하는 것이다. 이와 관련하여 손해배상 총액을 초과하지 않으면, 법원이 손해항목별 상한을 넘는 금액을 인정하는 판결을 할 수 있는지가 문제된다. 위 사례에서 법원이 심리 결과 적극적 손해 2백만 원, 소극적 손해 5백만 원, 위자료 2백만 원이 타당하다고 판단한 경우, 피고가 원고에게 합계 9백만 원의 손해배상을 지급하라고 판결할 수 있는지에 대해 3가지 견해가 있다. A견해는 각 손해항목별로 금액의 상한을 초과하는 판결을 할 수 없다고 한다. B견해는 손해배상 총액의 상한만 넘지 않으면 손해항목별 상한 금액을 넘더라도 무방하다고 한다. C견해는 적극적 손해와 소극적 손해는 동일한 '재산상 손해'이지만 '위자료'는 정신적 고통에 대한 배상으로 그 성질이 다르다는 점을 중시하여, 적극적 손해와 소극적 손해를 합산한 '재산상 손해' 그리고 '위자료' 두 개의 손해항목으로 나누고 그 항목별 상한 금액을 넘지 않으면 된다고 한다.

※ 일실수익 : 교통사고 등으로 사망하거나 신체상의 상해를 입은 사람이 장래 얻을 수 있는 수입액의 상실분

〈상 황〉

甲은 乙 소유의 주택에 화재를 일으켰다. 이로 인해 乙은 주택 소실에 따른 재산상 손해를 입었고 주택의 임차인 丙이 화상을 입었다. 이에 乙은 재산상 손해 6천만 원의 지급을 청구하는 소를, 丙은 치료비 1천만 원, 일실수익 1억 원, 위자료 5천만 원, 합계 1억 6천만 원의 지급을 청구하는 소를 甲을 상대로 각각 제기하였다.

법원은 심리 결과 乙의 재산상 손해는 5천만 원이고, 丙의 손해는 치료비 5백만 원, 일실수익 1억 2천만 원, 위자료 3천 5백만 원이 타당하다고 판단하였다.

① 법원은 甲이 乙에게 6천만 원을 지급하라고 판결해야 한다.
② 소송 도중 乙이 청구금액을 8천만 원으로 변경한 경우, 법원은 심리 결과 손해액을 5천만 원으로 판단하더라도 甲이 乙에게 8천만 원을 지급하라고 판결해야 한다.
③ A견해에 따르면, 법원은 甲이 丙에게 1억 6천만 원을 지급하라고 판결해야 한다.
④ B견해에 따르면, 법원은 甲이 丙에게 1억 4천만 원을 지급하라고 판결해야 한다.
⑤ C견해에 따르면, 법원은 甲이 丙에게 1억 4천 5백만 원을 지급하라고 판결해야 한다.

문 24. 다음 글을 근거로 판단할 때, 입찰공고 기간을 준수한 것은?

제00조 ① 입찰공고(이하 '공고'라 한다)는 입찰서 제출마감일의 전일부터 기산(起算)하여 7일 전에 이를 행하여야 한다.
② 공사를 입찰하는 경우로서 현장설명을 실시하는 경우에는 현장설명일의 전일부터 기산하여 7일 전에 공고하여야 한다. 다만 입찰참가자격을 사전에 심사하려는 공사에 관한 입찰의 경우에는 현장설명일의 전일부터 기산하여 30일 전에 공고하여야 한다.
③ 공사를 입찰하는 경우로서 현장설명을 실시하지 아니하는 경우에는 입찰서 제출마감일의 전일부터 기산하여 다음 각 호에서 정한 기간 전에 공고하여야 한다.
1. 입찰가격이 10억 원 미만인 경우 : 7일
2. 입찰가격이 10억 원 이상 50억 원 미만인 경우 : 15일
3. 입찰가격이 50억 원 이상인 경우 : 40일
④ 제1항부터 제3항까지의 규정에도 불구하고 다음 각 호의 어느 하나에 해당하는 경우에는 입찰서 제출마감일의 전일부터 기산하여 5일 전까지 공고할 수 있다.
1. 재공고입찰의 경우
2. 다른 국가사업과 연계되어 일정조정이 불가피한 경우
3. 긴급한 행사 또는 긴급한 재해예방·복구 등을 위하여 필요한 경우
⑤ 협상에 의해 계약을 체결하는 경우에는 제1항 및 제4항에도 불구하고 제안서 제출마감일의 전일부터 기산하여 40일 전에 공고하여야 한다. 다만 다음 각 호의 어느 하나에 해당하는 경우에는 제안서 제출마감일의 전일부터 기산하여 10일 전까지 공고할 수 있다.
1. 제4항 각 호의 어느 하나에 해당하는 경우
2. 입찰가격이 고시금액 미만인 경우

① A부서는 건물 청소 용역업체 교체를 위해 제출마감일을 2021. 4. 1.로 정하고 2021. 3. 26. 공고를 하였다.
② B부서는 입찰참가자격을 사전에 심사하고 현장설명을 실시하는 신청사 건설공사 입찰가격을 30억 원에 진행하고자, 현장설명일을 2021. 4. 1.로 정하고 2021. 3. 15. 공고를 하였다.
③ C부서는 협상에 의해 헬기도입에 관한 계약을 체결하려고 하였는데, 다른 국가사업과 연계되어 일정조정이 불가피하게 되자 제출마감일을 2021. 4. 1.로 정하고 2021. 3. 19. 공고를 하였다.
④ D부서는 협상에 의해 다른 국가사업과 관계없는 계약을 체결하고자, 제출마감일을 2021. 4. 1.로 정하고 2021. 3. 26. 공고를 하였다.
⑤ E부서는 현장설명 없이 5억 원에 주차장 공사를 입찰하고자 2021. 4. 1.을 제출마감일로 하여 공고하였으나, 입찰자가 1개 회사밖에 없어 제출마감일을 2021. 4. 9.로 다시 정하고 2021. 4. 5. 재공고하였다.

문 25. 다음 글을 근거로 판단할 때, 〈상황〉의 ㉠~㉢을 옳게 짝지은 것은?

> 1957년 제정 「저작권법」은 저작물의 저작재산권을 저작자가 생존하는 동안과 사망한 후 30년간 존속하는 것으로 규정하고 있었다.
>
> 이후 1987년 개정 「저작권법」은 저작재산권을 저작자가 생존하는 동안과 사망 후 50년간 존속하도록 개정하여 저작재산권의 보호기간(이하 '보호기간'이라 한다)을 연장하였다. 다만 1987년 「저작권법」이 시행된 1987. 7. 1. 이전에 1957년 「저작권법」에 따른 보호기간이 이미 경과한 저작물은 더 이상 보호하지 않는 것으로 규정하였다.
>
> 또한 2011년 개정 「저작권법」은 보호기간을 저작자 생존 기간 동안과 사망 후 70년간으로 개정하였으며, 다만 2011년 「저작권법」이 시행된 2013. 7. 1. 이전에 1987년 「저작권법」에 따른 보호기간이 이미 경과한 저작물은 더 이상 보호하지 않는 것으로 규정하였다.
>
> 한편 보호기간을 산정할 때는 저작자가 사망한 다음 해의 1월 1일을 기산일(起算日)로 한다. 예컨대 '저작물 X'를 창작한 저작자 甲이 1957. 4. 1. 사망하였다면 저작물 X의 보호기간은 1958. 1. 1.부터 기산하여 1987년 「저작권법」에 의해 2007. 12. 31.까지 연장되지만, 2011년 「저작권법」에 따르면 보호기간이 이미 만료된 상태이다.

〈상 황〉

> '저작물 Y'를 창작한 저작자 乙은 1963. 1. 1. 사망하였다. 저작물 Y의 보호기간은 1957년 제정 「저작권법」에 따르면 (㉠)이고, 1987년 개정 「저작권법」에 따르면 (㉡)이며, 2011년 개정 「저작권법」에 따르면 (㉢)이다.

	㉠	㉡	㉢
①	1992. 1. 1.까지	2012. 1. 1.까지	이미 만료된 상태
②	1992. 12. 31.까지	2012. 12. 31.까지	이미 만료된 상태
③	1992. 12. 31.까지	2012. 12. 31.까지	2032. 12. 31.까지
④	1993. 12. 31.까지	2013. 12. 31.까지	이미 만료된 상태
⑤	1993. 12. 31.까지	2013. 12. 31.까지	2033. 12. 31.까지

문 26. 다음 글을 근거로 판단할 때, 〈보기〉에서 옳은 것만을 모두 고르면?

> 석유에서 얻을 수 있는 연료를 대체하는 물질 중 하나는 식물성 기름이다. 식물성 기름의 지방산을 처리하면 자동차 연료로 쓸 수 있는 바이오디젤을 만들 수 있다. 바이오디젤은 석유에서 얻는 일반디젤에 비해 몇 가지 장점이 있다. 바이오디젤은 분진이나 일산화탄소, 불완전연소 유기물과 같은 오염 물질을 적게 배출한다. 또한 석유에서 얻는 연료와 달리 식물성 기름에는 황이 거의 들어 있지 않아 바이오디젤을 연소했을 때 이산화황이 거의 배출되지 않는다. 바이오디젤은 기존 디젤 엔진에서도 사용될 수 있고 석유 연료에 비해 쉽게 생분해되기 때문에 외부로 유출되더라도 환경에 미치는 영향이 작다.
>
> 물론 바이오디젤도 단점이 있다. 우선 바이오디젤은 일반디젤보다 생산원가가 훨씬 높다. 또한 바이오디젤은 생분해되기 때문에 장기간 저장이 어렵고, 질소산화물을 더 많이 배출한다. 그뿐 아니라 엔진에 접착성 찌꺼기가 남을 수 있고, 일반디젤보다 응고점이 높다. 이 때문에 바이오디젤을 일반디젤의 첨가물로 사용하고 있다. 바이오디젤과 일반디젤은 쉽게 혼합되며, 그 혼합물은 바이오디젤보다 응고점이 낮다. 바이오디젤은 영어 약자 BD로 나타내는데, BD20은 바이오디젤 20%와 일반디젤 80%의 혼합연료를 뜻한다.

〈상 황〉

> ㄱ. 같은 양이라면 BD20의 생산원가가 일반디젤보다 낮을 것이다.
> ㄴ. 석유에서 얻은 연료에는 황 성분이 포함되어 있을 것이다.
> ㄷ. 같은 온도에서 바이오디젤이 액체일 때 일반디젤은 고체일 수 있다.
> ㄹ. 바이오디젤만 연료로 사용하면 일반디젤만 사용했을 때와 비교해서 질소산화물 배출은 늘지만 이산화황 배출은 줄어들 것이다.

① ㄱ
② ㄴ, ㄷ
③ ㄴ, ㄹ
④ ㄷ, ㄹ
⑤ ㄱ, ㄴ, ㄷ

문 27. 다음 글을 근거로 판단할 때 옳은 것은?

커피에 함유된 카페인의 각성효과는 사람에 따라 다르다. 커피를 한 잔만 마셔도 각성효과가 큰 사람이 있고, 몇 잔을 연거푸 마셔도 거의 영향을 받지 않는 사람도 있다. 甲국 정부는 하루 카페인 섭취량으로 성인은 400mg 이하, 임신부는 300mg 이하, 어린이 · 청소년은 체중 1kg당 2.5mg 이하를 권고하고 있다.

카페인은 식물에서 추출한 알칼로이드 화학물질로 각성효과, 기억력, 집중력을 일시적으로 향상시킨다. 카페인의 효과는 '아데노신'과 밀접한 관련이 있다. 사람의 몸에서 생성되는 화학물질인 아데노신은 뇌의 각성상태를 완화시켜 잠들게 하는 신경전달물질이다. 이 아데노신이 뇌 수용체와 결합하기 전에 카페인이 먼저 뇌 수용체와 결합하면 각성효과가 나타나게 된다. 즉 커피 속의 카페인은 아데노신의 역할을 방해하는 셈이다.

몸에 들어온 카페인은 간에서 분해된다. 카페인의 분해가 잘 될수록 각성효과가 빨리 사라진다. 카페인이 간에서 분해되는 과정에는 카페인 분해 효소가 필요하다. 카페인 분해 효소의 효율이 유전적 · 환경적 요인에 따라 어떻게 달라지는지 확인하기 위해 조사를 진행하였다. 그 결과 흡연 또는 여성의 경구피임약 복용 등도 카페인 분해 효율에 영향을 주지만 유전적 요인이 가장 큰 영향을 준다는 결론에 도달했다. 카페인 분해 효소의 효율을 결정하는 유전자는 15번 염색체에 있다. 이 유전자 염기서열 특정 부분의 변이가 A형인 사람을 '빠른 대사자', C형인 사람을 '느린 대사자'로 나누기도 한다. C형인 사람은 카페인 분해가 느려서 카페인이 일으키는 각성효과를 길게 받는다. "나는 낮에 커피 한 잔만 마셔도 밤에 잠이 안 와!"라고 말하는 사람은 느린 대사자일 가능성이 높다. 반면에 커피를 마셔도 잘 자는 사람은 빠른 대사자일 가능성이 높다.

① 甲국 정부가 권고하는 하루 카페인 섭취량 이하를 섭취하면 각성효과가 나타나지 않는다.
② 카페인은 각성효과를 돕는 아데노신 분비를 촉진시킨다.
③ 유전자 염기서열 특정 부분의 변이가 A형인 사람은 C형인 사람보다 카페인의 각성효과가 더 오래 유지된다.
④ 몸무게가 60kg인 성인 남성에 대해 甲국 정부가 권고하는 하루 카페인 섭취량은 최대 150mg이다.
⑤ 사람에 따라 커피의 각성효과가 달라지는 데 가장 큰 영향을 주는 것은 유전적 요인이다.

문 28. 다음 글을 근거로 판단할 때, 〈상황〉의 ㉠과 ㉡을 옳게 짝지은 것은?

수액을 주입할 때 사용하는 단위 gtt는 방울이라는 뜻의 라틴어 gutta에서 유래한 것으로, 수액 용기에서 떨어지는 수액의 방울 수를 나타낸다. 일반적으로 20gtt/ml가 '기준규격'이며, 이는 용기에서 20방울이 떨어졌을 때 수액 1ml가 주입되는 것을 말한다.

〈상 황〉

- 기준규격에 따라 수액 360ml를 2시간 동안 모두 주입하려면, 1초당 (㉠)gtt씩 주입하여야 한다.
- 기준규격에 따라 3초당 1gtt로 수액을 주입하면, 24시간 동안 최대 (㉡)ml를 주입할 수 있다.

	㉠	㉡
①	0.5	720
②	1	720
③	1	1,440
④	2	1,440
⑤	2	2,880

문 29. 다음 글을 근거로 판단할 때, 진로의 순위를 옳게 짝지은 것은?

- 甲은 A, B, C 3가지 진로에 대해 비용편익분석(편익－비용)을 통하여 최종 결과값이 큰 순서대로 순위를 정하려고 한다.
- 각 진로별 예상되는 편익은 다음과 같다.
  - 편익＝근속연수×평균연봉
  - 연금이 있는 경우 편익에 1.2를 곱한다.

구분	A	B	C
근속연수	25	35	30
평균연봉	1억 원	7천만 원	5천만 원
연금 여부	없음	없음	있음

- 각 진로별 예상되는 비용은 다음과 같다.
  - 비용＝준비연수×연간 준비비용×준비난이도 계수
  - 준비난이도 계수는 상 2.0, 중 1.5, 하 1.0으로 한다.
  - 연고지가 아닌 경우 비용에 2억 원을 더한다.

구분	A	B	C
준비연수	3	1	4
연간 준비비용	6천만 원	1천만 원	3천만 원
준비난이도	중	하	상
연고지 여부	연고지	비연고지	비연고지

- 평판도가 1위인 경우, 비용편익분석 결과값에 2를 곱한다.

구분	A	B	C
평판도	2위	3위	1위

	1순위	2순위	3순위
①	A	B	C
②	B	A	C
③	B	C	A
④	C	A	B
⑤	C	B	A

문 30. 다음 글과 〈상황〉을 근거로 판단할 때, X의 범위는?

A국은 다음과 같은 원칙에 따라 소득에 대해 과세한다.

- 근로소득자나 사업자 모두 원칙적으로 과세대상소득의 20%를 세금으로 납부한다.
- 근로소득자의 과세대상소득은 근로소득이고, 사업자의 과세대상소득은 매출액에서 생산비용을 공제한 값이다.
- 근로소득자의 경우 신용카드 지출금액의 5%는 과세대상소득에서 공제한다. 예를 들어 원래 과세대상소득이 1천만 원인 사람이 10만 원을 신용카드로 지출하면 이 사람의 실제 과세대상소득은 5천 원 감소하여 999만 5천 원이 된다.
- 사업자는 신용카드로 취득한 매출액의 1%를 수수료로 카드회사에 지불한다. 수수료는 생산비용에 포함되지 않는다.
- 지역상권 활성화를 위해 2021년 한시적으로 지역상권부흥상품권을 통한 거래는 사업자의 과세대상에서 제외하기로 했다.

〈상 황〉

2021년 A국의 근로소득자 甲은 가구를 제작·판매하는 사업자 乙로부터 100만 원에 판매되는 식탁을 신용카드로 구입하려고 하였다. 乙이 이 식탁을 제작하는 데 드는 생산비용은 80만 원이다. 그런데 乙은 지역상권부흥상품권으로 자신이 판매하는 가구를 구매하는 고객에게 (X)만 원을 할인하는 행사를 진행하였고, 甲은 이 사실을 알게 되었다. 이에 甲은 지역상권부흥상품권으로 이 식탁을 구매하였으며, 결과적으로 신용카드로 거래하는 것보다 甲과 乙 모두 금전적으로 이득을 보았다.

① 0<X<5
② 1<X<5
③ 1<X<6
④ 3<X<6
⑤ 3<X<10

문 31. 다음 글을 근거로 판단할 때, 5세트가 시작한 시점에 경기장에 남아 있는 관람객 수의 최댓값은?

> • 총 5세트의 배구경기에서 각 세트를 이길 때마다 세트 점수 1점을 획득하여 누적 세트 점수 3점을 먼저 획득하는 팀이 승리한다.
> • 경기 시작 전, 경기장에는 홈팀을 응원하는 관람객 5,000명과 원정팀을 응원하는 관람객 3,000명이 있었다.
> • 각 세트가 끝날 때마다 누적 세트 점수가 낮은 팀을 응원하는 관람객이 경기장을 나가는데, 홈팀은 1,000명, 원정팀은 500명이 나간다.
> • 경기장을 나간 관람객은 다시 들어오지 못하며, 경기 중간에 들어온 관람객은 없다.
> • 경기는 원정팀이 승리했으나 홈팀이 두 세트를 이기며 분전했다.

① 6,000명
② 6,500명
③ 7,000명
④ 7,500명
⑤ 8,000명

문 32. 다음 글을 근거로 판단할 때, 〈보기〉에서 옳은 것만을 모두 고르면?

> 1에서 9까지 아홉 개의 숫자버튼이 있고, 단계별로 숫자버튼을 한 번 누르면 〈규칙〉에 따라 값이 출력되는 장치가 있다.
>
> 〈규 칙〉
>
> 1단계 : 숫자버튼을 누르면 그 수가 그대로 출력된다.
> 2단계 : '1단계 출력값'에 '2단계에서 누른 수에 11을 곱한 값'을 더한 값이 출력된다.
> 3단계 : '2단계 출력값'에 '3단계에서 누른 수에 111을 곱한 값'을 더한 값이 출력된다. 다만 그 값이 1,000 이상인 경우 0이 출력된다.

〈보 기〉

ㄱ. 100부터 999까지의 정수는 모두 출력 가능하다.
ㄴ. 250이 출력되도록 숫자버튼을 누르는 방법은 한 가지이다.
ㄷ. 100의 배수(0 제외)가 출력되었다면 처음 누른 숫자버튼은 반드시 1이다.

① ㄱ
② ㄴ
③ ㄱ, ㄴ
④ ㄱ, ㄷ
⑤ ㄴ, ㄷ

문 33. 다음 〈대화〉를 근거로 판단할 때 옳은 것은?(단, 토끼는 옹달샘이 아닌 다른 곳에서도 물을 마실 수 있다)

〈대 화〉

> 토끼 A : 우리 중 나를 포함해서 셋만 옹달샘에 다녀왔어.
> 토끼 B : D가 물을 마셨다면 나도 물을 마셨어.
> 토끼 C : 나는 계속 D만 졸졸 따라다녔어.
> 토끼 D : B가 옹달샘에 가지 않았다면, 나도 옹달샘에 가지 않았어.
> 토끼 E : 너희 중 둘은 물을 마셨지. 나를 포함해서 셋은 물을 한 모금도 마시지 않아서 목이 타.

① A와 D는 둘 다 물을 마셨다.
② C와 D는 둘 다 물을 마셨다.
③ E는 옹달샘에 다녀가지 않았다.
④ A가 물을 마시지 않았으면 B가 물을 마셨다.
⑤ 물을 마시지 않은 토끼는 모두 옹달샘에 다녀갔다.

문 34. 다음 글을 근거로 판단할 때, 사무소 B의 전화번호를 구성하는 6개 숫자를 모두 합한 값의 최댓값은?

> 사무소 A와 사무소 B 각각의 전화번호는 1부터 9까지의 숫자 중 6개로 구성되어 있다.
> • A와 B전화번호에서 공통된 숫자의 종류는 5를 포함하여 세 가지이다.
> • A전화번호는 세 가지의 홀수만으로 구성되어 있다.
> • A전화번호의 첫 번째와 마지막 숫자는 서로 다르며, 합이 10이다.
> • B전화번호를 구성하는 숫자 중 가장 큰 숫자는 세 번 나타난다.
> • B전화번호를 구성하는 숫자 중 두 번째로 작은 숫자는 짝수다.

① 33
② 35
③ 37
④ 39
⑤ 42

문 35. 다음 글을 근거로 판단할 때, 〈보기〉에서 옳은 것만을 모두 고르면?

> A마을에서는 다음과 같이 양의 이름을 짓는다.
> - '물', '불', '돌', '눈' 중 한 개 이상의 글자를 사용하여 이름을 짓는다.
> - 봄에 태어난 양의 이름에는 '물', 여름에 태어난 양의 이름에는 '불', 가을에 태어난 양의 이름에는 '돌', 겨울에 태어난 양의 이름에는 '눈'이 반드시 포함되어야 한다.
> - 수컷 양의 이름에는 '물', 암컷 양의 이름에는 '불'이 반드시 포함되어야 한다.
> - 같은 글자가 두 번 이상 사용되어서는 안 된다.

〈보 기〉

ㄱ. 겨울에 태어난 A마을 양이 암컷이라면, 그 양에게 붙일 수 있는 두 글자 이름은 두 가지이다.
ㄴ. A마을 양 '물불'은 여름에 태어났다면 수컷이고 봄에 태어났다면 암컷이다.
ㄷ. A마을 양의 이름은 모두 두 글자 이상 네 글자 이하이다.

① ㄱ
② ㄴ
③ ㄷ
④ ㄱ, ㄴ
⑤ ㄴ, ㄷ

문 36. 다음 글과 〈상황〉을 근거로 판단할 때, 일반하역사업 등록이 가능한 사업자만을 모두 고르면?

〈일반하역사업의 최소 등록기준〉

구분	1급지 (부산항, 인천항, 포항항, 광양항)	2급지 (여수항, 마산항, 동해·묵호항)	3급지 (1급지와 2급지를 제외한 항)
총시설평가액	10억 원	5억 원	1억 원
자본금	3억 원	1억 원	5천만 원

- 사업자의 시설 중 본인 소유 시설평가액 총액이 등록기준에서 정한 급지별 '총시설평가액'의 3분의 2 이상이어야 한다.
- 사업자의 하역시설 평가액 총액은 해당 사업자의 시설평가액 총액의 3분의 2 이상이어야 한다.
- 3급지 항에 대해서는 자본금이 1억 원 이상이면 등록기준에서 정한 급지별 '총시설평가액'을 2분의 1로 완화한다.

〈상 황〉

- 시설 A~F 중 하역시설은 A, B, C이다.
- 사업자 甲~丁 현황은 다음과 같다.

사업자	항만	자본금	시설	시설 평가액	본인 소유여부
甲	부산항	2억 원	B	4억 원	○
			C	2억 원	○
			D	1억 원	×
			E	3억 원	×
乙	광양항	3억 원	C	8억 원	○
			E	1억 원	×
			F	2억 원	×
丙	동해·묵호항	4억 원	A	1억 원	○
			C	4억 원	○
			D	3억 원	×
丁	대산항	1억 원	A	6천만 원	○
			B	1천만 원	×
			C	1천만 원	×
			D	1천만 원	○

① 甲, 乙
② 甲, 丙
③ 乙, 丙
④ 乙, 丁
⑤ 丙, 丁

문 37. 다음 글과 〈상황〉을 근거로 판단할 때, 甲소방서에서 폐기대상을 제외하고 가장 먼저 교체대상이 될 장비는?

• 〈소방장비 내용연수 기준〉에 따라 소방장비 구비목록의 소방장비를 교체해야 한다. 사용연수가 내용연수 기준을 초과한 소방장비는 폐기하고, 초과하지 않은 소방장비는 내용연수가 적게 남은 것부터 교체해야 한다.

〈소방장비 내용연수 기준〉

구분		내용연수
소방자동차		10
소방용로봇		7
구조장비	산악용 들것	5
	구조용 안전벨트	3
방호복	특수방호복	5
	폭발물방호복	10

※ 내용연수 : 소방장비의 내구성을 고려할 때, 최대 사용연수로 적절한 기준 연수

• 내용연수 기준을 초과한 소방장비의 기한을 연장하여 사용할 필요가 있는 경우에는 다음 기준에 따라 1회에 한해 연장 사용할 수 있으며, 이 경우 내용연수 기준을 초과하지 않은 것으로 본다.
  – 소방자동차 : 1년(단, 특수정비를 받은 경우에는 3년까지 가능)
  – 그 밖의 소방장비 : 1년
• 위의 내용연수 기준과 연장 사용 기준에도 불구하고 다음 어느 하나에 해당하는 경우에는 내용연수 기준을 초과한 것으로 본다.
  – 소방자동차의 운행거리가 12만km를 초과한 경우
  – 실사용량이 경제적 사용량을 초과한 경우

〈상 황〉

• 甲소방서의 현재 소방장비 구비목록은 다음과 같다.

구분	사용연수	연장사용여부	비고
소방자동차1	12	2년 연장	운행거리 15만km 특수정비 받음
소방자동차2	9	없음	운행거리 8만km 특수정비 불가
소방용로봇	4	없음	
구조용 안전벨트	5	1년 연장	경제적 사용량 1,000회 실사용량 500회
폭발물 방호복	9	없음	경제적 사용량 500회 실사용량 600회

① 소방자동차1
② 소방자동차2
③ 소방용로봇
④ 구조용 안전벨트
⑤ 폭발물방호복

문 38. 다음 글을 근거로 판단할 때, 甲과 乙이 선택할 스포츠 종목은?

• 甲과 乙은 함께 스포츠 데이트를 하려 한다. 이들이 고려하고 있는 종목은 등산, 스키, 암벽등반, 수영, 볼링이다.
• 甲과 乙은 비용, 만족도, 위험도, 활동량을 기준으로 종목별 점수를 부여하고, 종목별로 두 사람의 점수를 더하여 합이 가장 높은 종목을 선택한다. 단, 동점일 때는 乙이 부여한 점수의 합이 가장 높은 종목을 선택한다.
• 甲과 乙이 점수를 부여하는 방식은 다음과 같다.
  – 甲과 乙은 비용이 적게 드는 종목부터, 만족도가 높은 종목부터 순서대로 5점에서 1점까지 1점씩 차이를 두고 부여한다.
  – 甲은 위험도가 높은 종목부터, 활동량이 많은 종목부터 순서대로 5점에서 1점까지 1점씩 차이를 두고 부여하며, 乙은 그 반대로 점수를 부여한다.

구분	등산	스키	암벽등반	수영	볼링
비용(원)	8,000	60,000	32,000	20,000	18,000
만족도	30	80	100	20	70
위험도	40	100	80	50	60
활동량	50	100	70	90	30

① 등산
② 스키
③ 암벽등반
④ 수영
⑤ 볼링

※ 다음 글을 읽고 물음에 답하시오. [39~40]

> 하드디스크는 플래터와 헤드 등으로 구성되어 있다. '플래터'는 원반 모양이고 같은 크기의 플래터가 위아래로 여러 개 나란히 정렬되어 있다. 플래터의 양면은 각각 '표면'이라 불리는데, 데이터를 저장하기 위해 자기물질로 덮여 있다. '헤드'는 데이터를 표면에 저장하거나 저장된 데이터를 인식한다. 이를 위해 헤드는 회전하는 플래터의 중심부와 바깥 사이를 플래터 반지름 선을 따라 일정한 속도로 이동한다.
>
> 플래터의 표면은 폭이 일정한 여러 개의 '트랙'이 동심원을 이룬다. 플래터마다 트랙 수는 같으며, 트랙은 여러 개의 '섹터'로 나누어진다. 이 구분은 하드디스크상의 위치를 나타내고 파일(데이터)을 디스크 공간에 할당하기 위해 사용된다. 예를 들어 어떤 특정한 데이터는 '표면 3, 트랙 5, 섹터 7'에 위치하게 된다. 이때 표면은 위에서부터 차례로 번호가 부여된다. 트랙은 바깥쪽에서 안쪽으로 순서대로 번호가 부여되며, 섹터는 반시계방향으로 번호가 부여된다.
>
> 섹터는 하드디스크의 최소 저장 단위로 하나의 섹터에는 파일을 1개만 저장한다. 한 섹터는 512바이트까지 저장할 수 있지만, 10바이트 파일을 저장해도 섹터 한 개를 전부 차지한다. 초기 하드디스크는 모든 트랙마다 동일한 섹터 수를 가졌지만, 현재의 하드디스크에는 바깥쪽 트랙에 좀 더 많은 섹터가 있다. 섹터의 크기가 클수록 섹터의 저장 공간이 커지기 때문에 크기를 똑같이 하여 섹터당 저장 공간을 일정하게 유지하고 있다.
>
> 플래터 표면 중심에서 거리가 같은 모든 트랙을 수직으로 묶어 하나의 '실린더'라 한다. 표면마다 하나씩 있는 여러 개의 헤드가 동시에 이동하는데, 헤드가 한 트랙(실린더)에서 다른 트랙(실린더)으로 움직이는 데는 시간이 걸린다. 따라서 동시에 호출되는 데이터를 동일한 실린더 안에 있게 하면, 헤드의 추가 이동이 필요 없어져서 탐색 시간을 단축시킬 수 있다. 하지만 이런 저장 방식이 항상 가능한 것은 아니며, 하드디스크의 여러 곳(트랙과 섹터)에 분산되어 파일이 저장되기도 한다.
>
> 데이터 탐색 속도는 플래터 바깥쪽에 있던 헤드가 데이터를 읽고 쓴 후 다시 플래터 바깥쪽에 정확히 정렬하는 데까지 걸리는 시간을 가리킨다. 하드디스크가 성능이 좋을수록 플래터는 빠른 속도로 회전하는데, 일반적으로 회전속도는 5,400rpm(분당 5,400회전) 혹은 7,200rpm이다. 플래터 위를 이동하는 헤드의 속도는 1번 트랙의 바깥쪽 끝과 마지막 트랙의 안쪽 끝 사이를 초당 몇 번 왕복하는지를 나타내며, Hz로 표현된다. 예를 들어 1Hz는 1초에 헤드가 1번 왕복하는 것을 의미한다.

문 39. 윗글을 근거로 판단할 때 옳은 것은?

① 플래터가 5개라면 표면의 개수는 최대 5개이다.

② 플래터가 5개, 플래터당 트랙이 10개, 트랙당 섹터가 20개라면, 실린더의 개수는 10개이다.

③ 플래터 안의 모든 섹터의 크기가 같다면, 각 트랙의 섹터 수는 같다.

④ 10바이트 파일 10개 저장에 필요한 최소 섹터 수와 100바이트 파일 1개 저장에 필요한 최소 섹터 수는 같다.

⑤ 파일 크기가 트랙 1개의 저장용량보다 작다면, 해당 파일은 항상 하나의 트랙에 저장된다.

문 40. 윗글을 근거로 판단할 때, 〈상황〉의 ㉠과 ㉡을 옳게 짝지은 것은?

〈상 황〉

> A하드디스크는 표면 10개, 표면당 트랙 20개, 트랙당 섹터 20~50개로 이루어져 있다. 현재 헤드의 위치는 1번 트랙의 바깥쪽 끝이며 헤드 이동경로에 처음 위치한 섹터는 1번이다. 플래터의 회전속도는 7,200rpm, 헤드의 이동속도는 5Hz이다. 플래터 1회전에 걸리는 시간은 (㉠)초이고, 헤드가 트랙 하나를 이동하는 데 걸리는 시간은 평균 (㉡)초이다.

	㉠	㉡
①	$\frac{1}{12}$	$\frac{1}{10}$
②	$\frac{1}{12}$	$\frac{1}{100}$
③	$\frac{1}{120}$	$\frac{1}{100}$
④	$\frac{1}{120}$	$\frac{1}{200}$
⑤	$\frac{1}{720}$	$\frac{1}{200}$

2021년 공직적격성평가(PSAT)

2021년 3월 6일 시행

5급 공채 · 외교관후보자 및 지역인재 7급 선발 필기시험

응시번호	
성　　명	

문 제 책 형
㉮

【시 험 과 목】

제1과목	언 어 논 리
제2과목	자 료 해 석
제3과목	상 황 판 단

문제풀이 시작과 종료 시간을 기입해 주시기 바랍니다.

- 언어논리(90분) ______ 시 ______ 분 ~ ______ 시 ______ 분
- 자료해석(90분) ______ 시 ______ 분 ~ ______ 시 ______ 분
- 상황판단(90분) ______ 시 ______ 분 ~ ______ 시 ______ 분

문 1. 다음 글의 내용과 부합하는 것은?

화원(畵員)이란 조선시대의 관청인 도화서 소속의 직업 화가를 말한다. 화원은 임금의 초상화인 어진과 공신초상, 의궤와 같은 궁중기록화, 궁중장식화, 각종 지도, 청화백자의 그림, 왕실 행사를 장식하는 단청 등 왕실 및 조정이 필요로 하는 모든 종류의 회화를 제작하고 여러 도화(圖畵) 작업을 담당하였다. 그림과 관련된 온갖 일을 한 화원들은 사실상 거의 막노동에 가까운 일을 했던 사람들이다.

고된 노역과 적은 녹봉에도 불구하고 이들은 왜 어려서부터 그림 공부를 하여 도화서에 들어가려고 한 것일까? 그림에 재능이 있는 사람이 화원이 되려고 한 이유는 생각보다 간단하다. 화원이 된다는 것은 국가가 인정한 20~30명의 최상급 화가 중 한 사람이 된다는 것을 의미한다. 비록 중인이지만 화원이 되면 종9품에서 종6품 사이의 벼슬을 받는 하급 관료가 되는 것이다. 따라서 화원이 된 사람은 국가가 인정한 최상급 화가라는 자격과 함께, 경제적으로는 별 도움이 되는 것은 아니지만 관료라는 지위를 갖게 된다.

실상 화원은 국가가 주는 녹봉으로 생활했던 사람들이 아니었다. 이들은 낮에는 국가를 위해 일했으나 퇴근 후에는 사적으로 주문을 받아 작품을 제작하였다. 화원들은 벌어들이는 돈의 대부분을 사적 주문에 의한 그림 제작을 통해 획득하였다. 국가 관료라는 지위와 최상급 화가라는 명예는 그림 시장에서 그들의 작품에 보다 높은 가치를 부여하였고, 녹봉에만 의지하는 다른 하급 관료보다 경제적으로 풍요롭게 만들었다. 반면 도화서에 들어가지 못한 일반 화가들은 경제적으로 곤궁하였다. 이들은 일정한 수입이 없었으며 그때그때 값싼 그림을 팔아 생활하였다. 따라서 화원과 비교해 볼 때 시정(市井)의 직업 화가들의 경제 여건은 늘 불안정하였다. 이런 이유로 화원 집안에서는 대대로 화원을 배출하려고 노력했고, 조선후기에는 몇몇 가문이 도화서 화원직을 거의 독점하게 되었다.

① 일반 직업 화가들은 화원 밑에서 막노동에 가까운 일을 담당하였으나 신분은 중인이었다.
② 화원은 국가 관료라는 지위를 가졌으나 경제적 여건은 일반 하급 관료에 비해 좋지 않은 편이었다.
③ 임금의 초상화를 그리는 도화서 소속 화가는 다른 화원에 비해 국가가 인정한 최상급 화가라는 자격을 부여받았다.
④ 도화서 소속 화가는 수입의 가장 많은 부분을 사적으로 주문된 그림을 제작하는 데서 얻었다.
⑤ 적은 녹봉에도 불구하고 화원이 되려는 경쟁이 치열했으므로 화원직의 세습은 힘들었다.

문 2. 다음 글의 내용과 부합하는 것은?

『승정원일기』는 조선시대 왕의 비서 기관인 승정원의 업무일지이다. 승정원에서 처리한 업무는 당시 최고의 국가 기밀이었으므로 『승정원일기』에는 중앙과 지방에서 수집된 주요한 정보와 긴급한 국정 사항이 생생하게 기록되었다. 『승정원일기』가 왕의 통치 기록으로서 주요한 자리를 차지할 수 있었던 것은 조선의 통치 구조와 관련이 있다. 조선은 모든 국가 조직이 왕을 중심으로 짜여 있는 중앙집권제 국가였다. 국가 조직은 크게 여섯 분야로 나뉘어져 이, 호, 예, 병, 형, 공의 육조가 이를 담당하였다. 승정원도 육조에 맞추어 육방으로 구성되었고, 육방에는 담당 승지가 한 명씩 배치되었다. 중앙과 지방의 모든 국정 업무는 육조를 통해 수합되었고, 육조는 이를 다시 승정원의 해당 방의 승지에게 보고하였다. 해당 승지는 이를 다시 왕에게 보고하였고, 왕의 명령이 내려지면 담당 승지가 받아 해당 부서에 전하였다.

승정원에 보고된 육조의 모든 공문서는 승정원의 주서가 받아서 기록하였는데, 상소문이나 탄원서 등의 문서도 마찬가지였다. 만약 사헌부, 사간원, 홍문관 등에서 특정 관료나 사안에 대해 비판하는 경우 주서가 그 내용을 기록하였으며, 왕과 신료가 만나 국정을 의논하거나 경연을 할 때 주서는 반드시 참석하여 그 대화 내용을 기록하였다. 즉 주서는 사관의 역할도 겸하였으며, 주서가 사관으로서 기록한 것을 사초라 하였다. 하루 일과가 끝나면 주서는 자신이 기록한 사초를 정리하여 이것을 승정원에서 처리한 공문서나 상소문과 함께 모두 모아 매일 『승정원일기』를 작성하였다. 한 달이 되면 이를 한 책으로 엮어 왕에게 보고하였고, 왕의 결재를 받은 다음 자신이 근무하는 승정원 건물에 보관하였다.

『승정원일기』는 오직 한 부만 작성되었으므로 궁궐의 화재로 원본 자체가 소실되기도 하였다. 임진왜란 전에 승정원은 경복궁 근정전 서남쪽에 위치하였는데, 왜란으로 경복궁이 불타면서 『승정원일기』도 함께 소실되었다. 이후에도 여러 차례 궁궐에 화재가 발생하였다. 영조 23년에는 창덕궁에 불이 나 『승정원일기』가 거의 타버렸으나 영조는 이를 복원하도록 하였다.

① 주서는 사초에 근거하여 육조의 국정 업무 자료를 선별해 수정한 뒤 책으로 엮어 왕에게 보고하였다.
② 형조에서 수집한 지방의 공문서는 승정원의 형방 승지를 통해 왕에게 보고되었다.
③ 왕이 사간원에 내리는 공문서는 사간원에 배치된 승지를 통해 전달되었다.
④ 사관의 역할을 겸하였던 주서와 승지는 함께 『승정원일기』를 작성하였다.
⑤ 경복궁에 보관되어 있던 『승정원일기』는 영조 대의 화재로 소실되었다.

문 3. 다음 글에서 알 수 있는 것은?

15~16세기에 이질은 사람들을 괴롭히는 가장 주요한 질병이 되었다. 조선은 15세기부터 냇둑을 만들어 범람원(汎濫原)을 개간하기 시작하였고, 『농사직설』을 편찬하여 적극적으로 벼농사를 보급하였다. 이질은 이처럼 벼농사를 중시하여 냇가를 개간한 조선이 감당하여야 하는 숙명이었다.

벼농사를 짓는 논은 밭 위에 물을 가두어 농사를 짓는 농업 시설이었다. 새로 생긴 논 주변의 구릉에는 마을들이 생겨났다. 하지만 사람들이 쏟아내는 오물이 도랑을 통해 논으로 흘러들었고, 사람의 눈에 보이지 않는 미생물 중 수인성(水因性) 병균이 번성하였다. 그중 위산을 잘 견디는 시겔라균은 사람의 몸에 들어오면 적은 양이라도 대장까지 곧바로 도달하였고, 어김없이 이질을 일으켰다.

이질은 15세기 초반 급증하기 시작하여 17세기 이후에는 크게 감소하였다. 이러한 변화의 원인은 생태환경의 측면에서 찾을 수 있다. 15~16세기 냇둑에 의한 농지 개간은 범람원을 논으로 바꾸었다. 장마나 강우에 의해 일시적으로 범람하여 발생하는 짧은 침수 기간을 제외하면 범람원은 나머지 대부분의 시간 동안 건조한 상태를 유지하는 벌판을 형성한다. 이곳은 홍수에 잘 견디는 나무로 구성된 숲이 발달하였던 곳이다. 한반도의 하천 변에 분포하는 넓은 범람원의 숲이 논으로 개발되면서 뜨거운 여름 동안 습지로 바뀌었고 건조한 환경에 적합한 미생물 생태계가 습한 환경에 적합한 새로운 미생물 생태계로 바뀌었다. 수인성 세균인 병원성 살모넬라균과 시겔라균은 이러한 습지의 생태계에서 번성하여 장티푸스와 이질의 발병률을 크게 높였다.

그런데 17세기 이후 농지 개간의 중심축이 범람원 개간에서 산간 지역 개발로 이동하였다. 이는 수인성 전염병 발생을 크게 줄이는 결과를 낳았다. 농법의 측면에서도 17세기 이후에는 남부지역의 벼농사에서 이모작과 이앙법이 확대되었고, 이는 마을에 인접한 논의 사용법을 변화시켰다. 특히 논에 물을 가둬두는 기간이 줄어서 이질 등 수인성 질병 발생의 감소를 가져왔다.

① 『농사직설』을 통한 벼농사 보급 이전의 조선에는 수인성 병균에 의한 질병이 발견되지 않았다.
② 15~16세기 조선의 하천에서 번성하던 시겔라균이 17세기 이후 감소하였다.
③ 17세기 이후 조선에서는 논의 미생물 생태계가 변화되어 이질 감소에 기여하였다.
④ 17세기 이후 조선에서 개간 대상 지역이 바뀌어 인구 밀집 지역이 점차 하천 주변에서 산간 지역으로 바뀌었다.
⑤ 17세기 이후 조선 농법의 변화는 건조한 지역에도 농지를 개간할 수 있도록 하여 이질과 장티푸스 발병률을 낮추었다.

문 4. 다음 글에서 알 수 있는 것은?

통제되지 않는 자연재해와 지배자의 요구에 시달리면서 겨우 생계를 유지하는 전(前)자본주의 농업사회 농민들에게, 신고전주의 경제학에서 말하는 '이윤의 극대화'를 위한 계산의 여지는 거의 없다. 정상적인 농민이라면 큰 벌이는 되지만 모험적인 것을 시도하기보다는 자신과 자신의 가족들을 파멸시킬 수도 있는 실패를 피하려고 하기 마련이다. 이와 같은 악조건은 농민들에게 삶의 거의 모든 측면에서 안전 추구를 최우선으로 여기는 성향을 체득하도록 한다. 이러한 '안전 제일의 원칙'을 추구하기 위해, 농민들은 경험 축적을 바탕으로 하는 종자의 다양화, 경작지의 분산화, 재배 기술 개선 등 생계 안정성을 담보하는 기술적 장치를 필요로 한다. 또한 마을 내에서 이루어지는 다양한 유형의 호혜성, 피지배층이 지배층에 기대하는 관대함, 그리고 토지의 공동체적 소유 및 공동 노동 등 절박한 농민들에게 최소한의 생존을 보장하는 사회적 장치도 필요로 한다.

이런 측면에서 지주와 소작인 간의 소작제도 역시 흥미롭다. 소작인이 지주에게 납부하는 지대의 종류에는 수확량의 절반씩을 나누어 갖는 분익제와 일정액을 지대로 지불하는 정액제가 있다. 분익제에서는 수확이 없으면 소작료를 요구하지 않지만, 정액제에서는 벼 한 포기 자라지 않았어도 의무 수행을 요구한다. 생존을 위협할 정도의 흉년이 자주 있던 것이 아니라는 점을 감안하면, 정액제는 분익제에 비해 소작인의 이윤을 극대화할 수도 있는 방법이었지만 전자본주의 농업사회에서 보다 일반적인 방식은 분익제였다.

이러한 상황은 필리핀 정부가 벼 생산 분익농들을 정액 소작농으로 전환시키고자 시도한 루손 지역에서도 관찰되었다. 정부는 소작농들에게 분익제하에서 부담하던 평균 지대의 1/4에 해당하는 수치를 정액제 지대로 제시하였다. 새로운 체제에서 소작인은 대략적으로 이전 연평균 수입의 두 배, 새로운 종자를 채택할 경우는 그 이상의 수입을 실현할 수 있으리라는 기대를 가질 수 있었다. 그러나 새로운 체제가 제시하는 기대 수입에서의 상당한 이득에도 불구하고, 많은 농민들은 정액제 자체에 내포되어 있는 생계에 관련된 위험성 때문에 전환을 꺼렸다.

① 안전 제일의 원칙은 신고전주의 경제학에서 말하는 이윤 극대화를 위한 계산 논리에 부합한다.
② 전자본주의 농업사회 농민들은 모험적인 시도가 큰 벌이로 이어질 수 있다는 사실을 인식하지 못했다.
③ 안전 추구를 최우선으로 여기는 전자본주의 농업사회의 기술적 장치는, 사회적 장치들이 최소한의 생존을 보장하는 환경하에 발달했다.
④ 루손 지역의 농민들이 정액제로의 전환을 꺼렸던 것은 정액제를 택했을 때 생계에 관련된 위험성이 분익제를 택했을 때보다 작다고 느꼈기 때문이다.
⑤ 어느 농가의 수확량이 이전 연도보다 두 배로 늘었을 경우, 이전 연도 수확량의 절반을 내기로 계약하는 정액제를 택하는 것이 분익제를 택하는 것보다 이윤이 크다.

문 5. 다음 글의 내용과 부합하는 것은?

'공공 미술'이란 공개된 장소에 설치되고 전시되는 작품으로서, 공중(公衆)을 위해 제작되고 공중에 의해 소유되는 미술품을 의미한다. 공공 미술의 역사는 세 가지 서로 다른 패러다임의 변천으로 설명할 수 있다. 첫 번째는 '공공장소 속의 미술' 패러다임으로, 1960년대 중반부터 1970년대 중반까지 대부분의 공공 미술이 그에 해당한다. 이것은 미술관이나 갤러리에서 볼 수 있었던 미술 작품을 공공장소에 설치하여 공중이 미술 작품을 접하기 쉽게 한 것이다. 두 번째는 '공공 공간으로서의 미술' 패러다임으로, 공공 미술 작품의 개별적인 미적 가치보다는 사용가치에 주목하고 공중이 공공 미술을 더 가깝게 느끼고 이해할 수 있도록 미술과 실용성 사이의 구분을 완화하려는 시도이다. 이에 따르면 미술 작품은 벤치나 테이블, 가로등, 맨홀 뚜껑을 대신하면서 공공장소에 완전히 동화된다. 세 번째인 '공공의 이익을 위한 미술' 패러다임은 사회적인 쟁점과 직접적 접점을 만들어냄으로써 사회 정의와 공동체의 통합을 추구하는 활동이다. 이것은 거리 미술, 게릴라극, 페이지 아트 등과 같은 비전통적 매체뿐만 아니라 회화, 조각을 포함하는 다양한 전통 매체를 망라한 행동주의적이며 공동체적인 활동이라고 할 수 있다.

첫 번째와 두 번째 패러다임은 둘 다 공적인 공간에서 시각적인 만족을 우선으로 한다는 점에서 하나의 틀로 묶을 수 있다. 공적인 공간에서 공중의 미적 향유를 위해서 세워진 조형물이나 쾌적하고 심미적인 도시를 만들기 위해 디자인적 요소를 접목한 공공 편의 시설물은 모두 공중에게 시각적인 만족을 제공하기 위해 제작된 활동이라는 의미에서 '공공장소를 미화하는 미술'이라 부를 수 있다. 세 번째 패러다임인 '공공의 이익을 위한 미술'은 사회 변화를 위한 공적 관심의 증대를 목표로 하고 있어서 공공 공간을 위한 미술이라기보다는 공공적 쟁점에 주목하는 미술이다. 이 미술은 해당 주제가 자신들의 삶에 중요한 쟁점이 되는 특정한 공중 일부에게 집중한다. 그런 점에서 이러한 미술 작업은 공중 모두에게 공공장소에 대한 보편적인 미적 만족을 제공하려는 활동과는 달리 '공적인 관심을 증진하는 미술'에 해당한다.

① 공공 공간으로서의 미술은 다양한 매체를 활용하여 사회 정의와 공동체 통합을 추구하는 활동이다.
② 공공장소를 미화하는 미술은 공공 미술 작품의 미적 가치보다 사용가치에 주목하는 시도를 포함한다.
③ 공적인 관심을 증진하는 미술은 공중이 공유하는 문화 공간을 심미적으로 디자인하여 미술과 실용성을 통합하려는 활동이다.
④ 공공장소 속의 미술은 사회 변화를 위한 공적 관심의 증대를 목표로 공중 모두에게 공공장소에 대한 보편적 미적 만족을 제공한다.
⑤ 공공의 이익을 위한 미술은 공간적 제약을 넘어서 공중이 미술을 접할 수 있도록 작품이 존재하는 장소를 미술관에서 공공장소로 확대하는 활동이다.

문 6. 다음 글에서 알 수 있는 것은?

요리의 좋은 맛을 내는 조리 과정에서는 수많은 분자를 만들어내는 화학반응이 일어난다. 많은 화학반응 중 가장 돋보이는 화학반응은 '마이야르 반응'이다. 마이야르 반응은 온도가 약 섭씨 140도에 도달할 때 일어나기 시작한다. 이 온도에서는 당 분자가 단백질을 이루는 요소들 중 하나인 아미노산과 반응한다. 음식에 들어 있는 당 분자들은 흔히 서로 결합하여 둘씩 짝을 이루거나 긴 사슬 구조를 만든다. 마찬가지로 단백질도 수백 개의 아미노산이 서로 연결된 긴 사슬로 이루어져 있다. 마이야르 반응은 그 긴 사슬 끝에 있는 당이 다른 사슬 끝에 있는 아미노산과 만나 반응하며 시작된다. 당과 아미노산이 만나 새로운 화학물질이 생겨나며, 반응한 화학물질은 자연스럽게 재정렬된다.

초기 반응에 관여한 아미노산과 당의 특성에 따라 다음에 일어날 일이 달라진다. 마이야르 반응에 관여할 수 있는 당은 적어도 6가지이며, 아미노산은 20가지가 넘는다. 따라서 어떠한 종류의 당과 아미노산이 반응에 참여하느냐에 따라 생성되는 화학물질의 종류는 천차만별이다. 또 주변의 산도와 온도, 수분의 양에 따라서도 반응이 달라지는데, 여러 조건에 따라 반응 속도뿐만 아니라 반응을 통해 생성되는 화학물질이 달라진다. 마이야르 반응을 통해 생성되는 분자 중 일부는 사람이 섭취했을 때 흥미로운 맛을 낸다. 예를 들면 포도당이 아미노산의 한 종류인 시스테인과 반응할 때 생성되는 아크릴피리딘은 크래커와 유사한 맛을 내고, 아미노산의 한 종류인 아르기닌과 반응할 때 생성되는 아세틸피롤린은 팝콘향을 낸다. 여기에 더해 갈색빛을 띠는 멜라노이딘 계열 분자들도 생성되는데, 이들은 음식이 갈색을 띠게 만든다. 마이야르 반응을 통해 여러 맛 분자들뿐 아니라, 발암물질의 하나인 아세틸아미드와 같은 분자들도 소량이나마 생성된다.

① 약 섭씨 140도에서 포도당과 단백질 사슬 끝에 있는 아미노산이 반응하면 팝콘향을 내는 물질을 생성할 수 있다.
② 마이야르 반응으로 생성되는 화학물질의 종류는 아미노산과 당의 종류보다는 주변 조건에 따라 결정된다.
③ 아크릴피리딘은 당 분자의 사슬 구조 끝에 있는 포도당과 아르기닌이 반응함으로써 생성된다.
④ 멜라노이딘 계열 분자는 요리의 색을 결정할 뿐, 암을 유발하는 데 관여하지 않는다.
⑤ 마이야르 반응 과정에서 생성되는 발암물질의 양은 반응 속도에 따라 결정된다.

문 7. 다음 글의 흐름에 맞지 않는 곳을 ㉠~㉤에서 찾아 수정할 때 가장 적절한 것은?

> 진화 과정에서 빛을 방출하는 일부 원생생물은 그렇지 않은 원생생물보다 어떤 점에서 생존에 더 유리했을까? 요각류라고 불리는 동물이 밤에 발광하는 원생생물인 와편모충을 먹는다는 사실은 이러한 의문을 풀어줄 실마리를 제공한다. 와편모충이 만든 빛은 요각류를 잡아먹는 어류를 유인할 수 있다. 이때 ㉠ 발광하는 와편모충을 잡아먹는 요각류가 발광하지 않는 와편모충만을 잡아먹는 요각류보다 그들의 포식자인 육식을 하는 어류에게 잡아먹힐 위험성이 더 높아질 것이다.
>
> 연구자들은 실험실의 커다란 수조 속에 요각류와 요각류의 포식자 중 하나인 가시고기를 같이 두어 이 가설을 검증하였다. 수조의 절반에는 발광하는 와편모충을 넣고 다른 절반에는 발광하지 않는 와편모충을 넣었다. 연구자들은 방을 어둡게 한 상태에서 요각류는 와편모충을, 그리고 가시고기는 요각류를 잡아먹게 하였다. 몇 시간 후 ㉡ 연구자들은 수조 속 살아남은 요각류의 수를 세었다.
>
> 그 결과는 예상과 같았다. 가시고기는 수조에서 ㉢ 빛을 내지 않는 와편모충이 있는 쪽보다 빛을 내는 와편모충이 있는 쪽에서 요각류를 더 적게 먹었다. 이러한 결과는 원생생물이 자신을 잡아먹는 동물에게 포식 위협을 증가시킴으로써 잡아먹히는 것을 회피할 수 있음을 시사한다. ㉣ 요각류에게는 빛을 내는 와편모충을 계속 잡는 것보다 도망치는 편이 더 이익이다. 이때 발광하는 와편모충은 요각류의 저녁 식사가 될 확률이 낮아지므로, 자연선택은 이들 와편모충에서 생물발광이 유지되도록 하였다.
>
> 만약 우리가 생물발광하는 원생생물이 자라고 있는 해변을 밤에 방문한다면 원생생물이 내는 불빛을 보게 될 것이다. 원생생물이 내는 빛은 ㉤ 포식자인 육식동물들에게 원생생물을 잡아먹는 동물이 근처에 있을 수 있다는 신호가 된다.

① ㉠을 "발광하지 않는 와편모충을 잡아먹는 요각류가 발광하는 와편모충만을 잡아먹는 요각류보다"로 고친다.
② ㉡을 "연구자들은 수조 속 살아남은 와편모충의 수를 세었다."로 고친다.
③ ㉢을 "빛을 내지 않는 와편모충이 있는 쪽보다 빛을 내는 와편모충이 있는 쪽에서 요각류를 더 많이 먹었다."로 고친다.
④ ㉣을 "요각류에게는 도망치는 것보다 빛을 내는 와편모충을 계속 잡는 편이 더 이익이다."로 고친다.
⑤ ㉤을 "포식자인 육식동물들에게 자신들의 먹이가 되는 원생생물이 많이 있음을 알려주는 신호가 된다."로 고친다.

문 8. 다음 글의 ㉠과 ㉡에 들어갈 내용을 적절하게 짝지은 것은?

> 우리는 전체 집단에서 특정 표본을 추출할 때 표본이 무작위로 선정되었을 것이라 기대하지만, 실제로 항상 그런 것은 아니다. 이 같은 표본 선정의 쏠림 현상, 즉 표본의 편향성은 종종 올바른 판단을 저해한다. 2차 세계대전 중 전투기의 보호 장비 개선을 위해 미국의 군 장성들과 수학자들 사이에서 이루어졌던 논의는 그 좋은 사례이다. 미군은 전투기가 격추되는 것을 막기 위해 전투기에 철갑을 둘렀다. 기체 전체에 철갑을 두르면 너무 무거워지기에 중요한 부분에만 둘러야 했다. 교전을 마치고 돌아온 전투기에는 많은 총알구멍이 있었지만, 기체 전체에 고르게 분포된 것은 아니었다. 총알구멍은 동체 쪽에 더 많았고 엔진 쪽에는 그다지 많지 않았다. 군 장성들은 철갑의 효율을 높일 수 있는 기회를 발견했다. [㉠] 생각이었다.
>
> 반면, 수학자들은 이와 같은 장성들의 생각에 반대하면서 다음과 같은 주장을 펼쳤다. 만일 피해가 전투기 전체에 골고루 분포된다면 분명히 엔진 덮개에도 총알구멍이 났을 텐데, 돌아온 전투기의 엔진 부분에는 총알구멍이 거의 없었다. 왜 이러한 현상이 발생한 것일까? 총알구멍이 엔진에 난 전투기는 대부분 격추되어 돌아오지 못한다. 엔진에 총알을 덜 맞은 전투기가 많이 돌아온 것은, 엔진에 총알을 맞으면 귀환하기 어렵기 때문이다. 병원 회복실을 가보면, 가슴에 총상을 입은 환자보다 다리에 총상을 입은 환자가 더 많다. 이것은 가슴에 총상을 입은 사람들이 회복하지 못했기 때문이다.
>
> 이 사례에서 군 장성들은 자신도 모르게 복귀한 전투기에 관한 어떤 가정을 하고 있었다. 그것은 기지로 복귀한 전투기가 [㉡] 것이었다. 군 장성들은 복귀한 전투기를 보호 장비 개선 연구를 위한 중요한 자료로 사용하고자 했다. 그러나 만약 잘못된 표본에 근거하여 정책을 결정한다면, 오히려 전투기의 생존율을 낮추는 결과를 초래할 수 있다.

① ㉠ : 전투기에서 가장 중요한 엔진 쪽에만 철갑을 둘러도 충분한 보호 효과를 볼 수 있다는
　 ㉡ : 출격한 전투기 일부에서 추출된 편향된 표본이라는
② ㉠ : 전투기에서 총알을 많이 맞는 동체 쪽에 철갑을 집중해야 충분한 보호 효과를 볼 수 있다는
　 ㉡ : 출격한 전투기 일부에서 추출된 편향된 표본이라는
③ ㉠ : 전투기에서 가장 중요한 엔진 쪽에만 철갑을 둘러도 충분한 보호 효과를 볼 수 있다는
　 ㉡ : 출격한 전투기 전체에서 무작위로 추출된 표본이라는
④ ㉠ : 전투기에서 총알을 많이 맞는 동체 쪽에 철갑을 집중해야 충분한 보호 효과를 볼 수 있다는
　 ㉡ : 출격한 전투기 전체에서 무작위로 추출된 표본이라는
⑤ ㉠ : 전투기의 철갑 무게를 감당할 만큼 충분히 강력한 엔진을 달아야 한다는
　 ㉡ : 출격한 전투기 전체에서 무작위로 추출된 표본이라는

문 9. 다음 글에서 추론할 수 없는 것은?

조직 구성원의 발언은 조직과 구성원 양측에 긍정적 효과를 가져올 수 있다. 구성원들은 발언을 함으로써 스스로 통제할 수 있다는 느낌을 가지게 되어 직무 스트레스가 줄고 조직에 대해 긍정적 태도를 가질 수 있다. 동시에 발언은 발언자의 조직 내 이미지를 실추시키거나 다양한 보복을 불러올 우려가 없지 않다. 한편 침묵은 조직의 발전 기회를 놓치게 하거나 조직을 위기에 처하게 할 수 있을 뿐만 아니라, 구성원 자신들에게도 부정적 영향을 미칠 수 있다. 침묵은 구성원들로 하여금 스스로를 가치 없는 존재로 느끼게 만들고, 관련 상황을 통제하지 못한다는 인식을 갖게 함으로써, 구성원들의 정신건강과 신체에 악영향을 미칠 수 있다. 구성원들은 조직에서 우려되는 이슈들을 인지하였을 때, 이를 발언으로 표출할지 아니면 침묵으로 표출하지 않을지 선택할 수 있는데, 해당 조직의 문화 아래에서 보복과 관련한 안전도와 변화 가능성에 대한 실효성 등을 고려하여 판단한다.

침묵의 유형들은 다음과 같다. 먼저, 묵종적 침묵은 조직의 부정적 이슈 등과 관련된 정보나 의견 등을 가지고 있지만 이를 알리거나 표출할 행동 유인이 없어 표출하지 않는 행위를 가리킨다. 이러한 침묵은 문제 있는 현실을 바꾸려는 의지를 상실한 체념의 의미를 내포하고 있어, 방관과 유사하다. 묵종적 침묵은 발언을 해도 소용이 없을 것이라는 조직에 대한 불신으로부터 나오는 행위이다.

방어적 침묵은 외부 위협으로부터 자신을 보호하거나 자신을 향한 보복을 당하지 않기 위해 조직과 관련된 부정적인 정보나 의견을 억누르는 적극적인 성격의 행위를 가리킨다. 기존에 가진 것을 지키기 위한 것뿐만 아니라, 침묵함으로써 추가적인 이익을 보고자 하는 것도 방어적 침묵의 행동 유인으로 포함하여 보기 때문에 자기보신적 행위라고 할 수 있다.

친사회적 침묵은 조직이나 다른 구성원의 이익을 보호하려는 목적에서 조직과 관련된 부정적 정보나 의견 등을 표출하지 않고 억제하는 행위로서, 다른 사람을 배려한 이타주의적인 침묵을 가리킨다. 이는 본인의 사회적 관계를 위한 경우에는 해당되지 않고, 철저하게 '나'를 배제한 판단 아래에서 이뤄지는 행위이다.

① 구성원들의 발언이 조직의 의사결정에 반영되는 정도가 커질수록, 조직의 묵종적 침묵은 감소할 것이다.
② 발언의 영향으로 자신의 안전이 걱정되어 침묵하는 경우는 방어적 침묵에 해당한다.
③ 발언의 실효성이 낮을 것으로 판단하여 침묵하는 경우는 묵종적 침묵에 해당한다.
④ 발언자에 대한 익명성을 보장하는 경우, 조직의 친사회적 침묵은 감소할 것이다.
⑤ 발언의 안전도와 실효성이 낮은 조직일수록 구성원의 건강은 악화될 수 있다.

문 10. 다음 글에 비추어 볼 때, 〈실험〉에서 추론한 것으로 적절한 것만을 〈보기〉에서 모두 고르면?

A식물은 머리카락 모양의 털을 잎 표피에서 생산한다. 어떤 A식물은 털에서 당액을 분비하여 잎이 끈적하다. 반면 다른 A식물의 잎은 털의 모양은 비슷하지만 당액이 분비되지 않으므로 매끄럽다. 만약 자연에서 두 표현형이 같은 장점을 갖고 있다면 끈적한 A식물과 매끄러운 A식물은 1 : 1의 비율로 나타나야 한다. 하지만 A식물의 잎을 갉아먹는 B곤충이 있는 환경에서는 끈적한 식물과 매끄러운 식물이 1 : 1로 발견되는 반면, B곤충이 없는 환경에서는 끈적한 식물보다 매끄러운 식물이 더 많이 발견된다. 끈적한 식물은 종자 생산에 사용해야 할 광합성 산물의 일정량을 끈적한 당액의 분비에 소모한다. B곤충이 잎을 갉아먹으면 A식물의 광합성 산물의 생산량이 줄어든다. A식물이 만들어 내는 종자의 수는 광합성 산물의 양에 비례한다. 한 표현형이 다른 표현형보다 종자를 많이 생산하면 그 표현형을 가진 개체가 더 많이 나타난다.

〈실 험〉

B곤충으로부터 보호되는 환경에서 끈적한 A식물과 매끄러운 A식물을, 종자를 생산할 수 있을 만큼 성장시킨다. 그렇게 기른 두 종류의 A식물을 각각 절반씩 나누어, 절반은 B곤충의 침입을 허용하는 환경에, 나머지 절반은 B곤충을 차단하는 환경에 두었다. B곤충이 침입하는 조건에서 매끄러운 개체는 끈적한 개체보다 잎이 더 많이 갉아먹혔다. 매끄러운 개체와 끈적한 개체가 생산한 종자의 수 사이에 의미 있는 차이는 나타나지 않았다. 한편 B곤충이 없는 조건에서는 끈적한 개체가 매끄러운 개체보다 종자를 45% 더 적게 생산했다.

〈보 기〉

ㄱ. B곤충이 없는 환경에 비해 B곤충이 있는 환경에서, 매끄러운 식물의 종자 수가 감소한 정도는 끈적한 식물의 종자 수가 감소한 정도보다 컸다.
ㄴ. B곤충이 있는 환경에서 매끄러운 식물이 생산하는 광합성 산물은, B곤충이 없는 환경에서 매끄러운 식물이 생산하는 광합성 산물보다 양이 더 많았다.
ㄷ. B곤충이 있는 환경에서, 끈적한 식물이 매끄러운 식물보다 종자 생산에 소모한 광합성 산물의 양이 더 많았다.

① ㄱ
② ㄴ
③ ㄱ, ㄷ
④ ㄴ, ㄷ
⑤ ㄱ, ㄴ, ㄷ

문 11. 다음 글에서 추론할 수 있는 것만을 <보기>에서 모두 고르면?

> 물질을 구성하는 작은 입자들의 배열 상태는 어떻게 생겼을까? 이것은 '부피를 최소화시키려면 입자들을 어떻게 배열해야 하는가?'의 문제와 관련이 있다. 모든 입자들이 구형이라고 가정한다면 어떻게 쌓는다고 해도 사이에는 빈틈이 생긴다. 문제는 이 빈틈을 최소한으로 줄여서 쌓인 공이 차지하는 부피를 최소화시키는 것이다.
>
> 이 문제를 해결하기 위해 케플러는 여러 가지 다양한 배열 방식에 대하여 그 효율성을 계산하는 방식으로 연구를 진행하였다. 그가 제안했던 첫 번째 방법은 인접입방격자 방식이었다. 이것은 수평면(제1층) 상에서 하나의 공이 여섯 개의 공과 접하도록 깔아 놓은 후, 움푹 들어간 곳마다 공을 얹어 제1층과 평행한 면 상에 제2층을 쌓는 방식이다. 이 경우 제2층의 배열 상태는 제1층과 동일하지만 단지 전체적인 위치만 약간 이동하게 된다. 이러한 방식의 효율성은 74%이다.
>
> 다른 방법으로는 단순입방격자 방식이 있다. 이것은 공을 바둑판의 격자 모양대로 쌓아가는 방식으로, 이 배열에서는 수평면 상에서 하나의 공이 네 개의 공과 접하도록 배치된다. 그리고 제2층의 배열 상태를 제1층과 동일한 상태로 공의 중심이 같은 수직선 상에 놓이도록 배치한다. 이 방식의 효율성은 53%이다. 이 밖에 6각형격자 방식이 있는데, 이것은 각각의 층을 인접입방격자 방식에 따라 배열한 뒤에 층을 쌓을 때는 단순입방격자 방식으로 쌓는 것이다. 이 방식의 효율성은 60%이다.
>
> 이러한 규칙적인 배열 방식에 대한 검토를 통해, 케플러는 인접입방격자 방식이 알려진 규칙적인 배열 중 가장 효율이 높은 방식임을 주장했다.

<보 기>

ㄱ. 배열 방식 중에서 제1층만을 따지면 인접입방격자 방식의 효율성이 단순입방격자 방식보다 크다.
ㄴ. 단순입방격자 방식에서 하나의 공에 접하는 공은 최대 6개이다.
ㄷ. 어느 층을 비교하더라도 단순입방격자 방식이 6각형격자 방식보다 효율성이 크다.

① ㄱ
② ㄷ
③ ㄱ, ㄴ
④ ㄴ, ㄷ
⑤ ㄱ, ㄴ, ㄷ

문 12. 다음 글의 ㉠~㉤에 대한 판단으로 적절한 것은?

> 어떤 음성이나 부호가 무의미하다는 것은 '드룰'이나 '머문'과 같은 무의미한 음절들처럼 단순히 의미를 결여했다는 것으로 여겨진다. 그런데 철학자 A는 ㉠ 모든 의미 있는 용어는 그 용어가 지칭하는 대상이 존재한다고 여긴다. 그는 '비물질적 실체'와 같은 용어는 의미가 없다고 주장하는데, 그 이유는 오직 물질적 실체만이 존재하며 ㉡ '비물질적 실체'라는 용어가 지칭하는 대상이 존재하지 않는다는 것이다.
>
> 이에 철학자 B는 A의 입장이 터무니없다고 주장한다. ㉢ '비물질적 실체'라는 용어가 의미가 없다면, 우리는 비물질적 실체가 존재하는가에 대해 긍정도 부정도 할 수 없다. 그러나 ㉣ 우리는 그것이 존재하는가에 대해 긍정이나 부정을 할 수 있다. 실제로 ㉤ 우리의 어휘 중에는 의미를 지니고 그것이 지칭하는 대상이 존재하지 않는 용어들이 있다. 이 세상에 오직 물질적 실체만이 존재해서 비물질적 실체가 존재하지 않더라도 '비물질적 실체'라는 용어가 의미가 없다는 것은 지나친 주장이다.

① ㉠이 참이면, ㉤이 반드시 참이다.
② ㉠과 ㉢이 참이면, ㉤이 반드시 참이다.
③ ㉢과 ㉤이 참이면, ㉣이 반드시 거짓이다.
④ ㉠, ㉡, ㉢이 참이면, ㉣이 반드시 참이다.
⑤ ㉠, ㉢, ㉣이 참이면, ㉡이 반드시 거짓이다.

문 13. 다음 글의 내용이 참일 때, 반드시 참인 것만을 <보기>에서 모두 고르면?

> 도청에서는 올해 새로 온 수습사무관 7명 중 신청자를 대상으로 요가 교실을 운영할 계획이다. 규정상 신청자가 3명 이상일 때에만 요가 교실을 운영한다. 새로 온 수습사무관 A, B, C, D, E, F, G와 관련해 다음과 같은 사실이 알려져 있다.
>
> • F는 신청한다.
> • C가 신청하면 G가 신청한다.
> • D가 신청하면 F는 신청하지 않는다.
> • A나 C가 신청하면 E는 신청하지 않는다.
> • G나 B가 신청하면 A나 D 중 적어도 한 명이 신청한다.

<보 기>

ㄱ. 요가 교실 신청자는 최대 5명이다.
ㄴ. G와 B 중 적어도 한 명이 신청하는 경우에만 요가 교실이 운영된다.
ㄷ. A가 신청하지 않으면 F를 제외한 어떤 수습사무관도 신청하지 않는다.

① ㄱ
② ㄷ
③ ㄱ, ㄴ
④ ㄴ, ㄷ
⑤ ㄱ, ㄴ, ㄷ

문 14. 다음 글의 내용이 참일 때 반드시 참인 것은?

> A, B, C, D는 출산을 위해 산부인과에 입원하였다. 그리고 이 네 명은 이번 주 월, 화, 수, 목요일에 각각 한 명의 아이를 낳았다. 이 아이들의 이름은 각각 갑, 을, 병, 정이다. 이 아이들과 그 어머니, 출생일에 관한 정보는 다음과 같다.
>
> • 정은 C의 아이다.
> • 정은 갑보다 나중에 태어났다.
> • 목요일에 태어난 아이는 을이거나 C의 아이다.
> • B의 아이는 을보다 하루 먼저 태어났다.
> • 월요일에 태어난 아이는 A의 아이다.

① 을, 병 중 적어도 한 아이는 수요일에 태어났다.
② 병은 을보다 하루 일찍 태어났다.
③ 정은 을보다 먼저 태어났다.
④ A는 갑의 어머니이다.
⑤ B의 아이는 화요일에 태어났다.

문 15. 다음 대화의 ㉠과 ㉡에 들어갈 내용을 적절하게 짝지은 것은?

> 갑 : 현재 개발 중인 백신 후보 물질 모두를 A~D그룹을 대상으로 임상실험을 한 결과, A그룹에서 항체를 생성한 후보 물질은 모두 B그룹에서도 항체를 생성했습니다. 후보 물질 모두를 대상으로 한 또 다른 실험에서는, D그룹에서 항체를 생성하지 않은 후보 물질은 모두 C그룹에서 항체를 생성했습니다.
> 을 : 흥미롭네요. 제가 다른 실험의 결과도 들었는데, C그룹에서 항체를 생성했지만 B그룹에서는 항체를 생성하지 않은 후보 물질도 있다고 합니다.
> 갑 : 그렇군요. 아, 그리고 추가로 임상실험이 진행 중입니다. 실험 결과는 다음의 둘 중 하나로 나올 예정입니다. 한 가지 경우는 "[㉠]"는 결과입니다.
> 을 : 지금까지 우리가 언급한 실험 결과가 모두 사실이라면, 그 경우에는 C그룹에서만 항체를 생성하는 후보 물질이 있다는 결론이 나오는군요.
> 갑 : 그리고 다른 한 경우는 "[㉡]"는 결과입니다.
> 을 : 그 경우에는, D그룹에서 항체를 생성하는 후보 물질이 있다는 결론이 나오는군요.

① ㉠ : B그룹에서 항체를 생성한 후보 물질은 없다.
　㉡ : C그룹에서 항체를 생성한 후보 물질은 모두 A그룹에서 항체를 생성했다.
② ㉠ : B그룹에서 항체를 생성한 후보 물질은 없다.
　㉡ : D그룹에서 항체를 생성한 후보 물질은 모두 C그룹에서 항체를 생성했다.
③ ㉠ : D그룹에서 항체를 생성한 후보 물질은 모두 A그룹에서 항체를 생성했다.
　㉡ : B그룹과 C그룹에서 항체를 생성한 후보 물질이 있다.
④ ㉠ : D그룹에서 항체를 생성한 후보 물질은 모두 A그룹에서 항체를 생성했다.
　㉡ : C그룹에서 항체를 생성하지 않은 후보 물질이 있다.
⑤ ㉠ : D그룹에서 항체를 생성한 후보 물질은 모두 B그룹에서 항체를 생성했다.
　㉡ : C그룹에서 항체를 생성한 후보 물질은 모두 D그룹에서 항체를 생성하지 않았다.

문 16. 다음 논쟁에 대한 분석으로 가장 적절한 것은?

> 갑 : 인과관계를 규정하는 방법은 확률을 이용하는 것이다. 사건 A가 사건 B의 원인이라는 말은 "A가 일어날 때 B가 일어날 확률이, A가 일어나지 않을 때 B가 일어날 확률보다 더 크다."로 규정되는 상관관계를 의미한다. 이 규정을 '확률 증가 원리'라 한다.
> 을 : 확률 증가 원리가 인과관계를 어느 정도 설명하지만 충분한 규정은 아니다. 아이스크림 소비량이 증가할 때 일사병 환자가 늘어날 확률은 아이스크림 소비량이 증가하지 않을 때 일사병 환자가 늘어날 확률보다 크다. 하지만 아이스크림 소비량의 증가는 결코 일사병 환자 증가의 원인이 아니다. 그 둘은 그저 상관관계만 있을 뿐이다.
> 병 : 그 문제는 해결할 수 있다. 날씨가 무더워졌다는 것은 아이스크림 소비량 증가와 일사병 환자 증가 모두의 공통 원인이다. 이 공통 원인 때문에 아이스크림 소비량 증가와 일사병 환자 증가 사이에 상관관계가 나타난 것이다. 상관관계만으로 인과관계를 추론할 수 없는 가장 중요한 이유는 바로 이러한 공통 원인의 존재 가능성 때문이다. 나는 공통 원인이 존재하지 않는다는 전제 아래에서는 인과관계를 확률 증가 원리로 규정할 수 있다고 본다.

① 갑과 병에 따르면, 인과관계가 성립하면 상관관계가 성립한다.
② 병에 따르면, 상관관계가 성립하면 인과관계가 성립한다.
③ 병에 따르면, 확률 증가 원리가 성립하면 언제나 인과관계가 성립한다.
④ 인과관계가 성립한다고 인정하는 사례는 갑보다 을이 더 많다.
⑤ 인과관계가 성립한다고 인정하는 사례는 갑보다 병이 더 많다.

문 17. 다음 글의 ㉠에 대한 평가로 가장 적절한 것은?

우리나라에서 주먹도끼가 처음 발견된 곳은 경기도 연천이다. 첫 발견 이후 대대적인 발굴조사를 통해 연천의 전곡리 유적이 세상에 그 존재를 드러내게 되었고 그렇게 발견된 주먹도끼는 단숨에 세계 학자들의 주목 대상이 되었다. 그동안 동아시아에서는 찍개만 발견되었을 뿐 전기 구석기의 대표적인 석기인 주먹도끼는 발견되지 않았기 때문이었다.

찍개는 초기 인류부터 사용했으며 세계 곳곳에서 발견되었다. 반면 프랑스의 아슐에서 처음 발견된 주먹도끼는 양쪽 면을 갈아 만든 거의 완벽에 가까운 좌우대칭 형태의 타원형 도구이다. 사냥감의 가죽을 벗겨 내고, 구멍을 뚫고, 빻거나 자르는 등 다양한 작업에 사용된 다용도 도구였다. 학계가 주먹도끼에 주목했던 것은 그것이 찍개에 비해 복잡한 가공작업을 거쳐 만든 것이므로 인류의 진화 과정을 풀 열쇠라고 보았기 때문이다. 주먹도끼를 만들기 위해서는 만들 대상을 결정하고 그에 따른 모양을 설계한 뒤, 적합한 재료를 선택해 제작하는 복잡한 과정을 거쳐야 했다. 이는 구석기인들의 지적 수준이 계획과 실행이 가능한 수준으로 도약했다는 것을 확인해 주는 부분이다. 아동 심리발달 단계에 따르면 12세 정도가 되면 형식적 조작기에 도달하게 되는데, 주먹도끼처럼 3차원적이며 대칭적인 물건을 만들 수 있으려면 이런 형식적 조작기 수준의 인지 능력, 즉 추상적 개념에 대하여 논리적 · 체계적 · 연역적으로 사고할 수 있을 정도의 인지 능력을 갖추어야 한다. 더 나아가 형식적 조작 능력을 갖추었을 때 비로소 언어적 지능이 발달하게 된다. 즉 주먹도끼를 제작할 수 있다는 것은 추상적 사고를 할 수 있으며 그런 추상적 개념을 언어로 표현하고 대화할 수 있다는 것을 의미한다.

전곡리에서 주먹도끼가 발견되었을 당시 학계는 ㉠ 모비우스 학설이 지배하고 있었다. 이 학설은 주먹도끼가 발견되지 않은 인도 동부를 기준으로 모비우스 라인이라는 가상선을 긋고, 그 서쪽 지역인 유럽이나 아프리카는 주먹도끼 문화권으로, 그 동쪽인 동아시아는 찍개 문화권으로 구분하였다. 더불어 모비우스 라인 동쪽 지역은 서쪽 지역보다 인류의 지적 · 문화적 발전 속도가 뒤떨어졌다고 하였다.

① 주먹도끼를 만들어 사용한 인류가 찍개를 만들어 사용한 인류보다 두개골이 더 컸다는 것이 밝혀진다면 ㉠이 강화된다.
② 형식적 조작기 수준의 인지 능력을 가진 인류가 구석기 시대에 동아시아에서 유럽으로 이동했다는 것이 밝혀진다면 ㉠이 강화된다.
③ 계획과 실행을 할 수 있는 지적 수준의 인류가 거주했던 증거가 동아시아 전기 구석기 유적에서 발견되고 추상적 개념을 언어로 표현하며 소통했던 증거가 유럽의 전기 구석기 유적에서 발견된다면 ㉠이 강화된다.
④ 학술 연구를 통해 전곡리 유적이 전기 구석기 시대의 유적으로 확증된다면 ㉠이 약화된다.
⑤ 동아시아에서는 주로 열매를 빻기 위해 석기를 제작하였고 모비우스 라인 서쪽에서는 주로 짐승 가죽을 벗기기 위해 석기를 제작하였다는 것이 밝혀진다면 ㉠이 약화된다.

문 18. 다음 글의 〈논증〉을 강화하는 것만을 〈보기〉에서 모두 고르면?

우리에게는 어떤 행위를 해야만 하는지에 관한 도덕적 의무가 있는 것으로 보인다. 그럼, 어떤 믿음을 믿어야만 하는지에 관한 인식적 의무도 있을까? 이 물음을 해결하기 위해 먼저 도덕적 의무에 대해 생각해 보자. 우리가 어떤 행위 A에 대해 도덕적 의무를 갖는다면 우리는 A를 자신의 의지만으로 행할 수 있어야 한다. 물론 A는 행하기 힘든 것일 수도 있고, A를 행하지 않고 다른 행위를 했다고 비난받을 수도 있다. 그러나 우리에게 그 행위를 행할 능력이 아예 없다면 우리는 그 행위에 대해 의무를 갖지 않을 것이다. 인식적 의무의 경우도 마찬가지이다. 우리가 어떤 믿음에 대해 옳고 그름을 판단해야 하는 인식적 의무를 갖는다면 우리는 의지만으로 그 믿음을 가질 수도 있고 갖지 않을 수도 있어야 한다. 우리가 그 믿음을 갖는다면 인식적 의무를 다한 것이고, 갖지 않는다면 인식적 의무를 다하지 않은 것이다. 이런 생각에 기초해 우리에게 인식적 의무가 없다는 것을 다음과 같이 논증할 수 있다.

〈논 증〉

전제 1 : 만약 우리에게 인식적 의무가 있다면, 종종 우리는 자신의 의지만으로 어떤 믿음을 가질지 정할 수 있다.
전제 2 : 대부분의 경우 우리는 자신의 의지만으로 결코 어떤 믿음을 가질지 정할 수 없다.
결 론 : 우리에게 인식적 의무가 없다.

〈보 기〉

ㄱ. 인간에게 인식적 의무가 없다는 것과 어떤 경우에는 자신의 의지만으로 어떤 믿음을 가질지 정할 수 있다는 것은 양립할 수 없다. 가령 내 의지만으로 오늘 눈이 온다고 믿을 수 있다면, 그 믿음을 가져야 하는지 그렇게 하지 않아도 되는지를 나는 구분해야 한다.
ㄴ. 내 의지로는 믿고 싶지 않음에도 불구하고 믿을 수밖에 없는 경우들이 있다. 가령 나의 가장 친한 친구가 나의 차를 훔쳤다는 것을 증명하는 강력한 증거를 내가 확보했다고 하자. 이러한 상황에서 나는 나의 가장 친한 친구가 나의 차를 훔쳤다는 것을 믿고 싶지 않겠지만 결국 믿을 수밖에 없다. 왜냐하면 나에게는 그것을 증명하는 강력한 증거가 있기 때문이다.
ㄷ. 인간에게 인식적 의무가 있다는 것과 항상 우리가 자신의 의지만으로 어떤 믿음을 가질지 정할 수 있다는 것은 양립할 수 없다. 가령 오늘 나의 우울한 감정을 해소하기 위해 다음 주에 승진한다는 믿음을 가질 수 있다는 주장과 그러한 믿음에 대해 옳고 그름을 따져야 한다는 주장이 동시에 참일 수는 없다.

① ㄱ
② ㄴ
③ ㄱ, ㄴ
④ ㄱ, ㄷ
⑤ ㄴ, ㄷ

※ 다음 글을 읽고 물음에 답하시오. [19~20]

행위의 도덕적 옳고 그름을 평가하는 대표적인 입장 중의 하나는 공리주의이다. 공리주의는 행위의 유용성을 평가하여 도덕적 옳고 그름을 판단하려는 입장이다. 이 중 양적으로 유용성을 고려하여 도덕적 옳고 그름을 판단하려 하는 여러 세부 입장들이 있다. X는 유용성을 판단함에 있어서 "[㉠]"라는 입장이다. 하지만 이러한 입장은 설득력이 없다. 왜냐하면 X의 입장을 받아들일 경우 도덕적으로 올바른 행위가 무엇인지 적절하게 판단할 수 없는 상황이 존재하기 때문이다. 예를 들어, 어떤 행위자가 선택할 수 있는 행위가 총 셋인데 그 행위 각각이 산출하는 사회 전체의 행복의 양과 고통의 양이 다음과 같다고 해 보자.

행위 선택지	행복의 양	고통의 양
A1	100	99
A2	90	10
A3	10	9

어떤 행위를 선택하는 것이 올바른 것일까? 사람들 대부분은 A2를 선택하는 것이 올바르다고 답한다. 그러나 X의 입장은 A2를 선택하는 것이 올바르다는 것을 보여주지 못한다. 왜냐하면 A2의 행복의 양은 A1의 행복의 양보다 적고, A2의 고통의 양은 A3의 고통의 양보다 많아서 A2는 X의 입장을 충족시켜 주는 행위가 아니기 때문이다. 그뿐만 아니라 X의 입장을 따를 경우 A1이나 A3도 도덕적으로 올바른 행위가 아니게 된다. 결국 세 선택지 중 어떤 것을 선택해도 도덕적으로 올바르지 않게 되는 셈이다.

반면 Y의 입장은 X의 입장이 처하게 되는 위와 같은 문제를 해결할 수 있는 방법으로 제시되었다. 이 입장에 따르면, 어떤 행위자가 행한 행위가 도덕적으로 올바른 것일 필요충분조건은 그 행위가 그 행위자가 선택할 수 있는 다른 모든 행위보다 큰 유용성을 갖는다는 것이며 여기서 유용성이란 행복의 양에서 고통의 양을 뺀 결과를 나타낸다. 세 행위 선택지 중 행복의 양에서 고통의 양을 뺀 결과값이 A2가 가장 크기 때문에, Y의 입장에 따르면 A2를 선택하는 것이 올바른 것이라고 결론지을 수 있다. 따라서 X의 입장보다 Y의 입장이 더 낫다고 할 수 있다.

문 19. 위 글의 ㉠에 들어갈 내용으로 가장 적절한 것은?

① 어떤 행위자가 행한 행위가 산출하는 행복의 양이 그 행위가 산출하는 고통의 양보다 항상 많다면, 그 행위는 도덕적으로 옳다.
② 어떤 행위자가 행한 행위가 그 행위자가 선택할 수 있는 다른 행위에 비해 많은 행복을 산출하거나 적은 고통을 산출한다면, 그 행위는 도덕적으로 옳다.
③ 어떤 행위자가 행한 행위가 도덕적으로 올바른 것일 필요충분조건은 그 행위가 산출하는 행복의 양이 그 행위가 산출하는 고통의 양보다 항상 많다는 것이다.
④ 어떤 행위자가 행한 행위가 도덕적으로 올바른 것일 필요충분조건은 그 행위가 그 행위자가 선택할 수 있는 다른 모든 행위에 비해 많은 행복을 산출하거나 적은 고통을 산출한다는 것이다.
⑤ 어떤 행위자가 행한 행위가 도덕적으로 올바른 것일 필요충분조건은 그 행위가 그 행위자가 선택할 수 있는 다른 모든 행위에 비해 많은 행복을 산출하고 동시에 적은 고통을 산출한다는 것이다.

문 20. 다음 갑~병 중 Y의 입장에 대한 반박으로 적절한 것만을 모두 고르면?

> 갑 : 가능한 행위 선택지가 A1, A2, A3일 때 A1의 행복의 양이 90이고 고통의 양이 50, A2의 행복의 양이 50이고 고통의 양이 10, A3의 행복의 양이 70이고 고통의 양이 30인 상황을 고려해 보자. Y의 입장은 X의 입장과 비슷한 문제에 부딪힌다. 그 점에서 Y의 입장은 적절하지 않다.
> 을 : 도덕적 행위, 즉 유용성이 가장 크다고 판단하여 한 행위를 나중에 되돌아보면 행위자는 언제나 미처 생각하지 못한 선택지가 가장 큰 유용성을 지닌다는 것을 깨닫는다. 이는 우리가 이미 선택한 행위는 올바르지 않다는 것을 함축하고 이를 통해 우리는 도덕적으로 올바른 행위를 한 번도 할 수 없다는 불합리한 결론에 도달하도록 한다. 불합리한 결론을 도출하는 입장은 잘못된 이론이기 때문에 Y의 입장은 적절하지 않다.
> 병 : 행복의 양에서 고통의 양을 뺀 유용성이 음수로 나올 경우도 많다. 그러한 경우에는 Y의 입장에 근거해도 주어진 선택지 중 어떤 것이 도덕적으로 올바른 것인지 판단할 수 없다. 그 점에서 Y의 입장은 적절하지 않다.

① 갑
② 병
③ 갑, 을
④ 을, 병
⑤ 갑, 을, 병

문 21. 다음 글에서 알 수 있는 것은?

조선 왕조는 가난하고 굶주린 백성을 보살피기 위한 진휼 사업에 힘썼다. 진휼의 방법에는 무상으로 곡식을 지급하는 진제와 이자를 받고 유상으로 곡식을 대여해 주는 환곡이 있었다. 18세기 후반 잦은 흉년으로 백성들을 구제할 필요성이 높아지자, 조선 왕조는 이전보다 진제를 체계화하여 공진, 사진, 구급으로 구분해 실시하였다.

공진은 국가가 비축해 놓은 관곡을 지급하는 것으로서, 국가의 재정적 부담을 고려해 재해 피해가 극심한 지역에 한정하여 실시하였다. 사진은 관곡을 사용하지 않고 지방 수령이 직접 마련한 자비곡이나 부유한 백성으로부터 기부받은 곡식으로 실시하는 것이었다. 사진은 그 실시 여부를 수령이 재량으로 결정하되 공진과 같은 방식으로 지급하였다. 한편 구급은 당장 구제하지 않으면 생명을 보전하기 어려운 백성을 긴급 구제하는 것으로 수령의 자비곡으로 충당하였다.

진제의 실시에 있어 대상자 선정은 매우 중요한 문제였다. 이에 대상자를 선정함에 앞서 지역 실정을 잘 아는 향임이나 감고에게 백성들의 토지 소유 여부, 생활 수준 등을 조사하도록 했다. 조사를 하면서 본래 가계가 넉넉한 사람은 초실, 경작 규모나 경제 형편과 관계없이 금년에 이앙을 마친 사람은 작농, 농사 이외의 다른 직업으로 생계를 유지하는 사람은 자활, 지극히 가난한 사람은 빈궁, 구걸로 연명하는 사람은 구걸로 구별해 이 중 하나로 기록하였다. 빈궁이나 구걸로 기록되는 사람이라도 형제나 친척 중에 초실이 있으면 그들의 거주지와 인적사항을 함께 기록하였다.

이러한 사전 조사를 바탕으로 상·중·하 3등급으로 백성을 구분하여 대상자를 최종 선정하였다. 스스로 살아갈 수 있는 사람은 상, 환곡을 받아야 살아갈 수 있는 사람은 중, 구걸로도 끼니를 해결하지 못해 무상으로 지급되는 곡식 없이는 목숨 보전도 힘든 사람을 하로 구분하였다. 최종적으로 하로 분류된 사람들이 진제의 대상자가 되었으며, 그 안에서 다시 굶주림의 정도에 따라 지급 시기를 구분하여 곡식을 지급하였다. 지급되는 곡식의 양은, 장년 남자는 10일에 쌀 5되, 노인 남녀와 장년의 여자는 10일에 쌀 4되, 어린아이는 10일에 쌀 3되였다.

① 진제 대상자의 선정 과정에서 초실과 자활은 3등급 중에서 상으로 분류되었다.
② 지방 수령이 자신의 판단으로 진제를 실시하는 경우에는 관곡을 지급하지 않았다.
③ 조사하는 해에 이앙을 마친 농민이 지극히 가난한 소작농이면 빈궁으로 기록되었다.
④ 진제 대상자로 선정된 경우 굶주림의 정도가 심할수록 더 이른 시기에 더 많은 곡식을 지급받았다.
⑤ 자력으로 생계를 전혀 유지할 수 없는 사람이라도 친척 중에 초실이 있으면 진제 대상자에서 제외되었다.

문 22. 다음 글에서 알 수 있는 것은?

젊은이를 가리키는 말로 조선 시대에는 '소년', '약년', '자제', '청년' 등 다양한 표현이 사용되었다. 일반적으로 소년과 자제를 가장 흔히 사용하였으나, 약년이나 청년이라는 표현도 젊은이를 가리키는 말로 간혹 쓰였다. 약년은 스무 살 즈음을 칭하는 표현이다. 실제 사료에서도 20대를 약년이나 약관으로 칭한 사례가 많다. 1508년 우의정 이덕형은 상소문에서 자신이 약년에 벼슬길에 올랐다고 하였다. 그런데 이 약년은 훨씬 더 어린 나이에도 사용되었다. 1649년 세손의 교육 문제를 논한 기록에는 만 8세의 세손을 약년이라고 하였다.

조선 후기에는 젊은이를 일반적으로 소년이라고 하였다. 오늘날 소년은 청소년기 이전의 어린이를 지칭하는 말로 그 의미가 변하였지만, 전통 사회의 소년은 나이가 적은 자, 즉 젊은이를 의미하는 말이었다. 적어도 조선 후기 사회에서는 아이와 구분되는 젊은이를 소년이라고 부르는 것이 일반적이었다. 신분과 계층 그리고 시기에 따라 다르지만, 연령으로는 최대 15세까지 아이로 보았던 듯하다.

소년이 유년이나 장년과 구분되기는 하였지만, 상대적으로 젊은 사람을 뜻하는 경우도 많았다. 40대나 50대 사람이더라도 상대에 따라 젊은 사람으로 표현되기도 하였다. 소년이 장년, 노년과 구분되는 연령 중심의 지칭이었음에 비해, 자제는 부로(父老), 부형(父兄)으로 표현되는 연장자가 이끌고 가르쳐서 그 뒤를 이어가게 하는 '다음 세대'라는 의미로 사용되었다. 일반적으로 자제는 막연한 후손이라는 의미보다는 특정한 신분에 있는 각 가문의 젊은 세대라는 의미로 통하였다. 고려시대 공민왕이 젊은이를 뽑아 만들었다는 자제위도 단순히 잘생긴 젊은이가 아니라 명문가의 자제를 선발한 것이었다. 자제가 소년보다는 가문의 지체나 신분을 반영하는 지칭이었으므로, 교육과 인재 양성면에서 젊은이를 칭할 때는 거의 자제라고 표현하였다.

또한 소년이란 아직 성숙하지 못한 나이, 다소간 치기에서 벗어나지 못한 어린 또는 젊은 사람이라는 의미를 가지는 경우도 많았다. 연륜을 쌓은 노성(老成)함에 비해 나이가 적고 젊다는 것은 부박하고 상황의 판단이 아직 충분히 노련하지 못하다는 의미로 사용되었다. 마찬가지로 자제 역시 어른 세대에게 가르침을 받아야 하는 존재, 즉 아직 미숙한 존재로 인식되었다.

젊은 시절을 의미하는 말로 쓰인 청년은 그 자체가 찬미의 대상이 되기보다는 대체로 노년과 짝을 이루어 늙은이가 과거를 회상하는 표현으로 사용되는 경우가 많았다.

① 소년으로 불리는 대상 중 자제로 불리지 않는 경우가 있었다.
② 젊은이를 지시하는 말 중 청년이 가장 부정적으로 쓰였다.
③ 약년은 충분히 노련하지 못한 어른을 지칭하기도 하였다.
④ 약년은 소년과 자제의 의미를 포괄하여 사용되었다.
⑤ 명문가의 후손을 높여 부를 때 자제라고 하였다.

문 23. 다음 글에서 알 수 있는 것은?

> 주식회사의 이사는 주주총회에서 선임된다. 1주 1의결권 원칙이 적용되는 주주총회에서 주주는 본인이 보유하고 있는 주식 비율에 따라 의결권을 갖는다. 예를 들어 5%의 주식을 가진 주주는 전체 의결권 중에서 5%의 의결권을 갖는다.
>
> 주주총회에서 이사를 선임할 때에는 각 이사 후보자별 의결이 별도로 이루어진다. 예를 들어 2인의 이사를 선임하는 주주총회에서 3인의 이사 후보가 있다면, 각 후보를 이사로 선임하는 세 건의 안건을 올려 각각 의결한다. 즉, 총 세 번의 의결 후 찬성 수를 가장 많이 얻은 2인을 이사로 선임하는 것이다. 이를 단순투표제라 한다. 단순투표제에서 발행주식 총수의 50%를 초과하는 지분을 가진 주주는 모든 이사를 자신이 원하는 사람으로 선임할 수 있게 되고, 그럴 경우 50% 미만을 보유하고 있는 주주는 자신이 원하는 사람을 한 명도 이사로 선임하지 못하게 된다.
>
> 집중투표제는 이러한 문제를 해결하기 위해 고안된 방안이다. 이는 복수의 이사를 한 건의 의결로 선임하는 방법으로 단순투표제와 달리 행사할 수 있는 의결권이 각 후보별로 제한되지 않는다. 예를 들어 회사의 발행주식이 100주이고 선임할 이사는 5인, 후보는 8인이라고 가정해 보자. 집중투표제를 시행한다면 25주를 가진 주주는 선임할 이사가 5인이기 때문에 총 125개의 의결권을 가지며 75주를 가진 지배주주는 총 375개의 의결권을 가진다. 각 주주는 자신의 의결권을 자신이 원하는 후보에게 집중하여 배분할 수 있다. 125개의 의결권을 가진 주주는 자신이 원하는 이사 후보 1인에게 125표를 집중 투표하여 이사로 선임될 가능성을 높일 수 있다. 최종적으로 5인의 이사는 찬성 수를 많이 얻은 순서에 따라 선임된다.
>
> 주주가 집중투표를 청구하기 위해서는 주식회사의 정관에 집중투표를 배제하는 규정이 없어야 한다. 이러한 방식을 옵트아웃 방식이라고 한다. 정관에서 명문으로 규정해야 제도를 시행할 수 있는 옵트인 방식과는 반대되는 것이다. 하지만 현재 우리나라 전체 상장회사의 90% 이상은 집중투표를 배제하는 정관을 가지고 있어 집중투표제의 활용이 미미한 상황이다.

① 한 안건에 대해 단순투표제와 집중투표제 모두 1주당 의결권의 수는 그 의결로 선임할 이사의 수와 동일하다.
② 집중투표제에서 대주주는 한 건의 의결로 선임될 이사의 수가 가능한 한 많아지기를 원할 것이다.
③ 집중투표제로 이사를 선임하는 경우 소액주주는 본인이 원하는 최소 1인의 이사를 선임할 수 있다.
④ 정관에 집중투표제에 관한 규정이 없다면 주주는 이사를 선임할 때 집중투표를 청구할 수 없다.
⑤ 단순투표제에서는 전체 의결권의 과반수를 얻어야만 이사로 선임된다.

문 24. 다음 글에서 알 수 있는 것은?

> 국제노동기구(ILO)의 노동기준에 관한 협약들은 그 중요성과 특성을 기준으로 하여 핵심협약, 거버넌스협약, 일반협약으로 나뉜다.
>
> 핵심협약은 1998년의 '노동에 있어서 기본적 원칙들과 권리에 관한 선언'에서 열거한 4개 원칙인 결사 · 자유원칙, 강제노동 금지원칙, 아동노동 금지원칙, 차별 금지원칙과 관련된 협약들을 말한다. ILO는 각국이 비준한 핵심협약 이행 현황에 대한 감시 · 감독 체계를 갖추고 있으며, 핵심협약을 비준하지 않고 있는 회원국에게는 미비준 이유와 비준 전망에 관한 연례 보고서 제출 의무를 부과하고 있다.
>
> 거버넌스협약은 노동정책 결정과 노동기준 집행 등 거버넌스와 관련된 협약으로 2008년의 '공정한 세계화를 위한 사회적 정의에 관한 선언'에서 열거한 근로감독 협약, 고용정책 협약, 노사정 협의 협약 등이 있다. ILO는 미비준한 거버넌스협약에 대해 회원국에 별도의 보고 의무를 부과하지 않는 대신, 회원국들과 외교적 협의를 통해 거버넌스협약 비준 확대에 노력하고 있다.
>
> 일반협약은 핵심협약과 거버넌스협약을 제외한 ILO의 노동기준에 관한 모든 협약을 가리키는데, 일반협약은 핵심협약과 거버넌스협약의 세부 주제별 기준들을 구체적으로 규정한다. 예를 들어 핵심협약에서 차별 금지원칙을 선언하거나 그 대강을 규정하면 일반협약에서는 각 산업별, 직역별에서의 근로시간 관련 구체적 차별 금지 및 그 예외를 규정하는 방식이다. 다만 일반협약은 ILO 내 다른 협약에 대해 우선 적용되지 않는다는 특성을 지닌다.
>
> 우리나라는 1991년 12월 ILO에 가입한 이후 순차적으로 ILO 노동기준에 관한 협약들을 비준하고 있다. 최근까지 아동노동 금지원칙 및 차별 금지원칙 관련 협약을 비준하였고 2021년 2월에는 결사 · 자유원칙 관련 협약에 대한 비준 절차가 진행 중이다. 거버넌스협약은 근로감독 협약을 제외하고는 모두 비준되었고, 비준된 핵심협약과 관련된 일반협약은 대부분 비준되었다.

① 우리나라는 고용정책 협약 및 그 세부 주제에 관한 일반협약을 모두 비준하였다.
② 우리나라는 매년 ILO에 강제노동 금지원칙에 관한 협약의 미비준 이유와 비준 전망에 대하여 보고서를 제출하여야 한다.
③ 우리나라에서 2021년 2월에 비준 절차가 진행 중인 협약은 공정한 세계화를 위한 사회적 정의에 관한 선언에 열거되어 있다.
④ ILO의 2008년 선언문에 포함된 근로감독 협약은 ILO의 다른 협약에 대해 우선 적용되지 않는다.
⑤ ILO는 노사정 협의 협약을 비준하지 않은 국가들에 대해 미비준 이유와 비준 전망에 대한 연례 보고서를 제출하도록 요구한다.

문 25. 다음 글에서 알 수 없는 것은?

의사는 치료를 시작하기 전에 환자의 동의를 얻어야 한다. 다른 말로 환자의 동의 없이 환자의 복지에 영향을 끼치는 처방을 하는 것은 의사에게 허용되지 않는다. 그런데 단순히 동의를 얻는 것만으로는 충분하지 않다. 환자가 결정하기에 충분한 정보, 즉 치료에 따르는 위험과 다른 치료법에 관한 정보가 제공되어야 한다. 치료를 허락한 환자의 결정은 무지로 인한 것이어서는 안 된다. 동의의 의무는 의사가 환자를 기만해서는 안 된다는 기만 금지 의무의 연장선에 있다. 둘 다, 자신에게 영향을 끼칠 치료에 관해 스스로가 결정할 기회를 환자에게 제공해야 한다는 자율성 존중 원리에 기반을 두고 있다.

그러나 수 세기 동안, 심지어 20세기 초까지도 의사가 때로는 환자를 속여도 된다고 여겼다. 환자의 복지에 해가 될 수 있는 것을 행하면 안 된다는 악행 금지의 원리에 근거해서, 환자에게 진실을 말하는 것이 환자의 복지에 해가 될 수 있다는 생각으로 기만이 정당화되었다. 오늘날에는 더 이상 이러한 생각을 받아들이지 않는다. 실제로 '의사와 환자 상호교류 규제법'은 의사의 기만 사례를 금지하고 있다. 오늘날 사람들은 환자가 진실 때문에 자신의 자율성이 침해되거나 해를 입게 될 것이라고는 생각하지 않는다. 따라서 사람들은 진실 말하기에 관한 한, 악행 금지의 원리가 자율성 존중 원리와 서로 충돌하지 않는다고 생각한다.

그런데 자율성 존중 원리를 지키기 위해서는 단순히 기만을 삼가는 것만으로는 부족하다. 예컨대 의사가 환자를 실제로 속이지는 않지만 환자가 특정 결정을 하도록 유도하기 위해 관련 정보 제공을 보류하거나 직접적 관련성이 작은 정보를 필요 이상으로 제공하는 경우를 상상할 수 있다. 이처럼 의사가 정보 제공을 조종하는 것은 환자의 자율성을 존중하지 않는 것이다. 한편 의사가 관련된 정보를 환자에게 모두 밝히면 환자는 조종된 결정이 아닌 자신의 결정을 하게 될 것이고, 환자의 자율성은 존중될 것이다.

① 환자의 동의는 치료를 하기 위한 필요조건 중 하나이다.
② 악행 금지의 원리가 환자의 자율성을 침해한 때가 있었다.
③ 기만 금지 의무와 동의의 의무는 동일한 원리에 기반을 둔다.
④ 의사가 환자에게 제공하는 정보의 양이 많을수록 환자의 자율성은 더 존중된다.
⑤ 의사가 복지를 위해 환자를 기만하는 행위는 오늘날에는 윤리적으로 정당화되지 않는다.

문 26. 다음 글의 ㉠과 ㉡에 들어갈 내용을 〈보기〉에서 골라 적절하게 짝지은 것은?

경제가 어려울수록 사람들은 경제적 재화가 똑같이 분배되는 사회를 소망한다. 하지만 이러한 단순 평등 사회가 달성된다고 하더라도 그 상태는 유지될 수 없다. 처음에 경제적 재화를 똑같이 분배받는다고 하더라도 사람들은 자신의 선택에 따라 재화를 자유롭게 사용할 것이고, 그렇게 되면 시간이 지남에 따라 결국 다시 불평등한 사회가 될 것이기 때문이다. 이러한 불평등을 반복적으로 제거하면 다시 단순 평등 사회로 되돌아갈 수 있을지도 모른다. 하지만 그것은 오직 국가의 개입과 통제가 있어야만 가능한 일이다. 문제는 누구도 개인의 자유를 억압하는 사회를 원치 않는데, 국가의 개입과 통제가 필연적으로 개인의 자유를 억압한다는 것이다. 따라서 단순 평등 사회는 [㉠].

그렇다면 우리는 어떤 의미의 평등 사회를 지향해야 할까? 어떤 사람들이 비싼 물건을 살 능력이 있고 어떤 사람들은 그렇지 못하다는 경제적 불평등은 부정할 수 없는 현실이다. 하지만 우리는 경제적 재화 이외에도 자유, 사회적 지위, 정치권력 등의 다양한 사회적 가치들을 유용하다고 인정한다. 그래서 더욱 심각한 문제는 경제적 재화와 같은 하나의 사회적 가치가 불평등하게 분배되는 것이 정당한 이유 없이 다른 사회적 가치의 분배 문제에서까지 불평등을 유발할 수 있다는 것이다. 이런 결과를 초래하는 것은 바람직하지 않다. 재산이 많다고 정당한 이유 없이 정치권력을 소유하게 되거나, 정치권력을 가졌다고 정당한 이유 없이 높은 사회적 지위를 갖게 되는 것이 그런 예이다. 따라서 평등한 사회를 달성하기 위해서는 [㉡].

〈보 기〉

ㄱ. 개인의 자유를 억압하지 않는다면 지속 가능한 것이다
ㄴ. 지속 가능하지도 않고 개인의 자유를 희생하면서까지 원하는 것이 아니다
ㄷ. 모든 사회적 가치 각각을 공정하게 분배하는 것이 중요하다
ㄹ. 하나의 사회적 가치에 대한 불평등이 다른 영역에서의 불평등으로 이어지는 것을 막는 것이 중요하다
ㅁ. 다양한 사회적 가치를 공정하게 분배하는 방법의 출발점으로 하나의 사회적 가치를 공정하게 분배하는 것부터 시작해야 한다

	㉠	㉡
①	ㄱ	ㄹ
②	ㄱ	ㅁ
③	ㄴ	ㄷ
④	ㄴ	ㄹ
⑤	ㄴ	ㅁ

문 27. 다음 글에서 추론할 수 있는 것은?

푄 현상은 바람이 높은 산을 넘을 때 고온 건조하게 변하는 것을 가리킨다. 공기가 상승하게 되면 기압이 낮아져 공기가 팽창하는 단열팽창 현상 때문에 공기 온도가 내려간다. 공기가 상승할 때 고도에 따른 온도 하강률을 기온감률이라 한다. 공기는 수증기를 포함하고 있는데, 공기가 최대한 가질 수 있는 수증기량은 온도가 내려갈수록 줄어들고, 공기의 수증기가 포화상태에 이르는 온도인 이슬점 온도보다 더 낮은 온도에서는 수증기가 응결하여 구름이 생성되거나 비가 내리게 된다. 공기의 수증기가 포화상태일 경우에는 습윤 기온감률이 적용되고, 불포화상태일 경우에는 건조 기온감률이 적용되는데, 건조 기온감률은 습윤 기온감률에 비해 고도 차이에 따라 온도가 더 크게 변한다. 이러한 기온감률의 차이 때문에 푄 현상이 발생하는 것이다.

가령, 높은 산이 있는 지역의 해수면 고도에서부터 어떤 공기 덩어리가 이 산을 넘는다고 할 때, 이 공기의 온도는 건조 기온감률에 따라 내려가다가 공기가 일정 높이까지 상승하여 온도가 이슬점 온도에 도달한 후에는 공기 내 수증기가 포화하면 습윤 기온감률에 따라 온도가 내려간다. 공기의 상승 과정에서 공기 속 수증기는 구름을 형성하거나 비를 내리며 소모되고, 이는 산 정상에 이를 때까지 계속된다. 이 공기가 산을 넘어 건너편 사면을 타고 하강할 때는 공기가 건조하기 때문에 건조 기온감률에 따라 온도가 올라가게 된다. 따라서 산을 넘은 공기가 다시 해수면 고도에 도달하면 산을 넘기 전보다 더 뜨겁고 건조해진다. 이 건조한 공기가 푄 현상의 결과물이다.

우리나라에도 대표적인 푄 현상으로 높새바람이 있다. 이는 강원도 영동지방에 부는 북동풍과 같은 동풍류의 바람에 의해 푄 현상이 일어나 영서지방에 고온 건조한 바람이 부는 것을 의미한다. 늦은 봄에서 초여름에 한랭 다습한 오호츠크해 고기압에서 불어오는 북동풍이 태백산맥을 넘을 때 푄 현상을 일으키게 된다. 이 높새바람의 고온 건조한 성질은 영서지방의 농작물에 피해를 주기도 하고 산불을 일으키기도 한다.

① 공기가 상승하여 공기의 온도가 이슬점 온도에 도달한 이후부터는 공기가 상승할수록 공기 내 수증기량은 줄어든다.
② 공기가 상승할 때 공기의 온도가 이슬점 온도에 도달하는 고도는 공기 내 수증기량과 상관없이 일정하다.
③ 높새바람을 따라 이동한 공기 덩어리가 지닌 수증기량은 이동하기 전보다 증가한다.
④ 공기 내 수증기량이 증가하면 습윤 기온감률이 적용되기 시작하는 고도가 높아진다.
⑤ 동일 고도에서 공기의 온도는 공기가 상승할 때가 하강할 때보다 높다.

문 28. 다음 글에서 추론할 수 있는 것만을 〈보기〉에서 모두 고르면?

모든 구조물은 두 가지 종류의 하중을 지탱해야 한다. 정적 하중은 구조물 자체에 작용하는 중력과 함께 구조물에 늘 작용하는 모든 추가적인 힘을 말한다. 동적 하중은 교통, 바람, 지진 등 구조물에 일시적으로 작용하거나 순간순간 변하는 다양한 힘을 일컫는다. 예를 들어 댐은 평상시 가두어진 물의 압력에 의한 정적 하중을 주로 지탱하지만, 홍수가 나면 급류에 의한 동적 하중을 추가로 지탱해야 한다.

일시적으로 가해진 하중은 진동의 원인이다. 스프링을 예로 들어보자. 추가 매달린 스프링을 살짝 당기면 진동하는데, 이 때 스프링 내부에서 변형에 저항하기 위해 생기는 저항력인 응력이 작용한다. 만약 스프링이 감당할 수 없을 만큼 세게 당기면 스프링은 다시 진동하지만 원래 상태로 돌아올 수 없게 된다. 구조물의 경우도 마찬가지로, 일시적으로 가한 동적 하중이 예상하지 못한 정도로 크게 작용하면 구조물에 매우 큰 진동이 발생하여 구조물이 응력의 한계를 벗어나 약해진 상태로 변형된다. 이때 구조물이 변형에 저항하는 한계를 '응력한계'라 한다.

구조물의 안전성을 확보하기 위해서는 한 가지 문제가 더 있다. 구조물의 공명 현상을 고려해야 하는 것이다. 공명 현상은 진동주기가 같은 진동끼리 에너지를 주고받는 현상이다. 하나의 구조물은 여러 개의 진동주기를 지니는데, 이는 구조물의 기하학적 구조, 구성 재료의 특성 등에 의해 결정된다. 따라서 같은 크기의 동적 하중이 작용하는 경우에도 공명 현상 발생 여부에 따라 구조물이 진동하는 정도가 달라진다.

지진이 일어나면 지진파가 생겨나고 지진파가 지표면에 도착하면 땅의 흔들림을 유발해 구조물에 동적 하중을 가하여 건물에 진동을 일으킨다. 이때 이 진동 자체만으로는 구조물에 별다른 영향을 미치지 못할 수 있다. 그러나 구조물의 진동주기와 지진파의 진동주기가 일치하면 공명 현상이 발생하여 지진파의 진동에너지가 구조물에 주입되어 구조물에 더 큰 진동을 유발하고 결국 변형을 발생시킬 수 있다. 지진 이외에 강한 바람도 공명 현상을 일으킬 수 있다. 건물 내진 설계나 내풍 설계 같은 것은 바로 이런 공명 현상으로 인한 피해를 막기 위한 예방 조치이다.

〈보 기〉

ㄱ. 구조물에 작용하는 일시적으로 가해지는 힘과 상시적으로 가해지는 힘은 모두 진동을 유발한다.
ㄴ. 지진이 일어났을 때, 구조물에 동적 하중이 가해지고 있으면 지진파가 공명 현상을 만들 수 없다.
ㄷ. 약한 지진파가 발생해도 구조물과 그 진동주기가 서로 일치하면 응력한계를 초과하는 진동을 유발할 수 있다.

① ㄱ
② ㄷ
③ ㄱ, ㄴ
④ ㄴ, ㄷ
⑤ ㄱ, ㄴ, ㄷ

문 29. 다음 글의 A와 B에 대한 분석으로 가장 적절한 것은?

A는 근대화란 곧 산업화이고, 산업화는 농촌을 벗어난 농민들이 도시의 임금노동자가 되어가는 과정이라고 생각했다. 토지에 얽매이지 않으며 노동력 말고는 팔 것이 없는 이들을 '자유로운 노동자'라고 불렀다. 이들 중에서 한 사람의 임금으로 가족 전부를 부양할 수 있을 만큼의 급여를 확보한 특권적인 노동자가 나타난다. 이 노동자가 한 집안의 가장 혹은 '빵을 벌어오는 사람'이다. 이렇게 자신과 가족의 생활을 유지할 만큼 급여를 받는 피고용자를 정규직이라 불러왔다. 그 급여 수준이 어느 정도인지, 일주일에 몇 시간을 노동해야 하는지에 대해서는 역사적으로 각 사회의 '건강하고 문화적인' 생활수준과 노사 협의를 통해서 결정된다. A는 산업화가 지속적으로 진전되면 세상의 모든 사람은 정규직 임금노동자가 된다고 예측했다.

이에 이의를 제기한 B는 산업화가 진전됨에 따라 노동자들이 크게 핵심부, 반주변부, 주변부로 나뉜다고 주장했다. 핵심부에 속하는 노동자들은 혼자 벌어 가정을 유지할 만큼의 급여를 확보하는 정규직 노동자들인데, 이들의 일자리는 사회적 희소재로서 앞으로는 늘어나지 않을 것으로 예측되었다. 그 대신에 반주변부에는 정규직보다 급여가 낮은 비정규직을 포함하는 일반 노동자들이, 그리고 시장 바깥의 주변부에는 실업자를 포함해서 반주변부보다 열악한 상황에 놓인 노동자들이 계속해서 남아돌게 될 것이라고 했다. 그의 예측은 적중했다.

산업화가 진전된 선진국에서는 고용의 파이가 더 이상 확대되지 않거나 축소되었다. 일반적으로 노조가 발달한 선진국에는 노동자에게 '선임자 특권'이라는 것이 있다. 이로 인해 이미 고용된 나이 많은 노동자를 해고하는 것이 어려워져 신규 채용을 회피하게 된다. 그 결과 국제적으로 정규직의 파이는 거의 모든 사회에서 축소되는 경향을 낳았다. 그러한 바탕 위에 노동시장에서 고용의 비정규직화는 지속적으로 강화되었으며 청년 실업률 또한 높아졌다.

① A는 정규직 노동자의 실질 급여 수준이 산업화가 진전됨에 따라 지속적으로 하락할 것으로 보았다.
② B는 산업화가 진전됨에 따라 기존의 주변부 노동자들과는 다른 새로운 형태의 주변부 노동자들이 계속해서 생성될 것이라고 보았다.
③ A와 B는 모두 선임자 특권이 청년 실업률을 높이는 데 기여한다고 보았다.
④ A와 B는 모두 산업화가 진전되면 궁극적으로 한 사회의 노동자들의 급여가 다양한 수준에서 결정된다고 보았다.
⑤ A는 정규직 노동자가, B는 핵심부 노동자가 한 사람의 노동자 급여로 가족을 부양할 수 있다고 보았다.

문 30. 다음 글에 대한 분석으로 가장 적절한 것은?

역사적으로 사회에서 여러 가지 종류의 불리함을 겪어온 인종, 계층, 민족과 같은 소수집단을 우대하는 정책은 공정성이라는 미국인들의 신성한 믿음에 도전을 제기한다. 예를 들어 이 정책의 옹호론자들은 대학 입학 심사에서 소수집단을 고려하는 것이 공정하다고 주장한다. 그러나 왜 그것을 공정하다고 말할 수 있는가에 대해서는 소수집단 우대 정책 옹호론자들 안에서도 A와 B라는 서로 다른 두 가지 견해가 있다.

이 중 A를 지지하는 이들은 소수집단 우대 정책을 과거의 잘못을 보상하고 바로잡는 행위로 본다. 소수집단 학생들을 불리한 처지로 몰아넣은 역사적 차별을 보상하는 의미에서 그들을 우대하는 것이 공정하다고 주장한다. 이 논리는 입학 허가를 중요한 혜택으로 보고, 과거의 차별을 보상하는 차원에서 그 혜택을 나누어 주려고 한다. A에 반대하는 이들은, 보상을 받는 사람이 꼭 원래의 피해자인 것은 아니며 보상하는 사람이 과거의 잘못에 대한 책임이 없는 사람인 경우가 많다고 지적한다. 소수집단 우대 정책의 수혜자 가운데 많은 수가 중산층 학생들이고 그들은 도시 빈민가의 흑인과 히스패닉 학생들이 겪는 고통을 경험하지 않았다.

B는 다른 측면에 주목한다. 이러한 주장을 펴는 사람들은, 입학 허가가 수혜자에 대한 보상이 아니라 사회적으로 가치 있는 목적을 실현하기 위한 수단이라고 여긴다. 이들은 학교에 여러 인종, 계층, 민족이 섞여 있는 것이 출신 배경이 비슷한 학생들이 모여 있을 때보다 서로에게서 많은 것을 배울 수 있어 바람직하다고 말한다. 그리고 소수집단 학생들을 교육하여 이들이 주요 공직이나 전문직에서 리더십을 발휘하도록 한다면, 이것은 대학의 시민사회적 목적을 실현하고 공동선에 기여하는 일이라고 말한다. B에 반대하는 사람들은 그러한 목적이 아니라 그 방식에 대해서 문제를 제기한다. 이들은 학교의 다양성 증대라는 목적에는 동의한다. 그러나 그 목적 실현을 위해, 인종이나 계층과 같은 특정 배경을 갖추지 못했다는 이유로 학생의 입학을 불허하는 일은 공정하지 않다고 주장한다. 높은 성적과 뛰어난 가능성을 가진 학생이 부모가 부유하다는 이유로 입학을 허가받을 자격이 없다고 해서는 안 된다는 것이다.

① A의 지지자는 B의 지지자와는 다르게, 소수집단 학생들을 교육하여 국가에 봉사하도록 하는 일이야말로 대학이 시민사회를 위해 해야 할 일이라고 주장한다.
② B의 지지자는 A의 지지자와는 다르게, 대학 입학 심사에서 개인의 인종이나 민족과 같은 특성을 고려하는 일이 공정하지 않다고 주장한다.
③ A의 지지자는, 가난하게 자란 학생에게 대학 입학 가산점을 부여하는 일이 그 학생의 노력에 대한 보상이라는 점에서 공정하다고 주장한다.
④ A의 반대자는, 소수집단 우대 정책에 의해 보상을 해야 하는 사람들이 자신들이 피해를 준 정도에 비해 너무 가벼운 보상을 하게 된다고 비판한다.
⑤ B의 반대자는, 소수집단 우대 정책의 목적은 수긍하면서도 자신의 배경 때문에 역차별을 받는 학생이 나올 수 있다고 비판한다.

문 31. 다음 글에서 추론할 수 있는 것만을 〈보기〉에서 모두 고르면?

신경계는 우리 몸 안팎에서 일어나는 여러 자극을 전달하여 이에 대한 반응을 유발하는 기관계이며, 그 기본 구성단위는 뉴런이다. 신경계 중 소화와 호흡처럼 뇌의 직접적인 제어를 받지 않는 자율신경계는 교감신경과 부교감신경으로 구성되어 있다. 교감신경과 부교감신경은 눈의 홍채와 같은 다양한 표적기관의 기능을 조절한다.

교감신경과 부교감신경 모두 일렬로 배열된 절전뉴런과 절후뉴런으로 구성되어 있다. 이 두 뉴런이 서로 인접해 있는 곳이 신경절이며, 절전뉴런은 신경절의 앞쪽에, 절후뉴런은 신경절의 뒤쪽에 있다. 절후뉴런의 끝은 표적기관과 연결된다. 교감신경이 활성화되면 교감신경의 절전뉴런 끝에서 신호물질인 아세틸콜린이 분비된다. 분비된 아세틸콜린은 교감신경의 절후뉴런을 활성화시키고, 절전뉴런으로부터 받은 신호를 표적기관에 전달하게 한다. 부교감신경 역시 활성화되면 부교감신경의 절전뉴런 끝에서 아세틸콜린이 분비된다. 아세틸콜린은 부교감신경의 절후뉴런을 활성화시킨다. 교감신경의 절후뉴런 끝에서는 노르아드레날린이, 부교감신경의 절후뉴런 끝에서는 아세틸콜린이 표적기관의 기능을 조절하기 위해 분비된다.

눈에 있는 동공의 크기 조절은 자율신경계가 표적기관의 기능을 조절하는 좋은 사례이다. 동공은 수정체의 앞쪽에 위치해 있는 홍채의 가운데에 있는 구멍이다. 홍채는 동공의 직경을 조절함으로써 눈의 망막에 도달하는 빛의 양을 조절한다. 동공 크기 변화는 홍채에 있는 두 종류의 근육인 '돌림근'과 '부챗살근'의 수축에 의해 일어난다. 이 두 근육은 각각 근육층을 이루는데, 홍채의 안쪽에는 돌림근층이, 바깥쪽에는 부챗살근층이 있다. 어두운 곳에서 밝은 곳으로 이동하면 부교감신경이 활성화되고, 부교감신경의 절후뉴런 끝에 있는 표적기관인 홍채의 돌림근이 수축한다. 돌림근은 동공 둘레에 돌림 고리를 형성하고 있어서, 돌림근이 수축하면 두꺼워지면서 동공의 크기가 줄어든다. 반대로 밝은 곳에서 어두운 곳으로 이동하면 교감신경이 활성화되고, 교감신경의 절후뉴런 끝에 있는 표적기관인 홍채의 부챗살근이 수축한다. 부챗살근은 자전거 바퀴의 살처럼 배열되어 있어서 수축할 때 부챗살근의 길이가 짧아지고 동공의 직경이 커진다. 이렇게 변화된 동공의 크기는 빛의 양에 변화가 일어날 때까지 일정하게 유지된다.

〈보 기〉

ㄱ. 밝은 곳에서 어두운 곳으로 이동하면 교감신경의 절전뉴런 끝에서 아세틸콜린이 분비된다.
ㄴ. 어두운 곳에서 밝은 곳으로 이동하면 부교감신경의 절후뉴런 끝에서 아세틸콜린이 분비되고 돌림근이 두꺼워진다.
ㄷ. 노르아드레날린은 돌림근의 수축을 일으키는 반면 아세틸콜린은 부챗살근의 수축을 일으킨다.

① ㄴ
② ㄷ
③ ㄱ, ㄴ
④ ㄱ, ㄷ
⑤ ㄱ, ㄴ, ㄷ

문 32. 다음 글의 ㉠~㉢에 들어갈 내용을 〈보기〉에서 골라 적절하게 나열한 것은?

촛불의 연소와 동물의 호흡이 지속되기 위해서는 산소가 포함된 공기가 제공되어야 한다는 공통점이 있다. 즉 촛불의 연소는 공기 중 산소를 사용하며 이는 이산화탄소로 바뀐다. 동물의 호흡도 체내로 흡수된 공기 내 산소가 여러 대사 과정에 사용된 후 이산화탄소로 바뀌어 호흡기를 통해 공기 중으로 배출된다. 공기 내 산소가 줄어들어 이산화탄소가 일정 수준 이상이 되면 촛불은 꺼지고 동물은 호흡을 할 수 없어서 죽는다.

이런 사실을 근거로 A는 식물의 광합성과 산소 발생에 관한 세 가지 실험을 실시하였다. 또한 실험을 통제하여 산소 부족만이 촛불이 꺼지거나 쥐가 죽는 환경요인이 되도록 하였다. 그리하여 식물에서 광합성이 일어나기 위해서는 빛과 이산화탄소가 모두 필요하다는 것과 식물의 산소 생산에 빛이 필요하다는 결론을 얻었다.

실험1 : [㉠] 이로부터 식물이 산소를 생산한다는 것을 알 수 있었다.
실험2 : [㉡] 이로부터 식물이 산소를 생산하기 위해서는 빛이 필요하다는 것을 알 수 있었다.
실험3 : [㉢] 이로부터 식물에서 광합성이 일어나기 위해서는 빛과 이산화탄소가 모두 있어야 한다는 것을 알 수 있었다.

〈보 기〉

ㄱ. 빛이 있는 곳에서 밀폐된 유리 용기에 쥐와 식물을 넣어두면 일정 시간이 지나도 쥐는 죽지 않지만, 빛이 없는 곳에서 밀폐된 유리 용기에 쥐와 식물을 넣어두면 그 시간이 지나기 전에 쥐는 죽는다.
ㄴ. 밀폐된 용기에 촛불을 넣고 일정 시간이 지나면 촛불이 꺼지지만, 식물과 함께 촛불을 넣어두면 동일한 시간이 지나도 촛불은 꺼지지 않는다.
ㄷ. 빛이 없는 곳에 있는 식물에 이산화탄소를 공급하거나 빛이 있는 곳의 식물에 이산화탄소를 공급하지 않으면 광합성이 일어나지 않지만, 빛이 있는 곳의 식물에 이산화탄소를 공급하면 광합성이 일어난다.

	㉠	㉡	㉢
①	ㄱ	ㄴ	ㄷ
②	ㄴ	ㄱ	ㄷ
③	ㄴ	ㄷ	ㄱ
④	ㄷ	ㄱ	ㄴ
⑤	ㄷ	ㄴ	ㄱ

문 33. 다음 글의 ㉠과 ㉡에 들어갈 내용을 적절하게 짝지은 것은?

> 당신은 사람들로 붐비는 해변에서 즐거운 시간을 보내고 집으로 돌아가려 한다. 당신은 쓰레기를 집으로 가져갈지 아니면 해변에 버리고 갈지를 고민하고 있다. 이때 당신은 다음과 같은 네 경우를 생각할 수 있다.
>
> (가) 당신은 X를 하고, 다른 사람들은 모두 X를 한다.
> (나) 당신은 X를 하고, 다른 사람들은 모두 Y를 한다.
> (다) 당신은 Y를 하고, 다른 사람들은 모두 X를 한다.
> (라) 당신은 Y를 하고, 다른 사람들은 모두 Y를 한다.
>
> (가)로 인한 해변의 상태는 (다)로 인한 해변의 상태와 별반 다르지 않을 것이다. 마찬가지로 (나)의 결과는 (라)의 결과와 별반 다르지 않을 것이다. 이제 다음과 같은 물음을 던져 보자.
>
> (1) 다른 사람들이 X를 행할 경우, 당신은 X와 Y 중 어떤 것을 행하는 것을 선호하는가?
> (2) 다른 사람들이 Y를 행할 경우, 당신은 X와 Y 중 어떤 것을 행하는 것을 선호하는가?
>
> 아마도 당신은 물음 (1)에 [㉠], (2)에 Y라고 답할 것이다. 이러한 답변에는 쓰레기를 집으로 가지고 가는 번거로운 행동이 해변의 상태에 유의미한 변화를 가져오지 않는다면 그 번거로운 행동을 피하는 것을 선호하는 생각이 전제되어 있다. 또한 당신이 다른 조건이 모두 동등할 경우 해변이 버려진 쓰레기로 난장판이 되는 것보다 그렇게 되지 않는 것을 선호한다면, 당신은 (가)~(라) 중에서 [㉡]를 가장 선호하게 될 것이다.

	㉠	㉡
①	X	(나)
②	X	(다)
③	X	(라)
④	Y	(가)
⑤	Y	(다)

문 34. 다음 글의 내용이 참일 때, 반드시 참인 것만을 〈보기〉에서 모두 고르면?

> A아파트에는 이번 인구총조사 대상자들이 거주한다. A아파트 관리소장은 거주민 수지, 우진, 미영, 양미, 가은이 그 대상이 되었는지 궁금했다. 수지에게 수지를 포함한 다른 친구들의 상황을 물어보았는데 수지는 다음과 같이 답변하였다.
>
> • 나와 양미 그리고 가은 중 적어도 한 명은 대상이다.
> • 나와 양미가 모두 대상인 것은 아니다.
> • 미영이 대상이 아니거나 내가 대상이다.
> • 우진이 대상인 경우에만 양미 또한 대상이다.
> • 가은이 대상이면, 미영도 대상이다.

〈보 기〉

ㄱ. 수지가 대상이 아니라면, 우진은 대상이다.
ㄴ. 가은이 대상이면, 수지와 우진 그리고 미영이 대상이다.
ㄷ. 양미가 대상인 경우, 5명 중 2명만이 대상이다.

① ㄱ
② ㄴ
③ ㄱ, ㄷ
④ ㄴ, ㄷ
⑤ ㄱ, ㄴ, ㄷ

문 35. 다음 글의 내용이 참일 때, 반드시 참인 것만을 〈보기〉에서 모두 고르면?

> 철학과에서는 학생들의 수강 실태를 파악하여 향후 학과 교과목 개편에 반영할 예정이다. 실태를 파악한 결과, 〈논리학〉, 〈인식론〉, 〈과학철학〉, 〈언어철학〉을 모두 수강한 학생은 없었다. 〈논리학〉을 수강한 학생들은 모두 〈인식론〉도 수강하였다. 일부 학생들은 〈인식론〉과 〈과학철학〉을 둘 다 수강하였다. 그리고 〈언어철학〉을 수강하지 않은 학생들은 누구도 〈과학철학〉을 수강하지 않았다.

〈보 기〉

ㄱ. 〈논리학〉을 수강하지 않은 학생이 있다.
ㄴ. 〈논리학〉과 〈과학철학〉을 둘 다 수강한 학생은 없다.
ㄷ. 〈인식론〉과 〈언어철학〉을 둘 다 수강한 학생이 있다.

① ㄱ
② ㄴ
③ ㄱ, ㄷ
④ ㄴ, ㄷ
⑤ ㄱ, ㄴ, ㄷ

문 36. 다음 글의 내용이 참일 때 반드시 참인 것은?

K부처는 관리자 연수과정에 있는 연수생 중에 서류심사와 부처 면접을 통해 새로운 관리자를 선발하기로 하였다. 먼저 서류심사를 진행하여 서류심사 접수자 중 세 명만을 면접 대상자로 결정하고 나머지 접수자들은 탈락시킨다. 그리고 면접 대상자들을 상대로 면접을 진행하여, 두 명만 새로운 관리자로 선발한다. 서류심사 접수자는 갑, 을, 병, 정, 무 총 5명이다. 다음은 이들이 나눈 대화이다.

갑 : 나는 면접 대상자로 결정되었고 병은 서류심사에서 탈락했어.
을 : 나는 서류심사에서 탈락했지만 병은 면접 대상자로 결정되었어.
병 : 무는 새로운 관리자로 선발되었어.
정 : 나는 새로운 관리자로 선발되었고 면접에서 병과 무와 함께 있었어.
무 : 나는 갑과 정이랑 함께 면접 대상자로 결정되었어.

대화 이후 서류심사 결과와 부처 면접 결과가 모두 공개되자, 이들 중 세 명의 진술은 참이고 나머지 두 명의 진술은 거짓인 것으로 밝혀졌다.

① 갑은 면접 대상자로 결정되었다.
② 을은 서류심사에서 탈락하였다.
③ 병은 면접 대상자로 결정되었다.
④ 정은 새로운 관리자로 선발되었다.
⑤ 무는 새로운 관리자로 선발되지 않았다.

문 37. 다음 글에 대한 분석으로 적절한 것만을 〈보기〉에서 모두 고르면?

"삼각형은 세 변을 갖고 있다."는 필연적으로 참인 진술로, 필연적 진리의 한 사례이다. 그런데 다음 논증을 살펴보자.

(1) 필연적 진리는 참이다.
(2) 참인 진술은 참일 가능성이 있는 진술이다.
(3) 참일 가능성이 있는 진술은 거짓일 가능성이 있는 진술이다.
따라서 (4)필연적 진리는 거짓일 가능성이 있는 진술이다.

이 논증은 전제가 모두 참이라면 결론도 반드시 참이 된다. 하지만 최종 결론 (4)는 명백히 거짓이다. "삼각형은 세 변을 갖고 있다."는 거짓일 가능성이 없는 진술이기 때문이다. 그러므로 전제 가운데 적어도 하나는 거짓일 수밖에 없다.

어떤 전제가 문제일까? (1)은 참이다. (2)도 그럴듯해 보인다. 어떤 진술이 실제로 참이라면 그것은 참일 가능성이 있다. (3)도 맞는 말처럼 보인다. 예컨대 "올해 백두산에 많은 눈이 내렸다."는 진술을 생각해보자. 이 진술은 참일 가능성이 있다. 그러나 거짓일 수도 있다. 만약 이 진술이 거짓일 수 없는 진술이라면, 그것은 필연적으로 참인 진술이어야 한다. 그러나 올해 백두산에 많은 눈이 내렸다는 것은 필연적 진리가 아니다.

어떤 전제가 문제인지를 알아보기 위해 '참인 진술'과 '거짓인 진술'을 다음과 같이 좀 더 세분해 보기로 하자.

NT	필연적으로 참인 진술	"삼각형은 세 변을 갖고 있다."
CT	우연적으로 참인 진술	"부산은 항구도시이다."
CF	우연적으로 거짓인 진술	"청주는 광역시이다."
NF	필연적으로 거짓인 진술	"삼각형은 네 변을 갖고 있다."

'참일 가능성이 있는 진술'은 위의 네 종류 가운데 어떤 것을 말할까? 그것은 '참일 가능성이 있다'는 말이 무엇을 의미하느냐에 달려 있다. 그것이 ㉠ 필연적으로 거짓인 것은 아니라는 것을 의미한다면, 참일 가능성이 있는 진술에는 NT, CT, CF가 모두 포함된다. 한편 그것이 ㉡ 우연적으로 참이거나 우연적으로 거짓이라는 것을 의미한다면, 참일 가능성이 있는 진술에는 CT와 CF만 포함된다. 이처럼 위 논증에서 핵심 구절로 사용되는 '참일 가능성이 있다'가 서로 다른 두 가지로 해석될 수 있다는 것이 문제의 근원이다.

〈보 기〉

ㄱ. 참일 가능성이 있다는 말을 ㉠으로 이해하면 (2)는 참인 전제가 된다.
ㄴ. 참일 가능성이 있다는 말을 ㉡으로 이해하면 (3)은 참인 전제가 된다.
ㄷ. 참일 가능성이 있다는 말을 ㉠으로 이해하면 (3)은 거짓인 전제가 된다.

① ㄱ
② ㄷ
③ ㄱ, ㄴ
④ ㄴ, ㄷ
⑤ ㄱ, ㄴ, ㄷ

문 38. 다음 글의 ㉠~㉢에 대한 평가로 적절한 것만을 〈보기〉에서 모두 고르면?

개구리와 거북의 성(性)은 배아에 있는 성염색체에 따라 결정되는 것으로 알려져 있다. 여기서 중요한 작용을 하는 것이 아로마테이즈인데, 이는 개구리와 거북에서 성결정호르몬인 호르몬 A를 또 다른 성결정호르몬인 호르몬 B로 바꾸는 효소이다. 따라서 아로마테이즈 발현량이 많아지거나 활성이 커지면 호르몬 A에서 호르몬 B로의 전환이 더 많이 나타난다.

성 분화가 이루어지지 않은 배아의 초기 생식소(生殖巢)에서 아로마테이즈의 발현이 증가하면 생식소 내 호르몬 구성의 변화가 일어나 유전자 X의 발현이 억제되어, 초기 생식소가 난소로 분화된다. 또한 초기 생식소에서 만들어진 성결정호르몬이 혈액으로 분비되어 개구리와 거북의 배아는 암컷 성체로 발달한다. 이와 반대로 초기 생식소 내에서 아로마테이즈의 발현에 변화가 없으면 그 개구리와 거북의 배아는 수컷 성체로 발달한다. 성체의 생식소에서 만들어진 성결정호르몬은 혈액으로 분비되어 성적 특성을 유지하는 역할을 한다. 또한 성체 수컷과 성체 암컷 모두 아로마테이즈의 발현량이 많아질수록 혈중 호르몬 A의 양은 줄어들고 호르몬 B의 양은 늘어난다.

그런데 환경오염물질 α와 β가 성 결정에 영향을 줄 수 있다는 주장에 대한 연구가 진행되었다. 수컷이 될 성염색체를 가지고 있는 거북의 배아가 성체로 발달하는 동안, α에 노출되었을 때 난소와 암컷 생식기를 가지고 있는 암컷 거북이 되었다. 또한 거북 배아가 성체로 발달하는 동안 생식소 내에서 생성되는 호르몬 A의 양과 아로마테이즈의 발현량은 α에 노출되지 않은 거북 배아에 비해 별다른 차이가 없었다. α에 노출된 배아는 발달과정에서 성결정호르몬에 의한 효과인 암컷 생식기 발달의 정도가 매우 높았다. β에 노출된 염색체상 수컷 개구리 배아를 키우면 난소를 가지고 있는 암컷이 되었다. 심지어 성체 수컷 개구리를 β에 수십 일 동안 노출시키면, 이 개구리의 혈중 호르몬 A의 양은 노출되지 않은 암컷 개구리와 비슷했고 노출되지 않은 수컷 개구리보다 매우 적었다.

이 연구 결과로부터 다음 세 가지 가설을 얻었다. ㉠ <u>α가 수컷 거북의 배아를, β가 수컷 개구리의 배아를 여성화한다.</u> ㉡ <u>β가 성체 수컷 개구리의 혈중 성결정호르몬에 변화를 준다.</u> ㉢ <u>거북의 배아에서 성체로 발달하는 동안 α가 생성되는 호르몬 A의 양에 영향을 미치지 못한다.</u>

〈보 기〉

ㄱ. α가 염색체상 수컷인 거북 배아의 미분화 생식소 내에서 유전자 X의 발현을 억제한 것을 보여주는 후속 연구 결과는 ㉠을 강화한다.
ㄴ. β가 성체 수컷 개구리에서 아로마테이즈의 발현량을 늘린 것을 보여주는 후속 연구 결과는 ㉡을 강화한다.
ㄷ. 염색체상 수컷인 거북 배아와 암컷인 거북 배아 모두 α에 노출되면, 노출되지 않은 거북 배아보다 호르몬 A가 만들어지는 양이 감소한다는 후속 연구 결과는 ㉢을 약화한다.

① ㄱ
② ㄷ
③ ㄱ, ㄴ
④ ㄴ, ㄷ
⑤ ㄱ, ㄴ, ㄷ

※ 다음 글을 읽고 물음에 답하시오. [39~40]

90개의 구슬이 들어 있는 항아리가 있다. 이 항아리에는 붉은색 구슬이 30개 들어 있다. 나머지 구슬은 검은색이거나 노란색이지만, 그 이외에는 어떤 정확한 정보도 주어져 있지 않다. 내기1은 다음의 두 선택 중 하나를 택한 후 항아리에서 구슬을 하나 꺼내 그 결과에 따라서 상금을 준다.

선택1 : 꺼낸 구슬이 붉은색이면 1만 원을 받고, 그 이외의 경우에는 아무것도 받지 못한다.
선택2 : 꺼낸 구슬이 검은색이면 1만 원을 받고, 그 이외의 경우에는 아무것도 받지 못한다.

최악의 상황을 피하고자 한다면, 당신은 둘 중에서 선택1을 택해야 한다. 꺼낸 구슬이 붉은색일 확률은 1/3로 고정되어 있지만, 꺼낸 구슬이 검은색일 확률은 0일 수도 있고 그 경우 당신은 돈을 받지 못할 것이기 때문이다. 그럼 이번에는 다음의 내기2를 생각해보자.

선택3 : 꺼낸 구슬이 붉은색이거나 노란색이면 1만 원을 받고, 그 이외의 경우에는 아무것도 받지 못한다.
선택4 : 꺼낸 구슬이 검은색이거나 노란색이면 1만 원을 받고, 그 이외의 경우에는 아무것도 받지 못한다.

위에서와 마찬가지로 최악의 상황을 피하고자 한다면, 당신은 선택3이 아닌 선택4를 택해야 한다. 꺼낸 구슬이 붉은색이거나 노란색일 확률의 최솟값은 1/3이지만, 검은색이거나 노란색일 확률은 2/3로 고정되어 있기 때문이다.

최악의 상황을 피하는 결정은 합리적이다. 즉, 선택1과 선택4를 택하는 것은 합리적이다. 그런데 이 결정은 여러 선택지들 중에서 한 가지를 합리적으로 선택하기 위해서는 기댓값이 가장 큰 선택지를 선택해야 한다는 '기댓값 최대화 원리'를 위반한다. 기댓값은 모든 가능한 사건들에 대해, 각 사건이 일어날 확률과 그 사건이 일어났을 때 받게 되는 수익의 곱들을 모두 합한 값이다. 우리는 꺼낸 구슬이 붉은색일 확률은 1/3이라는 것을 알고 있지만 꺼낸 구슬이 검은색일 확률은 모르고 있다. 하지만 그 확률이 0과 2/3 사이에 있는 어떤 값이라는 것은 알고 있다. 그 값을 b라고 하자. 그렇다면 선택1의 기댓값은 1/3만 원, 선택2는 b만 원, 선택3은 1－b만 원, 선택4는 2/3만 원이다.

당신은 선택1과 선택2 중에서 선택1을 택했다. 이 선택이 기댓값 최대화 원리에 따라 이루어진 것이라면, b는 1/3보다 작아야 한다. 한편, 당신은 선택3과 선택4 중에서 선택4를 택했다. 이 선택이 기댓값 최대화 원리에 따라 이루어진 것이라면, 1－b는 2/3보다 작아야 한다. 즉 b는 1/3보다 커야 한다. 결국, 당신의 두 선택 중 하나는 기댓값 최대화 원리에 따른 선택이 아니다.

이처럼 ㉠ <u>항아리 문제는 정확한 정보가 주어지지 않은 상태에서 우리의 합리적 선택이 기댓값 최대화 원리와 충돌하는 경우가 있다는 것을 보여준다.</u>

문 39. 위 글에 대한 분석으로 적절한 것만을 〈보기〉에서 모두 고르면?

〈보 기〉

ㄱ. 항아리 문제에서 붉은색 구슬이 15개로 바뀐다고 하더라도 ㉠이라는 결론은 따라 나온다.
ㄴ. 항아리 문제에서 최악의 상황을 피하고자 내기1에서 선택1을, 내기2에서 선택4를 택한 것이 합리적인 결정이 아니라는 것을 받아들인다면, ㉠이라는 결론은 따라 나오지 않는다.
ㄷ. 꺼낸 구슬이 검은색일 확률이 얼마인가에 대한 정확한 정보가 주어지지 않은 경우에는 기댓값 사이의 크기를 비교할 수 없다는 것을 받아들인다면, ㉠이라는 결론은 따라 나오지 않는다.

① ㄱ
② ㄷ
③ ㄱ, ㄴ
④ ㄴ, ㄷ
⑤ ㄱ, ㄴ, ㄷ

문 40. 위 글을 토대로 할 때, 다음 〈사례〉에서 추론할 수 있는 것만을 〈보기〉에서 모두 고르면?

〈사 례〉

갑과 을이 선택1과 선택2 중에서 하나, 그리고 선택3과 선택4 중에서 하나를 고른다. 그 후, 항아리에서 각자 구슬을 한 번만 뽑아 자신이 뽑은 구슬의 색깔에 따라서 두 선택에 따른 상금을 받는다고 해 보자. 갑은 선택1과 선택3을 택했다. 을은 선택1과 선택4를 택했다.

〈보 기〉

ㄱ. 갑과 을이 같은 액수의 상금을 받았다면, 갑이 꺼낸 구슬은 노란색이었을 것이다.
ㄴ. 항아리에 검은색 구슬의 개수가 20개 미만이라면, 갑의 선택은 기댓값이 가장 큰 선택지이다.
ㄷ. 갑과 을이 아닌 사회자가 구슬을 한 번만 뽑아 그 구슬의 색깔에 따라서 갑과 을에게 상금을 주는 것으로 규칙을 바꾼다면, 갑이 을보다 더 많은 상금을 받을 확률과 그렇지 않을 확률은 같다.

① ㄱ
② ㄷ
③ ㄱ, ㄴ
④ ㄴ, ㄷ
⑤ ㄱ, ㄴ, ㄷ

문 1. 다음 〈그림〉과 〈표〉는 지역별 고령인구 및 고령인구 비율에 대한 자료이다. 이에 대한 〈보기〉의 설명 중 옳은 것만을 고르면?

〈그림〉 2019년 지역별 고령인구 및 고령인구 비율 현황

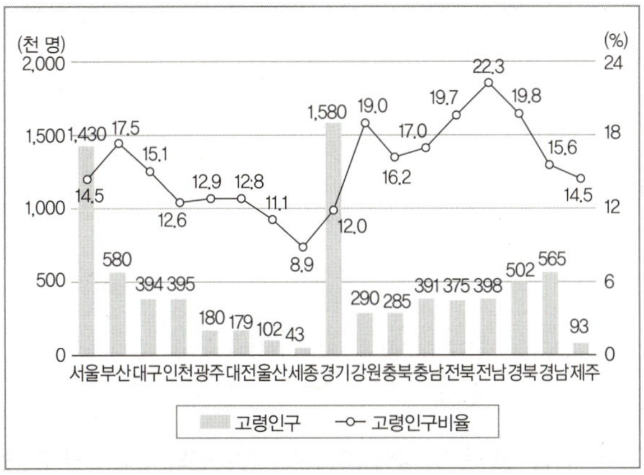

※ 고령인구 비율(%) = $\frac{\text{고령인구}}{\text{인구}} \times 100$

〈표〉 지역별 고령인구 및 고령인구 비율 전망

(단위 : 천 명, %)

구분 \ 연도 \ 지역	2025		2035		2045	
	고령인구	고령인구비율	고령인구	고령인구비율	고령인구	고령인구비율
서울	1,862	19.9	2,540	28.4	2,980	35.3
부산	784	24.4	1,004	33.4	1,089	39.7
대구	494	21.1	691	31.2	784	38.4
인천	550	18.4	867	28.4	1,080	36.3
광주	261	18.0	377	27.3	452	35.2
대전	270	18.4	392	27.7	471	35.0
울산	193	17.3	302	28.2	352	35.6
세종	49	11.6	97	18.3	153	26.0
경기	2,379	17.0	3,792	26.2	4,783	33.8
강원	387	25.6	546	35.9	649	43.6
충북	357	21.6	529	31.4	646	39.1
충남	488	21.5	714	30.4	897	38.4
전북	441	25.2	587	34.7	683	42.5
전남	475	27.4	630	37.1	740	45.3
경북	673	25.7	922	36.1	1,064	43.9
경남	716	21.4	1,039	31.7	1,230	39.8
제주	132	18.5	208	26.9	275	34.9
전국	10,511	20.3	15,237	29.5	18,328	37.0

〈보 기〉

ㄱ. 2019년 고령인구 비율이 가장 낮은 지역은 2025년 대비 2045년 고령인구 증가율도 가장 낮다.

ㄴ. 2045년 고령인구 비율이 40% 이상인 지역은 4곳이다.

ㄷ. 2025년, 2035년, 2045년 고령인구 상위 세 개 지역은 모두 동일하다.

ㄹ. 2045년 충북 인구는 전남 인구보다 많다.

① ㄱ, ㄴ
② ㄱ, ㄷ
③ ㄴ, ㄷ
④ ㄴ, ㄹ
⑤ ㄷ, ㄹ

문 2. 다음 〈표〉는 2020년 '갑'국의 가구당 보험료 및 보험급여 현황에 대한 자료이다. 〈표〉와 〈보고서〉를 근거로 A, B, D에 해당하는 질환을 바르게 나열한 것은?

〈표〉 2020년 가구당 보험료 및 보험급여 현황

(단위 : 원)

구분 \ 보험료 분위	보험료	전체질환 보험급여 (보험혜택 비율)	4대 질환별 보험급여 (보험혜택 비율)			
			A 질환	B 질환	C 질환	D 질환
전체	99,934	168,725 (1.7)	337,505 (3.4)	750,101 (7.5)	729,544 (7.3)	390,637 (3.9)
1분위	25,366	128,431 (5.1)	327,223 (12.9)	726,724 (28.6)	729,830 (28.8)	424,764 (16.7)
5분위	231,293	248,741 (1.1)	322,072 (1.4)	750,167 (3.2)	713,160 (3.1)	377,568 (1.6)

※ 1) 보험혜택 비율 = $\frac{\text{보험급여}}{\text{보험료}}$

2) 4대 질환은 뇌혈관, 심장, 암, 희귀 질환임

〈보고서〉

2020년 전체 가구당 보험료는 10만 원 이하였지만 전체질환의 가구당 보험급여는 16만 원 이상으로 전체질환 보험혜택 비율은 1.7로 나타났다.

4대 질환 중 전체 보험혜택 비율이 가장 높은 질환은 심장 질환이었다. 뇌혈관, 심장, 암 질환의 1분위 보험혜택 비율은 각각 5분위의 10배에 미치지 못하였다. 또한, 뇌혈관, 심장, 희귀 질환의 1분위 가구당 보험급여는 각각 전체질환의 1분위 가구당 보험급여의 3배 이상이었다.

	A	B	D
①	뇌혈관	심장	희귀
②	뇌혈관	암	희귀
③	암	심장	희귀
④	암	희귀	심장
⑤	희귀	심장	암

문 3. 다음 〈표〉는 2013~2020년 '갑'국 재정지출에 대한 자료이다. 이에 대한 설명으로 옳지 않은 것은?

〈표 1〉 전체 재정지출

(단위 : 백만 달러, %)

연도 \ 구분	금액	GDP 대비 비율
2013	487,215	34.9
2014	466,487	31.0
2015	504,426	32.4
2016	527,335	32.7
2017	522,381	31.8
2018	545,088	32.0
2019	589,175	32.3
2020	614,130	32.3

〈표 2〉 전체 재정지출 중 5대 분야 재정지출 비중

(단위 : %)

분야 \ 연도	2013	2014	2015	2016	2017	2018	2019	2020
교육	15.5	15.8	15.4	15.9	16.3	16.3	16.2	16.1
보건	10.3	11.9	11.4	11.4	12.2	12.5	12.8	13.2
국방	7.5	7.7	7.6	7.5	7.8	7.8	7.7	7.6
안전	3.6	3.7	3.6	3.8	4.0	4.0	4.1	4.2
환경	3.1	2.5	2.4	2.4	2.4	2.5	2.4	2.4

① 2015~2020년 환경 분야 재정지출 금액은 매년 증가하였다.
② 2020년 교육 분야 재정지출 금액은 2013년 안전 분야 재정지출 금액의 4배 이상이다.
③ 2020년 GDP는 2013년 대비 30% 이상 증가하였다.
④ 2016년 이후 GDP 대비 보건 분야 재정지출 비율은 매년 증가하였다.
⑤ 5대 분야 재정지출 금액의 합은 매년 전체 재정지출 금액의 35% 이상이다.

문 4. 다음 〈표〉는 2020년 12월 '갑'공장 A~C제품의 생산량과 불량품수에 대한 자료이다. 이에 대한 설명으로 옳지 않은 것은?

〈표〉 A~C 제품의 생산량과 불량품수

(단위 : 개)

구분 \ 제품	A	B	C	전체
생산량	2,000	3,000	5,000	10,000
불량품수	200	300	400	900

※ 1) 불량률(%) $= \frac{\text{불량품수}}{\text{생산량}} \times 100$

2) 수율(%) $= \frac{\text{생산량} - \text{불량품수}}{\text{생산량}} \times 100$

① 불량률이 가장 낮은 제품은 C이다.
② 제품별 생산량 변동은 없고 불량품수가 제품별로 100%씩 증가한다면 전체 수율은 82%이다.
③ 제품별 불량률 변동은 없고 생산량이 제품별로 100%씩 증가한다면 전체 수율은 기존과 동일하다.
④ 제품별 생산량 변동은 없고 불량품수가 제품별로 100개씩 증가한다면 전체 수율은 88%이다.
⑤ 제품별 불량률 변동은 없고 생산량이 제품별로 1,000개씩 증가한다면 전체 수율은 기존과 동일하다.

문 5. 다음 〈표〉는 '갑'국의 2019년과 2020년의 대학 교원 유형별 강의 담당학점 현황에 대한 자료이다. 이에 대한 〈보기〉의 설명 중 옳은 것만을 모두 고르면?

〈표〉 교원 유형별 강의 담당학점 현황

(단위 : 학점, %)

구분			2020년 전임교원	2020년 비전임교원	2020년 강사	2019년 전임교원	2019년 비전임교원	2019년 강사
전체	(196개교)	담당학점	479,876	239,394	152,898	476,551	225,955	121,265
		비율	66.7	33.3	21.3	67.8	32.2	17.3
설립주체	국공립(40개교)	담당학점	108,237	62,934	47,504	107,793	59,980	42,824
		비율	63.2	36.8	27.8	64.2	35.8	25.5
	사립(156개교)	담당학점	371,639	176,460	105,394	368,758	165,975	78,441
		비율	67.8	32.2	19.2	69.0	31.0	14.7
소재지	수도권(73개교)	담당학점	173,383	106,403	64,019	171,439	101,864	50,696
		비율	62.0	38.0	22.9	62.7	37.3	18.5
	비수도권(123개교)	담당학점	306,493	132,991	88,879	305,112	124,091	70,569
		비율	69.7	30.3	20.2	71.1	28.9	16.4

※ 비율(%) $= \frac{\text{교원 유형별 담당학점}}{\text{전임교원 담당학점} + \text{비전임교원 담당학점}} \times 100$

〈보 기〉

ㄱ. 2020년 전체 대학의 전임교원 담당학점 비율은 비전임교원 담당학점 비율의 2배 이상이다.
ㄴ. 2020년 전체 대학의 전임교원 담당학점은 전년 대비 1.1% 줄어들었다.
ㄷ. 사립대학의 경우, 비전임교원 담당학점 중 강사 담당학점 비중의 2019년과 2020년간 차이는 10%p 미만이다.
ㄹ. 2019년 대비 2020년에 증가한 비전임교원 담당학점은 비수도권 대학이 수도권 대학의 2배 미만이다.

① ㄱ, ㄴ
② ㄱ, ㄹ
③ ㄷ, ㄹ
④ ㄱ, ㄴ, ㄷ
⑤ ㄴ, ㄷ, ㄹ

문 6. **다음 〈보고서〉는 세계 전기차 현황과 전망에 대한 자료이다. 〈보고서〉를 작성하기 위해 사용하지 않은 것은?**

〈보고서〉

세계 각국이 내연기관차의 배기가스 배출을 규제하고, 친환경차 도입을 위한 각종 지원정책을 이어가면서 전기차 시장은 빠르게 성장하고 있다. '세계 전기차 전망' 보고서에 따르면, 전문가들은 2015년 1.2백만 대에 머물던 세계 전기차 누적 생산량이 2030년에는 2억 5천만 대를 넘어설 것으로 추정하고 있다. 전기차 보급에 대한 전망도 희망적이다. 2020년 5백만 대에 못 미치던 전 세계 전기차 연간 판매량이 2030년에는 2천만 대가 넘을 것으로 추정된다.

국내 역시 빠른 속도로 전기차 시장이 성장하고 있다. 정부의 친환경차보급로드맵에 따르면 2015년 산업수요 대비 비중이 0.2%였던 전기차는 2019년에는 2.4%까지 비중이 늘었고, 2025년에는 산업수요에서 차지하는 비중을 14.4%까지 끌어올린다는 목표를 가지고 있다.

전기차가 빠른 기간 내에 시장 규모를 키워나갈 수 있었던 것은 보조금 지원과 전기 충전 인프라 확충의 영향이 크다. 현재 전기차는 동급의 내연기관차에 비해 가격이 비싸지만, 보조금을 받아 구매하면 실구매가가 낮아진다. 우리나라에서 소비자는 2019년 3월 기준, 전기차 구매 시 지역별로 대당 최소 450만 원에서 최대 1,000만 원까지 구매 보조금을 받을 수 있다. 이는 전기차의 가격 경쟁력을 높이는 요인 중 하나다. 충전 인프라의 확충은 전기차 보급 확대의 핵심적인 요소로, 국내 전기 충전 인프라는 2019년 3월 기준 전국 주유소 대비 80% 수준으로 설치되어 있다.

① 세계 전기차 누적 생산량 현황과 전망

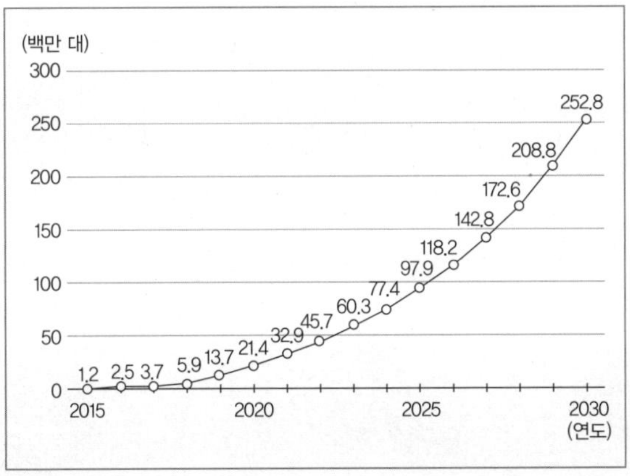

② 우리나라 지역별 전기차 공용 충전기 현황(2020년 3월)

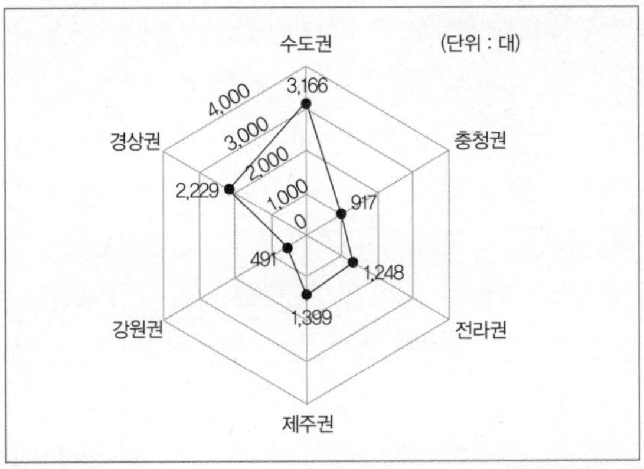

③ 우리나라 산업수요 대비 전기차 비중의 현황과 전망

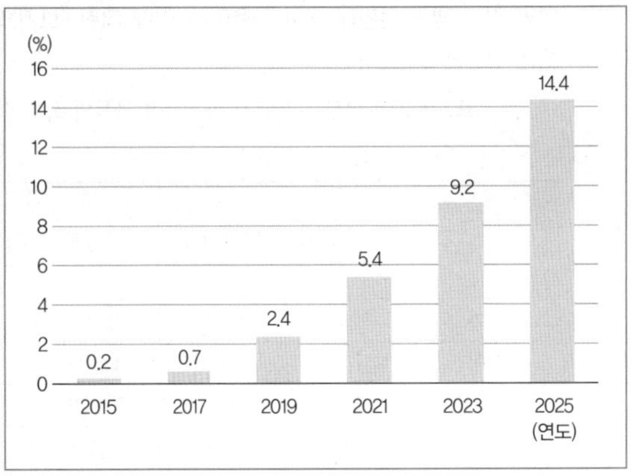

④ 세계 전기차 연간 판매량의 국가별 비중 현황과 전망

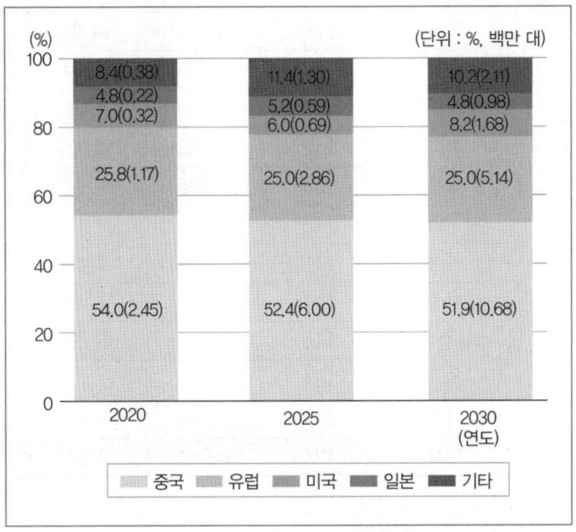

⑤ 우리나라 지역별 전기차 구매 보조금 현황(2019년 3월)

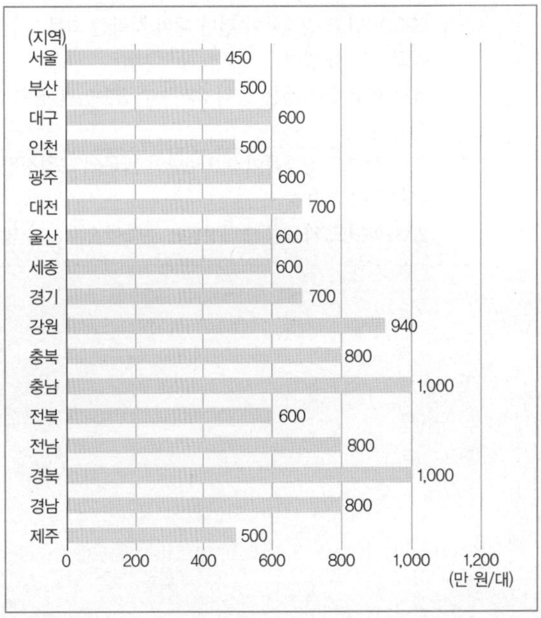

문 7. 다음 〈표〉는 '갑'국의 2021학년도 중등교사 임용시험 과목별 접수 인원 및 경쟁률 현황에 대한 자료이다. 이에 대한 〈보기〉의 설명 중 옳은 것만을 고르면?

〈표〉 2021학년도 중등교사 임용시험 과목별 접수 현황

(단위 : 명)

구분 과목	모집정원	접수인원	경쟁률	2020학년도 경쟁률
국어	383	6,493	16.95	19.55
영어	( )	4,235	15.92	19.10
중국어	31	819	26.42	23.98
도덕윤리	297	1,396	4.70	( )
일반사회	230	1,557	6.77	7.06
지리	150	1,047	( )	6.83
역사	229	3,268	14.27	15.22
수학	( )	4,452	12.54	14.20
물리	133	( )	7.46	7.10
화학	142	1,122	7.90	8.10
생물	159	1,535	( )	11.14
지구과학	115	795	6.91	7.25
가정	141	1,048	7.43	8.03
기술	144	424	( )	2.65
정보컴퓨터	145	( )	6.26	5.88
음악	193	2,574	( )	11.33
미술	209	1,998	9.56	10.62
체육	425	4,046	9.52	9.46

※ 경쟁률 $= \frac{\text{접수인원}}{\text{모집정원}}$

〈보 기〉

ㄱ. 2021학년도 경쟁률이 전년 대비 하락한 과목 수는 상승한 과목 수보다 많다.

ㄴ. 2021학년도 경쟁률 상위 3과목과 접수인원 상위 3과목은 일치한다.

ㄷ. 2021학년도 경쟁률이 5.0 미만인 과목의 모집정원은 각각 150명 이상이다.

ㄹ. 2021학년도 과목별 모집정원은 수학이 영어보다 많다.

① ㄱ, ㄴ
② ㄱ, ㄷ
③ ㄱ, ㄹ
④ ㄴ, ㄷ
⑤ ㄴ, ㄹ

문 8. 다음 〈표〉는 '조선왕조실록'과 '호구총수'에 따른 17세기 후반 현종에서 숙종 사이 5개 조사연도의 호구(戶口) 자료이다. 이에 대한 〈보기〉의 설명 중 옳은 것만을 모두 고르면?

〈표〉 17세기 후반 호구(戶口) 자료

(단위 : 호, 명)

구분 조사연도	조선왕조실록		호구총수	
	호(戶)	구(口)	호(戶)	구(口)
현종 10년	1,342,274	5,164,524	1,313,652	5,018,744
현종 13년	1,176,917	4,695,611	1,205,866	4,720,815
숙종 원년	1,234,512	4,703,505	1,250,298	4,725,704
숙종 19년	1,546,474	7,188,574	1,547,237	7,045,115
숙종 25년	1,293,083	5,772,300	1,333,330	5,774,739

〈보 기〉

ㄱ. '조선왕조실록', '호구총수'에 따른 호(戶)당 구(口)는 모든 조사연도마다 각각 3명 이상이다.

ㄴ. 현종 13년 이후, 직전 조사연도 대비 호(戶) 증가율이 가장 큰 조사연도는 '조선왕조실록'과 '호구총수'가 같다.

ㄷ. 숙종 원년 대비 숙종 19년 '조선왕조실록'에 따른 구(口) 증가율은 '호구총수'에 따른 구(口) 증가율보다 작다.

ㄹ. '조선왕조실록'과 '호구총수' 간 호(戶)의 차이가 가장 큰 조사연도는 구(口)의 차이도 가장 크다.

① ㄱ, ㄴ
② ㄱ, ㄹ
③ ㄴ, ㄷ
④ ㄱ, ㄷ, ㄹ
⑤ ㄴ, ㄷ, ㄹ

문 9. 다음 〈표〉는 작가 A의 SNS 팔로워 25,000명에 대한 자료이다. 이에 대한 설명으로 옳은 것은?

〈표 1〉 팔로워의 성별 및 연령대 비율

(단위 : %)

연령대 / 성별	24세 이하	25~34세	35~44세	45~54세	55~64세	65세 이상	합
여성	12.4	11.6	8.1	4.4	1.6	1.1	39.2
남성	19.6	17.4	9.9	7.6	5.4	0.9	60.8
계	32.0	29.0	18.0	12.0	7.0	2.0	100.0

〈표 2〉 팔로워의 거주지역별 수

(단위 : 명)

거주지역	서울	부산	대구	인천	광주	대전	울산	기타	전체
팔로워	13,226	2,147	1,989	1,839	1,171	1,341	( )	( )	25,000

① 34세 이하 팔로워는 45세 이상 팔로워의 3배 이상이다.
② 서울에 거주하는 34세 이하 팔로워는 3,000명 이상이다.
③ 서울에 거주하는 팔로워는 다른 모든 지역에 거주하는 팔로워의 합보다 적다.
④ 팔로워 중 10% 이상이 기타 지역에 거주하면, 울산에 거주하는 팔로워는 750명 이하이다.
⑤ 기타 지역에 거주하는 팔로워 수는 변동이 없고 다른 지역에 거주하는 팔로워만 각각 100명씩 증가하면, 광주에 거주하는 팔로워는 전체 팔로워의 5% 이상이 된다.

문 10. 다음 〈표〉는 성인 A~F의 일일 영양소 섭취량에 관한 자료이다. 〈표〉와 〈조건〉을 근거로 〈에너지 섭취 권장기준〉에 부합하는 남성과 여성을 바르게 나열한 것은?

〈표〉 성인 A~F의 일일 영양소 섭취량

(단위 : g)

영양소 / 성인	탄수화물	단백질	지방
A	375	50	60
B	500	50	60
C	300	75	50
D	350	120	70
E	400	100	70
F	200	80	90

〈조 건〉

- 에너지 섭취량은 탄수화물 1g당 4kcal, 단백질 1g당 4kcal, 지방 1g당 9kcal이다.
- 에너지는 탄수화물, 단백질, 지방으로만 섭취하며, 섭취하는 과정에서 손실되는 에너지는 없다.
- 〈에너지 섭취 권장기준〉에 부합하는 남성과 여성은 1명씩 존재한다.

〈에너지 섭취 권장기준〉

- 일일 총에너지 섭취량 중 55~65%를 탄수화물로, 7~20%를 단백질로, 15~30%를 지방으로 섭취한다.
- 일일 에너지 섭취 권장량은 성인 남성이 2,600~2,800kcal이며, 성인 여성이 1,900~2,100kcal이다.

	남성	여성
①	A	F
②	B	C
③	B	F
④	E	C
⑤	E	F

문 11. 다음 〈표〉는 2024년 예상 매출액 상위 10개 제약사의 2018년, 2024년 매출액에 관한 자료이다. 이에 대한 〈보기〉의 설명 중 옳은 것만을 고르면?

〈표〉 2024년 매출액 상위 10개 제약사의 2018년, 2024년 매출액

(단위 : 억 달러)

2024년 기준 매출액 순위	기업명	2024년	2018년	2018년 대비 2024년 매출액 순위변화
1	Pfizer	512	453	변화없음
2	Novartis	498	435	1단계 상승
3	Roche	467	446	1단계 하락
4	J&J	458	388	변화없음
5	Merck	425	374	변화없음
6	Sanofi	407	351	변화없음
7	GSK	387	306	5단계 상승
8	AbbVie	350	321	2단계 상승
9	Takeda	323	174	7단계 상승
10	AstraZeneca	322	207	4단계 상승
매출액 소계		4,149	3,455	
전체 제약사 총매출액		11,809	8,277	

※ 2024년 매출액은 예상 매출액임

〈보 기〉

ㄱ. 2018년 매출액 상위 10개 제약사의 2018년 매출액 합은 3,700억 달러 이상이다.

ㄴ. 2024년 매출액 상위 10개 제약사 중, 2018년 대비 2024년 매출액이 가장 많이 증가한 기업은 Takeda이고 가장 적게 증가한 기업은 Roche이다.

ㄷ. 2024년 매출액 상위 10개 제약사의 매출액 합이 전체 제약사 총매출액에서 차지하는 비중은 2024년이 2018년보다 크다.

ㄹ. 2024년 매출액 상위 10개 제약사 중, 2018년 대비 2024년 매출액 증가율이 60% 이상인 기업은 2개이다.

① ㄱ, ㄴ
② ㄱ, ㄷ
③ ㄱ, ㄹ
④ ㄴ, ㄷ
⑤ ㄴ, ㄹ

문 12. 다음 〈정보〉와 〈그림〉은 '갑'국의 2010년과 2020년 구획별 토지이용유형 현황을 보여주는 자료이다. 이에 대한 설명으로 옳지 않은 것은?

〈정 보〉

- '갑'국은 36개의 정사각형 구획으로 이루어져 있고, 각 구획의 토지면적은 동일함
- '갑'국 각 구획의 토지이용유형은 '도시', '산림', '농지', '수계', '나지'로만 구성됨

〈그림〉 2010년, 2020년 구획별 토지이용유형 현황

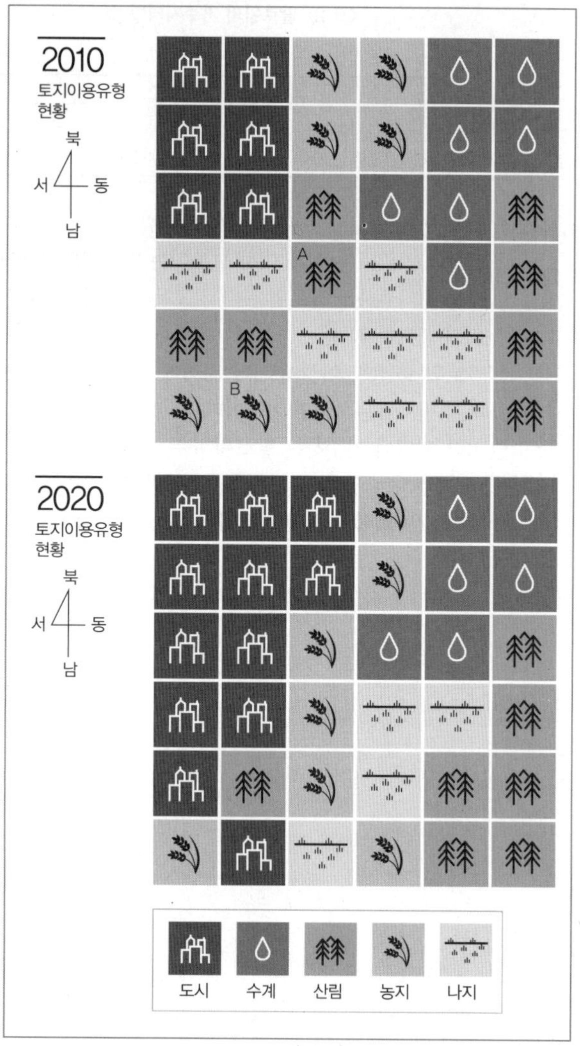

① 2010년 대비 2020년 토지이용유형별 토지면적 증감량은 가장 큰 유형이 두 번째로 큰 유형의 1.5배 이상이다.
② 2010년 '산림' 구획 중 2020년 '산림'이 아닌 구획의 토지면적은 2010년 '농지'가 아닌 구획 중 2020년 '농지'인 구획의 토지면적보다 작다.
③ 2010년 '농지' 구획의 개수는 2010년 '산림'이 아닌 구획 중 2020년 '산림'인 구획의 개수와 같다.
④ 2010년 전체 '나지' 구획 중 일부 구획은 2020년 '도시', '농지', '산림' 구획이 되었다.
⑤ 2021년 A구획과 B구획이 각각 '도시', '나지'이고 나머지 구획이 2020년의 토지이용유형과 동일하다면, 2020년과 2021년의 '도시' 구획의 토지면적은 동일하다.

문 13. 다음 〈표〉는 A, B지역의 2020년 6~10월 돼지열병 발생 현황에 관한 자료이다. 이에 대한 설명으로 옳은 것은?

〈표 1〉 A지역의 돼지열병 발생 현황

(단위 : 두, %, ‰)

구분＼월	6	7	8	9	10	전체
발병	( )	( )	1,600	2,400	3,000	( )
폐사	20	20	100	80	180	400
폐사율	10.0	2.5	6.3	3.3	6.0	( )
발병률	1.0	( )	( )	( )	15.0	( )

〈표 2〉 B지역의 돼지열병 발생 현황

(단위 : 두, %, ‰)

구분＼월	6	7	8	9	10	전체
발병	600	800	2,400	1,400	600	5,800
폐사	( )	50	( )	20	40	( )
폐사율	5.0	6.3	2.5	1.4	6.7	( )
발병률	6.0	( )	( )	( )	6.0	( )

※ 1) (해당월) 폐사율(%) $= \frac{\text{(해당월) 폐사 두수}}{\text{(해당월) 발병 두수}} \times 100$

2) (해당월) 발병률(‰) $= \frac{\text{(해당월) 발병 두수}}{\text{사육 두수}} \times 1{,}000$

3) 사육 두수는 2020년 6월 두수임

① 사육 두수는 B지역이 A지역보다 많다.
② 전체 폐사 두수는 A지역이 B지역의 3배 이상이다.
③ 전체 폐사율은 B지역이 A지역보다 높다.
④ B지역의 폐사 두수가 가장 적은 월에 A지역의 발병 두수는 전월 대비 40% 증가했다.
⑤ 전월 대비 11월 발병 두수가 A지역은 100%, B지역은 400% 증가하면, A, B지역의 11월 발병률은 같다.

문 14. 다음 〈표〉는 2019년 아세안 3개국 7개 지역별 외국투자기업의 지출 항목별 단가 및 보조금 지급기준에 관한 자료이다. 〈표〉와 〈정보〉에 근거하여 7개 지역에 진출한 우리나라 '갑'기업의 월간 순지출액이 가장 작은 지역과 가장 큰 지역을 바르게 나열한 것은?

〈표 1〉 지역별 외국투자기업의 지출 항목별 단가

(단위 : 달러)

국가	지역＼항목	급여 (1인당 월지급액)	전력 사용료 (100kWh당 요금)	운송비 (1회당 운임)
인도네시아	자카르타	310	7	2,300
	바탐	240	7	3,500
베트남	하노이	220	19	3,400
	호치민	240	10	2,300
	다낭	200	19	4,000
필리핀	마닐라	230	12	2,300
	세부	220	21	3,500

〈표 2〉 국가별 외국투자기업의 지출 항목별 보조금 지급기준

국가＼항목	급여	전력 사용료	운송비
인도네시아	1인당 월 50달러	보조금 없음	1회당 50% 보조
베트남	1인당 월 30달러	100kWh당 5달러	보조금 없음
필리핀	보조금 없음	100kWh당 10달러	1회당 50% 보조

〈정 보〉

- 지역별 외국투자기업의 월간 순지출액은 각 지역에서 월간 발생하는 총지출액에서 해당 국가의 월간 총보조금을 뺀 금액임
- 지출과 보조금 항목은 급여, 전력 사용료, 운송비로만 구성됨
- '갑'기업은 7개 지역에서 각각 10명의 직원에게 급여를 지급하고, 월간 전력 사용량은 각각 1만 kWh이며, 월간 4회 운송을 각각 시행함

	가장 작은 지역	가장 큰 지역
①	마닐라	다낭
②	마닐라	하노이
③	자카르타	다낭
④	자카르타	세부
⑤	자카르타	하노이

문 15. 다음 〈표〉는 어느 학술지의 우수논문 선정대상 논문 Ⅰ~Ⅴ에 대한 심사자 '갑', '을', '병'의 선호순위를 나열한 것이다. 〈표〉와 〈규칙〉에 근거한 〈보기〉의 설명 중 옳은 것만을 모두 고르면?

〈표〉 심사자별 논문 선호순위

심사자 \ 논문	Ⅰ	Ⅱ	Ⅲ	Ⅳ	Ⅴ
갑	1	2	3	4	5
을	1	4	2	5	3
병	5	3	1	4	2

※ 선호순위는 1~5의 숫자로 나타내며 숫자가 낮을수록 선호가 더 높음

〈규 칙〉

- 평가점수 산정방식
  가. [(선호순위가 1인 심사자 수×2)+(선호순위가 2인 심사자 수×1)]의 값이 가장 큰 논문은 1점, 그 외의 논문은 2점의 평가점수를 부여한다.
  나. 논문별 선호순위의 중앙값이 가장 작은 논문은 1점, 그 외의 논문은 2점의 평가점수를 부여한다.
  다. 논문별 선호순위의 합이 가장 작은 논문은 1점, 그 외의 논문은 2점의 평가점수를 부여한다.
- 우수논문 선정방식
  A. 평가점수 산정방식 가, 나, 다 중 한 가지만을 활용하여 평가점수가 가장 낮은 논문을 우수논문으로 선정한다. 단, 각 산정방식이 활용될 확률은 동일하다.
  B. 평가점수 산정방식 가, 나, 다에서 도출된 평가점수의 합이 가장 낮은 논문을 우수논문으로 선정한다.
  C. 평가점수 산정방식 가, 나, 다에서 도출된 평가점수에 가중치를 각각 $\frac{1}{6}$, $\frac{1}{3}$, $\frac{1}{2}$을 적용한 점수의 합이 가장 낮은 논문을 우수논문으로 선정한다.

※ 1) 중앙값은 모든 관측치를 크기 순서로 나열하였을 때, 중앙에 오는 값을 의미함. 예를 들어, 선호순위가 2, 3, 4인 경우 3이 중앙값이며, 선호순위가 2, 2, 4인 경우 2가 중앙값임
2) 점수의 합이 가장 낮은 논문이 2편 이상이면, 심사자 '병'의 선호가 더 높은 논문을 우수논문으로 선정함

〈보 기〉

ㄱ. 선정방식 A에 따르면 우수논문으로 선정될 확률이 가장 높은 논문은 Ⅰ이다.
ㄴ. 선정방식 B에 따르면 우수논문은 Ⅱ이다.
ㄷ. 선정방식 C에 따르면 우수논문은 Ⅲ이다.

① ㄴ
② ㄱ, ㄴ
③ ㄱ, ㄷ
④ ㄴ, ㄷ
⑤ ㄱ, ㄴ, ㄷ

※ 다음 〈설명〉과 〈표〉는 2019년 12월 31일 기준 우리나라 행정구역 현황에 관한 자료이다. 다음 물음에 답하시오. [16~17]

〈설 명〉

- 광역지방자치단체는 특별시, 광역시, 특별자치시, 도, 특별자치도로 구분된다.
- 기초지방자치단체는 시, 군, 구로 구분된다.
- 특별시는 구를, 광역시는 구와 군을, 도는 시와 군을 하위 행정구역으로 둔다. 단, 도의 하위 행정구역인 시에는 하위 행정구역으로 구를 둘 수 있으나, 이 구는 기초지방자치단체에 해당하지 않는다.
- 특별자치도는 하위 행정구역으로 시를 둘 수 있으나, 이 시는 기초지방자치단체에 해당하지 않는다.
- 시와 구는 읍, 면, 동을, 군은 읍, 면을 하위 행정구역으로 둔다.

〈표〉 2019년 12월 31일 기준 우리나라 행정구역 현황

(단위 : 개, km^2, 세대, 명)

행정구역	시	군	구	면적	세대수	공무원수	인구	
								여성
서울특별시	0	0	25	605.24	4,327,605	34,881	9,729,107	4,985,048
부산광역시	0	1	15	770.02	1,497,908	11,591	3,413,841	1,738,424
대구광역시	0	1	7	883.49	1,031,251	7,266	2,438,031	1,232,745
인천광역시	0	2	8	1,063.26	1,238,641	9,031	2,957,026	1,474,777
광주광역시	0	0	5	501.14	616,485	4,912	1,456,468	735,728
대전광역시	0	0	5	539.63	635,343	4,174	1,474,870	738,263
울산광역시	0	1	4	1,062.04	468,659	3,602	1,148,019	558,307
세종특별자치시	0	0	0	464.95	135,408	2,164	340,575	170,730
경기도	28	3	17	10,192.52	5,468,920	45,657	13,239,666	6,579,671
강원도	7	11	0	16,875.28	719,524	14,144	1,541,502	766,116
충청북도	3	8	4	7,406.81	722,123	10,748	1,600,007	789,623
충청남도	8	7	2	8,245.55	959,255	14,344	2,123,709	1,041,771
전라북도	6	8	2	8,069.13	816,191	13,901	1,818,917	914,807
전라남도	5	17	0	12,345.20	872,628	17,874	1,868,745	931,071
경상북도	10	13	2	19,033.34	1,227,548	21,619	2,665,836	1,323,799
경상남도	8	10	5	10,540.39	1,450,822	20,548	3,362,553	1,670,521
제주특별자치도	2	0	0	1,850.23	293,155	2,854	670,989	333,644
계	77	82	101	100,448.22	22,481,466	239,310	51,849,861	25,985,045

문 16. 위 〈설명〉과 〈표〉를 이용하여 2019년 12월 31일 기준으로 작성한 〈보기〉의 그래프 중 옳은 것만을 고르면?

〈보 기〉

ㄱ. 남부지역 4개 도의 군당 거주 여성인구 수

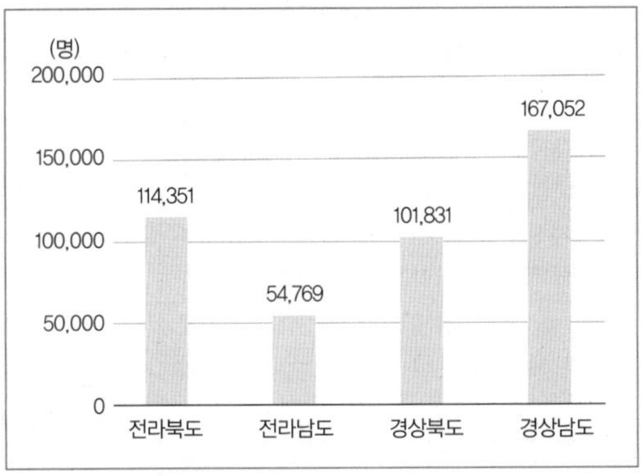

ㄴ. 도와 특별자치도의 세대당 면적

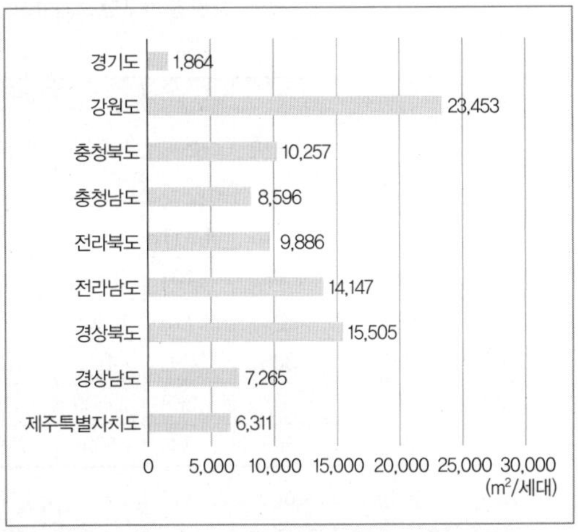

ㄷ. 서울특별시 공무원수 대비 6대 광역시 공무원수의 비율

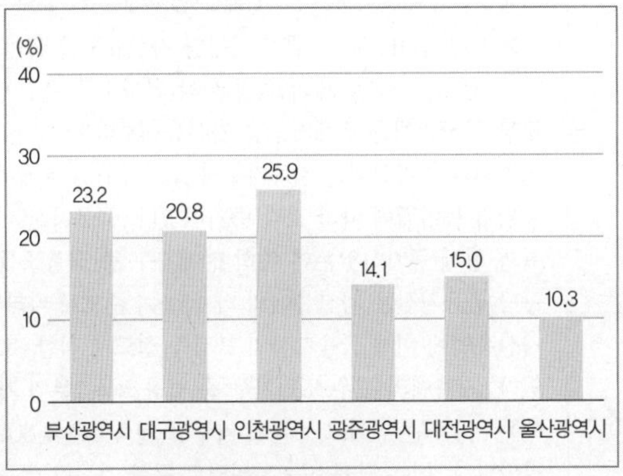

ㄹ. 전국 기초지방자치단체 구성 비율

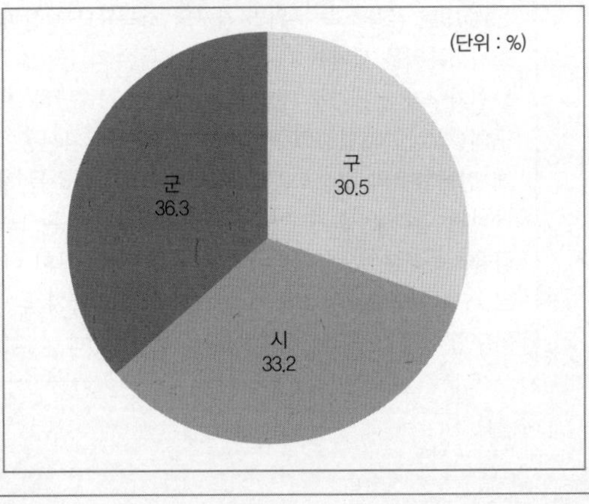

① ㄱ, ㄴ ② ㄱ, ㄷ
③ ㄱ, ㄹ ④ ㄴ, ㄷ
⑤ ㄴ, ㄹ

문 17. 위 〈설명〉, 〈표〉와 다음 〈우리나라 행정구역 변천사〉를 이용하여 2012년 6월 30일 광역지방자치단체의 하위 행정구역인 시, 군, 구의 수를 바르게 나열한 것은?

〈우리나라 행정구역 변천사〉

- 2012년 1월 1일 당진군이 당진시로 승격하였다.
- 2012년 7월 1일 세종특별자치시가 출범하였다. 이로 인하여 충청남도 연기군이 폐지되어 세종특별자치시로 편입되었다.
- 2013년 9월 23일 여주군이 여주시로 승격되었다.
- 2014년 7월 1일 청원군은 청주시와의 통합으로 폐지되고, 청주시에 청원구, 서원구가 새로 설치되어 구가 4개가 되었다.
- 2016년 7월 4일 부천시의 3개 구가 폐지되었다.

※ 2012년 1월 1일 이후 시, 군, 구의 설치, 승격, 폐지를 모두 포함함

	시	군	구
①	74	86	100
②	74	88	100
③	76	85	102
④	76	86	102
⑤	78	83	100

문 18. 다음 〈그림〉은 2020년 A대학 6개 계열의 학과별 남·여 졸업생 월평균소득, 취업률을 인문계열 기준으로 비교한 자료이다. 이에 대한 〈보기〉의 설명 중 옳은 것만을 고르면?

〈그림〉 계열별 월평균상대소득지수와 취업률지수

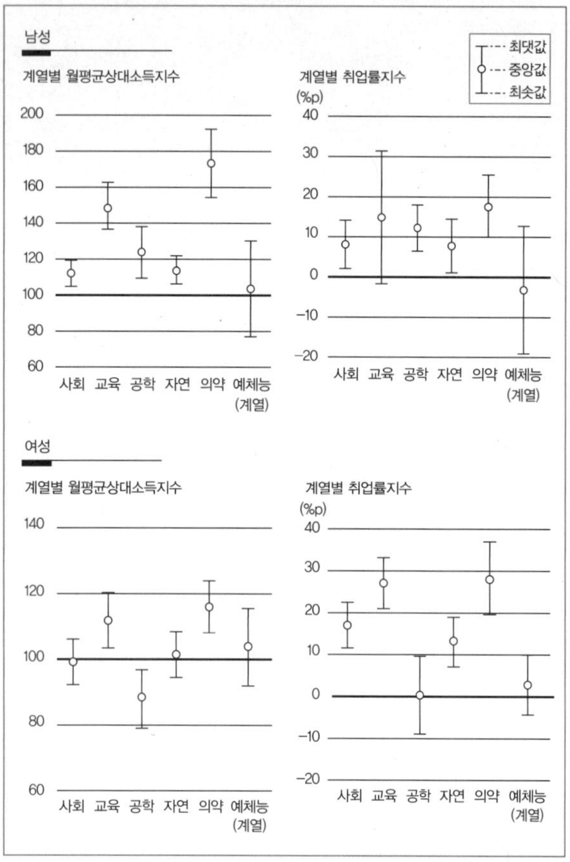

※ 1) 월평균상대소득지수는 학과 졸업생의 월평균소득 값을 인문계열의 월평균소득 기준(100)으로 환산한 값임
2) 취업률지수(%p)는 학과의 취업률에서 인문계열 평균 취업률을 뺀 값임
3) 계열별 월평균상대소득(취업률)지수는 해당계열 소속 각 학과의 월평균상대소득(취업률)지수 가운데 최댓값, 중앙값, 최솟값을 그래프로 표시함

〈보 기〉

ㄱ. 인문계열을 제외하고 계열별 월평균상대소득지수의 최댓값이 네 번째로 큰 계열은 남성과 여성이 같다.
ㄴ. 교육계열 월평균상대소득지수의 최댓값과 최솟값의 차이는 여성이 남성보다 크다.
ㄷ. 취업률이 인문계열 평균 취업률과 차이가 가장 큰 학과가 소속된 계열은 남성과 여성이 다르다.
ㄹ. 취업률이 인문계열 평균 취업률보다 낮은 학과가 소속된 계열의 개수는 남성과 여성이 같다.

① ㄱ, ㄴ
② ㄱ, ㄷ
③ ㄴ, ㄷ
④ ㄴ, ㄹ
⑤ ㄷ, ㄹ

문 19. 다음 〈표〉는 2019년 금융소득 분위별 가구당 자산규모와 소득규모에 관한 자료이다. 제시된 〈표〉 이외에 〈보고서〉를 작성하기 위해 추가로 필요한 자료만을 〈보기〉에서 고르면?

〈표 1〉 금융소득 분위별 가구당 자산규모

(단위 : 만 원)

자산 구분	가구 분류 \ 금융소득 분위	1분위	2분위	3분위	4분위	5분위
자산총액	전체	34,483	42,390	53,229	68,050	144,361
	노인	26,938	32,867	38,883	55,810	147,785
순자산액	전체	29,376	37,640	47,187	63,197	133,050
	노인	23,158	29,836	35,687	53,188	140,667
저축액	전체	6,095	8,662	11,849	18,936	48,639
	노인	2,875	4,802	6,084	11,855	48,311

〈표 2〉 금융소득 분위별 가구당 소득규모

(단위 : 만 원)

소득 구분	가구 분류 \ 금융소득 분위	1분위	2분위	3분위	4분위	5분위
경상소득	전체	4,115	4,911	5,935	6,509	9,969
	노인	1,982	2,404	2,501	3,302	6,525
근로소득	전체	2,333	2,715	3,468	3,762	5,382
	노인	336	539	481	615	1,552
사업소득	전체	1,039	1,388	1,509	1,334	1,968
	노인	563	688	509	772	1,581

※ 금융소득 분위는 금융소득이 있는 가구의 금융소득을 1~5분위로 구분하며, 숫자가 클수록 금융소득 분위가 높음

〈보고서〉

2019년 금융소득 분위별 가구당 자산규모를 살펴보면, 금융소득 5분위 가구를 제외할 경우 각 금융소득 분위에서 노인가구당 자산총액은 전체가구당 자산총액보다 낮았다. 가구당 자산총액과 순자산액은 전체가구와 노인가구 모두에서 금융소득 분위가 높아짐에 따라 각각 증가하였다. 금융자산 역시 금융소득과 함께 증가하였는데 특히 전체가구 중 금융소득 1분위 가구당 금융자산은 자산총액의 약 35% 수준으로 나타났다. 이는 자산총액에 비해 금융자산의 불평등 정도가 심한 것으로 볼 수 있다. 저축액의 경우 노인가구 중 금융소득 1분위 가구당 저축액은 2,875만 원이고, 2분위 가구당 저축액은 4,802만 원으로 나타났다. 이는 금융소득 분위별로 구한 가구당 금융소득과 유사한 비율로 증가한 것이다.

2019년 금융소득 분위별 가구당 소득규모를 살펴보면, 금융소득 5분위를 제외한 가구당 경상소득은 각 금융소득 분위에서 노인가구가 전체가구 대비 60% 이하로 나타났다. 이는 노인가구의 경우 근로활동의 비중이 감소하므로 자산총액과는 다르게 전체가구의 경상소득과 노인가구의 경상소득 차이가 크게 나타난 결과로 볼 수 있다. 근로소득의 경우는 노인가구에서 금융소득 2분위보다 3분위의 가구당 근로소득이 더 작은 것으로 나타나 금융소득 분위가 높아짐에 따라 증가 추세를 보여준 가구당 금융자산과는 다른 형태를 보여주었다.

〈보 기〉

ㄱ. 2019년 금융소득 없는 가구의 자산, 소득
ㄴ. 2019년 금융소득 분위별 가구당 금융자산
ㄷ. 2019년 경상소득 분위별 가구당 금융소득
ㄹ. 2019년 금융소득 분위별 가구당 금융소득

① ㄱ, ㄴ ② ㄱ, ㄷ
③ ㄴ, ㄷ ④ ㄴ, ㄹ
⑤ ㄷ, ㄹ

문 20. 다음 〈표〉는 2020년 1~4월 애니메이션을 등록한 회사의 애니메이션 등록 현황에 관한 자료이다. 이에 대한 〈보기〉의 설명 중 옳은 것만을 모두 고르면?

〈표 1〉 월별 애니메이션 등록 회사와 유형별 애니메이션 등록 현황

(단위 : 개사, 편)

월 \ 유형	회사	국내단독	국내합작	해외합작	전체
1	13	6	6	2	14
2	6	4	0	2	6
3	( )	6	4	1	11
4	7	3	5	0	8

※ 애니메이션 1편당 등록 회사는 1개사임

〈표 2〉 1~4월 동안 2편 이상의 애니메이션을 등록한 회사의 월별 애니메이션 등록 현황

(단위 : 편)

회사	유형 \ 월	1	2	3	4
아트팩토리	국내단독	0	1	1	0
꼬꼬지	국내단독	1	1	0	0
코닉스	국내단독	0	0	1	1
제이와이제이	국내합작	1	0	0	1
유이락	국내단독	2	0	3	1
한스튜디오	국내합작	1	0	1	2

〈보 기〉

ㄱ. 1~4월 동안 1편의 애니메이션만 등록한 회사는 20개사 이상이다.
ㄴ. 1월에 국내단독 유형인 애니메이션을 등록한 회사는 5개사이다.
ㄷ. 3월에 애니메이션을 등록한 회사는 9개사이다.

① ㄱ
② ㄴ
③ ㄱ, ㄴ
④ ㄴ, ㄷ
⑤ ㄱ, ㄴ, ㄷ

문 21. 다음 〈그림〉과 〈표〉는 한국의 방진용 마스크 수출 · 수입에 관한 자료이다. 이에 대한 〈보고서〉의 설명 중 옳은 것만을 고르면?

〈그림〉 한국의 방진용 마스크 수출액 · 수입액 변화

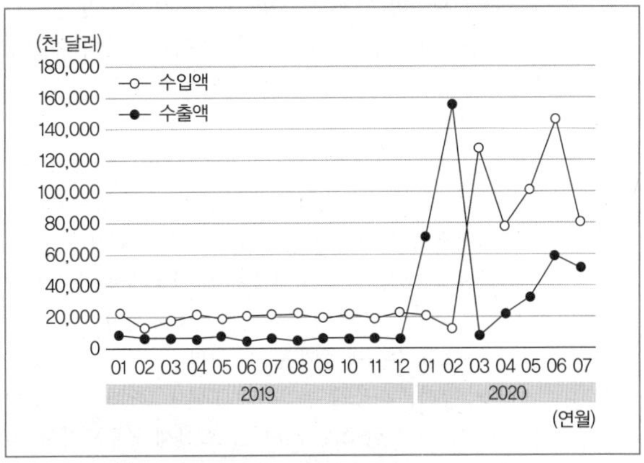

〈표 1〉 한국의 방진용 마스크 수출액 상위 5개국

(단위 : 천 달러)

순위 \ 기간	2019년 1~7월 국가	2019년 1~7월 수출액	2020년 1~7월 국가	2020년 1~7월 수출액
1	일본	11,000	중국	90,000
2	베트남	5,000	미국	72,000
3	미국	4,900	일본	37,000
4	중국	4,500	홍콩	27,000
5	멕시코	3,000	아일랜드	17,000

〈표 2〉 한국의 방진용 마스크 수입액 상위 5개국

(단위 : 천 달러)

순위 \ 기간	2019년 1~7월 국가	2019년 1~7월 수입액	2020년 1~7월 국가	2020년 1~7월 수입액
1	중국	93,000	중국	490,000
2	베트남	18,000	베트남	35,000
3	일본	4,900	미국	6,300
4	대만	2,850	일본	5,600
5	미국	2,810	싱가포르	4,600

〈보고서〉

한국의 방진용 마스크 수출·수입 변화를 살펴보면, 2019년 1월부터 2019년 12월까지는 한국의 월별 수출액이 수입액보다 작은 상황이었다. 코로나19의 확산으로 인해 방진용 마스크 수요가 늘어나면서 2020년 1월과 2월에는 한국의 수출액이 큰 폭으로 증가하였다. ㉠ 2020년 2월에는 수출액이 수입액의 7배 이상이 되었다. 한국 정부에서 방진용 마스크 공급을 조절하고 수출을 규제하기 시작한 2020년 3월 수출이 급감하였고, 이후 다시 상승세를 보이고 있다. 2020년 1~7월에는 코로나19가 전 세계적으로 확산하면서 국가별 수출액 변화가 나타났다. ㉡ 전년 동기간 대비 2020년 1~7월 한국에서 미국으로 수출한 방진용 마스크 수출액 증가율은 한국에서 중국으로 수출한 방진용 마스크 수출액 증가율보다 크다.

한국의 방진용 마스크 수입은 2020년 1, 2월까지도 큰 변화가 나타나지 않다가 한국의 코로나19 확산세가 두드러진 2020년 3월부터 급격한 변화가 나타났다. ㉢ 2019년 8월부터 2020년 7월까지의 월별 수입액 변화를 살펴보면, 방진용 마스크 수입액은 2020년 3월에 전월 대비 가장 높은 증가율을 보이고 있다. 2020년 1~7월 수입액 상위 5개 국가를 살펴보면, 중국으로부터의 방진용 마스크 수입액이 가장 많게 나타나고 있다. ㉣ 전년 동기간 대비 2020년 1~7월 한국이 베트남에서 수입한 방진용 마스크 수입액 증가율은 한국이 중국에서 수입한 방진용 마스크 수입액 증가율보다 크다.

① ㄱ, ㄴ ② ㄱ, ㄷ
③ ㄴ, ㄷ ④ ㄴ, ㄹ
⑤ ㄷ, ㄹ

문 22. 다음 〈표〉는 우리나라 7개 도시의 공원 현황을 나타낸 자료이다. 〈표〉와 〈조건〉을 바탕으로 '가'~'라' 도시를 바르게 나열한 것은?

〈표〉 우리나라 7개 도시의 공원 현황

구분	개소	결정면적 (백만 m^2)	조성면적 (백만 m^2)	활용률 (%)	1인당 결정 면적(m^2)
전국	20,389	1,020.1	412.0	40.4	22.0
서울	2,106	143.4	86.4	60.3	14.1
(가)	960	69.7	29.0	41.6	25.1
(나)	586	19.6	8.7	44.2	13.4
부산	904	54.0	17.3	29.3	16.7
(다)	619	22.2	12.3	49.6	15.5
대구	755	24.6	11.2	45.2	9.8
(라)	546	35.9	11.9	33.2	31.4

〈조 건〉

- 결정면적이 전국 결정면적의 3% 미만인 도시는 광주, 대전, 대구이다.
- 활용률이 전국 활용률보다 낮은 도시는 부산과 울산이다.
- 1인당 조성면적이 1인당 결정면적의 50% 이하인 도시는 부산, 대구, 광주, 인천, 울산이다.

	가	나	다	라
①	울산	광주	대전	인천
②	울산	대전	광주	인천
③	인천	광주	대전	울산
④	인천	대전	광주	울산
⑤	인천	울산	광주	대전

문 23. 다음 〈그림〉과 〈표〉는 2014~2018년 A~C국의 GDP 및 조세부담률을 나타낸 자료이다. 이에 대한 설명으로 옳지 않은 것은?

〈그림〉 연도별 A~C국 GDP

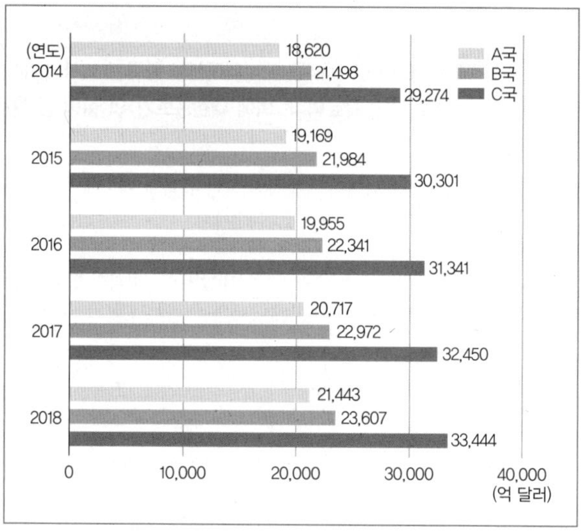

〈표〉 연도별 A~C국 조세부담률

(단위 : %)

연도	구분 \ 국가	A	B	C
2014	국세	24.1	16.4	11.4
	지방세	1.6	5.9	11.3
2015	국세	24.4	15.1	11.3
	지방세	1.6	6.0	11.6
2016	국세	24.8	15.1	11.2
	지방세	1.6	6.1	12.1
2017	국세	25.0	15.9	11.1
	지방세	1.6	6.2	12.0
2018	국세	25.0	15.6	11.4
	지방세	1.6	6.2	12.5

※ 1) 조세부담률 = 국세부담률 + 지방세부담률

2) 국세(지방세)부담률(%) = $\frac{\text{국세(지방세) 납부액}}{\text{GDP}} \times 100$

① 2016년에는 전년 대비 GDP 성장률이 가장 높은 국가가 조세부담률도 가장 높다.
② B국은 GDP가 증가한 해에 조세부담률도 증가한다.
③ 2017년 지방세 납부액은 B국이 A국의 4배 이상이다.
④ 2018년 A국의 국세 납부액은 C국의 지방세 납부액보다 많다.
⑤ C국의 국세 납부액은 매년 증가한다.

문 24. 다음 〈그림〉은 A~E학교의 장학금에 대한 자료이다. 이를 근거로 해당 학교의 전체 학생 중 장학금 수혜자 비율이 가장 큰 학교부터 순서대로 나열한 것은?

〈그림〉 학교별 장학금 신청률과 수혜율

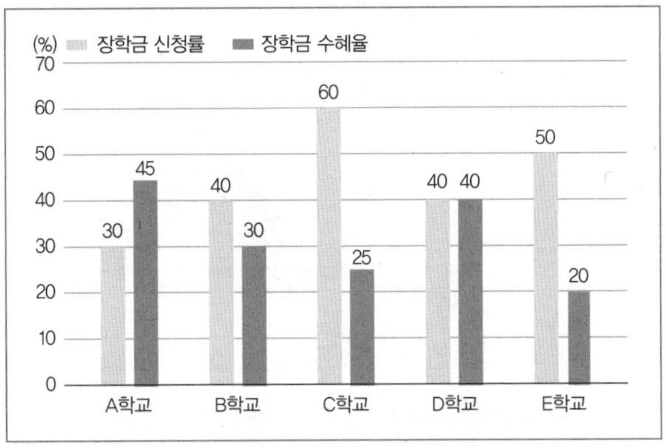

※ 1) 장학금 신청률(%) = $\frac{\text{장학금 신청자}}{\text{전체 학생}} \times 100$

2) 장학금 수혜율(%) = $\frac{\text{장학금 수혜자}}{\text{장학금 신청자}} \times 100$

① A, B, D, E, C
② A, D, B, C, E
③ C, E, B, D, A
④ D, C, A, B, E
⑤ E, D, C, A, B

문 25. 다음 〈그림〉은 4대 곡물 세계 수입 현황에 대한 자료이다. 이에 대한 설명으로 옳지 않은 것은?

〈그림〉 4대 곡물의 세계 총수입액 및 주요 수입국 현황

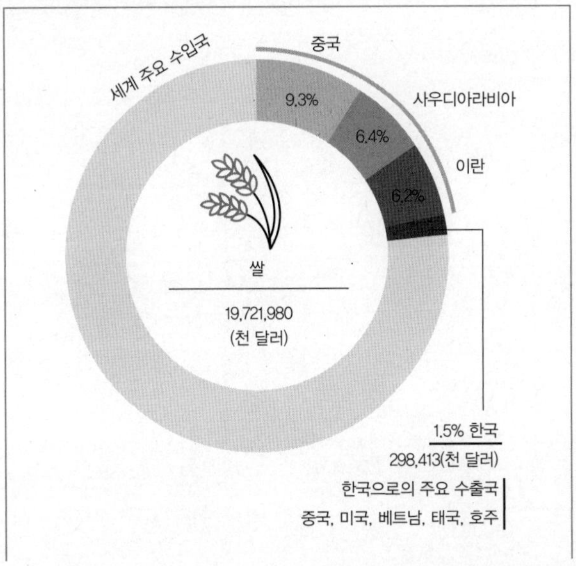

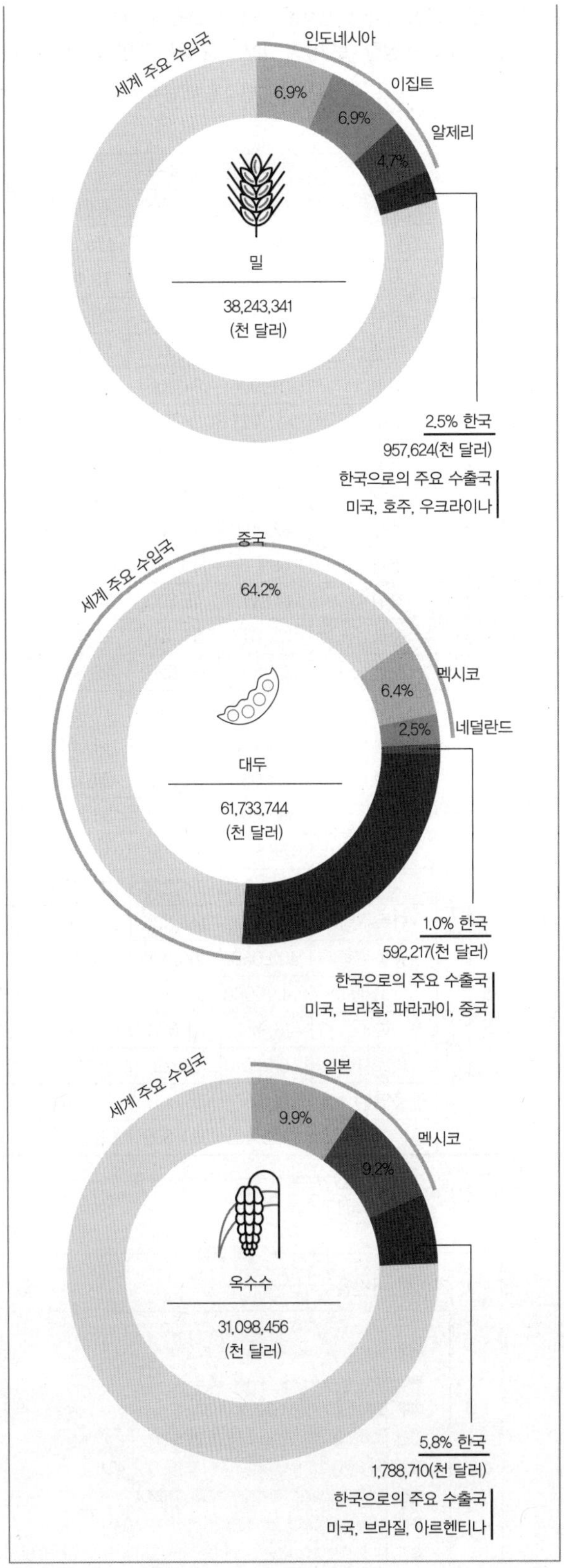

※ '세계 주요 수입국'은 세계 곡물 시장에서 한국보다 해당 곡물의 수입액이 큰 국가임

① 한국의 밀 수입액은 쌀 수입액의 3배 이상이다.
② 중국이 수입한 4대 곡물 총수입액은 세계 밀 총수입액보다 크다.
③ 브라질은 4대 곡물 중 2개에서 '한국으로의 주요 수출국'이다.
④ 4대 곡물을 한국의 수입액이 큰 곡물부터 순서대로 나열하면 옥수수, 밀, 대두, 쌀 순이다.
⑤ 이란의 쌀 수입액은 알제리의 밀 수입액보다 크다.

문 26. 다음 〈표〉는 국내 건축물 내진율 현황에 관한 자료이다. 〈표〉를 이용하여 작성한 〈보기〉의 그래프 중 옳은 것만을 모두 고르면?

〈표〉 국내 건축물 내진율 현황

(단위 : 개, %)

구분			건축물 전체	건축물 내진대상	건축물 내진확보	내진율
계			6,986,913	1,439,547	475,335	33.0
지역		서울	628,947	290,864	79,100	27.2
		부산	377,147	101,795	26,282	25.8
		대구	253,662	81,311	22,123	27.2
		인천	215,996	81,156	23,129	28.5
		광주	141,711	36,763	14,757	40.1
		대전	133,118	44,118	15,183	34.4
		울산	132,950	38,225	15,690	41.0
		세종	32,294	4,648	2,361	50.8
		경기	1,099,179	321,227	116,805	36.4
		강원	390,412	45,700	13,412	29.3
		충북	372,318	50,598	18,414	36.4
		충남	507,242	57,920	22,863	39.5
		전북	436,382	47,870	18,506	38.7
		전남	624,155	43,540	14,061	32.3
		경북	786,058	84,391	29,124	34.5
		경남	696,400	89,522	36,565	40.8
		제주	158,942	19,899	6,960	35.0
용도	주택	소계	4,568,851	806,225	314,376	39.0
		단독주택	4,168,793	445,236	143,204	32.2
		공동주택	400,058	360,989	171,172	47.4
	주택이외	소계	2,418,062	633,322	160,959	25.4
		학교	46,324	31,638	7,336	23.2
		의료시설	6,260	5,079	2,575	50.7
		공공업무시설	42,077	15,003	2,663	17.7
		기타	2,323,401	581,602	148,385	25.5

※ 내진율(%) $= \frac{\text{내진확보 건축물}}{\text{내진대상 건축물}} \times 100$

〈보 기〉

ㄱ. 지역별 내진율

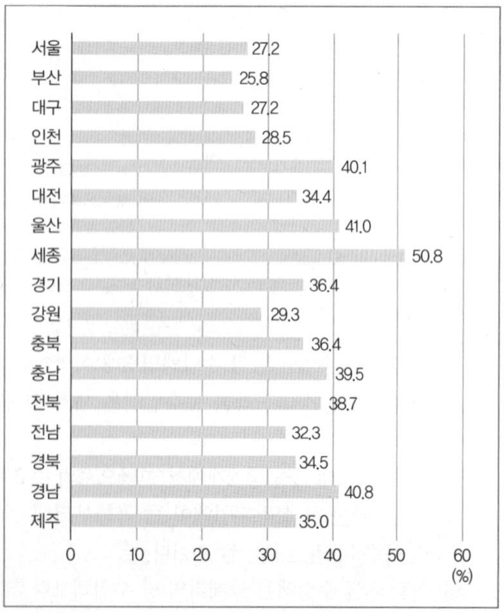

ㄴ. 용도별 내진대상 건축물 구성비

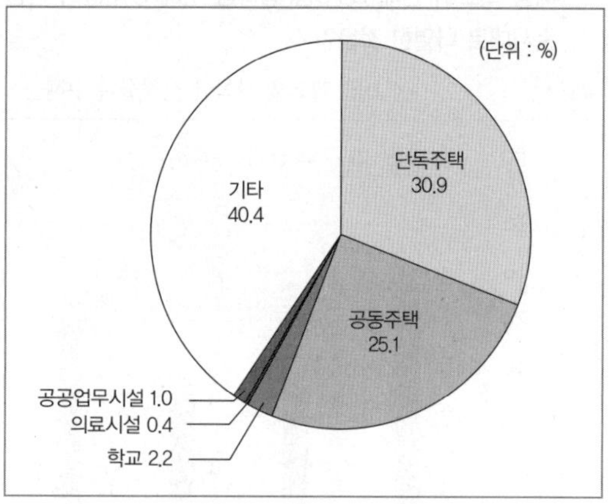

ㄷ. 주택 및 주택이외 건축물의 용도별 내진확보 건축물 구성비

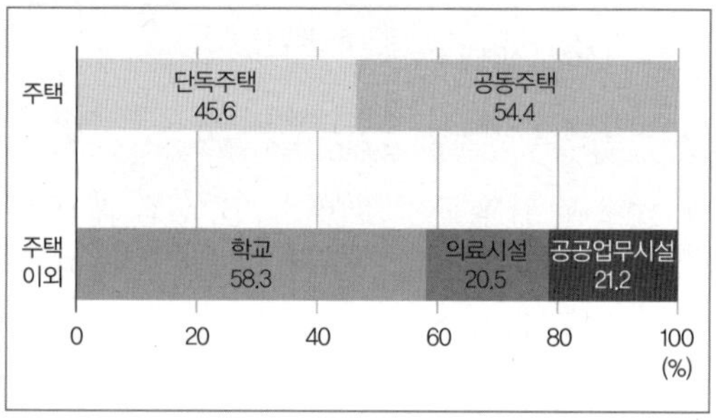

ㄹ. 주택이외 건축물 용도별 내진율

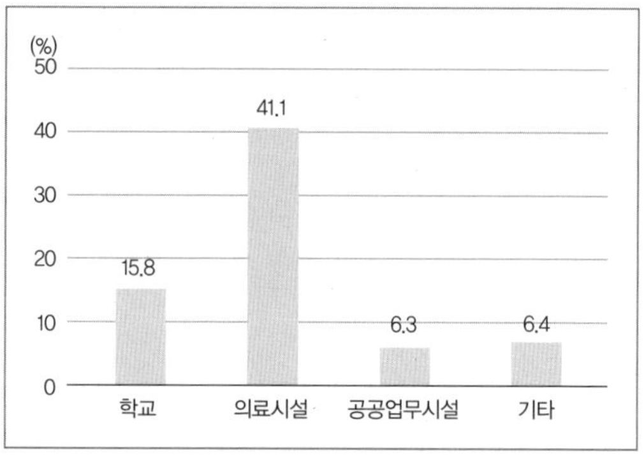

① ㄱ, ㄴ
② ㄱ, ㄷ
③ ㄴ, ㄷ
④ ㄴ, ㄹ
⑤ ㄱ, ㄴ, ㄷ

문 27. 다음 〈표〉는 12대 주요 산업별 총산업인력과 기술인력 현황에 관한 자료이다. 이에 대한 〈보기〉의 설명 중 옳은 것만을 고르면?

〈표〉 12대 주요 산업별 총산업인력과 기술인력 현황

(단위 : 명, %)

부문	구분 / 산업	총산업 인력	기술인력			
			현원	비중	부족인원	부족률
제조	기계	287,860	153,681	53.4	4,097	(　)
	디스플레이	61,855	50,100	(　)	256	(　)
	반도체	178,734	92,873	(　)	1,528	1.6
	바이오	94,364	31,572	33.5	1,061	(　)
	섬유	131,485	36,197	(　)	927	2.5
	자동차	325,461	118,524	(　)	2,388	2.0
	전자	416,111	203,988	(　)	5,362	2.6
	조선	107,347	60,301	56.2	651	(　)
	철강	122,066	65,289	(　)	1,250	1.9
	화학	341,750	126,006	36.9	4,349	3.3
서비	소프트웨어	234,940	139,454	(　)	6,205	(　)
	IT 비즈니스	111,049	23,120	20.8	405	(　)

※ 1) 기술인력 비중(%) $= \frac{\text{기술인력 현원}}{\text{총산업인력}} \times 100$

2) 기술인력 부족률(%) $= \frac{\text{기술인력 부족인원}}{\text{기술인력 현원} + \text{기술인력 부족인원}} \times 100$

〈보 기〉

ㄱ. 디스플레이 산업의 기술인력 비중은 80% 미만이다.
ㄴ. 기술인력 비중이 50% 이상인 산업은 6개다.
ㄷ. 소프트웨어 산업의 기술인력 부족률은 5% 미만이다.
ㄹ. 기술인력 부족률이 두 번째로 낮은 산업은 반도체 산업이다.

① ㄱ, ㄴ　② ㄱ, ㄷ
③ ㄴ, ㄷ　④ ㄴ, ㄹ
⑤ ㄷ, ㄹ

문 28. 다음 〈표〉와 〈그림〉은 A국 게임시장에 관한 자료이다. 이에 대한 〈보기〉의 설명 중 옳은 것만을 고르면?

〈표〉 2017~2020년 A국의 플랫폼별 게임시장 규모

(단위 : 억 원)

플랫폼 \ 연도	2017	2018	2019	2020
PC	149	165	173	(　)
모바일	221	244	256	301
태블릿	56	63	66	58
콘솔	86	95	78	77
기타	51	55	40	28

〈그림〉 2020년 A국의 플랫폼별 게임시장 점유율

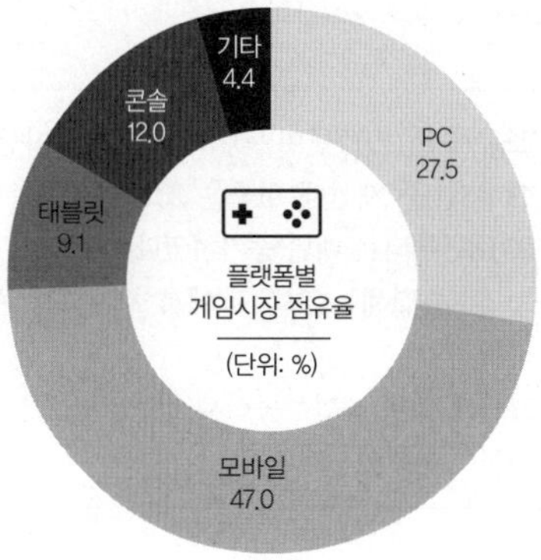

※ 플랫폼별 게임시장 점유율(%) $= \frac{\text{A국 해당 플랫폼의 게임시장 규모}}{\text{A국 게임시장 전체 규모}} \times 100$

〈보 기〉

ㄱ. A국 게임시장 전체 규모는 매년 증가하였다.
ㄴ. 2020년 PC, 태블릿, 콘솔의 게임시장 규모의 합은 A국 게임시장 전체 규모의 50% 미만이다.
ㄷ. PC의 게임시장 점유율은 2020년이 2019년보다 높다.
ㄹ. 기타를 제외하고 2017년 대비 2018년 게임시장 규모 증가율이 가장 높은 플랫폼은 태블릿이다.

① ㄱ, ㄴ　② ㄱ, ㄹ
③ ㄴ, ㄷ　④ ㄴ, ㄹ
⑤ ㄷ, ㄹ

문 29. 다음 〈표〉는 2015~2019년 A국의 보유세 추이에 관한 자료이다. 이에 대한 〈보기〉의 설명 중 옳은 것만을 모두 고르면?

〈표〉 A국의 보유세 추이

(단위 : 십억 원)

구분 \ 연도	2015	2016	2017	2018	2019
보유세	5,030	6,838	9,196	9,856	8,722
재산세	2,588	3,123	3,755	4,411	4,423
도시계획세	1,352	1,602	1,883	2,183	2,259
공동시설세	446	516	543	588	591
종합부동산세	441	1,328	2,414	2,130	1,207
농어촌특별세	203	269	601	544	242

※ 보유세는 재산세, 도시계획세, 공동시설세, 종합부동산세, 농어촌특별세로만 구성됨

〈보 기〉

ㄱ. '보유세'는 2017년이 2015년의 1.8배 이상이다.
ㄴ. '보유세' 중 재산세 비중은 2017년까지는 매년 감소하다가 2018년부터는 매년 증가하였다.
ㄷ. 농어촌특별세는 '보유세'에서 차지하는 비중이 매년 가장 작다.
ㄹ. 재산세 대비 종합부동산세 비는 가장 큰 연도가 가장 작은 연도의 4배 이상이다.

① ㄱ, ㄴ
② ㄱ, ㄷ
③ ㄷ, ㄹ
④ ㄱ, ㄴ, ㄹ
⑤ ㄴ, ㄷ, ㄹ

※ 다음 〈표〉는 2014~2019년 '갑'지역의 월별 기상자료이다. 다음 물음에 답하시오. [30~31]

〈표 1〉 2014~2019년 월별 평균기온

(단위 : ℃)

연도 \ 월	1	2	3	4	5	6	7	8	9	10	11	12
2014	−4.5	1.4	4.3	9.5	17.2	23.4	25.8	26.5	21.8	14.5	6.5	−1.3
2015	−7.2	1.2	3.6	10.7	17.9	22.0	24.6	25.8	21.8	14.2	10.7	−0.9
2016	−2.8	−2.0	5.1	12.3	19.7	24.1	25.4	27.1	21.0	15.3	5.5	−4.1
2017	−3.4	−1.2	5.1	10.0	18.2	24.4	25.5	27.7	21.8	15.8	6.2	−0.2
2018	−0.7	1.9	7.9	14.0	18.9	23.1	26.1	25.2	22.1	15.6	9.0	−2.9
2019	−0.9	1.0	6.3	13.3	18.9	23.6	25.8	26.3	22.4	15.5	8.9	1.6

〈표 2〉 2014~2019년 월별 강수량

(단위 : mm)

연도 \ 월	1	2	3	4	5	6	7	8	9	10	11	12	합계 (연강수량)
2014	6	55	83	63	124	128	239	599	672	26	11	16	2,022
2015	29	29	15	110	53	405	1,131	167	26	32	56	7	2,060
2016	9	1	47	157	8	92	449	465	212	99	68	41	1,648
2017	7	74	27	72	132	28	676	149	139	14	47	25	1,390
2018	22	16	7	31	63	98	208	173	88	52	42	18	818
2019	11	23	10	81	29	99	226	73	26	82	105	29	794

〈표 3〉 2014~2019년 월별 일조시간

(단위 : 시간)

연도 \ 월	1	2	3	4	5	6	7	8	9	10	11	12	합계 (연 일조시간)
2014	168	141	133	166	179	203	90	97	146	195	180	158	1,856
2015	219	167	240	202	180	171	80	94	180	215	130	196	2,074
2016	191	225	192	213	251	232	143	159	191	235	181	194	2,407
2017	168	187	256	213	238	224	101	218	191	250	188	184	2,418
2018	184	164	215	213	304	185	173	151	214	240	194	196	2,433
2019	193	180	271	216	290	258	176	207	262	240	109	178	2,580

문 30. 다음 〈표 4〉는 '갑'지역의 2020년 월별 기상 관측값의 전년 동월 대비 변화량을 나타낸 자료의 일부이다. 위 〈표〉와 아래 〈표 4〉를 근거로 〈보기〉의 설명 중 옳은 것만을 모두 고르면?

〈표 4〉 2020년 기상 관측값의 전년 동월 대비 변화량

(단위 : ℃, mm, 시간)

관측항목 \ 월	1	2	3	4	5	6	7	8	9	10
평균기온	−2.3	−0.8	+0.7	+0.8	+0.7	0.0	+0.4	+1.7	+0.7	
강수량	−10	+25	+31	−4	+132	−45	+132	−6	−7	
일조시간	+3	+15	−17	+4	−10	−28	−16	+29	−70	

〈보 기〉

ㄱ. 8월 평균기온은 2020년이 가장 높다.
ㄴ. 2020년 7월 강수량은 2014~2019년 동안의 7월 평균강수량보다 많다.
ㄷ. 연강수량은 2020년이 2019년보다 많다.
ㄹ. 여름(6~8월)의 일조시간은 2020년이 2019년보다 적으나 2018년보다는 많다.

① ㄱ, ㄴ
② ㄱ, ㄹ
③ ㄴ, ㄷ
④ ㄱ, ㄷ, ㄹ
⑤ ㄴ, ㄷ, ㄹ

문 31. 다음 〈그림〉은 2014~2019년 중 특정 연도의 '갑'지역 월별 일평균 일조시간과 누적 강수량에 대한 자료의 일부이다. 위 〈표〉와 아래 〈그림〉을 근거로 A, B에 해당하는 값을 바르게 나열한 것은?

〈그림〉 월별 일평균 일조시간과 누적 강수량

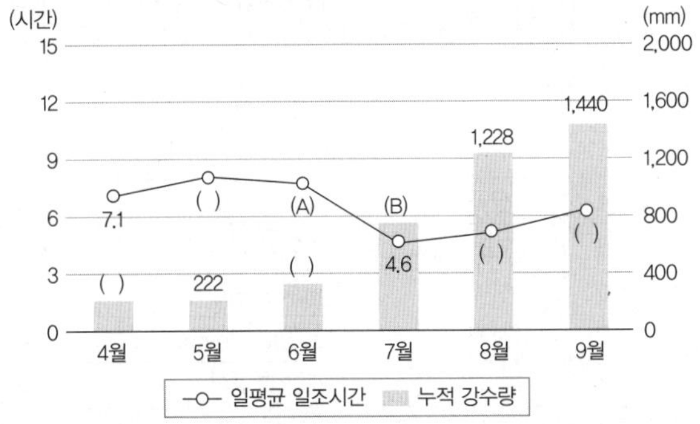

※ 1) 일평균 일조시간은 해당 월 일조시간을 해당 월 날짜 수로 나눈 값임
2) 누적 강수량은 해당 연도 1월부터 해당 월까지의 강수량을 누적한 값임

	A	B
①	7.5	763
②	7.5	779
③	7.5	794
④	7.7	763
⑤	7.7	779

문 32. 다음 〈표〉는 2020년 A지역의 가구주 연령대별 및 종사상지위별 가구 구성비와 가구당 자산 보유액 현황에 관한 자료이다. 이를 이용하여 작성한 〈보기〉의 그래프 중 옳은 것만을 모두 고르면?

〈표〉 가구 구성비 및 가구당 자산 보유액

(단위 : %, 만 원)

구분		가구 구성비	전체	금융자산	실물자산 부동산	실물자산 부동산 거주주택	실물자산 기타
가구 전체		100.0	43,191	10,570	30,379	17,933	2,242
가구주 연령대	30세 미만	2.0	10,994	6,631	3,692	2,522	671
	30~39세	12.5	32,638	10,707	19,897	13,558	2,034
	40~49세	22.6	46,967	12,973	31,264	19,540	2,730
	50~59세	25.2	49,346	12,643	33,798	19,354	2,905
	60세 이상	37.7	42,025	7,912	32,454	18,288	1,659
가구주 종사상 지위	상용근로자	42.7	48,531	13,870	32,981	20,933	1,680
	임시·일용근로자	12.4	19,498	4,987	13,848	9,649	663
	자영업자	22.8	54,869	10,676	38,361	18,599	5,832
	기타(무직 등)	22.1	34,179	7,229	26,432	16,112	518

〈보 기〉

ㄱ. 가구주 연령대별 부동산 자산 중 거주주택 자산 비중

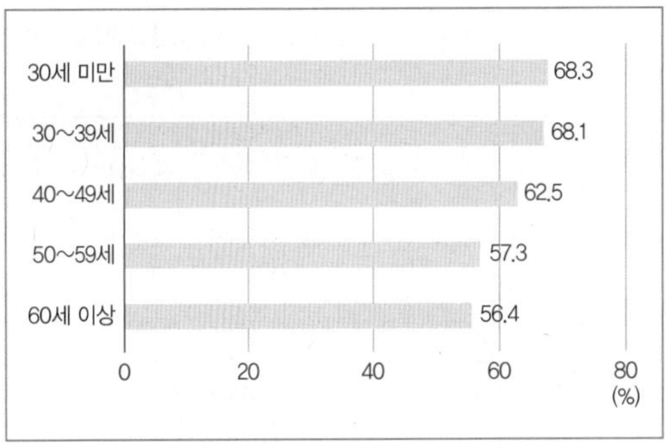

ㄴ. 상용근로자와 자영업자의 자산 유형별 자산 보유액 구성비 비교

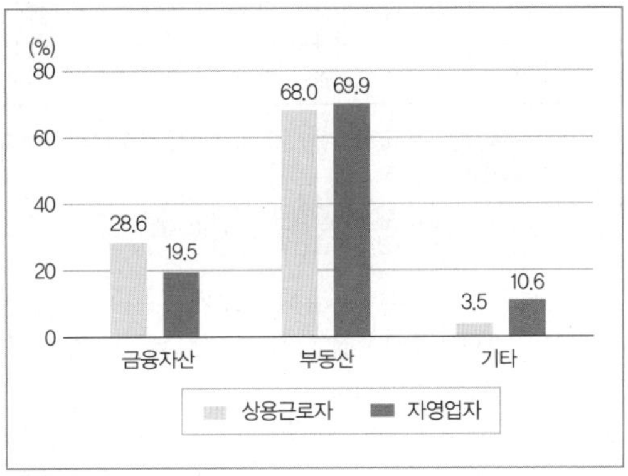

ㄷ. 전체 자산의 가구주 연령대별 구성비

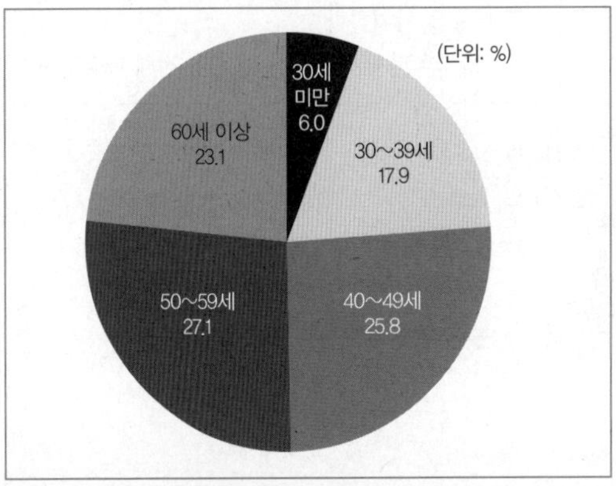

ㄹ. 가구주 종사상지위별 가구당 실물자산 규모

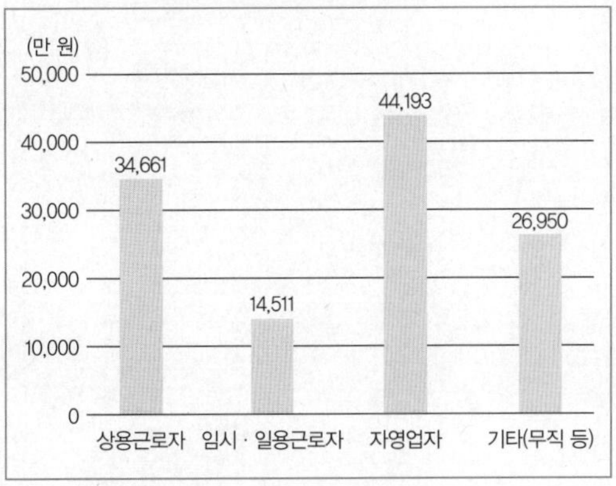

① ㄱ, ㄹ
② ㄴ, ㄷ
③ ㄴ, ㄹ
④ ㄷ, ㄹ
⑤ ㄱ, ㄴ, ㄹ

문 33. 다음 〈표〉는 2020년 '갑'시의 오염물질 배출원별 배출량에 대한 자료이다. 이에 대한 〈보기〉의 설명 중 옳은 것만을 모두 고르면?

〈표〉 2020년 오염물질 배출원별 배출량 현황

(단위 : 톤, %)

오염물질 / 구분 / 배출원	PM_{10}		$PM_{2.5}$		CO		NO_x		SO_x		VOC	
	배출량	배출비중	배출량	배출비중	배출량	배출비중	배출량	배출비중	배출량	배출비중	배출량	배출비중
선박	1,925	61.5	1,771	64.0	2,126	5.8	24,994	45.9	17,923	61.6	689	1.6
화물차	330	10.6	304	11.0	2,828	7.7	7,427	13.6	3	0.0	645	1.5
건설장비	253	8.1	233	8.4	2,278	6.2	4,915	9.0	2	0.0	649	1.5
비산업	163	5.2	104	3.8	2,501	6.8	6,047	11.1	8,984	30.9	200	0.5
RV	134	4.3	123	4.5	1,694	4.6	1,292	2.4	1	0.0	138	0.3
계	2,805	( )	2,535	( )	11,427	( )	44,675	( )	26,913	( )	2,321	( )

※ 1) PM_{10} 기준 배출량 상위 5개 오염물질 배출원을 선정하고, 6개 오염물질 배출량을 조사함

2) 배출비중(%) = $\frac{\text{해당 배출원의 배출량}}{\text{전체 배출원의 배출량}} \times 100$

〈보 기〉

ㄱ. 오염물질 CO, NO_x, SO_x, VOC 배출량 합은 '화물차'가 '건설장비'보다 많다.

ㄴ. $PM_{2.5}$ 기준 배출량 상위 5개 배출원의 $PM_{2.5}$ 배출비중 합은 90% 이상이다.

ㄷ. NO_x의 전체 배출원 중에서 '건설장비'는 네 번째로 큰 배출비중을 차지한다.

ㄹ. PM_{10}의 전체 배출량은 VOC의 전체 배출량보다 많다.

① ㄱ, ㄴ
② ㄱ, ㄷ
③ ㄴ, ㄹ
④ ㄱ, ㄴ, ㄷ
⑤ ㄴ, ㄷ, ㄹ

문 34. 다음 〈표〉는 '갑'국의 2020년 5월, 6월 음원차트 상위 15위 현황에 대한 자료이다. 이에 대한 〈보기〉의 설명 중 옳은 것만을 모두 고르면?

〈표 1〉 2020년 6월 음원차트 상위 15위 현황

순위	전월 대비 순위변동	음원	GA점수
1	–	( )	147,391
2	( )	알로에	134,098
3	( )	미워하게 될 줄 알았어	127,995
4	신곡	LESS & LESS	117,935
5	▽[2]	매우 화났어	100,507
6	신곡	Uptown Baby	98,506
7	신곡	땅 Official Remix	91,674
8	( )	개와 고양이	80,927
9	▽[2]	( )	77,789
10	△[100]	나에게 넌, 너에게 난	74,732
11	△[5]	Whale	73,333
12	▽[2]	( )	68,435
13	△[18]	No Memories	67,725
14	△[3]	화려한 고백	67,374
15	▽[10]	마무리	65,797

〈표 2〉 2020년 5월 음원차트 상위 15위 현황

순위	전월 대비 순위변동	음원	GA점수
1	신곡	세븐	203,934
2	▽[1]	알로에	172,604
3	△[83]	( )	135,959
4	신곡	개와 고양이	126,306
5	▽[3]	마무리	93,295
6	△[4]	럼더덤	90,637
7	△[6]	좋은 사람 있으면 만나	88,775
8	▽[5]	첫사랑	87,962
9	신곡	Sad	87,128
10	▽[6]	흔들리는 풀잎 속에서	85,957
11	▽[6]	아는 노래	78,320
12	–	Blue Moon	73,807
13	▽[4]	METER	69,182
14	▽[3]	OFF	68,592
15	신곡	미워하게 될 줄 알았어	66,487

※ 1) GA점수는 음원의 스트리밍, 다운로드, BGM 판매량에 가중치를 부여하여 집계한 것으로 GA점수가 높을수록 순위가 높음

2) – : 변동없음, △[ ] : 상승[상승폭], ▽[ ] : 하락[하락폭], 신곡 : 해당 월 발매 신곡

〈보 기〉

ㄱ. 2020년 4~6월 동안 매월 상위 15위에 포함된 음원은 모두 4곡이다.

ㄴ. 'Whale'의 2020년 6월 GA점수는 전월에 비해 6,000 이상 증가하였다.

ㄷ. 2020년 6월 음원차트 상위 15위 음원 중 6월 발매 신곡을 제외하고 전월 대비 순위 상승폭이 세 번째로 큰 음원의 GA점수는 전월 GA점수의 두 배 이상이다.

ㄹ. 2020년 6월 음원차트 상위 15위 음원 중 6월 발매 신곡을 제외하고 전월 대비 순위가 상승한 음원은 전월 대비 순위가 하락한 음원보다 많다.

① ㄱ, ㄴ　　② ㄴ, ㄹ
③ ㄷ, ㄹ　　④ ㄱ, ㄴ, ㄷ
⑤ ㄱ, ㄷ, ㄹ

문 35. 다음 〈표〉는 A시의 2016~2020년 버스 유형별 노선 수와 차량대수에 관한 자료이다. 이에 대한 〈보고서〉의 내용 중 옳은 것만을 고르면?

〈표〉 2016~2020년 버스 유형별 노선 수와 차량대수

(단위 : 개, 대)

유형 / 구분 / 연도	간선버스		지선버스		광역버스		순환버스		심야버스	
	노선 수	차량 대수	노선 수	차량 대수	노선 수	차량 대수	노선 수	차량 대수	노선 수	차량 대수
2016	122	3,703	215	3,462	11	250	4	25	9	45
2017	121	3,690	214	3,473	11	250	4	25	8	47
2018	122	3,698	211	3,474	11	249	3	14	8	47
2019	122	3,687	207	3,403	10	247	3	14	9	70
2020	124	3,662	206	3,406	10	245	3	14	11	78

※ 버스 유형은 간선버스, 지선버스, 광역버스, 순환버스, 심야버스로만 구성됨

〈보고서〉

㉠ 2017~2020년 A시 버스 총노선 수와 총차량대수는 각각 매년 감소하고 있으며, ㉡ 전년 대비 감소폭은 총노선 수와 총차량대수 모두 2019년이 가장 크다. 이는 A시 버스 이용객의 감소와 버스 노후화로 인한 감차가 이루어져 나타난 결과로 볼 수 있다. ㉢ 2019년 심야버스는 버스 유형 중 유일하게 전년에 비해 차량대수가 증가하였고 전년 대비 차량대수 증가율은 45%를 상회하였다. 이는 심야시간 버스 이용객의 증가로 인해 나타난 것으로 볼 수 있다. ㉣ 2016~2020년 동안 노선 수 대비 차량대수 비는 간선버스가 매년 가장 크다. 이는 간선버스가 차량운행거리가 길고 배차시간이 짧다는 특성이 반영된 것으로 볼 수 있다. 마지막으로 ㉤ 2016~2020년 동안 노선 수 대비 차량대수 비는 심야버스가 순환버스보다 매년 크다.

① ㄱ, ㄴ, ㄷ　　② ㄱ, ㄹ, ㅁ
③ ㄴ, ㄷ, ㄹ　　④ ㄴ, ㄷ, ㅁ
⑤ ㄷ, ㄹ, ㅁ

문 36. 다음 〈그림〉은 2020년 A기관의 조직 및 운영에 관한 자료이다. 이에 대한 〈보기〉의 설명 중 옳은 것만을 모두 고르면?

〈그림〉 2020년 A기관의 조직 및 운영 현황

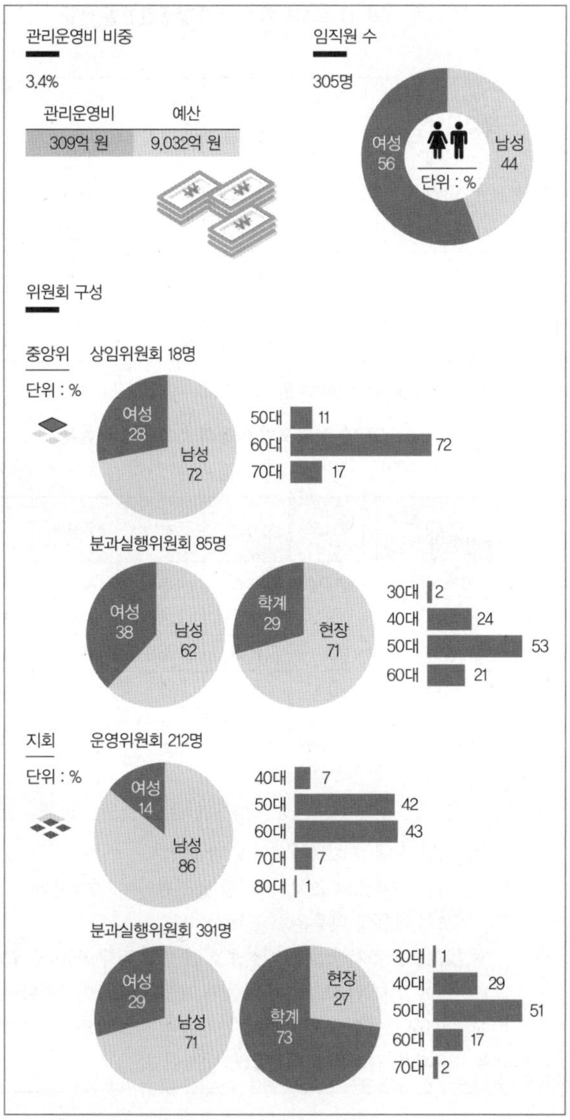

※ 중앙회는 상임위원회와 분과실행위원회로만 구성되고, 지회는 운영위원회와 분과실행위원회로만 구성됨

〈보 기〉

ㄱ. 2020년 임직원당 관리운영비는 1억 원 이상이다.
ㄴ. 분과실행위원회의 현장 위원 수는 중앙회가 지회보다 많다.
ㄷ. 중앙회 상임위원회의 모든 여성 위원이 동시에 중앙회 분과실행위원회 위원이라면, 중앙회 여성 위원 수는 총 32명이다.
ㄹ. 지회 분과실행위원회의 50대 학계 위원은 80명 이상이다.

① ㄱ, ㄴ
② ㄱ, ㄹ
③ ㄴ, ㄷ
④ ㄴ, ㄹ
⑤ ㄱ, ㄷ, ㄹ

문 37. 다음 〈표〉는 2015~2019년 보호조치 아동의 발생원인 및 조치방법에 관한 자료이다. 이에 대한 〈보기〉의 설명 중 옳은 것만을 모두 고르면?

〈표 1〉 보호조치 아동의 발생원인별 현황

(단위 : 명)

발생원인 \ 연도	2015	2016	2017	2018	2019
학대	2,866	3,139	2,778	2,726	2,865
비행	360	314	227	231	473
가정불화	930	855	847	623	464
유기	321	264	261	320	237
미아	26	11	12	18	8
전체	( )	( )	( )	( )	4,047

※ 보호조치 아동 한 명당 발생원인은 1개임

〈표 2〉 보호조치 아동의 조치방법별 현황

(단위 : 명)

조치방법 \ 연도	2015	2016	2017	2018	2019
시설보호	2,682	2,887	2,421	2,449	2,739
가정위탁	1,582	1,447	1,417	1,294	1,199
입양	239	243	285	174	104
기타	0	6	2	1	5
전체	( )	( )	( )	( )	4,047

※ 보호조치 아동 한 명당 조치방법은 1개임

〈보 기〉

ㄱ. 매년 전체 보호조치 아동은 감소한다.

ㄴ. 매년 전체 보호조치 아동 중 발생원인이 '가정불화'인 보호조치 아동의 비중은 10% 이상이다.

ㄷ. 2019년 조치방법이 '시설보호'인 보호조치 아동 중 발생원인이 '학대'인 보호조치 아동의 비중은 50% 이상이다.

ㄹ. 2016년 이후 조치방법이 '가정위탁'인 보호조치 아동의 전년 대비 감소율은 매년 10% 이하이다.

① ㄱ, ㄴ ② ㄱ, ㄷ

③ ㄴ, ㄹ ④ ㄱ, ㄷ, ㄹ

⑤ ㄴ, ㄷ, ㄹ

문 38. 다음 〈표〉는 영재학생 역량에 대한 과학교사와 인문교사 두 집단의 인식에 대한 자료이다. 이에 대한 설명으로 옳은 것은?

〈표 1〉 영재학생 역량별 요구수준 및 현재수준

(단위 : 점)

역량 \ 집단·구분	과학교사 요구수준	과학교사 현재수준	과학교사 부족수준	인문교사 요구수준	인문교사 현재수준	인문교사 부족수준
문해력	4.30	3.30	1.00	4.50	3.26	1.24
수리적 소양	4.37	4.00	0.37	4.43	3.88	0.55
과학적 소양	4.52	4.03	0.49	4.63	4.00	0.63
ICT 소양	4.33	3.59	0.74	4.52	3.68	0.84
경제적 소양	3.85	2.84	1.01	4.01	2.87	1.14
문화적 소양	4.26	2.84	1.42	4.46	3.04	1.42
비판적 사고	4.71	3.53	1.18	4.73	3.70	1.03
창의성	4.64	3.43	1.21	4.84	3.67	1.17
의사소통 능력	4.68	3.42	1.26	4.71	3.65	1.06
협업능력	( )	3.56	( )	4.72	3.66	1.06
호기심	4.64	3.50	1.14	4.64	3.63	1.01
주도성	4.39	3.46	0.93	4.47	3.43	1.04
끈기	4.48	3.30	1.18	4.60	3.35	1.25
적응력	4.31	3.34	0.97	4.41	3.43	0.98
리더십	4.24	3.34	0.90	4.34	3.49	0.85
사회인식	4.32	3.05	1.27	4.48	3.24	1.24

※ 1) 부족수준 = 요구수준 − 현재수준

2) 점수가 높을수록 해당 역량의 요구(현재, 부족)수준이 높음

〈표 2〉 교사집단별 영재학생 역량 우선지수 순위

순위 \ 집단·구분	과학교사 역량	과학교사 우선지수	인문교사 역량	인문교사 우선지수
1	문화적 소양	6.05	문화적 소양	6.33
2	( )	( )	( )	( )
3	( )	( )	창의성	5.66
4	비판적 사고	5.56	문해력	5.58
5	사회인식	5.49	사회인식	5.56
6	호기심	5.29	( )	( )
7	끈기	5.29	의사소통능력	4.99
8	협업능력	5.24	비판적 사고	4.87
9	문해력	4.30	호기심	4.69
10	적응력	4.18	주도성	4.65
11	주도성	4.08	경제적 소양	4.57
12	( )	( )	( )	( )
13	리더십	3.82	( )	( )
14	( )	( )	리더십	3.69
15	( )	( )	( )	( )
16	( )	( )	( )	( )

※ 우선지수 = 요구수준 × 부족수준

① ‘끈기’에 대한 우선지수는 과학교사 집단이 인문교사 집단보다 높다.

② 각 교사집단에서 우선지수가 가장 낮은 역량은 모두 ‘수리적 소양’이다.

③ 두 교사집단 간 부족수준의 차이가 가장 큰 역량은 ‘경제적 소양’이다.

④ 각 교사집단이 인식하는 요구수준 상위 5개에 속한 역량은 다르다.

⑤ 각 교사집단이 인식하는 요구수준 하위 3개에 속한 역량은 같다.

문 39. 다음 〈표〉는 S시 공공기관 의자 설치 사업에 참여한 ‘갑’~‘무’기업의 소요비용에 대한 자료이다. 이에 대한 〈보기〉의 설명 중 옳은 것만을 모두 고르면?

〈표〉 기업별 의자 설치 소요비용 산출근거

기업	의자 제작 비용 (천 원/개)	배송거리 (km)	배송차량당 배송비용 (천 원/km)		배송차량의 최대 배송량 (개/대)
			배송업체 A	배송업체 B	
갑	300	120	1.0	1.2	30
을	250	110	1.1	0.9	50
병	320	130	0.7	0.9	70
정	400	80	0.8	1.0	40
무	270	150	0.5	0.3	25

※ 1) 소요비용=제작비용+배송비용
2) ‘갑’~‘무’ 기업은 배송에 필요한 최소대수의 배송차량을 사용함

〈보 기〉

ㄱ. 배송업체 A를 이용하여 의자 500개를 설치할 때, 소요비용이 가장 적은 기업은 ‘을’이다.

ㄴ. 배송업체 A를 이용하여 의자 300개를 설치할 때, 소요비용이 1억 원 미만인 기업이 있다.

ㄷ. 배송업체 B를 이용하여 의자 300개를 설치할 때, 소요비용이 가장 적은 기업은 ‘무’이다.

ㄹ. 배송업체 B를 이용하여 의자 590개를 설치할 때, 소요비용이 1억 5천만 원 미만인 기업이 있다.

① ㄱ, ㄴ
② ㄱ, ㄹ
③ ㄴ, ㄷ
④ ㄱ, ㄴ, ㄹ
⑤ ㄴ, ㄷ, ㄹ

문 40. 다음 〈조건〉, 〈그림〉과 〈표〉는 2015~2019년 '갑'지역의 작물재배와 생산, 판매가격에 대한 자료이다. 이에 대한 설명으로 옳지 않은 것은?

〈조 건〉

- '갑'지역의 전체 농민은 '가', '나', '다' 3명뿐이다.
- 각 농민은 1,000m^2 규모의 경작지 2곳만을 가지고 있다.
- 한 경작지에는 한 해에 하나의 작물만 재배한다.
- 각 작물의 '경작지당 연간 최대 생산량'은 A는 100kg, B는 200kg, C는 100kg, D는 200kg, E는 50kg이다.
- 생산된 작물은 해당 연도에 모두 판매된다.
- 각 작물의 판매가격은 해당 연도의 '갑'지역 작물별 연간 총생산량에 따라 결정된다.

〈그림〉 A~E작물별 '갑'지역 연간 총생산량에 따른 판매가격

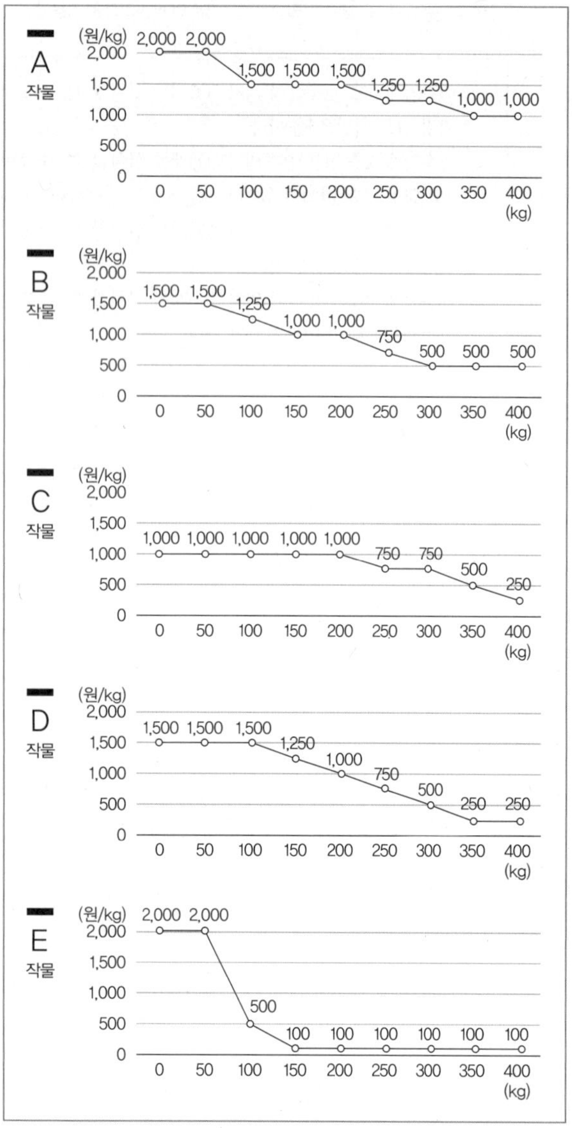

〈표〉 2015~2019년 경작지별 재배작물 종류 및 생산량

(단위 : kg)

농민	경작지	2015 작물	2015 생산량	2016 작물	2016 생산량	2017 작물	2017 생산량	2018 작물	2018 생산량	2019 작물	2019 생산량
가	경작지 1	A	100	A	50	A	25	B	100	A	100
	경작지 2	A	100	B	100	D	200	B	100	B	50
나	경작지 3	B	100	B	50	C	100	C	50	D	200
	경작지 4	C	100	A	100	D	200	E	50	E	50
다	경작지 5	D	200	D	200	C	50	D	200	D	200
	경작지 6	E	50	E	50	E	50	E	50	E	50

① 동일 경작지에서 동일 작물을 다년간 연속 재배하였을 때, 전년 대비 생산량 감소를 보인 작물은 A, B, C이다.
② 2016년 농민 '가'의 작물 총판매액은 225,000원이다.
③ E작물은 동일 경작지에서 다년간 연속 재배해도 생산량이 감소하지 않았다.
④ 동일 경작지에서 A작물을 3개년 연속 재배하고 B작물을 재배한 후 다시 A작물을 재배한 해에는 A작물이 '경작지당 연간 최대 생산량'만큼 생산되었다.
⑤ 2016년과 2019년의 작물 판매가격 차이는 D작물이 E 작물보다 작다.

문 1. 다음 글을 근거로 판단할 때 옳은 것은?

> 제00조 ① 특별시장·광역시장·특별자치시장·도지사 또는 특별자치도지사(이하 '시·도지사'라 한다)는 아이돌보미의 양성을 위하여 적합한 시설을 교육기관으로 지정·운영하여야 한다.
> ② 시·도지사는 교육기관이 다음 각 호의 어느 하나에 해당하는 경우 사업의 정지를 명하거나 그 지정을 취소할 수 있다. 다만 제1호에 해당하는 경우 지정을 취소하여야 한다.
> 1. 거짓이나 그 밖의 부정한 방법으로 교육기관으로 지정을 받은 경우
> 2. 교육과정을 1년 이상 운영하지 아니하는 경우
>
> ③ 제2항 제1호의 방법으로 교육기관 지정을 받은 자는 1년 이하의 징역 또는 1천만 원 이하의 벌금에 처한다.
> ④ 아이돌보미가 되려는 사람은 시·도지사가 지정·운영하는 교육기관에서 교육과정을 수료하여야 한다.
> ⑤ 아이돌보미가 되려는 사람은 여성가족부장관이 실시하는 적성·인성검사를 받아야 한다.
> 제00조 ① 아이돌보미는 다른 사람에게 자기의 성명을 사용하여 아이돌보미 업무를 수행하게 하거나 수료증을 대여하여서는 아니 된다.
> ② 아이돌보미가 아닌 사람은 아이돌보미 또는 이와 유사한 명칭을 사용할 수 없다.
> ③ 제1항, 제2항을 위반한 사람에게는 300만 원 이하의 과태료를 부과한다.
> 제00조 ① 여성가족부장관은 아이돌봄서비스의 질적 수준과 아이돌보미의 전문성 향상을 위하여 보수교육을 실시하여야 한다.
> ② 제1항에 따른 보수교육은 전문기관에 위탁하여 실시할 수 있다.

① 아이돌보미가 아닌 보육 관련 종사자도 아이돌보미 명칭을 사용할 수 있다.
② 시·도지사는 아이돌보미 양성을 위한 교육기관을 지정·운영하고 보수교육을 실시하여야 한다.
③ 아이돌보미가 되려는 사람은 시·도지사가 실시하는 적성·인성검사를 받아야 한다.
④ 서울특별시의 A기관이 부정한 방법을 통해 아이돌보미 양성을 위한 교육기관으로 지정을 받은 경우, 서울특별시장은 200만 원의 과태료를 부과할 수 있다.
⑤ 인천광역시의 B기관이 아이돌보미 양성을 위한 교육기관으로 지정된 후 교육과정을 1년간 운영하지 않은 경우, 인천광역시장은 그 지정을 취소할 수 있다.

문 2. 다음 글과 〈상황〉을 근거로 판단할 때 옳은 것은?

> 제00조 ① 문화재청장은 학술조사 또는 공공목적 등에 필요한 경우 다음 각 호의 지역을 발굴할 수 있다.
> 1. 고도(古都)지역
> 2. 수중문화재 분포지역
> 3. 폐사지(廢寺址) 등 역사적 가치가 높은 지역
>
> ② 문화재청장은 제1항에 따라 발굴할 경우 발굴의 목적, 방법, 착수 시기 및 소요 기간 등의 내용을 발굴 착수일 2주일 전까지 해당 지역의 소유자, 관리자 또는 점유자(이하 '소유자 등'이라 한다)에게 미리 알려 주어야 한다.
> ③ 제2항에 따른 통보를 받은 소유자 등은 그 발굴에 대하여 문화재청장에게 의견을 제출할 수 있으며, 발굴을 거부하거나 방해 또는 기피하여서는 아니 된다.
> ④ 문화재청장은 제1항의 발굴이 완료된 경우에는 완료된 날부터 30일 이내에 출토유물 현황 등 발굴의 결과를 소유자 등에게 알려 주어야 한다.
> ⑤ 국가는 제1항에 따른 발굴로 손실을 받은 자에게 그 손실을 보상하여야 한다.
> ⑥ 제5항에 따른 손실보상에 관하여는 문화재청장과 손실을 받은 자가 협의하여야 하며, 보상금에 대한 합의가 성립하지 않은 때에는 관할 토지수용위원회에 재결(裁決)을 신청할 수 있다.
> ⑦ 문화재청장은 제1항에 따른 발굴 현장에 발굴의 목적, 조사기관, 소요 기간 등의 내용을 알리는 안내판을 설치하여야 한다.

〈상 황〉

> 문화재청장 甲은 고도(古都)에 해당하는 A지역에 대한 학술조사를 위해 2021년 3월 15일부터 A지역의 발굴에 착수하고자 한다. 乙은 자기 소유의 A지역을 丙에게 임대하여 현재 임차인 丙이 이를 점유·사용하고 있다.

① 甲은 A지역 발굴의 목적, 방법, 착수 시기 및 소요 기간 등에 관한 내용을 丙에게 2021년 3월 29일까지 알려주어야 한다.
② A지역의 발굴에 대한 통보를 받은 丙은 甲에게 그 발굴에 대한 의견을 제출할 수 있다.
③ 乙은 발굴 현장에 발굴의 목적 등을 알리는 안내판을 설치하여야 한다.
④ A지역의 발굴로 인해 乙에게 손실이 예상되는 경우, 乙은 그 발굴을 거부할 수 있다.
⑤ A지역과 인접한 토지 소유자인 丁이 A지역의 발굴로 인해 손실을 받은 경우, 丁은 보상금에 대해 甲과 협의하지 않고 관할 토지수용위원회에 재결을 신청할 수 있다.

문 3. 다음 글을 근거로 판단할 때 옳은 것은?

제00조 ① 농림축산식품부장관은 채소류 등 저장성이 없는 농산물의 가격안정을 위하여 필요하다고 인정할 때에는 생산자 또는 생산자단체로부터 농산물가격안정기금으로 해당 농산물을 수매할 수 있다. 다만 가격안정을 위하여 특히 필요하다고 인정할 때에는 도매시장에서 해당 농산물을 수매할 수 있다.
② 제1항에 따라 수매한 농산물은 판매 또는 수출하거나 사회복지단체에 기증하는 등 필요한 처분을 할 수 있다.
③ 농림축산식품부장관은 제1항과 제2항에 따른 수매 및 처분에 관한 업무를 농업협동조합중앙회·산림조합중앙회(이하 '농림협중앙회'라 한다) 또는 한국농수산식품유통공사에 위탁할 수 있다.
제00조 ① 농림축산식품부장관은 농산물(쌀과 보리는 제외한다. 이하 이 조에서 같다)의 수급조절과 가격안정을 위하여 필요하다고 인정할 때에는 농산물가격안정기금으로 농산물을 비축하거나 농산물의 출하를 약정하는 생산자에게 그 대금의 일부를 미리 지급하여 출하를 조절할 수 있다.
② 제1항에 따른 비축용 농산물은 생산자 또는 생산자단체로부터 수매할 수 있다. 다만 가격안정을 위하여 특히 필요하다고 인정할 때에는 도매시장에서 수매하거나 수입할 수 있다.
③ 농림축산식품부장관은 제1항과 제2항에 따른 사업을 농림협중앙회 또는 한국농수산식품유통공사에 위탁할 수 있다.
④ 농림축산식품부장관은 제2항 단서에 따라 비축용 농산물을 수입하는 경우, 국제가격의 급격한 변동에 대비하여야 할 필요가 있다고 인정할 때에는 선물거래(先物去來)를 할 수 있다.

① 한국농수산식품유통공사는 가격안정을 위해 수매한 저장성이 없는 농산물을 외국에 수출할 수 없다.
② 채소류의 가격안정을 위해서 특히 필요하다고 인정되어 수매할 경우, 농림협중앙회는 소매시장에서 수매하여야 한다.
③ 농림협중앙회는 보리의 수급조절을 위하여 보리 생산자에게 대금의 일부를 미리 지급하여 출하를 조절할 수 있다.
④ 농림축산식품부장관은 개별 생산자로부터 비축용 농산물을 수매할 수 있다.
⑤ 농림축산식품부장관은 비축용 농산물 국제가격의 급격한 변동에 대비하여야 할 필요가 있다고 인정할 경우에도 선물거래를 할 수 없다.

문 4. 다음 글을 근거로 판단할 때 옳지 않은 것은?

A협회는 매년 12월 열리는 정기총회에서 다음해 협회장을 선출한다. 협회장의 선출은 ① 입후보자가 1인인 경우에는 '찬반투표'로 이루어지고, ② 입후보자가 2인 이상인 경우에는 '선거'를 통해 이루어진다.

'찬반투표'에 참여할 수 있는 회원의 자격은 투표일 현재까지 A협회의 정회원인 사람으로 한정한다. A협회의 정회원은 A협회의 준회원으로 만 1년 이상을 활동한 후 정회원 가입 신청을 하고 연회비를 납부한 자를 말한다. 기준에 따라 정회원 가입을 신청하고 연회비를 납부한 그 날부터 정회원 자격이 부여된다. 정회원은 정회원 자격을 획득한 다음해부터 매해 1월 30일까지 연회비를 납부하여야 그 자격이 유지된다. 기한 내에 연회비를 납부하지 않은 정회원은 그 자격이 유보되어 권리를 행사할 수 없고, 정회원 자격을 회복하기 위해서는 그 다음해 연회비 납부일까지 연회비의 3배를 납부하여야 한다. 2년 연속 연회비를 납부하지 않은 사람은 A협회의 회원 자격이 영구히 박탈된다.

한편 '선거'에 참여할 수 있는 회원의 자격은 선거일을 기준으로 정회원 자격을 얻은 후 만 1년을 경과한 정회원으로 한정한다. 연회비 미납부로 정회원 자격이 유보된 사람도 정회원 자격을 회복한 후 만 1년을 경과하여야 선거에 참여할 수 있다.

① 2019년 10월 A협회 정회원 자격을 얻은 甲은 '2020년 협회장' 선출을 위한 '선거'에 참여할 수 있었다.
② 2018년 10월 A협회 정회원 자격을 얻은 乙은 2019년 연회비 납부 여부와 관계없이 '2019년 협회장' 선출을 위한 '찬반투표'에 참여할 수 있었다.
③ 2017년 10월 A협회 정회원 자격을 얻은 丙이 연회비 미납부로 자격이 유보되었다가 2019년에 정회원 자격을 회복하였더라도 '2020년 협회장' 선출을 위한 '선거'에 참여할 수 없었다.
④ 2017년 10월 A협회 준회원 활동을 시작한 丁이 최소 요구 연한 경과 직후에 정회원 자격을 획득하였다면 '2019년 협회장' 선출을 위한 '찬반투표'에 참여할 수 있었다.
⑤ 2016년 10월 처음으로 A협회 정회원 자격을 얻은 戊가 2017년부터 연회비를 계속 납부하지 않았다면 협회장 선출을 위한 '선거'에 한 번도 참여할 수 없었다.

문 5. 다음 글과 〈상황〉을 근거로 판단할 때 옳은 것은?

공소제기는 법원에 특정한 형사사건의 심판을 청구하는 검사의 소송행위이다. 그러나 공소시효 기간이 만료(공소시효가 완성)된 범죄에 대하여는 검사가 공소를 제기할 수 없다. 공소시효는 범죄 후 일정 기간이 지나면 국가의 형벌소추권을 소멸시키는 제도이다. 따라서 공소시효가 완성된 범죄에 대한 검사의 공소제기는 위법하다.

공소시효는 범죄행위가 종료된 때를 기준으로 계산한다. 예컨대 감금죄의 경우 범죄행위의 종료는 감금된 날이 아니라 감금에서 벗어나는 날이 기준이므로 그날부터 공소시효를 계산한다. 또한 초일은 시간을 계산하지 않고 1일로 산정하며, 기간의 말일이 공휴일이거나 토요일이라도 기간에 산입한다. 연 또는 월 단위로 정한 기간은 연 또는 월 단위로 기간을 계산한다. 예컨대 절도행위가 2021년 1월 5일에 종료된 경우 절도죄의 공소시효는 7년이고 1월 5일을 1일로 계산하므로 2028년 1월 4일 24시에 공소시효가 완성된다.

한편 공소시효는 일정한 사유로 정지될 수 있다. 공소시효가 정지되었다가 그 사유가 없어지면 그날부터 나머지 공소시효 기간이 진행된다. 예컨대 범인이 형사처벌을 면할 목적으로 1년간 국외에 있다가 귀국하였다면 공소시효의 계산에서 1년을 제외한다. 다만 공범이 있는 경우 국외로 출국하지 않은 공범은 그 기간에도 공소시효가 정지되지 않는다.

또한 공소가 제기되면 그때부터 공소시효가 정지되고, 이는 공범의 경우에도 마찬가지이다. 따라서 공범 1인에 대하여 공소가 제기되면 그날부터 다른 공범의 공소시효도 정지되었다가 공범이 재판에서 유죄로 확정된 날부터 다른 공범에 대한 나머지 공소시효 기간이 진행된다. 그러나 공소가 먼저 제기된 사람이 범죄혐의 없음을 이유로 무죄판결을 받은 경우, 다른 공범에 대한 공소시효는 정지되지 않는다.

〈상 황〉

- 甲은 2015년 5월 1일 피해자를 불법으로 감금하였는데, 피해자는 2016년 5월 2일에 구조되어 감금에서 풀려났다. 甲은 피해자를 감금 후 수사망이 좁혀오자 2개월간 국외로 도피하였다가 2016년 5월 1일에 귀국하였다.
- 乙, 丙, 丁이 공동으로 행한 A죄의 범죄행위가 2015년 2월 1일 종료되었다. 그 후 乙은 국내에서 도피 중 2016년 1월 1일 공소제기 되어 2016년 6월 30일 범죄혐의 없음을 이유로 무죄 확정판결을 받았다. 한편 丙은 범죄행위 종료 후 형사처벌을 면할 목적으로 1년간 국외에서 도피 생활을 하다가 귀국한 뒤 2020년 1월 1일 공소가 제기되어 2020년 12월 31일 유죄 확정판결을 받았다. 丁은 범죄행위 종료 후 계속 국내에서 도피 중이다.

※ 감금죄의 공소시효는 7년, A죄의 공소시효는 5년임

① 甲에 대해 공소가 제기되기 전 정지된 공소시효 기간은 2개월이다.
② 2023년 5월 1일 甲에 대해 공소가 제기된다면 위법한 공소제기이다.
③ 丙에 대해 공소가 제기되기 전 정지된 공소시효 기간은 1년이다.
④ 丙의 국외 도피기간 중 丁의 공소시효는 정지된다.
⑤ 2022년 1월 31일 丁에 대해 공소가 제기된다면 적법한 공소제기이다.

문 6. 다음 글을 근거로 판단할 때, 甲이 수강할 과목만을 모두 고르면?

- 甲이 소속된 기관에서는 상시학습 과목을 주기적으로 반복하여 수강하도록 하고 있다.
- 甲은 2021년 1월 15일 하루 동안 상시학습 과목을 수강하여 '학습점수'를 최대화하고자 한다.
- 甲이 하루에 수강할 수 있는 최대 시간은 8시간이다.
- 2021년 1월 15일 기준, 권장 수강주기가 지난 상시학습 과목을 수강하는 경우 수강시간 만큼 학습점수로 인정한다.
- 2021년 1월 15일 기준, 권장 수강주기 이내에 상시학습 과목을 수강하는 경우 수강시간의 두 배를 학습점수로 인정한다.
- 과목별 수강시간을 다 채운 경우에 한하여 학습점수를 인정한다.

〈상시학습 과목 정보〉

과목명	수강시간	권장 수강주기	甲의 직전 수강일자
통일교육	2	12개월	2020년 2월 20일
청렴교육	2	9개월	2020년 4월 11일
장애인식교육	3	6개월	2020년 6월 7일
보안교육	3	3개월	2020년 9월 3일
폭력예방교육	5	6개월	2020년 8월 20일

① 통일교육, 폭력예방교육
② 통일교육, 장애인식교육, 보안교육
③ 통일교육, 청렴교육, 보안교육
④ 청렴교육, 장애인식교육, 폭력예방교육
⑤ 보안교육, 폭력예방교육

문 7. 다음 글을 근거로 판단할 때, 〈보기〉에서 옳은 것만을 모두 고르면?

맥동변광성(脈動變光星)은 팽창과 수축을 되풀이하면서 밝기가 변하는 별이다. 맥동변광성은 변광 주기가 길수록 실제 밝기가 더 밝다. 이를 '주기-광도 관계'라 한다.

세페이드 변광성은 보통 3일에서 50일 이내의 변광 주기를 갖는 맥동변광성이다. 지구에서 관찰되는 별의 밝기는 지구로부터의 거리에 따라 달라지기 때문에 실제 밝기는 측정하기 어려운데, 세페이드 변광성의 경우는 주기-광도 관계를 이용하여 실제 밝기를 알 수 있다.

별의 밝기는 등급으로 표시하기도 하는데, 지구에서 측정한 밝기인 겉보기등급과 실제 밝기를 나타낸 절대등급이 있다. 두 경우 모두 등급의 수치가 작을수록 밝은데, 그 수치가 1 줄어들 때마다 2.5배 밝아진다. 겉보기등급이 절대등급과 다른 까닭은 별의 밝기가 거리의 제곱에 반비례하기 때문이다. 한편 모든 별이 지구로부터 10파섹(1파섹=3.26광년)의 일정한 거리에 있다고 가정하고 지구에서 관찰된 밝기를 산출한 것을 절대등급이라고 한다. 어느 성단에서 세페이드 변광성이 발견되면 주기-광도 관계에 따라 별의 절대등급을 알 수 있으므로, 겉보기등급과의 차이를 보아 그 성단까지의 거리를 계산할 수 있다.

천문학자 W. 바데는 세페이드 변광성에 두 종류가 있으며, I형 세페이드 변광성이 동일한 변광 주기를 갖는 II형 세페이드 변광성보다 1.5등급만큼 더 밝다는 것을 밝혀냈다.

〈보 기〉

ㄱ. 변광 주기가 10일인 I형 세페이드 변광성은 변광 주기가 50일인 I형 세페이드 변광성보다 어둡다.
ㄴ. 변광 주기가 동일한 두 개의 II형 세페이드 변광성의 겉보기등급 간에 수치 차이가 1이라면, 지구로부터 두 별까지의 거리의 비는 2.5이다.
ㄷ. 실제 밝기를 기준으로 비교할 때, 변광 주기가 20일인 I형 세페이드 변광성은 같은 주기의 II형 세페이드 변광성보다 2.5배 이상 밝다.
ㄹ. 지구로부터 1파섹 떨어진 별의 밝기는 절대등급과 겉보기등급이 동일하다.

① ㄱ, ㄷ
② ㄱ, ㄹ
③ ㄴ, ㄷ
④ ㄴ, ㄹ
⑤ ㄱ, ㄴ, ㄷ

문 8. 다음 글을 근거로 판단할 때, ㉠과 ㉡을 옳게 짝지은 것은?

동물로봇공학에서는 다양한 형태의 동물 로봇을 개발한다. 로봇 연구자들이 가장 본뜨고 싶어 하는 곤충은 미국바퀴벌레이다. 이 바퀴벌레는 초당 150cm의 속력으로 달린다. 이는 1초에 몸길이의 50배가 되는 거리를 간다는 뜻이다. 신장이 180cm인 육상선수가 1초에 신장의 50배가 되는 거리를 가려면 시속 (㉠)km로 달려야 한다. 이 바퀴벌레의 걸음걸이를 관찰한 결과, 모양이 서로 다른 세 쌍의 다리를 달아주면 로봇의 보행 속력을 끌어올릴 수 있는 것으로 밝혀졌다.

한편 동물로봇공학에서는 수중 로봇에 대한 연구도 활발하다. 바닷가재나 칠성장어의 운동 능력을 본뜬 수중 로봇도 연구되고 있다. 미국에서 개발된 바닷가재 로봇은 높이 20cm, 길이 61cm, 무게 2.9kg으로, 물속의 기뢰제거에 사용될 계획이다. 2005년 10월에는 세계 최초의 물고기 로봇이 영국 런던의 수족관에 출현했다. 길이 (㉡)cm, 두께 12cm인 이 물고기 로봇은 미국바퀴벌레의 1/3 속력으로 헤엄칠 수 있다. 수중에서의 속력이라는 점을 감안하면 엄청난 수준이다. 이는 1분에 몸길이의 200배가 되는 거리를 간다는 뜻이다. 이 물고기 로봇은 해저탐사나 기름 유출의 탐지 등에 활용될 것으로 전망되었다.

	㉠	㉡
①	81	5
②	162	10
③	162	15
④	324	10
⑤	324	15

문 9. 다음 글을 근거로 판단할 때 옳지 않은 것은?

도시 O, A, B, C는 순서대로 동일 직선상에 배치되어 있으며 도시 간 거리는 각각 30km로 동일하다. ($\overline{OA}$: 30km, $\overline{AB}$: 30km, $\overline{BC}$: 30km)

A, B, C가 비용을 분담하여 O에서부터 A와 B를 거쳐 C까지 연결하는 직선도로를 건설하려고 한다. A, B, C 주민은 O로의 이동을 위해서만 도로를 이용한다. 도로 1km당 건설비용은 동일하다. 비용 분담안으로 다음 세 가지 안이 논의되고 있다.

- I안 : 각 도시가 균등하게 비용을 부담
- II안 : 각 도시가 이용 구간의 길이에 비례하여 비용을 부담
- III안 : 도로를 $\overline{OA}$, $\overline{AB}$, $\overline{BC}$로 나누어 해당 구간을 이용하는 도시가 해당 구간 건설비용을 균등하게 부담

① A에게는 III안이 가장 부담 비용이 낮다.
② B의 부담 비용은 I안과 II안에서 같다.
③ II안에서 A와 B의 부담 비용의 합은 C의 부담 비용과 같다.
④ I안에 비해 부담 비용이 낮아지는 도시의 수는 II안보다 III안에서 더 많다.
⑤ C의 부담 비용은 III안이 I안의 2배 이상이다.

문 10. 다음 글을 근거로 판단할 때, 하나의 단어를 표현하는 가장 긴 코드의 길이는?

일반적으로 대화에는 약 18,000개의 단어가 사용된다. 항공우주연구소는 화성에 보낸 우주비행사와의 통신을 위해 아래의 〈원칙〉에 따라 단어를 코드로 바꾸어 교신하기로 하였다.

〈원 칙〉

- 하나의 코드는 하나의 단어만을 나타낸다.
- 26개의 영어 알파벳 소문자를 사용하여 왼쪽에서부터 오른쪽으로 일렬로 나열한 코드를 만든다.
- 코드 중 가장 긴 것의 길이를 최소화한다.
- 18,000개의 단어를 표현할 수 있어야 한다.

〈단어－코드 변환의 예〉

코드	단어	코드	단어
a	우주비행사	aa	지구
b	우주정거장	ab	외계인
⋮	⋮	⋮	⋮

※ 코드의 길이는 코드에 표시된 글자의 수를 뜻한다.

① 1
② 2
③ 3
④ 4
⑤ 5

문 11. 다음 글을 근거로 판단할 때 옳지 않은 것은?

- 甲과 乙은 조선시대 왕의 계보를 외우는 놀이를 한다.
- 甲과 乙은 번갈아가며 직전에 나온 왕의 다음 왕부터 순차적으로 외친다.
- 한 번에 최소 1명, 최대 3명의 왕을 외칠 수 있다.
- 甲이 제1대 왕 '태조'부터 외치면서 놀이가 시작되고, 누군가 마지막 왕인 '순종'을 외치면 놀이가 종료된다.
- '조'로 끝나는 왕 2명 이상을 한 번에 외칠 수 없다.
- 반정(反正)에 성공한 왕은 해당 반정으로 폐위(廢位)된 왕과 함께 외칠 수 없다.
  - 중종 반정 : 연산군 폐위
  - 인조 반정 : 광해군 폐위

〈조선시대 왕의 계보〉

1	태조	10	연산군	19	숙종
2	정종	11	중종	20	경종
3	태종	12	인종	21	영조
4	세종	13	명종	22	정조
5	문종	14	선조	23	순조
6	단종	15	광해군	24	헌종
7	세조	16	인조	25	철종
8	예종	17	효종	26	고종
9	성종	18	현종	27	순종

① 甲이 '명종'까지 외쳤다면, 甲은 '인조'를 외칠 수 없다.
② 甲과 乙이 각각 6번씩 외치는 것으로 놀이가 종료될 수 있다.
③ 甲이 '인종, 명종, 선조'를 외쳤다면, '연산군'은 甲이 외친 것이다.
④ 甲이 첫 차례에 3명의 왕을 외친다면, 甲은 자신의 다음 차례에 '세조'를 외칠 수 있다.
⑤ '순종'을 외치는 사람이 지는 게임이라면, 甲이 '영조'를 외쳤을 때 乙은 甲의 선택에 관계없이 승리할 수 있다.

문 12. 다음 글을 근거로 판단할 때, 18시에서 20시 사이에 보행신호가 점등된 횟수는?

- A시는 차량통행은 많지만 사람의 통행은 적은 횡단보도에 보행자 자동인식시스템을 설치하였다.
- 보행자 자동인식시스템이 횡단보도 앞에 도착한 보행자를 인식하면 1분 30초의 대기 후에 보행신호가 30초간 점등되며, 이후 차량통행을 보장하기 위해 2분간 보행신호는 점등되지 않는다. 점등 대기와 보행신호 점등, 차량통행 보장 시간 동안에는 보행자를 인식하지 않는다.

점등 대기	→	보행신호 점등	→	차량통행 보장
1분 30초		30초		2분

- 보행신호가 점등되기 전까지 횡단보도 앞에 도착한 사람만 모두 건넌다.
- 다음은 17시 50분부터 20시까지 횡단보도 앞에 도착한 사람의 수와 도착 시각을 정리한 것이다.

도착 시각	인원	도착 시각	인원
18 : 25 : 00	1	18 : 44 : 00	3
18 : 27 : 00	3	18 : 59 : 00	4
18 : 30 : 00	2	19 : 01 : 00	2
18 : 31 : 00	5	19 : 48 : 00	4
18 : 43 : 00	1	19 : 49 : 00	2

① 6
② 7
③ 8
④ 9
⑤ 10

문 13. 다음 글을 근거로 판단할 때, 가장 먼저 교체될 시계와 가장 나중에 교체될 시계를 옳게 짝지은 것은?

甲부서에는 1~12시 눈금표시가 된 5개의 벽걸이 시계(A~E)가 있다. 그런데 A는 시침과 분침이 모두 멈춰버려서 더 이상 작동하지 않는 상태다. B는 정확한 시계보다 하루에 1분씩 느려지는 시계다. C는 정확한 시계보다 하루에 1시간씩 느려지는 시계다. D는 정확한 시계보다 하루에 2시간씩 느려지는 시계다. E는 정확한 시계보다 하루에 5분씩 빨라지는 시계다.

甲부서는 5개의 시계를 순차적으로 교체하려고 한다. 앞으로 1년 동안 정확한 시계와 일치하는 횟수가 적을 시계부터 순서대로 교체한다.

※ B~E는 각각 일정한 속도로 작동한다.

	가장 먼저 교체될 시계	가장 나중에 교체될 시계
①	A	C
②	B	A
③	B	D
④	D	A
⑤	D	E

문 14. 다음 글을 근거로 판단할 때, 〈보기〉에서 옳은 것만을 모두 고르면?

甲 : 안녕? 나는 지난 주말 중 하루에 당일치기로 서울 여행을 다녀왔는데, 서울에는 눈이 예쁘게 내려서 너무 좋았어. 너희는 지난 주말에 어디 있었니?
乙 : 나는 서울과 강릉을 하루에 모두 다녀왔는데, 두 곳 다 눈이 예쁘게 내리더라.
丙 : 나는 부산과 강릉에 하루씩 있었는데 하늘에서 눈을 보지도 못했어.
丁 : 나도 광주에 하루 있었는데, 해만 쨍쨍하고 눈은 안 왔어. 그날 뉴스를 보니까 부산에도 광주처럼 눈은 커녕 해가 쨍쨍하다고 했더라고.
甲 : 응? 내가 서울에 있던 날 뉴스를 봤는데, 광주에도 눈이 내리고 있다고 했어.

※ 지난 주말(토요일과 일요일) 각 도시에 눈이 내린 날은 하루 종일 눈이 내렸고, 눈이 내리지 않은 날은 하루 종일 눈이 내리지 않았다.

〈보 기〉

ㄱ. 광주에는 지난 주말 중 하루만 눈이 내렸다.
ㄴ. 지난 주말 중 하루만 서울에 눈이 내렸다면 부산에도 지난 주말 중 하루만 눈이 내렸다.
ㄷ. 지난 주말 중 하루만 부산에 눈이 내렸다면 甲과 乙이 서울에 있었던 날은 다른 날이다.
ㄹ. 지난 주말 중 하루만 서울에 눈이 내렸다면 丙이 부산에 있었던 날과 丁이 광주에 있었던 날은 다른 날이다.

① ㄱ, ㄴ
② ㄱ, ㄷ
③ ㄴ, ㄹ
④ ㄱ, ㄷ, ㄹ
⑤ ㄴ, ㄷ, ㄹ

문 15. 다음 글과 〈대화〉를 근거로 판단할 때 옳지 않은 것은?

- A부서의 소속 직원(甲~戊)은 법령집, 백서, 판례집, 민원 사례집을 각각 1권씩 보유하고 있었다.
- A부서는 소속 직원에게 다음의 기준에 따라 새로 발행된 도서(법령집 3권, 백서 3권, 판례집 1권, 민원 사례집 2권)를 나누어 주었다.
  - 법령집 : 보유하고 있던 법령집의 발행연도가 빠른 사람부터 1권씩 나누어 주었다.
  - 백서 : 근속연수가 짧은 사람부터 1권씩 나누어 주었다.
  - 판례집 : 보유하고 있던 판례집의 발행연도가 가장 빠른 사람에게 주었다.
  - 민원 사례집 : 민원업무가 많은 사람부터 1권씩 나누어 주었다.

※ 甲~戊는 근속연수, 민원업무량에 차이가 있고, 보유하고 있던 법령집, 판례집은 모두 발행연도가 다르다.

〈대 화〉

甲 : 나는 책을 1권만 받았어.
乙 : 나는 4권의 책을 모두 받았어.
丙 : 나는 법령집은 받았지만 판례집은 받지 못했어.
丁 : 나는 책을 1권도 받지 못했어.
戊 : 나는 丙이 받은 책은 모두 받았고, 丙이 받지 못한 책은 받지 못했어.

① 법령집을 받은 사람은 백서도 받았다.
② 甲은 丙보다 민원업무가 많다.
③ 甲은 戊보다 많은 도서를 받았다.
④ 丁은 乙보다 근속연수가 길다.
⑤ 乙이 보유하고 있던 법령집은 甲이 보유하고 있던 법령집보다 발행연도가 빠르다.

문 16. 다음 글을 근거로 판단할 때, A시 예산성과금을 가장 많이 받는 사람은?

〈A시 예산성과금 공고문〉

- 제도의 취지
  - 예산의 집행방법과 제도 개선 등으로 예산을 절감하거나 수입을 증대시킨 경우 그 일부를 기여자에게 성과금(포상금)으로 지급함으로써 예산의 효율적 사용 장려
- 지급요건 및 대상
  - 자발적 노력을 통한 제도 개선 등으로 예산을 절감하거나 세입원을 발굴하는 등 세입을 증대한 경우
  - 예산절감 및 수입증대 발생시기 : 2020년 1월 1일~2020년 12월 31일
  - A시 공무원, A시 사무를 위임(위탁) 받아 수행하는 기관의 임직원
  - 예산낭비를 신고하거나, 지출절약이나 수입증대에 관한 제안을 제출하여 A시의 예산절감 및 수입증대에 기여한 국민
- 지급기준
  - 1인당 지급액

구분	예산절감		수입증대
	주요사업비	경상적 경비	
지급액	절약액의 20%	절약액의 50%	증대액의 10%

  - 타 부서나 타 사업으로 확산 시 지급액의 30%를 가산하여 지급

① 사업물자 계약방법을 개선하여 2019년 12월 주요사업비 8천만 원을 절약한 A시 사무관 甲
② 제도 개선을 통해 2020년 5월 주요사업비 3천 5백만 원을 절약하여 개선된 제도가 A시청 전 부서에 확대 시행되는 데 기여한 A시 사무관 乙
③ A시 지역축제에 관한 제안을 제출하여 2020년 7월 8천만 원의 수입증대에 기여한 국민 丙
④ A시 위임사무를 수행하면서 제도 개선을 통해 2020년 8월 경상적 경비 1천 8백만 원을 절약한 B기관 이사 丁
⑤ A시장의 지시를 받아 사무용품 조달방법을 개선하여 2020년 9월 경상적 경비 1천만 원을 절약한 A시 사무관 戊

문 17. 다음 글과 〈상황〉을 근거로 판단할 때, 甲관할구역 소방서에 배치되어야 하는 소방자동차의 최소 대수는?

〈소방서에 두는 소방자동차 배치기준〉

가. 소방사다리차

1) 관할구역에 층수가 11층 이상인 아파트가 20동 이상 있거나 11층 이상 건축물(아파트 제외)이 20개소 이상 있는 경우에는 고가사다리차를 1대 이상 배치한다.

2) 관할구역에 층수가 5층 이상인 아파트가 50동 이상 있거나 5층 이상 백화점, 복합상영관 등 대형 화재의 우려가 있는 건물이 있는 경우에는 굴절사다리차를 1대 이상 배치한다.

3) 고가사다리차 또는 굴절사다리차가 배치되어 있는 119안전센터와의 거리가 20km 이내인 경우에는 배치하지 않을 수 있다.

나. 화학차(내폭화학차 또는 고성능화학차) : 위험물을 저장·취급하는 제조소·옥내저장소·옥외탱크저장소·옥외저장소·암반탱크저장소 및 일반취급소(이하 '제조소 등'이라 한다)의 수에 따라 화학차를 설치한다. 관할구역 내 제조소 등이 50개소 이상 500개소 미만인 경우는 1대를 배치한다. 500개소 이상인 경우는 2대를 배치하며, 1,000개소 이상인 경우는 다음 계산식에 따라 산출(소수점 이하 첫째자리에서 올림)된 수만큼 추가 배치한다.

화학차 대수=(제조소 등의 수−1,000)÷1,000

다. 지휘차 및 순찰차 : 각각 1대 이상 배치한다.

라. 그 밖의 차량 : 소방활동을 원활하게 추진하기 위하여 소방서장이 필요하다고 판단하는 경우 배연차, 조명차, 화재조사차, 중장비, 견인차, 진단차, 행정업무용 차량 등을 추가로 배치할 수 있다.

〈상 황〉

甲관할구역 내에는 소방서 한 곳이 설치되어 있으며, 이 소방서와 가장 가까운 119안전센터(乙관할구역)는 소방서로부터 25km 떨어져 있다. 甲관할구역 내에는 층수가 11층 이상인 아파트가 30동 있고, 3층 백화점 건물이 하나 있으며, 위험물을 저장·취급하는 제조소 등이 1,200개소 있다.

① 3
② 4
③ 5
④ 6
⑤ 7

문 18. 다음 글과 〈상황〉을 근거로 판단할 때, 甲이 보고할 내용으로 옳은 것은?

대규모 외환거래는 런던, 뉴욕, 도쿄, 프랑크푸르트, 싱가포르 같은 금융중심지에서 이루어진다. 최근 들어 세계 외환거래 규모는 급증하고 있다. 하루 평균 세계 외환거래액은 1989년에 6천억 달러 수준이었는데, 2019년에는 6조 6천억 달러로 크게 늘어났다.

은행 간 외환거래는 대부분 미국 달러를 통해 이루어진다. 달러는 이처럼 외환거래에서 중심적인 역할을 하기 때문에 기축통화라고 불린다. 기축통화는 서로 다른 통화를 사용하는 거래 참여자가 국제거래를 위해 널리 사용하는 통화이다. 1999년 도입된 유럽 유로는 달러와 동등하게 기축통화로 발전할 것으로 예상되었으나, 2020년 세계 외환거래액의 32%를 차지하는 데 그쳤다. 이는 4년 전보다는 2%p 높아진 것이지만 10년 전보다는 오히려 8%p 낮아진 수치이다.

〈상 황〉

2010년과 2016년의 하루 평균 세계 외환거래액은 각각 3조 9천억 달러와 5조 2천억 달러였다. ㅇㅇ은행 국제자본이동분석팀장 甲은 2016년 유로로 이루어진 하루 평균 세계 외환거래액을 2010년과 비교(달러 기준)하여 보고하려 한다.

① 10억 달러 감소
② 10억 달러 증가
③ 100억 달러 감소
④ 100억 달러 증가
⑤ 변화 없음

※ 다음 글을 읽고 물음에 답하시오. [19~20]

연령규범은 특정 연령의 사람이 어떤 일을 할 수 있거나 해야 한다는 사회적 기대와 믿음이다. 연령규범은 사회적 자원 분배나 사회문화적 특성, 인간발달의 생물학적 리듬이 복합적으로 작용하여 제도화된다. 그 결과 결혼할 나이, 자녀를 가질 나이, 은퇴할 나이 등 사회구성원이 동의하는 기대연령이 달라진다. 즉 졸업, 취업, 결혼 등에 대한 기대연령은 사회경제적 여건에 따라 달라지는 것이다.

연령규범이 특정 나이에 어떤 행동을 해야 하는지에 대한 기대를 담고 있기 때문에 나이에 따라 사회적으로 용인되는 행위도 달라진다. 이러한 기대는 법적 기준에 반영되기도 한다. 예를 들어 甲국의 청소년법은 만 19세 미만인 청소년의 건강을 고려하여 음주나 흡연을 제한한다. 그럼에도 불구하고 만 19세가 되는 해의 1월 1일부터는 술·담배 구입을 허용한다. 동법에 따르면 청소년은 만 19세 미만이지만, 만 19세에 도달하는 해의 1월 1일을 맞은 사람은 제외하기 때문이다. 이때 사용되는 나이 기준을 '연 나이'라고 한다. '연 나이'는 청소년법 등에서 공식적으로 사용하는 나이 계산법으로 현재 연도에서 태어난 연도를 뺀 값이 나이가 된다. 이와 달리 '만 나이'는 태어난 날을 기준으로 0살부터 시작하여 1년이 지나면 한 살을 더 먹는 것으로 계산한다.

한편 법률상 甲국의 성인기준은 만 19세 이상이지만, 만 18세 이상이면 군 입대, 운전면허 취득, 취업, 공무원 시험 응시가 가능하다. 청소년 관람불가 영화도 고등학생을 제외한 만 18세 이상이면 관람할 수 있다. 국회의원 피선거권은 만 20세 이상, 대통령 피선거권은 만 35세 이상이지만 투표권은 만 19세 이상에게 부여된다.

최근 甲국에서 노인 인구가 급증하면서 노인에 대한 연령규범이 변화하고 노인의 연령기준도 달라지고 있다. 甲국에서 노인 연령기준은 통상 만 65세 이상이지만, 만 65세 이상 국민의 과반수가 만 70세 이상을 노인으로 인식하고 있다.

하지만 甲국의 어떤 법에서도 몇 세부터 노인이라고 규정하는 연령기준이 일관되게 제시되지 않고 있다. 예를 들어 노인복리법은 노인에 대한 정의를 내리지 않고 만 65세 이상에게 교통수단 이용 시 무료나 할인 혜택을 주도록 규정하고 있다. 기초연금 수급, 장기요양보험 혜택, 노인 일자리 제공 등도 만 65세 이상이 대상이다. 한편 노후연금 수급연령은 만 62세부터이며, 노인복지관과 노인교실 이용, 주택연금 가입이나 노인주택 입주자격은 만 60세부터이다.

문 19. 윗글을 근거로 판단할 때 옳은 것은?

① 연령규범은 특정 나이에 어떤 일을 할 수 있는지에 대한 개인적 믿음을 말한다.
② 같은 연도 내에서는 만 나이와 연 나이가 항상 같다.
③ 甲국 법률에서 제시되는 노인 연령기준은 동일하다.
④ 결혼에 대한 기대연령은 생물학적 요인의 영향을 크게 받기 때문에 사회여건 변화가 영향을 미치기 어렵다.
⑤ 甲국의 연령규범에 따르면 만 19세인 사람은 운전면허 취득, 술 구매, 투표가 가능하다.

문 20. 윗글을 근거로 판단할 때, 5월생인 甲국 국민이 '연 나이' 62세가 된 날 이미 누리고 있거나 누릴 수 있게 되는 것만으로 옳은 것은?

① 국회의원 피선거권, 노인교실 이용, 장기요양보험 혜택
② 노후연금 수급, 기초연금 수급, 대통령 피선거권
③ 국회의원 피선거권, 기초연금 수급, 노인주택 입주자격
④ 노후연금 수급, 국회의원 피선거권, 노인복지관 이용
⑤ 노인교실 이용, 대통령 피선거권, 주택연금 가입

문 21. 다음 글과 〈상황〉을 근거로 판단할 때, 〈보기〉에서 옳은 것만을 모두 고르면?

제00조 ① 급식은 유아의 교육을 위하여 설립·운영되는 국립·공립·사립 유치원을 대상으로 실시한다.
② 제1항에도 불구하고 원아수 50명 미만의 사립 유치원은 급식 대상에서 제외한다. 다만 교육감이 필요하다고 인정하는 경우 급식 대상에 포함시킬 수 있다.
③ 교육감은 제2항에 따라 급식 대상에서 제외되는 유치원의 명칭과 주소를 매년 1월말까지 공시하여야 한다.
제00조 ① 유치원에 두는 영양교사의 배치기준은 다음 각 호와 같다.
1. 급식을 실시할 유치원에는 영양교사 1명을 둔다.
2. 제1호에도 불구하고 같은 교육지원청의 관할구역에 있는 원아수 각 200명 미만인 유치원은 2개 이내의 유치원에 순회 또는 공동으로 영양교사를 둘 수 있다.
② 교육감은 급식을 위한 시설과 설비를 갖춘 유치원 중 원아수 100명 미만의 유치원에 대하여 영양관리, 식생활 지도 등의 업무를 지원하기 위하여 교육지원청에 전담직원을 둘 수 있다. 이 경우 교육지원청의 지원을 받는 유치원에는 영양교사를 둔 것으로 본다.

〈상 황〉

• 현재 유치원 현황은 다음과 같다.

유치원	분류	원아수	관할 교육지원청
A	공립	223	甲
B	사립	152	乙
C	사립	123	乙
D	사립	74	丙
E	공립	46	丙

〈보 기〉

ㄱ. A유치원은 급식을 실시하기 위하여 영양교사 1명을 배치해야 한다.
ㄴ. B유치원과 C유치원은 공동으로 영양교사 1명을 배치할 수 있다.
ㄷ. 급식을 위한 시설과 설비를 갖춘 D유치원이 丙교육지원청의 전담직원을 통하여 영양관리, 식생활 지도 등의 업무를 지원받고 있다면, D유치원은 영양교사를 둔 것으로 본다.
ㄹ. E유치원은 급식 대상에서 제외되는 유치원으로 그 명칭과 주소가 매년 1월말까지 공시되어야 한다.

① ㄱ, ㄴ
② ㄱ, ㄹ
③ ㄷ, ㄹ
④ ㄱ, ㄴ, ㄷ
⑤ ㄴ, ㄷ, ㄹ

문 22. 다음 글을 근거로 판단할 때 옳은 것은?

제00조 ① 재산공개대상자 및 그 이해관계인이 보유하고 있는 주식의 직무관련성을 심사·결정하기 위하여 인사혁신처에 주식백지신탁 심사위원회(이하 '심사위원회'라 한다)를 둔다.
② 심사위원회는 위원장 1명을 포함한 9명의 위원으로 구성한다.
③ 심사위원회의 위원장 및 위원은 대통령이 임명하거나 위촉한다. 이 경우 위원 중 3명은 국회가, 3명은 대법원장이 추천하는 자를 각각 임명하거나 위촉한다.
④ 심사위원회의 위원은 다음 각 호의 어느 하나에 해당하는 자격을 갖추어야 한다.
1. 대학이나 공인된 연구기관에서 부교수 이상의 직에 5년 이상 근무하였을 것
2. 판사, 검사 또는 변호사로 5년 이상 근무하였을 것
3. 금융 관련 분야에 5년 이상 근무하였을 것
4. 3급 이상 공무원 또는 고위공무원단에 속하는 공무원으로 3년 이상 근무하였을 것
⑤ 위원장 및 위원의 임기는 2년으로 하되, 1차례만 연임할 수 있다. 다만 임기가 만료된 위원은 그 후임자가 임명되거나 위촉될 때까지 해당 직무를 수행한다.
⑥ 주식의 직무관련성은 주식 관련 정보에 관한 직접적·간접적인 접근 가능성, 영향력 행사 가능성 등을 기준으로 판단하여야 한다.

① 심사위원회의 위원장은 위원 중에서 호선한다.
② 심사위원회의 위원 중 3명은 국회가 위촉한다.
③ 심사위원회의 위원이 4년을 초과하여 직무를 수행하는 경우가 있다.
④ 주식 관련 정보에 관한 간접적인 접근 가능성은 주식의 직무관련성을 판단하는 기준이 될 수 없다.
⑤ 금융 관련 분야에 5년 이상 근무하였더라도 대학에서 부교수 이상의 직에 5년 이상 근무하지 않으면 심사위원회의 위원이 될 수 없다.

문 23. 다음 글을 근거로 판단할 때, 〈보기〉에서 옳은 것만을 모두 고르면?

제00조 ① 여객자동차플랫폼운송사업(이하 '플랫폼운송사업'이라 한다)은 운송플랫폼과 자동차를 확보하고 다른 사람의 수요에 응하여 운송플랫폼을 통해 운송계약을 여객과 체결하여 유상으로 여객을 운송하는 사업을 말한다.
② 플랫폼운송사업을 경영하려는 자는 국토교통부장관의 허가를 받아야 한다.
③ 국토교통부장관은 제2항에 따라 플랫폼운송사업을 허가하는 경우, 30년 이내에서 기간을 한정하여 허가하거나 플랫폼운송사업의 질서를 확립하기 위하여 필요한 조건을 붙일 수 있다.
④ 플랫폼운송사업자는 매출액, 허가대수 또는 운행횟수를 고려하여 다음 각 호에 따른 여객자동차운송시장안정기여금(이하 '기여금'이라 한다)을 국토교통부장관에게 납부해야 한다.

1. 기여금은 월 단위로 산정하여 해당 월의 차차 월(다음다음 달) 말일까지 납부해야 한다.
2. 기여금은 매출액의 5%, 운행횟수당 800원, 허가대수당 40만 원 중 사업자가 어느 하나를 선택할 수 있다. 다만 허가대수가 총 300대 미만인 사업자는 아래 표와 같이 완화하여 적용한다.

기여금 산정방식 \ 허가대수	200대 미만	200대 이상 300대 미만
매출액 대비 정률	1.25%	2.5%
운행횟수당 정액	200원	400원
허가대수당 정액	10만 원	20만 원

〈보 기〉

ㄱ. 국토교통부장관은 플랫폼운송사업을 하려는 甲에게 사업기간을 15년으로 하여 허가할 수 있다.
ㄴ. 플랫폼운송사업허가를 받아 2020년 12월 15일부터 사업을 시작한 乙은 첫 기여금을 2021년 1월 31일까지 납부하여야 한다.
ㄷ. 100대의 차량으로 플랫폼운송사업허가를 받은 丙이 1개월 동안 20,000회 운행하여 매출 3억 원을 올렸다면, 丙이 납부해야 할 해당 월의 기여금은 400만 원 미만이 될 수 있다.
ㄹ. 300대의 차량으로 플랫폼운송사업허가를 받은 丁은 매출액의 5%에 해당하는 금액 또는 허가대수당 800원 중에서 선택하여 기여금을 납부할 수 있다.

① ㄱ, ㄴ
② ㄱ, ㄷ
③ ㄱ, ㄹ
④ ㄴ, ㄷ
⑤ ㄷ, ㄹ

문 24. 다음 글을 근거로 판단할 때 옳은 것은?

상속에는 혈족상속과 배우자상속이 있다. 혈족상속인은 피상속인(사망자)과의 관계에 따라 피상속인의 직계비속(1순위), 피상속인의 직계존속(2순위), 피상속인의 형제자매(3순위), 피상속인의 4촌 이내 방계혈족(4순위) 순으로 상속인이 된다. 후순위 상속인은 선순위 상속인이 없는 경우에 상속재산을 상속할 수 있다. 같은 순위의 혈족상속인이 여럿인 경우, 그 법정상속분은 균분(均分)한다.

피상속인의 배우자는 언제나 상속인이 된다. 그 배우자의 법정상속분은 직계비속과 공동으로 상속하는 때에는 직계비속 상속분의 5할을 가산하고, 직계존속과 공동으로 상속하는 때에는 직계존속 상속분의 5할을 가산한다. 피상속인에게 배우자만 있고 직계비속도 직계존속도 없는 때에는 배우자가 단독으로 상속한다.

한편 개인은 자신의 재산을 증여하거나 유언(유증)으로 자유롭게 처분할 수 있다. 그런데 이러한 자유를 무제한 허용한다면 상속재산의 전부가 타인에게 넘어가 상속인의 생활기반이 붕괴될 우려가 있다. 그래서 법률은 일정한 범위의 상속인에게 유류분을 인정하고 있다. 유류분이란 법률상 상속인에게 귀속되는 것이 보장되는 상속재산에 대한 일정비율을 의미한다.

피상속인이 유류분을 침해하는 유증이나 증여를 하는 경우, 유류분 권리자는 자기가 침해당한 유류분에 대해 반환을 청구할 수 있다. 유류분 권리자는 피상속인의 직계비속, 배우자, 직계존속 및 형제자매이다. 유류분은 피상속인의 배우자 또는 직계비속의 경우 그 법정상속분의 2분의 1, 피상속인의 직계존속 또는 형제자매의 경우 그 법정상속분의 3분의 1이다.

유류분반환청구권의 행사는 반드시 소에 의한 방법으로 하여야 할 필요는 없고, 유증을 받은 자 또는 증여를 받은 자에 대한 의사표시로 하면 된다. 유류분반환청구권은 유류분 권리자가 상속의 개시(피상속인의 사망시)와 반환하여야 할 증여 또는 유증을 한 사실을 안 때부터 1년 내에 행사하지 않거나, 상속이 개시된 때부터 10년이 경과하면 시효에 의하여 소멸한다.

① 피상속인이 유언에 의해 재산을 모두 사회단체에 기부한 경우, 그의 자녀는 유류분 권리자가 될 수 없다.
② 피상속인의 자녀에게는 법정상속분 2분의 1의 유류분이 인정되며, 유류분 산정액은 피상속인의 배우자의 그것과 같다.
③ 피상속인의 부모는 피상속인의 자녀와 공동으로 상속재산을 상속할 수 있다.
④ 상속이 개시한 때부터 10년이 경과하였다면, 소에 의한 방법으로 유류분반환청구권을 행사해야 한다.
⑤ 피상속인에게 3촌인 방계혈족만 있는 경우, 그 방계혈족은 상속인이 될 수 있지만 유류분 권리자는 될 수 없다.

문 25. 다음 글을 근거로 판단할 때, 〈보기〉에서 옳은 것만을 모두 고르면?

제00조 이 법에서 사용하는 용어의 뜻은 다음과 같다.

1. '임종과정에 있는 환자'란 담당의사와 해당 분야의 전문의 1명으로부터 임종과정에 있다는 의학적 판단을 받은 자를 말한다.
2. '연명의료계획서'란 말기환자 등의 의사에 따라 담당의사가 환자에 대한 연명의료중단결정 및 호스피스에 관한 사항을 계획하여 문서(전자문서를 포함한다)로 작성한 것을 말한다.
3. '사전연명의료의향서'란 19세 이상인 사람이 자신의 연명의료중단결정 및 호스피스에 관한 의사를 직접 문서(전자문서를 포함한다)로 작성한 것을 말한다.
4. '연명의료중단결정'이란 임종과정에 있는 환자에 대한 연명의료를 시행하지 아니하거나 중단하기로 하는 결정을 말한다.

제00조 ① 말기환자 등은 담당의사에게 연명의료계획서의 작성을 요청할 수 있다.

② 의료기관의 장은 작성된 연명의료계획서를 등록·보관하여야 한다.

제00조 ① 연명의료중단결정을 원하는 환자의 의사는 다음 각 호의 어느 하나의 방법으로 확인한다.

1. 의료기관에서 작성된 연명의료계획서가 있는 경우 이를 환자의 의사로 본다.
2. 담당의사가 사전연명의료의향서의 내용을 환자에게 확인하는 경우 이를 환자의 의사로 본다.

② 제1항에 해당하지 아니하여 환자의 의사를 확인할 수 없고 환자가 의사표현을 할 수 없는 의학적 상태인 경우 다음 각 호의 어느 하나에 해당할 때에는 해당 환자를 위한 연명의료중단결정이 있는 것으로 본다. 다만 담당의사 또는 해당 분야 전문의 1명이 환자가 연명의료중단결정을 원하지 아니하였다는 사실을 확인한 경우는 제외한다.

1. 미성년자인 환자의 법정대리인(친권자에 한정한다)이 연명의료중단결정의 의사표시를 하고 담당의사와 해당 분야 전문의 1명이 확인한 경우
2. 환자가족 중 다음 각 목에 해당하는 사람(19세 이상인 사람에 한정하며, 행방불명자 등 대통령령으로 정하는 사유에 해당하는 사람은 제외한다) 전원의 합의로 연명의료중단결정의 의사표시를 하고 담당의사와 해당 분야 전문의 1명이 확인한 경우
   가. 배우자
   나. 1촌 이내의 직계 존속·비속

〈보 기〉

ㄱ. 17세 환자가 자신의 연명의료중단결정에 관한 전자문서를 직접 작성하였다면, 그 문서는 사전연명의료의향서에 해당된다.
ㄴ. 말기환자의 요청에 따라 담당의사가 의료기관에서 문서로 작성한 연명의료계획서가 등록·보관되어 있는 경우, 연명의료중단결정을 원하는 환자의 의사가 있는 것으로 본다.
ㄷ. 21세 환자가 의사를 표현할 수 없는 의학적 상태인 경우, 환자가 1년 전 작성해 둔 사전연명의료의향서가 있다면 담당의사의 확인이 없더라도 연명의료중단결정을 원하는 환자의 의사가 있는 것으로 본다.
ㄹ. 임종과정에 있는 환자에게 배우자, 자녀, 손자녀가 있는 경우, 그 환자에 대한 연명의료중단결정에는 이들 모두의 합의된 의사표시가 필요하다.

① ㄴ
② ㄹ
③ ㄱ, ㄴ
④ ㄴ, ㄷ
⑤ ㄷ, ㄹ

문 26. 다음 글을 근거로 판단할 때, '친구 단위'로 입장한 사람의 수와 '가족 단위'로 입장한 사람의 수를 옳게 짝지은 것은?

A놀이공원은 2명의 친구 단위 또는 4명의 가족 단위로만 입장이 가능하다. 발권기계는 2명의 친구 단위 또는 4명의 가족 단위당 1장의 표를 발권한다. 놀이공원의 입장객은 총 158명이며, 모두 50장의 표가 발권되었다.

	'친구 단위'로 입장한 사람의 수	'가족 단위'로 입장한 사람의 수
①	30	128
②	34	124
③	38	120
④	42	116
⑤	46	112

문 27. 다음 글과 〈상황〉을 근거로 판단할 때 옳은 것은?

질병의 확산을 예측하는 데 유용한 수치 중 하나로 '기초 감염재생산지수(R_0)'가 있다. 간단히 말해 이 수치는 질병에 대한 예방조치가 없을 때, 해당 질병에 감염된 사람 한 명이 비감염자 몇 명을 감염시킬 수 있는지를 나타낸다. 다만 이 수치는 질병의 전파 속도를 의미하지는 않는다. 예를 들어 R_0가 4라고 하면 예방조치가 없을 때, 한 사람의 감염자가 질병에서 회복하거나 질병으로 사망하기 전까지 그 질병을 평균적으로 4명의 비감염자에게 옮긴다는 뜻이다. 한편 또 하나의 질병 통계치인 치사율은 어떤 질병에 걸린 환자 중 그 질병으로 사망하는 환자의 비율을 나타내는 것으로 R_0의 크기와 반드시 비례하지는 않는다.

예방조치가 없을 때, R_0가 1보다 큰 질병은 전체 개체군으로 확산될 것이다. 이 수치는 때로 1보다 훨씬 클 수 있다. 스페인 독감은 3, 천연두는 6, 홍역은 무려 15였다. 전염성이 강한 질병 중 하나로 꼽히는 말라리아의 R_0는 100이 넘는다.

문제는 특정 전염병이 한 차례 어느 지역을 휩쓸고 지나간 후 관련 통계 자료를 수집·분석할 수 있는 시간이 더 흐르고 난 뒤에야, 그 질병의 R_0에 대해 믿을 만한 추정치가 나온다는 데 있다. 그렇기에 새로운 질병이 발생한 초기에는 얼마 되지 않는 자료를 바탕으로 추정을 할 수밖에 없다. R_0와 마찬가지로 치사율도 확산 초기 단계에서는 정확하게 알 수 없다.

〈상 황〉

다음 표는 甲국의 최근 20년간의 데이터를 토대로 A~F질병의 R_0를 추정한 것이다.

질병	A	B	C	D	E	F
R_0	100	15	6	3	2	0.5

① 예방조치가 없다면, 발병 시 가장 많은 사람이 사망하는 질병은 A일 것이다.
② 예방조치가 없다면, A~F질병 모두가 전 국민을 감염시킬 것이다.
③ 예방조치가 없다면, C질병이 전 국민을 감염시킬 때까지 걸리는 시간은 평균적으로 D질병의 절반일 것이다.
④ R_0와 달리 치사율은 전염병의 확산 초기 단계에서도 정확하게 알 수 있다.
⑤ 예방조치가 없다면, 감염자 1명당 감염시킬 수 있는 사람 수의 평균은 B질병이 D질병의 5배일 것이다.

문 28. 다음 글을 근거로 판단할 때, 〈보기〉에서 옳은 것만을 모두 고르면?

- 3개의 과일상자가 있다.
- 하나의 상자에는 사과만 담겨 있고, 다른 하나의 상자에는 배만 담겨 있으며, 나머지 하나의 상자에는 사과와 배가 섞여 담겨 있다.
- 각 상자에는 '사과 상자', '배 상자', '사과와 배 상자'라는 이름표가 붙어 있다.
- 이름표대로 내용물(과일)이 들어 있는 상자는 없다.
- 상자 중 하나에서 한 개의 과일을 꺼내어 확인할 수 있다.

〈보 기〉

ㄱ. '사과와 배 상자'에서 과일 하나를 꺼내어 확인한 결과 사과라면, '사과 상자'에는 배만 들어 있다.
ㄴ. '배 상자'에서 과일 하나를 꺼내어 확인한 결과 배라면, '사과 상자'에는 사과와 배가 들어 있다.
ㄷ. '사과 상자'에서 과일 하나를 꺼내어 확인한 결과 배라면, '배 상자'에는 사과만 들어 있다.

① ㄱ
② ㄴ
③ ㄱ, ㄷ
④ ㄴ, ㄷ
⑤ ㄱ, ㄴ, ㄷ

문 29. 다음 글을 근거로 판단할 때, 甲이 귀가했을 때의 정확한 시각은?

甲은 집에 있는 시계 X의 건전지가 방전되어 새 건전지로 갈아 끼웠다. 甲은 정확한 시각을 알 수 없어서 일단 X의 시각을 정오로 맞춘 직후 일정한 빠르기로 걸어 친구 乙의 집으로 갔다. 乙의 집에 당일 도착했을 때 乙의 집 시계 Y는 10시 30분을 가리키고 있었다. 甲은 乙과 1시간 동안 이야기를 나눈 후 집으로 출발했다. 집으로 돌아올 때는 갈 때와 같은 길을 2배의 빠르기로 걸었다. 집에 도착했을 때, X는 14시 정각을 가리키고 있었다. 단, Y는 정확한 시각보다 10분 느리게 설정되어 있다.

※ X와 Y는 시각이 부정확한 것 외에는 정상 작동하고 있다.

① 11시 40분
② 11시 50분
③ 12시 00분
④ 12시 10분
⑤ 12시 20분

문 30. 다음 글을 근거로 판단할 때, 〈보기〉에서 옳은 것만을 모두 고르면?

> 아르키메데스는 대장장이가 만든 왕관이 순금인지 알아내기 위해 질량 1kg인 왕관을 물이 가득 찬 용기에 완전히 잠기도록 넣었을 때 넘친 물의 부피를 측정하였다.
>
> 이 왕관은 금, 은, 구리, 철 중 1개 이상의 금속으로 만들어졌고, 밀도는 각각 20, 10, 9, 8g/cm^3이다.
>
> 밀도와 질량, 부피 사이의 관계는 아래 식과 같다.
>
> $$밀도(g/cm^3)=\frac{질량(g)}{부피(cm^3)}$$

※ 각 금속의 밀도, 질량, 부피 변화나 금속 간의 반응은 없고, 둘 이상의 금속을 합해 만든 왕관의 질량(또는 부피)은 각 금속의 질량(또는 부피)의 합과 같다.

〈보 기〉

ㄱ. 대장장이가 왕관을 금으로만 만들었다면, 넘친 물의 부피는 50cm^3이다.

ㄴ. 넘친 물의 부피가 80cm^3이고 왕관이 금과 은으로만 만들어졌다면, 왕관에 포함된 은의 부피는 왕관에 포함된 금 부피의 3배이다.

ㄷ. 넘친 물의 부피가 80cm^3이고 왕관이 금과 구리로만 만들어졌다면, 왕관에 포함된 구리의 부피는 왕관에 포함된 금 부피의 3배 이상이다.

ㄹ. 넘친 물의 부피가 120cm^3보다 크다면, 왕관은 철을 포함하고 있다.

① ㄱ, ㄴ
② ㄴ, ㄷ
③ ㄷ, ㄹ
④ ㄱ, ㄴ, ㄹ
⑤ ㄱ, ㄷ, ㄹ

문 31. 다음 글을 근거로 판단할 때, ㉠과 ㉡을 옳게 짝지은 것은?

- 甲회사는 재고를 3개의 창고 A, B, C에 나누어 관리하며, 2020년 1월 1일자 재고는 A창고 150개, B창고 100개, C창고 200개였다.
- 2020년 상반기 입·출고기록은 다음 표와 같으며, 재고는 입고 및 출고에 의해서만 변화한다.

입고기록				출고기록			
일자＼창고	A	B	C	일자＼창고	A	B	C
3월 4일	50	80	0	2월 18일	30	20	10
4월 10일	0	25	10	3월 27일	10	30	60
5월 11일	30	0	0	4월 13일	20	0	15

- 2020년 5월 25일 하나의 창고에 화재가 발생하여 그 창고 안에 있던 재고 전부가 불에 그을렸는데, 그 개수를 세어보니 150개였다.
- 화재 직후인 2020년 5월 26일 甲회사의 재고 중 불에 그을리지 않은 것은 [㉠]개였다.
- 甲회사는 2020년 6월 30일 상반기 장부를 정리하던 중 두 창고 [㉡]의 상반기 전체 출고기록이 맞바뀐 것을 뒤늦게 발견하였다.

	㉠	㉡
①	290	A와 B
②	290	A와 C
③	290	B와 C
④	300	A와 B
⑤	300	A와 C

문 32. 다음 글을 근거로 판단할 때, A물건 1개의 무게로 가능한 것은?

> 甲이 가진 전자식 체중계는 소수점 이하 첫째 자리에서 반올림하여 kg 단위의 자연수로 무게를 표시한다. 甲은 이 체중계를 아래와 같이 이용하여 A물건의 무게를 추정하고자 한다.
>
> - 甲이 체중계에 올라갔더니 66이 표시되었다.
> - 甲이 A물건을 2개 들고 체중계에 올라갔지만 66이 그대로 표시되었다.
> - 甲이 A물건을 3개 들고 체중계에 올라갔더니 67이 표시되었다.
> - 甲이 A물건을 4개 들고 체중계에 올라갔을 때에도 67이 표시되었다.
> - 甲이 A물건을 5개 들고 체중계에 올라갔더니 68이 표시되었다.

① 200g
② 300g
③ 400g
④ 500g
⑤ 600g

문 33. 다음 글을 근거로 판단할 때, 甲이 잃어버린 인물카드의 수는?

> 甲은 이름, 성별, 직업이 기재된 인물카드를 모으고 있다. 며칠 전 그 중 몇 장을 잃어버렸다. 다음은 카드를 잃어버리기 전과 후의 상황이다.
>
> 〈잃어버리기 전〉
>
> • 남성 인물카드를 여성 인물카드보다 2장 더 많이 가지고 있다.
> • 가지고 있는 인물카드의 직업은 총 5종류이며, 인물카드는 직업별로 최대 2장이다.
> • 가수 직업의 인물카드는 1장만 가지고 있다.
>
> 〈잃어버린 후〉
>
> • 잃어버린 인물카드 중 2장은 직업이 소방관이다.
> • 가수 직업의 인물카드는 잃어버리지 않았다.
> • 인물카드는 총 5장 가지고 있으며, 직업은 4종류이다.

① 2장
② 3장
③ 4장
④ 5장
⑤ 6장

문 34. 다음 글과 〈상황〉을 근거로 판단할 때 옳은 것은?

> 甲은 상자를 운반하려고 한다. 甲은 상자를 1회 운반할 때마다 다음 규칙 중 하나를 선택하여 적용한다.
>
> ㉠ 남아 있는 상자 중 가장 무거운 것과 가장 가벼운 것의 총 무게가 17kg 이하이면 함께 운반한다. 가장 무거운 것과 가장 가벼운 것의 총 무게가 17kg 초과이면 가장 무거운 것만 운반한다.
> ㉡ 남아 있는 상자 중 총 무게가 17kg 이하인 상자 3개를 함께 운반한다.
> ㉢ 남아 있는 상자를 모두 운반한다. 단, 운반하려는 상자의 총 무게가 17kg 이하여야 한다.

〈상 황〉

> 甲이 운반하는 상자는 10개(A~J)이다. 상자는 A가 20kg으로 가장 무겁고 알파벳순으로 2kg씩 가벼워져 J가 가장 가볍다. 甲은 첫 번째로 A를, 두 번째로 [ⓐ]·I·J를 운반한다.

① D는 다른 상자와 같이 운반된다.
② 두 번째 운반 후에 ㉠은 적용되지 않는다.
③ ⓐ가 G라면 이후에 ㉢은 적용될 수 없다.
④ 두 번째 운반부터 상자를 모두 옮길 때까지 운반 횟수를 최소로 하려면 ⓐ가 H여서는 안 된다.
⑤ 상자를 모두 옮길 때까지 전체 운반 횟수를 최소로 하기 위해서는 두 번째 운반에 ㉠을 적용해야 한다.

문 35. 다음 글을 근거로 판단할 때, 甲과 乙이 가진 4장의 숫자 카드에 적힌 수의 합으로 가능한 것은?

> 1부터 9까지 서로 다른 자연수가 하나씩 적힌 9장의 숫자 카드 1세트가 있다. 甲과 乙은 여기에서 각각 2장씩 카드를 뽑았다. 카드를 뽑고 보니 甲이 가진 카드에 적힌 숫자의 합과 乙이 가진 카드에 적힌 숫자의 합이 같았다. 또한 甲이 첫 번째 뽑은 카드에 3을 곱한 값과 두 번째 뽑은 카드에 9를 곱한 값의 일의 자리 수가 서로 같았다. 乙도 같은 방식으로 곱하여 얻은 두 값의 일의 자리 수가 서로 같았다.

① 18
② 20
③ 22
④ 24
⑤ 26

문 36. 다음 글을 근거로 판단할 때, 규칙 위반에 해당하는 것은?

〈드론 비행 안전 규칙〉

드론을 비행하려면 다음 요건을 갖추어야 한다.

구분		기체검사	비행승인	사업등록	구분		장치신고	조종자격
이륙중량 25kg 초과	사업자	○	○	○	자체중량 12kg 초과	사업자	○	○
	비사업자	○	○	×		비사업자	○	×
이륙중량 25kg 이하	사업자	×	△	○	자체중량 12kg 이하	사업자	○	×
	비사업자	×	△	×		비사업자	×	×

※ ○ : 필요, × : 불필요
△ : 공항 또는 비행장 중심 반경 5km 이내에서는 필요

① 비사업자인 甲은 이륙중량 20kg, 자체중량 10kg인 드론을 공항 중심으로부터 10km 떨어진 지역에서 비행승인 없이 비행하였다.
② 비사업자인 乙은 이륙중량 30kg, 자체중량 10kg인 드론을 기체검사, 비행승인을 받아 비행하였다.
③ 사업자인 丙은 이륙중량 25kg, 자체중량 12kg인 드론을 사업등록, 장치신고를 하고 비행승인 없이 비행장 중심으로부터 4km 떨어진 지역에서 비행하였다.
④ 사업자인 丁은 이륙중량 30kg, 자체중량 20kg인 드론을 기체검사, 사업등록, 장치신고, 조종자격을 갖추고 비행승인을 받아 비행하였다.
⑤ 사업자인 戊는 이륙중량 20kg, 자체중량 13kg인 드론을 사업등록, 장치신고, 조종자격을 갖추고 비행승인 없이 비행장 중심으로부터 20km 떨어진 지역에서 비행하였다.

문 37. 다음 글과 〈대화〉를 근거로 판단할 때, 인영이가 현장답사 대상으로 선정한 기업은?

- 인영은 기업 현장답사 계획안을 작성해야 한다.
- 현장답사 할 기업을 먼저 선정해야 하는데, 기업 후보를 5개 받았으며 이 가운데에서 한 기업을 골라야 한다. 현장답사 후보 기업 관련 정보는 다음과 같다.

기업	업종	직원수	실내/실외 여부	근접역 유무 및 역과의 거리
A	제조	80명	실외	있음, 20km
B	서비스	500명	실내	있음, 10km
C	서비스	70명	실외	있음, 12km
D	서비스	100명	실내	없음
E	제조	200명	실내	있음, 8km

- 인영은 서연에게 도움을 요청했고, 다음 〈대화〉를 바탕으로 현장답사 대상 기업을 선정하였다.

〈대 화〉

인영 : 서연아, 예전에 기업 현장답사 계획한 적 있었지? 나도 이번에 계획안을 작성해야 하는데, 현장답사 기업을 선정할 때 어떤 업종이 좋을까?

서연 : 응, 했었지. 얼마 전 있었던 현장답사 기업이 제조기업이었으니, 이번에는 서비스기업에 가는 것이 좋겠어.

인영 : 그렇구나, 기업의 위치는 어떤 곳이 좋을까?

서연 : 아무래도 일정이 바쁜 사람이 많을 테니 근접역과의 거리가 15km 이내면 좋겠어. 그리고 기업의 규모도 중요할텐데, 관련한 조건은 없었어?

인영 : 그러고 보니 이번에는 직원수가 100명 이하인 곳이어야 해. 그런데 근접역이 없으면 아예 답사 대상에서 제외되는 거야?

서연 : 아니야. 근접역이 없을 때는 차량지원이 나오기 때문에 답사 대상으로 선정 가능해.

인영 : 그렇구나, 또 고려해야 할 것은 없어?

서연 : 답사 예정 날짜를 보니 비 예보가 있네. 그러면 실외는 안 되겠다.

① A
② B
③ C
④ D
⑤ E

문 38. 다음 글과 〈상황〉을 근거로 판단할 때, 수질 개선 설비 설치에 필요한 최소 비용은?

- 용도에 따른 필요 수질은 다음과 같다.
  - 농업용수 : 중금속이 제거되고 3급 이상인 담수
  - 공업용수 : 중금속이 제거되고 2급 이상인 담수
  - 생활용수 : 중금속이 제거되고 음용이 가능하며 1급인 담수
- 수질 개선에 사용하는 설비의 용량과 설치 비용은 다음과 같다.

수질 개선 설비	기능	처리 용량 (대당)	설치 비용 (대당)
1차 정수기	5~4급수를 3급수로 정수	5톤	5천만 원
2차 정수기	3~2급수를 1급수로 정수	1톤	1억 6천만 원
3차 정수기	음용 가능 처리	1톤	5억 원
응집 침전기	중금속 성분 제거	3톤	5천만 원
해수담수화기	염분 제거	10톤	1억 원

- 3차 정수기에는 2차 정수기의 기능이 포함되어 있다.
- 모든 수질 개선 설비는 필요 용량 이상으로 설치되어야 한다. 예를 들어 18톤의 해수를 담수로 개선하기 위해 해수담수화기가 최소 2대 설치되어야 한다.
- 수질 개선 전후 수량 변화는 없는 것으로 간주한다.

〈상 황〉

○○기관은 중금속이 포함된 4급에 해당하는 해수 3톤을 정수 처리하여 생활용수 3톤을 확보하려 한다. 이를 위해 필요한 설비를 갖추어 수질을 개선하여야 한다.

① 16억 원
② 16억 5천만 원
③ 17억 원
④ 18억 6천만 원
⑤ 21억 8천만 원

※ 다음 글을 읽고 물음에 답하시오. [39～40]

농장동물복지는 인간 편의만 생각해 동물을 이용하는 것이 아니라 이들의 습성을 고려해 적절한 생활환경을 보장하는 것을 의미한다. 이는 세계농장동물복지위원회가 규정한 '동물의 5대 자유', 즉 활동의 부자유 · 배고픔 · 불편함 · 질병 · 두려움으로부터의 자유를 바탕으로 한다. 사실 농장동물복지는 사람에게도 중요한 문제이다. '공장식 축산'의 밀집사육에 따른 전염병 확산, 항생제 남용은 사람의 건강에도 직 · 간접적인 영향을 미치기 때문이다. 가축분뇨와 악취에 따른 환경오염 역시 무시할 수 없는 문제이다.

甲국은 2011년 동물보호법을 개정하면서 농장 · 도축장 등에 대한 '동물복지시설인증제'와 축산물에 대한 '동물복지축산물인증 마크' 두 가지 동물복지인증제도를 도입했다. 동물복지시설인증제는 정부가 정한 기준에 따라 동물을 기르는 농장이나 도축하는 시설에 동물복지시설인증을 부여하는 것이다. 더 나아가 동물복지축산물인증 마크는 사육 과정뿐만 아니라 운송 · 도축 과정까지 기준을 지킨 축산물에 인증 마크를 부여하는 것이다. 동물복지인증제도는 2012년 산란계(알을 낳는 닭)를 시작으로 2013년 돼지, 2014년 육계(식용육으로 기르는 닭), 2015년 육우 · 젖소 · 염소로 대상을 확대했다.

동물복지시설인증을 받은 농장은 먹이는 물론 먹는 물, 사육장 내 온도 · 조도 · 공기오염도까지 세밀하게 기준을 지켜야 한다. 이러한 기준을 잘 지키고 있는지 확인하기 위해 인증을 받은 농장에 대해 인증을 받은 다음해부터 매년 1회 사후관리를 위한 점검을 실시한다.

시설인증을 받은 농가가 늘고 있지만 여전히 미미한 수준이다. 2020년 현재 해당 인증을 받은 농장은 산란계 74곳, 육계 5곳, 돼지 9곳, 육우 2곳에 불과하다. 시설인증을 가장 많이 받은 산란계 농장도 전체 산란계 농장의 1.1%만 인증을 받았을 뿐이다.

몇몇 농가에서는 해당 제도의 기준에 대해 문제를 제기하기도 한다. 동물복지시설인증을 받으려면 밀집사육을 피하기 위해 가축 개체당 공간 기준을 충족해야 한다. 최소 사육규모 기준 역시 시설인증을 어렵게 하는 장애물 중 하나이다. 돼지농장이라면 어미돼지를 30마리 이상 키워야 시설인증을 신청할 수 있다. 예컨대 A농장은 가축 개체당 공간 기준과 최소 사육규모 기준을 동시에 충족하기 위하여 어미돼지 수를 20% 줄여서 시설인증을 받았다. 또한 닭의 최소 사육규모 기준은 4,000마리 이상이다. 따라서 사육 수를 늘릴 여력이 없는 소규모 농장에선 공장식 축산을 하지 않아도 인증 신청조차 못하는 것이다.

게다가 축산물을 판매할 때 동물복지축산물인증 마크를 붙이려면 도축도 동물복지시설인증을 받은 곳에서 해야 한다. 하지만 전국 70여 개 도축장 가운데 동물복지시설인증을 받은 도축장은 2곳에 불과하다. 시설인증을 받은 농가에서 인증 도축장을 이용하고 싶어도 물리적 거리가 걸림돌이 되고 있다.

한편 소비자들의 동물복지인증제도에 대한 인지도 역시 높지 않다. 또한 동물복지축산물인증 마크가 붙은 닭고기, 돼지고기, 소고기 등은 가격이 높아서 소비자들이 많이 찾지 않는 것이 현실이다.

문 39. 윗글을 근거로 판단할 때 옳은 것은?

① 농장동물복지는 동물의 5대 자유를 보장하기 위한 것으로 사람의 삶과는 무관하다.
② 동물복지시설인증을 받으려는 농장은 도축 시설도 함께 갖추어야 한다.
③ A농장에서 사육하는 돼지는 동물복지축산물인증 마크를 부착한 축산물로 판매된다.
④ 甲국의 소비자 대부분은 동물복지축산물인증 마크가 붙은 축산물을 구매한다.
⑤ 공장식 축산을 하지 않더라도 동물복지시설인증을 받지 못하는 경우가 있다.

문 40. 윗글을 근거로 판단할 때, 〈보기〉에서 옳은 것만을 모두 고르면?

〈보 기〉

ㄱ. 甲국에서 동물복지시설인증을 받은 돼지농장은 2020년 12월 31일까지 사후관리를 위한 점검을 최소 10회 받았다.
ㄴ. 2020년 甲국 전체 농장수가 100,000개라면, 동물복지시설인증을 받은 농장 비율은 0.1% 미만이다.
ㄷ. 2020년 甲국 전체 산란계 농장수는 6,000개 이상이다.
ㄹ. 동물복지시설인증을 받기 전, A농장에서 사육하던 어미돼지는 35마리 이하였다.

① ㄱ
② ㄴ, ㄷ
③ ㄴ, ㄹ
④ ㄱ, ㄷ, ㄹ
⑤ ㄴ, ㄷ, ㄹ

교육이란 사람이 학교에서 배운 것을

잊어버린 후에 남은 것을 말한다.

– 알버트 아인슈타인 –

2020년 공직적격성평가(PSAT)

2020년 2월 29일 시행

5급 공채 · 외교관후보자 및 지역인재 7급 선발 필기시험

응시번호	
성 명	

문제책형
㉯

【시 험 과 목】

제1과목	언 어 논 리
제2과목	자 료 해 석
제3과목	상 황 판 단

문제풀이 시작과 종료 시간을 기입해 주시기 바랍니다.

- 언어논리(90분) ______ 시 ______ 분 ~ ______ 시 ______ 분
- 자료해석(90분) ______ 시 ______ 분 ~ ______ 시 ______ 분
- 상황판단(90분) ______ 시 ______ 분 ~ ______ 시 ______ 분

문 1. 다음 글에서 알 수 있는 것은?

고려 시대에는 불경에 나오는 장면이나 부처, 또는 보살의 형상을 그림으로 표현하는 일이 드물지 않았는데, 그러한 그림을 '불화'라고 부른다. 고려의 귀족들은 불화를 사들여 후손들에게 전해주면 대대로 복을 받는다고 믿었다. 이 때문에 귀족들 사이에서는 그림을 전문으로 그리는 승려로부터 불화를 구입해 자신의 개인 기도처인 원당에 걸어두는 행위가 유행처럼 번졌다.

고려의 귀족들이 승려들에게 주문한 불화는 다양했다. 극락의 모습을 표현한 불화도 있었고, 깨달음에 이르렀지만 중생의 고통을 덜어주기 위해 열반에 들어가기를 거부했다는 보살을 그린 것도 있었다. 부처를 소재로 한 불화도 많았다. 그런데 부처를 그리는 승려들은 대개 부처만 단독으로 그리지 않았다. 부처를 소재로 한 불화에는 거의 예외 없이 관음보살이나 지장보살 등과 같은 보살이 부처와 함께 등장했다. 잘 알려진 바와 같이 불교에서 신앙하는 부처는 한 분이 아니라 석가여래, 아미타불, 미륵불 등 다양하다. 이 부처들이 그려진 불화는 보통 위아래 2단으로 구성되어 있는데, 윗단에는 부처가 그려져 있고 아랫단에 보살이 그려져 있다. 어떤 미술사학자들은 이러한 배치 구도를 두고 신분을 구별하던 고려 사회의 분위기가 반영된 것이 아닌가 생각하기도 한다.

고려 불화의 크기는 다소 큰 편이다. 일례로 충선왕의 후궁인 숙창원비는 관음보살을 소재로 한 불화인 「수월관음도」를 주문 제작한 적이 있는데, 그 화폭이 세로 420cm, 가로 255cm에 달할 정도로 컸다. 그런데 관음보살을 그린 이 그림에도 아랫단에 보살을 우러러보는 중생이 작게 그려져 있다. 이렇게 윗단에는 보살을 배치하고 그 아래에 중생을 작게 그려 넣는 방식 역시, 신분을 구별하던 고려 사회의 분위기가 반영된 결과라고 보는 연구자가 적지 않다.

① 충선왕 때 숙창원비는 관음보살과 아미타불이 함께 등장하는 불화를 주문 제작해 왕궁에 보관했다.
② 고려 시대에는 승려들이 귀족의 주문을 받아 불화를 사찰에 걸어두고 그 후손들이 내세에 복을 받게 해달라고 기원했다.
③ 고려 시대에 그려진 불화에는 귀족으로 묘사된 석가여래가 그림의 윗단에 배치되어 있고, 아랫단에 평민 신분의 인물이 배치되어 있다.
④ 고려 시대에 그려진 불화의 크기가 큰 것은 당시 화가들 사이에 여러 명의 등장인물을 하나의 그림 안에 동시에 표현하는 관행이 자리 잡았기 때문이다.
⑤ 고려 시대의 불화 중 부처가 윗단에 배치되고 보살이 아랫단에 배치된 구도를 지닌 그림에는 신분을 구별하던 고려 사회의 분위기가 반영되어 있다고 보는 학자들이 있다.

문 2. 다음 글에서 알 수 있는 것은?

조선 시대에는 역대 국왕과 왕비의 신주가 있는 종묘에서 정기적으로 제사를 크게 지냈으며, 그때마다 종묘제례악에 맞추어 '일무(佾舞)'라는 춤을 추는 의식을 행했다. 일무란 일정한 수의 행과 열을 맞추어 추는 춤으로 황제에 대한 제사의 경우에는 팔일무를 추는 것이 원칙이었고, 제후에 대한 제사에는 육일무를 추었다. 팔일무는 행과 열을 각각 8개씩 지어 모두 64명이 추는 춤이다. 육일무는 행과 열을 각각 6개씩 지어 추는 춤으로서, 참여하는 사람의 수는 36명이다. 대한제국을 선포하기 전까지 조선 왕조는 제후국의 격식에 맞추어 육일무를 거행했다.

일무에는 문무(文舞)와 무무(武舞)라는 두 가지 종류가 있는데, 문무를 먼저 춘 다음에 같은 사람들이 무무를 뒤이어 추는 것이 정해진 규칙이었다. 일무를 출 때는 손에 무구라는 도구를 들고 춤을 추게 했는데, 문무를 출 때는 왼손에 '약'이라는 피리를 들고 오른손에 '적'이라는 꿩 깃털 장식물을 들었다. 문무를 추는 사람은 이렇게 한 사람당 2종의 무구를 들고 춤을 추었다. 한편 중국 역대 왕조는 무무를 거행할 때 창, 검, 궁시(활과 화살)를 들고 춤을 추게 했다. 이에 비해 조선에서는 궁시를 무구로 쓰지 않았다. 조선에서는 무무를 출 때 앞쪽 세 줄에 선 사람들로 하여금 한 사람당 검 하나씩만 잡고 춤을 추게 했으며, 뒤쪽의 세 줄에 선 사람들은 한 사람당 창 하나씩만 잡은 채 춤을 추게 했다.

한편 1897년에 고종이 대한제국을 선포한 이후에는 황제국의 격식에 맞게 64명이 일무를 추었다. 그러나 일제 강점기에는 다시 36명이 일무를 추는 것으로 바뀌었다. 종묘에서 제사를 지내는 일은 광복 후 잠시 중단되었다가, 1960년대에 종묘제례악이 중요무형문화재로 지정됨에 따라 복원되었다. 복원된 종묘제례의 일무는 팔일무였으며, 예전처럼 먼저 문무를 추고 뒤이어 무무를 추는 방식을 지켰다. 문무를 출 때 손에 드는 무구는 조선 시대의 것과 동일했고, 무무를 출 때 앞의 네 줄에 선 사람들은 검을 들되 뒤의 네 줄에 선 사람들은 창을 들게 했다. 종묘제례 행사는 1969년부터 전주 이씨 대동종약원이 맡아 오늘날까지 정기적으로 시행하고 있는데, 그 형식은 1960년대에 복원된 것을 그대로 따르고 있다.

① 대한제국 시기에는 종묘제례에서 문무를 출 때 궁시를 들지 않고 검과 창만 들었다.
② 일제 강점기 때 거행된 종묘제례에서는 문무를 육일무로 추었고, 무무는 팔일무로 추었다.
③ 조선 시대에는 종묘제례에서 무무를 출 때 한 사람당 4종의 무구를 손에 들고 춤을 추게 했다.
④ 조선 시대에 종묘제례를 거행할 때에는 육일무를 추도록 하되 제후국의 격식에 맞추어 무무만 추었다.
⑤ 오늘날 시행되고 있는 종묘제례 행사에서 문무를 추는 사람들은 한 사람당 2종의 무구를 손에 들고 춤을 춘다.

문 3. 다음 글에서 알 수 있는 것은?

조선 시대에는 국왕의 부모에 대한 제사를 국가의례로 거행했다. 하지만 국왕의 생모가 후궁이라면, 아무리 왕을 낳았다고 해도 그에 대한 제사를 국가의례로 간주하지 않는 것이 원칙이었다. 그런데 이 원칙은 영조 때부터 무너지기 시작했다. 영조는 왕이 된 후에 자신의 생모인 숙빈 최씨를 위해 육상궁이라는 사당을 세웠다. 또 국가의례에 관한 규례가 담긴 『국조속오례의』를 편찬할 때, 육상궁에 대한 제사를 국가의례로 삼아 그 책 안에 수록해 두었다. 영조는 선조의 후궁이자, 추존왕 원종을 낳은 인빈 김씨의 사당도 매년 방문했다. 이 사당의 이름은 저경궁이다. 원종은 인조의 생부로서, 아들 인조가 국왕이 되었으므로 사후에 왕으로 추존된 인물이다. 한편 영조의 선왕이자 이복형인 경종도 그 생모 희빈 장씨를 위해 대빈궁이라는 사당을 세웠지만, 영조는 단 한 번도 대빈궁을 방문하지 않았다.

영조의 뒤를 이은 국왕 정조는 효장세자의 생모인 정빈 이씨의 사당을 만들어 연호궁이라 불렀다. 잘 알려진 바와 같이 정조는 사도세자의 아들이다. 그런데 영조는 아들인 사도세자를 죽인 후, 오래전 사망한 자기 아들인 효장세자를 정조의 부친으로 삼겠다고 공포했다. 이런 연유로 정조는 정빈 이씨를 조모로 대우하고 연호궁에서 매년 제사를 지냈다. 정조는 연호궁 외에도 사도세자의 생모인 영빈 이씨의 사당도 세워 선희궁이라는 이름을 붙이고 제사를 지냈다. 정조의 아들로서, 그 뒤를 이어 왕이 된 순조 역시 자신의 생모인 수빈 박씨를 위해 경우궁이라는 사당을 세워 제사를 지냈다.

이처럼 후궁의 사당이 늘어났으나 그 위치가 제각각이어서 관리하기가 어려웠다. 이에 순종은 1908년에 대빈궁, 연호궁, 선희궁, 저경궁, 경우궁을 육상궁 경내로 모두 옮겨 놓고 제사를 지내게 했다. 1910년에 일본이 대한제국의 국권을 강탈했으나, 이 사당들에 대한 제사는 유지되었다. 일제 강점기에는 고종의 후궁이자 영친왕 생모인 엄씨의 사당 덕안궁도 세워졌는데, 이것도 육상궁 경내에 자리 잡게 되었다. 이로써 육상궁 경내에는 육상궁을 포함해 후궁을 모신 사당이 모두 7개에 이르게 되었으며, 이때부터 그곳을 칠궁이라 부르게 되었다.

① 경종은 선희궁과 연호궁에서 거행되는 제사에 매년 참석했다.
② 『국조속오례의』가 편찬될 때 대빈궁, 연호궁, 선희궁, 경우궁에 대한 제사가 국가의례에 처음 포함되었다.
③ 영빈 이씨는 영조의 후궁이었던 사람이며, 수빈 박씨는 정조의 후궁이었다.
④ 고종이 대빈궁, 연호궁, 선희궁, 저경궁, 경우궁을 육상궁 경내로 이전해 놓음에 따라 육상궁은 칠궁으로 불리게 되었다.
⑤ 조선 국왕으로 즉위해 실제로 나라를 다스린 인물의 생모에 해당하는 후궁으로서 일제 강점기 때 칠궁에 모셔져 있던 사람은 모두 5명이었다.

문 4. 다음 글의 내용과 부합하지 않는 것은?

한국어 계통 연구 분야에서 널리 알려진 학설인 한국어의 알타이어족설은 한국어가 알타이 어군인 튀르크어, 몽고어, 만주·퉁구스어와 함께 알타이어족에 속한다는 것이다. 이 학설은 알타이 어군과 한국어 간에는 모음조화, 어두 자음군의 제약, 관계 대명사와 접속사의 부재 등에서 공통점이 있다는 비교언어학 분석에 근거하고 있다. 하지만 기초 어휘와 음운 대응의 규칙성에서는 세 어군과 한국어 간에 차이가 있어 이 학설의 비교언어학적 근거는 한계를 가지고 있다. 이 때문에, 한국어의 알타이어족설은 알타이 어군과 한국어 사이의 친족 관계 및 공통 조상어로부터의 분화 과정을 설명하기 어렵다.

최근 한국어 계통 연구는 비교언어학 분석과 더불어, 한민족 형성 과정에 대한 유전학적 연구, 한반도에 공존했던 여러 유형의 건국 신화와 관련된 인류학적 연구를 이용하고 있다. 가령, 우리 민족의 유전 형질에는 북방계와 남방계의 특성이 모두 존재한다는 점과 북방계의 천손 신화와 남방계의 난생 신화가 한반도에서 모두 발견된다는 점은 한국어가 북방적 요소와 남방적 요소를 함께 지니고 있음을 시사해준다. 이런 연구들은 한국어 자료가 근본적으로 부족한 상황에서 비롯된 문제점을 극복하여 한국어의 조상어를 밝히는 데 일정한 실마리를 던져준다.

하지만 선사 시대의 한국어와 친족 관계를 맺고 있는 모든 어군들을 알 수는 없으며, 있다고 하더라도 그들과 한국어의 공통 조상어를 밝히기란 쉽지 않다. 지금까지의 연구에 따르면, 고대에는 고구려어, 백제어, 신라어로 나뉘어 있었다. 하지만 이들 세 언어가 서로 다른 언어인지, 아니면 방언적 차이만을 지닌 하나의 언어인지에 대해서는 이견이 있다. 고구려어가 원시 부여어에 소급되는 것과 달리 백제어와 신라어는 모두 원시 한어(韓語)로부터 왔다는 것은 이들 언어의 차이가 방언적 차이 이상이었음을 보여 준다. 이들 세 언어가 고려의 건국으로 하나의 한국어인 중세 국어로 수렴되었다는 것에 대해서는 남한과 북한의 학계가 대립된 입장을 보이지 않지만, 중세 국어가 신라어와 고구려어 중 어떤 언어로부터 분화된 것인지와 관련해서는 두 학계의 입장은 대립된다. 한편, 중세 국어가 조선 시대를 거쳐 근대 한국어로 변모하여 오늘날 우리가 사용하는 현대 한국어가 되는 과정에 대해서는 두 학계의 견해가 일치한다.

① 비교언어학적 근거의 한계로 인해 한국어의 알타이어족설은 알타이 어군과 한국어 간의 친족 관계를 설명하기 어렵다.
② 한반도의 천손 신화에 대한 인류학적 연구는 한국어에 북방적 요소가 있음을 시사한다.
③ 최근 한국어 계통 연구는 부족한 한국어 자료를 보완하기 위해 한민족의 유전 형질에 대한 정보와 한반도에 공존한 건국 신화들을 이용한다.
④ 최근 한국어 계통 연구에서 백제어와 고구려어는 방언적 차이로 인해 서로 다른 계통으로 분류된다.
⑤ 중세 국어에서 현대 한국어에 이르는 한국어 형성 과정에 대한 남북한 학계의 견해는 일치한다.

문 5. 다음 글의 ㉠과 ㉡에 들어갈 말을 가장 적절하게 나열한 것은?

> 축산업은 지난 50여 년 동안 완전히 바뀌었다. 예를 들어, 1967년 미국에는 약 100만 곳의 돼지 농장이 있었지만, 2005년에 들어서면서 전체 돼지 농장의 수는 10만을 조금 넘게 되었다. 이러는 가운데 전체 돼지 사육 두수는 크게 증가하여 (㉠) 밀집된 형태에서 대규모로 돼지를 사육하는 농장이 출현하기 시작하였다. 이러한 농장은 경제적 효율성을 지녔지만, 사육 가축들의 병원균 전염 가능성을 높인다. 이러한 농장에서 가축들이 사육되면, 소규모 가축 사육 농장에 비해 벌레, 쥐, 박쥐 등과의 접촉으로 병원균들의 침입 가능성은 높아진다. 또한 이러한 농장의 가축 밀집 상태는 가축 간 접촉을 늘려 병원균의 전이 가능성을 높임으로써 전염병을 쉽게 확산시킨다.
>
> 축산업과 관련된 가축의 가공 과정과 소비 형태 역시 변화하였다. 과거에는 적은 수의 가축을 도축하여 고기 그 자체를 그대로 소비할 수밖에 없었다. 그러나 현대에는 소수의 대규모 육류가공기업이 많은 지역으로부터 수집한 수많은 가축의 고기를 재료로 햄이나 소시지 등의 육류가공제품을 대량으로 생산하여 소비자에 공급한다. 이렇게 되면 오늘날의 개별 소비자들은 적은 양의 육류가공제품을 소비하더라도, 엄청나게 많은 수의 가축과 접촉한 결과를 낳는다. 이는 소비자들이 감염된 가축의 병원균에 노출될 가능성을 높인다.
>
> 정리하자면 (㉡) 결과를 야기하기 때문에, 오늘날의 변화된 축산업은 소비자들이 가축을 통해 전염병에 노출될 가능성을 높인다.

① ㉠ : 농장당 돼지 사육 두수는 줄고 사육 면적당 돼지의 수도 줄어든
  ㉡ : 가축 사육량과 육류가공제품 소비량이 증가하는
② ㉠ : 농장당 돼지 사육 두수는 줄고 사육 면적당 돼지의 수도 줄어든
  ㉡ : 가축 간 접촉이 늘고 소비자도 많은 수의 가축과 접촉한
③ ㉠ : 농장당 돼지 사육 두수는 늘고 사육 면적당 돼지의 수도 늘어난
  ㉡ : 가축 사육량과 육류가공제품 소비량이 증가하는
④ ㉠ : 농장당 돼지 사육 두수는 늘고 사육 면적당 돼지의 수도 늘어난
  ㉡ : 가축 간 접촉이 늘고 소비자도 많은 수의 가축과 접촉한
⑤ ㉠ : 농장당 돼지 사육 두수는 늘고 사육 면적당 돼지의 수도 늘어난
  ㉡ : 가축 간 접촉이 늘고 소비자는 적은 수의 가축과 접촉한

문 6. 다음 글에서 알 수 있는 것은?

> 수사 기관이 피의자를 체포할 때 피의자에게 묵비권을 행사할 수 있고 불리한 진술을 하지 않을 권리가 있으며 변호사를 선임할 권리가 있음을 알려야 한다. 이를 '미란다 원칙'이라고 하는데, 이는 피의자로 기소되어 법정에 선 미란다에 대한 재판을 통해 확립되었다. 미란다의 변호인은 "경찰관이 미란다에게 본인의 진술이 법정에서 불리하게 쓰인다는 사실과 변호인을 선임할 권리가 있다는 사실을 말해주지 않았으므로 미란다의 자백은 공정하지 않고, 따라서 미란다의 자백을 재판 증거로 삼을 수 없다."라고 주장했다. 미국 연방대법원은 이를 인정하여, 미란다가 자신에게 묵비권과 변호사 선임권을 갖고 있다는 사실을 안 상태에서 분별력 있게 자신의 권리를 포기하고 경찰관의 신문에 진술했어야 하므로, 경찰관이 이러한 사실을 고지하였다는 것이 입증되지 않는 한, 신문 결과만으로 얻어진 진술은 그에게 불리하게 사용될 수 없다고 판결하였다.
>
> 미란다 판결 전에는 전체적인 신문 상황에서 피의자가 임의적으로 진술했다는 점이 인정되면, 즉 임의성의 원칙이 지켜졌다면 재판 증거로 사용되었다. 이때 수사 기관이 피의자에게 헌법상 권리를 알려주었는지 여부는 문제되지 않았다. 경찰관이 고문과 같은 가혹 행위로 받아낸 자백은 효력이 없지만, 회유나 압력을 행사했더라도 제때에 음식을 주고 밤에 잠을 자게 하면서 받아낸 자백은 전체적인 상황이 강압적이지 않았다면 증거로 인정되었다. 그런데 이러한 기준은 사건마다 다르게 적용되었으며 수사 기관으로 하여금 강압적인 분위기를 조성하도록 유도했으므로, 구금되어 조사받는 상황에서의 잠재적 위협으로부터 피의자를 보호해야 할 수단이 필요했다.
>
> 수사 절차는 본질적으로 강제성을 띠기 때문에, 수사 기관과 피의자 사이에 힘의 균형은 이루어지기 어렵다. 이런 상황에서 미란다 판결이 제시한 원칙은 수사 절차에서 수사 기관과 피의자가 대등한 지위에서 법적 다툼을 해야 한다는 원칙을 구현하는 첫출발이었다. 기존의 수사 관행을 전면적으로 부정하는 미란다 판결은 자백의 증거 능력에 대해 종전의 임의성의 원칙을 버리고 절차의 적법성을 채택하여, 수사 절차를 피의자의 권리를 보호하는 방향으로 전환하는 데에 크게 기여했다.

① 미란다 원칙을 확립한 재판에서 미란다는 무죄 판정을 받았다.
② 미란다 판결은 피해자의 권리에 있어 임의성의 원칙보다는 절차적 적법성이 중시되어야 한다는 점을 부각시켰다.
③ 미란다 판결은 법원이 수사 기관이 행하는 고문과 같은 가혹 행위에 대해 수사 기관의 법적 책임을 묻는 시초가 되었다.
④ 미란다 판결 전에는 수사 과정에 강압적인 요소가 있었더라도 피의자가 임의적으로 진술한 자백의 증거 능력이 인정될 수 있었다.
⑤ 미란다 판결에서 연방대법원은 피의자가 변호사 선임권이나 묵비권을 알고 있었다면 경찰관이 이를 고지하지 않아도 피의자의 자백은 효력이 있다고 판단하였다.

문 7. 다음 글에서 알 수 없는 것은?

WTO 설립협정은 GATT 체제에서 관행으로 유지되었던 의사결정 방식인 총의 제도를 명문화하였다. 동 협정은 의사결정 회의에 참석한 회원국 중 어느 회원국도 공식적으로 반대하지 않는 한, 검토를 위해 제출된 사항은 총의에 의해 결정되었다고 규정하고 있다. 또한 이에 따르면 회원국이 의사결정 회의에 불참하더라도 그 불참은 반대가 아닌 찬성으로 간주된다.

총의 제도는 회원국 간 정치 · 경제적 영향력의 차이를 보완하기 위하여 도입되었다. 그러나 회원국 수가 확대되고 이해관계가 첨예화되면서 현실적으로 총의가 이루어지기 쉽지 않았다. 이로 인해 WTO 체제 내에서 모든 회원국이 참여하는 새로운 무역협정이 체결되는 것이 어려워졌고 결과적으로 무역자유화 촉진 및 확산이 저해되고 있다. 이러한 문제의 해결 방안으로 '부속서 4 복수국간 무역협정 방식'과 '임계질량 복수국간 무역협정 방식'이 모색되었다.

'부속서 4 복수국간 무역협정 방식'은 WTO 체제 밖에서 복수국간 무역협정을 체결하고 이를 WTO 설립협정 부속서 4에 포함하여 WTO 체제로 편입하는 방식이다. 복수국간 무역협정이 부속서 4에 포함되기 위해서는 모든 WTO 회원국 대표로 구성되는 각료회의의 승인이 있어야 한다. 현재 부속서 4에의 포함 여부가 논의 중인 전자상거래협정은 협정 당사국에게만 전자상거래시장을 개방하고 기술이전을 허용한다. '부속서 4 복수국간 무역협정 방식'은 협정상 혜택을 비당사국에 허용하지 않음으로써 해당 무역협정의 혜택을 누리고자 하는 회원국들의 협정 참여를 촉진하여 결과적으로 자유무역을 확산하는 기능을 한다.

'임계질량 복수국간 무역협정 방식'은 WTO 체제 밖에서 일부 회원국 간 무역협정을 채택하되 해당 협정의 혜택을 보편적으로 적용하여 무역자유화를 촉진하는 방식이다. 즉, 채택된 협정의 혜택은 최혜국대우원칙에 따라 협정 당사국뿐 아니라 모든 WTO 회원국에 적용되는 반면, 협정의 의무는 협정 당사국에만 부여된다. 다만, 해당 협정이 발효되기 위해서는 협정 당사국들의 협정 적용대상 품목의 무역량이 해당 품목의 전세계 무역량의 90% 이상을 차지하여야 한다. '임계질량 복수국간 무역협정 방식'의 대표적인 사례는 정보통신기술(ICT)제품의 국제무역 활성화를 위해 1996년 채택되어 1997년 발효된 정보기술협정이다.

① '임계질량 복수국간 무역협정 방식'에 따라 채택된 협정의 혜택을 받는 국가는 해당 협정의 의무를 부담하는 국가보다 적을 수 없다.
② WTO의 의사결정 회의에 제안된 특정 안건을 지지하는 경우, 총의 제도에 따르면 그 회의에 불참하더라도 해당 안건에 대한 찬성의 뜻을 유지할 수 있다.
③ WTO 회원국은 전자상거래협정에 가입하지 않는다면 동 협정의 법적 지위에 영향을 미칠 수 없다.
④ WTO 각료회의가 총의 제도를 유지한다면 '부속서 4 복수국간 무역협정 방식'의 도입 목적은 충분히 달성하기 어렵다.
⑤ 1997년 발효 당시 정보기술협정 당사국의 ICT제품 무역규모량의 총합은 해당 제품의 전세계 무역량의 90% 이상일 것으로 추정할 수 있다.

문 8. 다음 글에서 알 수 있는 것은?

산소가 관여하는 신진대사에서 부산물로 만들어지는 활성산소는 노화나 질병을 일으킬 수 있다. 따라서 활성산소를 제거하는 항산화 물질을 섭취하는 것은 건강을 지키기 위해 중요하다.

항산화 물질 중 하나인 폴리페놀은 맥주, 커피, 와인, 찻잎뿐만 아니라 여러 식물에 있다. 폴리페놀의 구성물질 중 약 절반은 항산화 복합물인 플라보노이드이며, 플라보노이드는 플라보놀과 플라바놀이라는 두 항산화 물질로 구성되어 있다.

찻잎에는 플라바놀에 속하는 카데킨이 있으며, 이 카데킨이 활성산소를 제거하는 중요한 항산화 물질이다. 카데킨은 여러 항산화 물질로 되어있는데, 이중 에피갈로카데킨 갈레이트는 차가 우러날 때 쓰고 떫은맛을 내는 성분인 탄닌이다. 탄닌은 차뿐만 아니라 와인 맛의 특징을 결정짓는 중요한 요소이다.

제조 과정에서 산화 과정이 일어나지 않아서 비산화 차로 분류되는 녹차는 카데킨을 많이 함유하고 있다. 하지만 산화차인 홍차는 제조하는 동안 일어나는 산화 과정에서 카데킨의 일부가 테아플라빈과 테아루비딘이라는 또 다른 항산화 물질로 전환되는데, 이 두 물질이 홍차를 홍차답게 만드는 맛과 색상을 내는 것에 주된 영향을 미친다. 테아플라빈은 홍차를 만들기 위한 산화가 시작되면서 첫 번째로 나타나는 물질이다. 테아플라빈은 차의 색깔을 오렌지색 계통의 금색으로 변화시키며 다소 투박하고 떫은맛을 내게 한다. 이후에 산화가 더 진행되면 테아루비딘이 나타나는데, 테아루비딘은 차가 좀 더 부드럽고 감미로운 맛을 내고 어두운 적색 계통의 갈색을 갖게 한다. 따라서 산화를 길게 하면 할수록 테아루비딘의 양이 많아지고 차는 더욱더 부드럽고 감미로워진다.

중국 홍차가 인도나 스리랑카 홍차보다 대체로 부드러운 것은 산화 과정을 더 오래 하기 때문이다. 즉 홍차의 제조 방법과 조건이 차에 있는 테아플라빈과 테아루비딘의 상대적 비율을 결정하고 차의 색상과 맛의 스펙트럼에 영향을 미치는 중요한 요소가 되는 것이다.

① 테아루비딘의 양에 대한 테아플라빈의 양의 비율은 오렌지색 계통의 금색 홍차보다 어두운 적색 계통의 갈색 홍차에서 더 높다.
② 찻잎에 있는 플라보노이드는 활성산소가 생성되지 못하게 함으로써 항산화 작용을 한다.
③ 와인과 커피는 플라바놀이 들어있는 폴리페놀을 가지고 있다.
④ 에피갈로카데킨 갈레이트는 녹차보다 홍차에 더 많이 들어있다.
⑤ 인도 홍차보다 중국 홍차에 카데킨이 더 많이 들어있다.

문 9. 다음 글에서 추론할 수 있는 것만을 〈보기〉에서 모두 고르면?

란체스터는 한 국가의 상대방 국가에 대한 군사력 우월의 정도를, 전쟁의 승패가 갈린 전쟁 종료 시점에서 자국의 손실비의 역수로 정의했다. 예컨대 전쟁이 끝났을 때 자국의 손실비가 1/2이라면 자국의 군사력은 적국보다 2배로 우월하다는 것이다. 손실비는 아래와 같이 정의된다.

$$\text{자국의 손실비}=\frac{\text{자국의 최초 병력 대비 잃은 병력 비율}}{\text{적국의 최초 병력 대비 잃은 병력 비율}}$$

A국과 B국이 전쟁을 벌인다고 하자. 전쟁에는 양국의 궁수들만 참가한다. A국의 궁수는 2,000명이고, B국은 1,000명이다. 양국 궁수들의 숙련도와 명중률 등 개인의 전투 능력, 그리고 지형, 바람 등 주어진 조건은 양국이 동일하다고 가정한다. 양측이 동시에 서로를 향해 1인당 1발씩 화살을 발사한다고 하자. 모든 화살이 적군을 맞힌다면 B국의 궁수들은 1인 평균 2개의 화살을, A국 궁수는 평균 0.5개의 화살을 맞을 것이다. 하지만 화살이 제대로 맞지 않거나 아예 안 맞을 수도 있으니, 발사된 전체 화살 중에서 적 병력의 손실을 발생시키는 화살의 비율은 매번 두 나라가 똑같이 1/10이라고 하자. 그렇다면 첫 발사에서 B국은 200명, A국은 100명의 병력을 잃을 것이다. 따라서 ㉠ 첫 발사에서의 B국의 손실비는 $\frac{200/1,000}{100/2,000}$ 이다.

마찬가지 방식으로, 남은 A국 궁수 1,900명은 두 번째 발사에서 B국에 190명의 병력 손실을 발생시킨다. 이제 B국은 병력의 39%를 잃었다. 이런 손실을 당하고도 버틸 수 있는 군대는 많지 않아서 전쟁은 B국의 패배로 끝난다. B국은 A국에 첫 번째 발사에서 100명, 그 다음엔 80명의 병력 손실을 발생시켰다. 전쟁이 끝날 때까지 A국이 잃은 궁수는 최초 병력의 9%에 지나지 않는다. 이로써 ㉡ B국에 대한 A국의 군사력이 명확히 드러난다.

〈보 기〉

ㄱ. 다른 조건이 모두 같으면서 A국 궁수의 수가 4,000명으로 증가하면 ㉠은 16이 될 것이다.
ㄴ. ㉡의 내용은 A국의 군사력이 B국보다 4배 이상으로 우월하다는 것이다.
ㄷ. 전쟁 종료 시점까지 자국과 적국의 병력 손실이 발생했고 그 수가 동일한 경우, 최초 병력의 수가 적은 쪽의 손실비가 더 크다.

① ㄱ
② ㄷ
③ ㄱ, ㄴ
④ ㄴ, ㄷ
⑤ ㄱ, ㄴ, ㄷ

문 10. 다음 글의 ㉠과 ㉡에 대한 분석으로 적절한 것은?

제1차 세계대전 이후 심리적 외상의 실재가 인정되었다. 참호 안에서 공포에 시달린 남성들은 무력감에 사로잡히고, 전멸될지 모른다는 위협에 억눌렸으며 동료들이 죽고 다치는 것을 지켜보며 히스테리 증상을 보였다. 그들은 울며 비명을 질러대고 얼어붙어 말이 없어졌으며, 자극에 반응을 보이지 않고 기억을 잃으며 감정을 느끼지 못했다. 이러한 정신적 증후군의 발병은 신체적 외상이 아니라 심리적 외상을 계기로 발생한다는 것을 알게 되었다. 폭력적인 죽음에 지속적으로 노출되어 받는 심리적 외상은 히스테리에 이르게 하는 신경증적 증후군을 유발하기에 충분했다.

전쟁에서 폭력적인 죽음에 지속적으로 노출되어 받는 심리적 외상을 계기로 발생하는 '전투 신경증'이 정신적 증후군의 하나로 실재한다는 사실을 부정할 수 없게 되었을 때, 의학계의 전통주의자들과 진보주의자들 간의 의학적 논쟁은 이제 환자의 의지력을 중심으로 이루어졌다. ㉠ 전통주의자들은 전쟁에서 영광을 누려야 할 군인이 정서적인 증세를 드러내서는 안 된다고 보았다. 이들에 따르면, 전투 신경증을 보이는 군인은 체질적으로 열등한 존재에 해당한다. 전통주의자들은 이 환자들을 의지박약자라고 기술하면서 모욕과 위협, 처벌을 중심으로 하는 치료를 옹호하였다. 반면 ㉡ 진보주의자들은 전투 신경증이 의지력 높은 군인에게도 나타날 수 있다고 주장하였다. 이들은 정신분석 원칙에 입각하여 대화를 통한 인도적 치료를 옹호하였다. 그들은 전투 신경증을 히스테리의 한 유형으로 보았지만 히스테리라는 용어가 담고 있는 경멸적인 의미가 환자들에게 낙인을 찍는다는 사실을 깨닫고 이를 대체할 수 있는 명명법에 대한 고민을 거듭했다. 인도적 치료를 추구했던 진보주의자들은 두 가지 원칙을 확립하였다. 첫째, 용맹한 남성이라도 압도적인 두려움에는 굴복하게 된다. 둘째, 두려움을 극복할 수 있는 동기는 애국심이나 적에 대한 증오보다 강한 전우애다.

① ㉠과 ㉡의 히스테리 치료 방식은 같다.
② ㉠과 ㉡은 모두 전투 신경증의 증세가 실재한다고 본다.
③ ㉠과 ㉡은 전투 신경증이 어떤 계기로 발생하는가에 대해 서로 다른 견해를 보인다.
④ ㉠과 ㉡은 모두 환자들에게 히스테리라는 용어를 사용하는 것이 부정적인 낙인을 찍는다고 본다.
⑤ ㉡은 ㉠보다 전투 신경증에 의한 히스테리 증상이 더 다양한 형태로 나타난다고 본다.

문 11. 다음 글의 내용이 참일 때, 반드시 참인 것은?

외교부에서는 남자 6명, 여자 4명으로 이루어진 10명의 신임 외교관을 A, B, C 세 부서에 배치하고자 한다. 이때 따라야 할 기준은 다음과 같다.

- 각 부서에 적어도 한 명의 신임 외교관을 배치한다.
- 각 부서에 배치되는 신임 외교관의 수는 각기 다르다.
- 새로 배치되는 신임 외교관의 수는 A가 가장 적고, C가 가장 많다.
- 여자 신임 외교관만 배치되는 부서는 없다.
- B에는 새로 배치되는 여자 신임 외교관의 수가 새로 배치되는 남자 신임 외교관의 수보다 많다.

① A에는 1명의 신임 외교관이 배치된다.
② B에는 3명의 신임 외교관이 배치된다.
③ C에는 5명의 신임 외교관이 배치된다.
④ B에는 1명의 남자 신임 외교관이 배치된다.
⑤ C에는 2명의 여자 신임 외교관이 배치된다.

문 12. 다음 글의 내용이 참일 때, 반드시 참인 것은?

호텔 A에서 살인 사건이 발생했고, 손님 중에 범인(들)이 있다. 이 사건에 대하여 갑, 을, 병 세 사람이 각각 다음과 같이 두 개씩 진술을 했다. 이 세 사람 중 한 사람의 진술은 모두 참이고 다른 한 사람의 진술은 모두 거짓이며, 또 다른 한 사람의 진술은 하나는 참이고 다른 하나는 거짓이다.

갑 : • 이 사건의 범인은 단독범이고, 그는 이 호텔의 2층에 묵고 있다.
• 이 호텔 2층의 방은 모두 손님이 투숙하고 있어 2층에는 빈방이 없다.

을 : • 이 사건이 단독범의 소행이라면, 그 범인은 이 호텔의 5층에 투숙하고 있다.
• 이 사건의 범인은 단독범이 아니고 그들은 같은 방에 투숙하고 있지도 않다.

병 : • 이 사건이 단독범의 소행이 아니라면, 범인들은 같은 방에 투숙하고 있다.
• 이 호텔의 모든 방은 손님이 투숙하고 있어 빈방이 없다.

① 갑의 진술 둘 다 거짓일 수 있다.
② 2층에는 빈방이 없지만, 다른 층에는 빈방이 있다.
③ 병의 진술이 둘 다 거짓이라면, 갑의 진술 중 하나는 거짓이다.
④ 을의 진술이 둘 다 거짓이라면, 이 사건은 단독범의 소행이 아니다.
⑤ 갑의 진술 중 하나만 참이라면, 이 사건의 범인은 단독범이 아니다.

문 13. 다음 갑~병의 견해에 대한 분석으로 적절한 것만을 〈보기〉에서 모두 고르면?

갑 : 현대 사회에서 '기술'이라는 용어는 낯설지 않다. 이 용어는 어떻게 정의될 수 있을까? 한 가지 분명한 사실은 우리가 기술이라고 부를 수 있는 것은 모두 물질로 구현된다는 것이다. 기술이 물질로 구현된다는 말은 그것이 물질을 소재 삼아 무언가 물질적인 결과물을 산출한다는 의미이다. 나노기술이나 유전자조합기술도 당연히 이 조건을 만족하는 기술이다.

을 : 기술은 반드시 물질로 구현되는 것이어야 한다는 말은 맞지만 그렇게 구현되는 것들을 모두 기술이라고 부를 수는 없다. 가령, 본능적으로 개미집을 만드는 개미의 재주 같은 것은 기술이 아니다. 기술로 인정되려면 그 안에 지성이 개입해 있어야 한다. 나노기술이나 유전자조합기술을 기술이라 부를 수 있는 이유는 둘 다 고도의 지성의 산물인 현대과학이 그 안에 깊게 개입해 있기 때문이다. 더 나아가 기술에 대한 우리의 주된 관심사가 현대 사회에 끼치는 기술의 막강한 영향력에 있다는 점을 고려할 때, '기술'이란 용어의 적용을 근대 과학혁명 이후에 등장한 과학이 개입한 것들로 한정하는 것이 합당하다.

병 : 근대 과학혁명 이후의 과학이 개입한 것들이 기술이라는 점을 부인하지 않는다. 하지만 그런 과학이 개입한 것들만 기술로 간주하는 정의는 너무 협소하다. 지성이 개입해야 기술인 것은 맞지만 기술을 만들어내기 위해 과학의 개입이 꼭 필요한 것은 아니다. 오히려 기술은 과학과 별개로 수많은 시행착오를 통해 발전해 나가기도 한다. 이를테면 근대 과학혁명 이전에 인간이 곡식을 재배하고 가축을 기르기 위해 고안한 여러 가지 방법들도 기술이라고 불러야 마땅하다. 따라서 우리는 '기술'을 더 넓게 적용할 수 있도록 정의할 필요가 있다.

〈보 기〉

ㄱ. '기술'을 적용하는 범위는 셋 중 갑이 가장 넓고 을이 가장 좁다.
ㄴ. 을은 '모든 기술에는 과학이 개입해 있다.'라는 주장에 동의하지만, 병은 그렇지 않다.
ㄷ. 병은 시행착오를 거쳐 발전해온 옷감 제작법을 기술로 인정하지만, 갑은 그렇지 않다.

① ㄱ
② ㄴ
③ ㄱ, ㄷ
④ ㄴ, ㄷ
⑤ ㄱ, ㄴ, ㄷ

문 14. 다음 논쟁에 대한 분석으로 가장 적절한 것은?

갑 : 진실을 말하지 않더라도 다른 사람을 설득할 수 있겠지만, 그런 설득은 엉망인 결과로 이어지므로 그렇게 해서는 안 됩니다.

을 : 사람들을 설득하고자 하는 사람들에게 더 중요한 것은 정의나 훌륭함에 대한 진실을 말하는 것이 아닙니다. 그보다 자신이 말하는 바를 사람들이 정의롭고 훌륭한 것이라고 받아들일 수 있게끔 설득하는 이야기 기술입니다. 설득은 진실을 말한다고 해서 반드시 성취될 수 있는 것이 아닙니다.

갑 : 그럼 이렇게 생각해보지요. 제가 '말을 구해 적들을 막아야 한다.'고 당신을 설득하려는 상황을 생각해봅시다. 단, 당신이 말에 대해서 가지고 있는 정보는 가축 중 말의 귀가 가장 크다는 것뿐이고, 제가 이 사실을 알고 있다고 합시다. 이럴 때, 제가 당나귀를 말이라고 부르면서, 당나귀에 대한 칭찬을 늘어놓아 당나귀가 적들을 막는데 무척 효과적이라고 당신을 꼬드긴다면 어떻게 될까요? 아마도 당신은 설득이 되겠지요. 하지만 당신은 당나귀로 적들을 막아내지는 못할 것입니다. 이렇게 이야기 기술만으로 대중을 설득한다면, 그 설득으로부터 야기된 결과는 엉망이 될 것입니다.

을 : 제 말을 너무 심하게 비난하는군요. 제가 말한 것은 다른 사람을 설득하기 위해서는 이야기 기술을 습득해야 한다는 것입니다. 진실을 말하는 사람이라도 그런 기술이 없다면 설득을 해낼 수 없다는 것을 말하고자 한 것뿐입니다.

갑 : 물론, 진실을 말한다고 해서 설득할 수 있는 것은 아니지요. 그렇지만 진실을 말하지 않으면서 대중을 설득하는 이야기 기술만 습득하는 것은 어리석은 짓을 하겠다는 것입니다.

① 갑과 을은 진실을 이야기한다고 하더라도 설득에 실패할 수 있다는 것에 동의한다.
② 갑과 을은 이야기 기술만으로 사람들을 설득하는 경우가 가능하다는 것에 동의하지 않는다.
③ 갑과 을은 진실하지 않은 것을 말하는 이야기 기술을 습득하지 말아야 한다는 것에 동의한다.
④ 갑은 이야기 기술을 가지고 있다고 하더라도 설득에 실패할 수 있다는 것을 긍정하지만, 을은 부정한다.
⑤ 갑은 진실하지 않은 것을 믿게끔 설득하는 것으로부터 야기된 결과가 나쁠 수 있다는 것을 긍정하지만, 을은 부정한다.

문 15. 다음 글에서 추론할 수 없는 것은?

장수 비결에 관한 연구 결과에 따르면 행복한 결혼생활과 규칙적인 운동이 장수에 필요한 조건이라는 사실이 밝혀졌다. 또 하나 필요한 조건은 짜거나 기름진 음식을 즐겨 먹지 말아야 한다는 것이다.

이 연구 결과를 검증하기 위해 90세 이상 장수 노인 100명과 전국 평균에도 못 미치는 나이에 세상을 떠난 조기 사망자 100명, 총 200명으로 구성된 하나의 표본 집단 X를 구성하여 조사한 결과, 장수 노인 중에 이 연구 결과에 부합하지 않는 사례는 한 명도 없었다. 이번 조사를 통해 X에 속한 사람들에 대해 추가로 알려진 정보는 다음과 같다.

결혼생활이 행복하지 않은 사람들은 모두 면역지수가 낮았는데, 조기 사망자는 모두 면역지수가 낮았다. 짜거나 기름진 음식을 즐겨 먹지 않는 사람들의 경우 모두 혈중 콜레스테롤 지수가 낮게 나타났는데, 조기 사망자는 모두 혈중 콜레스테롤 지수가 높았다. 규칙적인 운동을 하지 않은 사람들은 모두 β호르몬이 평균치보다 적게 분비된 것으로 나타났는데, β호르몬이 평균치보다 적게 분비된 사람은 모두 체지방 비율이 정상 범위를 넘어섰다고 한다. 그런데 조기 사망자는 아무도 체지방 비율이 정상 범위를 넘어서지 않았던 것으로 드러났다.

① X에 속한 모든 사람은 규칙적으로 운동을 했다.
② X에 속한 장수 노인 중에 혈중 콜레스테롤 지수가 높은 사람은 없다.
③ X에 속한 조기 사망자 중에 짜거나 기름진 음식을 즐겨 먹은 사람이 있었다.
④ X에 속한 장수 노인 중에 체지방 비율이 정상 범위를 넘어서지 않는 사람이 있다.
⑤ X에 속한 조기 사망자라면 누구나 결혼생활이 행복하지 않았거나 β호르몬이 평균치보다 적게 분비되지 않았다.

문 16. 다음 글의 ㉠에 대한 평가로 적절한 것만을 〈보기〉에서 모두 고르면?

표현은 속성을 나타낸다. 가령 "붉다"라는 표현은 붉음이라는 속성을 나타낸다. "붉다"라는 표현을 우리가 잘 이해하고 사용한다면 우리는 붉음이라는 속성을 아는 것이다. 그런데 사람들은 통상적으로, 비교 가능한 속성 P와 그것의 비교급에 해당하는 관계 R에 대해서, P를 아는 것이 R을 아는 것에 선행해야 한다고 여긴다. 그들은 좋음을 알 수 있어야 a가 b보다 더 좋음을 알 수 있으며, 훌륭함을 알아야 c가 d보다 더 훌륭함을 알 수 있다고 생각한다. 예를 들어 붉음이라는 비교 가능한 속성에 대해서, 저 사과가 이 사과보다 더 붉음을 알 수 있는 이유는, 이 사과보다 저 사과가 붉음이라는 속성을 더 많이 갖고 있음을 알기 때문이다. 이러한 견해에 따르면, 표현 "더 좋다"가 어휘의 진화과정에서 "좋다" 다음에 등장했고 "훌륭하다"가 "더 훌륭하다"에 앞서 사용되었다.

하지만 비교 가능한 속성을 아는 것이 비교급 관계를 아는 것보다 선행하며, 표현의 등장에서도 그와 같은 선행이 있다는 이러한 견해에 대해서는 ㉠ 다음의 두 가지 반박이 있다. 첫째, 비교급 관계를 아는 것이 속성을 아는 것보다 선행하는 명백한 사례들이 있다. 빠름이라는 속성과 더 빠름이라는 관계를 생각해보자. 한 대상이 다른 대상보다 더 빠르다는 것을 알기 위해서 빠름 그 자체가 무엇인지를 알아야 할 필요는 없다. 거꾸로 우리는 더 빠름이라는 관계를 대상들에 적용함으로써 "빠름"의 의미를 이해한다. 둘째, 속성을 나타내는 표현이 언제나 그 속성의 비교급 관계를 나타내는 표현보다 먼저 나타나는 것도 아니다. 어떤 언어에는 비교 가능한 속성 Q의 비교 관계를 나타내는 표현만 있고 정작 Q를 나타내는 표현은 존재한 적이 없다. 이 경우, Q를 나타내는 표현의 등장은 Q의 비교급 표현의 등장에 앞설 수 없다.

〈보 기〉

ㄱ. a가 b보다 c에 더 유사함과 같은 관계를 이해하지 않고서는 "유사하다"라는 표현을 사용할 수 없다는 것은 ㉠을 강화한다.
ㄴ. 우리가 두 사람 중 어느 사람이 더 훌륭한지 판단할 수 없더라도 "훌륭하다"라는 표현을 안다는 것은 ㉠을 강화한다.
ㄷ. 인간임이라는 속성을 정의하기란 불가능하지만 "인간이다"와 같은 표현은 모든 언어에 존재한다는 것은 ㉠을 강화한다.

① ㄱ
② ㄷ
③ ㄱ, ㄴ
④ ㄴ, ㄷ
⑤ ㄱ, ㄴ, ㄷ

문 17. 다음 글의 〈실험〉에 대한 분석으로 가장 적절한 것은?

비활성 기체인 라돈에는 질량이 다른 39종의 동위원소들이 존재하는데, 그중 자연에서 주로 발견되는 것은 질량수가 222인 ^{222}Rn과 질량수가 220인 ^{220}Rn이다. ^{222}Rn과 ^{220}Rn의 화학적 성질은 매우 비슷하지만, 반감기가 서로 다르다. 반감기는 방사성 붕괴를 통해 원래 양의 절반이 되는 시간을 말하는 것으로, 방사성 물질마다 고유한 반감기가 있다. ^{222}Rn은 반감기가 3.8일인 반면, ^{220}Rn은 55.6초밖에 되지 않는다. 이러한 특성 탓에 ^{220}Rn의 경우 ^{222}Rn과 달리 빠른 속도로 붕괴하여 긴 거리를 이동하지 못하므로 인체에 도달할 확률이 낮다. ^{220}Rn은 발생원으로부터 50cm 이상 떨어지면 그 영향이 나타나지 않으며, ^{222}Rn에서 발생한 방사선은 밀폐된 공간에서는 거의 균일하게 분포한다.

〈실 험〉

갑은 ^{222}Rn과 ^{220}Rn에서 나온 방사선을 측정할 수 있는 측정기를 가지고 석재 A와 석재 B에서 발생하는 방사선량을 밀폐된 실험실에서 측정하였다. 방사선량은 석재로부터 0cm, 20cm, 60cm 떨어진 지점에서 측정되었다. ^{222}Rn과 ^{220}Rn 이외의 물질에 의한 영향은 없었다. 측정 결과는 다음과 같았다. 측정된 방사선량은 +의 개수에 비례한다.

석재로부터의 거리 (cm) / 석재의 종류	0	20	60
A	++++	+++	+
B	+	+	+

① A는 ^{220}Rn을 포함하지 않는다.
② B는 ^{222}Rn과 ^{220}Rn을 모두 포함한다.
③ 0cm 떨어진 지점에서 측정된 A의 방사선은 모두 ^{222}Rn에서 나온 것이다.
④ 20cm 떨어진 지점에서 측정된 방사선 중 ^{222}Rn에서 나온 방사선량은 B보다 A가 더 많다.
⑤ 60cm 떨어진 지점에서 측정된 A의 방사선과 B의 방사선은 모두 ^{222}Rn에서 나온 것이다.

문 18. 다음 글의 ㉠에 대한 평가로 적절한 것만을 〈보기〉에서 모두 고르면?

> 지금까지 알려진 적이 없는 어느 부족의 언어를 최초로 번역해야 하는 번역자 S를 가정하자. S가 사용할 수 있는 자료는 부족민들의 언어 행동에 관한 관찰 증거뿐이다. S는 부족민들의 말을 듣던 중에 여러 번 '가바가이'라는 말소리를 알아들었는데, 그때마다 항상 눈앞에 토끼가 있다는 사실을 관찰했다. 이에 S는 '가바가이'를 하나의 단어로 추정하면서 그에 대한 몇 가지 가능한 번역어를 생각했다. 그것은 '한 마리의 토끼'라거나 '살아있는 토끼' 등 여러 상이한 의미로 번역될 수 있었다. 관찰 가능한 증거들은 이런 번역 모두와 어울렸기 때문에 S는 어느 번역이 옳은지 결정할 수 없었다.
>
> 이 문제를 해결하는 방안으로 제시된 ㉠ 이론 A는 전체의 의미로부터 그 구성요소의 의미를 결정하고자 한다. 즉, 문제의 단어를 포함하는 문장들을 충분히 모아 각 문장의 의미를 확정한 후에 이것을 기반으로 각 문장의 구성요소에 해당하는 단어의 의미를 결정하려는 것이다. 이런 점은 과학에서 단어의 의미를 확정하는 사례를 통해서 분명하게 드러난다. 예를 들어, '분자'의 의미는 "기체의 온도는 기체를 구성하는 분자들의 충돌에 의한 것이다."와 같은 문장들의 의미를 확정함으로써 결정할 수 있다. 그리고 이 문장들의 의미는 수많은 문장들로 구성된 과학 이론 속에서 결정될 것이다. 결국 과학의 단어가 지니는 의미는 과학 이론에 의존하게 되는 것이다.

〈보 기〉

ㄱ. "고래는 포유류이다."의 의미를 확정하기 위해서는 먼저 '포유류'의 의미를 결정해야 한다는 점은 ㉠을 강화한다.

ㄴ. 뉴턴역학에서 사용되는 '힘'이라는 단어의 의미가 뉴턴역학에 의거하여 결정될 수 있다는 점은 ㉠을 강화한다.

ㄷ. 토끼와 같은 일상적인 단어는 언어 행위에 대한 직접적인 관찰 증거만으로 그 의미를 결정할 수 있다는 점은 ㉠을 약화한다.

① ㄱ
② ㄴ
③ ㄱ, ㄷ
④ ㄴ, ㄷ
⑤ ㄱ, ㄴ, ㄷ

※ 다음 글을 읽고 물음에 답하시오. [19~20]

> "강한 인공지능과 약한 인공지능 가운데 어느 편이 더 강한가?" 하는 물음은 이상해 보인다. 마치 "초록색 물고기와 주황색 물고기 중 어느 것이 초록색에 가까운가?"하는 싱거운 물음과 비슷하기 때문이다. 그러나 앞의 물음은 뒤의 물음과 성격이 다르다. 앞의 물음에서 '인공지능'이라는 명사를 수식하는 '강한'이라는 표현의 의미가 우리가 일반적으로 '강하다'는 말을 사용할 때의 그것과 다르기 때문이다. '강한 인공지능'이라는 표현은 철학자 썰이 인공지능을 논하며 제안했던 전문용어로, 인공지능이 말의 의미를 이해하는 능력이라는 특정한 속성을 지녔음을 의미한다. 반면에 '약한 인공지능'은 그런 속성을 지니지 못한 경우를 가리킨다. 이런 기준에 따르면 말의 의미를 이해하는 인공지능은 해낼 줄 아는 일이 별로 없더라도 '강한 인공지능'인 반면, 그런 능력이 없는 인공지능은 아무리 다양한 종류의 과업을 훌륭하게 해낼 수 있더라도 '약한 인공지능'이다.
>
> 일상적으로 가령 '어느 편이 강한가?'라고 묻는 상황에서 우리는 서로 겨루면 누가 이길 것인지를 궁금해 한다. 문제를 빠르게 해결하는 것이 중요한 상황에서 사람들은 다른 인공지능 프로그램보다 한층 더 빠르게 문제를 푸는 인공지능 프로그램을 강하다고 평가할 것이다. 단일한 인공지능 프로그램이 더 다양한 문제를 해결할 수 있을 때 더 강한 인공지능이라고 평가될 수도 있을 것이다. 그러나 인공지능에 관한 전문적인 논의에서는 이 개념을 학문적 토론의 세계에 처음 소개한 썰의 용어 사용을 존중할 필요가 있다. 썰이 주장한 것처럼 ㉠ 아무리 뛰어난 성능의 인공지능이라고 해도 자극의 외형적 구조를 다룰 뿐 말의 의미를 파악하지는 못한다. 다시 말해 강한 인공지능이 실현될 가능성은 거의 없다. 이런 견해는 많은 비판을 받기도 했지만, 상당한 설득력을 지닌다. 인공지능 스피커에 탑재된 프로그램이 "오늘 날씨는 어제보다 차갑습니다. 외출할 때는 옷을 따뜻하게 입으세요."라고 말한다고 해서 그것이 '외출'이나 '차갑다'는 말의 의미를 이해하고 있으리라고 생각되지는 않는다. 인공지능으로 작동하는 번역기가 순식간에 한국어 문장을 번듯한 영어 문장으로 번역하는 것은 감탄스럽지만, 그것이 문장의 의미를 이해한다고 볼 이유를 제공하지는 않는다.
>
> 강한 인공지능과 비슷해 보이지만 구별해야 할 개념이 인공일반지능이다. 우리는 비록 아주 뛰어나게 잘 하지는 못해도 본 것을 식별하고, 기억하고, 기억을 활용하여 판단을 내리고, 말로 생각을 표현하고, 상대방의 표정에서 감정을 읽고 또 자기 감정을 표현하는 등 온갖 능력을 발휘한다. 이처럼 하나의 인지 체계가 온갖 종류의 지적 능력을 발휘할 때 일반지능이라고 하는데, 인공지능 연구의 한 가지 목표는 인간처럼 일반지능의 성격을 실현하는 인공지능을 만드는 일이다. 일반지능을 갖춘 것처럼 보이는 인공지능을 우리는 '인공일반지능'이라고 부른다. ㉡ 일부 사람들은 이러한 지능이 강한 인공지능이라고 생각하지만 그것은 잘못된 생각이다. 왜냐하면 일반지능을 갖춘 것처럼 보인다는 것과 일반지능을 갖춘 것과는 서로 다르기 때문에 전자로부터 후자는 따라나오지 않으며, 마찬가지 이유로 말의 의미를 이해하는 것처럼 보인다는 것으로부터 말의 의미를 이해한다는 것이 따라나오지 않기 때문이다.

문 19. 위 글의 내용과 부합하지 않는 것은?

① 인공지능 번역기에 탑재된 인공지능은 약한 인공지능이다.
② 가장 많은 종류의 문제를 해결하는 인공지능이 강한 인공지능이다.
③ 인간의 온갖 지적 능력을 발휘하는 것처럼 보이는 인공지능은 인공일반지능이다.
④ 약한 인공지능은 특정한 과업에서 강한 인공지능을 능가하는 역량을 발휘할 수 있다.
⑤ 강한 인공지능에서 '강한'이란 표현의 의미는 우리가 일반적으로 사용하는 '강한'의 의미와 다르다.

문 20. 위 글의 ㉠과 ㉡에 대한 평가로 적절한 것만을 〈보기〉에서 모두 고르면?

〈보 기〉

ㄱ. 최근 단일한 인공지능 프로그램의 활용 범위를 넓혀 말의 인지적, 감성적 이해 기능을 갖춘 인공지능을 만드는 일이 현실화되고 있다는 사실은 ㉠을 강화한다.
ㄴ. 인간의 개입 없이 바둑의 온갖 기법을 터득해 인간의 실력을 능가한 알파고 제로가 '바둑'이라는 말의 의미를 이해하지 못한다고 보는 것은 인간중심적 편견에 불과하다는 사실은 ㉠을 약화한다.
ㄷ. 말의 의미를 이해하는 것과 이해하는 것처럼 보이는 것은 전혀 구별될 수 없다는 사실은 ㉡을 약화한다.

① ㄱ
② ㄴ
③ ㄱ, ㄷ
④ ㄴ, ㄷ
⑤ ㄱ, ㄴ, ㄷ

문 21. 다음 글에서 알 수 있는 것은?

조선 시대에는 지체 높은 관리의 행차 때 하인들이 그 앞에 서서 꾸짖는 소리를 크게 내어 행차에 방해되는 사람을 물리쳤다. 이런 행위를 '가도'라 한다. 국왕의 행차 때 하는 가도는 특별히 '봉도'라고 불렀다. 가도는 잡인들의 통행을 막는 것이기도 했기 때문에 '벽제'라고도 했으며, 이때 하는 행위를 '벽제를 잡는다.'라고 했다. 가도를 할 때는 대체로 '물렀거라', '에라, 게 들어 섰거라'고 외쳤고, 왕이 행차할 때는 '시위~'라고 소리치는 것이 정해진 법도였다. 『경도잡지』라는 문헌을 보면, 정1품 관인 영의정, 좌의정, 우의정의 행차 때 내는 벽제 소리는 그리 크지 않았고, 그 행차 속도도 여유가 있었다고 한다. 행차를 느리게 하는 방식으로 그 벼슬아치의 위엄을 차렸다는 것이다. 그런데 삼정승 아래 벼슬인 병조판서의 행차 때 내는 벽제 소리는 날래고 강렬했다고 한다. 병조판서의 행차답게 소리를 크게 냈다는 것이다.

애초에 가도는 벼슬아치가 행차하는 길 앞에 있는 위험한 것을 미리 치우기 위한 행위였다. 그런데 나중에는 행차 앞에 방해되는 자가 없어도 위엄을 과시하는 관례로 굳어졌다. 가도 소리를 들으면 지나가는 사람은 멀리서도 냉큼 꿇어앉아야 했다. 그 소리를 듣고도 모른 척하면 엄벌을 면치 못했다. 벼슬아치를 경호하는 관원들은 행차가 지나갈 때까지 이런 자들을 눈에 띄지 않는 곳에 가둬 두었다가 행차가 지나간 뒤 몽둥이로 마구 때렸다. 그러니 서민들로서는 벼슬아치들의 행차를 피해 다른 길로 통행하는 것이 상책이었다.

서울 종로의 피맛골은 바로 조선 시대 서민들이 종로를 오가는 벼슬아치들의 행차를 피해 오가던 뒷골목이었다. 피맛골은 서울의 숱한 서민들이 종로 근방에 일이 있을 때마다 오가던 길이었고, 그 좌우에는 허름한 술집과 밥집도 많았다. 피마란 원래 벼슬아치들이 길을 가다가 자기보다 높은 관리를 만날 때, 말에서 내려 길옆으로 피해 경의를 표하는 행위를 뜻하는 말이다. 그런데 신분이 낮은 서민들은 벼슬아치들의 행차와 그 가도를 피하기 위해 뒷골목으로 다니는 행위를 '피마'라고 불렀다. 피맛골은 서민들의 입장에서 볼 때 자유롭게 통행할 수 있는 일종의 해방구였던 셈이다.

① 삼정승 행차보다 병조판서 행차 때의 벽제 소리가 더 컸다.
② 봉도란 국왕이 행차한다는 소리를 듣고 꿇어앉는 행위를 뜻한다.
③ 벼슬아치가 행차할 때 잡인들의 통행을 막으면서 서민들에 대한 감시가 증가했다.
④ 조선 시대에 신분이 낮은 서민들은 피마라는 용어를 말에서 내려 길을 피한다는 의미로 바꿔 썼다.
⑤ 가도는 주로 서울을 중심으로 행해졌기 때문에 벼슬아치들의 행차를 피하기 위해 형성된 장소도 서울에만 있다.

문 22. 다음 글에서 알 수 있는 것은?

조선은 건국 초부터 가족을 중시하였다. 가족의 안정이 곧 사회의 안정이라는 인식하에, 가정의 핵심인 부부를 보호하기 위해 어떻게든 이혼을 막아야 했다. 중국 법전인 『대명률』은 부인이 남편을 때렸거나 간통을 했을 경우 남편이 원하면 이혼을 허용했다. 그런데 조선은 『대명률』을 준용하면서도 '조선에는 이혼이란 없다.'라는 태도를 견지하였다. 『대명률』에는 이른바 출처(出妻)라는 항목이 있어서 이런저런 이유로 부인을 내쫓을 수 있게 되어 있지만, 조선에서는 출처가 거의 명목상으로만 존재하였다. 조선은 남편이 부인을 쫓아내는 것이 사회 안정에 도움이 되지 않는다는 사실을 잘 파악하고 있었다.

양반 남자 집안 또한 이혼이나 출처에 부정적이었다. 부인을 쫓아내면 그것은 곧 적처가 없게 되는 것이다. 적처는 양반가에서 적자의 배우자로 집안을 온전하게 유지하는 가정의 관리자다. 이에 조선의 양반가에서 적처의 존재는 필수 불가결한 것이었다. 게다가 적처를 쫓아내고 새 부인을 얻는다는 것은 현실적으로 비용과 노력이 많이 드는 골치가 아픈 일이었다. 적처를 내보내면 적처 집안과의 관계가 단절된다.

조선 전기에는 오늘날과 달리 남자가 여자 집으로 장가를 드는 형태로 혼인이 이루어졌기 때문에 적처의 집안 즉 여자 집안의 영향력이 컸고, 남자 집안과 여자 집안은 비교적 대등하고 협력적인 관계를 맺어 왔다. 물론 조선 후기로 내려오면서 혼인의 형태가 변화하여 남자 쪽이 주도권을 잡게 되었지만, 여전히 여자 집안으로부터의 영향력과 지원은 무시할 수 없었다. 따라서 여자 집안과의 공조를 끊는 것은 쉽게 결정할 일이 아니었다. 이러한 문제를 다 고려해서 이루어진 혼인이었으므로, 재혼을 통해 더 나은 관계를 찾는 것은 쉽지 않은 일이었다.

조선에서 남자 집안은 새로운 관계를 찾기보다는 처음 맺은 관계를 우호적으로 유지하면서 사회적인 이익을 얻기 위해 노력하는 것이 더 현실적이었다. 칠거지악이 여자들을 옥죄는 조선의 악습으로 알려져 있지만, 사실은 이 때문에 부인이 쫓겨난 경우는 없었다. 이처럼 이혼이 거의 불가능하고 또 불필요했기 때문에 조선의 부부들은 자신들에게 주어진 상황에 적응하는 쪽으로 노력을 기울였다.

① 조선 사회에서 양반 계층보다는 평민이나 노비 계층에서 이혼이 빈번했다.
② 조선의 양반 집안은 적처를 쫓아내기보다는 현실적인 이유에서 결혼을 유지하였다.
③ 조선에서 적처의 존재를 중요하게 생각한 것은 부인의 역할이 중국과는 달랐기 때문이다.
④ 조선 시대에는 중국 법전의 출처 항목에 명시된 사유에 해당한다고 판단될 경우 이혼을 실질적으로 용인하였다.
⑤ 조선 시대에 국가는 이혼을 막기 위해 남자 집안과 여자 집안 간의 공조를 유지시키기 위한 지원 정책을 실시했다.

문 23. 다음 글에서 알 수 있는 것은?

함경도 경원부의 두만강 건너편 북쪽에 살던 여진족은 조선을 자주 침략하다가 태종 때 서쪽으로 이동해 명이 다스리는 요동의 봉주라는 곳까지 갔다. 그곳에 정착한 여진족은 한동안 조선을 침략하지 않았다. 한편 명은 봉주에 나타난 여진족을 통제하고자 건주위라는 행정단위를 두고, 여진족 추장을 책임자로 임명했다. 그런데 1424년에 봉주가 북쪽의 이민족에 의해 침략받는 일이 벌어졌다. 이에 건주위 여진족은 동쪽으로 피해 아목하라는 곳으로 이동했다. 조선의 국왕 세종은 이들이 또 조선을 침입할 가능성이 있다고 생각하고, 그 침입에 대비하고자 압록강변 중에서 방어에 유리한 곳을 골라 여연군이라는 군사 거점을 설치했다.

세종의 예상대로 건주위 여진족은 1432년 12월에 아목하로부터 곧바로 동쪽으로 진격해 압록강을 건너 여연군을 침략했다. 이 소식을 들은 세종은 최윤덕을 지휘관으로 삼아 이듬해 3월, 건주위 여진족을 정벌하게 했다. 최윤덕의 부대는 여연군에서 서남쪽으로 수백 리 떨어진 지점에 있는 만포에서 압록강을 건넌 후 아목하까지 북진해 건주위 여진족을 토벌했다. 이후에 세종은 만포와 여연군 사이의 거리가 지나치게 멀어 여진족이 그 중간 지점에서 압록강을 건너올 경우, 막기 힘들다고 판단했다. 이에 만포의 동북쪽에 자성군을 두어 압록강을 건너오는 여진에 대비하도록 했다. 이로써 여연군의 서남쪽에 군사 거점이 하나 더 만들어지게 되었다. 자성군은 상류로부터 여연군을 거쳐 만포 방향으로 흘러가는 압록강이 보이는 요충지에 자리 잡고 있다. 세종은 자성군의 지리적 이점을 이용해 강을 건너오는 적을 공격하기 좋은 위치에 군사 기지를 만들도록 했다.

국경 방비가 이처럼 강화되었으나, 건주위 여진족은 다시 강을 넘어 여연군을 침략했다. 이에 세종은 1437년에 이천이라는 장수를 보내 재차 여진 정벌에 나섰다. 이천의 부대는 만포에서 압록강을 건너 건주위 여진족을 토벌했다. 이후 세종은 국경 방비를 더 강화하고자 여연군과 자성군 사이의 중간 지점에 우예군을 설치했으며, 여연군에서 동남쪽으로 멀리 떨어진 곳에 무창군을 설치했다. 이 네 개의 군은 4군이라 불렸으며, 조선이 북쪽 변경에 대한 방비를 강화하는 데 중요한 역할을 했다.

① 여연군이 설치되어 있던 곳에서 동쪽 방면으로 곧장 나아가면 아목하에 도착할 수 있었다.
② 최윤덕은 여연군과 무창군을 잇는 직선 거리의 중간 지점에서 강을 건너 여진족을 정벌했다.
③ 이천의 두 번째 여진 정벌이 끝난 직후에 조선은 북쪽 국경의 방비를 강화하고자 자성군과 우예군, 무창군을 신설했다.
④ 세종은 여진의 침입에 대비하기 위해 경원부를 여연군으로 바꾸고, 최윤덕을 파견해 그곳 인근에 3개 군을 더 설치하게 했다.
⑤ 4군 중 하나인 여연군으로부터 압록강 물줄기를 따라 하류로 이동하면 이천의 부대가 왕명에 따라 여진을 정벌하고자 압록강을 건넜던 지역에 이를 수 있었다.

문 24. 다음 글의 내용과 부합하는 것은?

> 미국의 건축물 화재안전 관리체제는 크게 시설계획기준을 제시하는 건축모범규준과 특정 시설의 화재안전평가 및 대안 설계안을 결정하는 화재안전평가제 그리고 기존 건축물의 화재위험도를 평가하는 화재위험도평가제로 구분된다. 건축모범규준과 화재안전평가제는 건축물의 계획 및 시공단계에서 설계지침으로 적용되며, 화재위험도평가제는 기존 건축물의 유지 및 관리단계에서 화재위험도 관리를 위해 활용된다. 우리나라는 정부가 화재안전 관리체제를 마련하고 시행하는 데 반해 미국은 공신력 있는 민간기관이 화재 관련 모범규준이나 평가제를 개발하고 주 정부가 주 상황에 따라 특정 제도를 선택하여 운영하고 있다.
>
> 건축모범규준은 미국화재예방협회에서 개발한 것이 가장 널리 활용되는데 3년마다 개정안이 마련된다. 특정 주요 기준은 대부분의 주가 최근 개정안을 적용하지만, 그 외의 기준은 개정되기 전 규준의 기준을 적용하는 경우도 있다. 역시 미국화재예방협회가 개발하여 미국에서 가장 널리 활용되는 화재안전평가제는 공공안전성이 강조되는 의료, 교정, 숙박, 요양 및 교육시설 등 5개 용도시설에 대해 화재안전성을 평가하고 대안 설계안의 인정 여부를 결정함에 목적이 있다. 5개 용도시설을 제외한 건축물의 경우에는 건축모범규준의 적용이 권고된다. 화재위험도평가제는 기존 건축물에 대한 데이터를 수집하여 화재안전을 효율적으로 평가 · 관리함에 목적이 있다. 이 중에서 뉴욕주 소방청의 화재위험도평가제는 공공데이터 공유 플랫폼을 이용하여 수집된 주 내의 모든 정부 기관의 정보를 평가 자료로 활용한다.

① 건축모범규준이나 화재안전평가제에 따르면 공공안전성이 강조되는 건물에는 특정 주요 기준이 강제적으로 적용되고 있다.
② 건축모범규준, 화재안전평가제, 화재위험도평가제 모두 건축물의 설계 · 시공단계에서 화재안전을 확보하는 수단이다.
③ 건축모범규준을 적용하여 건축물을 신축하는 경우 반드시 가장 최근에 개정된 기준에 따라야 한다.
④ 미국에서는 민간기관인 미국화재예방협회가 건축모범규준과 화재안전평가제를 개발 · 운영하고 있다.
⑤ 뉴욕주 소방청은 화재위험도 평가에 타 기관에서 수집한 정보를 활용한다.

문 25. 다음 글에서 알 수 있는 것은?

> 19세기 후반 독일의 복지 제도를 주도한 비스마르크는 보수파였다. 그는 노령연금과 의료보험 정책을 통해 근대 유럽 복지 제도의 기반을 조성하였는데 이 정책의 일차적 목표는 당시 노동자를 대변하는 사회주의자들을 견제하면서 독일 노동자들이 미국으로 이탈하는 것을 방지하는 데 있었다. 그의 복지 정책은 노동자뿐 아니라 노인과 약자 등 사회의 다양한 계층으로부터 광범위한 지지를 얻을 수 있었지만, 이러한 정책을 실행하는 과정에서 각 정파들 간에 논쟁과 갈등이 발생했다. 복지 제도는 모든 국민에게 그들의 공과와는 관계없이 일정 수준 이상의 삶을 영위할 수 있도록 사회적 최소치를 보장하는 것이고 이를 위해선 지속적인 재원이 필요했다. 그런데 그 재원을 확보하고자 국가가 세금과 같은 방법을 동원할 경우 그 비용을 강제로 부담하고 있다고 생각하는 국민들의 불만은 말할 것도 없고, 실제 제공되는 복지 수준이 기대치와 다를 경우 그 수혜자들로부터도 불만을 살 우려가 있었다.
>
> 공동체적 가치를 중요시해 온 독일의 사회주의자들이나 보수주의자들은 복지 정책을 입안하고 그 집행과 관련된 각종 조세 정책을 수립하는 데에 적극적이었다. 이들은 보편적 복지를 시행하기 위한 재원을 국가가 직접 나서서 마련하는 데 찬성했다. 반면 개인주의에 기초하여 외부로부터 간섭받지 않을 권리와 자유를 최상의 가치로 간주하는 독일 자유주의자들은 여기에 소극적이었다. 이 자유주의자들은 모두를 위한 기본적인 복지보다는 개인의 사유재산권이나 절차상의 공정성을 강조하였다. 이들은 장애인이나 가난한 이들에 대한 복지를 구휼 정책이라고 간주해 찬성하지 않았다. 이들에 따르면 누군가가 선천적인 장애나 사고로 인해 매우 어려운 상황에 처해 있다고 내가 그 사람을 도와야 할 의무는 없는 것이다. 따라서 자신이 원하지도 않는 상황에서 다른 사람을 돕는다는 명목으로 국가가 강제로 개인에게 세금을 거두고자 한다면 이는 자유의 침해이자 강요된 노동이 될 수 있었다. 물론 독일 자유주의자들은 개인이 자발적으로 사회적 약자들을 돕는 것에는 반대하지 않고 적극 권장하는 입장을 취했다. 19세기 후반 독일의 보수파를 통해 도입된 복지 정책들은 이후 유럽 각국의 복지 제도 확립에 영향을 미쳤다. 그렇지만 개인의 자율성을 강조하는 자유주의자들과의 갈등들은 현재까지도 지속되고 있다.

① 독일 자유주의자들은 구휼 정책에는 반대했지만 개인적 자선 활동에는 찬성하였다.
② 독일 보수주의자들은 복지 정책에 드는 재원을 마련하면서 그 부담을 특정 계층에게 전가하였다.
③ 독일 보수주의자들이 집권한 당시 독일 국민의 노동 강도는 높아졌고 개인의 자율성은 침해되었다.
④ 공동체적 가치를 강조하는 사회주의적 전통이 확립될수록 복지 정책에 대한 독일 국민들의 불만은 완화되었다.
⑤ 독일 사회주의자들이 제안한 노동자를 위한 사회 보장 정책은 독일 보수주의자들에 의해 전 국민에게로 확대되었다.

문 26. 다음 글에서 알 수 있는 것은?

> 사법적 분쟁해결의 대안적 수단인 ADR(Alternative Dispute Resolution)은 분쟁당사자 간 자율적 분쟁해결을 도모한다. ADR은 재판과 비교하여 시간과 비용이 절감되나 사법적 통제가 이루어지지 않아 법치주의에 위배될 우려가 있다. ADR은 자기결정권의 정도에 따라 중재, 조정, 협상으로 구분된다. 분쟁해결안과 관련하여, 중재는 제3자가 결정권을 가지며, 조정은 제3자가 관여하지만 결정권은 분쟁당사자가 가지고, 협상은 제3자의 관여 없이 분쟁당사자가 결정권을 갖는다. 따라서 중재에서 조정, 협상으로 갈수록 자기결정권의 정도가 크다.
>
> ADR 중 소송과 가장 유사한 중재는 전문성을 보유한 중재인 또는 중재단 등 제3자가 당사자들의 의뢰에 따라 분쟁을 해결한다. 중재인이 당사자의 입장을 절충하여 제시한 중재안은 구속력이 있다. 따라서 중재안에 만족하지 못하는 당사자도 발생한다. 중재에서 당사자의 자기결정권은 당사자가 분쟁해결수단으로 중재를 선택할 것인지 여부를 결정하는 것에 그칠 뿐, 그 이후의 절차나 결과에 관해서는 결정권이 제한된다.
>
> 조정은 당사자 간 대화를 통하여 창의적 해결안을 모색하기 때문에 결과 도출 시 당사자의 만족도가 크다. 조정을 제3자의 개입 수준에 따라 알선과 순수한 의미의 조정으로 재구분하기도 한다. 알선은 제3자가 단순히 회합을 주재하는 수준에 머무는 경우이며, 순수한 의미의 조정은 회합의 주재뿐 아니라 해결안을 제시하는 수준까지 제3자가 개입하는 것이다.
>
> 협상은 제3자의 관여 없이 분쟁당사자 간의 협의를 통해 분쟁을 해결하기 때문에 자기결정권의 정도가 가장 크다. 그러나 제3자의 관여가 없다 보니 분쟁당사자 간의 사회적, 경제적 우위 등이 반영된 해결안이 마련되기도 한다. 협상은 분쟁당사자가 자율적으로 분쟁을 해결한다는 점에서 가장 이상적이다. 그러나 분쟁당사자 간의 비공개 의사결정에 의존하여 분쟁해결안을 만들기 때문에 사회 정의를 실현하는 측면에서는 미흡한 점이 있어 결과에 대한 만족도가 다양하다.

① 중재는 분쟁해결안의 구속력으로 인해 분쟁당사자의 결과에 대한 만족도가 가장 낮다.
② 협상은 제3자의 개입 정도가 가장 낮으므로 사법적 통제도 가장 낮게 이루어진다.
③ 협상은 중재나 조정보다 분쟁 해결에 요구되는 시간이 가장 짧은 분쟁해결수단이다.
④ 당사자 간 분쟁해결안 자체를 만듦에 있어 알선은 협상보다 자기결정권의 정도가 크다.
⑤ ADR 중에서 자기결정권의 정도가 가장 큰 것이 사회 정의의 실현에 충분히 기여하는 것은 아니다.

문 27. 다음 글에서 추론할 수 있는 것만을 〈보기〉에서 모두 고르면?

> '공립학교 인종차별 금지 판결의 준수를 종용하면서, 어떤 법률에 대해서는 의도적으로 그 준수를 거부하니 이는 기괴하다.'라고 할 수 있습니다. '어떤 법률은 준수해야 한다고 하면서도 어떤 법률에 대해서는 그를 거부하라 할 수 있습니까?'라고 물을 수도 있습니다. 하지만 이에는 '불의한 법률은 결코 법률이 아니다.'라는 아우구스티누스의 말을 살펴 답할 수 있습니다. 곧, 법률에는 정의로운 법률과 불의한 법률, 두 가지가 있습니다.
>
> 이 두 가지 법률 간 차이는 무엇입니까? 법률이 정의로운 때가 언제이며, 불의한 때는 언제인지 무엇을 보고 결정해야 합니까? 우리 사회에서 통용되는 법률들을 놓고 생각해 봅시다. 우리 사회에서 지켜야 할 법률이라는 점에서 정의로운 법률과 불의한 법률 모두 사람에게 적용되는 규약이기는 합니다. 하지만 정의로운 법률은 신의 법, 곧 도덕법에 해당한다는 데에 동의할 것으로 믿습니다. 그렇다면 불의한 법률은 그 도덕법에 배치되는 규약이라 할 것입니다. 도덕법을 자연법이라 표현한 아퀴나스의 말을 빌리면, 불의한 법률은 결국 사람끼리의 규약에 불과합니다. 사람끼리의 규약이 불의한 이유는 그것이 자연법에 기원한 것이 아니기 때문입니다.
>
> 인간의 성품을 고양하는 법률은 정의롭습니다. 인간의 품성을 타락시키는 법률은 물론 불의한 것입니다. 인종차별을 허용하는 법률은 모두 불의한 것인데 그 까닭은 인종차별이 영혼을 왜곡하고 인격을 해치기 때문입니다. 가령 인종을 차별하는 자는 거짓된 우월감을, 차별당하는 이는 거짓된 열등감을 느끼게 되는데 여기서 느끼는 우월감과 열등감은 영혼의 본래 모습이 아니라서 올바른 인격을 갖추지 못하도록 합니다.
>
> 따라서 인종차별은 정치 · 사회 · 경제적으로 불건전할 뿐 아니라 죄악이며 도덕적으로 그른 것입니다. 분리는 곧 죄악이라 할 것인데, 인간의 비극적인 분리를 실존적으로 드러내고, 두려운 소외와 끔찍한 죄악을 표출하는 상징이 인종차별 아니겠습니까? 공립학교 인종차별 금지 판결이 올바르기에 그 준수를 종용할 수 있는 한편, 인종차별을 허용하는 법률은 결단코 그르기에 이에 대한 거부에 동참해달라고 호소하는 바입니다.

〈보 기〉

ㄱ. 인간의 성품을 고양하는 법률은 도덕법에 해당한다.
ㄴ. 사람끼리의 규약에 해당하는 법률은 자연법이 아니다.
ㄷ. 인종차별적 내용을 포함하지 않는 모든 법률은 신의 법에 해당한다.

① ㄱ
② ㄷ
③ ㄱ, ㄴ
④ ㄴ, ㄷ
⑤ ㄱ, ㄴ, ㄷ

문 28. 다음 글에서 알 수 있는 것은?

철은 구성 성분과 용도 그리고 단단함의 정도(강도), 질긴 정도(인성), 부드러운 정도(연성), 외부 충격에 깨지지 않고 늘어나는 정도(가단성)등의 성질에 따라 다양한 종류로 나뉜다.

순철은 거의 100% 철로 되어 있다. 순철을 가열하면 약 910℃에서 체심입방격자에서 면심입방격자로 구조 변화가 일어나면서 수축이 일어나고 이 구조는 약 1,400℃까지 유지된다. 그 이상의 온도에서는 구조가 다시 체심입방격자로 바뀌면서 팽창이 일어난다. 순철은 얇게 펼 수 있으며, 용접하기 쉽고, 쉽게 부식되지 않지만, 상온에서 매우 부드러워서 전자기 재료, 촉매, 합금용 등 그 활용 범위가 제한되어 있으며 공업적으로 조금 생산된다. 따라서 대부분의 경우 철은 순철 자체로 사용되기보다 탄소가 혼합된 형태로 사용된다.

선철은 용광로에서 철광석을 녹여 만든 철로서 탄소, 규소, 망간, 인, 황이 많이 포함되어 있고 단단하지만 부서지기 쉽다. 선철에는 탄소가 특히 많이 함유되어 있기 때문에 순철보다 인성과 가단성이 낮아 주형에 부어 주물로 만들 수는 있지만, 압력을 가해 얇게 펴거나 늘리는 가공은 어렵다. 대부분 선철은 강(鋼)을 만들기 위한 원료로 사용되며, 용광로에서 나와 가공되기 전 녹아 있는 상태의 선철을 용선이라고 한다.

제강로에 선철을 넣으면 탄소나 기타 성분이 제거되는 정련 과정이 일어나며, 이를 통해 강이 만들어진다. 강은 질기고 외부의 충격에 깨지지 않고 늘어나는 성질이 강하기 때문에 불에 달구어서 두들기거나 압연기 사이로 통과시키면서 압력을 가해 여러 형태의 판이나 봉, 관 등의 구조재를 만들 수 있다. 또한 외부 충격에 견디는 힘이 높아 그 용도가 무궁무진하다.

강은 탄소 함유량에 따라 저탄소강, 중탄소강, 고탄소강으로 구분한다. 탄소강은 가공과 열처리를 통해 성질을 다양하게 변화시킬 수 있고 값도 매우 싸기 때문에 실용 재료로써 그 가치가 매우 크다. 하지만 모든 성질이 우수한 탄소강을 만드는 것은 불가능하기에 다양한 제강 과정을 거쳐서 용도에 따른 특수강을 만들어 사용한다. 강에 특수한 성질을 주기 위하여 니켈, 크롬, 텅스텐, 몰리브덴 등의 특수 원소를 첨가하거나 탄소, 규소, 망간, 인, 황 중 일부를 첨가하여 내열강, 내마모강, 고장력강 등을 만드는데 이것을 특수강이라고 부른다.

① 순철은 연성이 높기 때문에 온도에 의한 구조 변화와 수축·팽창이 쉽게 일어난다.
② 순철은 선철보다 덜 질기고 외부 충격에 깨지지 않고 늘어나는 정도가 더 낮다.
③ 용선이 가지고 있는 탄소의 양은 저탄소강이 가지고 있는 탄소의 양보다 적다.
④ 제강로에서 일어나는 정련 과정은 선철의 인성과 가단성을 높인다.
⑤ 고장력강의 탄소 함유량은 고탄소강의 탄소 함유량보다 더 낮다.

문 29. 다음 글에서 추론할 수 있는 것은?

두 국가에서 소득을 얻은 개인이 두 국가 모두의 거주자로 간주되면, 두 국가에서 벌어들인 소득 합계에 대한 세금을 두 국가 모두에 납부해야 한다. 이러한 이중 부과는 불합리하다. 이에, 다음 〈기준〉에 따라 〈사례〉의 개인 갑~정을 X국과 Y국 중 어느 국가의 거주자인지 결정하고자 한다. 갑~정의 국적은 각 하나씩이며, 네 명 모두 X국과 Y국에서만 소득을 얻는다. 〈기준〉의 각 항목은 거주국이 결정될 때까지 '첫째'부터 순서대로 적용하되, 항목에 명시된 '경우'에 해당하지 않으면 적용하지 않는다. 거주국이 결정되면 그 뒤의 항목들은 고려하지 않는다.

〈기 준〉

첫째, 소득을 얻는 국가 중 한 국가에만 영구적인 주소가 있는 경우, 그 국가의 거주자로 본다. 둘째, 소득을 얻는 두 국가 모두에 영구적인 주소가 있는 경우, 더 중요한 이해관계를 가지는 쪽 국가의 거주자로 본다. 셋째, 소득을 얻는 두 국가 중 어느 쪽에도 영구적인 주소가 없거나 어느 쪽 국가에도 더 중요한 이해관계를 가지지 않는 경우에는 통상적으로 거주하는, 즉 1년의 50%를 초과하여 거주하는 국가의 거주자로 본다. 넷째, 소득을 얻는 두 국가 중 어느 쪽에도 통상적으로 거주하지 않는 경우, 국적에 따라 거주국을 결정한다.

〈사 례〉

- X국 국적자 갑은 X국 법인의 회장으로 재직하여 X국에 더 중요한 이해관계를 가지며, 어느 나라에도 영구적인 주소가 없으나 1년에 약 3개월은 X국에 거주하고 나머지는 Y국에 거주한다.
- Z국 국적자 을은 Y국 법인의 이사로 재직하여 Y국에 더 중요한 이해관계를 가진다. 을은 Y국에 통상적으로 거주하며 그가 유일하게 영구적인 주소를 가진 X국에는 1년에 4개월 정도 거주하는데 그 기간에는 영상회의로 Y국 법인의 업무에 참여한다.
- Y국 국적자 병은 X국과 Y국에 각각 영구적인 주소를 가지며 1년 중 X국에 1/4, Y국에 3/4을 체류한다. 병은 Y국에 체류할 때는 주로 휴식을 취하지만 X국에 체류하는 동안에는 X국의 공장을 운영하는 등, X국에 더 중요한 이해관계를 가진다.
- Y국 국적자 정은 Z국에만 영구적인 주소를 가지나, 거주는 X국과 Y국에서 정확히 50%씩 한다. 정은 X국과 Y국 중 어느 쪽에도 더 중요한 이해관계를 가지지 않는다.

① 갑과 병은 거주국이 같다고 결정된다.
② 갑~정 중 거주국이 결정되지 않는 사람이 있다.
③ 갑~정 중 국적이 Z국인 사람은 Y국의 거주자로 결정된다.
④ 갑~정 중 Z국에 영구적인 주소를 가지는 사람의 거주국은 X국으로 결정된다.
⑤ 갑~정 중, X국의 거주자로 결정된 사람의 수와 Y국의 거주자로 결정된 사람의 수는 같다.

문 30. 다음 글의 갑~병에 대한 분석으로 가장 적절한 것은?

경험 연구에서 연구의 타당성을 확보하기 위한 노력은 매우 중요하다. 먼저 연구의 외적 타당성을 확보하기 위해 대표성을 지닌 자료를 수집해야 한다. 표본 집단을 잘못 설정하면 연구 대상의 대표성을 확보할 수 없게 되고 결국 연구 결과의 일반화에 실패하므로 연구의 외적 타당성은 저해된다. 이는 연구 대상인 표본의 수나 표본 집단의 대상 지정과 관련이 있다. 다음으로 연구의 내적 타당성을 확보하기 위해서는 역사 요인과 선택 요인에 따른 오류를 제거해야 한다. 역사 요인은 외부적 사건이 원인이 되어 연구에 영향을 미쳤지만 이를 미처 고려하지 못하고 연구의 결과가 합당한 것처럼 결론을 내리게 하는 요인이다. 역사 요인에 따른 오류를 제거하기 위해서는 반드시 비교 집단을 설정하여 정보를 수집해야 한다. 선택 요인은 비교 집단을 설정했지만 비교 집단을 잘못 설정함으로써 잘못된 결론을 도출하게 하는 요인이다. 이 요인에 따른 오류를 제거하기 위해서는 독립 변수 조건 이외에 다른 조건들이 현저하게 차이가 나는 집단을 비교 집단으로 설정하지 않아야 한다.

축구 협회가 축구에 대한 관심도를 높이기 위해 초등학교에 지급하는 축구 관련 지원금을 인상하는 정책을 시행한 후 이 정책이 적용된 100개교를 대상으로 정책 효과성 연구를 실시하였다고 가정하자. 연구 결과 이 정책이 적용된 학교의 초등학생들에게서 축구에 대한 관심도가 2배 증가하였다는 결과를 얻었다고 하자. 이 연구의 타당성 검토와 관련하여 갑~병은 다음과 같이 주장하였다.

갑 : 지원금 인상 정책이 적용된 초등학교 중, 소수의 학교만을 대상으로 연구하거나 혹은 지원금 인상 정책이 적용되지 않은 초등학교까지도 연구 대상으로 지정하는 오류가 있는지 검토해야 한다.

을 : 연구시기에 월드컵이 개최되었고 우리나라가 본선에 진출하였으므로 이 요인이 축구에 대한 관심도 상승에 더 큰 영향을 미쳤을 수 있다. 이에 지원금 인상 정책이 적용되지 않은 초등학교를 비교 집단으로 설정하여 연구를 실시했는지 검토해야 한다.

병 : 비교 집단을 설정했으나 지원금 인상 정책이 적용되지 않은 초등학교 중 축구에 대한 관심도 수준이 현저히 차이나는 집단을 비교 집단으로 설정하지 않았는지 검토해야 한다.

① 갑은 연구의 내적 타당성을 확보하기 위해 연구 대상의 대표성 확보에 관한 타당성을 검토하자는 것이다.
② 을은 연구의 내적 타당성을 확보하기 위해 선택 요인과 관련한 타당성을 검토하자는 것이다.
③ 을은 연구의 외적 타당성을 확보하기 위해 역사 요인과 관련한 타당성을 검토하자는 것이다.
④ 병은 연구의 내적 타당성을 확보하기 위해 선택 요인과 관련한 타당성을 검토하자는 것이다.
⑤ 병은 연구의 외적 타당성을 확보하기 위해 연구 결과 일반화가 가능한 표본 집단 선정에 관한 타당성을 검토하자는 것이다.

문 31. 다음 글의 내용이 참일 때, 반드시 참이라고는 할 수 없는 것은?

직원 갑, 을, 병, 정, 무를 대상으로 A, B, C, D 네 개 영역에 대해 최우수, 우수, 보통 가운데 하나로 분류하는 업무 평가를 실시하였다. 그리고 그 결과는 다음과 같았다.

- 모든 영역에서 보통 평가를 받은 직원이 있다.
- 모든 직원이 보통 평가를 받은 영역이 있다.
- D영역에서 우수 평가를 받은 직원은 모두 A영역에서도 우수 평가를 받았다.
- 갑은 C영역에서만 보통 평가를 받았다.
- 을만 D영역에서 보통 평가를 받았다.
- 병, 정은 A, B 두 영역에서 최우수 평가를 받았고 다른 직원들은 A, B 어디서도 최우수 평가를 받지 않았다.
- 무는 1개 영역에서만 최우수 평가를 받았다.

① 갑은 A영역에서 우수 평가를 받았다.
② 을은 B영역에서 보통 평가를 받았다.
③ 병은 C영역에서 보통 평가를 받았다.
④ 정은 D영역에서 최우수 평가를 받았다.
⑤ 무는 A영역에서 우수 평가를 받았다.

문 32. 다음 대화의 ㉠에 들어갈 말로 가장 적절한 것은?

서의 : 이번에 사내 연수원에 개설된 과목인 경제, 법률, 철학, 행정에 대한 수강신청결과가 나왔는데, 경제를 신청한 사람은 모두 법률도 신청했다고 해.
승민 : 그래? 나도 그 결과를 보았는데, 행정을 신청한 사람 중에 법률을 신청한 사람은 아무도 없었어. 그리고 경제와 법률은 신청하지 않고 철학은 신청한 사람도 있었다더군.
승범 : 나도 그 결과에 대해 몇 가지 얘기를 들었는데, 법률을 신청한 사람 중에 철학을 신청한 사람도 있었대. 그리고 철학은 신청했으나 행정과 경제는 신청하지 않은 사람도 있었다는 거야.
승민 : 그런데 [㉠]
서의 : 정말? 그러면 철학 한 과목만 신청한 사람이 적어도 한 명은 있겠구나.
승범 : 맞아. 그리고 적어도 한 명은 행정만 빼고 나머지 세 과목 전부 신청했다는 것도 알 수 있어.

① 경제와 법률 두 과목만을 신청한 사람은 한 명도 없어.
② 행정과 철학 두 과목만을 신청한 사람은 한 명도 없어.
③ 법률과 철학 두 과목만을 신청한 사람은 한 명도 없어.
④ 경제와 법률을 둘 다 신청한 사람은 모두 철학을 신청했어.
⑤ 법률과 철학을 둘 다 신청한 사람 중에 행정을 신청한 사람은 없어.

문 33. 다음 갑~병의 견해에 대한 분석으로 적절한 것만을 〈보기〉에서 모두 고르면?

갑 : 인간과 달리 여타의 동물에게는 어떤 형태의 의식도 없다. 소나 개가 상처를 입었을 때 몸을 움츠리고 신음을 내는 통증 행동을 보이기는 하지만 실제로 통증을 느끼는 것은 아니다. 동물에게는 통증을 느끼는 의식이 없으므로 동물의 행동은 통증에 대한 아무런 느낌 없이 이루어지는 것이다. 우리는 늑대를 피해 도망치는 양을 보고 양이 늑대를 두려워한다고 말한다. 그러나 두려움을 느낀다는 것은 의식적인 활동이므로 양이 두려움을 느끼는 일은 일어날 수 없다. 양의 행동은 단지 늑대의 몸에서 반사된 빛이 양의 눈을 자극한 데 따른 반사작용일 뿐이다.

을 : 동물이 통증 행동을 보일 때는 실제로 통증을 의식한다고 보아야 한다. 동물은 통증을 느낄 수 있으나 다만 자의식이 없을 뿐이다. 우리는 통증을 느낄 수 있는 의식과 그 통증을 '나의 통증'이라고 느낄 수 있는 자의식을 구별해야 한다. 의식이 있어야만 자의식이 있지만, 의식이 있다고 해서 반드시 자의식을 갖는 것은 아니다. 세 번의 전기충격을 받은 쥐는 그때마다 통증을 느끼지만, '내'가 전기충격을 세 번 받았다고 느끼지는 못한다. '나의 통증'을 느끼려면 자의식이 필요하며, 통증이 '세 번' 있었다고 느끼기 위해서도 자의식이 필요하다. 자의식이 없으면 과거의 경험을 기억하는 일은 불가능하기 때문이다.

병 : 동물이 아무것도 기억할 수 없다는 주장을 인정하고 나면, 동물이 무언가를 학습할 수 있다는 주장은 아예 성립할 수 없을 것이다. 그렇게 되면 동물의 학습에 관한 연구는 무의미해질 것이다. 하지만 어느 이웃에게 한 번 발로 차인 개는 그를 만날 때마다 그 사실을 기억하고 두려움을 느끼며 몸을 피한다. 그렇다면 무언가를 기억하기 위해 자의식이 꼭 필요한 것일까. 그렇지는 않아 보인다. 실은 인간조차도 아무런 자의식 없이 무언가를 기억하여 행동할 때가 있다. 하물며 동물은 말할 것도 없을 것이다. 또한, 과거에 경험한 괴로운 사건은 '나의 것'이라고 받아들이지 않고도 기억될 수 있다.

〈보 기〉

ㄱ. 갑과 병은 동물에게 자의식이 없다고 여긴다.
ㄴ. 갑과 을은 동물이 의식 없이 행동할 수 있다고 여긴다.
ㄷ. 을에게 기억은 의식의 충분조건이지만, 병에게 기억은 학습의 필요조건이다.

① ㄱ
② ㄷ
③ ㄱ, ㄴ
④ ㄴ, ㄷ
⑤ ㄱ, ㄴ, ㄷ

문 34. 다음 논쟁에 대한 분석으로 가장 적절한 것은?

갑 : 무게 중심이 어느 쪽으로도 치우치지 않은 동전 c가 있다. 그럼 'c를 던졌을 때 앞면이 나올 확률은 50%이다.'라는 진술 A가 뜻하는 바는 무엇인가? 이는 분명 참이다. 하지만 형태, 색, 무게 등 c의 물리적 특징을 조사한다고 하더라도, '50%의 확률'에 대응하는 특징을 찾을 수 없다. 도대체 진술 A의 의미가 무엇이길래 참이라고 말할 수 있는가?

을 : c를 여러 번 던져 진술 A의 의미를 결정할 수 있다. c를 같은 방식으로 여러 번 던지면 일부는 앞면이 나오고 일부는 뒷면이 나올 것이다. 이런 실제 동전 던지기 결과를 통해 진술 A의 의미가 결정된다. 즉 진술 A는 'c를 같은 방식으로 던진 실제 결과들 중 앞면이 나온 빈도가 50%이다.'를 뜻한다.

병 : c를 같은 방식으로 여러 번 던지는 것이 실제로 가능한가? 아무리 비슷하게 던지려 하더라도 언제나 미세한 차이가 있을 것이다. 따라서 c를 같은 방식으로 던지는 것은 거의 불가능하고, 가능하더라도 그 수는 매우 작을 것이다. 극단적으로, 그런 경우가 단 한 번밖에 없다면 앞면이 나온 빈도는 0% 또는 100%일 수밖에 없다. 이런 경우, 우리는 진술 A가 거짓이라고 말해야 한다. 하지만 이는 받아들일 수 없다.

정 : c가 같은 방식으로 던져진 실제 세계 사례의 수는 무척 작을 것이다. 하지만 진술 A는 실제 세계에서 일어난 일에 대한 것이 아니다. 오히려 그와 유사한 가상 상황에서 일어난 일에 관련된다. 진술 A는 '실제 세계와 유사한 가상 상황에서 c를 같은 방식으로 수없이 던졌을 때, 앞면이 나온 빈도는 50%에 근접한다.'를 뜻한다.

① 갑은 A가 참이라고 생각하지만, 병은 거짓이라고 생각한다.
② 을은 c를 같은 방식으로 여러 차례 던질 수 없다고 주장하지만, 병은 그렇지 않다.
③ 병은 c를 다양한 방식으로 던진 동전 던지기의 결과가 A의 진위에 영향을 끼친다고 주장하지만, 정은 그렇지 않다.
④ 병과 정은 실제 세계에서 c를 같은 방식으로 던지는 사례의 수가 매우 작을 수 있다는 것에 동의한다.
⑤ 갑, 을, 정 모두 c의 물리적 특징을 안다면 A의 뜻을 결정할 수 있다는 것에 동의한다.

문 35. 다음 글에 대한 분석으로 적절한 것만을 〈보기〉에서 모두 고르면?

영혼이 불멸하냐는 질문에 어떤 철학자는 다음과 같이 대답한다. 정의로움, 아름다움, 선함과 같은 ㉠ 형상은 물질적 대상이 아니다. 즉, 정의 그 자체나 선함 그 자체는 물질이 아니다. 그는 이런 사실로부터 ㉡ 이성은 물질적인 것이 아니다라는 것을 이끌어낸다. ㉢ 형상이 물질적 대상이 아니라면, 그 어떤 물질적인 것도 결코 형상을 이해할 수 없다고 그는 생각했다. 반면 이성과는 달리 육체는 물질적 대상임이 분명하다.

하지만 이성이 비물질적이라 하더라도, 그로부터 물질적 대상인 육체가 죽음으로 소멸해도 ㉣ 영혼은 불멸한다는 것이 보장되지는 않는다. 그래서 그 철학자는 ㉤ 이성과 영혼은 같다는 것, 그리고 ㉥ 만약 이성이 형상을 이해할 수 있고 형상이 불멸한다면, 이성 역시 불멸한다는 것으로부터 영혼의 불멸성을 이끌어낸다.

〈보 기〉

ㄱ. 이성이 형상을 이해할 수 있다는 것이 전제되면 ㉠과 ㉢으로부터 ㉡이 도출된다.
ㄴ. 오직 불멸하는 이성만이 비물질적이라는 것이 전제되면 ㉡으로부터 ㉣이 도출된다.
ㄷ. 불멸하는 것만이 불멸하는 것을 이해할 수 있다는 것이 전제되면 ㉤과 ㉥으로부터 ㉣이 도출된다.

① ㄱ
② ㄴ
③ ㄱ, ㄷ
④ ㄴ, ㄷ
⑤ ㄱ, ㄴ, ㄷ

문 36. 다음 글의 ㉠~㉢에 대한 평가로 적절한 것만을 〈보기〉에서 모두 고르면?

종소리를 울린다고 개가 침을 흘리지는 않지만, 먹이를 줄 때마다 종소리를 내면 종소리만으로도 개가 침을 흘리게 된다. 이처럼 원래 반응을 일으키지 않는 '중립적 자극'과 무조건 반응을 일으키는 '무조건 자극'을 결합하여 중립적 자극만으로도 반응이 일어나게 되는 과정을 '조건화'라고 한다. 조건화의 특성에 관하여 다음과 같은 주장이 있다. 첫째, ㉠ 조건화가 이루어지려면 중립적 자극과 무조건 자극이 여러 차례 연결되어야 한다. 둘째, ㉡ 조건화가 이루어지려면 중립적 자극과 무조건 자극 간의 간격이 0~1초 정도로 충분히 짧아야 한다. 셋째, ㉢ 무조건 자극과 중립적 자극이 각각 어떤 종류의 자극인지는 조건화의 정도에 영향을 미치지 않는다.

조건화의 특성을 확인하기 위해 쥐를 가지고 두 가지 실험을 했다. 실험에는 사카린을 탄 '단물'과 빛을 쬐어 밝게 빛나는 '밝은 물'을 이용하였다. 방사능을 쬔 쥐는 무조건 반응으로 구토 증을 일으키고, 전기 충격을 받은 쥐는 무조건 반응으로 쇼크를 경험한다.

〈실험 A〉

쥐들을 두 집단으로 나누어 실험군에 속한 쥐들에게는 단물을 주고 30분 후 한 차례 방사능에 노출했다. 한편, 대조군에 속한 쥐들에게는 맹물을 주고 30분 후 한 차례 방사능에 노출했다. 사흘 뒤 두 집단의 쥐들에게 단물을 주었더니 물맛을 본 실험군의 쥐들은 구토 증상을 나타냈지만 대조군의 쥐들은 그러지 않았다.

〈실험 B〉

쥐들을 네 집단으로 나누었다. 집단 1의 쥐들에게 단물을 주면서 방사능에 노출했고, 집단 2의 쥐들에게는 단물을 주면서 전기 충격을 가했다. 집단 3의 쥐들에게 밝은 물을 주면서 방사능에 노출했고, 집단 4의 쥐들에게는 밝은 물을 주면서 전기 충격을 가했다. 이런 과정을 여러 차례 반복하고 사흘 뒤 자극에 대한 반응을 조사했다. 단물을 주자 일부 쥐들에서 미미한 쇼크 반응이 나타난 집단 2와 달리 집단 1의 쥐들은 확연한 구토 반응을 보였다. 또 밝은 물을 주었을 때, 미미한 구토 반응을 보인 집단 3과 달리 집단 4의 쥐들은 몸을 떨며 쇼크에 해당하는 반응을 보였다.

〈보 기〉

ㄱ. 〈실험 A〉는 ㉠을 약화하지만 ㉢을 약화하지 않는다.
ㄴ. 〈실험 B〉는 ㉠을 약화하지 않지만 ㉢을 약화한다.
ㄷ. 〈실험 A〉는 ㉡을 약화하지만 〈실험 B〉는 ㉡을 약화하지 않는다.

① ㄱ
② ㄴ
③ ㄱ, ㄷ
④ ㄴ, ㄷ
⑤ ㄱ, ㄴ, ㄷ

문 37. 다음 글의 ㉠에 대한 주장을 약화하는 진술만을 〈보기〉에서 모두 고르면?

동물이 단위 시간당 소모하는 에너지의 양을 물질대사율이라고 한다. 동물들은 세포 유지, 호흡, 심장박동 같은 기본적인 기능들을 위한 최소한의 물질대사율, 즉 최소대사율을 유지해야 한다. ㉠ 동물의 물질대사율은 다음과 같은 특성을 지닌다.

먼저, 최소대사율은 동물의 종에 따라 달라지고, 특히 내온동물과 외온동물은 뚜렷한 차이를 나타낸다. 신체 내 물질대사로 생성된 열에 의해 체온을 유지하는 내온동물에는 포유류 등이, 체온 유지에 필요한 열을 외부에서 얻는 외온동물에는 양서류와 파충류 등이 포함된다. 최소 수준 이상으로 열의 생성이나 방출이 요구되지 않는 환경에서 스트레스 없이 가만히 쉬고 있는 상태의 내온동물의 최소대사율을 기초대사율이라고 한다. 외온동물의 최소대사율은 내온동물과 달리 주변 온도에 따라 달라지는데, 이는 주변 온도가 물질대사와 체온을 변화시키기 때문이다. 어떤 온도에서 스트레스 없이 쉬고 있는 상태의 외온동물의 최소대사율을 그 온도에서의 표준대사율이라고 한다. 기본적인 신체 기능을 유지하는 데 필요한 에너지의 양은 외온동물보다 내온동물에서 더 크다.

내온동물의 물질대사율은 다양한 요인에 의해 영향을 받는데, 몸의 크기가 그 중 하나다. 몸집이 큰 포유동물은 몸집이 작은 포유동물보다 물질대사율이 크다. 몸집이 클수록 일반적으로 더 무겁다는 사실을 고려하면, 물질대사율은 몸무게가 클수록 크다고 볼 수 있다. 한편 포유동물에서 단위 몸무게당 기초대사율은 몸무게에 반비례하는 경향을 나타낸다. 이는 내온동물의 몸이 작을수록 안정적인 체온을 유지하는 에너지 비용이 커진다는 가설을 통해 설명될 수 있다. 이 가설은 동물의 몸집이 작을수록 부피 대비 표면적이 커져서 주변으로 열을 더 쉽게 빼앗기기 때문에 체온 유지를 위해 더 많은 에너지를 생산해야 할 필요가 있다는 생각에 근거를 두고 있다.

〈보 기〉

ㄱ. 툰드라 지역에 서식하는 포유류 중, 순록의 몸무게 1kg당 기초대사율은 같은 지역의 토끼의 그것보다 크다.
ㄴ. 양서류에 속하는 어떤 동물의 최소대사율이 주변 온도에 따라 뚜렷이 달라졌다.
ㄷ. 몸 크기가 서로 비슷한 악어와 성인 남성을 비교하였을 때, 전자의 표준대사율의 최댓값이 후자의 기초대사율의 1/20 미만이었다.

① ㄱ
② ㄷ
③ ㄱ, ㄴ
④ ㄴ, ㄷ
⑤ ㄱ, ㄴ, ㄷ

문 38. 다음 글의 논지를 강화하는 것만을 〈보기〉에서 모두 고르면?

인간이 발전시켜온 생각이나 행동의 역사를 놓고 볼 때, 인간이 지금과 같이 놀라울 정도로 이성적인 방향으로 발전해올 수 있었던 것은 이성적이고 도덕적 존재로서 자신의 잘못을 스스로 시정할 수 있는 능력 덕분이다. 인간은 토론과 경험에 힘입을 때에만 자신의 과오를 고칠 수 있다. 단지 경험만으로는 부족하다. 경험을 해석하기 위해서는 토론이 반드시 있어야 한다. 인간이 토론을 통해 내리는 판단의 힘과 가치는, 판단이 잘못되었을 때 그것을 고칠 수 있다는 사실로부터 비롯되며, 잘못된 생각과 관행은 사실과 논쟁 앞에서 점차 그 힘을 잃게 된다. 따라서 민주주의 국가에서는 자유로운 토론이 보장되어야 한다. 자유로운 토론이 없다면 잘못된 생각의 근거뿐 아니라 그러한 생각 자체의 의미에 대해서도 모르게 되기 때문이다.

어느 누구에게도 다른 사람들의 의사 표현을 통제할 권리는 없다. 다른 사람의 생각을 표현하지 못하게 억누르려는 권력은 정당성을 갖지 못한다. 가장 좋다고 여겨지는 정부일지라도 그럴 자격을 갖고 있지 않다. 흔히 민주주의 국가에서는 여론을 중시한다고 한다. 하지만 그 어떤 정부라 하더라도 여론의 힘을 빌려 특정 사안에 대한 토론의 자유를 제한하려 하는 행위를 해서는 안 된다. 그런 행위는 여론에 반(反)해 사회 구성원 대다수가 원하는 토론의 자유를 제한하려는 것만큼이나 나쁘다. 인류 전체를 통틀어 단 한 사람만이 다른 생각을 가지고 있다고 해도, 그 사람에게 침묵을 강요하는 것은 옳지 못하다. 이는 어떤 한 사람이 자신과 의견이 다른 나머지 사람 모두에게 침묵을 강요하는 것만큼이나 용납될 수 없는 일이다. 권력을 동원해서 억누르려는 의견은 옳은 것일 수도, 옳지 않은 것일 수도 있다. 그런데 정부가 자신이 옳다고 가정함으로써 다른 사람들이 그 의견을 들어볼 기회까지 봉쇄한다면 그것은 사람들이 토론을 통해 잘못을 드러내고 진리를 찾을 기회를 박탈하는 것이다. 설령 그 의견이 잘못된 것이라 하더라도 그 의견을 억압하는 것은 토론을 통해 틀린 의견과 옳은 의견을 대비시킴으로써 진리를 생생하고 명확하게 드러낼 수 있는 대단히 소중한 기회를 놓치는 결과를 낳게 된다.

〈보 기〉

ㄱ. 축적된 화재 사고 기록들에 대해 어떠한 토론도 이루어지지 않았음에도 불구하고 화재 사고를 잘 예방하였다.
ㄴ. 정부가 사람들의 의견 표출을 억누르지 않는 사회에서 오히려 사람들이 가짜 뉴스를 더 많이 믿었다.
ㄷ. 갈릴레오의 저서가 금서가 되어 천문학의 과오를 드러내고 진리를 찾을 기회가 한동안 박탈되었다.

① ㄱ
② ㄷ
③ ㄱ, ㄴ
④ ㄴ, ㄷ
⑤ ㄱ, ㄴ, ㄷ

※ 다음 글을 읽고 물음에 답하시오. [39~40]

갑상선은 목의 아래쪽에 있는 분비샘으로, 'T4'로 불리는 티록신과 'T3'으로 불리는 트리요드타이로닌을 합성하고 분비하는 기능을 한다. 이렇게 갑상선이 분비하는 호르몬은 우리 몸의 성장과 활동에 필요한 체내 대사를 조절한다. 갑상선의 이런 활동은 뇌의 제어를 받는다. 뇌하수체는 갑상선자극호르몬(TSH)을 분비하여 갑상선을 자극함으로써 갑상선호르몬 T4와 T3이 합성, 분비되도록 한다. 분비된 호르몬은 혈액을 통해 다시 뇌하수체에 도달하여 음성 되먹임 작용을 통해 TSH의 분비를 조절하고, 그럼으로써 체내 갑상선호르몬의 양이 일정하게 유지되도록 한다.

갑상선 질환은 병리적 검사로 간단히 진단할 수 있다. 일반적으로 혈중 TSH나 T4, T3의 수치 중 어느 것이든 낮으면 갑상선기능저하증으로 진단한다. 갑상선 질환 진단에 사용되는 가장 기본적인 검사는 혈중 TSH와 T4의 측정이다. 갑상선에서 분비되는 시점에 갑상선호르몬의 93%는 T4이고 나머지가 T3이다. 이후 T4의 일부는 기분이 좋아지게 만드는 활력 호르몬으로 알려진 T3으로, 또는 T3의 작용을 방해하여 조직이나 세포 안에서 제 역할을 하지 못하게 하는 rT3으로 변환된다. 체내에 rT3이 많아지면 T3의 작용이 저하되기 때문에 TSH 수치가 정상이면서도 갑상선기능저하증에 해당하는 증상이 나타날 수 있다. 따라서 갑상선의 호르몬 분비량 수준을 알려주는 TSH 수치의 측정만으로는 갑상선기능저하증을 놓치지 않고 찾아내기 어렵다. [㉠] 때문이다.

갑상선기능저하증은 뇌하수체의 이상으로 발생하기도 하지만 유해한 화학물질의 유입이나 과도한 스트레스 때문에 갑상선호르몬 생산이 줄어들면서 발생하기도 한다. 이런 요인으로 인해 T3 수치가 낮아지는 것은 전형적인 경우다. 이런 경우에는 셀레늄 섭취를 늘림으로써 rT3의 수치를 낮춰 T3의 생산과 기능을 진작할 수 있다. 술, 담배, 패스트푸드를 멀리하는 것도 도움이 된다. 갑상선기능저하증 환자들이 복용하는 약으로 LT4가 있는데, 체내에서 만들어지는 T4와 같은 작용을 하도록 투입되는 호르몬 공급제다. 호르몬 공급제를 복용할 때 흡수 장애가 발생하면 투약 효과가 저하되므로 알맞은 복용법에 따라 복용하는 것이 중요하다.

문 39. 위 글에서 알 수 없는 것은?

① TSH 수치를 측정하면 갑상선에서 분비되는 호르몬 양의 수준을 추정할 수 있다.
② 갑상선기능저하증 환자의 경우 체내의 T3 양은 전체 갑상선호르몬의 7% 미만이다.
③ 셀레늄 섭취를 늘리면 T3 수치가 저하됨으로 인해 발생하는 증상을 완화할 수 있다.
④ 뇌하수체의 TSH 분비가 적정 수준으로 유지되더라도 갑상선기능저하증이 나타날 수 있다.
⑤ 특정 호르몬의 기능을 하는 약물을 복용함으로써 해당 호르몬 이상으로 인한 증상을 완화할 수 있다.

문 40. 위 글의 ㉠에 들어갈 말로 가장 적절한 것은?

① TSH 수치만으로는 rT3의 양이나 효과를 가늠할 수 없기
② rT3의 작용으로 T3의 생성이 억제되면서 T4의 상대적 비중이 왜곡될 수 있기
③ TSH 수치가 정상이 아니어도 rT3의 작용으로 T3과 T4의 농도가 정상 범위일 수 있기
④ TSH 수치를 토대로 음성 되먹임 원리를 응용하여 갑상선호르몬의 분비량을 알 수 있기
⑤ 외부에서 유입되는 유해물질의 농도 등 갑상선 기능에 영향을 미치는 요소를 TSH 측정만으로는 파악할 수 없기

문 1. 다음 〈표〉와 〈보고서〉는 2014~2017년 IT산업 3개(소프트웨어, 인터넷, 컴퓨터) 분야의 인수 · 합병에 대한 자료이다. 이를 근거로 판단할 때, A~E국 중 '갑'국에 해당하는 국가의 2017년 IT산업 3개 분야 인수 · 합병 건수의 합은?

〈표 1〉 소프트웨어 분야 인수 · 합병 건수

(단위 : 건)

연도 \ 국가	미국	A	B	C	D	E
2014	631	23	79	44	27	20
2015	615	47	82	45	30	19
2016	760	72	121	61	37	19
2017	934	127	118	80	49	20
계	2,940	269	400	230	143	78

〈표 2〉 인터넷 분야 인수 · 합병 건수

(단위 : 건)

연도 \ 국가	미국	A	B	C	D	E
2014	498	17	63	68	20	16
2015	425	33	57	52	19	7
2016	528	44	64	61	31	14
2017	459	77	69	70	38	21
계	1,910	171	253	251	108	58

〈표 3〉 컴퓨터 분야 인수 · 합병 건수

(단위 : 건)

연도 \ 국가	미국	A	B	C	D	E
2014	196	12	33	32	11	3
2015	177	17	38	33	12	8
2016	200	18	51	35	16	8
2017	240	24	51	58	18	9
계	813	71	173	158	57	28

〈보고서〉

'갑'국의 IT산업 3개(소프트웨어, 인터넷, 컴퓨터) 분야 인수 · 합병 현황은 다음과 같다. '갑'국의 IT산업 인수 · 합병 건수는 3개 분야 모두에서 매년 미국의 10% 이하에 불과했다. 또한, 연도별 인수 · 합병 건수 증가 추이를 살펴보면, 소프트웨어 분야와 컴퓨터 분야의 인수 · 합병 건수는 매년 증가하였고, 인터넷 분야 인수 · 합병 건수는 한 해를 제외하고 매년 증가하였다.

① 50
② 105
③ 208
④ 228
⑤ 238

문 2. 다음 〈표〉와 〈정보〉는 5월 '갑'국의 관측날씨와 '가'~'라'팀의 예보날씨에 관한 자료이다. 〈표〉와 〈정보〉를 근거로 '정확도가 가장 높은 팀'과 '임계성공지수가 가장 낮은 팀'을 바르게 나열한 것은?

〈표〉 5월 '갑'국의 관측날씨와 팀별 예보날씨

구분 \ 날짜(일)		1	2	3	4	5	6	7	8	9	10	11	12
관측날씨		🌧	🌧	☀	☀	🌧	☀	☀	☀	☀	🌧	☀	☀
예보날씨	가	🌧	🌧	☀	☀	☀	☀	☀	☀	☀	🌧	🌧	☀
	나	🌧	🌧	🌧	☀	🌧	🌧	☀	☀	🌧	🌧	🌧	☀
	다	🌧	🌧	☀	☀	☀	☀	☀	☀	🌧	☀	☀	☀
	라	🌧	☀	☀	☀	☀	☀	☀	☀	☀	☀	☀	☀

〈정 보〉

• 각 팀의 예보날씨와 실제 관측날씨 분류표

예보날씨 \ 관측날씨	🌧	☀
🌧	H	F
☀	M	C

※ H, F, M, C는 각각의 경우에 해당하는 빈도를 뜻하며, 예를 들어 '가'팀의 H는 3임

• 정확도 $= \frac{H+C}{H+F+M+C}$

• 임계성공지수 $= \frac{H}{H+F+M}$

	정확도가 가장 높은 팀	임계성공지수가 가장 낮은 팀
①	가	나
②	가	라
③	다	나
④	다	라
⑤	라	다

문 3. 다음 〈표〉는 '갑'국의 택배 물량, 평균단가 및 매출액에 관한 자료이다. 〈보고서〉를 작성하기 위해 〈표〉 이외에 추가로 필요한 자료만을 〈보기〉에서 모두 고르면?

〈표〉 택배 물량, 평균단가 및 매출액

(단위 : 만 박스, 원/박스, 억 원)

연도 \ 구분	물량	평균단가	매출액
2015	181,596	2,392	43,438
2016	204,666	2,318	47,442
2017	231,946	2,248	52,141
2018	254,278	2,229	56,679

〈보고서〉

'갑'국의 택배 물량은 2015년 이후 매년 증가하였고, 2018년은 2017년에 비해 약 9.6% 증가하였다. 2015년 이후 '갑'국의 경제활동인구 1인당 택배 물량 또한 매년 증가하고 있는데, 이와 같은 추세는 앞으로도 계속될 것으로 예측된다.

2018년 '갑'국의 택배업 매출액은 2017년 대비 약 8.7% 증가한 5조 6,679억 원이었다. '갑'국 택배업 매출액의 연평균 성장률을 살펴보면 2001~2010년 19.1%, 2011~2018년 8.4%를 기록하였는데, 2011년 이후 성장률이 다소 둔화하였지만, 여전히 높은 성장률을 유지하고 있음을 알 수 있다. 2011~2018년 '갑'국 유통업 매출액의 연평균 성장률은 3.5%로 동기간 택배업 매출액의 연평균 성장률보다 매우 낮다고 할 수 있다. 한편, 택배의 평균단가는 2015년 이후 매년 하락하고 있다.

〈보 기〉

ㄱ. 2001~2014년 연도별 택배업 매출액
ㄴ. 2011~2018년 연도별 유통업 매출액
ㄷ. 2012~2014년 연도별 택배 평균단가
ㄹ. 2015~2018년 연도별 경제활동인구

① ㄱ, ㄴ
② ㄱ, ㄹ
③ ㄴ, ㄷ
④ ㄱ, ㄴ, ㄹ
⑤ ㄴ, ㄷ, ㄹ

문 4. 다음 〈표〉는 2020년 3월 1~15일 '갑'의 몸무게, 섭취 및 소비 열량, 만보기 측정값, 교통수단에 관한 자료이다. 이에 대한 〈보기〉의 설명 중 옳은 것만을 모두 고르면?

〈표〉 몸무게, 섭취 및 소비 열량, 만보기 측정값, 교통수단

(단위 : kg, kcal, 보)

날짜 \ 구분	몸무게	섭취 열량	소비 열량	만보기 측정값	교통수단
1일	80.0	2,700	2,800	9,500	택시
2일	79.5	2,600	2,900	11,500	버스
3일	79.0	2,400	2,700	14,000	버스
4일	78.0	2,350	2,700	12,000	버스
5일	77.5	2,700	2,800	11,500	버스
6일	77.3	2,800	2,800	12,000	버스
7일	77.3	2,700	2,700	12,000	버스
8일	79.0	3,200	2,700	11,000	버스
9일	78.5	2,300	2,400	8,500	택시
10일	79.6	3,000	2,700	11,000	버스
11일	78.6	2,200	2,400	7,700	택시
12일	77.9	2,200	2,400	8,200	택시
13일	77.6	2,800	2,900	11,000	버스
14일	77.0	2,100	2,400	8,500	택시
15일	77.0	2,500	2,500	8,500	택시

〈보 기〉

ㄱ. 택시를 이용한 날은 만보기 측정값이 9,500보 이하이다.
ㄴ. 섭취 열량이 소비 열량보다 큰 날은 몸무게가 바로 전날보다 1kg 이상 증가하였다.
ㄷ. 버스를 이용한 날은 몸무게가 바로 전날보다 감소하였다.
ㄹ. 만보기 측정값이 10,000보 이상인 날은 섭취 열량이 2,500kcal 이상이다.

① ㄱ, ㄴ
② ㄱ, ㄷ
③ ㄴ, ㄹ
④ ㄱ, ㄷ, ㄹ
⑤ ㄴ, ㄷ, ㄹ

문 5. **다음 〈보고서〉는 스마트폰을 이용한 동영상 및 방송프로그램 시청 현황에 관한 자료이다. 〈보고서〉의 내용과 부합하지 않는 자료는?**

〈보고서〉

스마트폰 사용자 3,427만 명 중 월 1회 이상 동영상을 시청한 사용자는 3,246만 명이고, 동영상 시청자 중 월 1회 이상 방송프로그램을 시청한 사용자는 2,075만 명이었다. 월평균 동영상 시청시간은 월평균 스마트폰 이용시간의 10% 이상이었으나 월평균 방송프로그램 시청시간은 월평균 동영상 시청시간의 10% 미만이었다.

스마트폰 사용자 중 동영상 시청자가 차지하는 비중은 모든 연령대에서 90% 이상인 반면, 스마트폰 사용자 중 방송프로그램 시청자의 비중은 '20대'~'40대'는 60%를 상회하지만 '60대 이상'은 50%에 미치지 못해 연령대별 편차가 큰 것으로 나타났다.

월평균 동영상 시청시간은 남성이 여성보다 길고, 연령대별로는 '10대 이하'의 시청시간이 가장 길었다. 반면, 월평균 방송프로그램 시청시간은 여성이 남성보다 9분 이상 길고, 연령대별로는 '20대'의 시청시간이 가장 길었는데 이는 '60대 이상'의 월평균 방송프로그램 시청시간의 3배 이상이다.

월평균 방송프로그램 시청시간을 장르별로 살펴보면, '오락'이 전체의 45% 이상으로 가장 길고, 그 뒤를 이어 '드라마', '스포츠', '보도' 순이었다.

① 스마트폰 사용자 중 월 1회 이상 동영상 및 방송프로그램 시청자 비율

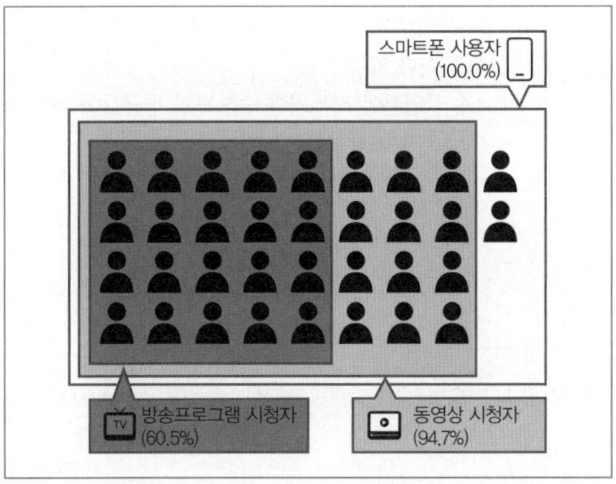

② 스마트폰 사용자의 월평균 스마트폰 이용시간, 동영상 및 방송프로그램 시청시간

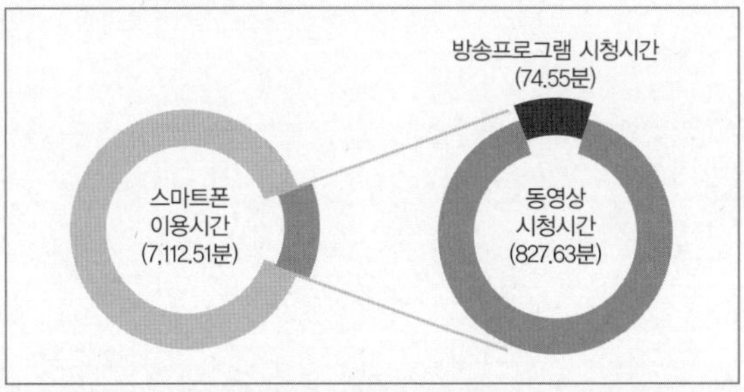

③ 성별, 연령대별 스마트폰 사용자 중 동영상 및 방송프로그램 시청자 비율

(단위 : %)

구분	성별		연령대					
	남성	여성	10대 이하	20대	30대	40대	50대	60대 이상
동영상	94.7	94.7	97.0	95.3	95.6	95.4	93.1	92.0
방송 프로그램	59.1	62.1	52.3	68.0	67.2	65.6	56.0	44.5

④ 방송프로그램 장르별 월평균 시청시간

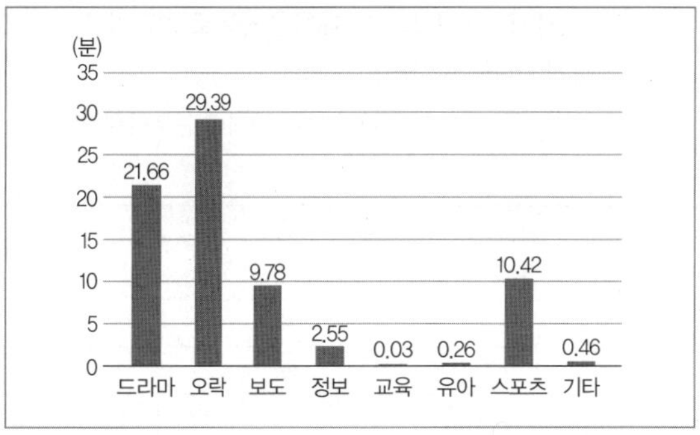

⑤ 성별, 연령대별 스마트폰 사용자의 동영상 및 방송프로그램 월평균 시청시간

(단위 : 분)

구분	성별		연령대					
	남성	여성	10대 이하	20대	30대	40대	50대	60대 이상
동영상	901.0	746.4	1,917.5	1,371.2	671.0	589.0	496.4	438.0
방송 프로그램	70.0	79.6	50.7	120.5	75.5	82.9	60.1	38.6

문 6. **다음 〈표〉는 2019년 3월 사회인 축구리그 경기일별 누적승점에 대한 자료이다. 〈표〉와 〈조건〉에 근거한 설명으로 옳지 않은 것은?**

〈표〉 경기일별 경기 후 누적승점

(단위 : 점)

팀 / 경기일(요일)	A	B	C	D	E	F
9일(토)	3	0	0	3	1	1
12일(화)	6	1	0	3	2	4
14일(목)	7	2	3	4	2	5
16일(토)	8	2	3	7	3	8
19일(화)	8	5	3	8	4	11
21일(목)	8	8	4	9	7	11
23일(토)	9	9	5	10	8	12
26일(화)	9	12	5	13	11	12
28일(목)	10	12	8	16	12	12
30일(토)	11	12	11	16	15	13

〈조 건〉

- 팀별로 다른 팀과 2번씩 경기한다.
- 경기일별로 세 경기가 진행된다.
- 경기일별로 팀당 한 경기만 진행한다.
- 승리팀은 승점 3점을 얻고, 패배팀은 승점 0점을 얻는다.
- 무승부일 경우 두 팀 모두 각각 승점 1점을 얻는다.
- 3월 30일 경기 후 누적승점이 가장 높은 팀이 우승팀이 된다.

① A팀과 C팀은 승리한 횟수가 같다.
② B팀은 화요일에는 패배한 적이 없다.
③ 모든 팀이 같은 경기일에 무승부를 기록한 적이 있다.
④ C팀은 3월 14일에 E팀과 경기하여 승리하였다.
⑤ 3월 30일 경기결과가 달라져도 우승팀은 바뀌지 않는다.

문 7. 다음 〈표〉는 A~E국의 최종학력별 근로형태 비율에 관한 자료이다. '갑'국에 대한 〈보고서〉의 내용을 근거로 판단할 때, A~E국 중 '갑'국에 해당하는 국가는?

〈표〉 A~E국 최종학력별 근로형태 비율

(단위 : %)

최종학력	근로형태 \ 국가	A	B	C	D	E
중졸	전일제 근로자	35	31	31	39	31
	시간제 근로자	29	27	14	19	42
	무직자	36	42	55	42	27
고졸	전일제 근로자	46	47	42	54	49
	시간제 근로자	31	29	15	20	40
	무직자	23	24	43	26	11
대졸	전일제 근로자	57	61	59	67	55
	시간제 근로자	25	28	13	19	39
	무직자	18	11	28	14	6

〈보고서〉

'갑'국의 최종학력별 전일제 근로자 비율은 대졸이 고졸과 중졸보다 각각 10%p, 20%p 이상 커서, 최종학력이 높을수록 전일제로 근무하는 근로자 비율이 높다고 볼 수 있다. 또한, 시간제 근로자 비율은 고졸의 경우 중졸과 대졸보다 크지만, 그 차이는 3%p 이하로 시간제 근로자의 비율은 최종학력에 따라 크게 다르지 않다. 한편 '갑'국의 무직자 비율은 대졸의 경우 20% 미만이며 고졸의 경우 25% 미만이지만, 중졸의 경우 30% 이상이다.

① A
② B
③ C
④ D
⑤ E

문 8. 다음 〈표〉는 '갑'국 신입사원에게 필요한 10개 직무역량 중요도의 산업분야별 자료이다. 이에 대한 〈보기〉의 설명 중 옳은 것만을 모두 고르면?

〈표〉 신입사원의 직무역량 중요도

(단위 : 점)

직무역량 \ 산업분야	신소재	게임	미디어	식품
의사소통능력	4.34	4.17	4.42	4.21
수리능력	4.46	4.06	3.94	3.92
문제해결능력	4.58	4.52	4.45	4.50
자기개발능력	4.15	4.26	4.14	3.98
자원관리능력	4.09	3.97	3.93	3.91
대인관계능력	4.35	4.00	4.27	4.20
정보능력	4.33	4.09	4.27	4.07
기술능력	4.07	4.24	3.68	4.00
조직이해능력	3.97	3.78	3.88	3.88
직업윤리	4.44	4.66	4.59	4.39

※ 중요도는 5점 만점임

〈보 기〉

ㄱ. 신소재 산업분야에서 중요도 상위 2개 직무역량은 '문제해결능력'과 '수리능력'이다.
ㄴ. 산업분야별 직무역량 중요도의 최댓값과 최솟값 차이가 가장 큰 것은 '미디어'이다.
ㄷ. 각 산업분야에서 중요도가 가장 낮은 직무역량은 '조직이해능력'이다.
ㄹ. 4개 산업분야 직무역량 중요도의 평균값이 가장 높은 직무역량은 '문제해결능력'이다.

① ㄱ, ㄴ
② ㄱ, ㄷ
③ ㄷ, ㄹ
④ ㄱ, ㄴ, ㄹ
⑤ ㄴ, ㄷ, ㄹ

문 9. 다음은 2014~2018년 부동산 및 기타 재산 압류건수 관련 정보가 일부 훼손된 서류이다. 이에 대한 <보기>의 설명 중 옳은 것을 고르면?

2014~2018년 부동산 및 기타 재산 압류건수
(단위 : 건)

연도 \ 구분	부동산	기타 재산	전체
2014	122,148	6,148	128,296
2015	[illegible]2,136	27,783	146,919
2016	1[illegible]743	34,011	158,754
2017	[illegible]39	34,037	163,666
2018	[illegible]	29,814	151,211

〈보 기〉

ㄱ. 부동산 압류건수는 매년 기타 재산 압류건수의 4배 이상이다.
ㄴ. 전체 압류건수가 가장 많은 해에 부동산 압류건수도 가장 많다.
ㄷ. 2019년 부동산 압류건수가 전년 대비 30% 감소하고 기타 재산 압류건수는 전년과 동일하다면, 전체 압류건수의 전년 대비 감소율은 25% 미만이다.
ㄹ. 2016년 부동산 압류건수는 2014년 대비 2.5% 이상 증가했다.

① ㄱ, ㄴ ② ㄱ, ㄷ
③ ㄴ, ㄷ ④ ㄴ, ㄹ
⑤ ㄷ, ㄹ

문 10. 다음 <표>는 '갑'국의 국가기술자격 등급별 시험 시행 결과이다. 이에 대한 <보기>의 설명 중 옳은 것을 고르면?

<표> 국가기술자격 등급별 시험 시행 결과

(단위 : 명, %)

등급 \ 구분	필기			실기		
	응시자	합격자	합격률	응시자	합격자	합격률
기술사	19,327	2,056	10.6	3,173	1,919	60.5
기능장	21,651	9,903	( )	16,390	4,862	29.7
기사	345,833	135,170	39.1	210,000	89,380	42.6
산업기사	210,814	78,209	37.1	101,949	49,993	( )
기능사	916,224	423,269	46.2	752,202	380,198	50.5
전체	1,513,849	648,607	42.8	1,083,714	526,352	48.6

※ 합격률(%) = $\frac{\text{합격자}}{\text{응시자}} \times 100$

〈보 기〉

ㄱ. '기능장'과 '기사' 필기 합격률은 각각의 실기 합격률보다 낮다.
ㄴ. 필기 응시자가 가장 많은 등급은 필기 합격률도 가장 높다.
ㄷ. 실기 합격률이 필기 합격률보다 높은 등급은 3개이다.
ㄹ. 필기 응시자가 많은 등급일수록 실기 응시자도 많다.

① ㄱ, ㄴ ② ㄱ, ㄹ
③ ㄴ, ㄷ ④ ㄴ, ㄹ
⑤ ㄷ, ㄹ

문 11. 다음 <표>는 2019년 화학제품 매출액 상위 9개 기업의 매출액에 대한 자료이다. <표>와 <조건>에 근거하여 A~D에 해당하는 기업을 바르게 나열한 것은?

<표> 2019년 화학제품 매출액 상위 9개 기업의 매출액

(단위 : 십억 달러, %)

기업 \ 구분	화학제품 매출액	전년 대비 증가율	총매출액	화학제품 매출액 비율
비스프	72.9	17.8	90.0	81.0
A	62.4	29.7	( )	100.0
B	54.2	28.7	( )	63.2
자빅	37.6	5.3	39.9	94.2
C	34.6	26.7	( )	67.0
포르오사	32.1	14.2	55.9	57.4
D	29.7	10.0	( )	54.9
리오넬바셀	28.3	15.0	34.5	82.0
이비오스	23.2	24.7	48.2	48.1

※ 화학제품 매출액 비율(%) = $\frac{\text{화학제품 매출액}}{\text{총매출액}} \times 100$

〈조 건〉

- '드폰'과 'KR화학'의 2018년 화학제품 매출액은 각각 해당 기업의 2019년 화학제품 매출액의 80% 미만이다.
- '벡슨모빌'과 '시노텍'의 2019년 화학제품 매출액은 각각 총매출액에서 화학제품을 제외한 매출액의 2배 미만이다.
- 2019년 총매출액은 '포르오사'가 'KR화학'보다 작다.
- 2018년 화학제품 매출액은 '자빅'이 '시노텍'보다 크다.

	A	B	C	D
①	드폰	벡슨모빌	KR화학	시노텍
②	드폰	시노텍	KR화학	벡슨모빌
③	벡슨모빌	KR화학	시노텍	드폰
④	KR화학	시노텍	드폰	벡슨모빌
⑤	KR화학	벡슨모빌	드폰	시노텍

문 12. 다음 〈표〉는 6개 지목으로 구성된 A지구의 토지수용 보상비 산출을 위한 자료이다. 이에 대한 〈보기〉의 설명 중 옳은 것만을 모두 고르면?

〈표〉 지목별 토지수용 면적, 면적당 지가 및 보상 배율

(단위 : m², 만 원/m²)

지목	면적	면적당 지가	보상 배율	
			감정가 기준	실거래가 기준
전	50	150	1.8	3.2
답	50	100	1.8	3.0
대지	100	200	1.6	4.8
임야	100	50	2.5	6.1
공장	100	150	1.6	4.8
창고	50	100	1.6	4.8

※ 1) 총보상비는 모든 지목별 보상비의 합임
2) 보상비=용지 구입비+지장물 보상비
3) 용지 구입비=면적×면적당 지가×보상 배율
4) 지장물 보상비는 해당 지목 용지 구입비의 20%임

〈보 기〉

ㄱ. 모든 지목의 보상 배율을 감정가 기준에서 실거래가 기준으로 변경하는 경우, 총보상비는 변경 전의 2배 이상이다.
ㄴ. 보상 배율을 감정가 기준에서 실거래가 기준으로 변경하는 경우, 보상비가 가장 많이 증가하는 지목은 '대지'이다.
ㄷ. 보상 배율이 실거래가 기준인 경우, 지목별 보상비에서 용지 구입비가 차지하는 비율은 '임야'가 '창고'보다 크다.
ㄹ. '공장'의 감정가 기준 보상비와 '전'의 실거래가 기준 보상비는 같다.

① ㄱ, ㄷ
② ㄱ, ㄹ
③ ㄴ, ㄷ
④ ㄴ, ㄹ
⑤ ㄱ, ㄴ, ㄹ

※ 다음 〈표〉는 '갑'국 5개 국립대학의 세계대학평가에 관한 자료이다. 〈표〉를 보고 물음에 답하시오. [13~14]

〈표 1〉 2018년 '갑'국 국립대학의 세계대학평가 결과

대학	국내 순위	세계 순위	총점	부문별 점수				
				교육	연구	산학 협력	국제화	논문 인용도
A	14	182	29.5	27.8	28.2	63.2	35.3	28.4
B	21	240	25.4	23.9	25.6	42.2	26.7	25.1
C	23	253	24.3	21.2	19.9	38.7	25.3	30.2
D	24	287	22.5	21.0	20.1	38.4	28.8	23.6
E	25	300	18.7	21.7	19.9	40.5	22.7	11.6

〈표 2〉 2017~2018년 '갑'국 ㅇㅇ대학의 세계대학평가 세부지표별 점수

부문(가중치)	세부지표(가중치)	세부지표별 점수	
		2018년	2017년
교육(30)	평판도 조사(15)	2.9	1.4
	교원당 학생 수(4.5)	34.5	36.9
	학부학위 수여자 대비 박사학위 수여자 비율(2.25)	36.6	46.9
	교원당 박사학위자 비율(6)	45.3	52.3
	재정 규모(2.25)	43.3	40.5
연구(30)	평판도 조사(18)	1.6	0.8
	교원당 연구비(6)	53.3	49.4
	교원당 학술논문 수(6)	41.3	39.5
산학협력(2.5)	산업계 연구비 수입(2.5)	(가)	43.9
국제화(7.5)	외국인 학생 비율(2.5)	24.7	22.5
	외국인 교수 비율(2.5)	26.9	26.8
	학술논문 중 외국 연구자와 쓴 논문 비중(2.5)	16.6	16.4
논문인용도(30)	논문인용도(30)	(나)	13.1

※ 1) ㅇㅇ대학은 A~E대학 중 한 대학임
2) 부문별 점수는 각 부문에 속한 세부지표별 $\frac{\text{세부지표별 점수}\times\text{세부지표별 가중치}}{\text{부문별 가중치}}$ 값의 합임
3) 총점은 5개 부문별 $\frac{\text{부문별 점수}\times\text{부문별 가중치}}{100}$ 값의 합임
4) 점수는 소수점 아래 둘째 자리에서 반올림한 값임

문 13. 위 〈표〉에 근거하여 '가'와 '나'에 들어갈 값을 바르게 나열한 것은?

	가	나
①	38.4	23.6
②	38.7	30.2
③	40.5	11.6
④	42.2	25.1
⑤	63.2	28.4

문 14. 위 〈표〉를 이용하여 세계대학평가 결과에 대한 〈보고서〉를 작성하였다. 제시된 〈표〉 이외에 〈보고서〉 작성을 위하여 추가로 필요한 자료를 〈보기〉에서 고르면?

〈보고서〉

최근 글로벌 대학평가기관이 2018년 세계대학평가 결과를 발표했다. 이 평가는 전 세계 1,250개 이상의 대학을 대상으로 교육, 연구, 산학협력, 국제화, 논문인용도 등 총 5개 부문, 13개 세부지표를 활용하여 수행된다.

2018년 세계대학평가 결과, 1~3위는 각각 F대학('을'국), G대학('을'국), H대학('병'국)으로 전년과 동일하였으나, 4위는 I대학('병'국)으로 전년도 5위에서 한 단계 상승했고 5위는 2017년 공동 3위였던 J대학('병'국)으로 나타났다. 아시아 대학 중 최고 순위는 K대학('정'국)으로 전년보다 8단계 상승한 세계 22위였으며, 같은 아시아 국가인 '갑'국에서는 L대학이 세계 63위로 '갑'국 대학 중 가장 높은 순위를 차지하였다.

2018년 '갑'국의 5개 국립대학 중에서는 A대학이 세계 182위, 국내 14위로 가장 순위가 높았는데, 논문인용도를 제외한 나머지 4개 부문별 점수에서 5개 국립대학 중 가장 높은 점수를 받았다. 한편, C대학은 연구와 산학협력 부문에서 2017년 대비 점수가 대폭 하락하여 순위 또한 낮아졌다.

〈보 기〉

ㄱ. 2017~2018년 세계대학평가 순위
ㄴ. 2017~2018년 세계대학평가 C대학 세부지표별 점수
ㄷ. 2017~2018년 세계대학평가 세부지표 리스트
ㄹ. 2017~2018년 세계대학평가 A대학 총점

① ㄱ, ㄴ
② ㄱ, ㄷ
③ ㄴ, ㄷ
④ ㄴ, ㄹ
⑤ ㄷ, ㄹ

문 15. 다음 〈표〉는 2015~2019년 '갑'국 음식점 현황에 관한 자료이다. 〈표〉를 이용하여 작성한 그래프로 옳지 않은 것은?

〈표〉 '갑'국 음식점 현황

(단위 : 개, 명, 억 원)

구분	업종 \ 연도	2015	2016	2017	2018	2019
사업체	한식	157,295	156,707	155,555	158,398	159,852
	서양식	1,182	1,356	1,306	4,604	1,247
	중식	13,102	9,940	9,885	10,443	10,099
	계	171,579	168,003	166,746	173,445	171,198
종사자	한식	468,351	473,878	466,685	335,882	501,056
	서양식	17,748	13,433	13,452	46,494	14,174
	중식	80,193	68,968	72,324	106,472	68,360
	계	566,292	556,279	552,461	488,848	583,590
매출액		67,704	90,600	75,071	137,451	105,603
부가가치액		28,041	31,317	23,529	23,529	31,410

① 업종별 종사자

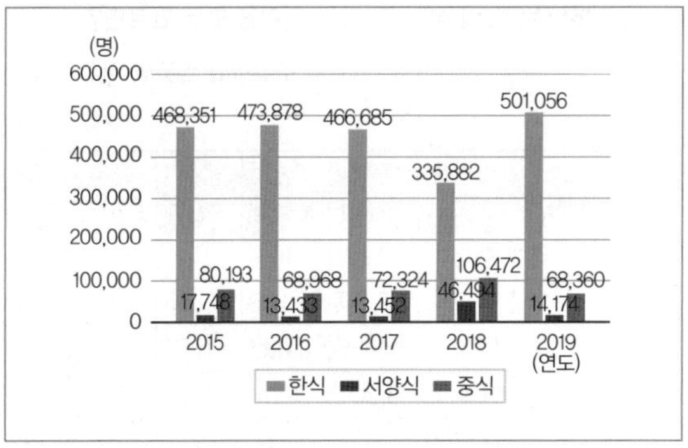

② 업종별 사업체 구성비

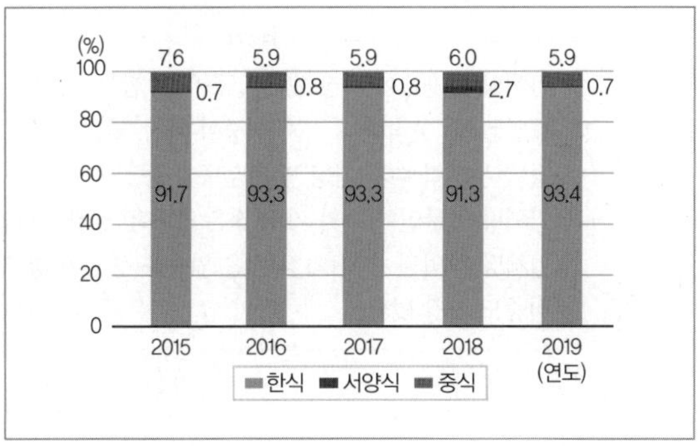

③ 업종별 사업체당 종사자

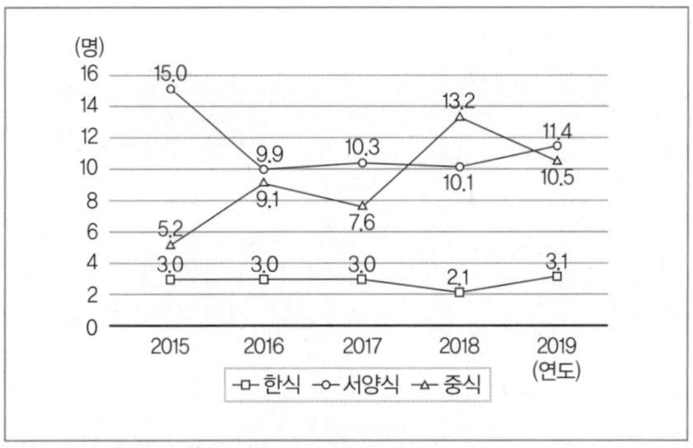

④ 한식, 중식 종사자의 전년 대비 증가율

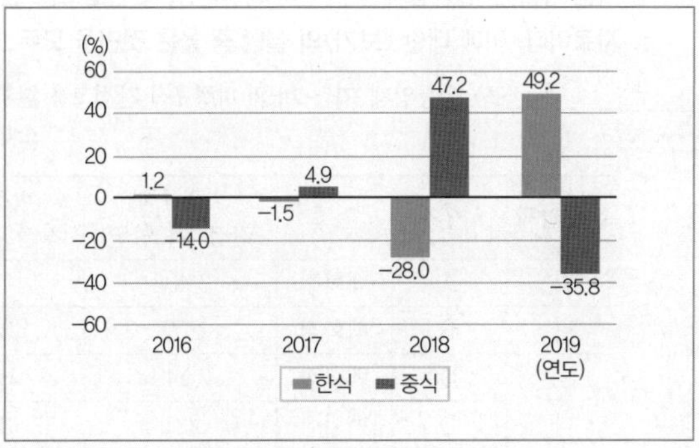

⑤ 매출액 대비 부가가치액 비율

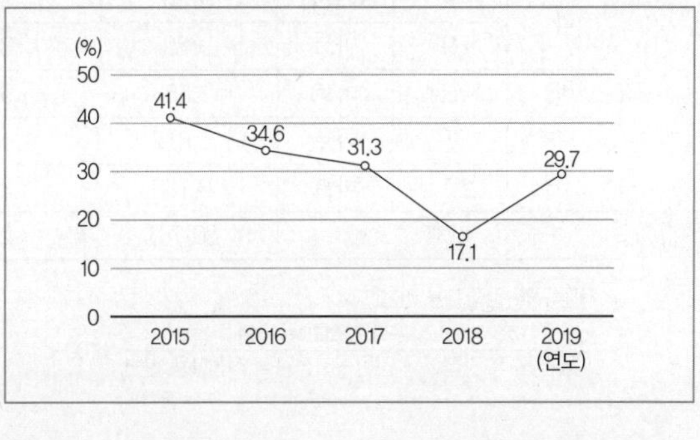

문 16. 다음 〈표〉는 A지역 물류산업 업종별 현황에 관한 자료이다. 이에 대한 〈보기〉의 설명 중 옳은 것만을 모두 고르면?

〈표〉 A지역 물류산업 업종별 현황

(단위 : 개, 억 원, 명)

구분 \ 업종	종합물류업	화물운송업	물류시설업	물류주선업	화물정보업	합
업체 수	19	46	17	23	2	107
매출액	319,763	32,309	34,155	10,032	189	396,448
종업원	22,436	5,382	1,787	1,586	100	31,291
전문인력	3,239	537	138	265	8	4,187
자격증 소지자	1,830	316	80	62	1	2,289

※ 자격증 소지자는 모두 전문인력임

〈보 기〉

ㄱ. 업체당 매출액이 가장 많은 업종은 '종합물류업'이다.
ㄴ. 종업원 중 자격증 소지자 비중이 가장 낮은 업종은 매출액당 전문인력 수가 가장 많은 업종과 동일하다.
ㄷ. 업체당 전문인력 수가 가장 적은 업종은 '물류시설업'이다.
ㄹ. 업체당 종업원 수가 가장 적은 업종은 종업원 중 전문인력 비중도 가장 낮다.

① ㄱ, ㄴ
② ㄱ, ㄹ
③ ㄴ, ㄷ
④ ㄱ, ㄷ, ㄹ
⑤ ㄴ, ㄷ, ㄹ

문 17. 다음 〈표〉는 유통업체 '가'~'바'의 비정규직 간접고용 현황에 대한 자료이다. 이에 대한 〈보기〉의 설명 중 옳은 것만을 모두 고르면?

〈표〉 유통업체 '가'~'바'의 비정규직 간접고용 현황

(단위 : 명, %)

유통업체	사업장	업종	비정규직 간접고용 인원	비정규직 간접고용 비율
가	A	백화점	3,408	74.9
나	B	백화점	209	31.3
다	C	백화점	2,149	36.6
	D	백화점	231	39.9
	E	마트	8,603	19.6
라	F	백화점	146	34.3
	G	마트	682	34.4
마	H	마트	1,553	90.4
바	I	마트	1,612	48.7
	J	마트	2,168	33.6
전체			20,761	29.9

※ 비정규직 간접고용 비율(%)

$$=\frac{\text{비정규직 간접고용 인원}}{\text{비정규직 간접고용 인원}+\text{비정규직 직접고용 인원}}\times 100$$

〈보 기〉

ㄱ. 업종별 비정규직 간접고용 총인원은 마트가 백화점의 2배 이상이다.
ㄴ. 비정규직 직접고용 인원은 A가 H의 10배 이상이다.
ㄷ. 비정규직 간접고용 비율이 가장 낮은 사업장의 비정규직 직접고용 인원은 다른 9개 사업장의 비정규직 직접고용 인원의 합보다 많다.
ㄹ. 유통업체별 비정규직 간접고용 비율은 '다'가 '라'보다 높다.

① ㄱ, ㄷ
② ㄴ, ㄹ
③ ㄷ, ㄹ
④ ㄱ, ㄴ, ㄷ
⑤ ㄱ, ㄴ, ㄹ

문 18. 다음 〈그림〉과 〈정보〉는 A해역의 해수면온도 변화에 따른 α지수, 'E현상' 및 'L현상'에 관한 자료이다. 이에 대한 설명으로 옳은 것은?

〈그림〉 기준 해수면온도와 α지수

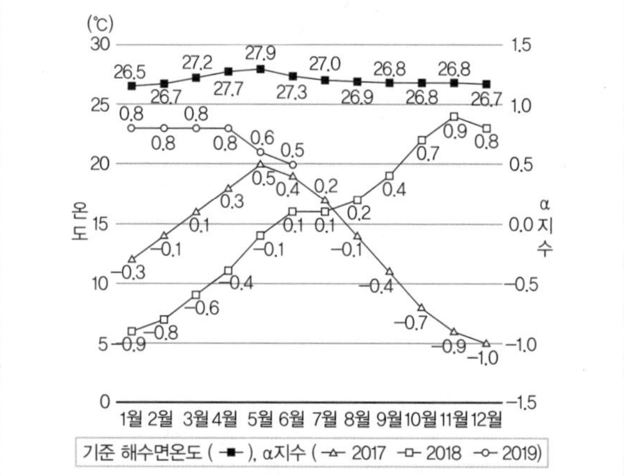

〈정 보〉

• '기준 해수면온도'는 1985~2015년의 해당월 해수면온도의 평균임
• '해수면온도 지표'는 해당월에 관측된 해수면온도에서 '기준 해수면온도'를 뺀 값임
• α지수는 전월, 해당월, 익월의 '해수면온도 지표'의 평균값임
• 'E현상'은 α지수가 5개월 이상 계속 0.5 이상일 때, 0.5 이상인 첫 달부터 마지막 달까지 있었다고 판단함
• 'L현상'은 α지수가 5개월 이상 계속 −0.5 이하일 때, −0.5 이하인 첫 달부터 마지막 달까지 있었다고 판단함

① '기준 해수면온도'는 8월이 가장 높다.
② 해수면온도는 2019년 6월까지만 관측되었다.
③ 2018년에는 'E현상'과 'L현상'이 둘 다 있었다.
④ 'E현상'은 8개월간 있었고, 'L현상'은 7개월간 있었다.
⑤ 월별 '기준 해수면온도'가 1℃ 낮았더라도, 2017년에 'L현상'이 있었다.

문 19. 다음 〈표〉는 종합체전 10개 종목의 입장권 판매점수 관련 자료이다. 〈표〉와 〈조건〉에 근거한 〈보기〉의 설명 중 옳은 것만을 모두 고르면?

〈표〉 종합체전 종목별 입장권 판매점수

(단위 : 점)

종목	국내 판매점수	해외 판매점수	판매율 점수	총점
A	506	450	290	1,246
B	787	409	160	1,356
C	547	438	220	1,205
D	2,533	1,101	( )	4,104
E	( )	( )	170	3,320
F	194	142	120	456
G	74	80	140	294
H	1,030	323	350	( )
I	1,498	638	660	( )
J	782	318	510	( )

※ 소수점 아래 첫째 자리에서 반올림한 값임

〈조 건〉

• 국내판매점수 $= \frac{\text{해당 종목 입장권 국내 판매량}}{\text{입장권 국내 판매량}} \times 10{,}000$

• 해외판매점수 $= \frac{\text{해당 종목 입장권 해외 판매량}}{\text{입장권 해외 판매량}} \times 5{,}000$

• 판매율점수 $= \frac{\text{해당 종목 입장권 (국내+해외) 판매량}}{\text{해당 종목 입장권 발행량}} \times 1{,}000$

• 총점 = 국내판매점수 + 해외판매점수 + 판매율점수

〈보 기〉

ㄱ. E종목의 '국내판매점수'는 '해외판매점수'의 1.5배 이상이다.

ㄴ. '입장권 국내 판매량'이 14만 매이고 '입장권 해외 판매량'이 10만 매라면, 입장권 판매량이 국내보다 해외가 많은 종목 수는 4개이다.

ㄷ. '해당 종목 입장권 발행량'이 가장 적은 종목은 G이다.

① ㄱ
② ㄴ
③ ㄱ, ㄴ
④ ㄱ, ㄷ
⑤ ㄱ, ㄴ, ㄷ

문 20. 다음 〈표〉는 '갑'국의 A지역 어린이집 현황에 대한 자료이다. 이에 대한 〈보기〉의 설명 중 옳은 것만을 모두 고르면?

〈표 1〉 A지역 어린이집 현재 원아수 및 정원

(단위 : 명)

어린이집 \ 구분	현재 원아수						정원
	만 1세 이하	만 2세 이하	만 3세 이하	만 4세 이하	만 5세 이하	만 5세 초과	
예그리나	9	29	71	116	176	62	239
이든샘	9	49	91	136	176	39	215
아이온	9	29	57	86	117	33	160
윤빛	9	29	50	101	141	40	186
올고운	6	26	54	104	146	56	210
전체	42	162	323	543	756	230	–

※ 각 어린이집의 원아수는 정원을 초과할 수 없음

〈표 2〉 원아 연령대별 보육교사 1인당 최대 보육가능 원아수

(단위 : 명)

구분 \ 연령대	만 1세 이하	만 1세 초과 만 2세 이하	만 2세 초과 만 3세 이하	만 3세 초과 만 4세 이하	만 4세 초과
보육교사 1인당 최대 보육가능 원아수	3	5	7	15	20

※ 1) 어린이집은 최소인원의 보육교사를 고용함
2) 보육교사 1인은 1개의 연령대만을 보육함

〈보 기〉

ㄱ. '만 1세 초과 만 2세 이하'인 원아의 33% 이상은 '이든샘' 어린이집 원아이다.

ㄴ. '올고운' 어린이집의 현재 보육교사수는 18명이다.

ㄷ. 정원 대비 현재 원아수의 비율이 가장 낮은 어린이집은 '아이온'이다.

ㄹ. '윤빛' 어린이집은 보육교사를 추가로 고용하지 않고도 '만 3세 초과 만 4세 이하'인 원아를 최대 5명까지 더 충원할 수 있다.

① ㄱ, ㄴ
② ㄱ, ㄷ
③ ㄴ, ㄹ
④ ㄱ, ㄷ, ㄹ
⑤ ㄴ, ㄷ, ㄹ

문 21. 다음 〈표〉는 2016~2018년 '갑'국의 공무원 집합교육 실적에 관한 자료이다. 이를 바탕으로 작성한 〈보고서〉의 B, C, D에 해당하는 내용을 바르게 나열한 것은?

〈표〉 공무원 집합교육 실적

(단위 : 회, 명)

분류	과정 \ 연도	2016 차수	2016 교육인원	2016 연인원	2017 차수	2017 교육인원	2017 연인원	2018 차수	2018 교육인원	2018 연인원
기본교육	고위	2	146	13,704	2	102	14,037	3	172	14,700
	과장	1	500	2,500	1	476	1,428	2	580	2,260
	5급	3	2,064	81,478	3	2,127	86,487	3	2,151	89,840
	6급 이하	6	863	18,722	6	927	19,775	5	1,030	22,500
	소계	12	3,573	116,404	12	3,632	121,727	13	3,933	129,300
가치교육	공직가치	5	323	1,021	3	223	730	2	240	800
	국정과제	8	1,535	2,127	8	467	1,349	6	610	1,730
	소계	13	1,858	3,148	11	690	2,079	8	850	2,530
전문교육	직무	6	395	1,209	9	590	1,883	9	660	2,100
	정보화	30	2,629	8,642	29	1,486	4,281	31	1,812	5,096
	소계	36	3,024	9,851	38	2,076	6,164	40	2,472	7,196
전체		61	8,455	129,403	61	6,398	129,970	61	7,255	139,026

※ 차수는 해당 교육과정이 해당 연도 내에 진행되는 횟수를 의미하며, 교육은 시작한 연도에 종료됨

〈보고서〉

2017년 공무원 집합교육 실적을 보면, 연인원은 전년보다 500명 이상 증가하였으나, 교육인원은 전년 대비 20% 이상 감소하였다. 2017년 공무원 집합교육 과정별 실적을 보면, 교육인원과 연인원은 각각 [A] 과정이 가장 많았으며, 차수당 교육인원은 [B] 과정이 가장 많았다.

2018년 공무원 집합교육 실적을 보면, 전체 차수는 2017년과 같은 61회였으나, 교육인원과 연인원은 각각 전년보다 [C]. 한편, 기본교육 중 '과장'과정의 교육인원 대비 연인원 비율을 보면, 2018년은 2017년에 비해서는 [D] 하였으나, 2016년에 비해서는 [E] 하였다.

	B	C	D
①	5급	적었다	감소
②	5급	많았다	증가
③	5급	많았다	감소
④	과장	적었다	증가
⑤	과장	많았다	감소

문 22. 다음 〈표〉는 일제강점기 8개 도시의 기간별 물가와 명목임금 비교지수에 관한 자료이다. 이에 대한 〈보기〉의 설명 중 옳은 것만을 모두 고르면?

〈표 1〉 일제강점기 8개 도시의 물가 비교지수

기간 \ 도시	경성	대구	목포	부산	신의주	원산	청진	평양
1910~1914년	1.04	0.99	0.99	0.95	0.95	1.05	1.06	0.97
1915~1919년	0.98	1.03	0.99	0.96	0.98	1.03	1.03	1.00
1920~1924년	1.03	1.01	1.01	1.03	0.96	0.99	1.05	0.92
1925~1929년	1.05	0.98	0.99	0.98	0.98	1.04	1.05	0.93
1930~1934년	1.06	0.96	0.93	0.98	1.06	1.00	1.04	0.97
1935~1939년	1.06	0.98	0.94	1.01	1.02	0.99	1.02	0.98

※ 기간별 각 도시의 물가 비교지수는 해당 기간 8개 도시 평균 물가 대비 각 도시 물가의 비율임

〈표 2〉 일제강점기 8개 도시의 명목임금 비교지수

기간 \ 도시	경성	대구	목포	부산	신의주	원산	청진	평양
1910~1914년	0.92	0.83	0.89	0.96	1.01	1.13	1.20	1.06
1915~1919년	0.97	0.88	0.99	0.98	0.92	1.01	1.32	0.93
1920~1924년	1.13	0.93	0.97	1.05	0.79	0.96	1.32	0.85
1925~1929년	1.05	0.83	0.91	0.98	0.95	1.05	1.36	0.87
1930~1934년	1.06	0.86	0.84	0.96	0.96	1.01	1.30	1.01
1935~1939년	0.99	0.85	0.85	0.95	1.16	1.04	1.10	1.06

※ 기간별 각 도시의 명목임금 비교지수는 해당 기간 8개 도시 평균 명목임금 대비 각 도시 명목임금의 비율임

〈보 기〉

ㄱ. 경성보다 물가가 낮은 도시는 '1910~1914년' 기간에는 5곳이고 '1935~1939년' 기간에는 7곳이다.

ㄴ. 물가와 명목임금 모두가 기간별 8개 도시 평균보다 매 기간에 걸쳐 높은 도시는 한 곳뿐이다.

ㄷ. '1910~1914년' 기간보다 '1935~1939년' 기간의 명목임금이 경성은 증가하였으나 부산은 감소하였다.

ㄹ. '1920~1924년' 기간의 명목임금은 목포가 신의주의 1.2배 이상이다.

① ㄱ, ㄷ

② ㄱ, ㄹ

③ ㄴ, ㄷ

④ ㄱ, ㄴ, ㄹ

⑤ ㄴ, ㄷ, ㄹ

문 23. 다음은 '갑'국의 일 · 가정 양립제도에 관한 〈보고서〉이다. 이를 작성하기 위해 사용하지 않은 자료는?

〈보고서〉

2018년 기준 가족친화 인증을 받은 기업 및 기관수는 1,828개로 2017년보다 30% 이상 증가하였고, 전년 대비 증가율은 중소기업 및 공공기관이 각각 대기업보다 높게 나타났다. 이와 함께 일 · 가정 양립제도 중 하나인 유연근로제도를 도입하고 있는 사업체의 비율은 2018년이 2017년보다 37.1%p 증가하였다.

2018년 유배우자 가구 중 맞벌이 가구의 비율은 2017년보다 1.0%p 증가하였으며, 6세 이하 자녀를 둔 맞벌이 가구 비율이 초 · 중학생 자녀를 둔 맞벌이 가구 비율보다 낮았다. 한편, 남녀간 고용률 차이는 여전히 존재하여 2018년 기혼남성과 기혼여성의 고용률 차이는 29.2%p로 격차가 큰 것으로 나타났다.

2018년 육아휴직자 수는 89,795명으로 2013년부터 매년 증가하였는데, 남성 육아휴직자 수는 2017년보다 증가한 반면, 여성 육아휴직자 수는 2017년에 비해 감소하였다. 또한, 2018년 육아기 근로시간 단축제도 이용자 수는 2017년보다 30% 이상 증가한 2,761명으로 남녀 모두 증가하였다.

① 육아지원제도 이용자 현황

(단위 : 명)

구분 \ 연도		2013	2014	2015	2016	2017	2018
육아 휴직자 수	여성	56,735	62,279	67,323	73,412	82,467	82,179
	남성	1,402	1,790	2,293	3,421	4,872	7,616
육아기 근로시간 단축제도 이용자 수	여성	37	415	692	1,032	1,891	2,383
	남성	2	22	44	84	170	378

② 2018년 혼인상태별 고용률

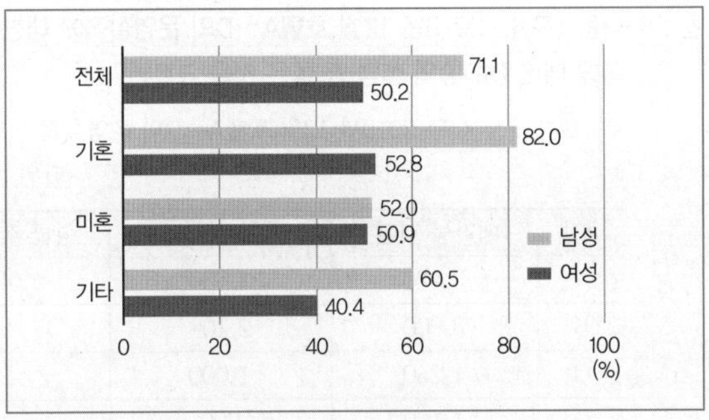

③ 가족친화 인증 기업 및 기관 현황

(단위 : 개, %)

구분 \ 연도	2016	2017	2018	비율	전년 대비 증가율
대기업	223	258	285	15.6	10.5
중소기업	428	702	983	53.8	40.0
공공기관	305	403	560	30.6	39.0
전체	956	1,363	1,828	100.0	34.1

④ 기혼여성의 취업여부별 경력단절 경험 비율

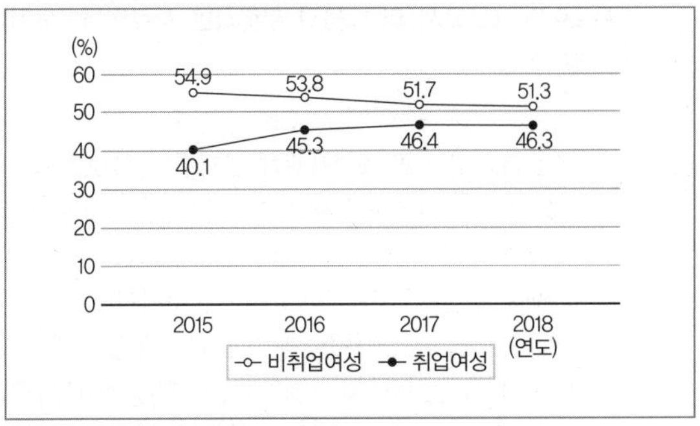

⑤ 유배우자 가구 중 맞벌이 가구 현황

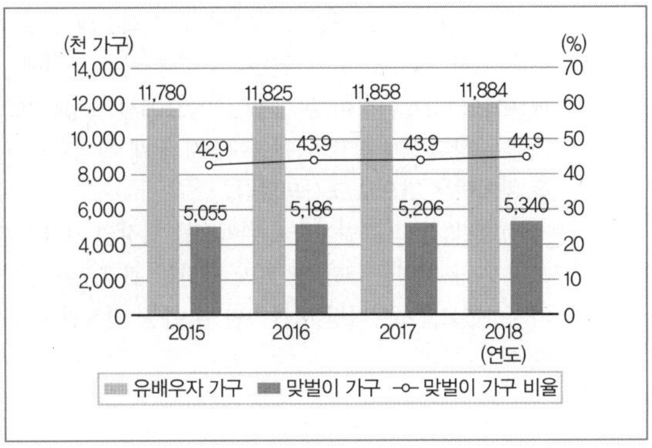

문 24. 다음 〈표〉는 2014~2018년 A기업의 직군별 사원수 현황에 대한 자료이다. 이에 대한 〈보기〉의 설명 중 옳은 것을 고르면?

〈표〉 2014~2018년 A기업의 직군별 사원수 현황

(단위 : 명)

연도 \ 직군	영업직	생산직	사무직
2018	169	105	66
2017	174	121	68
2016	137	107	77
2015	136	93	84
2014	134	107	85

※ 사원은 영업직, 생산직, 사무직으로만 구분됨

〈보 기〉

ㄱ. 전체 사원수는 매년 증가한다.
ㄴ. 영업직 사원수는 생산직과 사무직 사원수의 합보다 매년 적다.
ㄷ. 생산직 사원의 비중이 30% 미만인 해는 전체 사원수가 가장 적은 해와 같다.
ㄹ. 영업직 사원의 비중은 매년 증가한다.

① ㄱ, ㄴ
② ㄱ, ㄷ
③ ㄴ, ㄷ
④ ㄴ, ㄹ
⑤ ㄷ, ㄹ

문 25. 다음 〈보고서〉는 2017년 '갑'국의 공연예술계 시장 현황에 관한 자료이다. 〈보고서〉의 내용과 부합하는 자료만을 〈보기〉에서 모두 고르면?

〈보고서〉

2017년 '갑'국의 공연예술계 관객수는 410만 5천 명, 전체 매출액은 871억 5천만 원으로 집계되었다. 이는 매출액 기준 전년 대비 100% 이상 성장한 것으로, 2014년 이후 공연예술계 매출액과 관객수 모두 매년 증가하는 추세이다.

2017년 '갑'국 공연예술계의 전체 개막편수 및 공연횟수를 월별로 분석한 결과, 월간 개막편수가 전체 개막편수의 10% 이상을 차지하는 달은 3월뿐이고 월간 공연횟수가 전체 공연횟수의 10% 이상을 차지하는 달은 8월뿐인 것으로 나타났다.

반면, '갑'국 공연예술계 매출액 및 관객수의 장르별 편차는 매우 심한 것으로 나타났는데, 2017년 기준 공연예술계 전체 매출액의 60% 이상이 '뮤지컬' 한 장르에서 발생하였으며 또한 관객수 상위 3개 장르가 공연예술계 전체 관객수의 90% 이상을 차지하는 것으로 조사되었다.

2017년 '갑'국 공연예술계 관객수를 입장권 가격대별로 살펴보면 가장 저렴한 '3만 원 미만' 입장권 관객수가 절반 이상을 차지하였고, 이는 가장 비싼 '7만 원 이상' 입장권 관객수의 3.5배 이상이었다.

〈보 기〉

ㄱ. 2014~2017년 매출액 및 관객수

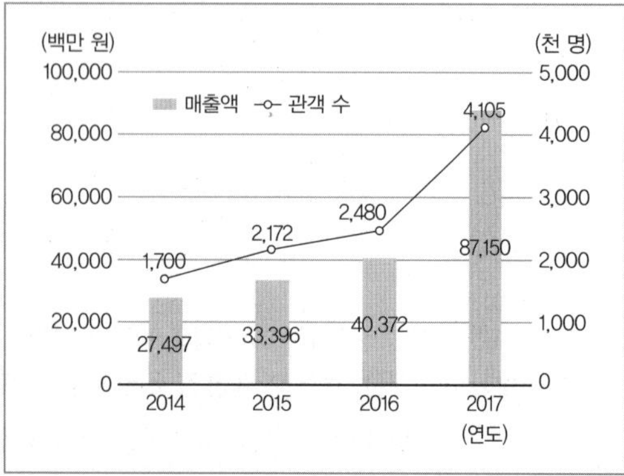

ㄴ. 2017년 개막편수 및 공연횟수

(단위 : 편, 회)

월 \ 구분	개막편수	공연횟수
1	249	4,084
2	416	4,271
3	574	4,079
4	504	4,538
5	507	4,759
6	499	4,074
7	441	5,021
8	397	5,559
9	449	3,608
10	336	3,488
11	451	3,446
12	465	5,204
전체	5,288	52,131

ㄷ. 2017년 장르별 매출액 및 관객수

(단위 : 백만 원, 천 명)

장르 \ 구분	매출액	관객수
연극	10,432	808
뮤지컬	56,014	1,791
클래식	13,580	990
무용	5,513	310
국악	1,611	206
전체	87,150	4,105

ㄹ. 2017년 입장권 가격대별 관객수 구성비

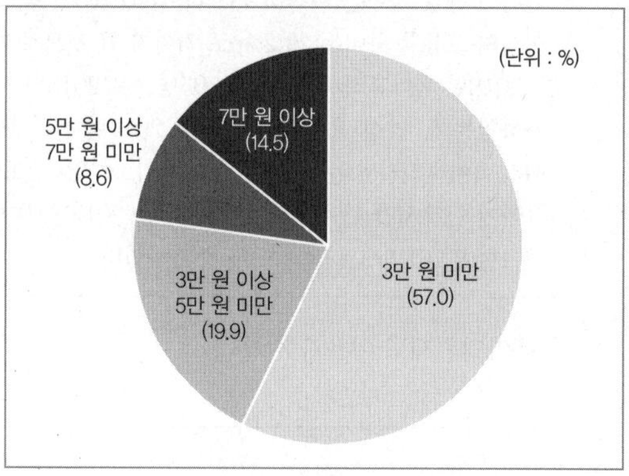

① ㄱ, ㄷ
② ㄴ, ㄷ
③ ㄴ, ㄹ
④ ㄱ, ㄴ, ㄹ
⑤ ㄱ, ㄷ, ㄹ

문 26. 다음 〈표〉는 2019년 12월 호텔A~D의 운영실적에 대한 자료이다. 이에 대한 〈보기〉의 설명 중 옳은 것을 고르면?

〈표〉 2019년 12월 호텔A~D의 운영실적

(단위 : 개, 만 원)

호텔	판매가능 객실 수	판매 객실 수	평균 객실 요금
A	3,500	1,600	40
B	3,000	2,100	30
C	1,250	1,000	20
D	1,100	990	10

※ 1) 객실 수입=판매 객실 수×평균 객실 요금

2) 객실 판매율(%)$=\frac{\text{판매 객실 수}}{\text{판매 가능 객실 수}}\times 100$

〈보 기〉

ㄱ. 객실 수입이 가장 많은 호텔은 B이다.
ㄴ. 객실 판매율은 호텔C가 호텔D보다 낮다.
ㄷ. 판매가능 객실당 객실 수입이 가장 적은 호텔은 A이다.
ㄹ. 판매가능 객실 수가 많은 호텔일수록 객실 판매율이 낮다.

① ㄱ, ㄴ
② ㄱ, ㄷ
③ ㄱ, ㄹ
④ ㄴ, ㄷ
⑤ ㄴ, ㄹ

문 27. 다음 〈표〉는 '갑'회사의 생산직 근로자 133명과 사무직 근로자 87명이 직무스트레스 조사에 응답한 결과이다. 이에 대한 〈보기〉의 설명 중 옳은 것만을 모두 고르면?

〈표 1〉 생산직 근로자의 직무스트레스 수준 응답 구성비

(단위 : %)

스트레스 수준 / 항목	상위		하위	
	매우 높음	높음	낮음	매우 낮음
업무과다	9.77	67.67	22.56	0.00
직위불안	10.53	64.66	24.06	0.75
관계갈등	10.53	67.67	20.30	1.50
보상부적절	10.53	60.15	27.82	1.50

〈표 2〉 사무직 근로자의 직무스트레스 수준 응답 구성비

(단위 : %)

스트레스 수준 / 항목	상위		하위	
	매우 높음	높음	낮음	매우 낮음
업무과다	10.34	67.82	20.69	1.15
직위불안	12.64	58.62	27.59	1.15
관계갈등	10.34	64.37	24.14	1.15
보상부적절	10.34	64.37	20.69	4.60

〈보 기〉

ㄱ. 항목별 직무스트레스 수준이 '상위'에 해당하는 근로자의 비율은 각 항목에서 사무직이 생산직보다 높다.

ㄴ. '직위불안' 항목에서 '낮음'으로 응답한 근로자는 생산직이 사무직보다 많다.

ㄷ. '관계갈등' 항목에서 '매우 높음'으로 응답한 생산직 근로자는 '매우 낮음'으로 응답한 생산직 근로자보다 11명 많다.

ㄹ. '보상부적절' 항목에서 '높음'으로 응답한 근로자는 사무직이 생산직보다 적다.

① ㄱ

② ㄹ

③ ㄱ, ㄷ

④ ㄴ, ㄷ

⑤ ㄴ, ㄹ

문 28. 다음 〈표〉는 산림경영인의 산림경영지원제도 인지도에 대한 설문조사 결과이다. 이에 대한 설명으로 옳지 않은 것은?

〈표〉 산림경영인의 산림경영지원제도 인지도

(단위 : 명, %, 점)

구분	항목	응답자 수	인지도 점수별 응답자 비율					인지도 평균 점수
			1점	2점	3점	4점	5점	
경영 주체	독림가	173	2.9	17.3	22.0	39.3	18.5	3.53
	임업 후계자	292	4.5	27.1	20.9	33.9	13.7	3.25
	일반산주	353	11.0	60.9	10.5	16.4	1.1	2.36
거주지 권역	경기	57	12.3	40.4	3.5	36.8	7.0	2.86
	강원	112	6.3	20.5	11.6	43.8	17.9	3.46
	충청	193	7.8	35.2	20.2	25.9	10.9	2.97
	전라	232	6.9	44.0	20.7	20.3	8.2	2.79
	경상	224	5.4	48.2	15.2	25.9	5.4	2.78
소유 면적	2ha 미만	157	8.9	63.7	11.5	14.0	1.9	2.36
	2ha 이상 6ha 미만	166	9.0	43.4	16.9	22.9	7.8	2.77
	6ha 이상 11ha 미만	156	7.7	35.3	16.7	32.7	7.7	2.97
	11ha 이상 50ha 미만	232	4.3	30.6	17.2	36.2	11.6	3.20
	50ha 이상	107	5.6	24.3	22.4	28.0	19.6	3.32
소재지 거주 여부	소재산주	669	5.8	41.0	15.7	28.4	9.1	2.94
	부재산주	149	12.1	33.6	20.8	23.5	10.1	2.86

※ 인지도 점수별 응답자 비율(인지도 평균점수)은 소수점 아래 둘째(셋째) 자리에서 반올림한 값임

① 소유면적별 인지도 평균점수는 '50ha 이상'이 '2ha 미만'의 1.4배 이상이다.

② 거주지 권역별 인지도 평균점수는 '강원'이 '경기'보다 높다.

③ 인지도 점수를 2점 이하로 부여한 응답자 대비 4점 이상으로 부여한 응답자의 비율이 가장 높은 거주지 권역은 '충청'이다.

④ 인지도 점수를 1점으로 부여한 '소재산주'는 5점으로 부여한 '부재산주'의 2배 이상이다.

⑤ 인지도 점수를 3점 이상으로 부여한 응답자가 가장 많은 경영주체는 '임업후계자'이다.

문 29. 다음 〈표〉는 2014~2018년 '갑'국의 전력단가와 에너지원별 평균정산단가에 관한 자료이다. 이에 대한 〈보기〉의 설명 중 옳은 것만을 모두 고르면?

〈표 1〉 2014~2018년 전력단가

(단위 : 원/kWh)

월 \ 연도	2014	2015	2016	2017	2018
1	143.16	140.76	90.77	86.31	92.23
2	153.63	121.33	87.62	91.07	90.75
3	163.40	118.35	87.31	92.06	101.47
4	151.09	103.72	75.38	75.35	90.91
5	144.61	96.62	68.78	79.14	87.64
6	136.35	84.54	65.31	82.71	89.79
7	142.72	81.99	67.06	76.79	87.27
8	128.60	88.59	71.73	76.40	91.02
9	131.44	90.98	71.55	73.21	92.87
10	132.22	98.34	73.48	72.84	102.36
11	133.78	94.93	75.04	81.48	105.11
12	144.10	95.46	86.93	90.77	109.95
평균	142.09	101.30	76.75	81.51	95.11

※ 1년을 봄(3, 4, 5월), 여름(6, 7, 8월), 가을(9, 10, 11월), 겨울(12, 1, 2월)의 4계절로 구분함

〈표 2〉 2014~2018년 에너지원별 평균정산단가

(단위 : 원/kWh)

에너지원 \ 연도	2014	2015	2016	2017	2018
원자력	54.70	62.69	67.91	60.68	62.10
유연탄	63.27	68.26	73.93	78.79	81.81
LNG	160.73	126.19	99.39	111.60	121.03
유류	220.78	149.85	109.15	165.45	179.43
양수	171.50	132.75	106.21	107.60	125.37

〈보 기〉

ㄱ. 계절별 전력단가의 평균은 여름이 가을보다 매년 높다.

ㄴ. 2017년 대비 2018년 평균정산단가 증가율이 가장 높은 에너지원은 '양수'이다.

ㄷ. 전력단가 평균과 '유류' 평균정산단가의 연도별 증감방향은 같다.

ㄹ. 에너지원별 평균정산단가 순위는 매년 동일하다.

① ㄱ, ㄴ

② ㄴ, ㄷ

③ ㄷ, ㄹ

④ ㄱ, ㄴ, ㄹ

⑤ ㄱ, ㄷ, ㄹ

문 30. 다음 〈표〉는 '갑'지역 조사 대상지에 대한 A, B 두 기관의 토지피복 분류 결과를 상호비교한 것이다. 이에 대한 설명으로 옳은 것은?

〈표〉 토지피복 분류 결과

(단위 : 개소)

A기관 대분류	A기관 세부분류	B기관 농업지역 논	B기관 농업지역 밭	B기관 산림지역 침엽수림	B기관 산림지역 활엽수림	B기관 산림지역 혼합림	B기관 수체지역 하천	소계
농업지역	논	840	25	30	55	45	35	1,030
농업지역	밭	50	315	20	30	30	15	460
산림지역	침엽수림	85	50	5,230	370	750	20	6,505
산림지역	활엽수림	70	25	125	3,680	250	25	4,175
산림지역	혼합림	40	30	120	420	4,160	20	4,790
수체지역	하천	10	15	0	15	20	281	341
소계		1,095	460	5,525	4,570	5,255	396	17,301

① A기관이 밭으로 분류한 대상지 중 B기관이 혼합림으로 분류한 대상지의 비율은, B기관이 밭으로 분류한 대상지 중 A기관이 혼합림으로 분류한 대상지의 비율과 같다.

② B기관이 침엽수림으로 분류한 대상지 중 10% 이상을 A기관은 다른 세부분류로 분류하였다.

③ B기관이 논으로 분류한 대상지 중 A기관도 논으로 분류한 대상지의 비율은, A기관이 논으로 분류한 대상지 중 B기관도 논으로 분류한 대상지의 비율과 같다.

④ 두 기관 모두 산림지역으로 분류한 대상지 중 두 기관 모두 활엽수림으로 분류한 대상지가 차지하는 비율은 30% 이상이다.

⑤ 두 기관 모두 농업지역으로 분류한 대상지 중 두 기관이 서로 다른 세부분류로 분류한 대상지가 차지하는 비율은, A 또는 B기관이 하천으로 분류한 대상지 중 두 기관 모두 하천으로 분류한 대상지의 비율보다 크다.

문 31. 다음 〈그림〉은 옥외광고 시장 규모 및 구성비에 대한 자료이다. 이를 바탕으로 작성한 〈보고서〉의 내용 중 옳은 것만을 모두 고르면?

〈그림 1〉 옥외광고 시장 규모 추이

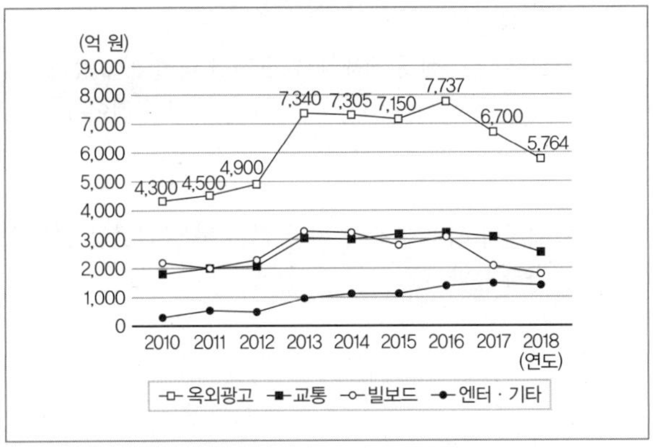

※ 옥외광고는 교통, 빌보드, 엔터 · 기타의 3개 분야로 구성됨

〈그림 2〉 2018년 옥외광고 3개 분야 및 세부분야 시장 구성비

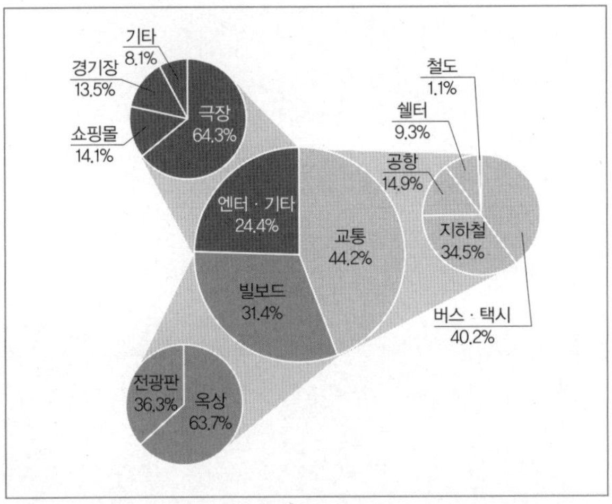

〈보고서〉

2010년부터 2018년까지의 옥외광고 시장 규모 추이를 살펴보면, 2010년 4,300억 원 규모였던 옥외광고 시장은 2016년 7,737억 원 규모까지 성장하였다. ㉠ 2018년 옥외광고 시장 규모는 2016년에 비해 30% 이상 감소하였다. 2018년 옥외광고 시장 규모를 분야별로 살펴보면, ㉡ 2018년 '교통' 분야 시장 규모는 2,500억 원 이상으로 옥외광고 시장에서 가장 큰 비중을 차지하고 있다. ㉢ 2018년 옥외광고 세부분야별 시장 규모는 '옥상'이 가장 크고, 그다음으로 '버스 · 택시', '극장', '지하철' 순이다. ㉣ 2018년 '엔터 · 기타' 분야의 시장 규모를 살펴보면 '극장', '쇼핑몰', '경기장'을 제외한 시장 규모는 120억 원 이상이다.

① ㄱ, ㄷ
② ㄴ, ㄷ
③ ㄴ, ㄹ
④ ㄱ, ㄴ, ㄹ
⑤ ㄱ, ㄷ, ㄹ

문 32. 다음 〈표〉는 '갑'대학교 정보공학과 학생 A~I의 3개 교과목 점수에 관한 자료이다. 이에 대한 〈보기〉의 설명 중 옳은 것만을 모두 고르면?

〈표〉 학생 A~I의 3개 교과목 점수

(단위 : 점)

교과목 / 학생	인공지능	빅데이터	사물인터넷	평균
A	( )	85.0	77.0	74.3
B	( )	90.0	92.0	90.0
C	71.0	71.0	( )	71.0
D	28.0	( )	65.0	50.0
E	39.0	63.0	82.0	61.3
F	( )	73.0	74.0	( )
G	35.0	( )	50.0	45.0
H	40.0	( )	70.0	53.3
I	65.0	61.0	( )	70.3
평균	52.4	66.7	74.0	( )
중앙값	45.0	63.0	74.0	64.0

※ 중앙값은 학생 A~I의 성적을 크기순으로 나열했을 때 한가운데 위치한 값임

〈보 기〉

ㄱ. 각 교과목에서 평균 이하의 점수를 받은 학생은 각각 5명 이상이다.
ㄴ. 교과목별로 점수 상위 2명에게 1등급을 부여할 때, 1등급을 받은 교과목 수가 1개 이상인 학생은 4명이다.
ㄷ. 학생 D의 빅데이터 교과목과 사물인터넷 교과목의 점수가 서로 바뀐다면, 빅데이터 교과목 평균은 높아진다.
ㄹ. 최고점수와 최저점수의 차이가 가장 작은 교과목은 사물인터넷이다.

① ㄱ, ㄴ
② ㄴ, ㄷ
③ ㄴ, ㄹ
④ ㄱ, ㄴ, ㄷ
⑤ ㄱ, ㄷ, ㄹ

※ 다음 〈표〉와 〈그림〉은 2013~2019년 '갑'국의 건설업 재해에 관한 자료이다. 〈표〉와 〈그림〉을 보고 물음에 답하시오. [33~34]

〈표〉 연도별 건설업 재해 현황

(단위 : 명)

연도	근로자 수	재해자 수	
			사망자 수
2013	3,200,645	22,405	611
2014	3,087,131	22,845	621
2015	2,776,587	23,323	496
2016	2,586,832	(　　)	667
2017	3,249,687	23,723	486
2018	3,358,813	(　　)	493
2019	3,152,859	26,484	554

〈그림 1〉 연도별 전체 산업 및 건설업 재해율 추이

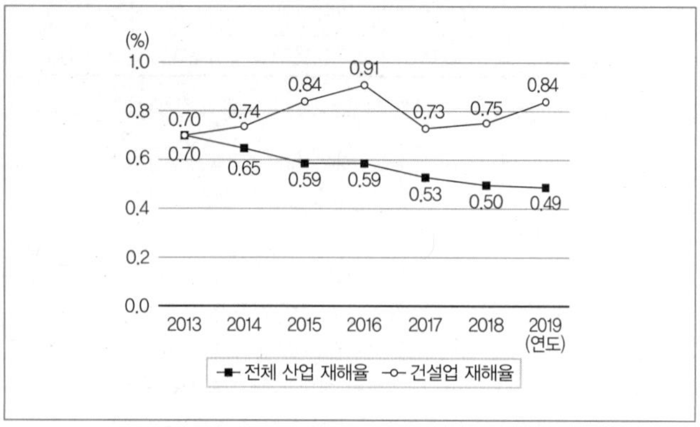

※ 재해율(%) $= \frac{\text{재해자 수}}{\text{근로자 수}} \times 100$

〈그림 2〉 연도별 건설업의 환산도수율과 환산강도율

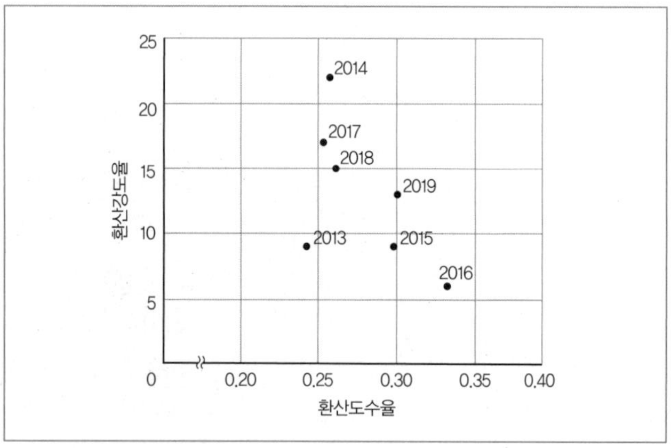

※ 1) 환산도수율 $= \frac{\text{재해건수}}{\text{총 근로시간}} \times 100{,}000$

2) 환산강도율 $= \frac{\text{재해손실일수}}{\text{총 근로시간}} \times 100{,}000$

문 33. 위 〈표〉와 〈그림〉에 근거한 설명으로 옳은 것은?

① 건설업 재해자 수는 매년 증가한다.

② 전체 산업 재해율과 건설업 재해율의 차이가 가장 큰 해는 2016년이다.

③ 2020년 건설업 재해자 수가 전년 대비 10% 증가한다면, 건설업 재해율은 전년 대비 0.1%p 증가할 것이다.

④ 2013년 건설업 근로자 수가 전체 산업 근로자 수의 20%라면, 전체 산업 재해자 수는 건설업 재해자 수의 4배이다.

⑤ 건설업 사망자 수가 가장 많은 해는 건설업 환산강도율도 가장 높다.

문 34. 위 〈표〉와 〈그림〉을 바탕으로 건설업의 재해건당 재해손실일수가 가장 큰 연도와 가장 작은 연도를 바르게 나열한 것은?

	가장 큰 연도	가장 작은 연도
①	2013년	2014년
②	2013년	2016년
③	2014년	2013년
④	2014년	2016년
⑤	2016년	2014년

문 35. 다음 〈표〉는 감염자와 비감염자로 구성된 유증상자 1,000명을 대상으로 인공지능 시스템 A~E의 정확도를 측정한 결과이다. 〈표〉에 근거한 〈보기〉의 설명 중 옳은 것만을 모두 고르면?

〈표〉 인공지능 시스템 A~E의 정확도

(단위 : 명, %)

시스템 판정 / 실제 감염 여부 / 시스템	양성		음성		음성 정답률	양성 검출률	정확도
	감염자	비감염자	감염자	비감염자			
A	0	1	8	991	( )	0.0	99.1
B	8	0	0	992	( )	100.0	100.0
C	6	4	2	988	99.8	75.0	99.4
D	8	2	0	990	100.0	( )	99.8
E	0	0	8	992	99.2	( )	99.2

※ 1) 정확도(%) = $\frac{\text{'양성' 판정된 감염자} + \text{'음성' 판정된 비감염자}}{\text{유증상자}} \times 100$

2) '양성(음성)' 정답률(%) = $\frac{\text{'양성(음성)' 판정된 감염(비감염)자}}{\text{'양성(음성)' 판정된 유증상자}} \times 100$

3) '양성(음성)' 검출률(%) = $\frac{\text{'양성(음성)' 판정된 감염(비감염)자}}{\text{감염(비감염)자}} \times 100$

〈보 기〉

ㄱ. 모든 유증상자를 '음성'으로 판정한 시스템의 정확도는 A보다 높다.
ㄴ. B, D는 '음성' 정답률과 '양성' 검출률 모두 100%이다.
ㄷ. B의 '양성' 정답률과 '음성' 정답률은 같다.
ㄹ. '양성' 검출률이 0%인 시스템의 '음성' 정답률은 100%이다.

① ㄱ, ㄴ
② ㄱ, ㄷ
③ ㄱ, ㄹ
④ ㄴ, ㄹ
⑤ ㄱ, ㄴ, ㄷ

문 36. 다음 〈표〉는 A시 초등학생과 중학생의 6개 식품 섭취율을 조사한 결과이다. 이에 대한 설명으로 옳은 것은?

〈표〉 A시 초등학생과 중학생의 6개 식품 섭취율

(단위 : %)

식품	섭취 주기	초등학교			중학교		
		남학생	여학생	전체	남학생	여학생	전체
라면	주 1회 이상	77.6	71.8	74.7	89.0	89.0	89.0
탄산음료	주 1회 이상	76.6	71.6	74.1	86.0	79.5	82.1
햄버거	주 1회 이상	64.4	58.2	61.3	73.5	70.5	71.7
우유	매일	56.7	50.9	53.8	36.0	27.5	30.9
과일	매일	36.1	38.9	37.5	28.0	30.0	29.2
채소	매일	30.4	33.2	31.8	28.5	29.0	28.8

※ 1) 섭취율(%) = $\frac{\text{섭취한다고 응답한 학생 수}}{\text{응답 학생 수}} \times 100$

2) 초등학생, 중학생 각각 2,000명을 대상으로 조사하였으며, 전체 조사 대상자는 6개 식품에 대해 모두 응답하였음

① 라면을 주 1회 이상 섭취하는 중학교 남학생 수와 중학교 여학생의 수는 같다.
② 채소를 매일 섭취하는 중학교 남학생 수는 과일을 매일 섭취하는 중학교 남학생 수보다 적다.
③ 우유를 매일 섭취하는 중학교 여학생 수는 275명이다.
④ 과일을 매일 섭취하는 초등학교 남학생 중 햄버거를 주 1회 이상 섭취하는 학생 수는 4명 이하이다.
⑤ 채소를 매일 섭취하는 여학생 수는 중학생이 초등학생보다 많다.

문 37. 다음 〈표〉는 4명의 응시자(민수, 영수, 철수, 현수)가 5명의 면접관으로부터 받은 점수에 관한 자료이다. 〈표〉와 〈조건〉을 근거로 '가'~'라'에 해당하는 응시자를 바르게 나열한 것은?

〈표〉 응시자의 면접관별 점수

(단위 : 점)

면접관 \ 응시자	면접관 1	면접관 2	면접관 3	면접관 4	면접관 5
가	10	7	5	9	9
나	8	5	( )	9	7
다	9	( )	9	( )	7
라	( )	5	8	8	9

※ 1) 각 면접관은 5점부터 10점까지의 정숫값을 면접 점수로 부여함
2) 중앙값은 주어진 값들을 크기순으로 나열했을 때 한가운데 위치한 값임. 예를 들면, 주어진 값들이 9, 6, 7, 5, 6인 경우 이를 크기순으로 나열하면 5, 6, 6, 7, 9이므로 중앙값은 6임

〈조 건〉

- 평균이 8인 응시자는 민수와 현수뿐이다.
- 현수의 최솟값이 철수의 최솟값보다 크다.
- 영수의 중앙값은 8이며 철수의 중앙값보다 크다.

	가	나	다	라
①	민수	영수	현수	철수
②	민수	철수	현수	영수
③	현수	민수	철수	영수
④	현수	영수	민수	철수
⑤	현수	철수	민수	영수

문 38. 다음 〈표〉는 2019년 '갑'국 13세 이상 인구의 독서 현황에 대한 자료이다. 이에 대한 〈보기〉의 설명 중 옳은 것을 고르면?

〈표〉 2019년 '갑'국 13세 이상 인구의 독서 현황

(단위 : 권, %)

구분		1인당 연간 독서권수	독서인구 1인당 연간 독서권수	독서인구 비율
성별	남자	10.4	18.9	( )
	여자	8.1	14.2	57.0
연령대별	13~19세	15.0	20.2	74.3
	20~29세	14.0	( )	74.1
	30~39세	13.1	( )	68.6
	40~49세	9.6	15.2	63.2
	50~59세	5.9	12.6	46.8
	60~64세	2.8	10.4	26.9
	65세 이상	2.3	10.0	23.0
지역별	동부	4.5	17.4	25.9
	서부	5.5	12.8	43.0
	남부	8.1	14.9	54.4
	북부	14.0	18.3	76.5

※ '독서인구 비율'은 13세 이상 인구 중 독서인구(1년 동안 1권 이상 독서를 한 사람)의 비율임

〈보 기〉

ㄱ. 남자의 독서인구 비율은 50% 이상이다.
ㄴ. 연령대가 높을수록 독서인구 1인당 연간 독서권수는 감소한다.
ㄷ. 서부지역과 남부지역의 13세 이상 인구비가 5:4라면, 독서인구는 서부지역이 남부지역보다 많다.
ㄹ. 독서인구 1인당 연간 독서권수가 16.8권이라면, 13세 이상 인구는 남자가 여자보다 많다.

① ㄱ, ㄴ
② ㄱ, ㄷ
③ ㄱ, ㄹ
④ ㄴ, ㄷ
⑤ ㄴ, ㄹ

문 39. 다음 〈표〉는 Z리그 A~G족구팀의 경기 결과이다. 〈표〉와 〈조건〉에 근거한 〈보기〉의 설명 중 옳은 것만을 모두 고르면?

〈표〉 Z리그 족구팀 세트 스코어와 최종 승점

구분 \ 팀	1경기	2경기	3경기	4경기	5경기	6경기	승패	최종 승점
A	0:2	0:2	( )	( )	( )	0:2	2승 4패	6
B	2:1	2:0	0:2	1:2	0:2	1:2	2승 4패	7
C	1:2	2:0	0:2	2:1	2:0	2:1	4승 2패	11
D	2:0	1:2	2:0	2:0	2:0	2:1	5승 1패	15
E	( )	( )	1:2	0:2	( )	0:2	3승 3패	( )
F	0:2	0:2	2:0	2:0	2:0	2:0	4승 2패	12
G	1:2	2:0	0:2	0:2	0:2	1:2	1승 5패	5

※ 세트 스코어에서 앞의 수가 해당 팀이 획득한 세트 수임

〈조 건〉

- 한 팀이 다른 모든 팀과 각각 1번씩 경기한다.
- 한 경기에서 2세트를 먼저 획득한 팀이 승리한다.
- 세트 스코어가 2:0인 경우 승리팀에 승점 3점 및 패배팀에 승점 0점을 부여하고, 세트 스코어가 2:1인 경우 승리팀에 승점 2점 및 패배팀에 승점 1점을 부여한다.
- 경기한 총 세트 수는 A와 G가 같다.

〈보 기〉

ㄱ. 모든 팀 최종 승점의 합은 60점 이상이다.
ㄴ. E가 승리한 경기의 세트 스코어는 모두 2:1이다.
ㄷ. A가 2:0으로 승리한 경기 수는 1개이다.

① ㄱ
② ㄱ, ㄴ
③ ㄱ, ㄷ
④ ㄴ, ㄷ
⑤ ㄱ, ㄴ, ㄷ

문 40. 다음 〈표〉는 '갑'국의 친환경 농작물 생산 현황에 대한 자료이다. 이에 대한 〈보기〉의 설명 중 옳은 것만을 모두 고르면?

〈표 1〉 연도별 친환경 농작물 재배농가, 재배면적, 생산량

(단위 : 천 호, 천 ha, 천 톤)

구분 \ 연도	2016	2017	2018	2019
재배농가	53	135	195	221
재배면적	53	106	174	205
생산량	798	1,786	2,188	2,258

〈표 2〉 연도별 친환경 농작물 생산방법별 재배면적

(단위 : 천 ha)

생산방법 \ 연도	2016	2017	2018	2019
유기농	9	11	13	17
무농약	14	37	42	69
저농약	30	58	119	119

※ 친환경 농작물 생산방법은 유기농, 무농약, 저농약으로 구성됨

〈표 3〉 2019년 친환경 농작물별 생산량의 생산방법별 구성비

(단위 : %)

생산방법 \ 친환경 농작물	곡류	과실류	채소류
유기농	11	27	18
무농약	17	67	28
저농약	72	6	54
합계	100	100	100

※ 친환경 농작물은 곡류, 과실류, 채소류로 구성됨

〈보 기〉

ㄱ. 재배농가당 재배면적은 매년 감소한다.
ㄴ. 친환경 농작물 재배면적 중 '무농약'의 비중은 매년 증가한다.
ㄷ. 2019년 친환경 농작물 생산방법별 재배면적당 생산량은 '유기농'이 '저농약'보다 많다.
ㄹ. 2019년 친환경 농작물별 생산량 비(곡류:과실류:채소류)가 1:2:3이라면, 친환경 농작물 생산방법 중 '저농약'의 생산량이 가장 많다.

① ㄱ
② ㄹ
③ ㄱ, ㄴ
④ ㄴ, ㄷ
⑤ ㄷ, ㄹ

문 1. 다음 글을 근거로 판단할 때 옳은 것은?

제○○조 ① 지방자치단체의 장은 소속공무원이 적극행정으로 인해 징계 의결 요구가 된 경우 적극행정지원위원회(이하 '위원회'라 한다)의 변호인 선임비용 지원결정(이하 '지원결정'이라 한다)에 따라 200만 원 이하의 범위 내에서 변호인 선임비용을 지원할 수 있다.
② 지방자치단체의 장은 소속공무원이 적극행정으로 인해 고소·고발을 당한 경우 위원회의 지원결정에 따라 기소 이전 수사과정에 한하여 500만 원 이하의 범위 내에서 변호인 선임비용을 지원할 수 있다.
③ 제1항, 제2항에 따라 지원결정을 받은 공무원은 이미 변호인을 선임한 경우를 제외하고는 선임비용을 지원받은 날부터 1개월 내에 변호인을 선임하여야 한다.
제□□조 ① 위원회는 지원결정을 받은 공무원이 다음 각 호의 어느 하나에 해당하는 경우 그 결정을 취소할 수 있다.
1. 허위 또는 부정한 방법으로 지원결정을 받은 경우
2. 제○○조 제2항의 고소·고발 사유와 동일한 사실관계로 유죄의 확정판결을 받은 경우
3. 제○○조 제3항의 사항을 이행하지 않은 경우
② 제1항에 따라 지원결정이 취소된 경우 해당 공무원은 지원받은 변호인 선임비용을 즉시 반환하여야 한다.
③ 위원회는 제2항에 따른 반환의무를 전부 부담시키는 것이 타당하지 않다고 판단하는 경우에는 반환의무의 일부 또는 전부를 면제하는 결정을 할 수 있다.
④ 제1항부터 제3항은 해당 공무원이 변호인 선임비용을 지원받은 후 퇴직한 경우에도 적용한다.

※ 적극행정이란 공무원이 불합리한 규제를 개선하는 등 공공의 이익을 위해 창의성과 전문성을 바탕으로 적극적으로 업무를 처리하는 행위를 말한다.

① 지방자치단체의 장은 소속공무원이 적극행정으로 인해 징계 의결 요구가 된 경우, 위원회의 지원결정에 따라 500만 원의 변호인 선임비용을 지원할 수 있다.
② 지원결정을 받은 공무원이 적극행정으로 인해 고발당한 사건에 대해 이미 변호인을 선임하였더라도 선임비용을 지원받은 날부터 1개월 내에 새로운 변호인을 선임해야 한다.
③ 지원결정을 받은 공무원이 적극행정으로 인해 고소당한 사유와 동일한 사실관계로 무죄의 확정판결을 받은 경우, 위원회는 지원결정을 취소해야 한다.
④ 지원결정이 취소된 경우라도 위원회는 해당 공무원이 지원받은 변호인 선임비용에 대한 반환의무의 일부 또는 전부를 면제하는 결정을 할 수 있다.
⑤ 지원결정에 따라 변호인 선임비용을 지원받고 퇴직한 공무원에 대해 지원결정이 취소되더라도 그가 그 비용을 반환하는 경우는 없다.

문 2. 다음 글과 〈상황〉을 근거로 판단할 때 옳은 것은?

제○○조 ① 주택 등에서 월령 2개월 이상인 개를 기르는 경우, 그 소유자는 시장·군수·구청장에게 이를 등록하여야 한다.
② 소유자는 제1항의 개를 기르는 곳에서 벗어나게 하는 경우에는 소유자의 성명, 소유자의 전화번호, 등록번호를 표시한 인식표를 그 개에게 부착하여야 한다.
제□□조 ① 맹견의 소유자는 다음 각 호의 사항을 준수하여야 한다.
1. 소유자 없이 맹견을 기르는 곳에서 벗어나지 아니하게 할 것
2. 월령이 3개월 이상인 맹견을 동반하고 외출할 때에는 목줄과 입마개를 하거나 맹견의 탈출을 방지할 수 있는 적정한 이동장치를 할 것
② 시장·군수·구청장은 맹견이 사람에게 신체적 피해를 주는 경우, 소유자의 동의 없이 맹견에 대하여 격리조치 등 필요한 조치를 취할 수 있다.
③ 맹견의 소유자는 맹견의 안전한 사육 및 관리에 관하여 정기적으로 교육을 받아야 한다.
제△△조 ① 제□□조 제1항을 위반하여 사람을 사망에 이르게 한 자는 3년 이하의 징역 또는 3천만 원 이하의 벌금에 처한다.
② 제□□조 제1항을 위반하여 사람의 신체를 상해에 이르게 한 자는 2년 이하의 징역 또는 2천만 원 이하의 벌금에 처한다.

〈상 황〉

甲과 乙은 맹견을 각자 자신의 주택에서 기르고 있다. 甲은 월령 1개월인 맹견 A의 소유자이고, 乙은 월령 3개월인 맹견 B의 소유자이다.

① 甲이 A를 동반하고 외출하는 경우 A에게 목줄과 입마개를 해야 한다.
② 甲은 맹견의 안전한 사육 및 관리에 관하여 정기적으로 교육을 받지 않아도 된다.
③ 甲이 A와 함께 타 지역으로 여행을 가는 경우, A에게 甲의 성명과 전화번호를 표시한 인식표를 부착하지 않아도 된다.
④ B가 제3자에게 신체적 피해를 주는 경우, 구청장이 B를 격리조치하기 위해서는 乙의 동의를 얻어야 한다.
⑤ 乙이 B에게 목줄을 하지 않아 제3자의 신체를 상해에 이르게 한 경우, 乙을 3년의 징역에 처한다.

문 3. 다음 글을 근거로 판단할 때 옳은 것은?

제00조 ① 청원경찰이란 기관의 장 또는 시설 · 사업장 등의 경영자(이하 '기관의 장 등'이라 한다)가 경비를 부담할 것을 조건으로 경찰의 배치를 신청하는 경우 그 기관 · 시설 · 사업장 등의 경비를 담당하게 하기 위하여 배치하는 경찰을 말한다.
② 청원경찰을 배치 받으려는 기관의 장 등은 관할 지방경찰청장에게 청원경찰 배치를 신청하여야 한다.
③ 지방경찰청장은 제2항의 청원경찰 배치신청을 받으면 지체 없이 그 배치 여부를 결정하여야 한다.
④ 지방경찰청장은 청원경찰 배치가 필요한 경우 관할 구역에 소재하는 기관의 장 등에게 청원경찰을 배치할 것을 요청할 수 있다.
제00조 ① 청원경찰은 청원경찰의 배치결정을 받은 자[이하 '청원주'(請願主)라 한다]와 배치된 기관 · 시설 · 사업장의 구역을 관할하는 경찰서장의 감독을 받아 그 경비구역만의 경비를 목적으로 필요한 범위에서 「경찰관 직무집행법」에 따른 경찰관의 직무를 수행한다.
② 청원경찰은 제1항에도 불구하고 수사활동 등 사법경찰관리(司法警察官吏)의 직무를 수행해서는 아니 된다.
제00조 ① 청원경찰은 청원주가 임용하되, 임용을 할 때에는 미리 관할 지방경찰청장의 승인을 받아야 한다.
② 「국가공무원법」의 결격사유에 해당하는 사람은 청원경찰로 임용될 수 없다.
③ 청원경찰의 임용자격 · 임용방법 · 교육 및 보수에 관하여는 대통령령으로 정한다.
제00조 청원주가 청원경찰이 휴대할 무기를 대여 받으려는 경우에는 관할 경찰서장을 거쳐 지방경찰청장에게 무기대여를 신청하여야 한다.

① 청원경찰의 임용승인과 직무감독의 권한은 관할 경찰서장에게 있다.
② 청원경찰은 관할 지방경찰청장의 요청뿐만 아니라 배치 받으려는 기관의 장 등의 신청에 의해서도 배치될 수 있다.
③ 청원경찰의 임용자격 및 임용방법은 「국가공무원법」에 따르며, 청원경찰의 결격사유는 대통령령으로 정한다.
④ 청원경찰은 배치된 사업장의 경비를 목적으로 필요한 범위에서 수사 활동 등 사법경찰관리의 직무를 수행할 수 있다.
⑤ 청원경찰은 직무수행에 필요한 경우 직접 관할 지방경찰청장에게 무기대여를 신청하여야 한다.

문 4. 다음 글을 근거로 판단할 때 옳은 것은?

제00조 ① 다음 각 호의 어느 하나에 해당하는 자는 농식품경영체에 대한 투자를 목적으로 하는 농식품투자조합을 결성할 수 있다.
1. 중소기업창업투자회사
2. 투자관리전문기관
② 제1항에 따른 조합은 그 채무에 대하여 무한책임을 지는 1인 이상의 조합원(이하 '업무집행조합원'이라 한다)과 출자액을 한도로 하여 유한책임을 지는 조합원(이하 '유한책임조합원'이라 한다)으로 구성한다. 이 경우 업무집행조합원은 다음 각 호의 어느 하나에 해당하는 자로 하되, 그 중 1인은 제1호에 해당하는 자이어야 한다.
1. 제1항 각 호의 어느 하나에 해당하는 자
2. 「보험업법」에 따른 보험회사
제00조 업무집행조합원은 농식품투자조합의 업무를 집행할 때 다음 각 호의 어느 하나에 해당하는 행위를 하여서는 아니 된다.
1. 자기나 제3자의 이익을 위하여 농식품투자조합의 재산을 사용하는 행위
2. 농식품투자조합 명의로 자금을 차입하는 행위
3. 농식품투자조합의 재산으로 지급보증 또는 담보를 제공하는 행위
제00조 ① 농식품투자조합은 다음 각 호의 어느 하나에 해당하는 사유가 있을 때에는 해산한다.
1. 존속기간의 만료
2. 유한책임조합원 또는 업무집행조합원 전원의 탈퇴
3. 농식품투자조합의 자산이 출자금 총액보다 적어지거나 그 밖의 사유가 생겨 업무를 계속 수행하기 어려운 경우로서 조합원 총수의 과반수와 조합원 총지분 과반수의 동의를 받은 경우
② 농식품투자조합이 해산하면 업무집행조합원이 청산인이 된다. 다만 조합의 규약으로 정하는 바에 따라 업무집행조합원 외의 자를 청산인으로 선임할 수 있다.
③ 농식품투자조합의 해산 당시의 출자금액을 초과하는 채무가 있으면 업무집행조합원이 그 채무를 변제하여야 한다.

① 농식품투자조합이 해산한 경우, 조합의 규약에 다른 규정이 없는 한 업무집행조합원이 청산인이 된다.
② 투자관리전문기관은 농식품투자조합의 유한책임조합원이 될 수 있지만 업무집행조합원이 될 수 없다.
③ 업무집행조합원은 농식품투자조합의 업무를 집행할 때, 그 조합의 재산으로 지급을 보증하는 행위를 할 수 있다.
④ 농식품투자조합 해산 당시 출자금액을 초과하는 채무가 있으면, 유한책임조합원 전원이 연대하여 그 채무를 변제하여야 한다.
⑤ 농식품투자조합의 자산이 출자금 총액보다 적어 업무를 계속 수행하기 어려운 경우, 조합원 총수의 과반수의 동의만으로 농식품투자조합은 해산한다.

문 5. 다음 글을 근거로 판단할 때, 〈보기〉에서 민원을 정해진 기간 이내에 처리한 것만을 모두 고르면?

제00조 ① 행정기관의 장은 '질의민원'을 접수한 경우에는 다음 각 호의 기간 이내에 처리하여야 한다.

1. 법령에 관해 설명이나 해석을 요구하는 질의민원 : 7일
2. 제도 · 절차 등에 관해 설명이나 해석을 요구하는 질의민원 : 4일

② 행정기관의 장은 '건의민원'을 접수한 경우에는 10일 이내에 처리하여야 한다.

③ 행정기관의 장은 '고충민원'을 접수한 경우에는 7일 이내에 처리하여야 한다. 단, 고충민원의 처리를 위해 14일의 범위에서 실지조사를 할 수 있고, 이 경우 실지조사 기간은 처리기간에 산입(算入)하지 아니한다.

④ 행정기관의 장은 '기타민원'을 접수한 경우에는 즉시 처리하여야 한다.

제00조 ① 민원의 처리기간을 '즉시'로 정한 경우에는 3근무시간 이내에 처리하여야 한다.

② 민원의 처리기간을 5일 이하로 정한 경우에는 민원의 접수시각부터 '시간' 단위로 계산한다. 이 경우 1일은 8시간의 근무시간을 기준으로 한다.

③ 민원의 처리기간을 6일 이상으로 정한 경우에는 '일' 단위로 계산하고 첫날을 산입한다.

④ 공휴일과 토요일은 민원의 처리기간과 실지조사 기간에 산입하지 아니한다.

※ 업무시간은 09:00～18:00이다. (점심시간 12:00～13:00 제외)

※ 3근무시간 : 업무시간 내 3시간

※ 광복절(8월 15일, 화요일)과 일요일은 공휴일이고, 그 이외에 공휴일은 없다고 가정한다.

〈보 기〉

ㄱ. A부처는 8.7(월) 16시에 건의민원을 접수하고, 8.21(월) 14시에 처리하였다.

ㄴ. B부처는 8.14(월) 13시에 고충민원을 접수하고, 10일간 실지조사를 하여 9.7(목) 10시에 처리하였다.

ㄷ. C부처는 8.16(수) 17시에 기타민원을 접수하고, 8.17(목) 10시에 처리하였다.

ㄹ. D부처는 8.17(목) 11시에 제도에 대한 설명을 요구하는 질의민원을 접수하고, 8.22(화) 14시에 처리하였다.

① ㄱ, ㄴ
② ㄱ, ㄷ
③ ㄴ, ㄹ
④ ㄱ, ㄷ, ㄹ
⑤ ㄴ, ㄷ, ㄹ

문 6. 다음 글을 근거로 판단할 때 옳은 것은?

「국가공무원법」은 정무직 공무원을 ① 선거로 취임하는 공무원, ② 임명할 때 국회의 동의가 필요한 공무원, ③ 고도의 정책결정 업무를 담당하거나 이러한 업무를 보조하는 공무원으로서 법률이나 대통령령에서 정무직으로 지정하는 공무원으로 규정하고 있다. 이에 해당하는 정무직 공무원에는 대통령, 감사원장, 민주평화통일자문회의 사무처장, 국가정보원장, 대통령비서실 수석비서관 등이 있다.

「지방공무원법」에서는 정무직 공무원을 ① 선거로 취임하는 공무원, ② 임명할 때 지방의회의 동의가 필요한 공무원, ③ 고도의 정책결정 업무를 담당하거나 이러한 업무를 보조하는 공무원으로서 법령 또는 조례에서 정무직으로 지정하는 공무원으로 규정하고 있다.

정무직 공무원은 재산등록의무가 있으며 병역사항 신고의무도 있다. 한편 「국가공무원법」상 정무직 공무원은 국가공무원의 총정원에 포함되지 않지만 그 인사에 관한 사항은 관보에 게재된다.

행정기관 소속 정무직 공무원으로는 정부부처의 차관급 이상 공무원, 특별시의 행정부시장과 정무부시장 등이 있다. 이들은 정책결정자 역할과 함께 최고관리자 역할도 수행한다. 여기에는 일과 인력을 조직화하고 소속 직원의 동기를 부여하며 업무 수행을 통제하는 역할이 포함된다. 그리고 이들은 정책을 개발할 뿐만 아니라 정책집행의 법적 책임도 진다. 행정기관 소속 정무직 공무원은 좁은 의미의 공무원을 지칭하는 정부관료집단에 포함되지 않는 것이 보통이다.

① 감사원장은 국가공무원 총 정원에 포함된다.
② 조례로 정무직 공무원을 지정하는 것이 가능하다.
③ 「국가공무원법」상 정무직 공무원의 임명에는 모두 국회의 동의가 필요하다.
④ 대통령비서실 수석비서관은 재산등록의무가 있으나 병역사항 신고의무는 없다.
⑤ 정부부처의 차관은 정부관료집단의 일원이지만 정책집행의 법적 책임은 지지 않는다.

문 7. 다음 글을 근거로 판단할 때, <보기>에서 옳은 것만을 모두 고르면?

甲국은 출산장려를 위한 경제적 지원 정책으로 다음과 같은 세 가지 안(A~C)을 고려 중이다.

- A안 : 18세 이하의 자녀가 있는 가정에 수당을 매월 지급하되, 자녀가 둘 이상인 경우에 한한다. 18세 이하의 자녀에 대해서 첫째와 둘째는 각각 15만 원, 셋째는 30만 원, 넷째부터는 45만 원씩의 수당을 해당 가정에 지급한다.
- B안 : 18세 이하의 자녀가 있는 가정에 수당을 매월 지급한다. 다만 자녀가 18세를 초과하더라도 재학 중인 경우에는 24세까지 수당을 지급한다. 첫째와 둘째는 각각 20만 원, 셋째는 22만 원, 넷째부터는 25만 원씩의 수당을 해당 가정에 지급한다.
- C안 : 자녀가 중학교를 졸업할 때(상한 연령 16세)까지만 해당 가정에 수당을 매월 지급한다. 우선 3세 미만의 자녀가 있는 가정에는 3세 미만의 자녀 1명 당 10만 원을 지급한다. 3세부터 초등학교를 졸업할 때까지는 첫째와 둘째는 각각 8만 원, 셋째부터는 10만 원씩 해당 가정에 지급한다. 중학생 자녀의 경우, 일률적으로 1명 당 8만 원씩 해당 가정에 지급한다.

〈보 기〉

ㄱ. 18세 이하 자녀 3명만 있는 가정의 경우, 지급받는 월 수당액은 A안보다 B안을 적용할 때 더 많다.
ㄴ. A안을 적용할 때 자녀가 18세 이하 1명만 있는 가정은 월 15만 원을 수당으로 지급받는다.
ㄷ. C안의 수당을 50% 증액하더라도 중학생 자녀 2명(14세, 15세)만 있는 가정은 A안보다 C안을 적용할 때 더 적은 월 수당을 지급받는다.
ㄹ. C안을 적용할 때 한 자녀에 대해 지급되는 월 수당액은 그 자녀가 성장하면서 지속적으로 증가하는 특징이 있다.

① ㄱ, ㄷ
② ㄱ, ㄹ
③ ㄴ, ㄹ
④ ㄱ, ㄴ, ㄷ
⑤ ㄴ, ㄷ, ㄹ

문 8. 다음 글을 근거로 판단할 때, 창렬이가 결제할 최소 금액은?

- 창렬이는 이번 달에 인터넷 면세점에서 가방, 영양제, 목베개를 각 1개씩 구매한다. 각 물품의 정가와 이번 달 개별 물품의 할인율은 다음과 같다.

구분	정가(달러)	이번 달 할인율(%)
가방	150	10
영양제	100	30
목베개	50	10

- 이번 달 개별 물품의 할인율은 자동 적용된다.
- 이번 달 구매하는 모든 물품의 결제 금액에 대해 20%를 일괄적으로 할인받는 '이달의 할인 쿠폰'을 사용할 수 있다.
- 이번 달은 쇼핑 행사가 열려, 결제해야 할 금액이 200달러를 초과할 때 '20,000원 추가 할인 쿠폰'을 사용할 수 있다.
- 할인은 '개별 물품 할인 → 이달의 할인 쿠폰 → 20,000원 추가 할인 쿠폰' 순서로 적용된다.
- 환율은 1달러당 1,000원이다.

① 180,000원
② 189,000원
③ 196,000원
④ 200,000원
⑤ 210,000원

문 9. 다음 글을 근거로 판단할 때, 오늘날을 기준으로 1석(石)은 몇 승(升)인가?

옛날 도량에는 두(斗), 구(區), 부(釜), 종(鍾) 등이 있었다. 1두(斗)는 4승(升)인데, 4두(斗)가 1구(區)이고, 4구(區)가 1부(釜)이며, 10부(釜)가 1종(鍾)이었다.

오늘날 도량은 옛날과 다소 달라졌다. 지금의 1승(升)이 옛날 1승(升)에 비해 네 배가 되어 옛날의 1두(斗)와 같아졌다. 오늘날 4구(區)는 1부(釜)로 옛날과 같지만, 4승(升)이 1구(區)가 되며, 1부(釜)는 1두(豆) 6승(升), 1종(鍾)은 16두(豆)가 된다. 오늘날 1석(石)은 1종(鍾)에 비해 1두(豆)가 적다.

① 110승
② 120승
③ 130승
④ 140승
⑤ 150승

문 10. 다음 글을 근거로 판단할 때, 1차 투표와 2차 투표에서 모두 B안에 투표한 주민 수의 최솟값은?

ㅇㅇ마을은 새로운 사업을 추진하기 위해 주민 100명을 대상으로 투표를 실시하였다. 주민들에게 사업안 A, B, C 중 하나를 선택하도록 하였다. 사전 자료를 바탕으로 1차 투표를 한 후, 주민들끼리 토론을 거쳐 2차 투표로 최종안을 결정하였다. 1차와 2차 투표 모두 투표율은 100%였고, 무효표는 없었다. 투표 결과는 다음과 같다.

구분	1차 투표	2차 투표
A안	30명	( )명
B안	50명	( )명
C안	20명	35명

1차 투표와 2차 투표에서 모두 A안에 투표한 주민은 20명이었고, 2차 투표에서만 A안에 투표한 주민은 5명이었다.

① 10
② 15
③ 20
④ 25
⑤ 30

문 11. 다음 글을 근거로 판단할 때, 〈보기〉에서 옳은 것만을 모두 고르면?

- 甲과 乙은 총 10장의 카드를 5장씩 나누어 가진 후에 심판의 지시에 따라 게임을 한다.
- 카드는 1부터 9까지의 서로 다른 숫자가 하나씩 적힌 9장의 숫자카드와 1장의 만능카드로 이루어진다.
- 이 중 6 또는 9가 적힌 숫자카드는 9와 6 중에서 원하는 숫자카드 하나로 활용할 수 있다.
- 만능카드는 1부터 9까지의 숫자 중 원하는 숫자가 적힌 카드 하나로 활용할 수 있다.

〈보 기〉

ㄱ. 심판이 가장 큰 다섯 자리의 수를 만들라고 했을 때, 가능한 가장 큰 수는 홀수이다.
ㄴ. 상대방보다 작은 두 자리의 수를 만들면 승리한다고 했을 때, 乙이 '12'를 만들었다면 승리한다.
ㄷ. 상대방보다 큰 두 자리의 수를 만들면 승리한다고 했을 때, 甲이 '98'을 만들었다면 승리한다.
ㄹ. 심판이 10보다 작은 3의 배수를 상대방보다 많이 만들라고 했을 때, 乙이 3개를 만들었다면 승리한다.

① ㄱ, ㄴ
② ㄱ, ㄷ
③ ㄷ, ㄹ
④ ㄱ, ㄴ, ㄹ
⑤ ㄴ, ㄷ, ㄹ

문 12. 다음 글을 근거로 판단할 때, 〈보기〉에서 옳은 것만을 모두 고르면?

A과에는 4급 과장 1명, 5급 사무관 3명, 6급 주무관 6명이 근무한다. A과의 내선번호는 253? 네 자리로 이루어져 있으며, 맨 뒷자리 번호는 0~9 중에서 하나씩 과원에게 배정된다.

맨 뒷자리 번호 배정규칙은 다음과 같다. 먼저 직급 순으로 배정한다. 따라서 과장에게 0, 사무관에게 1~3, 주무관에게 4~9를 배정한다. 다음으로 동일 직급 내에서는 여성에게 앞 번호가 배정된다. 성별도 같은 경우, 나이가 많은 사람에게 앞 번호가 배정된다. 나이도 같은 경우에는 소속 팀명의 '가', '나', '다' 순으로 앞 번호가 배정된다.

〈A과 조직도〉

과장 : 50세, 여성

가팀	나팀	다팀
사무관1 : 48세, 여성	사무관2 : 45세, 여성	사무관3 : 45세, ( )
주무관1 : 58세, 여성 주무관2 : 39세, 남성	주무관3 : ( ), ( ) 주무관4 : 27세, 여성	주무관5 : 44세, 남성 주무관6 : 31세, 남성

〈보 기〉

ㄱ. 사무관3이 배정받는 내선번호는 그의 성별에 따라서 달라지지 않는다.
ㄴ. 여성이 총 5명이라면, 배정되는 내선번호가 확정되는 사람은 4명뿐이다.
ㄷ. 주무관3이 남성이고 31세 이상 39세 이하인 경우, 모든 과원의 내선번호를 확정할 수 있다.
ㄹ. 사무관3의 성별과 주무관3의 나이와 성별을 알게 된다면, 현재의 배정규칙으로 모든 과원의 내선번호를 확정할 수 있다.

① ㄱ, ㄴ
② ㄱ, ㄷ
③ ㄴ, ㄹ
④ ㄱ, ㄷ, ㄹ
⑤ ㄴ, ㄷ, ㄹ

문 13. 다음 글을 근거로 판단할 때, 〈보기〉에서 옳은 것만을 모두 고르면?

甲과 乙은 시계와 주사위를 이용한 게임을 하며, 규칙은 다음과 같다.

- 1~12시까지 적힌 시계 문자판을 말판으로 삼아, 1개의 말을 12시에 놓고 게임을 시작한다.
- 주사위를 던져 짝수가 나오면 말을 시계 방향으로 1시간 이동시키며, 홀수가 나오면 말을 반시계 방향으로 1시간 이동시킨다.
- 甲과 乙이 번갈아 주사위를 각 12번씩 총 24번 던져 말의 최종 위치로 게임의 승자를 결정한다.
- 말의 최종 위치가 1~5시이면 甲이 승리하고, 7~11시이면 乙이 승리한다. 6시 또는 12시이면 무승부가 된다.

〈보 기〉

ㄱ. 말의 최종 위치가 3시일 확률은 $\frac{1}{12}$이다.
ㄴ. 말의 최종 위치가 4시일 확률과 8시일 확률은 같다.
ㄷ. 乙이 마지막 주사위를 던질 때, 홀수가 나오는 것보다 짝수가 나오는 것이 甲에게 항상 유리하다.
ㄹ. 乙이 22번째 주사위를 던져 말을 이동시킨 결과 말의 위치가 12시라면, 甲이 승리할 확률은 무승부가 될 확률보다 낮다.

① ㄱ, ㄷ
② ㄴ, ㄷ
③ ㄴ, ㄹ
④ ㄷ, ㄹ
⑤ ㄱ, ㄴ, ㄹ

문 14. 다음 글과 〈진술 내용〉을 근거로 판단할 때, 첫 번째 사건의 가해차량 번호와 두 번째 사건의 목격자를 옳게 짝지은 것은?

- 어제 두 건의 교통사고가 발생하였다.
- 첫 번째 사건의 가해차량 번호는 다음 셋 중 하나이다.
  99★2703, 81★3325, 32★8624
- 어제 사건에 대해 진술한 목격자는 甲, 乙, 丙 세 명이다. 이 중 두 명의 진술은 첫 번째 사건의 가해차량 번호에 대한 것이고 나머지 한 명의 진술은 두 번째 사건의 가해차량 번호에 대한 것이다.
- 첫 번째 사건의 가해차량 번호는 두 번째 사건의 목격자 진술에 부합하지 않는다.
- 편의상 차량 번호에서 ★ 앞의 두 자리 수는 A, ★ 뒤의 네 자리 수는 B라고 한다.

〈진술 내용〉

- 甲 : A를 구성하는 두 숫자의 곱은 B를 구성하는 네 숫자의 곱보다 작다.
- 乙 : B를 구성하는 네 숫자의 합은 A를 구성하는 두 숫자의 합보다 크다.
- 丙 : B는 A의 50배 이하이다.

	첫 번째 사건의 가해차량 번호	두 번째 사건의 목격자
①	99★2703	甲
②	99★2703	乙
③	81★3325	乙
④	81★3325	丙
⑤	32★8624	丙

문 15. 다음 〈상황〉과 〈대화〉를 근거로 판단할 때 乙의 점수는?

〈상 황〉

- 甲, 乙, 丙이 과제를 제출하여 각자 성적을 받았다.
- 甲, 乙, 丙의 점수는 서로 다른 자연수로서 세 명의 점수를 합하면 100점이 되며, 甲, 乙, 丙은 이 사실을 알고 있다.
- 甲, 乙, 丙은 자신의 점수는 알지만 다른 사람의 점수는 모르고 있다.

〈대 화〉

甲 : 내가 우리 셋 중에 가장 높은 점수를 받았어.
乙 : 甲의 말을 들으니 우리 세 사람이 받은 점수를 확실히 알겠네.
丙 : 나도 이제 우리 세 사람의 점수를 확실히 알겠어.

① 1
② 25
③ 33
④ 41
⑤ 49

문 16. 다음 글을 근거로 판단할 때, <보기>에서 옳은 것만을 모두 고르면?

- A청은 업무능력 평가를 통해 3개 부서(甲~丙) 중 평가항목별 최종점수의 합계가 높은 2개 부서를 포상한다.
- 4명의 평가위원(가~라)은 문제인식, 실현가능성, 성장전략으로 구성된 평가항목을 5개 등급(최상, 상, 중, 하, 최하)으로 각각 평가하여 점수를 부여한다.
- 각 평가항목의 등급별 점수는 다음과 같다.

구분	최상	상	중	하	최하
문제인식	30	24	18	12	6
실현가능성	30	24	18	12	6
성장전략	40	32	24	16	8

- 평가항목별 최종점수는 아래의 식에 따라 산출한다. 단, 최고점수 또는 최저점수가 복수인 경우 각각 하나씩만 차감한다.

$$\frac{\text{평가항목에 대한 점수 합계} - (\text{최고점수} + \text{최저점수})}{\text{평가위원 수} - 2}$$

- 평가결과는 다음과 같다.

구분	평가위원	점수		
		문제인식	실현가능성	성장전략
甲	가	30	24	24
	나	24	30	24
	다	30	18	40
	라	ⓐ	12	32
乙	가	6	24	32
	나	12	24	ⓑ
	다	24	18	16
	라	24	18	32
丙	가	12	30	ⓒ
	나	24	24	24
	다	18	12	40
	라	30	6	24

<보 기>

ㄱ. ⓐ값에 관계없이 문제인식 평가항목의 최종점수는 甲이 제일 높다.
ㄴ. ⓑ=ⓒ>16이라면, 성장전략 평가항목의 최종점수는 乙이 丙보다 낮지 않다.
ㄷ. ⓐ=18, ⓑ=24, ⓒ=24일 때, 포상을 받게 되는 부서는 甲과 丙이다.

① ㄴ
② ㄷ
③ ㄱ, ㄴ
④ ㄱ, ㄷ
⑤ ㄱ, ㄴ, ㄷ

문 17. 다음 글을 근거로 판단할 때, <보기>에서 <A사업의 상황별 대안의 기대이익>에 대한 설명으로 옳은 것만을 모두 고르면?

기준Ⅰ, 기준Ⅱ, 기준Ⅲ을 이용하여 불확실한 상황에서 대안을 비교·평가할 수 있다.

기준Ⅰ은 최상의 상황이 발생할 것이라는 가정에서 최선의 대안을 선택하는 것이다. <표 1>에서 각 대안의 최대 기대이익을 비교하여, 그중 가장 큰 값을 갖는 '대안1'을 선택하는 것이다.

기준Ⅱ는 최악의 상황이 발생할 것이라는 가정에서 최선의 대안을 선택하는 것이다. <표 1>에서 각 대안의 최소 기대이익을 비교하여, 그중 가장 큰 값을 갖는 '대안3'을 선택하는 것이다.

<표 1> ○○사업의 상황별 대안의 기대이익

구분	상황1	상황2	상황3	최대 기대이익	최소 기대이익
대안1	30	10	−10	30	−10
대안2	20	14	5	20	5
대안3	15	15	15	15	15

기준Ⅲ은 최대 '후회'가 가장 작은 대안을 선택하는 것이다. 후회는 일정한 상황에서 특정 대안을 선택함으로써 최선의 대안을 선택하였더라면 얻을 수 있는 기대이익을 얻지 못해 발생하는 손실을 의미한다. <표 1>의 상황별 최대 기대이익에서 각 대안의 기대이익을 차감하여 <표 2>와 같이 후회를 구할 수 있다. 이후 각 대안의 최대 후회를 비교하여, 그중 가장 작은 값을 갖는 '대안2'를 선택하는 것이다.

<표 2> ○○사업의 후회

구분	상황1	상황2	상황3	최대 후회
대안1	0	5	25	25
대안2	10	1	10	10
대안3	15	0	0	15

<A사업의 상황별 대안의 기대이익>

구분	상황S_1	상황S_2	상황S_3
대안A_1	50	16	−9
대안A_2	30	19	5
대안A_3	20	15	10

<보 기>

ㄱ. 기준Ⅰ로 대안을 선택한다면, 대안A_2를 선택하게 된다.
ㄴ. 기준Ⅱ로 대안을 선택한다면, 대안A_3을 선택하게 된다.
ㄷ. 상황S_2에서 대안A_2의 후회는 11이다.
ㄹ. 기준Ⅲ으로 대안을 선택한다면, 대안A_1을 선택하게 된다.

① ㄱ, ㄴ
② ㄱ, ㄷ
③ ㄴ, ㄹ
④ ㄷ, ㄹ
⑤ ㄴ, ㄷ, ㄹ

문 18. 다음 글을 근거로 판단할 때, 태은이의 만족도 점수의 합은?

> 태은이는 모처럼의 휴일을 즐길 계획을 세우고 있다. 예산 10만 원을 모두 사용하여 외식, 전시회 관람, 쇼핑을 한 번씩 한다. 태은이는 만족도 점수의 합이 최대가 되도록 항목별로 최대 6만 원까지 1만 원 단위로 지출한다. 다음은 항목별 지출에 따른 태은이의 만족도 점수이다.

구분	1만 원	2만 원	3만 원	4만 원	5만 원	6만 원
외식	3점	5점	7점	13점	15점	16점
전시회 관람	1점	3점	6점	9점	12점	13점
쇼핑	1점	2점	6점	8점	10점	13점

① 23점
② 24점
③ 25점
④ 26점
⑤ 27점

※ 다음 글을 읽고 물음에 답하시오. [19~20]

○○프로그램에서 하나의 명령문은 cards, input 등의 '중심어'로 시작하고 반드시 세미콜론(;)으로 끝난다. 중심어에는 명령문의 지시 내용이 담겨있는데, cards는 그 다음 줄부터 input 명령문에서 이용할 일종의 자료집합인 레코드(record)가 한 줄씩 나타남을 의미한다. 〈프로그램 1〉에서 레코드는 '701102'와 '720508'이다.

input은 레코드를 이용하여 변수에 수를 저장하는 것을 의미한다. 첫 번째 input은 첫 번째 레코드를 이용하여 명령을 수행하고, 그 다음부터의 input은 차례대로 그 다음 레코드를 이용한다. 예를 들어 〈프로그램 1〉에서 첫 번째 input 명령문의 변수 a에는 첫 번째 레코드 '701102'의 1~3번째 위치에 있는 수인 '701'을 저장하고, 변수 b에는 같은 레코드의 5~6번째 위치에 있는 수인 '02'에서 앞의 '0'을 빼고 '2'를 저장한다. 두 번째 input 명령문의 변수 c에는 두 번째 레코드 '720508'의 1~2번째 위치에 있는 수인 '72'를 저장한다. 〈프로그램 2〉와 같이 만약 input 명령문이 하나이고 여러 개의 레코드가 있을 경우 모든 레코드를 차례대로 이용한다. 한편 input 명령문이 다수인 경우, 어느 한 input 명령문에 @가 있으면 바로 다음 input 명령문은 @가 있는 input 명령문과 같은 레코드를 이용한다. 이후 input 명령문부터는 차례대로 그 다음 레코드를 이용한다.

print는 input 명령문에서 변수에 저장한 수를 결과로 출력하라는 의미이다. 다음은 각 프로그램에서 변수 a, b, c에 저장한 수를 출력한 〈결과〉이다.

〈프로그램 1〉

```
cards
701102
720508
;
input a 1−3 b 5−6;
input c 1−2;
print;
```

〈결과〉

a	b	c
701	2	72

〈프로그램 2〉

```
cards
701102
720508
;
input a 1−6 b 1−2 c 2−4;
print;
```

〈결과〉

a	b	c
701102	70	11
720508	72	205

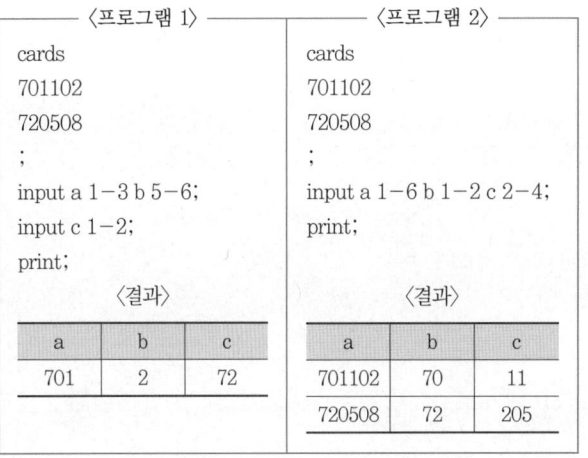

문 19. 윗글을 근거로 판단할 때, 〈보기〉에서 옳은 것만을 모두 고르면?

〈보 기〉

ㄱ. input 명령문은 레코드에서 위치를 지정하여 변수에 수를 저장할 수 있다.
ㄴ. 두 개의 input 명령문은 같은 레코드를 이용하여 변수에 수를 저장할 수 없다.
ㄷ. 하나의 input 명령문이 다수의 레코드를 이용하여 변수에 수를 저장할 수 있다.

① ㄴ
② ㄷ
③ ㄱ, ㄴ
④ ㄱ, ㄷ
⑤ ㄱ, ㄴ, ㄷ

문 20. 윗글을 근거로 판단할 때, 다음 〈프로그램〉의 〈결과〉로 출력된 수를 모두 더하면?

〈프로그램〉

```
cards
020824
701102
720508
;
input a 1−6 b 3−4;
input c 5−6@;
input d 3−4;
input e 3−5;
print;
```

〈결과〉

a	b	c	d	e

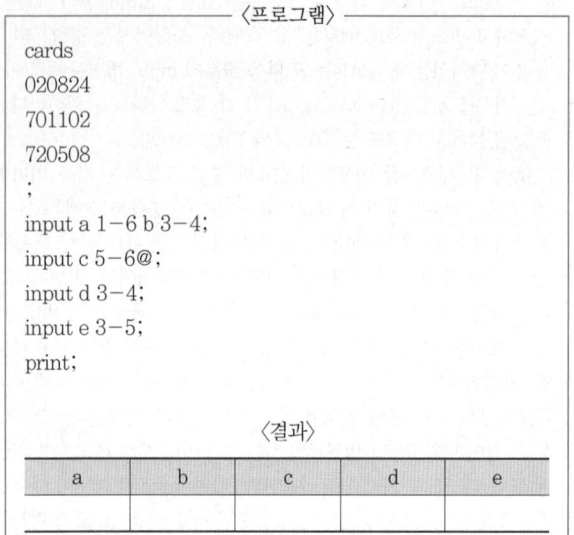

① 20895
② 20911
③ 20917
④ 20965
⑤ 20977

문 21. 다음 글과 〈상황〉을 근거로 판단할 때, 2020년 5월 16일 현재 공무원 신분인 사람만을 모두 고르면?

제00조 ① 다음 각 호의 어느 하나에 해당하는 자는 공무원으로 임용될 수 없다.
1. 파산선고를 받고 복권되지 아니한 자
2. 금고 이상의 실형을 선고받고 그 집행이 종료되거나 집행을 받지 아니하기로 확정된 후 5년이 지나지 아니한 자
3. 금고 이상의 형을 선고받고 그 집행유예 기간이 끝난 날부터 2년이 지나지 아니한 자
4. 금고 이상의 형의 선고유예를 받은 경우에 그 선고유예 기간 중에 있는 자

② 제1항 각 호의 어느 하나에 해당하는 자가 국가의 과실로 인해 공무원으로 임용된 경우 공무원 신분은 발생하지 않는다.
③ 공무원이 제1항 각 호의 어느 하나에 해당할 경우에는 당연히 퇴직된다.
제00조 ① 공무원의 정년은 60세로 한다.
② 공무원은 그 정년에 이른 날이 1월부터 6월 사이에 있으면 6월 30일에, 7월부터 12월 사이에 있으면 12월 31일에 각각 당연히 퇴직된다.
제00조 정직은 1개월 이상 3개월 이하의 기간으로 하고, 정직처분을 받은 자는 그 기간 중 공무원의 신분은 보유하나 직무에 종사하지 못하며 보수는 전액을 감한다.

〈상 황〉

- 파산선고를 받고 복권된 후 다시 신용불량 상태에서 공무원으로 임용되어 근무 중인 甲
- 결격사유 없이 공무원으로 임용되었다가 금고형의 선고유예를 받고 선고유예 기간 중에 있는 乙
- 결격사유 없이 공무원으로 임용되었다가 비위행위를 이유로 정직처분을 받아 정직 중에 있는 丙
- 금고형을 선고받고 그 집행유예 기간 중에 국가의 과실로 공무원으로 임용되어 근무중인 丁
- 결격사유 없이 공무원으로 임용되어 2020년 3월 31일 정년에 이른 戊

① 甲, 丁
② 乙, 丁
③ 甲, 丙, 戊
④ 乙, 丙, 戊
⑤ 甲, 乙, 丁, 戊

문 22. 다음 글을 근거로 판단할 때 옳은 것은?

> 제00조 ① 특별자치시장·특별자치도지사·시장·군수 또는 자치구의 구청장(이하 '시장·군수 등'이라 한다)은 빈집이 다음 각 호의 어느 하나에 해당하면 빈집정비계획에서 정하는 바에 따라 그 빈집 소유자에게 철거 등 필요한 조치를 명할 수 있다. 다만 빈집정비계획이 수립되어 있지 아니한 경우에는 지방건축위원회의 심의를 거쳐 그 빈집 소유자에게 철거 등 필요한 조치를 명할 수 있다.
> 1. 붕괴·화재 등 안전사고나 범죄발생의 우려가 높은 경우
> 2. 공익상 유해하거나 도시미관 또는 주거환경에 현저한 장애가 되는 경우
>
> ② 제1항의 경우 빈집 소유자는 특별한 사유가 없으면 60일 이내에 조치를 이행하여야 한다.
> ③ 시장·군수 등은 제1항에 따라 빈집의 철거를 명한 경우 그 빈집 소유자가 특별한 사유 없이 제2항의 기간 내에 철거하지 아니하면 직권으로 그 빈집을 철거할 수 있다.
> ④ 시장·군수 등은 제3항에 따라 철거할 빈집 소유자의 소재를 알 수 없는 경우 그 빈집에 대한 철거명령과 이를 이행하지 아니하면 직권으로 철거한다는 내용을 일간신문 및 홈페이지에 1회 이상 공고하고, 일간신문에 공고한 날부터 60일이 지난 날까지 빈집 소유자가 빈집을 철거하지 아니하면 직권으로 철거할 수 있다.
> ⑤ 시장·군수 등은 제3항 또는 제4항에 따라 빈집을 철거하는 경우에는 정당한 보상비를 빈집 소유자에게 지급하여야 한다. 이 경우 시장·군수 등은 보상비에서 철거에 소요된 비용을 빼고 지급할 수 있다.
> ⑥ 시장·군수 등은 다음 각 호의 어느 하나에 해당하는 경우에는 보상비를 법원에 공탁하여야 한다.
> 1. 빈집 소유자가 보상비 수령을 거부하는 경우
> 2. 빈집 소유자의 소재불명(所在不明)으로 보상비를 지급할 수 없는 경우

※ 공탁이란 채무자가 변제할 금액을 법원에 맡기면 채무(의무)가 소멸하는 것을 말한다.

① A자치구 구청장은 주거환경에 현저한 장애가 되더라도 붕괴 우려가 없는 빈집에 대해서는 빈집정비계획에 따른 철거를 명할 수 없다.
② B군 군수가 소유자의 소재를 알 수 없는 빈집의 철거를 명한 경우, 일간신문에 공고한 날부터 60일 내에 직권으로 철거해야 한다.
③ C특별자치시 시장은 직권으로 빈집을 철거한 경우, 그 소유자에게 철거에 소요된 비용을 빼지 않고 보상비 전액을 지급해야 한다.
④ D군 군수가 빈집을 철거한 경우, 그 소유자가 보상비 수령을 거부하면 그와 동시에 보상비 지급의무는 소멸한다.
⑤ E시 시장은 빈집정비계획에 따른 빈집 철거를 명한 후 그 소유자가 특별한 사유 없이 60일 이내에 철거하지 않으면, 지방건축위원회의 심의 없이 직권으로 철거할 수 있다.

문 23. 다음 글을 근거로 판단할 때 옳은 것은?

> 제00조 ① 체육시설업은 다음과 같이 구분한다.
> 1. 등록 체육시설업 : 스키장업, 골프장업, 자동차 경주장업
> 2. 신고 체육시설업 : 빙상장업, 썰매장업, 수영장업, 체력단련장업, 체육도장업, 골프연습장업, 당구장업, 무도학원업, 무도장업, 야구장업, 가상체험 체육시설업
>
> ② 체육시설업자는 체육시설업의 종류에 따라 아래 〈시설기준〉에 맞는 시설을 설치하고 유지·관리하여야 한다.
>
> 〈시설기준〉

필수시설	• 수용인원에 적합한 주차장(등록 체육시설업만 해당한다) 및 화장실을 갖추어야 한다. 다만 해당 체육시설이 같은 부지 또는 복합건물 내에 다른 시설물과 함께 위치한 경우로서 그 다른 시설물과 공동으로 사용하는 주차장 및 화장실이 있을 때에는 별도로 갖추지 아니할 수 있다. • 수용인원에 적합한 탈의실과 급수시설을 갖추어야 한다. 다만 신고 체육시설업(수영장업은 제외한다)과 자동차 경주장업에는 탈의실을 대신하여 세면실을 설치할 수 있다. • 부상자 및 환자의 구호를 위한 응급실 및 구급약품을 갖추어야 한다. 다만 신고 체육시설업(수영장업은 제외한다)과 골프장업에는 응급실을 갖추지 아니할 수 있다.
임의시설	• 체육용품의 판매·수선 또는 대여점을 설치할 수 있다. • 식당·목욕시설·매점 등 편의시설을 설치할 수 있다(무도학원업과 무도장업은 제외한다). • 등록 체육시설업의 경우에는 해당 체육시설을 이용하는 데에 지장이 없는 범위에서 그 체육시설 외에 다른 종류의 체육시설을 설치할 수 있다. 다만 신고 체육시설업의 경우에는 그러하지 아니하다.

① 무도장을 운영할 때 목욕시설과 매점을 설치하는 경우 시설기준에 위반된다.
② 수영장을 운영할 때 수용인원에 적합한 세면실과 급수시설을 모두 갖추어야 한다.
③ 체력단련장을 운영할 때 이를 이용하는 데에 지장이 없는 범위에서 가상체험 체육시설을 설치할 수 있다.
④ 복합건물 내에 위치한 골프연습장을 운영할 때 다른 시설물과 공동으로 사용하는 주차장이 없다면, 수용인원에 적합한 주차장을 반드시 갖추어야 한다.
⑤ 수영장을 운영할 때 구급약품을 충분히 갖추어 부상자 및 환자의 구호에 지장이 없다면, 응급실을 갖추지 않아도 시설기준에 위반되지 않는다.

문 24. 다음 글과 〈상황〉을 근거로 판단할 때 옳은 것은?

주주총회의 소집절차 또는 그 결의방법이 법령이나 정관을 위반하거나 그 결의내용이 정관을 위반한 경우, 주주총회 결의취소의 소(이하 '결의취소의 소'라 한다)를 제기할 수 있는 사람은 해당 회사의 주주, 이사 또는 감사이다. 이들 이외의 사람이 결의취소의 소를 제기하면 소는 부적법한 것으로 각하된다. 결의취소의 소를 제기한 주주·이사·감사는 변론이 종결될 때까지 그 자격을 유지하여야 한다. 따라서 변론종결 전에 원고인 주주가 주식을 전부 양도하거나 이사·감사가 임기만료나 해임·사임·사망 등으로 그 지위를 상실한 경우, 소는 부적법한 것으로 각하된다. 소가 부적법 각하되면 주주총회의 결의를 취소하는 것이 정당한지에 관한 법원의 판단 없이 소송은 그대로 종료하게 된다.

결의취소의 소는 해당 회사를 피고로 해야 하며, 회사 아닌 사람을 공동피고로 한 경우 그 사람에 대한 소는 부적법한 것으로 각하되고, 회사에 대한 소송만 진행된다. 한편 회사가 피고가 된 소송에서는 회사의 대표이사가 회사를 대표하여 소송을 수행한다. 그렇지만 이사가 결의취소의 소를 제기한 때에는 이사와 대표이사의 공모를 막기 위해서 감사가 회사를 대표하여 소송을 수행한다. 이와 달리 이사 이외의 자가 결의취소의 소를 제기한 때에는 대표이사가 소송을 수행하며, 그 대표이사가 결의취소의 소의 대상이 된 주주총회 결의로 선임된 경우라 하더라도 마찬가지이다.

〈상 황〉

A회사의 주주총회는 대표이사 甲을 해임하고 새로이 乙을 대표이사로 선임하는 결의를 하여 乙이 즉시 대표이사로 취임하였다. 그런데 그 주주총회의 소집절차는 법령에 위반된 것이었다. A회사의 주주는 丙과 丁 등이 있고, 이사는 戊, 감사는 己이다. 甲과 乙은 주주가 아니며, 甲은 대표이사 해임결의로 이사의 지위도 상실하였다.

① 甲이 A회사를 피고로 하여 결의취소의 소를 제기하면, 법원은 결의를 취소하는 것이 정당한지에 관해 판단해야 한다.
② 丙이 A회사를 피고로 하여 결의취소의 소를 제기하면, 乙이 A회사를 대표하여 소송을 수행한다.
③ 丁이 A회사와 乙을 공동피고로 하여 결의취소의 소를 제기하면, A회사와 乙에 대한 소는 모두 부적법 각하된다.
④ 戊가 A회사를 피고로 하여 결의취소의 소를 제기하면, 甲이 A회사를 대표하여 소송을 수행한다.
⑤ 己가 A회사를 피고로 하여 제기한 결의취소의 소의 변론이 종결된 후에 己의 임기가 만료된다면, 그 소는 부적법 각하된다.

문 25. 다음 글과 〈상황〉을 근거로 판단할 때 옳은 것은?

제00조 ① 법원은 소송비용을 지출할 자금능력이 부족한 사람의 신청에 따라 또는 직권으로 소송구조(訴訟救助)를 할 수 있다. 다만 패소할 것이 분명한 경우에는 그러하지 아니하다.
② 제1항의 신청인은 구조의 사유를 소명하여야 한다.
제00조 소송구조의 범위는 다음 각 호와 같다. 다만 법원은 상당한 이유가 있는 때에는 다음 각 호 가운데 일부에 대한 소송구조를 할 수 있다.
1. 재판비용의 납입유예
2. 변호사 보수의 지급유예
3. 소송비용의 담보면제
제00조 ① 소송구조는 이를 받은 사람에게만 효력이 미친다.
② 법원은 소송승계인에게 미루어 둔 비용의 납입을 명할 수 있다.
제00조 소송구조를 받은 사람이 소송비용을 납입할 자금능력이 있다는 것이 판명되거나, 자금능력이 있게 된 때에는 법원은 직권으로 또는 이해관계인의 신청에 따라 언제든지 구조를 취소하고, 납입을 미루어 둔 소송비용을 지급하도록 명할 수 있다.

※ 소송구조 : 소송수행상 필요한 비용을 감당할 수 없는 경제적 약자를 위하여 비용을 미리 납입하지 않고 소송을 할 수 있도록 하는 제도
※ 소송승계인 : 소송 중 소송당사자의 지위를 승계한 사람

〈상 황〉

甲은 乙이 운행하던 차량에 의해 교통사고를 당했다. 이에 甲은 乙을 상대로 불법행위로 인한 손해배상청구의 소를 제기하였다.

① 甲의 소송구조 신청에 따라 법원이 소송구조를 하는 경우, 甲의 재판비용 납입을 면제할 수 있다.
② 甲이 소송구조를 받아 소송을 진행하던 중 증여를 받아 자금능력이 있게 되었더라도 법원은 직권으로 소송구조를 취소할 수 없다.
③ 甲의 신청에 의해 법원이 소송구조를 한 경우, 甲뿐만 아니라 乙에게도 그 효력이 미쳐 乙은 법원으로부터 변호사 보수의 지급유예를 받을 수 있다.
④ 甲이 소송비용을 지출할 자금능력이 부족함을 소명하여 법원에 소송구조를 신청한 경우, 법원은 甲이 패소할 것이 분명하더라도 소송구조를 할 수 있다.
⑤ 甲이 소송구조를 받아 소송이 진행되던 중 丙이 甲의 소송승계인이 된 경우, 법원은 소송구조에 따라 납입유예한 재판비용을 丙에게 납입하도록 명할 수 있다.

문 26. 다음 글을 근거로 판단할 때 옳지 않은 것은?

> 개발도상국으로 흘러드는 외국자본은 크게 원조, 부채, 투자가 있다. 원조는 다른 나라로부터 지원받는 돈으로, 흔히 해외원조 혹은 공적개발원조라고 한다. 부채는 은행 융자와 정부 혹은 기업이 발행한 채권으로, 투자는 포트폴리오 투자와 외국인 직접투자로 이루어진다. 포트폴리오 투자는 경영에 대한 영향력보다는 경제적 수익을 추구하기 위한 투자이고, 외국인 직접투자는 회사 경영에 일상적으로 영향력을 행사하기 위한 투자이다.
>
> 개발도상국에 유입되는 이러한 외국자본은 여러 가지 문제점을 보이고 있다. 해외 원조는 개발도상국에 대한 경제적 효과가 있다고 여겨져 왔으나 최근 경제학자들 사이에서는 그러한 경제적 효과가 없다는 주장이 점차 힘을 얻고 있다.
>
> 부채는 변동성이 크다는 단점이 지적되고 있다. 특히 은행 융자는 변동성이 큰 것으로 유명하다. 예컨대 1998년 개발도상국에 대하여 이루어진 은행 융자 총액은 500억 달러였다. 하지만 1998년 러시아와 브라질, 2002년 아르헨티나에서 일어난 일련의 금융 위기가 개발도상국을 강타하여 1999~2002년의 4개년 동안에는 은행 융자 총액이 연평균 −65억 달러가 되었다가, 2005년에는 670억 달러가 되었다. 은행 융자만큼 변동성이 큰 것은 아니지만, 채권을 통한 자본 유입 역시 변동성이 크다. 외국인은 1997년에 380억 달러의 개발도상국 채권을 매수했다. 그러나 1998~2002년에는 연평균 230억 달러로 떨어졌고, 2003~2005년에는 연평균 440억 달러로 증가했다.
>
> 한편 포트폴리오 투자는 은행 융자만큼 변동성이 크지는 않지만 채권에 비하면 변동성이 크다. 개발도상국에 대한 포트폴리오 투자는 1997년의 310억 달러에서 1998~2002년에는 연평균 90억 달러로 떨어졌고, 2003~2005년에는 연평균 410억 달러에 달했다.

① 개발도상국에 대한 투자는 경제적 수익뿐만 아니라 회사 경영에 영향력을 행사하기 위해서도 이루어질 수 있다.
② 해외 원조는 개발도상국에 대한 경제적 효과가 없다고 주장하는 경제학자들이 있다.
③ 개발도상국에 유입되는 외국자본에는 해외 원조, 은행 융자, 채권, 포트폴리오 투자, 외국인 직접투자가 있다.
④ 개발도상국에 대한 2005년의 은행 융자 총액은 1998년의 수준을 회복하지 못하였다.
⑤ 1998~2002년과 2003~2005년의 연평균을 비교할 때, 개발도상국에 대한 포트폴리오 투자가 채권보다 증감액이 크다.

문 27. 다음 글을 근거로 판단할 때, 우수부서 수와 기념품 구입 개수를 옳게 짝지은 것은?

> A기관은 탁월한 업무 성과로 포상금 5,000만 원을 지급받았다. 〈포상금 사용기준〉은 다음과 같다.
>
> 〈포상금 사용기준〉
>
> • 포상금의 40% 이상은 반드시 각 부서에 현금으로 배분한다.
>   – 전체 15개 부서를 우수부서와 보통부서 두 그룹으로 나누어 우수부서에 150만 원, 보통부서에 100만 원을 현금으로 배분한다.
>   – 우수부서는 최소한으로 선정한다.
> • 포상금 중 2,900만 원은 직원 복지 시설을 확충하는 데 사용한다.
> • 직원 복지 시설을 확충하고 부서별로 현금을 배분한 후 남은 금액을 모두 사용하여 개당 1만 원의 기념품을 구입한다.

	우수부서 수	기념품 구입 개수
①	9개	100개
②	9개	150개
③	10개	100개
④	10개	150개
⑤	11개	50개

문 28. 다음 글을 근거로 판단할 때, 서연이가 구매할 가전제품과 구매할 상점을 옳게 연결한 것은?

• 서연이는 가전제품 A~E를 1대씩 구매하기 위하여 상점 甲, 乙, 丙의 가전제품 판매가격을 알아보았다.

〈상점별 가전제품 판매가격〉

(단위 : 만 원)

구분	A	B	C	D	E
甲	150	50	50	20	20
乙	130	45	60	20	10
丙	140	40	50	25	15

• 서연이는 각각의 가전제품을 세 상점 중 어느 곳에서나 구매할 수 있으며, 아래의 〈혜택〉을 이용하여 총 구매액을 최소화하고자 한다.

〈혜 택〉

– 甲 : 200만 원 이상 구매시 전품목 10% 할인
– 乙 : A를 구매한 고객에게는 C, D를 20% 할인
– 丙 : C, D를 모두 구매한 고객에게는 E를 5만 원에 판매

① A – 甲
② B – 乙
③ C – 丙
④ D – 甲
⑤ E – 乙

문 29. 다음 글을 근거로 판단할 때, 甲과 乙이 콩을 나누기 위한 최소 측정 횟수는?

甲이 乙을 도와 총 1,760g의 콩을 수확한 후, 甲은 400g을 가지고 나머지는 乙이 모두 가지기로 하였다. 콩을 나눌 때 사용할 수 있는 도구는 2개의 평형접시가 달린 양팔저울 1개, 5g짜리 돌멩이 1개, 35g짜리 돌멩이 1개뿐이다. 甲과 乙은 양팔저울 1개와 돌멩이 2개만을 이용하여 콩의 무게를 측정한다. 양팔저울의 평형접시 2개가 평형을 이룰 때 1회의 측정이 이루어진 것으로 본다.

① 2
② 3
③ 4
④ 5
⑤ 6

문 30. 다음 글을 근거로 판단할 때, ○○공장에서 4월 1일과 4월 2일에 작업한 최소 시간의 합은?

○○공장은 작업반 A와 B로 구성되어 있고 제품 X와 제품 Y를 생산한다. 다음 표는 각 작업반이 1시간에 생산할 수 있는 각 제품의 수량을 나타낸다. 각 작업반은 X와 Y를 동시에 생산할 수 없고 작업 속도는 일정하다.

〈작업반별 시간당 생산량〉

(단위 : 개)

구분	X	Y
작업반 A	2	3
작업반 B	1	3

○○공장은 4월 1일 오전 9시에 X 24개와 Y 18개를 주문받았으며, 4월 2일에도 같은 시간에 동일한 주문을 받았다. 당일 주문받은 물량은 당일에 모두 생산하였다.

4월 1일에는 작업 여건상 두 작업반이 같은 시간대에 동일한 종류의 제품만을 생산해야 했지만, 4월 2일에는 그러한 제약이 없었다. 두 작업반은 매일 동시에 작업을 시작하며, 작업 시간은 작업 시작 시점부터 주문받은 물량 생산 완료 시점까지의 시간을 의미한다.

① 19시간
② 20시간
③ 21시간
④ 22시간
⑤ 23시간

문 31. 다음 글과 〈상황〉을 근거로 판단할 때, 〈보기〉에서 옳은 것만을 모두 고르면?

甲~戊로 구성된 A팀은 회식을 하고자 한다. 회식메뉴는 다음의 〈메뉴 선호 순위〉와 〈메뉴 결정 기준〉을 고려하여 정한다.

〈메뉴 선호 순위〉

팀원＼메뉴	탕수육	양고기	바닷가재	방어회	삼겹살
甲	3	2	1	4	5
乙	4	3	1	5	2
丙	3	1	5	4	2
丁	2	1	5	3	4
戊	3	5	1	4	2

〈메뉴 결정 기준〉

- 기준1 : 1순위가 가장 많은 메뉴로 정한다.
- 기준2 : 5순위가 가장 적은 메뉴로 정한다.
- 기준3 : 1순위에 5점, 2순위에 4점, 3순위에 3점, 4순위에 2점, 5순위에 1점을 부여하여 각각 합산한 뒤, 점수가 가장 높은 메뉴로 정한다.
- 기준4 : 기준3에 따른 합산 점수의 상위 2개 메뉴 중, 1순위가 더 많은 메뉴로 정한다.
- 기준5 : 5순위가 가장 많은 메뉴를 제외하고 남은 메뉴 중, 1순위가 가장 많은 메뉴로 정한다.

〈상 황〉

- 丁은 바닷가재가 메뉴로 정해지면 회식에 불참한다.
- 丁이 회식에 불참하면 丙도 불참한다.
- 戊는 양고기가 메뉴로 정해지면 회식에 불참한다.

〈보 기〉

ㄱ. 기준1과 기준4 중 어느 것에 따르더라도 같은 메뉴가 정해진다.
ㄴ. 기준2에 따르면 탕수육으로 메뉴가 정해진다.
ㄷ. 기준3에 따르면 모든 팀원이 회식에 참석한다.
ㄹ. 기준5에 따르면 戊는 회식에 참석하지 않는다.

① ㄱ, ㄴ
② ㄴ, ㄷ
③ ㄷ, ㄹ
④ ㄱ, ㄴ, ㄹ
⑤ ㄱ, ㄷ, ㄹ

문 32. 다음 글을 근거로 판단할 때, 甲이 출연할 요일과 프로그램을 옳게 짝지은 것은?

甲은 ㅇㅇ방송국으로부터 아래와 같이 프로그램 특별 출연을 요청받았다.

매체	프로그램	시간대	출연 가능 요일
TV	모여라 남극유치원	오전	월, 수, 금
	펭귄극장	오후	화, 목, 금
	남극의 법칙	오후	월, 수, 목
라디오	지금은 남극시대	오전	화, 수, 목
	펭귄파워	오전	월, 화, 금
	열시의 펭귄	오후	월, 수, 금
	굿모닝 남극대행진	오전	화, 수, 금

甲은 다음주 5일(월요일~금요일) 동안 매일 하나의 프로그램에 출연하며, 한 번 출연한 프로그램에는 다시 출연하지 않는다. 또한 동일 매체에 2일 연속 출연하지 않으며, 동일 시간대에도 2일 연속 출연하지 않는다.

	요일	프로그램
①	월요일	펭귄파워
②	화요일	굿모닝 남극대행진
③	수요일	열시의 펭귄
④	목요일	펭귄극장
⑤	금요일	모여라 남극유치원

문 33. 다음 글을 근거로 판단할 때, 甲~丁 4명이 모두 외출 준비를 끝내는 데 소요되는 최소 시간은?

甲~丁 4명은 화장실 1개, 세면대 1개, 샤워실 2개를 갖춘 숙소에 묵었다. 다음날 아침 이들은 화장실, 세면대, 샤워실을 이용한 후 외출을 하려고 한다.

- 화장실, 세면대, 샤워실 이용을 마치면 외출 준비가 끝난다.
- 화장실, 세면대, 샤워실 순서로 1번씩 이용한다.
- 화장실, 세면대, 각 샤워실은 한 번에 한 명씩 이용한다.

〈개인별 이용시간〉

(단위 : 분)

구분	화장실	세면대	샤워실
甲	5	3	20
乙	5	5	10
丙	10	5	5
丁	10	3	15

① 40분
② 42분
③ 45분
④ 48분
⑤ 50분

문 34. 다음 〈상황〉과 〈자기소개〉를 근거로 판단할 때 옳지 않은 것은?

〈상 황〉

5명의 직장인(甲~戊)이 커플 매칭 프로그램에 참여했다.
- 남성이 3명이고 여성이 2명이다.
- 5명의 나이는 34세, 32세, 30세, 28세, 26세이다.
- 5명의 직업은 의사, 간호사, TV드라마감독, 라디오작가, 요리사이다.
- 의사와 간호사는 성별이 같다.
- 라디오작가는 요리사와 매칭된다.
- 남성과 여성의 평균 나이는 같다.
- 한 사람당 한 명의 이성과 매칭이 가능하다.

〈자기소개〉

甲 : 안녕하세요. 저는 32세이고 의료 관련 일을 합니다.
乙 : 저는 방송업계에서 일하는 남성입니다.
丙 : 저는 20대 남성입니다.
丁 : 반갑습니다. 저는 방송업계에서 일하는 여성입니다.
戊 : 제가 이 중 막내네요. 저는 요리사입니다.

① TV드라마감독은 乙보다 네 살이 많다.
② 의사와 간호사 나이의 평균은 30세이다.
③ 요리사와 라디오작가는 네 살 차이이다.
④ 甲의 나이는 방송업계에서 일하는 사람들 나이의 평균과 같다.
⑤ 丁은 의료계에서 일하는 두 사람 중 나이가 적은 사람보다 두 살 많다.

문 35. 다음 글을 근거로 판단할 때, 甲이 조립한 상자의 개수는?

甲, 乙, 丙은 상자를 조립하는 봉사활동을 하였다. 이들은 상자 조립을 동시에 시작하여 각각 일정한 속도로 조립하였다. 그리고 '1분당 조립한 상자 개수', '조립한 상자 개수', '조립한 시간'에 대하여 아래와 같이 말하였다. 단, 2명은 모두 진실만을 말하였고 나머지 1명은 거짓만을 말하였다.

甲 : 나는 乙보다 1분당 3개 더 조립했는데, 乙과 조립한 상자 개수는 같아. 丙보다 10분 적게 일했어.
乙 : 나는 甲보다 40분 오래 일했어. 丙보다 10개 적게 조립했고 1분당 2개 적게 조립했어.
丙 : 나는 甲보다 1분당 1개 더 조립했어. 조립한 시간은 乙과 같은데 乙보다 10개 적게 조립했어.

① 210
② 240
③ 250
④ 270
⑤ 300

문 36. 다음 글과 〈상황〉을 근거로 판단할 때 옳지 않은 것은?

甲국은 국가혁신클러스터 지구를 선정하고자 한다. 산업단지를 대상으로 〈평가 기준〉에 따라 점수를 부여하고 이를 합산한다. 지방자치단체(이하 '지자체')의 육성 의지가 있는 곳 중 합산점수가 높은 4곳의 산업단지를 국가혁신클러스터 지구로 선정한다.

〈평가 기준〉

- 산업단지 내 기업 집적 정도

산업단지 내 기업 수	30개 이상	10~29개	9개 이하
점수	40점	30점	20점

- 산업단지의 산업클러스터 연관성

업종	연관 업종	유사 업종	기타
점수	40점	20점	0점

※ 연관 업종 : 자동차, 철강, 운송, 화학, IT
　유사 업종 : 소재, 전기전자

- 신규투자기업 입주공간 확보 가능 여부

입주공간 확보	가능	불가
점수	20점	0점

- 합산점수가 동일할 경우 우선순위는 다음과 같은 순서로 정한다.
  1) 산업클러스터 연관성 점수가 높은 산업단지
  2) 기업 집적 정도 점수가 높은 산업단지
  3) 신규투자기업의 입주공간 확보 가능 여부 점수가 높은 산업단지

〈상 황〉

산업단지(A~G)에 관한 정보는 다음과 같다.

산업단지	산업단지 내 기업 수	업종	입주공간 확보	지자체 육성 의지
A	58개	자동차	가능	있음
B	9개	자동차	가능	있음
C	14개	철강	가능	있음
D	10개	운송	가능	없음
E	44개	바이오	가능	있음
F	27개	화학	불가	있음
G	35개	전기전자	가능	있음

① B는 선정된다.
② A가 '소재' 산업단지인 경우 F가 선정된다.
③ 3곳을 선정할 경우 G는 선정되지 않는다.
④ F는 산업단지 내에 기업이 3개 더 있다면 선정된다.
⑤ D가 소재한 지역의 지자체가 육성 의지가 있을 경우 D는 선정된다.

문 37. 다음 〈대화〉와 〈품질인증서번호 부여 규칙〉을 근거로 판단할 때, 乙이 발급받은 품질인증서번호는?

〈대 화〉

甲 : 안녕하세요? '품질인증서' 발급을 신청하러 오셨나요?
乙 : 토목분야로 예전에 품질인증서를 발급받은 적이 있어요. 재발급받으려 합니다.
甲 : 인증서 유효기간은 발급일로부터 2년까지입니다. 선생님께선 2017년 11월 20일에 발급받으셨네요. 오늘 접수하시면 유효기간 만료일로부터 30일이 지난 겁니다.
乙 : 그렇군요. 저희가 2019년 11월에 본사와 공장을 전부 이전해서 주소가 바뀌었어요. 본사는 대전으로 이전했고, 공장은 중동에서 베트남으로 이전해 있어요. 이러한 내용으로 발급해 주세요.
甲 : 접수되었습니다. 품질인증서는 접수일로부터 3주 후에 발급됩니다.

〈품질인증서번호 부여 규칙〉

품질인증서번호는 부여 규칙(가~라)에 따라 아래와 같이 ㉠~㉣란에 숫자 또는 코드가 기재된다.

㉠	㉡	㉢	㉣

가. ㉠란에 발급연도의 3, 4번째 숫자를 기재한다.

나. ㉡란에 아래의 신청유형별 코드를 기재한다.

신청유형	코드	신청유형	코드
신규신청	1A	재발급(기간만료 후)	4B
연장신청 (기간만료 전)	2A	재발급(양도)	5C
규격확인 신청	3B	재발급 (공장주소변경)	6C

※ 2개 이상의 신청유형에 해당되는 경우에는 해당 코드를 모두 기재하되, 각 코드에 포함된 숫자가 큰 코드를 먼저 기재한다.

다. ㉢란에 아래의 분야별 코드를 기재한다.

분야명	코드	분야명	코드
기계	AA	에너지	CC
전기 · 전자	AB	토목	CD
정보 · 통신	BB	의료기기	DD

라. ㉣란에 아래의 지역구분 코드를 기재한다(단, 지역구분 코드는 발급연도를 기준으로 공장소재지에 따른다).

국내	코드	국외	코드
서울 · 인천 · 경기	DA	아시아	FA
대전 · 세종 · 충남 · 충북	DB	미주	FB
광주 · 전남 · 전북 · 제주	DC	유럽	FC
부산 · 울산 · 경남	DD	중동	FD
대구 · 경북	DE	아프리카	FE
강원	DF	기타지역	FF

① 196C4BCDFA
② 194B6CCCDB
③ 196C4BCDFD
④ 204B6CCDDB
⑤ 206C4BCDFA

문 38. 다음 글과 〈상황〉을 근거로 판단할 때, 〈보기〉에서 옳은 것만을 모두 고르면?

여러 가지 성분으로 구성된 물질을 조성물이라고 한다. 조성물을 구성하는 각 성분의 양은 일정한 범위 내에 있고, 이는 각 성분의 '중량%' 범위로 표현할 수 있다. 중량% 범위의 최솟값을 최소성분량, 최댓값을 최대성분량이라고 한다.

다음 중 어느 하나에라도 해당되는 조성물을 '불명확'하다고 한다.

- 모든 성분의 최소성분량의 합이 100중량%를 초과하는 경우
- 모든 성분의 최대성분량의 합이 100중량%에 미달하는 경우
- 어느 한 성분의 최소성분량과 나머지 모든 성분의 최대성분량의 합이 100중량%에 미달하는 경우
- 어느 한 성분의 최대성분량과 나머지 모든 성분의 최소성분량의 합이 100중량%를 초과하는 경우

〈상 황〉

조성물 甲은 성분 A, B, C, D, E만으로 구성되어 있고, 각각의 최소성분량과 최대성분량은 다음과 같다.

(단위 : 중량%)

성분	최소성분량	최대성분량
A	5	10
B	25	30
C	10	20
D	20	40
E	x	y

〈보 기〉

ㄱ. x가 4이고 y가 10인 경우, 조성물 甲은 불명확하다.
ㄴ. x가 10이고 y가 20인 경우, 조성물 甲은 불명확하다.
ㄷ. x가 25이고 y가 26인 경우, 조성물 甲은 불명확하다.
ㄹ. x가 20이고 y가 x보다 크고 40보다 작은 경우, 조성물 甲은 불명확하지 않다.

① ㄱ, ㄴ
② ㄱ, ㄷ
③ ㄴ, ㄹ
④ ㄱ, ㄷ, ㄹ
⑤ ㄴ, ㄷ, ㄹ

※ 다음 글을 읽고 물음에 답하시오. [39~40]

'알파고'는 기존 인공지능의 수읽기 능력뿐만 아니라 정책망과 가치망이라는 두 가지 인공신경망을 통해 인간 고수 못지않은 감각적 예측 능력(정책망)과 형세판단 능력(가치망)을 구현한 바둑 인공지능이다. 인간의 지능활동은 물리적인 차원에서 보면 뇌 안의 시냅스로 연결된 뉴런들이 주고받는 전기신호의 상호작용으로 인해 나타난다. 인공신경망은 인간의 뇌가 작동하는 방식에서 착안하여 만든 것이다.

'학습'을 거치지 않은 인공신경망은 무작위로 설정한 다수의 가중치를 갖고 있다. 이를 갖고 입력값을 처리했을 때 옳지 않은 출력값이 나온 경우, 올바른 결과를 도출하기 위해 가중치를 조절하는 것이 인공신경망의 학습과정이다. 따라서 오답에 따른 학습을 반복할수록 인공신경망의 정확도는 향상된다.

알파고의 첫 번째 인공신경망인 '정책망'은 "인간 고수라면 다음 수를 어디에 둘까?"를 예측한다. 입력(현 바둑판의 상황)과 출력(그 상황에서의 인간 고수의 착점) 사이의 관계를 간단한 함수로 표현할 수는 없다. 하지만 알파고는 일련의 사고가 단계별로 진행되므로 인공신경망의 입력과 출력 사이에 13개의 중간층을 둔 심층신경망을 통해 다음 수를 결정한다. 이 복잡한 인공신경망은 인간의 뇌에서 뉴런들이 주고받는 전기신호의 세기에 해당하는 가중치를 최적화해 나아간다. 이를 위해 인터넷 바둑 사이트의 6~9단 사용자의 기보 16만 건에서 추출된 약 3,000만 건의 착점을 학습했다. 3,000만 개의 예제를 학습하여 입력값을 넣었을 때 원하는 출력값이 나오게끔 하는 가중치를 각종 최적화 기법으로 찾는 방식이다.

이러한 '지도학습'이 끝나면 '강화학습'이 시작된다. 지도학습으로 찾아낸 각 가중치를 조금씩 바꿔보는 것이다. 예를 들어 지도학습 결과 어떤 가중치가 0.3이었다면, 나머지 모든 조건은 동일한 상태에서 그 가중치만 0.4로 바꾼 인공신경망과 가중치가 0.3인 기존의 인공신경망을 여러 번 대국시켰을 때, 주로 이긴 인공신경망의 가중치를 선택하게 된다. 모든 가중치에 대해 이와 같은 과정을 반복하여 최적의 가중치를 찾게 되는 것이다.

알파고의 두 번째 인공신경망인 '가치망'은 바둑의 대국이 끝날 때까지 시뮬레이션을 해보고 결과를 판단하는 대신에, 현재 장면으로부터 앞으로 몇 수만 진행시켜보고 그 상황에서 형세를 판단하는 것이다. 현대 바둑 이론으로도 형세의 유불리를 판단하는 기준이 몇 집인지 정량적으로 환산하기는 어렵다. 마찬가지로 정확한 평가 함수를 프로그래머가 알아야 할 필요가 없다. 평가 함수의 초깃값을 임의로 설정해 놓고 정책망의 강화학습 때와 같이 두 가지 버전의 인공신경망을 대국시킨다. 만약 변경된 버전이 주로 이겼다면 그 다음 실험에서는 변경된 버전을 채택하는 과정을 무수히 반복한다. 이런 식으로 아주 정확한 평가 함수를 찾아갈 수 있는 것이다.

문 39. 윗글을 근거로 판단할 때 옳은 것은?

① 오답을 통한 학습과정을 더 많이 거칠수록 인공신경망의 정확도는 떨어진다.
② 알파고는 가중치를 최적화하는 과정에서 기보 한 건당 1,000건 이상의 착점을 학습했다.
③ 알파고는 빠른 데이터 처리 능력 덕분에 인터넷 기보를 이용한 지도학습만으로도 정확한 형세판단 능력의 평가 함수를 찾을 수 있었다.
④ 알파고가 바둑의 형세를 판단하도록 하기 위해서 프로그래머는 정확한 평가 함수를 알아야 한다.
⑤ 최초에는 동일한 인공신경망이라고 해도 강화학습의 유무에 따라 인공신경망의 가중치는 달라질 수 있다.

문 40. 윗글과 다음 〈상황〉을 근거로 판단할 때, 최종적으로 선택할 알파고의 가중치 A와 B를 옳게 짝지은 것은?

〈상 황〉

- 다른 모든 조건이 동일한 상태에서 가중치 A, B만을 변경한다.
- 가중치 A가 0.4이고 가중치 B가 0.3인 인공신경망이 가중치 A가 0.3이고 가중치 B가 0.3인 인공신경망을 주로 이겼다.
- 가중치 A가 0.5이고 가중치 B가 0.3인 인공신경망이 가중치 A가 0.3이고 가중치 B가 0.3인 인공신경망을 주로 이겼다.
- 가중치 A가 0.4이고 가중치 B가 0.4인 인공신경망은 가중치 A가 0.4이고 가중치 B가 0.3인 인공신경망에게 주로 졌다.
- 가중치 A가 0.5이고 가중치 B가 0.3인 인공신경망은 가중치 A가 0.4이고 가중치 B가 0.3인 인공신경망에게 주로 졌다.
- 가중치 A가 0.4이고 가중치 B가 0.3인 인공신경망이 가중치 A가 0.4이고 가중치 B가 0.2인 인공신경망을 주로 이겼다.

	가중치 A	가중치 B
①	0.3	0.3
②	0.4	0.2
③	0.4	0.3
④	0.4	0.4
⑤	0.5	0.3

2019년 공직적격성평가(PSAT)

2019년 3월 9일 시행

5급 공채 · 외교관후보자 및 지역인재 7급 선발 필기시험

응시번호	
성　　명	

문제책형
㉮

【시험과목】

제1과목	언어논리
제2과목	자료해석
제3과목	상황판단

문제풀이 시작과 종료 시간을 기입해 주시기 바랍니다.

- 언어논리(90분) ______시 ______분 ~ ______시 ______분
- 자료해석(90분) ______시 ______분 ~ ______시 ______분
- 상황판단(90분) ______시 ______분 ~ ______시 ______분

문 1. 다음 글에서 추론할 수 있는 것은?

조선왕조실록은 조선 시대 국왕의 재위 기간에 있었던 중요 사건들을 정리한 기록물로 역사적인 가치가 크다. 이에 유네스코는 태조부터 철종까지의 시기에 있었던 사건들이 담긴 조선왕조실록 총 1,893권, 888책을 세계 기록 유산으로 등재하였다.

실록의 간행 과정은 상당히 길고 복잡했다. 먼저, 사관이 국왕의 공식적 언행과 주요 사건을 매일 기록하여 사초를 만들었다. 그 국왕의 뒤를 이어 즉위한 새 왕은 전왕(前王)의 실록을 만들기 위해 실록청을 세웠다. 이 실록청은 사초에 담긴 내용을 취사선택해 실록을 만든 후 해산하였다. 이렇게 만들어진 실록은 전왕의 묘호(廟號)를 붙여 '○○실록'이라고 불렀다. 이런 식으로 일이 진행되다보니 『철종실록』이 고종 때에 간행되었던 것이다.

한편 정변으로 왕이 바뀌었을 때에는 그 뒤를 이은 국왕이 실록청 대신 일기청을 설치하여 물러난 왕의 재위 기간에 있었던 일을 '○○○일기(日記)'라는 명칭으로 정리해 간행했다. 인조 때 『광해군실록』이 아니라 『광해군일기』가 간행된 것은 바로 이 때문이다. '일기'는 명칭만 '실록'이라고 부르지 않을 뿐 간행 과정은 그와 동일했다. 그렇기 때문에 '일기'도 세계 기록 유산으로 등재된 조선왕조실록에 포함된 것이다. 『단종실록』은 특이한 사례에 해당된다. 단종은 계유정난으로 왕위에서 쫓겨난 후에 노산군으로 불렸고, 그런 이유로 세조 때 『노산군일기』가 간행되었다. 그런데 숙종 24년(1698)에 노산군이 단종으로 복위된 후로 『노산군일기』를 『단종실록』으로 고쳐 부르게 되었다.

조선 후기 붕당 간의 대립은 실록 내용에도 영향을 미쳤다. 선조 때 동인과 서인이라는 붕당이 등장한 이래, 선조의 뒤를 이은 광해군과 인조 때까지만 해도 붕당 간 대립이 심하지 않았다. 그러나 인조의 뒤를 이어 효종, 현종, 숙종이 연이어 왕위에 오르는 과정에서 붕당 간 대립이 심해졌다. 효종 때부터는 집권 붕당이 다른 붕당을 폄훼하기 위해 이미 만들어져 있는 실록을 수정해 간행하는 일이 벌어졌다. 수정된 실록에는 원래의 실록과 구분해 '○○수정실록'이라는 명칭을 따로 붙였다.

① 『효종실록』은 현종 때 설치된 실록청이 간행했을 것이다.
② 『노산군일기』는 숙종 때 설치된 일기청이 간행했을 것이다.
③ 『선조수정실록』은 광해군 때 설치된 실록청이 간행했을 것이다.
④ 『고종실록』은 세계 기록 유산으로 등재된 조선왕조실록에 포함되어 있을 것이다.
⑤ 『광해군일기』는 세계 기록 유산으로 등재된 조선왕조실록에 포함되어 있지 않을 것이다.

문 2. 다음 글에서 알 수 있는 것은?

조선 시대에는 어떤 경우라도 피의자로부터 죄를 자백받도록 규정되어 있었고, 죄인이 자백을 한 경우에만 형이 확정되었다. 관리들은 자백을 받기 위해 심문을 했는데, 대개 말로 타일러 자백을 받아내는 '평문'을 시행했다. 그러나 피의자가 자백을 하지 않고 버틸 때에는 매를 쳐 자백을 받는 '형문'을 시행했다. 형문 과정에서 매를 칠 때에는 한 번에 30대를 넘길 수 없었고, 한 번 매를 친 후에는 3일이 지나야만 다시 매를 칠 수 있었다. 이렇게 두 번 매를 친 후에는 형문으로 더 이상 매를 칠 수 없었다.

평문이나 형문을 통해 범죄 사실이 확정되면 '본형'이 집행되었다. 그런데 본형으로 매를 맞을 사람에게는 형문 과정에서 맞은 매의 수만큼 빼 주도록 규정되어 있었다. 또 형문과 본형에서 맞은 매의 합계가 그 죄의 대가로 맞도록 규정된 수를 초과할 수 없었다. 형문과 본형을 막론하고, 맞는 매의 종류는 태형과 장형으로 나뉘어졌다. 태형은 길고 작은 매를 사용해 치는 것인데, 어떤 경우에도 50대를 넘겨서 때릴 수 없었다. 태형보다 더 큰 매로 치는 장형은 '곤장'이라고도 부르는데, 죄목에 따라 60대부터 10대씩 올려 100대까지 칠 수 있었다. 장형을 칠 때, 대개는 두께가 6밀리미터 정도인 '신장'이라는 도구를 사용했다. 그런데 종이 상전을 다치게 했을 경우에는 신장보다 1.5배 정도 더 두꺼운 '성장'이라는 도구를 사용해 매를 쳤다. 또 반역죄와 같이 중한 죄인을 다룰 때에는 더 두꺼운 '국장'을 사용하였다.

매를 때리다가 피의자가 죽는 경우도 있었는데, 이때는 책임자를 파직하거나 그로 하여금 장례 비용을 내게 했다. 단, 반역죄인에게 때리는 매의 수에 제한은 없었고, 형문이나 본형 도중 반역죄인이 사망한다고 해서 책임자를 문책한다는 규정도 없었다.

조선 시대에는 남의 재물을 강탈한 자를 처벌할 때 초범인 경우에는 60대를 쳤다. 그런데 재범이거나 세 사람 이상 무리를 이루어 남의 재물을 강탈했을 때에는 처벌이 더 엄했다. 이런 사람에 대한 처벌로는 100대를 때렸다. 남의 재물을 강탈한 자의 경우 형문할 때와 본형으로 처벌할 때 택하는 매의 종류가 같았다.

① 피의자가 평문을 받다가 사망하면 심문한 사람이 장례 비용을 내야 했다.
② 세 명 이상 무리를 지어 남의 재물을 강제로 빼앗은 자는 장형으로 처벌했다.
③ 반역 혐의가 있는 사람은 자백을 받지 않고 국장으로 때리도록 규정되어 있었다.
④ 상전의 명을 어긴 혐의로 형문을 받는 종은 남의 재물을 강탈한 자보다 더 많은 매를 맞았다.
⑤ 평문 과정에서 죄인이 자신의 죄를 순순히 자백하면 본형에 들어가지 않고 처벌을 면제하였다.

문 3. 다음 글에서 알 수 있는 것은?

조선 시대에 설악산이라는 지명이 포함하는 영역은 오늘날의 그것과 달랐다. 오늘날에는 대청봉, 울산바위가 있는 봉우리, 한계령이 있는 봉우리를 하나로 묶어 설악산이라고 부른다. 그런데 조선 시대의 자료 중에는 현재의 대청봉만 설악산이라고 표시하고 울산바위가 있는 봉우리는 천후산으로, 그리고 한계령이 있는 봉우리는 한계산으로 표시한 것이 많다.

요즘 사람들은 설악산이나 계룡산과 같이 잘 알려진 산에 수많은 봉우리가 포함되어 있는 것이 당연하다고 생각하는데, 고려 시대까지만 해도 하나의 봉우리는 다른 봉우리와 구별된 별도의 산이라는 인식이 강했다. 이런 생각은 조선 전기에도 이어졌다. 그러나 조선 후기에 해당하는 18세기에는 그 인식에 변화가 나타나기 시작했다. 18세기 중엽에 제작된 지도인 『여지도』에는 오늘날 설악산이라는 하나의 지명으로 포괄되어 있는 범위가 한계산과 설악산이라는 두 개의 권역으로 구분되어 있다. 이 지도에 표시된 설악산의 범위와 한계산의 범위를 합치면 오늘날 설악산이라고 부르는 범위와 동일해진다. 그런데 같은 시기에 제작된 『비변사인 방안지도 양양부 도엽』이라는 지도에는 설악산, 천후산, 한계산의 범위가 모두 따로 표시되어 있고, 이 세 산의 범위를 합치면 오늘날의 설악산 범위와 같아진다.

한편 18세기 중엽에 만들어진 『조선팔도지도』에는 오늘날과 동일하게 설악산의 범위가 표시되어 있고, 그 범위 안에 '설악산'이라는 명칭만 적혀 있다. 이 지도에는 한계산과 천후산이라는 지명이 등장하지 않는다. 김정호는 『대동지지』라는 책에서 "옛날 사람들 중에는 한계령이 있는 봉우리를 한계산이라고 부른 이도 있었으나, 사실 한계산은 설악산에 속한 봉우리에 불과하다."라고 설명하였다. 현종 때 만들어진 『동국여지지』에는 "설악산 아래에 사는 사람들은 다른 지역 사람들이 한계산이라 부르는 봉우리를 설악산과 떨어져 있는 별도의 산이라고 생각하지 않고, 설악산 안에 있는 봉우리라고 생각한다."라는 내용이 나온다. 김정호는 이를 참고해 『대동지지』에 위와 같이 썼던 것으로 보인다. 『조선팔도지도』에는 천후산이라는 지명이 표시되어 있지 않은데, 이는 이 지도를 만든 사람이 조선 전기에 천후산이라고 불리던 곳을 대청봉과 동떨어진 별도의 산이라고 생각하지 않았음을 뜻한다.

① 『여지도』에 표시된 설악산의 범위와 『대동지지』에 그려져 있는 설악산의 범위는 동일하다.
② 『동국여지지』에 그려져 있는 설악산의 범위와 『조선팔도지도』에 표시된 설악산의 범위는 동일하다.
③ 『조선팔도지도』에 표시된 대로 설악산의 범위를 설정하면 그 안에 한계령이 있는 봉우리가 포함된다.
④ 『대동지지』와 『비변사인 방안지도 양양부 도엽』에는 천후산과 한계산이 서로 다른 산이라고 적혀 있다.
⑤ 『여지도』에 표시된 천후산의 범위와 『비변사인 방안지도 양양부 도엽』에 표시된 천후산의 범위는 동일하다.

문 4. 다음 글의 내용과 부합하지 않는 것은?

연방준비제도(이하 연준)가 고용 증대에 주안점을 둔 정책을 입안한다 해도 정책이 분배에 미치는 영향을 고려하지 않는다면, 그 정책은 거품과 불평등만 부풀릴 것이다. 기술 산업의 거품 붕괴로 인한 경기 침체에 대응하여 2000년대 초에 연준이 시행한 저금리 정책이 이를 잘 보여준다.

특정한 상황에서는 금리 변동이 투자와 소비의 변화를 통해 경기와 고용에 영향을 줄 수 있다. 하지만 다른 수단이 훨씬 더 효과적인 상황도 많다. 가령 부동산 거품에 대한 대응책으로는 금리 인상보다 주택 담보 대출에 대한 규제가 더 합리적이다. 생산적 투자를 위축시키지 않으면서 부동산 거품을 가라앉힐 수 있기 때문이다.

경기 침체기라 하더라도, 금리 인하는 은행의 비용을 줄여주는 것 말고는 경기 회복에 별다른 도움이 되지 않을 수 있다. 대부분의 부문에서 설비 가동률이 낮은 상황이라면, 대출 금리가 낮아져도 생산적인 투자가 별로 증대하지 않는다. 2000년대 초가 바로 그런 상황이었기 때문에, 당시의 저금리 정책은 생산적인 투자 증가 대신에 주택 시장의 거품만 초래한 것이다.

금리 인하는 국공채에 투자했던 퇴직자들의 소득을 감소시켰다. 노년층에서 정부로, 정부에서 금융업으로 부의 대규모 이동이 이루어져 불평등이 심화되었다. 이에 따라 금리 인하는 다양한 경로로 소비를 위축시켰다. 은퇴 후의 소득을 확보하기 위해, 혹은 자녀의 학자금을 확보하기 위해 사람들은 저축을 늘렸다. 연준은 금리 인하가 주가 상승으로 이어질 것이므로 소비가 늘어날 것이라고 주장했다. 하지만 2000년대 초 연준의 금리 인하 이후 주가 상승에 따라 발생한 이득은 대체로 부유층에 집중되었으므로 대대적인 소비 증가로 이어지지 않았다.

2000년대 초 고용 증대를 기대하고 시행한 연준의 저금리 정책은 노동을 자본으로 대체하는 투자를 증대시켰다. 인위적인 저금리로 자본 비용이 낮아지자 이런 기회를 이용하려는 유인이 생겨났다. 노동력이 풍부한 상황인데도 노동을 절약하는 방향의 혁신이 강화되었고, 미숙련 노동자들의 실업률이 높은 상황인데도 가게들은 계산원을 해고하고 자동화 기계를 들여놓았다. 경기가 회복되더라도 실업률이 떨어지지 않는 구조가 만들어진 것이다.

① 2000년대 초 연준의 금리 인하로 국공채에 투자한 퇴직자의 소득이 줄어들어 금융업으로부터 정부로 부가 이동하였다.
② 2000년대 초 연준은 고용 증대를 기대하고 금리를 인하했지만 결과적으로 고용 증대가 더 어려워지도록 만들었다.
③ 2000년대 초 기술 산업 거품의 붕괴로 인한 경기 침체기에 설비 가동률은 대부분의 부문에서 낮은 상태였다.
④ 2000년대 초 연준이 금리 인하 정책을 시행한 후 주택 가격과 주식 가격은 상승하였다.
⑤ 금리 인상은 부동산 거품 대응 정책 가운데 가장 효과적인 정책이 아닐 수 있다.

문 5. 다음 글에서 추론할 수 있는 것은?

> 미국 대통령 후보 선거제도 중 '코커스'는 정당 조직의 가장 하위 단위인 기초선거구의 당원들이 모여 상위의 전당대회에 참석할 대의원을 선출하는 당원회의이다. 대의원 후보들은 자신이 대통령 후보로 누구를 지지하는지 먼저 밝힌다. 상위 전당대회에 참석할 대의원들은 각 대통령 후보에 대한 당원들의 지지율에 비례해서 선출된다. 코커스에서 선출된 대의원들은 카운티 전당대회에서 투표권을 행사하여 다시 다음 수준인 의회선거구 전당대회에 보낼 대의원들을 선출한다. 여기서도 비슷한 과정을 거쳐 주(州) 전당대회 대의원들을 선출해내고, 거기서 다시 마지막 단계인 전국 전당대회 대의원들을 선출한다. 주에 따라 의회선거구 전당대회는 건너뛰기도 한다.
>
> 1971년까지는 선거법에 따라 민주당과 공화당 모두 5월 둘째 월요일까지 코커스를 개최해야 했다. 그런데 민주당 전국위원회가 1972년부터는 대선후보 선출을 위한 전국 전당대회를 7월 말에 개최하도록 결정하면서 1972년 아이오와주 민주당의 코커스는 그 해 1월에 열렸다. 아이오와주 민주당 규칙에 코커스, 카운티 전당대회, 의회선거구 전당대회, 주 전당대회, 전국 전당대회 순서로 진행되는 각급 선거 간에 최소 30일의 시간적 간격을 두어야 한다는 규정이 있었기 때문이다. 이후 아이오와주에서 공화당이 1976년부터 코커스 개최시기를 1월로 옮기면서, 아이오와주는 미국의 대선후보 선출 과정에서 민주당과 공화당 모두 가장 먼저 코커스를 실시하는 주가 되었다.
>
> 아이오와주의 선거 운영 방식은 민주당과 공화당 간에 차이가 있었다. 공화당의 경우 코커스를 포함한 하위 전당대회에서 특정 대선후보를 지지하여 당선된 대의원이 상위 전당대회에서 반드시 같은 후보를 지지해야 하는 것은 아니었다. 반면 민주당의 경우 그러한 구속력을 부여하였다. 그러나 2016년부터 공화당 역시 상위 전당대회에 참여하는 대의원에게 같은 구속력을 부여함으로써 기층 당원의 대통령 후보에 대한 지지도가 전국 전당대회에 참여할 주(州) 대의원 선출에 반영되도록 했다.

① 주 전당대회에 참석할 대의원은 모두 의회선거구 전당대회에서 선출되었다.
② 1971년까지 아이오와주보다 이른 시기에 코커스를 실시하는 주는 없었다.
③ 1972년 아이오와주 민주당의 주 전당대회 선거는 같은 해 2월 중에 실시되었다.
④ 1972년 아이오와주에서 민주당 코커스와 공화당 코커스는 같은 달에 실시되었다.
⑤ 1976년 아이오와주 공화당 코커스에서 특정 후보를 지지한 대의원은 카운티 전당대회에서 다른 후보를 지지할 수 있었다.

문 6. 다음 글의 ㉠에 들어갈 진술로 가장 적절한 것은?

> 흔히들 과학적 이론이나 가설을 표현하는 엄밀한 물리학적 언어만을 과학의 언어라고 생각한다. 그러나 과학적 이론이나 가설을 검사하는 과정에는 이러한 물리학적 언어 외에 우리의 감각적 경험을 표현하는 일상적 언어도 사용될 수밖에 없다. 그런데 우리의 감각적 경험을 표현하는 일상적 언어에는 과학적 이론이나 가설을 표현하는 물리학적 언어와는 달리 매우 불명료하고 엄밀하게 정의될 수 없는 용어들이 포함되어 있다. 어떤 학자는 이러한 용어들을 '발룽엔'이라고 부른다.
>
> 이제 과학적 이론이나 가설을 검사하는 과정에 발룽엔이 개입된다고 해보자. 이 경우 우리는 증거와 가설 사이의 논리적 관계가 무엇인지 결정할 수 없게 될 것이다. 즉, 증거가 가설을 논리적으로 뒷받침하고 있는지 아니면 논리적으로 반박하고 있는지에 관해 미결정적일 수밖에 없다는 것이다. 그 이유는 증거를 표현할 때 포함될 수밖에 없는 발룽엔을 어떻게 해석할 것인지에 따라 증거와 가설 사이의 논리적 관계에 대한 다양한 해석이 나오게 될 것이기 때문이다. 발룽엔의 의미는 본질적으로 불명료할 수밖에 없다. 즉, 발룽엔을 아무리 상세하게 정의하더라도 그것의 의미를 정확하고 엄밀하게 규정할 수는 없다는 것이다.
>
> 논리실증주의자들이나 포퍼는 증거와 가설 사이의 관계를 논리적으로 정확하게 판단할 수 있고 이를 통해 가설을 정확히 검사할 수 있다고 생각했다. 그러나 증거와 가설이 상충하면 가설이 퇴출된다는 식의 생각은 너무 단순한 것이다. 증거와 가설의 논리적 관계에 대한 판단을 위해서는 증거가 의미하는 것이 무엇인지 파악하는 것이 선행되어야 하기 때문이다. 따라서 우리가 발룽엔의 존재를 염두에 둔다면, '[㉠]'라고 결론지을 수 있다.

① 과학적 가설과 증거의 논리적 관계를 정확하게 판단할 수 있다는 생각은 잘못된 것이다.
② 과학적 가설을 정확하게 검사하기 위해서는 우리의 감각적 경험을 배제해야 한다.
③ 과학적 가설을 검사하기 위한 증거를 표현할 때 발룽엔을 사용해서는 안 된다.
④ 과학적 가설을 표현하는 데에도 발룽엔이 포함될 수밖에 없다.
⑤ 증거가 의미하는 것이 무엇인지 정확히 파악해야 한다.

문 7. 다음 글의 미첼의 이론에서 추론할 수 있는 것은?

> 1783년 영국 자연철학자 존 미첼은 빛은 입자라는 생각과 뉴턴의 중력이론을 결합한 이론을 제시하였다. 그는 우선 별들이 어떻게 보일 것인지 사고 실험을 통해 예측하였다.
>
> 별의 표면에서 얼마간의 초기 속도로 입자를 쏘아 올려 아무런 방해 없이 위로 올라간다고 가정해보자. 만약에 초기 속도가 충분히 빠르지 않으면 별의 중력은 입자의 속도를 점점 느리게 할 것이며, 결국 그 입자를 별의 표면으로 되돌아가게 할 것이다. 만약 초기 속도가 충분히 빠르면 입자는 중력을 극복하고 별을 탈출할 수 있을 것이다. 이렇게 입자가 별을 탈출할 수 있는 최소한의 초기 속도는 '탈출 속도'라고 불린다. 미첼은 뉴턴의 중력이론을 이용해서 탈출 속도를 계산할 수 있었으며, 그 속도가 별 질량을 별의 둘레로 나눈 값의 제곱근에 비례한다는 것을 유도하였다.
>
> 이를 바탕으로 미첼은 '임계 둘레'라는 것도 추론해냈다. 임계 둘레란 탈출 속도와 빛의 속도를 같게 만드는 별의 둘레를 말한다. 빛 입자는 다른 입자들처럼 중력의 영향을 받는다. 그로 인해 빛은 임계 둘레보다 작은 둘레를 가진 별에서는 탈출할 수 없다. 그런 별에서 약 30만 km/s의 초기 속도로 빛 입자를 쏘아 올렸을 때 입자는 우선 위로 날아갈 것이다. 그런 다음 멈출 때까지 느려지다가, 결국 별의 표면으로 되돌아갈 것이다. 미첼은 임계 둘레를 쉽게 계산할 수 있었다. 태양과 동일한 질량을 가진 별의 임계 둘레는 약 19km로 계산되었다. 이러한 사고 실험을 통해 미첼은 임계 둘레보다 작은 둘레를 가진 암흑의 별들이 무척 많을 테고, 그 별들에선 빛 입자가 빠져나올 수 없기에 지구에서는 볼 수 없을 것으로 추측했다.

① 임계 둘레 이하의 둘레를 가진 별에 사는 존재는 임계 둘레보다 큰 둘레를 가진 별에서 오는 빛을 관찰할 수 없다.
② 빛보다 빠른 초기 속도로 쏘아 올린 입자가 있다면, 그 입자는 모두 별에서 탈출할 수 있다.
③ 별의 질량이 커지더라도 별의 둘레가 변하지 않는다면 탈출 속도는 빨라지지 않는다.
④ 임계 둘레 이하의 둘레를 가진 별의 표면에서는 빛을 쏘아 올릴 수 없다.
⑤ 별의 질량이 커질수록 그 별의 임계 둘레는 커진다.

문 8. 다음 글의 ㉠에 근거한 추론으로 옳은 것만을 <보기>에서 모두 고르면?

> 우리는 믿음과 관련하여 여러 종류의 태도를 가질 수 있다. 예를 들어, 우리는 내일 비가 온다는 명제가 참이라고 믿을 수도 있고, 거짓이라고 믿을 수도 있다. 또한 그 명제가 참이라고 믿지도 않고 거짓이라고 믿지도 않을 수 있다. 이렇게 거칠게 세 가지 종류로만 구분된 믿음 태도는 '거친 믿음 태도'라고 불린다.
>
> 한편, 우리의 믿음 태도는 아주 섬세하게 구분될 수도 있다. 우리는 내일 비가 온다는 명제가 참이라는 것을 0.2의 확률로 믿을 수도 있고 0.5의 확률로 믿을 수도 있고 0.8의 확률로 믿을 수도 있다. 말하자면, 그 명제가 참일 확률에 따라 우리의 믿음 태도는 섬세하게 구분될 수도 있다는 것이다. 이렇게 확률에 따라 구분된 믿음 태도는 '섬세한 믿음 태도'라고 불린다.
>
> 이 두 종류의 믿음 태도는 ㉠ '믿음의 문턱'이라는 개념을 이용한 규정을 통해 서로 연결될 수 있다. 그 규정은 이렇다. '어떤 명제를 참이라고 믿기 위한 필요충분조건은 그 명제가 참이라는 것을 특정 확률 값 k보다 크게 믿는 것이다. 그리고 어떤 명제를 거짓이라고 믿기 위한 필요충분조건은 그 명제가 거짓이라는 것을 그 확률 값 k보다 크게 믿는 것이다. 단, k의 값은 0.5보다 작지 않다.' 이때 확률 값 k를 믿음의 문턱이라고 부른다.
>
> 이제 이러한 규정을 적용해 보기 위해 일단 당신의 믿음의 문턱이 0.8이라고 해보자. 그리고 당신은 내일 비가 온다는 명제가 참이라는 것을 0.9의 확률로 믿고 있다고 하자. 이 경우 우리는 '당신은 내일 비가 온다는 명제를 참이라고 믿고 있다.'고 말할 수 있다. 이번에는 당신이 내일 비가 온다는 명제가 거짓이라는 것을 0.9의 확률로 믿고 있다고 해 보자. 그럼 우리는 당신의 믿음의 문턱이 0.8이라는 점을 고려하여 '당신은 내일 비가 온다는 명제가 거짓이라고 믿고 있다.'고 말할 수 있다.
>
> 그럼, 당신이 내일 비가 온다는 명제가 참이라는 것도 0.5의 확률로 믿고 있고, 그 명제가 거짓이라는 것도 0.5의 확률로 믿고 있는 경우는 어떨까? 이 경우 우리는 당신의 믿음의 문턱이 0.8이라는 점을 고려하여 '당신은 내일 비가 온다는 명제를 참이라고 믿지도 않고 거짓이라고 믿지도 않는다.'고 말할 수 있다.

<보 기>

ㄱ. 철수의 믿음의 문턱이 0.5인 경우, 철수는 모든 명제를 참이라고 믿지도 않고 거짓이라고 믿지도 않는다.
ㄴ. 영희의 믿음의 문턱이 고정되어 있을 경우, 내일 비가 온다는 명제에 대한 영희의 섬세한 믿음 태도가 변한다고 하더라도 그 명제에 대한 영희의 거친 믿음 태도는 변하지 않는 경우도 있다.
ㄷ. 철수와 영희가 동일한 수치의 믿음의 문턱을 가지고 있을 경우, 두 사람 모두 내일 비가 온다는 명제를 참이라고 믿고 있지 않다면 두 사람 모두 내일 비가 온다는 명제를 거짓이라고 믿고 있다.

① ㄱ　　② ㄴ
③ ㄱ, ㄷ　　④ ㄴ, ㄷ
⑤ ㄱ, ㄴ, ㄷ

문 9. 다음 글의 ㉠에 해당하는 사례만을 〈보기〉에서 모두 고르면?

'부재 인과', 즉 사건의 부재가 다른 사건의 원인이라는 주장은 일상 속에서도 쉽게 찾아볼 수 있다. 인과 관계가 원인과 결과 간에 성립하는 일종의 의존 관계로 분석될 수 있다면 부재 인과는 인과 관계의 한 유형을 표현한다. 예를 들어, 경수가 물을 주었더라면 화초가 말라죽지 않았을 것이므로 '경수가 물을 줌'이라는 사건이 부재하는 것과 '화초가 말라죽음'이라는 사건이 발생하는 것 사이에는 의존 관계가 성립한다. 인과 관계를 이런 의존 관계로 이해할 경우 화초가 말라죽은 것의 원인은 경수가 물을 주지 않은 것이며 이는 상식적 판단과 일치한다. 하지만 화초가 말라죽은 것은 단지 경수가 물을 주지 않은 것에만 의존하지 않는다. 의존 관계로 인과 관계를 이해하려는 견해에 따르면, 경수의 화초와 아무 상관없는 영희가 그 화초에 물을 주었더라도 경수의 화초는 말라죽지 않았을 것이므로 영희가 물을 주지 않은 것 역시 그 화초가 말라죽은 사건의 원인이라고 해야 할 것이다. 그러나 상식적으로 경수가 물을 주지 않은 것은 그가 키우던 화초가 말라죽은 사건의 원인이지만, 영희가 물을 주지 않은 것은 그 화초가 말라죽은 사건의 원인이 아니다. 인과 관계를 의존 관계로 파악해 부재 인과를 인과의 한 유형으로 받아들이면, 원인이 아닌 수많은 부재마저도 원인으로 받아들여야 하는 ㉠ 문제가 생겨난다.

〈보 기〉

ㄱ. 어제 영지는 늘 타고 다니던 기차가 고장이 나는 바람에 지각을 했다. 그 기차가 고장이 나지 않았다면 영지는 지각하지 않았을 것이다. 하지만 영지가 새벽 3시에 일어나 직장에 걸어갔더라면 지각하지 않았을 것이다. 그러므로 어제 영지가 새벽 3시에 일어나 직장에 걸어가지 않은 것이 그가 지각한 원인이라고 보아야 한다.
ㄴ. 영수가 야구공을 던져서 유리창이 깨졌다. 영수가 야구공을 던지지 않았더라면 그 유리창이 깨지지 않았을 것이다. 하지만 그 유리창을 향해 야구공을 던지지 않은 사람들은 많다. 그러므로 그 많은 사람 각각이 야구공을 던지지 않은 것을 유리창이 깨어진 사건의 원인이라고 보아야 한다.
ㄷ. 햇빛을 차단하자 화분의 식물이 시들어 죽었다. 하지만 햇빛을 과다하게 쪼이거나 지속적으로 쪼였다면 화분의 식물은 역시 시들어 죽었을 것이다. 그러므로 햇빛을 쪼이는 것은 식물의 성장 원인이 아니라고 보아야 한다.

① ㄱ
② ㄴ
③ ㄱ, ㄷ
④ ㄴ, ㄷ
⑤ ㄱ, ㄴ, ㄷ

문 10. 다음 글에서 알 수 없는 것은?

생체에서 신호물질로 작용하는 것에는 기체 형태의 신호물질이 있다. 이 신호물질이 작용하는 표적세포는 신호물질을 만든 세포에 인접한 세포 중 신호물질에 대한 수용체를 가지고 있는 것이다. 이 신호물질과 수용체의 결합은 표적세포의 구조적 상태를 변화시키고 결국 이 세포가 있는 표적조직의 상태를 변화시켜 생리적 현상을 유도한다.

대표적인 기체 형태의 신호물질인 산화질소는 다음과 같은 경로를 통해 작용한다. 먼저 표적조직의 상태를 변화시켜 생리적 현상을 유도하는 자극이 '산화질소 합성효소'를 가지고 있는 세포에 작용한다. 이에 그 세포 안에 있는 산화질소 합성효소가 활성화된다. 활성화된 산화질소 합성효소는 그 세포 내에 있는 아르기닌과 산소로부터 산화질소를 생성하는 화학반응을 일으킨다. 만들어진 산화질소는 인접한 표적세포에 있는 수용체와 결합하여 표적세포 안에 있는 'A효소'를 활성화시킨다. 활성화된 A효소는 표적세포 안에서 cGMP를 생성하고, cGMP는 표적세포의 상태를 변하게 한다. 결국 표적세포의 구조적 상태가 변함에 따라 표적세포를 가지고 있는 조직의 상태가 변하게 된다.

혈관의 팽창은 산화질소에 의해 일어나는 대표적인 생리적 현상이다. 혈관에서 혈액이 흐르는 공간은 내피세포로 이루어진 내피세포층이 감싸고 있다. 이 내피세포층의 바깥쪽은 혈관 평활근세포로 된 혈관 평활근육 조직이 감싸고 있다. 혈관이 팽창되기 위해 먼저 혈관의 내피세포는 혈관의 팽창을 유도하는 자극을 받는다. 이 내피세포에서는 산화질소가 만들어지고, 산화질소는 혈관 평활근세포에 작용하여 세포 내에서 cGMP를 생성한다. cGMP의 작용으로 수축되어 있던 혈관 평활근세포가 이완되고 결국에 혈관 평활근육 조직이 이완되면서 혈관이 팽창하게 된다. 이와 같은 산화질소의 기능 때문에 산화질소를 내피세포-이완인자라고도 한다.

① cGMP는 혈관 평활근육 조직의 상태를 변화시킨다.
② 혈관의 내피세포는 산화질소 합성효소를 가지고 있다.
③ 혈관 평활근세포에서 A효소가 활성화되면 혈관 팽창이 일어난다.
④ A효소는 표적세포에서 아르기닌과 산소로부터 산화질소를 생성시킨다.
⑤ 혈관 평활근세포는 내피세포-이완인자에 대한 수용체를 가지고 있다.

문 11. 다음 글의 ㉠과 ㉡에 들어갈 문장을 〈보기〉에서 골라 바르게 짝지은 것은?

> 한편에서는 "C시에 건설될 도시철도는 무인운전 방식으로 운행된다."라고 주장하고, 다른 한편에서는 "C시에 건설될 도시철도는 무인운전 방식으로 운행되지 않는다."라고 주장한다고 하자. 이 두 주장은 서로 모순되는 것처럼 보인다. 하지만 양편이 팽팽히 대립한 회의가 "C시에 도시철도는 적합하지 않다고 판단되므로, 없던 일로 합시다."라는 결론으로 끝날 가능성도 있다는 사실을 우리는 고려해야 한다. C시에 도시철도가 건설되지 않을 경우에도 양편의 주장에 참이나 거짓이라는 값을 매겨야 한다면 어떻게 매겨야 옳을까?
>
> 한 가지 분석 방안에 따르면, "C시에 건설될 도시철도는 무인운전 방식으로 운행된다."라는 문장은 "[㉠]"라는 것을 의미하는 것으로 해석한다. 이렇게 해석할 경우, C시에 도시철도를 건설하지 않기로 했으므로 원래의 문장은 거짓이 된다. 이런 분석은 "C시에 건설될 도시철도는 무인운전 방식으로 운행되지 않는다."에 대해서도 똑같이 적용되어 그것에도 거짓이라는 값을 부여한다.
>
> 원래 문장, "C시에 건설될 도시철도는 무인운전 방식으로 운행된다."를 분석하는 둘째 방안도 있다. 이 방안에서는 우선 원래 문장은 "[㉡]"라는 것을 의미하는 것으로 해석한다. 그런 다음 이렇게 분석된 이 문장은 C시에 도시철도를 건설해 그것을 무인운전이 아닌 방식으로 운행하는 일은 없다는 주장과 같은 의미를 나타낸다고 이해한다. 이렇게 해석할 경우 원래의 문장은 참이 된다. 왜냐하면 C시에 도시철도를 건설하지 않기로 했으므로 C시에 도시철도를 건설해 그것을 무인운전이 아닌 방식으로 운행하는 일도 당연히 없을 것이기 때문이다. 이런 분석은 "C시에 건설될 도시철도는 무인운전 방식으로 운행되지 않는다."에 대해서도 똑같이 적용되어 그것에도 참이라는 값을 부여한다.

〈보 기〉

(가) C시에 도시철도가 건설되고, 그 도시철도는 무인운전 방식으로 운행된다.
(나) C시에 무인운전 방식으로 운행되는 도시철도가 건설되거나, 아니면 아무 도시철도도 건설되지 않는다.
(다) C시에 도시철도가 건설되면, 그 도시철도는 무인운전 방식으로 운행된다.
(라) C시에 도시철도가 건설되는 경우에만, 그 도시철도는 무인운전 방식으로 운행된다.

	㉠	㉡
①	(가)	(다)
②	(가)	(라)
③	(나)	(다)
④	(나)	(라)
⑤	(라)	(다)

문 12. 다음 글의 내용이 참일 때, 반드시 참인 것만을 〈보기〉에서 모두 고르면?

> A부서에서는 새로운 프로젝트인 〈하늘〉을 진행할 예정이다. 이 부서에는 남자 사무관 가훈, 나훈, 다훈, 라훈 4명과 여자 사무관 모연, 보연, 소연 3명이 소속되어 있다. 아래의 조건을 지키면서 이들 가운데 4명을 뽑아 〈하늘〉 전담팀을 꾸리고자 한다.
>
> • 남자 사무관 가운데 적어도 한 사람은 뽑아야 한다.
> • 여자 사무관 가운데 적어도 한 사람은 뽑지 말아야 한다.
> • 가훈, 나훈 중 적어도 한 사람을 뽑으면, 라훈과 소연도 뽑아야 한다.
> • 다훈을 뽑으면, 모연과 보연은 뽑지 말아야 한다.
> • 소연을 뽑으면, 모연도 뽑아야 한다.

〈보 기〉

ㄱ. 남녀 동수로 팀이 구성된다.
ㄴ. 다훈과 보연 둘 다 팀에 포함되지 않는다.
ㄷ. 라훈과 모연 둘 다 팀에 포함된다.

① ㄱ
② ㄷ
③ ㄱ, ㄴ
④ ㄴ, ㄷ
⑤ ㄱ, ㄴ, ㄷ

문 13. 다음 글의 내용이 참일 때, 반드시 참인 것만을 〈보기〉에서 모두 고르면?

> 세 사람, 가영, 나영, 다영은 지난 회의가 열린 날짜와 요일에 대해 다음과 같이 기억을 달리 하고 있다.
>
> • 가영은 회의가 5월 8일 목요일에 열렸다고 기억한다.
> • 나영은 회의가 5월 10일 화요일에 열렸다고 기억한다.
> • 다영은 회의가 6월 8일 금요일에 열렸다고 기억한다.
>
> 추가로 다음 사실이 알려졌다.
>
> • 회의는 가영, 나영, 다영이 언급한 월, 일, 요일 중에 열렸다.
> • 세 사람의 기억 내용 가운데, 한 사람은 월, 일, 요일의 세 가지 사항 중 하나만 맞혔고, 한 사람은 하나만 틀렸으며, 한 사람은 어느 것도 맞히지 못했다.

〈보 기〉

ㄱ. 회의는 6월 10일에 열렸다.
ㄴ. 가영은 어느 것도 맞히지 못한 사람이다.
ㄷ. 다영이 하나만 맞힌 사람이라면 회의는 화요일에 열렸다.

① ㄱ
② ㄷ
③ ㄱ, ㄴ
④ ㄴ, ㄷ
⑤ ㄱ, ㄴ, ㄷ

문 14. 다음 글의 내용이 참일 때, 영희가 들은 수업의 최소 개수와 최대 개수는?

심리학과에 다니는 가영, 나윤, 다선, 라음은 같은 과 친구인 영희가 어떤 수업을 들었는지에 대해 이야기했다. 이들은 영희가 〈인지심리학〉, 〈성격심리학〉, 〈발달심리학〉, 〈임상심리학〉 중에서만 수업을 들었다는 것은 알고 있지만, 구체적으로 어떤 수업을 듣고 어떤 수업을 듣지 않았는지에 대해서는 잘 알지 못했다. 그들은 다음과 같이 진술했다.

- 영희가 〈성격심리학〉을 듣지 않았다면, 영희는 대신 〈발달심리학〉과 〈임상심리학〉을 들었다.
- 영희가 〈임상심리학〉을 들었다면, 영희는 〈성격심리학〉 또한 들었다.
- 영희가 〈인지심리학〉을 듣지 않았다면, 영희는 〈성격심리학〉도 듣지 않았고 대신 〈발달심리학〉을 들었다.
- 영희는 〈인지심리학〉도 〈발달심리학〉도 듣지 않았다.

추후 영희에게 확인해 본 결과 이들 진술 중 세 진술은 옳고 나머지 한 진술은 그른 것으로 드러났다.

	최소	최대
①	1개	2개
②	1개	3개
③	1개	4개
④	2개	3개
⑤	2개	4개

문 15. 다음 글의 (가)와 (나)를 비교한 것으로 적절한 것만을 〈보기〉에서 모두 고르면?

(가) 1960년대 중반까지 대부분의 미국 사학자들은 19세기 미국의 경제 성장에서 철도 건설이 필수불가결한 것이었다는 생각을 받아들였다. 포겔은 그러한 생각이 잘못된 추론에 기초한 것이라고 비판했다. 그는 만약 철도가 건설되지 않았다면 대안이 될 운송 체계에 상당한 투자가 추가적으로 이루어졌을 것이라는 점을 고려해야 한다고 지적했다. 예컨대 철도 건설을 위한 투자 대신에 새로운 운하나 도로 건설과 연소 엔진 기능 향상을 위한 투자가 이루어졌을 것이다. 철도 건설이 운송비 변화에 초래하는 효과를 평가할 때 두 개의 인과 경로에 따른 효과들을 모두 고려해야 한다. 첫째는 철도를 이용하여 물류를 운송하게 됨에 따라 운송비가 감소한 효과이다. 둘째는 대안적인 운송 체계의 발전에 따라 가능했을 운송비 감소가 철도 건설로 인해 실현되지 못한 효과이다. 따라서 철도가 건설되지 않았다면 19세기 미국의 놀라운 경제성장이 불가능했을 것이라는 생각은 두 개의 효과 중 하나만 고려한 추론에 따른 결론이라 할 수 있다.

(나) 고혈압으로 고생하던 갑은 신약 A를 복용하여 혈압 저하 효과를 보았고, 그 이후 마라톤에도 출전할 수 있었다. 갑은 친구들에게 신약 A가 아니었다면 자신이 마라톤에 출전할 수 없었을 것이라고 말했다. 반면 을은 갑이 신약 A를 복용함으로써 혈압 저하에 기여하는 다른 방안을 취하지 못하게 되었다고 지적하며, 신약 A의 혈압 저하 효과를 평가할 때 두 개의 인과 경로에 따른 효과를 모두 고려해야 한다고 말한다.

〈보 기〉

ㄱ. 철도 건설의 운송비 감소 효과를 평가할 때 철도 건설이 대안적인 운송 수단의 발전을 억제하는 효과를 고려해야 한다는 것은, A 복용의 혈압 저하 효과를 평가할 때 A의 복용이 갑으로 하여금 혈압 저하를 위하여 다른 방안을 취하지 못하게 하는 효과를 고려해야 한다는 것에 해당한다.
ㄴ. 철도가 건설되지 않았다면 대안적인 운송 수단의 발전에 따라 운송비가 감소했을 것이라고 말하는 것은, 갑이 A를 복용하지 않았다면 다른 방안을 취하여 혈압 저하가 이루어졌을 것이라고 말하는 것에 해당한다.
ㄷ. 대부분의 미국 사학자들이 19세기 미국의 경제 성장에서 철도 건설이 필수불가결한 것이었다고 생각한 것은, 갑이 자신의 마라톤 출전에 A의 복용이 필수불가결한 것이었다고 말하는 것과 마찬가지이다.

① ㄱ
② ㄷ
③ ㄱ, ㄴ
④ ㄴ, ㄷ
⑤ ㄱ, ㄴ, ㄷ

문 16. 다음 글의 ㉠~㉣에 대한 분석으로 가장 적절한 것은?

문화재라 하면 도자기와 같은 인간의 창작물만을 떠올리기 쉽지만, 어떤 나라는 천연기념물이나 화석과 같은 자연물도 문화재로 분류한다. 하지만 A국의 문화재보호법은 그와 같은 자연물을 문화재가 아닌 '보호대상'으로 지정한다. 이에 대해 "A국에서 보호대상으로 분류된 자연물은 단순한 자연물이 아니다. 그 사물들은 학술상의 가치뿐 아니라 인류가 보존하고 공유해야 할 무형의 가치도 지녔기 때문에 보호대상으로 지정된 것이다. 그러므로 A국에서 보호대상으로 지정된 자연물을 문화재로 분류해야 마땅하다."는 ㉠ 견해가 있다. 반면에 "인간의 창작물이 아닌 어떤 사물을 우리가 가치가 크다고 여기기 때문에 문화재로 보는 것은, 우리가 문화재로 여기기 때문에 문화재로 본다는 동어반복과 다르지 않으므로, 자연물을 문화재로 보아야 하는 근거를 설득력 있게 제시했다고 볼 수 없다."는 ㉡ 견해도 있다. 이러한 견해들에 대해 A국 정부 관계자는 "문화재란 인간의 창작물만을 지칭한다. 그리고 오로지 보호대상만이 문화재가 될 수 있다. 인간이 문화적인 생활을 영위하기 위해서는 자연도 그 중요한 요소로서 소중히 보존해야 하기 때문에 A국은 특정한 자연물을 보호대상으로 지정하고 있다."라고 ㉢ 설명한다.

한편 B국의 문화재보호법은 자연물을 문화재에 포함하고 있다. 이에 대해 B국 정부 관계자는 "인간의 여러 활동은 인간이 처해 있는 역사적 · 사회적 · 문화적 환경이라는 다양한 환경의 영향을 받으며 행해진다. 인간의 활동 가운데 특히 예술의 발전 과정에서 자연이 미치는 영향은 크다. 또한 자연적 조건에 따라 풍속 관습의 양상도 변화한다. 따라서 예술과 풍속의 기반으로서의 자연물을 파악하고 보존해야 함은 당연하다. 그러한 사물들은 모두 보호대상이 되며, 모든 보호대상은 문화재에 포함된다."라고 ㉣ 설명한다.

① ㉠에 따르면 학술상의 가치를 지니지 않은 A국의 인공물은 모두 문화재에서 제외되어야 마땅하다.
② ㉡에 따르면 화석은 인류가 보존하고 공유해야 할 무형의 가치를 지니지 않는다.
③ ㉢에 따르면 보호대상이면서 문화재인 것은 모두 인간의 창작물이어야 한다.
④ ㉣에 따르면 B국에서 문화재로 분류된 사물은 모두 자연 환경의 영향을 받았다.
⑤ ㉠~㉣ 중에 자연물을 문화재에서 명시적으로 제외하는 것은 둘이다.

문 17. 다음 글의 (가)~(다)에 대한 분석으로 적절한 것만을 〈보기〉에서 모두 고르면?

다음은 원인으로 추정되는 요인과 결과로 추정되는 질병 사이의 상관관계를 알아본 연구 결과이다.

(가) 아스피린의 복용이 심장병 예방에 효과가 있을 수 있다는 것이 밝혀졌다. 심장병 환자와 심장병이 발병한 적이 없는 기타 환자 총 4,107명에 대한 조사 결과에 따르면, 심장병 환자 중 발병 전에 정기적으로 아스피린을 복용해 온 사람의 비율은 0.9%였지만, 기타 환자 중 정기적으로 아스피린을 복용해 온 사람의 비율은 4.9%였다. 환자 1만 542명을 대상으로 한 후속 연구에서도 유사한 결과가 나타났다. 즉 심장병 환자 중에서 3.5%만이 정기적으로 아스피린을 복용해 왔다고 말한 반면, 기타 환자 중에서 그렇게 말한 사람은 7%였다.

(나) 임신 중 고지방식 섭취가 태어날 자식의 생식기에서 종양의 발생 가능성을 높일 수 있다는 것이 밝혀졌다. 이 결과는 임신한 암쥐 261마리 중 130마리의 암쥐에게는 고지방식을, 131마리의 암쥐에게는 저지방식을 제공한 연구를 통해 얻었다. 실험 결과, 고지방식을 섭취한 암쥐에게서 태어난 새끼 가운데 54%가 생식기에 종양이 생겼지만 저지방식을 섭취한 암쥐가 낳은 새끼 중에서 그러한 종양이 생긴 것은 21%였다.

(다) 사지 중 하나 이상의 절단 수술이 심장병으로 사망할 가능성을 증가시킬 수 있다는 것이 밝혀졌다. 이것은 제2차 세계대전 중에 부상을 당한 9,000명의 군인에 대한 진료 기록을 조사한 결과이다. 이들 중 4,000명은 사지 중 하나 이상의 절단 수술을 받은 사람이었고, 5,000명은 사지 절단 수술을 받지 않았지만 중상을 입은 사람이었다. 이들에 대한 기록을 추적 조사한 결과, 사지 중 하나 이상의 절단 수술을 받은 사람이 심장병으로 사망한 비율은 그렇지 않은 사람의 1.5배였다. 즉 사지 중 하나 이상의 절단 수술을 받은 사람 중 600명은 심장병으로 사망하였고, 그렇지 않은 사람 중 500명이 심장병으로 사망하였다.

〈보 기〉

ㄱ. (가)와 (나)는 원인으로 추정되는 요인이 적용된 집단과 그렇지 않은 집단을 나눈 후 그에 따라 결과로 추정되는 질병의 발생 비율을 비교하는 실험을 했다.
ㄴ. (가)와 (다)에서는 원인으로 추정되는 요인이 적용된 개체들 중 결과로 추정되는 질병의 발생 비율을 알 수 있다.
ㄷ. (나)에서는 연구에 사용된 개체에게 원인으로 추정되는 요인을 적용할 것인지의 여부는 연구자에 의해서 결정되지만, (다)에서는 그렇지 않다.

① ㄱ
② ㄷ
③ ㄱ, ㄴ
④ ㄴ, ㄷ
⑤ ㄱ, ㄴ, ㄷ

문 18. 다음 글의 ㉠을 약화하지 않는 것은?

쾌락주의자들은 우리가 쾌락을 욕구하고, 이것이 우리 행동의 원인이 된다고 주장한다. 하지만 반쾌락주의자들은 쾌락을 느끼기 위한 우리 행동의 원인은 음식과 같은 외적 대상에 대한 욕구이지 다른 것이 아니라고 말한다. 이에, 외적 대상에 대한 욕구 이외의 것, 가령, 쾌락에 대한 욕구는 우리 행동의 원인이 될 수 없다. 그럼 반쾌락주의자들이 말하는 욕구에서 행동, 그리고 쾌락으로 이어지는 인과적 연쇄는 다음과 같을 것이다.

음식에 대한 욕구 → 먹는 행동 → 쾌락

이런 인과적 연쇄를 보았을 때 쾌락이 우리 행동의 원인이 아니라는 것은 분명하다. 왜냐하면 쾌락은 행동 이후 생겨났고, 나중에 일어난 것이 이전에 일어난 것의 원인일 수 없기 때문이다.

그러나이런 반쾌락주의자들의 주장은 두 개의 욕구, 즉 음식에 대한 욕구와 쾌락에 대한 욕구 사이의 관계를 고려하지 않고 있다. 즉 무엇이 음식에 대한 욕구의 원인인지를 고려하지 않은 것이다. 하지만 ㉠ 쾌락주의자들의 주장에 따르면 위의 인과적 연쇄에 음식에 대한 욕구의 원인인 쾌락에 대한 욕구를 추가해야 한다.

사람들이 음식을 원하는 이유는 그들이 쾌락을 욕구하기 때문이다. 반쾌락주의자들의 주장이 범하고 있는 실수는 두 개의 사뭇 다른 사항들, 즉 욕구가 만족되어 경험하는 쾌락과 쾌락에 대한 욕구를 혼동하는 데에서 기인한다. 쾌락의 발생이 행위자가 쾌락 이외의 어떤 것을 원했기 때문이더라도, 쾌락에 대한 욕구는 다른 어떤 것에 대한 욕구를 발생시키는 원인이다.

① 어떤 욕구도 또 다른 욕구의 원인일 수 없다.
② 사람들은 쾌락에 대한 욕구가 없더라도 음식을 먹는 행동을 하기도 한다.
③ 음식에 대한 욕구로 인해 쾌락에 대한 욕구가 생겨야만 행동으로 이어진다.
④ 외적 대상에 대한 욕구는 다른 것에 의해서 야기되지 않고 그저 주어진 것일 뿐이다.
⑤ 맛없는 음식보다 맛있는 음식을 욕구하는 것은 맛있는 음식을 먹어 얻게 될 쾌락에 대한 욕구가 맛없는 음식을 먹어 얻게 될 쾌락에 대한 욕구보다 강하기 때문이다.

※ 다음 글을 읽고 물음에 답하시오. [19~20]

곤충이 유충에서 성체로 발생하는 과정에서 단단한 외골격은 더 큰 것으로 주기적으로 대체된다. 곤충이 유충, 번데기, 성체로 변화하는 동안, 이러한 외골격의 주기적 대체는 몸 크기를 증가시키는 것과 같은 신체 형태 변화에 필수적이다. 이러한 외골격의 대체를 '탈피'라고 한다. 성체가 된 이후에 탈피하지 않는 곤충들의 경우, 그것들의 최종 탈피는 성체의 특성이 발현되고 유충의 특성이 완전히 상실될 때 일어난다. 이런 유충에서 성체로의 변태 과정을 조절하는 호르몬에는 탈피호르몬과 유충호르몬이 있다.

탈피호르몬은 초기 유충기에 형성된 유충의 전흉선에서 분비된다. 탈피 시기가 되면, 먹이 섭취 활동과 관련된 자극이 유충의 뇌에 전달된다. 이 자극은 이미 뇌의 신경분비세포에서 합성되어 있던 전흉선자극호르몬의 분비를 촉진하여 이 호르몬이 순환계로 방출될 수 있게끔 만든다. 분비된 전흉선자극호르몬은 순환계를 통해 전흉선으로 이동하여, 전흉선에서 허물벗기를 촉진하는 탈피호르몬이 분비되도록 한다. 그리고 탈피호르몬이 분비되면 탈피의 첫 단계인 허물벗기가 시작된다. ㉠ 성체가 된 이후에 탈피하지 않는 곤충들의 경우, 성체로의 마지막 탈피가 끝난 다음에 탈피호르몬은 없어진다.

유충호르몬은 유충 속에 있는 알라타체라는 기관에서 분비된다. 이 유충호르몬은 탈피 촉진과 무관하며, 유충의 특성이 남아 있게 하는 역할만을 수행한다. 따라서 각각의 탈피 과정에서 분비되는 유충호르몬의 양에 의해서, 탈피 이후 유충으로 남아 있을지, 유충의 특성이 없는 성체로 변태할지가 결정된다. 유충호르몬의 방출량은 유충호르몬의 분비를 억제하는 알로스테틴과 분비를 촉진하는 알로트로핀에 의해 조절된다. 이 알로스테틴과 알로트로핀은 곤충의 뇌에서 분비된다. 한편, 유충호르몬의 방출량이 정해져 있을 때 그 호르몬의 혈중 농도는 유충호르몬에스터라제와 같은 유충호르몬 분해 효소와 유충호르몬 결합단백질에 의해 조절된다. 유충호르몬결합단백질은 유충호르몬에 스터라제 등의 유충호르몬 분해 효소에 의해서 유충호르몬이 분해되어 혈중 유충호르몬의 농도가 낮아지는 것을 막으며, 유충호르몬을 유충호르몬 작용 조직으로 안전하게 수송한다.

문 19. 윗글에서 추론할 수 있는 것만을 〈보기〉에서 모두 고르면?

〈보 기〉

ㄱ. 유충의 전흉선을 제거하면 먹이 섭취 활동과 관련된 자극이 유충의 뇌에 전달될 수 없다.

ㄴ. 변태 과정 중에 있는 곤충에게 유충기부터 알로트로핀을 주입하면, 그것은 성체로 발생하지 않을 수 있다.

ㄷ. 유충호르몬이 없더라도 변태 과정 중 탈피호르몬이 분비되면 탈피가 시작될 수 있다.

① ㄱ
② ㄴ
③ ㄱ, ㄷ
④ ㄴ, ㄷ
⑤ ㄱ, ㄴ, ㄷ

문 20. 윗글을 토대로 할 때, 다음 〈실험 결과〉에 대한 분석으로 적절한 것만을 〈보기〉에서 모두 고르면?

〈실험 결과〉

성체가 된 이후에 탈피하지 않는 곤충의 유충기부터 성체로 이어지는 발생 단계별 유충호르몬과 탈피호르몬의 혈중 농도 변화를 관찰하였더니 다음과 같았다.

결과1 : 유충호르몬 혈중 농도는 유충기에 가장 높으며 이후 성체가 될 때까지 점점 감소한다.

결과2 : 유충에서 성체로의 최종 탈피가 일어날 때까지 탈피호르몬은 존재하였고, 그 구간 탈피호르몬 혈중 농도에는 변화가 없었다.

〈보 기〉

ㄱ. 결과1은 "혈중 유충호르몬에스터라제의 양은 유충기에 가장 많으며 성체기에서 가장 적다."는 가설에 의해서 설명된다.

ㄴ. "성체가 된 이후에 탈피하지 않는 곤충들의 경우, 최종 탈피가 끝난 다음에 전흉선은 파괴되어 사라진다."는 것은 결과2와 ㉠이 동시에 성립하는 이유를 제시한다.

ㄷ. 결과1과 결과2는 함께 "변태 과정에 있는 곤충의 탈피호르몬 대비 유충호르몬의 비율이 작아질수록 그 곤충은 성체의 특성이 두드러진다."는 가설을 지지한다.

① ㄱ
② ㄷ
③ ㄱ, ㄴ
④ ㄴ, ㄷ
⑤ ㄱ, ㄴ, ㄷ

문 21. 다음 글에서 알 수 없는 것은?

개항 이후 나타난 서양식 건축물은 양관(洋館)이라고 불렸다. 양관은 우리의 전통 건축 양식보다는 서양식 건축 양식에 따라 만들어진 건축물이었다. 정관헌(靜觀軒)은 대한제국 정부가 경운궁에 지은 대표적인 양관이다. 이 건축물은 고종의 연회와 휴식 장소로 쓰였는데, 한때 태조와 고종 및 순종의 영정을 이곳에 모셨다고 한다.

정관헌은 중앙의 큰 홀과 부속실로 구성되어 있으며 중앙 홀 밖에는 회랑이 설치되어 있다. 이 건물의 외형은 다음과 같은 점에서 상당히 이국적이다. 우선 처마가 밖으로 길게 드러나 있지 않다. 또한 바깥쪽의 서양식 기둥과 함께 붉은 벽돌이 사용되었고, 회랑과 바깥 공간을 구분하는 난간은 화려한 색채를 띠며 내부에는 인조석으로 만든 로마네스크풍의 기둥이 위치해 있다.

그럼에도 불구하고 이 건물에서 우리 건축의 맛이 느껴지는 것은 서양에서 사용하지 않는 팔작지붕의 건물이라는 점과 회랑의 난간에 소나무와 사슴, 그리고 박쥐 등의 형상이 보이기 때문이다. 소나무와 사슴은 장수를, 박쥐는 복을 상징하기에 전통적으로 즐겨 사용되는 문양이다. 비록 서양식 정자이지만 우리의 문화와 정서가 녹아들어 있는 것이다. 물론 이 건물에는 이국적인 요소가 많다. 회랑을 덮고 있는 처마를 지지하는 바깥 기둥은 전형적인 서양식 기둥의 모습이다. 이 기둥은 19세기 말 서양의 석조 기둥이 철제 기둥으로 바뀌는 과정에서 갖게 된 날렵한 비례감을 지니고 있다. 이 때문에 그리스의 도리아, 이오니아, 코린트 기둥의 안정감 있는 비례감에 익숙한 사람들에게는 다소 어색해 보이기도 한다.

그런데 정관헌에는 서양과 달리 철이 아닌 목재가 바깥 기둥의 재료로 사용되었다. 이는 당시 정부가 철을 자유롭게 사용할 수 있을 정도의 재정적 여력을 갖지 못했기 때문이다. 정관헌의 바깥 기둥 윗부분에는 대한제국을 상징하는 오얏꽃 장식이 선명하게 자리 잡고 있다. 정관헌은 건축적 가치가 큰 궁궐 건물이었지만 규모도 크지 않고 가벼운 용도로 지어졌기 때문에 그동안 소홀히 취급되어 왔다.

① 정관헌의 바깥 기둥은 서양식 철 기둥 모양을 하고 있지만 우리 문화와 정서를 반영하기 위해 목재를 사용하였다.
② 정관헌의 난간에 보이는 동식물과 바깥 기둥에 보이는 꽃 장식은 상징성을 지니고 있다.
③ 정관헌은 그 규모와 용도 때문에 건축물로서 지닌 가치에 걸맞은 취급을 받지 못했다.
④ 정관헌에 사용된 서양식 기둥과 붉은 벽돌은 정관헌을 이국적으로 보이게 한다.
⑤ 정관헌은 동서양의 건축적 특징이 조합된 양관으로서 궁궐 건물이었다.

문 22. 다음 글에서 알 수 있는 것은?

조선 시대에는 농지에서 생산된 곡물의 일정량을 조세로 징수했는데, 건국 초에는 면적 단위 1결마다 거두도록 규정된 조세량이 일정했다. 하지만 이에 불만을 품은 사람들이 많았다. 생산성이 좋은 농지를 가진 자는 정해진 액수만 내면 남은 양에 상관없이 그 모두를 가질 수 있었던 반면, 생산성이 낮은 농지를 가진 자는 수확량이 적어 정해진 세액도 못 낼 수 있기 때문이었다. 이는 모든 농지를 결이라는 동일한 크기의 면적으로 나누고 결마다 같은 액수의 조세를 받기 때문에 생긴 문제였다. 조선 왕조는 이런 문제점을 완화하고자 작황을 살핀 후 적당히 세액을 깎아주는 '답험손실법'이라는 제도를 시행하였다.

답험손실법에 따라 작황을 살펴보는 행위를 '답험'이라고 불렀다. 답험 실행 주체는 농지의 성격에 따라 달랐다. 국가에 조세를 내야 하는 땅은 그 농지가 위치한 곳의 지방관이 답험을 했다. 또 과전법의 적용을 받아 국가 대신 조세를 받는 사람이 지정된 땅의 경우에는 권리 수급자가 직접 답험을 했다. 그런데 답험 과정에서 지방관이 납세 의무자로부터 뇌물을 받거나 제대로 답험을 하지 않는 문제가 자주 일어났다.

세종은 이러한 문제점을 없애고자 조세 개혁에 관한 초안을 만들었다. 이 초안에는 이전에 했던 방식대로 결당 세액을 고정하는 대신, 중앙 관청이 모든 토지의 작황을 일괄적으로 답험하겠다는 내용이 담겼다. 세종은 이 초안에 대해 백성들이 어떻게 생각하는지 알아보았다. 그 결과 함경도 농민들은 1결마다 부과할 세액을 고정하는 데 반대하지만, 전라도 농민들은 환영한다는 것을 알게 되었다. 전라도 농민들은 생산성이 높은 농지가 많았기 때문에 찬성한 것이고, 함경도 농민들은 생산성이 낮은 농지가 많았기 때문에 반대한 것이다. 이처럼 찬반이 엇갈리자 세종은 1결당 세액을 동일한 액수로 고정하되, 전국의 농지를 비옥도에 따라 6개의 등급으로 나누고 등급에 따라 결의 면적을 달리 하였다. 6등전과 1등전의 절대 면적을 기준으로 비교할 때, 6등전 1결의 절대 면적이 1이라면 1등전 1결은 0.4였다. 한편 세종은 도 관찰사로 하여금 관할 도 안에 있는 모든 농지의 작황을 매년 조사한 후 그에 따라 결당 세액을 군현별로 조정하는 정책을 시행하였다. 이와 같이 세종 때 농지의 생산성과 연도별 작황을 감안해 세액과 결을 조정한 제도를 '공법'이라고 부른다.

① 공법에 따르면 같은 군현 안에 있고 농지 절대 면적의 총합이 동일한 마을들 중 1등전만 있는 마을 주민들이 내는 조세의 총액이 2등전만 있는 마을의 조세 납부 총액보다 많아진다.
② 공법 시행 후에 같은 등급에 속한 농지들은 1결의 크기가 같아지므로 지역에 상관없이 매년 같은 액수의 조세를 냈다.
③ 절대 면적이 동일한 경우라도 공법 시행 후에는 1등전만 있는 마을이 2등전만 있는 마을보다 결의 수가 더 적어졌다.
④ 과전법에 의해 조세를 국가 대신 받는 개인은 공법 시행으로 매년 그 땅의 작황을 조사해 중앙 관청에 보고해야 했다.
⑤ 세종의 초안대로라면 함경도 주민들이 내는 조세의 총액은 전라도 주민들이 내는 조세의 총액보다 많아진다.

문 23. 다음 글에서 알 수 있는 것은?

유교는 그 근본 정신과 행위 규범으로 구분될 수 있다. 행위 규범으로서의 유교를 '예교(禮敎)'라고 부른다. 이러한 의미로 보면 예교는 유교의 일부분이었지만, 유교를 신봉하는 사람들의 입장으로 본다면 유교 자체라고 할 수도 있다. 유교 신봉자들에게 예교는 유교적 원리에서 자연스럽게 도출되는 것이었고, 예교를 통해 유교적 가치를 실현할 수 있었기 때문이다. 중국인들이 생활 안에서 직접 경험하는 유교적 가치는 추상적 원리가 아니라 구체적 규율일 수밖에 없었다. 이러한 점에서 유교와 예교는 원리적으로는 하나라고 할 수 있지만, 실질적으로 분명히 구분되는 것이었다. 이제부터 유교의 근본 정신을 그대로 '유교'라고 일컫고, 유교의 행위 규범은 '예교'라고 일컫기로 한다.

전통적으로 중국에서는 예교와 법(法)이 구분되었다. 법이 강제적이며 외재적 규율이라면, 예교는 자발적이고 내면적인 규율이다. '명교(名敎)'와 '강상(綱常)'은 예교와 비슷한 의미로 사용되었는데, 둘 다 예교에 포함되는 개념이다. 명교는 말 그대로 '이름의 가르침'이란 뜻으로, 이름이나 신분에 걸맞도록 행동하라는 규범이었다. 강상은 '삼강(三綱)'과 '오상(五常)'을 함께 일컫는 말로, 예교의 가르침 중 최고의 준칙이었다. 삼강은 임금과 신하, 부모와 자식, 부부 등 신분, 성별에 따른 우열을 규정한 것이었다. 오상은 '인 · 의 · 예 · 지 · 신'이라는 유학자들이 지켜야 할 덕목이었다. 오상이 유교적 가치의 나열이라고 한다면, 명교와 삼강은 현실적 이름, 신분, 성별에 따른 행위 규범이었다. 이 때문에 근대 중국 지식인들의 유교 비판은 신분 질서를 옹호하는 의미가 내포된 예교 규칙인 명교와 삼강에 집중되었다. 이름이나 신분, 성별에 따른 우열은 분명 평등과 민주의 이념에 어긋나는 것이었기 때문이다.

실제로 유교와 예교를 분리시켰던 사람들은 캉유웨이(康有爲)를 비롯한 변법유신론자들이었다. 이들은 중국의 정치 제도를 변경시켜서 입헌군주국으로 만들려고 했다. 그러한 목적을 달성하기 위해서는 기존의 정치 질서를 핵심적으로 구성하고 있던 예교를 해체하는 작업이 우선이었다. 캉유웨이는 유교 자체를 공격하고자 하지는 않았다. 그는 공자의 원래 생각을 중심으로 유교를 재편하기 위해 예교가 공자의 원래 정신에 어긋난다고 비판했다. 그에 따라 캉유웨이에게 유교와 예교는 명확하게 구별되는 것이 되었다.

① 유교와 예교를 분리하여 이해했던 사람들은 공자 정신을 비판했다.
② 삼강은 신분과 성별에 따른 우열을 옹호하는 강제적이고 외재적인 규율이었다.
③ 전통적인 유교 신봉자들은 법을 준수하는 생활 속에서 유교적 가치를 체험했다.
④ 중국의 일부 지식인들은 유교의 행위 규범에는 민주주의 이념에 위배되는 요소가 있다고 생각했다.
⑤ 명교는 유교적 근본 정신을 담은 규율이었기 때문에 근대의 예교 해체 과정에서 핵심적 가치로 재발견되었다.

문 24. 다음 글에서 알 수 없는 것은?

> 연금 제도의 금융 논리와 관련하여 결정적으로 중요한 원리는 중세에서 비롯된 신탁 원리다. 12세기 영국에서는 미성년 유족(遺族)에게 토지에 대한 권리를 합법적으로 이전할 수 없었다. 그럼에도 불구하고 영국인들은 유언을 통해 자식에게 토지 재산을 물려주고 싶어 했다. 이런 상황에서 귀족들이 자신의 재산을 미성년 유족이 아닌, 친구나 지인 등 제3자에게 맡기기 시작하면서 신탁 제도가 형성되기 시작했다. 여기서 재산을 맡긴 성인 귀족, 재산을 물려받은 미성년 유족, 그리고 미성년 유족을 대신해 그 재산을 관리 · 운용하는 제3자로 구성되는 관계, 즉 위탁자, 수익자, 그리고 수탁자로 구성되는 관계가 등장했다. 이 관계에서 주목해야 할 것은 미성년 유족은 성인이 될 때까지 재산권을 온전히 인정받지는 못 했다는 점이다. 즉 신탁 원리 하에서 수익자는 재산에 대한 운용 권리를 모두 수탁자인 제3자에게 맡기도록 되어 있었기 때문에 수익자의 지위는 불안정했다.
>
> 연금 제도가 이 신탁 원리에 기초해 있는 이상, 연금 가입자는 연기금 재산의 운용에 대해 영향력을 행사하기 어렵게 된다. 왜냐하면 신탁의 본질상 공 · 사 연금을 막론하고 신탁 원리에 기반을 둔 연금 제도에서는 수익자인 연금 가입자의 적극적인 권리 행사가 허용되지 않기 때문이다. 결국 신탁 원리는 수익자의 연금 운용 권리를 현저히 약화시키는 것을 기본으로 한다. 그 대신 연금 운용을 수탁자에게 맡기면서 '수탁자 책임'이라는, 논란이 분분하고 불분명한 책임이 부과된다. 수탁자 책임 이행의 적절성을 어떻게 판단할 수 있는가에 대해 많은 논의가 있었지만, 수탁자 책임의 내용에 대해서 실질적인 합의가 이루어지지는 못했다.
>
> 중세에서 기원한 신탁 원리가 연금 제도와 연금 산업에 미치는 효과는 현재까지도 여전히 유효하고 강력하다. 신탁 원리의 영향으로 인해 연금 가입자의 자율적이고 적극적인 권리 행사가 철저하게 제한되어 왔다. 그 결과 연금 가입자는 자본 시장의 최고 원리인 유동성을 마음껏 누릴 수 없었으며, 결국 연기금 운용자인 수탁자의 재량에 종속되는 존재가 되고 말았다.

① 사적 연금 제도의 가입자는 자본 시장의 유동성을 충분히 누릴 수 없었다.
② 위탁자 또는 수익자와 직접적인 혈연 관계에 있지 않아도 수탁자로 지정될 수 있었다.
③ 연금 수익자의 지위가 불안정하기 때문에 연기금 재산에 대한 적극적인 권리 행사가 제한되었다.
④ 신탁 제도는 미성년 유족에게 토지 재산권이 합법적으로 이전될 수 없었던 중세 영국의 상황 속에서 생겨났다.
⑤ 연금 제도가 신탁 원리에 기반을 두었기 때문에 수탁자가 수익자보다 재산 운용에 대해 더 많은 재량권을 갖게 되었다.

문 25. 다음 글에서 추론할 수 있는 것은?

> 1950년 국회의원 선거법 개정부터 1969년 국회의원 선거법 개정까지는 투표용지상의 기호가 후보자들의 추첨으로 배정되는 A방식이 사용되었다. 이때에는 투표용지에 오늘날과 같은 '1, 2, 3' 등의 아라비아 숫자 대신 'Ⅰ, Ⅱ, Ⅲ' 등의 로마자 숫자를 사용하였다. 다만 1963년 제3공화국의 출범 후에는 '선거구별 추첨제'가 '전국 통일 추첨제'로 변경되었다. 즉, 선거구별로 후보자 기호를 추첨하던 것을 정당별로 추첨하는 제도로 바꾸어, 동일 정당의 후보자들이 전국 모든 선거구에서 동일한 기호를 배정받도록 하였다.
>
> 이러한 방식은 1969년 관련법이 개정되면서 국회에서 다수 의석을 가진 정당순으로 '1, 2, 3' 등의 아라비아 숫자로 기호를 배정하는 B방식으로 변화하였다. 현재와 같이 거대 정당에게 유리한 투표용지 관련 제도가 처음 선을 보인 것이다. 다만, 당시 '원내 의석을 가진 정당의 의석 순위'라는 기준은 2개의 정당에게만 적용되었다. 원내 의석이 3순위 이하인 기타 정당의 후보자에게는 정당 명칭의 가나다순에 의해 순서가 부여되었다. 이러한 순서 부여는 의석수 상위 2개 정당 소속 후보자와 나머지 후보자를 차별한다는 점에서 문제를 안고 있었다.
>
> 1981년 개정된 선거법에서는 다시 추첨을 통해 후보자의 게재 순위를 결정하는 C방식이 도입되었다. 이때 순위 결정은 전국 통일 추첨제가 아닌 선거구별 추첨제를 따랐다. 하지만 정당의 공천을 받은 후보자들은 무소속 후보자들에 비해 우선적으로 앞 번호를 배정받았다. 이 방식에는 정당 소속 후보자와 무소속 후보자를 차별하는 구조적 문제가 있었다.
>
> 현행 공직선거법은 현재 국회에서 의석을 가진 정당의 추천을 받은 후보자, 국회에서 의석이 없는 정당의 추천을 받은 후보자, 무소속 후보자의 순으로 후보자의 게재 순위를 결정하는 D방식을 채택하고 있다. 국회에서 의석을 가진 정당의 게재 순위는 국회에서의 다수 의석순(다만, 같은 의석을 가진 정당이 둘 이상인 때에는 최근에 실시된 비례대표국회의원선거에서의 득표수순)으로 정하고, 현재 국회에 의석이 없는 정당의 추천을 받은 후보자 사이의 게재 순위는 그 정당 명칭의 가나다순으로 정한다. 그리고 무소속 후보자 사이의 게재 순위는 관할 선거구선거관리위원회에서 추첨하여 결정한다.

① A방식에서 '가'씨 성을 가진 후보자는 'Ⅰ'로 표기된 기호를 배정받는다.
② B방식에서 원내 의석수가 2순위인 정당의 후보자라 하더라도 정당 명칭에 따라 기호 '1'을 배정받을 수 있다.
③ C방식에서 원내 의석수가 3순위인 정당의 후보자들은 동일한 기호를 배정받는다.
④ B방식과 D방식에서 원내 의석수가 4순위인 정당의 후보자가 배정받는 기호는 동일하다.
⑤ C방식과 D방식에서 원내 의석이 없는 정당의 후보자는 무소속 후보자에 비해 앞 번호 기호를 배정받는다.

문 26. 다음 글에서 알 수 있는 것은?

대기오염 물질의 자연적 배출원은 공간적으로 그리 넓지 않고 밀집된 도시 규모의 오염 지역을 대상으로 할 경우에는 인위적 배출원에 비하여 대기 환경에 미치는 영향이 크지 않다. 하지만 지구 규모 또는 대륙 규모의 오염 지역을 대상으로 할 경우에는 그 영향이 매우 크다.

자연적 배출원은 생물 배출원과 비생물 배출원으로 구분된다. 생물 배출원에서는 생물의 활동에 의하여 오염 물질의 배출이 일어나는데, 식생의 활동으로 휘발성 유기물질이 배출되거나 토양 미생물의 활동으로 질소산화물이 배출되는 것이 대표적이다. 이렇게 배출된 오염 물질들은 반응성이 크기 때문에 산성비나 스모그와 같은 대기오염 현상을 일으키는 원인이 되기도 한다. 비생물 배출원에서도 많은 대기오염 물질이 배출되는데, 화산 활동으로 미세 먼지나 황산화물이 발생하거나 번개에 의해 질소산화물이 생성된다. 그 외에 사막이나 황토 지대에서 바람에 의해 미세 먼지가 발생하거나 성층권 오존이 대류권으로 유입되는 것도 이 범주에 넣을 수 있다.

인위적 배출원은 사람들이 생활이나 산업상의 편익을 위하여 만든 시설이나 장치로서, 대기 중으로 오염 물질을 배출하거나 대기 중에서 유해 물질로 바뀌게 될 원인 물질을 배출한다. 대표적인 인위적 배출원들은 연료의 연소를 통하여 이산화탄소, 일산화탄소, 질소산화물, 황산화물 등을 배출하지만 연소 외의 특수한 과정을 통해 발생하는 폐기물을 대기 중으로 내보내는 경우도 있다.

인위적 배출원은 점오염원, 면오염원, 선오염원으로 구분된다. 인위적 배출원 중 첫 번째로 점오염원은 발전소, 도시 폐기물 소각로, 대규모 공장과 같이 단독으로 대량의 오염 물질을 배출하는 시설을 지칭한다. 면오염원은 주거 단지와 같이 일정한 면적 내에 밀집된 다수의 소규모 배출원을 지칭한다. 선오염원의 대표적인 것은 자동차로서 이는 도로를 따라 선형으로 오염 물질을 배출시켜 주변에 대기오염 문제를 일으킨다. 높은 굴뚝에서 오염 물질을 배출하는 점오염원은 그 영향 범위가 넓지만, 배출구가 낮은 면오염원과 선오염원은 대기 확산이 잘 이루어지지 않아 오염원 근처의 지표면에 영향을 미친다.

① 비생물 배출원에서 배출되는 질소산화물은 연료의 연소 생성물이 대부분이다.
② 산성비는 인위적 배출원보다 자연적 배출원에서 배출되는 오염 물질에서 더 많이 생성된다.
③ 자연적 배출원은 인위적 배출원에 비해 큰 규모의 대기 환경에 대한 영향력이 미미하다.
④ 미생물이나 식생의 활동이 대기 중에 떠돌아다니는 반응성이 큰 오염 물질들을 감소시키기도 한다.
⑤ 인위적 배출원에서 오염 물질을 배출할 경우, 오염원은 배출구가 높을수록 더 멀리까지 영향을 미친다.

문 27. 다음 글에서 추론할 수 있는 것만을 〈보기〉에서 모두 고르면?

가상의 동전 게임을 하나 생각해 보자. 이 게임의 규칙은 동전을 던져서 제일 높은 점수를 얻는 사람이 이기는 것이다. 게임 참여자는 A, B 두 그룹으로 구분된다. 두 그룹의 인원수는 100명으로 같지만, 각 참여자에게 같은 수의 동전을 주지 않는다. A그룹에는 한 사람당 동전을 10개씩 주고, B그룹에는 한 사람당 100개씩 준다. 모든 동전은 1개당 한 번씩 던지는 것으로 한다.

〈게임 1〉에서는 앞면이 나온 동전 1개당 1점씩 점수를 준다고 하자. 이때 게임의 승자는 B그룹에서 나올 가능성이 매우 높다. B그룹 사람들 중 상당수는 50점쯤 얻을 텐데, 그것은 A그룹 사람들 중에서 누구도 이길 수 없는 점수이다. A그룹 인원을 아무리 늘리더라도 최고 점수는 10점일 것이기 때문이다.

〈게임 2〉에서는 〈게임 1〉과 달리 앞면이 나오는 동전의 개수가 아니라 앞면이 나온 비율로 점수를 매겨 가장 높은 점수를 받은 사람이 이긴다고 하자. A그룹 중에서 한 명쯤은 동전 10개 중 앞면이 8개 나올 것이다. 이 경우 그는 80점을 얻는다. B그룹은 어떨까? B그룹 사람 100명 중에서 누구도 80점을 받기는 어려울 것이다. 물론 그런 일이 물리적으로 불가능하지는 않겠지만, 현실에서는 거의 벌어지지 않을 것이다. 동전을 더 많이 던질수록 앞면과 뒷면의 비율은 50대 50에 더 가깝게 수렴되기 때문이다. B그룹에서 80점을 받는 사람이 한 명쯤 나오려면, B그룹 인원수는 100명이 아니라 그보다 훨씬 더 커야 한다. 이처럼 동전 개수가 증가했을 때 80점을 받는 사람이 한 명쯤 나오려면 그 동전 개수의 증가에 맞춰 그룹 인원수도 크게 증가해야 한다.

〈보 기〉

ㄱ. 〈게임 1〉에서 A그룹 참가자와 B그룹 참가자의 동전 개수를 각각 절반으로 줄일 경우, 게임의 승자가 나올 그룹은 바뀔 것이다.
ㄴ. 〈게임 2〉에서 B그룹만 인원을 늘릴 경우, 그 수를 아무리 늘리더라도 90점을 받는 사람은 A그룹에서만 나올 것이다.
ㄷ. 〈게임 2〉에서 A그룹만 참가자 각각의 동전 개수를 1,000개로 늘릴 경우, A그룹에서 80점을 받는 사람이 한 명쯤 나오기 위해 필요한 A그룹 인원수는 80점을 받는 사람이 한 명쯤 나오기 위해 필요한 B그룹 인원수보다 훨씬 더 커야 할 것이다.

① ㄱ
② ㄷ
③ ㄱ, ㄴ
④ ㄴ, ㄷ
⑤ ㄱ, ㄴ, ㄷ

문 28. 다음 글에서 추론할 수 있는 것만을 〈보기〉에서 모두 고르면?

두 선택지 중 하나를 고르는 게임을 생각해 보자. 게임 A에서 철수는 선택1을 선호한다.

〈게임 A〉 선택1 : 100만 원이 들어 있는 봉투 100장 중에서 봉투 하나를 무작위로 선택한다.
선택2 : 200만 원이 들어 있는 봉투 10장, 100만 원이 들어 있는 봉투 89장, 빈 봉투 1장 중에서 봉투 하나를 무작위로 선택한다.

한편 그는 게임 B에서는 선택4를 선호한다.

〈게임 B〉 선택3 : 100만 원이 들어 있는 봉투 11장, 빈 봉투 89장 중에서 봉투 하나를 무작위로 선택한다.
선택4 : 200만 원이 들어 있는 봉투 10장, 빈 봉투 90장 중에서 봉투 하나를 무작위로 선택한다.

그런데 선호와 관련한 원리 K를 생각해 보자. 이는 "기댓값을 계산해 그 값이 더 큰 것을 선호하라."는 것을 말한다. 이 원리를 받아들인다면, 철수는 게임 A에서는 선택2를, 게임 B에서는 선택4를 선호해야 한다. 계산을 해보면 그 둘의 기댓값이 다른 것보다 더 크기 때문이다.

한편 선호와 관련해 또 다른 원리 P도 있다. 이는 "두 게임이 '동일한 구조'를 지닌다면, 두 게임의 선호는 바뀌지 말아야 한다."는 것을 말한다. 이때 두 게임의 선택에 나오는 '공통 요소'를 다른 것으로 대체한 것은 '동일한 구조'를 지닌다고 본다. 예를 들어보자. 먼저 선택1은 "100만 원이 들어 있는 봉투 11장, 100만 원이 들어 있는 봉투 89장 중에서 봉투 하나를 무작위로 선택한다."와 같다는 사실에서 출발하자. 이렇게 볼 경우, 이제 선택1과 선택2는 '100만 원이 들어 있는 봉투 89장'을 공통 요소로 포함하고 있으므로 이를 '빈 봉투 89장'으로 대체하자. 그러면 다음 두 선택으로 이루어진 게임도 앞의 게임 A와 동일한 구조를 지닌 것이 된다는 것이다.

선택1* : 100만 원이 들어 있는 봉투 11장, 빈 봉투 89장 중에서 봉투 하나를 무작위로 선택한다.
선택2* : 200만 원이 들어 있는 봉투 10장, 빈 봉투 90장 중에서 봉투 하나를 무작위로 선택한다.

원리 P는 선택1을 선택2보다 선호하는 사람이라면 동일한 구조를 지닌 이 게임에서도 선택1*을 선택2*보다 선호해야 한다는 것을 말해준다. 흥미로운 사실은 선택1*과 선택2*는 앞서 나온 게임 B의 선택3 및 선택4와 정확히 같다는 점이다. 그러므로 선택1을 선택2보다 선호하는 철수가 원리 P를 받아들인다면 선택3을 선택4보다 선호해야 한다.

〈보 기〉

ㄱ. 〈게임 A〉에서 선택1을, 〈게임 B〉에서 선택3을 선호하는 사람은 두 원리 가운데 적어도 하나는 거부해야 한다.
ㄴ. 〈게임 A〉에서 선택2를, 〈게임 B〉에서 선택3을 선호하는 사람은 두 원리 가운데 적어도 하나는 거부해야 한다.
ㄷ. 〈게임 A〉에서 선택2를, 〈게임 B〉에서 선택4를 선호하는 사람은 두 원리 가운데 적어도 하나는 거부해야 한다.

① ㄱ
② ㄷ
③ ㄱ, ㄴ
④ ㄴ, ㄷ
⑤ ㄱ, ㄴ, ㄷ

문 29. 다음 글의 ㉠으로 가장 적절한 것은?

갑 : 우리는 타인의 언어나 행동을 관찰함으로써 타인의 마음을 추론한다. 예를 들어, 우리는 철수의 고통을 직접적으로 관찰할 수 없다. 그러면 철수가 고통스러워한다는 것을 어떻게 아는가? 우리는 철수에게 신체적인 위해라는 특정 자극이 주어졌다는 것과 그가 신음 소리라는 특정 행동을 했다는 것을 관찰함으로써 철수가 고통이라는 심리 상태에 있다고 추론하는 것이다.

을 : 그러한 추론이 정당화되기 위해서는 내가 보기에 ㉠ A원리가 성립한다고 가정해야 한다. 그렇지 않다면, 특정 자극에 따른 철수의 행동으로부터 철수의 고통을 추론하는 것은 잘못이다. 그런데 A원리가 성립하는지는 아주 의심스럽다. 예를 들어, 로봇이 우리 인간과 유사하게 행동할 수 있다고 하더라도 로봇이 고통을 느낀다고 생각하는 것은 잘못일 것이다.

병 : 나도 A원리는 성립하지 않는다고 생각한다. 아무런 고통을 느끼지 못하는 사람이 있다고 해 보자. 그런데 그는 고통을 느끼는 척하는 방법을 배운다. 많은 연습 끝에 그는 신체적인 위해가 가해졌을 때 비명을 지르고 찡그리는 등 고통과 관련된 행동을 완벽하게 해낸다. 그렇지만 그가 고통을 느낀다고 생각하는 것은 잘못일 것이다.

정 : 나도 A원리는 성립하지 않는다고 생각한다. 위해가 가해져 고통을 느끼지만 비명을 지르는 등 고통과 관련된 행동은 전혀 하지 않는 사람도 있기 때문이다. 가령 고통을 느끼지만 그것을 표현하지 않고 잘 참는 사람도 많지 않은가? 그런 사람들을 예외적인 사람으로 치부할 수는 없다. 고통을 참는 것이 비정상적인 것은 아니다.

을 : 고통을 참는 사람들이 있고 그런 사람들이 비정상적인 것은 아니라는 데는 나도 동의한다. 하지만 그러한 사람의 존재가 내가 얘기한 A원리에 대한 반박 사례인 것은 아니다.

① 어떤 존재의 특정 심리 상태 X가 관찰 가능할 경우, X는 항상 특정 자극에 따른 행동 Y와 동시에 발생한다.
② 어떤 존재의 특정 심리 상태 X가 항상 특정 자극에 따른 행동 Y와 동시에 발생할 경우, X는 관찰 가능한 것이다.
③ 어떤 존재에게 특정 자극에 따른 행동 Y가 발생할 경우, 그 존재에게는 항상 특정 심리 상태 X가 발생한다.
④ 어떤 존재에게 특정 심리 상태 X가 발생할 경우, 그 존재에게는 항상 특정 자극에 따른 행동 Y가 발생한다.
⑤ 어떤 존재에게 특정 심리 상태 X가 발생할 경우, 그 존재에게는 항상 특정 자극에 따른 행동 Y가 발생하고, 그 역도 성립한다.

문 30. 다음 글의 '나'의 암묵적 전제로 볼 수 있는 것만을 〈보기〉에서 모두 고르면?

나는 최근에 수집한 암석을 분석하였다. 암석의 겉껍질은 광물이 녹아서 엉겨 붙어 있는 상태인데, 이것은 운석이 대기를 통과할 때 가열되면서 나타나는 대표적인 현상이다. 암석은 유리를 포함하고 있었고 이 유리에는 약간의 기체가 들어있었다. 이 기체는 현재의 지구나 원시 지구의 대기와 비슷하지 않지만 바이킹 화성탐사선이 측정한 화성의 대기와는 흡사하였다. 특히 암석에서 발견된 산소는 지구의 암석에 있는 것과 동위원소 조성이 달랐다. 그러나 화성에서 기원한 다른 운석에서 나타나는 동위원소 조성과는 일치하였다.

놀랍게도 이 암석에서는 박테리아처럼 보이는 작은 세포 구조가 발견되었다. 그 크기는 100나노미터였고 모양은 둥글거나 막대기 형태였다. 이 구조는 매우 정교하여 살아 있는 세포처럼 보였다. 추가 분석으로 이 암석에서 탄산염 광물을 발견하였고 이 탄산염 광물은 박테리아가 활동하는 곳에서 형성된 지구의 퇴적물과 닮았다는 것을 알게 되었다. 이 탄산염 광물에서는 특이한 자철석 결정이 발견되었다. 지구에서 발견되는 A종류의 박테리아는 자체적으로 합성한, 특이한 형태와 높은 순도를 지닌 자철석 결정의 긴 사슬을 이용해 방향을 감지한다. 이 자철석은 지층에 퇴적될 수 있다. 자성을 띤 화석은 지구상에 박테리아가 나타나기 시작한 20억 년 전의 암석에서도 발견된다. 내가 수집한 암석에서 발견된 자철석은 A종류의 박테리아에 의해 생성되는 것과 같은 결정형과 높은 순도를 지니고 있었다.

따라서 나는 최근에 수집한 암석이 생명체가 화성에서 실재하였음을 나타내는 증거라고 확신한다.

〈보 기〉

ㄱ. 크기가 100나노미터 이하의 구조는 생명체로 볼 수 없다.
ㄴ. 산소의 동위원소 조성은 행성마다 모두 다르게 나타난다.
ㄷ. A종류의 박테리아가 없었다면 특이한 결정형의 자철석이 나타나지 않는다.

① ㄱ
② ㄴ
③ ㄱ, ㄷ
④ ㄴ, ㄷ
⑤ ㄱ, ㄴ, ㄷ

문 31. 다음 글의 문맥에 맞지 않는 곳을 ㉠~㉤에서 찾아 수정하려고 할 때, 가장 적절한 것은?

'단일환자방식'은 숫자가 아닌 문자를 암호화하는 가장 기본적인 방법이다. 이는 문장에 사용된 문자를 일정한 규칙에 따라 일대일 대응으로 재배열하여 문장을 암호화하는 방법이다. 예를 들어, 철수가 이 방법에 따라 영어 문장 'I LOVE YOU'를 암호화하여 암호문으로 만든다고 해보자. 철수는 먼저 알파벳을 일대일 대응으로 재배열하는 규칙을 정하고, 그 규칙에 따라 'I LOVE YOU'를 'Q RPDA LPX'와 같이 암호화하게 될 것이다. 이때 철수가 사용한 규칙에는 ㉠ 'I를 Q로 변경한다', 'L을 R로 변경한다' 등이 포함되어 있는 셈이다.

우리가 단일환자방식에 따라 암호화한 영어 문장을 접한다고 해보자. 그 암호문을 어떻게 해독할 수 있을까? ㉡ 우리가 그 암호문에 단일환자방식의 암호화 규칙이 적용되어 있다는 것을 알고 있다면 문제가 쉽게 해결될 수도 있다. 알파벳의 사용 빈도를 파악하여 일대일 대응의 암호화 규칙을 추론해낼 수 있기 때문이다. 이제 통계 자료를 통해 영어에서 사용되는 알파벳의 사용 빈도를 조사해 보니 E가 12.51%로 가장 많이 사용되었고 그 다음 빈도는 T, A, O, I, N, S, R, H의 순서라는 것이 밝혀졌다고 하자. ㉢ 물론 이러한 통계 자료를 확보했다고 해도 암호문이 한두 개 밖에 없다면 암호화 규칙을 추론하기는 힘들 것이다. 그러나 암호문을 많이 확보하면 할수록 암호문을 해독할 수 있는 가능성이 높아질 것이다.

이제 누군가가 어떤 영자 신문에 포함되어 있는 모든 문장을 단일환자방식의 암호화 규칙 a에 따라 암호문들로 만들었다고 해보자. 그 신문 전체에 사용된 알파벳 수는 충분히 많기 때문에 우리는 암호문들에 나타난 알파벳 빈도의 순서에 근거하여 규칙 a가 무엇인지 추론할 수 있다. ㉣ 만일 규칙 a가 앞서 예로 든 철수가 사용한 규칙과 동일하다면, 암호문들에 가장 많이 사용된 알파벳은 E일 가능성이 높을 것이다. 그런데 조사 결과 암호문들에는 영어 알파벳 26자가 모두 사용되었는데 그 중 W가 25,021자로 가장 많이 사용되었고, 이후의 빈도는 P, F, C, H, Q, T, N의 순서라는 것이 밝혀졌다. 따라서 우리는 철수가 정한 규칙은 규칙 a가 아니라고 추론할 수 있다. 또한 규칙 a에 대해 추론하면서 암호문들을 해독할 수 있다. 예를 들어, ㉤ 암호문 'H FPW HP'는 'I ATE IT'를 암호화한 것이라는 사실을 알 수 있게 될 것이다.

① ㉠을 'Q를 I로 변경한다', 'R을 L로 변경한다'로 수정한다.
② ㉡을 '우리가 그 암호문에 단일환자방식의 암호화 규칙이 적용되어 있지 않다고 생각한다 해도 문제는 쉽게 해결될 수 있다'로 수정한다.
③ ㉢을 '이러한 통계 자료를 확보하게 되면 자동적으로 암호화 규칙을 추론할 수 있게 될 것이다'로 수정한다.
④ ㉣을 '만일 규칙 a가 앞서 철수가 사용한 규칙과 동일하다면, 암호문들에 가장 많이 사용된 알파벳은 A일 가능성이 높을 것이다'로 수정한다.
⑤ ㉤을 '암호문 'I ATE IT'는 'H FPW HP'를 암호화한 것이라는 사실을 알 수 있게 될 것이다'로 수정한다.

문 32. 다음 글에 대한 분석으로 적절한 것만을 〈보기〉에서 모두 고르면?

"1 더하기 1은 2이다."와 "대한민국의 수도는 서울이다."는 둘 다 참인 명제이다. 이 중 앞의 명제는 수학 영역에 속하는 반면에 뒤의 명제는 사회적 규약 영역에 속한다. 그리고 위 두 명제 모두 진리 표현 '~는 참이다'를 부가하여, "1 더하기 1은 2라는 것은 참이다.", "대한민국의 수도는 서울이라는 것은 참이다."와 같이 바꿔 말할 수 있다. 이 '~는 참이다'라는 진리 표현에 대한 이론들 중에는 진리 다원주의와 진리 최소주의가 있다.

진리 다원주의에 의하면 ㉠ 수학과 사회적 규약이라는 서로 다른 영역에 속한 위 두 명제들의 진리 표현은 서로 다른 진리를 나타낸다. 한편, ㉡ 진리 표현은 명제가 속한 영역에 따라서 다른 진리를 나타낸다는 주장은 진리가 진정한 속성일 때에만 성립한다. 만약 진리가 진정한 속성이 아니라면 영역의 차이에 따라 진리를 구별하는 것은 무의미할 것이기 때문이다. 그러므로 진리 다원주의는 ㉢ 진리가 진정한 속성이라는 것을 받아들여야 한다. 한편, ㉣ 언어 사용을 통해 어떤 속성에 대한 모든 것을 알 수 있다면, 그것은 진정한 속성이 아니다. 진리가 진정한 속성이라면 언어 사용을 통해 진리에 관한 모든 것을 알 수 있는 것은 아니다. 진리 최소주의자들은 ㉤ 우리는 언어 사용을 통해 진리에 관한 모든 것을 알 수 있다고 주장한다. 그러므로 만약 진리 최소주의가 옳다면 어떤 결론이 따라 나오는지는 명확하다.

〈보 기〉

ㄱ. ㉠과 ㉡은 함께 ㉢을 지지한다.
ㄴ. ㉣과 ㉤은 함께 ㉢을 반박한다.
ㄷ. ㉠, ㉡, ㉣은 함께 ㉤을 반박한다.

① ㄱ
② ㄷ
③ ㄱ, ㄴ
④ ㄴ, ㄷ
⑤ ㄱ, ㄴ, ㄷ

문 33. 다음 글의 내용이 참일 때, 반드시 참인 것은?

- 김대리, 박대리, 이과장, 최과장, 정부장은 A회사의 직원들이다.
- A회사의 모든 직원은 내근과 외근 중 한 가지만 한다.
- A회사의 직원 중 내근을 하면서 미혼인 사람에는 직책이 과장 이상인 사람은 없다.
- A회사의 직원 중 외근을 하면서 미혼이 아닌 사람은 모두 그 직책이 과장 이상이다.
- A회사의 직원 중 외근을 하면서 미혼인 사람은 모두 연금 저축에 가입해 있다.
- A회사의 직원 중 미혼이 아닌 사람은 모두 남성이다.

① 김대리가 내근을 한다면, 그는 미혼이다.
② 박대리가 미혼이면서 연금 저축에 가입해 있지 않다면, 그는 외근을 한다.
③ 이과장이 미혼이 아니라면, 그는 내근을 한다.
④ 최과장이 여성이라면, 그는 연금 저축에 가입해 있다.
⑤ 정부장이 외근을 한다면, 그는 연금 저축에 가입해 있지 않다.

문 34. 다음 글의 내용이 참일 때, 반드시 참인 것만을 〈보기〉에서 모두 고르면?

2016년 1월 출범한 특별업무지원팀 〈미래〉가 업무적격성 재평가 대상에서 제외된 것은 다행한 일이다. 꼬박 일 년의 토론과 준비 끝에 출범한 〈미래〉의 업무가 재평가로 인해 불필요하게 흔들리는 것은 바람직하지 않다는 인식이 부처 내에 널리 퍼진 덕분이다. 물론 가용이나 나윤 둘 중 한 사람이라도 개인 평가에서 부적격 판정을 받을 경우, 〈미래〉도 업무적격성 재평가를 피할 수 없는 상황이었다. 만일 〈미래〉가 첫 과제로 수행한 드론 법규 정비 작업이 성공적이지 않았다면, 나윤과 다석 둘 중 적어도 한 사람은 개인 평가에서 부적격 판정을 받았을 것이다. 아울러 〈미래〉의 또 다른 과제였던 나노 기술 지원 사업이 성공적이지 않았다면, 라율과 가용 두 사람 중 누구도 개인 평가에서 부적격 판정을 피할 수 없었을 것이다.

〈보 기〉

ㄱ. 〈미래〉의 또 다른 과제였던 나노 기술 지원 사업이 성공적이었다.
ㄴ. 다석이 개인 평가에서 부적격 판정을 받지 않았다면, 그것은 첫 과제로 수행한 〈미래〉의 드론 법규 정비 작업이 성공적이었음을 의미한다.
ㄷ. 〈미래〉가 첫 과제로 수행한 드론 법규 정비 작업이 성공적이지 않았다면, 라율은 개인 평가에서 부적격 판정을 받았다.

① ㄱ
② ㄷ
③ ㄱ, ㄴ
④ ㄴ, ㄷ
⑤ ㄱ, ㄴ, ㄷ

문 35. 다음 글에 대한 분석으로 적절한 것만을 〈보기〉에서 모두 고르면?

이론 A는 행위자들의 선호가 제도적 맥락 속에서 형성된다고 본다. 한편, 행위를 설명하기 위해 선호를 출발점으로 삼는 이론 B는 선호의 형성 과정에 주목하지 않는다. 왜냐하면 선호는 '주어진 것'이며 제도나 개인의 심리에 의해 설명해야 할 대상이 아니라고 보기 때문이다. 이 주어진 선호는 합리적인 것으로 간주된다. 왜냐하면 이론 B에서 상정된 개인은 자기 자신의 이익을 최대화하는 전략을 선택하는 존재, 즉 합리적 존재라 가정되기 때문이다.

이론 A는 행위자들의 선호를 주어진 것으로 간주해서는 안 된다고 본다. 행위의 구체적 맥락을 이해하지 못한다면 자기 이익을 최대화하는 전략을 따른 행위를 강조하는 것이 아무런 의미를 갖지 못한다고 보기 때문이다. 구체적인 상황 속에서 행위자는 특정한 목적과 수단을 가지고 행위하기 마련이다. 그렇다면 그런 행위자들의 행위를 제대로 설명하기 위해서는 그 목적과 수단이 왜 자신의 이익을 최대화한다고 생각했는지, 즉 왜 그런 선호가 형성되었는지 설명해야 한다. 그런데 제도와 같은 맥락적 요소를 배제하면, 그런 선호 형성을 설명할 수 없다. 따라서 이론 A는 행위자들의 선호 형성도 설명해야 할 대상으로 상정한다.

이론 A가 선호의 형성을 설명하려 한다고 해서 개인의 심리를 분석하려는 것은 아니다. 이론 A에 따르면, 제도는 구체적 상황에 처한 행위자들의 선택을 제약함으로써 그들의 전략에 영향을 준다. 또한 제도는 행위자들이 자신이 추구하는 목적을 구체화하는 데도 영향을 미친다. 그렇다고 행위가 제도에 의해 완전히 결정된다는 것은 아니다. 구체적 상황에서의 행위자들의 행위를 이해하게 해주는 단서는 제도적 맥락으로부터 찾아야 한다는 것이 이론 A의 견해이다.

〈보 기〉

ㄱ. 선호 형성과 관련해 이론 A와 이론 B는 모두 개인의 심리에 대한 분석에 주목하지 않는다.
ㄴ. 이론 A는 맥락적 요소를 이용해 선호 형성 과정을 설명하려고 하지만 이론 B는 선호 형성 과정을 설명하려 하지 않는다.
ㄷ. 이론 B는 행위자가 자기 자신의 이익을 최대화하는 전략에 따른다는 것을 부정하지만 이론 A는 그렇지 않다.

① ㄱ
② ㄷ
③ ㄱ, ㄴ
④ ㄴ, ㄷ
⑤ ㄱ, ㄴ, ㄷ

문 36. 다음 글의 A~D에 대한 분석으로 적절한 것만을 〈보기〉에서 모두 고르면?

A : '정격연주'란 음악을 연주할 때 그것이 작곡된 시대에 연주된 느낌을 정확하게 구현하는 것을 목표로 하는 연주이다. 그럼 어떻게 정격연주가 가능할까? 그 방법은 옛 음악을 작곡 당시에 공연된 것과 똑같이 재연하는 것이다. 이런 연주는 가능하며, 그렇다면 우리는 음악이 작곡되었던 때와 똑같은 느낌을 구현할 수 있을 것이다.

B : 옛 음악을 작곡 당시에 연주된 것과 똑같이 재연하는 것은 이상일 뿐이지 현실화할 수 없다. 18세기 오페라 공연에서 거세된 사람만 할 수 있었던 카스트라토 역을 오늘날에는 도덕적인 이유에서 여성 소프라노가 맡아서 노래한다. 따라서 과거와 현재의 연주 관습상 차이 때문에, 옛 음악을 작곡 당시와 똑같이 재연하는 것은 불가능하다.

C : 똑같이 재연하지 못한다고 해서 정격연주가 불가능한 것은 아니다. 작곡자는 명확히 하나의 의도를 갖고 작품을 창작한다. 작곡자가 자신의 작품이 어떻게 들리기를 의도했는지 파악해 연주하면, 작곡된 시대에 연주된 느낌을 정확하게 구현할 수 있다. 따라서 작곡자의 의도를 파악할 수 있다면 정격연주를 할 수 있다.

D : 작곡자의 의도대로 한 연주가 작곡된 시대에 연주된 느낌을 정확하게 구현하지 못할 수 있다. 작곡된 시대에 연주된 느낌을 정확하게 구현하려면 작곡자의 의도뿐만 아니라 당시의 연주 관습도 고려해야 한다. 전근대 시대에 악기 구성이나 프레이징 등은 작곡자의 의도만이 아니라 연주자와 연주 상황에 따라 관습적으로 결정되었다. 따라서 작곡자의 의도와 연주 관습을 모두 고려하지 않는다면 정격연주를 실현할 수 없다.

〈보 기〉

ㄱ. A와 C는 옛 음악을 과거와 똑같이 재연한다면 과거의 연주 느낌이 구현될 수 있다는 것을 부정하지 않는다.
ㄴ. B는 어떤 과거 연주 관습은 현대에 똑같이 재연될 수 없다는 것을 인정하지만 D는 그렇지 않다.
ㄷ. C와 D는 작곡자의 의도를 파악한다면 정격연주가 가능하다는 것에 동의한다.

① ㄱ
② ㄴ
③ ㄱ, ㄷ
④ ㄴ, ㄷ
⑤ ㄱ, ㄴ, ㄷ

문 37. 다음 글의 A와 B에 대한 평가로 적절한 것만을 〈보기〉에서 모두 고르면?

지구중심설을 고수하던 프톨레마이오스의 추종자 A와 B는 '지구가 태양 주위를 1년 주기로 공전하고 있다'는 지구 공전 가설에 대하여 나름의 논증으로 대응한다.

A : 오른쪽 눈을 감고 본 세상과 왼쪽 눈을 감고 본 세상은 사물의 상대적 위치가 미묘하게 다르다. 지구 공전 가설이 옳다면, 지구의 공전 궤도 상에서 서로 가장 멀리 떨어진 두 위치에서 별을 관측한다면 별의 위치가 다르게 보일 것이다. 그러나 별은 늘 같은 위치에 있는 것으로 관측된다. 그러므로 지구 공전 가설은 틀렸다.

B : 바람과 반대 방향으로 빠르게 달리는 마차에서 보면 빗방울은 정지한 마차에서 볼 때보다 더 비스듬하게 떨어지는 것으로 보이지만 마차가 같은 속도로 바람과 같은 방향으로 달릴 때에는 그보다는 덜 비스듬하게 떨어지는 것으로 보인다. 지구 공전 가설이 옳다면 지구의 운동 속도는 상당히 빠를 것이고 반년이 지나면 운동 방향이 반대가 될 것이다. 그러므로 지구의 운동 방향에 따라 별빛이 기울어지는 정도가 변할 것이고 별의 가시적 위치가 달라질 것이다. 그러나 별은 늘 같은 위치에 있는 것으로 관측된다. 그러므로 지구 공전 가설은 틀렸다.

〈보 기〉

ㄱ. A와 B 모두 일상적 경험에 착안하여 얻은 예측과 별을 관측한 결과를 근거로 지구 공전 가설을 평가했다.
ㄴ. A와 B 모두 당시 관측 기술의 한계로 별의 위치 변화가 관측되지 않았을 가능성을 고려하지 않았다.
ㄷ. 지구가 공전하면 별의 위치가 달라져 보일 이유를, A는 관측자의 관측 위치가 달라진 것에서, B는 관측자의 관측 대상에 대한 운동 방향이 뒤바뀐 것에서 찾았다.

① ㄱ
② ㄷ
③ ㄱ, ㄴ
④ ㄴ, ㄷ
⑤ ㄱ, ㄴ, ㄷ

문 38. 다음 글의 A~C의 주장에 대한 평가로 적절한 것만을 〈보기〉에서 모두 고르면?

같은 양의 50℃의 물과 30℃의 물을 얼렸을 때 30℃의 물이 먼저 얼 것이라는 예상과는 달리 50℃의 물이 먼저 어는 현상이 발견되었다. 이 현상의 원인에 대해 A, B, C는 다음과 같이 주장하였다.

A : 이러한 현상은 물의 대류로 설명할 수 있다. 물을 얼릴 때 처음에는 전체적으로 온도가 같던 물이라도 외부에 접촉한 곳이 먼저 식고 그렇지 않은 곳은 여전히 따뜻한 상태로 있다. 이러한 온도차가 물 내부에 흐름을 만들어 내는데 이를 대류라 한다. 대류 현상이 활발하게 일어나면 윗부분과 아랫부분의 물이 섞여 온도 차이가 작아지고, 물이 빨리 식을 것이다. 대류 현상은 차가운 물보다 따뜻한 물에서 더 활발하다. 따라서 차가운 물보다 따뜻한 물이 외부로 열을 더 빨리 뺏겨 따뜻한 물이 차가운 물보다 빨리 얼게 된 것이다.

B : 따뜻한 물의 물 분자들은 차가운 물의 물 분자들보다 더 활발하게 활동하기 때문에, 차가운 물보다 따뜻한 물에서 물의 증발이 더 잘 일어난다. 따라서 따뜻한 물의 질량이 차가운 물의 질량보다 상대적으로 작아져 따뜻한 물이 차가운 물보다 더 빨리 얼게 된 것이다.

C : 따뜻한 물에는 차가운 물보다 용해기체가 덜 녹아 있다. 용해기체가 많으면 어는점이 더 많이 떨어진다. 따라서 따뜻한 물보다 용해기체가 더 많은 차가운 물의 어는점이 상대적으로 낮아 따뜻한 물이 먼저 얼게 된 것이다.

〈보 기〉

ㄱ. 다른 조건은 동일하고 용기 내부에서 물의 대류를 억제하여 실험을 했을 때도 따뜻한 물이 먼저 언다면 A의 주장은 강화된다.
ㄴ. 따뜻한 물과 차가운 물을 얼리는 과정에서 차가운 물에서 증발한 물의 질량보다 따뜻한 물에서 증발한 물의 질량이 더 크다면 B의 주장은 강화된다.
ㄷ. 차가운 물을 얼린 얼음에 포함되어 있는 용해기체의 양이 따뜻한 물을 얼린 얼음에 포함되어 있는 용해기체의 양보다 많다면 C의 주장은 약화된다.

① ㄱ
② ㄴ
③ ㄱ, ㄷ
④ ㄴ, ㄷ
⑤ ㄱ, ㄴ, ㄷ

※ 다음 글을 읽고 물음에 답하시오. [39~40]

갑 : 나는 행복이 만족이라는 개인의 심리적 상태라고 본다. 내가 말하는 만족이란 어떤 순간의 욕구가 충족될 때 생겨나는 것으로서, 욕구가 더 많이 충족될수록 최고 만족에 더 접근한다. 동일한 조건에 있는 사람들 중에도 심리적 상태에 따라 더 행복하기도 하고 덜 행복하기도 하다는 것을 보면 내 주장이 옳다는 것을 알 수 있다.

을 : 아니다. 행복은 전체 삶을 놓고 볼 때 도덕적인 삶을 사는 것이다. 그 이유는 다음과 같다. 목표에는 규범적 목표와 비규범적 목표가 있다. 한 인간의 규범적 목표란, 그의 전체 삶이 끝나는 순간에만 그 달성 여부가 결정되는 목표이다. 반면에 비규범적 목표는 그 달성 여부가 삶의 어떤 순간에 결정된다. 예를 들어 만족은 욕구가 달성된 직후에 만족되었는지의 여부가 결정된다. 행복은 비규범적 목표가 아니라 규범적 목표이다. 그리고 도덕적인 삶 역시 전체 삶이 끝나는 순간에 그 달성 여부가 결정되는 규범적 목표이다. 그러므로 ㉠ 도덕적인 삶과 행복은 같다.

병 : 행복이 개인의 심리적 상태라는 갑의 주장에 반대한다. 나의 근거는 이렇다. 만약 행복이 심리적 상태라면, 그것은 도덕적으로 선한 자에게나 악한 자에게나 마찬가지로 성취될 수 있을 것이다. 예컨대 자신의 만족을 위해 잔악한 짓을 일삼는 악당은 도덕적 표준에 따르면 부도덕하지만, 우리는 그를 행복한 사람이라고 말해야 한다. 하지만 ㉡ 도덕적으로 타락한 그런 사람은 행복한 사람이 아니다. 행복한 사람은 모두 도덕적인 사람이기 때문이다.

정 : 병의 마지막 문장에는 동의한다. 다만, 행복의 달성에 필요한 조건들은 개인의 도덕성 외에도 많이 있다는 것을 나의 주장으로서 첨언하고 싶다. 그렇지 않다면, 왜 우리 사회와 국가는 궁핍을 없애고 국민의 건강을 증진하려 노력하며, 모든 국민들에게 참정권을 확장하고자 애쓰겠는가? 만일 각자의 도덕성이 우리의 행복을 위해 필요한 전부라면, 역사상 일어났던 수많은 사회 제도의 개혁들이 무의미해지고 말 것이다.

무 : 사회 제도의 개혁이 행복과 유관하다는 데에 대체로 공감한다. 그에 덧붙여서 나는, 사회 구성원 각자의 도덕성은 그 개인이 속한 사회가 추구하는 사회 복지의 실현에 기여함으로써 행복의 달성에 간접적으로 영향을 준다고 주장한다. 다만, 사회 복지는 그 사회에 속한 각 개인의 행복을 달성하기 위한 수단일 뿐 그 자체가 목표는 아니다.

문 39. 윗글에 대한 분석으로 적절하지 않은 것은?

① 갑은 행복의 정도가 욕구의 충족에 의존한다는 것에 동의한다.
② 을의 논증에 다양한 규범적 목표가 있다는 전제를 추가하면 ㉠이 도출된다.
③ 병이 받아들이는 ㉡은 도덕성이 개인의 심리적 상태가 아니라는 것과 양립가능하다.
④ 정은 역사상 있어온 사회 제도의 개혁들이 무의미하지 않았다는 것을 전제한다.
⑤ 무는 사회 복지가 실현되면 그 사회에 속한 개인들이 반드시 행복해진다고 전제하지는 않는다.

문 40. 윗글을 토대로 할 때, A~C에 대한 평가로 적절한 것만을 〈보기〉에서 모두 고르면?

A : 개인의 행복을 위해 꼭 필요한 요소들 중 하나인 건강은, 그가 속한 국가와 사회의 제도를 통한 노력뿐만 아니라 때때로 우연한 행운의 영향을 받기도 한다.
B : 행복을 심리적 상태로 보기는 어렵다. 어떤 사람에게는 만족인 욕구의 충족이 다른 사람에게는 만족이 아닐 수도 있다.
C : 도덕적 행위의 이행은 행복과 무관하다. 개인의 도덕성과 개인의 행복은 서로 어떤 형태로도 영향을 주고받지 않는다.

〈보 기〉

ㄱ. A는 정의 입장을 반박한다.
ㄴ. B는 을의 입장도 병의 입장도 반박하지 않는다.
ㄷ. C는 무의 입장을 반박하지만 갑의 입장을 반박하지는 않는다.

① ㄱ
② ㄴ
③ ㄱ, ㄷ
④ ㄴ, ㄷ
⑤ ㄱ, ㄴ, ㄷ

문 1. 다음 〈표〉는 2016년 경기도 10개 시의 문화유산 보유건수 현황에 대한 자료이다. 이에 대한 설명으로 옳은 것은?

〈표〉 경기도 10개 시의 유형별 문화유산 보유건수 현황

(단위 : 건)

유형 / 시	국가 지정 문화재	지방 지정 문화재	문화재 자료	등록 문화재	합
용인시	64	36	16	4	120
여주시	24	32	11	3	70
고양시	16	35	11	7	69
안성시	13	42	13	0	68
남양주시	18	34	11	4	67
파주시	14	28	9	12	63
성남시	36	17	3	3	59
화성시	14	26	9	0	49
수원시	14	24	8	2	48
양주시	11	19	9	0	39
전체	224	293	100	35	( )

※ 문화유산은 국가 지정 문화재, 지방 지정 문화재, 문화재 자료, 등록 문화재로만 구성됨

① '등록 문화재'를 보유한 시는 6개이다.
② 유형별 전체 보유건수가 가장 많은 문화유산은 '국가 지정 문화재'이다.
③ 파주시 문화유산 보유건수 합은 전체 문화유산 보유건수 합의 10% 이하이다.
④ '문화재 자료' 보유건수가 가장 많은 시는 안성시다.
⑤ '국가 지정 문화재'의 시별 보유건수 순위는 '문화재 자료'와 동일하다.

문 2. 다음 〈표〉는 2018년 '갑'국 도시 A~F의 폭염주의보 발령일수, 온열질환자 수, 무더위 쉼터 수 및 인구수에 관한 자료이다. 이에 대한 〈보기〉의 설명 중 옳은 것만을 모두 고르면?

〈표〉 도시별 폭염주의보 발령일수, 온열질환자 수, 무더위 쉼터 수 및 인구수

구분 / 도시	폭염주의보 발령일수 (일)	온열 질환자 수 (명)	무더위 쉼터 수 (개)	인구수 (만 명)
A	90	55	92	100
B	30	18	90	53
C	50	34	120	89
D	49	25	100	70
E	75	52	110	80
F	24	10	85	25
전체	( )	194	597	417

〈보 기〉

ㄱ. 무더위 쉼터가 100개 이상인 도시 중 인구수가 가장 많은 도시는 C이다.
ㄴ. 인구수가 많은 도시일수록 온열질환자 수가 많다.
ㄷ. 온열질환자 수가 가장 적은 도시와 인구수 대비 무더위 쉼터 수가 가장 많은 도시는 동일하다.
ㄹ. 폭염주의보 발령일수가 전체 도시의 폭염주의보 발령일수 평균보다 많은 도시는 2개이다.

① ㄱ, ㄴ
② ㄱ, ㄷ
③ ㄴ, ㄹ
④ ㄱ, ㄷ, ㄹ
⑤ ㄴ, ㄷ, ㄹ

문 3. 다음 〈그림〉과 〈표〉는 '갑'국의 재생에너지 생산 현황에 관한 자료이다. 이에 대한 〈보기〉의 설명 중 옳은 것만을 모두 고르면?

〈그림〉 2011~2018년 재생에너지 생산량

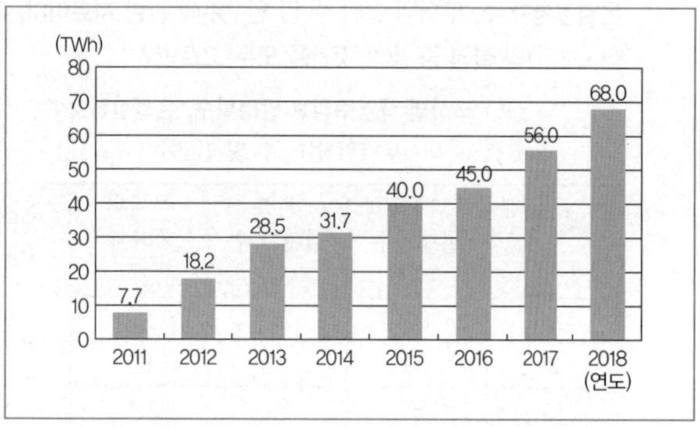

〈표〉 2016~2018년 에너지원별 재생에너지 생산량 비율

(단위 : %)

연도 / 에너지원	2016	2017	2018
폐기물	61.1	60.4	55.0
바이오	16.6	17.3	17.5
수력	10.3	11.3	15.1
태양광	10.9	9.8	8.8
풍력	1.1	1.2	3.6
계	100.0	100.0	100.0

〈보 기〉

ㄱ. 2012~2018년 재생에너지 생산량은 매년 전년 대비 10% 이상 증가하였다.

ㄴ. 2016~2018년 에너지원별 재생에너지 생산량 비율의 순위는 매년 동일하다.

ㄷ. 2016~2018년 태양광을 에너지원으로 하는 재생에너지 생산량은 매년 증가하였다.

ㄹ. 수력을 에너지원으로 하는 재생에너지 생산량은 2018년이 2016년의 3배 이상이다.

① ㄱ, ㄴ
② ㄱ, ㄷ
③ ㄱ, ㄹ
④ ㄴ, ㄷ
⑤ ㄴ, ㄹ

문 4. 다음 〈표〉는 2013~2018년 커피전문점 A~F 브랜드의 매출액과 점포수에 관한 자료이다. 이를 이용하여 작성한 그래프로 옳지 않은 것은?

〈표〉 2013~2018년 커피전문점 브랜드별 매출액과 점포수

(단위 : 억 원, 개)

구분	연도 / 브랜드	2013	2014	2015	2016	2017	2018
매출액	A	1,094	1,344	1,710	2,040	2,400	2,982
	B	–	–	24	223	1,010	1,675
	C	492	679	918	1,112	1,267	1,338
	D	–	129	197	335	540	625
	E	–	155	225	873	1,082	577
	F	–	–	–	–	184	231
	전체	1,586	2,307	3,074	4,583	6,483	7,428
점포수	A	188	233	282	316	322	395
	B	–	–	17	105	450	735
	C	81	110	150	190	208	252
	D	–	71	111	154	208	314
	E	–	130	183	218	248	366
	F	–	–	–	–	71	106
	전체	269	544	743	983	1,507	2,168

① 전체 커피전문점의 전년 대비 매출액과 점포수 증가폭 추이

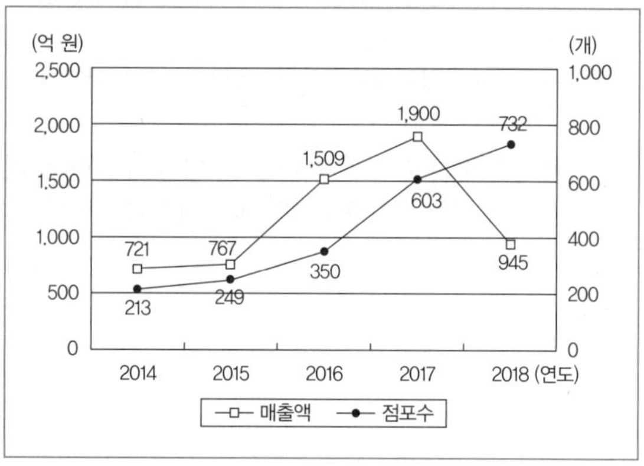

② 2018년 커피전문점 브랜드별 점포당 매출액

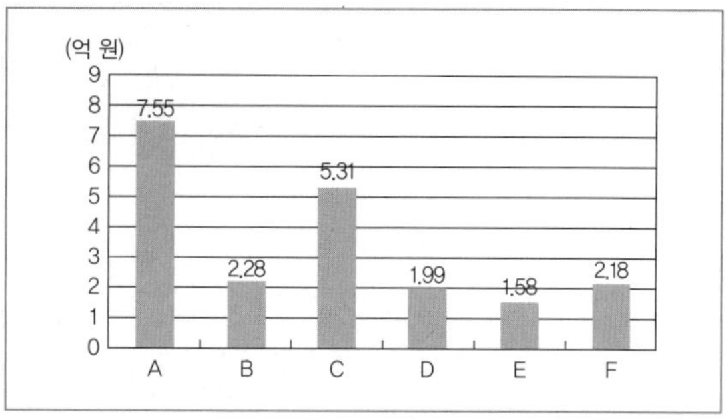

③ 2017년 매출액 기준 커피전문점 브랜드별 점유율

(단위 : %)

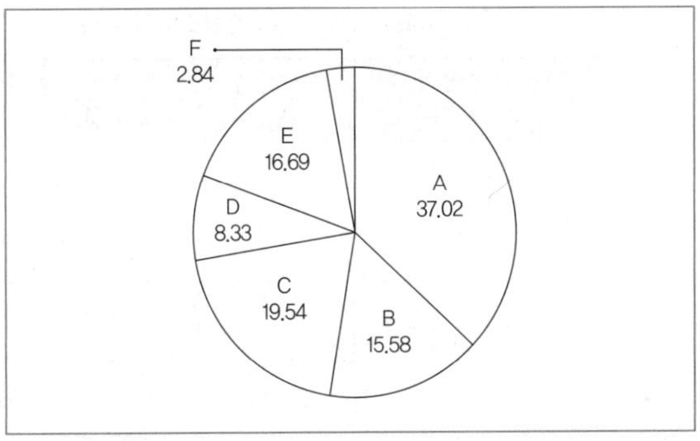

④ 2017년 대비 2018년 커피전문점 브랜드별 매출액의 증가량

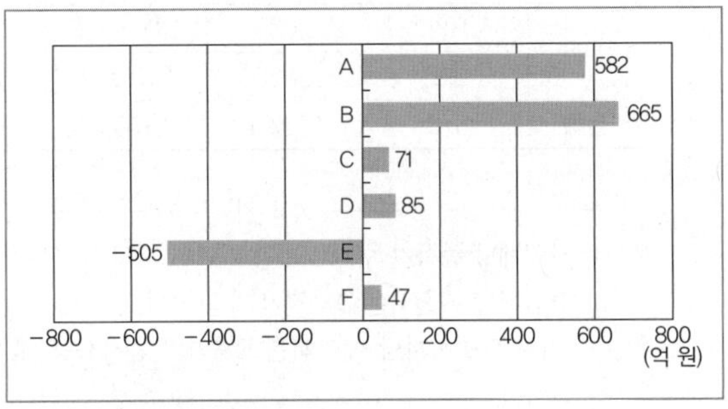

⑤ 전체 커피전문점의 연도별 점포당 매출액

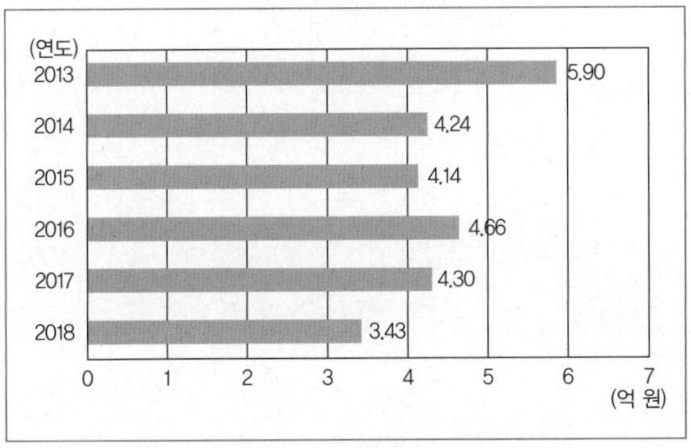

문 5. 다음 〈표〉는 A, B기업의 경력사원채용 지원자 특성에 관한 자료이다. 이에 대한 〈보기〉의 설명 중 옳은 것만을 모두 고르면?

〈표〉 경력사원채용 지원자 특성

(단위 : 명)

지원자 특성 \ 기업		A기업	B기업
성별	남성	53	57
	여성	21	24
최종 학력	학사	16	18
	석사	19	21
	박사	39	42
연령대	30대	26	27
	40대	25	26
	50대 이상	23	28
관련 업무 경력	5년 미만	12	18
	5년 이상~10년 미만	9	12
	10년 이상~15년 미만	18	17
	15년 이상~20년 미만	16	9
	20년 이상	19	25

※ A기업과 B기업에 모두 지원한 인원은 없음

〈보 기〉

ㄱ. A기업 지원자 중, 남성 지원자의 비율은 관련 업무 경력이 10년 이상인 지원자의 비율보다 높다.

ㄴ. 최종학력이 석사 또는 박사인 B기업 지원자 중 관련 업무 경력이 20년 이상인 지원자는 7명 이상이다.

ㄷ. 기업별 여성 지원자의 비율은 A기업이 B기업보다 높다.

ㄹ. A, B기업 전체 지원자 중 40대 지원자의 비율은 35% 미만이다.

① ㄱ, ㄴ
② ㄱ, ㄷ
③ ㄴ, ㄷ
④ ㄴ, ㄹ
⑤ ㄷ, ㄹ

문 6. 다음 〈표〉는 가정용 정화조에서 수집한 샘플의 수중 질소 성분 농도를 측정한 자료이다. 이에 대한 〈보기〉의 설명 중 옳은 것만을 모두 고르면?

〈표〉 수집한 샘플의 수중 질소 성분 농도

(단위 : mg/L)

항목 / 샘플	총질소	암모니아성 질소	질산성 질소	유기성 질소	TKN
A	46.24	14.25	2.88	29.11	43.36
B	37.38	6.46	( )	25.01	( )
C	40.63	15.29	5.01	20.33	35.62
D	54.38	( )	( )	36.91	49.39
E	41.42	13.92	4.04	23.46	37.38
F	( )	( )	5.82	( )	34.51
G	30.73	5.27	3.29	22.17	27.44
H	25.29	12.84	( )	7.88	20.72
I	( )	5.27	1.12	35.19	40.46
J	38.82	7.01	5.76	26.05	33.06
평균	39.68	( )	4.34	( )	35.34

※ 1) 총질소 농도=암모니아성 질소 농도+질산성 질소 농도+유기성 질소 농도
2) TKN 농도=암모니아성 질소 농도+유기성 질소 농도

〈보 기〉

ㄱ. 샘플 A의 총질소 농도는 샘플 I의 총질소 농도보다 높다.
ㄴ. 샘플 B의 TKN 농도는 30mg/L 이상이다.
ㄷ. 샘플 B의 질산성 질소 농도는 샘플 D의 질산성 질소 농도보다 낮다.
ㄹ. 샘플 F는 암모니아성 질소 농도가 유기성 질소 농도보다 높다.

① ㄱ, ㄴ
② ㄱ, ㄷ
③ ㄴ, ㄷ
④ ㄱ, ㄷ, ㄹ
⑤ ㄴ, ㄷ, ㄹ

문 7. 다음 〈표〉는 '갑'국 A~J지역의 대형종합소매업 현황에 대한 자료이다. 이에 대한 〈보기〉의 설명 중 옳은 것만을 모두 고르면?

〈표〉 지역별 대형종합소매업 현황

구분 / 지역	사업체 수 (개)	종사자 수 (명)	매출액 (백만 원)	건물 연면적 (m^2)
A	47	6,731	4,878,427	1,683,092
B	33	4,173	2,808,881	1,070,431
C	35	4,430	3,141,552	1,772,698
D	18	2,247	1,380,511	677,288
E	22	3,152	1,804,262	765,096
F	19	2,414	1,473,698	633,497
G	147	18,287	11,625,278	5,032,741
H	17	1,519	861,094	364,296
I	19	2,086	1,305,468	535,880
J	16	1,565	879,172	326,373
전체	373	46,604	30,158,343	12,861,392

〈보 기〉

ㄱ. 사업체당 종사자 수가 100명 미만인 지역은 모두 2개이다.
ㄴ. 사업체당 매출액은 G지역이 가장 크다.
ㄷ. I지역의 종사자당 매출액은 E지역의 종사자당 매출액보다 크다.
ㄹ. 건물 연면적이 가장 작은 지역이 매출액도 가장 작다.

① ㄱ, ㄷ
② ㄱ, ㄹ
③ ㄴ, ㄷ
④ ㄴ, ㄹ
⑤ ㄱ, ㄴ, ㄷ

문 8. 다음 〈표〉는 1996~2015년 생명공학기술의 기술분야별 특허건수와 점유율에 관한 자료이다. 〈표〉와 〈조건〉에 근거하여 A~D에 해당하는 기술분야를 바르게 나열한 것은?

〈표〉 1996~2015년 생명공학기술의 기술분야별 특허건수와 점유율

(단위 : 건, %)

구분 / 기술분야	전세계 특허건수	미국 점유율	한국 특허건수	한국 점유율
생물공정기술	75,823	36.8	4,701	6.2
A	27,252	47.6	1,880	(　)
생물자원탐색기술	39,215	26.1	6,274	16.0
B	170,855	45.6	7,518	(　)
생물농약개발기술	8,122	42.8	560	6.9
C	20,849	8.1	4,295	(　)
단백질체기술	68,342	35.1	3,622	5.3
D	26,495	16.8	7,127	(　)

※ 해당국의 점유율(%) = $\frac{\text{해당국의 특허건수}}{\text{전세계 특허건수}} \times 100$

〈조 건〉

- '발효식품개발기술'과 '환경생물공학기술'은 미국보다 한국의 점유율이 높다.
- '동식물세포배양기술'에 대한 미국 점유율은 '생물농약개발기술'에 대한 미국 점유율보다 높다.
- '유전체기술'에 대한 한국 점유율과 미국 점유율의 차이는 41%p 이상이다.
- '환경생물공학기술'에 대한 한국의 점유율은 25% 이상이다.

	A	B	C	D
①	동식물세포배양기술	유전체기술	발효식품개발기술	환경생물공학기술
②	동식물세포배양기술	유전체기술	환경생물공학기술	발효식품개발기술
③	발효식품개발기술	유전체기술	동식물세포배양기술	환경생물공학기술
④	유전체기술	동식물세포배양기술	발효식품개발기술	환경생물공학기술
⑤	유전체기술	동식물세포배양기술	환경생물공학기술	발효식품개발기술

문 9. 다음 〈표〉와 〈그림〉은 2017년 지역별 정보탐색에 관한 자료이다. 이에 대한 설명으로 옳은 것은?

〈표〉 지역별 인구수 및 정보탐색 시도율과 정보탐색 성공률

(단위 : 명, %)

구분 / 지역	인구수		정보탐색 시도율		정보탐색 성공률	
성별	남	여	남	여	남	여
A	5,800	4,200	35.0	39.0	90.1	91.6
B	1,000	800	28.0	30.0	92.9	95.8
C	2,500	3,000	15.0	25.0	88.0	92.0
D	4,000	3,500	37.0	40.0	91.2	92.9
E	4,800	3,200	42.0	45.0	87.3	84.7
F	6,000	6,500	20.0	33.0	81.7	93.2
G	1,200	900	35.0	28.0	95.2	95.2
H	1,400	1,600	16.0	13.0	89.3	91.3

※ 1) 정보탐색 시도율(%) = $\frac{\text{정보탐색 시도자 수}}{\text{인구수}} \times 100$

2) 정보탐색 성공률(%) = $\frac{\text{정보탐색 성공자 수}}{\text{정보탐색 시도자 수}} \times 100$

〈그림〉 지역별 정보탐색 시도율과 정보탐색 성공률 분포

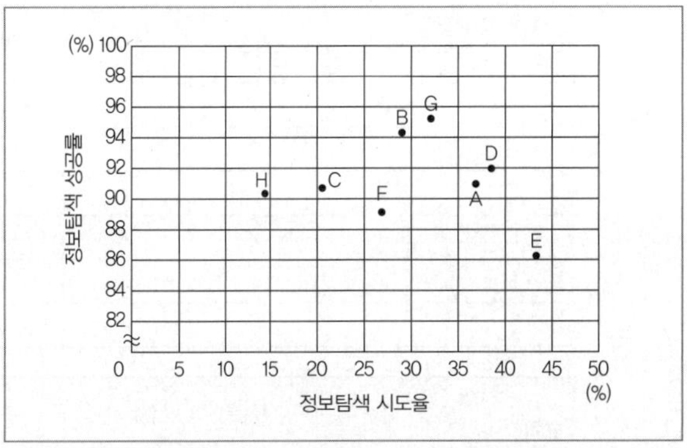

① 인구수 대비 정보탐색 성공자 수의 비율은 B지역이 D지역보다 높다.
② 인구수 대비 정보탐색 성공자 수의 비율이 가장 낮은 지역은 H지역이다.
③ 정보탐색 시도율이 높은 지역일수록 정보탐색 성공률도 높다.
④ 인구수가 가장 작은 지역과 남성 정보탐색 성공자 수가 가장 작은 지역은 동일하다.
⑤ D지역의 여성 정보탐색 성공자 수는 C지역의 여성 정보탐색 성공자 수의 2배 이상이다.

문 10. 다음 〈표〉는 '갑'국 축구 국가대표팀 코치(A~F)의 분야별 잠재능력을 수치화한 것이다. 각 코치가 맡은 모든 분야를 체크(✓)로 표시할 때, 〈표〉와 〈조건〉에 부합하는 코치의 역할 배분으로 가능한 것은?

〈표〉 코치의 분야별 잠재능력

코치 \ 분야	체력	전술	수비	공격
A	18	20	18	15
B	18	16	15	20
C	16	18	20	15
D	20	16	15	18
E	20	18	16	15
F	16	14	20	20

〈조 건〉

- 각 코치는 반드시 하나 이상의 분야를 맡는다.
- 코치의 분야별 투입능력 $=\dfrac{\text{코치의 분야별 잠재능력}}{\text{코치가 맡은 분야의 수}}$
- 각 분야별로 그 분야를 맡은 모든 코치의 분야별 투입능력 합은 24 이상이어야 한다.

①

코치 \ 분야	체력	전술	수비	공격
A	✓	✓		✓
B		✓	✓	
C	✓			
D		✓	✓	
E	✓			✓
F			✓	✓

②

코치 \ 분야	체력	전술	수비	공격
A		✓		
B		✓	✓	✓
C	✓		✓	
D	✓	✓		✓
E	✓			✓
F			✓	

③

코치 \ 분야	체력	전술	수비	공격
A		✓	✓	
B				✓
C	✓	✓		✓
D	✓		✓	
E		✓		✓
F	✓		✓	

④

코치 \ 분야	체력	전술	수비	공격
A		✓	✓	
B		✓		✓
C			✓	
D	✓			✓
E	✓		✓	✓
F	✓	✓		

⑤

코치 \ 분야	체력	전술	수비	공격
A	✓			✓
B				✓
C	✓	✓	✓	
D		✓	✓	✓
E	✓			
F		✓	✓	

문 11. 다음 〈표〉는 2014~2018년 '갑'국의 범죄 피의자 처리 현황에 대한 자료이다. 이에 대한 설명으로 옳은 것은?

〈표〉 범죄 피의자 처리 현황

(단위 : 명)

연도 \ 구분	처리	처리 결과		기소 유형	
		기소	불기소	정식재판 기소	약식재판 기소
2014	33,654	14,205	( )	( )	12,239
2015	26,397	10,962	15,435	1,972	( )
2016	28,593	12,287	( )	( )	10,050
2017	31,096	12,057	19,039	2,619	( )
2018	38,152	( )	( )	3,513	10,750

※ 1) 모든 범죄 피의자는 당해년도에 처리됨
2) 범죄 피의자에 대한 처리 결과는 기소와 불기소로만 구분되며, 기소 유형은 정식재판기소와 약식재판기소로만 구분됨
3) 기소율(%) $=\dfrac{\text{기소 인원}}{\text{처리 인원}}\times 100$

① 2015년 이후 처리 인원이 전년 대비 증가한 연도에는 기소 인원도 전년 대비 증가한다.
② 2018년 기소 인원과 기소율은 2014년보다 모두 증가하였다.
③ 2017년 불기소 인원은 2018년보다 많다.
④ 2014년 불기소 인원은 정식재판기소 인원의 10배 이상이다.
⑤ 처리 인원 중 정식재판기소 인원과 약식재판기소 인원의 합이 차지하는 비율은 매년 50% 미만이다.

문 12. 다음 〈그림〉과 〈표〉는 연도별 의약품 국내시장 현황과 세계 지역별 의약품 시장규모에 관한 자료이다. 이에 대한 〈보기〉의 설명 중 옳은 것만을 모두 고르면?

〈그림〉 2006~2015년 의약품 국내시장 현황

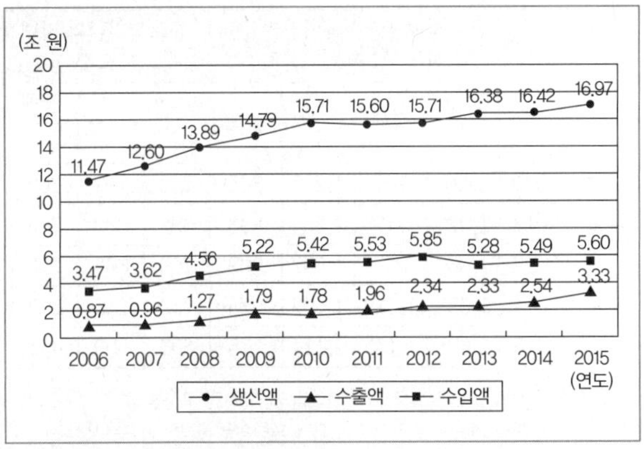

※ 국내시장규모=생산액−수출액+수입액

〈표〉 2013~2014년 세계 지역별 의약품 시장규모

(단위 : 십억 달러, %)

지역 \ 연도 / 구분	2013		2014	
	시장규모	비중	시장규모	비중
북미	362.8	38.3	405.6	39.5
유럽	219.8	( )	228.8	22.3
아시아(일본 제외), 호주, 아프리카	182.6	19.3	199.2	19.4
일본	80.5	8.5	81.6	7.9
라틴 아메리카	64.5	( )	72.1	7.0
기타	37.4	3.9	39.9	3.9
전체	947.6	100.0	( )	100.0

〈보 기〉

ㄱ. 2013년 의약품 국내시장규모에서 수입액이 차지하는 비중은 전년 대비 감소하였다.

ㄴ. 2008~2015년 동안 의약품 국내시장규모는 전년 대비 매년 증가하였다.

ㄷ. 2014년 의약품 세계 전체 시장규모에서 유럽이 차지하는 비중은 전년 대비 감소하였다.

ㄹ. 2014년 의약품 세계 전체 시장규모는 전년 대비 5% 이상 증가하였다.

① ㄱ, ㄴ
② ㄱ, ㄹ
③ ㄱ, ㄴ, ㄷ
④ ㄱ, ㄷ, ㄹ
⑤ ㄴ, ㄷ, ㄹ

문 13. 다음 〈표〉는 2014~2018년 '갑'국의 예산 및 세수 실적과 2018년 세수항목별 세수 실적에 관한 자료이다. 이에 대한 설명으로 옳지 않은 것은?

〈표 1〉 2014~2018년 '갑'국의 예산 및 세수 실적

(단위 : 십억 원)

연도 \ 구분	예산액	징수결정액	수납액	불납결손액
2014	175,088	198,902	180,153	7,270
2015	192,620	211,095	192,092	8,200
2016	199,045	208,745	190,245	8
2017	204,926	221,054	195,754	2,970
2018	205,964	237,000	208,113	2,321

〈표 2〉 2018년 '갑'국의 세수항목별 세수 실적

(단위 : 십억 원)

세수항목 \ 구분	예산액	징수결정액	수납액	불납결손액
총 세수	205,964	237,000	208,113	2,321
내국세	183,093	213,585	185,240	2,301
교통·에너지·환경세	13,920	14,110	14,054	10
교육세	5,184	4,922	4,819	3
농어촌 특별세	2,486	2,674	2,600	1
종합 부동산세	1,281	1,709	1,400	6

※ 1) 미수납액=징수결정액−수납액−불납결손액

2) 수납비율(%)=$\frac{\text{수납액}}{\text{예산액}} \times 100$

① 미수납액이 가장 큰 연도는 2018년이다.

② 수납비율이 가장 높은 연도는 2014년이다.

③ 2018년 내국세 미수납액은 총 세수 미수납액의 95% 이상을 차지한다.

④ 2018년 세수항목 중 수납비율이 가장 높은 항목은 종합부동산세이다.

⑤ 2018년 교통·에너지·환경세 미수납액은 교육세 미수납액보다 크다.

문 14. 다음 〈그림〉과 〈표〉는 '갑'국 맥주 소비량 및 매출액 현황에 관한 자료이다. 이에 대한 〈보고서〉의 설명 중 옳지 않은 것은?

〈그림〉 2010~2018년 국산맥주 소비량 및 수입맥주 소비량

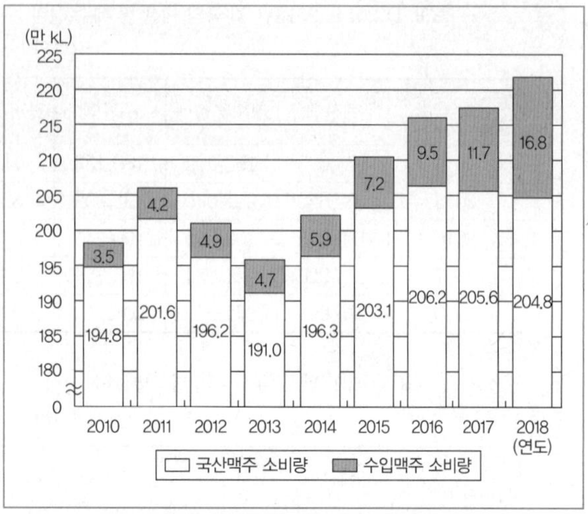

※ 맥주 소비량(만 kL)=국산맥주 소비량+수입맥주 소비량

〈표〉 '갑'국 전체 맥주 매출액 대비 브랜드별 맥주 매출액 비중 순위

(단위 : %)

순위	2017년			2018년		
	브랜드명	비중	비고	브랜드명	비중	비고
1	파아스	37.4	국산	파아스	32.3	국산
2	하이프	15.6	국산	하이프	15.4	국산
3	드로이C	7.1	국산	클라우스	8.0	국산
4	막스	6.6	국산	막스	4.7	국산
5	프라이	6.5	국산	프라이	4.3	국산
6	아사리	3.3	수입	드로이C	4.1	국산
7	하이네펜	3.2	수입	R맥주	4.0	수입
8	R맥주	3.0	수입	아사리	3.8	수입
9	호가튼	2.0	수입	하이네펜	3.4	수입
10	갓포로	1.3	수입	파울러나	1.9	수입

〈보고서〉

㉠ '갑'국 맥주 소비량은 2014년 이후 매년 꾸준하게 증가되어, 2013년 총 195만 7천 kL였던 맥주 소비량이 2018년에는 221만 6천 kL에 이르렀다. 이는 수입맥주 소비량의 증가가 주요 원인 중 한 가지로 파악된다. ㉡ 2010년 '갑'국 맥주 소비량 중 2% 미만이었던 수입맥주 소비량 비중이 2018년에는 7% 이상이 되었다. ㉢ 2014~2018년 '갑'국 수입맥주 소비량의 전년대비 증가율 역시 매년 커지고 있다.

2017년과 2018년 브랜드별 '갑'국 맥주시장 매출액 비중순위를 살펴보면 국산맥주 브랜드가 1~5위를 차지하여 매출액 비중 순위에서 강세를 나타냈다. 그럼에도 불구하고 ㉣ 맥주 매출액 상위 10개 브랜드 중 수입맥주 브랜드가 '갑'국 전체 맥주 매출액에서 차지하는 비중은 2017년보다 2018년에 커졌다. 그리고 ㉤ '갑'국 전체 맥주 매출액에서 상위 5개 브랜드가 차지하는 비중은 2017년에 비해 2018년에 작아졌다.

① ㄱ
② ㄴ
③ ㄷ
④ ㄹ
⑤ ㅁ

문 15. 다음 〈표〉는 우리나라 근로장려금과 자녀장려금 신청 현황에 관한 자료이다. 이에 대한 설명으로 옳지 않은 것은?

〈표 1〉 2011~2015년 전국 근로장려금 및 자녀장려금 신청 현황

(단위 : 천 가구, 십억 원)

구분 \ 연도	근로장려금만 신청		자녀장려금만 신청		근로장려금과 자녀장려금 모두 신청			
	가구 수	금액	가구 수	금액	가구 수	금액		
						근로	자녀	소계
2011	930	747	1,210	864	752	712	762	1,474
2012	1,020	719	1,384	893	692	882	765	1,647
2013	1,060	967	1,302	992	769	803	723	1,526
2014	1,658	1,419	1,403	975	750	715	572	1,287
2015	1,695	1,155	1,114	775	608	599	451	1,050

※ 1) 장려금은 근로장려금과 자녀장려금으로만 구성됨
2) 단일 연도에 같은 종류의 장려금을 중복 신청한 가구는 없음

〈표 2〉 2015년 지역별 근로장려금 및 자녀장려금 신청 현황

(단위 : 천 가구, 십억 원)

구분 \ 지역	근로장려금만 신청		자녀장려금만 신청		근로장려금과 자녀장려금 모두 신청		
	가구 수	금액	가구 수	금액	가구 수	금액	
						근로	자녀
서울	247	174	119	95	83	86	57
인천	105	72	79	52	40	39	30
경기	344	261	282	188	144	144	106
강원	71	44	42	29	23	23	17
대전	58	35	38	26	21	20	16
충북	59	36	41	29	20	20	16
충남	70	43	46	33	24	23	19
세종	4	3	4	2	2	2	1
광주	62	39	43	31	24	23	18
전북	91	59	54	40	31	30	25
전남	93	58	51	38	29	28	24
대구	93	64	59	39	33	32	23
경북	113	75	68	47	36	34	27
부산	126	88	70	45	37	35	26
울산	26	15	20	13	10	10	7
경남	109	74	79	54	40	39	30
제주	24	15	19	14	11	11	9

① 장려금을 신청한 가구의 수는 2011~2014년 동안 매년 증가하였다.
② 근로장려금과 자녀장려금을 모두 신청한 가구의 가구당 장려금 총 신청 금액이 가장 큰 연도는 2012년이다.
③ 2015년 자녀장려금만 신청한 가구 중 경기 지역 가구가 차지하는 비중은 20% 이상이다.
④ 2015년 각 지역에서, 근로장려금과 자녀장려금을 모두 신청한 가구의 가구당 근로장려금 신청 금액은 근로장려금만 신청한 가구의 가구당 근로장려금 신청 금액보다 크다.
⑤ 2015년 근로장려금을 신청한 가구의 가구당 근로장려금 신청금액은 부산이 전국보다 크다.

문 16. 다음 〈표〉와 〈그림〉은 우리나라의 에너지 유형별 1차에너지 생산과 최종에너지 소비에 관한 자료이다. 이에 대한 〈보기〉의 설명으로 옳지 않은 것은?

〈표 1〉 2008~2012년 1차에너지의 유형별 생산량

(단위 : 천 TOE)

연도 \ 유형	석탄	수력	신재생	원자력	천연가스	합
2008	1,289	1,196	5,198	32,456	236	40,375
2009	1,171	1,213	5,480	31,771	498	40,133
2010	969	1,391	6,064	31,948	539	40,911
2011	969	1,684	6,618	33,265	451	42,987
2012	942	1,615	8,036	31,719	436	42,748

※ 국내에서 생산하는 1차에너지 유형은 제시된 5가지로만 구성됨

〈그림〉 2012년 1차에너지의 지역별 생산량 비중(TOE 기준)

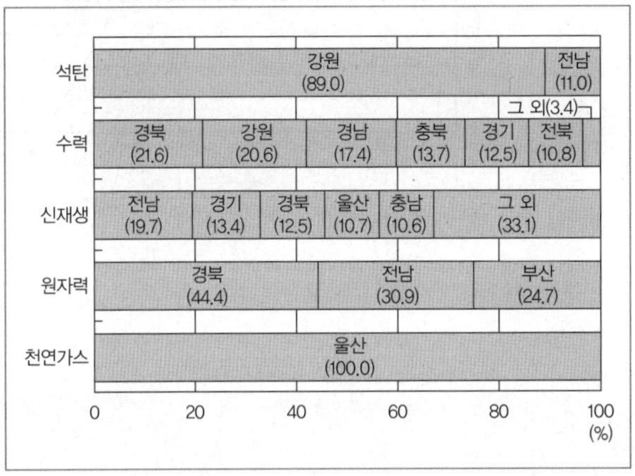

〈표 2〉 유형별 최종에너지 소비 추이(2008~2012년)와 지역별 최종에너지 소비(2012년)

(단위 : 천 TOE)

연도·지역 \ 유형	석탄	석유제품	천연 및 도시가스	전력	열	신재생	합
2008	26,219	97,217	19,765	33,116	1,512	4,747	182,576
2009	23,895	98,370	19,459	33,925	1,551	4,867	182,067
2010	29,164	100,381	21,640	37,338	1,718	5,346	195,587
2011	33,544	101,976	23,672	39,136	1,702	5,833	205,863
2012	31,964	101,710	25,445	40,127	1,751	7,124	208,121
서울	118	5,863	4,793	4,062	514	218	15,568
부산	62	3,141	1,385	1,777	–	104	6,469
대구	301	1,583	970	1,286	80	214	4,434
인천	54	6,798	1,610	1,948	–	288	10,698
광주	34	993	630	699	–	47	2,403
대전	47	945	682	788	–	51	2,513
울산	451	19,357	2,860	2,525	–	336	25,529
경기	335	10,139	5,143	8,625	1,058	847	26,147
강원	1,843	1,875	312	1,368	–	644	6,042
충북	1,275	2,044	752	1,837	59	471	6,438
충남	5,812	17,184	1,454	3,826	5	143	28,424
전북	27	2,177	846	1,846	–	337	5,233
전남	11,675	21,539	975	2,450	–	2,251	38,890
경북	9,646	3,476	1,505	3,853	–	879	19,359
경남	284	3,873	1,515	2,839	35	266	8,812
제주	–	721	13	332	–	28	1,094
기타	–	2	–	66	–	–	68

※ 국내에서 소비하는 최종에너지 유형은 제시된 6가지로만 구성됨

① 2008년 대비 2012년의 생산량 증가율이 가장 큰 1차에너지 유형은 천연가스이다.
② 2012년 1차에너지를 가장 많이 생산한 지역에서는 같은 해 최종에너지 중 석유제품을 가장 많이 소비하였다.
③ 2012년 석탄 1차에너지 생산량은 2012년 경기 지역의 신재생 1차에너지 생산량보다 적다.
④ 2012년에 1차에너지 생산량이 최종에너지 소비량의 합보다 많은 지역이 존재한다.
⑤ 2008년 대비 2012년의 소비량 증가율이 가장 큰 최종에너지 유형은 신재생이다.

문 17. 다음 〈표〉는 '갑'국의 전기자동차 충전요금 산정기준과 계절별 부하 시간대에 대한 자료이다. 이에 대한 설명으로 옳은 것은?

〈표 1〉 전기자동차 충전요금 산정기준

월 기본요금 (원)	시간대 \ 계절	전력량 요율(원/kWh) 여름 (6~8월)	봄 (3~5월), 가을 (9~10월)	겨울 (1~2월, 11~12월)
2,390	경부하	57.6	58.7	80.7
	중간부하	145.3	70.5	128.2
	최대부하	232.5	75.4	190.8

※ 1) 월 충전요금(원)=월 기본요금
+(경부하 시간대 전력량 요율×경부하 시간대 충전 전력량)
+(중간부하 시간대 전력량 요율×중간부하 시간대 충전 전력량)
+(최대부하 시간대 전력량 요율×최대부하 시간대 충전 전력량)
2) 월 충전요금은 해당 월 1일에서 말일까지의 충전 전력량을 사용하여 산정함
3) 1시간에 충전되는 전기자동차의 전력량은 5kWh임

〈표 2〉 계절별 부하 시간대

시간대 \ 계절	여름 (6~8월)	봄(3~5월), 가을(9~10월)	겨울(1~2월, 11~12월)
경부하	00:00~09:00 23:00~24:00	00:00~09:00 23:00~24:00	00:00~09:00 23:00~24:00
중간부하	09:00~10:00 12:00~13:00 17:00~23:00	09:00~10:00 12:00~13:00 17:00~23:00	09:00~10:00 12:00~17:00 20:00~22:00
최대부하	10:00~12:00 13:00~17:00	10:00~12:00 13:00~17:00	10:00~12:00 17:00~20:00 22:00~23:00

① 모든 시간대에서 봄, 가을의 전력량 요율이 가장 낮다.
② 월 100kWh를 충전했을 때 월 충전요금의 최댓값과 최솟값 차이는 16,000원 이하이다.
③ 중간부하 시간대의 총 시간은 6월 1일과 12월 1일이 동일하다.
④ 22시 30분의 전력량 요율이 가장 높은 계절은 여름이다.
⑤ 12월 중간부하 시간대에만 100kWh를 충전한 월 충전요금은 6월 경부하 시간대에만 100kWh를 충전한 월 충전요금의 2배 이상이다.

문 18. 다음 〈표〉는 2010~2016년 '갑'국의 신설법인 현황에 대한 자료이다. 〈표〉를 이용하여 작성한 그래프로 옳지 않은 것은?

〈표〉 2010~2016년 '갑'국의 신설법인 현황

(단위 : 개)

업종 / 연도	농림수산업	제조업	에너지공급업	건설업	서비스업	전체
2010	1,077	14,818	234	6,790	37,393	60,312
2011	1,768	15,557	299	6,593	40,893	65,110
2012	2,067	17,733	391	6,996	46,975	74,162
2013	1,637	18,721	711	7,069	47,436	75,574
2014	2,593	19,509	1,363	8,145	53,087	84,697
2015	3,161	20,155	967	9,742	59,743	93,768
2016	2,391	19,037	1,488	9,825	63,414	96,155

① 2016년 신설법인의 업종별 구성비

(단위 : %)

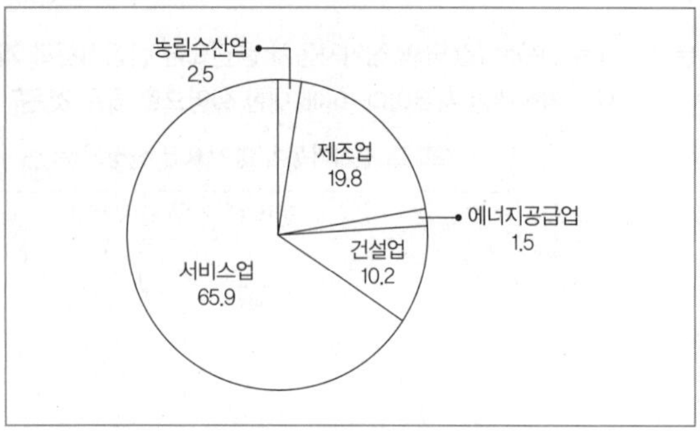

② 2011~2016년 제조업 및 서비스업 신설법인 수 추이

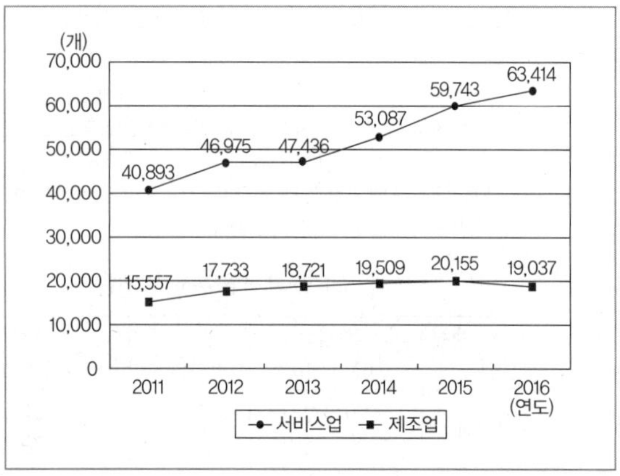

③ 2011~2016년 건설업 신설법인 수의 전년 대비 증가율 추이

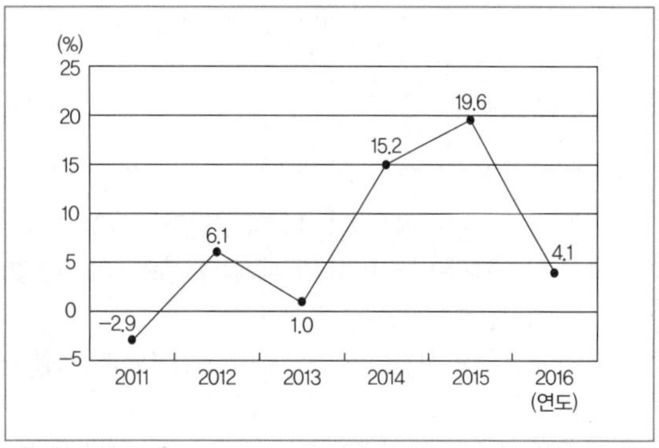

④ 2011~2016년 신설법인 중 서비스업 신설법인 비율

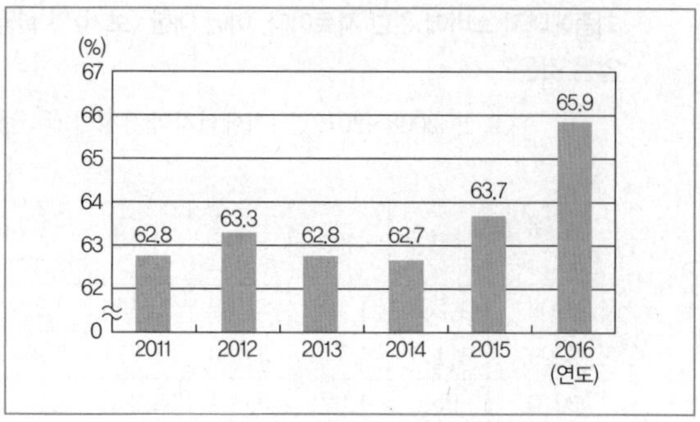

⑤ 2011~2016년 전체 신설법인 수의 전년 대비 증가율 추이

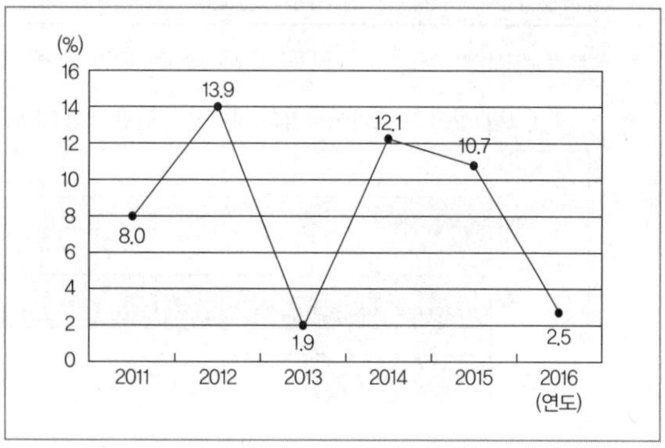

※ 다음 〈표〉는 2019년 2월에 '갑'국 국민 중 표본을 추출하여 2017년, 2018년 고용형태와 소득분위의 변화를 조사한 자료이다. 다음 물음에 답하시오. [19~20]

〈표 1〉 2017년에서 2018년 표본의 고용형태 변화비율

(단위 : %)

구분		2018년		합계
		사업가	피고용자	
2017년	사업가	80	20	100
	피고용자	30	70	100

※ 고용형태는 사업가와 피고용자로만 나누어지며 실업자는 없음

〈표 2〉 고용형태 변화 유형별 표본의 소득분위 변화

(단위 : %)

I. 사업가(2017년) → 사업가(2018년)

2017년 \ 2018년	1분위	2분위	3분위	4분위	5분위	합계
1분위	40.0	35.0	10.0	10.0	5.0	100.0
2분위	10.0	55.0	25.0	5.0	5.0	100.0
3분위	5.0	15.0	45.0	25.0	10.0	100.0
4분위	5.0	5.0	20.0	45.0	25.0	100.0
5분위	0.0	0.0	5.0	15.0	80.0	100.0

II. 사업가(2017년) → 피고용자(2018년)

2017년 \ 2018년	1분위	2분위	3분위	4분위	5분위	합계
1분위	70.0	30.0	0.0	0.0	0.0	100.0
2분위	25.0	55.0	15.0	5.0	0.0	100.0
3분위	5.0	25.0	50.0	15.0	5.0	100.0
4분위	5.0	10.0	20.0	50.0	15.0	100.0
5분위	0.0	5.0	5.0	15.0	75.0	100.0

III. 피고용자(2017년) → 피고용자(2018년)

2017년 \ 2018년	1분위	2분위	3분위	4분위	5분위	합계
1분위	85.0	10.0	5.0	0.0	0.0	100.0
2분위	15.0	65.0	15.0	5.0	0.0	100.0
3분위	5.0	20.0	60.0	15.0	0.0	100.0
4분위	0.0	5.0	15.0	65.0	15.0	100.0
5분위	0.0	5.0	5.0	15.0	75.0	100.0

IV. 피고용자(2017년) → 사업가(2018년)

2017년 \ 2018년	1분위	2분위	3분위	4분위	5분위	합계
1분위	50.0	40.0	5.0	5.0	0.0	100.0
2분위	10.0	60.0	20.0	5.0	5.0	100.0
3분위	5.0	20.0	50.0	20.0	5.0	100.0
4분위	0.0	10.0	20.0	50.0	20.0	100.0
5분위	0.0	0.0	5.0	35.0	60.0	100.0

※ 1) '가(2017년) → 나(2018년)'는 고용형태 변화 유형을 나타내며, 2017년 고용형태 '가'에서 2018년 고용형태 '나'로 변화된 것을 의미함
2) 소득분위는 1~5분위로 구분하며, 숫자가 클수록 분위가 높음
3) 각 고용형태 변화 유형 내에서 2017년 소득분위별 인원은 동일함

문 19. '갑'국 표본의 2017년 고용형태에서 사업가와 피고용자가 각각 5,000명일 때, 위 〈표〉를 근거로 한 〈보기〉의 설명 중 옳은 것만을 모두 고르면?

〈보 기〉

ㄱ. 2017년 사업가에서 2018년 피고용자로 고용형태가 변화된 사람 중에서 2018년에 소득 1분위에 속하는 사람은 모두 210명이다.
ㄴ. 2018년 고용형태가 사업가인 사람은 6,000명이다.
ㄷ. 2017년 피고용자에서 2018년 사업가로 고용형태가 변화된 사람 중에서 2017년 소득 2분위에서 2018년 소득분위가 높아진 사람은 모두 90명이다.
ㄹ. 동일한 표본에 대해, 2017년에서 2018년 고용형태 변화비율과 같은 비율로 2018년에서 2019년 고용형태가 변화된다면 2019년 피고용자의 수는 2018년에 비해 감소한다.

① ㄱ, ㄴ
② ㄷ, ㄹ
③ ㄱ, ㄴ, ㄷ
④ ㄱ, ㄷ, ㄹ
⑤ ㄴ, ㄷ, ㄹ

문 20. 위 〈표〉를 근거로 한 〈보기〉의 설명 중 옳은 것만을 모두 고르면?

〈보 기〉

ㄱ. 2017년 소득 1분위이면서 2018년 소득분위가 2017년 소득분위보다 높아진 사람의 비율은, '사업가(2017년) → 사업가(2018년)' 유형이 '사업가(2017년) → 피고용자(2018년)' 유형보다 높다.
ㄴ. 2017년 소득 3분위이면서 2018년 소득분위가 2017년 소득분위보다 높아진 사람의 비율은, '피고용자(2017년) → 사업가(2018년)' 유형이 '피고용자(2017년) → 피고용자(2018년)' 유형보다 높다.
ㄷ. 고용형태 변화 유형 네 가지 중에서 2017년과 2018년 사이에 소득분위가 변동되지 않은 사람의 비율이 가장 높은 유형은 '사업가(2017년) → 피고용자(2018년)'이다.
ㄹ. 고용형태 변화 유형 네 가지 중에서 2018년에 소득 5분위인 사람의 비율이 가장 높은 유형은 '사업가(2017년) → 사업가(2018년)'이다.

① ㄱ, ㄷ
② ㄴ, ㄹ
③ ㄷ, ㄹ
④ ㄱ, ㄴ, ㄷ
⑤ ㄱ, ㄴ, ㄹ

문 21. 다음 〈표〉와 〈보고서〉는 A시 대기오염과 그 영향에 관한 자료이다. 제시된 〈표〉 이외에 〈보고서〉를 작성하기 위해 추가로 필요한 자료만을 〈보기〉에서 모두 고르면?

〈표 1〉 A시 연평균 미세먼지 농도

(단위 : μg/m³)

연도	2012	2013	2014	2015	2016	2017	2018	평균
농도	61.30	55.37	54.04	49.03	46.90	41.08	44.57	50.32

〈표 2〉 A시 연평균 기온 및 상대습도

(단위 : ℃, %)

구분 \ 연도	2012	2013	2014	2015	2016	2017	2018	평균
기온	13.28	12.95	12.95	12.14	12.07	12.27	12.56	12.60
상대습도	62.25	59.45	61.10	62.90	59.54	56.63	60.02	60.27

〈보고서〉

A시 부설연구원은 2012~2018년 A시 사망자를 대상으로 대기오염으로 인한 사망영향을 연구하였다. 2012~2018년 연평균 미세먼지 농도는 평균 50.32μg/m³이었다. 연도별로는 2012년에 가장 높은 61.30μg/m³이었고, 2013년부터 지속적으로 감소하여 2017년 가장 낮은 41.08μg/m³을 나타내었다. 2018년에는 2017년에 비해 다소 증가하여 44.57μg/m³이었다.

연구대상 기간 동안 전체 연령집단, 65세 미만 연령집단, 65세 이상 연령집단의 연간 일일 사망자 수는 각각 평균 96.65명, 27.35명, 69.30명이었다. 전체 연령집단의 연간 일일 사망자 수는 2012년 93.61명에서 2018년 102.97명으로 증가하였다. 65세 미만 연령 집단의 연간 일일 사망자 수는 2012년 29.13명에서 2018년 26.09명으로 감소하였다. 65세 이상 연령집단의 연간 일일 사망자 수는 2012년 64.48명에서 2018년 76.88명으로 증가하였다.

2012~2018년 A시의 연평균 기온은 평균 12.60℃이었고, 2012년은 13.28℃로 다소 높았으며, 2016년은 12.07℃로 다소 낮은 기온을 나타내었다. 연구대상 기간 동안 연평균 상대습도는 평균 60.27%이었으며, 전체적으로 56.63~62.90% 수준이었다.

〈보 기〉

ㄱ. A시 연간 일일 사망자 수

(단위 : 명)

연도	2012	2013	2014	2015	2016	2017	2018	평균
사망자 수	93.61	92.24	92.75	96.59	97.21	101.19	102.97	96.65

ㄴ. A시 연간 미세먼지 경보발령일수

(단위 : 일)

연도	2012	2013	2014	2015	2016	2017	2018
일수	37	32	33	25	26	30	29

ㄷ. A시 연간 심혈관계 응급환자 수

(단위 : 명)

연도	2012	2013	2014	2015	2016	2017	2018
환자 수	36,775	34,972	34,680	35,112	35,263	36,417	37,584

ㄹ. A시 65세 이상 연령집단의 연간 일일 사망자 수

(단위 : 명)

연도	2012	2013	2014	2015	2016	2017	2018	평균
사망자 수	64.48	64.40	65.19	68.72	70.35	75.07	76.88	69.30

① ㄱ, ㄴ
② ㄱ, ㄷ
③ ㄱ, ㄹ
④ ㄴ, ㄷ
⑤ ㄷ, ㄹ

문 22. 다음 〈그림〉은 2015~2018년 사용자별 사물인터넷 관련 지출액에 관한 자료이다. 이에 대한 설명으로 옳지 않은 것은?

〈그림〉 사물인터넷 관련 지출액

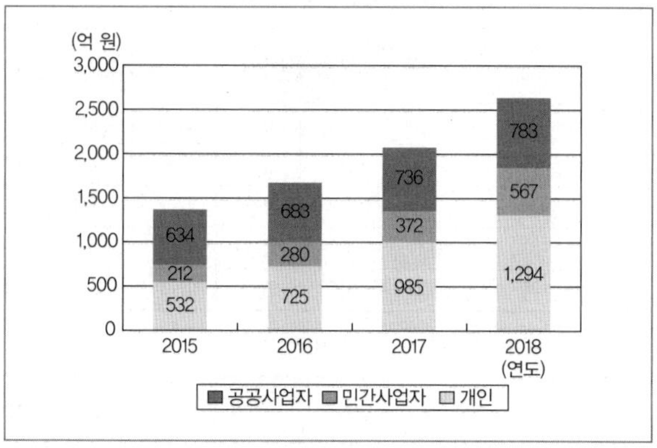

※ 사용자는 공공사업자, 민간사업자, 개인으로만 구성됨

① 2016~2018년 동안 '공공사업자' 지출액의 전년 대비 증가폭이 가장 큰 해는 2017년이다.
② 2018년 사용자별 지출액의 전년 대비 증가율은 '개인'이 가장 높다.
③ 2016~2018년 동안 사용자별 지출액의 전년 대비 증가율은 매년 '공공사업자'가 가장 낮다.
④ '공공사업자'와 '민간사업자'의 지출액 합은 매년 '개인'의 지출액보다 크다.
⑤ 2018년 모든 사용자의 지출액 합은 2015년 대비 80% 이상 증가하였다.

문 23. 다음 〈보고서〉는 2017년과 2018년 청소년활동 참여 실태에 관한 자료이다. 〈보고서〉의 내용과 부합하는 자료만을 〈보기〉에서 모두 고르면?

〈보고서〉

2018년 청소년활동 9개 영역 중 '건강 · 보건활동'의 참여경험(93.6%)이 가장 높게 나타났고, 다음으로 '문화예술활동'(85.2%), '모험개척활동'(57.8%) 순으로 높게 나타났다. 반면, 2017년과 2018년 모두 '교류활동'의 참여경험 비율이 가장 낮게 나타났다. 이와 더불어 2018년 향후 가장 참여를 희망하는 청소년활동으로는 '문화예술활동'(22.5%), '진로탐색 · 직업체험활동'(21.5%)의 순으로 높게 조사되었다.

2018년 청소년활동 참여형태에 대한 9개 항목 중 '학교에서 단체로 참여'라는 응답(46.0%)이 가장 높게 나타났으며, 다음으로 '교내 동아리활동으로 참여', '개인적으로 참여'의 순으로 높게 나타났다. 2018년 청소년활동을 가장 희망하는 시간대는 '학교 수업시간 중'(43.7%)으로 조사되었고, '기타'를 제외하고는 '방과 후'가 가장 낮은 비율로 조사되었다.

2018년 청소년활동에 대한 '전반적 만족도'는 3.37점으로 2017년보다 상승한 것으로 확인되었고, '지도자 만족도'가 '활동내용 만족도'보다 더 높은 것으로 나타났다. 또한, 2018년 청소년활동 정책 인지도 점수는 최소 1.15점에서 최대 1.42점으로 나타났다.

〈보 기〉

ㄱ. 청소년활동 영역별 참여경험 및 향후 참여희망 비율(2017~2018년)

(단위 : %)

구분 \ 영역	연도	건강 · 보건 활동	과학 정보 활동	교류 활동	모험 개척 활동	문화 예술 활동	봉사 활동	진로 탐색 · 직업 체험 활동	환경 보존 활동	자기 계발 활동
참여경험	2017	93.7	53.6	26.5	55.7	79.7	55.4	63.8	42.4	41.3
	2018	93.6	61.2	33.9	57.8	85.2	62.9	72.5	48.8	50.8
향후 참여 희망	2017	9.7	11.6	3.6	16.4	21.1	5.0	21.0	1.7	4.7
	2018	8.2	11.1	3.0	17.0	22.5	5.4	21.5	1.8	3.5

ㄴ. 청소년활동 희망시간대(2018년)

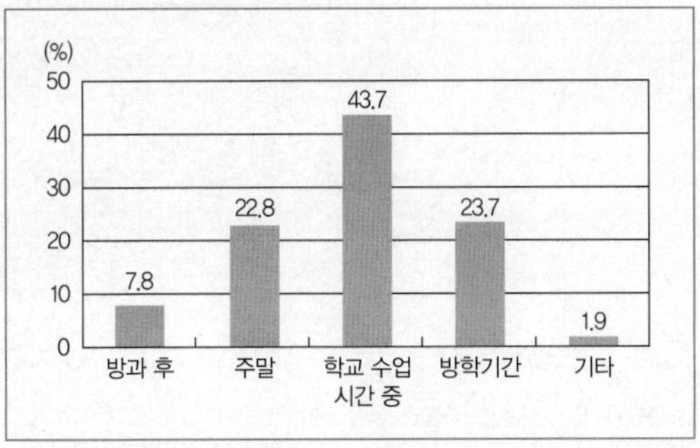

ㄷ. 청소년활동 참여형태(2017~2018년)

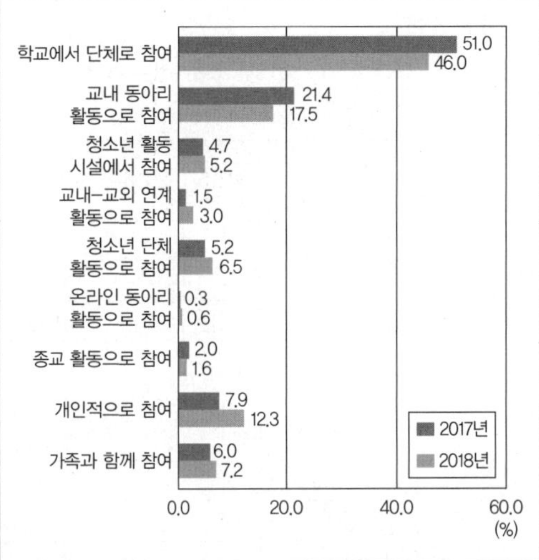

ㄹ. 청소년활동 정책 인지도 점수(2017~2018년)

(단위 : 점)

항목 \ 연도	2017	2018
청소년수련활동인증제	1.24	1.27
국제청소년성취포상제	1.14	1.15
청소년어울림마당	1.40	1.42
청소년특별회의	1.28	1.30
청소년참여위원회	1.35	1.37
청소년운영위원회	1.41	1.44
청소년활동정보서비스	1.31	1.32
대한민국청소년박람회	1.29	1.28
청소년수련활동신고제	1.18	1.20

※ 점수가 높을수록 인지도가 높음

① ㄴ, ㄷ
② ㄴ, ㄹ
③ ㄷ, ㄹ
④ ㄱ, ㄴ, ㄷ
⑤ ㄱ, ㄷ, ㄹ

문 24. 다음 〈표〉는 2015~2018년 A~D국 초흡수성 수지의 기술분야별 특허출원에 대한 자료이다. 〈표〉를 이용하여 작성한 그래프로 옳지 않은 것은?

〈표〉 2015~2018년 초흡수성 수지의 특허출원 건수

(단위 : 건)

국가	기술분야 \ 연도	2015	2016	2017	2018	합
A	조성물	5	8	11	11	35
	공정	3	2	5	6	16
	친환경	1	3	10	13	27
B	조성물	4	4	2	1	11
	공정	0	2	5	8	15
	친환경	3	1	3	1	8
C	조성물	2	5	5	6	18
	공정	7	8	7	6	28
	친환경	3	5	3	3	14
D	조성물	1	2	1	2	6
	공정	1	3	3	2	9
	친환경	5	4	4	2	15
계		35	47	59	61	202

※ 기술분야는 조성물, 공정, 친환경으로만 구성됨

① 2015~2018년 국가별 초흡수성 수지의 특허출원 건수 비율

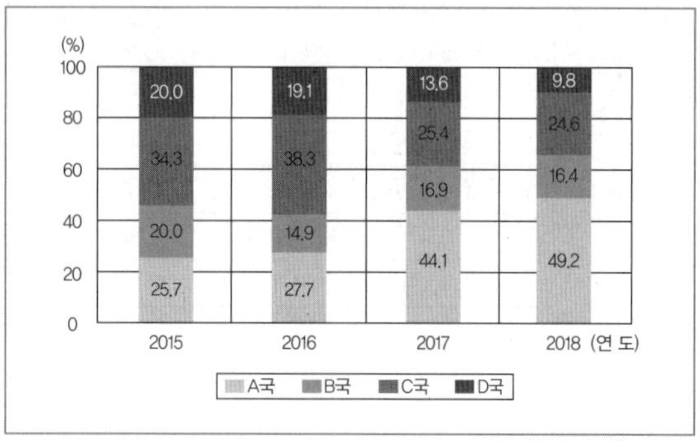

② 공정 기술분야의 국가별, 연도별 초흡수성 수지의 특허출원 건수

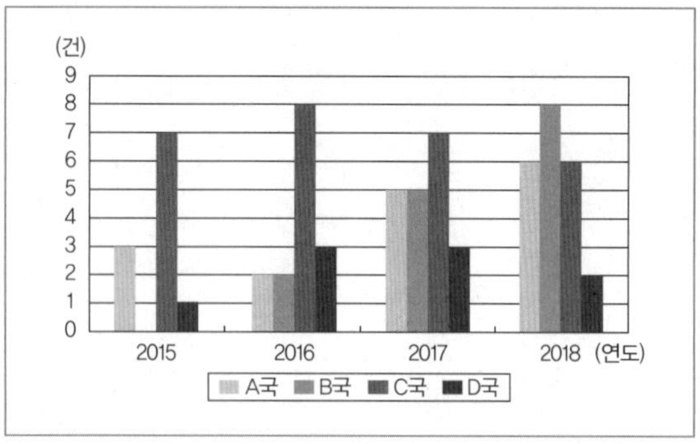

③ A~D국 전체의 초흡수성 수지 특허출원 건수의 연도별 구성비

(단위 : %)

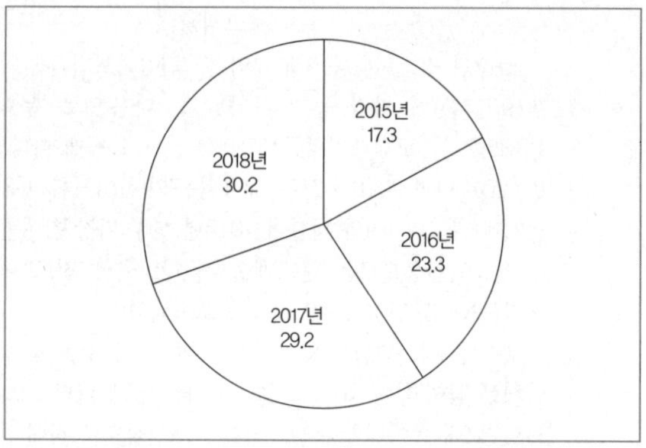

④ 2015~2018년 기술분야별 초흡수성 수지 특허출원 건수 합의 국가별 비중

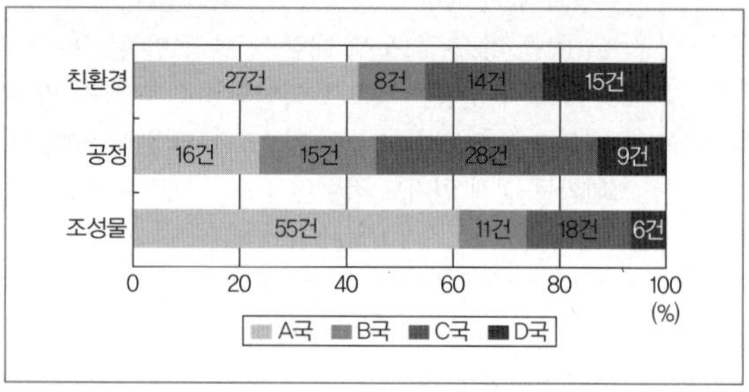

⑤ A~D국 전체의 초흡수성 수지 특허출원 건수의 전년 대비 증가율

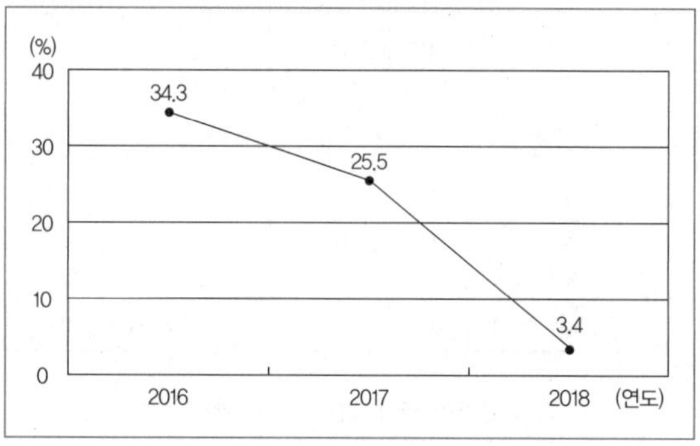

문 25. 다음 〈표〉는 수면제 A~D를 사용한 불면증 환자 '갑'~'무'의 숙면시간을 측정한 결과이다. 이에 대한 〈보기〉의 설명 중 옳은 것만을 모두 고르면?

〈표〉 수면제별 숙면시간

(단위 : 시간)

수면제 \ 환자	갑	을	병	정	무	평균
A	5.0	4.0	6.0	5.0	5.0	5.0
B	4.0	4.0	5.0	5.0	6.0	4.8
C	6.0	5.0	4.0	7.0	( )	5.6
D	6.0	4.0	5.0	5.0	6.0	( )

〈보 기〉

ㄱ. 평균 숙면시간이 긴 수면제부터 순서대로 나열하면 C, D, A, B 순이다.
ㄴ. 환자 '을'과 환자 '무'의 숙면시간 차이는 수면제 C가 수면제 B보다 크다.
ㄷ. 수면제 B와 수면제 D의 숙면시간 차이가 가장 큰 환자는 '갑'이다.
ㄹ. 수면제 C의 평균 숙면시간보다 수면제 C의 숙면시간이 긴 환자는 2명이다.

① ㄱ, ㄴ
② ㄱ, ㄷ
③ ㄴ, ㄹ
④ ㄱ, ㄴ, ㄷ
⑤ ㄴ, ㄷ, ㄹ

문 26. 다음 〈표〉는 2018년 A~C지역의 0~11세 인구 자료이다. 이에 대한 〈보기〉의 설명 중 옳은 것만을 모두 고르면?

〈표 1〉 A~C지역의 0~5세 인구(2018년)

(단위 : 명)

지역 \ 나이	0	1	2	3	4	5	합
A	104,099	119,264	119,772	120,371	134,576	131,257	729,339
B	70,798	76,955	74,874	73,373	80,575	76,864	453,439
C	3,219	3,448	3,258	3,397	3,722	3,627	20,671
계	178,116	199,667	197,904	197,141	218,873	211,748	1,203,449

〈표 2〉 A~C지역의 6~11세 인구(2018년)

(단위 : 명)

지역 \ 나이	6	7	8	9	10	11	합
A	130,885	124,285	130,186	136,415	124,326	118,363	764,460
B	77,045	72,626	76,968	81,236	75,032	72,584	455,491
C	3,682	3,530	3,551	3,477	3,155	2,905	20,300
계	211,612	200,441	210,705	221,128	202,513	193,852	1,240,251

※ 1) 인구 이동 및 사망자는 없음
2) 나이=당해연도-출생연도

〈보 기〉

ㄱ. 2016년에 출생한 A, B지역 인구의 합은 2015년에 출생한 A, B 지역 인구의 합보다 크다.
ㄴ. C지역의 0~11세 인구 대비 6~11세 인구 비율은 2018년이 2017년보다 높다.
ㄷ. 2018년 A~C지역 중, 5세 인구가 가장 많은 지역과 5세 인구 대비 0세 인구의 비율이 가장 높은 지역은 동일하다.
ㄹ. 2019년에 C지역의 6~11세 인구의 합은 전년 대비 증가한다.

① ㄱ, ㄴ
② ㄱ, ㄷ
③ ㄱ, ㄹ
④ ㄴ, ㄷ
⑤ ㄴ, ㄹ

문 27. 다음 〈표〉는 한국전쟁 당시 참전한 유엔군의 참전현황 및 피해인원에 관한 자료이다. 이에 대한 설명으로 옳은 것은?

〈표〉 한국전쟁 당시 참전한 유엔군의 참전현황 및 피해인원

(단위 : 명)

구분 국가	참전현황		피해인원				
	참전인원	참전군	전사·사망	부상	실종	포로	전체
미국	1,789,000	육군, 해군, 공군	36,940	92,134	3,737	4,439	137,250
영국	56,000	육군, 해군	1,078	2,674	179	977	4,908
캐나다	25,687	육군, 해군, 공군	312	1,212	1	32	1,557
터키	14,936	육군	741	2,068	163	244	3,216
호주	8,407	육군, 해군, 공군	339	1,216	3	26	1,584
필리핀	7,420	육군	112	229	16	41	398
태국	6,326	육군, 해군, 공군	129	1,139	5	0	1,273
네덜란드	5,322	육군, 해군	120	645	0	3	768
콜롬비아	5,100	육군, 해군	163	448	0	28	639
그리스	4,992	육군, 공군	192	543	0	3	738
뉴질랜드	3,794	육군, 해군	23	79	1	0	103
에티오피아	3,518	육군	121	536	0	0	657
벨기에	3,498	육군	99	336	4	1	440
프랑스	3,421	육군, 해군	262	1,008	7	12	1,289
남아공	826	공군	34	0	0	9	43
룩셈부르크	83	육군	2	13	0	0	15
계	1,938,330	-	40,667	104,280	4,116	5,815	154,878

① 미국의 참전인원은 다른 모든 국가의 참전인원의 합보다 15배 이상 많다.

② 참전인원 대비 전체 피해인원 비율이 가장 큰 국가는 터키이다.

③ 공군이 참전한 국가 중 해당 국가의 전체 피해인원 대비 '부상' 인원의 비율이 가장 큰 국가는 태국이다.

④ '전사·사망' 인원은 육군만 참전한 모든 국가의 합이 공군만 참전한 모든 국가의 합의 30배 이하이다.

⑤ '실종' 인원이 '포로' 인원보다 많은 국가는 4개국이다.

문 28. 다음 〈표〉는 '갑'국의 가사노동 부담형태에 대한 설문조사 결과이다. 이에 대한 〈보고서〉의 내용 중 옳은 것만을 모두 고르면?

〈표〉 가사노동 부담형태에 대한 설문조사 결과

(단위 : %)

구분 \ 부담형태		부인 전담	부부 공동분담	남편 전담	가사 도우미 활용
성별	남성	87.9	8.0	3.2	0.9
	여성	89.9	7.0	2.1	1.0
연령대	20대	75.6	19.4	4.1	0.9
	30대	86.4	10.4	2.5	0.7
	40대	90.7	6.4	1.9	1.0
	50대	91.1	5.9	2.6	0.4
	60대 이상	88.4	6.7	3.5	1.4
경제활동 상태	취업자	90.1	6.7	2.3	0.9
	미취업자	87.4	8.6	3.0	1.0

※ '갑'국 20세 이상 기혼자 100,000명(남성 45,000명, 여성 55,000명)을 대상으로 동일시점에 조사하였으며 무응답과 중복응답은 없음

〈보고서〉

- 성별
  - 가사도우미를 활용한다고 응답한 남성의 비율은 0.9%로 가사도우미를 활용한다고 응답한 여성의 비율 1.0%와 비슷한 수준임
  - ㉠ 가사노동을 부인이 전담한다고 응답한 남성과 여성의 응답자 수 차이는 8,500명 이상임
- 연령대
  - 가사노동을 부부가 공동으로 분담한다고 응답한 비율은 20대가 다른 연령대에 비해 높음
  - ㉡ 연령대가 높을수록 가사노동을 부부가 공동으로 분담한다고 응답한 비율이 낮음
- 경제활동상태
  - ㉢ 가사노동 부담형태별로 살펴보면, 취업자와 미취업자가 응답한 비율의 차이는 '부인전담'에서 가장 크고, 다음으로 '부부 공동분담', '남편전담', '가사도우미 활용'의 순으로 나타남
  - ㉣ 가사노동을 '부인전담' 또는 '남편전담'으로 응답한 비율의 합은 취업자가 미취업자에 비해 낮음

① ㄱ, ㄴ

② ㄱ, ㄷ

③ ㄱ, ㄹ

④ ㄴ, ㄷ

⑤ ㄷ, ㄹ

문 29. 다음 〈표〉는 2014년 우리나라의 전자상거래물품 수입통관 현황에 대한 자료이다. 이에 대한 〈보고서〉의 설명 중 옳지 않은 것은?

〈표 1〉 1회당 구매금액별 전자상거래물품 수입통관 현황

(단위 : 천 건)

1회당 구매금액	수입통관 건수
50달러 이하	3,885
50달러 초과 100달러 이하	5,764
100달러 초과 150달러 이하	4,155
150달러 초과 200달러 이하	1,274
200달러 초과 1,000달러 이하	400
1,000달러 초과	52
합계	15,530

〈표 2〉 품목별 전자상거래물품 수입통관 현황

(단위 : 천 건)

구분 품목	일반 · 간이 신고	목록통관	합
의류	524	2,438	2,962
건강식품	2,113	0	2,113
신발	656	1,384	2,040
기타식품	1,692	0	1,692
화장품	883	791	1,674
핸드백	869	395	1,264
완구인형	249	329	578
가전제품	89	264	353
시계	195	132	327
서적류	25	132	157
기타	1,647	723	2,370
전체	8,942	6,588	15,530

〈보고서〉

2014년 우리나라의 전자상거래물품 수입통관 현황을 ㉠ 1회당 구매금액별로 보았을 때, '50달러 초과 100달러 이하'인 수입통관 건수의 비중이 전체의 35% 이상으로 가장 크고, '50달러 이하'가 25%, '100달러 초과 150달러 이하'가 27%, '150달러 초과 200달러 이하'가 8%였다. 그리고 ㉡ 1회당 구매금액이 200달러 이하인 전자상거래물품의 수입통관 총 건수가 200달러 초과인 수입통관 총 건수의 30배 이상으로, 국내 소비자들은 대부분 200달러 이하의 소액물품 위주로 구입하고 있는 것으로 나타났다. '1,000달러 초과' 고가물품의 경우, 전체의 0.3% 정도로 비중은 작았으나 총 5만 2천 건 규모로 2009년 대비 767% 증가하며 전체 해외 직접 구매 증가 수준(330%)에 비해 상대적으로 2009년에 비해 크게 증가한 것으로 나타났다. 이는 최근 세금을 내더라도 가격차이 및 제품 다양성 등으로 인해 고가의 물품을 구매하는 경우가 증가하고 있기 때문으로 분석된다.

㉢ 품목별 수입통관 건수의 비중은 '의류'가 전체 수입통관 건수의 15% 이상으로 가장 크고, 그 다음으로 기타를 제외하고 '건강식품', '신발' 순이었다. ㉣ '핸드백', '가전제품', '시계'의 3가지 품목의 수입통관 건수의 합은 전체의 12% 이상을 차지하였다. ㉤ 수입통관을 일반 · 간이 신고로 한 물품 중에서 식품류('건강식품'과 '기타식품') 건수는 절반 이상을 차지하였다.

① ㄱ
② ㄴ
③ ㄷ
④ ㄹ
⑤ ㅁ

문 30. 다음 〈표〉와 〈그림〉은 '갑' 요리대회 참가자의 종합점수 및 항목별 득점기여도 산정 방법과 항목별 득점 결과이다. 이에 대한 〈보기〉의 설명 중 옳은 것만을 모두 고르면?

〈표〉 참가자의 종합점수 및 항목별 득점기여도 산정 방법

• 종합점수=(항목별 득점×항목별 가중치)의 합계

• 항목별 득점기여도$=\dfrac{\text{항목별 득점}\times\text{항목별 가중치}}{\text{종합점수}}$

항목	가중치
맛	6
향	4
색상	4
식감	3
장식	3

〈그림〉 전체 참가자의 항목별 득점 결과

(단위 : 점)

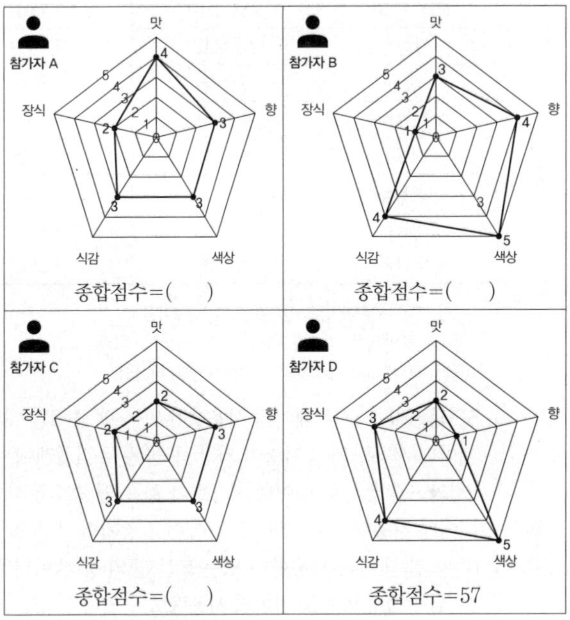

※ 종합점수가 클수록 순위가 높음

〈보 기〉

ㄱ. 참가자 A의 '색상' 점수와 참가자 D의 '장식' 점수가 각각 1점씩 상승하여도 전체 순위에는 변화가 없다.

ㄴ. 참가자 B의 '향' 항목 득점기여도는 참가자 A의 '색상' 항목 득점기여도보다 높다.

ㄷ. 참가자 C는 모든 항목에서 1점씩 더 득점하더라도 가장 높은 순위가 될 수 없다.

ㄹ. 순위가 높은 참가자일수록 '맛' 항목 득점기여도가 높다.

① ㄱ, ㄴ
② ㄱ, ㄷ
③ ㄱ, ㄹ
④ ㄴ, ㄷ
⑤ ㄴ, ㄹ

문 31. 다음 〈표〉는 2018년 5~6월 A군의 휴대폰 모바일 앱별 데이터 사용량에 관한 자료이다. 이에 대한 설명으로 옳은 것은?

〈표〉 2018년 5~6월 모바일 앱별 데이터 사용량

월 / 앱 이름	5월	6월
G인터넷	5.3GB	6.7GB
HS쇼핑	1.8GB	2.1GB
톡톡	2.4GB	1.5GB
앱가게	2.0GB	1.3GB
뮤직플레이	94.6MB	570.0MB
위튜브	836.0MB	427.0MB
쉬운지도	321.0MB	337.0MB
JJ멤버십	45.2MB	240.0MB
영화예매	77.9MB	53.1MB
날씨정보	42.8MB	45.3MB
가계부	–	27.7MB
17분운동	–	14.8MB
NEC뱅크	254.0MB	9.7MB
알람	10.6MB	9.1MB
지상철	5.0MB	7.8MB
어제뉴스	2.7MB	1.8MB
S메일	29.7MB	0.8MB
JC카드	–	0.7MB
카메라	0.5MB	0.3MB
일정관리	0.3MB	0.2MB

※ 1) '–'는 해당 월에 데이터 사용량이 없음을 의미함
2) 제시된 20개의 앱 외 다른 앱의 데이터 사용량은 없음
3) 1GB(기가바이트)는 1,024MB(메가바이트)에 해당함

① 5월과 6월에 모두 데이터 사용량이 있는 앱 중 5월 대비 6월 데이터 사용량의 증가량이 가장 큰 앱은 '뮤직플레이'이다.
② 5월과 6월에 모두 데이터 사용량이 있는 앱 중 5월 대비 6월 데이터 사용량이 감소한 앱은 9개이고 증가한 앱은 8개이다.
③ 6월에만 데이터 사용량이 있는 모든 앱의 총 데이터 사용량은 '날씨정보'의 6월 데이터 사용량보다 많다.
④ 'G인터넷'과 'HS쇼핑'의 5월 데이터 사용량의 합은 나머지 앱의 5월 데이터 사용량의 합보다 많다.
⑤ 5월과 6월에 모두 데이터 사용량이 있는 앱 중 5월 대비 6월 데이터 사용량 변화율이 가장 큰 앱은 'S메일'이다.

문 32. 다음 〈표〉는 2016~2018년 '갑'국 매체 A~D의 종사자 현황 자료이다. 이와 〈조건〉을 근거로 2018년 전체 종사자가 많은 것부터 순서대로 나열하면?

〈표〉 매체 A~D의 종사자 현황

(단위 : 명)

연도	구분 / 매체	정규직			비정규직		
		여성	남성	소계	여성	남성	소계
2016	A	6,530	15,824	22,354	743	1,560	2,303
	B	3,944	12,811	16,755	1,483	1,472	2,955
	C	3,947	7,194	11,141	900	1,650	2,550
	D	407	1,226	1,633	31	57	88
2017	A	5,957	14,110	20,067	1,017	2,439	3,456
	B	2,726	11,280	14,006	1,532	1,307	2,839
	C	3,905	6,338	10,243	1,059	2,158	3,217
	D	370	1,103	1,473	41	165	206
2018	A	6,962	17,279	24,241	966	2,459	3,425
	B	4,334	13,002	17,336	1,500	1,176	2,676
	C	6,848	10,000	16,848	1,701	2,891	4,592
	D	548	1,585	2,133	32	593	625

〈조 건〉

- 2017년과 2018년 '통신'의 비정규직 종사자는 전년 대비 매년 증가하였다.
- 2017년 여성 종사자가 가장 많은 매체는 '종이신문'이다.
- 2018년 '방송'의 정규직 종사자 수 대비 비정규직 종사자 수의 비율은 20% 미만이다.
- 2016년에 비해 2017년에 남성 종사자가 감소했고 여성 종사자가 증가한 매체는 '인터넷신문'이다.

① 종이신문 – 방송 – 인터넷신문 – 통신
② 종이신문 – 인터넷신문 – 방송 – 통신
③ 통신 – 종이신문 – 인터넷신문 – 방송
④ 통신 – 인터넷신문 – 종이신문 – 방송
⑤ 인터넷신문 – 방송 – 종이신문 – 통신

문 33. 다음 〈표〉는 성별, 연령대별 전자금융서비스 인증수단 선호도에 관한 자료이다. 이에 대한 설명으로 옳지 않은 것은?

〈표〉 성별, 연령대별 전자금융서비스 인증수단 선호도 조사결과

(단위 : %)

구분 \ 인증수단		휴대폰 문자 인증	공인 인증서	아이핀	이메일	전화 인증	신용 카드	바이오 인증
성별	남성	72.2	69.3	34.5	23.1	22.3	21.1	9.9
	여성	76.6	71.6	27.0	25.3	23.9	20.4	8.3
연령대	10대	82.2	40.1	38.1	54.6	19.1	12.0	11.9
	20대	73.7	67.4	36.0	24.1	25.6	16.9	9.4
	30대	71.6	76.2	29.8	15.7	28.0	22.3	7.8
	40대	75.0	77.7	26.7	17.8	20.6	23.3	8.6
	50대	71.9	79.4	25.7	21.1	21.2	26.0	9.4
전체		74.3	70.4	30.9	24.2	23.1	20.8	9.2

※ 1) 응답자 1인당 최소 1개에서 최대 3개까지의 선호하는 인증수단을 선택했음
2) 인증수단 선호도는 전체 응답자 중 해당 인증수단을 선호한다고 선택한 응답자의 비율임
3) 전자금융서비스 인증수단은 제시된 7개로만 한정됨

① 연령대별 인증수단 선호도를 살펴보면, 30대와 40대 모두 아이핀이 3번째로 높다.

② 전체 응답자 중 선호 인증수단을 3개 선택한 응답자 수는 40% 이상이다.

③ 선호하는 인증수단으로, 신용카드를 선택한 남성 수는 바이오인증을 선택한 남성 수의 3배 이하이다.

④ 20대와 50대 간의 인증수단별 선호도 차이는 공인인증서가 가장 크다.

⑤ 선호하는 인증수단으로, 이메일을 선택한 20대 모두가 아이핀과 공인인증서를 동시에 선택했다면, 신용카드를 선택한 20대 모두가 아이핀을 동시에 선택한 것이 가능하다.

문 34. 다음 〈표〉는 3D기술 분야 특허등록건수 상위 10개국의 국가별 영향력지수와 기술력지수를 나타낸 자료이다. 이에 대한 〈보기〉의 설명 중 옳은 것만을 모두 고르면?

〈표〉 3D기술 분야 특허등록건수 상위 10개국의 국가별 영향력지수와 기술력지수

국가 \ 구분	특허등록 건수(건)	영향력지수	기술력지수
미국	500	(　)	600.0
일본	269	1.0	269.0
독일	(　)	0.6	45.0
한국	59	0.3	17.7
네덜란드	(　)	0.8	24.0
캐나다	22	(　)	30.8
이스라엘	(　)	0.6	10.2
태국	14	0.1	1.4
프랑스	(　)	0.3	3.9
핀란드	9	0.7	6.3

※ 1) 해당국가의 기술력지수
=해당국가의 특허등록건수×해당국가의 영향력지수

2) 해당국가의 영향력지수 $=\frac{\text{해당국가의 피인용비}}{\text{전세계 피인용비}}$

3) 해당국가의 피인용비 $=\frac{\text{해당국가의 특허피인용건수}}{\text{해당국가의 특허등록건수}}$

4) 3D기술 분야의 전세계 피인용비는 10임

〈보 기〉

ㄱ. 캐나다의 영향력지수는 미국의 영향력지수보다 크다.

ㄴ. 프랑스와 태국의 특허피인용건수의 차이는 프랑스와 핀란드의 특허피인용건수의 차이보다 크다.

ㄷ. 특허등록건수 상위 10개국 중 한국의 특허피인용건수는 네 번째로 많다.

ㄹ. 네덜란드의 특허등록건수는 한국의 특허등록건수의 50% 미만이다.

① ㄱ, ㄴ

② ㄱ, ㄷ

③ ㄴ, ㄹ

④ ㄱ, ㄷ, ㄹ

⑤ ㄴ, ㄷ, ㄹ

문 35. 다음 〈표〉는 2013~2017년 A~E국의 건강보험 진료비에 관한 자료이다. 이에 대한 〈보기〉의 설명 중 옳은 것만을 모두 고르면?

〈표 1〉 A국의 건강보험 진료비 발생 현황

(단위 : 억 원)

구분		2013	2014	2015	2016	2017
의료기관	소계	341,410	360,439	390,807	419,353	448,749
	입원	158,365	160,791	178,911	190,426	207,214
	외래	183,045	199,648	211,896	228,927	241,534
약국	소계	120,969	117,953	118,745	124,897	130,844
	처방	120,892	117,881	118,678	124,831	130,775
	직접조제	77	72	66	66	69
계		462,379	478,392	509,552	544,250	579,593

〈표 2〉 A국의 건강보험 진료비 부담 현황

(단위 : 억 원)

구분 \ 연도	2013	2014	2015	2016	2017
공단부담	345,652	357,146	381,244	407,900	433,448
본인부담	116,727	121,246	128,308	136,350	146,145
계	462,379	478,392	509,552	544,250	579,593

〈표 3〉 국가별 건강보험 진료비의 전년 대비 증가율

(단위 : %)

국가 \ 연도	2013	2014	2015	2016	2017
B	16.3	3.6	5.2	4.5	5.2
C	10.2	8.6	7.8	12.1	7.3
D	4.5	3.5	1.8	0.3	2.2
E	5.4	−0.6	7.6	6.3	5.5

〈보 기〉

ㄱ. 2016년 건강보험 진료비의 전년 대비 증가율은 A국이 C국보다 크다.

ㄴ. 2014~2017년 동안 A국의 건강보험 진료비 중 약국의 직접조제 진료비가 차지하는 비중은 전년 대비 매년 감소한다.

ㄷ. 2013~2017년 동안 A국 의료기관의 입원 진료비 중 공단부담 금액은 매년 3조 8천억 원 이상이다.

ㄹ. B국의 2012년 대비 2014년 건강보험 진료비의 비율은 1.2 이상이다.

① ㄱ, ㄴ

② ㄴ, ㄷ

③ ㄷ, ㄹ

④ ㄱ, ㄴ, ㄹ

⑤ ㄴ, ㄷ, ㄹ

문 36. 다음 〈보고서〉와 〈표〉는 2015년 '갑'국의 수출입 현황에 대한 자료이다. 이에 대한 설명으로 옳지 않은 것은?

〈보고서〉

- 2015년 '갑'국의 총 수출액에서 전자제품은 29.9%, 석유제품은 16.2%, 기계류는 11.2%, 농수산물은 6.3%를 차지한다.
- 2015년 '갑'국의 총 수입액에서 전자제품은 23.7%, 농수산물은 12.5%, 기계류는 11.2%, 플라스틱은 3.8%를 차지한다.

〈표 1〉 '갑'국의 수출입액 상위 10개 국가 현황

(단위 : 억 달러, %)

순위	수출			수입		
	국가명	수출액	'갑'국의 총 수출액에 대한 비율	국가명	수입액	'갑'국의 총 수입액에 대한 비율
1	싱가포르	280	14.0	중국	396	18.0
2	중국	260	13.0	싱가포르	264	12.0
3	미국	188	9.4	미국	178	8.1
4	일본	180	9.0	일본	161	7.3
5	태국	114	5.7	태국	121	5.5
6	홍콩	100	5.0	대만	106	4.8
7	인도	82	4.1	한국	97	4.4
8	인도네시아	76	3.8	인도네시아	86	3.9
9	호주	72	3.6	독일	70	3.2
10	한국	64	3.2	베트남	62	2.8

※ 무역수지는 수출액에서 수입액을 뺀 값으로, 이 값이 양(+)이면 흑자, 음(−)이면 적자임

〈표 2〉 '갑'국의 대(對) '을'국 수출입액 상위 5개 품목 현황

(단위 : 백만 달러, %)

순위	수출			수입		
	품목명	금액	전년 대비 증가율	품목명	금액	전년 대비 증가율
1	천연가스	2,132	33.2	농수산물	1,375	305.2
2	집적회로 반도체	999	14.5	집적회로 반도체	817	19.6
3	농수산물	861	43.0	평판 디스플레이	326	45.6
4	개별소자 반도체	382	40.6	기타정밀 화학원료	302	6.6
5	컴퓨터부품	315	14.9	합성고무	269	5.6

① 2015년 '갑'국의 수출액 상위 10개 국가 중 2015년 '갑'국과의 교역에서 무역수지 흑자를 기록한 국가는 4개국이다.

② 2014년 '갑'국의 대(對) '을'국 집적회로반도체 수출액은 수입액보다 크다.

③ 2015년 '갑'국의 무역수지는 적자이다.

④ 2015년 '갑'국의 전체 농수산물 수출액에서 '을'국에 대한 농수산물 수출액이 차지하는 비율은 2015년 '갑'국의 전체 농수산물 수입액에서 '을'국으로부터의 농수산물 수입액이 차지하는 비율보다 작다.

⑤ 2015년 '갑'국의 전자제품 수출액은 수입액보다 크다.

문 37. 다음 〈보고서〉와 〈표〉는 '갑'국의 부동산 투기 억제 정책과 세대유형별 주택담보대출에 관한 자료이다. 이에 대한 〈보기〉의 내용 중 옳은 것만을 모두 고르면?

〈보고서〉

'갑'국 정부는 심화되는 부동산 투기를 억제하고자 2017년 8월 2일에 부동산 대책을 발표하였다. 부동산 대책에 의해 투기지역의 주택을 구매할 때 구매 시점부터 적용되는 세대유형별 주택담보대출비율(LTV)과 총부채상환비율(DTI)은 2017년 8월 2일부터 〈표 1〉과 같이 변경 적용되며, 2018년 4월 1일부터는 DTI 산출 방식이 변경 적용된다.

〈표 1〉 세대유형별 LTV, DTI 변경 내역

(단위 : %)

구분 / 세대유형	LTV		DTI	
	변경 전	변경 후	변경 전	변경 후
서민 실수요 세대	70	50	60	50
주택담보대출 미보유 세대	60	40	50	40
주택담보대출 보유 세대	50	30	40	30

※ 1) 구매하고자 하는 주택을 담보로 한 신규 주택담보대출 최대금액은 LTV에 따른 최대금액과 DTI에 따른 최대금액 중 작은 금액임

2) $\text{LTV}(\%) = \frac{\text{신규 주택담보대출 최대금액}}{\text{주택공시가격}} \times 100$

3) 2018년 3월 31일까지의 DTI 산출방식

$$\text{DTI}(\%) = \frac{\left(\begin{array}{c}\text{신규 주택담보대출}\\\text{최대금액의 연 원리금 상환액}\end{array} + \begin{array}{c}\text{기타 대출}\\\text{연 이자 상환액}\end{array}\right)}{\text{연간소득}} \times 100$$

4) 2018년 4월 1일까지의 DTI 산출방식

$$\text{DTI}(\%) = \frac{\left(\begin{array}{c}\text{신규 주택담보대출 최대금액의}\\\text{연 원리금 상환액}\end{array} + \begin{array}{c}\text{기 주택담보대출}\\\text{연 원리금 상환액}\end{array} + \begin{array}{c}\text{기타 대출}\\\text{연 이자 상환액}\end{array}\right)}{\text{연간소득}} \times 100$$

〈표 2〉 A~C세대의 신규 주택담보대출 금액산출 근거

(단위 : 만 원)

세대	세대유형	기 주택담보대출 연 원리금 상환액	기타 대출 연 이자 상환액	연간소득
A	서민 실수요 세대	0	500	3,000
B	주택담보대출 미보유 세대	0	0	6,000
C	주택담보대출 보유 세대	1,200	100	10,000

※ 1) 신규 주택담보대출 최대금액의 연 원리금 상환액은 신규 주택담보대출 최대금액의 10%임

2) 기 주택담보대출 연 원리금 상환액, 기타 대출 연 이자상환액, 연간소득은 변동 없음

〈보 기〉

ㄱ. 투기지역의 공시가격 4억 원인 주택을 2017년 10월에 구매하는 A세대가 구매 시점에 적용받는 신규 주택담보대출 최대금액은 2억 원이다.

ㄴ. 투기지역의 공시가격 4억 원인 주택을 2017년 10월에 구매하는 B세대가 2017년 6월에 구매할 때와 비교하여 구매 시점에 적용받는 신규 주택담보대출 최대금액의 감소폭은 1억 원 미만이다.

ㄷ. 투기지역의 공시가격 4억 원인 주택을 구매하는 C세대가 2018년 10월 구매 시점에 적용받는 신규 주택담보대출 최대금액은 2017년 10월 구매 시점에 적용받는 신규 주택담보대출 최대금액보다 작다.

① ㄱ
② ㄴ
③ ㄱ, ㄷ
④ ㄴ, ㄷ
⑤ ㄱ, ㄴ, ㄷ

문 38. 다음 〈표〉는 2013년과 2016년에 A~D국가 전체 인구를 대상으로 통신 가입자 현황을 조사한 자료이다. 이에 대한 설명으로 옳은 것은?

〈표〉 국가별 2013년과 2016년 통신 가입자 현황

(단위 : 만 명)

연도 / 구분 / 국가	2013				2016			
	유선 통신 가입자	무선 통신 가입자	유·무선 통신 동시 가입자	미 가입자	유선 통신 가입자	무선 통신 가입자	유·무선 통신 동시 가입자	미 가입자
A	( )	4,100	700	200	1,600	5,700	400	100
B	1,900	3,000	300	400	1,400	( )	100	200
C	3,200	7,700	( )	700	3,000	5,500	1,100	400
D	1,100	1,300	500	100	1,100	2,500	800	( )

※ 유·무선 통신 동시 가입자는 유선 통신 가입자와 무선 통신 가입자에도 포함됨

① A국의 2013년 인구 100명당 유선 통신 가입자가 40명이라면, 유선 통신 가입자는 2,200만 명이다.
② B국의 2013년 대비 2016년 무선 통신 가입자 수의 비율이 1.5라면, 2016년 무선 통신 가입자는 5,000만 명이다.
③ C국의 2013년 인구 100명당 무선 통신 가입자가 77명이라면, 유·무선 통신 동시 가입자는 1,600만 명이다.
④ D국의 2013년 대비 2016년 인구 비율이 1.5라면, 2016년 미가입자는 100만 명이다.
⑤ 2013년 유선 통신만 가입한 인구는 B국이 D국의 3배 이상이다.

※ 다음 〈표〉는 2016~2018년 A국 10대 수출품목의 수출액에 관한 자료이다. 다음 물음에 답하시오. [39~40]

〈표 1〉 A국 10대 수출품목의 수출액 비중과 품목별 세계수출시장 점유율(금액기준)

(단위 : %)

구분 / 연도 / 품목	A국의 전체 수출액에서 차지하는 비중			품목별 세계수출시장에서 A국의 점유율		
	2016	2017	2018	2016	2017	2018
백색가전	13.0	12.0	11.0	2.0	2.5	3.0
TV	14.0	14.0	13.0	10.0	20.0	25.0
반도체	10.0	10.0	15.0	30.0	33.0	34.0
휴대폰	16.0	15.0	13.0	17.0	16.0	13.0
2,000cc 이하 승용차	8.0	7.0	8.0	2.0	2.0	2.3
2,000cc 초과 승용차	6.0	6.0	5.0	0.8	0.7	0.8
자동차용 배터리	3.0	4.0	6.0	5.0	6.0	7.0
선박	5.0	4.0	3.0	1.0	1.0	1.0
항공기	1.0	2.0	3.0	0.1	0.1	0.1
전자부품	7.0	8.0	9.0	2.0	1.8	1.7
계	83.0	82.0	86.0	—	—	—

※ A국의 전체 수출액은 매년 변동 없음

〈표 2〉 A국 백색가전의 세부 품목별 수출액 비중

(단위 : %)

연도 / 세부 품목	2016	2017	2018
일반세탁기	13.0	10.0	8.0
드럼세탁기	18.0	18.0	18.0
일반냉장고	17.0	12.0	11.0
양문형냉장고	22.0	26.0	28.0
에어컨	23.0	25.0	26.0
공기청정기	7.0	9.0	9.0
계	100.0	100.0	100.0

문 39. 위 〈표〉에 대한 〈보기〉의 설명 중 옳은 것만을 모두 고르면?

〈보 기〉

ㄱ. 2016년과 2018년 선박의 세계수출시장 규모는 같다.
ㄴ. 2017년과 2018년 A국의 전체 수출액에서 드럼세탁기가 차지하는 비중은 전년 대비 매년 감소한다.
ㄷ. 2017년과 2018년 A국의 10대 수출품목 모두 품목별 세계수출시장에서 A국의 점유율은 전년 대비 매년 증가한다.
ㄹ. 2018년 항공기 세계수출시장 규모는 A국 전체 수출액의 15배 이상이다.

① ㄱ, ㄴ　② ㄱ, ㄷ
③ ㄴ, ㄷ　④ ㄴ, ㄹ
⑤ ㄴ, ㄷ, ㄹ

문 40. 위 〈표〉를 이용하여 작성한 그래프로 옳지 않은 것은?

① TV의 세계수출시장 규모 대비 A국 전체 수출액의 비율

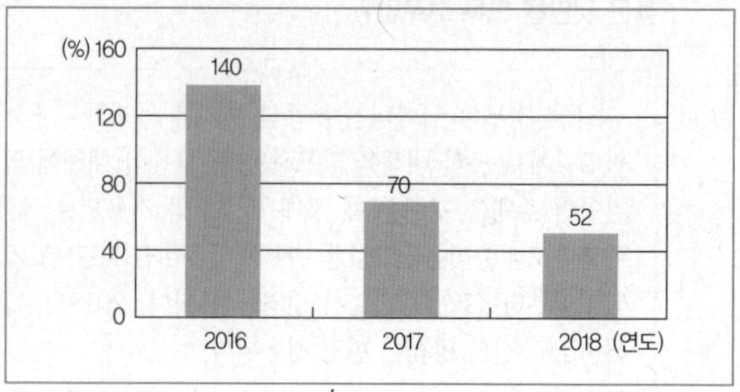

② 2016년 A국의 전체 수출액에서 각 품목이 차지하는 비중

(단위 : %)

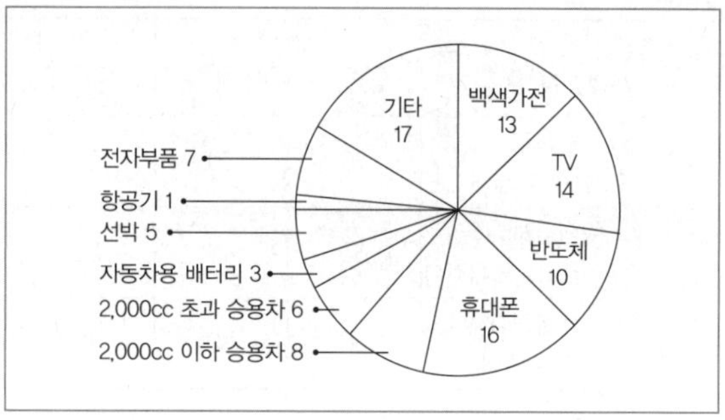

③ A국 백색가전 세부 품목별 수출액 비중

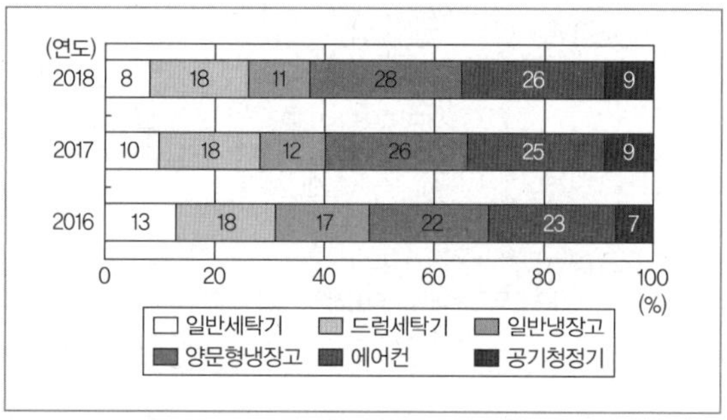

④ 2016~2018년 A국 품목별 세계수출시장 점유율

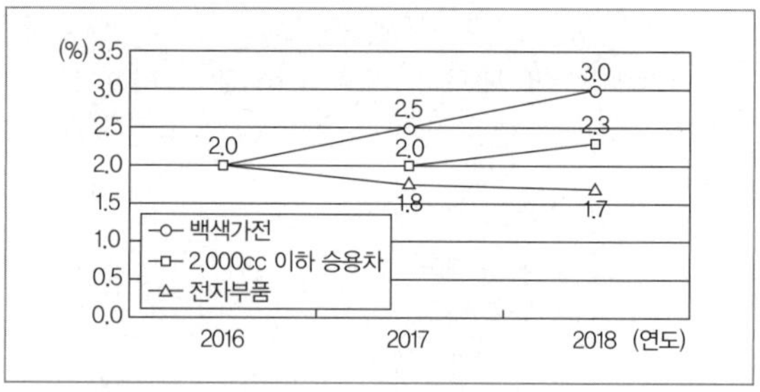

⑤ 2017~2018년 A국 품목별 수출액의 전년 대비 증가율

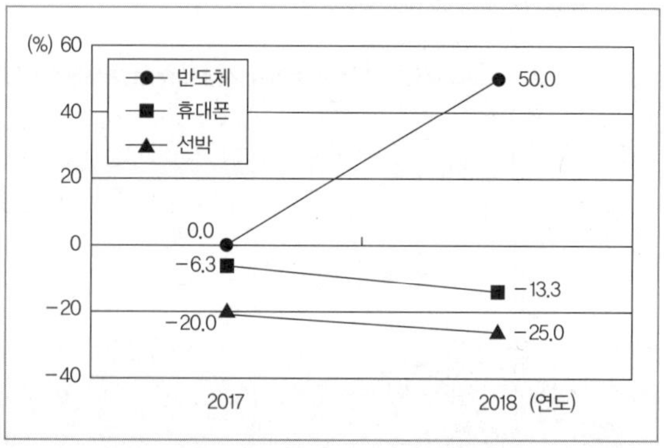

문 1. 다음 글을 근거로 판단할 때 옳은 것은?

> 제00조(문서의 성립 및 효력발생) ① 문서는 결재권자가 해당 문서에 서명(전자이미지서명, 전자문자서명 및 행정전자서명을 포함한다)의 방식으로 결재함으로써 성립한다.
> ② 문서는 수신자에게 도달(전자문서의 경우는 수신자가 지정한 전자적 시스템에 입력되는 것을 말한다)됨으로써 효력이 발생한다.
> ③ 제2항에도 불구하고 공고문서는 그 문서에서 효력발생 시기를 구체적으로 밝히고 있지 않으면 그 고시 또는 공고가 있은 날부터 5일이 경과한 때에 효력이 발생한다.
> 제00조(문서 작성의 일반원칙) ① 문서는 어문규범에 맞게 한글로 작성하되, 뜻을 정확하게 전달하기 위하여 필요한 경우에는 괄호 안에 한자나 그 밖의 외국어를 함께 적을 수 있으며, 특별한 사유가 없으면 가로로 쓴다.
> ② 문서의 내용은 간결하고 명확하게 표현하고 일반화되지 않은 약어와 전문용어 등의 사용을 피하여 이해하기 쉽게 작성하여야 한다.
> ③ 문서에는 음성정보나 영상정보 등을 수록할 수 있고 연계된 바코드 등을 표기할 수 있다.
> ④ 문서에 쓰는 숫자는 특별한 사유가 없으면 아라비아 숫자를 쓴다.
> ⑤ 문서에 쓰는 날짜는 숫자로 표기하되, 연 · 월 · 일의 글자는 생략하고 그 자리에 온점(.)을 찍어 표시하며, 시 · 분은 24시각제에 따라 숫자로 표기하되, 시 · 분의 글자는 생략하고 그 사이에 쌍점(:)을 찍어 구분한다. 다만 특별한 사유가 있으면 다른 방법으로 표시할 수 있다.

① 문서에 '2018년 7월 18일 오후 11시 30분'을 표기해야 할 때 특별한 사유가 없으면 '2018. 7. 18. 23:30'으로 표기한다.
② 2018년 9월 7일 공고된 문서에 효력발생 시기가 구체적으로 명시되지 않은 경우 그 문서의 효력은 즉시 발생한다.
③ 전자문서의 경우 해당 수신자가 지정한 전자적 시스템에 도달한 문서를 확인한 때부터 효력이 발생한다.
④ 문서 작성 시 이해를 쉽게 하기 위해 일반화되지 않은 약어와 전문용어를 사용하여 작성하여야 한다.
⑤ 연계된 바코드는 문서에 함께 표기할 수 없기 때문에 영상파일로 처리하여 첨부하여야 한다.

문 2. 다음 〈○○도 지방보조금 관리규정〉을 근거로 판단할 때, 〈보기〉에서 옳은 것만을 모두 고르면?

> 〈○○도 지방보조금 관리규정〉
> 제00조(보조대상사업) 도는 도가 권장하는 사업으로서 지방보조금을 지출하지 아니하면 수행할 수 없는 사업(지방보조사업)인 경우 그 사업에 필요한 경비의 일부 또는 전부를 보조할 수 있다.
> 제00조(용도외 사용금지 등) ① 지방보조사업을 수행하는 자(이하 '지방보조사업자'라 한다)는 그 지방보조금을 다른 용도에 사용하여서는 아니된다.
> ② 지방보조사업자는 수익성 악화 등 사정의 변경으로 지방보조사업의 내용을 변경하거나 지방보조사업에 드는 경비의 배분을 변경하려면 도지사의 승인을 얻어야 한다. 다만 경미한 내용변경이나 경미한 경비배분변경의 경우에는 그러하지 아니하다.
> ③ 지방보조사업자는 수익성 악화 등 사정의 변경으로 그 지방보조사업을 다른 사업자에게 인계하거나 중단 또는 폐지하려면 미리 도지사의 승인을 얻어야 한다.
> 제00조(지방보조금의 대상사업과 도비보조율) 도지사는 시 · 군에 대한 보조금에 대하여는 보조금이 지급되는 대상사업 · 경비의 종목 · 도비보조율 및 금액을 매년 예산으로 정한다. 단, 지방보조금의 예산반영신청 및 예산편성에 있어서 지방보조사업별로 적용하는 도비보조율은 다음 각 호에서 정한 분야별 범위 내에서 정한다.
> 1. 보건 · 사회 : 총사업비의 30% 이상 70% 이하
> 2. 상하수 · 치수 : 총사업비의 30% 이상 50% 이하
> 3. 문화 · 체육 : 총사업비의 30% 이상 60% 이하
>
> 제00조(시 · 군비 부담의무) 시장 · 군수는 도비보조사업에 대한 시 · 군비 부담액을 다른 사업에 우선하여 해당연도 시 · 군 예산에 반영하여야 한다.

〈보 기〉

ㄱ. ○○도 지방보조사업자는 모든 경비배분이나 내용의 변경에 대해서 ○○도 도지사의 승인을 얻어야 한다.
ㄴ. ○○도 지방보조사업자가 수익성 악화를 이유로 자신이 수행하는 지방보조사업을 다른 사업자에게 인계하기 위해서는 미리 ○○도 도지사의 승인을 얻어야 한다.
ㄷ. ○○도 A시 시장은 도비보조사업과 무관한 자신의 공약사업 예산을 도비보조사업에 대한 시비 부담액보다 우선적으로 해당연도 A시 예산에 반영해야 한다.
ㄹ. ○○도 도지사는 지방보조금 지급대상사업인 '상하수도 정비사업(총사업비 40억 원)'에 대하여 최대 20억 원을 지방보조금 예산으로 정할 수 있다.

① ㄱ, ㄴ
② ㄱ, ㄷ
③ ㄴ, ㄷ
④ ㄴ, ㄹ
⑤ ㄷ, ㄹ

문 3. 다음 〈국내 대학(원) 재학생 학자금 대출 조건〉을 근거로 판단할 때, 〈보기〉에서 옳은 것만을 모두 고르면?(단, 甲~丙은 국내 대학(원)의 재학생이다)

〈국내 대학(원) 재학생 학자금 대출 조건〉

구분		X학자금 대출	Y학자금 대출
신청 대상	신청 연령	• 35세 이하	• 55세 이하
	성적 기준	• 직전 학기 12학점 이상 이수 및 평균 C학점 이상(단, 장애인, 졸업학년인 경우 이수학점 기준 면제)	• 직전 학기 12학점 이상 이수 및 평균 C학점 이상(단, 대학원생, 장애인, 졸업학년인 경우 이수학점 기준 면제)
	가구소득 기준	• 소득 1~8분위	• 소득 9, 10분위
	신용 요건	• 제한 없음	• 금융채무불이행자, 저신용자 대출 불가
대출 한도	등록금	• 학기당 소요액 전액	• 학기당 소요액 전액
	생활비	• 학기당 150만 원	• 학기당 100만 원
상환 사항	상환 방식 (졸업 후)	• 기준소득을 초과하는 소득 발생 이전 : 유예 • 기준소득을 초과하는 소득 발생 이후 : 기준소득 초과분의 20%를 원천 징수 ※ 기준소득 : 연 ㅁ천만 원	• 졸업 직후 매월 상환 • 원금균등분할상환과 원리금균등분할상환 중 선택

〈보 기〉

ㄱ. 34세로 소득 7분위인 대학생 甲이 직전 학기에 14학점을 이수하여 평균 B학점을 받았을 경우 X학자금 대출을 받을 수 있다.
ㄴ. X학자금 대출 대상이 된 乙의 한 학기 등록금이 300만 원일 때, 한 학기당 총 450만 원을 대출받을 수 있다.
ㄷ. 50세로 소득 9분위인 대학원생 丙(장애인)은 신용 요건에 관계없이 Y학자금 대출을 받을 수 있다.
ㄹ. 대출금액이 동일하고 졸업 후 소득이 발생하지 않았다면, X학자금 대출과 Y학자금 대출의 매월 상환금액은 같다.

① ㄱ, ㄴ
② ㄱ, ㄷ
③ ㄷ, ㄹ
④ ㄱ, ㄴ, ㄹ
⑤ ㄴ, ㄷ, ㄹ

문 4. 다음 글과 〈상황〉을 근거로 판단할 때, 〈보기〉에서 옳은 것만을 모두 고르면?

'에너지이용권'은 에너지 취약계층에게 난방에너지 구입을 지원하는 것으로 관련 내용은 다음과 같다.

월별 지원금액	1인 가구 : 81,000원 2인 가구 : 102,000원 3인 이상 가구 : 114,000원
지원형태	신청서 제출 시 실물카드와 가상카드 중 선택 • 실물카드 : 에너지원(등유, 연탄, LPG, 전기, 도시가스)을 다양하게 구매 가능함. 단, 아파트 거주자는 관리비가 통합고지서로 발부되기 때문에 신청할 수 없음 • 가상카드 : 전기 · 도시가스 · 지역난방 중 택일. 매월 요금이 자동 차감됨. 단, 사용기간(발급일로부터 1개월) 만료 시 잔액이 발생하면 전기요금 차감
신청대상	생계급여 또는 의료급여 수급자로서 다음 각 호의 어느 하나에 해당하는 사람을 포함한 가구의 가구원 1. 1954. 12. 31. 이전 출생자 2. 2002. 1. 1. 이후 출생자 3. 등록된 장애인(1~6급)
신청방법	수급자 본인 또는 가족이 신청 ※ 담당공무원이 대리 신청 가능
신청서류	1. 에너지이용권 발급 신청서 2. 전기, 도시가스 또는 지역난방 요금고지서(영수증), 아파트 거주자의 경우 관리비 통합고지서 3. 신청인의 신분증 사본 4. 대리 신청일 경우 신청인 본인의 위임장, 대리인의 신분증 사본

〈상 황〉

甲~丙은 에너지이용권을 신청하고자 한다.
• 甲 : 3급 장애인, 실업급여 수급자, 1인 가구, 아파트 거주자
• 乙 : 2005. 1. 1. 출생, 의료급여 수급자, 4인 가구, 단독 주택 거주자
• 丙 : 1949. 3. 22. 출생, 생계급여 수급자, 2인 가구, 아파트 거주자

〈보 기〉

ㄱ. 甲은 에너지이용권 발급 신청서, 관리비 통합고지서, 본인 신분증 사본을 제출하고, 81,000원의 에너지이용권을 요금 자동 차감 방식으로 지급받을 수 있다.
ㄴ. 담당공무원인 丁이 乙을 대리하여 신청 서류를 모두 제출하고, 乙은 114,000원의 에너지이용권을 실물카드 형태로 지급받을 수 있다.
ㄷ. 丙은 도시가스를 선택하여 102,000원의 에너지이용권을 가상카드 형태로 지급받을 수 있으며, 이용권 사용기간 만료 시 잔액이 발생한다면 전기요금이 차감될 것이다.

① ㄱ
② ㄴ
③ ㄷ
④ ㄱ, ㄷ
⑤ ㄴ, ㄷ

문 5. 다음 글과 〈상황〉을 근거로 판단할 때, 甲~丙 중 임금피크제 지원금을 받을 수 있는 사람만을 모두 고르면?

제00조(임금피크제 지원금) ① 정부는 다음 각 호의 어느 하나에 해당하는 경우, 근로자의 신청을 받아 제2항의 규정에 따라 임금피크제 지원금을 지급하여야 한다.

1. 사업주가 근로자 대표의 동의를 받아 정년을 60세 이상으로 연장하면서 55세 이후부터 일정 나이, 근속시점 또는 임금액을 기준으로 임금을 줄이는 제도를 시행하는 경우
2. 정년을 55세 이상으로 정한 사업주가 정년에 이른 사람을 재고용(재고용 기간이 1년 미만인 경우는 제외한다)하면서 정년퇴직 이후부터 임금만을 줄이는 경우
3. 사업주가 제2호에 따라 재고용하면서 주당 소정의 근로시간을 15시간 이상 30시간 이하로 단축하는 경우

② 임금피크제 지원금은 해당 사업주에 고용되어 18개월 이상을 계속 근무한 자로서 피크임금(임금피크제의 적용으로 임금이 최초로 감액된 날이 속하는 연도의 직전 연도 임금을 말한다)과 지원금 신청연도의 임금을 비교하여 다음 각 호의 구분에 따른 비율 이상 낮아진 자에게 지급한다. 다만 상시 사용하는 근로자가 300명 미만인 사업장인 경우에는 100분의 10으로 한다.

1. 제1항 제1호의 경우 : 100분의 10
2. 제1항 제2호의 경우 : 100분의 20
3. 제1항 제3호의 경우 : 100분의 30

〈상 황〉

甲~丙은 올해 임금피크제 지원금을 신청하였다.

- 甲(56세)은 사업주가 근로자 대표의 동의를 받아 정년을 60세로 연장하면서 임금피크제를 실시하고 있는 사업장(상시 사용하는 근로자 320명)에 고용되어 3년간 계속 근무하고 있다. 甲의 피크임금은 4,000만 원이었고, 올해 임금은 3,500만 원이다.
- 乙(56세)은 사업주가 정년을 55세로 정한 사업장(상시 사용하는 근로자 200명)에서 1년간 계속 근무하다 작년 12월 31일 정년에 이르렀다. 乙은 올해 1월 1일 근무기간 10개월, 주당 근로시간은 동일한 조건으로 재고용되었다. 乙의 피크임금은 3,000만 원이었고, 올해 임금은 2,500만 원이다.
- 丙(56세)은 사업주가 정년을 55세로 정한 사업장(상시 사용하는 근로자 400명)에서 2년간 계속 근무하다 작년 12월 31일 정년에 이르렀다. 丙은 올해 1월 1일 근무기간 1년, 주당 근로시간을 40시간에서 30시간으로 단축하는 조건으로 재고용되었다. 丙의 피크임금은 2,000만 원이었고, 올해 임금은 1,200만 원이다.

① 甲
② 乙
③ 甲, 丙
④ 乙, 丙
⑤ 甲, 乙, 丙

문 6. 다음 글과 〈상황〉을 근거로 판단할 때 옳은 것은?

제00조(과세대상) 주권(株券)의 양도에 대해서는 이 법에 따라 증권거래세를 부과한다.
제00조(납세의무자) 주권을 양도하는 자는 납세의무를 진다. 다만 금융투자업자를 통하여 주권을 양도하는 경우에는 해당 금융투자업자가 증권거래세를 납부하여야 한다.
제00조(과세표준) 주권을 양도하는 경우에 증권거래세의 과세표준은 그 주권의 양도가액(주당 양도금액에 양도 주권수를 곱한 금액)이다.
제00조(세율) 주권의 양도에 대한 세율은 양도가액의 1천분의 5로 한다.
제00조(탄력세율) X 또는 Y증권시장에서 양도되는 주권에 대하여는 제00조(세율)의 규정에도 불구하고 다음의 세율에 의한다.

1. X증권시장 : 양도가액의 1천분의 1.5
2. Y증권시장 : 양도가액의 1천분의 3

〈상 황〉

투자자 甲은 금융투자업자 乙을 통해 다음 3건의 주권을 양도하였다.

- A회사의 주권 100주를 주당 15,000원에 양수하였다가 이를 주당 30,000원에 X증권시장에서 전량 양도하였다.
- B회사의 주권 200주를 주당 10,000원에 Y증권시장에서 양도하였다.
- C회사의 주권 200주를 X 및 Y증권시장을 통하지 않고 주당 50,000원에 양도하였다.

① 증권거래세는 甲이 직접 납부하여야 한다.
② 납부되어야 할 증권거래세액의 총합은 6만 원 이하다.
③ 甲의 3건의 주권 양도는 모두 탄력세율을 적용받는다.
④ 甲의 A회사 주권 양도에 따른 증권거래세 과세표준은 150만 원이다.
⑤ 甲이 乙을 통해 Y증권시장에서 C회사의 주권 200주 전량을 주당 50,000원에 양도할 수 있다면 증권거래세액은 2만 원 감소한다.

문 7. 다음 글을 근거로 판단할 때, 〈보기〉에서 옳은 것만을 모두 고르면?

보다 많은 고객을 끌어들일 수 있는 이상적인 점포 입지를 결정하기 위한 상권분석이론에는 'X가설'과 'Y가설'이 있다. X가설에 의하면, 소비자는 유사한 제품을 판매하는 점포들 중 한 점포를 선택할 때 가장 가까운 점포를 선택한다. 그러나 이동거리가 점포 선택에 큰 영향을 미치기는 하지만, 소비자가 항상 가장 가까운 점포를 찾는다는 X가설이 적용되기 어려운 상황들이 있다. 가령, 소비자들은 먼 거리에 위치한 점포가 보다 나은 구매기회를 제공함으로써 이동에 따른 추가 노력을 보상한다면 기꺼이 먼 곳까지 찾아간다.

한편 Y가설은 다른 조건이 동일하다면 두 도시 사이에 위치하는 어떤 지역에 대한 각 도시의 상거래 흡인력은 각 도시의 인구에 비례하고, 각 도시로부터의 거리 제곱에 반비례한다고 본다. 즉, 인구가 많은 도시일수록 더 많은 구매기회를 제공할 가능성이 높으므로 소비자를 끌어당기는 힘이 크다고 본 것이다.

예를 들어, 일직선상에 A, B, C 세 도시가 있고, C시는 A시와 B시 사이에 위치하며, C시는 A시로부터 5km, B시로부터 10km 떨어져 있다. 그리고 A시 인구는 50만 명, B시의 인구는 400만 명, C시의 인구는 9만 명이다. 만약 A시와 B시가 서로 영향을 주지 않고, C시의 모든 인구가 A시와 B시에서만 구매한다고 가정하면, Y가설에 따라 A시와 B시로 구매활동에 유인되는 C시의 인구 규모를 계산할 수 있다. A시의 흡인력은 20,000(=50만÷25), B시의 흡인력은 40,000(=400만÷100)이다. 따라서 9만 명인 C시의 인구 중 1/3인 3만 명은 A시로, 2/3인 6만 명은 B시로 흡인된다.

〈보 기〉

ㄱ. X가설에 따르면, 소비자가 유사한 제품을 판매하는 점포들 중 한 점포를 선택할 때 소비자는 더 싼 가격의 상품을 구매하기 위해 더 먼 거리에 있는 점포에 간다.
ㄴ. Y가설에 따르면, 인구 및 다른 조건이 동일할 때 거리가 가까운 도시일수록 이상적인 점포 입지가 된다.
ㄷ. Y가설에 따르면, C시로부터 A시와 B시가 떨어진 거리가 5km로 같다고 가정할 때 C시의 인구 중 8만 명이 B시로 흡인된다.

① ㄱ
② ㄴ
③ ㄱ, ㄷ
④ ㄴ, ㄷ
⑤ ㄱ, ㄴ, ㄷ

문 8. 다음 글을 근거로 판단할 때, 甲이 구매해야 할 재료와 그 양으로 옳은 것은?

甲은 아내, 아들과 함께 짬뽕을 만들어 먹기로 했다. 짬뽕요리에 필요한 재료를 사기 위해 근처 전통시장에 들른 甲은 아래 〈조건〉을 만족하도록 재료를 모두 구매한다. 다만 짬뽕요리에 필요한 각 재료의 절반 이상이 냉장고에 있으면 그 재료는 구매하지 않는다.

〈조 건〉

- 甲과 아내는 각각 성인 1인분, 아들은 성인 0.5인분을 먹는다.
- 매운 음식을 잘 먹지 못하는 아내를 고려하여 '고추'라는 단어가 들어간 재료는 모두 절반만 넣는다.
- 아들은 성인 1인분의 새우를 먹는다.

〈냉장고에 있는 재료〉

면 200g, 오징어 240g, 돼지고기 100g, 양파 100g, 청양고추 15g, 고추기름 100ml, 대파 10cm, 간장 80ml, 마늘 5g

〈짬뽕요리 재료(성인 1인분 기준)〉

면 200g, 해삼 40g, 소라 30g, 오징어 60g, 돼지고기 90g, 새우 40g, 양파 60g, 양송이버섯 50g, 죽순 40g, 고추기름 20ml, 건고추 8g, 청양고추 10g, 대파 10cm, 마늘 10g, 청주 15ml

① 면 200g
② 양파 50g
③ 새우 100g
④ 건고추 7g
⑤ 돼지고기 125g

문 9. 다음 〈통역경비 산정기준〉과 〈상황〉을 근거로 판단할 때, A사가 甲시에서 개최한 설명회에 쓴 총 통역경비는?

〈통역경비 산정기준〉

통역경비는 통역료와 출장비(교통비, 이동보상비)의 합으로 산정한다.

• 통역료(통역사 1인당)

구분	기본요금 (3시간까지)	추가요금 (3시간 초과 시)
영어, 아랍어, 독일어	500,000원	100,000원/시간
베트남어, 인도네시아어	600,000원	150,000원/시간

• 출장비(통역사 1인당)
 – 교통비는 왕복으로 실비 지급
 – 이동보상비는 이동 시간당 10,000원 지급

〈상 황〉

A사는 2019년 3월 9일 甲시에서 설명회를 개최하였다. 통역은 영어와 인도네시아어로 진행되었고, 영어 통역사 2명과 인도네시아어 통역사 2명이 통역하였다. 설명회에서 통역사 1인당 영어 통역은 4시간, 인도네시아어 통역은 2시간 진행되었다. 甲시까지는 편도로 2시간이 소요되며, 개인당 교통비는 왕복으로 100,000원이 들었다.

① 244만 원
② 276만 원
③ 288만 원
④ 296만 원
⑤ 326만 원

문 10. 다음 글을 근거로 판단할 때, 〈보기〉에서 옳은 것만을 모두 고르면?

A부족과 B부족은 한쪽 손의 손모양으로 손가락 셈법(지산법)을 사용하여 셈을 한다.
• A부족의 손가락 셈법에 따르면, 손모양을 보아 손바닥이 보이면 펴져 있는 손가락 개수만큼 더하고, 손등이 보이면 펴져 있는 손가락 개수만큼을 뺀다.
• B부족의 손가락 셈법에 따르면, 손모양을 보아 엄지가 펴져 있으면 엄지를 제외하고 펴져 있는 손가락 개수만큼 더하고, 엄지가 접혀 있으면 펴져 있는 손가락 개수만큼 뺀다.

〈보 기〉

ㄱ. 손바닥이 보이는 채로, 손가락 다섯 개가 세 번 모두 펴져 있으면, 셈의 합은 A부족이 15이고 B부족은 12일 것이다.
ㄴ. B부족의 셈법에 따르면, 세 번 다 엄지만이 펴져 있는 것의 셈의 합과 세 번 다 주먹이 쥐어져 있는 것의 셈의 합은 동일하다.
ㄷ. 손바닥이 보이는 채로, 첫 번째는 엄지 · 검지 · 중지만이 펴져 있고, 두 번째는 엄지가 접혀 있고 검지 · 중지만 펴져 있고, 세 번째는 다른 손가락은 접혀 있고 엄지만 펴져 있다. 이 경우 셈의 합은 A부족이 6이고 B부족은 3일 것이다.
ㄹ. 세 번 동안 손가락이 몇 개씩 펴져 있는지는 알 수 없으나 세 번 내내 엄지는 꼭 펴져 있었다. 이를 A부족, B부족 각각의 셈법에 따라 셈을 하였을 때, 셈의 합이 똑같이 9가 나올 수 있다.

① ㄱ, ㄴ
② ㄴ, ㄷ
③ ㄷ, ㄹ
④ ㄱ, ㄴ, ㄹ
⑤ ㄱ, ㄷ, ㄹ

문 11. 다음 〈감독의 말〉과 〈상황〉을 근거로 판단할 때, 甲~戊 중 드라마에 캐스팅되는 배우는?

〈감독의 말〉

안녕하세요 여러분. '열혈 군의관, 조선시대로 가다!' 드라마 오디션에 지원해 주셔서 감사합니다. 잠시 후 오디션을 시작할 텐데요. 이번 오디션에서 캐스팅하려는 역은 20대 후반의 군의관입니다. 오디션 실시 후 오디션 점수를 기본 점수로 하고, 다음 채점 기준의 해당 점수를 기본 점수에 가감하여 최종 점수를 산출하며, 이 최종 점수가 가장 높은 사람을 캐스팅합니다.

첫째, 28세를 기준으로 나이가 많거나 적은 사람은 1세 차이당 2점씩 감점하겠습니다. 둘째, 이전에 군의관 역할을 연기해 본 경험이 있는 사람은 5점을 감점하겠습니다. 시청자들이 식상해 할 수 있을 것 같아서요. 셋째, 저희 드라마가 퓨전 사극이기 때문에, 사극에 출연해 본 경험이 있는 사람에게는 10점의 가점을 드리겠습니다. 넷째, 최종 점수가 가장 높은 사람이 여럿인 경우, 그중 기본 점수가 가장 높은 한 사람을 캐스팅하도록 하겠습니다.

〈상 황〉

- 오디션 지원자는 총 5명이다.
- 오디션 점수는 甲이 76점, 乙이 78점, 丙이 80점, 丁이 82점, 戊가 85점이다.
- 각 배우의 오디션 점수에 각자의 나이를 더한 값은 모두 같다.
- 오디션 점수가 세 번째로 높은 사람만 군의관 역할을 연기해 본 경험이 있다.
- 나이가 가장 많은 배우만 사극에 출연한 경험이 있다.
- 나이가 가장 적은 배우는 23세이다.

① 甲
② 乙
③ 丙
④ 丁
⑤ 戊

문 12. 다음 글을 근거로 판단할 때 옳은 것은?

전문가 6명(A~F)의 〈회의 참여 가능 시간〉과 〈회의 장소 선호도〉를 반영하여, 〈조건〉을 충족하는 회의를 월~금요일 중 개최하려 한다.

〈회의 참여 가능 시간〉

전문가 \ 요일	월	화	수	목	금
A	13:00~16:20	15:00~17:30	13:00~16:20	15:00~17:30	16:00~18:30
B	13:00~16:10	–	13:00~16:10	–	16:00~18:30
C	16:00~19:20	14:00~16:20	–	14:00~16:20	16:00~19:20
D	17:00~19:30	–	17:00~19:30	–	17:00~19:30
E	–	15:00~17:10	–	15:00~17:10	–
F	16:00~19:20	–	16:00~19:20	–	16:00~19:20

※ – : 참여 불가

〈회의 장소 선호도〉

(단위 : 점)

장소 \ 전문가	A	B	C	D	E	F
가	5	4	5	6	7	5
나	6	6	8	6	8	8
다	7	8	5	6	3	4

〈조 건〉

- 전문가 A~F 중 3명 이상이 참여할 수 있어야 회의 개최가 가능하다.
- 회의는 1시간 동안 진행되며, 회의 참여자는 회의 시작부터 종료까지 자리를 지켜야 한다.
- 회의 시간이 정해지면, 해당 일정에 참여 가능한 전문가들의 선호도를 합산하여 가장 높은 점수가 나온 곳을 회의 장소로 정한다.

① 월요일에는 회의를 개최할 수 없다.
② 금요일 16시에 회의를 개최할 경우 회의 장소는 '가'이다.
③ 금요일 18시에 회의를 개최할 경우 회의 장소는 '다'이다.
④ A가 반드시 참여해야 할 경우 목요일 16시에 회의를 개최할 수 있다.
⑤ C, D를 포함하여 4명 이상이 참여해야 할 경우 금요일 17시에 회의를 개최할 수 있다.

문 13. 다음 글을 근거로 판단할 때, 〈보기〉에서 철수가 구매한 과일바구니를 확실히 맞힐 수 있는 사람만을 모두 고르면?

- 철수는 아래 과일바구니(A~E) 중 하나를 구매하였다.
- 甲, 乙, 丙, 丁은 각자 철수에게 두 가지 질문을 하여 대답을 듣고 철수가 구매한 과일바구니를 맞히려 한다.
- 모든 사람은 〈과일바구니 종류〉와 〈과일의 무게 및 색깔〉을 정확히 알고 있으며, 철수는 거짓말을 하지 않는다.

〈과일바구니 종류〉

종류	바구니 색깔	바구니 구성
A	빨강	사과 1개, 참외 2개, 메론 1개
B	노랑	사과 1개, 참외 1개, 귤 2개, 오렌지 1개
C	초록	사과 2개, 참외 2개, 귤 1개
D	주황	참외 1개, 귤 2개
E	보라	사과 1개, 참외 1개, 귤 1개, 오렌지 1개

〈과일의 무게 및 색깔〉

구분	사과	참외	메론	귤	오렌지
무게	200g	300g	1,000g	100g	150g
색깔	빨강	노랑	초록	주황	주황

〈보 기〉

甲 : 바구니에 들어 있는 과일이 모두 몇 개니? 바구니에 들어 있는 과일의 무게를 모두 합치면 1kg 이상이니?

乙 : 바구니의 색깔과 같은 색깔의 과일이 포함되어 있니? 바구니에 들어 있는 과일이 모두 몇 개니?

丙 : 바구니에 들어 있는 과일이 모두 몇 개니? 바구니에 들어 있는 과일의 종류가 모두 다르니?

丁 : 바구니에 들어 있는 과일의 종류가 모두 다르니? 바구니에 들어 있는 과일의 무게를 모두 합치면 1kg 이상이니?

① 甲, 乙
② 甲, 丁
③ 乙, 丙
④ 甲, 乙, 丁
⑤ 乙, 丙, 丁

문 14. 다음 글을 근거로 판단할 때, 〈보기〉에서 옳은 것만을 모두 고르면?

- 甲과 乙은 민원을 담당하는 직원으로 각자 한 번에 하나의 민원만 접수한다.
- 민원은 'X민원'과 'Y민원' 중 하나이고, 민원을 접수한 직원은 'X민원' 접수 시 기분이 좋아져 감정도가 10 상승하지만 'Y민원' 접수 시 기분이 나빠져 감정도가 20 하락한다.
- 甲과 乙은 오늘 09:00부터 18:00까지 근무했다.
- 09:00에 甲과 乙의 감정도는 100이다.
- 매시 정각 甲과 乙의 감정도는 5씩 상승한다(단, 09:00, 13:00, 18:00 제외).
- 13:00에는 甲과 乙의 감정도가 100으로 초기화된다.
- 18:00가 되었을 때, 감정도가 50 미만인 직원에게는 1일의 월차를 부여한다.
- 甲과 乙이 오늘 접수한 각각의 민원은 아래 〈민원 등록 대장〉에 모두 기록됐다.

〈민원 등록 대장〉

접수 시각	접수한 직원	민원 종류
09:30	甲	Y민원
10:00	乙	X민원
11:40	甲	Y민원
13:20	乙	Y민원
14:10	甲	Y민원
14:20	乙	Y민원
15:10	甲	㉠
16:10	乙	Y민원
16:50	乙	㉡
17:00	甲	X민원
17:40	乙	X민원

〈보 기〉

ㄱ. ㉠, ㉡에 상관없이 18:00에 甲의 감정도는 乙의 감정도보다 높다.
ㄴ. ㉡이 'Y민원'이라면, 乙은 1일의 월차를 부여받는다.
ㄷ. 12:30에 乙의 감정도는 125이다.

① ㄱ
② ㄴ
③ ㄱ, ㄷ
④ ㄴ, ㄷ
⑤ ㄱ, ㄴ, ㄷ

문 15. 다음 글을 근거로 판단할 때 옳은 것은?

ㅁㅁ학과는 지망자 5명(A~E) 중 한 명을 교환학생으로 추천하기 위하여 각각 5회의 평가를 실시하고, 그 결과에 바탕을 둔 추첨을 하기로 했다. 평가 및 추첨 방식과 현재까지 진행된 평가 결과는 아래와 같다.

- 매 회 100점 만점으로 10점 단위의 점수를 매기며, 100점을 얻은 지망자에게는 5장의 카드, 90점을 얻은 지망자에게는 2장의 카드, 80점을 얻은 지망자에게는 1장의 카드를 부여한다. 70점 이하를 얻은 지망자에게는 카드를 부여하지 않는다.
- 5회차 평가 이후 각 지망자는 자신이 받은 모든 카드에 본인의 이름을 적고, 추첨함에 넣는다. 다만 5번의 평가의 총점이 400점 미만인 지망자는 본인의 카드를 추첨함에 넣지 못한다.
- ㅁㅁ학과장은 추첨함에서 한 장의 카드를 무작위로 뽑아 카드에 이름이 적힌 지망자를 ㅁㅁ학과의 교환학생으로 추천한다.

〈평가 결과〉

(단위 : 점)

구분	1회	2회	3회	4회	5회
A	90	90	90	90	
B	80	80	70	70	
C	90	70	90	70	
D	70	70	70	70	
E	80	80	90	80	

① A가 5회차 평가에서 80점을 얻더라도 다른 지망자의 점수에 관계없이 추천될 확률이 가장 높다.
② B가 5회차 평가에서 90점을 얻는다면 적어도 D보다는 추천될 확률이 높다.
③ C가 5회차 평가에서 카드를 받지 못하더라도 B보다는 추천될 확률이 높다.
④ D가 5회차 평가에서 100점을 받고 다른 지망자가 모두 80점을 받는다면 D가 추천될 확률은 세 번째로 높다.
⑤ E가 5회차 평가에서 카드를 받지 못하더라도 E는 추첨 대상에 포함될 수 있다.

문 16. 다음 글을 근거로 판단할 때 옳지 않은 것은?

A구와 B구로 이루어진 신도시 甲시에는 어린이집과 복지회관이 없다. 이에 甲시는 60억 원의 건축 예산을 사용하여 아래 〈건축비와 만족도〉와 〈조건〉 하에서 시민 만족도가 가장 높도록 어린이집과 복지회관을 신축하려고 한다.

〈건축비와 만족도〉

지역	시설 종류	건축비(억 원)	만족도
A구	어린이집	20	35
	복지회관	15	30
B구	어린이집	15	40
	복지회관	20	50

〈조 건〉

1) 예산 범위 내에서 시설을 신축한다.
2) 시민 만족도는 각 시설에 대한 만족도의 합으로 계산한다.
3) 각 구에는 최소 1개의 시설을 신축해야 한다.
4) 하나의 구에 동일 종류의 시설을 3개 이상 신축할 수 없다.
5) 하나의 구에 동일 종류의 시설을 2개 신축할 경우, 그 시설 중 한 시설에 대한 만족도는 20% 하락한다.

① 예산은 모두 사용될 것이다.
② A구에는 어린이집이 신축될 것이다.
③ B구에는 2개의 시설이 신축될 것이다.
④ 甲시에 신축되는 시설의 수는 4개일 것이다.
⑤ 〈조건〉 5)가 없더라도 신축되는 시설의 수는 달라지지 않을 것이다.

문 17. 다음 글을 근거로 판단할 때, ㅇㅇ백화점이 한 해 캐롤 음원이용료로 지불해야 하는 최대 금액은?

ㅇㅇ백화점에서는 매년 크리스마스 트리 점등식(11월 네 번째 목요일) 이후 돌아오는 첫 월요일부터 크리스마스(12월 25일)까지 백화점 내에서 캐롤을 틀어 놓는다(단, 휴점일 제외). 이 기간 동안 캐롤을 틀기 위해서는 하루에 2만 원의 음원이용료를 지불해야 한다. ㅇㅇ백화점 휴점일은 매월 네 번째 수요일이지만, 크리스마스와 겹칠 경우에는 정상영업을 한다.

① 48만 원
② 52만 원
③ 58만 원
④ 60만 원
⑤ 66만 원

문 18. 다음 글을 근거로 판단할 때, 甲이 얻을 수 있는 최대 이윤과 이때 채굴한 원석의 개수로 옳게 짝지은 것은?(단, 원석은 정수 단위로 채굴한다)

보석 가공업자인 甲은 원석을 채굴하여 목걸이용 보석과 반지용 보석으로 1차 가공한다. 원석 1개를 1차 가공하면 목걸이용 보석 60개와 반지용 보석 40개가 생산된다.

이렇게 생산된 보석들은 1차 가공 직후 판매할 수 있지만, 2차 가공을 거쳐서 판매할 수도 있다. 목걸이용 보석 1개는 2차 가공을 통해 목걸이 1개로, 반지용 보석 1개는 2차 가공을 통해 반지 1개로 생산된다. 甲은 보석 용도별로 2차 가공 여부를 판단하는데, 2차 가공하여 판매할 때의 이윤이 2차 가공을 하지 않고 판매할 때의 이윤보다 큰 경우에만 2차 가공하여 판매한다.

〈생산단계별 비용 및 판매가격〉

- 원석 채굴 : 최초에 원석 1개를 채굴할 때에는 300만 원의 비용이 들고, 두 번째 채굴 이후부터는 원석 1개당 채굴 비용이 100만 원씩 증가한다. 즉, 두 번째 원석의 채굴 비용은 400만 원이 되어 원석 2개의 총 채굴 비용은 700만 원이다.
- 1차 가공 : 원석의 1차 가공 비용은 개당 250만 원이며, 목걸이용 보석은 개당 7만 원에, 반지용 보석은 개당 5만 원에 판매된다.
- 2차 가공 : 목걸이용 보석의 2차 가공 비용은 개당 40만 원이며, 목걸이는 개당 50만 원에 판매된다. 반지용 보석의 2차 가공 비용은 개당 20만 원이며, 반지는 개당 15만 원에 판매된다.

	최대 이윤	원석의 개수
①	400만 원	2개
②	400만 원	3개
③	450만 원	3개
④	450만 원	4개
⑤	500만 원	4개

※ 다음 글을 읽고 물음에 답하시오. [19~20]

도지(賭地)란 조선 후기에 도지권을 가진 소작농이 일정한 사용료, 즉 도조(賭租)를 내고 빌려서 경작했던 논밭을 말한다. 지주는 도지를 제공하고 그 대신 도조를 받았다. 도지권을 가진 소작농은 농작물을 수확하여 도조를 치른 후 나머지를 차지하였다. 도지계약은 구두로 하는 것이 보통이고, 문서를 작성하는 경우는 드물었다.

도조를 정하는 방법에는 수확량을 고려하지 않고 미리 일정액을 정하는 방식과 매년 농작물을 수확하기 직전에 지주가 간평인(看坪人)을 보내어 수확량을 조사하고 그 해의 도조를 결정하는 방식이 있었다. 후자의 경우에 수확량에 대한 도조의 비율은 일정하였다. 특히 논밭을 경작하기 전에 도조를 미리 지급하고 경작하는 경우의 도지를 선도지(先賭地)라고 하였다.

도지권을 가진 소작농은 그 도지를 영구히 경작할 수 있었고, 지주의 승낙이 없어도 임의로 도지권을 타인에게 매매, 양도, 임대, 저당, 상속할 수 있었다. 도지권의 매매 가격은 지주의 소유권 가격의 1/2이었으며, 도지의 전체 가격은 소작농의 도지권 가격과 지주의 소유권 가격의 합이었다. 도조는 수확량의 약 1/4에서 1/3 정도에 불과하여 일반적인 소작지의 소작료보다 훨씬 저렴하였기 때문에, 도지권을 가진 소작농은 도지를 다른 소작농에게 빌려주고 그로부터 일반 소작료를 받아 지주에게 납부해야 할 도조를 제외한 다음 그 차액을 가지기도 하였다. 지주가 이러한 사실을 알더라도 그것은 당연한 도지권의 행사이기 때문에 간섭하지 않았다.

지주가 도지권을 소멸시키거나 다른 소작농에게 이작(移作)시키려고 할 때에는 도지권을 가진 소작농의 동의를 구하고 도지권의 가격만큼을 지급하여야 하였다. 다만 도지권을 가진 소작농이 도조를 납부하지 않는 상황에는 지주가 소작농의 동의를 얻은 뒤 도지권을 팔 수 있었다. 이 경우 지주는 연체된 도조를 빼고 나머지는 소작농에게 반환하여야 하였다.

도지권은 일제가 실시한 토지조사사업에 의하여 그 권리가 부정됨으로써 급격히 소멸하게 되었다. 일제의 토지조사사업으로 부분적 소유권으로서의 소작농의 도지권은 부인되었고 대신 소작기간 20년 이상 50년 이하의 소작권이 인정되었다. 이것은 원래의 도지권 성격과는 크게 다른 것이었으므로 도지권을 소유한 소작농들은 도지권 수호 운동을 전개하였으나, 일제의 무력탄압으로 모두 좌절되고 말았다.

문 19. 윗글을 근거로 판단할 때, 〈보기〉에서 옳은 것만을 모두 고르면?

〈보 기〉

ㄱ. 지주의 사전 승낙이 없어도 도지권을 매입한 소작농이 있었을 수 있다.
ㄴ. 지주가 간평인을 보내어 도조를 결정하였다면, 해당 도지는 선도지가 아니었을 것이다.
ㄷ. 도지권을 가진 소작농들은 일제의 토지조사사업으로 소작을 할 수 없게 되었다.
ㄹ. 도지권을 가진 소작농이 도지권을 매매하려면, 그 소작농은 지주의 동의를 얻어야 했다.

① ㄱ, ㄴ
② ㄱ, ㄹ
③ ㄴ, ㄷ
④ ㄷ, ㄹ
⑤ ㄱ, ㄴ, ㄷ

문 20. 윗글을 근거로 판단할 때, 〈상황〉의 ㉠~㉣에 들어갈 수의 합은? (단, 쌀 1말의 가치는 5냥이며, 주어진 조건 외에는 고려하지 않는다)

〈상 황〉

甲 소유의 논 A는 1년에 한 번 수확하고 수확량은 매년 쌀 20말이다. 소작농乙은 A 전부를 대상으로 매년 수확량의 1/4을 甲에게 도조로 납부하는 도지계약을 甲과 체결한 상태이다. A의 전체 가격은 甲, 乙의 도지계약 당시부터 올해 말까지 변동 없이 900냥이다.

재작년 乙은 수확 후 甲에게 정해진 도조 액수인 (㉠)냥을 납부하였다.

작년 초부터 큰 병을 얻은 乙은 더 이상 농사를 지을 수 없게 되자, 乙은 매년 (㉡)냥을 받아 도조 납부 후 25냥을 남길 생각으로 丙에게 A를 빌려주었다.

그러나 乙은 약값에 허덕여 작년과 올해분의 도조를 甲에게 납부하지 못했다. 결국 甲은 乙의 동의를 얻어 丁에게 A에 대한 도지권을 올해 말 (㉢)냥에 매매한 후, 乙에게 (㉣)냥을 반환하기로 하였다.

① 575
② 600
③ 625
④ 750
⑤ 925

문 21. 다음 글을 근거로 판단할 때 옳은 것은?

제00조(연구실적평가) ① 연구직으로 근무한 경력이 2년 이상인 연구사(석사 이상의 학위를 가진 사람은 제외한다)는 매년 12월 31일까지 그 연구실적의 결과를 논문으로 제출하여야 한다. 다만 연구실적 심사평가를 3번 이상 통과한 연구사는 그러하지 아니하다.
② 연구실적의 심사를 위하여 소속기관의 장은 임용권자 단위 또는 소속 기관 단위로 직렬별, 직류별 또는 직류 내 같은 업무분야별로 연구실적평가위원회를 설치하여야 한다.
③ 연구실적평가위원회는 위원장을 포함한 5명의 위원으로 구성한다. 위원장과 2명의 위원은 소속기관 내부 연구관 중에서, 위원 2명은 대학교수나 외부 연구기관·단체의 연구관 중에서 연구실적평가위원회를 구성할 때마다 임용권자가 임명하거나 위촉한다. 이 경우 위원 중에는 대학교수인 위원이 1명 이상 포함되어야 한다.
④ 연구실적평가위원회의 회의는 임용권자나 위원장이 매년 1월 중에 소집하고, 그 밖에 필요한 경우에는 수시로 소집한다.
⑤ 연구실적평가위원회의 표결은 무기명 투표로 하며, 재적위원 과반수의 찬성으로 의결한다.

※ 대학교수와 연구관은 겸직할 수 없음

① 개별 연구실적평가위원회는 최대 3명의 대학교수를 위원으로 위촉할 수 있다.
② 연구실적평가위원회 위원장은 소속기관 내부 연구관이 아닌 대학교수가 맡을 수 있다.
③ 연구실적평가위원회에 4명의 위원이 출석한 경우와 5명의 위원이 출석한 경우의 의결정족수는 같다.
④ 연구실적평가위원회 위원으로 위촉된 경력이 있는 사람을 재위촉하는 경우 별도의 위촉절차를 거치지 않아도 된다.
⑤ 석사학위 이상을 소지하지 않은 모든 연구사는 연구직으로 임용된 이후 5년이 지나면 석사학위를 소지한 연구사와 동일하게 연구실적 결과물 제출을 면제받는다.

문 22. 다음 글을 근거로 판단할 때 옳은 것은?

> 제00조(사무의 관장) 시장(특별시장 · 광역시장은 제외한다. 이하 같다) · 군수 및 자치구의 구청장은 이 법에 따른 본인서명사실확인서 및 전자본인서명확인서의 발급 · 관리 등에 관한 사무를 관장한다.
>
> 제00조(본인서명사실확인서의 발급 신청) ① 본인서명사실확인서를 발급받으려는 사람 중 다음 각 호의 어느 하나에 해당하는 사람은 시장 · 군수 · 구청장(자치구가 아닌 구의 구청장을 포함한다)이나 읍장 · 면장 · 동장(이하 '발급기관'이라 한다)을 직접 방문하여 발급을 신청하여야 한다.
>
> 1. 대한민국 내에 주소를 가진 국민
> 2. 대한민국 내에 주소를 가지지 아니한 국민
> 3. 「재외동포의 출입국과 법적 지위에 관한 법률」에 따라 국내거소신고를 한 재외국민
>
> ② 미성년자인 신청인이 제1항에 따라 본인서명사실확인서의 발급을 신청하려는 경우에는 법정대리인과 함께 발급기관을 직접 방문하여 법정대리인의 동의를 받아 신청하여야 한다.
>
> 제00조(전자본인서명확인서 발급시스템 이용의 승인) ① 민원인은 전자본인서명확인서 발급시스템을 이용하려는 경우에는 미리 시장 · 군수 또는 자치구의 구청장(이하 '승인권자'라 한다)의 승인을 받아야 한다.
>
> ② 제1항에 따라 승인을 받으려는 민원인은 승인권자를 직접 방문하여 이용 승인을 신청하여야 한다.
>
> ③ 미성년자인 민원인이 제2항에 따라 이용 승인을 신청하려는 경우에는 법정대리인과 함께 승인권자를 직접 방문하여 법정대리인의 동의를 받아 신청하여야 한다.
>
> 제00조(인감증명서와의 관계) 부동산거래에서 인감증명서 제출과 함께 관련 서면에 인감을 날인하여야 할 때에는 다음 각 호의 어느 하나에 해당하는 경우 인감증명서를 제출하고 관련 서면에 인감을 날인한 것으로 본다.
>
> 1. 본인서명사실확인서를 제출하고 관련 서면에 서명을 한 경우
> 2. 전자본인서명확인서 발급증을 제출하고 관련 서면에 서명을 한 경우

① 대구광역시 수성구 A동 주민 甲(30세)이 전자본인서명확인서 발급시스템을 이용하기 위해서는 미리 동장을 방문하여 이용 승인을 신청하여야 한다.
② 재외국민 乙(26세)이 「재외동포의 출입국과 법적 지위에 관한 법률」에 따라 국내거소신고를 하였다면 본인서명사실확인서 발급을 신청한 것으로 본다.
③ 본인서명사실확인서를 발급받은 바 있는 丙(17세)이 전자본인서명확인서 발급시스템 이용 승인을 신청하기 위해서는 법정대리인의 동의를 받지 않아도 된다.
④ 토지매매 시 인감증명서를 제출하고 관련 서면에 인감을 날인하여야 하는 경우, 본인서명사실확인서를 제출하고 관련 서면에 서명하는 것으로 대신할 수 있다.
⑤ 서울특별시 종로구 B동 주민 丁(25세)은 본인서명사실확인서를 발급받기 위하여 서울특별시장을 방문하여 전자본인서명확인서 발급시스템 이용 승인을 신청하여야 한다.

문 23. 다음 글을 근거로 판단할 때, 〈보기〉에서 옳은 것만을 모두 고르면?

> • 정부ㅁㅁ청사 신축 시 〈화장실 위생기구 설치기준〉에 따라 위생기구(대변기 또는 소변기)를 설치하고자 한다.
> • 남자 화장실에는 위생기구 수가 짝수인 경우 대변기와 소변기를 절반씩 나누어 설치하고, 홀수인 경우 대변기를 한 개 더 많게 설치한다. 여자 화장실에는 모두 대변기를 설치한다.

〈화장실 위생기구 설치기준〉

기준	각 성별 사람 수(명)	위생기구 수(개)
A	1~9	1
	10~35	2
	36~55	3
	56~80	4
	81~110	5
	111~150	6
B	1~15	1
	16~40	2
	41~75	3
	76~150	4
C	1~50	2
	51~100	3
	101~150	4

〈보 기〉

ㄱ. 남자 30명과 여자 30명이 근무할 경우, A기준과 B기준에 따라 설치할 위생기구 수는 같다.
ㄴ. 남자 50명과 여자 40명이 근무할 경우, B기준에 따라 설치할 남자 화장실과 여자 화장실의 대변기 수는 같다.
ㄷ. 남자 80명과 여자 80명이 근무할 경우, A기준에 따라 설치할 소변기는 총 4개이다.
ㄹ. 남자 150명과 여자 100명이 근무할 경우, C기준에 따라 설치할 대변기는 총 5개이다.

① ㄱ, ㄴ
② ㄴ, ㄷ
③ ㄷ, ㄹ
④ ㄱ, ㄴ, ㄹ
⑤ ㄱ, ㄷ, ㄹ

문 24. 다음 글을 근거로 판단할 때 옳은 것은?

• 가뭄 예 · 경보는 농업용수 분야와 생활 및 공업용수 분야로 구분하여 발령한다.
• 예 · 경보 발령은 '주의', '심함', '매우심함' 3단계로 구분하며, '매우심함'이 가장 심각한 단계이다.
• 가뭄 예 · 경보는 다음에서 정한 날에 발령한다.
  – 주의 : 해당 기준에 도달한 매 월 10일
  – 심함 : 해당 기준에 도달한 매 주 금요일
  – 매우심함 : 해당 기준에 도달한 매 일마다 수시

〈가뭄 예 · 경보 발령 기준〉

주의	농업용수	영농기(4~9월)에 저수지 저수율이 평년의 70% 이하 또는 밭 토양 유효수분율이 60% 이하에 해당되는 경우
	생활 및 공업용수	하천여유수량을 감량 공급하는 상황에서 현재 하천유지유량이 고갈되거나, 장래 1~3개월 후 하천 및 댐 등에서 농업용수 공급이 어려울 것으로 판단되는 경우
심함	농업용수	영농기(4~9월)에 저수지 저수율이 평년의 60% 이하 또는 밭 토양 유효수분율이 40% 이하에 해당되는 경우
	생활 및 공업용수	하천유지유량을 감량 공급하는 상황에서 현재 하천 및 댐 등에서 농업용수 공급이 부족하거나, 장래 1~3개월 후 생활 및 공업용수 공급이 어려울 것으로 판단되는 경우
매우 심함	농업용수	영농기(4~9월)에 저수지 저수율이 평년의 50% 이하 또는 밭 토양 유효수분율이 30% 이하에 해당되는 경우
	생활 및 공업용수	현재 하천 및 댐 등에서 농업용수, 생활 및 공업용수 공급이 부족하고, 장래 1~3개월 후 생활 및 공업용수 공급에도 차질이 발생할 것으로 판단되는 경우

※ 단, 상황이 여러 기준에 모두 해당되는 경우 더 심각한 단계에 해당되는 것으로 판단

① 영농기에 저수지 저수율이 평년의 50%라면 농업용수 가뭄 예 · 경보 기준의 심함에 해당한다.
② 영농기에 밭 토양 유효수분율이 70%일 경우 농업용수 가뭄 예 · 경보를 그 달 10일에 발령한다.
③ 하천유지유량을 감량 공급하는 상황에서 현재 하천 및 댐 등에서 농업용수 공급이 부족한 경우, 농업용수 가뭄 예 · 경보 기준의 심함에 해당한다.
④ 12월 23일 금요일에 저수지 저수율이 평년의 60% 이하이거나 밭 토양 유효수분율이 40% 이하이면 농업용수 가뭄 예 · 경보가 발령될 것이다.
⑤ 5월 19일 목요일에 생활 및 공업용수 가뭄 예 · 경보가 발령되었다면, 현재 하천 및 댐 등에서 농업용수, 생활 및 공업용수 공급이 부족하고, 장래 1~3개월 후 생활 및 공업용수 공급에도 차질이 발생할 것으로 판단되는 경우일 것이다.

문 25. 다음 글과 〈상황〉을 근거로 판단할 때, 甲이 A대학을 졸업하기 위해 추가로 필요한 최소 취득학점은?

△△법 제◇◇조(학점의 인정 등) ① 전문학사학위과정 또는 학사학위과정을 운영하는 대학(이하 '대학'이라 한다)은 학생이 다음 각 호의 어느 하나에 해당하는 경우에 학칙으로 정하는 바에 따라 이를 해당 대학에서 학점을 취득한 것으로 인정할 수 있다.
1. 국내외의 다른 전문학사학위과정 또는 학사학위과정에서 학점을 취득한 경우
2. 전문학사학위과정 또는 학사학위과정과 동등한 학력 · 학위가 인정되는 평생교육시설에서 학점을 취득한 경우
3. 「병역법」에 따른 입영 또는 복무로 인하여 휴학 중인 사람이 원격수업을 수강하여 학점을 취득한 경우

② 제1항에 따라 인정되는 학점의 범위와 기준은 다음 각 호와 같다.
1. 제1항 제1호에 해당하는 경우 : 취득한 학점의 전부
2. 제1항 제2호에 해당하는 경우 : 대학 졸업에 필요한 학점의 2분의 1 이내
3. 제1항 제3호에 해당하는 경우 : 연(年) 12학점 이내

제□□조(편입학 등) 학사학위과정을 운영하는 대학은 다음 각 호에 해당하는 학생을 편입학 전형을 통해 선발할 수 있다.
1. 전문학사학위를 취득한 자
2. 학사학위과정의 제2학년을 수료한 자

〈상 황〉

• A대학은 학칙을 통해 학점인정의 범위를 △△법에서 허용하는 최대 수준으로 정하고 있다.
• 졸업에 필요한 최소 취득학점은 A대학 120학점, B전문대학 63학점이다.
• 甲은 B전문대학에서 졸업에 필요한 최소 취득학점만으로 전문학사학위를 취득하였다.
• 甲은 B전문대학 졸업 후 A대학 3학년에 편입하였고 군복무로 인한 휴학 기간에 원격수업을 수강하여 총 6학점을 취득하였다.
• 甲은 A대학에 복학한 이후 총 30학점을 취득하였고, 1년 동안 미국의 C대학에 교환학생으로 파견되어 총 12학점을 취득하였다.

① 9학점
② 12학점
③ 15학점
④ 22학점
⑤ 24학점

문 26. 다음 글과 〈상황〉을 근거로 판단할 때, 甲과 乙에게 부과된 과태료의 합은?

A국은 부동산 또는 부동산을 취득할 수 있는 권리의 매매계약을 체결한 경우, 매도인이 그 실제 거래가격을 거래계약 체결일부터 60일 이내에 관할관청에 신고하도록 신고의무를 ○○법으로 규정하고 있다. 그리고 이를 위반할 경우 다음의 기준에 따라 과태료를 부과한다.

○○법 제00조(과태료 부과기준) ① 신고의무를 게을리 한 경우에는 다음 각 호의 기준에 따라 과태료를 부과한다.

1. 신고기간 만료일의 다음 날부터 기산하여 신고를 하지 않은 기간(이하 '해태기간'이라 한다)이 1개월 이하인 경우
   가. 실제 거래가격이 3억 원 미만인 경우 : 50만 원
   나. 실제 거래가격이 3억 원 이상인 경우 : 100만 원
2. 해태기간이 1개월을 초과한 경우
   가. 실제 거래가격이 3억 원 미만인 경우 : 100만 원
   나. 실제 거래가격이 3억 원 이상인 경우 : 200만 원

② 거짓으로 신고를 한 경우에는 다음 각 호의 기준에 따라 과태료를 부과한다. 단, 과태료 산정에 있어서의 취득세는 매수인을 기준으로 한다.

1. 부동산의 실제 거래가격을 거짓으로 신고한 경우
   가. 실제 거래가격과 신고가격의 차액이 실제 거래가격의 20% 미만인 경우
      – 실제 거래가격이 5억 원 이하인 경우 : 취득세의 2배
      – 실제 거래가격이 5억 원 초과인 경우 : 취득세의 1배
   나. 실제 거래가격과 신고가격의 차액이 실제 거래가격의 20% 이상인 경우
      – 실제 거래가격이 5억 원 이하인 경우 : 취득세의 3배
      – 실제 거래가격이 5억 원 초과인 경우 : 취득세의 2배
2. 부동산을 취득할 수 있는 권리의 실제 거래가격을 거짓으로 신고한 경우
   가. 실제 거래가격과 신고가격의 차액이 실제 거래가격의 20% 미만인 경우 : 실제 거래가격의 100분의 2
   나. 실제 거래가격과 신고가격의 차액이 실제 거래가격의 20% 이상인 경우 : 실제 거래가격의 100분의 4

③ 제1항과 제2항에 해당하는 위반행위를 동시에 한 경우 해당 과태료는 병과한다.

〈상 황〉

- 매수인의 취득세는 실제 거래가격의 100분의 1이다.
- 甲은 X토지를 2018. 1. 15. 丙에게 5억 원에 매도하였으나, 2018. 4. 2. 거래가격을 3억 원으로 신고하였다가 적발되어 과태료가 부과되었다.
- 乙은 공사 중인 Y아파트를 취득할 권리인 입주권을 2018. 2. 1. 丁에게 2억 원에 매도하였으나, 2018. 2. 5. 거래가격을 1억 원으로 신고하였다가 적발되어 과태료가 부과되었다.

① 1,400만 원 ② 2,000만 원
③ 2,300만 원 ④ 2,400만 원
⑤ 2,500만 원

문 27. 다음 글을 근거로 판단할 때, A학자의 언어체계에서 표기와 그 의미를 연결한 것으로 옳지 않은 것은?

A학자는 존재하는 모든 사물들을 자연적인 질서에 따라 나열하고 그것들의 지위와 본질을 표현하는 적절한 기호를 부여하면 보편언어를 만들 수 있다고 생각했다.

이를 위해 A학자는 우선 세상의 모든 사물을 40개의 '속(屬)'으로 나누고, 속을 다시 '차이(差異)'로 세분했다. 예를 들어 8번째 속인 돌은 순서대로 아래와 같이 6개의 차이로 분류된다.

(1) 가치 없는 돌
(2) 중간 가치의 돌
(3) 덜 투명한 가치 있는 돌
(4) 더 투명한 가치 있는 돌
(5) 물에 녹는 지구의 응결물
(6) 물에 녹지 않는 지구의 응결물

이 차이는 다시 '종(種)'으로 세분화되었다. 예를 들어, '가치 없는 돌'은 그 크기, 용도에 따라서 8개의 종으로 분류되었다.

이렇게 사물을 전부 분류한 다음에 A학자는 속, 차이, 종에 문자를 대응시키고 표기하였다.

예를 들어, 7번째 속부터 10번째 속까지는 다음과 같이 표기된다.

7) 원소 : de
8) 돌 : di
9) 금속 : do
10) 잎 : gw

차이를 나타내는 표기는 첫 번째 차이부터 순서대로 b, d, g, p, t, c, z, s, n을 사용했고, 종은 순서대로 w, a, e, i, o, u, y, yi, yu를 사용했다. 따라서 'di'는 돌을 의미하고 'dib'는 가치 없는 돌을 의미하며, 'diba'는 가치 없는 돌의 두 번째 종을 의미한다.

① ditu – 물에 녹는 지구의 응결물의 여섯 번째 종
② gwpyi – 잎의 네 번째 차이의 네 번째 종
③ dige – 덜 투명한 가치 있는 돌의 세 번째 종
④ deda – 원소의 두 번째 차이의 두 번째 종
⑤ donw – 금속의 아홉 번째 차이의 첫 번째 종

문 28. 다음 글을 근거로 판단할 때, 甲이 지불할 관광비용은?

- 甲은 경복궁에서 시작하여 서울시립미술관, 서울타워 전망대, 국립중앙박물관까지 관광하려 한다. '경복궁 → 서울시립미술관'은 도보로, '서울시립미술관 → 서울타워 전망대' 및 '서울타워 전망대 → 국립중앙박물관'은 각각 지하철로 이동해야 한다.
- 입장료 및 지하철 요금

경복궁	서울시립 미술관	서울타워 전망대	국립중앙 박물관	지하철
1,000원	5,000원	10,000원	1,000원	1,000원

※ 지하철 요금은 거리에 관계없이 탑승할 때마다 일정하게 지불하며, 도보 이동 시에는 별도 비용 없음

- 관광비용은 입장료, 지하철 요금, 상품가격의 합산액이다.
- 甲은 관광비용을 최소화하고자 하며, 甲이 선택할 수 있는 상품은 다음 세 가지 중 하나이다.

상품	가격	혜택				
		경복궁	서울시립 미술관	서울타워 전망대	국립중앙 박물관	지하철
스마트 교통 카드	1,000원	–	–	50% 할인	–	당일 무료
시티 투어A	3,000원	30% 할인	30% 할인	30% 할인	30% 할인	당일 무료
시티 투어B	5,000원	무료	–	무료	무료	–

① 11,000원
② 12,000원
③ 13,000원
④ 14,900원
⑤ 19,000원

문 29. 다음 글과 〈표〉를 근거로 판단할 때, A사무관이 선택할 4월의 광고수단은?

- 주어진 예산은 월 3천만 원이며, A사무관은 월별 광고효과가 가장 큰 광고수단 하나만을 선택한다.
- 광고비용이 예산을 초과하면 해당 광고수단은 선택하지 않는다.
- 광고효과는 아래와 같이 계산한다.

$$광고효과 = \frac{총\ 광고\ 횟수 \times 회당\ 광고노출자\ 수}{광고비용}$$

- 광고수단은 한 달 단위로 선택된다.

〈표〉

광고수단	광고 횟수	회당 광고노출자 수	월 광고비용 (천 원)
TV	월 3회	100만 명	30,000
버스	일 1회	10만 명	20,000
KTX	일 70회	1만 명	35,000
지하철	일 60회	2천 명	25,000
포털사이트	일 50회	5천 명	30,000

① TV ② 버스
③ KTX ④ 지하철
⑤ 포털사이트

문 30. 다음 글을 근거로 판단할 때, 길동이가 오늘 아침에 수행한 아침 일과에 포함될 수 없는 것은?

길동이는 오늘 아침 7시 20분에 기상하여, 25분 후인 7시 45분에 집을 나섰다. 길동이는 주어진 25분을 모두 아침 일과를 쉼 없이 수행하는 데 사용했다.

아침 일과를 수행하는 데 정해진 순서는 없으며, 같은 아침 일과를 두 번 이상 수행하지 않는다.

단, 머리를 감았다면 반드시 말리며, 각 아침 일과 수행 중에 다른 아침 일과를 동시에 수행할 수는 없다. 각 아침 일과를 수행하는 데 소요되는 시간은 아래와 같다.

아침 일과	소요 시간
샤워	10분
세수	4분
머리 감기	3분
머리 말리기	5분
몸치장 하기	7분
구두 닦기	5분
주스 만들기	15분
양말 신기	2분

① 세수 ② 머리 감기
③ 구두 닦기 ④ 몸치장 하기
⑤ 주스 만들기

문 31. 다음 글과 〈상황〉을 근거로 판단할 때, 출장을 함께 갈 수 있는 직원들의 조합으로 가능한 것은?

A은행 B지점에서는 3월 11일 회계감사 관련 서류 제출을 위해 본점으로 출장을 가야 한다. 08시 정각 출발이 확정되어 있으며, 출발 후 B지점에 복귀하기까지 총 8시간이 소요된다. 단, 비가 오는 경우 1시간이 추가로 소요된다.

- 출장인원 중 한 명이 직접 운전하여야 하며, '운전면허 1종 보통' 소지자만 운전할 수 있다.
- 출장시간에 사내 업무가 겹치는 경우에는 출장을 갈 수 없다.
- 출장인원 중 부상자가 포함되어 있는 경우, 서류 박스 운반 지연으로 인해 30분이 추가로 소요된다.
- 차장은 책임자로서 출장인원에 적어도 한 명 포함되어야 한다.
- 주어진 조건 외에는 고려하지 않는다.

〈상 황〉

- 3월 11일은 하루 종일 비가 온다.
- 3월 11일 당직 근무는 17시 10분에 시작한다.

직원	직급	운전면허	건강상태	출장 당일 사내 업무
甲	차장	1종 보통	부상	없음
乙	차장	2종 보통	건강	17시 15분 계약업체 면담
丙	과장	없음	건강	17시 35분 고객 상담
丁	과장	1종 보통	건강	당직 근무
戊	대리	2종 보통	건강	없음

① 甲, 乙, 丙
② 甲, 丙, 丁
③ 乙, 丙, 戊
④ 乙, 丁, 戊
⑤ 丙, 丁, 戊

문 32. 다음 글을 근거로 판단할 때 옳은 것은?

○○기업은 5명(甲~戊)을 대상으로 면접시험을 실시하였다. 면접시험의 평가기준은 가치관, 열정, 표현력, 잠재력, 논증력 5가지 항목이며 각 항목 점수는 3점 만점이다. 이에 따라 5명은 항목별로 다음과 같은 점수를 받았다.

〈면접시험 결과〉

(단위 : 점)

구분	甲	乙	丙	丁	戊
가치관	3	2	3	2	2
열정	2	3	2	2	2
표현력	2	3	2	2	3
잠재력	3	2	2	3	3
논증력	2	2	3	3	2

종합점수는 각 항목별 점수에 항목가중치를 곱하여 합산하며, 종합점수가 높은 순으로 등수를 결정했다. 결과는 다음과 같다.

〈등 수〉

1등	乙
2등	戊
3등	甲
4등	丁
5등	丙

① 잠재력은 열정보다 항목가중치가 높다.
② 논증력은 열정보다 항목가중치가 높다.
③ 잠재력은 가치관보다 항목가중치가 높다.
④ 가치관은 표현력보다 항목가중치가 높다.
⑤ 논증력은 잠재력보다 항목가중치가 높다.

문 33. 다음 글과 〈자기소개〉를 근거로 판단할 때, 대학생, 성별, 학과, 가면을 모두 옳게 짝지은 것은?

> 대학생 5명(A~E)이 모여 주말에 가면파티를 하기로 했다.
> • 남학생이 3명이고 여학생이 2명이다.
> • 5명은 각각 행정학과, 경제학과, 식품영양학과, 정치외교학과, 전자공학과 재학생이다.
> • 5명은 각각 늑대인간, 유령, 처녀귀신, 좀비, 드라큘라 가면을 쓸 것이다.
> • 본인의 성별, 학과, 가면에 대해 한 명은 모두 거짓만을 말하고 있고 나머지는 모두 진실만을 말하고 있다.

〈자기소개〉

> A : 식품영양학과와 경제학과에 다니지 않는 남학생인데 드라큘라 가면을 안 쓸 거야.
> B : 행정학과에 다니는 남학생인데 늑대인간 가면을 쓸 거야.
> C : 식품영양학과에 다니는 남학생인데 처녀귀신 가면을 쓸 거야.
> D : 정치외교학과에 다니는 여학생인데 좀비 가면을 쓸 거야.
> E : 전자공학과에 다니는 남학생인데 드라큘라 가면을 쓸 거야.

	대학생	성별	학과	가면
①	A	여	행정학과	늑대인간
②	B	여	경제학과	유령
③	C	남	식품영양학과	좀비
④	D	여	정치외교학과	드라큘라
⑤	E	남	전자공학과	처녀귀신

문 34. 다음 글을 근거로 판단할 때, 〈보기〉에서 옳은 것만을 모두 고르면?

> • 4종류(A, B, C, D)의 세균을 대상으로 세균 간 '관계'에 대한 실험을 2일간 진행한다.
> • 1일차 실험에서는 4종류의 세균 중 2종류의 세균을 짝지어 하나의 수조에 넣고, 나머지 2종류의 세균을 짝지어 다른 하나의 수조에 넣어 관찰한다.
> • 2일차 실험에서는 1일차 실험의 수조에서 각 종류의 세균을 분리하여 채취한 후 짝을 바꾸어 1일차와 같은 방식으로 진행한다.
> • 4종류의 세균 간에는 함께 보관 시에 아래와 같이 공생, 독립, 기피, 천적의 4가지 관계가 존재한다.
>   – A와 B : 독립관계
>   – A와 C : 기피관계
>   – A와 D : 천적관계(A강세, D약세)
>   – B와 C : 기피관계
>   – B와 D : 공생관계
>   – C와 D : 천적관계(C강세, D약세)
> • 2종류의 세균을 짝을 지어 하나의 수조에 보관했을 때 생존지수는 1일마다 각각의 관계에 따라 아래와 같이 일정하게 변화한다.
>   – 공생관계 : 각각 3만큼 증가
>   – 독립관계 : 불변
>   – 기피관계 : 각각 2만큼 감소
>   – 천적관계 : 강세측은 불변, 약세측은 4만큼 감소
> • 각 세균의 1일차 실험시작 직전 초기 생존지수와 2일차 실험이 종료된 후의 생존지수는 아래와 같다.

구분	A	B	C	D
초기 생존지수	10	20	30	40
2일차 실험종료 후 생존지수	8	21	26	39

〈보 기〉

> ㄱ. 실험기간 동안 천적관계에 있는 세균끼리 짝을 지어 하나의 수조에서 실험한 적은 없다.
> ㄴ. 실험기간 동안 독립관계에 있는 세균끼리 짝을 지어 하나의 수조에서 실험한 적은 없다.
> ㄷ. 1일차와 2일차 모두 적어도 1개의 수조에는 기피관계에 있는 세균끼리 짝을 지어 실험했다.
> ㄹ. 한 종류의 세균에 대해서는 1일차와 2일차 모두 동일한 '관계'에 있는 세균끼리 짝을 지어 실험했다.

① ㄱ, ㄴ
② ㄴ, ㄷ
③ ㄱ, ㄴ, ㄷ
④ ㄱ, ㄷ, ㄹ
⑤ ㄴ, ㄷ, ㄹ

문 35. 다음 글을 근거로 판단할 때 옳은 것은?

○○국 의회의 의원 정수는 40명이다. 현재는 4개의 선거구(A~D)로 이루어져 있고 각 선거구에서 10명씩 의원을 선출한다. 정당은 각 선거구별로 정당별 득표율에 따라 의석을 배분받는다. 각 선거구에서 정당별 의석수는 정당별 득표율에 그 선거구의 총 의석수를 곱한 수에서 소수점 이하를 제외한 정수만큼 의석을 각 정당에 배분하고, 잔여 의석은 소수점 이하가 큰 순서대로 1석씩 차례로 배분한다. 그런데 유권자 1표의 가치 차이를 조정하기 위해 선거 제도를 개편할 필요성이 제기되었고, X안이 논의 중이다.

X안은 현재의 4개 선거구를 2개의 선거구로 통합하되, 이 경우 두 선거구 유권자수가 1:1이 되도록 A, C선거구와 B, D선거구를 각각 통합한다. 이때 통합된 A · C선거구와 B · D선거구의 의석수는 각각 20석이다. 선거구별 정당 의석 배분 방식은 현행제도와 동일하다. 다음은 ○○국에서 최근 실시된 의원 선거의 각 선거구별 유권자수와 정당 득표수이다.

〈선거구별 유권자수〉

(단위 : 천 명)

선거구	A	B	C	D	합계
유권자수	200	400	300	100	1,000

〈선거구별 정당 득표수〉

(단위 : 천 표)

정당 \ 선거구	A	B	C	D
甲	80	120	150	40
乙	60	160	60	40
丙	40	40	90	10
丁	20	80	0	10
합계	200	400	300	100

※ 특정 선거구 '유권자 1표의 가치'는 해당 선거구 의원 의석수를 해당 선거구 유권자수로 나눈 값임

① 최근 실시된 의원 선거에서 유권자 1표의 가치가 가장 큰 곳은 B선거구이다.
② 최근 실시된 의원 선거의 결과에 X안을 적용할 경우, 丁정당의 의석수는 현행제도보다 늘어난다.
③ 최근 실시된 의원 선거의 결과에 X안을 적용할 경우, 甲정당의 의석수는 현행제도와 차이가 없다.
④ 최근 실시된 의원 선거의 결과에 X안을 적용할 경우, A선거구 유권자 1표의 가치가 현행제도보다 커진다.
⑤ 최근 실시된 의원 선거의 결과에 X안을 적용할 경우, 乙정당과 丙정당은 의석수에 있어서 현행제도가 X안보다 유리하다.

문 36. 다음 글을 근거로 판단할 때, 수호가 세탁을 통해 가질 수 있는 수건의 색조합으로 옳지 않은 것은?

- 수호는 현재 빨간색, 파란색, 노란색, 흰색, 검은색 수건을 각 1개씩 가지고 있다.
- 수호는 본인의 세탁기로 세탁하며, 동일한 수건을 여러 번 세탁할 수 있다.
- 수호가 가지고 있는 세탁기는 수건을 2개까지 동시에 세탁할 수 있고, 다른 색의 수건을 함께 세탁하면 다음과 같이 색이 변한다.
  - 빨간색 수건과 파란색 수건을 함께 세탁하면, 모두 보라색 수건이 된다.
  - 빨간색 수건과 노란색 수건을 함께 세탁하면, 각각 빨간색 수건과 주황색 수건이 된다.
  - 파란색 수건과 노란색 수건을 함께 세탁하면, 각각 파란색 수건과 초록색 수건이 된다.
  - 흰색 수건을 다른 색 수건과 함께 세탁하면, 모두 그 다른 색 수건이 된다.
  - 검은색 수건을 다른 색 수건과 함께 세탁하면, 모두 검은 색 수건이 된다.

① 빨간색 1개, 파란색 1개, 보라색 2개, 검은색 1개
② 주황색 1개, 파란색 1개, 노란색 1개, 검은색 2개
③ 빨간색 1개, 주황색 1개, 파란색 2개, 검은색 1개
④ 보라색 3개, 초록색 1개, 검은색 1개
⑤ 빨간색 2개, 초록색 1개, 검은색 2개

문 37. 다음 글을 근거로 판단할 때, 甲이 지불한 연체료의 최솟값은?

A시립도서관은 다음의 원칙에 따라 휴관일 없이 도서 대출 서비스를 운영하고 있다.

- 시민 1인당 총 10권까지 대출 가능하며, 대출 기간은 대출일을 포함하여 14일이다.
- 대출 기간은 권당 1회에 한하여 7일 연장할 수 있으며, 이때 총 대출 기간은 21일이 된다. 연장 신청은 기존 대출 기간 내에 해야 한다.
- 만화와 시로 분류되는 도서의 경우에는 대출 기간은 7일이며 연장 신청도 불가능하다.
- 대출한 도서를 대출 기간 내에 반납하지 못한 경우에는 기간 종료일의 다음날부터 해당 도서 반납을 연체한 것으로 본다.
- 연체료는 각 서적별로 '연체 일수×100원'만큼 부과되며, 최종 반납일도 연체 일수에 포함된다. 또한 대출일 기준으로 출간일이 6개월 이내인 신간의 연체료는 2배로 부과된다.

A시에 거주하는 甲은 아래와 같이 총 5권의 책을 대출하여 2018년 10월 30일에 모두 반납하였다. 甲은 이 중 2권의 대출 기간을 연장하였으며, 반납한 날에 연체료를 전부 지불하였다.

〈甲의 도서 대출 목록〉

도서명	분류	출간일	대출일
원○○	만화	2018. 1. 10.	2018. 10. 10.
입 속의 검은 △	시	2018. 9. 10.	2018. 10. 20.
□의 노래	소설	2017. 10. 30.	2018. 10. 5.
☆☆ 문화유산 답사기	수필	2018. 4. 15.	2018. 10. 10.
햄 ◇	희곡	2018. 6. 10.	2018. 10. 5.

① 3,000원
② 3,700원
③ 4,400원
④ 5,500원
⑤ 7,200원

문 38. 다음 글을 근거로 판단할 때, 왕이 한 번에 최대금액을 갖는 가장 빠른 달과 그 금액은?

- A왕국에서는 왕과 65명의 신하들이 매달 66만 원을 나누어 가지려고 한다. 매달 왕은 66만 원을 누구에게 얼마씩 나누어 줄지 제안할 수 있으며, 매달 그 방법을 새롭게 제안할 수 있다. 나누어 갖게 되는 돈은 만 원 단위이며, 그 총합은 매달 항상 66만 원이다.
- 매달 65명의 신하들은 왕의 제안에 대해 각자 찬성, 반대, 기권할 수 있다. 신하들은 그 달 자신의 몫에만 관심이 있다. 신하들은 자신의 몫이 전월보다 늘어나는 제안에는 찬성표를 행사하지만, 줄어드는 제안에는 반대표를 행사한다. 자신의 몫이 전월과 동일하면 기권한다.
- 찬성표가 반대표보다 많으면 왕이 제안한 방법은 그 달에 시행된다. 재투표는 없으며, 왕의 제안이 시행되지 않아 66명 모두가 돈을 갖지 못하는 달은 없다.
- 첫 번째 달에는 신하 33명이 각각 2만 원을 받았다.
- 두 번째 달부터 왕은 한 번에 최대금액을 가장 빨리 받기 위하여 합리적으로 행동한다.

	가장 빠른 달	최대금액
①	7번째 달	62만 원
②	7번째 달	63만 원
③	8번째 달	62만 원
④	8번째 달	63만 원
⑤	8번째 달	64만 원

※ 다음 글을 읽고 물음에 답하시오. [39~40]

제00조 교도소에 수용된 수형자(이하 '수형자'라 한다)의 도주 위험성에 따라 계호(戒護)의 정도를 구별하고, 범죄성향의 진전과 개선정도, 교정성적에 따라 처우수준을 구별하는 경비처우급은 개방처우급, 완화경비처우급, 일반경비처우급, 중(重)경비처우급으로 구분한다.
제00조 교도소장(이하 '소장'이라 한다)은 개방처우급 · 완화경비처우급 · 일반경비처우급 수형자로서 교정성적, 나이, 인성 등을 고려하여 다른 수형자의 모범이 된다고 인정되는 경우에는 봉사원으로 선정하여 교도관의 사무처리 업무를 보조하게 할 수 있다.
제00조 ① 소장은 개방처우급 · 완화경비처우급 수형자에게 자치생활을 허가할 수 있다.
② 소장은 자치생활 수형자들이 교육실, 강당 등 적당한 장소에서 월 1회 이상 토론회를 할 수 있도록 하여야 한다.
제00조 ① 수형자의 접견의 허용횟수는 개방처우급은 1일 1회, 완화경비처우급은 월 6회, 일반경비처우급은 월 5회, 중경비처우급은 월 4회로 한다.
② 접견은 1일 1회만 허용한다.
③ 소장은 개방처우급 · 완화경비처우급 수형자에 대하여 가족 만남의 날 행사에 참여하게 하거나 가족 만남의 집을 이용하게 할 수 있다. 이 경우 제1항의 접견 허용횟수에는 포함되지 아니한다.
④ 소장은 제3항에도 불구하고 교화를 위하여 특히 필요한 경우에는 일반경비처우급 수형자에 대하여도 가족 만남의 날 행사 참여 또는 가족 만남의 집 이용을 허가할 수 있다.
제00조 소장은 개방처우급 · 완화경비처우급 수형자에 대하여 교도소 밖에서 이루어지는 사회견학, 사회봉사, 종교행사 참석, 연극 · 영화 · 그 밖의 문화공연 관람 활동을 허가할 수 있다. 다만 처우상 특히 필요한 경우에는 일반경비처우급 수형자에게도 이를 허가할 수 있다.
제00조 ① 소장은 개방처우급 혹은 완화경비처우급 수형자가 형기(刑期)가 3년 이상이고 범죄 횟수가 2회 이하이며 형기 종료 예정일까지 기간이 3개월 이상 1년 6개월 이하인 경우에는 교도소 내에 설치된 개방시설에 수용하여 사회적응에 필요한 교육, 취업지원 등 적정한 처우를 할 수 있다.
② 소장은 제1항에 따른 처우의 대상자 중 형기 종료 예정일까지의 기간이 9개월 미만인 수형자에 대해서는 지역사회에 설치된 개방시설에 수용하여 제1항에 따른 처우를 할 수 있다.
제00조 소장은 수형자가 개방처우급 또는 완화경비처우급으로서 직업능력 향상을 위하여 특히 필요한 경우에는 교도소 밖의 공공기관 또는 기업체 등에서 운영하는 직업훈련을 받게 할 수 있다.

※ 계호(戒護) : 경계하여 지킴

문 39. 윗글을 근거로 판단할 때, 소장이 일반경비처우급 수형자에게 부여할 수 있는 처우를 〈보기〉에서 모두 고르면?

〈보 기〉

ㄱ. 교도관의 사무처리 업무 보조
ㄴ. 교도소 밖 사회봉사활동 및 종교행사 참석
ㄷ. 교도소 내 교육실에서의 월 1회 토론회 참여
ㄹ. 가족 만남의 날 행사 참여

① ㄱ, ㄴ
② ㄴ, ㄷ
③ ㄷ, ㄹ
④ ㄱ, ㄴ, ㄹ
⑤ ㄱ, ㄷ, ㄹ

문 40. 윗글을 근거로 판단할 때, 〈보기〉에서 소장의 조치로 적법한 것만을 모두 고르면?

〈보 기〉

ㄱ. 과거 범죄 횟수가 1회이며, 7년 형을 선고받고 남은 형기가 6개월인 개방처우급 수형자 甲에게 소장은 교도소 내 개방시설에 수용하여 사회적응교육을 받도록 하였다.
ㄴ. 과거 범죄 횟수가 1회이며, 5년 형을 선고받고 남은 형기가 10개월인 완화경비처우급 수형자 乙에게 소장은 지역사회에 설치된 개방시설에 수용하여 취업지원 처우를 받도록 하였다.
ㄷ. 과거 범죄 횟수가 3회이며, 5년 형을 선고받고 남은 형기가 2개월인 일반경비처우급 수형자 丙에게 소장은 교도소 밖의 개방시설에 수용하여 사회적응교육을 받도록 하였다.
ㄹ. 초범자로서 3년 형을 선고받고 남은 형기가 8개월인 완화경비처우급 수형자 丁을 소장은 직업능력 향상을 위하여 특히 필요한 경우로 보아 교도소 밖의 공공기관에서 직업훈련을 받게 하였다.

① ㄱ, ㄴ
② ㄱ, ㄹ
③ ㄴ, ㄷ
④ ㄱ, ㄷ, ㄹ
⑤ ㄴ, ㄷ, ㄹ

교육은 우리 자신의 무지를 점차 발견해 가는 과정이다.

– 윌 듀란트 –

5·7급 공채 | 국립외교원 | 지역인재 7급 | 5·7급 민간경력자

2026

5급 PSAT

7+3개년 기출문제집

편저 | 시대PSAT연구소

언어논리

자료해석

상황판단

정답 및 해설

시대에듀

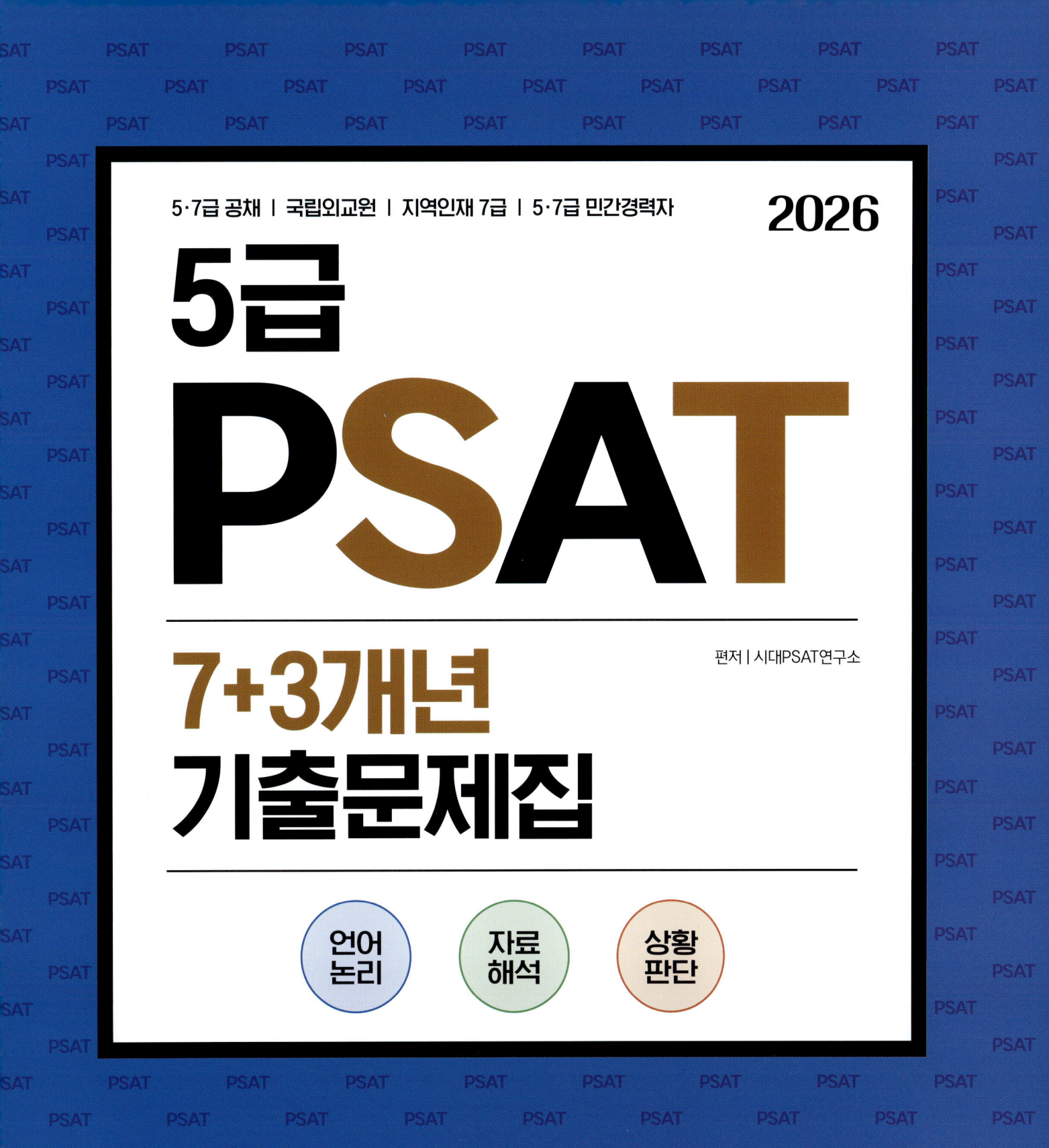

5급 PSAT 기출문제 정답 및 해설

PSAT

5급 PSAT 7+3개년 기출문제집

피셋

Public Service Aptitude Test

5급 PSAT 기출문제 정답 및 해설

2025 기출문제 정답 및 해설

제1과목 언어논리 _ 정답 및 해설

1	2	3	4	5	6	7	8	9	10
④	③	⑤	⑤	⑤	⑤	②	①	⑤	①
11	12	13	14	15	16	17	18	19	20
③	④	④	①	①	④	③	②	①	②
21	22	23	24	25	26	27	28	29	30
②	⑤	④	⑤	②	④	①	③	⑤	③
31	32	33	34	35	36	37	38	39	40
③	①	③	⑤	②	④	③	③	①	②

01 일치부합 정답 ④

| 난도 | 하

정답해설

두 번째 문단에 따르면 생원시와 진사시의 합격자는 성균관에 입학할 수 있었고, 생원과 진사가 성균관에 출석한 날의 수를 뜻하는 원점 300점을 따야만 문과 시험에 응시할 수 있었다. 그러나 마지막 문단에 따르면 원점을 따지 않은 생원과 진사, 심지어 생원과 진사가 아닌 유학(幼學) 등 응시 자격 요건을 갖추지 못한 자의 문과 응시를 제재하지 않았다.

오답해설

① 제시문에 나타난 고려시대의 국자감시 감독관들에 대한 정보는 그들이 국자감시 응시자의 능력과 관계없이 주로 자신의 친지나 친족을 선발하곤 했다는 것뿐이다. 따라서 국자감시 감독관들이 사서오경에 대한 지식이 부족했는지는 알 수 없다.

② 공민왕은 국자감을 성균관으로 고치고 성균관 안에 오경사서재를 설치해 진사시 합격자들이 그곳에서 사서오경을 공부하게 했다. 또한 사서오경에 대한 지식을 평가하는 생원시 합격자들도 오경사서재에 들어갈 수 있게 했다. 따라서 생원시에 합격하지 못하더라도 진사시에 합격했다면 오경사서재에 들어갈 수 있었다.

③ 생원시는 사서오경에 대한 지식을 평가하는 시험이고, 진사시는 시와 산문의 작문 능력을 평가하는 시험이다. 또한 이 두 시험의 합격자를 각각 진사, 생원이라 불렀다. 그리고 조선시대에 진사와 생원은 모두 성균관에 입학할 수 있었다. 따라서 진사는 생원시에 응시하지 않아도 성균관에 들어갈 수 있었다.

⑤ 『경국대전』에 따르면 생원과 진사가 성균관 원점 300점을 따야만 문과 시험에 응시할 수 있었다. 그러나 대다수 생원과 진사는 성균관에서 공부하기보다는 독학을 택했고, 『경국대전』의 규정에 아랑곳하지 않고 문과 시험에 응시했으며 조정도 이를 막지 않았다.

합격생 가이드

전형적인 형태의 일치부합 유형의 문제이며, 복잡한 검증 과정 없이 지문과의 내용 대조만으로도 선택지의 진위를 가릴 수 있다. 따라서 지문에서 오경사서재 설치 이유와 성균관 입학 및 문과 응시 과정 등이 실제로 어떻게 이루어졌는지 파악한다. 이때 지문보다 선택지를 먼저 읽는다면 풀이 시간을 단축할 수 있을 것이다.

02 일치부합 정답 ③

| 난도 | 하

정답해설

두 번째 문단에 따르면 당시 문서의 크기는 제각각이어서 원본 문서를 모아 효율적으로 보존하기 어려웠고, 등록물을 모은 등록책을 만들어 관리하는 것이 기록의 보존에 편리했기 때문에 이미 등록된 원본 문서는 폐기하기도 했다. 따라서 등록을 통해 문서를 관리하는 방식은 원본 문서를 보존하는 것보다 더 효율적이었으며, 이 때문에 등록은 원본 문서의 보존보다 더 일반적인 기록 관리 방식으로 활용되었음을 알 수 있다.

오답해설

① 보존을 우선으로 한 것은 의궤이다. 원본 문서는 당시의 행정적·사회적 상황으로 인해 등록물로 등록된 후 폐기하기도 했다. 또한 등록물은 문서의 중요 내용을 재구성해 보존하고 불필요한 문서는 폐기하려는 업무상 활용을 중시한다는 점에 편찬 목적이 있었다.

② 편철형 등록물은 원본을 그대로 베껴 적는 것이고, 첨입형 등록물은 추가적인 서술을 첨입하거나 핵심 내용을 간추려 재구성하는 것이다. 그러나 제시문에는 실록의 사료로 활용된 등록물이 편철형이었는지, 첨입형이었는지에 대한 언급이 없다.

④ 의궤는 국가적인 의례나 행사를 치른 후 관련 기록들을 일정한 체제에 따라 정리한 것으로, 등록물에 비해 정제된 형태를 갖추었다. 그러나 의궤가 등록물을 정제해 정리한 것이라는 내용은 제시문에 없다.

⑤ 등록물 가운데 추가적인 서술을 첨입하거나 핵심 내용을 간추려 재구성한 것을 첨입형 등록물이라 한다. 그러나 등록된 원본 문서를 폐기하기도 했다고 했을 뿐 편철형 또는 첨입형에 따른 원본 문서의 폐기 여부에 대해서는 언급하지 않았다.

합격생 가이드

지문을 읽을 때 밑줄을 그으며 등록을 하는 의의와 목적, 등록물의 종류·활용·위상 등 등록과 관련한 기본 정보를 파악한다면 시간을 들이지 않고 정답을 찾을 수 있을 것이다.

03 일치부합 정답 ⑤

| 난도 | 하

정답해설

첫 번째 문단에 따르면 그리스군은 마라톤 전투에서 두 배가 넘는 수의 페르시아군을 완파하는 대승을 거두었다. 이는 그리스군이 페르시아군보다 우수한 무기와 더 단단한 재질의 보호 장구를 갖추었을 뿐만 아니라 이러한 군장을 효율적으로 활용하는 팔랑크스라는 전술체계에 숙달해 있었기 때문이다. 따라서 그리스군은 무기 성능이 열악해 불리했다는 ⑤의 진술은 제시문의 내용과 부합하지 않는다.

오답해설

① 첫 번째 문단에 따르면 그리스군은 페르시아군보다 성능이 우월한 무기와 보호 장구를 갖추고, 이를 효율적으로 활용하는 팔랑크스라는 전술체계에 숙달해 있었기 때문에 마라톤 전투에서 두 배가 넘는 수의 페르시아군을 완파할 수 있었다.
② 두 번째 문단에 따르면 그리스군의 주력 부대는 호플리테스(중무장한 시민 병사)로 구성된 보병 부대였고, 호플리테스의 주된 보호 장구는 호플론(청동판을 덧댄 목재 방패)이었다. 또한 이들은 호플론 외에도 투구, 흉갑 등의 보호 장구를 착용했다.
③ 네 번째 문단에 따르면 팔랑크스의 제2행에 선 병사는 제1행에 선 병사의 어깨 위에 사리사(찌르기용 장창)을 올려놓아 수평으로 적군을 겨냥했다. 또한 제4행에 선 병사는 창을 하늘을 향해 수직으로 세우고 전진했다. 따라서 제2행과 제4행에 선 병사가 든 사리사가 지면과 이루는 각도는 서로 달랐음을 알 수 있다.
④ 마지막 문단에 따르면 호플리테스는 호플론을 왼손에 들었기 때문에 자신의 신체 절반과 좌측에 선 동료의 신체 절반을 방어했다. 따라서 호플론을 든 병사는 자신의 신체 좌측과 바로 왼편에 선 동료의 신체 우측을 방어할 수 있음을 알 수 있다.

합격생 가이드

지문의 내용이 어렵지 않으므로 그리스군이 페르시아의 침략에 대항해 완승을 거둘 수 있었던 이유(우월한 군장과 팔랑크스), 사리사를 들고 돌파 공격하며 대형을 유지하는 방법, 호플론의 방어 범위 등의 기본 정보를 빠르게 파악할 수 있을 것이다.

04 일치부합 정답 ⑤

| 난도 | 하

정답해설

마지막 문단에서 제시한 사례에 따르면 주인 임씨가 차인 손씨에게 사업 이익보다 더 큰 빚을 지고 있더라도 차인(손씨)은 사업 이익의 반을 주인(임씨)에게 배분하였다. 따라서 양 당사자 사이의 금전 관계와는 별개로 사업 이익을 정산했음을 알 수 있다.

오답해설

① 두 번째 문단에 따르면 주인은 발탁된 차인에게 자금을 융통하여 주고 개성이나 지방 도시에서 사업을 하게 하는 등 차인이 독립적인 상인으로 성장할 수 있게 도왔다. 따라서 주인과 차인의 공동 출자가 확산되었다는 ①의 진술은 제시문의 내용과 부합하지 않는다.
② 두 번째 문단에 따르면 차인 제도는 다년간의 훈련을 통해 영업 능력과 주인에 대한 충성도를 인정받는 것이라고 했으므로, 훈련 기간을 결정하는 요소에는 훈련을 받는 점원 개인의 능력뿐만 아니라 주인에 대한 충성도가 있는 것이다. 또한 제시문을 통해 길드 제도나 커멘다 제도에서 도제의 훈련 기간을 결정하는 요소는 알 수 없다.
③ 두 번째 문단에 따르면 차인은 주인 점포의 지점을 맡아 경영했으며 급여를 받지 않는 대신 매년 지점 이익의 절반을 차지했다. 그러나 이를 통해 이익 배분 비율을 알 수 있을 뿐이며, 제시문에는 차인의 상행위로 손실이 발생했을 때 누가 어떻게 책임을 지는지에 대한 내용을 언급하지 않았다.
④ 두 번째 문단에 따르면 개성상인은 다른 개성상인의 자식을 점원으로 삼아 무보수로 다년간 상도와 상술을 훈련시켰다. 이러한 훈련을 통해 영업 능력과 주인에 대한 충성도가 인정되면 주인이 차인으로 발탁하거나 독립적인 상인으로 성장할 수 있도록 지원했다. 그러나 다른 사람이 훈련시킨 점원을 자신의 차인으로 발탁하였다는 ④의 진술을 뒷받침할 만한 내용은 없다.

합격생 가이드

일반적인 유형의 일치부합 문제이며, 차인 제도의 훈련 방식, 차인 발탁 기준, 출자 형태, 주인과 차인 사이의 독특한 도덕적 상하 관계와 금전 거래 방식, 사업 이익 배분 등과 관련한 정보를 파악한다. 제시된 내용을 대조하는 수준으로도 정답을 찾을 수 있을 것이다.

05 일치부합 정답 ⑤

| 난도 | 하

정답해설

마지막 문단에 따르면 면접교섭권에 대하여 법원은 자녀의 복리를 위해 필요하다고 인정되면 직권으로 개입할 수 있다. 또한 양육친과 비양육친 간 합의된 내용일지라도 자녀의 복리를 저해한다고 인정되는 경우에도 개입할 수 있다.

오답해설

① 세 번째 문단에 따르면 비양육친은 양육비 지급 의무를 부담할 뿐만 아니라 면접교섭권을 갖는다. 그러나 양육비를 지급해야 면접교섭권을 인정받을 수 있는지는 제시문에 명확히 제시되지 않았다. 다만, 면접교섭권은 이혼을 계기로 비양육친에게 주어질 수 있는 권리이고, 비양육친과 자녀 사이의 인간관계는 헌법에 보장되는 인격권의 보호 대상이기 때문에 양육비 지급 여부와 관계없이 면접교섭권을 인정받는다고 볼 수 있다.
② 두 번째 문단에 따르면 부모가 이혼해 따로 살게 되더라도 법적으로 공동양육을 유지할 수는 있다. 따라서 공동양육이 불가능하다는 ②의 진술은 제시문의 내용과 부합하지 않는다.
③ 자녀를 직접 양육하지 않게 되는 사람을 비양육친이라고 하며, 면접교섭권은 이혼을 계기로 비양육친에게 주어질 수 있는 권리이다. 즉, 면접교섭권은 이혼 때문에 자녀를 직접 양육하지 않게 된 비양육친이 가질 수 있는 권리이다.
④ 마지막 문단에 따르면 면접교섭권에 대해서도 가족법의 대원칙인 자녀의 복리 원칙이 적용되므로 법원은 경우에 따라서는 당사자의 합의로 정해진 면접교섭의 내용을 제한할 수 있다. 그러나 제시문에는 면접교섭권이 미성년 자녀의 인격권을 제한한다는 내용은 없다.

합격생 가이드

지문을 읽으며 면접교섭권의 인정 배경(헌법에 보장되는 인격권의 보호 대상)과 성립 조건(이혼), 내용을 정하는 원칙(양육친과 비양육친 사이의 합의), 면접교섭의 내용에 대해 법원이 개입 · 제한 · 금지를 할 수 있는 이유(자녀의 복리 원칙) 등 주요 정보를 파악해야 한다.

06 일치부합 정답 ⑤

| 난도 | 하

정답해설

네 번째 문단에 따르면 미국에서 빈곤층의 규모와 구성은 끊임없이 변화한다.

오답해설

① · ② 첫 번째 문단에 따르면 빈곤문화는 사람들을 빈곤하게 만들고 세대에 걸쳐 대물림되므로 그들을 빈곤에서 벗어나지 못하게 한다.

③ 두 번째 문단에 따르면 미국에서 빈곤층은 다양한 특성의 사람들로 구성되어 있으며 연령, 성별, 인종, 학력 수준, 가족구성 등의 주요한 측면들에서 다양한 분포를 보인다.

④ 세 번째 문단에 따르면 미국에서 빈곤층과 비빈곤층은 문화적 특징으로 구분되지 않는다. 빈곤층은 비빈곤층과 마찬가지로 미국 사회의 보편적인 환경 속에서 성장했다.

합격생 가이드

지문을 읽으며 미국에서 빈곤문화론이 비판을 받고 있는 세 가지의 근거를 파악하고, 빈곤층은 빈곤하지 않은 사람들과 다르게 취급되어야 할 고유한 속성을 지니지 않는다는 점을 이해한다면 쉽게 정답을 찾을 수 있을 것이다.

07 글의 문맥 · 구조 정답 ②

| 난도 | 중

정답해설

㉡ 뒤 두 번째 문단에 따르면 스마트폰이 등장하면서 이러한 부동성(不動性) 문제가 극복되었다. 부동성은 움직이거나 변화하지 않는 성질을 뜻한다. 따라서 ㉡에는 유선 인터넷망의 단점인 부동성에 대한 내용이 들어가야 한다.

오답해설

① ㉠ 앞의 내용에 따르면 뉴미디어의 시대를 불러온 스마트폰의 파급력은 인류가 한 번도 겪어 본 적 없는 것이다. 그런데 ①의 진술처럼 스마트폰의 파급력은 "인터넷망 설치와 이를 통한 교류가 가능하게 되었을 때 직면했던 파급력에는 미치지 못했다"로 수정한다면 ㉠ 앞의 내용과 상반된다.

③ ㉢ 앞의 내용에 따르면 스마트폰을 통해 사용자는 언제 어디서든 온라인 네트워크에 접속할 수 있게 되었고, 스마트폰은 사람들의 일상과 완전히 밀착되었다. 그런데 ③의 진술처럼 "스마트폰 중독 방지를 위해 특정 시간대에는 스마트폰을 사용하지 말자는 사회적 운동이 일어나기도 했다"로 수정한다면 ㉢ 앞의 내용과의 연결이 자연스럽지 못하게 된다.

④ ㉣ 앞의 내용에 따르면 스마트폰을 나에게 말을 거는 타자로 여기는 것은 착각이며, 타자가 아닌 사물은 나를 변화시키는 힘을 가지고 있지 않다. 그리고 ㉣은 스마트폰은 사물이라고 말하며, ㉣ 뒤의 내용에 따르면 스마트폰으로 인한 분리 불안은 스마트폰을 사물이 아닌 타자로 받아들이기 때문에 발생한다. 그러나 ④와 같이 "스마트폰은 (사물이 아닌) 타자이다"로 수정한다면 ㉣ 앞뒤의 내용과 문맥이 자연스럽지 않게 된다.

⑤ ㉤ 앞의 내용에 따르면 사물을 타자로 혼동하는 것은 위험하며, ㉤에서는 스마트폰을 타자로 인식하면 스마트폰에 예속된다고 말한다. 그리고 ㉤ 뒤의 내용에 따르면 ㉤은 도구가 오히려 나를 지배하게 되는 역전 현상이며, 스마트폰 자체를 타자로 받아들이게 되면 진정한 타자와의 만남은 점점 사라지게 될 것이다. 이는 "스마트폰을 타자로 인식하는 순간 내 삶의 영역은 이전보다 확장된다"는 ⑤의 진술과 상반된다. 따라서 ㉤을 ⑤의 진술처럼 수정할 필요가 없다.

합격생 가이드

문맥에 따라 문장을 적절하게 수정하는 유형의 문제는 밑줄 친 부분의 앞뒤 내용의 흐름 또는 글 전체의 구조를 고려해야 한다. 지문을 읽을 때 밑줄 친 ㉠~㉤ 앞뒤 문맥의 연결이 자연스러운지 살펴본다. 이 문제는 내용을 이해하기가 어렵지 않으므로, 선택지에 제시된 수정 사항을 지문에 직접 적용해 보면 오답항은 굳이 수정할 필요가 없음을 알 수 있다.

08 밑줄 · 빈칸 채우기 정답 ①

| 난도 | 중

정답해설

(가) '사회적 책임 이행' 활동을 성공적으로 진행해 기업의 사회적 기여 실현이라는 목표를 달성한 경우에는 당연히 기업의 사회적 기여로 이어진 것으로 볼 수 있다. 따라서 (가)에는 '핵심 역량 강화'가 적절하므로, ④ · ⑤는 정답에서 제외된다.

(나) 기업의 사회적 기여를 실현할 수 있지만 핵심 역량 강화로 이어지지 못한 '사회적 책임 이행'과 달리 '공유가치 창출'은 기업의 사회적 기여와 핵심 역량 강화 모두를 실현할 수 있다. 사회적 책임 이행과 공유가치 창출은 지향점이 다르기 때문에 활동 양상도 다르게 나타나는데, 제시문에서는 그 예시로 커피 회사인 X사의 사례를 들고 있다. X사는 고가 매수 프로그램으로 커피 농부들의 소득 향상에 기여함으로써 기업의 사회적 기여를 실현했다. 그러나 X사가 고가 매수 프로그램을 시행한 결과로 매출액 증가와 같은 핵심 역량 강화가 실현되었는지 알 수 없다. 따라서 (나)에는 '공유가치 창출'이 아니라 '사회적 책임 이행'이 적절하므로 ③은 정답에서 제외된다.

(다) X사의 캡슐커피 프로그램은 공유가치 창출 프로그램이 종래의 사회 기여 프로그램을 어떻게 혁신할 수 있는가를 보여주는 사례이다. X사는 캡슐커피 프로그램 추진을 통해 커피 농부들의 소득 증가와 함께 고급 원두 시장에서의 매출액 증가를 달성했다. 이처럼 공유가치 창출은 기업의 사회적 기여와 핵심 역량 강화 모두를 실현할 수 있으므로 (다)에는 '분리'가 아니라 '통합'이 들어가는 것이 적절하다.

합격생 가이드

빈칸에 들어가기에 적절한 말을 찾는 유형의 문제를 해결하기 위해서는 지문의 중심 내용을 파악해야 한다. 이 문제에서는 '사회적 책임 이행 → 기업의 사회적 기여만 실현 가능', 그러나 '공유가치 창출 → 기업의 사회적 기여+핵심 역량 강화 모두 실현 가능'을 파악하는 것만으로도 정답에 한발 더 접근할 수 있을 것이다.

09 글의 문맥 · 구조 정답 ⑤

| 난도 | 중

정답해설

첫 번째 문단에서는 사회 전반의 권위 구조에서 기인한 문제에 적극적으로 대응하기 위해 새로운 관점이 요청된다고 하였고, 두 번째 문단에서는 이러한 대응책으로 최대주의적 관점을 제시하였다. 마지막 문단에서는 최대주의적 관점의 핵심인 참여를 통해 사회 전반의 권위 구조를 민주화하면 사회문제를 해결하는 데 있어 새로운 국면을 맞을 것이라고 결론지었다. 즉, 제시문의 주제는 '사회 전반의 권위 구조에서 기인한 사회문제를 해결하려면 시민의 참여를 통해 사회 전반의 권위 구조를 민주화해야 한다.'는 것이다. 따라서 제시문의 핵심 주장으로 가장 적절한 것은 ⑤이다.

오답해설

① 마지막 문단에 따르면 참여의 실천은 가까운 곳에서부터 시작할 수 있는데, 이에 대한 예시로 제시한 것이 일반 시민이 일터에서부터 사회의 권위 구조를 개선하는 것이다. 따라서 이는 참여를 실천하는 사례일 뿐이므로, 핵심 주장이 될 수 없다.

② 두 번째 문단에 따르면 민주주의에서 말하는 참여의 의의는 개인의 이해관계를 보호하고 관철하는 것이 아니라 누적된 참여의 경험이 장기적으로 개인과 사회에 가져오는 변화에 있다. 따라서 시민 자신, 즉 개인의 이해관계에 국한된 참여는 제시문의 핵심 주장으로 적절하지 않다.

③ 최소주의적 관점으로, 이는 사회문제를 민주주의와 무관한 것으로 만든다는 한계가 있다고 하였다. 따라서 제시문의 핵심 주장과 반대된다.

④ 두 번째 문단에 따르면 시민들의 활발한 참여를 통해 내려진 정치적 결정은 대표자들이 일방적으로 정하고 전달한 것에 비해 정당성과 수용성 면에서도 우월하다. 그러나 대표자의 일방적 의사결정보다 시민의 정치적 의사결정을 더 존중해야 한다는 내용은 제시되어 있지 않다.

합격생 가이드

지문을 읽으며 사회문제에 민주주의 체제가 대응하기 위한 담론으로, '민주주의의 민주화'라는 표현으로 집약되는 최대주의적 관점의 핵심은 참여와 참여의 교육적 기능이며, 시민이 다양한 조직과 공동체에서 참여를 실천해 사회 전반의 권위 구조를 민주화하면 다양한 사회문제 해결에 있어 새로운 국면을 맞이하게 될 것임을 이해한다면 핵심 주장, 즉 지문 전체의 주제를 정확히 파악할 수 있을 것이다.

10 일치부합 정답 ①

| 난도 | 하

정답해설

두 번째 문단에 따르면 F자형 패턴 읽기는 특별히 시선을 끄는 단서가 없을 때 주로 나타나는데, 예컨대 웹페이지가 제목, 기호, 표, 그림 등 유용한 안내 단서 없이 텍스트로만 제시되는 경우가 대표적이다.

오답해설

② 두 번째 문단에 따르면 훑어 읽기의 한 종류인 F자형 패턴 읽기는 디지털 콘텐츠를 읽을 때 눈동자가 움직이는 궤적이 F자 모양과 유사하기 때문에 붙여진 명칭이다.

③ 마지막 문단에 따르면 F자형 패턴 읽기가 중요한 정보를 놓칠 수 있어 효과적이지 않음에도 불구하고 학습이나 업무를 수행할 때 많은 사용자들이 F자형 패턴 읽기 방식을 사용하는 이유는 충분한 노력을 들이지 않고 작업을 신속히 마치려고 하기 때문이다.

④ 두 번째 문단에 따르면 훑어 읽기의 패턴 중에서 F자형 패턴이 대표적이며, 마지막 문단에 따르면 정보를 F자형 패턴으로 읽다 보면 정보를 유기적으로 구성하기 어렵다.

⑤ 첫 번째 문단에 따르면 훑어 읽기는 본래 인쇄물이 증가하면서 급속히 확산된 읽기 방식이며, 디지털 매체가 확산됨에 따라 훑어 읽기가 대세가 될 것으로 전망된다.

합격생 가이드

지문을 읽을 때 디지털 매체가 확산되는 오늘날의 시대에 훑어 읽기가 대세가 된 이유, 훑어 읽기의 대표적 유형인 F자형 패턴 읽기 방식이 나타나는 경우, F자형 패턴 읽기의 단점 등을 파악한다면 정답을 어렵지 않게 찾을 수 있을 것이다.

11 추론 정답 ③

| 난도 | 중

정답해설

ㄱ. 첫 번째 문단에 따르면 폐나 기도에 남아 있는 공기량은 폐활량계로 직접 측정할 수 없어 간접적인 방법을 이용해야 하며, 두 번째 문단에 따르면 잔기량은 공기를 최대한 내쉬고도 여전히 폐와 기도에 남아 있는 공기이다. 마지막 문단에 따르면 '폐활량+잔기량=전폐용량'이므로, 전폐용량에는 잔기량이 포함된다. 따라서 전폐용량은 폐활량계로 직접 측정할 수 없다.

ㄷ. 마지막 문단에 따르면 '흡식예비용량+호식예비용량+1회 호흡량=폐활량'이고, '폐활량+잔기량=전폐용량'이다. 즉, '공기를 최대한 들이마신 상태에서 폐와 기도 내에 들어 있는 공기량'은 네 종류의 공기량을 모두 합친 것인 '전폐용량'을 뜻하며, 전폐용량은 폐활량보다 크다.

오답해설

ㄴ. 마지막 문단에서 제시한 폐용량들을 도식화하면 다음과 같다.

- 폐활량=흡식예비용량+호식예비용량+1회 호흡량
- 전폐용량=폐활량(흡식예비용량+호식예비용량+1회 호흡량)+잔기량
- 흡식용량=1회 호흡량+흡식예비용량
- 기능적 잔기용량=호식예비용량+잔기량

즉, '전폐용량=흡식용량+기능적 잔기용량'이므로, 전폐용량이 가장 크다는 것을 알 수 있다. 그러나 흡식용량과 기능적 잔기용량 각각의 폐용량을 정확히 비교할 수 없으므로, 크기가 큰 것부터 차례대로 나열할 수 없다.

합격생 가이드

공기량의 종류, 폐용량의 종류 등과 관련한 용어의 의미 범주를 이해하기 위해 머릿속으로 호흡 시 폐의 모습을 그려보는 것보다는 ㄴ의 해설처럼 도식화하는 것이 지문의 내용을 이해하고 정답을 찾는 데 수월할 것이다.

12 밑줄 · 빈칸 채우기

정답 ④

| 난도 | 상

정답해설

페르마는 페르마의 정리에 대한 증명을 제시하지 않았고, 와일스는 페르마의 정리를 증명하기 위해 다니야마와 시무라의 추측을 활용하면서 페르마의 정리가 거짓이라는 가정 A를 세웠다. 또한 주장 B는 A와 동치이다(동치는 두 개의 명제가 동일한 결과를 가져오는 일을 뜻하는데, 표현이 달라도 동일한 내용을 나타내고 있어 어느 쪽을 사용하여도 동일한 결과를 가져온다). 'B=특정한 종류의 타원 방정식의 해가 존재한다.'이다. 그런데 빈칸 뒤의 문장에서 다니야마와 시무라의 추측은 참이라는 것이 증명되었고, 이러한 증명 결과로부터 주장 B는 거짓이고, 주장 B와 동치인 가정 A도 거짓이다. 가정 A가 거짓이므로 페르마의 정리는 참이다.

이러한 전개 과정을 도식화하면 다음과 같다.

'페르마의 정리가 거짓이라는 가정 A → A와 동치인 주장 B → 그런데 다니야마와 시무라의 추측은 참임 → B는 거짓 → B와 동치인 A도 거짓 → 페르마의 정리는 참임'

'~주장 B는 거짓임 → ~다니야마와 시무라의 추측은 참임'은 '주장 B는 참임 → 다니야마와 시무라의 추측은 거짓임'과 동치를 이루며, 'B는 참임 → 다니야마와 시무라의 추측이 거짓임'이 증명된다.

따라서 앞뒤 내용의 연결 고리가 되는 빈칸에는 ④의 진술처럼 'B가 참이라면, 다니야마와 시무라의 추측이 거짓이다.'라는 내용이 들어가야(후건부정으로 B가 거짓임을 도출) 최종적으로 페르마의 정리가 참임을 증명할 수 있다.

합격생 가이드

지문을 읽을 때 위의 해설에서 제시한 것처럼 '페르마의 정리가 거짓이라는 가정 A → …… → 페르마의 정리는 참임'으로 전개 과정을 도식화하면, 연결고리가 되는 빈칸의 내용을 정확하게 추론할 수 있다. 이때 각 선택지에서 제시한 내용을 대입하면 보다 분명하게 정답을 찾을 수 있을 것이다.

13 논리퀴즈

정답 ④

| 난도 | 상

정답해설

병은 사람들이 계속 운전을 한다고 했으므로, 이를 정리하면 다음과 같다.

'사람들은 계속 운전함 → ~교통사고가 현저하게 줄어듦'

무는 사람들이 더 이상 운전을 하지 않는다는 것은 사실이 아니라고 했으므로, 사람들은 계속 운전한다. 또한 '운전이 힘들지 않음 → 교통사고가 현저하게 줄어듦'이라고 했다.

따라서 '교통사고가 현저하게 줄어듦'에 대한 병과 무의 말은 양립할 수 없다.

오답해설

① 갑과 을의 말이 참이라면 자율주행차는 상용화되고, 운전은 힘들지 않다. 또한 정의 말에 따라 자율주행차의 상용화와 운전은 힘들지 않음이 참이라면 교통사고는 줄어든다. 따라서 교통사고가 줄어든다는 것이 참인지 판단할 수 없다.

② 갑과 정의 말이 모두 참이라고 해도 자율주행차가 상용화된다는 을의 말이 참인지는 판단할 수 없다. 자율주행차의 상용화라는 을의 말이 거짓이라고 해도 갑과 정의 말이 참일 수 있다.

③ 을은 '자율주행차가 상용화된다.'라고 말하고, 병은 '교통사고가 줄어들려면 사람들이 운전을 하지 않아야 한다(교통사고 줄어듦 → ~운전).'며 '사람들은 계속 운전한다.'라고 말한다. 이때 을의 말이 옳다고 해도 병은 자율주행차의 상용화가 거짓이라고 말하지 않았다. 또한 '자율주행차가 상용화된다.'는 을의 말과 '교통사고가 줄어들지 않는다.'는 병의 말은 모순이 발생하지 않는다. 즉, 양립하며 동시에 참일 수 있다.

⑤ 정은 '운전이 힘들지 않으면서 (동시에) 교통사고가 줄어들지 않는 경우는 없다.'고 말한다. 이를 논리 기호화하면 '~(~운전이 힘듦∧~교통사고가 줄어듦)'이고, 이는 '운전이 힘듦∨교통사고가 줄어듦'과 동치이며, '~운전이 힘듦 → 교통사고가 줄어듦'과 동치이다. 또한 무는 '운전이 힘들지 않으면 교통사고는 줄어든다(~운전이 힘듦 → 교통사고가 줄어듦).'라고 말한다. 정과 무의 말은 양립하므로 동시에 참일 수 있다.

합격생 가이드

선택지의 참과 거짓을 추론하는 유형의 문제의 경우 논리적인 사고에 입각해 '~, →, ∧, ∨' 등의 논리 기호로써 대우와 동치 관계를 밝힌다면 내용 이해를 위한 시간을 절약하여 신속한 추론과 정답 도출이 가능할 것이다.

14 논리퀴즈

정답 ①

| 난도 | 상

정답해설

각각의 사실을 논리 기호화하여 정리한 후에 원문자로 지칭하면 다음과 같다.

- A → ~G … ㉠
- B → D … ㉡
- (C∨E) → G … ㉢
  - ㉢의 대우 : ~G → ~(C∨E) … ⓐ
  - ⓐ와 동치 : ~G → (~C∧~E) … ⓑ
- ~F → ~D … ㉣
  - ㉣의 대우 : D → F … ⓒ

갑은 ㉠~㉣에 새로운 '정보'를 더해 'A → F'라는 결론을 이끌어 냈다.

이를 다시 정리하면 다음과 같다.

- A → ~G → (~C∧~E), 즉 ㉠ → ⓑ가 된다.
- B → D → F, 즉 ㉡ → ⓒ가 된다.

①을 논리 기호로 정리하면 A → (B∨C)이다. ㉠에서 A → ~G라고 했고, ⓑ에서 ~G → (~C∧~E)이므로 A의 증언이 참이라면 C의 증언은 참이 아니다. 그러므로 ①에서는 B의 증언이 참이며(A → B), ㉡ → ⓒ가 된다. 즉, A → B → D → F로서, A → F가 된다. 따라서 이는 갑이 이끌어낸 결론 "A의 증언이 참이라면, F의 증언도 참이다(A → F)."와 같으므로 ①은 갑이 새롭게 입수한 정보로 적절하다.

오답해설

② ⓛ B → D : B의 증언이 참이라면, D의 증언도 참이다.
ⓒ D → F : D의 증언이 참이라면, F의 증언도 참이다(ⓔ의 대우).
따라서 B → D이고 D → F이므로 B → F(=②)이다. 이러한 B → F라는 정보는 이미 주어진 것이다.

③ C → ~A의 대우는 A → ~C이다. 이때 A → ~G → (~C∧~E)가 되는데(ⓐ → ⓑ), 이는 이미 정리한 정보이므로, 새롭게 입수한 정보로 적절하지 않다.

④ A → ~G → (~C∧~E)이고(ⓐ → ⓑ), B → D → F(ⓛ → ⓒ)이다. 이때 E → B가 아닌 ~E → B, 즉 'E의 증언이 참이 아니라면, B의 증언은 참이다.'가 주어져야 A → F가 된다.

⑤ 'F → ~E'로부터 A → F라는 갑의 결론에 도달할 수 없다. 따라서 ⑤는 갑이 새롭게 입수한 정보로 적절하지 않다.

15 견해 비교 · 대조 정답 ①

| 난도 | 중

정답해설

갑은 '코페르니쿠스는 태양 중심 체계에서는 모든 행성에서 회전 반경이 클수록 회전 주기도 커지는 것을 조화로운 관계라고 부르고, 이러한 관계를 근거로 자신의 이론을 옹호한다.'고 말했다. 을은 '태양 중심 체계에서 회전 주기와 회전 반경 사이에 일관된 관계가 성립한다는 것은 분명하다.'라고 말했다. 또한 병은 '코페르니쿠스는 회전 주기와 회전 반경 사이의 일관된 관계가 지닌 미적 특징을 태양 중심 체계를 옹호하는 근거 중 하나로 들었다.'고 말했다. 따라서 ㄱ의 진술처럼 갑, 을, 병은 모두 코페르니쿠스의 태양 중심 체계에서 행성의 회전 주기와 회전 반경 사이에 일관된 관계가 성립한다는 것에 동의할 것이다.

오답해설

ㄴ. 갑에 따르면 코페르니쿠스는 태양 중심 체계가 미적으로 뛰어나다는 것을 근거로 자신의 이론을 옹호한다고 하였다. 이에 대해 을은 코페르니쿠스가 미적인 이유만으로 자신의 이론을 옹호하지는 않았을 것이라고 말했다. 그러므로 코페르니쿠스가 조화로운 관계를 미적으로 뛰어나다고 평가했다는 것에 대해 갑은 동의함을 알 수 있고, 을 또한 부정하지 않음을 알 수 있다.

ㄷ. 갑은 코페르니쿠스가 태양 중심 체계의 미적 뛰어남을 근거로 자신의 이론을 옹호하고 있다고 했을 뿐 예측 가능성에 대해서 언급하지 않았으므로, 어떤 것을 더 중시했는지 판단할 수 없다. 한편, 병은 코페르니쿠스가 태양 중심 체계를 옹호하는 근거 중 하나로 미적 특징을 들었으며, 예측 가능성도 그중 하나라고 말했다. 그러므로 미적 우월성보다 예측 가능성을 더 중시한 것은 아니다.

합격생 가이드

이 문제처럼 동의 또는 동의하지 않는 견해를 비교하는 유형의 문항은 각각의 주장 사이에서 공통점과 다른 점을 구분해 파악해야 한다. 갑 · 을 · 병 모두 코페르니쿠스가 태양 중심 체계의 일관된 '조화로운 관계'를 자신의 이론을 옹호하기 위한 근거로 들었다는 점에 동의한다. 이에 대해 을은 '조화로운 관계'의 성립 이유에 대한 코페르니쿠스의 입장을 추가로 확인해야 한다고 말했고, 병은 '조화로운 관계' 외에도 행성들의 움직임 예측 가능성을 근거로 들었을 것이라고 보았다.

16 강화 · 약화 정답 ④

| 난도 | 중

정답해설

ㄱ. 세 번째 문단에 따르면 음주 측정기에서 저항값과 저항의 최솟값을 측정 요소로 하는 성능 지표는 '감도'이다. ㉠에 따르면 A는 MA와 MB의 감도가 같다고 주장하는데, ㄱ의 실험 결과에 따르면 노출 전 저항값은 MA가 MB의 2배로 서로 다르고, 노출 후 저항값은 MA와 MB가 같다. 이를 세 번째 문단에서 제시한 감도 계산 공식에 대입하면 노출 전과 후의 감도는 서로 같을 수 없다. 다음과 같이 특정 수치를 가정해 계산하면 MA와 MB의 감도는 다른 것을 알 수 있다.

구분	MA	MB
노출되기 전의 저항값	100	50
노출된 후의 저항의 최솟값	25	25
감도	$\frac{100-25}{100}=0.75$	$\frac{50-25}{50}=0.5$

따라서 이러한 경우에 ㉠의 주장은 약화된다.

ㄷ. 첫 번째 문단에 따르면 이산화 주석을 이용한 음주 측정기는 에탄올이 이산화 주석의 표면에 달라붙었을 때 이산화 주석의 전기 전도도가 변하는 성질을 이용하며, 이산화 주석의 전기 전도도는 서서히 커지다가 최댓값에 도달한다. 두 번째 문단에 따르면 전기 전도도의 변화는 저항값의 변화로 측정하며, 전기 전도도는 저항값에 반비례한다. 또한 세 번째 문단에 따르면 음주 측정기의 반응시간은 측정기가 에탄올에 노출된 후 저항의 최솟값에 도달하는 데 걸린 시간을 뜻한다. 그런데 ㉠은 MA가 MB보다 반응시간이 더 짧다는 주장이고, ㉡은 MA와 MB의 반응시간은 같다는 주장이다. 따라서 ㄷ의 진술처럼 샘플 S에 노출되었을 때 전기 전도도가 최댓값에 도달하는 데 걸린 시간이 MA와 MB가 같은 경우 ㉠의 주장은 약화되고, ㉡의 주장은 강화될 것이다.

오답해설

ㄴ. 세 번째 문단에 따르면 음주자의 날숨에 에탄올 이외의 다른 기체가 섞이더라도 에탄올 농도 측정 시 에탄올에 의한 저항값의 감소가 유지되는 정도를 선택도라고 하는데, 음주 측정기의 감도가 많이 변한다면 선택도가 낮은 것이다. 그리고 ㉡은 MB가 MA보다 선택도가 더 크다는 주장이다. 그런데 ㄴ에 따르면 샘플 S2는 샘플 S1(에탄올 기체만 추가한 공기 샘플)에서 에탄올 기체 이외의 공기 일부를 같은 부피의 메테인 기체로 대체한 샘플인데, 샘플 S2의 에탄올 농도를 측정한 실험 결과로 MB와 달리 MA는 전기 전도도의 증가량에 차이가 발생했다. 이러한 실험 결과는 에탄올에 의한 저항값의 감소 유지가 MA가 MB보다 잘 되지 않아 MA의 감도에 차이가 발생한 것이고, 선택도는 MB보다 MA가 낮은 것(MB>MA)으로 해석할 수 있다. 따라서 MB의 선택도는 MA보다 더 크다는 ㉡의 주장은 강화될 것이다.

합격생 가이드

먼저 음주 측정기의 성능 평가 지표인 '감도 · 반응시간 · 선택도' 등의 개념을 정확히 파악해야 한다. 용어가 생경하게 느껴져 정확한 이해와 구분이 어렵다면 정답 도출 또한 어렵기 때문이다. 지문을 정확히 이해해야 ㄱ~ㄷ에서 제시된 실험 결과를 ㉠ · ㉡의 주장과 대조해 각각의 실험 결과들이 ㉠ · ㉡을 강화 또는 약화하는지 혹은 무관한지 파악할 수 있다.

17 강화 · 약화 정답 ③

| 난도 | 상

정답해설

ㄱ. 제시문의 실험 결과, 과학자의 가정 및 ㄱ에서 밝혀진 사실을 정리하면 다음과 같다.

구분		흡수하는 빛의 진동수		
		Ⅰ	Ⅱ	Ⅲ
과학자의 가정	물질 A	○	○	
	물질 B			○
	물질 C		○	
제시문의 실험 결과	혼합물 X	○	○	○
	혼합물 Y	○	○	
ㄱ에서 밝혀진 사실	물질 A	×	○	
	물질 C	○	○	

과학자의 가정에 따르면 물질 A~C 중에서 진동수 Ⅰ의 빛을 흡수하는 것은 오직 A뿐이다. 제시문의 실험 결과 혼합물 X는 진동수 Ⅰ의 빛을 흡수한다. 그래서 과학자는 X에 A가 포함되어 있다고 가정한 것이다. 그런데 ㄱ과 같이 A는 진동수 Ⅰ의 빛을 흡수하지 않고 C는 진동수 Ⅰ의 빛을 추가로 흡수한다면 X는 A와 B가 아니라 B와 C로 구성되어 있다고 주장할 수 있게 된다. 따라서 혼합물 X는 A와 B로 구성되어 있다는 ㉠의 주장은 약화된다.

ㄷ. 과학자는 물질 A는 진동수 Ⅰ, Ⅱ의 빛을 흡수하고, C는 진동수 Ⅱ의 빛을 흡수한다고 가정했다. ㄷ과 같이 A+C 혼합물은 진동수 Ⅲ의 빛을 추가로 흡수하면 A+C 혼합물은 진동수 Ⅰ, Ⅱ, Ⅲ의 빛을 모두 흡수할 것이며, 혼합물 Y는 A와 C로 구성될 수 없다. 즉, 혼합물 Y는 A와 C로 구성되어 있다는 ㉠의 주장은 약화된다. 또한 B는 진동수 Ⅲ의 빛을 흡수하지 않는다면 X는 A와 B가 아니라 A와 C로 구성되어 있다고 주장할 수 있게 된다. 따라서 X는 A와 B로 구성되어 있다는 ㉠의 주장은 약화된다.

오답해설

ㄴ. 두 번째 문단에 따르면 혼합물을 구성하는 두 가지 물질이 상호작용할 경우 혼합물이 추가로 빛을 흡수할 수 있는데, 이때 추가로 흡수하는 빛의 진동수는 각 물질이 흡수하는 빛의 진동수와 같거나 다를 수 있다. 또한 과학자는 물질 A는 진동수 Ⅰ, Ⅱ의 빛을 흡수하고, B는 진동수 Ⅲ의 빛을 흡수한다고 가정했으며, ㉠에서는 혼합물 X는 물질 A와 B로 구성되어 있다고 주장한다. 즉, ㄴ에서 언급한 A와 B의 혼합물이 '상호작용에 의해 추가로 흡수'하는 빛의 진동수는 (혼합되기 전에) B가 흡수하는 진동수와 같을 수 있다. 따라서 ㄴ에서 밝혀진 사실로 인해 ㉠은 약화되지 않는다.

합격생 가이드

지문과 보기에서 제시한 사실을 근거로 과학자 주장의 강화 또는 약화 여부를 묻는 문제이다. 실험 결과와 새롭게 제시된 사실을 토대로 주장의 타당성을 검증할 경우에는 주장의 근거를 이해한다면 주장의 약화 또는 강화 여부를 좀 더 정확하게 파악할 수 있을 것이다. 이때 위 ㄱ의 해설처럼 도표를 그려본다면 내용 이해의 속도를 높일 수 있다.

18 강화 · 약화 정답 ②

| 난도 | 하

정답해설

가설 A에 따르면 행동 K를 할 조건은 영역 Ⅰ에서는 α의 양이 증가할 때, 영역 Ⅱ에서는 α의 양이 감소할 때이다. 또한 그룹 2는 영역 Ⅰ에 α의 생성을 촉진하는 유전자를 주입했고(α의 양 증가), 그룹 3은 영역 Ⅱ에 α의 분해를 촉진하는 유전자를 주입했다(α의 양 감소). 따라서 가설 A가 옳다면 아무런 유전자 주입 처리를 하지 않은 그룹 1보다 그룹 2와 3의 경우에 행동 K를 할 가능성이 높아야 한다. 그런데 ㄴ의 진술처럼 행동 K를 하는 쥐의 비율이 그룹 2와 3 모두 그룹 1보다 낮았다면 가설 A는 약화된다.

오답해설

ㄱ. 가설 A가 옳다면 그룹 2와 3 모두 행동 K를 할 가능성이 그룹 1보다 커져야 함을 위 ㄴ의 해설에서 밝혔다. 그런데 ㄱ과 같이 그룹 1, 2, 3에서 행동 K를 하는 비율에 차이가 없다면 가설 A는 강화되지 않는다.

ㄷ. 영역 Ⅰ과 영역 Ⅱ에서 α의 양 차이가 증가할수록 행동 K를 할 가능성이 증가한다는 가설 B가 옳다면 그룹 2와 그룹 3 모두 α의 양 차이가 증가하므로 행동 K를 할 가능성이 증가할 것이다. 따라서 아무런 유전자 주입 처리를 하지 않은 그룹 1보다 그룹 2와 3의 경우 행동 K를 하는 비율이 커졌다면 이는 가설 B를 입증하는 결과이므로, 가설 B는 강화된다.

합격생 가이드

지문의 길이가 길지 않고 내용 또한 이해하기 수월해 정답을 찾기에 어렵지 않은 문제이다. 가설에서 제시한 영역 Ⅰ과 Ⅱ에서 물질 α의 양에 따라 행동 K를 할 가능성의 변화 조건을 정확히 파악한다면 그룹 2(α의 양 증가)와 3(α의 양 감소)에서 행동 K의 측정 비율이 어떻게 나타날지 예측해 ㄱ~ㄷ의 강화 · 약화 여부를 판단할 수 있을 것이다.

19 밑줄 · 빈칸 채우기 정답 ①

| 난도 | 하

정답해설

(가) 세 번째 문단에 따르면 코드 뒤섞기는 어느 한 언어를 주축으로 사용하면서 다른 언어의 요소를 사이사이에 삽입하여 주축 언어의 규범을 위반하는 경우를 뜻한다. 요컨대, 주축 언어의 규범을 위반하는 것이다. 네 번째 문단에서 제시한 예시 또한 코드 뒤섞기의 전형적인 사례로서 한국어가 주축 언어이며, 한국어 문장 사이에 'I am happy.'를 끼워 넣어 주축 언어의 규범을 위반하였다. 따라서 (가)에 들어갈 내용은 '주축 언어의 규범을 위반하므로'가 적절하다.

(나) 두 번째 문단에 따르면 코드 바꾸기는 한 언어를 쓰다가 다른 언어로 바꾸어 말하는 현상을 가리킨다. 또한 마지막 문단에 따르면 한국어가 주축인지 영어가 주축인지 확정할 수 없어 두 언어 모두 주축 언어가 될 수 있는 경우에는 또 다른 판단 기준을 고려한다. 이때 각 언어의 규범과 문법 중 어느 것도 위반하지 않았다면 코드 바꾸기 사례에 해당한다. 따라서 "내가 소문을 들었는데요, he was hired."는 한국어나 영어의 규범과 문법에 충실하므로 (나)에 들어갈 내용은 '코드 바꾸기'가 적절하다.

오답해설

② 네 번째 문단에서 한국어를 주축 언어로 한다고 했다. 따라서 주축 언어가 무엇인지를 확정할 수 없다는 내용은 (가)에 들어갈 말로 적절하지 않다.

④ · ⑤ 네 번째 문단에서 제시한 사례는 주축 언어인 한국어의 규범을 위반한 코드 뒤섞기의 예시이다. 따라서 주축 언어가 아닌 언어(영어)의 규범을 위반했다는 내용은 (가)에 들어갈 말로 적절하지 않다.

합격생 가이드

빈칸에 들어갈 내용은 지문에서 제시한 내용에 충실해 유추해야 한다. 그 근거가 지문에 이미 제시되어 있기 때문이다. 따라서 지문을 읽을 때 정확한 이해를 바탕으로 글의 전개 구조와 문맥을 고려해 선택지에서 제시한 내용을 대입하면 오답을 확실히 걸러낼 수 있다. 이 문제는 지문의 길이는 짧지 않지만 사례를 들어 이해하기 쉽게 설명하고 있으며, (가)에 '주축 언어의 규범을 위반하므로'가 적절하므로 (가)에 들어갈 내용으로 다른 것을 제시한 ② · ④ · ⑤를 검토할 시간을 과감히 생략할 수 있다.

20 추론 정답 ②

| 난도 | 하

정답해설

마지막 문단에서 제시한 사례는 한국어와 영어 두 언어가 문장 단위에서 뒤섞여 있고 어느 언어가 주축 언어인지 확정할 수 없는 경우이다. 이때 어느 한 언어의 규범이나 문법을 위반한 경우에는 코드 뒤섞기 사례에 해당하고, 두 언어 모두의 규범이나 문법에 충실했다면 코드 바꾸기 사례에 해당한다. 즉, 코드 뒤섞기와 코드 바꾸기 모두 발생 가능한 것이다. 따라서 코드 뒤섞기는 일어나지 않는다는 추론은 적절하지 않다.

오답해설

① 세 번째 문단에 따르면 문장 중에서 삽입된 단어가 주축 언어에서 이미 정착된 차용어인 경우는 주축 언어의 규범을 위반하지 않는다. 이는 차용어는 해당 언어에 이미 정착되어 외국어로 취급하지 않기 때문에 코드 뒤섞기가 아니라면 주축 언어의 규범을 위반하지 않는다고 보는 것이다. 그런데 ①의 문장에 쓰인 '피아노'는 코드 뒤섞기가 아니라고 했으므로, '피아노'를 차용어로 받아들여 외국어로 취급하지 않는 것이다.

③ 세 번째 문단에 따르면 '커피'를 [kɔ́:fi]로 발음하여 영어 발음 규칙에 충실한 방식으로 사용한다면 이는 주축 언어인 한국어의 발음 규칙을 위반한 것이므로 코드 뒤섞기의 사례에 해당한다. 이와 마찬가지로 한국어가 주축 언어인 문장에서 '피자'를 영어 발음인 [pí:tsə]로 발음하는 것도 코드 뒤섞기의 사례에 해당한다.

④ 네 번째 문단에서 이민 사회를 예로 들어 모국어가 한국어인 아이와 부모가 대화하면서 아이가 주축 언어인 한국어 규범을 위반하는 코드 뒤섞기의 사례를 설명한다. 따라서 같은 언어를 모국어, 즉 주축 언어로 사용하는 사람들이 대화할 때도 코드 뒤섞기 현상이 발생할 수 있다.

⑤ 첫 번째 문단에 따르면 하나의 언어를 사용하는 사회에서 언어를 사용할 때 언어 선택을 한다. 또한 다언어를 사용하는 이민 사회에서도 언어 선택 현상이 일어난다. 즉, 단일 언어 사회든 다언어 사회든 언어 선택 현상이 일어날 수 있다.

합격생 가이드

코드 뒤섞기 해당 여부를 판단하는 기준(언어의 규범 · 문법을 위반=코드 뒤섞기)을 명확히 이해한다면 정답을 쉽게 파악할 수 있는 문제이다. 뒤섞여 사용되는 언어들 중에 어느 하나라도 규범 · 문법을 위반하면 코드 뒤섞기에 해당한다.

21 일치부합 정답 ②

| 난도 | 하

정답해설

세 번째 문단에 따르면 숙종 대에 서울의 인구 증가로 인하여 집을 지을 자리가 부족했고, 이에 천변(川邊)에 인접한 도로를 침범한 민가가 500호에 달했다.

오답해설

① 마지막 문단에 따르면 서울의 인구 증가에 뒤따라 소비도 증가했다. 따라서 ①은 원인과 결과의 순서가 뒤바뀌었다.

③ 마지막 문단에 따르면 조선 후기에 이현, 칠패, 마포 등지로 상권을 확대한 이들은 종루 주변의 시전상인들이 아니라 사상인(私商人)들이다.

④ 정조 대에 편찬된 『호구총수』에 의하면 1789년 서울의 호구 수는 43,929호였고, 이 중 성 밖의 호구 수는 21,835호였다. 따라서 도성 밖의 호구 수가 22,094(=43,929−21,835)호 더 적었다.

⑤ 두 번째 문단에 따르면 17세기부터 잦은 기근과 흉년 때문에 전국적으로 발생한 수많은 유민들이 구휼처를 찾아 도회지인 서울로 모여듦에 따라 서울의 인구는 증가했다. 또한 마지막 문단에 따르면 인구 증가로 인해 서울의 상권이 활성화되자 서울을 중심으로 전국적인 시장망이 형성되기 시작했다. 그런데 유민들이 전국적으로 형성된 시장망을 따라 이동하면서 서울로 왔는지는 제시문을 통해 알 수 없다.

합격생 가이드

지문에서 제시한 정보와 선택지의 진술을 단순히 대조하는 것만으로도 정답을 찾을 수 있다. 정답이 ②임을 확인했다면 나머지 ③ · ④ · ⑤의 일치 여부를 검토할 시간을 과감히 생략할 수 있다.

22 일치부합 정답 ⑤

| 난도 | 하

정답해설

마지막 문단에 따르면 계회도는 표제, 풍경, 좌목으로 이루어졌다. 이 중 좌목은 참석자들의 관직, 본관, 성명, 자호를 기록한 것이며, 때로는 일부 참석자의 부친의 성명, 관직, 본관, 자호를 추가로 기록했다. 따라서 계회에 참석하지 않은 사람의 것을 기록하는 경우도 있었다.

오답해설

① 첫 번째 문단에 따르면 동관계회는 같은 관청에 근무하는 관료들만의 모임, 동경계회는 나이가 같은 관료들의 모임을 뜻한다. 또한 마지막 문단에 따르면 '독서당계회도'는 국가의 인재를 양성하는 기관인 독서당이란 관청의 계회를 그린 계회도의 표제이다. 따라서 '독서당계회도'는 동관계회의 모습을 그린 그림의 표제이다.

② 첫 번째 문단에 따르면 도감은 국가의 업무를 처리하기 위해 설치된 임시 관청이므로, 도감계회는 도감의 일이 끝난 뒤 도감이 폐지될 때 한 차례 개최되고 나서 해체되었다. 또한 두 번째 문단에 따르면 계회도는 계회의 모습을 그린 그림이다. 따라서 도감 소속 관료들의 모임을 그린 계회도는 도감이 폐지될 때 그려졌을 것이다.

③ 두 번째 문단에 따르면 계회도를 그린 주체는 직업 화가이다. 한편, 첫 번째 문단에 따르면 요계(관료계회)의 한 종류인 동방계회는 과거에 같이 급제한 동료들의 모임을 뜻한다.

④ 첫 번째 문단에 따르면 동향계회는 고향이 같은 관료들의 모임을 뜻하며, 동관계회는 같은 관청에 근무하는 관료들만의 모임을 가리킨다. 관청에 근무하는 동안에만 참여한 동관계회와 달리 동향계회는 일생 동안 참여했다. 즉, 사헌부의 관료는 자신이 사헌부에서 근무하는 기간 동안만 동관계회에 참여했을 것이며, 동향계회는 일생 동안 참여했을 것이다.

합격생 가이드

동관계회, 동경계회, 동방계회, 동향계회, 도감계회 등 주요 용어의 정의와 참여 기간만 정확히 파악해도 오답을 피할 수 있는 문제이다. 따라서 지문을 읽을 때 기본 정보를 확실히 파악하는 연습이 필요하다.

23 일치부합 정답 ④

| 난도 | 하

정답해설

세 번째 문단에 따르면 채권자 A가 채무자 B에게 보리 25단위를 빌려주고 이자로 보리 3단위를 받기로 계약한 경우에 A는 용기 속에 보리 1단위를 의미하는 같은 토큰을 28개 넣은 다음 밀봉해 보관하였다. 상환 시점이 되면 A는 B가 보는 앞에서 밀봉한 용기를 깨뜨려 약속한 원금과 이자를 받았다. 즉, 원금(25단위)에 이자(3단위)를 더한 28단위를 표시하는 토큰 28개를 진흙 용기에 넣은 것이다. 따라서 이 진흙 용기를 깨뜨리면 원금과 이자의 총합을 확인할 수 있다.

오답해설

① 첫 번째 문단에 따르면 진흙 토큰은 다양한 재화와 서비스를 상징하는 작은 형상물이다. 그런데 토큰으로 표시하는 범위가 재화에서 서비스로 확대된 것인지 여부는 알 수 없다. 또한 토큰으로 표시하던 범위가 변화했다고 해도 그 원인이 상거래 규모의 증대였는지도 제시되지 않았다.

② 첫 번째 문단에 따르면 B.C. 8000년경부터 B.C. 2000년경까지 약 6,000년에 걸쳐 누적된 유적에서 다양한 진흙 토큰이 담긴 진흙 용기가 대량으로 출토되었다. 또한 두 번째 문단에 따르면 쐐기문자의 도입 시기인 B.C. 3250년경을 기준으로 전후 시기를 나누어 진흙 토큰과 진흙 용기를 분석했다. 따라서 쐐기문자가 도입되었던 B.C. 3250년경 이전이나 이후 시기 모두 상거래를 기록할 때 진흙 토큰과 용기를 사용했음을 알 수 있다. 그러나 상거래를 기록하기 위해 진흙 토큰과 용기를 언제까지 사용했는지 그리고 그 이후에는 쐐기문자를 사용했는지 여부는 제시되지 않았다.

③ 두 번째 문단에 따르면 쐐기문자의 도입 시기인 B.C. 3250년경 이전 시기와 달리 이후 시기에는 토큰들을 실로 연결한 꾸러미가 사용되기도 했다.

⑤ 마지막 문단에 따르면 용기에 두르는 실 색깔의 용도는 채무자와 채권자를 쉽게 식별하기 위한 것인데, 채무자와의 거래 상황은 빨간색 실을, 채권자와의 거래 상황은 파란색 실을 둘러 구별했다. 따라서 실의 색깔에 따라 용기 안에 담긴 토큰의 형태나 색깔이 달랐다는 내용은 적절하지 않다.

24 일치부합 정답 ⑤

| 난도 | 하

정답해설

두 번째 문단에서 부족한 가축의 종류와 수로 인해 뉴기니인은 인간의 근력 말고는 다른 동력원을 갖지 못했음을 뉴기니가 발전하지 못한 요인 중 하나로 들고 있다.

오답해설

① 뉴기니는 부족한 가축의 종류와 수 그리고 험준한 지형 때문에 비슷한 시기에 농경을 시작한 다른 지역들에 비해 인구가 가장 적었다.

② 세 번째 문단에 따르면 뉴기니에서는 주로 해발 1,200~2,700m의 중간 산지에서 식량 생산이 이루어졌고, 저지대에서의 식량 생산량은 매우 적었음을 알 수 있다.

③ 뉴기니는 부족 간 교류가 매우 드물고 지형이 험준하였다. 그러나 두 번째 문단에 따르면 가축의 종류가 다양하지 않아 다양한 동물과 접촉이 힘들었기 때문에 침입자들이 가져온 유행병에 대응할 수 있는 면역력이 발달하지 못했다.

④ 첫 번째 문단에 따르면 19세기 말까지 뉴기니인은 석기를 사용했으며 문자도 없었고 국가를 조직하지 못했다. 따라서 석기와 문자의 사용이 국가 발전의 핵심 요인이라고 할 수 없다. 또한 뉴기니가 부족사회를 통합하여 국가로 발전할 수 있었던 요인이 무엇인지 제시문에서 명확하게 밝히지 않았다.

25 일치부합 정답 ②

| 난도 | 하

정답해설

마지막 문단에 따르면 1992년 더블린 국제회의에서 채택된 선언문을 계기로 물 공급을 전문으로 하는 다국적 기업의 활동이 더욱 본격화되었다. 이때 도시에 비해 인구밀도가 낮고 소비가 크지 않은 농촌 지역은 물 사용료가 도시보다 더 높게 책정되어 주민들의 부담이 가중되었다.

오답해설

① 두 번째 문단에 따르면 일부 선진국들의 정책결정자들은 물을 사적 재화로 간주하여 시장에서 소비가 이루어지도록 하는 민영화를 시작했다. 또한 첫 번째 문단에 따르면 탈식민지 국가들은 물 공급 민영화 주장을 받아들여 1980년대부터 물 공급 민영화를 국가 정책으로 추진했다.

③ 첫 번째 문단에 따르면 탈식민지 국가들은 재정 상태의 악화로 공적 자금이 부족하여 선진국의 민간 기업이 상수도 건설에 투자하도록 유도하는 물 공급 민영화를 추진했다.

④ 마지막 문단에 따르면 선언문의 내용은 물이 경제적 가치를 지닌 시장 재화로서 경쟁적 사용의 대상이 되어야 한다는 것이다. 따라서 더블린 국제회의의 선언이 시장 논리에 따른 물 공급을 반대한다는 내용은 제시문과 부합하지 않는다.

⑤ 두 번째 문단에 따르면 영국 등 일부 선진국들에서 물 공급 민영화에 반대한 사람들은 물이 여타의 상품이나 생활필수품과는 성격이 근본적으로 다른 재화임을 강조했다. 따라서 물 공급 민영화 정책은 이견 없이 수용되었다는 내용은 제시문과 부합하지 않는다.

합격생 가이드

식민지였던 국가들이 물 공급 민영화 주장을 받아들여 국가 정책으로 추진하게 된 배경, 반대에도 불구하고 일부 선진국들에서도 가속화된 민영화의 흐름, 탈식민지 국가에서 물 사용료의 지역 간 차이가 발생한 원인 등을 이해한다면 어렵지 않게 풀 수 있는 문제이다.

26 밑줄 · 빈칸 채우기 정답 ④

| 난도 | 중

정답해설

마지막 문단에 따르면 초학제는 연구자가 자신의 뿌리, 즉 학제를 잘라 내는 것이 아니라 학제를 초월하는 것을 의미한다. 이를 통해 초학제적 연구가 학제를 무용화시킬 것이라는 우려를 반박하는 것이다. 따라서 '초학제적 연구는 현실의 문제를 해결하기 위해 학제적 코드를 초월한다.'는 말은 적절하며, 초학제적 연구는 '학제의 폐쇄를 가져오지는 않는다.'는 말 또한 빈칸에 들어갈 말로 적절하다.

오답해설

① 마지막 문단에 따르면 자신의 학제에 정통한 연구자일수록 초학제적 연구를 잘 수행해 현실 세계의 문제를 해결할 수 있다. 따라서 학제에 정통한 연구자일수록 초학제적 연구의 필요성을 수용하지 못한다는 내용은 제시문과 일치하지 않으므로 빈칸에 들어갈 말로 적절하지 않다.

② 세 번째 문단에 따르면 학제적 연구에서 문제 도출은 연구자의 학제에 근거하므로, '학제 내 수용성을 고려하여 주제를 선정'하는 경우는 초학제적 연구가 아니라 학제적 연구를 수행할 때이다.

③ 세 번째 문단에 따르면 학제의 의례와 규범을 따르는 것이 아니라 초월하여 새로운 개념적, 이론적, 방법론적 프레임워크를 혁신적으로 개발한다.

⑤ 두 번째 문단에 따르면 초학제적 연구에서 다루는 문제는 기존 학제로는 해결을 시도할 수 없다는 점에서 '초학제적 연구에서의 문제를 자신의 학제에서도 해결'이라는 내용은 제시문과 일치하지 않는다.

합격생 가이드

두 번째~세 번째 문단을 읽고 초학제적 연구가 학제적 연구의 한계를 어떻게 극복하려 하는지, 초학제적 연구는 학제적 연구를 부정하는 것이 아니라 학제적 연구들의 지평을 넓히려는 것임을 이해한다면 지문의 중심 내용을 충분히 파악한 것이다. 그리고 이렇게 중심 내용을 간파했다면 정답을 확실히 찾을 수 있을 것이다.

27 밑줄 · 빈칸 채우기 정답 ①

| 난도 | 중

정답해설

(가) 빈칸 뒤에서 영화는 그림 · 시와 다르게 특별한 훈련을 받지 않은 사람들도 이해할 수 있으며, 대중적이라고 하였다. 따라서 빈칸에 들어갈 말은 영화와 그림 · 시를 대중성 측면에서 비교하는 내용이 적절하다.

(나) 두 번째 문단에 따르면 현재 영화가 대중적인 것은 다른 장르의 예술보다 생겨난 지 얼마 안 된 젊은 예술이기 때문이다. 빈칸 뒤에서는 예술이 젊을 때와 달리 세월이 흐르면 소수의 계층밖에 이해할 수 없게 된다고 하였다. 따라서 (나)에 들어갈 말은 '젊은 예술이 대중적이다.'라는 내용이다.

오답해설

② 마지막 문단에 따르면 젊은 예술은 내용과 표현 형식 사이의 관계가 자연스럽고 단순하여 대중적이라는 것이다. 그런데 제시문에는 예술의 참신성을 언급한 내용이 없으므로, 내용과 형식이 참신해야 대중적인 예술이 된다는 (나)의 진위를 판단할 근거가 없다.

③ · ④ 첫 번째 문단에 따르면 그림이나 시는 의사 전달 형식이 암호처럼 되어버려 대중이 이해하기 어렵게 되었으나, 영화는 초보 영화 관객도 어렵지 않게 이해할 수 있다. 그런데 제시문에는 어떠한 전달 형식이 더 우수하다는 내용이 없으므로, (가)의 진위를 판단할 근거가 없다.

⑤ 첫 번째 문단에 따르면 예술 작품의 대중적 성공은 단순히 그 작품의 미적 수준이 높은가 낮은가로 판단할 수 없다. 따라서 그림이나 시보다 영화가 더 많은 사람들에게 이해 · 수용되어 대중적 성공을 거두었다는 이유로 영화의 미적 수준이 그림이나 시보다 높다고 볼 수 없다.

합격생 가이드

빈칸 앞뒤의 내용에 대한 정확한 이해를 바탕으로 빈칸의 내용을 어렵지 않게 유추할 수 있는 문제이다. 이때 선택지에서 제시한 내용을 대입해 문맥의 흐름이 자연스럽게 이어지는지 검토해야 한다.

28 밑줄 · 빈칸 채우기 정답 ③

| 난도 | 하

정답해설

(가) 첫 번째 문단에 따르면 평균비용은 일정 기간 동안 투입된 총비용을 해당 기간에 생산한 제품 개수로 나눈 값을 뜻한다. 이때 세 번째 문단에서 법원은 C사가 E사와 경쟁을 하기 이전의 모든 시설투자비를 포함해 계산했다고 했으므로 (가)에는 '한계비용'이 아니라 '평균비용'이 적절하다.

(나) 법원의 1심 판결에 불복해 항소한 C사는 E사와 경쟁 전 지출한 시설투자비를 제외하고 경쟁을 시작한 시점에 C사가 빵 1개를 추가로 생산할 때 투입된 비용과 판매가격을 비교해야 한다고 주장하였다. 이때 첫 번째 문단에서 한계비용은 과거에 지출한 비용은 제외하고 제품 1개를 추가로 생산할 때 투입된 비용이라고 하였다. 따라서 (나)에는 '평균비용'이 아니라 '한계비용'이 들어가야 한다.

(다) C사의 주장대로 C사가 생산비용보다 높은 가격에 빵을 판매했음을 입증하려면 C사의 적자는 당연히 감소하고 있어야 한다. 따라서 (다)에는 '늘고'가 아니라 '줄고'가 들어가야 한다.

합격생 가이드

법원은 1심 판결 때는 '생산비용 = 평균비용'이라고 보아 C사의 부당염매행위가 성립된다고 하였고, 2심 판결 때는 '생산비용 = 한계비용'이라는 C사의 주장을 받아들여 부당염매행위가 성립하지 않는다고 판단했다. 즉, 부당염매행위의 판단 기준 요소로 1심 때는 '평균비용'을, 2심 때는 '한계비용'을 고려했음을 이해했다면 보다 빠르게 정답에 접근할 수 있다. 다만, PSAT에서 경제학 이론이 지문으로 자주 출제되기 때문에 PSAT 수험생이라면 평균비용, 한계비용 등 경제학 기초 용어의 개념을 평소에 숙지하고 있는 것이 바람직할 것이다.

29 일치부합 정답 ⑤

| 난도 | 하

정답해설

두 번째 문단에 따르면 인간은 다른 동물들보다 땀을 많이 흘리며, 1시간 동안 운동하며 배출하는 수분의 양이 많다. 따라서 인간은 다른 동물에 비해 운동으로 달아오른 체내의 열을 더 빨리 그리고 더 많이 식힐 수 있다.

오답해설

① 마지막 문단에 따르면 사냥에 있어 인간은 가장 빠르거나 힘세거나 효율적인 동물이 아니다.

② 첫 번째 문단에 따르면 화살과 같은 장거리를 날아가는 도구가 개발되기 전에 인간은 스스로의 힘으로 사냥에 성공했다. 또한 두 번째~마지막 문단에 따르면 인간은 탁월한 체온 조절 능력과 탈수 현상을 견뎌내는 능력을 통해 다른 동물보다 월등하게 높은 지구력을 갖게 되었고, 이 덕분에 인간은 영양보다 빨리 달리지 못함에도 불구하고 영양 사냥에 성공할 수 있었다.

③·④ 세 번째 문단에 따르면 인간은 땀으로 배출된 수분을 즉시 보충하지 않아도 되기 때문에 일시적 탈수 현상을 상당한 정도까지 견딜 수 있다. 또한 마지막 문단에 따르면 인간은 영양보다 빨리 달리지 못하지만, 탈수 현상을 견뎌내는 능력 덕분에 뜨거운 대낮에도 영양이 지쳐 쓰러질 때까지 영양을 끈질기게 뒤쫓을 수 있었다. 따라서 '일시적 탈수 현상을 잘 견디는 동물'은 영양이 아니라 인간이고, '운동 속도가 더 빠른 동물'은 인간이 아니라 영양이다.

합격생 가이드

첫 번째 문단은 지문 전체의 중심 문단으로서, 인간의 탁월한 체온 조절 능력은 사냥에 있어 핵심적인 역할을 했다는 것이 지문의 주제이다. 이어 두 번째~마지막 문단에서 인간은 땀을 많이 배출함으로써 체온을 잘 조절할 수 있었고, 수분을 즉시 보충하지 않아도 되기에 탈수 현상을 잘 견뎠으며, 이를 통해 낮에 활동하는 포식자로서 지구력이 가장 강한 동물이 되었다면서 주제를 뒷받침하는 근거를 제시하였다. 이처럼 지문을 일독하면서 기본 정보를 신속하게 파악하면 정답을 도출하기 어렵지 않은 문제이다.

30 추론 정답 ③

| 난도 | 중

정답해설

ㄱ. 두 번째 문단에 따르면 이익조정의 두 가지 방식 중 하나인 실물이익조정은 생산이나 판매에 대한 의사결정을 통해 다양한 물적·인적 자원이나 자금의 흐름에 실제로 영향을 주면서 이익을 조정하는 방식을 뜻한다. ㄱ은 비정상적인 생산량 증가로 물적 자원에 실제로 영향을 주면서 이익을 늘리려고 한 경우이므로, 실물이익조정의 사례에 해당한다.

ㄷ. 마지막 문단에 따르면 장부상 이익조정은 실질적인 자원의 흐름과는 무관하게 회계처리 방식의 변경을 통해 이익을 조정하려는 것으로, 장부상의 이익에만 반영될 뿐 실제 기업의 생산이나 판매에 대한 의사결정을 변경하지 않는다. ㄷ은 실질적인 자원의 흐름과는 무관하게 회계처리 방식의 변경만으로 이익을 높이려고 한 경우이므로, 장부상 이익조정의 사례에 해당한다.

오답해설

ㄴ. 자금의 흐름에 실제적인 영향을 끼치면서 이익을 조정한 경우이므로, 실물이익조정의 사례에 해당한다.

합격생 가이드

'이익조정(㉠)'의 방식은 실물이익조정과 장부상 이익조정이라는 두 가지 유형으로 분류되는데, ㄱ~ㄷ에서는 사례를 통해 실물이익조정 또는 장부상 이익조정을 구분할 수 있는지 묻고 있다. 이때 ㄱ은 생산량을, ㄴ은 광고비를 늘린 경우이고, ㄷ은 물적 자원의 실질적인 변동 없이 회계처리 방식만 변경한 경우라는 점이 문제 풀이의 실마리이다. ㄱ과 ㄴ처럼 자원의 흐름에 영향을 끼칠 수 있는 경우는 실물이익조정에 해당하고, ㄷ처럼 회계처리 방식만 변경해 실질적인 자원의 흐름과 무관한 경우는 장부상 이익조정에 해당한다.

31 견해 비교·대조 정답 ③

| 난도 | 중

정답해설

ㄱ. 첫 번째 문단에 따르면 철학자 A는 어떤 속성을 공유할 것, 그 속성을 자연법칙으로 설명할 수 있을 것의 두 가지 조건을 모두 충족해야 자연종이라고 하였다. 또한 두 번째 문단에 따르면 철학자 B는 'ㅇㅇ백신'에 속하는 개체들은 어떤 속성을 공유하는데, 그 속성은 모두 자연법칙적으로 설명된다고 하였다. 따라서 A는 ㅇㅇ백신을 자연종이라고 볼 것이다.

ㄴ. 두 번째 문단에서 철학자 B는 철학자 A가 제시한 조건에 따르면 인공물도 자연종으로 볼 수 있으므로 이는 자연종을 위한 충분조건이 아니라고 했으며, 자연종이 되기 위한 선명한 구분 기준이 존재해야 한다고 주장했다. 따라서 B는 어떤 X가 자연종이라면 무엇이 X인지 혹은 X가 아닌지 구분 가능한 선명한 기준이 이미 존재한다고 볼 것이다.

오답해설

ㄷ. 노인이 어떤 속성을 공유하고, 그 속성이 자연법칙에 의해 설명되는지에 대한 내용이 제시문에 없으므로, A가 급격히 노화가 진행된 40세 한국인을 노인이라고 볼지 여부는 알 수 없다. 마지막 문단에 따르면 B는 대한민국의 사회적 규칙이나 관행에 의해 노인은 65세 이상이라는 속성을 공유한다고 보았다. 따라서 B는 40세 한국인이 급격히 노화가 진행됐다고 하더라도 노인으로 보지 않을 것이다.

합격생 가이드

지문을 읽으면서 철학자 A와 B의 견해를 다음과 같이 정리할 수 있다.

- 철학자 A : 속성 공유, 속성을 자연법칙으로 설명 가능 등의 조건을 모두 충족하면 자연종이다(첫 번째 문단).
- 철학자 B : 인공물도 A가 제시한 조건을 충족할 수 있으므로 A가 제시한 조건만으로는 충분하지 않다. '어떤 개체가 종에 속하는지, 그렇지 않은지에 대한 선명한 구분 기준이 존재해야 한다.'는 조건을 추가해야 한다(두 번째 문단).
- 철학자 B : 속성 공유, 속성을 사회적 규칙이나 관행으로 설명 가능 등의 조건을 모두 충족하면 사회종이다(마지막 문단).

위와 같은 요약만으로도 보다 빠르게 정답을 도출할 수 있을 것이다.

32 강화 · 약화 정답 ①

| 난도 | 중

정답해설

A가 말하는 내부자 고발의 도덕적 정당성 조건 4가지 중 첫 번째는 회사가 대중이나 사회에 심각한 피해를 입히고 있어야 한다는 것이다. 또한 4가지 조건을 모두 충족해야 도덕적 정당성을 얻는다고 하였으므로, 4가지 조건 중 하나라도 충족하지 못하면 도덕적 정당성을 얻을 수 없다. 그런데 ㄱ의 진술처럼 피해가 심각하지 않은데도 내부자 고발이 도덕적으로 정당화된다면, 회사가 심각한 피해를 끼치고 있어야 한다는 A의 주장은 약화된다.

오답해설

ㄴ. B가 말하는 내부자 고발의 도덕적 정당성 조건 4가지 중 세 번째는 고발자는 자신이 폭로하려는 내용에 관한 적절한 증거를 가지고 있어야 한다는 것이며, 4가지 조건을 모두 충족한 경우에만 도덕적 정당성을 얻는다. 그런데 증거가 없어서 도덕적 정당성을 인정받지 못하는 사례는 정당성을 인정받으려면 증거가 있어야 한다는 B의 주장을 뒷받침하므로 B의 주장은 강화된다.

ㄷ. 제시문에 따르면 내부자 고발은 잘못을 외부에 공개하는 행위이다. 또한 B가 말하는 내부자 고발의 도덕적 정당성 조건 4가지 중 네 번째는 고발자가 잘못을 폭로하지 않으면 자신이 속한 회사의 잘못에 계속 일조할 것이라고 믿을 충분한 이유를 지녀야 한다는 것으로, 가장 핵심적인 조건이다. 그런데 외부에 공개하지 않고도 회사의 잘못에 계속 일조하지 않을 방법이 있는데도 제기한 내부자 고발이 도덕적으로 정당화된다면, 고발자가 회사의 잘못을 외부에 폭로하지 않으면 고발자는 회사의 잘못에 계속 일조할 수밖에 없어야 한다는 B의 주장은 약화된다. 한편 ㄷ은 A가 주장한 조건 중 어느 것에도 해당하지 않으므로 A의 주장을 강화하지도 약화하지도 않는다.

합격생 가이드

'모든 조건을 충족해야 정당성이 성립함'이 곧 '조건 중 어느 하나라도 충족하지 못하면 정당성이 성립하지 않음'과 같다는 것은 쉽게 이해할 수 있으며, 이러한 이해는 이 문제의 정답을 찾는 출발점이다.
ㄱ과 ㄷ은 A 또는 B가 제시한 조건을 충족하지 못했는데도 정당하다고 보는 경우이므로 A 또는 B의 주장을 약화하고, ㄴ은 B의 주장을 뒷받침하는 경우이므로 B의 주장을 강화한다.

33 논리퀴즈 정답 ③

| 난도 | 상

정답해설

먼저 제시문에 나타난 분류 조건, 조건 중 만족하는 개수, 양품 또는 불량품 분류 결과를 기입하기 위한 표를 작성한다.

구분	분류 조건			만족 조건 개수	분류 결과
	노란색	구체	5kg		
1번					
2번					
3번					
4번					
5번					

- 1번 : '노란색'에 'ㅇ'를 기입한다. 또한 양품이므로 '만족 조건 개수'에 '2개'를, '분류 결과'에 '양품'을 기입한다.
- 2번 : 1번과의 공통 만족 조건이 없으므로, 2번의 '노란색'에 '×'를 기입한다. 또한 '불량품'이라고 했으므로, '만족 조건 개수'에 '1개'를, '분류 결과'에 '불량품'을 기입한다.
- 3번 : 양품이므로 '만족 조건 개수'에 '2개'를, '분류 결과'에 '양품'을 기입한다.
- 4번
  - 4번의 '구체'에 'ㅇ'를 기입한다.
  - 4번과 3번의 공통 만족 조건이 없으므로, 3번의 '구체'에 '×'를 기입한다.
  - 3번은 '만족 조건 개수'가 '2개'이므로, 3번의 '노란색'과 '5kg'에 'ㅇ'를 기입한다.
  - 4번과 3번의 공통 만족 조건이 없으므로, 4번의 '노란색'과 '5kg'에 '×'를 기입한다. 따라서 1개의 조건만을 만족하는 4번의 '분류 결과'에 '불량품'을 기입한다.
  - 3번과 2번의 공통 만족 조건이 있다고 했으므로, 2번의 '5kg'에 'ㅇ'를 기입한다. 2번의 만족 조건 개수는 1개이므로, 2번의 '구체'에 '×'를 기입한다.
  - 2번과 1번의 공통 만족 조건이 없으므로, 1번의 '구체'에 'ㅇ'를, '5kg'에 '×'를 기입한다.
- 5번 : '5kg'에 '×'를 기입한다. 또한 5번과 4번의 공통 만족 조건이 있다고 했으므로, 5번의 '구체'에 'ㅇ'를 기입한다.
- 6번 : 위의 내용을 통해 1~4번에서 양품과 불량품이 각 2개씩으로 같음을 알아냈다. 그런데 양품이 불량품보다 더 많다고 했으므로 5번은 양품임을 알 수 있다. 따라서 5번의 '노란색'에 ㅇ를, '만족 조건 개수'에 '2개'를 기입한다.

이상의 내용을 표에 기입해 정리하면 다음과 같다.

구분	분류 기준			만족 조건 개수	분류 결과
	노란색	구체	5kg		
1번	ㅇ	ㅇ	×	2개	양품
2번	×	×	ㅇ	1개	불량품
3번	ㅇ	×	ㅇ	2개	양품
4번	×	ㅇ	×	1개	불량품
5번	ㅇ	ㅇ	×	2개	양품

이에 따르면 '구체'인 물품은 1 · 4 · 5번인데, 이것들은 모두 '5kg'이 아니다. 따라서 ③의 진술은 거짓이다.

오답해설

① 5번은 '노란색'과 '구체' 등 두 가지 조건을 만족한 '양품'이다.
② 4번은 '구체' 한 가지 조건만을 만족한 '불량품'이다.
④ '노란색'인 물품은 1 · 3 · 5번인데, 이것들은 모두 '양품'이다.
⑤ '5kg'인 '양품'은 3번인데, 3번은 '노란색'이다.

합격생 가이드

1~5번의 물품과 관련한 정보를 도표를 그리고 ㅇ, ×를 기입해 시각적으로 표현하는 것이 정보를 정확히 정리하고 오답을 확실히 피할 수 있는 방법이다.

34 논리퀴즈 정답 ⑤

| 난도 | 상

정답해설

제시문의 내용을 논리 기호화하여 정리하면 다음과 같다.

- A가 B를 함의 ↔ B의 내포에 속하는 모든 원소는 A의 내포에도 속함
  A가 B를 함의 ↔ B 내포, A 내포에 속함
  대우 : ~B 내포, A 내포에 속함 → A가 B를 함의하지 않음
  ≡A가 B를 함의하지 않음 → ~B 내포, A 내포에 속함
- A가 B를 함의 → A의 외연에 속하는 모든 원소는 B의 외연에도 속함 ↔ B가 A를 포함
  ≡A가 B를 함의 → B가 A를 포함
  대우 : B가 A를 포함하지 않음 → ~A 외연, B 외연에 속함 → A가 B를 함의하지 않음
  ≡B가 A를 포함하지 않음 → A가 B를 함의하지 않음
  ≡~A 외연, B 외연에 속함 → A가 B를 함의하지 않음
  또한 B가 A를 포함 → A 외연, B 외연에 속함
- 첫 번째 조건 : S는 P를 포함한다.
- 두 번째 조건 : 'A가 B를 함의 → B가 A를 포함'이므로 'S가 T를 함의 → T가 S를 포함'이다.
- 세 번째 조건 : 'A가 B를 함의 → B 내포, A 내포에 속함'이며, 이것의 대우는 '~B 내포, A 내포에 속함 → A가 B를 함의하지 않음'이므로, 곧 '~R 내포, S 내포에 속함'은 'S는 R을 함의하지 않음'이다.
- 네 번째 조건 : 'A가 B를 함의 → A 외연, B 외연에 속함'이며, 이것의 대우는 '~A 외연, B 외연에 속함 → A가 B를 함의하지 않음'이므로, 곧 '~T 외연, Q 외연에 속함 → T는 Q를 함의하지 않음'이다.

이에 따라 보기의 내용을 판단하면 다음과 같다.

ㄱ. 위의 두 번째 조건 해설에서 'T가 S를 포함'한다고 했다. 즉, S의 외연에 속하는 모든 원소는 T의 외연에도 속하는 것이다. 또한 첫 번째 조건 해설에서 'S가 P를 포함'한다고 했다. 즉, P의 외연에 속하는 모든 원소는 S의 외연에도 속하는 것이다. 그러므로 T는 P를 포함한다는 것은 P의 외연에 속하는 모든 원소는 T의 외연에도 속한다는 것이다. 따라서 T가 P를 포함하는 관계를 이룬다.

ㄴ. 제시문에 따르면 두 단어 A, B에 대해서 'A가 B를 함의한다.'는 곧 'B의 내포가 A의 내포의 부분집합이다.'라는 것이다(B의 내포에 속하는 모든 원소는 A의 내포에도 속함). 또한 위의 네 번째 조건 해설에서 T의 외연에 속하는 원소 중에는 Q의 외연에 속하지 않는 것이 있다는 것은 T는 Q를 함의하지 않는다는 것을 뜻한다고 했다.

ㄷ. 'S가 Q를 함의하면, Q와 R은 동의어가 아니다.'의 대우는 'Q와 R이 동의어라면, S는 Q를 함의하지 않는다.'이다. 그런데 제시문에 따르면 동의어는 단어들이 서로를 함의하는 관계를 뜻한다. 즉, Q가 R을 함의하고, R도 Q를 함의하는 것이다. 이때 R이 Q를 함의한다는 것은 Q의 내포에 속하는 모든 원소는 R의 내포에도 속한다는 것이다. S가 R을 함의하지 않는다는 것은 R의 내포에 속하는 원소 중에는 S의 내포에 속하지 않는 것이 있다는 뜻이 된다. 즉, S가 Q를 함의하지 않는다는 것은 Q의 내포에 속하는 원소 중에는 S의 내포에 속하지 않는 것이 있다는 뜻이 된다. 그러므로 'Q와 R이 동의어라면, S는 Q를 함의하지 않는다.'가 참이 되고, 이의 대우인 'S가 Q를 함의하면, Q와 R은 동의어가 아니다.'라는 ㄷ의 진술도 참이 된다. 한편 'A가 B를 함의 → B의 내포가 A의 내포의 부분집합'이라는 제시문의 내용에서 'A'를 'S'로, 'B'를 'Q'로 바꾸면 'S가 Q를 함의 → Q의 내포가 S의 내포의 부분집합'이 성립한다. 그런데 세 번째 조건은 'R의 내포는 S의 내포의 부분집합이 아니다.'라는 뜻이다. 따라서 ㄷ의 진술처럼 S가 Q를 함의하면, Q와 R은 동의어 관계, 즉 서로를 함의하는 관계가 성립될 수 없는 것이다.

합격생 가이드

명제와 그것의 대우, 동치 등의 성립 관계를 논리 기호화하여 지문의 내용을 정리해 선택지 ㄱ~ㄷ의 참 혹은 거짓 여부를 판별할 수 있다면 보다 빠르게 정답에 접근할 수 있을 것이다. 예컨대 "A가 B를 함의할 경우, A의 외연에 속하는 모든 원소는 B의 외연에도 속하게 되며, 이를 두고 'B가 A를 포함한다'라고 말한다."라는 지문의 문장을 'A가 B를 함의 → A의 외연에 속하는 모든 원소는 B의 외연에 속함 ↔ B가 A를 포함'으로 정리하면, 이를 통해 'A가 B를 함의 → B가 A를 포함'이라는 동치와 'B가 A를 포함하지 않음 → ~A 외연, B 외연에 속함 → A가 B를 함의하지 않음'을 유추할 수 있다.

35 견해 비교 · 대조 정답 ②

| 난도 | 하

정답해설

갑의 견해에 따르면 유성생식은 그 자손들이 무성생식보다 더 많은 유전적 다양성을 확보하게 하므로 유전적 형질이 무성생식보다 더 다양해진다. 또한 을의 견해에 따르면 무성생식은 돌연변이를 통해 자손들의 유전자가 달라질 수 있는데, 유전자 변화 정도가 유성생식보다는 작다. 즉, 갑과 을 모두 자손들의 유전적 다양성에 있어 유성생식이 무성생식보다 우월(유성생식>무성생식)하다고 생각할 것이다. 그런데 ㄷ에서 제시한 사례는 갑과 을의 공통된 견해와 반대로 자손들의 유전적 다양성에 있어 유성생식보다 무성생식이 우월(유성생식<무성생식)한 경우이므로, 갑과 을의 견해는 약화된다.

오답해설

ㄱ. 변화가 미미한 환경에서 생존해 온 집단보다 변화가 큰 환경에서 생존해 온 집단에서 유성생식을 하는 비율이 높다는 것은 무성생식을 하는 비율이 유성생식보다 낮다는 뜻이다. 이는 '유성생식 → 유전적 다양성 확보 → 형질의 다양화 → 환경의 큰 변화에도 생존할 가능성 증가'라는 갑의 견해를 뒷받침할 수 있는 사례이다. 따라서 갑의 견해는 강화된다.

ㄴ. 을의 견해에 따르면 무성생식에 있어 '(자손들이) 유전적으로 동일 → 생존 방식과 필요한 자원 같음 → 자원에 대한 극심한 경쟁 → 공멸 가능성 증가'의 선후 관계가 성립한다. 그리고 무성생식과 상대적으로 유성생식에 있어 '(자손들이) 유전적으로 달라짐 → 생존 방식과 필요한 자원 달라짐 → 자원에 대한 경쟁이 완화됨(→ 공멸 가능성 감소)'의 선후 관계가 성립한다. 이때 유성생식만 하는 집단보다 무성생식만 하는 집단에서 생존 경쟁이 더 치열한 사례는 을의 견해를 뒷받침할 수 있는 경우이므로, 을의 견해는 강화된다.

합격생 가이드

지문의 내용이 평이해 갑과 을의 견해를 요약하여 이해하기 어렵지 않다. 갑과 을의 견해를 뒷받침하는 근거를 ㄱ~ㄷ의 사례에 적용해 일치 여부를 확인하는 수준에서 정답을 찾을 수 있다. 한편, ㄱ과 ㄴ이 적절하지 않다는 것만으로도 ㄱ 또는 ㄴ을 포함한 ①·③·④·⑤를 정답에서 제외하고, ㄷ의 진위를 검토하는 데 드는 시간을 절약할 수 있다.

36 추론 정답 ④

| 난도 | 상

정답해설

ㄱ. 첫 번째 문단에 따르면 비결정 부분이 전체 CNT(탄소나노튜브)에서 차지하는 비율이 작다는 것은 결정성이 크다는 뜻이며, 두 번째 문단에 따르면 G 밴드의 피크 높이를 D 밴드의 피크 높이로 나눈 값이 클수록 CNT 샘플의 결정성이 크다. 또한 〈실험 결과〉를 표로 정리하면 다음과 같다.

<table>
<tr><th rowspan="2">구분</th><th colspan="3">CNT 샘플</th></tr>
<tr><th>샘플 α</th><th>샘플 β</th><th>샘플 γ</th></tr>
<tr><td>G 밴드의 피크 높이</td><td>$\alpha>\beta$</td><td>$\alpha>\beta$
G 밴드>D 밴드</td><td rowspan="2">G 밴드=D 밴드
(β의 D 밴드의 피크의 2배)</td></tr>
<tr><td>D 밴드의 피크 높이</td><td>$\alpha=\beta$</td><td>$\alpha=\beta$
G 밴드>D 밴드</td></tr>
<tr><td>파수 300cm^{-1} 이하의 피크 유무</td><td>×</td><td>○</td><td>×</td></tr>
</table>

샘플 α, β, γ의 G, D 밴드 피크 높이의 대소를 분석하면 G 밴드의 피크 높이는 '$\alpha>\beta$'이고, D 밴드의 피크 높이는 '$\alpha=\beta$'이므로 α의 결정성이 β보다 더 큰 것을 알 수 있다. 또한 β는 'G 밴드>D 밴드'이고, γ는 'G 밴드=D 밴드'이므로 β의 결정성이 γ보다 더 큰 것을 알 수 있다. 이를 종합하면 결정성의 크기는 '$\alpha>\beta>\gamma$'의 관계가 성립한다.

ㄷ. 〈실험 결과〉에 따르면 γ에서는 파수 300cm^{-1} 이하에서의 피크가 관찰되지 않았다. 또한 두 번째 문단에 따르면 CNT 샘플에 SW-CNT나 DW-CNT가 존재할 때 그리고 오직 그때에만 파수 300cm^{-1} 이하에서 피크가 나타난다. 즉, 파수 300cm^{-1} 이하에서 피크가 나타나지 않는다는 것은 SW-CNT와 DW-CNT 모두 존재하지 않는다는 뜻이다. 따라서 γ는 MW-CNT로만 이루어져 있음을 알 수 있다.

오답해설

ㄴ. 〈실험 결과〉에 따르면 파수 300cm^{-1} 이하에서의 피크는 β에서만 관찰되었다. 또한 두 번째 문단에 따르면 CNT 샘플에 SW-CNT나 DW-CNT가 존재할 때 그리고 오직 그때에만 파수 300cm^{-1} 이하에서 피크가 나타난다. 즉, CNT 샘플에 SW-CNT 또는 DW-CNT 가운데 하나 이상만 존재하기만 하면 파수 300cm^{-1} 이하에서 피크가 나타난다는 뜻이므로, β에는 SW-CNT와 DW-CNT 중에 '최소 1가지'는 존재한다고 분석할 수 있다. 그러나 이를 토대로 β에는 SW-CNT와 DW-CNT 모두 존재한다고 볼 수는 없다. 따라서 β가 2종 이상의 CNT로 이루어져 있다는 진술은 〈실험 결과〉에 대한 분석으로 적절하지 않다.

합격생 가이드

이 문제는 〈실험 결과〉에 대한 분석의 적절성을 평가할 수 있는지 묻는 유형이므로, 탄소나노튜브(CNT) 관련 기본 정보를 제공하고 있는 첫 번째 문단보다 CNT의 물성을 분석하는 라만 분석법을 설명한 두 번째 문단에 집중해야 한다. 선택지의 진위를 파악할 수 있는 최종적 근거가 두 번째 문단에 집중되어 있다는 뜻이다. 두 번째 문단을 통해 SW-CNT와 DW-CNT라는 요소 중에 하나만 갖추고 있어도 파수 300cm^{-1} 이하에서 피크가 나타난다면, 파수 300cm^{-1} 이하에서의 피크가 관찰된 β는 SW-CNT와 DW-CNT 중 '적어도 하나'는 갖추고 있다고 볼 수 있으나, SW-CNT와 DW-CNT를 '동시에(모두)' 갖추고 있다고 볼 수는 없다는 점을 파악했다면 ㄷ은 적절한 분석이고, ㄴ은 부적절한 분석임을 알 수 있다.

37 추론 정답 ③

| 난도 | 중

정답해설

제시문의 정보를 정리하면 다음과 같다.

<table>
<tr><th colspan="2">구분</th><th>M
(정상 쥐)</th><th>MX
(X 생성 유전자 제거)</th><th>MY
(Y 생성 유전자 제거)</th></tr>
<tr><td rowspan="2">실험 1
(AMPK 인산화 여부)</td><td>생리식염수</td><td>인산화 안 됨</td><td>인산화 안 됨</td><td>인산화 안 됨</td></tr>
<tr><td>S1
(생리식염수+그렐린)</td><td>인산화됨</td><td>인산화됨</td><td>인산화 안 됨</td></tr>
<tr><td rowspan="3">실험 2
(쥐의 먹이 섭취 여부)</td><td>생리식염수</td><td>섭취 안 함</td><td>섭취 안 함</td><td>섭취 안 함</td></tr>
<tr><td>S1</td><td>섭취함</td><td>섭취 안 함</td><td>섭취 안 함</td></tr>
<tr><td>S2
(S1+P 억제제)</td><td>섭취함</td><td>섭취함</td><td>섭취함</td></tr>
</table>

- 그렐린의 식욕 촉진 메커니즘 : 그렐린이 AMPK를 인산화 → ROS의 생성을 저해 및 α 뉴런 활성화 → 식욕 촉진
- 가설 : "그렐린의 식욕 촉진 메커니즘에 단백질 X와 Y가 관여한다."
- P 억제제는 뇌에서 ROS의 생성을 저해

실험 1에서 생리식염수를 주입한 M(정상 쥐), MX(X 생성 유전자 제거), MY(Y 생성 유전자 제거)의 모든 쥐에게서 AMPK가 인산화되지 않았다. 그리고 생리식염수에 그렐린을 더한 S1을 주입했을 때 M(X, Y 있는 쥐)과 MX(X 없는 쥐)는 AMPK가 인산화된 반면 MY(Y 없는 쥐)는 인산화되지 않았다. 즉, AMPK의 인산화에 Y가 필요하다고 해석할 수 있다.

다음으로 실험 2에서 MX에게 그렐린을 포함한 S1을 주입했을 때 MX는 먹이를 섭취하지 않았다. 즉, 인산화된 AMPK가 물질 ROS의 생성을 저해할 때는 X가 필요하다고 해석할 수 있다. 이때 P 억제제는 ROS의 생성을 저해하므로 실험 2에서 P 억제제가 포함된 S2를 주입한 실험군은 고려 대상에서 제외한다.

합격생 가이드

〈실험 결과〉를 표로 정리해 제시하였으므로 표 이외의 부분을 독해하는 데 소요되는 시간을 일부 절약할 수 있으며, ①~⑤ 모두에서 '그렐린이 AMPK를 인산화할 때'라고 했으므로 이와 관련한 실험 설계와 결과를 이해·해석하는 데 집중한다.

38 강화 · 약화 정답 ③

| 난도 | 중

정답해설

모형 1과 3을 비교하면 '초식 동물 ×'의 경우에 '토양 비옥' 여부가 초본 생태계의 종 다양성에 어떤 영향을 끼치는지 알 수 있다. 또한 가설 A는 '초식 동물 ×'의 경우에 초본 생태계의 종 다양성 정도는 '토양 비옥 ×>토양 비옥 ○'라는 것이다. 그러므로 가설 A가 옳다면 '토양 비옥 ○'의 모형 1과 '토양 비옥 ×'의 모형 3의 종 다양성 정도를 비교할 때 '모형 3>모형 1'이 된다. 그런데 ③의 사례는 '모형 3<모형 1'이므로, 가설 A가 옳을 때의 결과와 반대이다. 따라서 A는 약화된다.

오답해설

① 모형 1과 2를 비교하면 '토양 비옥 ○'의 경우에 초식 동물의 유무가 초본 생태계의 종 다양성에 어떤 영향을 끼치는지 알 수 있다. 모형 1은 '초식 동물 ×'이고, 모형 2는 '초식 동물 ○'이다. 가설 B는 '토양 비옥 ○'의 경우에는 초식 동물이 없을 때보다 있을 때 종 다양성이 큼, 즉 '초식 동물 ×<초식 동물 ○'라는 것이다. 가설 B가 맞다면 '초식 동물 ×'인 모형 1보다 '초식 동물 ○'인 모형 2가 종 다양성이 더 커야 한다. 따라서 종 다양성 수치가 모형 1보다 모형 2에서 더 높은 경우는 B를 입증하는 사례이므로 B가 강화된다.

② 모형 1과 2에서 같은 것은 비옥한 토양(통제변인)이고, 다른 것은 초식 동물의 유무(조작변인)이다. 또한 가설 A의 통제변인은 초식 동물이 없음이고, 조작변인은 토양의 비옥 여부이다. 모형 1과 2의 실험 결과를 비교하면 '토양 비옥 ○'의 경우에 초식 동물의 유무가 종 다양성에 어떤 영향을 끼치는지 알 수 있을 뿐이며, 모형과 가설에서의 통제변인과 조작변인이 다르다. 따라서 모형 1과 2의 실험 결과 비교로는 가설 A의 강화 또는 약화 여부를 판단할 수 없다.

④ 모형 3과 4의 실험 결과를 비교하면 토양이 비옥하지 않은 경우에 초식 동물의 유무가 종 다양성에 어떤 영향을 끼치는지 알 수 있다. 모형 3과 4는 토양이 비옥하지 않다는 것이 같고, 초식 동물이 있고(모형 4) 없음(모형 3)이 다르다. 그런데 가설 B에서는 토양이 비옥한 것이 동일하며, 초식 동물의 유무가 다르다. 따라서 모형과 가설에서 같아야 할 조건이 다르기 때문에(비옥하다-비옥하지 않다) 모형의 실험 결과를 비교한다고 해도 가설이 옳았는지 또는 틀렸는지 판단할 수 없다. 가설 B의 강화 또는 약화 여부를 판단하려면 토양이 비옥한 것이 같은 모형 1과 2의 실험 결과를 비교해야 한다.

⑤ 모형 2와 4는 초식 동물이 있다는 조건이 같고, 토양의 비옥 여부가 다르다. 즉, 모형 2와 4의 실험 결과를 비교하면 초식 동물 있는 경우에 토양의 비옥 여부가 종 다양성에 어떤 영향을 끼치는지 알 수 있다. 또한 가설 A는 초식 동물이 없는 경우에는 토양이 비옥하지 않은 때보다 비옥할 때에 종 다양성이 작다는 것이다. 모형 2와 4의 통제변인은 '초식 동물 ○'이고, 가설 A의 통제변인은 '초식 동물 ×'이므로 통제변인이 서로 정반대이다. 따라서 모형 2와 4의 실험 결과 비교로는 가설 A의 강화 또는 약화 여부를 판단할 수 없다. 가설 A의 강화 또는 약화 여부를 판단하려면 '초식 동물 ×'가 같은 모형 1과 3의 실험 결과를 비교해야 한다.

합격생 가이드

'토양의 비옥 여부'와 '초식 동물의 유무'라는 두 가지의 변인이 있을 때, 하나는 고정적으로(동일하게) 유지하고(통제변인) 나머지 하나를 다르게 해야(조작변인) 실험 결과를 옳게 분석할 수 있다. 가령 지문에서 모형 1과 3을 비교할 경우에는 초식 동물이 없는 것이 통제변인이고, 토양의 비옥 여부는 조작변인이며, 통제변인을 변동 없이 유지해야 조작변인으로 인한 결과(토양의 비옥 정도가 종 다양성에 어떤 영향을 끼치는지)를 정확하게 해석할 수 있다.

39 일치부합 정답 ①

| 난도 | 중

정답해설

첫 번째 문단에 나타난 A의 주장에 따르면 행위자가 행위 이유를 파악할 것, 파악한 이유대로 행하기로 선택할 것, 선택한 대로 실제 행할 것의 세 가지 조건을 모두 충족한 경우에만 그 행위가 '이유-반응적'이다. 그런데 이러한 A의 주장은 어떤 행위를 이유-반응적이라고 정의할 수 있는 기준을 제시한 것일 뿐이며, 모든 행위는 반드시 이유-반응적일 수 있다는 뜻은 아니다.

오답해설

② 세 번째 문단에 나타난 A의 주장에 따르면 믿음도 행위와 마찬가지로 '이유-반응적'일 수 있다. 그리고 A가 예시로 든 정은 타인의 최면에 걸려 자신의 손이 불결하다고 믿는데, 이러한 자신의 믿음에 대한 어떠한 이유도 갖고 있지 않다. 즉, 정은 자신이 자신의 손이 불결하다고 믿는 이유를 제시할 수 없다.

③ 첫 번째 문단에 나타난 A의 주장에 따르면 행위는 설령 인과적 결정론의 지배를 받는다고 하더라도 여전히 자유로울 수 있다. 또한 두 번째 문단에 나타난 A의 주장에 따르면 갑이 빚을 갚기 위해 절도 행위를 한 것은 경제적 이익이라는 이유에 반응한 것이므로 갑은 자신이 절도한 이유를 설명할 수 있고, 이러한 갑의 절도 행위는 자유로운 것이다. 즉, A의 주장에 따르면 인과적 과정을 결정론적으로 지배하는 법칙에 따라 갑이 절도를 했다고 하더라도 갑의 절도 행위는 자유로운 것이었으므로, 절도 행위와 관련된 도덕적 책임을 갑에게 물을 수 있다. 따라서 인과적으로 결정된 행위에 대한 도덕적 책임이 반드시 면제되는 것은 아님을 알 수 있다.

④ '믿음은 이유-반응적일 수 있기 때문에 믿음도 행위와 마찬가지로 자유로울 수 있다. 자유로운 것에는 도덕적 책임을 물을 수 있다.'는 A의 주장을 B는 반박한다. 마지막 문단에 나타난 B의 주장에 따르면 선택할 수 없다는 것은 자유롭지 않다는 것이며, 인식적 이유에 따른 믿음은 자유로운 것이 아니다. 이때 자유로운 것이 아니므로 믿음에 대해서 도덕적 책임을 물을 수 없다. 그래서 B는 믿음에서 비롯한 행위에 대해서는 도덕적 평가를 내릴 수 있더라도, 그 믿음을 가졌다는 자체에 대해서 도덕적 평가를 하는 것은 터무니없다고 보는 것이다. 따라서 믿음을 가졌다는 이유만으로 도덕적으로 비난받을 수 없음을 알 수 있다.

⑤ 마지막 문단에 나타난 B의 주장에 따르면 믿음은 이유의 종류가 인식적 이유에 국한되는데, 인과적 결정론이 참인지 여부에 상관없이 믿음이 이유를 가지는 경우에는 그 이유가 반드시 증거와 같은 인식적 이유이며, 인식적 이유가 있는 경우에는 무엇을 믿게 되는지를 선택할 수 없다. 따라서 증거를 통해 인식적 이유를 갖게 된 경우에는 무엇을 믿을지 마음대로 선택할 수 없음을 알 수 있다.

합격생 가이드

A의 주장을 요약하면 행위와 믿음은 '이유-반응적'일 수 있고, 이유-반응적인 것은 선택할 수 있다면 자유로운 것이며, 선택의 자유가 있다면 도덕적 책임을 물을 수 있다는 것이다. 이때 '이유-반응적'이라는 말은 '설명할 수 있는 이유에 따른 반응'이라는 개념일 것이다. 이러한 A의 주장에 반박하는 B의 주장을 요약하면 믿음은 '이유-반응적'일 수 없으므로 무엇을 믿는지 선택할 수 없고, 선택의 자유가 없으므로 그러한 믿음을 가졌다는 이유만으로 도덕적 평가를 할 수 없다는 것이다. 이처럼 주장과 반박의 핵심 근거를 요약하면 좀 더 빨리 정답을 도출할 수 있을 것이다.

40 강화 · 약화 정답 ②

| 난도 | 상

정답해설

첫 번째 문단에서 '세계의 모든 사건이 자연법칙에 의해 인과적으로 결정된다는 결정론이 참일 때, 믿음은 자유로울 수 있을까?'라는 질문은 제시문의 논제를 압축적으로 제시한다. 이후의 내용은 이러한 질문에 대한 두 가지 주장을 설명하고 있다. 세 번째 문단에 나타난 A의 주장에 따르면 행위와 마찬가지로 믿음도 이유-반응적일 수 있고, 행위가 이유-반응적일 때 자유로울 수 있는 것처럼 믿음 또한 그것의 형성, 유지, 폐기가 인과적으로 결정된다고 가정하더라도 여전히 자유로울 수 있다. 그리고 마지막 문단에 나타난 B의 주장에 따르면 인과적 결정론이 참인지 여부에 상관없이, 믿음이 이유를 가지는 경우에는 반드시 인식적 이유가 있으며, 인식적 이유가 있는 경우에는 무엇을 믿게 되는지를 선택할 수 없다. 또한 B에 따르면 선택할 수 없다는 것은 자유롭지 않다는 뜻이므로, 인식적 이유에 따른 믿음은 자유로운 것이 아니다. 이때 A와 B 모두 인과적 결정론이 참인지 여부에 상관없이 자신의 주장을 펼치고 있으며, A는 믿음은 자유로울 수 있다고 보고, B는 믿음은 자유로울 수 없다고 본다는 점에서 다르다. 따라서 ㄷ과 같이 자연법칙에 의해 인과적으로 결정되지 않는 사건이 존재한다고 해도 A나 B의 주장은 약화되지 않는다.

오답해설

ㄱ. 첫 번째 문단에서 A는 '이유-반응적'인 행위의 성립 조건으로 첫째, 행위 이유를 적절히 파악할 것, 둘째, 파악한 이유대로 행하기로 선택할 것, 셋째, 선택한 대로 실제 행할 것 등의 세 가지를 제시했고, 이러한 세 가지 조건 모두를 충족해야 '이유-반응적'인 행위라고 보았다. 그런데 ㄱ의 경우는 A가 제시한 첫 번째와 두 번째 조건을 충족하지만 세 번째 조건을 충족하지 못하므로, '이유-반응적'인 행위가 될 수 없다. 따라서 A의 입장을 약화한다는 ㄱ의 진술은 제시문의 내용과 다르다.

ㄴ. 마지막 문단에 나타난 B의 주장에 따르면 행위는 도덕적 이유, 타산적 이유, 취향적 이유 등 다양한 요인으로 인해 형성된다. 반면에 믿음은 인지적 이유라는 단 하나의 원인으로 발생한다. 그런데 ㄴ의 진술처럼 믿음이 도덕적 이유로만 형성될 수 있다면 믿음이 인지적 이유로만 형성된다는 B의 주장은 약화된다.

합격생 가이드

A와 B는 인과적 결정론이 참인지 혹은 거짓인지는 중요하게 여기지 않는다는 점에서 같다. 또한 A는 믿음은 자유로운 것이라 보고, B는 믿음은 자유롭지 않은 것이라 본다는 점에서 다르다. 이처럼 주장 사이의 공통점과 다른 점을 요약할 수 있다면 ㄷ의 진술이 적절함을 판단할 수 있다. 또한 ㄱ과 ㄴ은 지문의 내용과 다르므로 정답이 될 수 없음을 알 수 있다. 지문이 다소 복잡해 빠르게 이해하기 어렵겠으나 핵심 정보를 요약할 수 있다면 ㄱ~ㄷ에서 가정한 경우가 주장을 뒷받침(강화)하거나 반박(약화)하는지 혹은 주장과 무관한지 판별할 수 있을 것이다.

1	2	3	4	5	6	7	8	9	10
⑤	①	②	④	⑤	③	③	④	④	③
11	12	13	14	15	16	17	18	19	20
②	④	②	①	①	④	④	①	③	④
21	22	23	24	25	26	27	28	29	30
④	③	②	⑤	③	⑤	②	①	③	⑤
31	32	33	34	35	36	37	38	39	40
①	⑤	④	②	③	①	②	⑤	②	⑤

01 단순확인 정답 ⑤

| 난도 | 하

정답해설

ㄴ. '30분 이상 1시간 미만'의 공용자전거 A의 평균 이용시간별 비중은 44.36%이며, 1시간 미만으로 이용하는 비중은 4.21+11.89+22.87+44.36=83.33%로 80% 이상이다.

ㄹ. 공용자전거 A의 만족도는 4.2점으로 가장 높고, 인지도는 3.7점으로 공용자전거 B에 이어 2위이다.

오답해설

ㄱ. 2024년 공용자전거 A의 이용용도별 비중 가운데 '기타'를 제외하고 '학원'은 3.06%로 가장 작고, 그다음으로 '쇼핑' 5.68%, '업무' 6.98% 순서이다.

ㄷ. 공용자전거 A의 이용 시 불편사항으로는 '무거운 자전거'가 24.50%로 가장 많았으며, 그다음으로는 '기타'를 제외하고 '잦은 고장' 19.36%, '대여소간 연계성 부족' 13.89% 순서이다.

합격생 가이드

계산을 하지 않고 확인만 해도 되는 선지에 우선적으로 접근한다면 쉽게 답을 찾을 수 있다. 특히, ㄴ 선지의 경우 전체에서 1시간 이상의 비중을 제외한다면, 1시간 미만의 비중을 빠르게 계산해낼 수 있을 것이다.

02 표와 그림 정답 ①

| 난도 | 하

정답해설

A. 2023년 버스는 고속국도에서 738대/일, 일반국도에서는 181대/일, 지방도에서는 103대/일로 가장 적었다.

B. 2024년 고속국도에서 승용차의 비중은 $\frac{36,217}{52,116}\times100 \fallingdotseq 69.49\%$이며, 일반국도에서 승용차의 비중은 $\frac{10,248}{13,262}\times100 \fallingdotseq 77.27\%$이다. 따라서 도로종류별 교통량 중 승용차의 비중은 고속국도가 일반국도보다 작았다.

C. 2023년 지방도에서 버스의 비중은 $\frac{103}{5,543}\times100 \fallingdotseq 1.86\%$이며, 2024년 지방도에서 버스의 비중은 $\frac{120}{5,340}\times100 \fallingdotseq 2.25\%$로 2024년 지방도 교통량 중 버스의 비중은 전년 대비 증가하였다.

03 전환형 정답 ②

| 난도 | 하

정답해설

ㄱ. 2023년 분야별 재정지출 규모는 〈표 2〉에서 확인할 수 있다.

ㄷ. 연도별 · 재원별 재정지출 규모는 〈표 1〉에서 확인할 수 있다.

오답해설

ㄴ. 2021년 분야별 재정지출 구성비 중 사회복지는 $\frac{185.0}{557.9}\times100 \fallingdotseq 33.16\%$이다.

다른 풀이

2021년 분야별 재정지출 구성비 중 사회복지 분야가 28%이고, 농림수산이 4%라면 2021년 사회복지 분야 재정지출 185.0조 원이 농림수산 분야 재정지출 22.7조 원의 7배이어야 한다. 하지만 22.7×7=158.9조 원으로 옳지 않다.

ㄹ. 2021년 대비 2023년 보건 분야의 재정지출은 14.7조 원에서 20.0조 원으로 5.3조 원 증가하였고, 문화 및 관광 분야 역시 8.5조 원에서 8.6조 원으로 0.1조 원 증가하였음을 알 수 있다.

합격생 가이드

단순 확인용 선지와 계산이 필요한 선지가 있을 때는 확인용 선지를 우선하여 확인한다. 계산이 필요한 선지의 경우는 최대한 계산을 하지 않는 방법으로 접근해야 하는데, ㄹ의 경우 각 분야의 증가 규모를 직접 계산하는 것보다는 증가 또는 감소의 방향만을 우선적으로 파악한다면 쉽게 답을 구할 수 있을 것이다.

04 빈칸형 정답 ④

| 난도 | 중

정답해설

표를 채우면 다음과 같다.

〈표〉 2011~2024년 중부 및 남부 지방의 장마 시작일, 종료일, 기간

(단위 : 일)

연도	중부 지방			남부 지방		
	시작일 (월/일)	종료일 (월/일)	기간	시작일 (월/일)	종료일 (월/일)	기간
2011	6/22	7/17	26	6/10	7/10	31
2012	6/29	7/17	19	6/18	7/17	30
2013	6/17	8/4	49	6/18	8/2	46
2014	7/2	(7/29)	28	7/2	(7/29)	28
2015	6/25	(7/29)	35	6/24	(7/29)	36
2016	6/24	7/30	37	6/18	7/16	29
2017	(7/1)	(7/29)	29	6/28	7/29	32
2018	6/26	7/11	16	6/26	7/9	14
2019	6/26	7/29	34	6/26	7/30	35
2020	6/24	8/16	54	6/24	7/31	38
2021	7/3	7/19	17	7/3	7/19	17
2022	6/23	7/25	33	6/23	7/26	34
2023	6/26	7/26	31	6/25	7/27	33
2024	6/29	7/27	29	6/22	7/27	36

※ 기간은 시작일부터 종료일까지의 일수임

ㄴ. 같은 해에 중부 지방과 남부 지방의 장마 기간이 각각 40일 이상이었던 해는 2013년 한 번뿐이다.

ㄹ. 2015년 중부 지방의 장마 시작일은 남부 지방보다 1일 더 느리지만 기간은 1일 더 짧으므로, 종료일은 남부 지방과 같다.

오답해설

ㄱ. 중부 지방에서 장마 기간이 가장 길었던 해는 2020년이고, 남부 지방에서 장마 기간이 가장 길었던 해는 2013년이다.

ㄷ. 2014년 중부 지방의 장마 시작일이 7월 2일이고 기간은 28일이므로, 종료일은 7월 29일이다. 이때, 2017년 중부 지방의 장마 종료일 또한 7월 29일이라면 기간이 29일이므로, 시작일은 중부 지방보다 1일 빠른 7월 1일이다.

합격생 가이드

달력 문제의 경우 한 달이 30일인 경우와 31일인 경우, 초일 산입 여부 등 복잡할 수 있는 요소가 있어 어렵게 다가올 수 있다. 따라서 주어진 내용들에서 빈칸을 추론할 수 있는 방법을 찾아야 한다. 예를 들어 2021년 중부 지방은 장마 기간이 17일인데 장마 시작일이 7월 3일이고 종료일이 7월 19일이기에 종료일에서 장마 기간을 뺀 뒤 1을 더하면 시작일임을 알 수 있다.

05 전환형 정답 ⑤

| 난도 | 하

정답해설

각 대학의 입학전형별 경쟁률을 구하면 다음과 같다.

- A대학교 '가'전형 : $\frac{156}{4}=39$
- B대학교 '가'전형 : $\frac{229}{14}≒16.36$
- A대학교 '나'전형 : $\frac{30}{3}=10$
- B대학교 '나'전형 : $\frac{358}{26}≒13.77$
- A대학교 '다'전형 : $\frac{97}{5}=19.4$
- B대학교 '다'전형 : $\frac{201}{15}=13.4$
- A대학교 '라'전형 : $\frac{248}{16}=15.5$
- B대학교 '라'전형 : $\frac{19}{3}≒6.33$
- A대학교 '마'전형 : $\frac{702}{32}≒21.94$
- B대학교 '마'전형 : $\frac{42}{5}=8.4$

'마'전형의 경우 A대학교에서는 '가'전형에 이어 경쟁률이 두 번째로 높았다. B대학교에서 경쟁률이 가장 낮은 전형은 '라'전형이다.

오답해설

① A대학교 모집인원은 4+3+5+16+32=60명이고, B대학교 모집인원은 14+26+15+3+5=63명이다.

② A대학교 지원자 수는 156+30+97+248+702=1,233명이고, B대학교 지원자 수는 229+358+201+19+42=849명이다. A대학교 지원자 수는 B대학교 지원자 수보다 $\frac{1,233}{849}≒1.45$배이다.

③ A대학교 모집인원이 가장 많은 전형은 '마'전형이고 지원자 수가 가장 많은 전형 역시 '마'전형이다. B대학교 모집인원이 가장 많은 전형은 '나'전형이고 지원자 수가 가장 많은 전형 역시 '나'전형이다.

④ A대학교 지원자 수는 1,233명으로 모집인원 60명의 20.55배이며, A대학교 경쟁률은 $\frac{1,233}{60}=20.55$이고, B대학교 경쟁률은 $\frac{849}{63}≒13.48$이므로 A대학교 경쟁률이 B대학교 경쟁률보다 높다.

06 전환형 정답 ③

| 난도 | 하

정답해설

두 번째 문단에서 1608~1894년 사이 무과 종류별 시행 횟수(정시 194회, 알성시 56회, 외방별시 32회)를, 세 번째 문단에서 1608~1894년 성관 또는 출신지역에 따른 무과급제자 비중을 알 수 있다. 그러나 무과 종류별 급제자 수의 비중을 계산하기 위한 전체 급제자 수와 무과 종류별 급제자 수에 대한 내용은 제시문에서 확인할 수 없다.

합격생 가이드

전환형 문제는 보고서에 제시되어 있는 숫자가 선지에 있는지부터 확인하고 접근한다면 빠르게 확인할 수 있다.

07 단순확인(표 · 그림) 정답 ③

| 난도 | 하

정답해설

연도별 미집행 인원은 '전년도 미집행 인원+해당 연도 확정 인원−해당 연도 변동 인원'이므로, 〈표〉의 빈칸에 들어갈 미집행 인원을 구하면 다음과 같다.

- 2016년 : 40+4−5=39명
- 2019년 : 51+2−4=49명
- 2020년 : 49+5−3=51명
- 2022년 : 49+3−2=50명
- 2023년 : 50+2−8=44명

집행 인원이 1명 이상인 해는 2018년, 2020년, 2022년이며, 이때 미집행 인원은 모두 전년 대비 증가했다.

오답해설

① 미집행 인원이 가장 적은 연도는 2016년이다.

② 2016~2024년 감형 인원의 합은 5+2+4+6=17명이며, 집행 인원의 합은 1+3+2=6명이다. $\frac{17}{6}≒2.83$으로 3배 이하이다.

④ 미집행 인원의 전년 대비 증가율은 2018년이 $\frac{51-44}{44}\times100≒15.9\%$로 가장 높다.

⑤ 2020년의 미집행 인원 대비 확정 인원의 비율은 $\frac{5}{51}\times100≒9.8\%$이며 2015년의 미집행 인원 대비 확정 인원의 비율은 $\frac{4}{40}\times100=10\%$이다.

08 단순확인(표 · 그림) 정답 ④

| 난도 | 하

정답해설

2021~2024년 조세수입 중 지방세 수입의 비중을 구하면 다음과 같다.

- 2021년 : $\frac{84.3}{293.6+84.3}\times100≒22.3\%$
- 2022년 : $\frac{90.5}{293.5+90.5}\times100≒23.57\%$
- 2023년 : $\frac{102}{285.5+102}\times100≒26.32\%$
- 2024년 : $\frac{112.8}{344.1+112.8}\times100≒24.69\%$

따라서 2021년 이후 2022~2023년 비중은 전년 대비 증가했으나, 2024년에는 전년 대비 감소했다

오답해설

① 2020년부터 2024년까지 국세 수입과 지방세 수입의 합은 매년 증가하였다.

② 2024년 국세 수입의 전년 대비 증가율은 $\frac{344.1-285.5}{285.5}\times100 \fallingdotseq$ 20.53%로 20% 이상이다.

③ 2023년의 전년 대비 지방세 수입 증가율은 $\frac{102-90.5}{90.5}\times100 \fallingdotseq 12.7\%$로 가장 높다.

⑤ 2024년의 국세 수입과 지방세 수입의 격차는 344.1－112.8＝231.3조 원으로 가장 크다.

합격생 가이드

막대그래프형 문제는 그 수치를 직접 계산하는 것이 아니라, 막대의 길이와 비중, 변화량을 중심으로 전년과 비교하는 방식으로 풀이할 수 있다.

09 단순확인(표 · 그림) 정답 ④

| 난도 | 하

정답해설

ㄴ. A~Q 중 B, J, M, P만 환승역이므로, 각 환승역의 순하차 및 환승유출 승객수를 정리하면 다음과 같다.

(단위 : 천 명)

구분	순하차	환승유출
B	3,869	13,677
J	(24,088－15,165=)8,923	15,165
M	(7,663－7,068=)595	7,068
P	7,482	14,488

따라서 각 환승역에서 환승유출 승객수는 순하차 승객수보다 많다.

다른 풀이

환승유출 승객수가 순하차 승객수보다 많다는 것은 환승유출 승객수가 전체 하차 승객수의 50% 이상이라는 뜻이다. 각 환승역의 전체 하차 승객수 중 환승유출 승객수의 비중은 50% 이상이므로 옳은 선지이다.

ㄷ. N역의 순승차 승객수와 순하차 승객수의 차이는 372천－359천＝13천 명이다. N역을 제외한 일반역에서 순승차 승객수와 순하차 승객수 차이가 십만 명 이하인 경우는 C, D, G, L, O, Q역이 있고 그중 O역이 1,381천－1,366천＝15천 명으로 차이가 적으나 N역보다는 많다.

오답해설

ㄱ. 환승역 중 환승유입 승객수가 많은 순서는 P－B－J－M역이고, 환승유출 승객수가 많은 순서는 J－P－B－M역이다.

10 복수의 표 정답 ③

| 난도 | 하

정답해설

여성의원 발의 법률안 건수 중 법률반영 법률안 건수의 비중은 $\frac{522}{2,559}\times$ 100≒20.4%로 20% 이상이다.

오답해설

① 전체 발의 법률안 건수 중 정부 발의 법률안 건수의 비중은 $\frac{383}{12,413}\times$ 100≒3.09%로 5% 이하이다.

② 의원 발의 법률안 건수 중 계류 중인 건수의 비중은 $\frac{9,096}{11,573}\times100 \fallingdotseq$ 78.6%로 80% 이하이다.

④ 의원 발의 법률안 건수 중 남성의원 발의 법률안 건수의 비중은 $\frac{9,014}{11,573}\times100 \fallingdotseq 77.89\%$로 70% 이상이다.

⑤ 의원 발의 법률안 중 법률미반영 법률안의 평균처리기간을 계산하면 $\frac{149\times79.4+39\times80.6}{188} \fallingdotseq 79.65$일이므로 80일 미만이다.

다른 풀이

남성의원과 여성의원의 발의 법률안의 법률미반영 건수는 각각 149건, 39건이고, 평균처리기간은 각각 79.4일, 80.6일이므로 가중평균을 이용하여 의원 발의 법률안 중 법률미반영 법률안의 평균처리기간을 구하면 법률미반영 건수의 비가 약 4:1이므로 평균처리기간은 약 79.4+(0.24×1)=79.64일 또는 약 80.6−(0.24×4)=79.64일로 계산할 수 있다.

11 단순확인(표 · 그림) 정답 ②

| 난도 | 하

정답해설

D~F과의 보도횟수에서 신문이 차지하는 비중은 다음과 같다.

- D과 : $\frac{570}{747}\times100 \fallingdotseq 76.31\%$
- E과 : $\frac{560}{855}\times100 \fallingdotseq 65.5\%$
- F과 : $\frac{480}{654}\times100 \fallingdotseq 73.39\%$

따라서 보도횟수에서 신문이 차지하는 비중은 E과가 가장 작다.

오답해설

ㄱ. 경제통상국의 건당 보도횟수는 $\frac{966+320+910}{456}=\frac{2,196}{456} \fallingdotseq 4.82$건이다.

ㄷ. H과의 보도자료 제공건수와 보도건수가 각각 10건씩 증가한다면, 보도자료 제공건수는 143건, 보도건수는 120건이 된다. 이때 농업정책국의 보도율은 $\frac{180+120}{266+143}=\frac{300}{409}\times100 \fallingdotseq 73.35\%$이다.

12 단순확인(표 · 그림) 정답 ④

| 난도 | 하

정답해설

ㄴ. 전체 치매안심센터 중 농촌 치매안심센터의 비중은 $\frac{76}{76+180}\times100$ ≒29.69%이며, 담당면적이 100km^2 이상 200km^2 미만인 치매안심센터 중 농촌 치매안심센터의 비중은 $\frac{9}{9+28}\times100 \fallingdotseq 24.32\%$이다.

ㄹ. 농촌 치매안심센터에 종사하는 사회복지사 수는 2.17×76=164.92명이다. 종사자 수 변동없이 농촌 치매안심센터만 14개소 추가되면 농촌 치매안심센터는 90개소가 되며, 이때 농촌 치매안심센터 1개소당 사회복지사는 $\frac{164.92}{90}$≒1.83명으로 2명 이하이다.

오답해설

ㄱ. 농촌 치매안심센터 중 담당면적이 500km^2 이상인 센터의 비중은 $\frac{9+11+20}{76}$×100≒52.63%이고, 도시 치매안심센터 중 담당면적이 100km^2 미만인 센터의 비중은 $\frac{99}{180}$×100=55%이다.

ㄷ. 도시 치매안심센터에 종사하는 간호사 수는 9.06×180=1,630.8명이고, 농촌 치매안심센터에 종사하는 간호사 수는 6.28×76=477.28명이다. $\frac{1,630.8}{477.28}$≒3.42로 4배 이하이다.

13 복수의 표 정답 ②

| 난도 | 하

정답해설

ㄱ. 2019년의 조정중재성립 건수는 849+181+0=1,030건이고, 2023년의 조정중재성립 건수는 905+97+1=1,003건이다. 이에 따라 조정중재성립건수가 가장 많은 연도는 2019년이다.

ㄷ. 매년 기관유형별 조정중재성립 건수는 〈표 2〉에서 확인할 수 있다.

오답해설

ㄴ. 각 해의 조정중재성립률을 구하면 다음과 같다.

- 2019년 : $\frac{1,030}{1,636-11}$×100≒63.38%
- 2020년 : $\frac{982}{1,624-16}$×100≒61.07%
- 2021년 : $\frac{1,015}{1,546-8}$×100≒65.99%
- 2022년 : $\frac{989}{1,364-7}$×100≒72.88%
- 2023년 : $\frac{1,003}{1,461-9}$×100≒69.08%

ㄹ. 2022년의 경우 상급종합병원의 건당 성립금액은 전년 대비 증가했으나, 의원의 건당 성립금액은 감소했다.

14 전환형 정답 ①

| 난도 | 중

정답해설

2023년 조정 건수 구성비는 다음과 같다.

- 합의 : $\frac{905}{905+256+120+170+9}$×100≒62.0%
- 결정 : $\frac{256}{905+256+120+170+9}$×100≒17.5%
- 부조정 : $\frac{120}{905+256+120+170+9}$×100≒8.2%
- 취하 : $\frac{170}{905+256+120+170+9}$×100≒11.6%
- 각하 : $\frac{9}{905+256+120+170+9}$×100≒0.6%

오답해설

② 2023년 4개 주요 기관유형별 조정중재 전체 성립금액은 다음과 같다.

- 상급종합병원 : 191×15,708=3,000,228천 원
- 종합병원 : 202×11,871=2,397,942천 원
- 병원 : 258×9,784=2,524,272천 원
- 의원 : 209×10,326=2,158,134천 원

③ 연도별 조정 건수 중 합의 건수의 비중은 다음과 같다.

- 2019년 : $\frac{849}{849+342+209+225+11}$×100≒51.9%
- 2020년 : $\frac{824}{824+358+201+225+16}$×100≒50.7%
- 2021년 : $\frac{861}{861+331+154+192+8}$×100≒55.7%
- 2022년 : $\frac{871}{871+238+104+142+7}$×100≒64.0%
- 2023년 : $\frac{905}{905+256+120+170+9}$×100≒62.0%

④ 연도별 4개 주요 기관유형 조정중재성립 건수의 합은 다음과 같다.

- 2019년 : 216+225+259+184=884
- 2020년 : 210+235+254+164=863
- 2021년 : 228+190+269+171=858
- 2022년 : 175+154+277+217=823
- 2023년 : 191+202+258+209=860

⑤ 종합병원의 전년 대비 건당 성립금액의 증가율은 다음과 같다.

- 2020년 : $\frac{16,136-11,670}{11,670}$×100≒38.3%
- 2021년 : $\frac{18,540-16,136}{16,136}$×100≒14.9%
- 2022년 : $\frac{11,593-18,540}{18,540}$×100≒−37.5%
- 2023년 : $\frac{11,871-11,593}{11,593}$×100≒2.4%

합격생 가이드

계산이 포함된 전환형 문제는 단순 확인이나 수치의 증감 방향 등을 우선적으로 확인하여 계산을 하지 않는 방법으로 접근하여야 한다.

15 매칭형 정답 ①

| 난도 | 하

정답해설

2024년 '위탁집행형 준정부기관'의 '상급' 직급 정원 구성비는 10.2%이며, 2024년 '상급' 직급 정원 비중이 이보다 큰 기관은 'A, B, D, E'기관이다.
이 중 '중급' 직급 정원 비중이 40% 이상인 기관은 'A, B, D, E'기관이며, '유사업무 수행 공공기관'의 '중급' 직급 정원 비중인 47.7%보다 작은 기관은 'A, E'기관이다.
마지막으로 '유사업무 수행 민간기관'의 '하급' 직급 정원 비중의 차이가 30%p 이상이기 위해선 '하급' 직급 정원이 41.6% 이상이어야 하며, 이에 해당하는 기관은 'A'기관뿐이다.

16 단순확인(표 · 그림) 정답 ④

| 난도 | 하

정답해설

ㄴ. C~E면의 전체 인구 순서는 E-D-C이며, 이들의 여성 대비 남성의 비율은 다음과 같다.

• C면 : $\frac{1,082}{1,111}\times 100 \fallingdotseq 97.39\%$ • D면 : $\frac{1,707}{1,605}\times 100 \fallingdotseq 106.36\%$

• E면 : $\frac{4,445}{4,138}\times 100 \fallingdotseq 107.42\%$

따라서 C~E면은 인구가 많은 면일수록 여성 대비 남성의 비율이 높음을 알 수 있다.

ㄷ. '갑'군 여성 중 읍 지역 여성의 비중은 $\frac{3,503+2,820}{13,177}\times 100 \fallingdotseq 47.99\%$이고, '갑'군 남성 중 면 지역 남성의 비중은 $\frac{1,082+1,707+4,445}{13,839}\times 100$ ≒52.27%로 양자의 차이는 52.27−47.99=4.28%p이다.

오답해설

ㄱ. 여성이 남성보다 많은 읍 · 면은 B읍, C면으로 2곳이다.

17 복수의 표 정답 ④

| 난도 | 중

정답해설

ㄴ. 2022년 기술이전 건수 중 '유상기술실시'의 건수는 5,441건이다. 만일, 중소기업을 제외한 공공연구소 및 대학 모두가 '유상기술실시'를 통한 기술이전을 실시했다고 가정한다면, 전체 기술이전 건수 중 '유상기술실시' 비중의 최소치를 확인할 수 있다. 그러므로 중소기업 외 공공연구소 및 대학의 기술이전 건수는 185+154+28+245=612건이며, 중소기업은 최소 5,441−612=4,829건을 '유상기술실시'를 통한 기술이전을 진행하였다. 이에 따라 그 비중을 계산하면 $\frac{4,829}{8,775}\times 100 \fallingdotseq 55.03\%$로 50% 이상이다.

ㄷ. 2014~2022년 전체 기술이전 건수 중 '유상양도'와 '무상양도'의 합이 차지하는 비중은 다음과 같다.

• 2014년 : $\frac{718+419}{5,981}\times 100 \fallingdotseq 19.01\%$

• 2015년 : $\frac{1,107+550}{7,299}\times 100 \fallingdotseq 22.7\%$

• 2016년 : $\frac{1,587+511}{8,037}\times 100 \fallingdotseq 26.1\%$

• 2017년 : $\frac{1,466+282}{7,477}\times 100 \fallingdotseq 23.38\%$

• 2018년 : $\frac{1,796+159}{8,105}\times 100 \fallingdotseq 24.12\%$

• 2019년 : $\frac{2,214+208}{8,458}\times 100 \fallingdotseq 28.64\%$

• 2020년 : $\frac{2,485+141}{9,055}\times 100 \fallingdotseq 29\%$

• 2021년 : $\frac{2,957+262}{10,263}\times 100 \fallingdotseq 31.37\%$

• 2022년 : $\frac{3,002+224}{9,387}\times 100 \fallingdotseq 34.37\%$

전체 기술이전 건수 중 '유상양도'와 '무상양도'의 합이 차지하는 비중이 25% 이상인 연도는 2016년, 2019년, 2020년, 2021년, 2022년으로 5개이다.

오답해설

ㄱ. 2014년 대학의 기술이전 건수는 공공연구소보다 적다.

18 공식 · 조건 정답 ①

| 난도 | 중

정답해설

2024년 '국방비 비율'이 가장 높은 국가는 폴란드(4.12%)이며, 2014년 대비 2024년의 '국방비 비율' 증가폭은 4.12−1.88=2.24%p로 가장 크다.

오답해설

ㄴ. 2024년 '장비비 비율'이 가장 낮은 국가는 리투아니아로 21.2%이며, 2014년 대비 2024년 '장비비 비율'의 증가폭은 21.2−14.1=7.1%p이다. 이때 미국의 2014년 대비 2024년 '장비비 비율'의 증가폭은 29.9−26.0=3.9%p이므로, 미국이 더 낮다.

ㄷ. 공식을 활용한다면 GDP 대비 장비비는 '국방비 비율'×'장비비 비율'임을 알 수 있고, 이는 〈그림〉의 넓이를 의미한다. 이에 따라 2014년 미국의 GDP 대비 장비비는 3.71×26=96.46이고 2024년 미국의 GDP 대비 장비비는 3.38×29.9=101.062로 증가하였다.

합격생 가이드

공식과 그래프가 주어진 경우는 가장 먼저 기울기와 넓이가 의미하는 바가 무엇인지 파악한 뒤 접근한다.

19 단순확인(표 · 그림) 정답 ③

| 난도 | 하

정답해설

2023년과 2024년의 전체 가맹점수 중 커피/비알콜음료 가맹점수의 비중은 다음과 같다.

• 2023년 : $\frac{24,820}{156,210}\times 100 \fallingdotseq 15.89\%$

• 2024년 : $\frac{29,499}{175,216}\times 100 \fallingdotseq 16.84\%$

따라서 전체 가맹점수 중 커피/비알콜음료 가맹점수의 비중은 매년 15% 이상이다.

오답해설

① 2024년 가맹점수의 전년 대비 증가율이 가장 높은 업종은 외국식이고, 2024년 가맹점당 종사자수가 가장 많은 업종은 두발미용이다.

② 2024년 가맹점수 상위 3개 업종은 편의점, 한식, 커피/비알콜음료로 이들의 합은 53,814+45,114+29,499=128,427이다. 이들의 2024년 전체 가맹점수의 비중은 $\frac{128,427}{175,216}\times 100 \fallingdotseq 73.3\%$이다.

④ 2024년 가맹점수가 많은 순서는 편의점−한식−커피/비알콜음료−외국식−생맥주/기타주점이고, 종사자수가 많은 순위는 편의점−한식−커피/비알콜음료−외국식−제과점이다.

⑤ 2024년 각 업종의 가맹점당 종사자수가 4명 이상인 경우는 제과점, 두발미용뿐이다. 이들의 가맹점당 종사자수 역시 4명보다 크게 많지 않으므로, 전체의 가맹점당 종사자수는 4명 이하임을 알 수 있다.

20 공식 · 조건 정답 ④

| 난도 | 하

정답해설

ㄴ. 입사자수는 $\frac{\text{퇴사자수}}{\text{퇴사율}}$이므로 E부서는 $\frac{36}{30}\times100=120$명이고, A부서는 $\frac{35}{70}\times100=50$명이다. 따라서 E부서의 입사자수는 A부서 입사자수의 2배 이상이다.

ㄷ. 전체 퇴사자수 대비 C부서의 퇴사자수 비율은 $\frac{33}{321}\times100≒10.28$%로 10% 이상이다.

오답해설

ㄱ. 각 부서의 입사자수와 부서인원수를 정리하면 다음과 같다. 부서인원수는 $\frac{\text{입사자수}-\text{퇴사자수}}{\text{순환율}}$로 계산한다.

(단위 : 명, %)

부서 \ 구분	퇴사자수	순환율	퇴사율	입사자수	부서 인원수
A	35	15.0	70.0	50	100
B	120	25.0	80.0	150	120
C	33	8.5	66.0	50	200
D	60	8.0	75.0	80	250
E	36	30.0	30.0	120	280
F	37	12.5	74.0	50	104
전체	321	17.0	64.2	500	1,054

부서인원수가 많은 부서의 순서는 E–D–C–B–F–A이고, 퇴사율이 높은 부서의 순서는 B–D–F–A–C–E이다.

21 복수의 표 정답 ④

| 난도 | 중

정답해설

ㄴ. 2024년 남자 중학생의 과일섭취율은 20.6%, 여자 중학생의 과일섭취율은 19.2%, 남자 고등학생의 과일섭취율은 14.2%, 여자 고등학생의 과일섭취율은 14.6%로 모두 2023년 대비 감소하였다.

ㄹ. 2024년 2학년 여자 중학생의 과일섭취자 수는 4,610×19.4=894.34명이고, 2024년 2학년 남자 고등학생의 과일섭취자 수는 4,160×14.1=586.56명이다. 이에 따라 2024년 2학년 여자 중학생의 과일섭취자 수는 2024년 2학년 남자 고등학생의 과일섭취자 수의 약 1.52배로 1.5배 이상이다.

오답해설

ㄱ. 2021년 이후 남자 중학생과 여자 중학생의 과일섭취율 차이는 다음과 같다.

- 2021년 : 24.2−23.8=0.4%p
- 2022년 : 22.0−21.1=0.9%p
- 2023년 : 21.9−20.3=1.6%p
- 2024년 : 20.6−19.2=1.4%p

따라서 2024년에는 2023년에 비해 차이가 감소하였으므로 옳지 않다.

ㄷ. 2024년 여자 중학생 과일섭취자 수는 13,827×19.2=2,654.784명이고, 이와 2020년 여자 중학생 과일섭취자 수가 같다면, 2020년 여자 중학생 조사대상자 수는 $\frac{2,654.784}{x}\times100=25$ → $2,654.784=0.25x$ → $x=10,619.136$명으로 10,000명 이상이다.

22 단순확인(표 · 그림) 정답 ③

| 난도 | 하

정답해설

2023년 E지역의 폐기물 발생량이 전체 폐기물 발생량에서 차지하는 비중은 $\frac{1,184}{(99+732+333+255+1,184+768+823)}\times100≒28.23$%로 30% 이하이다.

오답해설

① 2024년 폐기물 발생량이 전년 대비 증가한 지역은 A, C, D, E지역 4곳이고, 감소한 지역은 B, F, G지역 3곳이다.

② 2024년 F지역의 폐기물 발생량은 620만 톤이며 2023년 F지역의 폐기물 발생량은 768만 톤으로 2024년 F지역의 폐기물 발생량은 2023년보다 768−620=148(만 톤) 적다.

④ 2023년 대비 2024년 폐기물 발생량이 증가한 지역은 A, C, D, E지역이고 각 지역의 전년 대비 증가량은 다음과 같다.

- A지역 : 113−99=14
- C지역 : 392−333=59
- D지역 : 281−255=26
- E지역 : 1,205−1,184=21

따라서 C지역이 가장 큰 폭으로 증가하였다.

⑤ 2024 폐기물 발생량의 평균은 $\frac{(113+704+392+281+1,205+620+727)}{7}$ ≒577.43(만 톤)이다. 2024년 폐기물 발생량이 577.43(만 톤)보다 많은 지역은 B, E, F, G지역으로 4곳이다.

23 공식 · 조건 정답 ②

| 난도 | 하

정답해설

ㄱ. 2020년 교육 참여자수는 35,354천×0.723≒25,560천 명으로 2019년 교육 참여자수 25,413천 명보다 많다.

ㄹ. 2023년 교육 수료자수는 27,020천×0.4=10,808천 명이고, 2024년 교육 수료자수는 27,350천×0.415≒11,350천 명이므로 2023년보다 2024년이 더 많다.

오답해설

ㄴ. 2021년 교육 수료자수가 9백만 명이라면, 2021년 수료율은 $\frac{9,000}{26,120}\times100≒34.46$%로 2020년 수료율인 36.5%보다 낮다.

ㄷ. 2022년 교육 참여자수가 주어지지 않았기 때문에 2022년 참여율은 알 수 없다.

24 공식 · 조건 정답 ⑤

| 난도 | 중

정답해설

ㄴ. 각주 2에 따르면 (생산연령인구)=$\frac{\text{고령인구}}{\text{노년부양비}}\times100$, 각주 3에 따르면 (고령인구)=(총인구)×(고령인구 구성비)÷100이므로, 정리하면 (생산연령인구)=$\frac{(\text{총인구})\times(\text{고령인구 구성비})}{(\text{노년부양비})}$이다. 생산연령인구 구성비를 구하는 식에 위에서 정리한 생산연령인구를 대입하면 생산연령인구 구성비는 $\frac{\text{고령인구 구성비}}{\text{노년부양비}}$와 같다. 이는 제시된 그래프에서 원점과 각 원의 중점을 연결한 기울기와 같으므로 생산연령인구 구성비가 가장 낮은 도시는 기울기가 가장 작은 A지역이다.

ㄷ. B도시와 E도시가 하나의 도시로 통합되면, 통합 도시의 고령인구 구성비는 $\frac{3,400\times0.21+6,514\times0.09}{3400+6514}\times100=\frac{714+586.26}{9914}\times100 ≒ 13.115\%$이므로 15% 이하이다.

다른 풀이

B도시와 E도시의 총인구는 각각 3,400천 명, 6,514천 명이고 고령인구 구성비는 각각 21%, 9%이므로 가중평균을 이용하여 통합 도시의 구성비를 구하면 총인구의 비가 약 1:2이므로 통합 도시의 고령인구 구성비는 약 21−(4×2)=13% 또는 약 9+4=13%으로 계산할 수 있다.

오답해설

ㄱ. 고령인구 구성비가 높은 순으로 나열하면 B−C−A−D−E이고, 노년부양비가 높은 순으로 나열하면 A−B−C−D−E 순이므로, 고령인구 구성비가 높을수록 노년부양비가 높다고 할 수 없다.

25 표와 그림 정답 ③

| 난도 | 중

정답해설

성인학습기 대학원 재학생 수는 1,029−19=1,010명이고, 이들의 90%는 1,010×0.9=909명이다. 성인학습기 대학원 재학생 수 중 40대가 아닌 경우는 1,010−340=670명이다. 만일, 직장인인 909명 중 670명이 모두 성인학습기 대학원 재학생 중 40대가 아닌 경우라고 할지라도 909−670=239명은 성인학습기 대학원 재학생 중 40대여야만 하므로 200명 이상이다.

오답해설

① 학부 재학생 수가 가장 많은 연령대는 20대이다.

② 대학원 재학생 수가 가장 많은 연령대는 40대이고, 학부 대비 대학원 재학생 수의 비율이 가장 높은 연령대는 50대이다.

④ 학령기 학부 재학생 수는 1,040+4,050=5,090명이고, 성인학습기 학부 재학생 수는 26,480−5,090=21,390명이다. 21,390÷5,090≒4.2로 5배 이하이다.

다른 풀이

성인학습기 학부 재학생 수가 학령기 학부 재학생 수의 5배 이상이면, 전체 학부 재학생 중 학령기 학부 재학생의 비중이 $\frac{1}{6}$ 이하여야만 한다. 그러나 그렇지 않다.

⑤ 재학생 수가 가장 많은 연령대는 20대로 4,050+19+4,640+102=8,811명이고, 재학생 수가 가장 적은 연령대는 10대 이하로 1,040명이다. 8,811÷1,040≒8.47로 9배 이하이다.

26 매칭형 정답 ⑤

| 난도 | 하

정답해설

첫 번째 정보에 따르면 미세먼지 노출시간이 매 1시간 증가할 때 남성과 여성 모두 호흡기 질환 발병률이 증가하는 도시는 A, B, D, E이다. 이 도시들의 남성과 여성의 호흡기 질환 발병률 차이의 비율은 다음과 같다.

- A도시 : $\frac{6.8-4.5}{4.7-3.2}=\frac{2.3}{1.5}≒1.53$
- B도시 : $\frac{6.3-4.6}{3.6-3.3}=\frac{1.7}{0.3}≒5.67$
- D도시 : $\frac{7.1-3.1}{4.9-2.1}=\frac{4}{2.8}≒1.43$
- E도시 : $\frac{8.4-6.4}{4.6-3.3}=\frac{2}{1.3}≒1.54$

따라서 두 번째 정보에 따라 그 차이가 1.5배 이상 2배 미만인 도시는 A와 E이다. 이 중 미세먼지 노출시간이 매 1시간 증가할 때 호흡기 질환 발병률의 증감폭은 여성이 남성보다 큰 도시는 E이다. 또한 마지막 정보에 따라 E도시는 호흡기 질환 발병률이 남성과 여성 모두 미세먼지 노출시간이 4시간일 때가 2시간일 때의 1.3배 이상인 도시에 해당한다. 따라서 '갑'시에 해당하는 도시는 E이다.

합격생 가이드

매칭형 문제는 소거법으로 풀이하여야 하며, 마지막 조건부터 풀이할 때 소거되는 항목이 더 많은 경우가 많다. 이에 마지막 조건부터 접근하도록 한다.

27 전환형 정답 ②

| 난도 | 상

정답해설

ㄱ. $(명목GDP)=\frac{(가계부채\ 잔액)}{(명목GDP\ 대비\ 가계부채\ 잔액\ 비율)}\times100$으로 구할 수 있다. 2020~2024년 '갑'국의 연도별 명목GDP를 계산하면 다음과 같다.

- 2020년 : 1,828.8÷0.896≒2,041.1조 원
- 2021년 : 1,998.3÷0.971≒2,058.0조 원
- 2022년 : 2,192.4÷0.987≒2,221.3조 원
- 2023년 : 2,260.1÷0.973≒2,322.8조 원
- 2024년 : 2,241.4÷0.936≒2,394.7조 원

ㄷ. 2021~2024년 주택담보대출 잔액의 전년 대비 증가분은 다음과 같다.

- 2021년 : 583.9−534.0=49.9조 원
- 2022년 : 629.6−583.9=45.7조 원
- 2023년 : 644.1−629.6=14.5조 원
- 2024년 : 672.1−644.1=28.0조 원

오답해설

ㄴ. 2022년과 2024년의 가계대출 잔액, 자금순환표상 개인부채 잔액의 구성비가 일치하지 않는다.

ㄹ. 2020~2024년 비은행 · 기타분 잔액 대비 예금은행분 잔액의 비율을 계산하면 다음과 같다.

- 2020년 : $\frac{767.7}{737.2}\times100≒104.1\%$
- 2021년 : $\frac{849.9}{783.7}\times100≒108.4\%$
- 2022년 : $\frac{910.1}{847}\times100≒107.4\%$
- 2023년 : $\frac{902.6}{847.2}\times100≒106.5\%$
- 2024년 : $\frac{916}{851.3}\times100≒107.6\%$

따라서 제시된 그래프와 그 비율이 일치하지 않는다.

합격생 가이드

전환형 문제 중 계산이 복잡한 경우는 경향성을 파악하여 최대한 계산을 하지 않도록 하고, 계산이 필요한 경우 큰 수부터 계산하도록 한다. ㄹ 선지의 경우 예금은행분 잔액이 비은행 · 기타분 잔액보다 항상 크므로 그 비율은 항시 100% 이상이어야 한다는 점을 파악하면 계산을 하지 않아도 정오를 판별할 수 있다.

28 전환형 정답 ①

| 난도 | 상

정답해설

ㄱ. 연도별 외래 요양급여비용의 전년 대비 증가율은 다음과 같다.

- 2021년 : $\frac{(537,857-488,100)}{488,100}\times 100 \fallingdotseq 10.2\%$
- 2022년 : $\frac{(539,790-537,857)}{537,857}\times 100 \fallingdotseq 0.4\%$
- 2023년 : $\frac{(588,111-539,790)}{539,790}\times 100 \fallingdotseq 9.0\%$
- 2024년 : $\frac{(680,711-588,111)}{588,111}\times 100 \fallingdotseq 15.7\%$

ㄴ. (2020년 진료일수)=(인당 진료일수)×(진료인원)으로 구할 수 있다. 이에 따라 입원의 진료일수는 19.52×7,564=147,649.28일이고, 외래의 진료일수는 29.46×48,189=1,419,647.94일이다. 이에 따라 입원의 비중은 $\frac{147,649.28}{1,567,297}\times 100 \fallingdotseq 9.4\%$이고, 외래의 비중은 $\frac{1,419,647.94}{1,567,297}\times 100 \fallingdotseq 90.6\%$이다.

오답해설

ㄷ. 2022년 '전체' 진료일수 대비 진료일수 상위 5개 기관의 진료일수 비중은 다음과 같다.

- 의원 : $\frac{484,185}{1,399,064}\times 100 \fallingdotseq 34.6\%$
- 약국 : $\frac{439,435}{1,399,064}\times 100 \fallingdotseq 31.4\%$
- 한의원 : $\frac{90,374}{1,399,064}\times 100 \fallingdotseq 6.5\%$
- 종합병원 : $\frac{90,052}{1,399,064}\times 100 \fallingdotseq 6.4\%$
- 병원 : $\frac{82,324}{1,399,064}\times 100 \fallingdotseq 5.9\%$

따라서 병원의 진료일수 비중이 일치하지 않는다.

ㄹ. 자료에는 연도별 '의원'의 요양급여비용이 제시되어 있지 않으므로 일당 진료비를 구할 수 없다.

29 복수의 표 정답 ③

| 난도 | 하

정답해설

각 품종의 성별 감염된 개체 수 차이는 다음과 같다.

- A : 3,047×(0.68−0.32)=1,096.92마리
- B : 2,415×(0.75−0.25)=1,207.5마리
- C : 5,554×(0.55−0.45)=555.4마리
- D : 3,621×(0.57−0.43)=506.94마리

따라서 D품종이 차이가 가장 적다.

오답해설

① A품종 생후 '24~36개월' 감염 개체 수는 3,047×0.279≒850.11마리이고, D품종 생후 '36~48개월' 감염 개체 수는 3,621×0.225≒814.73마리이므로 A품종이 더 많다.

② C품종 '48개월 이상' 감염률은 44.4%이고, '24~36개월' 감염률은 49.3%이므로 48개월 이상이 더 낮다.

④ 품종별 생후 '36~48개월' 감염 개체 수는 다음과 같다.

- A : 325×0.151≒49.08마리
- B : 1,838×0.394≒724.17마리
- C : 2,297×0.519≒1,192.14마리
- D : 1,092×0.747≒815.72마리

따라서 C품종이 가장 많다.

⑤ D품종의 '12~24개월' 감염 개체 수는 415×0.347≒144마리이고, '48개월 이상' 감염 개체 수는 826×0.209≒172.63마리이므로 12~24개월이 가장 적다.

30 전환형 정답 ⑤

| 난도 | 하

정답해설

ㄷ. 품종별 감염률은 다음과 같다.

- A : $\frac{3,047}{5,615}\times 100 \fallingdotseq 54.3\%$
- B : $\frac{2,415}{10,610}\times 100 \fallingdotseq 22.8\%$
- C : $\frac{5,554}{12,491}\times 100 \fallingdotseq 44.5\%$
- D : $\frac{3,621}{6,698}\times 100 \fallingdotseq 54.1\%$

ㄹ. 표 2를 통해 확인할 수 있다.

오답해설

ㄱ. 표 2에 주어진 것은 품종별 감염 개체의 성별 구성비이지 품종별 성별 감염률이 아니므로 품종별 성별 감염률은 알 수 없다.

ㄴ. 각 품종의 24~36개월 감염 개체 수는 다음과 같다.

- A : 3,047×0.279≒850.11마리
- B : 2,415×0.327≒789.7마리
- C : 5,554×0.153≒849.76마리
- D : 3,621×0.309≒1,118.89마리

따라서 생후 24~36개월 전체 감염 개체 수는 850.11+789.7+849.76+1,118.89≒3,608.46마리이다.

각 품종의 24~36개월 감염 개체 수의 품종별 구성비는 다음과 같다.

- A : $\frac{850.11}{3,608.46}\times 100 \fallingdotseq 23.6\%$
- B : $\frac{789.7}{3,608.46}\times 100 \fallingdotseq 21.9\%$
- C : $\frac{849.76}{3,608.46}\times 100 \fallingdotseq 23.5\%$
- D : $\frac{1,118.89}{3,608.46}\times 100 \fallingdotseq 31.0\%$

따라서 표의 내용과 부합하지 않는다.

31 복수의 표 정답 ①

| 난도 | 하

정답해설

2023년 지방직영기업 유형별 부채규모가 큰 순으로 나열하면 하수도−상수도−공영개발−자동차운송 순이며, 지방직영기업 유형별 부채비율은 다음과 같다.

- 상수도 : $\frac{8,387}{414,826}\times 100 \fallingdotseq 2.02\%$
- 하수도 : $\frac{48,245}{504,780}\times 100 \fallingdotseq 9.56\%$
- 공영개발 : $\frac{6,925}{268,396}\times 100 \fallingdotseq 2.58\%$
- 자동차운송 : $\frac{26}{167}\times 100 \fallingdotseq 15.57\%$

따라서 2023년 지방직영기업 유형별 부채비율이 큰 순으로 나열하면 '자동차운송−하수도−공영개발−상수도'이므로 옳지 않다.

오답해설

② 2022년 자본규모가 가장 큰 지방직영기업은 하수도이고, 부채규모가 가장 큰 지방직영기업 역시 하수도이다.

③ 2020년 하수도의 부채비율은 $\frac{53,643}{477,440}\times100≒11.24\%$이고, 공영개발의 부채비율은 $\frac{12,700}{211,542}\times100≒6\%$이다. $\frac{11.24}{6}≒1.87$이므로 2020년 하수도의 부채비율은 공영개발 부채비율의 1.5배 이상이다.

④ 2020년 지방직영기업 유형별 부채규모의 전년 대비 증감률은 다음과 같다.

- 상수도 : $\frac{5,687-5,534}{5,534}\times100≒2.76\%$
- 하수도 : $\frac{53,643-56,536}{56,536}\times100≒-5.12\%$
- 공영개발 : $\frac{12,700-15,911}{15,911}\times100≒-20.18\%$
- 자동차운송 : $\frac{16-14}{14}\times100≒14.29\%$

따라서 유형별 부채규모의 전년 대비 증감률이 가장 큰 지방직영기업은 공영개발이다.

⑤ 자본규모가 매년 증가한 지방직영기업 유형은 상수도뿐이다.

32 매칭형 정답 ⑤

| 난도 | 중

정답해설

각 케이블카의 출발점부터 도착점까지의 운행시간은 다음과 같다.

- A : 605÷3.2≒189.06초(=3분 9.06초)
- B : 988÷2.5=395.2초(=6분 35.2초)
- C : 795÷3.5≒227.14초(=3분 47.14초)
- D : 1,793÷5.0=358.6초(=5분 58.6초)

두 번째 조건에 따라 '소나무'는 5분 이상인 B 또는 D이다.

200명의 승객이 출발점에서 도착점까지 이동하기 위한 운행대수를 최소화할 때, 총 운행시간은 다음과 같다.

- A : 200÷48≒4.17대로 올림해 5대, 5×189.06=945.3초
- B : 200÷6≒33.3대로 올림해 34대, 34×395.2=13,436.8초
- C : 200÷40=5대로, 5×227.14=1,135.7초
- D : 200÷50=4대로, 4×358.6=1,434.4초

세 번째 조건에 따라 '호랑이'는 총운행시간이 가장 짧은 A이다.

대인 2명과 소인 2명의 케이블카 이용요금 총합은 다음과 같다.

- A : 15,000×2+11,500×2=53,000원
- B : 24,000×2+19,000×2=86,000원
- C : 10,500×2+7,500×2=36,000원
- D : 16,000×2+14,000×2=60,000원

A는 '호랑이'이므로 마지막 조건에 따라 요금의 차이가 가장 크기 위해서 B는 '소나무', C는 '돌고래'가 되어야 한다. 따라서 나머지 D는 '무궁화'이다.

33 수리퀴즈형 정답 ④

| 난도 | 상

정답해설

'상' 품질의 사과가 '중' 품질의 사과보다 많도록 구성하여야 하므로, 각 세트에서 '상' 품질은 9개, 8개, 7개, 6개의 구성이 가능하고 반대로 '중' 품질은 1개, 2개, 3개, 4개로 구성이 가능하다.

위 조건을 만족하며 A세트 가격이 74,000원인 경우는 '상' 품질 7개, '중' 품질 3개일 때만 가능하다.

B세트의 가격이 44,000원인 경우는 '상' 품질 7개, '중' 품질 3개가 1세트일 때이다. 이때 B세트의 개수에 따라 남은 소형 사과들의 수를 C세트 '상' 품질 또는 '중' 품질 구성 가능 사과 수로 나누어 C세트 성립 여부를 정리하면 다음과 같다.

(단위 : 개)

B세트 수 \ 잔여 사과 수	상	중	C세트 성립 여부
0개	38	22	불성립
1개	31	19	불성립
2개	24	16	6×4=24 4×4=16
3개	17	13	불성립
4개	10	10	불성립
5개	3	7	불성립

따라서 B세트가 2개이고, C세트가 4개인 경우 총 14개 세트 구성이 가능하므로 (가)에 해당하는 값은 4이다.

합격생 가이드

해당 문제는 자료해석보다는 상황판단에 자주 출제되는 수리퀴즈 유형이다. 해당 유형의 문제는 경우의 수가 발생할 수 있으므로 시간이 오래 소요되기도 한다. 따라서 전체적인 풀이 시간을 고려했을 때 추후에 접근하는 것이 효율적이다.

34 단순확인 정답 ②

| 난도 | 하

정답해설

ㄱ. 2023년 조사대상 가구 대비 신문 구독 가구 비율은 $\frac{536}{4,500}\times100≒11.9\%$이고, 2024년 조사대상 가구 대비 신문 구독 가구 비율은 $\frac{430}{4,300}\times100=10\%$로 11.9−10.0=1.9%p 감소하였다.

ㄷ. 2024년 월간 총 신문 구독료가 3만 원 이상인 가구는 42가구이며, 구독 신문 개수가 3개인 가구는 21가구이다. 해당 가구의 월간 총 신문 구독료가 모두 3만 원 이상이라고 하면 남은 42−21=21가구는 총 신문 구독료가 3만 원 이상이면서 구독 신문 개수는 2개 이하인 가구에 해당한다. 따라서 구독 신문 개수가 2개 이하이면서 총 신문 구독료가 3만 원 이상이므로 월간 구독료가 15,000원 이상인 신문이 존재함을 알 수 있다.

오답해설

ㄴ. 2024년 1개 또는 2개 신문을 구독하는 가구 수의 전년 대비 증감률은 $\frac{(344+65)-(450+54)}{450+54}\times100≒-18.85\%$이고, 2024년 3개 이상 신문을 구독하는 가구 수의 전년 대비 증감률은 $\frac{(21+0)-(22+10)}{22+10}\times100≒-34.38\%$이다. 따라서 3개 이상 신문을 구독하는 가구의 전년 대비 증감률이 더 크다.

ㄹ. 2024년 연령대별 조사대상자 대비 열독자 비율은 다음과 같다.

- 10대 이하 : $\frac{188}{1,901}\times100≒9.89\%$
- 20대 : $\frac{439}{842}\times100≒52.14\%$
- 30대 : $\frac{601}{1,701}\times100≒35.33\%$
- 40대 : $\frac{803}{1,998}\times100≒40.19\%$
- 50대 : $\frac{461}{1,459}\times100≒31.60\%$

• 60대 이상 : $\frac{271}{2,494}\times100≒10.87\%$

따라서 조사대상자 대비 열독자 비율이 가장 높은 연령대는 40대이다.

35 수리퀴즈형 정답 ③

| 난도 | 상

정답해설

모니터 구매 조건을 정리하면 다음과 같다.

• 총예산 30,000천 원 안에서 구매
• 모니터 30인치 이상
• QHD 이상 해상도 지원
• 단가 대비 주사율이 더 큰 제품

두 번째 조건에 따라 27인치인 을 · 무제품은 제외되며, 세 번째 조건에 따라 해상도가 QHD 미만인 병제품은 제외된다. 마지막으로 갑제품과 정제품의 단가 대비 주사율을 계산하면 갑제품은 $\frac{60}{360}\times100≒16.67\%$이고, 정제품은 $\frac{75}{530}\times100≒14.15\%$이다. 따라서 단가 대비 주사율이 더 큰 갑제품을 구매하고 이때 소요된 예산은 $360\times10=3,600$천 원이다. 그래픽카드 구매 조건을 정리하면 다음과 같다.

• 총예산 $30,000-3,600=26,400$천 원 안에서 구매
• 갑모니터 UHD 기준 프레임속도 기준으로 프레임속도 값이 모니터 주사율 값(60)보다 높은 제품
• 메모리 용량이 더 큰 제품

첫 번째 조건에서 $26,400\div32=825$천 원으로 단가가 이보다 높은 가, 라제품은 제외된다. 두 번째 조건에서 다, 바제품이 제외된다. 나, 마제품 중 메모리 용량이 더 큰 제품은 마제품이므로 마제품을 구매하며, 이때 소요된 예산은 $740\times32=23,680$천 원이다.

따라서 전체 가격은 $3,600+23,680=27,280$천 원이다.

36 수리퀴즈형 정답 ①

| 난도 | 상

정답해설

유조선 '갑'~'무'의 적용단가는 다음과 같다.

• 갑 : 10월 8일부터 5일간의 현지단가의 평균
• 을 : 10월 27일부터 5일간의 현지단가의 평균
• 병 : 10월 22일부터 3일간의 현지단가의 평균
• 정 : 10월 4일부터 3일간의 현지단가의 평균
• 무 : 10월 현지단가의 평균

이에 따라 '갑'~'무'의 품질계수를 고려한 최종단가를 계산하면 다음과 같다.

• 갑 : $\frac{73+72+70+70+68}{5}\times1.1=77.66$달러/배럴

• 을 : $\frac{72+73+73+74+75}{5}=73.4$달러/배럴

• 병 : $\frac{66+67+68}{3}\times1.1=73.7$달러/배럴

• 정 : $\frac{76+75+74}{3}=75$달러/배럴

• 무 : $(78+77+76+76+75+74+73+73+72+70+70+68+67+66+65+64+63+62+63+64+65+66+67+68+70+71+72+73+73+74+75)\div31\times1.1=77$달러/배럴

따라서 선적 원유의 최종단가가 가장 높은 유조선은 갑이다.

37 수리퀴즈형 정답 ②

| 난도 | 상

정답해설

ㄱ. 표 1에서 농지를 보유한 국회의원의 수는 $2+5=7$명임을 알 수 있다. 표 2에 농지를 보유한 국회의원 7명 모두 제시되어 있고, 이들은 모두 농지 외에 다른 부동산을 보유하고 있다.

ㄷ. 국회의원 A~Q는 17명이 보유한 부동산 유형 현황을 제외할 경우 남은 국회의원 7명이 주택 1채, 상가 6채를 보유하고 있다. 이때 ○○당 국회의원은 주택 1채만 보유하고 있기에 2개 유형 이상의 부동산을 보유하고 있지 않으며, 남은 국회의원 6명이 각각 상가 1채씩 보유하고 있어야 한다. 따라서 1개 유형의 부동산만 보유한 국회의원은 J, P와 ○○당 국회의원 1명 그리고 표에 나와 있지 않은 국회의원 6명으로 총 9명이다.

오답해설

ㄴ. 표 2에 제시된 △△당 의원 중 주택을 보유한 의원은 8명이고, ●●당은 1명이다. 이때 국회의원 Q의 경우 주택 · 상가 · 대지 · 농지를 모두 보유하고 있는데, ○○당에는 상가 · 대지 · 농지를 보유한 국회의원은 없다. 따라서 국회의원 Q는 ●●당이어야 한다.

ㄹ. 표 2에서 주택과 대지를 모두 보유한 국회의원은 D, H, O, Q로 4명이다. 국회의원 R과 제시되지 않은 국회의원의 경우 ㄷ 선지를 통해 1개 유형의 부동산만 보유하고 있는 것을 확인했으므로, 주택과 대지를 모두 보유한 국회의원은 4명이다.

38 빈칸형 정답 ⑤

| 난도 | 하

정답해설

2021년 전체 합격자수는 $33,887\times0.806≒27,313$명이다. 2022년 전체 합격자수의 전년 대비 증감률은 $\frac{26,582-27,313}{27,313}\times100≒-2.68\%$로 3%보다 적게 감소했다.

오답해설

① 2023년 전체 합격률은 $\frac{26,687}{33,598}\times100≒79.43\%$이다. 전체 합격률은 2020년이 83.7%로 가장 높다.

② 2022년 남성 응시자수는 15,422명이고, 2023년 남성 응시자수는 $\frac{12,222}{81.0}\times100≒15,089$명이다. 따라서 2022년의 응시자수가 더 많다.

③ 2022년 여성 응시자수는 $\frac{14,309}{77.1}\times100≒18,559$명이고, 2023년 남성 응시자수는 15,089명이다. 이때 매년 남성 응시자수 대비 여성 응시자수 비율은 다음과 같다.

• 2020년 : $\frac{16,300}{14,431}\times100≒112.95\%$

• 2021년 : $\frac{18,282}{15,605}\times100≒117.15\%$

• 2022년 : $\frac{18,559}{15,422}\times100≒120.34\%$

• 2023년 : $\frac{18,504}{15,089}\times100≒122.63\%$

따라서 남성 응시자수 대비 여성 응시자수 비율은 매년 증가함을 알 수 있다.

④ 2020년과 2021년 여성, 남성 합격자수는 다음과 같다.

- 2020년 여성 : 16,300×0.834≒13,594명
- 2021년 여성 : 18,282×0.792≒14,479명
- 2020년 남성 : 14,431×0.840≒12,122명
- 2021년 남성 : 15,605×0.821≒12,812명

이에 2020년과 2021년의 여성 합격자수 대비 남성 합격자수의 비율은 다음과 같다.

- 2020년 : $\frac{12,122}{13,594}\times100 \fallingdotseq 89.17\%$
- 2021년 : $\frac{12,812}{14,479}\times100 \fallingdotseq 88.49\%$

따라서 여성 합격자수 대비 남성 합격자수 비율은 2020년이 더 높다.

39 공식 · 조건 정답 ②

| 난도 | 중

정답해설

ㄱ. '갑'~'정'국의 인구를 구하면 다음과 같다.

- 갑 : 15,100÷225≒67.11백만 인
- 을 : 63,700÷49=1,300백만 인
- 병 : 27,200÷151≒180.13백만 인
- 정 : 3,900÷77≒50.65백만 인

인구가 많은 순으로 나열하면 을-병-갑-정 순이며, 총선로길이가 긴 순서도 을-병-갑-정이다.

ㄷ. '을'국의 화물수송량 1톤당 화물수송거리는 1,980,061÷2,294≒863.15km이고, '갑'국의 화물수송량 1톤당 화물수송거리는 19,000÷90≒211.11km이다. 863.15÷211.11≒4.09배로 '을'국이 3배 이상이다.

오답해설

ㄴ. '갑'~'정'국의 국토면적을 구하면 다음과 같다.

- 갑 : 15,100÷60≒251.67천km^2
- 을 : 63,700÷7=9,100천km^2
- 병 : 27,200÷51≒533.33천km^2
- 정 : 3,900÷39=100천km^2

그러므로 국토면적의 넓이는 을-병-갑-정 순으로 넓다.

'갑'~'정'국의 여객수송인원 1인당 여객수송거리를 구하면 다음과 같다.

- 갑 : 66,660÷1,665≒40.04km
- 을 : 723,006÷1,554≒465.25km
- 병 : 260,192÷9,091≒28.62km
- 정 : 40,343÷1,269≒31.79km

그러므로 여객수송인원 1인당 여객수송거리는 을-갑-정-병 순으로 길다. 따라서 국토면적이 넓을수록 여객수송인원 1인당 여객수송거리가 길다고 할 수 없다.

ㄹ. '을'국의 총선로길이 대비 여객수송거리의 비율은 $\frac{723,006}{63,700}\times100 \fallingdotseq$ 1,135.02이고, '정'국의 총선로길이 대비 여객수송거리의 비율은 $\frac{40,343}{3,900}\times100 \fallingdotseq$ 1,034.44이므로 '을'국이 더 높다.

40 공식 · 조건 정답 ⑤

| 난도 | 상

정답해설

분위별 세대의 세대수를 정리하면 다음과 같다.

(단위 : 세대)

구분	1인	2인	3인	4인 이상
1분위 세대	2,000	1,000	1,000	1,000
2분위 세대	2,000	1,000	1,000	1,000
3분위 세대	1,750	1,250	1,000	1,000
4분위 세대	1,750	1,250	1,000	1,000
5분위 세대	1,750	1,250	1,000	1,000

ㄱ. 기준 1에 따라 3분위 이하인 경우 국민재난지원금이 지급된다. 이들에게 지급되는 국민재난지원금 지급 총액은 다음과 같다.

- 1분위 세대 : (2,000+1,000×2+1,000×3+1,000×4)×10만 원 =110,000만 원
- 2분위 세대 : (2,000+1,000×2+1,000×3+1,000×4)×10만 원 =110,000만 원
- 3분위 세대 : (1,750+1,250×2+1,000×3+1,000×4}×10만 원 =112,500만 원

따라서 국민재난지원금은 33억 2,500만 원으로 33억 원 이상이다.

ㄴ. 1인 세대는 2분위 이하인 세대까지, 2인 이상은 3분위 이하인 세대까지 지급하는 것으로 변경된다면, 세대별 지원금은 다음과 같다.

- 1인 세대 : (2,000+2,000)×10만 원=40,000만 원
- 2인 세대 : (1,000×2+1,000×2+1,250×2)×10만 원=65,000만 원
- 3인 세대 : (1,000×3+1,000×3+1,000×3)×10만 원=90,000만 원
- 4인 이상 세대 : (1,000+1,000+1,000)×40만 원=120,000만 원

따라서 국민재난지원금 지급 총액은 31억 5,000만 원이 된다.

ㄷ. 분위별 세대의 세대원수를 정리하면 다음과 같다.

(단위 : 명)

구분	1인	2인	3인	4인 이상
1분위 세대	2,000	2,000	3,000	4,200
2분위 세대	2,000	2,000	3,000	4,200
3분위 세대	1,750	2,500	3,000	4,200
4분위 세대	1,750	2,500	3,000	4,200
5분위 세대	1,750	2,500	3,000	4,200

3분위 이하 세대까지 국민재난지원금 지급대상이므로 지급대상 4인 이상 세대의 세대원수는 4,200+4,200+4,200=12,600명이며, 이들에게 지급되는 국민재난지원금은 12,600×10만 원=126,000만 원이다. 지급대상 4인 이상 세대는 1,000+1,000+1,000=3,000세대이므로 국민재난지원금 평균을 구하면 126,000만 원÷3,000세대=42만 원이다.

1	2	3	4	5	6	7	8	9	10
⑤	②	②	⑤	⑤	②	②	⑤	③	④
11	12	13	14	15	16	17	18	19	20
①	③	③	④	①	④	③	②	②	③
21	22	23	24	25	26	27	28	29	30
③	⑤	①	①	⑤	②	①	④	④	①
31	32	33	34	35	36	37	38	39	40
④	④	③	⑤	③	①	③	①	①	④

01 법조문 정답 ⑤

| 난도 | 하

정답해설

제○○조 제2항에서 국토교통부장관은 제1항에 따라 기본계획을 변경하려는 경우 관계 중앙행정기관의 장 및 시·도지사의 의견을 들어야 함을 알 수 있다. 제○○조 제2항 제1호에서 부문별 사업비용을 100분의 15 이내의 범위에서 변경하는 경우에는 제2항의 예외이나, 부문별 사업비용을 20% 증가시키는 내용의 변경이라면 해당하지 않는다.

오답해설

① 제○○조 제3항에서 국토교통부장관이 기본계획의 수립·변경에 관해 공고함을 알 수 있다.
② 제○○조 제2항 제3호에서 관계 법령의 개정 또는 관련 계획의 변경에 따라 기본계획의 내용 변경이 부득이한 경우에는 관계 중앙행정기관의 장 및 시·도지사의 의견을 듣지 않아도 된다.
③ 제○○조 제3항에서 국토교통부장관이 통보함을 알 수 있다.
④ 제○○조 제2항에서 기본계획에서 정한 부문별 사업기간을 2년의 범위에서 변경하는 경우 국가교통위원회의 심의를 거쳐야 하나, 이를 확정하는 주체는 국토교통부장관이다.

합격생 가이드

법조문형 문제는 누가, 무엇을, 어떻게가 중요하다. 주체와 조건을 중점적으로 살핀다.

02 법조문 정답 ②

| 난도 | 하

정답해설

제○○조 제2항에서 누구든지 불특정 다수가 이용하는 목욕실의 내부를 볼 수 있도록 영상정보처리기기를 설치·운영해서는 아니 됨을 알 수 있다. 다만, 교도소에 대해서는 그러하지 아니하다고 규정되어 있으므로 교도소에서는 수형자가 이용하는 목욕실의 내부를 볼 수 있도록 영상정보처리기기를 설치·운영할 수 있다.

오답해설

① 제○○조 제4항에서 녹음기능은 사용할 수 없음을 알 수 있다.
③ 제○○조 제4항에서 영상정보처리기기의 설치 목적과 다른 목적으로 영상정보처리기기를 임의로 조작하거나 다른 곳을 비춰서는 안 됨을 알 수 있다. 범죄수사와 관련한 내용은 없다.
④ 제○○조 제1항 제4호에서 교통정보의 수집·분석·제공을 위해 필요한 경우 공개된 장소에서 영상정보처리기기를 설치·운영할 수 있음을 알 수 있다.
⑤ 제○○조 제3항의 단서에서 국가중요시설 및 국가보안시설의 경우 설치 목적·장소, 촬영 범위·시간 등이 명시된 안내판을 설치하지 아니함을 알 수 있다.

03 법조문 정답 ②

| 난도 | 하

정답해설

제□□조 제4항에서 성과 이름은 띄어쓰기를 하며 이름 사이에도 띄어쓰기를 할 수 있다고 규정하고 있다. 로마자로 이름이 'Koko Katherine'이며 성이 'Brown'인 경우 성과 이름 사이에서 띄어쓰기 1번, 이름에서 띄어쓰기 1번으로 총 2번 가능하다.

오답해설

① 제○○조 제2항에서 외국인성명 문서에 성명을 표기할 때는 로마자로 된 성명을 표기하고 괄호 안에 한글로 된 성명을 병기한다고 규정하고 있다. 이에 따라 성이 '湯'이고 이름이 '鈺'인 외국인은 Tang Ok(탕옥)으로 표기하여야 한다.
③ 제□□조 제1항에서 로마자성명은 외국인등록증에 기재된 로마자성명으로 표기함을 원칙으로 하며, 제◇◇조 제2항은 외국인등록표에 기재된 한글성명이 없는 경우에 원래 성명의 원지음을 따라 한글로 표기한다고 규정하고 있다.
④ 제◇◇조 제3항에서 한글성명은 성과 이름의 순서로 표기하되, 성과 이름은 붙여 쓰기에 'White John(화이트존)'으로 표기된다.
⑤ 제○○조 제2항에서 외국인성명 문서에 외국인의 성명을 표기할 때는 로마자로 된 성명을 표기하고 괄호 안에 한글로 된 성명을 병기하는 것을 원칙으로 한다고 규정하고 있다.

04 법조문 정답 ⑤

| 난도 | 하

정답해설

제△△조에서 손해배상청구권은 그 손해를 안 날부터 1년 이내 또는 발생한 날로부터 3년이 경과한 후에는 시효가 소멸한다고 규정하고 있다. 따라서 2022. 1. 2. 물적 손해가 발생했고, 그 손해를 2025. 2. 15. 알게 되었다면, 손해가 발생한 날로부터 3년이 경과하였기에 손해배상청구권이 없다.

오답해설

① 제□□조 제2항에서 우주물체 발사자가 배상하여야 하는 책임한도는 2천억 원으로 하며, 제◇◇조 제1항에서 우주물체의 발사허가를 받고자 하는 자는 손해배상을 목적으로 하는 책임보험에 가입하여야 한다고 규정하고 있다. 하지만 책임한도가 2천억 원이라는 것이지, 보험금액이 2천억 원이어야 한다는 규정은 없다.
② 제□□조 제1항 단서에서 우주공간에서 발생한 우주손해의 경우와 국가 간의 무력충돌, 적대행위로 인한 우주손해의 경우에는 고의 또는 과실이 있는 때에 한하여 배상할 책임을 진다고 규정하고 있다. 즉, 고의나 과실이 없는 경우의 배상할 책임을 규정하고 있지 않다.

③ 제◇◇조 제2항에서 보험금액은 제□□조 제2항에 따른 손해배상책임 한도액의 범위 안에서 고시한다고 규정하고 있으며, 그 한도액은 2천억 원이다. 따라서 책임한도를 2천억 원 이하로 정하여 고시하여야 한다.
④ 제□□조 제1항에서 우주물체 발사자는 손해를 배상할 책임이 있다고 규정하고 있다.

05 법조문 정답 ⑤

| 난도 | 하

정답해설

ㄴ. 2024년도 1회차 검정고시는 2024. 4. 12. 공고하였고, 고등학교 1학년에 재학하던 중 해외유학을 목적으로 2023. 11. 23. 자퇴하였다면, 공고일이 자퇴일로부터 6개월 이상이 되지 않았기에 검정고시에 응시할 수 없다(제□□조 제2항 제2호).
ㄷ. 소년학교에서 고등학교 교육과정을 이수 중이며 생년월일이 2006. 7. 15.인 丙은 2024년 2회차 검정고시 시행일인 2024. 12. 14. 기준 18세 이상이므로 검정고시에 응시할 수 있다(제□□조 제1항 제3호).
ㄹ. 「장애인복지법」에 따라 등록한 장애인이 고등학교에 재학 중 신체적 장애로 학업을 계속하는 것이 불가능하여 자퇴한 경우 제□□조 제2항 제2호 단서 조항에 해당하며, 이 경우 제□□조 제1항 제1호에 따라 검정고시에 응시할 수 있다.

오답해설

ㄱ. 제□□조 제1항 제2호에 따르면 '고등학교에 준하는 각종학교'의 졸업자 또는 졸업예정자에게 응시자격을 주고 있다. 따라서 고등학교 졸업예정자는 검정고시에 응시할 수 없다.

06 정보확인 · 추론 정답 ②

| 난도 | 하

정답해설

마지막 문단에서 나이테 모양이 드러나는 판자를 그대로 사용하는 경우 계절의 변화에 따라 수축과 팽창이 심하여 가구의 변형이 많이 일어난다고 하였다. 물푸레나무는 나이테가 뚜렷한 자재이며, 소나무와 같은 자재는 변형이 적음을 알 수 있다. 이에 따라 소나무 자재는 물푸레나무 자재보다 변형이 적을 것이다.

오답해설

ㄱ. 첫 번째 문단에 따르면 欌(장)이란 한자가 사용되기 이전에는 중국의 명칭에 따라 '竪櫃(수궤)'라고 표기했다. 그러나 '竪櫃'라는 한자가 사용되기 이전에 사용된 한자는 알 수 없다.
ㄷ. 두 번째 문단에서 여성이 기거하는 안방에는 용도에 따라 버선장, 실장, 솜장, 머릿장 등을 두었다고 하였다. 이 중 머릿장은 사랑방에서 사용되기도 하였다고 하였으므로 머릿장은 안방에서만 사용되는 것은 아니다.
ㄹ. 마지막 문단에서 장을 제작할 때는 자연스러운 아름다움을 추구하였고, 촉짜임기법을 이용해 변형을 최소화하였다고 하였다. 이때 촉짜임기법은 정교한 조각을 장식하기 위해 고안된 것이 아니라, 장의 변형을 막기 위한 제작법이다.

07 수리퀴즈(계산) 정답 ②

| 난도 | 하

정답해설

A카페에 방문한 甲~丁이 주문한 음료의 양을 정리하면 다음과 같다.
- 甲 : 싱귤러(30ml)+우유(180ml)=카페라떼 210ml
- 乙 : 싱귤러(30ml)+물(90ml)+생크림(30ml)=아인슈페너 150ml, 도피오(60ml)+생크림(90ml)=콘파나 150ml
- 丙 : 룽고(40ml)+물(320ml)=아메리카노 360ml
- 丁 : 리스트레또 20ml

乙의 아인슈페너(150ml)와 콘파나(150ml)가 중간 컵으로 제공된다.

합격생 가이드

계산형 수리퀴즈는 그 계산이 복잡한 것보다 조건에 맞도록 식을 세우는 것이 중요하다. 식을 제대로 세우면 풀이하는 데 시간을 많이 소모하지 않으므로 조건에 맞게 식을 세우는 데 시간을 더 할애하여 풀이하도록 한다.

08 수리퀴즈(계산) 정답 ⑤

| 난도 | 하

정답해설

(가) 1m는 1,000mm이며, 이때 압력은 1,000mmHg이다. 1기압의 수은 기압은 760mmHg이므로 1,000−760=240mmHg이다.
(나) 해수면으로부터 10m씩 깊어질 때마다 1기압에 해당하는 압력이 상승하므로 수심 40m에서의 압력은 4기압이다. 이때 해수면에서 측정되는 1기압의 대기압이 있으므로 총 5기압이다. 이때의 압력은 760×5=3,800mmHg이다.

합격생 가이드

어렵지는 않지만, 명백히 함정이 숨어 있는 유형이다. 계산을 통해 자신의 답이 나왔지만, 선지에 다른 가능성이 보인다면 잠시 해당 내용이 왜 나왔을지를 경계할 필요가 있다.

09 수리퀴즈(추론) 정답 ③

| 난도 | 중

정답해설

주어진 조건에서 乙의 나이, 甲의 실제 나이, 甲의 얼굴 나이, 아들의 나이를 정리하면 다음과 같다.

(단위 : 세)

乙의 나이	甲 실제 나이	甲 얼굴 나이	아들의 나이
21	24	51	−
22	25	50	0
47(사망)	50	25	25
−	60	15	35

乙이 사망할 때 甲의 실제 나이는 50세이다.

합격생 가이드

추론형 수리퀴즈는 표, 그림, 그래프 등을 직접 그려 주어진 조건을 도식화한 후 풀이해 나가도록 한다.

10 수리퀴즈(추론) 정답 ④

| 난도 | 중

정답해설

주어진 조건을 정리하면 다음과 같다.

- 甲+乙+丙+丁+戊=24
- 5甲=丙
- 3丙=2丁±3
- 乙<戊
- 乙, 戊는 홀수

<table>
<tr><td rowspan="2">甲이 1일 때</td><td>丙=5, 丁=6일 때</td><td>• 乙=3일 때 → 戊=9
• 乙=7 → 戊=5 … 네 번째 조건에 적합하지 않다.
• 乙=9 → 戊=3 … 네 번째 조건에 적합하지 않다.</td></tr>
<tr><td>丙=5, 丁=9일 때</td><td>• 乙=3일 때 → 戊=6 …다섯 번째 조건에 적합하지 않다.
• 乙=7일 때 → 戊=2 …네 번째, 다섯 번째 조건에 적합하지 않다.</td></tr>
<tr><td>甲이 2일 때</td><td colspan="2">丙=10, 丁은 성립하지 않는다.</td></tr>
<tr><td>甲이 3일 때</td><td colspan="2">丙=15, 丁=21 or 24인데, 甲~戊 전체의 합이 24개이므로 성립하지 않는다.</td></tr>
</table>

따라서 유일하게 가능한 조합은 甲=1, 乙=3, 丙=5, 丁=6, 戊=9이다. 이때 甲과 戊가 가져오는 셔틀콕 개수의 차이는 9−1=8개이다.

11 논리퀴즈 정답 ①

| 난도 | 하

정답해설

만일 甲이 A를 잡지 않았다면, 최대 점수는 B를 3마리 잡았을 때로 20×3=60점이다. 이때 丙의 최소 점수는 모두 C를 5마리 잡아 10×5=50점이다. 甲, 乙, 丙의 점수가 모두 다르다고 했는데, 이 경우 乙의 점수로 가능한 경우가 없다. 따라서 甲은 A를 잡았다.

오답해설

ㄴ. 乙이 80점으로 2위를 차지했는데, B를 잡지 않은 경우가 있는지 확인한다. A를 2마리, C를 2마리를 잡을 경우 (30×2)+(10×2)=80점이며, 丙이 C를 5마리를 잡았다면 10×5=50점으로 3위가 가능하다.

ㄷ. ㄴ 선지가 가능한 조건에서 丙은 C를 1마리 이상 잡고도 상황이 성립하는 경우가 있다. 한편 丙이 C를 한 마리도 못 잡았다면 최소 점수는 B를 5마리 잡았을 때의 100점이다. 또한 甲이 받을 수 있는 최대 점수는 A를 3마리 잡았을 때의 90점이다. 따라서 100점으로는 3위가 될 수 없다.

12 논리퀴즈 정답 ③

| 난도 | 하

정답해설

ㄱ. 'A'를 1번만 입력했다면 휴폐업신고서 관리(BA13)의 'A'를 입력한 경우로 추가로 입력해야 할 4건의 업무에는 'A'가 포함돼서는 안 된다. 이에 따라 휴폐업신고서 조회(BC03), 사업자등록신청서 입력(BE02), 신고자내역조회(CD08), 전자계산서 발급 조회(DD12)를 입력했다. 그러므로 'D'를 입력한 경우는 신고자내역조회에서 1번과 전자계산서 발급 조회에서 2번으로 모두 3번이다.

ㄷ. 휴폐업신고서 관리(BA13)와 신고서 목록 관리(CB11)는 이미 입력하였고 이들의 네 번째 자리 숫자의 합은 4이다. 이 두 업무코드를 제외한 경우의 숫자 총합은 21−4=17이다. 신고자내역 조회(CD08)을 제외한 업무코드의 네 번째 자리 숫자는 사업자등록 결과처리(0), 휴폐업신고서 조회(3), 사업자등록신청서 입력(2), 신용카드 이용대금 조회(4), 전자계산서 발급 조회(2)인데 이 숫자의 조합으로 최대치는 4+3+2+2=11에 불과하다. 따라서 '신고자내역 조회'를 처리했다.

오답해설

ㄴ. 가장 많이 입력한 알파벳이 'B'이면서, '전자계산서 발급 조회'를 처리했을 경우를 확인해야 한다. 휴폐업신고서 관리, 휴폐업신고서 조회, 사업자등록신청서 입력, 신고서 목록 관리, 신고자내역 조회, 전자계산서 발급 조회를 처리했다면, 'A'는 1번, 'B'는 4번, 'C'는 3번, 'D'는 3번, 'E'는 1번 입력하였다. 따라서 '전자계산서 발급 조회'를 처리하고도 가장 많이 입력한 알파벳이 'B'인 경우가 존재한다.

13 논리퀴즈 정답 ③

| 난도 | 하

정답해설

상황을 달력표로 정리하면 다음과 같다.

구분	월	화	수	목	금
1주		1~			
2주		~17		~23	
3주		~31			

1주째의 화요일부터 2주째의 화요일까지 읽은 분량은 17쪽이다. 2주째의 수요일~목요일에 읽은 분량은 23−7=6쪽이다. 이어서 3주째의 화요일까지 읽은 분량은 31쪽이므로 2주째의 금요일부터 3주째의 화요일까지 읽은 분량은 31−23=8쪽이다. 즉, 수요일+목요일=6쪽이고 금요일+월요일+화요일은 8쪽이므로, 1주일 동안(월요일~금요일) 6+8=14쪽을 읽는다. 따라서 화요일에 읽는 분량은 17−14=3쪽이다. 이에 6주째 월요일에 70쪽까지 읽고, 화요일에 73쪽까지 읽는다. 요일마다 자연수의 쪽수를 읽는다고 하였으므로 수요일에 1쪽 이상 읽어야 하며, 이에 따라 74쪽의 책의 마지막 쪽을 읽는 요일은 수요일이다.

14 논리퀴즈 정답 ④

| 난도 | 중

정답해설

- 甲과 乙이 작년보다 등급이 올랐다고 하였으므로, 甲과 乙은 작년에는 A등급 또는 B등급을 받았고, 올해에는 S등급 또는 A등급을 받았다. 또한 丙은 작년과 동일하다고 하였으므로 S, A, B등급 모두 가능하다.
- 丁은 앞선 이야기를 듣고 甲, 乙, 丙의 등급을 알 수 있다고 하였다. 그렇다면 丁의 작년과 올해 등급에 따라 甲, 乙, 丙의 경우의 수가 나오면 안 된다는 뜻이다. 만일, 丁이 올해 A등급 또는 B등급을 받았다면, 甲과 乙 중 누가 S등급 또는 A등급을 받았는지 확정할 수 없다. 이에 따라 丁은 올해 S등급을 받았고, 그러므로 甲과 乙은 올해 A등급, 작년 B등급을 받았으며, 丙은 작년과 올해 B등급을 받았다.
- 올해의 S등급이 1명(丁), A등급이 2명(甲, 乙), B등급이 3명이므로 B등급을 받은 이들은 丙, 戊, 己임을 알 수 있다.
- 戊가 앞선 이야기를 듣고 우리 모두의 등급을 알겠다고 하였는데, 작년 甲, 乙, 丙의 등급은 B등급으로 확정되었으나 丁, 戊, 己의 등급을 확정할 수 없다. 따라서 戊의 작년 등급이 S등급이라면 丁과 己의 작년 등급은 A등급으로 확정할 수 있다.

15 수리퀴즈(추론) 정답 ①

| 난도 | 상

정답해설

상황에서 甲이 사용한 금액은 850+1,000+800=2,650머니이다. 그리고 거스름돈을 받았다고 하였으므로 최초 보유 머니는 2,700머니에서 50머니 단위로 상승하여 3,150머니까지 가능하다. 이때 문구점에서 받은 거스름돈의 불편지수가 9였다고 하였으므로 지폐는 2장, 동전은 3개이어야만 한다. 문구점 결제 금액이 850머니인데 거스름돈 동전이 3개이기 위해서는 동전으로 이루어진 거스름돈이 250머니, 300머니이어야 한다. 이에 따라 가능한 최초 보유 금액은 3,100머니 또는 3,150머니이다. 이제 경우의 수를 확인하면 다음과 같다.

- 최초 보유 금액이 3,100머니일 경우
  - 문구점에서 850머니를 결제하면 거스름돈으로 2,250머니를 받으며 1,000머니 2장, 100머니 2개, 50머니 1개로 보유한다. 이 경우 불편지수는 2×3+3×1=9이다.
  - 꽃집에서 1,000머니를 결제하면 1,250머니가 남으며 1,000머니 1장, 100머니 2개, 50머니 1개로 보유한다.
  - 편의점에서 800머니를 결제하면 450머니가 남으며 100머니 4개, 50머니 1개로 보유하여 지폐가 없다.
- 최초 보유 금액이 3,150머니일 경우
  - 문구점에서 850머니를 결제하면 거스름돈으로 2,300머니를 받으며 1,000머니 2장, 100머니 3개로 보유한다. 이 경우 불편지수는 2×3+3×1=9이다.
  - 꽃집에서 1,000머니를 결제하면 1,300머니가 남으며 1,000머니 1장, 100머니 3개로 보유한다.
  - 편의점에서 800머니를 결제하면 500머니가 남으며 500머니 1장으로 보유하여 지폐가 남는다.

따라서 최초에 보유했던 금액은 3,100머니이고, 이때 휴대하였던 동전의 개수는 1개(100머니)이다.

16 조건적용 정답 ④

| 난도 | 하

정답해설

〈대화〉의 조건을 정리하면 다음과 같다.

- 바이올린 협주 공연은 보지 않는다.
- 결제할 금액이 제일 저렴한 공연을 본다.
- 10월 9일 전인 공연은 보지 않는다.
- B시에서 진행하는 공연은 보지 않는다.

뮤지컬은 10월 9일 전이므로 보지 않는다. 바이올린 협주 공연은 이미 지난달에 보았으므로 보지 않는다. 오케스트라는 B시에서 진행하므로 보지 않는다. 따라서 피아노 협주와 오페라의 금액을 비교하여 저렴한 공연을 보러 간다.

- 피아노 협주 : 120,000×0.8=96,000원
- 오페라 : 100,000원

따라서 피아노 협주를 보러 가고, 결제할 금액은 96,000원이다.

17 조건적용 정답 ③

| 난도 | 하

정답해설

주어진 민원처리 점수의 산정 방식에 따라 甲~戊의 점수를 계산하면 다음과 같다.

- 甲 : (85×0.8)+(50×0.2)−1−3=74
- 乙 : (80×0.8)+(40×0.2)+3=75
- 丙 : (85×0.8)+(40×0.2)+1−1=76
- 丁 : 민원처리 건수가 월 35건으로 40건 미만이라 제외
- 戊 : 민원만족도가 75점으로 80점 미만이라 제외

따라서 민원처리 우수 공무원으로 선정되는 사람은 丙이다.

18 조건적용 정답 ②

| 난도 | 하

정답해설

주어진 조건에 따라 정산할 사업의 순서는 다음과 같다.

- 미집행액이 있는 E를 가장 먼저 정산한다.
- A~D사업의 총사업비 대비 보조금 총액은 다음과 같다.
  - A : $\frac{200,000}{250,000}\times100=80\%$
  - B : $\frac{27,000}{30,000}\times100=90\%$
  - C : 증액요청을 하지 않아서 제외한다.
  - D : $\frac{81,000}{90,000}\times100=90\%$
- 총사업비 대비 보조금의 비율이 같은 B와 D사업 중에서 보조금 총액이 큰 D사업을 우선해 정산하므로 두 번째는 D사업, 세 번째는 B사업이다.

19 정보확인 · 추론 정답 ②

| 난도 | 하

정답해설

마지막 문단에서 1MW 태양광 발전소는 시간당 1MW(1,000kW)의 전력을 생산하는 규모의 발전소를 말한다고 하였다. 이에 따라 0.5MW 규모 태양광 발전소의 하루 발전시간이 2시간일 때, 30일 동안 생산하는 전력의 양은 $0.5\times2\times30=30$MW이다.

오답해설

ㄱ. 첫 번째 문단에서 우리나라의 경우, 위도가 낮을수록 태양의 고도가 높아 태양광 발전 효율이 향상된다고 하였다.

ㄷ. 첫 번째 문단에서 태양광 패널과 태양광선의 각도가 90°일 때 가장 효율이 높다고 하였으므로 태양광 패널과 지표면의 각도가 90°일 때 태양광 발전 효율이 가장 높은 것이 아니다.

ㄹ. 두 번째 문단에서 발전 설비가 단순하고, 보수 및 유지 관리에 비용이 적게 든다고 하였다.

합격생 가이드

수험생의 기본 상식과 충돌하는 내용을 중심으로 한 선지가 간혹 출제된다. 정답은 지문에서 반드시 확인하도록 한다.

20 수리퀴즈(계산) 정답 ③

| 난도 | 하

정답해설

(가) 1MW 태양광 발전소에서 하루 4시간씩 30일 동안 생산하는 전력은 $1{,}000(\text{kW})\times4\times30=120{,}000$kW이기에, 한 가구당 30일 동안 필요한 전력이 250kW라면 $120{,}000\div250=480$가구에 필요한 전력과 동일하다.

(나) 1MW 태양광 발전소를 이용하면 같은 양의 전기를 화석연료 발전 방식으로 생산할 때보다 연간 500톤의 이산화탄소를 감축하는 효과가 있고, 나무 한 그루가 감축하는 이산화탄소의 양은 연간 2.5kg이라면, $500{,}000\div2.5=200{,}000$그루가 1년 동안 감축하는 이산화탄소의 양과 동일하다.

21 법조문 정답 ③

| 난도 | 하

정답해설

제○○조 제4항에서 물리적 · 화학적 특성이 같은 수출입규제폐기물을 국내의 같은 세관 및 수입국의 같은 세관을 통하여 같은 자에게 두 번 이상 수출하는 경우에는 12개월의 범위에서 기간을 정하여 한꺼번에 허가할 수 있다고 규정하였는데, 수입국의 세관이 동일하지 않으면 해당하지 않으므로 한꺼번에 허가할 수 없다.

오답해설

① 제○○조 제3항에서 수출허가를 하려는 경우에는 수출하려는 수출입규제폐기물의 수입국 및 경유국의 동의를 받아야 한다고 규정하였으므로 수입국의 동의를 받아야 경유국의 동의를 얻어 수출입규제폐기물의 수출허가를 할 수 있다.

② 제○○조 제1항에서 허가받은 사항을 변경하려는 경우에도 환경부장관의 허가를 받아야 한다고 규정하였다.

④ 제○○조 제5항에서 다른 자에게 자기의 명의나 상호를 사용하게 하거나 수출입규제폐기물 수출허가서 또는 변경허가서를 빌려주어서는 아니 된다고 하였다.

⑤ 제○○조 제2항 제1호에서 국내에서 해당 폐기물을 환경적으로 건전하고 적정하게 처리하기 위하여 필요한 기술과 시설을 가지고 있지 아니한 경우 허가할 수 있다고 규정하고 있지, 해당 기술과 시설을 가지고 있을 경우를 규정하고 있지 않다.

22 법조문 정답 ⑤

| 난도 | 하

정답해설

제○○조(사용) 제1호에서 외국기관에 발신하는 공문서의 경우 나라문장을 사용할 수 있고, 제○○조(위치)에서 나라문장은 문서의 중앙상단부에 위치하는 것을 알 수 있다.

오답해설

① 제○○조(사용) 제2호에서 1급 이상 상당 공무원의 임명장과 대통령 표창장에는 나라문장을 사용할 수 있다고 규정하고 있으나, 국무총리 표창장에 대해서는 규정하고 있지 않다.

② 제○○조(사용 · 도안 등) 제3항에서 나라문장을 철인으로 하여 사용할 때는 색을 넣지 않도록 규정하고 있다.

③ 제○○조(사용) 제1호에서 외국 · 국제기구 또는 국내 외국기관에 발신하는 공문서에 대해서는 나라문장을 사용할 수 있음을 규정하고 있으나, 국제기구가 작성하는 공문서에 대해서는 규정하고 있지 않다.

④ 제○○조(사용) 제6호에서 재외공관 건물에는 나라문장을 사용할 수 있음을 규정하고 있다. 그러나 제○○조(사용 · 도안 등) 제2항에서 꽃잎 아래쪽에 한글로 '대한민국'을 표기하도록 규정하고 있다.

23 법조문 정답 ①

| 난도 | 하

정답해설

제○○조(도서관자료의 납본) 제1항에서 도서관자료는 제작일부터 30일 이내에 그 도서관자료를 국립중앙도서관에 납본해야 함을 규정하고 있고, 국제표준자료번호를 부여받은 온라인 자료는 제3항에서 국립중앙도서관은 납본한 자에게 지체 없이 납본 증명서를 발급해야 함을 규정하고 있다.

오답해설

② 제○○조(도서관자료의 납본) 제1항에 따르면 국제표준자료번호를 부여받지 않은 온라인 자료에 대해서는 납본 의무가 없다.

③ 제○○조(도서관자료의 납본) 제3항에서 납본한 도서관자료의 전부 또는 일부가 판매용인 경우에는 그 도서관자료에 대하여 정당한 보상을 하여야 한다고 규정하고 있으며, 국가에 대한 예외조항은 없다.

④ 제○○조(도서관자료의 납본) 제1항에서 수정증보판인 경우에도 또한 같다고 규정하고 있을 뿐이며, 내용 변경 없이 추가 인쇄한 경우에 대한 규정은 없다.

⑤ 제○○조(온라인 자료의 수집) 제1항에서 온라인 자료 중에서 보존가치가 높은 온라인 자료를 선정하여 수집 · 보존하여야 한다고 했으므로 국제표준자료번호를 부여받지 않은 자료일지라도 보존가치가 높다면 수집 · 보존의무가 있다.

24 법조문 정답 ①

| 난도 | 하

정답해설

제○○조(비과세) 제2항 제5호에서 행정기관으로부터 철거명령을 받은 건축물에는 재산세를 부과하지 아니한다고 규정하고 있다. 그러나 2025. 1. 1. 행정기관으로부터 철거명령을 받은 W건축물은 2024년 과세기준일인 2024. 12. 1.을 기준으로 본다면 과세 대상이다.

오답해설

ㄴ. 제○○조(비과세) 제1항에서 지방자치단체가 1년 이상 무상으로 사용하는 재산에 대해서는 재산세를 부과하지 않는다고 규정하고 있다.

ㄷ. 제○○조(비과세) 제2항 제3호에서 임시로 사용하기 위해 건축된 건축물로 재산세 과세 기준일 현재 건축일로부터 1년 미만의 것에 대해서 재산세를 부과하지 않는다고 규정하고 있다. 2024. 4. 19. 건축된 Y임시건축물은 1년 미만이기에 재산세를 부과하지 않는다.

ㄹ. 제○○조(비과세) 제2항 제4호에서 비상재해구조용으로 사용하는 선박에 대해서는 재산세를 부과하지 않는다고 규정하고 있다.

25 법조문 정답 ⑤

| 난도 | 하

정답해설

D시에 있는 사업자등록 대상이 되는 상가건물에 대한 보증금액은 3억 원+(1,200만 원÷12×100)=4억 원으로 책정된다. D시는 4억 원을 초과하는 건물에 대해 임대차를 적용하지 않으므로, 4억 원인 건물에 대해서는 이 법이 적용된다.

오답해설

① 사업용 토지에는 이 법이 적용되지 않는다.

② 사업자등록 대상이 아닌 상가건물에는 이 법이 적용되지 않는다.

③ B시에 있는 사업자등록 대상이 되는 상가건물에 대한 보증금이 7억 원이라면, 제○○조 제1항 제2호의 기준을 초과하므로 이 법이 적용되지 않는다.

④ C시에 있는 사업자등록 대상이 되는 상각건물에 대한 보증금이 4억 원이고 월 차임액이 200만 원이라면, 4억 원+200만 원×100=6억 원으로 제○○조 제1항 제3호의 기준을 초과하므로 이 법이 적용되지 않는다.

26 정보확인 · 추론 정답 ②

| 난도 | 하

정답해설

마지막 문단에서 숯은 다양하게 활용되었다고 하였으므로, 민간 풍속에서 연료 이외의 용도로도 활용되기도 하였음을 알 수 있다.

오답해설

① 두 번째 문단에서 흑탄은 숯가마의 온도가 600~700℃인 상태에서 구운 것이고, 백탄은 온도가 800~1,300℃인 상태에서 구운 것이라고 하였다. 따라서 백탄은 흑탄보다 높은 온도에서 구운 것이다.

③ 첫 번째 문단에서 나무를 숯가마에 넣고 공기를 차단하여 완전연소가 일어나지 않도록 하면, 수분은 날아가고 탄소덩어리로 변해 숯이 되는 것을 알 수 있다.

④ 두 번째 문단에서 백탄은 주로 연료로 사용됨을 알 수 있다.

⑤ 두 번째 문단에서 흑탄이 냄새와 습기를 빨아들이는 효과가 백탄보다 더 크다고 했으므로 흑탄이 습기제거에 더 효과적임을 알 수 있다.

27 수리퀴즈(계산) 정답 ①

| 난도 | 중

정답해설

주어진 글을 바당으로 각 단위의 부피를 ml 단위로 환산하면 다음과 같다.

- 1티스푼=5ml
- 1테이블스푼=3티스푼=15ml
- 1컵=48티스푼=240ml
- 1플루이드온스=$\frac{1}{8}$컵=30ml
- 1파인트=16플루이드온스=480ml
- 1갤런=128플루이드온스=3,840ml
- 1쿼트=$\frac{1}{4}$갤런=960ml

처음에 각자 가지고 있는 물의 양은 다음과 같다.

- 1甲 : 1갤런=3,840ml
- 1乙 : 0

이후 甲이 乙에게 물을 준 뒤 남은 물은 다음과 같다.

- 甲 : 5파인트=5×480=2,400ml
- 乙 : 3,840−2,400=1,440ml

甲이 (가)컵을 소비한 뒤의 상황은 다음과 같다.

- 甲 : 2,400−(가)=40×30=1,200ml로 (가)는 1,200ml이며, 1,200÷240=5컵이다.

乙이 (나)테이블스푼을 소비한 뒤의 상황은 다음과 같다.

- 乙 : 1,440−960=480ml로 (나)는 480ml이며, 480÷15=32테이블스푼이다.

합격생 가이드

단위 환산형 문제의 경우 주어진 단위들을 하나의 단위로 치환하여 비교하도록 하며, 그 단위는 익숙한 단위로 하는 것이 오류를 가장 줄일 수 있다.

28 수리퀴즈(계산) 정답 ④

| 난도 | 중

정답해설

개미는 매일 4g 먹이를 비축하고, 겨울인 마지막 90일간은 먹이 수집을 하지 못하며 매일 6g의 먹이를 먹는다. 이에 따라 홍수가 난 날을 x라고 할 경우 겨울 전까지 비축한 양은 $4\times\frac{1}{3}x+4\times(275-x)=-\frac{8}{3}x+1,100$이다. 겨울 동안 먹는 먹이의 양은 6×90=540g이다. 모자라거나 남는 먹이 없이 겨울을 보낼 수 있었다고 하였으므로 양자는 동일하다. 이에 따라 $-\frac{8}{3}x+1,100=540$을 계산하면 $x=210$으로 1년 중 홍수가 난 날은 210일째 날이다.

합격생 가이드

수식을 세워 계산하는 것이 어렵다면, 선지 구성을 보고 소거법으로 접근하는 것도 좋은 방법이다. 이 경우 비축한 먹이 중 $\frac{1}{3}$만 남아있다고 하였으므로, 홍수가 난 날은 3의 배수이어야 한다. 이에 따라 180일째 날 또는 210일째 날만 가능하기에 이를 대입하여 풀이하는 것도 방법이 될 수 있다.

29 수리퀴즈(계산) 정답 ④

| 난도 | 하

정답해설

초원에 간 AI로봇은 매일 142,857그루의 나무를 7일간 심었으므로 심은 나무의 수는 모두 999,999그루이다. 사막으로 간 AI로봇은 매일 37그루의 나무를 (가)일 동안 심었는데, 그 수는 초원에 간 AI로봇이 심은 총 나무 수에 포함된 숫자로만 이루어져 있다고 하였으므로 37×(가)의 값은 9로만 이루어져야 한다. 이제 선지의 일의 자리만 대입하여 최대한 경우의 수를 줄이고 작은 수부터 계산해보도록 한다.

② 23, ③ 25의 경우 37과 곱할 경우 일의 자리가 각각 1, 5이므로 (가)에 들어갈 수 없다. ① 37×17=629, ④ 37×27=999, ⑤ 37×37=1,369이므로 (가)에 들어갈 최소 일수는 27이다.

30 논리퀴즈 정답 ①

| 난도 | 하

정답해설

A, B, C팀의 남성 대 여성, 숙련자 대 비숙련자의 비를 표로 정리하면 다음과 같다.

구분	남성	여성
A팀	x	x
B팀	2y	y
C팀	z	2z

구분	숙련자	비숙련자
A팀	2a	a
B팀	b	b
C팀	c	2c

이 상황에서 팀 이동 후 구성을 정리하면 다음과 같다.

구분	남성	여성
A팀	x−1+1	x
B팀	2y−1	y+1
C팀	z+1	2z−1

구분	숙련자	비숙련자
A팀	2a−1	a+1
B팀	b	b−1+1
C팀	c+1	2c−1

이후 이를 연립하면

- 2y−1=y+1 … y=2
- z+1=2z−1 … z=2
- 2a−1=a+1 … a=2
- c+1=2c−1 … c=2

A, B, C팀 모두 6명씩(남성 3명+여성 3명) 총 18명이다.

31 논리퀴즈 정답 ④

| 난도 | 하

정답해설

ㄴ. 7일 차까지 A약만 2정을 복용한 날이 4일(8정 복용, 2정 남음)이고 B약만 2정을 복용한 날이 3일(6정 복용, 4정 남음)이며, 8일 차에 A약과 B약을 1정씩 복용했다면 8일 차에는 A약은 1정, B약은 3정이 남는다. 따라서 A약과 B약이 각각 홀수로 남아 있다면, 적어도 하루는 제대로 약을 복용한 것이다.

ㄷ. A약과 B약을 매일 1정씩 복용한다고 했으므로 8일 동안에는 2×8=16정을 복용하게 된다. A약이 4정이 남았다면 6정을 복용한 것이고, 이에 따라 B약은 10정 모두 복용하였다(16−6=10). 이를 표로 정리하면 다음과 같다.

	1	2	3	4	5	6	7	8	9	10
A	가	나	다	라	마	바				
B	a	b	c	d	e	f	g	h	i	j

만일 甲이 5일만 제대로 복용하였다면 (가, a), (나, b), (다, c), (라, d), (마, e)의 짝으로 복용한 것으로 볼 수 있다. 하지만 남은 A약의 바와 짝이 지어져야 할 B약이 있어야만 하므로 성립할 수 없다.

오답해설

ㄱ. A약만 2정씩 4일, B약만 2정씩 4일 먹었다면 A약과 B약이 2정씩 남아있을 수 있다.

32 논리퀴즈 정답 ④

| 난도 | 하

정답해설

ㄴ. c와 n이 동시에 잘못 수신되었다면, banana, cherry, orange, peach가 잘못 수신되었을 것이다. 2개의 알파벳이 잘못 수신되어 4개의 단어가 송신한 단어와 다를 수 있다.

ㄷ. o가 잘못 수신되었다면, orange는 잘못 송신되었을 것이다. 이제 1개의 알파벳만 잘못 수신되어 3개의 단어가 잘못 송신되어야 하는데 이는 apple, grape, peach에 있는 p이다.

오답해설

ㄱ. a가 잘못 수신되었다면 apple, banana, grape, orange, peach 등 5개의 단어가 잘못 수신되었을 것이다.

33 수리퀴즈(추론) 정답 ③

| 난도 | 중

정답해설

乙은 3의 파워로 설정한 소총을 발사하였고 그 배치도는 B-E-A-C-D인데, 과녁 2개가 관통만 관통하였으므로 B와 E는 1 또는 2이다.

- B=1, E=2인 경우
  - C=3인 경우 : 甲의 A-B-C-D-E에서 과녁 3개가 관통되어야 하므로 A=4, D=5이어야 하며, 이때 丙도 성립한다. 이 경우 A+C=7이다.
  - C=4인 경우 : 甲의 A-B-C-D-E에서 과녁 3개가 관통되어야 하는데, 이때 A가 5라면 세 번째 과녁을 통과하지 못한다. 이에 따라 A는 3이다. 이 경우 A+C=7이다.
- B=2, E=1인 경우
  - C=3인 경우 : 甲의 A-B-C-D-E에서 과녁 3개가 관통되어야 하는데, A가 4이어도 세 번째 과녁을 통과하지 못한다.
  - C=4인 경우 : 甲의 A-B-C-D-E에서 과녁 3개가 관통되어야 하는데, A가 3이어도 세 번째 과녁을 통과하지 못한다.

따라서 가능한 경우의 A+C=7이다.

34 논리퀴즈 정답 ⑤

| 난도 | 하

정답해설

각 엘리베이터(1~4호기)가 운행하는 층수를 정리하면 다음과 같다.

- 1호기 : 1층, 2층, 4층, 6층, 8층, 10층
- 2호기 : 1층, 3층, 5층, 7층, 9층
- 3호기 : 1층, 2층, 3층, 4층, 5층
- 4호기 : 1층, 6층, 7층, 8층, 9층, 10층

甲의 말에 따라 甲은 6층~9층 이상에서, 乙은 7층~10층에서 근무함을 알 수 있다. 乙의 말에 따라 乙은 6층, 8층, 10층 중에 한 곳에서 근무함을 알 수 있다. 甲과 乙의 말을 종합하면 甲은 6층 또는 8층에서, 乙은 8층 또는 10층에서 근무함을 알 수 있다. 丙의 말에 따라 丙과 戊는 홀수층에서 근무함을 알 수 있다. 戊의 말에 따라 戊는 2층 또는 3층에서 근무함을 알 수 있는데, 이때 홀수층은 3층뿐이다. 이에 따라 근무하는 층이 확정되는 사람은 戊이다.

35 논리퀴즈 정답 ③

| 난도 | 상

정답해설

제시된 상황을 정리하면 다음과 같다.

(단위 : 명)

구분	1회차	2회차	3회차	4회차	5회차
참가	49				
탈락			14		
남은 사람					25명 미만

1회차 게임 결과 '싱긋'에 따라 탈락한 인원은 2의 배수인 2, 4, 6, 8명이 가능한데, 이 경우 남은 인원으로는 47, 45, 43, 41명이 가능하다. 하지만 표정이 '웃는다'였으므로 남은 인원이 3의 배수인 45명만 가능하다. 따라서 1회차 게임 결과는 4명 탈락이었다.

(단위 : 명)

구분	1회차	2회차	3회차	4회차	5회차
참가	49	45			
탈락	4		14		
남은 사람	45				25명 미만

2회차 게임 결과 '찡긋'에 따라 탈락한 인원은 2의 배수가 아닌 1, 3, 5, 7, 9명이 가능한데, 이 경우 남은 인원으로는 44, 42, 40, 38, 36명이 가능하다. 하지만 표정이 '웃는다'였으므로 3의 배수인 42명 또는 36명이 가능하다. 이때 게임은 5회차까지 진행되어야 하며, 3회차에서 14명이 탈락하는데 36명이 남는다면 3회차에서 게임이 종료되므로 42명이 남는다. 따라서 2회차 게임의 결과는 3명 탈락이었다.

(단위 : 명)

구분	1회차	2회차	3회차	4회차	5회차
참가	49	45	42	28	
탈락	4	3	14		
남은 사람	45	42	28		25명 미만

4회차 게임 결과 '싱긋'에 따라 탈락한 인원은 2의 배수인 2, 4, 6, 8명이 가능한데, 이때 4명은 1회차 게임에서 탈락한 인원의 수이므로 불가능하다. 이에 따라 남은 인원으로는 26, 22, 20명이 가능하다. 하지만 5회차 게임까지 진행되어야 하므로 4회차 게임 결과는 2명 탈락이었다.

(단위 : 명)

구분	1회차	2회차	3회차	4회차	5회차
참가	49	45	42	28	26
탈락	4	3	14	2	
남은 사람	45	42	28	26	25명 미만

5회차 게임 결과 '싱긋'에 따라 탈락한 인원은 2의 배수인 2, 4, 6, 8명이 가능한데, 2명과 4명은 각각 4회차, 1회차에서 탈락한 인원의 수이므로 불가능하다. 이에 따라 남은 인원으로는 20, 18명이 가능하다. 하지만 표정이 '운다'였으므로 3의 배수가 아닌 20명만 가능하다. 따라서 5회차 게임 결과는 6명 탈락이었다.

(단위 : 명)

구분	1회차	2회차	3회차	4회차	5회차
참가	49	45	42	28	26
탈락	4	3	14	2	6
남은 사람	45	42	28	26	18

최종적으로 2회차와 5회차 탈락한 사람 수의 합은 3+6=9명이다.

36 조건적용 정답 ①

| 난도 | 하

정답해설

A~E 후보지의 점수를 정리하면 다음과 같다.

- A : 2×(3+4)−(3.5+3)=7.5
- B : 체력소모도 점수와 위험도 점수의 합이 8점(3.5+4.5)으로 선택하지 않는다.
- C : 2×(1.5+2)−(2+3)=2
- D : 2×(2.5+4)−(3.5+2)=7.5
- E : 2×(3+3)−(2+4)=6

A 후보지와 D 후보지는 최종점수와 접근성 점수가 동일한데, 경관 점수에서 A 후보지가 3점으로 D 후보지 2.5점보다 높으므로 A 후보지를 선택한다.

37 조건적용 정답 ③

| 난도 | 하

정답해설

A~E 통신사의 비용을 정리하면 다음과 같다.

- A : 데이터 전송 속도가 200Mbps 미만이므로 선택하지 않는다.
- B : 60,000원+200원×300GB+20,000원=140,000원
- C : 80,000원+200원×150GB+20,000원=130,000원
- D : 120,000원+20,000원=140,000원
- E : 140,000원

따라서 가장 저렴한 C통신사를 선택한다.

38 조건적용 정답 ①

| 난도 | 하

정답해설

실무평가 결과를 정리하면 다음과 같다.

- A : 75+80=155
- B : 75+75=150
- C : 乙의 평가가 60점 미만이라 선발하지 않는다.
- D : 85+80=165
- E : 80+90=170

따라서 상위 3명은 E, D, A이다.

이들을 대상으로 면접평가의 결과를 정리하면 다음과 같다.

- A : 70+90+85=245
- D : 80+75+85=240
- E : 70+75+75=220

최종 합격자 선발을 위해 실무평가와 면접평가 점수의 합을 정리하면 다음과 같다.

- A : 75+70+80+245=470
- D : 65+85+80+240=470
- E : 80+75+90+220=465

마지막으로 최종 점수가 동일한 A와 D 중 면접평가 점수 합계는 A가 더 높으므로 A가 최종 합격자이다.

39 정보확인 · 추론 정답 ①

| 난도 | 하

정답해설

ㄱ. 첫 번째 문단에서 '입'은 계절로 들어서는 절기로 '기' 절기 사이의 중앙에 위치한다고 하였으므로, '기'는 '입' 절기 사이의 중앙에 위치한다.

ㄴ. 첫 번째 문단에서 여름의 '교'에는 '소만'과 '망종'이 속하고, 겨울의 '교'에는 '소설'과 '대설'이 속한다고 하였다.

오답해설

ㄷ. 첫 번째 문단에서 24절기는 지구가 태양을 중심으로 주위를 도는 공전에 따라 정해졌다고 하였으므로, 음력을 바탕으로 만들어진 것은 아니다.

ㄹ. 마지막 문단에서 봄의 시작을 알리는 절기는 '입춘'이고, 얼었던 땅이 풀리는 절기는 '우수'임을 알 수 있다. 또한 여름이 시작되는 '입하'에 농번기가 시작되었다고 하였다.

40 정보확인 · 추론 정답 ④

| 난도 | 하

정답해설

지문의 내용에 따라 24절기를 배치하면 춘분-청명-곡우-입하-소만-망종-하지-소서-대서-입추-처서-백로-추분-한로-상강-입동-소설-대설-동지-소한-대한-입춘-우수-경칩이다. 이에 따라 '우수' 뒤 열두 번째 절기는 '처서'이다.

2024 기출문제 정답 및 해설

제1과목 언어논리 _ 정답 및 해설

1	2	3	4	5	6	7	8	9	10
⑤	①	⑤	④	①	④	③	⑤	①	②
11	12	13	14	15	16	17	18	19	20
④	⑤	②	⑤	②	⑤	④	③	④	③
21	22	23	24	25	26	27	28	29	30
④	③	④	②	②	①	③	②	②	②
31	32	33	34	35	36	37	38	39	40
④	③	③	④	①	③	⑤	①	⑤	①

01 일치부합 정답 ⑤

| 난도 | 하

정답해설

마지막 문단에 따르면 하직숙배 때 신임 수령이 왕이나 승지 앞에서 수령칠사를 제대로 외우지 못하면 그 자리에서 파면당할 수 있었다.

오답해설

① 제시문에 따르면 문관은 사은숙배를 해야 했다. 그러나 하직숙배는 임지로 가기 전 마지막으로 왕에게 인사하는 의례이므로 중앙 관청 소속인 문관은 하직숙배를 하지 않았다.

② 사은숙배는 왕에게 감사의 인사를 올리는 의례이다. 또한 임지로 가기 전 마지막으로 왕에게 인사하는 하직숙배 시에 수령칠사를 암송해야 했다.

③ 신임 수령은 사은숙배 후에 이조를 찾아가 사조 의례를 해야 했다.

④ 당사자에게 고신교지를 보내 임명 사실을 알리는 역할을 하는 주체는 통례원이 아니라 경주인이다. 통례원은 의례 주관처로서, 사은숙배 일자를 확정하는 역할을 한다.

합격생 가이드

가장 일반적인 형태의 일치부합 유형의 문제이므로, 선택지의 진위 여부를 판단할 수 있는 근거를 지문에서 찾아 선택지와 대조해야 한다. 이때 신속한 대조를 위해 지문을 읽을 때 밑줄이나 동그라미로 중요 내용을 표시해 두는 것이 바람직하다. 다만, 내용 대조 수준으로 난도가 평이한 문제는 빠르게 정답을 찾아 풀이 시간을 줄일 수 있어야 한다.

02 일치부합 정답 ①

| 난도 | 하

정답해설

문익점은 원나라에서 춥고 건조한 날씨에도 자랄 수 있도록 개량된 목화씨앗을 고려로 가져왔으며, 이 씨앗을 받아 목화 재배해 성공한 사람은 문익점의 장인인 정천익이다.

오답해설

② 공민왕을 폐하고 덕흥군을 새 왕으로 삼으라는 원의 요구를 문익점이 수용했기 때문에 공민왕은 문익점을 파직했다. 또한 제시문의 내용만으로는 덕흥군의 즉위 여부를 알 수 없다.

③ 원나라 출신 승려인 홍원은 정천익에게 목화에서 실을 뽑는 기술을 가르쳐 주었고, 정천익은 이 기술을 퍼뜨렸다.

④ 문익점은 운남성에 유배된 적이 없으며 원의 수도인 대도에 머물렀다고 『고려사』에 기록되어 있고, 그는 귀국 후 목화 재배에 실패했다. 또한 목화 재배법과 실 뽑는 기술을 고려에 퍼뜨린 인물은 정천익이다.

⑤ 공민왕이 목화 씨앗을 보급했다는 것과 고려 상인들이 인도에서 목화씨앗을 수입했다는 것은 제시문에 언급되지 않았다.

03 일치부합 정답 ⑤

| 난도 | 하

정답해설

마지막 문단에 따르면 포로가 된 가족 구성원을 위해 석방거래에 적극적인 노력을 기울이지 않는다면 소속 집단에서 도덕적 비판을 받을 수 있었다.

오답해설

① 석방거래는 금전적 대가를 지불하고 포로를 찾아오는 것을 의미한다. 금전이 아닌 대가를 지불하는 경우가 있었는지는 제시문의 내용만으로는 알 수 없다.

② 중세 시대에는 도시국가의 구성원이 포로 상태에 있다는 것은 단순히 개인적 차원을 넘어서는 문제였기 때문에 도시국가가 포로의 석방을 요구하는 협상 주체로 나서는 것이 일반적이었다. 또한 전쟁포로를 죽이는 행위를 비인간적 · 반인권적인 것으로 인식한 시기는 현대이다.

③ 승리자는 자신의 비용으로 구금하고 있는 포로를 보호하고 관리해야 했다. 따라서 전쟁포로를 구금하는 비용을 부담하는 주체는 패전국이 아니라 승전국임을 알 수 있다.

④ 승리자는 자신의 비용으로 포로를 보호하고 관리해야 하는 입장에서 자유로워질 수 있는 동시에 정치적 · 경제적 이득을 취할 수 있었기에 승리자에게도 석방거래는 매력적인 제안이었다. 따라서 승전국의 소극적인 태도 때문에 석방이 힘들어지는 경우가 있었다는 ④의 진술은 제시문의 내용만으로는 알 수 없다.

04 추론 정답 ④

| 난도 | 중

정답해설

제시문에 따르면 국민연금제도는 1가구 1연금의 원칙을 따르며, 이러한 국민연금제도는 제도적 가족주의의 대표적인 예이다. 그런데 현실적으로 제도적 가족주의의 존속은 사회적 문제를 유발하고 있다고도 하였다. 따라서 국민연금제도는 제도적 가족주의로 인해 발생하는 문제를 해결하기 위한 정책이라는 ④의 진술은 추론할 수 없다.

오답해설

① 가부장의 권위가 약화되고 다양한 삶의 방식이 출현하고 있는 현실에서 제도적 가족주의의 존속으로 인해 가족을 형성하지 않거나 못한 개인, 가족에게 돌봄을 제대로 받지 못하는 개인에게는 불이익이 초래될 수 있다. 따라서 ①의 진술처럼 1인 가구의 구성원에게 불리하게 작용할 수 있다고 추론 가능하다.

② 서구 사회의 제도적 개인주의는 가족이 아닌 개인을 중심으로 제도들을 재편함으로써 개인이 삶의 단위가 되도록 유도한다. 따라서 ②의 진술처럼 제도적 개인주의는 가족이 아닌 개인을 기본단위로 한다고 추론 가능하다.

③ 제시문에 따르면 오늘날 한국 사회에서 유교적 전통에 기반한 가부장과 부모 세대의 권위가 약화되는 현상은 사회의 최소 구성단위는 가족이며 개인은 가족을 통해서만 사회와 관계를 맺을 수 있다고 보는 관념(가족주의)이 쇠퇴하고 있다는 주장을 뒷받침한다. 그러므로 한국 사회에서 관념으로서의 가족주의는 약화되고 있다는 ③의 진술은 추론 가능한 내용이다. 또한 한국 사회는 제도적 가족주의가 공고한(제도의 측면에서 가족주의가 여전히 강하게 작동하는) 사회라고 할 수 있다. 따라서 한국 사회에서 제도로서의 가족주의는 여전히 강하게 작동한다는 ③의 진술 또한 추론 가능한 내용이다.

⑤ 국민기초생활보장제도는 빈곤 가구에 대한 부양 책임을 우선적으로 가족에 두고 있으며, 이는 제도적 가족주의에 기반한 제도이다. 또한 가족 내부적으로는 가족주의 가치관을 공유하지 않는 현실에서 제도적 가족주의의 존속은 가족 외부적으로 가족 단위의 생존과 역할을 강요당함으로써 가족 구성원들이 부양과 돌봄을 둘러싸고 갈등을 겪는 사회적 문제를 유발하고 있다. 따라서 ⑤의 진술처럼 부양 의무자가 있다는 이유만으로 독거노인을 국민기초생활보장제도의 대상에서 제외한다면 가족 구성원들 사이에서 갈등이 발생할 수 있다.

합격생 가이드

첫 번째 문단에서는 한국에서 가족주의가 쇠퇴하고 있는 원인을 진단하고, 한국은 제도적 가족주의가 공고한 사회라고 밝힌 후 제도적 가족주의의 의미를 제시하였다. 두 번째 문단에서는 제도적 가족주의가 투영된 다양한 종류의 소득보장제도를 소개하였다. 그리고 마지막 문단에서는 제도적 가족주의의 존속으로 인해 유발되고 있는 사회적 문제 두 가지를 제시하였다. 이처럼 대략적인 흐름을 파악한 후에 '제도적 가족주의' 등 주요 용어의 개념을 정확하게 이해해야 선택지의 추론이 타당한지를 판단할 수 있다.

05 일치부합 정답 ①

| 난도 | 하

정답해설

OECD 회원국 가운데 대체로 인구가 많지 않고 인종적 · 민족적으로 동질적인 국가들은 영아사망률이 OECD 회원국 평균보다 낮고, 반대로 인구가 많고 인종적 · 민족적으로 이질적인 국가들은 영아사망률이 OECD 회원국 평균보다 높다. 즉, OECD 회원국에서는 인구가 적고 인종적 · 민족적으로 동질적일수록 영아사망률이 낮다고 볼 수 있다. 또한 제시문에서는 1인당 국내총생산이라는 지표가 삶의 질을 제대로 보여주는지는 미심쩍다고 하였으므로, 제시된 내용만으로는 OECD 회원국에서의 1인당 국내총생산과 영아사망률의 상관관계를 정확히 알 수 없다.

오답해설

② OECD 평균 영아사망률은 4.1명이며(2020년 기준), 인구가 많거나 인종적 · 민족적으로 이질적인 사회에서는 영아사망률을 OECD 평균 수준까지 낮추기 어렵다. 예컨대 미국과 멕시코의 영아사망률은 각각 5.4명, 13.8명으로 4.1명 수준까지 낮추기는 무척 어려울 것으로 보인다.

③ 산업화 시작 전인 1750년경 출생아 1,000명당 300~400명에 달할 정도로 높았던 서구 사회의 평균 영아사망률은 점진적으로 낮아지다가 1950년에 이르러서 35~65명으로 떨어졌다.

④ 영아사망률은 삶의 수준을 보여주는 강력한 지표로서, 낮은 영아사망률은 의료 체계, 위생적인 생활환경, 사회적 지원 제도 등 양질의 생활에 필요한 환경을 갖추고 있다는 것을 의미한다.

⑤ 경제적 불평등의 정도와 저소득층을 위한 사회 안전망 수준 등의 삶의 질을 보여주지 못하는 1인당 가처분소득보다 삶의 수준을 보여주는 강력한 지표인 영아사망률이 한 사회의 삶의 질을 더 잘 나타내는 지표임을 전반적인 제시문의 내용을 통해 알 수 있다.

06 추론 정답 ④

| 난도 | 하

정답해설

제시문에 따르면 장내 마이크로바이옴은 사이토카인을 생성해 인체의 면역력을 적절한 상태로 만드는 역할을 한다. 장내 마이크로바이옴을 구성하는 미생물의 수와 다양성이 적정 수준으로 유지된다면 이러한 역할이 적절히 수행되므로 ④와 같은 추론이 가능하다.

오답해설

① 장내 마이크로바이옴은 인체 다른 부위의 마이크로바이옴보다 미생물의 수가 압도적으로 많고 그 다양성도 크다. 따라서 ①의 진술과 반대로 미생물이 서식하기에 가장 적합한 곳은 장 속이라고 추론할 수 있다.

② 마이크로바이옴은 특정 환경에 존재하는 모든 미생물의 집단을 말하며, 인체 마이크로바이옴의 수는 인체 세포 수보다 10배 정도 많고, 장내 마이크로바이옴은 인체 다른 부위의 마이크로바이옴보다 미생물의 수가 압도적으로 많다. 또한 장내 마이크로바이옴은 인체 면역력 유지에 긍정적인 역할을 하므로, 마이크로바이옴을 구성하는 미생물의 수와 다양성이 적정 수준 이하로 떨어지면 면역력이 저하될 수 있다. 따라서 ②의 진술과 반대로 몸에 있는 미생물의 수가 몸의 세포 수보다 줄어들면 면역력이 약화된다고 추론할 수 있다.

③ 장내 마이크로바이옴을 구성하는 미생물의 수와 다양성이 적정 수준으로 유지된다면, 장내 마이크로바이옴이 인체의 면역력을 적절한 상태로 만드는 역할 또한 적절히 수행된다. 따라서 적정한 수준을 유지하는 것이 중요함을 알 수 있으나, ③의 진술처럼 미생물의 수가 많을수록 장내 건강에 유익하다고 볼 근거는 없다. 적정 수준을 초과할 경우 어떤 유익

이 있는지 언급하지 않았으며, 오히려 어떤 문제를 일으킬 수도 있는 것이다.

⑤ 장내 마이크로바이옴을 구성하는 미생물의 수와 다양성의 적정성은 면역력에 긍정적인 영향을 끼치며, 적정 수준 이하로 떨어지면 휴면 상태에 있던 유해균이 깨어나 질병을 유발할 수 있다. 그러므로 장내 마이크로바이옴 구성 미생물의 수와 다양성이 적정 수준보다 낮아지면 장내 염증성 질병을 유발할 수 있다. 또한 장내 염증성 질병 환자에게 건강한 사람의 마이크로바이옴 배양체를 이식하면, 즉 미생물군 이식을 하면 장내 미생물의 수와 다양성이 적정 수준으로 회복되어 증상이 개선될 수 있다. 따라서 미생물군 이식을 해도 환자의 장내 마이크로바이옴의 다양성에는 변화가 없다는 ⑤의 진술은 제시문의 내용과 배치된다.

07 글의 문맥 · 구조 정답 ③

| 난도 | 중

정답해설

첫 번째 문단은 '소득 불평등이 개인의 유전적 자질 차이로 생겨난 결과이기에 피할 수 없다'는 주장을 다른 시각에서 검토할 수 있게 하는 '최근의 연구 결과들'이 있다고 소개한다. 도입부로서 '소득 불평등을 일으키는 사회경제적 원인'이라는 전체 글의 주제를 제시하는 역할을 한다. 두 번째 문단에 따르면 대뇌 회백질의 면적이 넓을수록 학습 능력이 우수한데, 가구 소득의 수준과 시간의 흐름에 따른 대뇌 회백질의 면적 변화는 비례했다. 즉, 가구 소득수준이라는 사회경제적 수준이 높을수록 아이들의 회백질 면적이 커져 학습 능력 또한 증가할 수 있는 것이다. 세 번째 문단에 따르면 학습 과정에서 핵심적 기능을 담당하는 해마 또한 사회경제적 수준에 따라 발달 차이를 보인다. 고용 불안, 생계 불안으로 인한 스트레스 증가는 해마의 정상적인 발달을 저해하는데, 실제로 저소득층 아이들은 고소득층 아이들보다 해마 크기가 상대적으로 작았다. 마지막 문단에 따르면 사회경제적 수준의 차이는 학습 능력의 차이를 유발해 결국 소득 불평등으로 이어질 가능성이 크다. 따라서 ③의 진술처럼 학습 능력의 차이는 사회경제적 환경과 밀접하게 관련되어 있고, 이는 소득 불평등으로 이어질 수 있다는 것이 제시문의 핵심 논지이다.

오답해설

① 제시문에서 태어났을 때는 고소득층 · 저소득층 영유아들 사이에 대뇌 회백질 면적 차이가 거의 없었다고 했으므로, 부모로부터 획득한 유전적 요인은 사회적 성취의 질적 수준을 결정하는 요인으로 보기 어렵다.

② 제시문에서 출생 당시에는 고소득층 · 저소득층 영유아들 사이에 대뇌 회백질 면적 차이가 거의 없다고 했으므로, 유전적 자질의 차이를 극복할 수 있게 해야 한다는 ②의 진술은 제시문의 내용과 부합하지 않는다. 또한 제시문은 '뇌 기관 발달 촉진' 요인보다는 '뇌 기관 발달 저해' 요인에 초점을 맞추고 있다.

④ 제시문에 따르면 학습 과정을 담당하는 뇌 기관(대뇌 회백질, 해마)의 발달 정도는 가구의 소득수준과 비례한다.

⑤ 제시문에 따르면 소득 불평등의 원인은 개인의 능력 차이보다는 사회경제적 수준의 차이에서 찾을 수 있다. 따라서 소득 불평등 문제를 해결하기 위한 제도적 장치의 효용은 제한적이지 않다.

합격생 가이드

글의 핵심 논지를 파악하는 문제 유형의 출제 의도는 글의 주제와 결론을 정확하게 파악하는 능력을 갖추고 있는지 측정하기 위한 것이다. 핵심 논지를 파악하기 위해 지문을 도식화하면 '사회경제적 환경(부모의 소득수준)의 차이 → 학습 능력에 관여하는 뇌 기관의 발달 차이 → 학습 능력의 차이 → 소득 불평등 초래 가능성 증가'로 정리할 수 있다. 즉, 사회경제적 환경의 영향으로 인해 아동의 학습 능력에 차이가 발생해 소득 불평등을 초래할 수 있다는 것이 지문의 논지이다. 이런 문제 유형의 경우, 선택지 중에서 정답을 신속하게 식별하고 다음 문제로 넘어갈 수 있도록 문단 사이의 구조와 전체 흐름을 개괄하는 정도로만 파악하고, 지엽적인 내용까지 파고들며 지나치게 세세하게 파악할 필요는 없다.

08 글의 문맥 · 구조 정답 ⑤

| 난도 | 하

정답해설

틀린 문장을 수정하려면 문맥을 살펴보고 선택지의 내용을 대입하여 문맥에 어울리는지 검토해야 한다. 먼저 두 번째~세 번째 문단에 따르면 '직(職)'은 자신이 점유하고 있는 직장 내의 자리에서 담당하는 일을, '업(業)'은 평생을 두고 내가 고민하고 추구해야 하는 가치 있는 일을 뜻한다. 그리고 ⓔ이 있는 마지막 문단의 문맥을 살펴보면, 자신의 업을 깨닫지 못한다면 아무리 좋은 직도 무료하고 불안정하다. 그러므로 취업에 성공한다고 해도 자신의 업을 파악하지 못한다면 직장 생활에서 큰 보람을 느끼지 못할 것이다. 따라서 ⓔ에는 "자신의 업을 파악하지 못한다면"이 들어가야 문맥상 자연스럽다. ⓔ 바로 앞의 문장에 힌트가 분명히 제시되어 있다.

09 밑줄 · 빈칸 채우기 정답 ①

| 난도 | 하

정답해설

첫 번째 문단에 따르면 제시문의 요지는 전염병이 유입되어도 감염 사슬이 유지될 수 있을 정도로 인구밀도가 높으면 머지않아 전염병이 풍토병으로 전환되어 충분히 대응 가능하지만, 인구밀도가 높지 않으면 전염병이 풍토병으로 전환될 가능성이 희박해서 피해에 취약하다는 것이다. 또한 두 번째~마지막 문단에서는 이러한 요지의 예시로 일본과 영국(유럽)의 과거 사례를 설명하고 있다.

두 번째 문단에 따르면 일본은 섬나라로서 지리적으로 타국과 격리되어 있다는 점과 17세기 이전까지 현저히 낮은 인구밀도로 인해 전염병이 유입될 때마다 전혀 대처할 수 없었다. 즉, 감염 사슬을 유지할 수 있을 정도로 인구밀도가 높지 않았기에 전염병이 풍토병으로 전환될 가능성이 희박했음을 알 수 있다. 그리고 (가) 뒤에서는 일본은 전염병의 유입으로 인한 심각한 피해를 계속 겪어야 했다고 하였다. 따라서 (가)에는 첫 번째 문단에서 언급한 것처럼 '감염 사슬이 유지될 수 있을 정도로 인구밀도가 높아지기 전까지'라는 내용이 들어가야 앞뒤 문맥의 흐름이 자연스럽게 된다.

마지막 문단에 따르면 영국은 유럽 대륙의 국가에 비해 인구밀도가 훨씬 낮았기에 각종 전염병에 대한 저항력을 갖출 수 없었다. 즉, 낮은 인구밀도로 인해 전염병이 풍토병으로 전환되는 데 유럽 대륙의 국가보다 훨씬 더 오랜 기간이 필요했음을 알 수 있다. 이를 통해 영국의 경우와 반대로 유럽 대륙은 높은 인구밀도로 인해 전염병이 풍토병으로 전환되는 데 영국보다 훨씬 짧은 기간이 걸렸음을 알 수 있다. 따라서 (나)에는 전염병에서 풍토병으로의 전환 기간이 영국보다 짧다는 내용이 들어가야 문맥상 자연스럽다.

합격생 가이드

빈칸에 들어갈 적절한 문장을 찾으려면 글의 요지에 대한 이해와 함께 빈칸 앞뒤 내용의 흐름을 검토한 다음 문맥을 논리적으로 자연스럽게 이어줄 수 있는 내용을 선택지에서 찾아야 한다.

10 글의 문맥 · 구조 정답 ②

| 난도 | 하

정답해설

첫 번째 문단에서 사후확신 편향의 개념과 사후확신 편향으로 인한 악영향 등을 설명하고, 두 번째 문단에서는 사후확신 편향이 인간의 행동을 변화시키는 원리(메커니즘)를 설명한 후 마지막 문장에서 결론으로 사후확신 편향으로 인한 악영향에서 벗어나 의사결정자들의 바람직한 결정을 유도하는 방법을 제시하였다. 이러한 방법으로 제시한 내용이 의사결정의 질을 평가할 때 당시 주어진 정보에 따른 의사결정 과정의 정당성을 반영해야 한다는 것이다. 따라서 의사결정의 질을 평가할 때는 결과와 과정의 정당성을 모두 고려해야 한다는 ②의 주장이 제시문의 핵심 논지이다.

오답해설

① 제시문의 논지는 사후확신 편향으로 인한 악영향에서 벗어나 의사결정자들의 바람직한 결정을 유도하자는 것이지, ①의 진술처럼 무모한 의사결정을 한 사람들을 비판하자는 것이 아니다. 또한 ①은 결과를 배제하고 과정의 정당성만을 고려한 것으로, 결과와 의사결정 과정의 정당성을 함께 고려해야 한다는 논지의 입장에서 벗어난 주장이다.

③ 의사결정의 결과를 고려해야 한다는 제시문의 내용과 배치되는 주장이다.

④ 두 번째 문단에 따르면 자신의 결정이 비판 · 성토의 대상이 될 수도 있음을 의식하면 비판 · 성토를 당할 위험을 회피하기 위해 관행적인 방법을 선호하게 된다. 이러한 사례로 소송을 회피하기 위해 효과가 없는 것을 알면서도 위험이 적은 일반적인 치료법을 적용함으로써 결과적으로는 환자를 돕지 못한 의사의 경우를 가정했다. 즉, 제시문에 따르면 ④에서 언급한 '위험을 회피하는 선택'을 하는 것은 지양해야 하는 행동이다. 따라서 ④의 진술은 제시문의 내용과 배치된다.

⑤ 두 번째 문단에서는 사후확신 편향을 의식한 의사가 위험을 회피하려는 의사결정을 함으로써 환자를 돕지도 못하고 오히려 이해관계자들 사이의 갈등만 더 키운 사례를 가정해 제시하였다. 즉, 사후확신 편향의 악영향으로 이해관계자들 사이의 갈등이 커질 수 있는 것이다. 따라서 ⑤의 주장은 제시문의 내용과 선후관계가 도치되어 있어 성립하지 않는다. '사후확신 편향 극복 → 이해관계자들 간 갈등 완화'는 성립하지만, '이해관계자들 간 갈등 완화 → 사후확신 편향 극복'은 성립하지 않는다.

합격생 가이드

'사후확신 편향'이라는 핵심 소재의 개념을 이해하고 문단별 소주제를 파악하며, 마지막 문장에 제시된 결론(사후확신 편향의 극복 방안)에 이르기까지의 논리적 흐름을 파악하는 것이 바람직하다.

11 추론 정답 ④

| 난도 | 하

정답해설

마지막 문단에 따르면 창조 의도를 가진 변기가 창조물이 아닌 것은 재료가 변형되어야 창조물로 볼 수 있기 때문이다. 이를 역으로 생각하면 창조물로 인정받았다면 재료의 변형이라는 조건을 반드시 갖추고 있음을 추론할 수 있다. 이러한 추론은 ④의 내용과 상통한다.

오답해설

① 마지막 문단에 따르면 제작자가 창조 의도를 가지고 전시한 변기는 예술 작품일 수 있다. 따라서 ①의 추론은 제시문의 내용과 배치된다.

② 제작자의 창조 의도는 창조물이 갖추어야 할 여러 조건 중 하나이다. 그러나 이러한 조건 중 하나만을 갖추었다고 해서 창조물이라고 단정할 수 없다.

③ 마지막 문단에 따르면 재료를 변형시키지 않은 변기도 예술 작품이 될 수 있다. 따라서 ③의 진술처럼 예술 작품은 작품에 사용된 재료를 변형시킨 것이라고 단정할 수 없다.

⑤ 첫 번째 문단에 따르면 이순신 장군상과 똑같다고 하더라도 제작자가 존재하지 않는다면 창조물로 볼 수 없다. 또한 두 번째 문단에 따르면 제작자가 기이한 형태의 콘크리트 덩어리를 만들었다고 해도 아무런 창조 의도가 없다면 이는 창조물이 아니다. 따라서 새로운 물질로부터 어떠한 모양의 물체가 만들어지든지 제작자가 없거나 창조 의도가 없다면 창조물로 볼 수 없다.

합격생 가이드

창조물이 되기 위해 갖추어야 하는 여러 가지 조건으로 제작자의 존재, 제작자의 창조 의도 존재, 재료의 변형 등을 들었고, 이러한 조건 중 하나라도 충족하지 않으면 창조물로 인정될 수 없다. 그런데 선택지 중에 오답항들은 조건 중 일부만을 충족하고 있거나, 지문 내용과 배치된다. 단순한 내용 대조 정도만으로도 선택지 추론의 타당성 여부를 판별할 수 있으므로, 다음 문제로 신속히 넘어갈 수 있어야 한다.

12 밑줄 · 빈칸 채우기 정답 ⑤

| 난도 | 중

정답해설

제시문의 구성상 빈칸에는 '공기 중에 새로운 비활성 기체 성분이 존재한다'는 레일리와 램지의 발표를 의심하는 질문이(회의적인 반응이) 들어가야 함을 알 수 있다. 즉, 레일리와 램지는 '기존에 알려지지 않은' 원소로 구성된 기체 성분이 존재한다는 입장이므로, ⑤처럼 이를 의심하는 '기존에 알려진' 원소로 구성된 새로운 물질이 형성될 수도 있다는 반응이 빈칸에 들어가야 한다.

빈칸 뒤의 마지막 문단에 따르면 가시광선 영역의 스펙트럼의 선은 원소의 결합이 아니라 구성 원소에 의해 결정된다. 또한 스펙트럼 검사를 통해 이미 알려진 원소의 스펙트럼에 속하지 않는 새로운 스펙트럼의 선을 확인했다. 그러므로 기존에 알려지지 않은 새로운 원소의 존재를 인정하게 된 것이다. 따라서 스펙트럼 검사를 하기 전에 레일리와 램지가 실시한 실험에서 발견한 성분은 '새로운 원소가 아니라 기존에 알려진 원소일 수도 있다'는 화학자들의 의심은 해소되었다.

합격생 가이드

빈칸을 채우는 유형의 문제는 해당 빈칸을 중심으로 그 앞뒤 문장의 흐름을 파악해야 정답을 효율적으로 찾을 수 있다. 빈칸 앞의 문장에서 레일리와 램지는 알려지지 않은 새로운 성분의 존재를 발견했다고 했으나, 빈칸 이후의 문장에서는 화학자들이 새로운 성분의 존재를 발견했다는 것에 회의적인 반응을 보였다고 했다. 따라서 빈칸에는 새로운 원소를 발견한 것이 아니라 기존의 원소일 것이라는 내용이 적절하다.

13 논리퀴즈 정답 ②

| 난도 | 상

정답해설

제시문의 경기 결과를 ⓐ~ⓕ로 정리하고, 이를 토대로 도출 가능한 내용을 정리하면 다음과 같다.

ⓐ 갑 : 1승 1패

ⓑ 정은 을을 이겼음

ⓒ 병은 갑과 을을 이긴 적 없음

ⓓ 연구부 1위 : 4강전, 1~2위전 모두 승리

ⓔ 영업부 2패(4위) : 4강전, 3~4위전 모두 패배

ⓕ 인사부와 연구부가 대결한 경기는 없음

ⓐ	갑은 2위(1승 후 1패) 또는 3위(1패 후 1승)
ⓑ	정은 최소 1승 이상(최소 3위) & 을은 최소 1패 이상(우승자 아님)
ⓒ	병은 최소 1패 이상(1위 아님)
ⓑ · ⓒ · ⓓ	을 · 병은 연구부(1위) 직원 아님
ⓐ · ⓑ · ⓒ	• 갑 · 을 · 병 모두 1패 이상 → 1위 아님 → 정 1위 → 정은 연구부 소속 • 정이 1위 → 병은 정 · 갑 · 을 중 누구에게도 이기지 않았음 → 병은 4위로 영업부 소속
ⓐ · ⓑ · ⓔ	갑 · 정은 영업부 직원 아님
ⓓ · ⓔ	인사부 · 자재부는 2위 또는 3위임
ⓐ · ⓓ · ⓔ	갑은 연구부(1위) 또는 영업부(4위) 직원 아님 → 자재부 또는 인사부 직원
ⓓ · ⓔ · ⓕ	연구부 1위, 영업부 4위이며, 2위는 1위와 대결했으므로 인사부 3위
최종 순위	1위 연구부, 2위 자재부, 3위 인사부, 4위 영업부

ⓐ(갑 1승 1패)를 통해 갑이 2위 또는 3위임을 알 수 있다. ⓑ(을 최소 1패 이상)를 통해 을은 1위가 아님을 알 수 있다. 또한 ⓓ(연구부 우승)를 통해 갑과 을은 연구부 직원이 아님을 알 수 있고, 갑과 을을 제외한 병 또는 정 중 1명이 연구부 직원임을 알 수 있다.

ⓒ(병 최소 1패)를 통해 병은 1위가 아니며, ⓓ(연구부 우승)를 통해 병은 연구부(우승팀) 직원이 아님을 알 수 있다. 역으로 병은 '자재부, 인사부, 영업부' 중 한 부서의 소속임을 알 수 있다. 또한 ⓑ(정이 을을 이김)를 통해 정이 최소 3위 이내를 기록했으며, ⓔ(영업부 4위)를 통해 정이 영업부 직원이 아님을 알 수 있다. 역으로 정이 '연구부, 자재부, 인사부' 중 한 부서의 소속임을 알 수 있다.

ⓓ(연구부 우승)와 ⓔ(영업부 4위)를 통해 대전 가능한 3~4위전 조합은 연구부를 제외한 '자재부(승) – 영업부(패)' 또는 '인사부(승) – 영업부(패)'임을 알 수 있다. 그런데 ⓕ(인사부와 연구부는 대결하지 않았음)를 통해 인사부는 결승전 진출에 실패했음을 알 수 있다. 그러므로 3~4위전에서 대결한 부서는 '인사부(승) – 영업부(패)'이며, 나머지 '연구부(승) – 자재부(패)'가 1~2위전에서 대결했다는 것을 알 수 있다. 순위를 정리하면 1위 연구부(2승), 2위 자재부(1승 1패), 3위 인사부(1승 1패), 4위 영업부(2패)이다.

이상의 내용을 종합하여 토너먼트 대진표를 작성하면 다음과 같다.

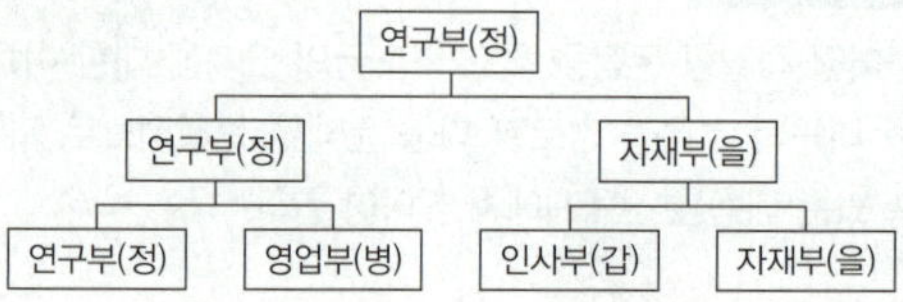

위의 내용에 따라 부서와 대표를 연결하여 표로 정리하면 다음과 같다.

구분	1위(연구부)	2위(자재부)	3위(인사부)	4위(영업부)
경우 1	정	을	갑	병
경우 2	정	갑	을	병

인사부와 연구부는 대결하지 않았기(ⓕ) 때문에 을은 2위가 된다는 것을 알 수 있다. 즉, 인사부는 3위이고 우승자 정(연구부)과 대결하지 않았기 때문에 정과 대결한 을은 자동으로 2위(자재부)임을 알 수 있는 것이다. 결승전에서 정과 을이 대결해 정이 이겨 우승하고 을이 패배해 2위가 된 것인데, 위의 표에서 '경우 2'는 을이 아니라 갑이 2위이기 때문에 성립하지 않는다.

이상의 분석 결과를 요약하여 정리하면 다음과 같다.

• 1경기 : 연구부(정) vs 영업부(병) → 연구부 승리
• 2경기 : 인사부(갑) vs 자재부(을) → 자재부 승리
• 1~2위전 결과 : 연구부(승) vs 자재부(패) → 연구부 1위, 자재부 2위
• 3~4위전 결과 : 인사부(승) vs 영업부(패) → 인사부 3위, 영업부 4위

위 해설에서 종합한 내용에 따르면 을(자재부)과 정(연구부)이 결승전에서 만나 정이 이기고(ⓑ) 우승했다. 따라서 반드시 참인 것은 ②이다.

오답해설

① 갑은 3위이고 을은 2위이다.

③ 병이 영업부인 것은 맞으나, 정은 자재부가 아니라 연구부이다.

④ 3~4위전에서는 인사부와 영업부가 대결해 인사부가 이겼다.

⑤ 4강전에서 정이 승리한 것은 맞으나, 갑은 을에게 졌다.

합격생 가이드

반드시 참인 것을 찾는 문제는 주어진 조건을 검토해 발생 가능한 모든 경우를 고려해야 한다. 지문에서 검증 근거가 선명하게 드러나 있지 않은 선택지의 진위 여부를 판단하려면 반례가 하나라도 있는지 검토해야 한다. 이때 반례가 있는 선택지는 정답에서 제외한다. 또한 각 조건을 적용하기 쉽도록 적절히 조작하면 정답 도출이 한결 빨라질 것이다. 예컨대, '갑의 전적은 1승 1패이다.'라는 조건을 통해 갑이 1위(연구부) 또는 4위(영업부)가 아님, 즉 2위 또는 3위 중 하나이므로 인사부 또는 자재부 소속임을 도출할 수 있는 것이다.

14 논리퀴즈 정답 ⑤

| 난도 | 중

정답해설

제시문의 사실을 정리하고, 이를 토대로 도출 가능한 내용을 살펴보면 다음과 같다.

• 사실 1 : 한 명은 기존 부서에 남았지만 나머지 네 명은 다른 부서로 옮겼다.
• 사실 2 : 갑은 기존에 C부서에 근무했다.
• 사실 3 : 병과 정은 서로 부서를 맞바꾸어 근무하게 되었다.
→ 병과 정은 다른 부서로 옮겼다.

- 사실 4 : 무는 기존과 다른 부서 D로 옮겼다.
  → 병 · 정 · 무가 부서를 옮겼으므로 기존 부서에 남은 사람은 갑 또는 을이다.
  → 무는 갑 또는 을과 부서를 맞바꾸어야 한다. 이때 갑과 맞바꾸려면 갑은 기존에 D부서에 소속되어 있어야 한다. 그런데 '사실 2'에서 갑은 기존에 C부서에 소속되어 있었다고 했으므로, 무와 맞바꾼 사람은 갑이 아니라 을임을 알 수 있다. 즉, 을은 기존에 D부서에 소속되어 있었고, 갑은 기존의 C부서에 남았다.

이상의 내용에 따라 도출 가능한 정보를 다시 정리하면 다음과 같다.

- 갑은 기존에 C부서에 근무했다. 그리고 C부서에 남았다. 을~무 등의 4명이 부서를 옮겼다.
- 무는 을과 맞바꾸었다. 이때 을은 기존에 D부서 소속이었으므로, 무는 D부서에 배치되었다.
- 병과 정은 다른 부서로 옮겼다.

ㄱ. 갑은 기존에 C부서에서 근무했고, 정기 인사 발령 이후에도 C부서에 남았다.

ㄴ. 을과 무가 맞바꾸었으므로 을이 옮겨간 부서와 무가 기존에 소속되었던 부서는 같음을 알 수 있다.

ㄷ. 무가 기존에 E부서에 근무했다면, 무는 을과 맞바꾸었으므로 을이 E부서에서 배치되었다. 위의 정리한 내용에 따라 갑~무의 배치 부서를 정리한 다음의 표를 보면, 을이 E부서에 배치된 '경우 4'와 '경우 6'에서는 병이나 정이 A부서에 배치되었다.

구분	A부서	B부서	C부서	D부서	E부서
경우 1	을	병	갑	무	정
경우 2	을	정	갑	무	병
경우 3	병	을	갑	무	정
경우 4	병	정	갑	무	을
경우 5	정	을	갑	무	병
경우 6	정	병	갑	무	을

합격생 가이드

주어진 정보를 토대로 새로운 정보를 도출할 수 있어야 한다. 예컨대 '한 명은 부서 이동을 하지 않았다'는 핵심 정보와 '병과 정이 맞바꿈, 무는 다른 부서로 옮김' 등의 주어진 정보를 통해 (부서 이동을 한 직원은 병 · 정 · 무이므로) 부서 이동을 하지 않은 직원은 갑 또는 을 중 하나라는 새로운 정보를 도출할 수 있다.

15 강화 · 약화 정답 ②

| 난도 | 중

정답해설

㉡에 따르면 문법적이라고 해서 반드시 사용 빈도에 대한 통계적 순위에서 상위에 있는 것은 아니다. 예컨대, 문법적인 문장 (1)과 비문법적인 문장 (2)는 통계적인 측면에서 차이가 없기 때문이다(사용 빈도가 희박함). 즉, '문법적인 것'과 '통계적 순위에서 상위에 있는 것'은 상관관계가 성립하지 않는다. 따라서 ㄴ에서 언급한 '통계적 순위에서 하위에 있는 어떤 문장이 문법적인 경우'는 ㉡을 뒷받침하는 사례이므로 ㉡을 강화한다.

또한 ㉠에 따르면 문법적이라고 해서 반드시 의미가 있는 것은 아니다. 예컨대, (1)의 문장은 문법적이지만 (2)의 문장과 마찬가지로 무의미하기 때문이다. 즉, '문법적인 것'과 '의미가 있는 것'은 상관관계가 성립하지 않는다. 따라서 ㄴ에서 언급한 '무의미함에도 불구하고 문법적인 경우'는 ㉠을 뒷받침하는 사례이므로 ㉠을 강화한다.

오답해설

ㄱ. ㉠에 따르면 (1)의 문장을 (2)의 문장보다 훨씬 더 쉽게 기억할 수 있는 것은 (1)의 문장은 (2)의 문장과 달리 문법적이기 때문이다. '문법적 → 기억하기 쉬움'의 관계를 도식화할 수 있다. 즉, ㉠은 문법성의 유무에 따른 기억의 난이도를 언급하고 있으므로, '사용 빈도'와 '기억' 사이가 아니라 '문법성'과 '기억' 사이에 상관관계가 없는 것으로 밝혀져야 ㉠이 약화된다. 한편 사용 빈도를 언급하고 있는 것은 ㉠이 아니라 ㉡이며, ㉡에 따르면 문법적이든 비문법적이든 무의미한 문장은 현실의 담화 상황에서 사용 빈도가 거의 없다. '무의미함 → 사용 빈도 희박함'의 관계를 도식화할 수 있다. 즉, ㉠과 ㉡에 따르면 문장의 사용 빈도와 문장을 기억하기 쉬운 정도는 상관관계가 없음을 알 수 있다. 따라서 ㄱ의 진술처럼 '문장의 사용 빈도와 그 문장을 기억하기 쉬운가가 서로 상관관계가 없는 것으로 밝혀지는 경우'에는 ㉡이 강화된다.

ㄷ. ㉠은 (1)과 (2)의 문장을 사례로 제시하며 문법성과 의미 사이에는 상관관계가 없다고 설명한다. 그런데 ㄷ의 언급처럼 문법적이지만 무의미했던 문장이 일정한 시간이 지난 후에 유의미하며 문법적인 문장으로 받아들여질 경우가 많아진다면, ㉠에서 반례로 들었던 사례가 실제로는 반례가 아니라는 의미이다. 따라서 ㄷ과 같은 경우에 ㉠은 약화된다. 그런데 ㉡은 문법적이라고 해서 반드시 사용 빈도가 높은 것은 아니라고 설명하고 있다. 따라서 사용 빈도를 언급하지 않은 ㄷ의 진술은 ㉡과는 무관하므로 ㉡을 약화하지도 강화하지도 않는다.

합격생 가이드

특정한 주장을 약화(또는 강화)하려면 그러한 주장을 거짓(또는 참)으로 만들 수 있는 반례가 필요하다. 'p → q'라는 명제가 있을 때 p이면서 q가 아닌 것을 제시하는 사례는 이 명제가 약화되는 경우이다. 또한 약화하지 않는다고 해서 강화하는 것은 아님과 마찬가지로 강화하지 않는다고 해서 약화하는 것으로 볼 수 없다.

16 추론 정답 ⑤

| 난도 | 중

정답해설

ㄱ. 언어 표현의 의미는 지칭하는 대상일 뿐이라는 ㉠이 참이고(의미=지칭 대상), '슈퍼맨'과 '클라크 켄트'는 동일한 대상을 가리킨다는 ㉡ 또한 참이라면(슈퍼맨=클라크 켄트), 결국 '슈퍼맨'과 '클라크 켄트'라는 고유명사는 의미가 같다는 ㉢ 또한 반드시 참이 된다(슈퍼맨=클라크 켄트). 한편 제시문에서 ㉠은 지칭적 의미론의 주장이며, 이러한 주장에 따르면 ㉡이 사실로 주어진다면 ㉢이 따라 나온다고 하였다. 즉, ㉠이 참이고 ㉡도 사실인 경우에는 ㉢이 도출된다는 것이다. 이는 ㄱ의 진술과 같은 내용이다.

ㄴ. ㉡은 '슈퍼맨'과 '클라크 켄트'는 동일한 대상을 가리킨다고 하였다(슈퍼맨=클라크 켄트). 그리고 ㉥에서는 '슈퍼맨'과 '클라크 켄트'라는 두 고유명사는 의미가 다르다고 하였다(슈퍼맨≠클라크 켄트). 그렇다면 의미는 지칭하는 대상일 뿐이라는 ㉠의 진술(의미=지칭 대상)은 참이 아니라 거짓이 된다. 즉, ㉡이 참이고 ㉥도 참인 경우에 ㉠은 그르다는 것이다. 따라서 '슈퍼맨'과 '클라크 켄트'는 동일한 대상을 지칭하지만(㉡) 의미가 다르다면(㉥), 지칭하는 대상이 곧 의미라는 진술(㉠)은 참이 아니다. ㉠에서 '슈퍼맨'과 '클라크 켄트'가 동일한 대상을 지칭한다면 의미 역시 동일해야 한다고 했기 때문이다. 이는 ㄴ의 진술과 같은 내용이다.

ㄷ. '문장들이 인지적 차이가 있다면 그 문장들은 의미에서 차이가 난다. 즉, '인지적 차이 → 의미 차이'라는 명제가 옳고, '(1)과 (2)는 인지적 차이가 있다'는 ㉣도 옳다면 '(1)과 (2)는 의미가 다르다'는 ㉤ 또한 성립한다.

합격생 가이드

내용에 대한 분석적 이해에 따라 지문에서 논박의 대상이 되는 지칭적 의미론이 주장하는 바를 파악하고, 지칭적 의미론을 논박하는 주장의 근거를 정리해 선택지 ㄱ · ㄴ · ㄷ의 진위 여부를 판별할 수 있다. 그런데 이와 같이 참과 거짓을 논증하는 유형의 문제의 경우 논리적인 사고에 입각해 '≡, =, ≠' 등의 논리 기호로써 등호 · 부등호 관계를 정리한다면 내용 이해를 위한 시간을 줄일 수 있어 좀 더 신속한 추론이 가능할 것이다.

17 강화 · 약화 정답 ④

| 난도 | 하

정답해설

먼저 이해의 편의를 위해 A, B, C의 주장을 요약해 정리해보자.

A는 신경조절기술은 뇌 질환 치료, 뇌 기능 향상 등에 효과가 있으므로, 지속적인 연구 개발을 통해 신경조절기술의 활용 범위를 넓혀야 한다고 주장한다. 그러나 신경조절기술로 인한 합병증 · 부작용 가능성은 언급하지 않았다. 즉, A는 신경조절기술 사용에 적극 찬성한다고 볼 수 있다.

B는 신경조절기술에는 합병증 · 부작용의 위험성이 있으므로 신경조절기술은 위험보다 이익이 명확히 클 경우에만 사용해야 한다고 주장한다. 즉, B는 특정 질환의 치료라는 예외적인 경우 이외에는 신경조절기술 사용에 반대한다.

C는 신경조절기술이 질병 치료에 사용될 수는 있지만, 인지기능의 향상을 목적으로 사용하면 오히려 뇌 질환을 일으킬 수 있으므로 이러한 목적으로는 사용을 금지해야 한다고 주장한다. 즉, C는 제한적인 찬성(질병 치료 ○), 제한적인 반대(인지기능 개선 ×)의 입장을 보인다.

ㄴ. B에 따르면 경두개전기자극술 등의 비침습적 뇌자극기술을 장기적으로 사용하면 뇌 기능에 변화를 초래할 수 있다. 또한 C에 따르면 경두개전기자극술은 뇌 기능을 개선할 수 있지만 건강한 사람들에게는 오히려 뇌 질환을 유발할 위험이 있다. 따라서 경두개전기자극술에 장기간 노출되어 악성 뇌종양이 발생한 ㄴ의 사례는 뇌심부자극술을 포함한 신경조절기술의 위험성을 주목해 신경조절기술의 사용을 반대하는 B와 C의 주장을 강화한다. 이는 B의 주장과 C의 주장은 약화되지 않는다는 ㄴ의 진술과 상통한다.

ㄷ. A는 경두개전기자극술 등의 비침습적 뇌자극기술은 인지능력 향상에 효과가 있다고 주장하는 한편 경두개전기자극술이 질병 · 부작용 등의 역효과를 유발할 수 있는지 여부는 거론하지 않았다. 따라서 경두개전기자극술이 뇌에 어떠한 문제도 유발하지 않았다는 ㄷ의 사례는 A의 주장과 무관하므로 A의 주장을 약화시키지 않는다. 오히려 신경조절기술 사용에 찬성하는 A의 주장을 강화하는 사례로 활용될 수 있다. 또한 C는 건강한 사람이 인지능력 향상을 위해 경두개전기자극술을 적용한 기기를 사용하면 오히려 뇌 질환을 일으킬 위험성이 매우 크다고 주장한다. 따라서 ㄷ에서 제시한 사례는 인지기능 향상 목적으로 신경조절기술을 사용하는 것에 반대하는 C의 주장을 약화시킬 수 있다.

오답해설

ㄱ. A에 따르면 뇌심부자극술은 파킨슨병의 치료법으로 이미 승인되었다. 따라서 ㄱ에서 제시한 중증 파킨슨병 환자가 뇌심부자극술을 받은 후 병증이 크게 완화된 사례는 뇌심부자극술은 유용하다는 A의 주장을 강화한다. 또한 B에 따르면 뇌심부자극술은 합병증뿐만 아니라 신경정신학적 부작용을 유발할 수 있다. 그리고 ㄱ에서 제시한 경증 수면장애를 얻은 경우는 일종의 역효과가 나타난 사례이다. 따라서 ㄱ에서 제시한 사례는 뇌심부자극술을 포함한 신경조절기술의 위험성을 간과할 수는 없다며 신경조절기술의 사용을 반대하는 B의 주장을 강화한다.

합격생 가이드

먼저 핵심 소재인 '신경조절기술'과 관련한 A, B, C의 주장과 근거를 파악한다. 지문에서는 이들의 주장 · 근거가 비교적 분명하게 드러나 있어 내용을 이해하기 어렵지 않았을 것이다. 따라서 선택지 ㄱ~ㄷ에서 제시된 사례를 주장의 근거와 대조해 각각의 사례가 주장을 강화 또는 약화하는지 혹은 무관한지 파악한다.

18 강화 · 약화 정답 ③

| 난도 | 하

정답해설

ㄱ. 항성의 밝기가 어두우면 그 항성이 거느린 행성들이 받는 빛의 양이 적어 너무 춥기 때문에 생명체가 존재하기 어렵다. 따라서 행성의 공전 주기가 지구와 유사하게 약 1년이더라도, ㄱ의 진술처럼 항성 Y의 밝기가 태양에 비해 훨씬 어둡다면 빛의 양이 적고 지나치게 추워서 생명체가 존재할 가능성이 낮을 것이다. 따라서 ㄱ의 경우 항성 Y에는 생명체가 존재하는 행성이 있다는 ㉠의 가설이 약화된다.

ㄷ. 항성이 식에 의해 어두워지는 비율이 크다는 것은 외계 행성이 크기 때문에 이 항성의 빛을 가리는 정도 또한 크다는 뜻이다. 또한 행성의 크기가 지구와 유사하다면 그 행성에 생명체가 존재할 가능성이 커진다고 설명하였다. 그리고 〈사례〉에서 항성 X에는 식을 일으키며 지구와 크기와 비슷한 행성이 존재한다고 하였다. 그런데 ㄷ에서 제시한 항성 Y에서 식에 의해 항성의 밝기가 어두워지는 비율이 항성 X에서보다 훨씬 큰 경우에는 항성 Y의 외계 행성의 크기는 지구보다 훨씬 크다. 행성의 크기가 클수록 질량이 커져 행성의 중력이 증가하며, 이때 이러한 행성의 크기가 지구보다 커질수록 생명체 존재 가능성은 감소한다. 그러므로 항성 Y에서 식을 일으키는 행성은 항성 X에서 식을 일으키는 행성보다 생명체 존재 가능성이 상대적으로 낮다고 생각할 수 있다. 따라서 ㄷ의 경우 항성 Y에는 생명체가 존재하는 행성이 있다는 ㉠의 가설이 약화된다.

오답해설

ㄴ. 〈사례〉에 따르면 항성 Y는 식을 일으키며 공전 주기가 1년 정도인 행성을 거느리고 있다. 또한 제시문에서는 공전 주기가 지구와 유사할수록 생명체가 존재할 가능성이 커진다고 설명했다. 즉, 〈사례〉에서 제시한 항성 Y의 행성은 공전 주기가 1년 정도로 지구와 유사하므로 생명체가 존재할 가능성이 있다. 그러므로 이 행성의 존재는 항성 Y에는 생명체가 존재하는 행성이 있다는 가설을 뒷받침할 수 있는 사례이다. 그런데 ㄴ에서는 추가로 발견된 다른 행성이 주기가 더 길다고 하였다. 즉, 추가로 발견된 행성은 기존에 알고 있던 행성보다 공전 주기가 더 길기 때문에 생명체 존재 가능성이 기존의 행성보다 상대적으로 낮다. 그러나 생명체 존재 가능성이 높아 ㉠의 가설을 입증하는 기존의 행성을 이미 알고 있으므로, 생명체 존재 가능성이 낮은 다른 행성을 추가로 발견한다고 해도 ㉠의 가설이 약화되지 않는다.

합격생 가이드

지문의 내용을 근거로 〈사례〉의 ㉠이라는 가설을 약화시키는 선택지를 찾는 유형의 문제이다. 따라서 정답항 도출의 근거를 지문에서 찾는 것이 당연하다. 내용에 대한 이해를 바탕으로 생명체의 존재 가능성을 높이는 조건을 ㉠의 가설이 갖추고 있는지 여부를 확인하는 수준에서 ㉠의 가설에 대한 선택지의 강화 · 약화 여부 또는 무관함을 식별할 수 있다.

19 일치부합 정답 ④

| 난도 | 하

정답해설

제시문에 따르면 AI는 자신의 행위를 선택 · 조절 · 통제할 수 있는 능력이 있으므로 통제 조건을 충족했다고 볼 수 있다. 또한 AI는 반성 · 숙고를 통해 자신의 행동으로 인해 어떤 결과가 나타날지 판단하는 능력이 없다. 즉, AI는 통제 조건을 충족했지만 인식 조건은 충족하지 못했기에 도덕적 책임을 지는 도덕적 행위자가 될 수 없다. 그런데 AI에게 업무의 처리를 위임한 주체는 AI의 관리자인 인간이므로 AI의 행위로부터 발생한 결과에 대한 도덕적 책임은 그 일을 위임한 인간에게 있다. 따라서 ④의 진술처럼 AI는 자신의 행동을 선택 · 통제할 수 있지만, 그 행동에 따르는 도덕적 책임은 AI에게 귀속될 수 없다.

오답해설

① 응답 책임은 자신이 내린 결정이나 한 일의 결과에 대한 질문에 답하고 설명해야 하는 의무이다. 또한 구성원들은 업무의 처리에 필요한 선택 · 조절 · 통제 능력을 갖추고 있어(통제 조건을 충족) 관리자로부터 과제를 위임받았을 뿐이며, 관리자만이 통제 조건과 인식 조건을 모두 갖추고 있기 때문에 특정 과제의 최종 책임은 전체 프로젝트를 총괄하는 관리자에게만 귀속된다. 따라서 총책임자인 관리자만이 응답 책임의 의무를 부담함을 알 수 있다.

② AI는 자신의 행위를 선택 · 조절 · 통제할 수 있는 능력이 있기에 통제 조건을 충족한다. 그러나 반성 · 숙고를 통해 자신의 행동으로 인해 결과가 어떻게 나타날지 판단할 수 있는 능력을 결여하고 있기에 인식 조건을 충족하지 못한다. 따라서 AI가 자신의 행위로 인해 어떤 결과가 초래될지 도덕적 판단을 내릴 수 없는 것은 통제 조건이 아니라 인식 조건을 충족하지 못하기 때문임을 알 수 있다.

③ 어린아이들의 행위에 대한 책임은 보호자와 피보호자의 관계에 의존해 보호자에게 귀속된다. 이와 달리 AI의 행위에 대한 책임은 위임 관계에 의존해 AI에게 업무의 처리를 위임한 관리자(인간)에게 있다.

⑤ 우리 사회의 조직 체계에서 채택하고 있는 위임 관계에 따르면 업무의 처리를 위임받은 구성원들이 아니라 업무의 처리를 위임한 총괄 관리자에게 최종적 책임을 귀속시킬 수 있다고 하였다. 이러한 총괄 책임자와 다른 구성원들 사이의 위임 관계와 마찬가지로, 관리자(인간)와 AI 사이에서도 관리자로부터 업무의 처리를 위임받은 AI가 아니라 AI에게 업무를 위임한 관리자(인간)에게 최종적 책임을 귀속시킬 수 있다. 즉, AI는 도덕적 책임을 지는 도덕적 행위자가 될 수 없다.

20 강화 · 약화 정답 ③

| 난도 | 중

정답해설

ㄱ. 총괄 관리자와 다른 구성원들이 위임 관계를 이루고 있고, 총괄 관리자만이 통제 조건과 인식 조건을 온전히 충족하고 있기에 최종적 책임을 진다. 이때 총괄 관리자는 다른 구성원들의 업무 처리 과정에 관여해 통제할 수 있다는 전제 아래 다른 구성원들에게 업무를 위임하는 것이다. 이와 마찬가지로 관리자인 인간(통제 · 인식 조건 충족)이 AI(인식 조건 결여)의 업무 처리 과정을 통제할 수 있다는 전제가 있기에 관리자가 AI에게 업무를 위임하는 것이다. 그런데 ㄱ의 진술처럼 인간이 AI 작동 과정을 통제할 수 없다면 전제가 성립하지 않는 것이므로, 전제 아래 도출된 ㉠이라는 결론은 약화된다.

ㄴ. 제시문에 따르면 도덕적 책임을 지는 도덕적 행위자가 되기 위한 두 가지 조건 중 하나인 인식 조건의 충족 여부는 응답 책임을 다할 수 있는지 여부로 파악할 수 있는데, 이때 응답 책임은 자신이 내린 결정이나 한 일의 결과에 대한 질문에 답하고 설명하는 의무를 뜻한다. 그러므로 ㄴ에서 언급한 '행위와 그로 인한 결과에 대한 질문에 잘 답하고 설명할 수 있다'는 것은 응답 책임을 잘 수행할 수 있다는 뜻이며, 이는 곧 인식 조건을 충족하고 있음을 뜻한다. 이해의 편의를 위해 도식화하면 '질문에 응답 · 설명 가능 → 응답 책임 수행 가능 → 인식 조건 충족'으로 정리할 수 있다. 따라서 도덕적 책임을 귀속시키기 위한 두 가지 조건 중 하나인 인식 조건을 인간이 갖추고 있는 것이므로 도덕적 책임은 (AI가 아니라) 인간에게 있다는 ㉠은 강화된다.

오답해설

ㄷ. 과제를 위임받은 구성원들이 자신의 업무를 조절 · 통제할 수 있으나 전체 프로젝트를 설명할 능력을 갖추고 있지 않다는 것은, 통제 조건은 갖추었으나 인식 조건을 결여했다는 뜻이다. 곧 도덕적 책임을 지는 도덕적 행위자가 되기 위한 두 가지 조건 중 하나를 충족하지 못하므로 도덕적 책임을 지지 않는다. 이와 마찬가지로 AI도 통제 조건은 갖추었으나 인식 조건을 결여했기에 ㉠에서 AI의 행위로부터 발생한 결과에 대한 도덕적 책임을 AI에게 물을 수 없다고 본 것이다. 따라서 ㄷ에서 제시한 사례는 ㉠을 강화한다.

21 일치부합 정답 ④

| 난도 | 하

정답해설

김춘추의 어머니는 천명부인이며, 천명부인은 진평왕의 딸이다. 따라서 김춘추는 진평왕의 외손자이다. 또한 진평왕이 도입한 성골 대상에는 진평왕 자신, 진평왕의 부인, 진평왕의 딸, 진평왕의 친형제, 그 친형제가 낳은 딸이 포함되었다. 따라서 진지왕(진평왕의 숙부)의 아들이며 김춘추의 아버지인 용수의 신분은 진골이고, 용수의 아들인 김춘추 또한 진골임을 알 수 있다.

오답해설

① 동륜은 왕족으로서 진골 신분이며, 일찍 사망했기 때문에 왕위에 오를 수 없었다.

② 진덕여왕은 진평왕의 조카이다. 즉, 진평왕의 형제의 딸이다. 또한 성골만 왕위에 오르게 하고 진평왕의 형제의 딸은 성골이라는 내용에 따라 진덕여왕은 성골이었기에 왕위에 오를 수 있었음을 알 수 있다. 그러나 진덕여왕의 어머니가 누구인지는 명시되어 있지 않다.

③ 진평왕의 아버지인 동륜은 일찍 사망했기 때문에 동륜의 동생인 진지왕이 왕위에 올랐다. 또한 진지왕은 조카인 진평왕에 의해 폐위되었다. 따라서 '동륜이 진지왕을 죽였다', '동륜이 왕위에 올랐다', '동륜의 조카는 진평왕이다', '동륜은 진평왕에 의해 폐위되었다'는 ③의 진술은 모두 옳지 않다. 또한 진지왕이 죽은 원인도 명시되어 있지 않다.

⑤ 용수는 진지왕의 아들인 왕족이므로 진골이다. 또한 용수가 천명부인과 결혼할 수 있었던 이유나 두품 출신이 천명부인(성골)과 같은 성골 등의 왕족과 결혼할 수 있었는지 여부 등은 명시되어 있지 않다.

22 일치부합 정답 ③

| 난도 | 하

정답해설

부동산 거래 완료 시에 매도자로부터 매매문서를 넘겨받은 매수자는 부동산 거래 완료일로부터 100일 이내에 지방 관아에 신청해 소지(발급 신청서)와 초사 · 처분 등을 함께 묶은 문서 다발인 입안을 발급받았다. 따라서 ③의 진술처럼 매수자가 매도자로부터 매매문기를 넘겨받은 뒤 지방 관아에 소지를 내 입안을 받았음을 알 수 있다.

오답해설

① 입지는 입안을 분실한 사람이 입안을 대신할 수 있도록 발급받는 문서로, 임진왜란 이후에는 입안을 잃어버린 사람이 많아 입지 발급 건수가 폭증했다. 이때 임진왜란 이후 입지 발급 건수가 폭증했다는 것으로 보아 임진왜란 이전에도 입지 발급 사례가 있었음을 짐작할 수 있다. 따라서 임진왜란 이전에는 입지 발급 사례가 없었다는 ①의 진술은 옳지 않다.

② 입지는 부동산 취득 경위를 간략하게 기록한 소지에 지방관이 '이 사실을 인정함.'이라 적고 서명한 문서의 명칭이다. 따라서 입지는 매매문기에 지방관이 서명하는 행위를 뜻한다는 ②의 진술은 옳지 않다.

④ 입안을 분실한 매수자는 분실 경위를 지방관에 아뢰고 입지를 받아 입안을 대신할 수 있었다. 입지는 부동산 취득 경위를 간략하게 적은 소지에 지방관이 이를 사실로 인정하는 서명을 적은 문서이다. 그러므로 부동산 거래 사실을 지방 관아에 알리고 입지를 발급받은 주체는 매도자가 아니라 매수자임을 알 수 있다. 이때 제시문에서는 입지 발급 신청 기한을 명시하지 않았지만, 부동산 거래 완료일로부터 100일 이내로 제한하지 않았을 가능성이 높다. 100일 이후에 분실한 사람을 보호할 수 없기 때문이다. 또한 입지 발급 신청이 의무 사항인지도 명시하지 않았지만, 재산권을 보호받기 위해 스스로 신청했었을 것이기에 굳이 의무 사항으로 정하지 않았을 가능성이 높다.

⑤ 제시문에서 설명한 『경국대전』의 기록에 따르면, 입안 발급 절차는 매수자가 매매 완료일로부터 100일 이내에 소지(입안 발급 신청서)를 관아에 제출함으로써 시작된다. 소지를 받은 지방관은 해당 거래의 사실 여부 확인한 후 관련 증거들을 기록한 초사를 작성하고, 신청자(매수인)의 소유권 획득 사실을 공증하는 처분을 발급한다. 이때 '소지, 초사, 처분'을 묶은 문서 다발을 입안이라 한다. 그러므로 ⑤의 진술처럼 지역 내 부동산 거래 상황을 '모두' 조사했다고 단정하기 어렵다. 오히려 소지를 받은 경우에만 해당 거래 상황을 조사했을 가능성이 높기 때문이다. 또한 해당 거래가 사실이 아닌 경우에는 입안을 발급하지 않았을 것이므로 ⑤의 진술처럼 '입안을 내주어야 했다'고 단정할 수 없고 해당 거래가 사실일 경우에는 신청자, 즉 매수인에게 입안을 발급했을 것이므로 '매도자에게 입안을 내주어야 했다'는 진술도 옳지 않다.

23 일치부합 정답 ④

| 난도 | 하

정답해설

제시문에 따르면 한국 국회에서 소관 상임위원회의 심사를 거친 법안은 법제사법위원회에서 체계 · 자구심사 절차를 거쳐 본회의에 상정된다. 그러나 법제사법위원회가 법안에 대한 체계와 자구 검토를 고의로 지연해 체계 · 자구심사 절차를 입법 과정을 지연하는 수단으로 이용하는 경우가 드물지 않게 일어난다.

오답해설

① 본회의 중심주의든 상임위원회 중심주의든 상임위원회에서 법률을 심사한다. 따라서 양자의 공통점인 상임위원회 심사 단계의 존재를 양자를 구분하는 기준으로 삼을 수 없다. 상임위원회 중심주의와 본회의 중심주의를 구분하는 기준은 '실질적인 법안 심의가 어디에서 이루어지는가'이다. 실질적인 법안 심의가 본회의에서 이루어지면 본회의 중심주의로 분류하고, 소관 상임위원회에서 이루어지면 상임위원회 중심주의로 분류한다.

② 법안에 대한 최종 승인 권한은 본회의 중심주의와 상임위원회 중심주의를 불문하고 본회의에 있다. 따라서 양자를 구분하는 기준이 될 수 없다.

③ 영국은 본회의 중심주의를 채택한 대표적인 국가이다. 본회의 중심주의는 본회의에서 중요한 결정을 내리고, 상임위원회 심사 단계에서는 법안의 폐기, 내용 삭제 등이 불가하다. 따라서 법안이 소관 상임위원회를 통과하더라도 본회의에서 부결과 같은 중요 결정을 내릴 수 있다. ③에서 언급한 '소관 상임위원회를 통과한 법안이 본회의에서 부결되는 경우는 거의 없다'는 것은 영국이 아니라 한국 · 미국처럼 상임위원회 중심주의를 채택한 대부분의 국가에 해당되는 내용이다.

⑤ 한국과 같은 상임위원회 중심주의 국가의 입법과정에서 소관 상임위원회는 법률을 제안 · 수정 · 폐기할 수 있는 막강한 권한을 가지고 있다. 또한 한국 국회의 입법과정에서 '위원회 위의 위원회'라는 비판을 받기도 하는 조직은 소관 상임위원회가 아니라 법제사법위원회이다. 이는 소관 상임위원회의 심사를 거친 법안을 법제사법위원회가 넘겨받아 체계 · 자구심사 절차를 수행할 때 체계와 자구 검토를 고의적으로 늦춤으로써 입법 지연 및 법안 폐기를 초래하는 경우도 드물지 않게 발생하기 때문이다.

24 견해 비교 · 대조 정답 ②

| 난도 | 하

정답해설

(가)의 방법에 따르면 어떤 지역도 퇴보하지 않았으며 동시에 1개 이상의 지역이 발전한 경우에 해당 국가가 발전했다고 판단한다. 또한 (나)의 방법은 각 지역의 발전과 퇴보의 정도를 0을 기준으로 정량화한 수치에 지역별 가중치를 곱한 값들을 모두 더한 가중평균값이 양(+)인 경우 해당 국가는 발전한 것으로 본다. 따라서 어떤 지역도 퇴보하지 않았으며 동시에 1개 이상의 지역이 발전한 ㄷ의 경우에는 가중평균값이 '0' 이상의 값으로 산출될 수밖에 없으므로 퇴보했다고 보는 경우는 없게 된다.

오답해설

ㄱ. (가)의 방법에 따르면 어떤 지역도 발전하지 않았으며 동시에 1개 이상의 지역이 퇴보한 경우에 해당 국가가 퇴보했다고 판단하며, 발전한 지역도 있고 퇴보한 지역도 있는 경우에는 그 국가의 발전 여부를 판단할 수 없다. 따라서 (가)의 방법에 따르면 퇴보한 지역이 있음을 알 수 있으나 발전한 지역의 유무를 알 수 없는 ㄱ의 경우에는 그 국가의 퇴보 여부를 판단할 수 없다.

ㄴ. (나)의 방법에 따르면 가중평균값이 양(+)인 경우에 해당 국가는 발전한 것으로 보는데, 이때 가중평균값은 각 지역의 중요성이 고려된 지표들의 발전 · 퇴보 정도를 0을 기준으로 정량화한 수치에 지역별 가중치를 곱한 값들을 모두 더해 산출한다. 따라서 지역마다 가중치가 다르므로 큰 폭으로 발전한 지역이 작은 폭으로 퇴보한 지역보다 많은 ㄴ의 경우라고 해도 발전한 지역의 지역별 가중치가 낮거나 반대로 퇴보한 지역의 지역별 가중치가 높아 가중평균값이 음(−)이 될 수도 있기에 (퇴보) 해당 국가가 발전했다고 단정할 수 없다.

합격생 가이드

지문의 내용을 이해하는데 크게 어렵지 않으므로 선택지 ㄱ · ㄷ의 진위 여부는 비교적 분명하게 드러난다. ㄱ은 틀린 내용이고 ㄷ은 옳은 내용이다. 또한 질문에서 '적절한 것만을 모두 고른 것'을 찾으라고 했으므로 ㄱ이 포함되어 있는 ① · ③ · ⑤를 쉽게 제외할 수 있다. 따라서 ㄴ의 진위 여부만 식별하면 ② 또는 ④ 중에서 정답을 찾아낼 수 있을 것이다. 다만 ㄴ의 경우 지역마다 가중치가 다르다는 점에 주의해야 ④라는 오답을 피할 수 있다.

25 일치부합 정답 ②

| 난도 | 하

정답해설

이해의 편의를 위해 제시문에서 언급한 '투표', '정당 가입', '선거운동 참여', '공직 출마' 등 4개의 행동 지표를 각각 ⓐ~ⓓ라고 하면 ⓐ보다는 ⓑ가, ⓑ보다는 ⓒ가, ⓒ보다는 ⓓ가 더 강도 높은 수준의 행동이다. 이때 강도가 더 높은 행동을 했다면 그보다 약한 수준의 행동들을 모두 수행했을 것으로 추측할 수 있다고 설명했다. 이와 달리 아무 행동도 하지 않은 유권자는 정치적 활동성이 0점인 행동 유형에 속하는 것으로 간주한다. 첫 번째 행동 유형은 ⓐ만을 수행한 경우, 두 번째 행동 유형은 ⓐ · ⓑ를 수행한 경우, 세 번째 행동 유형은 ⓐ~ⓒ를 수행한 경우, 네 번째 행동 유형은 ⓐ~ⓓ 모두를 수행한 경우이고, 다섯 번째 행동 유형은 아무 행동도 하지 않은 경우이다. 따라서 ②의 진술에서 네 가지가 아닌 다섯 가지의 행동 유형으로 구분할 수 있다.

오답해설

① 지수는 비슷한 수준의 행동 지표들을 열거하는 반면, 척도는 그 위계적 강도에 따라 행동 지표들을 순차적으로 열거한다.

③ 지수는 동일한 점수가 부여된 비슷한 수준의 행동 지표들을 합산한 것이다. 예컨대, '공직자에게 편지 쓰기', '정치적 탄원서에 서명하기', '정치적 목적을 위해 기부하기', '투표 선택을 바꾸도록 다른 사람을 설득하기' 등의 4가지 행동 중 아무 것이든 3개를 했다면 3점이다. 점수가 만점(4점)에 가까울수록 정치적 활동성이 더 강하다고 해석될 수 있다. 또한 척도는 행동 지표들을 그 위계적 강도에 따라 순차적으로 열거하고, 강도가 높은 수준의 행동을 했다면 그보다 낮은 수준의 행동들은 모두 수행한 것으로 추측한다. 예컨대, '투표하기', '정당에 가입하기', '선거운동에 직접 참여하기', '공직에 출마하기' 등의 4가지 행동 중 '정당에 가입하기'를 했다면 2점이며, 그것보다 위계적 강도 낮은 '투표하기'를 한 것으로 간주한다. 따라서 지수는 지수끼리, 척도는 척도끼리 비교할 수 있을 뿐이며, 지수 점수가 척도보다 높다고 해서 유권자의 정치적 활동성이 강하다고 볼 수 없다.

④ 지수의 사례로 제시한 4개의 행동 지표에는 각 지표마다 동일하게 1점씩 배점한다. 따라서 4가지 행동 중 선택한 개수가 같다면 점수도 같겠지만, 이때 선택한 행동의 종류는 다를 수 있다.

⑤ 지수의 사례로 제시한 4개의 행동 지표는 비슷한 수준으로서, 4개 중에 어떤 조합이든지 3개만 선택하면 각 1점씩 총 3점이다. 즉, 지수 3점이라고 해도 어떤 조합으로 3점을 받았는지 알 수 없다. 그러나 척도의 사례로 제시한 4개의 행동 지표는 그 위계적 강도에 따라 순차적으로 열거된 것으로서, 강도가 높은 수준의 행동을 했다면 그보다 약한 수준의 행동들을 모두 수행했을 것으로 추측할 수 있다고 설명했다. 즉, 척도 점수가 1점인 경우에는 첫 번째 행동 지표만을 수행했음을, 3점인 경우에는 첫 번째부터 세 번째까지의 3가지 행동을 모두 수행했음을 알 수 있다. 그러므로 ⑤의 진술처럼 최소 1개 이상의 행동을 했음을 알 수 있다.

26 밑줄 · 빈칸 채우기 정답 ①

| 난도 | 하

정답해설

(가) 세 번째 문단에 따르면 처음에는 방과 부품 A의 표면, 과냉각된 물방울 등의 온도는 모두 −11℃였고, 이후 방의 온도는 −5℃로, 부품 A의 표면은 −8℃로 상승했다. 이때 물방울의 온도 또한 −8℃가 되었을 때 결빙되기 시작했다. 따라서 과냉각된 물은 주변 온도가 '올라가는 상황(−11℃ → −8℃)에서도' 얼 수 있음을 알 수 있다.

(나) 두 번째 문단에 따르면 부품 A는 그 표면이 특정 온도 이상에서는 양(+)으로, 이하에서는 음(−)으로 하전된다. 세 번째 문단에서 소개한 첫 번째 실험 결과에 따르면 방과 부품 A의 온도가 −11℃였을 때 부품 A의 표면은 음(−)으로 하전되었으나, 방 온도를 −5℃로 높이자 부품 A의 표면이 양(+)으로 하전되었다. 이후 방의 온도를 더 높여 부품 A와 그 표면에 맺힌 물방울의 온도가 −8℃가 되었을 때 결빙되기 시작했다. 이를 통해 부품 A의 표면은 −11℃보다 높고 −8℃보다 낮은 특정 온도에서 양(+)전하를 띠며, 이때 부품 A의 표면에 맺힌 물방울은 (방의 온도가 −11℃보다 높아졌음에도 불구하고) −8℃에서 얼기 시작함을 알 수 있다. 즉, 양전하의 영향으로 과냉각된 물이 결빙되기 시작한 것이다. 이어 마지막 문단에서 소개한 (습도를 높인) 두 번째 실험 결과에 따르면 부품 A의 표면과 그 표면에 맺힌 물방울의 온도가 −7℃가 되었을 때 결빙이 시작됐다. 즉, 첫 번째 실험 결과를 통해 양전하는 과냉각된 물을 결빙하게 만듦을 알 수 있으므로, 두 번째 실험에서 물방울이 결빙된 것은 곧 부품 A의 표면이 양으로 하전되었기 때문임을 알 수 있다. 따라서 (나)에는 '양(+)'이 들어가야 한다.

(다) 마지막 문단에 따르면 습도가 높은 20℃의 방에서 온도를 낮춘 실험의 경우 부품 A는 −7℃가 되었을 때 양(+)으로 하전되었고, 부품 A의 표면에 맺힌 물방울 또한 −7℃가 되었을 때 얼기 시작했다. 반면, 부품 B의 표면에 맺힌 물방울은 −12.5℃가 되었을 때 얼기 시작했다. 한편, 두 번째 문단에서 특정 온도 이상에서는 표면이 양(+)으로 하전되고, 이 온도보다 낮을 때는 표면이 음(−)으로 하전되는 부품 A와 달리 부품 B는 온도의 변화와 관계없이 하전이 되지 않으며, 하전 여부 외에는 부품 A와 B의 물리적 특성은 같다고 했다. 따라서 (−12.5℃보다 높은) −7℃에서 부품 A의 표면에 물방울이 얼기 시작한 것은 부품 A의 표면이 '양(+)'으로 하전되어 결빙을 촉진했기 때문임을 알 수 있다.

합격생 가이드

물방울 주변의 온도가 −11℃에서 −8℃로 올라가는 상황에서 부품 A에 맺힌 물방울이 얼었으므로, '(가) 내려가는 상황에서만'이라며 지문의 내용과 부합하지 않는 ④ · ⑤를 우선 배제하면 정답 찾기가 한결 수월하다.

27 글의 문맥 · 구조 정답 ③

| 난도 | 하

정답해설

ⓒ을 포함한 문장이 대칭 구조를 이루고 있으며, 두 번째 문단에서 덧붙이는 일(세포분열)과 덜어내는 일(세포의 죽음)은 항상 함께 일어난다고 하였다. 따라서 '덧붙임과 덜어냄 중 한 가지를 선택해 초점을 맞춘다'는 ⓒ을 ③의 진술처럼 '덧붙임과 덜어냄, 두 가지 모두에 초점을 맞춘다'로 수정하는 것이 적절하다.

오답해설

① 첫 번째 문단에서 세포자살은 유기체 내의 세포들이 '자연스레 죽는 현상'이며, '유기체가 부분들을 버릴 때 혹은 휴면과 죽음을 준비할 때만' 세포자살이 일어나는 것은 아니라고 했으므로 세포자살은 '일상적인 현상'임을 알 수 있다. 따라서 ㉠의 '일상적인 현상'을 '드문 현상'으로 수정해야 한다는 ①의 진술은 제시문의 내용과 일치하지 않는다(㉠을 수정할 필요 없음).

② 두 번째 문단에서 세포자살은 유기체 형성의 필수 과정으로서, '덧붙임'이라기보다는 '덜어내는' 작업에 가깝다고 했다. 따라서 ㉡의 '제거하는 작업'을 '발생시키는 작업'으로 수정해야 한다는 ②의 진술은 제시문의 내용과 일치하지 않는다(㉡을 수정할 필요 없음).

④ 마지막 문단에서 묘목의 관 속에는 세포들이 꽉 들어차 있었으나 나무가 자라면서 관 속에 있던 세포들이 자살해 속이 비게 됨으로써 수송망이 만들어진다고 했다. 따라서 ㉣의 '속이 빈 관을 통해'를 '속이 꽉 들어찬 관을 통해'로 수정해야 한다는 ④의 진술은 제시문의 내용과 일치하지 않는다(㉣을 수정할 필요 없음).

⑤ 마지막 문단에서 사람의 눈이 온전히 형성될 때는 망막에 있던 세포의 90%가 자살하고, 신경 세포 중 3분의 2 이상이 죽는다고 하였다. 따라서 ㉤의 '세포들이 죽음으로써'를 '세포들이 재생됨으로써'로 수정해야 한다는 ⑤의 진술은 제시문의 내용과 일치하지 않는다(㉤을 수정할 필요 없음).

합격생 가이드

내용의 흐름과 문장 혹은 글 전체의 구조에 따라 부적절한 부분을 적절하게 수정하는 유형의 문제를 해결하려면 밑줄을 그은 부분의 앞뒤 문장을 주목해 근거를 찾아야 한다. 다만, 이 문제처럼 지문의 내용을 이해하기 평이해 단서가 분명히 드러나 있다면 ①~⑤에서 제시한 수정 사항을 지문에 직접 적용해 읽어보는 것도 선택지의 적절성 여부를 쉽게 식별하는 방법이 될 수 있다. 예컨대, 이 문제에서 ㉠·㉡·㉣·㉤은 내용상 자연스럽게 이어지므로 굳이 수정할 필요가 없음을 쉽게 알 수 있다.

28 전제 · 결론 정답 ②

| 난도 | 중

정답해설

전제는 사물이나 현상을 이루기 위해 먼저 내세우는 근거, 즉 결론의 기초가 되는 판단을 뜻한다. 마지막 문단의 내용을 토대로 ㉠을 풀이하면 '운동피질을 이용한 상위 인지적 기능 검사로는 언어 능력이 남아 있는 뇌 손상 환자가 자신의 몸 움직임을 현상적으로 경험하고 있는지 확인할 수 없다'이다. 이때 ㉠이라는 결론에 도달하기까지의 논리적 과정을 마지막 문단에서 추적해 ⓐ~ⓔ로 정리하면 다음과 같다.

ⓐ 상위 인지적 기능이 남아 있다고 해서 반드시 운동 기능이 남아 있는 것은 아니다.

ⓑ 운동 기능이 남아 있지 않아도(=눈동자조차 움직일 수 없어도) 뇌 검사로써 인지적 기능(⊃언어 능력)의 존재 여부를 확인할 수 있다.

ⓒ 손가락을 움직이는 상상을 하라고 언어로 지시했을 때 운동피질이 활성화된다면 언어 능력이 남아 있는 것이다.

ⓓ (아래 ⓔ의 전제로서 ⓔ에 도달하기 위한 연결고리 필요)

ⓔ 이러한 검사로는 언어 능력이 남아 있는 뇌 손상 환자가 자신의 몸 움직임을 현상적으로 경험하고 있는지 확인할 수 없다(=㉠).

ⓒ에서 '운동피질이 활성화된다면 언어 능력(⊂상위 인지적 기능)이 남아 있는 것'이라고 했는데, ⓔ에서는 운동피질이 활성화된다고 해도 현상적인 경험을 하고 있는지 확인할 수 없다고 했다. 따라서 ⓒ와 ⓔ 사이에서 연결고리 역할을 할 수 있는 ⓓ에는 자신의 몸 움직임을 현상적으로 경험하지 않는다고 해도 운동피질이 활성화될 수 있다는 내용이 들어가야 함을 알 수 있다.

합격생 가이드

이 문제는 제시된 결론을 도출하기에 필요한 전제를 찾는 유형이다. 이처럼 전제를 찾는 유형의 문제는 전제를 제시한 다음 결론을 도출하라는 문제보다 풀기 어렵다. 지문에서 생략된 논리적 단계를 역으로 재구성해야 하기 때문이다. 이 문제처럼 지문의 내용이 이해하기에 평이한 수준이라면 논리 구조를 명확히 정리한 다음에 생략된 전제를 추리하는 정공법으로도 충분히 해답을 찾을 수 있을 것이다. 다만 선택지에서 제시한 전제를 논리 과정에 대입해 보는 것도 해답을 보다 빠르게 찾는 방법이 될 수 있다.

29 일치부합 정답 ②

| 난도 | 하

정답해설

세 번째 문단에 따르면 플랫폼 기업은 노동자의 성취에 대한 정당한 보상을 위해서 업무 평가를 하는 것이 아니라, 이윤의 극대화를 위해 노동자의 노동과정을 수치화하고 알고리즘에 반영해 평가한다. 즉, 플랫폼 기업이 업무 평가를 수행하는 목적은 플랫폼 노동자의 성취를 정당하게 보상하기 위한 것이 아니라 이윤을 극대화하는 데 있다.

오답해설

① 첫 번째 문단에 따르면 플랫폼 기업은 서비스 공급자와 서비스 수요자를 중개하는 역할을 한다. 또한 세 번째 문단에서는 플랫폼 기업은 플랫폼 노동자를 은밀히 통제하게 되는데, 이를 새로운 형태의 사용 – 종속 관계라고 보았다. 아울러 마지막 문단에서는 플랫폼 기업은 알고리즘을 이용해 플랫폼 노동자를 보이지 않게 통제한다고 설명하였다.

③ 두 번째 문단에 따르면 플랫폼 노동에서는 노동과정 중 관리자에 의한 직접적인 지시나 감독이 없기에 플랫폼 노동에서 '사용 – 종속 관계'가 부정된다. 그러나 세 번째 문단에서는 플랫폼 노동자는 플랫폼 기업의 은밀한 통제를 받게 되는 것을 새로운 형태의 사용 – 종속 관계라고 규정했다.

④ 마지막 문단에 따르면 전통적인 사업장 노동자가 일정 시간과 기간을 두고 규칙적으로 일하는 반면 플랫폼 노동자는 원하는 시간에 일을 시작하고 마칠 수 있기에, 즉 전통적인 사업장과 달리 공식적 근무 시간이 없기에 일과 여가를 유연하게 조정할 수 있다.

⑤ 두 번째 문단에 따르면 플랫폼 노동자의 작업 과정과 그 결과는 모두 고객 만족도를 측정할 수 있는 평가 항목들에 따라 구체적인 수치로 환산된 데이터로 축적되고, 이렇게 축적된 데이터는 알고리즘을 통해 노동자에게 다음 일감을 부여하는 기준이 된다. 쉽게 말해, 고객 만족도 평가 수치가 높으면 일감을 주고, 반대로 수치가 낮으면 일감을 주지 않음으로써 노동자에 대한 보상과 제재가 이루어진다.

30 추론 정답 ②

| 난도 | 하

정답해설

IRB는 연구 대상자의 보호에 관한 윤리에 중점을 두고 연구를 심의하며, IRB의 심의 대상이 되는 연구의 범위에는 임상시험이 포함된다. 또한 IRB는 연구자가 연구 대상자로부터 적법한 절차에 따라 참여에 대한 동의를 받았는지를 가장 중요하게 평가하며, 연구의 잠재적 위험 가능성 등의 정보를 연구 대상자에게 충분히 설명했는지 확인한다. 그러나 임상시험 이전의 문헌 조사는 윤리적인 문제를 일으킬 소지가 적고, 연구 대상자인 인간에게 직접적인 위험을 끼칠 가능성도 없으므로, ②의 진술과 같은 경우는 IRB의 심의 대상에 해당한다고 볼 수 없다.

오답해설

① IRB의 심의 대상이 되는 연구의 범위에는 심층 인터뷰가 포함된다. 이때 연구자는 연구 대상자에게 연구계획서에 포함된 정보를 충분히 설명하고 동의를 받아야 하는 의무가 있다. 또한 연구 대상자가 외국인일 경우에는 그가 외국인이라는 특성을 고려해 통역사를 참석하게 하여 연구에 대한 설명을 온전히 이해할 수 있도록 해야 한다.

③ IRB의 심의 대상이 되는 연구의 범위에는 임상시험이 포함된다. 또한 인간 대상 연구를 수행하려는 기관 소속의 연구자들은 IRB에 연구계획서를 제출해 심의를 받고, IRB 규정을 준수할 법적 의무가 있다. 이때 IRB는 연구의 잠재적 위험 가능성 등의 정보가 연구계획서에 포함되어 있는지 그리고 연구자가 연구 대상자에게 이러한 내용을 충분히 설명했는지 확인한다.

④ IRB의 심의 대상이 되는 연구의 범위에는 설문조사가 포함된다. 또한 인간을 대상으로 연구를 수행하려는 기관 소속의 연구자들은 IRB에 연구계획서를 제출해 심의를 받아야 할 법적 의무가 있다. 이때 연구계획서에는 개인정보의 취득 여부와 보관 및 폐기 방법 등의 정보가 포함되어 있어야 한다.

⑤ IRB의 심의 대상이 되는 연구의 범위에는 실험조사가 포함된다. 또한 IRB는 연구 대상자가 연구에 참여하게 된 동기가 윤리적이며 자발적인지를 검증하기 위해 취약한 환경에 있는 연구 대상자에 대한 적절한 보호 여부를 중요하게 평가한다. 예컨대, 연구 참여를 거부할 경우 조직의 위계상 상급자로부터 받게 될 불이익에 대한 우려가 참여의 결정에 영향을 줄 가능성이 있는 연구 대상자가 '취약한 환경에 있는 연구 대상자'의 유형에 해당된다. 이는 ⑤에서 언급한 대학 교수와 소속 대학 학생들의 관계에 적용될 수 있다.

31 추론 정답 ④

| 난도 | 상

정답해설

첫 번째 문단에서 서로 다른 물질이지만 특정 파장의 세기가 같다면, 그 파장의 세기를 측정해서는 이들을 구분할 수 없다고 하였다. 이를 뒤집어 생각하면 특정 파장의 세기가 다르면 그 파장의 세기를 측정해서 이들을 구분할 수 있음을 알 수 있다. 세 번째 문단에 따라 물질 X, Y, Z가 방출하는 적외선 파장 Ⅰ~Ⅲ의 세기를 정리해 X, Y, Z 구분 가능 여부를 살펴보면 다음과 같다.

파장	물질 간 세기 비교	물질 간 구분 가능 여부
Ⅰ	X=Y=Z	X, Y, Z 구분 불가능
Ⅱ	Y=Z	Y와 Z 구분 불가능
	X≠Z	X와 Z 구분 가능
	X≠Y	X와 Y 구분 가능
Ⅲ	X=Y	X와 Y 구분 불가능
	X≠Z	X와 Z 구분 가능
	Y≠Z	Y와 Z 구분 가능

〈실험〉 측정 결과에 따르면 시스템 A는 X와 Z를 구분할 수 없었다. 그런데 세 번째 문단에서는 파장 Ⅱ의 검출기로 X와 Z를 구분할 수 있다고 했으므로 시스템 A의 파장 Ⅱ 검출기는 손상되었음을 알 수 있다. 또한 〈실험〉 측정 결과에 따르면 시스템 A는 Y와 Z를 구분할 수 있다. 그런데 세 번째 문단에서도 파장 Ⅲ의 검출기로 Y와 Z 구분이 가능하다고 했으므로 시스템 A의 파장 Ⅲ 검출기는 정상임을 알 수 있다.
〈실험〉 측정 결과에 따르면 시스템 B는 Y와 Z를 구분할 수 없었다. 그런데 세 번째 문단에서는 파장 Ⅲ의 검출기로 Y와 Z를 구분할 수 있다고 했으므로 시스템 B의 파장 Ⅲ 검출기는 손상되었음을 알 수 있다. 또한 〈실험〉 측정 결과에 따르면 시스템 B는 X와 Z를 구분할 수 있었다. 그런데 세 번째 문단에서도 파장 Ⅱ의 검출기로 X와 Z 구분이 가능하다고 했으므로 시스템 B의 파장 Ⅱ 검출기는 정상임을 알 수 있다.
따라서 ④의 진술처럼 시스템 A의 파장 Ⅱ 검출기와 시스템 B의 파장 Ⅲ의 검출기가 손상되었음을 알 수 있다.

오답해설

위 해설에서 시스템 A의 파장 Ⅱ 검출기와 시스템 B의 파장 Ⅲ 검출기가 손상되었음을 밝혔고, 두 번째 문단에서 시스템 A와 B는 각각 하나의 검출기가 손상되었다고 했다(나머지 두 개는 정상). 따라서 시스템 A와 B의 파장 Ⅰ 검출기는 정상이다. 이를 토대로 시스템별 검출기의 정상 또는 손상 여부를 정리하면 다음과 같다.

구분	파장 Ⅰ 검출기	파장 Ⅱ 검출기	파장 Ⅲ 검출기
시스템 A	정상	손상	정상
시스템 B	정상	정상	손상

① 시스템 A의 파장 Ⅰ 검출기와 시스템 B의 파장 Ⅱ 검출기는 모두 정상이다.
② 시스템 A의 파장 Ⅰ 검출기는 정상이다.
③ 시스템 B의 파장 Ⅰ 검출기는 정상이다.
⑤ 시스템 A의 파장 Ⅲ 검출기와 시스템 B의 파장 Ⅱ 검출기는 모두 정상이다.

32 강화 · 약화 정답 ③

| 난도 | 하

정답해설

먼저 제시문의 내용을 표로 정리하면 다음과 같다.

구분	나방 A 날개꼬리의 펄럭임		박쥐의 포획 성공률
	표적 식별(박쥐) 영향	비행 능력(나방)	
㉠ 가설	방해할 것임	높일 것임	감소
㉡ 가설	방해할 것임	영향 없을 것임	감소
㉢ 가설	영향 없을 것임	높일 것임	감소

ㄱ. 날개꼬리를 제거한 그룹이 날개꼬리가 온전한 그룹보다 박쥐에 의해 더 잘 식별되었다는 것을 뒤집어 생각하면 '날개꼬리로 펄럭임 → 잘 식별되지 않음'이 되므로 날개꼬리는 박쥐가 나방 A를 식별하는 것을 방해하는 기능을 한다는 의미로 해석된다. 이는 위의 표에서 정리한 가설 ㉠ · ㉡과 같기 때문에 ㉠ · ㉡을 뒷받침(강화)한다. 그런데 ㄱ에서 언급한 두 그룹의 비행 능력에 차이가 없었다는 연구 결과는 날개꼬리가 나방 A의 비행 능력에 영향을 주지 않는다는 의미로 해석된다. 이는 위의 표에서 정리한 가설 ㉡과 같고 ㉠ · ㉢과 배치되므로 ㉡을 뒷받침(강화)하는 반면 ㉠ · ㉢을 약화시킨다.

ㄷ. 날개꼬리를 제거한 그룹보다 날개꼬리가 온전한 그룹의 비행 능력이 더 낮았다는 것은 날개꼬리의 펄럭임은 비행 능력을 낮아지게 한다는 의미로 해석된다. 그런데 위의 표에서 정리한 가설 ㉡에서는 날개꼬리의 펄럭임은 나방의 비행 능력에 영향을 주지 않을 것이라고 하였고, ㉢은 비행 능력을 높일 것이라고 하였다. 따라서 비행 능력에 영향을 끼친다는 점에서 ㉡이 약화되고, 비행 능력이 낮아진다는 점에서 ㉢이 약화된다.

오답해설

ㄴ. 날개꼬리를 제거한 나방 A 그룹에 대한 박쥐의 포획 성공률이 날개꼬리가 온전한 그룹의 경우보다 낮았다는 것은 곧 날개꼬리의 펄럭임은 박쥐가 표적을 식별하는 것을 돕는 요인이 될 수 있다는 의미이다. 그런데 위의 표에서 정리한 가설 ㉠에서는 나방 A 날개꼬리의 펄럭임은 박쥐의 표적 식별을 방해할 것이라고 하였고, ㉢은 영향을 끼치지 못할 것이라고 하였다. 즉, 박쥐의 표적 식별을 돕는다는 점에서 ㉠이 약화되고, 영향을 끼친다는 점에서 ㉢이 약화된다. 따라서 가설 ㉢은 약화되지 않는다는 ㄴ의 진술은 제시문에 대한 평가로 적절하지 않다.

ㄱ. 위 해설을 종합하면 다민 · 마영 2명이 재무과에 배치됨을 알 수 있다. 따라서 ⓐ의 경우 1처럼 재무과 3명, 총무과와 인사과가 각각 1명이다.

ㄷ. 위 ㄱ의 해설처럼 다민 · 마영은 재무과에 배치됐고, 여기에 ㄷ의 진술처럼 나영도 재무과에 배치되면 재무과 신입 직원은 모두 3명이므로 재무과에는 더 이상의 인원을 배치하지 않았음을 알 수 있다. 또한 ⓑ의 2(ⓑ의 대우)와 ⓕ를 통해 가영은 총무과에 배치되지 않았음을 알 수 있다. 따라서 가영은 재무과 · 총무과를 제외한 인사과에 배치됨을 알 수 있다.

오답해설

ㄴ. 나영이 인사과에, 가영이 총무과에 배치된 경우에는 라민은 총무과나 인사과에 배치될 수 없다. 총무과에는 1명만 배치한다는 계획 3, 총무과와 배치 인원수가 같은 과가 있다는 ⓐ에 따라 총무과와 인사과에는 더 이상의 인원을 배치하지 않았음을 알 수 있기 때문이다. 즉, 나영과 가영을 각각 인사과와 총무과에 배치하면 라민은 총무과 · 인사과를 제외한 재무과에 배치됨을 알 수 있다. 따라서 '라민은 총무과에 배치된다'는 ㄴ의 진술은 항상 참인 것은 아니다.

33 논리퀴즈 정답 ③

| 난도 | 상

정답해설

제시된 내용을 '계획'과 ⓐ~ⓕ로 정리하고, 도출 가능한 내용을 살펴보면 다음과 같다.

- 계획 1 : 직원 5명(가영 · 나영 · 다민 · 라민 · 마영)을 3개 과(총무과 · 인사과 · 재무과)에 배치
- 계획 2 : 3개 과에는 최소 1명 이상 배치
- 계획 3 : 총무과에는 1명만 배치
- 계획 4 : 이와 관련해 알려진 사실
  - ⓐ 총무과와 배치 인원수 같은 과 있음
    - → 경우 1 : 총무과 1명, 인사과 1명, 재무과 3명
    - → 경우 2 : 총무과 1명, 인사과 3명, 재무과 1명
  - ⓑ '가영 = 총무과'면 '나영 = 인사과'
    - → 경우 1 : 가영 총무과(1명) 배치 → 나영 인사과 배치
    - → 경우 2 : '나영≠인사과'면 '가영≠총무과'(ⓑ의 대우)
  - ⓒ 나영과 라민이 모두 인사과에 배치되지는 않음
    - → 경우 1 : 나영과 라민이 동시에 총무과인 경우는 없음
    - → 경우 2 : '나영 = 인사과'면 '라민 = 총무과' 또는 '라민 = 재무과'. 그러나 위 ⓑ의 경우 1에서 이미 '가영 = 총무과'이고 계획 3(총무과 1명만)에 따라 '라민≠총무과'이므로 '라민 = 재무과'임
  - ⓓ '나영 = 인사과'이거나 '마영 = 재무과'
  - ⓔ '다민≠재무과'면 '가영 = 총무과'이고 '라민 = 인사과'
    - → 경우 1 : '다민 = 인사과'면 '가영 = 총무과 & 라민 = 인사과'
    - → 경우 2 : '다민 = 총무과'면 '가영 = 총무과 & 라민 = 인사과' ← 계획 3(총무과 1명만)에 위배되므로 고려하지 않음
  - ⓕ '마영≠재무과'이고 '가영≠총무과'인 경우 없음
    - → 경우 1 : '마영 = 재무과'이거나 '가영 = 총무과'(ⓕ의 대우)
    - → 경우 2 : '마영 = 재무과'인 동시에 '가영 = 총무과'인 경우도 가능
    - → '가영≠총무과'면 반드시 '마영 = 재무과'이다.
- ⓑ에 따라 '가영 = 총무과'이고 '나영 = 인사과'면 ⓒ의 경우 2에 따라 '라민 = 총무과' 또는 '라민 = 재무과'인데, 계획 3에 따라 총무과에는 1명만 배치하므로(이미 '가영 = 총무과') '라민 = 재무과'이다.
- ⓔ에 따르면 '다민≠재무과'면 '라민 = 인사과'이다. 그러나 위의 ⓑ 해설에서 확인한 '라민 = 재무과'와 모순되므로 '다민 = 재무과'일 수밖에 없다.

34 논리퀴즈 정답 ④

| 난도 | 상

정답해설

제시된 내용을 ⓐ~ⓕ로 정리하고, 도출 가능한 내용을 살펴보면 다음과 같다.

ⓐ 내과 지원자(2명) : 가은, 나은
ⓑ 외과 지원자(2명) : 다연, 라연
ⓒ 산부인과 지원자(2명) : 마영, 바영
ⓓ '가은 합격(내과)'
ⓔ '가은 합격' 사실을 모르는 갑~정의 예측

- 갑 : '나은 불합격 또는 바영 불합격'이면 '가은 불합격'
  - → '가은 합격'이면 '나은 합격'이고 '바영 합격'(갑의 대우)
- 을 : 다연 · 마영 모두 합격
- 병 : '나은 · 바영 모두 합격'이면 '다연 불합격'
  - → '다연 합격'이면 '나은 불합격'이거나 '바영 불합격'(병의 대우)
- 정 : 라연 합격 또는 마영 합격

ⓕ 합격 여부 확인 결과 : 갑~정 중 3명 예측 옳음. 1명 예측 틀림

ⓕ에서 직원 중 3명의 예측은 옳고 1명만 틀렸다고 했으므로, ⓓ(가은 합격)을 토대로 '갑~정'의 예측 중 나머지 3명의 직원의 진술과 배치되는 1명을 상정하는 작업이 먼저일 것이다. 여기서 '가은 합격'이면 '나은 합격'이고 '바영 합격'이라는 갑의 대우와 '나은 · 바영 모두 합격'이면 '다연 불합격'이라는 병의 예측을 통해 '다연 불합격'을 도출할 수 있다. 따라서 '다연 합격'이라는 을의 예측은 갑 · 병과 배치됨을 알 수 있다. 또한 ⓕ에서 1명만 예측이 틀렸다고 했으므로 나머지 정의 예측은 갑 · 병과 배치되지 않는다고 수 있다. 이때 을의 예측이 실제로도 틀렸다면, 갑의 예측에 따라 가은 · 나은 · 바영은 확정적으로 합격이고, 정의 예측에 따라 라연 또는 마영이 추가 합격하게 됨을 알 수 있다(최소 4명 합격).

ㄱ. '다연 · 마영 모두 합격'이라는 을의 예측이 틀렸을 경우에 ㄱ은 옳은 진술이다. 또한 을의 예측이 옳다면 정의 예측은 틀릴 수 없다(마영 합격). 그러므로 ⓓ에 따라 '가은 합격'이 사실이고, 을과 정의 예측이 틀리지 않았다면 갑이나 병 중 한 명의 예측이 참이 아닌 경우에 '가은 · 다연 · 마영 합격'이고 라연의 합격 여부는 불분명하다. 요컨대, 을의 예측이 틀린 경우에는 나은이 합격하고, 갑이나 병의 예측이 틀린 경우에는 다연이 합격한다. 따라서 나은과 다연 중 적어도 한 명은 합격이라는 ㄱ의 진술은 항상 참이다.

ㄷ. '다연 · 마영 모두 합격'이라는 을의 예측이 틀렸을 경우에 합격자는 최소 4명이다. 그런데 갑이나 병의 예측이 틀렸다고 가정해 보자. 갑의 예측(나은 불합격이거나 바영 불합격 → 가은 불합격)이 틀렸다면 갑의 예측을 버리고, 병의 예측(나은과 바영이 모두 합격 → 다연 불합격)을 고려하면 된다. 반대로, 병의 예측이 틀렸다면 병의 예측을 버리고, 갑의 예측을 고려하면 된다. 즉, 갑의 예측이 틀렸다면 나은이나 바영이 불합격이고, 이때 최소 3명이 합격한다. 또한 병의 예측이 틀렸다면 나은과 바영 모두 합격이고, 이때 최대 6명이 합격한다. 따라서 최소 3명 ~최대 6명 합격이라는 ㄷ의 진술은 항상 참이다.

오답해설

ㄴ. 내과, 외과, 산부인과 각각에 최소 1명씩 합격하려면 '다연 · 마영 모두 합격'이라는 을의 예측이 틀렸을 때, 즉 '다연 · 마영 모두 불합격'인 때는 '라연 합격' 또는 '마영 합격'이라는 정의 예측에 따라 반드시 '라연 합격'이어야 한다. 그러나 이상의 정보만으로는 더 이상의 확정적인 정보를 찾아낼 수 없으므로 ㄴ의 진술이 항상 참인 것은 아니다.

35 강화 · 약화 정답 ①

| 난도 | 하

정답해설

제시문에 따르면 갑은 혈액을 사고파는 시장 시스템의 존재는 혈액의 상품화를 조장하며, 혈액의 상품화와 혈액을 통한 이익 추구 현상은 기증 정신을 훼손하기에 대부분의 혈액을 시장에 의존하는 혈액 은행 시스템에 반대한다. 따라서 혈액의 상품화 이후에 불우한 이웃에 대한 기증이 그 전보다 감소한 ㄱ의 경우는 혈액의 상품화와 혈액을 통한 이익 추구 현상 때문에 혈액 기증이 감소한 사례이므로, 이러한 현상이 실제로도 발생했다면 갑의 주장은 강화된다.

오답해설

ㄴ. 갑은 혈액을 사고파는 시장 시스템의 존재는 가난한 사람으로부터 부자에게로 혈액이 이전되는 혈액 착취 현상이라는 심각한 사회적 부정의를 초래한다고 주장한다. 그런데 혈액의 상품화 전후에 혈액을 공급받는 사람들(부자들)의 소득 수준에 차이가 없는 ㄴ의 경우는 혈액 착취 현상이 발생한다는 갑의 주장을 반박해 약화시킬 수 있다. 따라서 ㄴ의 진술은 갑의 주장에 대한 평가로 부적절하다.

ㄷ. 갑은 대부분의 혈액을 혈액 은행을 통해 충당하는 시스템은 혈액의 선별, 보관, 유통 등을 시장 원리에 맞게 관리하고 운영하는 데에 드는 비용이 만만하지 않다며 비효율성을 주장한다. 그러나 제시문에서 갑은 오염으로 폐기되는 수혈용 혈액에 대해 언급하지 않았다. 따라서 ㄷ의 진술은 갑의 주장과 무관하므로 갑의 주장을 강화하지도 약화시키지도 않는다. 다만, 수혈용 혈액의 비율이 그 전보다 감소한 경우는 혈액 은행에 크게 의존하는 시스템 반대론자(갑)의 주장을 약화시키거나 또는 찬성론자의 주장을 강화하는 근거로 활용할 수 있다.

36 견해 비교 · 대조 정답 ③

| 난도 | 하

정답해설

ㄱ. 갑은 성공적인 이론에 근거를 두는 개념은 존재하고, 반대로 성공적이지 않은 이론에 근거한 개념은 존재하지 않는다고 본다. 또한 통속 심리학은 인간 행동을 성공적으로 예측 · 설명하지 못하기에 성공적인 이론이 아니며, '믿음, 욕구' 등의 심적 상태는 성공적이지 않은 통속 심리학에 근거한 개념이기에 존재하지 않는다고 본다. 을은 개념의 존재 여부를 판단하는 갑의 기준에 동의하고, 이론의 성공은 예측 · 설명의 성공에 달려있다는 갑의 의견에도 동의한다. 그러나 을은 통속 심리학은 믿음 · 욕구 등의 개념을 통해 인간 행동을 성공적으로 예측 · 설명하기에 성공적인 이론이라고 본다는 점에서 갑과 다르다. 그러므로 을은 통속 심리학에 근거를 두는 '믿음, 욕구' 등의 심적 상태는 존재한다고 생각할 것이다.

ㄴ. 을은 통속 심리학이 물 마시기를 욕구하며 냉장고 안에 물이 있다는 믿음을 통해 냉장고 문을 여는 행동을 할 것이라는 예측을 성공적으로 할 수 있다고 본다. 요컨대, 통속 심리학은 욕구, 믿음 등을 통해 인간이 무슨 행동을 할지 성공적으로 예측할 수 있다고 본다. 이러한 을의 주장에 대해 병은 '통속 심리학의 개념을 통해 인간 행동을 성공적으로 예측 · 설명할 수 있다'며 동의하고 있다.

오답해설

ㄷ. 갑은 "우리가 일상적으로 '믿음'이나 '욕구' 등의 개념으로 지칭하는 심적 상태는 존재하지 않는다고 보아야 해."라며 자신의 의견을 명시적으로 드러냈다. 또한 병은 통속 심리학의 개념을 통해 인간 행동을 성공적으로 예측 · 설명할 수 있다는 을의 의견에 동의한다. 그러나 예측 · 설명이 성공적이라고 해서 심적 상태가 반드시 존재한다는 것은 아니라고 본다는 점에서 을과 차이가 있다. 이를 뒷받침하기 위해 바둑을 두는 행동을 하지만 믿음 · 욕구 등의 심적 상태가 있다고 볼 수는 없는 AI의 사례를 제시했다. 요컨대, 병과 갑은 믿음 · 욕구 등의 개념이 지칭하는 것이 존재하지 않을 수 있다는 것에 동의할 것이다.

37 강화 · 약화 정답 ⑤

| 난도 | 하

정답해설

ㄱ. 가설 A를 설명하고 있는 첫 번째 문단에 따르면 몸집이 작은 동물은 몸집이 큰 동물보다 1개 세포의 시간당 에너지 소모량이 크다. 그러므로 몸집이 작은 동물은 세포의 에너지를 빨리 소진해 수명이 짧고, 반대로 몸집이 큰 동물은 세포의 에너지를 천천히 소진해 수명이 길다. 따라서 남아시아쥐가 북극고래보다 몸집이 훨씬 더 작은데, 1개 세포가 소모하는 에너지 양이 북극고래보다 큰 ㄱ의 경우 남아시아쥐는 세포가 에너지를 빨리 소진해 수명이 짧은 것이고, 북극고래는 세포가 에너지를 천천히 소진해 수명이 긴 것이다. 이러한 ㄱ의 경우는 가설 A를 뒷받침할 수 있기 때문에 가설 A를 강화하는 사례이다.

ㄴ. 가설 B를 설명하고 있는 두 번째 문단에 따르면 동물의 수명을 결정하는 요인은 체세포 돌연변이 발생 빈도로서, 이러한 빈도가 높으면 암 · 장애 발생 가능성이 커지기에 질병 또한 많아져 수명이 단축된다. 따라서 수명이 유사한 벌거숭이 두더지와 기린의 체세포 돌연변이 발생 빈도 또한 유사한 ㄴ의 경우는 가설 B를 뒷받침할 수 있기 때문에 가설 B를 강화하는 사례이다.

ㄷ. 가설 C를 설명하고 있는 마지막 문단에 따르면 동물의 수명을 결정하는 요인은 활성산소 발생량으로서, 활성산소는 단백질 · 지질 · DNA의 산화를 유발해 세포 · 조직을 손상시키기에 질병 또한 많아져 수명이 단축된다. 이때 운동을 많이 할수록 대사가 활발해지고 활성산소도 더 많이 만들어진다. 따라서 불필요한 운동을 억제한 다람쥐의 체내 활성산소 발생량이 필요 이상으로 운동을 하게 만든 다람쥐의 체내 활성산소 발생량보다 적은 ㄷ의 경우는 가설 C를 뒷받침할 수 있기 때문에 가설 C를 강화하는 사례이다.

38 강화 · 약화 정답 ①

| 난도 | 중

정답해설

이해의 편의를 위해 제시문의 내용을 (가)~(마)로 정리하면 다음과 같다.

(가) 측정된 전이시간은 전자의 전이시간과 기기반응함수값의 합과 같다. 이를 등식으로 표현하면 '측정된 전이시간=전자의 전이시간+기기반응함수값'이고, 양변의 값을 옮기면 '전자의 전이시간=측정된 전이시간-기기반응함수값'의 등식이 성립한다. 또한 기기반응함수값은 검출기의 감도가 민감할수록 작아지므로, 검출기가 예민할수록 측정된 전이시간은 감소한다.

(나) 〈실험〉에서 파장은 광원 A가 B보다 더 짧았다고 했으므로, 동일한 물질에 입사하는 빛의 파장이 짧을수록 전자의 전이시간이 더 길어진다는 가설 ㉠이 옳다면 동일한 물질에 입사하는 전자의 전이시간은 광원 A가 광원 B보다 더 길다.

(다) 위 (가)에서 도출한 도식을 실험 1과 실험 2에 적용해 보면 다음과 같다.

- 실험 1 : 광원 A의 전자의 전이시간=측정된 전이시간(광원 A)-기기반응함수값(검출기 I)
- 실험 2 : 광원 B의 전자의 전이시간=측정된 전이시간(광원 B)-기기반응함수값(검출기 II)
- 실험 1에서 실험 2를 빼면 다음의 등식이 성립한다.
  [전자의 전이시간(광원 A)-전자의 전이시간(광원 B)]
  =[측정된 전이시간(광원 A)-측정된 전이시간(광원 B)]-[기기반응함수값(검출기 I)-기기반응함수값(검출기 II)]

(라) '파장 짧아짐 → 전자의 전이시간 길어짐'이라는 가설 ㉠이 옳다면 광원 A를 사용한 경우가 광원 B를 사용한 경우보다 전자의 전이시간이 더 길다. 즉, '[전자의 전이시간(광원 A)-전자의 전이시간(광원 B)]=양수(+)'의 등식이 성립한다.

(마) 기기반응함수값은 검출기의 감도가 민감할수록 작아진다고 했으므로, '기기반응함수값(검출기 I)-기기반응함수값(검출기 II)'의 값은 각 검출기의 감도에 따라 달라진다.

즉, 검출기 I과 검출기 II의 감도가 동일했다면 이 두 검출기의 기기반응함수값도 동일하다. 또한 실험 1과 실험 2에서 측정된 전이시간이 동일했다면 광원 A와 광원 B를 사용해 측정한 전이시간도 동일하다. 그러므로 광원 A를 사용해 측정한 전이시간에서 광원 B를 사용해 측정한 전이시간을 빼면 '0'이다. 즉, 광원 A와 광원 B가 파장의 길이가 다름에도 불구하고 측정된 전이시간이 같은 것이다. 그런데 동일한 물질에 입사하는 빛의 파장이 짧을수록 전자의 전이시간이 더 길어진다는 ㉠의 가설이 옳다면 광원 A를 사용해 측정한 전이시간이 광원 B를 사용해 측정한 전이시간보다 길어야 한다. 따라서 ㄱ에서 제시한 경우에 따르면 ㉠의 가설은 약화된다.

오답해설

ㄴ. 검출기 I의 감도가 II보다 덜 민감하다면 기기반응함수값은 검출기 I이 검출기 II보다 크므로, 검출기 I의 기기반응함수값에서 검출기 II의 기기반응함수값을 빼면 양수(+)가 된다. 또한 실험 2에서 측정된 전이시간이 실험 1의 경우보다 더 짧았다면 측정된 전이시간은 광원 A를 사용한 경우가 광원 B를 사용한 경우보다 길기 때문에 광원 A를 사용해 측정된 전이시간에서 광원 B를 사용해 측정된 전이시간을 빼면 양수(+)가 된다. 한편, 광원 A의 전자의 전이시간에서 광원 B의 전자의 전이시간을 빼는 경우(즉, 양수-양수)는 각 값에 따라 최종값은 양수(+) 또는 음수(-) 혹은 '0'이 될 수 있다. 따라서 ㄴ에서 제시한 경우에 따르면 ㉠의 가설은 강화되지도 약화되지도 않는다.

ㄷ. 검출기 I의 감도가 II보다 더 민감하다면 기기반응함수값은 검출기 I이 검출기 II보다 작으므로, 검출기 I의 기기반응함수값에서 검출기 II의 기기반응함수값을 빼면 음수(-)가 된다. 또한 실험 2에서 측정된 전이시간이 실험 1의 경우보다 더 짧은 경우에는 광원 A를 사용해 측정된 전이시간에서 광원 B를 사용해 측정된 전이시간을 빼면 양수(+)가 됨을 위 ㄴ의 해설에서 밝혔다. 그러므로 광원 A의 전자의 전이시간에서 광원 B의 전자의 전이시간을 빼는 경우(즉, 양수-음수)에 그 값은 양수가 된다. 따라서 ㄷ에서 제시한 경우에 따르면 ㉠의 가설은 강화된다.

합격생 가이드

이 문제는 '전자의 전이시간, 측정된 전이시간, 기기반응함수값' 등 지문에서 용어로 사용되는 한자어가 생경하게 느껴져 정확한 이해와 구분이 어려울 수 있고, 〈실험〉이라는 가정된 상황을 토대로 선택지의 강화 · 약화 또는 무관함을 검증하는 유형이기에 난도가 낮은 편은 아니다. 다만, 이런 경우에는 등식으로 내용을 도식화하여 정리하는 방식이 유용한 속공법이다.

39 일치부합 정답 ⑤

| 난도 | 상

정답해설

첫 번째 문단에 따르면 유의수준은 일반적으로 0.05나 0.01이 많이 사용되며, p-값이 유의수준보다 작을 때 대립가설이 참이라는 것에 대한 유의미한 증거가 있고, 작지 않을 때 대립가설이 참이라는 것에 대한 유의미한 증거가 있지 않다고 본다. 여기서 p-값이 0.01보다 크고 0.05보다 작은 경우를 가정해 보자. 이 경우에 유의수준이 0.05라면 p-값이 유의수준보다 작으므로 대립가설이 참이라는 것에 대한 유의미한 증거가 있다고 본다. 그런데 유의수준이 0.01인 때는 p-값이 유의수준보다 작지 않으므로 대립가설이 참이라는 것에 대한 유의미한 증거가 있지 않다고 본다. 즉, p-값이 같더라도 기준이 되는 유의수준에 따라 증거가 있다거나 또는 있지 않다고 보는 경우로 나뉠 수 있는 것이다. 그러므로 p-값보다 큰 값(0.05)을 유의수준으로 사용한 경우에는 대립가설이 참이라는 것의 유의미한 증거가 되며, 반대로 p-값보다 작은 값(0.01)을 유의수준으로 사용한 경우에는 대립가설이 참이라는 것의 유의미한 증거가 되지 않는 표본 자료가 있을 수 있는 것이다. 따라서 ⑤의 진술은 제시문을 통해 알 수 있는 내용이다.

오답해설

① 첫 번째 문단에 따르면 대립가설은 연구자들이 평가하고자 하는 통계 가설을 가리키며, 귀무가설은 대립가설이 거짓이라는 가설을 뜻한다. 즉, ①에서 제시한 '귀무가설이 거짓'인 경우에는 대립가설이 참이 된다. 또한 p-값은 귀무가설이 참일 때 표본과 비슷한 자료를 얻게 될 확률을 뜻하며, 유의수준은 p-값과 비교해서 대립가설이 참이라는 것에 대한 유의미한 증거의 존재 여부를 판단하는 기준이 되는 문턱값을 가리킨다. 그리고 p-값이 유의수준보다 작을 때 대립가설이 참이라는 것에 대한 유의미한 증거가 있다고 본다고 설명하였다. 이를 통해 귀무가설이 참일 경우에 p-값이 유의수준보다 작다면 대립가설이 참이라는 것에 대한 유의미한 증거가 있는 것임을 알 수 있다. 그런데 p-해킹은 유의미한 p-값을 가지는 실험 결과가 나올 때까지 실험을 반복하고, 그 결과 중 일부만 발표하는 연구 부정 행위를 뜻한다. 즉, p-해킹을 통해 대립가설이 참이라는 것에 대한 유의미한 증거가 있다는 조작된 연구 결과가 나올 수도 있다. 그러나 p-해킹이 발생했다는 것이 귀무가설이 거짓이라거나 대립가설이 참이라는 것에 대한 유의미한 증거가 되지는 않는다. 따라서 ①의 진술은 제시문의 내용과 배치된다.

② 두 번째 문단에 따르면 연구자 갑은 실험군과 대조군을 무작위로 나누었다. 그리고 마지막 문단에 따르면 신약 A의 효과를 간절히 바랐던 갑은 그의 나머지 실험을 폐기하고 유의미한 증거가 나온 실험 결과만을 발표함으로써 p-해킹(연구 부정 행위)을 범하였다. 즉, 실험군과 대조군의 분류가 완전히 무작위로 이루어져도 p-해킹은 일어날 수 있다. 따라서 ②의 진술은 제시문의 내용과 배치된다.

③ 첫 번째 문단에 따르면 귀무가설이 참일 때 표본과 비슷한 자료를 얻게 될 확률을 p-값이라 하며, p-값과 비교되어 대립가설이 참이라는 것에 대한 유의미한 증거의 존재 여부를 판단하는 기준이 되는 문턱값을 유의수준이라 한다. 또한 p-값이 유의수준보다 클 때는 대립가설이 참이라는 것에 대한 유의미한 증거가 있지 않다고 본다고 하였다. ③에서 제시한 귀무가설이 참일 때 표본과 비슷한 자료를 얻게 될 확률, 즉 p-값이 높은 경우에는 대립가설이 참이라는 것에 대한 유의미한 증거가 있지 않은 것이다. 그러나 이때 유의수준이 커지는 것은 아니다. 따라서 p-값이 높은 경우에는 유의수준은 커질 수밖에 없다는 ③의 진술은 제시문의 내용과 배치된다.

④ 첫 번째 문단에 따르면 유의수준은 p-값과 비교되어 대립가설이 참이라는 것에 대한 유의미한 증거의 존재 여부를 판단하는 기준으로서, 흔히 0.05나 0.01을 많이 사용한다. 또한 p-값이 유의수준보다 작지 않을 때 대립가설이 참이라는 것에 대한 유의미한 증거가 있지 않다고 본다고 하였다. 즉, ④에서 제시한 표본 자료의 p-값이 0.05보다 큰 경우에는 일반적으로 사용되는 유의수준 0.05보다 큰 것이므로 관련 대립가설이 참이라는 것에 대한 유의미한 증거가 있지 않다고 본다. 그러나 ④의 진술이 옳은지 판단할 수 있는 내용이 제시문에 없기 때문에 제시문을 통해 알 수 있는 내용이 아니다.

40 종합 　　　　정답 ①

| 난도 | 상

정답해설

마지막 문단에 따르면 연구자 갑은 p – 값이 유의수준보다 커서 유의미한 결과를 얻지 못한 30번 정도의 실험을 폐기하고, 우연히 p – 값이 유의수준보다 작아서 유의미한 결과를 얻은 한 번의 실험만을 채택해 내놓았다. 이처럼 갑이 의도적으로 연구 부정을 범하면서까지 앞선 다수의 실험을 폐기하고 단 한 번만의 실험 결과를 내놓은 이유는 유의수준보다 작은 p – 값을 가지는 실험 결과를 얻으려는 의도가 있었기 때문이다. 또한 〈사례〉에 따르면 연구자 을은 신약 B가 효과가 있다는 결과를 산출하려는 어떠한 의도도 없이 실험을 진행했는데, 을의 연구는 30여 명의 연구자들의 연구와 달리 신약 B와 콜레스테롤 수치 사이에 유의미한 결과를 산출했다. 이때 을이 평가하고자 하는 통계 가설, 즉 대립가설은 '신약 B는 콜레스테롤 수치를 낮추는 효과가 있다'는 것이다. 그러므로 을과 달리 을 이외의 다른 연구자들의 연구 결과에 따르면 대립가설이 참이라는 것에 대한 유의미한 증거가 있지 않다. 즉, 을의 연구 결과는 우연히 얻게 된 것으로 볼 수 있다. 따라서 ㄱ의 진술처럼 신약 B에 대한 을의 연구 사례는 연구 부정을 범하지 않더라도, 대립가설이 틀렸음에도 불구하고 유의미하다고 판단되는 결과를 우연히 얻을 수 있음을 보여준다.

오답해설

ㄴ. 마지막 문단에 따르면 연구자 갑은 p – 값이 유의수준(0.05)보다 크게 나왔던 30번 정도의 앞선 실험 결과를 폐기하고, 우연히 p – 값이 유의수준보다 작게 나온 실험 결과만을 발표했다. 따라서 신약 A에 대한 갑의 실험 결과가 우연히 나온 것이라는 ㄴ의 진술은 제시문에 대한 분석으로 적절하다. 또한 위 ㄱ의 해설에서 을의 연구 결과는 우연히 얻게 된 것으로 볼 수 있음을 밝혔다. 따라서 신약 B에 대한 을의 실험 결과가 우연히 나온 것이라는 ㄴ의 진술은 〈사례〉에 대한 분석으로 적절하지 않다.

ㄷ. 마지막 문단에 따르면 신약 A에 대한 연구에서 연구자 갑은 30번 정도의 실험에서 모두 0.05의 유의수준보다 큰 p – 값을 얻었다. 그러나 이러한 p – 값들이 유의수준보다 얼마나 더 큰지, 그 분포 범위가 다양한지 등은 제시되어 있지 않기 때문에 알 수 없다. 그러므로 신약 A에 대한 연구 속 30여 개의 실험 결과의 p-값들이 다양하게 분포되어 있다는 ㄷ의 진술의 진위를 알 수 없다. 또한 〈사례〉에 따르면 신약 B에 대한 연구자 을 이외의 30여 명의 연구자들은 모두 0.05의 유의수준보다 큰 p – 값을 얻었다. 그러나 이러한 p – 값들이 유의수준보다 얼마나 더 큰지, p – 값들이 특정한 값 주변에 밀집되어 있는지 등은 제시되어 있지 않기 때문에 알 수 없다. 그러므로 신약 B에 대한 연구 속 30여 개의 실험 결과의 p-값들이 특정한 값 주변에 밀집되어 있을 것이라는 ㄷ의 진술의 진위를 알 수 없다. 따라서 ㄷ의 진술은 제시문과 〈사례〉에 대한 분석으로 적절하지 않다.

합격생 가이드

지문과 〈사례〉에서 연구자 갑이 발표한 연구 결과와 연구자 을이 얻은 연구 결과는 우연히 얻게 된 것이라는 점에서 같으나, 의도성이 있는 갑의 연구 결과와 달리 을이 연구 결과는 의도적이지 않다는 점에서 다르다. 이러한 분석을 통해 ㄱ은 타당하고, ㄴ은 타당하지 않음을 알 수 있다. 따라서 ①~⑤ 중에서 ㄴ이 있는 ②·④·⑤를 제외하면 오답을 선택할 가능성을 줄일 수 있다.

1	2	3	4	5	6	7	8	9	10
②	③	③	①	①	④	⑤	⑤	①	②
11	12	13	14	15	16	17	18	19	20
④	②	⑤	②	④	④	③	⑤	②	④
21	22	23	24	25	26	27	28	29	30
①	③	①	③	⑤	③	④	⑤	②	⑤
31	32	33	34	35	36	37	38	39	40
④	④	①	①	③	⑤	②	⑤	③	②

01 추가로 필요한 자료 정답 ②

| 난도 | 하

정답해설

보고서에는 코로나19 발생 전후의 '갑'지역 택배서비스 월평균 이용건수에 대한 내용이 성별, 연령대별, 거주형태별로 언급되어 있고, '갑'지역 택배서비스 이용건수의 비율에 대한 내용이 유통채널별, 수령방법별로 언급되어 있다. 그러나 제시된 자료에는 성별, 연령대별, 거주형태별에 대한 내용만 있으므로 유통채널별, 수령방법별에 대한 자료가 추가로 필요하다.

오답해설

ㄷ. '갑'지역 택배서비스 이용자의 거주지별 월평균 이용건수는 보고서에 언급된 내용이 아니므로 추가로 필요한 자료가 아니다.

합격생 가이드

추가로 필요한 자료 유형의 문제를 풀기 위해서는 이미 주어진 자료로 보고서의 내용을 작성할 수 있는 경우 추가로 자료가 필요하지 않다는 것을 주의하여야 한다. 그리고 보고서에서 언급되지 않은 내용의 자료를 추가하는 것은 적절하지 않다.

02 매칭형 정답 ③

| 난도 | 중

정답해설

표 1의 빈칸을 채우면 다음과 같다.

(단위 : 백만 톤 CO_2eq.)

구분 \ 국가	A	B	C	D
교통	9.7	5.0	4.0	2.5
주거용 빌딩	14.0	4.5	(3.5)	2.0
상업용 빌딩	17.0	4.5	3.5	2.8
기타	11.0	50.0	6.3	3.5
총배출량	(51.7)	64.0	17.3	(10.8)

우선 값을 쉽게 구할 수 있는 네 번째 조건을 살펴보면, 주거용 빌딩과 상업용 빌딩의 온실가스 배출량의 합이 2.0+2.8=4.8백만 톤 CO_2eq.로 가장 적은 D국이 '을'국이다. 이에 따라 ②와 ④는 답에서 제외된다.

첫 번째 조건에 따라 온실가스 총배출량이 50백만 톤 CO_2eq. 이상인 국가는 A국과 B국이며, 두 국가의 1인당 온실가스 총배출량은 A국이 $\frac{51.7}{9.7}$백만 톤 CO_2eq., B국이 $\frac{64.0}{2.9}$백만 톤 CO_2eq.로 분자가 더 작고 분모가 더 큰 A국이 B국보다 적다. 그러므로 A국은 '갑'국이다. 이에 따라 ⑤는 답에서 제외된다.

세 번째 조건과 관련하여 B국과 C국의 온실가스 총배출량 대비 주거용 빌딩의 온실가스 배출량 비율을 구하면, B국은 $\frac{4.5}{64.0}\times100 ≒ 7\%$인 반면, C국은 $\frac{3.5}{17.3}\times100 ≒ 20\%$로 C국이 B국보다 높다. 그러므로 B국은 '정'국, C국은 '병'국이다.

따라서 A는 '갑', B는 '정', C는 '병', D는 '을'이다.

합격생 가이드

답을 찾기 위해서 주어진 모든 조건을 고려하지 않아도 된다. 우선적으로 네 번째 조건을 통해 D국이 '을'국이라는 것을 알 수 있으므로 D가 '을'이 아닌 선지는 답에서 제외시킬 수 있다. 이어 첫 번째 조건을 통해 A국이 '갑'국이라는 것을 알 수 있으므로 세 번째 조건만 추가로 확인하면, 두 번째 조건은 확인하지 않고도 답을 찾을 수 있다. 또한 배출량이나 비율은 비교하는 값의 차이가 크면 분수비교를 통해서 대소를 판단할 수 있으므로 일일이 계산하지 않아도 된다.

03 전환형 정답 ③

| 난도 | 하

정답해설

두 번째 문단에서 "지역을 대도시, 중소도시, 읍면지역으로 구분하여 살펴보면, 각 지역의 학교에서 개설한 과목 수가 매년 증가하였다."라고 언급되어 있으나 ③의 자료에서는 중소도시의 학교에서 개설한 과목 수가 2022년 1,104개에서 2023년에 1,048개로 감소하였다.

따라서 ③은 보고서의 내용에 부합되지 않는 자료이다.

04 매칭형 정답 ①

| 난도 | 중

정답해설

첫 번째 조건에 따르면, C집단에서 저소음 환경과 고소음 환경에서의 주의력 점수 차이는 남성이 8.3−4.4=3.9점, 여성이 7.9−4.1=3.8점으로 동일하지 않으므로 C집단은 제외되고, 두 번째 조건에 따라 E집단에서는 고소음 환경에서 주의력 점수가 더 높은 성별은 여성이지만 공간지각력 점수가 더 높은 성별은 남성이므로 E집단도 제외된다.

또한 세 번째 조건에 따라 C, E집단을 제외한 나머지 집단들을 비교하면 D집단에서는 저소음 환경에서 여성의 주의력 점수는 6.8점으로, 고소음 환경에서의 여성의 주의력 점수 3.5점의 2배 미만이므로 D집단은 제외된다.

따라서 A집단과 B집단 중 저소음 환경에서 남성은 공간지각력 점수(8.0)가 주의력 점수(7.2)보다 높고 여성은 주의력 점수(6.9)가 공간지각력 점수(6.6)보다 높은 A집단이 네 번째 조건을 만족하므로 모든 조건을 만족하는 집단은 A이다.

05 복수의 표 정답 ①

| 난도 | 중

정답해설

ㄱ. 2021년 상반기 전체 매출액 595,539백만 원의 20%는 595,539×0.2 = 119,107.8백만 원이다. 2021년 상반기 매출액이 119,107.8백만 원 이상인 제조사는 A, B, C로 총 3개이다.

ㄴ. 2022년 하반기에 전년 동기 대비 매출액이 감소한 제조사는 B와 E이다. 감소율은 B제조사가 $\frac{132,807-120,954}{132,807}\times100 ≒ 9\%$인 반면, E제조사가 $\frac{28,876-24,393}{28,876}\times100 ≒ 16\%$이므로 E제조사가 B제조사보다 크다.

따라서 2022년 하반기에 전년 동기 대비 매출액 감소율이 가장 큰 제조사는 E이다.

오답해설

ㄷ. 전년 동기 대비 매출액이 증가한 제조사의 수는 2022년 상반기에는 A, C, D, E로 4개, 2023년 상반기에는 F로 1개이므로 동일하지 않다.

ㄹ. 2023년 상반기 각 제조사의 매출액 중 백화점, 할인점, 체인슈퍼 매출액의 합의 비중이 50% 미만이기 위해서는 제조사의 매출액이 백화점, 할인점, 체인슈퍼 매출액의 합의 2배 이상이어야 한다. 그러나 D제조사의 경우 매출액 79,024백만 원은 백화점, 할인점, 체인슈퍼 매출액의 합 307+22,534+17,482=40,323백만 원의 2배 미만이므로 2023년 상반기 백화점, 할인점, 체인슈퍼 매출액의 합이 제조사 매출액의 50% 이상이다. 따라서 옳지 않은 설명이다.

합격생 가이드

보기에서 묻는 값을 일일이 계산하지 않아도 된다. ㄱ, ㄹ의 경우 제시된 비중 값을 기준으로 쉽게 답을 찾을 수 있다. 특히 ㄹ의 경우는 한 제조사만이라도 구하려고 하는 값이 50% 이상이라면 틀린 보기가 된다.

06 복수의 표 정답 ④

| 난도 | 중

정답해설

ㄴ. '타기관이송' 처리건수가 가장 많은 해는 2017년이다. 정보공개 청구건수 대비 '전부공개' 처리건수의 비율은 정보공개 청구건수가 많을수록, '전부공개' 처리건수가 적을수록 낮다. 2016년과 2017년의 경우 모두 정보공개 청구건수가 '전부공개' 처리건수의 3배 이상이므로 두 해에 모두 해당하는 비율을 구하면 2016년은 $\frac{529}{1,785}\times100 ≒ 29.6\%$이고, 2017년은 $\frac{837}{3,097}\times100 ≒ 27.0\%$이다. 따라서 정보공개 청구건수 대비 '전부공개' 처리건수의 비율이 가장 낮은 해도 2017년이다.

ㄹ. 2021년 '정보통신망'을 제외한 '직접출석, 우편, 팩스, 기타' 청구방법을 통한 정보공개 청구건수가 모두 '전부공개'로 처리되었다고 하여도 '전부공개' 처리건수 중 청구방법이 '정보통신망'인 처리건수는 2,355−(130+65+17+1)=2,142건으로 2,100건 이상이다.

오답해설

ㄱ. 정보공개 청구건수는 2017년 3,097건에서 2018년 2,951건으로 감소하였다.

ㄷ. '비공개' 처리건수와 '취하' 처리건수의 합이 해당 연도 정보공개 청구건수의 20%를 초과하기 위해서는 정보공개 청구건수가 '비공개' 처리건수와 '취하' 처리건수의 합의 5배 미만이어야 한다. 그러나 2016년의 경우 정보공개 청구건수(1,785)가 '비공개' 처리건수와 '취하' 처리건수의 합(215+134=349)의 5배 이상이므로 매년 20%를 초과하지는 않는다.

07 전환형 정답 ⑤

| 난도 | 중

정답해설

2020년의 경우 전체 여행객 중 여행횟수가 3회 이하인 여행객의 비율은 $\frac{6,046+1,395+802}{10,020}\times100 ≒ 82\%$로 ⑤에는 80%로 잘못 표시되어 있다.

합격생 가이드

복잡한 계산 문제는 아니지만, 정답이 맨 마지막에 배치되어 계산이 많아 시간이 꽤 소요될 수 있는 문제이다. 그러나 옳지 않은 자료는 수치가 한 부분만 잘못되어도 다른 수치의 추가 계산 없이 답을 찾을 수 있다.

08 추가로 필요한 자료 정답 ⑤

| 난도 | 하

정답해설

보고서에는 종사상지위별 종사자 수, 사업체 규모별 종사자 수, 입직자 및 이직자 수, 입직유형별 입직자 수에 대한 내용이 언급되어 있다. 그러나 제시된 자료에는 종사상지위별 종사자 수 동향에 대한 내용만 있으므로 사업체 규모별 종사자 수 동향, 입직자 및 이직자 수 동향, 입직유형별 입직자 수 동향에 대한 자료가 추가로 필요하다.

오답해설

ㄴ. 주요산업별 종사자 수 동향은 보고서에 언급된 내용이 아니므로 추가로 필요한 자료가 아니다.

09 단순확인(표 · 그림) 정답 ①

| 난도 | 중

정답해설

ㄱ. '배터리 용량'당 '차량가격'은 $\frac{\text{차량가격}}{\text{배터리 용량}}$으로 '차량가격'이 높을수록, '배터리 용량'이 작을수록 높다. '배터리 용량'이 비슷한 전기차 A, B, E 중 차량가격이 가장 높은 A와 '배터리 용량'이 비슷한 전기차 C, D 중 차량가격이 더 높은 C의 '배터리 용량'당 '차량가격'을 구하면, A는 $\frac{8,469}{75.0}$=112.92만 원/kWh, C는 $\frac{17,700}{112.8} ≒ 156.9$만 원/kWh이므로 '배터리 용량'당 '차량가격'은 C가 가장 높다.

ㄴ. '차량가격'이 가장 낮은 전기차는 B이다. '완충시간' 대비 '배터리 용량'의 비율은 $\frac{\text{배터리 용량}}{\text{완충시간}}$으로 '배터리 용량'이 작을수록, '완충시간'이 길수록 낮다. '배터리 용량'이 비슷한 전기차 A, B, E 중 완충시간이 가장 긴 B와 '완충시간'이 같은 전기차 C, D 중 배터리 용량이 더 작은 D의 '완충시간' 대비 '배터리 용량'의 비율을 구하면, B는 $\frac{77.4}{392}\times100≒20\%$, D는 $\frac{111.5}{420}\times100≒27\%$이므로 '완충시간' 대비 '배터리 용량'의 비율도 B가 가장 낮다.

오답해설

ㄷ. '완충 시 주행거리' 대비 '완충시간'의 비율은 D가 $\frac{420}{447}\times100≒94\%$, E가 $\frac{252}{524}\times100≒48\%$로 D가 E의 2배 미만이다.

ㄹ. '차량가격'은 C>D>A>E>B 순으로 높고, '배터리 용량'은 C>D>B=E>A 순으로 크다.

합격생 가이드

'x당 y' 값, 'x대비 y의 비율'을 비교해야 하는 문제는 전부 계산할 필요 없이 분자와 분모에 대입되는 값을 우선 비교하여 비교 대상을 최소화하면 풀이시간을 단축시킬 수 있다.

10 빈칸형 정답 ②

| 난도 | 중

정답해설

'평가점수=(자산회전지표×1점)+(영업이익지표×2점)'이다. 공공기관 A의 자산회전지표는 0.5이고, 영업이익지표는 $\frac{400}{2,000\times0.5}=0.4$이므로 평가점수는 (0.5×1점)+(0.4×2점)=1.3점, B의 평가점수는 (0.8×1점)+(0.15×2점)=1.1점, C의 평가점수는 1.5점이므로 평가점수는 B가 가장 낮다.

오답해설

ㄱ. 공공기관 A의 매출액은 2,000×0.5=1,000백만 원이고, B의 매출액은 4,000백만 원이다. 공공기관 C의 자산회전지표는 '평가점수(점)=(자산회전지표×1점)+(영업이익지표×2점)' 공식에 대입하여 구하면, 1.5=(자산회전지표×1점)+(0.5×2점) → 자산회전지표=0.5이므로 매출액은 6,000×0.5=3,000백만 원이다. 따라서 매출액은 B가 가장 크다.

ㄴ. 공공기관 A의 영업이익은 400백만 원이고, C의 영업이익은 3,000×0.5=1,500백만 원이므로 영업이익은 C가 A의 4배 미만이다.

합격생 가이드

표에 있는 모든 빈칸의 값을 구할 필요는 없다. 답을 구하는 데 필요한 빈칸의 수치만 구해 답을 도출하여 풀이시간을 단축시킬 수 있다.

11 표와 그림 정답 ④

| 난도 | 하

정답해설

2018~2022년 동안 '전기차'는 2018년 38,523대, 2019년 76,008대, 2020년 119,718대, 2021년 154,014대, 2022년 223,623대로 매년 증가하였으나, '수소차'는 2021년 1,119대에서 2022년 361대로 감소하였다.

오답해설

① 2019년의 전체 친환경차 등록대수는 전년 대비 $\frac{600,648-461,733}{461,733}\times100=\frac{138,915}{461,733}\times100≒30.1\%$ 증가하였다. 2019년 이후에도 $\frac{219,681}{600,648}\times100≒36.6\%$, $\frac{338,758}{820,329}\times100≒41.3\%$, $\frac{430,898}{1,159,087}\times100≒37.2\%$로 매년 30% 이상 증가하였다.

② 2018년 대비 2022년 등록대수의 증가율은 '수소차'가 $\frac{29,623-893}{893}\times100≒3,217\%$로 가장 높다.

③ 친환경차 수출대수는 2018년에 138,216+18,395+38,523+227=195,361대에서 매년 증가하여 2022년에는 284,598+45,140+223,623+361=553,722대가 되었다.

⑤ 표 2에 따라 2019년 '하이브리드차', '플러그인 하이브리드차', '전기차' 각각의 수출액 상위 10개 수출국에 모두 들어가는 국가는 일본, 독일, 벨기에, 영국, 한국으로 5개국이다.

합격생 가이드

우선적으로 계산 과정이 필요 없는 선지부터 확인해보는 것이 중요하다. ④, ⑤는 계산 없이 자료에 나와 있는 내용 확인을 통해서 답을 구할 수 있으므로 ①, ②와 같이 계산이 복잡한 선지로 인해 시간을 소모하지 않을 수 있다.

12 빈칸형 정답 ②

| 난도 | 하

정답해설

'마'사업부 임원의 보수총액 합 3,609+3,069=6,678십만 원의 60%는 6,678×0.6=4,006.8십만 원이다. '마'사업부 임원의 급여 합은 1,933+1,643=3,576십만 원이므로 '마'사업부 임원의 보수총액 합에서 차지하는 비중은 60% 미만이다.

오답해설

① C와 D를 제외한 다른 임원들의 보수총액 순위와 상여 순위는 같으나, C와 D의 보수총액 순위와 상여 순위는 바뀌었다. C는 보수총액이 세 번째로 많고 상여가 네 번째로 많으며, D는 보수총액이 네 번째로 많고 상여가 세 번째로 많다.

③ 사업부별 임원 수는 '가'가 1명, '나'가 2명, '다'가 2명, '라'가 1명, '마'가 2명, '바'가 1명, '사'가 1명이다. 임원이 2명인 사업부를 제외하고 임원이 1명인 사업부를 비교하면, 임원 1인당 보수총액이 가장 적은 사업부는 '사'이고, 임원 1인당 급여가 가장 적은 사업부는 '라'이다. 임원이 2명인 '나', '다', '마'사업부는 임원 1인당 보수총액과 급여가 각각 '사', '라'사업부보다 많으므로 임원 1인당 보수총액이 가장 적은 사업부와 임원 1인당 급여가 가장 적은 사업부는 일치하지 않는다.

④ 보수총액에서 상여가 차지하는 비중이 가장 큰 임원은 상여가 급여의 2배 이상인 D이다.

⑤ 미등기 임원 A, D, G, H, J의 급여 합은 2,700+1,130+1,633+1,626+2,176=9,265십만 원으로 전체 급여 19,317십만 원의 50%인 19,317×0.5=9,658.5십만 원보다 적다. 따라서 미등기 임원의 급여 합은 등기 임원의 급여 합보다 적다.

13 복수의 표 정답 ⑤

| 난도 | 중

정답해설

경영주 연령대가 30대 이하인 농가수가 1995년 대비 2020년에 95% 이상 감소했다면, 5% 이하가 남아 있다는 의미이다. 2020년 30대 이하 농가수 1,567가구는 1995년 30대 이하 농가수 23,891가구의 5%인 23,891×0.05≒1,194가구 이상이다. 따라서 경영주 연령대가 30대 이하인 농가수는 1995년 대비 2020년에 95% 미만으로 감소하였다.

오답해설

① 1995년 대비 2020년 가구원수별 농가수 증감률은 1995년 농가수가 많을수록, 1995년 농가수와 2020년 농가수의 차이가 적을수록 작다. '5인 이상'을 제외하고, 1995년 농가수는 '2인'이 가장 많고, 1995년 농가수와 2020년 농가수의 차이는 '1인'이 가장 적으나 1995년 농가수가 '2인'이 '1인'의 3배 이상이기 때문에 1995년 대비 2020년 가구원수별 농가수 증감률은 '2인'이 가장 작다.

② 조사연도에서 '3인' 농가수가 그 외 농가수 합의 25% 이하이기 위해서는 분모인 전체 농가수와 '3인' 농가수의 차이가 분자인 '3인' 농가수의 4배 이상이어야 한다. 따라서 매 조사연도에서 '3인' 농가수는 그 외 농가수 합의 25% 이하이다.

③ 2000년 전체 농가 가구원수는 152,257×3.2≒487,222명으로 2020년 전체 농가 가구원수 100,362×2.3≒230,832명의 2배 이상이다.

④ 2020년 전체 농가수 100,362가구 중 경영주 연령대가 40대 이하인 농가수가 차지하는 비중이 10% 이하이려면 40대 이하인 농가수가 10,036가구 이하여야 한다. 2020년 경영주 연령대가 40대 이하인 농가수는 1,567+7,796=9,363가구이므로 전체 농가수에서 차지하는 비중은 10% 이하이다.

14 표와 그림 정답 ②

| 난도 | 중

정답해설

ㄱ. 2023년 응모인원 대비 수상인원은 초등부가 $\frac{88}{502}$≒0.18명, 중등부가 $\frac{59}{446}$≒0.13명, 고등부가 $\frac{68}{624}$≒0.11명으로 초등부가 가장 많다.

ㄷ. 응모인원의 부문별 구성비가 동일하다면, 전체 응모인원의 감소율과 중등부 응모인원의 감소율이 동일하다. 2023년 대비 2020년의 응모인원은 50%의 감소율을 나타내므로 중등부 응모인원도 50%의 감소율을 나타내야 한다. 따라서 2020년 중등부 응모인원은 446×0.5=223명으로 200명 이상이다.

오답해설

ㄴ. 3명으로 구성된 초등부 수상팀 수를 최대로 만들려면 우선 모든 초등부 수상팀의 인원을 1명씩으로 가정해 보면 된다. 초등부 수상팀은 56개 팀이므로 수상인원은 56명이 되므로 32명이 남는다. 따라서 3명으로 구성된 팀을 가장 많게 만들면 16개 팀이 된다.

ㄹ. 2019년 응모인원의 3배는 820×3=2,460명이다. 2024년에 2023년 응모인원 1,572명에서 30% 증가한다면, 1,572×1.3≒2,043명이 되므로 2,460명을 초과하지 못한다. 따라서 2025년도에 처음으로 2019년 응모인원의 3배를 초과하게 된다.

15 표와 그림 정답 ④

| 난도 | 중

정답해설

'가', '바', '사'구역은 정비구역으로 빈집의 활용이 불가능하며, '라', '자'구역의 빈집은 공가기간이 20년 이하이나 두 구역의 빈집 모두 건축물 연령이 30년을 초과하여 건축구조의 사용연한을 초과했으므로 활용이 불가능하다. 각 구역에는 빈집이 1개씩만 존재하므로 활용이 가능한 빈집은 '나', '다', '마', '아'구역에 있는 4개이다.

오답해설

①·②·⑤ '가', '바', '사'구역은 정비구역으로 빈집의 철거가 불가능하며, '나', '다', '마', '아'구역의 빈집은 공가기간이 20년 이하이나 네 구역의 빈집 모두 건축물 연령이 건축구조의 사용연한 이하이므로 철거가 불가능하다. 각 구역에는 빈집이 1개씩만 존재하므로 철거가 가능한 빈집은 '라', '자'구역에 있는 2개이다.

③ '다'구역의 빈집은 공가기간이 20년 이하이고, 건축물 연령이 철골구조의 사용연한인 40년 이하이므로 활용이 가능하다.

16 복수의 표 정답 ④

| 난도 | 중

정답해설

ㄱ. 평가방법 A, B를 적용했을 때 각 승진후보자의 평정점수는 다음과 같다.

(단위 : 점)

승진후보자 \ 연도	2023		2022		2021	
평가방법	A	B	A	B	A	B
정숙	42.5	51.0	19.5	26.0	13.0	0.0
윤호	35.0	42.0	25.5	34.0	15.0	0.0
찬희	37.5	45.0	22.5	30.0	13.0	0.0
상용	40.0	48.0	18.0	24.0	13.0	0.0

- 정숙 : 75.0(=42.5+19.5+13.0)<77.0(=51.0+26.0)
- 윤호 : 75.5(=35.0+25.5+15.0)<76.0(=42.0+34.0)
- 찬희 : 73.0(=37.5+22.5+13.0)<75.0(=45.0+30.0)
- 상용 : 71.0(=40.0+18.0+13.0)<72.0(=48.0+24.0)

따라서 모든 승진후보자의 평정점수는 평가방법 A를 적용할 때보다 평가방법 B를 적용할 때가 더 높다.

ㄷ. '상용'의 2023년 근무성적점수만 90점으로 변경된다면, 평정점수는 평가방법 A를 적용했을 때는 76점, 평가방법 B를 적용했을 때는 78점, 평가방법 C를 적용했을 때는 90점이 되어 평가방법 A~C 중 어떤 평가방법을 적용하더라도 '상용'이 승진대상자가 된다.

오답해설

ㄴ. 평가방법 A를 적용할 때는 윤호가 승진대상자이다. 평가방법 C를 적용할 때는 2023년의 평정점수가 전체 평정점수와 같으므로 85점으로 가장 높은 정숙이 승진대상자가 된다.

17 매칭형 정답 ③

| 난도 | 중

정답해설

매년 교육시간이 감소하는 교육방법은 B, C, '역할연기'이므로 첫 번째 정보에 따라 B와 C는 각각 '강의'와 '실습' 중 하나이다. 이에 따라 ①, ④는 답에서 제외된다. 2023년 전체 교육시간 중 교육방법별 교육시간 비중이 전년 대비 감소한 교육방법은 교육시간의 전년 대비 감소율이 큰 A와 역할연기이므로 두 번째 정보에 따라 A는 '분임토의'이다. 이에 따라 ⑤는 답에서 제외된다. 세 번째 정보에 따르면 2023년 교육시간의 전년 대비 감소율이 세 번째로 큰 교육방법은 '실습'이므로 B와 C의 2023년 교육시간의 전년 대비 감소율 중 더 큰 값을 갖는 교육방법이 '실습'이 된다. 2023년 교육시간의 전년 대비 감소율은 B가 $\frac{2,614-2,394}{2,614}\times100 ≒ 8.4\%$, C가 $\frac{204-191}{204}\times100 ≒ 6.4\%$이므로 B는 '실습', C는 '강의'이다.

따라서 A는 '분임토의', B는 '실습', C는 '강의', D는 '현장체험'이다.

18 단순확인(표 · 그림) 정답 ⑤

| 난도 | 중

정답해설

7~12월 전월 대비 증감 방향은 '교육' 전력판매 단가가 '증가 – 증가 – 감소 – 감소 – 증가 – 감소'이고, '산업' 전력판매 단가가 '증가 – 증가 – 감소 – 증가 – 증가 – 감소'로 10월의 전월 대비 증감 방향이 다르다.

오답해설

① 7~12월 전력판매 단가는 '농사'가 매월 가장 낮고, '일반'이 매월 가장 높은 것을 자료를 통해 쉽게 알 수 있다.

② 2월 '주택' 전력판매 단가의 60%는 $118.9\times0.6=71.34$원/kWh로 2월 '심야' 전력판매 단가 75.3원/kWh는 2월 '주택' 전력판매 단가의 60% 이상이다.

③ 11월 '교육' 전력판매 단가의 전월 대비 증가율은 $\frac{125.2-110.8}{110.8}\times100 ≒ 13.0\%$로, 4월 '가로등' 전력판매 단가의 전원 대비 증가율 $\frac{121.3-114.3}{114.3}\times100 ≒ 6.1\%$의 2배 이상이다.

④ 매월 '주택' 전력판매 단가가 '농사'의 1.5배 이상인 것을 자료를 통해 쉽게 알 수 있다.

19 공식 · 조건 정답 ②

| 난도 | 중

정답해설

ㄴ. A의 경우 세입총계에서 자주재원이 차지하는 비중은 $\frac{1,240}{9,966}\times100\%$로 약 12%이다. 세입총계에서 자주재원이 차지하는 비중은 '재정자주도 – 재정자립도'와 같으므로, B의 경우는 $69.67-27.70=41.97\%$이다. 따라서 세입총계에서 자주재원이 차지하는 비중은 A가 B보다 작다.

ㄷ. C의 재정자립도는 21.38%, 재정자주도는 $\frac{1,444+3,371}{6,754}\times100 ≒ 71.29\%$이고, D의 재정자립도는 22.44%, 재정자주도는 65.17%이므로 C는 D보다 재정자립도는 낮고 재정자주도는 높다.

오답해설

ㄱ. 지방자치단체의 재정자주도는 A가 $\frac{5,188+1,240}{9,966}\times100 ≒ 64.50\%$, C가 $\frac{1,444+3,371}{6,754}\times100 ≒ 71.29\%$로 A가 C보다 낮다.

ㄹ. B의 세입총계에서 자주재원이 차지하는 비중은 $\frac{\text{자주재원}}{10,080}\times100=41.97\%$이므로 자주재원은 약 4,230억 원이다. 따라서 자주재원은 B가 가장 많다.

20 공식 · 조건 정답 ④

| 난도 | 중

정답해설

계량기 불감수율이 가장 높은 도시는 B이다. 유효무수율은 '무수율 – 누수율'로 $9.9-4.5=5.4\%$인 C도시가 가장 높다.

오답해설

① 누수율이 가장 높은 도시는 A로, 유효무수율이 $5.8-5.4=0.4\%$로 가장 낮다.

② 부정사용률은 제시된 공식을 통해 다음과 같이 구할 수 있다.

부정사용률

=유효무수율 – 계량기 불감수율 – 수도사업 용수량 비율

=무수율 – 누수율 – 계량기 불감수율 – 수도사업 용수량 비율

유수율이 가장 낮은 도시는 C로 부정사용률은 $9.9-4.5-2.3-0.1=3.0\%$이고, 유수율이 세 번째로 높은 도시는 E로 부정사용률은 $6.2-4.2-1.9-0.1=0\%$이다. 따라서 유수율이 가장 낮은 도시의 부정사용률은 유수율이 세 번째로 높은 도시의 부정사용률보다 높다.

③ 무수율과 부정사용률의 차이는 '누수율 + 계량기 불감수율 + 수도사업 용수량 비율'과 같다. 따라서 무수율과 부정사용률의 차이가 $5.1+3.8+0.1=9.0\%$로 가장 큰 도시는 G이다.

⑤ 무수율이 가장 높은 도시는 C로, 부정사용률이 $9.9-4.5-2.3-0.1=3.0\%$로 가장 높다.

21 매칭형 정답 ①

| 난도 | 중

정답해설

두 번째 조건과 관련된 '된장'은 자료에 따를 때 A~E 중 하나이다. A~E 중 2023년 수입금액(=수입중량×수입단가)이 가장 낮은 품목은 수입중량이 가장 적고, 수입단가가 상대적으로 낮은 D이므로 D는 '된장'이다. 이에 따라 ⑤는 답에서 제외된다. 네 번째 조건에 따라 2023년 수입중량이 2,000톤 이상인 품목은 '김치', '설탕', '식용유'이다. 자료에서 2023년 수입중량이 2,000톤 이상인 품목은 C, E, '김치'이므로 C와 E는 각각 '설탕'과 '식용유' 중 하나이다. 이에 따라 ③은 답에서 제외된다. 세 번째 조건에 따라 2022년 수입단가가 2,000원/kg 이상인 품목은 '고춧가루', '두부', '식용유'이다. C는 2023년 수입단가가 전년 대비 증가했으므로 2022년 수입단가는 2,000원/kg 이상이 아니다. 이에 따라 C는 '설탕', E는 '식용유'이고, 2022년 수입단가가 2,000원/kg 이상인 품목 중 하나인 B는 '고춧가루'이다. 이에 따라 답은 ①이 되어 A는 '간장'이다.

따라서 A는 '간장', B는 '고춧가루', C는 '설탕', D는 '된장', E는 '식용유'이다.

합격생 가이드

품목을 확정지을 수 있는 조건을 우선적으로 판단하면 모든 조건을 고려하지 않아도 된다. 두 번째 조건은 '된장' 한 품목에 대한 조건이므로 '된장'이 A~E 중 어떤 품목에 해당되는지 쉽게 파악할 수 있다. 또한 세 번째, 네 번째 조건은 첫 번째 조건과 달리 자료에 제시되어 있는 품목인 '두부', '김치'가 포함되어 있으므로 첫 번째 조건을 고려하지 않아도 답을 찾을 수 있다.

22 매칭형 정답 ③

| 난도 | 중

정답해설

표 2의 양육자의 정신건강 문제 유형 A~D에 대한 내용은 보고서의 두 번째 문단에 나와 있다. 두 번째 문단의 세 번째 줄에 언급된 "모든 문제 유형 중 '섭식문제'의 발생 비율이 가장 낮았다."의 내용에 따라 D는 '섭식문제'이다. 네 번째 줄부터 언급된 "양육자 성별에 따른 정신건강 문제 발생 비율 차이는 '불면증'이 '우울'보다 컸다."는 두 가지를 비교하는 형태로 유형을 확정지을 수 없으므로 다음에 언급되는 내용을 파악하면 된다. 여섯 번째 줄부터 언급된 "일례로 '우울' 발생 비율은 '배우자와 함께 육아 참여'일 때가 '양육자 혼자 육아 참여'일 때보다 14.1%p 낮게 나타났다."를 통해 A가 '우울'인 것을 알 수 있으므로 답은 ①과 ③ 중 하나이다. 마지막으로 아홉 번째 줄부터 언급된 "그중 '불안'과 '섭식문제'의 발생 비율은 각각 고위험군이 저위험군의 5배 이상이었다."의 내용에 해당하는 유형은 B와 D(섭식문제)이므로 B는 '불안'이다. 이에 따라 ③이 답이 된다.
따라서 A는 '우울', B는 '불안', C는 '불면증', D는 '섭식문제'이다.

23 추가로 필요한 자료 정답 ①

| 난도 | 하

정답해설

보고서에서는 2022년 '갑'시 양육자의 성별 및 연령대별 양육 스트레스, 자녀 연령별 양육 스트레스, 가구 월평균 소득 구간별 양육 스트레스에 대한 내용이 언급되어 있다. 그러나 제시된 자료에는 양육자의 성별 및 연령대별 양육 스트레스에 대한 내용만 있으므로 자녀 연령별 양육 스트레스, 가구 월평균 소득 구간별 양육 스트레스에 대한 자료가 추가로 필요하다.

오답해설

ㄷ · ㄹ. 2022년 '갑'시 양육자의 경제활동 여부별 양육 스트레스와 자녀수별 양육 스트레스 점수는 보고서에 언급된 내용이 아니므로 추가로 필요한 자료가 아니다.

24 전환형 정답 ③

| 난도 | 중

정답해설

ㄱ. 연도별 지주회사 수에 대한 내용은 보고서의 두 번째 문단에 언급되어 있다. 2017년 지주회사 수 193개의 90%는 193×0.9≒173개이다. 2018년 이후 지주회사 수는 2017년 지주회사 수의 90% 이하를 유지하고 있다. 또한 2022년 지주회사 수는 168개로 2021년 164개에서 증가하였다.

ㄹ. 자산규모별 지주회사 수에 대한 내용은 보고서의 마지막 문단에 언급되어 있다. 2022년 자산규모 1천억 원 이상 5천억 원 미만인 지주회사 수는 2017년 대비 31개 감소하였다. 이는 2017년 지주회사 수 97개의 30%인 97×0.3=29.1개 이상이다. 또한 2022년 자산규모 5천억 원 이상인 지주회사 수는 2017년 대비 4개 증가하였다. 이는 2017년 지주회사 수인 12개의 30%인 12×0.3=3.6개 이상이다.

오답해설

ㄴ. 지주회사의 평균 소속회사 수 추이에 대한 내용은 보고서의 세 번째 문단에 언급되어 있다. 자, 손자, 증손 회사 각각 2017년 이후 매년 증가하였다고 했으나 보기의 증손 회사 수는 매년 증가하지 않으므로 보고서의 내용에 부합하지 않는 자료이다.

ㄷ. 연도별 지주회사 편입률에 대한 내용은 보고서의 두 번째 문단에 언급되어 있다. 2022년에는 지주회사의 전체 계열사 1,281개 중 915개가 지주회사 체제 안에 편입되어 있는 것으로 나타났다고 했으므로 지주회사 편입률은 $\frac{915}{1,281}$×100≒71.4%이다. 그러나 보기에는 2022년도의 지주회사 편입률이 78.7%로 나와 있으므로 보고서의 내용에 부합하지 않는 자료이다.

25 단순확인(표 · 그림) 정답 ⑤

| 난도 | 중

정답해설

수상률 하위 2개 공모전은 각각 응모작품 수가 수상작품 수의 30배 이상, 10배 이상인 '청렴사회'와 '적극행정 홍보'이다. 두 공모전의 상금총액 합은 4,980+730=5,710만 원으로 6,000만 원 이하이다.

오답해설

① 수상작품 수가 50개 미만인 공모전에서 '평화통일'과 '평등가족 실천'의 경우 수상작품 수는 21개로 가장 많으나 상금총액은 다르다.

② '문화 다양성' 공모전의 수상률은 $\frac{13}{79}$×100≒16.5%이다. 그러나 '평화정책' 공모전의 경우는 수상률이 $\frac{65}{368}$×100≒17.7%로 '문화 다양성' 공모전의 수상률보다 높다.

③ 공모전 전체 상금총액 19,430만 원은 '평화통일' 상금총액 4,500만 원의 4배 이상이므로 공모전 전체 상금총액 중 '평화통일' 상금총액이 차지하는 비중은 25% 미만이다.

④ 상금총액 대비 응모작품 수 비율은 상금총액이 응모작품 수의 약 3배인 '청렴사회' 공모전이 가장 높고, 두 번째로 높은 공모전은 상금총액이 응모작품 수의 약 5배인 '적극행정 홍보' 공모전이다. '적극행정 홍보'의 수상작품 수는 20개 미만이다.

26 전환형 정답 ③

| 난도 | 중

정답해설

ㄱ. 자료를 통해 쉽게 알 수 있다.

ㄴ. 연도별 전체 연안사고 건수 중 음주로 인한 연안사고 건수 비중은 다음과 같다.

- 2017년 : $\frac{91}{698}\times100\fallingdotseq13.0\%$
- 2018년 : $\frac{108}{759}\times100\fallingdotseq14.2\%$
- 2019년 : $\frac{79}{721}\times100\fallingdotseq11.0\%$
- 2020년 : $\frac{89}{602}\times100\fallingdotseq14.8\%$
- 2021년 : $\frac{79}{717}\times100\fallingdotseq11.0\%$
- 2022년 : $\frac{72}{575}\times100\fallingdotseq12.5\%$

따라서 옳은 자료이다.

ㄷ. 2021년 연안사고 건수의 원인별 구성비는 다음과 같다.

- 기상불량 : $\frac{18}{717}\times100\fallingdotseq2.5\%$
- 부주의 : $\frac{426}{717}\times100\fallingdotseq59.4\%$
- 수영미숙 : $\frac{21}{717}\times100\fallingdotseq2.9\%$
- 안전미준수 : $\frac{13}{717}\times100\fallingdotseq1.8\%$
- 음주 : $\frac{79}{717}\times100\fallingdotseq11.0\%$
- 조석미인지 : $\frac{90}{717}\times100\fallingdotseq12.6\%$
- 기타 : $\frac{70}{717}\times100\fallingdotseq9.8\%$

따라서 옳은 자료이다.

오답해설

ㄹ. 2021년 '조석미인지' 전년 대비 증가율의 경우를 보면, 연안사고 건수가 2020년 83건에서 2021년에 90건으로 7건밖에 증가하지 않았으므로 32.3%는 잘못된 수치이다.

27 표와 그림 정답 ④

| 난도 | 하

정답해설

A~E국의 가중치를 곱한 평가항목별 평가 점수의 합은 다음과 같다.

(단위 : 점)

구분 / 국가	평가 점수			
	농업종사자 수	1인당 국내총생산	옥수수 경작면적당 생산량	합계
A	6	3	3	12
B	4	2	6	12
C	4	3	6	13
D	2	3	9	14
E	2	1	3	6

따라서 합산 점수가 가장 높은 국가는 D이다.

28 단순확인(표 · 그림) 정답 ⑤

| 난도 | 중

정답해설

ㄴ. 복숭아와 단감은 2020년 생산량이 2021년 생산량의 전년 대비 감소폭의 3배 미만이므로 다른 과일보다 증감률이 크다. 따라서 두 과일의 감소율을 비교하면, 복숭아는 $\frac{89}{224}\times100\fallingdotseq39.7\%$, 단감은 $\frac{82}{236}\times100\fallingdotseq34.7\%$이므로 6대 과일 중 2021년 생산량의 전년 대비 증감률이 가장 큰 과일은 복숭아이다.

ㄷ. 6대 과일 생산액의 합에서 배의 생산액이 차지하는 비중이 10% 이상이기 위해서는 6대 과일 생산액의 합이 배 생산액의 10배 이하여야 한다. 따라서 6대 과일 생산액의 합에서 배의 생산액이 차지하는 비중이 10% 이상인 연도는 2019년, 2020년, 2021년, 2022년으로 4개이다.

오답해설

ㄱ. 2022년 재배면적당 생산액은 복숭아가 $\frac{456}{16.7}\fallingdotseq27.3$십억 원/천 ha, 감귤이 $\frac{637}{21.3}\fallingdotseq29.9$십억 원/천 ha로 복숭아가 감귤보다 적다.

29 전환형 정답 ②

| 난도 | 중

정답해설

ㄱ. 연도별 사과 재배면적당 생산량은 다음과 같다.

- 2019년 : $\frac{489}{29.1}\fallingdotseq16.8$톤/ha
- 2020년 : $\frac{368}{26.9}\fallingdotseq13.7$톤/ha
- 2021년 : $\frac{460}{31.0}\fallingdotseq14.8$톤/ha
- 2022년 : $\frac{583}{31.6}\fallingdotseq18.4$톤/ha
- 2023년 : $\frac{422}{31.6}\fallingdotseq13.4$톤/ha

따라서 옳은 자료이다.

ㄹ. 자료를 통해 쉽게 알 수 있다.

오답해설

ㄴ. 감귤과 복숭아의 연도별 생산량은 옳게 표시되어 있으나, 배는 포도의 연도별 생산량으로 잘못 표시되어 있다.

ㄷ. 2022년 전체 과일 생산액 중 복숭아 생산액의 비중은 $\frac{456}{4,159}\times100\fallingdotseq11.0\%$로 보기에는 10.2%로 잘못 표시되어 있다.

30 공식 · 조건 정답 ⑤

| 난도 | 중

정답해설

ㄱ. 10위 밑으로 장르가 '액션'인 드라마가 있더라도 시청점유율이 1.9%보다는 낮으므로 장르가 '액션'인 드라마 시청점유율의 평균은 2% 이하일 수밖에 없다.

ㄷ. 1위~10위 드라마의 시청점유율 총합은 39.15+11.1+9.9+4.2+3.6+2.9+2.5+2.4+2.3+1.9=79.95%이므로 10위 밑 드라마들의 시청점유율 총합은 100−79.95=20.05%이다. 10위 드라마의 시청점유율은 1.9%이므로 10위 밑 드라마들의 시청점유율은 모두 1.9% 이하이다. 따라서 적어도 11개의 드라마가 더 있어야 하므로 드라마 수는 21개 이상이다.

ㄹ. 해당 드라마 시청자 수는 제시된 공식을 통해 다음과 같이 구할 수 있다.

$$\text{해당 드라마 시청자 수}=\frac{\text{전체 시청자의 해당 드라마 시청시간 총합}}{\text{1인당 시청시간(분)}}$$

전체 시청자의 해당 드라마 시청시간 총합 대신 '시청점유율(%)×전체 시청자의 드라마 시청시간 총합'을 위의 공식에 대입하면 다음과 같다.

해당 드라마 시청자 수

$$=\frac{\text{시청점유율(\%)}\times\text{전체 시청자의 드라마 시청시간 총합}}{\text{1인당 시청시간(분)}}$$

전체 시청자의 드라마 시청시간 총합은 모든 드라마에서 같으므로 $\frac{\text{시청점유율(\%)}}{\text{1인당 시청시간(분)}}$의 값을 비교하면 된다. 따라서 5위 드라마의 경우는 $\frac{3.6\%}{89}≒0.04\%$, 8위 드라마의 경우는 $\frac{2.4\%}{30}=0.08\%$로, 5위 드라마의 시청자 수는 8위 드라마 시청자 수보다 적다.

오답해설

ㄴ. 1위~10위 드라마 중 제작사가 '퍼시픽'인 드라마의 시청점유율 총합은 3.6+2.5+2.4=8.5%, 제작사가 '폭풍'인 드라마의 시청점유율 총합은 4.2+2.3+1.9=8.4%이고, 1위~10위 드라마의 시청점유율 총합은 39.15+11.1+9.9+4.2+3.6+2.9+2.5+2.4+2.3+1.9=79.95%이다. 만약 10위 밑의 모든 드라마의 제작사가 '폭풍'이라면, 10위 밑 드라마들의 시청점유율 총합은 100−79.95=20.05%이므로 제작사가 '폭풍'인 드라마의 시청점유율 총합은 8.4+20.05=28.45%가 된다. 따라서 이 경우에는 제작사가 '퍼시픽'인 드라마의 시청점유율 총합이 제작사가 '폭풍'인 드라마의 시청점유율 총합보다 낮다.

31 공식 · 조건 정답 ④

| 난도 | 상

정답해설

ㄱ. 연금 계좌 수는 제시된 공식을 통해 다음과 같이 구할 수 있다.

가입률+중복 가입률

$$=\frac{\text{(연금 가입자 수+연금 계좌를 2개 보유한 연금 가입자 수)}}{\text{인구}}\times100$$

$$=\frac{\text{연금 계좌 수}}{\text{인구}}\times100$$

$$\rightarrow \text{연금 계좌 수}=\text{(가입률+중복 가입률)}\times\frac{\text{인구}}{100}$$

따라서 2017년 연금 계좌 수는 $(69.8+28.0)\times\frac{31,354}{100}≒30,664$천 개로 전년 연금 계좌 수 30,265천 개보다 증가하였다.

ㄷ. 2019년의 연금 가입자 수는 연금 계좌 수에서 연금 계좌를 2개 보유한 연금 가입자 수를 뺀 값이므로 $31,538-30\times\frac{30,915}{100}≒22,263$천 명이다. 2020년 연금 가입자 수는 전년 대비 23,793−22,263=1,530천 명 증가하였고, 2019년 연금 가입자 수 22,263천 명의 5%는 22,263×0.05≒1,113천 명이므로 2020년 연금 가입자 수는 전년 대비 5% 이상 증가하였다.

ㄹ. '$\text{중복 가입률}=\frac{\text{연금 계좌 수}}{\text{인구}}\times100-\text{가입률}$'로 구할 수 있다. 2021년 중복 가입률은 $\frac{33,458}{30,128}\times100-78.8≒32.3\%$, 2020년 중복 가입률은 $\frac{33,459}{30,590}\times100-77.8≒31.6\%$이므로 2021년 중복 가입률은 전년보다 증가하였다.

오답해설

ㄴ. 2018년의 중복 가입률은 $\frac{\text{연금 계좌 수}}{\text{인구}}\times100-\text{가입률}=\frac{31,432}{31,183}\times100-71.5≒29.3\%$로, 2019년의 중복 가입률 30.0%와의 차이는 1%p 미만이다.

합격생 가이드

제시된 공식에 '연금 계좌 수'라고 언급된 부분이 없으므로 가입률과 중복 가입률의 의미를 정확히 파악하여 제시된 공식을 통해 '연금 계좌 수'를 구하는 공식을 도출해야 한다. 가입률과 중복 가입률에 대한 의미를 정확히 파악하지 못하면 공식을 구하는 과정이 쉽지 않으므로 난도가 높은 문제이다.

32 복수의 표 정답 ④

| 난도 | 중

정답해설

3~6월의 우럭의 도매단가 대비 소매단가 비율을 구하면 다음과 같다.

- 3월 : $\frac{28,500}{17,700}\times100≒161.0\%$
- 4월 : $\frac{26,000}{16,000}\times100=162.5\%$
- 5월 : $\frac{25,250}{14,500}\times100≒174.1\%$
- 6월 : $\frac{22,100}{12,250}\times100≒180.4\%$

따라서 우럭의 도매단가 대비 소매단가 비율은 매월 증가하였다.

오답해설

① 우럭 소매단가의 전월 대비 감소율은 전월 소매단가가 가장 낮고 전월 대비 감소폭이 가장 큰 6월이 가장 크다. 광어의 소매단가는 전월 대비 감소폭이 4월이 가장 크나 전월 소매단가는 6월이 가장 낮으므로 4월과 6월의 감소율을 비교하면, 4월은 $\frac{32,500-28,500}{32,500}\times100≒12.3\%$, 6월은 $\frac{26,250-24,000}{26,250}\times100≒8.6\%$이다. 따라서 광어의 소매단가의 전월 대비 감소율은 4월이 가장 크다.

② 3월에서 4월로 갈 때는 3개 어종 모두 어획량이 증가하였다. 4월에서 5월로 갈 때는 광어의 어획량은 증가하였으나 우럭과 고등어의 어획량은 감소하였는데, 우럭과 고등어 어획량의 감소량 합이 광어 어획량의 증가량보다 많으므로 3개 어종 어획량의 합은 매월 증가하지는 않았다.

③ 조업선박 1척당 3개 어종 어획량의 합은 3월이 $\frac{10,203+5,410+21,910}{45}$ ≒833.8kg/척, 6월이 $\frac{17,800+6,750+24,051}{70}$=694.3kg/척이다. 3월과 6월의 조업선박 1척당 3개 어종 어획량의 합의 차이인 833.8−694.3=139.5kg/척은 833.8kg/척의 20%인 833.8×0.2=166.76kg/척보다 적으므로 3월과 비교해 6월에 20% 미만 감소하였다.

⑤ 6월에는 고등어 어획량(24,051kg)이 우럭과 광어의 어획량 합(17,800+6,750=24,550kg)보다 적다.

33 표와 그림 정답 ①

| 난도 | 중

정답해설

ㄱ. 교통사고 발생건수의 단위는 '천 건'이고, 사망자 수의 단위는 '백 명'이므로 단위를 통일하여 연도별로 교통사고 발생건수당 사망자 수를 구하면 다음과 같다.

- 2020년 : $\frac{46.2}{2,320}$≒0.0199명
- 2021년 : $\frac{42.9}{2,208}$≒0.0194명
- 2022년 : $\frac{39.9}{2,171}$≒0.0184명
- 2023년 : $\frac{37.8}{2,159}$≒0.0175명

따라서 2020~2023년 교통사고 발생건수당 사망자 수는 매년 감소하였고, 2023년 교통사고 발생건수 100건당 사망자 수는 0.0175×100=1.75명으로 1.8명 이하였다.

ㄴ. 연도별로 부상자 수 중 중상자의 비율을 구하면 다음과 같다.

- 2020년 : $\frac{925.2}{3,504}$×100≒26.4%
- 2021년 : $\frac{824.7}{3,317.2}$×100≒24.9%
- 2022년 : $\frac{782.1}{3,228.3}$×100≒24.2%
- 2023년 : $\frac{742.5}{3,230.3}$×100≒23.0%

따라서 2020~2023년 부상자 수 중 중상자 수의 비율은 매년 감소하였고, 2023년에는 25% 이하였다.

오답해설

ㄷ. 교통사고 발생건수는 매년 감소하고, 특별광역시도의 교통사고 발생건수의 비율은 2022년까지만 증가한다. 그러므로 2020~2022년까지의 특별광역시도 교통사고 발생건수를 구하면 다음과 같다.

- 2020년 : 232.0×0.394=91.408천 건
- 2021년 : 220.8×0.397=87.6576천 건
- 2022년 : 217.1×0.406=88.1426천 건

따라서 특별광역시도의 교통사고 발생건수는 2022년에 증가했으므로 매년 감소하지는 않았다.

ㄹ. 2022년과 2023년 일반국도의 교통사고 발생건수 비율은 8%로 같고, 발생건수는 두 해 모두 200,000건을 넘었으므로 일반국도의 교통사고 발생건수는 200,000×0.08=16,000건을 넘었다.

34 공식 · 조건 정답 ①

| 난도 | 중

정답해설

제시된 공식을 변형하면 '소득=$\frac{소득률(\%)}{100}$×총수입'이다. 2018년 소득은 $\frac{59.5}{100}$×1,178,214≒701,037백만 원이므로 전년 대비 $\frac{701,037-541,450}{541,450}$×100≒29.5%, 즉 25% 이상 증가하였다.

오답해설

② 2019년 소득은 667,350백만 원으로 2018년 소득 701,037백만 원보다 적으므로 소득은 매년 증가하지는 않았다.

③ 2017년 경영비 433,103백만 원에서 20% 증가한다면, 433,103×1.2=519,723.6백만 원으로 2021년 경영비 508,375백만 원을 넘는다. 따라서 2017년 대비 2021년 경영비 증가율은 20% 미만이다.

④ '경영비=총수입−소득'이므로 2019년 경영비는 1,152,580−667,350=485,230백만 원이다. 따라서 2020년 총수입은 전년 대비 증가했으나 경영비는 전년 대비 감소하였다.

⑤ 총수입의 전년 대비 증가율이 가장 낮은 해는 $\frac{856,165-993,903}{993,903}$×100≒−13.8%로 2016년이고, 소득의 전년 대비 감소폭이 가장 큰 해는 785,867−605,615=180,252백만 원으로 2022년이다.

35 빈칸형 정답 ③

| 난도 | 상

정답해설

해군 병영도서관 상위 50개소의 장서 보유량 합이 20만 권(200천 권)이고, 물어보는 것이 '이상'이므로 나머지 212개소의 장서 보유량은 각 보유량의 범위에서 최솟값으로 가정해야 한다. 이에 따라 해군 병영도서관의 장서 보유량 합을 구하면 다음과 같다.

0×67+0.5×49+1.0×52+2.0×39+3.0×(34−29)+200
=0+24.5+52+78+15+200=369.5천 권

해군 병영도서관의 수가 262개이므로 해군 병영도서관당 장서 보유량은 $\frac{369.5}{262}$≒1.41천 권, 즉 2천 권 미만이다.

오답해설

① 1,001~2,000권의 장서를 보유한 병영도서관 수는 486개로, 2,001~3,000권의 장서를 보유한 병영도서관 수 354+39+18+19=430개보다 많다.

② 육군 이외 모든 국군 병영도서관 수의 합은 1,765−1,328=437개로, 2,001권 이상의 장서를 보유한 육군 병영도서관 수 354+257+104=715개의 70%인 715×0.7=500.5개보다 적다.

④ 물어보는 것이 '이상'이므로 장서 보유량은 각 보유량의 범위에서 최솟값으로 가정해야 한다. 이에 따라 공군 병영도서관 장서 보유량의 합을 구하면 다음과 같다.

0.5×2+1.0×22+2.0×18+3.0×33+5.0×36
=1+22+36+99+180=338천 권=33.8만 권

따라서 공군 병영도서관의 장서 보유량 합은 30만 권 이상이다.

⑤ 국직 병영도서관의 장서 보유량 합이 21만 권(210천 권)이고, 5,300권(5.3천 권) 이상의 장서를 보유한 국직 병영도서관 수의 최솟값을 묻고 있으므로 남은 국직 병영도서관의 장서 보유량은 각 보유량의 범위에서 최댓값으로 가정해야 한다. 이에 따라 장서 보유량이 5,000권 이하인 국직 병영도서관의 장서 보유량 합을 구하면 다음과 같다.

$0.5\times1+1.0\times5+2.0\times17+3.0\times19+5.0\times13$

$=0.5+5+34+57+65=161.5$천 권

따라서 남은 권수는 $210-161.5=48.5$천 권이고, 이것은 모두 장서 보유량이 5,001권 이상인 병영도서관에 있다. 9개소가 모두 5.3천 권씩 보유하고 있다고 해도 $5.3\times9=47.7$천 권이므로 5.3천 권 이상의 장서를 보유한 국직 병영도서관은 1개소 이상이다.

합격생 가이드

보유량은 범위성 자료이며, 개구간이다. 범위성 자료의 내용을 이해하는 것이 어려운 편이고, 개구간의 함정에 유의해서 풀어야 하는 난도가 높은 문제이다.

36 복수의 표 정답 ⑤

| 난도 | 중

정답해설

직업학교 B와 C에서의 여성 모집정원은 각각 2020~2023년 동안 변동이 없으므로 해마다 동일하다. 따라서 직업학교 B에서 여성 모집정원 대비 여성 지원자 수 비율이 가장 낮은 연도는 여성 지원자 수가 가장 적은 2021년이고, 직업학교 C에서 여성 모집정원 대비 여성 지원자 수 비율이 가장 높은 연도는 여성 지원자 수가 가장 많은 2021년으로 동일하다.

오답해설

① 2020년 직업학교별 지원자 수는 모든 직업학교에서 2022, 2023년보다 많다. 그러나 2021년의 경우에는 직업학교 A, C에서만도 2020년 대비 총 5,800명 정도 증가했는데, 감소한 값은 5,800명보다 적다. 따라서 직업학교 A~E의 전체 지원자 수의 합이 가장 많은 연도는 2021년이다.

② 2020년 전체 지원자 수 대비 2023년 전체 지원자 수 비율은 직업학교 A와 E는 각각 70%대, 80%대로 높고, B, C, D가 모두 50%대이다. 따라서 B, C, D의 2020년 전체 지원자 수 대비 2023년 전체 지원자 수 비율을 비교하면, B가 $\frac{3,686}{6,797}\times100≒54.2\%$, C가 $\frac{5,215}{9,957}\times100≒52.4\%$, D가 $\frac{2,389}{4,293}\times100≒55.6\%$이므로 C가 가장 낮다.

③ 성별 모집정원은 2020~2023년 동안 매년 동일하므로 직업학교 E에서 남성은 지원자 수가 가장 적은 2023년도에, 여성은 지원자 수가 가장 적은 2020년도에 성별 모집정원 대비 지원자 수 비율이 가장 낮다.

④ 직업학교 A에서 남성 지원자 수의 전년 대비 증감률이 가장 큰 연도는 전년 대비 지원자 수의 증감폭이 가장 큰 2022년이다. 여성 지원자 수의 전년 대비 증감률은 전년 대비 지원자 수의 증감폭이 가장 작은 2023년을 제외한 2021년과 2022년을 비교하면, 2021년이 $\frac{4,448-3,124}{3,124}\times100≒42.4\%$, 2022년이 $\frac{2,616-4,448}{4,448}\times100≒-41.2\%$로 2021년에 가장 크다.
따라서 남성 지원자 수의 전년 대비 증감률이 가장 큰 연도(2022년)와 다르다.

37 단순확인(표 · 그림) 정답 ②

| 난도 | 상

정답해설

물어보는 것이 '이상'이므로 각 피해금액의 범위에서 최솟값으로 가정해야 한다. 이에 따라 피해금액 총액을 구하면 다음과 같다.

$(0\times3.7\%+0.5\times76.3\%+1.0\times11.4\%+2.0\times6.4\%+3.0\times2.2\%)\times765$

$=(38.15\%+11.4\%+12.8\%+6.6\%)\times765$

$=0.6895\times765=527.4675$억 원

따라서 500억 원 이상이다.

오답해설

ㄱ. 30대 이하인 피해자를 제외한 40대 이상 피해자와 법인 모두가 피해금액이 5,000만 원 이상 1억 원 미만이라고 해도 피해금액이 5,000만 원 이상 1억 원 미만인 피해자 중 30대 이하인 피해자가 차지하는 비중은 $100-\frac{765\times(1-0.594)}{765\times0.763}\times100≒46.8\%$이므로 40% 이상이다.

ㄷ. 피해금액이 3억 원 이상인 피해자가 모두 법인이므로 법인 3.3% 중 3억 원 이상인 피해자 2.2%는 법인에 속한다. 따라서 법인은 1.1%가 남는다. 또한 40대 이하인 피해자의 피해금액은 모두 1억 원 미만이므로 40대 이하 $20.3+38.4+21.0=79.7\%$는 모두 1억 원 미만인 $76.3+3.7=80\%$에 속한다. 따라서 피해금액 1억 원 미만은 0.3% 남는다. 따라서 피해금액이 1억 원 미만인 법인은 존재할 수 있다.

합격생 가이드

제시된 그림을 보고 보기의 내용을 단순히 확인하는 문제이나, 연령대와 피해금액대는 범위성 자료이며 보기 ㄷ 같은 경우는 제시된 조건을 고려하여 풀어야 하는 난도가 높은 문제이다.

38 빈칸형 정답 ⑤

| 난도 | 중

정답해설

1학기의 경우 '상'등급인 학생 A, B, C, G의 평균점수는 $\frac{4.3+3.7+4.0+3.9}{4}=3.975$점으로 소수 셋째 자리에서 반올림한 값(3.98점)이 표 2의 점수와 같고, '중'등급인 학생 D, E, H의 평균점수는 $\frac{2.8+3.4+2.8}{3}=3.00$점으로 표 2의 점수 3.10점과 다르므로 학생 I의 1학기 점수는 '중'등급이다. I의 1학기 점수를 a라고 하면, $\frac{2.8+3.4+2.8+a}{4}=3.10$점 → $a=3.4$점이므로 1학기 점수가 2학기 점수보다 높다.

2학기의 경우 '상'등급인 학생 A, B, C, G의 평균점수 $\frac{4.2+3.6+3.8+3.6}{4}=3.80$점과 '중'등급인 학생 D, I의 평균점수는 $\frac{2.7+2.2}{2}=2.45$점은 각각 표 2의 점수와 같고, '하'등급인 학생 F, H, J의 평균점수 $\frac{0.2+1.8+1.1}{3}≒1.03$점은 표 2의 점수 1.25점과 다르므로 학생 E의 2학기 점수는 '하'등급이다. E의 2학기 점수를 b라고 하면, $\frac{b+0.2+1.8+1.1}{4}=1.25$점 → $b=1.9$점이므로 1학기 점수가 2학기 점수보다 높다.

따라서 학생 A~J는 모두 1학기 점수가 2학기 점수보다 높다.

오답해설

① '상'등급에 해당하는 학생 수는 1학기와 2학기 각각 4명으로 동일하다.
② 1학기와 2학기의 점수 차이가 가장 큰 학생은 E이다.
③ 학생 E의 2학기 등급 '하'이다.
④ '하'등급의 평균점수는 1학기가 $\frac{0.4+1.2}{2}$=0.8점, 2학기가 1.25점으로 1학기가 2학기보다 낮다.

39 복수의 표 정답 ③

I 난도 I 중

정답해설

세 번째 정보에 따라 정리하면 다음과 같다.

(단위 : 개, 명)

구분 \ 반	1	2	3	4	5	6
개근상	2	2	1	1	2	1
우등상	2	2	1	1	2	1
봉사상	2	2	1	1	2	1
상 받은 학생 수	2	2	1	1	2	1
받은 상 개수	6	6	3	3	6	3

이에 표 2의 내용을 추가로 적용하여 정리하면 다음과 같다.

(단위 : 개, 명)

구분 \ 반	1	2	3	4	5	6
개근상	2	4	1	1	3	1
우등상	5	2	4	1	2	1
봉사상	2	2	4	5	2	1
상 받은 학생 수	5	4	4	5	3	1
받은 상 개수	9	8	9	7	7	3

표 1의 내용에 따라 1, 2, 3, 6반은 각 상의 개수가 확정됐고, 4반과 5반은 각각 1개의 상이 확정되지 않은 상태에서 각 상의 개수의 합은 개근상이 12개, 우등상이 15개, 봉사상이 16개이다. 남은 상의 개수는 2개이고, 네 번째 정보에 따라 우등상의 개수가 봉사상의 개수보다 많아야 하므로 남은 상 2개는 우등상인 것을 알 수 있다.

따라서 개근상은 12개, 우등상은 17개, 봉사상은 16개이므로 개근상, 우등상, 봉사상을 받은 학생 수는 각각 12명, 17명, 16명이다.

40 공식 · 조건 정답 ②

I 난도 I 중

정답해설

ㄱ. '보통 휘발유'와 '자동차용 경유'의 유류세를 구하는 공식은 '유류세=교통세×1.41'로 같으므로 교통세를 비교하면, '자동차용 경유' 교통세 375원/L의 1.3배는 375×1.3=487.5원/L로 '보통 휘발유'의 교통세 529원/L보다 적다. 따라서 유류세는 '보통 휘발유'가 '자동차용 경유'의 1.3배 이상이다.

ㄷ. 제시된 공식을 변형하면, 소비자 판매가격의 공식은 다음과 같다.
소비자 판매가격
=원가+유류세+판매부과금+부가가치세
=(원가+유류세+판매부과금)+(원가+유류세+판매부과금)×0.1
=(원가+유류세+판매부과금)×1.1
={원가+(교통세×1.41)+판매부과금}×1.1
원가와 판매부과금의 변동 없이 유류세가 10% 인하된다면, '보통 휘발유'의 소비자 판매가격은 529×1.41×0.1×1.1≒82원/L 인하된다.

오답해설

ㄴ. '보통 휘발유', '고급 휘발유', '선박용 경유', '자동차용 경유'의 소비자 판매가격 대비 유류세의 비율을 구하는 공식은 $\frac{\text{유류세}}{\text{소비자 판매가격}}\times 100$ $=\frac{\text{교통세}\times 1.41}{\{\text{원가}+(\text{교통세}\times 1.41)+\text{판매부과금}\}\times 1.1}\times 100$이다. '보통 휘발유'와 '고급 휘발유'를 비교하면, 교통세는 같으나 '고급 휘발유'는 '보통 휘발유'보다 원가가 더 높고, 판매부과금이 있으므로 소비자 판매가격 대비 유류세의 비율은 '보통 휘발유'>'고급 휘발유'이다. 또한 '선박용 경유'와 '자동차용 경유'를 비교하면, 교통세는 같으나 '자동차용 경유'는 '선박용 경유'보다 원가가 더 높으므로 소비자 판매가격 대비 유류세의 비율은 '선박용 경유'>'자동차용 경유'이다. 이에 따라 '고급 휘발유'와 '선박용 경유'의 소비자 판매가격 대비 유류세의 비율을 비교하면, '고급 휘발유'는 $\frac{529\times 1.41}{(760+529\times 1.41+36)\times 1.1}\times 100=\frac{745.89}{1,696.079}\times 100\fallingdotseq$ 44%이고, '선박용 경유'는 $\frac{375\times 1.41}{(700+375\times 1.41)\times 1.1}\times 100=\frac{528.75}{1,351.625}$ ×100≒40%이다. 따라서 소비자 판매가격 대비 유류세의 비율은 '보통 휘발유>고급 휘발유>선박용 경유>자동차용 경유' 순으로 높으므로 세 번째로 높은 유종은 '자동차용 경유'가 아니다.

ㄹ. '소비자 판매가격={원가+(교통세×1.41)+판매부과금}×1.1'이므로 원가와 판매부과금의 변동 없이 유류세가 15% 인하된다면, '선박용 경유'의 소비자 판매가격은 375×1.41×0.15×1.1≒87원/L 인하된다. 또한 유류세와 판매부과금의 변동 없이 원가가 10% 인하된다면, '선박용 경유'의 소비자 판매가격은 700×0.1×1.1=77원/L 인하되므로 소비자 판매가격 인하 폭은 원가와 판매부과금의 변동 없이 유류세가 15% 인하될 때 더 크다.

1	2	3	4	5	6	7	8	9	10
①	⑤	⑤	⑤	③	④	②	④	④	④
11	12	13	14	15	16	17	18	19	20
③	①	⑤	③	①	③	①	④	②	③
21	22	23	24	25	26	27	28	29	30
③	①	⑤	⑤	①	④	②	④	②	③
31	32	33	34	35	36	37	38	39	40
②	③	④	③	①	②	⑤	②	⑤	②

01 법조문 정답 ①

| 난도 | 하

정답해설

첫 번째 조 제3항에 따르면 행정안전부장관은 기본계획의 작성을 위하여 필요한 경우 공공기관의 장에게 관련 자료의 제출을 요청할 수 있다.

오답해설

② 두 번째 조 제2항에 따르면 지방자치단체의 장은 시행계획 중 중요한 사항을 변경하는 경우 공공데이터전략위원회의 심의·의결을 거쳐 시행하여야 한다.

③ 세 번째 조 제1항에 따르면 공공데이터의 제공 운영실태를 평가하여야 하는 대상인 공공기관에서 헌법재판소는 제외된다.

④ 세 번째 조 제1항·제2항에 따르면 행정안전부장관은 공공데이터의 제공 운영실태 평가결과를 전략위원회와 국무회의에 보고하여야 한다.

⑤ 세 번째 조 제3항에 따르면 공공데이터의 제공 운영실태 평가결과가 우수한 공공기관이나 공공데이터 제공에 이바지한 공로가 인정되는 공무원 또는 공공기관 임직원을 선정하여 포상할 수 있다.

합격생 가이드

법조문 문제에서는 각 조항의 주어(주체)를 표시하면서 읽어야 한다. ④와 같은 선지는 법조문 유형에서 반드시 출제되는 매력적인 오답 장치이기 때문에 주의해야 한다. 이 문제는 ①이 정답이므로 이후의 선지를 확인하지 않아도 되는 문제이긴 하나, 이와 같은 경우는 ①을 재차 확인한 뒤 넘어가는 것이 좋다.

02 법조문 정답 ⑤

| 난도 | 하

정답해설

첫 번째 조 제2항과 두 번째 조 제1항 제1호에 따르면 시·도지사는 시장·군수·구청장이 문화관광형시장을 지정한 날부터 3개월 이내에 그 지정 내용과 육성계획을 제출하지 않은 경우에 그 지정을 해제할 수 있다.

오답해설

① 첫 번째 조 제1항에 따르면 시장·군수·구청장은 상인조직을 대표하는 자가 신청하는 경우 시·도지사의 승인을 받아 문화관광형시장을 지정할 수 있다.

② 두 번째 조 제3항에 따르면 시·도지사는 문화관광형시장의 지정을 해제한 때에는 그 내용을 중소벤처기업부장관에게 통보하여야 한다.

③ 두 번째 조 제2항에 따르면 시·도지사는 문화관광형시장의 지정을 해제하려는 경우에는 이해관계인에게 의견진술의 기회를 주어야 한다.

④ 첫 번째 조 제3항 제2호에 따르면 지방자치단체는 지정된 문화관광형시장을 육성하기 위해 기념품 및 지역특산품의 개발과 판매시설 설치를 지원할 수 있다.

03 법조문 정답 ⑤

| 난도 | 하

정답해설

두 번째 조 제2항에 제2호에 따르면 기상청장은 국외에서 규모 5.0 이상으로 예상되는 지진이 발생하여 그 지진이 국내에 상당한 영향을 미칠 것으로 예상되는 경우에는 즉시 지진조기경보를 발령하여야 하고, 그 지진이 국내에 영향을 미치지 않을 것으로 예상된다면, 기상청장은 즉시 지진조기경보를 발령하지 않아도 된다.

오답해설

① 첫 번째 조에 따르면 기상청장은 국내외에서 발생하는 주요 자연지진에 대한 관측 결과를 관계 기관과 국민에게 알릴 수 있다.

② 두 번째 조 제2항에 따르면 기상청장은 규모 5.0 이상으로 예상되는 지진이 국내에서 발생한 경우나 규모 5.0 이상으로 예상되는 지진으로서 국내에 상당한 영향을 미칠 것으로 예상되는 지진이 국외에서 발생한 경우 즉시 지진조기경보를 발령하여야 한다.

③ 세 번째 조 제1항 제2호에 따르면 기상청장 외의 자는 화산에 대한 관측 결과를 발표할 수 없지만, 학문연구를 위하여 발표하는 경우에는 발표할 수 있다.

④ 세 번째 조 제1항 제1호·제2항에 따르면 기상청장 외의 자는 핵실험으로 인해 발생한 인공지진에 대한 관측 결과를 발표하는 경우, 기상청장의 승인을 받아야 한다.

합격생 가이드

단서가 있는 경우 대개 단서에서 선지가 도출되는 경우가 많으므로 단서는 항상 주의 깊게 읽고 넘어가야 한다.

04 법조문 정답 ⑤

| 난도 | 하

정답해설

첫 번째 조 제2항·제3항에 따르면 보건복지부장관은 헌혈증서를 제출한 헌혈자에게 무상으로 혈액제제를 수혈한 경우, 헌혈환급적립금에서 그 비용을 해당 의료기관에 보상하여야 한다.

오답해설

① 첫 번째 조 제2항에 따르면 헌혈자 또는 그 헌혈자의 헌혈증서를 양도받은 사람은 의료기관에 그 헌혈증서를 제출하면 무상으로 혈액제제를 수혈받을 수 있다.

② 두 번째 조 제3항·세 번째 조 제1항 제2호에 따르면 헌혈환급적립금은 수혈비용의 보상, 헌혈의 장려, 혈액관리와 관련된 연구에만 사용하여야 한다. 혈액원은 헌혈이 직접적인 원인이 되어 사망한 채혈부작용자에 대한 보상금을 지급할 수 있다.

③ 두 번째 조 제2항에 따르면 보건복지부장관은 혈액원으로부터 적립받은 헌혈환급예치금으로 헌혈환급적립금을 조성 · 관리한다.
④ 세 번째 조에 따르면 혈액원의 보상금 지급대상에서 제외되는 경우는 채혈부작용이 헌혈자 본인의 고의 또는 중대한 과실로 인하여 발생한 경우나 채혈부작용이라고 결정된 사람 또는 그 가족이 손해배상청구소송 등을 제기한 경우 또는 소송제기 의사를 표시한 경우이다. 혈액원이 공급한 혈액이 직접적인 원인이 되어 질병이 발생한 특정수혈부작용자의 경우는 혈액원의 보상금 지급대상에서 제외되지 않는다.

05 법조문 정답 ③

| 난도 | 중

정답해설

첫 번째 조 제3항에 따르면 C회사는 업무시설을 증축하려고 하나 증축하는 부분의 연면적이 1만 2천−7천=5천 제곱미터로, 1만 제곱미터 이상이 아니기 때문에 미술작품을 설치할 필요가 없다.

오답해설

① 첫 번째 조 제4항 제3호에 따르면 지방자치단체는 미술작품 설치에 건축비용 30억 원의 1백분의 1인 30×0.01=0.3억 원=3천만 원을 사용하여야 한다.
② 두 번째 조 제1항에 따르면 건축주가 지방자치단체인 경우는 미술작품을 설치하는 대신에 문화예술진흥기금에 출연할 수 없다.
④ 첫 번째 조 제3항 제1호에 따르면 기숙사는 미술작품 설치 대상 건축물에서 제외된다.
⑤ 첫 번째 조 제3항 제2호 · 제4항 제2호와 두 번째 조 제3항에 따르면 E회사는 건축물의 설계변경으로 건축비용이 45−40=5억 원 인상되었기 때문에 미술작품의 설치에 사용해야 하는 금액이 5억 원의 1천분의 5인 5×0.005=0.025억 원=250만 원 많아져 이를 문화예술진흥기금에 출연하여야 한다.

합격생 가이드

법조문과 계산문제가 복합된 형태의 문제로 단순한 법조문 형태의 문제보다 더 많은 시간이 소요될 수 있다. 미술작품 설치 대상에서 제외되는 건축물을 구분하고, 미술작품을 설치해야 하는 건축물의 경우는 건축물의 종류에 따른 미술작품 설치비용을 계산해야 하므로 법조문에 대한 정확한 파악이 중요하다.

06 정보확인 · 추론 정답 ④

| 난도 | 중

정답해설

ㄴ. 두 번째 문단에 따라 한국에서 활동 중이며, 2015년 4월 16일에 소설 분야 신춘문예에 당선되었으므로 신청 마감일인 2024년 6월 30일까지 3년 이상 소설 분야에서 창작활동을 한 것이 된다. 따라서 2024년 지원사업의 소설 분야 신청 자격이 있다.
ㄹ. 마지막 문단에 따르면, 2025년 1월 중에 창작지원금이 지급되므로 창작지원금을 지급받은 해인 2025년의 12월 말일까지 작품집을 발간하지 않는 경우, 창작지원금이 반환처리될 수 있다.

오답해설

ㄱ. 두 번째 문단에 따르면 국적에 관계없이 한국에서 활동 중인 작가면 신청 대상이 된다.
ㄷ. 두 번째 문단에 따라 한국에서 활동 중이며, 2020년 6월 28일로부터 3개월 뒤인 2020년 9월 28일에 희곡 분야 신인문학상을 수상했으므로 신청 마감일인 2024년 6월 30일까지 3년 이상 희곡 분야에서 창작활동을 한 것이 된다. 따라서 2024년 지원사업의 희곡 분야 신청 자격이 있다.

07 정보확인 · 추론 정답 ②

| 난도 | 하

정답해설

ㄴ. 상대습도란 현재 대기 중의 수증기량을 현재 온도의 포화 수증기량으로 나눈 값이다. 상대습도가 100%일 때를 포화 상태라고 표현하므로, 상대습도가 80%인 공기의 수증기량을 증가시켜 포화 상태로 만들 수 있다.

오답해설

ㄱ. 포화 수증기량이 20% 증가하여 $\frac{6}{5}$이 되면, 상대습도는 그 역수인 $\frac{5}{6}$가 된다. 이는 $\frac{1}{6}$이 감소한 것으로 상대습도의 감소율은 $\frac{1}{6}\times100≒16.7\%$, 즉 20% 미만이 된다.
ㄷ. 기온이 올라갈수록 포화 수증기량은 증가한다. 밀폐된 공간의 공기 온도가 올라가면 밀폐된 공간에 있던 수증기량은 변화가 없으므로 포화 수증기량이 증가하여 상대습도는 낮아진다.

08 수리퀴즈(계산) 정답 ④

| 난도 | 중

정답해설

자동차 X의 연비 15mpg를 km/L로 환산하면 다음과 같다.

$$15\text{mpg}=\frac{15\times1.6\text{km}}{4\text{L}}=6\text{km/L}$$

X는 120km를 이동하는 데 연료 $\frac{120}{6}=20\text{L}$가 소요되므로 ㉠은 20이다. 자동차 Y와 Z의 연비 8L/100km와 18km/L를 km/갤런으로 환산하면 다음과 같다.

- Y : 8L/100km=100km/8L=100km/2갤런=50km/갤런
- Z : $18\text{km/L}=\frac{18\times4\text{km}}{4\text{L}}=72\text{km/갤런}$

4갤런의 연료로 Y는 50×4=200km, Z는 72×4=288km 이동할 수 있다. Z는 Y보다 88km 더 이동할 수 있으므로 ㉡은 88이다.

합격생 가이드

상황판단에서 자주 등장하는 단위 계산 문제이다. 단위 환산에 주의만 한다면 어렵지 않은 문제이다.

09 조건적용 정답 ④

| 난도 | 중

정답해설

甲은 연소득 2,200만 원으로 특별금리 조건인 연소득 2,400만 원 이하에 해당하여 특별금리를 적용받는다. 甲이 은행별로 적용받을 수 있는 최종금리는 다음과 같다.

- A : 4.2+0.5+1.0=5.7%

(우대금리 조건에 모두 해당하여 우대금리가 총 1.5%이나 최대가산 우대금리가 1.0%이므로 1.0%의 우대금리만 적용받을 수 있다.)

- B : 4.0+0.5+1.0(최초 신규고객)+0.5(공과금 자동이체)=6.0%
- C : 3.8+0.5+0.6(최초 신규고객)=4.9%

따라서 甲은 B은행을 선택하고, 6.0%의 최종금리를 적용받을 것이다. 이에 따라 ①, ②, ⑤는 답에서 제외되므로 乙은 A은행과 C은행의 최종금리만 비교하면 된다.

乙은 연소득 3,600만 원으로 특별금리 조건인 연소득 2,400만 원 이하에 해당하지 않아 특별금리를 적용받지 못한다. 乙이 A은행과 C은행에서 적용받을 수 있는 최종금리는 다음과 같다.

- A : 4.2+0.5(공과금 자동이체)+0.5(카드 실적 달성)=5.2%
- C : 3.8+0.7(급여이체)+0.6(최초 신규고객)+0.4(카드 실적 달성)=5.5%

따라서 乙은 C은행을 선택하고, 5.5%의 최종금리를 적용받을 것이다.

10 수리퀴즈(추론) 정답 ④

| 난도 | 중

정답해설

첫 번째 · 두 번째 조건에 따라 ㉠, ㉡, ㉢, ㉣은 0부터 9까지의 정수이며, ㉠과 ㉡은 같으므로 세 번째~다섯 번째 조건의 ㉠을 ㉡으로 변경하여 판단하면 된다.

세 번째 조건 '㉡, ㉡, ㉢, ㉣ 중 홀수는 ㉡개이다.'에서 ㉡이 1인 경우에는 홀수의 개수가 최소 2개이므로 성립하지 않고, ㉡이 4인 경우에는 홀수의 개수가 최대 2개이므로 성립하지 않는다. 또한 ㉡이 5~9인 경우에는 ㉡, ㉡, ㉢, ㉣의 총개수 4개보다 ㉡의 숫자가 더 크므로 성립하지 않으므로 조건이 성립하는 경우를 구하면 다음과 같다.

㉡	㉡	㉢	㉣
0	0	짝수	짝수
2	2	홀수	홀수
3	3	홀수	짝수
3	3	짝수	홀수

위의 경우 중 네 번째 조건 '㉡, ㉡, ㉢, ㉣ 중 1은 ㉢개이다.'가 성립하는 경우를 구하면 다음과 같다.

㉡	㉡	㉢	㉣
0	0	0	짝수
2	2	1	홀수(1 제외)
3	3	1	짝수
3	3	0	홀수(1 제외)

위의 경우 중 다섯 번째 조건 '㉡, ㉡, ㉢, ㉣ 중 2는 ㉣개이다.'에서는 ㉡이 2인 경우와 ㉡ 3, ㉢ 0인 경우에는 성립하지 않으므로 조건이 성립하는 경우를 구하면 다음과 같다.

㉡	㉡	㉢	㉣
0	0	0	0
3	3	1	0

따라서 ㉠, ㉡, ㉢, ㉣의 합으로 가능한 수는 0 또는 7로 ④가 답이 된다.

11 수리퀴즈(계산) 정답 ③

| 난도 | 중

정답해설

甲과 乙이 가지고 있는 닭의 마릿수를 x마리, 현재 가지고 있는 사료로 x마리의 닭을 먹일 수 있는 일수를 y일이라 하고, 닭 1마리가 하루에 먹는 사료의 양을 1g이라고 가정하면, 다음과 같은 식이 성립한다.

$(x-75)\times(y+20)=xy$

$\rightarrow xy+20x-75y-1,500=xy$

$\rightarrow 20x-75y=1,500$

$\rightarrow 4x-15y=300$

$\rightarrow y=\frac{4}{15}x-20$

x와 y 모두 정수이므로 $\frac{4}{15}x$의 값도 정수가 되어야 한다. 선지 중 이를 만족하는 x의 값은 300이므로 甲과 乙이 가지고 있는 닭의 마릿수는 300마리이다.

합격생 가이드

미지수가 2개인 경우 2개의 방정식을 세워 연립하여 답을 구할 수 있으나 계산하는 데 더 많은 시간이 소요된다. 하나의 방정식만 구한 후 배수 관계와 선지를 이용하면 풀이시간을 단축할 수 있다.

12 수리퀴즈(계산) 정답 ①

| 난도 | 중

정답해설

맡기는 보석의 금액이 최대가 되기 위해서는 1g당 가격이 가장 높은 보석을 최대로 맡기고, 그 다음 1g당 가격이 높은 순서대로 맡겨야 한다. 보석 A~D의 1g당 가격을 구하면 다음과 같다.

- A : $\frac{10\text{만 원}}{12g}\fallingdotseq 0.8\text{만 원/g}$
- B ; $\frac{7\text{만 원}}{10g}=0.7\text{만 원/g}$
- C : $\frac{3\text{만 원}}{3g}=1\text{만 원/g}$
- D : $\frac{1\text{만 원}}{2g}=0.5\text{만 원/g}$

1g당 가격은 C>A>B>D 순으로 높으므로 C보석을 최대로 맡기고, A보석, B보석, D보석 순으로 맡긴다. C보석 150개를 모두 맡기면 총무게는 3×150=450g이고, A보석 52개를 모두 맡기면 총무게는 12×52=624g으로 두 보석의 무게의 합은 1kg이 넘는다. 모든 종류의 보석을 하나씩은 포함하여야 하므로 C보석 150개 모두와 B보석과 D보석을 1개씩 포함한 상태에서 맡길 수 있는 A보석의 무게는 1,000−(450+10+2)=538g이다.

따라서 맡길 수 있는 A보석의 개수는 $\frac{538}{12}\fallingdotseq 44$개이다.

13 논리퀴즈 정답 ⑤

| 난도 | 중

정답해설

甲의 대화 내용을 통해 甲은 여자, 戊는 甲보다 연상인 여자임을 알 수 있으며, 乙의 대화 내용에서 甲은 乙보다 1살 어리다고 했고, 甲~戊는 서로 나이가 다르므로 乙은 戊보다 어리다는 것을 알 수 있다. 또한 丙의 대화 내용을 통해 丙은 남자, 乙은 丙보다 연상인 남자임을 알 수 있으며, 甲~戊는 서로 나이가 다르고 甲은 乙보다 1살 어리므로 丙은 甲보다 어리다. 마지막으로 丁의 대화 내용을 통해 丁은 다섯 사람 중 가장 어린 남자이고, 戊는 丁보다 연상인 여자임을 알 수 있다. 나이가 많은 순서대로 정리하면 다음과 같다.

戊(여자)
| → 최소 1살 차이
乙(남자)
| → 1살 차이
甲(여자)
| → 최소 1살 차이
丙(남자)
| → 최소 1살 차이
丁(남자)

따라서 甲~戊 중 두 번째로 나이가 많은 사람은 乙이다.

오답해설

① 甲은 丙보다 연상이므로 丙에게 호칭을 붙이지 않는다.
② 丁과 丙은 모두 남자이고 丙은 丁보다 연상이므로 丁은 丙에게 '이히'를 붙인다.
③ 丙과 戊의 나이 차는 최소 3살이다.
④ 甲~戊 중 여자는 2명, 남자는 3명으로 남자가 여자보다 더 많다.

14 논리퀴즈 정답 ③

| 난도 | 중

정답해설

호우경보가 발효된 13일에는 2명이 당직을 서야 하는데 丙이 휴가를 갔기 때문에 甲과 乙이 당직을 서야 한다. 같은 사람이 이틀 연속 당직을 설 수 없으므로 당직자가 1명인 호우주의보가 발효된 12일과 14일에는 丙이 당직을 서야 한다. 11일에는 乙이 출장을 갔고, 같은 사람이 이틀 연속 당직을 설 수 없으므로 甲이 당직을 서야 한다. 이에 따라 11~14일 당직자를 확정지을 수 있으므로 7~10일 각 날짜에 당직자로 가능한 사람을 나타내면 다음과 같다.

구분 \ 날짜	7일	8일	9일	10일	11일	12일	13일	14일
당직인원	1명	1명	2명	1명	1명	1명	2명	1명
출장·휴가					乙		丙	
당직자 (경우 1)	甲	乙	甲,丙	乙	甲	丙	甲,乙	丙
당직자 (경우 2)	丙	乙	甲,丙	乙	甲	丙	甲,乙	丙
당직자 (경우 3)	甲	丙	甲,乙	丙	甲	丙	甲,乙	丙
당직자 (경우 4)	乙	丙	甲,乙	丙	甲	丙	甲,乙	丙

따라서 丙이 당직을 서는 일수는 경우 1에 따라 최소 3일, 경우 2~4에 따라 최대 4일이다.

합격생 가이드

주어진 조건과 상황에 따라 우선적으로 확정지을 수 있는 부분의 내용을 바탕으로 해당하는 경우를 판단하면 풀이가 수월한 문제이다. 날짜별로 확정지을 수 있는 당직자를 파악한 후, 당직자가 확정되지 않은 날짜에 가능한 당직자를 고려해보면 쉽게 판단할 수 있다.

15 논리퀴즈 정답 ①

| 난도 | 상

정답해설

제시된 글의 조건에 따라 하룻날 아침, 점심, 저녁 강아지 산책 여부에 따른 이튿날 산책 가능 여부를 정리하면 다음과 같다.

구분	조건 1		조건 2		조건 3	
	하룻날	이튿날	하룻날	이튿날	하룻날	이튿날
아침	○	×	×	×	×	×
점심	○	×	○	○	×	○
저녁	○	○	○	○	×	○

甲은 수요일에는 하루 종일 출장을 가서 강아지를 산책시키지 못하므로 전날 화요일에는 아침, 점심, 저녁에 산책을 시킬 수 있으며, 화요일에 아침, 점심, 저녁 모두 산책을 시키기 위해서는 월요일에 아침과 점심 또는 아침과 저녁에 산책을 시키면 된다. 하루에 한 번도 산책시키지 않을 때는 다음날 아침에도 산책을 시키지 않아 목요일에는 점심과 저녁에 산책을 시키므로 금요일에는 점심과 저녁에 산책을 시킬 수 있으나 제시된 글에서 매주 금요일 저녁에는 산책시킬 수 없다고 했으므로 점심에만 산책시킬 수 있다. 매주 같은 횟수로 강아지를 산책시키고 있으므로 다음주 월요일도 고려해야 한다. 다음주 월요일에도 똑같이 아침과 점심 또는 아침과 저녁에 산책을 시켜야 하므로 전날 일요일에는 아침과 점심 또는 아침과 저녁에 산책을 시킬 수 있으며, 전날 토요일에는 아침, 점심, 저녁 3번 산책이 불가능하므로 아침과 점심 또는 아침과 저녁에 산책을 시킬 수 있다. 이를 표로 정리하면 다음과 같다.

구분 \ 요일	월	화	수	목	금	토	일	월
아침	○	○	×	×	×	○	○	○
점심	○	○	×	○	○	○	○	○
저녁	×	○	×	○	×	×	×	×

따라서 甲이 일주일에 강아지를 산책시키는 최대 횟수는 12회이다.

합격생 가이드

함정이 있는 문제이다. 매주 같은 횟수로 강아지를 산책시키고 있으므로 다음주 월요일도 고려해야 하는데, 이 부분을 고려하지 않고 구하게 되면 최대 횟수가 달라진다. 상황판단 문제를 풀 때는 항상 종합적인 사고를 하여야 하며, 섣부르게 판단해서는 안 된다.

16 수리퀴즈(추론) 정답 ③

| 난도 | 중

정답해설

A업체가 받은 총점은 92×5=460점으로, 최고점 100점과 최저점 80점을 제외한 나머지 점수의 합은 460−180=280점이다. B업체가 받은 총점에서 최고점 90점과 최저점 80점을 제외한 나머지 점수 합의 최댓값은 90+90+90=270점으로 A업체보다 점수의 합이 작다. 따라서 B업체가 선정될 가능성은 없다.

오답해설

① A업체가 받은 총점 92×5=460점에서 최고점 100점과 최저점 80점을 제외한 나머지 점수의 합은 280점이다. 3명의 평가위원이 모두 중의 등급을 준다면 90×3=270점이어야 하므로 이는 옳지 않은 판단이다.

② C업체가 받은 총점은 88×5=440점으로, 최고점 90점을 제외한 나머지 점수의 합은 440−90=350점이다. 2명의 평가위원이 하의 등급을 준다면 나머지 2명의 점수의 합은 350−(80×2)=190점이므로 각각 100점, 90점을 부여하게 되는데, C업체가 받은 최고점은 90점이므로 이는 옳지 않은 판단이다.

④ A업체가 받은 총점 92×5=460점에서 최고점 100점과 최저점 80점을 제외한 나머지 점수의 합은 280점이다. C업체가 받은 총점에서 최고점 90점과 최저점을 제외한 나머지 점수 합의 최댓값은 90+90+90=270점으로 A업체보다 점수의 합이 작다. 따라서 C업체가 선정될 가능성은 없다.

⑤ B업체와 C업체가 받은 총점에서 최고점과 최저점을 제외한 나머지 점수의 합은 A업체보다 작다. 따라서 3개 업체가 2차 발표 평가 대상이 될 가능성은 없다.

17 단순계산 정답 ①

| 난도 | 하

정답해설

초급 기술을 가진 사업자는 선정에서 제외하므로 戊를 제외한 사업자 甲, 乙, 丙, 丁의 평가항목 합산 점수를 계산하면 다음과 같다.

(단위 : 점)

구분	기술 등급	경력 기간	실적 건수	실적 금액	합계
甲사업자	2	7	4	5	18
乙사업자	3	7	4	4	18
丙사업자	4	6	2	5	17
丁사업자	4	6	3	5	18

합산 점수가 가장 높은 사업자가 복수인 경우 실적 건수가 가장 많은 사업자를 선정하므로 甲, 乙, 丁 중 실적 건수가 가장 많은 甲이 용역사업자로 선정된다.

18 조건적용 정답 ④

| 난도 | 하

정답해설

甲은 2023. 1. 1. 현재 만 42세로 지원자격 기준인 만 40세를 넘었고, 乙은 경영주 등록을 2023. 1. 1. 이후인 2023. 1. 3.에 했기 때문에 청년후계농 선발에 지원할 수 없다. 또한 丙은 3년을 초과하여 독립경영을 했고, 戊는 경영주로 등록하지 않았기 때문에 청년후계농 선발에 지원할 수 없다. 따라서 지원자격을 모두 충족하는 丁이 청년후계농으로 선발될 수 있다.

19 정보확인 · 추론 정답 ②

| 난도 | 하

정답해설

마지막 문단에 따르면 일반승수 계산 시 나누어지는 값은 직접효과 · 간접효과 · 유발효과의 합이다. 두 번째 문단에 따르면 직접효과는 일차효과라고도 부르고, 네 번째 문단에 따르면 간접효과와 유발효과를 합쳐 이차효과라고도 부르므로 직접효과 · 간접효과 · 유발효과의 합은 일차효과와 이차효과의 합이다. 따라서 일반승수 계산 시 나누어지는 값은 일차효과와 이차효과의 합이다.

오답해설

ㄱ. 네 번째 문단에 따르면 관광효과는 직접효과와 간접효과, 유발효과를 모두 합한 값이다. 따라서 관광효과에서 유발효과를 제외한 값은 직접효과와 간접효과의 합이다.

ㄴ. 두 번째 문단에 따르면 관광객의 최초 관광지출로 인해 지역 관광사업자에게 직접적으로 발생하는 소득은 직접효과(일차효과)에 해당된다. 따라서 관광지 소재 식당이 관광객에게 직접 받은 식대는 직접효과(일차효과)에 해당된다.

20 단순계산 정답 ③

| 난도 | 중

정답해설

최초 관광지출을 a억 원이라고 하면, 직접효과는 0.5a억 원, 간접효과는 0.5a+10억 원, 유발효과는 2×0.5a=a억 원이다. 이를 일반승수 구하는 식에 대입하면 다음과 같다.

$$\frac{\text{직접효과}+\text{간접효과}+\text{유발효과}}{\text{최초 관광지출}}=2.5$$

$$\rightarrow \frac{0.5a+0.5a+10+a}{a}=2.5$$

$\rightarrow 2a+10=2.5a$

$\rightarrow 0.5a=10$

$\therefore a=20$억 원

그러므로 직접효과는 10억 원, 간접효과는 20억 원, 유발효과는 20억 원이다. 이를 비율승수 구하는 식에 대입하면 다음과 같다.

$$\frac{\text{직접효과}+\text{간접효과}+\text{유발효과}}{\text{직접효과}}=\frac{10+20+20}{10}=5$$

따라서 직접효과는 10억 원, 비율승수는 5이다.

21 법조문 정답 ③

| 난도 | 중

정답해설

두 번째 조 제2호와 네 번째 조 제1항에 따르면 丙이 고등학교에 재학 중인 연소자에게 약물의 남용을 자극하는 내용의 유해 공연물을 관람시킨 경우, 3천만 원 이하의 벌금에 처한다.

오답해설

① 세 번째 조 제1항에 따르면 甲은 공연장을 설치하여 운영하려는 경우, 공연장 소재지를 관할하는 B군 군수에게 등록하여야 한다.
② 세 번째 조 제3항에 따르면 폐업신고를 하여야 하는 乙이 폐업신고를 하지 않으면 관할 시장 등은 폐업한 사실을 확인한 후 그 등록사항을 직권으로 말소할 수 있다.
④ 네 번째 조 제2항에 따르면 암표상으로부터 공연장 입장권을 구매한 丁이 아닌 암표상에게 20만 원 이하의 벌금을 처한다.
⑤ 세 번째 조 제4항·제5항에 따르면 공연장 외의 장소에서 1천 명 이상의 관람자가 있을 것으로 예상되는 공연을 하는 경우, 피난안내도를 갖추어 두어야 한다. 그러므로 500명의 관람자가 있을 것으로 예상되는 공연을 하는 戊는 피난안내도를 갖추어 두지 않아도 된다.

22 법조문 정답 ①

| 난도 | 하

정답해설

세 번째 조 제1항·제3항에 따르면 국가보훈장관은 65세 이상의 참전유공자에게 참전명예수당을 지급하며, 참전유공자가 국적을 상실한 경우에도 참전명예수당을 지급할 수 있다.

오답해설

② 첫 번째 조 제1항 제3호에 따르면 경찰청장이 아니라 국방부장관이 인정한 사람이 참전유공자가 된다.
③ 세 번째 조 제4항에 단서에 따르면 참전명예수당은 불가피한 사유가 있는 경우, 해당 수당지급 대상자의 신청에 따라 현금으로 지급할 수 있다.
④ 첫 번째 조 제1항에 따르면 6·25전쟁 참전 중 범죄행위로 인하여 금고 이상의 형을 선고받은 군인은 참전유공자에서 제외된다.
⑤ 세 번째 조 제2항 단서에 따르면 참전유공자가 참전명예수당 지급연령이 지난 후 참전유공자 등록신청을 한 경우, 참전명예수당은 지급연령이 된 날이 아니라 등록신청을 한 날이 속하는 달부터 지급한다.

23 법조문 정답 ⑤

| 난도 | 중

정답해설

두 번째 조 제3항에 따르면 등록된 국제선박의 선박소유자 戊는 구조변경을 하여 등록사항이 변경된 경우, 그 사실이 발생한 날부터 1개월 이내에 해양수산부장관에게 변경등록을 신청해야 한다.

오답해설

① 두 번째 조 제4항에 따르면 등록된 국제선박은 국내항과 외국항 간 또는 외국항 간에만 운항하여야 한다.
② 첫 번째 조 제2호에 따르면 대한민국 법률에 따라 설립된 상사 법인이 소유한 선박을 국제선박으로 등록할 수 있다.
③ 두 번째 조 제1항에 따르면 등록대상 선박소유자는 선박을 국제선박으로 등록하기 전에 관할 지방해양수산청장에게 신청하여 그 선박을 선박원부에 등록하고 선박국적증서를 발급받아야 한다.
④ 두 번째 조 제2항에 따르면 해양수산부장관은 국제선박의 등록신청을 받은 경우에는 국제선박의 등록대상이 되는 선박인지를 확인한 후, 등록대상인 경우 국제선박등록부에 등록하고 신청인에게 국제선박등록증을 발급하여야 한다.

24 법조문 정답 ⑤

| 난도 | 중

정답해설

丙은 황금색 도자기를 생산하는 방법에 대해 특허출원 중이므로 첫 번째 조 제2항·제3항에 따라 丁은 황금색 도자기를 포장하는 종이박스에 특허출원표시를 할 수 있다. 그러나 丁이 허위의 특허출원표시를 했다면, 두 번째 조·세 번째 조에 따라 丁은 허위표시의 죄로 처벌된다.

오답해설

① 甲이 발명한 잠금장치는 물건을 생산하는 방법의 특허발명의 경우가 아닌 물건의 특허발명의 경우이므로 첫 번째 조 제1항 제1호에 따라 잠금장치에 '특허'라는 문자와 특허번호를 표시해야 한다. 따라서 두 번째 조에 따라 甲이 잠금장치에 한 표시는 허위표시에 해당한다.
② 丙이 발명한 황금색 도자기를 생산하는 방법은 물건의 특허출원의 경우가 아닌 물건을 생산하는 방법의 특허출원의 경우이므로 첫 번째 조 제2항 제2호에 따라 도자기의 밑부분에 '방법특허출원(심사중)'이라는 문자와 출원번호를 표시해야 한다. 따라서 두 번째 조에 따라 丙이 도자기 밑부분에 한 표시는 허위표시에 해당한다.
③ 특허된 물건에 특허표시를 하지 않았다고 해서 허위표시의 금지 규정을 위반한 것은 아니므로 허위표시의 죄로 처벌되지 않는다.
④ 세 번째 조에 따라 개인인 甲의 종업원 乙은 허위표시의 죄로 3년 이하의 징역 또는 3천만 원 이하의 벌금에 처해질 수 있다.

합격생 가이드

법조문을 상황에 적용시키는 유형의 문제의 경우 상황이 어느 조항에 대응되는지 파악하는 것이 중요하다. 상황과 등장인물을 먼저 파악한 후 법조문을 정리하면서 내용별 주체를 파악하여 주체와 미리 파악한 등장인물을 대응시킨다면 더 수월하게 풀 수 있다.

25 법조문 정답 ①

| 난도 | 중

정답해설

첫 번째 조 제1항·제2항에 따르면 해조류 양식업면허를 받고 수하식(지주망식)으로 매생이를 양식하는 경우, 그 양식업면허를 받은 날부터 3개월 이내에 해당 어장청소를 해야 하고, 어장청소 주기는 5년이다. 해조류 양식업면허의 유효기간은 10년이므로 유효기간 동안 甲은 어장청소를 두 번은 해야 한다.

오답해설

② 첫 번째 조 제2항 단서에 따르면 같은 면허 내에서 서로 다른 양식방법을 혼합하여 양식하는 경우, 어장청소 주기는 그중 단기로 한다. 가두리식과 수하식(연승식) 중 가두리식의 어장청소 주기는 3년으로 수하식(연승식)의 어장청소 주기 4년보다 단기이므로 어장청소 주기는 3년이다.

③ 첫 번째 조 제3항에 따르면 양식업면허의 유효기간 만료 전 마지막으로 어장청소를 끝낸 날부터 제2항의 주기에 따라 어장청소를 할 수 있다.
④ 두 번째 조 제3항에 따르면 1회 부과하는 이행강제금은 250만 원을 초과할 수 없다.
⑤ 戊가 2024. 3. 11.까지 어장청소를 한 번밖에 하지 않는다면, 양식업면허를 받은 2020. 12. 11.부터 3개월 이내에 어장청소를 한 번 했다는 것이다. 2020. 12. 11.에 처음으로 어장청소를 했다면, 수하식(연승식)으로 미더덕을 양식하는 경우 어장청소 주기는 4년이므로 2024. 12. 11.까지만 어장청소를 하면 된다. 따라서 2024. 3. 12.에 이행강제금은 부과되지 않는다.

26 정보확인 · 추론 정답 ④

| 난도 | 하

정답해설

두 번째 문단에 따르면 하면 발효의 방식으로 만든 맥주를 라거라고 한다. 라거를 생산할 때는 주로 연수를 사용한다.

오답해설

① 마지막 문단에 따르면 맥주의 색깔은 몰트를 볶는 온도에 따라 결정된다.
② 첫 번째 문단에 따르면 고대 수메르인은 보리를 갈아 빵과 같은 형태로 만든 후 물을 부어 저장해 두는 방식으로 맥주를 생산했다.
③ 두 번째 문단에 따르면 에일은 18~25℃에서 발효시켜 만든 맥주이다.
⑤ 마지막 문단에 따르면 산업혁명 이후에는 기술이 발달하여 원하는 정도로 맥아를 볶을 수 있게 되어 80℃ 정도의 낮은 온도로 몰트를 만들었다.

합격생 가이드

줄글 지문의 단순한 정보확인 문제는 답을 찾기 수월하여 풀이시간이 짧기 때문에 시간을 최대한 절약하여 후반부의 난도가 높은 문제를 푸는 데 활용하여 시간 배분을 적절히 하는 것이 중요하다.

27 단순계산 정답 ②

| 난도 | 하

정답해설

甲의 전기, 상수도, 도시가스 사용량 감축률을 계산하면 다음과 같다.

- 전기 : $\frac{400-350}{400}\times100=12.5\%$
- 상수도 : $\frac{11-10}{11}\times100 \fallingdotseq 9.1\%$
- 도시가스 : $\frac{60-51}{60}\times100=15\%$

탄소중립포인트 지급기준에 따라 전기는 750포인트, 상수도는 75포인트, 도시가스는 800포인트가 부여되므로 甲은 2024년에 750+75+800=1,625포인트를 받게 된다.

28 수리퀴즈(계산) 정답 ④

| 난도 | 중

정답해설

제시된 글의 내용을 식으로 나타내면 다음과 같다.

- 乙의 기부액=甲의 기부액×3배
- 丙의 기부액=乙의 기부액×3배
- 丁의 기부액=丙의 기부액×3배

丁의 기부액은 甲의 27배로, 丁의 기부액 12,345,67□×27원은 모든 자리 숫자가 3이므로 333,333,333원이다. 그러므로 □는 9이고, 丙의 기부액은 $\frac{333,333,333}{3}=111,111,111$원이다.

따라서 甲이 기부한 금액의 일의 자리 숫자와 丙이 기부한 금액의 십의 자리 숫자의 합은 9+1=10이다.

29 수리퀴즈(계산) 정답 ②

| 난도 | 중

정답해설

베타를 포함하여 2종류 이상의 열대어 4마리를 구입하고, 베타는 다른 종류의 열대어와 한 어항에서 기를 수 없으므로 구매하는 베타의 마릿수에 따라 결제금액을 계산하면 다음과 같다.

- 베타를 1마리 구매하는 경우
  4,000(베타 1마리)+35,000(A형 어항)+9,000(구피 3마리)+40,000(B형 어항)=88,000원
- 베타를 2마리 구매하는 경우
  8,000(베타 2마리)+35,000(A형 어항)+6,000(구피 2마리)+35,000(A형 어항)=84,000원
- 베타를 3마리 구매하는 경우
  12,000(베타 3마리)+35,000(A형 어항)+3,000(구피 1마리)+35,000(A형 어항)=85,000원

따라서 甲이 결제할 최소 금액은 84,000원이다.

30 수리퀴즈(계산) 정답 ③

| 난도 | 중

정답해설

날짜별로 포인트 내역을 정리하면 다음과 같다.

- 2022. 1. 5. : 결제금액 50,000원에 대해 50,000×0.05=2,500포인트가 발생했다.
- 2022. 9. 20. : 결제금액 22,000원 중 2,000원을 포인트로 결제하였기 때문에 결제금액 20,000원에 대해 20,000×0.02=400포인트가 발생하여 누적포인트는 900포인트가 되었다.
- 2023. 1. 9. : 결제금액 25,000원에 대해 25,000×0.02=500포인트가 발생하여 누적포인트는 1,400포인트가 되었다.
- 2023. 1. 31. : 2022. 1. 5. 결제금액에 대해 발생한 2,500포인트 중 사용하고 남은 500포인트가 소멸되어 누적포인트는 900포인트가 되었다.
- 2023. 3. 27. : 결제금액 50,300원 중 300원을 포인트로 결제하였기 때문에 결제금액 50,000원에 대해 50,000×0.04=2,000포인트가 발생하여 누적포인트는 2,600포인트가 되었다.
- 2023. 9. 30. : 2022. 9. 20. 결제금액에 대해 발생한 400포인트 중 사용하고 남은 100포인트가 소멸되어 누적포인트는 2,500포인트가 되었다.
- 2024. 1. 5. : 결제금액 10,500원 중 500원을 포인트로 결제하였기 때문에 결제금액 10,000원에 대해 10,000×0.05=500포인트가 발생하여 누적포인트는 2,500포인트가 되었다.

따라서 甲이 2024년 1월 10일에 보유한 포인트는 2,500포인트이다.

31 수리퀴즈(계산) 정답 ②

| 난도 | 상

정답해설

내향형이자 사고형인 사람의 수는 임용 전후 모두 20명이므로 내향형과 사고형인 사람의 수는 각각 임용 전후 최소 20명이다. 검사결과에 따라 각 성격유형에 해당하는 사람의 수를 나타내면 다음과 같다.

(단위 : 명)

구분	임용 전	임용 후
외향형	100−(20+x) =80−x	100−(40+2x) =60−2x
내향형	20+x	2(20+x) =40+2x
감정형	100−(40+2y) =60−2y	100−(20+y) =80−y
사고형	2(20+y) =40+2y	20+y

임용 전 내향형이자 사고형인 사람의 수는 20명이므로 임용 전 내향형이자 감정형인 사람의 수는 20+x−20=x명이 된다. 이에 따라 임용 전 외향형이자 감정형인 사람의 수는 (60−2y−x)명이 된다. 임용 후 내향형이자 사고형인 사람의 수는 20명이므로 임용 후 내향형이자 감정형인 사람의 수는 40+2x−20=20+2x명이 된다. 이에 따라 임용 후 외향형이자 감정형인 사람의 수는 80−y−(20+2x)=80−y−20−2x=(60−y−2x)명이 된다.
임용 후 외향형이자 감정형인 사람의 수는 임용 전의 두 배가 되었으므로 60−y−2x=(60−2y−x)×2 식이 성립한다. y=20으로, 감정형인 사람의 수는 임용 전 60−2×20=20명, 임용 후 80−20=60명이고, 사고형인 사람의 수는 임용 전 40+2×20=80명, 임용 후 20+20=40명이다.
따라서 임용 후 내향형이자 사고형인 사람의 수는 20명이므로 임용 후 외향형이자 사고형인 사람의 수는 40−20=20명이다.

32 논리퀴즈 정답 ③

| 난도 | 하

정답해설

乙의 대화 내용에 따라 乙은 丙과 丁보다 앞서 달렸고, 丙의 대화 내용에 따라 丙의 앞에서 달렸던 적이 있는 사람은 乙과 丁뿐이므로 앞쪽에서 달렸던 순서는 乙 − 丁 − 丙이다. 戊의 대화 내용에 따라 같은 등수는 없으므로 1~3등은 각각 乙, 丁, 丙이며, 乙이 1등이므로 甲의 대화 내용에 따라 甲은 5등이다.
따라서 1등부터 5등까지 순서는 乙 − 丁 − 丙 − 戊 − 甲이므로 3등은 丙이다.

33 논리퀴즈 정답 ④

| 난도 | 하

정답해설

乙의 주민등록번호 앞 6자리는 3가지 숫자로만 구성되어 있으므로 이에 따라 ②가 답에서 제외되고, 같은 숫자가 연속되는 부분이 있으므로 이에 따라 ①이 답에서 제외된다. 짝수해에는 지급 대상자 중 짝수일에 태어난 사람에게 기념품을 증정하므로 기념품을 받지 못한 乙은 짝수일에 태어나지 않았다. 이에 따라 ③도 답에서 제외된다. 또한 乙이 2022년 4월 10일에 만 20세가 되었다면, 생년월일은 2002년 4월 10일이다. 2002년 4월 11일 이후에 태어났다면, 2022년에 지원금을 받을 수 없으므로 이에 따라 ⑤도 답에서 제외된다.
따라서 ④가 乙의 주민등록번호 앞 6자리로 가능하다.

34 논리퀴즈 정답 ③

| 난도 | 중

정답해설

후보 A에 투표한 사람은 3명이므로 甲과 乙이 두 표씩 주고 丙, 丁, 戊 중 한 사람이 A에 한 표를 주었다면, 1차 투표에서 A가 받은 표는 최대 5표이다.

오답해설

① 후보 B에 투표한 사람은 2명이므로 甲과 乙이 두 표씩 주었다면, B는 4표를 획득하게 되고, 후보 A와 C는 3표씩 획득하게 된다. 이에 따라 B가 최다 득표로 선정될 수 있다.
② 후보 A에 甲과 乙이 두 표씩, 戊가 한 표를 주었다면, 丙과 丁은 각각 후보 B와 C에 한 표씩 줄 수 있다. 이에 따라 1차 투표에서 丙과 丁이 투표한 후보의 조합이 서로 같을 수 있다.
④ 후보 A에 甲과 乙이 두 표씩 주고 丙, 丁, 戊 중 한 사람이 A에 한 표를 주어 A가 5표를 받았다면, 후보 C는 3표를 받을 수 있으므로 4표 이상 받을 수는 없다.
⑤ 甲과 乙이 동일한 후보에 두 표씩 주었기 때문에 나머지 후보가 받을 수 있는 표의 수는 최대 3표이므로 2차 투표를 실시하는 경우는 없다.

35 시간 · 공간 정답 ①

| 난도 | 하

정답해설

유학생의 날이 있는 달에는 네 번의 토요일과 다섯 번의 일요일이 있으므로 1일은 일요일이어야 한다. 유학생의 날 1주 전 같은 요일이 전통시장의 날이고, 유학생의 날 3주 뒤 같은 요일이 도서기증의 날이며, 전통시장의 날과 도서기증의 날이 같은 달에 있으므로 이를 달력에 표시하면 다음과 같다.

일	월	화	수	목	금	토
1 (전통시장)	2 (전통시장)	3 (전통시장)	4	5	6	7
8 (유학생)	9 (유학생)	10 (유학생)	11	12	13	14
15	16	17	18	19	20	21
22	23	24	25	26	27	28
29 (도서기증)	30 (도서기증)	31 (도서기증)				

따라서 유학생의 날로 지정된 날짜의 요일로 가능한 요일은 일요일, 월요일, 화요일이므로 ①이 답이 된다.

합격생 가이드

달력 문제의 경우는 달력을 그려 구하면 답을 좀 더 쉽게 구할 수 있다. 그러나 달력을 그리게 되면 시간이 더 소요되므로 달력을 그리되 제시된 글 중 핵심적인 부분 위주로 그려 시간을 절약할 수 있는 방향으로 한다.

36 논리퀴즈 정답 ②

| 난도 | 상

정답해설

시즌 1번째 경기의 결과가 '승'이라면, 2번째~10번째 경기의 전적이 5승 4패이므로 11번째 경기의 결과(㉠)가 '승'일 때 12번째 경기의 직전 10개 경기 전적(㉢)은 '6승 4패'가 된다.

오답해설

ㄱ. 시즌 1번째 경기의 결과가 '패'라면, 2번째~10번째 경기의 전적이 6승 3패이므로 11번째 경기의 결과(㉠)가 '패'일 때 12번째 경기의 직전 10개 경기 전적(㉢)은 '6승 4패'가 될 수 있다.

ㄴ. ㉢이 '7승 3패'라는 것은 시즌 2번째~11번째 경기의 전적이 '7승 3패'라는 것이다. 이를 통해 12번째 경기의 결과까지는 알 수 없다.

ㄹ. 시즌 2번째 경기의 결과가 '패'라면, 12번째 경기의 직전 10개 경기 전적(㉢)이 '5승 5패'일 때 3번째~11번째 경기의 전적이 5승 4패이므로 12번째 경기에 '패'가 추가되어 13번째 경기의 직전 10개 경기 전적은 '5승 5패'가 될 수 있다.

37 단순계산 정답 ⑤

| 난도 | 하

정답해설

후보업체 A~E의 평가항목 합산 점수를 계산하면 다음과 같다.

(단위 : 점)

구분	품질	가격	안전성	가산점	합계
A업체	3×3=9	7	1×2=2	-	18
B업체	1×3=3	7	3×2=6	-	16
C업체	5×3=15	3	3×2=6	-	24
D업체	3×3=9	5	5×2=10	-	24
E업체	5×3=15	1	3×2=6	2.5	24.5

따라서 설치업체로 선정될 곳은 최종 점수가 가장 높은 E이다.

38 단순계산 정답 ②

| 난도 | 중

정답해설

배출권거래제에 참여 중인 기업은 지원대상에서 제외되므로 D를 제외한 기업 A, B, C, E의 평가항목 합산 점수를 계산하면 다음과 같다.

(단위 : 점)

구분	중간보고서 점수	시설설치 점수	최종보고서 점수	합계
A기업	60×0.2=12	70×0.3=21	70×0.5=35	68
B기업	90×0.2=18	60×0.3=18	80×0.5=40	76
C기업	85×0.2=17	60×0.3=18	70×0.5=35	70
E기업	80×0.2=16	90×0.3=27	90×0.5=45	88

총점 70점 미만인 기업은 지원대상에서 제외되므로 A를 제외한 B, C, E의 지원금액을 계산하면 다음과 같다.

- B : 6×0.8=4.8억 원
- C : 7×0.8=5.6억 원
- E : 15×0.3=4.5억 원

따라서 甲부처가 지급할 지원금액의 총합은 4.8+5.6+4.5=14.9억 원이다.

합격생 가이드

제시된 조건과 상황에 따라 계산 전 제외할 수 있는 부분은 제외하고 문제를 풀면 풀이시간을 단축시킬 수 있다. 첫 번째로 배출권거래제에 참여 중인 기업은 지원대상에서 제외되므로 D기업을 제외한 후 나머지 기업들의 총점을 비교하고, 총점 70점 미만인 기업도 지원대상에서 제외되므로 A기업을 제외한 후 나머지 기업들의 지원금액만 계산하면 된다.

39 정보확인 · 추론 정답 ⑤

| 난도 | 하

정답해설

두 번째 문단에 따르면 1801년에 이르러서야 사탕무를 이용한 설탕의 대량생산이 가능해졌다.

오답해설

① 첫 번째 문단에 따르면 사탕수수가 처음 재배된 곳은 태평양 남서부의 뉴기니섬 지역이었다.

② 첫 번째 문단에 따르면 사탕수수액을 이용한 설탕 결정법은 굽타왕조 시대에 개발되었다.

③ 마지막 문단에 따르면 1920~1930년대에 이르러서는 꿀이나 엿을 전혀 사용하지 않던 육류, 생선류, 찬류, 김치류 등에도 설탕을 넣었다.

④ 첫 번째 문단에 따르면 인도의 외교사절단이 사탕수수 재배법을 중국에 전파한 것은 7세기 중반 당태종 때이다.

40 수리퀴즈(계산) 정답 ②

| 난도 | 중

정답해설

1893년 설탕 가격이 1884년 대비 40% 하락했으므로 1893년 설탕 1근의 가격이 12전이라고 가정할 때, 1884년 설탕 1근의 가격은 $\frac{12}{0.6}$=20전이다.

1884년 설탕 1근의 가격은 20전이고, 설탕 가격은 같은 무게 소고기의 2.5배였으므로 소고기 1근의 가격은 $\frac{20}{2.5}$=8전이다.

1884년에 설탕 1근과 소고기를 구입한 금액이 52전이었다면, 설탕 1근의 가격은 20전이므로 소고기를 구입한 금액은 52−20=32전이다. 따라서 소고기는 $\frac{32}{8}$=4근을 구입할 수 있었다.

2023 기출문제 정답 및 해설

제1과목 언어논리 _ 정답 및 해설

1	2	3	4	5	6	7	8	9	10
①	②	⑤	③	②	①	③	④	④	④
11	12	13	14	15	16	17	18	19	20
③	①	④	⑤	④	④	①	④	①	⑤
21	22	23	24	25	26	27	28	29	30
⑤	③	⑤	①	②	④	②	②	①	④
31	32	33	34	35	36	37	38	39	40
②	③	②	⑤	②	③	⑤	③	③	⑤

01 일치부합 정답 ①

| 난도 | 하

정답해설

김부식은 휘종이 잡혀가던 해에 사신으로 송에 가서 금 군대의 위력을 봤다고 하면서 송의 요청을 받아들여서는 안 된다고 하였다.

오답해설

② 송은 묘청의 난을 진압하는 데 필요한 군대를 보내주는 대가로 고려를 거쳐 금을 공격하게 해달라고 하였다.

③ 귀주대첩에서 고려가 요를 물리치기는 했지만 오히려 송과 관계를 끊고 요와 우호 관계를 맺었다.

④ 제시문과 전혀 무관한 내용이다.

⑤ 송은 고려에게 함께 요를 공격하자고 하지 않았으며, 송과의 외교관계를 끊은 나라는 오히려 고려였다.

02 일치부합 정답 ②

| 난도 | 하

정답해설

원상들은 정희왕후의 수렴청정 기간 내내 예종 때처럼 국정을 처리하였는데, 예종 때 원상들은 승정원에서 국정에 관한 결정을 내렸다.

오답해설

①·③·④·⑤ 제시문과 전혀 무관한 내용이다.

03 일치부합 정답 ⑤

| 난도 | 하

정답해설

조선의 한자는 표의문자이기 때문에 한자의 수만큼 많은 활자가 필요한 반면, 라틴어는 표음문자여서 그렇게 많은 활자가 필요하지 않아 민간에서 주조하기가 용이했다.

오답해설

① 아예 주조되지 않은 것은 아니고 극소수 양반가에서 소유했다.

②·③ 제시문에서는 알 수 없는 내용이다.

④ 구텐베르크의 금속활자는 지식의 독점을 막고 독서 인구를 증가시켰으나, 조선은 이와 달랐다고 하였다.

04 일치부합 정답 ③

| 난도 | 하

정답해설

기독교 교회의 신학과 예배 의식 관련 개념들을 서유럽에 전파한 자들은 라틴어 사용자였다.

오답해설

①·②·④ 제시문과 전혀 무관한 내용이다.

⑤ 학술적 어휘는 당시 사용하던 것보다 더 고형의 라틴어를 다시 차용하기도 하였다.

05 일치부합 정답 ②

| 난도 | 하

정답해설

정치적 요인과 같은 외부적 요인도 있겠지만 인간 내부에서도 그 요인을 찾아볼 수 있다고 하였다.

오답해설

① 개인의 감정과 무관하게 참인 것을 찾으려고 노력하면 우리 모두에게 이익이 된다고 하였다.

③ 진실을 부정하는 사람들은 믿고 싶지 않은 사실에는 높은 검증 기준을 들이대지만, 부합하는 것에는 검증 기준을 낮추거나 맹신한다고 하였다.

④ 2016년의 사례들은 탈진실 현상의 예일 뿐이고, 그것이 탈진실 현상의 시작은 아니다.

⑤ 진실을 외면하거나 왜곡하는 것은 의식 차원에서도 일어나지만 무의식 차원에서도 일어난다고 하였다.

06 일치부합 정답 ①

| 난도 | 하

정답해설

헬리코박터균에 의해 대부분의 위장 질환이 발생한다는 것을 입증한 것일 뿐, 나머지 원인들을 부정한 것은 아니다.

오답해설

② 헬리코박터균을 직접 마셔서 위궤양을 만들어냈으므로 이 세균은 위산을 견뎌낸 것이다.

③ 헬리코박터균은 캠필로박터균을 배양할 때처럼 산소와 이산화탄소를 저농도로 유지하면서 배양하였다.

④ 헬리코박터 파일로리는 만성적인 감염의 원인균이며, 위암의 원인균으로 인정받았다.

⑤ 캠필로박터와 다른 집단임이 판명되어 헬리코박터 속이 신설되었다.

07 일치부합 정답 ③

| 난도 | 하

정답해설

몬테카를로 방법은 적분하기 어려운 복잡한 도형의 넓이를 산출할 때 주로 사용되지만, 제시문에서와 같이 원의 넓이를 구할 때에도 사용될 수 있다.

오답해설

① 핵분열 시 중성자의 경로가 매우 복잡해 예측하기 어려워 몬테카를로 방법이 사용되었다고 하였다.

② 무작위 추출된 난수를 이용하여 함수의 값을 추정하는 통계학적 방법이다.

④ 해석학적으로 적분하기 극히 어려운 복잡한 도형의 넓이 산출 등에 사용된다고 하였다.

⑤ 더 많은 다트를 던질수록 실제 원의 넓이와 구한 원의 넓이의 차이가 줄어들 것이라고 하였다.

08 밑줄 · 빈칸 채우기 정답 ④

| 난도 | 하

정답해설

(가) 물이 지구 중심 방향으로 이동하는 과정에서 수문을 열기 전 물의 퍼텐셜 에너지 중 일부가 다른 에너지로 바뀐다고 하였다.

(나) 물의 예를 들면서, 댐 아래의 물을 위로 퍼올리기 위해서는 물에 에너지를 투입해야 한다고 하였다. 즉, 물이 에너지를 얻어야 한다.

(다) 계단의 불연속성과 전자의 퍼텐셜 에너지 크기 변화가 유사하다고 하였다.

09 밑줄 · 빈칸 채우기 정답 ④

| 난도 | 하

정답해설

(가) 사운드의 원천이 직접 보이지는 않지만 화면에 보이는 장면과 동일한 공간에 있는 것을 앞뒤 맥락을 통해 알 수 있는 것을 '화면 밖 음향'이라고 하였다.

(나) 사운드의 원천이 화면에서 전개되는 시공간에 속하지 않는 경우를 '오프 음향'이라고 하였다.

(다) · (라) 화면 속의 어린 아이가 피아노를 연주하고 있고, 그 아이가 연주하는 어설픈 피아노 소리가 흘러나온 것은 '인 음향', 배경음악으로 깔린 유명한 피아니스트의 연주곡은 '오프 음향'이다.

10 글의 문맥 · 구조 정답 ④

| 난도 | 하

정답해설

나쁜 일에 직접 가담했다면 다른 사람이 판단할 수 있으므로 외부에서는 알 수 없지만 자신의 내면에서만 일어나는 것의 의미인 ④로 바꿔주어야 한다.

합격생 가이드

틀린 부분을 수정하는 유형의 문제는 밑줄이 쳐진 바로 다음 문장을 주목해야 한다. 거의 모든 문제에서 밑줄 다음에 나오는 문장이 밑줄의 근거가 되기 때문이다. 이 문제의 경우도 바로 다음 문장에서 '당사자 자신만이 알 수 있는 것'이라는 명확한 힌트를 주었다.

11 추론 정답 ③

| 난도 | 하

정답해설

개별성 원칙은 가구 단위가 아닌 개인 단위로 지급하기만 하면 되는 것일 뿐, 지급액의 차이에 대해서는 따지지 않는다.

오답해설

① 보편성 원칙은 소득이나 자산 수준에 관계없이 국민 모두에게 지급해야 한다는 것이다.

② 무조건성 원칙은 수급의 대가로 무엇을 하든지 신경쓰지 않아야 한다는 것이다.

④ 정기성 원칙은 지급의 주기가 정기적인 시간 간격을 가지고 있기만 하면 된다는 것이다.

⑤ 입출금이 자유로운 예금은 현금으로 지급한 것과 동일한 효과가 있다.

12 추론 정답 ①

| 난도 | 중

정답해설

투입된 동전이 500원 동전이라면 X가 어디에 설치되어 있든 간에 파란불이 켜질 것이다.

오답해설

② X가 C상태라면 파란불이 켜진다.

③ E상태는 500원 동전과 크기나 무게가 다르기만 하면 되는 것이므로 다른 두 동전의 크기와 무게가 같다는 보장은 없다.

④ X의 파란불의 의미는 X의 사용 목적에 의해 정해지는 것이다.

⑤ 다른 목적을 가진다면 X의 파란불은 그 목적에 맞는 의미를 가지게 될 것이다.

13 추론 정답 ④

| 난도 | 하

정답해설

거시 세계에서 대상들이 구분 가능한지의 여부는 기기의 정밀도에 의존한다고 하였다.

오답해설

① 정밀한 측정이 동반된다면 둘을 분명히 구분할 수 있다고 하였다.
② 종류가 같은 입자들의 물리적 속성이 동일한 것이지 종류가 다른 경우에는 그렇지 않을 것이다.
③ 미시 세계의 대상들을 구분할 수 있는지의 여부는 기기의 정밀도에 의존하지 않는다고 하였다.
⑤ 현재의 정밀도 수준에서 구분 불가능하다고 결정했다고 하더라도 미래에 정밀도가 높은 기기가 개발된다면 구분이 가능할 수 있다.

14 추론 정답 ⑤

| 난도 | 하

정답해설

알파파와 베타파가 나오는 수면은 렘수면인데, 렘수면의 시간이 늘어난 경우 비렘수면의 시간도 함께 증가하여 전체 수면 시간이 길어진다고 하였다.

오답해설

① 뇌의 온도가 올라가면 렘수면의 시간이 늘어나게 되며, 비렘수면의 시간도 함께 증가하여야 한다고 하였다.
② 제시문과 전혀 무관한 내용이다.
③ 기억과 사고 과정을 돕는 수면은 렘수면인데, 세타파와 델타파가 나오는 수면은 비렘수면이다.
④ 수면과 신체의 피로 사이의 관련성은 그렇게 밀접하지 않다고 하였다.

합격생 가이드

렘수면, 비렘수면, 세타파, 델타파, 알파파, 베타파 등의 많은 단어가 등장하는 지문이다. 이런 지문들은 짝짓기만 잘해주면 굉장히 쉽게 풀린다. 따라서 지문 자체를 너무 꼼꼼하게 분석하려고 하지 말고 각각의 단어가 어떻게 연결되는지에 집중하기 바란다.

15 논리퀴즈 정답 ④

| 난도 | 중

정답해설

해설의 편의를 위해 기준을 나열한 순서대로 조건 1, 조건 2 …로 표기한다.

조건 1은 A → B, 조건 2는 B → ~D이므로, 이를 결합하면 A → B → ~D를 도출할 수 있다.

조건 4는 ~D → C이므로, 결합하면 A → B → ~D → C를 도출할 수 있다.

조건 3은 C → ~E이므로, 결합하면 A → B → ~D → C → ~E를 도출할 수 있다.

조건 5는 ~E → D이므로, 결합하면 A → B → ~D → C → ~E → D가 도출된다. 그런데 이 경우는 D에서 모순이 발생한다. 따라서 D가 파견되는 것을 확정할 수 있으며, 대우명제인 D → ~B → ~A를 통해 A와 B가 파견되지 않는 것도 확정지을 수 있다.

아직 확정되지 않은 C와 E를 판단하기 위해서는 D → ~B → ~A와 C, E 사이를 연결하는 기준이 추가되어야 한다. 그런데 ④는 확정되지 않은 C와 E간의 관계만을 나타내고 있어 위 대우명제와 연결되지 않는다.

합격생 가이드

추가되어야 할 전제 유형에서 가장 먼저 살펴보아야 할 선택지는 이 문제와 같이 확정되지 않은 항목들로만 이루어진 명제이다. 확정되지 않은 항목들끼리 아무리 지지고 볶아봤자 그 어떤 것도 확정되지 않는다.

16 논리퀴즈 정답 ④

| 난도 | 중

정답해설

해설의 편의를 위해 원칙의 나열 순서대로 원칙 1, 원칙 2 …로 표기한다. 먼저, 대상이 한 명인 원칙 1과 원칙 4를 정리하면 다음과 같다.

총무부	인사부	영업부	자재부
갑순		병수	

중국어 회화 가능자는 병수와 정희인데, 원칙 2에서 영업부와 자재부 모두에는 중국어 회화 가능자가 배치될 수 없다고 하였으므로 정희는 총무부나 인사부에 배치되어야 한다. 그런데 원칙 3을 통해 정희는 총무부에 배치될 수 없다. 따라서 이를 정리하면 다음과 같다.

총무부	인사부	영업부	자재부
갑순	정희	병수, 을돌	

여기에 추가 원칙을 적용하면 다음과 같이 배치를 결정할 수 있다.

총무부	인사부	영업부	자재부
갑순	정희	병수	을돌

따라서 최종적으로 배치된 정희의 부서는 인사부이다.

합격생 가이드

배치 유형의 문제에서 가장 먼저 해야 할 것은 하나의 항목만으로 적용되는 조건들을 추려내는 것이다. 이 문제의 경우는 공인노무사, 신입사원이 이에 해당한다.

17 견해 비교 · 대조 정답 ①

| 난도 | 하

정답해설

A는 산업자본에 의해, B는 준거집단에서 따돌림당할지도 모른다는 불안 때문에 유행이 형성된다고 하였다.

오답해설

ㄴ · ㄷ. 제시문을 통해서는 알 수 없는 내용이다.

18 견해 비교 · 대조 정답 ④

| 난도 | 하

정답해설

ㄴ. 을은 개인의 활동이 어떻게 조절되느냐에 따라 유전자가 작동되는 방식이 바뀐다고 하였다. 따라서 선택지와 같은 사실이 밝혀진다면 을의 주장은 강화된다.

ㄷ. 갑은 유전자에 의해 결정되는 형질은 불변이라고 하였고, 을은 개인의 활동에 따라 변화할 수 있다고 하였다. 따라서 선택지와 같은 사실이 밝혀진다면 갑의 주장은 약화되고, 을의 주장은 강화된다.

오답해설

ㄱ. 갑은 유전자의 형질은 불변이라고 하였으므로 선택지와 같은 사실이 밝혀진다면 갑의 주장은 강화된다.

19 밑줄 · 빈칸 채우기 정답 ①

| 난도 | 하

정답해설

(가) 바로 앞에서 둘 중 한 사람이 다른 사람보다 더 안다는 것은 말이 되지 않는다고 하여 사실적 지식이 절대적 개념이라고 하였다.

(나) A의 논증을 정리하면 다음과 같다.

– 모든 유형의 지식은 궁극적으로 사실적 지식이다.

– 거의 모든 (   ) 지식은 의심에서 벗어날 수 없다.

– 의심의 여지가 없는 것만이 지식이다.

– 따라서 앎(지식)들은 거의 모두 거짓이다.

이 논증에 따르면 (   )에는 사실적 지식이 들어가야 한다. 만약 대상적 지식이 들어갈 경우 논증의 연결고리가 끊어져 결론이 도출되지 않기 때문이다.

(다) A의 결론이 들어가야 하므로 '우리가 아는 것이 거의 없다'가 들어가야 자연스럽다.

20 추론 정답 ⑤

| 난도 | 하

정답해설

B는 상황에 따라 무엇을 평평하다고 말할 수 있는지가 달라진다고 하였다.

오답해설

① 절대적 개념은 비교가 불가능한 것이므로, 평평함에 얼마나 근접해 있는가는 비교할 수 있다고 하였다.

② 아름답다는 것이 절대적 개념인지 상대적 개념인지는 알 수 없다.

③ B는 A의 전제를 거부한 것이 아니라 받아들이면서도 다른 결론을 도출했다.

④ 제시문과 전혀 무관한 내용이다.

21 일치부합 정답 ⑤

| 난도 | 하

정답해설

이방원은 즉위 직후 절제사들의 휘하에 있는 모든 군인에 대한 지휘권을 의흥삼군부에 넘겼다.

오답해설

① · ② · ④ 제시문과 전혀 무관한 내용이다.

③ 삼군도총제부를 만든 주체는 위화도 회군으로 권력을 잡은 이성계이다.

22 일치부합 정답 ③

| 난도 | 하

정답해설

고구려는 수의 별동대가 평양 인근까지 왔다가 철수하자 살수를 건너는 적의 앞을 막고 격파하였다.

오답해설

① 내호아에게 군량을 운송하라는 명령을 내린 주체는 수 양제이다.

② · ⑤ 제시문과 전혀 무관한 내용이다.

④ 요하를 건너기는 했으나 군량을 거의 소진하여 우문술 등이 탁군으로 돌아가 군량을 보충하자고 제안했다.

23 일치부합 정답 ⑤

| 난도 | 하

정답해설

스웨덴의 환경부담금은 시장에서 결정되는 것이 아니라 정부가 부과한다.

오답해설

① 제시문과 전혀 무관한 내용이다.

② 사전 지식으로 판단할 수도 있으나 제시문만으로는 알 수 없는 내용이다.

③ 제시문에서는 알 수 없는 내용이다.

④ 배출권 가격이 높아질수록 생산량이 줄어들어 사회적인 최적 생산량에 근접할 것이므로 외부효과는 줄어든다.

24 일치부합 정답 ①

| 난도 | 하

정답해설

저작권과 퍼블리시티권은 모두 개인의 인격이 깃든 가치를 보호한다고 하였는데, 여기서 가치란 저작권에서는 경제적으로 이용할 수 있는 권리이며, 퍼블리시티권에서는 상업적 가치를 의미한다.

오답해설

② 프라이버시권에서는 경제적 이익을 보호하지 않는다.

③ 제시문과 전혀 무관한 내용이다.

④ 프라이버시권은 사생활의 비밀과 자유 등을 보호하며, 퍼블리시티권은 자기동일성의 사업적 가치를 보호하므로 둘의 보호법익은 서로 다르다.

⑤ 저작권의 보호 대상은 표현 매체에 고정될 필요가 없다고 하였다.

25 일치부합 정답 ②

| 난도 | 하

정답해설

과실수는 곡류에 비하여 재배하는 데 손이 많이 가지 않는다고 하였다.

오답해설

① 과실수는 곡류에 비해 노동이 많이 필요하지 않아 노동력 대비 생산량이 월등하다고 하였다.
③ 도토리는 인간뿐 아니라 돼지와 같은 가축에게도 좋은 식량이었다고 하였다.
④ 곡물의 생산량이 풍흉에 따라 요동칠 때에도 도토리는 일정한 양이 생산된다고 하였다.
⑤ 오래전에 형성된 것으로 보이는 참나무 숲들도 거의 모두가 인간이 조성한 것이라고 하였다.

26 일치부합 정답 ④

| 난도 | 중

정답해설

뇌에서 이미지 처리 속도가 느려져 1시간 걸리던 것이 2시간 걸리게 된다면 본인은 그 이미지를 처리하는 데 1시간 걸렸다고 생각하지만 실제로는 2시간이 걸린 것이다. 이 때문에 시계 시간이 더 빠르게 흐르는 것으로 느끼게 된다.

오답해설

① 신체가 노화하면 뇌가 이미지를 습득하고 처리하는 속도가 느려져 마음 시간이 느려진다.
②·③ 마음 시간의 속도는 신체가 노화함에 따라 느려지지만, 시계 시간은 노화와 무관하게 불변이다.
⑤ 신경망의 크기와 복잡성이 커지면 신호의 흐름이 둔해져 이미지를 처리하는 속도가 느려진다.

합격생 가이드

일치부합형 제시문에서 간단한 산수를 이용한 사례가 주어지는 경우가 종종 있다. 추상적인 제시문을 읽어나가다가 이런 사례를 만나면 '앞에서 정리한 내용이겠거니'라는 생각으로 그냥 넘어가는 경우가 있는데 그래서는 곤란하다. 앞 부분을 읽어나갈 때 잘못 이해한 부분이 있을 수도 있고, 말로 표현되지 않았던 내용이 그 사례를 통해 새로 등장하는 경우도 있기 때문이다. 어찌보면 제시문 전체에서 이 사례 부분이 제일 중요한 부분이다.

27 밑줄 · 빈칸 채우기 정답 ②

| 난도 | 하

정답해설

(가) 그들의 사상이 매우 심오하고 급진적이었다고 하였고, 그러한 사상에 종교성까지 만들어냈다고 하였으므로 올바로 이해하지 못하고 자의적으로 받아들였다는 내용이 들어가야 자연스럽다.
(나) 축의 시대 현자들은 무엇을 믿느냐보다 어떻게 행동하느냐를 중시했다. 따라서 실천에 관한 내용이 들어가야 자연스럽다.

28 밑줄 · 빈칸 채우기 정답 ②

| 난도 | 중

정답해설

제시문의 앞선 논증은 결국 '어떤 것을 안다 → 민감성 조건을 충족한다'로 정리할 수 있다. 그런데 철이의 예에서 보듯 어떤 것을 안다는 것이 꼭 민감성 조건을 충족시킬 필요는 없다는 것이 최종적인 주장이다. 이는 민감성 조건을 충족하는 것이 어떤 것을 안다는 것의 필요조건은 아니라는 것이므로 이를 나타내는 ②가 정답이 된다.

합격생 가이드

빈칸 채우기 유형에 등장하는 선택지 중 대부분은 정말 말도 안되는 내용들이다. 따라서 선택지를 판단할 때 딱 봐서 아니다 싶은 것들은 그냥 넘기기 바란다. '왜 이것이 틀렸을까…' 이런 고민을 할 시간조차 아까운 선택지들이 대부분이다.

29 추론 정답 ①

| 난도 | 하

정답해설

의결정족수가 100%라면 이를 반대하는 사람이 없다는 것이므로 반대하는 구성원들이 받아들여야 하는 불이익인 정치적 외부비용은 없게 된다.

오답해설

② 의결정족수가 높아질수록 합의도출 비용은 커진다.
③ 의결정족수가 작아질수록 합의도출 비용이 작아지므로 과반수보다 작은 의결정족수라면 합의도출 비용이 더 작아질 것이다.
④ 의결정족수가 작아지면 정치적 외부비용은 커지는 반면, 합의도출 비용은 작아진다. 따라서 이 둘의 합은 두 비용의 상대적인 크기에 따라 달라진다.
⑤ 선택지와 같이 의결정족수를 정하게 되면 정치적 외부비용이 커져 집단 전체에는 바람직하지 않을 수 있다.

30 추론 정답 ④

| 난도 | 중

정답해설

을은 상환율은 현행대로 유지해야 하고, 보상률과 상환율을 같게 하자고 주장하고 있다. 이에 따르면 보상금과 상환금의 차액이 사라져 국가가 부담해야 하는 부분이 없어지게 된다.

오답해설

① 일시에 보상금을 지출하여 인플레이션을 유발할 수 있으므로 보상금을 지가증권으로 지급하려는 것이다.
② 개정 전 농지개혁법에는 평균 수확량의 150%를 보상금으로 지급한다고 하였고, 개정안에서도 이를 유지하고 있다.
③ 갑은 생활이 어려운 중소지주들을 위해 보상률을 200%로 올려야 한다고 주장하였다.
⑤ 을은 보상률과 상환율 모두를 125%로 동일하게 해야 한다는 입장이다.

31 글의 문맥 · 구조 정답 ②

| 난도 | 중

정답해설

제시문의 논증을 정리하면 다음과 같다.
전제 : 결과에 대한 책임을 물을 수 없다.
추가 전제 : (   )
결론 : 자율적 군사로봇의 사용은 비윤리적이다.
따라서 책임을 물을 수 없다면 그 행위는 비윤리적이라는 전제가 추가되어야 한다.

32 글의 문맥 · 구조 정답 ③

| 난도 | 하

정답해설

기능은 유사하지만 메커니즘 내지는 구조가 다른 '상사'의 사례를 찾으면 되는데, 쌍살벌은 영장류와 개체 인식 능력은 유사하게 가지고 있지만 메커니즘이 다르다. 쌍살벌은 상대 벌의 노란색과 검은색 무늬로 구별하는 반면, 영장류는 큰 뇌를 이용하여 얼굴을 인식하는데, 이는 '상사'의 사례에 해당한다.

33 논리퀴즈 정답 ②

| 난도 | 하

정답해설

정과 무의 예측은 서로 모순되므로, 이를 통해 갑, 을, 병의 예측은 모두 옳다는 것을 알 수 있다. 이제 갑, 을, 병의 예측을 정리해보자.
갑은 '갑 환경부 → 을 환경부', 을은 '을 환경부 → 병 통일부'라고 하였으므로 이를 결합하면 '갑 환경부 → 을 환경부 → 병 통일부'를 도출할 수 있다. 그리고 병은 '~갑 환경부 → (무 통일부∧병 통일부)'라고 하였다.
이제 정과 무의 예측을 통해 경우의 수를 나눠보자.

i) 정이 옳은 경우
갑, 을, 병의 예측을 통해 '갑 환경부 → 을 환경부 → 병 통일부'를 도출하였는데, 정이 옳다면 병이 통일부에 배치되지 않아야 한다. 따라서 정의 예측은 그르다.

ii) 무가 옳은 경우
갑이 통일부에 배치되고, 정은 교육부에 배치된다. 그리고 병의 예측을 통해 무와 병은 통일부에 배치됨을 알 수 있다. 하지만 을이 어디에 배치되는 지는 알 수 없다.

34 논리퀴즈 정답 ⑤

| 난도 | 상

정답해설

해설의 편의를 위해 결과의 나열 순서대로 결과 1, 결과 2 …로 표기한다.

ㄱ. 장기 시행 과제이면서 즉각적인 효과가 나타나는 과제들은 결과 2에 따라 타 부서와 협의가 필요하지 않다. 그리고 이 과제들은 결과 4에 따라 모두 인력 재배치가 필요하며, 결과 5에 따라 많은 예산이 필요하지 않다.

ㄴ. 인력 재배치가 필요하지 않은 과제들은 결과 4에 따라 장기 시행 과제가 아니거나 타 부서와 협의가 필요하다. 그런데 결과 1을 통해 인력 재배치가 필요하지 않은 과제 중 장기 시행 과제는 있다는 것을 알 수 있으므로 이 과제들은 타 부서와 협의가 필요하다. 그리고 결과 2에서 타 부서와 협의가 필요한 과제는 모두 즉각적인 효과가 나타나지 않는다고 하였다.

ㄷ. 많은 예산이 필요한 과제 중에서는 결과 3에 따라 즉각적인 효과가 나타나는 과제가 있다. 그리고 결과 2에 따라 즉각적인 효과가 나타나는 과제는 타 부서와의 협의가 필요없으며, 결과 5에 따라 많은 예산이 필요한 과제는 인력 재배치가 필요하지 않다. 그리고 인력 재배치가 필요하지 않은 과제들은 결과 4에 따라 장기 시행 과제가 아니거나 타 부서와 협의가 필요하다. 그런데 위에서 이 과제들은 타 부서와 협의가 필요없다고 하였으므로 장기 시행 과제가 아님을 알 수 있다.

합격생 가이드

최근 들어 전칭, 특칭 양화사와 관련된 문제가 빈번하게 출제되고 있다. 전칭 명제만을 다루는 문제들에 비해서는 다소 난도가 높겠지만 오히려 위 해설과 같이 꼬리에 꼬리를 물며 말로 풀이해나간다면 더 편하게 풀이가 가능하다. 이 유형에서는 명제들과 선택지들을 전칭과 특칭으로 구분하는 것이 가장 먼저 선행되어야 하며, 그 다음으로는 선택지와 주어진 명제들의 연결고리를 찾는 것이다. ㄱ을 예로 들면, '즉각적인 효과가 나타나는 과제'가 연결고리다. 굳이 화려한 논리식과 도해를 그려가며 풀이하는 것은 그다지 효율적이지도 않고 오히려 틀릴 가능성만 높아질 뿐이다.

35 추론 정답 ②

| 난도 | 하

정답해설

지방을 에너지원으로 많이 사용하면 혈중 트리글리세리드(TG) 농도가 증가하는데, 겨울의 평균 TG 농도는 여름보다 높았다.

오답해설

ㄱ. 곰은 에너지원으로 여름에는 탄수화물, 겨울에는 지방을 더 많이 사용한다.

ㄴ. 곰은 여름에는 탄수화물을 에너지원으로 많이 사용하며, 이로 인해 젖산 농도가 증가한다. 같은 원리로 탄수화물을 에너지원으로 사용하는 미생물균이 무균 쥐에 주입되었다면 역시 젖산 농도가 증가할 것이다.

36 추론 정답 ③

| 난도 | 상

정답해설

양자 잡음은 온도와 관계없이 일정한 반면, 열적 잡음은 광센서의 절대 온도에 정비례하여 증가한다고 하였다. 따라서 열적 잡음에서 x축은 온도, y축을 잡음의 크기라 했을 때, x절편(절대 온도에서는 잡음이 0이므로)은 동일하면서 기울기가 다른 우상향하는 직선으로 판단해볼 수 있다. 이에 따를 때, 실험의 결과를 끌어내기 위해서는 A의 기울기가 B보다 커야 한다. 그렇다면 A, B에게 동일한 실온에서 A의 열적 잡음은 B보다 클 수밖에 없다. 그런데 실온에서의 전체 잡음의 크기는 같다고 하였으므로 A의 양자 잡음은 B보다 작아야 한다.

37 추론 정답 ⑤

| 난도 | 하

정답해설

ㄱ. (가)에 따르면 전건이 거짓이면 그 조건문은 무조건 참이다.

ㄴ. (나)도 전건이 참인 경우는 (가)와 동일한 입장이다. 따라서 전건이 참이고 후건도 참이므로 그 조건문은 참이다.

ㄷ. (가)에서 거짓인 조건문은 전건이 참이고, 후건이 거짓인 경우인데, 이 경우는 (나)에서도 거짓이다.

38 강화 · 약화 정답 ③

| 난도 | 상

정답해설

ㄱ. 갑과 을의 입장을 약화하기 위해서는 만들어진 모든 것 중 본성의 소산이 아닌 것에 대한 내용이 언급되어 있어야 한다. 그런데 갑과 을의 대화에서는 그 같은 언급이 없으므로 선택지의 내용은 갑과 을의 입장을 강화하지도 약화하지도 않는다.

ㄴ. 을은 인공물은 부자연스러움을 가져온다고 하였으므로 선택지의 내용은 을의 입장을 약화한다.

오답해설

ㄷ. 선택지의 내용이 을의 입장을 약화하기 위해서는 을이 '부자연스러움을 낳는 것 모두가 원리에 대한 이해가 있는 상태에서 만들어진 물건'이라는 내용을 언급해야 한다. 하지만 을은 그러한 언급을 하지 않았다.

39 추론 정답 ③

| 난도 | 상

정답해설

ㄱ. 갑은 우주를 보편적으로 지배하는 원리를 포함하는 이론을 외계인이 지니지 않는다면 우주선 제작과 같은 기술력을 갖추지 못할 것이라고 하였다. 그런데 이러한 기술력을 갖추었다면 외계인이 우주를 보편적으로 지배하는 원리를 포함하는 이론을 지니고 있을 것이고(위의 대우명제), 그런 이론을 지닌 외계인과는 의사소통이 가능하다고 하였다.

ㄷ. 제시문의 논증은 모두 'A이면 의사소통이 가능하다'로 되어있는 반면, 선택지의 논증은 '의사소통이 가능하다면 A이다'의 역명제 형식을 띠고 있어 타당하지 않다.

오답해설

ㄴ. 선택지의 명제를 정리하면 '~의사소통 → (~이론 보유∧~표현하는 일상 언어)'인데 병은 '(이론 보유∧표현하는 일상 언어) → 의사소통'을 주장하고 있다. 두 명제가 동치가 되기 위해서는 선택지의 명제가 병의 대우명제이어야 하는데 그렇지 않다. 또한 을은 병과는 중첩되는 내용이 없으므로 여기에 영향을 미치지 않는다.

합격생 가이드

2023년에는 대우명제가 아니면서 마치 대우명제인 것 같은 옷을 입고 있는 선택지들이 몇몇 출제되었다. and와 or가 교묘하게 섞여 있는 경우가 많으니 꼭 주의하기 바란다.

40 강화 · 약화 정답 ⑤

| 난도 | 중

정답해설

ㄱ. 을은 공통된 생활양식을 함께했을 때에만 의사소통이 가능하다고 하였는데, 김박사와 외계인 A는 생활양식이 지구인과 매우 다르다고 하였다. 따라서 선택지는 을의 입장을 약화한다.

ㄴ. 정은 생물학적 유사성까지 충족해야 한다고 하였으나 외계인 A와 김박사는 전혀 다른 신체 구조를 가지고 있다. 따라서 선택지는 정의 입장을 강화하지 않는다.

ㄷ. 갑의 입장을 약화하기 위해서는 이론을 지니고 있지만 의사소통이 불가능한 경우가 제시되어야 하는데, 외계인 A는 이론을 지니고 있지 않으므로 약화되지 않는다. 또한 병은 갑의 견해에 더해 이론을 표현하는 일상 언어를 사용하는 것을 추가한다고 하였는데, 애초에 이론 자체를 지니고 있지 않은 상태이므로 역시 약화되지 않는다.

1	2	3	4	5	6	7	8	9	10
②	①	⑤	⑤	①	⑤	③	⑤	②	②
11	12	13	14	15	16	17	18	19	20
⑤	②	③	④	②	②	④	④	③	⑤
21	22	23	24	25	26	27	28	29	30
④	②	⑤	④	①	②	⑤	④	③	③
31	32	33	34	35	36	37	38	39	40
①	④	①	⑤	①	②	①	④	③	③

01 매칭형 정답 ②

| 난도 | 하

정답해설

'집으로 우편물 배달' 비율이 세계 평균 및 '우체국에서 우편물 배부' 비율보다 높은 국가는 B, C, D, E이므로 A를 제외한다. 그리고 이 중 E는 2012년 대비 2022년 국내우편 시장 규모가 증가하였으므로 제외한다.

세 번째 조건은 계산이 필요하므로 일단 네 번째 조건을 먼저 살펴보면, 인구 10만 명당 우체국 수가 세계 평균보다 적은 곳은 B와 C이다. 그리고 이 둘을 세 번째 조건에 적용시키면 '갑'국은 B임을 알 수 있다.

02 복수의 표 정답 ①

| 난도 | 하

정답해설

ㄱ. 표 1에서 확인할 수 있는 내용이다.

ㄷ. 표 2에서 확인할 수 있는 내용이다.

오답해설

ㄴ. 순서가 바뀌었다. 고등학교가 2.8%p, 중학교가 2.4%p 증가하였다.

ㄹ. 두 항목 모두 8.0%로 동일하지만, '미반영'의 응답 비율이 중학교 13.8%, 고등학교 12.5%로 다르다. 특히, 교원수는 중학교와 고등학교가 각각 1,000명으로 동일한 상황이므로 '미반영'의 응답자 수가 다르다.

03 추가로 필요한 자료 정답 ⑤

| 난도 | 하

정답해설

ㄷ. 세 번째 문단의 "2022년 사교육비 총액 중 '예체능 및 취미, 교양' 사교육비가 차지하는 비중은 2017년 대비 6%p 이상 상승하였다."는 부분을 위해 추가로 필요하다.

ㄹ. 마지막 문단 전체를 위해 추가로 필요하다.

04 매칭형 정답 ⑤

| 난도 | 하

정답해설

첫 번째 문단을 살펴보면 이를 만족하는 국가는 C, D, E이다. 이 중 D는 호흡기계의 연령표준화사망률이 낮아졌으므로 제외한다. 남은 C와 E 중 마지막 문장의 조건을 살펴보면 E가 '갑'국에 해당한다는 것을 알 수 있다.

05 단순확인(표 · 그림) 정답 ①

| 난도 | 하

정답해설

2020년의 경우 분자인 인도적 체류자 수는 20% 넘게 증가한 반면, 분모인 심사완료자는 10%도 증가하지 않았으므로 비중이 증가했다.

오답해설

② 2020년의 경우 전년 대비 약 $\frac{1}{3}$가량 증가한 반면, 나머지 연도들은 모두 이보다 더 증가하였다.

③ 계산의 편의를 위해 선택지를 '$\frac{\text{심사완료자}}{\text{난민인정자}}$가 가장 큰 해'로 바꾸면 2019년은 약 58이지만, 나머지 연도는 이에 한참 미치지 못한다. 비슷한 수치인 2020년의 경우도 2019년과 분수를 비교하면 2020년보다 작다.

④ 신규신청자가 가장 많은 해와 신청철회자가 가장 많은 해는 모두 2020년이다.

⑤ 2017년은 2016년과 비교할 때 분모는 같고 분자만 크므로 2017년이 더 크다. 그리고 2018년은 2017년과 비교할 때 분모는 50% 증가한 반면, 분자는 그보다 훨씬 더 많이 증가하였다. 또한 2019년은 2018년과 비교할 때 분모는 $\frac{1}{3}$ 증가한 반면, 분자는 그보다 더 많이 증가하였으며, 마지막으로 2020년은 2019년과 비교할 때 분모는 $\frac{1}{4}$ 증가한 반면, 분자는 약 $\frac{1}{3}$가량 증가하였다.

06 단순확인(표 · 그림) 정답 ⑤

| 난도 | 하

정답해설

외국인 대상 매출액에서 쇼핑업을 제외한 나머지 업종의 매출액을 어림해서 합해보면 32,000백만 원에 한참 미치지 못한다.

오답해설

① 비중을 구할 필요 없이 매출액 자체의 순위만 판단하면 되는데, 숙박업과 식음료업의 순서가 서로 엇갈린다.

② 식음료업이 차지하는 비중이 40% 이하가 되기 위해서는 식음료업의 매출액을 대략 1,000,000백만 원으로 보았을 때 전체 매출액이 2,500,000백만 원 이상이 되어야 한다. 그런데 어림해서 보더라도 이에는 한참 미치지 못한다.

③ 여행업의 경우 외국인 대상 매출액은 내국인 대상 매출액의 20% 이상을 차지하지만, 전체에서 차지하는 비중이 미미하고 나머지는 10%에도 미치지 못하는 업종이 대부분이다.

④ 내국인 대상 매출액과 외국인 대상 매출액의 차이가 가장 큰 업종은 식음료업이다.

합격생 가이드

어느 하나의 비중이 50% 이상이라는 것은 그 항목의 값이 나머지 항목들의 합보다 크다는 의미이다. 이 문제와 같이 총합이 주어지지 않고 50% 여부를 묻는 문제가 자주 출제되니 유의하기 바란다.

07 단순확인(표 · 그림) 정답 ③

| 난도 | 하

정답해설

ㄱ. 1943년의 '대학' 재학생은 한국인이 355명, 일본인이 444명으로 모두 1933년보다 많다.

ㄹ. 1933년은 30% 이상인 반면, 1943년은 30%에 미치지 못한다.

오답해설

ㄴ. 분모가 되는 '전문학교' 한국인 재학생 수는 1943년이 1933년의 약 2배인 반면, 분자가 되는 '사립' 전문학교 한국인 재학생 수는 1943년이 1933년의 2배 이상이다. 따라서 1943년이 1933년보다 크다.

ㄷ. 한국인은 거의 2배로 증가한 반면, 일본인은 2배보다 더 크게 증가하였다.

08 단순확인(표 · 그림) 정답 ⑤

| 난도 | 하

정답해설

ㄴ. 주차면수가 같은 곳을 제외하면 동쪽이 292, 283면이고, 서쪽이 277, 145, 225면이므로 '동쪽'이 '서쪽'보다 적다.

ㄷ. 계산의 편의를 위해 선지를 변형하여 '주차면수당 면적'이 가장 작은 곳을 찾아보면, F휴게소의 경우 분모가 되는 주차면수는 다른 곳들에 비해 $\frac{1}{2}$ 정도 적은 반면, 분자가 되는 면적은 다른 곳들에 비해 $\frac{1}{2}$보다 훨씬 적다. 따라서 F휴게소가 가장 작으므로 면적당 주차면수가 가장 많은 휴게소는 F이다.

ㄹ. 주차면수당 사업비를 구하면 G휴게소는 $\frac{14,522}{193}$, A휴게소는 $\frac{9,162}{313}$이다. 이를 어림하면 G휴게소는 약 75백만 원인 반면, A휴게소는 약 30백만 원 정도이므로 2배 이상이다.

오답해설

ㄱ. E휴게소의 면적당 사업비는 $\frac{9,270}{53,901}$인 반면, G휴게소는 $\frac{14,522}{40,012}$이다. E휴게소보다 G휴게소의 분모가 작고 분자가 크므로 전체 분수의 값은 G휴게소가 크다. 따라서 E휴게소의 면적당 사업비가 가장 크지 않다.

합격생 가이드

'~당 A'값을 구해야 하는 문제들의 대부분은 이 문제와 같이 분모의 숫자가 크고 분자가 작아 직관적으로 와닿지 않는 경우가 대부분이다. 그럴 때에는 이 문제의 해설과 같이 분모와 분자를 뒤집어서 배수관계로 놓고 판단하면 편하다. 물론, 이 경우는 최대와 최소가 반대로 뒤바뀌어야 함을 유의하자.

09 단순확인(표 · 그림) 정답 ②

| 난도 | 중

정답해설

ㄱ. '면적당 서식종 수'가 가장 많은 섬은 F인데, F는 '면적당 토속종 수'도 가장 많다. 다른 섬들과의 차이가 현격하게 커서 굳이 계산이 필요하지 않다.

ㄷ. 어림하여 계산해보면 C섬의 '면적당 서식종 수' 순위와 F섬의 '서식종당 토속종 수' 순위 모두 2위로 같다. 다만, 계산해야 하는 항목이 많으므로 이 선택지는 가장 마지막에 판단하는 것이 효율적이다.

오답해설

ㄴ. '면적당 토속종 수'가 가장 적은 섬은 B인데 '서식종당 토속종 수'는 B보다 A가 더 적다.

ㄹ. '면적'이 세 번째로 큰 섬은 E인데, '서식종 수'가 세 번째로 많은 섬은 C이다.

10 단순확인(표 · 그림) 정답 ②

| 난도 | 중

정답해설

ㄱ. 모든 면적구간에서 '비진흥지역 논'의 지급단가가 '비진흥지역 밭'보다 높다.

ㄷ. 구체적으로 구한다면 {(205+178+134)×2}+{(386+332+217)×4}가 되어 4,700만 원을 넘는다. 하지만 이 선택지는 나머지 선택지를 판단한 이후에 판단하는 것이 좋다. 이 문제의 경우는 나머지 선택지만으로도 정답을 찾아낼 수 있었다.

오답해설

ㄴ. 각각 1ha인 경우는 약 300만 원을 받는 반면, 진흥지역만 2ha인 경우는 410만 원을 받는다.

ㄹ. '비진흥지역 논' 5ha의 경우는 178×2+170×3=866만 원, '비진흥지역 밭' 5ha는 134×2+117×3=619만 원을 각각 면적직불금으로 받게 되며, 이 둘의 차이는 250만 원이 되지 않는다.

11 전환형 정답 ⑤

| 난도 | 하

정답해설

식비의 구성비를 판단해보면, 전체 지출액이 4,300천 원 정도이므로 이의 40%는 약 1,700천 원이 되어야 한다. 하지만 실제 4분기 식비 지출액은 이보다 큰 1,920천 원이었다.

12 단순확인(표 · 그림) 정답 ②

| 난도 | 하

정답해설

계산의 편의를 위해 선택지를 보유서적 수 대비 이용건수의 비율이 가장 높은 도서관으로 바꾼 후 이를 찾으면 새벗은 약 4배인 반면, 나머지는 이에 미치지 못한다.

오답해설

① 1990년대에 설립된 도서관(숲길, 한빛)의 이용건수의 합은 약 13만 건인데, 2000년 이후 설립된 도서관(꿈밭, 샛별)의 이용건수의 합은 약 11만 건이다.

③ 어림해서 판단해보면 들풀과 숲길만이 60%를 넘으며, 나머지는 이에 미치지 못한다.

④ 도서관 직원 수가 두 번째로 많은 곳은 들풀이다. 계산의 편의를 위해 선택지를 열람석당 건물면적이 가장 작은 도서관으로 바꾼 후 이를 찾으면, 일단 들풀은 4를 약간 넘는 수준인데 한빛을 제외한 나머지는 명확하게 이보다 크다는 것을 알 수 있다. 이제 들풀의 $\frac{3,461}{812}$와 한빛의 $\frac{2,140}{520}$을 계산해보면 전자가 조금 더 크다. 따라서 들풀이 가장 작지 않다.

⑤ 새벗은 한빛보다 설립 연도가 빠른 반면, 이용건수는 더 많다.

13 전환형 정답 ③

| 난도 | 하

정답해설

두 번째 문단의 맨 마지막에서 한국은 일본에 비해 4년 이상 뒤처진다고 하였는데 선택지의 표에서는 한국과 일본의 차이가 4년에 미치지 못하고 있다.

14 추가로 필요한 자료 정답 ④

| 난도 | 하

정답해설

ㄱ. 마지막 문단을 위해 필요한 자료이다.

ㄷ. 첫 번째 문단을 위해 필요한 자료이다.

ㄹ. 세 번째 문단을 위해 필요한 자료이다.

15 매칭형 정답 ②

| 난도 | 하

정답해설

첫 번째 조건을 통해 A, B, E가 순서와 관계없이 다시마, 미역, 톳임을 알 수 있으며, 두 번째 조건을 통해서는 B, D, E가 순서와 관계없이 굴, 미역, 톳임을 알 수 있다. 이를 통해 A가 다시마, D가 굴로 확정되므로 선택지를 ②와 ④로 압축할 수 있다. 이제 마지막 조건을 살펴보면, 각주 2의 시장지배력지수 식은 '전국 대비 지역 생산량 비중×전국 대비 지역 생산액 비중'으로 변형할 수 있으므로 이 값이 가장 큰 것은 E임을 알 수 있다. E의 경우 두 값 모두 전체 수산물에서 가장 크기 때문에 둘을 곱한 값 역시 가장 클 수밖에 없다. 따라서 ②와 ④ 중 E가 톳인 ②가 답이 된다.

합격생 가이드

만약 시장지배력지수를 구하기 위해 말도 안 되게 복잡한 곱셈을 한 수험생이라면 자신을 다시 한 번 돌아볼 필요가 있다. 자료해석은 계산왕을 뽑는 과목이 아니다.

16 복수의 표 정답 ②

| 난도 | 중

정답해설

ㄱ. B와 D의 총점이 각각 80점, 68점이므로 총점이 가장 높은 기금은 C(82)이다.

ㄹ. C의 사업 적정성 점수가 38점이어서 가장 높다. 그리고 C의 2022년 예산은 188,500이고 2023년의 예산은 이보다 10% 증가하는데, 이 수치는 구체적으로 계산해보지 않더라도 A의 200,220보다 크다.

오답해설

ㄴ. A의 기금존치 타당성 점수는 14점이어서 B(13)보다 높다.

ㄷ. B와 C는 각각 전년 대비 10% 증가하는데 이를 어림하면 약 22,000백만 원 정도 증가하게 된다. 그리고 E는 전년 대비 20% 감소하여 약 18,000백만 원 정도 감소하게 되므로 전체적으로는 약 4,000백만 원 정도 증가하게 된다. 그런데 4,000백만 원이 2022년의 2% 이상이 되기 위해서는 2022년 예산액이 200,000백만 원보다 작아야 한다. 하지만 이미 A만으로도 200,000백만 원을 넘는다.

합격생 가이드

각주에서 2가 곱해졌다는 사실을 놓친 수험생이 의외로 많았다. 단순히 빈칸을 채우기에 급급해 총점에서 빼기만 해서는 곤란하다.

17 매칭형 정답 ④

| 난도 | 하

정답해설

1925년 금속기계의 공장 수는 538개이므로 B가 금속기계임을, 목제품은 193개이므로 D가 목제품임을 알 수 있다. 선택지에서 이를 만족하는 것은 ④뿐이어서 나머지 빈칸을 계산해보지 않아도 답을 구할 수 있다.

합격생 가이드

전체 40문제 중 이 문제만큼 허망한 것이 또 있을까 싶다. 간단하게 풀 수 있는 것부터 판단하는 습관을 들였다면, 또 선택지 소거법이 습관화되어 있었다면 이 문제는 몇 초만에 풀이가 가능했다.

18 복수의 표 정답 ④

| 난도 | 중

정답해설

ㄷ. 9월 이후는 모든 품목의 생산량이 감소하므로 8월과 9월만 비교하면 된다. 보건용은 약 4,300만 개가 증가한 반면, 비말차단용은 약 5,000만 개가 감소, 수술용은 약 400만 개가 감소하였다. 따라서 전체 생산량은 감소했다.

ㄹ. 6월의 생산량은 보건용 – 비말차단용 – 수술용 순으로 많으며, 허가제품 수도 같은 순서대로 많다.

오답해설

ㄱ. 보건용 마스크의 온라인 가격 감소율이 가장 큰 달은 7월인 반면, 비말차단용 마스크의 경우는 8월이 가장 크다.

ㄴ. 제조업체당 마스크 생산량을 어림하면 6월은 약 50만개이고, 11월은 약 16만 개이어서 6월의 40%에 미치지 못한다.

19 전환형 정답 ③

| 난도 | 하

정답해설

그래프의 비말차단용 마스크의 가격은 온라인 가격이 아니라 오프라인 가격이다.

20 표와 그림 정답 ⑤

| 난도 | 중

정답해설

수력의 발전소 1개소당 발전용량은 0.3MW인 반면, 태양광은 그보다 훨씬 적다.

오답해설

① 2022년 M지역의 태양광 발전용량은 841MW, 비태양광 발전용량은 445MW이므로 전체 발전용량은 약 1,300MW이다. 그런데 나머지 지역은 눈으로 어림해보아도 이보다 크지 않다.
② 2021년의 태양광 발전소 수는 약 7,000개인데 2022년의 경우는 그림 1에서 800개 이상인 지역들만 더해보아도 2021년의 2배인 14,000개를 넘는다.
③ 어림해보면 2019년은 50% 이하, 2020년은 약 50%, 2021년은 50% 이상이므로 매년 증가하였다.
④ 풍력의 전년 대비 증가율은 100%인데, 태양광은 30% 이하로 증가하였다.

21 매칭형 정답 ④

| 난도 | 하

정답해설

두 번째 정보를 통해 A가 채소류, 세 번째 정보를 통해 D가 어육류, 마지막 정보를 통해 B가 과일류임을 알 수 있으므로 남은 C는 곡류로 확정된다.

ㄱ. 2021년 소비 분야 일평균 어육류 폐기량은 302.7톤이어서 300톤보다 많다.
ㄴ. 연간 폐기량은 일평균 폐기량에 365를 곱한 것뿐이므로 일평균 폐기량만으로 비교하면 된다. 채소의 일평균 폐기량은 29.5톤으로 과일의 22.2톤보다 많다.
ㄹ. 숙박업의 일평균 채소류 폐기량은 2021년이 97.3톤, 2016년이 113.0톤이므로 2021년이 더 적다.

오답해설

ㄷ. 가정의 일평균 과일류 폐기량은 2016년이 40.7톤인 반면, 2021년은 33.8톤으로 감소하였다.

22 단순확인(표 · 그림) 정답 ②

| 난도 | 하

정답해설

2020년은 거의 50%에 육박하고 있지만, 2021년은 50%에 한참 미치지 못한다.

오답해설

① 제품 결함의 경우는 전년 대비 60% 이상 증가하였으나, 나머지 요인들에는 이 정도의 증가율을 보이는 것이 없다.
③ 두 해 모두 부주의 – 전기적 요인 – 기계적 요인의 순으로 같다.
④ 기계적 요인, 교통사고, 부주의, 방화, 미상의 5개 요인이 전년 대비 감소하였다.
⑤ 2021년의 경우 전년 대비 2,392건 감소하였는데 2020년 38,659건의 6%는 약 2,320건이므로 6%보다는 크다.

합격생 가이드

아직도 감소율, 증가율을 직접 계산하는 수험생들이 있다. 물론 그렇게 직접 계산하면 틀리지는 않는다. 하지만 그에 걸리는 시간과 실수 가능성을 고려하면 그래서는 곤란하다. 비율 자체를 비교하는 것이라면 모르겠지만, 이 문제와 같이 구체적인 수치가 주어졌다면 그 수치를 이용해서 최대한 간단하게 계산하는 습관을 들이자.

23 공식 · 조건 정답 ⑤

| 난도 | 하

정답해설

각주 3을 통해 내급비는 사육비에서 일반비를 뺀 금액임을 알 수 있는데, 이 값은 각주 1과 2를 통해 소득에서 순수익을 뺀 금액과 같음을 알 수 있다. 이를 계산해보면 '젖소'의 경우는 1,200천 원/마리 이상인데 반해, 나머지 축종은 이보다 작다.

오답해설

① '육우'의 경우 2배에도 미치지 못하는 반면, '산란계'는 약 5배나 증가하였다.
② 각주 2를 통해 사육비는 총수입에서 순수익을 뺀 금액임을 알 수 있는데, '한우번식우'의 2021년 총수입은 2020년에 비해 1마리당 170천 원가량 증가한 반면, 순수익은 50천 원보다 적게 증가하였다. 따라서 사육비는 2021년이 더 크다.
③ 사육비가 총수입보다 많다는 것은 각주 2를 통해 순수익이 음수인 것을 의미한다. 이를 찾으면 '육우' 단 1개만 해당한다.
④ 각주 1을 통해 일반비는 총수입에서 소득을 뺀 금액임을 알 수 있는데, '육우'의 경우는 약 4,700천 원/마리이고 '젖소'의 경우는 약 7,000천 원/마리이어서 2배에 미치지 못한다.

24 빈칸형 정답 ④

| 난도 | 하

정답해설

ㄴ. 2020년의 생활폐기물의 일평균 재활용량은 3,800톤 이상인 반면, 2019년은 3,800톤에 미치지 못한다.
ㄹ. 건설폐기물의 재활용률은 거의 100%에 육박하는 반면, 사업장폐기물은 약 40%에 불과하다.

오답해설

ㄱ. 생활폐기물, 건설폐기물, 지정폐기물의 3개가 이에 해당한다.
ㄷ. 연간 재활용량이 100만 톤 이상이 되기 위해서는 2,539.7에 400가량의 숫자가 곱해져야 한다. 하지만 1년은 365일에 불과하므로 연간 재활용량은 100만 톤에 미치지 못한다.

25 전환형 정답 ①

| 난도 | 중

오답해설

ㄷ. 소년 여성의 구성비는 3% 이상인 반면, 그림은 2.8%로 작성되어 있다.

ㄹ. 2017년과 2018년 모두 전년 대비 감소한 반면, 그래프는 증가한 것으로 작성되어 있다.

26 빈칸형 정답 ②

| 난도 | 중

정답해설

2년제 대학의 자료구입비가 10,875백만 원으로 계산되므로 전체 대학의 자료구입비는 약 238,000백만 원이다. 그리고 전체 대학의 수는 391개인데, 이의 6배는 2,346이어서 2,380에 모자란다. 따라서 대학교 1개당 자료구입비는 6억 원 이상이다.

오답해설

① 4년제 대학의 도서구입비의 2배는 약 124,000백만 원인데 여기에 62,823백만 원을 더해도 전체 자료구입비인 227,290백만 원에 미치지 못한다. 따라서 2배 이상이다.

③ 재학생 1명당 자료구입비는 4년제 대학의 재학생 수를 2,000명으로 놓고 어림하면 약 110백만 원인데, 2년제 대학의 자료구입비를 10,000백만 원으로 놓고 어림하면 25백만 원이 되지 않는다. 따라서 4배 이상이다.

④ 4년제 대학의 전자저널구입비는 약 116,000백만 원이어서 자료구입비의 절반을 넘는 반면, 2년제 대학의 전자저널구입비는 자료구입비의 절반에 미치지 못한다.

⑤ 웹자료구입비와 기타전자자료구입비의 합은 4년제 대학이 약 48,000백만 원인데, 2년제 대학은 약 1,700백만 원이어서 5%에 미치지 못한다.

27 복수의 표 정답 ⑤

| 난도 | 상

정답해설

ㄱ. '심야'의 비중은 96%인데 나머지 버스종류들은 이에 미치지 못한다. 나머지들의 비중은 직접 구하기 보다는 4% 값을 구한 후 이를 인가차량과 운행차량의 차잇값과 비교하면 계산을 간단히 할 수 있다.

ㄷ. 상위 4개 회사는 모두 201대 이상에 해당하는데, 이들의 대수 평균의 최댓값이 2,000에 미치지 못하는 지를 판단하면 된다. 이를 위해서는 나머지 구간의 최솟값을 구하면 되며, 이는 $(1\times5)+(41\times8)+(81\times28)+(121\times10)+(161\times10)=5,421$이 된다. 따라서 상위 4개 회사의 최댓값은 $7,393-5,421=1,962$가 되며, 이들의 평균은 500에 미치지 못한다(500이라면 총합이 2,000이 되어야 한다).

오답해설

ㄴ. '광역'의 비율은 1.8인데, '지선'의 비율은 0.9에 미치지 못한다. 만약 0.9라면 예비차량의 수가 $223-22=201$이 되어야 한다.

합격생 가이드

ㄷ과 같은 선택지 유형은 언제든지 다시 출제될 수 있다. 단순히 풀고 맞추는 것이 중요한 것이 아니라 이 선택지가 어떻게 진화할 수 있는지를 고민해보자.

28 단순확인(표 · 그림) 정답 ④

| 난도 | 중

정답해설

ㄴ. 계산의 편의를 위해 평균 연봉값을 1,000으로 나눈 값으로 계산한다(이하 같다). 주임 이하 직급의 평균 연봉이 3.75이므로 연봉 총액은 $3.75\times18=67.5$이다. 그리고 사원 이하 직급의 평균 연봉이 3이므로 연봉 총액은 $3\times15=45$이다. 따라서 주임 직급의 연봉 총액은 22.5으로 계산되며 이들의 평균 연봉은 $22.5\div3=7.5$이다. 이를 단위에 맞게 고치면 7,500만 원으로 7천만 원 이상이다.

ㄷ. 과장 이하 직급의 평균 연봉이 4.875이므로 연봉 총액은 $4.875\times20=97.5$이다. 그리고 주임 이하 직급의 연봉 총액은 ㄴ에서 계산한 것처럼 67.5이다. 따라서 과장 2명의 연봉의 합은 30, 즉 3억이다. 그리고 사원 이하 직급의 평균 연봉이 3이므로 이들의 연봉 총액은 $3\times15=45$이며, 수습의 평균 연봉이 2이므로 이들의 연봉 총액은 20이다. 따라서 사원 5명의 연봉의 합은 $45-20=25$, 즉 2.5억으로 과장 2명의 연봉의 합보다 작다.

오답해설

ㄱ. 전체 임직원의 평균 연봉이 6이므로 연봉 총액은 $6\times21=126$이고, 과장 이하 직급의 평균 연봉이 4.875이므로 이들의 연봉 총액은 $4.875\times20=97.5$이다. 따라서 사장의 연봉은 $126-97.5=28.5$, 즉 3억 원 이하이다.

29 빈칸형 정답 ③

| 난도 | 하

정답해설

ㄴ. 2021년 수입은 20,000백만 원이 넘으므로 수입이 가장 적은 연도는 2016년이다. 그리고 2016년의 기금 적립액을 어림하면 약 1,500백만 원, 2014년은 약 6,000백만 원이므로 기금 적립액이 가장 적은 연도 역시 2016년이다.

ㄷ. 2011년의 사업 부문 지출액은 약 3,000백만 원이고, 2021년 운영 부문 지출액은 약 1,400백만 원이다. 이를 고려하면 사업 부문은 2배 이상 증가한 반면, 운영 부문은 2배에 미치지 못한다.

오답해설

ㄱ. 2018년, 2019년, 2021년의 3개 연도가 이에 해당한다.

ㄹ. 2011년의 비중은 약 20%인데, 2015년은 20%를 넘는다.

30 전환형 정답 ③

| 난도 | 중

정답해설

세 번째 문단에서 비례대표 당선자는 고졸, 대학교 재학, 대학교 중퇴, 대학교 수료가 각각 1명씩 존재한다고 하였다. 하지만 선택지의 표에서는 비례대표 당선자 전체가 대졸 이상의 학력이다.

31 빈칸형 정답 ①

| 난도 | 중

정답해설

먼저 각 기업의 한 주간 편차의 합이 0이라고 하였으므로 (가)와 (바)는 각각 3과 2가 된다. 그리고 B의 경우 (나)와 (다)를 제외한 나머지 편차의 합이 0이므로 (나)와 (다)는 부호만 다른 수가 들어와야 함을 알 수 있다. 그런데 A와 B의 편차의 제곱의 합이 같다고 하였으므로 (나)와 (다)는 순서에 관계없이 2와 −2가 될 것이다.

다음으로, C의 경우 (라)와 (마)를 제외한 나머지 편차의 합이 1이므로 (라)와 (마)의 편차의 합은 −1이 되어야 한다. 그런데, D의 편차의 제곱의 합이 36이고, (라)와 (마)를 제외한 C의 편차의 제곱의 합이 11이므로 (라)와 (마)의 제곱의 합은 25가 되어야 한다. 둘의 합이 −1이면서 제곱의 합이 25가 되는 수는 3과 −4이다. 따라서 최솟값은 (라), (마) 중 하나인 −4, 최댓값은 (가)의 3이다.

32 공식 · 조건 정답 ④

| 난도 | 중

정답해설

ㄴ. 첫 번째 조건을 통해 A기업의 하루 평균 신고 건수는 3건임을 알 수 있으므로 A의 토요일 신고 건수는 4건이며, 두 번째 조건에 따라 B기업의 화요일 신고 건수는 8건이 된다. 그런데 B기업의 화요일 편차가 2이므로 B기업의 하루 평균 신고 건수는 6건이다.

ㄹ. A기업과 B기업의 하루 평균 신고 건수의 합은 3+6=9건이다. 그리고 D기업의 신고 건수가 가장 적은 요일은 목요일인데, 네 번째 조건에 의해 이날의 신고 건수는 5건임을 알 수 있다. 따라서 D기업의 하루 평균 신고 건수는 10건이다.

오답해설

ㄱ. 수요일(6건), 토요일(4건)의 2일이 이에 해당한다.

ㄷ. D기업의 화요일 신고 건수는 12건이므로 세 번째 조건에 의해 C기업의 일요일 신고 건수도 12건이라는 것을 알 수 있다. 따라서 C기업의 하루 평균 신고 건수는 11건이 된다. 그리고 D기업의 하루 평균 신고 건수는 ㄹ해설에서 10건이라고 하였으므로 C가 더 많다.

33 빈칸형 정답 ①

| 난도 | 중

정답해설

ㄱ. 개의 총보유 마릿수는 전체 총보유 마릿수에서 고양이의 총보유 마릿수를 빼면 구할 수 있다. 이에 따르면 2019년은 약 4,000천 마리이고, 2020년은 약 4,600천 마리이어서 전년 대비 증가하였다.

ㄴ. 전체 가구수와 보유가구 비중이 모두 매년 증가하고 있으므로 보유가구수 역시 매년 증가하였다.

오답해설

ㄷ. 2018년 대비 2021년 매출액이 수의 서비스는 2배가 되지 않는 반면, 장묘 및 보호 서비스는 2배를 넘는다.

ㄹ. $\frac{309,876\text{백만}}{5,048\text{천}}$을 구하는 문제이다. 먼저 단위 수를 약분하면 분자에 천이 남으며 $\frac{309,876}{5,048}$은 직접 계산하지 않아도 70은 될 수 없음을 알 수 있다. 따라서 7만 원보다 작다.

합격생 가이드

자료가 주어지면 일단, 어떤 구조로 되어있는지를 한번 스캔한 후에 선택지를 판단해야 한다. 평소 이 과정 없이 문제를 풀이했던 수험생이라면 ㄱ을 무조건 스킵했을 것이다. 만약 그렇지 않고 표의 구조를 파악했더라면 ㄱ, ㄴ만 판단하고 곧바로 다음 문제로 넘어갈 수 있었다.

34 공식 · 조건 정답 ⑤

| 난도 | 중

정답해설

여성 후보자가 가장 많은 지역은 A이며, 이 지역의 여성 당선율은 $\frac{8}{37}$이다. 그리고 남성 후보자가 가장 적은 지역은 J이며, 이 지역의 남성 당선율은 $\frac{3}{13}$이다. $\frac{8}{37}$과 $\frac{3}{13}$을 분수 비교하면 후자가 더 크다.

오답해설

① 전체 남성 당선율은 $\frac{165}{699}$이고, 전체 여성 당선율은 $\frac{17}{120}$이다. $\frac{165}{699} \leq \frac{17}{120} \times 2$의 관계가 성립하는지를 살펴보면 되는데 $\frac{165}{699}$는 20%를 넘는 반면, $\frac{17}{120}$은 15%에 약간 미치지 못한다.

② A와 I는 여성 당선율이 남성 당선율보다 높지만 나머지 지역은 그렇지 않다. 시간이 많이 걸리는 선택지이므로 다른 선택지를 먼저 판단해보고 그런 이후에도 답을 확정할 수 없으면 풀이하도록 하자.

③ A의 당선자 성비는 4.5인데, 나머지 지역은 모두 이보다 크다.

④ I의 후보자 성비는 10이 넘는데, 나머지 지역은 모두 10보다 작다.

35 단순확인(표 · 그림) 정답 ①

| 난도 | 중

정답해설

2016년의 경우 분모가 되는 가구수는 5만큼 증가한 반면, 분자가 되는 여성 인구는 8만큼 증가하였다. 그런데 분자의 증가율이 더 크므로 가구당 여성 인구는 증가하였다.

오답해설

② 전년 대비 2022년 고령 인구 증가율은 10%를 넘는 반면, 남성 인구와 여성 인구는 모두 10%에 미치지 못하는 증가율을 보였다. 따라서 총 인구 증가율도 10%에 미치지 못한다.

③ 전년 대비 외국인 인구가 감소한 해는 2018년이고, 이 해의 전년 대비 총인구 증가폭은 6이다. 그런데 다른 연도에서의 증가폭은 모두 6보다 크다.

④ 2014년의 경우 전년 대비 남성 인구와 여성 인구 모두 40 정도씩 증가하였다. 그런데 이후의 연도에서는 남성 인구와 여성 인구가 모두 증가했지만, 증가폭은 40에 미치지 못했다. 따라서 전년 대비 총인구 증가율은 2014년이 가장 높다.

⑤ 전년 대비 가구 수 증가폭이 가장 큰 해와 전년 대비 남성 인구 증가폭이 가장 큰 해는 모두 2014년이다.

36 전환형 정답 ②

| 난도 | 중

정답해설

운송 및 창고업, 교육서비스업, 여가 관련 서비스업, 제조업은 모두 2017년 대비 창업건수가 감소하였는데 선택지는 이들이 모두 증가하는 것으로 작성되어 있다.

37 단순확인(표 · 그림) 정답 ①

| 난도 | 중

정답해설

ㄱ. 6개 교역대상국 모두에서 2022년 7월 수입 운송비용은 전년 동월 대비 증가하였다.

ㄷ. 2022년 7월 수입 운송비용의 전월 대비 증가율이 가장 높은 교역대상국은 B인데, 2022년 7월 B의 수입 운송비용은 전년 동월 대비 2배에는 미치지 못했지만 1.5배 이상 증가한 반면, 나머지 교역대상국은 모두 이에 미치지 못했다.

오답해설

ㄴ. 2021년 7월은 A의 수출 운송비용이 가장 많은 반면, 2022년 7월은 B가 이에 해당한다.

ㄹ. 수출 운송비용과 수입 운송비용의 전월 대비 증가율이 그리 크지 않은 상황인데 A, B, C만 보더라도 2022년 7월의 수출 운송비용이 수입 운송비용보다 압도적으로 많다. 따라서 2022년 6월 수출 운송비용이 수입 운송비용보다 많은 교역대상국은 2개를 넘는다.

38 복수의 표 정답 ④

| 난도 | 중

정답해설

제시된 자료를 정리하면 다음과 같다.

구분	1명(a)	2명(b)	3명 이상	합계
수상자 수	a+2b=35		30	65
배출 대학	a+b=27		7	34

두 식을 연립하면 a는 19, b는 8이 되어 수상자가 1명인 대학은 19개이다.

합격생 가이드

아주 참신한 문제였으며, 이 문제에는 다양한 풀이법이 존재할 것이라고 생각한다. 하지만 이 해설이 출제자가 의도했던 풀이법이라고 생각하므로 그 구조를 잘 이해해두기 바란다. 이 유형은 앞으로도 얼마든지 변형되어 출제될 수 있다.

39 매칭형 정답 ③

| 난도 | 하

정답해설

단순히 표 1의 자료에 설명의 비율을 곱하면 되므로 빈칸을 채우면 다음과 같다.

구분	상품권	선불카드	신용 · 체크카드	현금	합
A	20	570	3,050	(410)	(4,050)
B	10	270	920	240	1,440
C	90	140	(630)	(150)	1,010
D	(260)	0	810	(140)	1,210
E	110	0	410	(80)	(600)
F	10	20	500	70	600
G	0	80	330	(40)	450
H	0	10	(110)	(10)	130

따라서 현금 방식의 지급 가구수가 세 번째로 많은 지역은 C(150)이고, 다섯 번째로 많은 지역은 E(80)이다.

40 복수의 표 정답 ③

| 난도 | 중

정답해설

ㄱ. 표 1에서 전체 여성의 수는 585명이며, 전체 실무자 800명 중 절반이 여성이라고 하였으므로 여성 실무자 수는 400명이다. 따라서 여성 관리자의 수는 585 − 400 = 185명이다.

ㄴ. 2021년 본사소속 직원은 95명이고, 2022년은 100명이다.

오답해설

ㄷ. 2021년 '부당한 지시'에서 '높음'과 '매우 높음'으로 답변한 응답자는 총 91명인데 이들이 모두 '언어'에서도 '높음'과 '매우 높음'으로 답변했다고 하였으므로, '언어'에서 '높음'과 '매우 높음'으로 답변한 118명 중 91명을 제외한 27명은 '부당한 지시'에서 '매우 낮음', '낮음', '보통'으로 답변한 사람이다. 같은 논리로 2022년을 구하면 37명이므로 후자가 더 많다.

1	2	3	4	5	6	7	8	9	10
⑤	④	④	②	④	②	④	③	③	①
11	12	13	14	15	16	17	18	19	20
①	⑤	⑤	③	④	①	①	①	②	①
21	22	23	24	25	26	27	28	29	30
⑤	②	④	⑤	③	②	③	④	③	④
31	32	33	34	35	36	37	38	39	40
①	①	⑤	⑤	③	⑤	①	②	②	③

01 법조문 정답 ⑤

| 난도 | 하

정답해설

두 번째 조 제5항에 의하면 거짓이나 그 밖의 부정한 방법으로 지정을 받은 경우가 아니라면 반드시 지정을 취소해야 하는 것은 아니다.

오답해설

① 두 번째 조 제2항에 의하면 A부장관이 운영비용을 지원할 수 있는 경우는 해당 동물보호센터를 지방자치단체의 장이 설치 · 운영하는 경우이다.
② 두 번째 조 제5항에 의하면 동물을 학대했더라도 반드시 지정을 취소해야 하는 것은 아니다.
③ 두 번째 조 제4항에 의하면 A부장관이 정하는 바에 따라 지방자치단체의 장에게 신청하여야 한다.
④ 두 번째 조 제6항에 의하면 2년이 아니라 1년이 지나야 동물보호센터로 지정받을 수 있다.

02 법조문 정답 ④

| 난도 | 하

정답해설

세 번째 조 제4항에 의하면 재해 등으로 본래의 점용 목적을 달성할 수 없는 경우 관리청은 점용료 등을 감면할 수 있다.

오답해설

① 첫 번째 조 제2항에 의하면 '유수의 점용'을 허가한 경우에 A부장관에게 통보해야 한다.
② 두 번째 조 제2항에 의하면 원상회복 의무를 면제한 경우 그 인공구조물은 해당 지방자치단체에 귀속된다.
③ 세 번째 조 제4항에 의하면 점용료 등의 감면 비율은 대통령령으로, 수수료의 감면 비율은 해당 지방자치단체의 조례로 정한다.
⑤ 세 번째 조 제2항과 제4항을 교묘하게 섞어놓은 선택지이며 공공용 사업을 위하더라도 점용, 사용 허가를 받아야 한다.

03 법조문 정답 ④

| 난도 | 하

정답해설

두 번째 조 제3항에 의하면 국제 협약에 따라 발사국 정부와 합의하여 외국에 등록한 인공우주물체는 등록하지 않는다.

오답해설

① 두 번째 조 제1항에 의하면 우주발사체는 예비등록의 대상이 아니다.
② 두 번째 조 제1항 제3호에 의하면 국외에서 인공위성을 발사하는 경우가 예비등록대상이다.
③ 두 번째 조 제1항에 의하면 예비등록은 발사 예정일부터 180일 전까지 해야 한다.
⑤ 두 번째 조 제3항에 의하면 인공위성이 위성궤도에 진입한 날부터 90일 이내에 등록하여야 한다.

04 법조문 정답 ②

| 난도 | 하

정답해설

네 번째 조에 의하면 징역 또는 벌금형은 폐쇄명령과 병과할 수 있다.

오답해설

① 두 번째 조 제2항에 의하면 영업정지 명령의 주체는 관할 시장 등인 B군수이다.
③ 세 번째 조에 의하면 제품교환 또는 구입가 환급의 조치를 이행해야 한다.
④ 두 번째 조 제3항에 의하면 행위를 신고한 자에게 포상금을 지급한다.
⑤ 두 번째 조 제1항을 준수해야 하는 것은 식품판매업자 甲이다. 丙은 그저 乙의 친구일 뿐이다.

합격생 가이드

이 문제가 쉬웠기에 큰 문제가 되지 않았지만 난도가 높아졌을 경우 ⑤와 같이 등장인물을 섞어놓는 경우 헷갈리기 쉽다. 등장인물이 세 명 이상이라면 나름대로의 등장인물표를 그려놓자.

05 법조문 정답 ④

| 난도 | 하

정답해설

ㄱ. 정보공개서를 제공한 날부터 14일이 지나지 않았고, 가맹계약의 체결일부터 4개월이 지나지 않았으므로 가맹금을 반환하여야 한다.
ㄷ. 정보의 내용이 사실과 다르므로 가맹계약 체결 전에 가맹금의 반환을 요구할 경우에는 그에 응해야 한다.

오답해설

ㄴ. 가맹본부가 가맹사업을 일방적으로 중단한 경우에 가맹금을 반환해야 하는 것이다.

합격생 가이드

이 문제에서는 포인트가 되지 않았지만 세 번째 조의 '서면으로 요구'라는 부분은 얼마든지 출제의 포인트가 될 수 있다.

06 정보확인 · 추론

정답 ②

| 난도 | 하

정답해설

제시된 자료를 정리하면 다음과 같다.

구분	올해	교부금	내년
공공서비스	50	16	66
기타사업	50	4	54
합계	100	20	120

따라서 내년에 기타사업에 지출하는 금액은 올해보다 4억 원 늘어난다.

07 수리퀴즈(계산)

정답 ④

| 난도 | 하

정답해설

각각이 하루에 용지를 얼만큼 사용하는지 계산해보면

甲 : $\frac{1}{20}$박스, 乙 : $\frac{1}{80}$박스, 丙 : $\frac{1}{80}$박스, 丁 : $\frac{1}{40}$박스이다.

따라서 이들 모두를 합하면 $\frac{8}{80}=\frac{1}{10}$이 되어 10일에 1박스를 사용함을 알 수 있다.

08 시간 · 공간

정답 ③

| 난도 | 중

정답해설

제시된 대화를 개봉된 순서대로 정리하면 다음과 같다.

1983	1960	1962	1962	1963	1964	1964	1965
미남	내 멋	남자	자기	?	?	?	베타빌

따라서 베타빌은 8번째로 개봉했다.

09 게임 · 규칙

정답 ③

| 난도 | 하

정답해설

최종 점수는 A가 6점, B가 5점으로 A가 승리하였는데, 방식 1에 의하면 A가 5점을 얻은 이후 동점이나 역전을 허용하지 않았으므로 5점째가 결승점이다. 반면, 방식 2에 의하면 B의 최종 점수인 5점보다 1점 많은 6점을 얻을 때가 결승점이다.

10 수리퀴즈(계산)

정답 ①

| 난도 | 중

정답해설

주사위에서 나오는 숫자에 홀수가 포함되어 있다면 그 확률은 $\frac{1}{5}$일 것이고, 3번 연속으로 이 숫자가 나올 확률은 $\frac{1}{125}$, 즉 0.8%가 될 것이다. 그런데 1~6 중 홀수는 1, 3, 5의 셋이므로 이들이 모두 포함되어 있다면 3번 연속으로 던져서 홀수가 나오는 확률은 0.8%×3=2.4%가 될 것이다. 그런데 홀수가 나올 확률이 1.6%라고 하였으므로 1, 3, 5 중 하나가 나오지 않는다는 것을 알 수 있다.

다음으로 10번 던져 소수가 6번 나온다고 하였으므로 소수가 나올 확률이 60%인데, 1~6 중 소수는 2, 3, 5의 셋이므로 이들이 모두 포함되어 있어야 60%가 나온다.

이를 토대로 선택지를 살펴보면, 1, 3, 5 중 소수가 아닌 1이 나오지 않는 수가 된다.

11 시간 · 공간

정답 ①

| 난도 | 하

정답해설

참석자(2) : 甲, 丁, 불참자 : 乙(세미나), 丙(여행), 戊(간병)

오답해설

② 참석자(4) : 甲, 乙, 丙, 戊, 불참자 : 丁(등산)

③ · ④ · ⑤ 참석자(4) : 乙, 丙, 丁, 戊, 불참자 : 甲(출근)

12 게임 · 규칙

정답 ⑤

| 난도 | 중

오답해설

십의 자리의 숫자를 X, 일의 자리의 숫자를 Y라고 하면 이 숫자는 XY로 표현될 수 있다. 이 경우는 크게 세 가지가 가능하다. 먼저, X와 Y를 더한 값이 1~9인 경우는 XY+YX=ZZ의 형태를 가지게 되어 11의 배수가 된다. 두 번째로, X와 Y를 더한 값이 10~18인 경우(19 이상은 불가능함)는 XY+YX=110+ZZ의 형태가 된다. 앞의 110은 올림수만을 반영한 것이고, 뒤의 ZZ는 올림한 후에 남은 숫자이다. 마지막으로 X와 Y중 Y가 0인 경우이다. 이 경우는 X0+X의 형태가 되어 결과는 XX, 즉 11의 배수가 된다.

정답해설

① 첫 번째 조건에 의해 34가 된다.

② · ③ XY의 형태에서 Y가 0인 경우에는 전혀 다른 수가 되며, 이는 XYZ의 세자리 숫자의 경우에도 마찬가지이다.

④ XY에서 어느 하나가 0인 상황에서는 다를 수 있지만, 그렇지 않은 경우라면 두 결과는 동일하다.

13 조건적용 정답 ⑤

| 난도 | 중

정답해설

먼저 조건 1을 적용하면 '★★정책 추진결과, "양호"', "◇◇정책 도입의 효과, 어디까지?"가 첫 번째와 두 번째에 배치된다. 이 문제는 5번째에 배치되는 것을 찾는 것이므로 이들 간의 순위는 따져볼 필요가 없으며, "△△정책 추진계획 발표"는 단서에 의해 제외된다.

다음으로 조건 2를 적용하면 '□□산업 혁신 성장 포럼 성황리 개최', '▼▼수요 증가로 기업들 화색', '정부 혁신 중간평가 성적표 공개'의 3개 기사가 3~5번째에 배치된다.

마지막으로 조건 3을 적용하면 '□□산업 혁신 성장 포럼 성황리 개최', '정부 혁신 중간평가 성적표 공개'가 3~4번째에 배치되며(역시 이들 간의 순위는 따지지 않음), 남은 '▼▼수요 증가로 기업들 화색'이 5번째에 배치된다.

14 논리퀴즈 정답 ③

| 난도 | 중

정답해설

세 번째 상황에서 A국과 B국이 친밀 관계라고 하였으므로 이 둘은 직접 조약 관계는 아니다. 이를 통해 A국과 B국은 조약을 맺지 않았지만, 나머지 C국, D국, E국과는 공통적으로 조약을 맺고 있음을 알 수 있다. 그리고 두 번째 상황을 통해서는 C국와 E국은 각각 D국과 조약을 맺지 않았다는 것을 알 수 있다. 이를 정리하면 다음과 같다.

구분	A국	B국	C국	D국	E국
A국	–	×	○	○	○
B국	×	–	○	○	○
C국	○	○	–	×	?
D국	○	○	×	–	×
E국	○	○	?	×	–

이에 따르면 D국과 E국은 A국, B국과 공통으로 직접 조약 관계이므로 우호 관계이며, A국와 D국은 직접 조약 관계이다. 하지만 중립 관계인 나라들은 없다.

15 조건적용 정답 ④

| 난도 | 중

정답해설

먼저, 현재까지 6명이 위촉된 상태이므로 2명을 더 위촉해야 한다. 그리고 같은 분야의 전문가를 4명 이상 위촉해서는 안 된다고 하였으므로 예술계인 甲은 제외된다. 다음으로 법조계는 아직 1명도 위촉되지 않았으므로 반드시 법조계에서 1명을 위촉해야 하며, 현재 여성이 1명뿐이므로 추가되는 2명 중 1명은 반드시 여성이어야 한다. 이를 고려하면 가능한 경우의 수는 乙丙, 乙丁, 丙丁, 丙戊의 4가지이다.

16 수리퀴즈(추론) 정답 ①

| 난도 | 하

정답해설

甲과 乙에게는 똑같은 선물을 사준다고 하였으므로 전체로는 4종의 선물을 사게 된다. 따라서 문구점은 방문할 수 없다. 문구점을 방문할 경우 최대로 구입가능한 선물이 3종에 그치기 때문이다. 따라서 ③, ⑤를 제거할 수 있다.

다음으로 丙에게 건강식품을 선물한다고 하였으므로, 홍삼전문점에 방문해야 한다. 그런데 홍삼전문점에 더해 인테리어가게를 방문하게 될 경우 전체 구입액이 20만 원을 초과하게 된다. 따라서 ②, ④를 제거할 수 있다.

17 단순계산 정답 ①

| 난도 | 하

정답해설

주어진 조건에 따라 각 연구팀이 받게 되는 점수를 정리하면 다음과 같다.

구분	연구실적 건수	피인용횟수	연구계획서 평가결과	특허출원 건수	합계
A	30	9	20	9	68
B	45	12	25	12	94
C	30	17	15	15	77
D	60	7	20	6	93
E	15	33	25	6	79

이에 따르면 1위는 B이고, 2위는 D임을 알 수 있는데, B는 연구계획서 평가에서 '우수'를 받아 1억 원이 증액된 11억 원을 받게 되며, D는 특허출원이 3건 미만이어서 1억이 감액된 6억 원을 받게 된다. 따라서 지급할 연구비 총액은 17억 원이다.

18 시간 · 공간 정답 ①

| 난도 | 중

정답해설

통행요금이 5,000원을 넘으면 해당 경로를 이용하지 않는다고 하였으므로 '최소시간경로'는 이용하지 않는다. 그리고 마지막 조건을 정리하면 甲사무관은 12시 35분까지는 주차장에 도착해야 한다. 이제 경로별로 주차장에 도착하는 시간을 구해보면, 최적경로 : 12시 34분, 최단거리경로 : 13시 06분, 무료도로경로 : 12시 31분, 초보자경로 : 12시 40분인데, 최단거리경로와 초보자경로는 12시 35분까지 도착할 수 없으므로 제외한다. 이제 남은 2개의 경로 중에서는 최적경로가 피로도가 더 작으므로 甲사무관은 최적경로를 선택한다.

19 정보확인 · 추론 정답 ②

| 난도 | 하

정답해설

1911년에 휘발유 소비가 처음으로 등유를 앞질렀다고 하였으므로 1907년에는 휘발유보다 등유의 소비량이 더 많았을 것이다.

오답해설

① 1886년에 휘발유 자동차가 생산되었다고 하였으므로 휘발유가 동력 기계를 움직이는 연료로 사용한 것은 최소한 그 이전일 것이다.
③ 경유가 자동차 연료로 처음 사용된 것은 1927년이다.
④ 최초로 석유를 시추한 1859년에는 등유만을 생산하였다.
⑤ 제시문에서는 알 수 없는 내용이다.

20 수리퀴즈(계산) 정답 ①

| 난도 | 하

정답해설

최초로 시추한 날의 평균가격에서 96% 떨어진 가격이 1.2달러이므로 최초로 시추한 날의 평균가격은 30달러이다. 따라서 시추 첫날의 판매액은 30배럴×30달러=900달러이다.

오답해설

ㄴ. 1859년에 2천 배럴이었고 10년 만에 250배가 되었다고 하였으므로 1869년의 월 평균 산유량은 2,000×250=500,000배럴이다.
ㄷ. 국내 석유 소비량의 금액을 X라 하면, X+1.5X=3,500만 달러이므로 X는 1,400만 달러이다.

21 법조문 정답 ⑤

| 난도 | 하

정답해설

5%의 가격할인과 10%의 경제상의 이익을 제공하는 것이므로 가능하다.

오답해설

① 제5항에 의하면 사회복지시설에 판매하는 간행물에 적용되지 않는 것은 가격할인과 경제상의 이익에 관한 것들이다.
② 제2항에 의하면 전자출판물에는 서지정보에 명기한 정가를 구매자가 식별할 수 있도록 판매사이트에 표시하여야 한다.
③ 제5항에 의하면 저작권자에게 판매하는 경우에는 할인율과 관련한 제한을 적용하지 않는다.
④ 제4항에 의하면 가격할인은 정가의 10퍼센트 이내로 하여야 한다.

22 법조문 정답 ②

| 난도 | 하

정답해설

두 번째 조 제3항에 의하면 정신건강 상태 검사를 실시할 때 필요한 경우에는 학부모의 동의 없이 실시할 수 있다.

오답해설

① 첫 번째 조 제3호에 의하면 국립 중학교의 관할청은 교육부장관이지만, 공립 중학교는 교육감이다.
③ 세 번째 조 제1항에 의하면 관할 교육감이 아니라 해당 학교의 관할청을 경유하여야 한다.
④ 두 번째 조 제2항에 의하면 건강검사의 연기나 생략은 의무사항이 아니라 선택사항이다.
⑤ 세 번째 조 제1항에 의하면 등교 중지를 명하는 것은 교육부장관이다.

23 법조문 정답 ④

| 난도 | 하

정답해설

네 번째 조에 의하면 비용이 많이 드는 경우에 생략 가능한 것은 임용시험 공고이다.

오답해설

① 두 번째 조에 의하면 직무의 특성 등에 따라 가군, 나군 및 다군으로 구분하여 배정하여야 한다.
② 첫 번째 조에 의하면 교육감은 장기 재직 등이 필요한 특수 업무 분야의 직위를 지방전문경력관직위로 지정할 수 있다.
③ 여섯 번째 조에 의하면 가군은 1년간, 나군 및 다군은 6개월간 시보로 임용한다.
⑤ 네 번째 조에 의하면 외국인을 임용하는 경우로서 불가피한 사유가 있다면 임용시험 공고를 하지 않을 수 있다.

24 법조문 정답 ⑤

| 난도 | 하

정답해설

제4항에 의하면 징역형의 집행유예 선고가 확정되고, 그 유예기간 중에 있는 사람은 당연히 퇴임한다.

오답해설

① 제1항에 의하면 입주민대표자는 각 동별로 선출된다.
② 제3항에 의하면 자격을 판단하는 기준일은 서류 제출 마감일이다.
③ 제2항에 의하면 계속 거주기간이 6개월 이상이 되어야 동대표자의 자격이 있다.
④ 제3항에 의하면 파산자는 동대표자의 자격이 없다.

25 법조문 정답 ③

| 난도 | 중

정답해설

특허심판원의 인용심결은 甲의 특허가 무효라는 것이어서 甲이 이 심결을 취소해달라는 소송을 특허법원에 제기한 상태이다. 이 경우 甲의 특허가 유효하다면 인용판결을 선고해야 한다.

오답해설

① 특허심판원은 甲의 특허가 무효라고 판단한다면 인용심결을 선고해야 한다.
② 인용심결이 선고되었다면 乙의 목적이 달성된 것이므로 더 이상 해야 할 것은 없다.
④ 특허심판원의 기각심결은 甲의 특허가 유효라는 것이어서 乙이 이 심결을 취소해달라는 소송을 특허법원에 제기한 것이다. 그런데 특허법원에서도 甲의 특허가 유효라는 기각판결을 선고하여 다시 대법원에 상고하였는데, 대법원에서도 기각판결이 내려진 상태이다. 즉, 甲의 특허는 최종적으로 유효이다.
⑤ 대법원의 판결에 대해서는 불복할 수 없다.

26 단순계산 정답 ②

| 난도 | 하

정답해설

약 종류에 따른 비용을 구하면 다음과 같다.

기침약 : 9×300=2,700원

콧물약 : 7×200=1,400원

항생제 : 14×500=7,000원

위장약 : (14×700)−0.1(14×700)=8,820원

따라서 약값의 총액은 19,920원이다.

27 수리퀴즈(추론) 정답 ③

| 난도 | 하

정답해설

아이스크림 5개 가격의 합이 5,000원이라고 하였는데, 1개의 가격이 다른 4개의 합과 같다고 하였으므로 그 1개의 가격은 2,500원이 되어야 한다. 그리고 두 번째로 비싼 것의 가격이 1,500원이라고 하였고, 이것은 다른 아이스크림 가격의 3배라고 하였으므로 500원짜리 아이스크림이 존재함도 알 수 있다. 지금까지 확인된 3개의 아이스크림 가격이 4,500원이므로 남은 2개의 가격의 합은 500원일 것이다. 그런데 이 아이스크림들의 가격은 100원 단위로 책정되어 있다고 하였으므로 이들의 조합은 (400원, 100원), (300원, 200원)의 두 가지임을 알 수 있다. 따라서 아이스크림 5개 가격의 조합은 (2,500원, 1,500원, 500원, 400원, 100원)과 (2,500원, 1,500원, 500원, 300원, 200원)의 2가지이며, 어떠한 경우에도 가격이 같은 경우는 존재하지 않는다.

합격생 가이드

절반을 나타내는 표현은 여러 가지가 있는데, 그중 하나가 이 문제에서 등장한 "어느 하나는 나머지들을 모두 합한 것과 같다"는 표현이다. 천천히 읽어보면 누구나 그 의미를 이해할 수 있지만 시험에서는 그럴만한 여유가 없으므로 관용적으로 자주 등장하는 표현들은 확실하게 정리해두자.

28 논리퀴즈 정답 ④

| 난도 | 중

정답해설

ㄱ. 甲은 자신보다 만 나이가 많으면 존댓말을 쓰는데 乙과는 1년 이상 차이가 나므로 항상 존댓말을 쓴다.

ㄴ. 乙과 丙의 연 나이가 같으므로 乙은 존댓말을 쓰지 않으며, 丙은 생일이 더 빠르므로 존댓말을 쓰는 경우 자체가 없다.

ㄹ. 乙은 丁보다 생일이 더 빠르므로 존댓말을 쓰지 않으며, 丁과 乙의 생일 사이의 기간에는 乙의 만 나이가 한 살 더 많으므로 丁이 존댓말을 쓴다.

오답해설

ㄷ. 丁은 연 나이와 만 나이 중 하나라도 자신과 다른 사람에게는 존댓말을 쓰게 되는데 丁과 甲은 연 나이가 다르므로 존댓말을 쓴다.

합격생 가이드

일반적인 상식에 근거하여 문제를 풀면 안되는 이유가 丁에 잘 나타나 있다. 우리의 상식으로는 나이가 많은 사람에게 존댓말을 하고 적은 사람에게는 그렇지 않지만, 丁은 나이가 어리더라도 자신과 나이가 다르면 존댓말을 한다. 함정을 절묘하게 파놓은 문제이며 앞으로도 이런 함정은 얼마든지 나올 수 있다.

29 게임 · 규칙 정답 ③

| 난도 | 중

정답해설

甲이 승점 4점을 얻는 경우는 첫 경기와 두 번째 경기에서 모두 세트 스코어 2:1로 승리한 경우와, 첫 경기에서는 2:0으로 승리하고, 두 번째 경기에서는 1:2로 패배한 경우이다. 그런데 경기 규칙상 많은 득점을 올리기 위해서는 세트 수 자체가 많아야 한다. 따라서 최대한의 득점을 얻는 경우는 두 경기 모두 2:1로 승리한 경우에서 발생하는데, 1세트에서 20점을 얻어 승리하고, 2세트에서는 19점을 얻어 패배한 뒤, 3세트에서 15점을 얻어 승리하는 경우가 이에 해당한다(1세트와 2세트의 순서는 바뀌어도 됨). 두 경기 모두에서 같은 시나리오대로 득점하면 되므로 최댓값은 (20+19+15)×2=108이다.

최솟값이 발생하는 경우는 이와 반대로 세트 수가 작아야 하므로 한 경기는 2:0으로 승리하고, 다른 한 경기는 1:2로 패배한 경우에 발생하는데, 차이점은 이길 때는 딱 15점만 얻고, 질 때에는 한 점도 얻지 못해야 최소한의 득점을 얻는다는 것이다. 이를 구체적으로 살펴보면 첫 경기에서는 두 세트 모두 15점을 얻어 승리하고, 두 번째 경기에서는 한 세트는 15점을 얻어 승리한 반면, 나머지 두 세트는 0점으로 패배하는 경우가 이에 해당한다. 이때의 점수가 최솟값이 되는데 계산해보면 (15+15)+15=45가 된다.

30 수리퀴즈(계산) 정답 ④

| 난도 | 하

정답해설

甲이 한 일의 양을 $\frac{1}{5}$ 늘려서 계산했으므로 실제 甲이 한 일의 $\frac{6}{5}$이 반영되었으며, 乙이 한 일의 $\frac{1}{5}$을 줄여서 계산했으므로 실제 乙이 한 일의 $\frac{4}{5}$가 반영되었다. 따라서 이들이 반영된 일 지수는 실제 일 지수에 $\frac{6}{5}\times\frac{4}{5}=\frac{24}{25}$를 곱한 수치로 계산되어 실제보다 $\frac{1}{25}$만큼 작게 계산됨을 알 수 있다. 그런데 이 수치가 3이라고 하였으므로, 실제 일 지수를 A로 놓으면 $\frac{1}{25}\times A=3$이 되어 실제 일 지수 A는 75가 된다.

31 게임 · 규칙 정답 ①

| 난도 | 하

정답해설

COW로 가능한 숫자는 135와 190이며, EA로 가능한 숫자는 10과 80이다. 따라서 이 둘을 곱하더라도 120은 나올 수 없다.

32 수리퀴즈(추론) 정답 ①

| 난도 | 중

정답해설

매년 600명 이내에서 증가만 했다고 하였으므로 2019년보다 2022년은 1,800명 이상으로는 증가할 수 없다.

이제 2019년의 2,739,372에 1~999까지의 임의의 수를 더한다고 생각해 보면, 어떤 숫자를 더하더라도 이 숫자가 앞부분의 273을 거꾸로 만든 숫자인 372가 될 수 없다. 따라서 더해져야 하는 숫자는 최소 1,000 이상이 되어야 한다. 만약 1,000을 더한다면 2,740,372가 되어 만의 자리와 백의 자리의 숫자가 1 차이로 맞지 않게 된다. 그렇다면 이를 반영하여 1,100을 더해보면 2,740,472가 되어 좌우 대칭형 숫자가 된다. 1,800보다 작으면서 1,100보다 더 큰 숫자를 더하면 어떻게 될까? 이것은 처음에 언급한 1~999까지의 임의의 수를 더하는 것과 같은 상황이 된다. 즉, 어떠한 숫자를 더하더라도 앞 부분의 274를 거꾸로 만든 숫자인 472가 될 수 없다. 따라서 천의 자리 숫자는 0이다.

33 수리퀴즈(추론) 정답 ⑤

| 난도 | 상

정답해설

5명이 가진 구슬 개수의 산술평균은 $\frac{18}{5}$=3.6이므로 이를 통해 甲은 1개 또는 3개, 乙은 2개의 구슬을 가지고 있음을 알 수 있다. 그렇다면 남은 3명이 가지고 있는 구슬의 개수는 13개 또는 15개가 되는데, 이를 토대로 경우의 수를 따져보자.

먼저, 丙, 戊 2명은 3.6보다 많은 짝수 개의 구슬을 가지고 있고, 丁은 3.6보다 많은 홀수 개의 구슬을 가지고 있으므로 이들이 가지고 있는 구슬의 개수를 丙은 (4, 6, 8), 丁은 (5, 7, 9), 戊는 (4, 6, 8)로 가정해보자. 이 경우 丙과 戊가 8개, 丁이 9개의 구슬을 가지는 것은 불가능하다. 왜냐하면 이렇게 될 경우 나머지 두 사람이 가진 구슬 개수의 합이 13개 또는 15개가 될 수 없기 때문이다. 따라서 경우의 수를 丙은 (4, 6), 丁은 (5, 7), 戊는 (4, 6)으로 줄일 수 있다.

다음으로 丁이 7개의 구슬을 가지는 경우도 불가능하다. 이 경우 丙과 戊가 가진 구슬 개수의 합이 6개 또는 8개가 되어야 하는데, 둘을 합해 6개가 되는 경우는 존재하지 않으며, 8개가 되는 경우는 둘이 모두 4개의 구슬을 가지는 경우뿐이기 때문이다. 하지만 이들은 서로 다른 개수의 구슬을 가지고 있다고 하였다. 따라서 경우의 수를 丙은 (4, 6), 丁은 (5), 戊는 (4, 6)으로 줄일 수 있다.

이제 남은 것은 丙과 戊이므로 어느 한 사람은 4개, 다른 한 사람은 6개로 정할 수 있는 조건이 필요하다. 이 경우 ⑤와 같이 '3의 배수' 여부를 묻는 질문이 추가된다면 둘을 구분할 수 있게 된다.

34 논리퀴즈 정답 ⑤

| 난도 | 중

정답해설

먼저, 甲과 A가 월요일에 중식 약속을 잡았고, 乙은 월, 화, 수요일에, 그리고 丁은 월요일과 화요일에 약속을 잡을 수 없다.

구분	월(중식)	화	수	목	금
甲	○	×	×	×	×
乙	×	×	×		
丙	×				
丁	×	×	한식	일식	다른 종류
戊	×				

이제 마지막 조건에서 퓨전음식점은 수요일에만 영업한다고 하였으므로 A와 누군가는 수요일에 퓨전음식을 먹어야 한다. 가능한 경우는 丙과 戊인데 丙은 일식과 양식만 먹는다고 하였으므로 A와 戊가 수요일에 함께 퓨전음식을 먹게 된다.

35 조건적용 정답 ③

| 난도 | 중

정답해설

해설의 편의를 위해 규칙의 나열 순서대로 규칙 1, 규칙 2…로 표기한다.

먼저, 규칙 1에 따라 각 팀에 A, B, C를, 규칙 4에 따라 C와 戊를 한 팀에 배치한다.

1조	2조	3조
A	B	C
		戊

그런데 규칙 5에 의해 3조에는 더 이상 여성이 배치될 수 없으므로 남성인 甲 또는 丙이 배치되어야 하는데, 규칙 2에서 4학년 학생 2명을 한 팀에 배치할 수 없다고 하였으므로 4학년이 아닌 丙이 3팀에 배치된다.

1조	2조	3조
A	B	C
		戊
		丙

이제 남은 것은 甲, 乙, 丁, 己의 4명인데, 만약 甲을 제외한 나머지 중 2명이 1조에 배치되는 경우, A가 여성인 상황이 발생하면 규칙 5를 위배하게 된다. 따라서 그 가능성을 차단하기 위해서는 1조에 甲이 배치되어야 한다.

1조	2조	3조
A	B	C
甲		戊
		丙

이제 남은 것은 乙, 丁, 己의 3명인데, 규칙 2에서 4학년 학생 2명을 한 팀에 배치할 수 없다고 하였으므로 1조에 乙이 배치될 수 없으며, 규칙 3을 통해 甲과 같은 경영학과인 丁도 1조에 배치될 수 없다. 따라서 1조에는 己가 추가로 배치된다. 이에 따라 나머지 남은 학생들을 배치하면 다음과 같다.

1조	2조	3조
A	B	C
甲	乙	戊
己	丁	丙

따라서 乙과 丁은 2조에 함께 배치되며, 己는 A와 함께 1조에 배치된다.

오답해설

ㄴ. 1조에 甲(경영학과)과 己(기계공학과)가 함께 배치된다.

36 단순계산 정답 ⑤

| 난도 | 하

정답해설

주어진 조건을 토대로 각 후보지의 최종 점수를 구하면 다음과 같다.

구분	A	B	C	D	E
인프라	13	12	18	23	12
안전성	36	40	34	28	38
홍보효과	24	25.5	19.5	30	28.5
(감점)			(10)	(10)	
총점	73	77.5	61.5	71	78.5

따라서 B와 E가 개최지로 선정된다.

37 조건적용 정답 ①

| 난도 | 하

정답해설

연면적 2천 m^2인 건축물을 점검하는 점검기관의 책임자와 점검자는 각각 1명과 2명이다. 책임자 1명은 35시간, 점검자 2명은 7시간씩 14시간을 기본교육을 받아야 하므로 총 49시간이다. 따라서 연면적 2천 m^2인 건축물을 점검하는 점검기관의 책임자와 점검자가 이수해야 할 연간 교육시간의 총합은 최소 49시간이다. 보수교육은 3년마다 이수하므로 보수교육을 이수한다면 연간 교육시간의 총합은 49시간 이상이 된다.

오답해설

ㄴ. 바닥면적이 5천 m^2인 2층 건축물의 연면적은 1만 m^2이므로 책임자 1명과 점검자 4명이 필요하다.

ㄷ. 보수교육은 매년이 아니라 3년마다 이수해야 한다.

38 수리퀴즈(계산) 정답 ②

| 난도 | 중

정답해설

배상비율을 구하기 위해서 구입일과 사용개시일 사이의 일수를 정확하게 구할 필요는 없고, 어느 구간에 속하는지만 판단하면 된다.

– 셔츠 : 1년 / 45~134일 구간 / 60% / 24,000원
– 조끼 : 3년 / 404~808일 구간 / 40% / 24,000원
– 치마 : 2년 / 0~88일 구간 / 80% / 56,000원
– 세탁비 : 8,000원

따라서 이들을 모두 합하면 112,000원이다.

합격생 가이드

마지막의 세탁비는 놓치기 딱 좋다. 이 문제는 가장 후반부에 위치해 있기 때문에 심적으로나 육체적으로나 모든 에너지가 고갈된 상태에서 만나게 된다. 거의 모든 상황판단 후반부의 문제에는 이런 간단한 함정들이 숨어 있었다.

39 정보확인 · 추론 정답 ②

| 난도 | 하

정답해설

면적에 따라 소관이 달라지는 것은 산지전용의 허가에 관한 것이며, 보전산지를 지정하는 것은 오로지 산림청장뿐이다.

오답해설

ㄱ. 임야도는 1/6,000의 소축척 도면을 사용한다.

ㄷ. 산지전용 허가를 받기 위해서는 지적도와 임야도를 제출해야 한다.

ㄹ. 입목의 벌채는 산지를 본래의 용도에 따라 사용하는 것이어서 별도의 허가가 필요없다.

40 정보확인 · 추론 정답 ③

| 난도 | 하

정답해설

- X임야 : 100정보는 30만 평이며 이는 99만 m^2와 같으므로, 소관에 따라 허가권자가 달라지는데 X임야는 산림청장의 소관이므로 허가권자 역시 산림청장이다.
- Y임야 : 50ha는 50만 m^2와 같은데, 산림청장 소관이 아닌 사유림의 산지는 시 · 도지사가 허가권자이다.

2022 기출문제 정답 및 해설

제1과목 언어논리 _ 정답 및 해설

1	2	3	4	5	6	7	8	9	10
②	④	①	②	⑤	⑤	③	④	②	⑤
11	12	13	14	15	16	17	18	19	20
⑤	⑤	④	①	③	②	②	③	③	①
21	22	23	24	25	26	27	28	29	30
①	⑤	①	①	④	③	①	④	③	⑤
31	32	33	34	35	36	37	38	39	40
②	③	④	②	⑤	④	③	④	④	③

01 일치부합 정답 ②

| 난도 | 하

정답해설

호포론이나 구포론은 신분에 관계없이 군포를 부과하는 것이어서 양반층이 강력히 저항하였다. 그러나 감필결포론은 상민이 부담해야 하는 군포를 2필에서 1필로 감축하고, 그 감소분에 대해서만 양반에게 군포를 부과하는 것이어서 양반이 일정 정도 긍정적 반응을 보였다.

오답해설

① 구포론은 귀천을 막론하고 16세 이상의 모든 남녀에게 군포를 거두자는 것이고, 결포론은 경제 능력에 따라 군포를 징수하자는 것이다. 하지만 이것으로 양인의 군포 부담이 구포론보다 결포론에서 더 크다고 말할 수는 없다.
③ 균등 과세의 원칙때문이 아니라 재정 결손을 보충하기 위해 군포를 부담하였다.
④ 결포론은 공평한 조세 부담의 이상에 가장 가까운 방안이었다고 할 수 있지만, 호포론은 가호마다 부담이 균등할 수 없다는 문제가 존재하였다.
⑤ 호포론은 식구 수에 따라 가호의 등급을 나누고 그 등급에 따라 군포를 부과하자는 주장으로 연령과는 무관하다.

합격생 가이드

전형적인 일치부합 문제이므로 빠르게 해결하여 시간을 아낄 수 있도록 하여야 한다. 대변통과 소변통에 각각 어떠한 제도가 있는지 지문 옆에 메모를 하며 문제를 풀었다면 실수 없이 빠르게 답을 확인하고 넘어갈 수 있다.

02 일치부합 정답 ④

| 난도 | 중

정답해설

선혜청의 원공은 1768년(18세기)에 폐지되었는데 이 시기에 원거리 운송은 조세선이 담당하였다.

오답해설

①·② 제시문에서 확인할 수 없는 내용이다.
③ 관영 공사에 사용하기 위해 구입한 재료를 운송하는 책임은 영역부장, 1789년 이후에는 패장에게 있었다.
⑤ 17세기에 관영 공사에 필요한 재료는 도감에서 직접 구하거나 공인으로부터 구할 수 있었다.

합격생 가이드

언어논리에서 1~2번이나 21~22번에 의도적으로 정보가 많고 빨리 풀리지 않는 문제를 넣는 경우가 많다. 따라서 시험 시작부터 문제가 풀리지 않는 것에 대해 당황하지 않아야 한다. 또한 일치부합형 문제에서는 문단을 넘나들며 정보를 조합하여 옳고 그름을 판단하는 것이 중요한 만큼 도고 상인, 조세선, 영역부장 등의 키워드가 어떤 역할을 하는지 밑줄이나 메모를 해가며 읽는 것이 좋다.

03 일치부합 정답 ①

| 난도 | 하

정답해설

수치심을 느끼는 사람은 잘못을 감추려 하며 그 상황을 자아에 대한 전반적인 공격으로 받아들이는 반면, 죄책감을 느끼는 사람은 잘못을 드러내려 하며 행위와 관련된 부분적인 공격으로 받아들인다.

오답해설

② 자의식적이고 자기 평가적인 감정들인 수치심과 죄책감은 심리적 방어기제가 서로 다르다.
③ 죄책감의 경우 자신과 자신의 부정적 행위를 분리하지만, 수치심은 그렇지 않다.
④ 수치심을 느낀 사람이 부정적 상황에서 심리적 충격을 크게 받는다는 것만 언급되어 있을뿐, 이의 역인 심리적 충격을 크게 받는 사람이 수치심을 느끼기 쉬운지는 알 수 없다.
⑤ 내면화된 규범에 대한 내용만 확인할 수 있을 뿐, 외부의 규범에 대한 내용은 없다.

합격생 가이드

죄책감과 수치심, 2개의 키워드가 상반되어 설명되는 지문이므로 공통점과 차이점을 명확하게 숙지하고 선지를 확인하여야 한다.

04 일치부합 정답 ②

| 난도 | 하

정답해설

이산화 방법 중 이진법을 적용할 경우 다섯 자리의 숫자는 최대 2^5가지, 즉 32가지의 정보를 전송할 수 있다.

오답해설

① 봉수의 신호 전송 체계에서 이산화된 수만큼 아궁이에 불을 지피는 것이 변조 과정이다.
③ 봉수 수신 지점에서는 송신측에서 보낸 정보를 정해진 규칙에 따라 복원하므로, 규칙을 알지 못한다면 수신자는 올바른 정보를 복원할 수 없다.
④ 봉수는 낮에는 연기, 밤에는 불빛을 이용한다.
⑤ 연기가 두 곳에서 피어오른 봉수 신호는 '적이 출현했음'을 의미한다.

합격생 가이드

모의고사 등으로 접해본 익숙한 주제의 지문이기 때문에 신속하게 내용을 이해할 수 있어야 한다. 쉬운 일치부합형 문제를 빠르게 푸는 것이 고득점의 길이기도 하다. ②에서는 약간의 수학적 지식이 필요하였으나 어려운 정도는 아니라고 판단된다.

05 글의 문맥 · 구조 정답 ⑤

| 난도 | 하

정답해설

글의 논지는 지식에 대한 상대주의자들의 주장을 반박하는 것이다. 상대주의자들은 서로 다른 문화권의 과학자들이 이론적 합의에 합리적으로 이를 수 없다고 주장한다. 하지만 세 번째 문단에서는 한 사람이 특정 문화의 기준을 채택한다고 그 사람이 반드시 그 문화의 특정 사상이나 이론을 고집하는 것은 아니라고 주장한다. 따라서 문화마다 다른 평가 기준을 따르더라도 자기 문화에서 형성된 과학 이론만을 수용하는 것은 아니라는 것이 핵심 논지이다.

합격생 가이드

핵심 논지를 판단하는 문제에서는 글의 전체적인 주장만 파악하면 되고, 일치부합형 문제에서 요구하는 정도의 세세한 근거는 찾을 필요가 없다. 실제로 이 문제에서도 글의 논지는 상대주의자들을 반박하는 것이므로 이에 해당하는 선지를 빠르게 선택하고 다음 문제로 넘어가야 한다.

06 밑줄 · 빈칸 채우기 정답 ⑤

| 난도 | 하

정답해설

서술어 대신 주어 '영미'에 초점이 놓이는 주격조사의 용법 예시가 들어가야 한다. '은/는'을 활용하면 "영미는 노래를 잘 한다."에서 서술어 '노래를 잘 한다.'에 초점이 놓인다. 따라서 "영미가 노래를 잘 한다."가 들어가야 한다.

오답해설

① '은/는'의 의미가 주어가 아닌 자리에서 사용되고, 그 의미가 비교적 선명하게 드러나는 예시가 들어가야 한다.
② '은/는'이 주어의 자리에서 사용되고, 대조의 의미로 활용된 예시가 들어가야 한다.
③ 어떤 특별한 의미를 대표할 필요가 없는 경우에 "바람은 분다."보다는 "바람이 분다."라고 해야 한다는 의미이므로 적절하다.
④ '알려진 정보'의 관점에서 '은/는'의 용법 예시가 들어가야 한다.

합격생 가이드

빈칸에 문맥상 적절한 문장을 넣는 문제에서는 글을 이해하면서 차례대로 읽어 내려가야 한다. 이러한 유형의 문제 역시 시간을 아낄 수 있는 문제라고 판단한다.

07 밑줄 · 빈칸 채우기 정답 ③

| 난도 | 하

정답해설

㉠ 느슨하게 정의된 고유어에는 한자어에서 차용한 낱말들이 있으며, 이러한 낱말들 중 벼락, 서랍, 썰매 같은 낱말들은 한자어를 사용하다가 형태가 변한 것들이다.
㉡ 한자어에는 중국에서 차용한 말들 이외에 일본에서 수입되거나 우리나라에서 만들어진 한자어도 있다.

합격생 가이드

빈칸에 적절한 문장을 넣는 문제이므로 글의 이해가 가장 중요하다. 또한 빈칸의 앞뒤 문장을 주의 깊게 살펴보아 빈칸에서 요구되는 논리상 연결고리나 문맥상 적절한 예시가 선지에 있는지 찾아야 한다.

08 추론 정답 ④

| 난도 | 중

정답해설

ㄴ. 다섯벌식 타자기의 경우 모음 글쇠는 받침이 있을 때 쓰는 모음 한 벌과 받침이 없을 때 쓰는 모음 한 벌로 나뉜다. 따라서 '밤'은 받침이 있고, '나'는 받침이 없으므로 사용하는 모음 글쇠가 서로 다르다.
ㄷ. 다섯벌식 타자기의 경우 가로로 긴 모음과 어울려 쓰는 초성 자음 글쇠와 종성 자음 글쇠는 서로 다르다. 이는 네벌식 타자기에서도 동일하게 활용된다.

오답해설

ㄱ. 한글은 영문과 달리 자음과 모음을 조합하여 한 음절로 모아쓰는 문자이므로 타자기가 자음이나 모음을 찍을 때마다 종이가 움직인다면 받침을 제자리에 찍을 수 없다. 따라서 받침이 있는 글자의 모음에 대한 글쇠의 경우, 자음이나 모음이 찍혀도 종이가 움직이지 않는 안움직글쇠여야 한다.

합격생 가이드

한글 타자기가 영문 타자기와 왜 다른 구조를 보이는지에 대한 이해가 중요하였다. 이후에는 다섯벌식 타자기와 네벌식 타자기의 구조를 비교하여 선지에 대입한다면 실수 없는 풀이가 가능하다. 예를 들어 다섯벌식 타자기에 활용된 5개의 서로 다른 글쇠가 어떻게 활용되는지 번호를 매겨가며 풀이할 수 있다.

09 전제 · 결론 정답 ②

| 난도 | 중

정답해설

지문의 내용을 정리하면 다음과 같다.

1) ~셀카 → ~저작권 대상
2) 셀카 → 의도∧능력
3) 나루토 → ~자아
4) 결론 : 나루토의 사진 → ~저작권의 대상

1)과 2)를 종합하면 '~(의도∧능력) → ~셀카 → ~저작권의 대상'이다. 따라서 추가해야 할 전제는 3)과 연계하여 ' ~자아 → ~(의도∧능력)'이다. ②의 대우는 '~자아 → ~의도'이므로 추가하여야 할 전제로 적절하다. 이를 통해 나루토는 자아가 없으므로 의도를 가지지 않고, 나루토의 사진은 셀카가 아니므로 저작권이 없다는 결론이 도출된다.

합격생 가이드

추가해야 할 전제를 찾는 문제를 푸는 방법은 크게 두 가지이다. 첫 번째는 정석적으로 논리 구조를 명확히 나타낸 이후에 빠진 논리를 생각해보는 것이다. 위 해설이 이와 같은 방식이다. 두 번째는 대입법으로 모든 선지를 전제로 생각하여 논리에 대입해본다. 경우에 따라 후자가 더 빨리 문제를 해결하는 때도 있다.

10 전제 · 결론 정답 ⑤

| 난도 | 중

정답해설

지문의 조건을 정리하면 다음과 같다.

1) 갑1 : (~A → C)∧(~B → D)
2) 갑2 : ~C∧~D
3) 을2 : 갑1, 2의 전제는 ㉠이다.
㉠은 걱정할 필요가 없다.
4) 을3 : 왜냐하면 ~E∧~F → A∧B
5) 병2 : ~E∧~F
6) 갑3 : F(필수 사용)
7) 을5 : ㉡이어도 을3은 참이다.
8) 갑4 : ~G

㉠에 필요한 조건은 A와 B 둘 중 하나는 반드시 사용해야 한다는 것이다. 따라서 ㉠에는 '~A∨~B'가 적절하다. ㉡에는 F∧~G이더라도 A와 B 약품을 사용할 수 있는 명제가 들어가야 한다. 따라서 ㉡에는 'F∧~G → A∧B'가 적절하다.

합격생 가이드

전형적인 퀴즈형 형식논리 문제는 아니지만 형식논리를 활용하여 전제와 결론을 도출하는 문제이다. 대화 형식으로 문제가 출제되었기 때문에 논증을 차례대로 읽으며 빠진 전제나 결론을 유추하는 것이 좋다. '걱정할 필요 없다'라는 말이 반복되고 있는데, 이를 논리적으로 융통성 있게 해석하면 될 것이다. 예를 들어 을2의 '걱정할 필요가 없다'는 '거짓이다'로 해석하여도 무방하다.

11 논리퀴즈 정답 ⑤

| 난도 | 중

정답해설

갑, 을, 병의 각 영역 충족 여부를 파악하면 다음과 같다.

구분	성적	봉사	외국어	윤리	체험	(장학금)
갑	○	×	×			~동창회
을	×	○	○	○	○	~재단
병	○			○		동창회

먼저, 을은 성적 기준만 충족하지 못하였음에도 재단 장학금을 받지 못한 것으로 보아, 성적 영역은 2개의 장학금 영역 중 하나이다. 다음으로 갑을 보면, 2개의 장학금 영역 중 하나인 성적 기준을 충족하였음에도 동창회 장학금을 받지 않았다는 것을 볼 때, 갑은 재단 장학금을 받았으며 윤리 또는 체험 영역이 2개의 장학금 영역 중 하나인 것을 알 수 있다. 마지막으로 병을 통해 체험 영역이 2개의 장학금 영역 중 하나인 것을 알 수 있다. 따라서 2개의 장학금 영역은 성적, 체험 영역이다.

ㄱ. 성적 영역 기준만 충족한 행복대학교 학생은 2개의 장학금 영역 중 한 개만 충족한 것이므로 동창회 장학금 수혜자가 된다.
ㄴ. 체험 영역 기준을 충족하지 못하였다면 장학금 영역 2개 모두를 충족한 것이 아니기 때문에 재단 장학금 수혜자는 될 수 없다.
ㄷ. 봉사 영역과 외국어 영역만을 충족하였다면 어떤 장학금 영역도 충족하지 못한 것이므로 장학금을 받지 못한다.

합격생 가이드

각 학생이 어떠한 영역에서 기준을 충족하였는지 파악하기 위해 표를 그리는 것이 좋다. 또한 갑 학생의 경우 동창회 장학금 수혜자가 아니라고 하여 재단 장학금 수혜자도 아닐 것이라고 판단하지 않도록 유의하여야 한다.

12 논리퀴즈 정답 ⑤

| 난도 | 중

정답해설

제시된 조건을 정리하면 다음과 같다.

1) 도시 : 두 명 이하의 수습 사무관 배치
2) 수습 사무관 : 한 개 도시 이하에 배치
3) 갑A → ~을C

4) ~갑B
5) 을=병
6) 병B → ~갑D
7) D=1명 배치
정리한 조건을 표로 나타내면 다음과 같다.

구분	A	B	C	D(1명)
갑		×		
을(=병)				×
병(=을)				×
정				

선지를 거짓으로 치환한 후, 모순이 발생하면 해당 선지는 참이다. 따라서 '~정D → ~을B'의 거짓인 '~정D∧을B'인 경우를 살펴보면 다음과 같다. 5)에 따라 '을B'이므로 '병B'이며, 6)에 따라 '~갑D'이다. 또한 7)과 2)에 따라 D시에 아무도 배치되지 않는 모순이 발생한다.

구분	A	B	C	D(1명)
갑		×		×(모순)
을(=병)		○		×
병(=을)		○		×
정				×

합격생 가이드

어떤 명제가 항상 참이기 위해서는 해당 명제가 거짓인 경우 모순이 발생하여야 한다. 이를 귀류법이라고 한다. 따라서 반드시 참인 것을 고르는 논리퀴즈 문제에서 선지가 조건문인 경우, 귀류법을 활용하여 선지의 거짓에 모순이 발생하는지 파악하면 정확하게 문제를 풀 수 있다.

13 글의 문맥 · 구조 정답 ④

| 난도 | 중

정답해설

ㄱ. ⓛ : "신이 존재한다."가 무의미하다.
ⓒ : 문장의 부정문이 의미 있음 → 그 문장은 의미가 있는 문장임
ⓒ의 대우 : 무의미한 문장 → 문장의 부정문이 의미 없음
따라서 ⓛ과 ⓒ을 통해 "신이 존재한다."가 무의미한 문장이라면 그 문장의 부정문인 "신이 존재하지 않는다."가 무의미하다는 것을 도출할 수 있다.

ㄷ. ⓛ에 '의미가 없는 문장은 참인지 거짓인지 알 수 없다.'라는 전제가 추가된다면 "신이 존재한다."라는 문장은 참인지 거짓인지 알 수 없다는 것이 도출된다.

오답해설

ㄴ. ⓛ의 부정은 "신이 존재한다."가 의미가 있다는 것인데, 철학자 A에 따르면 의미가 있는 문장은 참, 거짓을 판단할 수 있다. 이를 통해 "신이 존재한다."가 의미가 있다면 "신이 존재한다."라는 진술은 참이거나, 거짓이라는 것을 판단할 수 있다.

합격생 가이드

㉠~㉣과 같이 한 문장에 밑줄을 치고, 논증의 참, 거짓을 판별하는 문제에서는 해당 문장만 보고서도 문제를 풀 수 있는 경우가 많다. ㄱ의 경우 지문의 첫 번째 문단 등을 읽지 않고도 풀 수 있으므로, 이를 통해 시간을 단축하도록 한다.

14 전제 · 결론 정답 ①

| 난도 | 상

정답해설

실험 그룹별 접근 가능한 씨앗 포식자 종류를 나타내면 다음과 같다.
1그룹 : 대형 포유류, 소형 포유류, 곤충, 진균류
2그룹 : 소형 포유류, 곤충, 진균류
3그룹 : 곤충, 진균류
4그룹 : 진균류
5그룹 : 곤충
6그룹 : 없음
실험 결과 : 발아율은 1~5그룹에서 차이가 없었으며, 6그룹에서는 다른 그룹에 비해 현저히 낮음
발아율은 씨앗 포식의 정도를 알려주는 지표이다. 1~5그룹에서 발아율 차이가 없었다는 것은 포식자의 종류가 바뀌는 것과 관계없이 절대적인 씨앗 포식의 양은 거의 변하지 않았다는 것이다.

오답해설

② 남은 씨앗 포식자의 씨앗 포식량이 변화해야 전체 포식량이 일정하게 유지된다.
③ 포유류가 사라져도 전체 포식량이 변화하지 않았다.
④ 1그룹과 2그룹를 비교해보면 포식자의 종류가 늘어날 때 기존 포식자의 씨앗 포식량이 변화하는지 알 수 없다.
⑤ 6그룹의 경우에 포식자가 아예 없는 경우 발아율이 낮아졌다.

합격생 가이드

1그룹~6그룹의 차이점이 무엇인지 파악하고, 발아율이 포식량과 상관관계가 있다는 것을 이해하여야 한다. ④를 소거하기 까다로웠으나, 반례를 적절히 생각해본다면 어렵지 않게 풀 수 있다.

15 강화 · 약화 정답 ③

| 난도 | 중

정답해설

ㄱ. ㉠이 맞다면 대상자와 관련된 이해관계가 중요할수록 평가자는 대상자에게 더 엄격한 기준을 적용하게 된다. 따라서 희수보다 이해관계가 큰 서현의 필요 검토 횟수를 현저히 많이 부과하였다면 ㉠이 강화된다.

ㄷ. 사례2의 내용이 변경된다면 대상자인 서현과 관련된 이해관계가 더 이상 중요해지지 않는다. 따라서 n에 변화가 없다면 이해관계가 중요할수록 평가자가 대상자에게 더 엄격한 기준을 적용한다는 ㉠은 약화된다.

오답해설

ㄴ. 평가자의 이해관계가 아닌 대상자의 이해관계가 문제된다.

합격생 가이드

문제에서 제시된 주장이 비교적 명확하고, 이를 강화하는 사례나 약화하는 사례가 선지로 구성되어 강화 · 약화 문제 중 쉬운 문제에 해당한다. 더군다나 '강화된다' 또는 '약화된다' 식의 단정적인 선지가 제시되어 '강화하지 않는다' 등의 선지보다 풀이가 수월하였을 것이다. 지문에서 제시된 '대상자와의 이해관계'라는 개념을 혼동하지 않도록 유의하여야 한다.

16 강화 · 약화 정답 ②

| 난도 | 중

정답해설

B는 동일한 고통의 양을 부과하는 형벌로 정의를 달성할 수 있다고 하였으므로 고통의 양을 측정하기 어렵다면 B는 약화된다. 그리고 C는 형벌이 고통의 양에 의존할 필요가 없다고 하였으므로 C는 약화되지 않는다.

오답해설

ㄱ. A는 범죄와 정확히 동일한 유형의 행위로 처벌하여야 한다고 보아 이를 정의롭다고 판단할 것이다. 그리고 B는 A의 기본적 관점을 수용하였으며, 동일한 정도의 고통의 양을 부과하는 형벌로도 정의를 달성할 수 있다고 하였으므로 이 명제를 동의하지 않는 것은 아니다.

ㄷ. C는 고통의 양에 의존할 필요는 없다고 보았으므로, 살인이 가장 큰 고통을 유발한다고 하더라도 사형제를 받아들이지는 않을 것이다.

합격생 가이드

구분되는 견해의 중심적인 주장을 파악하여야 한다. ㄱ을 판단할 때 B는 A의 기본적인 입장을 수용하면서 A에 대한 비판을 보완하는 식으로 주장을 펼친다는 것을 이해하여야 한다.

17 강화 · 약화 정답 ②

| 난도 | 중

정답해설

을에 따르면 도덕 상대주의가 맞다면 다른 사회의 관습을 평가할 수 없고, 침묵해야 한다. 결국 도덕 상대주의는 도덕 절대주의를 수용해야 하는 역설에 빠지게 되므로 도덕 상대주의는 옳지 않게 된다.

오답해설

ㄱ. 갑은 에스키모와 로마인의 관습상 차이는 하나의 도덕 원리가 각기 다른 상황에 적용되어 서로 다른 관습을 나타낸 것이라고 보기 때문에 약화되지 않는다.

ㄷ. 병은 도덕 상대주의를 받아들이면 사회 관습의 진보를 말할 수 없으므로 도덕 상대주의는 받아들일 수 없다고 하였다. 이때의 진보는 과거와 달라진 것만을 말하는 것이 아니라 '더 낫거나 못하다고 말할 수 있는 것'을 의미하므로 약화되지 않는다.

합격생 가이드

어떠한 주장을 약화하기 위해서는 논리적으로 해당 주장을 거짓으로 만들 수 있는 반례가 필요하다. 명제 '$p \rightarrow q$'의 반례는 '$p \land \sim q$'이므로 p이면서 q가 아닌 것을 제시하는 경우 해당 주장을 약화한다고 말할 수 있다. ㄷ의 경우에도 병의 주장을 약화하기 위해서는 '도덕 상대주의를 받아들이더라도 사회 관습의 진보를 말할 수 있는' 사례를 제시하여야 한다.

18 강화 · 약화 정답 ③

| 난도 | 상

정답해설

ㄱ. 가설에 따르면 돼지는 개보다 무거우므로 농축된 오줌을 생산하고, 어는점이 낮아야 할 것이다. 하지만 반대의 결과가 도출되므로 측정 결과는 ㉠을 약화한다.

ㄴ. 가설에 따르면 개보다 캥거루쥐의 RMT가 높으므로 농축된 오줌을 생산하고, 어는점이 낮아야 할 것이다. 이에 부합하는 결과가 도출되므로 측정 결과는 ㉡을 강화한다.

오답해설

ㄷ. 캥거루쥐가 돼지보다 R이 낮고, 오줌의 어는점이 낮으므로 ㉢을 강화한다.

합격생 가이드

개념 간의 상관관계를 따로 메모해서 헷갈리지 않도록 한다. 예를 들어, ㉡에 따르면 헨리 고리의 상대적 길이가 길수록 RMT 값은 크고, RMT 값이 클수록 오줌 농도는 높고, 어는점은 낮다.

19 종합 정답 ③

| 난도 | 상

정답해설

더 많은 상황을 배제하는 메시지가 정보량이 더 많다. 따라서 P가 배제하는 상황을 Q도 모두 배제한다면 Q가 적어도 P만큼 상황을 배제하는 것이므로 Q의 정보량은 P의 정보량보다 적지 않을 것이다.

오답해설

① 예측 불가능성이 작아질 때 정보량은 작아진다. 따라서 Q가 제공하는 정보량이 P보다 많다면 예측 불가능성도 Q가 P보다 클 것이다.

② 전제들이 모두 참이고 결론도 반드시 참이라면 항상 참인 진술의 정보량은 0이 된다.

④ P의 예측 불가능성이 완전히 사라진다면 P의 정보량은 0이 된다. 따라서 P의 정보량이 0보다 크기 위해서는 P의 예측 불가능성이 완전히 사라지지 않아야 한다.

⑤ 논리적으로 타당한 것이란 전제가 참일 때 결론도 반드시 참이라는 것이다. 반례를 들자면, 두 번째 문단에 제시된 예시를 활용하여 '언젠가 코로나 바이러스가 퇴치된다면, 코로나 바이러스가 한 달 내에 퇴치될 것'이라는 진술은 논리적으로 타당하지 않다. 하지만 정보량은 0보다 크다.

합격생 가이드

지문이 이해하기 어려운 소재를 담고 있어 풀이가 쉽지 않았을 것이다. 또한 ③의 경우와 같이 '배제하는 상황'이라는 개념을 이해하는 데에 혼동이 발생할 수 있는 경우, 지문을 근거로 대입을 하며 풀이하면 좋다. 해설에서도 '더 많은 상황을 배제하는 메시지가 정보량이 더 많다는 것'으로부터 'Q가 P보다 많은 상황을 배제하는 것이고, Q의 정보량은 P의 정보량보다 적지 않다는 것'을 보였다.

20 종합 정답 ①

| 난도 | 상

정답해설

〈조건〉에 따르면 0보다 큰 정보량을 갖기 위해서는 그것이 참일 수 있어야 한다.
A는 항상 참이므로 정보량이 0이고, E는 〈조건〉에 의할 때 참일 수 없으므로 0보다 큰 정보량을 가지지 않는다.

오답해설

ㄴ. 전제가 B이고 결론이 C인 추론은 '적어도 손님 세 명이 온다면, 손님이 두 명 이상 올 것이다.'이다. 이 진술은 전제가 참이면 결론도 반드시 참이므로 논리적으로 타당하며, 논리적으로 타당한 모든 추론의 정보량은 0이다. 다음으로, "D이면 A이다."는 '손님이 다섯 명 이하로 온다면, 적어도 손님 한 명이 오거나 아무도 오지 않을 것이다.'이다. 이 조건문 또한 반드시 참이므로 정보량이 0이다. 따라서 두 진술의 정보량은 0으로 같다.

ㄷ. "C이고 D이다."라는 진술은 '손님이 두 명 이상 온다면, 손님이 다섯 명 이하로 올 것이다.'이다. 정보량이 0보다 크므로 E의 정보량과 같지 않다.

합격생 가이드

ㄱ의 경우 A는 반드시 참이므로 정보량이 0이고, E는 정보량이 0보다 크지 않음을 찾아내는 것이 중요하다. 세트형 문제는 항상 지문에서의 내용을 전제로 출제되기 때문에 〈보기〉나 〈조건〉 외에도 지문을 항상 염두에 두어야 한다. ㄴ에서도 지문과 연계하여 논리적으로 타당한 진술의 정보량은 0이라는 것을 활용하였다.

21 일치부합 정답 ①

| 난도 | 중

정답해설

중국은 일본이 메이지 정부 이후로 대외 확장 의지를 표명하고 정한론, 청국정벌책안 등에서 대륙 침략의 대상을 명확히 했다는 입장이며, 이러한 대륙침략 방침이 일본의 침략 정책으로 이어졌다고 보았다. 한국 역시 정한론에 메이지 정부의 대외 팽창 의도가 담겨 있으며, 일본의 대한국 정책이 한결같이 대륙 침략의 방침 하에 수행되었다고 본다.

오답해설

② 최근 일본의 근대화에 있어 팽창주의 · 침략주의가 필연이 아니었다는 견해가 대두되었지만, 이것이 침략 없이도 근대화된 대륙국가가 될 수 있었다고 보는 견해라고 보기는 어렵다.

③ 조선의 교린관계 고수는 빌미일 뿐, 자국의 내란을 방지하기 위해 조선과 전쟁을 벌이고 이를 통해 대외 팽창을 꾀하려는 것이라고 본다.

④ 일본이 주권선으로 규정한 구역은 일본 영토이다.

⑤ 기존 일본은 조선으로의 팽창 정책이 기본 노선이었다. 언제부터 대륙 팽창을 기본 방침으로 삼았는지에 대해서는 류큐 분도 교섭 이후와 임오군란 이후로 견해가 나뉘어 있다고만 언급하고 있다.

22 추론 정답 ⑤

| 난도 | 중

정답해설

평안병사와 영조의 조치를 정리하면 다음과 같다.

구분	지휘자	파졸	산삼 허용
기존	파장	2명	6명
평안병사의 조치	파장	8명	0명
영조의 조치	파장	4명	4명

평안병사는 영조 3년 3월에 부임하자마자 파수보에 배치된 인원 모두가 보를 떠나지 못하게 하였으므로, 영조 3년 5월에 파수보의 근무 인원은 총 9명(파장 1명, 파졸 8명)이었을 것이다. 영조 4년 5월에는 영조의 조치가 있어 총 5명(파장 1명, 파졸 4명)의 인원이 근무하고 있을 것이므로 1일 근무 인원 수는 줄어들었을 것이다.

오답해설

① 영조 2년(기존)보다 영조 4년(영조의 조치 이후) 파수보에 있는 시간이 더 늘기는 하였겠지만, 기존의 경우 파졸 2명이 어떠한 방식으로 교대하였는지 알 수 없으므로 파수보에 있는 시간은 계산할 수 없다. 2명씩 교대하여도 2배보다 클 것이다.

② 강계의 파수보에 배치된 파수는 평안도 백성 중 군역을 져야 하는 사람들이 순번을 돌아가며 담당한다.

③ · ④ 제시문을 통해서는 알 수 없는 내용이다.

합격생 가이드

시간순으로 서로 다른 제도가 도입된 문제이다. 이런 경우 표나 메모를 적극적으로 활용하여 평안병사의 조치 전후와 영조의 조치 이후 파수보의 근무 형태를 정리하면 복잡한 지문을 간단히 정리할 수 있다.

23 일치부합 정답 ①

| 난도 | 하

정답해설

서양 도시의 젠트리피케이션 양상은 알 수 있지만, 21세기 이후 서양 도시를 특정하여 중간계급의 도심 지역 이주 현상을 설명하고 있지는 않다.

오답해설

② 상업적 전치의 부정적 양상은 그 과정이 자발적이지 않고, 원주민의 불안 등이 조성될 수 있다는 것이다.

③ 아시아 도시는 서양 도시의 젠트리피케이션과는 달리 상권 전환이 급격하게 일어난다는 특징이 있다.

④ 한국의 젠트리피케이션으로 인한 도시 변화 속도는 서양 도시보다 급격하며, 서양의 젠트리피케이션은 점진적이다.

⑤ 한국에서의 기존 장소 재창조 등은 인문 · 예술 분야의 종사자들이 그 장소에 터를 잡으며 새로운 미학과 감정을 부여하여 일어났다.

24 일치부합 정답 ①

| 난도 | 하

정답해설

가짜 뉴스로 인해 인지부조화가 발생한 사람이라면 자신의 신념에 부합하지 않는 가짜 뉴스를 접한 사람이므로, 팩트체크에서 활용한 정보의 품질이 얼마나 우수한가보다는 정보의 출처가 얼마나 신뢰할 만하다고 생각하는지가 더 영향을 미친다.

오답해설

② 자신의 신념에 부합하지 않는 가짜 뉴스가 가짜라는 팩트체크 결과를 접하게 되면 이 자체로 인지부조화가 해소되며, 정보의 출처가 팩트체크의 효과에 더 큰 영향을 미친다.
③ 가짜 뉴스가 자신의 신념에 부합하는 사람이 그렇지 않은 사람보다 정보의 품질을 더 중시한다.
④ 자신의 신념에 부합하지 않는 가짜 뉴스에 대해 원래부터 해당 뉴스가 가짜일 것이라는 생각을 가졌을 것이므로 가짜임을 판명하는 팩트체크의 결과를 접하더라도 인지부조화가 크지 않다.
⑤ 가짜 뉴스가 자신의 신념에 부합하는지, 그렇지 않은지에 따라 달라진다.

25 글의 문맥 · 구조 정답 ④

| 난도 | 중

정답해설

가설 H1과 H2가 양립불가능하며, 관찰 결과 O가 가설 H1의 긍정적 증거이다. ⓔ을 "H1은 H2가 거짓이라는 것을 함축"으로 바꾸면 양립불가능하다는 가정에도 들어맞으며, O가 ~H2의 긍정적 증거가 된다.

오답해설

① 'X는 1,000℃ 미만에서 붉은빛을 내며, 1,000℃ 이상에서는 푸른빛을 낸다.'와 'X는 1,000℃ 미만에서 붉은빛을 내며, 1,000℃ 이상에서는 푸른빛을 내지 않는다.'가 동시에 참일 수는 없다. 1,000℃ 이상일 때 푸른빛을 내면서 동시에 내지 않아야 하기 때문이다. 하지만 동시에 거짓일 수는 있다.
② 첫 번째 가설은 'X는 1,000℃ 미만에서 붉은빛을 내거나 푸른빛을 내지 않는다.'라는 가설을 함축한다. 따라서 관찰 결과는 해당 가설이 함축하는 다른 가설에도 긍정적인 것이다.
③ ⓒ은 '어떤 관찰 결과가 가설의 긍정적인 증거라면, 그 관찰 결과는 그 가설이 거짓이라는 것에 대한 부정적인 증거이다.'라는 진술 중 '그 가설의 거짓'을 의미한다.
⑤ '증거관계 제3성질'에 의해 O는 H2가 거짓이 아니라는 것에 대한 부정적 증거이다.

26 밑줄 · 빈칸 채우기 정답 ③

| 난도 | 중

정답해설

1부터 자연수 N 사이의 모든 자연수를 곱한 수 N!에 1을 더한 (N!+1)은 2에서 N까지 어떤 소수로도 나누어떨어지지 않는다. (N!+1)이 그보다 작은 소수 x로 나누어 떨어지는 경우에도 x는 N보다 크고 (N!+1)보다는 작다. 따라서 (N!+1)은 소수이거나, N보다 크고 (N!+1)보다 작은 소수를 약수로 갖는다.

합격생 가이드

빈칸에 들어갈 말이 곧 이 글이 증명하고자 하는 중심문장이 된다는 사실에 유념하자. 즉, 빈칸 전후의 모든 문장은 빈칸을 뒷받침하는 근거이므로 글의 내용을 빠짐없이 설명할 수 있는 선지가 정답이 된다.

27 밑줄 · 빈칸 채우기 정답 ①

| 난도 | 상

정답해설

㉠ 시간 자체에 대한 선호 여부와 상관없이 가치를 할인하거나 할증하는 경우를 설명한다. 예상치 못한 사고가 발생하여 큰돈이 '지금 당장' 필요하다면 미래보다 현재가 중요해지는 것이다. 따라서 미래가치의 할인을 선택할 수밖에 없다.
㉡ 시간 자체에 대한 선호 여부와 상관없이 가치를 할인하거나 할증할 수도 있다는 말은 '할인 ↛ 현재선호'임을 보인 것이다.
㉢ 현재선호가 있다면 1년 뒤보다 낮은 수준의 현재 금액을 1년 뒤와 동일하게 평가할 수 있다. 물가가 큰 폭으로 낮아질 경우 미래 금액의 가치는 더 높아진다. 하지만 그럼에도 현재선호가 충분히 크다면 1년 뒤보다 낮은 수준의 현재 금액을 1년 뒤와 동일하게 평가할 수 있다.
㉣ 물가가 오른다면 미래 금액의 가치는 낮아진다. 물가가 크게 오른다면 1년 뒤보다 낮은 수준의 현재금액이 1년 뒤와 동일하게 평가될 가능성이 낮아지고, 오히려 더 낮게 평가될 수 있다. 그렇다면 현재선호라기보다 오히려 미래선호가 될 수 있으므로 현재선호 때문일 가능성은 상대적으로 작아진다.

28 추론 정답 ④

| 난도 | 중

정답해설

을이 D를 선택할 때 을이 느끼는 만족의 기댓값은 0.8이다. C, D 중 D를 선택한다는 것은 한식을 좋아하는 정도가 0.8보다는 작다는 것이고, E와 F를 동일하게 좋아한다는 것은 일식을 좋아하는 정도가 0.3이라는 것이다.
ㄴ. 제시된 대안의 기댓값은 0.5이다. 따라서 무조건 일식을 먹는 경우의 0.3보다 크므로 해당 대안을 선택한다.
ㄷ. 을의 음식 선호도가 바뀐다면 일식 선호도는 0.7, 한식 선호도는 0.2보다 작은 것이 된다. 따라서 을은 한식보다 일식을 더 좋아할 것이다.

오답해설

ㄱ. 한식을 좋아하는 정도는 0.8보다 작다. 이는 일식을 좋아하는 정도인 0.3보다도 작을 수 있다.

합격생 가이드

중식과 양식을 양 끝에 놓은 스펙트럼을 그려 만족의 기댓값을 표시하는 것이 풀이에 도움이 된다.

29 전제 · 결론 정답 ③

| 난도 | 중

정답해설

제시된 논증을 정리하면 다음과 같다.

1) 용기 → 대담
2) 지혜 → 대담
3) (존재) ~지혜∧대담
4) ~지혜∧대담 → ~용기

ㄱ. 4)에 따르면 '용기 → 지혜∨~대담'이며, 1)에 따르면 '용기 → 대담'이므로 이를 종합하면 '용기 → 지혜'가 도출된다. 따라서 ㉠에 적절한 말은 "용기 있는 사람은 누구나 지혜롭다."이다.

ㄷ. 4)만 변경하여 '대담 → 용기'가 된다면 2)와 변경된 4)를 통하여 '지혜 → 대담 → 용기'를 도출할 수 있다. 따라서 세종대왕이 지혜로운 사람이라면 그가 용기 있는 사람이라고 추론할 수 있다.

오답해설

ㄴ. '지혜∧~용기'를 가정하여 1), 2), 3), 4)에 적용해보면 모순이 발생하지 않는다. 따라서 지혜롭기는 하지만 용기가 없는 사람이 있을 수 있다.

30 논리퀴즈 정답 ⑤

| 난도 | 상

정답해설

제시된 조건을 정리하면 다음과 같다.

1) 갑, 을, 병 순으로 많은 수의 고서 소장
2) A, B, C, D, E=서양서 / F, G, H=동양서
3) B → D∧~C
4) E → F∧~G∧~H
5) G → ~(A∧B∧C∧D∧E)
6) H → 갑

D를 소장한 이가 F도 소장하고 있는 경우를 나타내면 다음과 같다.

- 갑이 D, F를 소장한 경우 : 6)에 따라 갑이 동양서 중 F, H를 소장하고 있으며, 5)에 따라 G를 소장한 사람은 서양서를 소장하지 않으므로 가장 적은 수의 고서를 소장하고 있는 병은 G만 소장한다. 4)에 따르면 '~F∨G∨H → ~E'이므로 E를 소장할 사람이 없어 모순이 발생한다.
- 을이 D, F를 소장한 경우 : 4), 5)에 따라 병이 G, 을이 D, E, F를 소장하였다고 하면, 갑이 A, B, C, H를 소장하여야 하는데 3)에 모순된다.
- 병이 D, F를 소장한 경우 : 1), 5)에 모순된다.

오답해설

① 갑이 A와 D를 소장한 경우 모순이 발생하지 않는다. 갑=(A, B, D, H), 을=(C, E, F), 병=(G)
② 을이 3권의 책을 소장한 경우 모순이 발생하지 않는다(①의 예).
③ 병이 G를 소장하고 있을 수 있다(①의 예).
④ 반드시 거짓이 아니다(①의 예).

합격생 가이드

'반드시 거짓인 것은?' 또는 '반드시 참인 것은?'이라는 논리퀴즈 문제가 있는 경우 모든 경우의 수를 나타내는 것보다 선지소거법과 귀류법을 적절히 활용하여 문제를 신속하게 해결하는 데 초점을 맞추어야 한다.

31 논리퀴즈 정답 ②

| 난도 | 상

정답해설

제시문을 정리하면 다음과 같다.

1) 경영진 개입 → A선정
2) B선정 → ~경영진 개입
3) A선정ⓥB선정(ⓥ는 둘 중 하나임을 뜻함)
4) A선정 → ~대부분 직영
5) B선정 → 방역 클린∨친환경
6) B=방역 클린∧~친환경

4)에 따라 '대부분 직영 → ~A선정'이고, 3)에 따라 'B선정'이다. 5)와 6)에 따르면 'B선정 → 방역 클린'이다. 따라서 갑의 매장은 모두 방역 클린 매장이다.

오답해설

① '~경영진 개입∧~A선정'이 가능하다.
③ 갑의 매장 중 본사 직영점이고, 친환경 매장이 아닌 경우가 가능하다.
④ B가 우수매장으로 선정된 경우 6)에 따라 B는 방역 클린 매장이지만 친환경 매장은 아니다.
⑤ B가 우수매장으로 선정된 경우 5), 6)에 따라 갑의 매장은 모두 방역 클린 매장이다.

합격생 가이드

선지가 조건문으로 구성되어 있고 반드시 참인 것을 고르는 경우, 조건문의 부정을 통해 모순의 유무를 발견하는 귀류법을 활용할 수 있다. 또한 한 선지에서 가능한 경우가 있을 때, 그 사례를 다른 선지에 적용하면 모순의 발생 유무를 쉽게 파악할 수 있다.

32 글의 문맥 · 구조 정답 ③

| 난도 | 중

정답해설

ㄱ. 힘센 국가나 조직이 지구의 기상을 마음대로 조작하고 있더라도 온실기체 때문에 지구온난화 현상이 일어나고 있다고 판단할 수 있다.

ㄷ. 선택지의 전제를 따르면 '기상조작 기술을 군사적 혹은 상업적으로 이용 및 수출하는 것이 실제로 행해지고 있다'가 도출된다.

오답해설

ㄴ. '지구온난화 현상은 강대국 정부의 기상조작 활동 때문'이 아닐 수 있기 때문에 ㉢에 반대할 수 있다.

합격생 가이드

㉠~㉦으로 제시되는 논증 분석 문제는 밑줄 친 해당 문장만을 읽고서도 논리적 풀이가 가능하다. 세세한 지문 독해보다 지문에 대한 전반적인 이해를 바탕으로 바로 선지의 가부를 판단하여야 시간을 절약할 수 있다.

33 사례 찾기 · 적용 정답 ④

| 난도 | 상

정답해설

ㄴ. C_1에서 단백질 P에 대한 Q의 작용이 일어나지 않았다면 식물의 생장이 억제되지 못하고 과하게 일어났을 것이므로 돌연변이 현상을 설명할 수 있다. 또한 물질 B는 P, Q를 분리시키는 역할을 하므로 특별한 변화가 없었다는 실험1의 결과를 설명할 수 있다.

ㄷ. C_2에서 P-Q 결합체에 대한 M의 작용이 일어나지 않게 되었다면 P-Q 결합체가 분리되지 못하여 식물의 생장이 과하게 억제되고 있는 상태이므로 키가 정상보다 작게 자라는 돌연변이 현상을 설명할 수 있다. 또한 물질 B를 주입하여도 그 매개체인 M의 작용이 일어나지 않으므로 특별한 변화가 없을 것이어서 실험2의 결과도 설명할 수 있다.

오답해설

ㄱ. C_1에서 물질 B가 세포 외부에서 세포 내부로 들어갈 수 없게 되었다면 식물의 생장이 촉진되지 않았을 것이다. 하지만 C_1은 정상보다 크게 자라는 식물이므로 돌연변이 현상을 설명할 수 없다.

합격생 가이드

실험의 결과와 돌연변이 현상 모두를 설명할 수 있는 선지를 선택하여야 한다. 돌연변이 현상을 설명하지 못하는 선지를 선택하는 경우가 많아 오답률이 높은 문제였다.

34 견해 비교 · 대조 정답 ②

| 난도 | 중

정답해설

기체 분자 집단의 운동을 통계적 방법으로 분석하는 것으로는 기체 상태 변화 예측이 불가능한 경우가 있다는 것에 A는 동의하지 않는다. 그러나 B는 그것이 불가능한 경우 개별 분자의 운동을 계산해야 한다고 보므로 B는 동의한다.

오답해설

ㄱ. A는 개별 기체 분자의 운동을 완전히 예측하기 위해서는 방대한 양의 운동방정식을 풀어야 한다고 보았다. 즉, 방대한 양의 운동방정식을 풀면 완전히 예측할 수 있다고 하였지 불가능하다고 한 것이 아니다.

ㄴ. B는 집단적 운동을 분석하는 것으로 정보를 얻는 것을 인정하나, 통계적 방법이 불가능할 경우 기체 개별 분자의 운동과 관련된 값을 계산해야 한다고 본다.

합격생 가이드

A의 일부 견해를 B가 인정하지만 B의 입장은 A의 견해에 따를 경우 불가능한 상황이 발생하며 이때에는 다른 방법을 활용하여야 한다는 것이다. 또한 ㄱ을 판단할 때에 A는 개별 기체 분자의 운동을 완전히 예측하는 것이 불가능하다는 것이 아니라 그럴 필요가 없다는 식의 주장을 한 것에 주목하여야 한다.

35 견해 비교 · 대조 정답 ⑤

| 난도 | 중

정답해설

ㄱ. 을은 갑이 말한 합리적인 사람은 최대의 기댓값을 가지는 선택을 할 것이라는 일반 원칙에 동의한다.

ㄴ. 갑은 신을 믿는 선택을 하지 않는 것이 비합리적이라고 보지만, 을은 비합리적이지 않을 수 있다고 본다.

ㄷ. 무한한 기댓값을 얻을 확률이 0보다 높기만 하면 결과적으로 동전 던지기이든 로또이든 선택의 최종 기댓값 역시 무한대가 된다.

36 강화 · 약화 정답 ④

| 난도 | 중

정답해설

ㄴ. 추첨식 민주정에 의하면 능력과 적성에 맞지 않는 일을 하는 사람이 나타날 수 있다. 그 사람이 그 일의 진정한 주체가 될 수 없다면 공동체 호혜의 정신을 실천하기는 어려워지며 ㉠은 약화된다.

ㄷ. 통치와 복종을 번갈아 하였을 때 호혜성이 발현된다고 하였다. 하지만 도덕적 소양을 갖추지 못한 사람이 "나도 당했으니 너도 당해봐!"라고 생각하는 경우가 많다면 ㉠은 약화된다.

오답해설

ㄱ. 추첨이 아닌 다른 제도를 통해서도 공직을 맡을 기회가 시민들에게 있었다는 사실은 추첨식 민주정이 자유와 평등의 이념에 적합한 제도였다는 것을 약화하지 않는다.

합격생 가이드

'P → Q'라는 주장을 약화하는 방법은 크게 3가지가 있다. 첫 번째는 전제인 P가 사실과 다름을 주장하는 것이다. 두 번째는 결과인 Q가 잘못되었음을 주장하는 것이다. 마지막 세 번째는 P와 Q 모두 적절하나, P를 따랐을 때 Q가 아님을 주장하여 그 연결고리를 반박하는 것이다. ㄴ은 세 번째 방법으로, ㄷ은 첫 번째 방법으로 ㉠을 약화하였다.

37 강화 · 약화 정답 ③

| 난도 | 중

정답해설

ㄱ. A, B 모두 기온이 상승한 바다에서 적조가 발생함을 설명하고 있다. 따라서 차가운 겨울 바다에서 적조가 발생하였다면 A, B 모두 약화된다.

ㄷ. B는 식물성 편모조류가 영양염류를 해수면으로 운반하는 과정이 적조 형성의 원인이라고 주장하였으므로 B는 약화된다. A는 식물성 편모조류와 무관하므로 약화되지 않는다.

오답해설

ㄴ. A는 유기오염 물질의 해저 퇴적과 무관하다.

38 강화 · 약화 정답 ④

| 난도 | 중

정답해설

ㄴ. ㉠에 따르면 처리2를 한 탱크는 처리3을 한 탱크보다 회복 속도가 빠를 것이므로 ㉠이 강화된다. 그리고 ㉡에 따르면 크기가 큰 개체를 반복적으로 제거한 처리2를 한 탱크 속 개체의 평균 크기는 처리3을 한 탱크 속 개체 평균 크기보다 작아졌을 것이므로 ㉡도 강화된다.

ㄷ. ㉠에 따르면 처리1은 크기가 작은 개체를 제거하므로 회복 속도가 처리3보다 느릴 것이므로 ㉠은 강화된다. 그리고 ㉡에 따르면 크기가 작은 개체를 반복적으로 제거한 처리1을 한 탱크의 개체는 평균 크기가 커져야 할 것이다. 하지만 처리3의 평균 크기가 더 커졌다면 ㉡은 약화된다.

오답해설

ㄱ. ㉠에 따르면 탱크 속 개체 수가 회복되는 시간은 처리1이 더 느릴 것이고, ㉡에 따르면 개체의 평균 크기는 처리1이 처리3보다 커야 하는데 처리1과 처리3을 한 탱크 간의 유의미한 차이가 없다고 하였으므로 ㉠, ㉡ 모두 약화된다.

39 종합 정답 ④

| 난도 | 중

정답해설

(가) S1이 S2로 환원된다는 것은 S1을 구하는 모든 법칙을 S2를 구성하는 법칙들로 설명할 수 있다는 것이다. 이는 S1의 법칙들이 환원하는 이론인 S2의 법칙들로부터 연역적으로 도출된다는 것이다. 따라서 계층 질서의 위쪽에 있는 상부 과학이 하부 과학으로 환원된다면 하부 과학의 법칙들로부터 상부 과학의 법칙들이 연역적으로 도출된다. 따라서 (가)는 '하부'이다.

(나) (가) 설명에 따라 (나)는 '상부'이다.

(다) 전체에서 부분이 도출되는 것이므로 하부에서 상부가 도출되었다는 것을 이해하면 상부 과학은 하부 과학의 부분이 된다. 따라서 (다)는 '상부'이다.

(라) (다) 설명에 따라 (라)는 '하부'이다.

(마) 교량 원리에 대한 설명을 보면, 양자역학에서 사용하지 않는 고전역학 용어인 '입자'를 설명한다. 고전역학(S1)을 양자역학(S2)으로 환원한다고 하였으므로 고전역학은 환원되는 이론, 양자역학은 환원하는 이론이다. 따라서 (마)는 'S2'이다.

(바) (마)의 설명에 따라 (바)는 'S1'이다.

40 종합 정답 ③

| 난도 | 상

정답해설

ㄱ. ㉠은 환원 개념을 통해 과학 이론들의 통일과 진보를 설명할 수 있다고 한다. 이때 두 이론 사이에 공유하는 용어의 개념적 내용이 같다는 것이 함축된다면 과학 이론의 연역적 도출에 문제가 발생하지 않게 된다. 과학 변동의 형태가 선행 이론이 후행 이론에 포함되는 관계를 드러낼 수 있게 되므로 ㉠은 강화된다. 또한 ㉡은 환원 관계가 성립되었을 때 두 법칙에서의 용어 개념이 내용적으로 엄연히 다른 것이므로 환원 개념으로는 과학의 통일과 진보를 설명할 수 없다고 한다. 따라서 환원 관계가 성립되었을 때 두 이론 사이에 공유하는 용어의 개념적 내용이 같다는 것이 함축된다면 ㉡은 약화된다.

ㄴ. 후행 이론인 뉴턴 역학에서는 중세 운동 이론에서의 '임페투스'라는 용어를 연결할 수 있는 원리가 존재하지 않음에도 뉴턴 역학을 과학적 진보로 평가한다는 주장이 받아들여지면 ㉠은 약화된다. ㉠은 환원 관계에서 공유하지 않는 용어에 대해서는 교량 원리를 활용하여야 한다고 보았기 때문이다. 반면 환원 개념으로는 과학의 진보를 온전히 설명할 수 없다고 주장한 ㉡은 강화된다.

오답해설

ㄷ. 제3의 이론이 등장하는 것과 ㉠ · ㉡은 무관하다.

합격생 가이드

고난도의 강화 · 약화 문제가 출제되었다. 해당 문제를 깊게 고민하여 시간을 소비하기보다 다른 모든 문제를 빠르게 풀 수 있도록 시간을 배분하는 것이 중요할 것이다.

1	2	3	4	5	6	7	8	9	10
②	③	③	④	①	①	④	④	⑤	①
11	12	13	14	15	16	17	18	19	20
③	⑤	③	⑤	①	④	①	③	⑤	①
21	22	23	24	25	26	27	28	29	30
③	②	②	⑤	①	④	②	⑤	①	②
31	32	33	34	35	36	37	38	39	40
④	③	⑤	③	②	④	②	④	⑤	③

01 추가로 필요한 자료 정답 ②

| 난도 | 하

정답해설

ㄱ. 수도권과 비수도권의 2015~2019년 4분기 평균을 2020년 4분기와 비교하고 있으므로, 2015~2019년 4분기 수도권 및 비수도권 아파트 입주 물량 자료가 필요하다.

ㄷ. 세 번째 문장을 판단하기 위해서는 시도별 아파트 입주 물량 자료가 필요하다. 또한 '전년 동기'와 비교하고 있으므로 2019~2020년 4분기가 적절하다.

합격생 가이드

추가로 필요한 자료 유형의 문제를 풀기 위해서는 이미 주어진 자료로 보고서의 내용을 작성할 수 있는 경우 추가로 자료가 필요하지 않다는 것을 주의하여야 한다. 그리고, 보고서에서 언급되지 않은 내용의 자료를 추가하는 것은 적절하지 않다.

02 단순확인(표 · 그림) 정답 ③

| 난도 | 중

정답해설

ㄴ. 전체 구간 주행 연료비를 각각 계산하면 다음과 같다.

- 갑 : 18×1,000=18,000원
- 을 : 13.5×1,700=22,950원
- 병 : 10×1,500=15,000원

따라서 '을'이 가장 많고, '병'이 가장 적다.

ㄷ. 전체 구간 주행 연비는 주행거리 240km를 연료 소모량으로 나눈 값이다. 분자인 주행 거리가 모두 240km로 동일하기 때문에 전체 연료 소모량이 적을수록 전체 구간 주행 연비는 높다. 연료 소모량은 병이 가장 적고, 갑이 가장 많으므로 연비는 '병'이 가장 높고, '갑'이 가장 낮다.

오답해설

ㄱ. 시간은 $\frac{거리}{속력}$로 구할 수 있으므로 전체 구간 주행 시간을 각각 계산하면 다음과 같다.

- 갑 : $\frac{100}{100}+\frac{50}{90}+\frac{70}{100}+\frac{20}{100}\fallingdotseq 2.456$시간
- 을 : $\frac{100}{100}+\frac{50}{100}+\frac{70}{90}+\frac{20}{110}\fallingdotseq 2.460$시간
- 병 : $\frac{100}{110}+\frac{50}{90}+\frac{70}{100}+\frac{20}{100}\fallingdotseq 2.365$시간

따라서 전체 구간 주행 시간은 '을'이 가장 길고, '병'이 가장 짧다.

ㄹ. 갑의 A → B 구간 주행 연비는 $\frac{100}{7}$km/L이고, 을의 B → C 구간 주행 연비는 $\frac{50}{3}$km/L이다. 따라서 '을'의 구간 주행 연비가 더 높다.

합격생 가이드

단순 계산 문제처럼 보이지만, 자잘한 계산이 많아 시간을 뺏길 수 있는 문제이다. 특히 ㄱ의 경우 선지 중 가장 많은 계산을 요구한다. 이때는 ㄱ 이외의 다른 선지부터 확인하는 스킬이 필요하다.

03 빈칸형 정답 ③

| 난도 | 중

정답해설

ㄴ. 남성 중 '비음주∧비흡연'인 환자 비율은 100%−(30%+35%+10%)=25%이다. 남성 인원은 '음주∧흡연'에서 도출할 수 있는데, 600명이 30%이므로 남성 환자는 총 $\frac{600}{0.3}$=2,000명이다. 남성 중 '비음주∧비흡연'인 환자 수는 2,000×0.25=500명이고, 여성 중 '비음주∧비흡연'인 환자 수는 450명이다. 따라서 비음주이면서 비흡연인 환자는 남성이 여성보다 많다.

ㄹ. 남성 중 음주 환자 비중은 30%+35%=65%이고, 여성 중 음주 환자 비중은 '비음주∧흡연'이 $\frac{300}{1,500}$×100=20%임을 감안할 때 100%−50%=50%이다. 남성 중 흡연 환자 비중은 30%+10%=40%이고, 여성 중 흡연 환자 비중은 100%−50%=50%이다. 전체 환자 중 음주 환자 비중은 50% 이상~65% 미만이고, 흡연 환자 비중은 40% 이상~50% 미만이므로 음주 환자 비중이 흡연 환자 비중보다 크다.

오답해설

ㄱ. 남성 환자의 흡연 비율은 남성 중 '음주∧흡연' 비율에 '비음주∧흡연' 비율을 더하여 도출할 수 있다. 남성 환자의 흡연 비율은 30%+10%=40%이고, 여성 환자의 흡연 비율은 100%−50%(여성 비흡연 비율)=50%이다. 따라서 흡연 비율은 여성 환자가 남성 환자보다 높다.

ㄷ. 여성의 경우 음주 환자와 비음주 환자 비중은 각각 50%로 같다.

합격생 가이드

처음부터 표를 모두 채울 생각을 하지 말고, 계산이 많이 요구되지 않는 선지부터 푼다고 생각하면 빠르게 정보를 확인할 수 있다.

04 추가로 필요한 자료 정답 ④

| 난도 | 하

정답해설

ㄱ. "특히 2017년에는 전년 대비 20%p 감소하여 가장 큰 폭으로 감소하였다."를 판단하기 위하여 2016년 행정소송 처리대상건수 및 국가승소 건수가 필요하다.

ㄷ. 첫 번째 문단 마지막 문장을 위해 필요하다.
ㄹ. 세 번째 문단 마지막 문장을 위해 필요하다.

오답해설

ㄴ. 소송가액별 행정소송 처리대상건수와 관련된 언급은 세 번째 문단에 있다. 하지만 해당 내용은 제시된 자료와 보기 ㄹ이 추가로 제시된다면 알 수 있는 내용이므로, 2021년 소송가액별 행정소송 처리대상건수는 필요하지 않다.

합격생 가이드

보고서가 주어지고 추가로 필요한 자료를 찾는 문제에서는 먼저 보고서를 차례대로 읽어 내려가며 표만 보고 해당 내용이 설명되는지 살펴보아야 한다. 문제의 경우 표 2와 표 3은 2020년 자료만 주어져 있다. 만약 2020년 이외의 내용이 작성되어 있다면 반드시 다른 자료를 필요로 할 것이다.

05 단순확인(표 · 그림) 정답 ①

| 난도 | 중

정답해설

ㄱ. 현재 농산물 해운 운송량 합계는 10,600톤이고, 평균은 10,600톤÷4 =2,650톤이다. 농산물별 해운 운송량이 각각 100톤씩 증가하면 평균도 100만큼 늘어나므로 평균은 2,750톤이 된다.
ㄷ. 도로 운송량이 많은 농산물은 순서대로 밀, 쌀, 보리, 콩이다. 해당 농산물의 운송량 중 도로 운송량이 차지하는 비중을 계산하여 보면, 밀, 쌀, 보리, 콩 순으로 약 1.6, 약 1.4, 약 0.3, 약 0.1이므로 도로 운송량이 많은 농산물의 순서와 동일하다.

오답해설

ㄴ. 보리 운송량의 50%와 콩 운송량의 100%가 서로 같은지 확인하면 된다.
- 보리 : 2,900톤+7,100톤+2,000톤=12,000톤
- 콩 : 400톤+600톤+4,000톤=5,000톤

따라서 보리의 50%(=6,000톤)와 콩의 100%(=5,000톤)는 같지 않으므로, 전체 운송량은 변한다.

ㄹ. 해운 운송량이 적은 농산물은 순서대로 쌀, 보리, 밀, 콩이다. 해당 농산물의 운송량 중 해운 운송량이 차지하는 비중을 계산해보면 다음과 같다.
- 쌀 : $\frac{1,600}{16,400}$≒0.10
- 밀 : $\frac{3,000}{24,000}$=0.125
- 콩 : $\frac{4,000}{1,000}$=4
- 보리 : $\frac{2,000}{10,000}$=0.2

따라서 해운 운송량이 차지하는 비중이 작은 순서는 쌀, 밀, 보리, 콩 순으로 해운 운송량이 적은 농산물의 순서와 다르다.

합격생 가이드

각 농산물의 운송량 중 도로 운송량이 차지하는 비중의 절댓값을 구하기 위해서는 $\frac{\text{도로}}{(\text{도로}+\text{철도}+\text{해운})}$이지만, 상대적인 수치로 순서 비교만을 위해서는 $\frac{\text{도로}}{(\text{철도}+\text{해운})}$로 계산하여도 된다.

06 공식 · 조건 정답 ①

| 난도 | 하

정답해설

2020년 3개 산업 중 기술무역수지가 가장 작은 산업은 소재 산업이다.

오답해설

② 2021년 3개 산업 중 기술무역규모가 가장 큰 산업은 소재 산업이다.
③ 2019년 3개 산업의 기술도입액은 적게 잡아도 각각 약 90, 100, 170이다. 이를 모두 더하면 약 360백만 달러이므로 3억 2천만 달러 이상이다.
④ 기술무역수지는 '기술수출액－기술도입액'이므로 해당 점에서 기울기가 1인 그래프를 그렸을 때 $y=x+k$ 그래프의 k(y절편 값)에 해당한다. 따라서 소재 산업의 2019년, 2020년, 2021년 기술무역수지는 매년 감소한다.
⑤ 기술무역수지비는 $\frac{\text{기술수출액}}{\text{기술도입액}}$이므로 $y=ax$ 그래프의 a(기울기)에 해당한다. 농림수산식품 산업에서 원점과 점을 연결한 직선의 기울기가 가장 큰 해는 2020년이다.

합격생 가이드

y축 값이 기술수출액, x축 값이 기술도입액이므로, 기술무역규모=$y+x$, 기술무역수지=$y-x$, 기술무역수지비=$\frac{y}{x}$ 그래프를 그려 상대적인 크기를 비교할 수 있다.

07 복수의 표 정답 ④

| 난도 | 중

정답해설

2020년은 $\frac{19}{37}$(약 50%)로 60% 이상이 아니다.

오답해설

① 여름철 물놀이 사고 사망자 수를 모두 더하면 2018년은 24명, 2019년은 36명, 2020년은 37명, 2021년은 37명이다. 따라서 2019년에 전년 대비 50% 증가하였고, 이후 매년 30명 이상이었다.
② 4대 주요 원인에 의한 사망자가 차지하는 비율이 가장 높은 해는 100%인 2018년이다.
③ 물놀이 사고 사망자 중 수영미숙에 의한 사망자는 2018~2021년 각각 13명, 14명, 14명, 12명이고, 전체 사고 사망자 수가 2018~2021년 24명, 36명, 37명, 37명이므로 매년 30% 이상을 차지한다.
⑤ 2021년 30대 미만 사망자는 총 8명이다. 2021년 30대 미만 사망자 전체가 안전부주의 사망자라고 가정하더라도, 남은 1명은 반드시 30대 이상이어야 한다.

08 매칭형 정답 ④

| 난도 | 하

정답해설

첫 번째 조건에서 내수면어업 생산량이 원양어업 생산량보다 많은 국가는 B, C임을 알 수 있으므로, 두 국가는 각각 '갑'과 '병' 중 하나이다.
두 번째 조건에서 해면어업 의존도는 D가 가장 높고, 그 다음은 A가 높다. 따라서 A는 '정'이 되고, D는 '을'이 된다.

세 번째 조건에서 을(D)의 원양어업 생산량이 약 3,000이므로, 병의 천해양식 생산량은 약 3,300 이상이어야 한다. 그런데 B의 천해양식 생산량은 약 3,100이고, C의 천해양식 생산량은 3,300이다. 따라서 C가 '병', B가 '갑'이 된다.

합격생 가이드

세 번째 조건을 판단할 때 '병'의 천해양식 생산량은 '을'의 원양어업 생산량의 1.1배 이상이라고 하였으니, B와 C 중 천해양식 생산량이 더 큰 것이 '병'이 된다는 것을 곧바로 알 수 있다. 굳이 '을'의 원양어업 생산량을 구해서 1.1배를 하는 것보다 바로 B와 C의 천해양식 생산량을 계산하고 크기 비교만 하면 되는 것이다.

09 단순확인(표 · 그림) 정답 ⑤

| 난도 | 하

정답해설

글로벌 e스포츠 산업 규모 대비 '갑'국의 e스포츠 산업 규모 비중은 2017년은 약 17%인 반면, 2018년은 20%에 육박하므로 2018년에 전년 대비 상승한다.

오답해설

① $\frac{1,138.6}{973}$≒1.17로 계산되므로 15% 이상 성장하였다.

② 방송분야 매출은 453억 원, 전체 매출은 1,138.6억 원이므로 그 비중은 약 40%이다. 따라서 전체의 35% 이상을 차지하여 가장 비중이 크다.

③ 2019년은 전년 대비 약 45%, 2020년은 약 33%, 2021년에는 약 32%가 성장하여 모두 30% 이상 성장하였다.

④ '갑'국 e스포츠 산업 규모는 2020년에 전년 대비 $\frac{973}{933.4}$≒1.042, 즉 5% 미만 성장하였고, 글로벌 e스포츠 산업 규모에서 차지하는 비중은 $\frac{973}{7,207}$≒0.135로 15% 미만이다.

합격생 가이드

복수의 표나 그림을 주고 보고서의 내용 중 옳지 않은 것을 고르는 문제에서는 선지가 보고서 내에 줄글로 되어 있다. 이러한 유형의 문제에서는 해당 선지의 내용 이외에는 읽을 필요가 없다는 사실을 유념한다. 또한 모든 문제가 그러한 것은 아니지만, 이러한 유형에서는 답이 뒤쪽에서 도출되는 경우가 많으므로, 뒤쪽 선지부터 확인하도록 한다.

10 복수의 표 정답 ①

| 난도 | 중

정답해설

2020년 대비 2021년 불법체류외국인 증가인원은 약 10만 명이고, 2020년 대비 2021년 국적이 A인 불법체류외국인의 증가인원은 약 7만 명이므로 60% 이상이다.

오답해설

② 불법체류외국인 중 체류유형이 등록외국인인 구성비는 2019년 36%에서 2020년 33%로 10%에도 못미치게 감소하나, 불법체류외국인 수는 약 20% 증가한다. 따라서 체류유형이 등록외국인인 불법체류외국인 수는 2020년에 전년 대비 증가한다.

③ 2017년과 2018년에는 순서가 다르다.

④ 2019년에는 체류외국인의 수가 전년보다 증가했지만, 불법체류외국인의 수는 오히려 감소하였으므로, 2019년 체류외국인 대비 불법체류외국인 비중은 전년 대비 감소한다.

⑤ 2021년 체류외국인 증가 수는 2,367,607명−2,180,498명=187,109명이다. 따라서 2021년 체류외국인의 전년 대비 증가율은 약 9%이다.

합격생 가이드

표가 2개 이상 주어지면 선지의 정오를 판단하는 데 필요한 정보를 어떠한 표에서 얻어야 하는지를 찾는 데도 시간이 많이 걸린다. 따라서 문제를 풀기 시작함과 동시에 표의 개략적인 정보를 파악하여 어떤 정보를 어떤 표에서 찾아야 하는지 생각하면서 풀어야 한다.

11 매칭형 정답 ③

| 난도 | 하

정답해설

첫 번째 조건을 통해 A대학과 C대학 중 하나가 '우리대' 또는 '나라대'인 것을 알 수 있다. 다음으로 두 번째 조건을 통해 2021년 합격률이 $\frac{48}{90}\times$100≒53%인 A대학이 '우리대'인 것을 알 수 있으므로, C대학이 '나라대'가 된다. 마지막으로 네 번째 조건을 통해 2015년 합격률은 $\frac{47}{58}\times$100≒81%, 2021년 합격률은 $\frac{58}{97}\times$100≒59.8%로, 감소폭이 40%p 이하인 B대학이 '강산대'임을 알 수 있다.

합격생 가이드

첫 번째 조건의 경우 확인할 정보가 많은데, '우리대'와 '나라대'는 무려 4개의 선지에서 A 또는 C에 분포되어 있는 것을 알 수 있다. 따라서 첫 번째 조건은 표의 숫자를 일일이 계산하지 않고, A대학과 C대학 중 하나가 '우리대' 또는 '나라대'인 것을 알 수 있어야 한다.

12 단순확인(표 · 그림) 정답 ⑤

| 난도 | 중

정답해설

ㄴ. 2019년 조세지출금액 상위 3개 항목은 국민생활안정, 간접국세, 연구개발이고, 2020년에는 국민생활안정, 간접국세, 연구개발, 2021년에는 국민생활안정, 간접국세, 근로 · 자녀장려이므로 이의 비중을 합해보면 매년 60%를 넘는다.

ㄷ. 기타를 제외하고 조세지출금액이 매년 증가한 항목은 중소기업지원, 고용지원, 기업구조조정, 지역균형발전, 공익사업지원, 저축지원, 국민생활안정, 근로 · 자녀장려, 간접국세, 농협구조개편의 10개이다.

ㄹ. 2020년 국제도시육성 항목의 조세지출금액은 전년 대비 감소했으나, 전체 조세지출금액은 증가하는 것으로 보아 비중은 감소했음을 알 수 있다. 2021년에는 국제도시육성 항목의 조세지출금액과 전체 조세지출금액이 모두 증가했으나, 국제도시육성 항목 금액은 약 5% 증가한 반면, 전체 조세지출금액은 10% 넘게 증가하였으므로, 국제도시육성 항목의 비중은 감소했다.

오답해설

ㄱ. 기타를 제외하고 전년 대비 조세지출금액이 증가한 항목 수는 2020년이 11개이고, 2021년이 13개이다.

13 빈칸형 정답 ③

| 난도 | 중

정답해설

ㄴ. 소년 범죄율이 2017년 대비 6.0% 이상 증가했다는 것은 발생지수가 106이 넘는다는 것을 의미한다. 2020년의 경우 소년 범죄 발생지수가 주어져 있지 않은데, 2017년의 소년 범죄율인 1,172의 1.06배를 하면 1,242.32가 도출되므로, 1,249인 2020년 역시 발생지수가 106이 넘는다고 볼 수 있다. 따라서 해당하는 연도는 2019년과 2020년이다. 이때 소년 범죄자 비율은 2020년의 경우 6.2%로 주어져 있고, 2019년의 경우도 약 6.2%이므로, 두 해 모두 6.0% 이상이다.

ㄷ. 보기 ㄴ에서 2020년 소년 범죄 발생지수가 106 이상임을 도출했다. 따라서 2021년 소년 범죄 발생지수는 2020년에 비해 작다. 발생지수는 2017년을 기준으로 하기 때문에 범죄율이 낮다면 발생지수도 낮다. 따라서 성인 범죄율이 2021년이 2020년보다 낮으므로, 발생지수도 낮다.

오답해설

ㄱ. 2017년 대비 2021년 소년 범죄율은 비슷하나, 소년 범죄자 수는 약 15% 감소하였으므로 소년 인구 역시 감소하였다고 볼 수 있다.

ㄹ. 소년 범죄 발생지수가 전년 대비 증가한 연도는 2019년, 2020년이지만, 2020년에 소년 범죄자 수는 감소하였다.

합격생 가이드

ㄴ에서 2019년 소년 범죄자 비율을 계산할 때 소년 범죄자 수 61,162와 성인 범죄자 수 920,760을 더한 값이 1,000,000을 넘지 않는다는 점만 파악하면 소년 범죄자 수가 61,162이므로 반드시 6.0% 이상인 것을 알 수 있다.

14 전환형 정답 ⑤

| 난도 | 상

오답해설

① 2021년 '갑'지역 1인 가구수는 120+205+160+315=800명이다.

② 2021년 '갑'지역 2인 이상 가구수는 '총가구수−1인 가구수'로 구한다. 이렇게 구한 2인 이상 가구수는 A, B, C, D 순으로 480가구, 345가구, 340가구, 185가구이므로, '갑'지역 2인 이상 가구수는 1,350가구이다. 따라서 각각의 구성비는 A마을 35.6%, B마을 25.6%, C마을 25.2%, D마을 13.7%이다.

③ 표 1을 보면 각주에서 괄호 안의 수치는 연도별 '갑'지역 1인 가구수 중 해당 마을 1인 가구수의 비중이라고 제시한다. 그러나 선지 ③의 그래프는 A마을의 총가구수 대비 1인 가구수의 비중을 나타내고자 하는데, 그래프의 수치는 표 1에 있는 괄호 안의 수치가 그대로 들어가 있다.

④ 2인 이상 가구수와 1인 가구수 차이는 총가구수에서 '(1인 가구수)×2'를 뺀 값과 같다. 2021년 B마을의 2인 이상 가구수와 1인 가구수 차이는 550−(205×2)=140가구이고, 마찬가지로 2021년 C마을 2인 이상 가구수와 1인 가구수 차이는 500−(160×2)=180가구이다.

합격생 가이드

③의 경우는 ①에서 연도별 1인 가구수 비중이 연도별로 지속적으로 상승함을 알 수 있다. 따라서 총가구수가 매년 같을 때, 계속 상승하는 추세여야 함을 파악한다면 구체적인 계산 없이 정오를 판단할 수 있다. ④의 경우 2인 이상 가구수를 구하고, 그것과 1인 가구수의 차이를 구한다면 계산이 많고 복잡해진다. $x+y=z$일 때, 양변에 x를 빼서 $y-x=z-2x$를 만드는 원리를 활용하였다.

15 매칭형 정답 ①

| 난도 | 중

정답해설

첫째, "2020년과 2021년 모두 선행시간이 12시간씩 감소할수록 거리오차도 감소하였다."라는 사실을 통해 D가 소거된다. 2020년 D의 경우 48시간에서 36시간으로 갈 때 거리오차가 증가한다.

둘째, "2021년의 거리오차는 선행시간이 36시간, 24시간, 12시간일 때 각각 100km 이하였다."라는 사실을 통해 C가 소거된다. 2021년 C의 경우 선행시간이 36시간일 때 거리오차는 103km로 100km를 초과한다.

셋째, "선행시간별 거리오차는 모두 2020년보다 2021년이 작았다."라는 사실을 통해 E가 소거된다. E의 경우 선행시간이 48시간, 36시간, 24시간일 때 거리오차는 2020년보다 2021년이 컸다.

마지막으로 "2020년과 2021년 모두 선행시간이 12시간씩 감소하더라도 거리오차 감소폭은 30km 미만이었다."라는 사실을 통해 B가 소거된다. 2020년 B의 경우 36시간에서 24시간으로 선행시간이 12시간 감소할 때 감소폭은 40km이다.

따라서 '갑'국에 해당하는 국가는 A이다.

16 표와 그림 정답 ④

| 난도 | 중

정답해설

식용곤충 분야 기초연구 지원 금액은 2018년 식용곤충 값인 3,636백만 원에서 식용곤충 응용연구, 개발연구, 기타 값을 뺀 339백만 원이다. 2016년 또한 같은 방식으로 구하면 67백만 원이므로, 2018년이 2016년의 5배 이상(67×5=335)이다.

오답해설

① 지원과제당 지원 금액을 계산하면 2019년에 약 920이며, 2017년은 약 860이다.

② 2018년의 경우 $\frac{67}{282}\times100≒23.8\%$이고, 2019년의 경우 $\frac{570-431}{570}=\frac{139}{570}\times100≒24.4\%$이므로, 후자가 더 크다.

③ 그림에서 2017년은 $\frac{319}{3,368}\times100≒9.47\%$, 2018년은 $\frac{450}{4,368}\times100≒10.30\%$이므로, 후자가 더 크다.

⑤ 2020년 식용곤충 분야의 개발연구 지원 금액은 2,292−(385+89+37)=1,781이다. 따라서 2020년 식용곤충 분야 개발연구 지원 금액의 경우 전년도보다 감소하였다.

합격생 가이드

단순확인 문제이나 자잘한 숫자 값이 많이 주어져 계산에 어려움을 겪을 수 있다. 하지만 이러한 계산 문제는 신속하고 정확하게 필요한 계산을 해내는 정공법이 가장 빠르게 해결하는 방법이라고 생각한다.

17 단순확인(표 · 그림) 정답 ①

| 난도 | 상

정답해설

H사의 2020년 전기차 판매량은 146,153대이고, 2016년 6,460대이므로 20배 이상이다.

오답해설

ㄴ. 표의 경우 2020년 기준 글로벌 전기차 시장 점유율 상위 10개 업체의 연도별 판매량 및 시장 점유율을 나타낸 것이다. 따라서 2015년, 2016년, 2019년의 경우 정확한 순위를 알 수 없다.

ㄷ. T사의 전기차 판매량이 가장 많이 증가한 해는 154,032대가 증가한 2020년이다. 하지만 시장 점유율이 전년 대비 가장 많이 증가한 해는 6.6%p가 증가한 2018년이다.

ㄹ. 2020년 전기차 판매량 상위 10개 업체 중 판매량 증가율이 가장 높은 업체는 10배 가까이 증가한 P사이다.

합격생 가이드

ㄴ에는 함정이 있었다. 실제로 표만 보면 H사의 전기차 판매량 순위는 ㄴ과 같이 도출되기 때문이다. 따라서 모든 문제에서 선지의 정오를 판단하기 전에 반드시 표나 그림의 구조를 파악하여야 한다.

18 종합 정답 ③

| 난도 | 중

정답해설

먼저 E와 F의 종합점수를 비교하면, E의 1차 점수는 F보다 4점 높고, E의 2차 점수는 F보다 2점 낮다. 종합점수는 $0.3 \times 4 + 0.7 \times (-2) = -0.2$이므로 E의 종합점수는 F보다 0.2점 낮다. 따라서 E, F 순으로 시작하는 ①, ②, ④가 소거된다.

다음으로 B와 C의 종합점수를 비교하면, B의 1차 점수는 C보다 4점 높고, B의 2차 점수는 C보다 2점 낮다. 종합점수는 $0.3 \times 4 + 0.7 \times (-2) = -0.2$이므로 B의 종합점수는 C보다 0.2점 낮다. 이에 따라 ⑤가 소거되므로 정답은 ③이다.

합격생 가이드

표에 빈칸이 있다고 하여 그 빈칸을 모두 채울 필요는 없다. 때에 따라 선지플레이를 통해 해설과 같이 빠른 경로로 정답을 도출하여야 시간을 절약할 수 있다.

19 종합 정답 ⑤

| 난도 | 중

정답해설

ㄷ. B의 경우 면접 결과가 '합격'이다. D의 경우 1차 면접 2번 문항에서 1점을 더 받았다면 1차 면접 점수 합계는 119점으로, 그 결과 D는 B보다 1차 면접에서 5점 높고, 2차 면접에서 2점 낮게 된다. $0.3 \times 5 + 0.7 \times (-2) = 0.1$이므로 D가 B보다 종합점수가 0.1점 높아지기 때문에 D는 합격할 수 있다.

ㄹ. 2차 면접 문항별 실질 반영률은 1, 2번이 둘 다 $\frac{10}{50} = 0.2$이므로, 실질 반영률이 명목 반영률보다 높은 항목은 '인성'이다. '인성' 문항에서 지원자 중 가장 낮은 점수를 받은 지원자는 D이고, D는 2차 합계 점수도 가장 낮다.

오답해설

ㄱ. 1차수의 문항 번호별 명목 반영률은 1~4번 순서대로 $\frac{20}{120}$, $\frac{30}{120}$, $\frac{30}{120}$, $\frac{40}{120}$이다. 실질 반영률은 1~4번 순서대로 $\frac{10}{60}$, $\frac{20}{60}$, $\frac{10}{60}$, $\frac{20}{60}$이다. 따라서 명목 반영률이 높다고 실질 반영률이 높은 것은 아니다.

ㄴ. ㄱ에서 구한 바에 따르면, 문항별 실질 반영률의 합은 '교양'이 $\frac{30}{60}$, '전문성'이 $\frac{30}{60}$으로 동일하다.

합격생 가이드

선지의 정오를 판단하기 전에 표의 분석과 각주를 먼저 읽어 명목 반영률이나 실질 반영률이 어떻게 구해지는지 파악하여야 한다.

20 단순확인(표 · 그림) 정답 ①

| 난도 | 하

정답해설

응급실 전담 전문의 1인당 응급실 전담 간호사 수를 어림하면 권역, 지역, 기초 각각 5명 이상, 5명 이하, 6명 이상이다.

오답해설

② 전체 응급의료기관당 응급실 전담 전문의 수는 약 3.5명이다.

③ 내원 환자 수가 가장 많은 응급의료기관 유형은 '지역응급의료센터'이며, 응급의료기관당 응급실 전담 간호사 수가 가장 많은 유형은 '권역응급의료센터'이다.

④ 응급실 전담 전문의 1인당 내원 환자 수는 지역응급의료센터가 가장 적다.

⑤ 권역응급의료센터의 경우 $\frac{1,540,393}{1,268} \fallingdotseq 1,214$(명)이다.

합격생 가이드

분수 비교를 빠르게 할 수 있는 연습이 되어 있는 경우 쉽게 풀 수 있는 문제였다. 분수 비교는 자료해석에서 기초 중의 기초라고 생각하고 많은 시간을 들여 연습하여야 한다.

21 단순확인(표 · 그림) 정답 ③

| 난도 | 중

정답해설

ㄴ. 뇌사 기증자 수에 4를 곱하여 비교하는 것이 빠른 방법이다. 이 방법으로 풀어보면, 2016년은 268×4=1,072, 2017년은 368×4=1,472, 2018년은 409×4=1,636, 2019년은 416×4=1,664, 2020년은 446×4=1,784이다. 모두 해당 연도 뇌사자장기이식 건수보다 적으므로, 뇌사 기증자 1인당 뇌사자장기이식 건수는 매년 4건 이상이다.

ㄹ. 이식 건수 중 생체이식 건수가 차지하는 비중은 2016년이 $\frac{1,780}{3,133}\times100$ ≒56.8%, 2017년이 $\frac{1,997}{3,797}\times100$≒52.6%, 2018년이 $\frac{2,045}{3,990}\times100$≒51.3%, 2019년이 $\frac{1,921}{3,814}\times100$≒50.4%, 2020년이 $\frac{1,952}{3,901}\times100$≒50.0%로 매년 감소하고 있다.

오답해설

ㄱ. 단순히 어림해 보더라도 2019년의 경우에는 기증 희망자 수의 전년 대비 증가율이 뇌사 기증자 수의 전년 대비 증가율보다 10배 가량 높다.

ㄷ. 2019년의 경우 이식 대기자는 증가하나 이식 건수는 감소한다.

22 복수의 표 정답 ②

| 난도 | 하

정답해설

ㄱ. 아프리카의 2010년 대비 2015년 외국인 관광객 증가율은 $\frac{465-337}{337}\times100$≒38.0%이다. 그리고, 대양주의 증가율은 $\frac{168-146}{146}\times100$≒15.1%이므로 '아프리카'는 '대양주'의 2배 이상이다.

ㄷ. 2015년 대비 2020년 외국인 관광객 감소폭은 '북미'가 974,153−271,487=702,666이고, '유럽'이 806,438−214,911=591,527이다. 따라서 '북미'가 '유럽'보다 크다.

오답해설

ㄴ. 2015년 '일본'과 '중국' 관광객의 합은 7,821,952명이다. 2015년 '아시아' 관광객의 수가 10,799,355명이므로, 비중은 75%를 넘지 않는다.

ㄹ. 2020년 전체 외국인 관광객 중 '미국' 관광객이 차지하는 비중은 $\frac{220}{2,519}\times100$≒8.7%이다.

23 단순확인(표 · 그림) 정답 ②

| 난도 | 중

정답해설

고속열차와 일반버스 간 소요시간 차이가 가장 작은 구간은 C구간이며(264분−179분=85분), 고속열차와 일반버스 간 비용 차이가 가장 작은 구간도 C구간이다(36,900원−22,000원=14,900원).

오답해설

① C구간에서 비용이 35,000원 이하인 교통수단은 일반열차, 고속버스, 일반버스이다. 소요시간당 비용이 가장 큰 교통수단은 '일반열차'이다 $\left(\frac{32,800}{247}>\frac{25,000}{210}>\frac{22,000}{264}\right)$.

③ 고속열차 이용 시 소요시간당 비용은 D구간이 $\frac{41,600}{199}$≒209, E구간이 $\frac{42,800}{213}$≒201이다. 따라서 D구간이 더 크다.

④ A~E 모든 구간에서 고속버스가 일반열차보다 소요시간과 비용이 모두 작다. 따라서 이에 해당하는 구간은 5개이다.

⑤ A구간에서 고속열차를 기준으로 소요시간의 차이가 큰 교통수단은 일반버스(156분), 일반열차(130분), 고속버스(110분) 순이다. 마찬가지로 A구간에서 고속열차를 기준으로 비용의 차이가 큰 교통수단은 일반버스(26,000원), 고속버스(20,500원), 일반열차(12,600원) 순이므로 순서가 서로 다르다.

24 매칭형 정답 ⑤

| 난도 | 중

정답해설

첫 번째 조건을 통해 A, B가 '행복' 또는 '건강'임을 알 수 있다.
두 번째 조건을 통해 C와 D의 주거 면적당 인구를 비교하면, 다음과 같다.

- C : $\frac{14\times16,302}{27.0\times0.4}$≒21,132(명)
- D : $\frac{11\times14,230}{21.5\times0.3}$≒24,268(명)

D의 주거 면적당 인구가 더 많기 때문에 D는 '사랑'이고, 자동으로 C가 '우정'이다(①, ③, ④ 소거).
네 번째 조건을 보면 법정동 평균인구는 A가 약 5,000명이고, B가 7,550명, C가 약 18,000명이다. 따라서 A가 '행복'이고, B가 '건강'이다.

합격생 가이드

두 번째 조건의 경우 행정동 평균 인구에 행정동 수를 곱하여 전체 인구를 알아내고, 전체 면적에 주거 면적 구성비를 곱하여 주거 면적을 구한 후, 이를 주거 면적당 인구로 비교하여야 한다. 즉, 계산하여야 하는 정보가 매우 많으므로 실제 시험장에서는 이러한 문제의 경우 일단 스킵하고 최대한 나중에 확인하도록 한다.

25 전환형 정답 ①

| 난도 | 중

정답해설

연도별 전체 재난사고 인적피해 중 부상 비율은 표 2에서 $\frac{부상}{사망+부상}$으로 도출한다. 2017~2021년 값을 구해보면 모두 95% 이상임을 알 수 있다.

26 단순확인(표 · 그림) 정답 ④

| 난도 | 중

정답해설

ㄱ. 전체 수급자 수가 1,000명이므로 수급횟수를 고려하면 전체 수급횟수는 (1,000×0.359)+(2×1,000×0.293)+(3×1,000×0.216)+(4×1,000×0.132)로 계산할 수 있는데, 그 값은 2,000회 이상이다.

ㄴ. 1회 수령한 수급자 수를 어림하면 30대가 200명이 넘는 반면, 40대는 100명을 겨우 넘는 수준이다. 따라서 30대는 40대의 1.5배 이상이다.

ㄹ. 자녀장려금을 2회 이상 수령한 무주택 수급자 수는 $732\times(1-0.35)\fallingdotseq$ 476명이고, 유주택 수급자 수는 $268\times(1-0.384)\fallingdotseq165$명이다. 따라서 2.5배 이상이다.

오답해설

ㄷ. 자녀수가 1명인 수급자의 자녀장려금 전체 수급횟수의 최댓값을 알 수 없다. '4회 이상'은 충분히 큰 숫자를 포함하기 때문이다.

합격생 가이드

ㄷ과 같은 경우 크기 비교가 불가능하다. '4회 이상'이라는 항목이 있기 때문이다. 따로 각주로 한도가 정해져 있지 않는 이상 최댓값이 정해지지 않은 것이다. 이렇듯 표의 구조만을 보고도 선지의 정오판단이 가능한 경우가 있다.

27 단순확인(표 · 그림) 정답 ②

| 난도 | 중

정답해설

일반국도 : $\frac{3}{38}>\frac{32}{2,297}\times3$, 지방도 : $\frac{1}{18}>\frac{26}{1,919}\times3$, 고속국도 : $\frac{2}{12}>\frac{10}{792}\times3$이므로 모두 3배 이상이다.

오답해설

① 지방도의 경우 '흐림'일 때 $\frac{5}{56}$로 가장 높다.

③ 전체 발생건수를 계산할 필요 없이 '비'와 '눈'일 때 교통사고 발생건수 합은 모든 도로종류에서 '맑음'일 때 교통사고 발생건수의 10%도 넘지 못한다.

④ 일반국도의 경우 '흐림' 1가지, 지방도의 경우 '흐림' 1가지, 고속국도의 경우 '맑음', '안개' 2가지이다.

⑤ 일반국도는 2보다 큰 반면, 지방도는 2보다 작으므로, 전자가 더 크다.

28 공식 · 조건 정답 ⑤

| 난도 | 중

정답해설

ㄴ. 수출물가지수는 6~9월 순으로 $\frac{110}{113}\times100\fallingdotseq97$, $\frac{103}{106}\times100\fallingdotseq97$, $\frac{104}{108}\times100\fallingdotseq96$, $\frac{105}{110}\times100\fallingdotseq95$이다.

ㄷ. 순상품교역조건지수가 100 이하라는 것은 수출물가지수보다 수입물가지수가 더 크다는 의미이다. 7, 8월의 값을 분수 비교하면 7월 : $\frac{103}{106}<\frac{111}{102}$, 8월 : $\frac{104}{108}<\frac{116}{110}$이므로, 두 기간 모두 수출물가지수보다 수입물가지수가 더 크다. 따라서 순상품교역조건지수는 매월 100 이하이다.

ㄹ. 소득교역조건지수를 변형하면 $\frac{\text{수출물가지수}}{\text{수입물가지수}}\times$수출물량지수=순상품교역조건지수$\times\frac{1}{100}\times$수출물량지수이다. 여기서 공통적으로 들어가는 $\frac{1}{100}$을 제외하고 계산하면, 6월은 91.94×113.73, 9월은 91.79×110.60이므로, 이를 곱셈비교하면 9월이 6월보다 낮다.

오답해설

ㄱ. 수출금액지수와 수출물량지수는 7월에 전월 대비 하락한다.

합격생 가이드

ㄹ의 경우 각주의 소득교역조건지수를 표에 나온 자료들을 바로 활용할 수 있도록 변형하는 것이 중요하다.

29 공식 · 조건 정답 ①

| 난도 | 상

정답해설

제시된 기준시가 산정공식에 따라 계산하되, 각 건물의 기준시가를 비교할 수만 있으면 되기 때문에 공통으로 곱해지는 값인 100,000(원/m^2)은 생략한다. 각 건물의 기준시가를 구하면 다음과 같다.

- A : $1.00\times1.10\times(1-0.04\times5)\times125=110$
- B : $0.67\times1.20\times0.1\times500=40.2$
- C : $1.00\times1.25\times(1-0.05\times4)\times375=375$
- D : $1.30\times1.50\times0.1\times250=48.75$
- E : $1.30\times1.50\times0.1\times200=39$

따라서 기준시가가 두 번째로 높은 건물은 A이다.

합격생 가이드

각주에서 경과연수별잔가율 계산결과가 0.1 미만인 경우 경과연수별잔가율을 0.1로 한다는 것에 유의하여야 한다.

30 빈칸형 정답 ②

| 난도 | 중

정답해설

중국과 인도의 농림어업 생산액을 구하기 위해 GDP에 GDP 대비 비율을 곱하면, 약 966.7, 403이고, 미국의 GDP는 $\frac{198}{0.01}=19{,}800$이다. 농림어업 생산액 상위 3개국은 중국, 인도, 미국이므로 3국의 GDP를 모두 더하면 34,637이 되며, 이는 전세계 GDP의 50% 미만이다.

오답해설

① 2017년 농림어업 생산액 상위 5개국은 중국, 인도, 미국, 인도네시아, 브라질이다. 브라질의 GDP 대비 비율은 $\frac{93}{2,055}\times100\fallingdotseq4.5\%$이다. 따라서 GDP 대비 비율이 전세계보다 낮은 국가는 미국뿐이다.

③ 2017년 농림어업 생산액 상위 20개국 중, 2012년 대비 2017년 농림어업 생산액의 GDP 대비 비율이 증가한 국가는 브라질, 러시아, 이란, 멕시코, 호주, 스페인이다. 해당 국가 모두 2012년 대비 2017년 GDP가 감소하였다.

④ 2017년 농림어업 생산액은 중국, 인도 각각 약 966.7, 403이므로, 중국이 인도의 2배 이상이다.

⑤ 파키스탄의 농림어업 생산액의 GDP 대비 비율은 2017년이 $\frac{69}{304}\times100\fallingdotseq22.7$, 2012년이 $\frac{53}{224}\times100\fallingdotseq23.7$이므로, 2012년 대비 2017년에 감소하였다.

합격생 가이드

선지 ④, ⑤에 비해 선지 ②, ③은 계산이 많다. 계산이 적은 선지부터 보든지, 계산이 많은 선지부터 보든지는 수험생의 취향에 따라 다르다. 계산이 적은 선지부터 본다면 나중에 계산이 많은 선지를 계산할 때 힌트를 얻게 될 수 있고(④의 정보가 ②를 판단할 때 활용된다), 계산이 많은 선지부터 본다면 정답은 복합적인 계산을 요할 때가 많으므로 정답에 빠르게 접근할 수 있다는 장점이 있다.

31 매칭형 정답 ④

| 난도 | 중

정답해설

첫 번째 조건(첫 번째 문단)을 통해 아동 남자의 고위험군 비율이 아동 여자보다 낮은 E가 소거된다. 다음으로 두 번째 조건(두 번째 문단)을 통해 아동 여자의 과의존위험군 비율이 1.8+17.5=19.3%로 20% 미만인 C가 소거된다. 세 번째 조건(세 번째 문단 첫 번째 문장)을 통해 A가 소거(A의 아동 여자와 청소년 여자의 과의존위험군 비율 차이는 12.2%p로 10%p 이상)되며, 네 번째 조건(마지막 문장)을 통해 B가 소거(B의 아동 남자와 청소년 남자의 잠재위험 비율 차이는 5.3%p로 5%p 이상)된다. 따라서 '갑'국에 해당하는 국가는 D이다.

32 공식 · 조건 정답 ③

| 난도 | 상

정답해설

ㄴ. 소매상을 통해 유통된 물량은 다음과 같이 '각 상품의 비율×각 상품의 총 물량'으로 구한다.
- 생물 갈치 비율=0.25+0.10+(0.15×0.66)=0.449
- 냉동 갈치 비율=0.19+(0.20×0.75)=0.34

여기에 총 물량 각각 42,100톤과 7,843톤을 곱하면 각각 약 18,903톤, 약 2,667톤이므로, 생물이 냉동의 6배 이상이다.

ㄹ. 2021년 냉동 갈치 수출 물량을 어림하면 1,000톤을 조금 상회하는 수준이고, 2022년에 60%가 증가한다면 1,600톤 이상이다. 2021년 소비지 도매시장을 통해 유통된 냉동 갈치 물량은 7,843톤×0.2≒1,569톤이므로 전자가 더 크다.

오답해설

ㄱ. 소비자에게 전달된 냉동 갈치 물량의 비율은 1-(정부비축 비율+수출 비율)이다. 정부비축 비율은 0.13×0.46=0.0598이고, 수출 비율은 0.17×0.8=0.136이므로, 소비자에게 전달된 냉동 갈치 물량의 비율은 1-(0.0598+0.136)=0.8042(약 80%)이다. 따라서 85% 이하이다.

ㄷ. 대형소매업체를 통해 유통된 생물 갈치의 물량은 42,100톤×{0.39+(0.15×0.34)}≒18,566톤이고, 냉동 갈치의 물량은 7,843톤×{0.31+(0.2×0.25)}≒2,823톤이다. 따라서 두 물량의 합은 20,000톤을 초과한다.

합격생 가이드

ㄹ을 판단할 때 모두 '냉동 갈치'에 관한 값의 비교이므로 냉동 갈치의 절대적인 물량인 7,843톤을 일일이 곱하지 않고 비율로만 계산할 수 있다. 즉, 냉동 갈치 수출 비율이 0.136이었다면, 여기서 60% 증가한 값과 소비지 도매시장 비율을 비교하여도 된다.

33 빈칸형 정답 ⑤

| 난도 | 상

정답해설

ㄴ. 결승 라운드 승률을 최솟값으로 만들기 위해서는 4강 승률을 최대로 하여야 한다. 즉, 16강 80%, 8강 100% 승률인 A의 4강 승률이 100%가 아니라면 A가 8번 우승하기 위해서는 결승 라운드 승률은 10% 이상이어야 하기 때문이다. 따라서 A가 8번 우승했다면 결승 라운드 승률 최솟값은 10%이다.

ㄷ. 16강에서 A와 B 간 또는 B와 C 간 경기가 있었던 대회 수의 최댓값을 구하면 된다. B는 16강에서 모든 경기를 승리하였으므로, 16강 승률이 80%인 A와는 최대 20회, 16강 승률이 96%인 C와는 최대 4회 경기할 수 있다. 따라서 최댓값이 24회이므로 해당 대회 수는 24회 이하이다.

ㄹ. 사원 A, B, C가 모두 4강에 진출한 대회의 최솟값은 다음과 같이 도출한다. A, B, C가 각각 4강에 진출하는 횟수는 80번, 90번, 84번이므로, $n(A \cup B \cup C)=n(A)+n(B)+n(C)-n(A \cap B)-n(B \cap C)-n(C \cap A)+n(A \cap B \cap C)$ 원리를 활용하면, 대회는 총 100회가 개최되었기 때문에 $n(A \cup B \cup C) \leq 100$이다. 우변을 계산하면 80+90+84-(80+90-100)-(90+84-100)-(84+80-100)+$n(A \cap B \cap C)$=46+$n(A \cap B \cap C)$이므로, $n(A \cap B \cap C) \geq 54$가 된다. 따라서 A, B, C가 모두 4강에 진출한 대회 수는 54회 이상이다.

오답해설

ㄱ. 사원 A는 4강에 80회(100회×80%×100%), B는 90회(100회×100%×90%), C는 84회(100회×96%×87.5%) 진출하였다. 따라서 B, C, A 순이다.

34 단순확인(표 · 그림) 정답 ③

| 난도 | 중

정답해설

ㄴ. 그림 1에 따르면 2021년 급수 사용량은 159,000백만 m^3이므로, 60%는 95,400백만 m^3이다. 가정용 사용량은 105,350백만 m^3이므로, 60% 이상이다.

ㄹ. 2021년 공공용 급수단가를 어림하면 약 5이고, 가정용 급수단가는 약 0.5이므로, 9배 이상이다.

오답해설

ㄱ. 2020년의 급수 사용량 전년 대비 증가율은 $\frac{155,000-153,000}{153,000}\times 100$ ≒1.31%, 2021년의 급수 사용량 전년 대비 증가율은 $\frac{159,000-155,000}{155,000}\times 100$≒2.58%이므로 전년 대비 증가한다.

ㄷ. 주어진 용도별 급수단가 공식을 변형하면, '용도별 급수 사용료=용도별 급수 사용량×용도별 급수단가'를 도출할 수 있다. 2021년 전체 용도별 급수단가는 $\frac{104,875}{159,000}$≒0.66천 달러/백만 m^3이고, 2016년 전체 급수 사용량은 144,000백만 m^3이므로 용도별 급수단가와 곱하면 약 95,040천 달러(약 9,500만 달러)가 된다. 따라서 1억 달러 미만이다.

합격생 가이드

ㄷ 판단 시 단위를 헷갈리지 않도록 한다. 숫자가 크고 복잡하여 계산이 어려운 경우 숫자 3개만을 뽑아 판단하여도 된다. 예를 들어 2021년 전체 용도별 급수단가는 $\frac{104}{159}$≒0.65로 계산하여 대입해도 무방하다.

35 빈칸형 정답 ②

| 난도 | 상

정답해설

- 84택형 1단계 경쟁률이 30이므로, $\frac{600}{a}=30$, a=20이다. 따라서 84택형 1단계 당첨자 수는 20세대이다.
- 1단계 공식에 따라 100×(다)=20이므로 (다)=20%이다. 따라서 99택형 1단계 당첨자 수는 40세대, 99택형 경쟁률은 (나)=$\frac{800}{40}$=20이다.
- 99택형 2단계 경쟁률이 30이므로, $\frac{760+440}{b}=\frac{1,200}{b}=30$, b=40이다. 따라서 99택형 2단계 당첨자 수는 40세대이므로, (라)=$\frac{40}{200}\times100$=20%이다.
- 2단계 공식에 따라 84택형 2단계 당첨자 수는 100×20%('라'의 값)=20세대이므로, 경쟁률은 $\frac{580+420}{20}=\frac{1,000}{20}$=50이다.

36 단순확인(표 · 그림) 정답 ④

| 난도 | 중

정답해설

ㄱ. 변경주기가 1년 이하인 응답자 수는 남성 : 2,059×(0.705−0.28)≒875명, 여성 : 1,941×(0.695−0.34)≒689명이므로, 남성이 더 많다.

ㄴ. 각주에 따르면 전체 대상자 중 무응답자는 12명이다. 남성 대상자는 2,059명이고, 이 중 응답자는 70.5+29.1=99.6%이므로, 무응답자의 비율은 0.4%, 약 8명이다. 사무직 대상자는 1,321명이고, 이 중 응답자는 72.7+26.7=99.4%이므로, 무응답자의 비율은 0.6%, 약 8명이다. 따라서 전체 무응답자 중 '사무직'이 아닌 무응답자는 12−8=4명이고, 이 4명이 모두 남성이라고 한다면, 전체 무응답자 중 '사무직' 남성은 최소한 4명이다.

ㄷ. 20대 응답자 중 변경주기가 6개월 이하인 비율은 9.5+8.7=18.2%이고, 40대는 10.1+6.4=16.5%이므로, 20대가 높다.

오답해설

ㄹ. 변경주기가 1년 초과인 학생 응답자 수는 611×0.275≒168명, 전업주부 응답자 수는 506×0.364≒184명이므로, 전업주부가 더 많다.

합격생 가이드

ㄴ 같은 문제의 풀이는 표의 구조를 정확하게 파악하고 있어야 한다. 응답자는 '변경하였음'을 선택하거나 '변경하지 않았음'을 선택한 것이고, 둘을 더하면 100%가 아니라는 사실을 알았다면 항목별 무응답자 수를 어떻게 구하는지 알아차릴 수 있었을 것이다.

37 공식 · 조건 정답 ②

| 난도 | 상

정답해설

ㄱ. 각각의 기능점수를 구하면 다음과 같다.
- A: (7×10)+(5×5)+(4×5)+(5×10)+(3×4)=177점
- B : (7×15)+(5×4)+(4×6)+(5×7)+(3×3)=193점
- C : (7×3)+(5×2)+(4×4)+(5×6)+(3×5)=92점

따라서 B가 가장 높고, C가 가장 낮다.

ㄷ. 개발원가−기준원가=기준원가×보정계수−기준원가=기준원가×(보정계수−1)이다.
- B의 기준원가=193×50, B의 보정계수=3.6
- C의 기준원가=92×50, C의 보정계수=1.92
- B의 차이=193×50×2.6=25,090>C의 차이의 5배=5×(92×50×0.92)=21,160

오답해설

ㄴ. 기준원가가 가장 낮은 소프트웨어는 기능점수가 가장 낮은 C이다. 개발비와 관련해서는 이윤이 같은 A와 C의 개발비를 먼저 비교한다. A와 C는 이윤이 같으므로 개발원가만 비교하면 되는데, A의 보정계수는 0.64이므로 A의 개발원가는 177×50×0.64=5,664이고, C의 개발원가는 92×50×1.92=8,832로 C가 더 크다. 따라서 기준원가가 가장 낮은 소프트웨어인 C는 개발비가 가장 적지는 않기 때문에 기준원가가 가장 낮은 소프트웨어와 개발비가 가장 적은 소프트웨어는 동일하지 않다.

ㄹ. 기능점수가 가장 높은 소프트웨어는 B이다. 하지만 생산성지수는 A, B, C 순서대로 $\frac{177}{20}$=8.85, $\frac{193}{30}$≒6.43, $\frac{92}{10}$=9.2로, C가 가장 크다.

38 종합 정답 ④

| 난도 | 중

정답해설

최근 연속 승패 기록을 볼 때, 8월 14일과 15일 각각 E팀은 1승 1패, I팀은 2승을 하였다. 따라서 8월 13일 기록을 나타내면 (승수, 패수) 기준으로 E팀은 (47, 49), I팀은 (39, 54)이다. 8월 13일 1위 팀은 A로 (61, 35)이 된다.

승차 합은 $\frac{(61-47)-(35-49)}{2}+\frac{(61-39)-(35-54)}{2}=14+20.5=34.5$이다.

오답해설

① 8월 15일 기준 D팀의 승차는 $\frac{(61-49)-(37-51)}{2}$=13.0이다.

② 최근 10경기 기록이 1위 팀인 A와 동일한 팀들은 승차의 변화가 없으므로, C, D, I, J팀은 승차의 변화가 없을 것이다. 또한 최근 10경기 동안 A팀보다 승리를 많이 한 팀들은 승차가 감소하므로, B, E, G, H팀은 승차가 감소했을 것이다. 따라서 A팀보다 승리를 덜한 F팀만이 승차가 증가했을 것이므로, 8월 5일 기준 승차 대비 8월 15일 기준 승차가 가장 많이 증가한 팀은 F이다.

③ A팀의 최근 연속 승패 기록은 3패이므로, 8월 12일은 승리하였을 것이다. 12~15일간 '승, 패, 패, 패'를 기록하여야만 최근 연속 승패 기록이 3패일 수 있다.

⑤ 연속 승수가 가장 많은 팀은 H이고, 최근 10경기 승률이 가장 높은 팀은 E이다.

39 종합 정답 ⑤

| 난도 | 상

정답해설

ㄴ. 8월 16일 기존 7위 팀인 G는 패배하고, 기존 8위 팀인 H는 승리함으로써 G팀의 승률은 $\frac{43}{43+52}\times100≒45.26\%$, H팀의 승률은 $\frac{44}{44+52}\times100≒45.83\%$가 된다. 따라서 8월 16일 7위 팀은 H이다.

ㄷ. 8월 16일이 되면 B팀이 56승 34패, 승률 62.22%로 1위가 되고, A팀이 61승 38패, 승률 61.61%로 2위가 된다. 이 경우 A팀의 승차는 $\frac{(56-61)-(34-38)}{2}=\frac{-5+4}{2}=-0.5$로 음수가 된다.

ㄹ. 8월 16일에는 B팀이 56승 34패로 1위이다. 8월 15일 기준 4위와 5위 팀은 D와 E인데, 3위 팀인 C와는 승차가 많이 나서 8월 16일에 1승을 추가한다고 하더라도 3위와는 순위가 변동이 없으며, D와 E팀 모두 승리를 한 상태이므로, 마찬가지로 승리를 한 6위 팀 F와도 순위 변동이 없다. 따라서 8월 16일에도 D와 E팀은 각각 4위와 5위이며, D, E팀의 승차는 모두 11.5로 동일하다.

오답해설

ㄱ. 표 2에서 1승 또는 1패가 아닌 팀은 모두 8월 15일과 8월 16일 경기의 승패 결과가 동일하다. A, C, D, F, H, J팀이 동일하므로, 총 6개 팀이다.

합격생 가이드

8월 16일에 1위 팀이 B가 된다는 사실을 놓친 학생이 많았다. 또한 표의 구조나 내용을 이해하는 것이 어려웠고, 승차 공식이 복잡하여 난이도가 높은 문제였다.

40 복수의 표 정답 ③

| 난도 | 상

정답해설

ㄴ. 가맹점 수가 감소하기 위해서는 신규개점 수보다 폐점 수가 많아야 한다. B와 C는 2020년 폐점 수가 신규개점 수보다 많다.

ㄷ. '$\frac{2020년\ 신규개점\ 수\times100}{2020년\ 신규개점률(\%)}-2020년\ 폐점\ 수$'를 통해 2020년 가맹점 수를 구할 수 있다. 이에 따르면, A는 약 1,580개, B는 약 822개, C는 약 807개, D는 약 769개, E는 약 635개이다. 따라서 2020년 가맹점 수는 E가 가장 적고, A가 가장 많다.

오답해설

ㄱ. 2018년 C의 가맹점 수를 a라 하면, 2019년 C의 신규개점률은 $\frac{110}{a+110}=0.126$이다. $1+\frac{a}{110}=\frac{1}{0.126}$이므로 a≒763개로 계산되어 800개 미만이다.

ㄹ. 2018년 폐점 수 대비 신규개점 수의 비율은 E가 $\frac{131}{4}$로 가장 높다.

1	2	3	4	5	6	7	8	9	10
①	④	①	②	②	④	①	④	④	③
11	12	13	14	15	16	17	18	19	20
④	②	②	④	⑤	③	⑤	②	③	⑤
21	22	23	24	25	26	27	28	29	30
②	①	⑤	③	⑤	③	⑤	③	⑤	②
31	32	33	34	35	36	37	38	39	40
③	⑤	④	③	①	④	②	①	②	④

01 법조문 정답 ①

| 난도 | 중

정답해설

두 번째 조 제3항 제2호에 의하면 의사자의 경우 보상금은 배우자, 자녀, 부모, 조부모, 형제자매의 순으로 지급한다. 배우자와 자녀가 있는 경우 보상금은 더 높은 순위인 배우자에게 전액 지급된다.

오답해설

② 두 번째 조 제1항에 의하면 서훈 수여의 주체는 국가이므로, 지방자치단체는 서훈 수여가 불가능하다.

③ 첫 번째 조 제3항에 의하면 의상자란 직무 외의 행위로 구조행위를 하였어야 한다. 소방관의 행위는 직무행위이므로 의상자로 인정될 수 없다.

④ 첫 번째 조 제1항 제4호에 의하면 다른 사람의 생명 또는 신체를 구하다가 부상을 입었어야 한다. 애완동물의 구조는 의상자로 인정될 수 없다.

⑤ 첫 번째 조 단서에 의하면 자신의 행위로 인하여 위해에 처한 사람에 대한 구조행위는 제외한다고 하였으므로 戊는 의상자로 인정될 수 없다.

합격생 가이드

법조문 문제에서는 각 조항의 주어(주체)를 표시하면서 읽어야 한다. ②와 같은 선지는 법조문 유형에서 반드시 출제되는 매력적인 오답 장치이기 때문에 주의해야 한다.

02 법조문 정답 ④

| 난도 | 하

정답해설

제4항에 의하면 본인 또는 자녀는 가족관계등록부의 기록사항에 대하여 전자적 방법에 의한 열람을 청구할 수 있다.

오답해설

① 제1항에 의하면 A의 직계혈족인 B가 A의 기본증명서 교부를 청구할 때에는 A의 위임이 필요하지 않다.

② 제3항에 따르면 증명서의 교부를 청구하는 사람은 수수료를 납부하여야 하고, 증명서의 송부를 신청하는 경우에 우송료를 따로 납부하여야 한다.

③ 제1항 제1호에 따르면 국가 또는 지방자치단체는 직무상 필요에 따라 문서로 교부를 신청할 수 있다.

⑤ 제4항 단서에 따르면 친양자는 성년이 된 이후에만 전자적 방법에 의한 열람을 청구할 수 있다.

합격생 가이드

단서가 있는 경우 대개 단서에서 선지가 도출되는 경우가 많으므로, 단서는 항상 주의 깊게 읽고 넘어가야 한다.

03 법조문 정답 ①

| 난도 | 중

정답해설

첫 번째 조 제3항 제1호에 의하면 사업자인 乙은 소비자 甲으로부터 피해구제의 신청을 받은 날부터 30일이 경과하여도 합의에 이르지 못하는 경우 한국소비자원에 그 처리를 의뢰할 수 있다.

오답해설

② 첫 번째 조 제3항 제2호에 의하면 한국소비자원에 피해구제의 처리를 의뢰하기로 소비자와 합의한 경우 乙은 한국소비자원에 그 처리를 의뢰할 수 있다.

③ 네 번째 조로 미루어 보면 한국소비자원의 피해구제 처리절차 중에 甲은 해당 사건에 대해 법원에 소를 제기할 수 있다.

④ 세 번째 조에 의하면 해당 합의가 이루어지지 않은 경우 한국소비자원장은 지체 없이 소비자분쟁조정위원회에 분쟁조정을 신청하여야 한다.

⑤ 두 번째 조 제1항 제2호에서 관계 기관에서 위법사실을 이미 인지 · 조사하고 있는 경우에 관계 기관에 이를 통보하고, 적절한 조치를 의뢰하여야 하는 것은 아니다.

합격생 가이드

법조문 문제에서는 주체, 귀속 · 재량 여부(하여야 한다 또는 할 수 있다)와 시기(30일 이내, 지체 없이 등)가 중요하다. 선지에서 그러한 내용이 법조문과 다르지 않은지를 중심적으로 살펴보아야 한다.

04 법조문 정답 ②

| 난도 | 중

정답해설

세 번째 조 제3항에 따르면 이사회는 재적이사 과반수의 출석으로 개의하고, 재적이사 과반수의 찬성으로 의결한다. 이사회에 A, B, C, D, E가 출석한 경우, 이사는 B, C, D, E이므로 이 중 2명이 반대하면 과반수가 되지 않아서 안건은 부결된다.

오답해설

① 두 번째 조 제3항에 따르면 임원의 사임 등으로 선임되는 임원의 임기는 새로 시작되며, 새로 임명된 관장의 임기는 3년이다.

③ 두 번째 조 제5항에 따르면 관장이 부득이한 사유로 직무를 수행할 수 없을 때에는 상임이사가 그 직무를 대행한다. 따라서 B가 직무를 대행한다.

④ 네 번째 조 제2항에 의하면 2년 이하의 징역 또는 2천만 원 이하의 벌금에 처한다. 징역과 벌금은 동시에 처해질 수 없다.

⑤ 첫 번째 조 제2항에 따르면 감사는 비상임으로 한다.

05 조건적용 정답 ②

| 난도 | 중

정답해설

청구인명부의 서명에 이의가 있는 주민은 열람기간 동안 이의를 신청할 수 있으며, 열람기간은 지방자치단체장이 공표한 날을 포함하여 10일간이다. A시 시장 B는 2022. 1. 5. 공표하였으므로 이의를 신청할 수 있는 기간은 2022. 1. 14.까지이다.

오답해설

① 19세 이상 주민은 총 20만 명이므로 50분의 1을 하면 최소 4,000명 이상의 연서가 필요하다.
③ 지방자치단체의 장은 이의신청을 받으면 열람기간이 끝난 날의 다음 날부터 14일 이내에 그에 대해 심사 · 결정하고 그 결과를 당사자에게 알려야 한다. 열람기간은 2022. 1. 14.에 끝나므로 같은 해 2022. 1. 28.까지 심사 · 결정 결과를 당사자에게 통보해야 한다.
④ 지방자치단체의 장은 청구를 수리한 날을 포함하여 60일 이내에 주민청구조례안을 지방의회에 부의하여야 한다. 2022. 2. 1을 포함하여 60일 이내라면 같은 해 4. 1.까지 부의해야 한다.
⑤ 지방의회는 재적의원 3분의 1 이상의 출석으로 개의한다. 재적의원은 12명이므로 4명 이상 참석하여야 개의할 수 있다.

합격생 가이드

글의 여러 부분에서 필요한 정보를 찾아야 하기 때문에 중요한 내용은 밑줄을 그어 표시해 놓는 것이 좋다. 예를 들어 이의 신청 기간은 열람기간 내이고, 공표한 날부터 10일이라는 것 등을 표시해 놓도록 한다.

06 정보확인 · 추론 정답 ④

| 난도 | 하

정답해설

분석 결과를 바탕으로 정의 상관관계를 갖는 변수를 정리하면 다음과 같다.

- 관리자의 업무지시 능력
- 근로자의 직무만족도
- 업무실수 기록건수
- 학습하려는 직장문화
- 징계 우려

ㄴ. 근로자의 직무만족도가 높을수록 업무실수 기록건수가 많았다.
ㄹ. 마지막 문장에 따르면 징계 우려가 강할수록 업무실수 기록건수가 적을 것이다.

오답해설

ㄱ. 학습하려는 직장문화에서는 업무실수 기록건수가 많았다.
ㄷ. 관리자의 업무지시 능력이 우수한 작업장일수록 업무실수 기록건수가 많았다.

합격생 가이드

해설과 같이 정의 상관관계에 있는 변수들을 정리해서 메모해 놓으면 헷갈리지 않게 풀이할 수 있다.

07 조건적용 정답 ①

| 난도 | 하

정답해설

- 순위규모분포일 때 인구규모가 가장 큰 도시의 인구를 a라고 하면, 두 번째 도시 인구는 $\frac{1}{2}$a, 세 번째 도시는 인구는 $\frac{1}{3}$a이다.
- 종주도시지수는 $\frac{\text{1위 도시 인구}}{\text{2위 도시 인구}}$이다.

$\frac{1}{3}$a=200만 명이라면 A국 수위도시 인구는 a=600만 명, 두 번째 도시 인구는 $\frac{1}{2}$a=300만 명이다. 따라서 수위도시와 두 번째 도시 간 인구의 차이는 300만 명이다.

오답해설

② 종주도시지수로는 인구규모 세 번째 도시의 인구를 알 수 없다.
③ B국의 종주도시지수는 3.3이므로 $\frac{\text{1위 도시 인구}}{200}$=3.3, 즉 1위 도시 인구는 660만 명이다. A국의 수위도시에 비해 60만 명 많다.
④ A국은 900만 명, B국은 860만 명이므로, A국이 40만 명 더 많다.
⑤ A국은 300만 명, B국은 200만 명이므로 동일하지 않다.

08 수리퀴즈(추론) 정답 ④

| 난도 | 중

정답해설

문제의 조건을 정리하여 표로 나타내면 다음과 같다.

구분	빨	파	노	검	합계
甲	4	1	2	0	
乙	b	a	c		
丙	1−b	a+1	0		
丁	2	0	6−c	c−2	6
합계	7	4	8	3	

1) 파란색 접시는 총 4개이므로 a=1이다.
2) 모두 각각 3가지 색의 접시만 먹었으므로 병은 빨간색 접시를 1개 이상 먹었다. 1−b≥1이므로 b=0이다.
3) 검정색 접시는 총 3개인데, 甲을 제외한 모든 사람이 1개 이상 먹어야 하므로 丁의 검정색 접시는 c−2=1이다. 따라서 c=3이다.
4) 결론적으로 乙은 빨, 파, 노, 검 접시 순서대로 0개, 1개, 3개, 1개를 먹었다. 따라서 1,200원, 6,000원, 4,000원을 더하면 11,200원이다.

구분	빨	파	노	검	합계
甲	4	1	2	0	
乙	0	1	3	1	
丙	1	2	0	1	
丁	2	0	3	1	6
합계	7	4	8	3	

합격생 가이드

을의 접시 개수를 미지수로 놓는 것이 계산하기 편하다. 또한 변수가 2가지일 경우(이 문제의 경우 사람, 접시 수) 표를 그려 문제를 해결하도록 한다.

09 수리퀴즈(추론)
정답 ④

| 난도 | 중

정답해설

ㄱ. 甲은 수면다원검사 결과 무호흡 · 저호흡 지수가 16이다. 증상이 없었더라도 급여 대상이므로 양압기 처방을 받을 수 있다.

ㄴ.

구분	자동형	수동형
기준금액	3,000원	2,000원
순응기간	1,500원	1,000원
정식사용기간	600원	400원

4월 한 달 동안 수동형 양압기를 대여하고, 순응기간이었다면 대여료는 30일×1,000=30,000원이다. 자동형 양압기를 대여하였다면 순응기간을 21일만 계산해도 대여료는 21일×1,500원=31,500원이므로 자동형 양압기를 대여받아서 대여료가 30,000원이 나오는 것은 불가능하다.

ㄷ. 4월 1일 양압기 처방을 받은 이후 최대 90일간의 순응기간이 주어진다. 90일 기간 내에 연이은 30일 중 하루 4시간 이상 사용한 일수가 21일이 되면 그 날로 순응기간이 종료된다. 따라서 처방 후 90일 이전인 5월 21일에 종료되었다면 4월 22일부터 4월 30일까지 매일 4시간씩 9일간 사용하고, 5월 중으로 4시간씩 12일을 사용하였을 때 순응기간이 종료된다. 5월에는 양압기를 4시간×12일, 최소 48시간 이상 사용하였을 것이다.

오답해설

ㄹ. 6월에 부담한 자동형 양압기 대여료가 36,000원이라면 순응기간이 6월 중에 종료되었다는 것을 뜻한다(36,000원/1,500원≠30일). 따라서 4월과 5월은 모두 순응기간이었다고 할 수 있고, 4, 5월의 대여료는 61일×1,500원=91,500원이다. 따라서 총 대여료는 127,500원이다.

합격생 가이드

ㄹ과 같은 경우 6월에 부담한 대여료가 36,000원/1,500원≠30일이라는 사실을 통해 4, 5월은 모두 순응기간임을 알았다면 쉽게 문제를 해결할 수 있었다. ㄷ과 같은 경우는 선지 중 유일하게 일수를 계산하기 때문에 이해하기 어렵고 실수가 발생할 수 있다. 이 경우 ㄱ, ㄴ, ㄹ을 먼저 판단하여 선지를 소거하는 전략을 취하는 것이 좋다.

10 단순계산
정답 ③

| 난도 | 상

정답해설

제시된 내용을 정리하면 다음과 같다.

- 사료비 : (10마리×0.3kg)+(5마리×0.6kg)+(5마리×0.4kg)×30일×5,000원=1,200,000원
- 인건비
  - 포획활동비 : 115,000원×8일=920,000원
  - 관리비 : 115,000원×0.2×20마리×30일=13,800,000원
- 보호비(공제, 3일부터) : 100,000+100,000+200,000+300,000=700,000원

따라서 경비 총액은 사료비(120만 원)+인건비(1,472만 원)−보호비(70만 원)이므로 1,522만 원이다.

11 수리퀴즈(추론)
정답 ④

| 난도 | 중

정답해설

문제의 조건을 정리하여 표로 나타내면 다음과 같다.

구분	월	화	수	목
출근	3×20=60쪽	3×20=60쪽	3×20=60쪽	3×20=60쪽
업무 중			2×20=40쪽	
퇴근	1×20=20쪽 (280쪽 책 끝) 2×15=30쪽 (350쪽 책 시작)	3×20=60쪽	(9시 이후)	3×20=60쪽 (퇴근 중 350쪽 달성)

- 월요일 : 30쪽
- 화요일 : 30+120=150쪽
- 수요일 : 150+100=250쪽

따라서 A는 목요일 퇴근 중에 책을 다 읽게 된다.

합격생 가이드

요일로 나뉜 어떠한 작업의 총시간을 구하는 유형의 문제에서는 월요일부터 필요한 만큼의 요일을 표로 나타낸 뒤 그 밑에 소요된 시간 등을 계산하면 풀이가 좀 더 편리하다. 단, 오답을 유도하는 조건들은 항상 주의해야 한다.

12 게임 · 규칙
정답 ②

| 난도 | 하

정답해설

'사무관'의 자모는 'ㅅㅏㅁㅜㄱㅘㄴ'이 된다. 먼저 자모변환표에서 ㅅ의 변환숫자는 479이다. 변환숫자 첫 번째 자리인 4는 난수표의 첫 번째 자리인 4와 대응되는데, 암호숫자를 x라고 하면, x+4(변환숫자)=4(난수표의 대응 숫자)가 성립하여야 한다. 따라서 첫 번째 암호는 0이다. 같은 방법으로 변환했을 때, ㅅ은 015, ㅏ는 721, ㅁ은 685, ㅜ는 789…가 암호숫자가 된다. '사무관(ㅅㅏㅁㅜㄱㅘㄴ)'을 암호화하면 '015721685789228562433'이다.

합격생 가이드

실제로 확인하면 되는 정보의 양을 최소화하기 위해서는 선지 소거법을 활용하여야 한다. 실전에서는 ㅅ의 암호숫자가 015임을 확인하고, ㅜ의 암호숫자가 789임을 확인하면 바로 전체 자릿수가 21자리인 ②를 선택할 수 있다.

13 논리퀴즈
정답 ②

| 난도 | 하

정답해설

제시된 조건을 정리하면 다음과 같다.

1) 네 자리 일련번호의 맨 앞자리가 0이 아니라면 1이다(10월, 11월, 12월).
2) 31일까지 있는 달이라면 10월과 12월이다.
3) 생신의 일이 8의 배수라면 8일, 16일, 24일 중 하나이다.
4) 1~3의 조건과 ㉠의 조건을 통해 하나의 일련번호가 확정된다.

위의 조건에 따라 후보인 일련번호는 1008, 1016, 1024, 1208, 1216, 1224(월 일)이다. 그리고 여기에 ②의 조건을 추가하면 1224(12월 24일)라는 하나의 일련번호가 확정된다.

오답해설

① 1008, 1208이 해당되므로 확정할 수 없다.
③ 1016, 1024, 1216, 1224가 해당되므로 확정할 수 없다.
④ 1024, 1208이 해당되므로 확정할 수 없다.
⑤ 1008, 1224가 해당되므로 확정할 수 없다

합격생 가이드

1부터 3까지의 조건을 만족시키는 모든 후보를 생각해놓은 다음, 선지를 차례대로 대입하며 풀이하면 된다. 일련번호를 하나로 확정해야 한다는 점을 생각하면 빠르게 답을 찾을 수 있다.

14 논리퀴즈 정답 ④

| 난도 | 중

정답해설

A, B, C, D의 대화를 표로 정리하면 다음과 같다.

구분	월	화	수	목	금
당번	A				D

여기서 C는 청소할 수 있는 요일이 하루밖에 없다고 하였다. 시험 · 발표 당일과 그 전날은 청소를 할 수 없고, 한 사람이 최소 한 번씩 청소당번을 하며 이를 연속으로는 할 수 없기 때문이다. 그리고 C의 시험 · 발표 당일은 화요일과 금요일이므로 C가 청소할 수 있는 요일은 수요일밖에 없다. 이 조건을 다시 표로 정리하면 다음과 같다.

구분	월	화	수	목	금
당번	A	B	C	A	D

따라서 다음 주 수요일과 목요일 청소당번은 C와 A이다.

합격생 가이드

요일을 나열한 후 확정적인 청소당번을 써 놓고, 당번이 불가능한 날 역시 모두 표시하면 실수를 줄일 수 있다. 예를 들어 월요일에 '~B', 화요일에 '~A' 등을 표시해 놓으면 더 쉽게 파악할 수 있다.

15 논리퀴즈 정답 ⑤

| 난도 | 상

정답해설

제시된 조건을 정리하면 다음과 같다.

- 甲 : 가을타입이고, 8번째는 아니다.
- 乙 : 짝수 번째는 아니다.
- 丙 : 乙과 같은 톤이고, 순서의 숫자를 더하면 6이다.
- 丁 : 밝은 색 천일 때, 乙보다 먼저 형광등이 켜졌다.

여기서 8번째가 쿨톤이라고 가정한다면, 甲과 丁이 홀수 번째여야 하는데, 이는 乙의 진술과 모순된다. 따라서 8번째는 웜톤이고, 봄타입임을 알 수 있다.

丁의 진술에 따라 밝은 색일 때 丁은 2번째에 형광등이 켜졌고, 丙의 진술에 따라 丙은 1번과 5번임을 알 수 있다.

이 조건들을 다시 표로 나타내면 다음과 같다.

구분	밝은 색				어두운 색			
순서	1	2	3	4	5	6	7	8
톤	쿨	웜	쿨	웜	쿨	웜	쿨	웜
타입		봄		가을		가을		봄
사람	丙	丁	乙	甲	丙	甲	乙	丁

ㄴ. 丙은 1번과 5번이므로 첫 번째에 형광등이 켜졌다.
ㄷ. 순서별로 형광등이 켜진 사람이 누구인지 알 수 있다.
ㄹ. 甲, 乙, 丁 모두 순서의 숫자를 더하면 합은 10으로 같다.

오답해설

ㄱ. 쿨톤의 경우 乙, 丙이 각각 무슨 타입인지는 알 수 없다.

16 조건적용 정답 ③

| 난도 | 중

정답해설

A : 청년수당 가입유지율이 30% 미만이므로 참여가 불가하다.
B : 고용보험 피보험자 수가 5인 이상이고, 청년수당 가입유지율이 30% 이상이므로 참여가 가능하다.
C : 고용보험 피보험자 수가 5인 미만이고, 청년기업에 해당되지 않아서 참여가 불가하다.
D : 고용보험 피보험자 수가 5인 미만이지만 청년기업이기 때문에 참여 자격이 되고, 청년수당 가입유지율이 30% 미만이지만 청년수당 가입 인원이 2인 이하인 경우이므로 참여가 가능하다.
E : 고용보험 피보험자 수가 5인 미만이고, 사업 개시 경과연수가 7년이 초과되어 청년기업에 해당되지 않아서 참여가 불가하다.
따라서 참여 가능한 기업은 B, D이다.

합격생 가이드

조건의 단서를 꼼꼼히 적용할 수 있어야 한다. 고용보험 피보험자 수가 5인 미만인 기업은 3개였고, 청년기업이라는 단서의 적용을 통해 해당하는 대상이 되거나 되지 않았다.

17 정보확인 · 추론 정답 ⑤

| 난도 | 중

정답해설

ㄱ. (가)의 경우 국민 전체 혜택의 합이 더 큰 정책을 채택한다. A인구가 4, B인구가 1인 경우 국민 전체 혜택의 합을 구해보면, 현행 정책은 (4×100)+(1×50)=450, 개편안은 (4×90)+(1×80)=440이다. 따라서, 현행 정책이 국민 전체 혜택의 합보다 더 크므로 현행 정책이 유지된다.
ㄴ. (가)를 기준으로 판단하고, A인구에 가중치 7, B인구에 가중치 3을 준 후 국민 전체 혜택의 합을 구해보면, 현행 정책은 (7×100)+(3×50)=850, 개편안은 (7×90)+(3×80)=870이다. 따라서 개편안이 국민 전체 혜택의 합보다 더 크므로 개편안이 채택된다.
ㄷ. (나)는 개인이 얻는 혜택이 적은 집단에 더 유리한 정책을 채택한다. 개인이 얻은 혜택이 적은 집단은 B집단이고, B집단에 더 유리한 정책은 개편안이다.

오답해설

ㄹ. (다)는 A, B 두 집단 간 개인 혜택의 차이가 더 작은 정책을 채택한다. 현행 정책은 개인 간 혜택의 차이가 100－50＝50이고, 개편안은 90－80＝10이다. 인구와 관계없이 개편안이 채택된다.

합격생 가이드

가중치라는 함정에 걸리지 않도록 주의해야 한다. 또한 가중치를 적용한 합계 계산을 연습하면 다른 문제 풀이에도 도움이 될 수 있다.

18 조건적용 정답 ②

| 난도 | 중

정답해설

제시된 조건을 표로 정리하면 다음과 같다.

이름	성별	2020년 (나이)	2021년 (나이)	2022년 (나이)
甲	여	없음 (28)	없음 (29)	선택(자궁경부) (30)
乙	남	위 (45)	심장 (46)	위 (47)
丙	여	간 (40)	간, 위, 자궁경부 (41)	간 (42)
丁	남	심장 (48)	위 (49)	심장, 대장 (50)
戊	여	대장 (54)	위, 심장, 대장 (55)	대장 (56)

2022년에 건강검진을 받을 직원이 가장 많은 검진항목은 대장이다.

합격생 가이드

甲은 2022년에 자궁경부 검진을 받거나, 2023년에 받는다. 2년 주기의 검진항목은 해당 연도에 없다면 다음 연도에 받는다는 사실을 파악하였다면 표를 구성하기 수월하였을 것이다. 丁의 경우 대장 검진은 주기가 1년이기 때문에 50세가 된 그 해에 바로 대장 검진을 받아야 한다.

19 종합 정답 ③

| 난도 | 중

정답해설

ㄴ. A은행의 전력차단 프로젝트로 인해 절감되는 총 전력량은 연간 35만 kWh이다. 컴퓨터는 총 22,000대이므로 절감되는 컴퓨터 1대당 전력량은 연간 $\frac{350,000}{22,000}$≒15.9(kWh/대)이다.

ㄹ. 4명이 자동차 한 대로 출장을 가는 경우 이산화탄소 배출량은 400kg×12＝200kg이다. 반면, 같은 거리를 1명이 비행기로 출장하는 경우 400kg가 배출된다. 1인당 이산화탄소 평균 배출량은 전자가 $\frac{200}{4}$＝50kg이고, 후자가 400kg이므로 전자는 후자의 $\frac{1}{8}$에 해당한다.

오답해설

ㄱ. A은행이 수행하는 전력차단프로젝트는 컴퓨터가 일정시간 사용되지 않으면 언제라도 컴퓨터와 모니터의 전원이 자동으로 꺼진다. 따라서 주간에도 전력 절감이 있을 것이다.

ㄷ. A은행이 연간 배출하는 이산화탄소 배출량을 계산하면, 매년 연인원 1,000명이 항공 출장을 가고 있으며, 항공 출장으로 배출하는 이산화탄소 양이 A은행의 연간 전체 이산화탄소 배출량의 $\frac{1}{5}$에 해당하는 수준이라고 하였으므로 전체 이산화탄소 배출량은 1,000명×400kg×5＝2,000,000kg이다.

- 화상회의시스템으로 절감할 수 있는 이산화탄소 양 : 1,000명×30%×(9/10)＝108,000kg
- 전력차단프로그램으로 절감할 수 있는 이산화탄소 양 : 652,000kg

따라서 절감량이 전체 이산화탄소 배출량과 같지 않으므로 넷제로가 실현되지 않는다.

20 종합 정답 ⑤

| 난도 | 중

정답해설

- 도입 전 전체 이산화탄소 배출량 : 1,000명×400kg×5＝2,000,000kg(2,000t)
- 화상회의시스템으로 절감하는 양 : 1,000명×30%×9/10＝108,000kg(108t)
- 전력차단프로그램으로 절감하는 이산화탄소 양 : 652,000kg(652t)

따라서 절감되는 양은 760t으로 도입 전과 비교하면 38%가 감소한다.

합격생 가이드

19, 20번 문제 모두 t(톤)과 kg(킬로그램)의 단위에 주의하도록 한다. 또한 지문 곳곳에 숨어있는 단서를 활용하여 전체 이산화탄소 배출량 등을 계산하기 위해 지문 옆쪽이나 빈 여백에 필요한 정보를 빠르게 파악하여 메모하는 습관도 도움이 된다.

21 법조문 정답 ②

| 난도 | 중

정답해설

甲 : 신고기간이 지난 후 6개월 초과에 해당하므로 초과분은 5만 원이다.

乙 : 신고기간이 지난 후 1개월 초과 6개월 이내에 해당하므로 초과분은 3만 원이다. 하지만 부실하게 신고하여 2배를 부과하므로 초과분은 6만 원이다.

丙 : 신고기간이 지난 후 1개월 이내에 해당하고, 자진신고(높은 경감비율만 적용) 비율을 적용하여 초과분은 1만 원×1/2＝5천 원이다.

따라서 잘못 부과한 과태료 초과분의 합은 甲(10－5)＋乙(6－6)＋丙(1.5－0.5)＝6만 원이다.

합격생 가이드

법조문과 계산문제가 복합된 형태이다. 이러한 경우 단순한 법조문 형태보다 더 많은 시간이 소요될 수 있다. 라책형의 경우 이 문제가 1번이었기 때문에 첫 문제부터 계산 문제가 나와서 당황할 수 있었다. 따라서 전략적으로 넘어가고 시간적 여유가 있을 때 푸는 방법도 권해본다.

22 법조문 정답 ①

| 난도 | 중

정답해설

첫 번째 조 제2항 제1호에 의하면 일시적으로 하는 작업을 도급하는 경우 고용노동부장관의 승인 없이 자신의 사업장에서 수급인의 근로자가 그 작업을 하도록 할 수 있다.

오답해설

② 세 번째 조 제1항에 따르면 10억 원 이하의 과징금을 부과 · 징수할 수 있다.
③ 첫 번째 조 제2항 제2호와 제3항에 따르면 기술이 필수불가결한 경우 그 작업을 하도급할 수 없을 뿐이다.
④ 두 번째 조에 의하면 乙의 근로자가 甲의 사업장에서 작업을 하는 경우, 안전조치 및 보건조치를 할 의무는 도급인 甲이 진다.
⑤ 네 번째 조에 의하면 필요한 안전조치 및 보건조치를 하지 않을 경우 3년 이하의 징역 또는 3천만 원 이하의 벌금에 처해진다.

합격생 가이드

선지의 판단과 관련하여 한 개의 조항에 딸려있는 각 호는 서로 독립적인 규정이다. 따라서 첫 번째 조 제2항 제1호와 제2호는 독립적이므로, 일시적으로 작업을 도급하는 경우 고용노동부장관의 승인을 받을 필요가 없다.

23 조건적용 정답 ⑤

| 난도 | 중

정답해설

제시된 상황을 표로 정리하면 다음과 같다.

구분	乙	丙		
	재산상 손해	적극적 손해	소극적 손해	위자료
주장	6천만 원	1천만 원	1억 원	5천만 원
법원의 판단	5천만 원	5백만 원	1억 2천만 원	3천 5백만 원

C견해에 따르면, 적극적 손해와 소극적 손해는 동일한 성질이고 위자료는 다르다. 따라서 적극적 손해와 소극적 손해를 합산한 재산상 손해와 위자료를 두 개의 항목으로 나누고, 그 항목별 상한 금액을 넘지 않으면 된다. 이에 따르면, 법원의 심리 결과에 따라 손해 상한은 재산상 손해(적극+소극) 1억 2천 5백만 원과 위자료 3천 5백만 원이다. 丙의 주장에 따라 재산상 손해(적극+소극) 1억 1천만 원과 위자료 3천 5백만 원을 지급한다면 법원은 1억 4천 5백만 원을 지급하라고 판결해야 한다.

오답해설

① 첫 번째 문단에 따르면 법원의 심리 결과에 따라 재산상 손해인 5천만 원을 지급하라고 판결해야 한다.
② 첫 번째 문단에 따르면 법원의 심리 결과를 초과하여 지급할 수 없으므로 법원의 판단에 따라 5천만 원을 지급하라고 판결해야 한다.
③ A견해에 따르면 손해 항목별로 금액의 상한을 초과하는 판결을 할 수 없다. 이에 따르면 적극적 손해 5백만 원, 소극적 손해 1억 원, 위자료 3천 5백만 원이므로 1억 4천만 원을 지급하라고 판결해야 한다.
④ B견해에 따르면 손해배상 총액의 상한만 넘지 않는다면 가능하다. 丙의 주장에 따르면 손해배상 총액이 1억 6천만 원이고, 법원의 심리 결과에 따른 총액도 1억 6천만 원이므로 1억 6천만 원을 지급하라고 판결해야 한다.

24 법조문 정답 ③

| 난도 | 중

정답해설

제5항에 따르면 협상에 의한 계약을 체결하는 경우 제안서 제출마감일의 전일부터 기산하여 40일 전에 공고하여야 한다. 다만 해당 선지는 제5항 제1호에 따른 제4항 제2호에 해당하는 경우이므로, 제안서 제출마감일의 전일부터 기산하여 10일 전까지 공고할 수 있다. 제출마감일이 2021. 4. 1.이고 2021. 3. 19.에 공고하였다면 공고 기간을 준수한 것이다.

오답해설

① 제1항에 따르면 입찰서 제출마감일의 전일부터 기산하여 7일 전에 행하여야 한다. 제출 마감일이 2021. 4. 1.이므로 2021. 3. 24.에 공고하여야 한다.
② 제2항 단서에 따라 현장설명일의 전일부터 기산하여 30일 전에 공고하여야 한다.
④ 제5항에 따라 제안서 제출마감일의 전일부터 기산하여 40일 전에 공고하여야 한다.
⑤ 제4항에 따라 입찰서 제출 마감일의 전일부터 기산하여 5일 전까지 공고할 수 있다. 제출마감일을 2021. 4. 9.로 다시 정했으므로 2021. 4. 3.까지 재공고하여야 한다.

합격생 가이드

제출마감일 전일부터 기산한다는 뜻을 이해하여야 한다. 또한 법조문 문제의 특성상 주어진 대부분의 조항이나 호가 활용된다는 것을 생각하면 선지의 정오 판단 시 빠뜨리는 조항이 있는지 주의해야 한다.

25 조건적용 정답 ⑤

| 난도 | 하

정답해설

㉠ : 1957년 개정 「저작권법」에 따르면 저작물의 저작재산권을 저작자가 사망한 후 30년간 존속하는 것으로 규정한다. 따라서 1993. 12. 31.까지이다.
㉡ : 1987년 개정 「저작권법」에 따르면 저작재산권을 저작자가 사망한 후 50년 간으로 개정하였다. 따라서 ㉠의 보호기간이 연장되므로 20년을 더한 2013. 12. 31.까지이다.
㉢ : 2011년 개정 「저작권법」에 따르면 보호기간을 저작자가 사망한 후 70년간으로 개정하였다. 따라서 ㉡에 20년을 더한 2033. 12. 31.까지이다.

합격생 가이드

기산일과 관련된 정보는 상황판단 문제를 풀기 위해서 자주 접해보았을 것이다. 따라서 많은 수험생들이 어렵지 않게 풀 수 있었을 것이라 생각한다. ㉠, ㉡, ㉢을 차례대로 풀이하는 경우 앞에서 도출한 정답이 뒤의 빈칸에 힌트가 되는 것도 이러한 문제의 특징이다.

26 정보확인 · 추론 정답 ③

| 난도 | 하

정답해설

ㄴ. 석유에서 얻는 연료와 달리 식물성 기름에는 황이 거의 들어 있지 않다. 따라서 석유에서 얻은 연료에는 황성분이 포함되어 있을 것이다.

ㄹ. 바이오디젤은 질소산화물을 일반디젤보다 더 많이 배출하고, 바이오디젤은 일반디젤부다 이산화황을 거의 배출하지 않는다.

오답해설

ㄱ. 바이오디젤은 일반디젤보다 생산원가가 훨씬 높다. 따라서 바이오디젤이 혼합된 BD20은 일반디젤보다 생산원가가 높을 것이다.

ㄷ. 바이오디젤은 일반디젤보다 응고점이 높다. 따라서 같은 온도에서 바이오디젤이 액체일 때 일반디젤은 고체일 수 없다.

27 정보확인 · 추론 정답 ⑤

| 난도 | 하

정답해설

카페인 분해 효소의 효율이 유전적 · 환경적 요인에 따라 어떻게 달라지는지 확인하기 위한 조사에서 유전적 요인이 가장 큰 영향을 준다는 결론에 도달했다.

오답해설

① 카페인에 따른 각성효과는 권고 섭취량과 관계없이 사람마다 다르다.
② 카페인은 아데노신의 역할을 방해한다.
③ A형이 '빠른 대사자', C형이 '느린 대사자'이다. C형인 사람이 A형인 사람보다 카페인의 각성효과가 더 오래 유지된다.
④ 성인에게는 몸무게와 관계없이 400mg 이하를 권고한다.

합격생 가이드

2020년 이후로 잘 출제되지 않았던 줄글 지문의 단순한 정보확인 문제가 출제되었다. 이러한 문제는 답을 찾기 수월하여 풀이시간이 짧기 때문에 시간을 최대한 절약하여 후반부의 퀴즈나 계산 문제에서 쓸 수 있어야 한다.

28 단순계산 정답 ③

| 난도 | 중

정답해설

기준규격 20gtt/ml는 20방울이 떨어졌을 때 수액 1ml가 주입되는 것을 말한다.

㉠ : 수액 360ml는 7,200gtt와 같다. 2시간은 7,200초이므로 모두 주입하려면, 1초당 1gtt(방울)씩 주입하여야 한다.

㉡ : 기준규격에 따라 3초당 1gtt(방울)씩 수액을 주입하면 1분당 20gtt(방울), 즉 1ml를 주입하는 것과 같다. 24시간은 1,440분이므로 최대 1,440ml를 주입할 수 있다.

합격생 가이드

새로운 단위가 나오는 계산문제에서는 단위가 어떤 의미를 가지고 있는지 잘 파악하여야 한다. ㉡의 경우 3초당 1gtt로 수액을 주입하며, 기준규격에 따를 때 20방울이 1ml가 되는 것을 이해하면 1분당 1ml가 주입된다는 것을 알 수 있다.

29 단순계산 정답 ⑤

| 난도 | 중

정답해설

• 각 진로의 편익은 다음과 같다.
 – A : 25×1억 원=25억 원
 – B : 35×7천만 원=24.5억 원
 – C : 30×5천만 원=15억 원×연금(1.2)=18억 원
• 각 진로의 비용은 다음과 같다.
 – A : 3×6천만 원×1.5=2.7억 원
 – B : 1×1천만 원×1.0+2억 원(비연고지)=2.1억 원
 – C : 4×3천만 원×2.0+2억 원(비연고지)=4.4억 원

비용편익분석(편익－비용) 결과값은 A : 22.3억 원, B : 22.4억 원, C : 13.6억 원이다. 단, 평판도 1위인 C는 결과값에 2를 곱하여 27.2억 원이 된다. 따라서 진로의 순위는 1순위부터 C, B, A 순이다.

30 수리퀴즈(추론) 정답 ②

| 난도 | 상

정답해설

• 신용카드 거래 시 甲, 乙의 이득
 – 甲 : 100만 원×0.05×0.2(세율)=1만 원
 – 乙 : {(100－80)만 원×(1－0.2)}－{100만 원×0.01(수수료)}=15만 원
 甲의 이득은 신용카드 거래 시 공제되는 금액에 세율을 곱한 값이고, 乙의 이득은 세금을 지출하고 난 뒤 사업소득에 신용카드 수수료를 뺀 값이다.
• 상품권 거래 시 甲, 乙의 이득
 – 甲 : X만 원
 – 乙 : (100－X)만 원－80만 원=20－X만 원
 甲의 이득은 상품권 사용으로 할인받은 X만 원이고, 乙의 이득은 세금을 지불하지 않는 사업소득(20－X만 원)이다.

따라서 상품권으로 구매했을 경우 甲과 乙 모두 금전적으로 이득을 보았으므로 X의 범위는 1<X<5가 된다.

합격생 가이드

난도가 높은 수리퀴즈 문제였다. 이러한 문제를 해결하기 위해서는 신용카드 거래 시와 상품권 거래 시로 경우를 나누고, 각각의 경우에 해당하는 조건들을 계산한 뒤 비교해야 한다.

31 게임 · 규칙 정답 ③

| 난도 | 상

정답해설

5세트에서 원정팀이 승리하고, 홈팀이 두 세트를 이긴 경우를 모두 나열하면 다음과 같다. 이에 따르면 5세트는 반드시 원정팀이 승리한다는 것이다. 이를 계산하면 아래 표와 같은 6가지 경우가 나온다.

1세트	2세트	3세트	4세트	5세트	나간 관람객 수(명)
홈	홈	원정	원정	원정	(－500－500－500－0)=－1,500
홈	원정	홈	원정	원정	(－500－0－500－0)=－1,000
홈	원정	원정	홈	원정	(－500－0－1000－0)=－1,500
원정	홈	홈	원정	원정	(－1000－0－500－0)=－1,500
원정	홈	원정	홈	원정	(－1000－0－1000－0)=－2,000
원정	원정	홈	홈	원정	(－1000－1000－1000－0)=－3,000

따라서 5세트가 시작한 시점에 남아 있는 관람객 수의 최댓값은 −1,000명인 7,000명이다.

합격생 가이드

각 세트가 끝날 때마다 누적 세트 점수가 낮은 팀을 응원하는 관람객이 경기장을 나간다. 이때 누적 세트 점수가 동률이라면 홈팀이든 원정팀이든 아무도 나가지 않는다. 따라서 최대한 경기를 박빙으로 만들고, 동시에 홈팀이 먼저 많은 세트를 따는 경우가 바람직할 것이다. 이 포인트를 통해 홈−원정−홈−원정−원정 순으로 승리하는 경우를 충분히 생각해낼 수 있을 것이다.

32 수리퀴즈(추론) 정답 ⑤

| 난도 | 상

정답해설

1단계를 통해 도출되는 숫자를 x, 2단계를 통해 도출되는 숫자를 y, 3단계를 통해 도출되는 숫자를 z라고 하자. x, y, z는 1~9까지의 자연수이고, 1, 2, 3단계를 모두 거친 후 출력되는 수는 x+11y+111z이다.

ㄴ. 250이 출력되도록 누르는 방법은 z=2, y=2, z=6의 한 가지 경우만 존재한다.

ㄷ. 100의 배수가 출력되려면 y+z=9이고, x+y+z=10이 성립하여야 한다. 즉, 이를 위해선 x는 반드시 1이어야 한다.

오답해설

ㄱ. 반례를 생각해보면 333과 같은 숫자는 출력할 수 없다.

합격생 가이드

난도가 높은 수리퀴즈였다. 해설과 같이 덧셈의 형태를 만들었다면 그나마 수월하게 문제를 풀 수 있었을 것이나, 이를 실전에서 곧바로 생각해낼 수 있는 수험생은 소수이다. ㄷ과 관련하여서도 수학적 센스를 요구하기 때문에 평소에 수리퀴즈를 많이 접해보는 연습이 필요하다.

33 논리퀴즈 정답 ④

| 난도 | 중

정답해설

주어진 조건을 정리하면 다음과 같다.

1) A : A포함 3명 옹달샘(토끼지만 편의상 '명'을 단위로 한다).
2) B : D물 → B물
3) C : C옹달샘 ↔ D옹달샘
4) D : ~B옹달샘 → ~D옹달샘
5) E : E제외 2명이 물을 마셨다.

제시된 조건을 표로 나타내면 다음과 같다.

구분	A	B	C	D	E
물(2명)					×
옹달샘(3명)	○				

3)과 4)를 통해 'D옹달샘 → C옹달샘∧B옹달샘'이다. 옹달샘은 3명이므로 D는 옹달샘에 가지 않았다. '~D옹달샘 → ~C옹달샘'이고, 나머지 A, B, E가 옹달샘에 다녀왔다.

구분	A	B	C	D	E
물(2명)					×
옹달샘(3명)	○	○	×	×	○

옹달샘에서 물을 마시는 경우의 수는 다음과 같다.

i)

구분	A	B	C	D	E
물(2명)	×	○	×	○	×
옹달샘(3명)	○	○	×	×	○

ii)

구분	A	B	C	D	E
물(2명)	○/×	○	×/○	×	×
옹달샘(3명)	○	○	×	×	○

iii)

구분	A	B	C	D	E
물(2명)	○	×	○	×	×
옹달샘(3명)	○	○	×	×	○

따라서 모든 경우에 '~A물 → B물'이다.

오답해설

① i, ii의 경우에 A, D 둘 다 물을 마신 것은 아니다.
② ii, iii의 경우에 C, D 둘 다 물을 마신 것은 아니다.
③ E는 옹달샘에 다녀갔다.
⑤ 모든 경우에 '~물 → 옹달샘'인 것은 아니다. 물을 마시지 않은 경우도 존재한다.

합격생 가이드

전형적인 논리퀴즈 문제이고, 충분히 연습되었다면 시간을 단축하며 풀 수 있었을 것이다. 실전에서는 ④를 귀류법으로 검증하여 '~A물∧~B물'인 경우 모순이 발생함을 알고 ④가 반드시 참이라는 결과를 도출하여도 좋다.

34 수리퀴즈(추론) 정답 ③

| 난도 | 상

정답해설

편의상 제시된 조건에 1부터 5까지 번호를 붙인다면 1~3까지 조건에 따라 A전화번호를 구성하는 홀수는 (1, 5, 9) 또는 (3, 5, 7)이다.

• 전화번호가 (1, 5, 9)로 이루어져 있는 경우
  − 공통된 숫자의 종류 또한 (1, 5, 9)가 된다.
  − 5에 따르면 B전화번호의 두 번째로 작은 숫자는 2 또는 4이다.
  − 4에 따르면 B전화번호를 구성하는 숫자 중 가장 큰 숫자는 세 번 나타나므로 6개의 숫자 종류는 4가지이다(여섯 자리가 aaabcd이기 때문에 숫자 종류는 a~d까지 4가지).
  − B전화번호를 구성하는 6개 숫자는 (1, 2, 5, 9) 또는 (1, 4, 5, 9)이다.
  따라서 최댓값은 (1, 4, 5, 9)일 때 숫자를 모두 합한 37이다.
• 전화번호가 (3, 5, 7)로 이루어져 있는 경우
  − 공통된 숫자의 종류 또한 (3, 5, 7)이다.
  − B전화번호의 두 번째로 작은 숫자는 4이다.
  − B전화번호를 구성하는 6개 숫자는 (3, 4, 5, 7)이다.

(3, 4, 5, 7)을 더한 값은 33이므로 B전화번호의 최댓값은 (1, 4, 5, 9)일 때의 37이다.

합격생 가이드

B전화번호를 구성하는 숫자의 종류는 4가지인 것을 1, 4, 5의 조건을 통해 알 수 있다. 이를 이용한 경우의 수를 나누어 최대가 되는 경우를 도출해 내도록 한다.

35 논리퀴즈 정답 ①

| 난도 | 상

정답해설

제시된 내용을 표로 정리하면 다음과 같다.

구분	봄	여름	가을	겨울
	물	불	돌	눈
수컷	물			
암컷	불			

겨울에 태어난 양이므로 '눈', 암컷이므로 '불'이 반드시 포함되어야 한다. 이 양에게 붙일 수 있는 두 글자 이름은 '눈불' 또는 '불눈' 두 가지이다.

오답해설

ㄴ. '물불'이 여름에 태어난 암컷일 경우 '불'만 포함되면 된다. 따라서 '물불'이 여름에 태어났다고 반드시 수컷인 것은 아니고, 봄에 태어났다고 반드시 암컷인 것도 아니다.

ㄷ. A마을 양의 이름은 한 글자일 수 있다. 예를 들어, 여름에 태어난 암컷일 경우 이름이 '불'일 수 있다.

합격생 가이드

함정이 있는 퀴즈 문제이다. ㄴ의 경우 출제자가 함정에 걸릴 것을 의도한 것으로, ㄱ, ㄴ을 옳다고 판단하고 ④를 선택하고 넘어간 학생이 많을 것이다. 하지만 ㄷ에서 힌트를 얻는다면 그러한 함정을 피할 수 있다. 상황판단 문제를 풀 때는 항상 종합적인 사고를 하여야 하며, 출제자가 의도한 틀에 갇혀서 섣부르게 판단하면 안 된다.

36 조건적용 정답 ④

| 난도 | 중

정답해설

乙 : 1급지이고, 총시설평가액의 $\frac{2}{3}$(6.67억 원) 이상이 본인 소유 시설평가액(8억 원)이여서 가능하다. 두 번째 조건으로 하역시설 평가액 총액(8억 원) 역시 해당 사업자의 시설평가액 총액(11억 원)의 $\frac{2}{3}$(7.4억 원) 이상이므로 적정하다.

丁 : 3급지이고, 자본금이 1억 원 이상이므로 등록기준 총시설평가액은 5천만 원으로 완화된다. 총시설평가액의 $\frac{2}{3}$(3.34천만 원) 이상이 본인 소유 시설평가액(7천만 원)이므로 가능하다. 두 번째 조건 역시 하역시설 평가총액(6천만 원)이 시설평가액 총액(9천만 원)의 $\frac{2}{3}$ 이상이므로 적정하다.

오답해설

甲 : 1급지이므로 총시설평가액의 $\frac{2}{3}$ 이상(6.67억 원)이 본인 소유 시설평가액이어야 하지만 이는 6억 원으로 불가능하다. 또한 甲은 최소 등록기준의 자 본금에서부터 제외된다.

丙 : 2급지이고 총시설평가액의 $\frac{2}{3}$(3.34억 원) 이상이 본인 소유 시설평가액(5억 원)이므로 가능하다. 하지만 두 번째 조건의 하역시설 평가액 총액(5억 원)이 해당 사업자의 시설평가액 총액(8억 원)의 $\frac{2}{3}$(5.4억 원) 이상이 아니므로 적정하지 않다.

합격생 가이드

여러 선지 중 어느 선지가 조건을 충족하는지 묻는 조건적용 문제에서는 대부분 단서에 의해 조기에 소거되는 선지가 존재한다. 이 문제의 경우 甲은 첫 번째 조건(자본금)부터 충족시키지 못하여 바로 소거되었다. 이러한 점을 빠르게 파악하는 연습을 해두어야 한다.

37 조건적용 정답 ②

| 난도 | 중

정답해설

제시된 내용을 정리하면 다음과 같다.

- 소방자동차1 : 마지막 조건에 의해 운행거리가 12만km를 초과하여 내용연수 기준을 초과하므로 폐기한다.
- 소방자동차2 : 내용연수는 10년이고, 현재 사용연수는 9년이므로 교체대상까지 1년, 연장 사용한다면 2년이 남았다.
- 소방용로봇 : 내용연수는 7년이고, 현재 사용연수는 4년이므로 교체대상까지 3년이 남았다.
- 구조용 안전벨트 : 내용연수 기준으로 기본 3년이고, 1회 연장 사용시 최대 4년이므로, 내용연수 기준을 초과하여 폐기한다.
- 폭발물방호복 : 마지막 조건에 의해 실사용량이 경제적 사용량을 초과하여 내용연수 기준을 초과하므로 폐기한다.

따라서 가장 먼저 교체대상이 될 장비는 소방자동차2이다.

합격생 가이드

정답이 아닌 선지를 빠르게 소거해나간다는 식으로 문제를 풀어가는 것은 조건적용 문제에서 항상 강조하는 내용이다. 이 문제에서는 마지막 조건을 보고 바로 소방자동차1과 폭발물방호복을 소거하여 그만큼 계산하여야 할 시간을 단축하였다.

38 단순계산 정답 ①

| 난도 | 중

정답해설

갑과 을의 점수를 표로 나타내면 다음과 같다.

구분	등산		스키		암벽등반		수영		볼링	
	甲	乙	甲	乙	甲	乙	甲	乙	甲	乙
비용	5	5	1	1	2	2	3	3	4	4
만족도	2	2	4	4	5	5	1	1	3	3
위험도	1	5	5	1	4	2	2	4	3	3
활동량	2	4	5	1	3	3	4	2	1	5
합계	10	16	15	7	14	12	10	10	11	15

등산과 암벽등반, 볼링의 합계점수가 각 26점으로 가장 높고, 동점일 때에는 乙이 부여한 점수의 합이 가장 높은 종목을 선택하므로 등산이 선택된다.

합격생 가이드

실전에서는 표 옆에 점수를 표시하도록 한다. 또한 위험도와 활동량의 점수를 적을 때, 甲과 乙의 점수의 합이 항상 6이 됨을 파악했다면 문제를 조금 더 빨리 풀 수 있을 것이다.

39 종합 정답 ②

| 난도 | 중

정답해설

플래터가 5개, 플래터당 트랙이 10개, 트랙당 섹터가 20개라면, 실린더의 개수는 10개이다. 플래터 표면 중심에서 거리가 같은 모든 트랙을 수직으로 묶어 하나의 실린더라고 하므로, 플래터당 트랙이 10개라면 실린더의 개수 또한 10개이다.

오답해설

① 플래터에는 양면으로 표면이 2개씩 있다. 플래터가 5개라면 표면의 개수는 최대 10개이다.
③ 모든 섹터의 크기가 같다면 바깥쪽 트랙일수록 더 많은 섹터가 있다.
④ 한 섹터는 512바이트를 저장하든, 10바이트를 저장하든 섹터 한 개를 전부 사용해야 한다.
⑤ 하드디스크의 여러 곳(트랙과 섹터)에 분산되어 파일이 저장되기도 한다.

합격생 가이드

시험지 여백에 하드디스크의 원반 모양을 그려 플래터와 헤드, 트랙과 실린더 등을 표시하면 이해하기 더 편하다. 실전에서는 이러한 사항들을 그려보는 시간도 아끼려는 수험생이 많은데, 가능하면 확실하게 풀고 넘어가는 방법을 찾아야 한다.

40 종합 정답 ④

| 난도 | 중

정답해설

플래터의 회전속도가 7,200rpm이라는 것은 분당 7,200번 회전한다는 것을 의미한다. 바꿔 말하면 60초에 7,200번 회전하므로 1초당 120번을 회전한다.

즉, 1회전에 $\frac{1}{120}$초가 걸리므로 ㉠은 $\frac{1}{120}$이다.

헤드의 이동속도가 5Hz라는 것은 1초에 헤드가 5번 왕복한다는 것을 의미한다. 표면당 트랙이 20개가 있으므로, 1번 왕복에 트랙을 40번 지나게 된다. 이를 비례식으로 나타내면 '1초 : 트랙(40×5개)=㉡초 : 트랙 1개'가 되므로 ㉡=$\frac{1}{200}$이다.

합격생 가이드

상황판단에서 자주 등장하는 단위 계산 문제이다. 단위 계산 문제를 푸는 정석적인 방법은 해당 단위에 대한 이해를 바탕으로 비례식을 세워 푸는 것임을 기억해둔다면 문제 풀이에 유용하게 쓰일 수 있을 것이다.

2021 기출문제 정답 및 해설

제1과목 언어논리 _ 정답 및 해설

1	2	3	4	5	6	7	8	9	10
④	②	③	⑤	②	①	③	④	④	①
11	12	13	14	15	16	17	18	19	20
③	⑤	③	①	④	①	④	②	⑤	③
21	22	23	24	25	26	27	28	29	30
②	①	①	②	④	④	①	②	⑤	⑤
31	32	33	34	35	36	37	38	39	40
③	②	⑤	③	⑤	②	⑤	⑤	⑤	③

01 일치부합 정답 ④

| 난도 | 중

정답해설

회원들은 벌어들이는 돈의 대부분을 사적 주문에 의한 그림 제작을 통해 획득하였다.

오답해설

① 일반 직업 화가들의 신분이나 일의 내용에 대해서는 알 수 없다.
② 화원이 국가 관료의 지위를 가졌으며, 녹봉에만 의지하는 다른 하급 관료보다 경제적으로 풍요로웠다.
③ 업무에 따른 화원 간 자격의 차등에 관한 내용은 알 수 없다.
⑤ 화원 집안에서는 대대로 화원을 배출하려고 노력했고, 조선 후기에는 몇몇 가문이 도화서 화원직을 거의 독점하게 되었다고 하여 화원직의 세습이 이루어졌음을 알 수 있다.

합격생 가이드

지문의 '화원'과 같이 핵심 개념이 정의가 되어 있는 경우 정의를 활용한 ④와 같이 선지의 변형에 유의하자. 이 문제의 경우 발췌해서 읽더라도 답을 쉽게 찾을 수 있을 정도로 선지 구성이 쉽게 되어 있지만, 어렵게 나오는 경우를 대비해 '화원', '일반 화가', '하급 관료' 등 선지와 비교의 대상이 되는 지문의 소재를 유념하며 독해하는 것이 정확한 문제 풀이에 도움이 된다.

02 일치부합 정답 ②

| 난도 | 중

정답해설

중앙과 지방의 모든 국정 업무는 육조를 통해 수합되었고, 육조는 이를 다시 승정원의 해당 방의 승지에게 보고하였다. 그리고 해당 승지는 이를 다시 왕에게 보고하였다.

오답해설

① 주서는 자신이 기록한 사초를 정리하여 이것을 승정원에서 처리한 공문서나 상소문과 함께 모두 모아 매일 『승정원일기』를 작성하였을 뿐, 이를 선별하여 수정하였다는 내용은 알 수 없다.
③ 사간원은 육조에 해당하지 않는데, 육조 이외의 보고 체계에 대한 내용은 지문에 담겨 있지 않다.
④ 주서가 『승정원일기』를 작성한 것은 맞지만, 승지에 대해서는 언급되어 있지 않다.
⑤ 영조 대의 화재로 소실된 『승정원일기』는 창덕궁의 화재와 관련이 있다는 것을 알 수 있으나, 당시 어디에 보관되어 있었는지에 대한 정보는 알 수 없다. 그리고 경복궁에 보관되어 있다가 화재로 소실된 『승정원일기』는 임진왜란 대의 『승정원일기』이다.

합격생 가이드

『승정원일기』와 같이 하나의 주제어에 관한 지문을 다룰 경우, 각 문단이 담고 있는 내용에 따라 분류해가며 독해한다면, 향후 선지를 해결함에 있어 용이하다. 이 지문의 경우 '1문단-승정원', '2문단-승정원 일기의 작성', '3문단-승정원 일기의 소실' 정도로 정리하며 읽는다면 선지에 대응한 근거를 찾기 훨씬 수월하다.

03 일치부합 정답 ③

| 난도 | 중

정답해설

17세기 이후 농지 개간의 중심축이 범람원 개간에서 산간 지역 개발로 이동하였고, 범람원에서 산간 지역으로 논의 환경이 변화함에 따라 다시 미생물 생태계가 변화하여 이질의 감소가 나타났다.

오답해설

①·②·⑤ 제시문을 통해서는 알 수 없는 내용이다.
④ 17세기 이후 조선에서 개간 대상 지역이 바뀌었다는 내용만 알 수 있을 뿐, 인구 밀집 지역에 대한 정보는 찾을 수 없다.

합격생 가이드

시대 또는 기간 간 비교가 이루어지는 지문의 경우 각 비교 대상의 특징에 유념하여 독해하는 것이 정확한 선지 해결에 도움을 준다. 15세기의 3문단과 17세기의 4문단을 중심으로 글의 내용을 파악한다면 ①·②를 제외한 선지의 해결을 보다 용이하게 할 수 있을 것이다.

04 일치부합 정답 ⑤

| 난도 | 중

정답해설

이전 연도의 수확량의 절반을 n이라고 할 때, 정액제의 이윤은 3n(=4n−n)인 반면, 분익제의 이윤은 2n(=4n×$\frac{1}{2}$)이다.

오답해설

① 신고전주의 경제학에서 말하는 '이윤의 극대화'를 위한 계산의 여지는 거의 없다고 하면서, 대신 '삶의 거의 모든 측면에서 안전 추구를 최우선으로 여기는 성향'인 안전 제일의 원칙을 제시하고 있다.
② 정상적인 농민이라면 큰 벌이는 되지만 모험적인 것을 시도하기보다는 자신과 자신의 가족들을 파멸시킬 수도 있는 실패를 피하려고 하기 마련이라고 하여 큰 벌이로 이어질 수 있다는 사실을 인식하고 있었다는 사실을 알 수 있다.
③ 제시문을 통해서는 알 수 없는 내용이다.
④ 새로운 체제가 제시하는 기대 수입에서의 상당한 이득에도 불구하고, 많은 농민들은 정액제 자체에 내포되어 있는 생계에 관련된 위험성 때문에 전환을 꺼렸다.

합격생 가이드

④ · ⑤의 해결에 있어 발췌독을 통해 문제를 해결할 경우 선지를 분석할 수 없거나, 잘못 판단하게 될 위험성이 존재한다. 그렇기 때문에 특히 최근 기출을 해결함에 있어 지문을 위에서부터 독해하며 주제에 따라 각 문단을 정리하는 것이 정확한 선지 해결에 유리하다.

05 일치부합 정답 ②

| 난도 | 하

정답해설

'공공장소를 미화하는 미술'은 '공공장소 속의 미술'과 '공공 공간으로서의 미술'을 포괄하는 표현이다. 선지의 '공공 미술 작품의 미적 가치보다 사용 가치에 주목하는 시도'는 '공공 공간으로서의 미술'을 지칭하는 표현이다.

오답해설

① 다양한 매체를 활용하여 사회 정의와 공동체 통합을 추구하는 활동은 '공공의 이익을 위한 미술'이다.
③ 공중이 공유하는 문화 공간을 심미적으로 디자인하여 미술과 실용성을 통합하려는 활동은 '공공 공간으로서의 미술'이다.
④ 공중 모두에게 공공장소에 대한 보편적 미적 만족을 제공하는 활동은 '공공 장소를 미화하는 미술'이다.
⑤ 공간적 제약을 넘어서 공중이 미술을 접할 수 있도록 작품이 존재하는 장소를 미술관에서 공공장소로 확대하는 활동은 '공공장소 속의 미술'이다.

합격생 가이드

세 가지 패러다임에 대한 설명과 비교가 이루어지고 있다는 점 그리고 '~는 ~이다.'라는 선지의 공통된 형식에 비추어 세 대상 사이의 교차를 통해 오답 선지가 만들어질 것이라는 사실을 쉽게 유추할 수 있다.

06 일치부합 정답 ①

| 난도 | 중

정답해설

아미노산의 하나인 아르기닌과 포도당 사이의 마이야르 반응에 따라 발생하는 아세틸피롤린은 팝콘향을 내며, 마이야르 반응이란 약 섭씨 140도에 도달할 때 일어나는 현상이다.

오답해설

③ 아크릴피리딜은 포도당이 아미노산의 한 종류인 시스테인과 반응할 때 생성된다. 포도당과 아르기닌의 반응에 따라 생성되는 물질은 아세틸피롤린이다.
② · ④ · ⑤ 제시문을 통해서는 알 수 없는 내용이다.

합격생 가이드

지문상 정보가 제시되어 있지 않은 오답 선지의 판단에 있어 선지를 잘못 읽어 잘못된 판단을 하게 될 우려가 있다. 정확한 선지의 해결을 위해 침착한 접근과 더불어 지문에 밑줄을 치는 등의 방식으로 각 선지의 명확한 근거를 찾을 필요가 있다.

07 글의 문맥 · 구조 정답 ③

| 난도 | 중

정답해설

가시고기가 더 많은 요각류를 잡아먹을수록 와편모충의 생존에 유리하고, 빛을 내는 와편모충이 빛을 내지 않는 경우보다 생존에 유리할 것이라는 예상을 하고 있다.

오답해설

① 발광하지 않는 경우보다 발광하는 와편모충이 생존에 유리하다는 내용이 적절하다.
② 실험은 와편모충의 포식자인 요각류와 요각류의 포식자인 가시고기를 활용해 와편모충의 생존률에 대한 분석이 목적이라고 할 수 있다. 따라서 요각류를 세는 내용이 나오는 것이 적절하다.
④ 원생생물이 자신을 잡아먹는 동물에게 포식 위협을 증가시킴으로써 잡아먹히는 것을 회피할 수 있으며, 발광하는 와편모충은 요각류의 저녁 식사가 될 확률이 낮아진다고 하였으므로 빛을 내는 와편모충의 생존에 유리한 내용이 들어가는 것이 적절하다.
⑤ 와편모충의 빛을 내는 행위는 요각류가 그 포식자에게 잡아먹힐 위험성을 높이기 위한 장치라고 할 수 있다. 따라서 원생생물의 포식자의 포식자에게 알리는 행위가 들어가는 것이 적절하다.

합격생 가이드

실험에 관련된 문제나 글의 맥락에 관련된 문제를 해결할 때는 문제의 답이 하나라는 사실을 유념할 필요가 있다. 특히나 하나의 적절한 선지를 고르는 이 문제의 경우 나머지 선지의 내용이 적절하지 않고, 오히려 지문의 내용이 적절하다는 것을 바탕으로 내용을 보다 쉽게 이해할 수 있다.

08 밑줄 · 빈칸 채우기 정답 ④

| 난도 | 하

정답해설

㉠ 전투기 전체에 철갑을 두르는 것이 가능하지 않고, 교전을 마치고 돌아온 전투기에 총알구멍이 동체 쪽에 더 많았다고 하였다. 그리고 쏠림 현상을 군 장성들이 수학자들과 다르게 고려하지 않았다고 하였으므로 선택지의 내용이 들어가는 것이 적절하다.

㉡ 표본 선정의 쏠림 현상이란 표본이 무작위로 선정되지 않고 편향성을 가지는 현상이고, 엔진 부분에 총알을 맞은 전투기는 귀환하기 어려워 전투기에 표본 선정의 쏠림 현상이 나타나고 있다. 그러므로 장성들의 표본이 무작위로 선정되었을 것이라는 기대에 대한 내용이 들어가는 것이 적절하다.

합격생 가이드

빈칸을 채워야 하는 문제의 경우 선지는 똑같이 5개지만 오히려 ㉠, ㉡ 별로 고려해야 하는 선지는 다른 유형에 비해 훨씬 적다는 점을 알 수 있다. 그러므로 주제를 바탕으로 맥락에 적절한 내용을 찾는 것이 어렵다고 한다면 하나씩 대입해서 가장 적절한 대상을 찾는 방법이 오히려 더 빠를 때도 있다.

09 추론 정답 ④

| 난도 | 하

정답해설

익명성 보장은 친사회적 침묵과 관련성이 없고 오히려 방어적 침묵과 관련된 내용이다.

오답해설

① 구성원들의 발언이 조직의 의사결정에 반영되는 정도가 커지는 경우 실효성이 확대되고 구성원들의 체념 내지 방관이 완화되어 묵종적 침묵이 감소한다.

② 외부 위협으로부터 자신을 보호하거나 자신을 향한 보복을 당하지 않기 위해 조직과 관련된 부정적인 정보나 의견을 억누르는 적극적인 성격의 행위는 방어적 침묵이다.

③ 조직의 부정적 이슈 등과 관련된 정보나 의견 등을 가지고 있지만 이를 알리거나 표출할 행동 유인이 없어 표출하지 않는 행위는 묵종적 침묵이다.

⑤ 실효성이 낮거나 안전도가 낮은 경우 침묵이 증가하며, 구성원이 침묵을 택하는 경우 구성원들의 정신건강과 신체에 악영향을 미칠 수 있다.

합격생 가이드

3가지 침묵 유형이 명시적으로 나누어져 있어 해결이 용이한 문제이다. 정답 선지의 경우 서로 다른 유형에 대한 설명을 결합하여 구성했을 가능성이 높아, 침묵별 내용을 구별하는 데 주의하여 문제에 접근할 필요가 있다. ⑤와 같이 활용되지 않는 지문이라고 판단했던 1문단을 활용한 선지가 나올 수 있는 만큼 관련 독해하는 데 어느 정도 주의를 기울일 필요가 있다.

10 사례 찾기 · 적용 정답 ①

| 난도 | 상

정답해설

B곤충은 A식물의 잎을 갉아먹어 광합성 산물의 생산량을 감소시키며, A식물이 만들어내는 종자의 수는 광합성 산물의 양에 비례한다. 실험에 따르면 B곤충을 차단한 실험에서 끈적한 개체가 매끄러운 개체보다 종자를 45% 더 적게 생산했으나, B곤충이 침입하는 실험에서는 매끄러운 개체와 끈적한 개체가 생산한 종자의 수 사이에 의미 있는 차이는 나타나지 않았다. 이를 종합하면 B곤충의 침입이라는 결과로 B곤충은 매끄러운 식물을 더 많이 갉아먹었고, 그 결과 상대적으로 많은 양의 광합성 산물이 감소해 종자 수 역시 더 큰 폭으로 감소했다고 볼 수 있다.

오답해설

ㄴ. B곤충은 A식물의 잎을 갉아먹어 광합성 산물의 생산량을 감소시킨다. 실험의 'B곤충이 침입하는 조건에서 매끄러운 개체는 끈적한 개체보다 잎이 더 많이 갉아먹혔다.'에서 매끄러운 식물의 잎이 B곤충에게 갉아먹혔다는 사실을 알 수 있다. 그러므로 B곤충이 있는 환경에서 광합성 산물이 더 적다고 할 것이다.

ㄷ. A식물이 만들어내는 종자의 수는 광합성 산물의 양에 비례한다. 또한 끈적한 식물은 종자 생산에 사용해야 할 광합성 산물의 일정량을 끈적한 당액의 분비에 소모한다. 따라서 다른 모든 조건이 동일한 경우 끈적한 A식물이 생산한 종자 수는 매끈한 A식물이 생산한 종자 수보다 적다고 할 수 있다. 하지만 실험의 B곤충이 있는 환경에서는 위 관계가 성립하지 않는다. 오히려 매끄러운 개체와 끈적한 개체가 생산한 종자의 수 사이에 의미 있는 차이는 나타나지 않았으므로 종자 생산에 소모한 광합성 산물의 양이 유사하다는 사실을 알 수 있다.

합격생 가이드

실험에 대한 문제에 있어 가장 중요한 것은 비교집단과 대상집단 사이 존재하는 유의미한 차이점이 무엇인지 찾는 것이다. 문제의 실험에서 식물의 종류와 B곤충의 존재 여부에 따라 총 4가지 실험 집단으로 구분되며, 그에 따라 종자 수의 차이가 나타난다는 사실을 유념하여 선지에 접근한다면 보다 정확한 해결이 가능할 것이다.

11 추론 정답 ③

| 난도 | 상

정답해설

ㄱ. 단순입방격자 방식에서 각층의 효율성은 같고, 단순입방격자 방식의 효율성은 53%이므로, 제1층만의 효율성 역시 53%이다. 그리고 6각형격자 방식의 효율성은 60%이라고 하였고, 제1층만을 따지면 인접입방격자 방식과 6각형격자 방식은 동일한 형태이므로, 제1층만을 고려한 인접입방격자 방식의 효율성은 60%이다.

ㄴ. 단순입방격자 방식에서 최대로 접할 수 있는 공의 개수는 1층이나 제일 높은 층이 아닌 임의의 층의 가운데 놓인 경우에 나타나며, 이 경우 동일 층에 위치한 4개와 위아래 하나씩 총 6개의 공과 접하는 것이 최대이다.

오답해설

ㄷ. 단순입방격자 방식에서 각층의 효율성은 53%이며, 6각형격자 방식에서 각층의 효율성은 60%이다. 그러므로 어느 층을 비교하더라도 단순입방격자 방식이 6각형격자 방식보다 효율성이 낮다.

12 글의 문맥 · 구조 정답 ⑤

| 난도 | 중

정답해설

㉡을 참이라고 받아들인다고 가정하자. 즉 '비물질적 실체'라는 용어가 지칭하는 대상이 존재하지 않는다. 이때 ㉠의 대우에 따라 '비물질적 실체'는 의미 있는 용어가 아니다. 그러한 경우 ㉢에 따라 비물질적 실체가 존재하는가에 대해 긍정도 부정도 할 수 없다. 하지만 이 결론은 ㉣과 모순된다. 따라서 최초에 가정한 ㉡은 거짓이다.

오답해설

① ㉠을 조건문의 형태로 나타내면 '의미 있는 용어' → '지칭하는 대상 존재'가 된다. ㉤이 가정하는 어떤 용어는 의미 있는 용어인 동시에 지칭하는 대상이 존재하지 않는다. 그러므로 ㉤은 ㉠의 반례이다.

② ㉤이 참이라고 가정하자. ㉠을 조건문의 형태로 나타내면 '의미 있는 용어' → '지칭하는 대상 존재'가 된다. ㉤이 가정하는 어떤 용어는 의미 있는 용어인 동시에 지칭하는 대상이 존재하지 않는다. 그러므로 ㉤은 ㉠의 반례라고 할 수 있다. 따라서 ㉠은 거짓이다.

③ ㉣이 참이라고 가정하자. ㉢의 대우에 따라 '비물질적 실체'는 의미 있는 용어이다. 이 결론은 ㉤과도 충돌하지 않는다. 따라서 ㉢과 ㉤이 참이면서 ㉣이 거짓이 되지 않는 것이 가능하다.

④ ㉠과 ㉡이 참인 경우 '비물질적 실체'는 의미 없는 단어이다. 이 경우 ㉢에 따라 비물질적 실체가 존재하는가에 대해 긍정도 부정도 할 수 없다. 그러나 이는 ㉣의 부정이다. 따라서 ㉠, ㉡, ㉢이 참이면 ㉣이 반드시 거짓이라고 할 수 있다.

13 논리퀴즈 정답 ③

| 난도 | 하

정답해설

제시된 조건을 정리하면 다음과 같다.

조건1 : 요가 교실 운영 → 3명 이상 신청

조건2 : F

조건3 : C → G

조건4 : D → ~F

조건5 : (A∨C) → ~E

조건6 : (G∨B) → (A∨D)

ㄱ. 어떤 사무관의 신청이 다른 사무관의 미신청으로 이어지는 것은 조건 4, 5 둘 뿐이다. 조건2와 4에 따라 D가 신청하지 않는다는 정보를 알 수 있다. 조건5의 대우를 취하면 E가 신청하는 경우보다 E가 신청하지 않는 경우 신청자가 더 많다. 이때 최대 신청 가능 인원은 D와 E를 제외한 5명이다.

ㄴ. 선지의 내용은 'G와 B 중 적어도 한 명이 신청하는 경우가 아니라면 요가 교실은 운영되지 않는다.'라고 표현할 수 있다. G와 B가 모두 신청하지 않는다고 가정하자. 조건3의 대우에 따라 C가 신청하지 않는다. 그리고 조건2, 4에 따라 D가 신청하지 않는다. 그러나 사무관 A, E 모두가 신청하는 것은 조건5에 의해 가능하지 않다. 따라서 가능한 신청 사무관의 조합은 (A, F), (E, F), (F) 3가지이며 모든 경우에 요가 교실이 운영되지 않는다.

오답해설

ㄷ. A가 신청하지 않는다고 가정하자. 조건2, 4에 따라 D가 신청하지 않는다. 그리고 조건6의 대우에 따라 G와 B 모두 신청하지 않으며, 조건3에 따라 C가 신청하지 않는다. 그러나 E의 신청 여부에 대해 알 수 없다.

합격생 가이드

선지가 조건문 형태로 주어진다면 다양한 조합이 가능할 것이라고 예상할 수 있다. 이 문제의 경우 설명문 사이에 조건을 숨기고 이를 활용했으나 상당히 쉬운 수준의 논리 문제라고 할 수 있다. 정확한 기호화를 선행한 후 선지를 해결한다면 어렵지 않게 풀 수 있을 것이다.

14 논리퀴즈 정답 ①

| 난도 | 중

정답해설

확정적인 내용을 담고 있는 조건들을 토대로 자료를 정리하고 경우의 수를 나누면 다음과 같다.

A	B	C	D
을x	을x	정	을
월		둘 중 하나는 목	

i) C가 목요일인 경우

A	B	C	D
갑 or 병	병 or 갑	정	을
월	화	목	수

ii) D가 목요일인 경우

A	B	C	D
갑	병	정	을
월	수	화	목

이에 따르면 수요일에는 을 또는 병이 태어났다.

15 밑줄 · 빈칸 채우기 정답 ④

| 난도 | 중

정답해설

제시문의 대화를 정리하면 다음과 같다.

i) A → B

ii) ~D → C

iii) C∧~B

먼저 이 세 조건에 ㉠이 결합되어 C∧(~A∧~B∧~D)를 끌어낼 수 있어야 한다. i 을 대우명제로 변환하면 ~B → ~A가 되며, 이를 iii과 결합하면 C∧(~A∧~B)이 된다. 이제 여기에 ~D만 추가되면 C∧(~A∧~B∧~D)이 되는데 이를 위해서는 'D그룹에서 항체를 생성한 후보 물질은 모두 A그룹에서 항체를 생성했다'는 조건이 필요하다.

다음으로 ㉡이 결합되어 D가 끌어내질 수 있는 조건을 찾아보자. 먼저 ii를 대우명제로 변환하면 ~C → D가 되므로 선택지에서 ~C가 도출되는 명제를 찾으면 된다. 다행히 'C그룹에서 항체를 생성하지 않은 후보 물질이 있다'는 조건이 깔끔하게 주어져 있다.

16 견해 비교 · 대조 정답 ①

| 난도 | 하

정답해설

갑의 주장은 '확률 증가 원리가 성립하는 상관관계와 인과관계는 동치이다.'라고 할 수 있다. 병의 주장은 '공통 원인의 부존재가 전제된다면 확률 증가 원리가 성립하는 상관관계와 인과관계는 동치이고 공통 원인은 존재하지 않는다.'라고 할 수 있다. 따라서 갑과 병 모두 인과관계가 성립하면 상관관계가 성립한다고 할 수 있다.

오답해설

② 확률 증가 원리가 성립하지 않는 상관관계가 성립하는 경우 인과관계에 관한 병의 주장을 확인할 수 없다.

③ 공통 원인이 존재하는 경우 상관관계만으로는 인과 관계를 추론할 수 없다고 하였다.

④ 을의 주장은 '확률 증가 원리가 성립하는 상관관계라 하더라도 인과관계가 성립하지 않는 경우가 존재한다.'라고 할 수 있다. 이는 갑이 인과관계라고 인정하는 사례 중 반례가 존재할 수 있다는 것이다.

⑤ 공통 원인이 존재하지 않는 경우 갑과 병의 인과관계 성립 여부에 대한 판단은 동일하다고 할 수 있다. 반면, 공통 원인이 존재하는 경우 갑은 인과관계가 성립한다고 판단하는 한편 병은 인과관계가 성립하지 않는다고 판단할 것이다. 그러므로 인과관계가 성립한다고 인정하는 사례는 갑이 병보다 더 많거나 같다.

합격생 가이드

주장이 짧고 논쟁의 내용이 간단해 답을 찾는 데 어려움이 없을 것으로 예상된다. 논쟁 유형의 문제를 대응함에 있어 각 주장이 어떤 쟁점에서 충돌하고, 어떤 쟁점에서 서로 동의하는지 유념하면서 지문을 분석한다면 보다 수월한 문제 풀이가 가능하다.

17 강화 · 약화 정답 ④

| 난도 | 중

정답해설

연천의 전곡리 유적은 주먹도끼가 우리나라에서 처음 발견된 유적지이고, 주먹도끼는 전기 구석기 시대의 대표적인 석기이다. 그런데 ㉠은 모비우스 라인 동쪽에서는 주먹도끼가 나타나지 않은 찍개 문화권으로 서쪽보다 인류의 지적 · 문화적 발전 속도가 뒤떨어졌다는 주장이다. 그러므로 선지의 확증이 이루어진다면 ㉠의 주장을 반증한다.

오답해설

① 두개골 크기에 대한 논의는 ㉠이나 지문에서 찾을 수 없다.

② 주먹도끼를 만들기 위해서는 형식적 조작기 수준의 인지 능력이 필요하므로 모비우스 라인 동쪽에는 형식적 조작기 수준의 인지 능력을 갖춘 인류가 부족했다고 할 수 있다. 그러므로 선지의 내용은 ㉠을 약화한다.

③ 주먹도끼를 만들기 위한 과정을 고려할 때 '구석기인들의 지적 수준이 계획과 실행이 가능한 수준으로 도약했다는 것을 확인해 주는 부분'이라는 정보가 제시되어 있다. 또한 2문단에 따르면 '주먹 도끼를 제작할 수 있다는 것은 추상적 사고를 할 수 있으며 그런 추상적 개념을 언어로 표현하고 대화할 수 있다는 것을 의미한다.'는 정보가 제시되어 있다. 따라서 선지의 내용은 ㉠을 약화한다.

⑤ 선지의 내용은 ㉠과 무관하다.

합격생 가이드

강화 · 약화 유형 문제를 해결하기 위해 가장 주목해야 할 것은 강화 및 약화의 대상이 되는 주장이다. ㉠과 같이 대상이 지문의 뒷부분에 제시되어 있는 경우에는 우선 ㉠ 등이 정확히 어떤 주장이고 본문 나머지 부분과 어떻게 대응되는지 유의하면서 독해해야 한다.

18 강화 · 약화 정답 ②

| 난도 | 상

정답해설

A : 인간에게 인식적 의무가 있다.

B : 자신의 의지만으로 어떤 믿음을 가질지 정할 수 있다.

전제1 : A → B

전제2 : ~B

결론 : ~A

따라서 전제2와 같은 주장을 내용으로 하는 선지이다.

오답해설

ㄱ. 선지의 내용은 '인간에게 인식적 의무가 있다는 명제와 자신의 의지만으로 어떤 믿음을 가질지 정할 수 없다는 명제가 거짓이라는 명제는 동시에 참일 수 없다.'라고 표현할 수 있다. 따라서 인간에게 인식적 의무가 있다고 주장하는 경우 논증을 약화한다.

ㄷ. 인식적 의무가 있다는 명제가 거짓인 경우 전제1 또는 전제2를 강화하지 않는다.

합격생 가이드

논증의 형식으로 강화 및 약화의 대상이 제시되어 있을 때에는 ㄷ과 같은 선지에 주의를 기울여야 한다. 전제와의 내용적 일치가 없이 결론과 동치인 경우 논증을 강화한다고 주장할 수가 없기 때문에 ㄷ은 논증을 강화한다고 할 수 없다. 똑같은 결론을 말한다고 해서 논리적 과정이 상이한 두 주장이 서로를 강화한다고 말할 수 없기 때문이다.

19 종합 정답 ⑤

| 난도 | 하

정답해설

㉠ 이후의 지문에 따르면 X에 따라 A1, A2, A3 중 도덕적으로 올바른 행위가 무엇인지 적절하게 판단할 수 없어야 한다. 선지의 기준에 따를 때 A1이 가장 많은 행복을 제공하지만 한편으로 가장 많은 고통을 산출한다. 반면 가장 적은 고통을 산출하는 A3의 경우 가장 적은 행복을 산출한다. 그러므로 무엇이 도덕적으로 올바른 행위인지 알 수 없다.

오답해설

① · ③ A1, A2, A3 모두 도덕적으로 올바르다.

② · ④ A1, A3가 도덕적으로 올바르다.

합격생 가이드

빈칸의 위치에 따라 빈칸 전의 지문보다 후의 지문이 더 중요한 때도 있다. 이 문제와 같이 이후의 내용에 따라 ㉠의 내용이 결정될 때는 선지의 내용에 따라 도덕적으로 올바른 행위가 결정되고 ㉠에는 아무런 결론도 나오지 않는 선지가 들어와야 한다는 사실을 미리 알아야 정확한 해결이 가능하다.

20 종합 정답 ③

| 난도 | 중

정답해설

갑 : 지문에 따르면 Y의 입장은 (행복－고통)인 유용성이 제일 큰 선택지가 도덕적으로 올바르고 이러한 입장을 취하는 경우 X와 같이 선택하지 못하는 경우가 없다는 것이다. A1의 유용성은 40, A2의 유용성은 40, A3의 유용성은 40이므로 지문의 X와 마찬가지로 도덕적으로 올바른 선택지를 고를 수 없다.

을 : 을의 입장은 Y의 판단 기준이 되는 유용성이 선택 이후에도 유지되는 절대적인 기준이 아니라는 것이다. 그러므로 을의 반박에 따르면 Y의 기준을 따르더라도 올바른 선택을 하지 못하는 경우가 있을 수 있다.

오답해설

병 : Y의 입장에 따르면 유용성이 음수가 나오더라도 가장 큰 값이라면 도덕적으로 올바른 행위이다.

합격생 가이드

Y의 입장은 크게 2부문으로 나누어져 있다는 것을 명심해야 정확한 문제 풀이가 가능하다. 갑의 주장의 경우 판단 기준에 관한 반박이고, 을의 주장은 판단 기준의 절대성에 대한 반박이다. 하나의 부문만을 고려하여 한쪽을 제외하는 실수를 하지 말아야 한다.

21 일치부합 정답 ②

| 난도 | 하

정답해설

실시 여부를 수령이 재량으로 결정한 진제 방식은 사진이며, 사진은 관곡을 사용하지 않았다.

오답해설

① 진제 대상자의 선정 과정에서 상 등급 기준은 스스로 살아갈 수 있는 사람이며, 사전 조사 여부가 어떤 식으로 반영되는지에 대한 정보는 제시되어 있지 않다.
③ 경작 규모나 경제 형편과 관계없이 금년에 이앙을 마친 사람은 작농이다. 그러므로 조사하는 해에 이앙을 마친 농민이면서 지극히 가난한 소작농 역시 작농이다.
④ 굶주림의 정도가 심한 경우 더 이르게 지급하는지 또는 더 늦게 지급하는지에 대한 정보는 제시되어 있지 않다.
⑤ 친인척이 초실인 경우 하 등급 대상자가 제외된다는 정보는 알 수 없는 내용이다.

합격생 가이드

대부분의 근거를 하나의 문단 내에서 찾을 수 있어 상당히 쉽게 구성된 문제이다. 2문단의 진제 구조별 설명과 3문단의 사전 조사, 4문단의 최종 결정을 정리하며 선지에 접근한다면 정확한 풀이가 가능할 것이다.

22 일치부합 정답 ①

| 난도 | 중

정답해설

소년으로 불리는 40대나 50대의 사람 중 특정한 신분이 없거나 젊은 세대에 해당하지 않는다면 자제라고 불리지는 않았을 것이다.

오답해설

② 청년은 젊은 시절을 의미하는 말이며, 청년의 부정적 용례에 대한 정보는 제시되어 있지 않다.
③ 약년은 스무 살 즈음을 칭하는 표현이며, 충분히 노련하지 못한 어른은 소년이다.
④ 약년은 스무 살 즈음을 칭하는 표현이며, 소년은 40대나 50대 사람이더라도 상대에 따라 젊은 사람을 지칭하기도 한다. 그러므로 약년은 일부 소년을 포괄하지 못한다.
⑤ 자제는 막연한 후손이라는 의미보다는 특정한 신분에 있는 각 가문의 젊은 세대라는 의미이다. 그러나 자제가 높임 표현이었는지에 대해서는 알 수 없다.

합격생 가이드

유사한 의미를 가진 용어들을 비교하며 각 의미의 세부적인 범위를 물어보는 일치부합 문제가 최근에 많이 출제되고 있다. 오답을 피하기 위해서는 교집합을 가지는 용어들 간 정확한 의미의 범위를 미리 정리하며 독해하는 것이 중요하다. 예컨대 3문단의 내용을 바탕으로 소년과 자제가 어느 경우 같은 대상을 지칭할 수 있고 어느 경우 지칭할 수 없는지 등이 선지 해결에 중요하다.

23 일치부합 정답 ①

| 난도 | 중

정답해설

'단순투표제'하에서 안건당 의결의 대상이 되는 후보는 1명이고, 이때 찬성 수가 가장 많은 경우 해당 1명의 이사를 선임할 수 있다. 그리고 '집중투표제'하에서 '25주를 가진 주주는 선임할 이사가 5인이기 때문에 총 125개의 의결권을 가지며 75주를 가진 지배주주는 총 375개의 의결권을 가진다.'고 하였으므로 해당 의결에서 1주당 선임할 이사 수만큼의 의결권을 가진다는 사실을 알 수 있다. 그러므로 두 방식 모두에서 '의결로 선임할 이사의 수'와 '1주당 의결권'은 1대1의 관계에 있다.

오답해설

② 제시문을 통해서는 알 수 없는 내용이다.
③ 집중투표제하에서 각 주주는 자신의 의결권을 자신이 원하는 후보에게 집중하여 배분할 수 있다. 그러나 이는 '50% 미만을 보유하고 있는 주주는 자신이 원하는 사람을 한 명도 이사로 선임하지 못하게' 되는 단순투표제의 단점을 보완한 것일 뿐이다.
④ 정관에 집중투표에 관한 규정이 없는 경우, 옵트인 방식에 따른다면 명문으로 규정해야만 집중투표제가 가능하고, 옵트아웃 방식에 따른다면 집중투표제가 가능하다.
⑤ 과반수를 얻은 안건의 수가 선임할 이사 수보다 많다면 찬성 수가 더 적은 이사 후보는 선임되지 않는다.

합격생 가이드

2문단과 3문단 간 비교, 4문단 내의 비교 등 2가지 기준에 따른 비교가 이루어지는 지문이다. 각 비교 대상별로 구별되는 차이점을 유념하고 접근하면 부정확한 풀이를 피할 수 있다. 집중투표제에서의 1주당 의결권 수와 같이 예시가 주어진 경우 이를 적극 활용하자.

24 일치부합 정답 ②

| 난도 | 하

정답해설

ILO는 핵심협약을 비준하지 않고 있는 회원국에게는 미비준 이유와 비준 전망에 관한 연례 보고서 제출 의무를 부과하고 있다.

오답해설

① 거버넌스협약은 근로감독 협약을 제외하고는 모두 비준되었지만, 비준된 핵심협약과 관련된 일반협약은 전부가 아닌 대부분 비준되었다.

③ 핵심협약인 결사 · 자유원칙 관련 협약에 대한 비준 절차가 진행 중인데, '공정한 세계화를 위한 사회적 정의에 관한 선언'에서 열거한 협약은 모두 거버넌스협약이다.

④ ILO 내 다른 협약에 대해 우선 적용되지 않는 특성을 지닌 협약은 일반협약인데, 근로감독 협약은 거버넌스협약이다.

⑤ ILO는 미비준한 거버넌스협약에 대해 회원국에 별도의 보고 의무를 부과하지 않는데, 노사정 협의협약은 거버넌스협약이다.

합격생 가이드

선지를 읽기 전, 지문으로부터 3가지 협약 종류를 비교하는 선지 구성을 예상할 수 있다. 따라서 선지를 읽는 과정에서 각 협약별 차이점과 특징을 미리 정리한다면 수월하게 해결할 수 있을 것이다.

25 일치부합 정답 ④

| 난도 | 중

정답해설

직접적 관련성이 적은 정보를 필요 이상으로 제공하는 경우를 자율성 존중 원리의 위반 사례로 들고 있다.

오답해설

① 의사는 치료를 시작하기 전에 환자의 동의를 얻어야 하며, 환자의 동의 없이 환자의 복지에 영향을 끼치는 처방을 하는 것은 허용되지 않는다고 하였다.

② 악행 금지의 원리에 근거해서 환자에게 진실을 말하는 것이 환자의 복지에 해가 될 수 있다는 생각으로 기만이 정당화되었던 적이 있었다. 그런데 기만 금지 의무는 자율성 존중 원리에 기반을 두고 있으므로 악행 금지의 원리에 따른 환자의 자율성 침해가 나타났다고 할 수 있다.

③ 동의의 의무와 기만 금지 의무는 자신에게 영향을 끼칠 치료에 관해 스스로가 결정할 기회를 환자에게 제공해야 한다는 자율성 존중 원리에 기반을 두고 있다.

⑤ 악행 금지의 원리에 근거해서, 환자에게 진실을 말하는 것이 환자의 복지에 해가 될 수 있다는 생각으로 기만이 정당화된다는 생각은 오늘날 더 이상 받아들여지지 않는다.

합격생 가이드

⑤의 '윤리적으로 정당화되지 않는다.'라는 내용 중 윤리적이라는 키워드가 지문에 나오지 않아 '이를 오답으로 선택하는 잘못'을 하지 않는 것이 중요하다. 정답 선지는 단지 지문에 등장하지 않았다가 아니라 확실한 근거를 요구하는 경우가 많다. 답이라고 생각되는 선지에 대한 확실한 근거가 없다면 한번쯤 의심해 보는 것도 나쁘지 않다.

26 밑줄 · 빈칸 채우기 정답 ④

| 난도 | 중

정답해설

㉠ 단순 평등 사회에 대한 소망이 존재하지만 단순 평등 사회를 유지하기 위해서는 반복적인 국가의 개입과 통제가 필요한데, 이것은 '지속 가능하지도 않고'에 해당한다. 또한 누구도 개인의 자유를 억압하는 사회를 원치 않는다고 하였는데, 이것은 '개인의 자유를 희생하면서까지 원하는 것이 아니다'에 해당한다. 그러므로 ㄴ이 가장 적절하다고 할 수 있다.

㉡ 평등 사회 달성의 심각한 문제의 예로, 하나의 사회적 가치가 불평등하게 분배되는 것이 다른 사회적 가치의 분배 문제에서까지 불평등을 유발할 수 있다는 것을 제시하고 있다. 그러므로 이러한 심각한 문제에 대한 대응이 될 수 있는 ㄹ의 '하나의 사회적 가치에 대한 불평등이 다른 영역에서의 불평등으로 이어지는 것을 막는 것'이 적절하다고 할 수 있다.

합격생 가이드

문제의 빈칸들은 모두 '따라서~' 이후에 위치해 있다. 지문의 구성상 빈칸은 각 문단의 주제 또는 핵심 내용에 대한 요약이라는 것을 쉽게 유추할 수 있다. 그러므로 각 문단에 대한 독해가 이루어지기만 한다면 큰 어려움 없이 적절한 선지를 고를 수 있을 것이라고 생각한다.

27 추론 정답 ①

| 난도 | 중

정답해설

공기가 일정 높이까지 상승하여 온도가 이슬점 온도에 도달한 후에는 공기의 상승 과정에서 공기 속의 수증기가 구름을 형성하거나 비를 내리며 소모된다.

오답해설

② 같은 고도라도 공기가 가지고 있는 수증기의 양에 따라 이슬점 온도에 도달하는 고도가 달라질 수 있다.

③ 푄 현상이 일어나면 공기가 고온 건조하게 변한다.

④ 공기 내 수증기량이 증가하면 습윤 기온감률이 적용되기 시작하는 고도가 낮아진다.

⑤ 이슬점 온도를 넘었는지의 여부에 따라 달라지므로 알 수 없는 내용이다.

합격생 가이드

추론 문제임에도 각 선지의 근거가 비교적 명확하게 제시되어 있다. 문제와 같은 과학적 원리에 대한 지문의 경우 고도의 변화와 같은 조건이나 상태의 변화가 어떤 결과를 가져오는지 확인하고, 주된 논의의 대상이 되는 조건이 무엇인지 정리하면서 지문을 독해해야 한다.

28 추론 정답 ②

| 난도 | 하

정답해설

구조물의 진동주기와 지진파의 진동주기가 일치하면 공명 현상이 발생하여 지진파의 진동에너지가 구조물에 주입되어 구조물에 더 큰 진동을 유발하고 결국 변형을 발생시킬 수 있다.

오답해설

ㄱ. 진동의 원인은 일시적으로 가해진 하중이다.
ㄴ. 제시문을 통해서는 알 수 없는 내용이다.

합격생 가이드

동적 하중, 정적 하중, 응력한계, 공명 현상 등의 용어와 각 용어를 풀어쓴 표현을 혼용한 선지가 나타나고 있다. 독해 과정에서 주요 용어의 지문상 의미에 대해 확인하고 선지를 해결한다면 큰 문제 없이 해결할 수 있었을 것이다.

29 견해 비교 · 대조 정답 ⑤

| 난도 | 중

정답해설

A에게 정규직 노동자란 '자신과 가족의 생활을 유지할 만큼 급여를 받는 피고용자'를 의미하며, B에게 핵심부 노동자란 '혼자 벌어 가정을 유지할 만큼의 급여를 확보하는 정규직 노동자'이다.

오답해설

① 실질 급여 수준의 변화 방향에 대한 정보는 제시되어 있지 않다.
② 산업화가 진행됨에 따라 비정규직화가 진행된다는 내용은 언급되어 있으나, 새로운 형태의 주변부 노동자들이 생성된다는 정보는 제시되어 있지 않다.
③ B는 선임자 특권에 의해 신규 채용을 회피하여 청년 실업률 상승이 나타날 것이라고 생각한다. 그러나 A의 선임자 특권에 대한 내용은 제시되어 있지 않다.
④ A는 산업화가 지속적으로 진전되면 세상의 모든 사람은 정규직 임금노동자가 된다고 예측했을 뿐이다.

합격생 가이드

독해 과정에서 3문단이 A와 B의 공통적인 의견이라고 판단하지 않는 것이 중요하다. 내용만 비교하더라도 비정규직화 등은 A의 의견과 반대된다는 것을 알 수 있으나, 주장 하나당 문단이 하나씩 배치되었다고 생각하지 않아야 정확한 문제 해결이 가능할 것이다.

30 견해 비교 · 대조 정답 ⑤

| 난도 | 하

정답해설

B에 반대하는 사람들은 학교의 다양성 증대라는 목적에는 동의하지만, 그 목적 실현을 위해 인종이나 계층과 같은 특정 배경을 갖추지 못했다는 이유로 학생의 입학을 불허하는 일은 공정하지 않다고 주장한다.

오답해설

① B의 지지자는 소수집단 학생들에 대한 우대 정책이 대학의 시민사회적 목적을 실현하고 공동선에 기여하는 일이라 생각한다.
② B의 반대자들은 인종이나 계층과 같은 특정 배경을 갖추지 못했다는 이유로 학생의 입학을 불허하는 일은 공정하지 않다고 주장한다. 따라서 선택지의 내용은 B의 반대자 주장이라고 할 수 있다.
③ A의 지지자들은 소수집단 학생들에 대한 우대 조치가 역사적 차별에 대한 보상이기 때문에 정당하다고 본다. 하지만 '학생의 노력에 대한 보상'은 역사적 차별에 대한 보상이라고 볼 수 없다.
④ A의 반대자는 보상하는 사람이 과거의 잘못에 대한 책임이 없는 사람인 경우가 많다고 하면서, 자신들이 피해를 준 것이 없음에도 보상을 해야 하는 경우가 있다고 주장한다.

합격생 가이드

제시문은 3문단으로 구성되어 있으나 크게 도입부, A지지자, A반대자, B지지자, B반대자 총 5개의 부분으로 나누어져 있다. 따라서 오답 선지의 구성이 각 부분과 부분에 대한 설명을 교차시켜 만들어질 것이라는 것을 쉽게 유추할 수 있다. 오답을 방지하기 위해 각 부분의 특징적인 부분을 미리 확인하면서 독해하는 것이 중요하다.

31 추론 정답 ③

| 난도 | 중

정답해설

ㄱ. 밝은 곳에서 어두운 곳으로 이동하면 교감신경이 활성화되고, 이때의 표적기관은 홍채의 부챗살근이다. 그리고 교감신경이 활성화되면 교감신경의 절전뉴런 끝에서 신호물질인 아세틸콜린이 분비된다.
ㄴ. 어두운 곳에서 밝은 곳으로 이동할 때 부교감신경이 활성화되고, 이때의 표적기관은 홍채의 돌림근이다. 그리고 부교감신경의 절후뉴런 끝에서는 아세틸콜린이 표적기관의 기능을 조절하기 위해 분비되며, 돌림근이 수축하고 두꺼워진다.

오답해설

ㄷ. 노르아드레날린은 부챗살근의 수축과 관련이 있고, 아세틸콜린은 돌림근의 수축과 관련이 있다.

합격생 가이드

화학물질이나 신체 부위 등 복잡한 용어가 키워드로 사용되고 있을 때 제시문에 표기해서 헷갈리지 않도록 하는 것이 정확한 문제 해결에 도움이 된다. 이 문제의 경우 교감과 부교감신경 및 신경별 신호물질의 차이 등을 교차시킨 선지가 등장하는 만큼 관련성 있는 용어들을 잘 분류해야 한다.

32 밑줄 · 빈칸 채우기 정답 ②

| 난도 | 중

정답해설

㉠ 촛불의 연소와 동물의 호흡이 지속되기 위해서는 산소가 포함된 공기가 제공되어야 하므로, 산소가 생산된다는 결론을 얻기 위해서는 연소 또는 호흡의 지속이 필요하다. 이에 해당하는 것이 ㄱ과 ㄴ인데, ㄱ의 경우 ㉡에 더 적절하다.

㉡ 산소 생산에 대한 내용과 더불어 빛의 제공 여부에 따라 비교집단과 대상집단이 나뉘는 실험이 들어오는 것이 적절하다. ㄱ의 쥐와 식물의 생존은 산소 생성 여부에 대한 내용이라고 할 수 있으며, 빛의 제공 여부에 대한 차이를 두었다는 것도 알 수 있다.

㉢ 빛과 이산화탄소 유무에 따른 광합성 여부에 대한 내용이 들어오는 것이 적절하다. ㄷ의 경우 빛이 있고 이산화탄소가 없는 경우, 빛이 없고 이산화탄소가 있는 경우, 둘 다 있는 경우를 비교하는 내용을 제시하고 있다.

합격생 가이드

㉠과 ㉡에 적절한 선지를 구별하는 것이 문제의 핵심이다. 둘 다 산소 생산에 대한 내용을 담고 있지만, 빈칸 이후의 결론으로부터 ㉡의 경우 빛에 대한 내용을 추가로 요구한다는 점을 알 수 있다. 이와 같이 비슷한 내용의 빈칸을 채울 때 양자의 차이점을 유념하며 선지를 분석하는 것이 중요하다.

33 밑줄 · 빈칸 채우기 정답 ⑤

| 난도 | 중

정답해설

㉠ Y가 쓰레기를 집으로 가져가는 것이라고 가정하자. 이 경우 다른 사람들이 Y를 행할 경우 선택자의 행위와 상관없이 해변에는 쓰레기가 없을 것이다. 그러므로 선택자의 행위는 유의미한 변화를 가져오지 않아 번거로운 Y를 피하고 쓰레기를 버리는 X를 선택할 것이다. 그러나 질문 (2)에 대한 대답으로 Y가 제시되어 있다. 그러므로 Y는 쓰레기를 해변에 버리고 가는 것이며, ㉠에 적절한 것도 번거로운 행동을 피하는 선택인 Y이다.

㉡ X는 쓰레기를 집으로 가져가는 것, Y는 쓰레기를 해변에 버리고 가는 것이라는 사실을 알 수 있다. 그리고 '당신이 다른 조건이 모두 동등할 경우 해변이 버려진 쓰레기로 난장판이 되는 것보다 그렇게 되지 않는 것을 선호한다면' 해변이 쓰레기가 없는 상태가 된다. 이에 따라 번거로운 행동인 X를 하지 않는 경우를 가장 선호하게 되며, 그 내용이 ㉡에 적합하다는 것을 알 수 있다. 그러므로 (다)가 가장 적절하다고 할 수 있다.

합격생 가이드

X와 Y가 각각 무엇인지 알아내는 것이 정확한 해결의 핵심이라고 할 수 있으나, 알지 못하더라도 ㉠을 해결할 수 있다. (1), (2)에 대하여 3문단의 내용을 제대로 파악한다면 선택자는 다른 사람들의 행동과 상관없이 번거로운 행동을 피하는 선택을 할 것이라는 점에서 ㉠에는 Y가 무조건 위치할 것이다.

34 논리퀴즈 정답 ③

| 난도 | 하

정답해설

제시된 조건을 정리하면 다음과 같다.

i) 수∨양∨가
ii) ~(수∧양)
iii) ~미∨수
iv) 양 → 우
v) 가 → 미

ㄱ. 수지가 대상이 아니라고 가정하면 iii을 통해 미영이 대상이 아니라는 것을 알 수 있다. 그리고 v의 대우에 따라 가은이 대상이 아니게 되며, i에 따라 양미가 대상이다. 마지막으로 iv에 따라 우진도 대상이 된다.

ㄷ. 양미가 대상이라고 가정하면 iv에 따라 우진이 대상이다. 그리고 ii에 따라 수지는 대상이 아니게 되며, iii에 따라 미영은 대상이 아니다. 마지막으로, v의 대우에 따라 가은도 대상이 아니다. 그러므로 수지, 우진, 미영, 양미, 가은 중 양미와 우진 총 2명만이 대상이 된다.

오답해설

ㄴ. 가은이 대상이라고 가정하면 v에 따라 미영도 대상이다. 그리고 iii에 따라 수지도 대상이 되며, ii에 따라 양미는 대상이 아니다. 따라서 주어진 조건만으로 우진과 가은이 대상인지를 확정할 수 없다.

35 논리퀴즈 정답 ⑤

| 난도 | 중

정답해설

제시문을 정리하면 다음과 같다.

i) ~(논∧인∧과∧언)
ii) 논 → 인
iii) 인∧과
iv) ~언 → ~ 과

ㄱ. 인식론과 과학철학을 둘 다 수강하는 임의의 학생을 가정하자(iii). 이 학생은 iv의 대우에 의해 언어철학을 수강하며, i에 의해 논리학을 수강하지 않는다.

ㄴ. 논리학과 과학철학을 둘 다 수강하는 어떤 학생이 존재한다고 가정하자. 이 학생은 ii에 의해 인식론을 수강하며, iv의 대우에 의해 언어철학도 수강한다. 그러나 이런 상황은 i에 위배된다. 그러므로 최초의 가정은 참일 수 없다.

ㄷ. 인식론과 과학철학을 둘 다 수강하는 임의의 학생을 가정하면(iii), 이 학생은 iv의 대우에 의해 언어철학을 수강한다.

합격생 가이드

ㄱ과 ㄷ 같이 존재한다는 것을 내용으로 하는 선지는 일반적으로 존재한다는 정보를 담고 있는 조건에서부터 도출될 수 있다는 사실을 유념하여 접근할 필요가 있다. 예컨대 ㄱ과 ㄷ의 해결을 위해 존재에 대한 유일한 조건인 iii을 바탕으로 도출해 본다면 보다 빠른 풀이가 가능하다.

36 논리퀴즈 정답 ②

| 난도 | 중

정답해설

갑과 을, 갑과 정, 무와 을, 무와 정의 발언은 각각 동시에 참일 수 없다. 그러므로 갑과 무의 진리값은 항상 같고, 을과 정의 진리값은 항상 같다. 그리고 세 명의 진술은 참이고 두 명의 진술은 거짓이므로 병의 발언은 항상 참이다. 서류심사 탈락자는 2명이라고 하였으므로, 갑과 무의 발언이 참인 경우 서류 탈락자는 을과 병이다. 그리고 을과 정의 발언이 참인 경우 갑과 을이 서류 탈락자이다. 그러므로 을은 서류심사에서 탈락했다는 선지는 반드시 참이다.

오답해설

① 을과 정의 발언이 참인 경우 갑은 서류심사에서 탈락했다.
③ 갑과 무의 발언이 참인 경우 병은 서류심사에 탈락했다.
④ 갑과 무의 발언이 참인 경우 정이 면접에서 탈락하는 경우가 가능하다.
⑤ 갑과 무의 진리값은 항상 같고, 을과 정의 진리값은 항상 같다. 세 명의 진술은 참이고 두 명의 진술은 거짓이므로 병의 발언은 항상 참이다.

합격생 가이드

면접자를 서류탈락자, 면접탈락자, 관리자 3가지 집단으로 분류해서 각 대상의 발언을 파악한다면 문제를 신속하게 해결할 수 있다. 이 경우 연수 과정의 결과는 3가지 경우만이 발생한다는 것을 알 수 있어 선지를 쉽게 해결할 수 있게 된다.

37 견해 비교 · 대조 정답 ⑤

| 난도 | 상

정답해설

제시문을 정리하면 다음과 같다.

(1) NT → NT∨(CT∧참이다)
(2) NT∨(CT∧참이다) → 참일 가능성이 있는 진술
(3) 참일 가능성이 있는 진술 → 거짓일 가능성이 있는 진술
(4) NT → 거짓일 가능성이 있는 진술
㉠ 참일 가능성이 있는 진술 ↔ NT∨CT∨CF
㉡ 참일 가능성이 있는 진술 ↔ CT∨CF

ㄱ. ㉠으로 이해하는 경우 (2)의 주장은 다음과 같이 나타낼 수 있다.
NT∨(CT∧참이다) → NT∨CT∨CF
전건이 참이면서 후건이 거짓이 되는 경우를 상상할 수 없다. 그러므로 (2)는 참인 전제가 된다고 할 수 있다.

ㄴ. ㉡으로 이해하는 경우 (3)의 주장은 다음과 같이 나타낼 수 있다.
CT∨CF → 거짓일 가능성이 있는 진술
CT와 CF 모두 필연적으로 참이거나 거짓인 경우가 아니다. 상황에 따라 거짓인 경우를 상상할 수 있다. 그러므로 (3)은 참인 전제가 된다고 할 수 있다.

ㄷ. ㉠으로 이해하는 경우 (3)의 주장은 다음과 같이 나타낼 수 있다.
NT∨CT∨CF → 거짓일 가능성이 있는 진술
NT인 경우, 즉 필연적으로 참인 진술을 가정하자. (3)에 따르면 필연적으로 참인 진술은 거짓일 가능성이 있는 진술이며 거짓일 가능성이 없는 진술이다.

합격생 가이드

논증이 가지고 있는 문제의식이 제시문의 표와 어떻게 연계되는지 파악하는 것이 중요하다. 특히 기호화 과정에서 선언이 가지고 있는 언어적 의미를 바탕으로 (3) 선지와 같은 주장을 헷갈리지 않고 처리하는 것이 중요하다.

38 강화 · 약화 정답 ⑤

| 난도 | 중

정답해설

ㄱ. 유전자 X의 발현이 억제된다면 초기 생식소가 난소로 분화되고 암컷 성체로 발달한다. 따라서 'α가 염색체상 수컷인 거북 배아의 미분화 생식소 내에서 유전자 X의 발현을 억제'한다면 α가 염색체상 수컷인 거북 배아를 여성화하므로 ㉠을 강화한다.

ㄴ. 아로마테이즈 발현량이 많아지거나 활성이 커지면 호르몬 A에서 호르몬 B로의 전환이 더 많이 나타난다. 그리고 β에 수십 일 동안 노출된 성체 수컷 개구리의 혈중 호르몬 A의 양은 노출되지 않은 암컷 개구리와 비슷했고 노출되지 않은 수컷 개구리보다 매우 적게 되므로 ㉡을 강화한다.

ㄷ. 거북 배아가 성체로 발달하는 동안 생식소 내에서 생성되는 호르몬 A의 양과 아로마테이즈의 발현량은 α에 노출되지 않은 거북 배아에 비해 별다른 차이가 없었다. 하지만 호르몬 A가 만들어지는 양이 감소한다는 결과가 나타난다면 ㉢을 약화한다.

합격생 가이드

이와 같이 실험과 연구 결과에 관한 문제를 해결할 때 가설의 내용과 관련된 변수들을 파악한다면 어떤 새로운 정보가 실험의 결과를 강화 또는 약화시키는지를 좀 더 손쉽게 알 수 있다.

39 종합 정답 ⑤

| 난도 | 하

정답해설

ㄱ. 붉은색 구슬이 15개로 바뀌는 경우 선택1의 확률은 1/6으로 감소한다. 이제 검은색을 뽑을 확률을 b라고 하자. 선택자는 합리적 선택의 경우 선택1을 택하고 기댓값 최대화 원리에 따라 같은 선택을 하게 된다면 (1/6>b)를 만족해야 한다. 선택3과 4에 있어서도 합리적 선택의 경우 선택4를 택하고, 이 경우 기댓값 최대화 원리로 만족시키기 위해서는 (1-b<5/6)을 만족시켜야 한다. 그러나 두 조건은 양립 불가능하고 ㉠은 여전히 성립한다.

ㄴ. ㉠은 5문단의 선택이 합리적 선택임을 전제로 이루어진 경우라고 할 수 있다. 선지처럼 해당 선택들이 합리적인 결정이 아니라면 충돌의 대상이 될 합리적 결정이 무엇이고 충돌이 이루어지는지 알 수 없다.

ㄷ. 5문단은 임의의 확률 b를 바탕으로 기댓값 최대화 원리를 가정하여 적용하고 있다. 선지의 '정확한 정보가 주어지지 않은 경우에는 기댓값 사이의 크기를 비교할 수 없다'를 받아들인다면 항아리 문제는 결론을 도출하는 것이 가능하지 않다고 할 수 있다.

합격생 가이드

확률의 크기에 대한 논의가 이루어지고 있지만, 가장 핵심적인 논쟁은 확률이 확정적이냐 불확정적이냐의 문제라는 것이다. ㄱ이 헷갈리는 경우 5문단의 논리적 구조를 따라 전개해본다면 쉽게 확인할 수 있다.

40 종합 정답 ③

| 난도 | 중

정답해설

ㄱ. 내기1에서는 양자가 동일한 선택을 하므로 차이가 없다. 그러므로 갑과 을이 같은 액수의 상금을 받는 경우는 선택3과 선택4 역시 동일한 보상을 받는 경우인 노란색 구슬을 뽑았을 때 뿐이다.

ㄴ. 검은색 구슬이 뽑힐 확률이 b라고 가정하자. 5문단을 통해 판단해보면 갑의 선택이 가지는 기댓값은 4/3−b만 원이다. 이외에 가능한 조합은 1만 원, 2/3+b만 원이 있다. 이때 b는 1/3보다 작아야 한다. 1문단에 따르면 전체 공의 개수가 90개이므로, 30개보다 적을 경우 갑의 선택은 기댓값이 가장 큰 선택지이다.

오답해설

ㄷ. 갑이 을보다 더 많은 상금을 받는 경우는 붉은색 공을 뽑아 2만 원을 받는 경우이다. 이때 확률은 1/3이며, 그렇지 않은 경우의 확률은 2/3이다.

합격생 가이드

선택3과 선택4의 해석을 변형하는 것도 도움이 된다. 선택3을 '꺼낸 구슬이 붉은색이거나 노란색이면 1만 원을 받고, 그 이외의 경우에는 아무것도 받지 못한다.'에서 '꺼낸 구슬이 검은색이 아니면 1만 원을 받고, 그 이외의 경우에는 아무것도 받지 못한다.'로 바꾸고, 선택4를 '꺼낸 구슬이 검은색이거나 노란색이면 1만 원을 받고, 그 이외의 경우에는 아무것도 받지 못한다.'에서 '꺼낸 구슬이 붉은색이 아니면 1만 원을 받고, 그 이외의 경우에는 아무것도 받지 못한다'로 바꾼다면 보다 쉽게 선지를 해결할 수 있다.

1	2	3	4	5	6	7	8	9	10
④	③	①	⑤	②	②	③	①	②	④
11	12	13	14	15	16	17	18	19	20
①	③	⑤	①	③	⑤	③	⑤	④	⑤
21	22	23	24	25	26	27	28	29	30
②	③	②	④	⑤	①	③	④	①	④
31	32	33	34	35	36	37	38	39	40
④	⑤	①	①	③	⑤	⑤	②	④	②

01 표와 그림 정답 ④

| 난도 | 하

정답해설

ㄴ. 2045년 고령인구 비율이 40% 이상인 지역은 강원, 전북, 전남 및 경북의 총 4곳이다.

ㄹ. 2045년의 인구는 고령인구와 고령인구 비율을 통해 구할 수 있다. 충북 인구는 646÷39.1×100≒1,650(천 명), 전남 인구는 740÷45.3×100≒1,630(천 명)이다.

오답해설

ㄱ. 2019년 고령인구 비율이 가장 낮은 지역은 세종이다. 세종의 2025년 대비 2045년 고령인구 증가율을 구해 보면 3배가 넘는 반면, 세종 바로 위의 울산은 2배에도 미치지 못한다.

ㄷ. 2025년 고령인구 상위 세 개 지역은 서울, 부산, 경기이고, 2035년은 서울, 경기, 경남, 2045년은 서울, 경기, 경남이다.

02 매칭형 정답 ③

| 난도 | 하

정답해설

- 4대 질환 중 전체 보험혜택 비율이 가장 높은 질환은 심장 질환이라고 했으며, 전체에서 보험혜택 비율이 가장 높은 것은 7.5%의 B질환이므로 B질환이 심장 질환이다.
- 뇌혈관, 심장, 암 질환의 1분위 보험 혜택 비율은 각각 5분위의 10배에 미치지 못하였다. 따라서 A질환 : 12.9%<1.4×10=14%, C질환 : 28.8%<3.1×10=31%, D질환 : 16.7%>1.6×10 =16%이므로, 뇌혈관과 암 질환은 (A or C)이며, D질환이 희귀 질환이다.
- 뇌혈관, 심장, 희귀 질환의 1분위 가구당 보험급여는 각각 전체질환의 1분위 가구당 보험급여의 3배 이상이었다. 전체질환의 1분위 가구당 보험급여의 3배는 128,431×3=385,293이므로 C질환의 가구당 보험급여가 전체질환의 1분위 가구당 보험급여의 3배 이상임을 고려하면 C질환이 뇌혈관 질환이다.

03 복수의 표 정답 ①

| 난도 | 하

정답해설

2016년 환경 분야 재정지출 금액은 527,335×2.4%=12,656.04(백만 달러)이고, 2017년 환경 분야 재정지출 금액은 522,381×2.4%=12,537.144(백만 달러)이므로 2015~2020년 환경 분야 재정지출 금액은 매년 증가하지 않는다.

오답해설

② 2020년 교육 분야 재정지출 금액을 어림하면 약 100(백만 달러)인 반면, 2013년 안전 분야 재정지출 금액은 20(백만 달러)에도 미치지 못하므로 전자는 후자의 4배 이상이다.

③ 2013년 GDP를 어림하면 1,400,000(백만 달러)이고 이의 1.3배는 1,820,000(백만 달러)이다. 반면, 2020년의 GDP를 어림하면 1,900,000(백만 달러)이므로 2013년 대비 30% 이상 증가하였다.

④ GDP 대비 전체 재정지출 비율과 전체 재정지출 중 보건 분야 재정지출 비중을 곱하면 GDP 대비 보건 분야 재정지출 비율을 계산할 수 있다. 그런데, 2017년부터 2020년까지는 계산하지 않고도 이 비율이 증가하고 있음을 알 수 있으므로 2016년과 2017년만 곱셈비교로 비교해보면 역시 같은 관계가 성립함을 알 수 있다.

⑤ 5대 분야 재정지출 금액이 전체 재정지출에서 차지하는 비중은 연도별로 2013년 : 40%, 2014년 : 41.6%, 2015년 : 40.4%, 2016년 : 41%, 2017년 : 42.7%, 2018년 : 43.1%, 2019년 : 43.2%, 2020년 : 43.5%이므로 매년 전체 재정지출 금액의 35% 이상이다.

04 공식 · 조건 정답 ⑤

| 난도 | 하

정답해설

제품별 불량률 변동이 없고 생산량이 각 제품별로 1,000개씩 증가하면 전체 생산량은 13,000개가 되고 불량품 수는 1,180개가 된다. 따라서 전체 수율은 약 90.7%이므로 기존의 수율과 달라진다.

오답해설

① 각 제품의 불량률은 A제품 : 10%, B제품 : 10%, C제품 : 8%이므로 C제품의 불량률이 가장 낮다.

② 제품별 생산량 변동이 없으므로 전체 생산량은 10,000개로 일정하고 불량품 수가 900개에서 1,800개로 증가하므로 전체 수율은 82%가 된다.

③ 제품별 불량률 변동이 없고 생산량이 제품별로 100% 증가하면 전체 생산량은 20,000개가 되고 불량품수는 1,800개가 되므로 수율은 91%가 된다. 따라서 변동 전 수율과 동일하다.

④ 제품별 생산량 변동이 없으므로 전체 생산량은 10,000개로 일정하고 불량품 수가 900개에서 1,200개로 증가하므로 전체 수율은 88%가 된다.

합격생 가이드

답을 찾기 위해서 전체를 계산할 필요가 없다. 변화하는 것이 무엇인지를 정확하게 파악한다면 계산을 안 해도 수율을 구할 수 있다. 특히 ⑤의 경우, A, B, C제품의 불량률이 다르기 때문에 생산량에서 동일한 비율로 증가하는 것이 아니라 개수로 증가하므로 전체 수율이 달라지는 것을 쉽게 파악할 수 있다.

05 단순확인(표 · 그림) 정답 ②

| 난도 | 하

정답해설

ㄱ. 2020년 전체 대학의 전임교원 담당학점 비율은 66.7이고 비전임교원 담당학점 비율은 33.3이어서 66.7>33.3×2=66.6이다.

ㄹ. 2019년 대비 2020년에 증가한 비전임교원 담당학점은 비수도권 대학의 경우 132,991－123,091=8,900이고 수도권 대학의 경우 106,403－101,864=4,539로 비수도권 대학이 수도권 대학의 2배 미만이다.

오답해설

ㄴ. 2019년 전체 대학의 전임교원 담당학점은 476,551이고 2020년 전체 대학의 전임교원 담당학점은 479,876으로 전년 대비 증가하였다.

ㄷ. 사립대학의 경우, 비전임교원 담당학점 중 강사 담당학점 비중은 2019년 : $\frac{14.7}{31.0}\times100=47.42\%$이며, 2020년 : $\frac{19.2}{32.2}\times100=59.63\%$이다. 따라서 2019년과 2020년간 차이는 10%p 이상이다.

합격생 가이드

보기 ㄴ의 경우 비율의 차이로 숫자를 읽으면 1.1%가 감소한 것으로 볼 수 있으나 이는 자료해석의 전형적인 오답유형에 해당하므로 이를 선택하면 안 된다. 또한 보기를 줄여나감에 따라 ㄹ을 계산하지는 않았겠지만 ㄹ을 보게 되는 경우라면 구체적인 계산을 해야 한다.

06 전환형 정답 ②

| 난도 | 하

정답해설

보고서에서는 우리나라 지역별 전기차 공용 충전기 현황에 대한 설명이 나와 있지 않다.

합격생 가이드

자료해석의 단순한 확인 문제이며 계산을 전혀 요구하지 않는 유형이다. 따라서 이런 유형을 풀 때에는 선지의 내용이 일부라도 보고서에 작성되어 있다면 활용한 것으로 보아야 한다. ④가 대표적인 예이다.

07 빈칸형 정답 ③

| 난도 | 중

정답해설

ㄱ. 2021학년도 경쟁률이 전년 대비 하락한 과목은 국어, 영어, 일반사회, 역사, 수학, 화학, 생물, 지구과학, 가정, 미술로 총 10개이다. 반면, 2021학년도 경쟁률이 전년 대비 상승한 과목은 중국어, 지리, 물리, 기술, 정보컴퓨터, 음악, 체육으로 총 7개이다. 도덕윤리과목의 전년 대비 경쟁률이 상승했다고 하더라도 2021년 경쟁률이 전년 대비 하락한 과목수가 더 많다.

ㄹ. 2021학년도 수학의 모집정원을 어림하면 약 350명이고, 영어의 모집정원은 약 260명이다.

오답해설

ㄴ. 2021학년도 경쟁률 상위 3과목은 중국어와 영어, 국어이다. 반면, 접수인원 상위 3과목은 국어와 수학, 영어이다.

ㄷ. 2021학년도 경쟁률이 5.0 미만인 과목은 도덕윤리와 기술인데, 도덕윤리의 모집정원은 어림하면 150명 이상이나 기술과목의 경우 144명이다.

합격생 가이드

각주에서 나오는 분수에서 모집정원이 분모이고 접수인원이 분자임을 정확하게 판단해야 한다. 이를 대충 보면 문제를 풀다 꼬여서 계산을 다시 한 번 해야 하는 실수를 범할 수 있다. 또한 맨 처음 풀 때 표를 먼저 채우려고 하지 말고 보기에서 물어볼 때 계산을 한다면 시간을 단축할 수 있을 것이다.

08 단순확인(표 · 그림) 정답 ①

| 난도 | 하

정답해설

ㄱ. '조선왕조실록', '호구총수'에 따라 구(口)를 호(戶)로 나누면 모든 조사연도마다 각각 3명 이상이 나온다.

ㄴ. 현종 13년 이후 직전 조사연도 대비 호(戶) 증가율이 가장 큰 조사연도는 '조선왕조실록'에서는 숙종 19년이며, '호구총수'에서도 숙종 19년이다.

오답해설

ㄷ. 숙종 원년 대비 숙종 19년 '조선왕조실록'에 따른 구(口) 증가율은 50%를 넘는 반면, '호구총수'에 따른 구(口) 증가율은 50%에 미치지 못한다.

ㄹ. '조선왕조실록'과 '호구총수' 간 호(戶)의 차이가 가장 큰 조사연도는 숙종 25년이며, 구(口)의 차이가 가장 큰 조사연도는 숙종 19년도이다.

09 빈칸형 정답 ②

| 난도 | 하

정답해설

서울에 거주하는 사람은 13,226명이고 34세 이하 팔로워는 61%인 15,250명이다. 따라서 서울에 거주하는 34세 팔로워의 최소인원은 13,226+15,250－25,000=3,476명이므로 3,000명 이상이다.

오답해설

① 34세 이하 팔로워가 차지하는 비율은 61%이며, 45세 이하 팔로워가 차지하는 비율은 21%이다. 따라서 3배 이하이다.

③ 서울에 거주하는 팔로워는 13,226명이고 이는 전체 인원의 50% 이상이므로 서울에 거주하는 팔로워가 더 많다.

④ 울산과 기타 지역에 거주하는 인원은 총 3,287명이다. 만일 팔로워 중 10%인 2,500명이 기타 지역에 거주한다면 울산 지역에 거주하는 인원은 787명으로 750명 이상이다.

⑤ 기타 지역을 제외한 다른 지역에 거주하는 팔로워가 100명씩 증가한다면 전체 인원은 25,700명이 될 것이고 광주 지역의 팔로워는 1,271명이 될 것이다. 이는 25,700의 5%인 1,285명보다 작다.

합격생 가이드

매우 단순한 문제로 계산만 정확하게 한다면 쉽게 풀 수 있다. 선지 ②는 자료해석에서 매우 많이 출제되는 '적어도' 유형이므로 숙달시켜 놓기 바란다.

10 매칭형 정답 ④

| 난도 | 중

정답해설

각 성인의 탄수화물, 단백질 및 지방 각각의 칼로리와 전체 칼로리를 우선 계산하면 다음과 같다(단위 생략).

A : $(375\times4)+(50\times4)+(60\times9)=2,240$

B : $(500\times4)+(50\times4)+(60\times9)=2,740$

C : $(300\times4)+(75\times4)+(50\times9)=1,950$

D : $(350\times4)+(120\times4)+(70\times9)=2,510$

E : $(400\times4)+(100\times4)+(70\times9)=2,630$

F : $(200\times4)+(80\times4)+(90\times9)=1,930$

우선 일일 에너지 섭취 권장량으로 적합한 사람을 구하면 남자는 B와 E가 되며, 여자는 C와 F가 된다. 그다음 일일 총에너지 섭취량 중 55~65%를 탄수화물로, 7~20%를 단백질로, 15~30%를 지방으로 섭취하는 조건에 적합한 사람을 구하면 남자는 E, 여자는 C가 된다.

합격생 가이드

이런 유형의 문제는 영양소별로 칼로리를 직접 계산하는 것이 시간을 단축하는 데 도움이 된다. 단순 계산의 형태이므로 어렵지 않게 풀 수 있다.

11 단순확인(표 · 그림) 정답 ①

| 난도 | 중

정답해설

ㄱ. 2024년과 2018년 대비 2024년 매출액 순위변화를 이용하여 각 기업들의 순위를 구하면 2024년 기준 매출액 순위를 기준으로 2018년 기준 매출액 순위는 순서대로 1, 3, 2, 4, 5, 6, 12, 10, 16, 14등이 된다. 이때 2018년 10등인 ABBVIE의 매출액이 321억 원이 되므로 7등, 8등, 9등의 매출액이 321억 이상임을 알 수 있다. 이를 고려하면 $3,455+(321-306)+(321-174)+(321-207)=3,731$억 원이므로 3,700억 원 이상이다.

ㄴ. 2024년 매출액 상위 10개 제약사 중 2018년 대비 2024년 매출액이 가장 많이 증가한 기업은 Takeda로 149억 원이 증가했으며 가장 적게 증가한 기업은 Roche로 21억 원 증가했다.

오답해설

ㄷ. 2024년 매출액 상위 10개 제약사의 매출액 합이 전체 제약사 총 매출액에서 차지하는 비중을 어림하면 2024년이 약 35%이고, 2018년이 약 40%이므로 2024년이 2018년보다 작다.

ㄹ. 2024년 매출액 상위 10개 제약사 중, 2018년 대비 2024년 매출액 증가율이 60% 이상인 기업은 Takeda 1개이다.

합격생 가이드

보기 ㄱ이 약간 생소할 수 있으나 2024년 기준 매출액 상위 10개 제약사의 2018년 매출액 순위를 판단해본다면 문제 풀이 방법이 보일 것이다. 이러한 아이디어를 떠올리기만 한다면 정답을 쉽게 도출할 수 있다.

12 단순확인(표 · 그림) 정답 ③

| 난도 | 하

정답해설

2010년 '농지' 구획의 개수는 7개이며, 2010년 '산림'이 아닌 구획 중 2020년 '산림'인 구획은 2개이다.

오답해설

① 2010년 구획별 토지이용유형은 '도시' : 6개, '수계' : 7개, '산림' : 8 개, '농지' : 7개, '나지' : 8개이며, 2020년 구획별 토지이용유형은 '도시' : 12개, '수계' : 6개, '산림' : 7개, '농지' : 7개, '나지' : 4개이다. 따라서 토지 면적 증감량이 가장 큰 유형은 '도시'로 6개이며, 두 번째로 큰 유형은 '나지'로 4개이다. 그러므로 토지면적 증감량이 1.5배 이상이다.

② 2010년 '산림' 구획 중 2020년 '산림'이 아닌 구획의 토지면적은 3개이며, 2010년 '농지'가 아닌 구획 중 2020년 '농지'인 구획은 4개이다.

④ 맨 왼쪽 아래를 (1,1)이라고 하면 2010년 전체 '나지' 구획 중 2020년에 (1,3)는 '도시'로 (3,2)는 '농지'로 (5,1)은 '산림'이 되었다.

⑤ 2021년 A구획은 '농지'에서 '도시'가 되었고 B구획은 '도시'에서 '나지'가 되었으므로 2021년과 2020년의 '도시' 구획의 토지면적은 동일하다.

합격생 가이드

익숙하지 않은 그림형 문제의 경우에는 차근차근 개수를 세기만 한다면 쉽게 풀 수 있다. 이 문제의 경우에는 2010년 토지 구획별 유형의 개수와 2020년 토지 구획별 유형의 개수를 적어놓는다면 실수하지 않을 것이다.

13 빈칸형 정답 ⑤

| 난도 | 중

정답해설

전월 대비 11월 발병 두수가 A지역이 100% 증가하면 발병 두수는 6,000마리이며, 발병률은 $\frac{6,000}{200,000}\times1,000=30\%$, B지역이 400% 증가하면 발병 두수가 3,000마리이며, 발병률은 $\frac{3,000}{100,000}\times1,000=30\%$으로 A, B지역의 11월 발병률은 같다.

오답해설

① 사육 두수는 발병과 발병률을 통해 계산할 수 있다. 따라서 A지역은 200,000마리이며 B지역은 100,000마리이므로 A지역의 사육 두수가 더 많다.

② 전체 폐사 두수는 A지역이 400마리이며 B지역은 $30+50+60+20+40=200$마리이다. 따라서 A지역이 B지역의 2배이다.

③ 전체 폐사율은 A지역의 경우 발병이 8,000마리, 폐사가 400마리이므로 폐사율이 5%이다. 그리고 B지역은 발병이 5,800마리, 폐사가 200마리이므로 3.45%이다. 따라서 A지역이 B지역보다 높다.

④ B지역의 폐사 두수가 가장 작은 월은 9월이다. 9월에 A지역의 발병 두수는 전월 대비 50% 증가했다.

14 매칭형 정답 ①

| 난도 | 하

정답해설

선지에서 '갑'기업의 월간 순지출액이 가장 작은 지역으로 마닐라와 자카르타가 제시되었으므로 이들을 비교해 본다.

마닐라 : (10×230)+(100×2)+(1,150×4)=7,100

자카르타 : (10×230)+(7×100)+(1,150×4)=7,900

따라서 월간 순지출액이 가장 작은 지역은 마닐라이다.

이제 정답은 ①과 ② 중에 하나이다. 마지막으로 다낭과 하노이를 비교해 보자.

다낭 : (10×170)+(14×100)+(4,000×4)=19,100

하노이 : (10×190)+14×100+3,400×4=16,900

따라서 월간 순지출액이 가장 큰 지역은 다낭이다.

합격생 가이드

구해야 할 계산이 많다고 여겨지는 경우 선지를 통해서 계산의 범위를 줄여야 한다. 위 문제에서는 가장 작은 지역이 마닐라와 자카르타이므로 2개만 먼저 계산하여 불필요한 계산들을 줄일 수 있었다.

15 공식 · 조건 정답 ③

| 난도 | 상

정답해설

평가점수 산정방식 '가'의 경우, 논문의 값은 Ⅰ: 4, Ⅱ: 1, Ⅲ: 3, Ⅳ: 0, Ⅴ: 1 이다. 따라서 평가점수는 논문 Ⅰ이 1점이고 나머지 논문들이 2점이다.

평가점수 산정방식 '나'의 경우, 각 논문의 중앙값은 Ⅰ: 1, Ⅱ: 3, Ⅲ: 2, Ⅳ: 4, Ⅴ: 3이다. 따라서 평가점수는 논문 Ⅰ이 1점이고 나머지 논문들이 2점이다.

평가점수 산정방식 '다'의 경우, 논문별 선호순위의 합은 Ⅰ: 7, Ⅱ: 9, Ⅲ: 6, Ⅳ: 13, Ⅴ: 10이다. 따라서 평가점수는 논문 Ⅲ이 1점이고 나머지 논문들이 2점이다.

ㄱ. 우수논문 선정방식 'A'에 따르면 논문 Ⅰ이 우수논문으로 선정될 확률이 $\frac{2}{3}$이며, 논문 Ⅲ이 우수논문으로 선정될 확률이 $\frac{1}{3}$이다.

ㄷ. 우수논문 선정방식 'C'에 따라 논문들의 평가점수 산정방식에 가중치를 각각 적용한 점수의 합은 Ⅰ: $\frac{3}{2}$, Ⅱ: 2, Ⅲ: $\frac{3}{2}$, Ⅳ: 2, Ⅴ: 2이다. 이때 논문 Ⅰ과 Ⅲ의 선정점수가 동일한데 각주 2에 따라 우수논문은 Ⅲ으로 선정 된다.

오답해설

ㄴ. 우수논문 선정방식 'B'에 따라서 논문의 평가점수 산정방식 '가', '나', '다'에서 도출된 평가점수의 합은 Ⅰ: 4, Ⅱ: 6, Ⅲ: 5, Ⅳ: 6, Ⅴ: 6이다. 따라서 우수논문은 Ⅰ로 선정된다.

합격생 가이드

이러한 문제는 평가점수 산정방식과 우수논문 선정방식이 다양하다. 우선적으로 평가점수 산정방식을 통해 각 평가점수를 산정하고 그다음 우수논문 선정방식에 따라 우수논문을 구하여야 한다.

16 종합 정답 ⑤

| 난도 | 중

정답해설

ㄴ. 도와 특별자치도의 세대당 면적은 $\frac{면적}{세대}$을 통해 구할 수 있으며 전체를 모두 판단하기 보다는 경기도와 강원도 같이 극단적인 몇 개만을 판단해보고 다른 보기로 넘어가는 것이 현명하다.

ㄹ. 제주특별자치도의 '시', 도의 하위 행정구역인 시에 속한 '구'를 제외하고 판단해야 한다. 이에 따르면 시는 $\frac{75}{226}\times100=33.2\%$, 구는 $\frac{69}{226}\times100=30.5\%$, 군은 $\frac{82}{226}\times100=36.3\%$가 나온다.

오답해설

ㄱ. 남부지역 4개 도의 군당 거주 여성인구 수는 알 수 없다. 표의 여성인구는 도 전체에 거주하는 여성인구이기 때문이다.

ㄷ. 부산광역시의 경우 어림하면 약 $\frac{1}{3}$로 계산된다.

합격생 가이드

설명을 자세히 읽지 않으면 ㄷ이 맞다고 판단할 수 있다. 또한, ㄱ 역시 마찬가지로 단순 계산을 통해 맞았다고 판단할 수 있는 문제이다. 즉, 이 문제는 자료를 이해하지 못한 채 기계적으로 문제 푸는 것을 방지하기 위한 문제이다. 전환형 문제를 풀 때는 표의 내용을 그래프로 바꾸는 데 급급해하지 말고 알 수 있는 정보인지 정확한 정보인지를 생각하면서 푸는 접근법이 필요하다.

17 종합 정답 ③

| 난도 | 중

정답해설

2016년 7월 4일 : 부천시의 3개 구가 폐지되었으므로 이전에는 구가 104개였다.

2014년 7월 1일 : 군이 1개 줄어들고 구가 2개가 늘어났으므로 이전에는 군이 83개, 구가 102개였다.

2013년 9월 23일 : 군이 1개 줄어들고 시가 1개 증가했으므로 이전에는 군이 84개, 시가 76개였다.

2012년 7월 1일에 : 군이 1개가 폐지되었고 특별자치시가 생겼으므로 이전에는 군이 85개였다.

따라서 2012년 6월 30일 기준으로 시가 76개, 군이 85개, 구가 102개이다.

18 단순확인(표 · 그림) 정답 ⑤

| 난도 | 하

정답해설

ㄷ. 남성의 경우는 교육이고 여성의 경우는 의약이다.

ㄹ. 남성의 경우는 교육 및 예체능으로 2개이고, 여성의 경우는 공학 및 예체능으로 2개이다.

오답해설

ㄱ. 남성의 경우는 예체능, 여성의 경우는 자연이다.

ㄴ. 여성의 교육계열 월평균상대소득지수의 최댓값과 최솟값의 차이는 20보다 작은 반면, 남성의 교육계열 월평균상대소득지수의 최댓값과 최솟값의 차이는 20보다 크다.

19 추가로 필요한 자료 정답 ④

| 난도 | 하

정답해설

ㄴ. 첫 번째 문단 세 번째 문장에서 2019년 금융소득 분위별 가구당 금융자산에 대하여 언급한 부분을 위해 필요하다.

ㄹ. 첫 번째 문단 마지막 문장에서 2019년 금융소득 분위별로 구한 가구당 금융소득과 유사한 비율로 증가하였다는 부분을 위해 필요하다.

20 복수의 표 정답 ⑤

| 난도 | 상

정답해설

ㄱ. 표 1에서 전체 등록 회사 수가 39개이고 이때 표 2에서 2편 이상을 등록한 회사가 18개이므로 이를 빼면 21개의 회사가 1편의 애니메이션만 등록하였다.

ㄴ. 1월에 국내단독 유형으로 등록한 회사 중 유이락이 2편을 등록하였다고 하였으므로 6−(2−1)=5개의 회사가 등록했다.

ㄷ. 3월에 유이락이 국내단독으로 3편의 애니메이션을 등록하였다. 따라서 전체 11편 중 1개의 회사가 3편을 등록했다는 것을 고려하면 11−(3−1)=9개의 회사가 등록했을 것이다.

합격생 가이드

표 2에서 말하고자 하는 바가 무엇인지를 정확하게 파악해야 한다. 과거 기출문제에서도 회사가 중복되었던 경우가 있었는데 기출문제를 많이 풀었다면 그 아이디어를 살짝만 변형하여 풀 수 있었다.

21 표와 그림 정답 ②

| 난도 | 하

정답해설

ㄱ. 2020년 2월 한국의 방진용 마스크 수출액은 140,000천 달러보다 많으며 한국의 방진용 마스크 수입액은 20,000천 달러보다 적으므로 수출액이 수입액의 7배 이상이다.

ㄷ. 2019년 8월부터 2020년 7월 사이에 방진용 마스크 수입액은 2020년 3월에 전월 대비 대략 6배 이상 증가하여 가장 높은 증가율을 보인다.

오답해설

ㄴ. 2020년 1~7월 한국에서 미국으로 수출한 방진용 마스크 수출액은 전년 동기간 4,900천 달러에서 72,000천 달러로 증가하여 약 13.7배 증가했다. 반면, 2020년 1~7월 한국에서 중국으로 수출한 방진용 마스크 수출액은 전년 동기간 4,500천 달러에서 90,000천 달러로 증가하여 20배 증가하였다.

ㄹ. 전년 동기간 대비 2020년 1~7월 한국이 베트남에서 수입한 방진용 마스크 수입액은 18,000천 달러에서 35,000천 달러로 2배에 약간 미치지 못하게 증가하였다. 반면, 전년 동기간 대비 2020년 1~7월 한국이 중국에서 수입한 방진용 마스크 수입액은 93,000천 달러에서 490,000천 달러로 5배 이상 증가하였다.

22 매칭형 정답 ③

| 난도 | 하

정답해설

첫 번째 조건에서 결정면적이 전국 결정면적의 3% 미만인 도시는 (나), (다), 대구이다. 따라서 {(나), (다)}는 {광주 or 대전}이다.

두 번째 조건에서 활용률이 전국 활용률보다 낮은 도시는 부산과 (라)이므로 (라)는 울산에 해당한다.

세 번째 조건에서 1인당 조성면적이 1인당 결정면적의 50% 이하인지의 여부를 판단하기 위해서는 $\frac{\text{결정면적}}{\text{조성면적}}>2$이 되는지를 통해 구하면 된다. 하나의 도시는 인구가 같기 때문이다. 여기에 해당하는 것은 (가), (나), 부산, 대구, (라)이므로 (가)는 인천, (나)는 광주, (다)는 대전, (라)는 울산이 된다.

23 표와 그림 정답 ②

| 난도 | 하

정답해설

B국은 GDP가 매년 증가한 반면, 조세부담률은 2014년 22.3%에서, 2015년 21.1%로 낮아진다.

오답해설

① 2016년도에 전년 대비 GDP 성장률이 가장 높은 나라는 A국이다. 또한 조세부담률은 2016년에 A국이 26.4%로 B국 21.2%, C국 23.3%와 비교했을 때 가장 높다.

③ 2017년 B국의 지방세 납부액은 22,972×6.2%=1,424억 달러이며, A국의 지방세 납부액은 20,717×1.6%=331억 달러이다. 따라서 2017년 B국의 지방세 납부액은 A국의 지방세 납부액의 4배 이상이다.

④ 2018년 A국의 국세 납부액을 어림하면 5,000억 달러를 넘는 반면, C국의 지방세 납부액은 4,000억 달러를 조금 넘는 수준이다.

⑤ C국의 GDP는 매년 2~4% 증가하였으나 국세 부담률은 1%보다 작게 감소하였다. 따라서 국세 부담률과 GDP를 곱한 국세 납부액 역시 매년 증가한다.

24 단순확인(표 · 그림) 정답 ④

| 난도 | 하

정답해설

해당 학교의 전체 학생 중 장학금 수혜자 비율은 각주 1과 2를 곱하여 도출할 수 있다. 즉, 장학금 신청률×장학금 수혜율이 전체 학생 중 장학금 수혜자 비율이다. 이를 구하면 다음과 같다.

A : 30%×45%=13.5%
B : 40%×30%=12%
C : 60%×25%=15%
D : 40%×40%=16%
E : 50%×20%=10%

따라서 D − C − A − B − E의 순서로 나열할 수 있다.

25 단순확인(표 · 그림) 정답 ⑤

| 난도 | 하

정답해설

이란의 쌀 수입액은 19,721,980×6.2%=1,222,765천 달러이며 알제리의 밀 수입액은 38,243,341×4.7%=1,797,437천 달러이다. 따라서 알제리의 밀 수입액이 이란의 쌀 수입액보다 더 크다.

오답해설

① 한국의 밀 수입액은 38,243,341×2.5%=956,083천 달러이며, 한국의 쌀 수입액은 19,721,980×1.5%=295,829천 달러이다. 따라서 3배 이상이다.

② 중국이 수입한 4대 곡물 총수입액 중 일부인 중국의 대두 수입액은 61,733,744×64.2%=39,633,063천 달러이므로 세계 밀 총수입액보다 크다.

③ 브라질은 4대 곡물 중 대두, 옥수수 2개에서 '한국으로의 주요 수출국'이다.

④ 4대 곡물을 한국의 수입액이 큰 순서대로 나열하면 옥수수 : 31,098,456×5.8%=1,803,710천 달러, 밀 : 38,243,341×4.7%=1,797,437천 달러, 대두 : 61,733,744×64.2%=39,633,063천 달러, 쌀 : 19,721,980×1.5%=295,829천 달러이다.

합격생 가이드

계산형 문제의 경우 구체적인 값을 계산할 필요가 없는 경우가 많다. 예를 들어 ⑤를 살펴보면 밀의 세계 총수입액은 쌀의 세계 총수입액의 약 2배이며 이란의 수입 비율은 알제리의 수입 비율의 약 1.5배이다. 따라서 1.5배와 2배를 비교하는 것으로서 알제리의 밀 수입액이 이란의 쌀 수입액보다 큼을 쉽게 파악할 수 있다.

26 전환형 정답 ①

| 난도 | 중

정답해설

ㄱ. 표의 지역별 내진율이 올바르게 표기되었다.

ㄴ. 내진대상 건축물은 1,439,547개이다. 따라서 단독주택은 $\frac{445,236}{1,439,547}\times100=30.9\%$, 공동주택은 $\frac{360,989}{1,439,547}\times100=25.1\%$, 학교는 $\frac{31,638}{1,439,547}\times100=2.2\%$, 의료시설은 $\frac{5,079}{1,439,547}\times100=0.4\%$, 공공업무시설은 $\frac{15,003}{1,439,547}\times100=1.0\%$, 기타는 $\frac{581,602}{1,439,547}\times100=40.4\%$이다.

오답해설

ㄷ. 주택의 건축물의 용도별 내진확보 건축물의 비율은 단독주택의 경우 $\frac{143,204}{314,706}\times100=45.6\%$, 공동주택의 경우 $\frac{171,172}{314,376}\times100=54.4\%$이며, 주택이외 건축물의 용도별 내진확보 건축물의 비율은 학교 $\frac{7,336}{160,959}\times100=4.56\%$이다.

ㄹ. 학교의 용도별 내진율은 학교가 23.2%이다.

합격생 가이드

전환형 유형의 경우 학생들이 많이 까다로워하는 부분 중 하나이다. 이는 다른 문제에 비해서는 많은 계산을 요구하기 때문에, 눈어림으로 계산하는 방법을 터득해야 한다. 또한 ㄷ과 같은 보기는 주택이외 건축물에서 기타를 빼서 계산된 수치를 이용해 오답을 만드는 경우가 많으므로 이를 유념해야 한다.

27 빈칸형 정답 ③

| 난도 | 중

정답해설

ㄴ. 기술인력 비중이 50% 이상인 산업은 기계, 디스플레이, 반도체, 조선, 철강, 소프트웨어로 총 6개이다.

ㄷ. 소프트웨어 산업의 기술인력 부족률은 $\frac{6,205}{139,454+6,205}\times100=4.25\%$으로 5% 미만이다.

오답해설

ㄱ. 디스플레이 산업의 기술인력 비중은 $\frac{50,100}{61,855}\times100≒81\%$이다.

ㄹ. 기술인력 부족률이 두 번째로 낮은 산업은 IT 비즈니스 산업이다.

합격생 가이드

디스플레이 산업의 기술인력 비중을 구할 때 분모를 62,000으로 올림한 후에 20%를 감소시키면 분자는 49,600이 된다. 즉, $\frac{49,600}{62,000}<\frac{50,100}{61,855}$이 성립하므로 당연히 80%보다 큼을 알 수 있다. 또한, ㄹ의 경우 반도체 산업의 기술인력 부족률인 1.6%에 집중하여 계산하는 것이 아니라 반도체 산업의 현원과 부족인원의 비율을 기준으로 12대 주요 산업을 분석하여야 시간을 단축할 수 있다.

28 표와 그림 정답 ④

| 난도 | 하

정답해설

ㄴ. 2020년 PC, 태블릿, 콘솔의 게임시장 규모의 합은 48.6%이다.

ㄹ. 기타를 제외하고 2017년 대비 2018년 게임시장 규모 증가율은 PC 10.7%, 모바일 10.4%, 태블릿 12.5%, 콘솔 10.4%이므로 태블릿의 증가율이 가장 크다.

오답해설

ㄱ. A국 게임시장 전체규모는 2017년 563억 원, 2018년 622억 원, 2019년 613억 원으로 매년 증가하지 않았다.

ㄷ. PC의 게임시장 점유율은 2020년 27.5%이며, 2019년 $\frac{173}{613}\times100=28.2\%$이다. 따라서 2019년 PC의 게임시장 점유율이 더 높다.

합격생 가이드

ㄹ을 계산할 때 눈어림으로 태블릿의 증가율이 가장 큰지 알 수 있으면 좋다. 또한, ㄷ도 마찬가지로 27.5%를 $\frac{165}{600}$으로 빠르게 변화시킬 수 있다면 좋을 것이다.

29 단순확인(표 · 그림) 정답 ①

| 난도 | 하

정답해설

ㄱ. 2017년의 보유세는 9,196십억 원이고 2015년의 보유세는 5,030십억 원인데, 이의 1.8배는 9,054십억 원이므로 2017년의 보유세는 2015년의 보유세의 1.8배 이상이다.

ㄴ. 보유세 중 재산세 비중은 2015년 51.45%, 2016년 45.67%, 2017년 40.83%, 2018년 44.75%, 2019년 50.71%이다. 따라서 2017년까지는 지속적으로 감소하다가 2018년부터 매년 증가했다.

오답해설

ㄷ. 농어촌특별세가 보유세에서 차지하는 비중이 매년 가장 작기 위해서는 농어촌특별세가 가장 작아야 한다. 하지만 2017년의 농어촌특별세는 공동시설세보다 크기 때문에 농어촌특별세가 보유세에서 차지하는 비중이 매년 가장 작다고 볼 수 없다.

ㄹ. 재산세 대비 종합부동산세 비가 가장 큰 연도는 2015년으로 약 5.87이다. 반면, 가장 작은 연도는 2017년으로 약 1.55이므로 4배 이상이 아니다.

30 종합 정답 ④

| 난도 | 하

정답해설

ㄱ. 2020년 8월의 온도는 표 1과 표 4를 통해 28도임을 알 수 있다. 따라서 8월 평균기온은 2020년이 가장 높다.

ㄷ. 2019년 1~9월의 총 강수량은 578mm이며, 2020년 9월까지의 연강수량은 전년 동기간 대비 262mm 증가하여 총 840mm이다. 즉, 2020년 9월까지의 연강수량만으로도 2019년의 연 강수량보다 많은 것을 알 수 있다.

ㄹ. 여름(6~8월)의 일조시간은 2020년에는 2019년 대비 총 15시간 감소하였으나, 2018년은 2019년에 비해 총 132시간이 적다. 따라서 여름(6~8월)의 일조시간은 2020년이 2019년보다는 적으나 2018년보다는 많다.

오답해설

ㄴ. 2020년 7월의 강수량은 표 2와 표 4를 통해 358mm임을 알 수 있다. 2014~2019년 7월의 평균 강수량은 488.16mm이므로 2020년 7월 강수량이 더 적다.

합격생 가이드

알 수 있는 정보와 알 수 없는 정보를 구별하는 것이 핵심이다. 만일 표 4에서 2020년 10~12월까지의 정보가 없어서 알 수 없다고 착각할 수 있으나 실제로는 2020년 9월까지의 정보만으로도 풀 수 있었다.

31 종합 정답 ④

| 난도 | 중

정답해설

4월의 일평균 일조시간이 7.1시간이므로 7.1×30=213이며, 7월의 일평균 일조시간은 4.6시간으므로 4.6×31=142.6이다. 따라서 이 해의 연도는 2016년도이다.

(A)는 6월의 일평균 일조시간이므로 $\frac{232}{30}=7.7$이다.

(B)는 7월의 누적 강수량이므로 1,228−465=763이다.

합격생 가이드

문제를 처음 봤을 때 이해가 되지 않는다면 발문으로 다시 돌아가 이해한 후 '특정 연도'를 구하는 것이 중요하다. 이후에는 꼼꼼한 계산을 요구하므로 실수하지 않고 정확하게 구하는 것이 중요하다. 또한 누적 강수량(B)을 구할 때 1월부터 7월까지 더하는 것이 아니라 8월까지의 누적 강수량에서 8월의 강수량을 빼는 것이 핵심이다.

32 전환형 정답 ⑤

| 난도 | 중

정답해설

ㄱ. 직접 구하기보다는 순서가 맞게 되어있는지 정도로 판단하고 넘어가야 하는 선택지이다.

ㄴ. 서로 엇비슷한 부동산은 패스하고 금융자산과 기타의 대소 관계가 제대로 되어있는지만 판단하고 넘어가야 하는 선택지이다.

ㄹ. 가구주 종사상 지위별 가구당 실물자산 규모는 부동산과 기타를 더해서 계산하면 올바른 그래프임을 알 수 있다.

오답해설

ㄷ. ㄷ의 구성비 숫자는 전체 자산을 10,994+32,638+46,967+49,346+42,025로 보아서 나눈 것이다. 하지만 가구 구성비까지 고려하여 전체 자산을 구해야 하므로 이는 틀린 수치이다. 예를 들어 30세 미만의 구성비는 $\frac{10,994\times2\%}{43,191}\fallingdotseq0.51\%$가 될 것이다.

합격생 가이드

전환형의 대표적인 문제다. 모든 수치를 직접 계산하여 비교하는 것은 현실적으로 불가능하므로 위 해설처럼 오답 포인트가 되는 것들 위주로 판단하고 빠르게 다른 문제로 넘어가기 바란다. 이 문제에 지나치게 많은 시간을 허비할 필요가 없다.

33 빈칸형 정답 ①

| 난도 | 중

정답해설

ㄱ. 화물차의 배출량 합 : 2,828+7,427+3+645=10,903
건설장비의 배출량 합 : 2,278+4,915+2+649=7,844이다.

ㄴ. 상위 5대 배출원의 $PM_{2.5}$의 배출비중은 91.7이다.

오답해설

ㄷ. NOx의 배출비중의 합은 82이므로 다른 산업에서 NOx의 배출비중이 9.0보다 클 가능성이 있다.

ㄹ. PM_{10}의 전체 배출량은 $\frac{163}{5.2}\times100=3,134.6$이다. 반면, VOC의 전체 배출량은 $\frac{200}{0.5}\times100=40,000$이다.

34 복수의 표 정답 ①

| 난도 | 중

정답해설

ㄱ. 2020년 5월 음원차트 상위 15위를 기준으로 4월 음원차트에도 상위 15위에 포함되었는지를 확인하면 2020년 5월의 순위를 기준으로 2, 5, 6, 7, 8, 10, 11, 13, 14등이다. 다시 이 곡들이 2020년 6월 상위 15위에 있는지를 살펴보면 2, 7, 10, 5등이다. 즉, 알로에, 좋은 사람 있으면 만나, 흔들리는 풀잎 속에서, 마무리로 총 4곡이 2020년 4~6월간 매월 상위 15위에 포함된 음원이다.

ㄴ. 'Whale'은 2020년 5월 음원차트 상위 15위에 들지 못했으므로 GA의 최대 점수는 66,486점일 것이다. 이는 6월에 73,333점이 되었으므로 전월에 비해 6,000점 이상 증가했다.

오답해설

ㄷ. 2020년 6월 음원차트 상위 15위 음원 중 6월 발매 신곡을 제외하고 전월 대비 순위 상승폭이 세 번째로 큰 음원은 '미워하게 될 줄 알았어'이다. 이 곡의 6월 GA 점수는 127,995이고 5월 GA 점수는 66,487이므로 두 배 이하이다.

ㄹ. 2020년 6월 음원차트 상위 15위 음원 중 6월 발매 신곡을 제외하고 전월 대비 순위가 상승한 음원은 4개이고 전월 대비 순위가 하락한 음원은 6개이다.

35 단순확인(표 · 그림) 정답 ③

| 난도 | 중

정답해설

ㄴ. 총 노선 수의 전년 대비 감소폭은 2017년 3개, 2018년 3개, 2019년 4개, 총차량대수의 전년 대비 감소폭은 2018년 3대, 2019년 61대, 2020년 16대이다. 따라서 전년 대비 감소폭은 2019년이 총노선 수와 총차량대수 모두 가장 크다.

ㄷ. 2019년 심야버스만 전년에 비해 차량대수가 23대 증가했고 전년 대비 차량대수 증가율은 $\frac{23}{47}\times100=49\%$이다.

ㄹ. 2016~2020년 노선 수 대비 차량대수 비는 간선버스가 지속적으로 30에 가깝고 이는 지선버스와 광역버스보다 압도적으로 크다.

오답해설

ㄱ. A시 버스 총 노선 수는 2019년에 351개에서 2020년에 354개로 증가한다.

ㅁ. 2016년 심야버스의 노선 수 대비 차량대수비는 5인 반면, 순환 버스는 6.25이다.

36 단순확인(표 · 그림) 정답 ⑤

| 난도 | 중

정답해설

ㄱ. 2020년 관리운영비는 309억 원이며 임직원 수는 305명이므로 임직원 당 관리운영비는 $\frac{309}{305}>$1억 원 이상이다.

ㄷ. 중앙회 상임위원회의 여성 위원은 총 5명이며, 중앙회 분과실행위원회의 여성 위원은 총 32명이다. 이들 모두가 동시에 중앙회 분과실행위원회 위원이기 때문에 중앙회의 여성 위원은 총 32명이다.

ㄹ. 지회 분과실행위원회의 50대 위원의 수는 총 199명이며, 지회 분과실행위원회의 학계 위원 수는 285명이다. 따라서 50대이며 동시에 학계위원이 되는 최소 인원은 199+285−391=93명이다.

오답해설

ㄴ. 중앙회의 분과실행위원회의 현장위원은 85×71%=60명이며, 지회의 분과실행위원회의 현장위원은 391×27%=105명이다.

합격생 가이드

중복하여 발생하는 인원의 숫자를 구하는 방법을 정확하게 아는지를 묻는 문제이다. 또한 사람이 나오는 문제의 경우에는 사람은 소수점으로 나눠지지 않기 때문에 소수점 자리 부분을 버림하고 인원을 정확하게 구해주는 것이 문제를 풀 때 틀리지 않는 방법이다.

37 빈칸형 정답 ⑤

| 난도 | 하

정답해설

ㄴ. 2015년부터 2019년까지 보호조치 아동의 발생은 매년 4,600건 이하이다. 따라서 전체 보호조치 아동 중 발생원인이 가정불화인 보호조치 아동의 비중은 매년 10% 이상이다.

ㄷ. 2019년 조치방법이 '시설보호'인 보호조치 아동 중 발생원인이 '학대'인 보호조치 아동들의 숫자는 최소 2,865+2,739−4,047=1,557명이다. 따라서 2019년 조치방법이 '시설보호'인 보호조치 아동 중 발생원인이 '학대'인 보호조치 아동의 비중은 50% 이상이다.

ㄹ. 조치방법이 '가정위탁'인 보호조치 아동의 전년 대비 감소율은 2016년 9%, 2017년 2%, 2018년 9%, 2019년 7%로 매년 10% 이하이다.

오답해설

ㄱ. 전체 보호조치 아동의 수는 2015년 4,503명에서 16년 4,583명이 된다. 따라서 매년 전체 보호조치 아동은 감소하지 않는다.

합격생 가이드

ㄱ을 풀 때 구체적인 값을 구하는 것이 아니라 2015년도에 비해 2016년도에 변화가 얼마만큼 발생했는지를 눈어림으로 계산하면 시간을 단축할 수 있다. 표 2에서 살펴보면 가정위탁만 유일하게 감소했으며 이 값도 150보다 작다. 반면, 시설보호에서 200명 이상 증가한 것을 이용하면 구체적인 값을 구하지 않더라도 풀이가 가능하다.

38 빈칸형 정답 ②

| 난도 | 하

정답해설

과학교사 집단에서 수리적 소양의 우선지수는 1.48이며, 인문교사 집단에서 수리적 소양의 우선지수는 2.13으로 각 교사집단에서 우선지수가 가장 낮다.

오답해설

① 과학교사 집단의 끈기에 대한 우선지수와 인문교사 집단의 끈기에 대한 우선지수를 비교하면 (4.48×1.18)<(4.60×1.25)이다.

③ '경제적 소양'의 부족수준의 차이는 0.13이다. 반면, '문해력'의 부족수준의 차이는 0.24이므로 '경제적 소양'의 부족수준의 차이가 가장 크다고 볼 수 없다.

④ 과학교사 집단에서 협업능력을 고려했을 때 과학적 소양이 순위권에서 밀려나고 협업능력이 5위 안에 들어오는지를 판단하면 된다. 과학적 소양이 4.52이므로 만약 협업능력이 이보다 큰 4.53이라면 각주에 의해 부족수준은 0.97이 되고, 표 2에서 협업능력의 우선지수가 5.24라고 하였으므로, 요구수준이 4.53보다는 더 큰 수치가 되어야 한다. 따라서 협업능력의 요구수준은 과학적 소양보다 크다.

⑤ 과학교사 집단의 하위 3개 역량은 경제적 소양, 리더십, 문화적 소양이고, 인문교사 집단의 하위 3개 역량은 경제적 소양, 리더십, 적응력이다.

39 단순확인(표 · 그림) 정답 ④

| 난도 | 상

정답해설

ㄱ. 배송업체 A를 이용한 경우의 비용은 다음과 같다(천 원단위 생략).

갑 : (300×500)+(120×17)=152,010

을 : (200×500)+(110×1.1×10)=126,210

병 : (320×500)+(130×0.7×8)=160,728

정 : (400×500)+(80×0.8×13)=200,832

무 : (270×500)+(150×0.5×20)=136,500

ㄴ. ㄱ에서 보았듯이 의자 제작비용이 저렴할수록 유리하다. 따라서 '을'을 기준으로 살펴보면 (250×300)+(110×1.1×6)=75,726(천 원)이므로 소요비용이 1억 원 미만이다.

ㄹ. '을'의 경우 의자를 590개 설치할 경우에 제작비용이 (250×590)+(110×0.9×12)=148,688(천 원)이므로 소요비용이 1.5억 원 미만이다.

오답해설

ㄷ. 제작비용이 차이가 많이 나는 것이지 배송비용은 차이가 많이 나지 않는 것을 고려하여 '을'과 '무'만 비교한다.

을 : (250×300)+(110×0.9×6)=75,594(천 원)

무 : (270×300)+(150×0.3×12)=81,540(천 원)이다.

합격생 가이드

단위를 주목하여 계산해야 한다. 또한 많은 계산을 요구하는 것처럼 보이나 동일한 개수의 의자를 설치하기 때문에 의자 제작비용이 가장 싼 기업이 당연히 유리할 것임을 고려하자.

40 공식 · 조건 정답 ②

| 난도 | 중

정답해설

2016년에 농민 '가'는 작물 A를 50kg 생산하였고 작물 B를 100kg 생산하였다. 또한 2016년의 작물 A의 총생산량은 150kg이며 작물 B의 총생산량은 150kg이다. 따라서 농민 '가'의 작물 총판매액은 (1,500×50)+(1,000×100)=175,000원이다.

오답해설

① 농민 '가'는 경작지 1에서 A, 경작지 2에서 B의 생산량이 감소했으며, 농민 '나'는 경작지 3에서 B와 C의 생산량이 감소했다.

③ 작물 E가 동일 경작지에서 다년간 연속 재배된 경우는 경작지 4와 경작지 6인데 모두 생산량이 감소하지 않았다.

④ 2019년 경작지 1에 해당하는 내용이며, 경작지당 연간 최대 생산량인 100kg가 생산되었다.

⑤ 2016년 D작물은 총 200kg 생산되었고 이때의 가격은 1,000원이며, 2019년 D작물은 총 400kg 생산되었고 이때의 가격은 250원이다. 따라서 D작물의 2016년과 2019년의 판매가격 차이는 750원이다. E작물은 2016년 총 50kg 생산되었고 이때의 가격은 2,000원이며 2019년에는 총 100kg 생산되었고 이때의 가격은 500원이다. 따라서 E작물의 2016년과 2019년의 판매가격 차이는 1,500원이다.

1	2	3	4	5	6	7	8	9	10
⑤	②	④	①	③	①	①	⑤	⑤	③
11	12	13	14	15	16	17	18	19	20
①	②	②	④	③	②	④	⑤	⑤	⑤
21	22	23	24	25	26	27	28	29	30
④	③	②	⑤	①	④	⑤	①	③	④
31	32	33	34	35	36	37	38	39	40
⑤	③	②	④	④	③	④	③	⑤	②

01 법조문 정답 ⑤

| 난도 | 중

정답해설

첫 번째 조 제2항 제2호에 따르면 시 · 도지사는 '교육과정을 1년 이상 운영하지 아니하는 경우' 사업의 정지를 명하거나 그 지정을 취소할 수 있다.

오답해설

① 두 번째 조 제2항에 따르면 아이돌보미가 아닌 사람은 아이돌보미 또는 이와 유사한 명칭을 사용할 수 없다.

② 세 번째 조 제1항에 따르면 아이돌보미 양성을 위한 교육기관을 지정 · 운영하고 보수교육을 실시하는 주체는 시 · 도지사가 아닌 여성가족부장관이다.

③ 첫 번째 조 제5항에 따르면 아이돌보미가 되려는 사람은 여성가족부장관이 실시하는 적성 · 인성검사를 받아야 한다.

④ 첫 번째 조 제2항 단서에 따르면 교육기관이 거짓이나 그밖에 부정한 방법으로 교육기관으로 지정을 받은 경우 필요적 취소 대상이다. 그러므로 선지의 '200만 원의 과태료를 부과'는 가능하지 않다.

합격생 가이드

지문과 같이 여러 가지 행정절차가 나타나는 법조문 문제에서는 행정절차를 진행하는 주체와 각 행정절차를 섞어 오답 선지를 구성하는 경우가 많다. 그러므로 조항별 주체를 미리 표시해서 정리해 두고 선지를 해결한다면 보다 정확한 문제 풀이가 가능하다.

02 법조문 정답 ②

| 난도 | 하

정답해설

제3항에 따르면 통보를 받은 발굴 대상 지역의 소유자 등은 그 발굴에 대하여 문화재청장에게 의견을 제출할 수 있다. 그리고 제2항에 따르면 '소유자 등'이란 해당 지역의 소유자, 관리자 또는 점유자를 의미한다. 丙은 해당 지역의 점유자라고 할 수 있다.

오답해설

① 제2항에 따르면 관련 내용의 통보시기는 발굴 착수일 2주일 전까지이다. A지역의 경우 발굴 착수일이 2021년 3월 15일이라는 점에서 늦어도 2021년 3월 1일까지 통보해야 한다.

③ 제7항에 따르면 안내판 설치의 주체는 문화재청장인데, 乙은 대상 토지의 소유주이다.

④ 제3항에 따르면 소유자 등은 발굴을 거부하거나 방해 또는 기피하여서는 아니 된다. 그러므로 소유자 乙은 거부할 수 없다.

⑤ 제6항에 따르면 소유자 등과의 손실보상에 대한 협의는 의무사항이다. 따라서 甲은 인접토지 소유자인 丁이 발굴로 인해 손실을 겪었다면 그 보상에 대해 재결 신청 이전에 협의해야 한다.

합격생 가이드

법조문을 상황에 적용시키는 유형의 문제의 경우 상황이 어느 조항에 대응되는지 파악하는 것이 중요하다. 상황과 등장인물을 먼저 읽은 후, 조문을 정리하면서 내용별 주체를 파악하는 한편 주체와 미리 파악한 등장인물을 대응시킨다면 더 수월하게 풀 수 있다.

03 법조문 정답 ④

| 난도 | 중

정답해설

두 번째 조 제2항에 따르면 비축용 농산물은 생산자 또는 생산자단체로부터 수매할 수 있다. 그리고 동조 제3항에 따르면 이 수매의 주체가 농림축산식품부장관인 사실을 확인할 수 있다.

오답해설

① 첫 번째 조 제1항에 따르면 저장성이 없는 농산물의 가격안정을 위해 해당 농산물을 수매할 수 있다. 그리고 동조 제3항에 따르면 해당 사업을 한국농수산식품유통공사가 위탁받을 수 있다. 그러나 수출 제한에 대한 정보는 제시되어 있지 않다.

② 첫 번째 조 제1항에 따르면 채소류 등 저장성이 없는 농산물의 가격안정을 위해 해당 농산물을 수매할 수 있다. 그리고 동조 제3항에 따르면 해당 사업을 농림협중앙회가 위탁받을 수 있다. 그러나 첫 번째 조 제1항 단서에 따르면 도매시장에서 수매하는 것도 가능하다.

③ 두 번째 조 제1항에 따르면 수급조절과 가격안정을 위한 비축용 농산물의 수매 대상에서 쌀과 보리는 제외하고 있다. 그러므로 보리는 대상이 될 수 없다.

⑤ 두 번째 조 제4항에 따르면 농림축산식품부장관은 비축용 농산물을 수입하는 경우, 국제가격의 급격한 변동에 대비하여야 할 필요가 있다고 인정할 때에는 선물거래를 할 수 있다.

합격생 가이드

이 문제의 조문 구조상 첫 번째 조문은 저장성 없는 농산물, 두 번째 조문은 비축용 농산물에 대한 내용임을 파악하는 것이 중요하다. 각 조문의 단서나 괄호의 예외사항은 ② · ③과 같이 선지로 자주 이용되기 때문에 특별히 주의해서 정리해야 한다.

04 조건적용 정답 ①

| 난도 | 중

정답해설

'선거'에 참여할 수 있는 회원의 자격은 선거일을 기준으로 정회원 자격을 얻은 후 만 1년을 경과한 정회원으로 한정하며, 매년 12월 열리는 정기총회에서 다음 해의 협회장을 선출한다. 그러므로 '2020년 협회장' 선출을 위한 '선거'는 2019년 12월에 진행될 것이며, 2020년 10월이 지나야 만 1년이 경과하는 甲은 참여할 수 없을 것이다.

오답해설

② '찬반투표'에 참여할 수 있는 회원의 자격은 투표일 현재까지 A협회의 정회원인 사람이다. 그리고 '2019년 협회장' 선출을 위한 '찬반투표'는 2018년 12월에 진행될 것이다. 그런데 2018년 10월 A협회 정회원 자격을 얻은 乙의 첫 연회비 납부는 2019년 1월 30일까지이므로 연회비 미납부로 정회원 자격이 유보될 가능성은 없을 것이다.

③ 연회비 미납부로 정회원 자격이 유보된 사람도 정회원 자격을 회복한 후 만 1년을 경과하여야 선거에 참여할 수 있다. 그러므로 '2020년 협회장' 선출을 위한 '선거' 진행시에 丙은 자격 회복 후 만 1년이 경과하지 않은 상태라고 할 수 있다.

④ A협회의 정회원은 A협회의 준회원으로 만 1년 이상을 활동한 후 정회원 가입 신청을 하고 연회비를 납부한 자를 말한다. 또한 정회원 가입을 신청하고 연회비를 납부한 그 날부터 정회원 자격이 부여된다. 그러므로 丁은 2018년 10월 정회원 자격을 획득했을 것이다. 2018년 12월에 진행될 '찬반투표'에 참여할 수 있는 회원의 자격은 투표일 현재까지 A협회의 정회원인 사람이다. 그러므로 丁은 참여할 수 있었다.

⑤ '선거'에 참여할 수 있는 회원의 자격은 선거일을 기준으로 정회원 자격을 얻은 후 만 1년을 경과한 정회원으로 한정한다. 戊는 2016년 10월 정회원 자격을 얻은 이후 2017년 1월 30일 이후부터 자격 유보 상태이므로, 만 1년을 유지하지 못해 '2017년 협회장' 선출을 위한 선거에 참여하지 못했을 것이다. 나아가 그 이후 선거에도 참여하지 못했을 것이다.

합격생 가이드

매년 12월에 다음해 협회장을 선출한다는 것이 선지 해결의 핵심이라고 할 수 있다. 이처럼 단순한 발문으로 보이는 지문에도 조건을 제시하는 경우가 최근 기출에서 많이 늘어나고 있는 추세이다. 선지의 각 선거 혹은 찬반투표가 언제 이루어지는지를 정확히 파악하는 것이 필요하다.

05 조건적용 정답 ③

| 난도 | 중

정답해설

공소가 먼저 제기된 사람이 범죄혐의 없음을 이유로 무죄판결을 받은 경우, 다른 공범에 대한 공소시효는 정지되지 않는다. 그러므로 乙의 재판기간 동안 丙의 공소시효가 정지되지 않는다. 그리고 범인이 형사처벌을 면할 목적으로 1년간 국외에 있다가 귀국하였다면 공소 시효의 계산에서 1년을 제외한다. 그러므로 별다른 사유가 없다면 丙의 공소 제기 전 정지된 공소시효 기간은 1년이다.

오답해설

① 공소시효는 범죄행위가 종료된 때를 기준으로 계산하는데, 甲의 범죄행위는 2016년 5월 2일에 종료된다. 그러므로 2016년 5월 1일까지의 국외 도피는 공소시효 개시 전으로 정지될 공소시효가 존재하지 않는다.

② 공소시효는 범죄행위가 종료된 때를 기준으로 계산하고 초일은 1일로 산입한다. 상황에 따르면 甲의 범죄행위가 종료된 것은 2016년 5월 2일이고 감금죄의 공소시효는 7년이다. 별도의 공소시효 기간 정지가 없다고 가정할 때, 공소시효는 2023년 5월 1일 24시에 완성된다.

④ 공범이 있는 경우 국외로 출국하지 않은 공범은 그 기간에도 공소시효가 정지되지 않는다. 상황의 丁은 2015년 2월 1일 이후 국내에서 도주 중이다. 그러므로 丁의 공소시효는 정지되지 않는다.

⑤ 공소가 먼저 제기된 사람이 범죄혐의 없음을 이유로 무죄판결을 받은 경우, 다른 공범에 대한 공소시효는 정지되지 않는다. 그러므로 乙의 재판기간 동안 丁의 공소시효가 정지되지 않는다. 그리고 공범 1인에 대하여 공소가 제기되면 그날부터 다른 공범의 공소시효도 정지되었다가 공범이 재판에서 유죄로 확정된 날부터 다른 공범에 대한 나머지 공소시효 기간이 진행된다. 따라서 丙의 재판기간 1년 동안 丁의 공소시효는 정지된다. A죄의 공소시효는 5년이므로, 丁에 대한 공소시효는 2021년 1월 31일 24시에 완성된다. 그러므로 2022년 1월 31일 丁에 대한 공소가 제기된다면 공소시효가 완성된 범죄에 대한 검사의 공소제기로 위법하다.

합격생 가이드

초일 산입 등 날짜 계산에 대한 예시가 제시문에 많이 주어져 있는 만큼 예시를 적극적으로 활용하는 것이 문제 풀이에 유리하다. 또한 甲~丁 각자의 공소시효가 있는 만큼 상황의 날짜나 사건이 어떻게 각자에게 적용되는지 따로따로 정리해야 한다.

06 조건적용 정답 ①

| 난도 | 하

정답해설

다섯 번째 조건과 상시학습 과목 정보에 따라 통일교육과 폭력예방교육은 수강시간의 두 배를 학습점수로 인정한다. 그러므로 두 과목을 수강하면 얻게 되는 학습 점수는 14점이다. 통일교육을 다른 교육과 대체하더라도 학습점수를 4점 이상 얻을 수 있는 과목은 없다. 마찬가지로 폭력예방교육을 여타 과목의 조합으로 대체하더라도 10점 이상 얻을 수 없다. 그러므로 甲의 선택은 (통일교육, 폭력예방교육)이다.

오답해설

②·③ 학습점수는 9점이므로 두 번째 조건에 위배된다.

④ 세 과목을 모두 수강하기 위해 필요한 시간은 10시간인데, 세 번째 조건에 따라 하루 최대 수강 시간은 8시간이다. 그러므로 일부 과목에 대해 학습점수를 인정받을 수 없고 이때 가능한 최대 인정 학습점수는 13점이다. 이는 두 번째 조건에 위배된다.

⑤ 학습점수는 13점이므로 두 번째 조건에 위배된다.

합격생 가이드

문제와 같이 일정한 시간 제약 내 최대의 점수를 얻는 조합을 도출하는 문제의 경우 두 배로 점수를 인정해주는 등 큰 점수를 줄 수 있는 대상을 먼저 조합하여 점수의 개선이 가능한지 확인하는 것이 문제 풀이에 도움이 된다. 예컨대 (통일교육, 폭력예방교육)의 점수를 확인하고 나머지 선지와 비교해 대체되는 과목들의 점수가 어떻게 되는지 확인하는 것이다.

07 정보확인 · 추론 정답 ①

| 난도 | 하

정답해설

ㄱ. 세페이드 변광성은 맥동변광성인데, 맥동변광성은 변광 주기가 길수록 실제 밝기가 더 밝다.

ㄷ. 절대등급은 수치가 1 줄어들 때마다 2.5배 밝아지고, Ⅰ형 세페이드 변광성이 동일한 변광 주기를 갖는 Ⅱ형 세페이드 변광성보다 1.5등급만큼 더 밝다. 그러므로 20일 주기의 Ⅰ형 세페이드 변광성은 같은 주기의 Ⅱ형 세페이드 변광성보다 2.5배 밝을 것이다.

오답해설

ㄴ. 별의 밝기는 거리의 제곱에 반비례하며, 겉보기등급은 수치가 1 줄어들 때마다 2.5배 밝아진다. 그러므로 지구로부터 두 별까지의 거리의 비는 $\sqrt{2.5}$이다.

ㄹ. 절대등급의 기준 거리는 10파섹이다. 그러므로 1파섹 떨어진 별의 밝기는 절대등급 수치보다 겉보기등급 수치가 낮을 것이다.

08 단순계산 정답 ⑤

| 난도 | 하

정답해설

㉠ 1km=1,000m=100,000cm
1시간=60분=3,600초
그러므로 ㉠은 180×50×60×60÷100,000=324로 계산된다.

㉡ 바퀴벌레의 속력은 초당 150cm이며, 물고기 로봇의 속력은 미국바퀴벌레의 1/3인 초당 50cm이다. 이는 분당 3,000cm의 속력과 같다. 그리고 물고기 로봇의 분당 이동 거리는 몸길이인 ㉡의 200배이다. 그러므로 몸길이는 15cm이다.

합격생 가이드

단위 환산에 주의만 한다면 매우 쉬운 문제이다. 지문의 km, m, cm 표기에 주의해 정확히 환산해야 한다.

09 수리퀴즈(계산) 정답 ⑤

| 난도 | 중

정답해설

C의 Ⅰ안에서의 부담 비용은 전체 건설 비용의 1/3이다. C는 모든 도로 구간을 이용하므로 C의 Ⅲ안에서의 부담비용은 $\overline{OA}$ 건설 비용의 1/3, $\overline{AB}$ 건설비용의 1/2, $\overline{BC}$ 건설비용 전부이다. 도로 1km당 건설비용이 동일하고 각 구간의 길이가 동일하기 때문에 C의 부담비용은 전체 건설비의 11/18이다. 그러므로 C의 부담 비용은 Ⅲ안이 Ⅰ안의 2배 미만이다.

오답해설

① A는 도로 구간 중 $\overline{OA}$, 즉 30km만 이용한다. A의 Ⅲ안에서의 부담비용은 $\overline{OA}$ 건설비용의 1/3인 전체 건설비의 1/9이다. 이는 Ⅰ안의 경우 전체 건설비의 1/3, Ⅱ안의 경우 전체 건설비의 1/6보다 낮다.

② B는 도로 구간 중 $\overline{OA}$, $\overline{AB}$, 즉 60km만 이용한다. B의 Ⅰ안에서의 부담비용은 전체 건설비의 1/3이다. B의 Ⅱ안에서의 부담비용은 2/6인 전체 건설비의 1/3이다.

③ A는 도로 구간 중 $\overline{OA}$, 즉 30km만 이용한다. B는 도로 구간 중 $\overline{OA}$, $\overline{AB}$, 즉 60km만 이용한다. C는 모든 도로 구간을 이용해 90km를 이용한다. 따라서 각자의 부담 비율은 A:B:C=1:2:3 이다. 그러므로 A와 B의 부담비용의 합은 C의 부담비용과 같다.

④ 각 도시의 분배안별 전체공사비용 대비 부담비용의 비는 다음과 같다.
A(Ⅰ, Ⅱ, Ⅲ) : (1/3, 1/6, 1/9)
B(Ⅰ, Ⅱ, Ⅲ) : (1/3, 1/3, 5/18)
C(Ⅰ, Ⅱ, Ⅲ) : (1/3, 1/2, 11/18)
따라서 Ⅰ안에 비해 Ⅱ안에서 부담 비용이 낮아지는 도시 수는 1이며, Ⅰ안에 비해 Ⅲ안에서 부담 비용이 낮아지는 도시 수는 2이다.

합격생 가이드

구체적인 비용이 주어지지 않기 때문에 전체 공사비 대비 분수로서 각 비용 분담안별 비용을 비교해야 한다. Ⅱ안과 Ⅲ안의 경우 각 구간별 거리가 동일해서 두 분담안이 동일하다고 착각할 수 있으니 주의하기 바란다.

10 수리퀴즈(계산) 정답 ③

| 난도 | 하

정답해설

길이가 하나인 단어-코드의 수는 26개이며, 길이가 두 개인 단어-코드의 수는 26의 제곱인 676개, 길이가 세 개인 단어-코드의 수는 26의 세제곱인 17,546개이다. 코드 중 가장 긴 것의 길이를 최소화한다는 가정 하에 3을 가장 긴 코드의 길이로 하면서 표현할 수 있는 단어의 수는 18,278개로 18,000보다 크다.

합격생 가이드

코드나 암호를 통해 단어를 나타낼 수 있는 개수를 도출해야 하는 빈출 유형이다. 기존의 기출문제들에 비해 훨씬 쉬운 형태로 출제되어 풀이에 큰 어려움이 없었을 것이다.

11 게임 · 규칙 정답 ①

| 난도 | 하

정답해설

조건 5와 6에 따라 乙이 선조, 광해군, 인조를 동시에 외칠 수 없다. 그러므로 乙이 선조, 광해군을 외친다면 甲은 인조를 외칠 수 있다.

오답해설

② 다음은 각각 6번씩 외치는 경우의 예시이다.
甲 : (태조~태종), (세조~성종), (중종~명종), (인조~현종), (영조), (순조~철종) : 총 6번
乙 : (세종~단종), (연산군), (선조, 광해군), (숙종~경종), (정조), (고종~순종) : 총 6번

③ 조건 6에 따라 연산군과 중종은 동시에 외칠 수 없다. 그러므로 乙은 직전에 중종만 외친 것이고 연산군은 甲이 그 직전에 외친 것이다.

④ 조건 3에 따라 각 참여자는 최대 3명의 왕을 외칠 수 있다. 그러므로 다른 조건에 위배되지 않는다면 각 참여자는 자신이 마지막 외친 왕으로부터 4번째에 있는 왕을 무조건 외칠 수 있다. 세조는 태종으로부터 네 번째 왕이다.

⑤ 甲이 영조를 외쳤을 때 조건 5에 따라 甲은 더 외칠 수 없으며, 乙의 경우 조건 5에 따라 정조만 외칠 수 있다. 그 다음 甲의 차례에 (순조), (순조, 헌종), (순조, 헌종, 철종) 세 가지 경우가 가능하다. 여기서, 각각의 경우 乙은 (헌종, 철종, 고종), (철종, 고종), (고종)을 외쳐 다음 甲의 차례에 순종을 외치게 할 수 있다. 그러므로 甲의 선택에 관계없이 乙은 승리할 수 있다.

합격생 가이드

한 번 외칠 때 최대 3명까지만 가능하다는 것은 한 참여자가 다른 조건에 위배되지 않는다면 4칸 떨어져 있는 왕 이름을 무조건 외칠 수 있다는 것을 의미하며, 이는 선지 해결에 큰 도움이 된다. 조건 5와 6에 따라 연달아 외칠 수 없는 연산군-중종, 선조-광해군, 영조-정조, 정조-순조를 미리 표시해 둔다면 신속한 문제 해결이 가능하다.

12 시간 · 공간 정답 ②

| 난도 | 중

정답해설

처음 점등된 이후 2분 30초 내에 새로운 인원이 도착한다면 보행신호가 끝난 이후 3분 30초가 지나 다시 보행신호가 점등된다. 그리고 2분 30초 내에 도착 인원이 없다면 다음 도착 시각으로부터 1분 30초 후 새롭게 점등된다. 이에 따라 횡단보도는 다음의 시각에 보행신호가 점등된다. (18:26:30~18:27:00), (18:30:30~18:31:00), (18:34:30~18:35:00), (18:44:30~18:45:00), (19:00:30~19:01:00), (19:04:30~19:05:00), (19:49:30~19:50:00)의 총 7회에 점등된다.

합격생 가이드

보행신호 점등의 기준이 보행자가 도착한 시점에 따라 다르다는 점이 문제 해결의 핵심이다. 중요한 것은 보행신호인 만큼 점등 대기 시간과 차량통행 보장 시간을 최대한 간단하게 처리할 방법이 필요하다. 최초 점등 시간을 구한 이후 2분 30초씩 더해 보면서 해당 시간 동안 보행자가 도착하는지 여부를 확인한다면 일일이 다 시간을 구하지 않고도 점등 횟수를 도출할 수 있다.

13 수리퀴즈(계산) 정답 ②

| 난도 | 중

정답해설

고장난 시계가 정확한 시계와 일치하는 경우는 정확히 12시간의 오차가 발생하는 경우 뿐이다. 이를 바탕으로 각 시계가 1년 동안 각 정확한 시계와 일치하게 되는 횟수는 다음과 같다. A(하루 2회) : 730회, B(720일에 1회) : 0회, C(12일에 1회) : 30회, D(6일에 1회) : 60회, E(144일에 1회) : 2회. 따라서 가장 먼저 교체될 시계는 B이고, 가장 나중에 교체될 시계는 A이다.

합격생 가이드

고장난 시계도 하루에 두 번은 맞는다. 가장 나중에 교체될 시계를 바로 도출한다면 규칙성을 찾지 못하더라도 단순 비교를 통해 답을 도출할 수 있다. 느려지거나 빨라지는 기준이 모두 하루라는 점에 주목할 필요가 있다.

14 논리퀴즈 정답 ④

| 난도 | 하

정답해설

ㄱ. 우선 광주에 주말 내내 눈이 내렸다고 가정하면 丁의 발언과 불일치한다. 그리고 광주에 주말 내내 눈이 내리지 않았다고 가정하면 甲의 두 번째 발언과 불일치한다. 그러므로 광주에는 지난 주말 중 하루만 눈이 내렸다.

ㄷ.

구분	서울	강릉	부산	광주
A	○	×	○	○
B	○	○	×	×

ㄹ.

구분	서울	강릉	부산	광주
A	○	○	×	○
B	×	×	×	×

오답해설

ㄴ.

구분	서울	강릉	부산	광주
A	○	○	×	○
B	×	×	×	×

합격생 가이드

주말이 토요일과 일요일로 나누어져 있지만, 구체적으로 언제가 토요일이고 일요일인지는 문제 해결에 중요하지 않다. 그러므로 불필요한 정보를 제거하고 A, B 등으로 단순화해서 접근하면 보다 정확한 해결이 가능하다. 선지가 ㄴ~ㄹ처럼 조건문의 형태로 나왔다면 가능한 경우의 수가 여럿일 가능성이 크다. 그러므로 처음부터 모든 경우를 판단하려고 하기 보다는 선택지를 판단하면서 순차적의 수를 판단하는 것이 좋다.

15 논리퀴즈 정답 ③

| 난도 | 중

정답해설

구분	甲	乙	丙	丁	戊	발행수량
법령집	×	○	○	×	○	3
백서	×	○	○	×	○	3
판례집	×	○	×	×	×	1
민원~	○	○	×	×	×	2
교환 수	1	4	2	0	2	

오답해설

② 민원 사례집의 분배 기준은 민원업무가 많은 순이다. 甲은 민원 사례집을 받았지만, 丙은 민원 사례집을 받지 못했다. 그러므로 甲은 丙보다 민원업무가 많다.

④ 백서의 분배 기준은 근속연수가 짧은 순이다. 乙은 백서를 받았지만, 丁은 백서를 받지 못했다. 그러므로 乙은 丁보다 근속연수가 짧다.

⑤ 법령집의 분배 기준은 보유하고 있던 법령집의 발행연도가 빠른 순이다. 乙은 법령집을 받았지만 甲은 법령집을 받지 못했다. 그러므로 乙이 보유하고 있던 법령집은 甲이 보유하고 있던 법령집보다 발행연도가 빠르다.

16 조건적용 정답 ②

| 난도 | 중

정답해설

乙은 주요사업비 예산을 3,500만 원 절약하였고, 乙의 기여는 전 부처로 확산되어 가산 지급 대상이다. 그러므로 乙의 예산성과금은 3,500×20%×1.3=910만 원이다.

오답해설

① 지급요건에 따르면 발생시기가 2020년 1월 1일부터 2020년 12월 31일까지인 예산절감 및 수입증대가 예산성과금 지급 대상이다. 甲의 예산절감은 2019년에 이루어졌다.

③ 丙은 수입증대항목을 8,000만 원 증대시켰다. 그러므로 丙의 예산성과금은 8,000×10%=800만 원이다.

④ 丁은 경상적 경비를 1800만 원 절감했다. 그러므로 丁의 예산성과금은 1,800×50%=900만 원이다.

⑤ 戊는 경상적 경비를 1000만 원 절감했다. 그러므로 戊의 예산성과금은 1,000×50%=500만 원이다.

합격생 가이드

①과 같이 계산 이외의 조건을 적용해서 제외하는 대상이 없는지 먼저 파악하자. 계산을 하나 더 하는 것이 조건을 찾아보는 시간보다 오래 걸리기 때문이다. 문제에서 제시된 '확산 시 가산 조건'과 같이 다른 선지와 구별되는 예외적 계산 사항에 대해 주의를 기울이자.

17 조건적용 정답 ④

| 난도 | 하

정답해설

'가'의 1에 따르면 관할구역에 층수가 11층 이상인 아파트가 20동 이상 있는 경우에는 고가사다리차를 1대 이상 배치한다. 甲관할구역 내 층수가 11층 이상인 아파트가 30동 있고, 가장 가까운 119안전센터(乙관할 구역)는 소방서로부터 25km 떨어져 있다. 그러므로 甲관할구역 소방소에 고가사다리차를 최소 1대 배치해야 한다.

그리고 '나'에 따라 1,000개소 이상 제조소 등이 존재하는 경우 최소 2대에 더해 계산식에 따라 산출되는 수만큼의 화학차를 배치해야 한다. 甲관할구역 내에 제조소 등은 1,200개소 존재한다. 계산식에 따라 추가되는 화학차 대수는 1대이므로 최소 3대의 화학차를 배치한다.

마지막으로 '다'에 따라 최소 지휘차 1대, 순찰차 1대를 배치한다. 그러므로 배치되어야 하는 소방자동차의 최소 대수는 고가사다리차 1대, 화학차 3대, 지휘차 1대, 순찰차 1대 총 6대이다.

합격생 가이드

'배치한다.'와 '배치할 수 있다.'의 의미상 구분 역시 중요하다. 전반적인 조건 적용이 매우 쉽게 구성되어 있어 잘못 읽지 않는 이상 문제 해결에 어려움이 있지 않을 것이라고 생각된다.

18 조건적용 정답 ⑤

| 난도 | 하

정답해설

세계 외환거래액 중 유로 거래액의 비중은 2020년 32%, 2016년 30%, 2010년 40%이다. 그러므로 2010년 달러 기준으로 측정된 유로로 이루어진 하루 평균 외환거래액은 1조 5,600억 달러이다(3.9×40%=1.56). 2016년 달러 기준으로 측정된 유로로 이루어진 하루 평균 외환거래액은 1조 5,600억 달러(5.2×30%=1.56)로 2010년과 2016년 액수가 동일하다.

19 종합 정답 ⑤

| 난도 | 하

정답해설

甲국에서는 만 19세가 되는 해의 1월 1일부터는 술 · 담배 구입을 허용하고, 만 18세 이상이면 운전면허 취득이 가능하다. 그리고 투표권은 만 19세 이상에게 부여된다.

오답해설

① 연령규범은 특정 연령의 사람이 어떤 일을 할 수 있거나 해야 한다는 사회적 기대와 믿음이다.

② '연 나이'는 청소년법 등에서 공식적으로 사용하는 나이 계산법으로 현재 연도에서 태어난 연도를 뺀 값이 나이가 된다. 이와 달리 '만 나이'는 태어난 날을 기준으로 0살부터 시작하여 1년이 지나면 한 살을 더 먹는 것으로 계산한다. 예컨대 2020년 10월에 태어난 사람이 2021년 9월에 '연 나이'는 1살이고 '만 나이'는 0살인 상황이 가능하다. 그러므로 만 나이와 연 나이는 다를 수 있다.

③ 甲국의 법에서는 몇 세부터 노인이라고 규정하는 연령기준이 일관되게 제시되지 않고 있다. 예컨대 기초연금 수급 시작은 만 65세인 반면, 노인복지관 이용은 만 60세부터이다.

④ 연령규범에 따라 결혼할 나이 등 사회구성원이 동의하는 기대연령이 달라지며 사회경제적 여건의 영향을 받는다.

합격생 가이드

상황판단 영역의 정보확인 유형은 언어논리와 달리 정보의 '확인'에 그친다. 그러므로 지문을 빠르게 오가면서 해당 선지의 내용을 찾아 확인하는 것이 신속한 문제 해결의 방법이다.

20 종합 정답 ⑤

| 난도 | 중

정답해설

노인교실 이용(만 60세 이상), 대통령 피선거권(만 35세 이상), 주택연금 가입(만 60세 이상)

오답해설

① 국회의원 피선거권(만 20세), 노인교실 이용(만 60세), 장기요양보험 혜택(만 65세)

② 노후연금 수급(만 62세), 기초연금 수급(만 65세), 대통령 피선거권(만 35세). '연 나이가' 62세가 된 날은 '만 나이' 62세가 되기 약 5개월 전인 만 61세일 때이다.

③ 국회의원 피선거권(만 20세), 기초연금 수급(만 65세), 노인주택 입주자격(만 60세)

④ 노후연금 수급(만 62세), 국회의원 피선거권(만 20세), 노인복지관 이용(만 60세). '연 나이가' 62세가 된 날은 '만 나이' 62세가 되기 약 5개월 전인 만 61세일 때이다.

21 법조문 정답 ④

| 난도 | 중

정답해설

ㄱ. 두 번째 조 제1항 제1호에 따르면 원아수가 200명 이상인 경우 다른 고려 없이 급식을 실시할 유치원에는 영양교사 1명을 둔다.

ㄴ. 두 번째 조 제1항 제2호에 따르면 같은 교육지원청의 관할구역에 있는 원아 수 각 200명 미만인 유치원은 2개 이내의 유치원에 순회 또는 공동으로 영양교사를 둘 수 있다.

ㄷ. 두 번째 조 제2항에 따르면 교육감은 급식을 위한 시설과 설비를 갖춘 유치원 중 원아수 100명 미만의 유치원에 대하여 영양관리, 식생활 지도 등의 업무를 지원하기 위하여 교육지원청에 전담직원을 둘 수 있다.

오답해설

ㄹ. 첫 번째 조 제2항에 따라 원아수 50명 미만의 사립 유치원은 급식 대상에서 제외한다. 다만 교육감이 필요하다고 인정하는 경우 급식 대상에 포함시킬 수 있다.

합격생 가이드

빠르게 읽다보면 공립유치원과 사립유치원을 분리해둔 이유인 ㄹ을 놓치는 경우가 생길 수 있다. 상황에서와 같이 얼핏 보기에 필요 없는 정보라도 일단 문제에서 구별해서 나눠놨다면 쓰일 수 있겠다는 생각을 가지고 법조문을 읽을 필요가 있다.

22 법조문 정답 ③

| 난도 | 중

정답해설

제5항에 따라 위원의 임기는 2년이고 1차례 연임할 수 있고, 제5항 단서에 따라 임기가 만료된 위원은 그 후임자가 임명되거나 위촉될 때까지 해당 직무를 수행한다. 그러므로 후임자의 임명이 지연된다면 4년을 초과하여 직무를 수행할 수 있다.

오답해설

① 위원장의 호선 방식에 대한 정보는 제시되어 있지 않다.

② 제3항에 따라 위원장 및 위원은 대통령이 임명하거나 위촉한다. 국회는 위원 중 3명을 추천할 뿐이다.

④ 제6항에 따르면 주식의 직무관련성은 주식 관련 정보에 관한 직접적·간접적인 접근 가능성, 영향력 행사 가능성 등을 기준으로 판단하여야 한다. 그러므로 주식 관련 정보에 대한 간접적인 접근 가능성 역시 주식의 직무 관련성 판단 기준이다.

⑤ 제4항에 따르면 위원의 자격 요건은 각 호의 어느 하나이다. 그러므로 금융 관련 분야에 5년 이상 근무하였다면 제4항 제3호를 충족시키므로 부교수직의 근무가 없더라도 위원이 될 수 있다.

합격생 가이드

쉽게 구성된 법조문 문제인 만큼 틀리지 않는 것이 중요하다. 기존 문제들에서는 위원 위촉과 관련된 문제가 위원장의 선출 방식에 대해 묻는 경우가 많았는데, 이 문제에서는 그러한 내용은 묻지 않은 것이 특이할 만한 점이다.

23 법조문 정답 ②

| 난도 | 하

정답해설

ㄱ. 제3항에 따라 국토교통부장관은 플랫폼운송사업을 30년 이내에서 기간을 한정하여 허가할 수 있다.

ㄷ. 제4항 제2호에 따라 총 300대 미만인 사업자는 매출액의 1.25%, 운행횟수당 200원, 허가대수당 10만 원 중 어느 하나를 선택하여 기여금을 납부해야 한다. 매출액 대비 정률을 택하는 경우 3,000×1.25%=375만 원이다. 참고로 매출액 대비 정률을 택하는 경우 1천만 원, 운행횟수당 정액을 택하는 경우 400만 원이다.

오답해설

ㄴ. 제4항 제1호에 따르면 플랫폼운송사업자는 기여금 납부 월의 차차월 말일까지 납부해야 한다. 그러므로 2020년 12월 15일 사업을 시작한 乙은 차차월 말일인 2021년 2월 28일까지 납부하여야 한다.

ㄹ. 제4항 제2호에 따르면 기여금은 매출액의 5%, 운행횟수당 800원, 허가대수당 40만 원 중 어느 하나를 선택할 수 있다.

합격생 가이드

만 단위와 억 단위가 섞여 있어 ㄷ 등의 해결 과정에서 어려움이 있을 수 있다. (만×만=억), (천×천=백만)을 기억해 두면 헷갈리지 않는다.

24 정보확인 · 추론 정답 ⑤

| 난도 | 중

정답해설

피상속인의 5촌 이내 방계혈족은 4순위 혈족상속인이고, 유류분 권리자는 피상속인의 직계비속, 배우자, 직계존속 및 형제자매이다. 그러므로 3촌 방계혈족은 유류분 권리자가 될 수 없다.

오답해설

① 상속재산의 전부가 타인에게 넘어가 상속인의 생활기반이 붕괴될 우려를 고려해 유류분을 인정하고 있으며, 유류분 권리자는 피상속인의 직계비속, 배우자, 직계존속 및 형제자매이다.

② 유류분은 피상속인의 배우자 또는 직계비속의 경우 그 법정상속분의 2분의 1이다. 그리고 배우자의 법정상속분은 직계비속과 공동으로 상속하는 때에는 직계비속 상속분의 5할을 가산한다. 따라서 피상속인의 자녀와 배우자의 유류분 산정액은 같지 않다.

③ 후순위 상속인은 선순위 상속인이 없는 경우에 상속재산을 상속할 수 있다. 1순위 혈족상속인은 직계비속이며, 2순위 혈족 상속인은 직계존속이므로 피상속인의 직계존속인 부모는 1순위 혈족상속인인 피상속인의 자녀와 공동 상속할 수 없다.

④ 유류분반환청구권은 상속이 개시된 때부터 10년이 경과하면 시효에 의하여 소멸한다.

합격생 가이드

제시문이 짧고 간단한 여러 문단으로 나누어져 있어 필요한 정보를 얻기 매우 쉽다. 혈족상속, 배우자상속, 유류분 청구 등 여러 제도와 그 설명이 서로 교차되어 오답선지가 구성될 것으로 예상되므로 각각의 특징에 집중하여 제시문을 분석해야 한다.

25 법조문 정답 ①

| 난도 | 중

정답해설

세 번째 조 제1항 제1호에 따르면 의료기관에서 작성된 연명의료계획서가 있는 경우 이를 환자의 의사로 보아 연명의료중단결정을 원하는 환자의 의사가 있는 것으로 볼 수 있다.

오답해설

ㄱ. 첫 번째 조 제3호에 따르면 '사전연명의료의향서'란 19세 이상인 사람이 자신의 연명의료중단결정 및 호스피스에 관한 의사를 직접 문서(전자문서를 포함한다)로 작성한 것을 말한다. 따라서 17세 환자가 작성한 문서는 사전연명의료의향서가 아니다.

ㄷ. 세 번째 조 제2항에 따르면 환자의 의사를 확인할 수 없고 환자가 의사표현을 할 수 없는 의학적 상태인 경우 어떤 방법이더라도 담당의사와 해당 분야 전문의 1명의 확인이 필요하다.

ㄹ. 세 번째 조 제2항 제2호에 따라 환자가족 중 배우자 및 1촌 이내 직계 존비속 전원의 합의로 연명의료중단결정의 의사표시를 하고 담당의사 등의 확인을 통한다면 해당 환자를 위한 연명의료중단결정이 있는 것으로 볼 수 있다. 그러나 손자녀는 1촌 이내 직계 비속이 아니다.

합격생 가이드

제1조에 각 용어의 정의는 무의미해 보일 수도 있으나 ㄷ 등의 해결을 위해 활용되는 만큼 주의가 필요하다. 하지만 일일이 정리하고 선지 해결에 들어가기에는 지나치게 유사하고 양이 많으므로 선지에 따라 돌아와 참고하는 수준으로 접근하는 것이 좋다.

26 수리퀴즈(계산) 정답 ④

| 난도 | 하

정답해설

50장의 표가 발권된 만큼 50개의 조가 존재한다고 생각해보자. '친구 단위'로 입장한 사람의 수는 '친구 단위' 조의 수의 2배이며 '가족 단위'로 입장한 사람의 수는 '가족 단위' 조의 수의 4배이다. 총 입장객 수는 종류별 입장한 사람의 수의 합이므로 놀이공원 총 입장객 수 158명은 '친구 단위' 조의 수의 2배와 '가족 단위' 조의 수의 4배의 합이다. 따라서 158명을 2로 나누고 50을 뺀다면 '가족 단위' 조의 수를 구할 수 있다. 29개 조가 '가족 단 위' 조이고 나머지 21개 조가 '친구 단위' 조인만큼 '가족 단위'로 입장한 사람의 수는 29×4=116명, '친구 단위'로 입장한 사람의 수는 21×2=42명이다.

합격생 가이드

가족 단위 또는 친구 단위로 입장객을 묶을 수 있는 만큼 2명 혹은 4명이라는 장치를 활용하는 것이 신속한 문제 해결의 핵심이다. 총 50장의 표가 발권되었고 2, 4 모두 값을 깔끔하게 도출할 수 있는 숫자인만큼 신속하게 해결할 수 있을 것이다.

27 조건적용 정답 ⑤

| 난도 | 하

정답해설

B질병의 R_0는 15이고, D질병의 R_0는 3이다. 그러므로 예방조치가 없다면, 감염자 1명당 감염시킬 수 있는 사람 수의 평균은 B질병이 D질병의 5배일 것이다.

오답해설

① 치사율은 어떤 질병에 걸린 환자 중 그 질병으로 사망하는 환자의 비율을 나타내는 것으로 R_0의 크기와 반드시 비례하지는 않는다. 그러므로 가장 많은 사람이 사망하는 질병은 주어진 자료만으로 알 수 없다.

② 예방조치가 없을 때, R_0가 1보다 큰 질병은 전체 개체군으로 확산될 것이다. 그러나 F질병의 경우 R_0가 0.5에 불과하다. 그러므로 F질병은 예방조치가 없어도 전국민을 감염시키지는 않을 것이다.

③ C질병의 R_0는 6, D질병의 R_0는 3이다. 임의의 시간 단위 n이 지났을 때 각 질병이 감염시켰을 것이라고 예상되는 인원은 C질병의 경우 $\frac{6^n-1}{5}$명이고, D질병의 경우 $\frac{3^n-1}{2}$명이다. 인구 수가 충분해서 n의 크기가 3이상이 될 수 있다면 C질병이 전 국민을 감염시킬 때까지 걸리는 시간은 D질병의 절반보다 훨씬 짧을 것이다.

④ R_0와 마찬가지로 치사율도 확산 초기 단계에서는 정확하게 알 수 없다.

합격생 가이드

③을 옳다고 판단하지 않도록 주의가 필요하다. 기초 감염재생산지수는 신규 감염자 수가 일종의 등비수열을 취하고 있다는 모형이다. 따라서 총 감염자 수는 신규 감염자 수보다 훨씬 빠른 양상으로 증가한다. 변화율과 총량을 혼용해서 오답 선지를 구성하는 장치들은 기존 기출 문제에도 다수 등장한 만큼 주의가 필요하다.

28 논리퀴즈 정답 ①

| 난도 | 하

정답해설

'사과와 배 상자'에서 과일 하나를 꺼내어 확인한 결과 사과라면 조건 4에 따라 사과만 담겨 있을 것이다. 그러므로 남아 있는 '사과 상자'에는 배만, '배 상자'에는 사과와 배가 섞여 있을 것이다.

정답해설

ㄴ. '배 상자'에서 과일 하나를 꺼내어 확인한 결과 배라면 조건 4에 따라 사과와 배가 섞여 담겨 있을 것이다. 그러므로 남아있는 '사과 상자'에는 배만 '사과와 배 상자'에는 사과만 담겨 있을 것이다.

ㄷ. '사과 상자'에서 과일 하나를 꺼내어 확인한 결과 배라면 조건 4를 고려하더라도 배만 담겨 있을지 아니면 사과와 배가 섞여 담겨 있을지 확정할 수 없다. 그러므로 '사과 상자'에 배만 담겨 있는 경우, '배 상자'에는 사과와 배가 섞여 담겨 있어야 한다.

합격생 가이드

제시문을 읽고 내용물이 확정되지 않는 '사과 상자'에서 배가 나온 경우와 '배 상자'에서 사과가 나온 경우가 선지로 활용될 수 있겠다는 예측을 할 수 있다. 이외의 경우는 한 가지 조합으로 내용물이 확정되는 만큼 두 경우가 활용될 수 있는 ㄷ과 같은 선지에 주의해야 한다.

29 시간 · 공간 정답 ③

| 난도 | 하

정답해설

甲이 출발했을 때 정오에 맞춰진 시계 X가 귀가 이후 2시간이 지난 14시 정각을 가리키고 있다. 그러므로 乙의 집까지 가는 시간, 이야기를 한 1시간, 돌아온 시간 모두 합쳐 2시간이라는 것을 알 수 있다. 또한 제시문에 따라 돌아온 시간이 乙의 집까지 가는 시간의 절반이라는 것을 알 수 있으므로, 甲이 乙의 집에서 귀가하는 데 20분이 걸렸다는 것을 알 수 있다. 그리고 Y의 부정확성을 고려하면 乙의 집에 도착했을 때의 정확한 시간은 10시 40분이다. 그러므로, 이후 1시간의 이야기 시간, 20분의 이동시간이 지났다는 것을 고려하면 甲이 귀가했을 때의 정확한 시각은 12시 00분이다.

합격생 가이드

고장난 시계, 시차 등과 관련된 이런 유형의 문제들을 해결할 때는 시계에 나타난 시간보다 걸린 시간을 활용하는 것이 좀 더 쉬운 접근법이다. 나아가 발문에서 귀가했을 때의 시각을 묻고 있는 만큼 그에 맞춰서 10시 40분 이후의 시간만을 계산하는 것이 신속한 문제 풀이에 도움이 된다.

30 수리퀴즈(추론) 정답 ④

| 난도 | 하

정답해설

ㄱ. 왕관의 질량이 1kg(1000g), 금의 밀도가 20g/cm^{3}이므로 부피는 50cm^{3}이다.

ㄴ. 왕관의 부피가 80cm^{3}이고 왕관에 포함된 은의 부피가 금의 부피의 3배라고 가정하자. 그러한 경우 왕관에 포함된 은의 부피는 60cm^{3}이고, 금의 부피는 20cm^{3}이다. 밀도와 부피를 곱한 값은 질량과 같으므로, 선지의 내용이 맞다면 은과 금의 질량 합은 1kg일 것이다. 은의 질량은 60×10=600g, 금의 질량은 20×20=400g으로 둘을 합하면 1kg이다.

ㄹ. 왕관에 철을 전혀 사용하지 않았다고 가정해 보자. 부피는 질량을 밀도로 나눈 값과 같으므로 같은 질량하에서 부피를 극대화하기 위해서는 구리를 사용했을 것이다. 이때 가능한 부피는 약 111.11cm^{3}이다. 그러나 이는 넘친 물의 부피보다 작기 때문에 왕관에는 구리보다 밀도가 낮은 철이 사용되었을 것이다.

오답해설

ㄷ. 왕관에 사용된 금의 부피를 a, 구리의 부피를 b라고 가정하자. 이때 주어진 조건하에서는 a+b=80, 20a+9b=1,000이 성립한다. 그러므로 금의 부피는 약 25.45cm^3($=\frac{280}{11}$)이고 구리의 부피는 약 54.55cm^3($=\frac{600}{11}$)이다.

합격생 가이드

가중평균을 이용해서 각 부피의 정확한 값을 구할 수도 있겠지만 ㄴ의 해설과 같이 선지의 내용이 참인 경우를 가정하고 내용을 검증하는 것이 더 빠른 경우도 있다. 이 문제와 같이 값이 깔끔하게 나누어지는 경우라면 후자의 방식을 통해 신속한 선지의 해결을 도모하는 것을 추천한다.

31 단순계산 정답 ⑤

| 난도 | 중

정답해설

㉠ 제시문에 따르면 하나의 창고 안에 있는 재고인 150개만이 그을렸고 나머지 재고인 ㉠는 불에 그을리지 않았다. 그러므로 모든 입고기록과 출고기록 및 기존 재고를 고려했을 때의 수량은 150+㉠개일 것이다. 자료를 토대로 이를 계산하면 ㉠은 300이다.

㉡ 불에 그을린 개수에 대한 정보를 바탕으로 적어도 한 창고에는 모든 기록을 처리한 후 150개가 남아야 한다는 것을 알 수 있다. 입고기록과 1월 1일자 재고를 고려한 창고별 재고는 (A, B, C)=(230, 205, 210)이고, 창고별 출고기록의 합은 (A, B, C)=(60, 50, 85)이다. 이때 주어진 조건하에서 150개 재고가 남아 있는 재고를 만들 수 있는 경우는 C의 입고 기록 및 1월 1일자 재고에서 A창고 출고기록을 제외하는 경우뿐이다(210−60=150). 그러므로 맞바뀐 창고는 A와 C이다.

32 수리퀴즈(추론) 정답 ③

| 난도 | 중

정답해설

소수점 첫째 자리까지 고려할 때, 甲의 체중은 65.5~66.4kg 범위에 있다. 이 범위의 폭은 0.9kg인데 A물건을 2개 들어도 66으로 유지됐다는 점에서 A물건 2개의 무게가 900g 이하, 즉 A물건 1개의 무게가 450g 이하여야 한다는 사실을 알 수 있다. 또한, A물건을 5개 들고 체중계에 올라갔을 때 총 무게의 범위는 67.5~68.4kg 범위에 있을 것이다. 따라서 A물건을 2개 들었을 때와의 비교를 통해 A물건 3개의 무게는 적어도 67.5−66.4=1.1kg 이상이라는 것을 알 수 있다. 즉, A물건 1개의 무게는 약 367g 이상이어야 한다. 따라서 A물건 1개의 무게범위는 367≤A≤450이며 이를 만족하는 무게는 400g이다.

합격생 가이드

각 범위 내의 최댓값과 최솟값을 활용해서 구하려는 무게의 범위를 도출할 수 있다. 조금 더 신속한 풀이를 위해서는 직관적으로 너무 무겁거나 가벼운 경우 답이 될 수 없을 것이라고 가정하고 가운데 값인 ②, ③, ④를 조건에 대입해 볼 수 있다.

33 논리퀴즈 정답 ②

| 난도 | 중

정답해설

잃어버리기 전 조건 1에 따라 여성 인물카드 장수를 n이라고 할 때, 甲은 총 2n+2장을 가지고 있을 것이다. 잃어버리기 전 조건 2와 3에 따라 가능한 보유 장수는 5~9장이다. 그러므로 기존 인물카드 수로 가능한 것은 6장 혹은 8장이다.

잃어버린 후 조건 1과 3에 따라 모든 소방관 카드를 잃어버렸다는 것을 알 수 있고 그 장수가 2장이라는 것 역시 알 수 있다. 이때 기존 인물카드 수가 6장이라면 소방관 카드를 잃어버린 것만으로 잔여 카드 수가 4장이어야 하지만 잃어버린 후 조건 3에 따라 이는 조건에 위배된다. 따라서 기존 인물카드 수는 8장이며 잃어버린 후의 카드 수는 5장이므로 잃어버린 인물카드의 수는 3장이다.

합격생 가이드

조건이 잃어버리기 전후의 상황으로 나누어져 제시된 만큼, 상황별로 조건을 조합해서 얻을 수 있는 정보를 찾아보는 것이 문제 해결의 핵심이다. 적어도 잃어버리기 전 조건 1을 통해 기존 인물카드의 수가 짝수이고 잃어버린 후 조건 3에 의해 홀수 장수가 됐다는 점에서 ② 혹은 ④로 선지를 압축할 수 있어야 한다.

34 수리퀴즈(추론) 정답 ④

| 난도 | 중

정답해설

두 번째 운반에서 I, J를 포함한 3개의 박스를 운반하면서 운반 횟수를 최소로 하는 조합은 순서에 상관없이 다음의 조합이다. (F, I, J) (B) (C) (D) (E) (G, H). 각각 4kg과 2kg인 I와 J가 한 번에 운반됨에 따라 10kg 이상의 상자와 결합하여 같이 옮겨질 수 있는 상자가 6kg인 H뿐이기 때문이다.

오답해설

① D의 무게는 14kg이므로 다른 상자와 같이 운반되기 위해서는 3kg 이하인 상자가 필요하다. 그러나, 유일한 3kg 이하 상자인 J는 두 번째 운반에 I와 이미 결합하여 총 6kg가 된다. 그러므로 D는 따로 운반된다.

② 두 번째 운반 후에 B, C, D, E는 무게로 인해 단독으로 운반된다. 그 과정에서 모두 ㉠이 적용된다.

③ 단 하나의 상자만이 남더라도 ㉢을 적용해 운반할 수 있다.

⑤ 두 번째 운반에 ㉡을 적용하더라도 전체 운반 횟수를 최소로 할 수 있다. 예를 들어, (A) (F, I, J) (B) (C) (D) (E) (G, H)-총 7회는 ㉠을 적용한 (A) (B) (C) (DJ) (E, I) (F, H) (G)-총 7회와 횟수가 같다. 이는 17kg이라는 무게 제한으로 인해 어차피 16kg 이상인 A, B, C가 다른 상자와 같이 옮겨지는 것이 가능하지 않고, ㉡의 적용으로 3개가 동시에 옮겨지고 1개를 따로 운반하는 것과 ㉠의 적용으로 2개가 동시에 옮겨지는 것이 2번 발생한 것이 운반횟수 측면에서는 동등하기 때문이다.

35 게임 · 규칙 정답 ④

| 난도 | 하

정답해설

3과 9를 1부터 9까지의 수에 곱했을 때의 일의 자리 수를 정리하면 다음과 같다.

구분	1	2	3	4	5	6	7	8	9
×3	3	6	9	2	5	8	1	4	7
×9	9	8	7	6	5	4	3	2	1

서로 다른 두 카드 간 합이 같은 쌍이 나올 수 있는 숫자 합의 최솟값인 5부터 15까지 모두 확인해본다면 가능한 경우는 두 카드에 적힌 숫자의 합이 12가 되는 (4,8) (3,9)만이 가능하다. 그러므로 4장의 숫자 카드에 적힌 수의 합은 24이다.

합격생 가이드

문제에는 카드에 적힌 숫자 합이 같다는 조건과 각 숫자에 3과 9를 곱한 값의 일의 자리 수가 같다는 조건, 총 2가지 조건이 제시되어 있다. 특수한 조건인 두 번째 조건을 만족시키는 경우의 수가 더 적을 것이라고 가정하고 문제에 접근한다면 더 쉽고 신속하게 문제를 해결할 수 있다.

36 조건적용 정답 ③

| 난도 | 하

정답해설

丙 : (이륙중량 25kg 이하)-(사업자)/(자체중량 12kg 이하)-(사업자)이다. 또한 비행장 중심으로부터 반경 5km 이내에서 비행하므로 비행승인이 필요하다. 그러나 비행승인 없이 비행하였으므로 규칙 위반이다.

오답해설

① 甲 : (이륙중량 25kg 이하)-(비사업자)/(자체중량 12kg 이하)-(비사업자)이다. 모든 규칙을 준수했다.

② 乙 : (이륙중량 25kg 초과)-(비사업자)/(자체중량 12kg 이하)-(비사업자)이다. 모든 규칙을 준수했다.

④ 丁 : (이륙중량 25kg 이하)-(사업자)/(자체중량 12kg 초과)-(사업자)이다. 모든 규칙을 준수했다.

⑤ 戊 : (이륙중량 25kg 이하)-(사업자)/(자체중량 12kg 초과)-(사업자)이다. 모든 규칙을 준수했다.

합격생 가이드

조건 중 '△ : 공항 또는 비행장 중심 반경 5km 이내에서는 필요'는 선택지에서 중요하게 다뤄질 가능성이 높다. 따라서, 이 내용이 다뤄진 선택지가 있다면 주의해서 살펴보아야 할 것이다.

37 조건적용 정답 ④

| 난도 | 하

정답해설

서연의 첫 번째 대화에 따르면 대상 기업은 서비스기업이고, 인영의 세 번째 대화에 따라 직원수가 100명 이하인 곳이다. 서연의 두 번째, 세 번째 대화에 따라 근접역으로부터 15km 이내이거나 근접역이 없는 기업이고, 서연의 네 번째 대화에 따라 실내기업이다. 이를 모두 충족하는 기업은 D이다.

오답해설

① 서연의 첫 번째 대화에 따라 서비스기업이어야 하지만 A는 제조기업이다.
② 인영의 세 번째 대화에 따라 직원수가 100명 이하인 곳이어야 하지만 B는 직원수가 500명이다.
③ 서연의 네 번째 대화에 따라 실내기업이어야 하지만 C는 실외기업이다.
⑤ 서연의 첫 번째 대화에 따라 서비스기업이어야 하지만 E는 제조기업이다.

합격생 가이드

발문에서부터 하나의 기업을 선정해야 된다는 정보를 제시하고 있는 만큼 대화를 따라가면서 바로 해당되지 않는 기업들을 소거시켜야 한다.

38 조건적용 정답 ③

| 난도 | 하

정답해설

생활용수는 중금속이 제거되고 음용이 가능하며 1급인 담수이다. 따라서 상황의 해수의 처리를 위해서는 1급수로의 정수 및 음용 가능 처리, 중금속 성분 제거, 염분 제거가 필요하다. 그런데 3차 정수기에는 2차 정수기의 기능이 포함되어 있으므로 1차 정수기에서 일단 3급수로 수질을 개선한 후, 3차 정수기를 이용해 1급수로의 정수와 음용 가능처리를 하면 된다. 이때 정수기의 처리 용량을 고려하여 필요한 정수기 대수를 구하면 1차 정수기 용량은 1대이고, 3차 정수기는 3대이다.
따라서 3톤의 해수를 개선하기 위해서는 1차 정수기 1대, 3차 정수기 3대, 응집 침전기 1대, 해수담수화기 1대가 필요하며 그에 따른 비용은 최소 17억 원이다.

합격생 가이드

처리용량에 따른 설비당 필요 대수를 파악하는 것이 문제의 핵심이다. 특히 3차 정수기의 처리 용량이 1톤에 불과하다는 사실에 유념해야 한다.

39 종합 정답 ⑤

| 난도 | 하

정답해설

최소 사육규모로 인한 시설인증의 어려움이 있다고 하였고, 사육 수를 늘릴 여력이 없는 소규모 농장에선 공장식 축산을 하지 않아도 인증 신청을 못하는 경우가 있다고 하였다.

오답해설

① '공장식 축산'의 밀집사육에 따른 전염병 확산, 항생제 남용은 사람의 건강에도 직·간접적인 영향을 미치고 분뇨 등으로 인한 환경 문제도 유발하므로 농장동물복지는 사람에게도 중요한 문제이다.
② 시설인증을 받은 농가에서 인증 도축장을 이용하고 싶어도 물리적 거리가 걸림돌이 되고 있다고 하였다.
③ 축산물을 판매할 때 동물복지축산물인증 마크를 붙이려면 도축도 동물복지시설인증을 받은 곳에서 해야 한다. 따라서, A농장 사육 돼지가 어디서 도축되는지에 따라 동물복지축산물인증 마크 부착 여부가 달라진다.
④ 동물복지축산물인증 마크가 붙은 고기들은 가격이 높아서 소비자들이 많이 찾지 않는 것이 현실이라고 하였다.

40 종합 정답 ②

| 난도 | 중

정답해설

ㄴ. 2020년 현재 해당 인증을 받은 농장은 산란계 74곳, 육계 5곳, 돼지 9곳, 육우 2곳으로 총 90개 농장이다. 그런데 전체 농장수가 100,000개라면 그 0.1%는 100개이므로 동물복지시설인증을 받은 농장 비율은 0.1% 미만이다.
ㄷ. 2020년 현재 동물복지 시설인증을 받은 산란계 농장수는 74곳이고 이는 전체 산란계 농장의 1.1%이다. 6000개의 1.1%는 60개이므로 전국 산란계 농장수는 6,000개보다 많다.

오답해설

ㄱ. 인증을 받은 농장에 대해 인증을 받은 다음해부터 매년 1회 사후관리를 위한 점검을 실시하는데, 돼지농장 동물복지시설인증이 처음 도입된 것은 2013년이다. 따라서 제도 도입과 함께 인증을 받은 농장이라고 하더라도 가능한 점검 횟수는 7회에 불과하다.
ㄹ. 돼지농장이라면 어미돼지를 30마리 이상 키워야 시설인증을 신청할 수 있고 A농장은 어미돼지 수를 20% 감축했다. A농장에서 사육하던 어미돼지 수가 35마리라고 가정하면 20% 감축하는 경우 남은 어미돼지 수는 28마리이다. 그러므로 감축 이전의 35마리보다 많이 사육했을 것이다.

2020 기출문제 정답 및 해설

제1과목 언어논리 _ 정답 및 해설

1	2	3	4	5	6	7	8	9	10
⑤	⑤	③	④	④	④	③	③	⑤	②
11	12	13	14	15	16	17	18	19	20
④	③	②	①	④	①	⑤	④	②	④
21	22	23	24	25	26	27	28	29	30
①	②	⑤	⑤	①	⑤	③	④	⑤	④
31	32	33	34	35	36	37	38	39	40
⑤	③	②	④	①	⑤	①	②	②	①

01 일치부합 정답 ⑤

| 난도 | 하

정답해설

두 번째 문단 마지막 문장에서 알 수 있는 내용이다.

오답해설

① 충선왕 때 숙창원비가 관음보살과 중생이 그려져 있는 불화를 주문 제작한 사실만 알 수 있다.
② 고려 시대에는 귀족들이 승려들로부터 불화를 구입해 자신의 개인 기도처에 걸어두었다는 사실만 알 수 있다.
③ 고려 시대 불화에서 석가여래가 귀족으로 묘사되었는지는 글을 통해 알 수 없으며, 평민 신분의 인물이 배치되었는지도 알 수 없다.
④ 고려 시대 불화가 큰 이유는 글에 제시되어 있지 않다.

합격생 가이드

글의 핵심 내용은 고려 불화 안에 부처와 보살, 중생을 배치하는 방식이 신분을 구별하던 당대 사회 분위기와 연관되어 있다고 보는 학자들이 적지 않다는 것이다. 다만, 이러한 내용에 주목하며 읽을 때 '부처=귀족', '보살 및 중생=평민'의 구도로 단순하게 생각하게 되면 선지 ③과 같은 함정에 빠질 수 있으므로 주의해야 한다.

02 일치부합 정답 ⑤

| 난도 | 중

정답해설

오늘날 종묘제례 행사는 1960년에 복원된 것을 그대로 따르고 있으므로, 문무를 추는 사람들은 조선 시대의 것과 동일하게 약과 적 2종의 무구를 손에 들고 춤을 출 것이다.

오답해설

① 검과 창을 들고 추는 것은 문무가 아니라 무무이다.
② 동일한 수의 인원이 먼저 문무를 추고 이어서 무무를 추는 것이므로, 일제 강점기에는 문무와 무무 모두 육일무로 추었을 것이다.
③ 조선 시대에는 무무를 출 때 앞쪽 세 줄에 선 사람들은 검 하나씩만, 뒤쪽 세 줄의 사람들은 창 하나씩만 들고 춤을 추게 했다.
④ 조선 시대에 종묘제례 거행 시에는 육일무를 거행하되 문무와 무무 모두 추었다.

합격생 가이드

조선 시대, 대한제국, 일제 강점기, 오늘날에 이르는 과정에서 종묘제례악의 일무가 어떠한 방식으로 변화해왔는지가 글의 핵심 내용이므로, 이에 주목하며 읽어야 한다. 문무와 무무의 형태, 무구의 종류 등의 세부적인 내용을 혼동하지 않아야 정답을 정확히 찾을 수 있다.

03 일치부합 정답 ③

| 난도 | 상

정답해설

영빈 이씨는 사도세자의 생모이므로 영조의 후궁이었고, 수빈 박씨는 순조의 생모이므로 정조의 후궁이었음을 알 수 있다.

오답해설

① 제시문에 나타나 있지 않아 알 수 없는 내용이다.
② 『국조속오례의』 편찬 시에 육상궁에 대한 제사가 국가의례에 포함되었다는 사실만 알 수 있다.
④ 고종의 대빈궁, 연호궁, 선희궁, 저경궁, 경우궁 이전에 따라 육상궁이 칠궁으로 불리게 되었는지는 글을 통해 알 수 없다.
⑤ 조선 국왕으로 즉위해 실제로 나라를 다스린 인물의 생모에 해당하는 후궁으로서 일제 강점기 때 칠궁에 모셔져 있던 사람은 숙빈 최씨, 희빈 장씨, 수빈 박씨 3명이었다.

합격생 가이드

지문 내용에 관련된 인물과 사건이 많이 제시되어 상당히 복잡하고 난도 있는 문항이다. 역사적 사건의 순서를 요약하면서 읽으면 비교적 용이하게 풀 수 있으나, 실전에서는 이와 같이 복잡한 글을 마주하면 당황하여 두 번, 세 번 읽게 될 가능성이 높다. 이러한 문항의 경우 일단 보류해 두고 다른 문항을 모두 풀이하고 난 뒤 시간이 남는 경우 다시 돌아와 푸는 것이 시간 활용 측면에서 효율적이다.

04 일치부합 정답 ④

| 난도 | 하

정답해설

백제어와 고구려어 간에 방언적 차이만 존재했다면 방언적 차이만을 지닌 하나의 언어로 분류되었을 것이므로, 글의 내용을 통해 볼 때 이 두 언어가 서로 다른 계통으로 분류되기 위해서는 방언적 차이 이상의 차이가 존재해야 할 것이다.

오답해설

① 첫 번째 문단에서 확인할 수 있는 내용이다.
② 북방계의 천손 신화적 요소가 한반도에서 발견된다는 점은 한국어가 북방적 요소를 지니고 있음을 알려주는 인류학적 연구의 일환이다.
③ 최근 한국어 계통 연구는 유전학적 연구와 인류학적 연구를 모두 활용하고 있다는 내용을 통해 확인할 수 있다.
⑤ 마지막 문단의 마지막 문장을 통해 확인할 수 있다.

합격생 가이드

기존의 알타이어족설에 한계가 존재했고, 해당 한계를 보완하기 위해 인류학적 연구와 유전학적 연구를 활용하고 있다는 것과, 현대 한국어 형성 과정에 있어서의 남북한 학계의 공통 입장과 대비되는 입장을 글을 통해 명확하게 파악해야 한다.

05 밑줄 · 빈칸 채우기 정답 ④

| 난도 | 중

정답해설

㉠과 ㉡ 모두 글의 내용에 부합하는 내용이다.

오답해설

① ㉠의 경우 농장당 돼지 사육 두수와 사육 면적당 돼지 수 모두 증가하였다는 내용이 들어가야 한다. ㉡의 경우 육류가공제품 소비량 자체가 증가했는지는 알 수 없다.
② ㉠의 경우 농장당 돼지 사육 두수와 사육 면적당 돼지 수 모두 증가하였다는 내용이 들어가야 한다.
③ ㉠의 경우 적절한 내용이지만, ㉡의 경우 육류가공제품 소비량 자체가 증가했는지는 알 수 없다.
⑤ ㉡의 경우 소비자가 더 많은 수의 가축과 접촉하게 되었다는 내용이 포함되어야 한다.

합격생 가이드

이러한 유형의 경우 빈칸 바로 앞뒤에 제시되는 내용을 특히 주목하여 읽어야 한다. 대체로 핵심 주제가 명확한 글이 주어지는 경우가 많으므로 이러한 유형에서는 확실하게 글의 핵심 내용에 부합하지 않는 내용을 포함하는 선지들을 우선 배제하고 풀이하면 수월하다.

06 일치부합 정답 ④

| 난도 | 하

정답해설

미란다 판결 이전에는 수사 과정에서 회유나 압력을 행사했더라도 전체적인 상황이 강압적이지 않았다면 자백을 증거로 인정했다.

오답해설

① 미란다 원칙을 확립한 재판에서 미란다가 어떤 판결을 받았는지는 글을 통해 알 수 없다.
② 미란다 판결은 피해자의 권리가 아니라 피의자의 권리에 있어 절차적 적법성을 강조하였다.
③ 미란다 판결을 통해 가혹 행위에 대한 수사 기관의 법적 책임을 묻는 시초가 되었는지는 알 수 없다.
⑤ 미란다 판결에서 연방대법원은 피의자가 변호사 선임권 등을 알고 있었는지와 무관하게 경찰관의 고지 여부에 근거하여 자백의 효력 여부를 판단해야 한다는 취지의 판결을 하였다.

합격생 가이드

②의 경우 실전에서 긴장하게 되면 빠지기 쉬운 함정이다. 자주 출제되는 함정은 아니나, 실제 시험에서도 충분히 이와 같은 함정이 오답으로 출제될 수 있으므로 항상 선지를 꼼꼼히 끝까지 읽는 습관을 들일 필요가 있다.

07 일치부합 정답 ③

| 난도 | 중

정답해설

전자상거래협정에 가입하지 않더라도 각료회의의 일원으로서 해당 협정의 부속서 4의 포함 여부에 영향을 미칠 수 있다.

오답해설

① '임계질량 복수국간 무역협정 방식'에 따라 채택된 협정의 경우, 그 혜택은 모든 WTO 회원국에 적용되는 반면 협정의 의무는 협정 당사국에만 부여되므로 협정의 혜택을 받는 국가는 해당 협정의 의무를 부담하는 국가보다 적을 수 없다.
② 총의 제도의 경우 회의에 불참하면 찬성으로 간주된다.
④ 총의 제도가 무역자유화 촉진 및 확산이라는 목표를 충분히 달성하기 어려워져 '부속서 4 복수국간 무역협정 방식'이 도입된 것이므로 총의 제도가 유지된다면 이러한 목적이 충분히 달성되기 어려울 것이다.
⑤ 정보기술협정은 '임계질량 복수국간 무역협정 방식'의 사례로, 발효 당시 해당 협정 품목의 무역량이 전세계 무역량의 90% 이상이어야 발효 가능했을 것이므로 옳은 내용이다.

합격생 가이드

기존 총의 제도의 한계를 극복하기 위해 '임계질량 복수국간 무역협정 방식'과 '부속서 4 복수국간 무역협정 방식'이 도입된 것이라는 사실과 두 방식의 특징적 내용과 차이점에 주목하면서 글을 읽어야 한다.

08 일치부합 정답 ③

| 난도 | 중

정답해설

플라바놀은 폴리페놀을 구성하며, 와인과 커피에는 폴리페놀이 들어 있다.

오답해설

① 홍차가 갈색을 띠게 되는 것은 테아루비딘의 영향이므로, 갈색 홍차에서 테아플라빈 양의 비율이 더 낮을 것이다.

② 플라보노이드는 활성산소를 제거하는 기능을 하지만, 활성산소의 생성 자체를 막는지는 알 수 없다.

④ 에피갈로카데킨 갈레이트는 카데킨의 일종이고, 홍차는 산화로 인해 녹차보다 카데킨이 적게 함유되어 있다.

⑤ 중국 홍차의 경우 인도 홍차보다 산화를 길게 하고, 산화를 길게 하는 경우 카데킨이 테아플라빈과 테아루비딘으로 전환되므로 인도 홍차에 비해 카데킨이 적을 것이다.

합격생 가이드

크게 어렵지 않은 문제이나 생소한 물질명이 다수 제시되어 실전에서 시간을 많이 소모하거나 실수하기 쉬운 문제이다. 이러한 유형의 경우 글에 제시된 물질들의 포함 관계, 변화 과정 등을 간단하게 요약해 놓은 뒤 문제를 풀이하도록 한다.

09 추론 정답 ⑤

| 난도 | 상

정답해설

ㄱ. 다른 조건이 모두 같으면서 A국 궁수의 수가 4,000명으로 증가하면 ㉠은 $\frac{400/1,000}{100/4,000}=16$이 될 것이다.

ㄴ. 마지막 문단 내용을 통해 A국의 B국에 대한 손실비를 계산하면 1/4보다 작으므로, A국의 군사력이 B국보다 4배 이상 우월하다는 것을 알 수 있다.

ㄷ. 손실비는 최초 병력 대비 잃은 병력 비율을 통해 정의되므로, 전쟁 종료 시점까지 동일한 수의 병력 손실이 발생했다면 최초 병력의 수가 적은 쪽의 손실 비율이 더 클 것이므로(주어진 수식에서 분자는 커지고 분모는 작아 지므로) 손실비가 더 크다.

합격생 가이드

약간의 계산을 요하는 추론 문제이다. 손실비의 개념이 '비율/비율'이라는 것과 손실비가 크다는 것이 군사력의 열위를 의미한다는 것을 정확히 이해할 수 있어야 한다. 이러한 유형의 문제에 자신이 없는 수험생이라면 실전에서 시간을 많이 소모하고도 실수 때문에 정답을 맞히지 못할 가능성이 높은 문제이므로, 일단 보류하고 다른 문제를 우선적으로 푸는 것이 득점에 유리할 수 있다.

10 견해 비교 · 대조 정답 ②

| 난도 | 하

정답해설

의학계 전통주의자들과 진보주의자들 모두 '전투 신경증'이 정신적 증후군의 하나로 실재한다는 사실에는 동의하였으나, 치료 방법과 환자의 의지력과 관련하여 논쟁이 이루어졌다.

오답해설

① ㉠의 경우 모욕과 위협, 처벌을 중심으로 하는 치료를, ㉡의 경우 대화를 통한 인도적 치료를 주장하였다.

③ ㉠과 ㉡ 모두 전투 신경증이 심리적 외상을 통해 유발된다는 것에는 의견 차이가 없다.

④ ㉡에만 해당되는 내용이다.

⑤ 제시문을 통해 알 수 없는 내용이다.

합격생 가이드

이와 같이 몇 가지 견해를 비교하는 유형의 문항의 경우, 두 견해 사이의 공통점과 차이점에 대해 명확하게 이해해야 한다. 글에 나타난 ㉠과 ㉡의 경우 전투 신경증이 실재한다는 사실에 대해서는 동의하고 있으나, 이에 대한 치료 방법과 환자의 의지력에 대한 견해에 있어 차이가 존재한다는 사실에 주목해 풀이해야 한다.

11 논리퀴즈 정답 ④

| 난도 | 중

정답해설

조건에 따라 세 부서에 신임 외교관을 배치할 수 있는 경우의 수들을 나열하면 다음과 같다.

구분		A	B	C
경우 1	남	1	1	4
	여		3	1
경우 2	남	1	1	4
	여		2	2
경우 3	남	1	1	4
	여	1	2	1
경우 4	남	2	1	3
	여		2	2

어떤 경우를 가정하더라도 B에는 1명의 남자 신임 외교관이 배치된다.

오답해설

① 경우 4와 같이 A에 2명의 신임 외교관이 배치되는 경우가 가능하다.

② 경우 1과 같이 B에 4명의 신임 외교관이 배치되는 경우가 가능하다.

③ 경우 2, 경우 4와 같이 C에 6명 혹은 5명의 신임 외교관이 배치되는 경우가 가능하다.

⑤ 경우 1, 경우 3과 같이 C에 1명의 여자 신임 외교관이 배치되는 경우가 가능하다.

합격생 가이드

이러한 문제의 경우 번거롭더라도 도표 등을 이용하여 조건에 부합하는 가능한 경우의 수들을 모두 찾아놓고 풀이하는 것이 실수를 줄이고 시간을 단축하는 방법이 될 수 있다.

12 논리퀴즈 정답 ③

| 난도 | 상

정답해설

진술		경우 1	경우 2	경우 3
갑	단독∧2층	×	○	×
	~2층 빈방	○	○	○
을	if 단독 → 5층	○	×	×
	~단독∧~같은 방	○	×	×
병	if ~단독 → 같은 방	×	○	○
	~빈방	×	×	○

갑 · 을 · 병의 진술을 간단한 기호로 나타낸 후, 주어진 조건을 만족시키는 가능한 경우의 수들을 표로 나타내면 위와 같다.

병의 진술이 둘 다 거짓인 경우, 갑의 진술이 둘 다 참인 경우를 가정하면 이는 을의 두 진술과 모두 충돌하므로 을의 진술이 둘 다 거짓이어야 한다. 이는 조건에 부합하지 않으므로 병의 진술이 둘 다 거짓이라면 갑의 진술 중 하나는 거짓이어야 한다.

오답해설

① 갑의 진술이 둘 다 거짓인 경우, 2층에 빈방이 있어야 하므로 자동적으로 병의 두 번째 진술이 거짓이 되고, 병의 첫 번째 진술은 참이어야 한다. 그런데 이때 병의 첫 번째 진술은 을의 두 번째 진술과 모순되므로, 을의 두 번째 진술이 거짓이어야 하는데 조건에 따라 을은 두 진술 모두 참을 말하는 사람이어야 하므로 모순이 발생한다. 따라서 갑의 진술이 둘 다 거짓인 경우는 불가능하다.

② 경우 3과 같이 2층과 전체 층에 빈방이 없는 경우가 가능하다.

④ 경우 2와 같이 을의 진술이 둘 다 거짓이면서 단독범의 소행인 경우가 가능하다.

⑤ 경우 3과 같이 갑의 진술 중 하나만 참이면서 단독범의 소행인 경우가 가능하다. 이 경우 단독범의 소행이지만 단독범이 2층 또는 5층에 묵지 않는 경우를 상상할 수 있고 모순이 발생하지 않는다.

합격생 가이드

이러한 유형의 경우 갑의 첫 번째 진술, 을의 2번째 진술과 같이 명백하게 모순되는 선지들의 참 거짓 여부를 임의로 가정하여 시작하는 것이 유리하다. 다만 이 문제의 경우 고려 사항이 많고 조건이 복잡하므로, 실전에서 시간을 많이 소모하고도 실수할 가능성이 높다. 이러한 유형에 자신이 있는 수험생이 아니라면 보류하고 다른 문제를 우선 풀이하는 것이 시험에서 유리할 것이다.

13 견해 비교 · 대조 정답 ②

| 난도 | 중

정답해설

을은 근대 과학혁명 이후 등장한 과학이 개입한 것들만을 기술로 한정하며, 병은 기술을 만들어내기 위해 과학의 개입이 꼭 필요한 것은 아니라고 본다.

오답해설

ㄱ. 갑의 경우 물질로 구현된 것만을 기술로 인정하며, 병의 경우 지식이 개입된 것들을 과학으로 인정한다. 갑과 을의 경우 기술을 정의하는 기준 자체가 다르므로 둘 중 누구의 범위가 더 넓은지를 판단할 수 없다.

ㄷ. 옷감 제작법의 경우 물질을 소재 삼아 물질적인 결과물을 산출하는 것에 해당하므로, 갑 역시 이를 기술로 인정할 여지가 있다.

합격생 가이드

이러한 유형의 경우 은연중에 세 가지 주장의 범주를 동일선상에서 비교하기 쉽다. 그러나 갑과 병의 경우 기술을 정의함에 있어 다른 기준을 사용하고 있으므로, 둘 중 어느 쪽이 더 기술의 범주를 넓게 규정하고 있는지 동일선상에서의 비교가 불가능하다는 점에 주의해야 한다.

14 견해 비교 · 대조 정답 ①

| 난도 | 하

정답해설

을의 마지막 주장에서 마지막 문장과 갑의 마지막 주장에서 첫 번째 문장을 통해 확인할 수 있다.

오답해설

② 갑의 당나귀 예시에서 진실을 말하지 않고 이야기 기술만 가지고도 사람들을 설득하는 경우 이어지는 부정적 결과에 대해 언급하고 있으므로, 갑이 이야기 기술만으로 사람들을 설득하는 경우가 가능하다는 것에 동의하지 않는다고 보기 어렵다.

③ 을은 설득은 진실을 말한다고 해서 반드시 성취될 수 있는 것이 아니고, 사람들에게 중요한 것은 이야기 기술이라고 주장하고 있다.

④ 제시문을 통해 알 수 없는 내용이다.

⑤ 을이 이에 대해 부정하는지는 글을 통해 명확하게 알 수 없다.

합격생 가이드

이러한 유형의 경우 지문에서 알 수 있는 것과 그렇지 않은 것을 정확히 구분할 수 있어야 한다. 지문을 통해 알 수 없는 것을 잘못된 추측 또는 임의적인 논리적 비약을 통해 알 수 있는 내용으로 착각하는 경우 문제의 함정에 빠질 수 있으므로 주의하자.

15 추론 정답 ④

| 난도 | 중

정답해설

문제에서 주어진 조건을 간단히 나타내면 다음과 같다.

우선 장수 노인의 경우 모두 '행복∧규칙∧~짜거나 기름진'의 조건을 충족한다.

~행복 → 면역 ↓, 조기 → 면역 ↓

~짜거나 기름진 → 콜레스테롤 ↓, 조기 → ~콜레스테롤 ↓

~규칙 → β↓ → 체지방 정상 ↑, 조기 → ~체지방 정상 ↑

X에 속한 장수 노인은 모두 규칙적인 운동을 하였으므로 이들의 β호르몬 분비 정도에 대해 알 수 없다. 따라서 주어진 조건들로부터 이들의 체지방 비율이 정상 범위를 넘어섰는지 그렇지 않은지에 대해 알 수 없다.

오답해설

① 장수 노인의 경우 모두 규칙적인 운동을 했고, 조기 사망자의 경우 체지방 비율이 정상 범위를 넘어서지 않았다는 것으로부터 모두 규칙적인 운동을 했음을 추론할 수 있다.

② X에 속한 장수 노인은 모두 짜거나 기름진 음식을 즐겨 먹지 않았다는 사실로부터 이들 중 혈중 콜레스테롤 지수가 높은 사람은 없을 것임을 추론할 수 있다.

③ 조기 사망자는 모두 콜레스테롤 지수가 높았으므로, 짜거나 기름진 음식을 즐겨 먹었을 것임을 추론할 수 있다.

⑤ X에 속한 조기 사망자는 모두 체지방 비율이 정상 범위를 넘어서지 않았으므로, 이들은 모두 β호르몬이 평균치보다 적게 분비되지 않았을 것임을 추론할 수 있다.

합격생 가이드

주어진 조건을 간단한 식으로 치환하고 조건에 따라 선지의 정오를 판단하면 쉽게 정답을 찾을 수 있는 비교적 간단한 논리 문제이다. 이러한 유형의 경우 주어진 조건을 빠르고 정확하게 기호화하는 연습을 평소에 해 두는 것이 실전 문제 풀이에 도움이 된다.

16 강화 · 약화 정답 ①

| 난도 | 하

정답해설

㉠의 핵심 논지는 비교 가능한 속성을 아는 것이 비교급 관계를 아는 것에 대해 반드시 선행하지는 않는다는 것이다. '더 유사함'이라는 비교급 관계를 이해하지 않고서는 '유사하다'라는 비교 가능한 속성을 사용할 수 없다는 것은 비교급 관계를 아는 것이 속성을 아는 것보다 선행하는 사례이므로 ㉠을 강화한다.

오답해설

ㄴ. '더 훌륭하다'는 비교급 관계를 판단하지 않고도 '훌륭하다'는 비교 가능한 속성을 알 수 있다는 것은 ㉠의 주장과 무관하다.

ㄷ. 제시문의 내용과 무관하다.

합격생 가이드

㉠의 핵심 논지를 정확히 이해하면 쉽게 풀이할 수 있는 내용이다. 〈보기〉 중 글의 내용과 무관한 것들이 섞여 있으므로 이를 복잡하게 생각하여 잘못된 답을 고르는 실수를 범하지 않도록 한다.

17 사례 찾기 · 적용 정답 ⑤

| 난도 | 하

정답해설

60cm 떨어진 지점에서는 ^{220}Rn에 의한 방사선은 측정되지 않으므로, A와 B의 방사선 모두 ^{222}Rn에서 나온 것이다.

오답해설

① A에서 측정된 방사선량이 석재로부터의 거리 20cm일 때보다 60cm일 때 급감하는 것을 통해 A에는 ^{220}Rn이 포함되어 있을 가능성이 높을 것임을 알 수 있다.

② B에서 측정된 방사선량은 모든 거리에서 균일한 것을 통해 ^{220}Rn이 포함되어 있지 않을 가능성이 높을 것임을 알 수 있다.

③ 0cm 떨어진 지점에서는 ^{220}Rn과 ^{222}Rn 모두 측정될 수 있으므로 이 거리에서 측정된 A의 방사선이 모두 ^{222}Rn에서 나온 것이라고 볼 수 없다.

④ 20cm 떨어진 지점에서 측정된 A의 방사선 중 얼마만큼이 ^{222}Rn에 의한 것이고 얼마만큼이 ^{220}Rn에 의한 것인지 구분할 수 없다.

합격생 가이드

선지 ③과 ④의 경우, 석재로부터 50cm 이내에서 측정된 방사선의 경우 ^{220}Rn과 ^{222}Rn에서 방출된 것을 구분할 수 없다는 사실에 주의해야 한다.

18 강화 · 약화 정답 ④

| 난도 | 중

정답해설

ㄴ. 뉴턴역학이라는 과학 이론은 문장들로 구성되므로 문장이라는 전체의 의미로부터 '힘'이라는 구성요소의 의미가 결정될 수 있다는 것은 ㉠을 강화한다.

ㄷ. 특정 단어가 문장 전체의 의미로부터 결정되는 것이 아니라 직접적 관찰 증거만으로 의미를 결정할 수 있다는 것은 ㉠을 약화한다.

오답해설

ㄱ. "고래는 포유류이다."는 문장의 의미를 확정하기 위해 '포유류'라는 구성요소의 의미를 먼저 결정해야 한다는 것은 ㉠에 배치된다.

합격생 가이드

㉠은 관찰 가능한 증거들이 여러 번역과 어울려서 어느 번역이 옳은지 결정할 수 없는 문제를 해결하는 방안으로 제시되었으며, 문장 전체의 의미로부터 그 구성요소의 의미를 결정하고자 하는 이론이라는 핵심 내용을 정확히 이해해야 한다. 〈보기〉 ㄷ의 경우 ㉠과 달리 전체의 의미에 대한 이해 없이도 부분인 구성요소의 의미가 도출되는 사례이므로 ㉠의 주장을 약화하는 것임을 파악할 수 있어야 한다.

19 종합 정답 ②

| 난도 | 하

정답해설

가장 많은 종류의 문제를 해결하는 인공지능이 아니라 말의 의미를 이해하는 인공지능이 강한 인공지능이다.

오답해설

① 두 번째 문단에서 '인공지능으로 작동하는 번역기가~이해한다고 볼 이유를 제공하지는 않는다'로부터, 이 인공지능이 약한 인공지능일 것임을 알 수 있다.

③ 일반지능은 하나의 인지 체계가 온갖 종류의 지적 능력을 발휘하는 것이며, 이러한 일반지능을 갖춘 것처럼 보이는 인공지능을 인공일반지능이라고 한다.

④ 썰의 정의에 따르면 아무리 다양한 종류의 과업을 훌륭하게 수행하더라도 말의 의미를 이해하지 못하면 '약한 인공지능'이므로, 말의 의미를 이해하지만 해낼 수 있는 일이 별로 없는 '강한 인공지능'에 비해 이러한 '약한 인공지능'이 특정 과업에서 더 우수한 역량을 보일 수 있다.

⑤ 첫 번째 문단에서 확인할 수 있는 내용이다.

합격생 가이드

'강한 인공지능'과 '강하다', '인공일반지능'과 '일반지능'과 같은 핵심 단어들의 의미를 명확하게 이해할 수 있어야 한다.

20 종합 정답 ④

| 난도 | 중

정답해설

ㄴ. 뛰어난 성능의 인공지능이 말의 의미를 이해하지 못한다는 것은 인간적 편견에 불과하며, 그러한 인공지능이 말의 의미를 이해할 수도 있다는 내용이므로 ㉠을 약화한다.

ㄷ. 말의 의미를 이해하는 것과 말의 의미를 이해하는 것처럼 보이는 것을 전혀 구별할 수 없다면, 말의 의미를 이해하는 것처럼 보인다는 것으로부터 말의 의미를 실제로 이해한다는 것이 따라 나오는지 그렇지 않은지도 구별할 수 없게 될 것이므로 ㉡을 약화한다고 할 수 있다.

오답해설

ㄱ. ㉠은 강한 인공지능이 실현될 가능성에 대해 매우 회의적인 반면, ㄱ의 내용은 최근 강한 인공지능의 개발이 현실화되고 있다는 내용이므로 ㉠을 강화하는 내용이라고 볼 수 없다.

합격생 가이드

㉠과 ㉡ 주장의 핵심 논지를 이해해야 문제를 정확히 풀이할 수 있다. ㉠은 '강한 인공지능'의 실현 가능성은 희박하다는 주장을, ㉡은 일반지능을 갖춘 것과 갖춘 것처럼 보이는 것은 서로 다르다는 사실로부터 말의 의미를 이해하는 것처럼 보이는 것과 실제 강한 인공지능과는 다르다는 것을 주장하고 있다.

21 일치부합 정답 ①

| 난도 | 하

정답해설

삼정승의 행차 때 내는 벽제 소리는 크지 않았던 반면, 병조판서 행차 때의 벽제 소리는 날래고 강렬했다는 것으로부터 확인할 수 있는 내용이다.

오답해설

② 행차 소리를 듣고 꿇어앉는 행위가 아니라 국왕 행차 시 행차에 방해되는 사람을 물리치기 위해 서서 꾸짖는 소리를 내는 행위를 봉도라고 한다.

③ 서민들에 대한 감시가 증가했는지는 알 수 없는 내용이다.

④ 서민들이 아닌 벼슬아치들이 원래 사용하던 피마의 의미이다.

⑤ 가도가 주로 서울을 중심으로 행해졌는지는 알 수 없다.

합격생 가이드

어렵지 않은 일치부합 문제이다. 이러한 유형의 경우 항상 지문을 통해 알 수 있는 내용과 그렇지 않은 내용을 정확히 구분할 수 있어야 하며, 논리적 비약이나 근거가 부족한 추론을 하지 않도록 해야 한다.

22 일치부합 정답 ②

| 난도 | 하

정답해설

양반 집안의 경우 적처의 존재는 필수 불가결했으며, 새 부인을 얻는다는 것은 현실적으로 비용과 노력이 많이 드는 일이었으므로 이러한 이유에서 이혼하지 않고 결혼을 유지하였다.

오답해설

① 제시문에 나타나 있지 않아 알 수 없는 내용이다.

③ 조선에서 적처의 존재를 중요하게 생각한 이유는 적처가 양반가에서 가정 관리자로서의 역할을 수행하였기 때문이며, 중국에서 부인의 역할이 어떠했는지는 글의 내용을 통해 알 수 없다.

④ 조선은 '조선에는 이혼이란 없다'는 태도를 견지했으며, 『대명률』과 달리 출처가 거의 명목상으로만 존재하였다는 내용을 통해 중국 법전의 출처 항목에 명시된 사항에 해당되더라도 이혼을 실질적으로 용인하지 않았을 것임을 알 수 있다.

⑤ 조선 시대에 국가가 이러한 지원 정책을 시행했는지는 글을 통해 확인할 수 없는 내용이다.

합격생 가이드

어렵지 않은 일치부합 문제이다. 지문에서 아예 언급되어 있지 않은 내용이 선지로 제시될 경우, 우선 정답 후보에서 배제하고 시작하는 것이 문제 풀이 시간을 단축할 수 있는 방법이 될 수 있다.

23 일치부합 정답 ⑤

| 난도 | 상

정답해설

이천의 부대는 만포에서 압록강을 건넜으며, 만포는 여연군으로부터 압록강 물줄기를 따라 서남쪽 하류에 위치해 있다.

오답해설

① 아목하는 여연군의 서쪽에 위치한다.

② 최윤덕이 강을 건넌 만포는 여연군에서 서남쪽에 위치하며, 무창군은 여연군의 동남쪽에 위치하므로 최윤덕이 여연군과 무창군을 잇는 직선 거리의 중간 지점에서 강을 건넜다고 볼 수 없다.

③ 자성군은 이천의 두 번째 여진 정벌이 끝나기 이전에 이미 존재했다.

④ 세종이 경원부를 여연군으로 바꾸었는지와 최윤덕을 통해 3개 군을 더 설치하게 하였는지는 알 수 없는 내용이다.

합격생 가이드

여러 지명이 등장하여 상당히 복잡하게 느껴질 수 있는 문제이다. 이러한 유형의 경우 글에서 등장하는 지역들 간의 위치 관계와 주요 사건들을 도식으로 나타낸 뒤 침착하게 풀이하도록 한다.

24 일치부합 정답 ⑤

| 난도 | 하

정답해설

뉴욕주 소방청은 화재위험도 평가에 공유 플랫폼을 통해 수집된 주 내의 모든 정부 기관의 정보를 활용한다고 하였다.

오답해설

① 공공안전성이 강조되는 5개 용도시설에 대해 특정 기준을 강제 적용하는지는 알 수 없다.
② 화재위험도평가제는 건축물의 유지 및 관리단계에서 화재위험도 관리를 위해 활용된다.
③ 건축모범규준을 적용하더라도 측정 주요 기준 외의 기준은 개정되기 전 규준의 기준을 적용하는 경우도 있다.
④ 미국화재예방협회가 해당 기준들을 개발하는 것은 맞으나 이를 운영하는지는 알 수 없다.

합격생 가이드

지문에 제시된 세 가지 건축물 화재안전 관리체제의 특징과 차이점, 공통점에 대해 명확하게 이해해야 한다. 특히, ④가 매력적인 오답일 수 있으나 글에서는 개발에 대한 부분만 언급되어 있다는 점에 주의해야 한다.

25 일치부합 정답 ①

| 난도 | 하

정답해설

독일 자유주의자들은 장애인이나 가난한 이들에 대한 복지를 구휼 정책으로 간주해 찬성하지 않았으나, 개인이 자발적으로 사회적 약자들을 돕는 것은 적극 권장하였다.

오답해설

② 독일 보수주의자들은 복지 정책에 드는 재원 부담을 국가가 직접 나서서 마련하는 데 찬성하였다.
③ · ④ 제시문에 나타나 있지 않아 알 수 없는 내용이다.
⑤ 노동자를 위한 사회 보장 정책이 사회주의자들에 의해 제안되었는지와 이 정책이 전 국민에게 확대되었는지는 확인할 수 없다.

합격생 가이드

이 문항과 같이 지문에 나타나 있지 않은 내용들이 선지로 제시된 경우, 지문에 제시된 내용을 단어만 바꾸어 제시한 경우에 비해 쉽게 풀이할 수 있다. 지문과 무관한 내용을 정답 후보에서 우선 배제하고 풀이하도록 한다.

26 일치부합 정답 ⑤

| 난도 | 하

정답해설

ADR 중에서 자기결정권의 정도가 가장 큰 협상의 경우 사회 정의를 실현하는 측면에서는 미흡한 점이 존재한다.

오답해설

① 중재 시 분쟁당사자의 결과에 대한 만족도가 가장 낮은지는 알 수 없다.
② 협상에 사법적 통제가 가장 낮게 이루어지는지는 알 수 없다.
③ 협상에 요구되는 시간이 조정이나 중재에 비해 짧은지는 알 수 없다.
④ 알선은 제3자가 단순히 회합을 주재하는 수준에 머물며, 해결안 모색은 당사자들 간 대화를 통하는 것이다. 따라서 분쟁해결안 자체를 만듦에 있어 당사자의 자기결정권 정도가 반드시 협상보다 작다고 할 수 없다.

합격생 가이드

ADR의 3가지 종류 사이의 차이와 특성이 글의 핵심 내용이다. 당사자들의 자기결정권의 정도와 제3자 관여 여부에 있어 차이가 난다는 점과, 자기결정권의 크기가 곧 사회 정의 실현에의 기여 정도는 아니라는 점에 주목하며 문제를 풀어야 한다.

27 추론 정답 ③

| 난도 | 상

정답해설

ㄱ. 인간의 성품을 고양하는 법률은 정의로우며, 정의로운 법률은 신의 법, 곧 도덕법에 해당한다.
ㄴ. 사람끼리의 규약에 해당하는 법률은 불의하며, 그것이 불의한 이유는 자연법에 기원한 것이 아니기 때문이다.

오답해설

ㄷ. 인종차별적 내용을 포함하는 법률은 불의한 법률로 도덕법에 배치되는 것이라는 사실로부터 인종차별적 내용을 포함하지 않는 모든 법률이 신의 법, 즉 도덕법에 해당한다는 내용이 도출되지는 않는다.

합격생 가이드

이와 같이 특정 개념들의 논리관계를 서술식으로 풀어 놓은 문제 유형의 경우 논리식으로 치환하며 풀이하는 것이 좋다. 정의로운 법률과 불의한 법률, 도덕법에의 해당 여부 등 핵심 키워드들 간 논리적 관계를 도식으로 정리하면서 읽어나가면 문제 풀이를 보다 수월하게 할 수 있다.

28 일치부합 정답 ④

| 난도 | 중

정답해설

정련 과정을 통해 만들어지는 강은 질기고 외부의 충격에 깨지지 않으며 늘어나는 성질이 강하다고 하였다.

오답해설

① 순철이 연성이 높고 온도에 의한 구조 변화와 수축 · 팽창이 쉽게 일어나는 것은 맞으나, 두 특성 간 인과관계가 성립하는지는 알 수 없다.
② 선철이 순철보다 인성과 가단성이 낮다.
③ 용선이 가진 탄소를 제거하는 정련 과정을 통해 강을 만드는 것이므로, 용선이 가진 탄소의 양이 저탄소강이 가진 탄소의 양보다 많을 것이다.
⑤ 글에 제시되지 않아 서로 비교할 수 없는 내용이다.

합격생 가이드

단단함, 질김, 부드러움, 늘어나는 정도 등의 특성과 강도, 인성, 연성, 가단성 등의 단어를 선지와 글에서 혼합해서 사용하고 있다. 단어들이 의미하는 특성을 첫 번째 문단에서 정확히 숙지하고, 선지의 정오 판단 과정에서 자유자재로 치환할 수 있어야 한다.

29 추론 정답 ⑤

| 난도 | 중

정답해설

제시된 기준에 따라 사례에 등장하는 갑~정의 거주국을 결정하면 다음과 같다.

갑 : Y국, 을 : X국, 병 : X국, 정 : Y국

따라서 을 · 병 2명은 X국 거주자로, 갑 · 정 2명은 Y국 거주자로 결정된다.

오답해설

① 갑은 Y국, 병은 X국 거주자로 결정된다.
② 기준을 적용할 경우 갑~정 모두의 거주국을 결정할 수 있다.
③ Z국 국적인 을의 거주국은 X국이다.
④ Z국에 영구적인 주소를 가지는 정의 거주국은 Y국이다.

합격생 가이드

기준을 사례의 내용에 정확하게 적용하는 것이 문제 풀이의 핵심이다. 이때, 첫 번째부터 네 번째까지의 기준이 반드시 순서대로 적용되는 것은 아니라는 점에 주의해야 한다. 가령, 소득을 얻는 두 국가 중 어느 쪽에도 영구적인 주소를 가지지 않는 경우 두 번째 기준에 대한 고려 없이 바로 세 번째 기준이 적용된다.

30 견해 비교 · 대조 정답 ④

| 난도 | 하

정답해설

병은 연구의 내적 타당성 확보를 위해 선택 요인과 관련된 타당성을 검토해야 한다고 주장하고 있다.

오답해설

① 갑은 연구의 외적 타당성을 확보하기 위해 연구 대상의 대표성 확보에 관한 타당성을 검토하자는 것이다.
② · ③ 을은 연구의 내적 타당성 확보를 위해 역사 요인과 관련된 타당성을 검토하자는 것이다.
⑤ 병은 연구의 내적 타당성 확보를 위해 비교 집단 선정에 대한 타당성을 검토하자는 것이다.

합격생 가이드

지문의 첫 번째 문단에 제시된 순서대로 갑, 을, 병이 각각 외적 타당성, 내적 타당성 중 역사 요인과 선택 요인에 관련된 주장을 하고 있으므로 선지에서 이에 부합하는 내용을 찾기만 하면 되는 어렵지 않은 문제이다.

31 논리퀴즈 정답 ⑤

| 난도 | 중

정답해설

주어진 글의 내용에 따라 가능한 업무 평가 결과를 표로 나타내면 다음과 같다.

영역 \ 직원	갑	을	병	정	무
A	우수	보통	최우수	최우수	우수 or 보통
B	우수	보통	최우수	최우수	우수 or 보통
C	보통	보통	보통	보통	보통
D	우수	보통	최우수	최우수	최우수

이에 따르면 무는 A영역에서 우수 평가를 받았을 수도, 보통 평가를 받았을 수도 있다.

오답해설

① 갑은 A영역에서 우수 평가를 받았다.
② 을은 B영역에서 보통 평가를 받았다.
③ 병은 C영역에서 보통 평가를 받았다.
④ 정은 D영역에서 최우수 평가를 받았다.

합격생 가이드

지문에서 주어진 조건에 부합하는 업무 평가 결과를 해설과 같이 간단한 표로 작성하여 문제를 풀이하는 것이 좋다. 이때 확정할 수 있는 결과와 그렇지 않은 결과를 정확하게 구분할 수 있어야 한다.

32 논리퀴즈 정답 ③

| 난도 | 상

정답해설

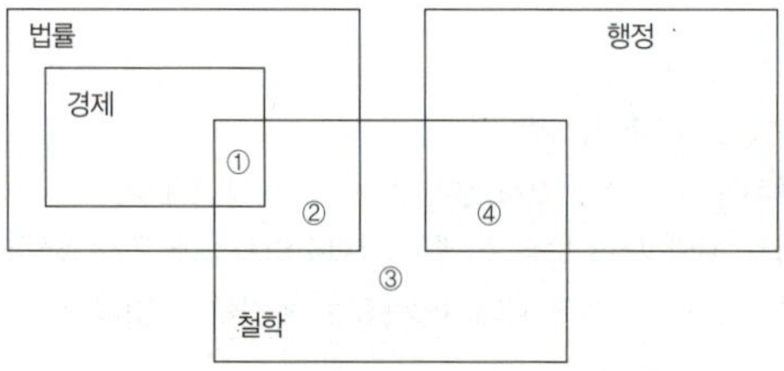

㉠ 이전의 대화에서 주어진 정보를 바탕으로 각 과목 신청자의 분포 관계를 도식화하면 위의 그림과 같다. 또한 승민의 첫 번째 대사에서 경제와 법률은 신청하지 않고 철학은 신청한 사람이 있었고(③ 혹은 ④), 바로 이어지는 승범의 대사에서 법률을 신청한 사람 중에 철학을 신청한 사람도 있고(①, ②) 철학은 신청했으나 행정과 경제는 신청하지 않은 사람이 있었으므로(② 혹은 ③) ㉠ 이후에 이어지는 대사에서 철학 한 과목만 신청한 사람(③)과 행정 외에 모든 과목을 신청한 사람(①)의 존재를 확정하려면, ②의 영역이 삭제되어야 한다.

이에 따르면 그림에서 ②의 영역을 삭제하면 철학 한 과목만 신청한 사람과 행정 외에 세 과목을 전부 신청한 사람의 존재를 확정할 수 있다.

오답해설

① 철학 한 과목만 신청한 사람의 존재를 확정할 수 없다.
② 행정 외에 세 과목 모두 신청한 사람의 존재를 확정할 수 없다.
④ 철학 한 과목만 신청한 사람의 존재를 확정할 수 없다.
⑤ 행정을 신청한 사람 중에 법률을 신청한 사람은 없었다는 대화 내용과 모순된다.

합격생 가이드

난도 높은 논리퀴즈 문제이다. 대화 형식으로 제시된 정보들이 복잡하므로 해설과 같이 간단한 도식으로 나타낸 후 선지의 정오를 판단하는 것이 효율적이다. ㉠ 이후에 제시되는 결론이 확실히 도출되기 위해 어느 부분이 배제되어야 하는지 정확히 판단할 수 있어야 한다.

33 견해 비교 · 대조 정답 ②

| 난도 | 중

정답해설

을은 과거 경험을 기억하려면 자의식이 있어야 하고, 자의식이 있으면 의식이 있다고 보기에 의식은 기억의 충분조건이라고 판단할 것이다. 병은 무언가를 학습할 수 있으려면 기억할 수 있는 능력이 있어야 한다고 하였으므로, 기억이 학습의 필요조건이라고 보고 있다.

오답해설

ㄱ. 병은 자의식 없이도 기억하는 행위가 가능하다고 보나, 병이 동물의 자의식 보유 여부에 대해 어떠한 견해를 가지고 있는지는 확인할 수 없다.

ㄴ. 을은 동물이 의식을 가지고 있다고 보지만, 의식이 없이도 행동할 수 있는지의 여부에 대해서는 입장을 밝히고 있지 않다.

합격생 가이드

일반적인 견해 비교 · 대조 유형의 문제에 형식논리적 요소가 가미된 문항이다. 주어진 갑~병의 견해 설명 내용에 포함된 논리 관계를 논리식으로 정리해가면서 읽는 것이 풀이에 유리하다.

34 견해 비교 · 대조 정답 ④

| 난도 | 중

정답해설

병은 c를 같은 방식으로 던지는 것이 거의 불가능하다고 보고, 정 역시 c를 같은 방식으로 던지는 실제 세계 사례의 수는 무척 작을 것이라는 데에 동의하고 있다.

오답해설

① 병이 진술 A의 참 거짓 여부에 대해 어떻게 생각하는지는 확정할 수 없다.

② 병 역시 c를 같은 방식으로 여러 차례 던지는 것이 불가능하다는 것에 동의한다.

③ 정 역시 c를 던진 결과가 A의 진위에 영향을 끼친다고 본다.

⑤ 갑의 경우 c의 물리적 특징을 조사한다고 하더라도, 진술 A에 포함된 '50%의 확률'에 대응하는 특징을 찾을 수 없다고 주장하고 있다.

합격생 가이드

각 진술에서 발화자가 참 거짓에 대해 확실한 입장을 밝히고 있지 않은 부분은 알 수 없는 정보라는 점에 주의해야 한다. 가령 병의 진술에서 병이 '우리는 진술 A가 거짓이라고 말해야 한다. 하지만 이는 받아들일 수 없다'는 내용으로부터, 병이 진술 A의 진위 여부에 대해 어떠한 견해를 가지고 있는지 확정할 수 있다고 착각하지 않아야 한다.

35 글의 문맥 · 구조 정답 ①

| 난도 | 상

정답해설

㉠과 ㉢으로부터 형상은 물질적 대상이 아니므로 물질적 대상은 형상을 이해할 수 없다는 것이 도출되고, 따라서 형상을 이해할 수 있다면 물질적인 것이 아니라는 것을 알 수 있다. 그러므로 이성이 형상을 이해할 수 있다는 것이 전제된다면, 이성은 물질적인 것이 아니라는 사실을 도출할 수 있다.

오답해설

ㄴ. 이성은 물질적인 것이 아니라는 사실과 불멸하는 이성만이 비물질적이라는 사실이 전제되어도, 영혼은 불멸한다는 사실이 도출되지 않는다. 영혼이 불멸한다는 사실이 도출되기 위해서는 영혼과 이성이 같다는 전제가 추가되어야 한다.

ㄷ. ㉤과 ㉥으로부터 ㉣을 도출하기 위해서는 불멸하는 것만이 불멸하는 것을 이해할 수 있다는 것 외에 이성이 형상을 이해할 수 있다는 사실이 추가로 전제되어야 한다.

합격생 가이드

각 보기가 서로 독립적인 경우라는 것에 주의해야 하는 문제이다. 글에서 ㉠~㉥의 내용이 제시되어 있으나 〈보기〉에서 '실제로 성립한다고' 제시하는 것은 별개라는 것에 주의하자. 가령 〈보기〉 ㄴ의 경우, 글에서는 ㉤이 제시되어 있으나 ㄴ에서는 영혼과 이성이 같은 경우를 가정하는지 확정적으로 주어지지 않았으므로 임의로 ㉤이 성립한다고 착각하여 ㄴ이 옳다고 잘못 판단하지 않도록 한다.

36 강화 · 약화 정답 ⑤

| 난도 | 중

정답해설

ㄱ. 실험 A는 중립적 자극에 해당하는 단물 먹기와 무조건 자극인 방사능 노출이 한 차례밖에 연결되지 않았음에도 조건화가 이루어졌다는 사실을 알 수 있으므로 ㉠을 약화하나, ㉢을 약화하는 내용은 포함되어 있지 않다.

ㄴ. 실험 B는 중립적 자극과 무조건 자극을 여러 차례 연결한 후 조건화를 관찰한 실험이므로 ㉠을 약화하지 않지만 방사능 노출은 단물 먹기와, 전기 충격은 밝은 물과 상대적으로 더 강한 조건화를 형성한다는 실험 결과는 ㉢을 약화한다.

ㄷ. 실험 A는 중립적 자극과 무조건 자극 간 간격이 충분히 짧지 않았음에도 조건화가 이루어졌으므로 ㉡을 약화하나, 실험 B는 중립적 자극과 무조건 자극을 거의 동시에 주고 조건화를 관찰했으므로 ㉡을 약화하지 않는다.

합격생 가이드

지문에서 조건화의 특성에 관해 주어진 내용들을 실험 내용에 적절하게 적용할 수 있는지를 확인하는 문항이다. 문두에서 '~에 대한 평가로 적절한 것은'과 같이 묻는 경우 기본적으로 특정 내용에 대한 강화 혹은 약화 여부에 대해 질문하는 일이 많으므로 글을 읽을 때 이에 주의하며 읽도록 한다. 특히, 밑줄 친 부분을 강화하지 않으나 약화하지도 않는 내용의 경우 강화가 아니므로 약화라고 착각하는 실수를 범하지 않도록 주의한다.

37 강화 · 약화 정답 ①

| 난도 | 하

정답해설

토끼에 비해 순록의 몸무게가 더 많이 나갈 것이므로, 단위 몸무게당 기초대사율은 순록보다 토끼가 더 커야 할 것이나, 이에 반하는 사례이므로 ㉠을 약화한다.

오답해설

ㄴ. 외온동물에 해당하는 양서류의 최소대사율이 주변 온도에 따라 달라지는 것은 ㉠의 내용에 부합한다.

ㄷ. 외온동물인 악어의 표준대사율 최댓값이 내온동물인 성인 남성의 기초대사율 최댓값보다 작다는 것은 기본적 신체 기능을 유지하는 데 필요한 에너지 양이 외온동물보다 내온동물에서 더 크다는 글 내용에 부합한다.

합격생 가이드

크게 어렵지 않은 강화 · 약화 유형의 문제이다. 다만 최소대사율, 표준대사율, 기초대사율 등 용어가 혼재되어 헷갈릴 수 있으므로 각 용어의 개념을 정확하게 이해하고 글을 읽도록 한다.

38 강화 · 약화 정답 ②

| 난도 | 하

정답해설

권력을 통해 특정 의견을 억누른 결과 과오 시정과 진리 탐색의 기회가 한동안 박탈되었다는 내용이므로, 글의 논지를 강화한다.

오답해설

ㄱ. 토론을 통해 의견의 잘잘못을 드러내고, 과오를 시정할 수 있는 기회를 제공해야 한다는 것이 글의 핵심 논지이다. 화재 사고 기록들에 대한 토론 없이 사고를 잘 예방할 수 있었다는 내용은 글의 논지를 강화하지 않는다.

ㄴ. 정부가 사람들의 자유로운 의견 교환을 허용했더니 사회적으로 진리를 찾는 데서 더 멀어졌다는 내용이므로, 글의 내용을 강화하지 않는다.

합격생 가이드

비교적 긴 글의 형태로 제시되어 있으나, 전 문단을 통틀어 거의 유사한 주장을 하고 있으므로 핵심 논지를 파악하기가 상대적으로 용이하다. 문두에서 다음 글의 논지를 강화하는 것에 대해 묻고 있으므로, 글 전체를 꼼꼼히 읽기보다 핵심 논지만을 파악하고 바로 〈보기〉에 대한 정오 판단을 하는 것이 시간 절약에 유리하다.

39 종합 정답 ②

| 난도 | 하

정답해설

체내 T3의 양이 7% 이상 정도로 정상 수준이더라도, rT3가 많아지면 T3의 작용이 저하되어 갑상선기능저하증에 해당하는 증상이 나타날 수 있으므로 갑상선기능저하증 환자의 체내 T3 양이 전체 갑상선호르몬의 7% 미만인 것은 아니다.

오답해설

① '갑상선의 호르몬 분비량 수준을 알려주는 TSH 수치의 측정만으로는~'을 통해 알 수 있다.

③ '셀레늄 섭취를 늘림으로써~T3의 생산과 기능을 진작할 수 있다.'를 통해 알 수 있다.

④ TSH 분비가 적정 수준으로 유지되더라도 rT3가 많아지면 T3의 작용이 저하되어 갑상선기능저하증에 해당하는 증상이 나타날 수 있다.

⑤ LT4를 복용하여 T4와 같은 작용을 하도록 한다는 내용을 통해 알 수 있다.

합격생 가이드

지문의 핵심 내용 중 하나인 체내 갑상선호르몬 양이 정상이더라도, rT3로 인해 갑상선기능저하증에 해당하는 증상이 나타날 수 있다는 부분을 정확히 파악하는 것이 중요하다. 해당 내용을 통해 이어지는 40번 문항 역시 비교적 쉽게 풀이할 수 있으므로, 이처럼 하나의 지문에 두 문항이 함께 제시되는 유형의 경우 한 문항이 일치부합 형태로 제시되더라도 항상 글의 핵심 내용이 무엇인지 판단하며 읽는 습관을 들이도록 한다.

40 종합 정답 ①

| 난도 | 중

정답해설

TSH 수치가 정상이어도 T3의 작용을 저해하는 rT3의 양이 많아지면 갑상선기능저하증에 해당하는 증상이 나타날 수 있으므로 TSH 수치 측정만으로 갑상선기능저하증을 진단하는 데 맹점이 있다는 내용이 ㉠에 포함되어야 한다.

오답해설

② rT3의 작용으로 인해 T3의 생성이 억제되는 것은 아니다.

③ rT3의 작용으로 인해 T3과 T4의 농도가 정상 범위로 유지되는지는 글의 내용을 통해 알 수 없다.

④ TSH 수치를 토대로 갑상선호르몬의 분비량을 알 수 있더라도, rT3의 작용으로 인해 호르몬 분비량 검사 결과 수치가 정상이어도 갑상선기능저하증에 해당하는 증상이 나타날 수 있다는 내용이 포함되어야 한다.

⑤ 제시문에서 언급되지 않은 무관한 내용이다.

합격생 가이드

빈칸의 바로 뒤에서 '~ 때문이다.'로 문장을 마무리하고 있으므로 빈칸 직전에 제시된 내용의 원인을 글을 통해 축약적으로 제시하는 선지가 무엇인지 골라야 한다. ②의 경우 매력적인 오답이 될 수 있으나, rT3가 T3의 생성 자체를 억제하는 것은 아니라는 점에 주의한다.

1	2	3	4	5	6	7	8	9	10
②	②	④	①	④	①	②	①	③	④
11	12	13	14	15	16	17	18	19	20
⑤	⑤	③	①	③	①	①	③	⑤	④
21	22	23	24	25	26	27	28	29	30
②	④	④	③	④	⑤	⑤	③	②	①
31	32	33	34	35	36	37	38	39	40
②	④	①	④	⑤	⑤	②	③	⑤	⑤

01 복수의 표 정답 ②

| 난도 | 하

정답해설

'갑'국의 IT산업 인수 · 합병 건수는 3개 분야 모두에서 매년 미국의 10% 이하이므로, 소프트웨어 분야에서 A국과 B국이 소거되고, 인터넷 분야에서 C국이 소거된다. 또한 '갑'국의 연도별 인수 · 합병 건수는 소프트웨어 분야와 컴퓨터 분야에서 매년 증가하고, 인터넷 분야에서는 한 해를 제외하고 매년 증가하였다. 그런데 E국은 소프트웨어 분야의 인수 · 합병 건수가 매년 증가하지 않으므로 소거된다. 결국 '갑'국은 D국이며, 2017년 IT산업 3개 분야 인수 · 합병 건수의 합은 49+38+18=105이다.

합격생 가이드

보고서에서 제시된 순서대로 미국의 10%와 우선 비교한 뒤 매년 건수 증가 추이를 비교해도 되고, 반대로 매년 건수 증가 추이로 우선 소거한 뒤 미국의 10%보다 작은지 확인해도 된다. 이 문항의 경우 두 방법 모두 쉽게 접근할 수 있지만, 때로는 한 방법이 월등히 쉬운 경우가 있으니 유의하자.

02 공식 · 조건 정답 ②

| 난도 | 중

정답해설

표의 정보를 토대로 각 팀의 정확도 및 임계성공지수를 계산하면 다음과 같다.

구분	H	F	M	C	정확도	임계성공지수
가	3	1	1	7	10/12	3/5
나	4	4	0	4	8/12	4/8
다	2	1	2	7	9/12	2/5
라	1	0	3	8	9/12	1/4

정확도가 가장 높은 팀은 정확도가 10/12인 '가'팀이다. 임계성공지수가 가장 낮은 팀은 임계성공지수가 1/4인 '라'팀이다.

합격생 가이드

H, F, M, C의 값을 구하는 것은 실수만 하지 않는다면 크게 어렵지 않다. 다만 선지를 활용하여 시간을 조금이라도 줄여보자. 정확도가 가장 높은 팀 후보는 '가', '다', '라'이므로 정확도를 계산할 때 '나'팀은 고려할 필요가 없다. 정확도가 가장 높은 팀을 '가'팀으로 특정했다면 임계성공지수는 '나'와 '라' 팀만 비교하면 된다. 한편 정확도의 분모는 항상 12이므로 분자인 H+C만 비교하면 된다.

03 추가로 필요한 자료 정답 ④

| 난도 | 하

정답해설

ㄱ. 보고서의 두 번째 문단에서 2001~2010년, 2011~2018년 택배업 매출액의 연평균 성장률이 제시되어 있다. 표에는 2015~2018년 자료만 제시되어 있으므로 2001~2014년 자료가 추가적으로 필요하다.

ㄴ. 보고서의 두 번째 문단에서 2011~2018년 유통업 매출액의 연 평균 성장률이 제시되어 있으므로, 2011~2014년 연도별 유통업 매출액에 대한 자료가 추가적으로 필요하다.

ㄹ. 보고서의 첫 번째 문단에서 '갑'국의 경제활동인구 1인당 택배 물량이 매년 증가하고 있다고 했고, 표에서는 연도별 택배물량만이 제시되어 있다. 따라서 경제활동인구 1인당 택배 물량을 도출하기 위해서는 연도별 경제활동인구에 대한 자료가 필요하다.

오답해설

ㄷ. 보고서에서는 2015년 이후 택배 평균단가가 하락하고 있다는 것만 제시하고 있고, 이는 표에서 확인할 수 있다. 2012~2014년 자료는 필요하지 않다.

04 단순확인(표 · 그림) 정답 ①

| 난도 | 하

정답해설

ㄱ. 택시를 이용한 날은 1일, 9일, 11일, 12일, 14일, 15일인데, 택시를 이용한 날 모두 만보기 측정값이 9,500보 이하이다.

ㄴ. 섭취 열량이 소비 열량보다 큰 날은 8일, 10일이다. 8일에는 몸무게가 77.3에서 79.0으로 증가했고, 10일에는 78.5에서 79.6으로 증가했다.

오답해설

ㄷ. 버스를 이용한 날은 2일, 3일, 4일, 5일, 6일, 7일, 8일, 10일, 13일이다. 7일에는 몸무게가 77.3에서 77.3으로 그대로 유지되었으며, 10일에는 78.5에서 79.6으로 오히려 증가했다.

ㄹ. 만보기 측정값이 10,000보 이상인 날은 2일, 3일, 4일, 5일, 6일, 7일, 8일, 10일, 13일이다. 3일, 4일에는 섭취 열량이 각각 2,400kcal, 2,350kcal로 2,500kcal보다 작다.

05 전환형 정답 ④

| 난도 | 하

정답해설

오락 시청시간은 29.39분이다. 이는 전체 방송프로그램 시청시간(74.55분)의 39.4%에 불과하다.

오답해설

① 전체 스마트폰 사용자는 3,427만 명이고, 월 1회 이상 동영상을 시청한 사용자는 3,246만 명으로 전체의 94.7%이다. 한편 동영상 시청자 중 월 1회 이상 방송프로그램을 시청한 사용자는 2,075만 명으로 전체 스마트폰 사용자의 60.5%이다.

② 스마트폰 사용자의 월평균 스마트폰 이용시간 중 동영상 시청시간은 10%(약 711분) 이상이나, 방송프로그램 시청시간은 동영상 시청시간의 10%(약 82.7분) 미만이다.

③ 스마트폰 사용자 중 동영상 시청자가 차지하는 비중은 모든 연령대에서 90% 이상이다. 스마트폰 사용자 중 방송프로그램 시청자의 비중은 '20대'~'40대'는 각각 68.0%, 67.2%, 65.6%로 60%를 상회하는 반면, '60대 이상'은 44.5%로 50%에 미치지 못한다.

⑤ 월평균 동영상 시청시간은 남성이 901.0분으로 746.4분인 여성보다 길다. 월평균 방송프로그램 시청시간은 여성이 남성보다 9.6분 길다. '20대'의 시청시간은 120.5분으로, '60대 이상'의 38.6분보다 3배 이상 길다.

합격생 가이드

④를 해결하기 위해 전체 방송프로그램 시청시간을 계산하지 않아도 된다(사실 다 더했다면 최악의 풀이이다). 가장 쉬운 방법은 ②에 제시된 자료를 활용하는 것이다. 이를 놓쳤다 하더라도 다른 장르의 시청시간과 비교해서 해결할 수도 있다. '드라마', '보도', '스포츠'의 시청시간을 합하면 약 42분이며, 이와 비교하더라도 '오락'의 시청시간 비중은 45%를 넘지 못한다.

06 공식 · 조건 정답 ①

| 난도 | 중

정답해설

A팀은 9일, 12일에 승리했고, C팀은 14일, 28일, 30일에 승리했다.

오답해설

② B팀은 12일에 무승부, 19일에 승리, 26일에 승리했다.

③ 23일에는 모든 팀이 무승부를 기록하여 승점 1점씩 얻었다.

④ 14일에 C팀은 승리했고, 이때 패배한 팀은 E팀뿐이다.

⑤ 28일 기준으로 가장 많은 승점을 얻은 팀은 D팀으로, 누적 승점이 16점이다. 누적 승점이 그 다음으로 높은 팀은 12점을 얻었으므로, 30일 경기에서 승리하더라도 16점을 넘을 수 없다. 따라서 30일 경기결과가 달라져도 우승팀은 D팀이다.

합격생 가이드

얼핏 정보량이 많은 것 같지만, 실제 문제를 해결하기 위해서는 각 선지에 해당하는 팀이나 경기일만 확인하면 된다. 표와 조건만 보고 표의 정보를 전부 해석한 뒤 문제를 해결하려 하면 계산할 필요가 없는 부분에 시간을 낭비하게 된다. 항상 제시된 자료를 훑어보고 선지에서 요구하는 '정말 계산해야 할 부분'만 계산하도록 하자.

07 매칭형 정답 ②

| 난도 | 하

정답해설

'갑'국의 최종학력별 전일제 근로자 비율은 대졸이 고졸과 중졸보다 각각 10%p, 20%p 이상 크다. 그런데 E국은 전일제 근로자 비율이 고졸이 49%, 대졸이 55%로 이 조건을 만족하지 못한다.

시간제 근로자 비율은 고졸이 중졸과 대졸보다 크지만, 그 차이는 3%p 이하이다. A국은 시간제 근로자 비율이 고졸이 31%, 대졸이 25%로 차이가 3%p 보다 커서 이 조건을 만족하지 못한다.

무직자 비율은 대졸의 경우 20% 미만인데, C국은 28%로 이 조건을 만족하지 못한다. 고졸은 25% 미만, 중졸은 30% 이상인데 D국은 고졸 무직자 비율이 26%로 이 조건을 만족하지 못한다.

결국 '갑'국에 해당하는 국가는 B국이다.

08 단순확인(표 · 그림) 정답 ①

| 난도 | 중

정답해설

ㄱ. 신소재 산업분야에서 중요도 상위 2개 직무역량은 4.58점인 '문제해결능력'과 4.46점인 '수리능력'이다.

ㄴ. '미디어'의 산업분야별 직무역량 중요도의 최댓값은 4.59점, 최솟값은 3.68점이므로 이들의 차이는 0.91점이다. 그리고 '신소재'와 '식품'은 최댓값이 4.59점보다 작고, 최솟값은 3.68점보다 크므로 이들의 차이는 0.91점보다 작다. 마지막으로 '게임'의 최댓값은 4.66점, 최솟값은 3.78점으로 이들의 차이는 0.88점이다.

오답해설

ㄷ. '미디어'에서 중요도가 가장 낮은 직무역량은 '기술능력'이다.

ㄹ. '문제해결능력'의 중요도 평균값은 4.51점, '직업윤리'의 중요도 평균값은 4.52점이다.

합격생 가이드

ㄴ선지를 해결하기 위해 각 산업분야의 최댓값과 최솟값 차이를 일일이 계산하지 않아도 된다. '미디어'를 기준으로 '미디어'의 최댓값보다 최댓값이 작고, '미디어'의 최솟값보다 최솟값이 크다면 양자의 차이는 당연히 '미디어'보다 작을 것이다. ㄹ선지에서도 '문제해결능력'의 중요도 평균값을 계산할 필요가 없다. 일부 산업분야에서 '문제해결능력'보다 중요도가 높은 직무역량은 '직업윤리'가 있는데, 각 분야의 차이를 확인하면 되는 것이다. '직업윤리'는 '신소재'에서 0.14점 낮고, '게임'에서 0.14점 높고, '미디어'에서 0.14점 높으며, '식품'에서 0.11점 낮다. 결과적으로 '직업윤리'는 중요도 합이 0.03점 높다.

09 단순확인(표 · 그림) 정답 ③

| 난도 | 중

정답해설

ㄴ. 전체 압류건수가 가장 많은 해는 2017년이고, 이 해 부동산 압류건수는 약 13만 건이다. 2015년, 2016년, 2018년 모두 부동산 압류건수가 13만 건에 미치지 못한다.

ㄷ. 2018년 부동산 압류건수가 약 12만 건이고, 여기에서 30% 감소한다면 약 3.6만 건이 감소하는 것이다. 15.1만 건에서 3.6만 건이 감소한다면 감소율은 약 23.8%이다.

오답해설

ㄱ. 부동산 압류건수가 기타 재산 압류건수의 4배 이상이라면, 기타 재산 압류건수는 전체의 20% 이하이어야 한다. 2016년과 2017년 기타 재산의 비중은 20% 이상이다.

ㄹ. 2016년 부동산 압류건수는 약 12.4만 건이다. 2014년 부동산 압류건수는 약 12.2만 건으로, 2016년 부동산 압류건수는 0.2만 건 증가하였다. 이때 증가율은 약 1.6%이다.

합격생 가이드

이 문제는 기본적인 계산 스킬을 활용한다면 풀이 시간을 현저히 줄일 수 있다. ㄱ은 기타 재산의 압류건수에 5배를 해서 전체 압류건수와 비교하여 비중을 계산할 수 있다. 또, ㄴ은 각 년도 기타 재산 압류건수에 13만 건을 더해서 전체 압류건수보다 작은지 확인하면 된다. 그리고, ㄷ은 3.6만 건에 4배를 해서 15.1만 건보다 작다면, 감소율은 25% 보다 작은 것이 된다. 마지막으로 ㄹ은 0.2만 건에 40배를 해서 12.2만 건보다 작다면, 증가율은 2.5% 미만이라는 것을 통해 판단할 수 있다.

10 빈칸형 정답 ④

| 난도 | 중

정답해설

ㄴ. 필기 응시자가 가장 많은 등급은 '기능사'로, 합격률도 46.2%로 가장 높다. '기능장'의 필기 합격률은 약 45.7%이다.

ㄹ. 필기 응시자는 '기능사', '기사', '산업기사', '기능장', '기술사' 순으로 많으며, 실기 응시자도 이 순서대로 많다.

오답해설

ㄱ. '기능장'의 필기 합격률은 40%보다 높다. 그러나 '기사'의 필기 합격률은 39.1%로, 실기 합격률 42.6%에 비해 낮다.

ㄷ. 실기 합격률이 필기 합격률보다 높은 등급은 '기술사', '기사', '산업기사', '기능사'로 4개이다. '산업기사'의 실기 합격률은 약 50%에 이른다.

11 매칭형 정답 ⑤

| 난도 | 중

정답해설

2018년 화학제품 매출액이 해당 기업의 2019년 화학제품 매출액의 80% 미만이 되려면, 2019년의 화학제품 매출액을 100%, 2018년을 80%로 놓았을 때 2019년의 전년 대비 증가율이 25%를 넘어야 한다. 따라서 D기업은 '드폰'과 'KR화학'이 될 수 없다.

다음으로, 화학제품 매출액이 총매출액에서 화학제품을 제외한 매출액의 2배 미만이라면, 화학제품 매출액 비율은 66.6% 이하이다. 따라서 A기업과 C기업은 '벡슨모빌'과 '시노텍'이 될 수 없다.

그리고 2019년 총매출액은 '포르오사'가 'KR화학'보다 작으므로, A기업이 'KR화학' 이고 C기업이 '드폰'이다.

마지막으로 2018년 화학제품 매출액은 '자빅'이 '시노텍'보다 크다. 2018년 화학제품 매출액은 B기업이 D기업보다 크므로, D기업이 '시노텍'이 된다.

합격생 가이드

3번째 조건과 4번째 조건을 적용할 때, '포르오사'와 '자빅'의 매출액을 A, B, C, D 각 기업의 매출액과 비교하지 않아도 된다. 가령 4번째 조건의 경우 2018년 화학제품 매출액은 '시노텍'이 '자빅'보다 작다. 이 조건으로 문제가 해결되려면 '시노텍' 매출액은 '자빅'보다 작고, '벡슨모빌'은 '자빅'보다 커야 한다. 따라서 '자빅'을 계산하지 않고 '시노텍'과 '벡슨모빌'을 비교하여 더 작은 기업이 D기업이 된다. 제한된 조건으로 문제가 명확히 해결되어야 하므로, 각 조건을 적용할 때 조금이라도 계산이 쉬운 방향으로 접근하면 된다.

12 공식 · 조건 정답 ⑤

| 난도 | 상

정답해설

지목	면적×면적당 지가	보상 배율	
		감정가 기준	실거래가 기준
전	3×2500	1.8	3.2
답	2×2500	1.8	3.0
대지	8×2500	1.6	4.8
임야	2×2500	2.5	6.1
공장	6×2500	1.6	4.8
창고	2×2500	1.6	4.8

보상비=용지 구입비+지장물 보상비

용지 구입비=면적×면적당 지가×보상 배율

지장물 보상비=용지 구입비×20%

∴ 보상비=면적×면적당 지가×보상 배율×1.2

ㄱ. 감정가 기준 총보상비는 39.6×2,500×1.2, 실거래가 기준 총보상비는 104.6×2,500×1.2이므로 2배 이상이다.

ㄴ. 대지는 보상비가 8×2,500×3.2, 임야는 2×2,500×3.6, 공장은 6×2,500×3.2만큼 증가하여 모두 대지보다 증가폭이 작다.

ㄹ. '공장'의 감정가 기준 보상비는 6×2,500×1.6×1.2, '전'의 실거래가 기준 보상비는 3×2,500×3.2×1.2로 같다.

오답해설

ㄷ. 기준과 무관하게 지목별 보상비에서 용지 구입비가 차지하는 비율은 1/1.2로 일정하다.

합격생 가이드

면적과 면적당 지가는 모두 50의 배수이므로, 일일이 계산하기보다 50으로 일률적으로 나누어 계산하면 편하다. 또한 이 문제와 같이 직접 곱셈을 하지 않고 판단이 가능한 경우가 상당히 많다는 점도 유의하자.

13 종합 정답 ③

| 난도 | 중

정답해설

A~E 대학 중 ○○대학이 어디인지 찾아야 한다. 국제화 부문에서 각 세부지표 가중치가 동일하므로, 세부지표별 점수의 평균을 구하면 된다. 2018년 국제화 부문 점수는 22.73점이므로, ○○대학은 E대학이다. 따라서 (가)에는 40.5, (나)에는 11.6이 들어가야 한다.

14 종합 　정답 ①

| 난도 | 하

정답해설

ㄱ. 보고서의 두 번째 문단에서 세계대학평가 결과를 제시하고 있고, 표 1에는 '갑'국의 A~E대학의 순위만 제시되어 있으므로 이 자료가 추가적으로 필요하다.

ㄴ. 보고서의 세 번째 문단에서 C대학의 연구와 산학협력 부문 점수가 2017~2018년 사이에 대폭 하락했다고 하였으나, 제시된 자료에는 E대학의 2018년 부문별 점수만이 제시되어 있다.

오답해설

ㄷ. 세부지표 리스트는 표 2에 제시되어 있다.

ㄹ. A대학의 2018년 부문별 점수는 표 1에 제시되어 있으며, 2017년 점수는 보고서에서 다루고 있지 않다.

15 전환형 　정답 ③

| 난도 | 중

정답해설

중식의 경우 사업체당 종사자 수는 2015년 6.1명, 2016년 6.9명으로 선지의 그래프와 확연하게 차이가 난다. 선지에서 제시된 수치는 연도별 매출액을 중식 사업체 수로 나눈 값이다.

합격생 가이드

이 유형의 문제들에서 틀린 선지는 명확하게 나타난다. 이 문제에서도 ③에서 중식 사업체당 종사자 수가 명백하게 틀렸다. 따라서 비율을 계산할 때 매우 세밀하게 계산을 할 필요가 없다. 이는 옳은 선지인지 판단할 때에도 매우 유용하다. 가령 ②에서 업종별 사업체 구성비를 정확히 계산하지 않아도 된다. 2015년 중식 사업체 수가 서양식 사업체 수의 약 11배 정도 되는지만 확인해도 되는 것이다.

16 단순확인(표 · 그림) 　정답 ①

| 난도 | 하

정답해설

ㄱ. '종합물류업'의 업체당 매출액은 약 16,830억 원으로 다른 업종에 비해 압도적으로 많다. 업종별 업체 수는 크게 차이가 없으나 매출액이 압도적으로 큰 것을 통해 구체적인 계산을 하지 않고도 이를 확인할 수 있다.

ㄴ. 종업원 중 자격증 소지자 비중이 가장 낮은 업종은 '화물정보업'으로, 자격증 소비자 비중이 1%에 불과하다. 한편 매출액당 전문인력 수가 가장 많은 업종 또한 '화물정보업'이다. (단위를 무시하면) '화물정보업'의 매출액당 전문인력 수는 약 0.04명으로 다른 업종에 비해 명백히 많다.

오답해설

ㄷ. '화물정보업'의 경우 업체당 전문인력 수가 4명에 불과하다. '물류 시설업'에서는 업체당 전문인력 수가 8명을 넘는다.

ㄹ. 업체당 종업원 수가 가장 적은 업종은 50명인 '화물정보업'이다. 반면 종업원 중 전문인력 비중이 가장 낮은 업종은 7.7%인 '물류시설업'이다. '화물정보업'의 종업원 중 전문인력 비중은 8%이다.

17 공식 · 조건 　정답 ①

| 난도 | 상

정답해설

ㄱ. 마트의 비정규직 간접고용 인원은 14,618명이다. 이는 전체 비정규직 간접고용 인원의 2/3를 초과하므로, 업종별 비정규직 간접고용 총인원은 마트가 백화점의 2배 이상이다.

ㄷ. 비정규직 간접고용 비율이 가장 낮은 사업장은 E로, 이 사업장의 비정규직 직접고용 인원은 약 35,290명이다. 한편 전체 비정규직 직접고용 인원은 약 48,670명이므로 E의 비정규직 직접고용 인원은 다른 9개 사업장의 비정규직 직접고용 인원의 합보다 많다.

오답해설

ㄴ. 특정 사업장의 총 비정규직 고용 인원은 비정규직 간접고용 인원을 비정규직 간접고용 비율로 나누어 구할 수 있다. 따라서 비정규직 직접고용 인원을 계산하는 공식은 다음과 같다.

비정규직 직접고용 인원

$$=\frac{(1-\text{비정규직 간접고용 비율})}{\text{비정규직 간접고용 비율}}\times \text{비정규직 간접고용 인원}$$

이에 따르면, A의 비정규직 직접고용 인원은 약 1,142명이고, H의 비정규직 직접고용 인원은 약 165명이다.

ㄹ. '라'의 비정규직 간접고용 비율은 34.3~34.4%이다. 그런데 '다'의 대부분을 차지하는 사업장 E의 비정규직 간접고용 비율은 19.6%로 매우 낮다. 따라서 구체적인 계산을 하지 않고도 '다'의 비정규직 간접고용 비율은 34.3%보다 낮다는 것을 알 수 있다.

합격생 가이드

이 문제에서 요구하는 것은 정확한 계산이 아니라, 적절한 분수식을 세우고 그 크기를 비교할 수 있는 능력이다. ㄷ의 경우 E의 비정규직 직접고용 인원은 $\frac{0.8}{0.2}\times 8{,}600$으로, 전체 비정규직 직접고용 인원은 $\frac{0.7}{0.30}\times 20{,}700$으로 어림하여 계산할 수 있다. 여기서 전자가 후자의 2배보다 큰지만 확인하면 된다.

18 단순확인(표 · 그림) 　정답 ③

| 난도 | 중

정답해설

2018년 10월부터 2019년 6월까지 'E현상'이 있었으며, 2017년 10월부터 2018년 3월까지 'L현상'이 있었다.

오답해설

① 기준 해수면 온도는 5월이 27.9도로 가장 높다.

② α지수는 전월, 해당월, 익월의 '해수면온도 지표'의 평균값이다. 그림에 2019년 6월의 α지수가 제시되어 있으므로, 적어도 2019년 7월에 해수면온도가 측정되었음을 알 수 있다.

④ 'E현상'의 α지수가 0.5 이상인 첫 달부터 마지막 달까지 있었던 것으로 판단한다. 따라서 'E현상'은 9개월간 있었다. 한편 'L현상'은 α지수가 −0.5 이하인 첫 달부터 마지막 달까지 있었던 것으로 판단한다. 따라서 'L현상'은 6개월간 있었다.

⑤ 월별 '기준 해수면온도'가 1℃ 낮다면 '해수면온도 지표'는 1℃씩 높아진다. 이 경우 그림에 제시된 모든 기간의 α지수는 0.0 이상이 된다.

19 공식 · 조건 정답 ⑤

| 난도 | 상

정답해설

ㄱ. 각 종목의 '국내판매점수' 합은 10,000점, '해외판매점수' 합은 5,000점이 되어야 한다. 따라서 E의 '국내판매점수'는 약 3,000점, '해외판매점수'는 약 1,100점이다.

ㄴ. ('국내판매점수'×14만÷10,000)과 ('해외판매점수'×10만÷5,000)을 비교해야 한다. 두 식을 정리하면 '국내판매점수'×0.7과 '해외판매점수'를 비교하는 것이 된다. 이에 따르면, 후자가 더 높은 종목은 A, C, F, G로 4개이다.

ㄷ. 해당 종목 입장권 발행량

$= \dfrac{\text{해당 종목 입장권 판매량}}{\text{판매율점수}}$

$= \dfrac{(\text{국내판매점수} \times \text{입장권 국내판매량} \div 10{,}000) + (\text{해외판매점수} \times \text{입장권 해외판매량} \div 5{,}000)}{\text{판매율점수}}$가 된다.

종목별로 공통된 부분을 소거하면,

$\dfrac{\text{국내판매점수} + (\text{해외판매점수} \times 2)}{\text{판매율점수}}$를 비교하면 된다.

이 값은 G의 경우 약 1.7로, 가장 적다.

합격생 가이드

언뜻 보기에 각 선지를 어떻게 접근해야 할지 난감할 수 있다. 이럴 때일수록 조건에 제시된 공식을 더욱 유심히 살펴보아야 한다. '국내판매점수'는 해당 종목 입장권 국내 판매량을 입장권 국내 판매량으로 나눈 값이므로, 각 종목별 '국내판매점수'를 모두 더하면 (분모)=(분자의 합)이 된다. 한편 ㄴ, ㄷ과 같이 두 식을 비교하는 경우 두 식에 적당한 수를 곱하거나 나누는 등으로 조작하여, 최대한 계산하기 편한 방향으로 유도해야 한다.

20 복수의 표 정답 ④

| 난도 | 상

정답해설

ㄱ. '만 1세 초과 만 2세 이하'인 원아는 총 120명이다. 이 중 '이든샘' 어린이집 원아는 40명으로, 전체의 1/3이다.

ㄷ. 현재 원아수는 '만 5세 이하'인 원아와 '만 5세 초과'인 원아를 합하면 된다. '아이온'의 정원은 160명, 현재 원아수는 150명으로, 정원 대비 현재 원아수의 비율이 가장 낮다.

ㄹ. 현재 '윤빛' 어린이집의 '만 3세 초과 만 4세 이하'인 원아는 51명이다. 해당 연령의 보육교사 1인당 최대 보육가능 원아수는 15명으로, 현재 4명 고용되어 있다. 따라서 추가로 보육교사를 고용하지 않더라도 9명을 더 충원할 수 있다. 그러나 '윤빛'은 정원이 186명이고, 현재 원아수가 181명이므로 최대 5명까지만 받을 수 있다.

오답해설

ㄴ. '만 1세 이하'인 원아에 대해서는 보육교사가 2명, '만 1세 초과 만 2세 이하'인 원아에 대해서는 4명, '만 2세 초과 만 3세 이하'인 원아에 대해서는 4명, '만 3세 초과 만 4세 이하'인 원아에 대해서는 4명, '만 4세 초과'인 원아에 대해서는 5명이 필요하다. 따라서 '올고운' 어린이집의 현재 보육교사 수는 19명이다.

21 전환형 정답 ②

| 난도 | 중

정답해설

B=5급

2017년 차수당 교육인원은 '고위' 51명, '과장' 476명, '5급' 700명 이상, '6급 이하' 약 150명이다. 따라서 차수당 교육인원이 가장 많은 과정은 '5급'이다.

C=많았다

2018년 공무원 집합교육 실적을 보면 교육인원은 6,398명에서 7,255명으로, 연인원은 129,970명에서 139,026명으로 각각 증가하였다.

D=증가

2017년 '과장' 과정의 교육인원 대비 연인원은 약 3명(1,428/476)이고, 2018년의 경우는 약 4명(2,260/580)이다. 따라서 교육인원 대비 연인원은 증가하였다.

합격생 가이드

혹시라도 관성적으로 A부터 구하지는 않았는가? A, E는 문제 해결을 위해 전혀 필요 없는 부분이다. 발문과 선지 구조를 파악한 뒤에 계산을 시작하는 것이 계산부터 시작하는 것보다 훨씬 시간을 줄일 수 있다.

22 복수의 표 정답 ④

| 난도 | 하

정답해설

ㄱ. 경성보다 물가가 낮은 도시는 '1910~1914년'에는 대구, 목포, 부산, 신의주, 평양 5곳이고, '1935~1939년'에는 대구, 목포, 부산, 신의주, 원산, 청진, 평양 7곳이다.

ㄴ. 물가와 명목임금 모두가 도시 평균보다 높다면 물가 비교지수와 명목임금 비교지수가 1보다 커야 한다. 매 기간에 걸쳐 물가 비교지수와 명목임금 비교지수가 1보다 큰 도시는 청진 한 곳뿐이다.

ㄹ. '1920~1924년'의 명목임금 비교지수는 목포가 0.97, 신의주가 0.79이다. 따라서 명목임금은 목포가 신의주의 1.2배 이상이다.

오답해설

ㄷ. 명목임금 비교지수는 해당 기간 8개 도시 평균 명목임금 대비 각 도시 명목임금의 비율이다. 기간별 8개 도시 평균 명목임금이 제시되어 있지 않으므로, 제시된 자료만으로는 명목임금의 증감을 확인할 수 없다.

합격생 가이드

지수가 제시되어 있는 경우 비교할 수 있는 것과 비교할 수 없는 것을 잘 구별해야 한다. 기준은 기간별로 달라지므로 기간 간 비교는 불가능하나, 해당 기간 내에서 항목 간 비교는 가능하다.

23 전환형 정답 ④

| 난도 | 하

정답해설

보고서에서는 경력단절에 대해서 다루고 있지 않다.

오답해설

① 보고서의 세 번째 문단에서 연도별 성별 육아휴직자 수와 육아기 근로 시간 단축제도 이용자수를 제시하였다.
② 보고서의 두 번째 문단에서 기혼남성과 기혼여성의 고용률 차이를 제시하였다.
③ 보고서의 첫 번째 문단에서 가족친화 인증을 받은 기업 및 기관 수를 제시하였다.
⑤ 보고서의 두 번째 문단에서 유배우자 가구 중 맞벌이 가구의 비율을 제시하였다.

합격생 가이드

이 문제에서 중요한 것은 사용했는지 여부이다. 자료가 정확하게 쓰였는지는 전혀 중요하지 않으므로 수치가 자료와 일치하는지 확인할 필요가 없다. 습관적으로 보고서와 각 선지의 자료가 부합하는지 확인하다가 시간만 낭비하는 경우가 있으니 주의하자. 정신없이 문제를 풀다 보면 생각보다 이런 실수를 하는 경우가 많다.

24 단순확인(표 · 그림) 정답 ③

| 난도 | 중

정답해설

ㄴ. 매년 영업직 사원수는 생산직과 사무직 사원수를 합한 것보다 현저히 적다. 2018년에도 생산직과 사무직 사원수를 합하면 171명으로, 영업직보다 2명 더 많다.
ㄷ. 전체 사원수가 가장 적은 해는 2015년이다. 2015년 총 사원수는 313명으로, 생산직 사원수 비중은 30% 미만이다.

오답해설

ㄱ. 2018년에는 전년도에 비해 전체 사원수가 19명 감소하였다.
ㄹ. 2016년에는 영업직 사원수는 1명 늘었으나, 생산직과 사무직 사원수의 합은 5명 늘었다. 생산직과 사무직 사원수 합의 증가율이 더 높으므로, 영업직 사원의 비중은 감소하였다.

합격생 가이드

ㄷ에서는 생산직 사원의 비중이 30% 미만인 해와 전체 사원수가 가장 적은 해를 비교하도록 하고 있다. 둘 중 구하기 쉬운 것을 먼저 구하고, 해당 연도가 나머지 조건을 충족하는지를 보면 된다. 30%를 계산하는 것보다는 덧셈을 하는 것이 편하므로, 전체 사원수가 가장 적은 해를 찾자. 영업직 사원수가 현저히 적은 2014~2016년 중에서, 생산직 사원수가 가장 적은 2015년을 기준으로 비교하면 2015년의 전체 사원수가 가장 적다는 것을 알 수 있다.

25 추가로 필요한 자료 정답 ④

| 난도 | 중

정답해설

ㄱ. 보고서의 첫 번째 문단에서 매출액 및 관객수를 제시하고 있다. 2018년 매출액은 전년 대비 2배 이상으로 증가했으며, 2014년 이후 매출액과 관객수 모두 매년 증가하고 있다.
ㄴ. 보고서의 두 번째 문단에서 2017년 개막편수 및 공연횟수를 제시하고 있다. 전체 개막편수는 5,288건으로, 유일하게 3월만 528건을 넘게 개막하였다. 또한 전체 공연횟수는 52,131건으로, 유일하게 8월만 5,213건 넘게 공연하였다.
ㄹ. 보고서의 네 번째 문단에서 입장권 가격대별 관객수를 제시하고 있다. '3만 원 미만' 입장권 관객수는 절반 이상(57%)을 차지하였으며, 이는 '7만 원 이상' 입장권 관객수 비율인 14.5%의 3.5배 이상이다.

오답해설

ㄷ. 보고서의 세 번째 문단에서 장르별 매출액 및 관객수를 제시하고 있다. 보고서에서는 관객수 상위 3개 장르가 공연예술계 전체 관객수의 90% 이상을 차지하는 것이라고 밝혔는데, 선지의 자료에서는 하위 2개 장르의 관객 수가 516명으로 전체의 10% 이상을 차지한다.

합격생 가이드

실전 문제를 풀면서, 또 복습을 하면서 항상 어떻게든 계산을 줄이려고 노력하자. ㄷ에서 상위 3개 장르 관객수가 90%를 넘는지 확인하는 것보다, 하위 2개 장르 관객수가 10% 이하인지를 확인하는 것이 훨씬 빠르다.

26 공식 · 조건 정답 ⑤

| 난도 | 하

정답해설

ㄴ. 호텔C의 객실 판매율은 80%이고, 호텔D의 객실 판매율은 90%이다. 따라서 객실 판매율은 호텔C가 호텔D보다 낮다.
ㄹ. 각 호텔의 객실 판매율은 호텔A는 50% 미만, 호텔B는 70%, 호텔C는 80%, 호텔D는 90%이다.

오답해설

ㄱ. 호텔B의 객실 수입은 63,000만 원이다. 호텔A의 객실 수입이 64,000만 원으로 더 많다.
ㄷ. 호텔A의 판매가능 객실당 객실 수입은 640/35만 원으로, 18만 원 이상이다. 한편 호텔C의 판매가능 객실당 객실 수입은 16만 원이다.

합격생 가이드

제시된 공식 2개 모두 매우 간단하게 도출된다. 한 번 계산해 둔 것은 표에 꼭 적어 두자. 두 번 계산하면 그만큼 시간을 낭비하는 것이다.

27 복수의 표 정답 ⑤

| 난도 | 중

정답해설

ㄴ. 생산직 근로자는 총 133명이고, 사무직 근로자는 총 87명이다. 총 인원이 1.5배 이상 차이나지만, '직위불안' 항목에서 '낮음'으로 응답한 근로자의 비율은 큰 차이가 없다. 따라서 생산직이 사무직보다 많다.

ㄹ. '보상부적절' 항목에서 '높음'으로 응답한 생산직 근로자는 60.15%, 사무직 근로자는 64.37%이다. 총 인원이 1.5배 이상 차이나지만 응답자 비율은 큰 차이가 없으므로, 생산직이 사무직보다 많다.

오답해설

ㄱ. '상위'에 해당하는 근로자의 비율은 '매우 높음'과 '높음' 비율을 합한 값이다. '관계갈등' 항목의 경우 생산직 근로자는 78.2%인 반면, 사무직 근로자는 74.71%이다.

ㄷ. '관계갈등' 항목에서 '매우 높음'으로 응답한 비율과 '매우 낮음'으로 응답한 비율의 차는 9%p 정도이다. 전체 생산직 근로자는 133명으로, 응답자의 차는 12명이다.

28 단순확인(표 · 그림) 정답 ③

| 난도 | 중

정답해설

'충청'에서 2점 이하로 부여한 응답자는 총 43%이고, 4점 이상으로 부여한 응답자는 36.8%이다. 한편 '강원'에서 2점 이하로 부여한 응답자는 26.8%, 4점 이상으로 부여한 응답자는 61.7%이다. 분모가 작고 분모가 더 크므로, 당연히 '강원'의 비율이 더 높다.

오답해설

① 소유면적별 인지도 평균점수는 '50ha 이상'이 3.32점, '2ha 미만'이 2.36점이다. 2.36×1.4=3.304이므로 옳다.

② 인지도 평균점수는 '강원'이 3.46점, '경기'가 2.86점이다.

④ 인지도 점수를 1점으로 부여한 '소재잔주'는 39명(669×5.8%)이다. 한편 인지도 점수를 5점으로 부여한 '부재산주'는 15명(149×10.1%)이다.

⑤ 경영주체별로 '독림가'는 173명 중 약 80%, '임업후계자'는 292명 중 약 70%, '일반산주'는 353명 중 약 30%가 인지도 점수를 3점 이상으로 부여 하였다.

합격생 가이드

①은 정확한 계산을 요하는 흔치 않은 선지이다. 간혹 이런 선지가 등장하는 데, 억지로 계산을 하지 않으려다 오히려 시간을 잡아먹는 경우가 있다. 자료해석에서 최선은 계산을 하지 않는 것이지만, 이렇게 어쩔 수 없이 계산을 해야 하는 경우도 있음을 명심하자. 이를 분간해 내는 실력이 곧 자료해석 실력이다.

29 복수의 표 정답 ②

| 난도 | 하

정답해설

ㄴ. '양수'의 평균정산단가는 2017년 107.60에서 2018년 125.37로 증가하여, 10% 이상의 증가율을 보였다. 다른 에너지원의 증가율은 모두 10% 미만이다.

ㄷ. 전력단가 평균은 2015~2016년에는 감소, 2017~2018년에는 증가하였다. '유류'의 평균정산단가도 마찬가지다.

오답해설

ㄱ. 여름은 6, 7, 8월, 가을은 9, 10, 11월이다. 2018년만 보더라도 9, 10, 11월의 전력단가가 6, 7, 8월의 전력단가보다 각각 높다.

ㄹ. 2014~2016년, 2018년의 에너지원별 평균정산단가 순위는 유류－양수－LNG－유연탄－원자력 순이다. 그러나 2017년 순위는 유류－LNG－양수－유연탄－원자력 순이다.

30 단순확인(표 · 그림) 정답 ①

| 난도 | 상

정답해설

A기관이 밭으로 분류한 대상지 중 B기관이 혼합림으로 분류한 대상지 비율은 $\frac{30}{460}$이다. B기관이 밭으로 분류한 대상지 중 A기관이 혼합림으로 분류한 대상지의 비율 또한 같다.

오답해설

② B기관이 침엽수림으로 분류한 대상지 중 A기관 또한 침엽수림으로 분류한 대상지는 $\frac{5,230}{5,525}$이다. 이 비중은 90% 이상으로, B기관이 침엽수림으로 분류한 대상지 중 A기관이 다른 세부분류로 분류한 비중은 10% 보다 작다.

③ B기관이 논으로 분류한 대상지 중 A기관도 논으로 분류한 대상지의 비율은 $\frac{840}{1,095}$이다. 한편 A기관이 논으로 분류한 대상지 중 B기관도 논으로 분류한 대상지의 비율은 $\frac{840}{1,030}$이다. 따라서 후자의 크기가 더 크다.

④ 두 기관 모두 삼림지역으로 분류한 대상지는 약 15,000개이다. 한편 두 기관 모두 활엽수림으로 분류한 대상지는 3,680개이다. 따라서 비율은 30% 미만이다.

⑤ 두 기관 모두 농업지역으로 분류한 대상지 중 두 기관이 서로 다른 세부분류로 분류한 대상지가 차지하는 비율은 $\frac{75}{1,230}$이다. 한편 A 또는 B기관이 하천으로 분류한 대상지는 341+396−281=456개, 두 기관이 모두 하천으로 분류한 대상지는 281개로 그 비율은 $\frac{281}{456}$이다. 따라서 후자가 압도적으로 크다.

31 전환형 정답 ②

| 난도 | 하

정답해설

ㄴ. 2018년 '교통' 분야 시장 규모는 전체 옥외광고의 44.2%로 가장 큰 비중을 차지하고 있으며, 그 규모는 약 2,548억 원이다.

ㄷ. 세부분야별 시장 규모는 '옥상'이 전체의 약 20%로 가장 큰 비중을 차지한다. '버스 · 택시'는 약 17.7%, '극장'은 15.7%, '지하철'은 15%이다.

오답해설

ㄱ. 2018년 옥외광고 시장의 규모는 7,737에서 5,764로 감소하였으며 감소율은 30% 이하이다.

ㄹ. '기타'에 해당하는 시장 규모는 전체의 2% 미만이다. 2018년 전체 옥외광고 시장 규모는 5,764억 원이므로, '기타'의 시장 규모는 115억 원 이하이다.

32 빈칸형 정답 ④

| 난도 | 중

정답해설

ㄱ. 중앙값은 학생 9명 중 5위에 해당하는 학생이므로, 중앙값≤평균이면 최소 5명 이상은 평균 이하의 성적을 받았다.

ㄴ. 인공지능 교과목에서는 B, C, 빅데이터 교과목에서는 A, B, 사물인터넷 교과목에서는 B, E가 1등급을 받는다. 결국, 1등급을 받은 교과목 수가 1개 이상인 학생은 A, B, C, E로 4명이다.

ㄷ. D의 빅데이터 교과목 점수는 57.0점이다. 사물인터넷 교과목의 점수가 이보다 더 높으므로, 두 과목의 점수를 서로 바꾸면 빅데이터 교과목 평균은 높아질 것이다.

오답해설

ㄹ. 사물인터넷 최고점수와 최저점수의 차이는 42.0점이다. 그런데 인공지능의 경우 최고점수가 B의 88.0점이고, 최저점수는 D의 28.0으로 최고점수와 최저점수의 차이가 60.0점에 달한다.

합격생 가이드

빈칸을 얼마나 많이, 얼마나 정확하게 채울 것인가? 빈칸을 모두 정확하게 채우고 시작하는 것은 최악의 풀이이다. 각 선지를 해결하면서 필요한 빈칸만, 필요한 정확도로 계산하면 된다. 계산을 전혀 하지 않더라도 C의 사물인터넷 점수는 당연히 71.0점이고, B의 인공지능 점수는 88.0점이라는 것은 알 수 있다. 한편 I의 세 과목 평균 점수가 70.3점이고, 나머지 과목이 각각 65.0점(70.3－65.0＝5.3), 61.0점(70.3－61.0＝9.3)이므로 사물인터넷 점수는 85점(70.3＋5.3＋9.3) 정도라는 것을 알 수 있다. 이런 식으로 최대한 효율적으로 필요한 빈칸만 채워나가자.

33 종합 정답 ①

| 난도 | 중

정답해설

재해자 수는 근로자 수와 재해율을 곱한 값이다. 2016년과 2018년의 재해자 수를 각각 구하면 약 23,500명, 25,200명이다.

오답해설

② 2016년 재해율 차이는 0.32%p이며, 2019년은 0.35%p이다.

③ 재해율을 계산하기 위해서는 재해자 수와 근로자 수를 모두 알아야 한다. 재해자 수가 10% 증가하더라도 근로자 수 증가율에 따라 재해율은 달라질 수 있다.

④ 건설업 근로자 수가 전체 산업 근로자 수의 20%라면, 전체 근로자 수는 건설업 근로자의 5배이다. 한편 전체 산업 재해율과 건설업 재해율이 같으므로, 전체 산업 재해자 수는 건설업 재해자 수의 5배가 된다.

⑤ 사망자 수가 가장 많은 해는 2016년이며, 건설업 환산강도율이 가장 높은 해는 2014년이다.

34 종합 정답 ④

| 난도 | 하

정답해설

재해건당 재해손실일수는 환산강도율을 환산도수율로 나누어 구한다. 이는 그림 2에서 원점과 특정 연도를 이은 직선의 기울기와 같다. 따라서 가장 큰 연도는 2014년, 가장 작은 연도는 2016년이다.

합격생 가이드

이번 문제처럼 기울기를 구할 때 x축이나 y축에 줄임표시(물결표시)가 없는지 잘 확인해야 한다. 이번 문제는 큰 상관이 없었으나, 이를 무시하고 원점에서 곧바로 직선을 그어 기울기를 비교하면 결과가 달라지는 경우가 있다. 안전한 방법은 줄임표시와 무관한 임의의 점을 찍어 이 점과 각 연도 점들을 잇는 것이다. 가령, 그림 2에서 (0.20,5)에서 직선을 그으면 된다.

35 공식 · 조건 정답 ⑤

| 난도 | 중

정답해설

ㄱ. 모든 유증상자를 '음성'으로 판정한 시스템은 E이다. E의 정확도는 99.2로, A보다 높다.

ㄴ. '음성'으로 판정된 유증상자가 모두 비감염자라면 '음성' 정답률이 100%이다. 그리고 감염자를 모두 '양성'으로 판정했다면 검출률이 100%이다.

ㄷ. B의 '양성' 판정된 유증상자는 8명, '양성' 판정된 감염자도 8명이므로 '양성' 정답률은 100%이다. 한편 '음성' 판정된 유증상자는 992명, '음성' 판정된 비감염자도 992명으로 '음성' 정답률 또한 100%이다.

오답해설

ㄹ. '양성' 검출률이 0%인 시스템은 A, E이다. A와 E 모두 '음성' 판정된 감염자가 존재하므로 '음성' 정답률은 100%가 아니다.

합격생 가이드

비슷한 말이 계속 반복되어 헷갈리기 쉽다. 이런 문제는 내용을 이해하려고 하면 안 된다. 즉, 양성 감염자나 음성 비감염자, 정답률, 검출률의 의미가 무엇인지 이해하고 적용하려고 접근하면 안 된다. 그저 단순히 공식에 숫자를 대입한다고 생각하고, 선지별로 표에서 적합한 숫자를 찾는 것에만 집중하자.

36 공식 · 조건 정답 ⑤

| 난도 | 상

정답해설

채소를 매일 섭취하는 초등학교 여학생 수는 332명이다. 한편 중학교 여학생 수는 1,200명이므로, 채소를 매일 섭취하는 중학교 여학생 수는 348명이다.

오답해설

① 과일 섭취율을 보면 중학교 남학생은 28%, 여학생은 30%인데 전체 섭취율은 29.2%이다. 이는 중학교 여학생의 수가 더 많음을 의미한다. 라면을 주 1회 이상 섭취하는 중학교 남학생 수와 중학교 여학생 수의 섭취율은 같으나, 전체 모집단의 수는 여학생이 더 많으므로 라면을 주 1회 이상 섭취하는 여학생이 더 많다.

② 중학교 남학생 안에서 비교하는 것이므로 단순히 섭취율을 비교하면 된다. 과일은 28%, 채소는 28.5%이므로 채소를 매일 섭취하는 중학교 남학생이 더 많다.

③ 우유를 매일 섭취하는 중학교 여학생은 27.5%이다. 전체 중학생은 2,000명인데, 여학생은 50%를 넘으므로, 우유를 매일 섭취하는 중학교 여학생 수는 275명보다 많다.

④ 우선 초등학교 남학생 수와 여학생 수는 동일하게 1,000명씩이다. 과일을 매일 섭취하는 초등학교 남학생은 모두 햄버거를 주 1회 이상 섭취할 수 있으므로 옳지 않다(이 선지의 출제 의도는, "과일을 매일 섭취하는 초등학교 남학생 중 햄버거를 주 1회 이상 섭취하는 학생 수는 적어도 5명 이상이다."를 비튼 것이다. 이 명제는 옳다).

합격생 가이드

이런 식으로 각 집단의 수는 명시적으로 제시하지 않았지만, 표의 비율을 통해 간접적으로 계산할 수 있도록 하는 문제가 종종 출제된다. 때로는 '구할 수 없다'고 생각해서 정답인 선지를 오답으로 착각하고 넘겨버리는 불상사가 발생할 수 있으니 조심하자. 초등학교의 경우 전체 비율이 남학생과 여학생의 평균값이다. 따라서 남학생과 여학생의 수가 같다. 중학교의 경우 과일 섭취율을 보면 남학생이 28%, 여학생이 30%인데 전체 섭취율은 29.2%이다. 가중평균 계산을 역으로 해 보면, 여학생이 60%(1,200명)라는 것을 알 수 있다.

37 매칭형 정답 ②

| 난도 | 중

정답해설

1) '가'의 평균이 8점이므로 '가'는 민수 혹은 현수이다.
2) 현수의 최솟값은 철수의 최솟값보다 크므로, 5점을 받은 응시자는 현수가 아니다. 즉, '가', '나'와 '라'는 현수가 아니므로 현수는 '다'이다.
3) 현수가 '다'이므로 '가'는 민수이다.
4) '라'의 중앙값은 면접관 1의 점수와 무관하게 항상 8이므로, '라'는 영수이다.

합격생 가이드

이런 유형의 문제는 항상 선지를 적극 활용하여 소거법으로 풀어야 한다. 가령 선지를 보면 '가'는 항상 민수와 현수이므로 사실상 첫 번째 조건은 의미가 없다. 이번 문제처럼 난이도가 낮은 경우에는 금방 답이 나오지만, 5급 공채 문제 중에서 고난도 문제나 입법고시 문제 중에서는 선지를 활용하지 않으면 시간 내에 풀지 못하는 경우도 있다.

38 빈칸형 정답 ③

| 난도 | 중

정답해설

ㄱ. 독서인구 비율은 1인당 연간 독서권수를 독서인구 1인당 연간 독서권수로 나누어 구할 수 있다. 남자의 독서인구 비율은 50%보다 크다 (10.4÷18.9).

ㄹ. 독서인구 1인당 연간 독서권수는 남자가 18.9권, 여자가 14.2권이다. 단순 평균을 구하면 16.55권인데, 16.8권이 되려면 남자가 더 많아야 한다.

오답해설

ㄴ. 독서인구 1인당 연간 독서권수는 1인당 연간 독서권수를 독서인구 비율로 나누어 구할 수 있다. 독서인구 1인당 연간 독서권수는 20~29세가 약 18.9권, 30~39세가 약 19권이다.

ㄷ. 독서인구 비율과 인구비를 단순 곱하여 비교하면 된다. 인구비가 5:4이므로, 서부지역은 215, 남부지역은 217.6이라고 한다면 남부지역의 독서인구가 더 많다.

39 빈칸형 정답 ⑤

| 난도 | 상

정답해설

ㄱ. 한 경기에 양 팀이 받는 승점의 합은 3점이다. 총 7팀이 있고, 나머지 6팀과 한 경기씩 하므로 Z리그는 총 21경기가 열린다. 따라서 최종 승점 합은 63점이다.

ㄴ. E의 최종승점은 7점이고, 3경기에서 승점 1점을 얻었으므로, 승리한 세 경기에서 승점을 2점씩 얻어야 한다.

ㄷ. G가 경기한 총 세트 수는 14세트이다. A는 1, 2, 6경기에서 6세트를 했으므로, 3, 4, 5경기에서 8세트를 하고 2승 1패를 거두었다. 그리고 세 경기에서 승점 6점을 얻었다. 따라서 세 경기에서 치른 세트의 조합은 (3,3,2)가 되어야 하고 2:0, 2:1, 1:2의 결과를 얻어야 한다.

40 복수의 표 정답 ⑤

| 난도 | 상

정답해설

ㄷ. 재배면적은 '저농약'이 '유기농'의 7배이다. 그러나 생산방법별 구성비를 보면 가장 많은 차이가 나는 곡류에서도 '저농약'은 '유기농'의 7배 미만으로 생산했다. 이를 볼 때 '유기농'이 '저농약'보다 재배면적당 생산량이 많다.

ㄹ. 구성비에 농작물별 생산량 비를 곱하여 비교하면 된다. 이를 계산하면, '유기농'은 119, '무농약'은 235, '저농약'은 246으로, '저농약'의 생산량이 가장 많다.

오답해설

ㄱ. 재배농가당 재배면적은 2018년에 전년 대비 증가한다.

ㄴ. 2018년에 '저농약'은 2배 이상 증가했으나, '유기농'과 '무농약'은 소폭 증가하면서 비중이 오히려 감소하였다.

1	2	3	4	5	6	7	8	9	10
④	③	②	①	④	②	①	④	⑤	①
11	12	13	14	15	16	17	18	19	20
④	②	③	⑤	⑤	③	③	④	④	①
21	22	23	24	25	26	27	28	29	30
③	⑤	①	②	⑤	④	③	⑤	②	③
31	32	33	34	35	36	37	38	39	40
④	①	①	⑤	②	②	⑤	④	⑤	③

01 법조문 정답 ④

| 난도 | 하

정답해설

두 번째 조 제3항에 따라 지원결정이 취소된 경우일지라도 위원회가 반환의무 전부를 부담시키는 것이 타당하지 않다고 판단하는 경우에는 반환의무의 일부 또는 전부를 면제하는 결정을 할 수 있다.

오답해설

① 첫 번째 조 제1항에 따라 지방자치단체의 장은 소속공무원이 적극행정으로 인해 징계 의결 요구가 된 경우 위원회의 결정에 따라 200만 원 이하의 범위 내에서 변호인 선임비용을 지원할 수 있다.
② 첫 번째 조 제3항의 규정은 지원결정을 받은 공무원이 이미 변호인을 선임한 경우에 대하여 예외를 두고 있다. 따라서 이미 변호인을 선임한 경우, 새로운 변호인을 선임하지 않아도 된다.
③ 두 번째 조 제1항 제2호는 유죄의 확정판결을 받을 것을 요건으로 하고 있다. 따라서 고소당한 사유와 동일한 사실관계로 무죄의 확정판결을 받은 경우, 위원회는 지원결정을 취소할 수 없다.
⑤ 두 번째 조 제4항에 따라 퇴직한 경우에도 지원결정이 취소되었다면 해당 공무원은 지원받은 변호인 선임비용을 즉시 반환하여야 한다.

합격생 가이드

첫 번째 조에서는 지원결정에 관한 내용을, 두 번째 조에서는 지원결정의 취소에 관한 내용을 규정하고 있다. 따라서 선지에 '취소'라는 단어가 포함되면 두 번째 조에서, 그렇지 않으면 첫 번째 조에서 근거를 찾으면 된다.

02 법조문 정답 ③

| 난도 | 하

정답해설

첫 번째 조 제2항에서는 월령 2개월 이상인 개를 기르는 곳에서 벗어나게 하는 경우에 인식표를 그 개에게 부착하여야 한다고 규정하고 있으므로 월령 1개월인 A에게는 인식표를 부착하지 않아도 된다.

오답해설

① 두 번째 조 제1항 제2호의 규정은 월령이 3개월 이상인 맹견에 적용되므로 월령 1개월인 맹견 A는 해당 규정의 적용을 받지 않아 목줄과 입마개를 하지 않아도 된다.
② 두 번째 조 제3항에 따라 맹견 소유자 甲은 맹견의 안전한 사육 및 관리에 관하여 정기적으로 교육을 받아야 한다.
④ 두 번째 조 제2항에 따라 맹견 B가 사람에게 신체적 피해를 주는 경우, 구청장은 소유자 乙의 동의 없이 맹견 B에 대하여 격리조치 등 필요한 조치를 취할 수 있다.
⑤ 세 번째 조 제2항에 따라 사람의 신체를 상해에 이르게 한 자는 2년 이하의 징역 또는 2천만 원 이하의 벌금에 처한다. 따라서 乙은 법정형량을 초과한 3년의 징역을 받을 수 없다.

03 법조문 정답 ②

| 난도 | 하

정답해설

첫 번째 조 제2항에 따라 청원경찰을 배치받으려는 기관의 장 등은 관할 지방경찰청장에게 청원경찰 배치를 신청할 수 있으며 동조 제4항에 따라 지방경찰청장은 기관의 장 등에게 청원경찰을 배치할 것을 요청할 수 있다.

오답해설

① 세 번째 조 제1항에 따라 청원경찰의 임용승인 권한은 관할 지방경찰청장에게 있다.
③ 청원경찰의 임용자격, 임용방법은 대통령령으로 정하며 결격사유는 「국가공무원법」에 따른다.
④ 두 번째 조 제2항에 따라 청원경찰은 수사활동 등 사법경찰관리의 직무를 수행해서는 안 된다.
⑤ 네 번째 조에 따라 청원경찰은 무기를 대여받으려는 경우, 청원주가 관할 경찰서장을 거쳐 지방경찰청장에게 무기대여를 신청하여야 한다.

04 법조문 정답 ①

| 난도 | 중

정답해설

세 번째 조 제2항에 따라 농식품투자조합이 해산한 경우, 조합의 규약으로 정한 바가 없다면 업무집행조합원이 청산인이 된다.

오답해설

② 첫 번째 조 제2항에 따른 업무집행조합원 중 1인은 제1항의 중소기업창업투자회사 또는 투자관리전문기관으로 할 수 있다. 따라서 투자관리전문기관도 업무집행조합원이 될 수 있다.
③ 두 번째 조에 열거된 각 호의 행위는 금지된다. 농식품투자조합의 재산으로 지급을 보증하는 행위는 두 번째 조 제3호에 해당하여 허용될 수 없다.
④ 세 번째 조 제3항에 따라 농식품투자조합의 해산 당시의 출자금액을 초과하는 채무가 있으면 업무집행조합원이 그 채무를 변제하여야 한다.
⑤ 세 번째 조 제1항 제3호의 사유로 농식품투자조합을 해산하기 위해서는 조합원 총수의 과반수와 조합원 총지분 과반수의 동의가 필요하다.

합격생 가이드

①이 정답이었던 문제로 ①을 체크한 뒤 넘어갔다면 시간 절약을 할 수 있었던 문제이다. ①에서 정답이 나왔다면 이후의 선지를 확인하지 않는 대신, ①을 재차 확인한 뒤 넘어가는 것이 좋다.

05 법조문 정답 ④

| 난도 | 상

정답해설

ㄱ. 첫 번째 조 제2항에 따라 '건의민원'은 10일 이내에 처리하여야 한다. 이때, 두 번째 조 제3항에 따라 처리기간이 6일 이상인 경우에는 '일' 단위로 계산하고 첫날은 산입하고 동조 제4항에 따라 공휴일과 토요일은 처리기간에 산입되지 않는다. 따라서 8.7(월)에 접수된 민원은 토요일, 일요일 각각 이틀과 광복절 하루를 감안하여 8.21(월)까지 처리되어야 한다.

ㄷ. 첫 번째 조 제4항에 따라 '기타민원'을 접수한 경우에는 업무시간 내 3시간 안에 처리하여야 한다. 업무시간은 09:00~18:00이므로 8.16(수) 17시에 접수된 기타민원은 8.17(목) 11시까지 처리되어야 한다.

ㄹ. 첫 번째 조 제1항 제2호에 따라 제도, 절차 등에 관한 설명을 요구하는 '질의민원'은 4일 이내에 처리하여야 한다. 이때, 두 번째 조 제2항에 따라 처리기간이 5일 이하인 경우에는 민원의 접수시각부터 '시간' 단위로 계산하며 이 경우 1일은 8시간의 근무시간을 기준으로 한다. 따라서 8.17(목) 11시에 접수된 질의민원은 32시간 이내인 8.23(목) 11시까지 처리되어야 한다.

오답해설

ㄴ. 첫 번째 조 제3항에 따라 '고충민원'은 7일 이내에 처리하여야 한다. 이때, 두 번째 조 제3항에 따라 6일 이상으로 정한 경우에는 '일' 단위로 계산하고 첫날을 산입한다. 따라서 B부처는 고충민원을 접수한 날로부터 총 17일 이내에 처리하여야 하며 이는 9.6(수)이다.

합격생 가이드

법조문에서는 초일 불산입이 원칙이다. 이 문항의 경우 예외적으로 초일 산입을 규정하고 있다. 초일 불산입일 때에는 해당 날짜에 정해진 기간만큼을 그대로 더해주면 되고 초일을 산입할 때에는 해당 날짜에 (정해진 기간 −1일) 만큼을 더해 주면 된다.

06 정보확인 · 추론 정답 ②

| 난도 | 하

정답해설

「지방공무원법」에 따라 법령 또는 조례로 정무직 공무원을 지정할 수 있다.

오답해설

① 감사원장은 「국가공무원법」상의 정무직 공무원에 해당하며, 정무직 공무원은 국가공무원의 총 정원에 포함되지 않는다.

③ 「국가공무원법」에서는 정무직 공무원을 세 가지로 분류하고 있는데, 그 중에서 '임명할 때 국회의 동의가 필요한 공무원'이 아니라면 국회의 동의가 필요 없다고 보는 것이 타당하다.

④ 대통령비서실 수석비서관은 「국가공무원법」상의 정무직 공무원으로 재산등록의무와 병역사항 신고의무 모두를 부담한다.

⑤ 정부부처의 차관은 행정기관 소속 정무직 공무원으로 정책집행의 법적 책임을 진다.

07 조건적용 정답 ①

| 난도 | 중

정답해설

ㄱ. 8세 이하 자녀 3명만 있는 경우, A안에 따라 지급받는 월 수당액은 15+15+30=60만 원이며, B안에 따라 지급받는 월 수당액은 20+20+22=62만 원이다.

ㄷ. 중학생 자녀 2명만 있는 가정은 A안에 따르면 매달 15+15=30만 원을 지급받는다. 한편, C안의 수당을 50% 증액하더라도 C안에 따라 받는 월 수당액은 12+12=24만 원이다.

오답해설

ㄴ. 자녀가 18세 이하 1명만 있는 가정은 '자녀가 둘 이상인 경우에 한한다'는 조건을 충족시키지 못하므로, A안에 따르면 수당을 지급받을 수 없다.

ㄹ. C안에 따르면 첫째와 둘째는 성장함에 따라 10만 원, 8만 원, 8만 원을 받게 되고, 셋째부터는 성장함에 따라 10만 원, 10만 원, 8만 원을 받게 된다. 따라서 C안을 적용하면 한 자녀에 대해 지급되는 월 수당액은 그 자녀가 성장하면서 오히려 감소한다.

합격생 가이드

'옳지 않음'을 판단하기 위해 필요한 것은 하나의 예외 사례로 족하다. ㄹ은 첫째에 대해 거짓임이 판단된다면 바로 옳지 않은 선지라고 판단하고 넘기면 된다.

08 단순계산 정답 ④

| 난도 | 중

정답해설

개별 물품 할인은 자동 적용되므로 개별 물품 할인이 이루어진 이후의 모든 물품 결제 금액은 (150×0.9)+(100×0.7)+(50×0.8)=250달러이다. 이달의 할인 쿠폰을 적용한다면 모든 물품의 결제 금액은 250×0.8=200달러가 되므로 추가 할인 쿠폰을 사용할 수 없다. 이달의 할인 쿠폰을 사용하지 않고 추가 할인 쿠폰을 사용한다면 20,000원은 20달러이므로 모든 물품의 결제 금액은 250−20=230달러이다. 따라서 창렬이가 결제할 최소 금액은 200달러, 즉 200,000원이다.

합격생 가이드

필수적으로 적용해야 하는 조건을 모두 적용한 이후 경우의 수를 따진다. 이 때, 선택의 여지가 있는 조건은 두 가지뿐이므로, 두 가지를 각각 적용한 후에 더 낮은 금액을 고르면 된다.

09 수리퀴즈(계산) 정답 ⑤

| 난도 | 상

정답해설

오늘날 4구(區)는 1부(釜)이고 4승(升)은 1구(區)이므로, 1부(釜)=4구(區)=16승(升)이다. 또한, 1부(釜)는 1두(豆) 6승(升)이므로, 1두(豆) 6승(升)=16승(升)이며, 이를 정리하면 1두(豆)=10승(升)이다. 이제, 1종(鐘)은 16두(豆)이고 1석(石)은 1종(鐘)에 비해 1두(豆)가 적으므로 1석(石)은 15두(豆)이다. 그러므로 1석(石)=15두(豆)=150승(升)이 된다.

합격생 가이드

글의 전반부에 나오는 조건들은 문제의 풀이에 필요한 조건이 아니다. '오늘날을 기준으로' 1석(石)의 크기를 구하라는 문제이므로 오늘날의 도량형과 관련된 조건들을 우선 정리한 뒤, 필요한 경우에만 옛날 도량형에 관한 조건도 고려한다.

10 수리퀴즈(추론) 정답 ①

| 난도 | 중

정답해설

주어진 조건을 정리하면 다음과 같다.

투표결과	인원	투표결과	인원	투표결과	인원
A → A	20	B → A		C → A	
A → B		B → B		C → B	
A → C		B → C		C → C	

이때, B → A와 C → A의 합은 5명, A → B와 A → C의 합은 10명이다. 또한, B → A, B → B, B → C의 합은 50명, C → A, C → B, C → C의 합은 20명이며 A → C, B → C, C → C의 합은 35명이다.

주어진 조건하에서 B → B를 최소로 만들기 위해서는 B → A와 B → C에 최대한 많은 인원이 들어가야 한다. 따라서 B → A와 C → A의 합은 5명이므로 B → A에 5명, A → C, B → C, C → C의 합은 35명이므로 B → C에 35명을 각각 넣으면 다음과 같이 결정된다.

투표결과	인원	투표결과	인원	투표결과	인원
A → A	20	B → A	5	C → A	0
A → B	10	B → B	10	C → B	20
A → C	0	B → C	35	C → C	0

따라서 1차 투표와 2차 투표에서 모두 B안에 투표한 주민 수의 최솟값은 10이다.

합격생 가이드

주어진 조건들이 많을 때는 결론적으로 구하고자 하는 값과 직접 관련된 조건부터 풀이를 시작한다. 찾고자 하는 B → B와 관련된 조건은 하나뿐이다. 따라서 해당 조건인 'B → A, B → B, B → C의 합은 50명'에서 풀이를 시작한다. 이제 B → A와 B → C를 확정하는 것이 문제되므로, 각 투표결과와 관련된 조건 둘을 모두 고려해서 최대의 수를 배정하면 된다.

11 게임 · 규칙 정답 ④

| 난도 | 중

정답해설

ㄱ. 다섯 자리의 수를 만들 때 가능한 가장 큰 수는 카드 중 가장 큰 숫자들을 골라야 만들어진다. 따라서 9, 9(만능카드), 9(6을 9로 활용), 8, 7을 고른 후 가장 높은 숫자부터 순서대로 카드를 배열한다. 따라서 가능한 가장 큰 수는 99987로, 홀수이다.

ㄴ. 두 자리의 수를 만들 때 가능한 가장 작은 수는 만능카드를 사용한 11이다. 그런데 乙이 '12'를 만들었다면 이미 1은 사용되었으므로 甲은 11도, 12도 만들 수 없다. 甲이 만들 수 있는 가장 작은 수는 13이므로 乙이 승리한다.

ㄹ. 만들 수 있는 10보다 작은 3의 배수는 3, 6, 9뿐이다. 3, 6, 9를 만들 수 있는 카드는 만능카드, 3, 6, 9로 총 4장뿐이다. 따라서 乙이 3개를 만들었다면 甲은 1개만 만들 수 있어 乙이 승리한다.

오답해설

ㄷ. 두 자리의 수를 만들 때 가능한 가장 큰 수는 9, 만능카드, 6 중 두 장을 사용한 99이다. 甲이 98을 만들었다면 9를 한 장만 가지고 있는 것이다. 乙은 나머지 9 두 장을 활용하여 99를 만들 수 있으므로 乙이 승리한다.

합격생 가이드

6과 만능카드의 활용이 핵심이다. 가능한 가장 큰 숫자나 가장 작은 숫자를 만들지 못했다면 최선의 수를 만드는 데 필요한 카드를 가지고 있지 않다는 것을 의미한다. 따라서 해당 카드는 모두 상대방이 가지고 있을 것이라는 추론이 가능하다.

12 논리퀴즈 정답 ②

| 난도 | 상

정답해설

ㄱ. 사무관3이 남성이라면 성별에 따라 사무관3이 배정받는 내선번호는 3이다. 사무관3이 여성이라도 사무관3보다 어린 사무관이 없고, 소속 팀명도 가장 뒤에 있으므로 사무관3이 배정받는 내선번호는 3이다.

ㄷ. 주어지지 않은 조건과 상관없이 과장과 사무관1~3의 내선번호는 모두 확정되므로 주무관1~6의 내선번호가 확정되는지 확인한다. 주무관3이 남성이므로 주무관1이 내선번호 4, 주무관4가 내선번호 5를 각각 배정받는다. 그리고 주무관3의 나이가 31세 이상 39세 이하이므로 가장 나이가 많은 주무관 5는 내선번호 6을 배정받는다. 다음으로 주무관3의 나이는 주무관2의 나이보다 같거나 작지만 소속 팀명이 후순위에 있다. 또한 주무관3의 나이는 주무관6의 나이보다 같거나 크지만 소속 팀명이 선순위에 있다. 따라서 주무관2, 주무관3, 주무관6이 각각 내선번호 7, 8, 9를 배정받는다. 결국 모든 과원의 내선 번호를 확정할 수 있다.

오답해설

ㄴ. 여성이 총 5명이라면 성별이 확정되지 않은 사무관3과 주무관3은 모두 남성이어야 한다. 이때 과장과 사무관1~3은 모두 내선번호가 확정되므로 내선번호가 확정되는 주무관이 있는지 확인해야 한다. 여성 주무관들은 나이와 성별이 모두 밝혀져 있어 주무관1이 내선번호 4, 주무관4가 내선번호 5를 부여받는다. 남성 주무관들은 주무관3의 나이에 따라 배정받는 내선번호가 달라지므로 내선번호가 확정되는 사람은 6명이다.

ㄹ. 주무관3의 나이와 성별을 알게 되더라도 직급, 성별, 나이, 소속 팀명이 모두 일치하는 주무관이 존재할 경우 내선번호를 확정할 수 없다. 주무관3의 나이가 27세, 성별이 여성이라면 주무관4와 모든 조건이 일치하므로 내선번호를 확정할 수 없다.

합격생 가이드

사무관3의 성별에 관련 없이 사무관1~3의 내선번호는 확정되는 반면, 주무관3의 나이와 성별에 따라 주무관1~6의 내선번호는 달라진다는 점에 주목해야 한다. 또한, ㄹ과 같은 선지는 경우의 수를 모두 따져 보지 않고 반례만 신속하게 도출하고 넘겨야 한다.

13 게임 · 규칙 정답 ③

| 난도 | 상

정답해설

ㄴ. 말의 최종 위치가 4시가 되는 경우는 짝수가 4번 더 나오거나 16번 더 나온 경우, 홀수가 8번 더 나오거나, 20번 더 나온 경우의 4가지이며, 8시가 되는 경우는 홀수가 4번 더 나오거나 16번 더 나온 경우, 짝수가 8번 더 나오거나, 20번 더 나온 경우의 4가지이다. 4시와 8시는 대칭이므로 둘은 같을 수 밖에 없다.

ㄹ. 말의 위치가 12시일 때, 주사위를 2번 더 던질 경우 말이 2나 10에 위치하게 될 확률이 각각 $\frac{1}{4}$이고 12에 위치하게 될 확률이 $\frac{1}{2}$이다. 따라서 甲이 승리할 확률은 $\frac{1}{4}$로, 무승부가 될 확률인 $\frac{1}{2}$보다 낮다.

오답해설

ㄱ. 짝수 번 주사위를 던질 경우 말의 최종 위치는 짝수 시만 가능하다. 따라서 말의 최종 위치가 3시일 확률은 0이다.

ㄷ. 乙이 마지막 주사위를 던지기 전에 말의 위치가 1이나 11에 있었을 경우 짝수가 나오는 것이 甲에게 유리하다. 그러나 말의 위치가 5나 7에 있었을 경우 짝수가 나오는 것이 甲에게 불리하며, 3이나 9에 있었을 경우 무차별하다.

합격생 가이드

주사위를 홀수 번 던질 경우 최종 위치는 홀수 시가 되고, 주사위를 짝수 번 던질 경우 최종 위치는 짝수 시가 된다는 점을 활용한다. 이때 ㄱ과 ㄴ은 계산 없이도 정오 판단이 가능하므로 우선적으로 판단하면 ㄷ과 ㄹ 중 하나만 풀어보아도 답을 도출할 수 있다.

14 논리퀴즈 정답 ⑤

| 난도 | 중

정답해설

첫 번째 사건의 가해차량 번호와 甲, 乙, 丙의 진술을 정리해 보면 다음과 같다.

구분	甲	乙	丙
99★2703	불일치	불일치	일치
81★3325	일치	일치	일치
32★8624	일치	일치	불일치

두 명의 진술은 첫 번째 사건의 가해차량 번호에 대한 것이고, 나머지 한 명의 진술은 두 번째 사건의 가해차량 번호에 대한 것이므로 두 목격자의 진술은 일치하지만 한 목격자의 진술은 불일치하는 32★8624가 첫 번째 사건의 가해차량 번호에 해당한다. 또한 甲, 乙은 첫 번째 사건의 목격자이고 丙은 두 번째 사건의 목격자가 된다.

합격생 가이드

첫 번째 사건의 가해차량 번호는 두 번째 사건의 목격자 진술에 부합하지 않으므로, 결국은 참거짓을 판단하는 문제이다. 그러므로 각 목격자 중 어느 사람이 두 번째 사건의 목격자일지 경우의 수를 나눌 필요 없이 바로 참거짓을 판단하면 된다.

15 수리퀴즈(추론) 정답 ⑤

| 난도 | 중

정답해설

甲은 아무 정보도 없는 상태에서 본인이 가장 높은 점수를 받았음을 확신하고 있다. 그리고 乙, 丙은 모두 1 이상의 점수를 받았으므로, 甲의 점수가 50점 이상이라는 것을 알 수 있다. 그런데 乙은 甲이 50점 이상이라는 정보를 통해 바로 丙의 점수까지 추론해냈다. 사전적으로 주어진 정보는 丙의 점수가 1 이상이라는 것이므로 乙의 점수를 통해 바로 甲은 50점, 丙은 1점이 확정되어야 한다. 따라서 乙의 점수는 49점이다.

합격생 가이드

주어진 조건들을 순서에 따라 적용해야 한다. 대화 이전에 주어진 조건을 우선 정리한 후, 甲, 乙, 丙의 말을 통해 도출되는 조건을 순차적으로 적용한다. 이때 乙은 甲의 말만 듣고 바로 세 사람의 점수를 도출할 수 있다는 점이 풀이의 핵심이다.

16 수리퀴즈(추론) 정답 ③

| 난도 | 중

정답해설

ㄱ. 문제인식 평가항목의 최종점수는 乙이 18, 丙이 21이다. 甲의 점수는 ⓐ가 24보다 작을 때 27, ⓐ가 54보다 클 때 $\frac{30+ⓐ}{2}$ 이므로 가장 높다.

ㄴ. ⓑ=ⓒ>16이라면 ⓑ와 ⓒ는 24, 32, 혹은 40이다. 그리고, ⓑ=ⓒ=24일 때 성장전략 평가항목의 최종점수는 乙이 28, 丙이 24, ⓑ=ⓒ=32일 때 성장전략 평가항목의 최종점수는 乙이 32, 丙이 28, ⓑ=ⓒ=40일 때 성장전략 평가항목의 최종점수는 乙이 32, 丙이 32이다. 따라서 성장전략 평가항목의 최종점수는 乙이 丙보다 낮지 않다.

오답해설

ㄷ. ⓐ=18, ⓑ=24, ⓒ=24일 때 甲의 최종점수 합계는 27+21+28=76이고, 乙의 최종점수 합계는 18+21+28=67, 丙의 최종점수 합계는 21+18+24=63이다. 따라서 포상을 받게 되는 부서는 甲과 乙이다.

합격생 가이드

평가항목별 최종점수 식이 복잡하게 주어져 있지만 결국 평가항목별로 중간에 있는 두 점수를 더한 값만 비교하면 된다. 특히 분모로 주어진 '평가위원 수−2'는 모든 평가항목에 대해 동일한 값을 가지므로 무시하고 풀어도 된다.

17 조건적용 정답 ③

| 난도 | 하

정답해설

ㄴ. 기준Ⅱ로 대안을 선택한다면 각 대안의 최소 기대이익은 대안 A_1이 −9, 대안 A_2가 5, 대안 A_3가 10이므로 가장 큰 값을 갖는 대안 A_3를 선택하게 된다.

ㄹ. 기준Ⅲ으로 대안을 선택한다면 각 대안의 최대 후회는 대안 A_1이 19, 대안 A_2가 20, 대안 A_3가 30이므로 대안 A_1을 선택하게 된다.

오답해설

ㄱ. 기준Ⅰ로 대안을 선택한다면 각 대안의 최대 기대이익은 대안 A_1이 50, 대안 A_2가 30, 대안 A_3가 20이므로 가장 큰 값을 갖는 대안 A_1을 선택하게 된다.

ㄷ. 상황 S_2에서 대안 A_2의 기대이익이 가장 크므로 대안 A_2의 후회는 0이다.

합격생 가이드

가장 계산이 복잡한 것은 최대 후회를 구해야 하는 ㄹ이다. 그런데 ㄱ~ㄷ만 판단해도 답을 도출할 수 있으므로 ㄹ은 계산하지 않고 넘기는 것이 최선이다.

18 수리퀴즈(계산) 정답 ④

| 난도 | 중

정답해설

만족도 점수의 합을 최대로 하기 위해서는 외식에 4만 원, 전시회 관람에 5만 원, 쇼핑에 1만 원을 지출해야 한다. 이때의 만족도는 13+12+1=26점이다.

합격생 가이드

1만 원을 추가해서 증가하는 만족도 점수의 폭에 주목한다. 이때, 증가하는 만족도 점수가 가장 큰 외식 4만 원, 전시회 관람 3만 원, 쇼핑 3만 원 조합에서 판단을 시작한다. 이제 항목별로 1만 원을 줄여 다른 항목을 추가했을 때 만족도 점수가 증가할 여지가 있는지 살펴본다. 마찬가지로 2만 원을 줄여 다른 항목에 추가했을 때 만족도 점수가 증가할 여지가 있는지 살펴보자. 이 경우 전시회 관람에 2만 원을 추가하고 쇼핑에 2만 원을 뺄 경우 만족도 점수가 증가한다는 점을 알 수 있다.

19 종합 정답 ④

| 난도 | 중

정답해설

ㄱ. input은 레코드를 이용하여 변수에 수를 저장하는 것을 의미한다. 또한 주어진 예시에 따르면 input 명령문의 변수는 레코드의 특정 위치에 있는 수를 저장한다. 따라서 input 명령문은 레코드에서 위치를 지정하여 변수에 수를 저장할 수 있다.

ㄷ. 프로그램 2와 같이 input 명령문이 하나이고 여러 개의 레코드가 있을 경우 모든 레코드를 차례대로 이용한다. 따라서 하나의 input 명령문이 다수의 레코드를 이용하여 변수에 수를 저장할 수 있다.

오답해설

ㄴ. input 명령문이 다수인 경우, 어느 한 input 명령문에 @가 있으면 바로 다음 input 명령문은 @가 있는 input 명령문과 같은 레코드를 이용한다. 따라서 두 개의 input 명령문은 같은 레코드를 이용하여 변수에 수를 저장할 수 있다.

합격생 가이드

이해하기 어려운 내용은 예시를 통해 확인하는 것이 좋다. 글의 하단에 나와 있는 프로그램 1과 프로그램 2의 결괏값들을 통해 input 명령문의 역할을 추론할 수 있다.

20 종합 정답 ①

| 난도 | 하

정답해설

input a와 input b는 첫 번째 레코드의 1−6번째 숫자와 3−4번째 숫자를 각각 저장한다. 따라서 a는 020824, b는 08이다.

input c는 두 번째 레코드의 5−6번째 숫자를 저장한다. 따라서 c는 02이다.

input d는 input c에서 @가 사용되었으므로, 두 번째 레코드의 3−4번째 숫자를 저장한다. 따라서 d는 11이다.

input e는 세 번째 레코드의 3−5번째 숫자를 저장한다. 따라서 e는 050이다.

그러므로 20824+8+2+11+50=20895이다.

21 법조문 정답 ③

| 난도 | 하

정답해설

甲 : 첫 번째 조 제1항 제1호에 따르면 파산선고를 받고 복권된 후라면 공무원으로 임용될 수 있다. 또한 신용불량 상태에 있는 것은 결격사유로 규정되지 아니하였으므로 甲은 공무원 신분에 있다.

丙 : 마지막 조에 따르면 정직처분을 받은 자는 그 기간 중 공무원의 신분을 보유하므로 정직처분을 받아 정직 중에 있는 丙은 공무원의 신분에 있다.

戊 : 두 번째 조 제2항에 따르면 공무원은 그 정년에 이른 날이 1월부터 6월 사이에 있으면 6월 30일에 당연히 퇴직된다. 따라서 2020년 5월 16일 현재 戊는 아직 공무원의 신분에 있다.

오답해설

乙 : 첫 번째 조 제3항에 따르면, 제1항 각 호의 어느 하나에 해당할 경우에는 당연히 퇴직된다. 해당 조 제1항 제4호에 따르면 금고형의 선고유예를 받 고 선고유예 기간 중에 있는 乙은 당연히 퇴직되어 공무원의 신분에 있다고 볼 수 없다.

丁 : 첫 번째 조 제2항에 따르면, 제1항 각 호의 어느 하나에 해당하는 자가 국가의 과실로 인해 공무원으로 임용된 경우 공무원 신분은 발생하지 않는다. 따라서 첫 번째 조 제1항 제3호에 따라 금고형을 선고받고 그 집행유예 기간이 끝나지 않은 상태에서 공무원으로 임용된 丁은 공무원의 신분에 있다고 볼 수 없다.

22 법조문 정답 ⑤

| 난도 | 중

정답해설

제3항에 따라 시장은 제1항에 따라 빈집의 철거를 명한 경우 그 빈집 소유자가 특별한 사유 없이 제2항의 기간 내에 철거하지 아니하면 직권으로 그 빈집을 철거할 수 있다.

오답해설

① 제1항에 따라 자치구의 구청장은 제2호에 해당하면 빈집정비계획에서 정하는 바에 따라 철거를 명할 수 있다. 따라서 주거환경에 현저한 장애가 되는 경우 A자치구 구청장은 철거를 명할 수 있다.

② 제4항에 따라 군수는 철거할 빈집 소유자의 소재를 알 수 없는 경우 일간신문에 공고한 날부터 60일이 지난 날까지 빈집 소유자가 빈집을 철거하지 아니하면 직권으로 철거할 수 있다. 따라서 반드시 철거해야 하는 것은 아니다.

③ 제1항에 따라 특별자치시 시장은 '시장 · 군수 등'에 해당한다. 또한 제5항에 따라 특별자치시 시장은 보상비에서 철거에 소요된 비용은 빼고 지급할 수 있다. 따라서 반드시 보상비 전액을 지급해야 하는 것은 아니다.

④ 제6항 제1호에 따라 빈집 소유자가 보상비 수령을 거부하는 경우 보상비를 법원에 공탁해야 한다. 따라서 보상비 지급 의무는 공탁이 이루어져야 소멸한다.

합격생 가이드

선지의 주체가 자치구 구청장, 군수, 특별자치시 시장 등으로 바뀌는 경우 해당 주체에게 권한이 있는지 우선 확인한 후에 구체적인 내용을 판단해야 함에 유의한다.

23 법조문 정답 ①

| 난도 | 중

정답해설

임의시설에 대한 시설기준 두 번째 조건에 따르면, 무도장업은 목욕시설 · 매점 등 편의시설을 설치할 수 없다.

오답해설

② 필수시설에 대한 시설기준 두 번째 조건에 따르면, 수영장업은 수용인원에 적합한 탈의실과 급수시설을 갖추어야 하며, 탈의실을 대신하여 세면실을 설치할 수 없다.

③ 체력단련장업은 신고 체육시설업에 해당한다. 임의시설에 대한 시설기준 마지막 조건에 따르면, 신고 체육시설업은 해당 체육시설을 이용하는 데에 지장이 없는 범위에서 그 체육시설 외에 다른 종류의 체육시설을 설치할 수 없다.

④ 골프연습장업은 신고 체육시설업에 해당한다. 필수시설에 대한 시설기준 첫 번째 조건에 따르면, 수용인원에 적합한 주차장을 갖추어야 하는 것은 등록 체육시설업에 한한다.

⑤ 필수시설에 대한 시설기준 마지막 조건에 따르면, 수영장업은 부상자 및 환자의 구호를 위한 응급실 및 구급약품을 갖추어야 한다.

24 조건적용 정답 ②

| 난도 | 중

정답해설

丙은 A회사의 주주이다. 두 번째 문단에 따르면, 회사가 피고가 된 소송에서는 회사의 대표이사가 회사를 대표하여 소송을 수행하며, 그 대표이사 乙이 결의취소의 소의 대상이 된 주주총회의 결의로 선임된 경우라 하더라도 마찬가지이다.

오답해설

① 甲은 이 회사의 주주가 아니다. 첫 번째 문단에 따르면, 결의취소의 소를 제기할 수 있는 사람은 해당 회사의 주주, 이사 또는 감사이다. 소가 각하되면 법원의 판단 없이 소송은 그대로 종료하게 된다.

③ 丁은 A회사의 주주이다. 두 번째 문단에 따르면, 회사가 아닌 사람을 공동피고로 한 경우 그 사람에 대한 소는 각하되지만 회사에 대한 소송은 각하되지 않고 진행된다.

④ 戊는 A회사의 이사이다. 두 번째 문단에 따르면, 이사가 결의취소의 소를 제기한 때에는 이사와 대표이사의 공모를 막기 위해서 감사가 회사를 대표하여 소송을 수행한다. 따라서 甲이 아닌 乙이 A회사를 대표하여 소송을 수행한다.

⑤ 乙은 A회사의 감사이다. 첫 번째 문단에 따르면, 결의취소의 소를 제기한 감사는 변론이 종결될 때까지 그 자격을 유지하여야 한다. 따라서 변론종결 후에 乙의 임기가 만료되더라도 소는 적법하다.

합격생 가이드

후속 상황을 판단하기에 앞서 각 주체가 소 제기의 자격이 있는지를 반드시 먼저 판단해야 한다.

25 법조문 정답 ⑤

| 난도 | 하

정답해설

세 번째 조 제2항에 따르면 법원은 소송승계인에게 미루어 둔 비용의 납입을 명할 수 있다. 따라서 丙이 甲의 소송승계인이 되었다면 법원은 丙에게 미루어 둔 비용의 납입을 명할 수 있다.

오답해설

① 두 번째 조 제1호에 따르면, 재판비용은 납입유예가 될 수는 있지만 납입면제는 될 수 없다.

② 마지막 조에 따르면, 소송구조를 받은 사람이 자금능력이 있게 된 때에는 법원은 직권으로 언제든지 구조를 취소할 수 있다.

③ 세 번째 조 제1항에 따르면 소송구조는 이를 받은 사람에게만 효력이 미친다. 따라서 소송구조의 효력은 甲에게 국한된다.

④ 첫 번째 조에 따르면 패소할 것이 분명한 경우에는 법원은 신청에 따른 소송구조를 할 수 없다.

26 정보확인 · 추론 정답 ④

| 난도 | 하

정답해설

개발도상국에 대한 은행 융자 총액은 1998년 500억 달러였고 2005년 670억 달러가 되었다. 따라서 2005년의 은행 융자 총액은 1998년의 수준을 넘어선다.

오답해설

① 포트폴리오 투자는 경제적 수익을 추구하기 위한 투자이고, 외국인 직접투자는 회사 경영에 일상적으로 영향력을 행사하기 위한 투자이다. 따라서 개발도상국에 대한 투자는 경제적 수익뿐만 아니라 회사 경영에 영향력을 행사하기 위해서도 이루어질 수 있다.

② 최근 경제학자들 사이에서는 개발도상국에 대한 해외 원조의 경제적 효과가 없다는 주장이 점차 힘을 얻고 있다.

③ 개발도상국으로 흘러드는 외국자본은 크게 원조, 부채, 투자가 있다. 원조는 해외 원조라고도 한다. 부채는 은행 융자와 채권으로 이루어지며, 투자는 포트폴리오 투자와 외국인 직접투자로 이루어진다.

⑤ 1998~2002년과 2003~2005년의 연평균을 비교할 때 개발도상국에 대한 채권의 증감액은 440억−230억=210억 달러이다. 그리고 같은 기간의 연평균을 비교할 때 개발도상국에 대한 포트폴리오 투자의 증감액은 410억−90억=320억 달러이다.

27 수리퀴즈(계산) 정답 ③

| 난도 | 중

정답해설

포상금 5,000만 원 중 40%인 2,000만 원 이상은 반드시 현금으로 배분되어야 한다. 그런데 우수부서는 최소한으로 선정해야 하므로 2,000만 원에 맞춰 우수부서를 선정한다. 이때 우수부서를 10개, 보통부서를 5개 선정하면 (150×10)+(100×5)=2,000만 원이 된다.

현금으로 2,000만 원을 배분하고, 2,900만 원은 직원 복지 시설을 확충하는 데 사용하므로 5,000−2,000−2,900=100만 원이 남는다. 따라서 개당 1만 원의 기념품을 100개 구입할 수 있다.

합격생 가이드

우수부서의 수를 구하는 것이 관건이다. 이때, 우수부서와 보통부서에 배분되는 포상금의 차이는 50만 원이다. 따라서 모든 부서가 보통부서일 경우 1500만 원이 배분된다는 점에서 시작한다. 이에 따르면, 2,000−1,500=500만 원이 부족하므로 우수부서를 10개 선정해야 2,000만 원을 채울 수 있다.

28 수리퀴즈(계산) 정답 ⑤

| 난도 | 중

정답해설

먼저, 가전제품별 최소 가격은 130만 원, 40만 원, 50만 원, 20만 원, 10만 원이다.

甲상점의 혜택을 최대로 받을 경우 29만 원을 절약할 수 있지만, 반드시 A를 甲상점에서 구매해야 혜택을 받을 수 있다. 이때 상점별 최저가로 가전제품을 구매할 경우의 가격이 甲상점의 혜택을 받는 경우의 가격보다 낮으므로 甲상점의 혜택은 고려하지 않는다.

이제 甲상점의 혜택을 고려하지 않으므로 A는 乙에서 구입한다. C, D, E를 묶어 乙상점에서의 가격과 丙상점에서의 가격을 비교해 보면 乙상점에서의 가격이 74만 원, 丙 상점에서의 가격이 80만 원이므로 C, D는 乙상점에서 구입하는 것으로 한다.

이제 받는 혜택과 관련이 없는 B와 E는 가장 저렴하게 판매하는 상점에서 구입한다. 따라서 상점 乙에서 A, C, D, E를 구입하고 상점 丙에서 B를 구입할 때 총 구매액이 244만 원으로 최소화된다.

합격생 가이드

가전제품을 단순히 최저가에 구입하는 경우와, 상점별 혜택을 받는 경우를 비교하여 계산하는 것이 핵심이다.

29 수리퀴즈(추론) 정답 ②

| 난도 | 상

정답해설

1회 : 1760g의 콩에 돌멩이 2개를 추가하여 1800g을 만든 후 양팔저울을 이용하여 900g과 860g의 콩으로 나눈다. 이때, 한쪽의 접시에는 콩만 올리고 다른 쪽의 접시에는 돌멩이 40g과 콩을 올린다.

2회 : 900g의 콩에 돌멩이 2개를 추가하여 940g을 만든 후 양팔저울을 이용하여 470g과 430g의 콩으로 나눈다. 이때, 한쪽의 접시에는 콩만 올리고 다른 쪽의 접시에는 돌멩이 40g과 콩을 올린다.

3회 : 양팔저울의 한쪽 접시에는 5g짜리 돌멩이를, 다른 쪽 접시에는 35g짜리 돌멩이를 올린 후 430g의 콩에서 30g을 빼서 평형을 이루게 만든다. 이렇게 나온 30g의 콩을 430g의 콩에서 제외하면 400g의 콩이 도출된다.

합격생 가이드

돌멩이를 활용해 만들 수 있는 숫자는 돌멩이를 한쪽에 모두 올린 40g과 돌멩이를 각각 다른 쪽에 올린 30g임을 활용해서 400g을 만들면 된다. 문제의 난이도가 높고, 숫자를 활용한 아이디어를 요구하기 때문에 문제를 보자마자 풀이의 아이디어가 떠오르지 않는다면 풀지 않는 것이 최적의 전략이다.

30 수리퀴즈(계산) 정답 ③

| 난도 | 하

정답해설

4월 1일에는 두 작업반이 같은 시간대에 동일한 종류의 제품만을 생산해야 하므로, 두 작업반 모두 제품 X를 8시간씩, 제품 Y를 3시간씩 생산한다. 따라서 4월 1일의 작업 시간은 11시간이다. 4월 2일에는 그러한 제약이 없으므로 작업반 A가 제품 X를, 작업반 B가 제품 Y를 생산한다. 6시간 동안 작업하면 제품 X는 12개, 제품 Y는 18개가 생산된다. 따라서 그 이후에는 작업반 A와 B가 동시에 제품 X를 생산한다. 이제 4시간의 추가 작업을 통해 제품 X가 12개 추가로 생산된다. 따라서 4월 2일의 작업 시간은 10시간이다. 그러므로 작업한 최소 시간의 합은 21시간이다.

합격생 가이드

제약 조건이 주어진 4월 1일의 작업 시간을 기준으로 삼는다. 4월 1일의 작업 시간이 11시간이므로 작업한 최소 시간의 합은 22를 넘을 수 없으므로 ⑤가 소거된다. 4월 2일은 생산의 비교우위를 따져서 각 작업반이 어떤 제품을 우선적으로 생산하게 할 것인지 결정하는 것이 핵심이다. 작업반 A는 제품 X 생산에, 작업반 B는 제품 Y 생산에 각각 비교우위가 있으므로 해당 제품을 우선 생산하게 해야 한다.

31 논리퀴즈 정답 ④

| 난도 | 중

정답해설

ㄱ. 기준1에 따르면 1순위가 3개로 가장 많은 바닷가재로 메뉴가 정해진다. 그리고 기준4에 따르면 기준3에 따른 합산 점수가 18점인 양고기, 17점인 바닷가재 중 1순위가 더 많은 바닷가재로 메뉴가 정해진다. 따라서 두 기준 중 어느 것에 따르더라도 바닷가재로 메뉴가 정해진다.

ㄴ. 기준2에 따르면 5순위가 없는 탕수육으로 메뉴가 정해진다.

ㄹ. 기준5에 따르면 5순위가 2개로 가장 많은 바닷가재를 제외하고 남은 메뉴 중 1순위가 가장 많은 양고기로 메뉴가 정해진다. 따라서 戊는 회식에 참석하지 않는다.

오답해설

ㄷ. 기준3에 따르면 점수가 18점으로 가장 높은 양고기로 메뉴가 정해진다. 양고기가 메뉴로 정해지면 戊는 회식에 불참하므로 모든 팀원에 회식에 참석하는 것은 아니다.

합격생 가이드

판단하기 쉬운 것은 기준1, 기준2, 기준5이고, 기준3과 기준4는 계산이 요구되므로 시간이 더 소요된다. 따라서 ㄴ과 ㄹ을 먼저 판단하며, 여기서 답이 바로 도출되므로 ㄱ과 ㄷ은 판단할 필요가 없다.

32 논리퀴즈 정답 ①

| 난도 | 중

정답해설

동일 매체에 2일 연속 출연하지 않으므로 TV와 라디오에 번갈아가며 출연한다. 또한, 동일 시간대에도 2일 연속 출연하지 않으므로 오전과 오후에 번갈아가며 출연한다. 만약 월, 수, 금에 TV에 출연한다면 월, 수, 금 모두 동일 시간대에 출연하는 것이 불가능하므로 월, 수, 금은 라디오에 출연해야 한다. 또한, 월, 수, 금은 동일 시간대에 출연해야 하므로 오전에 출연해야 한다. 따라서 화, 목에는 오후에 TV에 출연하게 된다.

이제 요일별로 출연하는 프로그램을 맞춰보면 펭귄파워, 펭귄극장, 지금은 남극시대, 남극의 법칙, 굿모닝 남극대행진의 순서로 출연하게 된다.

합격생 가이드

월, 수, 금과 화, 목으로 나누어 동일 매체, 동일 시간대에 출연해야 한다는 점이 핵심이다. 또한, 요일별 매체와 시간대까지만 도출한 후 이에 부합하지 않는 선지들을 소거하고 출연하는 프로그램을 맞춰본다면 실수할 여지를 줄일 수 있다.

33 시간 · 공간 정답 ①

| 난도 | 중

정답해설

소요되는 최소 시간을 구하는 문제이다. 이를 위해서는 중간에 비는 시간을 최소로 하면서 이용시간이 가장 긴 사람부터 이용하게 해야 한다. 따라서 전반적으로 이용시간이 긴 샤워실을 기준으로 살펴보아야 하는데, 샤워실을 20분 이용하는 甲이 먼저 이용하도록 하고, 다음으로 丁, 乙, 丙 순서로 이용하도록 한다. 단, 샤워실은 2개가 있다는 점이 중요하다. 이를 바탕으로 인물별 상세 이용시간을 구해보면 다음과 같다.

甲	가장 먼저 사용하여 대기하는 시간이 존재하지 않는다. 5분+3분+20분=28분
乙	화장실을 이용하기 위해서는 甲이 화장실 이용을 마쳐야 하므로, 甲의 화장실 이용시간인 5분을 대기한 후 이용이 가능하다. 샤워실이 2개 있으므로, 이후로는 대기하는 시간 없이 이용할 수 있다. 5분(대기)+10분+3분+15분=33분
丙	화장실을 이용하기 위해서는 甲과 丁이 화장실 이용을 마쳐야 하므로, 두 사람의 화장실 이용시간인 15분을 대기한 후 이용이 가능하다. 15분 대기 후 화장실과 세면대는 대기 없이 이용할 수 있으나 대기시간을 포함하더라도 25분이 소요되므로, 샤워실 이용을 위해서는 대기시간이 존재한다. 甲이 샤워실까지 이용하는 데 소요되는 시간이 28분이므로, 乙이 샤워실을 이용하려면 추가로 3분을 더 대기해야 한다. 15분(대기)+5분+5분+3분(대기)+10분=38분
丁	丙은 가장 마지막에 이용하게 된다. 따라서 丙이 화장실을 이용하기 위해 서는 甲, 丁, 乙이 화장실 이용을 마쳐야 하므로, 세 사람의 화장실 이용시간인 20분을 대기한 후 이용이 가능하다. 20분 대기 후에는 추가 대기시간 없이 이용할 수 있다. 20분(대기)+10분+5분+5분=40분

따라서 甲~丁 4명이 모두 외출 준비를 끝내는 데 소요되는 최소 시간은 40분이다.

합격생 가이드

샤워실이 2개이므로 화장실과 세면대 이용시간이 짧은 사람과 긴 사람으로 나누어 풀이를 시작한다. 이때, 샤워실 이용시간이 상대적으로 긴 丁이 최대한 빨리 샤워를 시작할 수 있도록 만드는 것이 핵심이다.

34 논리퀴즈 정답 ⑤

| 난도 | 중

정답해설

상황의 조건을 정리해 보면 다음과 같다. 의사와 간호사는 성별이 같은데, 라디오작가와 요리사는 성별이 반대이므로 의사와 간호사는 남성이고 TV드라마감독은 여성이다. 남성과 여성의 평균 나이가 같으므로 여성은 34세와 26세 혹은 32세와 28세이다.

여기에 자기소개의 조건까지 더해 보면 다음과 같은 결론이 나온다.

- 甲은 의사 혹은 간호사이므로 남성이다. 또한 갑은 32세이므로 여성들의 나이는 34세와 26세이다.
- 乙은 남성이므로 라디오작가이다.
- 丙은 간호사 혹은 의사이고, 20대이므로 28세이다. 따라서 乙은 30세이다.
- 丁은 TV드라마감독이다.
- 戊는 요리사이고 26세이다. 따라서 丁은 34세이다.
- 甲~丙은 남성이고 丁, 戊는 여성이다.

따라서 丁은 34세이고, 의료계에 일하는 甲과 丙 중 나이가 적은 丙은 28세이므로 6살 많다.

오답해설

① TV드라마감독은 丁이므로 30세인 乙보다 네 살이 많다.

② 의사와 간호사는 甲과 丙 혹은 丙과 甲이고, 두 사람은 각각 32세와 28세이므로 의사와 간호사 나이의 평균은 30세이다.

③ 요리사인 戊는 26세이고 라디오작가인 乙은 30세이므로 두 사람은 네 살 차이이다.

④ 甲은 32세이고, 방송업계에서 일하는 乙과 丁은 각각 30세, 34세이므로 두 사람의 나이의 평균과 같다.

35 논리퀴즈 정답 ②

| 난도 | 상

정답해설

乙은 丙보다 10개 적게 조립했다고 말했고, 丙은 乙보다 10개 적게 조립했다고 말했으므로 두 사람의 말은 상충된다. 따라서 甲은 모두 진실만을 말하였다.

甲이 乙보다 1분당 3개 더 조립했음에도 乙과 조립한 상자 개수는 같으므로 乙이 甲보다 더 오랜 시간 조립했다. 또한 甲은 丙보다 10분 적게 일했다.

丙은 자신이 乙보다 10개 적게 조립했다고 말했다. 甲과 乙이 조립한 상자 개수가 같으므로 丙의 말이 사실이라면 丙은 甲보다 10개 적게 조립했어야 한다.

그런데, 丙은 甲보다 1분당 1개 더 조립했고, 甲보다 10분 많이 일했다. 그러므로 丙은 甲보다 조립한 상자 개수가 더 많아야 한다. 따라서 丙은 진실을 말하고 있는 것이 아니다.

이제 甲과 乙의 말이 모두 진실임을 확인하였으므로, 1분당 조립한 상자 개수와 조립한 시간을 통해 조립한 상자 개수를 구하면 다음과 같다.

구분	1분당 조립한 상자 개수	조립한 시간	조립한 상자 개수
甲	$x+3$	y	$(x+3)y$
乙	x	$y+40$	$x(y+40)$
丙	$x+2$	$y+10$	$(x+2)(y+10)$

이때, 甲은 乙과 조립한 상자 개수가 같으므로 $(x+3)y=x(y+40)$이 성립하고, 乙은 丙보다 10개 적게 조립했으므로 $x(y+40)=(x+2)(y+10)-10$이 성립한다.

이를 풀면, $x=3$, $y=40$이고, 甲이 조립한 상자의 개수는 $6\times40=240$개이다.

합격생 가이드

두 사람은 참을 말하고, 다른 한 사람은 거짓을 말하고 있는 상황에서 두 사람의 진술이 상충된다면 다른 한 사람은 반드시 참을 말하고 있다는 점을 활용한다. 이 문제는 참 거짓을 판별한 후 방정식까지 풀기를 요구하고 있으므로 풀지 않는 것이 좋다.

36 조건적용 정답 ②

| 난도 | 중

정답해설

A가 '소재'산업단지라면 A의 점수는 80으로 낮아진다. 따라서 이전과 같이 A, B, C, G가 선정된다.

오답해설

먼저, 산업단지 A~G의 합산점수는 각각 100, 80, 90, 90, 60, 70, 80이다.

① 지자체 육성 의지가 없는 D를 제외하면 점수가 높은 A, B, C, G가 선정된다.

③ 3곳을 선정할 경우 우선 점수가 높은 A, C가 선정되며, B와 G 중에서는 산업클러스터 연관성 점수가 높은 B가 선정된다.

④ F는 산업단지 내에 기업이 3개 더 있다면 80점이 된다. 이제 80점을 받은 B, F, G 중 2곳을 고르면, 산업클러스터 연관성 점수가 높은 B, F가 선정된다.

⑤ D가 소재한 지역의 지자체가 육성 의지가 있을 경우, D는 90점이므로 A, B, C, D가 선정된다.

37 조건적용 정답 ⑤

| 난도 | 하

정답해설

접수일은 유효기간 만료일인 2019년 11월 20일로부터 30일이 지났으므로 접수일은 2019년 12월 20일이다. 품질인증서는 접수일로부터 3주 후에 발급되므로 발급연도는 2020년이다. 따라서 ㉠란에 기재되는 숫자는 20이다.

신청유형은 재발급(기간만료 후)와 재발급(공장주소변경)인데, 각 코드에 포함 된 숫자가 큰 코드를 먼저 기재해야 한다. 따라서 ㉡란에 기재되는 코드는 6C4B이다.

토목분야로 품질인증서 발급을 신청하는 것이므로 분야명은 토목이다. 따라서 ㉢란에 기재되는 코드는 CD이다.

발급연도인 2020년을 기준으로 공장소재지는 베트남이다. 따라서 지역구분은 아시아가 되므로 ㉣란에 기재되는 코드는 FA이다.

합격생 가이드

접수일과 발급일에 차이가 있다는 점에 유의해야 한다. 특히, 발급연도를 계산하지 않고 선지만 활용하여 풀 경우 ㉠란에 기재되는 코드가 19라고 생각하기 쉬운데, 선지에 많이 나온 코드가 반드시 답이 되지는 않는다는 점에 유의하자.

38 수리퀴즈(추론) 정답 ④

| 난도 | 중

정답해설

첫 번째 조건을 적용해 보면, A~E의 최소성분량의 합은 60+x이므로 x>40일 때 조성물 甲을 불명확하다고 할 수 있다.

두 번째 조건을 적용해 보면, A~E의 최대성분량의 합은 100+y이므로 이 조건에 따라 조성물 甲을 불명확하다고 할 수는 없다.

세 번째 조건을 적용해 보면, 100+x<100 혹은 80+y<100이 성립해야 조성물 甲을 불명확하다고 할 수 있다. 전자는 성립할 수 없으므로, y<20이면 조성물 甲을 불명확하다고 할 수 있다.

네 번째 조건을 적용해 보면, 60+y>100 혹은 80+x>100이 성립해야 조성물 甲을 불명확하다고 할 수 있다. 따라서 y>40이거나 x>20이면 조성물 甲을 불명확하다고 할 수 있다.

ㄱ. y가 10인 경우 세 번째 조건에 따라 조성물 甲은 불명확하다.

ㄷ. x가 25이면 네 번째 조건에 따라 조성물 甲은 불명확하다.

ㄹ. x가 20이고 y가 20보다 크고 40보다 작으면 조성물 甲은 불명확하다고 할 수 없다.

오답해설

ㄴ. x가 20이고 y가 20이면 조성물 甲은 불명확하다고 할 수 없다.

합격생 가이드

첫 번째 조건은 보기와 관련이 없으므로 결국 세 번째 조건과 네 번째 조건을 정확하게 판단하는 것이 중요하다. 따라서 x>20이거나 y<20 혹은 y>40이면 조성물 甲을 불명확하다고 할 수 있다. 그러나 조건을 정리하기가 어렵다면 주어진 값을 대입해가며 풀어도 좋다. 세 번째 조건과 네 번째 조건을 적용함에 있어서는 어느 성분만 최소성분량 혹은 최대성분량을 적용해야할지 판단한다. 이 때, 성분별 최소성분량과 최대성분량의 차이가 가장 큰 것은 D 혹은 E이므로 D만 최소성분량 혹은 최대성분량을 적용하는 경우와 E만 최소성분량 혹은 최대성분량을 적용하는 경우로 나눠서 풀면 된다.

39 종합 정답 ⑤

| 난도 | 중

정답해설

강화학습이 시작되면 지도학습으로 찾아낸 각 가중치를 조금씩 바꿔보게 된다. 이때 주로 이긴 인공신경망의 가중치를 선택하게 되므로 인공신경망의 가중치는 강화학습 전과 달라질 수 있다.

오답해설

① 오답에 따른 학습을 반복할수록 인공신경망의 정확도는 향상된다.

② 알파고는 기보 16만 건에서 약 3000만 건의 착점을 학습했다. 따라서 기보 한 건당 187.5건의 착점을 학습한 것이다.

③ 우선, 알파고는 기존 인공지능의 수읽기 능력에 더하여 정책망과 가치망이라는 두 가지 인공신경망을 통해 감각적 예측 능력과 형세판단 능력을 구현했다. 또한, 형세판단 능력이 정확한 함수를 찾기 위해서는 정책망이 아니라 가치망을 이용한 시뮬레이션이 필요하다. 마지막으로, 알파고는 아주 정확한 평가 함수를 찾아갈 수 있는 것이라고 서술되어 있으므로 이미 정확한 형세판단 능력의 평가 함수를 찾았다고 말하기는 어렵다.

④ 정확한 평가 함수를 프로그래머가 알아야 할 필요가 없다. 평가 함수의 초깃값은 임의로 설정해 놓으면 되기 때문이다.

40 종합 정답 ③

| 난도 | 중

정답해설

모든 조건은 동일한 상태에서 한 가중치만 바꾼 인공신경망과 기존의 인공신경망을 여러 번 대국시켰을 때, 주로 이긴 인공 신경망의 가중치를 선택한다.

상황에 따르면 5번의 가중치 변화에 따른 대국이 있었다. 1, 2, 4번째 가중치 변화 상황을 보면, 가중치 A는 0.4가 0.3보다 낫고, 0.5가 0.3보다 나으며 0.4가 0.5보다 낫다. 따라서 최종적으로 선택할 가중치 A는 0.4이다.

한편, 3, 5번째 가중치 변화 상황을 보면, 가중치 B는 0.3이 0.4보다 낫고, 0.3이 0.2보다 낫다. 따라서 최종적으로 선택할 가중치 B는 0.3이다.

합격생 가이드

최적의 가중치를 구하지 않고, 각 상황에 따라 배제되는 가중치를 선지에서 소거하는 방식으로 풀어도 좋다.

2019 기출문제 정답 및 해설

제1과목 언어논리 _ 정답 및 해설

1	2	3	4	5	6	7	8	9	10
①	②	③	①	⑤	①	⑤	②	①	④
11	12	13	14	15	16	17	18	19	20
①	⑤	⑤	③	⑤	③	②	⑤	④	④
21	22	23	24	25	26	27	28	29	30
①	①	④	③	⑤	⑤	②	③	③	④
31	32	33	34	35	36	37	38	39	40
④	⑤	④	③	③	①	⑤	②	②	④

01 추론 정답 ①

| 난도 | 하

정답해설

새 왕이 전왕의 실록을 만들게 되는데 효종 다음에 현종이 즉위했으므로, 『효종실록』은 현종 때 설치된 실록청에서 간행되었을 것이다.

오답해설

② 세조 때 『노산군일기』가 간행되었다.

③ 광해군과 인조 때까지만 해도 붕당 간 대립이 심하지 않았다. 따라서 광해군 때 설치된 실록청에서 수정실록을 간행하지는 않았을 것이다.

④ 태조부터 철종까지의 시기에 있었던 사건들이 조선왕조실록에 담겼다. 고종은 철종 다음의 왕이므로 『고종실록』은 조선왕조실록에 포함되어 있지 않을 것이다.

⑤ '일기'는 명칭만 '실록'이라고 부르지 않을 뿐 간행 과정은 실록과 동일했고, 이에 따라 조선왕조실록에 포함되었다.

02 일치부합 정답 ②

| 난도 | 중

정답해설

세 사람 이상 무리를 이루어 남의 재물을 강탈했을 때에는 처벌로 100대를 때렸으며, 장형은 60대부터 100대까지 때릴 수 있었다.

오답해설

① 매를 때리는 '형문'이나 '본형' 과정에서 피의자가 죽는 경우 책임자로 하여금 장례 비용을 내게 했다. 그러나 '평문' 과정에서 피의자가 죽는 경우는 나타나 있지 않으며, 말로 타일러 자백을 받아내는 '평문' 과정에서 피의자가 죽는 경우를 생각하기도 어렵다.

③ 반역죄의 경우 '국장'을 사용하였다. 그러나 '본형' 이전에 우선 자백을 받기 위한 심문을 한다. 반역 혐의가 있는 사람에게 자백을 받지 않고 국장을 때린다는 규정은 나타나 있지 않다.

④ 상전을 다치게 한 경우 '신장'보다 두꺼운 '성장'을 사용한다. 남의 재물을 강탈한 자는 초범일 때에는 60대, 재범일 때에는 100대를 때렸으므로 누가 더 많은 매를 맞았는지는 판단할 수 없다.

⑤ 평문을 통해 범죄 사실이 확정되더라도 '본형'이 집행되며, 이 과정에서 처벌을 받을 수도 있다.

03 일치부합 정답 ③

| 난도 | 중

정답해설

『조선팔도지도』에는 오늘날과 동일하게 설악산의 범위가 표시되어 있으므로 한계령이 있는 봉우리가 여기에 포함될 것이다.

오답해설

① 『여지도』에서는 한계산과 설악산을 구분하였다. 그러나 『대동지지』에서는 한계산을 설악산의 일부로 보았다.

② 『동국여지지』에서는 한계산을 설악산의 일부로 보지만, 울산바위가 있는 봉우리에 대해서는 어떻게 보는지 나타나 있지 않다. 한편 『조선팔도지도』에는 오늘날과 동일하게 설악산의 범위가 표시되어 있다.

④ 『대동지지』에서는 한계산을 설악산의 일부로 보았다. 한편 『비변사인 방안지도 양양부도엽』에서는 설악산, 천후산, 한계산의 범위를 모두 구분하였다.

⑤ 『비변사인 방안지도 양양부도엽』에서는 설악산 · 천후산 · 한계산의 범위를 모두 구분하였으나, 『여지도』에서는 설악산, 한계산만을 구분하였다. 따라서 후자에는 천후산이 표시되어 있지 않을 것이다.

04 일치부합 정답 ①

| 난도 | 중

정답해설

2000년대 초 연준의 금리 인하로 국공채에 투자한 퇴직자의 소득이 줄어들었다는 것은 지문의 내용과 일치하나, 금융업으로부터 정부로가 아니라 정부로부터 금융업으로 부가 이동했다고 하였다.

오답해설

② 마지막 문단에서 확인할 수 있는 내용이다.

③ 2000년대 초가 산업 거품의 붕괴로 인한 경기 침체기였다고 하였고, 2000년대 초에 대부분의 부문에서 설비 가동률이 낮은 상황이었다고 하였다.

④ 2문단과 3문단에서 각각 금리 인하 정책으로 인해 주택 가격과 주식 가격이 상승했음을 알 수 있다.

⑤ 2문단에서 확인할 수 있는 내용이다.

합격생 가이드

지문의 지엽적인 내용에 주목하기보다는 전반적인 내용을 파악하여 선지 내용의 정오를 판단할 수 있도록 해야 한다. 이러한 지문의 경우 정책의 시행 결과 주가, 부의 이동 등 다른 요소들이 어떻게 변화했는지에 주목하며 읽을 필요가 있다.

05 추론 정답 ⑤

| 난도 | 중

정답해설

민주당에서는 하위 전당대회에서 특정 대선후보를 지지하여 당선된 대의원이 상위 전당대회에서 반드시 같은 후보를 지지해야 했다. 그러나 공화당에서는 그러한 구속력이 없었다.

오답해설

① 주에 따라 의회선거구 전당대회를 건너뛰기도 한다.
② 1971년까지 민주당과 공화당 모두 5월 둘째 월요일까지 코커스를 개최해야 했다. 하지만 아이오와주보다 이른 시기에 코커스를 실시하는 주가 있었는지 여부는 판단할 수 없다.
③ 코커스가 1월에 열렸고, 코커스, 카운티 전당대회, 의회 선거구 전당대회, 주 전당대회 간에는 각각 30일의 시간적 간격을 두어야 한다. 따라서 2월보다 늦게 실시되었을 것이다.
④ 공화당은 1976년부터 코커스 개최시기를 1월로 옮겼다. 1972년에는 민주당만 코커스를 1월에 실시했으므로 두 당의 코커스는 같은 달에 실시되지 않았을 것이다.

06 밑줄 · 빈칸 채우기 정답 ①

| 난도 | 하

정답해설

매우 불명료하고 엄밀하게 정의될 수 없는 용어들을 발룽엔이라고 하며, 발룽엔이 과학적 이론이나 가설을 검사하는 과정에 개입하는 경우 증거와 가설 사이의 논리적 관계가 무엇인지 결정하기 어려워진다고 하였다. 또한 논리실증주의자들이나 포퍼는 증거와 가설 사이의 관계를 논리적으로 정확히 판단할 수 있다고 했으나, 지문의 필자는 그에 대해 반박하고 있다. 지문에 따르면 증거와 가설의 논리적 관계에 대한 판단을 위해서는 증거가 의미하는 것이 무엇인지 파악하는 것이 선행되어야 한다. 따라서 ㉠에는 발룽엔의 존재를 염두에 둔다면 이것이 불가능하다는 내용이 들어가는 것이 자연스럽다.

07 추론 정답 ⑤

| 난도 | 상

정답해설

별의 질량이 커지면 탈출 속도도 커진다. 이때 빛의 속도는 고정되어 있으므로, 탈출 속도와 빛의 속도가 같게 만들려면 별의 둘레가 증가해서 탈출 속도를 감소시켜야 한다. 별의 질량이 커지면 임계 둘레가 커진다.

오답해설

① 임계 둘레보다 큰 둘레를 가진 별에서는 빛이 탈출할 수 있으므로, 임계 둘레 이하의 둘레를 가진 별에 사는 존재라도 다른 별로부터 탈출한 빛은 관찰할 수 있을 것이다.
② 초기 속도가 빛보다 빠르다고 해도, 해당 별의 둘레가 임계 둘레보다 매우 작아서 그 입자가 탈출하지 못할 수 있다.
③ 탈출 속도는 별 질량을 별의 둘레로 나눈 값의 제곱근에 비례하므로, 둘레가 변하지 않고 별 질량이 커진다면 탈출 속도는 빨라진다.
④ 임계 둘레 이하의 둘레를 가진 별의 표면에서 빛 입자를 쏘아 올릴 수 없는 것이 아니라, 쏘아 올릴 수 있더라도 빛이 그 별을 탈출하지 못하는 것이다.

08 밑줄 · 빈칸 채우기 정답 ②

| 난도 | 중

정답해설

예를 들어 영희의 믿음의 문턱이 0.5라고 하고, 내일 비가 온다는 명제가 참이라고 영희가 기존에 0.6의 확률로 믿고 있었다면 영희는 내일 비가 온다는 명제가 참이라고 믿는 것이다. 이때 영희의 섬세한 믿음의 태도가 0.7로 변화하더라도 영희는 여전히 내일 비가 온다는 명제를 참이라고 믿는 것이므로, 영희의 거친 믿음 태도는 변하지 않았다.

오답해설

ㄱ. 철수의 믿음의 문턱이 0.5인 경우, 철수가 특정 명제를 0.5보다 큰 확률로 참 혹은 거짓이라고 믿기만 한다면 철수가 참 혹은 거짓이라고 믿는 명제가 존재할 수 있다.
ㄷ. 철수와 영희가 동일한 수치의 믿음의 문턱을 가지고 있고, 두 사람 모두 내일 비가 온다는 명제를 참이라고 믿고 있지 않다고 해도, 두 사람 모두 내일 비가 온다는 명제를 거짓이라고 믿는지는 알 수 없다. 지문의 내용에 따라 특정 명제를 참이라고 믿지도 않고 거짓이라고 믿지도 않는 경우도 가능하기 때문이다.

09 사례 찾기 · 적용 정답 ①

| 난도 | 상

정답해설

기차의 정상 운행이라는 사건의 부재로 인해 영지가 지각하게 된 것을 인과의 한 유형으로 받아들임으로써, 영지가 새벽 3시에 일어나 직장에 걸어가는 것이라는 사건의 부재 역시 영지가 지각하게 된 원인으로 받아들여야 하는 문제가 발생하게 된다는 것이므로, ㉠ 문제에 해당하는 적절한 사례이다.

오답해설

ㄴ. 영수가 아닌 다른 사람들이 야구공을 던졌다고 하더라도 역시 유리창은 깨졌을 것이다. 따라서 이 경우, 많은 사람 각각이 야구공을 던지지 않은 것은 유리창이 깨어진 사건의 원인이라고 볼 수 없다.
ㄷ. 햇빛을 과다하게 쪼이거나 지속적으로 쪼였다면 화분의 식물이 역시 시들어 죽었을 것이라는 사실로부터 햇빛을 쪼이는 것 자체가 식물의 성장 원인이 아니라는 결론은 도출되지 않는다. 또한 부재 인과를 인과의 하나로 받아들이면 원인이 아닌 수많은 부재들을 원인으로 받아들여야 하는 문제가 생긴다는 지문 내용과도 부합하지 않는다.

10 일치부합 정답 ④

| 난도 | 상

정답해설

두 번째 문단에 따르면 산화질소 합성효소가 아르기닌과 산소로부터 산화질소를 생성하며, 산화질소가 표적세포의 수용체와 결합하여 A효소를 활성화한다. 그리고 A효소가 cGMP를 생성한다. 따라서 A효소가 산화질소를 생성시킨다고 볼 수 없다.

오답해설

① cGMP는 수축되어 있던 혈관 평활근세포를 이완시킨다.

② 산화질소의 작용 경로가 생리적 현상을 유도하는 자극이 '산화질소 합성효소'를 가지고 있는 세포에 작용하는 것에서 시작한다고 설명한다. 그리고 세 번째 문단에서는 산화질소에 의해 일어나는 생리적 현상의 사례로 혈관의 팽창을 제시한다. 따라서 혈관의 내피세포는 산화질소 합성효소를 가지고 있고, 여기에 자극이 가해지면서 산화질소가 생성된다는 것을 알 수 있다.

③ A효소가 활성화되면 cGMP가 생성되며, cGMP의 작용으로 혈관이 팽창하게 되므로, A효소가 활성화되면 곧 혈관 팽창이 일어난다는 것을 알 수 있다.

⑤ 산화질소가 표적세포에 있는 수용체와 결합하는데, 제시문의 사례에서 혈관 평활근세포가 표적세포에 해당한다.

합격생 가이드

과정이 복잡하고 사용되는 용어가 생소하다. 다만 두 번째 문단에서 원리를 설명하고 세 번째 문단에서는 사례를 제시하고 있다는 것을 파악한다면 생각보다 어렵지 않게 문제를 해결할 수 있다.

11 밑줄 · 빈칸 채우기 정답 ①

| 난도 | 상

정답해설

a) C시에 도시철도가 건설된다.

b) 도시철도는 무인운전 방식으로 운행된다.

선지를 정리하면 다음과 같다.

구분	참	거짓
(가)	$a \wedge b$	$\sim a \vee \sim b$
(나)	$a \rightarrow b$	$a \wedge \sim b$
(다)	$a \rightarrow b$	$a \wedge \sim b$
(라)	$b \rightarrow a$	$\sim a \wedge b$

㉠ (가) C시에 도시철도를 건설하지 않기로 한 경우($\sim a$) 해당 문장이 거짓이 되어야 한다. 곧, 두 번째 문단에서 제시된 원리는 해당 문장을 $a \wedge b$로 해석하는 것이다.

㉡ (다) 세 번째 문단에 따르면 ㉡을 $\sim(a \wedge \sim b)$으로 이해한다. 이를 정리하면 $\sim(a \wedge \sim b) \Rightarrow \sim a \vee b \Rightarrow a \rightarrow b$가 된다.

합격생 가이드

반드시 〈보기〉를 일일이 기호로 치환할 필요는 없다. 논리 문제에서 가장 좋은 방법은 (가능하다면) 기호를 전혀 쓰지 않는 것이다. 혼자 풀었을 때 당연하게 답을 고를 수 있었다면 굳이 해설을 따라가지 않아도 좋다.

12 논리퀴즈 정답 ⑤

| 난도 | 중

정답해설

1) 남자 사무관 중 적어도 한 사람을 뽑아야 한다. 우선 가훈을 뽑는 경우를 생각해 보자. 세 번째 조건에 따라 라훈과 소연을 뽑아야 하며, 다섯 번째 조건에 따라 모연을 뽑아야 한다. 모연을 뽑았으므로 네 번째 조건에 따라 다훈을 뽑지 말아야 한다. 그리고, 모연과 소연을 뽑았으므로 두 번째 조건에 따라 보연은 뽑지 말아야 한다. 결국, 가훈, 라훈, 모연, 소연을 뽑게 된다.

2) 가훈을 뽑지 않고 나훈을 뽑는 경우를 생각해 보자. 앞의 경우와 마찬가지로 조건을 적용하게 되며, 나훈, 라훈, 모연, 소연을 뽑게 된다.

3) 가훈, 나훈을 뽑지 않고 다훈을 뽑는 경우를 생각해 보자. 다훈을 뽑으면 네 번째 조건에 따라 모연과 보연을 뽑지 말아야 한다. 이 경우 4명을 뽑을 수 없다.

4) 가훈, 나훈, 다훈을 뽑지 않고 라훈만 뽑는 경우를 생각해 보자. 두 번째 조건에 따라 여자 사무관 가운데 적어도 한 사람은 뽑지 말아야 하므로, 총 4명을 뽑을 수 없게 된다.

결국 가능한 경우는 (가훈, 라훈, 모연, 소연) 혹은 (나훈, 라훈, 모연, 소연)의 2가지이다.

합격생 가이드

반드시 참인 것만을 고르라고 하였으므로, 가능한 모든 경우를 따져봐야 한다. 쉬운 문제라면 가능한 경우의 수가 하나뿐이겠지만, 대부분 가능한 경우가 2개 이상 있다. 따라서 하나의 경우만 보고 반드시 참이라고 판단해서는 안 된다. 다만, 하나의 경우라도 반례가 되면 해당 〈보기〉를 소거할 수는 있다. 또한 각 조건을 적용하기 용이하도록 적절히 조작하면 풀이가 한결 쉬워진다. 가령 네 번째 조건을 대우명제로 바꾸면 '모연 혹은 보연을 뽑는 경우 다훈을 뽑지 말아야 한다.'가 된다.

13 논리퀴즈 정답 ⑤

| 난도 | 상

정답해설

회의가 가영, 나영, 다영이 언급한 월, 일, 요일에 열렸다고 하였으므로, 회의가 열릴 수 있는 월은 5, 6월이고, 일은 8, 10일이며, 요일은 화, 목, 금이다. 이 중 글의 내용에서 주어진 조건에 위배되지 않는 회의 날짜를 찾으면 다음과 같다.

우선 회의가 열린 월을 찾기 위해 임의로 회의가 열린 월이 5월이라고 가정하면, 회의 날짜가 5월 8일인 경우와 5월 10일인 경우 모두 주어진 조건에 위배되기 때문에 모순이다. 따라서 회의는 6월에 열려야 하는 것을 알 수 있다. 회의가 6월에 열리는 경우, 회의 날짜를 8일이라고 가정하면 다영이 두 가지를 맞힌 사람, 나영이 한 가지도 맞히지 못한 사람, 가영이 한 가지만 맞힌 사람이 되어야 하는데, 이 경우 회의가 열린 요일이 세 사람이 언급한 요일 중에 있을 수 없으므로 모순이다. 따라서 회의 날짜는 6월 10일이 되어야 하고, 이 경우 회의 요일로 가능한 경우는 화요일 혹은 금요일이다.

ㄱ. 회의는 6월 10일에 열렸다.

ㄴ. 회의가 6월 10일에 열리는 두 가지의 경우에서 모두 가영은 아무 것도 맞히지 못한 사람이다.

ㄷ. 다영이 하나만 맞힌 사람이라면 회의가 6월에 열린 것만 맞혔을 것이므로, 나영이 두 가지를 맞힌 사람이 되고, 회의는 6월 10일 화요일에 열렸을 것이다.

합격생 가이드

논리퀴즈 유형의 경우, 지문의 내용을 간단한 논리식으로 빠르고 정확하게 치환하는 것이 문제의 핵심이다. 이 문제의 경우에는 고려해야 할 조건이 여러 가지이므로, 간략하게 도표 또는 메모를 통해 지문의 내용을 정리해서 문제 풀이에 활용하도록 한다.

14 논리퀴즈 정답 ③

| 난도 | 상

정답해설

문제에서 주어진 조건을 요약하면 다음과 같다.

1) ~성격 → 발달∧임상

2) 임상 → 성격

3) ~인지 → ~성격∧발달

4) ~인지∧~발달

우선 영희가 들은 수업의 최소 개수가 무엇인지 알아내기 위해 4)가 옳은 진술이라고 가정하고 모순이 발생하지 않는지 확인해 보자. 4)에 따라 영희는 인지심리학과 발달심리학 모두 수강하지 않는다. 이 경우 1)의 대우에 의해 영희는 성격심리학은 수강해야 한다. 이때 3)이 그른 진술이라고 가정하면 영희가 인지심리학을 듣지 않고 성격심리학만 수강하더라도 모순이 발생하지 않는다. 따라서 영희가 성격심리학 1개의 수업만 듣는 경우가 가능하다.

다음으로 영희가 들은 수업의 최대 개수가 무엇인지 알아내기 위해 4)가 그른 진술이라고 가정해 보자. 영희가 만약 인지심리학과 발달심리학을 모두 수강하고, 나머지 세 진술이 옳은 진술이라고 하면, 성격심리학과 임상심리학을 모두 수강하더라도 모순이 발생하지 않는다. 따라서 영희가 4개의 수업을 모두 수강하는 경우가 가능하므로, 영희가 수강할 수 있는 최대 수업 수는 4개이다.

15 견해 비교 · 대조 정답 ⑤

| 난도 | 하

정답해설

ㄱ. (가)에서는 철도 건설의 효과는 운송비 감소의 측면과 대안적 운송 체계가 발전하지 못한 측면 두 가지가 있다고 하였다. (나)의 을도 동일한 논리로 A를 복용함에 따른 효과는 혈압 저하 효과와 다른 방안을 취하지 못하게 된 효과 두 가지가 있다고 보았다.

ㄴ. 철도가 건설되지 않았다면 대안적인 운송 수단의 발전에 따라 운송비가 감소했을 것이라고 말하는 것은 (가)에서 철도 건설의 효과 중 후자에 해당한다. 마찬가지로 갑이 A를 복용하지 않았다면 다른 방안을 취하여 혈압 저하가 이루어졌을 것이라고 말하는 것은 A를 복용함에 따른 효과 중 후자에 해당한다.

ㄷ. (가)에서 미국 사학자들은 철도 건설의 효과 중 한 측면만 보고 미국 경제 성장에서 철도 건설이 필수불가결한 것이었다고 평가했다. 마찬가지로 (나)의 갑도 마라톤 출전에 A의 복용이 필수불가결한 것이라고 보았다.

16 견해 비교 · 대조 정답 ③

| 난도 | 하

정답해설

㉢은 인간의 창작물만이 문화재가 될 수 있다고 본다. 따라서 이에 따르면 문화재는 모두 인간의 창작물이어야 한다.

오답해설

① ㉠은 학술상의 가치 및 무형의 가치를 지닌 자연물을 문화재로 분류해야 된다고 주장한다. 인공물에 대해서는 언급하고 있지 않다.

② ㉡은 ㉠의 근거가 빈약하다고 본다. 다만, 화석이 무형의 가치를 지니는지에 대해서는 언급하고 있지 않다.

④ ㉣은 문화재로 분류된 사물 중 자연물에 대해서 이야기하고 있다.

⑤ 자연물을 문화재에서 명시적으로 제외하는 것은 ㉢뿐이다.

17 일치부합 정답 ②

| 난도 | 하

정답해설

(나)에서는 쥐에게 고지방식을 섭취하도록 할 것인지 여부를 연구자가 결정한다. 그러나 (다)는 이미 진행된 수술 결과를 추적 조사를 통해 사후적으로 분석한 것이다.

오답해설

ㄱ. (가)는 결과로 추정되는 질병이 있는 집단과 없는 집단을 나누어 원인으로 추정되는 요인인 아스피린의 복용 비율을 비교하였다.

ㄴ. (가)에서 심장병 환자 중 아스피린을 복용해 온 사람의 비율과, 기타 환자 중 아스피린을 복용해 온 사람의 비율은 알 수 있다. 하지만 아스피린을 복용해 온 사람 중 심장병 발생 비율은 알 수 없다.

18 강화 · 약화 정답 ⑤

| 난도 | 중

정답해설

쾌락주의자들은 쾌락에 대한 욕구의 정도를 비교하고 있지 않으므로 선지는 ㉠과 무관하다.

오답해설

① 쾌락주의자들은 쾌락에 대한 욕구가 음식에 대한 욕구의 원인이라고 주장하고 있으므로, 어떤 욕구는 또 다른 욕구의 원인일 수 있다. 따라서 선지는 ㉠을 약화한다.

② 쾌락주의자들은 쾌락을 욕구하는 것이 우리 행동의 원인이 된다고 주장하므로 쾌락을 욕구하지 않았지만 행동이 발생했다면 ㉠은 약화된다.

③ 대상에 대한 욕구가 쾌락에 대한 욕구의 원인이라면 쾌락에 대한 욕구가 대상에 대한 욕구의 원인이라는 ㉠과 인과적 연쇄 방향이 달라지게 되어 약화된다.

④ 외적 대상에 대한 욕구는 쾌락에 대한 욕구를 원인으로 하기 때문에 ㉠은 약화된다.

19 종합 정답 ④

| 난도 | 상

정답해설

ㄴ. 알로트로핀은 유충호르몬을 촉진하는 역할을 수행하므로, 알로트로핀의 주입으로 유충호르몬의 방출량이 증가할 경우 탈피 이후 성체로 발생하지 않고 유충으로 남아있을 수 있다.

ㄷ. 유충호르몬은 탈피 촉진과는 무관하기 때문에 유충호르몬이 없더라도 탈피호르몬이 분비된다면 탈피가 시작될 수 있다.

오답해설

ㄱ. 전흉선을 제거할 경우 탈피호르몬이 분비되지 않을 뿐이며, 전흉선자극호르몬이 전흉선으로 도달하기 전에 이루어지는 일련의 과정들은 여전히 일어난다.

합격생 가이드

과학 지문 중에서도 일련의 '과정'이 서술되어 있는 지문은 해당 과정을 이용하여 선지를 만든다. 따라서 읽으면서 해당 '과정'을 시각화하여 적어두는 것이 좋다. 가령, 탈피호르몬의 경우 (먹이 섭취 자극 → 뇌 → 전흉선자극호르몬 분비 촉진 → 전흉선자극호르몬의 전흉선 이동 → 탈피호르몬 분비 → 탈피 시작)의 과정을 거치게 된다. 이 과정을 통해 〈보기〉 ㄷ을 빠르게 판단할 수 있다. 또한 '과정'에서의 일부가 차단된다고 하더라도 차단되기 이전의 과정은 여전히 일어날 수 있다는 점을 염두에 두어야 한다. 이를 이용해 〈보기〉 ㄱ을 판단할 수 있다.

20 종합 정답 ④

| 난도 | 상

정답해설

ㄴ. 결과2와 ㉠이 동시에 성립한다면 이는 '유충에서 성체로 탈피가 이뤄지는 동안에는 탈피호르몬이 존재하였고, 마지막 탈피를 거친 성체가 되면 탈피호르몬이 없어진다'는 것으로 요약될 수 있다. 이때 전흉선에서 탈피호르몬이 분비되므로, 해당 가설은 전흉선이 유충에서 성체가 되는 과정에는 존재하였다가 최종 탈피를 거친 성체가 되면 전흉선이 사라진다는 것을 암시하게 된다. 따라서 해당 가설은 결과2와 ㉠이 동시에 성립하는 것을 설명할 수 있다.

ㄷ. 결과2에 의해 탈피호르몬은 일정하게 분비됨을 알 수 있으며, 결과1에 의해 유충호르몬은 유충에서 성체가 될수록 분비되는 유충호르몬이 점차 감소함을 알 수 있다. 따라서 두 결과를 합친다면, 탈피호르몬 대비 유충호르몬의 비율은 성체가 될수록 작아진다는 결론이 도출되며 이는 해당 가설과 일치하므로 가설을 지지하게 된다.

오답해설

ㄱ. 유충호르몬에스터라제의 양이 많으면 유충호르몬이 분해되어 혈중 유충호르몬의 농도가 낮아지므로 결과1은 해당 가설에 의해서 설명될 수 없다.

21 일치부합 정답 ①

| 난도 | 하

정답해설

바깥쪽의 서양식 기둥에는 붉은 벽돌이 사용되었다.

오답해설

② 정관헌 회랑의 난간에 보이는 소나무와 사슴은 장수를, 박쥐는 복을 상징한다. 또한 네 번째 문단에 따르면 바깥 기둥에 보이는 오얏꽃은 대한제국을 상징한다.

③ 정관헌은 건축적 가치가 큰 궁궐이지만, 규모도 크지 않고 가벼운 용도로 지어져 소홀히 취급되어 왔다.

④ 서양식 기둥과 붉은 벽돌 등은 상당히 이국적이다.

⑤ 정관헌은 대표적 양관으로, 경우궁에 지어져 고종의 연회와 휴식 장소로 쓰였으며, 우리 건축의 특징이 반영되어 있다.

22 일치부합 정답 ①

| 난도 | 중

정답해설

공법의 경우 토지의 비옥 정도에 따라 세금 부과의 기준이 되는 1결의 절대 면적이 달라지고, 1등전에 가까울수록 비옥한 땅이며 비옥한 토지일수록 세금 부과 기준이 되는 1결의 절대 면적이 작아진다. 따라서 공법에 따라 같은 군현에 있는 마을들이라면 같은 세액 정책을 적용받을 것이고, 1등전만 있는 마을이 세금 부과 기준이 되는 1결의 절대 면적이 더 작으므로, 두 마을의 농지 절대 면적의 총합이 동일하다면 1등전만 있는 마을 주민들이 내는 조세 총액이 더 크다.

오답해설

② 공법의 경우 결당 세액이 군현별로 조정되므로, 같은 등급이라고 하더라도 군현이 다르다면 내야 하는 조세의 액수가 다를 수 있다.

③ 절대 면적이 동일하다면, 1등전만 있는 마을이 2등전만 있는 마을보다 세금 부과 기준이 되는 1결의 절대 면적이 작아지므로, 결과적으로 총 결의 수가 더 많아질 것이다.

④ 공법 시행에 따라 세종은 도 관찰사로 하여금 매년 그 땅의 작황을 조사해 보고하도록 하였다.

⑤ 세종의 초안에 따라 결당 세액을 고정하는 경우 함경도 주민들이 내는 조세 총액이 전라도 주민들이 내는 조세 총액보다 많은지는 지문을 통해 알 수 없다.

합격생 가이드

지문에서 토지의 절대 면적과 '결'이라는 세금 부과 기준이 되는 토지 단위를 서로 혼동하지 않도록 한다. 공법이 세금 부과 기준이 되는 '결'의 절대적인 크기를 각 토지의 비옥도에 따라 달리 책정해서 기존 조세 제도의 문제점을 해소하고자 했다는 것이 지문의 핵심 내용이므로, 같은 1결의 절대 면적이 토지마다 달라질 수 있다는 것을 이해할 수 있어야 한다.

23 일치부합 정답 ④

| 난도 | 상

정답해설

근대 중국 지식인들은 신분 질서를 옹호하는 의미가 내포된 예교 규칙인 명교와 삼강을 비판했다. 이름이나 신분, 성별에 따른 우열을 평등과 민주의 이념에 어긋나는 것으로 보았기 때문이다.

오답해설

① 유교와 예교를 분리시켰던 변법유신론자들은 공자의 원래 생각을 중심으로 유교를 재편하고자 했다.
② '삼강'은 '강상'에 포함되며, '강상'은 예교에 포함되는 개념이다. 예교는 자발적이고 내면적인 규율이므로 삼강이 강제적이고 외재적인 규율이라고 볼 수 없다.
③ 예교와 법은 구분되며, 유교 신봉자들은 예교를 준수하면서 유교적 가치를 체험했을 것이다.
⑤ 예교를 해체하는 작업이 진행되었으나, 명교가 핵심적 가치로 재발견되었다는 것은 확인할 수 없다.

24 일치부합 정답 ③

| 난도 | 중

정답해설

12세기 영국에서는 수탁자가 미성년자인 경우 그 지위가 불안정함에 따라 신탁 제도가 형성되었다. 그러나 연금 수익자의 지위가 불안정한 것은 아니다.

오답해설

① 연금 가입자는 자본 시장의 최고 원리인 유동성을 마음껏 누릴 수 없었다. 사적 연금 제도 가입자도 마찬가지일 것이다.
② 친구나 지인 등 제3자가 수탁자가 되기도 했다. 연금 제도에서도 연금 운용을 담당하는 수탁자는 위탁자, 수익자와 직접적인 혈연 관계에 있지 않아도 된다.
④ 미성년자에게는 토지 재산권이 이전될 수 없어 신탁 제도가 형성되었다.
⑤ 연금 제도가 신탁 원리에 기초해 있다. 신탁 원리에서는 미성년자를 대신해 신탁자가 재산을 관리하며, 이에 기초한 연금 제도에서도 수탁자가 재산 운용에 더 많은 권리를 갖게 되었다.

25 추론 정답 ⑤

| 난도 | 하

정답해설

C, D방식 모두 정당의 공천을 받은 후보자들에게 무소속 후보자들에 비해 우선적으로 앞 번호를 배정하였다.

오답해설

① A방식에서 투표용지상 기호는 후보자들의 추첨을 통해 배정되었다.
② B방식에서는 원내 의석이 1~2순위인 정당은 '원내 의석을 가진 정당의 의석 순위'에 따랐다. 따라서 원내 의석수가 2순위인 정당의 후보자는 정당 명칭과 무관하게 기호 '2'를 배정받았을 것이다.
③ C방식에서는 선거구별 추첨제를 따르므로, 같은 정당 소속이라고 하더라도 기호가 달랐을 것이다.
④ 3순위 이하는 가나다순에 의해 순서가 정해지는데, D방식에 따르면 기호 '4'를 받았을 것이다.

26 일치부합 정답 ⑤

| 난도 | 하

정답해설

높은 굴뚝에서 오염 물질을 배출하는 점오염원이 배출구가 낮은 오염원보다 넓은 범위에 영향을 미친다.

오답해설

① 비생물 배출원은 화산 활동, 번개, 바람 등에 의해 대기오염 물질이 배출되는 것이다. 연료의 연소는 인위적 배출원에 해당한다.
② 자연적 배출원이 산성비를 일으키기도 한다. 그러나 인위적 배출원보다 자연적 배출원에서 배출되는 오염 물질로 인해 산성비가 더 많이 생성되는지는 나타나 있지 않다.
③ 지구 규모 또는 대륙 규모의 오염 지역을 대상으로 할 경우 자연적 배출원의 영향이 매우 크다.
④ 미생물이나 식생의 활동은 반응성이 큰 오염 물질들을 배출한다.

27 추론 정답 ②

| 난도 | 중

정답해설

동전 개수가 증가했을 때 80점을 받는 사람이 한 명쯤 나오려면 동전 개수의 증가에 맞춰 그룹 인원수도 크게 증가해야 한다. 따라서 A그룹만 참가자 각각의 동전 개수가 1,000개로 증가한 경우 80점을 받는 사람이 한 명쯤 나오기 위해서는 B그룹보다 훨씬 많은 인원이 필요할 것이다.

오답해설

ㄱ. A그룹 참가자와 B그룹 참가자의 동전 개수를 각각 절반으로 줄이는 경우, 각 그룹의 동전 개수는 각각 5개, 50개가 되고, 이때 B그룹에서 5점 이상 얻는 사람들이 상당수 있을 것이다. 이는 A그룹 사람들 중에서 누구도 이길 수 없는 점수이므로, 여전히 승자는 B그룹에서 나올 가능성이 높다.
ㄴ. B그룹만 인원을 매우 크게 늘린다면, 90점을 받는 사람이 한 명쯤 나올 가능성을 배제할 수 없다.

28 추론 정답 ③

| 난도 | 하

정답해설

기댓값을 고려하는 원리 K에 따르면, (선택2, 선택4)를 골라야 한다. 한편 원리 P에 따르면 (선택1, 선택3) 혹은 (선택2, 선택4)를 골라야 한다.
ㄱ. (선택1, 선택3)을 골랐다면 원리 K를 거부해야 한다.
ㄴ. (선택2, 선택3)을 골랐다면 원리 K, 원리 P 모두 거부해야 한다.

오답해설

ㄷ. (선택2, 선택4)를 골랐다면 두 원리 모두 충족한다. 따라서 어떤 원리도 거부하지 않아도 된다.

합격생 가이드

선지를 하나하나 적용하기보다 제시문을 보고 각 원리가 무엇인지 정리해 두는 것이 좋다. 불필요하게 중복되는 사고를 최대한 단순화하자.

29 밑줄 · 빈칸 채우기 정답 ③

| 난도 | 하

정답해설

을, 병, 정은 모두 A원리가 성립하지 않는다고 생각한다. 을은 로봇이 유사하게 '행동'할지라도, 실제로 고통이라는 '심리 상태'에 있는 것은 아니라고 하였다. 그리고 병은 누군가가 고통과 관련된 '행동'을 완벽하게 연기하더라도, 실제로 그가 고통을 느끼는 것은 아니라고 하였다. 마지막으로, 정은 실제로 고통을 느끼는 사람이라도 그것을 표현하지 않을 수 있다고 하였다. 이들의 예시를 살펴보면, 원리 A는 '특정 행동으로부터 특정 심리 상태를 연결시키는 것'이 되어야 한다.

30 전제 · 결론 정답 ④

| 난도 | 상

정답해설

제시문에서 '나'가 내린 결론은 '최근에 수집한 암석이 생명체가 화성에서 실재하였음을 나타내는 증거'라는 것이다.

ㄴ. 수집한 암석에서 발견된 산소가 지구의 암석에 있는 것과 동위원소 조성이 다르고, 대신 화성에서 기원한 다른 운석에서 나타나는 동위원소 조성과 일치하였다. '나'는 이를 토대로 이 암석이 화성에서 온 것이라는 결론을 내린다. 이 논증이 타당하려면 산소의 동위원소 조성은 행성마다 달라서, 산소의 동위원소 조성을 통해 암석의 발생지를 구별할 수 있어야 한다.

ㄷ. '나'는 지구에서 A종류의 박테리아가 특이한 자철석 결정을 생성하고, 수집한 암석에서도 이와 같은 자철석이 발견된다는 것을 근거로 화성에서도 A종류의 박테리아와 같은 생명체가 있을 것이라고 주장한다. 이 논증이 타당하려면 '특이한 자철석 결정이 나타났다면 A종류의 박테리아가 있는 것'이라는 전제가 필요하다.

오답해설

ㄱ. 암석에서 발견된 작은 세포 구조의 크기가 100나노미터이다. 그러나 '나'는 이것이 생명체인지 여부를 판단할 때 그 크기를 전혀 고려하고 있지 않다. 오히려 '나'는 이 세포 구조를 생명체로 여기는 것처럼 보인다.

합격생 가이드

이 문제는 결론을 제시하고, 이를 도출하기 위해 추가되어야 할 전제를 묻고 있다. 전제를 묻는 문제는 빈출되는 유형은 아니지만, 전제를 주고 결론을 도출하는 문제보다 훨씬 까다롭다. 문제를 빠르게 풀기 위해서는 우선 결론을 찾고, 그 다음 선지를 확인하자. 결론에서 역으로 필요한 전제를 도출하고 선지에서 고르면 된다.

31 글의 문맥 · 구조 정답 ④

| 난도 | 중

정답해설

철수가 사용한 규칙에 따르면 E는 A로 치환된다. 영어에서 사용되는 알파벳의 사용 빈도는 E가 12.51%로 가장 많으므로, 암호문에서는 이를 치환한 A가 가장 많이 사용되었을 것이다.

오답해설

① 'I LOVE YOU'를 'Q RPDA LPX'로 암호화하였으므로 I를 Q로, L을 R로 변경한 것이 맞다.

② 단일환자방식이 사용되었다는 것을 알면 암호문은 쉽게 해독 가능하다. 그러나 단일환자방식이 적용되어 있다는 사실조차 알지 못한다면, 해당 암호문을 해독하기 어려울 것이다.

③ 암호문이 다수 확보되어야 암호화 규칙을 추론할 수 있다. 사용 빈도에 대한 통계 자료만 있다면 합리적인 추론을 할 수 없을 것이다.

⑤ 빈도가 제시되어 있으므로 E, T, A, O, I, N, S, R, H는 각각 W, P, F, C, H, Q, T, N으로 암호화된다. 따라서 'I ATE IT'은 'H FPW HP'로 암호화된다.

32 글의 문맥 · 구조 정답 ⑤

| 난도 | 중

정답해설

ㄱ. ㉡은 '진리 표현은 명제가 속한 영역에 따라서 다른 진리를 나타낸다면, 진리가 진정한 속성이다.'(A이면 B이다)라고 바꾸어 표현할 수 있다. 그리고 ㉠은 '서로 다른 영역에 속한 두 명제들의 진리 표현은 서로 다른 진리를 나타낸다.'(A이다)로 바꾸어 표현할 수 있다. 따라서 ㉠, ㉡에서 ㉢ '진리가 진정한 속성이다.'(B이다)가 도출된다.

ㄴ. 언어 사용을 통해 진리에 관한 모든 것을 알 수 있으므로, 진리는 진정한 속성이 아니다. 따라서 ㉣, ㉤은 진리가 진정한 속성이라는 ㉢을 반박한다.

ㄷ. ㉠, ㉡에서 진리가 진정한 속성이라는 것이 도출된다(C이다). 한편 ㉣의 대우명제는 '진정한 속성이라면, 언어 사용을 통해 그 속성에 대한 모든 것을 알 수 없다.'가 된다(C이면 ~D이다). 따라서 ㉠, ㉡, ㉣에서 '언어 사용을 통해 진리에 관한 모든 것을 알 수 없다.'(~D이다)가 도출된다. 이는 ㉤과 상충된다.

합격생 가이드

밑줄이 없는 부분은 문제를 푸는 데에 큰 도움이 되지 않으니 밑줄 친 문장 간 논리적 관계만 보면 된다. 문제가 복잡할수록 해설처럼 기호화하여 푸는 것이 도움이 된다.

33 논리퀴즈 정답 ④

| 난도 | 상

정답해설

주어진 조건을 정리하면 다음과 같다.

구분	결혼	미혼
외근	과장 이상	연금 저축
내근		대리
		여성

미혼은 모두 여성이다. 최과장이 여성이라면 외근을 하므로, 연금 저축에 가입해 있다.

오답해설

① 김대리가 결혼을 한 경우의 수도 존재한다.

② 박대리가 미혼이면서 내근을 하는 경우의 수도 존재한다.

③ 이과장이 결혼을 하고 외근을 하는 경우의 수도 존재한다.

⑤ 정부장이 외근을 하고 결혼을 한 경우의 수도 존재한다.

합격생 가이드

미혼이 아닌 사람은 결혼을 한 사람이다. 외근을 하지 않는 사람은 내근을 하는 사람이다. ~인 사람, ~가 아닌 사람 등의 표현이 혼용되고 있으므로 표를 이용해 하나로 정리한 뒤에 문제를 해결하자.

34 논리퀴즈 정답 ③

| 난도 | 중

정답해설

우선 지문에 주어진 조건으로부터, 미래는 업무적격성 재평가 대상에서 제외되었으며, 가용과 나윤 모두 개인 평가에서 부적격 판정을 받지 않았다는 것을 알 수 있다.

ㄱ. 가용은 개인 평가에서 부적격 판정을 받지 않았으므로, 미래의 또 다른 과제였던 나노 기술 지원 사업은 성공적이었어야 한다.

ㄴ. 드론 법규 정비 작업이 성공적이지 않은 경우 나윤과 다석 중 적어도 한 사람이 개인 평가에서 부적격 판정을 받게 되므로, 다석 역시 개인 평가에서 부적격 판정을 받지 않았다면 드론 법규 정비 작업은 성공적이었을 것임을 알 수 있다.

오답해설

ㄷ. 드론 법규 정비 작업이 성공적이지 않았다면 나윤과 다석 중 한 사람은 개인 평가에서 부적격 판정을 받았을 것이고, 나윤이 개인 평가에서 부적격 판정을 받지 않았다는 것은 확인된 사실이므로 이 경우 다석이 부적격 판정을 받았을 것이다. 그러나 이로부터 라율이 개인 평가에서 부적격 판정을 받았을 것인지는 알 수 없다.

35 견해 비교 · 대조 정답 ③

| 난도 | 중

정답해설

ㄱ. "왜냐하면 (B는) 선호는 '주어진 것'이며 제도나 개인의 심리에 의해 설명해야 할 대상이 아니라고 보기 때문이다."라고 하였고, '이론 A가 선호의 형성을 설명하려 한다고 해서 개인의 심리를 분석하려는 것은 아니다.'라고 하였다. 이를 고려할 때 이론 A와 이론 B 모두 개인의 심리에 대한 분석은 고려하지 않고 있다.

ㄴ. 이론 A는 제도와 같은 맥락적 요소를 통해 어떻게 선호가 형성되었는지를 설명해야 한다고 주장한다. 반면 이론 B는 선호의 형성 과정에 주목하지 않는다.

오답해설

ㄷ. '행위의 구체적 맥락을 이해하지 못한다면 자기 이익을 최대화하는 전략을 따른 행위를 강조하는 것이 아무런 의미를 갖지 못한다고 보기 때문이다.'라고 하여, 이론 A에서 상정하는 개인이 자기 이익을 최대화하는 전략에 따른다는 것을 알 수 있다. 그리고 이론 B도 자신의 이익을 최대화하는 합리적인 개인을 상정하고 있음이 나타나 있다. 결국 이론 A에 대한 서술은 옳으나, 이론 B에 대한 서술이 옳지 않다.

합격생 가이드

이론 A와 이론 B가 제시되어 있다. 이 중 이론 A를 중심으로 글이 서술되고 있으므로 이론 A에 대한 설명 중 이론 B와 대조되는 부분을 찾으며 읽어야 한다. 〈보기〉를 먼저 읽고 쟁점이 되는 부분을 역으로 도출해 내는 것도 가능하다.

36 견해 비교 · 대조 정답 ①

| 난도 | 상

정답해설

A는 옛 음악을 똑같이 재연하는 것이 가능하고, 이를 통해 당시와 똑같은 느낌을 구현할 수 있다고 본다. 한편 C는 똑같이 재연하지 못하더라도 정격연주가 가능하다고 보고 있다. 즉, 적어도 옛 음악을 과거와 똑같이 재연한다면 과거 연주 느낌이 구현될 수 있다는 것을 부정하는 것은 아니다.

오답해설

ㄴ. B는 과거와 현재의 연주 관습상 차이 때문에 옛 음악을 똑같이 재연하는 것이 불가능하다고 본다. 한편 D는 정격연주를 실현하려면 작곡자의 의도와 연주 관습을 모두 고려해야 한다고 말했을 뿐, 과거 연주 관습이 재현될 수 있는지 여부는 언급하지 않았다.

ㄷ. C는 명확히 작곡자의 의도를 파악할 수 있다면 정격연주를 할 수 있다고 본다. 한편 D는 '작곡자의 의도대로 한 연주가 작곡된 시대에 연주된 느낌을 정확하게 구현하지 못할 수 있다.'고 하여 작곡자의 의도뿐만 아니라 연주 관습을 강조하고 있다. 따라서 작곡자의 의도를 파악하는 것이 곧 정격연주를 가능하게 한다는 것에 동의하지 않는다.

합격생 가이드

지문 자체는 매우 쉽고 술술 읽힌다. '정격연주', '작곡자의 의도', '연주 관습' 등에 유의하며 읽도록 하자. 다만 선지의 표현을 조심해야 한다. 누가 무엇을 주장했는지, 각 주장을 과대 해석하지는 않았는지 점검해 보자. 헷갈린다면 논리 문제를 풀 때처럼 도식화하는 것도 도움이 된다.

37 견해 비교 · 대조 정답 ⑤

| 난도 | 하

정답해설

ㄱ. A는 오른쪽 눈을 감고 본 세상과 왼쪽 눈을 감고 본 세상은 사물의 위치가 미묘하게 다르다는 일상적 경험에 착안하여 얻은 예측과 별이 늘 같은 위치에 있는 것으로 관측된다는 관측 결과를 근거로 지구 공전 가설이 틀렸다고 평가했다. 한편 B는 달리는 마차와 정지한 마차에서 본 빗방울 모양이 다르다는 일상적 경험에 착안하여 얻은 예측과 별이 늘 같은 위치에 있는 것으로 관측된다는 관측 결과를 근거로 지구 공전 가설이 틀렸다고 평가했다.

ㄴ. A와 B 모두 별은 늘 같은 위치에 있는 것으로 관측된다고 주장했다. 이 주장에는 당시 관측 기술의 한계는 고려되지 않았다.

ㄷ. A는 '지구 공전 가설이 옳다면, 지구 공전 궤도 상에서 가장 멀리 떨어진 두 위치에서 별을 관측한다면 별의 위치가 다르게 보일 것이다.'라고 하여 관측자의 관측 위치가 달라지는 경우를 생각했다. 한편 B는 '지구 공전 가설이 옳다면 지구의 운동 속도는 상당히 빠를 것이고 반년이 지나면 운동 방향이 반대가 될 것이다.'라고 하여 운동 방향이 바뀌는 경우를 생각했다.

합격생 가이드

처음 읽을 때에는 A와 B의 주장이 생소하게 느껴질 수 있다. 다만 선지가 매우 평이하고, 각 주장을 정확하게 이해할 것을 요구하지 않는다. 선지를 훑어보고 글을 얼마나 꼼꼼히 읽을 것인지를 판단하자.

38 강화 · 약화

정답 ②

| 난도 | 하

정답해설

B는 따뜻한 물이 차가운 물보다 증발이 더 잘 일어나게 되어 따뜻한 물의 질량이 적어진다는 것을 원인으로 하고 있으므로 B의 주장과 부합한다. 따라서 B의 주장은 강화된다.

오답해설

ㄱ. A는 대류 현상을 원인으로 제시하고 있으므로 대류를 억제한다면 따뜻한 물이 먼저 어는 현상을 설명할 수 없다. 따라서 A의 주장은 강화되지 않는다.

ㄷ. C는 따뜻한 물과 차가운 물에 녹아 있는 '용해기체'의 차이를 원인으로 제시하고 있을 뿐, 얼음에 녹아 있는 용해기체에 대해서는 언급한 바 없다. 따라서 이는 C의 주장과는 무관한 진술로 C의 주장을 약화하지 않는다.

합격생 가이드

A, B, C는 어떤 현상이 나타난 원인에 대해서 주장하고 있다. 따라서 원인이 없더라도 어떤 현상이 여전히 나타난다면 이는 주장을 약화하는 사례가 되며, 각 주장의 내용과 부합하는 선지는 주장을 강화하는 사례가 된다. 그에 따라 ㄱ과 ㄴ을 빠르게 판단할 수 있다. 한편, 본문에서는 얼음과 관련된 내용이 없으므로 얼음을 언급하고 있는 ㄷ은 C의 주장과 무관한 선지가 된다.

39 종합

정답 ②

| 난도 | 하

정답해설

을은 행복과 도덕적인 삶이 규범적 목표라고 하면서 행복이 곧 도덕적인 삶이라고 말한다. 따라서 규범적 목표는 하나뿐이라는 전제가 추가되어야 한다.

오답해설

① 갑은 행복이 만족이고, 만족은 욕구가 충족될 때 생겨나는 것이라고 본다.

③ 도덕성이 개인의 심리적 상태가 아니라고 보는 경우에도 병의 논지를 아무 문제없이 받아들일 수 있다.

④ 정의 마지막 문장의 대우명제를 구하면, '역사상 일어났던 수많은 사회 제도의 개혁들이 무의미하지 않다면, 각자의 도덕성이 우리의 행복을 위해 필요한 전부가 아니다.'가 된다. 정은 '행복의 달성에 필요한 조건들은 개인의 도덕성 외에도 많이 있다.'라는 결론을 도출하였으므로, 역사상 있어온 사회 제도의 개혁들이 무의미하지 않았다는 것을 전제함을 알 수 있다.

⑤ 무는 사회 복지는 개인의 행복을 달성하기 위한 수단일 뿐이며 그 자체가 목표는 아니라고 본다. 또한 사회 복지 실현으로 행복의 달성에 간접적으로 영향을 준다고 하였다. 즉, 사회 복지가 실현이 반드시 행복으로 이어진다고 보지는 않는다.

합격생 가이드

선지가 각 문단에 대응된다. 글 전체를 읽지 않고 하나씩 해결하면 불필요한 시간을 절약할 수 있다.

40 종합

정답 ④

| 난도 | 중

정답해설

ㄴ. B는 행복을 심리적 상태로 보지 않는다. 이는 병의 입장과 동일하다. 한편 을은 행복을 심리적 상태로 보는지에 대해 언급하고 있지 않다.

ㄷ. 무는 도덕성이 간접적으로 행복의 달성에 영향을 미친다고 본다. 한편 갑은 행복을 개인의 심리적 상태로 보며, 행복과 도덕성의 관계에 대해서는 언급하고 있지 않다.

오답해설

ㄱ. A의 입장에 따라 국가와 사회의 제도를 통한 노력으로 행복을 반드시 담보할 수는 없더라도, 정의 논지를 받아들일 수 있다. 오히려 개인의 도덕성 외에도 행복에 영향을 미치는 조건들이 많다는 정의 입장에 부합한다.

1	2	3	4	5	6	7	8	9	10
③	④	②	①	④	①	①	①	②	④
11	12	13	14	15	16	17	18	19	20
⑤	④	⑤	③	⑤	②	③	③	④	⑤
21	22	23	24	25	26	27	28	29	30
③	②	①	④	②	③	③	②	⑤	①
31	32	33	34	35	36	37	38	39	40
④	②	⑤	①	⑤	④	②	③	④	①

01 단순확인(표 · 그림) 정답 ③

| 난도 | 하

정답해설

전체 문화유산 보유건수는 652건인데, 파주시 문화유산 보유건수 합계는 63건이므로 전체의 10% 이하이다.

오답해설

① '등록 문화재'를 보유한 시는 7개이다.
② 유형별 전체 보유건수가 가장 많은 문화유산은 '지방 지정 문화재'이다.
④ '문화재 자료' 보유건수가 가장 많은 시는 용인시다.
⑤ '국가 지정 문화재'의 시별 보유건수 순위와 '문화재 자료'의 순위는 다르다.

02 단순확인(표 · 그림) 정답 ④

| 난도 | 하

정답해설

ㄱ. 무더위 쉼터가 100개 이상인 도시는 C, D, E이며, 이 중 인구수가 가장 많은 도시는 인구수 89만 명인 C이다.
ㄷ. 온열질환자 수가 가장 적은 도시와 인구수 대비 무더위 쉼터 수가 가장 많은 도시는 F로 동일하다.
ㄹ. 폭염주의보 발령일수의 전체 도시 평균은 53회이며, 이보다 많은 도시는 A와 E 2개이다.

오답해설

ㄴ. C의 인구는 E의 인구보다 많지만 온열질환자 수는 E도시가 더 많다.

03 표와 그림 정답 ②

| 난도 | 하

정답해설

ㄱ. 재생에너지 생산량은 대부분 차이가 크기 때문에 일일이 계산할 필요는 없다. 2014년 정도만 확인해 보면, 28.5×10%=2.85, 28.5+2.85<31.7이므로 전년 대비 10% 이상 증가하였다.
ㄷ. 2016년 재생에너지 생산량은 45.0이므로, 태양광을 에너지원으로 하는 재생에너지 생산량은 45×10.9%이다. 마찬가지로 2017년은 56×9.8%, 2018년은 68×8.8%이다. 재생에너지 생산량은 매년 20% 넘게 증가하고 있는 반면 태양광의 비율은 10% 정도씩 감소하고 있다. 따라서 정확히 계산하지 않더라도 태양광을 에너지원으로 하는 재생에너지 생산량은 매년 증가하 였음을 알 수 있다.

오답해설

ㄴ. 2017년과 2018년은 폐기물－바이오－수력－태양광－풍력 순이나, 2016년에는 폐기물－바이오－태양광－수력－풍력 순이다.
ㄹ. 2016년은 45×10.3이고, 2018년은 68×15.1이다. 10.3과 15.1을 각각 10과 15로 어림해 보자. 그리고 두 값을 15로 나누어주면 2016년은 30, 2018년은 68이 된다. 30×3>68이므로 수력을 에너지원으로 하는 재생에너지 생산량은 2018년이 2016년의 3배보다 작다.

합격생 가이드

표와 그림의 제목에서 어떤 자료를 써야 하는지 빠르게 파악해야 한다. 그림의 경우 시각적 효과를 십분 활용하자. 모든 연도를 계산할 필요는 없으며, 시각적으로 가장 수상한 곳부터 확인하면 된다.

04 전환형 정답 ①

| 난도 | 중

정답해설

점포수 증가폭이 주어진 자료와 다르다.

합격생 가이드

②, ③, ⑤ 모두 정확한 계산을 필요로 하는 선지이지만, ①은 단순한 뺄셈만으로 틀린 것을 알 수 있다. 전체 선지의 정오판별을 하기에는 어려운 문제이지만 답을 찾기에는 평이한 문항이다.

05 단순확인(표 · 그림) 정답 ④

| 난도 | 중

정답해설

ㄴ. 최종학력이 석사 또는 박사인 B기업 지원자는 63명이다. B기업 지원자 중 업무 경력이 20년 미만인 지원자가 56명이므로, 석사 또는 박사인 지원자 중 7명 이상은 업무경력이 20년 이상이다.
ㄹ. 전체 지원자는 155명, 40대 지원자는 51명이다. 이 비율은 32.9%로 35% 미만이다.

오답해설

ㄱ. A기업 지원자 중 남성은 53명, 10년 이상 경력자는 53명으로 동일하다.
ㄷ. 여성 지원자의 비율은 B기업이 더 높다.

06 빈칸형 정답 ①

| 난도 | 중

정답해설

ㄱ. 샘플 I의 총질소 농도는 자연수 부분만 계산했을 때 41mg/L이므로 최대 46mg/L를 넘을 수가 없다. 즉, 샘플 A의 총질소 농도보다 작을 수밖에 없다. 정확하게 계산하면 샘플 I의 총질소 농도는 41.58mg/L로 샘플 A의 총 질소 농도인 46.24mg/L보다 작다.

ㄴ. 샘플 B의 TKN 농도는 정수부분만 계산해도 31mg/L로 30mg/L보다는 무조건 크다. 정확한 수치는 31.47mg/L로, 30mg/L 이상이다.

오답해설

ㄷ. 질산성 질소 농도는 정의에 의해 '총질소 농도－TKN 농도'로 계산된다. 샘플 B의 질산성 질소 농도는 5.91mg/L로 샘플 D의 질산성 질소 농도인 4.99mg/L보다 높다.

ㄹ. 주어진 빈칸을 모두 해석해도, 샘플 F의 암모니아성 질소 농도와 유기성 질소 농도는 파악할 수 없다.

합격생 가이드

ㄱ을 풀기 위해서는 샘플 I의 총질소 빈칸만 계산하면 충분하다. 이때 샘플 I의 총질소 농도는 A의 총질소 농도보다는 확연히 작다. 이럴 때 소수점 둘째 자리까지 정확한 계산을 하는 것은 시간낭비에 불과하다. 이후 ㄴ 역시 샘플 B의 TKN 농도가 30 이상인 것은 암산으로 파악이 가능한데, ㄱ과 ㄴ이 옳다는 것이 확인되면 다른 보기의 풀이 없이도 빠르게 정답을 고를 수 있다. 즉, 대부분의 빈칸은 계산하지 않아도 답을 찾는 데에는 아무런 지장이 없다.

07 단순확인(표 · 그림) 정답 ①

| 난도 | 중

정답해설

ㄱ. 사업체당 종사자 수가 100명 미만인 지역은 'H'와 'J' 2개이다.

ㄷ. 'I'지역의 매출액을 종사자 수로 나누면 600이 넘지만, 'E'지역은 600이 안 된다. 즉, 600을 기준으로 하여 정확한 계산 없이도 답을 도출할 수 있다. 정확히 계산해 보면 'I'지역의 종사자당 매출액은 약 625만 원, 'E'지역의 종사자당 매출액은 약 572만 원이므로 'I'지역의 종사자당 매출액이 'E'지역의 종사자당 매출액보다 크다.

오답해설

ㄴ. 'G'지역의 사업체당 매출액은 약 790억이지만 'A'지역의 사업체당 매출액은 1,000억이 넘는다. 따라서 'G'지역의 사업체당 매출액이 가장 크지는 않다.

ㄹ. 건물 연면적이 가장 작은 지역은 'J'이지만, 매출액이 가장 작은 지역은 'H'이다.

합격생 가이드

ㄴ을 해결할 때 'A'부터 'J'까지 전부 계산해서는 안 되고 'G'에 견줄만한 보기만 선별하여 계산하여야 한다. 'G'의 경우 매출액을 사업체 수로 나누면 100,000이 안 되지만 'A'는 일단 100,000이 넘는다는 걸 알 수 있다. 가늠으로 확신하지 못하는 경우에만 정확하게 계산하여 비교하도록 한다. ㄱ은 옳고 ㄴ은 옳지 않은 것이 확인되면 가능한 답안은 ①과 ②이다. 이때 ㄷ은 계산을 필요로 하는 반면 ㄹ은 단순 비교로 빠르게 답을 찾을 수 있다. 이 경우 ㄹ만 확인하면 ㄷ은 풀지 않고도 정답을 찾을 수 있다.

08 조건적용 정답 ①

| 난도 | 하

정답해설

첫 번째 조건에 따르면, 발효식품개발기술과 환경생물공학기술은 미국보다 한국의 점유율이 더 높기 때문에 A와 B는 이 둘이 될 수 없다. A와 B는 미국이 40% 이상 차지하고 있고, 전세계 특허 건수 단위가 매우 커서 한국보다 미국의 특허건수가 더 많기 때문이다(③ 소거).

두 번째 조건에 따르면, 동식물세포배양기술에 대한 미국 점유율은 생물농약개발기술에 대한 미국 점유율보다 높은데 남은 선지 모두 이를 충족한다.

세 번째 조건에 따르면, 유전체기술에 대한 한국의 점유율과 미국 점유율의 차이가 41%p 이상이므로 B가 유전체기술이다(④, ⑤ 소거).

네 번째 조건에 따르면, 환경생물공학기술에 대한 한국 점유율이 25% 이상이므로, D가 이에 해당한다(② 소거).

합격생 가이드

세 번째 조건을 판단함에 있어 A에서 두 국가의 점유율 차이가 41%p 나기 위해선 한국이 6.6% 이하를 차지해야 하며, B에서 두 국가의 차이가 41%p 차이가 나기 위해선 한국이 4.6% 이하를 차지해야 한다. 170,000의 5%가 8,500이며 여기서 850을 빼도 한국 특허건수보다 많다는 걸 고려하면 쉽게 답을 찾을 수 있다. 첫 번째 조건에서 이미 동식물세포배양기술과 유전체기술이 A 혹은 B임을 알 수 있으므로, 이하 조건을 판단할 때는 이를 생각하여 불필요한 계산을 피하는 것이 중요하다.

09 표와 그림 정답 ②

| 난도 | 중

정답해설

'정보탐색 시도율'×'정보탐색 성공률'이 가장 낮은 지역은 H지역이다.

오답해설

① 인구수 대비 정보탐색 성공자 수의 비율은 '정보탐색 시도율'×'정보탐색 성공률'을 통해 대소를 비교할 수 있다. 이 값은 D지역이 B지역보다 높다.

③ E지역은 정보탐색 시도율은 가장 높지만 정보탐색 성공률은 가장 낮다.

④ 인구수는 B지역이 가장 낮지만 남성 정보탐색 성공자 수는 H지역이 가장 낮다.

⑤ C지역과 D지역의 '여성 인구수×정보탐색 시도율×정보탐색 성공률'은 2배 이상 차이가 나지 않는다.

합격생 가이드

문제에 주어진 데이터를 간단히 가공하여 선지에서 묻는 데이터를 쉽게 추출할 수 있도록 하자. 예를 들어, 남성(여성) 정보탐색 성공자 수는 '남성(여성) 인구수×정보탐색 시도율×정보탐색 성공률÷10,000'을 계산하여 알 수 있다. 대소 비교를 위해서는 10,000으로 나누지 않아도 가능하기 때문이다.

10 공식 · 조건 정답 ④

| 난도 | 상

정답해설

표들의 형태를 보면 분야별로 코치들이 3명씩 참가한다. 세 번째 조건에 따라 투입 능력의 합이 24 이상이어야 하므로, 코치 한 명당 8의 투입능력을 차지해야 한다. 이후 A~F까지 가장 낮은 점수를 가진 분야를 체크한다. 이 분야에 투입될 경우 이들은 그들의 할당 투입능력을 채울 가능성이 낮기 때문에, 취약 분야에 투입된 표부터 보면서 소거하는 방법이 필요하다. A의 경우 공격, B의 경우 수비, C의 경우 공격, D의 경우 수비, E의 경우 공격, F의 경우 전술이 취약 분야이다.
따라서 모든 조건을 충족하는 것은 ④이다.

오답해설

① A가 공격에 들어갔으므로 A는 공격에 5, E는 7.5, F는 10을 투입하므로 투입능력 24에 모자란다.
② B가 수비에 들어갔으므로 B는 수비에 5, C는 수비에 10, F는 수비에 20 투입하여 수비 투입 요건을 만족시킨다. 그런데 ②는 E가 취약한 공격에도 투입되었으므로 공격도 검토해야 한다. 공격의 경우 B가 6.67, D가 6, E가 7.5로 그 합이 24보다 작다.
③ C가 자신의 취약분야인 공격에 투입되었으므로 이를 검토한다. 공격에 있어 B가 20을 투입하므로, 뒤에 것들은 계산하지 않아도 24가 넘을 것임을 유추 가능하다. 또한 D가 취약 분야인 수비에 투입되었으므로 이도 검토가 필요하다. 수비의 경우 A가 9, D가 7.5, F가 10을 투입하므로 총 투입이 24를 넘는다. 그런데 남은 분야를 살펴보면 체력이 C에서 5.33, D에서 10, E에서 8로 24에 못 미친다.
⑤ 전술과 수비에서 조건을 맞추지 못해 소거된다.

합격생 가이드

문제의 난도가 어렵다기보다, 시간을 잡아먹는 문제이다. 이 해설의 경우 취약 부분을 살펴보는 방식으로 접근했다. 이런 유형은 자신만의 기준이 필요하다. 가장 먼저 봐야 할 것은 가장 쉬운 조건인 '각 코치가 하나 이상의 분야를 맡지 않은 것이 있는가'이다. 그다음부터는 항상 취약부분을 위주로 살펴보는 것이 최선인 것은 아니며, 본인의 취향에 따라 다양한 기준을 적용 할 수 있다. 그러나 일관된 기준으로 하는 것이 심리적 안정감을 줄 것이다.

11 빈칸형 정답 ⑤

| 난도 | 상

정답해설

정식재판기소 인원과 약식재판기소 인원의 합은 기소 인원인데, 매년 기소 인원은 처리 인원의 절반이 되지 않는다.

오답해설

① 2017년 처리 인원은 전년 대비 증가했지만, 기소 인원은 2016년에 비해 감소하였다.
② 2018년 기소 인원은 14,263명으로 2014년에 비해 증가했지만, 기소율은 오히려 감소하였다.
③ 2018년 불기소 인원은 23,889명으로 2017년의 19,039명보다 더 많다.
④ 2014년 불기소 인원은 19,449명이고, 정식재판기소 인원은 1,966명으로 10배가 되지 않는다.

12 빈칸형 정답 ④

| 난도 | 중

정답해설

ㄱ. 2012년에 비해 2013년 국내시장규모는 증가하였지만 수입액은 줄어들었으므로 수입액이 차지하는 비중은 감소하였다.
ㄷ. 2013년 의약품 세계전체 시장규모에서 유럽이 차지하는 비중은 $\frac{219.8}{947.6} \times 100 = 23.2\%$였다.
ㄹ. 2014년 의약품 세계 전체 시장규모는 전년 대비 8.4% 증가하였다.

오답해설

ㄴ. 국내시장규모는 2010년 19.35조원에서 2011년 19.17조원으로 감소하였다.

13 복수의 표 정답 ⑤

| 난도 | 상

정답해설

교육세의 미수납액은 100이다. 교통 · 에너지 · 환경세의 수납액, 불납결손액에 100을 더하면 징수결정액보다 크다. 따라서 교육세의 미수납액이 더 크다.

오답해설

① 미수납액은 징수결정액 – 수납액 – 불납결손액이다. 불납결손액의 경우 단위가 작기 때문에 이럴 땐 징수결정액과 수납액 위주로 대략의 크기를 파악해야 한다. 선지가 맞다면 2018년이 미수납액이 가장 클 것이므로 이를 가정하고 문항을 본다. 2018년이 징수결정액이 가장 크며, 그 다음으로 큰 2017년과 징수결정액 차이가 대략 16,000 정도 차이 나는 반면, 수납액은 13,000 정도 밖에 나지 않아 2018년이 더 크다. 그리고 2016, 2017년의 수납액은 2018년과 비슷한 반면 징수결정액은 현저히 적으므로 비교할 필요가 없다. 2014년의 경우 수납액이 현저히 작으나, 이보다 징수결정액이 훨씬 더 작기 때문에 2018년의 미수납액이 가장 크다.
② 선지에서 2014년 수납 비율이 가장 높다 했으므로 이를 가정하고 출발한다. 분모가 작고 분자가 큰 것이 포인트이므로, 2015년과 2016년 중에서는 2015년만 비교하면 된다. 마찬가지로 2017년과 2018년 중에선 분모 증가율보다 분자 증가율이 현저히 큰 2018년만 비교하면 된다. 2014년과 2015년, 2018년의 분자 분모 증가율을 비교할 때 수납비율은 2014년이 가장 크다.
③ 앞의 4자리만 계산하면 2018년 미수납액은 약 26,600이고, 내국세 미수납액은 약 26,000이다. 26,600의 5%가 600보다 크므로, 내국세 미수납액이 총 세수 미수납액에서 차지하는 비율은 95% 이상이다.
④ 선지가 맞다고 가정하며 시작해보자. 종합부동산세의 수납비율은 110%가 약간 되지 않는다. 수납비율이 100%가 넘는 것은 내국세, 교통 · 에너지 · 환경세, 농어촌 특별세이다. 그러나 이들은 110%에 한참 모자라기 때문에 종합부동산세가 수납비율이 가장 높다.

합격생 가이드

이 유형은 두 개의 표가 주어졌을 때, 하나의 표가 다른 표의 세부사항을 보여주는 경우이다. 해당 문항의 경우 표 1은 2014~2018년의 갑국 예산 및 세수 실적을 보여주고, 표 2는 이 중 2018년의 세수항목별 세수 실적을 보여준다. 그리고 각주에는 특정 값을 구하는 공식들이 적혀있다. 이런 유형을 보았다면, 반드시 해당 각주의 값과 관련하여 물을 것임을 염두에 둬야 한다. 그리고 표 2에서 2018년만 다루고 있기 때문에, 해당 세부 사항은 오직 2018년 값에만 존재함을 명심해야 한다. 우리가 알 수 없는 다른 연도의 구체적 수치를 언급하는 것이 있다면 쉽게 그것이 오답임을 확인할 수 있기 때문이다.

14 표와 그림 정답 ③

| 난도 | 중

정답해설

선지에서 묻는 것은 '수입맥주 소비량의 전년 대비 증가율'이다. 2014~2018년 수입맥주 소비량은 매년 증가하지만, 수입맥주 소비량의 증가율은 2017년 전년 대비 하락한다.

오답해설

① 그림에서 '갑'국의 맥주 소비량이 매년 증가한다.
② 2010년 '갑'국의 수입맥주 소비량 비중은 1.765%이었지만 2018년에는 7.58%이다.
④ 2017년에는 3.3+3.2+3.0+2.0+1.3=12.8%이었지만 2018년에는 4.0+3.8+3.4+1.9=13.1%로 증가하였다.
⑤ 상위 5개 브랜드가 차지하는 비중은 2017년 73.2%에서 2018년 64.7%로 작아졌다.

15 복수의 표 정답 ⑤

| 난도 | 상

정답해설

근로장려금만 신청+모두 신청으로 계산하여야 한다. 해당 값은 부산은 0.755, 전국은 0.762로 전국이 부산보다 크다.

오답해설

① 근로장려금만 신청+자녀장려금만 신청+모두 신청한 가구 수는 2011~2014년 동안 매년 증가한다.
② 2012년 가구 수는 비교적 적으면서 총 장려금(소계)은 가장 크므로 해당 값은 2012년이 가장 크다.
③ 2015년 자녀장려금만 신청한 가구 수는 1,114천 가구이고, 경기 지역 가구 수는 282천 가구이므로 경기 지역이 20% 이상을 차지한다.
④ 2015년 모든 지역에서 근로장려금과 자녀장려금 모두 신청한 가구의 가구당 근로장려금 신청 금액은 대부분 1십억 원/1천 가구에 수렴하는 반면, 근로장려금만 신청한 가구의 가구당 근로장려금 신청 금액은 1십억 원/1천 가구에 한참 미치지 못한다.

16 표와 그림 정답 ②

| 난도 | 상

정답해설

2012년 1차에너지를 가장 많이 생산한 지역은 경북이다. 2012년에 가장 많이 생산된 1차에너지는 원자력으로, 2위인 신재생의 약 4배에 달한다. 따라서 원자력의 40% 이상을 생산한 경북이 1차에너지를 가장 많이 생산한 지역임을 쉽게 파악할 수 있다. 경북에서 가장 많이 소비한 1차에너지는 석탄이다.

오답해설

① 천연가스는 2008년 236에서 2012년 436으로 90% 정도 증가했다. 반면 석탄, 원자력은 생산량이 감소했다. 수력과 신재생은 생산량이 증가하기는 했으나 90%에 현저히 미치지 못한다.
③ 2012년 석탄의 생산량은 942이다. 한편 2012년 경기 지역의 신재생 1차에너지 생산량은 8,036×13.4%이다. 어림하면, 8,000×13%=1,040이다. 942<1,040<8,036×13.4%이므로 석탄 생산량이 더 적다.
④ 생산량은 많지만 소비량은 적은 지역부터 확인해야 한다. 생산량이 많은 지역으로 우선 원자력을 생산하는 지역을 확인해 보자. 경북과 전남은 생산량이 많지만 소비량도 많다. 그런데 부산은 원자력의 약 1/4를 생산하는 반면, 소비량은 6,469에 불과하다. 즉, 부산의 경우 생산량이 소비량보다 많다.
⑤ 신재생 소비량은 2008년 4,747에서 2012년 7,124로 50% 가량 증가했다. 다른 유형의 에너지도 소비량이 증가하였으나, 증가량이 50%에 현저히 미치지 못한다.

합격생 가이드

②에서 원자력 생산량이 약 32,000이고, 경북은 원자력의 40% 이상을 생산한다. 따라서 경북의 최소 생산량은 12,000이다. 이는 2순위인 신재생의 총 생산량보다 훨씬 크다. 1차에너지를 가장 많이 생산한 지역이 어디인지를 크게 고민하지 않아도 되는 것이다. ④는 예시를 찾도록 하는데, 이러한 유형의 선지는 어디부터 확인할 것인지에 대한 감각이 있어야 한다. 감각이 있더라도 시간이 많이 소요될 수 있으므로 다른 선지부터 확인하는 것도 좋은 전략이다.

17 공식 · 조건 정답 ③

| 난도 | 상

정답해설

6월 1일 여름철 중간부하 시간대와 12월 1일 겨울철의 중간부하 시간대는 총 8시간으로 동일하다.

오답해설

① 경부하 시간대에서는 여름의 전력량 요율이 가장 낮다.
② 월 100kWh 충전요금의 최댓값은 여름철 최대부하에서의 요금으로 2,390+232.5×100=25,640원이고, 최솟값은 여름철 경부하에서의 요금으로 2,390+57.6×100=8,150원으로 그 차이는 17,490원이다. 다만, 월 기본요금이 동일하므로, 최댓값과 최솟값의 차이를 계산할 때 (232.5−57.6)×100=17,490원으로 계산하는 것이 더 효율적인 방법이다.
④ 22시 30분은 여름철 기준으로는 중간부하에 속하지만, 겨울철 기준으로는 최대부하에 해당하여 겨울의 전력량 요율이 더 높다.
⑤ 12월 겨울철 중간부하 시간대의 100kWh 충전요금은 2,390+128.2×100=15,210원, 6월 여름철 경부하 시간대의 100kWh 충전요금은 앞서 구했듯이 8,150원이다. 따라서 2배 이하의 차이가 난다.

18 전환형 정답 ③

| 난도 | 중

정답해설

2016년 건설업 신설법인 수는 9,825개이므로, 전년 대비 증가율은 (9,825 −9,742)÷9,742 = 0.8%이다. 정확한 비율을 계산할 필요는 없고, 각 연도별로 증감 정도를 어림하여 계산하면 된다.

오답해설

① 2016년 신설법인의 업종별 현황을 살펴보면, 전체 96,155개 중 건설업이 9,825개, 제조업이 19,037개이다. 구성비를 일일이 계산하는 것보다는 각 업종의 비율을 서로 비교하는 것이 빠르다. 가령 제조업이 건설업의 2배에 약간 미치지 못하므로, 그림에서 제시된 비중이 옳다고 판단할 수 있다.

② 표의 자료를 단순히 그래프에 옮겨 표현했다. 다만 서비스업과 제조업이 바뀌어 있는지만 확인하면 된다.

④ 정확하게 계산하기보다는 전체 신설법인 수 증가율과 서비스업 신설법인 수 증가율을 비교하면서 비율 증감을 확인하면 충분하다. 가령 2012년의 경우 전체 신설법인 증가율은 9%에 미치지 못하지만, 서비스업 신설법인 증가율은 명확히 9%를 넘는다. 따라서 서비스업 신설법인 비율이 높아졌다고 판단할 수 있다.

⑤ 어림산으로 대략적인 증가율만 확인하자. 꺾은선 그래프의 함정은 대부분 그래프의 꼭짓점에 있으므로 2013년 자료를 먼저 확인하는 것도 좋은 방법이다.

19 종합 정답 ④

| 난도 | 상

정답해설

ㄱ. 2017년 사업가에서 2018년 피고용자로 고용형태가 변화된 사람은 5,000×0.2=1,000명이고, 1~5분위에 속한 인원은 모두 동일하므로 각각 200명이다. 이 중 2018년 소득분위가 1분위인 인원은 200×(0.7+0.25+ 0.05+0.05)=210명이다.

ㄷ. 2017년 피고용자에서 2018년 사업가로 고용형태가 변화된 사람은 5,000×0.3=1,500명이다. 2017년 각 분위의 인원은 모두 동일하므로 2017년 2분위에 속했던 인원은 300명이고, 이 중 2018년 소득분위가 높아져 3, 4, 5분위에 속하는 비율은 0.3이므로 300×0.3=90명이다.

ㄹ. 2018년 사업가는 5,500명, 피고용자는 4,500명이다. 같은 비율로 고용형태가 변화된다면, 2019년 피고용자의 수는 (5,500×0.2)+(4,500×0.7)=4,250명으로 2018년에 비해 감소한다.

오답해설

ㄴ. 2018년 고용형태가 사업가인 사람은 5,000×(0.8+0.3)=5,500명, 2018년 고용형태가 피고용자인 사람은 4,500명이다.

합격생 가이드

두 표를 복합적으로 이해하여야 해결할 수 있으면서도 각각의 문항에서 활용해야 하는 데이터가 분리되어 있는 문항이다. 선지가 묻는 내용에 따라 표 1만 활용하거나 표 2의 4개 데이터 가운데에서도 집중해야 하는 데이터가 아예 다르다. 주어진 표의 제목부터 파악하여 원하는 데이터를 빠르게 찾을 수 있도록 하자.

20 종합 정답 ⑤

| 난도 | 상

정답해설

ㄱ. '사업가 → 사업가' 유형 중 1분위에서 소득분위가 높아진 비율은 60%, '사업가 → 피고용자' 유형 중 1분위에서 소득분위가 높아진 비율은 30%이다.

ㄴ. '피고용자 → 사업가' 유형 중 3분위에서 소득분위가 높아진 비율은 25%, '피고용자 → 피고용자' 유형 중 3분위에서 소득분위가 높아진 비율은 15%이다.

ㄹ. 2018년 소득분위가 5분위인 비율을 계산해 보면 Ⅰ, Ⅱ, Ⅲ, Ⅳ 유형 순서대로 각각 0.2×(5+5+10+25+80)=25%, 0.2×(0+0+5+15+75)=19%, 0.2×(0+0+0+15+75)=18%, 0.2×(0+ 5+5+20+60)=18%이다. 따라서 2018년에 소득5분위인 사람의 비율이 가장 높은 유형은 Ⅰ유형인 '사업가 → 사업가'이다. 각 표에서 2018년 5분위의 칸을 더하여 대소를 비교하면 조금 더 빠르게 문제를 풀 수 있다.

오답해설

ㄷ. 소득분위가 변동되지 않은 비율을 계산해 보면,
'사업가 → 사업가'는 0.2×(40+55+45+45+80)=53%,
'사업가 → 피고용자'는 0.2×(70+55+50+50+75)=60%,
'피고용자 → 피고용자'는 0.2×(85+65+60+65+75)=70%,
'피고용자 → 사업가'는 0.2×(50+60+50+50+60)=54%이다.
따라서 소득분위가 변동되지 않은 사람의 비율이 가장 높은 유형은 '피고용자 → 피고용자'이다. 이때, 정확한 해를 구하기보다는 각 표에서 행과 열이 같은 표의 대각선 칸만 더하여 대소를 비교하면 보다 빠르게 문제를 풀 수 있다.

합격생 가이드

표 1은 전혀 사용하지 않으며, 표 2만으로 문제를 해결해야 한다. 더불어 표 2 아래에 주어진 추가적인 조건이 있어야만 문제를 정확히 풀 수 있으므로 놓쳐서는 안 된다.

21 추가로 필요한 자료 정답 ③

| 난도 | 하

정답해설

ㄱ. 보고서의 두 번째 문단에서 전체 연령집단의 연간 일일 사망자 수가 제시되어 있으므로, A시 연간 일일 사망자 수 자료가 추가적으로 필요하다.

ㄹ. 보고서의 두 번째 문단에서 65세 이상 연령집단의 연간 일일 사망자 수가 제시되어 있으므로, A시 65세 이상 연령집단의 연간 일일 사망자 수 자료가 추가적으로 필요하다.

합격생 가이드

이 유형에서 가장 먼저 해야 할 것은 보고서에서 다룬 내용 중 이미 제시한 부분을 가려내는 것이다. 이 문제에서는 보고서의 첫 번째 문단과 세 번째 문단의 내용은 이미 표 1, 표 2에 제시되어 있다. 따라서 두 번째 문단만 확인하면 된다.

22 단순확인(표 · 그림)

정답 ②

| 난도 | 하

정답해설

2018년 사용자별 지출액의 전년 대비 증가율을 계산해 보면, '개인'의 경우 약 31.4%, '민간사업자'의 경우 약 52.4%, '공공사업자'의 경우 약 6.4%이다. 따라서 '민간사업자'의 증가율이 가장 높다.

오답해설

① '공공사업자' 지출액의 전년 대비 증가폭을 살펴보면, 2016년은 49억 원, 2017년은 53억 원, 2018년은 47억 원이다. 따라서 2017년의 증가폭이 가장 크다.

③ 연도별로 사용자별 지출액의 전년 대비 증가율을 살펴보면, 2016년은 '개인', '민간사업자', '공공사업자' 순서대로 각각 약 36%, 32%, 8%이고, 2017년 역시 같은 순서대로 약 36%, 33%, 8%, 2018년은 약 31%, 52%, 6% 이다. 따라서 매년 증가율은 '공공사업자'가 가장 낮다.

④ 매년 '공공사업자'와 '민간사업자'의 지출액 합을 계산하면 2015년부터 각각 846억 원, 963억 원, 1,108억 원, 1,350억 원으로 매년 '개인'의 지출액 보다 크다.

⑤ 2018년 모든 사용자의 지출액 합은 2,644억 원으로, 2015년의 1,378억 원 대비 약 92% 증가하였다.

합격생 가이드

답을 찾기 위해서 정확하게 계산할 필요는 없다. ②의 경우, 2018년 사용자별 지출액의 전년 대비 증가율을 비교하는데 '민간사업자'의 경우 1.5배 이상 증가한 반면 '개인'은 1.5배까지는 증가하지 못했다는 것을 빠르게 파악할 수 있다.

23 전환형

정답 ①

| 난도 | 하

정답해설

ㄴ. 2018년 청소년활동을 가장 희망하는 시간대가 '학교 수업시간 중'(43.7%)이고, '기타'를 제외하고 '방과 후'가 7.8%로 가장 낮다.

ㄷ. 2018년 청소년활동 참여형태는 '학교에서 단체로 참여'(46.0%), '교내 동아리활동으로 참여'(17.5%), '개인적으로 참여'(12.3%) 순이다.

오답해설

ㄱ. 2018년 청소년활동 9개 영역 중 3순위는 72.5%를 차지한 '진로 탐색 · 직업체험활동'이다.

ㄹ. 2018년 청소년활동 정책 인지도 점수는 최대 1.44점이다.

합격생 가이드

보고서 세 번째 문단에서 '전반적 만족도', '지도자 만족도' 등에 대한 자료는 선지에 나타나 있지 않다. 여기에 현혹되지 말고, 선지에서 묻는 것에만 집중하자.

24 전환형

정답 ④

| 난도 | 상

정답해설

2015~2018년 A국 조성물의 건수는 55건이 아니라 35건이다.

합격생 가이드

옳은 선지의 경우 정확한 계산을 많이 필요로 하는 난이도가 높은 문항이다. 복잡한 계산을 필요로 하지 않는, 정오를 빠르게 판별할 수 있는 선지부터 체크하면 정답을 빨리 찾을 수 있다.

25 빈칸형

정답 ②

| 난도 | 하

정답해설

ㄱ. 수면제 D의 평균 숙면시간은 5.2시간으로 C-D-A-B 순서로 평균 숙면시간이 긴 순서이다.

ㄷ. 수면제 B와 수면제 D의 숙면시간 차이가 가장 큰 환자는 2시간의 차이를 보인 환자 '갑'이다.

오답해설

ㄴ. 환자 '무'의 수면제 C에서의 숙면시간은 6시간이다. 환자 '을'과 환자 '무'의 숙면시간 차이는 수면제 C에서 1시간, 수면제 B에서 2시간이므로 B가 C보다 크다.

ㄹ. 수면제 C의 평균 숙면시간보다 수면제 C의 숙면시간이 긴 환자는 '갑', '정', '무'로 총 3명이다.

합격생 가이드

빈칸도 2개밖에 없고 계산도 아주 간단한 난도 최하의 문항이다. 가끔 나오는 이런 쉬운 문제에서 실수하지 않도록 하자. 보기 하나하나에 정확성과 확신을 높여 'ㄱ'이 맞고 'ㄴ'이 틀리다는 걸 알았을 때 바로 ②를 체크할 수 있도록 하자. 시간을 절약할 수 있는 가장 간단한 방법이다.

26 복수의 표

정답 ③

| 난도 | 상

정답해설

ㄱ. 2018년 기준 A, B지역에서 2살인 인구가 3살인 인구보다 많다. (194,646>193,744)

ㄹ. 2019년 6~11세 인구의 합은 2018년 5~10세 인구의 합이다. 2018년 5세의 인구수가 11세의 인구수보다 많으므로 옳다.

오답해설

ㄴ. 2017년 11세 인구수를 알 수 없으므로 알 수 없는 데이터이다.

ㄷ. 5세 인구가 가장 많은 지역은 A, 5세 인구 대비 0세 인구의 비율이 가장 높은 지역은 B이다.

27 단순확인(표 · 그림) 정답 ③

| 난도 | 상

정답해설

공군이 참전한 국가는 미국, 캐나다, 호주, 태국, 그리스, 남아공 등 총 6개국이다. 이 6개국 중 해당 국가의 전체 피해인원 대비 '부상' 인원의 비율이 가장 큰 국가는 $\frac{1,139}{1,273} \times 100 \fallingdotseq 89.5\%$인 태국이다.

오답해설

① 미국의 참전인원은 전체 참전인원의 15/16 이하이다.

② 참전인원 대비 전체 피해인원 비율이 터키는 약 $\frac{1}{4} \sim \frac{1}{5}$인 데 반해 프랑스는 $\frac{1}{3}$을 넘는다.

④ 공군만 참전한 남아공의 '전사 · 사망' 인원은 34명, 육군만 참전한 모든 국가의 '전사 · 사망' 인원은 1,075명이다. 30배 이상이다.

⑤ '실종' 인원이 '포로' 인원보다 많은 국가는 태국, 뉴질랜드, 벨기에의 3개국이다.

28 단순확인(표 · 그림) 정답 ②

| 난도 | 중

정답해설

ㄱ. 가사노동을 부인이 전담한다고 응답한 남성은 45,000×0.879=39,555명, 여성은 55,000×0.899=49,445명이다.

ㄷ. 취업자와 미취업자가 응답한 비율의 차이는 '부인전담' 2.7%, '부부 공동 분담' 1.9%, '남편전담' 0.7%, '가사도우미 활용' 0.1% 순으로 나타난다.

오답해설

ㄴ. 가사노동을 부부가 공동으로 분담한다고 응답한 비율은 50대에서보다 60세 이상에서 더 높다.

ㄹ. 해당 비율은 취업자에서 92.4%, 비취업자에서 90.4%로 취업자에서 더 높다.

29 복수의 표 정답 ⑤

| 난도 | 중

정답해설

일반 · 간이 신고에서 식품류는 총 3,805천 건으로 일반 · 간이 신고 전체의 절반에 미치지 못한다.

오답해설

① 합계를 높게 잡아 16,000이라고 가정하고 계산해도 5,764천 건은 16,000×0.35=5,600천 건보다 많다. 즉, 35% 이상이다.

② 200달러 초과인 건수는 452천 건인데, 452×30=13,560이 전체 건수인 15,530천 건에 한참 미치지 못한다. 따라서 452천 건이 전체의 1/31이하라는 것을 알 수 있고 나머지 부분이 200달러 초과인 건수보다 30배 이상임을 의미한다.

③ 전체 건수를 높게 잡아 16,000이라고 가정하고 계산해도 2,962천 건은 16,000×0.15=2,400천 건보다 많다.

④ '핸드백', '가전제품', '시계'의 합은 1,944천 건으로, 전체의 12.5%를 차지한다.

30 공식 · 조건 정답 ①

| 난도 | 중

정답해설

A 63점, B 69점, C 51점, D 57점

ㄱ. A의 점수가 4점, D의 점수가 3점 증가하여도 순위는 같다.

ㄴ. A와 B의 종합점수 차이는 10% 내외인데, B의 '향' 항목 점수는 A의 '색상' 항목 점수보다 30% 이상 크다.

오답해설

ㄷ. 참가자 C가 모든 항목에서 1점씩 더 득점하면 종합점수 71점으로 1위를 차지하게 된다.

ㄹ. B가 1위이지만 '맛' 항목 점수는 A가 더 높다.

합격생 가이드

ㄱ과 ㄷ 보기를 구할 때 종합점수를 통째로 다시 구하지 않도록 하자.

31 단순확인(표 · 그림) 정답 ④

| 난도 | 중

정답해설

'G인터넷'과 'HS쇼핑'의 5월 데이터 사용량의 합은 7.1GB=7,270.4MB로 나머지 앱의 5월 데이터 사용량의 합보다 많다.

오답해설

① 'G인터넷'의 증가량이 1.4GB로 '뮤직플레이'보다 높다.

② 데이터 사용량이 감소한 앱은 총 10개다.

③ 6월에만 데이터 사용량이 있는 앱의 데이터 사용량은 43.2MB로 '날씨정보'의 6월 데이터 사용량인 45.3MB보다 적다.

⑤ 'S메일'의 변화율은 감소량으로 100%가 넘지 않지만, '뮤직플레이'와 'JJ멤버십'의 경우 증가율(변화율)이 400%를 웃돈다.

32 공식 · 조건 정답 ②

| 난도 | 하

정답해설

2018년 전체 종사자수 대로 나열하면 A, C, B, D 순이다.

첫 번째 조건에 따르면, A와 B는 통신이 될 수 없다(③, ④ 소거).

두 번째 조건에 따르면, A가 종이신문이다(⑤ 소거).

세 번째 조건에 따르면, B가 방송이다(① 소거).

네 번째 조건에 따르면, C가 인터넷 신문이 된다(①, ③, ⑤ 소거).

합격생 가이드

실전에서는 세 번째 조건까지만 적용하면 답을 도출할 수 있으며, 네 번째 조건을 적용하는 것은 시간 낭비이다. 두 번째 조건에서 정규직 여성의 숫자가 A가 월등히 많음을 파악하면 빠르게 판단할 수 있다. 세 번째 조건의 경우 비정규직 종사자 수에 5배를 곱하여 비교하면 쉽게 비교 가능하다. 굳이 확인을 한다는 것은 PSAT와 같이 시간을 다투는 시험에서 치명적으로 작용할 수 있다. 다시 검토하는 것보다 한번 풀 때 정확하게 하는 것이 더 효과적인 전략이다. 다만 해당 문제와 같이 선지의 순서 나열에 특별한 조건이 붙은 경우 알파벳을 나열하고 시작하는 것이 헷갈린다면 먼저 매칭을 하고 이후에 배열하여 답을 찾는 것도 괜찮은 방법이다.

33 단순확인(표 · 그림) 정답 ⑤

| 난도 | 상

정답해설

이메일을 선택한 20대 응답자 수는 24.1%이고, 신용카드를 선택한 20대 응답자 수는 16.9%이다. 이 모두가 아이핀을 동시에 선택했다면 아이핀의 응답자 수는 24.1+16.9=41% 이상이어야 하지만, 아이핀을 선택한 20대 응답자 수는 36%에 불과하다. 따라서 불가능하다.

오답해설

① 연령대별 인증수단 선호도를 살펴보면, 30대와 40대 모두 '공인인증서'－'휴대폰 문자 인증'－'아이핀' 순서로 선호하여 아이핀이 3번째로 선호도가 높다.
② 선호 인증수단을 1개나 2개를 응답한 비율이 최대가 되어도 3개 선택한 응답자의 최소 비율이 40% 이상이 되면 맞으므로, 먼저 선호 인증수단을 1개나 2개를 응답한 비율이 최대가 되도록 생각해본다. 선호 인증수단을 1개나 2개를 응답한 비율이 최대가 되는 경우는 선호 인증수단을 2개 선택한 사람의 비율이 100%일 때인데 전체가 252.9%이므로 52.9% 정도는 3개 인증한 경우가 되어 맞는 선지가 된다.
③ 선호하는 인증수단으로 신용카드를 선택한 남성은 21.1%로, 바이오 인증을 선택한 남성인 9.9%의 3배 이하이다.
④ 20대와 50대간의 인증수단별 선호도 차이를 살펴보면, 공인인증서가 12.0%p로 가장 크다.

합격생 가이드

복수 응답이 가능하기 때문에 문제 풀이에 시간이 다소 소요되는 난도가 높은 문항이다. 표 아래에 나오는 추가 조건을 놓치지 않고 선지를 순서대로 풀어나간다면 정답에 이르는 것은 어렵지 않지만, 당황하여 문제가 읽히지 않는다면 뒤로 미루는 것도 방법이 될 수 있다.

34 빈칸형 정답 ①

| 난도 | 상

정답해설

ㄱ. 미국의 영향력지수는 1.2, 캐나다의 영향력지수는 1.4이다.
ㄴ. 프랑스의 특허인용건수는 13건이다. 산식을 이용해 해당국가의 특허피인용건수를 정리하면 '해당국가의 피인용비×해당국가의 특허등록건수=해당국가의 영향력지수×전세계 피인용비×해당국가의 특허등록건수=기술력지수×10'이다. 특허 피인용건수는 태국이 14, 프랑스가 39, 핀란드가 63으로 태국과 프랑스의 차이가 더 크다.

오답해설

ㄷ. 한국의 특허피인용건수(기술력지수×10)는 미국, 일본, 독일보다 낮고, 네덜란드와 캐나다보다도 낮다.
ㄹ. 네덜란드의 특허등록건수는 30건으로 한국의 특허등록건수의 50% 이상이다.

합격생 가이드

조건에 주어지는 수식을 가공하여 원하는 데이터를 쉽게 뽑아내는 것이 필요하다. 이 문항에서도 '특허피인용건수=기술력지수×10'으로 쉽게 처리할 수 있다.

35 복수의 표 정답 ⑤

| 난도 | 중

정답해설

ㄴ. 분모인 건강보험 진료비는 매년 증가하는데 분자에 해당하는 약국의 직접조제 진료비는 2015년까지는 매년 감소해 2015년까지는 선지의 표현이 맞음을 쉽게 확인 가능하다. 2016년도 분자가 그대로이므로 감소한 것이 확실하다. 2017년의 경우는 분자는 5%도 증가하지 않은 반면, 분모는 5% 넘게 증가하여 역시 감소하였음을 알 수 있다.
ㄷ. A국의 건강보험 진료비 중 본인부담을 모두 입원비에만 썼다고 해도 입원비에서 본인부담을 빼고 남는 금액이 3조 8천억 원 이상이면 된다. 표의 수치들을 어림해보면 2013~2017년 모두 공단부담 금액은 3조 8천억 원 이상임을 알 수 있다.
ㄹ. 2013년에 16.3% 증가하고 2014년에 3.6% 한 번 더 증가한 상황이다. B국의 2012년 진료비를 1로 놓으면 2013년의 진료비는 1.163이 되고, 2014년의 진료비는 1.163의 0.036배 만큼 증가하였으므로 0.041868이 증가하게 된다. 따라서 2012년 대비 2014년 건강보험 진료비의 비율은 1.204868이 되어 1.2 이상이 된다.

오답해설

ㄱ. C국의 2016년 건강보험 진료비는 전년에 비해 12.1% 증가한 반면, A국은 10%도 증가하지 않은 것을 바로 알 수 있다.

합격생 가이드

이 문제의 경우 표 2가 표 1의 A국 건강보험 진료비의 부담을 보여주고, 표 3은 표 1, 2에 나타난 A국 외의 다른 국가들의 건강보험 진료비의 증가율을 보여주고 있다. 이런 유형의 경우 표의 제목들을 먼저 읽고, 각 표의 관계를 파악하는 것이 우선이다. 그리고 표의 항목 내용을 파악한다. 표의 제목과 항목의 내용을 통해 표 간의 관계 파악이 완료된 뒤 선지를 보게 되면 표의 내용을 잘못 해석한 경우나 표에서 알 수 없는 경우를 쉽게 파악할 수 있다.

36 복수의 표 정답 ④

| 난도 | 상

정답해설

보고서를 보면 2015년 갑국 총 수출액에서의 농수산물은 6.3%, 총 수입액에서는 12.5%를 차지하는데, 총 수입액이 총 수출액보다 크므로 농수산물 수입액이 농수산물 수출액의 2배를 초과하게 된다. 그런데 갑국의 을국 농수산물 수출액은 861백만 달러, 수입액은 1,375백만 달러이므로 수입액이 수출액의 2배에 미치지 못한다. 따라서 2015년 갑국의 전체 농수산물 수출액에서 을국에 대한 농수산물 수출액이 차지하는 비율은 2015년 갑국 전체 농수산물 수입액에서 을국으로부터의 농수산물 수입액이 차지하는 비율보다 크다.

오답해설

① 해당 국가의 흑자를 묻고 있으므로, 갑국 수입액에서 수출액을 뺀 것이 양수인 국가를 찾으면 된다. 이는 중국, 태국, 한국, 인도네시아 4개국이다.
② 2015년 갑국의 대 을국 집적회로반도체 수출액이 999백만 달러, 수입액이 817백만 달러로 수출액이 더 큰데, 전년 대비 증가율은 수출액이 14.5%, 수입액이 19.6%로 수출액이 더 적게 증가한다. 따라서 2014년에 수출액이 수입액보다 큼을 알 수 있다.

③ 갑국의 무역수지를 알기 위해 갑국의 총수출액, 수입액을 알아야 한다. 이는 총수출액에 대한 각 국의 비율 중 계산하기 쉬운 것을 찾아 접근한다. 표 1에서 수출국 한국과 수입국 독일의 비율을 보면 3.2%로 같아서 비교하기 좋다. 수출 3.2%는 64억 달러이고, 수입 3.2%는 70억 달러이다. 따라서 같은 비율인데 수입이 수출보다 더 많으므로 갑국의 무역수지는 적자임을 알 수 있다.

⑤ 수출액에서 전자제품이 차지하는 비율이 29.9%인데 이는 홍콩의 6배보다 약간 작으므로 약 600억 달러이다. 그리고, 수입액에서 차지하는 비율은 23.7%인데 이는 4.8%인 대만의 5배보다 약간 작다. 따라서 약 530억 달러이므로 전자제품 수출액이 더 크다.

합격생 가이드

구체적인 계산을 하기 보단, 주어진 비율을 잘 이용하는 것이 중요하다. 특히 100이나 그와 비슷한 수로 변환시키기 쉬운 국가를 찾아낸다면 어렵지 않게 풀 수 있다.

37 복수의 표 정답 ②

| 난도 | 상

정답해설

B세대는 2017년 6월에 LTV에 따르면 2억 4천만 원, DTI에 따르면

변경 전 DTI 50% = $\frac{\text{신규 주택담보대출 최대금액의 10\%}}{\text{(연간소득) 6천만 원}}$이므로 3억 원 대출이 가능하다. 따라서 이 때 대출 가능 최대금액은 2억 4천만 원이다. 이 LTV가 20%p 감소하게 되는데 이는 8천만 원에 해당한다.

오답해설

ㄱ. A세대는 서민 실수요 세대이므로 LTV 기준으로 최대 금액은 2억 원이다. 그러나 각주에서 LTV와 DTI 중 작은 것을 선택한다고 명시되어 있다. DTI의 경우 연간소득의 50%는 1500만 원이다. 이때 500만 원을 제외하면 1천만 원이 남는다. 각주에 따르면 이는 신규 주택담보대출 최대금액의 10%이므로 신규 주택담보대출 최대금액은 1억 원이 된다. 따라서 더 작은 1억 원이 신규 주택담보대출 최대 금액이 된다.

ㄷ. C세대는 주택담보대출 보유 세대이다. 2017년 10월의 경우 LTV에 따르면 1억 2천만 원, DTI에 따르면 2억 9천만 원이 신규 주택담보대출 최대금액이 된다. 따라서 LTV인 1억 2천만 원이 최대금액이다. DTI에 기주택담보대출 연원리금을 포함하더라도 이는 1억 7천만 원이 되어 LTV의 것보다 크므로 C의 신규 주택담보대출 최대금액은 계속 1억 2천만 원이다.

합격생 가이드

처음에 신규 주택담보대출 최대금액의 의미를 이해하는 것이 어려울 수 있다. 이를 파악하면 쉬운 문제이나 그 과정이 오래 걸린다. 실전이라면 풀지 않고 넘어가는 것도 좋은 방법이다.

38 빈칸형 정답 ③

| 난도 | 중

정답해설

C국의 인구는 7,700만÷77×100=1억 명이고, '유선+무선−유무선 동시+미가입'이 1억 명이어야 하므로, 유 · 무선 통신 동시 가입자는 1,600만 명이다.

오답해설

① A국의 유선 통신 가입자를 X명이라고 하면, X÷(X+4,100−700+200)=0.4이므로, X=2,400만 명이다.

② 4,500만 명이다.

④ 2016년 D국의 인구는 3,000만 명으로, 미가입자는 200만 명이다.

⑤ B국은 1,600만 명, D국은 600만 명으로 3배는 안 된다.

39 종합 정답 ④

| 난도 | 중

정답해설

ㄴ. 드럼세탁기가 A국 백색가전 품목에서 차지하는 비중은 18%로 동일하지만, 백색가전이 A국의 전체 수출액에서 차지하는 비중이 매년 감소하므로 전체 수출액에서 드럼세탁기가 차지하는 비중은 매년 감소한다.

ㄹ. A국의 2018년 전체 수출액을 100%라고 하면 그 중 항공기의 수출액 비중은 3%이고 세계수출시장에서 차지하는 점유율은 0.1%이므로 A국 항공기 수출액 비중의 1,000배이다. 따라서 항공기 세계수출시장의 규모는 3%×1,000=3,000%로 A국 전체 수출액의 30배이다.

오답해설

ㄱ. A국의 전체 수출액은 변동이 없는데, 선박이 차지하는 비중은 줄어들기 때문에 A국 선박의 수출액은 줄어든다. 하지만 A국 선박의 수출액이 세계수출시장에서 차지하는 점유율은 1%로 동일하므로 선박의 세계수출시장 규모는 줄어든다.

ㄷ. 휴대폰의 점유율은 2018년에 감소한다.

40 종합 정답 ①

| 난도 | 하

정답해설

A국 전체 수출액 대비 TV의 세계수출시장 규모의 그래프이다.

1	2	3	4	5	6	7	8	9	10
①	④	①	⑤	③	⑤	④	⑤	④	①
11	12	13	14	15	16	17	18	19	20
④	⑤	①	③	⑤	②	③	③	①	③
21	22	23	24	25	26	27	28	29	30
③	④	④	⑤	①	④	②	②	⑤	①
31	32	33	34	35	36	37	38	39	40
④	③	②	⑤	②	①	③	②	④	②

01 법조문 정답 ①

| 난도 | 하

정답해설

두 번째 조 제5항에 따를 때, 날짜와 시간 모두 올바르게 표기되어 있다.

오답해설

② 첫 번째 조 제3항에 따를 때, 효력발생시기가 명시되어 있지 않은 경우, 그 문서의 효력은 공고가 있은 날부터 5일이 경과한 때에 효력이 발생한다. 따라서 9월 12일이 효력발생일이다.

③ 첫 번째 조 제2항에 따르면, 전사문서의 경우는 수신자가 지정한 전자적 시스템에 입력됨으로써 효력이 발생한다.

④ 두 번째 조 제2항에 따라 문서 작성 시에는 일반화되지 않은 약어와 전문용어 등의 사용을 피하여 이해하기 쉽게 작성하여야 한다.

⑤ 두 번째 조 제3항에 따라 연계된 바코드는 표기할 수 있다.

합격생 가이드

첫 번째 조문에서는 효력에 관한 내용을, 두 번째 조문에서는 문서 작성과 관련된 내용을 다루고 있다. 따라서 선지의 내용이 효력에 관한 것인지, 문서 작성에 관한 것인지를 파악하여 발췌하여 읽었다면 빠르게 풀 수 있는 문제였다.

02 법조문 정답 ④

| 난도 | 하

정답해설

ㄴ. 두 번째 조 제3항에 따라 지방보조사업자가 수익성 악화를 이유로 다른 사업자에게 인계하기 위해서는 미리 도지사의 승인을 얻어야 한다.

ㄹ. 세 번째 조 제2호에 따라 도지사는 상하수, 치수에 대해 총사업비의 30% 이상 50% 이하를 지방보조금 예산으로 정할 수 있다. 따라서 최대 20억 원을 지방보조금 예산으로 정할 수 있다.

오답해설

ㄱ. 두 번째 조 제2항 단서에 따를 때, 경미한 내용변경이나 경미한 경비배분변경의 경우에는 지방보조사업자가 도지사의 승인 없이 변경할 수 있다.

ㄷ. 네 번째 조에 따라 시장은 도비보조사업에 대한 시비 부담액을 다른 사업에 우선하여 해당연도 A시 예산에 반영해야 한다.

03 조건적용 정답 ①

| 난도 | 하

정답해설

ㄱ. 대학생 甲은 X학자금의 신청대상 조건을 모두 만족하여 X학자금 대출을 받을 수 있다.

ㄴ. 乙이 X학자금을 통해 대출받을 수 있는 돈은 한 학기 등록금 300만 원과 학기당 생활비 150만 원으로 총 450만 원을 대출받을 수 있다.

오답해설

ㄷ. 장애인인 경우 이수학점 기준이 면제될 뿐이며 신용 요건은 여전히 충족되어야 한다.

ㄹ. X학자금 대출의 경우 졸업 이후에 소득이 없다면 상환이 유예되지만 Y학자금 대출의 경우 소득 발생 여부와 관계없이 졸업 직후에 상환이 개시된다.

04 조건적용 정답 ⑤

| 난도 | 중

정답해설

ㄴ. 乙은 4인 가구의 가구원이며 신청대상의 제2호에 해당하므로 114,000원을 받을 수 있다. 또한 담당 공무원의 대리신청이 가능하므로 丁이 丙을 대리하여 신청서류를 구비하여 제출한다면 아파트 거주자가 아닌 乙은 에너지이용권을 실물카드의 형태로 지급받을 수 있다.

ㄷ. 丙은 2인 가구의 가구원으로 신청대상 제1호에 해당하는 자로서 102,000원을 받을 수 있다. 또한 가상카드 형태로 발급받아 사용할 경우, 사용기간 만료 시 잔액이 발생하면 전기요금이 차감된다.

오답해설

ㄱ. 甲은 실업급여 수급자로서 신청대상인 '생계급여 또는 의료급여 수급자'에 해당하지 않아 지원금을 지급받을 수 없다.

합격생 가이드

'신청대상'을 유의할 필요가 있다. 신청대상의 경우, [(생계급여∨의료급여)∧(1호∨2호∨3호)]의 형식을 취하고 있다. 즉, 급여요건과 각호요건 중 하나씩을 동시에 구비하고 있을 것을 요구하고 있으므로 이에 유의하여 풀어야 한다. ㄱ은 이를 이용하여 만든 오답 선지이다.

05 법조문 정답 ③

| 난도 | 중

정답해설

임금피크제 지원금을 받기 위해서는 첫 번째조 제1항의 각호 중 하나를 충족하면서 동시에 제2항의 18개월 이상 근무기간 요건과 임금 요건을 충족해야 한다.

- 甲 : 제1항 제1호에 해당하며 18개월 이상 근무하였다. 또한 피크임금 4000만 원에 비해 100분의 10 이상 낮아진 3500만 원을 받고 있으므로 지원금의 대상이 된다.

• 丙 : 제1항 제3호에 해당하며 18개월 이상을 근무하였다. 또한 피크임금 2000만 원에 비해 100분의 30 이상 낮아진 1200만 원을 받고 있으므로 지원금의 대상이 된다.

오답해설

• 乙 : 사업주가 정년을 60세 이상으로 연장하지 않았기 때문에 제1항 제1호에 해당하지 않는다. 또한 재고용 기간이 1년 미만이므로 제2호에 해당하지 않으며, 근로시간을 단축하지 않았으므로 제3호에도 해당하지 않는다. 따라서 지원금의 대상이 될 수 없다.

06 법조문 정답 ⑤

| 난도 | 중

정답해설

기존에는 C회사의 주권 200주를 거래하기 위해 5만 원{=50,000원×200주×(5/1000)}을 납부해야 했으나, 만약 C회사의 주권을 Y증권시장을 통해 거래한다면 탄력세율을 적용받게 되므로 3만 원{=50,000원×200주×(3/1000)}을 납부하게 된다. 따라서 2만 원 감소한다.

오답해설

① 두 번째 조에 따라 금융투자업자 乙이 증권거래세 납세의무자이다.
② A회사의 증권거래세액은 4,500원{=30,000원×100주×(1.5/1,000), B회사의 증권거래세액은 6,000원{=10,000원×200주×(3/1000)}, C회사의 증권거래세액은 50,000원{=50,000원×200주×(5/1000)}이다. 따라서 총합은 60,500원이므로 6만 원을 넘는다.
③ 다섯 번째 조에 따를 때, X 또는 Y증권시장에서 양도되는 주권에 대하여 탄력세율이 적용된다. 하지만 C회사의 주권 200주는 X 및 Y증권시장을 거치지 않았으므로 이에 대해서는 탄력세율을 적용받지 못한다.
④ 제3조에 따르면, 과세표준은 양도가액을 기준으로 한다. 따라서 양도가액 30,000원에 100주를 곱한 300만 원이 과세표준이 된다.

07 정보확인 · 추론 정답 ④

| 난도 | 중

정답해설

ㄴ. Y가설에 따르면 흡인력은 각 도시로부터의 거리 제곱에 반비례하므로, 다른 모든 조건이 동일하다면 거리가 가까운 도시일수록 흡인력이 커진다. 흡인력은 소비자를 끌어당기는 힘이므로 흡인력이 클수록 이상적인 점포 입지가 된다.

ㄷ. Y가설에 따를 때, C시로부터 B시가 떨어진 거리가 10km에서 5km로 변한다면 B시의 흡인력은 기존 40,000의 4배인 160,000이 된다. 이때 A시의 흡인력은 20,000이므로 C시 인구의 8/9인 8만 명이 B시로 흡인된다.

오답해설

ㄱ. X가설에 따르면 소비자는 유사한 제품을 판매하는 점포들 중 한 점포를 선택할 때 항상 가장 가까운 점포를 선택한다. 즉, 선택에 영향을 미치는 유일한 요인은 거리이고 가격은 점포 선택에 영향을 미치지 않는다.

합격생 가이드

보기에서 X가설과 Y가설을 완전히 분리해서 묻고 있으므로 글에서 X가설을 읽은 뒤 바로 ㄱ을 판단하고, Y가설을 읽은 뒤 바로 ㄴ과 ㄷ을 판단하는 것이 시간 절약에 도움이 된다. 이때 사례 부분을 최대한 활용하여 계산을 최소화하는 것이 중요하다. 즉, ㄷ을 판단하는 데 있어 C시로부터 B시가 떨어진 거리가 1/2이 되면 흡인력은 4배가 된다는 것을 활용하여 시간을 절약할 수 있다.

08 단순계산 정답 ⑤

| 난도 | 하

정답해설

돼지고기는 225－100=125g을 준비해야 한다.

오답해설

① 면은 500－200=300g을 준비해야 한다.
② 양파는 150－100=50g을 준비해야 한다. 그런데 냉장고에 이미 있는 양이 더 많으므로 양파는 준비하지 않는다.
③ 새우는 120g을 준비해야 한다.
④ 건고추는 10g을 준비해야 한다.

합격생 가이드

총 2.5인분을 준비해야 하지만 예외적으로 '고추'가 들어간 재료는 1.25인분, 새우는 3인분을 준비해야 한다. 특수한 장치가 들어있는 경우, 해당 장치가 적용되는 선지를 우선 판단한다. ③, ④를 우선 판단한 이후에 다른 선지들을 풀이하면 실수의 여지를 줄일 수 있다. 매력적인 오답으로 ②가 제시되었는데, 문항에 필요한 각 재료의 절반 이상이 냉장고에 있으면 그 재료는 구매하지 않는다고 되어 있다. 문항에 주어진 조건을 모두 적용하지 못한 경우에는 실수한 것이 없는지 의심해 보아야 실수를 줄일 수 있다.

09 단순계산 정답 ④

| 난도 | 하

정답해설

영어 통역사에 대한 통역경비는 다음과 같다.
통역료=500,000원+100,000원=600,000원
교통비=이동보상비+교통비=(4×10,000원)×100,000원=140,000원
따라서 1인당 74만 원이며, 2인의 영어 통역사에게 148만 원을 지급해야 한다.
인도네시아어 통역사에 대한 통역경비는 다음과 같다.
통역료=600,000원
교통비=이동보상비+교통비=(4×10,000원)×100,000원=140,000원
따라서 1인당 74만 원이며, 2인의 인도네시아어 통역사에게 148만 원을 지급해야 한다.
이에 따라 甲시에서 개최한 설명회에 쓴 총 통역경비는 296만 원이다.

10 게임 · 규칙 정답 ①

| 난도 | 상

정답해설

ㄱ. A부족의 셈법에 따르면 손바닥이 보이는 채로 손가락 다섯 개가 세 번 모두 펴져 있는 경우 펴져 있는 손가락 개수만큼 더하기 때문에 셈의 합은 15가 되고, B부족의 셈법에 따르면 세 번 모두 엄지가 펴져 있으므로 엄지를 제외하고 펴져 있는 손가락 개수만큼 더하기 때문에 셈의 합은 12가 된다.

ㄴ. B부족의 셈법에 따르면 세 번 다 엄지만 펴져 있는 경우 엄지를 제외하고 펴져 있는 손가락이 0개이므로 셈의 합은 0이 되고, 세 번 다 주먹이 쥐어져 있는 경우 엄지가 접혀 있고 펴져 있는 손가락이 0개이므로 셈의 합은 0이 된다.

오답해설

ㄷ. A부족의 셈법에 따르면 손바닥이 보이는 채로 세 손가락이 펴져 있고, 두 손가락이 펴져 있고, 한 손가락이 펴져 있으므로 셈의 합은 6이 된다. 그리고 B부족의 셈법에 따르면 엄지가 펴져 있을 때 나머지 두 손가락을 더하고, 엄지가 접혀 있을 때 두 손가락을 빼고, 엄지만 펴져 있을 때 0을 더하면 셈의 합은 0이 된다.

ㄹ. 세 번 내내 엄지가 펴져 있었다면 B부족의 셈법에 따르면 세 수를 더해서 9가 나와야 한다. 따라서 가능한 경우로는 엄지를 제외하고 펴져 있는 손가락 수가 (ⅰ) 1+4+4, (ⅱ) 2+3+4, (ⅲ) 3+3+3인 경우가 있다. 위의 경우들을 A부족의 셈법으로 계산해 보면 다음과 같다.

(ⅰ) 1+4+4인 경우 : 펴져 있는 엄지의 수를 고려하면 2±5±5가 된다. 이를 더하거나 빼서 9를 도출할 수 없으므로 제외한다.

(ⅱ) 2+3+4인 경우 : 펴져 있는 엄지의 수를 고려하면 3±4±5가 된다. 이를 더하거나 빼서 9를 도출할 수 없으므로 제외한다.

(ⅲ) 3+3+3인 경우: 펴져 있는 엄지의 수를 고려하면 4±4±4가 된다. 이를 더하거나 빼서 9를 도출할 수 없으므로 제외한다. 따라서 어떤 경우에도 A부족과 B부족 셈의 합이 똑같이 9가 나올 수 없다.

합격생 가이드

보기 ㄱ, ㄴ, ㄷ은 시키는 대로 셈을 하면 비교적 간단히 풀 수 있지만, ㄹ의 판단에 사고를 요한다. 하지만 ㄱ, ㄴ을 옳다고 도출하더라도 ㄹ을 반드시 판정해야만 정답을 고를 수 있기 때문에 ㄹ 판단에 시간이 많이 소요될 것 같다면 포기하는 것도 전략이다.

11 수리퀴즈(추론) 정답 ④

| 난도 | 중

정답해설

戊의 나이가 23세이므로 甲, 乙, 丙, 丁의 나이는 각각 32세, 30세, 28세, 26세이다. 오디션 점수가 세 번째로 높은 丙만이 군의관 역할을 연기해 본 경험이 있고, 가장 나이가 많은 甲만 사극에 출연한 경험이 있다.

甲은 76−8+10=78점, 乙은 78−4=74점, 丙은 80−5=75점, 丁은 82−4=78점, 戊는 85−10=75점이다. 따라서 甲과 丁 중 기본 점수가 가장 높은 丁이 캐스팅된다.

합격생 가이드

나이와 오디션 점수의 합이 모두 동일하다는 점이 핵심이다. 甲에서 戊로 갈수록 오디션 점수가 높아지기 때문에 甲에서 戊로 갈수록 나이는 줄어든다. 이 때 사극 경험으로 가점을 10점이나 받는 甲이 78점이므로 이미 기본점수가 78점인 乙은 캐스팅될 수 없다는 점 등의 숫자의 특성을 활용하면 좋다.

12 조건적용 정답 ⑤

| 난도 | 하

정답해설

금요일 17시에 회의를 개최할 경우 A, B, C, D, F가 참여하게 되므로 회의 개최가 가능하다.

오답해설

① 월요일 16시에 회의를 개최할 경우 C, D, F가 참여하게 되므로 회의 개최가 가능하다.

② 금요일 16시에 회의를 개최할 경우 A, B, C, F가 참여하게 된다. 이때, '나'장소에 대한 선호도가 28점으로 가장 높으므로 회의 장소는 '나'이다.

③ 금요일 18시에 회의를 개최할 경우 C, D, F가 참여하게 된다. 이때, '나' 장소에 대한 선호도가 22점으로 가장 높으므로 회의 장소는 '나'이다.

④ 목요일 16시에 회의를 개최할 경우 A, E만 참여할 수 있으므로 회의 개최가 불가능하다.

13 논리퀴즈 정답 ①

| 난도 | 중

정답해설

- 甲 : '바구니에 들어 있는 과일이 모두 몇 개니?'라는 질문은 A와 E, B와 C, D를 구분한다. 그리고 '바구니에 들어 있는 과일의 무게를 모두 합치면 1kg 이상이니?'라는 질문은 A와 C, B와 D와 E를 구분한다. 따라서 A, B, C, D, E를 모두 구분할 수 있다.
- 乙 : '바구니의 색깔과 같은 색깔의 과일이 포함되어 있니?'라는 질문은 A와 B 와 D, C와 E를 구분한다. 그리고 '바구니에 들어 있는 과일이 모두 몇 개니?'라는 질문은 A와 E, B와 C, D를 구분한다. 따라서 A, B, C, D, E를 모두 구분할 수 있다.

오답해설

- 丙 : '바구니에 들어 있는 과일이 모두 몇 개니?'라는 질문은 A와 E, B와 C, D를 구분한다. '바구니에 들어 있는 과일의 종류가 모두 다르니?'라는 질문은 A와 B와 C와 D, E를 구분한다. 따라서 B와 C를 구분할 수 없다.
- 丁 : '바구니에 들어 있는 과일의 종류가 모두 다르니?'라는 질문은 A와 B와 C와 D, E를 구분한다. '바구니에 들어 있는 과일의 무게를 모두 합치면 1kg 이상이니?'라는 질문은 A와 C, B와 D와 E를 구분한다. 따라서 A와 C, B와 D를 각각 구분할 수 없다.

14 조건적용 정답 ③

| 난도 | 중

정답해설

ㄱ. 13:00에는 甲과 乙의 감정도가 100으로 초기화되므로 18:00의 감정도를 구하면 다음과 같다.
- 甲: 100 (기본감정도) − 20(14:10, Y민원) + ㉠ + 10(17:00, X민원) + 20(13:00 이후 네 번의 정각에 5씩 감정도 상승) = 110 + ㉠
- 乙: 100(기본감정도) − 20(13:20, Y민원) − 20(14:20, Y민원) − 20(16:10, Y민원) + ㉡ + 10(17:40, X민원) + 20(13:00 이후 네 번의 정각에 5씩 감정도 상승) = 70 + ㉡

이때, 甲의 감정도는 ㉠이 Y민원일 때 최솟값을 가지며 그 값은 90이다. 乙의 감정도는 ㉡이 X민원일 때 최댓값을 가지며 그 값은 80이다. 따라서 甲의 감정도는 乙의 감정도보다 항상 높다.

ㄷ. 12:30의 乙의 감정도를 구하면 다음과 같다.
- 乙: 100(기본감정도) + 10(10:00, X민원) + 15(9:00 이후 세 번의 정각에 5씩 감정도 상승) = 125

오답해설

ㄴ. 乙의 감정도는 70 + ㉡이며, ㉡이 Y민원이라면 감정도는 50이 된다. 따라서 乙은 월차를 부여받을 수 없다.

합격생 가이드

선지 ㄱ을 판단할 때, 반드시 甲과 乙의 감정도를 구해야 하는 것은 아니다. 13:00 이후에 감정도가 초기화되며, 정각에 감정도가 상승한다는 점은 동일하므로 이에 대해서는 별도로 계산하지 않아도 된다. 이후, 甲과 乙에게 공통적인 민원을 제거하고 남은 것만을 비교하면 빠르게 풀 수 있다.

15 수리퀴즈(추론) 정답 ⑤

| 난도 | 상

정답해설

구분	4회차까지의 카드 개수의 합	4회차까지의 총점
A	8	360
B	2	300
C	4	320
D	0	280
E	5	330

E가 5회차 평가에서 70점을 얻어 카드를 받지 못하더라도 총점은 400점이 되므로 카드를 추첨함에 넣을 수 있다.

오답해설

① A가 5회차 평가에서 80점을 얻더라도 E가 100점을 얻는다면 E가 추천될 확률이 가장 높다.
② B가 5회차 평가에서 90점을 얻는다면 총점이 400점 미만이 되어 카드를 추첨함에 넣을 수 없기 때문에 B와 D는 모두 추천될 확률이 없다.
③ C가 5회차 평가에서 카드를 받지 못한다면 총점이 400점 미만이 되어 추천될 확률이 없다.
④ D는 5회차 평가에서 100점을 받더라도 총점이 400점 미만이 되어 본인의 카드를 추첨함에 넣을 수 없다.

합격생 가이드

우선 평과 결과를 보고 현재 4회차까지의 카드 개수와 총점을 구하여 해설처럼 표로 정리한다. 이때 평가 및 추첨 방식을 꼼꼼히 읽되 평가의 총점이 400점 미만인 지망자는 카드를 추첨함에 넣을 수 없다는 단서를 염두에 두어야 한다. 따라서 D의 경우 5회차에서 100점을 얻더라도 카드를 넣을 수 없으므로 ④를 우선적으로 소거할 수 있다. 마찬가지로 B의 경우도 100점이 아니라면 카드를 넣을 수 없으므로 ②도 소거한다. 또한 C의 경우도 카드를 받지 못하면 400점 미만이 되므로 ③도 소거한다. 이후 나머지 선지를 읽고 5회차에서 발생할 수 있는 여러 경우의 수를 고려하여 상황과 확률을 계산하고 선지의 정오를 판단한다. 이때 ①에서 다른 지망자의 점수로 가능한 경우, ⑤에서 E가 카드를 받지 못하는 어떤 경우가 있는지를 추론하는 것이 중요하다.

16 조건적용 정답 ②

| 난도 | 상

정답해설

만족도가 가장 높은 조합은 A구에 복지회관을 2개, B구에 어린이집을 2개 신축하는 것이다. 따라서 A구에는 복지회관만 신설된다.

오답해설

① 총 건축비는 15 + 15 + 15 + 15 = 60억 원이 사용된다.
③ B구에는 어린이집이 2개 신설된다.
④ A구 2개, B구 2개 총 4개 신설된다.
⑤ 조건에서 5가 사라진다면 A구의 복지회관과 B구의 어린이집을 2번째 지었을 때 얻는 만족도는 오히려 증가한다. 따라서 신축되는 시설은 그대로이다.

합격생 가이드

각 시설은 최대 2개 신설할 수 있으므로, 건축비 대비 만족도를 구해두고 따져본다. 이 때 A구의 어린이집 건축비는 복지회관의 1/3만큼 더 높지만 만족도의 증가는 그에 미치지 못하므로 복지회관이 우선 신설된다. B구에서도 마찬가지로 어린이집이 하나 신설된다. 이제 남은 예산 30억 원으로 최대의 만족도를 얻는 조합을 찾는다.

17 시간 · 공간 정답 ③

| 난도 | 상

정답해설

백화점 영업일을 최대로 하기 위하여 11월 1일을 목요일로 두고 달력을 전개하면 다음과 같다.

월	화	수	목	금	토	일
			11월			
			1			
		7	8			
			15			
			22			
		28	29	30		

12월						
					1	
		5			8	
					15	
					22	23
24	25	26				

백화점은 색칠된 칸만큼 캐롤을 튼다. 따라서 29일 동안 캐롤을 틀게 되므로 최대 58만 원을 지불해야 한다.

합격생 가이드

주어진 글에서 두 가지 단서를 잡고 문제를 풀어나가야 한다.

1. 네 번째 목요일 이후 돌아오는 첫 월요일부터 캐롤을 틀기 때문에, 네 번째 목요일이 최대한 빠른 것이 좋다.
2. 백화점 휴점일이 네 번째 수요일이기 때문에, 크리스마스는 네 번째 수요일 이전이거나 당일인 것이 좋다.

이를 기준으로 달력을 전개하면 해설과 같은 달력을 전개할 수 있다. 이 때 주의해야 할 것은 수요일이 네 번째 수요일이기 때문에 11월 28일을 영업일에서 빼주어야 한다는 것이다. 또한 백화점 점등식과 휴점일이 넷 째 주 수/목요일이 아니라, 네 번째 수/목요일이라는 것이다. 그리고 시간을 절약하기 위하여 달력의 일 숫자는 최소한으로 채운다. 달력 문제의 경우 고려해야 할 것이 많고, 실수하기도 쉬워 풀지 않는 것이 좋은 전략이지만, 만약 풀기로 마음먹었다면 달력을 그리되 최대한 시간을 절약할 수 있는 방향으로 전개한다.

18 수리퀴즈(계산) 정답 ③

| 난도 | 중

정답해설

원석채굴 비용은 300만 원, 400만 원, 500만 원 순으로 증가한다. 원석 1개 당 1차 가공의 비용은 250만 원이고, 수입은 목걸이용 보석은 7×60=420만 원, 반지용 보석은 5×40=200만 원이다. 목걸이용 보석을 2차 가공하면 50−40=10만 원의 이익을 보고, 반지용 보석을 2차 가공하면 20−15=5만 원의 손해를 본다. 따라서 목걸이용 보석은 2차 가공하고 반지용 보석은 1차 가공하여 판매할 때 이윤이 극대화된다.

원석 1개를 가공할 때의 수입은 (60×50)+(40×5)=3,200만 원으로 일정하다. 원석 1개를 가공할 때의 비용은 300+250+(60×40)=2,950만 원, 3,050만 원, 3,150만 원으로 증가한다. 결론적으로 원석을 3개 가공하면 최대 이윤을 얻을 수 있고, 이때의 이윤은 250+150+50=450만 원이다.

합격생 가이드

판매를 위해서는 1차 가공은 반드시 해야 하므로, 2차 가공을 할 것인지 선택하는 것이 관건이다. 이때, 목걸이용 보석은 2차 가공을 할 때 양의 이윤을 얻고 반지용 보석은 2차 가공을 할 때 음의 이윤을 얻으므로, 목걸이용 보석은 2차 가공을 하여 판매하고 반지용 보석은 1차 가공을 하여 판매해야 한다는 결론을 얻을 수 있다.

19 종합 정답 ①

| 난도 | 하

정답해설

ㄱ. 도지권을 가진 소작농은 지주의 승낙 없이 임의로 도지권을 타인에게 매매할 수 있었기 때문에, 다른 소작농이 도지권을 가진 소작농으로부터 도지권을 매입한 경우가 있을 수 있다.

ㄴ. 선도지는 경작 이전에 미리 일정액의 도조를 지급하는 경우의 도지이다. 따라서 수확량을 조사하기 위해 간평인을 보냈다면 선도지일 수 없다.

오답해설

ㄷ. 일제의 토지조사사업으로 도지권을 가진 소작농들의 도지권은 부인되었지만, 소작권이 인정되었으므로 소작은 할 수 있었다.

ㄹ. 도지권을 가진 소작농은 지주의 승낙 없이 임의로 도지권을 타인에게 매매할 수 있었다.

합격생 가이드

①과 ⑤가 ㄷ의 포함 여부로 구분되므로 ㄷ을 우선적으로 판단한다. ㄷ을 옳지 않다고 판단하게 되면 ①, ②만 남으므로 ㄴ이나 ㄹ 중 하나만 판단하면 된다.

20 종합 정답 ③

| 난도 | 하

정답해설

㉠ 정해진 도조 액수는 수확량인 쌀 20말의 1/4인 5말이 된다. 5말은 냥으로 환산하면 25냥이 된다.

㉡ 丙에게 A를 빌려주고 소작료를 받아 지주에게 도조인 25냥을 납부하고 그 차액인 25냥이 남는다면 丙에게 받는 소작료는 50냥이 된다.

㉢ 도지 A의 전체 가격은 도지권 가격과 지주의 소유권 가격의 합이다. 도지권의 매매 가격을 a라고 한다면, 소유권 가격은 도지권 가격의 2배이므로 A의 가격은 3a가 된다. 이때 A의 전체 가격(3a)은 900냥이므로 도지권의 매매 가격은 300냥이 된다.

㉣ 도지권을 가진 소작농이 도조를 납부하지 않는 경우, 지주는 연체된 도조를 빼고 나머지는 소작농에게 반환하여야 한다. 연체된 도조는 2년분인 50냥이므로, 甲은 乙에게 도지권의 매매 가격인 300냥에서 연체분인 50냥을 빼고 250냥을 반환해야 한다.

따라서 ㉠~㉣에 들어갈 수의 합은 25+50+300+250=625이다.

합격생 가이드

계산을 요하는 문제이므로 글에서 숫자가 나와 있는 문단을 찾아 읽으며, 글에 나타난 정보를 토대로 상황에 나타난 계산을 해나간다. 종합 유형에서 계산 문제의 경우, 보통 해당 문단을 발췌독하여도 풀이에 문제가 없다. 따라서 글을 읽다가 계산과 관련된 내용이나 수식이 제시된다면 해당하는 계산 문제를 찾아 먼저 해결해도 무방하다. 이런 경우, 문제를 읽고 해당하는 문단을 찾는 시간을 절약할 수 있다.

21 법조문 정답 ③

| 난도 | 하

정답해설

제5항에 따라 재적위원 과반수의 찬성으로 의결한다. 따라서 출석위원수와 관계없이 항상 3명 이상의 찬성을 통해 의결한다.

오답해설

① 제3항 및 대학교수와 연구관을 겸직할 수 없다는 각주에 따라 개별 연구실적평가위원회는 최대 2명의 대학교수를 위원으로 위촉할 수 있다.
② 제3항에 따르면 위원장은 소속기관 내부 연구관 중에서 임명한다. 이때, 각주에서는 대학교수와 연구관은 겸직할 수 없다고 밝히고 있으므로 대학교수가 맡을 수 없다.
④ 제3항에 따르면, 위원은 연구실적평가위원회를 구성할 때마다 임용권자가 임명하거나 위촉한다. 따라서 재위촉 여부와 관계없이 항상 위촉 절차를 거쳐야한다.
⑤ 제1항 단서에 따라 연구실적 심사평가를 3번 이상 통과한 연구사는 석사학위 이상을 소지하지 않았더라도 연구실적 결과물 제출을 면제받는다. 따라서 석사학위 이상을 소지하지 않은 경우, 연구실적 심사평가를 3번 미만으로 통과하였다면 면제받지 못한다.

합격생 가이드

각주에서는 대학교수와 연구관은 겸직할 수 없다고 서술하고 있다. 이는 ①과 ②의 정오를 명확히 하기 위해 주어진 것이다. 따라서 각주가 주어진다면 그 의도가 무엇인지를 생각해 보는 것이 필요하다. 또한 ③에서는 재적위원과 출석위원을 구분할 수 있는지를 묻는 것이 출제포인트이다. 이는 흔히 나오는 오답유형이므로 숙지해 둘 필요가 있다.

22 법조문 정답 ④

| 난도 | 하

정답해설

네 번째 조 제1호에 따라 본인서명사실확인서를 제출하고 관련 서면에 서명하는 것으로 인감증명서를 제출하고 서면에 인감을 날인한 것으로 보게 된다.

오답해설

① 세 번째 조 제1항에 따르면 甲은 수성구청장의 승인을 받아야 한다.
② 두 번째 조 제1항 제3호에 해당하는 자로서 본인서명사실확인서를 발급받기 위해서는 발급기관에 발급을 신청하여야 한다. 신청 간주 조항은 나타나 있지 않다.
③ 丙은 미성년자로서 세 번째 조 제3항에 따라 법정대리인의 동의를 받아야 한다.
⑤ 두 번째 조 제1항에서는 '시장, 군수, 구청장이나 읍장, 면장, 동장에게 신청하여야 한다'고 하는데, 첫 번째 조에 따르면 '특별시장 · 광역시장은 제외한다'고 나와 있다.

합격생 가이드

시장, 군수, 구청장에 서울특별시장이 포함된다고 생각하여 ⑤번 선지를 판단할 때 어려움을 겪을 수 있다. 자치단체장은 광역자치단체와 기초자치단체로 구분하며 특별시장 · 광역시장 · 도지사는 광역자치단체장이며 일반시장 · 군수 · 구청장은 기초자치단체장에 해당한다. 따라서 여기에서 의미하는 시장은 파주시장, 수원시장 등을 의미한다. 광역, 기초자치단체의 차이를 알고 있는지 묻는 문항이 자주 출제되므로 반드시 숙지해두어야 한다.

23 조건적용 정답 ④

| 난도 | 중

정답해설

ㄱ. A기준에 따르면 각 성별 사람 수가 30명일 때 위생기구를 2개씩 설치하여 총 4개를 설치한다. B기준에도 동일하게 2개씩 설치하여 총 4개를 설치한다.
ㄴ. B기준에 따르면 남자가 50명일 때 총 3개의 위생기구를 설치해야 하며, 위생기구 수가 홀수인 경우에는 대변기를 소변기보다 한 개 더 설치한다. 따라서 2대의 대변기가 설치된다. 또한 여자 40명이 근무할 경우 2대의 대변기를 설치한다.
ㄹ. C기준에 따르면 남자가 150명일 때 총 4개의 위생기구가 설치되며 그 중 2개가 대변기이다. 또한 여자가 100명일 때 총 3개의 위생기구가 설치되며 이는 모두 대변기이므로 총 5개의 대변기가 설치된다.

오답해설

ㄷ. A기준에 따르면 남자가 80명일 때 총 4개의 위생기구가 설치되며 그 중 2대가 소변기이다. 여자 화장실에는 모두 대변기를 설치하므로 설치할 소변기는 총 2대이다.

24 조건적용 정답 ⑤

| 난도 | 중

정답해설

주의의 경우, 10일에만 발령될 수 있고 심함의 경우 금요일에만 발령될 수 있다. 따라서 5월 19일 목요일에 생활 및 공업용수 가뭄 예경보가 발령되기 위해서는 매우심함에 해당하여야 한다.

오답해설

① 영농기 저수지 저수율이 평년의 50% 이하일 경우 매우 심함에 해당한다.
② 밭 토양 유효수분율이 70%일 경우, 농업용수 가뭄 예경보 발령이 이뤄지지 않는다.
③ 하천유지유량을 감량 공급하는 상황에서 현재 하천 및 댐 등에서 농업용수 공급이 부족한 경우, 심함에 해당한다.
④ 12월 23일은 영농기(4~9월)에 해당하지 않아 농업용수 가뭄 예경보가 발령되지 않을 것이다.

합격생 가이드

가뭄 예경보 발령은 영농기(4~9월)에 이뤄지므로 영농기에서 벗어난 선지 ④는 오답이 된다. 조건적용의 경우, 해당 조건이 적용되기 위한 기본적인 전제를 제대로 충족하고 있는지를 살펴야 실수 없이 문제를 풀 수 있다.

25 법조문 정답 ①

| 난도 | 하

정답해설

첫 번째 조 제1항 제1호에 따라 甲이 B전문대학에서 취득한 63학점은 A대학에서 취득한 것으로 인정된다. 또한 동조 제1항 제1호에 따라 C대학에서 취득한 12학점이 인정되며, 제3호에 따라 휴학 기간에 원격수업을 수강하여 취득한 6학점이 인정된다. 이에 더하여 甲은 30학점을 A대학에서 취득하였으므로 총 인정되는 학점은 111학점이다. 따라서 甲은 졸업하기 위해서 최소 9학점을 추가로 취득해야 한다.

26 법조문 정답 ④

| 난도 | 상

정답해설

甲과 乙에게 부과된 과태료는 각각 다음과 같다.

- 甲 : 매도인 甲은 2018.1.15. 매수인 丙에게 X토지를 5억 원에 매도하였고 그에 따라 甲은 5억을 2018.3.16. 이내에 관할관청에 신고할 신고의무를 부담한다. 하지만 2018.4.2.에 3억 원을 신고하였고 그에 따라 신고의무 해태에 따른 과태료와 거짓신고에 따른 과태료를 부담한다. 신고의무 해태에 따른 과태료는 제1항 제1호 나목에 해당하여 100만 원이다. 또한 거짓신고에 따른 과태료는 제2항 제1호 나목의 실제 거래가격이 5억 원 이하인 경우에 해당하여 취득세의 3배인 1,500만 원이다. 한편, 제3항에 따라 해당 과태료는 병과되어 甲은 총 1,600만 원의 과태료를 부담한다.
- 乙 : 매도인 乙은 2018.2.1. 매수인 丁에게 부동산을 취득할 수 있는 권리를 2억 원에 매도하였고 그에 따라 乙은 2억 원을 2018.3.31. 이내에 관할 관청에 신고할 신고의무를 부담한다. 하지만 乙은 2018.2.5.에 1억 원을 신고하였고 그에 따라 거짓신고에 따른 과태료만을 부담한다. 거짓신고에 따른 과태료는 제2항 제2호 나목에 해당하여 총 800만 원의 과태료를 부담한다.

따라서 甲과 乙에게 부과된 과태료의 합은 2,400만 원이다.

합격생 가이드

상황이 주어진 법조문의 경우에는 먼저 상황을 읽은 후, 법조문을 처음부터 조금씩 읽어나가면서 법조문에 있는 용어로 상황을 재정의하는 것이 필요하다. 가령 이 문항에서는 甲과 乙은 매도인, 丙과 丁은 매수인, 5억과 2억은 실제 거래가격, 3억과 1억은 신고가격이 되는데, 이는 법조문을 읽고 상황을 재정의한 것에 해당한다. 상황을 법조문에 나타난 법용어로 재정의한 이후에는 법조문을 다 읽을 것이 아니라, 각 상황에 부합하는 항목을 찾아서 발췌하는 방식으로 읽는 것이 시간 절약에 바람직하다. 법조문의 길이가 길어 실전에서 시간압박이 상당하다는 점과 甲과 乙의 과태료 총계를 구해야 하기 때문에 둘 중 한 명이라도 계산 오류가 나면 답이 달라진다는 점을 고려해볼 때 일단 넘기고 와서 이후에 다시 푸는 것도 나쁘지 않다고 생각한다.

27 조건적용 정답 ②

| 난도 | 중

정답해설

gw는 잎이며, p는 네 번째 차이를 의미한다. 또한 yi는 여덟 번째 종을 의미한다. 따라서 잎의 네 번째 차이의 여덟 번째 종을 의미한다.

오답해설

① di는 돌이며, t는 다섯 번째 차이를 의미한다. 또한 u는 여섯 번째 종을 의미한다. 따라서 물에 녹는 지구의 응결물의 여섯 번째 종을 의미한다.

③ di는 돌이며 g는 세 번째 차이를 의미한다. 또한 e는 세 번째 종을 의미한다. 따라서 덜 투명한 가치 있는 돌의 세 번째 종을 의미한다.

④ de는 원소이며 d는 두 번째 차이를 의미한다. 또한 a는 두 번째 종을 의미한다. 따라서 원소의 두 번째 차이의 두 번째 종을 의미한다.

⑤ do는 금속이며 n은 아홉 번째 차이를 의미한다. 또한 w는 첫 번째 종을 의미한다. 따라서 금속의 아홉 번째 차이의 첫 번째 종을 의미한다.

28 단순계산 정답 ②

| 난도 | 중

정답해설

- 입장료 : 1,000+5,000+10,000+1,000=17,000원
- 지하철 요금 : 2×1,000=2,000원
- 스마트 교통카드 : 5,000+2,000=7,000원을 아끼고 비용으로 1,000원을 지불한다. 총 비용은 13,000원이다.
- 시티투어A : 5,100+2,000=7,100원을 아끼고 비용으로 3,000원을 지불한다. 총 비용은 14,900원이다.
- 시티투어B : 12,000원을 아끼고 비용으로 5,000원을 지불한다. 총 비용은 12,000원이다.

따라서 甲은 시티투어B를 선택하고 12,000원을 지불한다.

29 단순계산 정답 ⑤

| 난도 | 하

정답해설

A사무관에게 주어진 예산은 월 3천만 원이므로 예산에서 벗어난 KTX는 선택할 수 없다. 이를 제외한 나머지 광고수단의 광고효과는 다음과 같다. 단, 계산의 편의를 위해 광고노출자 수는 천 명, 월 광고비용은 백만 원으로 단위를 조정하였다.

TV : (3×1000)/30

버스 : (30×100)/20

지하철 : (60×30×2)/25

포털사이트 : (50×30×5)/30

이에 따라 A사무관은 광고효과가 가장 큰 포털사이트를 선택할 것이다.

30 수리퀴즈(계산) 정답 ①

| 난도 | 중

정답해설

세수(4분)를 할 경우 21분이 남는데, 나머지 것들을 조합했을 때 21이 되는 경우는 없다.

오답해설

② 머리 감기(3분)를 할 경우 머리 말리기(5분) 역시 반드시 해야 하므로 17분이 남는다. 이때 샤워(10분)와 몸치장 하기(7분)를 한다면 남김없이 시간을 사용할 수 있다.

③ 구두 닦기(5분)를 할 경우 20분이 남는다. 이때, 머리 감기 (3분)와 머리 말리기(5분), 샤워(10분), 양말 신기(2분)를 한다면 남김없이 시간을 사용할 수 있다.

④ 몸치장 하기(7분)를 할 경우 18분이 남는다. 이때, 샤워(10분)와 머리 감기(3분), 머리 말리기(5분)를 한다면 남김없이 시간을 사용할 수 있다.

⑤ 주스 만들기(15분)를 할 경우 10분이 남는다. 이때, 샤워(10분)를 한다면 남김없이 시간을 사용할 수 있다.

합격생 가이드

이런 유형의 문제를 빨리 풀기 위해서는 선지를 대입하면서 해당 선지가 가능한지를 보아야 한다. 또한 머리를 감은 경우 머리를 반드시 말려야 하기 때문에 사실상 두 개의 일과를 합쳐 소요시간을 8분으로 두고 문제를 풀어야 한다.

31 논리퀴즈 정답 ④

| 난도 | 하

정답해설

글의 내용을 조합해 보면 다음과 같다.

- 3월 11일에는 비가 오기 때문에 총 9시간이 소요되어 5시에 복귀할 수 있으며, 만약 부상자인 甲이 출장인원에 포함된다면 9시간 30분이 소요되어 5시 30분에 복귀할 수 있다.
- 운전면허 1종 보통을 소지한 甲 또는 丁이 무조건 포함되어야 하며, 차장인 甲 또는 乙이 무조건 포함되어야 한다.
- 甲이 포함될 경우, 5시 30분에 복귀를 하게 되므로 사내 업무가 겹치는 乙과 丁은 포함될 수 없다.

위의 조건들을 만족하는 조합으로 가능한 것은 ④이다.

32 수리퀴즈(추론) 정답 ③

| 난도 | 하

정답해설

甲과 丙을 비교하면 잠재력이 논증력보다 가중치가 높다. 또한, 乙과 戊를 비교해 보면 열정이 잠재력보다 가중치가 높다. 그리고 甲, 丁, 戊를 비교해 보면 표현력, 가치관, 논증력 순으로 가중치가 높으며, 丙과 丁을 비교해 보면 잠재력이 가치관보다 가중치가 높다.

합격생 가이드

모든 항목에서 최소한 2점씩 받고 있으므로 3점을 받은 항목 간 비교를 통해 어떤 항목에 높은 가중치가 부여되어있는지 살펴본다. 5명 모두 서로 다른 두 항목에서 3점을 받았으므로, 동일한 항목에 3점을 받은 사람 간의 비교를 통해 항목 간 가중치의 비교가 가능하다.

33 논리퀴즈 정답 ②

| 난도 | 상

정답해설

반드시 참인 정보에서 문제 풀이를 시작한다. 단 한 명만 거짓을 말하고 있으므로 유일하게 여학생이라고 주장하는 D는 반드시 참을 말하고 있다. 따라서 D는 여성이며, 정치외교학과에 다니고 좀비 가면을 썼다. 거짓을 말하는 사람의 모든 진술은 거짓이어야 한다는 점이 다음 단서가 된다. A가 거짓을 말하고 있다면 드라큘라 가면을 쓴 사람이 2명이 되므로 A는 진실만을 말하고 있다. 반대로 E가 거짓을 말하고 있다면 드라큘라 가면을 쓴 사람이 없게 되므로 E는 진실만을 말하고 있다. C가 거짓을 말하고 있다면 식품영양학과에 다니는 학생이 없게 되므로 C는 진실만을 말하고 있다. 결국 B가 거짓만을 말하고 있다는 것을 도출할 수 있다. 따라서 B는 여성이며, 경제학과에 다니고 유령 가면을 썼다.

오답해설

① A는 남성이며, 행정학과에 다니고 늑대인간 가면을 썼다.
③ C는 남성이며, 식품영양학과에 다니고 처녀귀신 가면을 썼다.
④ D는 여성이며, 정치외교학과에 다니고 좀비 가면을 썼다.
⑤ E는 남성이며, 전자공학과에 다니고 드라큘라 가면을 썼다.

34 논리퀴즈 정답 ⑤

| 난도 | 상

정답해설

초기 생존지수와 2일차 실험종료 후 생존지수의 비교를 통해 가능한 조합을 살펴보아야 한다. 일단은 1일차와 2일차를 구분하지 않고 가능한 조합을 살피도록 한다.

- 세균은 2일에 걸쳐 생존지수가 2만큼 감소하였다. 가능한 조합은 (기피, 천적(강세)), (기피, 독립)이다.
- 세균은 2일에 걸쳐 생존지수가 1만큼 증가하였다. 가능한 조합은 (공생, 기피)이다.
- 세균은 2일에 걸쳐 생존지수가 4만큼 감소하였다. 가능한 조합은 (천적(약세), 독립), (기피, 기피)이다.
- 세균은 2일에 걸쳐 생존지수가 1만큼 감소하였다. 가능한 조합은 (공생, 천적(약세))이다.

B세균은 가능한 조합이 1개밖에 없으므로 (공생, 기피)로 확정된다. 따라서 B세균은 C세균, D세균과 짝지어졌음을 알 수 있다.

이때, C세균은 B세균과 기피관계에 놓여있는데 따라서 C세균도 (기피, 기피)로 확정된다. 따라서 C세균은 B세균, A세균과 짝지어졌음을 알 수 있다. 즉, 2일 중 하루는 B, C세균과 A, D세균끼리 짝지어졌으며 또 다른 하루에는 B, D세균과 A, C세균끼리 짝지어졌음을 알 수 있다.

ㄴ. 유일한 독립관계인 A와 B세균이 함께 짝지어진 날은 없다.
ㄷ. 2일 중 하루는 기피관계인 B와 C세균을 짝지어 하나의 수조에 넣었으며, 또 다른 하루는 기피관계인 A와 C세균을 짝지어 하나의 수조에 넣었다. 따라서 이틀 동안 적어도 1개의 수조에는 기피관계에 있는 세균끼리 짝을 지어 실험했다.
ㄹ. C세균은 B세균, A세균과 짝지어졌는데 C세균은 두 세균과 모두 기피관계에 있다. 따라서 C세균에 대해서는 1일차와 2일차 모두 동일한 기피관계에 있는 세균끼리 짝을 지어 실험했다.

오답해설

ㄱ. 2일 중 하루는 천적관계인 A와 D가 짝지어졌다.

합격생 가이드

1일차와 2일차를 구분하지 않고 조합해도 되는 문항이었다. 조합과 관련된 문항의 경우, 순서를 구분할 필요가 있는지 없는지를 따져서 풀어야 한다.

35 정보확인 · 추론 정답 ②

| 난도 | 중

정답해설

현행안과 X안에 따른 정당별 의석수는 다음과 같다.
(정당별 의석수=정당별 득표율×해당 선거구 총 의석수)
〈현행안〉

구분	A선거구	B선거구	C선거구	D선거구	총계
甲	4석	3석	5석	4석	16석
乙	3석	4석	2석	4석	13석
丙	2석	1석	3석	1석	7석
丁	1석	2석	0석	1석	4석

〈X안〉 – 정수대로 배분 후 소수점 이하가 큰 순서대로 잔여 의석 배분

구분	(A+C)선거구	(B+D)선거구	총계
甲	9.2=9석	6.4=6석	15석
乙	4.8=4석+1석=5석	8=8석	13석
丙	5.2=5석	2=2석	7석
丁	0.8=0석+1석=1석	3.6=3석+1석=4석	5석

X안을 적용할 경우 丁정당의 의석수는 현행 4석에서 5석으로 증가한다.

오답해설

① 유권자 1표의 가치는 해당 선거구 의원 의석수를 해당 선거구 유권자수로 나눈 값을 의미한다. 선거구 의원 의석수는 10명씩으로 동일하므로 결국 유권자 1표의 가치가 가장 큰 곳은 유권자수가 가장 적은 D선거구 이다.

③ X안을 적용할 경우 甲정당의 의석수는 현행 16석에서 15석으로 줄어든다.

④ 현재 A선거구 유권자 1표의 가치는 10/200이지만 X안을 적용할 경우 A선거구 유권자 1표의 가치는 20/500이 된다. 따라서 X안을 적용할 경우 A선거구 유권자 1표의 가치는 현행제도보다 감소한다.

⑤ 乙정당과 丙정당은 X안을 적용할 경우, 현행제도 하에서의 의석수와 차이가 없다.

36 게임 · 규칙 정답 ①

| 난도 | 중

정답해설

빨간색 1개와 파란색 1개, 보라색 2개를 동시에 가지기 위해서는 빨간색 2개와 파란색 2개가 필요하다. 이 때, 아직 사용하지 않은 흰색과 노란색으로는 빨간색 1개와 파란색 1개를 동시에 만들어낼 수 없으므로 수호는 이 조합을 세탁을 통해 가질 수 없다.

오답해설

② 흰색과 노란색을 세탁하여 노란색 2개를 만들어낸 뒤, 노란색 1개와 빨간색 1개를 세탁하여 주황색과 빨간색을 각각 1개씩 만들어낸다. 이후 빨간색을 검은색과 세탁하면 최종적으로 노란색 1개, 주황색 1개, 검은색 2개, 파란색 1개의 조합을 가질 수 있다.

③ 빨간색과 노란색을 세탁하여 빨간색과 주황색을 각각 1개씩 만든다. 이후 파란색과 흰색을 세탁하여 파란색을 2개 만들어내면 최종적으로 빨간색 1개, 주황색 1개, 파란색 2개, 검은색 1개의 조합을 가질 수 있다.

④ 파란색과 노란색을 세탁하여 파란색과 초록색을 각각 1개씩 만든다. 이후 빨간색과 파란색을 세탁하여 보라색 2개를 만든다. 마지막으로 보라색과 흰색을 세탁하여 보라색 1개를 추가적으로 만들면 최종적으로 초록색 1개, 보라색 3개, 검은색 1개의 조합을 가질 수 있다.

⑤ 파란색과 노란색을 세탁하여 파란색과 초록색을 각각 1개씩 만든다. 이후 파란색과 검은색을 세탁하여 검은색 2개를 만든다. 마지막으로 빨간색과 흰색을 세탁하여 빨간색 2개를 만들어내면 최종적으로 초록색 1개와 검은색 2개, 빨간색 2개의 조합을 가질 수 있다.

합격생 가이드

각 선지에서, 수호가 원래 가지고 있지 않던 수건의 색에 초점을 맞춰 풀면 쉽게 풀 수 있다. 가령 선지 ①에서는 보라색, 선지 ②와 ③에서는 주황색에 초점을 맞춰 풀어야 한다.

37 수리퀴즈(계산) 정답 ③

| 난도 | 상

정답해설

위의 조건들을 정리해 표로 나타내면 다음과 같다.

도서명	분류	출간일	대출일	반납예정일
원○○	만화	2018.1.10	2018.10.10	2018.10.16
입 속의 검은 △	시	2018.9.10	2018.10.20	2018.10.26
ㅁ의 노래	소설	2017.10.30	2018.10.5	2018.10.18
☆☆문화유산 답사기	수필	2018.4.15	2018.10.10	2018.10.23
햄◇	희곡	2018.6.10	2018.10.5	2018.10.18

대출일 기준으로 출간일이 6개월 이내인 신간은 '입 속의 검은 △'와 '☆☆문화유산 답사기', '햄◇'이다. 따라서 이 세 권은 연체료 2배가 된다.
또한 만화와 시로 분류되는 도서의 경우 대출 기간이 7일이며 연장도 불가능하기 때문에 '원○○'와 '입 속의 검은 △'의 연체료는 확정된다. '원○○'은 17일부터 30일까지 연체되었기 때문에 연체료는 1,400원이며 '입 속의 검은 △'는 27일부터 30일까지 연체되었고 연체료가 2배이기 때문에 800원이다.
한편, 甲은 2권의 대출 기간을 연장하였는데 연체료의 최솟값을 구하기 위해서는 하루 당 연체료가 비싼 책의 대출기간을 연장해야 한다. 즉, 연체료가 2배인 '☆☆ 문화유산 답사기'와 '햄◇'을 7일 연장한다면 '☆☆문화유산 답사기'의 반납예정일은 2018.10.30일이 되면서 연체료가 발생하지 않게 되고, '햄◇'은 26일부터 30일까지의 5일 간 연체료로 1,000원이 발생한다. 'ㅁ의 노래'의 경우 19일부터 30일까지의 연체료인 1,200원이 발생한다.
따라서 연체료의 최솟값은 4,400원이다.

합격생 가이드

시간을 가지고 풀면 쉽게 풀리는 문제였으나 대출일 산정기준이나 연체료 산정일 등에 대한 기준을 실전에서 실수 없이 적용하기는 어려웠을 것으로 보인다. 따라서 실전에서는 넘기는 것이 좋은 문제였다.

38 게임 · 규칙 정답 ②

| 난도 | 상

정답해설

찬성표가 반대표보다 많으면 왕이 제안한 방법이 시행되며, 이제까지 왕의 제안이 시행되지 않았던 적은 없다. 따라서 항상 찬성표가 반대표보다 많도록 설계해야 한다. 이때, 찬성표가 많으면 왕이 가질 수 있는 몫이 줄어들게 되므로 왕이 최대금액을 갖기 위해서는 찬성표와 반대표가 한 표 차이가 되도록 설정해야 하며 반대표를 던지는 신하에게는 아예 돈을 배분하지 않아야 한다. 이를 표로 나타내면 다음과 같다.
첫 번째 달의 배분: 33명 (2만 원), 32명 (0만 원)

구분	찬성	반대	기권
두 번째 달	17명(3만)	16명(0만)	32명
세 번째 달	9명(4만)	8명(0만)	(32+16)명
네 번째 달	5명(5만)	4명(0만)	(32+16+8)명
다섯 번째 달	3명(6만)	2명(0만)	(32+16+8+4)명
여섯 번째 달	2명(7만)	1명(0만)	(32+16+8+4+2)명
일곱 번째 달	3명(1만)	2명(0만)	(32+16+8+4+2+1−3)명

지난 달에 기권표를 던진 사람들에게 1만원씩 주면 찬성표를 던지게 되는데, 이는 기존에 찬성표를 던진 사람들이 계속 찬성표를 던지게 하는 비용보다 낮다. 따라서 마지막 달의 경우, 기존 기권자들에게 1만 원씩 주어 기존 찬성자들을 대체할 필요가 있다.

최종적으로 왕은 일곱 번째 달에 3명의 신하에게 각 1만 원씩을 준 뒤, 남은 63만 원을 자신의 최대금액으로 갖게 된다.

합격생 가이드

직전 달에 반대표를 던진 신하는 다음 달에 기권표를 행사하게 된다는 점, 찬성표와 반대표가 한 표 차이가 되도록 설정해야 한다는 아이디어를 가지고 있었다면 쉽게 풀 수 있는 문제였으나, 아이디어가 생각나지 않는다면 넘겨도 좋은 문제였다.

39 종합 정답 ④

| 난도 | 하

정답해설

ㄱ. 두 번째 조에 따라 교도소장은 일반경비처우급 수형자를 봉사원으로 선정하여 교도관의 사무처리 업무를 보조하게 할 수 있다.

ㄴ. 다섯 번째 조의 단서에 따라 처우상 특히 필요한 경우에는 일반경비 처우급 수형자에게 사회봉사활동 및 종교행사 참석을 허가할 수 있다.

ㄹ. 네 번째 조 제3항에도 불구하고 교화를 위하여 특히 필요한 경우에는 일반경비처우급 수형자에 대하여도 가족 만남의 날 행사 참여를 허가할 수 있다.

오답해설

ㄷ. 세 번째 조 제2항에 따른 월 1회 이상의 토론회는 자치생활 수형자들에게 허가되는 것으로 자치생활 수형자는 동조 제1항에 따른 수형자를 의미한다. 따라서 제1항에 포함되지 않는 일반경비처우급 수형자는 교육실에서의 월 1회 토론회에 참여할 수 없다.

40 종합 정답 ②

| 난도 | 하

정답해설

ㄱ. 소장은 여섯 번째 조 제1항에 따라 개방처우급 수형자이며 형기가 3년 이상, 범죄 횟수가 2회 이하, 형기 종료 예정일까지 6개월이 남은 甲이 교도소 내 개방시설에서 사회적응에 필요한 교육을 받도록 할 수 있다.

ㄹ. 소장은 일곱 번째 조에 따라 완화경비처우급 수형자인 丁이 교도소 밖의 공공기관에서 직업훈련을 받도록 할 수 있다.

오답해설

ㄴ. 여섯 번째 조 제2항에 따라 수형자를 지역사회에 설치된 개방 시설에 수용하기 위해서는 형기 종료 예정일까지의 기간이 9개월 미만이어야 한다. 하지만 乙의 경우 10개월의 형기가 남았으므로 소장은 이러한 조치를 취할 수 없다.

ㄷ. 교도소 밖의 개방시설에 수용하여 사회적응교육을 하기 위해서는 여섯 번째 조 제2항에 해당해야 한다. 하지만 丙은 일반경비처우급 수형자로서 여섯 번째 조에 해당하지 않아 소장은 이러한 조치를 취할 수 없다.

얼마나 많은 사람들이
책 한 권을 읽음으로써
인생에 새로운 전기를 맞이했던가.

– 헨리 데이비드 소로 –

20○○년도 국가공무원 5급 공개경쟁채용 및 외교관후보자 선발 제1차시험 답안지

컴퓨터용 흑색사인펜만 사용

책 형

[필적감정용 기재] * 아래 예시문을 옮겨 적으시오
본인은 ○○○(응시자성명)임을 확인함
기 재 란

성 명	
자필성명	본인 성명 기재
응시직렬	
응시지역	
시험장소	

응 시 번 호							
⓪①②	⓪①②③④⑤⑥⑦⑧⑨	⓪①②③④⑤⑥⑦⑧⑨	⓪①②③④⑤⑥⑦⑧⑨	⓪①②③④⑤⑥⑦⑧⑨	⓪①②③④⑤⑥⑦⑧⑨	⓪①②③④⑤⑥⑦⑧⑨	⓪①②③④⑤⑥⑦⑧⑨

생 년 월 일					
⑤⑥⑦⑧⑨	⓪①②③④⑤⑥⑦⑧⑨	⓪①	⓪①②③④⑤⑥⑦⑧⑨	⓪①②③	⓪①②③④⑤⑥⑦⑧⑨

※ 시험감독관 서명 (성명을 정자로 기재할 것)
적색 볼펜만 사용

○○○○영역(1~10번)					
1	①	②	③	④	⑤
2	①	②	③	④	⑤
3	①	②	③	④	⑤
4	①	②	③	④	⑤
5	①	②	③	④	⑤
6	①	②	③	④	⑤
7	①	②	③	④	⑤
8	①	②	③	④	⑤
9	①	②	③	④	⑤
10	①	②	③	④	⑤

○○○○영역(11~20번)					
11	①	②	③	④	⑤
12	①	②	③	④	⑤
13	①	②	③	④	⑤
14	①	②	③	④	⑤
15	①	②	③	④	⑤
16	①	②	③	④	⑤
17	①	②	③	④	⑤
18	①	②	③	④	⑤
19	①	②	③	④	⑤
20	①	②	③	④	⑤

○○○○영역(21~30번)					
21	①	②	③	④	⑤
22	①	②	③	④	⑤
23	①	②	③	④	⑤
24	①	②	③	④	⑤
25	①	②	③	④	⑤
26	①	②	③	④	⑤
27	①	②	③	④	⑤
28	①	②	③	④	⑤
29	①	②	③	④	⑤
30	①	②	③	④	⑤

○○○○영역(31~40번)					
31	①	②	③	④	⑤
32	①	②	③	④	⑤
33	①	②	③	④	⑤
34	①	②	③	④	⑤
35	①	②	③	④	⑤
36	①	②	③	④	⑤
37	①	②	③	④	⑤
38	①	②	③	④	⑤
39	①	②	③	④	⑤
40	①	②	③	④	⑤

20○○년도 국가공무원 5급 공개경쟁채용 및 외교관후보자 선발 제1차시험 답안지

컴퓨터용 흑색사인펜만 사용

책 형

[필적감정용 기재] * 아래 예시문을 옮겨 적으시오
본인은 ○○○(응시자성명)임을 확인함
기 재 란

성 명	
자필성명	본인 성명 기재
응시직렬	
응시지역	
시험장소	

응 시 번 호							
⓪	⓪	⓪	⓪	⓪	⓪	⓪	⓪
①	①	①	①	①	①	①	①
②	②	②	②	②	②	②	②
	③	③	③	③	③	③	③
	④	④	④	④	④	④	④
	⑤	⑤	⑤	⑤	⑤	⑤	⑤
	⑥	⑥	⑥	⑥	⑥	⑥	⑥
	⑦	⑦	⑦	⑦	⑦	⑦	⑦
	⑧	⑧	⑧	⑧	⑧	⑧	⑧
	⑨	⑨	⑨	⑨	⑨	⑨	⑨

생 년 월 일					
	⓪	⓪	⓪	⓪	⓪
	①	①	①	①	①
	②		②	②	②
	③		③	③	③
	④		④		④
⑤	⑤		⑤		⑤
⑥	⑥		⑥		⑥
⑦	⑦		⑦		⑦
⑧	⑧		⑧		⑧
⑨	⑨		⑨		⑨

※ 시험감독관 서명 (성명을 정자로 기재할 것)	적색 볼펜만 사용

○○○○영역(1~10번)					
1	①	②	③	④	⑤
2	①	②	③	④	⑤
3	①	②	③	④	⑤
4	①	②	③	④	⑤
5	①	②	③	④	⑤
6	①	②	③	④	⑤
7	①	②	③	④	⑤
8	①	②	③	④	⑤
9	①	②	③	④	⑤
10	①	②	③	④	⑤

○○○○영역(11~20번)					
11	①	②	③	④	⑤
12	①	②	③	④	⑤
13	①	②	③	④	⑤
14	①	②	③	④	⑤
15	①	②	③	④	⑤
16	①	②	③	④	⑤
17	①	②	③	④	⑤
18	①	②	③	④	⑤
19	①	②	③	④	⑤
20	①	②	③	④	⑤

○○○○영역(21~30번)					
21	①	②	③	④	⑤
22	①	②	③	④	⑤
23	①	②	③	④	⑤
24	①	②	③	④	⑤
25	①	②	③	④	⑤
26	①	②	③	④	⑤
27	①	②	③	④	⑤
28	①	②	③	④	⑤
29	①	②	③	④	⑤
30	①	②	③	④	⑤

○○○○영역(31~40번)					
31	①	②	③	④	⑤
32	①	②	③	④	⑤
33	①	②	③	④	⑤
34	①	②	③	④	⑤
35	①	②	③	④	⑤
36	①	②	③	④	⑤
37	①	②	③	④	⑤
38	①	②	③	④	⑤
39	①	②	③	④	⑤
40	①	②	③	④	⑤

20○○년도 국가공무원 5급 공개경쟁채용 및 외교관후보자 선발 제1차시험 답안지

컴퓨터용 흑색사인펜만 사용

책 형

[필적감정용 기재] * 아래 예시문을 옮겨 적으시오
본인은 ○○○(응시자성명)임을 확인함
기 재 란

성 명	
자필성명	본인 성명 기재
응시직렬	
응시지역	
시험장소	

응시번호							
⓪	⓪	⓪	⓪	⓪	⓪	⓪	⓪
①	①	①	①	①	①	①	①
②	②	②	②	②	②	②	②
	③	③	③	③	③	③	③
	④	④	④	④	④	④	④
	⑤	⑤	⑤	⑤	⑤	⑤	⑤
	⑥	⑥	⑥	⑥	⑥	⑥	⑥
	⑦	⑦	⑦	⑦	⑦	⑦	⑦
	⑧	⑧	⑧	⑧	⑧	⑧	⑧
	⑨	⑨	⑨	⑨	⑨	⑨	⑨

생년월일					
	⓪	⓪	⓪	⓪	⓪
	①	①	①	①	①
	②		②	②	②
	③		③	③	③
	④		④		④
⑤	⑤		⑤		⑤
⑥	⑥		⑥		⑥
⑦	⑦		⑦		⑦
⑧	⑧		⑧		⑧
⑨	⑨		⑨		⑨

※ 시험감독관 서명 (성명을 정자로 기재할 것)
적색 볼펜만 사용

○○○○영역(1~10번)					
1	①	②	③	④	⑤
2	①	②	③	④	⑤
3	①	②	③	④	⑤
4	①	②	③	④	⑤
5	①	②	③	④	⑤
6	①	②	③	④	⑤
7	①	②	③	④	⑤
8	①	②	③	④	⑤
9	①	②	③	④	⑤
10	①	②	③	④	⑤

○○○○영역(11~20번)					
11	①	②	③	④	⑤
12	①	②	③	④	⑤
13	①	②	③	④	⑤
14	①	②	③	④	⑤
15	①	②	③	④	⑤
16	①	②	③	④	⑤
17	①	②	③	④	⑤
18	①	②	③	④	⑤
19	①	②	③	④	⑤
20	①	②	③	④	⑤

○○○○영역(21~30번)					
21	①	②	③	④	⑤
22	①	②	③	④	⑤
23	①	②	③	④	⑤
24	①	②	③	④	⑤
25	①	②	③	④	⑤
26	①	②	③	④	⑤
27	①	②	③	④	⑤
28	①	②	③	④	⑤
29	①	②	③	④	⑤
30	①	②	③	④	⑤

○○○○영역(31~40번)					
31	①	②	③	④	⑤
32	①	②	③	④	⑤
33	①	②	③	④	⑤
34	①	②	③	④	⑤
35	①	②	③	④	⑤
36	①	②	③	④	⑤
37	①	②	③	④	⑤
38	①	②	③	④	⑤
39	①	②	③	④	⑤
40	①	②	③	④	⑤

20○○년도 국가공무원 5급 공개경쟁채용 및 외교관후보자 선발 제1차시험 답안지

컴퓨터용 흑색사인펜만 사용

책 형

[필적감정용 기재]
* 아래 예시문을 옮겨 적으시오

본인은 ○○○(응시자성명)임을 확인함

기 재 란

성 명	
자필성명	본인 성명 기재
응시직렬	
응시지역	
시험장소	

응 시 번 호

⓪	⓪	⓪	⓪	⓪	⓪	⓪	⓪
①	①	①	①	①	①	①	①
②	②	②	②	②	②	②	②
	③	③	③	③	③	③	③
	④	④	④	④	④	④	④
	⑤	⑤	⑤	⑤	⑤	⑤	⑤
	⑥	⑥	⑥	⑥	⑥	⑥	⑥
	⑦	⑦	⑦	⑦	⑦	⑦	⑦
	⑧	⑧	⑧	⑧	⑧	⑧	⑧
	⑨	⑨	⑨	⑨	⑨	⑨	⑨

생 년 월 일

	⓪	⓪	⓪	⓪	⓪
	①	①	①	①	①
	②		②	②	②
	③		③	③	③
	④		④		④
⑤	⑤		⑤		⑤
⑥	⑥		⑥		⑥
⑦	⑦		⑦		⑦
⑧	⑧		⑧		⑧
⑨	⑨		⑨		⑨

※ 시험감독관 서명
(성명을 정자로 기재할 것)

적색 볼펜만 사용

○○○○영역(1~10번)						○○○○영역(11~20번)						○○○○영역(21~30번)						○○○○영역(31~40번)					
1	①	②	③	④	⑤	11	①	②	③	④	⑤	21	①	②	③	④	⑤	31	①	②	③	④	⑤
2	①	②	③	④	⑤	12	①	②	③	④	⑤	22	①	②	③	④	⑤	32	①	②	③	④	⑤
3	①	②	③	④	⑤	13	①	②	③	④	⑤	23	①	②	③	④	⑤	33	①	②	③	④	⑤
4	①	②	③	④	⑤	14	①	②	③	④	⑤	24	①	②	③	④	⑤	34	①	②	③	④	⑤
5	①	②	③	④	⑤	15	①	②	③	④	⑤	25	①	②	③	④	⑤	35	①	②	③	④	⑤
6	①	②	③	④	⑤	16	①	②	③	④	⑤	26	①	②	③	④	⑤	36	①	②	③	④	⑤
7	①	②	③	④	⑤	17	①	②	③	④	⑤	27	①	②	③	④	⑤	37	①	②	③	④	⑤
8	①	②	③	④	⑤	18	①	②	③	④	⑤	28	①	②	③	④	⑤	38	①	②	③	④	⑤
9	①	②	③	④	⑤	19	①	②	③	④	⑤	29	①	②	③	④	⑤	39	①	②	③	④	⑤
10	①	②	③	④	⑤	20	①	②	③	④	⑤	30	①	②	③	④	⑤	40	①	②	③	④	⑤

좋은 책을 만드는 길, 독자님과 함께하겠습니다.

2026 시대에듀 5급 PSAT 7+3개년 기출문제집

개정4판1쇄 발행	2025년 05월 20일 (인쇄 2025년 04월 25일)
초 판 발 행	2021년 06월 28일 (인쇄 2021년 05월 31일)
발 행 인	박영일
책 임 편 집	이해욱
저 자	시대PSAT연구소
편 집 진 행	오세혁 · 안희선
표지디자인	박종우
편집디자인	양혜련 · 고현준
발 행 처	(주)시대고시기획
출 판 등 록	제10-1521호
주 소	서울시 마포구 큰우물로 75 [도화동 538 성지 B/D] 9F
전 화	1600-3600
팩 스	02-701-8823
홈 페 이 지	www.sdedu.co.kr
I S B N	979-11-383-9239-6 (13350)
정 가	28,000원

5급 PSAT

7+3개년 기출문제집

정답 및 해설